Südamerika
für wenig Geld

Danny Palmerlee, Kate Armstrong, Sandra Bao, Sara Benson, Celeste Brash, Molly Green, Michael Kohn, Thomas Kohnstamm, Carolyn McCarthy, Regis St. Louis, Lucas Vidgen

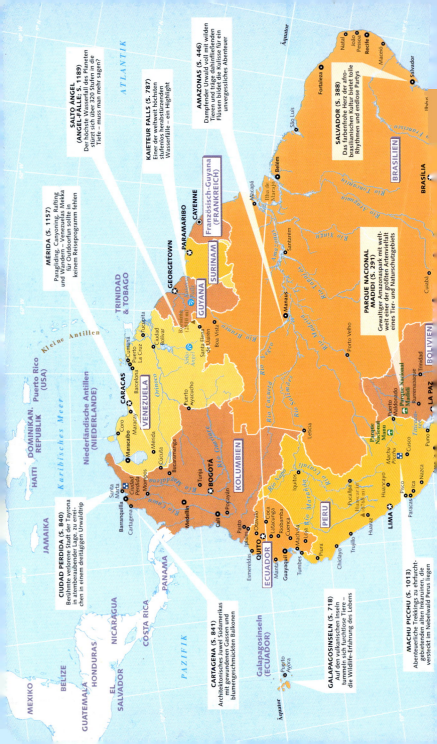

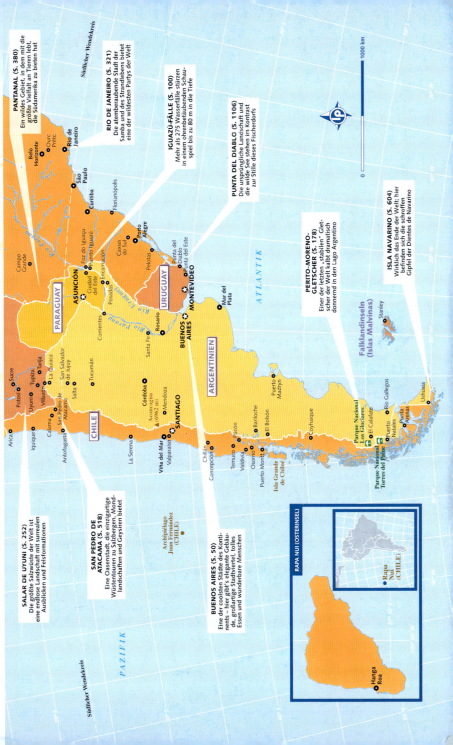

Verantwortungsbewusstes Reisen

Beim Reisen macht es ja gerade Spaß, jegliche Verantwortung hinter sich zu lassen – wer will da über verantwortungsbewusstes Reisen nachdenken? Aber Verantwortung begleitet einen wie ein guter Rucksack: Schließlich wirkt man auf die Gemeinden und Biotope ein, die man besucht. Die Frage ist nur, wie dieser Einfluss möglichst positiv gestaltet werden kann.

Im ganzen Buch werden Ökotourismusanbieter empfohlen. Solche Veranstalter tragen zum Schutz natürlicher Lebensräume und deren Bewohner bei. Ebenfalls aufgeführt sind Tourismusprojekte, die zumindest größtenteils von den besuchten Gemeinden selbst organisiert werden – und nicht von auswärtigen Veranstaltern. Das ist besonders wichtig, wenn es um den Besuch indigener Gemeinden geht, denn sie werden oft von Unternehmen ausgebeutet, die nur einen Bruchteil des Gewinns zurück an die Einwohner fließen lassen. Auf S. 22 stehen weitere allgemeine Tipps zum sozialverträglichen Verhalten auf Reisen.

WICHTIGE TIPPS

- **Vor dem Fotografieren um Erlaubnis bitten** Das gilt besonders bei indigenen Einwohnern – sie möchten vielleicht nicht abgelichtet werden.
- **Keinen Müll zurücklassen** Sicher, viele Einheimische tun es – doch ebenso viele sehen es gar nicht gern.
- **Kein Geld für Korallen** Finger weg von Produkten aus gefährdeten Arten.
- **Denken beim Duschen** Falls Wasser mit einem Holzbrenner erhitzt wird, sollte man auf eine warme Dusche verzichten. Besonders in ländlichen Gebieten schädigt Holzsammeln das Ökosystem.
- **Verantwortungsbewusste Führer anheuern** Führer sollten die Umwelt und die besuchten Gemeinden respektieren.
- **Die Sprache lernen** Vor oder während der Reise empfiehlt sich ein Spanisch- bzw. Portugiesischkurs (evtl. auch Quechua) – denn Sprachkenntnisse zeugen von Respekt.
- **Trinkgeld geben** Träger, Führer und Köche sind meistens unterbezahlt – das Trinkgeld sollte so hoch wie möglich sein.
- **Traditionen achten** Kirchen und Schreine sollten Traveller nur mit angemessener Kleidung besuchen. Der Wirkung seiner Anwesenheit sollte man sich bewusst sein.
- **Beim Hersteller kaufen** Handwerksgegenstände kauft man möglichst direkt bei den Kunsthandwerkern.
- **Gemeinden unterstützen** Am besten wählt man Veranstalter, die ihren Gewinn der jeweiligen Gemeinde zukommen lassen.

INFOS IM INTERNET

www.ecotourism.org Links zu Anbietern, die sich dem sanften Tourismus verschrieben haben.
www.peruweb.org/porters/index.html Informationen zum Anheuern von Trägern.
www.planeta.com Ron Maders hervorragende Ökotourismuswebsite.
www.tourismconcern.org.uk Britische Organisation, die ethisch vertretbaren Tourismus praktiziert.
www.inka-ev.de/deutsch/tourismus.htm Deutsche Seite über Ökotourismus.

Inhalt

Verantwortungs-bewusstes Reisen	**4**

Die Autoren	**7**

Reiseziel Südamerika 10

Highlights	11
Reiserouten	14

Bevor es losgeht 20

Überblick 25

Argentinien 37

Verkehrsmittel & -wege	48
Buenos Aires	50
Rund um Buenos Aires	78
Nordöstliches Argentinien	79
Nordwestliches Argentinien	102
Atlantikküste	127
Zentrales Argentinien	135
Das argentinische Seengebiet	147
Patagonien	164
Feuerland (Tierra del Fuego)	181
Allgemeine Informationen	189

Bolivien 200

Verkehrsmittel & -wege	210
La Paz	213
Rund um La Paz	230
Cordillera Real & die Yungas	231
Titicacasee	236
Der Südwesten	243
Der Südosten	278
Das Amazonasbecken	286
Allgemeine Informationen	295

Brasilien 306

Verkehrsmittel & -wege	317
Rio de Janeiro	321
Der Südosten	341
Der Süden	361
Der Zentrale Westen	377
Der Nordosten	386
Der Norden	430
Allgemeine Informationen	454

Chile 465

Verkehrsmittel & -wege	474
Santiago	476
Rund um Santiago	491
Nördliches Chile	503
Zentrales Chile	535
Das Seengebiet	546
Chiloé	577
Nördliches Patagonien	583
Südliches Patagonien	592
Isla Rubinson Crusoe	605
Rapa Nui (Osterinsel)	607
Allgemeine Informationen	611

Ecuador 620

Verkehrsmittel & -wege	629
Quito	632
Rund um Quito	654
Nördliches Hochland	655
Zentrales Hochland	663
Südliches Hochland	677
El Oriente	688
Pazifikküste & Tiefland	698
Die Galapagosinseln	718
Allgemeine Informationen	729

Die Guyanas 738

Französisch-Guyana	741
Surinam	762
Guyana	776

Kolumbien 795

Verkehrsmittel & -wege	806
Bogotá	809
Rund um Bogotá	822
Nördlich von Bogotá	823
Karibikküste	836
San Andrés & Providencia	851

Nordwestliches Kolumbien	856
Südwestliches Kolumbien	867
Amazonasbecken	886
Allgemeine Informationen	892

Paraguay 906

Verkehrsmittel & -wege	912
Asunción	913
Rund um Asunción	922
Südliches Paraguay	923
Nördliches Paraguay & Der Chaco	930
Allgemeine Informationen	935

Peru 940

Verkehrsmittel & -wege	949
Lima	952
Südküste	968
Arequipa & Das Canyonland	981
Titicacasee	989
Cusco & Das Heilige Tal der Inka	996
Zentrales Hochland	1021
Nordküste	1030
Huaraz & Die Kordilleren	1045
Nördliches Hochland	1053

Amazonasbecken	1059
Allgemeine Informationen	1071

Uruguay 1080

Verkehrsmittel & -wege	1085
Montevideo	1086
Westliches Uruguay	1093
Östliches Uruguay	1100
Allgemeine Informationen	1107

Venezuela 1113

Verkehrsmittel & -wege	1123
Caracas	1125
Rund um Caracas	1142
Der Nordwesten	1146
Die Anden	1156
Der Nordosten	1166
Isla de Margarita	1177
Guayana	1183
Gran Sabana	1191
Amazonas	1196
Allgemeine Informationen	1199

Allgemeine Informationen 1209

Verkehrsmittel & -wege 1230

An- & Weiterreise	1230
Unterwegs vor Ort	1233

Gesundheit 1246

Vor der Reise	1246
Unterwegs	1248
In Südamerika	1248

Sprache 1256

Glossar 1269

Hinter den Kulissen 1274

Register 1279

Die Autoren

DANNY PALMERLEE
Leitender Autor, Ecuador

Danny arbeitet als freier Reiseschriftsteller und Fotograf und hat die letzten zehn Jahre damit verbracht, Lateinamerika zu bereisen. Seine Arbeiten sind in vielen Publikationen erschienen, z. B. *Los Angeles Times, Miami Herald, Dallas Morning News, San Francisco Chronicle, Houston Chronicle*. Gerade war er ein Jahr in Buenos Aires und machte einen langen Abstecher in die ecuadorianischen Anden, um für das Ecuador-Kapitel zu recherchieren. Er hat an mehreren Lonely Planet Titeln mitgearbeitet und ist leitender Autor von *Ecuador, Argentinien* und *Best of Buenos Aires*.

KATE ARMSTRONG
Bolivien, Paraguay

Kate erkundete Bolivien erstmals während einer einjährigen Reise durch Südamerika. Fasziniert von den Aromen des Landes verkroch sie sich in Sucre, um Spanisch zu lernen und trat einer Volkstanzgruppe bei. Dank eines zweijährigen Aufenthalts in Mosambik spricht Kate außerdem Portugiesisch. Wenn sie nicht gerade einen Amazonasnebenfluss in einem Kanu hinaufpaddelt, arbeitet sie als freie Schriftstellerin in Australien. Kate hat an den Lonely Planet Bänden *Griechenland, Greek Islands, Südafrika, Lesotho & Swasiland* und anderen Afrikabänden mitgearbeitet.

SANDRA BAO
Argentinien

Sandra ist weit gereist, hält aber Südamerika für den besten Kontinent. Sie wurde in Buenos Aires geboren (und ist deshalb vielleicht etwas voreingenommen) und genoss *bife de chorizo* und *dulce de leche* regelmäßig, bis ihre Familie in die USA zog, als Sandra neun war. Sie absolvierte ihr Psychologiestudium an der Universität Kaliforniens in Santa Cruz, was natürlich unweigerlich eine Karriere als Reiseschriftstellerin zufolge hatte. Sie ist Autorin des Lonely Planet Stadtführers *Buenos Aires* und hat an mehreren Lonely Planet Bänden mitgearbeitet, z. B. *Argentinien* und *Mexiko*.

SARA BENSON
Peru

Saras erste Schritte in Südamerika führten sie auf dem Inka-Trail nach Machu Picchu, wo sich sie in das Land der Inka verliebte. Exkursionen abseits des Gringo-Trails haben Sara an vergessene Orte geführt und auf wackeligen Booten über den Titicacasee nach Bolivien geleitet. Wenn sie nicht gerade durch Asien, Ozeanien oder Nord-, Mittel oder Südamerika reist, nennt Sara das Gebiet um die Bucht von San Francisco ihr Zuhause. Sie ist Autorin von über 20 Reise- und Sachbüchern und hat außerdem am Lonely Planet Titel *Peru* mitgearbeitet.

CELESTE BRASH
Die Guyanas

Celeste hat die Moais der Osterinsel bewundert, an einem Strandfeuer in Chile getanzt, an den Stränden von Rio gefaulenzt und den Äquator in Macapá (Brasilien) überquert, um von ihrem Zuhause in Tahiti zu den Guyanas zu gelangen. Schließlich war die Tour durch Südamerika die Reise ihres Lebens und die Guyanas der Höhepunkt. Zuhause im Südpazifik arbeitet Celeste als freie Reiseschriftstellerin und in Teilzeit als Schwarzperlenfarmerin, aber eines Tages wird sie vielleicht alles aufgeben und Cowgirl in der Rupununi-Savanne in Guyana werden.

MOLLY GREEN Brasilien
Während ihrer seit zwölf Jahren anhaltenden Besessenheit von Brasilien wurde Molly eine versierte Sambatänzerin und Portugiesischsprecherin, Literaturexpertin, *capoeira*-Eingeweihte, vertraut mit 21 brasilianischen Staaten und vernarrt in einen Paulista (Einheimischen aus São Paulo). Bei ihren Recherchen für den vorliegenden Band gab sie einem 3 m langen Krokodil eine Rückenmassage. Molly abenteuerte durch Mexiko, Guatemala, Venezuela und Argentinien, Peru, Patagonien, Australien und Indonesien. Sie stammt aus Santa Cruz in Kalifornien.

MICHAEL KOHN Kolumbien
Michaels erster Abstecher nach Lateinamerika führte ihn 1994 auf einem Schiff von den Bahamas nach Venezuela und Brasilien. Schwüle Nächte in Salvador und ein Hubschrauberflug über die Wasserfälle von Iguaçú weckten seine Sehnsucht nach mehr und Michael unternahm weitere Reisen nach Mexiko, Puerto Rico und in die Ostkaribik. 2005 und 2006 kehrte er nach Südamerika zurück, um die vierte Ausgabe des Lonely Planet Bands *Colombia* zu schreiben. Wer seiner Route durch Kolumbien folgen möchte, findet Michaels Autoren-Blog auf www.lonelyplanet.com.

THOMAS KOHNSTAMM Venezuela
Thomas bereist Lateinamerika mehr oder weniger nonstop seit 1996. Wenn er nicht gerade in Lateinamerika unterwegs ist, schreibt er in Seattle oder fährt irgendwo Ski.

Thomas liebt Venezuela wegen seiner vielfältigen Landschaften, Aktivitäten und Menschen. Er ist glücklich, während einer so faszinierenden Zeit in der Geschichte des Landes am Venezuela-Kapitel mitgearbeitet zu haben. Thomas schätzt außerdem die Tatsache, dass Venezuela im Vergleich zu anderen großen südamerikanischen Ländern in der Reisewelt noch immer als ein etwas unterbereistes Rätsel gilt.

CAROLYN MCCARTHY Chile
Carolyn lebt in Südchile, wo sie Trekkingtouren führt und die Pionierkultur Patagoniens studiert. Seit über drei Jahren nennt sie diese Oase von kristallklaren Flüssen, Vulkanen und Mate ihr Zuhause. Zuvor lebte Carolyn in Boston, Buenos Aires und Boulder, Colorado. Als ehemaliger Fulbright Fellow und freie Schriftstellerin war sie Mitautorin des Lonely Planet Bands *Ecuador & the Galapagos*. Ihre Arbeiten sind in zahlreichen Publikationen erschienen, z.B. in den Lonely Planet Bänden *The Middle of Nowhere* und *South American Explorer* und der Zeitung *The Boston Globe*.

REGIS ST. LOUIS Brasilien
Wie viele andere Reisende, Segler und ein oder zwei Könige hat sich Regis unsterblich in Brasilien verliebt. Nach seiner ersten Reise in die Tropen wurde im klar, dass seine Liebe zu Brasilien ewig sein würde, und er ist oft zurückgekehrt, um auf dem Amazonas zu segeln, durch das Pantanal zu trekken und durch die Straßen von Rio de Janeiro zu schlendern. Regis spricht Portugiesisch und Spanisch und hat viele Artikel über Brasilien und die Tropen verfasst. Er ist außerdem Autor der Lonely Planet Bände *Brazil* und *Rio de Janeiro*. Regis lebt in New York City.

LUCAS VIDGEN
Argentinien, Uruguay

Von Beginn an war Lucas Leben von geografischer Verwirrung geprägt: Gesegnet mit einem italienischen Vornamen, einem niederländischen Nachnamen und einem Zuhause in einem australischen Vorort namens Heidelberg erkannte er bald, dass sein Bestimmungsort woanders lag. Seitdem zieht er durch die Welt und macht häufiger Pause in Argentinien und Uruguay. In der „Freizeit" lebt Lucas in Guatemala, wo er *XelaWho* – das führende Kultur-/Nightlife-Magazin des Landes – herausgibt.

BEITRÄGE VON …

Lara Dunston verfasste den Kastentext über das südamerikanische Kino im Kapitel „Überblick". Laras erste Auslandsabenteuer waren Backpacker-Touren nach Mexiko und Kuba. Nachdem sie ihr Filmstudium und ihren ersten spielfilmlangen Kinofilm hinter sich gebracht hatte, machte Lara ihren Master in Internationale Studien in Lateinamerika und Spanisch. Für ihr Auslandsforschungsjahr über lateinamerikanisches Kino sah sie Hunderte von Filmen auf Festivals auf dem gesamten Kontinent, interviewte Filmemacher und unterrichtete Video in den Elendsvierteln Brasiliens und Perus. Mittlerweile arbeitet Lara als Vollzeit-Reiseschriftstellerin und das Thema ihrer Doktorarbeit (über Film und Reise) lässt genug Spielraum, um weitere Reisen nach Südamerika zu entschuldigen!

David Goldberg MD schrieb das Kapitel „Gesundheit". David absolvierte seine Ausbildung in Innerer Medizin und Infektionskrankheiten am Columbia-Presbyterian Medical Center in New York City, wo er außerdem als ehrenamtliche Lehrkraft tätig war. Derzeit arbeitet David als Spezialist für Infektionskrankheiten in Scarsdale, New York, und ist Chefredakteur der Website www.mdtravelhealth.com.

DIE LONELY PLANET AUTOREN

Warum gelten unsere Reiseführer als die besten der Welt? Ganz einfach: Unsere Autoren sind unabhängige und leidenschaftliche Globetrotter. Sie recherchieren nicht nur übers Internet oder Telefon, und sie lassen sich nicht mit Werbegeschenken für positive Berichterstattung schmieren. Sie reisen um den Globus, zu den touristischen Brennpunkten, aber auch darüber hinaus, querfeldein. Sie besuchen persönlich Tausende von Hotels, Restaurants, Cafés, Bars, Galerien, Schlösser, Museen und mehr – und schildern ihre Eindrücke gnadenlos ehrlich, ohne Schönfärberei. Weitere Infos gibt's auf www.lonelyplanet.com im Autorenbereich.

Reiseziel Südamerika

Machu Picchu (S. 1013) mit Blick über das Tal des Río Urubamba, Peru

Traveller lieben Südamerika – der Kontinent scheint fürs Reisen geschaffen. Hier steht man ständig vor echten Herausforderungen und wird dafür mit ungeahnten Hochgefühlen belohnt. Wer sich während einer Kanufahrt auf dem Amazonas schwindelig schwitzt, erlebt zum Ausgleich einen wunderbar kühlen Abend in einer Schwarzwasserlagune. Wer eine nervenaufreibende Busfahrt meistert, den erwartet ein Andenpanorama, das unendlich scheint. Wer sich dem Chaos einer gewaltigen Metropole wie Buenos Aires oder Salvador stellt, wird plötzlich die Erkenntnis erlangen, dass die Stadt einen Sinn ergibt. Wer Patagoniens windgepeitschten Regen erträgt, wird anschließend aus dem Zelt heraus einem unglaublichen Sonnenuntergang entgegenstolpern. Die wirkliche Belohnung ist aber die südamerikanische Seele. Es scheint, als ob sich der ganze Kontinent dem Leben auf dieselbe Weise nähert: wie einem guten Roadtrip, also mit runtergelassenem Fenster und lauter Musik. Die Annäherung ans Ungewisse steckt jeden an. Und die Musik? Sie lässt einen nie mehr los. Zu jedem Abenteuer gibt's einen Soundtrack. Samba würzt die sandigen Straßen der Strandorte Brasiliens, Panflöten beleben die Märkte der Anden, argentinische *folklórica* (Folklore) rieselt aus Truckradios in der argentinischen Pampa, und der rumpelnde Rhythmus der Cumbia lässt Busfahrten durch die Anden noch unwirklicher erscheinen. Südamerika ist nicht einfach nur ein Ort – es ist etwas, auf das man sich einlässt, das einen verschlingt und verändert. Die Verwandlung beginnt, sobald man den ersten Fuß auf südamerikanischen Boden setzt.

Meerechse, Galapagosinseln (S. 718), Ecuador

HIGHLIGHTS

DIE BESTEN ADRENALINKICKS

Fliegen in Pedra Bonita und Iquique Mit dem Drachen ab Pedra Bonita über Rio fliegen (S. 332) oder mit dem Gleitschirm über Brandung und Dünen in Iquique in Chile schweben (S. 525)

Surfen in Peru In den abenteuerlichen Lefts der Nordküste Perus surfen (S. 1030), eines Paradieses aus einsamen Breaks und Küstenwüsten

Bergsteigen in Zentralargentinien Ein Hochgefühl auf dem Cerro Aconcagua erleben (S. 143), dem höchsten Gipfel der westlichen Hemisphäre

Skifahren und Snowboarden in Portillo und Las Leñas Die Pisten von Portillo in Chile (S. 492) und Las Leñas in Argentinien (S. 145) hinuntercarven.

Raften in Futaleufú, Tena und Cusco Auf dem Río Futaleufú (S. 586), dem Río Misahuallí (S. 695) und dem Río Apurímac (S. 1001) raften – so gut, dass alle einzeln genannt sein müssen

DIE BESTEN PARKS & NATURATTRAKTIONEN

Iguaçú-Fälle Sich vom donnernden Tosen der großartigsten Wasserfälle der Welt (Argentinien, S. 100; Brasilien, S. 373) überwältigen lassen

Parque Nacional Los Glaciares Ehrfürchtig vor Argentiniens wachsendem Perito-Moreno-Gletscher (S. 178) stehen und auf dem Fitz-Roy-Massiv (S. 173) entlangwandern

Das Pantanal Das beste Wildlife-Watching des Kontinents in diesem riesigen brasilianischen Feuchtgebiet (S. 380), dem größten der Welt, erleben

Galapagosinseln Auf Ecuadors einzigartigem Archipel, der für seine furchtlose Tierwelt und seine Pflanzen berühmt ist (S. 718), Leguane bestaunen und mit Pinguinen schnorcheln

Parque Nacional Canaima Zwei der atemberaubendsten Naturattraktionen Südamerikas erleben: den Salto Ángel (Angel-Wasserfall; S. 1189) und den Roraima (S. 1192) in Venezuela

Tänzerin einer Karnevalsparade (S. 321), Rio de Janeiro

DIE BESTEN FESTIVALS & EVENTS

Karneval Bei Brasiliens riesigem Trinkgelage mitfeiern (Rio S. 333 oder Salvador S. 391) oder La Diablada in Oruro, Bolivien, erleben (S. 244)

Diablos Danzantes Das Wiegen und Wirbeln der tanzenden Teufel in den Straßen von San Francisco de Yare in Venezuela beobachten (S. 1143)

Buenos Aires Tango Buenos Aires einwöchiges Tangofestival mit Milongas, Shows und Straßenvorführungen in der ganzen Stadt feiern (S. 64)

Bumba Meu Boi Während des Musik-, Tanz- und Theaterfestivals mit Ochsenfiguren durch die Straßen von São Luís in Brasilien wirbeln (S. 427)

Silvester in Valparaíso Die Feuerwerke von einem Fischerboot betrachten oder sich dem Treiben in Chiles schönster Stadt anschließen (S. 497)

DIE BESTEN STRÄNDE

Parque Nacional Tayrona Einige der schönsten Strände des Landes im urwaldbedeckten Nationalpark (S. 840) an der Küste Kolumbiens erkunden

Praia do Gunga Auf dem feinen weißen Sand dieses wenig besuchten brasilianischen Paradieses entspannen (S. 408)

Archipiélago Los Roques An den weißen Stränden des karibischen Archipels schnorcheln, zelten, wandern oder das Nirwana finden (S. 1143)

Ilha Grande Zu dieser brasilianischen Insel segeln und tropische Strände, atlantische Regenwälder und ruhige Spaziergänge genießen (S. 346)

Punta del Diablo Die Massen hinter sich lassen und einen Ausflug zu dem vergessenen Fischerdorf an einem sensationellen Strand wagen (S. 1106)

Traditioneller *moai* aus weichem Vulkangestein, Rapa Nui (Osterinsel; S. 607)

DIE BESTEN STÄDTE

Buenos Aires Durch das grüne Palermo Viejo bummeln, das historische Viertel San Telmo erkunden, lecker essen und die Nacht durchtanzen (S. 50)

Paramaribo Sich von Surinams Hauptstadt, von niederländischer Kolonialarchitektur und lateinamerikanischer Kultur, faszinieren lassen (S. 766)

Rio de Janeiro Sich in die schönstgelegene Stadt der Welt und ihre *cariocas* (die Bewohner Rios) verlieben (S. 321)

Valparaíso Die Kopfsteinstraßen von Chiles Kulturhauptstadt entlangschlendern, die an steilen Hängen über dem Pazifik thront (S. 493)

Mérida Nach einem Tag Outdoorspaß die Nacht in dieser bescheidenen venezolanischen Universitätsstadt durchmachen (S. 1157)

DIE BESTEN HISTORISCHEN STÄTTEN

Machu Picchu Sich von Südamerikas berühmtester und spektakulärster archäologischer Stätte verzaubern lassen (S. 1013)

Ciudad Perdida Durch den Urwald zur „verlorenen Stadt" der Tayronas trekken, einer der größten präkolumbischen Städte Amerikas (S. 840)

Rapa Nui (Osterinsel) Die gewaltigen steinernen *moais* (Skulpturen in menschenhafter Form) auf dieser chilenischen Insel bewundern (S. 607)

Die Nazcalinien Über diese uralten und geheimnisvollen, nur aus der Luft sichtbaren Linienzeichnungen in Peru fliegen (S. 975)

Potosí Die unglaublich höllischen Genossenschaftsminen besichtigen, die den spanischen Kolonialismus finanziert haben (S. 273)

REISEROUTEN

DIE GROSSE RUNDE

Wie lange?
Die Große Runde: 4–8 Monate; die kurze Version: 6–8 Wochen

Wann?
Ganzjährig; Feb./März wer zum Karneval will; Dez.–März wer nach Patagonien will

Wie viel?
Wer spart: 20–25 US$/Tag

Das ist *die* Runde, die Mutter aller Trekkingtouren, die Zeit-spielt-keine-Rolle-Reise (plus eine Alternativroute für alle mit weniger Zeit).

Buenos Aires (S. 50) eignet sich prima zur Eingewöhnung. Wer Patagonien sehen will, fährt nach **Bariloche** (S. 153) und folgt der unten beschriebenen Südroute zurück nach Buenos Aires. Nun geht's weiter zu den **Iguazú-Fällen** (S. 373) und nach **Campo Grande** (S. 384) mit Wildlifetouren ins **Pantanal** (S. 380). Weiter geht's nach **Corumbá** (S. 385) und nach **Bolivien** (S. 200). Wer keine Zeit für die ganze Runde hat, erkundet Bolivien und reist weiter nach **Nordwestargentinien** (S. 102) und entlang den Anden nach **Mendoza** (S. 136). Rückflug von Buenos Aires oder **Santiago** (S. 476) in Chile.

Wer Zeit für die große Runde hat, fährt durch Bolivien und über den **Titicacasee** (S. 989) nach **Peru** (S. 940). Weiter geht's nach **Ecuador** (S. 620) und entlang der rechts beschriebenen Andenroute. Von der spektakulären **Zona Cafetera** (S. 864) in Kolumbien führt die Reise nach **Cartagena** (S. 841). Nach dem **Parque Nacional Tayrona** (S. 840) und der **Ciudad Perdida** (S. 840) geht's mit dem Bus von **Santa Marta** (S. 836), Kolumbien, nach **Maracaibo** (S. 1153), Venezuela. Nach Halt in **Mérida** (S. 1157) zum **Salto Ángel** (S. 1189) weiterreisen und nach **Roraima** (S. 1192). In Santa Elena de Uairén (S. 1193) geht's über die brasilianische Grenze nach **Manaus** (S. 442) und mit dem Boot nach **Belém** (S. 430). Nach dem Besuch des **Parque Nacional dos Lençóis Maranhenses** (S. 429) führt die Reise über **Jericoacoara** (S. 423), **Olinda** (S. 413) und **Salvador** (S. 388) zum glanzvollen Abschluss: **Rio de Janeiro** (S. 321).

Von der Pampa Argentiniens zum kühlen *páramo* der Anden, von der Karibik zum Amazonas windet sich die Große Runde durch sieben südamerikanische Länder und bietet dem ungebundenen Traveller jede Menge Stoff für Reiseberichte an Daheimgebliebene. Wer Patagonien sehen will, verbindet die Große Runde mit der Südtour.

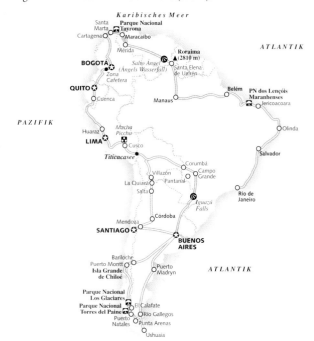

ANDENTOUR

Wer wilde Abenteuer erleben und einzigartige Bergpanoramen, reiche indigene Kulturen und phantastisches Kunsthandwerk sehen möchte, reist entlang den Anden von Ecuador nach Argentinien.

Nach der Landung in **Quito** (S. 632) und einiger Zeit der vor Kurzem restaurierten kolonialen **Altstadt** (S. 637) führt die Reise durch die vulkanreichen Anden. Nach Absolvierung des **Quilotoa-Loop** (S. 667) und einem Besuch der heißen Quellen von **Baños** (S. 668) geht es über das koloniale **Cuenca** (S. 678) weiter nach Peru. Wer Perus beste Trekking- und Bergsteiglocation auskosten will, bleibt länger in **Huaraz** (S. 1045). Perus absolutes Muss ist **Machu Picchu** (S. 1013), allerdings sollte man den überlaufenen Inkatrail meiden und eine alternative **Trekkingroute** (S. 1017) wählen. Von Machu Picchu geht es weiter über den schimmernden **Titicacasee** (S. 989) nach Bolivien. Wer Lust auf Wandern, Trekking oder Bergsteigen hat, ist in den **Cordillera Real & Yungas** (S. 231) genau richtig. Von hier geht es zu den halluzinogenen Landschaften um **Salar de Uyuni** (S. 252), über **La Quiaca** (S. 125) und die spektakuläre **Quebrada de Humahuaca** (S. 123) nach Argentinien. Die Reise führt weiter nach **Mendoza** (S. 136), nahe dem gewaltigen **Cerro Aconcagua** (S. 143).

Wer die Route variieren möchte, startet in **Cusco** (S. 996). Wer sie verlängern will, bricht in **Caracas** (S. 1125) auf und reist durch **Kolumbien** (S. 795).

Gelegenheiten für Kurzabstecher gibt es viele: Die naheliegendste ist ein Flug von Ecuador auf die **Galapagosinseln** (S. 718). Wer die ausgetrampelten Touristenpfade hinter sich lassen möchte, erkundet einige der abgelegensten Naturgebiete der Welt, beispielsweise den **Parque Nacional Manu** (S. 1063) in Peru oder den **Parque Nacionale Madidi** (S. 291) und den **Parque Nacional Noel Kempff Mercado** (S. 286) in Bolivien.

Wie lange?
Teilroute: 1 Monat;
Ganze Route: 2 Monate

Wann?
Ganzjährig

Wie viel?
10–25 US$/Tag
(zzgl. Galapagostrip)

Zusätzliche Abstecher nicht eingerechnet, windet sich die Andenroute durch das über 4000 km lange, wilde Andenhochland, vorbei an schneebedeckten Vulkanen, windgepeitschtem Páramos, indigenen Dörfern, phantastischen Panoramen und einigen der höchsten Gipfel der westlichen Hemisphäre. Hauptfortbewegungsmittel? Der Bus – selbst ein südamerikanisches Highlight!

DIE SÜDSPITZE

Wie lange?
3 Wochen für Eilige;
2 Monate für Genießer

Wann?
Mitte Nov.–Mitte April

Wie viel?
Argentinien:
15–20 US$/Tag;
Chile:
ca. 40 US$/Tag
(weniger für Camper)

Das windgepeitschte, gletschergespickte Patagonien ist ein magisches Ziel – ein Traum für Outdoorfans. Patagonien und den Archipel der Tierra del Fuego besucht man am besten von November bis März. Wer viel sehen und sparen will, der zeltet. Achtung: Hier kommt man nur sehr l-a-n-g-s-a-m vorwärts.

Los geht's in **Bariloche** (S. 153) im argentinischen Seengebiet, wo die Anden mit Wald und tiefblauen Seen übersät sind. Nicht den **Parque Nacional Nahuel Huapi** (S. 157) oder den **Parque Nacional Lanín** (S. 150) verpassen! Von Bariloche geht's weiter nach **Puerto Montt** (S. 573) in Chile und hinunter zum Archipel von **Chiloé** (S. 577). Nach der Erkundung der Inseln geht's mit der Fähre nach **Chaitén** (S. 583) und weiter nach **Futaleufú** (S. 585). Hier finden Raftingfans mit die besten Bedingungen des Kontinents. Nach Überquerung der argentinischen Grenze und einem Zwischenstopp in **Esquel** (S. 161) führt die Reise auf der holprigen RN 40 weiter nach **El Chaltén** (S. 173) im **Parque Nacional Los Glaciares** (S. 178). Hier kann man wandern und bergsteigen und dann den **Perito-Moreno-Gletscher** (S. 178) nahe **El Calafate** (S. 175) bewundern. Wer noch Energie hat, wandert an den berühmten Granittürmen **Torres del Paine** (S. 600) in Chile entlang und tankt in **Puerto Natales** (S. 597) wieder auf. Von hier geht's nach **Punta Arenas** (S. 592) und über die **Tierra del Fuego** (S. 603) weiter nach **Ushuaia** (S. 183) in Argentinien. Nun führt die Reise an der Atlantikküste zurück nach Norden, mit Zwischenstopps in der **Reserva Provincial Punto Tombo** (S. 172) und der **Reserva Faunística Península Valdés** (S. 169). Zurück in die Zivilisation findet man in **Buenos Aires** (S. 50).

Eine alternative aber teure Südroute führt an Bord der weltberühmten chilenischen **Navimag-Fähre** (S. 476) durch majestätische Fjorde nach Puerto Natales.

Wer dieses epische Abenteuer zu Ende bringt, hat 5000 km zurückgelegt und die schönsten Teile Patagoniens gesehen. Vorwärts geht's am billigsten per Bus oder Anhalter, aber man kann Seen überqueren und Flüge sind schneller. Auf Argentiniens RN 40 fahren Minibusse.

AMAZONAS & WEITER & WEITER ...

Nur wenige Flüsse beflügeln die Phantasie so sehr wie der Amazonas. Schon mal von einer Amazonasreise geträumt? Sie muss kein Traum bleiben! Aber gibt es schon Gründe dafür, warum das Gebiet westlich von **Manaus** (S. 442) in Brasilien nicht von Touristenmassen heimgesucht wird: Eine Amazonasfahrt kann trostlos, langweilig, ohne tolle Ausblicke, ungemütlich, heiß und dreckig sein. Ganz ehrlich: echt *hardcore*.

Um die Reise so lange wie möglich auszudehnen, sollte man in **Yurimaguas** (S. 1066) in Peru starten. Zum Aufwärmen geht's auf einer zehnstündigen Flussfahrt nach Lagunas, von wo sich die **Reserva Nacional Pacaya-Samiria** (S. 1066) erkunden lässt, und weiter nach **Iquitos** (S. 1066) am Río Marañón. Von Iquitos (nicht per Straße erreichbar) führt eine dreitägige Flussfahrt zum Dreiländereck Peru, Kolumbien und Brasilien. **Leticia** (S. 886) ist eine kurze Pause wert und bietet sich für eine Urwaldexkursion an. Dann gelangt man nach drei anstrengenden Tagen nach Manaus, aber der Abstecher zur phantastischen **Reserva de Desenvolvimento Sustentável Mamirauá** (S. 449) ist diese Mühe wert. In Manaus erreicht man touristisch gut erschlossenes Gebiet. Wenn man schon so weit gekommen ist, endet die Reise in der drei Tage entfernten majestätischen Stadt **Belém** (S. 430). Auf dem Weg dorthin lohnt sich ein Zwischenstopp in **Santarém** (S. 439), wo man die schöne Kleinstadt **Alter do Chão** (S. 441) besuchen kann.

Wer eine echte Herausforderung sucht, nimmt die ecuadorianische Öl-stadt **Coca** (S. 689) am Río Napo als alternative Ausgangsbasis. Von hier aus führt eine zwölf- bis fünfzehnstündige Reise nach **Nuevo Rocafuerte** (S. 692) an der peruanischen Grenze. Ab hier begibt man sich auf die sechstägige Flussfahrt nach Iquitos und von dort geht's weiter wie oben beschrieben.

Wie lange?
Wer richtig plant und keine Pausen einlegt (also Wahnsinnige): 2 Wochen; mit Pausen: 1 Monat

Wann?
Ganzjährig

Wie viel?
25–40 US$/Tag

Wer diese Wahnsinnstour zu Ende bringt, hat über 4000 km zurückgelegt, Hunderte Moskitos erschlagen, massenhaft lausiges Essen verspeist, einige echte Charaktere kennengelernt und viel Wasser gesehen – vor allem aber den Amazonas von seinem peruanischen Quellgebiet bis zum Atlantik befahren.

AUF IN DIE GUYANAS

Wie lange?
3 Wochen: machbar;
5 Wochen: viel Zeit zum
Im-Schlamm-stecken-
bleiben

Wann?
Ganzjährig;
Juli–Dez. ist optimal

Wie viel?
Französisch-Guyana:
60 US$/Tag;
Surinam: 25 US$/Tag;
Guyana: 30 US$/Tag

Sie sind teuer, sie sind schwer zu erreichen, sie sind größtenteils unbewohnt und sie sind sehr, sehr faszinierend – und *auf jeden Fall* abseits vom Touristenrummel. Wo man startet, hängt davon ab, wo man herkommt: Guyana über New York, Cayenne über Paris (ein französischer Inlandsflug!) oder Paramaribo über Amsterdam. Die folgende Reiseroute geht davon aus, dass die Traveller über Land aus Brasilien einreisen.

Von **Oiapoque** (S. 439) in Brasilien geht's in einem gemieteten Einbaum (es sei denn, die Brücke ist fertig) über den Oyapok nach **Französisch-Guyana** (S. 741). Hier beginnt offiziell touristisch unerschlossenes Gebiet. Von der Grenze fährt man mit dem Bus quer durch die fruchtbare, vergessene Landschaft (inklusive ausgebrannten Autos am Straßenrand) weiter nach **Cacao** (S. 750). Wer die Flora und Fauna der Gegend erkunden möchte, nimmt die zweitägige Wanderung entlang dem **Sentier Molokoï de Cacao** (S. 751) nach **Kourou** (S. 753) in Angriff. Von Kourou geht's mit der Fähre (oder einem etwas gemütlicheren Katamaran) durch haiverseuchte Gewässer zu den **Îles du Salut** (S. 754), einem ehemaligen Inselgefängnis, wo Besucher ihre Hängematten in den alten Gefängnisschlafsälen aufhängen können. Wieder auf dem Festland führt die Reise entlang der Küste nach **Awala-Yalimopo**, wo Schildkröten brüten (nur von April bis Juli; S. 758), und weiter über die Grenze nach **Surinam** (S. 762). Hier lädt das seltsam wunderbare **Paramaribo** (S. 766) für ein paar Tage ein, inklusive Ausflüge ins majestätische **Central Suriname Nature Reserve** (S. 771). Von Paramaribo geht es in westlicher Richtung nach **Nieuw Nickerie** (S. 772) und über die Grenze nach **Guyana** (S. 776). Weiter geht's Richtung Norden nach **Georgetown** (S. 780), von wo ein Abstecher mit dem Boot zum einsamen **Muschelstrand** (S. 787) führt. Wer will, unternimmt einen Ausflug ins Landesinnere zu den spektakulären **Kaieteur-Fällen** (S. 787). Wieder in Georgetown geht's mit dem Bus Richtung Süden durch die majestätische Rupununi-Savanne. Wer einige Augenblicke unermesslicher Abgeschiedenheit erleben möchte, stoppt unterwegs in **Annai** und **Lethem** (S. 788).

Wer die Guyanas erkundet, lässt den Touristentrubel hinter sich, reist rund 2500 km Luftlinie und sieht tropischen Urwald, faszinierende Hauptstädte, echtes Cowboyland und einige der unberührtesten Strände des Kontinents.

SURREALES SÜDAMERIKA

Reisen wird magisch, wenn das Reale zum Surrealen wird, was in Südamerika häufig der Fall ist. Einige Orte sind besonders seltsam und einen Abstecher unbedingt wert. In Venezuela werden Besucher des Lago Maracaibo Zeugen des **Blitzes von Catatumbo** (S. 1156). **Ecuador**-Besucher können ihren müden Gliedern in **Vilcabamba** (S. 687) eine Erholung verschaffen, wo die Menschen über 100 Jahre alt werden, die Berge wie Gesichter aussehen und die Kakteen lustige Sachen mit dem Verstand der Menschen machen. In Peru lohnt sich ein Flug über die **Nazcalinien** (S. 975) und der Anblick der Sonnenaufgänge nahe **Tres Cruces** (S. 1020). In Bolivien können Traveller die surrealen Landschaften von **Salar de Uyuni** (S. 252) bewundern, und der **Schrein der Difunta Correa** (S. 144) in Argentinien ist eins der merkwürdigsten Objekte überhaupt.

Wer Lust auf ein wirklich bizarres Erlebnis hat, knüpft seine Hängematte im verlassenen Inselgefängnis der **Îles du Salut** (S. 754) in Französisch-Guyana auf. Ein Zwischenstopp in der seltsam verlassenen Stadt **Humberstone** (S. 527) in Chile lohnt sich auf jeden Fall. Das Einzige, was an die surreale, mondartige Beschaffenheit des **Parque Provincial Ischigualasto** (S. 144) in Argentinien herankommt, sind die Sanddünen des traumartigen **Parque Nacional dos Lençóis Maranhenses** (S. 429) in Brasilien. Wer alles gesehen hat, verbringt eine Luxusnacht in der unübertroffenen architektonischen Surrealität des **Hotel Unique** (S. 352) in São Paulo.

PARTYTOUR

Weil Feiern oft der beste Weg ist, um Einheimische kennenzulernen, sollte man erwägen ... sich einfach anzupassen.

Uniatmosphäre und Musik die ganze Nacht machen **Mérida** (S. 1157) zum besten Partyort Venezuelas. Die Guyaner sagen allerdings, dass die heißeste Party der Karibik in Georgetowns **Sheriff Street** (S. 785) stattfindet. Natürlich kann eine Nacht im wunderschönen **Cartagena** (S. 841) in Kolumbien Reisende vom Gegenteil überzeugen. Die wirklich beste Party findet aber in **Cali** (S. 867) statt. Wem der Sinn nach dörflicher Strandszene steht, ist in **Montañita** (S. 709) in Ecuador richtig. In Peru lädt Limas Viertel **Barranco** (S. 965) zu einer nächtlichen Tour ein. Neuen Freunden spendiert man später einen Drink in der Sanddünenoase von **Huacachina** (S. 974).

Egal wofür man sich entscheidet, eine Nacht in **Buenos Aires** (S. 50), die nach Mitternacht mit einem obligatorischen Zug durch die Bars in Palermo Viejo beginnt, sollte man keinesfalls verpassen. Wer die Reise richtig plant, wird Zeuge der sommerlangen Party im schicken **Punta del Este** (S. 1104) in Uruguay. Aber natürlich kann niemand behaupten, in Südamerika gefeiert zu haben, ohne in Brasilien gewesen zu sein: auf nach **Salvador** (S. 388) wegen der Musik und dann weiter zum Epizentrum der wilden Feste: **Ipanema** (S. 327) in Rio de Janeiro. Den Trip ausklingen lässt man in **Arraial d'Ajuda** (S. 404) oder **Jericoacoara** (S. 423) an der Nordküste Brasiliens.

Bevor es losgeht

Die mentale Vorbereitung auf die Reise (manche nennen das „Planen")
ist der halbe Spaß. Dieses Kapitel enthält Infos darüber, wann man am
besten reist und wo man wie viel Geld loswerden kann. Und es wirft
einen kurzen Blick auf das, was Südamerika für seine Besucher bereithält.
Weitere nützliche Infos zu Themen von Aktivitäten bis Zoll gibt's im
Kapitel „Allgemeine Informationen" (S. 1209).

Länderspezifische Informationen gibt's unter „Klima" im Abschnitt „Allgemeine Informationen" der einzelnen Länderkapitel.

REISEZEIT

Südamerika erstreckt sich von den Tropen, wo drückend heißes Tiefland
nur Stunden von kühlem Hochland entfernt ist, bis fast zur Antarktis,
deshalb hängt die Frage nach dem Wann vom Wohin ab.

Die beste Reisezeit zum Bergsteigen und Trekken in den Anden von
Ecuador, Peru und Bolivien sind die trockeneren Monate Mai bis September, beides ist aber ganzjährig möglich. Das Amazonasgebiet kann
man auch das ganze Jahr über besuchen, aber regionale Regenzeiten am
Amazonas erleichtern Flussreisen. Die Skisaison in Argentinien und Chile
dauert von Juni bis September. Patagonien besucht man am besten in den
Sommermonaten Dezember bis April, aber in der Hauptreisezeit Januar
und Februar sind Hotels und Campingplätze voll und die Preise am
höchsten.

Die unzähligen farbenfrohen Festivals (s. S. 1214) des Kontinents können bei der Reiseplanung ebenfalls eine Rolle spielen. Der Karneval, das
berühmteste Event von allen, findet Ende Februar/Anfang März statt.

Südamerikaner lieben es, zwei bis drei Wochen um die Semana Santa
herum (Karwoche/Ostern) und an den Weihnachts- und Neujahrstagen
zu verreisen. Im Juli und August sind ausländische und inländische Touristen in Scharen unterwegs. In diesen Hauptreisezeiten sind Hotels und
öffentliche Verkehrsmittel am überfülltesten und die Preise am höchsten.
Andererseits kann die Fest- und Urlaubsatmosphäre herrlich ansteckend
sein.

PREISE

Brasilien, Chile, Venezuela, Uruguay, Guayana, Französisch-Guayana und
Surinam sind die teuersten Länder. Bolivien, Ecuador, Kolumbien und
– wie Traveller auf der ganzen Welt mittlerweile wissen – Argentinien
sind die billigsten Länder.

AN ALLES GEDACHT?

Nicht vergessen: In Südamerika gibt es fast alle Dinge des täglichen Lebens zu kaufen. Einige Sachen
sind aber oft schwer zu finden. Weitere Infos gibt's im Kapitel „Allgemeine Informationen" (S. 1209).
Folgendes sollte im Gepäck nicht fehlen:

- Wecker
- Große Südamerikakarte
- Klebeband
- Ohrstöpsel
- Erste-Hilfe-Kasten
- Universeller Wasserstöpsel

- Insektenschutzmittel
- Kopien wichtiger Dokumente
- USB-Stick für digitale Speicherung
- Schweizer Armeemesser oder Multitool (mit Flaschenöffner)
- Taschen- oder Stirnlampe

WAS KOSTET DIE WELT?

Wer zu zweit reist, und zwar vorwiegend per Bus, in preiswerten, aber sauberen Hotels übernachtet, einheimische Restaurants und Essensstände nutzt, hin und wieder etwas Geld für Sightseeing oder einen netten Abend ausgibt und keine saftig-teuren Ausflüge oder Reisen in abgelegenere Regionen unternimmt, sollte folgende Mindestkosten pro Person und Tag veranschlagen:

- Argentinien – 20–25 US$
- Bolivien – 15–25 US$
- Brasilien – 35–45 US$
- Chile – 35–40 US$
- Ecuador – 15–20 US$
  (mehr mit einem Trip zu den Galapagosinseln)
- Französisch-Guyana – 50–60 US$
- Guyana – 25–30 US$
- Kolumbien – 15–25 US$
- Paraguay – 20–30 US$
- Peru – 15–25 US$
- Surinam – 25–30 US$
- Uruguay – 25–35 US$
- Venezuela 20–50 US$

Generell ist es pro Kopf billiger, wenn man zu zweit oder zu dritt reist, sich wenig in Großstädten aufhält und sich Zeit lässt. Die Kosten schießen in die Höhe, sobald man sich Annehmlichkeiten wie Klimaanlage und eigenes Bad, teure Ausflüge zu Orten wie den Galapagosinseln oder Aktivitäten wie Skifahren oder Clubbing leistet.

Reiseschecks (am besten in US$) sind die sicherste Art, Bargeld mitzuführen, aber bestimmt nicht die praktischste. Da man beim Einlösen zu den normalen Banköffnungszeiten oft Schlange stehen muss, sind Bankkarten eine wesentlich bessere Alternative. Geldautomaten gibt's in den meisten Städten und größeren Orten.

Weitere Infos gibt's unter „Geld" im Abschnitt „Allgemeine Informationen" der einzelnen Länderkapitel und im Kapitel „Allgemeine Informationen" am Ende dieses Buches (S. 1209).

ERLEBNIS STRASSE

Egal ob man per Anhalter durch das chilenische Patagonien reist, am Straßenrand in den ecuadorianischen Anden auf einen Milchlaster wartet oder bei einer haarsträubenden Fahrt durch den bolivianischen

ZEHN SPARTIPPS

Wer einige altbewährte Tipps befolgt, muss mit Einheimischen nicht um den letzten Peso feilschen:

- Campen wo es geht, vor allem in Patagonien und in Gärten von Hostels.
- Kleidung in Hotelwaschbecken waschen.
- Touren in Gruppen unternehmen: Je mehr Teilnehmer, desto größer die Chance, zu feilschen.
- Tagsüber aufs Taxi verzichten und laufen oder Busse benutzen.
- Restaurants meiden und stattdessen auf Märkten einkaufen und im Freien essen.
- Stets nach dem *almuerzo* oder *menú* (Mittagsmenü) fragen.
- In Ländern wie Argentinien oder Brasilien mit Nachtbussen fahren und so Hotelkosten sparen.
- Mit 2.-Klasse-Bussen fahren.
- Langsam reisen.
- Museen an eintrittsfreien Tagen besuchen.

altiplano auf die Luftbremsen lauscht – Südamerikas Straßen bieten unvergessliche Erlebnisse. In der Tat behaupten manche, die Straße *sei* das Erlebnis.

Und dann ist da noch das *Leben* auf der Straße. Das ist in Südamerika immer eine Herausforderung. Aber das macht ja gerade den Reiz des Kontinents aus. Hier geht es beim Reisen darum, sich für eine Abfahrt im Morgengrauen wach zu kämpfen, nachdem man die ganze Nacht von einem plärrenden Fernseher vom Schlaf abgehalten wurde. Darum, auf einer langen Busfahrt viel Staub einzuatmen, während man panisch versucht zu erraten, welche der vor den Fenstern vorbeifliegenden Ortschaften die ist, die man besuchen wollte. Darum, die große Erleichterung zu spüren, wenn man endlich ankommt und feststellt, dass der Rucksack noch auf dem Busdach ist. Hier geht es um den Anblick der bettelnden Kinder, die anstrengende Strecke zum Hotel, eine schmerzhafte Blase und den Reiz eines neuen Ortes – all die Dinge, die den Verstand von einem Gefühlsextrem ins nächste katapultieren.

Der Hotelmanager sagt, die Duschen seien warm, aber das Wasser, das aus dem Duschkopf geschossen kommt, ist so kalt wie ein patagonischer Gletscher. Es gibt keinen Toilettensitz. (Aber wenigstens verhalten sich die Eingeweide ruhig.) Das soll ein Ventilator sein? Klingt wie ein Hubschrauber! O.k. – essen. Dann Rucksack abstellen, Karte raus, Markt suchen, Pass einstecken (oder dalassen?) und los geht's. Die Sonne fühlt sich toll an. Dann verläuft man sich, der Blutzuckerspiegel fällt und die Stimmung auch, man erreicht endlich den Markt, riecht den Duft der Mangos, versucht zu handeln, hat aber keine Ahnung, was der Obstverkäufer sagt, bezahlt schließlich – wird vielleicht übers Ohr gehauen? und geht weiter, um einen Platz zu finden, wo man essen kann. Und dann ist plötzlich alles eine reine, unvergleichliche Wonne.

VERHALTENSTIPPS
Vorstellung
Südamerikaner sind im Allgemeinen gesellig, überhaupt nicht schnell beleidigt und sie möchten vor Beginn einer Unterhaltung Höflichkeiten austauschen. Diesen Teil des sozialen Umgangs auszulassen wird als rüde und sehr taktlos empfunden. Das Verhalten in der Öffentlichkeit ist oft sehr förmlich, besonders unter Regierungsbeamten, die Respekt und Ehrerbietung erwarten. Informelle Vorstellungen sind andererseits entspannt und freundlich. In Ländern wie Argentinien, Chile und Französisch-Guayana begrüßen Männer und Frauen andere Frauen mit einem Wangenkuss statt per Handschlag. Männer begrüßen andere Männer normalerweise per Handschlag – es sei denn, sie sind gut befreundet. Dann begrüßen sie sich auch mit einem Wangenkuss. In Ländern wie Ecuador und Guayana ist der Handschlag bei formellen und bei informellen Vorstellungen üblich. Im Zweifelsfalle sollte man abwarten und es dem Gegenüber gleichtun.

DOS & DON'TS

- 10 % Trinkgeld geben, falls der *servicio* (Service) nicht in der Rechnung enthalten ist.
- Mit Respekt feilschen.
- Mit Abenteuerlust essen.

- Nicht ohne Erlaubnis Menschen fotografieren.
- Sich nicht unwohl fühlen, wenn man von Bewohnern der Anden angestarrt wird.
- Nicht zögern, Essen von Fremden abzulehnen.

Indigene Bevölkerung

Das Wort *indígenas* bezeichnet indigene Männer und Frauen, die vor allem in den Anden und im Amazonasbecken heimisch sind. Hin und wieder hört man auch den Begriff *indio/a*, mit dem *mestizos* (Menschen gemischter, also indigener und europäischer Abstammung) um sich werfen, aber er wird als sehr abwertend betrachtet.

Der Zugang zu vielen entlegenen Amazonasgebieten, in denen die Menschen die traditionellsten Lebensformen beibehalten haben, unterliegt harten Beschränkungen, und diese Beschränkungen müssen unbedingt respektiert werden. Sie helfen, unerwünschte äußere Einflüsse zu verhindern und die Gemeinden vor Krankheiten zu schützen, gegen die sie wenig immun sind.

Andere indigene Gruppen oder Untergruppen haben ihre Türen für Touristen geöffnet, die ihre Kultur kennenlernen möchten. Ausflüge zu indigenen Gemeinschaften sind Highlights bei Reisen durch Südamerika. Traveller sollten aber nicht vergessen, Zeremonien und Rituale auch dann ernst zu nehmen, wenn sie speziell für Besucher organisiert werden – schließlich haben sie trotzdem einen gewichtigen Ursprung. Ayahuasca und andere psychoaktive Drogen spielen eine wichtige Rolle im religiösen Leben einiger Gemeinschaften des Regenwalds. Ausländischen Besuchern ist es aber per Gesetz verboten, solche Drogen zu konsumieren, obwohl

---

TOP TEN

Alben

- *África Brasil* von Jorge Ben (Brasilien, 1976)
- *Arepa 3000: A Venezuelan Journey into Space* von Los Amigos Invisibles (Venezuela, 2000)
- *La Argentinidad al Palo 1 & 2* von Bersuit Vergarabat (Argentinien, 2004)
- *The Nada* von Kevin Johansen + the Nada (Argentinien/USA, 2001)
- *Jolgorio* von Peru Negro (Peru, 2004)
- *Os Mutantes* von Os Mutantes (Brasilien, 1968)
- *Salsa Explosiva!* von Fruko y sus Tesos (Kolumbien, US-Veröffentlichung, 2004)
- *Samba Esporte Fino* von Seu Jorge (Brasilien, 1999)
- *Tribalistas* von Tribalistas (Brasilien, 2003)
- *Tropicalia: Ou Panis Et Circenses* von verschiedenen Künstlern (Brasilien, 1967)

Pflichtlektüre

- *Dona Flor und ihre zwei Ehemänner* von Jorge Amado (Brasilien, 1978)
- *Fiktionen* von Jorge Luis Borges (Argentinien, 1944)
- *Himmel und Hölle* von Julio Cortázar (Argentinien, 1963)
- *Das Geisterhaus* von Isabel Allende (Chile, 1982)
- *In Patagonien* von Bruce Chatwin (England, 1977)
- *Marching Powder* von Rusty Young (Australien, 2002)
- *Hundert Jahre Einsamkeit* von Gabriel García Márquez (Kolumbien, 1967)
- *Die offenen Adern Lateinamerikas* von Eduardo Galeano (Uruguay, 1971)
- *Papillon* von Henri Charrière (Frankreich & Französisch-Guayana, 1970)
- *Der Geschichtenerzähler* von Mario Vargas Llosa (Peru, 1987)

einige Gesinnungslumpen Trips auf der Straße der Schamanen anbieten. Auf jeden Fall sollte man sich gut informieren.

Kleidung

Saloppe Kleidung ist mittlerweile weitgehend akzeptiert, aber die meisten Südamerikaner legen noch immer enormen Wert auf ihre persönliche Erscheinung, vor allem am Abend. Ausländische Besucher sollten zumindest sauber und ordentlich gekleidet sein, wenn sie einheimischen Standards entsprechen und von Beamten, Geschäftsleuten und anderen Fachleuten mit Respekt behandelt werden möchten. Wer abends ausgeht, fällt im Backpacker-Outfit überall auf, außer in reinen Gringotreffs.

Für Menschen mit bescheidenen Mitteln besitzen selbst die Traveller mit knappstem Budget ein beträchtliches Vermögen. Wer teure Kameras, Armbanduhren und Schmuckstücke zur Schau stellt, zieht mit hoher Wahrscheinlichkeit Diebe an. Polizei- und Militärbeamte werden oft schlecht bezahlt und sind auf reiche Besucher, die sich unangemessen verhalten, nicht immer unbedingt gut zu sprechen. (Soll heißen: Bestechungsversuche könnten erwartet werden.)

Sex

Sexuelle Kontakte zwischen Einheimischen und Besuchern, Männern und Frauen, Heteros und Homos sind ziemlich üblich, und einige Regionen könnte man durchaus als Sextourismusziele beschreiben. Prostitution existiert, vor allem in Brasilien, wo der Unterschied zwischen Prostitution und Promiskuität gelegentlich verschwimmt. Kinderprostitution ist nicht verbreitet, es gibt sie aber leider. Wer für das Anwerben von Kindern schuldig gesprochen wird, muss mit harten Strafen rechnen, und entsprechende Fallen bilden sehr reale Risiken. Aids ist unter Hetero- und Homosexuellen gleichermaßen verbreitet und entsprechender Schutz stets angebracht.

Fotografieren

Menschen (besonders Zugehörige indigener Gruppen) sollte man nicht fotografieren, ohne sie vorher zu fragen. Falls jemand eine öffentliche Vorstellung gibt, beispielsweise ein Straßenmusiker oder Karnevalstänzer, oder zufällig auf einem Foto ist, beispielsweise auf einer großen Stadtaufnahme, ist es normalerweise nicht notwendig, um Erlaubnis zu bitten – im Zweifelsfalle sollte man aber fragen oder von der Aufnahme absehen. Mehr Infos gibt's auf S. 1215.

Überblick

AKTUELLE ENTWICKLUNGEN

Man müsste schon in einem unterirdischen Bunker im paraguayischen Chaco stecken, um die Entwicklung zu verpassen, die Südamerika ergriffen hat: Der ganze Kontinent neigt sich politisch nach links – und wie. Überall auf dem Kontinent haben die Südamerikaner in Wahlkabinen ihrer Frustration über korrupte Regierungen und der Politik des Internationalen Währungsfonds (IWF), der Weltbank und der USA, die diese genährt hat, Ausdruck verliehen. Die Botschaft: Wir machen die Dinge auf *unsere* Art.

Wer heute eine Liste südamerikanischer Regierungschefs erstellt, wird sich nicht mehr wundern, wenn sich das Weiße Haus und internationale Kreditgeber besorgt zeigen. Der begeisterte Antiamerikaner und selbsternannte Sozialist-Revolutionär Hugo Chávez regiert Venezuela und betrachtet Fidel Castro als einen seiner engsten Verbündeten. Der Linke und ehemalige Schuhputzjunge Luiz Inacio „Lula" da Silva regiert Brasilien. Im Jahr 2005 wählten die Uruguayer Tabare Vazquez, der umgehend die Beziehungen seines Landes zu Kuba wiederherstellte, einen Energieplan mit Venezuela unterzeichnete und weitreichende Sozialpakete für Arme ankündigte. Im Dezember 2005 wählten die Bolivianer den ehemaligen Kokabauer Evo Morales, der sich selbst als „Washingtons Albtraum" bezeichnet, zum ersten indigenen Präsidenten des Landes. In einem gewagten Schritt verstaatlichte Morales im Jahr 2006 die Naturgasvorkommen des Landes und trieb Pläne für die Landreform weiter voran.

Im Jahr 2006 wählten die Chilenen Michelle Bachelet zu Südamerikas zweiter demokratisch gewählter Präsidentin. Die 54 Jahre alte Kinderärztin ist Agnostikerin, Sozialistin, langjährige Menschenrechtsaktivistin und alleinerziehende Mutter dreier Kinder – wohl kaum Nebensächlichkeiten in einem überwiegend katholischen Land, das erst zwei Jahre vor der Wahl Bachelets Scheidungen legalisierte. Sogar Argentiniens Mitte-Links-Präsident Nestor Kirchner bezog im Jahr 2005 klare Position gegen die höheren Mächte: Er beglich Argentiniens Gesamtschulden beim IWF, um dadurch die von der Institution geforderten Reformen zur Liberalisierung zu umgehen.

Aber natürlich dreht sich nicht alles immer nur um Politik. Heiß diskutieren die Traveller jetzt über Kolumbien – wichtig ist nicht die Tatsache, dass das internationale Kaffeesymbol Juan Valdez im Jahr 2006 seinen Schauspielerhut an den Nagel gehängt hat (was wirklich stimmt), sondern dass das Land mittlerweile für Besucher sicherer geworden ist. Von 2004 bis 2005 stieg die Anzahl ausländischer Besucher um 21 Prozentpunkte. Außerdem gehört Kolumbien mittlerweile zu den wenigen südamerikanischen Ländern, die Schritte – kleine Schritte, aber dennoch Schritte – zur Legalisierung von Abtreibungen unternehmen. Das überrascht etwas, wenn man bedenkt, dass die Wiederwahl von Alvaro Uribe im Jahr 2006 Kolumbien als eine der letzten Bastionen des Konservatismus auf dem Kontinent bestätigte.

Argentinien hält noch immer den Titel des hippsten Hotspots und Reisen dort bleibt billig, trotz des anhaltenden Wirtschaftswachstums – gute Nachrichten für Traveller und Einheimische. Im Jahr 2006 überzeugte ein deutscher Forscher die peruanische Regierung, den dritthöchsten Wasserfall der Erde, den Gocta-Wasserfall im Amazonasbecken, zu

---

Warum die südamerikanischen Länder die von den USA unterstützte gesamtamerikanische Freihandelszone (FTAA auf Englisch; ALCA auf Spanisch) auf dem Amerika-Gipfel in Mar del Plata im Jahr 2005 blockierten, wird auf der Website von Global Exchange (www.globalexchange.org) erläutert.

Als Evo Morales zum ersten indigenen Präsidenten Boliviens gewählt wurde, behielt er seinen saloppen Kleidungsstil bei und seine gestreiften Wollpullis an. Kurz darauf verkauften alle Geschäfte Pullis mit Streifen und ein bolivianischer Designer entwarf sogar eine Kollektion namens „Evo Fashion".

Im Oktober 2005 drängte der venezolanische Präsident Hugo Chávez einheimische Familien, Halloween zu boykottieren. Er nannte das Fest ein „Spiel der Angst" und Teil der US-amerikanischen Kultur der Angsterzeugung.

kartografieren, zu vermessen und seine Existenz der Welt mitzuteilen. Einheimische (die den Fluch einer Meerjungfrau fürchteten, würde man den Ort verraten) hatten den Wasserfall bis zum Jahr 2002 geheim gehalten. Im Mai 2006 wurde Sao Paulo, Brasilien, von einer Welle der Gewalt erschüttert, als protestierende Gefängnisgangs die Ermordung von 41 Polizeibeamten organisierten. Die Polizei reagierte mit der Tötung von 107 Menschen, ein Vorgehen, das von Menschenrechtsorganisationen als Rückfall in die Zeit der brasilianischen Diktatur bezeichnet wurde.

Alle Nachrichten scheinen jedoch vor dem beliebtesten Event der Südamerikaner zu verblassen: der Fußballweltmeisterschaft. Leider schaffte es im Jahr 2006 keine südamerikanische Mannschaft ins Finale, obwohl die hoffnungsvollen Brasilianer und vor allem die Argentinier anfänglich stark gespielt hatten. Beide Mannschaften wurden im Viertelfinale von Frankreich bzw. Deutschland geschlagen. Die große Überraschung war die ecuadorianische Mannschaft, die erst zum zweiten Mal bei einer Fußballweltmeisterschaft angetreten ist und gleich das Achtelfinale erreichte – und dort gegen England verlor. Aber die nächste Weltmeisterschaft kommt bestimmt.

GESCHICHTE
Die ersten Südamerikaner

Vor langer Zeit (irgendwann vor 12 500 bis 70 000 Jahren) zogen Menschen aus Asien über eine Landbrücke über die Beringstraße nach Alaska. Als Jäger und Sammler bahnten sie sich langsam ihren Weg in Richtung Süden. Zwischen 5000 und 2500 v. Chr. entwickelte sich Siedlungslandwirtschaft in und um das heutige Peru. Aus den entstehenden Gesellschaften gingen schließlich große Zivilisationen hervor, von denen das Inkareich die am weitesten entwickelte war.

In seiner Blütezeit regierte das Inkareich über mehr als 12 Mio. Menschen aus 142 verschiedenen Kulturen und 20 Sprachgruppen. Die Straßen des Reiches führten auf über 8000 km durch die Anden.

Die Spanier kommen

Zur Zeit der spanischen Invasion im frühen 16. Jh. hatte das Inkareich den Höhepunkt seiner Macht erreicht. Es herrschte über Millionen Menschen von Nordecuador bis Zentralchile und Nordargentinien, wo sich die indigenen Einwohner, die zu araukanischen Sprachgruppen gehörten, heftig gegen die Eindringlinge aus dem Norden wehrten.

Die Spanier erreichten Lateinamerika erstmals im Jahr 1492, als Christoph Kolumbus zufällig auf die karibischen Inseln stieß – er war von der spanischen Königin Isabella beauftragt worden, einen neuen Weg zu den Gewürzinseln in Asien zu finden. Der portugiesische Seefahrer Vasco da Gama hatte inzwischen den neuen Seeweg nach Asien gefunden. Diese spektakulären Entdeckungen verschärften die brodelnde Rivalität zwischen Spanien und Portugal. Um ihre jeweiligen Ansprüche bezüglich der neu entdeckten Länder zu klären, beschlossen sie, dass es an der Zeit war, ein entsprechendes Abkommen zu schließen.

www.lonelyplanet.de   ÜBERBLICK ·· Geschichte   **27**

Teilen & Herrschen

Im Jahr 1494 trafen sich spanische und portugiesische Abgesandte, um eine hübsche kleine Linie 48° westlich von Greenwich zu ziehen: So erhielt Portugal Afrika und Asien und Spanien die gesamte Neue Welt. Es war ziemlich bedeutsam, dass die brasilianische Küste (die erst sechs Jahre später entdeckt wurde) durch das Abkommen den Portugiesen zufiel – jetzt erhielt auch Portugal Zugang zum neuen Kontinent.

Von 1496 bis 1526 war Panama das Basislager für zahlreiche spanische Entdeckungsreisen. Gerüchte entstanden über ein goldenes Königreich südlich von Panama. Sie bewegten Francisco Pizarro dazu, die spanischen Behörden zu überzeugen, dass sie eine 200 Mann starke Expedition finanzierten.

Zu der Zeit, als Pizarro auf die Inka traf, wurde das Reich von Zwietracht und Bürgerkrieg heimgesucht und konnte durch die Invasion dieser kleinen spanischen Truppe leicht verwundet werden. Pizarros gut bewaffnete Soldaten versetzten die Einheimischen in Angst und Schrecken, aber seine tödlichste Waffe waren Infektionskrankheiten, gegen die die indigene Bevölkerung nicht immun war. Der Inkaherrscher Huayna Capac starb um 1525, wahrscheinlich an den Pocken.

Lima, das im Jahr 1535 als Hauptstadt des neuen Vizekönigreichs Peru gegründet wurde, bildete die Ausgangsbasis für nachfolgende Erkundungen und Eroberungen und wurde zum Machtzentrum der Spanier in Südamerika. Bis 1572 hatten die Spanier zwei aufeinanderfolgende Inkaherrscher – Manco Inca und Tupac Amaru – besiegt und getötet, und so Spaniens Vorherrschaft über den größten Teil des Kontinents gefestigt.

Der im Jahr 1552 veröffentlichte leidenschaftliche Bericht von der Verwüstung der westindischen Länder *von Bartolomé de las Casas ist einer der wenigen in der Zeit der spanischen Eroberung verfassten Texte, der den indigenen Amerikanern wohlwollend gegenüberstand.*

Silber, Sklaverei & Separation

Nach der Eroberung ließen die Spanier, die vor allem wild auf Gold und Silber waren, die indigene Bevölkerung in den Minen und Feldern des Kontinents gnadenlos schuften. Die einheimische Bevölkerung nahm aber rapide ab, vor allem weil viele Menschen an den eingeschleppten Krankheiten starben. In viele Teile des Kontinents wurden deshalb afrikanische Sklaven eingeführt, um den Mangel an indigenen Arbeitskräften auszugleichen, vor allem auf brasilianischen Plantagen und in bolivianischen Minen.

Die Unabhängigkeitsbewegung der spanischen Kolonien begann Ende des 18. Jhs.: Spanien benötigte seine Energie und seine Truppen für den Krieg gegen Frankreich verlor deshalb allmählich die Kontrolle über seine Kolonien. Am Ende des Krieges im Jahr 1814 hatten Venezuela und Argentinien ihre Unabhängigkeit von Spanien erklärt und in den nächsten sieben Jahren folgten die anderen spanischen Kolonien diesem Beispiel. Brasilien wurde im Jahr 1807 autonom und im Jahr 1822 schließlich unabhängig.

1963: Antônio Carlos Jobim schreibt den Bossa-Nova-Hit Girl From Ipanema

1973: General Augusto Pinochet verdrängt den Chilenischen Präsidenten Allende, eine brutale 17-jährige Diktatur beginnt

2001–02: Dezember: Argentiniens Wirtschaft bricht zusammen; 1. Januar: Eduardo Duhalde wird der fünfte Präsident innerhalb von zwei Wochen **Heute**

1940	1950	1960	1970	1980	1990	2000	2001	2006

1952: Der zukünftige Revolutionär Che Guevara bereist mit dem Motorrad Südamerika

1967: Gabriel García Márquez' Hundert Jahre Einsamkeit erscheint und hat weltweit Erfolg

1976: Am 24. März löst ein Militärputsch den Schmutzigen Krieg in Argentinien aus. Bis 1983 verschwinden ca. 30 000 Menschen

2006: Boliviens Evo Morales verstaatlicht die Naturgasindustrie des Landes

Unabhängigkeit & Abhängigkeit

Als die Länder ihre Unabhängigkeit erreicht hatten, füllten konservative Landbesitzer (bekannt als Caudillos) das vom Kolonialregime hinterlassene Machtvakuum. Starke Diktaturen, Perioden der Instabilität und krasse Ungleichheit zwischen den mächtigen Eliten und den entrechteten Massen kennzeichneten seither die meisten südamerikanischen Länder.

Nach dem Zweiten Weltkrieg, der den Beginn der Industrialisierung des Kontinents markierte, nutzten die meisten südamerikanischen Länder die angebotenen Auslandskredite und -investitionen, um fehlendes Kapital auszugleichen. Dieses Vorgehen führte zu den schweren Schuldenkrisen der 1970er- und 1980er-Jahre, in denen südamerikanische Regierungen immer neue Kredite aufnahmen und die Gewinne aus Industrie und Landwirtschaft auf westlichen Bankkonten und in den Taschen korrupter südamerikanischer Beamter verschwanden. Diktaturen erweckten den Anschein von Stabilität. Aber Unterdrückung, Armut und Korruption führten in vielen Ländern dazu, dass Guerillabewegungen entstanden, vor allem (und vor Kurzem) in Peru und in Kolumbien (nähere Infos gibt's in den einzelnen Länderkapiteln). Viele Probleme, mit denen Südamerika heute konfrontiert ist, sind direkte Folgen der Auslandsschulden und der auf Korruption und Ungleichheit basierenden Systeme aus der Kolonialzeit und den frühen Jahren der Unabhängigkeit. Dass in der letzten Zeit immer mehr populistische und nationalistische Führer an die Spitze gewählt werden (s. „Aktuelle Entwicklungen", S. 25), ist vorwiegend eine demokratische Reaktion auf die unpopulären Sparmaßnahmen, die den Ländern des Kontinents vom IWF und der Weltbank aufgezwungen wurden.

KULTUR
Die indigene Kultur

Wer an indigene Einwohner Südamerikas denkt, dem kommen wahrscheinlich zuerst die farbenfroh gekleideten *indígenas* (indigene Völker) des Andenhochlands oder die Völker der Amazonasregenwälder in den Sinn. Die Quechua und andere Sprachgruppen im Hochland von Bolivien, Ecuador und Peru leben seit Jahrhunderten Seite an Seite mit den zahlenmäßig überlegenen *mestizos* (Menschen gemischter, also indigener und europäischer Abstammung) – wenn auch nicht völlig konfliktfrei. Ihre starken, unabhängigen Kulturen haben dem Wandel der Zeit getrotzt und das Land (etwa durch Musik, Essen und Sprache) durch und durch geprägt. Traveller können einfach auf diese indigenen Kulturen treffen, z. B. im Bus, auf dem Markt oder wenn sie ein Dorf besuchen. Viele indigene Völker sind freundlich zu Ausländern, viele aber auch vorsichtig, weil Fremde ihre Völker über Jahrhunderte brutal unterdrückt haben.

Das Leben der Regenwaldvölker ist ganz anders als das, was einige Reiseführer beschreiben, die es auf dieser Welt gibt. Traveller werden normalerweise keine indigenen Regenwaldbewohner in traditioneller Kleidung treffen, es sei denn, diese sind für touristische Zwecke so gekleidet – was an sich nicht schlimm ist, aber man sollte sich dessen bewusst sein. Die meisten Regenwaldgemeinschaften sind erst vor Kurzem zum ersten Mal mit der westlichen Welt konfrontiert worden. Viele erleben die vollständige Umwälzung – und mögliche Vernichtung – ihrer Kulturen und Lebensweisen. Und die Kultur, auf die die Traveller treffen, befindet sich inmitten eines dramatischen Wandels.

In Bolivien, Peru und Ecuador leben prozentual gesehen die meisten *indígenas*, vor allem im Hochland. Andere bedeutende Gruppen sind die

---

Aktuelles zu den Überlebenskämpfen der indigenen Bevölkerung in ganz Amerika und anderswo auf der Welt gibt's unter „News" auf der Website „Survival International" (www.survival-international.org).

SÜDAMERIKANISCHES KINO *Lara Dunston*

Der Film erreichte Südamerika, als die französischen Brüder Lumière, die Erfinder der ersten Kinokamera, Teams um die Welt schickten, um ihre Erfindungen vorzuführen (und zu verkaufen). Im Jahr 1896 reisten die ersten Kamera- und Vorführungsteams nach Buenos Aires und Rio de Janeiro (mit Zwischenstopps in Mexiko City und Havanna). Die am besten entwickelten Filmindustrien des Kontinents befinden sich heute interessanterweise in Argentinien und Brasilien, wo auch die anspruchsvollsten Kinofilme Südamerikas produziert werden.

Den Lumière-Teams folgten bald Kamerateams der American Biograph Company, die exotisches Filmmaterial auf dem Kontinent aufnehmen sollten. Somit wurden die ersten Bilder Südamerikas, die der Rest der Welt sah, von Ausländern gemacht – Vorläufer der Programme, die wir heute auf Reisesendern zu sehen bekommen. Diese Filme zeigten dem Rest des Globus die herrliche Architektur und die belebten Straßen, die traditionellen Rituale und farbenfrohen Festivals und den politischen Pomp und die Zeremonien südamerikanischer Städte sowie malerische alte Ruinen, traumhafte Landstriche, üppige Urwälder und dürre Landschaften. Zweifellos inspirierten sie viele Reisende, Abenteurer und Opportunisten, ans „Ende der Welt" zu reisen.

In Südamerika selbst konnten die Menschen, die an den Eisenbahnstrecken lebten, als erstes die Faszination Kino erleben. Dann kamen geschäftstüchtige, mobile Männer der bewegten Bilder (*comicos de la legua*) mit ihren pferdegezogenen Vorführungshäusern in die Städte, um temporäre Kinos einzurichten. Heute gibt es in den meisten größeren Ortschaften Kinos, von modernen Multiplexkinos in schicken Einkaufszentren bis zu stimmungsvollen Programmkinos, die anspruchsvolle Filme zeigen, die außerhalb Südamerikas kaum zu sehen sind. Wer sich die Mühe macht, nach diesen kleinen Perlen Ausschau zu halten, wird garantiert nicht enttäuscht.

Wie die gesamte industrielle Entwicklung des Kontinents, so schritt auch die Entwicklung der Filmindustrie in Ländern wie Bolivien, Chile, Peru und Venezuela langsam und stockend voran. Einige Länder erlebten im 20. Jh. sporadische Aktivitätsschübe, während in kleinen Ländern wie Ecuador, Paraguay und Uruguay bis vor Kurzem nur wenige Filme produziert wurden. Obwohl die Produktionskosten in Südamerika relativ niedrig sind, ist die Finanzierung eines Kinofilms kostspielig. Deshalb ist Filmemachen oft handwerklicher Natur, mit kleinen Crews, einfacher Ausstattung und natürlichem Licht. Die industriell weiterentwickelten Länder Argentinien und Brasilien können aber auf eine lange Geschichte recht kontinuierlicher Studioproduktionen im Hollywoodstil zurückblicken, mit treuen Zuschauern vor Ort und Märkten in ganz Südamerika, Spanien und Portugal.

Obwohl Hollywood den Kontinent immer ausreichend mit spanischsprachigen Fassungen seiner Filme versorgt hat, sind viele eigenständige südamerikanische Genres entstanden. Die brasilianische *chanchada* ist ein komisches, karnevalartiges Musical, während sich in argentinischen *tangueras* alles um den Tango dreht. Es gibt mehrere Versionen des westlichen Cowboygenres, darunter argentinische *gaucho*-Filme, die oft auf epischen Romanen basieren, und der brasilianische *cangaçeiro*. Melodramen waren schon immer in ganz Südamerika beliebt und brachten Stars wie die brasilianische Sängerin und Schauspielerin Carmen Miranda und den argentinischen Sänger Carlos Gardel hervor, deren Anziehungskraft sich über den Kontinent bis nach Hollywood verbreitete. Diese Klassiker sind an Zeitungsständen in den meisten kleineren und größeren südamerikanischen Städten erhältlich.

Traditionell behandeln südamerikanische Filme häufig soziopolitische Themen, von den Genrefilmen der 1940er- und 1950er-Jahren über die deutlich politischeren Filmen der 1960er- und 1970er-Jahre bis hin zu den innovativen Dramen der 1980er- und 1990er-Jahre. Diese Filme thematisierten die Kämpfe der Armen, Benachteiligten und Enteigneten. Ihre Handlungen drehten sich beispielsweise um die Unterdrückung indigener Arbeiter durch Landbesitzer, die Vergewaltigung eines Dienstmädchens durch ihren Herren und die anschließende Rache, das schwierige Leben eines politischen Gefangenen oder die Suche einer alten Frau nach ihrem verwaisten, während der Militärdiktatur gestohlenen Enkelkind.

Luis Puenzos Film *Die offizielle Geschichte* (1984) über Argentiniens „dreckigen kleinen Krieg" und die Opfer der Militärjunta (die *desaparecidos*) vermittelt eine Vorstellung davon, warum die „Mütter der Plaza de Mayo" 25 Jahre lang vor den Präsidentenpalast in Buenos Aires marschierten. Der Film *Gedächtnisschwund – Amnesia* (1994) des Chilenen Gonzalo Justinianos handelt von dem

30 ÜBERBLICK •• Südamerikanisches Kino   www.lonelyplanet.de

Unvermögen eines Mannes, die Greueltaten zu vergessen, die während der Schreckensherrschaft des Diktators Augusto Pinochet von Soldaten verübt wurden.

Die Filme der 1960er- und 1970er-Jahre waren die politisch radikalsten und Teil einer kontinentweiten idealistischen Bewegung, die als „das neue lateinamerikanische Kino" *(el nuevo cine latinoamericano)* bekannt wurde. Inspiriert von der italienischen neorealistischen Bewegung der Nachkriegszeit gingen viele südamerikanische Filmemacher in den 1950er-Jahren nach Rom, um Film zu studieren. Sie kamen zurück in ihre Heimat und drehten Filme, die die Realitäten des zeitgenössischen südamerikanischen Lebens zeigten und die Menschen zu gesellschaftlichen Veränderungen motivieren sollten. Statt sie zu kaschieren, betonten diese oft dokumentationsartigen Filme ihre niedrigen Budgets und schufen einen einzigartigen visuellen Stil, rau aber reich, schlicht und manchmal surreal. Ihre karge Ästhetik entsprach den Philosophien der Filmemacher: Argentiniens Fernando Solanas und Octavio Getino arbeiteten an der Entwicklung eines „dritten Kinos" (eines Kinos der dritten Welt) und Brasiliens Glauber Rocha an der Darstellung der „Ästhetik des Hungers".

Solanas und Getino sind am besten bekannt für ihre innovative, collagenartige, vierstündige, linkspolitische Dokumentation *Die Stunde der Hochöfen* (1968). Der außergewöhnlich beeindruckende Film, der heimlich gedreht und gezeigt wurde, sollte die Zuschauer politisch motivieren, sich für Perón und gegen soziale Ungerechtigkeit einzusetzen – und erwies sich als äußerst erfolgreich. Zwanzig Jahre später erhielt Solanas in Cannes die Auszeichnung für die beste Regie für seinen faszinierenden Spielfilm *Sur – Süden* und im Jahr 2005 den Beifall der Kritiker für seine Dokumentation *La Dignidad de los Nadies* (Die Würde der Ärmsten), die Argentiniens jüngste politischen und wirtschaftlichen Krisen und deren Auswirkungen auf das alltägliche Leben behandelte. Rochas Epos *Gott und Teufel im Land der Sonne* aus dem Jahr 1964 über die Kämpfe der verarmten Bevölkerung im Nordosten des Landes wird von vielen als der beste brasilianische Film aller Zeiten betrachtet, gefolgt von Rochas Film *Antonio das Mortes* aus dem Jahr 1968 über eine Auftragsmörderin, der ihm in Cannes die Auszeichnung für die beste Regie einbrachte.

In den 1980er- und 90er-Jahren entwickelte sich in ganz Südamerika eine einzigartige Filmform des magischen Realismus, der in der Literatur seit dem vorigen Jahrhundert existiert hatte und durch Autoren wie Gabriel García Márquez und Isabelle Allende berühmt geworden war. Der Film *Rantes – Der Mann, der nach Südosten schaut* des argentinischen Regisseurs Eliseo Subielas ist ein frühes Beispiel. Diese Jahrzehnte sahen außerdem die Rückkehr zum Melodrama, wobei solche „Frauenfilme" nun von Feministinnen wie der Argentinierin María Luisa Bemberg gedreht wurden. Bemberg begann ihre Karriere erst als geschiedene Großmutter im Alter von über 50 Jahren. Außerhalb Argentiniens ist sie am besten bekannt für *Die Leidenschaften der Miss Mary* (1986), ein Drama über die gesellschaftliche Unterdrückung von Frauen, in dem Julie Christie die Gouvernante einer wohlhabenden argentinischen Familie spielte. Bembergs bizarre Romantikkomödie *De Eso No Se Habla (*Darüber spricht man nicht, 1994) war wesentlicher leichter im Ton. Hier spielte Marcello Mastroianni einen weltmännischen, älteren Junggesellen, der sich in ein zwergwüchsiges Dorfmädchen verliebt und ein glückliches Leben führt, bis ein Zirkus in die Kleinstadt kommt.

Das 21. Jh. sah eine neue Welle südamerikanischer Filme, die an den Kinokassen sowohl im In- als auch im Ausland so erfolgreich waren wie nie zuvor. Der Brasilianer Walter Salles, der zuerst mit *Central Station* (1998) Aufmerksamkeit erregte, inszeniert einfache, aber lebensverändernde Geschichten in phantastischen Umgebungen und ist einer der produktivsten Filmemacher Südamerikas. Fernando Meirelles wurde hoch gelobt für *Cidade de Deus* (Die Stadt Gottes, 2002), das brutale aber lebendige Porträt einer *favela* (eines Armenviertels) in Rio. In Argentinien hat Lucrecia Martel, Regisseur der Filme *Der Morast* (2001) und *Das heilige Mädchen* (2004), die beide in Salta spielen, außergewöhnliche Einblicke in die komplexe Vielschichtigkeit von Familienbeziehungen gegeben.

Die eine Konstante im südamerikanischen Kino ist der Sinn für den Ort, für Schauplätze und Bilder. Überwältigende Landschaften haben stets eine große Rolle gespielt, von den realitätsfernen, ländlichen Utopien der 1940er- und 1950er-Jahren zu den realistischeren Porträts der indigenen Landkämpfe der 1960er- und 1970er-Jahre. Das Land inspiriert noch immer zeitgenössische Filmemacher. Die unzähligen, eindrucksvollen Bilder des Kontinents sind selbst zutiefst politisch und persönlich und erzählen die größere Geschichte von Ausbeutung und Entwicklung, Kampf und

www.lonelyplanet.de   ÜBERBLICK •• Südamerikanisches Kino   **31**

Überleben und neuer Blüte Südamerikas – Themen, die sehr gekonnt in die Filmstoffe eingewoben werden.

Die besten Filmfestivals

- Mar Del Plata Film Festival (www.mardelplatafilmfest.com), Mar Del Plata, Argentinien, März – Eine phantastische Lage am Meer und viele glamouröse Stars auf einem der angesehensten Festivals des Kontinents.
- Mostra International Film Festival (www.mostra.org), São Paulo, Brasilien, Oktober bis November – Dieses hervorragende Festival zeigt eine enorme Vielzahl an Independentfilmen aus Lateinamerika und dem Rest der Welt in einer Reihe von Kinos in São Paulo.
- Festival Internacional de Cine (www.festicinecartagena.com), Cartagena, Kolumbien, März – Eines der ältesten Filmfestivals Südamerikas mit Filmvorführungen in der ganzen Stadt sowie Workshops und Seminaren an Universitäten. Bestens geeignet, um junge Filmemacher und Studenten kennenzulernen.
- Uruguay International Film Festival (www.cinemateca.org.uy), Montevideo, Uruguay, April – Dieses relaxte Festival des lateinamerikanischen Kinos gibt Besuchern die Gelegenheit, sich im charmanten Montevideo unter eine hippe, junge Menschenmenge zu mischen.

Pflichtfilme

- *Die Reise des jungen Che*, Regie: Walter Salles, Brasilien, 2004 – Che Guevaras legendäre Motorradfahrt durch Südamerika, die in den 1950er-Jahren sein Leben veränderte.
- *Cidade de Deus* (Die Stadt Gottes), Regie: Fernando Meirelles, Brasilien, 2002 – Ein seltener Einblick in das Leben in Rio de Janeiros *favelas* (Armenvierteln).
- *Central Station*, Regie: Walter Salles, Brasilien, 1998 – Die sentimentale Reise einer hart gewordenen, alten Frau und eines Waisenjungen in den Sertão auf der Suche nach seiner Familie.
- *Historias Minimas* (Kleine Geschichten), Regie: Carlos Sorín, Argentinien, 2002 – Ein komplexes Porträt scheinbar einfacher Menschen in atemberaubenden patagonischen Landschaften.
- *Nueve Reinas* (Neun Königinnen), Regie: Fabián Bielinsky, Argentinien, 2000 – Eine unberechenbare, spannende Tour durch das Buenos Aires der Betrugskünstler und Schwindler.
- *Der Morast*, Regie: Lucrecia Martel, Argentinien, 2001 – Ein spannungsgeladenes klaustrophobisches Familiendrama, das sich in einem schwülen Sommer in Salta abspielt.
- *Play*, Regie: Alicia Scherson, Chile, 2005 – Ein faszinierender verwirrender Film über zwei junge Leute, die in den einsamen Straßen des heutigen Santiago nach Liebe suchen.
- *En la Puta Vida* (Scheißleben), Regie: Beatriz Flores Silva, Uruguay, 2001 – Eine außergewöhnliche Komödie über die flüchtigen, lebensverändernden Ereignisse im Leben einer jungen Frau, die von einer Friseurin in Montevideo zur Prostituierten in Barcelona wird.
- *La Sombra del Caminante* (Der Schatten des Wanderers), Regie: Ciro Guerra, Kolumbien, 2004 – Dieser preisgekrönte Film erzählt die bewegende Geschichte zweier sehr unterschiedlicher, aber gleichermaßen problembeladener Männer, die sich im Zentrum von Bogotá begegnen.
- *1809–1810 Mientras Llega el Dia* (1809–1810 Vor Tagesanbruch), Regie: Camilo Luzuriaga, Ecuador, 2004 – Das Porträt einer stürmischen Liebesaffäre zwischen einem Akademiker und seiner Studentin in Ecuador am Vorabend der Revolution von 1810.

Ebenfalls sehenswert:

- *Orfeu Negro* (Schwarzer Orpheus), Regie: Marcel Camus, Brasilien, 1959
- *Machuca, mein Freund,* Regie: Andrés Wood, Chile, 2004
- *Rantes – Der Mann, der nach Südosten schaut,* Regie: Eliseo Subiela, Argentinien, 1986
- *Die offizielle Geschichte,* Regie: Luis Puenzo, Argentinien, 1985
- *Kleine Ratten,* Regie: Sebastian Cordero, Ecuador, 1999
- *Bombón – Eine Geschichte aus Patagonien,* Regie: Carlos Sorín, Argentinien, 2004

Tikuna, die Yanomami und die Guaraní in Brasilien, die Mapuche in Nordpatagonien, die Aymara in Bolivien und die Atacameños und die Aymara in Chiles *altiplano* (Andenhochebene).

Musik

Wie buchstabiert man Leben in Südamerika? M-u-s-i-k. Würde sie verstummen, käme der gesamte Kontinent zum Stillstand. Südamerikas Musiklandschaft ist unglaublich vielfältig, und die populäreren Stile – Samba, Lambada und Bossa Nova aus Brasilien, der argentinische Tango, die kolumbianische Salsa und die *música folklórica* der Anden (traditionelle Andenmusik) – sind international bekannt. Es gibt aber unzählige regionale Stile, die für ausländische Ohren vermutlich neu sind, darunter der *vallenato* aus Kolumbien, afroperuanische Musik, der *joropó* aus Venezuela, der *chamamé* und die *cumbia villera* aus Argentinien und der *forró* und der *carimbó* aus Brasilien. Für all jene, denen westliche Popmusik mehr liegt, gibt es reichlich *rock en español* (spanischsprachigen Rock) und Nueva Canción (politische Volksmusik) in Argentinien und Chile. Einflüsse auf die südamerikanische Musik sind ebenso vielfältig: osteuropäische Polkas, afrikanische Rhythmen und nordamerikanischer Jazz und Rock machen den Mix aus.

> Interesse an Musik? Der „Music"-Link unter „Humanities" auf der englischsprachigen Website des Latin American Network Information Center (Lanic; www.lanic.utexas.edu) enthält Links zu allen Infos über südamerikanische Musik, die online verfügbar sind.

Bevölkerung & Menschen

Über drei Viertel aller Südamerikaner leben in Städten, während große Gebiete, etwa das Amazonasbecken und die Atacamawüste, relativ unbewohnt sind. Bevölkerungswachstum und interne Migration haben zur Entstehung von Superstädten geführt, beispielsweise São Paulo (11 Mio. Ew.; 20 Mio. inkl. Großraum), Buenos Aires (13,5 Mio. inkl. Großraum), Rio de Janeiro (11–12 Mio. im gesamten Großraum), Lima (7,6 Mio.) und Bogotá (7,5 Mio.). In diesen riesigen Metropolen herrschen mit die heftigsten sozialen und ökologischen Probleme des Kontinents.

Die Rate der Kindersterblichkeit ist in einigen Ländern schockierend hoch, vor allem in Bolivien, Brasilien und Peru. Ein großer Anteil der südamerikanischen Bevölkerungen ist unter 15 Jahre alt (30 %), in einigen Ländern (insbesondere Bolivien, Brasilien, Kolumbien, Ecuador, Peru und Venezuela) beträgt dieser Anteil fast 40 %! Es ist anzunehmen, dass diese Völker weiterboomen werden, wenn diese Gruppe das gebärfähige Alter erreicht, und es ist anzuzweifeln, dass die Wirtschaft der einzelnen Länder in der Lage sein wird, in so kurzer Zeit ausreichend Beschäftigung für so viele Menschen bereitzustellen.

Obwohl die meisten Südamerikaner *mestizos* sind, halten sich sehr viele Einwohner von Peru, Ecuador selbst für *indígenas*. Viele Brasilianer berufen sich auf afrikanische Abstammung und die Guyanas bilden ein Mosaik aus Indern, Indonesiern, Afrikanern, Criollos, Chinesen und deren Nachfahren. Selbst in den ethnisch homogensten Ländern (z. B. Argentinien, Chile und Paraguay) finden sich in der Bevölkerung Syrer, Chinesen, Japaner und andere Einwanderer und ihre Nachfahren.

Religion

Rund 90 % der Südamerikaner sind zumindest offiziell römisch-katholisch. So gut wie jeder Ort – ob Stadt, Kleinstadt oder Dorf – hat eine zentrale Kirche oder eine Kathedrale und einen Kalender, der bis zum Rand mit katholischen Feiertagen und Festen gefüllt ist. Die Verbreitung des Glaubens war eines der Hauptziele der Kolonialisierung.

Den indigenen Völkern Südamerikas diente das Bekenntnis zum Katholizismus oft als geschickte Tarnung für religiöse Überzeugungen, die von der Kirche verboten wurden. Ebenso gaben schwarze Sklaven in Brasilien ihren afrikanischen Göttern, die sie nur unter erschwerten Bedingungen oder überhaupt nicht anbeten durften, christliche Namen und Formen. Synkretische religiöse Überzeugungen und Praktiken, beispielsweise Candomblé in Brasilien, nehmen noch immer zu, schließen aber einen christlichen Glauben nicht aus. Es ist kein Widerspruch, heute an einer Messe teilzunehmen und morgen Rat bei einem *brujo* (Hexenmeister) zu suchen.

In den letzten Jahrzehnten haben verschiedene protestantische Religionsgemeinschaften die traditionell katholische Bevölkerungsstruktur aufgelockert. Darüber hinaus gibt es überall auf dem Kontinent jüdische und muslimische Minderheiten.

Sport

Baseball, Stierkampf, Hahnenkampf und Rodeo sind in einigen südamerikanischen Ländern von Bedeutung, aber nichts verbindet die meisten Südamerikaner so sehr wie Fußball, die nationale Leidenschaft eines jeden Landes. Im Jahr 2002 gewann Brasilien seinen fünften Weltmeistertitel und hält den Weltrekord der meisten WM-Titel. Argentiniens „Boca Juniors" sind eine der bekanntesten Mannschaften der Welt. Wer einen Einheimischen zum Plaudern bringen möchte, muss nur das berüchtigte Hand-Gottes-Tor des ehemaligen „Boca Junior"-Stars Diego Maradona erwähnen, das im Jahr 1986 die englische Mannschaft aus dem Turnier faustete: Maradona erzielte das Tor mit der Hand. Die Fußballleidenschaft kann jedoch auch ins Extreme abkippen: Nachdem der kolumbianische Verteidiger Andreas Escobar in einem Weltmeisterschaftsspiel gegen die USA im Jahr 1994 ein Eigentor erzielt hatte, trafen ihn vor einem Nachtclub in Medellín zehn Kugeln. Der Polizei zufolge schrie der Schütze nach jedem Schuss „*Gol!*". Gelinde gesagt: Fußball wird ernst genommen. Jedes Jahr findet die südamerikanische Meisterschaft statt, die Copa Libertadores. Die Copa América wird in ungeraden Jahren abgehalten und ist eine kontinentale Meisterschaft, zu der auch nicht-südamerikanische Teams eingeladen werden.

www.latinamericanfoot ball.com informiert über Aktuelles zu allen Fußballspielen und -turnieren auf dem Kontinent und dem Rest der Welt.

Volleyball ist mittlerweile in ganz Südamerika auch sehr beliebt, vor allem in Brasilien. Dort spielen die Menschen außerdem eine Abwandlung namens *futvolei,* bei der die Spieler ihre Füße statt der Hände benutzen.

Rallyes sind in Chile, Argentinien, Bolivien und Brasilien en vogue. Argentinien ist bekannt für Polo, am besten schaut man sich in Buenos Aires ein Spiel an.

NATUR & UMWELT
Das Land

Die längste zusammenhängende Bergkette der Welt, die Cordillera de los Andes, bahnt sich ihren Weg fast 8000 km von Venezuela nach Südpatagonien und bildet den westlichen Rand des südamerikanischen Kontinents. Die von Vulkanen durchsetzten Anden sind Teil des vulkanischen Feuerrings, der von Asien über Alaska nach Feuerland verläuft. Östlich der Anden bedeckt das Amazonasbecken – das größte Flussbecken der Welt – Teile Boliviens, Venezuelas, Kolumbiens, Perus, Ecuadors, der Guyanas und Brasiliens. Im Zentrum des Kontinents (in Teilen Brasiliens, Boliviens und Paraguays) erstreckt sich das riesige Pantanal, das größte Feuchtgebiet der Erde auf dem Festland. Ja – Südamerika ist wirklich *groß.*

Die geografische Nebenbühne bietet weitere geophysische Besonderheiten: das Orinocobecken, das die *llanos* (Ebenen) Venezuelas entwässert, den öden Chaco in Südbolivien, Nordwestparaguay und Nordargentinien, das weitläufige Paraná-Paraguay-Flusssystem, die fruchtbare Pampa in Argentinien und Uruguay und das trockene, mystische Patagonien im tiefsten Süden.

Tiere & Pflanzen

Die zahlreichen Habitate Südamerikas zeichnen sich im Allgemeinen durch ihre spezifische Flora und Fauna aus. Hier die wichtigsten:

REGENWÄLDER IM AMAZONASBECKEN

Der tropische Regenwald ist das komplexeste Ökosystem der Welt. Ein Blick auf das Amazonasgebiet zeigt es: Rund 50 000 höhere Pflanzenarten leben hier, ein Fünftel der Gesamtzahl weltweit. Manche seiner 2 ha großen Abschnitte beherbergen über 500 Baumarten, in einem vergleichbaren Abschnitt Wald in mittleren Breitengraden findet man gerade mal drei bis vier. Eine Studie fand in fünf kleinen Abschnitten 3000 Käferarten und schätzte, dass wenig bis gar kein Sonnenlicht zum Waldboden durchdringt und fast alles Leben in den Bäumen zu finden ist.

Im Amazonasgebiet leben über 75 Affenarten und es macht einen Heidenspaß, nach ihnen Ausschau zu halten. Außerdem gibt es Faultiere, Ameisenbären, Gürteltiere, Tapire, Kaimane, rosa und graue Delphine, Amazonasmanatis und Jaguare, die größten Katzen der westlichen Hemisphäre. Und die Möglichkeiten zur Vogelbeobachtung sind hier natürlich ebenfalls unglaublich.

TROPISCHE NEBELWÄLDER

In abgelegenen Tälern in höheren Lagen fangen sich Wolken in tropischen Wolkenwäldern, die den Wald in feinen Nebel hüllen und so wunderbar zarten Pflanzenformen das Überleben ermöglichen. Nebelwaldbäume haben in der Regel einen niedrigen, knorrigen Wuchs, ein dichtes, kleinblättriges Blätterdach und moosbewachsene Äste, die Orchideen, Farne und unzählige andere Epiphyten (Pflanzen, die Feuchtigkeit und Nährstoffe ohne Bodenwurzeln sammeln) stützen. Solche Wälder beheimaten sehr seltene Tierarten, beispielsweise den Wolltapir, den Andenbär und den Puma. Einige Nebelwaldgebiete sind Heimat für über 400 Vogelarten.

HÖHENGRASLÄNDER

Noch höher gelegen als der Nebelwald ist der *páramo,* der Naturschwamm der Anden. Hier sind das Klima rau, die UV-Strahlung hoch und die Böden nass und torfig. Der *páramo* ist ein sehr spezielles, weltweit einzigartiges Habitat, das sich vom Hochland Costa Ricas zum Hochland Nordperus erstreckt. Seine Flora umfasst vorwiegend Hartgräser, Polsterpflanzen und kleine Kräuterpflanzen sowie Dickichte aus *queñoa*-Bäumen (neben Himalajakiefern die höchsten Bäume der Welt). Zu seiner Fauna gehören Andenfüchse, Hirsche und *vicuña* (ein wilder, goldfarbener Verwandte des Lamas).

ZENTRALANDEN

Ein weiteres einzigartiges Ökosystem erstreckt sich zwischen der Küste und der *cordillera,* von Nordchile bis Nordperu. Die Atacamawüste, die trockenste Wüste der Welt, liegt an der Küste im Regenschatten der Anden und ist fast völlig unfruchtbar. Der kalte peruanische Strom (der Humboldtstrom) sorgt in diesen tropischen Breitengraden für eine gemäßigte Temperatur und erzeugt konvektive Nebel (*garúa* oder *camanchaca),* die die Hangvegetation (*lomas)* in den Küstengebieten unterstützt.

Von seiner unscheinbaren Quelle im Hochland Perus bis zu seiner Mündung nahe Belém in Brasilien misst der Amazonas über 6200 km. Seine Durchflussmenge ist zwölfmal größer als die des Mississippis, er führt ein Fünftel des gesamten Süßwassers der Welt, und in 24 Stunden schaufelt er so viel Wasser in den Atlantik wie die Themse in einem Jahr.

SAVANNEN

Savannen sind riesige, tropische und halbtropische Grasländer, die eher niedrig liegen und in denen in der Regel kaum Bäume wachsen. Weil sie so offen sind, kann man hier am besten die südamerikanische Flora und Fauna beobachten. Die berühmteste Savanne Südamerikas ist das brasilianische Pantanal, das sich bis nach Bolivien erstreckt. Andere Savannen sind beispielsweise die *llanos* in Venezuela und die Pampa in Südbrasilien und Argentinien.

TROPISCHE TROCKENWÄLDER

Heiße Gebiete mit wohldefinierten Regen- und Trockenzeiten fördern das Wachstum von Trockenwäldern. In Südamerika findet man diese Klimabedingungen vor allem in Küstennähe im Norden des Kontinents. Da die Bevölkerung in vielen dieser Küstenregionen dicht ist und schnell wächst, schwindet das Habitat des tropischen Trockenwalds rasch – nur rund 1 % ist noch unberührt. Der majestätische *Ceiba* (Kapokbaum) ist die dominante Spezies des Waldes. Er hat einen riesigen, dicken Stamm und jahreszeitlich bedingte weiße Blüten, die wie Glühbirnen von den ansonsten kahlen Ästen hängen. In diesen Wäldern leben Papageien, Sperlingspapageien, Affen und viele verschiedene Arten von faszinierenden Reptilien.

> Wer es glaubt oder nicht, im Amazonasgebiet gibt es noch immer Stämme, die noch nie Kontakt zur Außenwelt hatten. Einer der bemerkenswertesten sind die Tageiri, eine Gruppe der ecuadorianischen Huaorani, die alle Kontaktversuche der Außenwelt – oft mit Gewalt – abgewehrt haben.

MANGROVEN

In den Küstengebieten von Brasilien, Kolumbien, Ecuador, Venezuela und den Guyanas wachsen Mangroven – Bäume, die im Salzwasser leben können. Mangroven haben ein weitverzweigtes System aus miteinander verschlungenen Stelzenwurzeln, die den Baum in instabilen Sand- oder Schlammböden stützen. Mangrovenwälder sammeln Sedimente und fördern dadurch die Entstehung eines fruchtbaren organischen Bodens, der wiederum andere Pflanzen versorgt. Ihre Wurzeln bieten vielen Fischarten, Weich- und Krustentieren einen geschützten Lebensraum und in ihren Äste können Seevögel nisten.

Nationalparks

In Südamerika gibt es über 200 Nationalparks und unzählige Provinzparks und Privatreservate. Diese Parks und Reservate sind zweifellos eines der Highlights des Kontinents und umfassen jedes erdenkliche Gelände, von tropischem Regenwald und Nebelwald zum *páramo* der Anden zu tropischen und gemäßigten Küstenregionen. Die beliebtesten Parks haben gut entwickelte touristische Infrastrukturen und sind gut zu erreichen – und ziehen deshalb in der Hauptsaison die Massen an. Einige Parks haben nur einfache Campingeinrichtungen oder Unterkünfte und schwer erkennbare Pfade und, falls man Glück hat, beantwortet einem ein Parkranger die wichtigsten Fragen. Andere Parks kann man ohne Vierradantrieb oder Privatboot gar nicht erreichen. Karten gibt's hier kaum. Wer trekken möchte, sollte sich vorab informieren und in größeren Städten nach topografischen Karten suchen. Die Karten im Kapitel „Allgemeine Informationen" (S. 1209) und in den Abschnitten „Allgemeine Informationen" der einzelnen Länderkapitel geben Infos darüber, wo man die Karten bekommt.

Umweltprobleme

Die Abholzung des Regenwalds des Amazonas, der temperierten Wälder Chiles und Argentiniens, der Küstenmangroven und Nebelwälder Ecuadors und der Chocó-Bioregion an der Pazifikküste Panamas, Kolumbiens und Ecuadors ist vielleicht das größte Umweltproblem Südamerikas. Die Ölförderung hat den ursprünglichen Amazonasregenwald immer mehr erschlossen und zu beträchtlichen Schadstoffverschmutzungen geführt und Flüsse und Bäche vergiftet. Die Erhaltung des brasilianischen Pantanals, des größten Feuchtgebiets der Welt, wird möglicherweise bald gegenüber gewinnversprechenden Industrieprojekten in den Hintergrund treten, beispielsweise einer Naturgas-Pipeline zwischen Bolivien und Brasilien, hydroelektrischen Projekten, thermoelektrischen Anlagen sowie Fabriken und Bergwerken. Die Liste ist endlos – am besten, man hält sich auf dem Laufenden und engagiert sich entsprechend. Die folgenden Websites sind gute Ausgangspunkte:

wwf (www.wwf.de/regionen/amazonien)

Rettet den Regenwald e.V. (www.regenwald.org)

Amazon Watch (www.amazonwatch.org)

Argentinien

HIGHLIGHTS

- **Buenos Aires** – Die herrlichen europäisch anmutenden Gebäude und aparten Viertel der Hauptstadt auf sich wirken lassen – und dazu großartige Restaurants, sinnliche Tangokultur und brummendes Nachtleben (S. 50) genießen
- **El Chaltén** – Wandern, Klettern und Campen rund um den Cerro Fitz Roy, einem der spektakulärsten Berge der Welt (S. 173)
- **Die nordwestlichen Wüsten** – Die Kaktuswüsten in den nordwestlichen Anden besuchen, aus denen farbenfrohe Berghänge und der Tren a las Nubes (S. 118) hervorstechen
- **Iguazú-Fälle** – Die beinahe 3 km langen und 70 m hohen Wasserfälle bestaunen (S. 100)
- **Abseits ausgetretener Pfade** – Die Valles Calchaquíes zwischen Cafayate und Cachi zählen zu Argentiniens herrlichsten Tälern: tolle Landschaft und malerische Dörfer (S. 116)
- **Besonders empfehlenswert** – Che Guevaras Motorradspuren auf der einsamen Ruta 40 folgen: die legendäre Straße verläuft entlang der Andenkette und durchquert fast ganz Argentinien (S. 178)

KURZINFOS

- **Berühmt für:** *gauchos* (Cowboys), Tango, Steaks und Maradona
- **Bester Straßensnack:** *empanadas* (Teigtaschen mit Fleisch, Gemüse oder Käse)
- **Bestes Schnäppchen:** die Riesensteaks vom Freilandrind für 5 US$ sind kaum zu schlagen
- **Bevölkerung:** 39 Mio.
- **Fläche:** 2,8 Mio. km² (ungefähr so groß wie Indien)
- **Floskeln:** *genial, bárbaro* (cool), *asqueroso* (ekelhaft), *fiesta/pachanga* (Party)
- **Geld:** 1 US$ = 3,10 Argentinische Pesos (ARG$), 1 € = 4,08 ARG$, 1 SFr = 2,51 ARG$
- **Hauptstadt:** Buenos Aires
- **Landesvorwahl:** ☎ 54
- **Preise:** Hostel 7 US$, Pasta zum Abendessen 3,50 US$, eine fünfstündige Busfahrt 13 US$
- **Reisekosten:** 25 US$ pro Tag
- **Sprachen:** Spanisch; in den nordwestlichen Anden Quechua
- **Trinkgeld:** 10 % in Restaurants; bei Taxis aufs Rückgeld verzichten
- **Visa:** Bei einem Aufenthalt von bis zu 90 Tagen ist kein Visum erforderlich
- **Zeit:** MEZ –4 Std.

TIPPS FÜR UNTERWEGS
Leichtes Gepäck reicht fast überall aus, für Patagonien allerdings braucht man Decken und wetterfeste Bekleidung. Über Familienfotos lassen sich schnell Kontakte zu Einheimischen knüpfen.

VON LAND ZU LAND
Argentinien hat jeweils drei Grenzübergänge nach Bolivien, Paraguay, Brasilien und Uruguay, nach Chile sind es einige mehr.

Das Geheimnis ist gelüftet: Mit großartigen Landschaften, weltoffenen Städten, lebendiger Kultur und wunderbar niedrigen Preisen ist Argentinien ein Paradies für Traveller. Von Bolivien bis zur Spitze Südamerikas erstreckt sich das Land auf beinahe 3500 km Länge. Es ist fast so groß wie Indien und umfasst zahlreiche Landschaftsformen und Klimazonen. Naturliebhaber können die patagonische Steppe durchqueren, Südamerikas höchsten Gipfel erklimmen oder zwischen Tausenden von Pinguinen umherwandern. Schicke Strände laden zum Relaxen ein. Besonders toll ist das üppige Seengebiet mit seinen herrlichen Wasserflächen und grünen Bergen. Oder will man sich doch lieber in die von Gletschern geformten Landschaften Patagoniens und die farbenfrohen Wüsten der Anden verlieben? Auch Stadtschwärmer kommen nicht zu kurz. Das sagenhafte Buenos Aires bietet jede Menge Möglichkeiten, um Spanisch zu lernen und *fútbol* (Fußball) zu schauen. Zudem kann man den sexy Tango tanzen und sich mit den leidenschaftlichen *porteños*, den Einwohnern von Buenos Aires, anfreunden. Shoppingsüchtige begeben sich auf die Jagd nach Designerklamotten zu Schnäppchenpreisen und stärken sich jeden Tag mit den besten Steaks der Welt, um dann in den brummenden Nachtclubs bis in die frühen Morgenstunden zu feiern.

Und noch eins: Argentinien ist sicher, freundlich und wunderbar erschwinglich. Daher nichts wie hin – bei akutem Reisefieber wartet hier ein unvergessliches Abenteuer!

AKTUELLE ENTWICKLUNGEN

Kaum zu glauben: Seit dem finanziellen Zusammenbruch 2001 erfreut sich Argentinien wieder eines stabilen Wirtschaftswachstums. Das Land hat seine Schulden in Höhe von 10 Mrd. US$ an den Internationalen Währungsfond (IWF) zurückgezahlt. Die landwirtschaftlichen Exporte steigen, während die Arbeitslosenquote sinkt.

Langsam aber sicher arbeitet Argentinien auch seine fürchterliche Vergangenheit auf: Ehemalige Militärangehörige werden endlich vor Gericht gestellt und müssen für die Menschenrechtsverletzungen während der Diktatur bezahlen. Am 24. März 1976, dem Tag des Militärputsches, begann offiziell der „Schmutzige Krieg" gegen die Guerilla – seit 2006 ist dieses Datum ein Nationalfeiertag.

Sonst noch was? Ach ja, Archäologen legten in der Provinz Neuquén das Skelette von ein paar der größten Dinosaurier frei, die jemals auf der Erde gelebt haben. Gigantische Fleischfresser in Argentinien? Aber sicher doch!

GESCHICHTE
Die „gute alte Zeit"

Vor der Ankunft der Spanier durchstreiften nomadische Jäger und Sammler die Wildnis des alten Argentiniens. Die Yámana (oder Yahgan) sammelten Schalentiere in Patagonien. In den Pampas erlegten die Querandí mithilfe von *boleadoras* (Gewichte an Schnüren) Nandus (straußenähnliche Vögel) und Guanacos (Verwandte der Lamas). Bei den Guaraní oben im subtropischen Nordosten hatte der Maisanbau Tradition, während die Diaguita im trockenen Nordwesten ein landwirtschaftliches Bewässerungssystem entwickelten.

1536 stießen die Querandí unglücklicherweise auf aggressive Spanier, die auf der Suche nach Silber waren. Wie die meisten vernünftigen Menschen wollten sie sich nicht wie Fußabtreter behandeln lassen und vertrieben die Eindringlinge schließlich ins etwas gastlichere Paraguay. Zurück blieben jedoch Rinder und Pferde; sie vermehrten sich munter und wurden zur Lebensgrundlage der legendären *gauchos* (Cowboys). Die hartnäckigen Spanier kehrten 1580 zurück und errichteten schließlich Buenos Aires. Zwar begrenzten Handelsschranken aus Spanien das Wachstum der neuen Siedlung. Die nördlichen Kolonien Tucumán, Córdoba und Salta blühten dennoch auf, indem sie Maultiere, Stoffe und Lebensmittel an die boomenden Silberminen Boliviens lieferten. Unterdessen rückten Spanier von Chile aus in die Andenregion Cuyo ein, in der damals Wein und Getreide produziert wurde.

Weg in die Unabhängigkeit

1776 ernannte Spanien die Schmugglersiedlung Buenos Aires zur Hauptstadt des neuen Vizekönigreichs des Río de la Plata – ein Indiz für die strategisch günstige Lage des Hafens. 1806 hoffte eine verbrecherisch gesinnte britische Streitmacht auf ein Stück vom Handelskuchen und startete einen Invasionsversuch. Die Siedler taten sich je-

www.lonelyplanet.de ARGENTINIEN 39

ARGENTINIEN

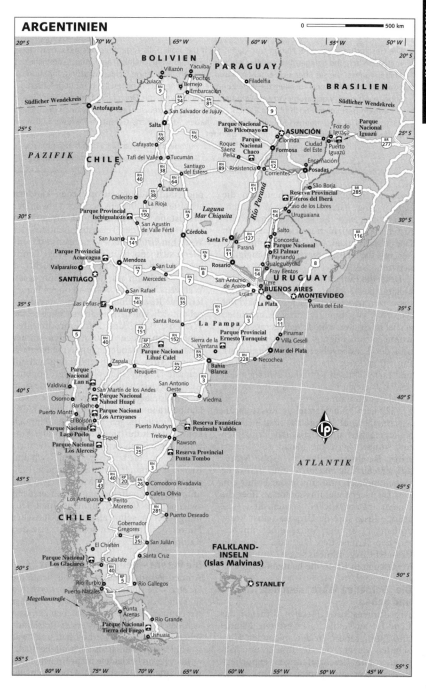

STIMMEN VON LONELY PLANET LESERN

Die Geschichte formt eine Nation und damit auch das Volk. Falls Argentinier als pessimistisch, melancholisch und gelegentlich rebellisch gelten, liegt dies wahrscheinlich am Einfluss sämtlicher Militärregimes, die sie über sich ergehen lassen mussten. Jahrelange Geldentwertung, Inflation, soziale Unsicherheit und vor allem die Verletzung der Menschenrechte haben ihren Tribut gefordert. Jedermann weiß, was Europa in zwei Weltkriegen erdulden musste. Doch in Südamerika war dies bis vor ein paar Jahren noch bittere Realität – die Konsequenzen sind auch heute noch deutlich zu spüren. Die vergangenen Militärregierungen haben Argentiniens Gemütsverfassung, Kultur, Lebensart und letztendlich seine Identität geformt.

Vanesa Ji Sung Lee und Karthik Paramasivan,
Ex-Einwohner von Buenos Aires und begeisterte Lonely Planet Leser

doch zusammen und verscheuchten die Eindringlinge nach kurzer Zeit. Wenig später erhoben sich die selbstsicheren Kolonisten gegen Spanien und die ungeliebten Handelsschranken. 1816 wurden ihre Mühen mit der vollständigen Unabhängigkeit belohnt.

Doch die Einheit, erreicht durch die Unabhängigkeit, währte nicht lange. Einige Provinzen widersetzten sich schon bald der Autorität von Buenos Aires. Argentinien zerfiel in zwei verschiedene Lager: den Einwohnern von Buenos Aires (Unitaristen) und der Landbevölkerung (Föderalisten). Ein Bürgerkrieg brach aus – die blutigen und rachsüchtigen Konflikte zwischen den beiden Parteien brachten das Land an den Rand des Zusammenbruchs.

1829 kam Juan Manuel de Rosas an die Macht. Obwohl Föderalist, installierte er seine eigenen unitaristischen Prinzipien und konzentrierte die Macht auf Buenos Aires. De Rosas stellte eine große Armee auf, erschuf die *mazorca,* eine grausame Geheimpolizei, und führte die Folter ein. Der Überseehandel musste fortan über die Hafenstadt abgewickelt werden. Erst 1852 stürzte Justo José de Urquiza (einst Rosas Anhänger) an der Spitze einer unitaristischen Armee den Diktator. Als erster Präsident Argentiniens setzte Urquiza eine Verfassung in Kraft, die heute noch gilt.

Die „Goldenen Jahre" kommen … und gehen

Argentiniens neue Gesetze öffneten das Land für ausländische Investoren, Handel und Immigration. In den folgenden Jahrzehnten wurden Schafe, Rinder und Getreide ohne Beschränkungen exportiert. Einwanderer aus Spanien, Italien, Frank-

reich und anderen europäischen Ländern erhofften sich hier ein besseres Leben. Der Wohlstand hielt Einzug und Argentinien zählte nun zu den reichsten Ländern der Welt. Ein Großteil des Vermögens konzentrierte sich jedoch auf relativ wenige Landbesitzer und die städtische Oberschicht.

Der Reichtum war folglich dünn gesät: Weltweite Wirtschaftsschwankungen brachten neue Restriktionen für den Außenhandel mit sich, von denen hauptsächlich reiche Weizen-, Wein- und Zuckerproduzenten profitierten. Nach 1890 strömten immer noch arme Einwanderer zum Arbeiten nach Buenos Aires, dessen Bevölkerung sich auf beinahe 1 Mio. Einwohner verdoppelte. Auch das Gesicht der Stadt veränderte sich: Alte Kolonialgebäude wurden abgerissen, Hauptstraßen verbreitert und die städtischen Einrichtungen verbessert. Dennoch konnte der Industriesektor nicht alle Einwanderer aufnehmen und deren Bedürfnisse stillen – die Lücke zwischen Reich und Arm klaffte immer weiter auseinander. 1930 putschte schließlich das Militär gegen eine untaugliche Zivilregierung. Doch erst ein zwielichtiger Offizier namens Juan Domingo Perón sollte als erster politischer Führer der drohenden sozialen Krise den Kampf ansagen.

Die Peróns – geliebt und gehasst

An den Peróns scheiden sich bis heute die Geister – sie sind die am meisten verehrten und zugleich am meisten gehassten Politiker Argentiniens. Viele Bürger glauben gar, dass sich das Land seit Peróns erster Präsidentschaft nie wieder ganz erholt hat, und zwar sowohl wirtschaftlich als auch intellektuell.

Juan Perón bekleidete ursprünglich einen unbedeutenden Posten im Arbeitsministerium. 1946 schaffte er es mithilfe seiner charismatischen späteren Ehefrau Eva Duarte (Evita) bis zum Präsidenten. Seine Sozialprogramme und neuen Wirtschaftserlasse kamen der Arbeiterklasse zugute. Sie profitierte von höheren Löhnen, sicheren Stellen und verbesserten Arbeitsbedingungen. Die eiserne Kontrolle über das Land trug jedoch faschistische Züge: Perón missbrauchte seine Macht als Präsident für umfangreiche Einschüchterungen und um die Pressefreiheit zu ersticken. Unterdessen kochte die dynamische Evita ihr eigenes (und manchmal rachsüchtiges) politisches Süppchen, wenngleich sie vor allem für ihre karitative Arbeit und ihren Kampf für die Frauenrechte verehrt wurde.

Steigende Inflation und Wirtschaftsprobleme, die vor allem durch den Kapitalmangel im Nachkriegseuropa verursacht wurden, schwächten 1952 Perón während seiner zweiten Amtszeit. Evitas Tod im selben Jahr war ein weiterer Nackenschlag. Nach einer Verschwörung floh Perón 1955 nach Spanien, um dort sein Comeback zu planen. Fast zwei Jahrzehnte später witterte er seine große Chance, als Héctor Cámpora 1973 als Präsident zurücktrat – Perón gewann die Wahl im Handumdrehen. Doch schon Mitte 1974 starb er und Argentinien versank abermals in Chaos und Regierungsintrigen, die das Land seit Peróns Aufbruch ins Exil heimgesucht hatten. 1976 ergriff das Militär erneut die Macht – die düstersten Jahre Argentiniens begannen.

Schmutziger Krieg (1976–83)
Ende der 1960er-Jahre herrschte eine stark regierungsfeindliche Stimmung. Eine linksgerichtete peronistische Guerillatruppe namens „Montoneros" bildete sich. Perfekt organisiert, verübten die größtenteils gebildeten Jugendlichen aus der Mittelschicht Bombenanschläge auf ausländische Geschäfte und verlangten Lösegeld für entführte Beamte. Mit Banküberfällen finanzierten sie ihren bewaffneten Kampf und die Verbreitung sozialer Botschaften. Am 24. März 1976 führte General Jorge Videla einen unblutigen Militärputsch an und übernahm die argentinischen Regierungsgeschäfte. Es folgte eine Zeit des Terrors und der Brutalität: Was beschönigend „Prozess der Nationalen Reorganisation" (oder „El Proceso") bezeichnet wurde, war in Wirklichkeit eine Orgie staatlich unterstützter Gewalt und Anarchie, die sich vor allem gegen die Montoneros richtete.

Die berüchtigte „Guerra Sucia" („Schmutziger Krieg") kostete schätzungsweise bis zu 30 000 Menschen das Leben. Nulltoleranz lautete das Prinzip, mit dem sich die Diktatur an die Verfolgung Andersdenkender machte – ob nun revolutionäre Guerillas oder einfache Bürger, die nur die unverhohlene Brutalität des Regimes ablehnten: „Verschwundene" wurden ohne rechtsmäßigen Prozess verhaftet, gefoltert und umgebracht. Zynischerweise endete der Schmutzige Krieg erst, als sich das Regime auf eine echte Militäroperation einließ: Die Rückgewinnung der Islas Malvinas (Falklandinseln)

Mittlerweile arbeitet Argentinien schrittweise seine Vergangenheit auf, Angehörige der Militärdiktatur müssen sich vor Gericht verantworten. Um an die Tragödie zu erinnern und deren Neuauflage zu verhindern, ernannte man den 24. März zum Nationalfeiertag. Er steht unter dem Motto *Nunca Más* (Nie wieder). 2006, genau 30 Jahre nach dem Beginn des Schmutzigen Kriegs, wurde er zum ersten Mal begangen – besser spät als nie.

Falklandkrieg
Während der Militärdiktatur ging Argentiniens Wirtschaft immer weiter den Bach hinunter und versandete schließlich im Chaos. „El Proceso" war langsam aber sicher am Ende.

Im Dezember 1981 übernahm General Leopoldo Galtieri den „Heißen Stuhl" des Präsidenten. Um vor dem Hintergrund einer stagnierenden Wirtschaft an der Macht zu bleiben, spielte der verzweifelte Galtieri einen nationalistischen Trumpf aus und startete im April 1982 eine Invasion, um die Briten von den Islas Malvinas (Falklandinseln) zu vertreiben. Diese beanspruchte Argentinien seit 150 Jahren für sich.

Die kurze Besetzung der Malvinas löste eine Welle der nationalistischen Euphorie aus, die rund eine Woche lang anhielt. Dann begriffen die Argentinier, dass Großbritanniens „Eiserne Lady" – Premierministerin Margaret Thatcher – alles andere als ein Mauerblümchen war. Besonders, da sie selbst ums politische Überleben kämpfte. Großbritannien schlug zurück und schickte ein Flottenkontingent, um die Sache aus der

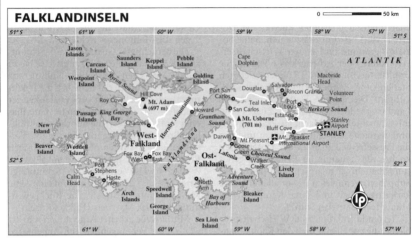

Welt zu schaffen. Nach 47 Tagen mussten sich Argentiniens junge, schlecht ausgebildete und kaum motivierte Soldaten geschlagen geben. Aufgrund dieses Gesichtsverlustes zog sich das Militär schließlich aus der Regierung zurück. 1983 wurde Raúl Alfonsín neuer argentinischer Präsident.

Argentinien heute
Alfonsín brachte Argentinien die Demokratie zurück und löste ein paar territoriale Konflikte mit Chile. Zwar konnte er auch die Inflation etwas eindämmen, dem schwer geprüften Land jedoch letztlich nicht ganz wieder auf die Beine helfen.

Unter Carlos Menem (Präsident von 1989–1999) erfuhr Argentinien eine kurze Wohlstandphase. Er verkaufte viele private Industriezweige und nahm umfangreiche Kredite auf. Zudem stoppte Menem die grassierende Inflation, indem er den Argentinischen Peso an den amerikanischen Dollar koppelte. Die Stabilisierung war jedoch nur von kurzer Dauer. Nach ein paar Jahren wurde der Peso so hoch dotiert, dass argentinische Produkte auf dem Weltmarkt nicht mehr konkurrenzfähig waren. Am Ende von Menems Amtszeit zeigte die Arbeitslosenspirale wieder steil nach oben.

1999 legte Fernando de la Rúa den Amtseid ab. Er übernahm eine nahezu bankrotte Regierung, die sich mit einer erneuten Wirtschaftskrise herumschlagen musste. Dazu kamen noch mehr Arbeitslose und kaum mehr vorhandenes Vertrauen der Öffentlichkeit. 2001 stand Argentiniens Wirtschaft am Rande des Zusammenbruchs. Im Dezember trat de la Rúa zurück. Innerhalb der nächsten beiden Wochen sah das Land drei weitere Präsidenten, bis schließlich Eduardo Duhalde ans Ruder kam. Im Januar 2002 wertete er den Peso ab, was Schulden in Höhe von 140 Mrd. US$ nach sich zog.

Seit damals steht der Peso ziemlich genau in einem Verhältnis von 3:1 zum US-Dollar. Die Lage hat sich etwas beruhigt und mittlerweile sind sogar ein paar positive Stimmen zu vernehmen. Argentiniens Exportquote ist in die Höhe geschnellt, mit ein Grund dafür, dass das Land sogar einen Teil seiner Schulden abbauen konnte. Seit Mai 2003 ist der linksgerichtete Néstor Kirchner Präsident. In den letzten Jahren hat er für ein stabiles Wirtschaftswachstum gesorgt. Der Lebensstandard der Argentinier ist immer noch einer der höchsten in ganz Lateinamerika. Trotz fortwährend harter Zeiten liegt nun definitiv Optimismus in der Luft.

KULTUR
Mentalität
Argentinier sind weltweit als verzogen, hochnäsig und Menschen mit hohem Geltungsdrang verschrieen. Sie halten sich für etwas Besseres und sehen sich eher Europa als den Dritte-Welt- bzw. Schwellenländern Südamerikas zugewandt. Schönheits-OPs und Psychoanalysen sind hier stärker vertreten als im Rest der Welt. Kein Wunder, dass Argentinier überall belächelt werden.

ISLAS MALVINAS (FALKLANDINSELN)

Die Schafzucht in Feuerland und Patagonien nahm ursprünglich auf den Islas Malvinas (für die Argentinier) oder Falklandinseln (für die Briten) ihren Anfang. Für lange Zeit war auf den Inseln nicht allzu viel los. Erst als Mitte des 19. Jhs. schließlich der europäische Wollboom einsetzte und die Falkland Island Company (FIC) das meiste Land auf dem Archipel erwarb, änderte sich dies ein wenig. Die ursprüngliche Bevölkerung bestand größtenteils aus gestrandeten Seeleuten und *gauchos* (Cowboys). Ihnen leisteten bald zahlreiche englische und schottische Einwanderer Gesellschaft.

Seit 1833 beanspruchte Argentinien die Inselgruppe für sich. 150 Jahre später hoffte der argentinische Präsident Leopoldo Galtieri, dass deren Rückgewinnung das Land hinter ihm einen würde. Doch die englische Premierministerin Margaret Thatcher (der ebenfalls eine Wahlschlappe drohte) zögerte nicht mit einer Gegenoffensive und stellte Argentinien vor aller Welt bloß. Der Falklandkrieg kappte zunächst sämtliche diplomatischen Verbindungen zwischen den beiden Ländern. Inzwischen haben sich die Beziehungen jedoch, von ein paar Schadensersatzforderungen abgesehen, weitestgehend entspannt.

Was könnte unerschrockene Traveller an den Falklandinseln reizen? Kleine und große Buchten, Meeresarme und Strände bilden eine herrlich schroffe Küste, die zahllose Pflanzen- und Tierarten beheimatet, so z. B. die Falkland- und Schopfkarakaras, Kormorane, Austernfischer, Weißgesicht-Scheidenschnäbel und Karsakas. Durchs Wasser flitzen verschiedene Pinguinarten wie etwa Magellanpinguine und Rockhopper, Goldschopf- und Eselpinguine oder Königspinguine. Am oberen Ende der Nahrungskette stehen Seeelefanten und -löwen, Pelzrobben, Killerwale und gleich fünf Delphinarten.

Die Hauptstadt Stanley besteht aus diversen bunten metallverkleideten Häusern. Ein prima Plätzchen, um ein paar zu heben und sich dabei den Inseltratsch anzuhören. Die restliche Insel wird schlicht „Camp" genannt. Die hiesigen Siedlungen waren ursprünglich so genannte *company towns* – in den Weilern nahmen Küstenschiffe die Wolle an Bord. Heute kann man hier übernachten und hat die Chance, inmitten einer unberührten Natur die tolle Flora und Fauna aus nächster Nähe zu erleben.

Die beste Reisezeit sind die Monate Oktober bis März. Dann kehren Zugvögel und Meeressäuger an die Strände und Landzungen zurück. Allgemeine Informationen liefern das **Falkland House** (☎ 020-7222-2542; www.falklandislands.com; 14 Broadway, Westminster, London SW1H 0BH) sowie der Lonely Planet Reiseführer *Falklands & South Georgia Island*.

Praktische Informationen

Wer die Falklandinseln besuchen möchte, muss neben einem Rückreiseticket auch ausreichend Geldmittel nachweisen (Kreditkarten sind völlig o. k.), ebenso eine Reservierung für eine Unterkunft für die ersten Nächte. Stanleys **Visitors Centre** (☎ 22215; www.tourism.org.fk) befindet sich am offiziellen Landungssteg an der Ross Rd.

Pfund Sterling und US-Dollar (in Bar oder als Reiseschecks) werden überall akzeptiert, der Wechselkurs für die US-Währung ist jedoch ziemlich mies. Visa und Mastercard sind gern gesehene Zahlungsmittel. Die einzige Bank ist die Standard Chartered Bank in Stanley – Geldautomaten sucht man allerdings vergeblich. In der Hauptsaison belastet jeder Tag die Reisekasse mit durchschnittlich 70–90 US$.

Anreise & Unterwegs vor Ort

Wer nicht mit einem Kreuzfahrtschiff anreist, muss aufs Flugzeug zurückgreifen.

Mit LANChile besteht einmal wöchentlich eine Verbindung nach Mt. Pleasant in der Nähe von Stanley (ab Santiago de Chile über Puerto Montt und Punta Arenas). Die chilenische Fluglinie **Aerovías DAP** (www.dap.cl) bietet Charterflüge an. Regelmäßig starten auch Royal-Airforce-Maschinen vom Flugplatz Brize Norton im englischen Oxfordshire.

Diverse Tourveranstalter haben Tagesausflüge zu Siedlungen auf Ost-Falkland im Programm (bei der Touristeninformation in Stanley nachfragen).

Doch offen gesagt trifft dies auf die meisten Argentinier überhaupt nicht zu. Das Klischee bezieht sich normalerweise auf die *porteños*, die Einwohner von Buenos Aires. Knapp ein Drittel der Argentinier, rund 11,5 Mio. Menschen, leben in der Hauptstadt und deren Vororten. Der Rest verteilt sich auf das übrige Land, wo Gesinnung und Ego etwas zahmer daherkommen. Tatsächlich mögen viele Menschen außerhalb der Hauptstadt die *porteños* ganz und gar nicht. Und selbst die sollte man nicht über einen Kamm scheren. Nicht alle *porteños* sind eingebildete Möchtegern-Aristrokraten – im Gegeneil: Wie man sehr bald feststellen wird, interessieren sich zahlreiche freundliche und hilfsbereite Menschen für die Herkunftsländer ihrer Besucher.

Woher die Argentinier ihren Ruf haben, ist offensichtlich. Sie leben in einem herrlichen Land mit gigantischen natürlichen Ressourcen, einer großartigen Hauptstadt und einer vielfältigen Kultur. Ihre Heimat gehörte einst zu den reichsten Ländern der Erde. Und dennoch mussten die Einwohner erleben, wie es nahezu auf Dritte-Welt-Status herabsank und am Tropf internationaler Finanzhilfen hing. Selbst angesichts des aktuellen Wirtschaftswachstums sehen Argentinier ihre Zukunft daher nur bedingt positiv – wenn sie jedoch ihren Stolz bewahren, wird er ihnen Kraft geben.

Lebensart

Trotz des neuerlichen Wirtschaftsaufschwungs leben fast 50 % der Argentinier immer noch unterhalb der Armutsgrenze. Um Geld zu sparen und die Familienbande zu stärken, wohnen oft mehrere Generationen zusammen unter einem Dach.

Familien halten fest zusammen – Sonntage sind oft dem gemeinsamen *asado* (Barbecue) vorbehalten. Auch Freundschaften stehen hoch im Kurs; Argentinier gehen bevorzugt in größeren Gruppen aus. Man begrüßt sich traditionell mit Küsschen links, Küsschen rechts – selbst Fremde und natürlich Männlein wie Weiblein gleichermaßen.

Argentinier sind am liebsten *richtig* lange unterwegs. Das Abendessen kommt häufig erst um 22 Uhr auf den Tisch, und an Wochenenden muss man sich gar bis Mitternacht gedulden, bis endlich der Nachtisch verspeist werden kann. Bars und Diskos

haben oft bis 6 Uhr morgens geöffnet (sogar in kleineren Städten).

Im ganzen Land genießt der Kult rund um den Mate-Tee einen hohen Stellenwert. Die Leute schlürfen das bittere Kräutergebräu zuhause, bei Arbeit, Sport und Spiel. Auch auf Reisen und bei Picknicks sind die Schalen und Thermoskannen mit heißem Wasser immer mit von der Partie. Wer zu einem Mate-Ritual eingeladen wird, kann sich geehrt fühlen.

Bevölkerung

Rund 90 % der Bevölkerung leben in städtischen Ballungsräumen, mehr als 97 % der Argentinier können lesen und schreiben.

Durch die Einwanderung im 19. Jh. haben die meisten Menschen italienisches oder spanisches Blut, doch auch viele andere europäische Nationalitäten sind vertreten. In letzter Zeit sind auch vermehrt japanische, koreanische oder chinesische Einschläge zu sehen (außerhalb der Hauptstadt aber noch eher selten). Dazu gesellen sich andere Südamerikaner, u. a. aus Peru, Bolivien, Paraguay und Uruguay.

Die größten indigenen Volksgruppen, die insgesamt um die 2 % der Gesamtbevölkerung ausmachen, sind die Quechua im Nordwesten und die Mapuche in Patagonien. Die kleineren Völker der Guaraní, Mataco, Toba und Wichi bewohnen weitere Nischen im Norden. Rund 15 % der Gesamtbevölkerung sind Mestizen, Menschen, die Indios und Europäer als Vorfahren haben. Die meisten von ihnen leben ebenfalls im hohen Norden.

SPORT

Beliebte Sportarten sind z. B. Rugby, Tennis, Basketball, Polo und Golf, aber auch Motorsport, Skifahren und der Radsport haben viele Anhänger. Über allem regiert jedoch König Fußball – die Nationalmannschaft wurde zweimal Weltmeister: das erste Mal 1978 im eigenen Land und erneut 1986, als Diego Maradona England mit seinem legendären Handtor – der „Hand Gottes" – im Viertelfinale besiegte. Argentiniens raubeiniger Fußballstar brachte es praktisch vom Tellerwäscher zum Millionär. Selbst Fußballmuffel sollten versuchen, sich ein *fútbol*-Spiel anzusehen. Als absolute Klassiker gelten die Begegnungen zwischen River Plate und den Boca Juniors – Prädikat äußerst sehenswert, und zwar nicht nur, weil zwischen beiden Mannschaften eine starke Rivalität besteht (s. S. 74).

RELIGION

Über 90 % der Argentinier sind römisch-katholisch, doch auch andere Glaubensrichtungen sind sehr populär. Spiritualität und Totenverehrung werden vielerorts praktiziert. Besucher der Friedhöfe Recoleta und Chacarita können nicht enden wollende Pilgerprozessionen bestaunen. Zu sehen gibt's dabei u. a. Ikonen von Juan und Evita Perón, Carlos Gardel oder des Mediums Madre María. Glaubenskulte wie die Difunta Correa in der Provinz San Juan ziehen Hunderttausende von Anhängern an. Zudem ist der Protestantismus auf dem Vormarsch. Und die wohl größte Moschee Südamerikas steht mittlerweile in Palermo, während Buenos Aires auch Heimat einer der größten jüdischen Gemeinden außerhalb Israels ist.

KUNST & KULTUR
Literatur

Argentiniens berühmtester Literat ist Jorge Luis Borges, bekannt für seine Kurzgeschichten und Gedichte. Im lebendigen und phantasievollen Stil erschuf Borge alternative Realitäten und raffinierte Zeitzyklen. Tipp: Seine surrealen Werke *Labyrinthe* und *Fiktionen.* Ein anderer Autor, Julio Cortázar, brachte es zu internationaler Anerkennung, indem er über scheinbar normale Leute schrieb – dabei bediente er sich seltsamer Metaphern und skurriler Beschreibungen unsichtbarer Realitäten. Sein großer Roman *Himmel und Hölle* erfordert jedenfalls mehr als einen Lesedurchgang.

Ernesto Sábato bereicherte die Literaturwelt mit intellektuell angehauchten Romanen und Essays. Viele davon erkunden die Kluft zwischen Gut und Böse. Zu Sábatos wichtigsten Werken zählt *Über Helden und Gräber,* das in den 1960er-Jahren bei der argentinischen Jugend hoch im Kurs stand. Sein aufrüttelnder Aufsatz *Nunca Más* beschreibt die Grausamkeiten des Schmutzigen Krieges. Weitere bekannte Schriftsteller aus Argentinien sind z. B. Manuel Puig *(Kuss der Spinnenfrau)*, Adolfo Bioy Casares *(Morels Erfindung)*, Osvaldo Soriano *(Schatten)* und Silvina Ocampo, der Gedichte und Geschichten für Kinder verfasst. Juan José

Saer veröffentlichte Gedichte, Kurzgeschichten und Bücher (darunter auch komplexe Krimis). Vom Romanautor Rodrigo Frésan stammen die Bestseller *Geschichte Argentiniens* und die psychedelischen *Kensington-Gärten.*

Kino

Mit Regisseuren wie Luis Puenzo *(Die offizielle Geschichte;* 1984) und Héctor Babenco *(Kuss der Spinnenfrau;* 1985) hat das argentinische Kino in der Vergangenheit internationales Format erreicht.

Unter den neueren bemerkenswerten Streifen aus Argentinien sind z. B. Fabián Bielinskys geistreich-unterhaltsame *Nueve reinas* (Neun Königinnen; 2000), Lucrecia Martels Familiendrama *La Ciénaga* (Morast; 2001) und Pablo Traperos gewagter *El bonaerense* (2002). Carlos Soríns *Historias mínimas* (Geschichten aus dem Nirgendwo; 2002) stehen für eine vielfältige, aber minimalistische Charakterstudie.

Juan José Campanellas *El hijo de la novia* (Der Sohn der Braut) war 2002 für den Oscar als bester fremdsprachiger Film nominiert. Martels *La niña santa* (Das Heilige Mädchen; 2004) erntete gute Kritiken für ein Porträt des sexuellen Erwachens. Solíns *Bonbón, el perro* (Bonbón, der Hund; 2004) ist eine fesselnde Geschichte rund um den besten Freund des Menschen inmitten wechselnder Schicksale. Juan Diego Solanas wurde 2005 beim Stockholmer Filmfestival für seine ausgeklügelte und reife Produktion *Nordeste* (Nordosten) ausgezeichnet. Der Regisseur widmet sich schwierigen sozialen Themen, z. B. dem illegalen Kinderhandel.

Musik

Legenden wie Carlos Gardel und Astor Piazzolla machten die Tangomusik populär. Heutzutage führen z. B. Susana Rinaldi, Adriana Varela und Osvaldo Pugliese die Tradition fort. Aktuelle Tango-„Fusionbands" sind etwa das Gotan Project oder der BajoFondo Tango Club.

Ebenfalls schwer angesagt sind die Folklorekünstler Mercedes Sosa, Leon Gieco, Atahualpa Yupanqui und Los Chalchaleros Argentiniens bekanntester Musiker ist derzeit allerdings der Rockstar Charly García. In der Vergangenheit machten auch Fito Páez, Los Piojos Babasónicos, die Divididos und Los Fabulosos Cadillacs von sich reden. Letztere gewannen 1998 einen Grammy als beste Latino-Alternative-Rockband.

In der heutigen argentinischen Musiklandschaft tummeln sich außerdem Bands wie die exzentrischen Bersuit Vergarabat, die alternativ angehauchten Catupecu Machu, die experimentellen Los Natas und die vielseitigen Gazpacho – ganz zu schweigen vom Multitalent Kevin Johansen.

Theater & Tanz

Die Akustik des monumentalen Teatro Colón in Buenos Aires sucht weltweit ihresgleichen. Auf dem Programm stehen hier u. a. klassische Konzerte und Ballett. Die Hauptstadt erfreut sich einer lebendigen Theaterszene; doch Live-Theater gibt's auch in den Provinzen.

Der Tango ist Argentiniens legendärer heißblütiger Tanz. Erstmals getanzt wurde er angeblich in den 1880er-Jahren in den Bordellen von Buenos Aires. Bis zum Durchbruch in Europa war der Tango bei weitem kein Mainstream, richtig populär wurde er in Argentinien um 1913. In dieser Zeit lebte auch Carlos Gardel (1890–1935), der vielleicht berühmteste Tangosänger der Welt.

Darstellende Künste

Zu den bekannten Malern zählt Xul Solar, der im Geiste Klees lebhafte Traumlandschaften erschuf. Guillermo Kuitca experimentierte mit kartografischen Illustrationen. Víctor Hugo Quiroga konzentrierte sich dagegen auf ländliche Motive. Benito Quinquela Martín porträtierte die zähen Dockarbeiter im La-Boca-Viertel von Buenos Aires. Jorge de la Vega war Maler, Dichter, Songwirter und Sixties-Ikone in einer Person; seine vielen Gesichter zeigte er mit einem Mix aus verschiedenen Medien und geometrischen Abstraktionen.

Bekannte Bildhauer gibt's auch: Graciela Sacco verwendete neben Audio- und Videoelementen auch Alltagsgegenstände. Rogelio Yrurtias Kunst dokumentiert das harte Leben der Arbeiterklasse. Und Alberto Heredia zog pathetische Staatskunst durch den Kakao.

In Buenos Aires zeigt die Galerías Pacífico an der Av Florida restaurierte Deckengemälde von Antonio Berni und Lino Spilimbergo. Die beiden europäisch beeinflussten Künstler widmeten sich auch politischen Themen. In puncto Straßenkunst sollten Besucher Ausschau nach Schablonen- (www.bsasstencil.com.ar) und herkömmlichen Graffiti (www.bagraff.com) halten.

NATUR & UMWELT
Geografie

Argentinien ist riesig! Hinter Indien belegt es Rang acht in der Liste der größten Länder des Planeten. Es erstreckt sich von Norden nach Süden auf nahezu 3500 km Länge und umfasst viele verschiedene Landschafts- und Geländeformen.

Die Anden säumen den Nordwestrand Argentiniens. Hier überleben nur zähe Kakteen und struppige Vegetation. Die hohen Gipfel und Salzseen grenzen an die etwas subtropischeren Flachlandprovinzen Salta und Santiago del Estero. In den heißen und malerischen Provinzen Tucumán, Catamarca und La Rioja im Süden werden landwirtschaftliche Produkte und Wein angebaut.

Die trockenere Buschlandschaft der westlichen Vorberge der Anden geht in die zickzackförmigen Flusstäler und heißen Niederungen der Provinzen Chaco und Formosa über. Die meisten Niederschläge fallen im Nordosten – darum sind hier Sumpfwälder und subtropische Savannen zu finden. Zur dicht bewaldeten Provinz Misiones gehören die unglaublichen Iguazú-Fälle. Die Flüsse, deren Wassermassen über gigantische Stufen in die Tiefe stürzen, führen zu den grasbewachsenen Schwemmlandschaften der Provinzen Corrientes und Entre Ríos. Die Sommer hier sind sehr heiß und feucht.

Aus der Region Cuyo im zentralen Westen (Provinzen Mendoza, San Juan und San Luis) kommen die meisten argentinischen Spitzenweine. Zentralargentinien umfasst das bergige Córdoba und die stark landwirtschaftlich geprägte Provinz Santa Fe. Die Pampas bestehen aus einer flachen bewachsenen Ebene voller Anbauflächen und Viehherden. Entlang der Atlantikküste gibt's viele beliebte und attraktive Strände.

Patagonien nimmt das untere Drittel Argentiniens in Beschlag. Ein Großteil der Region ist flach und trocken. In Richtung der Anden fällt aber jede Menge Regen, der das argentinische Seengebiet mit seiner üppigen Vegetation nährt. Während die südlichen Anden gigantische Gletscher besitzen, grasen auf den kühlen Steppen der Ebenen darunter riesige Schafherden.

Die Inselgruppe Feuerland gehört hauptsächlich zu Chile. Die Nordhälfte ähnelt der patagonischen Steppe, dagegen überziehen dichte Wälder und Gletscher die bergige Südhälfte. Das Klima kann relativ mild sein – selbst im Winter –, wenngleich man immer mit Temperaturen unter dem Gefrierpunkt rechnen muss. In dieser Region ist das Wetter ganzjährig sehr wechselhaft.

Tiere & Pflanzen

Die berühmten Pampas bestehen vor allem aus weitläufigen Grassteppen. Sie sind die Heimat vieler Raubvögel und importierter Pflanzenarten. Ein Großteil der noch vorhandenen natürlichen Vegetation hat weiter nördlich entlang des Río Paraná überlebt. Ebenfalls im nördlichen Sumpfland leben die bizarr aussehenden Capybaras (auch Wasserschweine genannt), die größten Nagetiere der Welt. Außerdem tummeln sich hier Sumpfhirsche, alligatorähnliche Kaimane und viele große Zugvögel.

Die großen Waldgebiete Argentiniens befinden sich in der subtropischen Provinz Misiones und an den östlichen Andenhängen südlich der Provinz Neuquén. Dort wachsen vor allem südliche Buchenarten und Nadelhölzer. Im Seengebiet in Südargentinien sollte man Ausschau halten nach der seltsamen Andentanne (auch unter dem Namen Chilenische Araukarie bzw. *Araucaria araucana* bekannt). In den Höhenlagen der Anden und im Großteil Patagoniens sind Weideflächen eher selten. Über den Salzseen der nördlichen Anden kreisen Rosaflamingos. Auf den Steppen Patagoniens bekommt man mit etwas Glück Guanacos, Nandus und Maras (patagonische Hasen) zu Gesicht, aber auch Gürteltiere, Schopfkarakaras und Graufüchse. Pumas und Kondore leben in den Vorbergen der südlichen Anden, lassen sich jedoch eher selten blicken.

An der Küste Patagoniens, vor allem rund um die Península Valdés, können Naturliebhaber zahlreiche Meeresbewohner beobachten. In den Fluten tummeln sich u. a. Südkaper, Seelöwen, Südliche See-Elefanten, Killerwale und Magellanpinguine.

Nationalparks

Argentiniens Nationalparks schützen eine Fläche von über 3,5 Mio. ha (ca. 1,25 % der Landesfläche) und umfassen unwahrscheinlich viele verschiedene Landschaftsformen.

Zahlreiche Städte mit Outdoor-Angebot haben eigene Nationalpark-Informationsstellen. In Buenos Aires ist die **Administración de Parques Nacionales** (☎ 4312-0783; www.parques nacionales.gov.ar; Av Santa Fe 690) zuständig.

Ein paar von Argentiniens besten Nationalparks:

Parque Nacional Iguazú (S. 100) Mit den weltberühmten Wasserfällen.

Parque Nacional Los Alerces (S. 163) Heimat uralter *alerce*- (Goldlärchen-)Wälder.

Parque Nacional Los Glaciares (S. 178) Begeistert mit Gletschern und hohen Berggipfeln.

Parque Nacional Nahuel Huapi (S. 157) Lebendige Berglandschaft.

Parque Nacional Tierra del Fuego (S. 189) Außergewöhnliche Strandwälder und Tierwelt.

Parque Provincial Aconcagua (S. 143) Mit dem höchsten Gipfel des Kontinents.

Reserva Faunística Península Valdés (S. 169) Berühmt für seine Küstenfauna.

Reserva Provincial Esteros del Iberá (S. 90) Heimat zahlreicher Sumpflebewesen.

Umweltprobleme

In Argentinien gibt's nicht viel Regenwald zu zerstören – dennoch hat das Land mit diversen Umweltproblemen zu kämpfen. Das teilweise rapide Wachstum der Städte (z. B. El Calafate) aufgrund des Touristenbooms wird nur selten in richtige Bahnen gelenkt. Buenos Aires und andere Großstädte leiden unter stetiger Luftverschmutzung und Lärmbelästigung. Manche ländlichen Gebiete kämpfen dagegen gegen Bodenerosionen, Folgen falscher Bewirtschaftung oder Hochwasserschutzmaßnahmen. Pestizide und ausgelaufene Düngemittel verschmutzen die Flüsse.

Im letzten Jahrhundert hat Argentinien ca. zwei Drittel seiner Wälder verloren. Nahezu die ganze Pampa dient nun als Weideland. Die patagonischen Steppen werden durch Überweidung und Wüstenbildung in Mitleidenschaft gezogen. Diverse Prominente – z. B. Kristine McDivitt Tompkins (Exgeschäftsführerin des Bekleidungsherstellers Patagonia) oder Ted Turner – haben in Patagonien große Flächen erworben, um zumindest diese zu schützen. Infos dazu gibt's im Internet unter www.vidasilvestre. org.ar und www.patagonialandtrust.com.

2006 kam es in Gualeguaychú zu Protesten gegen die Errichtung zweier Papierwerke am Río Uruguay – die Menschen befürchten eine Verschmutzung des Gebiets. Ein weiteres brandheißes Umweltthema ist die geplante Goldmine „Pascua Lama" an der chilenischen Grenze: Die eigentlichen Bergwerke sind zwar in Chile vorgesehen, doch der Abraum soll in Argentinien gelagert werden.

FLUGHAFENSTEUER

Bei internationalen Flügen ab Ezeiza müssen Passagiere eine Flughafensteuer von 18 US$ bezahlen (in Pesos oder US-Dollar). Andere Flughäfen wie El Calafate oder Ushuaia erheben ebenfalls Gebühren.

VERKEHRSMITTEL & -WEGE

AN- & WEITERREISE
Bus
Von Bolivien, Paraguay, Brasilien, Uruguay und Chile aus ist Argentinien mit dem Bus erreichbar. Weitere Informationen zu Grenzübergängen gibt's auf S. 37.

Flugzeug
Das kosmopolitische Buenos Aires ist mit den meisten südamerikanischen Hauptstädten verbunden.

Argentiniens größter internationaler Flughafen ist der Aeropuerto Internacional Ministro Pistarini (oder Ezeiza) in Buenos Aires. Der Aeroparque Jorge Newbery (oder einfach Aeroparque), ebenfalls in der Hauptstadt, ist für landesweite Flüge zuständig. Informationen zu Transportmitteln, die einen von den Flughäfen in die Stadt bringen, stehen auf S. 51. Auch ein paar weitere argentinische Städte haben Flughäfen, die sich zwar „international" nennen, aber nur Ziele im Landesinneren bedienen.

Schiff/Fähre
Fähren verbinden Buenos Aires mit verschiedenen Häfen in Uruguay (Details s. S. 76).

UNTERWEGS VOR ORT
Auto
Argentinische Mietwagen sind ein teurer Spaß. Allerdings kann man damit die ausgetretenen Pfade verlassen und Abenteuer auf eigene Faust unternehmen. Die günstigsten Modelle kosten inklusive unbegrenzter Kilometerzahl ungefähr 50 US$ pro Tag – Sharing mit anderen Reisenden senkt die Kosten. In Argentinien müssen Autofahrer mindestens 18 Jahre alt sein, Kunden von Autovermietungen mindestens 21 Jahre.

Autofahren in Buenos Aires lohnt sich kaum: Der Verkehr ist mörderisch und Parkplätze gibt es fast nicht – dafür aber tolle öffentliche Verkehrsmittel. Im Kapitel „Rechtsfragen" (S. 196) stehen nützliche Tipps zum Umgang mit Polizisten.

In großen Städten unterhält der Automobile Club Argentina (ACA) Filialen, Servicestationen und Werkstätten. Mitglieder von Partnerorganisationen in Europa (z. B. des deutschen ADAC) können nach ihrem Fahrzeug sehen lassen und bekommen ermäßigte Straßenkarten (Ausweis mitbringen). Die Zentrale des ACA befindet sich in **Buenos Aires** (☎ 4802-6061; www.aca.org.ar; Av del Libertador 1850, Palermo).

Bus
Moderne, schnelle und komfortable Fernreisebusse sind normalerweise die günstigsten Transportmittel, um in Argentinien von A nach B zu kommen. Bei Reisen von sechs Stunden oder länger werden unterwegs in der Regel mehrere Pausen mit Erfrischungen, Getränken und süßen Snacks eingelegt. Manchmal gibt's auch einfache Mahlzeiten. Alle Fahrzeuge sind mit Bordtoiletten ausgestattet, deren Zustand … na ja, eben nicht den höchsten Ansprüchen entspricht (Toilettenpapier mitbringen). Die luxuriösesten Busgesellschaften betreiben teurere *coche camas* mit Liegesesseln (Nachtfahrten sparen Hotelkosten). Doch auch bei langen Trips fährt man mit den gewöhnlichen Bussen normalerweise sehr gut.

In Busbahnhöfen finden sich meistens Kioske, Ruheräume, günstige Restaurants sowie eine Gepäckaufbewahrung. In kleineren Städten sollte man den Anschlussfahrplan gut im Auge behalten (falls möglich Tickets sofort kaufen), da manche Linien nur selten verkehren. Während der Urlaubszeit (z. B. Jan., Feb. oder Juli) empfiehlt es sich, Tickets im Voraus zu reservieren.

> **FLUGVERZÖGERUNGEN**
>
> Achtung: Landesflüge haben in Argentinien oft Verspätung. In der Hauptsaison sind viele Verbindungen (vor allem nach Patagonien) früh ausgebucht. Ab und zu verzögern auch Streiks den Reiseplan. Wer zu einem bestimmten Termin am Ziel sein muss (z. B. in Ushuaia für eine Antarktis-Kreuzfahrt), sollte bereits einen Tag früher anreisen.

Fahrrad

Radtouren durchs Land sind bei Reisenden mittlerweile sehr beliebt. Tolle Routen im Norden sind: Der Highway von Tucumán nach Tafí del Valle, die Direktverbindung von Salta nach San Salvador de Jujuy und die Quebrada de Cafayate. Auch das Seengebiet hat landschaftlich schöne Straßen zu bieten, z. B. die Strecke von Siete nach Lagos. Allerdings haben es Radler mit oft heftigem (Gegen-)Wind – in Patagonien kommt man daher häufig nur im Schneckentempo voran – und rücksichtslosen Autofahrern zu tun. Wenig frequentierte Nebenstraßen mit wenig Verkehr sind gute Alternativen. Drahtesel können in Touristengebieten überall ausgeliehen werden und eignen sich prima zum Erkunden der näheren Umgebung.

Weitere Informationen zu Radtouren durch Südamerika stehen auf S. 1250.

Flugzeug

Das argentinische Fluglinienangebot ändert sich ständig. Kleinere Gesellschaften verschwinden regelmäßig genauso schnell wieder, wie sie auf der Bildfläche erschienen sind. Die Ticketpreise lassen sich schlecht prognostizieren, sind allerdings zur Urlaubszeit (Ende Dez.–Feb. & Juli) grundsätzlich am höchsten. Angesichts der beachtlichen Zeitersparnis sind manche Flüge im weitläufigen Patagonien eine konkurrenzfähige Alternative zu den Bussen.

Manche Fluglinien haben ein Zweiklassensystem, bei dem Ausländer bzw. alle, die nicht in Argentinien leben, deutlich tiefer in Tasche greifen müssen als Einheimische.

Die größten Fluglinien sind **Aerolíneas Argentinas** (AR; www.aerolinasargentinas.com), deren Tochter für Landesflüge, **Austral** (www.austral. com.ar), sowie **LADE** (www.lade.com.ar), der Passagierservice der Luftwaffe. Letzterer bringt

Traveller recht günstig (aber unregelmäßig) vor allem zu Zielen in Patagonien. Das Kapitel „Buenos Aires" enthält eine Liste mit Filialen der wichtigsten Fluglinien (international und landesweit; s. S. 76). In den Abschnitten zu den einzelnen Städten findet man die Adressen regionaler Büros.

Bei der Reiseplanung können spezielle Flugpässe eine interessante Option sein. Am besten bei auf Lateinamerika spezialisierten Reisebüros nachfragen – das Angebot wechselt ständig. In der Regel ist zu beachten: Sie müssen außerhalb Argentiniens erworben werden und gelten manchmal nur in Verbindung mit einem internationalen Ticket. Außerdem dürfen sie nur von Ausländern und innerhalb eines bestimmten Zeitraums benutzt werden.

Weitere Informationen s. S. 1250.

Nahverkehr

Selbst Kleinstädte haben gute Busnetze. In einigen Städten müssen Passagiere ihre Fahrten mit Magnetkarten bezahlen, die normalerweise bei Kiosken erhältlich sind. Es empfiehlt sich, immer auf die Endstation des Busses zu achten, da Busse der gleichen Linie mitunter leicht verschiedene Strecken abdecken.

Taxis haben Taxameter mit Digitalanzeige. Ihr Startpreis liegt bei rund 0,75 US$. Trinkgeld wird erwartet, Fahrgäste

> **EINREISE NACH CHILE**
>
> Für die meisten Traveller gestaltet es sich relativ schnell und problemlos, von Argentinien nach Chile zu fahren. Normalerweise transportieren einen die Busse, die einen zur Grenze gebracht haben, auch ins Nachbarland. Gebühren werden keine fällig. Die Grenzposten haben tagsüber geöffnet, Dorotea bei Puerto Natales im Sommer sogar rund um die Uhr. Wer alle erforderlichen Papiere mitführt und nichts Illegales (inkl. frischen Lebensmitteln) dabei hat, bekommt so gut wie nie Probleme. Tickets sollten so früh wie möglich gekauft werden, da Busse in Richtung Chile oft schnell ausgebucht sind. Auf beiden Seiten der Grenze muss der Bus zur Passkontrolle verlassen werden – anschließend geht's weiter. Informationen zum Grenzübertritt *von* Chile aus stehen auf S. 475.

können aber aufs Wechselgeld verzichten. *Remises* sind Taxis oder normale Autos ohne Taxameter, die telefonisch bestellt werden können – nahezu alle Hotels und Restaurants übernehmen dies gern für ihre Gäste. Solche Fahrzeuge sind allgemein verlässlicher als Taxis, da sie von renommierten Firmen betrieben werden; vor dem Einsteigen der Fahrtpreis erfragen.

Buenos Aires ist die einzige argentinische Stadt mit einem U-Bahn-System („Subte").

Trampen

Gute Stellen zum Trampen sind Tankstellen in den Randzonen großer Städte, wo Lastwagenfahrer ihre Trucks betanken. In Patagonien sind die Entfernungen weit und Transportmittel rar – Snacks sowie warme und winddichte Kleidung gestalten die oft langen Wartezeiten etwas angenehmer. Außerdem braucht man oft eine extra Ration Trinkwasser (vor allem im staubtrockenen Norden). Viele Autos sind komplett mit Familien besetzt.

Haciendo dedo ist für Frauen in Argentinien relativ sicher. Dennoch gilt: Nie alleine trampen, nicht in Autos mit zwei Männern einsteigen – und schon gar nicht bei Nacht. Wer im ländlichen Raum den Daumen ausstreckt, geht kein allzu hohes Sicherheitsrisiko ein – in Buenos Aires ist Trampen jedoch nicht zu empfehlen.

Schilder erhöhen die Chancen, mitgenommen zu werden – Aufschriften der Sorte *visitando Argentina de Alemania* („Komme aus Deutschland und besuche Argentinien") kommen wesentlich besser an als nur die nüchterne Angabe des Reiseziels.

Prima Infos für Tramper gibt's im Internet unter www.autostopargentina.com.ar (spanisch).

Zug

Einst legten die Briten in Argentinien ein Schienennetz an. Heute ist es nicht mehr so ausgedehnt wie früher – Busse sind momentan schneller, flexibler und verlässlicher. Fernreisezüge fahren von Buenos Aires nach Rosario und zu den Strandorten am Atlantik sowie von Viedma nach Bariloche. In Buenos Aires und Rosario rollen Pendlerzüge in die Vorstädte.

Der malerische und berühmte (aber teure!) *Tren a las Nubes* tuckert von Salta im Norden in Richtung Chile. In Patagonien gibt's mehrere kurze Verbindungen mit Touristenzügen (alle Schmalspur), z. B. *La Trochita* (startet in Esquel oder El Maitén) und *El Tren del Fin del Mundo* in Ushuaia.

BUENOS AIRES

☎ 011 / 13 Mio. Ew. (Großraum B. A.)

Die Gerüchte sind wirklich wahr – Buenos Aires ist eine der elektrisierendsten Städte Südamerikas, deren ganzer Stolz europäische Architektur, atmosphärische Viertel und das brummende Nachtleben ist: Die Raffinesse eines geschliffenen Diamanten trifft auf den Charme eines unrasierten Casanovas. Der Geist eines durchgeknallten Wahnsinnigen paart sich mit der Attitüde eines berühmten Supermodels. Außerdem sind die leidenschaftlichen Einwohner von B. A. stolz und hochmütig – bei näherem Kontakt erweisen sie sich aber als äußerst hilfsbereit.

Nach dem wirtschaftlichen Kollaps Argentiniens 2002 ist Buenos Aires relativ schnell wieder auf die Beine gekommen und hat damit alle Zweifler zum Verstummen gebracht. Diese Wiedergeburt bringt die Stadt bis heute zum Glühen. Mittlerweile empfinden die Argentinier die Welt „da draußen" als unerschwinglich, weshalb sie ihre Energie lieber aufs Zuhause konzentrieren – mit beeindruckenden Ergebnissen. In den letzten Jahren sind zahllose neue Restaurants, Boutiquen und Geschäfte aus dem Boden geschossen. Sie ziehen nicht nur den Einheimischen die Pesos aus der Tasche, sondern zielen auch auf die prall gefüllten Geldbeutel ausländischer Touristen ab. Letztere kommen dennoch in den Genuss unglaublicher Schnäppchen.

Doch jede große Metropole hat auch eine Schattenseite. Krater erstrecken sich über die Gehwege, allgegenwärtige Graffitis und raue Ecken – manche sogar in den reichsten Vierteln – sprechen Bände über diese Stadt. Man stößt auf Arme und Bettler, und nachts kriechen noch dazu die *cartoneros* (Wertstoffsammler) aus ihren Löchern. Über allem schwebt eine tiefe Melancholie – man weiß über Argentiniens Reichtum Bescheid, kennt aber auch die Unfähigkeit, das eigene Potenzial zu erkennen und zu nutzen. So weht in B. A. ohne Zweifel auch der Wind der Dritten Welt.

AUF JEDEN FALL ...

- die geschäftige Av Florida entlang spazieren
- leckere Steaks zum Abendessen genießen
- eine Tangoshow anschauen
- den Friedhof Recoleta erkunden
- ein *fútbol*-Spiel erleben
- San Telmos Antiquitätenmarkt durchstöbern

Aber dennoch, nichts wie hinein in den verwirrenden Rummel dieser faszinierenden Stadt! Das hoch geschätzte Publikum halte sich aber gut fest, es wartet ein wilder und höchst unterhaltsamer Ritt. Besucher verlieben sich nur allzu leicht in diese wunderbare, sexy Stadt – wie so viele davor und danach.

ORIENTIERUNG

Buenos Aires ist eine Megastadt. Die meisten Sehenswürdigkeiten konzentrieren sich jedoch auf den übersichtlichen Innenstadtbereich. Die interessanten *barrios* (Viertel) drum herum sind leicht mit öffentlichen Verkehrsmitteln zu erreichen. Hauptverkehrsader ist die breite Av 9 de Julio. Alle Straßen in Nord-Süd-Richtung (ausgenommen die Av 9 de Julio) wechseln ihre Namen an der Av Rivadavia.

Das *microcentro*, das Zentrum nördlich der Av de Mayo und östlich der Av 9 de Julio, ist das Herz von B. A.s brummender Innenstadt. Nördlich davon liegen die schicken Gebiete Recoleta, Barrio Norte und Palermo, im Süden die Arbeiterviertel San Telmo und La Boca. Die modernisierten Backstein-Lagerhäuser und Promenaden des *barrio* Puerto Madero erstrecken sich am Ufer östlich der Innenstadt.

Bei der Orientierung hilft der Lonely Planet Stadtplan *Buenos Aires*.

DER WEG INS ZENTRUM

Wer aus dem Ausland kommend mit dem Flugzeug in Buenos Aires landet, findet sich höchstwahrscheinlich auf dem **Flughafen Ezeiza** (☎ 5480-6111; www.aa2000.com.ar) rund 35 km südlich vom Stadtzentrum wieder. Für die Erstverpflegung gibt es in dem sauberen und modernen Flughafen Restaurants, Läden, (teure) Internetcafés und eine Gepäckaufbewahrung.

Für den Weg in die Stadt benutzen Neuankömmlinge am besten den regelmäßig fahrenden und komfortablen Shuttleservice von **Manuel Tienda León** (MTL; 8 US$, 40 Min.); der Stand befindet sich direkt vor der Zollabfertigung. Eine Alternative zu den happigen MTL-Taxipreisen sind die Stadttaxis, die an einem Stand dahinter auf Fahrgäste warten; sie verlangen rund 18 US$ (inkl. Maut). *Auf keinen Fall* irgendein Taxi nehmen – stattdessen den Stand aufsuchen und im Voraus bezahlen. Für extreme Sparfüchse gibt's die Buslinie 86 (0,75 US$, 1½ Std.). Die Haltestelle liegt nur wenige Gehminuten entfernt vor dem Inlandsterminal von Aerolíneas Argentinas.

Wer Geld wechseln muss, sollte die *cambios* (Wechselstuben) aufgrund der schlechten Konditionen links liegen lassen. Wesentlich besser ist man mit der Banco de la Nación (24 Std. geöffnet) in der Nähe bedient.

Die meisten Inlandsflüge steuern den **Aeroparque Jorge Newbery** (Karte S. 53; ☎ 5480-6111; www.aa2000.com.ar) ein paar Kilometer nördlich vom Zentrum an. Die Fahrt ins Stadtzentrum mit den Shuttlebussen von Manuel Tienda León kostet 3 US$ (15 Min.). Ebenfalls ins Zentrum kommt man mit den Buslinien 33 und 45 in Richtung Süden; sie fahren rechts vom Flughafenausgang ab (0.30 US$). Ein im Taxi wird man ca. 5 US$ los.

Der Shuttlebusse vom Ezeiza zum Aeroparque belastet die Reisekasse mit 8,50 US$.

Der Busbahnhof Retiro (Karte S. 54 f.) liegt rund 1 km nördlich vom Stadtzentrum. Hier treffen die unzähligen Stadtbuslinien von Buenos Aires aufeinander. Von außen wirkt das Ganze wie eine einzige brodelnde Masse, in der man sich nach einer 14-stündigen Busfahrt wohl kaum zurechtfindet. Sofern das Ziel nahe einer Haltestelle liegt, empfiehlt sich die Fahrt mit der Subte (U-Bahn). Der Kiosk am Südende des Busbahnhofs hat rund um die Uhr geöffnet und liefert Infos zu Buslinien. Taxis sind recht günstig – am besten ein „Radio Taxi" nehmen. Die Touristeninformation unterhalb vom Busschalter 105 empfängt Besucher lediglich montags bis samstags von 7.30 bis 13 Uhr.

PRAKTISCHE INFORMATIONEN
Buchläden
ABC (Karte S. 54 f.; Maipú 866) Hier gibt's englisch- und deutschsprachige Bücher, darunter auch Lonely Planet Bände.
El Ateneo (Karte S. 54 f.; Ecke Av Florida 340) Hat ein paar englischsprachige Bücher im Angebot; betreibt eine Filiale an der Av Santa Fe 1860.
Walrus Books (Karte S. 54 f.; Estados Unidos 617; ☽ Mo geschl.) Steht unter amerikanischer Leitung und verkauft gebrauchte englischsprachige Bücher. Kauft auch gut erhaltene Bücher an.

Einreisestelle
Einreisestelle (Karte S. 54 f.; ☎ 4317-0200; www. migraciones.gov.ar; Av Antártida Argentina 1355; ☽ Mo–Fr 8–13 Uhr)

Geld
Die Abwertung des Peso 2001 erzeugte einen grauen Markt für US-Dollar. In der verkehrsberuhigten Av Florida ist teilweise der Ruf *„cambio, cambio"* zu vernehmen. Besucher wechseln Geld aber besser bei einer Bank oder *cambio* (Wechselstube) – Abzocke und Blüten sind keine Seltenheit.

Bei manchen Banken muss man mindestens 100 US$ wechseln und sich eventuell auch ausweisen. *Cambios* bieten etwas schlechtere Konditionen, sind aber normalerweise wesentlich schneller und haben weniger Beschränkungen. Viele Einzelhändler akzeptieren US-Dollar zu recht fairen Kursen.

Reisechecks lassen sich wenn überhaupt, dann noch eher in Wechselstuben als in Banken umtauschen – und das auch noch zu miesen Konditionen. Eine Ausnahme ist das Büro von **American Express** (Karte S. 54 f.; Arenales 707). Geldautomaten sind weit verbreitet. Wer eine Visa oder MasterCard im Geldbeutel stecken hat, kann eventuell Bargeld abheben, sollte sich aber vor Reisebeginn bei der eigenen Bank erkundigen.

Internetzugang
Überall gibt's Internetcafés mit relativ schnellen Verbindungen. Die Preise liegen bei rund 0,50 US$ pro Stunde.

Kulturzentren
Biblioteca Lincoln (Karte S. 54 f.; ☎ 5382-1528; www. bcl.edu.ar; Maipú 672) Hat englischsprachige Bücher, Zeitungen und Zeitschriften. Wer lesen will, muss Mitglied werden (23 US$/Jahr).

Centro Cultural Borges (Karte S. 54 f.; ☎ 5008-8011; www.ccborges.org.ar; Ecke San Martín/Viamonte) Alle möglichen Tanzkurse und Kunstausstellungen plus vieles mehr.
Centro Cultural Recoleta (Karte S. 54 f.; ☎ 4803-1040; www.centroculturalrecoleta.org; Junín 1930) Günstige Ausstellungen, Theatervorstellungen, Kurse usw.
Centro Cultural Ricardo Rojas (Karte S. 54 f.; ☎ 4954-5521; www.rojas.uba.ar, spanisch; Av Corrientes 2038) Viele bezahlbare Kurse mit künstlerischem Anstrich.
Centro Cultural San Martín (Karte S. 54 f.; ☎ 4374-1251; www.ccgsm.gov.ar; Sarmiento 1551) Erschwingliche Galerien, Theatervorstellungen und Lesungen, dazu Filme und Workshops.
Centro Cultural Ricardo Rojas (Karte S. 54 f.; ☎ 4954-5521; www.rojas.uba.ar, spanisch; Av Corrientes 2038) Unzählige bezahlbare Kurse mit künstlerischem Anstrich.
Goethe-Institut (☎ 4311-8964; www.goethe.de/ins/ ar/bue/deindex.htm; Av. Corrientes 319/343) Bibliothek mit deutschsprachigen Büchern, Zeitungen und DVDs; veranstaltet Fachvorträge.

Medizinische Versorgung
In B. A. beschäftigen die meisten Krankenhäuser englischsprachiges Personal. Termine telefonisch ausmachen.
British Hospital (www.hospitalbritanico.org.ar) Perdriel (Karte S. 54 f.; ☎ 4304-1081; Perdriel 74); Marcello T de Alvear (Karte S. 54 f. ☎ 4812-0040; Marcello T de Alvear 1573)
Hospital Municipal Juan Fernández (Karte S. 60 f.; ☎ 4808-2650; Cerviño 3356)

Notfall
Ambulanz ☎ 107
Feuerwehr ☎ 107
Polizei ☎ 101
Hotline für Vergewaltigungsopfer ☎ 4981-6882, 4958-4291
Touristenpolizei (Karte S. 54 f.; ☎ 4346-5748, 0800-999-5000; Av Corrientes 436; ☽ 24 Std.) Stellt Dolmetscher und hilft Opfern von Verbrechen.

Post
Correo Postal Internacional (Karte S. 54 f.; ☎ 4891-9191; www.correoargentino.com.ar; Av Antártida Argentina) Nahe des Busbahnhofs Retiro. Verschickt Pakete zwischen 2 und 20 kg in alle Welt. Die Website informiert über Preise. Pakete müssen offen sein, da der Inhalt kontrolliert wird. Schachteln gibt's vor Ort.
FedEx (Karte S. 54 f.; ☎ 0810-333-3339; www.fedex. com; Maipú 753) Unterhält mehrere Filialen.
Hauptpost (Karte S. 54 f.; ☎ 4316-3000; Sarmiento 151) Hat viele Filialen und nimmt auch Päckchen unter 2 kg an.

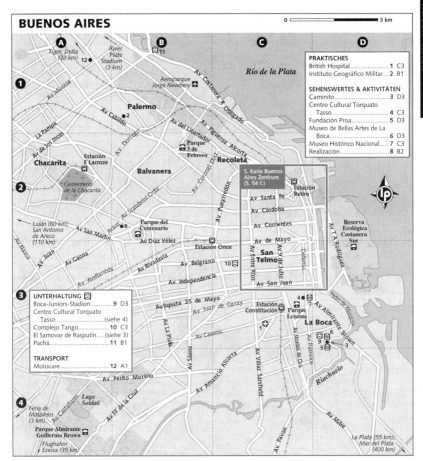

Reisebüros
Asatej (Karte S. 54 f.; ☎ 4114-7566; www.asatej.com; Av Florida 835, 3. OG) Geschäftiger, aber günstiger Laden. Stellt Internationale Studentenausweise (ISIC) aus.

Say Hueque (Karte S. 54 f.; ☎ 5199-2517; www.sayhueque.com; Viamonte 749, 6. OG) Freundlicher Superservice. Bucht vor allem Backpacker-Abenteuertrips durch Argentinien, aber auch Aktivitäten in B. A. (z. B. Tangoshows).

Tangol (Karte S. 54 f.; ☎ 4312-7276; www.tangol.com; Av Florida 971, Suite 31) Organisiert Abenteuer-Aktivitäten wie Fallschirmsprünge, Besuche auf *estancias* (Ranches), Hubschrauberflüge und nächtliche Touren durch B. A. Karrt Traveller auch zu *fútbol*-Spielen.

Telefon
Telefonieren kann man am einfachsten in einem *locutorio* (Telefonbüro). Kunden setzen sich in eine Kabine und plaudern in sicherer und ruhiger Umgebung. Die Preise entsprechen denen von öffentlichen Telefonzellen; Münzgeld ist jedoch nicht erforderlich. Die meisten *locutorios* bieten auch Fax- und Internetdienste zu bezahlbaren Preisen an.

Die zahlreichen Telefonzellen in der Stadt lassen sich mit Münzen oder Magnetkarten (sind an jedem Kiosk erhältlich) benutzen.

Touristeninformation
Die vielen kleinen Touristeninformationen von Buenos Aires (www.bue.gov.ar) verteilen sich auf die wichtigsten Touristenzonen in der ganzen Stadt:

54 BUENOS AIRES ZENTRUM

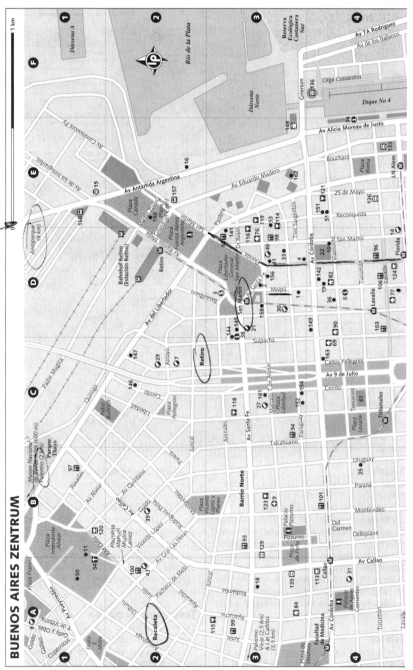

56 BUENOS AIRES ZENTRUM

www.lonelyplanet.de

ARGENTINIEN

PRAKTISCHES

ABC..1 D3
Administración de Parques
  Nacionales...............................2 D3
American Express....................3 D3
Asatej......................................4 D3
Biblioteca Lincoln...................5 D4
Bolivianisches Konsulat..........6 A6
Brasilianisches Konsulat.........7 C2
Britische Botschaft..................8 A1
British Hospital.......................9 B3
Centro Cultural Borges..........10 D4
Centro Cultural Recoleta.......11 B1
Centro Cultural Ricardo Rojas...12 A5
Centro Cultural San Martín....13 B5
Chilenisches Konsulat............14 D4
Correo Postal Internacional...15 E1
Einreisestelle.........................16 E2
El Ateneo...............................17 D5
El Ateneo...............................18 A3
FedEx.....................................19 D4
Florida-Touristenkiosk............20 D5
Französisches Konsulat..........21 D3
Galerías-Pacífico-Kiosk..........22 D4
Hauptpost..............................23 E5
Hostelling International
  (Büro)..........................(siehe 4)
Holländische Botschaft..........24 F5
Íbera Spanish Argentina.........25 B4
Israelisches Konsulat..............26 D6
Italienisches Konsulat.............27 C3
Movidisc.................................28 D5
Neuseeländische Botschaft... 29 C2
Norwegische Botschaft..........30 D3
Paraguayisches Konsulat.........31 A4
Peruanische Botschaft............32 D5
Pride Travel............................33 D3
Puerto-Madero-Touristenkiosk. 34 E4
Recoleta-Touristenkiosk.....(siehe 120)
San-Telmo-Touristenkiosk......35 E8
Say Hueque............................36 D4
Schwedische Botschaft...........37 D6
Schweizer Botschaft..........(siehe 21)
Secretaría de Turismo de la
  Nación.................................38 D3
Spanisches Konsulat..............39 B2
Südafrikanische Botschaft......40 D3
Tangol...................................41 D3
Touristenpolizei.....................42 E5
Uruguayische Botschaft..........43 A2
Walrus Books.........................44 D7

SEHENSWERTES & AKTIVITÄTEN

Academia Buenos Aires...........45 D6
Academia Nacional del
  Tango.........................(siehe 112)
BA Spanish.............................46 B6
Baires Bikes............................47 E7
Casa Rosada...........................48 E5
Catedral Metropolitana..........49 E5
Cementerio de La Recoleta.....50 A1
Centro de Estudio del
  Español (Cedic)...................51 E4
Colegio Nacional................(siehe 56)
Confitería Ideal......................52 D5
Estudio Buenos Aires (EBA).......53 E3
Iglesia de Nuestra Señora de
  Pilar....................................54 A1
Iglesia San Ignacio............(siehe 56)

Instituto de Lengua Española para
  Extranjeros (ILEE)................55 B5
International Bureau of Language
  (IBL)..............................(siehe 32)
Manzana de las Luces............56 D6
Monumento a los dos
  Congresos...........................57 B6
Museo de la Casa Rosada....(siehe 48)
Museo del Cabildo.................58 D6
Obelisco................................59 C5
Palacio del Congreso..............60 A6
Tangol............................(siehe 41)
Teatro Colón..........................61 C4

SCHLAFEN

Alkimista................................62 C6
BA Stop..................................63 C6
Brisas del Mar........................64 D8
Carlos Gardel.........................65 D8
Casa del Plata........................66 A5
Casa los Angelitos..................67 A6
Downtown Mate.....................68 C5
Goya Hotel.............................69 C4
Gran Hotel Oriental................70 A5
Hostal de Granados................71 E7
Hostel Clan............................72 D6
Hostel-Inn Buenos Aires.........73 D8
Hostel-Inn Tango City.............74 D7
Hotel Carly............................75 E8
Hotel Central Córdoba...........76 D3
Hotel El Cabildo.....................77 D4
La Casa de Etty......................78 B7
Lime House............................79 C6
Lugar Gay..............................80 E8
M&M Homestay......................81 E8
Maipú...................................82 D4
Milhouse...............................83 C6
Milonga.................................84 A3
Nomade.................................85 E8
Nomade (Nebengebäude).......86 D8
Ostinatto...............................87 D7
Portal del Sur.........................88 D6
Segura Homestay...................89 B5
V&S Hostel Club.....................90 D4

ESSEN

Chiquilín................................91 B5
Cocina Patora........................92 D3
Cumaná.................................93 B3
El Cuartito.............................94 C3
El Desnivel.............................95 E7
El Patio..................................96 D4
El Sanjuanino.........................97 B1
Filo..98 D3
Galerías Pacífico..............(siehe 22)
Granix.............................(siehe 32)
Grant's..................................99 A3
Grant's................................100 A2
La Esquina de las Flores.......101 B4
La Farmacia.........................102 E7
La Huerta.............................103 D4
La Vieja Rotisería..................104 E8
Las Marías...........................105 E8
Lotos..............................(siehe 101)
Parrilla al Carbón..................106 D4
Pippo...................................107 B5
Pippo...................................108 B5
Pizzería Güerrín....................109 B5
Puerta Leyenda....................110 C5

AUSGEHEN

Bar Plaza Dorrego.................111 E8
Café Tortoni..........................112 D6
Clasica y Moderna.................113 A4
Deep Blue.............................114 E3
Deep Blue.............................115 A3
Druid In................................116 D3
Gibraltar...............................117 D7
Gran Bar Danzón...................118 C3
Kilkenny................................119 E3
La Biela.................................120 B1
Le Cigale..............................121 E4
Los 36 Billares.......................122 C6
Milión...................................123 B3
Richmond.............................124 D4

UNTERHALTUNG

Asia de Cuba.........................125 F5
Bahrein.................................126 E4
Bar Sur.................................127 E7
Cartelera Baires...............(siehe 109)
Cartelera Vea Más.................128 B5
Confitería Ideal................(siehe 52)
Contramano..........................129 B3
El Balcón...............................130 E8
El Querandí...........................131 D6
La Trastienda........................132 E6
Luna Park..............................133 E4
Maluco Beleza.......................134 B5
Mitos Argentinos.............(siehe 130)
Notorious..............................135 A3
Opera Bay.............................136 F4
Palacio Alsina........................137 C6
Taconeando..........................138 E7
Tangol............................(siehe 41)
Teatro Colón....................(siehe 61)
Teatro General San Martín....139 B5

TRANSPORT

Aerolíneas Argentinas...........140 D6
Aerolíneas Argentinas...........141 D3
Air Canada............................142 D4
Air France.............................143 D5
Alitalia..................................144 D3
American Airlines..................145 D3
Austral.............................(siehe 141)
Austral.............................(siehe 140)
Avis......................................146 C2
British Airways......................147 C2
Buquebus..............................148 E3
Buquebus (Büro)...................149 D4
Busse nach La Plata...............150 E2
Delta....................................151 E4
Hertz....................................152 C3
KLM................................(siehe 143)
LADE....................................153 D7
Lan.......................................154 C3
Lloyd Aéreo Boliviano...........155 C5
Lufthansa.............................156 D3
Manuel Tienda León (MTL)....157 E2
  ....157 E2
New Way..............................158 D3
Pluna...................................159 D5
Retiro Bushaltestelle.............160 E1
Swiss..............................(siehe 21)
Transportes Aéreos de
  Mercosur TAM)...................161 C3
United Airlines......................162 E3
Varig....................................163 C4

Busbahnhof Retiro (Karte S. 54 f.; Suite L83 unterhalb von Busschalter 105)

Florida-Touristenkiosk (Karte S. 54 f.; Ecke Avs Florida & Diagonal Roque Sáenz Peña)

Galerías-Pacífico-Kiosk (Karte S. 54 f.; Ecke Avs Florida & Córdoba, 2. OG)

Puerto-Madero-Touristenkiosk (Karte S. 54 f.; Av Alicia Moreau de Justo, dique 4)

Recoleta-Touristenkiosk (Karte S. 54 f.; Ecke Av Quintana & RM Ortiz)

San-Telmo-Kiosk (Karte S. 54 f.; Defensa 1250)

Secretaría de Turismo de la Nación (Karte S. 54 f.; ☎ 4312-2232, 0800-555-0016; www.turismo.gov.ar; Av Santa Fe 883) Erteilt hauptsächlich Auskünfte zu Argentinien, gibt aber auch Tipps für B. A.

South American Explorers (saexplorers.org) Die Mitgliedschaft kostet 50 US$ (80 US$ für Paare, 20 % Ermäßigung für Studenten). Überzeugt mit tollen Reiseinfos zu ganz Südamerika, bewahrt Gepäck auf und empfängt Post. Hat auch einen Internet- und WiFi-Zugang sowie eine Bibliothek mit Büchertauschbörse. Gibt außerdem Veranstaltungstipps und hat ein Schwarzes Brett.

GEFAHREN & ÄRGERNISSE

Wie jede große Metropole leidet Buenos Aires sicher unter dem Treiben von Kleinkriminellen. Allgemein ist B. A. jedoch ziemlich sicher, selbst Frauen können sich nachts allein an vielen Orten unbehelligt bewegen. Nachtschwärmer sind bis in die frühen Morgenstunden unterwegs – daher trifft man oft andere Fußgänger auf der Straße. Wirklich wahr: Die meisten Besucher dieser großartigen Stadt berichten von einer fabelhaften Erfahrung. Allerdings tragen clevere Traveller keinen teuren Schmuck oder lassen – in betrunkenem Zustand – Handtaschen und Geldbörsen offen heraushängen. Auf belebten Plätzen tummeln sich Taschendiebe herum. Man sollte also stets die Umgebung im Auge behalten und *zumindest vortäuschen*, sich zurechtzufinden.

Wenn überhaupt, wird B. A. eher von kleineren Unannehmlichkeiten geplagt. Wer etwas kauft, sollte das Wechselgeld nachzählen und Banknoten auf ihre Echtheit überprüfen (Wasserzeichen vorhanden?). Zudem beim Überqueren von Straßen immer auf den Verkehr achten – ebenso auf die vielen „Tretminen", die Hunde auf den Bürgersteigen hinterlassen. In B. A. ist frische Luft oft Mangelware; Luftverschmutzung und Zigarettenqualm liegen schwer auf den Lungen. Der Umgang mit Taxifahrern ist eine Sache für sich (Tipps auf S. 77).

Jede Stadt hat ihre finsteren Ecken. In B. A. sind dies z. B. der Bahnhof Constitución Estación sowie der östliche Rand von San Telmo und La Boca. Dort ist außerhalb der Touristenzonen auch tagsüber Vorsicht angebracht. Die Av Florida ist für Besucher nur mitten in der Nacht ein unangenehmes Pflaster. Im Kapitel „Notfall" auf S. 52 stehen die Kontaktdaten der Touristenpolizei.

SEHENSWERTES

Mitten in Buenos Aires befindet sich das *microcentro* (Stadtzentrum) mit vielen historischen Gebäuden und Museen. Nördlich davon liegen das wohlhabende Recoleta mit seinem berühmten Friedhof und Palermo mit zahlreichen Parks, tollen Restaurants und Bars. Weiter im Süden lebt die Arbeiterklasse, z. B. im Tangomekka San Telmo oder im kunterbunten „Raubein" La Boca. B. A. ist so vielseitig, dass man sich Tag und Nacht beschäftigen kann.

Stadtzentrum

Im *microcentro* von Buenos Aires stehen viele europäische Gebäude aus dem 19. Jh. Reisende, die etwas mehr Lateinamerika erwartet haben, wird das zunächst überraschen. Am meisten ist auf der verkehrsberuhigten **Av Florida** los, auf der sich gestresste Geschäftsleute, neugierige Touristen und Lederhändler auf Kundenfang tummeln. Immer einen Besuch wert sind die **Galerías Pacífico** (Karte S. 54 f.), eines der großartigsten Einkaufszentren in Buenos Aires – Hingucker: die Deckengemälde im Inneren. Südlich der Av Florida verläuft die geschäftige Av Corrientes. Wer dieser Durchgangsstraße nach Westen folgt, überquert dabei die ultrabreite Av 9 de Julio (rennen!). Hier sticht der unglaubliche, phallusartige **Obelisco** (Karte S. 54 f.) ins Auge, ein Wahrzeichen von Buenos Aires. Gleich dahinter liegt das traditionelle Theaterviertel der Stadt, in dem viele günstige Buchläden aufzustöbern sind.

Kolonialzeitliche Häuser mit Arkaden umgaben einst die Plaza de Mayo. Heute ist davon nur noch das neu gestaltete **Museo del Cabildo** (Karte S. 54 f.; Eintritt 0,35 US$, Fr frei; ☉ Di–Fr 10.30.–11 und Sa 11.30–18 Uhr) aus dem 18. Jh. übrig. Die klassizistische **Catedral Metropolitana** (Karte S. 54 f.) von 1827 unweit davon enthält das Grab des Befreiers José de San Martín, der bis heute in ganz Argentinien als Volksheld verehrt wird. Ein Block weiter östlich erhebt sich der rosafarbene Präsidentenpalast **Casa Rosada** (Karte S. 54 f.). Der Balkon erlangte Berühmtheit durch die Auftritte der unter Strom stehenden Evita, die auf dem Höhepunkt ihrer Macht ihre zahlreichen Bewunderer verzückte. Auf der Südseite des Gebäudes befindet sich das **Museo de la Casa Rosada** (Karte S. 54 f.; Eintritt 0,35 US$; ☿ Mo–Fr 10–18, So 14–18 Uhr). Dessen Highlight sind die Katakomben des kolonialen Fuerte Viejo, einer Ruine aus dem 18. Jh. Jeden Freitag um 17 Uhr gibt's kostenlose geführte Touren durch die Casa Rosada (auf Englisch). Allerdings muss man sich persönlich ein paar Stunden vorher anmelden und seinen Ausweis mitbringen.

Einen Block südlich der Plaza de Mayo steht der **Manzana de las Luces** (Häuserblock der Erleuchtung; Karte S. 54 f.). Zu dem gewaltigen Gebäudekomplex aus dem 18. Jh. gehören die **Iglesia San Ignacio**, die älteste Kirche von B. A., und das **Colegio Nacional**, eine Oberschule für Kinder aus betuchtem Elternhaus. Den Untergrund durchziehen alte Militärstollen, die einst der Verteidigung dienten.

Weiter im Westen kommt am anderen Ende der Av de Mayo die grüne Kuppel des **Palacio del Congreso** (Karte S. 54 f.) in Sicht. Er entstand 1906 nach dem Vorbild des Washingtoner Capitols. Das Bauwerk steht an der von unzähligen Tauben bevölkerten Plaza del Congreso. Hier steht auch das **Monumento a los Dos Congresos**, dessen Granitstufen die Anden symbolisieren.

Seit der Eröffnung im Jahre 1908 bezaubert das prächtigen **Teatro Colón** (Karte S. 54 f.; ☎ 4378-7133; www.teatrocolon.org.ar) sein Publikum. Das luxuriöse siebenstöckige Gebäude mit Platz für 2500 Zuschauer erhebt sich etwas weiter nördlich an der Tucumán 1171. Ränge mit vergoldeten Balkonen umgeben vornehme Sitze mit roten Samtbezügen. Das Theater ist ein Weltklasse-Venue für Oper, Ballett und klassische Musik. Täglich gibt's diverse geführte englisch- und spanischsprachige Touren (4 US$, einen Tag vorher reservieren).

Östlich vom Stadtzentrum liegt **Puerto Madero** (Karte S. 54 f.), B. A.s jüngstes *barrio*. Das renovierte Hafenviertel säumen schmucke Fußgängerpromenaden und kostspielige Lofts. Da dürfen auch trendige Restaurants, Bars und ein paar der teuersten Hotels der Stadt nicht fehlen. Die **Reserva Ecológica Costanera Sur** (Karte S. 53; ☿ Nov.–März 8–19 Uhr, April–Okt. bis 18 Uhr) weiter im Osten ist dagegen eine ganz andere Welt. Das große Marschgebiet steht unter Naturschutz und umfasst unbefestigte Wege durch verschiedene Naturlandschaften. Der Eingang befindet sich östlich von San Telmo (gegenüber der R Vera Peñaloza)

San Telmo

In San Telmo sechs Blocks südlich der Plaza de Mayo schlägt das Herz der hiesigen Tangokultur. Das Viertel mit seinen unzähligen Pflasterstraßen und in die Jahre gekommenen Anwesen war früher aufgrund der niedrigen Mieten vor allem bei Künstlern sehr beliebt. Mittlerweile sind die Preise gestiegen – heute gibt's daher mehr Boutiquen als Ateliers. Bis 1870 war diese Ecke schwer angesagt. Während der nächsten 20 Jahre verscheuchten jedoch mehrere Epidemien die reiche Oberschicht nach Norden. Danach wurden viele Häuser unterteilt und verwandelten sich in überfüllte Einwandererquartiere.

Sonntags lockt der berühmte **Antiquitätenmarkt** auf der **Plaza Dorrego** (Karte S. 54 f.) scharenweise Touristen an. Sie schlagen sich um rostige Taschenuhren, alte Kleidungsstücke oder uralte Kristall- und Metallartikel. Zum Verkauf stehen auch Geschirr und alte Münzen, während auf der Straße Tangoshows für Unterhaltung sorgen. Sie sind beliebte Fotomotive – Zuschauer sollten auf jeden Fall etwas Kleingeld in den Hut werfen. In den netten Cafés rund um die Plaza schlürfen Gäste Getränke – von Kognak bis *cortado* (Milchkaffee) ist alles im Angebot – und schauen in aller Ruhe dem Treiben zu. Derart gestärkt kann man einen Schaufensterbummel durch die atmosphärischen Straßen unternehmen. Wer zufällig nach dem perfekten *victrola* (Grammophon) sucht, wird es wahrscheinlich hier irgendwo finden. Abends veranstalten dann diverse Clubs ihre berühmten Tangoshows.

Vier Blocks weiter südlich erstreckt sich an der Ecke Defensa/Brasil der schattige **Parque Lezama** (Karte S. 53). Hier, wo angeblich Buenos Aires gegründet wurde, mischt man sich unter die Schach spielenden Einheimischen oder besucht das gigantische und schöne **Museo Histórico Nacional** (Karte S. 53; Eintritt 0,75 US$; ☿ Di–So 11–18 Uhr, Jan. geschl.).

La Boca

Das lebhafte Arbeiterviertel verläuft entlang des alten Hafens an der *boca* (Mündung) des Río Riachuelo. Es wurde einst von italienischen Einwanderern aus Genua angelegt. Hauptattraktion ist der kunterbunte **Caminito** (Karte S. 53). Die kurze Fußgängerpromenade säumen Gebäude mit Verkleidungen aus Wellblech. Lokale Künstler stellen ihre farbenfrohen Gemälde aus und tragen so zum lebendigen Ambiente bei. Zudem ist das Viertel auch Heimat der Fußballmannschaft Boca Juniors (Details s. S. 74).

Seinen Ruf als Künstlerenklave hat Boca besonders dem Maler Benito Quinquela Martín zu verdanken. Sein altes Wohnhaus und Atelier beherbergen heute das **Museo de Bellas Artes de La Boca** (Karte S. 53; Pedro de Mendoza 1835; empfohlene Spende 0,35 US$; ☾ Mo–Fr 10–17.30, Sa & So 11–17.30 Uhr). Auch die hervorragende **Fundación Proa** (Karte S. 53; www.proa.org; Pedro de Mendoza 1929; Eintritt 1 US$; ☾ Di–So 11–19 Uhr) ist immer einen Besuch wert. Sie zeigt brandaktuelle moderne Kunstwerke. Die Aussicht vom Dach ist der Hammer.

Achtung: La Boca zählt zu den ärmeren *barrios* von Buenos Aires. Egal ob tagsüber oder bei Nacht – Besucher sollten die einschlägigen Touristenzonen besser nicht verlassen. Hin kommt man mit den Buslinien 29, 130 und 152.

Recoleta

Das piekfeine Recoleta ist das vornehmste Viertel B. A.s, in dem zudem der **Cementerio de la Recoleta** (Karte S. 54 f.; ☾ 7–18 Uhr), eine der beliebtesten Sehenswürdigkeiten, liegt. Hohe Mauern umgeben den Friedhof. Dahinter ruhen sich ganze Generationen von Argentiniens Oberschicht – ob tot oder lebendig – inmitten von pompösem Prunk aus. Es ist faszinierend, durch die weitläufige „Ministadt" zu schlendern, vorbei an erhabenen Statuen, aufwendigen Marmorfassaden und muffigen Sarkophagen. Um Evitas Grab zu finden, genügt es, den Massen zu folgen.

Neben dem Friedhof befinden sich die **Iglesia de Nuestra Señora de Pilar** (Karte S. 54 f.) von 1732 und das Centro Cultural Recoleta (S. 52). Letzteres veranstaltet öfters Kulturevents. An Wochenenden steigt auf den Wegen der Umgebung ein Hippie-Markt. Neben lebhaften Darstellern zieht er scha-

renweise Touristen an. Am besten macht man es sich in einem Café gemütlich und lässt die schöne Grünfläche der benachbarten **Plaza Intendente Alvear** auf sich wirken, wo u. a. die riesigen *ombú*-Bäume wachsen. Mit etwas Glück bekommt man ein paar *paseaperros* (professionelle „Gassigeher") zu Gesicht – die haben bis zu 15 Hunde aller Größen und Rassen an der Leine.

Das **Museo Nacional de Bellas Artes** (Av del Libertador 1473; Eintritt frei; ☾ Di–Fr 12.30–19.30, Sa & So 9.30–19.30 Uhr) stellt Werke berühmter französischer Impressionisten und argentinischer Künstler aus. Auf jeden Fall sehenswert.

Palermo

Palermo begeistert mit zahlreichen grünen Parks, imposanten Statuen, eleganten Botschaften und riesigen Sportanlagen. An sonnigen Wochenenden verwandelt sich das Viertel nachmittags in eine Yuppie-Spielwiese der *porteños*. Der **Jardín Botánico Carlos Thays** (Botanischer Garten; Karte S. 60 f.) eignet sich prima für eine relaxten Spaziergang. Im **Jardín Zoológico** (Zoo; Karte S. 60 f.; ☎ 4806-7411; Ecke Avs Las Heras & Sarmiento; Eintritt 2–3,50 US$; ☾ Jan. & Feb. 10–18 Uhr, März–Dez. Di–So 10–17 Uhr) gibt's dagegen hauptsächlich artgerechte Tiergehege und ein paar attraktive historische Bauwerke zu sehen. Dann wäre da noch der angenehme **Jardín Japonés** (Japanischer Garten; Karte S. 60 f.; ☎ 4804-4922; Ecke Av Casares & Av Berro; Eintritt Mo–Fr 1 US$, Sa & So 1,35 US$; ☾ 10–18 Uhr). Der **Rosedal** (Rosengarten; Karte S. 60 f.) ist tagsüber ganz o. k. – doch Vorsicht: Nachts treiben sich hier Transvestiten herum. Und am Wochenende sind Touren mit geliehenen Dratheseln zu den Seen des **Parque 3 de Febrero** (Karte S. 60 f.) ein netter Zeitvertreib.

Nicht allzu weit entfernt von den „Grünen Lungen" zeigt das nagelneue **Museo de Arte Latinoamericano de Buenos Aires** (Malba; Karte S. 60 f.; www.malba.org.ar; Av Presidente Figuero Alcorta 3415; Eintritt 3,25 US$, Mi frei; ☾ Mo & Do–Fr 12–20, Mi 12–21, Sa & So 10–20 Uhr) Werke lateinamerikanischer Künstler. Ebenfalls sehr interessant ist das **Museo Evita** (Karte S. 60 f.; Lafinur 2988; Eintritt 0,75 US$; ☾ Di–So 15–20 Uhr), das Leben und Werk dieser so legendären wie temperamentvollen Frau dokumentiert. Zu Palermo gehören schließlich auch der **Campo de Polo** (Poloplatz; Karte S. 60 f.), das **Hipódromo** (Pferderennbahn; Karte S. 60 f.) und das **Planetario** (Sternwarte; ☎ 4771-9393; Ecke Av Sarmiento

60 PALERMO & UMGEBUNG

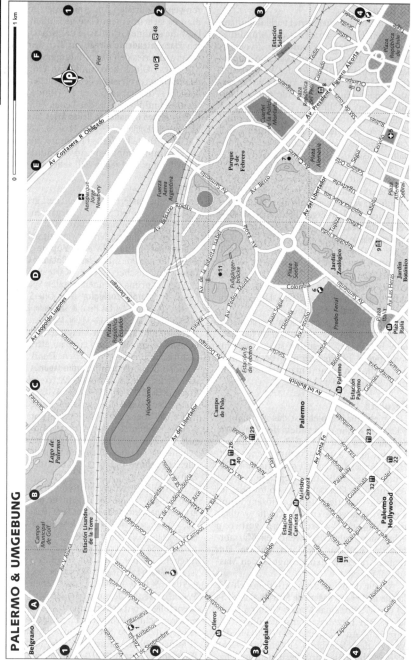

www.lonelyplanet.de PALERMO & UMGEBUNG **61**

ARGENTINIEN

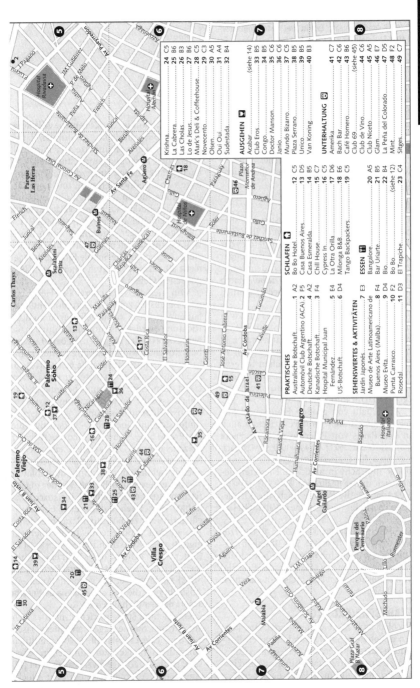

PRAKTISCHES
Australische Botschaft	**1** A2
Automóvil Club Argentino (ACA)	**2** F5
Deutsche Botschaft	**3** A2
Kanadische Botschaft	**4** B5
Hospital Municipal Juan Fernández	**5** E4
US-Botschaft	**6** D4

SEHENSWERTES & AKTIVITÄTEN
Jardín Japones	**7** E3
Museo de Arte Latinoamericano de Buenos Aires (Malba)	**8** F4
Museo Evita	**9** D4
Punta Carrasco	**10** F2
Rosedal	**11** D3

SCHLAFEN
Bo Bo Hotel	**12** C5
Casa Buenos Aires	**13** D5
Casa Esmeralda	**14** B5
Chill House	**15** C7
Cypress In	**16** C5
La Otra Orilla	**17** D6
Milonga B&B	**18** E6
Tango Backpackers	**19** C5

ESSEN
Bangalore	**20** A5
Bar Uriarte	**21** B5
Bio	**22** B4
Bo Bo	(siehe 12)
El Trapiche	**23** C4
Krishna	**24** C5
La Cabrera	**25** B6
Las Cholas	**26** B3
Lo de Jesús	**27** B6
Mark's Deli & Coffeehouse	**28** C5
Novecento	**29** C3
Olsen	**30** A5
Oui Oui	**31** A4
Sudestada	**32** B4

AUSGEHEN
Acabar	(siehe 14)
Club Eros	**33** B5
Congo	**34** B5
Doctor Manson	**35** C6
Janio	**36** C6
Mundo Bizarro	**37** C5
Plaza Serrano	**38** B5
Unico	**39** B5
Van Koning	**40** B3

UNTERHALTUNG
Amerika	**41** C7
Bach Bar	**42** C6
Café Homero	**43** B6
Club 69	(siehe 45)
Club de Vino	**44** C6
Club Niceto	**45** A5
Glam	**46** E7
La Peña del Colorado	**47** D5
Mint	**48** F2
Sitges	**49** C7

& Av Belisario Roldán; Eintritt frei, Astronomieshows 1,50 US$; ☺ Mo–Fr 9–17, Sa & So 13–19.30 Uhr).

Auf jeden Fall sollten Besucher einen Spaziergang durch den Bezirk **Palermo Viejo** (Karte S. 60 f.) gleich südlich der Parks unternehmen, der sich zusätzlich in Palermo Soho und Palermo Hollywood unterteilt. In dieser Ecke liegen die hippsten Restaurants und angesagtesten Boutiquen von ganz B. A. Auch was das Nachtleben angeht, ist hier einiges los. Die wunderbaren alten Gebäude, die vielen Auswanderern ein neues Zuhause waren, sind immer gut für eine tolle Besichtigungstour.

AKTIVITÄTEN

Die *porteños* schlagen am liebsten mit Spaziergängen, Shoppen und Tangos ihre Zeit tot. Liebhaber von Grünflächen zieht es dagegen in die Parks von Palermo, wo Jogger zwischen den umherschlendernden Familien Slalom laufen. Wer ein *fútbol*-Match mitmachen möchte, muss jedoch ordentlich was draufhaben.

In B. A. kann auch ohne großes Risiko in die Pedale getreten werden – allerdings nicht überall. In aller Ruhe kann man z. B. in den Parks von Palermo (s. S. 59), in Puerto Madero und in der nahen Reserva Ecológica Costanera Sur (s. S. 58) radeln. Leihräder gibt's bei den Veranstaltern von (geführten) Radtouren (S. 64).

Außerhalb von großen Hotels und Fitnessstudios finden sportive Reisende auch in den Parks von Palermo sowie in **Punta Carrasco** (Karte S. 60 f.; ☎ 4807-1010; www.puntacarrasco.com.ar; Ecke Costanera Norte & Sarmiento) Tennisplätze und Schwimmbecken. Kletterer ziehen sich in der **Realización** (Karte S. 53; ☎ 4854-6009; Aráoz 129) die Wände hoch; die Kletterhalle befindet sich in der Villa Crespo gegenüber.

Firmen wie **Tangol** (Karte S. 54 f.; ☎ 4312-7276; www.tangol.com; Av Florida 971, Suite 31) haben beispielsweise Fallschirmspringen oder Hubschraubertouren im Programm. Besuche von *estancias* lassen sich meist mit Ausritten kombinieren.

STADTSPAZIERGANG

Recoleta ist B. A.s reichstes Viertel. Hier kaufen die oberen Zehntausend in teuren Boutiquen ein, schlürfen Tee in eleganten Cafés, führen ihre reinrassigen Hunde aus und lassen sich nach ihrem Ableben begraben.

Routeninfos

Start Recoleta-Friedhof
Ziel Alvear Palace Hotel
Strecke 3 km
Dauer 3 Std.

Erste Station ist der **Cementerio de la Recoleta** (**1**; S. 59), auf dem man Stunden damit verbringen kann, Hunderte von kunstvoll gefertigten Sarkophagen zu studieren. Danach geht's zurück unter die Lebenden – dazu den Friedhof verlassen und nach Süden marschieren. Es folgt ein Bummel durch das Einkaufszentrum **Village Recoleta** (**2**). Anschließend nach links in die Azcuénaga einbiegen und dieser einen Block weit bis zur nächsten Kreuzung folgen. Hier steht die Technische Schule **Facultad de Ingenieria** (**3**), untergebracht in einem herrlichen gotischen Gebäude.

Von hier die Av General Las Heras ein paar Blocks bis zur Av Pueyrredón entlanglaufen, in diese rechts einbiegen und in Richtung Norden bis zum Einrichtungshaus **Buenos Aires Design** (**4**) gehen, in dem Liebhaber exquisiter Möbel auf ihre Kosten kommen. Das **Museo Nacional de Bellas Artes** (**5**; S. 59) auf der anderen Seite der Plaza Francia ist die nächste Station; es beherbergt eine tolle klassische Kunstsammlung.

Anschließend lässt man das Museum hinter sich und überquert – vorsichtig – die Av Presidente Figueroa Alcorta. Auf der Plaza Naciones Unidas steht eine riesige Metallskulptur namens **Floralis Generica** (**6**); abends schließen sich ihre Blütenblätter wie bei einer echten Blume. An der gigantischen **Facultad de Derecho** (**7**; juristische Fakultät) vorbei geht's dann über eine Fußgängerbrücke zurück zur Plaza Intendente Alvear. Am Wochenende findet hier ein gigantischer Kunsthandwerks-Markt statt (unter der Woche ist der Markt eine Nummer kleiner). Im **Centro Cultural Recoleta** (**8**; S. 52) ist immer etwas geboten. Auch ein Abstecher in die hübsche **Iglesia de Nuestra Señora de Pilar** (**9**) hat seinen Reiz.

Um sich zu stärken, richtet man es sich an warmen Sonnentagen an einem Tisch vor dem **Café La Biela** (**10**; S. 70) gemütlich ein. Sollten Wolken am Himmel zu sehen sein, ist das prächtige **Alvear Palace Hotel** (**11**) eine klasse Alternative – ein paar Blocks

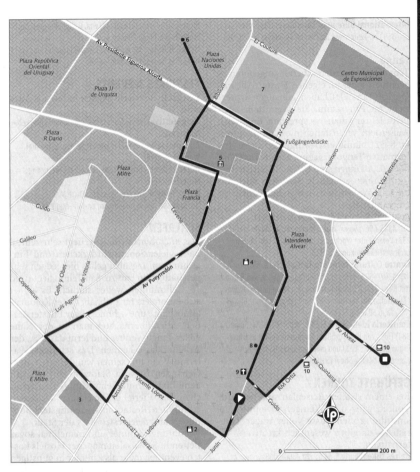

entfernt, ist es perfekt für eine opulente Teatime am Nachmittag geeignet.

KURSE
Sprache

Buenos Aires ist anscheinend ein Topziel für alle, die Spanisch lernen möchten. Es gibt zahlreiche Schulen und noch mehr Privatlehrer – daher vor Ort nach empfehlenswerten Adressen fragen. Alle Einrichtungen bieten gesellige Ausflüge an und helfen bei der Unterkunftssuche.

Die im Folgenden aufgelisteten Schulen verlangen für Gruppenunterricht (tgl. 4 Std.) zwischen 110 und 190 US$ pro Woche, Einzelunterricht kostet ca. 12 US$ pro Stunde. Die Websites informieren über Details. Im Internet bewerten Schüler unter www.123teachme.com verschiedene Institute.

Academia Buenos Aires (Karte S. 54 f.; ☎ 4345-5954; www.academiabuenosaires.com; Hipólito Yrigoyen 571, 4. OG)

B. A. Spanish (Karte S. 54 f.; ☎ 4381-2076; www.baspanish.com; Av Rivadavia 1559 2C)

Centro de Estudio del Español (Cedic; Karte S. 54 f.; ☎ 4312-1016; www.cedic.com.ar; Reconquista 715, 11E)

Estudio Buenos Aires (EBA; Karte S. 54 f.; ☎ 4312-8936; www.ebatrust.com; Reconquista 962, 3. OG)

Ìbero Spanish Argentina (Karte S. 54 f.; www.iberospanish.com; ☎ 5218-0240; Uruguay 150)

Instituto de Lengua Española para Extranjeros (ILEE; Karte S. 54 f.; ☎ /Fax 4782-7173; www.argentinailee.com; Av Callao 339, 3. OG)

International Bureau of Language (IBL; Karte S. 54 f.; ☎ 4331-4250; www.ibl.com.ar; Av Florida 165, 8. OG)

Tango

Tangokurse werden überall angeboten – eventuell sogar im eigenen Hostel. Alle *milongas* (Tanzsäle) haben günstigen Unterricht im Programm. Sie vermitteln auch Privatlehrer (manche sprechen Englisch). Außerdem veranstalten die Kulturzentren (s. S. 52) häufig erschwingliche Kurse. Informative Tangomagazine wie *La Tanguata* oder *B. A. Tango* sind bei den Touristeninformationen erhältlich. Auch ein Blick auf die tolle Website www.tangodata.com.ar ist zu empfehlen.

Academia Nacional del Tango (Karte S. 54 f.; ☎ 4345-6967; www.anacdeltango.org.ar; Av de Mayo 833) Veranstaltet wochentags zwischen 18 und 20 Uhr preiswerte Tangokurse (2 US$).

Centro Cultural Torquato Tasso (Karte S. 53; ☎ 4307-6506; Defensa 1575) Prima Venue in San Telmo mit Kursen für 5 US$. Hinzu kommen kostenlose *milongas* (Tanztreffs) am Sonntagabend und hervorragende Shows (Mi–Sa; 6,50 US$).

Confitería Ideal (Karte S. 54 f.; ☎ 4601-8234; Suipacha 384) Eines von B. A.s größten Tangozentren mit regelmäßigen Kursen (5 US$) und *milongas* (3,25 US$). Jeden Abend gibt's eine Show (5 US$).

GEFÜHRTE TOUREN

Bei einem straffen Reiseplan sind geführte Touren ganz o. k. Weniger zu empfehlen sind die großen Busse voller träger Touristen – da gibt's wesentlich kreativere Alternativen.

Baires Bikes (Karte S. 54 f.; ☎ 4300-5068; www.bairesbikes.com; Bolivar 762) Veranstaltet täglich dreistündige Touren (21 US$) durch die größten *barrios* der Stadt. Beschäftigt englischsprachige Führer und verleiht auch Drahtesel (12 US$/Tag).

Cicerones (☎ 4330-0800; www.cicerones.org.ar) Im Auftrag der nicht kommerziellen Organisation führen Freiwillige Besucher durch die interessantesten Teile von Buenos Aires. Die Teilnehmer gehen zu Fuß oder benutzen öffentliche Verkehrsmittel.

Eternautas (☎ 4384-7874; www.eternautas.com) Günstige Stadtspaziergänge am Wochenende (2 US$). Bietet auch Touren mit den Schwerpunkten Politik, Kunst, Soziales und Geschichte an (ab 25 US$). Hinzu kommen individuell zugeschnittene Trips. Alle Führer sind diplomierte Historiker und sprechen verschiedene Sprachen.

Gobierno de la Cuidad de Buenos Aires (☎ 4114-5791; www.bue.gov.ar/recorridos) Die kostenlosen geführten Stadttouren widmen sich u. a. bedeutenden historischen Persönlichkeiten (Evita, Gardel, Borges). Nach englischsprachigen Führern fragen.

Urban Biking (☎ 4568-4321; www.urbanbiking.com) Ähnliches Angebot wie Baires Bikes.

FESTIVALS & EVENTS

Die größten Feierlichkeiten in Buenos Aires sind:

Tangofestival (www.festivaldetango.com.ar; Ende Feb.–Anfang März)

Buchmesse (www.el-libro.com.ar; in den ersten drei Wochen im April)

Independent-Filmfestival (www.bafilmfest.com; Mitte/Ende April)

Kunstfestival (www.arteba.com; Mitte Mai)

Viehmesse (www.ruralarg.org.ar; Juli–Aug.)

SCHLAFEN

Das *microcentro* von B. A. liegt sehr zentral nahe vieler Sehenswürdigkeiten und Einrichtungen. Tagsüber geht's hier jedoch sehr geschäftig und laut zu. San Telmo liegt rund 15 Gehminuten weiter südlich. Es eignet sich besonders für Liebhaber alter Kolonialatmosphäre und schnuckeliger Pflasterstraßen. Hier übernachtet man in der Nähe vieler Tango-Venues und lernt das B. A. der Arbeiterklasse kennen. Das schmucke Palermo Viejo mit seinen wunderbaren alten Gebäuden ist vom Stadtzentrum aus mit dem Taxi in rund zehn Minuten zu erreichen. Das Viertel ist die Heimat der besten ethnischen Restaurants, trendigsten Boutiquen und belebtesten Bars der Stadt.

Achtung: Zimmer und manchmal sogar Betten in Schlafsälen mancher Hostels kosten eventuell mehr als Zimmer in günstigen Hotels. Bei allen gelisteten Hostels sind Küchenbenutzung und ein kleines Frühstück im Preis enthalten. Die meisten haben auch einen kostenlosen Internetzugang (teilweise sogar Wi-Fi) und Spinde (Vorhängeschloss mitbringen). Größere Hostels bieten ihren Gästen oft viele Services und Aktivitäten an. Die meisten (besonders die kleineren) akzeptieren keine Kreditkarten. Hostelling-International-Ausweise sind für 14 US$ beim **Büro von Hostelling International** (Karte S. 54 f.; ☎ 451-8712; www.hostels.org.ar; Av Florida 835, 3. OG, Suite 319) in Buenos Aires erhältlich.

B. A. hat auch einige anständige Budgethotels (meist mit einfachem Frühstück und Kabel-TV). Ein paar nehmen Kreditkarten – dadurch kann das Zimmer aber um bis zu 10 % teurer werden (vorher nachfragen).

Stadtzentrum

Lime House (Karte S. 54 f.; ☎ 4383-4561; www.limehouse argentina.com; Lima 11; B 6–7 US$, DZ 23 US$, mit Gemeinschaftsbad 22 US$; 🖳) Hostel mit recht hohem Geräuschpegel (drinnen dudelt Musik, draußen dröhnt die 9 de Julio). Ist etwas schicker als die meisten anderen Herbergen und kommt dennoch mit einer schäbigen Küche recht rustikal daher. Das Ganze könnte auch mal frisch gestrichen werden – zum Ausgleich gibt's ein Billardzimmer. In den Schlafsälen wird auf vier bis zwölf Betten geschnarcht.

Milhouse (Karte S. 54 f.; ☎ 4345-9604; www.milhouse hostel.com; Hipólito Yrigoyen 959; B mit/ohne HI-Ausweis 7,50/8,50 US$, DZ mit/ohne HI-Ausweis 26/29 US$; 🖳 🖳) B. A.s riesiges „Partyhostel" Nummer Eins hat rund 150 Betten und liegt sehr zentral. Neben den Schlafsälen mit vier bis acht „Kojen" (meist auch mit eigenem Bad) gibt's schöne Doppelzimmer. Jeden Montagabend steigt eine DJ-Party; außerdem werden viele Aktivitäten angeboten. In der Nähe ist ein Nebengebäude im Bau.

V&S Hostel Club (Karte S. 54 f.; ☎ 4322-0994; www. argentinahostels.com; Viamonte 887; B 8,50 US$, EZ 26 US$, DZ 29 US$; 🖳 🖳) Eins von B. A.s besten Hostels in zentraler Lage. Tolle Atmosphäre und prima Schlafsäle (nach Geschlechtern getrennt). Aufgrund der Dreifach-Stockbetten wirken manche etwas überbelegt. Beim Service gibt's jedoch nichts zu meckern. Zum Haus gehören auch eine kleine Freiluftterrasse und eine winzige Küche. Die klasse separaten Zimmer haben alle eigene Bäder. Im Voraus reservieren.

Maípu (Karte S. 54 f.; ☎ 4322-5142; Maípu 735; EZ/DZ 16/20 US$, mit Gemeinschaftsbad 13/16 US$) Ehrwürdiges altes Haus mit Originalfliesen, hohen Decken und schummriger Beleuchtung. Die geräumigen und einfachen Zimmer sind allgemein in gutem Zustand. Prima Option in zentraler Lage, moderne Annehmlichkeiten sucht man aber vergeblich.

Hotel El Cabildo (Karte S. 54 f.; ☎ 4322-6745; Lavalle 748; EZ/DZ 16/20 US$) Für die Lage direkt an der verkehrsberuhigten Lavalle einfach unschlagbar. Manche der angenehmen Zimmer mit Teppichboden sind sehr geräumig. Kein Frühstück.

Gran Hotel Oriental (Karte S. 54 f.; ☎ 4951-6427; ghoriental@hotmail.com; Bartolomé Mitre 1840; EZ/DZ 16/20 US$) Die superangenehmen, bezahlbaren und modernen Zimmer haben eine große Fangemeinde. Wird gerade renoviert – da-

her sind eventuell Preiserhöhungen möglich. Im Voraus buchen.

Hotel Central Córdoba (Karte S. 54 f.; ☎ 4311-1175; www.hotelcentralcordoba.com.ar; San Martín 1021; EZ/DZ 23/26 US$; 🖳) Innenstadthotel mit sehr gutem Preis-Leistungs-Verhältnis. Zwei der angesagtesten Bars von B. A. sind ganz in der Nähe. Wer hier seinen Schwips in Satinbettwäsche ausschlafen möchte, sollte rechtzeitig reservieren.

Goya Hotel (Karte S. 54 f.; ☎ 4322-9269; www.goya hotel.com.ar; Suipacha 748; EZ/DZ ab 29/39 US$; 🖳) Angenehme und freundliche Option in zentraler Lage. Hat 40 moderne und komfortable Zimmer mit Teppichböden. Wird gerade umgebaut und erhöht deshalb vielleicht die Preise. Zur „Präsidentensuite" (58 US$) gehört eine Badewanne mit Luftdüsen.

Ebenfalls empfehlenswert:

Downtown Mate (Karte S. 54 f.; ☎ 4381-0647; www. downtownmate.com.ar; Av Rivadavia 1181; B 6–8 US$, DZ 16 US$; 🖳) Nichts Besonderes, doch für die zentrale Lage sehr preiswert.

Alkimista (Karte S. 54 f.; ☎ 4383-2267; www.alkimista hostel.com; Av de Mayo 1385, 2. OG C; B 6,50 US$, EZ/DZ 11/16 US$; 🖳) Beengte Zimmer mit hohen Decken, untergebracht in einem „Wolkenkratzer". Verbreitet dennoch etwas Charme.

Hostel Clan (Karte S. 54 f.; ☎ 4334-3401; www. hostelclan.com.ar; Addfoh Alsina 912; B 7 US$, DZ 18 US$; 🖳) Schäbig und etwas ungepflegt, aber aufgrund der lockeren Atmosphäre äußerst gesellig.

Milonga (Karte S. 54 f.; ☎ 4815-1827; www.milonga hostel.com.ar; Ayacucho 921; B 7–8,50 US$, EZ/DZ 13/20 US$; 🖳) Altes Haus mit prima Gemeinschaftsbereichen. Die anständigen Zimmer sind an Flure und Veranden im Freien angeschlossen. Dazu gehört der Ableger Milonga B&B.

B. A. Stop (Karte S. 54 f.; ☎ 4382-7406; www.bastop. com; Av Rivadavia 1194; B 7,50 US$, EZ/DZ 12/15 US$) Kleine und sehr gefragte Unterkunft in hervorragender Lage. Punktet mit gemütlichen Gemeinschaftsbereichen und leckerem Frühstück.

Portal del Sur (Karte S. 54 f.; ☎ 4342-8788; www. portaldelsurba.com.ar; Hipólito Yrigoyen 855; B 9–10 US$, EZ/DZ 23–30 US$; 🖳 🖳) Tolle saubere Doppelzimmer, eine luxuriöse Dachterrasse und prima Schlafsäle.

San Telmo

Carlos Gardel (Karte S. 54 f.; ☎ 4307-2606; www.hostel carlosgardel.com.ar; Carlos Calvo 579; B 6–7 US$, DZ 16–23 US$; 🖳) Mit Antiquitäten und Tango-Dekor ist die Rezeption eine echte Augenweide. Die Zimmer können da nicht mithalten, sind aber ganz passabel; der

Schlafsaal mit zehn Betten ist jedoch nicht zu empfehlen. Außerdem gibt's einen netten Essbereich im Zwischengeschoss und eine winzige Dachterrasse. Das einzige kleine Einzelzimmer kostet 10 US$.

Nomade (Karte S. 54 f.; ☎ 4300-7641; www.hostel nomade.com; Carlos Calvo 430; B 6,50 US$, DZ mit Gemeinschaftsbad 16 US$; 🖳) Einen Block von der Plaza Dorrego entfernt finden Gäste im Nomade eine große sonnige Terrasse und angenehme Veranden. Geschlafen wird in zwei einfachen Doppelzimmern und beengten Schlafsälen mit je sechs Betten. Das nahe Nebengebäude hat sechs Doppelzimmer und ein paar düstere Schlafsäle (mit jeweils acht Betten) unter einer überdachten Terrasse.

Hostal de Granados (Karte S. 54 f.; ☎ 4362-5600; www.hostaldegranados.com.ar; Chile 374; B 6,50–13 US$, DZ 28–31 US$, mit Gemeinschaftsbad 24 US$; 🔀 🖳) Riesenhostel (Vorsicht Treppen!) an einer Straße voller Cafés. Besitzt Aufenthaltsmöglichkeiten im Freien, geräumige Zimmer mit hohen Decken und eine schummrige Küche. Im Untergschoss gibt's ein fesches Restaurant. Die meisten Zimmer haben Kühlschränke. Weiteres Plus: kleine Dachterrasse. Hat aber leider keinen gemütlichen Gemeinschaftsbereich.

Hostel-Inn Tango City (Karte S. 54 f.; ☎ 4300-5764; www.hostel-inn.com; Piedras 680; B mit/ohne HI-Ausweis 7/8 US$, DZ mit/ohne HI-Ausweis 22/27 US$; 🔀 🖳) Großes Hostel in einem gewaltigen Gebäude. Wirkt geradezu klaustrophobisch und verteilt sich auf sechs Stockwerke – zum Glück gibt's einen Aufzug. Nicht alle der beengten Zimmer haben ein eigenes Bad. Der barähnliche Bereich im Untergeschoss (mit Pooltisch und Miniküche) ist immer gut für einen Plausch mit anderen Reisenden.

Hostel-Inn Buenos Aires (Karte S. 54 f.; ☎ 4300-7992; www.hostel-inn.com; Humberto Primo 820; B mit/ohne HI-Ausweis 7/8 US$, DZ mit/ohne HI-Ausweis 18/22 US$; 🔀 🖳) Das farbenfrohe Hostel ist wesentlich ansprechender als sein großer Bruder vier Blocks weiter nördlich. Bietet einen umfangreichen Service an und hat kleine Schlafsäle mit vier bis sechs Betten. Die Doppelzimmer teilen sich Gemeinschaftsbäder. Super: die sonnige Dachterrasse.

Hotel Carly (Karte S. 54 f.; ☎ 4361-7710; www.hotelcarly.com.ar; Humberto Primo 466; EZ/DZ 7/11 US$, mit Gemeinschaftsbad 6,50/9 US$; 🖳) Hotel-Evergreen in großartiger Lage. Besitzt einfache, aber gute und günstige Zimmer mit hohen Decken. Hinzu kommen offene Flure und ge-

---

IN DIE VOLLEN!

Bo Bo Hotel (Karte S. 60 f.; ☎ 4774-0505; www.bobohotel.com; Guatemala 4882; Zi. 70–130 US$; 🅿 🔀 🖳) Eines der nobelsten Boutique-Hotels von B. A. bettet seine Gäste in sieben großartigen Zimmern mit minimalistischer Linienführung, moderner Einrichtung und strahlenden Farben. Besonders attraktiv sind die Versionen „minimalistisch" oder „argentinisch" (mit Whirlpool!) – beide haben jeweils eine eigene Terrasse. Die Variante „Rationalista" ist rollstuhlgerecht. Das Restaurant im Untergeschoss punktet mit einer der besten Speisekarten in ganz Palermo Soho. Weitere Extras: Tresor, Zimmerservice und WiFi-Internet. Gäste sollten sich in Schale werfen und mindestens einen Monat im Voraus buchen.

---

flieste Veranden. Überzeugt mit Oldschool-Charme und einer funky Küche.

Ostinatto (Karte S. 54 f.; ☎ 4362-9639; www.ostinatto.com.ar; Chile 680; B 8–9 US$, DZ 25 US$, mit Gemeinschaftsbad 22 US$, Penthouse 39 US$; 🖳) Traumhaftes neues Hostel mit eigener Bar im Erdgeschoss, Z-förmigem Esstisch und feschem Penthouse neben der Dachterrasse. Kostenlose Tangokurse.

Brisas del Mar (Karte S. 54 f.; ☎ 4300-0040; Humberto Primo 826; DZ 10–15 US$) Ruhiges Hotel in Familienbesitz. Hat diverse gepflegte Zimmer, manche davon mit Gemeinschaftsbad und/oder Teppichboden. Ebenso gibt's geflieste Flure im Freien. Die Miniküche kann nur begrenzt genutzt werden.

Palermo Viejo

Tango Backpackers (Karte S. 60 f.; ☎ 4776-6871; www.tangobp.com; Thames 2212; B mit/ohne HI-Ausweis 6/7 US$, DZ mit/ohne HI-Ausweis 16/19,50 US$; 🖳) Anständiges kleines HI-Hostel in einem umgebauten alten Haus mit schäbiger Küche und sonniger Dachterrasse. Die Plaza Italia (mit U-Bahn- und Bushaltestelle) ist nur drei Blocks entfernt.

Casa Buenos Aires (Karte S. 60 f.; ☎ 6341-9893; www.casabuenosaires.com.ar; Charcas 3912; B/EZ 6,50/13 US$, DZ 20–26 US$; 🖳) Die schlichte, ruhige und sichere Unterkunft eignet sich vor allem für längere Aufenthalte. Sie hat gerade mal 20 Betten und ist alles andere als ein Partyschuppen. Das nahe Nebengebäude wirkt wesentlich moderner und attraktiver.

LÄNGER BLEIBEN

In den letzten Jahren sind zahlreiche Gästehäuser und Apartments auf der Bildfläche erschienen, in denen man sich auch längere Zeit einquartieren kann – denn manche Traveller und Auswanderer möchten gleich mehrere Wochen, Monate oder gar Jahre in B. A. verbringen. Die Preise liegen über dem örtlichen Mietspiegel. Die Unterkünfte sind dafür aber komplett möbliert und werden häufig von englischsprachigen Managern geleitet. Außerdem kommen Gäste um die Kaution herum, die Einheimische beim Mieten einer Wohnung hinblättern müssen. Bei den folgenden Optionen sollte im Voraus reserviert werden.

La Casa de Etty (Karte S. 54 f.; ☎ 4384-6378; www.angelfire.com/pq/coret; Luis Sáenz Peña 617; Zi. pro Pers. und Monat 80–225 US$) Im Haus von Señora Esther Corcias wohnen Gäste in drei einfachen Doppelzimmern (alle mit Gemeinschaftsbad und Küchenbenutzung). Die Hausherrin vermittelt auch Unterkünfte in anderen Apartments und Gästehäusern. Informationen gibt's auf der Website.

Segura Homestay (Karte S. 54 f.; ☎ 5139-0476; www.homestay-buenos-aires.com; Av Corrientes 1642, 4. OG, Suite 87; EZ/DZ pro Woche ab 91/147 US$, pro Monat ab 265/397 US$) Apartments ohne überflüssigen Schnickschnack in einem großen Gebäude an der Av Corrientes. Hat nur fünf einfache und geräumige Zimmer mit Gemeinschaftsbad. Hinzu kommt eine große, aber trostlose Terrasse. Bei Spanisch-Sprachschülern sehr beliebt.

Casa de Plata (Karte S. 54 f.; ☎ 4953-3950; www.casadeplata.com.ar; Av Corrientes 2092, 4. OG; EZ pro Woche/Monat 110/330 US$, DZ pro Pers. und Woche/Monat 85/250 US$) Das alte Haus besitzt nur fünf komfortable Zimmer mit Teppichboden. Alle teilen sich Gemeinschaftsbäder, haben aber einen eigenen Balkon. Das Dekor ist etwas zu sehr zusammengestückelt, doch in puncto Atmosphäre gibt's nichts zu meckern. Gäste können sich auch ein Vierbettzimmer teilen (pro Pers. und Woche/Monat 60/180 US$).

Casa Los Angelitos (Karte S. 54 f.; ☎ 4954-4097; www.casalosangelitos.com; Hipólito Yrigoyen 2178; EZ/DZ pro Monat ab 270/400 US$; ✄) Charmantes altes Haus mit sieben geräumigen und komfortablen Zimmern (zwei mit eigenem Bad) und wunderbaren Terrassen. Ein Zimmer ist mit einer Kochecke ausgestattet. Mindestaufenthalt eine Woche.

M&M Homestay (Karte S. 54 f.; ☎ 4362-0356; magdalena@argentina.com; Balcarce 1094; EZ/DZ pro Tag 16/33 US$) Tolles altes Haus in San Telmo. Ist sehr gepflegt und besitzt nur zwei prima Zimmer – daher rechtzeitig im Voraus reservieren. Das Nebengebäude beherbergt vier weitere Unterkünfte. Zum M&M gehört neben einer Miniküche und einer Dachterrasse auch noch ein freundlicher Hund.

Vermietungs-Websites gibt's wie Sand am Meer; empfehlenswert sind:

Apartmentsba.com (www.apartmentsba.com)

Craigslist (www.craigslist.com)

Friendly Apartments (www.friendlyapartments.com/apart.htm) Schwulenfreundlich.

My Space BA (www.myspaceba.com)

Piso Compartido (www.pisocompartido.com.ar)

Reynolds Propiedades (www.argentinahomes.com)

Roomargentina (www.roomargentina.com)

StayinBuenosAires (www.stayinbuenosaires.com)

Tu Casa Argentina (www.tucasargentina.com)

Your Home in Argentina (www.yourhomeinargentina.com.ar)

Verleiht auch kostenlos Fahrräder. Reservierung erforderlich.

Chill House (Karte S. 60 f.; ☎ 4861-0863; www.chillhouse.com.ar; José Antonio Cabrera 4056; B 8 US$, EZ/DZ mit Gemeinschaftsbad 18/22 US$; 🖳) Entspanntes Hostel am Südrand von Palermo Viejo. Ist vor allem für Feierwütige geeignet, die keinen großen Wert auf Luxus oder Service legen.

Andauernd läuft Musik; ein Angestellter spricht Französisch. Die Eigentümer sind international verkabelt und kennen B. A.s Nachtleben wie ihre Westentasche. Eines der Doppelzimmer hat ein eigenes Bad.

Casa Esmeralda (Karte S. 60 f.; ☎ 4772-2446; www.casaesmeralda.com.ar; Honduras 5765; B 8 US$, DZ 21–25 US$; 🖳) Eine friedliche Unterkunft mit

68 BUENOS AIRES •• Essen

heimeligen Gemeinschaftsbereichen, einem netten Garten und einer Dachterrasse. Keine Angst, der Hund will nur spielen – er ist wirklich freundlich. Klasse Lage in Palermo Hollywood, einem Viertel von Palermo Viejo.

Milonga B&B (Karte S. 60 f.; ☎ 4825-7217; www. milongabnb.com; Agüero 1389; B/DZ 9/32 US$, EZ/DZ mit Gemeinschaftsbad 19/27 US$; 🖳) Tolle vertrauliche Bleibe in einer weniger „trendigen" Ecke von Palermo Viejo. Das hübsch renovierte alte Haus hat nur neun Zimmer (die meisten separat). Die Website informiert über Monatspreise.

La Otra Orilla (Karte S. 60 f.; ☎ 4867-4070; www. otraorilla.com.ar; J Alvarez 1779; Zi. 30–85 US$; 🔀 🖳) Großartige Unterkunft in Palermo Viejo. Das alte Gästehaus steht etwas abseits vom Schuss und hat gerade mal sieben luxuriös-romantische Zimmer. Niedliche Gartenterrasse und freundlicher Service.

Cypress Inn (Karte S. 60 f.; ☎ 4833-5834; www.cypress in.com; Costa Rica 4828; Zi. 54–96 US$; 🔀 🖳) Hervorragendes Gästehaus in Palermo Viejo mit acht kleinen, aber komfortablen und ansprechend gestalteten Zimmern. Dank minimalistischem Styling wirken die Gemeinschaftsbereiche farbenfroh und modern. Weitere Extras: nette Terrasse, Besprechungszimmer und diverse professionelle Services.

ESSEN

In Buenos Aires gibt's an jeder Ecke hervorragendes Essen. Egal ob mit oder ohne Fleisch – es schmeckt einfach köstlich. Die meisten Restaurants servieren standardmäßig *parrilladas* (gegrilltes Fleisch), Pasta und/oder *minutas* (Schnellgerichte). In den letzten Jahren haben in Palermo Viejo und im benachbarten Las Cañitas zusätzlich viele Lokale mit internationaler oder ethnischer Ausrichtung eröffnet. Eine weiterer Treffpunkt für Hungrige ist Puerto Madero. Allerdings sind 90 % der dortigen Restaurants sehr nobel und teuer; auf der Speisekarte stehen hier eher Steaks als Pfannengerichte.

Vegetarier können aufatmen: Im Gegensatz zum restlichen Argentinien verzichten in B. A. zahlreiche Restaurants auf „totes Tier" – man muss sie nur finden. Die meisten „normalen" Lokale haben für Vegetarier lediglich ein paar Pastagerichte, Salate und Pizzas im Programm.

Stadtzentrum

Pizzería Güerrín (Karte S. 54 f.; Av Corrientes 1368; Pizzaecken 0,75 US$) Tolle Adresse für gute und günstige Pizzaecken. Gäste tun es entweder den geizigen Einheimischen gleich und futtern im Stehen oder setzen sich gemütlich hin.

El Cuartito (Karte S. 54 f.; Talcahuano 937; Pizzastücke 0,75–1,25 US$) Weitere hervorragende und preiswerte Stehpizzeria und B. A.-Institution in einem. Nett: Die alten Sportplakate.

Cocina Patora (Karte S. 54 f.; San Martín 1141; Hauptgerichte unter 3,50 US$) Herrliche Leckereien aus Nordargentinien, z. B. *locro* (würziger Fleischeintopf), Tamales, Empanadas und *cazuelas* (Eintöpfe mit Gemüse oder Fleisch). Ist mit toller moderner Atmosphäre eine willkommene Abwechslung zum Trubel in San Martín.

La Esquina de las Flores (Karte S. 54 f.; Av Córdoba 1587; Gerichte unter 4 US$; 🕑 Mo–Fr 8.30–20.30, Sa bis 15 Uhr) B. A.s Vegetarier-Paradies mit täglich wechselnder Speisekarte. Alle Gerichte gibt's auch zum Mitnehmen. Ein kleiner Laden verkauft Weizenbrot, Sojamehl und Bio-Mate.

Lotos (Karte S. 54 f.; Av Córdoba 1577; Gerichte unter 4 US$; 🕑 Mo–Fr 11.30–18 Uhr) Die vegetarische Cafétéria neben dem La Esquina serviert ebenfalls frische und gesundheitsbewusste Mahlzeiten. Im Kellerladen wandern Seitan, brauner Reis und Linsen über die Theke.

Cumaná (Karte S. 54 f.; Rodríguez Peña 1149; Hauptgerichte unter 4 US$) Die preiswerten Pizzas, Empanadas und *cazuelas* sind unglaublich gefragt. Achtung: Nur wer rechtzeitig erscheint, kommt in den Genuss der genial rustikalen Atmosphäre.

Parrilla al Carbón (Karte S. 54 f.; Lavalle 663; Hauptgerichte unter 4 US$) Für günstige und leckere Fleischgerichte vom Grill gibt's wohl keinen besseren Laden als dieses kleine Schnellrestaurant im Stadtzentrum. Hier bestellt man sich entweder eine komplette Mahlzeit (Steak, Pommes und Cola) für 4,25 US$ oder schnappt sich ein *choripan* (Würstchen-Sandwich) für lächerliche 0,75 US$.

Filo (Karte S. 54 f.; San Martín 975; Hauptgerichte 4–8 US$) Wunderbar hip mit moderner Einrichtung. Im Keller versteckt sich eine Kunstgalerie. Riesen Auswahl an leckeren Salaten, Pizzas, Pastagerichten und Desserts.

Chiquilín (Karte S. 54 f.; Montevideo 310; Hauptgerichte 4–9,50 US$) Prima Wahl für Pastagerichte und *parrillada* der gehobenen Art. Über den Köpfen der Gäste hängen Schinken und

Flaggen aus aller Welt. Sogar nach Mitternacht herrscht noch ordentlich Betrieb.

Ebenso empfehlenswert:

Pippo (Karte S. 54 f.; Paraná 356; Hauptgerichte 2,25–6 US$) Günstiger und lockerer Laden mit langen Öffnungszeiten. Betreibt eine Filiale, Adresse: Montevideo 341.

La Huerta (Karte S. 54 f.; Lavalle 895; Menü 3,25 US$; ☺ Mo–Fr mittags, Fr & Sa abends) Vegetarische Cafeteria.

Puerto Leyenda (Karte S. 54 f.; Av Rivadavia 1119; Menü unter 3,50 US$) All-You-Can-Eat-Restaurant.

El Patio (Karte S. 54 f.; Av Florida zw. Lavalle & Tucumán; Gerichte unter 4 US$; ☺ Mo–Fr mittags) Foodcourt.

Galerías Pacífico (Karte S. 54 f.; Ecke Av Florida & Av Córdoba; Gerichte unter 4 US$) Foodcourt im UG.

Grant's (Karte S. 54 f.; Junín 1155; Menüs 4,25–6 US$) All-You-Can-Eat-Lokal mit Ableger an der Ave General Las Heras 1925.

El Sanjuanino (Karte S. 54 f.; Posadas 1515; Gerichte unter 5 US$) Serviert preiswerte Recoleta-Gerichte, z. B. *locro*, Tamales und Empanadas.

Granix (Karte S. 54 f.; Av Florida 165; Gerichte 5,25 US$; ☺ Mo–Fr mittags) Fesche vegetarische Cafétería im 1. OG der Galería Güemes.

San Telmo

La Vieja Rotissería (Karte S. 54 f.; Defensa 963; Hauptgerichte 2,25–4 US$) Am Sonntagnachmittag ist die preiswerte *parilla* hoffnungslos überfüllt. Punktet mit klassischer Atmosphäre, Tangomusik und leckeren Fleischgerichten.

El Desnivel (Karte S. 54 f.; Defensa 855; Hauptgerichte 2,75–6,50 US$) Die steigende Beliebtheit hat die Preise etwas nach oben getrieben. Ist dennoch einen Besuch wert. Das schmackhafte *vacío* (Steak aus der Flanke) ist äußerst zart – Wagemutige bestellen es *bien jugoso* (leicht angebraten).

Las Marías (Karte S. 54 f.; Bolívar 949; Hauptgerichte 3,25–6,50 US$) Toller „Evergreen" mit traditioneller Einrichtung. Auf den Tisch kommen eine leckere *parrillada* und hausgemachte Pasta. Schlicht und einfach.

La Farmacia (Karte S. 54 f.; Bolívar 898; Hauptgerichte 5–7 US$ ☺ Mo–Fr mittags geschl.) Das spaßige Lokal kombiniert tolle Wandkunst mit kreativer Küche. An warmen Tagen sitzen Gäste auf der Dachterrasse. Im Inneren des alten Hauses ist die Atmosphäre etwas gemütlicher.

Palermo Viejo

Oui Oui (Karte S. 60 f.; Nicaragua 6068; Sandwiches unter 3 US$) Das allerliebste französische Kleinbistro kommt dem europäischen Vorbild sehr nahe. Hier genießt man leckeres Gebäck, Gourmetsalate und Sandwiches. Der Brunch am Wochenende sucht seinesgleichen. Früh kommen – es wird voll!

Mark's Deli & Coffeehouse (Karte S. 60 f.; El Salvador 4701; Hauptgerichte 3–4 US$) Aus der Küche des modernen Restaurants kommen superleckere Suppen, Salate und Sandwiches. Es überzeugt mit cool-modernem Dekor und angenehmen Sitzgelegenheiten im Freien. An sonnigen Wochenenden müssen Wartezeiten in Kauf genommen werden.

Bangalore (Karte S. 60 f.; ☎ 4779-2621; Humboldt 1416; Hauptgerichte 3,25–7 US$) Ist hauptsächlich eine Kneipe, hat aber im Obergeschoss einen kleinen Essbereich mit ein paar Tischen. Auf der Karte stehen indische Gerichte, z. B. Kürbis-Curry, Rindfleisch Vindaloo, Hühnchen Madras oder Saag Aloo.

Krishna (Karte S. 60 f.; Malabia 1833; Hauptgerichte unter 4 US$; ☺ Mi–So mittags & abends, Di mittags) Winziges Lokal voller indischer Tücher und kunterbunter Mosaiktische. Die *thalis*, Tofu- und Seitangerichte werden mit Lhassis und Chai-Tee hinunter gespült.

Lo de Jesus (Karte S. 60 f.; ☎ 4831-1961; Gurruchaga 1406; Hauptgerichte 4–7 US$) Weiße Leintücher bedecken die Tische des großartigen Eckrestaurants (auch auf dem Bürgersteig). Die Kellner tragen fesche Anzüge und servieren u. a. super *parrilladas* vom Grill und Pasta. Probieren: Das *ojo de bife* (Ribeye-Steak).

El Trapiche (Karte S. 60 f.; Paraguay 5099; Hauptgerichte 5–9 US$) Das große moderne Restaurant ist etwas traditioneller gepolt als seine meisten Konkurrenten in Palermo Viejo. Serviert unglaublich leckere Pastagerichte, Salate und – Fleischliebhaber in die Startblöcke! – wunderbares *parrillada*. Tipp: die Spezialität des Hauses namens *lomo* (Tenderloin-Steak).

Bo Bo (Karte S. 60 f.; Guatemala 4882; Hauptgerichte 6–8 US$) Todschicker Laden mit minimalistischer Einrichtung. Tischt toll angerichtetes Essen aus aller Welt auf. Besonders lecker sind z. B. die *sorrentinos* (Riesenraviolis) mit Kürbis und Ziegenkäse in Artischocken-Pesto. Oder vielleicht doch lieber das gefüllte Kaninchen in Portweinsauce mit sautierten Pilzen?

Bar Uriarte (Karte S. 60 f.; ☎ 4834-6004; Uriarte 1572; Hauptgerichte 7–9 US$) Noch ein modernes Nobelrestaurant mit hervorragender Küche. Bei der relativ kurzen Speisekarte liegt der Schwerpunkt auf mediterran angehauchten

Gerichten. Dazu kommen schmackhafte Pizzas aus dem Lehmziegelofen. Klasse: das Mittagsmenü für 4,50 US$.

Ebenso empfehlenswert:

Club Eros (Karte S. 60 f.; Uriarte 1609; Hauptgerichte unter 3 US$) Ultragünstiger lokaler Club mit zahlreichen Mittagsgästen.

Bio (Karte S. 60 f.; Humboldt 2199; Hauptgerichte unter 5 US$; ☺ So & Mo abends geschl.) Kleines Ecklokal mit schmackhaften fleischlosen Traditionsgerichten.

Las Cholas (Karte S. 60 f.; ☎ 4899-0094; Arce 306; Hauptgerichte unter 5 US$) Im hippen Las Cañitas gibt's hier preiswertes Essen aus Nordargentinien. Gehoben-rustikal und schwer angesagt.

Novecento (Karte S. 60 f.; ☎ 4778-1900; Av Báez 199; Hauptgerichte 5,25–10 US$) Klasse Eckbistro in Las Cañitas. Tischt leckere Pasta, Fleisch, Fisch und Salate auf.

Sudestada (Karte S. 60 f.; ☎ 4776-3777; Guatemala 5602; Hauptgerichte 7–10 US$) Herrliche Gerichte aus Südostasien. Tisch reservieren und die Ente bestellen.

Olsen (Karte S. 60 f.; ☎ 4776-7677; Gorriti 5870; Hauptgerichte 8,50–13 US$) Schmucke Speiseräume, köstliches Essen und hohe Preise.

AUSGEHEN

In B. A. dreht sich alles ums Ausgehen. Dementsprechend kann man in zahlreichen Cafés, Bars und Liveclubs ordentlich einen heben und die Nacht zum Tag machen. Cafés haben extrem lang geöffnet – oft vom frühen Morgen bis spät in die Nacht. In Bars und Liveclubs geht der Betrieb recht spät los. Dafür wird dann noch länger gefeiert – am Wochenende oft bis 6 Uhr am nächsten Morgen.

Cafés

Buenos Aires ist ein Mekka der Cafékultur – kein Wunder angesichts der zahllosen Kaffeehäuser in der Stadt. Manche sind berühmte Institutionen und sprühen nur so vor altmodischer Eleganz und Geschichtsträchtigkeit. Stundenlang diskutieren die *porteños* hier die Probleme der Menschheit bei ein paar *medialunas* (Croissants) und einem *cortado*. Viele Cafés servieren auch komplette Mahlzeiten.

Bar Plaza Dorrego (Karte S. 54 f.; Defensa 1098) Eines von San Telmos atmosphärischsten Cafés direkt an der Plaza Dorrego. Die dunkle Holzeinrichtung, die tollen Graffitis und das altmodische Ambiente sind kaum zu schlagen. Am Wochenende ist die Hölle los.

Café Tortoni (Karte S. 54 f.; Av de Mayo 829) Das bekannte Tortoni ist der Cadillac unter

---

IN DIE VOLLEN!

La Cabrera (Karte S. 60 f.; ☎ 4831-7002; JA Cabrera 5099; Hauptgerichte 6,50–9 US$) Mit Abstand das beste Steakhaus in ganz Buenos Aires. Ein paar der leckersten Fleischgerichte der Stadt werden von Profigrillmeistern zubereitet und anschließend auf Holzbrettern serviert. Zu den Hammerportionen gibt's ein paar köstliche Beilagen wie Oliven, sonnengetrocknete Tomaten oder Ziegenkäse. Im Vergleich zu den meisten anderen Lokalen in Palermo Viejo ist die Atmosphäre weniger hochtrabend, aber dennoch elegant. Es herrscht immer ordentlich Betrieb, doch im nahen Nebengebäude kann man die Wartezeit verkürzen.

B. A. s Cafés. Die charmante Atmosphäre versetzt Gäste zurück in die gute alte Zeit. Der geschäftstüchtige Andenkenstand ist jedoch ein Bote der Moderne. Jeden Abend gibt's Tangoshows (8 US$; s. S. 74).

Richmond (Karte S. 54 f.; Av Florida 468) Das elegante Café bietet willkommene Erholung vom Trubel der Av Florida. Auf der Karte stehen zahlreiche Kaffeegetränke, Snacks, Gerichte und Cocktails. Im Richmond trafen sich früher bevorzugt berühmte Autoren aus B. A., allen voran Borges.

La Biela (Karte S. 54 f.; Av Quintana 600) In dem Recoleta-Klassiker vertrödeln die Oberen Zehntausend ihre Zeit. Die Preise sind dementsprechend saftig – die Speisekarte an den Tischen vor der Tür setzt noch einen oben drauf. An warmen Sonnentagen (vor allem am Wochenende) ist das La Biela dennoch unwiderstehlich.

Clasica y Moderna (Karte S. 54 f.; Av Callao 892) Schnuckliges Traditionscafé mit starkem Bohème-Vibe. In dem Backsteingebäude gingen bereits berühmte Dichter, Philosophen, Sänger und Musiker aus- und ein. Dazu gehört auch ein künstlerisch angehauchter Buchladen. Außerdem liegen diverse Zeitungen aus.

Los 36 Billares (Karte S. 54 f.; Av de Mayo 1265) Weitere Café-Institution an der Av de Mayo, mit Holzdetails und klassischer Einrichtung. Steht als Billardhalle mit vielen Tischen hoch im Kurs. Ab und zu finden auch Wettbewerbe statt. Veranstaltet abends Folklorekonzerte, Tango- und sogar Bauchtanzshows.

Bars

Palermo Viejo hat die meisten trendigen In-Bars der ganzen Stadt. Doch auch im Stadtzentrum und in San Telmo gibt's ein paar nette Läden. Die *porteños* sprechen dem Alkohol nur mäßig zu – Vollräusche sind allgemein verpönt. Wer sich günstig amüsieren möchte, schnappt sich ein paar Bierflaschen und verbringt am Wochenende den Abend auf der Plaza Serrano (Palermo Viejo) inmitten der geselligen Massen.

Gibraltar (Karte S. 54 f.; Perú 895) Eine von B. A. s beliebtesten Auswandererkneipen zieht eine bunte Mischung aus Backpackern und Einheimischen an. Überzeugt mit toller schlichter Atmosphäre und serviert leckere internationale Gerichte, z. B. Rindfleisch im Bierteig, grüne Thai-Currys oder Caesar-Salate. Großes Whiskeyangebot.

Milión (Karte S. 54 f.; Paraná 1048) Restaurantbar in einem wunderbar renovierten alten Gebäude. Getrunken wird in kleinen Räumen mit hohen Decken im 2. und 3. Obergeschoss. Ist laut, verraucht und extrem populär. Von der netten Terrasse blickt man auf einen schattigen Garten.

Gran Bar Danzón (Karte S. 54 f.; Libertad 1161) Trendige Nobelmischung aus Restaurant und Weinbar mit toller Weinkarte. Zum Abendessen kommen Gerichte mit asiatischen Einflüssen auf den Tisch. Ist sehr angesagt – daher zur Happy Hour rechtzeitig erscheinen. Gäste machen es sich auf den Sofas gemütlich und werden donnerstags und freitags mit Livejazz beschallt.

Acabar (Karte S. 60 f.; Honduras 5733) Der riesige Laden mit seinem blumig-bunten „No-Limits"-Dekor zählt zu B. A. s vielseitigsten Restaurantbars. Ist stets gut besucht. Mit Brettspielen und toller Musik. Wochentags etwas ruhiger.

Congo (Karte S. 60 f.; Honduras 5329) Prima „Sickergrube" in Palermo Viejo. Ist relaxt und superhip zugleich und spielt eines der besten Musikprogramme der Stadt. Am besten lässt man sich im schwülen Garten hinter dem Haus nieder und probiert einen (oder zwei oder drei …) der leckeren exotischen Cocktails.

Mundo Bizarro (Karte S. 60 f.; Guatemala 4802) Coole Kneipe in Palermo Soho mit Retro-Sitzecken, Rockabilly-Musik und starken Drinks. Die Speisekarte reicht von Sushi bis Tex-Mex. Früh kommen, um einen guten Platz zu ergattern.

Unico (Karte S. 60 f.; Honduras 5604) Unglaublich angesagte Eckbar in Palermo Hollywood. Ist auch unter der Woche immer rappelvoll, daher rechtzeitig erscheinen. Sehr gemütliche Atmosphäre dank prima Sounds, luftigen Straßenplätzen und gehaltvollen Getränken. Immer gut zum Sehen-und-Gesehen-Werden.

Janio (Karte S. 60 f.; Malabia 1805) Todschicke Restaurantbar an einer Ecke in Palermo Soho. Verteilt sich über mehrere Stockwerke, den Abschluss bildet eine geschützte Dachterrasse. Die Laufstege im Inneren sind recht interessant; an milden Sommerabenden gibt's jedoch nichts Besseres als die Tische auf dem Bürgersteig. Je später die Stunde, desto lauter die Musik.

Kilkenny (Karte S. 54 f.; Marcelo T de Alvear 399) Nach Büroschluss strömen wochentags Geschäftsleute in B. A. s berühmtesten Irish Pub. An den Wochenenden tummelt sich gemischtes Publikum. Tolle düster-verrauchte Atmosphäre, doch beinahe schon *zu* angesagt.

Druid In (Karte S. 54 f.; Reconquista 1040) Einen halben Block vom Kilkenny entfernt geht's hier wesentlich beschaulicher zu. Zu beißen gibt's irische Hausmannskost, z. B. Steak-Nieren-Pie oder Irish Stew. Freitags und samstags erzeugen Livebands keltische Klänge.

Le Cigale (Karte S. 54 f.; 25 de Mayo 722) Düsterhippe Innenstadtlounge mit Retro-Atmosphäre und klasse Cocktails. Besonders beliebt sind die DJ-Abende am Dienstag. Unter der Woche steppt abends der Bär – dann gibt's kaum noch freie Tische.

Deep Blue (Karte S. 54 f.; Ayacucho 1240) Der beste Billardladen weit und breit; mit Decken aus Wellblech und einem Dutzend blau bezogener Pooltische. Donnerstags bis samstags legen DJs House auf. Jeder Tisch hat seinen eigenen Zapfhahn. Betreibt eine kleinere Filiale an der Reconquista 920 (Karte S. 54 f.).

Doctor Mason (Karte S. 60 f.; Aráoz 1199) Der fesche Eckschuppen schenkt ein paar der besten Hausbiere Argentiniens aus, aber auch Guinness, Isenbeck und Duvel in Flaschen. Wunderbar einfallsreiche Küche und super Pooltische im Untergeschoss.

Van Koning (Karte S. 60 f.; Av Báez 325) Von allen Kneipen im trendigen Las Cañitas stillt das Van Koning am besten den Durst. Damit verbunden sind jede Menge Spaß und holländisches Seefahrerdekor mit mittelalterlichem Einschlag. Insgesamt drei Bars verteilen sich auf diverse dunkle Wohlfühlräume und Ebenen. Sehr beliebt bei Auswanderern.

UNTERHALTUNG

Da Buenos Aires nie schläft, kann man jeden Abend etwas anderes Interessantes unternehmen. Auf dem Programm stehen u. a. verschiedene Theater- und Musicalproduktionen. An jeder Ecke gibt's Tangoshows. An Wochenenden und sogar manchen Wochentagen brummen die Nachtclubs.

Zu jedem modernen Einkaufszentrum gehört ein Multiscreen-Kinokomplex. Die meisten Filme werden im jeweiligen Originalton gezeigt (mit Untertiteln). Der *Buenos Aires Herald* enthält einen Kinokalender.

ErmäßigteTickets für bestimmte Theater-, Tango- und Filmvorführungen sind z. B. bei **Cartelera Vea Más** (Karte S. 54 f.; ☎ 6320-5319; Av Corrientes 1660, Suite 2) und **Cartelera Baires** (Karte S. 54 f.; ☎ 4372-5058, Av Corrientes 1382) erhältlich. **Ticketek** (☎ 5237-7200; www.ticketek.com.ar) unterhält Ableger in der ganzen Stadt und verkauft Eintrittskarten für große Venues.

Klassische Musik & Darstellende Künste

Die Av Corrientes zwischen 9 de Julio und Av Callao ist B. A.s Antwort auf den Broadway.

Teatro Colón (Karte S. 54 f.; ☎ 4378-7133; www.teatrocolon.org.ar; Ecke Tucumán & Cerrito) B. A.s Schauspielhaus Nummer Eins erstrahlt in voller Pracht und ist eine tolle Adresse für Oper, Ballett, Theater und klassische Musik. Manche Vorstellungen sind überraschend günstig. Für gehobenere Events müssen Ausländer das Doppelte bezahlen.

Teatro General San Martín (Karte S. 54 f.; ☎ 0800-333-5254; www.teatrosanmartin.com.ar; Av Corrientes 1530) Veranstaltet erschwingliche Shows und Events (mittwochs zum halben Preis) – leider fast nur auf Spanisch. Besteht aus diversen Zuschauerräumen und Galerien.

Luna Park (Karte S. 54 f.; ☎ 4311-5100; www.lunapark.com.ar; Ecke Av Corrientes & Bouchard) Nimmt gleich einen ganzen Block in Beschlag und dient als Venue für Oper, Tanz, Rockkonzerte und Sportveranstaltungen. Auch andere Großevents finden hier statt. Die Website informiert über das aktuelle Programm.

Nachtclubs

In Buenos Aires dreht sich alles ums Ausgehen; dies gilt auch fürs Clubbing. Vor 2 Uhr ist meist noch gar nichts los – von daher gilt: Je später, desto besser. Gewiefte Nachtschwärmer nehmen vor dem Abendessen eine Mütze voll Schlaf und feiern anschließend bis in die Puppen – manchmal sogar bis zum nächsten Mittag!

Im Dezember 2004 forderte ein Brand im Club República Cromañón 194 Todesopfer. Aufgrund hastig eingeführter Sicherheitsbestimmungen mussten manche Läden komplett schließen. Andere haben mittlerweile neu eröffnet, dürfen aber keine Dancepartys oder Livekonzerte veranstalten. Da sich die Clublandschaft ständig verändert, erkundigt man sich am besten direkt vor Ort nach den heißesten Nightspots.

Asia de Cuba (Karte S. 54 f.; ☎ 4894-1328; Dealessi 750; ☾ Mi–Sa) Tagsüber ist das Asia de Cuba ein Restaurant, abends verwandelt es sich in einen von B. A.s edelsten Clubs. Ausgesprochen romantische Location – auch die exotischen Lounges am Hafen tun dem keinen Abbruch. Am besten schick anziehen und wichtig rüberkommen. Mittwochs am tollsten.

Bahrein (Karte S. 54 f.; ☎ 44315-2403; Lavalle 345; ☾ Di, Mi, Fr & Sa) Dienstags läuft in dem beliebten Innenstadtclub der beste Drum'n'Bass vor Ort. Doch auch die Wochenenden sind nicht von schlechten Eltern. Ein Mix aus verschiedenen Floors, Chilloutzonen und kunterbuntem Dekor sorgt für einen coolen Vibe. Je später die Stunde, desto schneller die Beats.

Club Niceto (Karte S. 60 f.; ☎ 4779-9396; Niceto Vega 5510) Einer von B. A.s größten Publikumsmagneten brummt vor allem am Donnerstagabend. Dann veranstaltet die Theatergesellschaft Club 69 eine wilde Travestieshow, die bei Heteros und Homos gleich gut ankommt. Für Atmosphäre sorgen jede Menge blaue Scheinwerfer und Trockeneis.

Maluco Beleza (Karte S. 54 f.; ☎ 4372-1737; Sarmiento 1728; ☾ Mi & Fr–So) Brasilianischer In-Laden in einem alten Gebäude. Latino-Beats und geschmeidige Bühnentänzer versetzen unzählige hippe Nachtschwärmer in Verzückung. Im Obergeschoss gibt's auch ein paar ruhigere Ecken. Sonntags besonders empfehlenswert.

Mint (Karte S. 60 f.; ☎ 4806-8002; Ecke Costanera Norte & Sarmiento; ☾ Mi–Sa) Populärer Großraumclub draußen an der Costanera Norte. Besonders legendär sind die Technopartys am Freitag. Dann ziehen bekannte DJs scharenweise arrogante Twens auf die Tanzfläche. An den anderen Abenden laufen House und Hip-Hop. Tolle Lounges am Fluss.

Opera Bay (Karte S. 54 f.; ☎ 4315-8666; Grierson 225; ☙ Mi–Sa) Die gewaltige Location am Ufer sieht wie eine flachere Variante der Oper von Sidney aus und wirkt tags wie nachts gleichermaßen attraktiv. Zahlreiche Bars und Terrassen garantieren easy Drinks und jede Menge frische Luft – super für alle, die lieber schmusen als tanzen. Freitags besonders interessant.

Pachá (Karte S. 60 f.; ☎ 4788-4280; Av Costanera Norte; ☙ Fr & Sa) In dem gigantischen Club am

Flussufer beschallen berühmte Gast-DJs aus aller Welt ein geschniegeltes und hochnäsiges Publikum. Freitags kommen jüngere Leute; samstags dröhnen Techno-Beats. Angesichts der langen Schlangen vor dem Eingang lässt man sich am besten auf der Gästeliste eintragen (falls möglich). Befindet sich in der Nähe der Av Pampa.

Livemusik

Diverse Bars veranstalten Livekonzerte. Allerdings schränken aktuelle Brandschutzbestimmungen den Veranstaltungskalender etwas ein. Für klassische Musik und Tangoshows s. gegenüber und S. 74.

Notorious (Karte S. 54 f.; ☎ 4815-8473; www.notorious.com.ar; Av Callao 966) Kleiner Laden mit super

---

SCHWULEN- & LESBENSZENE IN BUENOS AIRES

Mittlerweile hat sich Buenos Aires zum Schwulenmekka Südamerikas gemausert. Dementsprechend gibt's für die Szene mehrere brummende Bars, Cafés und Clubs. Und dennoch muss man danach suchen – Homosexualität wird zwar allgemein toleriert, doch B. A. ist eben nicht San Francisco oder Sydney. Zweifellos existiert auch eine Lesbenszene. Die hält sich aber weitaus bedeckter als ihr männliches Pendant.

Über angesagte Locations für Schwule und Lesben informieren kostenlose Broschüren wie *La Otra Guía, The Ronda* oder *Queer,* die in einschlägigen Einrichtungen ausliegen. Zeitungsstände verkaufen Zeitschriften wie *NX* und *Imperio G.* Im Gebiet rund um die Av Santa Fe und Av Pueyrredón ist für Nachtschwärmer einiges geboten. An den Straßenecken werden hier Gutscheine verteilt, mit denen man günstiger in diverse Locations hineinkommt.

Prima Websites sind u. a. www.thegayguide.com.ar und gaybuenosaires.blogspot.com. Reisetipps gibt **Pride Travel** (Karte S. 54 f.; ☎ 5218-6556; www.pride-travel.com; Paraguay 523, 2E). Die Website www.friendlyapartments.ar hat sich auf Mietwohnungen für Schwule spezialisiert. Eine weitere gute Adresse ist das B&B **Lugar Gay** (☎ 4300-4747; www.lugargay.org; Defensa 1120; EZ 35–45 US$, DZ 45–65 US$) in San Telmo.

Im November steigt neben einem schwul-lesbischen **Filmfestival** (www.diversafilms.com.ar) auch eine **Schwulenparade** (Marcha del Orgullo Gay; www.marchadelorgullo.org.ar). Sieht ganz so aus, als ob „Gay Pride" in Buenos Aires nicht nur angekommen ist, sondern sich auch etabliert hat.

Angesagte Nightspots für Schwule:

Amerika (Karte S. 60 f.; ☎ 4865-4416; Gascón 1040; ☙ Fr–So) Trinken bis zum Umfallen; dazu zahllose Besucher, dunkle Ecken und pulsierende Musik.

Bach Bar (Karte S. 60 f.; JA Cabrera 4390; ☙ Di–So) Der vertrauliche und rappelvolle Laden verspricht wilden Spaß (vor allem für Lesben). Gelegentlich gibt's Stripshows. Freitags und samstags am besten.

Contramano (Karte S. 54 f.; Rodríguez Peña 1082; ☙ Mi–So) Einer von B. A.s ältesten Schwulenclubs zieht hauptsächlich ältere Semester an. Veranstaltet sonntags Travestieshows und Verlosungen.

Glam (Karte S. 60 f.; JA Cabrera 3046; ☙ Do–Sa) Unterhaltsamer Schwulenladen in einem großen alten Gebäude mit vielen Lounges, Bars und knackigen Jungs. Donnerstags und samstags besonders toll.

Sitges (Karte S. 60 f.; ☎ 4861-3763; Av Córdoba 4119; ☙ Fr–So) In der großen Location gehen Girls und Boys gleichermaßen auf Tuchfühlung. Sonntag ist Karaoketag. Laut, aber gut.

Palacio Alsina (Karte S. 54 f.; ☎ 4331-1277; Adolfo Alsina 934; ☙ Do–So) „Märchenschloss" mit heißen Tänzern und proppevoller Tanzfläche. Freitags und sonntags tummeln sich hier hauptsächlich Schwule, donnerstags und samstags ist das Publikum gemischt.

Infos zum Club 69 s. Club Niceto (s. gegenüber).

vertraulicher Atmosphäre. Eins von B. A.s besten Venues für Livejazz (fast jeden Abend; samstags Bossa Nova). Serviert auch Abendessen. Im CD-Shop kann man sich Scheiben vor dem Kaufen anhören.

Club de Vino (Karte S. 60 f.; ☎ 4833-0049; Cabrera 4737) Der historische Gebäudekomplex in Palermo Viejo umfasst neben einem romantischen Restaurant und einer klasse Bar auch einen Konzertsaal mit 180 Plätzen. Für Liebhaber guter Tropfen gibt's einen Weinladen und sogar ein kleines Weinmuseum. Zum leckeren Rebensaft (natürlich!) gibt's Käseplatten. Spitzenadresse für Jazzkonzerte, Folkloremusik und Tangoshows.

La Trastienda (Karte S. 54 f.; ☎ 4342-7650; www.latrastienda.com; Balcarce 460) Riesige Venue mit 400 Sitzen und 1000 Stehplätzen. Hier geben internationale Acts u. a. Salsa, Merengue und Blues, aber auch Latinopop und Tangoklänge zum Besten. Hauptsächlich treten aber Rockbands auf. Hier standen bereits große Namen wie die Pericos, Café Tacuba oder Yo La Tengo auf der Bühne. Programmhinweise auf der Website.

La Peña del Colorado (Karte S. 60 f.; ☎ 4822-1038; Güemes 3657) In dem wunderbaren Musikclub greift das Publikum auch manchmal selbst in die Saiten. Steht für abendliche Folkloreshows und jede Menge blauen Dunst in der Luft. Serviert zudem Köstlichkeiten aus Nordargentinien wie würzige Empanadas, *locro* und *humitas de Chala* (z. B. Tamales).

El Samovar de Rasputín (Karte S. 53; ☎ 4302-3190; Del Valle Iberlucea 1251) Extrem unterhaltsamer Bluesladen im Herzen der Touristenzone von La Boca. Wird vom exzentrischen Exhippie Napo geleitet, der u. a. Mick Jagger, Taj Mahal und Eric Clapton zu seinen Bekannten zählt (ganz zu schweigen von Pavarotti). Am Wochenende spielen Blues-Livebands.

Sport

Mit etwas Glück kann man ein *fútbol*–Spiel besuchen. Die Leidenschaft der argentinischen Fans sucht in der Sportwelt ihresgleichen. Die beliebtesten Mannschaften sind die **Boca Juniors** (Karte S. 53; ☎ 4362-2260; www.bocajuniors.com.ar; Brandsen 805) mit Heimat in La Boca und der Verein **River Plate** (☎ 4788-1200; www.carp.org.ar; Alcorta 7597) in Belgrano (nordwestlich vom Aeroparque Jorge Newberry).

Die Kartenpreise hängen davon ab, welche Teams gegeneinander antreten und wie hoch die Nachfrage ist. Allgemein sind die *entradas populares* (Stehplätze auf der unüberdachten Tribüne) mit Preisen zwischen 6,50 und 8 US$ am günstigsten. Hier jubeln die emotionalsten Schlachtenbummler. In diesem Block sollte man auf jegliche Anzeichen von Wohlstand tunlichst verzichten (z. B. Armbanduhren, Halsketten oder teure Kameras). *Plateas* (Sitzplätze) kosten zwischen 10 und 30 US$.

Wer sich alleine nicht hintraut, nimmt an den geführten Touren von **Tangol** (Karte S. 54 f.; ☎ 4312-7276; www.tangol.com; Av Florida 971, Suite 31) teil, Kostenpunkt inkl. Ticket, Abholservice vom Hotel und Führer: 36 US$. Weitere Infos zum argentinischen *fútbol* gibt's im Internet unter www.afa.org.ar.

Die meisten Polofans strömen von Oktober bis Januar auf den Campo de Polo in Palermo. Mitfiebern kann man auch bei Rugbyspielen, Pferderennen und beim *pato*, einer traditionellen argentinischen Reitsportart.

Tangoshows

Die meisten B. A.-Besucher möchten sich höchstwahrscheinlich eine der vielen (und äußerst empfehlenswerten!) Tangoshows ansehen. Es ist etwas schwierig, eine nicht allzu „kommerzielle" Vorstellung zu finden – schließlich zielen nahezu alle Tangoshows mehr oder weniger auf Touristen ab. Günstigere Shows sind meist traditioneller geprägt und weniger effektgeladen. In *milongas* – das Wort kann für die Tanzsäle, Tanztreffs und die eigentlichen Tänze stehen – üben *tanguistas* ihre Schritte. Zuschauer haben hier eigentlich nichts verloren.

Sonntags finden auf dem Antiquitätenmarkt von San Telmo kostenlose Tangoshows im Freien statt – Spenden sind jedoch gern gesehen (S. 58). Auch ein paar Restaurants (vor allem in San Telmo und La Boca) unterhalten ihre Gäste umsonst mit Tangovorführungen; allerdings muss man sich etwas von der Karte bestellen.

Café Homero (Karte S. 60 f.; ☎ 4701-7357; JA Cabrera 4946; Shows 5 US$) Venue mit idealer Größe in Palermo Hollywood. Veranstaltet tolle günstige Shows; Zuschauer müssen aber etwas essen oder trinken. Telefonisch reservieren.

Café Tortoni (Karte S. 54 f.; ☎ 4342-4328; www.cafétortoni.com.ar; Av de Mayo 825; Shows 8 US$) Im hinteren Bereich des alten Cafés gibt's zweimal pro Abend qualitativ hochwertige und erschwingliche Shows (s. auch S. 70).

Centro Cultural Torquato Tasso (Karte S. 53; ☎ 4307-6506; www.tangotasso.com; Defensa 1575; Shows 6,50 US$) Hervorragende Location in San Telmo mit ausgezeichneten Shows (Mi–Sa; s. auch S. 64).

Club de Vino (Karte S. 60 f.; ☎ 4833-8330; JA Cabrera 4737; Shows 7–12 US$) Nobler Laden in Palermo Hollywood mit live gespielter Tangomusik und Sängern am Freitag- und Samstagabend – allerdings ohne Tänzer. Telefonisch reservieren.

Confitería Ideal (Karte S. 54 f.; ☎ Suipacha 384; Shows 5 US$) Die B. A.-Institution hat jeden Abend günstige Shows im Programm (s. auch S. 64).

El Balcón (Karte S. 54 f.; ☎ 4362-2354; Humberto Primo 461) Von Freitag bis Sonntag gibt's hier Tango „for free" (21 Uhr) – vorausgesetzt, man bestellt sich etwas zu essen.

Mitos Argentinos (Karte S. 54 f.; ☎ 4362-7810; www. mitosargentinos.com.ar; Humberto Primo 489) Freitag- und samstagabends spielen Live-Rockbands. Der ganze Sonntagnachmittag ist dagegen Tangokursen und -shows vorbehalten.

Die folgenden kommerziellen Dinner-Tangoshows (in B. A. an der Tagesordnung) richten sich an Touristen mit großzügigen Budget. Ihr sensationsgeladener Las-Vegas-Stil umfasst Kostümwechsel, Trockeneisnebel und jede Menge reißerische Effekte. Ohne Reservierung geht hier gar nichts.

Bar Sur (Karte S. 54 f.; ☎ 4362-6086; Estados Unidos 299; Shows mit/ohne Abendessen 44/31 US$) Vertrauliches Venue mit gerade mal einem Dutzend kleiner Tische.

Complejo Tango (Karte S. 53; ☎ 4308-3242; www. complejotango.com.ar; Av Belgrano 2608; Shows mit/ohne Abendessen 58/42 US$) Inklusive Gruppen-Tangounterricht.

El Querandí (Karte S. 54 f.; ☎ 5199-1770; www. querandi.com.ar; Perú 302; Shows mit/ohne Abendessen 63/47 US$) Auch ein Restaurant.

Taconeando (Karte S. 54 f.; ☎ 4307-6696; www. taconeando.com; Balcarce 725; Shows mit/ohne Abendessen 36/26 US$) Hat rund 130 Sitzplätze.

SHOPPEN

Wer nicht jeden Cent einzeln umdrehen muss, kann in Buenos Aires nach Herzenslust shoppen. Die Stadt hat zahlreiche moderne Einkaufszentren. Dazu kommen noble Shoppingmeilen wie z. B. die Av Florida und Av Santa Fe. Im Angebot sind Klamotten von hoher Qualität, Lederwaren,

Accessoires und Elektronikartikel, aber auch Tonträger und Haushaltswaren. Alle Importwaren (z. B. Elektronikartikel) kosten jedoch eine ganze Menge.

Palermo Viejo ist das beste Viertel für Boutiquen und kreative Mode. Die Av Alvear in Richtung Recoleta-Friedhof steht im Zeichen von Gucci und Armani. Die Defensa in San Telmo säumen kostspielige Antiquitätenläden. An den Wochenenden finden diverse Kunsthandwerks-Märkte statt, etwa der abgefahrene *feria artesanal* vor dem Recoleta-Friedhof (S. 59). Sonntags kann man z. B. auf dem berühmten Antiquitätenmarkt von San Telmo (S. 58) auf Schnäppchenjagd gehen – samstags stehen Kunstgegenstände zum Verkauf. Alle möglichen Importartikel aus der Dritten Welt gibt's für kleines Geld an der Av Pueyrredón nahe des Bahnhofs Once (Estación Once; Karte S. 54 f.).

Feria de Mataderos (www.feriademataderos.com.ar; Ecke Av de los Corrales & Lisandro de la Torre) Das *barrio* Mataderos weit draußen im Westen ist die Heimat dieses außergewöhnlichen Straßenmarkts. Die Kundschaft liebt das günstige *asado*, das tolle Angebot an Kunsthandwerks-Erzeugnissen und die traditionellen Folkloretänze. Auch *gauchos* hoch zu Ross lassen sich blicken. Eingekauft werden kann von Januar bis März jeweils samstags von 18 bis 24 Uhr, das restliche Jahr über sonntags von 11 bis 20 Uhr (genaue Termine telefonisch erfragen). Der Markt ist mit den Buslinien 180 und 155 zu erreichen, Fahrtzeit ca. eine Stunde.

AN- & WEITERREISE
Bus

Der gigantische dreistöckige Busbahnhof **Retiro** (Karte S. 54 f.; ☎ 4310-0700; Ecke Avs Antártida Argentina & Ramos Mejía) hat 75 Bussteige. Außerdem sind hier Cafeterias, Läden, sanitäre Anlagen und eine Gepäckaufbewahrung untergebracht, ferner Telefonhäuschen mit Internetzugang und ein rund um die Uhr geöffneter Informationskiosk. Die **Touristeninformation** (Suite L83; Mo–Sa 7.30–13 Uhr) befindet sich unterhalb von Busschalter 105.

Es folgt ein kleiner Auszug aus dem extrem umfangreichen Streckennetz. Die Preise hängen stark von Saison, Anbieter und Wirtschaftslage ab. Während der Urlaubszeit wird's teurer; Fahrkarten sollten im Voraus gekauft werden.

Ziele im Landesinneren:

Ziel	Dauer (Std.)	Preis (US$)
Bahía Blanca	9	18
Bariloche	22	33
Comodoro Rivadavia	26	57
Córdoba	10	18
Gualeguaychú	4	8
Mar del Plata	6	13
Mendoza	15	31
Neuquén	18	24
Puerto Iguazú	17	39
Puerto Madryn	28	42
Resistencia	13	25
Rosario	4	8
Salta	21	44
San Martín de los Andes	20	40
Santa Rosa	9	15
Tucumán	16	34

Ziele im Ausland:

Ziel	Dauer (Std.)	Preis (US$)
Asunción, Paraguay	18	26
Foz do Iguazú, Brasilien	19	43
Lima, Peru	3 Tage	135
Montevideo, Uruguay	8	26
Punta del Este, Uruguay	10	33
Rio de Janeiro, Brasilien	44	97
Santiago, Chile	20	50
São Paulo, Brasilien	34	76

Flugzeug

Die meisten internationalen Flüge starten am Flughafen **Ezeiza** (Karte S. 53; ☎ 5480-6111; www.aa2000.com.ar). **Manuel Tienda León** (MTL; Karte S. 54 f.; ☎ 4314-3636; www.tiendaleon.com; Ecke Av Eduardo Madero & San Martín) betreibt regelmäßige Shuttlebusse zum/vom Ezeiza (8 US$, 40 Min.). Sparfüchse fahren mit der Buslinie 86 (0,75 US$, 1½ Std.). Taxis kosten rund 18 US$ (inkl. Maut).

Für die 15-minütige Fahrt zum Aeroparque verlangt MTL 3 US$. Ansonsten können Traveller auch die Stadtbuslinie 45 ab der Plaza San Martín benutzen (0,30 US$). Taxis belaufen sich auf ca. 5 US$.

Argentiniens Flughafensteuer beträgt 18 US$ (zahlbar in US-Dollar oder Peso). U. a. folgende Fluglinien unterhalten Filialen in B. A.:

Air France (Karte S. 54 f.; ☎ 4317-4700; www.airfrance.com; San Martín 344, 23. OG)

Alitalia (Karte S. 54 f.; ☎ 4310-9999; www.alitalia.com; Av Santa Fe 887)

American Airlines (Karte S. 54 f.; ☎ 4318-1111; www.aa.com; Av Santa Fe 881)

British Airways (Karte S. 54 f.; ☎ 0800-666-1459; www.britishairways.com; Av del Libertador 498, 13. OG)

Delta (Karte S. 54 f.; ☎ 0800-666-0133; www.delta.com; Av Santa Fe 887)

KLM (Karte S. 54 f.; ☎ 4317-4700; San Martín 344, 23. OG)

LADE (Karte S. 54 f.; ☎ 0810-810-5233; Perú 714)

Lan (Karte S. 54 f.; ☎ 0800-999-9526; Cerrito 866)

Lloyd Aéreo Boliviano (Karte S. 54 f.; ☎ 4323-1900; www.labairlines.com.bo; Carlos Pellegrini 141)

Lufthansa (Karte S. 54 f.; ☎ 4319-0600; Marcelo T de Alvear 590, 6. OG)

Swissair (Karte S. 54 f.; ☎ 4319-0000; Av Santa Fe 846, 1. OG)

United Airlines (Karte S. 54 f.; ☎ 0-810-777-864833; Av Eduardo Madero 9000)

Varig (Karte S. 54 f.; ☎ 4329-9211; Av Córdoba 972, 3. OG)

Schiff/Fähre

Mehrmals täglich schickt **Buquebus** (Ferrylineas; Karte S. 54 f.; ☎ 4316-6500; www.buquebus.com; Ecke Av Antártida Argentina & Av Córdoba) Schnellboote (18 US$, 1 Std.) und langsamere Wasserfahrzeuge (31 US$, 3 Std.) nach Colonia. Eine Schiffsverbindung besteht auch nach Montevideo (53 US$, 3 Std.). Je nach Saison gibt's auch kombinierte Reisen mit Schiff und Bus nach Punta del Este (Uruguays Strandort Nummer Eins). Buquebus unterhält Filialen an der Av Córdoba 879 (Karte S. 54 f.) und im Einkaufszentrum Patio Bullrich in Recoleta. Das Serviceangebot im Sommer ist zwar umfangreicher, aber teurer; Tickets kauft man dann am besten ein oder zwei Stunden vor der Abfahrt. Deutsche, österreichische oder schweizer Staatsbürger benötigen für die Einreise nach Uruguay derzeit kein Visum (s. Kasten gegenüber).

Zug

Mit wenigen Ausnahmen beschränken sich Zugreisen in Argentinien auf die Vororte von Buenos Aires und ein paar Städte in den Provinzen. Züge sind zwar günstiger, doch mit den häufiger fahrenden Bussen kommen Passagiere wesentlich schneller und bequemer ans Ziel.

Alle Bahnhöfen in B. A. haben eine eigene Subte-Haltestelle.

Estación Constitución (Karte S. 53; ☎ 4018-0719, 4305-5577) Züge nach La Plata, Bahía Blanca und zu den Strandorten am Atlantik.

> **EINREISE NACH URUGUAY**
>
> Reisen von Buenos Aires nach Uruguay gestalten sich relativ problemlos. Im Rahmen eines Tagesausflugs können sich Reisende die charmante Colonia del Sacramento (S. 1093) ansehen. Für die Hauptstadt Montevideo braucht man etwas mehr Zeit. EU-Bürger und Schweizer brauchen normalerweise kein Visum, sollten sich aber während ihres Aufenthalts nach den aktuellen Einreisebestimmungen erkundigen. Uruguays offizielle Währung ist der Peso. Allerdings akzeptieren viele Touristeneinrichtungen auch US-Dollar oder Argentinische Peso.

Estación Once (Karte S. 53; ☎ 4861-0043, 4317-4400) Züge nach Luján, Bahía Blanca und zu den Strandorten am Atlantik.

Estación Retiro (Karte S. 54 f.; ☎ 4317-4400) Züge nach Tigre und Rosario.

UNTERWEGS VOR ORT
Auto & Motorrad

Es ist nicht wirklich zu empfehlen, sich mit einem Mietauto in den Stadtverkehr von Buenos Aires zu wagen. Mit den durchgeknallten *porteños* hinterm Steuer legt man sich besser nicht an. Das ländliche Argentinien lässt sich allerdings prima per Auto erkunden. Gute Adressen sind z. B. **Avis** (Karte S. 54 f.; ☎ 4326-5542; www.avis.com; Cerrito 1527), **New Way** (Karte S. 54 f.; ☎ 4515-0331; www.new-wayrentacar.com.ar; Marcello T de Alvear 773) oder **Hertz** (Karte S. 54 f.; ☎ 4816-8001; www.hertz.com.ar; Paraguay 1138).

Motocare (Karte S. 53; ☎ 4782-1500; www.motocare.com.ar/rental; Av del Libertador 6588) verleiht Motorräder.

Bus

Die *Guia T* informiert über rund 200 Buslinien und ist an vielen Kiosken erhältlich (Taschenversion 0,75 US$). Die Preise variieren je nach Fahrtstrecke, liegen aber durchschnittlich bei 0,30 US$. Passagiere sagen *ochenta* zum Fahrer und werfen Münzen in den Automaten hinter dem Führerstand (Automat wechselt). Die vorderen Plätze sollten für ältere Fahrgäste frei bleiben.

Fahrrad

In Buenos Aires haben diverse Anbieter geführte Radtouren zu ausgewählten Zielen im Programm (s. S. 64). Sie verleihen auch Drahtesel, doch Vorsicht: In der Innenstadt betrachten Autofahrer Radler als Freiwild – dementsprechend rangieren diese in der Verkehrshierarchie ganz unten. Wer's trotzdem nicht lassen will, sollte die Radtouren auf etwas ruhigere Gebiete wie die Pflasterstraßen von San Telmo und Palermo beschränken. Geeignete Viertel sind auch Puerto Madero und die nahe Reserva Ecológica Costanera Sur. Wer auch am nächsten Tag noch herzhaft in ein Steak beißen möchte, sollte unbedingt defensiv fahren!

Taxi & Remise

Schwarzgelbe Taxis kurven überall herum und sind relativ preiswert. Der Startpreis liegt bei rund 0,75 US$. Trinkgeld ist nicht erforderlich, ein paar Münzen werden aber gern angenommen. Wer vom Flughafen Ezeiza mit dem Taxi in die Stadt fahren möchte, begibt sich schnurstracks zum Schalter der Stadttaxis (direkt hinter der ersten Reihe von Transportständen). Auf keinen Fall irgendein Taxi nehmen!

Viele Stimmen warnen davor, in Buenos Aires Taxis auf der Straße anzuhalten – tatsächlich wurden bereits mehrere Fahrgäste ausgeraubt. Sie hatten wohl einfach Pech – normalerweise kann man bedenkenlos einsteigen, auch als einzelne Frau. In Wirklichkeit zocken manche Taxifahrer ihre Passagiere eher ab, als sie zu berauben. Man sollte daher darauf bestehen, dass der Taxameter auch benutzt wird. Außerdem sollte der Chauffeur das Ziel kennen. Ansonsten auf Blüten achten – Fälschungen haben kein Wasserzeichen – und möglichst mit kleinen Banknoten bezahlen: Manche schwarze Schafe tauschen große Scheine geschickt gegen kleine aus. Und niemals vergessen: Die meisten *taxistas* sind ehrliche Leute, die hart für ihren Lebensunterhalt arbeiten.

Mit einem *remise* ist man eigentlich immer auf der sicheren Seite. Solche Fahrzeuge sind meist zuverlässiger als herkömmliche Taxis, da sie von renommierten Firmen betrieben werden. Sämtliche Geschäfte und Unterkünfte bestellen normalerweise *remises* per Telefon für ihre Kunden.

U-Bahn

Die **Subte** (www.metrovias.com.ar) von Buenos Aires ist schnell und zuverlässig. Fahrten kosten nur 0,25 US$. Vier der fünf Linien (Líneas A, B, D und E) fahren vom *micro-*

centro zu den westlichen und nördlichen Randgebieten der Hauptstadt. Línea C verbindet die Estación Retiro mit der Constitución. Ab 2007 rollt die neue Linie H von der Estación Once nach Retiro.

U-Bahnen verkehren von ca. 5 bis 22.30 Uhr, an Sonn- und Feiertagen von 8 bis 22 Uhr. Unter der Woche fahren die Züge sehr häufig, an Wochenenden etwas seltener.

RUND UM BUENOS AIRES

TIGRE

Rund eine Stunde nördlich von Buenos Aires liegt das bevorzugte Wochenendziel der *porteños*. Besucher schlendern die beliebte Uferzone entlang oder unternehmen eine entspannte Bootsfahrt durch das Delta del Paraná. Eingekauft wird auf dem **Mercado de Frutos;** der tägliche Kunsthandwerks-Markt ist an Wochenenden besonders attraktiv.

Tigres **Touristeninformation** (☎ 011-4512-4497; www.tigre.gov.ar; Mitre 305; ⏱ 9–17 Uhr) liegt direkt neben einem McDonald's. In der Nähe verkaufen Ticketschalter Fahrkarten für die Pendlerboote, die auf den Wasserwegen umherschippern. Die Touristeninformation ist wirklich auf Zack und schlägt lohnenswerte Ziele vor.

Am schnellsten und günstigsten ist Tigre mit der Mitre-Linie zu erreichen, Abfahrt ist am Bahnhof Retiro (0,35 US$, 50 Min., häufig)

SAN ANTONIO DE ARECO

☎ 02326 / 21 300 Ew.

Das heitere Dorf nordwestlich von Buenos Aires wurde im frühen 18. Jh gegründet. Es ist das symbolische Zentrum von Argentiniens *gaucho*-Kultur, die langsam aber sicher verschwindet. Im November steigt hier das größte *gaucho*–Festival des Landes, die **Día de la Tradición.**

Die **Touristeninformation** (☎ 453-165; ⏱ 8–20 Uhr) des Dorfes befindet sich am Nordende der Arellano.

Die schmalen baumgesäumten Straßen der flachen und ampelfreien Stadt eignen sich wunderbar für einen Spaziergang. Auf Schusters Rappen geht's hinüber zum **Museo Gauchesco Ricardo Güiraldes** (☎ 454-780; Eintritt

0,75 US$; ⏱ Mi–Mo 11–17 Uhr). Die Ranch befindet sich ein paar Blocks hinter der alten Brücke und beherbergt Exponate aus der Hochzeit der *gaucho*, zusammengetragen von einem berühmten argentinischen Schriftsteller.

An der wunderschön gestalteten **Plaza Ruiz de Arellano** steht eine Gemeindekirche. Die örtlichen Kunsthandwerker sind für ihre Mate-Utensilien, *rastras* (mit Silber beschlagene Gürtel) und *facones* (Messer mit langen Klingen) bekannt.

Vom Busbahnhof Retiro in B. A. fahren Busse nach San Antonio de Areco (4 US$, 2 Std.). Die Fahrzeuge von Chevallier machen sich alle eineinhalb Stunden auf den Weg.

LA PLATA

☎ 0221 / 970 000 Ew.

An der Plaza Moreno erhebt sich La Platas herrliche neogotische **Kathedrale.** Die Bauarbeiten dauerten 115 Jahre und wurden im Jahr 2000 endlich abgeschlossen. Nördlich der Stadt erstreckt sich über 60 ha der weitläufige **Paseo del Bosque,** Heimat des uralten, aber hervorragenden **Museo de La Plata** (☎ 425-7744; Eintritt 4 US$; ⏱ Di–So 10–18 Uhr). Es zeigt zahllose interessante Ausstellungsstücke, z. B. vertrocknete Insekten, muffige Mumien und Dinosaurierskelette. In der Nähe liegt der **Jardín Zoológico** (☎ 427-3925; Eintritt 0,75 US$; ⏱ Di–So 9–18 Uhr).

La Plata ist mit dem Bus 129 zu erreichen (2 US$, 1 Std.). Die Fahrzeuge starten regelmäßig an der kurzen Straße Martín Zuviría (gegenüber vom Bahnhof Retiro). La Platas Busterminal befindet sich an den Calles 4 und 42. Vom Bahnhof (Ecke Av 1 und Calle 44) besteht alle 30 Minuten eine Zugverbindung nach Constitución (0,75 US$, 1¼ Std.).

URUGUAY

Sehr beliebt sind Tagesausflüge ins Nachbarland zur kleinen charmanten **Colonia** mit ihren Pflasterstraßen. Auch mehrtägige Trips ins nahe **Montevideo,** der Hauptstadt Uruguays, stellen kein Problem dar. Ein klasse Ziel im Sommer ist der Strandort **Punta del Este,** nur ein paar Stunden von Buenos Aires entfernt. Für Verkehrsverbindungen nach Uruguay s. S. 76. Details zu diesen Orten stehen im Kapitel „Uruguay" (s. S. 1080).

NORDÖSTLICHES ARGENTINIEN

Im Nordosten wartet eine der abwechslungsreichsten Regionen Argentiniens auf die Besucher. Die Palette reicht von der dramatischen Ungezähmtheit der Iguazú-Fälle im Norden bis zum schick-kultivierten Rosario im Süden. Das Gebiet liegt zwischen dem Río Paraná und dem Río Uruguay – daher der Spitzname „Zweistromland". Spaßfaktor und Lebensunterhalt dieses Flecken Erde hängen stark von den beiden Flüssen ab. Der dünn besiedelte Chaco im Westen dieser Region wird dagegen oft als Argentiniens „Leeres Viertel" bezeichnet.

GESCHICHTE

Ursprünglich lebten hier die Guaraní. Der halb sesshafte Stamm pflanzte Süßkartoffeln, Mais, Maniok und Bohnen an, Flussfische ergänzten den Speiseplan. 1570 trafen die Spanier aus dem nördlichen Paraguay ein. Santa Fe wurde 1573 gegründet, Corrientes ein paar Jahre später. Kurz darauf kamen die Jesuiten und pferchten die Guaraní in 30 *reducciónes* (Siedlungen) am Oberlauf der Paraná. Der Orden hoffte, die Eingeborenen durch Gebete und harte Arbeit bekehren zu können. Die *reducciónes* betrieben unterdessen einen schwunghaften Handel mit selbst produzierter Yerba-Mate (Mate-Tee). Das Aus für die Jesuiten kam 1767. Karl III., der damit beschäftigt war, die Verhältnisse zu Hause in Spanien neu zu ordnen, war die wachsende Macht der Jesuiten ein Dorn im Auge: Kurzerhand wurden die Brüder aus den Americas vertrieben.

In den nebligen Dornenwäldern von Chaco und Formosa leisteten ein paar Guaraní den Neuankömmlingen weiterhin Widerstand. Die Indianer konnten sich bis 1850 halten. Dann kamen Holzfäller aus Corrientes. Sie waren auf der Suche nach dem *quebracho*-Holz der „axtbrechenden Bäume", um ihren Bedarf an Tannin zu decken. Nachdem sie in der Region ordentlich aufgeräumt – oder besser gesagt, gewütet – hatten, waren nur noch wenige Guaraní übrig. Diese wurden damit beschäftigt, die neu eingeführte Baumwolle zu pflücken und Rinder zu züchten.

Mitte des 19. Jhs. war Entre Ríos für kurze Zeit eine unabhängige Republik, bis es sich der unitaristischen Koalition unter Rosas mit Sitz in Buenos Aires anschloss. Der lokale *caudillo* (Befehlshaber) Justo José Urquiza entmachtete Rosas 1852 und verpasste Argentinien schließlich eine moderne Verfassung. Danach machte der Tripel-Allianz-Krieg (1865–70) den Besitzansprüchen ein Ende, die Brasilien und Paraguay auf das Gebiet angemeldet hatten.

Ende des 19. Jhs. spielte Rosario die erste Geige in der Region und beanspruchte sogar zeitweilig den Titel der Hauptstadt. Im Hafen blühte der Handel. In der Hoffung auf ein besseres Leben ließen sich Tausende von ehemaligen Landbewohnern hier nieder.

ROSARIO

☎ 0341 / 909 000 Ew.

Viele Reisende schätzen die Atmosphäre von Buenos Aires, sind aber aufgrund ihrer Größe dann doch etwas verwirrt. Dann nichts wie hin nach Rosario, das nur ein paar Stunden nördlich der Hauptstadt liegt.

In vielerlei Hinsicht ist Rosario Argentiniens zweite Hauptstadt. Was die Einwohnerzahl angeht, kann Rosario es natürlich nicht mit Buenos Aires aufnehmen, wohl aber in puncto Kultur, Finanzkraft und Ästhetik. Die Backpacker-Szene der Stadt war nie sonderlich ausgeprägt. Dennoch lassen die riesige Universität und die damit verbundenen Horden von Studenten, Künstlern und Musikern so einiges erwarten.

Nachts erwachen die Straßen zum Leben – dann herrscht Hochbetrieb in den Bars und Clubs. Wenn am nächsten Tag auch der letzte aus den Federn gekrochen ist, schlurfen alle erstmal zum Flussufer hinunter. Mit noch mehr Musik und Getränken ist dann Relaxen angesagt.

Dennoch dreht sich nicht alles um Spiel und Spaß. Auf Kulturinteressierte warten in den historischen Stadtvierteln zahlreiche sehenswerte Museen und Galerien. Und nicht nur Anhänger von Che Guevara pilgern zu dessen Geburtshaus.

Orientierung & Praktische Informationen

Der **Fernbusbahnhof** (☎ 437-2384; Cafferata 702) liegt 4 km westlich vom Stadtzentrum. Viele Regionalbusse (mit Fahrtziel „Centro" oder „Plaza Sarmiento") fahren ins Zentrum. Vor

NORDÖSTLICHES ARGENTINIEN

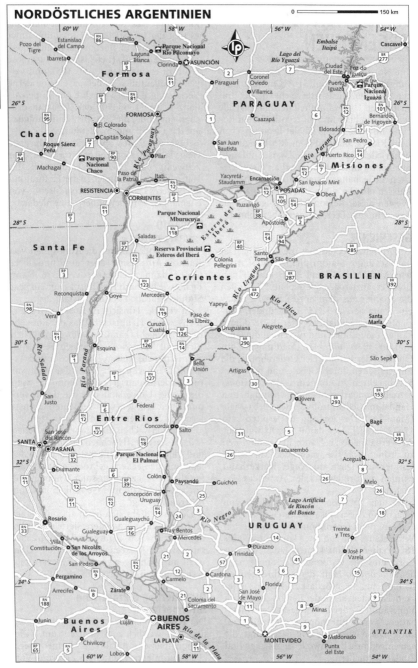

dem Einsteigen holt man sich für 0,70 US$ eine Magnetkarte bei einem Kiosk. Bus 138 macht sich am Bahnhof auf den Weg.

Die nützliche **Touristeninformation** (☎ 480-2230; Av del Huerto) befindet sich am Ufer.

Die *cambios* in der San Martín und Córdoba lösen Reiseschecks ein. Entlang der Santa Fe zwischen Mitre und Entre Ríos gibt's viele Banken und Geldautomaten.

Sehenswertes

Das ganze Jahr über gelten verschiedene Preise, Öffnungstage und -zeiten. Genaueres weißt die Touristeninformation.

Das gigantische **Monumento Nacional a la Bandera** (Flaggendenkmal; 9–19 Uhr) hinter der Plaza 25 de Mayo beherbergt die Gruft von General Manuel Belgrano, der seinerzeit die argentinische Nationalflagge entwarf. Ein Aufzug (0,30 US$) bringt Besucher bis ganz nach oben. Von hier aus ist der Blick auf Fluss und Umgebung schlicht phantastisch.

Das **Museo Histórico Provincial Dr Julio Marc** (Eintritt frei; 9–17 Uhr) im Parque Independencia zeigt hervorragende Ausstellungen zu indigenen Kulturen aus ganz Lateinamerika.

Zu sehen gibt's neben kolonialen und religiösen Artefakten auch die wohl weltweit größte Sammlung von Mate-Utensilien. Das **Museo Municipal de Bellas Artes Juan B Castagnino** (Ecke Av Carlos Pellegrini & Blvd Oroño; Eintritt 0,30 US$; 14–20 Uhr) stellt vor allem herrliche Kunst aus Europa und Argentinien aus. Die riesige Sammlung des **Museo Provincial de Ciencias Naturales Dr. Ángel Gallardo** (Moreno 750; Eintritt frei; 15–18 Uhr) besteht aus ausgestopften Tieren und weiteren grausigen Objekten. Angesichts der ausgestellten Spinnen und Insekten möchte man schnellstens hinausrennen und ein Moskitonetz kaufen.

Der angesehene Architekt Alejandro Bustillo entwarf das Wohnhaus an der **Entre Ríos 480**. 1928 ließen sich hier Ernesto Guevara Lynch und Celia de la Serna nieder – ach ja, ihr Sohn wurde später unter dem Namen „Che Guevara" weltberühmt.

Lust auf Sand und Wasser? Dann gibt's zwei Möglichkeiten: Wer auf relaxtes, familienorientiertes Strandleben steht, fährt mit dem Bus 153 vom Stadtzentrum 6 km in Richtung Norden bis zur Av Puccio (hier biegt der Bus landeinwärts ab). Danach

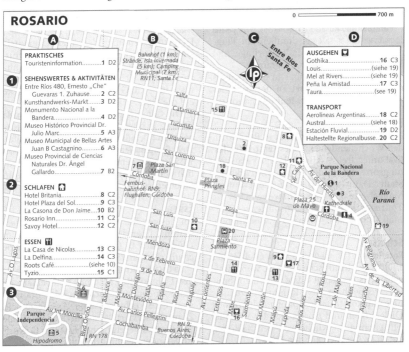

geht's per pedes auf der Uferpromenade den Catalunya-Strand entlang – irgendwo findet sich sicher ein nettes Plätzchen, an dem man sein Handtuch ausrollen kann. Genug Restaurants gibt es jedenfalls. Nach etwa 20 Gehminuten kommt ein abgesperrter Strand an der Av Florida in Sicht. Für den etwas breiteren Sandstreifen beträgt der Eintritt 1 US$. Dahinter liegt der Estación Costa Alta (Landungssteg). Von hier aus starten Boote zur **Isla Invernada**, die Fahrt über den Paraná dauert 15 Minuten (1 US$ hin & zurück). Die dortigen Strände sind stärker bewaldet und weitestgehend naturbelassen; es kann gecampt werden. Fußfaule nehmen an der Haltestelle San Luis den Bus 103, der in der Nähe des Landungsstegs hält.

Jüngere und lebhaftere Strandratten zieht es auf die **Isla Espinillo.** Sie ist von der Estación Fluvial (Fährstation) aus mit der Fähre (2 US$ einfache Strecke) zu erreichen. Dort angekommen finden sich diverse Restaurants und Bars. Überall läuft Musik; zudem kann man seine Hängematte aufspannen. Im Angebot sind verschiedene Wassersportarten, z. B. Wasserskilaufen (10 US$/Std.), Jetskifahren (23 US$/Std.) und Windsurfen (7 US$/Std.).

Paracaidismo Rosario (☎ 456-6585; www.paracai dismorosario.com.ar, spanisch) draußen am Flugplatz hat einmalige Tandemsprünge und Kurse mit Zertifikat im Programm.

An Wochenenden gibt's in der Stadt einen **Kunsthandwerks-Markt** an der Av Belgrano (südlich der Touristeninformation).

Festivals & Events

Im Januar und Februar steigt in Rosario an den Wochenenden ein tolles **Kunst- & Kinofestival** unter freiem Himmel. Als Veranstaltungsorte dienen die Plazas und Parks der Stadt. Dann sind Unterkünfte eventuell Mangelware. Programmhinweise liefert die Touristeninformation. Ansonsten eine E-Mail an munisur@rosario.gov.ar schreiben.

Schlafen

Rosario Inn (☎ 421-0358; Sargento Cabal 54; B/DZ 5/10 US$) Das historische Gebäude wurde umgebaut, es empfängt Gäste mit einem breiten Treppenhaus aus Marmor. Spitzenmäßige und komfortable Option mit hölzernen Dielenböden und *parrilla* auf der Veranda. Mit geräumiger Küche, von den Balkonen hat man Ausblick auf den Fluss.

La Casona de Don Jaime (☎ 527-9964; www.youth hostelrosario.com.ar; Roca 1051; B mit/ohne HI-Ausweis 6/7 US$, DZ mit/ohne HI-Ausweis 13/20 US$) Rosarios ältestes (und bestes) Hostel bietet so ziemlich alles, was man von einer tollen Herberge erwartet: Es ist sehr entspannt und wird von jungen Travellern geleitet. Hat neben gemütlichen Sitzbereichen und einer Bar auch eine kleine und saubere Küche. Außerdem gibt's Spinde. Veranstaltet auch zahlreiche Aktivitäten in der ganzen Stadt.

Savoy Hotel (☎ 448-0071; San Lorenzo 1022; EZ/DZ 10/15 US$) An diesem Hotel scheiden sich die Geister: Für die einen ist das Savoy ein gruseliges altes Geisterschloss, für andere ein prächtiger Oldtimer, der eben schon mal bessere Tage gesehen hat. Nichtsdestotrotz haben alle Zimmer hohe Decken und eine aufwendige Einrichtung, meistens auch einen eigenen Balkon.

Hotel Britania (☎ 440-6036; San Martín 364; EZ/DZ 10/15 US$) Immer wieder renovieren die Eigentümer mal eines ihrer Zimmer – daher am besten erst ein paar besichtigen, bevor man sich für eines entscheidet. Die älteren Zimmer vorne beweisen etwas mehr Charakter.

Hotel Plaza del Sol (☎ 421-9899; www.hoteles plaza.com; San Juan 1055; Zi. 40 US$; P ⊠ 🖳 🕿) Die Doppelzimmer des Viersternehotels haben ein super Preis-Leistungs-Verhältnis, ergänzt durch ein umfangreiches Frühstücksbuffet. Der Pool und die Sonnenterrasse im 11. OG erlauben prima Ausblicke auf die Stadt.

Die Campingplätze auf der **Isla Invernada** (Stellplatz 1 US$/Pers.) sind größtenteils naturbelassen (Details zur Anreise s. linke Spalte). Der **Camping Municipal** (☎ 471-4381; Stellplatz 1 US$/Pers.) auf dem Festland liegt 9 km nördlich der Stadt. Hin geht's mit Bus 35; vom Stadtzentrum zur Barra 9 fahren.

Essen

Im riesigen Rosario verteilen sich die Restaurants über das ganze Stadtgebiet. Zum Glück gibt's an fast jeder Straßenecke eine *confitería* (Café/Snackbar).

La Casa de Nicolas (Mendoza 937; 3 US$/kg) Unter den Lichterketten holt man sich beinahe einen Sonnenbrand. Auch die „Kiloportionen" sind eine recht seltsame Angelegenheit. Dennoch serviert das asiatisch angehauchte Lokal gutes vegetarisches Essen, z. B. Nori-Rollen oder geschmorte Shitakepilze.

Roots Café (Roca 1051; Hauptgerichte 3–4 US$) „Ethno-Food" gibt's in Rosario erst seit relativ kurzer Zeit. Das Roots setzt dieses Konzept jedoch ziemlich clever um und serviert wöchentlich wechselnde Specials aus verschiedenen Ländern, etwa Peru, China oder Mexiko.

La Delfina (Ecke 3 de Febrero & Mitre; Hauptgerichte 4 US$) Das La Delfina hebt sich vom üblichen Pizza-Pasta-*parrillada*-Einerlei ab – wenn auch nicht allzu sehr. Tischt ein leckeres vielfältiges Menü und ein paar hervorragende *picadas* (Vorspeisen) auf.

Tyzio (Ecke Salta & Paraguay; Pizzas 4–10 US$, Hauptgerichte 5 US$) Irgendwann kam jemand auf die Idee, dass Pizzas auch aus mehreren Zutaten bestehen könnten. Das Küchenpersonal vom Tyzio hat diese Entdeckung verinnerlicht. Auf dem Teig landen u. a. Artischockenherzen, Rucola und Brie, aber auch Paprika vom Holzkohlegrill.

Ausgehen

Die kostenlose Zeitschrift *Fuera de Hora* informiert über die besten Nightspots. Sie ist bei Touristeninformationen und Hostels in der ganzen Stadt erhältlich.

Gothika (Mitre 1539; Eintritt 2–4 US$; ☽ Do–Sa 24 Uhr.) Rosarios heißester Club – jedenfalls zuletzt – befindet sich in einer umgebauten Kirche. Beim vielfältigen Musikprogramm liegt der Schwerpunkt auf Drum'n'Bass und Breakbeat. Das Publikum ist durchweg jung. Zudem scheint es keinen Dresscode zu geben – sofern man keine braunen Lederslipper und Shorts trägt.

Peña la Amistad (Maipú 1111; ☽ Fr & Sa 22 Uhr–open end) *Peñas* sind Clubs bzw. Bars, die ungezwungene Folklorepartys veranstalten. Neuerdings stehen sie beim argentinischen Jungvolk wieder hoch im Kurs. Wer so etwas noch nie erlebt hat, wirft am besten einen Blick in eine von Rosarios ältesten und angesehensten *peñas*. Sobald der Wein zu fließen beginnt, geht's zu später Stunde ganz schön hoch her. Alle Gäste sind herzlich zum Mitklatschen, -stampfen und -singen eingeladen.

Absoluter Publikumsmagnet ist jedoch eine umgebaute Fährstation, die **Estación Fluvial**. Der Gebäudekomplex besteht aus verschiedenen Bars und Nachtclubs der gehobeneren Art, u. a.:

Louis (Eintritt 3-5 US$; ☽ Do–Sa 21 Uhr–open end) Beim entspannten Louis handelt es sich um eine ziemlich hippe Mischung aus Club und Bar im Stil einer Lounge. Ein DJ beschallt die diversen Räumlichkeiten mit coolen Sounds.

Mel at Rivers (☽ 13 Uhr–open end) Eine stylishe kleine Freiluftbar mit Balkonen am Fluss. Wer am Ufer abhängen oder sich ein paar Drinks vor dem Clubbing genehmigen möchte, ist hier an der richtigen Adresse.

Taura (Eintritt 3–5 US$; ☽ Do–Sa 21 Uhr–open end) Hier tanzen etwas ältere Besucher hauptsächlich zu Mainstream-House und Pop-Remixen. Das Taura ist piekfein – mit angemessener Kleidung kommt man auch rein.

An- & Weiterreise

Aerolíneas Argentinas & Austral (☎ 420-8138; www.aerolineasargentinas.com; Santa Fe 1412) fliegen mehrmals täglich nach Buenos Aires (45 US$).

Busse fahren von Rosario u. a. nach Buenos Aires (10 US$, 4 Std.), Córdoba (11 US$, 6 Std.), Santa Fe (5 US$, 2½ Std.), Mendoza (18 US$, 12 Std.) und Montevideo in Uruguay (38 US$, 9 Std.).

Der **Bahnhof** (☎ 430-7272; Av del Valle 2700) liegt 3 km nordwestlich des Stadtzentrums. Von hier aus besteht sonntags um 6 Uhr eine Zugverbindung nach Buenos Aires (4 US$, 5 Std.). Aufgrund des schlechten Zustands von Gleisen und Waggons sind Zugreisen allerdings weniger zu empfehlen – ganz zu schweigen von den häufigen Verspätungen.

SANTA FE

☎ 0342 / 369 600 Ew.

Ohne die vielen Studenten wäre Santa Fe wohl ziemlich langweilig. Ihnen verdankt die Stadt ihre gesunde Bar- und Clubszene. Auch tagsüber gibt's immer was zu unternehmen.

Mitte des 17. Jhs. wurde die Stadt als Kopie des ursprünglichen Santa Fe La Vieja (Alt-Santa-Fe) angelegt. Gründe für die Verlegung waren u. a. feindliche indigene Stämme, Flutkatastrophen und die isolierte Lage. Im 19. Jh. fegte ein Bauboom im Pariser Stil durch Santa Fe; dazu kamen zahlreiche Gebäude neueren Datums. So haben leider nur ein paar einsame Bauten aus der Kolonialzeit überlebt, die sich vor allem in der Nähe der Plaza 25 de Mayo finden.

Orientierung

In der Av San Martín nördlich der Plaza spielt sich der Großteil des Geschäftslebens Santa Fes ab. Der Flughafen liegt 15 km südlich der Stadt. Mit einem „A" (wie „Aeropurto") gekennzeichnete Busse fahren über San Luis und Hipólito Yrigoyen (0,50 US$, 45 Min.) dorthin. Passagiere sollten am Busbahnhof nach den Express-Shuttlebussen von Tata Rapido oder Rio Coronda zum Flughafen fragen (0,50 US$). Taxis kosten rund 5 US$.

Praktische Informationen

Post (Av 27 de Febrero 2331).
Städtische Touristeninformation (☎ 457-4123; www.santafe-turistica.com.ar; Belgrano 2910) Im Busbahnhof.
Tourfe (Av San Martín 2500) Kassiert für das Einlösen von Reiseschecks 3 % Bearbeitungsgebühr. An der *peatonal* (Fußgängerzone) entlang der San Martín gibt's mehrere Geldautomaten.

Sehenswertes & Aktivitäten

Manche Gebäude aus der Kolonialzeit sind mittlerweile Museen. In den Kirchen finden allerdings immer noch Gottesdienste statt, z. B. im **Templo de Santo Domingo** (Ecke 3 de Febrero & 9 de Julio) aus der Mitte des 17. Jhs. Hinter der schlichten Fassade der Jesuitenkirche **Iglesia de la Compañía** (Plaza 25 de Mayo) von 1696 verbirgt sich eine prächtige Inneneinrichtung. Die restaurierte zweistöckige **Casa de los Aldao** (Buenos Aires 2861) stammt aus dem frühen 18. Jh.

Der **Convento y Museo de San Francisco** (Amenábar 2257; ⊗ Mo–Fr 8–12 & 15.30–19, Sa & So 15.30–17 Uhr) von 1680 steht südlich der Plaza 25 de Mayo. Die meterdicken Mauern von Santa Fes bekanntestem Wahrzeichen stützen ein Dach aus paraguayischem Zedernholz und Hartholzbalken. Anstelle von Nägeln halten Holzkeile die Konstruktion zusammen. Bei den Türen handelt es sich um handgefertigte Originale, Blattgold überzieht die barocke Kanzel. Das hiesige Museum zeigt weltliche und religiöse Gegenstände aus Kolonialzeit und Republik.

Im **Museo Etnográfico y Colonial Juan de Garay** (25 de Mayo 1470; Eintritt frei, Spenden willkommen; ⊗ Mo–Fr 8.30–12 & 16–19, Sa & So 16.30–19 Uhr) können sich Besucher ein maßstabsgetreues Modell von Santa Fe La Vieja ansehen. Der Clou ist jedoch der *gaucho*-„Campingstuhl": Er besteht komplett aus Rinderknochen und

Leder – gruselig, aber bequem! Ausgestellt sind auch Artefakte aus der Kolonialzeit, indigene Korbflechtereien, spanisches Porzellan und ein ausgestopftes Pferd.

Santa Fe hat seine eigene **Brauerei** (☎ 450-2234; www.cervezaschneider.com; Calchines 1401), die das Bier – welch überraschender Name – Santa Fe braut. Die geführten Touren durch die ultramoderne Anlage werden mit in einer Bierprobe abgeschlossen. Betteln bringt nix – es gibt nur ein Glas pro Schluckspecht. Man muss im Voraus reservieren und mit langen Hosen und geschlossenen Schuhen anrücken.

Der kleine **Skatepark** am Ufer des Lago de Sur hat eine Halfpipe, ein paar Ramps und Rals. Erfahrene Skater können sich eventuell ein Deck borgen und die Einheimischen mit ihren Moves beeindrucken. Sonst blamiert man sich eben – was soll's?

Festivals & Events

Santa Fes **Bierfestival** (Parque Federal; Eintritt 2 US$) steigt zwischen dem letzten Januar- und dem ersten Februarwochenende. Gefeiert wird mit vielen Livebands und einem gewissen schäumenden Gebräu.

Schlafen

Im überraschend schäbigen Bereich rund um den Busbahnhof gibt's die meisten Budgethotels. Diese Ecke ist jedoch nicht gefährlich – aber eben das Zentrum der Stadt für das eine oder andere zwielichtige Geschäft.

Hotel Humberto (☎ 455-0409; Crespo 2222; EZ/DZ 8/12 US$) Hotel in Familienbesitz mit sauberen und anständigen Zimmern. Dank der freiliegenden Backsteinmauern fühlen sich Gäste wie in einer Folge von *Drei Mädchen und drei Jungen*. Besitzt auch ein paar günstigere (und kleinere) Einzelzimmer.

Hotel Emperatriz (☎ 453-0061; emperatrizhotelsf@ hotmail.com; Irigoyen Freyre 2440; EZ/DZ 9/13 US$; P ✷) Bestes Budgethotel vor Ort, untergebracht in einem wunderbar restaurierten alten Gebäude. Die Lobby beeindruckt mehr als die Zimmer. Die sind dennoch hell und geräumig.

Hotel Constituentes (☎ 452-1586; San Luis 2862; EZ/DZ 10/15 US$) Einen Block vom Busbahnhof entfernt finden Traveller im Constituentes geräumige Zimmer mit Teppichboden und TV. Hinten raus ist der Straßenlärm nicht ganz so extrem.

NORDÖSTLICHES ARGENTINIEN •• Santa Fe

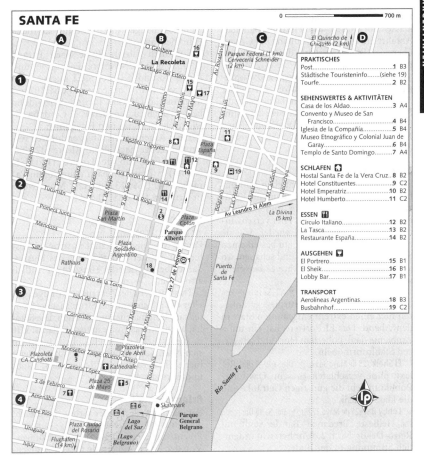

Hostal Santa Fe de la Vera Cruz (☎ 455-1740; hostal_santafe@ciudad.com.ar; Av San Martín 2954; Standard-EZ/DZ 25/33 US$; P) Bei den Standardzimmern gibt's nichts zu meckern. Die „Superior"-Zimmer kosten zwar 10 US$ extra, gehören aber zu den besten Bleiben der Stadt.

Essen

Gegenüber vom Busbahnhof säumen diverse gute und preiswerte Lokale die Belgrano. Sie servieren typische argentinische Standard-Gerichte, z. B. Empanadas, Pizzas und *parrillada*. Hungrige Nachtschwärmer lieben die Snackbar des Busbahnhofs – rund um die Uhr gibt's hier schmackhafte Riesenportionen.

La Tasca (Av San Martín 2846; Frühstück 1,50 US$, Mittag- & Abendessen 3–4 US$) Die Speisekarte ist nichts Besonderes. Dennoch sorgen gefliese Wände und Holzmöbel für einen tollen Oldschool-Vibe. Frühstück und Snacks sind lecker und günstig. Ab und zu stellen einheimische Künstler hier ihre Werke aus.

Restaurante España (Av San Martín 2644; Gerichte 3–5 US$) Auf der ellenlangen Karte stehen u. a. Meeresfrüchte, Steaks und Pasta, aber auch Hühnchen und Crepes. Ein paar spanische Gerichte rechtfertigen den Namen des Lokals. Prima Weinkarte.

El Quincho de Chiquito (Ecke Brown & Obispo Vieytes; All-You-Can-Eat 5–7 US$) Zahlreiche Besucher und Einheimische genießen in dem Uferrestaurant hervorragenden Flussfisch vom Grill,

z. B. *boga* und *sábalo*. Außerdem gibt's klasse Vorspeisen wie Fisch-Empanadas. Anfahrt mit dem Bus 16 entlang der Gálvez; über vier Blocks verläuft diese nordwärts parallel zur Suipacha.

Círculo Italiano (Hipólito Yrigoyen 2457; Hauptgerichte 3–5 US$) Ein echtes Juwel mit nobler Atmosphäre und Kellnern in Leinenjacketts. Punktet mit kostenlosen Pasteten, einer umfangreichen Weinkarte und erschwinglichen Menüs zum Fixpreis. Aus der Stereoanlage dudelt Classic Rock.

Ausgehen

Santa Fes brodelndes Nachtleben konzentriert sich auf das Gebiet rund um die Kreuzung von Av San Martín und Santiago del Estero („La Recoleta"). Hier verschwinden Bars genauso schnell wieder, wie sie eröffnet haben. Von daher am besten einen Spaziergang unternehmen und schauen, wo am meisten los ist. Wie wäre es beispielsweise mit:

El Portrero (25 de Mayo 3455; ⏰ Mi–Sa 18 Uhr–open end) Großbild-TVs und Brettspiele garantieren hier einen extrem entspannten Start in den Abend. Das El Portrero hat ein tolles Ambiente dank poliertem Holz und schwarzen Stahlrohrmöbeln.

El Sheik (25 de Mayo 3452; ⏰ Di–Sa 19–1 Uhr) Relaxt, ohne verschlafen zu sein. Das junge Publikum liebt die günstigen Getränke und die klasse Musik.

Lobby Bar (25 de Mayo 3228; ⏰ Do–Sa 18 Uhr–open end) Heißeste „Predance"-Bar der Stadt; mit Retro-Dekor. Nach 23 Uhr herrscht ordentlich Stimmung in der Bude.

Unterhaltung

La Divina (Costanera Este s/n; ⏰ Di–Sa 13 Uhr–open end; Eintritt frei–5 US$) Die gewaltige zeltartige Konstruktion beherbergt Santa Fes ultimative Sommerdisko. Auf die Ohren gibt's z. B. *cumbia* – der mit Salsa, Merengue und Lambada verwandte Musikstil ist von Bläsern und Percussion geprägt. Oder *marcha espaÑol* – aggressive Beats, Piepsgeräusche und Sprechgesang –, ergänzt durch Mainstream-House und Techno.

Anreise & Unterwegs vor Ort

Aerolíneas Argentinas (☎ 452-5959; www.aerolineas argentinas.com; 25 de Mayo 2287) bietet pro Woche 45 Nonstopflüge nach Buenos Aires an (41 US$).

Am **Informationsbüro** (☎ 457-4124) des Busbahnhofs hängen die Preise für sämtliche Fahrtziele aus.

Stündlich fahren Busse nach Paraná (1 US$, 1 Std.). Weitere Fahrtziele und Preise: Rosario (5 US$, 2 Std.), Buenos Aires (15 US$, 6 Std.), Corrientes (20 US$, 10 Std.) und Posadas (23 US$, 12 Std.). Verbindung besteht auch zu den Sierras in Córdoba sowie nach Mendoza und Patagonien.

Über Argentiniens Grenzen hinweg rollen Fahrzeuge nach Porto Alegre (47 US$, 16 Std.) und Rio de Janeiro (100 US$, 36 Std.) in Brasilien, nach Asunción in Paraguay (40 US$, 13 Std.) und Montevideo in Uruguay (35 US$, 11 Std.).

PARANÁ

☎ 0343 / 238 000 Ew.

Paraná ist weniger bekannt als seine Schwesterstadt auf der anderen Seite des Flusses, dafür aber in vielerlei Hinsicht wesentlich attraktiver.

Das historische Zentrum am hügeligen Ufer des gleichnamigen Stroms ist größtenteils im Originalzustand erhalten. Die Stadt hat auch ein paar majestätische Plazas. Wie in dieser Ecke der Welt üblich, tummeln sich Nachtschwärmer am Flussufer – denn hier stehen zahlreiche Restaurants, Clubs und Bars zur Auswahl.

Orientierung

Paranás unregelmäßiger Grundriss besteht aus diversen Diagonalen, kurvigen Prachtstraßen und gewaltigen Kreuzungen. Von der Plaza Primero de Mayo (Stadtzentrum) erstreckt sich die Calle San Martín als *peatonal* über sechs Blocks. Bus 1 fährt vom Busbahnhof quer durchs Zentrum zum Fluss.

Praktische Informationen

Entlang der *peatonal* San Martín gibt's mehrere Geldautomaten.

Post (Ecke 25 de Mayo & Monte Caseros)

Städtische Touristeninformation (☎ 420-1837; Oficina Parque, Ecke Bajada San Martín & Laurencena) Paranás städtische Touristeninformation unterhält Filialen am Busbahnhof und im Oficina Parque am Flussufer. Über eine sehr praktische Servicehotline (☎ 0800-555-9575) können sich die Besucher direkt vor Ort kostenlos informieren.

Touristeninformation der Provinz (☎ 422-3384; Laprida 5)

Sehenswertes & Aktivitäten

Seit 1730 erhebt sich die **Iglesia Catedral** an der Plaza Primero de Mayo, das heutige Gebäude stammt jedoch von 1885. Als Paraná Hauptstadt der Konföderation war, tagte der Senat im **Colegio del Huerto** an der Ecke 9 de Julio/25 de Mayo.

Einen Block weiter westlich stehen an der Ecke Corrientes/Urquiza der **Palacio Municipal** von 1889 und die **Escuela Normal Paraná**. Die Schule wurde vom bekannten Pädagogen (und späteren Präsidenten) D. F. Sarmiento gegründet. Auf der anderen Seite der San Martín stößt man auf das **Teatro Municipal Tres de Febrero** (25 de Mayo 60) von 1908. Am Westende der *peatonal* San Martín sprüht das **Museo Histórico de Entre Ríos Martín Leguizamón** (☼ Di–Fr 7.30–12.30 & 15–19.30, Sa 9–12 & 16–19, So 9–12 Uhr) an der Plaza Alvear nur so vor provinziellem Stolz. Wortgewaltig beleuchten sachkundige Führer die Rolle lokaler *caudillos* in der Geschichte Argentiniens. Das unterirdische **Museo de Bellas Artes Pedro E Martínez** (☼ Mo–Fr 9–12 & 16–21, Sa 10.30–12.30 & 17.30–20, So 10.30–12.30 Uhr) zeigt gleich nebenan die Werke einheimischer Künstler. Beide Museen freuen sich über freiwillige Spenden in Höhe von 0,30 US$.

Das moderne **Museo de la Ciudad** (Parque Urquiza; Eintritt frei; ☼ Di–Fr 8–12, Di–So 16–20, Sa 9–12 Uhr) widmet sich Paranás Stadtgeschichte und dem Umland (im Winter verkürzte Öffnungszeiten).

Um 15.30 und 17 Uhr veranstaltet der **Ruderverein von Paraná** (☎ 431-6518) am Puerto Nuevo (Ecke Av Laurencia/Vélez Sársfield) seine einstündigen **Flussexkursionen** (3 US$; ☼ Fr–So).

Mit den faszinierenden geführten Touren von **Baqueanos del Rio** (☎ 15-543-5337; geführte Touren ab 7 US$/Std.) erkunden Besucher Fluss und Inseln. Besondere Aufmerksamkeit wird dabei neben Flora und Fauna auch der traditionellen Lebensart der Inselbewohner zuteil. Abgelegt wird an der Touristeninformation am Ufer.

Schlafen

Camping Balneario Thompson (☎ 420-1583; Stellplatz 3 US$/Pers.) Die Buslinien 1 und 6 („Thompson") verbinden den praktischsten Campingplatz vor Ort mit dem Zentrum der Stadt.

Hotel Bristol (☎ 431-3961; Alsina 221; EZ/DZ 10/17 US$, mit Gemeinschaftsbad 6/10 US$) Gäste kön-nen quasi zum Busbahnhof hinüberspucken – wer sicher treffen will, sollte allerdings aufs Dach steigen. Hat geschmackvolle, wenn auch sparsam dekorierte Zimmer mit super festen Matratzen.

Hotel Latino (☎ 431-1036; San Juan 158; EZ/DZ 10/17 US$) Die beste Budgetoption im Stadtzentrum mit zahlreichen kleinen, aber komfortablen Zimmern. Gästen stehen auch Terrassenbereiche und eine Mischung aus Lounge und Wohnzimmer zur Verfügung.

Hotel City (☎ 431-0086; Racedo 231; EZ/DZ mit TV 13/18 US$) Liegt auf halbem Weg zwischen Busbahnhof und Stadtzentrum – bis zum Fluss ist's daher ein ordentliches Stück. Für diesen Preis beweist das City überraschend viel Klasse. Dafür sorgen nette Extras wie hölzerne Dielenböden, Originalfliesen und begrünte Terrassen.

Hotel Mayorazgo (☎ 423-0333; www.mayorazgo hotel.com; Etchevehere, Parque Urquiza; EZ/DZ 30/50 US$; P ✗ ⊜) Gewaltiges Fünfsternehotel in der Nähe des Blvd Moreno. Alle Zimmer haben Aussicht auf den Fluss. Doch nur die im 1. OG haben einen eigenen großen Balkon, von dem sich diese so richtig genießen lässt. Casino, Pool, Reisebüro, Solarien und viele weitere Einrichtungen versprechen einen angenehmen Aufenthalt.

Essen & Ausgehen

Im **Mercado Central** (Ecke Pellegrini & Bavio) kann man sich prima mit Lebensmitteln eindecken.

Parrilla Brava (Costanera s/n; Hauptgerichte 4–6 US$) Der Balkon mit Aussicht auf den Fluss eignet sich wunderbar für ein kühles Blondes zum Sonnenuntergang. Gegenüber vom Ruderverein stehen hier Fisch und *parrillada* auf der Speisekarte.

Bugatti (☎ 15-504-0770; Portside; Hauptgerichte 4–5 US$) Das Menü umfasst die üblichen Verdächtigen wie Fleisch, Hühnchen, Pasta und Fisch. Allein der elegante Speiseraum des umgebauten Postamtes ist schon einen Besuch wert. Wer keinen Hunger hat, genießt stattdessen in der Balkonbar zum Sonnenuntergang ein paar gepflegte Drinks.

El Viejo Marino II (Av Laurencina 341; Hauptgerichte 7 US$) Spätestens fünf Minuten nach der Anreise empfehlen Einheimische ihren Besuchern die hiesigen Fischgerichte – fast immer fällt im selben Atemzug der Name dieses Lokals. Keine schlechte Wahl: In lärmig-lustiger Atmosphäre kommen gewaltige

Portionen auf den Tisch. Die Specials wie *surubí milanesa* (panierter Flussfisch; 6 US$) sind bei Ortsansässigen schwer angesagt.

Unterhaltung

Tequila (Costanera s/n; ◷ Do–Sa 24 Uhr–Sonnenaufgang) Danceclub am Flussufer mit Tex-Mex-Anleihen. Aus den Boxen schallt die übliche Mainstream-Mischung aus *marcha*, House und Salsa.

Anreise & Unterwegs vor Ort

Aerolíneas Argentinas (☎ 423-2425; www.aerolineas argentinas.com; Corrientes 563) betreibt mehrere Filialen in der Stadt. Die Maschinen heben vom Flughafen in Santa Fe ab (s. S. 86).

Der **Busbahnhof** (☎ 422-1282) liegt an der Ramírez zwischen Posadas und Moreno. Stündlich besteht eine Verbindung nach Santa Fe. Die anderen Services und Preise entsprechen etwa denen von/nach Santa Fe.

GUALEGUAYCHÚ

☎ 03446 / 76 200 Ew.

In Gualeguaychú verbringen Familien gern ihre Sommerferien. Daher bekommt man wahrscheinlich viele Männer zu Gesicht, die besser nicht mit freiem Oberkörper herumlaufen sollten. Soviel dazu.

Die Stadt ist auch ein beliebter Ausgangspunkt für Reisen nach Uruguay. Im Februar steigt hier einer der wildesten *carnavals* des Landes. Dabei ziehen viele junge Leute ihre Oberteile aus und zeigen, was sie zu bieten haben.

Orientierung & Praktische Informationen

Stadtzentrum ist die Plaza San Martín. Die **Touristeninformation** (☎ 422-900) befindet sich an der Plazoleta de los Artesanos. Mehrere Banken haben Geldautomaten.

Sehenswertes & Aktivitäten

Die **Casa de Andrade** (Ecke Andrade & Borques) stammt aus der Kolonialzeit. Im 19. Jh. gehörte das Haus dem Dichter und Journalisten Olegario Andrade, der auch als Diplomat und Politiker tätig war.

Das **Museo Ferroviario** nimmt die ehemalige Estación Ferrocarril Urquiza am Südende der Maipú in Beschlag. Unter freiem Himmel kann man hier kostenlos Lokomotiven, Speisewagen und eine Dampfmaschine besichtigen. Gualeguaychú feiert seinen leb-

haften *carnaval* hauptsächlich auf dem **Corsódromo** (Blvd Irazusta) neben dem Bahnhof.

An Wochenenden veranstaltet **Ahonike Turismo** (430-706; 25 de Mayo 581) zweistündige geführte Radtouren durch die Stadt (5 US$).

Felipe Tommasi (425-194) hat zweistündige Segeltörns auf dem Fluss im Programm (8 US$/Pers.). Außerdem gibt's zweitägige All-Inclusive-Trips nach Fray Bentos in Uruguay (50 US$/Pers. inkl. Rückfahrt).

Schlafen & Essen

Camping Costa Azul (☎ 423-984; Stellplatz 4 US$/Pers.) 200 m nördlich der Puente Méndez Casariego gibt's hier tolle Einrichtungen mit Blick auf den Río Gualeguaychú.

Hotel Tykuá (☎ 422-625; www.tykuahotel.com.ar; Luis N Palma 150; EZ/DZ 12/23 US$) In dem neuen Gebäude umgeben helle und moderne Zimmer einen extrem zen-artigen Hof. Gäste kommen in den Genuss von tollen harten Matratzen und Kabel-TV.

Hotel Amalfi (☎ 426-818; 25 de Mayo 571; EZ/DZ 13/20 US$) Das beste Budgethotel vor Ort. Die Zimmer haben hohe Decken und eigene Balkone. Fast alles ist mit Teppich bezogen – sogar die Bettrahmen.

Dacal (☎ 427-602; Ecke San Lorenzo & Andrade; Hauptgerichte 4–5 US$, parrillada für 2 Pers. 7 US$) Eines der besseren Restaurants der Stadt. Auf der anderen Seite der *costanera* (Uferstraße) serviert das Dacal mit Aussicht auf den Fluss leckere Fisch-, Pasta- und Fleischgerichte. Im Sommer herrscht Hochbetrieb; Reservierung wird empfohlen.

Punta Obeliscos (Ecke Costanera & Bolivar; Hauptgerichte 4 US$) Tolles Plätzchen für Fischgerichte oder ein paar Sonnenuntergang-Drinks. An milden Abenden gibt's nichts Besseres als die erhöhte Freiluftterrasse.

An- & Weiterreise

Der lebhafte **Busbahnhof** (☎ 440-688; Ecke Blvd Jurado & Gral Artigas) liegt 1 km südwestlich vom Stadtzentrum. Busse fahren u. a. nach Buenos Aires (8 US$, 3 Std.), Paraná (5 US$, 5 Std.), Corrientes (14 US$, 10 Std.) und ins uruguayische Fray Bentos (2,50 US$, 1 Std.).

PARQUE NACIONAL EL PALMAR

☎ 03447

Bis zum 19. Jh. bedeckten die Yatay-Palmen (*Syagrus yatay*) einen Großteil des Küstenstreifens. Dann machten Landwirtschaft, Viehzucht und Abholzung den Palmenhainen den Garaus und verhinderten die weitere Vermehrung der Gewächse. Der 8500 ha große Nationalpark El Palmar erstreckt sich 360 km nördlich von Buenos Aires am Westufer des Río Uruguay. Geschützt vor Brandrodung und Viehwirtschaft hat sich hier der Yatay-Bestand allmählich wieder erholt. Bis zu 18 m hoch ragen die Palmen aus der friedlichen subtropischen Landschaft.

Wer Tiere beobachten möchte, erkundet die Wasserwege und Palmenhaine am besten frühmorgens oder kurz vor Sonnenuntergang. Schrägster Vogel ist mit Abstand der ñandú (Rhea), doch auch Sittiche, Kormorane, Silber- und Fischreiher flattern durch die Lüfte. Ihnen leisten Störche, Karakaras, Spechte und Eisvögel Gesellschaft. Naturfreunde bekommen vielleicht sogar ein *carpincho* (Wasserschwein) zu Gesicht; das Nagetier wird bis zu 60 kg schwer und lebt teilweise im Wasser. Zusammen mit dem Viscacha zählt es zu den auffälligsten Säugetieren des Parks.

Bei Nacht machen quietschende Viscachas den Campingplatz Arroyo Los Loros unsicher. Riesenkröten bevölkern die Duschen und Toiletten. Beide Tierarten sind jedoch harmlos – ganz im Gegensatz zur extrem giftigen Grubenotter *yarará*. Besucher werden nur selten gebissen, sollten aber beim Wandern aufpassen, wo sie hintreten. Schutz bieten hohe Stiefel und lange Hosen.

Sehenswertes

Das **Centro de Interpretación** (☎ 493-031) des Parks mit dem zugehörigen kleinen **Reptilienhaus** befindet sich gegenüber vom Campingplatz. Es veranstaltet abends interessante Diavorträge. Der Campingplatz Arroyo Los Loros verleiht Kanus zum Erkunden des ruhigen Flusses. Der **Arroyo Los Loros** selbst ist vom Campingplatz aus in einer kurzen Wanderung erreichbar. Naturfreunde können hier wunderbar **Tiere beobachten**.

Ein netter Bach namens **Arroyo El Palmar** gluckert 5 km vom Campingplatz entfernt. Hier gibt's eine herrliche **natürliche Badestelle** und tolle Möglichkeiten, um **Vögel zu beobachten**. Am anderen Ende der baufälligen Brücke säumen Palmen eine mehrere Kilometer lange Straße. Sie wird allmählich von Steppengräsern überwuchert und eignet sich prima zum Wandern.

Schlafen & Essen

Camping Arroyo Los Loros (☎ 493-031; Stellplatz 2 US$/Pers.) Campingplatz mit tollen Stellplätzen und heißen Duschen. Fürs leibliche Wohl sorgen ein Laden und eine *confitería*. Pro Zelt wird eine einmalige Zusatzgebühr von 2 US$ fällig.

An- & Weiterreise

Auf der Fahrt von Buenos Aires ins nördliche Concordia setzen Busse Passagiere am Eingang zum **Parque Nacional El Palmar** (Eintritt 4 US$) ab. Das Centro de Interpretación und der Campingplatz sind aber nicht mit öffentlichen Verkehrsmitteln zu erreichen – daher einfach den Tramperdaumen ausstrecken und … hoffen.

PASO DE LOS LIBRES

☎ 03772 / 43 800 Ew.

Sieht man einmal davon ab, dass man von Paso de los Libres nach Brasilien weiterreisen kann, gibt's keinen guten Grund, sich dort länger aufzuhalten. Die Stadt erstreckt sich am Río Uruguay direkt gegenüber von Uruguaiana. Der Busbahnhof liegt ungefähr 30 Gehminuten vom Stadtzentrum entfernt. Der Weg führt allerdings durch ein paar äußerst zwielichtige Viertel, weshalb die 0,60 US$ für ein Busticket gut investiert sind. **Libres Cambio** (Colón 901) wechselt Bargeld.

Gegenüber des verschmutzten Platzes am Busbahnhof steht das **Hotel Capri** (☎ 421-260; M Llanes s/n; EZ/DZ 10/13 US$). Hier können sich müde Traveller ausruhen oder zwischen zwei Busverbindungen bei einem zeitigen Frühstück neue Kraft tanken.

Im (relativ) neuen **Hotel Las Vegas** (☎ 423-490; Sarmiento 554; EZ/DZ 15/25 US$; 🅿) fühlt man sich in ein Motel aus den Seventies versetzt. Es ist dennoch komfortabel und liegt einigermaßen zentral.

Das beliebte Frühstückslokal **La Giralda** (Colón 887; Frühstück 1 US$, Hauptgerichte 3–5 US$) serviert zusätzlich Pizzas, *lomitos* (Steak-Sandwiches), Pasta, Burger und Bier. Auf kulinarischem Gebiet wird diese Stadt ansonsten wohl nie groß rauskommen.

Vom **Busbahnhof** (☎ 425-600; Ecke San Martín & Santiago del Estero) rollen Fahrzeuge nach Cor-

EINREISE NACH BRASILIEN

Rund zehn Blocks südwestlich der zentralen Plaza Independencia verbindet eine Brücke Paso de los Libres mit Uruguaiana. Für ca. 4 US$ transportieren Taxis Passagiere zur rund um die Uhr geöffneten Grenze; passieren dürfen sie sie allerdings nicht. Porto Alegre liegt in unmittelbarer Nähe. Die Stadt wird im Kapitel „Brasilien" (S. 370) näher beschrieben.

rientes (8 US$, 5 Std.), Santo Tomé (5 US$, 1½ Std.), Paraná (13 US$, 5½ Std.) und Santa Fe (13 US$, 7 Std.).

Auf dem Weg von Buenos Aires nach Posadas kommen die Busse von Expreso Singer und Crucero del Norte regelmäßig in der Nähe von Paso de los Libres vorbei. Sie setzen Fahrgäste an einer 16 km entfernten Esso-Tankstelle an der RN 14 ab. Taxis in die Stadt kosten rund 8 US$.

YAPEYÚ

☎ 03772 / 2100 Ew.

Das entspannte Nest Yapeyú, 72 km nördlich von Paso de los Libres, hat genau zwei Attraktionen: Das Geburtshaus des Nationalhelden General José de San Martín und die Überreste einer alten Jesuitenmission. Einst hüteten hier 8000 Guaraní bis zu 80 000 Rinder. Nach der Ausweisung der Jesuiten zerstreuten sich die Indianer in alle Winde, während die Mission sich allmählich in eine Ruinenlandschaft verwandelte. Das winzige Yapeyú gibt dennoch sein Bestes: Die wenigen Sehenswürdigkeiten sind erstklassig beschildert (auf Spanisch, Englisch, Portugiesisch und Guaraní).

Das **Museo de Cultura Jesuítica** neben den Missionsruinen besteht aus diversen neueren Baracken. Neben einer Sonnenuhr und ein paar Relikten aus der Missionszeit sind auch interessante Fotos ausgestellt.

Die **Casa de San Martín** beweist, wie sehr die Argentinier ihren Befreier schätzen. Das Gebäude schützt die Überreste seines Geburtshauses, von dem kaum mehr als Fundamente übrig sind.

Camping Paraíso (Maipo s/n; Stellplatz 3,50 US$/Pers.) in Flussnähe hat gute Duschen. Der Platz leidet jedoch unter einer lästigen Insektenplage. Außerdem stehen bei Regenfällen niedrig gelegene Stellplätze manchmal unter Wasser. Beim **Hotel San Martín** (☎ 493-120; Sargento Cabral 712; EZ/DZ 10/13 US$) verteilen sich fröhliche Zimmer rund um den Innenhof.

Das **Comedor El Paraíso** (Gregoria Matorras s/n; Hauptgerichte 4–6 US$) neben der Casa de San Martín überzeugt mit ordentlichen Mahlzeiten und prima Aussicht auf den Fluss.

Auf der Fahrt von Paso de los Libres nach Posadas machen Busse dreimal täglich am kleinen **Busbahnhof** (Ecke Av del Libertador & Chacabuco) Station.

RESERVA PROVINCIAL ESTEROS DEL IBERÁ

Das Naturparadies Esteros del Iberá ist mit dem Pantanal do Mato Grosso in Brasilien vergleichbar. Das 13 000 km² große Feuchtgebiet bevölkern hauptsächlich Wasserpflanzen und -gräser, darunter auch „schwimmende Inseln". Dafür wachsen hier nur wenige Bäume. Zu den wichtigsten Bewohnern zählen neben Reptilien wie Kaimane und Anacondas auch Säuger, z. B. Mähnenwölfe, Brüllaffen, Südamerikanische Fischotter und Capybaras. Auch Pampas- und Sumpfhirsche wurden bereits gesichtet. Rund 350 Vogelarten komplettieren die vielfältige Fauna.

Vogelfans und Naturliebhaber aus aller Herren Länder treffen sich im Dorf Colonia Pellegrini 120 km nordöstlich von Mercedes. Es liegt im Park und ist daher ein perfekter Ausgangspunkt für Erkundungstouren. Das komplett verkehrsfreie Nest ist auf seine Art durchaus charmant: Es gibt nur unbefestigte Straßen und zahllose Bäume. Am anderen Ende des Damms findet sich gegenüber von Colonia Pellegrini ein **Besucherzentrum**. Es liefert Informationen zum Reservat; die einstündigen **Einführungstouren** (8 US$) sind ihr Geld mehr als wert.

Für 2 US$ pro Person kann man sein Zelt in Colonia Pellegrini aufschlagen.

Für rund 7 US$ pro Person bieten mehrere *hospedajes* (Unterkünfte bei Familien) Zimmer mit eigenem Bad an. Besonders empfehlenswert ist der **Hospedaje los Amigos** (☎ 15-49375). Der hauseigene *comedor* (einfache Cafeteria) im vorderen Bereich serviert anständige Mahlzeiten (2–4 US$).

Die friedlich-rustikale **Hostería Ñandé Retá** (☎ 03773-499411; www.nandereta.com; EZ/DZ mit Vollpension 30/42 US$) in Colonia Pellegrini bietet einigen Komfort fürs Geld. Die Eigentümer holen Gäste in Mercedes ab und veranstalten geführte Touren durch den Sumpf.

Ab Corrientes und Paso de los Libres besteht eine Busverbindung nach Mercedes. Von dort aus geht's mit Itatí weiter nach Colonia Pellegrini (5 US$, 4 Std.). Die Busse machen sich jeweils um 8 und 12 Uhr auf den Weg und kehren wochentags um 5 Uhr, samstags um 11 Uhr nach Mercedes zurück.

CORRIENTES

☎ 03783 / 323 000 Ew.

Corrientes ist Hauptstadt der gleichnamigen Provinz. Die sich ernst nehmende Großstadt hat mehrere interessante Museen und außerdem den Ruf, die Reisekasse übermäßig zu strapazieren. Wer beim Sonnenuntergang am Fluss entlang spaziert, fühlt sich vielleicht etwas wohler.

Corrientes ist eine der ältesten Städte Argentiniens. Balkone zieren Gebäude aus dem frühen 20. Jh., die sich am Ufer des schlammigen Río Paraná erheben. Hier spielt Graham Greenes Roman *Der Honorarkonsul*. Der einst todgeweihte **Carnaval Correntino** (www.carnavalescorrentinos.com) ist wieder zu neuem Leben erwacht und zieht bis zu 80 000 Besucher an.

Als Gegenpol zur nahen „Stadt der Standbilder" (Resistencia) bezeichnet sich Corrientes selbst als „Stadt der Wandbilder". Bei einem Spaziergang durch die Straßen bekommt man tatsächlich ein paar zu sehen. Bei den Touristeninformationen sind Stadtpläne erhältlich, auf denen die genaue Lage verzeichnet ist.

Orientierung

Corrientes' Grundriss ist streng geometrisch. Das Zentrum bildet die Plaza 25 de Mayo. Das Geschäftsleben spielt sich hauptsächlich entlang der *peatonal* Junín zwischen Salta und Catamarca ab. Die schönsten Ecken sind der Parque Mitre und das schattige Flussufer an der Av Costanera General San Martín. Bus 106 verkehrt zwischen San Lorenzo im Zentrum und dem Busbahnhof.

Praktische Informationen

Im Umkreis der 9 de Julio gibt's diverse Banken mit Geldautomaten.

Cambio El Dorado (9 de Julio 1341) Wechselt Bargeld und löst Reiseschecks ein.

Post (Ecke San Juan & San Martín)

Städtische Touristeninformation (☎ 428-845; Plaza JB Cabral) Liegt zentraler als die Touristeninformation der Provinz, ist aber hoffnungslos unorganisiert.

Touristeninformation der Provinz (☎ 427200; 25 de Mayo) Beste Informationsquelle vor Ort.

Sehenswertes

Die schattige Ostseite von San Juan (zwischen Plácido Martínez und Quintana) ist eine äußerst schöne Ecke. Das **Monumento a la Gloria** ehrt die hiesige italienische Gemeinde. Eine Reihe großartiger **Wandbilder** dokumentiert die Stadtgeschichte seit der Kolonialzeit.

Das Gebäude des **Museo de Bellas Artes Dr Juan Ramón Vidal** (San Juan 634; Eintritt frei; ☘ Di–Sa 9–12 & 18–21 Uhr) ist genauso interessant wie die kunterbunte Sammlung im Inneren. Es zeigt vor allem Skulpturen und Ölgemälde einheimischer Künstler, ab und zu auch Stücke aus dem Ausland.

Die Ausstellung des **Museo Histórico de Corrientes** (9 de Julio 1044; Eintritt frei; ☘ Mo–Fr 8–12 & 16–20 Uhr) besteht aus Waffen, Münzen und antiken Möbeln. Es widmet sich zudem religiösen und weltlichen Aspekten der Geschichte.

Auch dem **Santuario de la Cruz del Milagro** an der Belgrano (zwischen Buenos Aires und Salta) sollte man unbedingt einen Besuch abstatten. Einer lokalen Legende zufolge versuchten Indios vergeblich, das Kruzifix aus dem 16. Jh. zu verbrennen.

Schlafen

Corrientes ist ein schlechtes Pflaster für Budgettraveller. Die vorhandenen Unterkünfte sind ziemlich teuer – und was bezahlbar ist, lässt stark zu wünschen übrig. Mit anderen Worten: Tschüss Corrientes! So interessant ist die Stadt nun auch wieder nicht *und* dazu hoffnungslos überteuert. Wer sie aber unbedingt erkunden möchte, ist mit dem nahen Resistencia (S. 93), das den Geldbeutel deutlich weniger strapaziert, garantiert besser beraten. Einfach der Av 3 de Abril folgen. Während des *carnavals* führt die Touristeninformation eine Liste mit *casas de familia* (Unterkünften bei Familien) mit Preisen zwischen 8 und 16 US$ pro Person.

Hospedaje San Lorenzo (☎ 421-740; San Lorenzo 1136; DZ 13 US$) Eine der wenigen echten Budgetunterkünfte im Stadtzentrum. Das Hos-

NORDÖSTLICHES ARGENTINIEN •• Corrientes

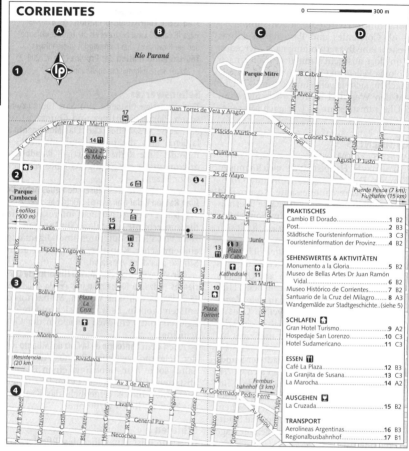

PRAKTISCHES
Cambio El Dorado..................1 B2
Post..................................2 B3
Städtische Touristeninformation........3 C3
Touristeninformation der Provinz....4 B2

SEHENSWERTES & AKTIVITÄTEN
Monumento a la Gloria..............5 B2
Museo de Bellas Artes Dr Juan Ramón Vidal...........................6 B2
Museo Histórico de Corrientes......7 B2
Santuario de la Cruz del Milagro...8 A3
Wandgemälde zur Stadtgeschichte..(siehe 5)

SCHLAFEN
Gran Hotel Turismo.................9 A2
Hospedaje San Lorenzo.............10 C3
Hotel Sudamericano................11 C3

ESSEN
Café La Plaza.....................12 B3
La Granjita de Susana.............13 C3
La Marocha........................14 A2

AUSGEHEN
La Cruzada........................15 B2

TRANSPORT
Aerolíneas Argentinas.............16 B3
Regionalbusbahnhof................17 B1

pedaje San Lorenzo ist klein, muffig und leidet angeblich auch noch unter einer Kakerlakenkolonie.

Hotel Sudamericano (☎ 469-058; Hipólito Yrigoyen 1676; DZ ab 13 US$; ✷) Ganz nett, scheint aber etwas in die Jahre gekommen zu sein. Erträglichste Unterkunft in diesem Preisbereich.

Gran Hotel Turismo (☎ 433-174; Entre Ríos 650; EZ/DZ 20/27 US$; P ✷ ✷) Seit 1948 gibt's das stattliche Hotel in toller Lage am Flussufer. Es besitzt ein attraktives Restaurant, einen Riesenpool und eine Bar. Die Zimmer wirken allerdings deutlich abgenutzt. Dennoch hat der charmante alte Schuppen wesentlich mehr Atmosphäre als die anderen Hotels vor Ort.

Essen

La Granjita de Susana (Ecke San Lorenzo & Hipólito Yrigoyen; Hauptgerichte 2–5 US$) Für kleines Geld gibt's hier anständige Empanadas, Burger und Steaks. Die Tische stehen auf dem Bürgersteig gegenüber der Plaza JB Cabral.

Café La Plaza (Junín 1076; Hauptgerichte 4 US$) Die Speisekarte ist wirklich nichts Besonderes. Dennoch füllen zahlreiche Einheimische die Tische draußen auf der Fußgängerpromenade und lassen sich in der abendlichen Brise leckere Pizzas und kaltes Bier schmecken.

Enófilos (Junín 172; Hauptgerichte 5–8 US$) Moderne, aber rustikal dekorierte Restaurantbar an der Plaza. Hebt sich wohltuend vom Pizza-Pasta-*parrillada*-Einerlei ab. Veranstaltet ab und zu auch Weinproben. Ein kleines Deli verkauft importierte Wurst- und Käsewaren.

La Marocha (Ecke Salta & Quintana; Gerichte 4–6 US$) Schnuckelige kleine Restaurantbar mit ungewöhnlich großer Auswahl. Serviert neben Salaten, Fleischgerichten und tollen Frühstücksangeboten auch prima Weine und Cocktails.

Ausgehen

La Cruzada (Junín 941) Vor der Minibar stehen ca. viermal soviel Tische wie im Inneren. Wenn die Sonne sinkt und der Bierkonsum steigt, ist hier ordentlich was los.

Unterhaltung

Puente Pexoa (☎ 451-687; RN 12 am Kreisverkehr La Rotonda Virgen de Itatí; ☽ ab 20.30 Uhr, 1. Band Fr & Sa ab 23.30 Uhr) Das relaxte Restaurant ist ein nettes Plätzchen, um sich *chamamé*, eine Art Polka-Variante der Guaraní, zu Gemüte zu führen. Klingt langweilig? Im Gegenteil: Das Ganze ist äußerst unterhaltsam und manchmal sogar zum Schreien komisch. Das Publikum trägt *gaucho*-Trachten mit allem Drum und Dran. Jeden Abend treten bis zu vier Bands auf. Um vom Zentrum hierher zu kommen, fährt man mit Bus 102 („17 de Agosto") vom Stadtzentrum aus 7 km bis zum Kreisverkehr an der Virgen de Itatí. Das Pexoa liegt gleich dahinter – die Fahrer weisen darauf hin. Die Rückfahrt mit dem Taxi kostet zwischen 4 und 6 US$.

Anreise & Unterwegs vor Ort

Aerolíneas Argentinas (☎ 423-918; www.aerolineas argentinas.com; Junín 1301) fliegt täglich nach Buenos Aires (ab 80 US$). Die Regionalbuslinie 105 (0,40 US$) fährt zum **Flughafen** (☎ 458-358), der sich ca. 15 km östlich der Stadt an der RN 12 befindet. *Remises* kosten rund 4 US$.

Regelmäßig verlassen Fahrzeuge den **Regionalbusbahnhof** (Ecke Av Costanera General San Martín & La Rioja) in Richtung Resistencia (0,50 US$). Vom **Busbahnhof** (☎ 458-322; Av Maipú) südöstlich der Stadt fährt Ciudad de Posadas über Mercedes nach Paso de los Libres (8 US$, 5 Std.). Von dort aus geht's weiter nach Esteros del Iberá. Zusätzliche Fahrtziele und Preise: Posadas (11 US$, 4 Std.), Formosa (4 US$, 3½ Std.), Puerto Iguazú (15 US$, 9 Std.), Buenos Aires (25 US$, 11 Std.) und Asunción in Paraguay (9 US$, 5 Std.).

RESISTENCIA

☎ 03722 / 276 000 Ew.

Liebhaber der Bildhauerei fühlen sich in Resistencia so wohl wie Schweine in der Schlammgrube. Das Ergebnis eines Joint Ventures zwischen Stadtrat und verschiedenen Künstlerverbänden sind nämlich über 300 Statuen. In den Straßen und Parks können sie von jedermann kostenlos besichtigt werden.

Als Hauptstadt der Provinz Chaco hat Resistencia ausgezeichnete Verkehrsverbindungen und für Traveller, die nach Paraguay und Santa Fe unterwegs sind, ist es ein wichtiger Knotenpunkt. Mehrere Routen führen in Richtung Nordwesten quer durch die Provinz. Als Stadtzentrum fungiert die reizende Plaza 24 de Mayo mit zahlreichen Riesenpalmen und skurrilen *palo-borracho*–Bäumen.

Orientierung

Resistencias Flughafen liegt 6 km südlich der Stadt an der RN 11. Buslinie 3 („Aeropuerto/Centro") fährt zur Plaza de 25 de Mayo. Taxis kosten rund 2 US$.

Die Linien 3 und 10 verbinden den Busbahnhof mit der Plaza 25 de Mayo.

Praktische Informationen

Im Umkreis der Plaza 25 de Mayo gibt's ein paar Geldautomaten.

Cambio El Dorado (Jose María Paz 36) Löst Reiseschecks zu annehmbaren Konditionen ein.

Post (Ecke Sarmiento & Hipólito Yrigoyen) An der Plaza.

Touristeninformation (☎ 423-547; Santa Fe 178) Tolles Angebot.

Touristenkiosk (☎ 458-289; Plaza 25 de Mayo) Ist praktisch und liegt rund 450 m von der eigentlichen Touristeninformation entfernt.

Sehenswertes

Die Parks und Bürgersteige der Stadt zieren unzählige **Skulpturen**. Alle einzeln aufzuzählen, würde den Rahmen dieses Buches sprengen. Die Touristeninformation verteilt Stadtpläne, in denen die jeweiligen Standorte eingezeichnet sind. Besucher können sich so einen ersten Eindruck von der Stadt verschaffen. Als Ausgangspunkt eignet sich am besten der 2500 m² große **Parque de las Esculturas Aldo y Efraín Boglietti** (Ecke Av Laprida & Av Sarmiento), der sich entlang des alten französischen Bahnhofs von 1907 erstreckt. Der Bahnhof beherbergt heute das **Museo de Cien-**

cias Naturales (Eintritt 0,30 US$; ☺ Mo–Fr 8.30–12.30, Sa 17–20.30 Uhr).

El Fogón de los Arrieros (Brown 350; Eintritt 1 US$; ☺ Mo–Sa 8–12, 16–20 & 21–23 Uhr) ist die Triebfeder hinter den fortschrittlichen öffentlichen Kunstausstellungen. Die bekannte Einrichtung hat eine vielfältige Sammlung mit Objekten aus der Provinz Chaco, Argentinien und der ganzen Welt.

Das Museo del Hombre Chaqueño (Museum der Chaco-Bevölkerung; Arturo Illía 655; Eintritt 0,30 US$; ☺ Mo–Sa 9–12 Uhr) widmet sich der Kolonisierung Chacos und informiert zusätzlich über die indigenen Kulturen der Guaraní, Mocoví, Komlek und Mataco.

Das Museo Policial (Roca 223; Eintritt 1 US$; ☺ Sommer Mo–Fr 8–12 & 17–21 Uhr, Winter Mo–Fr 8–12 & 16–20 Uhr) ist besser als erwartet. Mittlerweile hat es etwas Abstand von den üblichen Anti-Drogen-Platitüden genommen. Stattdessen gibt's interessante Ausstellungen zu Gesellschaftskriminalität und *cuatrerismo* (Viehdiebstahl – in der Provinz immer noch weit verbreitet).

Schlafen

Camping Parque 2 de Febrero (Avalos 1100; Stellplatz 3 US$) Mit hervorragenden Einrichtungen.

El Hotelito (☎ 1564-5008; el_hotelito@yahoo.com. ar; Alberdi 311; EZ/DZ mit Gemeinschaftsbad 6/9 US$) Hat luftige, weiß getünchte Zimmer. Die geräumigen Bäder sind blitzblank. Die Besitzer sprechen ein paar Brocken Englisch.

Residencial Bariloche (☎ 421-412; Obligado 239; EZ/DZ 10/13 US$) Die ruhigen Zimmer vom Bariloche haben ein prima Preis-Leistungs-Verhältnis: Sie überzeugen mit ausreichend Platz und Sauberkeit. Drinnen gibt's auch Kabel-TV. Für 3 US$ extra bekommt man ein Quartier mit Klimaanlage. Ansonsten sorgen Zimmerventilatoren im Industrieformat für einen kühlen Kopf.

Hotel Colón (☎ 422-861; hotelcolon@gigared.com. ar; Santa María de Oro 143; EZ/DZ 17/25 US$; P ☒ ☐) Älteres Hotel mit ein paar reizenden Elementen wie dunklen Holzpaneelen und zahlreichen Lichtschächten. Die adretten Zimmer wirken jedoch etwas abgenutzt und könnten eine Renovierung vertragen.

Essen & Ausgehen

Nördlich und nordwestlich der Plaza 25 de Mayo gibt's diverse attraktive *confiterías* und Eisdielen jüngeren Datums. Toll ist z. B. das unkonventionelle Café de la Ciudad (Pel-

legrini 109; Hauptgerichte 4–7 US$). Die einstmals schäbige Bar serviert etwas überteuerte Sandwiches, Burger und Bier.

Fenix Bar (Don Bosco 133; Gerichte 3–5 US$) Hölzerne Dielenböden und schummrige Beleuchtung geben der kleinen Bar eine super Atmosphäre. Wie üblich besteht die Speisekarte aus Pizzas, Fleischgerichten und Pasta. Alles ist jedoch wunderbar angerichtet. Prima Weinauswahl.

La Bianca (Colón 102; Hauptgerichte 3–5 US$) Eine der besseren Optionen vor Ort; mit freiliegenden Backsteinwänden und tollen Kunstwerken. Auf der Speisekarte stehen hauptsächlich Pastagerichte und Steaks, ergänzt durch leckere Fischgerichte.

Charly (Güemes 213; Gerichte ca. 4 US$) Wenn das nobelste Restaurant der Stadt gerade mal rund 4 US$ für ein Essen verlangt, sind die Zeiten wirklich hart. Begeistert vor allem mit sorgsam zubereiteten Fleisch- und Fischgerichten. Dazu gibt's zahlreiche Salate und beinahe schon *zu* viele Weinsorten. Wer jeden Cent einzeln umdrehen muss, futtert das gleiche in der etwas bescheideneren *rotisería* des Restaurants gleich um die Ecke.

Har Bar (Ecke Donovan & Perón; ☺ 24 Std.) Poolbillard ist ein beliebter Zeitvertreib in Resistencia. Nachtschwärmer stoßen gerne gemeinsam ein paar Kugeln, bevor es auf die Piste geht. Im Stadtzentrum gibt's zahlreiche Billardhallen mit Bars. Alle sind heftig klimatisiert. Die Har Bar unterscheidet sich kaum von ihrer Konkurrenz.

Zingara (Güemes; ☺ Mi–Sa 18 Uhr–open end). Mit ihrem spärlichen Dekor würde die hippe Bar auch in Fashion-Hauptstädten wie Mailand oder Paris eine gute Figur abgeben. Auf der Karte stehen vor allem Cocktails; dazu gibt's leichte Snacks.

An- & Weiterreise

Aerolíneas Argentinas (☎ 445-550; www.aerolineas argentinas.com; JB Justo 184) fliegt täglich nach Buenos Aires (ab 80 US$).

Der Busbahnhof (☎ 461-098; Ecke MacLean & Islas Malvinas) ist Startpunkt für einen Regionalservice („Chaco-Corrientes") zwischen Resistencia und Corrientes (0,30 US$). Passagiere können vor der Post an der Plaza 25 de Mayo einsteigen.

Viermal täglich besteht mit La Estrella eine Verbindung nach Capitán Solari in der Nähe des Parque Nacional Chaco (2 US$, 2½ Std.). Godoy fährt zu den Lagunen

Naick-Neck und Blanca im Umkreis des Parque Nacional Río Pilcomayo (5 US$, 5½ Std.).

Weitere Fahrtziele und Preise: Buenos Aires (27 US$, 13 Std.), Santa Fe (22 US$, 9½ Std.), Rosario (24 US$, 9½ Std.), Córdoba (22 US$, 12 Std.), Salta (25 US$, 14 Std.), Posadas (12 US$, 5 Std.), Puerto Iguazú (17 US$, 10½ Std.) und Asunción in Paraguay (9 US$, 5 Std.).

PARQUE NACIONAL CHACO

☎ 03725

Nur wenige Besucher verirren sich in den 15 000 ha großen Park 115 km nordwestlich von Resistencia. Er liegt im feuchten östlichen Chaco und besteht aus Sumpfgebieten, Grasflächen und Palmenhainen, Buschland und dichten Wäldern. Nur wenige Säugetiere leben in diesem Gebiet; an Vögeln sind Rheas, Jabiru-Störche und Rosalöffler sowie Kormorane und Karakaras vertreten. Die Luft schwirrt allerdings nur so von Moskitos. Daher besucht man den Park am besten im relativ trockenen und kühlen Winter (Juni–Aug.) – Insektenmittel nicht vergessen!

Manche Sumpfgebiete sind nur auf Pferderücken zu erreichen. In Capitán Solari, 5 km östlich vom Parkeingang, stehen Reittiere und Führer zur Verfügung.

Die **Administración** (☎ 496-166; Park Eintritt frei) befindet sich am Parkeingang. Die superfreundlichen Ranger begleiten Besucher, wenn es ihr Dienst zulässt.

Der schattige **Campingplatz** (kostenlos) hat saubere Toiletten und Duschen, Lebensmittel sucht man allerdings vergeblich. Also Vorräte aus Resistencia mitbringen. In Capitán Solari kann man sich jedoch mit dem Allernötigsten eindecken.

Jeden Tag schickt La Estrella vier Busse von Resistencia nach Capitán Solari (2 US$, 2½ Std.) – von hier aus geht's zu Fuß oder per Anhalter weiter zum Parkeingang (5 km). Ansonsten unterhält **Remis Satur** (☎ 421-004; Alberdi 770) *remises* mit Sharingmöglichkeit (3 US$/Pers.).

FORMOSA

☎ 03717 / 198 000 Ew.

Die Stadt draußen am Río Paraguay verbreitet wesentlich mehr Paraguay-Feeling als die anderen Siedlungen in der Region. Das Flussufer wurde geschmackvoll saniert und eignet sich prima für Spaziergänge während des Sonnenuntergangs. Teil der einwöchigen **Fiesta del Río** im November ist eine beeindruckende religiöse Nachtprozession. Dabei schippern 150 Boote von Corrientes aus den Río Paraguay hinauf.

Hotel San Martín (☎ 426-769; 25 de Mayo 380; EZ/DZ 12/21 US$; ⚡) Ganz o. k. fürs Geld, doch ansonsten recht langweilig. Angesichts der zentralen Lage ist das San Martín überraschend ruhig. Manche Zimmer sind wesentlich besser als andere – daher vor dem Einchecken ein paar ansehen.

Mit **Mercobus** (☎ 431-469; Lelong 899) besteht regelmäßig eine Busverbindung nach Clorinda sowie zu den Lagunen Naick-Neck und Blanca (Parque Nacional Río Pilcomayo). Los geht's jeden Tag um 6.30, 9.30, 12.30 und 16 Uhr.

PARQUE NACIONAL RÍO PILCOMAYO

Westlich von Clorinda schmiegt sich der 60 000 ha große Parque Nacional Río Pilcomayo an die Grenze zu Paraguay. In dem Nationalpark leben unzählige Tiere und Pflanzen. Absolutes Highlight ist die schimmernde **Laguna Blanca,** an deren Wasseroberfläche zu Sonnenuntergang *yacarés* (Alligatoren) lauern. Andere Arten (ausgenommen Vögel) sind im dichten Dschungel aus Wasserpflanzen jedoch eher zu hören als zu sehen.

Die einfachen Campingeinrichtungen des Parque Nacional Río Pilcomayo können kostenlos benutzt werden. Direkt vor dem Parkeingang verkauft ein kleiner Laden wenige Lebensmittel und kalte Getränke. Auf der RN 86 fahren Busse von Formosa und Clorinda zur Laguna Naick-Neck und zum Parkeingang an der Laguna Blanca (4 US$, 2½ Std.). Hier befindet sich auch die Rangerstation.

POSADAS

☎ 03752 / 255 000 Ew.

Auf der Fahrt in Richtung Norden wird das Klima allmählich tropisch. Langsam aber sicher kommt der Urwald in Sicht. Posadas ist zwar hauptsächlich als Knotenpunkt von Bedeutung: Von hier aus geht's nach Paraguay und zu den Jesuitenmissionen im Norden. Dennoch ist die coole eigenständige Stadt mit ihren reizenden Plazas auch so eine Stippvisite wert. Unten am Flussufer gibt's viele Restaurants, Bars und Clubs.

Orientierung

Die Plaza 9 de Julio bildet den Mittelpunkt von Posadas regelmäßigem Grundriss. Vor ein paar Jahren wurden die Straßen umbenannt. Die Einheimischen bevorzugen jedoch weiterhin das alte System, was ab und zu Verwirrung stiftet.

Die Buslinien 8, 15, 21 und 24 fahren vom Busbahnhof ins Zentrum.

Praktische Informationen

In der Innenstadt gibt's mehrere Geldautomaten.

Cambios Mazza (Bolívar zw. San Lorenzo & Colón) Löst Reiseschecks ein.

Post (Ecke Bolívar & Ayacucho)

Touristeninformation der Provinz (☎ 555-0297; turismo@misiones.gov.ar; Colón 1985) Verteilt Prospekte.

Sehenswertes & Aktivitäten

Die naturgeschichtliche Abteilung des **Museo de Ciencias Naturales e Historia** (San Luis 384; Eintritt frei) konzentriert sich auf Fauna, Geologie und Mineralogie der Provinz. Im hervorragenden Schlangenhaus des Museums können Besucher zuschauen, wie Schlangengift „gemolken" wird. Außerdem gibt's eine Vogelvoliere und ein Aquarium. Bei der historischen Abteilung liegt der Schwerpunkt auf der Steinzeit, der Zeit der Jesuitenmissionen und der modernen Kolonisierung.

In der Kühle des Nachmittags erwacht die **Costanera** (Promenade am Flussufer) zum Leben. Sie ist bevorzugtes Revier von Joggern, Radfahrern und „Gassigehern". Die Leute schlürfen Mate oder holen sich an den Verkaufsständen einen Hotdog. Und junge Pärchen starren verträumt hinüber zu den Lichtern Paraguays auf der anderen Seite des Flusses.

Schlafen

Residencial Misiones (☎ 430-133; Av Azara zw. La Rioja & Córdoba; EZ/DZ 8/12 US$) Locker, sauber und ruhig. Den Gästen stehen eine toll ausgestattete Küche und ein Wäscheraum zur Verfügung. Die Qualität von Zimmern und Betten ist unterschiedlich – daher ein paar ansehen.

Hotel City (☎ 439-401; Colón 7854; Zi. ab 10 US$; ❄) Das eintönige Äußere täuscht: Das City überzeugt mit ein paar der besten Budgetzimmer vor Ort: Sie sind geräumig, teilweise klimatisiert und mit guten Matratzen ausgestattet. Auch bei den sauberen Bädern gibt's nichts zu meckern. Hinzu kommt eine prima Aussicht auf die Plaza.

Posadas Hotel (☎ 440-888; www.hotelposadas.com. ar; Bolívar 1949; EZ/DZ 30/40 US$; P ❄) Mit der attraktivsten Inneneinrichtung der Stadt lässt das Posadas seine Konkurrenz weit hinter sich. Es hat das angestaubte Ambiente, das viele moderne Hotels heutzutage vermissen lassen. Die geräumigen Zimmer sind komfortabel und klasse dekoriert.

Essen & Ausgehen

Ipanema (Av Azara 1629; Frühstück 1–2 US$, Mittag- & Abendessen 3–5 US$) Ein paar Schritte von der Plaza entfernt befindet sich unter einer Arkade das Ipanema. Es hat zahlreiche Tische im Freien und eine komplett ausgestattete Bar. Neben hochwertigen Frühstücksangeboten serviert das Lokal auch *minutas* (Schnellgerichte).

De la Costa (Costanera 1536; Hauptgerichte 3–5 US$) Das beste Budgetrestaurant am Fluss. Auf der Speisekarte stehen die üblichen Verdächtigen: Pizzas, Burger und Steaks. Dafür sind die Getränke günstig und die Aussicht ist unschlagbar.

EINREISE NACH PARAGUAY

Ungeachtet der Brücke schippern von Posadas aus immer noch Barkassen über den Paraná nach Encarnación (1 US$). Sie legen vom Landungssteg am Ostende der Av Guacurarí ab. Am besten benutzt man aber die Brücke – so erspart man sich eventuell die Einwanderungsformalitäten.

Alle 20 Minuten fahren Busse nach Encarnación (1 US$), Abfahrt an der Ecke Mitre/Junín; bevor sie die Brücke überqueren, kurven sie durch die Innenstadt. Zur Passkontrolle müssen Passagiere aussteigen; mit demselben Ticket können sie anschließend alle Busse benutzen, die in die gleiche Richtung weiterfahren.

Fahrzeuge rollen auch von Puerto Iguazú nach Ciudad del Este (1 US$).

Beide Grenzübergänge sind rund um die Uhr geöffnet. EU-Bürger und Schweizer benötigen für die Einreise nach Paraguay normalerweise kein Visum. Für Details zum Grenzübertritt von Paraguay nach Argentinien s. S. 926.

NORDÖSTLICHES ARGENTINIEN •• Yacyretá-Damm

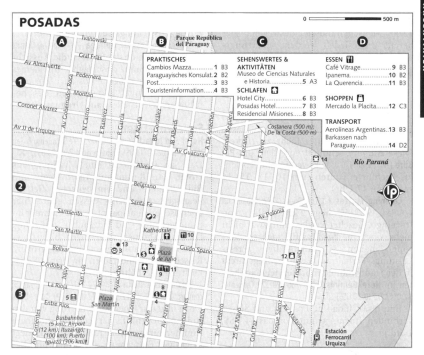

Café Vitrage (Ecke Bolivar & Colón; Hauptgerichte 5 US$) Mit viel Messing und dunklen Holzelementen kommt das Vitrage äußerst stilvoll daher. In der Mischung aus Bar und Café werden rund um die Uhr saftige Staks zubereitet.

La Querencia (Bolívar 322; Hauptgerichte 3–7 US$) Am Südrand der Plaza 9 de Julio steht Posadas' schickste *parrilla* mit vielfältiger Speisekarte und toller Weinauswahl. Deckenventilatoren sorgen für frische Luft.

Shoppen

Auf dem Indoor-Markt **Mercado La Placita** (Ecke Sarmiento & Av Roque Sánez Peña) gibt's alles, was das Herz begehrt: Gefälschte Sneaker, Handwerkserzeugnisse aus Paraguyay und handgerollte Zigarren.

Anreise & Unterwegs vor Ort

Aerolíneas Argentinas (☎ 422-036; www.aerolineas argentinas.com; Ecke Ayacucho & San Martín) fliegt 13-mal pro Woche nach Buenos Aires (85 US$).

Der Flughafen liegt 12 km südwestlich der Stadt. Er ist von der San Lorenzo (zw. La Rioja & Entre Ríos) mit der Buslinie 8 zu erreichen. Aerolíneas Argentinas betreibt auch einen eigenen Shuttleservice. *Remises* kosten rund 4 US$.

Busverbindungen ins Ausland bestehen vom **Busbahnhof** (☎ 4526106; Ecke Ruta 12 & Santa Catalina) u. a. nach Asunción in Paraguay (8 US$, 6 Std.) und São Paulo in Brasilien (50 US$, 24 Std.). S. auch Kasten S. 96.

Zu den Fahrtzielen im Landesinneren gehören: Corrientes (11 US$, 4 Std.), Resistencia (12 US$, 5 Std.), Puerto Iguazú (12 US$, 5½ Std.), Buenos Aires (17 US$, 13 Std.; 22 US$ in *coche cama*) und Salta (32 US$, 15 Std.). Regelmäßig machen sich Fahrzeuge außerdem auch in Richtung San Ignacio Miní auf den Weg (1,50 US$, 1 Std.).

YACYRETÁ-DAMM

Das gigantische Wasserkraftwerk ist ein Musterbeispiel dafür, wie Auslandsschulden entstehen können. Seit dem Baubeginn wird das Projekt von Verzögerungen und Korruption heimgesucht – die Kosten steigen dabei ins Unermessliche. Der Damm staut

98 NORDÖSTLICHES ARGENTINIEN •• San Ignacio Miní

Unterkünfte online: www.lonelyplanet.com

den Paraná auf über 200 km Länge. Rund 12 000 Menschen mussten deswegen bisher bereits umgesiedelt werden; schätzungsweise 50 000 weitere, hauptsächlich Paraguayer, werden folgen.

Von Posadas sind es mit dem Bus ungefähr eineinhalb Stunden bis nach Ituzaingó. Hier bemüht sich das argentinisch-paraguayische Gemeinschaftsprojekt „Entidad Binacional Yacyretá", das Staudamm-Fiasko in ein möglichst gutes Licht zu rücken. Diese Aufgabe schultert vor allem das **PR-Büro** (☎ 03786-420-050). Es veranstaltet kostenlose geführte Touren (um 10, 11, 15, 16 sowie um 17 Uhr).

Camping Mattes (☎ 03786-421-272; Cabaña für 4–6 Pers. 15–20 US$) liegt 2 km südlich von Ituzaingó. Gezeltet werden kann zwar nicht mehr, doch die *cabañas* für mehrere Personen haben ein anständiges Preis-Leistungs-Verhältnis. Wer unbedingt direkt in der Stadt wohnen möchte, steigt am besten im **Hotel Géminis** (☎ 03786-420-324; Corrientes 9430; EZ/DZ 10/20 US$) ab.

Empresa Ciudad de Posadas und Singer verbinden Ituzaingó mit Posadas (4 US$, 1 Std.).

SAN IGNACIO MINÍ
☎ 03752 / 10 500 Ew.

Die entspannte Kleinstadt San Ignacio liegt zwischen Posadas und Puerto Iguazú. Die meisten Besucher schauen sich die weitläufigen und sehr gut erhaltenen Ruinen der hiesigen Jesuitenmission an, nach der die Stadt benannt ist. Falls es der Reiseplan zulässt, bietet sich auch ein Abstecher zur Casa de Quiroga an.

Sehenswertes
1733 erlebte die **Missionsstation San Ignacio Miní** (Eintritt 4 US$; ◔ 7–19 Uhr) ihren Höhepunkt. Damals lebten hier beinahe 4500 Indios. Die gigantische Kirche im Stil des „Guaraní-Barock" wurde aus rotem Sandstein errichtet. Sie zieren Basreliefs in Statuenform. Neben dem Gotteshaus mit seinem gefliesten Dach befanden sich einst der Friedhof und die Klostergebäude. Zum selben Komplex gehörten neben Unterrichtsräumen und einer Küche auch ein Gefängnis und Werkstätten. Gewohnt wurde in Quartieren rund um die Plaza de Armas. Jeden Abend gibt's um 19 Uhr eine Sound- und Lightshow. Beim Betreten des Mu-

seums sehen sich Besucher mit recht bizarren Ausstellungsstücken konfrontiert.

Von der **Casa de Quiroga** (Quiroga s/n; Eintritt 1 US$) am Südende der Stadt ist die Aussicht auf den Río Paraná unschlagbar. Ein kleines Museum zeigt neben Fotos auch ein paar Besitztümer und Erstausgaben des berühmten Schritstellers aus Uruguay.

Schlafen & Essen
Hotel San Ignacio (☎ 470-422; Ecke Sarmiento & San Martín; EZ/DZ 10/13 US$, Cabaña für 4 Pers. 23 US$; 🖳) Das San Ignacio ist eine Mischung aus Hotel, Bar, Restaurant, Internetcafé und Billardhalle – und ein beliebtes Ziel für Teenager. Angesichts dessen geht's hier überraschend entspannt zu. Die Zimmer im Hauptgebäude sind blitzsauber und ruhig. Die abgefahrenen dreieckigen Bungalows hinter dem Haus eignen sich für größere Reisegruppen und haben ein prima Preis-Leistungs-Verhältnis.

Residencial Doka (☎ 470-131; residoka@yahoo. com.ar; Alberdi 518; EZ/DZ 13/17 US$; P 🖳) Das Doka liegt nur einen Katzensprung von den Ruinen entfernt. Es hat recht unscheinbare Zimmer für maximal fünf Personen. Liegt in einiger Entfernung zur Straße und bekommt dadurch nur wenig Lärm ab. Gästen steht auch eine Küche zur Verfügung.

La Aldea (Los Jesuitas s/n; Hauptgerichte 3–7 US$, Komplettmenüs 2,50 US$) Der „Schuppen" steht 500 m vom Ruineneingang entfernt. Tische gibt's davor, im Inneren und auf einer Terrasse hinter dem Haus. Serviert super Pizzas und *minutas*. Das La Aldea ist eines der wenigen Lokale vor Ort, die bis spät in die Nacht geöffnet haben.

La Carpa Azul (Rivadavia 1295; Hauptgerichte 4-7 US$; 🖳) Ist eher „Futtertrog" für hungrige Reisegruppen als erstzunehmendes Restaurant. Größter Pluspunkt: Wer fertig gespeist hat, kann im Pool hinter dem Haus ein paar Runden drehen.

An- & Weiterreise
Der **Busbahnhof** (Av Sarmiento) liegt am Westrand der Stadt. Regelmäßig bestehen Verbindungen nach Posadas (1,50 US$, 1 Std.) und Puerto Iguazú (7 US$, 4½ Std.).

PUERTO IGUAZÚ
☎ 03757 / 32 000 Ew.

In der Nähe von Puerto Iguazú wartet eine Attraktion, die weltweit ihresgleichen sucht.

Eigentlich müsste die Stadt im Touristenstrom ertrinken – doch irgendwie hat sie sich ihre relaxte Kleinstadtatmosphäre bewahrt. Absolutes Highlight sind natürlich die Wasserfälle. Viele Besucher kommen direkt aus Buenos Aires und kehren nach der Besichtigung dorthin zurück. Aufgrund der vielen Backpacker ist die Hostel- und Restaurantszene sehr lebendig.

Orientierung

Puerto Iguazús äußerst unregelmäßiger Straßenplan ist doch so übersichtlich, dass man sich leicht zurechtfindet. Die meisten Einrichtungen finden sich entlang der diagonal verlaufenden Av Victoria Aguirre.

Praktische Informationen

Geldautomat Banco de Misiones (Av Victoria Aguirre 330)
Post (Av San Martín 780)
Touristeninformation (☎ 420-800; Av Victoria Aguirre 311) Hauptfiliale; ein Touristenkiosk befindet sich im Busbahnhof.

Für die Einreise nach Paraguay ist keinerlei Visum erforderlich, wohl aber für Trips nach Brasilien (selbst für Tagesausflüge). Das hiesige **Brasilianische Konsulat** (☎ 421-348; Av Córdoba 264) stellt Visa innerhalb von 30 Minuten aus. Es arbeitet wesentlich schneller als die Vertretungen in Buenos Aires – die brauchen dazu rund eine Woche.

Schlafen

Camping El Pindo (☎ 421-795; Stellplatz 3,50 US$ zzgl. 3,50 US$/Pers.) Bei Kilometer 3,5 der RN 12 am Stadtrand.

Hostel Inn (☎ 421-823; www.hostel-inn.com; RN 12, Kilometer 5; B mit/ohne HI-Ausweis 7/9 US$, DZ mit/ohne HI-Ausweis 23/40 US$; P ✉ ☐ ☏) Das ehemalige Kasino auf einem 3 ha großen Gelände ist eines der besten Hostels Argentiniens. Tolles Plätzchen zum Übernachten, Relaxen und Kennenlernen anderer Traveller. Für Gäste gibt's einen kostenlosen Internet- und WiFi-Zugang, eine Bar, ein Restaurant und einen Riesenpool. Bietet zudem Urwaldtreks und Kanutrips durch weniger bekannte Teile der Provinz Misiones an.

Hostería San Fernando (☎ 421-2429; Ecke Av Córdoba & Av Guaraní; EZ/DZ 18/25 US$) Das grüne und ruhige San Fernando steht direkt gegenüber vom Busbahnhof. Die ordentlichen Zimmer sind etwas zu klein geraten, dafür aber gut belüftet.

Che Roga (☎ 422-931; Ecke Bompland & Feliz de Azara; Blockhütte ab 27 US$; 🌐 🏠) Die geräumigen und gepflegten Blockhütten vom Che Roga (mit Kochecke) haben ein klasse Preis-Leistungs-Verhältnis. Prima für Reisegruppen mit vier oder mehr Personen.

Hotel Esturión (☎ 420-100; www.hotelesturion.com; Av Tres Fronteras 650; EZ/DZ 35/40 US$; 🅿 🌐 🖥 🏠) Wer sich beim Aufenthalt in Puerto Iguazú eine Unterkunft der gehobenen Art gönnen möchte, liegt beim Esturión richtig. Das schön gestaltete Gelände umfasst u. a. eine zen-artige Lobby, Tennisplätze, ein Restaurant und einen hervorragenden Poolbereich. Auch die Aussicht ist nicht von schlechten Eltern.

Essen & Ausgehen

El Andariego (P Moreno 229; Hauptgerichte 2–4 US$) Vor der schlichten *parrilla* stehen zahlreiche Tische auf der Straße (ebenso der eigentliche Grill!). Bereitet schmackhafte Fleisch- und Pastagerichte für kleines Geld zu.

Lautaro (Av Brasil 7; Hauptgerichte 3–6 US$) Ultramoderne Mischung aus Café, Restaurant und Bar. Tischt prima Pizzas und schön angerichtetes Essen auf; an manchen Abenden spielen Livebands. Von den luftigen Tischen auf dem Bürgersteig kann man wunderbar das Treiben auf der Straße beobachten.

El Charo (Av Córdoba 106; Tagesmenüs 5 US$) Tolles Plätzchen, um abzuhängen und das Leben zu genießen. An Tischen im Freien serviert das El Charo neben den üblichen *parrillada*-Angeboten auch leckere Menüs.

Cuba Libre (Ecke Av Brasil & Paraguay; 🕒 Mi–Sa) Kein Witz: Puerto Iguazús Nachtleben ist so unterhaltsam, dass sogar Brasilianer zum Tanzen hierherkommen. Man stelle sich das mal vor! Derzeit ist das Cuba Libre eine atmosphärische kleine Kneipe mit recht großer Tanzfläche. Der Besitzer hat aber noch einiges vor: Er plant, den Laden in eine Großraumdisco für 3000 Gäste zu umzumodeln.

Anreise & Unterwegs vor Ort

BUS

Vom **Busbahnhof** (☎ 423-006; Ecke Avs Córdoba & Misiones) gehen Busse nach Posadas (12 US$, 5½ Std.) und Buenos Aires (40 US$, 20 Std.);

sie halten unterwegs in weiteren Städten. Regelmäßig besteht auch Verbindung zum Parque Nacional Iguazú (1 US$, 30 Min.). Internationale Routen führen nach Foz do Iguaçu in Brasilien (1 US$, 35 Min.) und Ciudad del Este in Paraguay (1 US$, 1 Std.).

FLUGZEUG

Aerolíneas Argentinas (☎ 420-168; www.aerolineas argentinas.com; Av Victoria Aguirre 295) fliegt täglich nach Buenos Aires (100 US$).

Für Fahrten zum Flughafen verlangt **Caracol** (☎ 420-064; Av Victoria Aguirre 563) 2 US$, Passagiere werden auch direkt am Hotel abgeholt (telefonisch reservieren). *Remises* kosten ca. 9 US$.

TAXI

Gruppen von drei oder mehr Personen teilen sich am besten ein Taxi oder *remise*. So kann man sich recht kostengünstig beide Seiten der Wasserfälle, aber auch Ciudad del Este und das Wasserkraftwerk Itaipú ansehen. Für einen ganzen Tag Sightseeing muss man rund 55 US$ bezahlen – nicht zu vergessen die Visumkosten beim Übergang nach Brasilien. Taxis können über die **Asociación de Trabajadores de Taxis** (☎ 420-282) angefordert werden. Oder einfach einen Fahrer ansprechen.

PARQUE NACIONAL IGUAZÚ

Wasserfälle, so meinen manche, sollen negative Ionen und damit Glücksgefühle erzeugen. Klingt unglaubwürdig? Dann ab zu den **Iguazú-Fälle** – vielleicht wird man ja eines Besseren belehrt: Je näher man an die Fälle herankommt, desto besser wird offensichtlich die Stimmung. Schließlich brechen alle in hemmungsloses Kichern und Quietschen aus – Erwachsene, wohlgemerkt!

Glücksgefühle sind nicht das einzige Argument für einen Besuch. Die Kraft, Größe und brachiale Geräuschkulisse der Fälle sind nur durch persönliches Erleben wirklich zu glauben. Selbst wer tierisch früh kommt, wird das Spektakel sicher nicht mutterseelenallein bestaunen können. Im **Park** (☎ 03757-491-445; Eintritt 10 US$; 🕒 9–18 Uhr) tummeln sich stets zahlreiche Argentinier, Backpacker, Familien und Reisegruppen – wen interessiert's? Schaut man einmal in die „Garganta del Diablo" („Teufelsrachen"), vergisst man die Welt um sich herum sowieso.

Glaubt man einer Legende der Guaraní, sind die Iguazú-Fälle wie folgt entstanden: Ein eifersüchtiger Waldgott zürnte einem Krieger, der zusammen mit einem jungen Mädchen in einem Kanu flussabwärts flüchtete. Direkt vor dem Paar riss der Gott das Flussbett auf und schuf so die steilwandigen Wasserfälle. Das Mädchen stürzte in die Tiefe und verwandelte sich unten angekommen in einen Felsen. Von oben muss der Krieger, seitdem in der Gestalt eines Baumes gefangen, tagein tagaus auf seine gefallene Geliebte herabblicken.

Die geologische Entstehungsgeschichte der Fälle klingt dagegen etwas nüchterner. Im südlichen Brasilien fließt der Río Iguazú über ein Basaltplateau, das abrupt vor dem Zusammenfluss mit dem Paraná endet. Unmittelbar vor der Kante teilt sich das Wasser in etliche Kanäle, die für die diversen, ganz eigentümlichen *cataratas* (Katarakte) verantwortlich sind.

Am meisten Eindruck hinterlässt die halbkreisförmige Garganta del Diablo. Mittels Barkasse und über eine Reihe von *pasarelas* (Laufstege) erreichen Besucher den lautesten und aufregendsten Teil des Abenteuers. Ohne Zweifel unglaublich spektakulär – bleibt nur noch die Frage: Wo ist das Bungeeseil?

Trotz der Beeinträchtigung durch Entwicklungsmaßnahmen ist der 550 km² große Park ein echtes Naturwunder. In dem subtropischen Regenwald wurden bis heute über 2000 Pflanzenarten gezählt. Er ist die Heimat von unzähligen Insekten, 400 Vogelarten sowie etlichen Säugetieren und Reptilien.

Ausreichend Zeit vorausgesetzt, lohnt sich ein Abstecher auf die brasilianische Seite der Fälle. So kann man das ganze Spektakel noch mal aus einem anderen Blickwinkel genießen und sich einen tollen Gesamtüberblick verschaffen (Details s. S. 373).

Praktische Informationen

Busse machen sich in Puerto Iguazú auf den Weg und setzen Fahrgäste unterwegs am Centro de Informes ab. Neben einem kleinen Naturkundemuseum gibt's hier auch ein Fotolabor, einen Andenkenladen und viele weitere Einrichtungen. Ums leibliche Wohl kümmen sich eine Bar sowie verschiedene Restaurants und Snackbars.

EINREISE NACH BRASILIEN

Regelmäßig fahren Busse vom Busbahnhof in Puerto Iguazú nach Foz do Iguaçu in Brasilien (1 US$). Die Fahrzeuge warten, während die Passagiere die Einreiseformalitäten erledigen. Die Grenze ist rund um die Uhr geöffnet; Busse fahren jedoch nur tagsüber. Details zum Grenzübertritt von Brasilien nach Argentinien erfährt man auf S. 375.

Vom Busbahnhof in Puerto Iguazú besteht auch eine regelmäßige Verbindung nach Ciudad del Este in Paraguay (1 US$, 1 Std.). Auch in diesem Fall warten die Fahrzeuge an der Grenze, solange man sich um die Einreiseformalitäten kümmert

---

Gefahren & Ärgernisse

Die Strömung des Río Iguazú ist schnell und stark. Mehr als einmal sind Touristen mitgerissen worden und vor der Isla San Martín ertrunken.

Auch die Tierwelt ist nicht ganz ohne: 1997 fiel der kleine Sohn eines Parkrangers einem Jaguar zum Opfer. Besucher sollten gebührenden Abstand zu den Großkatzen einhalten. Macht man dennoch einmal Bekanntschaft mit einem Jaguar, nicht in Panik ausbrechen. Stattdessen laut, aber beruhigend auf das Tier einreden und auf keinen Fall wegrennen bzw. ihm den Rücken zukehren. Um sich größer als das Tier zu machen, kann man auch mit den Armen rudern oder mit Kleidungsstücken schwenken.

Sehenswertes

Bevor das eigentliche Highlight, die Iguazú-Fälle, besichtigt wird, kann man sich eine Karte schnappen und einen Blick ins Museum werfen. Falls er imzwischen wieder geöffnet ist, hat man vom nahen Turm einen tollen Panoramablick. Wenn am fortgeschrittenen Morgen unzählige Tagesbesucher in Bussen herangekarrt werden, sollte man sich schon den Weg gemacht haben. Unterhalb vom Besucherzentrum legen kostenlose Barkassen zur **Isla Grande San Martín** ab, auf der man eine einzigartige Aussicht auf sich wirken lassen kann. Außerdem bietet sie eine willkommene Zuflucht vor den Menschenmassen auf dem Festland.

Von diversen *pasarelas* ist der Ausblick auf kleinere Stromschnellen und der etwas weiter entfernten **Garganta del Diablo** gigantisch. Regelmäßig klappert ein Zug vom Besucherzentrum aus die verschiedenen Attraktionen ab. An der letzten Haltestelle führt ein Fußweg zu einer Aussichtsplattform, die sich direkt am Abgrund der mächtigen Fälle befindet.

Aktivitäten

Wanderungen auf dem Naturlehrpfad Sendero Macuco machen frühmorgens am meisten Spaß. Er verläuft quer durch den dichten Urwald – mittendrin zweigt dann ein steiler Nebenpfad zum Fuß eines versteckten Wasserfalls ab. Über einen anderen Weg erreicht man den *bañado*, einen Sumpf, in dem unzählige Vogelarten leben. Wer den kompletten Sendero Macuco (6 km) absolvieren möchte, wird rund zweieinhalb Stunden brauchen, um zum Ausgangspunkt zurückzukehren.

Um andere Ziele im Wald zu erreichen, fahren Traveller am besten per Anhalter oder mit einem Leihwagen über die RN 101 in Richtung des Dorfs Bernardo de Irigoyen. Nur wenige Besucher erkunden diese Ecke des Parks – der Urwald ist hier immer noch nahezu unberührt. **Iguazú Jungle Explorer** (☎ 03757-421-696) mit Sitz im Besucherzentrum organisiert Jeeptouren auf dem Yacaratía-Trail, Ziel Puerto Macuco. Im Programm sind auch Speedboat-Thrills unterhalb der Fälle (15 US$).

In den fünf Nächten rund um Vollmond finden um 20.30 und 22.45 Uhr **Mondlichtwanderungen** (☎ 03757-491-469; www.iguazuargen tina.com; geführte Wanderungen mit/ohne Abendessen 27/17 US$) zu den Fällen statt (telefonisch reservieren).

An- & Weiterreise

Für Informationen zur Anreise per Bus s. S. 100.

NORDWESTLICHES ARGENTINIEN

Im Nordwesten wird Argentiniens Geschichte besonders greifbar. Durch ihre Sehenswürdigkeiten und Einwohner ist die „indigenste" Region des Landes stärker mit den benachbarten Andenstaaten verbunden als die europäisch geprägten Großstädte.

GESCHICHTE

Die Bevölkerung der Zentralanden konzentrierte sich schon immer hauptsächlich auf den Nordwesten des heutigen Argentinien. Vor der Ankunft der Spanier lebten hier zahlreiche indigene Stämme wie die Lule südlich und westlich des heutigen Salta oder die Tonocote in Santiago del Estero. Die Diaguita zogen als Nomaden durch die Lande. Noch heute findet man Quechua-Gemeinden bis hinunter ins südliche Santiago del Estero.

1535 machte die Expedition Diego de Amagros auf dem Weg von Cusco nach Chile Station in Jujuy und Salta. Dennoch wurde erst 1553 die erste Stadt in dieser Region, Santiago del Estero, gegründet. Der Widerstand der Indios machte den Konquistadoren das Leben schwer. Doch schließlich entstanden weitere Siedlungen: San Miguel de Tucumán (1565), Córdoba (1573), Salta (1582), La Rioja (1591) und San Salvador de Jujuy (1593). Erst 100 Jahre später saß auch Catamarca fest im Sattel.

Krankheiten und Ausbeutung dezimierten die indigenen Stämme. Land und Eingeborene wurden den Siedlern von der spanischen Krone als *encomiendas* („Aufträge") überlassen. Nachdem diese ihre Wirtschaftskraft eingebüßt hatten, orientierte sich die Region anderweitig. Tucumán lieferte Maultiere, Baumwolle und Stoffe an die Bergwerke von Potosí, Córdoba wurde zum Bildungs- und Kunstzentrum. Durch die Öffnung des Atlantiks für den Schiffsverkehr zum Ende der Kolonialzeit verloren Jujuy und Salta allmählich ihre Bedeutung als Handelsposten. Tucumán dagegen konnte dank der blühenden Zuckerindustrie seine Position ausbauen.

Da die Region weiterhin vom Zucker- und Tabakanbau lebte, wurde sie von Wirtschaftskrisen besonders stark getroffen. Bis heute ist die Provinz Jujuy eine der ärmsten des Landes. Durch den boomenden Tourismus fließt dringend benötigtes Kapital in die Region – so liegt mittlerweile etwas Optimismus in der Luft.

CÓRDOBA

☎ 0351 / 1 272 000 Ew.

2006 wurde Córdoba zur „Kulturhauptstadt des amerikanischen Kontinents" erklärt (ganz schön hochtrabend, nicht wahr?). Das lässt darauf schließen, was einen hier erwar-

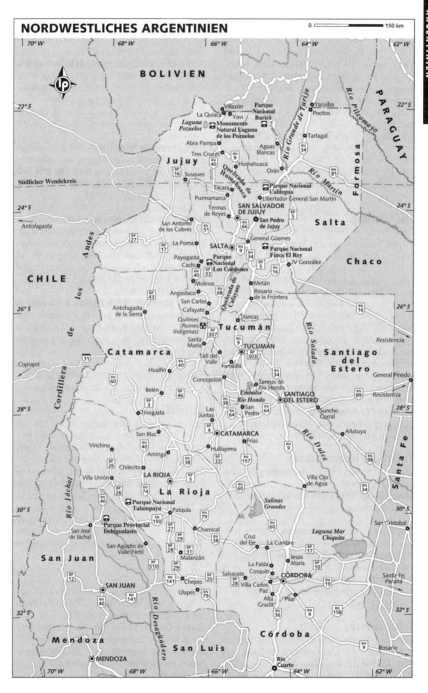

tet: Musik, Theater und Kino in Hülle und Fülle. Für jeden Geschmack gibt's Veranstaltungen in der ganzen Stadt. Die hat gleich sieben (!) Universitäten. Kein Wunder sind die Straßen, Bars und Clubs immer ordentlich am Brummen. Manche halten Córdoba daher sogar für die lebendigste Stadt des ganzen Landes ... oder verbinden mit ihr einfach nur die größte Schmach bzw. den größten Triumph ihrer Fußballnationalmannschaft. Zur Erinnerung: In Córdoba besiegte Österreich die DfB-Elf von Helmut Schön in der zweiten Finalrunde der WM 1978 mit 3:2. I wer' narrisch!

Orientierung

Córdoba liegt 400 m über dem Meeresspiegel am Südufer des Río Primero (oder Sequoia). Am Fuß der Sierra Chica erstreckt sich die Stadt nördlich vom Fluss in die umgebende Landschaft. Das attraktive Stadtzentrum besteht aus einem Labyrinth von Plazas und kolonialen Gebäuden.

Die Plaza San Martín ist Lebensmittelpunkt für die rund 1 Mio. Einwohner. Die Geschäftswelt konzentriert sich dagegen nordwestlich der Plaza auf die Kreuzung der verkehrsberuhigten Straßen 25 de Mayo und Rivera Indarte. Der Busbahnhof wird nicht von den Stadtbuslinien bedient. Das acht Blocks entfernte Stadtzentrum ist jedoch leicht per pedes zu erreichen – einfach auf den großen Turm zumarschieren oder ein Taxi für ca. 1 US$ nehmen.

Praktische Informationen

Im Umkreis der Plaza San Martín gibt's diverse Geldautomaten.

Cambio Barujel (Ecke Buenos Aires & 25 de Mayo) Löst Reiseschecks ein.

Post (Av Gral Paz 201)

Städtische Touristeninformation (☎ 428-5600; www.visitecordobaciudad.com.ar; Rosario de Santa Fe 39)

Städtische Touristeninformation (Filiale; ☎ 433-1980) Im Busbahnhof.

Touristeninformation der Provinz (☎ 428-5856) Im historischen *cabildo* (Rathaus aus der Kolonialzeit) an der Plaza San Martín.

Sehenswertes

Die Besichtigung von Córdobas kolonialen Gebäuden und Denkmälern beginnt mit dem **Cabildo** an der Plaza San Martín. Die **Iglesia Catedral** (Baubeginn 1577) am Südwest-

rand der Plaza vereint verschiedene Architekturstile in sich, u. a. wird sie von einer romanischen Kuppel bekrönt.

Die Jesuitenkirche **Iglesia de la Compañía de Jesús** (Ecke Obispo Trejo & Caseros) von 1645 wirkt äußerlich recht schlicht; die einzigartige Inneneinrichtung ist dagegen ein echtes Meisterwerk. Zu sehen ist z. B. eine Holzdecke in Form eines umgedrehten Schiffsrumpfes.

Die **Iglesia de Santa Teresa** und der dazugehörige **Konvent** beherbergen ein Museum mit religiöser Kunst, das **Museo de Arte Religioso Juan de Tejeda** (Independenciá 122; Eintritt 0,50 US$; ☺ Mi–Sa 9.30–12.30 Uhr).

Die moderne Sachlichkeit des gewaltigen **Museo Provincial de Bellas Artes Emilio Caraffa** (Av Hipólito Yrigoyen 651; Eintritt frei; ☺ Di–So 11–19 Uhr) steht im Kontrast zur sehenswerten zeitgenössischen Kunst, die hier ausgestellt ist. Die thematisch geordneten Sammlungen werden immer wieder durch ein paar „Ausreißer" aufgelockert.

Das **Museo Histórico Provincial Marqués de Sobremonte** (Rosario de Santa Fe 218; Eintritt 1 US$; ☺ Di–Sa 9–13 Uhr) nimmt eines von Córdobas ältesten Gebäuden in Beschlag – es stammt von 1752.

Córdoba hat viele tolle Kinos. Eines der ältesten ist das **Cine Teatro Córdoba** (27 de Abril 275); es zeigt hauptsächlich Kunstfilme.

Aktivitäten

In und um Córdoba herum kann man einiges unternehmen: Im Angebot sind beispielsweise Paragliding, Fallschirmspringen, Wandern und Rafting. Aber auch Kletterer, Freunde des Reitsports sowie Mountainbiker kommen hier auf ihre Kosten. Das Reisebüro Latitud Sur im Tango Hostel (s. S. 106) hat diese und weitere Aktivitäten im Programm. Der Veranstalter bietet einen prima Service und gibt Interessenten gerne Tipps für Unternehmungen auf eigene Faust.

Kurse

Bayaderos (☎ 422-5572; Santiago del Estero 14) Einzel- (7 US$) und Gruppenunterricht (3 US$/Std.) in den Stilen Salsa, Tango, Modern Dance und Bauchtanz.

Spanish Central (☎ 526-1158; www.spanishcordoba. com.ar; Rivadavia 85) Hat individuell zugeschnittene Spanischkurse im Programm (ab 8 US$/Std.). Bei mehreren Stunden pro Woche oder Gruppenunterricht gibt's Ermäßigung.

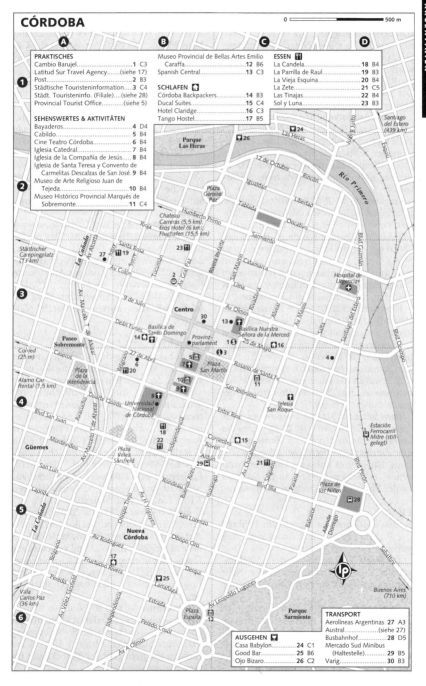

Schlafen

Städtischer Campingplatz (☎ 433-8012; 1,50 US$/ Pers.) Weitläufiger, aber einfacher Campingplatz im Parque General San Martín 13 km westlich der Innenstadt. Bus Nr. 1 fährt von der Plaza San Martín zum Complejo Ferial. Der Messe- und Unterhaltungskomplex liegt rund 1 km vom Park entfernt.

Cordoba Backpackers (☎ 422-0593; www.cordoba backpackers.com.ar; Deán Funes 285; B/DZ 6/14 US$;) Tolle Option in ultrazentraler Lage; mit geräumigen Schlafsälen für vier bis sechs Personen. Besitzt außerdem eine tolle Dachterrasse und einen grasbewachsenen Hinterhof.

Tango Hostel (☎ 425-6023; www.latitudsurtrek.com. ar; Fructuoso Rivera 70; B/DZ 6/14 US$) Wird von jungen Travellern geleitet, die Lateinamerika wie ihre Westentasche kennen. Das Tango überzeugt mit einladender Atmosphäre und prima Gemeinschaftsbereichen. Hier kann man wunderbar abhängen und mit anderen Backpackern Kontakte knüpfen. Zum Haus gehört auch das Reisebüro Latitud Sur.

Hotel Claridge (☎ 421-5741; 25 de Mayo 218; EZ/DZ 11/14 US$) Das Personal an der Rezeption könnte etwas fröhlicher dreinblicken – sonst ist dies aber ein recht angenehmes Budgethotel. Man tut besser so, als spräche man kein Spanisch. Die sauberen Zimmer im OG sind etwas in die Jahre gekommen, sie haben Balkone mit Blick auf die darunter liegende Fußgängerzone.

Ducal Suites (☎ 570-8888; www.hotelducal.com.ar; Corrientes 207; EZ/DZ 40/50 US$;) Eines der komfortabelsten Hotels im Zentrum. Zu den Zimmern gehören Kochecken, geräumige Bäder und teilweise eine hervorragende Aussicht auf die Stadt. Im Sommer ist der Pool auf dem Dach sehr angenehm.

Essen

In den Studentenhochburgen im Umkreis der Plaza Vélez Sársfield findet man viele günstige Bars und Pizzerias.

La Candela (Corrientes; Hauptgerichte 2–5 US$) Rustikaler Studentenschuppen in der Nähe der Obispo Trejo. Serviert Empanadas und *locro*.

Sol y Luna (Av Gral Paz 278; Tagesmenü 3,50 US$) Die „Große" des kleinen vegetarischen Restaurants täuscht: Auf der vielfältigen Speisekarte steht jeden Tag etwas anderes, z. B. Gerichte mit Einflüssen aus Südamerika und Japan.

La Vieja Esquina (Ecke Belgrano & Caseros; Hauptgerichte 2–3 US$) Atmosphärisches Winzlokal mit Mini-Menü. Hier gibt's gerade mal vier Gerichte (*locro*, *humitas*, Empanadas und *tortas*). Alle sind durchweg schmackhaft.

La Parrilla de Raul (Jujuy 278; Hauptgerichte 2,50– 3,50 US$) Die atmosphärischste *parrilla* der Stadt existiert seit 1906. An den Wänden des kleinen und schummrigen Lokals stapeln sich argentinische Weine. *Parrillada* für zwei Personen kostet nur 3,50–5 US$.

La Zete (Corrientes 455; Hauptgerichte 4–6 US$) Beim Betreten des Restaurants mit echter Nahost-Küche schlagen einem vielversprechende Gerüche entgegen. Sie machen Appetit auf die leckeren Kebaps, Empanadas und Salate.

Las Tinajas (Blvd San Juan 32; Mittagessen Mo–Fr 4 US$, Sa & So 5 US$, Abendessen 6 US$) Das größte *tenedor libre* (All-You-Can-Eat-Restaurant) des Landes ist in jeglicher Hinsicht ein Megaladen. Dies reicht von der Speisekarte (asiatische Gerichte, Meeresfrüchte, Salate und Pasta) bis zum künstlichen Fluss mit Wasserfall, der mitten hindurch plätschert.

Ausgehen

Córdobas Lieblingsdrink ist der Fernet Branca. Der starke italienische Kräuterschnaps, der manchen eher wie ein Hustensaft vorkommt, wird fast immer mit Cola gemischt (*Fernet con coca*). Ganz Hartgesottene beginnen den Tag mit dem süßen Gemisch. In Córdoba gibt's im Prinzip zwei Ausgehzonen: In Nuevo Córdoba treffen sich alle hippen Youngster zum Sehen-und-Gesehen-Werden. Nördlich der Stadt („Abasto") geht's dagegen etwas beschaulicher zu. Die meisten Locations verlangen 3 US$ Eintritt (inkl. Freigetränk).

Ojo Bizaro (Igualdad 176; Mi–Sa 23 Uhr–open end) Einer von Córdobas echten Bohème-Läden. Auf die verschiedenen Räume verteilen sich viele niedrige Plastiksofas und verschiedene Dekorationselemente. Für Beschallung sorgen zwei DJs: Der im vorderen Bereich legt Pop auf, hinten laufen dagegen Elektro-Sounds.

Casa Babylon (Las Heras 48) Córdobas ultimative Ska- und Reggaedisko ist klein, besteht aber zu 90 % aus Tanzfläche. So bleibt genug Platz fürs Skanking. Ab ca. 1 Uhr ist am meisten los, gern geht der Trubel dann bis zum Sonnenaufgang.

Good Bar (Ecke Buenos Aires & Larrañaga) Das Surfboard an der Vorderseite ist nicht zu übersehen. Nach Mitternacht kommt richtig Schwung in den Laden.

Unterhaltung

Am Freitagabend steigt die „Patio del Tango" (Eintritt 1 US$, mit Tanzkurs 2 US$) im Freien auf dem Patio Mayor des historischen *cabildo* – vorausgesetzt, das Wetter spielt mit. Den Anfang machen jeweils zweistündige Tangokurse.

Anreise & Unterwegs vor Ort

BUS

Von Córdobas **Busbahnhof** (☎ 433-1988; Blvd Perón 380) fahren Busse nach Tucumán (12 US$, 8 Std.), Buenos Aires (24 US$, 10 Std.), Mendoza (16 US$, 10 Std.), Posadas (25 US$, 18 Std.) und Salta (24 US$, 13 Std.). Verbindungen ins Ausland bestehen nach Florianópolis in Brasilien (66 US$, 32 Std.), Montevideo in Uruguay (43 US$, 15 Std.) und Santiago de Chile (32 US$, 16 Std.).

FLUGZEUG

Aerolíneas Argentinas & Austral (☎ 482-1025; www.aerolineasargentinas.com; Av Colón 520) fliegen regelmäßig nach Buenos Aires (ab 50 US$).

Varig (☎ 425-6262; 9 de Julio 40, 7. OG) schickt Maschinen nach Porto Alegre, Florianópolis und São Paulo in Brasilien. Alle legen eine Zwischenlandung in Buenos Aires ein; daher fliegt man besser zuerst dorthin und bucht für die Weiterreise dann einen günstigeren Flug.

Die online agierende Fluglinie **Gol** (www.voegol.com.br) bietet Flüge nach Brasilien, Paraguay und Buenos Aires. Die Website informiert über aktuelle Schnäppchen.

Der **Flughafen** (☎ 465-0392) liegt ca. 15 km nördlich der Stadt. Die Buslinie A5 („Aeropuerto") fährt von der Plaza San Martín dorthin. Vor dem Einsteigen sollten sich Passagiere an irgendeinem Kiosk einen *cospel* (Gutschein) für 0,30 US$ kaufen. Taxis zum Flughafen belasten die Reisekasse mit rund 4 US$.

RUND UM CÓRDOBA

Regelmäßig fahren Minibusse von der **Minibus-Haltestelle Mercado Sud** (Blvd Illia) in der Nähe der Buenos Aires zu allen im Folgenden aufgelisteten Zielen.

Cosquín

☎ 03541 / 19 000 Ew.

Cosquín ist für sein neuntägiges **Festival Nacional del Folklore** bekannt. Seit mehr als 30 Jahren findet es jedes Jahr Anfang Januar statt – das Festival ist die beste Gelegenheit, um sich vielversprechende argentinische Newcomer anzusehen. Cosquín *war* auch für sein völlig abgedrehtes Rockfestival bekannt. Wegen Ärger mit den Ordnungshütern und „organisatorischen Problemen" musste es jedoch verlegt werden … Derartiges kennt man ja. Wer während des Folklorefestivals hier übernachten möchte, sollte aber bereits mehrere Monate im Voraus buchen. Man kann jedoch auch von Córdoba aus lockere Tagesausflüge hierher unternehmen.

Der **Cerro Pan de Azúcar** östlich der Stadt hat eine tolle Aussicht auf die Sierras und das Stadtgebiet von Córdoba zu bieten. Per Anhalter oder auf Schusters Rappen – es fahren nur wenige Busse und Taxis kosten 6 US$ mit Rückfahrt – geht's zunächst 7 km weit bis zu einem Bergrücken. Von hier aus fährt dann ein *aerosilla* (Sessellift; 3 US$) hinauf zum 1260 m hohen Gipfel. Alternativ kann der steile 25-minütige Aufstieg aber auch zu Fuß absolviert werden. Oben angekommen kann man sich schließlich in einer *confitería* stärken. Als fanatischer Carlos-Gardel-Fan hat der Eigentümer das Gelände mit unzähligen Gardel-Andenken verziert.

Das saubere und gepflegte **Hospedaje Remanso** (☎ 452-681; Gral Paz 38; EZ/DZ 9/13 US$) ist zwar relativ unscheinbar, hat aber ruhige Zimmer.

Vorsicht: Die Besitzerin vom **Hospedaje Siempreverde** (☎ 450-093; Santa Fe 525; DZ 18 US$) ist so charmant, dass man beinahe ein schlechtes Gewissen bekommt, wenn man hier *nicht* übernachtet. Auch das Hotel ist sehr reizvoll: Geräumige Zimmer mit ansprechendem Dekor verteilen sich rund um einen schattigen Garten.

Tische auf dem Bürgersteig erweitern das winzige **Mi Rancho** (San Martín 478; Hauptgerichte 3–4 US$) um ein paar Sitzplätze. Das Lokal tischt hervorragende Empanadas, *locro* und Pizzas auf.

Das **Parrilla Posta Maiten** (Perón 587; Hauptgerichte 4–6 US$) ist weder klein noch vertraulich, wird aber in der ganzen Stadt wärmstens empfohlen.

Regelmäßig fahren Busse nach Córdoba (2 US$, 1½ Std.) und La Falda (1 US$, 45 Min.).

La Falda

☎ 03548 / 15 000 Ew.

Bei La Falda handelt es sich offensichtlich um einen Ferienort – falls jemand weiß warum, kann er es uns gerne schreiben. Jedenfalls gibt's hier mehr Hotels als sonstwas.

Durch die Hügel der Umgebung kann man Wandertouren unternehmen; die Wege beginnen am Miniaturbahn-Museum (s. unten). Hier gibt's auch mehrere Pools und Plattformen mit Aussicht auf die Stadt. Noch mehr planschen kann man bei **7 Cascadas** (Eintritt inkl. Abholung an der Touristeninformation 1 US$). Die Anlage besteht aus drei Schwimmbecken und verschiedenen Badegelegenheiten unterhalb von Wasserfällen. Sie entstanden mit dem Bau des örtlichen Damms. Die nützliche **Touristeninformation** (☎ 423-007; España 50) hat nur unregelmäßig geöffnet.

Das **Museo de Trenes en Miniatura** (Miniaturbahn-Museum; Eintritt 3 US$; ◷ 9–20 Uhr) ist auf alle Fälle einen kurzen Abstecher wert.

Die Unterkunft **Hostería Marína** (☎ 422-640; Güemes 134; Zi. inkl. Frühstück 4 US$/Pers.) hat das beste Preis-Leistungs-Verhältnis in ganz La Falda. Das **Hospedaje San Remo** (☎ 424-875; Argentina 108; Zi. inkl. Frühstück 5 US$/Pers.) ist eine weitere gute Option.

Die Av Edén säumen zahlreiche *parrillas* und Pizzerias.

Echten Sparfüchsen sei das **Tentaciónes** (Diagonal San Martín 74; Hauptgerichte 1–5 US$) mit seinen wenigen Tischen empfohlen. Auf der Karte stehen einfache, aber üppige Burger, Sandwiches und Pizzas – das meiste auch zum Mitnehmen.

Beim Marsch auf den Hügel kommt man an 15 äußerst verführerischen Lokalen vorbei und stößt schließlich auf das **La Parrilla de Raúl** (Edén 1000; All-You-Can-Eat 5,50 US$). Aufgrund der Riesenauswahl an Fleischgerichten und Salaten lohnt sich das Warten. Am Wochenende spielen Livebands.

Busse pendeln zwischen La Falda und Córdoba (2 US$, 2 Std.).

Jesús María

☎ 03525 / 27 000 Ew.

Als sich vor der Küste Brasiliens Piraten das Vermögen der Jesuiten unter den Nagel rissen, sattelte der Orden in Jesús María auf die Weinproduktion um und finanzierte dadurch seine Universität im kolonialen Córdoba. Die Stadt liegt 51 km nördlich von Córdoba und ist über die RN 9 zu erreichen. Anfang Januar steigt hier die **Fiesta Nacional de Doma y Folklore** (www.festivaljesusmaria.com). Zu sehen gibt's *gaucho*-Reitkünste und -gebräuche.

Wer sich nur eine einzige Jesuitenmission anschauen möchte, dem sei das **Museo Jesuítico Nacional de Jesús María** (Eintritt 1 US$) ans Herz gelegt. Inmitten einer ländlichen Idylle ist es sehr einfach zu erreichen. Das wunderbar erhaltene und restaurierte Gebäude beherbergt unzählige Ausstellungsstücke. Aus irgendeinem Grund nimmt eine moderne Kunstausstellung das oberste Stockwerk in Beschlag. Hinter dem Haus können sich Besucher alte Kelterwerkzeuge anschauen.

Busse pendeln zwischen Córdoba und Jesús María (1,50 US$, 1 Std.).

Alta Gracia

☎ 03547 / 43 000 Ew.

Das in der Kolonialzeit gegründete Alta Gracia liegt nur 35 km südwestlich von Córdoba. Die Bergstadt ist äußerst geschichtsträchtig: Die Liste der berühmten Einwohner reicht von jesuitischen Pionieren bis zum Vizekönig Santiago Liniers, vom spanischen Komponisten Manuel de Falla bis zum Revolutionär Ernesto „Che" Guevara. Die Touristeninformation befindet sich im Uhrenturm gegenüber vom Museum Virrey Liniers. Hier ist auch ein guter Stadtplan erhältlich.

Zwischen 1643 und 1762 errichteten die Jesuiten die **Iglesia Parroquial Nuestra Señora de la Merced** am Westrand der zentralen Plaza Manuel Solares. Die ehemaligen Jesuiten-Werkstätten **El Obraje** von 1643 beherbergen heute eine öffentliche Schule. Liniers war einer der letzten Vizekönige von Río de la Plata. Er residierte im heutigen **Museo Histórico Nacional del Virrey Liniers** (Eintritt 1 US$; Di–Fr 9–20, Sa, So & Feiertage 9.30–12.30 & 17–20 Uhr) neben der Kirche.

In den 1930er-Jahren bewohnte die Familie Guevara verschiedene Häuser, hauptsächlich aber die **Villa Beatriz**. Sie wurde zum **Museo Casa Ernest „Che" Guevara** (Avellaneda 501) umgebaut. Es widmet sich vor allem der Jugendzeit der Revoluzzerlegende. Den Fotos zufolge war Che schon als 16-Jähriger schwer aktiv und sah bereits als Twen verdammt cool aus.

Die einfachen Zimmer der charmanten **Hostería Asturias** (☎ 423-668; Vélez Sársfield 127; EZ/DZ 8/15 US$) sind oft komplett ausgebucht.

Das **Hostal Hispania** (☎ 426-555; Vélez Sársfield 57; EZ/DZ 15/25 US$; 🏊) hat lange und schmale Zimmer. Sie sind super modern eingerichtet und verteilen sich rund um einen reizenden Garten mit einem wunderschön gefliesten Pool. Zu vielen Zimmern gehört jeweils ein eigener Balkon.

Edgards (Vierra 225; Hauptgerichte 2–3 US$) serviert schmackhaftes türkisches Essen wie Döner Kebap (2 US$) und verschiedene *lomitos*, Empanadas und Pizzas.

Das **Hispania** (Urquiza 90; Hauptgerichte 3–5 US$) ist eine weitere prima Option, die gigantische Portionen auftischt.

Alle 15 Minuten pendeln Busse zwischen dem **Busbahnhof** (Ecke Perón & Butori) und Córdoba (1 US$, 1 Std.).

Villa Carlos Paz

☎ 03541 / 56 000 Ew.

Ehrlich gesagt: An dieser Stadt scheiden sich die Geister. Carloz Paz ist ein Stückchen Vegas in den Sierras. Hier gibt's alles, was das Herz begehrt – und dazu vieles, was man bislang nicht vermisst hatte. Manche Hotels sehen aus wie die ägyptischen Pyramiden oder der Kreml; dazwischen unternehmen Besucher Tagesausflüge mit einer der Minibahnen. Dazu gesellen sich jede Menge Vergnügungsparks. Ganzer Stolz der Einwohner ist eine zweistöckige Kuckucksuhr (*reloj cu-cu* für die „Spanier" unter uns). Die **Touristeninformation** (☎ 436-430; Kreuzung San Martín-Hipólito Yrigoyen) befindet sich hinter dem Busbahnhof.

Das ausgezeichnete **Carlos Paz Backpackers** (☎ 433-0593; Ecke Sarmiento & Edison; EZ/DZ 5/8 US$) liegt zehn Gehminuten von der „Uhr" entfernt. Es besitzt geräumige Schlafsäle für vier bis sechs Gäste und einen Wohnbereich mit toller Aussicht. Das Hostel organisiert auch Aktivitäten in den Bergen der Umgebung, z. B. Kanutrips, Canopys (Seilbahn-Abenteuer), Raftings, Wandertouren und Abseilen (ab 15 US$/Tag).

Der „Rosa Riese", das **Terrazas del Redantor** (☎ 434-430; www.acarlospaz.com/terrazasdelredantor. html; Ameghino 48; EZ/DZ 13/26 US$; 🏊), hat mitten in der Stadt geräumige und moderne Zimmer – manche sogar mit Aussicht auf die

cu-cu! Außerdem gibt's hier einen gemütlichen, aber etwas trostlosen Garten.

Die Einheimischen halten das **Parrilla Saint Jean** (San Martín 200; Hauptgerichte 2,50–7 US$) für das beste *parrilla* der Stadt.

Regelmäßig fahren Busse nach Córdoba (1,50 US$, 1 Std.) und Cosquin (1 US$, 45 Min.).

LA RIOJA

☎ 03822 / 146 000 Ew.

Die Siesta ist hier heilig: Zwischen 12 und 17 Uhr ist *überall* der Rollladen dicht – nur Buchläden haben offen, warum auch immer. Sobald die Sonne langsam hinter den Bergen der Umgebung verschwindet, verlassen die Einwohner ihre Häuser. Dann verbreitet die Stadt mit ihren drei herrlichen Plazas im Zentrum einen lebendigen und erfrischenden Vibe.

Am Fuß der Sierra del Velasco gründete Juan Ramírez de Velasco im Jahr 1591 Todos los Santos de la Nueva Rioja (154 km südlich von Catamarca). 1894 machte ein Erdbeben viele Gebäude dem Erdboden gleich. Der Ladenbezirk im Umkreis der Plaza 25 de Mayo wurde jedoch im Stil der Kolonialzeit wieder aufgebaut.

Praktische Informationen

Neben einem anständigen Stadtplan gibt's bei La Riojas **Touristeninformation** (☎ 426-345; Pelagio Luna 345) unzählige Prospekte, die weitere Ziele in der Provinz beschreiben.

Cambios sucht man in La Rioja vergeblich; dafür haben diverse Banken einen Geldautomaten. Die **Post** steht an der Perón 764.

Sehenswertes

Zum Zeitpunkt der Recherche waren die folgenden zwei Museen bereits eine Weile „wegen Renovierung" geschlossen. Sollten sie jemals wieder öffnen, nehmen sie sicherlich gern die freiwillige Spende in Höhe von 1 US$ in Empfang.

Das **Museo Folklórico** (Pelagio Luna 811) nimmt ein herrliches Haus aus dem 19. Jh. in Beschlag. Es zeigt u. a. Keramikfiguren von Sagengestalten aus der einheimischen Mythologie. Zu sehen gibt's auch *gaucho*-Ausrüstung und kunterbunte Webstoffe.

Die Sammlung des **Museo Inca Huasi** (Alberdi 650) umfasst über 12 000 Gegenstände, darunter Fundstücke, Tonwaren der Diaguita und Webereien.

Der **Convento de San Francisco** (Ecke 25 de Mayo & Bazán y Bustos) ist die Heimat des Niño Alcalde. Die Darstellung des Jesuskindlein „amtiert" symbolisch als Ehrenbürgermeister der Stadt. Die **Iglesia Catedral** (Ecke San Nicolás & 25 de Mayo) beherbergt das Bildnis des Schutzheiligen Nicolás de Bari, ein weiteres Objekt der Anbetung.

Festivals & Events

Die Zeremonie **El Tinkunako** stellt am 31. Dezember die Vermittlung San Francisco Solanos zwischen Diaguita und den Spaniern nach. Unter zwei Bedingungen erklärte sich der Stamm 1593 bereit, Frieden zu schließen: Der spanische Bürgermeister sollte abtreten und durch Niño Alcalde ersetzt werden.

Schlafen

Country Las Vegas (Stellplatz 2 US$/Pers.) Der Campingplatz liegt östlich der Stadt an der RN 75 (Kilometer 8). Um hierherzukommen, fährt man mit Stadtbuslinie 1 auf der Péron in Richtung Süden.

Pensión 9 de Julio (☎ 426-955; Ecke Copiapó & Vélez Sársfield; EZ/DZ inkl. Frühstück 7/10 US$) Besitzt große Zimmer mit eigenen Bädern und einen reizenden schattigen Hof mit Blick auf die Plaza 9 de Julio.

Hotel Imperial (☎ 422-478; Mariano Moreno 345; EZ/DZ 13/20 US$; P ⊠) Nichts für Fliesenhasser: Nahezu das ganze Hotel ist gekachelt, hat aber ein prima Preis-Leistungs-Verhältnis. Zehn Gehminuten vom Zentrum entfernt, finden sich hier luftige Riesenzimmer mit Kabel-TV und modernen Bädern.

Hotel Plaza (☎ 425-215; www.plazahotel-larioja. com.ar; Ecke 9 de Julio & San Nicolás de Bari; EZ/DZ 30/35 US$; P ⊠ ⊠) Manche Zimmer bieten Aussicht auf die Plaza und sind daher für den Preis ganz o.k. Andere verteilen sich rund um Lichtschächte (nicht ganz so attraktiv, aber gut belüftet). Lobby und Restaurant versetzen Gäste auf angenehme Weise zurück in die gute alte Zeit; dies gilt ein wenig auch für die Zimmer.

Essen

Hollywood (Ecke Rivadavia & San Martín; Gerichte 3–4 US$) So stellt man sich ein perfektes Restaurant vor: Im Freien oder in klimatisierten Speiseräumen futtern hungrige Traveller hier leckere türkische Tapas oder bestellen sich eines der vielen argentinischen Standards. Verköstigt Nachtschwärmer bis in die frühen Morgenstunden.

Café del Paseo (Pelagio Luna & 25 de Mayo; Hauptgerichte 3–5 US$) Angenehme *confitería* mit Tischen rund um einen schattigen Hof.

La Aldea de la Virgen de Lujan (Rivadavia 756; Hauptgerichte 3–5 US$) Serviert schmackhafte hausgemachte Pasta (und sehr selten) Spezialitäten aus der Region. So oder so – das gesunde Essen kommt in gewaltigen Portionen auf den Tisch.

Stanzza (Dorrego 160; Hauptgerichte 4–6 US$) Das freundliche Lokal zählt zu den besten vor Ort. Serviert in vertraulicher Atmosphäre einfallsreiche Gerichte mit Meeresfrüchten und italienische Küche.

Unterhaltung

New Milenium (San Martín 150; ☾ Mi–Sa) Wer auf Großraumdiskos abfährt – tun wir das nicht irgendwie alle? –, kann hier mitten in der Stadt das Tanzbein schwingen.

An- & Weiterreise

Aerolíneas Argentinas (☎ 426-307; www.aerolineas argentinas.com; Belgrano 63) fliegt montag bis samstags nach Buenos Aires (90 US$).

Von La Riojas **Busbahnhof** (☎ 425-453; Ecke Artigas & España) gehen Busse nach: Chilecito (3 US$, 3 Std.), Catamarca (7 US$, 2 Std.), Tucumán (12 US$, 5 Std.), Córdoba (12 US$, 5½ Std.), San Luis (11 US$, 8 Std.), San Juan (8 US$, 6 Std.), Mendoza (17 US$, 8 Std.), Salta (17 US$, 10 Std.) und Buenos Aires (33 US$, 16 Std.).

CATAMARCA

☎ 03833 / 141 000 Ew.

Das attraktive Catamarca ist von Bergen umgeben und erstreckt sich rund um die schattige Plaza 25 de Mayo. Einziger Haken: Hier ist nicht wirklich was geboten. Immerhin: Einmal im Jahr fallen fanatische Anhänger der Virgen del Valle über die Stadt her. Doch danach kehrt wieder recht schnell Ruhe ein.

Orientierung

Um vom Busbahnhof zum fünf Blocks südlich liegenden Zentrum zu gelangen, läuft man rechts aus dem Terminal hinaus und folgt der Güemes bis zur Plaza 25 de Agosto. Dann die Hipólito Yrigoyen zur Rechten entlangmarschieren, bis die Plaza 25 de Mayo in Sicht kommt.

Praktische Informationen

Mehrere Banken im Zentrum haben einen Geldautomaten.

Banco Catamarca (Plaza 25 de Mayo) Löst Reiseschecks innerhalb von 24 Stunden ein.

Post (San Martín 753)

Städtische Touristeninformation (☎ 437-743; turismocatamarca@cedeconet.com.ar; República 446) Unzählige Infoprospekte zu Stadt und Umgebung. Die Angestellten sind normalerweise sehr hilfsbereit.

Sehenswertes

Die **Iglesia y Convento de San Francisco** (Ecke Esquiú & Rivadavia) im neokolonialen Stil beherbergt die Zelle von Pater Mamerto Esquiú. 1853 verteidigte er die Verfassung mit einer berühmt gewordenen Rede. Vor langer Zeit wurde sein Herz gestohlen und auf dem Dach zurückgelassen. Heute ist die Reliquie in einem Kristallkasten auf einem Samtkissen gebettet in der Kirche ausgestellt.

Schluss mit thematisch sortierten und künstlerisch ausgeleuchteten „Kulturinstallationen", die von „Museumsmachern" mit hochgestellten Haaren und Gesichtspiercings entworfen wurden. Im **Museo Arqueológico Adán Quiroga** (Sarmiento zw. Esquiú & Prado; Eintritt 1 US$; Mo–Fr 7–13 & 14.30–20.30, Sa & So 10–19 Uhr) steht das Wesentliche im Mittelpunkt: präkoloniale Tonwaren, Mumien, Schädel und Metallarbeiten, religiöse Artefakte und Stücke aus der Kolonialzeit. Besucher müssen sich praktisch auf Händen und Füßen durch diesen Berg wühlen. Gepflegt wird das Ganze von einem alten Kerl mit Staubschutzmantel und Haarbüschel in den Ohren, der sich nicht sonderlich für einen zu interessieren scheint. Sobald das Eis etwas gebrochen ist, quasselt er allerdings stundenlang.

Festivals & Events

Fiesta de Nuestra Señora del Valle Am Sonntag nach Ostern feiern Tausende von Pilgern aus ganz Argentinien die Virgen del Valle. Diese wird am 8. Dezember in einer farbenfrohen Prozession durch die Stadt getragen.

Fiesta del Poncho Die zwei Juliwochen sind etwas provinzieller geprägt.

Schlafen

Autocamping Municipal (Stellplatz pro Zelt/Pers. 2/1 US$) An Wochenenden und Feiertagen ist hier die Hölle los – ein gefundenes Fressen für die blutdürstigen Moskitos. Der Campingplatz liegt rund 4 km vom Stadtzentrum entfernt. Vom Convento de San Francisco an der Esquiú fährt Buslinie 10 („Camping") hierher.

Residencial Avenida (☎ 422-139; Güemes 754; EZ/DZ 5/9 US$) Ist sein Geld wert und steht in *unmittelbarer* Nähe des Busbahnhofs. Die Einzelzimmer teilen sich Gemeinschaftsbäder, die Doppelvarianten haben dagegen große eigene Nasszellen. Der zentrale Hof lädt zum Sonnenbaden ein.

Sol Hotel (☎ 430-803; solhotel@hotmail.com; Salta 1142; EZ/DZ 13/18 US$) Von allen Budgethotels im Umkreis des Busbahnhofs haben die hellen und fröhlichen Zimmer vom Sol das beste Preis-Leistungs-Verhältnis. Manche sind ansprechender als andere – daher zuerst ein paar besichtigen.

Hotel Casino Catamarca (☎ 432928; César Carman s/n; EZ/DZ 15/23 US$;) Beweist von allen Catamarca-Hotels am meisten Charakter und ist noch dazu ein echtes Schnäppchen. Terracottafliesen und Messingelemente zieren die geräumigen Zimmer. Von denen im hinteren Bereich blickt man auf einen gepflegten Garten mit Riesenpool. Wegen der Partys am Wochenende ist der Geräuschpegel oft recht hoch.

Essen & Ausgehen

Richmond Bar (República 540; Hauptgerichte 2–7 US$) Klassischer Mix aus Restaurant und Bar direkt an der Plaza. Das Richmond ist immer gut für einen Kaffee oder Snack – und das rund um die Uhr.

Sociedad Española (Virgen del Valle 725; Hauptgerichte 3–7 US$) Die „Spanische Gesellschaft" überzeugt mit traditonellen Gerichten von der iberischen Halbinsel (inkl. Meeresfrüchte). Der prächtige Oldtimer ist immer einen Besuch wert.

Los Troncos (M Botello 25; Hauptgerichte 3–7 US$) Nahezu alle Taxifahrer halten dies für das beste *parrilla* der Stadt – die Jungs müssen es schließlich wissen. Serviert auch schmackhafte Fisch- und Pastagerichte.

Bars und Diskos säumen die Av Galindez (Westerweiterung der Prado). Von hier aus ist es nur ein Katzensprung ins Zentrum. Ein Taxi dorthin kostet rund 1 US$.

An- & Weiterreise

Aerolíneas Argentinas (☎ 424-460; www.aerolineas argentinas.com; Sarmiento 589, 8. OG) fliegt von Montag bis Samstag nach Buenos Aires (100 US$).

Von Catamarcas **Busbahnhof** (☎ 423-415; Güemes 850) rollen Fahrzeuge nach: La Rioja (7 US$, 2 Std.), Tucumán (6 US$, 3 Std.), Santiago del Estero (6 US$, 5 Std.), Córdoba (9 US$, 5½ Std.), Salta (10 US$, 8 Std.), San Juan (16 US$, 7 Std.), Mendoza (17 US$, 10 Std.) und Buenos Aires (43 US$, 16 Std.).

SANTIAGO DEL ESTERO
☎ 0385 / 231 000 Ew.

Aufgrund seiner zentralen Lage ist Santiago del Estero ein wichtiger Verkehrsknotenpunkt. Von hier aus fahren Busse nahezu durchs gesamte Land. Leider ist die älteste Stadt des „modernen" Argentiniens ansonsten nicht gerade charmant. Wer zwischen zwei Busverbindungen ein paar Stunden warten muss, kann im Museo Wagner vorbeischauen. Doch selbst die Touristeninformation scheint sich zu fragen, warum Besucher überhaupt hierher kommen.

Die **Touristeninformation der Provinz** (☎ 421-3253; Libertad 417) stellt ab und zu Werke einheimischer Künstler aus. In der Innenstadt gibt's mehrere Banken mit Geldautomat, Reiseschecks lassen sich aber nur schwer einlösen. Die Post findet sich an der Ecke Buenos Aires/Urquiza.

Das **Museo Wagner de Ciencias Antropológicas y Naturales** (Avellaneda 355; ☼ Mo–Fr 7.30–13.30 & 14–20, Sa & So 10–12 Uhr) veranstaltet kostenlose geführte Touren durch seine interessante Sammlung. Zu sehen gibt's u.a. Fossilien, Begräbnisurnen, völkerkundliche Exponate aus dem Chaco und Dinosaurierknochen.

Schlafen & Essen
Campamento Las Casuarinas (Parque Aguirre; Stellplatz 1,50 US$/Pers.) Liegt weniger als einen Kilometer von der Plaza Libertad entfernt; hat schattige Stellplätze.

Residencial Emaus (☎ 421-5893; Moreno Sur 673; EZ/DZ 10/13 US$) In den Zimmern hat irgendjemand die Wände bizarr gestaltet. Allerdings tadellos sauber.

Hotel Savoy (☎ 421-1234; www.savoysantiago.com.ar; Tucumán 39; EZ/DZ 15/25 US$; P ✄) Steht im Herzen der Stadt und hat ein super Preis-Leistungs-Verhältnis. Die herrliche Pracht von Fassade und Lobby gleicht die Gewöhnlichkeit der Zimmer wieder aus.

Mercado Armonía (Tucumán zw. Pellegrini & Salta) Günstig, aber weniger reizvoll als andere argentinische Märkte.

Jockey Club (Independencia 68; Hauptgerichte 3–5 US$) Hier gibt's schmackhaftes Essen direkt an der Plaza. Um hier zu speisen, muss man weder zu kurz geraten sein noch seltsam sprechen. Die Speisekarte ist ziemlich durchschnittlich; dafür sind die Menüs (4 US$) echte Schnäppchen.

Anreise & Unterwegs vor Ort
Aerolíneas Argentinas (☎ 422-4335; www.aerolineas argentinas.com; 24 de Septiembre 547) schickt täglich Maschinen nach Buenos Aires (100 US$).

Der **Busbahnhof** (☎ 421-3746; Ecke Pedro León Gallo & Saavedra) liegt acht Blocks südlich der Plaza Libertad. Ein *remise* vom Flughafen zum Busbahnhof kostet im Durchschnitt 2 US$.

Regelmäßig bestehen Verbindungen nach Tucumán (3 US$, 2 Std.), Catamarca (5 US$, 5 Std.) und Buenos Aires (16 US$, 13 Std.).

TUCUMÁN
☎ 0381 / 528 000 Ew.

Tucumán ist eine Metropole mit Kleinstadtfeeling, in der so langsam Schwung in die Backpacker-Szene kommt: Verantwortlich dafür sind z.B. tolle Hostels und ein pulsierendes Nachtleben. Außerdem warten in den Hügeln der Umgebung ein paar Abenteuer. Den Unabhängigkeitstag am 9. Juli feiert Tucumán im besonders großen Stil. Hintergrund: Hier tagte der Kongress, der 1816 Argentiniens Unabhängigkeit erklärte.

Orientierung
Der Busbahnhof liegt nur ein paar Blocks vom Zentrum entfernt. Wer sich den Dollar für ein Taxi sparen möchte, kann auch locker zu Fuß gehen. Tucumáns **Flughafen** (☎ 426-5072) befindet sich 8 km östlich der Innenstadt. Vom Busbahnhof fährt Bus 120 quer durch den Stadtkern (1 US$). Alternativ berappt man 4 US$ für ein Taxi.

Praktische Informationen
In der Stadt gibt's zahlreiche Geldautomaten.

Maguitur (San Martín 765) Löst Reiseschecks ein (2 % Bearbeitungsgebühr).

Post (Ecke 25 de Mayo & Córdoba)

Touristeninformation (☎ 430-3644; Av 24 de Septiembre 484) An der Plaza Independencia. Unterhält zusätzlich einen Stand im Busbahnhof.

NORDWESTLICHES ARGENTINIEN •• Tucumán

TUCUMÁN

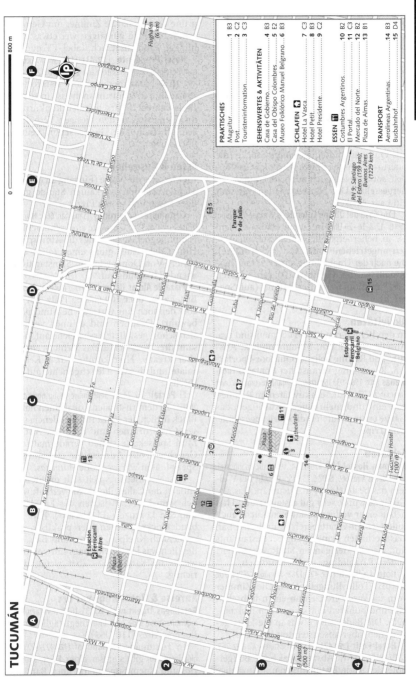

PRAKTISCHES	
Magutur	1 B3
Post	2 C2
Touristeninformation	3 C3
SEHENSWERTES & AKTIVITÄTEN	
Casa de Gobierno	4 B3
Casa del Obispo Colombres	5 E2
Museo Folklórico Manuel Belgrano	6 B3
SCHLAFEN	
Hotel La Vasca	7 C3
Hotel Petit	8 B3
Hotel Presidente	9 C2
ESSEN	
Costumbres Argentinos	10 B2
El Portal	11 C3
Mercado del Norte	12 B2
Plaza de Almas	13 B1
TRANSPORT	
Aerolíneas Argentinas	14 B3
Busbahnhof	15 D4

Sehenswertes

Die **Casa de Gobierno** an der Plaza Independencia wird bei Nacht wunderschön beleuchtet. Seit 1912 ersetzt Tucumáns bedeutendstes Wahrzeichen das *cabildo* aus der Kolonialzeit.

Das **Museo Folklórico Manuel Belgrano** (Av 24 de Septiembre 565; Eintritt frei; ☺ 9–12.30 Uhr) zeigt Pferdegeschirre, Musikinstrumente der indigenen Bevölkerung, Webstoffe und Holzschnitzereien. Hinzu kommen Tonwaren aus Quilmes und einige *randa*-Stücke (die puerto-ricanische Spitze wird nicht geklöppelt, sondern lediglich mit Nadel und Faden hergestellt). Der Museumsladen verkauft ein paar Artikel.

Die **Casa del Obispo Colombres** (Parque 9 de Julio; ☺ 8–12 & 16–20 Uhr) in einem Haus aus dem 18. Jh. beherbergt Tucumáns erste von Ochsen angetriebene *trapiche* (Zuckermühle), die nach der Unabhängigkeitserklärung hergestellt wurde. Geführte Touren erklären die Funktionsweise der Mühle (auf Spanisch).

Aktivitäten

In den Bergen rund um Tucumán sind u. a. Abseilen, Wandern, Mountainbiken, Ausritte und Rafting beliebte Outdoor-Sportarten. Regelmäßig veranstaltet **Montañas Tucumanas** (☎ 1560-93336; http://montanastucumanas.com; Catamarca 375) all diese Aktivitäten im Rahmen von ein- und mehrtägigen Ausflügen, das Ganze ergänzt durch individuell zugeschnittene Trips.

Schlafen

Tucumán Hostel (☎ 420-1584; www.tucumanhostel. com; Buenos Aires 669; B/DZ 6/13 US$; P ⌨) Bei Weitem das beste Hostel in Tucumán. Das alte Gebäude wurde sehr gut restauriert und hat neben einer voll ausgestatteten Küche auch tolle Gemeinschaftsbereiche und eine Bar. Gäste erhalten Ermäßigung bei Restaurants und Bars in der ganzen Stadt. Organisiert zudem Paragliding- und Kanutouren.

Hotel La Vasca (☎ 421-1288; Mendoza 289; EZ/DZ 8/11 US$) Tolle Budgetoption. Die Zimmer vom La Vasca grenzen an einen hübschen Hof und punkten mit klassischen Holzmöbeln. Die Bäder sind etwas in die Jahre gekommen, aber ansonsten top in Schuss.

Hotel Petit (☎ 421-3902; Crisóstomo Álvarez 765; EZ/DZ 9/16 US$) Mit Abstand das beste Budgethotel der Stadt. Dafür sorgen u. a. unzählige grüne Terrassen. Die Zimmer mit Gemeinschaftsbad sind günstiger; wer etwas mehr hinlegt, kann zusätzlich Kabel-TV gucken.

Hotel Presidente (☎ 431-1414; www.tucuman. com/hotelpresidente; Monteguado 249; EZ/DZ 27/34 US$; P ⌨ ⌨) Das moderne und komfortable Presidente in Zentrumsnähe ist in diesem Preissegment wahrscheinlich konkurrenzlos. Gemessen an den hiesigen Verhältnissen scheinen zwei Pools schon beinahe übertrieben.

Essen & Ausgehen

Im Mercado del Norte (Eingang an der Ecke Mendoza/Maipú) verkaufen Stände günstiges Essen und prima Pizzas.

Custumbres Argentinos (San Juan 666; Hauptgerichte 1–4 US$) Die Gerichte sind schmackhaft, Hauptmagnet ist allerdings die Atmosphäre: Hinter dem Haus gibt's einen tollen Biergarten. Von Donnerstag bis Samstag treten abends Livebands auf.

Plaza de Almas (Maipú 791; Hauptgerichte 3–5 US$) Bietet zwar über 100 Gästen Platz, hat sich aber dennoch eine vertrauliche Atmosphäre bewahrt. Draußen und drinnen verteilen sich schön gestaltete Essbereiche auf insgesamt drei Stockwerke. Das Menü ist einfach, aber kreativ. Hier kommen u. a. Kebaps, Salate und diverse Fleischgerichte auf den Tisch.

El Portal (Av 24 de Septiembre; Hauptgerichte 3–10 US$) In dem rustikalen Lokal einen halben Block östlich der Plaza Independencia speisen Gäste drinnen und draußen. Auf der Mini-Speisekarte stehen gerade mal sechs Gerichte. Tolle Adresse für einheimische Spezialitäten wie *locro* oder *humitas*.

Das Nachtleben spielt sich größtenteils entlang der Calle Lillo ab. Sie verläuft westlich vom Markt zwischen der La Madrid und San Lorenzo („El Abasto"). Fünf Gebäudeblocks gehören hier praktisch ausschließlich Kneipen, Diskos und Bars. Ordentlich was los ist allerdings nur von mittwochs bis samstags – aber wenn, dann richtig.

Anreise & Unterwegs vor Ort

Aerolíneas Argentinas (☎ 431-1030; www.aerolineas argentinas.com; 9 de Julio 110) fliegt täglich nach Buenos Aires (110 US$).

In Tucumáns **Busbahnhof** (☎ 422-2221; Brígido Terán 350) gibt's außer einer Post, *locutorios* und einem Supermarkt auch Bars und

Restaurants. Und alles ist auch noch angenehm klimatisiert.

Mit Aconquija besteht Anschluss nach Tafí del Valle (4 US$, 2½ Std.) und Cafayate (9 US$, 7 Std.).

Fernbusse fahren u. a. nach: Santiago del Estero (4 US$, 2 Std.), Córdoba (13 US$, 8 Std.), Salta (8 US$, 4½ Std.), Corrientes (20 US$, 12 Std.), La Rioja (10 US$, 5 Std.) und Buenos Aires (35 US$, 16 Std.).

TAFÍ DEL VALLE
☎ 03867 / 4000 Ew.

Tafí liegt in einem reizenden Tal oberhalb eines Sees. Hierher flüchten die Einwohner Tucumáns vor der Sommerhitze. In der Nebensaison herrscht weitaus weniger Betrieb; dann sind Aufenthalte besonders angenehm (was jedoch nicht bedeutet, dass die Stadt im Sommer von Besuchern überschwemmt wird). Von hier aus kann man prima die Umgebung und die nahen Ruinen von Quilmes (S. 117) erkunden.

Praktische Informationen
Die nützliche **Casa del Turista** (☎ 421-084) steht an Tafís Hauptplaza. Die **Banco Tucumán** (Miguel Critto) hat einen Geldautomaten.

Sehenswertes & Aktivitäten
Auf 2000 m Höhe ist Tafí eine wohltuende Insel in einem subtropischen Ozean. Die Ortschaft ist bekannt für ihren superleckeren handgemachten Käse. Das **Käsefestival** in der zweiten Februarwoche ist daher immer einen Besuch wert – probieren nicht vergessen! Im **Parque Los Menhires** am Südende des La-Angostura-Wasserspielsees stehen über 80 Granitmonumente indigener Völker. Sie stammen von Ausgrabungsstätten in der Nähe – manch einer fühlt sich allerdings an die „Hinkelsteine" auf den Schottischen Hebriden erinnert.

Schlafen & Essen
Autocamping del Sauce (☎ 421-084; Stellplatz/Cabaña pro Pers. 2/3 US$) Die *cabañas* für maximal vier Personen sind so winzig, dass man sich bei Vollbelegung fast nicht mehr umdrehen kann.

Hostel la Cumbre (☎ 421-768; Perón 120; www.lacumbretafidelvalle.com; B/DZ 7/14 US$) Beste Budgetoption vor Ort; mit einfachen Zimmern rund um einen fröhlichen Hof. Der Besitzer liefert tonnenweise Infos zu Touren und

Wandermöglichkeiten in der Umgebung. Nebenbei betreibt er eine tolle kleine Tourfirma. Für Gäste gibt's auch ein heimeliges TV-Zimmer.

Hostería Huayra Puca (☎ 421-190; www.huayra puca.com.ar; Menhires 71; EZ/DZ 20/27 US$; 🖳) Befindet sich in einem hellen und luftigen Gebäude mit interessantem Design. Übernachtet wird in komfortablen und geräumigen Zimmern. Weitere Pluspunkte: Mehrsprachiges Personal, zahlreiche Infos zur Umgebung und Shuttleservice von/nach Tucumán.

Don Pepino (Juan de Perón; Hauptgerichte 3–5 US$) In der gemütlichsten aller *parrillas* spielen meistens Livebands zum Essen. Wer schon immer mal *chivo a la parrilla* (Ziege vom Grill) probieren wollte, sollte dies hier tun.

Unterwegs vor Ort
Das elegante **Hotel Rosada** (Belgrano 322) verleiht Mountainbikes (1 US$/Std.).

CAFAYATE
☎ 03868 / 11 800 Ew.

Auf 1600 m liegt Cafayate am Eingang zur Quebrada de Cafayate. Auf die Umgebung verteilen sich ein paar der besten Weinberge Argentiniens. Besucher haben hier die Möglichkeit, zwei der angenehmsten Aspekte des Lebens zu genießen: Wein trinken und durch die Natur wandern. Bei einem straffen Reiseplan kann man beides kombinieren und eine Flasche mit hinaus in die Quebrada nehmen. In diesem Fall empfehlen wir einen der einheimischen *torrontés* – vorausgesetzt, man kann den guten Tropfen ausreichend kühlen.

Im Februar zieht das Musikfestival **La Serenata** zahlreiche Zuschauer an.

Praktische Informationen
Einen Touristen-Informationskiosk gibt's am nordöstlichen Rand der Plaza San Martín.

Sehenswertes
In der Nähe der Colón dokumentiert das **Museo de Vitivinicultura** (Güemes; Eintritt 0,50 US$; 🕓 Mo–Fr 10–13 & 17–20 Uhr) die Geschichte des Weinanbaus in der Region. Neben drei zentralen **bodegas** (Weinkellern) führen drei nahe Winzereien Touren und Weinproben durch (Tipp: der fruchtige weiße *torrontés*). Wer auf der 25 de Mayo 5 km in Richtung

Südwesten marschiert, stößt auf den Río Colorado. Nach einer ca. zweistündigen Wanderung flussaufwärts erreicht man einen 10 m hohen **Wasserfall** – hier darf geplanscht werden. Unterwegs können Wanderer verborgene Felszeichnungen bewundern. Ach ja: Die Kinder der Einheimischen wissen, wo die Zeichnungen zu finden sind.

Schlafen & Essen

Camping Lorahuasi (☎ 421-051; pro Auto/Zelt/Pers. 1 US$) Hat warme Duschen, einen Pool und einen Lebensmittelladen.

Hostel El Balcon (☎ 421-739; Pasaje 20 de Febrero 110; B/DZ 5/15 US$) Herrliches Hostel mit ebenso tollem Balkon und gut ausgestatteter Küche. Hinzu kommen helle und luftige Gemeinschaftsräume sowie eine 1A-Dachterrasse. Organisiert auch ein paar der besten Touren durch die Quebrada und zu örtlichen Sehenswürdigkeiten. Darüber hinaus gibt's viele Möglichkeiten, etwas auf eigene Faust zu unternehmen.

Hostal Killa (☎ 422-254; hostalkillacafayate@hotmail.com; Colón 47; EZ/DZ 24/29 US$) Wunderschön restauriertes Haus aus der Kolonialzeit. Die sonnigen und geräumigen Zimmer zählen zu den komfortabelsten Unterkünften vor Ort. Im hinteren Bereich gibt's eine stylishrustikale Mischung aus Frühstücksraum und Wohnzimmer.

Im **Mercado Central** (San Martín & 11 de Noviembre) verkaufen verschiedene *comedores* erschwingliche Mahlzeiten. Rund um die Plaza bereiten Restaurants für kleines Geld leckere Gerichte aus der Region zu.

Rincon de los Amigos (San Martín 25; Hauptgerichte 3–7 US$) Mit Aussicht auf die Plaza stehen hier auf dem Bürgersteig schattige Tische. Tolles Plätzchen, um einheimische Spezialitäten wie gegrillte Ziege (4 US$) oder *locro* (2 US$) zu probieren.

Baco (Güemes & Rivadavia; Gerichte 4–7 US$) Wird von allen Restaurants der Stadt am häufigsten empfohlen. Im durch und durch rustikalen Ambiente kommen interessante Variationen argentinischer Standards auf den Tisch. Auch die Auswahl an einheimischen Weinen ist nicht von schlechten Eltern (ca. 6 US$/Flasche).

Heladería Miranda (Güemes zw. Córdoba & Almagro; Kugel ab 0,45 US$) Verkauft einfallsreiche Eissorten mit Weingeschmack und kräftigem Alkoholgehalt.

Anreise & Unterwegs vor Ort

El Indio (Belgrano zw. Güemes & Salta) schickt Busse nach Salta (7 US$, 3½ Std.), Angastaco (2,50 US$, 2 Std.) und San Carlos (1 US$, 40 Min.) oben im Vallee Calchaquíes.

Zu den Ruinen von Quilmes (s. gegenüber) in der Provinz Tucumán gelangen Besucher mit einem der täglich verkehrenden Busse in Richtung Santa María. Die Busse von **El Aconquija** (Ecke Güemes & Alvarado) halten auf der Fahrt nach Tucumán (9 US$, 7 Std.) in Tafí del Valle.

Das **Hostel El Balcon** (☎ 421-739; Pasaje 20 de Febrero 110) verleiht Drahtesel (3 US$/Tag).

RUND UM CAFAYATE
Quebrada de Cafayate

Auf dem Weg von Cafayate nach Salta windet sich die RN 68 durch die „Marslandschaft" der Quebrada de Cafayate. Rund 50 km nördlich von Cafayate bildet die östliche Sierra de Carhuasi die Hintergrundkulisse für markante Sandsteinformationen, so z. B.: die Garganta del Diablo (Teufelsschlund), El Anfiteatro (Amphitheater), El Sapo (Kröte), El Fraile (Pater), El Obelisco (Obelisk) oder Los Castillos (Burgen).

Anstatt per Mietwagen oder in einer geführten Tour erkundet man die Quebrada am besten zu Fuß oder mit dem Fahrrad. Wanderer sollten genügend Trinkwasser dabeihaben und sich morgens auf den Weg machen – nachmittags bläst meistens ein unangenehm heftiger Wind. In Cafayate können Radler ihre Drahtesel in einen der El-Indio-Busse packen, die in Richtung Salta fahren. Ausgestiegen wird an der Garganta del Diablo (Teufelsschlund), einer beeindruckenden Schlucht. Mit dem Fahrrad dauert der Rückweg nach Cafayate je nach Kondition rund vier Stunden – zum Laufen sind die ca. 50 km allerdings sicher zu weit. Wer die Nase voll vom Wandern hat, fährt einfach mit einem anderen El-Indio-Bus zurück in die Stadt.

Valles Calchaquíes

Durch diese Täler nördlich und südlich von Cafayate verlief früher eine Hauptroute über die Anden. Die Calchaquí widersetzten sich den spanischen Versuchen, sie zu Zwangsarbeitern zu machen. Schließlich waren es die Spanier leid, ständig ihre Packtiere verteidigen zu müssen. Daher deportierten sie viele Calchaquí nach Buenos Aires, rissen sich das Land unter den Nagel und legten so den Grundstein für große Landgüter.

CACHI
☎ 03868 / 5200 Ew.

Das unglaublich malerische Cachi ist mit Abstand die schönste Siedlung in den Valles Calchaquíes. Hier ist nicht sonderlich viel los – was aber eine Menge zum Charme des Orts beiträgt.

Übernachtet werden kann z. B. auf dem **Gemeinde-Campingplatz** oder im angeschlossenen **Hostel** (Stellplatz/B 2/4 US$). Das schlichte **Hotel Nevado de Cachi** (☎ 491-004; Zi. 3 US$/Pers.) hat ein ordentliches Preis-Leistungs-Verhältnis. Die beste Unterkunft vor Ort ist jedoch die **Hostería Cachi** (☎ 491-105; www.soldel valle.com.ar; EZ/DZ 30/40 US$; P 🖳 🛒), die in toller Lage auf einem Hügelgipfel thront; das Gästehaus überzeugt mit stylishen und modernen Zimmern. Günstige Restaurants umzingeln die Plaza.

Von Cafayate aus ist Cachi nur mit einem eigenen Gefährt zu erreichen. Alternativ muss man sich auf der RN 40 zwischen Angastaco und Molinos als Anhalter durchschlagen. Wesentlich angenehmer reist es sich mit einem Bus von Salta aus (7 US$, 4 Std.); dabei führt die landschaftlich wunderschöne Cuesta-del-Obispo-Route am Parque Nacional Los Cardones vorbei.

QUILMES
Die prähispanische **pucará** (Indio-Andenfestung; Eintritt 1 US$) liegt 50 km südlich von Cafayate in der Provinz Tucumán. Argentiniens größte erhaltene Ruinenanlage wurde um 1000 errichtet. In der verzweigten Stadtsiedlung lebten auf einer Fläche von rund 30 ha schätzungsweise 5000 Menschen. Die Bewohner von Quilmes pflegten Kontakte mit den Inka und mussten sich erst den Spaniern geschlagen geben. 1667 deportierten die Besatzer die letzten 2000 Indios nach Buenos Aires.

Die dicken Mauern von Quilmes unterstreichen die Wehrhaftigkeit der Festung. Nördlich und südlich vom Zentrum wurden die Überreste zahlreicher Wohnquartiere entdeckt.

Dem **Parador Ruinas de Quilmes** (☎ 03892-421-075; EZ/DZ 30/40 US$) ist ein Restaurant angeschlossen.

Auf dem Weg von Cafayate nach Santa María halten Busse an der Abzweigung nach Quilmes. Die letzten 5 km zu den Ruinen muss man dann zu Fuß oder als Anhalter zurücklegen.

SALTA
☎ 0387 / 465 000 Ew.

Seit ein paar Jahren ist Salta in der Backpacker-Szene schwer angesagt. Kein Wunder: In herrlicher Lage warten hier attraktive Hostels und ein pulsierendes Nachtleben. In und um Salta herum kann man eine ganze Menge unternehmen.

Orientierung
Saltas kommerzielles Zentrum liegt südwestlich der zentralen Plaza 9 de Julio. Die Fußgängerzonen Alberdi und Florida verlaufen zwischen der Caseros und der Av San Martín. Bus 5 verbindet Bahnhof, Innenstadt und Busbahnhof miteinander.

Praktische Informationen
Im Stadtzentrum gibt's diverse Geldautomaten.
Administración de Parques Nacionales (APN; ☎ 431-2686; España 366, 3. OG) Liefert Infos zu den Nationalparks der Provinz.
Cambio Dinar (Mitre 101) Wechselt Bargeld und löst Reiseschecks ein.
Post (Deán Funes 140)
Städtische Touristeninformation (☎ 437-3341; Ecke Av San Martín & Buenos Aires) Betreibt in der Hauptsaison einen Informationskiosk am Busbahnhof.
Touristeninformation der Provinz (☎ 431-0950; Buenos Aires 93) Liegt sehr zentral.

Sehenswertes
CERRO SAN BERNARDO
Für eine herrliche Aussicht auf Salta und das Lerma-Tal empfiehlt sich eine Fahrt mit der **teleférico** (Seilbahn; 3 US$ hin & zurück) ab dem Parque San Martín. Ausdauersportler steigen stattdessen die steilen Stufen hinter dem Güemes-Denkmal hinauf.

MUSEEN
Das **Museo de Arqueología de Alta Montaña** (Mitre 77; Eintritt 3 US$; 🕗 9–13 & 15–20 Uhr) dokumentiert die faszinierende Entdeckungsgeschichte dreier Mumien. Sie wurden auf 6700 m Höhe am Vulkan Llullailaco gefunden. Das dortige Klima hat die Körper nahezu im Originalzustand konserviert, ebenso ein paar Kleidungsstücke und Kultgegenstände.

SALTA

PRAKTISCHES
Administración de Parques
   Nacionales............................1 C3
Bolivianisches Konsulat.............2 E3
Cambio Dinar..........................3 C3
Chilenisches Konsulat...............4 B2
Post.......................................5 C3
Städtische Touristeninformation..6 C4
Touristinformation der Provinz...7 C3

SEHENSWERTES & AKTIVITÄTEN
Convento de San Bernardo........8 D3
Extreme Games.......................9 C3
Iglesia Catedral.....................10 C3
Iglesia San Francisco...............11 C3
Museo de Arqueolgía de Alta
   Montaña.............................12 C3
Museo de Artes
   Contemporaneo...................13 C3
Paddelbootverleih...................14 D4
Salta Rafting.........................15 C3
Turismo Tren a las Nubes......(siehe 9)

SCHLAFEN
Hostal Salta..........................16 C1
Hostel Catedral......................17 C1
Hotel Colonial 18 C3
Terra Oculta Youth Hostel.......19 C4

ESSEN
Madre Tierra.........................20 C3
Mercado Central.....................21 B3
New Time Café.......................22 C3
Viejo Jack.............................23 D3

AUSGEHEN
Frida....................................24 C1
Inside Club............................25 C1
Tabu....................................26 C1
Uno.....................................27 C1
XXJ.....................................28 C1

TRANSPORT
Aerolineas Argentinas............. 29 C3
Busbahnhof...........................30 E4
Dinar Líneas Aéreas................31 C3
LanChile...............................32 C3
Lloyd Aéreo Boliviano.............33 C3

Das **Museo de Artes Contemporaneo** (Zuviría 90; Eintritt 0,30 US$; 9–13 & 16.30–20.30 Uhr) stellt moderne Werke aus. Ihre Schöpfer stammen aus der Stadt, aber auch aus ganz Argentinien und dem Ausland. Das Weltklasse-Museum ist toll ausgeleuchtet und hervorragend organisiert. Ständig gibt's andere Ausstellungen; es empfiehlt sich daher auch ein zweiter Besuch.

KIRCHEN

In der **Iglesia Catedral** (España 596) aus dem 19. Jh. ruht die Asche des Unabhängigkeitshelden General Martín Miguel de Güemes. Die **Iglesia San Francisco** (Ecke Caseros & Córdoba) ist ein Wahrzeichen Saltas – ihr Prunk wirkt schon beinahe übertrieben. Nur Karmelite-

rinnen dürfen das Lehmziegelgebäude des **Convento de San Bernardo** (Ecke Caseros & Santa Fe) betreten. Besucher können aber jederzeit das geschnitzte Portal aus *algarrobo* (Holz des Johannisbrotbaums) bewundern oder während der Messe (tgl. 8 Uhr) einen Blick in die Kapelle werfen.

EL TREN A LAS NUBES

Von Salta aus tuckert der *Tren a las Nubes* (Zug zu den Wolken) durch unzählige Serpentinen und Spitzkehren die Quebrada del Toro hinauf. Endstation oben ist das *puna* (Andenplateau). Als ein echtes Wunder der Ingenieurskunst überspannt der Viadukt La Polvorilla auf 4220 m Höhe einen breiten Wüstencanyon.

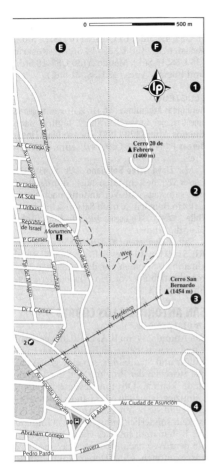

skifahren (12 US$), Ausritten (ab 21 US$), Paragliden (US$50) und Touren mit dem Kite-Buggy (60 US$). Traveller, die mit schwächeren Nerven ausgestattet sind, schippern stattdessen mit einem Paddelboot gemütlich über den See im Parque San Martín (2 US$/20 Min.).

Schlafen

Camping Municipal Carlos Xamena (☎ 423-1341; Libano; Stellplatz pro Zelt/Pers. 1/1 US$; 🏊) Der Campingplatz hat einen Riesenpool. Hierher fährt die Buslinie 3B, Abfahrt an der Ecke Mendoza/Lerma ganz in der Nähe des Busbahnhofs.

Hostal Salta (☎ 431-7191; Balcarce 980; B/Zi. 6/15 US$; 💻) Unterkunft für echte Partytiger im Herz von Saltas *zona viva*. Bietet „Ausflüge" zu den örtlichen Kneipen und Clubs an; Gäste kommen außerdem billiger hinein. Die Zimmer sind überraschend ruhig, aber unzureichend belüftet.

Terra Oculta Youth Hostel (☎ 421-8769; Córdoba 361; B/DZ 7/15 US$; 💻) Durch das Hostel und seine geräumigen Schlafsälen weht der „Backpacker-Geist". Hier gibt's neben einer Tischtennisplatte und einem günstigen Internetzugang gleich zwei Küchen. Weitere Extras: eine sonnige Dachterrasse mit Bar und ein Grillplatz.

Hostel Catedral (☎ 422-7843; Alvarado 532; EZ/DZ 17/20 US$) Das Hostel in wunderbar zentraler Lage hat anständige Zimmer und saubere Bäder. Allerdings scheint das Personal des Hostels entfernt mit der Addams Family verwandt zu sein.

Hotel Colonial (☎ 431-0805; www.hotelcolonialsalta.com.ar; Zuviría 6; EZ/DZ 20/27 US$) Das historische Gebäude an der Plaza ist etwas in die Jahre gekommen, sprüht aber nur so vor Charakter. Das Mobiliar hat offensichtlich die Eröffnung erlebt – Gäste sollten daher kontrollieren, ob die Matratzen durchgelegen sind. Dafür punkten die Balkone mit Aussicht auf die Plaza. Der Frühstücksraum ist wunderbar hell und fröhlich. Zum Hotel gehört auch eine Mischung aus Salon und Pianobar (mit Klavier).

Turismo Tren a las Nubes (☎ 401-2000; Buenos Aires 44) hat ganztägige Ausflüge bis hinüber nach La Polvorilla im Programm. Die meisten Touren (70 US$) finden allerdings nur von April bis November jeweils samstags statt (während der Ferien im Juli eventuell häufiger). Im Preis ist die Verpflegung nicht enthalten (zzgl. 7 US$).

Aktivitäten

Außerhalb der Stadt bietet **Salta Rafting** (☎ 401-0301; www.saltarafting.com; Buenos Aires 88 loc 13) halbtägige Wildwasser-Raftings an (ab 32 US$; 50 US$ inkl. Canopy-Tour). **Extreme Games** (☎ 422-2394; www.extremegame.todowebsalta.com.ar; Buenos Aires 68 loc 1) befriedigt sämtliche Gelüste nach Bungeespringen (28 US$), Jet-

Essen & Ausgehen

Den Westrand der Plaza 9 de Julio säumen die Tische von Cafés und Bars. Hier kann man es sich hervorragend bei einem Kaffee oder ein paar Snacks und Drinks gemütlich machen.

Mercado Central (Av Florida & San Martín) Auf dem großen und lebendigen Markt gibt's günstige Pizzas, Empanadas und *humitas* mit frischem Obst oder Gemüse.

Madre Tierra (Alvarado 508; Hauptgerichte 3–4 US$) Serviert superschmackhaftes Essen ohne Fleisch, beispielsweise braunen Reis, Tofu und Seetang.

New Time Café (Ecke Mitre & Caseros; Frühstück 1– 2 US$, Snacks 2–4 US$) Das Highlight unter den Plaza-Cafés tischt Kaffee und Essen auf. Von den schattigen Tischen haben Gäste eine tolle Aussicht auf *cabildo*, Cerro San Bernardo, Kathedrale und eine begrünte Plaza …

Viejo Jack (Av Virrey Toledo 139; Hauptgerichte 4–6 US$) Fast alle Einheimischen loben das Lokal wegen seines *parrillada*- und Pasta-Angebots.

Frida (Balcarce 935; Gerichte 5–7 US$) Serviert eine prima Auswahl an rotem und weißem Fleisch – lecker: das Kaninchen in Senfsauce. Auch wegen des abwechslungsreichen Dekors und der langen Weinkarte ist das Frida eines der besseren Restaurants vor Ort.

Saltas brummende *zona viva* nimmt die Balcarce südlich vom Bahnhof in Beschlag. Restaurants, Bars und Clubs verteilen sich auf insgesamt vier Gebäudeblocks.

Zu den kleineren Bars gehören u. a. das **Uno** (Balcarce 996) und das **Tabu** (Balcarce 869).

Unterhaltung

Wer auf Großraumdiskos abfährt, kann das **XXJ** (Balcarce 915) oder den **Inside Club** (Balcarce 836) testen.

Anreise & Unterwegs vor Ort

BUS

Saltas **Busbahnhof** (☎ 401-1143; Hipólito Yrigoyen) liegt südöstlich vom Stadtzentrum.

Am Dienstag- und Freitagmorgen bedient Géminis die chilenischen Städte San Pedro de Atacama (4 US$, 12½ Std.) und Calama (45 US$, 14 Std.). Von dort aus geht's weiter nach Antofagasta, Iquique und Arica.

Jeden Tag gehen auch Busse nach Cafayate (5 US$, 3½ Std.). Die Fahrzeuge von El Quebradeño machen sich täglich um 15 Uhr nach San Antonio de los Cobres auf den Weg (5 US$, 5 Std.).

Mit Empresa Marcos Rueda besteht täglich eine Verbindung nach Cachi (7 US$, 4 Std.), ebenso nach Molinos (10 US$, 7 Std.; nicht Di & Do).

Fernreisebusse rollen u. a. nach: Tucumán (8 US$, 4½ Std.), La Quiaca (10 US$, 7 Std.), Resistencia (30 US$, 14 Std.), Rosario (35 US$, 16 Std.), Mendoza (30 US$, 18 Std.) und Buenos Aires (42 US$, 21 Std.).

FLUGZEUG

Aerolíneas Argentinas (☎ 431-1331; www.aerolineas argentinas.com; Caseros 475) fliegt täglich nach Buenos Aires (120 US$), ebenso **Dinar Líneas Aéreas** (☎ 431-0500; Caseros 492) zum gleichen Preis.

Mit **Lloyd Aéreo Boliviano** (LAB; ☎ 431-0320; Caseros 529) besteht dienstags, donnerstags und samstags eine Verbindung nach Santa Cruz in Bolivien. Je nach Saison schickt **Lan-Chile** (☎ 421-7330; Buenos Aires 88) Maschinen über die Anden.

Saltas **Flughafen** (☎ 423-1648) liegt an der RP 51, 9 km südwestlich der Stadt. Rund eineinhalb Stunden vor dem Abheben fahren Shuttlebusse vor den Filialen der Fluglinien ab (2 US$).

SAN ANTONIO DE LOS COBRES

☎ 0387 / 5400 Ew.

San Antonio ist von B. A. Lichtjahre entfernt – und zwar in mehreren Beziehungen: Lage, Kultur und Stadtbild lassen eine große Lücke zwischen der Provinz- und der Hauptstadt klaffen. Ob unbefestigte Straßen, Lehmziegelgebäude oder Landschaft – alles ist irgendwie braun. San Antonio (3700 m) ist kein sonderlich hübscher Ort. Während der Kolonialzeit muss es Handelsreisenden auf dem Weg nach Peru aber wie eine Oase vorgekommen sein. Deren Route führte einst quer durch die Puna de Atacama zum Pazifik. Noch im 20. Jh. legten Viehhändler, die ihre Rinder zu den Nitratminen Chiles trieben, hier eine Pause ein. Mittlerweile aber haben Bahnstrecken und Straßen die Maultiere ersetzt.

El Palenque (☎ 490-9019; Belgrano s/n; Zi. mit Gemeinschaftsbad 5 US$/Pers.) Komfortabelste der ultraeinfachen Budgetunterkünfte vor Ort. Da es nachts sehr kühl werden kann, sollten Decken mitgebracht werden.

Die **Hostería de las Nubes** (☎ 490-9059; Caseros 441; EZ/DZ 18/25 US$) ist das einzige erwähnenswerte Hotel in San Antonio. In den zwölf Zimmern mit eigenen Bädern und doppelt verglasten Fenstern stehen insgesamt 30 Betten. Hinzu kommen ein Restaurant, eine TV-Lounge und Zentralheizung.

Aus den wenigen richtigen Restaurants der Stadt sticht das **Huari Huasi** (Belgrano s/n; Gerichte 2,50–4 US$) positiv hervor. In gemütlichen und einfach dekorierten Räumlichkeiten kommen hier ordentliche Portionen auf den Tisch.

Täglich fahren die Busse von El Quebradeño von Salta nach San Antonio (5 US$, 5 Std.); in die Gegenrichtung machen sie sich um 9 Uhr auf den Weg. Die Rückfahrt nach Salta gestaltet sich mit einem Taxi wesentlich einfacher und schneller (9 US$/ Pers., Minimum 4 Pers.).

SAN SALVADOR DE JUJUY

☎ 0388 / 234 000 Ew.

Auf der Fahrt in Richtung Norden spürt man in Jujuy so langsam die Nähe zu Bolivien. Anzeichen hierfür sind u. a. die Gesichter der Menschen und das chaotische Straßenbild, ebenso die Märkte auf den Bürgersteigen und die Speisekarten der Restaurants. Anstelle von „regionalen Spezialitäten" stehen darauf selbstverständlich *locro*, *humitas* und *sopa de mani* (würzige Erdnusssuppe).

In der Kolonialzeit war Jujuy eine wichtige Zwischenstation für Maultierhändler auf dem Weg nach Potosí. Auch im Unabhängigkeitskrieg spielte die Stadt eine bedeutende Rolle: General Manuel Belgrano befahl die Evakuierung aller Einwohner, um ihre Gefangennahme durch die Royalisten zu verhindern. Jedes Jahr im August findet deshalb hier die einwöchige Semana de Jujuy statt. Mit ihrem größten Fest feiert die Stadt dabei den **éxodo jujeño** (Auszug aus Jujuy).

Orientierung

Das koloniale Herz der Stadt ist die Plaza Belgrano. Das Geschäftsleben spielt sich größtenteils entlang der Belgrano ab (teilweise Fußgängerzone). Um vom Stadtzentrum zum Busbahnhof zu kommen, marschiert man mit dem Hügel im Rücken die Av Dorrego nordwärts entlang und überquert anschließend den Fluss.

Praktische Informationen

Die **Touristeninformation der Provinz** (☎ 422-1326; Av Urquiza 354) befindet sich im alten Bahnhof. Das Personal ist sehr hilfsbereit und verteilt eine Vielzahl von Stadtplänen und Prospekten.

Entlang der Belgrano gibt's viele Geldautomaten. Banken lösen normalerweise Reiseschecks ein. Die Post steht an der Ecke Lamadrid/Independencia.

Sehenswertes

Jujuys **Iglesia Catedral** von 1763 erhebt sich gegenüber der Plaza Belgrano. Ihre vergoldete Barockkanzel im spanischen Stil erschufen einheimische Kunsthandwerker unter der Leitung eines europäischen Meisters. Der farbenfrohe Kunstmarkt **Paseo de los Artesanos** (9–12.30 & 15–18 Uhr) belegt einen kleinen Platz neben dem Gotteshaus. Am Südrand der Plaza Belgrano steht die imposante **Casa de Gobierno**, erbaut im Stil eines französischen Palasts. Sie beherbergt Argentiniens allererste Nationalflagge. Das koloniale **cabildo** am Nordrand der Plaza verdient mehr Aufmerksamkeit als das **Museo Policial** im Inneren.

Das **Museo Histórico Provincial** (Lavalle 256; Eintritt 0,50 US$; ☽ 8–12.30 & 16–20 Uhr) widmet sich bestimmten Aspekten der Provinzgeschichte.

Selbst bei geringen Spanischkenntnissen ist das **Museo Arqueológico Provincial** (Lavalle 434; Eintritt frei; ☽ 8–13 & 14–21 Uhr) äußerst sehenswert. Besonders faszinierend ist die Darstellung des Schamanenkults, der in dieser Region sehr bedeutsam war; außerdem gibt's tolle Führungen. Dafür lassen die schlecht beschilderten Exponate Besucher etwas im Regen stehen.

Bei einem Aufenthalt in Jujuy ist das Planschen in den **Thermalbädern** (Eintritt 1 US$; ☽ 9–19 Uhr) der **Hostería Termas de Reyes** quasi Pflicht. Sie liegen 20 km nordwestlich vom Zentrum und begeistern mit einer herrlichen Aussicht auf den malerischen Río-Reyes-Canyon. Von der Nordseite des Busbahnhofs fahren Busse („Termas de Reyes") hierher. Badewillige sollten sich etwas zu essen mitbringen, da das Restaurant der *hostería* ordentlich die Hand aufhält.

Schlafen

Camping El Refugio (☎ 490-9344; Stellplatz 1 US$/Zelt zzgl. 1 US$/Pers.) Liegt rund 3 km westlich der Innenstadt. Von Stadtzentrum oder Innenstadt besteht Verbindung mit Buslinie 9.

Residencial Chung King (☎ 422-8142; Alvear 627; EZ/DZ 8/10 US$) Beste Budgetunterkunft in Zentrumsnähe mit anständigen Zimmern, die allerdings eine unterschiedliche Qualität

besitzen – daher ein paar ansehen. Ist klein und etwas heruntergekommen; im hinteren Bereich hat man seine Ruhe vor dem Lärm des Kellerrestaurants.

Casa de Barro (☎ 422-9578; www.casadebarro. ar; Otero 294; Zi. mit Gemeinschaftsbad 8 US$/Pers.) Das Haus ist wunderschön dekoriert und bringt etwas Klasse in Jujuys ansonsten recht durchschnittliche Hotellandschaft. Dafür sorgen u. a. Drucke mit Indio-Motiven an den Wänden und rustikal eingerichtete Zimmer.

Hotel Jujuy Palace (☎ 423-0433; jpalace@imagine. com.ar; Belgrano 1060; EZ/DZ 38/48 US$;) Wen es die Reisekasse hergibt, steigt man am besten im Palace ab. Die geräumigen Zimmer sind modern und geschmackvoll eingerichtet. Hinzu kommen eine prima Aussicht und Bäder mit großen Wannen.

Essen & Ausgehen

Mercado Municipal (Ecke Alvear & Balcarce) Im Obergeschoss servieren diverse Lokale günstige einheimische Spezialitäten. Die Gerichte sind allgemein würziger als im übrigen Argentinien. Probieren: *Chicharrón con mote* (Schweinefleisch aus der Pfanne mit gekochtem Mais).

Los Dos Chinos (Alvear 735; Hauptgerichte 2–5 US$) Tolle *confitería* mit der altmodischen Atmosphäre einer Billardhalle. Dies liegt u. a. an den Pooltischen im hinteren Bereich. Auf der Karte stehen *minutas*, günstige Frühstücksangebote und prima Kaffee.

Chung King (Alvear 627; Hauptgerichte 3–7 US$) Umfangreiche argentinische Speisekarte und super Service. Zu dem Laden gehören eine *rotisería* und eine Pizzeria nebenan. Beide servieren gute und günstige Küche.

Madre Tierra (Belgrano 619; Mittagessen mit 4 Gängen 3,50 US$) Tolles argentinisches Restaurant mit leckerem vegetarischem Essen. Die Salate, Crepes und Suppen werden mit Karotten- oder Apfelsaft hinuntergespült. Alle Gerichte sind einfach, gesund und hausgemacht. Das urige Lokal bietet willkommene Abwechslung zur argentinischen Standardküche.

Zorba (Ecke Necochea & Belgrano; Hauptgerichte 5–8 US$) Man lese und staune: Mitten in Jujuy gibt's erstklassiges griechisches Essen, z. B. Salate, gefüllte Weinblätter und *koftas* (Bällchen aus gehäckseltem Gemüse). Freunde des üppigen Frühstücks bestellen sich das „Americano": Es bietet alles, was man für einen gelungenen Start in den Tag so braucht.

Nachtschwärmer können in Jujuy zwischen zwei Möglichkeiten wählen: dem superhippen **Carena** (Ecke Balcarce & Belgrano; ☽ Di–Sa Mittag- & Abendessen) mit seiner minimalistischen Einrichtung und der schlichten und etwas raubeinigen *peña* **Savoy** (Ecke Alvear & Gorriti; ☽ Do–Sa). Hier spielen Folklore-Livebands bis in die frühen Morgenstunden.

Anreise & Unterwegs vor Ort
BUS
Jujuys heruntergekommener **Busbahnhof** (☎ 422-1375; Ecke Av Dorrego & Iguazú) teilt sich ein Gebäude mit dem Mercado del Sur. Hier starten Regional- und Fernbusse; Saltas Fahrplan ist jedoch wesentlich umfangreicher.

Busse in Richtung Chile machen auf der Fahrt von Salta nach Calama dienstags und freitags in Jujuy Station (tagsüber 33 US$, nachts 40 US$). Beim Géminis-Büro am Terminal können Fahrgäste im Voraus reservieren.

El Quiaqueño fährt nach La Quiaca (7 US$, 5 Std.), Humahuaca (3,50 US$, 2 Std.) und Tilcara (3 US$, 2 Std.). Mit Cota Norte besteht täglich eine Verbindung nach Libertador General San Martín (3 US$, 2 Std.). Von dort aus geht's weiter zum Parque Nacional Calilegua.

Fernbusse rollen u. a. nach: Salta (3 US$, 2½ Std.), Tucumán (10 US$, 5 Std.), Córdoba (25 US$, 13½ Std.), Mendoza (32 US$ 14 Std.), Resistencia (26 US$, 14 Std.) und Buenos Aires (40 US$, 20 Std.).

FLUGZEUG
Aerolíneas Argentinas (☎ 422-2575; www.aerolineas argentinas.com; Belgrano 1056) fliegt von Dienstag bis Freitag nach Buenos Aires (120 US$).

Jujuys **Flughafen** (☎ 491-1103) liegt 32 km südöstlich der Stadt. Für Passagiere betreibt die Fluglinie einen Shuttleservice.

QUEBRADA DE HUMAHUACA
Nördlich von Jujuy schlängelt sich die RN 9 durch die Quebrada de Humahuaca. Die malerische Landschaft besteht aus farbenprächtigen kahlen Hügeln und winzigen Dörfern. Die Quechua-Bauern bestreiten ihren kärglichen Lebensunterhalt, indem sie Mais anbauen und magere Rinder züchten. Entlang der kolonialen Postroute nach Potosí erinnern die Architektur und andere Kulturfeatures an Peru und Bolivien.

Erdbeben zerstörten zahlreiche Lehmziegelkirchen, die im 17. und 18. Jh. vielerorts wieder aufgebaut wurden. Sie haben stabile Mauern, schlichte Glockentürme und großartige Türen. Das Holz der Vertäfelungen stammt vom *cardón*-Kaktus.

Tilcara
☎ 0388 / 5600 Ew.
Tilcara ist nicht nur die angenehmste Quebrada-Stadt, sondern auch eine der schmucksten. Hier gibt's ein paar tolle Restaurants und Unterkünfte.

Tilcaras Hauptattraktion ist die *pucará* oben auf dem Hügel. Die prähispanische Festung begeistert mit einer unverstellten Aussicht. Doch auch seine Museen und sein Ruf als Künstlerkolonie machen das Dorf zu einem reizvollen Zwischenstopp. Bei der Touristeninformation in der Gemeindeverwaltung ist eine nützliche Karte erhältlich. Die Banco Macro an der Plaza hat einen Geldautomaten.

SEHENSWERTES
Die Universidad de Buenos Aires leitet das perfekt organisierte **Museo Arqueológico Dr. Eduardo Casanova** (Belgrano 445; Eintritt 1 US$, Di frei; ☽ 9–12.30 & 14–18 Uhr). Manche Ausstellungsstücke stammen aus der *pucará*. Besonders beeindruckend ist ein Raum, der Zeremonienmasken und deren Herstellung gewidmet ist. Das Museum befindet sich in einem herrlichen Haus aus der Kolonialzeit am Südrand der Plaza Prado. Das Eintrittsticket gilt auch für El Pucará.

Das **Museo José Antonio Terry** (Rivadavia 459; Eintritt 2 US$, Do frei; ☽ Mo geschl.) zeigt die Werke des in Buenos Aires geborenen Malers. Er beschäftigte sich hauptsächlich mit ländlichen und Indio-Themen, seine Ölgemälden zeigen vor allem Weber, Markt- und Straßenszenen sowie die Porträts und Arbeiten einheimischer Künstler. Ab und zu gibt's auch Wanderausstellungen mit moderner Kunst zu sehen.

Hoch über der Schwemmlandschaft des Río-Grande-Tals erhebt sich auf einem einsamen Hügel **El Pucará** (Eintritt 1 US$). Die teilweise hervorragend rekonstruierte Festung liegt 1 km südlich von Tilcaras Zentrum. Vom höchsten Punkt ist die Aussicht auf das Tal phantastisch. Die Eintrittskarte gilt auch für das Museo Arqueológico Dr. Eduardo Casanova.

Nur ein paar Kilometer südlich von Tilcara findet sich der an einem Hügel liegende Friedhof **Maimará**. Den *muss* man einfach knipsen.

SCHLAFEN & ESSEN

Autocamping El Jardín (☎ 495-5128; Stellplatz 2 US$/Pers.) Campingplatz in Flussnähe am Westende der Belgrano. Neben warmen Duschen gibt's hier auch wunderbare Gemüse- und Blumengärten.

Albergue Malka (☎ 495-5197; tilcara@hostels.org.ar; B 8 US$) Hervorragende Unterkunft auf einem Hügel. Das toll gestaltete Gelände liegt am Ostende der San Martín, vier Blocks von der Plaza Prado entfernt. Das Stadtzentrum ist in zehn Gehminuten zu erreichen. Gäste mit HI-Ausweis erhalten Ermäßigung. Die Eigentümer organisieren auch Wanderungen und motorisierte Touren durch die Quebrada.

Posada de Luz (☎ 495-5017; www.posadadeluz.com.ar; Ambrosetti & Alverro; Zi. 30–40 US$; P 🐾) Großartiges kleines Gästehaus mit modern-rustikalem Charme. Die teureren Zimmer haben jeweils einen Wohnbereich. Zu allen gehören dickbäuchige Öfen und eigene Terrassen mit klasse Aussicht aufs Tal – perfekt, um einen Gang runterzuschalten.

El Cafecito (Ecke Belgrano & Rivadavia) Das kleine Lokal serviert prima Kaffee und Croissants. Auch die hausgemachten Kuchen (1 US$) sehen einfach lecker aus.

La Chacana (Paseo Tierra Azul; Hauptgerichte 3–5 US$) Beim La Chacana stehen die Tische drinnen und draußen (letztere auf einer stark zenartigen Veranda). Überzeugt mit dem interessantesten Menü vor Ort. So gibt es u. a. Quinoa, Wildpilze und einheimische Kräuter.

UNTERHALTUNG

La Peñalta (Rivadavia s/n) In der *peña* (Folklore-Club) am Nordrand der Plaza Prado treten Livebands auf.

ANREISE & UNTERWEGS VOR ORT

Der Busbahnhof liegt drei Blocks westlich der Plaza Prado an der Exodo. Von hier aus fahren Busse in Richtung Norden und Sü-

den, z. B. nach Jujuy (3 US$, 2 Std.), Humahuaca (1,50 US$, 40 Min.) und La Quiaca (5 US$, 5 Std.).

Fahrräder können gegenüber vom Autocamping El Jardín ausgeliehen werden (1/7 US$ pro Std./Tag). Beim Fahrradverleih sind auch prima Regionalkarten für Tagesausflüge erhältlich.

Humahuaca

☎ 03887 / 11 400 Ew.

Die Kleinstadt Humahuaca ist eine beliebte Zwischenstation auf der Reise von Salta nach Bolivien. In den Lehmhäusern an den schmalen Pflasterstraßen wohnen hauptsächlich Quechua. In der Umgebung können Traveller einiges unternehmen. Die Stadt liefert außerdem ein paar klasse Fotomotive.

PRAKTISCHE INFORMATIONEN

Die **Touristeninformation** (Ecke Tucumán & Jujuy) im *cabildo* hat nur selten geöffnet. Dafür ist Federico Briones (leitet „El Portillo", s. gegenüber) eine sprudelnde Infoquelle. Er spricht Englisch, kennt die Gegend wie seine Westentasche und veranstaltet Wanderungen durch die Quebrada. Eine Post gibt's auf der anderen Seite der Plaza.

SEHENSWERTES

Täglich erscheint eine lebensgroße Figur von San Francisco Solana zur Mittagsstunde am Uhrenturm des **cabildo**. Interessierte Besucher sollten allerdings überpünktlich erscheinen: Die Uhr geht sehr ungenau – außerdem ist die Figur nur ein paar Augenblicke lang zu sehen.

Humahuacas Patronin residiert in der **Iglesia de la Candelaria** aus der Kolonialzeit. Das Gotteshaus beherbergt Ölgemälde, die der Maler Marcos Spaca aus Cusco im 18. Jh. anfertigte. Das **Monumento a la Independencia** oberhalb der Stadt erschuf der Bildhauer Ernesto Soto Avendaño aus Tilcara.

Im **Museo Folklórico Regional** (Buenos Aires 435/447; Eintritt 3,50 US$) hat der einheimische Schriftsteller Sixto Vázquez Zuleta das Sagen (er bevorzugt allerdings seinen Quechua-Namen „Toqo"). Das Museum kann nur im Rahmen von offiziellen Führungen besichtigt werden.

Wer von Humahuaca aus 10 km über eine Schotterpiste in Richtung Norden fährt, erreicht die größte **Ruinenanlage** Nordwest-

KINDER DES KARNEVALS

Anfang 2006 startete die argentinische Regierung ein bahnbrechendes Programm in den nordwestlichen Städten. Sexualkundeunterricht und die Verteilung von Kondomen haben ihren Grund: Neun Monate nach *carnaval* bringen ungewöhnlich viele Singlemütter im Teenageralter ein Kind auf die Welt – während der Feierlichkeiten fallen sämtliche Hemmungen dem gesteigerten Alkoholkonsum zum Opfer. Den Einwohnern der Städte ist das Phänomen natürlich seit Langem bekannt. Kinder, die Ende November/Anfang Dezember geboren werden, bezeichnen sie daher als *los hijos del carnaval* (Kinder des Karnevals).

argentiniens. Die präkolumbischen Überreste bedecken bei **Coctaca** auf der Ostseite einer Brücke über den Río Grande ein 40 ha großes Gelände. Hierbei handelt es sich wahrscheinlich hauptsächlich um Terrassenfelder auf Schwemmland. Doch ebenso sind deutliche Umrisse von Gebäudeansammlungen zu erkennen.

FESTIVALS & EVENTS
Beim **carnaval** geht's hier besonders hoch her. Am 2. Februar ehrt das Dorf mit einem **Festival** seine Schutzheilige, die Virgen de la Candelaria.

GEFÜHRTE TOUREN
Turismo Hasta las Manos (☎ 421-075; www.hlm expeditions.com.ar; Barrio Milagrosa) ist noch nicht lange im Geschäft. Der Anbieter hat sich auf unkonventionelle Touren durch die Region spezialisiert. Angeboten werden u. a. Sandboarding, Wanderungen zu entlegenen Zielen und Leihfahrräder (2/10 US$ pro Std./Tag).

SCHLAFEN & ESSEN
Posada del Sol (☎ 421-466; Barrio Milagrosa s/n; B/DZ 7/17 US$) Das funky Posada del Sol in einem Gebäude aus Lehmziegeln liegt nur 400 m jenseits der Brücke. Es besitzt wunderschön gestaltete Zimmer (alle mit Gemeinschaftsbad) und eine toll ausgestattete Küche. Gäste können anrufen und sich am Busbahnhof abholen lassen.

Residencial Humahuaca (☎ 421-141; Córdoba 401; EZ/DZ 13/20 US$) Nicht besonders aufregend,

aber sauber und komfortabel. Steht in der Nähe von Plaza und Busbahnhof.

El Portillo (Tucumán 69; Hauptgerichte 3–5 US$) Serviert einfache, leckerem Mahlzeiten im rustikalen Ambiente. Schon einmal Lamaeintopf probiert? Hier hat man die Gelegenheit dazu. Jeden Abend spielen Livebands (ab 20 Uhr).

Am Busbahnhof gibt's eine passable *confitería*. Die El Rancho Confitería an der Belgrano in unmittelbarer Nähe ist jedoch eine bessere Alternative: Sie tischt Kaffee und leichte Gerichte auf.

AN- & WEITERREISE
Vom **Busbahnhof** (Ecke Belgrano & Entre Ríos) fahren mehrere Buslinien nach Salta (6 US$, 5 Std.) und Jujuy (3,50 US$, 2 Std.). In Richtung Norden geht's nach La Quiaca (4 US$, 3 Std.).

LA QUIACA
☎ 03885 / 15 000 Ew.

Wer nicht gerade nach Bolivien unterwegs ist, hat hier eigentlich nichts verloren. Immerhin: Wer mitten in der Nacht ankommt, sucht besser auf der argentinischen Seite eine Unterkunft – die Einrichtungen sind wesentlich besser als in Villazón (s. S. 260) jenseits der Grenze.

In La Quiaca gibt es keine Touristeninformation. Allerdings kann man bei der ACA-Tankstelle an der RN 9 Karten bekommen. Falls die Banco de la Nación keine Reiseschecks einlöst, können Traveller ihr Glück bei Universo Tours in Villazón versuchen. Eine Post gibt's an der Ecke Av Sarmiento/San Juan.

Mitte Oktober steigt die **Manca Fiesta**. Dann strömen *campesinos*, die Landbewohner aus der Umgebung, zum Handeln und Tanzen in die Stadt.

Schlafen & Essen
Hotel Frontera (☎ 422-269; Ecke Belgrano & República de Árabe Siria; EZ/DZ mit Gemeinschaftsbad 4/6 US$) Die Preise sprechen Bände: Die Unterkunft ist nichts Besonderes, aber für eine Nacht ganz in Ordnung. Das beliebte Restaurant im vorderen Bereich bietet eine gute und günstige Küche.

Hostería Munay (☎ 423-924; www.munayhotel. jujuy.com, spanisch; Belgrano 51–61; DZ 5 US$/Pers.) Gästehaus in zentraler Lage. Schwächelt mittlerweile etwas in Sachen Preis-Leis-

tungs-Verhältnis, ist aber ruhig und hat Zimmer mit Bad und TV (13 US$ inkl. Frühstück).

Hotel de Turismo (☎ 422-243; Ecke Av San Martín & República de Árabe Siria; EZ/DZ 13/22 US$) Beste Unterkunft vor Ort. Mit Parkettböden und einer Lobby voller Pflanzen. Die ordentlichen Zimmer sind geräumig und mit TV, Telefon und Leselampen ausgestattet.

Parrillada La Cabaña (España 550) Das Beste an diesem Lokal ist die Tatsache, dass es rund um die Uhr Snacks und leichte Gerichte serviert. Das Mittagsmenü ist ein absolutes Schnäppchen (2,50 US$).

Confitería La Frontera (Belgrano & República de Árabe Siria; alle Gerichte unter 2 US$) Das Oldschool-Diner verlangt für seine viergängigen Komplettmenüs nur 2 US$.

An- & Weiterreise

Vom **Busbahnhof** (Ecke Belgrano & Av España) gehen Busse regelmäßig nach Jujuy (7 US$, 5 Std.)

EINREISE NACH BOLIVIEN

Da keine öffentlichen Verkehrsmittel fahren, muss der Kilometer zwischen Busbahnhof und Grenze per pedes oder mit einem Taxi (1 US$) zurückgelegt werden. Die Grenze ist täglich von 6 bis 20 Uhr geöffnet; Details zum Grenzübertritt von Bolivien nach Argentinien s. S. 261.

und Salta (10 US$, 7 Std.). Die Fahrzeuge halten unterwegs in verschiedenen Städten. Zudem gibt's diverse Fernverbindungen.

RUND UM LA QUIACA

Das Dorf **Yavi** liegt 16 km östlich von La Quiaca. Die hiesige **Iglesia de San Francisco** ist für ihren Altar und ihre Gemälde bekannt – außerdem sind geschnitzte Statuen und eine Kanzel mit vergoldeten Blättern zu sehen. Die **Casa del Marqués Campero** in der Nähe gehörte einst einem Adligen, der die Besitzerin der ursprünglichen *encomienda* zur Frau nahm. So nahm eine Dynastie ihren Anfang, die im 18. Jh. die Wirtschaft der Region dominierte.

Das freundliche **Hostal de Yavi** (☎ 03887-490-508; hostaldeyavi@hotmail.com; Güemes 222; B/EZ/DZ 5/15/23 US$), untergebracht in einem schnuckeligen Gebäude, hat saubere Einrichtungen.

Regelmäßig fahren Busse von La Quiaca nach Yavi (5 US$, 1½ Std.). Ansonsten kann man sich auch ein Taxi (5 US$ hin & zurück inkl. Wartezeit) mit anderen Travellern teilen. Ungefähr alle 30 Minuten starten auch Pickups (1 US$) vor dem Mercado Municipal an der Hipólito Yrigoyen in La Quiaca.

ATLANTIKKÜSTE

Die Strände an der Atlantikküste bilden den „Hinterhof" von Buenos Aires. Auf der Suche nach „Sun & Fun" strömen im Sommer Millionen von *porteños* in Städte wie beispielsweise Mar del Plata und Pinamar. Den Rest des Jahres – und in kleineren Städten sowieso – geht's allerdings deutlich weniger hektisch zu.

MAR DEL PLATA

☎ 0223 / 512 000 Ew.

An Sommerwochenenden sieht man am Strand von Mar del Plata („Mardel") vor lauter Fleisch keinen Sand mehr, Urlauber stehen praktisch Schulter an Schulter im knietiefen Wasser. Außerhalb des Sommers und an Wochentagen herrscht dagegen weniger Betrieb: Die Hotelpreise purzeln und die Stadt verbreitet ein wesentlich entspannteres Feeling.

Argentiniens beliebtester Strandort 400 km südlich von Buenos Aires wurde 1874 gegründet. Das ehemalige Handels- und Industriezentrum Mardel verwandelte

sich später in einen Ferienort für betuchte *porteños*. Heute stranden hier hauptsächlich Urlauber aus der Mittelschicht.

Im Lauf der Zeit wurden ziemlich planlos viele Hochhäuser gebaut, wenngleich sich auch wesentlich charmantere Gebäude und Viertel aus der guten alten Zeit erhalten haben. Im Sommer ist auf dem breiten und attraktiven Strand die Hölle los. Außerdem hat die Stadt ein paar interessante Museen. Und das Nachtleben kann durchaus mit dem von Buenos Aires mithalten.

Orientierung

Vom salzigen Hafen südlich der Stadt blickt man direkt auf eine Seelöwen-Kolonie … immer der Nase nach – man riecht sie, bevor man sie sieht. Der Flughafen liegt 9 km nordwestlich der Stadt und ist mit der Buslinie 542 zu erreichen. Für ein Taxi bezahlen Fluggäste 5 US$, im Sommer auch mehr. Vom Busbahnhof zum Zentrum gelangen Traveller mit der Buslinie 511 oder einem Taxi (2 US$) – wer sparen muss, geht die 20 Minuten zu Fuß.

Praktische Informationen

Die **Touristeninformation** (☎ 495-1777; Blvd Marítimo 2240) befindet sich in der Nähe der Plaza Colón. Die meisten *cambios*, Banken und Geldautomaten gibt's im Umkreis der Kreuzungen von San Martín/Córdoba und der Av Independencia/Av Luro.

Sehenswertes

In der **Villa Normandy** (Viamonte 2216) von 1919 befindet sich heute das italienische Konsulat. Das Gebäude ist eines der wenigen noch erhaltenen Beispiele für französische Architektur, die in den 1950er-Jahren *en vogue* war. Einen Block von der Villa entfernt erhebt sich in der Nähe einer Kuppe die **Iglesia Stella Maris** mit ihrem äußerst beeindruckenden Marmoraltar. Die hiesige Jungfrau beschützt die einheimischen Fischer. Vom **Torre Tanque** ganz oben ist die Aussicht unschlagbar.

Das **Museo del Mar** (Eintritt 2 US$; ☽ Dez.–März 9–2 Uhr; April–Nov. Mo–Do 8–21, Fr & Sa 8–24, So 9–21 Uhr) gegenüber der Villa Normandy ist wahrscheinlich das größte Muschelmuseum der Welt. Zentrale Cafés umgeben auf zwei Stockwerken ein kleines Gezeitenbecken und ein Aquarium – perfekt für eine gemütliche Teestunde.

Aktivitäten

Oceania Expediciones (☎ 480-0323; Yachtclub, Puerto) bietet Tauchausflüge an (ab 33 US$/Tauchgang inkl. Ausrüstung).

Paracaidismo Mar del Plata (☎ 464-2151) veranstaltet Tandem-Fallschirmsprünge (93 US$, Videoaufnahme zzgl. 30 US$).

Bei den Törns von **Catamaran Regina Australe** (☎ 486-4879; www.reginaaustrale.com.ar; Playa Grande) geht's eineinhalb Stunden lang durch die Bucht (8 US$), ebenso bei den Dinner-Kreuzfahrten am Wochenende (20 US$). Teilnehmer können sich kostenlos im Stadtzentrum abholen lassen.

Schlafen

Im Januar und Februar steigen die Preise um ca. 30 %; dann sollte man reservieren.

Die meisten von Mardels überfüllten Campingplätzen liegen südlich der Stadt und verlangen durchschnittlich 2 US$ pro Person. Die Touristeninformation gibt Prospekte mit den jeweiligen Einrichtungen heraus.

Hotel Pergamino (☎ 495-7927; hotelpergamino@ciudad.com.ar; Tucumán 2728; B/EZ/DZ 6/12/18 US$) Das Beste an diesem Hotel ist das vielfältige Zimmerangebot: Dies reicht von Schlafsälen und günstigen Winz-Einzelzimmern bis hin zu sehr komfortablen Doppelzimmern.

Casa Grande (☎ 476-0805; www.casagrandealbergue.com.ar; Jujuy 947; B/DZ 7/20 US$; 🖳) Das wahrlich große Haus gehört zur neuen Generation einladender Mardel-Hostels. Wird von Travellern geleitet und bietet zahlreiche Aktivitäten an, z. B. Tango- und Salsakurse oder Yoga-Sessions.

Casa Santiago (☎ 491-9759; Santiago del Estero 1342; B/EZ/DZ 7/10/20 US$; 🖳) Das gemütliche Hostel hat nur 17 Betten. Es überzeugt mit einem super Gartenareal und einer toll ausgestatteten Küche. Im Sommer unbedingt im Voraus buchen.

Essen

Die zahlreichen *tenedors libres* im Stadtzentrum verlangen für ein Essen zwischen 4 und 5 US$ (ohne Getränke). Wer großen Hunger hat, ist hier an der richtigen Adresse.

Moringa (Alsina 2561; Hauptgerichte 4–5 US$) Türkisches Restaurant der gehobenen Sorte. Hervorragende Auswahl an authentischen Gerichten, so z. B. Falafel, Kebbe oder Shish Kebab. Samstags gibt's zum Abendessen eine Bauchtanzshow (9 US$).

Centro Vasco Denak Bat (Moreno 3440; Hauptgerichte 5–8 US$) Wenn sich die Basken auf eines verstehen, ist es die Zubereitung schmackhafter Meeresfrüchte. Ansonsten wohl auch auf atmosphärische Restaurants mit rustikaler Einrichtung. Wem die Preise im Kellerlokal zu heftig sind, begibt sich ins hauseigene *comedor* im Obergeschoss, wo es das gleiche Essen für weniger Geld gibt.

Piedra Buena (Centro Comercial Puerto; Gerichte 7–11 US$) Beste Adresse unter den zahlreichen Meeresfrüchte-Restaurants unten am Hafen. Spielt auch in puncto Atmosphäre ganz vorn mit und hat eine ellenlange Speisekarte. Besonders empfehlenswert: die Cremesuppe mit Meeresfrüchten (8 US$).

Ausgehen

La Bodeguita del Medio (Castelli 1252) In dieser Bar fühlen sich Gäste beinahe wie in Kuba: Dafür sorgen u. a. viele Graffitis und Fotos an den Wänden. Von 19 bis 21 Uhr ist jeden Tag *mojito*-Doubletime. Serviert außerdem kubanische Gerichte wie *ropa vieja* (Hackfleisch mit Tomaten und Zwiebeln), *moros y cristianos* (weißer Reis mit schwarzen Bohnen) oder auch gebratenes Schweinefleisch.

Antares (Córdoba 3025) Die Kleinbrauerei schenkt sieben eigene Sorten aus. Mit einem Alkoholgehalt von 10 % hat es das starke Barley-Bier ganz schön in sich. Auf den Tisch kommen u. a. Gerichte mit deutschem Einschlag und Eintöpfe aus Fleisch und Bier. Montags und donnerstags spielen Livebands.

Am Wochenende heißt es nichts wie hin zu den Bars, Diskos und Restaurants an der Calle Alem, die sich unten in der Nähe der Playa Grande erstreckt. Wer freitags noch etwas vorhat, sollte am Donnerstagabend vielleicht besser brav in der Unterkunft bleiben: Dann können sich nämlich Schluckspechte in den Bars für 3 US$ beliebig viel Bier und Gancia (eine Art Wermut) hinter die Binde kippen.

Unterhaltung

Im Sommer verkauft die **Cartelera Baires** (Santa Fe 1844) ermäßigte Theaterkarten. Die zweite *boletería* (Vorverkaufsstelle) im Kasino hat ganzjährig geöffnet. Bei der Touristeninformation gibt's den monatlich erscheinenden Veranstaltungskalender *Guía de Actividades*.

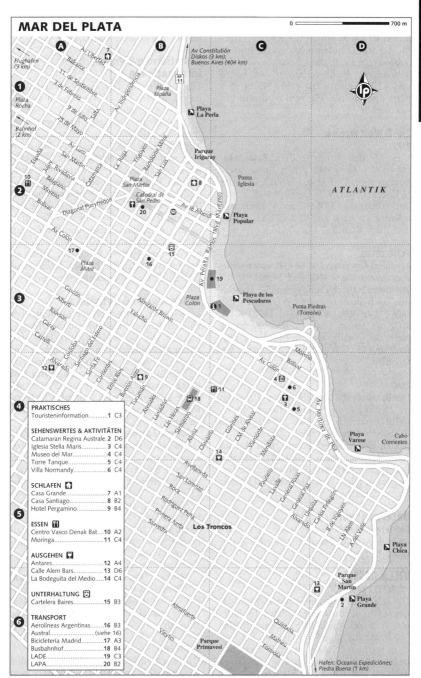

In den Diskos entlang der Av Constitucíon ist am Wochenende erst zu fortgerückter Stunde ordentlich was los. Empfehlenswert sind z. B. das Chocolate oder das Sobremonte; beide verlangen zwischen 6 und 8 US$ Eintritt. Die ganze Nacht über fährt die Buslinie 551 vom Stadtzentrum aus hierher.

An- & Weiterreise
BUS
Von Mardels brummendem **Busbahnhof** (☎ 475-6076; Alberti 1602) gehen Busse nach: Buenos Aires (7–9 US$, 5½ Std.), Pinamar (3 US$, 2¼ Std.), Villa Gesell (9 US$, 2 Std.) und Necochea (3 US$, 2 Std.). Fahrzeuge rollen auch nach La Plata (9 US$, 5 Std.) und Bahía Blanca (7 US$, 7 Std.).

FLUGZEUG
Aerolíneas Argentinas (☎ 496-0101; www.aerolineas argentinas.com; Moreno 2442) und **Austral** (☎ 496-0101; Moreno 2442) schicken regelmäßig Maschinen nach Buenos Aires (65 US$), ebenso **LAPA** (☎ 495-9694; San Martín 2648). **LADE** (☎ 493-8211) mit einem Büro im Kasinogebäude bietet die günstigsten Flüge in die Hauptstadt an (45 US$) und fliegt auch nach Patagonien.

ZUG
Der **Bahnhof** (☎ 475-6076; Ecke Av Luro & Italia) liegt ca. 20 Blocks vom Strand entfernt und betreibt zusätzlich ein **Büro** (☎ 451-2501) am Busbahnhof. Im Sommer besteht siebenmal täglich eine Zugverbindung nach Buenos Aires (turista/primera 8/16 US$). Die Fahrt dauert ca. fünfeinhalb Stunden. In der Nebensaison gibt's Ermäßigung für Traveller unter 25 Jahren.

Unterwegs vor Ort
Bicicletería Madrid (Hipólito Yrigoyen 2249; 2/6 US$ pro Std./Tag) an der Plaza Mitre verleiht Fahrräder.

VILLA GESELL
☎ 02255 / 24 000 Ew.
Die relaxte Dünengemeinde wirkt fast das ganze Jahr über recht verschlafen. Im Sommer verwandelt sich die Stadt dann in eine Spielwiese für junge Urlauber aus B. A., wenn es in warmen Nächten ordentlich krachen lassen. Das kleine und windige Villa Gesell zählt zu den schönsten Küstenorten. Die

sandigen Straßen säumem charmante Ferienhäuser und größere Unterkünfte.

Orientierung & Praktische Informationen
Entlang der lebhaften Hauptstraße (Av 3) ist am meisten los. Im Sommer ist sie teilweise eine Fußgängerzone.

Im Zentrum gibt's eine **Touristeninformation** (www.gesell.gov.ar; Av 3 ◷ Sommer) in der Nähe der Paseo 108. Ganzjährig geöffnet hat eine weitere **Touristeninformation** (☎ 458596; Buenos Aires) rund 20 Gehminuten nordwestlich der Stadt. Banken und Geldautomaten finden sich an der Av 3. Der **Hauptbusbahnhof** (Ecke Av 3 & Paseo 140) liegt südlich der Stadt; Bus 504 und Taxis (2 US$) fahren ins Zentrum. Stadt- und Regionalbusse stoppen u. a. am Mini-Terminal am Blvd Gesell („Boulevard"). Eine weitere Haltestelle gibt's in der Paseo 100 (an der Buenos Aires), rund 20 Gehminuten vom Zentrum entfernt.

Sehenswertes & Aktivitäten
Schwimmer, Sonnenanbeter und Reiter bevölkern den langen **Strand** und die Uferpromenade von Gesell. Das ganze Jahr über können Petrijünger am Pier **angeln.** Leihsurfbretter gibt's bei **Windy** (Paseo 104; pro 2 Std./Tag 10/20 US$; ◷ 9–18 Uhr) direkt am Strand. **Casa Macca** (Ecke Buenos Aires & Paseo 204; 1/5 US$ pro Std./Tag; ◷ 9–18 Uhr) vermietet Fahrräder. Im Sommer findet jeden Abend ein **Handwerksmarkt** an der Ecke Av 3/Paseo 112 statt.

Turismo Adventura (☎ 463-118; Ecke Av 3 & Paseo 111) hat vierstündige Jeeptouren zum nahen Leuchtturm im Programm. Teilnehmer brettern halsbrecherisch durch die Dünen und bekommen tolle Fotomotive vor die Linse.

Mit den Quads von **MotoFox** (☎ 454-646; Ecke Buenos Aires & Alameda 212) kann man die Dünen und Strände rund um die Stadt auf eigene Faust erkunden (ab 20 US$/Std.). Etwas günstiger sind die zweistündigen geführten Touren (ab 35 US$).

Mit dem **Feria Artesanal** (Regional y Artística; Av 3 zw. Paseos 112 & 113) findet von Mitte Dezember bis Mitte März allabendlich ein klasse Kunst- und Handwerksmarkt statt (übriges Jahr nur am Wochenende).

Schlafen
Die erschwinglichsten *hospedajes* finden sich nördlich der Av 3. Im Sommer geht

ohne reservieren nichts. Dies gilt vor allem für die zweite Januarhälfte, wenn die Preise nochmals anziehen.

Los Medanos (☎ 463-205; Av 5, No 549; 8 US$/Pers.) Eine der besseren Budgetunterkünfte vor Ort. Das Los Medanos hat ausreichend geräumige Zimmer und moderne Bäder. Im Obergeschoss sind Lichtverhältnisse und Belüftung etwas besser.

Residencial Viya (☎ 462-757; residencialviya@gesell.com.ar; Av 5, No 582, zw. Paseos 105 & 106; EZ/DZ 8/16 US$) Das freundliche *residencial* liegt an einer ruhigen Straße und wird vom Eigentümer persönlich betrieben. Die recht beengten (aber angenehmen) Zimmer grenzen an eine kleine Veranda.

Hotel Walkirias (☎ 468-862; Paseo 102 zw. Av 2 & Buenos Aires; EZ/DZ 20/40 US$) Das Walkirias ist von außen unglaublich hässlich. Im Inneren versprechen dafür freiliegende Balken sowie geräumige und moderne Bäder einen netten Aufenthalt. Hinzu kommen ein Pooltisch sowie ein toller *quincho* (überdachter Terrassenbereich) für Freunde von leckerem Grillgut.

Gesells Campingplätze verlangen zwischen 3 und 36 US$ pro Person. Die meisten haben in der Nebensaison geschlossen, ausgenommen **Casablanca** (☎ 470-771), **Mar Dorado** (☎ 470-963) und **Monte Bubi** (☎ 470-732). Alle drei Plätze liegen am südlichen Stadtrand an der Av 3.

Essen & Ausgehen

Sutton 212 (Ecke Av 2 & Paseo 105; Hauptgerichte 2–5 US$) Das Sutton ist eine der hippsten Locations an der Küste. Mit Tüchern an den Decken, Radschastani-Lampenschirmen und einem Zen-Felsengarten. Angesichts all dessen sind die hier angebotenen Gerichte, Importbiere und Cocktails noch überraschend preiswert.

El Estribo (Ecke Av 3 & Paseo 109; Hauptgerichte 2–5 US$) Das El Estribo ist in der ganzen Stadt in aller Munde. Besonders lecker ist z. B. das *bife de chorizo* (dickes Roastbeef) für 4 US$. Das *parrillada* für zwei Personen reicht locker für drei und kostet 8 US$.

Rias Baixes (Paseo 105, Nr. 335; Gerichte 3–13 US$) Mit Lichterketten und Plastikstühlen gewinnt die *marisquería* (Meeresfrüchte-Restaurant) sicher keinen Designpreis für gelungene Innenarchitektur. Fürs Geld gibt's dafür ein paar der frischesten Meeresfrüchte in ganz Gesell.

Die Strandrestaurants eignen sich hervorragend für ein paar Drinks und Snacks zum Sonnenuntergang. Wenn es der Geldbeutel erlaubt, kann man sich auch ein Menü bestellen. Die Nebenstraßen der Av 3 (zw. Paseo 103 und 107) säumen viele kleine Bars, in denen es am Wochenende hoch hergeht.

Unterhaltung

Anfiteatro del Pinar (☎ 467-123; Ecke Av 10 & Paseo 102) Inszenierungen gibt's im Januar, Februar und während der Semana Santa. In dem reizenden Amphitheater steht jedes Jahr auch Gesells „Encuentros Corales" auf der Bühne.

Cine Teatro Atlas (☎ 462-969; Paseo 108 zw. Avs 3 & 4) Das kleine Theater haben bereits Rock'n'Roll-Größen wie Charly García und Los Pericos unsicher gemacht. In der Nebensaison dient es als Kino.

Pueblo Límite (☎ 452845; www.pueblolimite.com; Buenos Aires 2600; Eintritt inkl. Freigetränk 7 US$) Kleinstadt-Großdisko in einem Gebäudekomplex gegenüber des Secretaría de Turismo. Betreibt im Sommer drei Danceclubs, zwei Bars und ein Restaurant. Während der Nebensaison laufen in zwei Diskos Latino-Pop bzw. Elektro-Sounds.

An- & Weiterreise

Busse fahren u. a. nach Buenos Aires (12 US$, 6 Std.), Mar del Plata (9 US$, 2 Std.) und Pinamar (1 US$, 40 Min.).

PINAMAR

☎ 02254 / 21 000 Ew.

Pinamar ist fast genauso angesagt wie Punta del Este in Uruguay. Auch hier verbringen wohlhabende argentinische Familien bevorzugt ihre Sommerferien.

Orientierung & Praktische Informationen

Die beiden Hauptstraßen „Libertador" und „Bunge" verlaufen ungefähr parallel bzw. rechtwinklig zum Strand. Auf beiden Seiten der Bunge zweigen Nebenstraßen fächerförmig ab. Die **Touristeninformation** (☎ 491-680; Bunge 654) verteilt einen prima Stadtplan. Der **Busbahnhof** (Ecke Shaw & Del Pejerrey) liegt zwölf Blocks vom Strand entfernt, sieben sind's zum Stadtzentrum. Einen Bahnhof gibt's ein paar Kilometer nördlich der Stadt nicht weit von der Bunge.

Sehenswertes & Aktivitäten

Viele Einrichtungen haben nur im Sommer und an Wochenenden geöffnet. Die restliche Zeit können Besucher aber in aller Ruhe die Kiefernwälder der Umgebung erkunden oder am breiten und attraktiven **Strand** spazierengehen, ohne von Urlaubern überrannt zu werden.

Sand Wave (www.sandwave.com.ar) hat Sandboarding-Trips im Programm; **Macca Bikes** (Bunge 1089; 2/5 US$ pro Std./Tag; ☺ 9–18 Uhr) verleiht Drahtesel. Im Sommer sind am Pier auch Surfboards zum Ausleihen (3 US$/Std.) zu finden.

Schlafen

Mehrere Campingplätze (5 US$/2 Pers.) säumen die Küste zwischen Ostende und Pinamar.

Albergue Bruno Valente (☎ 482-908; Ecke Mitre & Nuestras Malvinas, Ostende; B 7 US$) Die Renovierung des ehemaligen Hotels geht nur äußerst zäh voran und wird wohl noch eine Weile dauern – daher vorerst ein gutes und günstiges Quartier im Sommer, ein kaltes und trostloses im Winter. Steht ziemlich weit weg vom Zentrum, dafür aber in Strandnähe. Manche Vorderzimmer haben eigene Balkone mit Meerblick.

Hotel La Gaviota (☎ 482-079; Del Cangrejo 1332; EZ/DZ 13/20 US$) Hier hat sich wohl Großmutter als Innenarchitekt betätigt. Die blitzsauberen und etwas kleinen Zimmer sind in puncto Dekoration zu viel des Guten (Sorry, Oma!). Hinter dem Haus gibt's einen bequemen Terrassenbereich. Bis zum Strand sind's rund zehn Minuten zu Fuß.

Hotel Cedro Azul (☎ 407-227; Jasón 497; www.cedroazulpinamar.com.ar; EZ/DZ 27/34 US$) Klasse Unterkunft in zentraler Lage. Die Zimmer bestechen mit zahlreichen Elementen aus Zedernholz und haben ein prima Preis-Leistungs-Verhältnis. Auch das riesige Frühstücksbuffet ist nicht von schlechten Eltern.

Essen & Ausgehen

Im Sommer verwandeln sich nach Mitternacht die Strandrestaurants in Bars und Diskos. Gefeiert wird normalerweise bis zum Morgengrauen. Im restlichen Jahr (und zu früherer Stunde) empfehlen sich ein paar Bars im Stadtzentrum.

Jalisco (Bunge 478; Hauptgerichte 4–6 US$) Wer hat behauptet, dass eine Mischung aus „argentinisch" und „Tex-Mex" nicht funktioniert? Und überhaupt: Wo sonst bekommt man in dieser Stadt einen Shrimp-Burrito?

Con Estilo Criollo (Ecke Bunge & Marco Polo; Hauptgerichte 5–8 US$) Das Schild „Internationale Küche" am Eingang täuscht: Das Lokal serviert schlichte *parrillada*-Kost der alten Schule – allerdings ist diese sehr schmackhaft. Das Menü für 10 US$ ist ein echtes Schnäppchen.

Cantina Tulumei (Bunge 64; Hauptgerichte 6–13 US$) Die Meeresfrüchte, die in der Cantina Tulumei serviert werden, belasten die Reisekasse nicht allzu sehr. Außerdem ist die Atmosphäre besser als in den meisten anderen Restaurants der Stadt. An Sonnentagen und in warmen Nächten gibt's kein schöneres Plätzchen als die Tische vorm Haus.

Antiek Bar (Libertador 27) Altmodisches Ambiente und literweise Bier vom Fass garantieren einen prima Start in den Abend. Am Wochenende spielen Livebands. Klasse Cocktail-Karte.

La Luna (Bunge 1429; ☺ Fr & Sa 20 Uhr–open end) Pinamars hippste Bar steht ganz im Zeichen von Cocktails, Elektro-Crossover, Schwarzlicht und Gesichtspiercings.

An- & Weiterreise

Der Busfahrplan ähnelt dem von Villa Gesell. Im Sommer fahren Züge nach Buenos Aires. Tickets gibt's am Busbahnhof.

NECOCHEA

☎ 02262 / 89 000 Ew.

Necochea ist ein weiterer Familien-Ferienort am Strand, kommt aber wesentlich bescheidener daher als Pinamar. Der angrenzende Parque Miguel Lillo bewahrt die Stadt gerade noch so vor dem Hochhaus-Overkill. Die dichten Kiefernwälder der gewaltigen Grünfläche wachsen direkt am Strand und eignen sich hervorragend für einen Radelausflug.

Orientierung & Praktische Informationen

Der **Busbahnhof** (☎ 422-470; Ecke Av 58 & Ruta 86) liegt 4 km vom Strand entfernt. Auf dem Weg zur Küste schlängelt sich die Buslinie 502 quer durch die Innenstadt; von hier aus sind es 2 km bis zum Wasser. Die **Touristeninformation** (☎ 430-158; Av 2 & Calle 79) befindet sich direkt am Strand.

Aktivitäten

Im Río Quequén tummeln sich zahlreiche Forellen und Makrelen. Der Fluss ist ein sehr gutes Revier für abenteuerliche Kanu- und Raftingtrips. **Necochea Rafting** (☎ 1547-3541; necochea_rafting@hotmail.com) holt die Teilnehmer auf Wunsch an der Touristeninformation ab.

Stop Bicicletas (Ecke Av 79 & Calle 10; 5 US$/Tag; 9–12.30 & 15–18 Uhr) verleiht Fahrräder.

Azul Profundo (Av 79, No 293) hat Tauch- und Bootsausflüge im Programm.

Schlafen

Camping Americano (☎ 435-832; Ecke Av 2 & Calle 101; Stellplatz 3 US$/Pers.) Im Parque Miguel Lillo.

Hotel Neptuno (☎ 422-653; Calle 81, No 212; EZ/DZ 10/13 US$) Direkt vor dem tollen kleinen Budgethotel brechen sich die Wellen. In den etwas beengten Zimmern gibt's gute Bäder und Kabel-TV.

Hotel Flamingo (☎ 420-049; hotflamingo@mixmail.com; Calle 83, No 333; EZ/DZ 10/15 US$) Hat einfache und ausreichend geräumige Zimmer. Angehende Gäste sollten sich ein paar davon ansehen – manche sind wesentlich größer und mit diversen Extras (z. B. Minikühlschränken) ausgestattet.

Hostería del Bosque (☎ 420002; jfrigerio@telpin.com.ar; Calle 89, No 350; EZ/DZ 23/27 US$; P) Das ehemalige Wohnhaus einer russischen Prinzessin lässt seine Konkurrenz in puncto Atmosphäre weit hinter sich. Die Zimmer sind wunderbar altmodisch und komfortabel, die Bäder modern. Der herrliche Parque Lillo liegt direkt vor der Haustür.

Essen & Ausgehen

Am Strand sowie im Umkreis der Plaza gibt's eine Vielzahl von günstigen *parrillas* und *confiterías*.

Las Terrazas (am Strand; Hauptgerichte 3–5 US$) Die meisten *balnearios* (private Badeanstalten) am Strand servieren auch Essen. Dieses bietet zudem einen tollen Terrassenbereich mit Blick aufs Meer.

Taberna Española (Calle 89, No 360; Hauptgerichte 4–8 US$) Spanier kennen sich bestens mit Meeresfrüchten aus. Daher nichts wie hin – und ordentlich Appetit mitbringen: Denn die *picada de mariscos* (verschiedene Meeresfrüchte-Häppchen; 7 US$) kommt in Riesenportionen auf den Tisch. Und dann wären da auch noch die schmackhaften Fischgerichte.

La Frontera (am Strand) Strandbar/Disko am Ende der Av 75. Irgendwie passt die Mischung aus rustikalem Treibholz, Schiffstauen und ultramoderner Inneneinrichtung zusammen. Aus den Boxen schallen Elektro-Sounds und Latino-Pop. Am Wochenende feiert das Publikum bis in die frühen Morgenstunden draußen am Strand.

An- & Weiterreise

Busse kurven u. a. nach Mar del Plata (4 US$, 2 Std.), Bahía Blanca (12 US$, 5½ Std.) und Buenos Aires (18 US$, 7 Std.).

BAHÍA BLANCA

☎ 0291 / 285 000 Ew.

Angesichts der Größe ist Bahía Blanca überraschend kosmopolitisch. Die meisten Traveller legen hier dennoch lediglich einen Zwischenstopp ein und machen sich schnell wieder auf den Weg. Ihnen entgeht dadurch das Museum mit der wohl schlechtesten Beschilderung in ganz Argentinien. Der Eventkalender *Agenda Cultural* informiert über Konzerte, Kunstausstellungen und Theateraufführungen in der Stadt. Er ist in der Touristeninformation, Restaurants und Bars erhältlich.

Praktische Informationen

Post (Moreno 34)

Pullman Cambio (San Martín 171) Löst Reisechecks ein.

Touristeninformation (☎ 459-4007; Alsina 45) Schon beinahe übertrieben hilfsbereit.

Sehenswertes

Die hiesige Hauptattraktion ist das **Museo del Puerto** (Guillermo Torres 4180, Puerto Ingeniero White; Mo–Fr 8–11 Uhr). Das „Gemeindemuseum" setzt Bahía Blancas Immigrantenbevölkerung ein skurriles Denkmal. Besucher nehmen im Stadtzentrum die Buslinien 500 oder 501, steigen ein paar Blocks vom Museum entfernt aus und fragen sich anschließend am besten durch. Über die Bäume hinter dem Museum ragen die „Zinnen" eines burgartigen Wärmekraftwerks, das gerade in ein Eisenbahnmuseum umgewandelt wird; bis auf das eigentliche Gebäude dürfte es aber auch nicht sonderlich interessant sein. Am Wochenende gibt's einen **feria artesanal** (Handwerksmarkt) auf der Plaza Rivadavia.

Schlafen

Balneario Maldonado (☎ 452-9511; Stellplatz 2 US$/ Pers.) Der Campingplatz 4 km südwestlich der Innenstadt ist mit dem 514er-Bus zu erreichen.

Hotel Victoria (☎ 452-0522; Gral Paz 84; EZ/DZ 17/25 US$) Ein gepflegtes älteres Gebäude mit einem Hof und diversen netten Zimmern. Die günstigeren Varianten teilen sich Gemeinschaftsbäder.

Hotel Los Vascos (☎ 452-0977; Cerri 747; DZ 13 US$, EZ/DZ mit Gemeinschaftsbad 7/10 US$) Das Los Vascos gegenüber vom Bahnhof ist *das* Budgethotel im gesamten Umkreis. Besitzt einfache, aber ansprechende Zimmer. Holzfußböden und blitzsaubere Gemeinschaftsbäder versprechen einen tollen Aufenthalt – ebenso die freundliche Besitzerfamilie.

Essen & Ausgehen

Piazza (Ecke O'Higgins & Chiclana; Hauptgerichte 3–5 US$) Beliebtes Mittagslokal direkt an der Plaza mit einfallsreicher Küche und voll ausgestatteter Bar. „Schokoholiker" sollten die Chocolate Mousse (1,50 US$) probieren.

Für ein paar gepflegte Drinks unter der Woche eignen sich die verschiedenen Bars an der Alsina (zw. Mitre und Alvarado) am besten. Am Wochenende zieht es Nachtschwärmer ins **Fuerte Argentina**. Die Ansammlung von Bars, Restaurants und Diskos befindet sich am Nordende der Salta. Vom Stadtzentrum aus kann man entweder laufen oder mit einem Taxi fahren (1,50 US$).

Anreise & Unterwegs vor Ort

Der Flughafen liegt 15 km östlich der Stadt. **Austral** (☎ 456-0561; San Martín 298) hüpft hinüber nach Buenos Aires (75 US$). **LADE** (☎ 452-1063; Darregueira 21) fliegt günstig, aber langsam zu Zielen in Patagonien.

Den Busbahnhof liegt ca. 2 km östlich der Plaza Rivadavia; hier starten zahlreiche Regionalbusse in die Stadt (0,30 US$). Magnetkarten gibt's an jedem Kiosk. Busse gehen nach Sierra de la Ventana (4 US$, 2 Std.), Buenos Aires (22 US$, 10 Std.), Santa Rosa (12 US$, 4½ Std.) und Mar del Plata (12 US$, 7 Std.), ferner nach Neuquén (14 US$, 7 Std.) und Río Gallegos (50 US$, 30 Std.).

Vom **Bahnhof** (☎ 452-9196; Cerri 750) rattern Züge über Nacht nach Buenos Aires (5/15 US$ in *turista/cama*).

SIERRA DE LA VENTANA
☎ 0291/ 3100 Ew.

Nach Sierra de la Ventana flüchten die *porteños* vor der Sommerhitze. Sie wandern etwas durch die Gegend und kühlen sich in den nahen Badestellen ab. Wanderer und Kletterer zieht es zur gleichnamigen Bergkette. Ihre gezackten Gipfel im Parque Provincial Ernesto Tornquist sind über 1300 m hoch.

Die **Touristeninformation** (☎ 491-5303; Roca 15) befindet sich in der Nähe des Bahnhofs.

Wer eine nette Wanderung unternehmen möchte, überquert zunächst den kleinen Damm am Ende der Calle Tornquist (hier gibt's eine **Badestelle**). Auf der anderen Seite kommt dann der **Cerro del Amor** in Sicht. Für den Aufstieg zum Gipfel wird man mit einer prima Aussicht auf Stadt und Pampa belohnt.

Schlafen & Essen

Am Fluss liegen mehrere kostenlose Campingplätze. Sanitäre Anlagen gibt's ganz in der Nähe auf dem grasbewachsenen Gelände des tollen Gemeindeschwimmbads (1 US$).

Camping El Paraíso (☎ 491-5299; Diego Meyer; Stellplatz 2 US$/Pers.) Campingplatz mit Einrichtungen.

Hospedaje La Perlita (☎ 491-5020; Morón; EZ/DZ 7/9 US$) Gästehaus nahe der Islas Malvinas mit sauberen und einfachen Zimmern. Gegenüber erstreckt sich ein friedlich-entspannter Garten. Der riesige Haushund ist übermäßig freundlich – was man vom mürrischen Eigentümer nicht behaupten kann.

Hotel Atero (☎ 491-5002; Ecke San Martín & Güemes; EZ/DZ 13/20 US$) Bei weitem die komfortabelste Unterkunft vor Ort. Das Atero ist mit allen Schikanen ausgestattet, hat aber keinen Pool. Angesichts des nahen Bachs fällt dies aber nicht weiter ins Gewicht.

Sol y Luna (San Martín 393; Hauptgerichte 4–7 US$) Reizendes kleines Restaurant. Lokale Forellenspezialitäten und einfallsreiche vegetarische Gerichte peppen die standardmäßige Speisekarte etwas auf.

Sher (Güemes s/n; Hauptgerichte 5–7 US$) Das *parrilla*-Lokal hebt sich in puncto Atmosphäre und Service deutlich von der Konkurrenz ab.

An- & Weiterreise

In der Nähe der Islas Malvinas gibt's einen *locutorio* an der San Martín. Hier starten jeden Abend La-Estrella-Busse nach Buenos Aires (19 US$, 8 Std.); die Firma fährt zusätzlich um 8 Uhr nach La Plata (15 US$, 12 Std.). Mit Expreso Cabildo besteht zweimal täglich Anschluss nach Bahía Blanca (4 US$, 2 Std.).

Vom Bahnhof in der Nähe der Touristeninformation und der benachbarten Tornquist rollen Züge über Nacht zur Plaza Constitución in Buenos Aires (5/6 US$ in *turista/cama*; 11 Std.).

RUND UM SIERRA DE LA VENTANA

Der 6700 ha große **Parque Provincial Ernesto Tornquist** (Eintritt 1,50 US$) ist ein beliebtes Revier für Wanderungen in Eigenregie; Besucher können sich aber auch von Rangern begleiten lassen. Der Park ist zudem Ausgangspunkt für Touren zum Gipfel des 1136 m hohen **Cerro de la Ventana**. Der Aufstieg dauert rund zwei Stunden und stellt keine sonderlichen Anforderungen an die Kondition – allenfalls ein paar nikotinsüchtige *porteños* pfeifen aus dem letzten Loch. Kein Wunder, dass von allen Bergen Argentiniens dieser wahrscheinlich am häufigsten bestiegen wird. Wanderer müssen früh aus den Federn: Im Winter ist nach 11 Uhr kein Aufstieg mehr möglich, im Sommer ist um 12 Uhr Schicht im Schacht.

Der freundliche **Campamento Base** (☎ 0291-491-0067; RP 76, Kilometer 224; Stellplatz 2 US$/Pers.) hat schattige Stellplätze, saubere sanitäre Anlagen und hervorragende warme Duschen.

Auf der Busfahrt von Bahía Blanca nach Sierra de la Ventana kann man sich am Parkeingang absetzen lassen. Vom Dorf aus rollen Fahrzeuge auch direkt dorthin (1 US$, 1 Std.).

ZENTRALES ARGENTINIEN

Zentralargentiniens Hauptattraktion ist zweifellos der Rebensaft. In der Region Cuyo liegen die Weinbauzentren Mendoza, San Luis und San Juan. Doch auch nach dem Genuss von ein paar Flaschen gibt's keinen Grund zum Däumchendrehen: Argentiniens „Abenteuerspielplatz" begeistert mit schier unendlichen Möglichkeiten zum Wandern, Skifahren und Klettern. Auch Raftingfans kommen auf ihre Kosten.

GESCHICHTE

Im 16. Jh. gelangten die Spanier über den Uspallata-Pass vom Pazifik nach Mendoza und zwangen die Indios zur Arbeit in *encomiendas*. Cuyo war politisch und wirtschaftlich an den Sitz des Vizekönigs in Lima im Norden gebunden. Dennoch förderte die Abgeschiedenenheit der Gegend neben einem starken Unabhängigkeitswillen auch noch andere politische Aktivitäten, denen Cuyo heute seine regionale Identität verdankt.

In späterer Kolonialzeit gewannen bewässerte Weinberge an Bedeutung. Doch weiterhin hinderte die isolierte Lage Cuyo daran, aus seinem Dornröschenschlaf zu erwachen. Erst als sich die Eisenbahn 1884 in die Region vorgekämpft hatte, konnte sie richtig durchstarten. Verbesserte Bewässerungssysteme ermöglichten es, Weinberge und Olivenhaine zu erweitern, zusätzlich wurde nun die Futterpflanze Luzerne angebaut. Zwischen 1890 und 1980 wuchs die Weinbaufläche von 64 auf 2400 km^2 an. Bis heute sind viele Weingüter relativ klein und werden von ihren Besitzern persönlich bewirtschaftet.

SAN LUIS

☎ 02652 / 153 000 Ew.

San Luis wird in der Backpacker-Szene immer beliebter, hat diesbezüglich aber trotzdem noch einen langen Weg vor sich. Die meisten Besucher kommen wegen dem nahen Parque Nacional Sierra de las Quijadas hierher. Das Geschäftszentrum verteilt sich auf die Parallelstraßen San Martín und Rivadavia. Sie verlaufen zwischen der Plaza Pringles im Norden und der Plaza Independencia im Süden.

Die **Touristeninformation** (☎ 423-957; www. turismoensanluis.gov.ar; Kreuzung Junín, San Martín & Arturo Illia) liefert tonnenweise Infos zur Umgebung. Mehrere Banken haben einen Geldautomaten (vor allem rund um die Plaza Pringles).

Zahlreiche Betten stehen in den großen Schlafsälen vom neuen **San Luis Hostel** (☎ 424-188; Falucho 646; www.sanluishostel.com.ar; B 6 US$). Die Quartiere lassen etwas zu wünschen übrig, doch der Rest des Hauses ist einwandfrei. Neben Trips nach Sierra de las Quijadas (ca. 20 US$/Pers. inkl. Transport und Führer) organisiert das Personal auch Touren zu den Goldminen in der Umgebung.

Von der reizenden Plaza Pringles verläuft die Av Illia in nordwestlicher Richtung. Auf diese Straße konzentriert sich die halbwegs unterhaltsame Barszene der Stadt. Außerdem gibt's hier viele Fast-Food-Läden. **Las Pircas** (Pringles 1417; Hauptgerichte 3–7 US$) ist ein etwas gehobeneres Restaurant/*parrilla* mit vielfältiger Speisekarte. Pluspunkt: Die tollen Salate werden mit Balsamico-Essig angemacht.

Austral (☎ 452-671; Illia 472) fliegt täglich nach Buenos Aires.

Vom **Busbahnhof** (España zw. San Martín & Rivadavia) fahren Busse nach Mendoza (10 US$, 3½ Std.), San Juan (8 US$, 4 Std.), Rosario (13 US$, 10 Std.) und Buenos Aires (30 US$, 12 Std.).

PARQUE NACIONAL SIERRA DE LAS QUIJADAS

Der 1500 km² große **Nationalpark** (Eintritt 2 US$) liegt in den Bergen der Sierra de las Quijadas, zu denen der 1200 m hohe Cerro Portillo gehört. Nur wenige Besucher verirren sich zu den roten Sandsteincanyons und ausgetrockneten Seen. In der Region wurden zudem Dinosaurierspuren und Fossilien entdeckt, die rund 120 Mio. Jahre auf dem Buckel haben.

Wer gern **wandert,** ist hier richtig. Dennoch erfordern die verzweigten Canyons einen enormen Orientierungssinn oder (besser!) einen einheimischen Führer. Vorsicht: Sommerliche Regenschauer und Springfluten verwandeln die Schluchten häufig in reißende Flüsse.

Im Park gibt's einen schattigen **Campingplatz** (kostenlos); ein kleiner Laden verkauft Lebensmittel und Getränke.

Auf der Fahrt von San Luis nach San Juan setzen Busse Wanderer vor der Rangerstation am Parkeingang ab (3 US$, 1½ Std.). Von hier aus sind es 6 km zu Fuß bis nach Portrero de la Aguada, wo Führer bereitstehen (ca. 5 US$). Vor dem Start lohnt sich in San Luis ein Abstecher zur **Parkverwaltung** (San Martín 874, local 2, 1. OG): Möglicherweise kann man mit einem Ranger mitfahren oder sich am Highway abholen lassen. Gegen 14.30 Uhr packen die Führer ihre Siebensachen zusammen und machen sich auf den Weg – wer einen anheuern möchte, muss also früher da sein. Busse von San Juan nach San Luis rollen ca. alle 60 Minuten vorbei, halten aber nicht immer.

MENDOZA
☎ 0261 / 111 000 Ew.

1861 zerstörte ein Erdbeben die Stadt Mendoza. Pech für die *mendocinos*, Glück für uns: Die Behörden bereiteten sich – irgendwie pessimistisch – auf das *nächste* Erdbeben vor, indem sie beim Wiederaufbau breite Prachtstraßen und weitläufige Plazas in Auftrag gaben. Was in erster Linie dem Schutz von Menschen und Gebäuden dienen sollte, ließ eine der verführerischsten Städte Argentiniens entstehen – unglaublich malerisch und prima für einen netten Spaziergang.

Doch damit nicht genug: Ein Großteil der besten Weinberge des Landes verteilt sich rund um die Stadt – in der Region werden 70 % aller argentinischen Weine hergestellt. Zudem ist Mendoza Ausgangspunkt für zahlreiche Outdooraktivitäten. Genug Argumente für einen längeren Aufenthalt?

Die **Fiesta Nacional de la Vendimia** (Nationales Weinlesefestival) zieht Anfang März die Massen an – in dieser Zeit sollten Unterkünfte rechzeitig im Voraus gebucht werden. Neben Weinproben werden in der Umgebung auch Bergsteigen, Radtouren und Wildwasser-Rafting angeboten. Diverse Veranstalter haben geführte Touren durch die Region im Programm.

Orientierung

Busbahnhof und Zentrum trennen rund 15 Gehminuten voneinander. Fußfaule steigen an der Villa Nueva in die Straßenbahn ein. Mendozas **Flughafen** (☎ 448-7128) liegt 6 km nördlich der Stadt. Von der Calle Salta fährt die Buslinie 60 („Aeropuerto") direkt dorthin.

Praktische Informationen

Aus der englischsprachigen Zeitschrift **Grapevine** (www.thegrapevine-argentina.com) erfahren Weinkenner und Neulinge kostenlos alles Wissenswerte zu Mendozas Winzerreiszene.

Cambio Santiago (Av San Martín 1199) Löst Reisechecks ein (2 % Bearbeitungsgebühr).

Touristeninformation (☎ 420-2800; Av San Martín 1143) In der Nähe des Touristenkiosks.

Touristeninformation (☎ 431-5000) Im Busbahnhof. Einen weiteren Kiosk gibt's an der Ecke Av Las Heras/Av Mitre.

Touristenkiosk (☎ 420-1333; Garibaldi) Der nützliche Kiosk in der Nähe der Av San Martín ist die praktischste Informationsquelle vor Ort.

ZENTRALES ARGENTINIEN

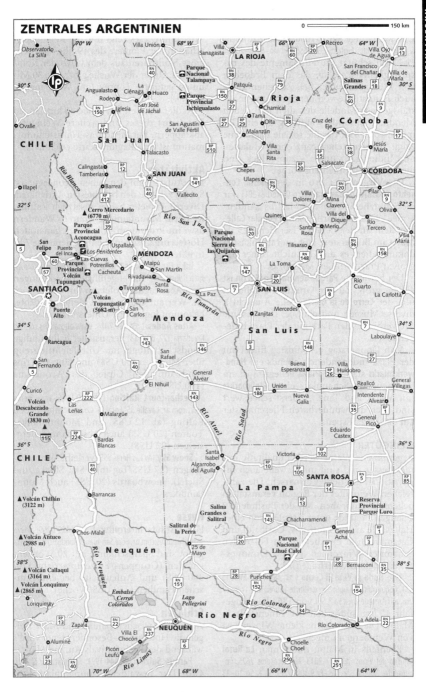

Sehenswertes

Das weitläufige **Museo Fundacional** (Ecke Alberdi & Videla Castillo; Eintritt 1,50 US$; Mo–Sa 8–20, So 15–22 Uhr) schützt die Fundamente des ursprünglichen *cabildo*, das dem Erdbeben von 1861 zum Opfer fiel. Zu sehen gibt's auch Fundstücke von der Stätte und maßstabsgetreue Modelle des alten und neuen Mendoza. Besonders auffällig ist ein Gemälde von 1893, das die soziale Hierarchie zeigt: Spanier stehen ganz oben, Mulatten und Indios ganz unten – zum Glück sind diese Zeiten größtenteils vorbei.

Die Virgen de Cuyo in der **Iglesia, Convento y Basílica de San Francisco** (Necochea 201) war die Schutzheilige von San Martíns „Andenarmee". Das einzigartige **Museo Popular Callejero** steht an der Ecke Av Las Heras/25 de Mayo am Bürgersteig. Mit Dioramenkästen dokumentiert es die Geschichte einer der großen Prachtstraßen Mendozas.

Der bewaldete **Parque General San Martín** ist 420 ha groß. Zu der Grünfläche gehören u. a. der **Cerro de la Gloria** (tolle Aussicht!), diverse Museen und ein See. Die Buslinie 110 verbindet den Park mit der Plaza Independencia.

Von Donnerstag bis Samstag findet auf der Plaza Independencia abends ein **Handwerksmarkt** statt. Die Plaza Pellegrini ist am Wochenende Schauplatz eines **Flohmarkts** mit Musik und Tanz. Äußerst sehenswert sind auch die wunderbaren Fliesenmuster auf der Plaza España.

WEINGÜTER

Argentiniens Weine werden qualitativ immer besser und sind mittlerweile auch international auf dem Vormarsch. Die zahlreichen Weingüter der Region veranstalten beliebte Weinproben. Mit der Buslinie 170 gelangen Freunde guter Tropfen von einer Haltestelle an der Rioja (zw. Garibaldi und Catamarca) zu den beiden im Folgenden genannten Winzereien (genaue Öffnungszeiten telefonisch erfragen).

Die **Bodega Viña El Cerno** (481-1567; Moreno 631, Coquimbito, Maipú; geführte Touren Mo–Fr 9–17 Uhr, auf Anfrage auch Sa & So) von 1864 liegt ungefähr 17 km südöstlich der Innenstadt in Maipú. Die romantische kleine Winzerei ist von Weinbergen umgeben.

Ebenfalls in Maipú findet man **La Rural** (Museo del Vino; 497-2013; Montecaseros 2625, Coquimbito, Maipú; Mo–Fr 9.30–17.30, Sa & So 10–13

Uhr), eine Winzerei mit angeschlossenem Museum. Dieses zeigt u. a. die Keltergerätschaften der Pioniere des 19. Jhs. und religiöse Skultpuren aus dem Cuyo der Kolonialzeit. Unter der Woche gibt's alle 30 Minuten geführte Touren (am Wochenende stündl.).

Radler können auf einer 40 km langen Rundfahrt dieses und weitere Weingüter abklappern. Bei Mendozas Touristeninformation ist eine Regionalkarte erhältlich.

Aktivitäten

Der Aufstieg auf den nahen Aconcagua (s. S. 143) zählt zu den beliebtesten Aktivitäten. Diverse Anbieter haben zusätzlich Rafting, Klettern, Mountainbike-Touren, Wandern usw. im Programm. Alle unten genannten Hostels organisieren ebenfalls derartige Aktivitäten.

Inka Expediciones (425-0871; www.inka.com.ar; Juan B Justo 345) Bietet geführte Wanderungen zum Aconcagua-Gipfel mit Rundumservice an. Wer auf eigene Faust klettern möchte, bekommt logistische Unterstützung.

Altos Andes (429-7024; www.altosandes.com.ar; Rivadavia 122, Büro 13) veranstaltet halbstündige Landschaftsflüge im Ultraleichtflugzeug über Mendoza (60 US$) und längere Trips rund um den Gipfel des Aconcagua (190 US$).

Bethancourt Rafting (429-9965; www.betancourt.com.ar; Lavalle 35, Local 8) veranstaltet neben Rafting (ab 12 US$) und Mountainbike-Touren (20 US$) auch Abseilen und Bergsteigen (20 US$).

Snow Sky (Av Las Heras 555) verleiht Skiausrüstungen (17 US$/Tag inkl. Ski, Stöcke und Stiefel), Snowboards (20 US$) auch Mountainbikes.

Kurse

IAIM Instituto Intercultural (429-0269; www.spanishcourses.com.ar; Ecke San Juan & Rondeau) Im Angebot sind Spanischkurse mit 20 Wochenstunden (Gruppen-/Einzelunterricht 120/300 US$) und Aufenthalte bei einheimischen Familien (150 US$/Woche).

Schlafen

Achtung: Zwischen Januar und März steigen die Hotelpreise. Besonders teuer wird's während des Weinfestivals Anfang März.

Parque Suizo (444-1991; Stellplatz für 2 Pers. 4 US$) Der bewaldete Campingplatz liegt rund 6 km nordwestlich der Stadt in El Challao. Hier gibt's warme Duschen, Möglichkeiten zum Wäschewaschen und einen Lebensmittelladen. Hin geht's mit der Buslinie 110 von der Haltestelle LN Alem (gleich östlich der San Martín) und der Av Sarmiento.

Hostel Independencia (☎ 423-1806; www.hostel independencia.com.ar; Av Mitre 1237; B/DZ 8/19 US$; 🖳) Tolles Hostel mit 60 Betten, das in einem historischen Gebäude untergebracht ist. Aufwendige Wandverkleidungen, Holzböden, ein prima Gemeinschaftsbereich und eine riesige Veranda hinter dem Haus versprechen einen angenehmen Aufenthalt. In jedem der geräumigen Zimmer stehen zwischen vier und sechs Betten. Wer duschen möchte, muss in paar Schritte laufen.

Itaka House (☎ 423-9793; Villanueva 480; B/DZ 8/27 US$; 🖳 🛒) Befindet sich in einem wunderschönen großen Haus westlich vom Zentrum. Im Herz der Barzone gibt's hier anständige Schlafsäle mit vier bis sechs Betten und eine tolle Freiluftbar im Erdgeschoss. Von einer reizenden Terrasse blicken Gäste auf die Straße.

Break Point (☎ 423-9514; www.breakpointhostel. com.ar; Villanueva 241; B 9 US$; 🖳 🛒) Hostels haben eine lange Tradition in Argentinien – diese Unterkunft westlich vom Zentrum ist das beste Beispiel dafür. Sie hat geräumige und gemütliche Wohnbereiche, einen super Garten und einen Pool. Die Küche ist top in Schuss. Vom Feinsten.

Hotel Laser (☎ 438-0218; Gral Paz 360; EZ/DZ 8/12 US$) Budgethotels springen einen in Mendoza nicht gerade an, doch dieses hier ist sehr empfehlenswert. Es liegt zentral und verzichtet auf unnötigen Schnickschnack, bietet aber dennoch ausreichend Komfort. In diesem Abschnitt der Gral Paz und der Av Godoy Cruz gibt's viele kleine Hotels und *hospedajes* mit ähnlichen Preisen.

Hotel Rincón Vasco (☎ 423-3033; Av Las Heras 590; EZ/DZ 15/23 US$; Ⓟ 🌣) Etwas schäbiges Hotel in toller Lage an der brummenden Restaurantmeile Av Las Heras. Hat ein gutes Preis-Leistungs-Verhältnis. Dies gilt vor allem für die Zimmer mit Balkon – vorausgesetzt, man stört sich nicht am Straßenlärm.

Hotel del Sol (☎ 438-0218; hoteles@ciudad.com.ar; Av Las Heras 212; EZ/DZ 20/28 US$; Ⓟ) Wunderschön erhaltenes Oldtimer-Gebäude an der geschäftigen Av Las Heras. Hat ausreichend große Zimmer mit geräumigen Bädern. Auf

jedem Stockwerk gibt's außerdem eine schlichte Mini-Lounge.

Essen

Die Straßenrestaurants an der Fußgängerzone Av Sarmiento sind ein tolles Plätzchen fürs People Watching. Die Lokale entlang der Av Las Heras und der Av San Martín servieren anständige Tagesmenüs, bei denen der Preis – Schilder informieren über die jeweiligen Angebote.

Mercado Central (Ecke Av Las Heras & Patricias Mendocinas) Beste Budgetoption. Verschiedene Stände verkaufen Pizzas, Empanadas und Sandwiches.

Cocina Poblana (Villanueva 217; Hauptgerichte 3–4 US$) Die günstigen türkischen Köstlichkeiten sind eine willkommene Abwechslung zum üblichen Steak-Einerlei. Ist momentan das angesagteste Restaurant in diesem Stadtteil – um Wartezeiten zu vermeiden, sollte man entweder früh kommen oder einen Tisch reservieren.

Tabloo (San Juan 165; Hauptgerichte 3,50 US$) Wenn man auf *lomitos* (Steak-Sandwiches) abfährt, ist man hier genau richtig. Falls nicht, dann eben nicht. Eine einheimische Brauerei stellt die Stühle – dennoch beweist das Tabloa etwas Stil. Hauptgrund für einen Besuch sind jedoch die leckeren *lomitos*: Die kommen frisch mit hausgemachtem Brot auf den Tisch.

3-90 (Villanueva 463; Hauptgerichte ca. 4 US$) So hat ein Pasta-Restaurant zu sein: 20 verschiedene Saucen, 30 Nudelsorten und Preise unter 4 US$. Zusammen mit ein paar leckeren Weinen wird alles auf den Tischen am Bürgersteig serviert.

La Tasca de Plaza España (Montevideo 117; Gerichte 4–6 US$) Eines der besten Restaurants in Mendoza serviert tolle Tapas mit mediterranen und spanischen Einflüssen (vor allem Meeresfrüchte). La Tasca punktet zudem mit tollen Weinen, vertraulicher Atmosphäre und schönen Kunstwerken. Freundlicher Service.

Taco Tabasco (Villanueva 334; Gerichte 4–6 US$) Mexikanische Restaurants sind eine Sache für sich, doch dieses sticht positiv hervor: Ist definitiv mehr „Tex" als „Mex" und tischt schmackhafte Riesenportionen auf.

Ausgehen

Die Av Villanueva westlich vom Zentrum ist das Herz von Mendozas unterhaltsamer

140 ZENTRALES ARGENTINIEN •• Mendoza

www.lonelyplanet.de

ARGENTINIEN

MENDOZA

PRAKTISCHES
Cambio Santiago......................1 D4
Touristeninformation.................2 C5
Touristeninformation.........(siehe 20)
Touristenkiosk.........................3 C5
Touristenkiosk.........................4 B3

SEHENSWERTES & AKTIVITÄTEN
Altos Andes............................ 5 C5
Bethancourt Rafting................. 6 D4
IAIM Instituto Intercultural....... 7 D6
Iglesia, Convento y Basílica de San
    Francisco........................... 8 C4
Museo Fundacional................. 9 F2
Museo Popular Callejero......... 10 B3
Snow Sky..............................11 B3

SCHLAFEN
Hostel Independencia.............12 B4
Hotel del Sol........................13 C3
Hotel Laser..........................14 B3
Hotel Rincón Vasco...............15 B3

ESSEN
La Tasca de Plaza España........16 C5
Mercado Central....................17 C3

AUSGEHEN
La Reserva............................18 C5

TRANSPORT
Aerolíneas Argentinas.............19 C5
Austral..............................(siehe 19)
Busbahnhof...........................20 E6
LanChile.............................. 21 C5
Snow Sky............................(siehe 11)

Parque Suizo
Camping (6,5 km)

Eusebio Blanco

Bárcala

Inka
Expediciones
(300 m)

Corrientes

Ferrocarril
San Martín

Córdoba

Av Juan B Justo

Av Las Heras

Av Godoy Cruz

Gral Paz

San Luis

N Avellaneda

Chilenisches
Konsulat (1 km)

Plaza
Chile

Entre Ríos

A Álvarez

Espejo

Plaza
San Martín

Av F Civit

Parque
General
San Martín
(2 km)

Av Sarmiento

25 de Mayo

Plaza
Independencia

Av Sarmiento

Rivadavia

Plaza
Italia

Montevideo

Plaza
España

Av LN Alem

Philip Morris
(200 m); Por Acá (300 m);
Cocina Poblana (600 m);
3-90 (750 m); Taco Tabasco
(800 m); Break Point (800 m);
Itaka House (1 km)

San Lorenzo

Av Colón

Plaza
Pellegrini

Don Bosco

Lombardo

San Martín

Av José Vicente Zapata

Pardo

Av Pedro Molina

Rondeau

Tablao
(300 m)

Barszene. Besucher klappern am besten ein paar Läden ab; empfehlenswert sind beispielsweise:

Philip Morris (Villanueva s/n) Um diese Bar rankt sich eine klassische argentinische Bargeschichte: Den Eigentümern fiel einfach kein vernünftiger Name ein – schließlich benannte das Publikum die Bar nach der Zigarettenwerbung über der Tür. Und dabei blieb es dann, ebenso beim entspannten Ambiente und dem vielfältigen Musikprogramm.

Por Acá (Villanueva 557) Violett-gelbe Fassade draußen, gepunktete Inneneinrichtung in der Barlounge die Treppen hoch. Nach 2 Uhr ist der Laden rappelvoll. In den frühen Morgenstunden tanzen die Gäste für gewöhnlich zu bekannten Retro-Hits auf den Tischen.

La Reserva (Rivadavia 34; Eintritt frei–3 US$) Dem Namen nach ist die kleine Bar ein Schwulenclub, der aber ein gemischtes Publikum anzieht. Veranstaltet jeden Abend zur Geisterstunde eine wilde Drag-Show. Später läuft Hardcore-Techno.

An- & Weiterreise

BUS

Der **Busbahnhof** (☎ 431-1299) befindet sich ungefähr zehn Blocks östlich vom Stadtzentrum.

Ziel	Dauer (Std.)	Preis (US$)
Aconcagua	3½	6
Buenos Aires	14	38
Córdoba	10	17
Las Leñas	7	10
Los Penitentes	4	5
Malargüe	6	10
Neuquén	12	24
San Juan	2	5
San Luis	3¼	9
San Rafael	3¼	5
Tucumán	14	26
Uspallata	2	5
Valparaíso	8	17

FLUGZEUG

Aerolíneas Argentinas & Austral (☎ 420-4185; www.aerolineasargentinas.com; Av Sarmiento 82) fliegt jeden Tag nach Buenos Aires (97–107 US$).

Mit **LanChile** (☎ 425-7900; Rivadavia 135) besteht zweimal täglich ein Anschluss nach Santiago de Chile (100–190 US$).

Unterwegs vor Ort
In Mendoza kostet eine Busfahrt 0,60 US$; Magnetkarten mit verschiedenen Guthaben gibt's an jedem Kiosk. Für die Straßenbahn werden 0,60 US$ in Münzen fällig

Snow Sky (Av Las Heras 555; 5 US$/Tag) verleiht Fahrräder.

USPALLATA
☎ 02624 / 3500 Ew.

Das Dorf 1751 m über dem Meeresspiegel liegt an einer Kreuzung der RN7 in einem ausgesprochen malerischen Tal. Umgeben von farbenprächtigen Bergen ist es 150 km westlich von Menzoza ein toller Ausgangspunkt für die Erkundung der Umgebung. Und Filmfreaks dürfte möglicherweise interessieren, dass hier auch Szenen des Brad-Pitt-Epos *Sieben Jahre in Tibet* gedreht wurden.

Sehenswertes
Einen Kilometer nördlich der Highwayabzweigung nach Villavicencio führt eine ausgeschilderte Nebenstraße zu den Ruinen und dem Museum von **Bóvedas Históricas Uspallata**. Schon in präkolumbischer Zeit wurde hier Metall verhüttet. Verblasste, aber immer noch sichtbare **Felszeichnungen** zieren einen vulkanischen Aufschluss ca. 4 km nördlich von Uspallata. Er befindet sich in der Nähe eines kleinen Denkmals für San Ceferino Namuncurá. Gegenüber vom Busbahnhof gibt's eine Touristeninformation.

Schlafen & Essen
Camping Municipal (Stellplatz 2 US$; P ⚑) 500 m nördlich der Villavicencio-Kreuzung liegt im Schatten von Pappeln Uspallatas Campingplatz.

Hostel Uspallata (in Mendoza ☎ 429-3220; www.hosteluspallata.com.ar; RN 7 s/n; B/DZ 8/28 US$) Schlichte, aber komfortable Unterkunft in herrlicher Lage 5 km außerhalb der Stadt. Das Hostel organisiert u. a. Ausritte, Wandertouren und Forellenangeln, ebenso Raftings und Klettertrips. Wer von Mendoza aus mit dem Bus anreist, kann sich vom Fahrer hier absetzen lassen. *Remises* von Uspallata zum Hostel kosten 2 US$.

Hostería Los Cóndores (☎ 420-002; Las Heras s/n; EZ/DZ 23/32 US$; 💻 ⚑) Das Hotel in Kreuzungsnähe hat geräumige Zimmer mit Teppichboden und Riesenbädern. Dazu kommt ein hauseigenes Restaurant. Ein Schild weist darauf hin, dass im Pool kein Mate getrunken werden darf.

Café Tibet (RN7 & Las Heras; Hauptgerichte 2–5 US$) Der tibetische Krimskrams – übrig gebliebene Requisiten vom Filmdreh – beißt sich etwas mit dem Gangsta-Rap aus der Stereoanlage. Das Essen entspricht dem normalen Caféstandard.

An- & Weiterreise
Täglich schickt Expreso Uspallata ein paar Busse von Mendoza nach Uspallata (5 US$, 2 Std.). Mit Bussen in Richtung Santiago gelangen Passagiere zur und über die Grenze; sie sind jedoch häufig rappelvoll. Im Winter ist der Pass teilweise wochenlang für sämtliche Fahrzeuge gesperrt.

RUND UM USPALLATA
Los Penitentes
Los Penitentes (☎ 02624-420-229; www.lospenitentes.com) liegt zwei Stunden südwestlich von Uspallata auf 2580 m Höhe. Terrain und Schneedecke eignen sich gleichermaßen hervorragend für Abfahrts- und Langläufer. Lifte und Unterkünfte sind allesamt sehr modern. Bei den 21 Abfahrten beträgt der maximale Höhenunterschied 700 m. Tagesskipässe kosten durchschnittlich 32 US$. Die Saison dauert von Juni bis September.

Das gemütliche **Hostel Los Penitentes** (in Mendoza ☎ 0261-429-0707; www.penitentes.com.ar; B 6 US$) befindet sich in einer umgebauten Blockhütte. Maximal 20 Gäste übernachten hier in sehr beengten Verhältnissen. Hat außerdem eine Küche, einen Holzofen und drei Gemeinschaftsbäder. Für 3 US$ gibt's auch was zwischen die Zähne. Im Winter bietet das Hostel Schneeschuh-Expeditionen und Trips für Lang- und Abfahrtsläufer an, im Sommer Wanderungen und Expeditionen zum Aconcagua.

Auf dem Weg von Mendoza nach Los Penitentes halten Busse mehrmals täglich in Uspallata (5 US$, 5 Std.).

Puente del Inca
Wer in Richtung chilenische Grenze fährt, stößt ca. 8 km westlich von Los Penitentes in 2720 m Höhe auf eines der großartigsten Naturwunder Argentiniens. In der Nähe der Abzweigung zum Aconcagua überspannt die Puente del Inca, eine von den Naturgewalten geschaffene Steinbrücke, den Río Mendoza. Unterhalb davon befinden sich

Felsmauern und die Ruinen einer alten Badeanlage, die das warme Schwefelwasser der Thermalquellen im Lauf der Zeit gelb gefärbt hat. Von hier aus kann man in den Parque Provincial Aconcagua wandern.

Das kleine und schlichte Hostel **La Vieja Estación** (in Mendoza ☎ 0261-452-110; www.viejaestacion.com; Stellplatz 2 US$/Pers., B 7 US$) hat Bergsteigen, Gletschertouren und Schneeschuhausflüge im Programm. In Zukunft soll's auch mit dem Hundeschlitten durch die Gegend gehen. Zum Haus gehören auch ein günstiges Restaurant und eine Bar.

Mit schnuckeligen holzverkleideten Zimmern und einem riesigen Speisesaal wirkt die **Hostería Puente del Inca** (☎ 02624-420-222; EZ/DZ 33/37 US$) wie eine echte Skihütte.

Täglich besteht eine Busverbindung ab Mendoza (6 US$, 4 Std.).

PARQUE PROVINCIAL ACONCAGUA

Der Parque Provincial Aconcagua an der chilenischen Grenze schützt 710 km² Hochland. Mittendrin erhebt sich mit dem 6960 m hohen Cerro Aconcagua der gewaltigste Berg der westlichen Hemisphäre. Doch keine Sorge, Wanderer finden Basislager und Unterstände unterhalb der Schneegrenze.

Der Aufstieg zum Gipfel des Aconcagua dauert mindestens 13 bis 15 Tage (inkl. Akklimatisierung). Interessenten besorgen sich den Kletterführer *Aconcagua. A Climbing Guide* von R. J. Secor und informieren sich im Internet unter www.aconcagua.com.ar.

Von Mitte November bis Mitte März braucht man fürs Wandern und Klettern eine Genehmigung. Je nach Saison bezahlen Wanderer zwischen 20 und 40 US$, Kletterer werden 100 bis 300 US$ los. Die Hauptsaison dauert von Mitte Dezember bis Ende Januar. Genehmigungen verkauft die Zentrale der **Touristeninformation** (☎ 0261-420-2800; www.aconcagua.mendoza.com.ar; Av San Martín 1143) in Mendoza.

In und um Mendoza herum bieten zahlreiche Adventure-Reisebüros Touren ins Hochgebirge an (Details s. „Aktivitäten" im Kapitel „Mendoza", S. 138).

SAN JUAN

☎ 0264 / 113 000 Ew.

Auch wenn's hier nach Kerosin riecht, besteht kein Grund zur Panik: Das sind nur die stolzen Einwohner von San Juan, die ihre Bürgersteige polieren. Ganz schön abgefahren – zumindest für Nichtschwaben. Für das ansehnliche San Juan sprechen vor allem die nahen Weingüter und der Zugang zum Parque Provincial Ischigualasto. So langsam kommt der Abenteuertourismus auch hier etwas in Schwung.

Die **Touristeninformation** (☎ 422-2431; www.turismo.sanjuan.gov.ar; Sarmiento 24 Sur) betreibt einen kleinen Ableger am Busbahnhof. Die Cambio Santiago findet man an der Gral Acha 52 Sur; hinzu kommen diverse Geldautomaten. Eine Post gibt's an der Roza in der Nähe der Tucumán.

Sehenswertes

Das **Museo de Ciencias Naturales** (Eintritt frei; ☽ 9–13 Uhr) befindet sich mittlerweile im alten Bahnhof an der Ecke España/Maipú. Es zeigt Dinosaurierskelette aus der Trias, die in der Umgebung entdeckt wurden. Die Besucher können sich auch die Präparationslabore anschauen.

Auch das neue **Museo de Vino Santiago Graffigna** (Colón 1342 Norte; Eintritt frei; ☽ Di–Fr 9–13, So 10–20 Uhr, Weinbar Fr & Sa 21–2 Uhr) ist immer einen Besuch wert. In der hiesigen Weinbar stehen viele von San Juans besten Tropfen zum Antesten bereit.

Schlafen & Essen

Camping El Pinar (Stellplatz pro Pers./Zelt 0,60/1 US$) Bewaldeter Gemeinde-Campingplatz an der Benavídez Oeste rund 6 km westlich vom Stadtzentrum. Per Bus zu erreichen.

Zonda Hostel (☎ 420-1009; www.zondahostel.com.ar; Laprida 572 Oeste; B 6 US$; P) Neues Hostel mit 16 Betten in einem wunderbar restaurierten Haus. Hier gibt's einen großen Hof und eine Tischtennisplatte. Die freundlichen jungen Eigentümer bieten neben Wanderungen und Ausritten auch Touren zu Weingütern und Raftings an.

Triasico Hostel (☎ 421-9528; www.triasicohostel.com.ar; P Echagüe 520 E; B 6 US$; ☒ ☒) Das schnuckelige Winzhostel liegt ungefähr 15 Gehminuten vom Busbahnhof entfernt. Hat etwas beengte Zimmer, prima Gemeinschaftsbereiche und eine Küche mit toller Ausstattung. Bietet Spanischkurse, Wasserskilaufen, Segeltörns, Raftings und Wanderungen durch das Valle de la Luna an.

Hotel Nuevo San Francisco (☎ 427-2821; www.nuevo-sanfrancisco.com.ar; España 284 Sur; EZ/DZ 15/20 US$; P ☒) Das einladende und blitzsaubere

Hotel zählt zu den besten der Stadt. Es hat geräumige Zimmer mit Riesenbädern.

Soychú (Roza 223 Oeste; Tenedor Libre 2,50 US$) Die meisten vegetarischen Buffets bestehen aus ein paar Salaten und lassen Gäste ansonsten im Regen stehen – nicht aber in diesem kleinen Lokal, das auch frisch gepresste Säfte ausschenkt. Wer rechtzeitig erscheint, hat die beste Auswahl.

Club Sirio Libanés (Entre Ríos 33 Sur; Hauptgerichte 3–5 US$) Der Oldschool-Klassiker serviert Gerichte mit libanesischem Einschlag. Besonders lecker ist das *pollo deshuesado en salsa de ajillo* (Hühnchenfilet in Knoblauchsauce).

An- & Weiterreise
Aerolíneas Argentinas/Austral (☎ 421-4158; San Martín 215 Oeste) fliegt täglich nach Buenos Aires (100 US$).

Vom **Busbahnhof** (☎ 422-1604; Estados Unidos 492 Sur) rollen Fahrzeuge nach Mendoza (4 US$, 2 Std.), Córdoba (13 US$, 8 Std.), San Agustín de Valle Fértil (5 US$, 4 Std.) und La Rioja (11 US$, 6 Std.). Anschluss besteht außerdem nach Tucumán (22 US$, 11 Std.) und Buenos Aires (26 US$, 15 Std.).

RUND UM SAN JUAN
Vallecito
Der Legende nach folgte Deolinda Correa während der Bürgerkriege in den 1840er-Jahren ihrem zwangsrekrutierten Ehemann zu Fuß durch die Wüste und starb schließlich hier, km südöstlich von San Juan, an Durst, Hunger und Erschöpfung. Deolindas kleinen Sohn aber sollen vorbeikommende Maultiertreiber wohlauf an ihrer Brust gefunden haben.

Seit den 1940er-Jahren hat sich der einst schlichte **Difunta-Correa-Schrein** in eine brummende „Kleinstadt“ verwandelt. Lastwagenfahrer zählen zu den besonders gläubigen Anhängern: Im ganzen Land ist Deolindas Antlitz in zahlreichen Schreinen am Straßenrand zu erkennen, umgeben von Kerzen und kleinen Geldscheinen. Zurückgelassene Wasserflaschen sollen ihren Durst stillen.

In Vallecito gibt's eine preiswerte *hostería* und ein anständiges Restaurant. Dennoch eignet sich die Siedlung eher für einen Tagesausflug als zum Übernachten. Die Busse von Empresa Vallecito fahren regelmäßig von San Juan aus hierher (3 US$, 1½ Std.).

Auch alle anderen Fahrzeuge in Richtung Osten setzen Passagiere an der Stätte ab.

San Agustín de Valle Fértil
Das relaxte und grüne Nest liegt 250 km nordöstlich von San Juan inmitten von farbenprächtigen Hügeln und Flüssen. Die Einwohner leben von Landwirtschaft, Viehzucht, Bergbau und vom Tourismus. San Agustín dient als Ausgangspunkt für Abstecher in die Nationalparks Ischigualasto und Talampaya. Außerdem kann man sich in der Umgebung **Felsbilder** ansehen und den Río Seco erkunden.

Die Touristeninformation an der Plaza hilft bei der Planung von Touren durch die Umgebung. Hier gibt's auch einen Campingplatz, diverse günstige Unterkünfte und ein paar prima *parrillas*. Geld sollte allerdings vor der Anreise gewechselt werden.

Jeden Tag pendeln Busse zwischen San Juan und San Agustín (5 US$, 4 Std.).

Parque Provincial Ischigualasto
Der Parque Provincial Ischigualasto erstreckt sich über ein Wüstental, das zwischen Bergketten aus Sedimentgestein liegt. An jeder Biegung des Canyons haben die wechselnden Pegel des Río Ischigualasto unzählige Fossilien und Dinosaurierknochen aus der Trias freigelegt, die bis zu 180 Mio. Jahre alt sind. Das Wasser hat zudem eigentümliche Formen in den einfarbigen Mergel, den roten Sandstein und die Vulkanasche gegraben. In der öden „Mondlandschaft“ wachsen Wüstenpflanzen wie z. B. *algarrobo*-Bäume, Büsche und Kakteen. Dazwischen tummeln sich Guanacos, Kondore, Patagonische Hasen und Füchse.

Inoffiziell kann neben dem Besucherzentrum in der Nähe des Eingangs gecampt werden. Neben einer *confitería* mit einfachen Mahlzeiten und kalten Getränken gibt's hier auch Toiletten und Duschen. Allerdings ist das Wasser häufig Mangelware – und Schatten sucht man ohnehin vergeblich.

Ischigualasto liegt ungefähr 80 km nördlich von San Agustín. Aufgrund seiner Größe und Abgeschiedenheit ist eine Erkundung des Parks eigentlich nur mit einem Fahrzeug sinnvoll. Nachdem man das Eintrittsgeld bezahlt hat, begleitet ein Ranger Besucherfahrzeuge auf einem zwei- oder dreistündigen Rundkurs über die unbefestigten Pisten, die nach Regenschauern eventuell nicht mehr zu passieren sind.

Wer kein eigenes Transportmittel hat, kann sich bei der Touristeninformation in San Agustín oder der **Parkverwaltung** (☎ 0264-491-100) nach einem Mietwagen samt Fahrer erkundigen. **Ischigualasto Tour** (☎ 0264-427-5060; Entre Ríos 203 Sur, San Juan) verlangt für geführte Touren rund 25 US$ pro Person (mit englischsprachigem Führer eventuell teurer). Manche Trips können auch mit einem Besuch des **Parque Nacional Talampaya** kombiniert werden. Er liegt beinahe 100 km nordöstlich von Ischigualasto.

Auf dem Weg von San Juan nach San Agustín oder La Rioja halten die Busse von Empresa Vallecito unterwegs am Checkpoint Los Baldecitos. Von dort sind es 5 km bis zum Parkeingang.

MALARGÜE

☎ 02627 / 23 000 Ew.

Malargüe liegt 400 km südlich von Mendoza. Seit der Steinzeit durchstreiften die Pehuenchen als Jäger und Sammler das gleichnamige Tal. Indem sie landwirtschaftliche Nutzflächen anlegten, beraubten die europäischen Siedler die Ureinwohner ihrer Heimat. Heute lebt die Stadt hauptsächlich von der Ölindustrie, ist aber gleichzeitig das ganze Jahr über ein Zentrum für Outdoor-Aktivitäten: Las Leñas (s. rechte Spalte) hat Argentinens besten **Skigebiete** vorzuweisen. In der Nähe befinden sich archäologische Stätten und Naturschutzgebiete, außerdem sind geführte **Höhlentouren** möglich. Während der Skisaison ziehen die Hotelpreise an. Gäste der hier genannten Unterkünfte erhalten in Las Leñas 50 % Ermäßigung auf Skipässe (vor dem Einchecken an der Rezeption danach fragen).

Am nördlichen Stadtrand steht die **Touristeninformation** (☎ 471-659; www.malargue.gov.ar; RN40, Parque del Ayer) direkt am Highway. Das Personal verteilt manchmal kostenlose Kugelschreiber.

Der ganzjährig geöffnete **Camping Municipal Malargüe** (☎ 470691; Alfonso Capdevila; Stellplatz 2 US$) liegt am Nordrand der Stadt.

Das heimelige **Corre Caminos** (☎ 471-534; Telles Meneses 897; B/DZ 7/20 US$; ⌨) fünf Blocks östlich vom Uhrenturm besitzt neben Schlafsälen (6–12 Betten) auch ein Doppelzimmer und verleiht Skis zu ermäßigten Preisen.

Hostel Nord Patagonia (☎ 472-276; Fray Inalican 52 este; B/DZ 7/14 US$; ⌨) Freundliches Hostel mit offenem Kamin, das in einem kleinen umgebauten Haus untergebracht ist. Hat im Sommer z. B. Vulkanwanderungen, Raftings und Ausritte im Programm. Im Winter gibt's für Gäste einen Shuttleservice nach Las Leñas (7 US$/Pers.).

Hotel Turismo (☎ 471-042; San Martín 224; EZ/DZ 20/27 US$) Hat schlichte, aber komfortable Zimmer mit TV und Telefon. Die Quartiere im Obergeschoss sind besonders empfehlenswert. Das Kellerrestaurant verbreitet die Atmosphäre einer echten Skihütte.

Im Land der dicken und saftigen Steaks serviert das **La Posta** (Roca 374; Hauptgerichte 3–5 US$) besonders dicke und saftige Steaks. Zudem kann man aus einem prima Pasta-Angebot und einer tollen Weinkarte das Richtige für sich herauspicken.

Vom **Busbahnhof** (Ecke Roca & Aldao) starten Busse regelmäßig nach Mendoza (10 US$, 6 Std.) und Las Leñas (5 US$, 1½ Std.). Im Sommer gibt's zusätzlich jede Woche einen Service über den 2500 m hohen Paso Pehuenche: Durch den atemberaubenden Canyon des Río Maule geht's auf der anderen Seite hinunter nach Talca in Chile.

LAS LEÑAS

Reiche Argentinier und Touristen zieht es gleichermaßen nach Las Leñas. Im nobelsten Skiort des Landes wedeln sie in voller Pracht die Pisten hinunter. Anschließend wird auf den Putz gehauen, bis die Sonne wieder über die schneebedeckten Gipfel schaut. Im Sommer kann man das Tagesprogramm dagegen mit Wanderungen, Ausritten und Mountainbiketouren füllen. Trotz seines St.-Moritz-Images ist der Ort auch durchaus etwas für Traveller mit kleinem Geldbeutel.

Las Leñas liegt nur 70 km von Malargüe entfernt. Betrieb herrscht ungefähr von Juli bis Oktober. Auf 33 Pisten brettern Skifahrer aus bis zu 3430 m Höhe ins Tal (max. Höhenunterschied: 1230 m). Je nach Saison kosten Liftpässe für einen ganzen Tag im Schnee zwischen 30 und 41 US$ – der **Ticketschalter** (☎ 02627-471-100; www.laslenas.com; ⌚ Mitte Juni–Ende Sept.) weiß Näheres.

Budgetreisende können in Malargüe wesentlich günstiger übernachten – nach Las Leñas geht's dann mit einem der regelmäßigen Shuttlebusse. Busfahrten von Mendoza aus kosten 10 US$ und dauern sieben Stunden.

SANTA ROSA

☎ 02954 / 95 000 Ew.

Santa Rosa ist eine der wenigen etwas größeren Städte in den Pampas. Das Angebot für den Otto Normaltraveller ist nicht sonderlich groß, sieht man einmal von dem nahen Parque Nacional Lihué Calel ab. Der abgelegene, aber hübsche Park ist die Heimat einer überraschend vielfältigen Flora und Fauna.

Praktische Informationen

Im Umkreis der Plaza San Martín gibt's diverse Geldautomaten.

Post (Hilario Lagos 258)

Touristeninformation (☎ 424-404; www.turismola pampa.gov.ar; Ecke Luro & San Martín) In der Nähe des Busbahnhofs.

Zentrale Touristeninformation (☻ 24 Std.) Am Busbahnhof.

Sehenswertes

Das **Museo de Bellas Artes** (Ecke 9 de Julio & Villegas; Eintritt frei; ☻ Di–Fr 7–13.30 & 14–20, Sa & So 18.30–21.30 Uhr) zeigt sich von einer überraschend modernen Seite. Die Galerie stellt Werke von Künstlern aus der Stadt und dem ganzen Land aus. Schwerpunkt der auf fünf Räume verteilten Ausstellung liegt auf moderner bzw. abstrakter Kunst. Hinter dem Gebäude ist noch ein kleiner Skulpturengarten zu sehen.

An der **Laguna Don Tomás** unternehmen die Einheimischen Bootsausflüge, schwimmen, treiben Sport oder gehen einfach spazieren.

Schlafen & Essen

Centro Recreativo Municipal Don Tomás (☎ 455-358; Stellplatz 1 US$/Pers.) Liegt am Westende der Av Uruguay und ist ordentliche Stellplätze. Vom Busbahnhof aus fahren die Busse von El Indio hin.

Hostería Santa Rosa (☎ 423-868; Hipólito Yrigoyen 696; EZ/DZ 7/10 US$) Die Hostería ist eine tolle kleine Budgetbleibe in der Nähe des Busbahnhofs, die kleine Zimmer und eine heimelige Atmosphäre bietet.

Hotel Calfucurá (☎ 433-303; calfuar@cpenet.com. ar; San Martín 695; EZ/DZ 38/44 US$; Ⓟ ☒ ☒) Für das Calfucura sprechen seine ruhige Atmosphäre und die günstige Lage in unmittel-

barer Nähe des Busbahnhofs. Das mit Abstand beste Hotel der Stadt hat gemütliche Zimmer, die ansonsten aber nichts besonderes sind.

Club Español (Hilario Lagos 237; Gerichte 3–8 US$) Serviert schmackhafte Gerichte aus Argentinien und Spanien. Hinzu kommt ein großartiger Service. Im Hof (mit spanischen Fliesen und plätscherndem Brunnen) kann man wunderbar ein paar Stunden gemütlich entspannen.

An- & Weiterreise

Austral (☎ 433-076; Ecke Lagos & Moreno) fliegt nach Buenos Aires. Taxis zum Flughafen, 3 km außerhalb der Stadt, kosten durchschnittlich 2 US$.

Vom **Busbahnhof** (☎ 422-952; Luro 365) rollen Busse nach Bahía Blanca (9 US$, 5 Std.), Puerto Madryn (22 US$, 10 Std.), Buenos Aires (15 US$, 9 Std.), Mendoza (18 US$, 12 Std.), Neuquén (16 US$, 15 Std.) und Bariloche (19 US$, 21 Std.).

PARQUE NACIONAL LIHUÉ CALEL

Die kleinen Bergketten des abgelegenen Parks ragen 226 km südwestlich von Santa Rosa in den Himmel. Während General Rocas *Conquista del Desierto* (Eroberung der Wüste) verschanzten sich hier die Arauca. Die lachsfarbenen Granitfelsen ragen bis zu 600 m in die Höhe, die geheimnisvolle Natur verändert ihr Gesicht im Lauf der Jahreszeiten (und manchmal sogar nur an einem einzigen Tag).

Plötzliche Wolkenbrüche lassen in dem 100 km² großen Wüstengebiet wahre Springfluten und spektakuläre Wasserfälle entstehen, die ebenso schnell wieder verschwinden. Selbst in der Trockenzeit nähren unterirdische Wasserläufe den so genannten *monte*, einem Buschwald, der aus überraschend vielen Pflanzenarten besteht.

Zu den am häufigsten vertretenen Tierarten zählen Graufüchse, Guanacos, *maras* (Patagonische Hasen) und Vizcachas (niedliche Verwandte der Chinchillas). An Federvolk sind u. a. *ñandús* (Rheas) und *caranchos* (Schopfkarakaras) anzutreffen.

Vom Campingplatz des Parks führt ein ausgeschilderter Pfad durch einen dichten *caldén*-Dornenwald zu einer Stätte mit leider inzwischen mutwillig beschädigten **Felsbildern**. Von hier verläuft ein weiterer Pfad zum Gipfel des 589 m hohen **Cerro de la So-**

ciedad Científica Argentina. Von hier oben ist die Aussicht auf Sierra, umliegende Feuchtgebiete und *salares* (Salzseen) einfach wunderbar. Zwischen den Felsbrocken verstecken sich blühende Kakteen.

Schlafen & Essen
In der Nähe des Besucherzentrums gibt's einen kostenlosen schattigen Campingplatz mit Picknicktischen, Feuerstellen, kalten Duschen und vielen Vögeln. Lebensmittel müssen mitgebracht werden – die nächsten Einkaufsmöglichkeiten befinden sich in der Stadt Puelches, 35 km weiter südlich.

ACA Hostería (02952-436-101; EZ/DZ 7/10 US$) Wer nicht zelten möchte, dem bleibt nur diese einfache, aber zweckdienliche Unterkunft am Highway. Das Restaurant ist nicht gerade aufregend. Bis zum Parkeingang sind es dafür nur ein paar Schritte.

An- & Weiterreise
Täglich fahren Busse von Santa Rosa zum Park (5 US$, 5 Std.).

DAS ARGENTINISCHE SEENGEBIET

Argentiniens außergewöhnliches Seengebiet erstreckt sich von Neuquén bis hinunter nach Esquel. Die herrliche Berglandschaft ist ein Paradies für Kletterer und Skifahrer. Raftingfans können sich auf reißenden Flüssen austoben, während klare Seen zum Angeln und Bootfahren einladen und die wunderbaren Nationalparks darauf warten, erkundet zu werden. Die Siedlungen und Städte im Seengebiet haben jeweils ihr ureigenes Gesicht, unterscheiden sich in puncto Geografie, Architektur und Kultur: Das Spektrum reicht von der Metropole Bariloche bis zur „Hippiekommune" El Bolsón. Das ganze Jahr über lockt ein vielfältiges Freizeitangebot und an jeder Ecke erschließt sich einem eine neue herrliche Aussicht. Argentinische Urlauber und ausländische Backpacker haben gleichermaßen den Reichtum an genialen Landschaften und Outdooraktivitäten für sich entdeckt – daher nichts wie hin!

Im Lake District lebten ursprünglich die Puelche und die Pehuenchen. Letztere ernährten sich hauptsächlich von den Pinienkernen des *pehuén*-Baums – daher der Name des Volkes –, der vielleicht unter der Bezeichnung Andentanne besser bekannt sein dürfte (man muss die Bäume ohne Zweifel immer wieder neugierig betrachten, wenn man sie erblickt). Obwohl die Spanier das Gebiet bereits im späten 16. Jh. erkundeten, hatten die Mapuche bis Ende des 19. Jhs. das Sagen. Erst dann entdeckten Siedler aus Europa die Region für sich. Nichtsdestotrotz leben noch heute viele Mapuche in dieser Ecke Argentiniens, vor allem in den Nationalparks.

NEUQUÉN
☎ 0299 / 247 000 Ew.
Ob von vorne oder von hinten gelesen – Neuquén bleibt Neuquén. Die Provinzhauptstadt schmiegt sich an die Biegung des Zusammenflusses von Río Limay und Río Neuquén. Sie bildet das Tor nach Patagonien und zum Seengebiet, spielt in der Region außerdem aber auch noch eine wichtige Rolle als Landwirtschafts- und Handelszentrum. Neuquén ist zwar keine Touristenhochburg, aber sicherlich auch nicht uninteressant – man kann sich wesentlich schlechtere Orte für einen Zwischenstopp vorstellen.

Praktische Informationen
Mehrere Banken haben einen Geldautomaten.
Cambio Pullman (Ministro Alcorta 144) Löst Reiseschecks ein.
Chilenisches Konsulat (☎ 442-2727; La Rioja 241).
Einwanderungsbehörde (☎ 422-2061; Santiago del Estero 466)
Post (Ecke Rivadavia & Santa Fe)
Touristeninformation der Provinz (☎ 442-4089; www.neuquen.gov.ar; Félix San Martín 182) Verkauft Angellizenzen.

Sehenswertes
Das **Museo Nacional de Bellas Artes** (Ecke Mitre & Santa Cruz; Eintritt frei; ☼ Di–Fr 10–21, Sa & So 18–22 Uhr) stellt die Werke argentinischer und internationaler Künstler aus. Das kleine **Museo de la Cuidad** (Ecke Independencia & Córdoba; Eintritt frei; ☼ Mo–Fr 8–21, Sa & So 18–22 Uhr) widmet sich Neuquéns Stadtgeschichte.

Schlafen
Residencial Inglés (☎ 442-2252; Félix San Martín 534; EZ/DZ 12/18 US$) Eine reizende alte polnische

DAS ARGENTINISCHE SEENGEBIET

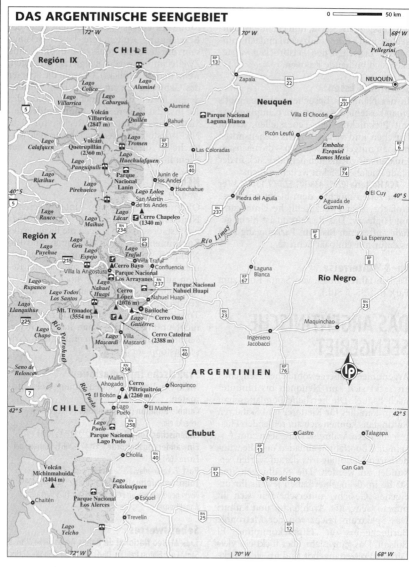

Dame ist für die blitzsauberen Superzimmer verantwortlich.

Hotel Alcorta (☎ 442-2652; alcortahotel@infovia.com.ar; Ministro Alcorta 84; EZ/DZ 13/23 US$) Das Hotel Alcorta ist ein rundum freundliches und heimeliges Haus. Es besitzt eine Vielzahl von ordentlichen Zimmern mit Teppichboden.

Hostería Belgrano (☎ 442-4311; hosteriabelgrano@infovia.com.ar; Rivadavia 283; EZ/DZ 13/23 US$) In zentraler Lage gibt's etwas düstere Zimmer mit gutem Preis-Leistungs-Verhältnis.

Hotel Ideal (☎ 442-2431; www.interpatagonia.com/hotelideal; Olascoaga 243; EZ/DZ 16/25 US$;) Komfortable Zimmer mit Kabel-TV. Prima Lage.

UND DAS GIBT'S AUCH!

In der Provinz Neuquén wurde eine Menge Dinosaurierknochen entdeckt, die weltweit ihresgleichen suchen. Zu den interessantesten Stätten zählen: Plaza Huincul, Villa El Chocón und das Centro Paleontológico Lago Barreales – jeweils nur wenige Autostunden entfernt. Der Großraum Neuquén kann zudem mit Seen, heißen Quellen, ein paar *bodegas* (Weinbergen), einem tollen Vogelschutzgebiet und 1A-Angelplätzen um Aufmerksamkeit buhlen.

Neugierig geworden? Dann vor Ort Infos einholen und los geht die Reise.

Essen & Ausgehen

Supermarkt El Norte (Ecke Olascoaga & Moreno) Take-away-Gerichte.

Restaurant Alberdi (Alberdi 176; Hauptgerichte unter 3 US$) Das Restaurant serviert preiswerte Hausmannskost.

Cabildo (Rivadavia 68; Hauptgerichte unter 3,50 US$) Ein familienfreundliches Lokal, in dem es Pizzas, Waffeln, Sandwiches und Omelettes gibt.

La Rayuela (Alberdi 59; Hauptgerichte 4,50–7 US$) Großes und modernes Restaurant mit All-You-Can-Eat-Menü (5,50 US$).

Meridiano 69 (Rivadavia 69) Dunkler und lauter In-Laden mit vielen Cocktails und Whiskeysorten.

Anreise & Unterwegs vor Ort

Der Flughafen liegt 6 km außerhalb der Stadt (Bus 0,40 US$, Taxi 4 US$). An Fluglinien sind **Aerolíneas Argentinas** (☎ 442-2409; www.aerolineasargentinas.com; Santa Fe 52) und **LADE** (☎ 443-1153; Brown 163) vertreten.

Neuquéns großer neuer Busbahnhof liegt 4 km westlich vom Zentrum. In die Innenstadt gelangen Neuankömmlinge entweder mit den „Pehueche"-Bussen (0,35 US$; Ticketverkauf an der Puerta D) oder einem Taxi (2,75 US$). Vom Busbahnhof hat man Anschluss nach Bariloche (15 US$, 6 Std.), Bahía Blanca (13 US$, 7½ Std.), Buenos Aires (22 US$, 16 Std.) und Junín de los Andes (12 US$, 5 Std.), ferner nach Mendoza (23 US$, 12 Std.), Viedma (15 US$, 9 Std.) und Temuco in Chile (23 US$, 10 Std.). An jedem Kiosk gibt's Magnetkarten für Fahrten mit den Bussen des ÖPNV.

JUNÍN DE LOS ANDES

☎ 02972 / 12 000 Ew.

Junín ist eine der nettesten Kleinstädte im Seengebiet und selbst ernannte „Forellenhauptstadt" Argentiniens. Tatsächlich tummeln sich unzählige Forellen in den herrlichen Flüssen der Umgebung. In der ruhigen Stadt, 42 km nördlich von San Martín de los Andes am wunderschönen Río Chimehuín gelegen, ticken die Uhren etwas langsamer. Wer wandern, Flüsse und Berge erkunden oder den tollen Parque Nacional Lanín besuchen möchte ist hier richtig – sonst ist allerdings nicht viel geboten.

Praktische Informationen

Die Bank an der Plaza hat einen Geldautomaten.

Club Andino (☎ 491-207) Liefert Wanderinfos; in der Nähe der Touristeninformation.

Internetcafé (Suárez 445)

Parques Nacionales (☎ 491-160) Direkt neben der Touristeninformation.

Post (Ecke Don Bosco & Suárez)

Touristeninformation (☎ 491-160; turismo@jdeandes.com.ar; Plaza San Martín) Stellt Angellizenzen aus.

Waschsalon (Ponte 330)

Sehenswertes & Aktivitäten

Der **Cerro de la Cruz** liegt 15 Gehminuten vom westlichen Stadtrand entfernt. Zwischen Kiefern können Besucher hier tagsüber an den 21 Stationen des Kreuzwegs entlangmarschieren: Auf äußerst kreative Weise verbindet die ausgeklügelte Anlage christliche Themen mit dem Überlebenskampf der Mapuche. Das **Museo Mapuche** (Ponte 540; Eintritt frei; ☾ Mo–Fr 9-12 & 15–20, Sa 9–12 Uhr) zeigt indigene Ausstellungsstücke.

Schlafen & Essen

Camping La Isla (☎ 492-029; Stellplatz 2,25 US$/Pers.; ☾ Dez.–März) Hat schattige Stellplätze und Stromanschlüsse für Wohnmobile (3,25 US$).

Laura Vicuña (☎ 491-149; majandes@smandes.com.ar; Stellplatz 2,75 US$/Pers., Cabaña ab 16 US$) Der angenehme Campingplatz hat das ganze Jahr über geöffnet. Er besitzt sonnige Stellplätze am Fluss sowie ein paar *cabañas* (16–29 US$).

Residencial Marisa (☎ 491-175; residencialmarisa@deandes.com.ar; Rosas 360; EZ/DZ 10/13 US$) Einen Block vom Busbahnhof entfernt; Zimmer mit prima Preis-Leistungs-Verhältnis (die im OG sind heller). Steht zwar direkt am Highway, ist aber relativ ruhig.

El Cedro (☎ 02944-15-601-952; elcedro2004@yahoo. com.ar; La Madrid 409; EZ/DZ 16/20 US$) Einfache und kleine Budgetzimmer mit Kabel-TV; direkt hinter der Plaza.

Posada Pehuén (☎ 491-569; www.camarajunin andes.com.ar/posadapehuen; Suárez 560; EZ/DZ 18/28 US$) Zu der Unterkunft in Familienbesitz gehören zehn komfortable Zimmer mit eigenem Bad. Auch beim Frühstück gibt's nichts zu meckern. Hübscher Garten hinterm Haus.

Hostería Chimehuín (☎ 491-132; www.interpata gonia.com/hosteriachimehuin; Ecke Suárez & 25 de Mayo; EZ/DZ 23/33 US$) Steht in angenehmer Lage auf einem grasbewachsenen Gelände. Die anständigen Zimmer und Apartments sind vor allem bei passionierten Petrijüngern schwer angesagt. Die besten Quartiere haben eigene Balkone mit Aussicht auf den herrlichen Fluss.

Posada Pehuén (Suárez 560; Gerichte ab 8 US$) Leckere Hausmannskost kommt in Wohnzimmer-Ambiente auf den Tisch. Die Posada veranstaltet Abende mit Wein und Käse und am Wochenende Teekränzchen. Interessenten sollten einen oder zwei Tage im Voraus reservieren.

Ruca Hueney (an der Plaza; Hauptgerichte 4–6 US$) Das beliebte wie stilvolle Lokal serviert Fleisch, Nudeln und Forelle. Am Fenster nebenan gibt's Gerichte zum Mitnehmen.

Roble Pub (Ginés Ponte 331) Wunderbar rustikal und vertraulich. Entpuppt sich nach dem Abendessen als eine Bar.

An- & Weiterreise

Der Flughafen liegt 19 km weiter südlich in Richtung San Martín de los Andes.

Der Busbahnhof ist drei Blocks westlich der Plaza zu finden. Von hier aus gehen Busse u. a. nach San Martín de los Andes (1,75 US$, 45 Min.), Bariloche (7 US$, 3 Std.) und Neuquén (12 US$, 6 Std.); Ziele in Chile sind z. B. Pucón (15 US$, 4 Std.), Temuco (15 US$, 7 Std.) und Valdivia (15 US$, 8 Std.).

PARQUE NACIONAL LANÍN

Der ruhige Parque Nacional Lanín liegt im Schatten des schneebedeckten Volcán Lanín (3776 m). Dichte Wälder aus *lenga* (Südbuchen) und merkwürdig anmutenden Andentannen bedecken die Landschaft. Im

Pleistozän gruben sich Gletscher in den Untergund und hinterließen fingerförmige Seen mit blau schimmerndem Wasser – ein Paradies für Angler und Camper. Zum Zeitpunkt der Recherche konnte der Park kostenlos besucht werden (Änderungen sind möglich). Detaillierte Informationen und auch Karten liefern die Büros der Parques Nacionales in Junín oder San Martín.

Im Sommer ist der **Lago Huechulafquen** von Junín aus locker zu erreichen, was sich nicht nur wegen der postkartenreifen Aussicht auf den Volcán Lanín lohnt – auch die Wanderwege sind spitze. Die Mapuche betreiben u. a. die Campingplätze Raquithue, Piedra Mala und Bahía Cañicul (1,75–2,25 US$/ Pers.). Im Park darf außerdem kostenlos gezeltet werden. In Junín de los Andes kann man sich mit Vorräten eindecken. Auch die Wälder rund um den **Lago Tromen** sind ein prima Wander- und Campingrevier.

Von San Martín geht's mit dem Boot gen Westen über den **Lago Lácar** nach Paso Hua Hum, von wo aus eine Straße hinüber nach Puerto Pirehueico in Chile führt; es gibt auch Busse. Hua Hum kann ebenfalls mit Campingplätzen und Wanderwegen dienen. Und auch am heiteren **Lago Lolog** 15 km nördlich von San Martín lässt es sich trefflich campen und angeln.

Im Sommer kurven „Trafic"-Vans vom Busbahnhof in Junín den Lago Huechulafquen entlang bis nach Puerto Canoas (5 US$, Sommer 2-mal tgl.). Per Bus geht's über die Pässe Hua Hum und Tromen hinüber nach Chile. Die Fahrzeuge halten auch unterwegs, sind aber oft überfüllt.

SAN MARTÍN DE LOS ANDES
☎ 02972 / 27 000 Ew.

Argentiniens obere Zehntausend *lieben* die fesche Kleinstadt San Martín, die sich am Ufer des Lago Lácar zwischen zwei grüne Berge quetscht. Während der Urlaubszeit ist Hochbetrieb auf den Straßen garantiert. Viele chaletartige Gebäude aus Holz und Stein prägen das Bild des Städtchens. Die meisten beherbergen anscheinend Schokoladengeschäfte, Eisdielen und Souvenir-Boutiquen. Abseits der Touristenzonen gibt's aber auch nette Wohnviertel mit schmucken Gärten, in denen herrlichen Rosen blühen. Und für die wunderbaren Waldwege der Umgebung gilt natürlich das Motto „Hike'n'Bike".

Praktische Informationen

In der Stadt gibt's mehrere Geldautomaten.

Andina Internacional (Capitán Drury 876) Löst Reiseschecks ein.

Parques Nacionales (☎ 427-233; Frey 479) Verkauft Angellizenzen in der Nähe der Touristeninformation.

Post (Ecke Pérez & Roca)

Touristeninformation(☎ 427-347; www.sanmartin delosandes.gov.ar; San Martín) In der Nähe der Plaza.

Sehenswertes

Wer die staubig-steilen 2,5 km hinauf zum **Mirador Bandurrias** (0,35 US$; nur Sommer) bewältigt, wird mit einer grandiosen Aussicht auf den Lago Lácar belohnt (Snacks oder Mittagessen nicht vergessen). Durchtrainierte Radler können sich bei **Rodados** (San Martín 1061; 2 US$/Std.; Mo–Fr 9–12.30 & 16–20.30, Sa 9–13 Uhr) einen Drahtesel leihen und damit in ca. einer Stunde über Schotterpisten zum *mirador* (Aussichtspunkt) hochbrettern.

Per pedes, Fahrrad oder Anhalter geht's zur **Playa Catrite**, 5 km weiter unten an der RN 234 gelegen (im Sommer fahren öffentliche Verkehrsmittel). Der geschützte Felsenstrand ist bei Familien und jungen Leuten sehr beliebt. Neben einem relaxten Restaurant mit toller Terrasse gibt's in der Nähe auch einen Campingplatz. Das 20 km entfernte Skizentrum Cerro Chapelco unterhält im Stadtzentrum ein **Informationsbüro** (☎ 427-845; Ecke San Martín & Elordi).

Vom Pier legen täglich Boote nach Paso Hua Hum ab (26 US$ hin & zurück). Dort kann man wandern und sich einen Wasserfall anschauen. Kähne schippern auch hinüber nach Quila Quina (8 US$ hin & zurück), das Strände und Wassersportmöglichkeiten parat hat.

Zahlreiche Touren durch die Region haben *miradores* und Strände zum Ziel. Andere besuchen u. a. den Volcán Lanín, den Lago Huechulafquen und Lago Traful sowie Siete Lagos und den Cerro Chapelco.

Schlafen

In Spitzenzeiten (Jan.–März & Juli–Aug.) sollten Unterkünfte im Voraus reserviert werden.

La Grieta Hostel (☎ 429-669; www.lagrietasma. com.ar; Ramayón 767; B/DZ 7/18 US$) Vertrauliches Hostel in einem gemütlichen Haus mit kleinen Zimmern (darunter ein Doppelzimmer) und Gemeinschaftsbad.

Albergue Rukalhue (☎ 427-431; www.rukalhue. com.ar; Juez del Valle 682; B/EZ/DZ 7/23/29 US$) Gästehaus mit einfachen Zimmern und einem großen Speiseraum. Hat kahle Flure und verbreitet ein gewisses industrielles Flair. In den Doppelzimmern gibt's jeweils ein eigenes Bad und TV.

Puma Youth Hostel (☎ 422-443; www.pumahostel. com.ar; Fosbery 535; B mit/ohne HI-Ausweis 7,50/8,50 US$, DZ 23/24 US$; 🖳) Gutes, sauberes HI-Hostel mit klasse Küche und geräumigen Schlafsälen. Hinzu kommen drei Doppelzimmer mit eigenem Bad.

Hostería Cumelen (☎ 427-304; Elordi 931; EZ/DZ 20/26 US$) Gute Option in zentraler Lage. Die superangenehmen Zimmer sind mit Kabel-TV ausgestattet.

Las Lucarnas Hostería (☎ 427-085; hosterialaslu carnas@hotmail.com; Pérez 632; EZ/DZ 26/29 US$) Die wunderschönen und komfortablen Zimmer mit Balkendecken haben ein prima Preis-Leistungs-Verhältnis.

Casa Alta (☎ 427-456; casaalta@sma.com.ar; Obeid 659; DZ/3BZ 33/42 US$) Wirklich nett; besitzt lediglich drei einfache Zimmer und einen Garten. Das Personal spricht Deutsch … man kann aber auch sein Italienisch oder Französisch auspacken. Hat nur von Dezember bis März geöffnet.

Am östlichen Stadtrand liegt der weitläufige Platz **Camping ACA** (☎ 429-430; Stellplatz 4 US$/ Pers.). Prima campen lässt es sich auch an der **Playa Catrite** (Stellplatz 3 US$/Pers.) 5 km südlich der Stadt.

Essen & Ausgehen

El Bodegón (Mascardi 892; Hauptgerichte unter 3,50 US$) Hier kommt günstige Hausmannskost in Riesenportionen auf den Tisch. Freundliches Ambiente und einfache, kurze Speisekarte.

Pura Vida (Villegas 745; Hauptgerichte unter 4 US$) Das ausgezeichnete Lokal serviert größtenteils vegetarische Gerichte, beispielsweise Spinat-Crepes, Pasteten oder gefüllten Kürbis.

Pulgarcito (San Martín 461; Hauptgerichte 4–5,25 US$) Das gemütliche Restaurant tischt u. a. Fleisch und Forelle auf. Besonders empfehlenswert sind die Nudelgerichte wie Ravioli, *ñoqui* und Lasagne. Zur Auswahl stehen 30 verschiedene Saucen.

Avataras (☎ 427-104; Ramayón 765; Hauptgerichte 4–9 US$) Serviert edle Ethnoküche wie z. B. Forelle in Orangensauce, rotes Hühnchen-

Curry oder Krabbenravioli. Im hinteren Bereich gibt's eine schnuckelige Bar.

Ku (San Martín 1053; Hauptgerichte 4–10 US$) Wunderbar elegant. Auf der Karte stehen kostspieliges *parrilla* und einheimische Spezialitäten. Der Service lässt allerdings zu wünschen übrig.

Downtown Matias (Ecke Coronel DíArizona & Calderon) Geräumige und vornehme „Yuppie-Hochburg" mit Pooltischen, Rockmusik und teuren Drinks. Bevor man in deren Genuss kommt, geht's kurz und knackig den Hügel hinauf.

Avataras Pub (Ramayón 765) Gemütliche und fesche Kneipe mit Sitzecken, Barhockern und Sofas. Serviert zahlreiche verschiedene Drinks und Gerichte der gehobenen Art. Aus den Boxen schallt Bob Marley.

An- & Weiterreise

Der **Flughafen** liegt 23 km nördlich der Stadt (Taxi 12 US$). Das Fluglinienangebot besteht aus **Aerolíneas Argentinas** (☎ 427-003; www.aerolineasargentinas.com; Capitán Drury 876) und **LADE** (☎ 427-672), mit Büro am Busbahnhof.

Der Busbahnhof ist fünf Blocks westlich der Plaza San Martín zu finden. Von hier aus gehen Busse u. a. nach Junín de los Andes (1,75 US$, 45 Min.), Villa La Angostura (6,25 US$, 2½ Std.) und Bariloche (8 US$, 4 Std.). Anschluss besteht auch zu den chilenischen Städten Puerto Pirehueico (15 US$, 2½ Std.), Panguipulli (15 US$, 7 Std.) und Temuco (15 US$, 8 Std.).

VILLA LA ANGOSTURA

☎ 02944 / 10 000 Ew.

Die Kleinstadt Villa la Angostura ist ein echtes Juwel. Der Name stammt von dem spanischen Wort *angosta* (eng) und bezieht sich auf die 91 m breite Landenge, die die Stadt mit der herrlichen Península Quetrihué verbindet. Villa ist unzweifelhaft touristisch geprägt, hat dabei aber glücklicherweise seinen Charme nicht verloren: Die Hauptstraße verläuft über drei Blocks und wird von für diese Region typischen „Berghütten" aus Holz und Stein gesäumt. Rechts und links zweigen staubige Nebenstraßen ab. Im Winter zieht es Skifahrer an die nahen Cerro Bayo.

Im Stadtzentrum El Cruce finden sich neben dem Busbahnhof auch die meisten Hotels und Geschäfte. Die Hauptstraße heißt Av Arrayanes. Im bewaldeten La Villa

gibt's ein paar Restaurants, Hotels und einen netten Strand. Es liegt 3 km weiter südwestlich am Ufer des Lago Nahuel Huapi.

Praktische Informationen

Andina (Av Arrayanes 256) Löst Reisechecks ein.

Nationalpark-Verwaltung (☎ 494152; La Villa)

Post (Av Arrayanes 282l, ste 17)

Touristeninformation (☎ 494124) Gegenüber vom Busbahnhof.

Sehenswertes & Aktivitäten

Der kleine, aber wunderschöne **Parque Nacional Los Arrayanes** auf der Península Quetrihué dient als Schutzgebiet für den sogenannten *arrayán*. Das Gewächs mit der zimtfarbenen Rinde ist mit der Myrte verwandt. Die Halbinsel gehört wiederum zum größeren Nationalpark Nahuel Huapi. Der größte *bosque* (Wald) von *arrayanes* bedeckt die Südspitze der Halbinsel. Sie ist von La Villa aus in einer 35-minütigen Bootsfahrt (ohne/mit Rückfahrt 6,50/ 12 US$) oder über einen relativ leicht zu meisternden Wanderweg (12 km) zu erreichen. Der Eintritt zum Park kostet 4 US$.

Erfahrene Radler leihen sich ein Bike und strampeln zum *arrayán*-Wald. Das erste Teilstück ist sehr steil, danach geht's mehr oder weniger flach weiter. Für Hin- oder Rückweg stehen auch Boote zur Verfügung (Tickets im Voraus kaufen) – die andere Streckenhälfte wird dann per pedes oder Fahrrad absolviert. Naturfreunde sollten Verpflegung und Getränke mitnehmen – in der Nähe des Wegendes wartet ein idealer Picknickplatz an einem See.

Der Arrayanes-Pfad beginnt in der Nähe des Strandes. Von dort führt eine steile 30-minütige Wanderung hinauf zu Aussichtspunkten mit Panoramablick auf den Lago Nahuel Huapi.

Vom Stadtteil El Cruce geht's 3 km zu Fuß in Richtung Norden bis zum **Mirador Belvedere**. Nach einem weiteren Kilometer kommt der 50 m hohe Wasserfall **Cascada Inayacal** in Sicht (man muss ein Stück zurückgehen und einen anderen Pfad nehmen).

Schlafen

Die folgenden Unterkünfte befinden sich alle in El Cruce. Die Preise gelten für die Hauptsaison (Jan.–Feb.); dann sollte im Voraus reserviert werden.

Unterkünfte online: www.lonelyplanet.com   DAS ARGENTINISCHE SEENGEBIET ·· Bariloche **153**

Osa Mayor (☎ 494-304; www.campingosamayor.com. ar; Calle Osa Mayor 230; Stellplatz 3,25 US$/Pers.) Der Platz liegt rund 1 km außerhalb der Stadt in Richtung Bariloche. Hat neben tollen Grasstellplätzen und Gemeinschaftsbereichen auch große Schlafsäle (5 US$) und Bungalows (ab 39 US$).

Camping Unquehué (☎ 494-922; unquehue@cui dad.com.ar; Stellplatz 3,50 US$/Pers.) Campingplatz am Highway gegenüber der YPF-Tankstelle. Rund 600 m westlich vom Busbahnhof gibt's hier prima grasbewachsene Stellplätze mit jeder Menge Schatten. Verleiht an Gäste auch Zelte und Isomatten. Im Sommer herrscht Hochbetrieb.

Italian Hostel (☎ 494-376; www.italianhostel.com. ar; Los Marquis 233; B 6,50 US$, DZ 20–23 US$) In den riesigen Schlafsälen (6–12 Betten) ist der Geräuschpegel sehr hoch. Wer seine Ruhe möchte, sichert sich besser ein Doppelzimmer im OG. Besitzt auch einen netten Garten mit Beerensträuchern. Die Eigentümer geben Tipps zu Radtouren durch die Umgebung.

Hostel El Hongo (☎ 495-043; www.hostelelhongo. com.ar; Pehuenches 872; B 7 US$) Kleines Hostel mit lediglich 19 Betten (keine Doppelzimmer) zehn Blocks vom Stadtzentrum entfernt. Wirkt etwas abgenutzt, hat aber reizende Schlafsäle mit Teppichboden.

Hostal Bajo Cero (☎ 495-454; www.bajocerohostel. com; B/DZ 8/20 US$) Helles und luftiges HI-Hostel an der Av 7 Lagos. Rund 1,2 km vom Busbahnhof entfernt finden Gäste hier prima Zimmer und nette Akzente aus Holz und Stein.

Hostel La Angostura (☎ 494-834; www.hostellaan gostura.com.ar; Barbagelata 157; B/DZ 8/26 US$; 🖳) Das große und gepflegte Hostel ist eine hervorragende Wahl. Besitzt gemütliche „Lodges", saubere und moderne Zimmer und einen Pooltisch. Samstags gibt's Grillsessions.

Residencial Río Bonito (☎ 494-110; riobonito@ ciudad.com.ar; Topa Topa 260; DZ/Apt. 25/48 US$) Hat gerade mal fünf angenehme und einfache Zimmer. Sie bieten ausreichend Komfort und haben jeweils ein eigenes Bad.

Las Cumbres (☎ 494-945; www.hosterialascumbres. com; Confluencia 944; EZ/DZ 36/39 US$) Steht 1 km außerhalb der Stadt in der Nähe des Highways (nach der Wandererstatue Ausschau halten). Übernachtet wird in acht herrlich heimeligen Zimmern. Der helle und relaxte Gemeinschaftsraum hat tolle Baumstamm-Dekorationen und eine Terrasse zu bieten.

Essen & Ausgehen

Las Varas (Arrayanes 235; Hauptgerichte 3–6,50 US$) Attraktives Lokal mit hohen Balkendecken, das in einem kleinen Einkaufszentrum untergebracht ist. Auf der Karte stehen leckeres *parrillada*, Pastagerichte und verschiedene Salate.

La Buena Vida (Arrayanes 167; Hauptgerichte 4,50– 10 US$) Zur Auswahl stehen z.B. Risotto, Soufflé oder ungarisches Gulasch. Serviert auch Pasta, Salate, Fisch und Crêpes. Reizende Frontterrasse.

Nativa Café (Ecke Arrayanes & Inacayal; Hauptgerichte unter 5 US$) Luftiger und sehr gefragter Touri-Laden. Über eine Mattscheibe flimmern Sportveranstaltungen. Von der Holzterrasse kann man prima das Treiben auf der Straße beobachten.

Tinto Bistro (☎ 494-924; Nahuel Huapi 34; Hauptgerichte 6–12 US$) Gehört dem argentinischen Bruder der niederländischen Prinzessin. Serviert neben schmackhaftem und schön angerichtetem Essen auch wunderbare Cocktails. Hinzu kommt eine ellenlange Weinkarte. Im Voraus reservieren.

La Camorra (☎ 495-554; Cerro Bayo 65; Hauptgerichte 6–14 US$) Auf der kurzen, aber ausgezeichneten Speisekarte stehen Gerichte mit spanischen und italienischen Einflüssen, z.B. Paella, Risotto, Pasta und Lamm. Tischt zudem einheimische Spezialitäten auf.

Anreise & Unterwegs vor Ort

Vom **Busbahnhof** (Ecke Av Siete Lagos & Av Arrayanes) fahren Busse nach Bariloche (3 US$, 1¼ Std.) und San Martín de los Andes (6,25 US$, 2½ Std.). Wer mit einem der durchkommenden Busse nach Chile reisen möchte, sollte sein Ticket im Voraus reservieren.

Alle zwei Stunden besteht auch Anschluss nach La Villa, wo sich Landungsstege und Parkeingang befinden. **Instintos Deportivos** (La Fucsias 365; 6 US$/Tag) und **Pegaso** (Cerro Inacayal 44; 8 US$/Tag) verleihen Fahrräder.

BARILOCHE

☎ 02944 / 97 000 Ew.

San Carlos de Bariloche ist die größte Stadt im argentinischen Seengebiet – ob im Sommer oder Winter, die Besucher kommen in Scharen. Bariloche erstreckt sich am Ufer des bezaubernden Lago Nahuel Huapi, drum herum ragen erhabene Gipfel in den Himmel. In den Touristenzonen im Stadt-

BARILOCHE

0 ⟍⟍⟍ 1 km

PRAKTISCHES		Arko	16 A4	Simoca	36 C3
Cambio Sudamérica	1 B3	Hostel 1004	17 B3	Tarquino	37 A4
Chilenisches Konsulat	2 B3	Hostel 41 Below	18 B3		
Club Andino	3 B4	Hostería El Ciervo Rojo	19 B4	AUSGEHEN	
Einreisestelle	4 B3	Hostería El Viejo Aljibe	20 C4	Map Room	38 B3
Hospital Privado Regional	5 B4	Hostería La Pastorella	21 B4	Pilgrim Bar	39 C3
Informationstand	6 B3	Hostería Portofino	22 B4	South Bar	40 B3
Intendencia del Parques		La Bolsa	23 D4	Wilkenny	41 A3
Nacionales	7 B3	La Bolsa del Deporte	24 C4		
Librería Cultura	8 B4	Marco Polo Inn	25 A3	UNTERHALTUNG	
Post	9 B3	Patagonia Andina	26 B4	Cerebro	42 A3
Städtische Touristeninformation	10 B3	Periko's	27 B4	Pacha	(siehe 42)
Touristeninformation d. Provinz	11 C3	Residencial Güemes	28 A4	Roket	(siehe 42)
SEHENSWERTES & AKTIVITÄTEN		ESSEN		TRANSPORT	
La Montaña	12 B4	Días de Zapata	29 B3	Aerolíneas Argentinas	43 B3
Museo de la Patagonia	13 B3	El Boliche de Alberto	30 B4	Catedral Turismo	44 C3
Overland Patagonia	(siehe 27)	El Vegetariano	31 B4	Dirty Bikes	45 C3
		Familia Weiss	32 C3	La Bolsa	(siehe 23)
SCHLAFEN		Kandahar	33 B4	LADE	46 B4
Albergue El Gaucho	14 A4	La Alpina	34 B3	LAN	47 C3
Albergue Ruca Hueney	15 C4	La Andina	35 B4		

zentrum ist immer ordentlich was los – zahlreiche Schokoladengeschäfte, Souvenirläden und trendige Boutiquen buhlen um Kundschaft. Bariloches eigentliche Attraktionen befinden sich allerdings außerhalb des Stadtgebiets: Der Parque Nacional Nahuel Huapi wartet mit tollen Wandermöglichkeiten auf. Und auch in der Umgebung lässt es sich perfekt campen, wandern, angeln und skifahren. Selbst Raftingfans kommen auf ihre Kosten.

Fazit: Trotz des brummenden Tourismus eignet sich Bariloche wunderbar für einen Zwischenstopp. Einfach mal relaxen, Besorgungen erledigen und sich – selbstverständlich – amüsieren? Dann ist man hier absolut richtig.

Praktische Informationen

Wie in nahezu jeder argentinischen Ortschaft oder Stadt gibt's überall günstige Internetcafés. Zahlreiche Banken haben einen Geldautomaten.

Cambio Sudamérica (Av Bartolomé Mitre 63) Löst Reiseschecks ein.

Chilenisches Konsulat (☎ 527-468; Av Juan Manuel de Rosas 180).

Club Andino (☎ 527-966; 20 de Febrero 30) Verkauft zwar topografische Karten, liefert aber *keinerlei* Wanderinfos – hierfür das Hostel Patagonia Andina kontaktieren.

Hospital Privado Regional (☎ 525-000; Ecke 24 de Septiembre & 20 de Febrero)

Einwanderungsbehörde (☎ 423-043; Libertad 191)

Informationskiosk (☎ 422-623; Ecke Perito Moreno & Villegas)

Intendencia del Parques Nacionales (☎ 423-188; San Martín 24) Alles Wissenswerte zum Parque Nacional Nahuel Huapi.

Librería Cultura (Elfein 78) Führt Lonely Planet Bände.

Städtische Touristeninformation (☎ 429-850; www.barilochepatagonia.info; Centro Cívico).

Post (Perito Moreno 175)

Touristeninformation der Provinz (☎ 423-178; Ecke Av 12 de Octubre & Emilio Frey)

Sehenswertes & Aktivitäten

Das Centro Cívico ist das Herz der Stadt. Die Gruppe schmucker öffentlicher, aus Holz und Stein errichteter Gebäude geht auf das Konto des Architekten Ezequiel Bustillo. Er integrierte als erster mitteleuropäische Elemente in diesen Architekturstil, der heute typisch für das Seengebiet ist. U. a. kann man hier das vielfältige **Museo de la Patagonia** (Eintritt 1 US$; ⏰ Di–Fr 10–12.30 & 14–19, Sa 10–17 Uhr) besuchen, zu dessen sehenswerten Exponaten ausgestopfte Tiere und archäologische Fundstücke gehören. Außerdem beleuchtet es den Widerstandskampf der Mapuche gegen die europäischen Eroberer (auf Spanisch).

Rafting- und Kajaktrips auf dem Río Limay (harmlos, Stufe II) oder Río Manso (Stufe III–IV) sind mittlerweile sehr beliebt. Bei den meisten Angeboten handelt es sich um 20 km lange Tagesausflüge (Preise inkl. Ausrüstung und Transport). Äußerst gefragt sind auch Radtouren, Gleitschirmflüge, Ausritte und Skiausflüge (letzteres natürlich nur im Winter).

In der Stadt haben zahlreiche Anbieter geführte Touren durch die Region im Programm. **Overland Patagonia** (☎ 437-654; www.overlandpatagonia.com) im Hostel Periko's zielt auf Backpacker ab.

Kurse

La Montaña (☎ 524-212; www.lamontana.com; Elflein 251) ist eine prima Spanisch-Sprachschule (Gruppenunterricht 44 US$/Woche, Einzelunterricht 11 US$/Std.). Organisiert auch Aufenthalte bei Familien und vermittelt ehrenamtliche Tätigkeiten (s. Website).

Schlafen

Alle aufgeführten Preise gelten für die Spitzenzeiten (Jan., Feb. & Ferien); dann sollte man im Voraus reservieren. **La Bolsa** (☎ 433-431; Diagonal Capraro 1081) verleiht Campingausrüstung.

IN BARILOCHE

Arko (☎ 423-109; Güemes 691; Stellplatz 4,25 US$/Pers., Zi. 16–20 US$/Pers.) Reizende und heimelige Unterkunft mit lediglich drei Zimmern (eines davon mit eigenem Bad). Hat neben einem schmucken Garten auch eine kleine Küche. Das Personal spricht Englisch.

Hostel 1004 (☎ 432-228; www.lamoradahostel.com; San Martín 127, 10. OG, Suite 1004; B/DZ 7/20 US$) Von den Zimmern und der atemberaubenden Terrasse ist die Aussicht gleichermaßen unschlagbar. Überzeugt zudem mit klasse Gemeinschaftsbereichen, freundlichem Service und Wohlfühl-Atmosphäre.

Hostel 41 Below (☎ 436-433; www.hostel41below.com; Juramento 94; B 7 US$, DZ mit Gemeinschaftsbad 21 US$) Das vertrauliche Hostel verbreitet einen entspannten Vibe. Wird von einem relaxten Neuseeländer geleitet und besitzt neben sauberen Schlafsälen auch prima Doppelzimmer (mit Aussicht). Im tollen Gemeinschaftszimmer läuft fesche Musik.

Marco Polo Inn (☎ 400-105; www.marcopoloinn.com.ar; Salta 422; B mit/ohne HI-Ausweis 7/8 US$, DZ mit/ohne HI-Ausweis 23/26 US$; 🖥) Modernes Riesenhostel mit allen Schikanen (inkl. Restaurantbar und Pooltisch). Übernachtet wird in exzellenten geräumigen Doppelzimmern (mit eigenem Bad) und Schlafsälen (mit Loft).

La Bolsa del Deporte (☎ 423-529; www.labolsadeldeporte.com.ar; Palacios 405; B 7,50 US$, DZ 16–20 US$; 🖥) Das herrliche Hostel empfängt Gäste mit künstlerischen Holzelementen und prima Schlafsälen. Schnuckelige Gemeinschaftsbereiche und ein klasse Garten mit Felsenmauer laden zum Relaxen ein.

Periko's (☎ 522-326; www.perikos.com; Morales 555; B/DZ 8/23 US$; 🖥) Wunderschönes und gepflegtes Hostel mit Wohlfühl-Atmosphäre, Rasenflächen im Hof und einer tollen Küche. Für Gäste gibt's super Schlafsäle und vier außergewöhnliche Doppelzimmer mit eigenen Bädern. Nebenan befindet sich ein Reisebüro.

Hostería Portofino (☎ 422-795; Morales 435; EZ/DZ 16/26 US$) Gemütliche und komfortable Unterkunft in zentraler Lage. Die acht kleinen, aber warmen Zimmer haben ein prima Preis-Leistungs-Verhältnis. Ist sehr freundlich und tischt ein leckeres Frühstück auf.

Residencial Güemes (☎ 424-785; Fax 435-616; Güemes 715; DZ 25 US$; 🅿) Wer den Hügel hinaufsteigt, findet hier schlichte und bequeme Zimmer. Der relaxte Wohnbereich begeistert mit einem offenen Kamin und einer unschlagbarer Aussicht. Der Besitzer Cholo kennt sich hervorragend in der Gegend aus.

Hostería El Viejo Aljibe (☎ 423-316; nsegat@info via.com.ar; Emilio Frey 571; DZ/3BZ 29/39 US$) Einladend-heimeliges Gästehaus, umgeben von einem netten Garten. Hat neben kleinen und sauberen Zimmern auch Apartments mit fünf oder sechs Betten (58 US$).

Hostería El Ciervo Rojo (☎ 435-241; www.elcier vorojo.com.ar; Elfein 115; EZ/DZ 33/39 US$) Attraktive Unterkunft in zentraler Lage mit einfachen, aber komfortablen Zimmern (manche mit eingeschränkter Aussicht). Im gemütlichen Wohnbereich gibt's einen offenen Kamin. Das Personal spricht Englisch.

Ebenfalls empfehlenswert:

Patagonia Andina (☎ 421-861; www.elpatagoniaan dina.com.ar; Morales 564; B 6–7 US$, EZ/DZ mit Gemeinschaftsbad 9/18 US$) Einfache und überfüllte Schlafsäle in einem alten Gebäude. Prima Wanderinfos.

Albergue Ruca Hueney (☎ 433-986; www.rucahue ney.com; Elflein 396; B 6–7 US$, DZ 21 US$) Die Albergue ist locker und angenehm; mit luftiger Küche und ordentlichen Schlafsälen.

Tango Inn (☎ 430-707; www.tangoinn.com.ar; Av 12 de Octubre 1915; B mit/ohne HI-Ausweis 6,50/8 US$, DZ mit/ohne HI-Ausweis 23/26 US$; 🖳) Liegt 500 m vom Busbahnhof und 1,5 km vom Stadtzentrum entfernt. Schwächelt etwas in puncto Atmosphäre.

Albergue El Guacho (☎ 522-464; www.hostelelgau cho.com; Belgrano 209; B/DZ 6,50/20 US$; 🖳) Schlichtes Hostel mit netter Eingangsterrasse.

Hostería La Pastorella (☎ 424-656; www.lapasto rella.com.ar; Belgrano 127; EZ/DZ 33/47 US$) Hat 13 tolle Zimmer mit Teppichboden. Heimelige Atmosphäre und Sauna.

AUSSERHALB VOM STADTZENTRUM

La Selva Negra (☎ 441-013; campingselvanegra@info via.com.ar; Stellplatz 4 US$/Pers.) Campingplatz 3 km westlich vom Stadtzentrum. Unter den Bäumen drängen sich angenehme Terrassenstellplätze (ein paar davon mit Unterständen). Hin geht's mit den Buslinien 10, 20 und 21.

Albergue Alaska (☎ /Fax 461-564; www.visitbari loche.com/alaska; Lilinquen 328; B 6,50–7 US$, DZ 13–14 US$, Bungalow 16–42 US$; 🅿 🖳) Die große dreieckige Blockhütte ist innen sehr gemütlich. Hat prima Einrichtungen, einen Fahrradverleih und Bungalows für Reisegruppen. Am allerbesten: der Whirlpool und die Sauna. Steht in einem Wohngebiet 7,5 km

westlich der Stadt und ist mit den Buslinien 10, 20 und 21 zu erreichen.

La Morada (☎ 442-349; www.lamoradahostel.com; B 8 US$, DZ 22–25 US$; 🖳) Klebt weit oben an der Flanke des Cerro Otto (Shuttleservice ab Hostel 1004, s. S. 155). Super Adresse für alle, die es gerne ruhig, entspannt und gemütlich haben. Die Aussicht ist wirklich der Hammer.

Lago Gutierrez Hostería (☎ 467-570; www.lago gutierrezhotel.com; Ruta 82, Kilometer 16; DZ 39–64 US$; 🖳) Moderne Lodge, ungefähr 20 km südwestlich von Bariloche am Ufer des Lago Gutierrez gelegen. Besitzt neben 16 geräumigen und herrlich komfortablen Zimmern auch noch einen Garten mit Rasenflächen. Der Tag startet hier mit einem herzhaften Frühstück.

Essen

Zu den einheimischen Spezialitäten zählen u. a. *jabalí* (Wildschwein), *ciervo* (Wild) und *trucha* (Forelle).

Simoca (Palacios 264; Hauptgerichte unter 3,50 US$) Das hervorragende Restaurant serviert günstige Gerichte aus Nordargentinien, z. B. Empanadas, *locro*, *humitas* und Tamales.

El Boliche de Alberto (Villegas 347; Hauptgerichte 3,25–5,25 US$) Das *parrillada* ist so gut, dass man gerne auf einen freien Tisch wartet. Das hauseigene Nudelrestaurant „Elflein 49" ist ebenfalls hervorragend und gleichermaßen beliebt. Riesige Portionen gibt's bei beiden.

La Andina (Quaglia 95; Pizzas 3,25–8 US$) Das kleine und schlichte Ecklokal backt prima Pizzas zu einem fairen Preis. Tischt außerdem Pastagerichte und Empanadas auf.

El Vegetariano (20 de Febrero 730; Hauptgerichte unter 4,25 US$; 🟐 So geschl.) Auf der Karte stehen einfache hausgemachte Pastagerichte, aber auch vegetarische Teller, Salate und Fisch. Das Ganze wird mit frisch gepressten Säften hinunter gespült.

Tarquino (Ecke 24 de Septiembre & Saavedra; Hauptgerichte 4–8 US$) In der wunderbaren „Restauranthöhle" gibt's Fleisch- und Nudelgerichte. Zum Nachtisch schmecken Panna Cotta und Brownies.

Familia Weiss (Palacios 167; Hauptgerichte 4,50–8,50 US$) Das große Lokal gehört einer Familie und ist eine super Adresse für regionale Spezialitäten (z. B. Wild oder Forelle). Praktisch: Alle Gerichte sind auf der Speisekarte abgebildet.

Días de Zapata (Morales 362; Hauptgerichte 5,50–7 US$) Serviert mexikanische Klassiker wie Quesadillas, Fajitas und Enchiladas. Angesichts der geselligen Atmosphäre (und der Happy Hour zwischen 19 und 21 Uhr) geht ein Tequila Sunrise runter wie Öl.

Kandahar (20 de Febrero 698; Hauptgerichte 6,50–9 US$) Das vertrauliche Gourmetrestaurant verwöhnt seine Gäste beispielsweise mit Gerichten wie Kaninchen in Weinsauce, Lachs in dreifarbiger Mousse und Ravioli mit Pilzsauce.

La Alpina (Perito Moreno 98; Hauptgerichte 6,50–13 US$) Auf der Karte der reizenden Berghütte stehen einheimische Köstlichkeiten, etwa Wildschwein in Pilzsauce, Wildfondue oder Lachs-Ravioli. Die Kuchentheke sieht grandios aus.

Ausgehen

Wilkenny (San Martín 435) Die populäre Kneipe mit runder Bar ist Bariloches größte „Sickergrube". Ab und zu spielen Livebands. Etwas zu essen gibt's auch.

Pilgrim Bar (Palacios 167) Diese Bar ist ein weiterer angesagter Yuppietreff mit alten Fotos, tollem Sound und Pilgrim-Bier. Dazu gibt's Livemusik und Tische auf dem Bürgersteig.

South Bar (Ecke Juramento & 20 de Febrero) Gemütliche und entspannte Bar mit keltischem Dekor, schummriger Beleuchtung und Dartscheibe. Vom klasse Musikprogramm bekommt man allerdings vielleicht nicht allzu viel mit – der Barkeeper Pablo redet wie ein Wasserfall.

Cervecería Blest (☎ 461-026; Bustillo, Kilometer 11; ⏱ 12–1 Uhr) Touristisch angehauchte Mischung aus Brauerei und Restaurant mit angenehmer Atmosphäre. Den Durst stillen Pils, Lager-, Bock- und sogar Himbeerbier. Liegt 11 km westlich der Stadt und ist mit einem Taxi (4,50 US$) oder der Buslinie 20 zu erreichen.

Map Room (Urquiza 248) Das nette, von einem amerikanisch-argentinischen Paar geleitete Kneipenrestaurant ist mit Landkarten aus aller Welt dekoriert. Serviert super Essen (inkl. echtem amerikanischen Frühstück).

Unterhaltung

Die beliebtesten Diskos finden sich westlich vom Zentrum auf einem Fleck: Roket, Cerebro und Pacha säumen die Av Juan Manuel de Rosas am Seeufer.

Anreise & Unterwegs vor Ort

AUTO

In der Stadt gibt's zahlreiche Autovermieter. Der Startpreis liegt bei ca. 50 US$ (inkl. 200 km). Bei Bedarf nach Wochenrabatten erkundigen.

BUS

Der Busbahnhof findet sich 2,5 km östlich vom Stadtzentrum (Bus 0,35 US$, Taxi 3 US$).

Catedral Turismo (☎ 425-444; www.crucedelagos.cl; Palacios 263) veranstaltet wunderbare zwölfstündige Kombitouren, bei denen es mit Bus und Boot über die Anden nach Puerto Varas (160 US$) geht.

Ziel	Dauer (Std.)	Preis (US$)
Buenos Aires	20	36
Comodoro Rivadavia	15	30
El Bolsón	2	4,50
Esquel	5	10
Puerto Madryn	13	31
San Martín de los Andes	4	8
Trelew	12	38
Viedma	14	20
Villa La Angostura	1–1½	3
Osorno (Chile)	5	16
Puerto Montt (Chile)	7	16

FAHRRAD

Fahrräder können bei **La Bolsa** (☎ 433-431; Diagonal Capraro 1081) oder **Dirty Bikes** (☎ 425-616; VA O'Connor 681) ausgeliehen werden (halb-/ganztags 6,50/10 US$).

FLUGZEUG

Der **Flughafen** (☎ 426-162) liegt 15 km östlich der Stadt (Bus 1 US$, Taxi 10 US$). In die Lüfte geht's mit **Aerolíneas Argentinas** (☎ 422-425; www.aerolineasargentinas.com; Av Bartolomé Mitre 185), **LAN** (☎ 431-077; Av Bartolomé Mitre 500) und **LADE** (☎ 452-124; Villegas 480).

ZUG

Vom **Bahnhof** (☎ 423-172) neben dem Busbahnhof rollen Züge zweimal wöchentlich nach Viedma (*turista*/Pullman 10/23 US$, 17 Std.)

PARQUE NACIONAL NAHUEL HUAPI

Herzstück des herrlichen Nationalparks ist der Lago Nahuel Huapi. Er entstand durch einen Gletscher und ist über 100 km lang.

Westlich davon markiert der 3554 m hohe Monte Tronador gleichzeitig den Scheitel der Anden und die Grenze zu Chile. Während Valdivia-Feuchtwälder seine unteren Hänge bedecken, blühen im Sommer unzählige Wildblumen auf den Bergwiesen.

Der 60 km lange **Circuito Chico** ist wahrscheinlich die beliebteste Wanderroute im Parque Nacional Nahuel Huapi. Alle 20 bis 30 Minuten absolviert die Buslinie 20 die Hälfte des Rundkurses. Die Fahrzeuge starten an der Ecke San Martín/Morales und fahren am Lago Nahuel Huapi entlang bis nach Puerto Pañuelos. Von hier aus geht's mehrmals täglich per Boot hinüber zum wunderschönen **Puerto Blest**, zur touristischen **Isla Victoria** und zur reizenden **Península Quetrihué** (s. S. 152). Der 10er-Bus rollt in die andere Richtung landeinwärts über **Colonia Suiza** (eine baumreiche kleine Schweizer Gemeinde) bis zur Bahía López. Dort beginnen Kurzwanderungen zur Spitze der Halbinsel Brazo de la Tristeza. Im Sommer fährt die Buslinie 11 den gesamten Circuito entlang und verbindet auf diese Weise Puerto Pañuelos mit der Bahía López, während man im Winter den 6 km langen Abschnitt am ruhigen Highway entlangmarschieren kann; ein Großteil des natürlichen Pfads führt dabei durch herrliche Waldgebiete. Auch tolle zweistündige Kurzwanderungen nach Villa Tacul am Ufer des Lago Nahuel Huapi sind möglich. Am besten wandert man von der Bahía López nach Puerto Pañuelos und nicht umgekehrt – wesentlich mehr Busse fahren von Pañuelos zurück nach Bariloche. Regionalkarten sind bei der Touristeninformation in Bariloche erhältlich.

Im Winter (Mitte Juni –Okt.) zieht es zahlreiche Skifahrer an den **Cerro Catedral** (☎ 02944-423-776; www.catedralaltapatagonia.com) rund 20 km westlich der Stadt. Mit über 50 Abfahrten und 40 Liften befindet sich an seinen Hängen eines der größten Skizentren Südamerikas, zu dem außerdem eine Standseilbahn, eine Gondelbahn und zahlreiche weitere Einrichtungen (inkl. Verleiher) gehören. Absolutes Highlight ist jedoch die Aussicht: Der Blick schweift weit über die erhabenen Gipfel und die herrliche Seenlandschaft.

Hartgesottene Biker bewältigen den komplett befestigten Rundkurs per Fahrrad (Fahrradverleiher s. S. 157).

Wer als Wanderer hoch hinaus will, kann auf den Cerro Otto (2–3 Std.), Cerro Catedral (4 Std.), Cerro López (3 Std.), den Cerro Campanario (30 Min.) oder den Monte Tronador (von Pampa Linda rund 6 Std.) kraxeln. Der Club Andino (S. 154) und Patagonia Andina (S. 156) informieren über den aktuellen Zustand der Wege – ein Service, den man nutzen sollte: Sogar im Sommer sind die Pfade teilweise durch Schneemassen blockiert. Wer zelten möchte, sollte sich bei der Touristeninformation in Bariloche eine Regionalkarte (mit Details zu Campingplätzen) besorgen.

EL BOLSÓN

☎ 02944 / 22 000 Ew.

El Bolsón ist Argentiniens Hippie-Paradies. In der liberalen und künstlerisch geprägten Stadt kultivieren Menschen aus dem ganzen Land einen alternativen Way of Life. In der selbst ernannten „nuklearfreien" Zone gibt's sogar eine „Öko-Stadtverwaltung". Ruhig, flach und bescheiden liegt El Bolsón rund 120 km südlich von Bariloche. Drum herum erheben sich spektakulär gezackte Gipfeln, zwischen denen sich viele für Naturliebhaber attraktive Ziele verstecken. Ihren Wohlstand verdankt die Region aber vor allem dem warmen Mikroklima und dem fruchtbaren Boden. Die vielen Bio-Bauern finden daher optimale Bedingungen für die Produktion von z. B. Hopfen, Käse und Beerenobst (etwa Himbeeren) vor. All das und noch dazu El Bolsóns echte Persönlichkeit kann man auf dem berühmten **feria artesanal** (Handwerksmarkt) erleben, auf dem es eine Menge kreative Handwerksgegenstände und gesunde Lebensmittel gibt. Eindecken kann man sich damit auf der Plaza Pagano jeweils dienstags, donnerstags und am Wochenende (am besten samstags).

Die **Touristeninformation** (☎ 492-604; www.elbolson.gov.ar) befindet sich in der Nähe der Plaza Pagano. Über den aktuellen Zustand der Wanderwege informiert der **Club Andino** (☎ 492-600; Av Sarmiento) in der Nähe der Roca. In der Stadt gibt es zwei Geldautomaten; die Post steht gegenüber der Touristeninformation.

Grado 42 (☎ 493-124; Av Belgrano 406) und **Patagonia Aventura** (☎ 492-513; Pablo Hube 418) sind prima Adressen für Aktivitäten in der Umgebung, z. B. Rafting auf dem Río Azul, Paragliden oder Ausritte.

Schlafen

Die im Folgenden genannten Preise gelten für den Sommer, in dem Unterkünfte im Voraus reserviert werden sollten. Außer auf den aufgeführten Campingplätzen kann in den Bergen der Umgebung an vielen weiteren Stellen gezeltet werden, z. B. bei *refugios* (Stellplatz 1,50–2 US$; „Kojen" 3,25–5,25 US$).

Camping & Hostel Refugio Patagonia (☎ 15-411061 für Stellplätze, ☎ 15-635-463 für Betten; www.refugiopatagonico.com.ar; Islas Malvinas s/n; Stellplatz 3 US$/Pers., B 6,50 US$; 🖳) Erstklassiger Campingplatz mit sonnigen *und* schattigen Stellplätzen, Aussicht auf die Berge und großen Freiflächen. Für Gäste gibt's prima Schlafsäle mit toller Küche und einen Speiseraum. Auch ein Doppelzimmer mit französischem Bett ist zu haben (16 US$).

Camping La Chacra (☎ 492-111; lachacra@elbolson. com; Av Belgrano; Stellplatz 3,25 US$/Pers., cabaña 33 US$) Gepflegter Campingplatz inmitten einer Obstplantage. Er hat angenehm schattige, grasbewachsene Stellplätze und einen kleinen Speisessal (mit Mahlzeiten).

Albergue El Pueblito (☎ 493-560; www.hostels.org. ar; B mit/ohne HI-Ausweis 4,50/5,25 US$; DZ 13–20 US$) Gemütliches und ruhiges Landhostel 4 km nördlich der Stadt. Besitzt Schlafsäle mit quietschenden Holzfußböden (Ohrstöpsel mitbringen!) und einen klasse Freizeitbereich. Außerdem gibt's einen Fahrradverleih und eine *cabaña* (33 US$). Hin geht's entweder mit dem Bus oder einem *remise* (1,75 US$).

Albergue Sol de Valle (☎ 492-087; albahube@ hotmail.com; 25 de Mayo 2345; B/EZ/DZ 5/8/13 US$) Unpersönliche und recht langweilige *albergue* (Jugendherberge) mit gefliesten Fluren. In den kleinen Zimmern stehen insgesamt 55 Betten. Gästen steht eine Küche zur Verfügung.

La Casa del Viajero (☎ 492-092; aporro@elbolson. com; in der Nähe von Libertad und Las Flores, Barrio Usina; B 6,50 US$) Beim Landsitz des Künstlers Augustin Porro ist alles „natürlich" und selbst gemacht. Super Unterkunft für alle, die auf der Suche nach einem freundlich-relaxten Vibe und ein paar Annehmlichkeiten sind. Liegt 20 m nördlich der Fußgängerbrücke (nach dem Schild über dem buschigen Eingang Ausschau halten).

Hospedaje Salinas (☎ 492-396; Roca 641; Zi. 6,50 US$/Pers.) Besitzt fünf einfache Zimmer älteren Datums (alle mit Gemeinschaftsbad) und Miniküchen. Auf der netten Gartenterrasse kann man wunderbar abhängen und sich mit anderen Travellern austauschen.

Steiner (☎ 492-224; Av San Martín 670; EZ/DZ 10/20 US$; 🏊) Das friedvolle Hotel steht auf einem grasbewachsenen Gelände ungefähr 2 km südlich der Stadt (*remise* 1,25 US$). Hat einfache und relativ langweilige Zimmer, dafür aber einen Pool. Etwas zu essen gibt's auch.

Residencial Los Helechos (☎ 492-262; Av San Martín 3248; EZ 16 US$, DZ 23–29 US$, Apt. 39 US$) Das Los Helechos empfängt seine Gäste mit acht blitzsauberen und modernen Zimmern, einem Blumengarten und einer Gemeinschaftsküche. Manche Doppelzimmer sind mit einer Kochecke ausgestattet. Auf das Schild „Kioscón" achten.

La Posada de Hamelin (☎ 492-030; www.posada dehamelin.com.ar; Granollers 2179; EZ/DZ 20/26 US$) Reizende und freundliche Unterkunft in Familienbesitz. Auf der Fassade wachsen Weinreben, dahinter verbergen sich schnuckelige Zimmer. Super Frühstück (2,25 US$).

Cabañas Bungalow Montes (☎ 455-227; www.montes.bolsonweb.com.ar; Azcuénaga 155; Apt. 26–33 US$, cabaña 45–58 US$) Drei niedliche und gepflegte A-förmige *cabañas* (6–8 Betten) und zwei Apartments (2–4 Betten), allesamt mit einer Küche.

Essen

Das Essen auf dem *feria artesanal* ist nicht nur bezahlbar, sondern auch noch lecker und gesund.

Supermarkt La Anónima (Ecke Av San Martín & Dorrego) Günstige Gerichte zum Mitnehmen.

La Vertiante (Ecke Güemes & Rivadavia; Gerichte 3–6 US$) Traditionelle Speisekarte mit erschwinglichen Nudel- und Forellengerichten. Alles ist hausgemacht und schmeckt hervorragend.

Patio Venzano (Ecke Av Sarmiento & Pablo Hube; Gerichte 3,25–6,50 US$) Tolle Wohlfühl-Atmosphäre mit schöner Holzeinrichtung und angenehmer Veranda. Serviert leckeres *parrillada* und Pasta.

Calabaza (Av San Martín 2518; Hauptgerichte 3,25–6,50 US$) Erntet gemischte Kritiken. Ist dennoch ganz schnuckelig und lockt zahlreiche Gäste mit regionalen Spezialitäten und vegetarischen Gerichten (z. B. Kürbis-*milanesas*). Auf dem Bürgersteig stehen Tische.

Cerro Lindo (Av San Martín 2524; Hauptgerichte 3,25–10 US$) Das Cerro Lindeo serviert direkt ne-

EL BOLSÓN

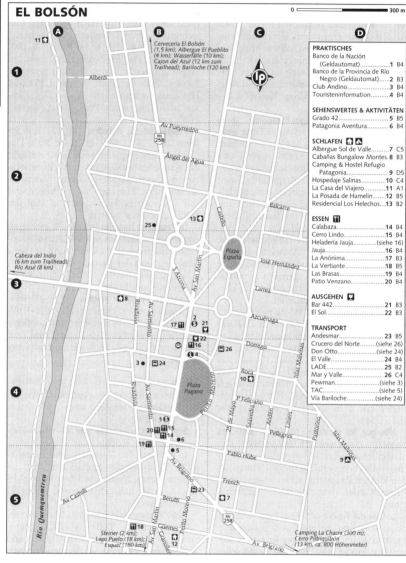

PRAKTISCHES
Banco de la Nación (Geldautomat)..................1 B4
Banco de la Provincia de Río Negro (Geldautomat).....2 B3
Club Andino.....................3 B4
Touristeninformation..........4 B4

SEHENSWERTES & AKTIVITÄTEN
Grado 42........................5 B5
Patagonia Aventura..........6 B4

SCHLAFEN
Albergue Sol de Valle.........7 C5
Cabañas Bungalow Montes..8 B3
Camping & Hostel Refugio Patagonia......................9 D5
Hospedaje Salinas............10 C4
La Casa del Viajero..........11 A1
La Posada de Hamelin.......12 B5
Residencial Los Helechos...13 B2

ESSEN
Calabaza..........................14 B4
Cerro Lindo.....................15 B4
Heladería Jauja............(siehe 16)
Jauja..............................16 B4
La Anónima.....................17 B3
La Vertiante....................18 B5
Las Brasas.......................19 B4
Patio Venzano..................20 B4

AUSGEHEN
Bar 442............................21 B3
El Sol...............................22 B3

TRANSPORT
Andesmar........................23 B5
Crucero del Norte........(siehe 26)
Don Otto......................(siehe 24)
El Valle............................24 B4
LADE...............................25 B2
Mar y Valle......................26 C4
Pewman.......................(siehe 3)
TAC...............................(siehe 5)
Vía Bariloche...............(siehe 24)

ben dem Calabaza Fleisch, Nudeln und einheimische Köstlichkeiten.

Las Brasas (Ecke Av Sarmiento & Pablo Hube; Gerichte 3,25–8 US$) Das alteingesessene *parrilla* ist weder das beste noch das schlechteste vor Ort, liefert aber gleichbleibende Qualität.

Jauja (Av San Martín 2867; Gerichte 3,50–9 US$) Das Jauja ist ein modernes und brummendes Restaurant mit vielfältiger Speisekarte. Die Heladería Jauja nebenan ist die lange Wartezeit auf jeden Fall wert. Hier gibt es Wi-Fi-Zugang.

Ausgehen
El Bolsón ist zu klein für eine große Nightlife-Szene.

Cervecería El Bolsón (☎ 492-595; Ruta 258) Relaxter Laden 2 km nördlich der Stadt. Braut rund ein Dutzend eigene Biersorten und serviert auch Mahlzeiten.

Wer am Wochenende das Tanzbein schwingen möchte, wirft einen Blick ins **El Sol** (Dorrego 423) oder in die **Bar 442** (Dorrego 442) auf der anderen Straßenseite.

Anreise & Unterwegs vor Ort

Flugreisen mit **LADE** (☎ 492-206; Ecke Av Sarmiento & Hernandez, im Einkaufszentrum) nach El Bolsón sind eher ein Glückstreffer.

El Bolsón hat keinen zentralen Busbahnhof – stattdessen verteilen sich diverse Busfirmen (z. B. Crucero del Norte, Don Otto, Mar y Valle, TAC und Via Bariloche) über die ganze Stadt. Der Fahrplan von **El Valle** (Ecke Av Sarmiento & Roca) ist am unfangreichsten; die Busse rollen u. a. nach Bariloche (5 US$, 2 Std.), Esquel (5 US$, 2 Std.), Puerto Madryn (36 US$, 12 Std.) und Buenos Aires (ab 37 US$, 19 Std.). Im Sommer sollte man Tickets rechtzeitig reservieren.

Pewman in **Club Andino** (☎ 492-600; Av Sarmiento) verleiht Fahrräder (halb-/ganztags 5/8 US$; Sommer)

RUND UM EL BOLSÓN

Der dramatische Granitgrat des 2260 m hohen **Cerro Piltriquitrón** erhebt sich im Osten wie der Rücken eines prähistorischen Tieres. Taxis fahren einen bis auf 1100 m Höhe (25 US$ hin und zurück inkl. 1½ Std. Wartezeit). Von dort aus führt eine 30-minütige Wanderung zum **Bosque Tallado** (Eintritt 1,25 US$); in dem schattigen Hain stehen ungefähr 30 geschnitzte Baumstammfiguren. Weitere 15 Gehminuten bergaufwärts liegt die Refugio Piltriquitrón mit Getränken und Übernachtungsmöglichkeiten. „Kojen" kosten 3,25 US$ (Schlafsack mitbringen); die ersten beiden Nächte kann kostenlos gecampt werden (danach 1 US$/Nacht). Von der Unterkunft sind es noch zwei Stunden bis zum Gipfel. Aufgrund der sehr wechselhaften Witterung sollte man besser Decken dabeihaben.

Die **Cabeza del Indio** (Eintritt 0,35 US$) befindet sich auf einem Bergrücken 6 km westlich der Stadt. Der Felsvorsprung ähnelt der Silhouette eines Mannes. Vom Pfad hat man eine tolle Aussicht auf Río Azul und den Lago Pul. Ein Taxi zum Trailhead kostet 3,50 US$. Ungefähr 10 km nördlich der Stadt können ein paar **Wasserfälle** (Eintritt jeweils 0,35 US$) besichtigt werden.

Nach einer schönen dreistündigen Wanderung erreicht man eine schmale Schlucht, den **Cajón del Azul**. Die hiesigen Naturpools suchen ihresgleichen (Badehose einpacken!). Am Ende des Canyons gibt's ein freundliches *refugio* mit Mahlzeiten und Unterkünften (Bett 5,25 US$, Stellplatz 1,35 US$). Stadtbusse (1 US$) und *remises* (5,25 US$) setzen Fahrgäste am Trailhead des Cajón de Azul ab. Von hier aus sind es dann noch 15 Gehminuten auf staubig-steilem Terrain.

Rund 18 km südlich von El Bolsón liegt der windige **Parque Nacional Lago Puelo** (☎ 499-064; Eintritt 2 US$) mit Campingplätzen und einem *refugio*. Hier legen Boote und Fähren zur chilenischen Grenze ab (8 US$ hin und zurück). Im Sommer besteht eine regelmäßige Busverbindung ab El Bolsón (0,75 US$).

ESQUEL

☎ 02945 / 25 000 Ew.

Das schnuckelige Esquel im Westen der Provinz Chubut macht auf den ersten Blick nicht viel her. Seine Lage in den Vorbergen, wo die Andenwälder in die patagonische Steppe übergehen, ist jedoch nicht von schlechten Eltern. Esquel ist Ausgangspunkt für Trips in den Parque Nacional Los Alerces, zudem macht sich auch der Alte Patagonienexpress in dem Städtchen auf den Weg. Die Umgebung bietet tolle Wandermöglichkeiten, während sich das nette walisische Bollwerk Trevelin wunderbar für einen Tagesausflug eignet.

Praktische Informationen

Banken mit Geldautomat gibt's an der Alvear und an der 25 de Mayo (in der Nähe der Alvear).

Chilenisches Konsulat (☎ 451-189; Molinari 754)

Club Andino (☎ 453-248; Pellegrini 787)

Post (Alvear 1192) Direkt neben der Touristeninformation.

Touristeninformation (☎ 451-927; www.esquel.gov. ar; Ecke Alvear & Sarmiento)

Sehenswertes & Aktivitäten

La Trochita (Alter Patagonien-Express; ☎ 451-403; www.latrochita.org.ar), Argentiniens berühmter Schmalspur-Dampfzug, zuckelt am Bahnhof in der Nähe der Ecke Brown/Roggero los. Kurze Touri-Trips gehen 20 km ostwärts nach Nahuel Pan (8 US$, 1 Std.). Rund

140 km entfernt liegt El Maitén am anderen Ende der Strecke (26 US$, 9 Std.). Dort gibt's Bahnwerkstätten und ein Museum. Über den aktuellen Fahrplan informieren die Website oder die Touristeninformation.

EPA (☎ 454-366; Ecke Rivadavia & Roca) veranstaltet Adventure-Ausflüge. Tolle Wanderungen führen u. a. zur Laguna La Zeta (1 Std.), zu den Cerros La Cruz (1½ Std.) und nach Nahuel Pan (1 Tag). **Cholila Mountain Explorers** (☎ 456-296; www.cholilaexplorers.com) im Piuke Mapu Hostel vermittelt Bergführer.

Schlafen

El Hogar del Mochilero (☎ 452-166; Roca 1028; Stellplatz 2,25 US$/Pers., B 3,25 US$) Schattiges kleines Camper-Paradies mit Küche. Im gewaltigen Schlafsaal stehen 31 Betten (Schlafsack mitbringen). Wenn Carlos nicht anwesend ist, beim Haus auf der anderen Straßenseite nachfragen.

Casa del Pueblo (El Batxoky; ☎ 450-581; www.epa adventure.com.ar; San Martín 661; B 6–8 US$, DZ 18 US$) Ein anständiges Hostel mit bequemen Gemeinschaftsbereichen. Wirkt etwas unübersichtlich und heruntergekommen, hat dafür aber eine klasse Küche und einen Garten mit Rasenflächen. Dazu kommt ein Fahrradverleih.

Piuke Mapu Hostel (☎ 456-296; www.piukemapu. com; Urquiza 929; B 6,50 US$) Das kleine Hostel hat schon bessere Tage erlebt. Es ist dennoch freundlich und gemütlich und liefert prima Infos für Bergsteiger.

Casa de Familia Rowlands (☎ 452-578; Rivadavia 330; Zi. 6,50 US$/Pers.) Freundliche Unterkunft rund sieben Blocks vom Zentrum entfernt. Besitzt heimelige und einfache Zimmer (zwei davon mit Gemeinschaftsbad).

Residencial El Cisne (☎ 452-256; Chacabuco 778; EZ/DZ 8/15 US$) Die beiden Gebäude beherbergen neben neun komfortablen und ruhigen Zimmer auch einen kleinen Speisesaal. Falls bei Nr. 778 niemand öffnet, einfach bei Nr. 777 läuten.

Hotel Argentino (☎ 452-237; 25 de Mayo 862; EZ/DZ 8/16 US$) Atmosphärisches altes Hotel, das mit Aniquitäten vollgestopft ist – schrullig, aber cool! Sprüht nur so vor Persönlichkeit. Hat auch eine Bar mit toller Getränkeauswahl (s. unten).

Parador Lago Verde (☎ 452-251; Volta 1081; EZ/DZ 10/20 US$) Liegt rund sechs Blocks vom Zentrum entfernt. Sechs düstere Minizimmer und ein ruhiger Garten mit Rasenflächen.

Essen & Ausgehen

Supermarkt La Anónima (Ecke Roca & 9 de Julio) Günstige Lebensmittel zum Mitnehmen.

María Castaña (Ecke 25 de Mayo & Rivadavia; Hauptgerichte 3–5 US$) Brummendes Straßencafé mit umfangreicher Speisekarte. Im hinteren Bereich stehen großartige Polstersessel.

La Española (Rivadavia 740; Hauptgerichte 3,25–6,50 US$) Wird von Einheimischen wärmstens empfohlen. Serviert prima *parrillada* mit 1A-Fleisch.

Dionisio (Fontana 656; Hauptgerichte 3,25–8 US$) Das ruhige und künstlerisch angehauchte Restaurant hat sich der Zubereitung von Crepes verschrieben (süß und pikant). Um 18 Uhr ist Teestunde.

Mirasoles (Pellegrini 643; Hauptgerichte 3,50–8 US$) Kleines und gemütliches Lokal der gehobenen Art in einem Wohnviertel. Tischt Bio-Essen wie gefüllten Kürbis oder Soja-*milanesas* auf.

Hotel Argentino (25 de Mayo 862) Funky Old-school-Mischung aus Wild-West-Saloon und Bar. Für Unterhaltung sorgt neben Pooltischen noch eine Disko im hinteren Bereich.

Morena (San Martín & Roca; ☽ Mo geschl.) Eher eine Yuppiekneipe; mit freiliegenden Backsteinwänden und alten Holztischen. Serviert auch Mahlzeiten.

Anreise & Unterwegs vor Ort

Der Flughafen liegt 20 km östlich der Stadt (Taxi 8 US$). Dort sind **Aerolíneas Argentinas** (☽ 45-3614; Fontana 408) und **LADE** (☎ 452-124; Alvear 1085) vertreten.

Den Busbahnhof findet man sechs Blocks nördlich vom Zentrum (Ecke Alvear/Brun). Anschluss besteht zum Parque Nacional Los Alerces (2,75 US$, 1½ Std.), nach El Bolsón (5,25 US$, 2 Std.), Bariloche (9 US$, 4 Std.), Puerto Madryn (29 US$, 9 Std.) und Comodoro Rivadavia (18 US$, 9 Std.). Busse, die in Richtung Süden fahren, halten auf dem Weg nach Trevelin (0,75 US$, 30 Min.) an der Av Alvear.

Bei der **Casa del Pueblo** (El Batxoky; ☎ 450-581; www.epaadventure.com.ar; San Martín 661) können Fahrräder ausgeliehen werden.

TREVELIN

☎ 02945 / 6000 Ew.

Das historische Trevelin liegt 24 km südlich von Esquel. In der ruhigen und entspannten Gemeinde lacht immer die Sonne. Eine **Tou-**

UND DAS GIBT'S AUCH!

Wer auf den Spuren von Butch Cassidy und Sundance Kid wandeln möchte, sollte sich nach Cholila aufmachen. Noch schlummert hier das touristische Potenzial weitestgehend unentdeckt. Für Traveller sind momentan nur eine Teestube und die baufällige Blockhütte der beiden Banditen von Interesse. Doch die Region ist schwer im Kommen – vielleicht wird irgendwann sogar ein Hostel gebaut. Näheres dazu weiß sicher das Personal im Piuke Mapu Hostel in Esquel. Allgemeine Infos liefert Cholilas **Casa de Informes** (☎ 498-040; RP 15 an der RP 71).

risteninformation (☎ 480-120) gibt's an der Plaza Fontana.

Zu den Wahrzeichen zählt z. B. das historische **Museo Regional** (Eintritt 0,75 US$; ☻ 9-21 Uhr) in einer restaurierten Mühle aus Backstein. Die walisische Kapelle **Capilla Bethel** stammt von 1910. Das **Tumba de Malacara** (Eintritt 1,75 US$; ☻ 10–12.30 & 14–20 Uhr) zwei Blocks nordöstlich der Plaza gedenkt dem Pferd von John Evans, dem Gründer Trevelins, dem das Tier einst das Leben rettete.

Gecampt werden kann auf den tollen grasbewachsenen Stellplätzen des schattigen **Policial** (Stellplatz 2 US$/Pers.; ☻ Winter geschl.); momentan werden zusätzlich ein paar *cabañas* gebaut. Man gelangt hin, indem man vom Gebäudeblock an der Av San Martín 600 aus der Colonel Holdrich zwei Blocks weit in Richtung Westen folgt und anschließend in die Pflasterstraße zur Linken einbiegt (Busse in Richtung Esquel halten an der Kreuzung hinter der Plaza).

Das freundliche und heitere **Hostel Casaverde** (☎ 480-091; www.casaverdehostel.com.ar; Los Alerces s/n; B mit/ohne HI-Ausweis 6,50/7 US$, DZ 20/23 US$, cabaña 48–65 US$) oben auf einem kleinen Hügel ist die beste Budgetunterkunft vor Ort. Hat prima Zimmer und eine Küche. Auch Atmosphäre und Aussicht sind so einladend, dass man gerne ein paar Tage länger bleiben möchte.

Das **Nain Maggie** (☎ 480-232; Perito Moreno 179) und das **Las Mutisias** (☎ 480-165; San Martín 170) sind immer gut für einen Gebäckteller zum Nachmittagstee (16–19 Uhr). Hier heißt es die Ohren spitzen und den Einheimischen lauschen, wie sie sich auf Walisisch unterhalten.

Stündlich fahren Busse von Esquel nach Trevelin (0,75 US$).

PARQUE NACIONAL LOS ALERCES

Der weitläufige **Parque Nacional Los Alerces** (Eintritt 4 US$) liegt in den Anden westlich von Esquel. Er dient als Schutzgebiet für gewaltige Bestände von *alerces* (Lahuan-Bäume bzw. *Fitzroya cupressoides)*. Die mächtigen und zähen Nadelbäume wachsen in den Feuchtwäldern von Valdivia. Gesellschaft leisten ihnen u. a. Zypressen, Weihrauchzedern, Südbuchen und *arrayán*. Das Gestrüpp aus *colihue*, einer Art Bambus, ist beinahe undurchdringlich.

Die Gipfel von Los Alerces erreichen knapp 2300 m Höhe. Bei ihrem Rückzug hinterließen Gletscher nahezu unberührte Seen und Wasserläufe – heute Schauplätze atemberaubender Aussichten und toller Angelmöglichkeiten. Stürmische Winde peitschen viel feuchte Luft übers Meer, weshalb der Westen des Parks jährlich bis zu 3000 mm Regen abbekommt – im Osten ist es dagegen wesentlich trockener. Die Sommer sind relativ mild. Ein **Informationszentrum** (☎ 02945-471-015) berichtet über alles Wissenswerte.

Beim beliebtesten Tagesausflug schippern die Teilnehmer von Puerto Limonao (am Lago Futalaufquen) den Río Arrayanes hinauf nach Lago Verde (36 US$). In Puerto Chucao am Lago Menéndez übernehmen Barkassen die zweite Hälfte des Trips bis nach **El Alerzal**, wo einige Exemplare der seltenen *alerces* besichtigt werden können (23 US$). Während einer zweistündigen Fahrtunterbrechung geht's per pedes auf einem Rundweg am Lago Cisne und einem netten Wasserfall vorbei. Der Pfad endet am **El Abuelo** (Großvater): Die 57 m hohe *alerce* hat rund 2600 Jahre auf dem Buckel. Bootstickets gibt's in Esquel.

Campingplätze (Stellplatz 3–6,50 US$/Pers.) mit Einrichtungen gibt's in Los Maitenes, an der Bahía Rosales sowie am Lago Futalaufquen, Lago Verde und Lago Rivadavia. In der Nähe kann auch kostenlos gezeltet werden. Der Lago Krüger ist von Villa Futalaufquen aus entweder auf Schusters Rappen (12 Std.) oder per Wassertaxi zu erreichen. Hier findet man ebenfalls einen Campingplatz, ein Restaurant und eine teure *hostería*. Die Touristeninformation in Esquel führt eine Liste mit allen Unterkünften (Infos zur An-

& Weiterreise s. den entsprechenden Abschnitt unter „Esquel").

PATAGONIEN

Nur wenige Orte auf dem Globus regen die Vorstellungskraft so sehr an wie das mysteriöse Patagonien. Jedes Jahr kommen mehr und mehr Reisende, die im südlichen Zipfel Argentiniens aufregende Abenteuer suchen und meist auch finden: Man kann über die trostlose RN 40, Südamerikas „Route 66", entlangbrettern, Gletscher und die von ihnen geschaffenen haushohen Eisberge bestaunen oder die Wanderschuhe schnüren, um eine der herrlichsten Berglandschaften in aller Ruhe zu erkunden. Im fernen Himmel wirken die Wolken wie mit der Spritzpistole aufgesprüht. Die Sonnenuntergänge am späten Abend animieren einen zum Träumen. Wow! Doch Patagonien hat noch mehr Highlights zu bieten: walisische Teestuben, versteinerte Wälder, schrullige abgelegene Siedlungen und ergiebige Ölfelder, Pinguin-Kolonien, riesige Schaffarmen (*estancias*) und ein paar der weltgrößten Forellen.

Den Namen verdankt Patagonien angeblich den Moccassins der Tehuelche – ihr Schuhwerk ließ die Eingeborenen auf „sehr großem Fuß" leben (*pata* ist das spanische Wort für „Fuß"). Aus der geografischen Warte betrachtet ist die Region vor allem eine windige, kahle und flache Einöde. Nur an der Ostküste sind zahlreiche Tier- und Pflanzenarten heimisch. Der Westen Patagoniens steigt bis zu den spektakulären Anden an.

Im Lauf der Zeit zog das Gebiet viele interessante Berühmtheiten an – Charles Darwin, Ted Turner oder Bruce Chatwin zählen zu den bekannten Besuchern. Auch Butch Cassidy und Sundance Kid trieben sich hier herum. Doch auch all die großen Namen ändern nichts daran, dass die Bevölkerungsdichte Patagoniens bis heute eine der geringsten der Welt ist.

VIEDMA

☎ 02920 / 49 500 Ew.

Die unscheinbare Provinzhauptstadt Viedma bildet das östliche Tor nach Patagonien. Jeden Januar endet hier die **La Regata del Río Negro**, das längste Kajakrennen der Welt, das im 500 km entfernten Neuquén beginnt. Auch das restliche Jahr über gibt's ein paar Museen und eine malerische Promenade am Flussufer zu sehen. Einen Großteil ihres Charmes verdankt diese Ecke allerdings dem benachbarten Carmen de Patagones (S. 166).

Die **Touristeninformation** (☎ 427-171; Ecke Costanera & Colón) steht am Fluss. Außerdem gibt's eine **Post** (Ecke 25 de Mayo & San Martín), Geldautomaten und zahlreiche Internetcafés.

Sehenswertes & Aktivitäten

Das **Museo Gobernador Eugenio Tello** (San Martín 263; Eintritt frei; ☾ Dez.–März Mo–Fr 9–13 & 17.30–20.30, Sa 10–12 & 17.30–20.30 Uhr) beleuchtet die Geschichte der örtlichen indigenen Kulturen. Eine weitere Attraktion ist das **Museo Cardenal Cagliero** (Rivadavia 34; Eintritt frei; ☾ Mo 8-12, Di–Do 8–12 & 19–21 Uhr), das u. a. einen tollen Deckengemälden und einen adretten Gehstock aus Fischwirbeln zeigt.

Im Sommer sind u. a. **Kajaktouren** möglich; Verleiher findet man am Flussufer in Richtung Norden. Am Wochenende geht's auch mit **Katamaranen** übers Wasser (3,25 US$).

Die Atlantikküste, Patagoniens ältester Leuchtturm und die Stadt **Balneario El Cóndor** liegen 30 km südöstlich von Viedma. Täglich bringen einen Busse von der Plaza Alsina hin (1 US$). Weitere 30 km südlich befindet sich die Seelöwen-Kolonie **Punta Bermeja**; Busse starten ebenfalls in Viedma und setzen Passagiere 3 km vor der Kolonie ab (1,75 US$; Sommer).

Triton Turismo (☎ 431-131; Namuncurá 78) veranstaltet Touren durch die Umgebung und vermietet Autos (ca. 30 US$/Tag inkl. 100 km).

Schlafen & Essen

Camping Municipal (☎ 15-608-403; Stellplatz 1,50 US$/ Pers.) Liegt am Fluss rund 1 km nordwestlich vom Zentrum und hat kahle gepflasterte Stellplätze (Taxi 1,75 US$).

Residencial Tosca (☎ 428-508; residencialtosca@ hotmail.com; Alsina 349; EZ/DZ 15/21 US$; 🞈) Besitzt kleine und einfache Zimmer mit Kabel-TV; Frühstück gibt's auch.

Hotel Spa (☎ 430-459; spaiturburu@rnonline.com.ar; 25 de Mayo 174; DZ 23 US$) Weitläufiges Hotel mit winzigen Zimmern. Ist trotz der „Wellness"-Angebote (kosten extra) alles andere als luxuriös.

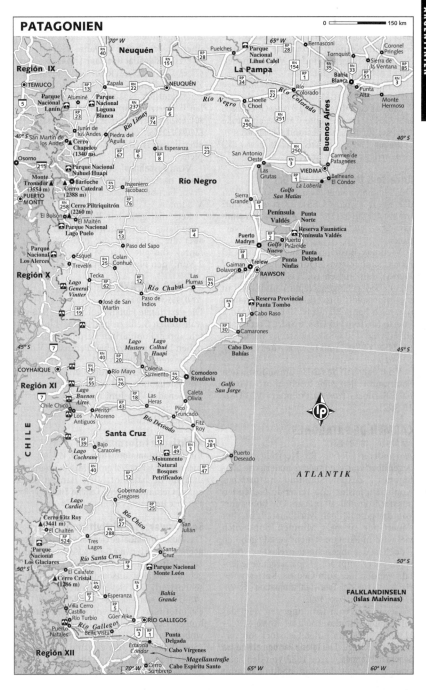

Hotel Austral (☎ 422-615; www.hoteles-austral. com.ar; Ecke 25 de Mayo & Villarino; EZ/DZ 36/41 US$) Etwas mehr Komfort bieten die schlichten Zimmer mit Teppichboden. Von manchen blickt man auf den Fluss.

La Anónima (Ecke Alberdi & Rivadavia) Günstige Lebensmittel zum Mitnehmen.

Camila's Café (Ecke Saavedra & Buenos Aires; Snacks unter 3,25 US$) Das beliebte Café ist eine tolle Adresse für Sandwiches und Getränke.

Dragon (366 Buenos Aires; Gerichte unter 4 US$) Großartiges *tenedor libre*.

Anreise & Unterwegs vor Ort

Der Flughafen liegt etwa 4 km südwestlich der Stadt (Taxi 4 US$). Dort sind **LADE** (☎ 424-420; Saavedra 576) und **Aerolíneas Argentinas** (☎ 422-018; www.aerolineasargentinas.com) vertreten.

Viedmas Busbahnhof befindet sich 13 Blocks südlich vom Zentrum (Ecke Guido/ Perón); mit Bussen (0,25 US$) und Taxis (1,50 US$) gelangen Neuankömmlinge in die Innenstadt. Busverbindungen bestehen u. a. nach Bahía Blanca (6,50 US$, 3½ Std.), Puerto Madryn (15 US$, 6 Std.), Comodoro Rivadavia (30 US$, 12 Std.), Bariloche (20 US$, 14 Std.) und Buenos Aires (25 US$, 13 Std.).

Vom **Bahnhof** (☎ 422-130) am südöstlichen Stadtrand rollen Züge zweimal pro Woche nach Bariloche (*turista*/Pullman 10/23 US$, 15 Std.).

CARMEN DE PATAGONES

☎ 02920 / 18 500 Ew.

Am anderen Ufer des Río Negro liegt direkt gegenüber von Viedma das malerische „Patagones", dessen Stadtbild historisches Kopfsteinpflaster und reizende Gebäuden aus der Kolonialzeit prägen. Die Bootsfahrt von der geschäftigen Nachbarstadt hierher dauert nur ein paar Minuten. Sonderlich viel wird in Patagones nicht gerade geboten – doch ist das angesichts der relaxten Atmosphäre überhaupt nötig? Spaziergänge jedenfalls werden hier zum Genuss. Kartenmaterial gibt's bei der **Touristeninformation** (☎ 461-777, Durchwahl 296; Bynon 186).

Gegenüber vom Landungssteg zeigt das tolle **Museo Histórico** (Eintritt frei; ☎ Mo–Sa 9.30– 12.30 & 19–21 Uhr) u. a. einen Gehstock mit verborgener Klinge. Die **Iglesia Parroquial Nuestra Señora del Carmen** wurde 1883 von den Salesianern errichtet; das Marienbildnis stammt

von 1780 und ist das älteste in Südargentinien. Erbeutete Flaggen zeugen vom Sieg über die Brasilianer im Jahre 1827.

Das **Residencial Reggiani** (☎ 461-065; Bynon 422; EZ/DZ 10/16 US$) hat kleine, aber anständige Zimmer (die im Obergeschoss sind heller). Eine deutlich bessere Wahl sind die tollen Budgetzimmern im **Hotel Percaz** (☎ 464-104; hotel@hotelpercaz.com.ar; Comodoro Rivadavia 384; EZ/DZ 13/20 US$); Abzüge in der B-Note gibt's allerdings für die etwas abgenutzten Teppiche.

Vom **Busbahnhof** (Ecke Barbieri & Méjico) fahren Busse nach Buenos Aires und Puerto Madryn. Fernbusse starten jedoch häufiger in Viedma.

Regelmäßig rollen Busse von Viedma nach Patagones. Wesentlich malerischer ist aber die Fahrt mit der *balsa* (Passagierfähre), die alle paar Minuten (0,30 US$, 2 Min.) den Fluss überquert.

PUERTO MADRYN

☎ 02965 / 66 000 Ew.

Die geschützte Hafenstadt wurde 1886 von walisischen Siedlern gegründet. Ein Großteil ihrer Popularität verdankt sie dem nahen Naturschutzgebiet Península Valdés. Ansonsten ist Puerto Madryn ein mittelmäßig gefragter Strandort mit lebendigen Touristenzonen und einer beliebten Uferpromenade. Von Juni bis Mitte Dezember dreht sich alles um die vorbeischwimmenden Glattwale.

Praktische Informationen

Eine **Touristeninformation** (☎ 453-504; www. madryn.gov.ar; Av Roca 223) gibt's im Stadtzentrum und am Busbahnhof. Viele Banken haben einen Geldautomaten. **Cambio Thaler** (Av Roca 493) löst Reisechecks ein.

Sehenswertes & Aktivitäten

Das **Museo Provincial de Ciencias Naturales y Oceanográfico** (Ecke Domencq García & Menéndez) wurde zum Zeitpunkt der Recherche gerade umgebaut, ist aber ansonsten mit Sicherheit sehenswert. Das clever gemachte **EcoCentro** (☎ 457-470; Julio Verne 3784; Eintritt 5 US$; ☽ 17–21 Uhr) informiert mit hervorragenden Ausstellungen über die einheimischen Meeresbewohner; zu den Attraktionen gehören ein „Streichelbecken", der elegante Glasturm ist etwas fürs architektonische Gemüt. Hin geht's mit der Buslinie 2; von der Endhaltestelle ist es dann noch ungefähr 1 km zu Fuß (Taxi 3 US$).

Das Freizeitangebot umfasst u. a. Kajakfahren, Windsurfen und Reiten. Auch Taucher kommen hier auf ihre Kosten (Tauchgänge ab 40 US$). Empfehlenswerte Adressen sind Scuba Duba (Blvd Brown 893) oder Lobo Larsen (Hipólito Yrigoyen 144). Mit dem Fahrrad kann man außerdem zur 17 km in südöstlicher Richtung enfernten Seelöwen-Kolonie von **Punta Loma** (Eintritt 3,25 US$) radeln. Ein anderes hübsches Ziel ist auch die **Playa El Doradillo,** 19 km nordwestlich von Puerto Madryn. Abhängig von der Jahreszeit lassen sich hier Wale aus nächster Nähe beobachten (Fahrradverleiher s. S. 169).

Geführte Touren

Unzählige Anbieter haben Touren zur Península Valdés (S. 169) und nach Punta Tombo (S. 172) im Programm. Teilnehmer müssen jeweils einen Festpreis von 37 US$ bezahlen. Auch die meisten Hotels und Hostels veranstalten geführte Touren. Wie immer helfen Empfehlungen anderer Traveller bei der Entscheidung. Interessante Auswahlkriterien sind z. B. die Größe des Busses, das Sprachentalent des Führers sowie die besuchten Restaurants und Attraktionen (was die Ziele angehen, unterscheiden sich die Tourveranstalter oft beträchtlich). Zu beiden Schutzgebieten ist man recht lange unterwegs – also ausreichend Trinkwasser mitnehmen.

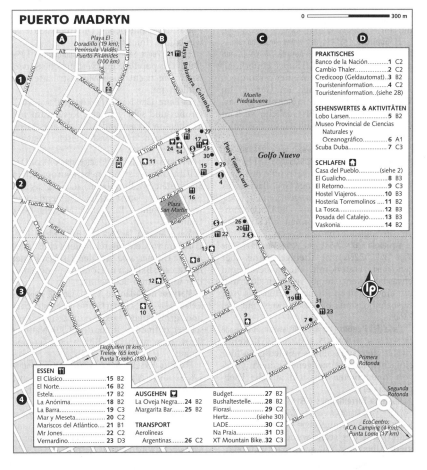

Schlafen

Die aufgeführten Preise gelten für die Hauptsaison (ca. Okt.–März). Im Januar sollten Unterkünfte im Voraus reserviert werden.

ACA Camping (☎ 452-952; Stellplatz für 2/4 Pers. 7,50/10 US$, DZ 18 US$; ☼ Sept.–April) Hier, 4 km südlich vom Zentrum, gibt's schattige, sandige Stellplätze und Lebensmittel. Den Campingplatz erreicht man, indem man mit Bus Nr. 2 zur Endhaltestelle fährt und von hier die letzten 800 m per pedes zurücklegt (Taxi 2,75 US$).

La Tosca (☎ 456-133; www.latoscahostel.com; Sarmiento 437; B 6,50 US$, DZ 20–23 US$; ☼ Mai geschl.) Kleines Hostel mit tollem Gemeinschaftsbereich. Die einfachen, aber feschen Zimmer säumen einen reizenden Hof mit Grünflächen. Holt Gäste kostenlos am Busbahnhof ab.

El Gualicho (☎ 454-163; www.elgualicho.com.ar; Marcos A Zar 480; B mit/ohne HI-Ausweis 7/8 US$, DZ mit/ ohne HI-Ausweis 26/28 US$; 🖳) Super Unterkunft mit sauberen Schlafsälen, einer geräumigen Küche und Grünflächen im Garten. Im Wohnbereich herrscht immer eine großartige Stimmung. Das El Gualicho verleiht auch Fahrräder und holt Gäste kostenlos vom Busbahnhof ab.

Hostel Viajeros (☎ 456-457; www.hostelviajeros. com; Gobernador Maíz 545; B/DZ 8/25 US$; 🖳) Langer Streifen schlichter Zimmern (alle mit eigenem Bad) gegenüber einer Grünfläche. Zur großen *quincha (cabaña)* gehören ein Speiseraum und ein Grillplatz. Die Doppelzimmer sind klein. Gäste können sich kostenlos am Busbahnhof abholen lassen.

Vaskonia (☎ 472-581; buce23@infovia.com.ar; 25 de Mayo 43; EZ/DZ 20/23 US$) Alteingesessene, aber renovierte Unterkunft. Die sauberen und etwas beengten Zimmer verteilen sich rund um einen kleinen Pflanzengarten. Bis zum Busbahnhof sind's praktischerweise nur drei Blocks.

Casa del Pueblo (☎ 472-500; www.madryncasadepueblo.com.ar; Av Roca 475; EZ/DZ 26/33 US$) Renoviertes älteres Gästehaus mit lediglich fünf einfachen und heimeligen Zimmern (zwei von ihnen bieten Aussicht auf die Uferpromenade).

Hostería Torremolinos (☎ 453-215; patagoniatorremolinos.com; Marcos A Zar 64; EZ/DZ 49/55 US$; 🅿) Komfortable, schnuckelige und blitzsaubere Unterkunft mit sechs wunderbaren Zimmern. Überzeugt mit geschmackvoll deko-rierten Gemeinschaftsbereichen und freundlichen Eigentümern.

Ebenfalls empfehlenswert:

El Retorno (☎ 456-044; www.elretornohostel.com.ar; Mitre 798; B/DZ 7/26 US$) Anständige Unterkunft mit gefliesten Fluren und kleinen Gemeinschaftsbereichen.

Posada del Catalejo (☎ 475-224; info@posadadelca talejo.com.ar; Mitre 446; B/DZ 8/23 US$) Klein und langweilig, außerdem etwas heruntergekommen. Die Doppelzimmer teilen sich Gemeinschaftsbäder.

Essen & Ausgehen

An Supermärkten gibt's einen **El Norte** (28 de Julio) in der Nähe der Mitre und einen **La Anónima** (Ecke Hipólito Yrigoyen & 25 de Mayo).

Vernardino (Blvd Brown; Hauptgerichte 3–8 US$) Für das Lokal in der Nähe der Perlotti spricht vor allem seine luftige Holzterrasse mit Blick auf den Strand. Serviert Frühstück, Pizzas und Sandwiches. Die Abendkarte ist wesentlich einfallsreicher.

Estela (Roque Sáenz Peña 27; Hauptgerichte 3,25–11 US$) Das populäre und vertrauliche Super-*parrillada* tischt auch Meeresfrüchte und Nudeln auf.

La Barra (Blvd Brown 779; Hauptgerichte 4–8 US$) Großes und sehr gefragtes Restaurant mit Tischen im Freien und Aussicht aufs Meer. Die Speisekarte umfasst Fleisch, Pastage-richte und Salate.

Mr Jones (9 de Julio 116; Hauptgerichte 4-8 US$) Das beliebte Bistro serviert neben europäischen Spezialitäten (z. B. Gulasch) auch Pizzas und Burger. Den Durst stillen Dutzende von Importbieren, z. B. Negro Modela oder Guinness.

Mar y Meseta (Av Roca 485; Hauptgerichte 4,25–13 US$) Im vorderen Bereich gibt's eine angenehme Holzterrasse. Auf den Tischen landet Leckeres, z. B. Fisch in Honig, Kaninchen in Bier und Lamm-Schaschlik.

Mariscos del Atlántico (Av Rawson 288; Hauptge-richte 4,50–10 US$) Schmackhafte Meeresfrüchte und großartiges Lokalkolorit, allerdings schwer zu finden: Hinter dem Club Nautico führt 20 m nach den Bögen eine Treppe hinauf.

El Clásico (Ecke 28 de Julio & 25 de Mayo; Hauptgerichte 5,25–8,50 US$) Altmodisches Ecklokal mit Kräuterlamm, Krebs-Ravioli und Fisch in Garnelensauce.

Margarita Bar (Ecke Av Roca & Roque Sáenz Peña) Hippe Bar mit Backsteinwänden, Cocktails aus aller Welt und einfacher Speisekarte. Mittwochs wird Livejazz gespielt.

La Oveja Negra (Hipólito Yrigoyen 144) Gemütlicher Laden mit Livemusik, Kneipenessen und großer Getränkeauswahl.

Anreise & Unterwegs vor Ort

Madryn hat zwar einen Flughafen (Shuttlebus 1,50 US$, Taxi 5 US$), doch die meisten Maschinen setzen 65 km weiter südlich in Trelew auf (Shuttlebus 5 US$, Taxi 23 US$). **Aerolíneas Argentinas** (☎ 451-998; www.aerolineas argentinas.com; Av Roca 427) und **LADE** (☎ 451-256; Av Roca 119) bieten Flüge an.

Der Busbahnhof befindet sich an der Ecke Hipólito Yrigoyen/San Martín. Anschluss besteht u. a. nach Puerto Pirámide (3,25 US$, 1½ Std.), Trelew (2,25 US$, 1 Std.), Comodoro Rivadavia (15 US$, 7 Std.), Viedma (20 US$, 6 Std.), Esquel (28 US$, 9 Std.), Bariloche (40 US$, 15 Std.) und Buenos Aires (50 US$, 19 Std.).

Mietwagen gibt's bei **Hertz** (☎ 474-287; Av Roca 115), **Budget** (☎ 451-491; Av Roca 27) und **Fiorasi** (☎ 456300; Av Roca 165). Der Startpreis liegt bei ca. 60 US$ pro Tag (inkl. 400 km). **XT Mountain Bike** (☎ 472-232; Av Roca 742; 6,50 US$/Tag) und **Na Praia** ☎ 455-633; Blvd Brown 860; 8 US$/Tag) verleihen Fahrräder.

RESERVA FAUNÍSTICA PENÍNSULA VALDÉS

☎ 02965
Zwei riesige Buchten ragen weit in die seltsam geformte Halbinsel. Die Landschaft ist größtenteils flach, öde und trocken. Wer durch die niedrige Vegetation aus zähen Büschen fährt, bekommt mit etwas Glück Guanacos und vielleicht auch ein paar Nandus oder Armadillos zu sehen. Doch die wirklich interessanten Tierarten warten vor bzw. an der Küste: Im Wasser tummeln sich z. B. Seelöwen und -elefanten, Südkaper, Commerson-Delphine und Magellan-Pinguine. Nur äußerst selten lassen sich auch Orcas blicken – die „Killerwale" wurden hier gefilmt, wie sie direkt am Strand Jagd auf Flossenfüßer machen. Die Whale-Watching-Saison dauert von Juni bis Mitte Dezember, Pinguine watscheln von Oktober bis März herum. Seelöwen und -elefanten dösen in dem Schutzgebiet dagegen das ganze Jahr über vor sich hin. Wer Commerson-Delphine beobachten möchte, sollte zwischen September und November herkommen, Schwarzdelphine schießen ganzjährig durchs Wasser. Zeuge der natürlichen

Kraft der Orcas kann man von Februar bis April während der Flut werden – allerdings nur mit einer Wahrscheinlichkeit von 3 %. Man sollten die Erwartungen also nicht zu hoch stecken.

Nachdem man das Gelände der **Reserva Faunística Península Valdés** (Eintritt 12 US$) betreten hat, durchquert man zunächst den schmalen, rund 5 km breiten „Hals" der Halbinsel. Tourbusse halten am großartigen Informationszentrum, zu dem auch eine Aussichtsplattform gehört. Wer in Richtung Norden schaut, kann einen Blick auf die **Isla de los Pájaros** erhaschen. Von der kleinen Insel ließ sich einst der Autor Antoine de Saint-Exupéry inspirieren: In seinem Buch *Der Kleine Prinz* erscheint sie in Form eines Hutes oder einer „Schlange, die einen Elefanten verschlingt". Von 1929 bis 1931 flog der Franzose hier als Betriebsleiter der Aéropostale durch die Gegend. Ebenfalls erspähen lassen sich Argentiniens niedrigste Punkte, die Salzebenen **Salina Grande** und **Salina Chico**, die 42 m unter dem Meeresspiegel liegen.

Die Bucht **Caleta Valdés** wird von einem langen Felsvorsprung geschützt und ist ein bevorzugtes Revier der Seeelefanten. Gleich nördlich von hier hat sich eine große Kolonie von Magellan-Pinguinen eingebuddelt. Bei **Punta Norte** dösen Seelöwen und -elefanten vor sich hin, und ab und zu lauert vor der Küste auch eine Schule Orcas auf Beute. Auf dem Parkplatz lassen sich hin und wieder Armadillos blicken.

Das sonnige **Puerto Pirámide** besteht nur aus einer einzigen Straße und hat rund 300 Einwohner. In der einzigen halbwegs großen Siedlung auf der Halbinsel gibt's neben viel Sand und Sträuchern auch ein paar Unterkünfte. Im Vergleich zu Puerto Madryn wohnt man hier wesentlich ruhiger und befindet sich näher an den Naturattraktionen. Allerdings sind die Einrichtungen sehr beschränkt – der einzige Geldautomat ist oft außer Betrieb. Gerätetauchen und geführte Touren durch die Umgebung sind jedoch immer möglich. Außerhalb der Whale-Watching-Saison lohnen sich Bootsausflüge (20 US$) eher weniger – es sei denn, man ist ein begeisterter Fan von Strandvögeln und Seelöwen; und vielleicht bietet sich auch die Gelegenheit Delphine zu beobachten.

Im Sommer fahren Busse zweimal täglich von Puerto Madryn nach Puerto Pirámide

(3,25 US$, 1½ Std.), in der Nebensaison fahren sie seltener.

Schlafen & Essen

Im Sommer sollten Zimmer in den hier aufgeführten Unterkünften telefonisch reserviert werden. Alle befinden sich in der näheren Umgebung der Hauptstraße.

Camping Puerto Pirámides (☎ 495-084; Stellplatz 1,75 US$/Pers.) Hat befestigte Stellplätze im Schutz von Sträuchern und Dünen. Einfacher Zugang zum Strand (Duschenbenutzung zzgl. 0,35 US$).

Hostel Bahía Ballenas (☎ 495-050; B 10 US$) Das einzige Hostel der Stadt besitzt einen riesigen Schlafsaal mit 18 Betten (nach Männlein und Weiblein getrennt), aber keine Doppelzimmer. Zu dem neuen Haus gehören auch eine tolle Küche und ein Gemeinschaftsbereich. Verleiht außerdem Fahrräder und veranstaltet geführte Touren.

Casa de la Tia Alicia (☎ 495-046; Zi. 10 US$/Pers.) Rustikale Unterkunft mit gerade mal drei einfachen, aber komfortablen Zimmern (alle mit Gemeinschaftsbad im Freien).

La Posta (☎ 495-036; www.postapiramides.com.ar; DZ 23 US$) Die drei schnuckeligen Apartments mit Küche eignen sich ideal für Familien oder Reisegruppen. Das Apartment mit vier Betten kostet 80 US$; Schlafsäle sind in Planung.

Estancia del Sol (☎ 495-007; DZ 31 US$) Prima Mittelklasse-Unterkunft mit gemütlichen Zimmern und großem Frühstücksraum.

Refugio de Luna (☎ 495-083; B/DZ 16/33 US$) Kleines Gästehaus mit insgesamt zehn Betten und einer zweistöckigen Suite (58 US$). Die künstlerisch angehauchte und urige Wohlfühl-Unterkunft hat auch einen großartigen Gemeinschaftsbereich.

Gut essen kann man z. B. im La Estación gegenüber der YPF-Tankstelle; Gäste speisen auf einer netten Terrasse in toller Atmosphäre. Am Ufer stehen viele Restaurants (am Stadteingang die erste Straße rechts hinunter marschieren). Das La Posta mit seiner hölzernen Frontterrasse ist eine gute und günstige Option.

TRELEW

☎ 02965 / 95 000 Ew.

Trelew ist keine sonderlich spannende Stadt, hat aber ein nettes belebtes Zentrum mit einer schattigen Plaza und ein paar historischen Gebäuden. Ein tolles Museum widmet sich hauptsächlich Dinosauriern. Trelew ist ein praktischer Ausgangspunkt für Abstecher zu den nahen walisischen Dörfern Gaiman und Dovalon oder zum lärmigen Pinguin-Schutzgebiet Punta Tombo. Größter Kulturevent ist das **Eisteddfod de Chubut** Ende Oktober, bei dem walisische Traditionen gepflegt werden.

Praktische Informationen

Die **Touristeninformation** (☎ 420-139; Ecke San Martín & Mitre) steht an der Plaza. Dort gibt's neben vielen Banken (mit Geldautomat) auch eine **Post** (Ecke Av 25 de Mayo & Mitre).

Sehenswertes

Das hübsch gestaltete **Museo Regional** (Ecke Fontana & 9 de Julio; Eintritt 0,75 US$; ☽ Mo–Fr 8-20, So 14-20 Uhr) im ehemaligen Bahnhof zeigt tolle walisische Ausstellungsstücke. Besonders sehenswert sind die gläserne „Brustflasche" und das Huteisen. In der Nähe steht das hervorragende **Museo Paleontológico Egidio Feruglio** (Eintritt 5 US$; ☽ Mo–Fr 9–20, Sa & So 10–20 Uhr) mit Ausstellungen realistisch wirkender Dinosaurier. Besucher sollten sich auf jeden Fall auch den 1,70 m großen Ammoniten ansehen.

Geführte Touren

Reisebüros wie **Alcamar Travel** (☎ 421-213; San Martín 146) oder **Nievemar** (☎ 434-114; Italia 20) organisieren Touren zur Península Valdés (S. 169) und nach Punta Tombo (S. 172). Sie kosten etwa gleich viel wie Ausflüge ab Puerto Madryn. Bei anderen Touren können Teilnehmer schwarzweiße Commerson-Delphine beobachten (20 US$). Die Tiere lassen sich zwischen September und November am besten beobachten. Interessenten sollten vor dem Buchen nachfragen, ob englischsprachige Führer zur Verfügung stehen.

Schlafen

Camping Patagonia (☎ 154-06907; Stellplatz 2,25 US$/Pers.) Liegt 7 km außerhalb der Stadt abseits der Ruta 7 in Richtung Rawson. Der grüne und saubere Campingplatz hat schattige Stellplätze in Flussnähe.

Residencial Argentino (☎ 436-134; Moreno 93; EZ/DZ 10/15 US$) Gästehaus in der Nähe des Busbahnhofs. Drinnen gibt's abgefahrene Wandbilder und kitschiges Dekor. Vom besten der schlichten Zimmer blickt man auf die Plaza (TV zzgl. 1,75 US$).

Residencial Rivadavia (☎ 434-472; hotel_riv@ infovia.com.ar; Rivadavia 55; EZ/DZ ab 11/15 US$) Die besten und teuersten Quartiere befinden sich im Obergeschoss – dort sind auch die Lichtverhältnisse besser. Der alte Flügel darunter besteht aus erträglichen Zimmern.

Hotel Touring Club (☎ 425-790; htouring@speedy. com.ar; Fontana 240; EZ/DZ 16/26 US$) Hotel mit klassisch-altmodischer Atmosphäre und Marmorelementen. Es besitzt ordentliche kleine Zimmer mit Kabel-TV; die im Gebäudeinneren wirken allerdings recht bedrückend. Gefrühstückt wird im atmosphärischen Café im Erdgeschoss

Hotel Galicia (☎ 433-802; www.hotelgalicia.com.ar; 9 de Julio 214; EZ/DZ ab 16/29 US$) Hat anständige Doppelzimmer mit Teppichboden und Kabel-TV. Manche Einzelzimmer sind dagegen wahnsinnig beengt und lassen Fenster schmerzlich vermissen.

Essen & Ausgehen

Supermarkt El Norte (Ecke 9 de Julio & Rivadavia) Günstige Lebensmittel.

La Bodeguita (Belgrano 374; Hauptgerichte 3,25– 10 US$) Das moderne und beliebte Restaurant macht besonders mit seinen Pizzas von sich reden, serviert aber auch Fleisch, Nudeln und Meeresfrüchte. Aufmerksamer Service und familiäre Atmosphäre.

Confitería Touring Club (Fontana 240; Hauptgerichte 4–6,50 US$) Im altmodischen Ambiente gibt's hier Frühstück, Sandwiches und alkoholische Getränke.

El Quijote (Belgrano 361; Hauptgerichte 4–7 US$) Mit einem Wort: *parrilla*.

El Viejo Molino (Gales 250; Hauptgerichte 5–10 US$) Wunderbares Restaurant in einer renovierten alten Mühle mit nobler und künstlerisch geprägter Inneneinrichtung. An einem Fenster gibt's Leckeres vom Grill. Die Wochenenden stehen im Zeichen von Pasta, feschen Salaten und Tango.

San Javier (San Martín 57) Vor der Mischung aus Café und Eisdiele stehen Tische auf dem Bürgersteig. Die Bar hinten schenkt dagegen kannenweise Guinness und Kilkenny aus. Schicke und moderne Atmosphäre.

Anreise & Unterwegs vor Ort

Der Flughafen (☎ 433-433) liegt 6 km nördlich der Stadt (Taxi 3 US$). **Aerolíneas Argentinas** (☎ 420-170; www.aerolineasargentinas.com; 25 de Mayo 33) und **LADE** (☎ 435-740) am Busbahnhof bieten Flüge an.

Trelews Busbahnhof befindet sich sechs Blocks nordöstlich der Innenstadt. Busse gehen u. a. nach Puerto Madryn (2,25 US$, 1 Std.), Gaiman (0,75 US$, 30 Min.), Comodoro Rivadavia (13 US$, 5 Std.), Viedma (17 US$, 7 Std.), Bariloche (35 US$, 14 Std.) und Buenos Aires (45 US$, 20 Std.).

Mehrere Autovermietungen betreiben Filialen am Flughafen und in der Stadt. Der Startpreis liegt bei etwa 50 US$ pro Tag (inkl. 200 km).

RUND UM TRELEW
Gaiman
☎ 02965 / 5500 Ew.

Wer ein Stückchen Wales in Patagonien erleben möchte, begibt sich nach Gaiman. Der Ort 17 km westlich von Trelew hat ruhige und breite Straßen, die Gebäude sind gedrungen und unscheinbar. An heißen Tagen nimmt die Dorfjugend ein Bad im nahen Fluss. Die meisten Traveller kommen jedoch nach Gaiman, um sich eine Ladung Gebäck in einer der tollen **walisischen Teestuben** zu genehmigen, die in der Regel um ca. 15 Uhr öffnen. Für 6,50 US$ kann man sich nach Herzenslust an Tee und hausgemachten Süßigkeiten laben – das Mittagessen sollte man also lieber nicht allzu üppig ausfallen lassen. Die **Touristeninformation** (☎ 491-014; www.gaiman.gov.ar; Ecke Rivadavia & Belgrano) hilft bei der Orientierung.

Das kleine **Museo Histórico Regional Gales** (Eintritt 0,35 US$; ☾ Di–So 15–19 Uhr) dokumentiert mit alten Pionierfotos und Haushaltsgegenständen die Geschichte der walisischen Siedler. Der **Parque El Desafío** (Eintritt 2,25 US$; ☾ Sonnenaufgang–Sonnenuntergang) steht für Joaquín Alonsos Exzentrizität. Der Künstler hat über das bewaldete Gartengelände systematisch Flaschen, Dosen und sogar ausrangierte Fernseher verteilt.

Gaiman eignet sich wunderbar für einen Tagesausflug von Trelew aus. Wer dennoch übernachten möchte, findet im heimeligen **Dyffryn Gwirdd** (☎ 491-777; www.dwhosteria.com.ar; Tello 103; EZ/DZ 15/21 US$; Ⓟ) sieben einfache, aber tolle Zimmer und eine angenehme Atmosphäre. Eine weitere klasse Option ist die saubere und komfortable **Hostería Gwesty Tywi B&B** (☎ 491-292; www.advance.com.ar/usuarios/ gwestywi; MD Jones 342; EZ/DZ 15/23 US$). Außerhalb vom Stadtzentrum kann zusätzlich gecampt werden (bei der Touristeninformation nachfragen).

Regelmäßig kommen Busse aus Trelew an (0,75 US$, 30 Min.).

Reserva Provincial Punta Tombo

Punta Tombo liegt 115 km südlich von Trelew (rund 1½ Std. mit dem Auto). In der größten Pinguin-Kolonie außerhalb der Antarktis brüten von September bis April über 500 000 Magellan-Pinguine. Die Umgebung bevölkern zusätzlich Nandus, Kormorane, Riesensturmvögel, Dominikanermöwen und Austernfischer. Bei der Anreise bekommt man mit etwas Glück auch ein paar Landtiere wie Armadillos, Füchse oder Guanacos zu Gesicht.

Die Vögel können aus nächster Nähe fotografiert werden. Man sollte sie aber nicht berühren – außer man möchte gezwickt werden. Besucher kommen z. B. im Rahmen geführter Touren ab Trelew oder Puerto Madryn hierher (ab 29 US$ zzgl. Eintritt 6,50 US$). Alternativen sind Taxis (59 US$) und Mietwagen. Weitere Infos stehen in den Kapiteln „Puerto Madryn" und „Trelew".

COMODORO RIVADAVIA

☎ 0297 / 142 000 Ew.

Comodoro Rivadavia ist eigentlich nur wegen seiner praktischen Lage als Zwischenstopp an Argentiniens ewig langer Ostküste beliebt. Die heimelige Stadt hat geschäftige Straßen und die wahrscheinlich hässlichste Kathedrale der Welt. Comodoro wurde 1901 gegründet und boomte ein paar Jahre später, als Brunnengräber zum ersten großen Erdölstreik des Landes aufriefen. Mithilfe der inzwischen privatisierten YPF riss sich die Regierung bald den gesamten Industriezweig unter den Nagel (Argentinien raffiniert ausschließlich sein eigenes Erdöl – über ein Drittel stammt aus dieser Region). Eine tolle Aussicht verspricht der *mirador* auf dem Gipfel des 212 m hohen Cerro Chenque.

Praktische Informationen

In Comodoro gibt's u. a. Banken mit Geldautomaten (entlang der San Martín).

Cambio Thaler (Mitre 943)

Chilenisches Konsulat (☎ 446-2414; Brown 456, 1. OG).

Informationsschalter Am Busbahnhof.

Post (Ecke San Martín & Moreno)

Touristeninformation(☎ 446-2376; www.comodoro. gov.ar; Rivadavia 430)

Sehenswertes

Eingefleischte Erdölfans begeben sich schnurstracks zum **Museo del Petróleo** (☎ 455-9558; Eintritt 1,75 US$; ⊙ Di–Fr 8–13 & 15–20, Sa & So 15–20 Uhr), das die sozialen und geschichtlichen Apsekte der Erdölindustrie beleuchtet. Für Besucher gibt's geführte Touren (vorher anrufen). Hin geht's von der San Martín aus mit den Buslinien „7 Laprida" oder „8 Palazzo" (0,40 US$, 10 Min.). Am Supermarkt La Anónima aussteigen.

Schlafen

Comodoro ist ein Verkehrsknotenpunkt. Später am Tag herrscht in den Hotels daher mitunter ordentlich Betrieb.

Hostería Rua Marina (☎ 446-8777; Belgrano 738; EZ/DZ ab 12/23 US$) Die netten, aber kleinen Zimmer sind dunkel und grenzen an den Innenflur. Am besten sind die Zimmer 18–20 mit Fenstern an der Außenseite.

Cari-Hue (☎ 447-2946; Belgrano 563; EZ/DZ 15/28 US$) Besitzt sieben saubere und annehmbare Budgetzimmer (alle mit Gemeinschaftsbad). Der Wintergarten ist mit Pflanzen und Gartenzwergen übersät.

Hotel Victoria (☎ 446-0725; Belgrano 585; EZ/DZ 25/31 US$; Ⓟ) Das recht große Mittelklassehotel bietet tolle moderne Zimmer mit Kabel-TV.

Ebenso empfehlenswert:

Hotel El Español (☎ 446-0116; 9 de Julio 950; EZ/DZ 8/15 US$) Ultraeinfach; die Zimmer im OG sind heller.

25 de Mayo (☎ 447-2350; 25 de Mayo 989; DZ 15 US$) Aufs Wesentliche reduzierte Unterkunft mit Freiluftflur und Gemeinschaftsküche.

Belgrano (☎ 447-8439; Belgrano 546; DZ 29 US$, EZ/DZ mit Gemeinschaftsbad 12/20 US$) Nette Flure und einfache Wohlfühlzimmer.

Essen & Ausgehen

Supermarkt El Norte (Ecke Rivadavia & Pellegrini) Erschwingliche Lebensmittel.

Patio de Comidas (Ecke Güemes & San Martín; Gerichte unter 3 US$) Gut und günstig.

La Barra (San Martín 686; Hauptgerichte 1,75–7,50 US$) Das populäre Café serviert Nudelgerichte, Salate und Fleisch sowie eine Vielzahl von Cocktails.

Café del Sol (San Martín 502; Snacks 2–4 US$) Das hippe Café mit der schummrigen Beleuchtung verwandelt sich zu später Stunde in eine Bar. Frühstück gibt's auch.

Molly Malone (San Martín 292; Hauptgerichte 3–5 US$) Kleine und abgefahrene Restaurantbar mit Tee, Snacks, kompletten Mahlzeiten und alkoholischen Getränken.

La Rastra (Rivadavia 348; Hauptgerichte 3,50–9 US$) Eines der besseren *parrillas* vor Ort, das auch Nudeln und Meeresfrüchte auftischt.

Los Tres Chinos (Rivadavia 341) Modernes und großes *tenedor libre* für 5,25 US$.

Anreise & Unterwegs vor Ort

Der **Flughafen** (☎ 454-8093) liegt 8 km östlich vom Zentrum (Bus 0,40 US$). Hier sind **Aerolíneas Argentinas** (☎ 444-0050; www.aerolineas argentinas.com; 9 de Julio 870) und **LADE** (☎ 447-0585; Rivadavia 360) vertreten.

Vom Busbahnhof im Stadtzentrum rollen Busse u. a. nach Trelew (13 US$, 5½ Std.), Los Antiguos (15 US$, 6 Std.), Esquel (20 US$, 9 Std.), Bariloche (30 US$, 14 Std.), Río Gallegos (22 US$, 11 Std.) und Buenos Aires (56 US$, 24 Std.). Busse nach El Calafate fahren über Río Gallegos. Ziele in Chile sind z. B. Coyhaique (23 US$, 9 Std., 2-mal wöchentl.) und Puerto Montt (43 US$, 22 Std., 3-mal wöchentl.).

LOS ANTIGUOS

☎ 02963 / 2400 Ew.

Los Antiguos liegt am Ufer des Lago Buenos Aires. In der kleinen „Oase" spenden Pappeln *chacras* (Bauernhöfe) Schutz, die u. a. Kirschen, Erdbeeren, Äpfel, Aprikosen und Pfirsiche produzieren. Die meisten Traveller verschlägt es auf der Reise nach Chile hierher – die Anreise über die RN 40 ist aber manchmal bereits ein Abenteuer für sich.

Die **Fiesta de la Cereza** (Kirschen-Festival) steigt jedes Jahr am ersten oder zweiten Januarwochenende. In der Umgebung kann man auch prima **wandern** und **angeln**. Die **Touristeninformation** (☎ 491-261; www.losantiguos. gov.ar; 11 de Julio 446) liefert alles Wissenswerte zu den Verkehrsverbindungen. Außerdem gibt's eine Bank mit Geldautomat.

2 km östlich vom Zentrum liegt im Schatten von Zypressen der **Camping Municipal** (☎ 491-265; Stellplatz 0,75 US$/Pers., Zelt 1 US$). Übernachtet werden kann zusätzlich in fensterlosen Blockhütten mit jeweils sechs Betten (6,50 US$/Pers.). Das freundliche **Hospedaje Padillo** (☎ 491-140; San Martín 44 Sur; B 10 US$) direkt neben der Bushaltestelle von Chaltén Travel ist in Familienbesitz. Es empfängt Gäste mit tollen Schlafsälen, einem Doppelzimmer mit eigenem Bad (23 US$) und einem prima Kochbereich. Etwas mehr Komfort bietet

das **Hotel Argentino** (☎ 491-132; EZ/DZ 16/26 US$) mit anständigen modernen Zimmern. **Agua Grande** (☎ 491-165; 11 de Julio 871) heißt das beste Restaurant der Stadt.

Dreimal täglich fahren Busse über die Grenze nach Chile Chico (S. 591). Von November bis März schickt **Chaltén Travel** (www.chaltentravel.com) seine Fahrzeuge an geradzahligen Tagen nach El Chaltén (42 US$, 13 Std.). Anschluss besteht auch nach Perito Moreno (3,25 US$, 1 Std.), Río Gallegos (33 US$, 16 Std.) und Comodoro Rivadavia (15 US$, 7 Std.). Jede Woche kurven zusätzlich Tacsa-Busse nach Esquel (45 US$, 10 Std.) und El Chaltén (42 US$, 14 Std.) – wenn auch recht unregelmäßig. Durch den schrittweise vorankommenden Ausbau der RN 40 und die damit verbundenen Einrichtungen sind Änderungen beim Transportangebot zu erwarten (daher vor Ort aktuelle Informationen einholen).

EL CHALTÉN

☎ 02962 / Winter 500, Sommer 1800 Ew.

El Chaltén ist eines der beliebtesten Ziele Patagoniens. Das kleine und schnuckelige, aber schnell wachsende Dorf liegt in einem malerischen Flusstal. Die meisten Besucher werden von den herrlichen schneebedeckten Gipfeln des **Fitz-Roy-Massivs** angelockt – in einer der großartigsten Berglandschaften der Welt finden sich geniale Wander- und Campingmöglichkeiten. Kletterer aus aller Herren Länder versuchen sich am 3441 m hohen **Cerro Fitz Roy** und anderen Gipfeln. Doch sogar im Sommer muss man sich auf Wind, Regen und Kälte einstellen – auch die Aussicht auf die Bergspitzen ist dann eventuell verdeckt. Wenn die Sonne lacht, ist El Chaltén jedoch ein Paradies auf Erden. Am besten fährt man hin und überzeugt sich selbst. Die Straße nach El Calafate wird Stück für Stück ausgebaut, was für die Zukunft einigen positiven Schwung erwarten lässt.

Alle Quellen in dieser Region haben Trinkwasserqualität und sollten nicht verschmutzt werden. Zudem liegt El Chaltén in einem Nationalpark. Besucher müssen daher die Regeln für Feuerstellen befolgen und einen ausreichenden Sicherheitsabstand zu Flüssen einhalten (die Parkverwaltung weiß Näheres). In El Chaltén haben die meisten Einrichtungen von April bis Oktober geschlossen. Weitere Infos gibt's im Internet unter www.elchalten.com.

Praktische Informationen

Die **Parkverwaltung** (☎ 493-004) steht direkt links vor der Brücke in die Stadt. Wanderer erhalten hier Karten und Informationen. Tagsüber halten sämtliche Busse vor dem Gebäude. Wer sich hier länger als einen Tag aufhalten möchte, muss sich anmelden. Um die **Touristeninformation** (☎ 493011) zu finden, überquert man die Brücke in die Stadt und hält nach der Satellitenschüssel und dem Lattenzaun Ausschau.

Da man in El Chaltén Banken, Geldautomaten oder Wechselstuben vergeblich sucht, sollte man genug Argentinische Pesos mitbringen. Nur wenige Einrichtungen akzeptieren Reiseschecks, Kreditkarten oder US-Dollar – und das auch noch zu miesen Konditionen. Nicht wenige Traveller mussten wegen Geldmangels schon früher als geplant den Rucksack packen.

Immerhin gibt's *locutorios* und ein paar wenige Internetcafés. Das **Rancho Grande Hostel** (☎ 493-005; www.hostelspatagonia.com; San Martín 724) hat die beste Verbindungen, ist aber relativ teuer. Die kleinen Supermärkte der Stadt haben eine gute Auswahl an Lebensmitteln und Vorräten für Camper. Ausrüstung wie Kocher, Benzin, Schlafsäcke, Zelte und warme Bekleidung verleihen und verkaufen das Camping Center, Eolia und Viento Oeste an der Hauptstraße (San Martín).

Wer auf der Suche nach einem Führer fürs Bergsteigen, Klettern oder Eiswandern ist, wendet sich an die **Casa de Guias** (Costanera Sur s/n; www.casadeguias.com.ar). Das Personal spricht Englisch und veranstaltet auch Kletterkurse.

Aktivitäten

Eine beliebte Wandertour führt zur **Laguna Torre**. Vom dortigen Basislager nehmen erfahrene Kletterer den Aufstieg zum Gipfel des 3128 m hohen **Cerro Torre** in Angriff (einfache Strecke 3 Std.). Eine weitere Route führt vom Camping Madsen zu einer ausgeschilderten Kreuzung. Hier beginnt auch ein Nebenpfad zu Zeltplätzen im Hinterland der Laguna Capri. Der Hauptweg setzt sich zunächst gemächlich bis zum Río Blanco fort, wo sich dann das Basislager für den Aufstieg zum Cerro Fitz Roy befindet; der Abschnitt bis zur **Laguna de los Tres** ist dagegen extrem steil (einfache Strecke 4 Std.). Der Marsch zur Laguna Toro dauert sieben Stunden (einfache Strecke); daher entscheiden sich die meisten Wanderer für eine Übernachtung (bei der Parkverwaltung anmelden). Für ein paar dieser Routen können auch Pferde in der Stadt ausgeliehen werden.

Schlafen

Die aufgeführten Preise gelten für Januar und Februar. Dann sollten Unterkünfte im Voraus reserviert werden.

Rancho Grande Hostel (☎ 493-005; www.hostelspatagonia.com; San Martín 724; B/DZ 10/42 US$) El Chalténs größtes Hostel besitzt neben geräumigen und modernen Schlafsälen auch gleichwertige Gemeinschaftsbereiche. Dazu kommen tolle Doppelzimmer (alle mit eigenem Bad), prima Einrichtungen und eine äußerst lebendige Atmosphäre. Akzeptiert Kreditkarten und Reiseschecks; Inhaber von HI-Ausweisen kommen günstiger weg.

Albergue Patagonia (☎ 493-019; patagoniahostel@yahoo.com; San Martín 493; B 10 US$) Gemütliche Gemeinschaftsbereiche, vertraulich-heimliges Ambiente und kleine Schlafsäle versprechen einen supernetten Aufenthalt. In den Bädern geht's jedoch manchmal sehr beengt zu. Verleiht auch Fahrräder und gewährt Inhabern von HI-Ausweisen Ermäßigungen.

Condor de los Andes (☎ 493-101; www.condordelosandes.com; Ecke Río de las Vueltas & Halvorsen; B/DZ 10/45 US$) Kleines Hostel mit tollen Gemeinschaftsbereichen und echtem Backpacker-Feeling. Jeder Schlafsaal (4–6 Betten) hat ein eigenes Bad. Gäste mit HI-Ausweis bezahlen weniger.

Hospedaje La Base (☎ 493-031; Ecke Lago del Desierto & Hensen; B 10 US$) Besitzt neben einer Video-Ecke im Rezeptionsbereich auch schöne geräumige Zimmer (alle nach außen, mit eigenem Bad und Küchenbenutzung). Die Zimmer 5 und 6 teilen sich eine separate Küche mit Essbereich und eignen sich daher super für große Reisegruppen.

Albergue Hem Herhu (☎ 493-224; hugoacostacastilla@hotmail.com; Las Loicas s/n; B 10 US$) Kleines und schäbiges Gästehaus mit „Urwaldgarten" und lediglich 16 Betten. In den geräumigen Schlafsälen geht's dafür äußerst relaxt zu. Übernachtet werden kann zusätzlich in *cabañas* (2/4 Betten 54/65 US$).

Albergue Los Nires (☎ 493-009; www.elchalten.com/losnires; Lago del Desierto s/n; B/DZ 10/42 US$) Ziemlich unpersönliches Hotel, was u. a. als den kalten gefliesten Fluren liegt. Es hat 30 geräumige Zimmer (manche davon mit Teppichboden).

Albergue del Lago (☎ 493-245; eduardomona cochalten@yahoo.com.ar; Lago del Desierto 135; B 10 US$, Stellplatz ab 3,25 US$/Pers.) Der kahle Essbereich und der kleine Schlafsaal verbreiten nicht gerade eine heimelige Atmosphäre. Die Zimmer im hinteren Bereich sind etwas angenehmer.

Nothofagus B&B (☎ 493-087; www.elchalten.com/ nothofagus; Hensen s/n; EZ/DZ ab 25/26 US$) Das charmante und blitzsaubere Gästehaus gehört einer Familie. Noch dazu ist das Personal superfreundlich und hilfsbereit. Für Gäste gibt's sieben warme und gemütliche Zimmer mit Teppichboden. Vier davon teilen sich zwei Gemeinschaftsbäder. Raucher werden vor die Tür verbannt.

El Chaltén hat zwei kostenlose Campingplätze: Der kleinere namens Confluencia liegt direkt am Eingang zur Stadt; der etwas größere, Camping Madsen am gegenüberliegenden Stadtrand, bietet mehr Privatsphäre und befindet sich in der Nähe des Fitz-Roy-Trailheads. Beide haben ein Plumsklo. Das Wasser des nahen Flusses kann bedenkenlos getrunken werden, offenes Lagerfeuer ist jedoch nicht gestattet. Wer sich oder seine Wäsche waschen möchte, muss mindestens 100 Schritte Abstand zum Fluss einhalten. El Refugio verlangt für die Benutzung der Duschen 1,30 US$.

Essen & Ausgehen

Die meisten Hostels/Hotels und ein paar Restaurants verkaufen Lunchpakete für ca. 5 US$.

Patagonicus (Ecke Güemes & Madsen; Pizzas 3,25– 8 US$) Aus dem Ofen der populären Pizzeria kommen 20 verschiedene Sorten.

El Bodegón Cervecería (San Martín s/n; Hauptgerichte 3,25–10 US$) Wunderbar gemütliche Kneipe mit einfallsreichem Treibholz-Dekor. Eine resolute „Bierdame" ist für die süffigen hausgemachten Gebräue verantwortlich. Auf den Tisch kommen ansonsten Pizzas, Nudeln und *locro*.

Fuegia Bistro (San Martín 493; Hauptgerichte 4,50– 8 US$; ⓥ Mo–Sa Abendessen) Restaurant der gehobenen Art. Es serviert ein paar der leckersten Gerichte der Stadt, z. B. Lamm in Ingwersauce, Forelle mit Salbeibutter oder vegetarische Crêpes.

Ruca Mahuida (Terrey 104; Hauptgerichte 5,50– 12 US$) Auf der Karte dieses erstklassigen Lokals stehen z. B. Kürbis-Soufflé, Lachs-Ravioli und Wild in Beerensauce.

Estepa (Ecke Cerro Solo & Antonio Rojo; Hauptgerichte 6,50–11 US$) Hier gibt's appetitlich angerichtetes und schmackhaftes Essen etwa Lamm in Calafate-Sauce, Forellen-Ravioli, Spinat-Crêpes oder Auberginen-Lasagne. Im Angebot gibt auch verschiedene Pizzas und Lunchpakete.

An- & Weiterreise

Die hier genannten Verbindungen gelten im Januar und Februar. Im übrigen Jahr stellen die Buslinien teilweise oder ganz den Betrieb ein. Durch den Ausbau der Straße wird sich die Reisezeit nach El Calafate in Zukunft deutlich verkürzen.

Täglich rollen diverse Busse nach El Calafate (16 US$; 4½ Std.). Ausschließlich an ungeraden Tagen schickt **Chalten Travel** (www. chaltentravel.com) von Mitte November bis Mitte April seine Fahrzeuge nach Los Antiguos (54 US$; 13 Std.). Mit der Firma besteht auch Anschluss zum Lago del Desierto (12 US$ hin & zurück, 1 Std.), wo man wandern und Bootsausflüge nach Chile unternehmen kann.

EL CALAFATE

☎ 02902 / 8000 Ew.

Das rasch wachsende El Calafate hat sich zu einem patagonischen Publikumsmagneten entwickelt. Doch trotz der touristischen Fassade können Besucher hier ein paar nette Tage verbringen. Wegen der tollen Lage zwischen El Chaltén und Torres del Paine in Chile landen die meisten Traveller irgendwann einmal auch in Calafate. Kein Beinbruch! Denn glücklicherweise gibt's in der Region eine schier unglaubliche Sehenswürdigkeit, die man auf keinen Fall verpassen sollte: den Eisstrom des Perito-Moreno-Gletschers im 80 km entfernten Parque Nacional Los Glaciares (S. 178).

Praktische Informationen

In der Stadt gibt's diverse Banken mit Geldautomat. Zahlreiche Touranbieter säumen die Av Libertador.

Cambio Thaler (9 de Julio 57) Löst Reiseschecks ein.

La Cueva (☎ 492-417; Moyano 839; ⓥ Sept.–Mai) Einfaches *refugio* für Bergsteiger. Organisiert auch Wanderungen durch die Umgebung.

176 PATAGONIEN •• El Calafate

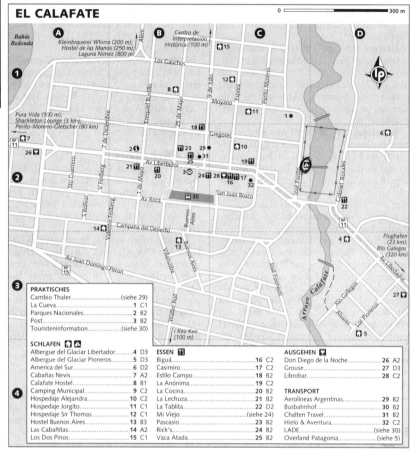

Parques Nacionales (☎ 491-545; Av Libertador 1302) Erteilt Wander- und Angelgenehmigungen und liefert Infos für Wanderer.
Post (Av Libertador 1133)
Touristeninformation (☎ 491-090; www.elcalafate.gov.ar) Am Busbahnhof.

Sehenswertes & Aktivitäten

Besucher von El Calafate durchstöbern meistens die Souvenirläden oder beschäftigen sich mit Sehen-und-Gesehen-Werden. Ansonsten gibt's hier nicht sonderlich viel zu unternehmen – abgesehen von wenigen Ausnahmen: Das **Centro de Interpretación Histórica** (☎ 492-799; Ecke Brown & Bonarelli; Eintritt 4 US$; 10–21 Uhr) gleich nördlich vom Zentrum beleuchtet mit Fotos, Schautafeln und einem Videofilm die Geschichte Patagoniens. Die Sümpfe des Naturschutzgebiets **Laguna Nimez** (Eintritt 0,75 US$; Okt.–März 9–21 Uhr) liegen 15 Gehminuten außerhalb der Stadt: der Alem in Richtung Norden folgen, die kleine weiße Brücke überqueren, an der *cervecería* (Brauerei-Restaurant) nach rechts laufen und gleich darauf links abbiegen. In der Region werden zudem auch tolle Ausritte angeboten.

Schlafen

Im Januar und Februar geht ohne Reservierung absolut nichts.

Camping Municipal (☎ 492-622; José Pantín s/n) Ein bewaldeter Campingplatz mit Stellplätzen am Bach und Feuerstellen. Wurde zum

Zeitpunkt der Recherche gerade renoviert – Preise daher telefonisch erfragen.

Hospedaje Jorgito (☎ 491-323; hjor2@latinmail. com; Moyano 943; Stellplatz 3,25 US$/Pers., Zi. 26 US$, mit Gemeinschaftsbad 20 US$) Großes Gästehaus in Familienbesitz mit einer Küche, sehr schönen Stellplätzen in einem Obstgarten und zwölf hellen und warmen Oldschool-Zimmern.

Los Dos Pinos (☎ 491-271; www.losglaciares.com/losdospinos; 9 de Julio 358; Stellplatz 3,50 US$/Pers., B/DZ 6,50/42 US$, cabaña 80–97 US$) Verschiedene Unterkünfte für jeden Geschmack; macht aber einen etwas unpersönlichen Eindruck. Ein separates Gebäude beherbergt eine große Küche mit Essbereich. Bei den Stellplätzen gibt's nichts zu meckern.

Hostel de las Manos (☎ 492-996; www.hosteldelasmanos.com.ar; Feruglio 59; B 8 US$) Das kleine Hostel besitzt einen gemütlichen und hellen Gemeinschaftsbereich. Zu den winzigen Schlafsälen gehören Spinde im Freien (Frühstück zzgl. 1,75 US$). Liegt nördlich vom Zentrum und holt Gäste kostenlos am Busbahnhof ab.

Albergue del Glaciar Pioneros (☎ 491-243; www. glaciar.com; Los Pioneros 255; B 8,50 US$, DZ 29–44 US$) Angenehmes und modernes Hostel mit kleinen, aber sauberen Schlafsälen. Für Gäste gibt's zudem weitläufige Gemeinschaftsbereiche und ein kleines Hausrestaurant. Die „Superior"-Zimmer haben diese Bezeichnung wirklich verdient. Inhaber von HI-Ausweisen bezahlen weniger.

Calafate Hostel (☎ 492-450; www.calafatehostels. com; Moyano 1226; B 8–9 US$, DZ 36–42 US$) Wunderschönes großes Hostel in Blockhüttenform mit jeder Menge Balkone. Kommt etwas unpersönlich und beinahe hotelartig daher, eignet sich aber wunderbar für große Reisegruppen. Zu den vielen Einrichtungen gehört auch ein Restaurant. Mit HI-Ausweis gibt's Rabatt.

America del Sur (☎ 493-525; www.americahostel. com.ar; Puerto Deseado 151; B/DZ 10/50 US$) Eine von Calafates besten Unterkünften – und blitzblank dazu. Überzeugt mit wunderbar luftigen Gemeinschaftsbereichen, toller Aussicht und modern-geräumigen Schlafsälen (jeweils mit eigenem Bad). Der hervorragende Service und die Fußbodenheizung verdienen sich weitere Pluspunkte.

Hospedaje Sir Thomas (☎ 492-220; www.cotecal. com.ar/hospedajesirthomas; Espora 257; EZ/DZ 34/39 US$) Sehr gepflegtes, sympathisches und gemüt-

liches Gästehaus. Es hat 14 herrliche und tadellos saubere Zimmer mit eigenem Bad.

Las Cabañitas (☎ 491-118; lascabanitas@cotecal. com.ar; Valentin Feilberg 218; cabaña 39–53 US$) Freundliche Unterkunft mit nur fünf kleinen, dunklen, aber äußerst süßen *cabañas* und einem in sich abgeschlossenen Gästezimmer.

Cabañas Nevis (☎ 493-180; www.cabanasnevis.com. ar; Av Libertador 1696; cabaña 80–104 US$) Direkt außerhalb vom Stadtzentrum stehen insgesamt 14 niedliche, A-förmige Blockhütten auf einem grasbewachsenen Gelände. Auf zwei Stockwerke verteilen sich darin jeweils vier bis acht Betten, eine Küche und Kabel-TV. Das Personal spricht Englisch.

Ebenfalls empfehlenswert:

i Keu Ken (☎ 495-175; www.patagoniaikeuken.com.ar; Pontoriero 171; B 10 US$, DZ 33 US$) Oben auf einem Hügel gibt's hier coole Gemeinschaftsbereiche und tolle saubere Schlafsäle. Die Gäste werden kostenlos am Busbahnhof abgeholt.

Albergue del Glaciar Libertador (☎ 491-792; www. glaciar.com; Av Libertador 587; B/DZ 10/44 US$) Modernes und großes Hostel. Alle Zimmer grenzen an einen breiten und dunklen Innenhof. Wer einen HI-Ausweis hat, spart Bares.

Hospedaje Alejandra (☎ 491-328; Espora 60; DZ 20 US$) Gästehaus in Familienbesitz. Hat sieben kleine und gemütliche Zimmer mit Gemeinschaftsbädern.

Hostel Buenos Aires (☎ 491-147; buenosaires@ cotecal.com.ar; Buenos Aires 296; B 8 US$, DZ 26–33 US$) Kleines und düsteres „Hostel-Labyrinth" mit Miniküche.

Essen

Im Januar und Februar ist es ratsam, für die besseren Lokale zu reservieren.

Supermarkt La Anónima (Ecke Av Libertador & Perito Moreno) Günstige Lebensmittel.

La Tablita (☎ 491-065; Colonel Rosales 28; Hauptgerichte 4,25–6,50 US$; ☻ Mi nur abends) Das prima *parrillada* ist in aller Munde. Auf der Karte stehen auch zahlreiche Beilagen und Nachspeisen. Im Voraus reservieren.

Casimiro (☎ 492-590; Libertador 963; Hauptgerichte 5–14 US$) Fesches Nobelrestaurant mit rustikaler Atmosphäre und ellenlanger Weinkarte. Auf den Tisch kommen adrett angerichtete Speisen, z. B. hausgemachte Nudeln, Risotto, Lammeintopf oder gegrillte Forelle. Auch das nahe Schwesterrestaurant „Biguá" ist immer einen Besuch wert.

La Lechuza (Av Libertador 1301; Pizzas 6,50–10 US$) Ein beliebtes Lokal mit großer Auswahl an leckeren Pizzas, günstigen Sandwiches, Salaten und Empanadas. Zwischen den

Backsteinwänden herrscht eine warme Atmosphäre.

Pura Vida (Av Libertador 1876; Hauptgerichte 6,50–10 US$; ☺ Do–Di abends) Zehn Gehminuten westlich vom Zentrum kommt hier schmackhaftes und gleichzeitig gesundes Essen in gewaltigen Portionen auf den Tisch. Besonders zu empfehlen: Gnocchi mit Safranreis, Kaninchen mit Sahne oder das patagonische Lammeintopf.

Pascasio (☎ 492055; 25 de Mayo 52; Hauptgerichte 7–14 US$) Eines von Calafates besten Restaurants serviert Exotisches, etwa Kaninchen in Wildpilz-Sauce, Hirschlende im Speckmantel oder Nandu mit Lauchpudding.

Auch gut:

La Cocina (Av Libertador 1245; Hauptgerichte 3–8 US$; ☺ Di geschl.) Gemütliches und beliebtes Restaurant mit prima Nudelgerichten.

Rick's (Av Libertador 1091; Hauptgerichte 5–10 US$) Das *parrillada libre* kostet 9,50 US$. Feinschmecker sind aber mit dem üppigen *bife de chorizo* (inkl. Salatbar) wesentlich besser dran. Das Mi Viejo nebenan hat ein ähnliches Menü, aber einen besseren Service.

Vaca Atada (Av Libertador 1176; Hauptgerichte 5,25–8 US$; ☺ Mi geschl.) Klein, aber fein. Auf den Tisch kommt Leckeres, z. B. Fisch, Pasta oder gegrilltes Lamm.

Estilo Campo (Ecke Gregores & 9 de Julio; Mittagessen 6 US$, Abendessen 6,50 US$) All-You-Can-Eat-Restaurant mit großer Auswahl. Getränke kosten extra.

+ Vera Cruz !!

Ausgehen

Librobar (Av Libertador 1015) Freundliche Cafébar im Hosentaschenformat mit toller Aussicht auf den Libertador. Außerdem gibt's eine Wand voller Bücher. Wenn der Hunger kommt, sorgen Snacks für Abhilfe.

Shackleton Lounge (Av Libertador 3287) Der zweistöckige Laden liegt 3 km außerhalb vom Zentrum. Die gute Musik, die starken Daiquiris und das Shackleton-Dekor machen die Mühen aber wett. Im OG lädt eine künstlerisch angehauchte Lounge zum Relaxen ein.

Grouse (Av Libertador 351) Eine keltische Kneipe mit Wohlfühl-Ambiente, Glasdecke und Dartscheibe. Das Grouse stellt durstige Kehlen mit Guinness zufrieden. Ab und zu spielen Livebands.

Kleinbrauerei Whirra (Brown 1391; ☺ Di geschl.) Am Weg zur Laguna Nimez. Gäste laben sich an Snacks und selbst gebrautem Bier.

Don Diego de la Noche (Av Libertador 1603) Durch den schnuckeligen „Oldtimer" schallen live gespielte Tango-, Gitarren- und Folklore-

Klänge. Serviert auch Abendessen. Die Bar hat bis 5 Uhr geöffnet.

Anreise & Unterwegs vor Ort

Wer nach/von El Calafate fliegen möchte, sollte so früh wie möglich reservieren: In der Vergangenheit waren die Maschinen im Sommer nahezu ausgebucht.

Der **Flughafen** (☎ 492-230) liegt 23 km östlich der Stadt (Flughafensteuer 6 US$). **TransPatagonia** (☎ 493-766) betreibt einen Shuttleservice (4 US$); mit einem Taxi wird man 9 US$ los. **Aerolíneas Argentinas** (☎ 0870-222-86527; www.aerolineasargentinas.com; 9 de Julio 57) und **LADE** (☎ 491-262) am Busbahnhof bieten Flüge an.

Busse gehen u. a. nach Río Gallegos (11 US$, 5 Std.), El Chaltén (16 US$, 4½ Std.) und Puerto Natales in Chile (16 US$, 5 Std.).

Im Sommer schicken **Chalten Travel** (www.chaltentravel.com; Av Libertador 1174) und **Overland Patagonia** (www.overlandpatagonia; Los Pioneros 255) ihre Fahrzeuge über die abenteuerliche Ruta 40 von El Calafate nach Bariloche (120–180 US$).

In El Calafate verlangen Autovermietungen rund 52 US$ pro Tag (inkl. 200 km).

PARQUE NACIONAL LOS GLACIARES

Nur wenige Gletscher auf der Welt sind so geschäftig wie der bläulich schimmernde **Perito-Moreno-Gletscher**. Die gezackten „Eiszapfen" sind bis zu 60 m hoch. Wenn sie abbrechen, stürzen sie donnernd ins Wasser und verursachen gewaltige Fontänen. Wenn sich die „Mini-Tsunamis" gelegt haben, dümpeln riesige Eisberge an der Oberfläche. Die Hauptattraktion des **Parque Nacional Los Glaciares** (Eintritt 10 US$) bringt das Blut ganz schön in Wallung. Ein Gletscher der Superlative: Der gewaltige Eisstrom ist 30 km lang, 5 km breit und 60 m hoch. Täglich rückt er bis zu 2 m vor, wobei er an seinem Gletschertor ständig neue Eisberge „kalbt". Während die meisten Gletscher weltweit auf dem Rückzug sind, gilt der Perito Moreno als „stabil". Ab und zu treiben Eisberge vom Tor hinüber zur Península de Magallanes und blockieren den Brazo-Rico-Arm des Lago Argentino. Dadurch baut sich ein gewaltiger Wasserdruck auf: Nach ein paar Jahren bohrt sich dann ein Sturzbach durch die Eisblockade und bringt sie schließlich zum Einstürzen – mit äußerst spektakulären

Ergebnissen. Das letzte Mal war dies im März 2006 der Fall.

Keine Frage, der Perito-Moreno-Gletscher ist *die* Touristenattraktion. Die Península de Magallanes liegt wirklich ideal für einen herrlichen Panoramablick. Die Besucher befinden sich hier nah genug am Gletscher, ohne sich jedoch in Gefahr zu begeben. Zahlreiche Laufstege und Plattformen ermöglichen eine unschlagbare Aussicht. Wer hier ein paar Stunden lang auf die „Geburt" des nächsten gewaltige „Eiskalbes" wartet, macht eine geradezu existenzielle Erfahrung.

Für die meisten geführten Touren muss man 29 US$ bezahlen (inkl. Transport & Führer), verbringt dafür aber ein paar Stunden am Gletscher. Andere „alternative" Trips kosten ein paar Pesos mehr und umfassen zusätzlich eine Kurzwanderung oder einen Bootsausflug. So gut wie alle Hostels und Hotels bieten ihren Gäste Touren an. Wer sich lieber auf eigene Faust auf den Weg macht, geht zu El Calafates Busbahnhof und genehmigt sich eine Rundfahrt für gerade mal 20 US$. Die Busse machen sich um 9 und 15 Uhr auf den Weg und kehren um 16 bzw. 20 Uhr wieder zurück. Reisegruppen können sich auch ein *remise* teilen, Kostenpunkt: ca. 60 US$ – mit dieser Option ist man flexibler und kann sich außerdem die nahen *estancias* ansehen (Preis, Zeit und Programm muss man mit dem Fahrer aushandeln). Am besten besichtigt man den Gletscher später am Tag, wenn sich die meisten Touristen bereits wieder verzogen haben; auch nachmittags sind Touren im Angebot.

Zu den Touren der etwas anderen Art gehören z. B. ein ganztägiger Bootsausflug zu verschiedenen Gletschern (65 US$). Beim amüsanten „Minitrekking" kraxeln die Teilnehmer mit Steigeisen übers Eis. Als Veranstalter ist **Hielo & Aventura** (☎ 492-205; www.hieloyaventura.com; Av Libertador 935) sehr zu empfehlen.

RÍO GALLEGOS

☎ 02966 / 88 000 Ew.

Río Gallegos mischt sicherlich nicht in der Weltspitze der Reiseziele mit. Optimistisch betrachtet ist die Innenstadt jedoch recht lebendig. Auch die Sanierung schreitet weiter voran: Immer mehr moderne Gebäude entstehen, zudem wird die Uferpromenade

Stück für Stück renoviert. Der Tidenhub beträgt hier unglaubliche 14 m. Ganz in der Nähe finden Fliegenfischer ein paar der besten Angelplätze des Kontinents, während Naturfreunde im Rahmen von geführten Touren Pinguine beobachten können. All das ändert jedoch nichts daran, dass die Hafenstadt hauptsächlich ein Umschlagplatz für Kohle ist und sich ansonsten von Raffinerien und der Wollindustrie ernährt. Die meisten Reisenden dagegen schlagen hier lediglich die Zeit bis zum nächsten Bus nach El Calafate, Purto Natales oder Ushuaia tot.

Praktische Informationen

Im Umkreis der Av Roca gibt's die meisten Banken mit Geldautomat.

Chilenisches Konsulat (☎ 422-364; Mariano Moreno 136).

Einreisestelle (☎ 420-205; Urqiuza 144)

Post (Ecke Av Roca & Av San Martín)

Städtische Touristeninformation (☎ 436-920; www.riogallegos.gov.ar; Ecke Av Roca & Córdoba)

Thaler Cambio (Ecke Av San Martín & Alcorta)

Touristeninformation (☎ 442-159) Am Busbahnhof.

Touristeninformation der Provinz (☎ 438-725; Av Roca 863)

Sehenswertes & Aktivitäten

Das skurrile **Museo Padre Molina** (Ramón y Cajal; Eintritt frei; ☉ Mo–Fr 10–19, Sa & So 11–19 Uhr) stellt eine Kombination aus Dinosaurier-Dioramen und abgefahrenen modernen Kunstwerken aus. Das kleine **Museo de los Pioneros** (Ecke El Cano & Alberdi; Eintritt frei; ☉ 10–19.30 Uhr) wirkt im Gegensatz dazu recht kümmerlich. Es nimmt ein Haus aus den 1890er-Jahren in Beschlag, dessen Architekturstil typisch für das südliche Patagonien ist. Im Treppenhaus hängt ein Foto Saint-Exupérys. Im **Museo Malvinas Argentinas** (Pasteur 74; Eintritt frei; ☉ Mo–Fr 13.30–19 Uhr) kann man sich in die argentinische Seele hineinversetzen und endlich verstehen, warum die Malvinas zu Argentinien gehören.

Geführte Touren

Das Cabo Vírgenes liegt ungefähr 140 km südöstlich von Río Gallegos. Von Oktober bis März richtet sich hier eine riesige Pinguin-Kolonie häuslich ein. **Maca Tobiano Turismo** (☎ 422-466; Roca 998) bietet achtstündige Exkursionen an (29 US$ zzgl. 2,25 US$ Eintritt zum Park)

RÍO GALLEGOS

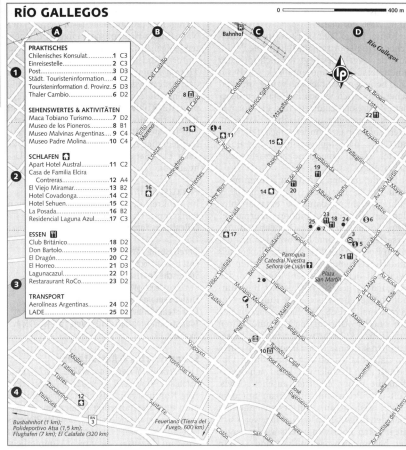

Schlafen

Im Sommer sollten Unterkünfte im Voraus gebucht werden.

Polideportivo Atsa (☎ 442-310; Ecke Asturias & Yugoslavia; Stellplatz 1,75 US$/Pers., Zelt zzgl. 1,75 US$) Stellplätze rund 500 m südwestlich vom Busbahnhof.

Casa de Familia Elcira Contreras (☎ 429-856; Zuccarrino 431; B 7 US$) Besitzt neben sauberen und gemütlichen Schlafsälen auch eine Gemeinschaftsküche und ein Doppelzimmer (16 US$). Das Haus liegt zwar recht weit vom Zentrum, aber nur zehn Gehminuten vom Busbahnhof entfernt (Taxi 1,75 US$).

Residencial Laguna Azul (☎ 422-165; Estrada 298; EZ/DZ 13/18 US$) Das Laguna Azul hat beengte Zimmer (manche mit Stockbetten und Fliesenböden); daher nach den größeren Quatieren fragen.

Hotel Covadonga (☎ 420-190; hotelcovadongargl@hotmail.com; Av Roca 1244; EZ/DZ 16/25 US$, mit Gemeinschaftsbad 11/18 US$; P) Das alte Hotel in zentraler Lage verbreitet ein klein wenig Charme und besitzt tolle Budgetzimmer mit Kabel-TV.

La Posada (☎ 436445; Ameghino 331; EZ/DZ 23/26 US$) Das La Posade ist ein hübsches älteres Gästehaus mit klasse Zimmern rund um einen Innengarten.

El Viejo Miramar (☎ 430401; Av Roca 1630; EZ/DZ 23/29 US$) Freundliche Unterkunft mit prima Preis-Leistungs-Verhältnis. Die zehn herrlichen Zimmer mit Teppichboden und Kabel-TV sind einwandfrei sauber.

Hotel Sehuen (☎ 425683; www.hotelsehuen.unlu gar.com; Rawson 160; EZ/DZ 23/30 US$; **P**) Ein heiteres Hotel mit heller Lobby. In den reizenden Zimmern gibt's Teppichboden und Kabel-TV.

Apart Hotel Austral (☎ 434314; www.apartaustral. com; Av Roca 1505; EZ/DZ ab 26/39 US$) Besitzt nette moderne Minizimmer mit Teppichboden und Kabel-TV. Die meisten Zimmer haben auch eine Kochecke.

Essen

Restaurant RoCo (Av Roca 1157; Hauptgerichte 3,25–8 US$) Sauberes Restaurant der gehobenen Art mit hervorragendem Service. Auf den Tisch kommen u. a. Fleisch, Meeresfrüchte und Nudeln.

Don Bartolo (Sarmiento 125; Hauptgerichte 3,25–10 US$) Serviert Fleischgerichte und Pizzas. Tipp: Die *vacio portion* reicht locker für zwei Personen.

El Horreo (Av Roca 862; Hauptgerichte 4–7,50 US$) Bei dem alteingesessenen Restaurant-Klassiker bleiben keine Wünsche offen: Auf der Speisekarte stehen neben Crepes, Omelettes, Paella, Fleisch und Pasta auch Meeresfrüchte und einheimische Köstlichkeiten.

Lagunacazul (Ecke Lista & Sarmiento; Hauptgerichte 4,25–8 US$; ☻ Mo geschl.) Río Gallegos bestes Restaurant punktet mit einfallsreichen Kreationen und künstlerischer Atmosphäre.

Club Británico (Av Roca 935; Hauptgerichte 5,25–8 US$) Das Ambiente ist düster und stickig, aber geradezu prädestiniert für Lamm und Pasta. Krawatte umbinden.

El Dragón (9 de Julio 39; Buffet 6 US$) Angesichts des Buffets haben Hungrige die Qual der Wahl.

An- & Weiterreise

Río Gallegos **Flughafen** (☎ 442-340) liegt 7 km außerhalb vom Zentrum (Taxi 4 US$). **Aerolíneas Argentinas** (☎ 422-020; www.aerolineas argentinas.com; Av San Martín 545) und **LADE** (☎ 422-316; Fagnano 53) bieten Flüge an.

Der Busbahnhof befindet sich ca. 2 km vom Zentrum entfernt an der RN 3 (Buslinie „B" 0,50 US$, Taxi 1,75 US$). Busse rollen u. a. nach El Calafate (11 US$, 4 Std.), Ushuaia (29 US$, 12 Std.), Comodoro Rivadavia (22 US$, 11 Std.), Puerto Madryn (37 US$, 19 Std.), Río Grande (21 US$, 8 Std.), Río Turbio (10 US$, 5 Std.) und Buenos Aires (79 US$, 36 Std.) sowie zu den chilenischen Städten Punta Arenas (10 US$,

5 Std.) und Puerto Natales (13 US$, 6 Std.). In der Hauptsaison sollte man Tickets nach Punta Arenas besser einen oder zwei Tage im Voraus kaufen. Falls die Direktbusse nach Puerto Natales ausgebucht sein sollten, kann man sein Glück auch über Río Turbio versuchen.

FEUERLAND (TIERRA DEL FUEGO)

Feuerland – buchstäblich das Ende der Welt! Nur widerwillig teilen sich Argentinien und Chile diesen Landstrich, der dank seiner einsamen Lage seit den Tagen Magellans und Darwins einen besonderen Reiz auf Forschernaturen ausübt. Ein Reiz, der ungebrochen ist – viele Traveller von heute folgen dieser Tradition.

Die Inselgruppe Tierra del Fuego, die pfeilspitzenförmig ans südamerikanische Festland anschließt, ist vom stürmischen Südatlantik und der Magellanstraße umgeben. Der atemberaubenden Landschaft drücken erhabene Gletscher, riesige Waldgebiete, herrliche Berge, ungetrübte Wasserläufe und eine spektakulären Küste ihren Stempel auf. Ushuaia, die größte Siedlung in dieser Ecke, ist zugleich die „südlichste Stadt der Welt", Ziel unzähliger Kreuzfahrt-Teilnehmer und das Tor zu den Naturwundern der Antarktis. O. k., Feuerland ist abgelegen und schwer zu erreichen – und dennoch ein absolutes Muss für abenteuerlustige Argentinien-Besucher.

Die Besatzungen vorbeifahrender Schiffe gaben Feuerland seinen Namen. In der Ferne hatten sie die Lagerfeuer der Yámana (oder Yahgan) am Strand erspäht. 1520 schipperte Magellan auf einen kurzen Abstecher vorbei. Er suchte allerdings kein neues Land, sondern vielmehr eine Passage zu den Gewürzinseln Asiens. Während die Schiffe vorbei segelten, machten die indigenen Ona (oder Selknam) und Haush weiter Jagd auf Landtiere. Die Yámana und Alacalufe („Kanu-Indianer") ernährten sich dagegen von Meeresfrüchten und -säugern. Als zu Beginn des 19. Jhs. die Spanier ihren Rückzug vom Kontinent antraten und den Weg für europäische Siedler freimachten, bedeutete dies den Anfang vom Ende der indigenen Kulturen.

FEUERLAND (TIERRA DEL FUEGO)

RÍO GRANDE

☎ 02964 / 63 000 Ew.

Eigentlich besteht keinerlei Grund für einen längeren Aufenthalt in Río Grande – es sei denn, man ist passionierter Petrijünger. Schafzucht und Ölvorkommen sind die Lebensgrundlagen dieser trostlosen und windumtosten Stadt. Reisende finden hier allenfalls zwei sehenswerte Museen. In der Umgebung gibt's dafür riesige Schaffarmen (*estancias*) und ein paar erstklassige Stellen zum Forellenangeln.

Praktische Informationen

An der Ecke San Martín/9 de Julio findet man Banken mit Geldautomat.

Post (Rivadavia 968)

Thaler Cambio (Rosales 259)

Touristeninformation (☎ 431-324; www.riogrande. gov.ar) An der Hauptplaza.

Sehenswertes

Das **Museo Municipal de la Ciudad** (Ecke Alberdi & Belgrano; Eintritt frei; ☷ Mo–Fr 9–17, Sa 15–19 Uhr) dokumentiert die Besiedlung der Region und überrascht mit tollen Ausstellungen zu Fauna, indigener Kultur und mehr oder weniger bekannten Piloten (z. B. Antoine de St. Exupéry). Das **Museo Salesiano** (☎ 421-642; Eintritt 0,75 US$; ☷ Di–So 9.30–12 & 15–19 Uhr) 10 km nördlich der Stadt informiert über Geologie sowie Natur- und Kulturgeschichte. Hin geht's mit dem Bus „B", Abfahrt ist an der San Martín.

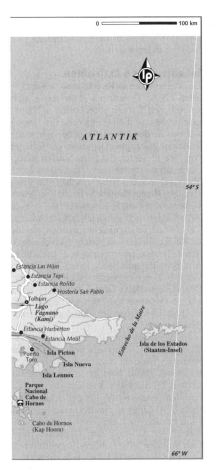

Schlafen
Albergue Hotel Argentino (☎ 422-546; hostelargentino@yahoo.com.ar; San Martín 64; Stellplatz 3,25 US$/Pers., B/DZ 10/65 US$) Das alte Gebäude entspricht noch am ehesten einem Hostel. Hat einfache Schlafsäle, eine gemütliche Küche und ein Wohnzimmer.

Hospedaje Noal (☎ 427-516; Rafael Obligado 557; DZ 23 US$, EZ/DZ mit Gemeinschaftsbad 10–20 US$) Ein kleines und einfaches Gästehaus, das einen Block von Tecni-Austral entfernt ist. Die Gäste übernachten in zehn warmen Zimmern.

Residencial Rawson (☎ 430-352; Estrada 756; EZ/DZ ab 12/20 US$) Wirkt zwar etwas heruntergekommen, ist aber sehr freundlich und hat kleine passable Zimmer mit TV.

Patagonia Feugo B&B (☎ 433-232; patagoniafuegobb@hotmail.com; Moyano 788; EZ/DZ 16/23 US$) Schlichtes, aber sauberes B&B mit ein paar Wohlfühl-Elementen. Besitzt lediglich vier Zimmer (alle mit Gemeinschaftsbad) und eine Küche.

Essen & Ausgehen
La Nueva Piamontesa (Belgrano 402; 24 Std.; Hauptgerichte 2–6 US$) Beste Adresse für leckeres Takeaway-Essen, z. B. Sandwiches, Pasta, Pizzas oder *parrillada*. Verkauft auch eine große Auswahl an Deli-Artikeln und betreibt nebenan ein Restaurant.

Epa!!! Bar-café (Rosales 445; Hauptgerichte 2–6 US$) Hippster Laden der Stadt mit kunterbunten Sitzecken, futuristischen Tischen und Standardgerichten.

Café Sonora (Moreno 705; Hauptgerichte 3,25–6 US$) Modernes und helles Ecklokal mit Sandwiches und 30 verschiedenen Pizzasorten.

Galway Irish Bar (Moreno 645) Mehr Irland in Río Grande geht nicht.

Auch hier gibt's günstige Lebensmittel zum Mitnehmen:
Supermarkt El Norte (Ecke Belgrano & San Martín)
Supermarkt La Anónima (Ecke Belgrano & San Martín)

An- & Weiterreise
Río Grandes **Flughafen** (☎ 431-340) liegt 4 km westlich der Stadt (Taxi 3 US$). **Aerolíneas Argentinas** (☎ 424-467; www.aerolineasargentinas.com; San Martín 607) und **LADE** (☎ 422-968; Lasserre 445) bieten Flüge an.

Río Grande hat keinen eigenen Busbahnhof. Jedoch fahren **Lider** (☎ 420-003; Moreno 635), **Montiel** (☎ 420-997; 25 de Mayo 712) und **Tecni-Austral** (☎ 426-953; Moyano 516) täglich nach Ushuaia (10 US$, 3½ Std.). Tecni-Austral unterhält zusätzlich Verbindungen nach Punta Arenas, Río Gallegos und Comodoro Rivadavia.

USHUAIA
☎ 02901 / 61 000 Ew.

In Ushuaia versammelt sich eine bunte Schar Reisender: Unabhängige Backpacker, Kreuzfahrt-Teilnehmer und „Antarktisforscher" zieht es gleichermaßen in die südlichste Stadt des Planeten, die zudem der Endpunkt vieler Abenteuertouren durch Südamerika mit dem Rad, Motorrad oder Auto ist. Die Hauptattraktion besteht ohne Frage darin, dass man sich in Ushuaia *tatsächlich* am Rand der Welt befindet. Doch auch für sich betrachtet ist die Stadt reizvoll genug, um auf eine Stippvisite vorbeizukommen. Zugegeben, die Hauptstraße ist sicherlich stark touristisch geprägt – dafür weiß die Umgebung aber umso mehr zu beeindrucken: Vor der herrlichen Hintergrundkulisse der hier noch bis zu 1500 m hohen Andengipfel schmiegt sich Ushuaia an den schönen Beagle-Kanal. In dieser Region kann man hervorragend wandern, bergsteigen, skifahren und Bootsausflüge unternehmen. Außerdem führt auf der ganzen Welt keine Autostraße so weit nach Süden wie die RN 3: Die Straße endet an der Bahía Lapataia im Parque Nacional Tierra del Fuego.

Die rasch wachsende Stadt war ursprünglich eine Strafkolonie für Schwerverbrecher. 1950 wurde Ushuaia dann aber zu einer wichtigen Marinebasis. In den folgenden Jahren ließen Goldvorkommen, Holzwirtschaft, Wollindustrie und Fischerei kräftig die Kasse klingeln. Mittlerweile aber lebt die Stadt hauptsächlich vom Tourismus. Im Januar und Februar sind Flüge und Hotels meistens komplett ausgebucht und beinahe täglich gehen Kreuzfahrtdampfer vor Anker. Auch in der Nebensaison (d. h. im Dez. & März) sieht man sich noch mit Menschenmassen und meistens schönem – wenn auch wechselhafterem – Wetter konfrontiert. Und da auch die Antarktis jedes Jahr heißer wird – und zwar nicht nur in puncto Erderwärmung, sondern auch als Touristenziel – muss Ushuaia in absehbarer Zeit wohl keinen Besucherschwund befürchten.

Praktische Informationen

Internetcafés gibt's praktisch an jeder Ecke. Diverse Banken haben einen Geldautomaten.

Boutique del Libro (25 de Mayo 62) Verkauft Lonely Planet Reiseführer und Regionalkarten.

Cambio Thaler (Av San Martín 788) Löst auch Reiseschecks ein.

Chilenisches Konsulat (☎ 430-909; Jainén 50)

Club Andino (☎ 422-335; Juana Fadul 50) Liefert *keinerlei* Wanderinfos, veranstaltet aber einmal im Monat einen geführten Stadtspaziergang. Wer wandern möchte, kann sich jedoch hier anmelden (ebenso bei der Touristeninformation).

Einreisestelle (☎ 422-334; Beauvoir 1536)

Nationalparkverwaltung (☎ 421-315; Av San Martín 1395).

Städtische Touristeninformation (☎ 424-550; Av San Martín 674) Ist sehr informativ und betreibt eine Zweigstelle am Beginn des Piers.

Sehenswertes & Aktivitäten

Das kleine **Museo del Fin del Mundo** (Av Maipú 179; Eintritt 3,25 US$; ☺ Sommer 9–20 Uhr) kann sich sehen lassen. Es beleuchtet Ushuaias Naturgeschichte und die Lebensweise der Ureinwohner. Zu den Exponaten gehören u. a. aus Knochen gefertigte Harpunen, die Schädel von See-Elefanten und im Souvenirshop einen ausgestopften Biber, der einen recht überraschten Eindruck macht. Die erstklassigen **Museos Marítimo & Presidio** (Ecke Yaganes & Gobernador Paz; Eintritt für beide Museen 8 US$; ☺ 9–20 Uhr) befinden sich im gleichen Gebäude. In 380 kleinen Gefängniszellen wurden hier bis zu 700 Sträflinge eingepfercht. Verschiedene Ausstellungen informieren u. a. auch über Antarktis-Expeditionen. Jeden Tag um 10 Uhr gibt's eine englischsprachige Führung. Das winzige **Museo Yámana** (Rivadavia 56; Eintritt 2,75 US$; ☺ Sommer 10–21 Uhr) schließlich beleuchtet die Kulturgeschichte der indigenen Bevölkerung.

Im Vergleich zum Perito-Moreno-Gletscher bei El Calafate erscheint der **Glaciar Martial** eher wie ein etwas zu groß geratener Eiswürfel. Dafür liegt er in einem malerischen Tal mit toller Aussicht auf Ushuaia und den Beagle-Kanal. Per pedes oder Taxi (3,25 US$) geht's zu einem kurzen Sessellift 7 km nordwestlich der Stadt. Von hier aus dauert der Aufstieg zum Gletscher rund zwei Stunden. Wer mit dem Sessellift fährt, ist schneller oben (5 US$ hin & zurück).

Im Rahmen von **Bootsausflügen** kann man neben *estancias* und einem Leuchtturm auch Puerto Williams, eine Vogelinsel sowie Seelöwen- oder Pinguinkolonien besuchen (die Pingine watscheln von Oktober bis März in diesen Gefilden herum). Tipp: auf die Bootsgröße achten – mit kleinen Kähnen kommen kleine Gruppen näher an die Tiere heran. Außerdem sollten sich Interessenten erkundigen, ob auch fremdsprachige Führer mit von der Partie sind und ob die Gruppe irgendwann an Land geführt wird. Die Touren kosten zwischen 25 und 50 US$; Tickets gibt's direkt am Pier oder im eigenen Hotel.

Gewandert und geklettert werden kann auch außerhalb des Nationalparks. Die gesamte Bergkette hinter Ushuaia mit ihren

FEUERLAND (TIERRA DEL FUEGO) •• Ushuaia

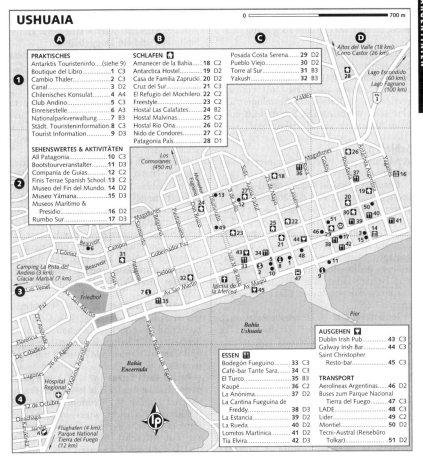

Seen und Flüssen ist ein Paradies für Outdoorfans. Viele Pfade sind leider nur schlecht ausgeschildert. Am besten heuert man daher über die **Compañia de Guias** (☎ 437-753; www.companiadeguias.com.ar; Campos 795) einen Führer an. Die Organisation vermittelt Begleiter für Bergsteiger, Eis- und Felskletterer, Kajakfahrer, Segler und Angler. Auch organisierte Expeditionen sind im Angebot. Näheres weiß die Touristeninformation.

In den nahen Bergen liegen zahlreiche Skiorte, in denen sich Abfahrts- und Langläufer gleichermaßen pudelwohl fühlen. Der größte, **Cerro Castor** (☎ 499-301; www.cerrocastor.com), liegt mit seinen fast 20 Pisten 27 km von Ushuaia entfernt. Ein weiteres großes Skigebiet ist das 19 km entfernte Altos del Valle. Dort werden Sibirische Huskies gezüchtet – Besucher können sich im Hundeschlitten durch die Gegend ziehen lassen. In allen Skiorten kann man eine Ausrüstung leihen. Mehrmals täglich pendeln Shuttlebusse zwischen Stadt und Pisten. Die Skisaison dauert von Juni bis Oktober.

Geführte Touren

In der Region bieten zahlreiche Reisebüros geführte Touren an. Traveller können sich in einen Pferdesattel schwingen, den Lago Escondido und Lago Fagnano besuchen oder Vögel und Biber beobachten. Im Winter kommt man mit Husky-Hundeschlitten fast noch bequemer voran. Der preisgekrönte Touranbieter **Canal** (☎ 437-395; www.

canalfun.com; Rivadavia 82) organisiert Abenteuertrips, ist aber alles andere als günstig.

Kurse

Spanischkenntnisse vermittelt die **Finis Terrae
Spanish School** (☎ 433-871; www.spanishpatagonia.
com; Ecke Triunvirato & Magallanes) mit ein- bis
sechswöchigen Kursen und Einzelunterricht
(Preise s. Website). Die Schule hilft auch
beim Auftreiben von Unterkünften.

Schlafen

Auch hier gilt: Wer im Sommer anreist
muss reservieren!

Camping La Pista del Andino (☎ 435-890; www.
lapistadelandino.com.ar; Alem 2873; Stellplatz für Zelt &
Wohnmobil 3 US$/Pers.; ☼ Okt.–April) Cooler Cam-
pingplatz mit toller Aussicht, rund 3 km
vom Zentrum entfernt. Hier kann man sein
Zelt auf Rasenflächen oder im Wald aufschlagen. Außerdem gibt's Kocheinrich-
tungen, gediegene Gemeinschaftsbereiche
und Leihfahrräder. Wer anruft, kann sich
kostenlos abholen lassen (Taxi zum Zentrum 2 US$).

Torre al Sur (☎ 430-745; www.torrealsur.com.ar;
Gobernador Paz 1437; B mit/ohne HI-Ausweis 6,50/7,50 US$,
DZ 15 US$) Freundliches Hostel mit gemüt-
lichen Ecken und einem Gewirr von Fluren.
In den heruntergekommenen und kleinen
Schlafsälen ist der Lärmpegel manchmal
recht hoch. Manche Zimmer haben eine
super Aussicht. In den Doppelzimmern stehen Stockbetten.

Los Cormoranes (☎ 423-459; www.loscormoranes.
com; Kamshen 788; B mit/ohne HI-Ausweis 6,50/8 US$, DZ
29/36 US$; 💻) Wer zehn Minuten bergauf-
wärts marschiert, erreicht dieses super Hostel mit tollen Schlafsälen (6 oder 8 Betten).
Sie grenzen an Dielenflure im Freien. Das
beste Doppelzimmer hat die Nummer 10.
Holt Gäste kostenlos am Flughafen ab.

Amanecer de la Bahía (☎ 424-405; www.ushuaia
hostel.com.ar; Magallanes 594; B/DZ 7,50/26 US$; Ⓟ)
Gäste müssen etwas den Berg hinauflaufen,
um zu dem sympathischen und ordentlichen Hostel zu kommen. Es überzeugt mit
einem heimeligen Essbereich und kleinen,
aber wunderbaren Schlafsälen. Alle Doppelzimmer teilen sich Gemeinschaftsbäder.
Wache hält der hauseigene Basset.

Cruz del Sur (☎ 434-099; www.xdelsur.com.ar; Deloquí 636; B/DZ 8/16 US$; 💻) Locker-entspanntes
Hostel mit kleinen Schlafsälen (4–8 Betten,
manche mit eingeschränkter Aussicht). Jede

Menge Fotos und Postkarten zieren die
Wände. Außerdem gibt's eine nette Haus-
bibliothek und ein Doppelzimmer.

Antarctica Hostel (☎ 435-774; www.antarcticahos
tel.com; Antártida Argentina 270; B/DZ 8/29 US$; 💻)
Großartiges und beliebtes Hostel mit entspannter Lounge im vorderen Bereich,
einem Hinterhof mit Rasenflächen, einem
schicken Essbereich, Fußbodenheizung und
jede Menge *buena onda* („Good Vibes").
Die Doppelzimmer teilen sich Gemeinschaftsbäder.

Freestyle (☎ 432-874; www.ushuaiafreestyle.com;
Gobernador Paz 866; B/DZ/Apt. 10/45/58 US$; 💻) Us-
huaias nobles Fünfsternehostel begeistert
mit spitzenmäßigen geräumigen Schlafsälen
(alle mit Aussicht) und prima Doppelzimmern (mit eigenem Bad und Kochecke). Die
beidseitigen Fensterreihen der Lounge im
obersten Stockwerk gestatten eine atemberaubende Aussicht auf Berge und Wasser.
Sofas aus Kunstleder und ein Pooltisch sorgen hier zusätzlich für Gemütlichkeit und
Unterhaltung.

Hostal Los Calafates (☎ 435-515; loscalafates@
hotmail.com; Fagnano 456; EZ/DZ/3BZ 23/29/36 US$) Sau-
beres und freundliches Gästehaus in Familienbesitz. Hat lediglich sieben heimelige
und warme Zimmer (alle Zimmer mit eigenem Bad).

Posada Costa Serena (☎ 437-212; www.posada
costaserena.com.ar; Roca 129; EZ/DZ 36/42 US$, mit Gemein-
schaftsbad 26/31 US$; 💻) Freundliches und ge-
mütliches Gästehaus in superzentraler Lage.
Punktet mit acht warmen Zimmern (manche mit Aussicht), blitzsauberen Bädern
und kostenlosen Backwaren rund um die
Uhr. Hat außerdem eine tolle Küche und
ein Apartment im EG.

Casa de Familia Zaprucki (☎ 421-316; Deloquí 271;
Apt. 39–98 US$) Ein älteres Paar leitet dieses
kleine Paradies. In den vier sauberen Apartments (drei davon haben eine Küche) für
maximal sechs Personen fühlt man sich sofort wie zu Hause. Ein Apartment hat gleich
drei Schlafzimmer. Mit der superkomfor-
tablen und ruhigen Unterkunft sind zudem
noch ein hübscher Garten und Kabel-TV
verbunden.

Ebenso empfehlenswert:

El Refugio del Mochilero (☎ 436-129; www.
refugiodelmochilero.netfirms.com; 25 de Mayo 231; B/DZ
8/29 US$; 💻) Hat kleine und dunkle Schlafsäle (die im
OG sind besser). Zum Zeitpunkt der Recherche wurde der
Essbereich gerade renoviert.

Patagonia Pais (☎ 431886; www.hostelpatagoniapais. com.ar; Alem 152; B 8 US$; 🖳) In einiger Laufentfernung zum Zentrum stehen hier insgesamt 24 Betten in größtenteils annehmbaren Schlafsälen.

Yakush (☎ 435-807; www.hostelyakush.com.ar; Piedrabuena 118; B/DZ 9/33 US$) Farbenfrohes Hostel mit tollen geräumigen Schlafsälen, einer klasse Lounge im OG und einer attraktiven Kombination aus Küche und Essbereich.

Pueblo Viejo (☎ 432-098; www.puebloviejo.info; Deloquí 242; EZ/DZ 26/33 US$; 🖳) Freundliche, angenehme und ruhige Option. Besitzt kleine und tadellos saubere Zimmer (alle mit Gemeinschaftsbad).

Hostal Río Ona (☎ 421-327; www.rioona.com.ar; Magallanes 196; EZ/DZ 29/36 US$) Die zehn komfortablen Zimmer haben jeweils ein eigenes Bad, die meisten auch eine Kochecke.

Hostal Malvinas (☎ 422-626; www.hostalmalvinas. net; Deloquí 615; EZ/DZ/3BZ 47/57/66 US$) Besteht aus 16 geschmackvoll dekorierten und komfortablen Zimmern, jeweils mit eigenem Bad, einem Kühlschrank und Kabel-TV. Rund um die Uhr bringen Tee und Kaffee den Kreislauf in Schwung.

Essen

Supermarkt La Anónima (Ecke Gobernador Paz & Rivadavia) Erschwingliche Lebensmittel.

Lomitos Martinica (Av San Martín 68; Hauptgerichte unter 4,25 US$) Günstiges Spitzen-*parrillada* und üppige Sandwiches. Der Service beschränkt sich aufs Wesentliche.

Café-bar Tante Sara (Av San Martín 701; Hauptgerichte 3–5,50 US$) Das beliebte Eckbistro versprüht etwas klassische Atmosphäre. Mit Frühstück, Burgern, Sandwiches, Salaten, Snack und Tapas ist für jeden Geschmack etwas dabei.

El Turco (Av San Martín 1040; Hauptgerichte 3,50–6,50 US$; ☽ So kein Mittagessen) Liegt nicht sonderlich zentral, doch die günstigen Pizzas, Fleisch- und Nudelgerichte sind schwer gefragt.

Bodegón Fueguino (Av San Martín 859; Hauptgerichte 4–8 US$; ☽ Mo geschl.) Das Restaurant in einem niedlichen gelben Haus wird von Einheimischen wärmstens empfohlen. Auf der Karte stehen u. a. hausgemachte Nudeln, zwölf Gerichte mit *cordero* (Lamm) und Beereneis *à la calafate*.

La Cantina Fueguina de Freddy (Av San Martín 326; Hauptgerichte 6,50–12 US$) Serviert leckeres Essen, z. B. Pizza, Pasta, Eintöpfe und Meeresfrüchte. Cooles Krebsbecken.

Tía Elvira (Av Maipú 349; Hauptgerichte 6,50–20 US$) Das teure, aber empfehlenswerte Meeres-

früchte-Lokal verwöhnt seine Gäste auch mit zahlreichen Fleischgerichten und süffigen Weinen.

Kaupé (☎ 422-704; Roca 470; Hauptgerichte 7,50–12 US$; ☽ So nur abends) Ushuaias romantisches Top-Restaurant begeistert mit toller Aussicht und internationalen Spitzengerichten, etwa Hühnchen Bengali oder in Pergament gebackenem Wolfbarsch. Reservierung empfehlenswert.

La Rueda (Av San Martín 193; Abendbuffet 9 US$) Auf seinem gewaltigen Fenstergrill brutzelt das gute *tenedor libre* leckeres *parrillada*.

Das **La Estancia** (Av San Martín 253) in der Nähe ist ähnlich.

Ausgehen

Pech gehabt: Die südlichste Bar der Welt befindet sich nicht in Ushuaia, sondern in einer ukrainischen Forschungsstation in der Antarktis.

Galway Irish Bar (Lasserre 108) Große „Sickergrube" mit halbwegs traditioneller Einrichtung und Dartscheibe. Aus dem Zapfhahn fließt Beagle-Bier (Ushuaias Hausgebräu). Aus den Boxen schallt ein abwechslungsreiches Musikprogramm; an manchen Abenden legen DJs auf.

Dublin Irish Pub (9 de Julio 168) Gemütliche und verrauchte Kneipe mit Wohlfühl-Atmosphäre und schummriger Beleuchtung. Sie ist bei Ausländern schwer angesagt, die sich hier flaschenweise Guinness hinter die Binde kippen.

Saint Christopher Resto-bar (Av Maipú 822) Bootsförmiges Restaurant mit entsprechendem Seefahrtsdekor. Das Saint Christopher serviert tagsüber Essen und verwandelt sich abends in eine Bar. Direkt vor der Küste rostet ein gewaltiges Schiffswrack vor sich hin.

Anreise & Unterwegs vor Ort

Wer im Januar oder Februar nach/von Ushuaia reisen möchte, sollte so früh wie möglich buchen. Ansonsten muss mit tagelangen Wartezeiten gerechnet werden (gilt für Busse *und* Flugzeuge).

Ushuaias **Flughafen** liegt 4 km südlich vom Zentrum (Taxi 3 US$). Die Flughafensteuer beträgt 6,50 US$. **Aerolíneas Argentinas** (☎ 0810-222-86527; www.aerolineasargentinas.com; Roca 116), **LADE** (☎ 421-123; Av San Martín 542) und die chilenische Gesellschaft **Aerovías DAP** (www.dap. cl) bieten Flüge an.

AM ENDE DER WELT UND NOCH EIN BISSCHEN WEITER – DIE ANTARKTIS

Eine Reise zur atemberaubenden Antarktis ist ein einmaliges Abenteuer – kostspielig, aber jeden Cent wert. Weit mehr als ein weiterer Kontinent zum Abhaken. Nahezu vollständig bedecken viele Hundert Meter dicke Eismassen das Festland, wellenförmig liegt der unberührte Schnee auf der endlosen Weite. Unzählige Gletscher wälzen sich die Berghänge hinunter, haushohe Eisberge bilden die bizarrsten Formen aus – Dreiecke, Drachen-Silhouetten oder erhabene Skulpturen mit runden Bögen, der Phantasie der Natur sind anscheinend keine Grenzen gesetzt. Das gilt auch für die verblüffend vielfältige Tierwelt. Tausende von neugierigen Pinguinen leisten gefiederten Flugkünstlern, Robben und Walen Gesellschaft. Die Antarktis ist ein faszinierender Ort – das hat auch die Tourismusbranche inzwischen bemerkt, die mit jedem neuen Besucher weiter wächst. Bleibt nur zu hoffen, dass sich die Veranstalter ihrer Verantwortung bewusst sind und der herrliche Kontinent in seiner ganzen Schönheit erhalten bleibt.

Otto Normalverbraucher erreicht den Weißen Kontinent am schnellsten und einfachsten mit einer Kreuzfahrt. Die Saison dauert von Mitte November bis Mitte März. In der Hauptsaison sind Kreuzfahrten oft ausgebucht; Richtung Saisonende kann man allerdings mit etwas Glück Last-Minute-Tickets ergattern, für die man dann aber immer noch rund 3000 US$ hinblättern muss. Gespart wird dabei dennoch: Je nach Anbieter kosten reguläre Tickets ab 4000 US$ aufwärts. Interessenten sollten sich erkundigen, wie viele Tage sie in der Antarktis verbringen – schließlich dauert die Überquerung des Südpolarmeers alleine schon einen bis zwei Tage (einfache Strecke). Auch die Zahl der Landgänge ist sehr wichtig. Es gilt die Faustregel: Je kleiner das Schiff, desto mehr Landgänge pro Passagier (wobei einem natürlich das Wetter immer einen Strich durch die Rechnung machen kann).

Da Ushuaia relativ nah an der antarktischen Halbinsel liegt, stechen hier die meisten Kreuzfahrtdampfer in See. Unzählige Anbieter wie etwa **Rumbo Sur** (☎ 422-275; www.rumbosur.com.ar; Av San Martín 350), **All Patagonia** (☎ 433-622; www.allpatagonia.com; Juana Fadul 60) oder **Canal** (☎ 437-395; www.canalfun.com; Rivadavia 82) haben Kreuzfahrtpakete im Programm. **Alicia Petiet** (aliciapetiet@hotmail.com) berät Traveller bei der Auswahl.

Die gewählte Firma sollte auf jeden Fall zur **IAATO** (www.iaato.org) gehören. Die Mitglieder dieser Organisation verpflichten sich anhand eines strengen Regelwerks zu verantwortungsbewussten Reisen in die Antarktis. Hier eine kleine Auswahl.

Adventure Associates (www.adventureassociates.com) Australiens ältester Antarktis-Touranbieter mit vielen Schiffen und Reisezielen.

Clipper Cruise Line (www.clippercruise.com) Im Rahmen von längeren Reisen besuchen bis zu 122 Passagiere mit diesem Schiff u. a. die Falklandinseln und die South Georgia Islands (Südgeorgien).

Gap Adventures (www.gap.ca) Sehr empfehlenswerter Neuling mit bezahlbaren Trips, hervorragendem Service und ökologischer Ausrichtung.

Heritage Expeditions (www.heritage-expeditions.com) Die preisgekrönte neuseeländische Firma steuert auch das Rossmeer und die östliche Antarktis an.

Peregrine Adventures (www.peregrineadventures.com) Einzigartige Trips mit Abstechern zum Südpolarkreis, Kajakausflügen und Campen.

Quark Expeditions (www.quarkexpeditions.com) Betreibt drei verschiedene Schiffstypen vom Eisbrecher bis zum Kleindampfer (48 Kojen) für eingeschworene Reisegruppen.

WildWings Travel (www.wildwings.co.uk) Bei der Firma mit Sitz in Großbritannien liegt der Schwerpunkt auf den Vogel- und Tierarten der Antarktis.

Für weitere Informationen empfiehlt sich der Lonely Planet Reiseführer *Antarctica*. Am Pier in Ushuaia gibt's sogar eine **Antarktis-Touristeninformation** (☎ 421-423; antartida@tierradelfuego.org.ar). Und noch ein Tipp zum Schluss: auf jeden Fall mehr Filmrollen und/oder Speicherkarten in den Rucksack packen, als man eigentlich zu brauchen glaubt. Am Ende der Reise wird klar sein, warum.

Ushuaia hat keinen eigenen Busbahnhof. Dafür fahren Busse von **Tecni-Austral** (☎ 431-412; Roca 157) beinahe täglich nach Río Grande (10 US$, 3½ Std.), Río Gallegos (31 US$, 13 Std.) und Comodoro Rivadavia (49 US$, 24 Std.); die Abfahrt ist vor dem Reisebüro Tolkar. Dreimal pro Woche unterhält die Firma auch eine Verbindung nach Punta

Arenas (29 US$, 13 Std.). **Lider** (☎ 436-421; Gobernador Paz 921) und **Montiel** (☎ 421-366; Deloqui 110) schicken ihre Busse bis zu achtmal täglich nach Río Grande (10 US$, 3½ Std.).

Taxis sind in Ushuaia recht günstig. Viele Busfirmen fahren hinaus zum Lago Escondido und Lago Fagnano (20 US$ hin & zurück). Über Transportmittel zum Parque Nacional Tierra del Fuego informiert der folgende Abschnitt.

PARQUE NACIONAL TIERRA DEL FUEGO

12 km westlich von Ushuaia liegt der herrliche **Parque Nacional Tierra del Fuego** (Eintritt 6,50 US$). Er erstreckt sich vom Beagle-Kanal im Süden bis zum Lago Fagnano im Norden. Dennoch ist nur ein kleiner Teil für die Öffentlichkeit zugänglich. Das Mininetz von kurzen und einfach zu meisternden Pfaden reizt wohl eher Tagesausflügler als echte Rucksack-Wanderer. Die Aussicht auf Buchten, Flüsse und Wälder ist jedenfalls wunderbar malerisch. Die starken Niederschläge an der Küste lassen Südbuchen-Arten (z. B. die immergrünen *cohiue* oder die sommergrünen *lenga*) prächtig gedeihen. Im Herbst taucht das Laub der sommergrünen *ñire* die Hügelflanken in ein leuchtendes Rot.

In den Küstenstreifen tummeln sich zahlreiche Vogelarten, z. B. *cauquén* (Hochlandgänse), Kormorane, Austernfischer, Lappentaucher und Dampfschiffenten. Manchmal lassen sich sogar seltene Kondore oder Albatrosse blicken. An Landtieren sind hauptsächlich europäische Kaninchen und nordamerikanische Biber vertreten – beide wurden eingeführt und bedrohen mittlerweile das Ökosystem. Ab und zu bekommt man auch Füchse oder Guanakos zu Gesicht. Die meisten Meeressäuger leben dagegen auf den Inseln im offenen Meer.

Eine tolle moderate Wanderung verläuft über 6,5 km an den nördlichen Stränden der Ensenada Zaratiegui und der Bahía Lapataia; los geht's am Landungssteg. Wer seine Waden länger quälen möchte, marschiert auf der Straße am Campingplatz Lago Roca vorbei bis zum Lago-Roca-Trailhead. Hier beginnt ein 5 km langer Wanderweg zur chilenischen Grenze (die man besser nicht überquert). Nach ca. 1,5 km zweigt von diesem Weg nach rechts ein Nebenpfad (3 km) zum steilen Cerro Guanaco ab. Die Aussicht von oben ist nicht von schlechten Eltern.

Wer mit dem Bus bis zum Ende der RN 3 fährt, kann ein paar malerische Kurzwanderungen unternehmen. Bei der Touristeninformation und der Nationalparkverwaltung in Ushuaia sind Karten erhältlich, die einen Überblick über die ganze Region geben.

Von Oktober bis April müssen Parkbesucher Eintritt bezahlen (tgl. 8–20 Uhr). Auch im Sommer ist die Witterung sehr wechselhaft – daher entsprechende Ausrüstung mitbringen.

Schlafen

Lago Roca (☎ 2901-433313; ☾ Okt.–April) heißt der einzige Campingplatz mit Einrichtungen (Zelt 2,75–4 US$/Pers.). In der Nähe gibt's eine *confitería* und einen winzigen Lebensmittelladen. Kostenlos gecampt werden kann hier: Las Bandurrias, Laguna Verde und Los Cauquenes, Ensenada und Río Pipo.

An- & Weiterreise

Abhängig vom Fahrtziel kosten Minibusse zum Park zwischen 3,25 und 5 US$. Sie starten täglich zwischen 8 und 20 Uhr jede halbe Stunde an der Ecke Av Maipú/25 de Mayo. Die Touristeninformation führt eine Liste mit sämtlichen Busfirmen.

Wer einen Wagen übrig hat, rollt mit dem **El Tren del Fin del Mundo** (☎ 2901-431600; www.trendelfindelmundo.com.ar) zum Park. Bei der einstündigen malerischen Fahrt mit der Schmalspurbahn wird allerlei Geschichtliches auf Englisch und Spanisch vermittelt (18 US$ hin & zurück – allerdings ohne Parkeintritt). Der Bahnhof liegt 8 km von Ushuaia entfernt. Dorthin fahren Taxis (5 US$ einfache Strecke) und Busse (5 US$ hin & zurück). Im Sommer machen sich die Züge mehrmals täglich auf den Weg. Wegen der vielen „Kreuzfahrer" sollte man im Januar und Februar reservieren.

ALLGEMEINE INFORMATIONEN

AKTIVITÄTEN

Argentinien ist eine tolle Spielwiese für abenteuerlustige Traveller. In den vielen herrlichen Nationalparks kann man im Sommer hervorragend wandern und klettern, vor allem in der Gegend rund um Bariloche (S. 153) und das patagonische Fitz-Roy-Massiv (S. 173). Und dann wäre da noch der höchste Gipfel außerhalb Asiens, der majestätische, 6960 m hohe Aconcagua (S. 143).

Traumhafte Bedingungen finden Skifahrer in den großen Wintersportzentren wie Cerro Catedral (Bariloche, S. 158), Las Leñas (Malargüe, S. 145), Los Penitentes (S. 142) oder Chapelco (San Martín de los Andes, S. 150) vor. Die Skisaison dauert ca. von Mitte Juni bis Mitte Oktober, während sich im Sommer zahlreiche Mountainbiker in den Bergregionen austoben.

Radfahrer zieht es beispielsweise auch nach Mendoza, in die nordwestlichen Anden, ins argentinische Seengebiet und nach Patagonien (Vorsicht starke Winde!). Die mitunter abgelegenen und schlechten Straßen sind oft nur Schotterpisten, die man am besten mit Mountainbikes bewältigt. In den meisten Touristenzentren können Drahtesel auch ausgeliehen werden – allerdings entspricht die Qualität der Fahrräder häufig nicht dem, was man von zu Hause gewohnt ist.

Im Seengebiet und in Patagonien finden Fliegenfischer ein paar der besten Angelreviere der Welt. An den Haken gehen hier u. a. eingeführte Forellen und Atlantische Binnenlachse von gewaltigen Ausmaßen. Die Saison dauert hier von November bis Mitte April. Gefangene Flossenträger werden größtenteils wieder in die Freiheit entlassen.

Wildwasser-Rafting wird im Umkreis von Mendoza und im Seengebiet angeboten. In vielen Touristengebieten kann man sich auch bei Ausritten und Gleitschirmflügen vergnügen.

ARBEITEN IN ARGENTINIEN

So langsam erholt sich Argentiniens Wirtschaft wieder. Dennoch haben viele Einheimische keine oder zu wenig Arbeit. Schnell einen Job zu finden und Geld zu scheffeln, kann man hier vergessen.

In Buenos Aires und anderen Großstädten werden ab und zu Englischlehrer gesucht: Bei ca. 5 US$ pro Unterrichtsstunde kommen die meisten jedoch grade so über die Runden. TESOL- oder TESL-Zertifikate erleichtern die Jobsuche eventuell.

Viele Lehrer sind „illegal" mit einem Touristenvisum tätig. Es muss alle drei Mo-

nate verlängert werden (in Buenos Aires bedeutet dies meistens: ein paarmal im Jahr ab nach Uruguay!). Während der Ferien im Januar und Februar gibt's für Lehrkräfte wesentlich weniger zu tun – wer das Geld für Englischkurse hat, kann es sich eben auch leisten, quer durchs Land zu reisen.

Über offene Stellen informieren das betreffende Kapitel im **Herald** (www.buenosaires herald.com) oder Auswandererorganisationen wie die **Buenos Aires Expatriates Group** (www. baexpats.com/article13/html).

BOTSCHAFTEN & KONSULATE

Die Informationen zu den Visumsformalitäten sind im Abschnitt „Visa" (S. 199) zu finden.

Botschaften & Konsulate in Argentinien

Die Lage der diplomatischen Vertretungen ist in einigen Fällen den entsprechenden Stadtplänen zu entnehmen.

Bolivien Buenos Aires (Karte S. 54 f.; ☎ 011-4381-0539; Adolfo Alsina 1886; La Quiaca (☎ 03885-42-2283; Ecke San Juan & Árabe Siria); Salta (Karte S. 118 f.; ☎ 0387-421-1040; Mariano Boedo 34); San Salvador de Jujuy (Karte S. 122; ☎ 0388-424-0501; Independencia 1098)

Brasilien Buenos Aires (Karte S. 54 f.; ☎ 011-4515-6500; Carlos Pellegrini 1363, 5th fl); Paso de Los Libres (☎ 03772-425-444; Mitre 842); Puerto Iguazú (Karte S. 99; ☎ 03757-421348; Av Guaraní 70)

Chile Bariloche (Karte S. 154; ☎ 02944-422-842; Av Juan Manuel de Rosas 180); Buenos Aires (Karte S. 54 f.; ☎ 011-4327-1762; San Martín 439, 9. OG); Comodoro Rivadavia (☎ 0297-446-2414; Brown 456, 1. OG); Mendoza (Karte S. 160 f.; ☎ 0261-425-4844; Paso de los Andes 1147); Neuquén (☎ 0299-442-2727; La Rioja 241); Río Gallegos (Karte S. 180; ☎ 02966-422-364; Mariano Moreno 136); Salta (Karte S. 118 f.; ☎ 0387-431-1857; Santiago del Estero 965); Ushuaia (Karte S. 185; ☎ 02901-430-909; Jainén 50)

Deutschland (Karte S. 60 f.; ☎ 011-4778-2500; Villanueva 1055, Buenos Aires)

Österreich (☎ 011-4807-9185; French 3671, Buenos Aires)

Paraguay Buenos Aires (Karte S. 54 f.; ☎ 011-4814-4803; Viamonte 1851); Posadas (Karte S. 97; ☎ 03752-423-858; San Lorenzo 179)

Schweiz Buenos Aires (Karte S. 54 f.; ☎ 011-4311-6491; Av Santa Fe 846, 10. OG, Buenos Aires)

Uruguay Buenos Aires (Karte S. 54 f.; ☎ 011-4807-3040; Av Gral Las Heras 1915); Gualeguaychú (☎ 03446-426-168; Rivadavia 510)

Argentinische Botschaften & Konsulate

Deutschland (☎ 0228-249-6288; Robert-Koch-Str. 104, Venusberg, 53127 Bonn)
Österreich (☎ 043-1533-8577; embajada@embarg viena.at; Goldschmiedgasse 2/1, 1010 Wien)
Schweiz (☎ 01-201-2032; refembar@freeserve.ch; Tödistraße 5, 8002 Zürich)

BÜCHER

Wer Argentinien intensiver erkunden will, führt sich am besten den Reiseführer *Argentinien*, den Cityguide *Buenos Aires* und die Ausgabe *Best of Buenos Aires* von Lonely Planet zu Gemüte.

Zu den Reiseberichten über Argentinien zählen z. B. *Die Fahrt der Beagle* (Darwin über das Leben der *gauchos*), *The Uttermost Part of the Earth* (Lucas Bridges über die indigenen Völker Feuerlands) und Bruce Chatwins Klassiker *In Patagonien. Reise in ein fernes Land.* In *Die Reise des jungen Che* beschreibt Che Guevara seine abenteuerliche Reise auf einem klapprigen Motorrad.

In W. H. Hudsons *Idle Days in Patagonia* berichtet der Naturkundler von seinen Abenteuern beim Erforschen der einheimischen Tierwelt; auch seine Kurzgeschichten-Sammlung *Tales of the Pampas* ist äußerst unterhaltsam. Bergsteiger und solche, die es werden wollen, erfahren aus Gregory Crouchs Buch *Enduring Patagonia* alles über seinen Aufstieg am Cerro Torre. In *Gauchos and the Vanishing Frontier* befasst sich Richard W. Slatta mit dem Leben von Argentiniens Ikonen in der Wildnis.

Ronald Dworkins Buch *Nunca Mas: The Report of the Argentine National Commission on the Disappeared* erschüttert mit persönlichen Erfahrungsberichten von Opfern des Schmutzigen Krieges – Achtung: Nichts für schwache Nerven! Die fesselnde Textsammlung *The Argentina Reader* wurde von Gabriella Nouzeilles und Graciela R. Montaldo zusammengestellt. Behandelt werden u. a. historische Persönlichkeiten, Minderheiten und die moderne Kultur.

Mit *Buenos Aires: A Cultural and Literary Companion* liefert Jason Wilson eine abgefahrene Beschreibung der Hauptstadt. Höchst unterhaltsam sind Miranda Frances' zeitloser Roman *Bad Times in Buenos Aires* oder Marina Palmers heißblütiges Werk *Kiss and Tango*. Und wer noch mehr über

den argentinischen Tanz schlechthin erfahren möchte, für den ist vielleicht *Tango. Geschichte und Geschichten* von Arne Birkenstock und Helena Rüegg das richtige Buch.

ESSEN & TRINKEN
Argentinische Küche

Die argentinische Küche ist nicht sonderlich abwechslungsreich – die meisten Einwohner scheinen sich von Fleisch, Pasta und Pizza zu ernähren. Das legendäre Rindfleisch allerdings ist edel: In *parrillas* (Steakhäusern) oder als Gast eines *asado* (private Grillparty) probiert man am besten *bife de chorizo* (dickes Roastbeef), *bife de lomo* (Filet) oder ein *parrillada* (gemischter Grillteller mit günstigeren Fleischstücken und Innereien). Dazu passt hervorragend *chimichurri*, eine würzige Sauce aus Knoblauch, Petersilie und Olivenöl. Wer sein Steak gern blutig mag, bestellt es *jugoso*, „medium" heißt *a punto*. Mit „gut durch" steht man meist allein auf weiter Flur.

Italienische Einflüsse sind bei Pizzas, Spaghetti, Ravioli oder den bissfesten *ñoquis* (Gnocchi) unverkennbar. In Buenos Aires und anderen Großstädten gibt's auch vegetarisches Essen. *Tenedor libres* (All-You-Can-Eat-Buffets) sind sehr beliebt und haben oft ein prima Preis-Leistungs-Verhältnis. Gerichte aus dem Nahen Osten kommen im Norden häufig auf den Tisch, im Nordwesten wird dagegen Würziges, z. B. aus Bolivien oder Peru, serviert. In Patagonien macht Lamm klar das Rennen. Und das Seengebiet ist für seine Spezialitäten wie Forelle, Wildschwein und Wild bekannt.

Confiterías werfen normalerweise neben *lomitos* (Steaks) und *milanesas* (dünne Steaks mit Panade) für Sandwiches auch Burger auf den Grill. *Restaurantes* haben längere Speisekarten und professionelles Personal. In den Cafés spielt sich dafür ein Großteil des sozialen Lebens ab – dies reicht vom Heiratsantrag bis zur Revolution. Viele tischen neben alkoholischen Getränken auch einfache Mahlzeiten auf.

In großen Supermärkten gibt's häufig eine gute und günstige Takeaway-Theke. Westlich Fast-Food-Ketten sind in größeren Städten vertreten.

Das einfache argentinische Frühstück besteht aus Kaffee, Tee oder Mate, *tostadas* (Toast), *manteca* (Butter) und *mermelada*

(Marmelade). *Medialunas* (Croissants) gibt's in süßen oder herkömmlichen Varianten. Das Mittagessen wird um ca. 13 Uhr serviert, der Nachmittagstee oder -kaffee um ca. 17 Uhr. Zeit zum Abendessen ist normalerweise ab 20 Uhr – nur wenige Restaurants haben schon früher geöffnet.

Empanadas sind gebackene oder frittierte Teigtaschen mit Gemüse, Fleisch, Käse oder anderen Füllungen. *Sandwichitos de miga,* dünne Sandwiches ohne Kruste, belegt mit Schicken und Käse, passen optimal zum Nachmittagstee. An fast jedem Kiosk gibt's *alfajores* – die Keks-Sandwiches sind mit einer *dulce de leche,* dünnflüssiges und milchiges Karamell, oder *mermelada* gefüllt und mit Schokolade überzogen.

Zu den *postres* (Nachspeisen) zählen u. a. *ensalada de fruta* (Obstsalat), Pasteten und Kuchen. *Facturas* (Gebäck) und Törtchen werden oft mit *crema* (Schlagsahne) oder *dulce de leche* garniert. Das argentinische *helado* (Speiseeis) orientiert sich an italienischen Vorbildern und zählt zum Besten, was man in ganz Südamerika bekommt.

In Restaurants beträgt das *propina* (Trinkgeld) normalerweise 10 % der Rechnungssumme – vorausgesetzt, dass der Service nicht bereits im Preis enthalten ist.

Getränke

ALKOHOLISCHE GETRÄNKE

Argentinier trinken gerne mal ein Glas – wenn auch in Maßen. Viele Lokale führen eine lange Getränkekarte mit Bier, Wein, Kognak, Whiskey und Gin. Quilmes und Isenbeck heißen zwei beliebte Biersorten. In Bars oder Cafés fragt man am besten nach *chopp* – Bier vom Fass oder Lager. Im Seengebiet gibt's viele regionale Biersorten.

Manche argentinische Weine haben internationales Format. Rote *(tintos)* und weiße *(blancos)* Tropfen sind immer eine gute Wahl. Sie werden jedoch von den Malbecs noch übertroffen. Die größten Weinbaugebiete liegen im Umkreis von Mendoza, San Juan, La Rioja und Salta.

NICHTALKOHOLISCHE GETRÄNKE

Softdrinks sind überall erhältlich. Mineralwasser gibt's in den Varianten *con gas* (mit Kohlensäure) oder *sin gas* (ohne Kohlensäure). Oder man bestellt einfach das gute alte *agua de canilla* (Leitungswasser), das in Argentinien normalerweise bedenkenlos

getrunken werden kann. Wer einen frisch gepressten Orangensaft möchte, fragt nach *jugo de naranja exprimido. Licuados* sind eine Mischung aus Fruchtsäften und Wasser (oder Milch).

Sogar im kleinsten Nest kommt Kaffee in Form von Espresso auf den Tisch. *Café chico* nennt man einen dickflüssigen und rabenschwarzen Kaffee, serviert in einer Minitasse (ein *ristretto* enthält noch weniger Wasser). Ein *café cortado* ist ein kleiner Kaffee mit einem Schuss Milch; *cortado doble* heißt die größere Variante. *Café con leche* (Latte Macchiato) wird ausschließlich zum Frühstück getrunken. Nach Mittag- oder Abendessen folgt stattdessen ein *cortado.*

Auch Tee ist an der Tagesordnung. Eine Einladung zum Matetrinken sollten Traveller keinesfalls ausschlagen – allerdings ist das Gebräu aus grasartigen Kräutern nicht jedermanns Sache.

FEIERTAGE & FERIEN

Behörden und Geschäfte haben an den meisten offiziellen Feiertagen geschlossen. Um das Wochenende zu verlängern, werden Feiertage oft auf den nächsten Montag oder Freitag verlegt. Regionalspezifische Feiertage sind nicht aufgeführt.

Año Nuevo (Neujahrstag) 1. Januar

Semana Santa (Osterwoche Mitte März/April)

Día de la Memoria (Gedenktag des Militärputschs von 1976) 24. März

Día de las Malvinas (Malvinas-Tag) 2. April

Día del Trabajador (Tag der Arbeit) 1. Mai

Revolución de Mayo (Jahrestag der Mairevolution von 1810) 25. Mai

Día de la Bandera (Nationalflaggentag) 20. Juni

Día de la Independencia (Unabhängigkeitstag) 9. Juli

Día de San Martín (Todestag des hl. Martíns) 17. August

Día de la Raza (Kolumbus-Tag) 12. Oktober

Día de la Concepción Inmaculada (Tag der Unbefleckten Empfängnis) 8. Dezember.

Navidad (1. Weihnachtstag) 25. Dezember

FESTIVALS & EVENTS

Es folgt ein kurzer Gesamtüberblick. Detaillierte Veranstaltungskalender enthalten die jeweiligen Stadtkapitel. Feiertage und Ferien s. oben.

Februar/März

Carnaval Ende Februar/Anfang März geht's vor allem in Gualeguaychú und Corrientes hoch her.

Buenos Aires Tango Ende Februar/Anfang März schwingt Argentinien das Tanzbein (www.tangodata.com.ar).

Mai
Día de la Virgen de Luján Am 8. Mai feiert Luján die Jungfrau Maria besonders intensiv.

November
Día de la Tradición Die Novembermitte steht ganz im Zeichen der *gauchos* (vor allem in San Antonio de Areco).

FRAUEN UNTERWEGS
Sogar alleinreisende Frauen kommen in Argentinien gut zurecht. Teilweise ist Argentinien für Frauen sogar sicherer als Europa, die USA und die meisten anderen Länder Lateinamerikas. Dennoch regiert in Argentinien der *machismo* – diverse Männer verspüren das Bedürfnis, die Attraktivität einer Frau umgehend zu kommentieren. Mit Schnalzen, Nachpfeifen oder *piropos* (anzüglichen Bemerkungen) versuchen sie, das Objekt der Begierde auf sich aufmerksam zu machen. Anstatt ihnen gleich in ihre Kronjuwelen zu treten, sollten Frauen solche Lümmel einfach ignorieren – und es damit ihren argentinischen Leidensgenossinnen gleichtun. Denn die meisten Männer meinen es im Grunde nicht böse. Ja viele einheimische Frauen betrachten *piropos* gar als Kompliment.

Der *machismo* hat auch seine Gutes: Die Herren halten den Damen der Schöpfung die Tür auf und lassen ihnen den Vortritt. Beim Einsteigen in Busse ist dies von Vorteil – wenn frau sich sputet, ergattert sie leichter einen freien Platz.

FREIWILLIGENARBEIT
Bei den folgenden Organisationen können sich Traveller in Argentinien ehrenamtlich betätigen:

Buenos Aires Volunteer (www.bavolunteer.org.ar) Teilnehmer arbeiten für soziale Organisationen, während sie Spanischkurse besuchen und an kulturellen Aktivitäten teilnehmen.

Help Argentina (www.helpargentina.org) Freiwillige verteilen Essen, betätigen sich als Grafikdesigner, sammeln Spenden oder organisieren Veranstaltungen. Nimmt auch Praktikanten.

Interrupción (www.interrupcion.net) Freiwillige und Praktikanten helfen mit, damit die Stimme der sozialen Verantwortung und des Wechsels nicht verstummt. Betreibt auch Organisationsplattformen für soziale Entwicklungsprojekte.

La Montaña (www.lamontana.com) Mit der Spanisch-Schule in Bariloche sind Freiwilligenprogramme auf den Gebieten Sozialarbeit, Bildung und Umweltschutz verbunden. Auch Nicht-Schüler können teilnehmen.

Parque Nacional Los Glaciares (in El Chatén ☎ 02962-430-004; seccionallagoviedma@apn.gov.ar) Hier kann man im Sommer die Parkranger von El Chaltén unterstützen – vorausgesetzt, man hat einen Hochschulabschluss. Auch Outdoorerfahrung und Spanischkenntnisse sollten vorhanden sein.

Patagonia Volunteer (www.patagoniavolunteer.org) Kämpft für die Rechte der indigenen Bevölkerung und benötigt immer wieder fähige Mediziner, Lehrer, Architekten, Landwirte usw. Ansprechpartner ist u. a. Dario Calfunao vom Piuke Mapu Hostel in Esquel.

South American Explorers (saexplorers.org) Detaillierte Infos liefert das Clubhaus in Buenos Aires (beschäftigt ebenfalls Freiwillige).

FÜHRERSCHEIN
Wer in Argentinien ein Auto mieten möchte, muss mindestens 21 Jahre alt sein und neben einem gültigen Führerschein eine internationale Fahrerlaubnis und meistens auch noch eine Kreditkarte vorlegen. Argentinische Autos dürfen ausschließlich mit einer *tarjeta verde* (grüne Versicherungskarte) gefahren werden; wer ein Auto mietet, sollte sich dieses Dokument auf jeden Fall aushändigen lassen. Für ausländische Fahrzeuge genügt stattdessen auch eine Zollbescheinigung.

GEFAHREN & ÄRGERNISSE
Wirklich wahr: Argentinien ist bis heute eines der sichersten Länder Lateinamerikas – und das trotz der allgemeinen Politikverdrossenheit der Einwohner und dem schleppenden Wirtschaftswachstum, das immer wieder Ursache von Verbrechenswellen ist. Die meisten Touristen verlassen Buenos Aires hoch zufrieden und unversehrt. Auch außerhalb von Großstädten kommt es nur sehr selten zu schwerwiegenden Straftaten.

Die größte Gefahr geht in Argentinien dagegen von rasenden Autos und Bussen aus: Beim Überqueren von Straßen sollten Fußgänger stets die Augen offen halten und *nicht mal einen Gedanken daran verschwenden*, Vorrang zu haben. Zigarettenhasser aufgepasst: Als echte Nikotinjunkies qualmen Argentinier immer und überall – ob in Banken, Postämtern, Restaurants, Cafés oder sonstwo. Außerdem muss man auf schlechte Luft (in Großstädten), kaputte

Mindestalter

- Alkoholkonsum: 18
- Wählen: 18
- Einverständlicher Sex (hetero- oder homosexuell): 16
- Autofahren: 18

Bürgersteige und Schlaglöcher gefasst sein. Überall hinterlassen die besten Freunde des Menschen ihre „Tretminen". Streunende Hunde sind an der Tagesordnung, beißen aber normalerweise nicht.

Verhaltensregeln für Großstädte stehen im Kapitel „Buenos Aires" (S. 57). Allgemeine Tipps zur Sicherheit auf Reisen liefert das Kapitel „Allgemeine Informationen" am Ende des Buches (S. 1217).

GELD

Am sichersten fährt man mit einer Kombination aus US-Dollar, argentinischen Pesos (ARG$) und mindestens einer Geld- bzw. Kreditkarte. Seit der Abwertung 2002 steht der Peso zum US-Dollar im Verhältnis 3:1. In einem unberechenbaren Land wie Argentinien kann sich dies jedoch schnell ändern.

Bargeld

Banknoten gibt's im Wert von 2, 5, 10, 20, 50 und 100 ARG$. Ein Peso enspricht 100 *centavos*. Münzen haben einen Wert von 5, 10, 25 und 50 *centavos* oder 1 ARG$. Man sollte stets etwas Kleingeld in der Tasche haben.

In diesem Kapitel sind sämtliche Preise in US-Dollar angegeben. Viele argentinische Einrichtungen akzeptieren US-Dollar, doch längst nicht alle. Für kleine Käufe, patriotische Händler und Behörden sollte man auch Pesos im Geldbeutel haben.

Blüten kursieren vor allem in Buenos Aires. Fotos echter Scheine und Münzen gibt's im Internet unter www.easybuenos airescity.com/currency.htm.

Feilschen

Im Nordwesten und auf Handwerksmärkten im ganzen Land kann gefeilscht werden. Bei längeren Hotelaufenthalten sind oft Rabatte drin. Viele bessere Hotels gewähren Skonto bei Barzahlung.

Geld wechseln

Die meisten Banken und *cambios* (Wechselstuben) tauschen US-Dollar, Euros und Schweizer Franken in Argentinische Peso um. Manche Banken wechseln jedoch nur ab einer bestimmten Mindestsumme (z. B. 100 US$) – daher Erkundigungen einholen, bevor man sich anstellt. *Cambios* haben zwar meist schlechtere Kurse, dafür jedoch weniger Restriktionen.

Seit der umfassenden Währungsabwertung im Januar 2002 treiben sich an der Av Florida in Buenos Aires jede Menge zwielichtige Gestalten herum. Mit dem Ruf *„cambio, cambio, cambio"* versuchen sie vorbeikommende Passanten zu ködern. Vom inoffiziellen Geldwechseln auf der Straße lässt man besser die Finger – schließlich sind einige Blüten im Umlauf.

Selbst bei Banken lassen sich Reiseschecks nur sehr schwer einlösen – und das auch noch zu miesen Konditionen. Als Basis der Reisekasse sind sie daher ungeeignet.

Zum Zeitpunkt der Drucklegung galten folgende Wechselkurse (Änderungen vorbehalten):

Land	Währung		ARG$ (Peso)
Eurozone	1 €	=	4,09
Schweiz	1 CHF	=	2,52
USA	1 US$	=	3,11

Geldautomaten

Ob in Metropolen oder Kleinstädten – Bargeld hebt man am besten an den örtlichen *cajeros automáticos* (Geldautomaten) ab. Fast alle Banken besitzen einen Geldautomaten, meistens mit englischen Bedienungshinweisen. Sämtliche Transaktionen lassen sich so problemlos und zu guten Konditionen abwickeln. Gewiefte Traveller haben für den Fall der Fälle mehr als eine Karte dabei.

Beim Abheben von Bargeld lässt man sich besser eine ungerade Summe auszahlen (z. B. 390 statt 400 ARG$), damit der Automat auch ein paar kleine Scheine ausspucken muss. Allein schon beim *Versuch*, einen Artikel für zehn Peso mit einem Hunderter zu bezahlen, sind böse Blicke garantiert.

Kreditkarten

Je größer das Hotel, desto eher akzeptiert es Kreditkarten (die Faustregel gilt auch für

ARGENTINISCHES ZWEIKLASSENSYSTEM

Als Ausländer sollte man sich in Argentinien nicht wundern, wenn man gelegentlich mehr als die Einheimischen hinblättern muss. Seit der Abwertung des Peso 2002 verlangen manche Hotels, viele Museen, die meisten Nationalparks und eine große Fluglinie zweierlei Preise. Ausländer müssen schlimmsten Falls fast doppelt so viel wie Einheimische zahlen. Während es relativ wenig bringt, sich beim Personal staatlicher Einrichtungen über diese Ungerechtigkeit zu beschweren, kann man bei Unterkünften wenigstens wählen – einfach an der Rezeption fragen, ob Ausländer mehr bezahlen müssen als Argentinier. Falls ja, sucht man sich eben eine Unterkunft, die jedermann gleich behandelt.

Soweit wir wissen, benutzt keine der hier vorgestellten Unterkünfte ein solches Zweiklassensystem.

Läden und andere Einrichtungen). Manche Geschäfte erheben beim Bezahlen mit Plastikgeld allerdings einen *recargo* (Zuschlag) von bis zu 10 % – also besser vorher nachfragen. Achtung: In Restaurants kann das Trinkgeld nicht einfach mit auf die Rechnung gesetzt werden – stattdessen gilt: Nur Bares ist Wahres.

MasterCard und Visa sind gern gesehen, ebenso American Express. Auch Barauszahlungen auf Kreditkarte sind möglich. Es empfiehlt sich aber vor der Abreise, die aktuellen Konditionen beim jeweiligen Anbieter zu erfragen und diesen gegebenenfalls darüber zu informieren, dass die Karte(n) im Ausland benutzt werden soll(en).

GESUNDHEIT

Für Argentinienreisen sind keine besonderen Impfungen erforderlich. Malaria tritt ab und zu in ländlichen tiefer gelegenen Regionen an der Grenze auf, z. B. in den Provinzen Salta, Jujuy, Corrientes und Misiones. Im Andenhochland sollten Wanderer auf Symptome der Höhenkrankheit und einen zusätzlichen Sonnenschutz achten. Standard-Infos gibt's im Internet z. B. unter http://www.dgk.de/web/dgk_content/de/hoehenkrankheit.htm oder www.cdc.gov/travel/temsam.htm.

Das Leitungswasser in den Städten hat normalerweise Trinkwasserqualität; durch Salate und Speiseeis besteht daher kaum Gesundheitsrisiko. Viele verschreibungspflichtige Medikamente sind in Argentinien frei erhältlich. Wenn im Notfall eine medizinische Behandlung nach westlichem Standard erforderlich sein sollte, empfiehlt die Botschaft des eigenen Heimatlandes entsprechende Adressen. Weitere Informationen stehen im Kapitel „Gesundheit" (S. 1246).

INFOS IM INTERNET

Argentina online (www.argentina-online.de) Deutschsprachiges Argentinien-Portal mit einer Fülle an nützlichen Informationen.

Argentina Turistica (www.argentinaturistica.com) Tolle Allround-Informationen zu Argentinien; auf Spanisch und Englisch.

Argentinien aktuell (www.argentinienaktuell.com) Deutschsprachiger Nachrichtendienst für Argentinien und Südamerika.

Argentinische Botschaft in Deutschland (www.argentinische-botschaft.de) Infos rund um Einreiseformalitäten, Tourismus und den Aufenthalt in Argentinien.

Buenos Aires Expatriates Group (www.baexpats.com) Eine super Adresse für Traveller; auf Englisch.

Buenos Aires Herald (www.buenosairesherald.com) B. A.s hervorragende Tageszeitung; auf Englisch.

Lanic (www.lanic.utexas.edu/la/argentina) Riesiges Verzeichnis mit argentinischen Websites.

Lonely Planet (www.lonelyplanet.de) Tolle Reiseinfos mit super Forum.

INTERNETZUGANG

Das Internet hat mittlerweile auch Argentinien erreicht – und wie: Selbst im kleinsten Nest gibt's ein oder mehrere Internetcafés, im Zentrum von B. A. praktisch an jeder Ecke. Die meisten *locutorios* (Telefonstuben) sind ebenfalls mit Internet ausgerüstet. In manchen Städten kann man supergünstig surfen (ab ca. 0,50 US$/Std.). Bis auf wenige Ausnahmen werden Internetcafés bei den Stadtbeschreibungen nicht gesondert erwähnt.

Tipp: Um ein @-Symbol *(arroba)* zu erhalten, muss man in der Regel die „Alt"-Taste gedrückt halten und auf dem Nummernblock „64" eintippen.

KARTEN & STADTPLÄNE

Für Aufenthalte in der Hauptstadt empfiehlt sich der laminierte Stadtplan *Buenos Aires* von Lonely Planet.

Bei sämtlichen Touristeninformationen gibt's ordentliche Karten mit allen wichtigen Sehenswürdigkeiten. In vielen Städten sind brauchbare Karten auch bei Zeitungskiosken und Buchläden erhältlich. Detaillierte Wanderkarten bekommt man bei den örtlichen Ablegern des Club Andino oder bei den Nationalparkverwaltungen. Diese unterhalten Büros in Städten mit Outdoorangebot.

Die Zentrale des **Automóvil Club Argentino** (ACA; www.aca.org.ar) in **Palermo** (☎ 011-4802-6061; Av del Libertador 1850) gibt ein paar hervorragende Stadtpläne und Provinzkarten heraus. Mitglieder ausländischer ACA-Partnerorganisationen bezahlen oft weniger, wenn sie ihren Ausweis vorlegen. Für echte Kartenfreaks heißt es nichts wie hin zum **Instituto Geográfico Militar** (☎ 011-4576-5576; Cabildo 381) in Buenos Aires.

KLIMA

Im Januar und Februar ist das Klima in Buenos Aires und im subtropischen Norden, zu dem auch die Iguazú-Fälle gehören, extrem heiß und feucht. Jedoch sind dies die besten Monate für Trips ins Anden-Hochland und ins südliche Patagonien, wo das ganze Jahr über warme Bekleidung erforderlich ist. Frühling und Herbst eignen sich dagegen am besten für Aufenthalte in Buenos Aires, während es Skifahrer im Winter (Juni–Sept.) in die Anden zieht. Weitere Informationen und Klimatabellen stehen auf S. 1222.

KURSE

Seit der Abwertung des Peso ist Argentinien ein brandheißes und günstiges Ziel für alle, die Spanisch lernen möchten. Auf S. 63 sind ein paar Schulen aufgeführt, die in B. A. Spanischunterricht anbieten. Vergleichbare Institute gibt's auch in anderen Großstädten, z. B. in Bariloche, Mendoza oder Córdoba.

MEDIEN

Die englischsprachige Tageszeitung *Buenos Aires Herald* (www.buenosairesherald.com) enthält Nachrichten aus aller Welt. Zu den wichtigsten spanischsprachigen Tageszeitungen zählen die anspruchsvolle *La Nación* und das amüsante Boulevardblatt *Clarín*. *Página 12* nimmt einen erfrischend linksgerichteten Standpunkt ein und bringt häu-

fig aufsehenerregende Berichte. *Ámbito Financiero* ist zwar hauptsächlich die Stimme der Geschäftswelt, liefert aber auch großartige Kulturinfos.

Das argentinische Kabelfernsehen hat Dutzende von Kanälen und betreibt außerdem zahlreiche Radiosender im ganzen Land.

ÖFFNUNGSZEITEN

Normalerweise haben Geschäfte in Argentinien besonders in den Provinzen von 9 bis 13 Uhr und von 16 bis 20 oder 21 Uhr geöffnet. In Buenos Aires empfangen Behörden und viele Geschäfte ihre Kunden dagegen von 9 bis 18 Uhr.

In den meisten Restaurants bekommt man von 12 bis 15 Uhr Mittagessen und von 20 bis 24 Uhr Abendessen (am Wochenende hat man eventuell auch noch später Glück). Cafés haben den ganzen Tag über geöffnet, Bars machen dagegen recht spät auf, meistens erst um 21 oder 22 Uhr. Die Öffnungszeiten der Touristeninformationen finden sich auf S. 198.

In den Einzelbeschreibungen sind Öffnungszeiten nur aufgeführt, falls sie deutlich von den genannten Standards abweichen.

POST

Briefe und Postkarten bis 20 g kosten nach Europa ca. 1,50 US$. Alle Postämter verschicken auch Pakete unter 2 kg; schwerere Sendungen müssen einen Umweg über eine *aduana* (Zollstelle) nehmen.

Der – mittlerweile privatisierte – Postservice **Correo Argentino** (www.correoargentino.com.ar) ist seit ein paar Jahren wesentlich zuverlässiger. Wichtige Sendungen sollten jedoch stets als *certificado* (Einschreiben) verschickt werden. Private Kurierdienste (z. B. OCA oder FedEx) gibt's in manchen größeren Städten; sie sind allerdings wesentlich teurer.

RECHTSFRAGEN

Argentiniens Polizei ist für Korruption und Amtsmissbrauch bekannt. Daher halten sich Traveller am besten strikt an die Gesetze. Marihuana und andere Drogen sind fast überall verboten – so auch hier. Per Gesetz gelten Verdächtige bis zum Nachweis ihrer Schuld zwar als unschuldig, doch nicht selten sitzen Menschen ohne Gerichtsprozess jahrelang hinter Gittern. Wer verhaftet wird, darf sich offiziell einen Anwalt nehmen, telefonieren und die Aussage verweigern.

Bei entsprechendem Benehmen gibt's normalerweise kaum Probleme mit den Ordnungshütern. Falls doch, sollte man damit drohen, die eigene Botschaft umgehend zu unterrichten. Travellern wird ansonsten geraten, immer ihre Ausweispapiere (oder diverse Kopien) mit sich zu führen. Gegenüber Polizisten oder Regierungsbeamten ist höfliches und kooperatives Auftreten angebracht.

REISEN MIT BEHINDERUNG

Körperlich Behinderte haben es in Argentinien schwer: Die geschäftigen Bürgersteige sind oft schmal und dazu noch ramponiert, auch die gepflasterten Seitenstraßen von kleineren Städten stellen ein Problem dar. Rollstuhlrampen sind meist Mangelware. Mittel- und Spitzenklassehotels sind am häufigsten auf Rollstuhlfahrer eingerichtet. Bei Restaurants und Sehenswürdigkeiten empfiehlt sich ein Anruf im Voraus.

In Buenos Aires sind ein paar absenkbare Busse unterwegs; die Subte steht allerdings nicht zur Diskussion. Am besten und günstigsten fahren körperlich Behinderte daher mit einem der zahlreichen Taxis – sogar in Kleinstädten gibt's *remises*. Die Hauptstadt bietet **Movidisc** (Karte S. 54 f.; ☎ 011-4328-6921, 15-5247-6571; www.movidisc-web.com.ar; Diagonal Roque Sáenz Peña 868, 3. OG) einen Transportservice an. Die **Casa Escalada** (☎ 011-4683-6478; www.casaescalada.com.ar; Rivadavia 9649) verleiht Rollstühle.

Die Websites www.natko.de, www.access-able.com und www.sath.org liefern zwar keine speziellen Infos zu Argentinien, dafür aber tolle allgemeine Reisetipps.

SCHWULE & LESBEN

Argentinien ist durch und durch katholisch. Dennoch gibt's „Enklaven der Toleranz" für Schwule und Lesben, vor allem in Buenos Aires – die Hauptstadt ist mittlerweile Südamerikas Schwulenziel Nummer Eins. Tatsächlich erkennt Argentinien als erstes Land Lateinamerikas eheähnliche Lebensgemeinschaften zwischen gleichgeschlechtlichen Partnern an.

Die Körpersprache argentinischer Männer ist intensiver, als man es vielleicht gewöhnt ist. Verhaltensweisen wie Wangen-küsse oder stürmische Umarmungen sind häufig zu beobachten, heterosexuelle Argentinierinnen spazieren oft Händchen haltend durch die Gegend. Daher erregen Lesben, die es ihnen gleichtun, kaum Aufmerksamkeit. Bei Männern sieht's allerdings anders aus. Allgemein kann man seine Sexualität schon ausleben – aber bitte diskret.

Weitere Informationen zur Schwulen- und Lesbenszene in Buenos Aires stehen im Kasten auf S. 73.

SPRACHE

Abgesehen von ihrer Großspurigkeit lassen sich Argentinier – ob in Lateinamerika oder im Ausland – leicht an ihrem unverwechselbaren *castellano*-Akzent erkennen, einem argentinischen Spanisch mit italienischem Einschlag. In Buenos Aires ist der *lunfardo*, der blumige Slang der Hauptstädter, zu vernehmen.

Manche Einwanderer identifizieren sich stark über ihre Muttersprache. Die zahlreichen Quechua-Sprecher im Nordwesten können meistens auch Spanisch. In den südlichen Anden sprechen viele Menschen Mapuche; die meisten Guaraní-Sprecher leben dagegen im nordöstlichen Argentinien. Viele Argentinier verstehen etwas Englisch, vor allem in Buenos Aires.

Weitere Informationen stehen im Kapitel „Sprache" (S. 1256). Der *Marco Polo Sprachführer Spanisch* oder das *Latin American Spanish Phrasebook* von Lonely Planet verhindern, dass man sich mit Händen und Füßen verständigen muss.

STROM

Die argentinische Netzspannung beträgt 220 V bei 50 Hz. Die meisten Stecker haben entweder zwei Rundstifte (wie in Europa) oder drei gewinkelte Flachstifte (wie in Australien).

TELEFON

Die größten argentinischen Telefonanbieter sind Telecom und Telefónica. *Locutorios* (kleine Telefonstuben) gibt's in jeder Stadt: Kunden führen ihre Gespräche in separaten Kabinen und bezahlen anschließend am Schalter. *Locutorios* sind zwar eventuell etwas teurer als Telefonzellen an der Straße, bieten aber mehr Privatsphäre und Ruhe. Außerdem muss man nicht mitten im Gespräch hektisch nach Kleingeld suchen.

In *locutorios* sind Telefonate in europäische Länder recht kostspielig – abends und am Wochenende quasselt man jedoch etwas günstiger und bezahlt im Vergleich zu Kreditkarten oder R-Gesprächen immer noch weniger. Am wenigsten strapazieren Prepaid-Telefonkarten (an jedem Kiosk erhältlich) oder Internettelefonie (z. B. über Skype) die Reisekasse.

Um ein Handy innerhalb Argentiniens anzurufen, muss zuerst die ☎ 15 gewählt werden – es sei denn, der Anrufer benutzt selbst ein Mobiltelefon. Bei Ferngesprächen geht sämtlichen Nummern eine ☎ 0 voraus. Gebührenfreie Hotlines beginnen in Argentinien mit ☎ 0800.

Wer aus dem Ausland einen argentinischen Anschluss erreichen möchte, muss zunächst zwei Nullen als Vorwahl für internationale Gespräche und dann die argentinische Landesvorwahl wählen, also ☎ 0054. Es folgt die jeweilige Ortsvorwahl (ohne die Null vorne) und schließlich die eigentliche Telefonnummer. Soll ein argentinisches Mobiltelefon aus dem Ausland angerufen werden, sind die ersten beiden Schritte gleich. Auf die ☎ 0054 folgen allerdings eine ☎ 9 und dann die Ortsvorwahl und Teilnehmernummer (ohne ☎ 15).

Argentiniens größte Mobilfunkanbieter heißen CDMA und TDMA. Es können auch weltweit funktionierende Triband-Geräte mit GSM verwendet werden. Da sich der Mobilfunksektor ständig verändert, empfiehlt sich ein Blick auf Websites wie www. kropla.com. Infos zu Leihhandys in B. A. oder Córdoba gibt's im Internet unter www. phonerental.com.

TOILETTEN
Verglichen mit anderen südamerikanischen Ländern sind Argentiniens öffentliche Toiletten meist in einem besseren Zustand, reichen jedoch nicht an westliche Standards heran. Die saubersten sanitären Anlagen gibt's in Restaurants, Fast-Food-Lokalen, Einkaufszentren und großen Hotels. Für den Fall der Fälle sollte man immer eine Rolle Toilettenpapier dabei haben. Heißes Wasser, Seifenspender und Papierhandtücher sucht man oft vergeblich.

TOURISTENINFORMATION
In allen touristisch geprägten Städten Argentiniens finden sich in günstiger Lage Touristeninformation. Die Angestellten sprechen häufig Englisch. Im Sommer (Nov.–Feb.) haben diese Einrichtungen durchschnittlich von 8 bis 22 Uhr geöffnet (in der Nebensaison verkürzte Öffnungszeiten). Selbstverständlich kann dies von Ort zu Ort variieren.

Alle argentinischen Provinzen unterhalten jeweils eine eigene Touristeninformation in Buenos Aires. Ebenfalls in B. A. liefert das erstklassige **Secretaría de Turismo de la Nación** (Karte S. 54 f.; ☎ 011-4312-2232; 0800-555-0016; www.turismo.gov.ar; Av Santa Fe 883) allgemeine Infos zum ganzen Land.

UNTERKUNFT
In ganz Argentinien gibt's eine super Auswahl an erschwinglichen Hostels, die teilweise zum Internationalen Jugendherbergsverband (Hostelling International, HI) gehören. Die meisten sind sehr angenehm und bieten verschiedenen Services inklusive geführten Touren an. Grundsätzlich sind Küchenbenutzung und Bettwäsche im Preis enthalten; meistens gibt's auch einen Handtuchverleih, einen Internetzugang, eine Gepäckaufbewahrung, ein kleines Frühstück und Doppelzimmer (diese im Voraus reservieren). Betten in Schlafsälen kosten durchschnittlich zwischen 6,50 und 9 US$, Doppelzimmer bis zu 25 US$. Informationen zu zwei hervorragenden Herbergsverbänden gibt's im Internet unter www.hostels.org.ar (HI) und www.argentinahostels.com (argentinischer Jugendherbergsverband). HI-Ausweise sind in Buenos Aires (s. S. 64) oder über den Jugendherbergsverband zu Hause erhältlich.

Residenciales sind kleine Hotels. Unter *hospedajes* versteht man normalerweise Familienwohnhäuser mit zusätzlichen Gästezimmern und Gemeinschaftsbädern. Hotels sind mit bis zu fünf Sternen gekennzeichnet; meistens sind eigene Bäder und ein kleines Frühstück – Kaffee oder Tee und Brot oder Croissants mit Marmelade – im Preis inbegriffen. Manche Hotels in Buenos Aires und anderen Touristenhochburgen haben ein Zweiklassensystem und knöpfen Ausländern wesentlich mehr Geld ab als Einheimischen. Die in diesem Kapitel aufgeführten Unterkünfte gehören – soweit wir wissen – nicht dazu.

Campen ist in Argentinien mit rund 3 US$ pro Person recht günstig und sehr beliebt. Campingplätze liegen jedoch häufig recht weit vom Stadtzentrum entfernt. Auch Nationalparks haben meistens Campingplätze mit Einrichtungen, teilweise auch einsame *refugios* (einfache Schutzhütten für Wanderer).

Im Juli, August und von November bis Januar ist in Buenos Aires Hochsaison – dann sind Unterkünfte am teuersten. In Patagonien ist während des Sommers (Nov.–Feb.) am meisten los, im Juli und August füllen sich die Skiorte sehr schnell. Im Dezember und Januar verzeichnen Reiseziele im Norden und die Strandorte am Atlantik die meisten Besucher (letztere sind das restliche Jahr über quasi Geisterstädte). In der Hauptsaison sollten Unterkünfte auf jeden Fall rechtzeitig reserviert werden.

Aufgeführt sind die Durchschnittspreise für die Hauptsaison. Zu den absoluten Spitzenzeiten (Osterwoche oder Weihnachten) ziehen die Preise nochmal deutlich an. In der Nebensaison und bei längeren Aufenthalten lassen sich durchaus Rabatte herausschlagen.

VERANTWORTUNGSBEWUSSTES REISEN

Anders als in Bolivien oder Peru gibt's im modernen Argentinien nicht besonders viele indigene Völker mit sensiblen Kulturen. Verantwortungsbewusstes Reisen bedeutet hier hautpsächlich, dass man sich in nahezu naturbelassenen Regionen angemessen verhält. Dies gilt z. B. für Dörfer wie El Chaltén, das innerhalb eines Nationalparks liegt. Ansonsten wie immer den gesunden Menschenverstand einsetzen: Trinkwasserquellen bleiben sauber, wenn man sich oder seine Kleidung in mindestens 100 Schritten Entfernung zu Flüssen oder Seen wäscht. Auch Müll (inkl. Zigarettenstummel!) hat in der Natur nichts verloren. Wanderer sollten außerdem auf den Wegen bleiben.

VISA

Deutsche, Österreicher und Schweizer benötigen für die Einreise nach Argentinien kein Visum. Bei der Ankunft erhält der Reisepass automatisch einen Stempel, der für einen 90-tägigen Aufenthalt berechtigt. Änderungen sind aber jederzeit möglich, man sollte sich daher vor der Reise beispielsweise bei der Argentinischen Botschaft oder dem Auswärtigen Amt informieren.

Eine Verlängerung der Aufenthaltsgenehmigung bis zu einem halben Jahr ist möglich, ohne dass man allerdings einen Anspruch darauf hat. Hierfür sind die *migraciones* (Einreisestellen) in den Provinzhauptstädten sowie in Buenos Aires (s. S. 52) zuständig. Botschaften und Konsulate für den deutschsprachigen Raum sind auf S. 190 aufgeführt. Wer seinen Wohnsitz nach Argentinien verlegen möchte, informiert sich im Internet unter www.argentinaresidencsy.com.

Bolivien

HIGHLIGHTS

- **Titicacasee** – auf dem tiefblauen Wasser eines der höchstgelegenen großen Seen der Welt von Insel zu Insel hüpfen (S. 236)
- **Trips in das Amazonasbecken** – auf dem Flussboot tief in die üppige Pampa und den Regenwald des Amazonastieflands vordringen (S. 286)
- **Karneval** – mit der ausgelassenen Menge in Oruro *la Diablada* tanzen (S. 243)
- **Salar de Uyuni** – durch die gespenstisch-halluzinatorischen Salzwüsten fahren, vorbei an sprühenden Geysiren und farbenprächtigen Lagunen (S. 252)
- **Abseits ausgetretener Pfade** – in einer Öko-Lodge im Parque Nacional Madidi inmitten magischer Einsamkeit und einer natürlichen Tierwelt die Zeit vergessen (S. 291)
- **Besonders empfehlenswert** – mit dem Pferd, dem Fahrrad oder zu Fuß die eindrucksvollen Bergschluchten um Tupiza erkunden (S. 253)

KURZINFOS

- **Berühmt für:** das Höchste von allem und jedem weltweit, keinen Zugang zum Meer, *peñas* (Volksmusikshows), Koka
- **Bester Straßensnack:** *salteña* (köstliche Fleisch- und Gemüsepasteten)
- **Bestes Schnäppchen:** *almuerzos* (Mittagsmenüs)
- **Bevölkerung:** 8,8 Mio. (UN-Schätzung von 2003)
- **Fläche:** 1 098 580 km² (entspricht Frankreich & Spanien zusammen)
- **Floskeln:** *genial* (cool), *la bomba* (Party), *mugre* (eklig)
- **Geld:** 1 US$ = 8,28 Bolivianos (Bs), 1 € = 11,24 Bs, 1 SFr = 6,83 Bs
- **Hauptstädte:** Sucre, La Paz (Regierungssitz)
- **Landesvorwahl:** ☎ 591
- **Preise:** Bett in La Paz 3–5 US$, 1 l heimisches Flaschenbier 1 US$, 4-stündige Busfahrt 2,50 US$
- **Reisekosten:** 15–25 US$ pro Tag
- **Sprachen:** Spanisch, Quechua, Aymara, Guaraní
- **Trinkgeld:** 10 % in besseren Restaurants, sonst kleines Wechselgeld; Taxifahrer erhalten kein Trinkgeld
- **Visa:** Deutsche, Österreicher und Schweizer erhalten bei der Einreise eine kostenlose, 30 Tage gültige Touristenkarte (für Deutsche und Österreicher kostenlos auf bis zu 90 Tage verlängerbar)
- **Zeit:** MEZ −5 Std.

TIPPS FÜR UNTERWEGS

In der Höhenluft alles ein wenig easy angehen. Vor Antritt einer Busfahrt noch einmal ein stilles Örtchen aufsuchen. Die *yapa* fordern (den „Rest"; s. S. 297).

VON LAND ZU LAND

Zu Boliviens Grenzübergängen gehören Guajará-Mirim (nach Brasilien), San Pedro Atacama (nach Chile), Desaguadero (nach Peru) und Fortín Infante Rivarola (nach Paraguay).

Bolivien, ein Land der Superlative. Es ist das höchstgelegene, am schwersten zugängliche und raueste Land der südlichen Hemisphäre – und eines der kältesten, wärmsten, windigsten und schwülsten Länder der Erde obendrein. Bolivien hat die trockensten, salzreichsten und sumpfigsten natürlichen Landschaften der Welt zu bieten. Es ist das ärmste Land Südamerikas und ist dennoch besonders reich an Bodenschätzen. Und schließlich ist es das „indianischste" Land des Kontinents: Mehr als 60 % der 8,8 Mio. Einwohner sind von indigener Herkunft. Kurz: Bolivien hat alles … bloß keine Meeresstrände.

Der auf allen Seiten von Land umschlossene Staat besitzt hoch aufragende Berggipfel und bizarre Salzebenen, dampfende Regenwälder und Grasland, in dem es von Wildtieren nur so wimmelt. Auf unvergleichliche Weise bezaubern auch die lebendigen indigenen Kulturen, die kolonialzeitlichen Städte und die Erinnerungen an die alten Zivilisationen.

In den letzten Jahren haben Traveller Bolivien für sich entdeckt und viele neue Möglichkeiten für Aktivitäten und Ausflüge abseits ausgetretener Pfade wurden erkundet.

Die Kehrseite der Medaille: Die sozialen und politischen Zustände in Bolivien sind oft instabil, weil die Bevölkerung unter Armut, Arbeitslosigkeit und sozialer Benachteiligung leidet. Protestmärsche und – meistens friedliche – Demonstrationen sind an der Tagesordnung der gesellschaftlichen Auseinandersetzungen. Und dennoch: Sonnenbrille aufsetzen (wegen der Höhe!), einmal oder besser gleich dreimal tief durchatmen und ein Erlebnis der Superlative genießen!

AKTUELLE ENTWICKLUNGEN

Mit der Wahl von Evo Morales, dem ersten bolivianischen Präsidenten indigener Herkunft, trat eine verfassungsgebende Versammlung zusammen, die im August 2006 zum ersten Mal tagt. Vorgesehen ist eine Beratungszeit von einem Jahr, danach soll eine Volksabstimmung über eine neue Verfassung stattfinden. Voller Spannung sehen die Bolivianer den anstehenden Veränderungen entgegen. Morales, ein ehemaliger Kokabauer und linksgerichteter Gegner von Privatisierungen, brachte seine Haltung schnell in Taten zum Ausdruck: Im April 2006 verstaatlichte er die Erdgasvorkommen des Landes. Proteste und Demonstrationszüge, schon immer eine heiß geliebte Beschäftigung der Bolivianer, sind zurzeit häufiger denn je, weil die Leute damit ihren Forderungen an den neuen Präsidenten Nachdruck verleihen wollen. Was den Zugang zum Ozean angeht, konnten öffentliches Murren und Gespräche nichts an der Tatsache ändern, dass Bolivien nun mal ein reiner Binnenstaat ist – und es wahrscheinlich auch bleiben wird.

GESCHICHTE
Präkolumbische Zeit
Gegen 1500 v. Chr. drangen die Aymara, möglicherweise aus den Bergen des heutigen Zentralperu, über die bolivianischen Anden in den *altiplano* vor (die Hochebene, die zu Peru, Bolivien, Chile und Argentinien ge-

hört). Die Jahre zwischen 500 und 900 n. Chr. waren von der imperialen Ausdehnung und wachsender Macht und Einfluss der Tiahuanaco- (oder Tiwanaku-)Kultur geprägt. Das zeremonielle Zentrum der Gesellschaft nahe des Titicacasees stieg schnell auch zum religiösen und politischen Mittelpunkt des Hochlands auf. Im 9. Jh. zerfiel dann aber die Macht von Tiahuanaco. Aktuelle archäologische Forschungen am Titicacasee sollen helfen, die Ursache für den Niedergang Tiahuanacos herauszufinden.

Vor der spanischen Eroberung war der bolivianische *altiplano* als Südprovinz Kollasuyo Teil des Inkareichs. Die heutigen Quechua-sprachigen Einwohner um den Titicacasee stammen von Inka-Einwanderern ab, die – ganz im Sinne der Ansiedlungspolitik der Inka – mit den Eroberern ins heutige Bolivien kamen. Und nach wie vor kursieren beachtenswerte Spekulationen darüber, dass Ruinen vom Ausmaß Macchu Picchus, ja vielleicht sogar die verlorene Inkastadt Paititi, überwuchert irgendwo inmitten des bolivianischen Regenwalds schlummern.

Die Konquistadoren
In den späten 1520er-Jahren ließen mörderische Kämpfe das Inkareich auseinanderbersten. Doch erst die Ankunft der Spanier – die anfangs für Abgesandte des Sonnengotts der Inka gehalten wurden – besiegelte das Schicksal des Reiches. Der Inkaherrscher Atahualpa wurde 1532 gefangen gesetzt, bis

1537 hatten die Spanier ihre militärische Stellung in Peru konsolidiert und waren unumstrittene Herrscher in Cusco.

Nach dem Untergang des Inkareichs fiel Alto Perú, wie die Spanier Bolivien nannten, für kurze Zeit in die Hände des Konquistadoren Diego de Almagro. Wenig später schickte Francisco Pizarro seinen Bruder Gonzalo los, um die abgelegene, an Silber reiche Südprovinz zu unterwerfen. 1538 gründete Pedro de Anzures die Ortschaft La Plata (später in Chuquisaca und danach in Sucre umbenannt), die zum politischen Zentrum in den östlichen Territorien des spanischen Kolonialreichs wurde.

1545 wurden in Potosí gewaltige Vorkommen hochwertigen Silbers entdeckt. Die Siedlung entwickelte sich zu einer der reichsten und höchstgelegenen Städte der Welt – geschaffen durch Sklavenarbeit: Schätzungen zufolge starben bis zu 8 Mio. afrikanische und indianische Sklaven an den menschenunwürdigen Bedingungen in den Minen. 1548 gründete Alonso de Mendoza La Paz als Verpflegungsstation an der wichtigsten Straße, auf der das Silber an die Pazifikküste transportiert wurde.

1574 gründeten die Spanier die Kornkammern Cochabamba und Tarija, um das rebellische Volk der Chiriguano zu kontrollieren. Dann schufen Kolonisierung und Missionierung der Jesuiten jene Siedlungsmuster, die die geschichtliche Entwicklung der bolivianischen Gesellschaft bestimmten.

Rebellionen, Staatsstreiche & politische Umbrüche

1781 wurde ein erfolgloser Versuch unternommen, die Spanier aus dem Land zu treiben und das Inkareich wiederherzustellen. 30 Jahre später wurde in Chuquisaca (Sucre), einer Hochburg der Unabhängigkeitsbewegung, eine lokale Regierung eingesetzt. Die liberalen politischen Ideen Chuquisacas strahlten bald nach ganz Lateinamerika aus.

Nach 15 blutigen Jahren wurde Peru schließlich 1824 von der spanischen Herrschaft befreit. In Alto Perú hielt sich jedoch noch der royalistische General Pedro Antonio de Olañeta gegen die Befreiungsstreitkräfte. Nachdem Verhandlungsangebote zu keinem Erfolg geführt hatten, entsandte Simón Bolívar 1825 unter der Führung von General Antonio José de Sucre ein Expeditionsheer nach Alto Perú. Am 6. August 1825 war es dann soweit. Alto Perú proklamierte seine Unabhängigkeit und nannte sich in Republik Bolivien um. Bolívar und Sucre wurden nacheinander die ersten beiden Präsidenten.

Im Jahr 1828 kam der Mestize (ein Nachkomme eines indigenen und eines spanischen Elternteils) Andrés de Santa Cruz an die Macht und bildete eine Konföderation mit Peru. Das löste Proteste in Chile aus, von dessen Armee Santa Cruz 1839 geschlagen wurde: Die Konföderation zerbrach und Bolivien wurde in ein politisches Chaos gestürzt, das seinen Höhepunkt 1841 erreichte, als drei verschiedene Regierungen gleichzeitig die Macht beanspruchten. Derart unorganisierte und unbestrafte Umstürze blieben in Form von Staatsstreichen und Militärputschen bis in die 1980er-Jahre das Markenzeichen der bolivianischen Politik. In den 181 Jahren als unabhängige Republik hat Bolivien mehr als 200 Regierungswechsel erlebt!

Chronische Gebietsverluste

Mitte des 19. Jhs. wurden in der Atacamawüste reiche Guano- und Nitratvorkommen entdeckt. Aus der Einöde wurde auf einmal ein ökonomisch begehrtes Gebiet. Da Bolivien die Mittel fehlten, um die Atacama auszubeuten, wurden chilenische Unternehmen angeheuert. Als die bolivianische Regierung 1879 Steuern auf die Bodenschätze erheben wollte, besetzte Chile Boliviens Küstenprovinz, woraufhin Bolivien und Peru Chile den Krieg erklärten.

Während des Salpeterkriegs (1879–83) annektierte Chile 350 km Küstenlinie und schnitt Bolivien so vom Meer ab. Wenngleich Chile zur Entschädigung Bolivien eine Eisenbahnverbindung zwischen Antofagasta und Oruro sowie zollfreien Transport anbot, akzeptierten die Bolivianer den *enclaustramiento* (Einschließung) nicht. Nach wie vor erhebt die bolivianische Regierung einen Anspruch auf den Zugang zum Meer. Immerhin scheinen sich die diplomatischen Beziehungen mit Santiago zu bessern: Der erste indigene Staatschef, Präsident Morales, traf 2006 erstmals mit dem chilenischen Präsidenten zusammen.

Boliviens Gebietsverluste setzten sich auch nach dem Salpeterkrieg fort. 1903 annektierte Brasilien ein großes Stück der gummireichen Region Acre, die sich von Boliviens derzeitiger Amazonasgrenze nordwärts bis auf halbe Höhe der peruanischen Ostgrenze erstreckte.

Zwischen 1932 und 1935 verlor Bolivien schließlich einen dritten – besonders brutalen – Krieg gegen Paraguay um die Herrschaft über die Chaco-Region, bei dem insgesamt 80 000 Menschen ums Leben kamen. Ausländische Ölkonzerne vermuteten (fälschlicherweise) Ölvorkommen in der Region. Streitigkeiten brachen aus, bei denen Standard Oil hinter Bolivien und Shell hinter Paraguay stand. Bolivien verfügte zwar über die stärkeren Waffen, doch die fürchterlichen Kampfbedingungen im Chaco begünstigten die Paraguayer. Im Friedensvertrag von 1938 mussten 225 000 km² des Chaco an Paraguay abgetreten werden.

Revolution & Konterrevolution

Nach dem Chacokrieg eskalierten die Spannungen zwischen den rechtlogen Bergleuten und ihren Bossen im Ausland. Radikale Kräfte sammelten sich, insbesondere in Oruro, unter dem Banner des Movimiento Nacional Revolucionario (MNR). Die von Unruhen überschatteten Präsidentschaftswahlen von 1951 endeten mit dem Sieg Victor Paz Estenssoros von MNR, ein Militärputsch vereitelte allerdings seinen Amtsantritt. Doch die blutige Revolution von 1952 zwang die Militärs zur Kapitulation – und Paz Estenssoro wurde doch noch Präsident.

Die neue Regierung setzte Reformen in Gang, die allen sozialen Schichten eine Teilnahme am politischen und gesellschaftlichen Leben ermöglichen sollten. Die Bergwerksunternehmen wurden verstaatlicht und der Staat erhielt das alleinige Recht, Bodenschätze zu exportieren. Die Regierung führte das allgemeine Wahlrecht ein und unternahm beispiellose Reformen in der Landwirtschaft und im Bildungswesen, u. a. eine Landverteilung an *campesinos* (Bauern) und die Einführung einer Grundschulbildung für alle Kinder. Zum ersten Mal seit der Eroberung durch die Spanier hatten die Menschen indigener Herkunft das Gefühl, dass sie von der Regierung ernst genommen werden.

So konnte sich die MNR-Regierung beispiellos lange – nämlich zwölf Jahre – an der Macht halten. Dennoch tat sie sich schwer damit, den Lebensstandard zu heben. Paz Estenssoro regierte immer autokratischer, als sich die Spannungen in seinen eigenen Reihen verschärften. Kurz nach seiner zweiten Wiederwahl im Jahr 1964 wurde er von seinem Vizepräsidenten General René Barrientos Ortuños gestürzt, womit für die politische Instabilität Boliviens eine neue Runde eingeläutet wurde.

Es folgte eine Reihe repressiver Militärregierungen, als erste die des rechtsgerichteten Generals Hugo Banzer Suárez (1971– 78). 1982 kehrte unter Hernán Siles Zuazo vom linksgerichteten Movimiento de la Izquierda Revolucionaria (MIR) eine Zivilregierung an die Macht zurück, doch das Land litt weiter unter Streiks, Geldentwertung und galoppierender Inflation.

Gemäß der bolivianischen Verfassung benötigt ein Präsidentschaftskandidat 50 % der Stimmen für eine Direktwahl. Erreicht kein Kandidat dieses Quorum, wählt der Kongress den Präsidenten, meistens durch eine Absprache zwischen den bestplatzierten Kandidaten. 1989 traf die rechtsgerichtete Acción Democrática Nacionalista (ADN) eine solche Absprache mit dem MIR, woraufhin der Vorsitzende des MIR, Jaime Paz Zamora, zum Präsidenten ernannt wurde. 1993 erzielte der MNR-Vorsitzende Gonzalo Sánchez de Lozada („Goni"; der Gringo) die meisten Wählerstimmen, musste sich aber mit einer *campesino*-Partei verbünden, um Präsident zu werden. Er startete ein ehrgeiziges und bemerkenswertes Privatisierungsprogramm, bei dem ein großer Teil der Gewinne in einen öffentlichen Pensionsfond floss. Die neue Wirtschaftspolitik rief Proteste und Streiks hervor, Projekte zur Drogenbekämpfung sorgten für weitere Unruhe.

Bei den Wahlen von 1997 gelang Hugo Banzer Suárez ein Comeback, und das obwohl er mit seiner rechten ADN auf gerade einmal 23 % der Stimmen kam. Auf Druck des Internationalen Währungsfonds (IWF) wurden neoliberale Wirtschaftsreformen eingeleitet, die Geldstabilität wiederhergestellt und viele wichtige Industriezweige privatisiert. Im August 2001 trat Banzer wegen einer Krebserkrankung zurück und übertrug die Macht auf seinen Vizepräsidenten Jorge Quiroga Ramirez. Mit starker Unterstützung aus den USA kehrte in den Wahlen von 2002 Sánchez de Lozada an die Spitze der Regierung zurück, sah sich aber schon im Februar 2003 wegen der Privatisierung der Gasindustrie mit einem Volksaufstand („bitterer Gaskrieg") konfrontiert. Er musste seinen Hut nehmen und in die USA ins Exil gehen. Sein Stellvertreter und Nachfolger Carlos Mesa setzte eine Volksabstimmung durch, um Bolivien den Export seines Erdgases über Chile zu ermöglichen. Doch die Probleme waren damit nicht gelöst, scheiterte doch eine parlamentarische Umsetzung des Abstimmungsergebnisses. Angesichts der Krise und der Unruhen bot Mesa seinen Rücktritt an, den der Kongress zunächst ablehnte. Doch die Protestmärsche und Unruhen eskalierten. Und als im Juni 2005 Tausende nach La Paz marschierten, wurde der Rücktritt schließlich angenommen.

Eduardo Rodríguez wurde zum Interimspräsidenten bis zu den Wahlen im Dezember 2005 ernannt. Bei diesen Wahlen erzielte Evo Morales einen Erdrutschsieg. Morales Wahlversprechen, die traditionelle politische Klasse aufzubrechen und der armen Volksmehrheit Rechte zu geben, wurden schon in erste Taten umgesetzt. Im April 2006 verstaatlichte Morales die nationalen Erdgasvorkommen (s. S. 201). Und zum Zeitpunkt der Recherchen für dieses Buch führte er Gespräche über ein Ende des US-amerikanischen Kokavernichtungsprogramms, das einen wichtigen Bestandteil des US-amerikanischen „War on Drugs" darstellt.

Trotz eines stetigen Wachstums des Bruttoinlandsprodukts in den 1990er-Jahren bleibt Bolivien das ärmste Land Südamerikas. 2005 verkündeten die G8 einen Schuldenverzicht in Höhe von 2 Mrd. US$, verteilt auf die nächsten Jahrzehnte, um den Druck auf die Staatsfinanzen Boliviens zu mindern. Doch nach wie vor krankt das Land an infrastrukturellen Mängeln und hoher Arbeitslosigkeit.

Das Koka-Dilemma

Koka gehört seit jeher zur bolivianischen Kultur: Bereits die Liebesgöttin der Inka wurde mit Kokablättern in den Händen dargestellt. Das Kauen der bitteren Blätter steigert die Wachsamkeit und verringert die Wahrnehmung von Hunger, Kälte und Schmerz (s. Kasten unten). Es wird angenommen, dass sich die spanischen Konquistadoren die Einkünfte aus dem lukrativen regionalen Handel mit Koka sicherten. Die berühmt-berüchtigte Coca Cola Company nahm Koka-Auszüge in ihr Geheimrezept auf und auch einige Patentarzneien des 19. Jhs. basierten auf Koka. Das unbehandelte Blatt ist weder schädlich noch Sucht auslösend und soll Kalzium, Eisen und Vitamine enthalten.

Doch als das Derivat Kokain vor allem in den USA zu einer der beliebtesten Drogen wurde, schnellte die Nachfrage nach bolivianischen Kokablättern in die Höhe. Seit 1988 gab ein bolivianisches Gesetz 12 000 ha mit Kokapflanzen zur Kultivierung für den lokalen (nicht den Drogen-) Gebrauch frei – aber Experten vermuten, dass die tatsächlich kultivierten Flächen diese Grenze sprengen.

In einem verzweifelten Versuch, Boliviens Status als Hauptproduzent der Kokapflanze zu brechen, entsandten die USA in den 1980er-Jahren Einsatzkräfte der Drug Enforcement Agency (DEA) in die Haupt-Koka-Anbaugebiete von Chapare und Beni, um bei der Vernichtung von Koka zu helfen. Ebenfalls wurden Millionen Dollar „Entwicklungshilfe" in diese Regionen gepumpt, um den Anbau anderer Nutzpflanzen zu fördern. Doch das Programm erwies sich größ-

---

DAS KOKA-RITUAL

Das Zerkauen von Kokablättern zu einem *akullico* – einem feuchten, golfballgroßen Kloß – ist ein wichtiges Ritual in den Kulturen der Anden. Es soll gegen Müdigkeit, Hunger und Kälte sowie gegen die Auswirkungen der Höhenkrankheit helfen. Die meisten Traveller versuchen es – wenigstens einmal. Hier ein paar Hinweise für Koka-Neulinge:

- Man kauft Blätter von guter Qualität *(elegida* oder *seleccionada)*. Die Blätter sollten feucht, grün und gesund aussehen.

- Die Blätter nacheinander von den Rippen lösen und sie in die Backentasche stecken. Danach beginnen, sie gut einzuspeicheln – nicht kauen! (Die Bolivianer sagen dazu *pijchar.)* Das Prozedere kann 45 Minuten oder länger dauern.

- Gegebenenfalls dem Verlangen widerstehen, die bitter schmeckende Masse auszuspucken!

- Wenn die Blätter gut durchfeuchtet sind und die Masse einem Ball gleicht, einen Hauch der alkalischen Substanz *llipta* (auch *lejía* genannt; Pflanzenasche, normalerweise von der *quinua)* oder Sodiumbikarbonat (Backpulver) hinzufügen. Das einfachste Verfahren ist, die *llipta* zu Pulver zu zerstampfen und dem Blatt schon hinzuzufügen, wenn man es in den Mund steckt. Die alkalische Substanz hilft, die Alkaloide des Kokablatts freizusetzen.

- Bei der ganzen Geschichte verspürt man vielleicht ein starkes Kribbeln oder ein taubes Gefühl in der Backe. Also nicht der Versuchung nachgeben, sich auf die Backe zu schlagen und zu jammern: „Ich kann nichts mehr ertragen!" – die Erscheinung klingt wie bei jedem Betäubungsmittel ab.

- Nun verspürt man eine leicht gesteigerte Aufmerksamkeit, eine Appetitverminderung und größere Belastbarkeit gegenüber Temperaturschwankungen. (Kokablätter erzeugen keinen Rausch und machen nicht „high".)

- Ausspucken, wenn man genug davon hat und nicht will, dass sich der Mund schwarzbraun verfärbt. Wer lieber schlucken will, kann auch einen Tee aus Kokablättern trinken.

tenteils als Fehlschlag: Die anderen Pflanzen wuchsen langsam, Gewinne ließen sich kaum erwirtschaften und als die Armut unter den *cocaleros* (Kokabauern) wuchs, verlagerten sie den Koka-Anbau eben in andere Gebiete. Berichte über brutale Übergriffe und Menschenrechtsverletzungen der DEA gegenüber den *cocaleros* taten ihr Übriges.

In Chapare führte Evo Morales – ein ehemaliger Kokabauer und damals ein Gewerkschaftsführer – den Widerstand gegen die Vernichtungspolitik an. Gleich nach seiner Wahl zum Präsidenten setzte Morales den Slogan *coca sí, cocaína no* (Koka ja, Kokain nein) in Umlauf: Das Kokainproblem sei mit der Bekämpfung des Drogenkonsums und nicht auf dem Rücken der *campesinos* zu lösen. Er setzte die Vernichtungsprogramme aus, will den Anbau verstärken und sucht nach Exportmöglichkeiten für alternative, auf der Kokapflanze basierende Produkte. Der Versuch, dabei gleichzeitig seine Wähler und die USA zu beschwichtigen, gleicht allerdings einem Spiel mit dem Feuer. Vor allem geht es darum, das Handelsabkommen zwischen Bolivien und den USA nicht zu gefährden, das für die bolivianische Textilproduktion lebensnotwendig ist – und das bezeichnenderweise *Andean Trade Promotion and Drug Eradication Act* (Gesetz zur Förderung des andinen Handels und zur Drogenvernichtung) heißt.

KULTUR
Mentalität
Die Gesinnung der Bolivianer unterscheidet sich beträchtlich nach Klima und Höhenlage. *Kollas* (Hochlandbewohner) und *cambas* (Flachländler) lieben es, sich jeweils für die „besseren" Bolivianer zu erklären. Die Flachländler sind angeblich warmherziger, aufgeschlossener und Fremden gegenüber großzügiger. Die Hochlandbewohner arbeiten dagegen angeblich mehr, gelten aber als engstirniger. Die Wahrheit ist, dass fast jeder *camba* einen netten *kolla*-Verwandten hat, der in La Paz wohnt – und der Rest ist eben auch viel freundschaftliches Sticheln.

Für alle Bolivianer haben freundliche Begrüßungen und Höflichkeiten einen hohen Stellenwert. Ein Gespräch beginnt mit dem üblichen *buen(os) día(s)* (Guten Tag) und einem *¿Cómo está?* oder *¿Qué tal?* (Wie geht's?). Das bolivianische Spanisch verwendet gerne nette Diminutive wie *sopita* (ein Süppchen) und *pesitos* (kleine Pesos, also etwa: „Kostet nur zehn Pesochen").

Lebensart
Wie sich das Alltagsleben der Bolivianer gestaltet, hängt davon ab, ob sie auf dem Land oder in der Stadt wohnen, welcher Klasse sie angehören und welchen kulturellen Hintergrund sie haben. Viele *campesinos* leben ein weitgehend althergebrachtes Leben in kleinen Dörfern, oft ohne fließendes Wasser, Heizung und Strom, während die Städter modernen Komfort haben und sich stärker am westlichen Way of Life orientieren. Auch die Bekleidung variiert dramatisch: von den Frauen (Cholitas) des *altiplano* in ihren Faltenröcken und Hüten bis zu jenen in den Städten, die dem jeweils neuesten Designertrend folgen.

Von rituellen Opfergaben an Pachamama (Mutter Erde) bis zur Gewohnheit, Kokablätter zu kauen – Bolivien ist stark in Traditionen verwurzelt. Ein ganzes Heer an Göttern und Geistern ist für reiche Ernten verantwortlich, für sicheres Reisen und für gute Ehen. Eine besonders sonderbare Tradition ist der *tinku,* ein ritueller Faustkampf, der eine Hackordnung festlegt. Der Brauch wird während der Feste im nördlichen Landesteil Potosí praktiziert. Die blutigen Kämpfe der Betrunkenen – einige enden sogar tödlich – ziehen sich tagelang hin, auch Steine oder andere Waffen werden eingesetzt und Frauen bleiben nicht verschont.

Bevölkerung
Dank seiner bemerkenswert vielfältigen Geografie ist Boliviens Bevölkerung alles andere als einheitlich. Rund 60 % der Einwohner berufen sich auf eine indigene Identität. Viele *campesinos* sprechen noch Quechua oder Aymara als Muttersprache und einige leben immer noch nach einem traditionellen Mondkalender. Und wie durch ein Wunder leben fast 70 % der Bevölkerung in der kalten *altiplano*-Region.

Der Lebensstandard der meisten Bolivianer ist alarmierend niedrig: Schlechte Wohnbedingungen, unzureichende Ernährung, wenig Aussichten auf eine gute Bildung und mangelhafte sanitäre und Hygienebedingungen bestimmen vielerorts den Alltag. Das Land verzeichnet eine hohe Kindersterblichkeit (52 Tote bis zum fünften Lebensjahr auf 1000 Lebendgeburten), eine Geburtenrate von 2,85 Kindern pro Frau und einen Alphabetisierungsgrad von 87,2 %.

Die wirtschaftliche Lage Boliviens ist trostlos, doch – auch dank einer blühenden Schattenwirtschaft – nicht vollständig hoffnungslos. Den größten Anteil an der Wirtschaft machen Kokaexporte aus, deren Anteil den aller legalen landwirtschaftlichen Exporte übertrifft.

SPORT

Wie in den meisten lateinamerikanischen Ländern ist *futból* (Fußball) der Nationalsport, besonders bei Weltmeisterschaften in *futsal* oder *futból de salon* (Hallenfußball mit fünf gegen fünf Spielern) behauptet sich das Nationalteam in der Regel recht gut. Profispiele gibt es in den Großstädten an jedem Wochenende, während in den Straßen fast rund um die Uhr Fußball gespielt wird. Die beiden besten bolivianischen Vereine, Club Bolívar und The Strongest (beide aus La Paz), sind regelmäßig in der Copa Libertadores, dem südamerikanischen Pendant zur Champions League, vertreten. Auf dem *altiplano* treten in letzter Zeit auch immer mehr emanzipierte Frauen gegen das runde Leder – und zwar in Röcken. Ja sogar Wrestling ist bei einer kleinen, aber wachsenden Zahl von abgehärteten *altiplano*-Frauen beliebt. Sehr populär sind zudem Schlagball, Billard, Schach und *cacho* (Würfeln). Der inoffizielle Nationalsport ist und bleibt aber das Feiern – der Wettkampf der Tänzer und Trinker kennt keine Grenzen.

RELIGION

Ungefähr 95 % der bolivianischen Bevölkerung gehören der römisch-katholischen Kirche an, die Frömmigkeit ist jedoch sehr unterschiedlich. Vor allem in den ländlichen Regionen vermischen die Einheimischen ihre traditionellen oder Inkaglaubensvorstellungen mit christlichen zu einem eigenartigen Synkretismus, einem Mix aus katholischen Lehrsätzen und abergläubischen Vorstellungen.

Naturgötter und Geister bestimmen den Glauben der indigenen Religionen, wobei Pachamama, die Mutter Erde, im Mittelpunkt der Opferspenden steht. Die Aymara glauben an Berggötter, die *achachilas* sind Geister des Hochgebirges.

Talismane sollen gegen Unheil schützen oder Glück verheißen. Weit verbreitet ist z. B. der Ekeko – die kleine elfenartige Figur repräsentiert den Aymara-Gott des Wohlstands. Bemerkenswert ist auch die *cha'lla* (Segnung) von Autos in der Kathedrale von Copacabana.

KUNST
Architektur

Die Ruinen von Tiahuanaco und einige wenige Inkazeugnisse sind alles, was in Bolivien an präkolumbischer Architektur stehengeblieben ist. Die klassischen, polygonal behauenen Steine, ein Kennzeichen vieler archäologischer Stätten in Peru, finden sich in Bolivien nur auf der Isla del Sol und der Isla de la Luna (im Titicacasee).

Daneben können einige kolonialzeitliche Wohnhäuser und Straßenfronten betrachtet werden, insbesondere in Potosí, Sucre und La Paz. Viele der erhaltenen kolonialzeitlichen Bauten sind sakraler Natur. Bei ihnen sind verschiedene, sich überlappende Stile zu beobachten: Die Renaissancekirchen (1550–1650) wurden hauptsächlich aus Lehmziegeln errichtet und besitzen wie etwa die Kirche von Tiahuanaco Höfe und massive Zinnen. Zu den Renaissancekirchen mit Zügen des maurischen Mudéjarstils gehören San Miguel (Sucre) und die Basilika von Copacabana am Ufer des Titicacasees. Die Kirchen des Barock (1630–1770) weisen meist einen kreuzförmigen Grundriss und eine imposante Kuppel auf. Vertreter sind beispielsweise die Compañía in Oruro, San Agustín in Potosí und Santa Bárbara in Sucre. Der darauf folgende Mestizo-Stil (1690–1790) zeichnet sich durch phantasievolle Reliefs mit tropischer Fauna und Flora, Inkagottheiten und Wasserspeiern aus. Sehenswert sind die herrlichen Varianten dieses Stils an der Kirche San Francisco in La Paz sowie an San Lorenzo, Santa Teresa und der Compañía in Potosí. Und Mitte des 18. Jhs. kamen schließlich in den Bauten der Jesuiten im Flachland von Beni und Santa Cruz klassizistische Tendenzen zur Geltung. Es entstanden Kirchen, die Elemente des bayerischen Rokoko und der Gotik aufgriffen. Das außergewöhnlichste Beispiel dieser Art ist die Missionskirche in San José de Chiquitos.

In den 1950er-Jahren und danach entstanden in den Städten viele moderne

Hochhäuser, darunter auch einige Schmuckstücke, die sich durch dreieckige Giebelfelder, neue Versionen des spanischen Balkons und den Einsatz von Hartholz verschiedener Färbung auszeichnen. In La Paz sind chaletartige Holzbauten sehenswert. Und die neuere Kathedrale in Riberalta huldigt dem zeitgenössischen Evangelium aus Backstein und Zedernholz.

Musik

Trotz zahlreicher kunterbunter Einflüsse hat jede Region Boliviens ihren eigenen musikalischen Stil samt den dazugehörigen Musikinstrumenten entwickelt. Die andine Musik des kalten, öden *altiplano* klingt besonders sehnsüchtig und traurig. Musik aus wärmeren Flachlandregionen wie der Tarija ist lebhafter und bunter. *Peñas* (Volksmusikfeste), die dem Volk zurzeit der Militärregime als Protestventil dienten, sind heutzutage in den Städten beheimatet.

Zu den Meistern des *charango* (Zupfinstrument), nach denen man Ausschau halten sollte, gehören Celestino Campos, Ernesto Cavour und Mauro Núñez (die Aufnahme heißt *Charangos Famosos*). Hörenswert sind auch Altiplano, Savia Andina, Chullpa Ñan, K'Ala Marka, Rumillajta, Los Quipus, Wara, Los Masis und Yanapakuna. Der ukuleleartige *charango* bestand ursprünglich aus fünf Lamadarm-Saiten und einem *quirquincho* (Schildpanzer des Gürteltiers) als Resonanzkasten. Mit dem Instrument konnte die pentatonische Tonleiter gespielt werden. Moderne *charangos* werden in der Regel aus Holz hergestellt. Das Streichinstrument aus der Tarija-Region, die *violín chapaco*, ist eine Variante der europäischen Geige.

Vor der Erfindung des *charango* wurden Melodien ausschließlich mit Holzblasinstrumenten gespielt. Traditionelle Musikensembles verwenden die *quena* (Rohrflöte) und die *zampoña* (Panflöte). Der *bajón*, eine riesige Panflöte mit separaten Mundstücken in jeder Rohrpfeife, ist bei Festen der Moxos-Gemeinden im Tiefland von Beni zu hören.

Bei den meisten folkloristischen Darbietungen steht das Schlagzeug im Vordergrund. Zu den Schlaginstrumenten gehören die *huankara*, eine im Hochland gebräuchliche Trommel, und die *caja*, eine tamburinartige Trommel aus der Tarija-Region, die mit einer Hand gespielt wird.

Auch Bolivien hat seine Popgruppen. Bekannt sind die schon seit längerem auftretende Gruppe Azul Azul, Octavia und Los Kjarkas. Letztere sind für ihre Aufnahme von *Llorando se Fue* besonders bekannt – der Song wurde vor einigen Jahren ohne Genehmigung der Band zum Welthit *Lambada* umgestaltet. Zwangsläufig ist auch der Rap in die Szene eingedrungen, der vor allem das Jungvolk in El Alto für sich gewinnen konnte.

Tanz

Die traditionellen Tänze des *altiplano* zelebrieren Themen rund um Krieg, Fruchtbarkeit, Jagdbeute, Hochzeit und Arbeit. Die europäischen Tänze der Spanier gingen mit denen der afrikanischen Sklaven eine Symbiose ein, die bei zeitgenössischen Feierlichkeiten in Bolivien noch zu bewundern ist.

Boliviens eigentlicher Nationaltanz ist die *cueca,* die eine Abwandlung des chilenischen Originals darstellt. Bei dem Tanz schwingen die Paare Taschentücher, getanzt wird er hauptsächlich während Fiestas. Die farbenprächtigsten Tänze gibt es bei Festen im *altiplano*, besonders während des Karnevals: *La Diablada* (Teufelstanz) steht im Mittelpunkt des Karnevals in Oruro und zieht stets die Massen aus allen Ecken des Planeten an. Bei der *morenada* des Festes leben die Tänze der afrikanischen Sklaven wieder auf, die vor dem Hof des Vizekönigs Felipe III. auftraten. Die Tänzerinnen tragen Reifröcke, Schulterumhänge und mit Federn besetzte Teufelsmasken.

Webkunst

Die Webkunst hat sich in Bolivien seit Jahrhunderten kaum verändert. In ländlichen Gebieten lernen Mädchen schon in jungen Jahren zu weben, Frauen verbringen nahezu ihre gesamte Freizeit mit der Spindel oder am Handwebstuhl. Vor der Kolonialisierung benutzten die Weberinnen Lama- oder Alpakawolle, heute sind Schafwolle oder synthetische Fasern eine billigere Alternative.

Bolivianische Textilien zeichnen sich durch geniale vielfältige Muster aus. Zu den gebräuchlichsten Artikeln gehören die *manta* oder der *aguayo*, ein rechteckiger Schal, der aus zwei von Hand gewebten Streifen besteht, die *chuspa* (Beutel für Kokablätter) sowie die *falda* (Rock) mit einem Webmuster an einem Saum und gewebten Gürteln.

Jede Region hat ihren eigenen Webstil, eigene Motive und eigene Formen der Anwendung. Muster mit Tiersymbolen sind die Markenzeichen der Webereien aus Charazani (in der Nähe des Titicacasees) und aus einigen Gebieten des *altiplano* abseits von La Paz (Lique und Calamarka). Potolo, in der Nähe von Sucre, hat sich wegen seiner auffälligen rot-schwarzen Muster einen Namen gemacht. Feinere Gewebe stammen aus Sica Sica, einem staubigen und unscheinbaren Dorf zwischen La Paz und Oruro, während aus Calcha, südöstlich von Potosí, ein extrem festes Gewebe kommt (die Webekünstlerinnen dort produzieren einige der besten Textilien Boliviens).

NATUR & UMWELT
Geografie
Obwohl Bolivien durch Kriege und Konzessionen gewaltige Landmassen verloren hat, ist es – rund herum von anderen Staaten eingeschlossen – das fünftgrößte Land Südamerikas. Zwei Gebirgszüge der Anden prägen den Westen, etliche Gipfel ragen mehr als 6000 m in die Höhe. Die westliche Cordillera Occidental erhebt sich zwischen Bolivien und der Pazifikküste. Die östliche Cordillera Real verläuft in südöstlicher Richtung am Titicacasee vorbei, wendet sich dann gen Süden durch Zentralbolivien und vereint sich mit der anderen Gebirgskette zur südlichen Cordillera Central.

Der gespenstische *altiplano* – zwischen 3500 und 4000 m über dem Meer gelegen – wird von diesen beiden riesigen *cordilleras* eingeschlossen. In der gewaltigen, fast baumlosen Hochebene erheben sich Berge und hier und da vereinzelte Vulkangipfel. Am nördlichen Rand des *altiplano* liegt auf der Grenze zu Peru der Titicacasee, einer der höchsten schiffbaren Binnenseen der Erde. Im tiefer gelegenen Südwesten Boliviens ist das Land trockener und weniger dicht bevölkert. Hier finden sich die Überreste zweier alter Seen, des Salar de Uyuni und des Salar de Coipasa, die riesige, blendend weiße Wüstenflächen bilden, wenn sie ausgetrocknet sind, und halluzinatorische Spiegelungen erzeugen, wenn sie von Wasser bedeckt werden.

Östlich der Cordillera Central liegt das zentrale Hochland, eine mit Büschen bedeckte Hügellandschaft, die von Tälern und fruchtbaren Becken durchzogen wird. In

ihrem mediterranen Klima werden Oliven, Nüsse, Weizen, Mais und sogar Wein angebaut.

Nördlich der Cordillera Real, wo die Anden an das Amazonasbecken grenzen, bilden die Yungas eine Übergangszone zwischen dem trockenen Hochland und dem feuchten Tiefland. Mehr als die Hälfte der Gesamtfläche Boliviens liegt im Amazonasbecken. Das nördliche und östliche Tiefland ist dünn besiedelt, topfeben und geprägt von Sümpfen, Savannen, Buschland und Regenwald.

Im südöstlichen Landesteil schließlich erstreckt sich das flache, fast unzugängliche Buschland des Gran Chaco, der ins nördliche Paraguay hinüberreicht.

Tiere & Pflanzen
35 % des bolivianischen Staatsgebiets werden von Nationalparks und Schutzgebieten bedeckt, in denen unzählige Tierarten leben. Mehrere dieser Anlagen (z. B. der Parque Nacional Amboró) können stolz darauf verweisen, zu denen mit der weltweit größten Artenvielfalt zu gehören. Der *altiplano* ist Heimat für Neuweltkamele, Flamingos und Kondore. Im unwirtlichen Chaco streunen Jaguare, Tapire und *javeli* (Pekkaris; kleine Wildschweine) umher. Das Amazonasbecken bevölkert eine große Vielfalt an Eidechsen, Papageien, Schlangen, Insekten, Fischen und Affen. (Ein Vertreter der kürzlich entdeckten Spezies des *titi*-Affen wurde in Gold aufgewogen: Die neue Art wurde nach einem kanadischen Online-Casino benannt – *Callicebus averi palatti*; Golden Palace –, nachdem das Kasino eine Auktion gewonnen hatte, mit dem Geld für Umweltstiftungen eingetrieben wurde). Zudem sind in Bolivien mehrere seltene und bedrohte Tierarten beheimatet, darunter der Große Ameisenbär und der Brillenbär. Am Fluss können Reisende *capybaras* (Wasserschweine, eine Nagetierart), Schildkröten, Kaimane und Flussdelphine erspähen. Und in der Beni-Region tummeln sich Anakondas, Gürteltiere, Faultiere, Nandus und *jochis* (Agutis).

Nationalparks
In Bolivien gibt's 22 offiziell ausgewiesene Parks, Reservate und Naturschutzgebiete, die der Nationalparkverwaltung (Sernap) unterstehen. Zu den Besuchern – wenn

auch häufig nicht ganz einfach – zugänglichen Gebieten gehören:

Amboró (S. 285) Nahe Santa Cruz: Heimat für seltene Brillenbären, Jaguare und eine erstaunliche Vielfalt an Vogelspezies.

Apolobamba Dieser entlegene Park an der peruanischen Grenze unterhalb der Cordillera Apolobamba bietet ausgezeichnete Wandermöglichkeiten.

Cotapata Der größte Teil des Choro-Treks führt durch dieses Gebiet in den Yungas, das auf halber Strecke zwischen La Paz und Coroico liegt.

Madidi (S. 291) Das Gebiet dient dem Schutz des Lebensraums vieler Tierarten; insbesondere leben hier mehr als 100 Vogelarten.

Noel Kempff Mercado (S. 286) Der abgelegene Park an der brasilianischen Grenze bietet einer Vielzahl von Tierarten ein Zuhause. Landschaftlich sehr reizvoll.

Pilón-Lajas-Biosphärenreservat Das Reservat schließt an den Madidi Park an und bietet eine eindrucksvolle Landschaft und lebendige Kultur.

Reserva Nacional de Fauna Andina Eduardo Avaroa Ein Highlight der Rundtour durch den Südwesten, u. a. mit artenreichen Lagunen.

Sajama Schließt an den prachtvollen chilenischen Parque Nacional Lauca an; in dem Reservat liegt der Volcán Sajama (6542 m), Boliviens höchst gelegener Gipfel.

Torotoro Hier finden sich riesige Felsformationen mit Dinosaurierspuren aus der Kreidezeit, außerdem Höhlen und antike Ruinen.

Tunari Auf einer Fußwanderung von Cochabamba aus erreichbar. Sehenswert: die Lagunas de Huarahuara und die hübsche Gebirgslandschaft.

Umweltprobleme

In den 1990er-Jahren standen die Umweltprobleme im Amazonasgebiet zunehmend im internationalen und nationalen Blickpunkt. Obwohl Umweltorganisationen innovative Verfahren entwickelt haben, um einzelne Orte zu schützen (auch mit auswärtigen Finanzierungen), setzt sich anderswo die intensive Erschließung fort, häufig – zumindest war das in der Vergangenheit so – mit Unterstützung der Regierung. Noch ist unklar, inwieweit die Regierung Morales sich beim Schutz der Umwelt engagieren wird. Folgende gemeinnützige Organisationen geben Auskunft über die landesweiten Anstrengungen zum Schutz der Umwelt:

Armonía (☎ /Fax 03-356-8808; www.birdbolivia.com; Lomas de Arena 400, Santa Cruz) Alle Infos zum Thema Vögel und Vogelschutz in Bolivien.

Conservación Internacional (CI; ☎ 02-279-7700; www.conservation.org.bo, spanisch; Calacoto Calle 13, No

8008, La Paz) Fördert auf Gemeindeebene angesiedelte Bemühungen zum Schutz der Artenvielfalt und den Ökotourismus.

Fundación Amigos de la Naturaleza (FAN; ☎ 03-355-6800; www.fan-bo.org) Unterhält Zweigstellen in Santa Cruz und Samaipata. Ist in den Nationalparks Amboró und Noel Kempff Mercado tätig.

Proteción del Medioambiente del Tarija (Prometa; ☎ 04-664-5865; www.prometa.org; Carpio E-659, Tarija) Arbeitet in den Reservaten Sama und Tariquía, im Parque Nacional Serranía Aguaragüe sowie in den privaten Reservaten El Corbalán und Alarachi.

Servicio Nacional de Areas Protegidas (Sernap; ☎ 231-7742/47; www.sernap.gov.bo, spanisch; Edificio Full Office, zw. Camcho & Mariscal Santa Cruz) Boliviens Nationalparkbehörde betreut alle Reservate und Schutzgebiete. Ihre Website bietet eine klar verständliche Übersicht zu jedem Nationalpark.

VERKEHRSMITTEL & -WEGE

AN- & WEITERREISE
Auto & Motorrad

Während die meisten Traveller mit Bus, Bahn und/oder Boot aus den angrenzenden Ländern nach Bolivien kommen, sind einige wenige Abenteuerlustige mit dem eigenen Auto unterwegs. Autofahren ist in Bolivien eine Geduldsprobe (und ein Test für die eigenen Fähigkeiten als Automechaniker!) – dafür wird man mit einer unvergesslichen Reise belohnt. Die meisten Autovermietungen akzeptieren ausländische Führerscheine. Wer jedoch viel mit dem Auto reisen will, sollte sich einen internationalen Führerschein besorgen. Um ein Motorrad oder Moped zu leihen, genügt normalerweise der Reisepass. S. auch S. 1233.

Bus & Camión

Täglich verkehrende *flotas* (Fernverkehrsbusse) verbinden La Paz mit Buenos Aires (Argentinien) via Bermejo oder Yacuiba, mit Salta (Argentinien) via Tupiza/Villazón, mit Corumbá (Brasilien) via Quijarro sowie mit Arica und Iquique (Chile) via Tambo Quemado. Zunehmend beliebt als Abstecher bei Fahrten zum Salar de Uyuni (s. S. 249) ist der Grenzübergang nach San Pedro de Atacama (Chile). Die beliebteste Landroute nach oder von Puno und Cusco (Peru) aus führt über Copacabana (s. Kasten

FLUGHAFENSTEUER

Eine Abflugsteuer wird für alle Inlands- (2 US$) und Auslandsflüge (25 US$) erhoben, sie ist nach dem Einchecken zu bezahlen. Auf alle internationalen Flugscheine, die in Bolivien gekauft wurden, wird außerdem eine Steuer von 16 % erhoben.

S. 241), etwas schneller geht es jedoch über Desaguadero. Villamontes ist für Strapazier- fähige das Einfallstor zum „Highway" Trans Chaco, der Paraguay jetzt bei Fortín Infante Rivola erreicht (Zollabfertigung in Mariscal Estagarribia in Paraguay) und von dort bis nach Asunción führt. Achtung: Wer mit dem Auto fährt, muss die bolivianische Grenzabfertigung bei Boyuibe oder Ibibobo aufsuchen. Billigere *camiones* (offene Las- ter) bringen mehr Schmuggelware als Pas- sagiere über die Grenzen, sind aber prak- tisch für alle, die abgelegene Grenzüber- gänge erreichen wollen, zu denen kaum regelmäßige öffentliche Verkehrsmittel fah- ren. Man sollte aber vorher abklären, wo man sich seinen Einreise- oder Ausreise- stempel abholen muss.

Flugzeug

Nur ein paar Fluglinien sind kühn genug, Verbindungen zum Aeropuerto El Alto (LPB) in La Paz in den Flugplan aufzuneh- men, weshalb die Flugpreise so hoch wie der Flughafen liegen. Flüge von/nach Chile und Peru sind noch am billigsten. Viele Traveller landen in Lima (Peru) oder Santiago de Chile und tuckern auf dem Landweg nach Bolivien. Der Flughafen Viru Viru Interna- tional (VVI) bei Santa Cruz wird als Start- punkt für Bolivien-Traveller aus Westeuropa und für regionale Ziele immer beliebter, die nicht über La Paz erreicht werden müssen.

Direktflüge innerhalb Südamerikas steuern diese Städte an: Arica (Chile), Asunción (Pa- raguay), Bogotá (Kolumbien), Buenos Aires (Argentinien), Caracas (Venezuela), Cordoba (Argentinien), Cusco (Peru), Iquique (Chile), Lima (Peru), Manaus (Brasilien), Río de Ja- neiro (Brasilien), Salta (Argentinien), Santi- ago (Chile) und São Paulo (Brasilien).

Schiff/Fähre

Auf unregelmäßig verkehrenden Flussboo- ten sind die Amazonasgrenzen mit Brasilien

und Peru erreichbar. Ein frequentierter Übergang ist der Río Mamoré, wo zahl- reiche Fähren aus Guajará-Mirim (Brasi- lien) nach Guayaramerín (s. S. 295) über- setzen. Von dort aus geht es auf dem Land- weg weiter über Riberalta nach Cobija oder Rurrenabaque und La Paz.

Zug

Boliviens einzige verbliebene internationale Bahnstrecke zweigt bei Uyuni von der Stre- cke Villazón–Oruro in Richtung Westen ab. Sie führt über die Anden zur chilenischen Grenze bei Avaroa/Ollagüe und schießt dann nach Calama in Chile hinab (s. S. 252). Weitere atemberaubende Strecken enden an der argentinischen Grenze bei Villazón/La Quiaca (s. Kasten S. 261) und Yacuiba/Po- citos sowie im brasilianischen Pantanal bei Quijarro/Corumbá.

UNTERWEGS VOR ORT

Per Bus, als Anhalter oder mit offenen Last- wagen gelangt man billig überall hin. Die üblichste und vor Ort beliebteste Option sind Busse, die es in allen Varianten und Größen gibt (das gilt auch für ihre Räder) – aber auch in jeder Qualität. Man sollte sich die ganze Sache gut überlegen, bevor man sich für das billigste Ticket entscheidet, es sei denn, man ist auf einen 24-stündigen oder gar längeren Horrorttrip in den Ur- wald scharf, womöglich noch am Ende der Regenzeit. (Viele Busse fahren während der Regenzeit erst gar nicht.) Boot, Flugzeug und Bahn sind die viel besseren Alterna- tiven, wenn die Flussübergänge überspült sind und sich unbefestigte Straßen in Schlamm verwandeln. Züge sind im äußers- ten Süden und im Norden immer die beste Option, in jeder Stadt der Beni-Region kut- schieren einen Moto-Taxis billig in der Ge- gend herum. Doch egal, für welches Trans- portmittel man sich entscheidet: immer ausreichend Proviant, warme Kleidung, Trinkwasser und Toilettenpapier mitneh- men!

Bus, Camión & Trampen

Glücklicherweise bessert sich das bolivia- nische Straßennetz, Kilometer für Kilometer wird asphaltiert. Was die unbefestigten Stra- ßen angeht, ist dennoch so ziemlich alles im Angebot: von einigermaßen festem Unter- grund über Schlamm, Sand und Geröll bis hin zur Kategorie „Benutzung auf eigene Gefahr". Moderne Busse befahren die besten Straßen, ältere Fahrzeuge rattern dagegen über weniger gute Nebenstrecken.

Fernbusse heißen *flotas*, größere Busse *buses* und kleine *micros*, ein Busbahnhof ist ein *terminal terrestre*.

Um auf Nummer sicher zu gehen, sollte man das Ticket mindestens einige Stunden im Voraus kaufen. Wer's so billig wie möglich haben will, kauft es dagegen erst, wenn der Fahrer schon den Motor angelassen hat. Viele Busse fahren am Nachmittag oder Abend ab und erreichen ihr Ziel in den frühen Morgenstunden. Auf den meisten wichtigeren Strecken gibt es aber auch Fahrten tagsüber.

Eine Alternative auf vielen Strecken ist ein *camión*, das Verkehrsmittel der *campesinos*, mit dem die Beförderung in der Regel um die 50 % des Bustarifs kostet. Die Fahrt kann – je nach Ladung und Anzahl der Mitreisenden – quälend langsam und anstrengend ausfallen. Dafür geben einen *camiónes* den besten Einblick in das Landleben. In jeder Stadt gibt es Plätze, wo sich die *camiónes* sammeln, um auf Passagiere zu warten. Manchmal finden sich dort sogar Fahrpläne. Ansonsten ist der beste Ort, auf eine Mitfahrgelegenheit zu warten, die *tranca*, der Polizeiposten an jedem Stadtausgang.

Bei einer Fahrt mit Bus oder *camión* im Hochland ist angesichts der kalten Nächte, die nicht nur auf dem *altiplano* üblich sind, warme Kleidung unverzichtbar, außerdem sollte man Nahrungsmittel und Trinkwasser dabeihaben. Wenn in der Regenzeit Straßen nur schwer oder gar nicht zu passieren sind, muss man mit deutlich längeren Reisezeiten rechnen (oder auch damit, dass die Busse komplett ausfallen).

Flugzeug

Die staatlich betriebene **Lloyd Aéreo Bolviano** (LAB; Reservierungen ☎ 800-10-3001, Info ☎ 800-10-4321; www.labairlines.com, spanisch) und die private **AeroSur** (www.aerosur.com) sind die beiden bolivianischen Gesellschaften, die schon länger im Geschäft sind. Zum Zeitpunkt der Recherchen war die AeroSur die bessere Wahl, da es bei der LAB aufgrund hoher Schulden Unregelmäßigkeiten im Flugbetrieb gab.

Eine Reihe inländischer Fluglinien ohne viel Tamtam haben in den letzten Jahren das Angebot erweitert. Sie verlangen alle ungefähr die gleichen Preise und bieten ein großes Netz mit zahlreichen Flügen praktisch überall hin. **Amazonas** (www.amazonas.com, spanisch) fliegt zweimal täglich von La Paz nach Rurrenabaque. Doch Achtung: Die Flüge nach Rurrenabaque haben häufig Verspätung oder werden gleich ganz gecancelt. Das hat jedoch nicht immer – wie viele glauben – mit technischer Unzuverlässigkeit zu tun, sondern sehr oft einfach mit schlechten Wetterbedingungen. Die unbefestigten Landebahnen verwandeln sich nach starkem Regen in Schlamm. Flugzeuge starten und landen daher nur, wenn auch wirklich kein Risiko besteht. Bei Flugzielen wie Rurrenabaque sollte man daher einige Tage für eventuelle Verspätungen bei der An- oder Abreise einplanen.

Die raubeinige Militärfluglinie **Transportes Aéreos Militares** (TAM; ☎ in La Paz 02-212-1582/1585; tam@entelnet.bo) ist für Rurrenabaque und schlecht erreichbare Orte eine ziemlich gute Alternative. Die Tickets sind billig, dafür können keine Plätze reserviert werden und die Flüge haben häufig Verspätungen oder werden ganz gestrichen. AeroSur und LAB bieten jeweils 45 Tage gültige Flugpässe für vier Flüge (Preis ca. 250 US$) zwischen beliebigen größeren Städten an. LAB hat außerdem den ähnlichen Vibol Pass im Programm, der nur außerhalb Boliviens gekauft werden kann. Drei bis fünf Flüge kosten zwischen 155 und 250 US$. Weitere Einzelheiten finden sich im Internet unter www.labairlines.com.bo. Der einzige Haken bei all diesen Pässen: Die gleiche Stadt darf, außer zum Umsteigen, nicht zweimal angeflogen werden.

Schiff/Fähre

Die Hälfte des bolivianischen Territoriums liegt im Amazonasbecken. Hier sind Flüsse die Hauptverkehrsverbindungen – und während der Regenzeit sogar häufig die einzigen überhaupt. Zu den Hauptwasserwegen der Region gehören der Beni, der Guaporé (Iténez), der Madre de Dios und der Mamoré, alles Nebenflüsse des Amazonas. Die meisten Lastkähne bieten einfache Unterkünfte (billige Hängematten und Moskitonetze gibt's in allen Häfen) und befördern alles von Vieh bis zu Fahrzeugen. Um diese wenig alltägliche Art des Reisens zu genießen, braucht man Geduld und viel Zeit.

Taxi & Moto-Taxi

Taxis sind billig, sie fahren aber alle ohne ein kontrollierendes Taxameter. Den Preis vor der Abfahrt aushandeln, sonst wird es wahrscheinlich teuer. In den großen Städten kosten Fahrten quer durch die Stadt selten mehr als ein paar Dollar (Fahrten zu oder von den Flughäfen kosten hingegen rund 6 US$), kürzere Strecken in Kleinstädten machen weniger als 1 US$ aus. Höhere Preise gelten bei Fahrten spät am Abend, bei Fahrten mit Übergepäck (intensives Feilschen lohnt!) und generell, wenn die Fahrt bergauf führt. Oft ist es billiger, ein Taxi für einen ganzen Tag anzuheuern, als ein Auto zu mieten. Die stundenweise Mietung von Moto-Taxis ist in den milden Städten des Beni üblich.

Zug

Seit der Privatisierung ist der Passagierbetrieb ordentlich beschnitten worden. Das westliche Netz führt von Oruro nach Uyuni und Villazón (an der argentinischen Grenze), eine Zweigstrecke südwestlich von Uyuni endet in Avaroa an der chilenischen Grenze. Zwischen Oruro, Tupiza und Uyuni verkehren zweimal wöchentlich die bequemen *Expreso del Sur*-Züge. Der billigere *Wara Wara del Sur* fährt ebenso zweimal wöchentlich zwischen Oruro und Villazón (im Internet nachzulesen unter www.fca.com.bo).

Im Osten führt eine Strecke von Santa Cruz zur Grenze bei Quijarro, wo es bei Corumbá (Brasilien) ins Pantanal hinübergeht. Eine selten bediente Strecke führt mehrmals die Woche in südlicher Richtung von Santa Cruz nach Yacuiba an der argentinischen Grenze.

Bahnfahren in Bolivien erfordert viel Geduld und jede Menge Entschlossenheit – also nicht aufgeben! Die meisten Bahnhöfe verfügen zwar inzwischen über gedruckte Fahrpläne, auf die sollte man sich aber nicht unbedingt verlassen. Auf älteren Bahnhöfen werden die Abfahrtszeiten immer noch mit Kreide auf Schiefertafeln gekrakelt. Wer eine Fahrkarte kaufen will, muss seinen Reisepass vorzeigen. Und für die meisten Züge gibt es die Tickets erst am Abfahrttag – immerhin ist es gegen eine kleine Gebühr möglich, über ein Reisebüro vor Ort einen Sitzplatz für die besseren Züge zu reservieren.

LA PAZ

☎ 02 / 1,5 Mio. Ew. (inkl. El Alto)

La Paz ist schwindelerregend! In jeder Hinsicht – nicht nur wegen seiner Höhenlage (3660 m), sondern auch wegen seiner eigenwilligen Schönheit. Alle Besucher kommen über die flache, öde Ebene, die das auswuchernde El Alto einnimmt, in die Stadt. Die Anreise birgt einige Überraschungen – der erste Anblick von La Paz ist atemberaubend! Die Bauwerke der Stadt schmiegen sich an einen Abhang und scheinen auf spektakuläre Weise abwärts zu fließen, während sich an klaren Tagen im Hintergrund die imposante Kulisse des schneebedeckten Illimani (6402 m) erhebt.

Die ruhigeren, tiefer gelegenen Bereiche der Stadt bilden die schickeren Vororte, die von Wolkenkratzern, kolonialzeitlichen Wohnhäusern und modernen Glaskonstruktionen geprägt sind. Das Leben aber spielt sich weiter oben ab, wo eine Unzahl planlos verlaufender Straßen und Wege sich himmelwärts schrauben. Hier verbringen die Einheimischen ihren hektischen Alltag. Frauen mit langen, schwarzen Zöpfen und Rundhüten, gehüllt in bunte *mantas,* passen auf brodelnde Kochtöpfe auf oder verkaufen alles mögliche, von getrockneten Lamaföten bis zu Designerschuhen, während die Männer mitten im starken Verkehr und seiner Abgase überladene Handwagen ziehen.

La Paz kann man nicht nur wegen der Höhe nicht in einem Atemzug in sich aufsaugen: Die Stadt hat viele Gesichter. Man schlendert gemütlich durch Alleen und über Märkte, erkundet viele interessante Museen, schwatzt in einem *comedor* (einer einfachen Cafeteria bzw. dem Speisesaal eines Hotels) mit Einheimischen oder entspannt sich mit Kaffee und Zeitung in einem der vielen trendigen Cafés. Und schließlich warten ein munteres Nachtleben und viele interessante Tagesausflüge ins Umland.

Nachdem im Río Choqueyapu Gold entdeckt worden war, gründete Alonso de Mendoza 1548 La Paz. Das Goldfieber ebbte zwar schnell ab, doch die Lage der Stadt an der wichtigsten Silberroute von Potosí zur Pazifikküste sorgte für ihr stetiges Wachstum. Mitte des 20. Jhs. nahm die Bevölkerung von La Paz gewaltig zu, Tausende von *campesinos* strömten vom Land in die Stadt.

BOLIVIEN

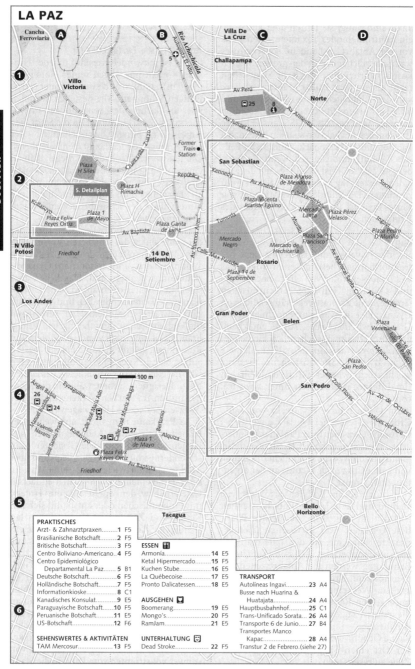

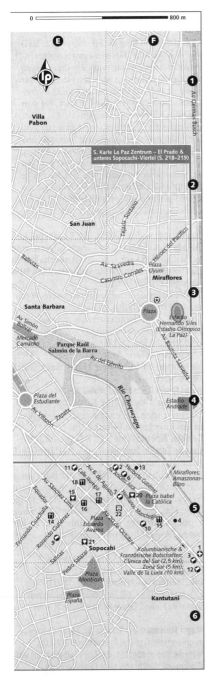

Heute ist La Paz der Regierungssitz Boliviens (die offizielle Hauptstadt ist Sucre).

In der Höhe von La Paz sind warme Kleidung, Sonnencreme und Sonnenbrille unerlässlich. Im Sommer (Nov.–April) wird das raue Klima nachmittags mit Regengüssen garniert, die die steilen Straßen in reißende Wildbäche verwandeln. Im Winter (Mai–Okt.) sind die Temperaturen ganz schön frisch. Bei Sonnenschein klettern sie tagsüber noch über die 15 °C, nachts sinken sie oft unter den Gefrierpunkt. Ratschläge zum richtigen Umgang mit der Höhenkrankheit gibt's auf S. 1253.

ORIENTIERUNG

In La Paz läuft man eher Gefahr, außer Atem zu kommen als sich zu verirren. Es gibt nur eine größere Verkehrsachse. Sie folgt dem Canyon des Río Choqueyapu und wird im Volksmund oft El Prado genannt. Mehrmals wechselt sie den Namen. Von oben nach unten heißt sie: Autopista El Alto, Av Ismael Montes, Av Mariscal Santa Cruz, Av 16 de Julio (El Prado) und Av Villazón. Am unteren Ende teilt sie sich in die Av 6 de Agosto und die Av Aniceto Arce. Verliert man die Orientierung und möchte zu dieser Hauptstraße zurückfinden, sollte man einfach bergab gehen. Von der Hauptstraße aus führen Nebenstraßen steil bergauf, von denen viele nur mit Kopfsteinen oder gar nicht gepflastert sind.

Zu den Stadtbezirken gehören die Zona Central (die Blocks um und unterhalb der Plaza Pedro D Murillo), Sopocachi (das teure Kommerz- und Wohnviertel um die Av 6 de Agosto), Miraflores (auf dem Abhang östlich der Zona Central) und die Zona Sur (das teuerste Wohnviertel, weiter unten im Tal). In einigen Vororten der Zona Sur, darunter in Obrajes, Calacoto und Cotacota, gibt es Kliniken, Regierungsstellen und weitere für Touristen interessante Einrichtungen. An den Informationskiosken ist ein kostenloser Stadtplan von La Paz erhältlich (Karte S. 218 f.).

Das **Instituto Geográfico Militar** (IGM; Karte S. 218 f.; ☎ 254-5090; Pasaje Juan XXII 100) veröffentlicht die besten topografischen Karten Boliviens. Die begehrtesten Karten sind oft nur als Fotokopien erhältlich (5–13 US$/Karte). Die Verkaufsstelle befindet sich an der Rodríguez zwischen der México bzw. Murillo und der Linares.

DER WEG INS ZENTRUM

Der Hauptbusbahnhof liegt vom Stadtzentrum 1 km entfernt den Berg hinauf. *Micros* (0,25 US$) und Minibusse (0,30 US$) mit den Zielangaben „Prado" und „Av Arce" führen an den Haupttouristengegenden vorbei, sind aber üblicherweise so rappelvoll, dass es ein hoffnungsloses Unterfangen ist, hier mit vollem Rucksack einsteigen zu wollen. Wer zu Fuß unterwegs ist, marschiert hinunter zur Hauptverkehrsader, der Av Ismael Montes, und von dort 15 Minuten weiter bergab, an mehreren Plazas und Straßenmärkten vorbei. Erblickt man zur Rechten die Kirche San Francisco, hat man die Sagárnaga erreicht: Die wichtigste Touristenstraße führt leider wieder bergauf.

Für den Weg vom Flughafen El Alto (10 km außerhalb des Stadtzentrums) steht zwischen 7.30 und 19 Uhr der *micro* 212 zur Verfügung (0,50 US$). Er hält direkt außerhalb des Terminals und setzt einen überall entlang des Prado ab. Eines der Taxis, die in einer Schlange auf Fahrgäste warten, sollte für bis zu vier Personen ins Stadtzentrum nicht mehr als 5 bis 6,50 US$ kosten. Wer mit dem Bus in Villa Fatima oder im Friedhofsbezirk ankommt, sollte besonders vorsichtig sein. Nachts ist ein Taxi die bessere Wahl (1 US$), aber nur ein reguläres. Und *niemals* den Wagen mit unbekannten Mitfahrern teilen! Tagsüber fahren häufig *micros* von beiden Orten aus ins Stadtzentrum.

PRAKTISCHE INFORMATIONEN
Buchläden
Gisbert & Co (Karte S. 218 f.; Calle Comercio 1270) Gutes Sortiment an Landkarten und spanischsprachiger Literatur.
Los Amigos del Libro (Karte S. 218 f.; Mercado 1315) Größte Auswahl an Romanen, fremdsprachigen Zeitschriften und Reiseführern.

In La Paz kann man problemlos gute englische Bücher tauschen. Wer damit kein Glück in den billigeren Hotels nahe der Sagárnaga hat, findet an folgenden Stellen eine gute Auswahl:
Gravity Assisted Mountain Biking (Karte S. 218 f.; Av 16 de Julio 1490, Edificio Av, No 10)
Oliver's Travels (Karte S. 218 f.; Murillo 1014)
Sol y Luna Cafe Bar (Karte S. 218 f.; Ecke Murillo & Cochabamba)

Einreisestelle
Informationen über Botschaften und Konsulate in La Paz finden sich auf S. 296.
Einreisestelle (Migración; Karte S. 218 f.; ☎ 211-0960; Av Camacho 1478; ☿ Mo–F r 8.30–16 Uhr) Hier werden Verlängerungen der Aufenthaltsdauer vorgenommen.

Fotografie
AGFA (Karte S. 218 f.; ☎ 240-7030; Av Mariscal Santa Cruz 901) Ideal für blitzschnelle Passfotos.
Casa Kavlin (Karte S. 218 f.; ☎ 240-6046; Potosí 1130) Dias oder Abzüge innerhalb einer Stunde.
Tecnología Fotográfia (☎ 242-7402; www.tecnologia fotografica.com; 20 de Octubre 2255) Bei Ärger mit der Kamera ist Rolando der geeignete Mann.

Geld
Vorsicht ist geboten: Besonders bei *cambistas* (fliegende Geldwechsler), die an den Kreuzungen der Colón, Av Camacho und Av Mariscal Santa Cruz herumlungern, sind gefälschte US$ im Umlauf. Außerhalb von La Paz erhält man für Reisechecks 3 bis 10 % weniger als für Bargeld.

Die *casas de cambio* (autorisierte Wechselstuben) im Stadtzentrum arbeiten schneller und sind bequemer als Banken. Die meisten haben wochentags von 8.30 bis 12 und von 14 bis 18 Uhr sowie am Samstagvormittag offen. Außerhalb dieser Zeiten kann man in folgenden Hotels sein Glück versuchen:
Hotel Gloria (Karte S. 218 f.; Potosí 909)
Hotel Rosario (Karte S. 218 f.; Illampu 704)
Die folgenden Stellen tauschen Reisechecks gegen eine kleine Gebühr ein:
Cambios América (Karte S. 218 f., Av Camacho 1223)
Casa de Cambio Sudamer (Karte S. 218 f.; Ecke Colón & Av Camacho) Verkauft auch Devisen aus Nachbarstaaten.
Bargeldabhebungen in US$ oder Bolivianos sind auch an Geldautomaten an wichtigen Verkehrsknotenpunkten in der Stadt möglich. Um die Visa oder MasterCard ohne großes Gedränge und gebührenfrei zu belasten (Auszahlung nur in Bolivianos), empfehlen sich:
Banco Mercantil (Karte S. 218 f.; Ecke Mercado & Ayacucho) Hat einen Geldautomaten.
DHL/Western Union (Karte S. 218 f.; ☎ 233-5567; Calle Juan Jose Perez 268) Für dringende Geldüberweisungen ins Ausland. Filialen finden sich überall in der Stadt.
Magri Turismo (Karte S. 218 f.; ☎ 244-2727; www. magri-amexpress.com.bo; Capitán Ravelo 2101) Das hilfreiche Büro erledigt fast alles (auch Aufbewahrung von Kundenpost), tauscht aber keine Reisechecks ein.

Gepäckaufbewahrung

Die meisten der empfohlenen Unterkünfte bieten auch eine billige oder kostenlose Gepäckaufbewahrung, insbesondere wenn man das Quartier auch für die Rückkehr reserviert. Dennoch sollte man möglichst nichts Wertvolles zurücklassen – weder kurz- noch längerfristig. Immer wieder wird über Verlust von Gegenständen und auch von Bargeld berichtet. Das Gepäckstück deshalb außerdem möglichst mit einem Schloss versehen.

Infos im Internet

La Paz municipal (www.ci-lapaz.gov.bo, spanisch) Überblicksseite mit guten Informationen zu Kultur und Tourismus.

Internetzugang

La Paz hat fast so viele Internetcafés wie Schuhputzer. Die Preise liegen zwischen 0,40 und 0,75 US$ pro Stunde.

Internet Alley (Pasaje Irrturalde; Karte S. 218 f.) Gleich neben der Av Villazón nahe der Plaza del Estudiante. Die schnellsten, billigsten Verbindungen in der Stadt.

Tolomeo's (Karte S. 218 f.; Ecke Loayza & Calle Comercio; 0,30 US$/Std.; 🕓 Mo–Sa 8.30–22.30, So 10.30–18.30 Uhr) Warm und Nichtraucher. Gute Geräte; Scanner und CD-Brenner.

Kulturzentren

Centro Boliviano-Americano (Karte S. 214 f.; 🕾 234-2582; www.cba.com.bo, spanisch; Parque Zenón Iturralde 121) Sprachkurse und Lesesaal mit US-amerikanischen Zeitschriften.

Goethe Institut (Karte S. 218 f.; 🕾 244-2453; www.goethe.de; Av 6 de Agosto 2118) Filme, Sprachkurse und eine gute deutschsprachige Bibliothek.

Medien

La Razon (www.la-razon.com, spanisch), **El Diario** (www.eldiario.net, spanisch) und **La Prensa** (www.laprensa.com.bo, spanisch) sind die wichtigsten Tageszeitungen in La Paz. Die landesweiten Medienketten **ATB** (www.bolivia.com, spanisch) und **Groupo Fides** (www.fidesbolivia.com, spanisch) betreiben Websites, auf denen sie die neuesten Nachrichten veröffentlichen.

Medizinische Versorgung

Die diensthabenden farmacias de turno (Nachtapotheken) sind in den Tageszeitungen aufgelistet.

24-Stunden-Apotheke (Karte S. 218 f.; Av 16 de Julio Höhe Bueno) Gute Apotheke am Prado.

Centro Epidemiológico Departamental La Paz (Centro Pilote; Karte S. 214 f.; 🕾 245-0166; Vásquez 122; 🕓 Mo–Fr 8.30–11.30 Uhr) Abseits der oberen Av Ismael Montes in der Nähe der Brauerei. Wer ins Flachland will, erhält hier billige Mittel gegen Malaria sowie Tollwut- und Gelbfieberimpfungen.

Clínica del Sur (🕾 278-4001; Siles 3539, Obrajes) Die Klinik wird von zahlreichen Lesern und von Botschaften als freundlich, kompetent und effizient empfohlen. Sie liegt rund 3 km südöstlich des Stadtzentrums.

Dr. Elbert Orellana Jordan (Unidad Medica Preventiva; 🕾 242-2342, 706-59743; asistmedbolivia@hotmail.com; Ecke Freyre & Mujia) Geselliger englischsprachiger Arzt, macht im Notfall jederzeit Hausbesuche zu vernünftigen Preisen.

Dr. Fernando Patiño (Karte S. 214 f.; 🕾 243-0697, 772-25625; fpatino@entelnet.bo; Av Aniceto Arce 1701, Edificio Illimani, 2. Stock) Gegenüber der US-Botschaft. In den USA ausgebildeter, englischsprachiger Experte für Höhenkrankheiten.

Dr. Jorge Jaime Aguirre (Karte S. 214 f.; 🕾 243-0496; Av Aniceto Arce 1701, Edificio Illimani, 1. Stock) Von vielen Seiten empfohlener Zahnarzt, für Zahnsteinentfernen ebenso wie für Wurzelbehandlungen.

Notfall

Touristenpolizei (Policía Turistica; Karte S. 218 f.; 🕾 222-5016; Plaza del Estadio, Puerta 22, neben der Disco Love City, Miraflores) Wer ein Verbrechen melden oder eine *denuncia* (Anzeige) machen muss, sucht am besten diese Polizeistation auf, in der Englisch verstanden und gesprochen wird.

Landesweit sind in den Städten die Notfalldienste unter den gleichen Telefonnummern erreichbar:

Ambulanz (🕾 118)
Feuerwehr (🕾 119)
Polizei (Funkstreife; 🕾 110)

Post

Ángelo Colonial (Karte S. 218 f., Linares 922; 🕓 9–19 Uhr) Bequeme, ausländerfreundliche Filiale. Hier können nur Sendungen aufgegeben werden.

Hauptpost (Ecobol; Karte S. 218 f.; Av Mariscal Santa Cruz & Oruro; 🕓 Mo–Fr 8–20, Sa 8–18, So 9–12 Uhr) Eine ruhige Oase abseits des hektischen Prado. Hier werden Postsendungen, die *lista de correos* (Poste restante) abgeschickt wurden, drei Monate für die Empfänger aufbewahrt.

Reisebüros

America Tours (Karte S. 218 f.; 🕾 237-4204; www.america-ecotours.com; Av 16 de Julio, Edificio Av 1490, EG, No 9) Sehr empfohlene englischsprachige Agentur, die Ausflüge in alle Ecken des Landes organisiert. Die umwelt-

LA PAZ ZENTRUM – EL PRADO & UNTERES SOPOCACHI-VIERTEL

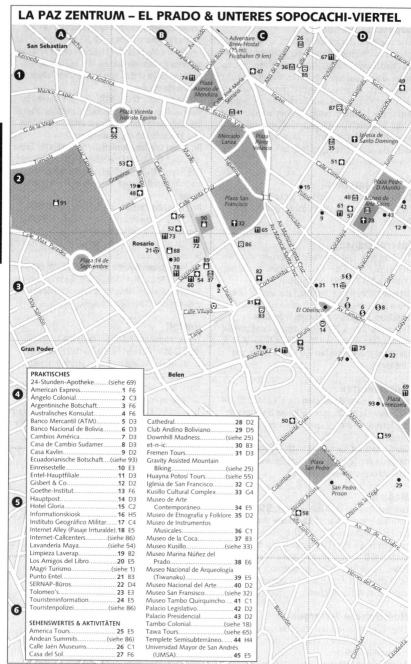

PRAKTISCHES	
24-Stunden-Apotheke	(siehe 69)
American Express	1 F6
Ángelo Colonial	2 C3
Argentinische Botschaft	3 F6
Australisches Konsulat	4 F6
Banco Mercantil (ATM)	5 D3
Banco Nacional de Bolivia	6 D3
Cambios América	7 D3
Casa de Cambio Sudamer	8 D3
Casa Kavlin	9 D2
Ecuadorianische Botschaft	(siehe 93)
Einreisestelle	10 E3
Entel-Hauptfiliale	11 D3
Gisbert & Co	12 D2
Goethe-Institut	13 F6
Hauptpost	14 D3
Hotel Gloria	15 C2
Informationskiosk	16 H5
Instituto Geográfico Militar	17 C4
Internet Alley (Pasaje Irrturalde)	18 E5
Internet-Callcenters	(siehe 86)
Lavandería Maya	(siehe 54)
Limpieza Laverap	19 B2
Los Amigos del Libro	20 E5
Magri Turismo	(siehe 1)
Punto Entel	21 B3
SERNAP-Büros	22 D4
Tolomeo's	23 E3
Touristeninformation	24 E5
Touristenpolizei	(siehe 86)

SEHENSWERTES & AKTIVITÄTEN

America Tours	25 E5
Andean Summits	(siehe 86)
Calle Jaén Museums	26 C1
Casa del Sol	27 F6
Cathedral	28 D2
Club Andino Boliviano	29 D5
Downhill Madness	(siehe 25)
et-n-ic	30 B3
Fremen Tours	31 D3
Gravity Assisted Mountain Biking	(siehe 25)
Huayna Potosí Tours	(siehe 55)
Iglesia de San Francisco	32 C2
Kusillo Cultural Complex	33 G4
Museo de Arte Contemporáneo	34 E5
Museo de Etnografía y Folklore	35 D2
Museo de Instrumentos Musicales	36 C1
Museo de la Coca	37 B3
Museo Kusillo	(siehe 33)
Museo Marina Núñez del Prado	38 E6
Museo Nacional de Arqueología (Tiwanaku)	39 E5
Museo Nacional del Arte	40 D2
Museo San Fransisco	(siehe 32)
Museo Tambo Quirquincho	41 C1
Palacio Legislativo	42 D2
Palacio Presidencial	43 D2
Tambo Colonial	(siehe 18)
Tawa Tours	(siehe 65)
Templete Semisubterráneo	44 H4
Universidad Mayor de San Andrés (UMSA)	45 E5

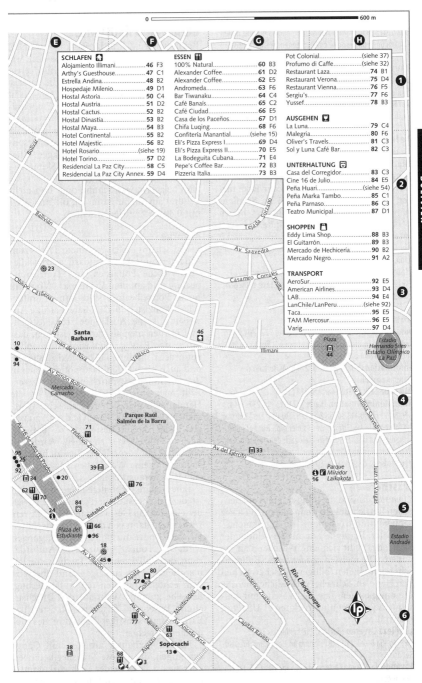

bewussten Betreiber kennen sich besonders gut mit neuen Routen und von Gemeinden getragenen Ökotourismus-Projekten aus.

Valmar Tours (Karte S. 218 f.; ☎ 220-1499/1519; www. valmartour.com, spanisch) Verkauft internationale Studentenausweise und bietet Studenten einige Rabatte. Am Besten spricht man mit dem englischsprachigen Leiter. Auch die Vermittlung von Freiwilligenarbeit ist möglich.

Telefon

Bequeme Punto Entels gibt es überall in der Stadt. Zu den konkurrierenden Telekommunikationsunternehmen zählen Cotel und Viva. Straßenkioske an fast jeder Ecke bieten kurze Ortsgespräche für 1 Bs. Straßenhändler mit angeketteten Handys bieten Mobilanrufe für 1 Bs pro Minute.

Internet Call Centers (Karte S. 218 f.; Ecke Sagárnaga & Murillo, Galería Doryan; ⏱ 8–20 Uhr) Billige Internettelefonie weltweit.

Hauptstelle von Entel (Karte S. 218 f.; Ayacucho 267; ⏱ 7–22 Uhr) Bester Ort, um Anrufe oder Faxe entgegenzunehmen.

Touristeninformation

Ángelo Colonial (Karte S. 218 f.; Linares 922) Privat betriebenes Touristeninformationsbüro mit Buchausleihe und Schwarzem Brett.

Informationskiosk (Karte S. 214 f.) Außerhalb des Hauptbusbahnhofs.

Mirador Laikakota (Karte S. 218 f.)

Touristeninformation (Karte S. 218 f.; ☎ 237-1044; ⏱ Mo–Fr 8.30–18.30, Sa & So 9-13.30 Uhr) Ein Stadtplan ist so ziemlich das Einzige, was es hier gibt. Aber es lohnt sich, die freundlichen Angestellten nach dem monatlichen Veranstaltungskalender zu fragen. Das Büro findet sich an der Nordseite der Plaza del Estudiante.

Wäschereien

Lavanderías sind die billigsten und effizientesten Einrichtungen, wenn man in in La Paz saubere (und trockene) Kleidung braucht.

In der Illampu, am oberen Ende der Sagárnaga reiht sich eine Wäscherei an die andere. Die meisten *residenciales* (Billigwäschereien) bieten billiges Wäschewaschen von Hand an. Schnelle, verlässliche Dienste, die am gleichen Tag die Wäsche mit Maschinen waschen und trocknen (1 US$/kg), bieten u. a.:

Limpieza Laverap (Karte S. 218 f.; Illampu 704; ⏱ Mo–Sa 8–20 Uhr) Auslieferung an Hotels; mit Prepaid-Service.

Lavandería Maya (Karte S. 218 f.; Sagárnaga 339) Im Hostal Maya.

GEFAHREN & ÄRGERNISSE

Beim „High Life" in La Paz ist es wichtig, es easy angehen zu lassen – ganz egal, wie gut man sich fast 4 km über dem Meeresspiegel auch fühlen mag. Um die *soroche* (Höhenkrankheit) zu vermeiden, ist es nicht das dümmste, den Ratschlag der Einheimischen zu beherzigen – *camina lentito, come poquito …y duerme solito* (geh langsam, iss nicht zu viel … und schlafe allein) –, besonders an den ersten ein, zwei Tagen. Eher lästig als bedrohlich sind die mit Skimasken verkleideten *lustrabotes* (Schuhputzer), die alles belagern, was Schuhe trägt und nicht bei drei auf einem Baum ist, die man aber mit 0,30 US$ zufriedenstellt.

Abzocke

Leider scheint La Paz in puncto Tricks zum südamerikanischen Standard aufzuschließen: Falsche Polizisten und Tourismusbeamte sind auf dem Vormarsch. Vorsicht: Echte Polizeibeamte sind immer uniformiert (Polizisten in Zivil haben strikte Anweisung, keine Ausländer zu belästigen) und werden niemals darauf bestehen, dass ihnen der Pass gezeigt wird, niemanden auffordern, mit ihnen in ein Taxi zu steigen, und auch niemanden dazu nötigen, sich in der Öffentlichkeit durchsuchen zu lassen. Fällt man einem dieser Betrüger in die Hände, sollte man sich weigern, seine Wertsachen (Brieftasche, Pass, Geld etc.) zu zeigen, oder darauf bestehen, zu Fuß ins nächste Polizeirevier zu gehen. Wird man allerdings mit körperlicher Gewalt bedroht, sollte man seine Wertsachen besser widerstandslos herausrücken.

Eine weitere verbreitete Plage in Bolivien ist der falsche südamerikanische Tourist, der einen in ein Gespräch auf Englisch verwickelt und dann von den schon erwähnten falschen Tourismuspolizisten angegangen wird. Der „Tourist" gehorcht der Aufforderung, den Polizisten seine Tasche/seine Papiere/seinen Pass zu zeigen, und übersetzt dem echten Touristen die Aufforderung, dasselbe zu tun. Während der Durchsuchung lassen die falschen Polizisten das Bargeld und sonstiges Eigentum des Geprellten mitgehen.

Falsche Taxifahrer arbeiten mit Gangs zusammen, die arglose Traveller berauben oder sie gar – was leider auch vorkommt – misshandeln oder entführen, um an die

PINs ihrer Geldkarten zu kommen. Also nicht mit Fremden zusammen in ein Sammeltaxi steigen oder ein Taxi benutzen, dessen Fahrer auffällig seine Dienste anbietet (das gilt vor allem in heruntergekommenen Gegenden rund um Busbahnhöfe).

Und noch ein besonders ekliger, verbreiteter Trick: Ein Gauner hustet oder spuckt einen „versehentlich" an. Während das Opfer der der Gauner den Schleim wegwischen will, macht sich an einer an die Brieftasche heran oder schlitzt die Tasche auf. Die Ganoven arbeiten bei diesem Trick auch mit unschuldig aussehenden Omas oder junge Mädchen zusammen. Schließlich: Niemals Wertsachen aufheben, die jemand fallen lässt – man wird entweder des Diebstahls bezichtigt oder Opfer von Taschendieben. Weitere verbreitete Tricks finden sich auf S. 298 f.

SEHENSWERTES

Die abschüssige Stadt ist schon für sich eine Attraktion, vor allem bei Sonnenschein. Die bunten und munteren Märkte der Stadt leben im Rhythmus der indigenen Kulturen. Zuflucht vor der Hektik des Straßenlebens gewähren Museen oder Spaziergänge auf den Kopfsteinwegen zwischen kolonialzeitlichen Bauten. Und immer wieder bieten sich zwischen den höchsten Wolkenkratzern phantastische Ausblicke auf den Illimani.

Rund um die Plaza Pedro D Murillo

Die Plaza mit diversen Denkmälern, dem imposanten **Palacio Legislativo**, dem von Kugeln durchsiebten **Palacio Presidencial** (Karte S. 218 f.) und der **Kathedrale** von 1835 (Karte S. 218 f.) ist das offizielle Stadtzentrum.

Direkt westlich der Plaza befindet sich das **Museo Nacional del Arte** (Karte S. 218 f.; ☎ 240-8600; Ecke Comercio & Socabaya; Eintritt 1,25 US$; Di–Sa 9–12.30 & 15–19, So 9.30–12.30 Uhr) in dem prächtig restaurierten Palacio de los Condes de Arana (1775), den eine rosafarbene Granitfassade schmückt. Die Sammlung von präkolumbischer, kolonialzeitlicher und zeitgenössischer Kunst ist klein, aber fein.

Museen in der Calle Jaén

Fünf Blocks nordwestlich der Plaza Murillo finden sich in der kolonialzeitlichen Calle Jaén vier kleine **Museen** (Karte S. 218 f.; Kombi-Eintritt 0,50 US$; Di–Fr 9.30–12.30 & 15–19, Sa & So 9–13 Uhr), die in ein paar Stunden leicht abzuha-

ken sind. Das **Museo de Metales Preciosos Precolombinos** (☎ 228-0329; Calle Jaén 777) zeigt staunenswerte Artefakte aus Gold und Silber, das **Museo Casa Murillo** (☎ 228-0553; Calle Jaén 790) Stücke aus der Kolonialzeit. Das **Museo del Litoral Boliviano** (Calle Jaén 789) singt das Lamento des Kriegs von 1884, bei dem Bolivien den Zugang zur Pazifikküste verlor. Und das **Museo Costumbrista Juan de Vargas** (Ecke Calle Jaén & Sucre) stellt gute Exponate zur Kolonialzeit aus.

Ein Muss für Musikliebhaber ist das eindrucksvolle **Museo de Instrumentos Musicales** (Karte S. 218 f.; ☎ 233-1075; Calle Jaén 711; Eintritt 0,65 US$; 9.30–13 & 14–18 Uhr) mit einer einzigartigen Sammlung von Musikinstrumenten, die nicht nur aus Bolivien stammen und zum Teil „mit den Händen angeschaut" werden dürfen. Wenn man nicht gerade zufällig auf eine Jamsession trifft, hat man bei der Peña Marka Tambo (S. 228) des Museumsgründers und *charango*-Meisters Ernesto Cavours gleich gegenüber sicher mehr Glück. Hier kann man außerdem Lektionen im *charango*- und Blasinstrumente-Spielen für rund 5 US$ pro Stunde nehmen.

Noch mehr Museen im Stadtzentrum

Traveller lieben das etwas schäbige, aber sehr interessante **Museo de la Coca** (Karte S. 218 f.; ☎ 231-1998; Linares 906; Eintritt 1 US$; 10–19 Uhr), welches das heilige Kraut und seine Anwendungen pädagogisch, provokant und ausgewogen vorstellt. Fremdsprachige Broschüren sind vorhanden.

Die Kreuzgänge und Zellen, der Garten und das Dach (wegen des Ausblicks!) des kürzlich eröffneten **Museo San Francisco** (Karte S. 218 f.; ☎ 231-8472; Plaza San Francisco; Eintritt 2,50 US$; 9–18 Uhr) lassen die Geschichte und Kunst der 460 Jahre alten Kathedrale, des Wahrzeichens der Stadt, lebendig werden.

Zwischen der Plaza und der Calle Jaén stellt das kostenlose **Museo de Etnografía y Folklore** (Karte S. 218 f.; ☎ 240-6692; Ecke Ingavi & Genaro Sanjinés; Di–Sa 9.30–12.30 & 15–19, So 9.30–12.30 Uhr) die faszinierende Chipaya-Kultur vor. Zudem zeigt es eine bemerkenswerte Sammlung der schönsten Textilien des Landes.

Daneben liegt das **Museo Tambo Quirquincho** (Karte S. 218 f.; ☎ 239-0969; Eintritt 0,15 US$; Mo–Fr 9.30–12.30 & 15–19, Sa & So 9.30–12 Uhr), das in einem ehemaligen Tambo (Markt und Schenke am Straßenrand) untergebracht ist. Zu sehen gibt's altmodische Kleider, Tafelsilber, Fotos, Kunstgewerbliches und Karnevalsmasken. Das Museum ist neben der Calle Evaristo Valle an der Plaza Alonzo de Mendoza zu finden.

In der Nähe der Plaza del Estudiante zeigt das **Museo Nacional de Arqueología** (Karte S. 218 f., Tiwanaku 93; ☎ 231-1621; Eintritt mit Führung 1,25 US$; Mo–Fr 9–12.30 & 15–19, Sa 10–12.30 & 15-18.30, So 10–13 Uhr) eine interessante Sammlung mit Töpferwaren, Skulpturen, Textilien und anderen Artefakten aus Tiahuanaco (Tiwanaku).

In Miraflores findet sich der **Templete Semisubterráneo** (Karte S. 218 f.; Museo al Aire Libre, Ecke Ilimani & Bautista Saavedra; Eintritt frei), die Nachbildung eines Teils der archäologischen Stätte von Tiahuanaco unter freiem Himmel. Interessant nur für die, denen ein Abstecher zum Original nicht möglich ist (s. S. 231).

Die Arbeiten der berühmtesten Bildhauerin Boliviens sind in ihrem früheren (eindrucksvollen) Wohnhaus zu sehen, dem **Museo Marina Núñez del Prado** (Karte S. 218 f.; ☎ 232-4906; Ecuador 2034; Eintritt 0,65 US$; Di–Fr 9.30–13 & 15–19, Sa & So 9.30–13 Uhr) in Sopocachi. Achtung: Die angegebenen Öffnungszeiten sind nicht immer für bare Münze zu nehmen.

Das private **Museo de Arte Contemporáneo** (Karte S. 218 f.; ☎ 233-5905; Av 16 de Julio 1698; Eintritt 1,25 US$; 9–21 Uhr) verdient eher wegen des Gebäudes, in dem es untergebracht ist, Aufmerksamkeit. Das Haus aus dem 19. Jh. mit Glasdach und Buntglasfenstern, entworfen von keinem anderen als Gustave Eiffel, dient als Heimat einer Sammlung bolivianischer Kunst.

Parque Laikakota Mirador & Kulturkomplex Kusillo

Großartige Aussichten auf die Stadt hat man auf dem **Mirador** (Aussichtspunkt; Karte S. 218 f.; Eintritt 0,15 US$; 9-17.30 Uhr), der sich in einer beschaulichen Parklandschaft oberhalb von La Paz befindet. Das nahe gelegene **Museo Kusillo** (Karte S. 218 f.; ☎ 222-6187; Av del Ejército; Eintritt Erw./Kind Di–Fr 0,75 US$, Sa & So 1,50/1,25 US$; Di–So 10.30–18.30 Uhr) bietet eine interaktive Spielfläche für Kinder.

Um hinzukommen, 20 Minuten die Av Zapata östlich des Prado entlanggehen; sie wird dann zur Av del Ejército.

AKTIVITÄTEN
Mountainbiking

Wer in großer Höhe einen Adrenalinstoß braucht, kann sich mit **Gravity Assisted Mountain Biking** (Karte S. 218 f.; ☎ 313-849; www.gravity bolivia.com; Av 16 de Julio 1490, Edificio Av, No 10) aufs Rad schwingen. Zwei der beliebtesten Ganztagestouren (es gibt viele andere) sind die Fahrt hinunter von Chacaltaya nach La Paz und von La Cumbre auf der „gefährlichsten Straße der Welt" hinunter nach Coroico. **Downhill Madness** (Karte S. 218 f.; ☎ 239-1810; www. downhill-madness.com; Sagarnaga 339) ist für den Trip nach Coroico ebenfalls zu empfehlen.

TÖDLICHE PEDALE

Viele Veranstalter, die das Mountainbike-Abenteuer von La Cumbra nach Coroico anbieten, geben Travellers T-Shirts mit der Aufschrift: „I've survived the World's Most Dangerous Road." Und das ist kein Spaß: Die Schotterstraße ist schmal (gerade mal knapp über 3,20 m breit) und führt vorbei an steilen, bis zu 600 m in die Tiefe abfallenden Felswände ... und das bei einem ganz schön ordentlichen Verkehr. Zum Recherchezeitpunkt waren acht Menschen (es werden auch höhere Zahlen genannt) auf der 64 km langen Strecke mit einer Höhendifferenz von 3600 m gestorben. Leser berichteten von Fast-Zusammenstößen und scheußlichen Unfällen. Die meisten sind auf keine oder zu wenig Anweisungen und Vorbereitungen zurückzuführen, Mountainbikes von schlechter Qualität tun ihr Übriges. (Hände weg von gefälschten Markenrädern!) Offen gesagt sind viele Veranstalter alles andere als vertrauenswürdig. Vorsicht bei Schnäppchen – geringere Kosten bedeuten oft abgenutzte Bremsen und schlechte Ersatzteile – und die können tödliche Tragödien zur Folge haben. Für Instruktionen und zur Kontrolle müssen mehrsprachige Führer mit von der Partie sein. Man sollte außerdem vom Veranstalter verlangen, dass Rettungsausrüstung vorhanden ist (Rettungsseile, Gurte, Sicherungshaken, Sauerstoff) und dass vor der Abfahrt ein Briefing stattfindet. Auf dieser spektakulären Route ist wichtiger denn je, mit einem guten Veranstalter unterwegs zu sein – statt sein Leben ohne nachzudenken wegzuwerfen.

Viele andere Veranstalter in der Sagárnaga bieten die Tour von La Cumbre nach Coroico etwas billiger an – doch Vorsicht ist die Mutter der Porzellankiste: Bevor man die Sturzfahrt angeht, sollte man gründlich prüfen, ob etwa ein Veranstalter vertrauenswürdig sein kann, der diese Tour während der Regenzeit (Jan./Feb.) anbietet! S. auch den Kasten gegenüber.

Wandern & Bergsteigen
Der **Club Andino Boliviano** (Karte S. 218 f.; ☎ 231-2875; fecab@bolivia.com; México 1638) unterhält eine kleine Lodge mit Café, in der übernachtet werden kann (5 US$/Pers.). Der Club organisiert mehrere Tagesausflüge, auch zum Skifahren (letzteres ist allerdings nicht mehr das ganze Jahr über möglich, da der Gletscher sich zurückgezogen hat).

Viele Veranstalter in La Paz bieten Wanderausflüge zum Chacaltaya an (15 US$), ein spaßiger und leichter Weg, um auf einen hohen Gipfel zu gelangen. Wer klettern, bergsteigen, paragliden oder andere Extremsportaktivitäten mitmachen möchte, kann sich an den **Club de Montañismo Halcones** (www.geocities.com/yosemite/gorge/1177) in Oruro wenden, der viele Strecken um La Paz erschlossen hat.

STADTSPAZIERGANG
Ein geeigneter Ausgangspunkt ist die **Iglesia de San Francisco (1)** an der gleichnamigen Plaza. Mit dem Bau dieser imposanten Kirche wurde 1549 begonnen, Mitte des 18. Jhs. wurden die Arbeiten an der unvollendeten Kirche endgültig eingestellt. Die Architektur nimmt den Mestizo-Stil auf und betont von der Natur abgeleitete Formen. Am Wochenende kann man hier morgens farbenprächtigen Hochzeitsprozessionen beiwohnen.

Von der **Plaza San Francisco (2)** geht es die Sagárnaga entlang. An der Touristenmeile liegen viele Geschäfte mit Webereien (Ponchos, *mantas* und Kokabeutel), Musikinstrumenten, Antiquitäten und „originalen" Tiahuanaco-Artefakten. Rechts in die Linares einbiegen und einen Blick auf den unheimlichen **Mercado de Hechicería (3**; Mercado de los Brujos, Hexenmarkt; S. 228) werfen. Danach geht's in der Calle Santa Cruz zur **Plaza 14 de Septiembre (4)** und der Calle Max Paredes, wo sich der **Mercado Negro (5**; S. 228) befindet.

Nun geht es abwärts, auf der Graneros und dann links in die Figueroa. Hat man sich nördlich und östlich der Märkte durch die von Menschen und *micros* verstopften Straßen vorgearbeitet, gelangt man zur **Plaza Alonso de Mendoza (6)** – hier heißt es „Adlerauge sei wachsam!" Das nahe gelegene **Museo Tambo Quirquincho (7**; S. 221) bietet sich für eine Stippvisite an.

> **ROUTENINFOS**
> **Start** Iglesia de San Fransisco
> **Ziel** Plaza Pedro D Murillo
> **Länge** 2,5–3 km
> **Dauer** 2–3 Std.

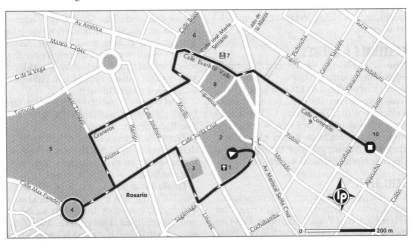

Schließlich geht es vorbei am geschäftigen **Mercado Lanza** (**8**; S. 227) über die Fußgängerzone **Calle Comercio** (**9**) zum Ziel, der **Plaza Pedro D Murillo** (**10**; S. 221).

KURSE

Spanischkurse bietet das Centro Boliviano-Americano (S. 217) an, alternativ kann man einen Privatlehrer engagieren, die durchschnittlich 5 US$ pro Stunde fordern. **Isabel Daza Vivado** (☎ 231-1471; maria_daza@hotmail.com; Murillo 1046, 3. Stock) hat viel Lob als professionelle Sprachlehrerin eingeheimst.

Wer das Spiel auf der bolivianischen Gitarre, dem *charango*, lernen will, sollte im Museo de Instrumentos Musicales (S. 221) vorbeischauen.

Das **Casa del Sol** (Karte S. 218 f.; ☎ 244-0928; Goitia 127; Kurs 3,20 US$) veranstaltet Kurse in Yoga, Tai Chi und Meditation. Es gibt monatliche Mitgliedschaften (30 US$) und Studentenrabatte.

GEFÜHRTE TOUREN

Es gibt eine Menge Tourenveranstalter in La Paz, besonders rund um die Sagárnaga, weitere haben ihren Sitz in den großen Hotels und betreuen Einzelpersonen oder Gruppen. Eine halbtägige Stadtführung mit vier bis sechs Personen kostet rund 10 US$ pro Person, ein Tagesausflug nach Chacaltaya und Valle de la Luna oder Tiahuanaco kostet inklusive Eintrittsgelder rund 15 bis 20 US$. Die meisten Unternehmen bieten auf den üblicheren Trips so ziemlich dasselbe. Man sollte sich bei anderen Travellern erkundigen, welcher Veranstalter empfehlenswert ist.

FESTIVALS & EVENTS

Von den größeren Festen und Feiertagen eines Jahres dürften Alasitas (24. Jan.), eine Art Erntedankfest, und El Gran Poder (Ende Mai–Anfang Juni) für Besucher am interessantesten sein. Die Fiestas Universitarias finden in der ersten Dezemberwoche statt, begleitet von reichlich Radau und ausreichend mit Wasser gefüllten Luftballons, um die chilenische Flotte zu versenken.

SCHLAFEN

Die meisten Backpacker steuern schnurstracks das Zentrum von La Paz an, um einen Platz zum Poofen zu finden. Das Gebiet westlich des Prado zwischen der Plaza Mendoza und der Plaza Murillo ist knüppelvoll mit billigen, beliebten Unterkünften und allen nötigen Einrichtungen.

Hier in der Nähe liegt auch der Hexenmarkt (zwischen der Calle Santa Cruz und der Sagárnaga), das eigentliche Travellerviertel. Hier gibt es unzählige Absteigen, Hostels und einige schickere Unterkünfte, Tür an Tür mit Adventure-Anbietern, Cafés für Gringos und touristischen *peñas*. Wer Wert auf ein größeres Angebot von Restaurants und Bars in der Nähe des eigenen Quartiers legt, sollte die Gegend weiter südlich am unteren Prado, rund um die Plaza San Pedro, ins Auge fassen, wo es ein paar empfehlenswerte Billighotels gibt. Auch in dem Gebiet um den Busbahnhof finden sich einige ausgezeichnete, neue Angebote.

In den Unterkünften Marke extragünstig erwarten einen Gemeinschaftstoiletten, kalte Duschen, keine Heizung und viel Partylärm (selbst wenn mancherorts nachts eine Sperrstunde gilt). Wer seinen Schlaf braucht, sollte etwas mehr investieren.

Westlich vom Prado

Hostal Cactus (Karte S. 218 f.; ☎ 245-1421; Calle Jiménez 818; Zi. 3,15 US$/Pers.) Das Hostel könnte ein Putzkommando der Heinzelmännchen vertragen, dafür entschädigt die Lage mitten im Hexenmarkt über der schäbig-studentischen Buden. Die Gemeinschaftsküche und die Dach-„Terrasse" sind für Budgettraveller auch nicht zu verachten.

Hostal Maya (Karte S. 218 f.; ☎ 231-1970; mayahostal@hotmail.com; Sagárnaga 339; Zi. 6,90 US$/Pers., mit eigenem Bad 8,20 US$/Pers.; 🖳) Einige Zimmer sind so verraucht und fensterlos wie eine Hexenhöhle; andere, etwa die mit einem Balkon nach vorne, sind ansprechender, aber etwas laut. Nur einen *charango*-Akkord weit entfernt von der Peña Huari. Frühstück ist im Preis eingeschlossen.

Hotel Majestic (Karte S. 218 f.; ☎ 245-1628; Calle Santa Cruz 359; EZ/DZ/3BZ inkl. Frühstück 10,50/12,35/15 US$) Die Badezimmer in rosa und die smarten Parkettböden bieten etwas Ablenkung von dem sonst unauffälligen, aber sauberen Ambiente. Dafür ist man mitten im Zentrum. Unterm Strich ein prima Angebot.

Estrella Andina (Karte S. 218 f.; ☎ 245-6421; Illampu 716; EZ/DZ 18/28 US$) Wer an der Höhenkrankheit leidet, kann sich in diesem sauberen und gut geführten Hotel erholen. Jedes Zimmer hat ein (oder auch drei) Wandgemälde und Kabel-TV. Gute Qualität für diese Preiskategorie.

Östlich vom Prado

Alojamiento Illimani (Karte S. 218 f.; ☎ 220-2346; Illimani 1817; EZ/DZ 3,15/6,30 US$) Die religiösen Bilder an den Wänden der kahlen Zimmer sind das segensreichste in dieser wenig bekannten Bleibe … sieht man von der Küche ab, die einen der freundliche Betreiber für einen kleinen Aufpreis benutzen lässt.

Hostal Austria (Karte S. 218 f.; ☎ 240-8540; Yanacocha 531; Zi. 3,15–4,40 US$/Pers.) Das weitläufige, schäbige Hostel ist in regelmäßigen Abständen überfüllt. Trotz der Sperrstunde um 23 Uhr, der zu kurz geratenen Betten, von denen einige in fensterlosen Kabuffs stehen, und der gewöhnungsbedürftigen Gemeinschaftstoiletten ist dieses alte Haus ein guter Ort, um andere Traveller kennenzulernen. Warme Duschen und Kochgelegenheiten sind vorhanden.

Hotel Torino (Karte S. 218 f.; ☎ 240-6003; Socabaya 457; EZ/DZ/3BZ 6,30/10/19 US$, ohne Bad 3,80/5/7,50 US$) „Düster, kalt und zugig", beschreibt ein Traveller dieses – wohlgemerkt in den 1950er-Jahren – modernisierte, große Haus aus der Kolonialzeit. Beliebt ist es eher für den angebotenen Service – Restaurant, Büchertausch, Gepäckaufbewahrung – als wegen des Komforts.

Hostal Dinastía (Karte S. 218 f.; ☎ 245-1076; hostel dinastia@yahoo.com; Illampu 684; Zi. 4 US$/Pers., mit eigenem Bad & Kabel-TV 7 US$/Pers.) Schäbig, die Zimmer halb mit Teppich ausgelegt, nicht ganz sauber. Dafür ist man mitten drin in der Action. Einige Zimmer haben Kabel-TV.

Hotel Continental (Karte S. 218 f.; ☎ 245-1176; hotelcontinental626@hotmail.com; Illampu 626; Zi. 5 US$/Pers., EZ/DZ mit Kabel-TV 10/14 US$) Diese ältere, Zweisternefiliale von HI ist sauber, gut gelegen und bei Reisegruppen mit kleinem Geldbeutel beliebt. Das Ambiente erinnert allzu sehr an Hotelburgen, was nicht gerade Geselligkeit aufkommen lässt. Daher kann es hier etwas schwerer fallen, Leute kennenzulernen.

Unterer Prado

Residencial La Paz City Annex (Karte S. 218 f.; ☎ 236-8380; México 1539; Zi. 3,80 US$/Pers.) Ein Ableger von Los Balcones Blancos. Das Residencial La Paz City Annex ist genauso schäbig, bietet aber immerhin einige ordentliche Zimmer mit Balkon.

Los Balcones Blancos (Karte S. 218 f.; ☎ 248-9471; Nicolás La Costa 477; Zi. 5–7,55 US$/Pers.) Eine freundliche, aber betagte Unterkunft. Die Zimmer im neueren Erweiterungsbau sind freundlicher.

Residencial Sucre (Karte S. 218 f.; ☎ 249-2038; Colombia 340; Zi. 7,50–10 US$/Pers., EZ/DZ mit eigenem Bad & Kabel-TV 10/15 US$) Das Management ist hilfsbereit, die Zimmer liegen um einen hübschen und sicheren Innenhof (gut geeignet, um sein Fahrrad dort abzustellen). Das Haus findet sich in günstiger Nähe zur Plaza San Pedro.

Hostal Astoria (Karte S. 218 f.; ☎ 215-4081; Almirante Grau 348; EZ/DZ 12/18 US$) Will man einen Bogen um die Travellerhochburg machen, bietet sich diese unterschätzte, ausgezeichnete, hotelartige Option mit makellos sauberen Zimmern an. Sie liegt an einer ruhigen und hübschen Plaza – und trotzdem ganz in der Nähe der Bars in Sopocachi.

Rund um den Hauptbusbahnhof

Einige der besten Alternativen der Stadt sind im Umfeld des Hauptbusbahnhofs.

Hospedaje Milenio (Karte S. 218 f.; ☎ 228-1263; Yanacocha 860; EZ/DZ 3/5,35 US$) So gemütlich, wie man es sich nur wünschen kann. Die Betreiber sind freundlich, Küchenbenutzung und Warmwasser sind im Preis inbegriffen und der Busbahnhof liegt ums Eck. Die besten Zimmer, darunter das Einzelzimmer im Turm, sind im Obergeschoss und gehen zur Straße hinaus. Reisebüro und Wäschedienst.

Adventure Brew Hostel (Karte S. 218 f.; ☎ 246-1614; Av Montes 533; www.theadventurebrewhostel.com; B/Zi. 5/8 US$) Nomen est omen. Die brandneue Unterkunft bietet Designer-Zimmer, abgefahrene Gemeinschaftsplätze, Pfannkuchen zum Frühstück und frisch Gezapftes. Vor Ort wird gebraut! Der Besitzer Alistair ist zudem als „Gravity Assisted Biker" berühmt.

Arthy's Guesthouse (Karte S. 218 f.; ☎ 228-1439; arthyshouse@gmail.com; Av Montes 693; Zi. 5 US$/Pers.) Die saubere und lauschige Unterkunft verbirgt sich hinter einer leuchtend orangefarbenen Tür und findet verdientermaßen die für La Paz seltene Würdigung einer „ruhigen Oase" – und das, obwohl sie an einer der belebtesten Straßen der Stadt liegt. Im Wohnzimmer kann man sich eine DVD auswählen und relaxen. Die freundlichen englischsprachigen Betreiber tun alles, um einem zu helfen. Küchenvorrichungen sind vorhanden.

ESSEN

Hunger? Kein Problem! La Paz hat ein Riesenangebot an günstigen Essgelegenheiten. Von ortstypischen Gerichten bis zu Speisen im Westernstil ist für jeden Geschmack etwas dabei. Wer lokale Spezialitäten probieren möchten, fährt am billigsten mit den *almuerzos* (Mittagsgerichte à la carte) in den zahllosen Minirestaurantsam, deren Angebot auf draußen angebrachten Schiefertafeln steht. Zu den typischen Mahlzeiten gehören *lomo* (Lendenstück), *churrasco* (Steak), *milanesa* (panierte und gebratene Rinder- oder Hähnchenkoteletts) und *silpancho* (Rinderschnitzel). An Straßenständen gibt es herzhafte Bissen. Und auch vegetarische Restaurants sucht man nicht vergeblich.

Westlich vom Prado

CAFÉS & SCHNELLIMBISSE

Tambo Colonial (Karte S. 218 f.; Hotel Rosario, Illampu 704; Frühstück 2,50 US$; 7–10.30 & 19–22.30 Uhr) Exzellentes, fruchtiges Frühstücksbuffet und abends großartige Salate und Suppen.

100% Natural (Karte S. 218 f.; Sagárnaga 345) Guter Ort für Snacks, große Frühstücke und großartige, gesunde Salate.

Pepe's Coffee Bar (Karte S. 218 f.; Calle Jiménez 894) Hier kann man sich vom Hexenmarkt verzaubern lassen und bei einem Kaffee oder Fruchtsalat ein Päuschen einlegen.

Profumo di Caffe (Karte S. 218 f.; Plaza San Fransisco) Makelloser Kaffee in einem neuen, modischen Café, das an das Museum der Kathedrale angeschlossen ist.

Café Banaís (Karte S. 218 f.; Sagárnaga) Tolle Salate, vegetarische Gerichte und Frühstück. Unterhalb des Hotels Naira.

RESTAURANTS

Angelo Colonial (Karte S. 218 f.; Calle Linares 922; Hauptgerichte 2,50–5 US$) Schrulliges, dunkles Restaurant im Kolonialstil mit einer recht großen Sammlung von Antiquitäten: Pistolen, Schwerter und Porträts. Außerdem ausgezeichnete Suppen, Salate und für Vegetarier eine üppige Lasagne (3 US$). Ein netter Ort für einen verregneten Nachmittag.

Pot Colonial (Karte S. 218 f.; Linares; Hauptgerichte 3–5 US$) Das entspannte Restaurant serviert verlässliche Fleischgerichte im Gürteltiertempo. Neben dem Kokamuseum.

Pizzeria Italia (Karte S. 218 f.; Illampu 809; 7–23 Uhr) Pasta, Pizzas und vegetarische Angebote. Mit täglicher Happy Hour.

Yussef (Karte S. 218 f.; Sagárnaga) Billig, nett, nahöstlich. Hummus, Kebab und dergleichen werden portionsweise verkauft.

Restaurant Laza (Karte S. 218 f.; Calle Bozo 244, Plaza Alonso de Mendoza) Empfehlenswertes, mittags geöffnetes Ladenrestaurant.

Bar Tiwanaku (Karte S. 218 f.; Ecke Oruro & México; Mittagessen 0,75 US$) Hat ein gutes Mittagessen von der Karte. An einigen Wochenenden gibt es Livemusik.

Östlich vom Prado

Alexander Coffee Av 16 de Julio (Karte S. 218 f.; Av 16 de Julio 1832); Potosí (Karte S. 218 f.; Potosí 1091) Modische Cafékette, wo es alle Arten von Kaffee, Gebäck und Sandwiches gibt. Der beste Ort für einen schaumigen Cappuccino.

Eli's Pizza Express I & II (Karte S. 218 f.; Av 16 de Julio 1491 & 1800) Ein Lokalfavorit, bei dem man zwischen Pizza, Pasta, Gebäck und Eiscreme wählen kann.

Confitería Manantial (Karte S. 218 f.; Potosí 909) Der Laden im Hotel Gloria bietet mittags und abends ein beliebtes vegetarisches Buffet.

Restaurant Verona (Karte S. 218 f.; Colón; Hauptgerichte 1–2 US$) Täglich Sandwiches, Pizzas und *almuerzos*. Das Restaurant liegt in der Nähe der Av Mariscal Santa Cruz.

Confitería Club de La Paz (Karte S. 218 f.; ☎ 719-26265; Camacho & Av Mariscal Santa Cruz; Hauptgerichte 1,50–4,50 US$) Für einen schnellen Kaffee oder eine *empanada* bietet sich dieses Café an, ein Treffpunkt von Literaten und Politikern, das für seinen starken Kaffee und seine Kuchen berühmt ist.

Unterer Prado

CAFÉS & SCHNELLIMBISSE

Café Ciudad (Karte S. 218 f.; Plaza del Estudiante; 24 Std.) Durchschnittliches Essen, aber die ganze Speisekarte ist rund um die Uhr verfügbar, außerdem hat man nichts gegen Traveller, die mal etwas länger an einem Kaffee nippen.

Kuchen Stube (Karte S. 214 f.; Rosendo Gutiérrez 461; 8–21 Uhr) Espresso, deutsches Gebäck und weitere dekadente Köstlichkeiten aus eigener Herstellung.

Sergiu's (Karte S. 218 f.; Av 6 de Agosto; nur abends) Die besten Pizzastücke in der Stadt. Auch die Hot Dogs und das Chili sind empfehlenswert. Der Laden liegt in der Nähe der Aspiazu-Treppe.

Andromeda (Karte S. 218 f.; Av Aniceto Arce; Mittagessen 1,75 US$) Unten an der Aspiazu-Treppe findet sich dieser für *almuerzos* empfehlenswerte Laden.

RESTAURANTS

Chifa Luqing (Karte S. 214 f.; Av 20 de Octubre 2090; almuerzo 2 US$; ☾ 11–23 Uhr) Man darf sich von dem unscheinbaren Äußeren nicht täuschen lassen: Hier gibt es wirklich asiatische Köstlichkeiten.

Armonía (Karte S. 214 f.; Ecuador 2286; ☾ Mo–Sa 12–2.30 Uhr) Das beste vegetarische Mittagessen (All you can eat) in La Paz gibt es hier oberhalb der Librería Armonia in Sopocachi.

Restaurant Vienna (Karte S. 218 f.; ☎ 239-1660; Federico Zuazo 1905; Hauptgerichte 4–7 US$) Für die etwas höheren Preis bekommt man auch etwas geboten: Das Vienna hat Klasse – und ist wohl das beste internationale Restaurant in La Paz.

Weitere empfehlenswerte Restaurants in dieser Gegend mit internationaler Speisekarte:

La Bodeguita Cubana (Karte S. 218 f.; Federico Zuazo 1653; Hauptgerichte 3–6 US$) Ein ansprechendes, kleines Restaurant: Fleischgerichte, kubanische Rhythmen und starke *mojitos* (Cocktails mit Rum und Limettensaft).

Pronto Ristorante (Karte S. 214 f.; Jáuregui 2248; Hauptgerichte 4–7 US$) Eine kostspielige, aber surrealistische Angelegenheit. Schokofreunde werden nach der „Paranoia der Arten und Geschmäcker der Dali'esken Schokolade" lechzen (25 Bs). Der Laden findet sich zwischen der Av 6 de Agosto und der Av 20 de Octubre.

La Québecoise (Karte S. 214 f.; ☎ 212-1682; Av 20 de Octubre 2387; Hauptgerichte 5–10 US$; ☾ Mo–Sa) Wird wegen der romantischen Atmosphäre und der ausgezeichneten frankokanadischen Küche gepriesen.

Märkte & Straßenstände

Auf der Suche nach günstigem, sättigendem Essen sollte man einen Markt ansteuern. Aus den dort in Hülle und Fülle angebotenen Früchten, Produkten und Broten hat man im Handumdrehen selbst eine Mahlzeit zusammengestellt.

Mercado Camacho (Karte S. 218 f.; Ecke Av Simon Bolivar & Bueno) An Ständen werden *empanadas* (frittierte Käsetaschen) und Hühnchensandwiches verkauft, *comedores* bieten Tagesgerichte an, bestehend aus Suppe, einem Fleischgericht, Reis und *oca* (einer der Kartoffel ähnlnden Knolle aus den Anden) oder Kartoffel. Alles zusammen für nicht mal 1 US$.

Auf dem Mercado Lanza (Karte S. 218 f.), in den Straßen rund um die Calle Evaristo

Valle und Figueroa, gibt's etliche Stände, die alles und jedes verkaufen. Mit der Hygiene wird es im *comedor* nicht ganz so streng genommen, aber die Stände mit Fruchtsäften am Eingang an der Figueroa sollte man nicht auslassen.

Ausgezeichnete *empanadas* gibt es am ersten Absatz der Stufen zwischen dem Prado und der Calle México. Für rund 0,40 US$ drücken einem die Verkäufer eine gewaltige Rinder- oder Hühnchen-*empanada* mit Sauce in die Hand, so wie man sie haben will – scharf, schärfer, am schärfsten.

Selbstversorger

Ketal Hipermercado (Karte S. 214 f.; Av Aniceto Arce, Sopocachi) Hier gibt's Sachen für den Picknickkorb – von Oliven bis zu Käse, Cracker und Bier. Der Laden liegt gleich hinter der Plaza Isabel la Católica.

AUSGEHEN

Es gibt unzählige billige Kneipen in der Stadt, besonders in der Nähe des Prado. Feiern arten in Bolivien häufig zu Saufgelagen aus. Frauen, die allein unterwegs sind, sollten also genau hinschauen, auf was für eine Gaststätte sie sich da einlassen.

Es gibt ein paar großartige Bars, in der sowohl die Traveller-, als auch die bolivianische Szene verkehren.

RamJam (Karte S. 214 f.; Presbitero Medina 2421) Wenn La Paz eine Paris Hilton hätte, würde sie sich hier sehen lassen. Dieser neue, trendige und dennoch freundliche Treff bietet alles: großartiges Essen und Drinks, stimmungsvolle Beleuchtung, Livemusik, englisches Frühstück und selbstgebrautes Bier. Im Obergeschoss der Bar atmet man ganz easy im Ozone durch, der neuartigsten Sauerstoffbar der Welt (Sauerstoffmaske 10 US$/5 Min.).

Oliver's Travels (Karte S. 218 f.; Murillo 1014) Für Europäer die beste (oder übelste) kulturelle Erfahrung, die sie in La Paz machen können: ein schamlos englischer Pub. Hier, so heißt es in der Werbebroschüre, „wird nichts Originelles geboten – nur Bier, Fußball, Curry, typisches englisches Essen, Kneipengeschwätz und viel Musik, die man schon kennt". Betreiber Olli hat das Glück, dass viele Leute gar nichts anderes wollen.

Sol y Luna Cafe Bar (Karte S. 218 f.; Ecke Murillo 999 & Cochabamba) Ein entspannter, von Holländern betriebener Treff, wo Cocktails, Kaffee, gelegentlich Livemusik und Spiele auf dem Programm stehen. Alle, die nicht genug Geld für eigene Reiseführer haben, finden hier eine gute Auswahl zum Angucken.

Boomerang (☎ 242-3700; Pasaje Gustavo Medinacelli, 2282) Eine neue und ansprechende Bar/ Pizzeria in einem hellen, großen Innenhof. Trotz des Namens wirkt der Laden nicht australisch – wenn man mal von den matschigen, aber leckeren Pizzas absieht. Man kann in spanischen Tageszeitungen blättern und sein Entel-Handy aufladen.

Mongo's (Karte S. 214 f.; Hermanos Manchego 2444; ☺ ab 18.30 Uhr) Ein lange bestehender Treff in La Paz: hip, heiß, voll, in. Laut Werbebroschüre wird hier erst zugemacht, wenn der Kopf des letzten Gastes auf die Theke sinkt.

Malegria (Karte S. 218 f.; Goitia 155) Ein guter Ort, um sich unter Studenten zu mischen. Donnerstags wird afro-bolivianisch getrommelt und getanzt, an den Wochenenden gibt es Livemusik.

Die einheimischen Jungen und Reichen und wohlhabende Auswanderer frequentieren die trendigen Bars und Clubs längs der 20 de Octubre in Sopocachi und weiter unten in der Zona Sur, wo es etliche Bars im US-Stil sowie in der Av Ballivián und der Calle 21 Diskos gibt. Auch mit Backpacker-Outfit (und den entsprechenden knappen Mitteln) ist man nicht fehl am Platze.

UNTERHALTUNG

Die städtische Touristeninformation kann einem sagen, was los ist, aber Infomaterial gibt es wenig.

Teatro Municipal (Karte S. 218 f.; Ecke Genaro Sanjinés & Indaburo) Bietet ein Programm aus Konzerten mit Volksmusik und Auftritten ausländischer Theatergruppen.

Dead Stroke (Karte S. 214 f.; Av 6 de Agosto 2460; ☺ abends) In diesem beliebten Billardsalon kann man gut einige Runden spielen.

Peñas

Typisch für La Paz sind die *peñas*, Veranstaltungen mit Folkloremusik. Die meisten präsentieren traditionelle andine Musik, aber häufig werden auch Lieder- und Gitarrenabende eingeschoben. Bei den angeführten Venues kostet das Gedeck pro Platz zwischen 4 und 5 US$. Am touristischsten sind die **Peña Huari** (Karte S. 218 f.; Sagárnaga 339) und die **Peña Parnaso** (Karte S. 218 f.; Sagárnaga 189):

Zum Dinner gibt's eine Show, doch häufig ist nur dann etwas los, wenn Touristengruppen in der Stadt sind. Die **Casa del Corregidor** (Karte S. 218 f.; Murillo 1040) und die **Peña Marka Tambo** (Karte S. 218 f.; Calle Jaén 710) richten sich auch an einheimische Musikfans.

Kinos

Cinemateca Boliviana (Karte S. 218 f.; ☎ 244-4090; www.cinematecaboliviana.org; Ecke Zuazo & Rosando Gutiérrez; Eintritt 1,50 US$) Klassiker und Kunstfilme flimmern in diesem wunderbaren Kunst- und Kulturzentrum über die Leinwand, das während der Recherchen noch im Bau war.

Die modernen Kinos am Prado, u. a. das **Cine 16 de Julio** (Karte S. 218 f.; Eintritt 2,50 US$) in der Nähe der Plaza de Estudiante, haben neue internationale Filme im Programm, in der Regel in der Originalsprache mit spanischen Untertiteln.

SHOPPEN

Am billigsten bekommt man so ziemlich alles an Straßenständen, von Batterien und Filmen bis hin zu schwarz gebrannten CDs.

Pfennigfuchser unter den Travellern können auf dem Mercado Negro (Karte S. 218 f.) das eine oder andere Schnäppchen ergattern. Normalsterbliche können es auch nur dabei belassen, das riesige Warenangebot zu bestaunen. Der Name des sich über mehrere Blocks erstreckenden Markts aus improvisierten Ständen bedeutet übrigens „Schwarzmarkt", auch wenn die meisten Artikel völlig legal sind. Besonders Kleidung und Haushaltswaren sind hier billig zu haben. Doch Vorsicht: Der Markt ist ein berüchtigtes Revier von Taschendieben – und auch ein paar „Anrotzer" (s. S. 221) haben hier in letzter Zeit ihr Unwesen getrieben.

Die Calle Sagárnaga ist die Straße für mehr oder weniger geschmackvolle Souvenirs, während sich auf dem nahe gelegenen Hexenmarkt (Mercado de Hechicería; Karte S. 218 f.) Ausgefallenes und Kurioses findet. Hier gibt's haufenweise Kräuter, Heiltränke und getrocknete Lamaföten, die die Einheimischen unter den Schwellen ihrer neuen Wohnungen vergraben, um sich Glück und Wohlstand zu sichern. Mit etwas Glück kann man einen *yatiri* (einen Aymara-Wunderheiler) dazu bringen, die Kokablätter für einen zu werfen und daraus die Zukunft zu lesen, aber in der Regel wollen die keine Gringo-Kundschaft haben. Fotografieren ist unerwünscht – außer man fragt erst einmal höflich und kauft auch etwas.

An der Sagárnaga gibt es viele CD-Läden. Musik und Musikinstrumente können außerdem rund um die Calle Max Paredes gekauft werden. Weitere Läden für Musikinstrumente sind:

Eddy Lima Shop (Karte S. 218 f.; Illampu 827)
El Guitarrón (Karte S. 218 f.; Sagárnaga 303)

AN- & WEITERREISE
Bus
Es gibt drei Abfahrtsstellen für *flotas* in La Paz: den Hauptbusbahnhof, den Friedhofsbezirk und Villa Fátima. Die Preise der einzelnen Gesellschaften sind relativ gleich und dank des Wettbewerbs niedrig. Während der Regenzeit muss mit längeren Fahrtzeiten (oft der doppelten) gerechnet werden.

HAUPTBUSBAHNHOF
Busse zu allen Fahrtzielen, die südlich von La Paz liegen, fahren am **Busbahnhof** (Karte S. 214 f.; ☎ 228-0551) ab. Einige Gesellschaften unterhalten hier auch einen Ticketschalter, obwohl ihre Busse am Friedhof starten. Manchmal wird aber ein Aufschlag fällig, wenn man das Ticket an diesen Schaltern kauft. Im Busbahnhof gibt es eine sichere **Gepäckaufbewahrung** (☺ 5–22 Uhr). Um in den Busbahnhof zu dürfen, muss man eine Gebühr von 2 Bs bezahlen.

Die folgende Liste gibt eine Übersicht über die ungefähren Preise (einfache Strecke) und Fahrtzeiten ab dem Busbahnhof. Zwischen den größeren Städten fahren die Busse mehrmals täglich, für längere Nachtfahrten gibt es auch teurere *bus cama*-Angebote (Busse mit Schlafsitzen).

Ziel	Dauer (Std.)	Preis (US$)
Arica, Chile	8	10–13
Cochabamba	7	3–5
Cusco, Peru	12–17	15–20
Iquique, Chile	11–13	12–17
Oruro	3	2
Potosí	11	5–7
Puno, Peru	8	6–8
Santa Cruz	18	12–15
Sucre	14	10–12
Tarija	24	10–15
Trinidad	40	20
Uyuni	13	6–10
Villazón	23	7–12

FRIEDHOFSBEZIRK
Micros und Minibusse fahren vom Stadtzentrum aus regelmäßig zum *cementerio* (Friedhof): Zusteigen kann man an der Av Mariscal Santa Cruz oder in der Av Yanacocha in den *micro 2*. Tagsüber bringen einen *micros*, die an der Av Baptista halten, vom Friedhofsbezirk in die Stadt. Nachts ist aber grundsätzlich ein Taxi die bessere Wahl!

Transportes Manco Kapac (Karte S. 214 f.; Plaza Felix Reyes Ortiz) und Transtur 2 de Febrero fahren täglich von der Calle José María Aliaga nach Copacabana (2,50 US$, 3 Std.). Busse von Transporte 6 de Junio haben außerdem zwischen 5 und 18 Uhr auch Copacabana als Ziel. Komfortablere Touristenbusse gibt es auch, sie gabeln ihre Passagiere an den Hotels auf. Ihr Preis beträgt 4 oder 5 US$. Von Copacabana aus fahren zahlreiche *micros* und Minibusse nach Puno (3–4 US$, 3–4 Std.).

Zwischen 5 und 18 Uhr fahren Busse von **Autolíneas Ingavi** (Karte S. 214 f.; Calle José María Asín) alle 30 Minuten nach Desaguadero (1,50 US$, 3 Std.). In der Nähe fahren die Busse von **Trans-Unificado Sorata** (Karte S. 214 f.; Ecke Ángel Babia & Manuel Bustillos) los, die rund fünfmal täglich nach Sorata unterwegs sind (1,50 US$, 4½–5 Std.). Die Plätze sind rar, deshalb empfiehlt es sich, eine Stunde vor Abfahrt des Busses dazusein. Wer während der Fahrt einen Blick auf Sorata werfen will, sollte im Bus einen Sitz auf der linken Seite ergattern. Im Friedhofsbezirk starten außerdem noch die Busse nach Huarina und nach Huatajata.

VILLA FÁTIMA
Micros oder Minibusse, die vom Prado oder der Av Camacho abfahren, bringen ihre Passagiere nach Villa Fátima. Vom *Ex-surtidor*, einer ehemaligen Tankstelle, gehen Minibusse von Totai und Flota Yungueña auch nach Coroico (2 US$, 4 Std.). Flota Yungueña schickt außerdem täglich um 12 Uhr einen Bus nach Rurrenabaque (7 US$, 22 Std.).

Außerdem starten hier stündlich Busse nach Chulumani (2,50 US$, 4 Std.) – während der Regenzeit eine Horrorfahrt –, täglich um 9.30 Uhr ein Bus nach Guanay (8 US$, 8 Std.) und täglich um 11.30 Uhr ein weiterer Bus nach Rurrenabaque (11 US$, 16 Std.).

Flugzeug

Für Fluginformationen kann man den **Aeropuerto El Alto** (☎ 281-0240) anrufen. Das sind die Büros der in La Paz vertretenen Fluggesellschaften:

AeroSur (Karte S. 218 f.; ☎ 231-2244; Av 16 de Julio 1616)

Amazonas (☎ 222-0848; Saavedra 1649, Miraflores)

American Airlines (Karte S. 218 f.; ☎ 235-5384; www.aa.com; Plaza Venezuela 1440, Edificio Herrmann Busch)

LAB (Karte S. 218 f.; ☎ 237-1020/1024, 800-10-4321, 800-10-3001; Av Camacho 1460)

LanChile/LanPeru (Karte S. 218 f.; ☎ 235-8377; www.lanchile.com, www.lanperu.com; Av 16 de Julio 1566, Edificio Ayacucho, Suite 104)

Taca (Karte S. 218 f.; ☎ 274-4400; El Prado, Edificio Petrolero PB)

Transportes Aéreos Militares (TAM; ☎ 212-1582/1585, TAM am Flughafen 284-1884; Av Montes 738)

TAM Mercosur (Karte S. 218 f.; ☎ 244-3442; www.tam.com.py, spanisch; Heriberto Gutiérrez 2323)

Die Preise für Inlandsflüge unterscheiden sich bei den Gesellschaften kaum, höchstens TAM ist manchmal billiger. Die meisten Reisebüros verkaufen Tickets für Inlandsflüge zum gleichen Preis wie die Fluggesellschaften selbst. Die folgenden Flugplan- und Preisangaben können sich zwischenzeitlich geändert haben. Die angegebenen Preise beziehen sich auf einen einfachen Flug. Viele Inlandsflüge sind keine Direktflüge, sondern landen unterwegs ein- oder mehrmals, um Passagiere aufzunehmen, wobei diese Stopps in der Regel weniger als eine Stunde dauern. Manche Ziele, besonders in die Beni-Region, werden während der Regenzeit nicht angeflogen.

Cobija 119 US$, 3 Flüge wöchentl. mit AeroSur oder TAM.

Cochabamba 49 US$, 3 Flüge tgl. mit AeroSur, 3 Flüge wöchentl. mit LAB/TAM.

Guayaramerín 142 US$, 1 Flug tgl. mit Amazonas/TAM.

Puerto Suarez 171 US$, 3 Flüge wöchentl. über Santa Cruz mit AeroSur/TAM.

Riberalta 142 US$, 2–3 Flüge wöchentl. mit Amazonas/TAM.

Rurrenabaque 60 US$, tgl. Flüge mit Amazonas und TAM.

San Borja 53 US$, 2 Flüge tgl. mit Amazonas.

Santa Cruz 108 US$, 2–3 Flüge tgl. mit AeroSur und LAB/TAM.

Sucre 106/70 US$, tgl. Flüge mit AeroSur (direkt) und LAB (via Cochabamba oder Santa Cruz), 1–2 Flüge wöchentl. mit TAM.

Tarija 108 US$, tgl. Flüge mit AeroSur (direkt oder via Santa Cruz), LAB (via Cochabamba oder Santa Cruz) und TAM.

Trinidad 70 US$, tgl. Flüge mit Amazonas (via San Borja) und LAB (via Cochabamba oder Santa Cruz).

Yacuiba 94 US$, 1 Flug wöchentl. (via Sucre und Tarija) mit TAM.

UNTERWEGS VOR ORT

In La Paz kommt man mit öffentlichen Verkehrsmitteln gut herum. Fahrten im Stadtzentrum mit großen Bussen oder den kleineren *micros* kosten 0,20 US$. Etwas billiger sind *Kombi*-Minibusse, die einen für 0,25 US$ auch in die Zona Sur befördern. Das Fahrtziel von Bussen, *micros* und Minibussen ist auf der Windschutzscheibe angegeben. Auf Minibussen wird das Fahrtziel außerdem ständig nervtötend ausposaunt. *Trufis* sind Sammletaxis mit fester Route; Fahrten innerhalb des Stadtzentrums kosten 0,25 US$ pro Person. Alle diese Verkehrsmittel können überall herangewunken werden – außer in Bereichen, die von der Polizei abgesperrt sind, .

Funktaxis, die man telefonisch bestellen oder heranwinken kann, verlangen für Fahrten im Stadtzentrum 0,75 US$ und zum Friedhofsbezirk 1 US$. Nachts liegen die Preise etwas höher, dafür etwas niedriger, wenn die Fahrt bergab geht. Der Fahrpreis gilt für bis zu vier Personen inklusive Abholung, falls nötig.

RUND UM LA PAZ

VALLE DE LA LUNA

Das **Tal des Mondes** (Eintritt 0,65 US$) ist eine hübsche Möglichkeit, dem Gedränge in La Paz für einen halben Tag zu entfliehen. Genau genommen ist es eigentlich kein Tal, sondern ein bizarr erodiertes Gewirr aus Canyons und Bergspitzen. Das Ödland liegt 10 km den Canyon des Río Choqueyapu hinunter vom Stadtzentrum entfernt.

Alle *micros* mit den Fahrtzielen „Mallasa" oder „Zoológico" bringen einen von der Plaza del Estudiante hin. Man steigt hinter dem Cactario am Abzweig zum Golfplatz Malasilla Golf aus und läuft ein paar Minuten in Richtung der Ortschaft Mallasa. Sobald man rechts ein grünes Haus erblickt, hat man die Spitze des *Valle* erreicht. Vorsicht während der Regenzeit: Der Weg ist erodiert und kann glitschig sein.

Von der Spitze des Valle de la Luna fährt einen ein anderer *micro* hinunter ins Tal (wenn man die paar Kilometer nicht laufen möchte).

TIAHUANACO (TIWANAKU)

Tiahuanaco ist Boliviens bedeutendste archäologische Stätte. Sie liegt 72 km westlich von La Paz an der Straße zum Grenzübergang nach Peru in Desaguadero.

Über das Volk, das dieses große Zeremonialzentrum am Südufer des Titicacasees errichtet hat, ist wenig bekannt. Archäologen stimmen darin überein, dass die Kultur, die Tiahuanaco erbaute, schon gegen 600 v. Chr. entstand. Gegen 700 war das Zentrum im Bau, gegen 1200 verlieren sich die Spuren dieser Kultur. Zeugnisse für ihren Einfluss gibt es jedoch im gesamten Gebiet des späteren Inkareiches.

Über die Stätte verstreut finden sich einige bis zu 175 t schwere Megalithen, außerdem die Ruine einer Pyramide und die Reste einer Plattform, die für Rituale benutzt wurde. Vieles hat man hier restauriert – und zwar nicht immer authentisch. Traveller, die schon in Peru waren, könnten enttäuscht sein. Jenseits der Bahnstrecke aus Tiahuanaco gibt es ein **Museum** (Eintritt 3,50 US$; 9–17 Uhr) und die Stätte des **Puma Punku** (Pumators), das zurzeit ausgegraben wird. Wer Genaueres über die Geschichte Tiahuanacos erfahren möchte, sollte einen Führer engagieren (ein guter kostet bis zu 10 US$).

Man kann Tiahuanaco auf dem Weg von La Paz nach Puno in Peru (über Desaguadero) besichtigen. Die meisten Traveller wählen auf dem Weg von La Paz nach Puno aber lieber die Route über den Titicacasee (S. 236) und erledigen Tiahuanaco von La Paz aus als Tagesausflug. *Micros* von Autolíneas Ingavi fahren jede halbe Stunde von der Calle José María Asín in der Nähe des Friedhofs nach Tiahuanaco (1 US$, 1½ Std.). Einige kurven auch noch weiter bis nach Desaguadero. Zur Rückkehr nach La Paz hält man mit einem Wink einen Bus an – in dem wird's keine Aussichten auf einen Sitzplatz geben – oder man läuft 1 km Richtung Westen zum Dorf Tiahuanaco, um dort an der Plaza einen Bus zu nehmen.

Mehrere Reisebüros in La Paz (S. 217) bieten geführte Touren nach Tiahuanaco an. Die Preise liegen zwischen 15 und 20 US$.

CORDILLERA REAL & DIE YUNGAS

Nordöstlich von La Paz erhebt sich die dramatische Cordillera Real, um dann zu den Yungas abzufallen, wunderschönen subtropischen Tälern mit steilen, bewaldeten Berghängen und feuchten, wolkenverhangenen Schluchten. Die Yungas, in denen mehrere Siedlungen von Afrobolivianern liegen, bilden eine natürliche Grenze zwischen dem *altiplano* und den Regenwäldern des Amazonasbeckens. Von La Paz aus windet sich die Straße in nordöstlicher Richtung nach La Cumbre (4600 m) hinauf und danach 4340 m hinunter in die Tiefebenen der Beni-Region. Hier gedeihen tropische Früchte, Kaffee und Koka. Bei gemäßigtem Klima muss man das ganze Jahr über mit Regen und Nebel rechnen.

COROICO

☎ 02 / 3500 Ew.

Coroico, das sich an die Hänge des Cerro Uchumachi (2548 m) schmiegt, liegt auf einer Höhe von 1500 bis 1750 m – ein bolivianischer Garten Eden. *Paceños* (Einwohner von La Paz), die der Mittelschicht angehören, ziehen sich hierher aus der Höhe zurück. Außerdem hat es ein paar europäische Einwanderer in das Städtchen verschlagen, das als Ausgangspunkt für kurze Wanderungen ins Hinterland sehr beliebt ist. Viele, die in Corocio gestrandet sind, können bestätigen: Hier ist es so idyllisch, dass man sich kaum wieder loseisen kann.

Orientierung & Praktische Informationen

Coroico liegt vom Verkehrsknotenpunkt Yolosa 7 km den Hügel hinauf. An der Plaza gibt es eine „Touristeninformation", die allerdings nur Informationen über Hotels erteilen kann. An der Plaza liegt auch das Büro des Parque Nacional Cotapata, das Genehmigungen fürs Campen auf dem Gelände der biologischen Forschungsstation des Parks abseits des Choro Trail ausstellt.

Entel findet man an der Westseite der Plaza, MCM in der Nähe des Busbüros und Internet La Casa einen Block östlich der Plaza. Dort kostet das Surfen im Internet 2 US$ pro Stunde.

Die Banco Unión zahlt Kontoabhebungen aus und tauscht manchmal auch Devisen. Das **Hotel Esmeralda** (☎ 213-6017; www.hotel esmeralda.com) löst Reiseschecks gegen eine Gebühr von 5 % ein.

Sehenswertes & Aktivitäten

Eine 20-minütige Wanderung führt einen zum **El Calvario** hinauf, die Kreuzwegstationen enden auf einer grasbedeckten Hügelkuppe mit einer **Kapelle**. Hier gibt es eine herrliche Aussicht zu genießen. Hin geht's in Richtung Hotel Esmeralda. Der Calvario ist Ausgangspunkt zweier guter Wanderwege. Der linke führt zu den **Cascadas**, einem Wasserfall-Trio 6 km (2 Std.) von der Kapelle entfernt, der rechte hinauf zum **Cerro Uchumachi** (5-stündige Rundwanderung), wobei sich einem prachtvolle Ausblicke ins Tal erschließen. Beide Wege sollte man nur in Begleitung absolvieren.

Pferde vermietet **El Relincho** (☎ 719-13675) 100 m hinter dem Hotel Esmeralda; Kostenpunkt: 6,20 US$ pro Stunde, 44 US$ pro Tag oder 100 US$ für einen zweitägigen Campingausritt. Im Preis ist immer ein Führer inbegriffen. Das Hotel Bella Vista verleiht Fahrräder.

Siria Leon (☎ 719-55431; siria_leon@yahoo.com; JZ Cuenca 062) ist für Spanischunterricht zu empfehlen (4 US$/Std.).

Schlafen

Die Preise klettern an Wochenenden und Ferientagen um bis zu 20 %. Unter der Woche und bei längerem Aufenthalt lohnt es sich, zu feilschen. Es gibt weit mehr Unterkünfte, als hier genannt sind. Die meisten haben ein Restaurant im Haus.

Residencial Coroico (Zi. 1,75 US$/Pers.) Einen Block nördlich der Plaza gibt es hier die staubigsten und billigsten Unterkünfte im Ort. Die Zimmer im Dachgeschoss sind die besten.

Hostal Sol y Luna (☎ 715-61626, in La Paz 02-236-2099; www.solyluna-bolivia.com; Stellplatz 1,85 US$/Pers.; EZ/DZ mit Gemeinschaftsbad 5/7,50 US$, Cabanas mit eigenem Bad 20–30 US$; ⊠) Die prachtvolle, von Deutschen betriebene und ausländerfreundliche Anlage östlich der Stadt lohnt den 20-minütigen Hinweg. Geboten werden malerische Stellplätze, in sich abgeschlossene Hütten und bequeme Zimmer mit einem Gemeinschaftsbad in der Nähe des Pools. Pluspunkte sind das Restaurant mit vegeta-

rischen Angeboten, der Büchertausch, Shiatsu-Massagen (18 US$/Std.) und eine prachtvolle Badewanne aus Schiefer (6,20 US$/Pers.).

Hostal Cafetal (☎ 719-33979; Rancho Beni; Miranda EZ/DZ; Zi. wochentags/Wochenende 3,35/4,50 US$ pro Pers.; ⊠) Erstklassige Option mit prachtvollem Ausblick, dem angeblich besten Essen Boliviens und einem Pool in einer üppigen Gartenanlage. Von der Plaza aus der Nase (und der Ausschilderung) nach.

Hostal Kory (☎ in La Paz 243-1311; EZ 6 US$, EZ/DZ mit eigenem Bad 11/20 US$) Südwestlich der Plaza findet sich diese „solideste" und bürgerlichste der Budgetoptionen mit großartigem Ausblick.

Hotel Bella Vista (☎ 221-36059; Zi. 10 US$/Pers., ohne Bad 5 US$) Tadellose Option mit Federballplätzen und einer kleinen Dachterrasse mit schier grenzenlosem Ausblick.

Hotel Esmeralda (☎ 213-6017; www.hotel esmeralda.com; EZ/DZ/3BZ ab 12/15/18 US$; ⊠) Alle – auch die meisten Ausflugsgruppen – landen offenbar im Hotel Esmeralda. Kein Wunder. Pool, sonniger Hof, Restaurant und prima Ausblick sind schon überzeugende Argumente. Die Preise variieren stark und richten sich danach, wie viel Wert man auf einen Ausblick und ein eigenes Bad legt. Die billigsten Zimmer bieten weder das eine noch das andere, sind muffig und zu teuer. Das Hotel liegt östlich der Plaza etwa 400 m den Hügel hinauf. Ein Anruf genügt, um sich kostenlos abholen zu lassen. Darauf achten, dass das eigene Gepäck jederzeit sicher verwahrt ist!

Essen & Ausgehen

Coroico hat eine gute Auswahl an Essgelegenheiten – hier und da wird man sich wundern, dass man noch in Bolivien ist. Die „Back-Stube Konditorei" serviert gutes Frühstück: Yungas-Kaffee und hausgemachte deutsche Desserts sind die Spezialitäten. In der Nähe von Hostal Kory.

Restaurante Cafetal (☎ 719-33979; Hauptgerichte 3,50–5 US$; ☽ Frühstück, Mittag- & Abendessen) Boliviens kulinarische Goldmedaille geht an dieses von Franzosen betriebene Restaurant. Östlich der Stadt gelegen, lohnt sich der viertelstündige Fußweg allemal. Phänomenale Salate, Crêpes und ein luftiges Ambiente.

La Casa (Ayacucho s/n; ☽ Di–So) Gute europäische Küche. Fondue oder Raclette vorab bestellen!

> ### DIE GEFÄHRLICHSTE STRASSE DER WELT
>
> Inmitten einer gewaltiger Landschaft stürzt sich die – während der Regenzeit von Wasserfällen heimgesuchte – Straße von La Paz nach Coroico in die Tiefe. Ihre Markenzeichen: 80 km Länge und 3000 m Höhenunterschied! Für viele ist sie die gefährlichste Straße der Welt, nicht zuletzt, weil es hier die meisten tödlichen Unfälle pro Jahr gibt (durchschnittlich sind es über 100). Dabei ist die Straße selbst gar nicht so tückisch. Sie ist zwar äußerst schmal, kann schlammig und rutschig werden und tiefe Spurrillen haben – doch Anden-Veteranen erinnern sich an weitaus schlimmere Straßen in Peru und Ecuador. Wirklich gefährlich wird die Straße erst durch die Fahrer, die auf ihr unterwegs sind: Freizeitkrieger, übermüdete Macho-Busfahrern und unerfahrene Touristen. Um das Risiko zu minimieren, sollte man hier nicht an Feiertagen unterwegs sein, wenn die Einheimischen sich in ein aufregendes Wochenende stürzen.

La Bella Vista (Plaza) Little Italy in Coroico – hier gibt's die beste Pizza in der Stadt.

Comedor popular (Gerichte unter 1 US$) Den ganzen Tag typisch bolivianische Gerichte. Nordwestlich der Plaza.

Zum Abendlichen Ausgehen eignen sich **Bamboo's** (Iturralde) mit Livemusik am Wochenende, Cocktails und mexikanischer Küche oder das Taurus, wo es ganz ähnlich zugeht.

An- & Weiterreise

In der Nähe des *Ex-surtidor* (der ehemaligen Tankstelle) im Stadtviertel Villa Fatima in La Paz fahren stündlich (7–16 Uhr) Busse und Minibusse nach Coroico. Am besten nimmt man einen Minibus von Flota Yungueña oder Trans Totai (2 US$, 3½ Std.). In Coroico fahren Busse von zwei Hauptpunkten ab: von der Plaza und der Calle Sagárnaga (der Hauptstraße). Ab etwa 6 Uhr fahren stündlich Busse von Coroico nach La Paz (sonntags im Voraus buchen), täglich verkehren auch Busse nach Rurrenabaque (7 US$, 15 Std.), und zwar dann, wenn bzw. falls sie die „gefährlichste Straße der Welt" (s. Kasten oben) bewältigt haben, denn sie starten in Yolosa. Wer einen be-

lastbaren Magen hat, kann die Fahrt in einem *camion* auf der rauen Straße von Coroico nach Chulumani (über Coripata) riskieren – Abfahrt ist vom Markt.

CHULUMANI
☎ 02 / 4500 Ew.

Das ruhige Städtchen, der Endpunkt des Yunga-Cruz-Treks (s. S. 234), ist ein großartiger Abstecher abseits der üblichen Gringo-Rundreisetour. Die Hauptstadt der Provinz Sur Yungas liegt mitten in der wichtigsten Koka-Anbauregion.

Die Banco Unión an der Plaza tauscht Devisen und Reiseschecks (5 % Gebühr), an der Plaza befindet sich auch eine Filiale von Entel.

Ein großartiger Ausblick bietet sich vom **Mirador** zwei Blocks südlich der Plaza. Der gesellige Eigentümer des Country Guesthouse (s. unten) hat viele Anregungen für Wanderungen, Radfahren, Flussfahrten und Camping außerhalb der Stadt auf Lager. **Ramiro Portugal** (☎ in La Paz 02-213-6016, 02-279-0381) führt Gruppen auf Tagesausflügen (25 US$, max. 5 Pers.) in den **Bosque Apa Apa**, einen Regenwald, in dem etliche Vögel und Pflanzen zu Hause sind. Stellplätze, auch für Zelte, kosten pro Nacht 10 US$ zzgl. 1 US$ pro Person.

Schlafen & Essen

Alojamiento Daniel (Zi. 2,50 US$/Pers., mit eigenem Bad 3,50 US$) Die Herberge einen halben Block von der Plaza bergauf bietet saubere Zimmer mit Gemeinschaftsduschen. Direkt daneben liegt das Alojamiento Chulumani mit ähnlichen Preisen.

Country Guesthouse (Stellplatz 2,65 US$/Pers., Zi. mit eigenem Bad & Frühstück 6,65 US$; ⚐) Der netteste Ort zum Übernachten ist Xavier Sarabias rustikales Gasthaus südwestlich der Plaza (10 Min. Fußweg). Es gibt einen Pool, eine gemütliche Bar und auf Wunsch auch gute Mahlzeiten.

Hotel Panorama (☎ 213-6109; Murillo at Andrade; EZ/DZ 6,50/9 US$; ⚐) Man zahlt für den Ausblick. Das freundliche Hotel ist komfortabel und hat ordentliche Zimmer.

Hungrige können das Restaurant im Country Guesthouse und die einfachen *comedores* an der *tranca* versuchen. Auch auf dem sauberen Markt gibt es billige Gerichte.

El Mesón (Plaza) tischt billige *almuerzos* auf. Hinter der Plaza hat das Restaurant Chulumani eine erhöhte Terrasse, auf der das Essen serviert wird.

An- & Weiterreise
Von Villa Fátima in La Paz fahren zwischen 8 und 16 Uhr Busse von Turbus Totai von/nach Chulumani (2,50 US$, 4 Std.), los geht's, sobald die Busse voll sind. Ab Chulumani kurven täglich um 5.30 und 12 Uhr Busse von Trans San Bartolomé nach La Paz. Minibusse von Trans Chulumani und 24 de Agosto fahren regelmäßig an der *tranca* ab. Eine Fahrt auf der Straße von Chulumani nach Unduavi (erst ab dort ist sie befestigt) ohne Komplikationen ist während der Regenzeit Glückssache. Unbedingt viel Proviant und Trinkwasser mitnehmen und auf Verzögerungen gefasst sein.

Man kann auch über Coripata nach Coroico fahren: Dazu einen Bus Richtung La Paz nehmen und an der Kreuzung gleich nach Puente Villa bei Kilometer 93 aussteigen. Auf einen Bus oder *camión* nach Coripata warten und dort wiederum nach Coroico umsteigen – eine la-a-a-nge, staubige Fahrt.

WANDERN IN DER CORDILLERA REAL
Mehrere lohnenswerte Wanderwege führen vom *altiplano* in die Yungas. Alle überqueren die Cordillera Real auf vergleichsweise niedrigen Pässen. Am beliebtesten sind der **Choro** (La Cumbre–Coroico, 70 km), der **Taquesi** (Takesi; 40 km) und der **Yunga Cruz** (114 km). Für diese Strecken muss man zwei bis vier Tage einplanen, alle beginnen mit einem kurzen Aufstieg, gefolgt von einem Marsch aus der dramatischen Hochgebirgslandschaft hinab in die üppige Vegetation der Yungas.

Den Choro auf eigene Faust zu bewältigen, stellt nur am Ausgangspunkt ein Problem dar: Man nimmt irgendeinen Bus von La Paz nach Coroico und steigt am höchsten Punkt der Straße in **La Cumbre** aus. Der Weg beginnt links und ist auf dem ersten Kilometer deutlich zu erkennen, danach allerdings wird's etwas schwerer. Man muss sich rechts halten und zwischen zwei Teichen – von denen einer häufig ausgetrocknet ist – durchlaufen, bevor es den Hügel hinauf geht. Von nun an liegt der Weg nach Coroico klar vor einem. Allerdings bleibt die Sicherheit ein Problem. Es wurde von

Vorfällen berichtet, auf die man gut verzichten kann. Viele Tourenveranstalter bieten die Strecke auch als eine Dreitageswanderung all inclusive für rund 100 bis 150 US$ an (s. S. 299). Wer ernsthaft an Sportwanderungen interessiert ist, sollte Lonely Planets *Trekking in the Central Andes* zu Rate ziehen, in dem Karten und detaillierte Beschreibungen von diesen und anderen Wegstrecken zu finden sind.

GUANAY
Das isolierte Guanay liegt abseits der Straße von Coroico nach Rurrenabaque und zugleich am Ende des Camino del Oro-Treks, der in Sorata startet. Der Ort ist eine gute Basis für Ausflüge zu den Goldgräbern am Río Mapiri und Río Tipuani. Ein Besuch bei den Goldwäschern ist interessant – wenn man die Verwüstung der Landschaft ertragen kann, die das Goldfieber verursacht. Zu den Bergbaugebieten geht's per Jeep über die Straße nach Llipi oder mit motorisierten Frachtkähnen den Río Mapiri hinauf.

Manchmal bietet sich die Möglichkeit, bei den Goldhändlern oder in den *farmacias* (Apotheken) US$ einzutauschen. In Caranavis Banco Unión kann man Geld vom Konto abheben und Reiseschecks einlösen.

Schlafen & Essen
Hotel Pahuichi (Zi. 2,50 US$/Pers.) Diese Option ist die preisgünstigste vor Ort, einen Block von der Plaza bergab. Ein annehmbares Restaurant gehört auch dazu.

Hospedaje Los Pinos (B 4,50 US$) Die freundliche Unterkunft in der Nähe des Docks bietet saubere Doppelzimmer mit eigenem Bad und Ventilator.

Innerhalb des Blocks rund um die Plaza gibt es mehrere einfache, aber freundliche Unterkünfte, in denen die Übernachtung jeweils rund 2 US$ pro Person kostet.

An der Hauptstraße und im Dunstkreis der Plaza finden sich viele Restaurants.

An- & Weiterreise
Vier Gesellschaften bieten tägliche Busverbindungen nach/von La Paz via Caranavi und Yolosa (5 US$, 10 Std.). Um nach Coroico zu kommen, in Yolosa, 7 km westlich von Coroico, aussteigen und nach einer Mitnahmemöglichkeit Ausschau halten, die einen den Hügel hinaufbefördert. Nach Rurrenabaque (7,50 US$, 14 Std.) muss man

in Caranavi in einen Bus Richtung Norden umsteigen.

Vom Puerto Mapiri legen täglich um 9 Uhr Boote nach Mapiri ab (3–4 Std.). Bei Niedrigwasser (Aug.–Sept.) fährt man stattdessen mit dem Jeep (5 US$, 5 Std.).

Charterboote schippern Traveller nach Rurrenabaque, sind aber recht teuer (300 US$ pro Boot für 10–15 Pers.; bei ausreichend Tiefgang 8–10 Std.). Der Preis ist auch deswegen so happig, weil der Bootsführer anschließend eine dreitägige Leerfahrt vor sich hat und die Treibstoffkosten hoch sind. Nicht vergessen: Ausrüstung und Nahrungsvorräte bei Bedarf ergänzen.

Richtig eifrige Traveller mieten einen Führer (rund 30 US$/Tag), bauen ein Floß aus Balsaholz und fahren damit nach Rurrenabaque. Die Fahrt dauert fünf bis sieben Tage. Man muss sich – und obendrein den *guía* – natürlich selber verköstigen.

SORATA

☎ 02 / 2200 Ew.

Sorata ist einer der Orte, in denen noch der hartgesottenste Hooligan auf die Idee kommt, Yogaübungen zu machen. Umgeben von grünen Bergen liegt der Ort am Zusammenfluss des Río San Cristobal und des Río Challa Suya. Seine bezaubernde Schönheit und Ruhe lockt Touristen an, die ihre Ruhe haben wollen, aber auch Bergsteiger und Wanderer, die auf den nahegelegenen schneebedeckten Gipfeln des Illampu (6362 m) und Ancohuma (6427 m) auf Abenteuer aus sind. Sonntags bringen Jeeps und Busse die Scharen der Einheimischen zum örtlichen Markt. Am Montag bleiben viele Geschäfte geschlossen.

Aktivitäten
SPAZIERGÄNGE

Interessanter als Spaziergänge durch den Ort ist der 12 km lange Weg zur **Gruta de San Pedro** (San-Pedro-Höhle; Eintritt 1 US$; ☻ 8–17 Uhr), von Sorata aus eine sechsstündige Rundwanderung (ein Taxi hin oder zurück kostet ca. 2,50 US$). Wasser und Verpflegung mitnehmen – oder, besser noch, auf der Strecke im Café Illampu Rast machen!

WANDERUNGEN

Die Saison für Gipfelstürmer dauert von April bis September. Ehrgeizige Adventure-Freaks wagen sich an den sechstägigen **Ca-**

mino del Oro-Trek, eine antike Handelsstraße zwischen dem *altiplano* und den Goldfeldern des Río Tipuani. Alternativ dazu gibt es den steilen Aufstieg zur **Laguna Challata**, eine lange Tageswanderung auf verschiedenen Strecken (ein Führer empfiehlt sich; man sieht den See erst, wenn man schon da ist). Außerdem wären da noch der Trek zur **Comunidad Lakathiya**, ebenfalls eine lange Tageswanderung, der zwei bis drei Tage beanspruchende Trek zur **Laguna Glacial**, der anspruchsvolle sechs- bis siebentägige **Mapiri Trail** (Achtung: dieser Weg „verschwindet" aufgrund von Erdrutschen) und der siebentägige **Illampu-Rundkurs**. Auch wenn letzterer einer der besten Wege ist, hat es hier schon Unfälle gegeben – deshalb sollte man sich an ihn nur mit einem gut informierten Führer heranwagen.

Die **Sorata Guides & Porters Association** (guia sorata@hotmail.com; Sucre 302) hilft bei der Organisation vieler verschiedener Wanderungen. Der Preis beträgt (je nach Gruppengröße) zwischen 12 und 20 US$ pro Tag für eine Gruppe inklusive Verpflegung.

MOUNTAINBIKEN

Andean Biking (☎ 712-76685; www.andeanbiking.com; Plaza) hat eine Reihe eindrucksvoller Fahrten in der Umgebung von Sorata für Anfänger wie Cracks im Programm. Wo sonst auf der Welt kann man so Wegen aus der Zeit vor den Inka fahren, bis auf 6000 m Höhe hinaufkeuchen und dann Tausende von Metern talwärts rasen? Für die meisten Fahrten ist eine Mindestbeteiligung von vier Fahrern erforderlich. Die Preise pendeln zwischen 50 und 70 US$ pro Fahrt. Topevent ist eine Bike/Boot-Tour der Extravaganz: Sie dauert vier bis fünf Tage, zwei Tage wird geradelt, zwei bis drei Tage in einem Motorkanu gefahren. Ziel ist Rurrenabaque (250 US$ all inclusive). Mountainbike-Guru und Firmeninhaber Travis hat einen Downhill-Kurs für erfahrenere Radfahrer aufgebaut – ein Nervenkitzel mit 2000 Tiefenmetern.

Schlafen

Camping Altai Oasis (☎ 715-19856; resaltai@hotmail. com; Stellplatz 1,25 US$/Pers., EZ/DZ 2,65/6 US$, Zi. mit eigenem Bad ab 10 US$, Hütte 45–60 US$) Für eine Übernachtung kommen, und eine ganze Woche bleiben! Traveller beschreiben diese Anlage – eingebettet in eine grüne Flusslandschaft – mit Ausdrücken wie „Gold" und „el paraiso". Es gibt eine gute Cafébar, einen Büchertausch, eine Wäscherei, Duschen mit Warmwasser und eine Gemeinschaftsküche. Von der Plaza aus sind es 30 Gehminuten: den gewundenen, 1 km langen Abzweig von der Straße zu den San Pedro-Höhlen nehmen.

Residencial Sorata (☎ 213-6672; resorata@entel net.bo; Zi. 1,85–5 US$/Pers.) Freundliche Geister schweben über diesem großen, weitläufigen und exzentrischen kolonialzeitlichen Gebäude an der Nordostecke der Plaza. Vernachlässigte Antiquitäten (darunter die Betten!) künden von früherem Glanz. Louis gibt wunderbare Wandertipps.

Hostal Las Piedras (☎ 719-16341; laspiedras2002@yahoo.de; Zi. 2,50 US$/Pers., EZ/DZ mit eigenem Bad 5/7,50 US$) Kaum zu toppen. Die deutsche Besitzerin Petra ist so sympathisch wie die makellos, künstlerisch dekorierten Zimmer. Eine einfache „Küche" ist vorhanden. Das Hostal erreicht man über einen (unbefestigten) Fußweg von zehn Minuten: die Calle Ascarrunz hinunter Richtung Fußballplatz.

Paraiso Hotel (☎ 213-6671; Villavicencio s/n; Zi. 4,40 US$/Pers., ohne Bad 3 US$) Nicht gerade das Paradies auf Erden, aber die sonnige Terrasse entschädigt für muffige Zimmer.

Hotel Santa Lucia (☎ 213-6686; Zi. ohne Bad 3,80 US$) Ein intimes Hotel mit einem netten Eigentümer, der auf sein Haus mächtig stolz ist. Zehn Minuten von der Plaza, die Calle Ascarrunz runter.

Ein Muss auf dem Weg nach San Pedro ist ein Zwischenstopp im stimmungsvollen, von Schweizern betriebenen Café Illampu (s. rechte Spalte), wo es einen Zeltverleih, Stellplätze im Grünen und eine großartige Aussicht gibt.

Außerdem empfehlenswert:

Hostal El Mirador (☎ 289-5008; Muñecas 400; EZ/DZ 1,90/3,80 US$) Die Terrasse ist sonnig, der Eigentümer dieses HI-Ablegers weit weniger.

Hostal Italia (☎ 289 5009; Zi. 2,50 US$/Pers.) An der zentralen Plaza oberhalb der Pizzeria.

Essen & Ausgehen

Kleine, billige Restaurants rund um den Markt und die Plaza verkaufen preisgünstige und sättigende *almuerzos*. Das Restaurant Sorata serviert vegetarische Gerichte.

Einen schnellen Burger für 1 Bs, dick belegt mit Würstchen und Fisch, gibt es an den Hamburgerständen an der Nordwestecke der Plaza.

Die zentrale Plaza sollte in Plaza Italia umgetauft werden, so viele (gleichartige) Pizzerien gibt es dort – ach ja, außerdem hat's noch einen Mexikaner. Weitere internationale Restaurants buhlen um Gäste.

Pete's Place (Hostal Don Julio, 1. Stock, hinter der Plaza; ⏱ 12–22 Uhr) Hier gibt es großartiges Essen und die neuesten Informationen für Wanderer. Die leckere Auswahl an vegetarischen und internationalen Gerichten stellt alle zufrieden. Man folge der Ausschilderung an der Plaza.

Café Illampu (⏱ Do–Mo) Das vom jovialen Schweizer Kuchenbäcker Stephan betriebene Café an der Straße nach San Pedro macht tollen Kaffee und prima Kuchen, außerdem frische *licuados* (Fruchtshakes).

Camping Altai-Oasis (☎ 715-19856) Dieses Café serviert Kaffee und Drinks. Markenzeichen sind seine Steaks, außerdem gibt's vegetarische Gerichte und prima Müsli (2,20 US$). Wegbeschreibung s. S. 235.

An- & Weiterreise

Sorata ist von den anderen Ortschaften der Yungas weit weg. Es gibt keine direkten Verbindungen nach Coroico.

In La Paz fahren Busse von Trans Unificado Sorata zehnmal täglich im Friedhofsbezirk ab (1,70 US$, 4½ Std.). Von Sorata aus verkehren die Busse nach La Paz stündlich zwischen 4 und 16 Uhr (an Wochenenden 17 Uhr), Startpunkt ist die Plaza.

Um nach Copacabana zu kommen, am Verkehrsknotenpunkt Huarina aussteigen und auf einen Anschlussbus warten.

TITICACASEE

Um den Titicacasee ranken sich zahlreiche Klischees. Nicht zu Unrecht! Zwar ist er nicht, wie vielfach zu lesen ist, der höchste schiffbare See der Welt – Gewässer in Peru und in Chile laufen ihm den Rang ab. Dafür gilt sein leuchtendes Saphirblau, das inmitten der kargen Hochebenen des *altiplano* schimmert, ohne jeden Zweifel als eine der herrlichsten Highlights der Region.

Der See liegt auf 3820 m, hat eine Länge von über 230 und eine Breite von 97 km. Er bildet die Grenze zwischen Peru und Bolivien und ist ein Überrest des Lago Ballívían, eines uralten Binnenmeers. Die traditionellen Aymara-Dörfer am Ufer, antike Legenden und im Hintergrund die schneebe-deckten Gipfel der Cordillera Real prägen das Bild dieser magischen Landschaft, die alle in ihren Bann schlägt.

COPACABANA

☎ 02

Zwischen zwei Hügeln liegt am Südufer des Titicacasees die kleine, bunte und bezaubernde Ortschaft Copacabana (Copa). Jahrhunderte lang war es Ziel religiöser Pilger, heute pilgern die partylustigen Einheimischen zu den Fiestas hierher.

Auch wenn der Ort ein bisschen touristisch wirkt, lässt es sich angenehm durch die Straßen schlendern. Es gibt ausgezeichnete Cafés, der Strand und die Landschaft laden zu Spaziergängen ein. Von hier aus fährt man zur Isla del Sol, außerdem ist Copa ein netter Halt zwischen La Paz und Puno oder Cusco (Peru). Auf 3800 m Höhe sind die Tage angenehm und sonnig (außer in der Regenzeit im Dezember und Januar), doch die Nächte sind während des übrigen Jahres ausgesprochen kalt.

Praktische Informationen

Der beste Büchertausch ist in La Cúpula (s. Kasten S. 240).

Alf@Net (Ecke 6 de Agosto & Av 16 de Julio) Ein beliebter Treffpunkt mit schnellen Internetverbindungen für 1,80 US$ pro Stunde. Es gibt noch einige weitere Internetcafés an der 6 de Agosto Richtung See.

Casa de Cambio Copacabana (6 de Agosto s/n) Im Ort gibt es keinen Geldautomaten, aber diese Stelle im Hotel Playa Azul tauscht Devisen und Reiseschecks (5 % Gebühr).

Pacha (Ecke 6 de Agosto & Bolívar) Wäscherei, Zweistundenservice für 1,25 US$.

Prodem Nahe der Casa de Cambio Copacabana. Angeblich sind hier Abhebungen von Visa-Kreditkarten möglich (5 % Gebühr), aber merkwürdigerweise funktioniert das nur selten.

Touristeninformation (nordöstliche Ecke der Plaza) In diesem Büro gibt es einige informative Broschüren – wenn es mal offen ist.

Sehenswertes & Aktivitäten

Die prächtige **Kathedrale**, zwischen 1605 und 1820 im maurischen Stil errichtet, dominiert das Stadtbild. Die berühmte Holzskulptur der **Virgen de Copacabana** ist im Obergeschoss in der **Camarín de la Virgen** (Eintritt gegen Spende; ☺ 9–12 & 14.30–18 Uhr) zu sehen. Nicht auslassen sollte man die **Capilla de Velas** (Kerzenkapelle) an der Längsseite der Ka-

thedrale. Tausende Kerzen erleuchten eine gewölbte Gruft, deren Wände mit Wachsgraffiti bedeckt sind. Die farbenprächtigen **Benediciones de Movilidades** (cha'lla; Autosegnung) finden täglich um 10 und 14.30 Uhr vor der Kathedrale statt.

Der Hügel nördlich der Stadt, der **Cerro Calvario** (3966 m), ist in 30 Minuten zu erreichen – besonders zum Sonnenuntergang ein lohnenswerter Ausflug. Viele Pilger steigen hinauf und legen dabei Steinchen an den einzelnen Kreuzwegstationen ab. Weniger eindrucksvoll sind die kleineren Inkastätten rund um die Stadt: die **Horca del Inca** auf dem Hügel Niño Calvario, das **Tribunal del Inca** (☺ Di–So 9.30–18 Uhr) in der Nähe des Friedhofs, das **Baño del Inca** und das **Museum** (☺ 9–18 Uhr) 2 km nördlich der Stadt. Diese Stätten sind übrigens auch während der angegebenen Öffnungszeiten oft geschlossen.

Am Seeufer kann man **Fahrräder, Motorräder, Paddel-** und **Segelboote** mieten.

Festivals & Events

Eine bolivianische Tradition ist die Segnung von Miniaturgegenständen während des Festes **Alasitas** (24. Jan.), z. B. von kleinen Autos oder Häusern. Man hofft, durch die Zeremonie im kommenden Jahr in den Besitz des realen Gegenstands zu gelangen. Die kleinen Modelle werden an Ständen rund um die Plaza und auf dem Gipfel des Cero Calvario verkauft.

Nach Alasitas wird an den beiden ersten Februartagen die **Fiesta de la Virgen de Candelaria** gefeiert. „Derwische" aus Peru und Bolivien führen traditionelle Aymara-Tänze auf, es wird musiziert, getrunken und gefeiert. Zu **Karfreitag** strömen Pilger in den Ort, die sich bei Einbruch der Abenddämmerung einer feierlichen Lichterprozession anschließen. Die größte Fiesta dauert eine Woche. Sie findet mit Paraden, Blasmusik, Feuerwerk und viel Alkohol um den **Unabhängigkeitstag** herum statt (in der ersten Augustwoche).

Schlafen

Es gibt eine unglaubliche Vielfalt an billigen Unterkünften. Während der Fiestas ist jedoch alles ausgebucht und die Preise können sich locker verdreifachen. Die meisten Unterkünfte verwahren Rucksäcke kostenlos, falls man bei einem Abstecher zur Isla del Sol oder woandershin über Nacht wegbleibt. Auf den Gipfeln des Niño Calvario und des Cerro Sancollani darf wild gecampt werden. Im Folgenden sind die billigsten annehmbaren Unterkünfte aufgeführt, in denen ein Zimmer ohne Bad zwischen 1,25 und 4,50 US$ pro Person kostet.

Alojamiento Emperador (☎ 862-2083; Murillo 235) Eine freundliche und bunte Unterkunft bei einer netten Señora mit Herz für Traveller. Es gibt eine kleine Küche, stabile Betten und ein sonniges Mezzanin. Im neuen Anbau gibt es Zimmer mit eigenem Bad.

Alojamiento Kotha Kahuaña (☎ 862-2022; Av Busch 15) Ein Mini-Tiahuanaco erwartet einen in dieser sauberen – wenn auch steinigen – Unterkunft mit guten Zimmern im Obergeschoss, die rund um die Uhr Warmwasser und einen Ausblick auf den See bieten.

Residencial Aransaya (☎ 862-2229; 6 de Agosto 121) Sehr ordentliche Zimmer mit eigenem Bad. Außerdem gibt es hier einen einladenden, sonnigen Hof und unten ein gutes Restaurant.

Hotel Brisas del Titicaca (☎ 862-2178; 6 de Agosto) Dieses HI-Hostel liegt direkt am See. Über das unhöfliche und uninteressierte Personal,

> **ACHTUNG**
>
> Besondere Vorsicht sollte man während der Fiestas walten lassen, vor allem in der Semana Santa (Osterwoche) und der Woche um den Unabhängigkeitstag. Taschendiebe sind dann besonders aktiv. Leser berichteten sogar von Übergriffen, bei denen die Opfer gewürgt wurden, bis sie in Ohnmacht fielen, und dann ausgeraubt wurden.

das wir bei unserem Besuch kennenlernten, können wir nur den Kopf schütteln.

Hotel Ambassador (☎ 862-2216; Ecke Jáuregui & Bolívar; Zi. mit eigenem Bad & TV 5 US$/Pers.) Raffiniert schlichte Option mit einem netten Restaurant auf dem Dach.

Residencial Sucre (Murillo 228, Zi. inkl. Frühstück 5 US$/Pers.) Der Eingangsbereich zeigt einen Hotelstil mit Klasse. Es gibt einen großen Hof, das Zimmerangebot ist von unterschiedlicher Qualität.

Hotel Utama (☎ 862-2013; Michel Peréz; Zi. inkl. Frühstück 7–10 US$/Pers.) Das freundliche Mittelklassehotel bietet komfortable Zimmer mit

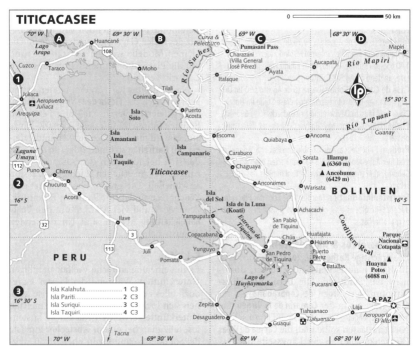

TITICACASEE •• Copacabana 239

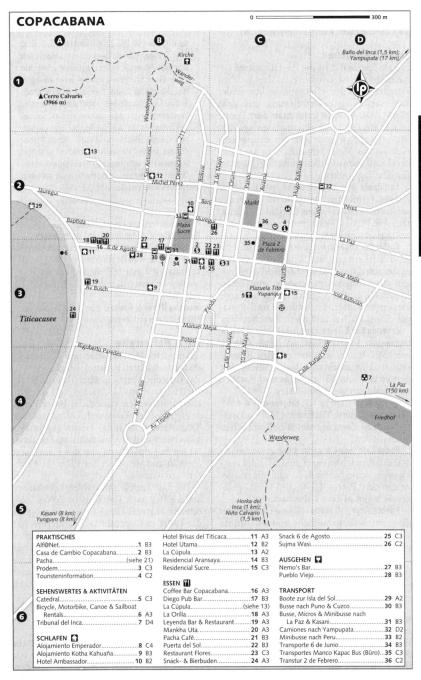

COPACABANA

PRAKTISCHES	
Alf@Net	1 B3
Casa de Cambio Copacabana	2 B3
Pacha	(siehe 21)
Prodem	3 C3
Touristeninformation	4 C2

SEHENSWERTES & AKTIVITÄTEN	
Catedral	5 C3
Bicycle, Motorbike, Canoe & Sailboat Rentals	6 A3
Tribunal del Inca	7 D4

SCHLAFEN	
Alojamiento Emperador	8 C4
Alojamiento Kotha Kahuaña	9 B3
Hotel Ambassador	10 B2
Hotel Brisas del Titicaca	11 A3
Hotel Utama	12 B2
La Cúpula	13 A2
Residencial Aransaya	14 B3
Residencial Sucre	15 C3

ESSEN	
Coffee Bar Copacabana	16 A3
Diego Pub Bar	17 B3
La Cúpula	(siehe 13)
La Orilla	18 A3
Leyenda Bar & Restaurant	19 A3
Mankha Uta	20 A3
Pacha Café	21 B3
Puerta del Sol	22 B3
Restaurant Flores	23 C3
Snack- & Bierbuden	24 A3
Snack 6 de Agosto	25 C3
Sujma Wasi	26 C2

AUSGEHEN	
Nemo's Bar	27 B3
Pueblo Viejo	28 B3

TRANSPORT	
Boote zur Isla del Sol	29 A2
Busse nach Puno & Cuzco	30 B3
Busse, Micros & Minibusse nach La Paz & Kasani	31 B3
Camiones nach Yampupata	32 D2
Minibusse nach Peru	33 B2
Transporte 6 de Junio	34 B3
Transportes Manco Kapac Bus (Büro)	35 C3
Transtur 2 de Febrero	36 C2

eigenem Bad (hier steigen oft die ab, die im La Cúpula nicht mehr unterkommen).

Essen & Ausgehen

Lokale Spezialität ist die im Titicacasee gezüchtete *trucha criolla*, eine der größten Forellenarten der Welt. Wie üblich findet sich die billigste Verpflegung auf dem Markt. Am Morgen kann man dort Fische kaufen und sich mit einem süßen *api morado* (dunkelvioletter *api*; ein sirupartiges Gebräu aus Mais, Limone, Zimt und Zucker) und ebenso süßen *buñuelos* (Donuts) für den Tag stärken.

La Cúpula (☎ 862-2029; Michel Peréz 1–3; ☺ ab 7.30 Uhr) Großartige Auswahl an dekorativ servierten vegetarischen Gerichten. Dienstags bleibt das Restaurant morgens und mittags geschlossen.

Coffee Bar Copacabana (6 de Agostso s/n; Almuerzos 1,25 US$) In entspannter Schieflage – schnell essen, sonst rutschen die Köstlichkeiten wegen des schrägen Betonbodens vom Teller! Es gibt ein großes Angebot an Tee und erstklassigem Kaffee, Frühstücks- und Pastagerichten, Nachos und allem zwischendrin.

Leyenda Bar & Restaurant (Ecke Costañera & Busch; Hauptgerichte 3–6 US$; ☺ Frühstück, Mittag- & Abendessen) Mit diesem stimmungsvollen Restaurant am Ufer macht man nichts falsch. Hier gibt es köstliche Säfte, Pizzas und Forellen zu Rhythmen von Bob Marley.

Sujma Wasi (Jáuregui 127; Hauptgerichte 4–6 US$) Interessant: nette Tischen im Hof und eine vielseitigen Karte mit vielen bolivianischen Spezialitäten.

Pacha Cafe (Ecke 6 de Agosto & Bolívar; Hauptgerichte 8–12 US$) Empfehlenswert sind hier die erstklassige heiße Schokolade und die ausgezeichneten Pizzas (1,90–3,15 US$), gelegentlich gibt es Live-Unterhaltung.

Pueblo Viejo (6 de Agosto 684) Leser empfehlen diese rustikale, gemütliche und entspannte Cafébar. Sie wird von ein paar „coolen Typen" betrieben, die stolz sind auf ihr ethnisches Dekor, die merkwürdige Beleuchtung (vor allem die Notbeleuchtung) und die lässige Atmosphäre. Mit regelmäßiger Livemusik.

Es gibt eine Reihe billige, typische Bars und Restaurants. An der Hauptstraße lohnen sich Snack 6 de Agosto, das Restaurant Flores, das Puerta del Sol oder die Diego Pub Bar. Weitere Optionen sind die Snack- und Bierbuden am Seeufer.

IN DIE VOLLEN!

La Cúpula (☎ 862-2029; Michel Peréz 1–3; Zi. ab 12 US$) Zweifellos Boliviens bestes Hotel. Mit der Individualität eines Boutiquehotels und einer Einrichtung wie in einem Ferienresort hat diese von Deutschen betriebene großartige Unterkunft den Vogel abgeschossen. Weitere Pluspunkte sammeln das ausgezeichnete Essen (s. linke Spalte), Hängematten, Gärten, Bücher und eine relaxte Atmosphäre. Jedes Zimmer ist individuell gestaltet – man kann sich sogar in der *cúpula* niederlassen. Die neuen, künstlerisch gestalteten Hütten sind ein Gedicht (32 US$).

Außerdem zu empfehlen:

Nemo's Bar (6 de Agosto 684) Von einem britisch-bolivianischen Paar betriebene warme und gemütliche Bar, gut geeignet für einen kleinen Drink.

La Orilla (6 de Agosto s/n) Große Bar, Kamin und gewaltige Portionen Pasta pesto, gefüllte Forelle und Kokos-Curry.

Mankha Uta (6 de Agosto s/n; Gerichte à la carte 1,50 US$) Bietet auch Vegetarisches.

An- & Weiterreise

Transportes Manco Kapac und Transturs 2 de Febrero fahren mehrmals täglich von La Paz (Friedhofsbereich) über Tiquina Straits nach Copacabana (2 US$, 3½ Std.), am Wochenende werden zusätzliche Busse eingesetzt. Schnellere (aber volle) Minibusse von Transporte 6 de Junio fahren regelmäßig zwischen 4 und 17 Uhr. Achtung: Die Busse fahren in Copacabana von der Plaza Sucre ab, während sie oft an der Plaza 2 de Febrero ankommen.

Die Fahrt mit komfortablen Reisebussen aus La Paz nach Copacabana (ohne Zwischenhalt) kostet 4 bis 5 US$. Es ist möglich, die Fahrt in Copacabana zu unterbrechen und später mit dem gleichen Unternehmen nach Puno (Peru) weiterzureisen. Man kann aber auch nur die Strecke Copacabana–Puno buchen (3–4 US$, 3–4 Std.) oder auch direkt bis nach Cusco fahren (10 US$, 15 Std.). Besser im Voraus buchen!

WANDERUNG VON COPACABANA NACH YAMPUPATA

Für den 17 km langen Weg von Copacabana nach Yampupata direkt gegenüber der Isla del Sol braucht man drei bis vier Stunden.

Die Landschaft an der Strecke ist umwerfend. Anschließend kann man ein Boot hinüber zur Isla del Sol nehmen, um dort noch ein paar weitere Tage zu wandern, und von dort per Boot zurück nach Copacabana fahren – ein prima Ausflug.

Von Copacabana aus geht es auf der Straße durch die Tiefebene in nordöstlicher Richtung. An der Kilometer-3-Markierung gelangt man an das Dorf Kusijata. Auf einem zehnminütigen Umweg kommt man zum Baño del Inca. Nach weiteren 5 km erblickt man in einem Hügel die **Gruta de Lourdes** (Marienhöhle), die von der Hauptstraße nach Yampupata aus gut einzusehen ist. Weiter geht es über den steilen Hügel oberhalb der Hauptstraße. (Eine mögliche Abkürzung: nach der kleinen Brücke gleich nach rechts. Dann der **Inkastraße** so lange folgen, bis sie sich verliert. Dort direkt den Hügel hinauf, bis man wieder auf die unbefestigte Hauptstraße trifft). An der Kreuzung die linke Straße nehmen, die einen in das Dorf **Titicachi** führt.

In **Sicuani**, dem nächsten Dorf 2 km weiter, kann man sich im **Hostal Yampu** (einfache Unterkünfte rund 2 US$/Pers.) stärken. Weiter die Straße zur Rechten hinauf kann man sich nach Hilario Paye durchfragen, einem Charakterkopf, der einen mit etwas Glück auf eine Fahrt in seinem mit einem Pumaschädel verzierten Binsenboot mitnimmt oder mit dem Motorboot zur Halbinsel oder auch noch weiter schippert. Nach einer weiteren Stunde gelangt man zu den Piers von Yampupata. Dort kann man ein Boot zur Fahrt nach Yumani und zur Isla del Sol mieten (8–10 US$/Bootsfahrt). Es ist schwierig, von Yampupata nach Copacabana ein Auto zu bekommen, man kann sein Glück aber mit einer *movilidad* (irgendetwas, das sich bewegt) versuchen!

ISLA DEL SOL & ISLA DE LA LUNA

Die Insel der Sonne ist der legendäre Ort, wo die Inka erschaffen worden sein sollen – und der Inkamythologie nach gar der Geburtsort der Sonne. Hier sollen sich der bärtige weiße Gott Viracocha und die ersten Inka, Manco Capac und seine Schwester-Gemahlin Mama Huaca (oder Mama Ocllo), begegnet sein. Auf der kleineren, weniger von Touristen bevölkerten Isla de la Luna (Koati; Insel des Mondes) steht ein verfallenes Kloster, in dem einst die Jungfrauen der Sonne wohnten. Mitunter wird hier ein geringer Eintrittspreis verlangt.

Auf der Isla del Sol leben rund 5000 Menschen in mehreren kleinen Dörfern, von denen **Yumani** und **Cha'llapampa** die größten sind. Zu den Inkaruinen auf der Insel gehören **Pilko Kaina** (Eintritt 0,60 US$) am Südende und der **Chincana**-Komplex im Norden. Letzterer ist die Stätte des heiligen Felsens, wo die Schöpfungslegende der Inka ihren Ursprung hat. In Cha'llapampa gibt es ein **Museum** mit Artefakten aus der Unterwassergrabung nahe der Isla Koa, die nördlich der Isla del Sol liegt. Die Eintrittskarte des Museums (1,25 US$) gilt auch für die Ruinen im Norden und für das inzwischen ziemlich leere **Museo Templo de Sol** in Cha'lla, das zu nicht auszugrabenden Öffnungszeiten eine Sammlung verstaubter Gefäße zeigt.

Dank des Netzes von **Wanderwegen** ist es leicht, die Insel zu erkunden. Die Sonne und die große Höhe können einen allerdings ganz schön schlauchen. Die wichtigsten archäologischen Stätten auf der Insel kann man durchaus während eines langen Tages abklappern, entspannter ist es aber, eine Übernachtung einzuplanen. Mitbringen sollte man Verpflegung, Wasser und Sonnencreme. Bei einer Tagestour kommt das Boot gegen

---

EINREISE NACH PERU

Es gibt zwei Möglichkeiten, um nach Peru zu kommen: Die erste Route führt über Copacabana und Yunguyo (der Grenzübergang Kasani–Yunguyo ist von 8 bis 18 Uhr geöffnet), die schnellere, aber weniger interessante über Tapena/Desaguadero (geöffnet 9–21 Uhr). Wer direkt aus La Paz anreist, nimmt am einfachsten einen Reisebus nach Puno (Peru). Der Bus legt in Copacabana und dann wegen der Einreiseformalitäten noch einmal in Yunguyo einen Zwischenstopp ein. Ähnliche Busse fahren auch direkt bis nach Cusco. Günstiger kommt die Fahrt mit dem Minibus von Copacabana (Abfahrt an der Plaza Sucre) zum Grenzübergang Kasani–Yunguyo (0,50 US$, 30 Min.). Dort gibt es Anschluss nach Puno, in Yunguyo werden die Busse gewechselt. Informationen zur Einreise aus Peru nach Bolivien stehen auf S. 993. Nicht vergessen: bei der Einreise nach Peru aus Bolivien die Uhr um eine Stunde zurückstellen!

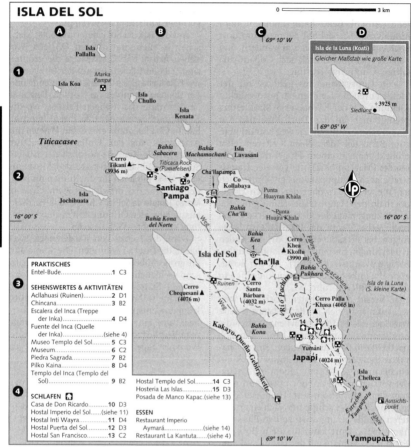

10 Uhr in Cha'llapampa im Norden der Insel an. Ein spanischsprachiger Führer zeigt den Besuchergruppen das Museum und begleitet sie nach Chincana. Es schließt sich eine mäßig anstrengende drei- bis vierstündige Wanderung auf der Kammlinie nach Yumani an, wo es Verpflegung und Unterkunft gibt. Die **Escalera del Inca** (Treppe der Inka) führt hinab zur Mole in **Fuente del Inca**, von wo die Ausflugsboote gegen 16 Uhr zur Rückfahrt ablegen. Die meisten Boote legen einen Zwischenhalt zur Besichtigung der Ruinen von Pilko Kaina ein, die Fahrt endet gegen 18 Uhr in Copacabana.

Die meisten Ausflugstickets lassen theoretisch die Rückkehr an einem späteren Tag zu, man kann also auch auf der Insel bleiben, um sie genauer unter die Lupe zu nehmen. Aber es kann Schwierigkeiten bereiten, für die Rückkehr mit dem Fährunternehmen, bei dem man gebucht hat, in Kontakt zu treten. Halbtagesausflüge (2 US$) erlauben nur einen kurzen Blick auf das eine oder andere Ende der Insel und lohnen sich kaum. Die einfachste Lösung: separate Hin- und Rückfahrtstickets kaufen, mit denen man flexibel ist. Sie kosten ungefähr 3,25 US$.

Schlafen & Essen

Die Infrastruktur auf der Isla del Sol ist in den letzten Jahren explodiert – es gibt jetzt fast schon mehr Restaurants und Unterkünfte als Sonnenstrahlen. Allerdings sind Läden für Selbstversorger immer noch

Mangelware. Dafür kann man abseits der Dörfer und Anbauflächen praktisch überall sein Lager aufschlagen.

Es gibt eine steigende Zahl von *alojamientos* auf der Hügelspitze in Yumani. Große Unterschiede gibt es nicht: Sie alle verlangen 3 bis 5 US$ pro Person für die Übernachtung in Zimmern mit pfirsichfarbenem Anstrich, Holzböden, vielen bunten Bettdecken und Gemeinschaftsduschen (meistens nur Kaltwasser). Außerdem gibt's gelegentlich Gerichte für weniger als 3 US$. Und: Die meisten *alojamientos* bieten einen spektakulären Ausblick.

Im Norden der Insel finden sich eine Unterkunft und Verpflegung in Häusern rund um Cha'llapampa und am dahinterliegenden Strand. Lucio, der Besitzer der Posada de Manco Kapac (☎ 712-88443; Zi. 2,50 US$/Pers.), kennt die Insel wie seine Westentasche. Das Hostal San Fransisco (Zi. 3 US$/Pers.) ist eine saubere Option mit hilfsbereitem Betreiber.

Das auf die Hügelspitze gelegene Restaurant Imperio Aymará und das Restaurant La Kantuta, oben an der Escalera del Inca, sind die besten Anlaufstellen für eine einfache Mahlzeit.

Hosteria Las Islas (☎ 719-39047) Direkt im Dorfzentrum ist die Hosteria wegen der neuen, sauberen Zimmer, der großen Terrasse und dem traumhaften Ausblick, den man auch vom Café draußen genießt, die erste Wahl. Vorab zu buchen ist keine schlechte Idee – das Haus wird gern von Ausflugsgruppen in Beschlag genommen.

Hostal Inti Wayra (☎ 719-42015, in La Paz 02-246-1765) Das große, zweistöckige, in ständiger Erweiterung begriffene weiße Haus vermietet einige helle Zimmer in familiärer Atmosphäre.

Hostal Imperial del Sol (☎ 719-42015) Ein Haus ganz in Pfirsichfarben gehalten – und so sauber, dass man eine *empanada* vom Fußboden essen könnte. Ein Zimmer mit eigenem Bad ist etwas teurer (25 US$).

Weitere Optionen:

Hostal Templo del Sol (☎ 712-27616; EZ/DZ 2,50 US$) Verwohnt, bietet aber einen spektakulären Ausblick hinüber nach Peru.

Hostal Puerta del Sol (☎ 719-55181; EZ/DZ 3/5 US$) Ein nettes weißes Haus.

Casa de Don Ricardo (☎ 719-34427; birdyzehnder@ hotmail.com; DZ inkl. Frühstück 20 US$) Teureres, aber sehr freundliches Hotel von Fuente del Inca auf halber Höhe den Hügel hinauf. Auf Wunsch gibt es Mahlzeiten, für reichlich Sonne ist auch so gesorgt – obwohl Ricardo leider nicht immer vor Ort ist.

An- & Weiterreise

Tagestouren per Boot von Copacabana zur Isla del Sol und zurück kosten zwischen 2 und 4 US$ pro Person, plus Eintrittsgelder. Die Tickets gibt's an den Kiosken am Strand und in den Reisebüros in der Stadt. Die Touren kosten genausoviel, wenn man von Cha'llapampa nach Yumani wandert. Ähnliches zahlt man für eine Rundfahrt zu den Ruinen von Pilko Kaina, wird dabei allerdings mehr Zeit auf dem Wasser als an Land zubringen. Die Boote zur Isla del Sol fahren in Copacabana um 8.15 und 13.30 Uhr ab und kehren gegen 11 und 17 Uhr zurück. Für 1,50 US$ kann man am Fuß der Escalera del Inca in ein Schiff nach Copacabana zusteigen und sich in Cha'llapampa im Norden der Insel absetzen lassen.

Wer mehr Zeit und Energie hat, sollte die interessantere Variante wählen: zu Fuß von Copacabana nach Yampupata und von dort mit dem Boot zur Isla del Sol (s. S. 241).

DER SÜDWESTEN

Es gibt kaum etwas, das die Sinne mehr entzücken könnte, als der Südwesten Boliviens: windzerzauste Talbecken, schneebedeckte Vulkangipfel und blendend weiße Salzwüsten. Unendliche Weiten. Roter Staub. Weiter östlich herrscht Stille, dort wo der *altiplano* in spektakuläre, wunderbare Felsformationen übergeht. Und wieder in tieferen Lagen angekommen, verzaubern einen die Düfte der magischen Obstgärten und Weinberge der Region.

ORURO

☎ 02 / 216 000 Ew.

Die Stadt auf 3700 m liegt in der staubigen und trockenen Ebene des *altiplano*. Eingebettet in eine Reihe mineralreicher Hügel besitzt sie einen ganz eigenen Charakter.

Während Festivals und Events sind Unterkünfte und Transportmöglichkeiten Mangelware – ohne Reservierung geht dann nichts, während Preissprünge an der Tagesordnung sind.

Die Stadt liegt südlich von La Paz und ist über eine ganz passable befestigte Straße von dort in drei Stunden zu erreichen. Zugleich bildet sie die nördliche Endstation des überschaubaren bolivianischen Eisenbahnnetzes. Das ganze Jahr über herrscht eine grimmige, windige Kälte, gegen die man sich entsprechend wappnen sollte.

Praktische Informationen

Es gibt eine Reihe von Enlace-Geldautomaten an der Plaza. Sein Geld gut verbergen – die Langfinger und Taschenschlitzer verstehen sich auf ihr Handwerk und üben es besonders während der Fiestas aus, auf denen viel Alkohol fließt.

Banco Boliviano Americano (Ecke Calle Bolívar & Soria Galvarro) Tauscht Devisen und Reiseschecks (5 % Gebühr).

Banco de Santa Cruz (Calle Bolívar 460) Tauscht ebenfalls Devisen und Reiseschecks (gleiche Gebühr).

Hotel Sucre (Ecke Calle Sucre & 6 de Octubre) Wäschereiservice: 1,90 US$ für 12 Wäschestücke, Waschen und Trocknen von Hand.

Einreisestelle (☎ 527-0239; Ayacucho 322, 2. Stock) Für die Verlängerung der Aufenthaltsgenehmigung (s. S. 305).

Mundo Internet (Calle Bolívar 573; 0,65 US$/Std.; ☾ 9–24 Uhr) Das beste von mehreren Internetcafés.

Städtische Touristeninformation (☎ 525-0144; Plaza 10 de Febrero) An der Westseite der Plaza bietet dieses Büro mehr gedruckte Informationen als jedes andere seiner Art in Bolivien.

Touristenpolizei (☾ 525-1923; Plaza 10 de Febrero) Scheint nur während des Karnevals in Erscheinung zu treten.

Sehenswertes & Aktivitäten

Das **Museo Patiño** (☎ 525-4015; Soria Galvarro 5755; Eintritt 1 US$; ☾ Mo–Fr 9–12 & 14–18 Uhr) ist im früheren Haus des Zinnbarons Simon Patiño untergebracht. Ausgestellt sind Möbel seiner Zeit, Gemälde, Fotos und ein paar schöne Spielsachen.

Neben dem **Santuario de la Virgen del Socavón** befindet sich das **Museo Sacro, Folklórico, Arqueológico y Minero** (☎ 525-0616; Plaza del Folklore; Eintritt 0,80 US$; ☾ Mo–Fr 9–12 & 15–18 Uhr), inklusive eines ehemaligen Bergwerksstollens. Ausgestellt sind Dinge, die mit Bergbau, den Kumpels und dem teuflischen El Tío, dem alles bestimmenden Gott der Bergleute, zu tun haben.

Am Südende der Stadt zeigt das **Museo Antropológico Eduardo López Rivas** (Eintritt 1 US$; ☾ 9–12 & 14–18 Uhr) Artefakte der frühen Chipaya und Uru. Zu erreichen mit *micro* C mit Zielangabe „Sud", Haltstellen befinden sich

an der Nordwestecke der Plaza oder gegenüber vom Bahnhof. Gleich hinter der Zinngießerei aussteigen.

Das **Museo Mineralógico y Geológico** (☎ 526-1250; Eintritt 1 US$; ☾ Mo–Fr 9–14 & 15–19, Sa 9–12 Uhr) auf dem Universitätscampus südlich des Stadtzentrums zeigt Mineralien, Edelsteine, Fossilien und Kristalle. Vom Stadtzentrum aus *micro* A mit Zielangabe „Sud" nehmen.

Die **heißen Quellen von Obrajes** (Eintritt 1,25 US$) 25 km nordöstlich der Stadt sind die besten von mehreren Alternativen für ein heißes Mineralbad in der Gegend. Von der Ecke Caro und Av 6 de Agosto einen *micro* nach „Obrajes" nehmen (0,60 US$, 45 Min.). Die Kleinbusse fahren täglich zwischen 7.30 und 17 Uhr und kommen auch an den weniger ansprechenden **heißen Quellen von Capachos** 10 km nordöstlich der Stadt vorbei. An den Wochenenden strömen einheimische Bergsteiger in das Gebiet von **Rumi Campana** 2 km nordwestlich der Stadt. Infos erteilt der **Club de Montañismo Halcones** (www.geocities.com/yosemite/gorge/1177/).

Festivals & Events

Während des spektakulären **Karnevals**, der am Samstag vor Aschermittwoch beginnt, verwandelt sich die Stadt in ein Spielfeld für Partytiger. Eine Menge Trubel ist da garantiert. Die Feiernden – darunter stolze Einheimische, von denen sich 90 % als *quirquinchos* (Gürteltiere) bezeichnen – spritzen sich gegenseitig mit Wasser nass (das kann, sagen wir's offen, ziemlich langweilig werden). An mehreren Tagen gibt es Umzüge (darunter die **Entrada** und **la Diablada**), bei denen die Tanzenden in ausgesprochen grellen Masken und Kostümen auftreten.

Schlafen

In der Nähe des Bahnhofs an der Velasco Galvarro gibt es eine ganze Reihe geeigneter, wenn auch nicht gerade hochklassiger *alojamientos*.

Alojamiento Copacabana (☎ 525-4184; Velasco Galvarro No 6352; Zi. 2 US$/Pers., mit eigenem Bad 2,50 US$) Sauber und sicher – der backpackerfreundliche Eigentümer schläft nachts an der Tür. Das beste Haus in dieser Gegend.

Residencial San Salvador (☎ 527-6771; Velasco Galvarro No 6325; Zi. 2,50 US$/Pers.) Wer nichts gegen Hundegeruch, mürrischen Service und dunkle Aufenthaltsräume hat, für den ist es hier ganz o.k.

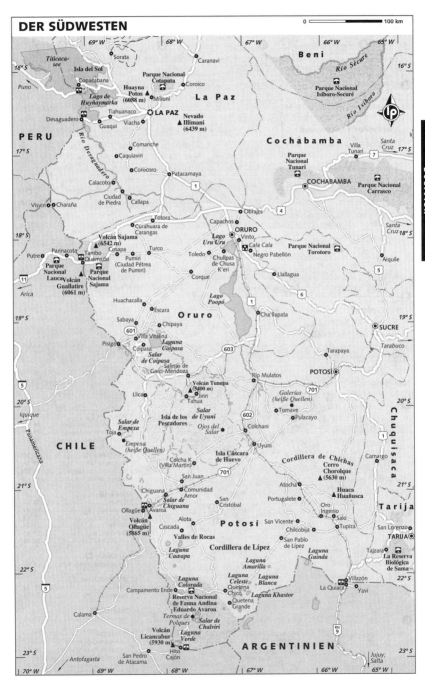

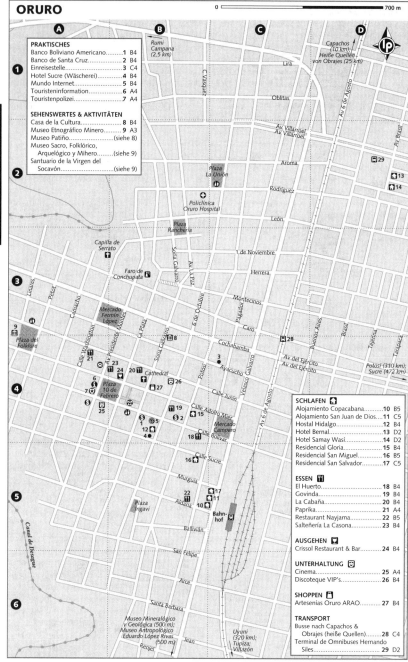

Alojamiento San Juan de Dios (☎ 527-7083; Velasco Galvarro No 6346; Zi. 2,50 US$/Pers.) Liegt nur knapp über dem absoluten Tiefpunkt.

Hotel Bernal (☎ 527-9468, Av Brasil 701; EZ/DZ 7,50/11,30 US$) Gegenüber vom Busbahnhof. Was dem Haus an persönlichem Charakter fehlt, macht es durch Sauberkeit wett.

Eine Auswahl weiterer solider Optionen:
Residencial Gloria (☎ 727-6250; Potosí 1569; Zi. 2,50 US$/Pers., mit eigenem Bad 3,15 US$) Geräumig und sicher, untergebracht in einem kolonialzeitlichen Haus. Die Sperrstunde um Mitternacht und die Badezimmer sind Schwachpunkte.

Residencial San Miguel (☎ 527-2132; Calle Sucre 331; Zi. 3,15 US$/Pers., mit eigenem Bad 5 US$)

Hostal Hidalgo (☎ 525-7516; 6 de Octubre 1616; EZ/DZ 10/17 US$) Eine recht moderne, zentral gelegene Option mit sauberen Zimmern.

Hotel Samay Wasí (☎ 527-6737; samaywasioruro@hotmail.com; Av Brasil 392; EZ/DZ inkl. Frühstück 13/20 US$) Das moderne HI-Hostelhochhaus in der Nähe des Busbahnhofs bietet den ganzen Tag über Duschen mit Boiler, Kabel-TV und Telefon.

Essen

Das Leben geht hier erst ab 11 Uhr richtig los, deswegen ist der Mercado Campero die beste Wahl für ein zeitiges Frühstück. Die Stände servieren morgens überwiegend *api* und Gebäck, es gibt aber auch *falso conejo* („falscher Hase", eine weiche Masse aus Fleisch und anderen Zutaten), Suppe mit Lammfleisch, Rindfleisch und Kartoffeln mit scharfer *llajhua* (würziger Tomatensauce). Günstige Angebote zum Mittagessen gibt's in den kleinen Imbissen rund um den Bahnhof.

Salteñeria La Casona (Av Presidente Montes 5969) Die besten *salteñas* gibt es hier gleich hinter der Plaza 10 de Febrero. Außerdem im Angebot: Sandwiches, Pizza und Pasta.

Govinda (6 de Octubre 6089; Hauptgerichte 1–2 US$) Ein göttlicher Laden mit indischen vegetarischen Gerichten.

Paprika (Calle Junín 821) Hier kann man mit Einheimischen plaudern. Und wo sonst servieren einem Kellner mit Schlips und Kragen ein Mittagessen für 1,25 US$?

El Huerto (Calle Bolívar) Mittagessen gibt es hier für ungefähr 1,35 US$. Das Restaurant liegt nahe dem Pagador.

La Cabaña (Calle Junín 609; Hauptgerichte 1–4 US$) Hier gibt es saftige Steaks und typisch bolivianische Gerichte, serviert in einem angenehmen Ambiente.

Ausgehen

Crissol Restaurant & Bar (☎ 525-3449; Ecke Adolfo Mier & La Plata) Hängt hier wirklich ein Auto von der Decke? Der Ort mit der meisten Klasse auf dem *altiplano*, wenn man eine Partie Billard spielen will. Es gibt Livemusik und Tanz an den Wochenenden, eine lange Speisekarte und eine Lounge mit Sportfernsehen. Oben wird mittags ein Salatbuffet für 1,25 US$ aufgebaut.

Unterhaltung

An den Abenden kann man versuchen, in einer der vielen Karaoke-Bars in der Stadt oder in der schmierigen **Discoteque VIP's** (Ecke Calle Junín & 6 de Octubre) den richtigen Ton zu treffen. Das **Kino** (Calle Bolívar; Eintritt 1 US$) an der Westseite der Plaza zeigt relativ neue Filme.

Shoppen

Na los, mal den Teufel spielen! Das Entwerfen und Herstellen von kunstvollen Diablada-Masken und -Kostümen ist hier ein blühender Zweig der Textilindustrie. Man sollte in den Werkstätten an der Av La Paz, zwischen León und Villarroel, vorbeischauen.

Artesanías Oruro ARAO (☎ 525-0331; Ecke Soria Galvarro & Calle Adolfo Mier) Gegenüber der Kathedrale hält dieser Laden eine bunte Auswahl an schönen bolivianischen Handwerkserzeugnissen aus fairem Handel bereit.

An- & Weiterreise

BUS

Alle Busse fahren vom und zum **Terminal de Omnibuses Hernando Siles** (☎ 527-9535; Av Villarroel), der 15 Gehminuten nordöstlich des

---

IN DIE VOLLEN!

Restaurant Nayjama (☎ 527-7699; Ecke Aldana 1880 & Pagador; Hauptgerichte 4–7 US$) Cordon-bleu-Cuisine auf dem *altiplano*? *Sí señor*. Das elegante Nichtraucher-Restaurant Nayjama wird von dem berühmten Küchenchef Don Roberto geleitet. Er hat schon Jetsetter aus der ganzen Welt verköstigt – bei einem Glas Wein verrät er einem vielleicht, wen alles. Die Spezialität des Hauses sind neuartige, internationale Interpretationen klassischer bolivianischer Gerichte. Auf Nachfrage gibt's auch vegetarische Varianten.

Stadtzentrums liegt. Alle 30 Minuten fahren Busse nach La Paz (1,90–2 US$, 3–4 Std.). Täglich gibt es Verbindungen nach Cochabamba (1,75 US$, 4½ Std.), Potosí (normal/*cama* 2/9 US$, 5 Std.) mit Anschluss nach Tupiza und Villazón sowie mehrere Nachtverbindungen nach Uyuni (3–4 US$, 8 Std.), wobei auf dieser rauen Strecke allerdings der Zug die bessere Wahl ist.

Einfache Busse fahren nach Sucre (5 US$, 8–10 Std.) über Cochabamba oder Potosí, darüber hinaus gibt es vier nachts verkehrende Direktbusse. Flota Bolivar fährt ohne Zwischenhalt nach Santa Cruz (12 US$, 18–20 Std.), ansonsten finden sich dorthin Anschlüsse in Cochabamba.

Täglich fahren Busse nach Arica in Chile (11 US$, 9 Std.) über Tambo Quemado (durch den Parque Nacional Sajama) mit Anschlüssen nach Iquique. Die meisten Traveller ziehen es aber vor, weiter südlich bei San Pedro Atacama über Uyuni und mit einem Abstecher durch die *salares* (Salzebenen) nach Chile einzureisen.

ZUG

Oruro hat sich dank der Bergwerke zum Eisenbahnzentrum entwickelt. Heute spürt man davon aber nur noch wenig: Als einzige Passagierverbindung ist Travellern die Strecke nach Uyuni und weiter in den Süden geblieben. Man muss seinen Pass am **Ticketschalter** (☎ 527-4605; ⌚ So–Fr 8–12 & 14.30–18 Uhr) vorzeigen. Tipp: Früh kommen und die Fahrkarte einen Tag im Voraus lösen, um langen Warteschlangen zu entgehen!

Eine Taxifahrt zwischen Bahnhof und Stadtzentrum kostet 0, 50 US$ pro Person.

Die privatisierte Bahnlinie wird von der chilenischen **Empresa Ferroviaria Andina** (FCA; www.fca.com.bo, spanisch) betrieben. Sie bietet zwei Züge an. Der Topzug ist der *Expreso del Sur* mit zwei Klassen: die ganz ordentliche Salonklasse und eine 1. Klasse mit Verpflegung, Servicio und einem Speisewagen. Der Zug fährt dienstags und freitags um 15.30 Uhr von Oruro nach Uyuni (Salon/1. Klasse 6,50/13 US$, 6½ Std.), Tupiza (11,50/25,50 US$, 11¾ Std.) und Villazón (13,70/30 US$, 15 Std.). Bis Uyuni ist es eine herrliche Fahrt durch wunderbare Landschaft, die Strecke nach Tupiza wird leider nach im Dunkeln zurückgelegt.

Der Zug zweiter Klasse ist der *Wara Wara del Sur*, der mittwochs und sonntags um 19 Uhr in Oruro startet und an vielen Bahnhöfen auf dem Weg nach Uyuni (Salon/1. Klasse 5/11 US$, 7 Std.), Tupiza (9/20 US$, 13 Std.) und Villazón (11/23 US$, 16¾ Std.) hält. Die ein wenig billigere Klasse heißt *popular* – für sie braucht man kampfbereite Ellenbogen. Einen Speisewagen gibt es nicht, aber an jedem Bahnhof kommen Händler mit Snacks an den Zug.

UYUNI

☎ 02 / 14 000 Ew.

Diese klimatisch herausfordernde, weltferne und isolierte Gemeinde auf 3675 m scheint heute nur noch für die Touristenmassen zu existieren, die zu den außerordentlichen *salares* strömen. Die Stadt selber bietet zwei nette Sehenswürdigkeiten: das Archäologiemuseum und den mit Abfall übersäten Cementerio de Trenes (Lokfriedhof) 3 km südlich der Stadt.

Praktische Informationen

Zum Zeitpunkt der Recherche war die Touristeninformation geschlossen. Sie befindet sich im Uhrenturm des Ortes.

Banco de Crédito (Av Potosí) Nahe der Av Arce. Hier werden Devisen getauscht und große bolivianische Scheine in kleinere gewechselt. Das tun auch die Straßenwechsler in der Nähe der Bank, die größeren Tourenveranstalter und beliebten Restaurants. Mehrere Stellen an der Potosí nehmen auch chilenische oder argentinischen Pesos.

Cafe M@c Internet (Av Potosí) Gegenüber der Plaza.

Einreisestelle (Ecke Sucre & Av Potosí) Für die Weiterreise nach Chile holt man sich den bolivianischen Ausreisestempel (offiziell 2 US$) am besten in diesem schwer an Las Vegas erinnernden Büro, denn die Öffnungszeiten des bolivianischen Grenzpostens in Hito Cajón (gleich hinter Laguna Verde) sind so verlässlich wie die Fahrpläne auf dem *altiplano*.

Laverap (Av Ferroviaria) Wäschereiservice für 1US$/kg. Manche Hostels und Hotels bieten denselben Dienst an.

Reserva National de Fauna Andina Eduardo Avaroa (REA; ☎ 293-2225; Avaroa) Das nette Büro von Sernap ist besucherfreundlicher als der umständliche Name des Parks.

Sehenswertes

Das anregende **Museo Arqueología y Antropológico de los Andes Meridionales** (Ecke Av Arce & Colón; Erw./Schüler 0,65/0,30 US$; ⌚ Di–Fr 8.30–12 & 14–18, Sa & So 9–13 Uhr) zeigt Mumien und viele Schädel und informiert auf spanischen Schautafeln über die Praktiken der Mumifizierung und Schädelverformung.

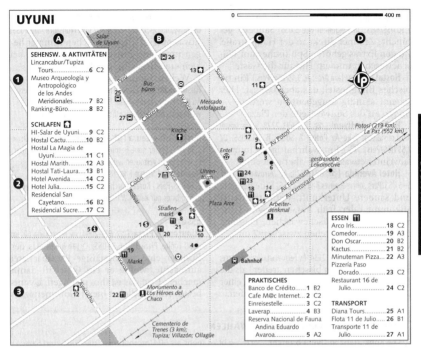

Geführte Touren

Eine Fahrt durch den Salar und seine Umgebung ist ein Muss: surreale Salzflächen, heiße Quellen, Geysire, farbenprächtige Lagunen, Vulkane und Flamingos bilden die Highlights einer Tour. Während der Regenzeit sind manche Gegenden nicht erreichbar.

DREI- BIS VIERTAGESTRIPPS

Am beliebtesten ist die viertägige Rundfahrt per Jeep zum Salar de Uyuni (S. 252), der Laguna Colorada, nach Sol de Mañana und zur Laguna Verde. Wer nach Chile weiterreisen will, kann die Tour nach dem dritten Tag abbrechen, an der Laguna Verde aus- und nach San Pedro de Atacama umsteigen (preislich macht das oft keinen Unterschied; vorab klären, ob der Transfer im Preis eingeschlossen ist). Bevor man Uyuni den Rücken zukehrt, sollte man sich einen Ausreisestempel besorgen. Es gibt zwar einen Grenzposten in Laguna Verde, man holt sich den Stempel aber besser in Uyuni ab. Die besseren Touranbieter sind häufig in der Lage, die Erledigung dieser Formalität außerhalb der Öffnungszeiten zu vereinbaren.

STANDARDTRIPS

Kürzere Trips führen durch die nördliche sichelförmige Ecke des Salar de Uyuni, daran schließen sich eine Übernachtung im freundlichen Dorf Jirira und eine Besteigung des Volcán Tunupa an. Je nach Jahreszeit gibt es auch längere Standardausflüge. Besucht werden dabei Llica, der Salar de Coipasa oder, über die höchste befahrbare Straße der Welt nahe der argentinischen Grenze, die Laguna Celeste.

Schlafen

Der Tourismusboom in Uyuni hat zur Folge, dass die besten Hotels schnell voll sind. Während der Hochsaison ist es also ratsam, im Voraus zu reservieren. Im Notfall kann man kostenlos im Wartesaal des Bahnhofs schlafen – dank der vielen Leute ist es warm und auch ganz sicher.

Weil die meisten Züge zu unchristlichen Zeiten ankommen oder abfahren, sind die billigen, aber etwas lauten Hostels am Bahnhof ganz praktisch. Die meisten Hostels und Hotels arbeiten mit dem einen oder anderen Tourenveranstalter zusammen.

Hostal Marith (☎ 693-2174; Av Potosí 61; Zi. 2,50 US$/Pers., mit eigenem Bad 5 US$) Saubere, getünchte Zimmer direkt an der Hauptstraße. Zu den Extras gehören Spültische zum Wäschewaschen und ein Hof für die Gäste.

Hostal Cactu (Plaza Arce; Zi. 3,15 US$/Pers.) Ein typisches Billighostel, das aber o.k. ist. Hier scheint ständig umgebaut zu werden. Zu finden an der Südwestseite der Plaza.

HI-Salar de Uyuni (☎ /Fax 693-2228; www.hostel lingbolivia.org; Ecke Av Potosí & Sucre; B 3,15 US$, DZ 7,55 US$/Pers.; 🖳) Ein wahrhaftiges Zimmerlabyrinth, etwas düster, aber sauber.

Hotel Avenida (☎ 693-2078; Av Ferroviaria 11; Zi. 5–6 US$/Pers., ohne eigenes Bad 2–3 US$) Eine beliebte und saubere Unterkunft, wenn man spät ankommt oder früh abfahren will. Gute Spültische zum Wäschewaschen, Duschen mit Warmwasser stehen zwischen 7 und 21 Uhr zur Verfügung.

Hotel Julia (☎ 693-2134; Av Ferroviaria/Aniceto Arce; EZ/DZ 7,55/14,40 US$) Ein bisschen „reifer" als die Billighostels und gut geeignet, um nach einer langen Zugfahrt gemütlich auszuschlafen.

Hostal La Magia de Uyuni (☎ 693-2541; magia_ uyuni@yahoo.es; Colón 432; EZ/DZ inkl. Frühstück 15/20 US$) Etwas putzig. Die gemütlichen Zimmer liegen um einen Innenhof. Das Haus ist bei kleineren Reisegruppen beliebt.

Weitere Optionen:
Residencial San Cayetano (Plaza Arce; Zi. 2 US$/Pers.) An der Nordseite der Plaza. Brauchbar; früh aufstehen, wenn man die eine ordentliche Dusche nutzen möchte (0,50 US$).

Hostal Tati – Laura (☎ 742-21226; Cabrera 334; Zi. 2,50 US$) Dieser neue Betonklotz ist innen netter, als man es von außen vermuten würde.

Residencial Sucre (☎ 693-2047; Sucre 132; Zi. 2,50 US$/Pers.) Kurze, durchgelegene Matratzen. Außerdem gibt es nur kaltes Wasser.

Essen

Minuteman Pizza (☎ 693-2094; Av Ferroviaria 60, im Hotel Toñito; Pizza 3,80–6,30 US$; 🕙 ab 8 uhr) Als der Besitzer eine zweckmäßige Pizzabäckerei aufmachte, wollte er ein Geschäft damit machen. Und das ist ihm gelungen. Uyunis bestes Allroundlokal bietet Gourmetpizzas

---

DEN RICHTIGEN VERANSTALTER WÄHLEN

Die Konkurrenz in Uyuni brummt: Derzeit gibt es mehr als 60 Unternehmen, die Trips zum Salar anbieten. Die meisten haben spanischsprachige Fahrer im Angebot, die einen auf die gleich zugeschnittene viertägige Tour mitnehmen. Wettbewerb bedeutet größere Auswahl. Die Kehrseite der Medaille: Die Qualität sinkt, weil viele zweifelhafte und windige Gesellen versuchen, das schnelle Geld zu machen. Es kann niemandem verwehrt werden zu feilschen, aber man sollte bedenken, dass geringere Preise zur Folge haben, dass die Veranstalter an der Qualität sparen – auf Kosten von Sicherheit und Umwelt. Ein üblicher Kniff ist z. B. der Versuch, eine zusätzliche Person in den Jeep zu quetschen (bequem ist es noch bei sechs). Haariger wird's, wenn schlecht gewartete Jeeps, Motorschäden, betrunkene Fahrer, miese Verpflegung und schlechter Service oder ein gleichgültiger Umgang mit der einst unberührten Umwelt des Salar dazukommen. Zu den ökologischen Todsünden gehören:

▪ die Einrichtungen des Salt Hotel (eines illegalen Gebäudes) zu benutzen

▪ Flamingos aufzustören, um ein gutes Foto der flüchtenden Tiere machen zu können

▪ Abfall zurückzulassen – einschließlich Toilettenpapier

Die besten Anbieter haben schriftliche Ablaufpläne, in denen die Mahlzeiten (vegetarische Verpflegung ist möglich), Unterkünfte und Einzelheiten des Trips beschrieben sind. Die durchschnittlichen Preise liegen zwischen 60 und 100 US$, während der Spitzensaison (Juli–Sept.) sollte man mit mehr rechnen. In den meisten Fällen ist der Preis ein Hinweis auf die Qualität. Die Buchung eines professionellen Veranstalters außerhalb von Uyuni kostet extra, könnte sich aber lohnen.

Schließlich kann man in Uyuni das **Ranking-Büro** (Av Potosí 9, 1. Stock) besuchen. Das Büro ist mehr eine Vermittlungs- als eine offizielle Bewertungsstelle. Es hilft dabei, Veranstalter und Traveller nach deren Vorstellungen zusammenzubringen: Das gilt hinsichtlich Verpflegung, Unterkünften und anderen Wünschen. (Vorsicht: Viele Veranstalter werben auf Plakaten mit einem hohen „Ranking" – man sollte nicht alles glauben!) Die besten Infos über die neuesten Knüller erfährt man wie so oft im Gespräch mit anderen Travellern.

Marke Feinschmecker, Budweiser, Weine und eine große Auswahl an Frühstücksgerichten. Ideal für die Kohlehydratladung vor einer größeren Tour oder für eine Stärkung nach der Rückkehr („groß" ist hier nicht nur eine Floskel).

Comedor (Ecke Av Potosí & Avaroa) Wer einen unempfindlichen Magen hat, findet billige Verpflegung am Markt und an den Straßenständen in der Nähe. Ein pikante Dosis *altiplano*-Kultur sind *charque kan* (zerstoßene Getreidekörner mit gedörrtem Lamafleisch), die es oft als Füllung von Tamales gibt.

Arco Iris (Plaza Arce) Der beste Ort, um Leute für eine Ausflugsgruppe zu finden. Ein freundliches Restaurant mit guter Pizza, kaltem Bier und gelegentlicher Livemusik.

Pizzeria Paso Dorado (Plaza Arce 49; Pizzas 4–10 US$) An der Plaza.

Don Oscar (Ecke Av Potosí & Bolívar) In diesem freundlichen Restaurant gibt es ein akzeptables Dinner.

Das teurere **Restaurant 16 de Julio** (Plaza Arce 35; Hauptgerichte 2–4 US$; ☺ ab 7 Uhr) und das nahegelegene **Kactus** servieren leckere Pasta, internationale Gerichte und bolivianische Spezialitäten.

An- & Weiterreise

Wer über Tupiza und das Ödland anreist, geht dem Gedränge aus dem Weg. In der Hochsaison kann es schwierig werden, aus dem abgelegenen Uyuni herauszukommen. Es empfiehlt sich, das Busticket einen Tag vor der Abreise zu kaufen bzw. sich bei einem Reiseveranstalter zu erkundigen, wieviel Gebühr er für die Besorgung eines Bahntickets verlangt: Die Warteschlangen sind lang und es gilt *quien es mas macho* („wer der größte Macho ist"). Um die wenigen Sitzplätze brechen geradezu Ringkämpfe aus.

BUS & JEEP

Alle Busse fahren am westlichen Ende der Av Arce hinter der Kirche ab.

Todo Turismo (☎ 211-9418; Antofagasta Sq 504 nahe Busbahnhof; einfache Strecke 25 US$) in La Paz hat eine neue (komfortablere) Direktbusverbindung eingerichtet. Plätze können direkt oder zum selben Preis auch über Reisebüros gebucht werden. Billigere, aber umständlichere Optionen bietet Transporte 11 de Julio. Busse dieser Firma fahren täglich um 10 und 19 Uhr nach Potosí (3–4 US$, 7 Std.) und

---

> **ACHTUNG**
>
> In den letzten Jahren hat die Zahl der Diebstähle kurz vor der Abfahrt zugenommen: Die Langfinger sind scheinbar Bekannte anderer Reisender, die noch im Zug von ihren Lieben Abschied nehmen wollen. In Wirklichkeit erleichtern sie arglose Traveller um ihren Besitz. Das Gepäck deswegen nicht in den Gepäcknetzen über den Sitzen lagern!

Sucre (6–7 US$, 9–11 Std.). Diana Tours startet täglich um 10 und 19 Uhr zum gleichen Ziel. Busse von Flota 11 de Julio fahren mittwochs und samstags um 9 Uhr nach Tupiza (5–6 US$, 10–12 Std.) und montags und donnerstags um 4 Uhr über Avoroa nach Calama in Chile (10 US$, 12–15 Std.). Busse nach Oruro (3,80–6,30 US$, 8–10 Std.) starten täglich um 19.45 Uhr. Außerdem gibt es tägliche Verbindungen nach La Paz (8 US$, 11–14 Std.).

Rapiditos (geländefähige Jeeps) übernehmen einen täglichen Shuttledienst zwischen Uyuni und Tupiza (6,50 US$, 6–7 Std.), die Abfahrt ist gegen 5.30 Uhr. Mehrere Unternehmen fahren schon gegen 5 Uhr los, nachdem sie den Jeep mit bis zu zehn Passagieren vollgestopft haben.

ZUG

Uyuni hat einen modernen, gut organisierten **Bahnhof** (☎ 693-2153). Drinnen sollte man die Abfahrtszeiten an der Anschlagtafel überprüfen, weil es Zugverspätungen gibt. Mindestens zwei Stunden vor der Abfahrt muss man sich in die Warteschlange stellen (jedenfalls in der Hochsaison). Der komfortable aber volle *Expreso del Sur* fährt donnerstags und sonntags um 0.05 Uhr nach Oruro ab (Salon/1. Klasse 6,50/12,70 US$, 7 Std.) – also in der Nacht von Mittwoch auf Donnerstag bzw. Samstag auf Sonntag, falls das jemand missverstanden haben sollte! In südlicher Richtung nach Tupiza (3,60/5,15 US$, 5 Std.) und Villazón (5,40/8 US$, 9½ Std.) geht es dienstags und freitags um 22. 40 Uhr los. Sind die Fahrkarten ausverkauft, kann man einen Bus nach Atocha 111 km weiter südlich nehmen, dort hält der Zug um 0.45 Uhr.

Der chronisch verspätete *Wara Wara del Sur* soll fahrplanmäßig dienstags und freitags um 1.45 Uhr nach Oruro (3./2./1.

Klasse 3,90/5/11 US$, 7½ Std.) und montags und donnerstags um 2.50 Uhr nach Tupiza (4,50/6/12,45 US$, 5½ Std.) und Villazón (4,50/6/12 US$, 9 Std.) abdampfen.

Dienstags um 3.30 Uhr rollt ein Zug gen Westen zur Stadt Avaroa an der chilenischen Grenze, wo es nach Ollagüe hinübergeht und man sich mehrere Stunden mit dem chilenischen Zoll beschäftigen darf. Ein anderer Zug bringt einen weiter nach Calama (14 US$). Die gesamte Fahrt dauert 20 bis 40 Stunden – wirklich nur was für masochistische Eisenbahnjunkies. Achtung: Die Fahrpläne ändern sich ständig, deswegen lieber zweimal nachschauen, statt endlos zu warten.

DER SÜDWESTLICHE RUNDKURS

Das Bild der Landschaft fällt je nach Jahreszeit völlig anders aus: Zwischen April und September sind die *salares* ausgetrocknet und erstrahlen in einem blendenden Weiß. In der Regenzeit stehen sie dagegen unter Wasser, in dem sich Wolken, Himmel und Landschaftsformationen perfekt schier endlos zum Horizont hin widerspiegeln. Dann verwandeln sich die Straßen in einen Sumpf, was ein Vorwärtskommen schwierig gestalten kann – zumal immer mit Hagel oder Schnee gerechnet werden muss.

Salar de Uyuni

Die größte Salzwüste der Welt liegt auf 3653 m und bedeckt schier unglaubliche 12 000 km². Sie war einst Teil eines prähistorischen Salzsees, des Lago Minchín, der den größten Teil Südwestboliviens bedeckte. Als er austrocknete, blieben eine Reihe von Schlammpfützen zurück, die je nach Jahreszeit unterschiedlich groß sind, sowie mehrere Salzwüsten, darunter der **Salar de Uyuni** und der **Salar de Coipasa**.

Zu den größeren Ortschaften mit einfacheren Unterkünften gehören **Colchani** am Ostrand und **Llica** am Westrand der Salzebene. Ein Gewirr von Wegen führt kreuz und quer durch den *salar* und verbindet die Siedlungen der Gegend und mehrere „Inseln", die aus dieser blendend weißen Wüste ragen. Auf der **Isla de los Pescadores** erhebt sich ein Wald aus gigantischen Kakteen. Hier lebt auch eine von der Außenwelt abgeschlossene Kolonie von Vizcachas, langschwänzigen, mit den Chinchillas verwandte Nagetieren. Um die **Isla Cáscara de Huevo**

macht man besser einen Bogen, um die dort brütenden Flamingos nicht zu stören.

Zum Zeitpunkt der Recherchen wurden die berühmten Hotels der Salzwüste, das Hotel Playa Blanca und der Palacio de Sal, aus Umweltschutzgründen gerade abgetragen und Stein für Stein am Rand der Salar bei Colchani wieder aufgebaut. Eines bleibt als ein „Museum"(d. h. als „Gebäude ohne Baugenehmigung") zurück und ist bei vielen Touren weiterhin als ein Halt eingeplant.

Der tiefe Südwesten

Manch Sehenswertes von überraschender Schönheit verbirgt sich in diesem entlegenen Winkel des Landes. Die surreale Landschaft ist fast baumlos, nahe der chilenischen Grenze erheben sich sanfte Hügel und Vulkane. Zur Fauna gehören u. a. die Vertreter dreier Flamingo-Arten (darunter die bemerkenswerten seltenen James-Flamingos), außerdem viele Lamas, Vicuñas, Emus und Eulen.

Die folgenden Stätten sind die wichtigsten Haltepunkte bei den meisten Touren. Die **Laguna Colorada**, ein ziegelrot leuchtender See, eingefasst von mattweißem Gestein, liegt 25 km östlich der chilenischen Grenze. Am Westufer finden sich der Campamento Ende und dahinter die Wetterstation, in der Mitglieder von Pauschalreisegruppen unterkommen. Aber auch einzelne Besucher, die kein Zelt dabei haben, können hier die Nacht verbringen. Die dünne, klare Luft ist bitter kalt, zwischen Juni und September fallen die Temperaturen nachts auf unter −20 °C! Und es riecht nach *llareta*, einem felsharten, moosartigen Gestrüpp, das abgebrochen, gesammelt und als Brennstoff genutzt wird.

Die meisten selbstständigen Verkehrsunternehmen zur Laguna Colorada beliefern oder bedienen die Bergarbeiter- und Militärlager bzw. das Geothermalprojekt 50 km weiter südlich bei **Sol de Mañana**. Am Interressantesten ist hier das 4950 m hoch gelegene **Geysirbecken** mit seinen brodelnden Schlammpfützen und Schwefeldämpfen. Vorsicht bei der Annäherung an die Stätte: Jede feuchte Stelle oder lockerer Untergrund bedeuten eine mögliche Gefahr. Die nahegelegenen **Termas de Polques** ermöglichen ein relaxtes morgendliches Bad in schwefelhaltigem Wasser mit angenehmen 30 °C – und das auf 4200 m Höhe.

Die **Laguna Verde**, ein prachtvoller tiefblauer See, versteckt sich auf 5000 m über dem Meer in der südwestlichen Ecke Boliviens. Hinter dem See ragt der 5930 m hohe Kegel des **Volcán Licancabur** dramatisch auf.

ANREISE & UNTERWEGS VOR ORT
Am leichtesten gelangt man in den fern abgelegenen Südwesten, wenn man sich in Uyuni (s. S. 249) einer Reisegruppe anschließt. Einige Veranstalter in La Paz und Potosí arrangieren Touren, sind aber teurer, weil sie selber eine Vermittlungsgebühr kassieren. Eine andere Möglichkeit ist, die Tour in Tupiza (s. S. 254) zu beginnen und in Uyuni zu beenden – ein durchaus empfehlenswerte Option.

Der dünn besiedelte äußerste Südwesten ist sogar noch abgelegener als die *salares*, doch gibt es mehrere Bergarbeitercamps, Armeelager und Wetterstationen, wo man im Notfall einen Platz zum Schlafen findet. Wild Entschlossene können die Tour auf eigene Faust unternehmen. Nötig sind dafür aber ein Kompass, Landkarten, Campingausrüstung, warme Kleidung, Verpflegung, Wasser, Geduld, Kraft, Verrücktheit und grundlegende Erfahrungen, sich in der Wildnis zurechtzufinden (wenn man irgendwo steckenbleibt).

TUPIZA
☎ 02 / 22 300 Ew.
Wenn es einen Ort auf der Welt gibt, wo man sich in den Sattel schwingen, seinem Pferd die Sporen geben und „hüh" sagen will, dann ist es Tupiza. Die ruhige Siedlung erinnert an den Wilden Westen, aber spektakulärer, liegt sie doch auf 2950 m Höhe inmitten der Cordillera de Chicas, einer erstaunlichen Landschaft aus in allen Regenbogenfarben schillernden Felsen, Hügeln, Bergen und Schluchten. Die richtige Kulisse für das Ende von Butch Cassidy und dem Sundance Kid: Nachdem sie die Lohngelder von Aramayo in Huaca Huañusca rund 40 km nördlich von Tupiza geraubt hatten, soll das Gaunerduo 1908 angeblich in der Bergarbeitersiedlung San Vicente sein Schicksal ereilt haben.

Möglichkeiten zum Wandern, Radfahren und Reiten gibt es in Hülle und Fülle. Die Szenerie aus bizarren geologischen Formationen, tiefen Schluchten und Kakteenwäldern bildet dafür eine dramatische Kulisse.

Kein Wunder, dass schließlich auch Traveller den Weg nach Tupiza gefunden haben und sich hier inzwischen schon viele Gringos herumtreiben. So mancher, der eigentlich nur für einen Tag kommen wollte, ist schließlich eine ganze Woche geblieben, um die Ruhe und den Frieden zu genießen.

Praktische Informationen
Mehrere Internetcafés an der Plaza bieten annehmbare Verbindungen für 0,40 US$ pro Stunde. Das ruhige Nichtrauchercafé **Rocanet** (Florida) hat die besten Verbindungen.

Die meisten Hotels bieten einen Wäscheservice (Abholung am selben Tag) für rund 1 US$ pro Kilogramm.

Stadtpläne und Landkarten gibt es im Instituto Geográfico Militar im Obergeschoss der Stadtverwaltung an der Plaza. Ein Stadtplan kostet 0,60 US$.

Tupiza Tours (☎ /Fax 694-3513; www.tupizatours. com; Av Regimento Chichas 187, im Hotel Mitru) hat einen Schatz an Informationen zu bieten, tauscht Bücher und zahlt Bargeld von der Karte gegen ungefähr 3 % Gebühr aus. Zum Tausch von Devisen gibt es die *casa de cambio* in der *libería* (Schreibwarenhandlung) an der Avaroa oder die Banco de Crédito an der Nordseite der Plaza, die auch Auszahlungen auf Visa und MasterCard vornimmt (5 US$ pro Transaktion).

Eine Touristeninformation gibt es vor Ort nicht.

Sehenswertes & Aktivitäten
Tupizas Hauptattraktion ist die eindrucksvolle landschaftliche Umgebung, die man am besten zu Fuß oder im Sattel erkundet. Zu den empfehlenswerten Zielen gehören die folgenden Canyons und Felsformationen: **Quebrada de Palala** (Rundtrip von 10 km), **Quebrada de Palmira** (10 km), **El Cañon** (10 km), **Quebrada Seca** (10–20 km) und **El Sillar** (32 km).

Eine kurze Wanderung auf den **Cerro Corazón de Jesús** westlich der Stadt gewährt einen netten Ausblick auf die Stadt, besonders bei Sonnenuntergang. Muntere **Straßenmärkte** gibt es am Donnerstag- und Samstagmorgen in der Nähe des Bahnhofs. Der **Los Alamos Club** (Chuquisaca) hat eine Sauna (0,65 US$), Tennis spielen (1,35 US$) kann man auf den Lehmplätzen des **Club Deportivo Ferroviaria** (etwas zurückgesetzt von der Av Serrano, ungefähr einen Block vom Bahn-

254 DER SÜDWESTEN •• Tupiza

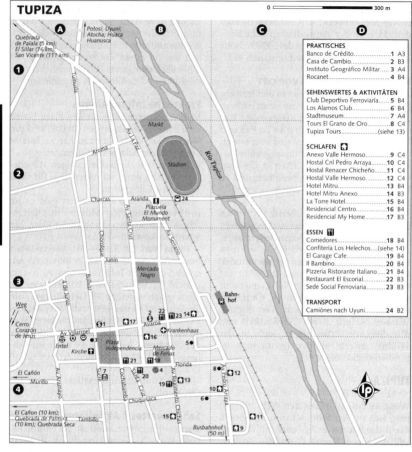

hof entfernt). Das Hotel Mitru preist dem Publikum seinen Pool (Tagesbenutzung 1,25 US$) an, obwohl er oft gar nicht mit Wasser gefüllt ist! Und es existiert ein verstaubtes **Stadtmuseum** (Eintritt frei; Mo, Mi & Fr 15–18 Uhr) hinter der Plaza.

Geführte Touren

Tourveranstalter gibt es in Tupiza en masse. Wer zu empfehlen ist, erfährt man am besten von anderen Travellern. Die meisten Veranstalter bieten Tagestrips zu Tupizas zerklüfteten *quebradas* (Schluchten) für rund 20 US$ pro Person an. Mehrere offerieren jetzt auch den „Triathlon", bei dem die besten Stellen Tupizas in einem ganztägigen Rundkurs mit Fahrrad, zu Pferd und per Jeep erkundet werden (ab 20 US$/Pers. für Sechsergruppen).

Die besseren Anbieter haben Sicherheitsausrüstung für den Triathlon (Schutzhelme und -jacken für die Fahrradstrecken, Sturzhelme fürs Reiten), ansonsten bieten die meisten recht ähnliche oder gar identische Rundkurse an.

Tours El Grano de Oro (6944-4763; elgranodeorotours@hotmail.com; Av Pedro Arraya 492) Ein neues Unternehmen, das empfehlenswert ist (und sei es nur wegen der Ortskenntnis des Betreibers und seiner umweltbewussten Einstellung). Angeboten werden Trips zum Salar de Uyuni (100 US$/Pers. für Sechsergruppen), zweitägige Reitausflüge mit Camping (12,50–17 US$ je nach Übernachtungsmöglichkeit; es gibt eine eigene „Hazienda") und maßgeschneiderte Triathlons.

Tupiza Tours (☎ /Fax 694-3513; www.tupizatours.com; Av Regimento Chichas, im Hotel Mitru) Eine vertrauenswürdige Gesellschaft. Neben Jeep- und Triathlontrips veranstaltet Tupiza Tours für Fans auch die anspruchsvollere Butch-und-Sundance-Tour nach Huaca Huañusca und zum hübschen Bergarbeiterdorf San Vicente, wo die Laufbahn der Banditen ein plötzliches Ende fand (140 US$/Pers.). Reiten kann man für 2,50/15 US$ pro Stunde/Tag; empfohlen wird auch die viertägige Tour mit drei Übernachtungen von Tupiza zur Salar de Uyuni (s. S. 252) für rund 115 US$ pro Person (für Sechsergruppen, Duschen 0,60 US$ extra).

Schlafen

Die billigsten Optionen sind einige einfache *residenciales* gegenüber vom Bahnhof.

Hostal Cnl Pedro Arrayo (☎ 694-2734; hostal arraya@hotmail.com; Av Pedro Arraya 494; 2,50 US$/Pers., mit eigenem Bad 4,50 US$) Das funkelnagelneue Hostel ist wie eine Stallung um einen sauberen Innenhof angelegt. Radfahrer werden das mögen, weil sie ihre Fahrräder sicher abgestellt können. Ein Tourveranstalter ist dem Hostel angeschlossen.

Residencial Centro (☎ 694-2705; Av Santa Cruz 287; Zi. 2,50 US$/Pers., mit eigenem Bad 4 US$) Die zentral gelegene Option vermietet gepflegte, saubere Zimmer. Die Duschen haben durchgängig Warmwasser.

Hostal Valle Hermoso (☎ 694-2370; www.bolivia. freehosting.net; Av Pedro Arraya 478; Zi. 2,50 US$/Pers., mit eigenem Bad 4,40 US$) HI-Hostel mit Büchertausch, optionalem Frühstück und Wäschereiservice. Gruppentouren sind am Schwarzen Brett angeschlagen. Die gleiche Familie hat kürzlich den hellen, neuen Anexo Valley Hermoso mit ähnlichen Preisen aufgemacht: die Straße hinauf, in der Nähe des Busbahnhofs.

Residencial My Home (☎ 694-2947; Avaroa 288; Zi. 3,15 US$/Pers., mit eigenem Bad 4,40 US$) Ein einheimischer Arzt und seine Frau, eine Krankenschwester, haben den Laden kürzlich übernommen und sind mitten bei der Operation ihres neuen Patienten. Passende Krankenhausbetten in frisch gestrichenen, hellen und luftigen Zimmern. Die Diagnose ist sehr gut.

Hotel Mitru Anexo (☎ 694-3002; Avaroa at Serrano; EZ/DZ 6,30/11,30 US$, ohne Bad 3,15/6,30 US$) Filiale von Mitru. Dieses Hotel in der Nähe des Bahnhofs ist ebenfalls eine ausgezeichnete Wahl. Die Gäste können die Küche und den Pool des Hotel Mitru benutzen (wenn da Wasser drin ist).

Hotel Mitru (☎ 694-3001; Av Regimento Chichas 187; EZ 4–8 US$, DZ 15–20 US$, Suite 35–40 US$; 🛋) Die Preise sind in den letzten Jahren im gleichen Ausmaß gestiegen, wie das Hotel vergrößert wurde, aber es ist hell und luftig und immer noch eine gute Wahl.

La Torre Hotel (☎ 694-2633; Av Regimento Chicas 220; EZ/DZ 5/9 US$) Leser empfehlen dieses Hotel mit sauberen Zimmern, ordentlichen Betten, TV und Telefon. Die Eigentümer bieten seit Kurzem auch organisierte Touren an.

Essen

Günstige Verpflegung gibt es auch an den Straßenständen vor dem Bahnhof und bei den *comedores* rund um den Markt.

Restaurant El Escorial (☎ 694-2010; Ecke Av Chichas & Abaroa; Almuerzos 1 US$) Große Spiegel, Ornamente und der unvermeidliche Fernseher bilden einen Kontrast zu den Plastikstühlen in diesem Imbiss ohne Ladenschild. Ausgezeichnete *almuerzos* (So 1,25 US$).

El Garage Cafe (Av Regimento Chichas; Snacks 1–2,25 US$) Ein Café in einer Garage oder umgekehrt? Dieser exzentrische Ort (und vielleicht auch der gleichermaßen merkwürdige Besitzer) hat wohl allerhand Benzindämpfe abbekommen. Jetzt gibt es hier Resopaltische, Vinylscheiben, Kakteen und einen Altar für Che Guevara. Ein spaßiger Ort zum Abhängen. Gegenüber vom Hotel Mitru.

Il Bambino (Ecke Florida & Santa Cruz; Almuerzos 1,25 US$) In diesem freundlichen Restaurant gibt es die besten *salteñas* des südlichen *altiplano* und außerdem wirklich große *almuerzos*.

Pizzeria Ristorante Italiano (Florida s/n; Pizza 2–6,30 US$) Hier gibt es, was man nur will, von Frühstück über Pasta bis zu – dem Namen des Ladens zum Trotz – chinesischen Gerichten. Nicht die billigste Option, aber ein beliebter Gringo-Treff gleich hinter der Plaza.

Confitería Los Helechos (Avaroa; Hauptgerichte 2,50–3,15 US$) Dieses Restaurant im Anexo des Hotel Mitru serviert zuverlässig drei Mahlzeiten am Tag. Das Frühstücksangebot mit echtem Kaffee ist besonders nett. Später gibt es dann eine Salatbar, gute Hähnchen, Burger, *licuados* und Cocktails.

Die Einheimischen (hauptsächlich die Männer) treffen sich in der **Sede Social Ferroviaria** (Ecke Avaroa & Av Regimento Chichas).

An- & Weiterreise

BUS, JEEP & CAMIÓN

Die Busse fahren vom **Busbahnhof** (Av Pedro Arraya) am südlichen Ende der *avenida*. Der Fahrpreis für Strecken nach Norden über Oruro verdoppelt sich einen Monat vor Karneval. Mehrere Gesellschaften fahren um 10 Uhr und am Abend nach Potosí (5 US$, Min. 8 Std.), mit Anschluss nach Sucre. Mehrere Unternehmen fahren um 20 Uhr nach Tarija (4 US$, 8 Std.), hier besteht Anschluss nach Yacuiba. Viele Gesellschaften fahren täglich nach Villazón (1,25 US$, 3 Std.) um 4 und um 14 Uhr; um die Aussicht genießen zu können, sollte man einen Platz auf der rechten Seite wählen. Ebenso täglich verkehren Busse nach La Paz (8–12 US$, 16 Std.) via Potosí, Abfahrt ist um 10 und 15. 30 Uhr. O'Globo tuckert schließlich täglich um 10 und 20.30 Uhr nach Cochabamba.

Montags und donnerstags fahren Busse von Flota Boquerón nach Uyuni (6,30 US$, 10–12 Std.), doch ist der Zug auf dieser Strecke die deutlich nervenschonendere Alternative. Auch geländegängige Jeeps bedienen Uyuni (6,75 US$, 7–8 Std.). Sie fahren gegen 10.30 Uhr – sobald genügend Passagiere zusammengekommen sind. Zu verschiedenen Zeiten (die man erfragen muss) fahren außerdem *camiones* nach Uyuni. Los geht's unmittelbar östlich der Plazuela El Mundo, einem Kreisverkehr um einen riesigen Globus.

ZUG

Der **Ticketschalter** (☎ 694-2527; ⏰ 8–12 & 15–18 Uhr) verkauft Tickets für den *Expreso del Sur* und den *Wara Wara del Sur.* Gegen einen kleinen Aufpreis kann man sich die Fahrkarten auch ganz ohne Schlangestehen über Tupiza Tours besorgen lassen. Die Strecke ist eindrucksvoll – also tagsüber fahren! Der *Expreso del Sur* rollt mittwochs und sonnabends um 18.25 Uhr nach Norden Richtung Uyuni (Salon/1. Klasse 5/12 US$, 5 Std.) und Oruro (12/26 US$, 11¾ Std.). Und an den gleichen Wochentagen fährt der *Expreso del Sur* (der am Dienstag- und Freitagabend in Oruro abgefahren ist) um 4.10 Uhr südwärts nach Villazón (2/6 US$, 3 Std.).

Der billigere, aber immer verspätete und stets überfüllte *Wara Wara del Sur* startet laut Fahrplan montags und donnerstags um 19. 05 Uhr nach Uyuni (Salon/1. Klasse

2,75/5,75 US$, 6 Std.) und Oruro (8,80/20 US$, 13¾ Std.) sowie montags und donnerstags aus Oruro kommend um 8.35 Uhr nach Villazón (1/2 US$, 3 Std.).

TARIJA

☎ 04 / 392 000 Ew.

Passend für eine Weinbaustadt: Tarija ist wie ein Rotwein – unaufdringlich, hat einen guten Charakter und wird mit der Zeit immer besser. In Aussehen und Anlage wirkt die Stadt fast mediterran. Prachtvolle Dattelpalmen säumen die schöne Plaza, Häuser aus der Kolonialzeit gibt's im Überfluss und der zentrale Markt pulsiert vor lauter Leben und Gerüchen. Die zahlreichen Cafés, Plazas und Museen sind nette Orte, um ein wenig zu relaxen, während die vielen Studenten in der Stadt für etwas Pepp sorgen.

Die Umgebung bietet eine Menge Sehenswertes und viele Möglichkeiten, die müden Knochen in Schwung zu halten – wie für Traveller gemacht. Weinberge, alte Inkastraßen und „versteinerte" Gegenden finden sich in sehr unterschiedlichen Lebensräumen, von üppig-fruchtbaren Tälern bis zu wüstenartigen Ebenen (mit denen der Chaco beginnt). Mit etwas Planung können diese Gebiete erwandert werden, es gibt aber auch eine wachsende Zahl von Tourveranstaltern. Das Tal hat ein frühlingshaftes, idyllisches Klima. Die *chapacos* (wie die *tarijeños* sich selber bezeichnen) wirken in vieler Hinsicht eher spanisch oder argentinisch als bolivianisch. Sie sind stolz auf ihre Fiestas, ihre einzigartigen Musikinstrumente und ihre Küche, darunter der *singani* (Tresterbrand), der alles andere als schwach auf der Brust ist. Obwohl die Gegend also in vielfacher Hinsicht das Prädikat „reich" verdient, lebt mehr als die Hälfte der Bevölkerung der Region in Armut.

Orientierung

Adressen westlich der Colón haben ein O *(oeste)* vor der Hausnummer, jene östlich der Colón ein E *(este)*; die Adressen nördlich der Av Las Américas (Av Victor Paz Estenssoro) haben ein N.

Praktische Informationen

Um die Plaza Sucre und in der Calle Ingavi (zwischen Sucre und Campos) gibt es mehrere Internetcafés, die weniger als 0,50 US$ pro Stunde verlangen und bis 24 Uhr geöff-

TARIJA

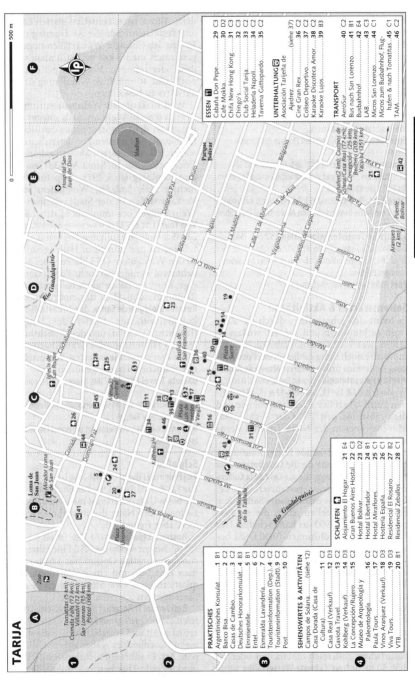

PRAKTISCHES
Argentinisches Konsulat........1 B1
Banco Bisa...........................2 C2
Casas de Cambio...................3 C2
Deutsches Honorarkonsulat...4 B3
Einreisestelle.........................5 B1
Entel....................................6 C3
Esmeralda Lavanderia............7 C2
Touristeninformation (Dep.)...8 C2
Touristeninformation (Stadt)..9 C2
Post....................................10 C3

SEHENSWERTES & AKTIVITÄTEN
Campos de Solana..........(siehe 12)
Casa Dorada (Casa de Cultural)........................11 C2
Casa Real (Verkauf)..............12 D3
Gaviota Travel......................13 C2
Kohlberg (Verkauf)................14 D3
La Concepción/Rujero............15 C2
Museo de Arqueología y Paleontología..................16 C2
Paula Tours..........................17 D3
Vinos Aranjuez (Verkauf).......18 D3
Viva Tours...........................19 D3
VTB....................................20 B1

SCHLAFEN
Alojamiento El Hogar............21 E4
Gran Buenos Aires Hostal......22 C3
Hostal Bolívar......................23 D2
Hostal Libertador..................24 B1
Hostal Miraflores..................25 C1
Hostería España...................26 C1
Residencial El Rosario...........27 B2
Residencial Zeballos.............28 C1

ESSEN
Cabaña Don Pepe..................29 C3
Café Mokka.........................30 D2
Chifa New Hong Kong...........31 C3
Chingo's..............................32 C2
Club Social Tarija..................33 D2
Heladería Napoli...................34 C2
Taverna Gattopardo..............35 C2

UNTERHALTUNG
Asociación Tarijeña de Ajedrez.........................(siehe 37)
Cine Gran Rex......................36 C2
Coliseo Deportivo.................37 C2
Karaoke Discoteca Amor.......38 C2
Karaoke Lujos......................39 B3

TRANSPORT
AeroSur...............................40 C2
Bus nach San Lorenzo..........41 B1
Busbahnhof.........................42 E4
LAB.....................................43 C3
Micros San Lorenzo..............44 C1
Micros zum Busbahnhof, Flughafen & nach Tomatitas...45 C1
TAM....................................46 C2

net sind. Rund um die Plazas sind zahlreiche Geldautomaten zu finden.

Banco Bisa An der Hauptplaza. Tauscht Reiseschecks (bis zu 1000 US$, 6 US$ Gebühr).

Casas de cambio (Bolívar zw. Sucre & Daniel Campos) Tauscht US$ und argentinische Pesos.

Touristeninformation des Departements (☎ 663-1000; ☉ Mo–Fr 8–12 & 14.30–18.30 Uhr) Dieses hilfreiche Büro an der Hauptplaza bietet Karten und Pläne sowie sehr viel Informationen.

Entel Einen Block südöstlich der Plaza in der Virginio Lema.

Esmeralda Lavandería (☎ 664-2043; La Madrid 0-157) Schneller Service mit Waschmaschinen und Trocknern für 1 US$ pro Kilogramm.

Einreisestelle (☎ 664-3450; Ecke Bolívar & Ballivián) Sehr freundliche Dienststelle. Gibt Auskünfte zu Grenzübergängen.

Städtische Touristeninformation (☎ 663-3581; Ecke Bolívar & Sucre; ☉ Mo–Fr 8–12 & 14.30–18.30, Sa 8–12 Uhr) Sehr freundliches, aber nicht immer besonders kundiges Personal.

Post (Ecke Sucre & Virginio Lema)

Sehenswertes & Aktivitäten

Es lohnt sich schon allein, durch das Zentrum zu bummeln und auf sich wirken zu lassen, was von der kolonialzeitlichen Atmosphäre noch übrig geblieben ist. Fossilienfans finden im universitären **Museo de Arqueología y Paleontología** (Virginio Lema; Eintritt 0,60 US$; ☉ Mo–Fr 8–12 & 15–18, Sa & So 9–12 & 15–18 Uhr) einen guten Überblick über die Geologie und die prähistorischen Tiere der Region. Das Museum liegt in der Nähe der Gral Bernando Trigo.

Der im 19. Jh. lebende reiche Kaufmann Moisés Navajas erbaute die **Casa Dorada** (Ecke Ingavi & Gral Bernando Trigo), die als **Casa de la Cultura** inzwischen teilweise restauriert wurde. Drinnen gibt's eine extravagante Sammlung europäischer Möbel zu sehen, die ein spanisches Ehepaar 1903 ins Land schaffte. Das Haus kann mit Führungen (0,50 US$) besichtigt werden.

Ein beliebtes Ausflugsziel am Wochenende ist **San Lorenzo**, 15 km nordwestlich von Tarija, wo man das frühere Wohnhaus des *chapaco*-Helden Moto Méndez besichtigen kann. Die *micros* nach San Lorenzo fahren von der Ecke Domingo Paz und JM Saracho ab. Ein weiteres Ausflugsziel ist **Tomatitas** 5 km nordwestlich. Dort kann man in einen natürlichen Badeteich eintauchen oder zu den 50 m hohen **Coimata-Wasserfällen** wan-

dern. *Micros* nach Tomatitas starten häufig am westlichen Ende der Av Domingo Paz. Um zu den Coimata-Wasserfällen zu gelangen, muss man 5 km nach Coimata wandern oder trampen. Von dort gilt es dann noch, eine 40-minütige Wanderung stromaufwärts zu bewältigen.

Weil in Tarija als Weinbauzentrum der Region sowohl Wein als auch *singani* produziert wird, ist die Stadt genau das Richtige für alle, die einen guten Tropfen zu schätzen wissen. Zu den hiesigen Marken gehören La Concepción/Rujero, Santa Ana de Casa Real und Kohlberg (s. S. 297). Tipp für Preisfüchse: Viele *bodegas* (Weingüter) haben Verkaufsstellen in der Stadt, wo man den Wein billiger bekommt als in den Läden.

Viva Tours (☎ 663-8325; www.vivatour@cosett.com.bo; Calle 15 de Abril 0-509) stillt den Durst mit ausgezeichneten und günstigen Halbtagestouren zu den Weingütern (15 US$/Pers. bei 3 Teilnehmern, weniger bei mehr Pers.). Ganztägige Trips umfassen auch die umliegende Region einschließlich der eindrucksvollen **Reserva Biológica de Sama**, der Inkastraße, der kolonialzeitlichen Dörfer der *campiña* (ländlichen Gegend) und des abwechslungsreichen Hinterlands des Gran Chaco.

Zu den empfehlenswerten Veranstaltern mit ähnlichen Touren gehören:

Gaviota Travel (☎ 664-7180; gaviota@cosett.com.bo; Sucre 681)

Paula Tours (☎ 665-8156; toursbo@hotmail.com; Plaza Luis de Fuentes y Vargas)

VTB (☎ 664-4341; vtb@entelnet.bo; Hostal Cermen, Ingavi 0-0784)

Schlafen

Alojamiento El Hogar (☎ 664-3964; Ecke Paz Estenssoro & La Paz; Zi. 2 US$/Pers.) Der Familienbetrieb ist die beste Unterkunft von mehreren zweifelhaften in der Nähe des Busbahnhofs. Einfach, aber freundlich.

Hostería España (☎ 664-1790; Corrado 0-546; Zi. 3,15 US$/Pers., mit eigenem Bad 5 US$) Eine hilfreiche, rundum günstige Option mit Küche, warmen Duschen und einem Innenhof. Hier quartieren sich viele Studenten gerne auch für länger ein.

Residencial El Rosario (☎ 664-2942; Ingavi 0-777; Zi. 3,15 US$/Pers., mit eigenem Bad 5,60 US$) Der Besitzer ist so alt und kratzbürstig wie die struppigen Rosenhecken – aber auf eine hilfsbereite Art. Er führt ein tüchtiges Schiff. Pluspunkte: gute Duschen mit Boiler, Becken zum Wäschewaschen und ein Raum mit Kabel-TV.

Residencial Zeballos (☎ 664-2068; Sucre N-966; Zi. 3,35 US$/Pers., mit eigenem Bad & Kabel-TV 6,35 US$) Grüne Anlage mit hellen, komfortablen Zimmern, einem Wäschereiservice und einem sonnigen Hof. Im Preis ist ein Frühstück mit drin.

Hostal Bolívar (☎ 664-2741; Bolívar E-256; EZ 5,50–9,50 US$, DZ 11,30–16 US$) Sonnige Höfe mit Geranien und auffällige Fliesen sind die Hauptmerkmale dieser makellosen Anlage. Die teureren Zimmer sind größer und hübscher und haben Fenster, die zur Straße hinausgehen.

Hostal Libertador (☎ 664-4231; Bolívar 0-649; EZ/DZ mit eigenem Bad 9/15 US$) Freundlicher Familienbetrieb mit Telefon, Kabel-TV und – auf Wunsch – einem guten Frühstück (0,60 US$).

Außerdem empfehlenswert:

Hostal Miraflores (☎ 664-3355; Sucre N-920; Zi. 3,15 US$/Pers., EZ/DZ mit eigenem Bad 7,50/12,50 US$) Die Lage in Marktnähe und der große Hof entschädigen für die schmuddeligen, düsteren Billigzimmer. Die Zimmer im Obergeschoss sind besser.

Gran Buenos Aires Hostal (☎ 663-6802; hostal baires@mail.com; Daniel Campos N-448; EZ/DZ mit eigenem Bad 8,80/15 US$) Eine komfortable Unterkunft mit angenehmen, offenen Essbereichen. Auch Touren werden arrangiert.

Essen

An der nordöstlichen Ecke des Mercado Central an der Kreuzung von Sucre und Domingo Paz verkaufen Straßenhändler Snacks und ortstypisches Gebäck, darunter köstliche crêpeartige *panqueques*. Gerichte fürs Frühstück gibt's auf der Rückseite des Markts, weiteres billiges Essen im Obergeschoss, frische Säfte in der Obstabteilung. Nicht auslassen sollte man die riesige Backund Süßwarenabteilung hinter der Bolívar.

Heladería Napoli (Campero N-630) Die Eiswaffeln sind einfach göttlich.

Cafe Mokka (Plaza Sucre; Snacks 0,60–1,20 US$, Pizza 3–4 US$) Das Betrachten der kreativ gestalteten Tischdecken nimmt soviel Zeit in Anspruch wie der Blick in die Karte. Sie bietet von Sandwiches bis Pasta eine ganze Menge von dem, was Gringos satt macht.

Club Social Tarija (Plaza Luis de Fuentes y Vargas; Almuerzos 1 US$) Dieser wunderbare alte Speisesaal vermittelt eine Spur vergangener Pracht.

Taverna Gattopardo (☎ 663-0656; Plaza La Madrid; Hauptgerichte 1,25–6,30 US$) Zu Recht beliebt für seine Snacks und Fondues. Es gibt eine Bar, in der man zu ein paar Happen mit vor Ort hergestellten Serrano-Schinken die besten Tröpfchen der Region verkosten kann. Die Taverna liegt an der Nordseite der Plaza.

Cabaña Don Pepe (☎ 664-2426; Ecke Daniel Campos & Av Victor Paz; Mittagessen 1,90 US$) Ein kulinarisches Muss in Tarija. Ein formelles Restaurant mit Blumenschmuck, elegantem Service und den besten Kebabs diesseits der argentinischen Grenze. Spezialität sind die sonntäglichen Mittagsgerichte – 14 Fleischsorten „a la brasa" (gegrillt auf heißen Kohlen).

Chifa New Hong Kong (Sucre N-235; Almuerzos 2,25 US$) Billige Cocktails und große asiatische *almuerzos*.

Chingo's (Plaza Sucre) Bei diesem lokalen Treff gibt's beliebtes Fettiges.

Ausgehen

Bagdad Café (Plaza Sucre) Hat eine gut bestückte Bar und eine Karte mit leichten Mahlzeiten.

Unterhaltung

Ohrstöpsel bereithalten: Karaoke ist rund um die Plaza Sucre häufig anzutreffen. Für Abgehärtete bieten sich die hippe Läden **Karaoke Discoteca Amor** (Sucre im La Madrid) oder **Karaoke Lujos** (Campero) nahe der Kreuzung mit der Alejandro del Carpio an.

Cine Gran Rex (La Madrid at Colón) Das Kino zeigt für ein paar Dollars neue Filme im Doppelpack.

Coliseo Deportivo (Campero) Hier gibt's Basketball-, *futsal-* und Volleyballspiele zu sehen.

Asociación Tarijeña de Ajedrez (Campero) Schachfans können hier nach 18 Uhr neben dem Coliseo Deportivo kostenlos eine Partie spielen, vorausgesetzt, sie respektieren die Clubregeln: nicht rauchen und die Klappe halten.

Anreise & Unterwegs vor Ort

BUS

Der **Busbahnhof** (☎ 663-6508) liegt am östlichen Stadtrand und ist vom Stadtzentrum 20 Gehminuten entfernt. Auf der anderen Straßenseite gegenüber der Bushaltestelle fährt *micro* A (0,20 US$) ins Zentrum.

Mehrere Busse fahren täglich nach Potosí (6–9 US$, 12–15 Std.), Oruro (12 US$,

16 Std.), Cochabamba (12,50–15 US$, 18 Std.) und Sucre (11,50 US$, 18 Std.). Abends verkehren täglich Busse nach Tupiza (5,50 US$, 9–10 Std.). Die täglichen Busse nach Villazón (4–5 US$, 8–9 Std.) sind auf einer spektakulären Route mit unbefestigten Straßen unterwegs. Außerdem gibt's täglich um 7 und um 17 Uhr Busse nach La Paz (12,50–15 US$, 24 Std.) und um 7.30 und 18.30 Uhr nach Santa Cruz (12–15 US$, 24 Std.). Nur ein Bus täglich kurvt die raue Strecke nach Uyuni (8 US$, 20 Std.) entlang, Abfahrt ist um 15.30 Uhr.

Die Busse nach Argentinien, via Bermejo oder Yacuiba, bieten lange Ritte durch wunderschöne Landschaften.

FLUGZEUG

Der Flughafen (abseits der Av Victor Paz Esstenssoro) liegt 3 km östlich der Stadt. **LAB** (☎ 664-2195; Gral Bernando Trigo N-329) fliegt regelmäßig nach Cochabamba und außerdem mehrmals wöchentlich nach Santa Cruz und La Paz. **TAM** (☎ 664-2734; La Madrid 0-470) hat dienstags Flüge nach Santa Cruz und mittwochs nach La Paz via Sucre im Angebot. (Achtung: Die Abflugzeiten ändern sich ständig!) **AeroSur** (☎ 663-0893; Calle 15 de Abril 143) fliegt zweimal wöchentlich nach La Paz und Santa Cruz.

Taxis in die City (2,50 US$) sind nur halb so teuer, wenn man sie nicht vom Terminal aus nimmt, sondern 100 m bis zur Straße vor dem Flughafen geht. Der *micro* A (0,20 US$) setzt einen zwei Blocks vor dem Flughafen ab und fährt zum Mercado Central zurück.

VILLAZÓN

☎ 04 / 28 000 Ew.

Die wichtigste Stadt an der Grenze zwischen Argentinien und Bolivien ist eine staubige, planlose zusammengewürfelte Siedlung. Die meisten zielbewussten Traveller kommen hier einfach nur in Bolivien an oder reisen weiter nach Argentinien, ohne länger zu bleiben. Sehenswürdigkeiten und Attraktionen kommen in der Stadt keine Prioritäten zu, höchstens der lebendige Markt lohnt einen Besuch. Zwar wirkt die geschäftige Stadt trotz ihrer Lage an der Grenze überraschenderweise nicht besonders finster – die Einheimischen scheinen zu sehr mit ihrer Schmuggelware beschäftigt zu sein, als dass sie sich sonderlich für die Rucksäcke von Travellern interessieren würden. Trotzdem sollte man auf der Hut sein, besonders bei einem Spaziergang durch die Passage mit allem erdenklichen Krimskrams. Taschendiebe, Nepper, Schlepper, Bauerfänger und falsche US-Banknoten warten auf leichte Beute. Wer nach Argentinien ausreist, wechselt in eine andere Zeitzone – die Uhr also eine Stunde vorstellen.

Praktische Informationen

Es gibt mehrere ordentliche Internetcafés (1 US$/Std.) gegenüber vom Busbahnhof und einige weitere nördlich der Plaza in der Av Independencia. In der Nähe der Grenze finden sich viele öffentliche Telefonzellen.

Zahlreiche *casas de cambio* in der Av República Argentina tauschen US$, argentinische Pesos und Bolivianos zu günstigen Kursen. Die **Casa de Cambio Beto** (Av República Argentina s/n) wechselt Reiseschecks zu ähnlichen Kursen (5 % Gebühr). Die **Banco de Crédito** (Oruro 111) tauscht Bargeld, hat aber keinen Geldautomaten.

Schlafen

Mehrere passable *residenciales* an der Hauptstraße zwischen Busbahnhof und Bahnhof sind hauptsächlich auf Bolivianer eingestellt. Die Unterkünfte auf der argentinischen Seite sind oft besser, wenn auch ein wenig teurer. Unterkünfte im benachbarten argentinischen La Quiaca sind auf S. 125 aufgelistet.

Residencial Martínez (☎ 596-3353; 25 de Mayo 13; Zi. 2 US$/Pers.) Das Haus mit roter Pseudo-Backsteinfassade hat ansprechende Duschen mit Gaserhitzer (keine elektrischen Todesfallen!) zu bieten. Nur zu einem der Zimmer gehört ein eigenes Bad. Zu finden gegenüber dem Busbahnhof.

Residencial El Cortijo (☎ 596-2093; 20 de Mayo 338; DZ 2,50 US$, mit eigenem Bad & Kabel-TV 10 US$) Der leere Pool in der Mitte wirkt etwas trist. Dafür sind die Zimmer gepflegt, sauber und riechen nach Bohnerwachs. Das Haus liegt zwei Blocks nördlich des Busbahnhofs. Bei Zimmern ohne eigenes Bad kostet eine warme Dusche 0,65 US$ extra.

Grand Palace Hotel (☎ 596-5333; 25 de Mayo 52; Zi. 4,50–5 US$/Pers., ohne eigenes Bad 2,65 US$) Das Haus mit seinen langen Korridoren, den rosafarbenen Wänden und der Möblierung aus den 1960er-Jahren wirkt eher wie das Wohngebäude eines Internats, aber die

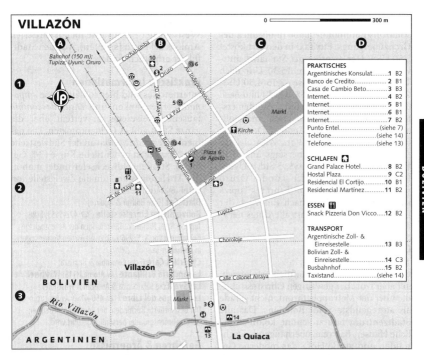

Zimmer (einige allerdings ohne Fenster) sind durchaus annehmbar.

Hostal Plaza (☎ 596-3535; Plaza 6 de Agosto 138; EZ/DZ 4,65/6,65 US$, mit eigenem Bad 6,30/12,50 US$) Sonnige, helle, hotelartige Zimmer mit Ausblick auf die Plaza. Die netteste Herberge in der Stadt.

Essen

Das Verpflegungsangebot in Villazón ist nicht gerade berauschend. Es gibt *comedores* auf dem Markt, eine größere Auswahl an Billigimbissen findet sich jenseits der Grenze in La Quiaca (S. 125). Gegenüber vom Bahnhof kann man in der Av República Argentina aus ein paar günstigen Restaurants wählen. Ansonsten bleibt einem noch die **Snack Pizzeria Don Vicco** (Av República Argentina s/n).

Anreise & Unterwegs vor Ort
BUS

Alle Busse in Richtung Norden fahren von Villazóns zentralem Busbahnhof (Zutritt 0,25 US$). Täglich um 7, 8, 15 und 17 Uhr verkehren Busse nach Tupiza (1,25 US$, 2-3 Std.), von denen viele direkt weiter nach Potosí fahren (6,30-11,30 US$, 10-12 Std.) oder Anschlussverbindungen dorthin haben. Dort gibt es wiederum Umsteigemöglichkeiten nach Sucre, Oruro, Cochabamba und La Paz. Täglich rattert auch ein Bus über die raue, aber interessante Route nach Tarija (3,15 US$, 7 Std.). Die Reisebüros gegenüber vom Busbahnhof verkaufen Fahrkarten zu den meisten größeren Städten Argentiniens, selbstverständlich auch nach Buenos Aires.

EINREISE NACH ARGENTINIEN

Die Ausreisestempel gibt es von der **bolivianischen Einreisestelle** (⌛ 24 Std.), die an der Brücke über den Río Villazón einen Grenzposten unterhält. Offiziell wird er kostenlos erteilt. Die Formalitäten sind gering, doch man könnte südlich der Grenze durch langwierige Zollprozeduren, die hauptsächlich Einheimische und ihre Schmuggelware betreffen, aufgehalten werden. Informationen über La Quiaca in Argentinien und die Einreise nach Bolivien finden sich auf S. 125.

262 DER SÜDWESTEN •• Cochabamba

ZUG
Villazóns Bahnhof liegt 600 m nördlich des Grenzübergangs. Ein Taxi in den Ort kostet 2,50 US$. Der *Expreso del Sur* fährt mittwochs und samstags um 15.30 Uhr nach Tupiza (Salon/1. Klasse 2,15/4,50 US$, 2¾ Std.), Uyuni (7/17 US$, 8 Std.) und nach Oruro (13,70/30 US$, 15 Std.). Auf den ersten Stunden ist die Fahrt durch eine großartige Landschaft ein Genuss. Der überfülltere und einfachere *Wara Wara del Sur* fährt montags und donnerstags um 15.30 Uhr nach Tupiza (2/4 US$, 3 Std.), Uyuni (6/12,20 US$, 9½ Std.) und Oruro (11/23 US$, 7 Std.). Für die Fahrt bis Tupiza ist er eine gute Wahl, nach Einbruch der Dunkelheit wird die Fahrt allerdings nervtötend.

COCHABAMBA
☎ 04 / 517 000 Ew.

Cochabamba ist wirtschaftlich erfolgreich, gilt aber trotz der gewaltigen Christusstatue, die über der Metropole thront, nicht gerade als aufregendste Stadt Boliviens. Das alte Stadtzentrum besitzt schöne kolonialzeitliche Häuser, Balkone, überhängende Dachtraufen und große Höfe, das moderne Gebiet im Norden den üblichen Streifen an Hochhäusern und schicken Cafés.

Eindeutiger Pluspunkt ist das Wetter – es ist warm, trocken und sonnig (zwischendurch kommt mal ein Regenguss herunter) – und bietet somit eine willkommene Erholung nach dem kalten *altiplano*. Es gibt eine großzügige Plaza mit Bäumen und Märkte voll Atmosphäre, außerdem einige interessante Museen. Das Nachtleben ist dank der Studenten recht lebendig. Probieren sollte man eine *chicha cochabambina,* ein traditionelles Maisbier, das in der ganzen Region geschlürft wird.

Die Stadt wurde 1574 gegründet und entwickelte sich dank des fruchtbaren Bodens und milden Klimas schnell zu einer wichtigen Kornkammer.

Orientierung
Adressen nördlich der Av de las Heroínas erhalten ein N, Adressen südlich davon ein S; östlich der Av Ayacucho führen sie ein E, westlich davon ein O. Die Zahl, die unmittelbar auf den Buchstaben folgt, teilt mit, wie viele Blocks sich die Adresse von der entsprechenden Trennlinie befindet. Gute Stadtpläne gibt es an den Kiosken an der Westseite der Plaza sowie im gut sortierten Amigos del Libro (s. unten), wo auch Stadtführer erhältlich sind.

Praktische Informationen
Internetcafés sind hier so häufig wie *empanadas.* Die Banken und *casas de cambio* tauschen Reiseschecks, verteilt über die ganze Stadt gibt es Geldautomaten. Die namenlose *casa de cambio* an der Südwestseite der Plaza bietet ordentliche Kurse (3 % Gebühr). Straßengeldwechsler findet man in der Av Heroínas und um die Zweigstelle von **Entel** (Gral Achá) herum.

Black Cat (Ecke Bolívar & Aguirre)

Bolivianische Einreisestelle (☎ 422-5553; Ecke Junín & Arce) Nimmt Verlängerungen der Aufenthaltsgenehmigung vor. S. S. 296 zu konsularischen Vertretungen in Cochabamba.

CyberNet Café (Ecke Colombia & Baptista)

Lavanderia Brilliante (Av Aroma H118) Wäscherei.

Lavaya (Ecke Salamanca & Antezana) Wäscherei.

Los Amigos del Libro (☎ 450-4150; Av Ayacucho 156) Der bestsortierte Buchladen, der vom kenntnisreichen Unternehmensgründer persönlich geführt wird.

Gefahren & Ärgernisse
Die Gebiete rund um die Mercados Cancha Calatayud und den Mercado de Ferias (in der Nähe des ehemaligen Bahnhofs) und westlich davon bis zur Av de la Independencia (Busbahnhof) sollte man meiden. Einheimischen zufolge ist es hier nicht sicher. Auch den Hügel Colina San Sebastian sollte man nicht erklimmen, da es hier schon zu Überfällen gekommen ist.

Festivals & Events
Die **Fiesta de la Virgen de Urcupiña** (um den 15.–18. Aug.) ist ein riesiges Ereignis, zu dem Pilger in dem Dorf Quillacollo 13 km westlich von Cochabamba zusammenströmen.

Sehenswertes & Aktivitäten
Das **Museo Arqueológico** (Ecke Jordán & Baptista; Eintritt 1,90 US$; ☺ Mo–Fr 8–18, Sa bis 12 Uhr) besitzt eine gute Sammlung bolivianischer Mumien und Artefakte, aufgeteilt in drei Abteilungen: Paläontologie, Fossilien und Archäologie. Die ältesten Ausstellungsstücke sind 14 000 Jahre alt.

Der Zinnbaron Simón Patiño lebte niemals wirklich im repräsentativen **Palacio de Portales** (☎ 224-3137; Eintritt mit Führung 1,35 US$;

Unterkünfte online: www.lonelyplanet.com

⊙ Garten Mo–Fr 14.30–18.30, Sa & So 10.30–12.30 Uhr), einem Anwesen französischen Stils im *barrio* Queru Queru nördlich des Stadtzentrums. Das Gebäude wurde zwischen 1915 und 1925 errichtet, abgesehen vielleicht von den Ziegelsteinen wurde alles aus Europa importiert. In dem heutigen Kulturzentrum Simón I. Patiño finden Konzerte und Kunstausstellungen statt. Die Besichtigung ist nur im Rahmen einer Führung möglich. Die Führungen auf Spanisch/Englisch beginnen montags bis freitags jeweils um 17/17.30 Uhr, samtags um 11/11.30 Uhr – die Zeiten vorher telefonisch bestätigen lassen! Nicht auslassen sollte man das **Naturkundemuseum** gleich daneben. Hin kommt man von der Av San Martín aus mit dem *micro* E Richtung Norden.

Zu der Statue **Cristo de la Concordia**, die im Osten über die Stadt wacht, gelangt man per Taxi (vom Stadtzentrum hin & zurück 4,50 US$). Hoch bringt einen der **teleférico** (Seilbahn; hin & zurück 0,80 US$; ⊙ Di–So 10–20 Uhr).

Kurse

Cochabamba ist ein guter Ort, um Spanisch, Quechua oder Aymara zu lernen. Privatlehrer verlangen rund 5 US$ pro Stunde, aber nicht alle haben Lehrerfahrung. Erkundigungen kann man sich hier:

Centro Boliviano-Americano (CBA; ☎ 222-1288/2518; www.cbacoch.org, spanisch; 25 de Mayo N-365)

Instituto Cultural Boliviano-Alemán (ICBA; ☎ 645-2091; www.icba-sucre.edu.bo; Avaroa 326)

Volunteer Bolivia (☎ 04-452-6028; www.volunteer bolivia.org; 342 Ecuador zw. 25 de Mayo & España)

Geführte Touren

Wer die nahegelegenen Nationalparks und Schutzgebiete besuchen möchte, ist bei **Fremen Tours** (☎ 225-9392; www.andes-amazonia.com; Calle Tumusla N-245) an der richtigen Adresse.

Schlafen

Es gibt ein paar billige Unterkünfte in der Stadt, aber sie sind nicht immer toll.

Alojamiento Cochabamba (☎ 222-5067; Aguirre S-591; Zi. 2 US$/Pers.) In Not gerät man in dieser einfachen Absteige nicht – unter jedem Bett findet sich ein Nachttopf. Aber Vorsicht mit der wackeligen Veranda …

Alojamiento San Juan de Dios (López S-871; Zi. 2 US$/Pers.) Empfehlenswert ist hier nur der Preis.

Hostal Oruro (☎ 424-1047; López S-864; Zi. 3,15 US$/ Pers.) Wenn das Hostal Elisa voll ist, bietet sich dieses passable Haus direkt daneben an. Die Gemeinschaftsbäder haben solar beheizte Duschen.

Hostal Versalles (☎ 422-1096; Av Ayacucho S-714; Zi. 3,25 US$/Pers., mit eigenem Bad 4,50 US$) Die beste Option in unmittelbarer Nähe des Busbahnhofs ist dieses saubere, freundliche HI-Hostel, in dem Frühstück im Preis mit drin ist. Die teureren Zimmer haben Kabel-TV.

Hostal Florida (☎ /Fax 225-7911; floridahostal@ latinmail.com; 25 de Mayo S-583; Zi. 3,80 US$/Pers., mit eigenem Bad, Telefon & Kabel-TV 6,30 US$) Eine akzeptable Option mit sonderbaren Gartenmöbeln in einem Innenhof.

Hostal Elisa (☎ /Fax 423-5102; López S-834; EZ/DZ 3,80/6,30 US$/Pers., mit eigenem Bad 7,50/12,50 US$) Die Spitzenwahl: eine Oase mitten in einem ansonsten unattraktiven und schäbigen Teil der Stadt. Hinter der Tür findet man freundliches Personal, Duschen mit Gaserhitzer und einen sonnigen, blumigen Hof. Das Haus liegt in bequemer Nähe zum Busbahnhof.

Hostal Colonial (☎ 222-1791; Junín N-134; EZ/DZ 5/8,80 US$) Abgesehen von den durchgelegenen Matratzen sind die Zimmer o.k. Dank Garten im Hof herrscht hier eine relaxte Atmosphäre. Die Sünden des Vorabends kann man in der hosteleigenen Kapelle bereuen.

Hostal Central (☎ 222-3622; General Achá O-235; EZ/DZ mit eigenem Bad 6,30/11,30 US$) Beginnt vielversprechend, aber der Eindruck zerschlägt sich bald. Der zugewachsene Innenhof, fehlende Vorhanghaken und unfreundliches Personal lassen in dieser einst exzellenten Option Frust aufkommen. Fernseher sind ein Pluspunkt – ohne diesen Luxus sind die Preise niedriger.

Hostal Ecuatorial (☎ 455-6370; Av Ayachucho; Zi. 7,55 US$/Pers.) Ein paradoxer Ort: sauber und modern, aber in einem schäbigen Stadtteil. In günstiger Nähe zum Busbahnhof sind die Busse verspätet sind. Auf dem Hin- oder Rückweg sollte man allerdings sein Gepäck im Blick behalten.

Residencial Familiar (☎ 222-7988; Sucre E-554; Zi. 3,25 US$/Pers., DZ mit eigenem Bad 10 US$) und das bessere, aber abgenutzte **Residencial Familiar Anexo** (☎ 222-7986; 25 de Mayo N-234; Zi. 3,25 US$/ Pers., DZ mit eigenem Bad 10 US$) haben schlechte Betten und sind ein bisschen anrüchig, aber bei Travellern beliebt.

264 DER SÜDWESTEN •• Cochabamba www.lonelyplanet.de

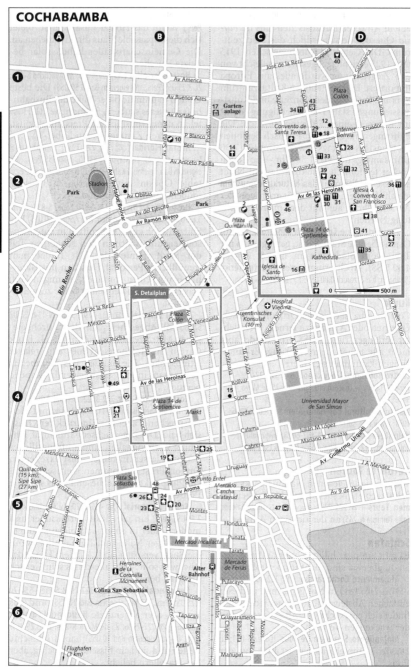

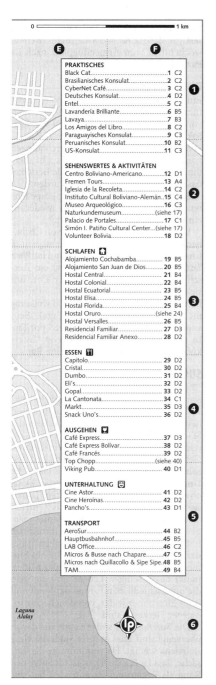

Essen

Einfache, aber abwechslungsreiche und leckere Gerichte gibt es auf den Märkten; die riesigen, appetitlichen Fruchtsalate sollte man sich nicht entgehen lassen. Der am zentralsten gelegene Markt findet sich an der 25 de Mayo zwischen der Sucre und Jordán. In der Stadt buhlen viele verführerische *salteñerias* um Kunden, während sich in der Av Heroínas Fastfoodläden mit Pizzas, Hähnchen und Burger im Angebot wie an einer Perlenkette aneinander reihen. Gehobene Bars und Restaurants ballen sich in der Av Ballivián (bekannt als El Prado), in der es auch erfolgversprechend ist, nach *almuerzos* oder stilvollen Cafés Ausschau zu halten. Billige *almuerzos* sind dagegen überall zu finden.

Weitere Optionen in der Innenstadt:

Snack Uno's (Ecke Avs de las Heroínas & Lanza Lanza; Mittagessen 1,25 US$) Hier gibt's die besten vegetarischen Gerichte in Cochabamba, außerdem Pizza und Pasta. Gleich nebenan ist eine gute *salteñería*.

Dumbo (Av de las Heroinas; Hauptgerichte 1,30–4,40 US$) Mag sich vielleicht Disneys Copyrights bedienen, bietet aber gute leichte Gerichte, Tee und prima Eiscreme. Am Wochenende gut besucht.

Eli's (Colombia & 25 de Mayo N-254) Pizzas sind hier der Schlager.

Capitolo (Ecke España & Ecuador; Hauptgerichte 2,50–4,50 US$) Ein beliebter Ort, um zu essen, zu trinken und Kontakte zu knüpfen. Neben etwas einfallsreichern Gerichten gibt es hier recht teure Suppen, Salate und Pasta. Nur abends geöffnet.

La Cantonata (España & Mayor Rocha; Hauptgerichte 5–10 US$) Eines der besten Restaurants der Stadt – einer der besten Italiener Boliviens.

Außerdem empfehlenswert:

Restaurant Marvi (Cabrera at 25 de Mayo; Mittagessen 1,50 US$) Ein netter Familienbetrieb. Zum Abendessen zahlt man ein bisschen mehr für eine herzhafte *comida típica*.

Cristal (Av de las Heroínas E-352) Hier gibt's ein mächtiges Frühstück, prima Säfte, Eier, Kaffee, Pfannkuchen und *salteñas*.

Gopal (España N-250) Vegetarisches Mittag- oder Abendessen mit indischem Touch.

Ausgehen
CAFÉS

Das **Café Express** ('Clac'; Aguirre S-443; Mo–Fr 8–13 & 14–21 Uhr) schenkt die besten Espressospezialitäten in Cochabamba aus (ab

266 DER SÜDWESTEN •• Rund um Cochabamba

www.lonelyplanet.de

1,50 US$). Weitere gute Plätzchen für einen Kaffee sind u. a. das **Café Francés** (España N-140) und das **Café Express Bolívar** (Bolívar E-485).

BARS
Das Nachtleben pulsiert besonders in der España und 25 de Mayo. Hier sind Restaurants, Bars, Diskos und Nachtschwärmer anzutreffen. Der Prado (die Av Ballivián) beheimatet eine Reihe von Nachtclubs. Mehr getrunken als gegessen wird im **Top Chopp** (Av Ballivián), einer bolivianischen Bierscheune, und im **Viking Pub** (Av Ballivián), in dem laute Musik aus den Boxen schallt. Singen und swingen lässt es sich in den Diskos des Strips und in den Karaokebars.

Unterhaltung
Bei **Pancho's** (España N-460; Gedeck 2 US$) wird am Samstagabend abgerockt, wenn Livebands Songs von Kiss, Metallica oder Deep Purple covern.

Die großen und hellen Kinos **Cine Heroínas** (Av de las Heroínas E-347) und **Cine Astor** (Ecke Sucre & 25 de Mayo) zeigen filmische Neuerscheinungen.

Anreise & Unterwegs vor Ort
BUS & CAMIÓN
Cochabambas **Hauptbusbahnhof** (☎ 155; Av Ayacucho) liegt unmittelbar südlich der Av Aroma. Die Zutrittsgebühr beträgt 0,25 US$. Bequeme *bus cama*-Dienste fahren für rund das Doppelte des Normalpreises auf allen Hauptverbindungen. Es gibt zahlreiche Busse nach La Paz (2–3 US$, 7 Std.) und Oruro (2,50 US$, 4 Std.). Die meisten Busse nach Santa Cruz (3,15–6 US$, 10–13 Std.) fahren vor 9 und nach 17 Uhr. Nach Sucre (8 US$, 10–11 Std.) und Potosí (8 US$, 10–11 Std.) gibt es mehrere Busse täglich.

Micros und Busse nach Villa Tunari (2,50 US$, 3–4 Std.) und Puerto Villarroel (3 US$, 7 Std.) in der Region Chapare fahren ungefähr stündlich an der Kreuzung Av 9 de Abril/Av Oquendo ab.

FLUGZEUG
Von der Hauptplaza zum Aeropuerto Jorge Wilsterman (CBB) bringt einen der *micro* B oder ein Taxi (ca. 3 US$/Pers.). Der Flugplatz wird regelmäßig von **AeroSur** (☎ 440-0911; Villarroel 105) und **LAB** (☎ 425-0750; Büro auf dem Flughafen) bedient. LAB fliegt täglich nach La Paz, Santa Cruz und Sucre sowie mehr-

mals wöchentlich nach Tarija und Trinidad. **TAM** (☎ 458-1552; Hamiraya N-122) hebt zweimal wöchentlich vom Armeeflugplatz nach La Paz ab.

RUND UM COCHABAMBA
Eine zwei- bis dreistündige Wanderung führt vom Dorf **Sipe Sipe**, 27 km südwestlich von Cochabamba, zu den Ruinen von **Inca-Rakay**. Ein guter Abstecher wegen der schönen Landschaft – aber Hobbyarchäologen könnten eher enttäuscht sein. Es gibt allerdings mehrere ernst zu nehmende Berichte, dass Camper hier angegriffen wurden.

Sonntag ist Markttag. Nach Sipe Sipe fahren *micros* ab **Quillacollo**, wohin wiederum ein *micro* aus Cochabamba fährt.

Ungefähr 160 km nordöstlich von Cochabamba liegen die dampfende, entspannte Chapare-Siedlungen **Villa Tunari** und **Inti Wara Yassi** (Parque Machía; www.intiwarayassi.org), ein Tierschutzgebiet und ein lauschiger Ort, um sich von der Kälte auf dem *altiplano* zu erholen. Freiwillige Mitarbeiter sind willkommen (Mindestaufenthalt 15 Tage). Sein Lager aufstellen darf man für 2 US$ pro Tag. In der Ortschaft gibt's zahlreiche Unterkünfte und Restaurants, aber keine Bank.

SUCRE
☎ 04 / 215 000 Ew.
Strahlend weiß getünchte Gebäude, prunkvolle Torbögen, reichlich Terrakotta und herrliche Aussichten von den Dächern der Stadt – das erstaunliche Sucre besitzt ein reiches koloniales Erbe, das sich in ihren Gebäuden, der Straßenlandschaft und den zahlreichen Kirchen zeigt. 1991 erklärte die Unesco Sucre zum Weltkulturerbe. Doch obwohl die Stadt in den letzten Jahren sprunghaft gewachsen ist, hat das Zentrum eine gemütliche und behagliche Atmosphäre bewahrt. Hier finden sich farbenprächtige indigene Märkte, Läden des gehobenen Bedarfs und diverse Restaurants. Die mit Blumen geschmückten Plazas sind der Mittelpunkt des geselligen Lebens und spiegeln die unterschiedlichen Farben der Stadt und ihrer Einwohner wider, von denen viele indigener Herkunft sind.

Die *Sureños* sind stolze Leute, die davon überzeugt sind, dass in ihrer Stadt das Herz Boliviens schlägt. Da verkümmert die Tatsache, dass La Paz der Hauptstadt Sucre den Rang als Regierungssitz entrissen hat, zur

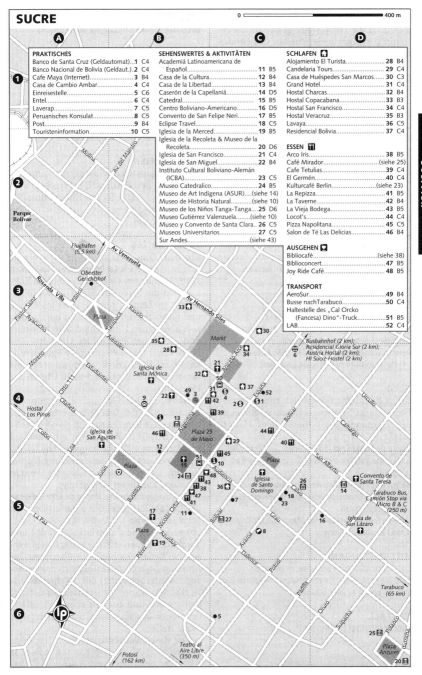

Nebensache. Offiziell ist Sucre ja auch immer noch die Hauptstadt, in der auch weiterhin der oberste Gerichtshof des Landes tagt.

1538 gründeten die Spanier Sucre unter dem Namen La Plata als Hauptstadt ihres Verwaltungsgebietes Charcas. Als sie 1776 die Verwaltungsgebiete neu aufteilten, wurde die Stadt in Chuquisaca umbenannt, das damals das wichtigste Zentrum in den östlichen spanischen Territorien war und die bolivianische Geschichte nachhaltig prägte. Hier wurde am 6. August 1825 die Unabhängigkeit ausgerufen und die neue Republik geschaffen, die nach ihrem Befreier Simón Bolívar benannt wurde. Mehrere Jahre später wurde die Stadt zu Ehren Antonio José de Sucres, eines Generals im Unabhängigkeitskampf, umbenannt – aber es kann niemandem übel genommen werden, wenn er bei dem Namen an Zucker denkt: Die Stadt ist einfach zuckersüß.

Praktische Informationen

BÜROS DER
EINWANDERUNGSBEHÖRDEN
Einreisestelle (Argandoña 4; 🕑 8.30–16.30 Uhr) Verlängert Aufenthaltsgenehmigungen.
Peruanisches Konsulat (☎ 645-5592; Avaroa 462; 🕑 Mo–Fr 9.30–14.30 Uhr) Erteilt Einreisevisa.

GELD
Casas de cambio finden sich rund um den Hauptmarkt. Straßengeldwechsler gibt es in der Hernando Siles hinter dem Hauptmarkt.
Banco de Santa Cruz (Ecke España & San Alberto) Hat einen Geldautomaten und nimmt Kontoabhebungen am Schalter vor.
Banco Nacional de Bolivia (Ecke Espana & Ravelo) Tauscht Reisechecks (3 % Gebühr); außerdem gibt es einen Geldautomaten.
Casa de Cambio Ambar (San Alberto) Tauscht Reiseschecks zu günstigen Kursen.

INTERNETZUGANG
Internetcafés gibt's in Sucre genug.
Cafe Maya (Arenales) Ein zuverlässiges Internetcafé. Doch Vorsicht: Gepäck im Auge behalten.

NOTFALL
Touristenpolizei (☎ 648-0467)

POST
Post (Ecke Junín & Estudiantes) Mit Internetzugang.

TELEFON
Entel (Ecke España & Urcullo) Mit Internetzugang.

TOURISTENINFORMATION
Casa de la Cultura (Argentina s/n) Die freundlichen englischsprachigen Angestellten können auch touristische Auskünfte erteilen.
Touristeninformation (Estudiantes 49) Das Büro wird vom Fachbereich Tourismus der Universität betrieben. Die teilweise begeistert englisch sprechenden Angestellten können Infos über Stadtführungen geben.

WÄSCHEREIEN
Beide aufgelisteten Wäschereien arbeiten zuverlässig und effizient. Der Preis liegt zwischen 1 und 1,20 US$ pro Kilogramm.
Lavaya (Audiencia 81)
Laverap (Bolívar 617)

Sehenswertes
Mit dem Dino Truck geht es zu Fancesas Zementsteinbruch **Cal Orcko** (☎ 645-1863; Eintritt 3,80 US$), einer Art Grauman's Chinese Theater (wo die Stars ihre Hand- und Fußabdrücke in Zement hinterlassen) ins Große und Gewaltige übersetzt – mit einem kleinen, aber feinen Unterschied: Statt Filmstars und -sternchen haben hier Hunderte von Dinosaurier bis zu 80 cm große Spuren hinterlassen. Der Truck fährt montags bis samstags um 9.30, 12 und 14.30 Uhr an der Plaza ab.

Bolivianische Geschichte schnuppern kann man in der **Casa de la Libertad** (☎ 645-4200; Plaza 25 de Mayo 11; Eintritt 1,25 US$; 🕑 Di–So 9–11.45 & 14.30–18.30 Uhr), einem prunkvollen Haus, in dem 1825 die bolivianische Unabhängigkeitserklärung unterzeichnet wurde. In dem angeschlossenen Museum werden Artefakte aus dieser Zeit gezeigt.

Das ausgezeichnete **Museo de Arte Indígena** (ASUR; ☎ 645-3841; museo@asur.org.bo; San Alberto 413; Eintritt 2 US$; 🕑 Mo–Fr 8.30–12 & 14.30–18, Sa 9.30–12 Uhr) zeigt schöne Candelaria-, Potolo- und Tarabuco-Webereien. Die Infoschilder werden bei Bedarf ins Englische übersetzt. Das Museum ist Teil eines erfolgreichen Projekts zur Wiederbelebung des Webereihandwerks. Man kann Weberinnen bei der Arbeit erleben und aus den zum Verkauf angebotenen ausgezeichneten Arbeiten seine Wahl treffen.

Die **Museos Universitarios** (☎ 645-3285; Bolívar 698; Eintritt 1,25 US$; 🕑 Mo–Fr 8.30–12 & 14.30–18, Sa 8.30–12 Uhr) bestehen aus drei separaten Räumen, die der Kolonialzeit, der Anthropologie und der modernen Kunst gewidmet sind. Die Universität betreibt außerdem das **Museo Gutiérrez Valenzuela**, ein altes aristokratisches Haus mit dekorativer Ausstattung aus dem 19. Jh., und das **Museo de Historia Natural** (☎ 645-3828; Plaza 25 de Mayo; Eintritt 1,35 US$; ☺ Mo–Fr 8.30–12 & 14–18, Sa 8.30–12 Uhr), beide an der südlichen Ecke der Plaza. Das **Museo de los Niños Tanga-Tanga** (☎ 644-0299; Plaza de la Recoleta; Erw./Kind 1/0,65 US$; ☺ Di–So 9–12 & 14.30–18 Uhr) hat Kultur- und Umweltprogramme für Kinder, u. a. sind Theatervorführungen und Töpferkurse im Angebot. Das Café Mirador im Museum ist von 9 bis 19 Uhr geöffnet.

Die wundervolle **Casa de la Cultura** (Argentina 65) bietet regelmäßig Kunstausstellungen, Konzerte und Tanzvorführungen. Außerdem ist eine Bibliothek vorhanden.

Sucre besitzt mehrere hübsche kolonialzeitliche Kirchen, deren Öffnungszeiten allerdings wie die Wege des Herrn sind: nämlich unergründbar. Die **Kathedrale** (Eingang in der Nicolas Ortiz 61; ☺ nur vormittags) stammt aus dem 16. Jh., Erweiterungen wurden im frühen 17. Jh. vorgenommen. Weiter unten im selben Straßenblock befindet sich das **Museo Catedralico** (Eintritt 1,25 US$; ☺ Mo–Fr 10–12 & 15–18, Sa 10–12 Uhr) mit einer sehr interessanten Sammlung religiöser Reliquien und Artefakte.

Die **Iglesia La Merced** (Pérez 512; Eintritt 0,80 US$; ☺ Mo–Fr 10–12 & 15–17 Uhr) hat von allen Kirchen Sucres den wohl schönsten Innenraum, ist aber nur selten geöffnet. Die **Iglesia de San Miguel** (Arenales 10; ☺ Mo–Fr 6–12 & 15–17 Uhr, an den Wochenenden zur hl. Messe) und die **Iglesia de San Francisco** (Ravelo 1; ☺ 6–12 & 15–20 Uhr) zeigen beide Einflüsse des Mudéjarstils, insbesondere in der Gestaltung der Decken. Der schöne **Convento de San Felipe Neri** (Nicolas Ortiz 165; Eintritt 1,25 US$; ☺ Mo–Fr 15–18 Uhr, Sa während der Hochsaison) bietet vom Dach aus einen prachtvollen Ausblick. Das **Museo y Convento de Santa Clara** (Calvo 212; Eintritt 1,25 US$; ☺ Mo–Fr 9–12 & 15–18, Sa 9–12 Uhr) – das Kloster wurde 1639 gegründet – bietet eine berühmte Sammlung sakraler Kunst und antiker Musikinstrumente.

Einen spektakulären Blick auf die Stadt gibt es schließlich von der **Iglesia de la Recoleta & Museo de la Recoleta** (Plaza Anzures; Eintritt 1,25 US$; ☺ Mo–Fr 9.30–11.30 & 14.30–16.30, Sa 15–18 Uhr), in der viele religiöse Gemälde und Skulpturen zu bewundern sind.

Aktivitäten

Die Täler um Sucre sind der perfekte Schauplatz für actionreiche Abenteuer, ob nun auf Schusters Rappen, auf dem Mountainbike, mit dem Motorboot oder hoch zu Ross. Der neueste Nervenkitzel aber ist Paragliding. Zu beliebten Zielen in der Region gehören der Krater von Maragua, zu erreichen über die präkolumbische Chataquila-Inkastraße, außerdem Felsmalereien, Wasserfälle und die Dörfer Yotala, Ñucchu und Q'atalla.

Die Preise sind so unterschiedlich wie die Programmalternativen. Bei Vierergruppen beginnt der Preis für kürzere geführte Wanderungen bei etwa 6 US$, für Mountainbike-Trips bei 14 US$ pro Person und bei Reitausflügen bei 17 US$.

Empfehlenswerte Veranstalter sind:
Joy Ride (☎ 642-5544; www.joyridebol.com; Nicolas Ortiz)
Locot's (☎ 691-5958; www.locotsbolivia.com; Bolivia 465)
Eclipse Travel (☎ /fax 644-3960; eclipse@mara.scr. entelnet.bo; Avaroa 310).

S. auch die auf S. 273 aufgeführten Veranstalter.

Kurse

Die Anzahl der hier angebotenen Sprachkurse ist in letzter Zeit in die Höhe geschossen. Verlässlichen Optionen sind u. a.:
Academía Latinoamericana de Español (☎ 646-0537; www.latinoschools.com/bolivia; Dalence 109) Bietet ein umfassendes Programm mit Sprach-, Tanz- und Kochkursen, Unterbringungsmöglichkeiten in Familien und Gelegenheit zu freiwilliger Arbeit.
Centro Boliviano-Americano (CBA; ☎ 644-1608; www.cba.com.bo auf Spanisch; Calvo 301) Vermittelt Privatlehrer.
Instituto Cultural Boliviano-Alemán (ICBA; ☎ /Fax 645-2091; www.icba-sucre.edu.bo, spanisch; Calle Avaroa 326) Bietet ausgezeichnete Spanisch-, Quechua- und Tanzkurse. Die Unterbringung in Familien ist möglich.
Empfehlenswerte Spanischlehrerinnen:
Aida Rojas (☎ 728-66966; aida_1122@hotmail.com)
Sofía Sauma (☎ 645-1687; fsauma@hotmail.com; Loa 779)

Festivals & Events

Sucre liebt irgendwelche Vorwände für eine Party oder eine Parade – es lohnt sich, in der Touristeninformation einen Blick auf die Liste der unzähligen religiösen Feste zu werfen. Das **Festival de la Cultura** zieht viele

Künstler und Intellektuelle an. Zu erleben sind Theater- und Tanzvorstellungen, Konzerte, Lesungen und Folkloredarbietungen.

Schlafen

In Sucre gibt es viele Budgetunterkünfte rund um den Markt und längs der Ravelo und der San Alberto. Doch sicher wird man durchaus auch etwas Behaglicheres und Moderneres aufstöbern. Die *casas de huéspedes* (Gasthäuser) legen Wert auf eine gepflegte, häusliche Atmosphäre.

Alojamiento El Turista (☎ 645-3172; Ravelo 118; EZ/DZ 2,50/3,70 US$) Wer den Geldbeutel schonen möchte, ist hier richtig (nach einem prüfenden Blick auf Toilette und Dusche).

La Plata (☎ 645-2102; Ravelo 32; EZ/DZ 3/5 US$) Das ältere Haus in zentraler Lage bietet einen mürrischen Service und einfache, aber doch annehmbare – wenn auch etwas laute – Zimmer.

Casa de Huéspedes San Marcos (☎ 646-2087; Aniceto Arce 233; Zi. 4 US$/Pers., mit eigenem Bad 4,30 US$) Hinter dem irreführenden Eingang verbirgt sich ein geruhsames Ambiente: saubere, ruhige Zimmer. Gäste können Küche und Waschküche benützen. Traveller berichten von kunterbunten Matratzen.

Hostal Veracruz (☎ 645-1560; Ravelo 158; EZ/DZ inkl. Frühstück 3,70/7 US$) Eine moderne, bei Ausflugsgruppen beliebte Bleibe mit einer Vielfalt an Zimmern.

Residencial Bolivia (☎ 645-4346; res_bol@cotes. net.bo; San Alberto 42; EZ/DZ/3BZ 3,70/7/9,50 US$, mit eigenem Bad EZ/DZ/3BZ 6,20/10,50/15 US$) Ideal für Traveller. Das Haus ist zwar ein wenig schäbig, doch die beiden begrünten Höfe, die zentrale Lage und die großen (wenn auch kahlen) Zimmer sammeln Pluspunkte. Frühstück ist im Preis inbegriffen, außerdem gibt's ein ausgezeichnetes Schwarzes Brett mit Reiseinfos.

HI Sucre Hostel (☎ 644-0471; www.hostellingbolivia. org; Loayza 119; B 4,30 US$, EZ/DZ 12,50/23 US$; ▫) Bei weitem das schickste Hostel Boliviens: ein Haus mit vollem Service und Speisesaal im Rokokostil. Es liegt nicht gerade besonders zentral, dafür günstig zum Busbahnhof (der Ausschilderung folgen). Einige der Einzelzimmer haben Kabel-TV.

Hostal Charcas (☎ 645-3972; hostalcharcas@yahoo. com; Ravelo 62; EZ/DZ/3BZ 5/8/11 US$, mit eigenem Bad 8/12,50/19 US$) Die Blicke von der Dachterrasse dieses sauberen und zentral gelegenen Hostels erinnern einen an Florenz. Der Betrei-

ber führt ein effizientes, sauberes und freundliches Haus und sorgt dafür, dass dies eine der besten Anlaufstellen in Sucre ist.

Hostal San Francisco (☎ 645-2117; hostalsf@cotes. net.bo; Aniceto Arce 191; Zi. mit eigenem Bad 6 US$/Pers.) Die Zimmer halten nicht ganz das, was die helle, bunte und sonnige Fassade mit den hübschen Balustraden von außen verspricht. Dafür handelt sich um ein sicheres Hostel. Das Frühstück wird extra berechnet (1 US$).

Hostal Copacabana (☎ 644-1790; Av Hernando Siles; EZ/DZ 8/12,30 US$) Wer kolonialen Charme möchte, ist mit dieser Unterkunft schlecht bedient – die Reihe der an den Louvre erinnernden Glaspyramiden sind in Sucre der letzte Schrei. Doch die Moderne bringt gute, saubere Zimmer, Kabel-TV und funktionierende sanitäre Anlagen mit sich.

Hostal Los Pinos (☎ 645-5639; Colón 502; EZ/DZ 8,70/12,50 US$) Mehr ein Wohnhaus als ein Hotel: Diese Option bietet acht saubere Zimmer in einem weniger touristischen Teil der Stadt. Es gelten Hausregeln: Die Küchenbenutzung ist kostenpflichtig, um 23.30 Uhr ist Sperrstunde.

Grand Hotel (☎ 645-2104/2461; grandhot@mara.scr. entelnet.bo; Aniceto Arce 61; EZ/DZ 12,50/16 US$) Das leidenschaftlich angepriesene, aufgemöbelte alte Gebäude bietet komfortable Zimmer in großartiger Lage. Die unbelüfteten Badezimmer können allerdings Atemnot hervorrufen.

Zu den annehmbaren Optionen gegenüber dem Busbahnhof gehören:

Residencial Gloria Sur (☎ 645-2847; Zi. 2,50 US$/ Pers.) Sauber und recht modern.

Austria Hostal (☎ 645-4202; Zi. 4,30/5,60/Pers.) Bietet eine Reihe an komfortablen Zimmern.

Quartiere bei Gastfamilien – üblicherweise längerfristig – vermittelt Lizbeth Rojas von **Candelaria Tours** (☎ 646-1661; www.candelariatours. com; Audiencia 1).

Essen

Mit vielen guten Restaurants und entspannten Cafés für Studenten, Einheimische und Touristen ist Sucre der ideale Ort zum Verweilen und Abhängen.

Oben im Markt gibt es köstliche *api* und *pasteles* (Gebäck), im Parterre Fruchtsalate und Säfte, gemixt für jeden Geschmack.

Eine interessante Auswahl an Bars und Restaurants findet sich in der Nicolas Ortiz, vom Markt aus den Hügel hinunter.

Café Mirador (Plaza La Recoleta, im Museo de los Niños Tanga-Tanga; ☺ ab 9 Uhr) Der Ort für ein Sonnenbad. Prima Garten, superprima Aussicht, und das Esen ist auch nicht schlecht.

Cafe Tetulias (Plaza 25 de Mayo; Hauptgerichte 1,50–6 US$; ☺ ab 18 Uhr) Ein künstlerisch angehauchtes Café an der Nordseite der Plaza, das leichte, leckere Gerichte, Kaffee und Snacks serviert.

La Taverne (Aniceto Arce 35; Hauptgerichte 3 US$) Frankophile werden dieses nette, elegante, von der Alliance Française betriebene Restaurant mögen, das internationale Gourmetküche mit französischem Touch serviert. Mehrmals wöchentlich werden hier meist französische Filme gezeigt.

Locot's (☎ 691-5958; Bolivar 465; Hauptgerichte 2–5 US$; ☺ ab 8 Uhr) Ein freundliches holländisch-bolivianisches Gespann betreibt diesen neuen, entspannten Treff mit super Plätzen zum Dinieren im Freien und einer klasse Bar. Gelegentlich gibt's Livemusik.

El Germén (San Alberto 231) Bietet vegetarische Kost, großartige *almuerzos* und deutsches Gebäck.

Pizza Napolitana (Plaza 25 de Mayo) Bietet ein billiges Mittagsmenü, preisgünstige Standardpizzas und -nudeln, ausgezeichnete Eiscreme und ein gut gemischtes Publikum aus Einheimischen und Besuchern. An der Ostseite der Plaza.

Kultur Café Berlin (Avaroa 326; Hauptgerichte 4,30–5,60) Ein deutsches Café und Restaurant mit leckerem Gebäck und leichten Gerichten; empfehlenswert die *papas rellenas* (gefüllte Kartoffeln).

La Vieja Bodega (Nicolas Ortiz) Für 7,50 US$ können zwei Personen ein Fondue verputzen oder sich eine Lasagne machen lassen.

Arco Iris (Restaurant Suizo; Nicolas Ortiz) Hier gibt es Köstlichkeiten wie Rösti, Fondue oder Mousse au chocolat. Außerdem sind vegetarische Gerichte im Angebot, gelegentlich gibt's Livemusik.

La Repizza (Ecke Dalence & Nicolas Ortiz) Serviert Pizzas und Cocktails, am Freitag- und Samstagabend spielt Livemusik.

Salon de Té Las Delicias (Estudiantes 50; Snacks 0,40–1,20 US$) Einen authentischen Eindruck von Bolivien erhält man, wenn man sich hier am späten Nachmittag den Einheimischen zu Tee und Keksen oder *empanadas* anschließt.

Bolivianisch einfach geht es zu in den Chicken-and-chips-Läden in der Av Her-

nando Siles zwischen der Tarapaca und Junín.

Ausgehen

Einige der Bars und Restaurants an oder nahe der Plaza bieten Livemusik und *peña*-Abende.

Joy Ride Café (☎ 642-5544; www.joyridebol.com; Nicolas Ortiz; ☺ Mo–Fr ab 7.30, Sa & So ab 9 Uhr) Der Laden mag „gringofiziert" sein, ist aber zugleich der angesagte Treffpunkt der Jungen und Reichen in Sucre. Das von Holländern betriebene Unternehmen – Bar, Restaurant (Hauptgerichte 2–5 US$) und Kulturstätte – hat drei beliebte Bereiche voller Atmosphäre: eine Bar, ein Café in einem Innenhof und ein entspanntes Plätzchen mit Sitzsäcken, wo man auf die große Leinwand schauen kann. Wer mal wieder was aus der Alten Welt mag, für den gibt's importierte Biere und Spezialitäten. Den Joy Ride-Salat sollte man probiert haben (2,50 US$).

Bibliocafé (Nicolas Ortiz; ☺ 10–23 Uhr) Hier herrscht eine freundliche, entspannte und pubartige Atmosphäre. Außerdem gibt's gute Pasta (Hauptgerichte 2–2,50 US$) und Snacks. Auch sonntags geöffnet.

Im benachbarten Biblioconcert spielt freitag- und samstagabends Livemusik.

Unterhaltung

Diskos und Karaokebars finden sich in der Calle España, gleich oberhalb der Plaza. Das Teatro al Aire Libro südöstlich des Stadtzentrums ist ein wunderbarer Ort für Freiluftkonzerte und andere Veranstaltungen. In der Stadt gibt es auch mehrere Kinos.

An- & Weiterreise

BUS & SAMMELTAXI

Der Busbahnhof 2 km nordöstlich des Stadtzentrums ist mit den *micros* A, 3 oder 4 vom Stadtzentrum aus zu erreichen (man kann die Kleinbusse überall auf der Hernando Siles in der Nähe des Marktes heranwinken). Allerdings wird man mit Gepäck bei den winzigen *micros* wenig Erfolg haben. Täglich fahren zahlreiche Busse nach Cochabamba (5–8 US$, 12 Std.), Abfahrt ist gegen 18 oder 19 Uhr. Direktbusse nach Santa Cruz (d. h. nicht über Cochabamba) gibt es täglich (7–10 US$, 15 Std.). Viele Gesellschaften bieten täglich den ganzen Tag über Busse nach Potosí (2–2,50 US$, 3 Std.); manche fahren auch weiter nach

Tarija (10 US$, 15 Std.), Oruro, Villazón und Uyuni. Als Alternative können die meisten Hotels Sammeltaxis nach Potosí (4 Pers., 4 US$/Pers.) organisieren. Ein häufig verkehrender *bus cama*-Dienst besteht nach La Paz (7–10 US$, 14–16 Std.).

FLUGZEUG
Der Flughafen liegt 6 km nordwestlich des Stadtzentrums. **AeroSur** (☎ 645-4895; Arenales 31) und **LAB** (☎ 691-3181; España) fliegen von hier aus in die meisten größeren Städte des Landes.

Unterwegs vor Ort
Die örtlichen *micros* (0,30 US$) fahren Rundstrecken durch Sucres Einbahnstraßen. Die meisten Linien treffen an der Haltestelle in der Hernando Siles nördlich des Marktes zusammen, können aber praktisch überall herangewunken werden. Zum Flughafen kommt man mit den *micros* F oder 1 (ca. 1 Std.) oder per Taxi (3,50 US$).

RUND UM SUCRE
Tarabuco
Das kleine, vorwiegend von indigener Bevölkerung bewohnte Dorf 65 km südöstlich von Sucre ist für seine schönen Webereien und den farbenprächtigen, munteren Sonntagsmarkt bekannt und für das Phujllay-Fest berühmt. Ein Ort, wie geschaffen für tolle Fotos – aber man muss mit unfreundlichen Reaktionen der Leute rechnen, wenn man

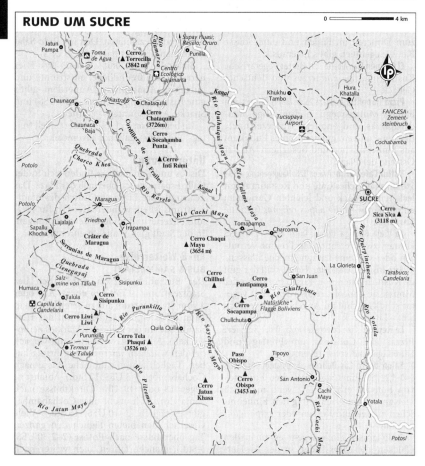

sie ungefragt fotografiert. Das Gepäck im Auge behalten. Und Obacht: Taschenräubertricks mit „Schleimattacken" (s. S. 221) verbreiten sich leider immer mehr.

Der sehr touristische **Markt** quillt über von bemerkenswerten gewebten Ponchos, Taschen, Gürteln und *charangos* (nur die hölzernen nehmen – aus Rücksicht auf die vom Aussterben bedrohten Gürteltiere). Ein großer Teil der angebotenen Ware ist jedoch nicht aus lokaler Eigenproduktion, sondern wird von Profihändlern verkauft: Schnäppchen sind deshalb Mangelware.

Phujllay (Quechua für „spielen") findet am dritten Sonntag im März statt. Die Stadt wird dann zum Sammelpunkt der indigenen Landbevölkerung. Das Fest beginnt mit einer Messe, es folgen eine Prozession um die Hauptplaza, die Auswahl der *ñusta* und das Ritual des magisch-spirituellen Symbols *pucara*.

Tarabuco kann man im Rahmen einer Tour (3 US$) besuchen. Um es auf eigene Faust zu erkunden, nimmt man sonntags um 8 Uhr einen *micro* von Sucre aus (Abfahrt in der Ravelo vor dem Markt; 1 US$, 1–2 Std.); Busse von **Trans Real** (☎ 644-3119; 73 San Alberto St) fahren sonntags um 8 Uhr vor dem Büro des Unternehmens ab. Die Busse und *camiones* fahren in Tarabuco zwischen 13 und 15 Uhr von der Hauptplaza aus wieder nach Sucre zurück. Ein Taxi verlangt für die Fahrt rund 22 US$.

Cordillera de los Frailes

Die Gebirgskette, die sich durch den Westen des Departamentes Chuquisaca bzw. den Norden des Departamentes Potosí zieht, bietet malerische Wanderstrecken. Zu den lohnenswerten Stätten im Umland von Sucre gehören die **Capilla de Chataquila**, der 6 km lange **Camino del Inca**, die Felsmalereien von **Pumamachay**, das Weberdorf **Potolo**, das ländliche **Chaunaca**, der dramatische **Maragua-Krater** und die **heißen Quellen von Talula**.

Wanderwege gibt's en masse, allerdings führen sie durch wenig besuchte Gegenden. Damit man die ursprüngliche Kultur der Region so lässt, wie sie ist, und obendrein der Gefahr aus dem Weg geht, sich hoffnungslos zu verirren, sollte ein lizenzierter Führer genommen werden. Mehrere Reiseveranstalter in Sucre bieten Exkursionen an; s. dazu die unter Aktivitäten (S. 269) aufgelisteten Veranstalter. Alternativ wendet man

sich an **Sur Andes** (☎ /Fax 645-2632; Nicolas Ortíz 6) oder **Candelaria Tours** (☎ 646-1661; www.candelaria tours.com; Audiencia 1); letzteres Unternehmen wendet sich an ein betuchteres Publikum, lässt sich aber auf Backpacker-Rabatte ein.

POTOSÍ

☎ 02 / 146 000 Ew.

Potosí schockt. Ein Besuch in der höchstgelegenen Stadt der Welt (4060 m), die zudem zum Unesco-Weltkulturerbe gehört, offenbart früheren und heutigen Glanz genauso wie früheren und heutigen Schrecken. Reichtum und Elend sind untrennbar verbunden mit einem Edelmetall: Silber. Potosí steht vor der Kulisse eines in Regenbogenfarben schillernden Bergs, des Cerro Rico. Nachdem Erzvorkommen in dem Berg entdeckt worden waren, gründeten die Spanier 1545 die Stadt, deren Flözen sich als die lukrativsten weltweit entpuppten. Am Ende des 18. Jhs. waren die Straßen mit Silber „gepflastert". Potosí wuchs zur größten und reichsten Stadt Lateinamerikas, mehr als 200 Jahre lang bildete sie eine wichtige Stütze der spanischen Wirtschaft.

Millionen von Sklaven aus Südamerika und Afrika wurden unter furchtbaren Bedingungen zur Arbeit in den Minen gezwungen, Millionen von ihnen fanden hier den Tod. Heute arbeiten immer noch Tausende in den Minen: Zwar sind die Silbervorkommen erschöpft, dafür wird weiter in harter Knochenarbeit nach anderen Mineralien geschürft. Zum Schutz ihres Lebens in der Hölle untertage beten die Arbeiter den als *tio* bezeichneten Teufel an. Bei Tag ist in den engen Straßen, an den mit Balkonen versehenen Stadthäusern und den prunkvollen Kirchen noch manches vom Glanz der einst prachtvollen Kolonialstadt zu spüren. Die Stadt sollte in keiner Reiseroute fehlen. Doch wie gesagt, nicht nur wegen des harschen Klimas – also langsam gehen – sollte man sich auf einen Schock vorbereiten.

Praktische Informationen

Internetzugang bieten mehrere Läden in der Fußgängerzone für 0,50 US$ pro Stunde.

Viele Unternehmen entlang der Bolívar und Sucre sowie auf dem Markt tauschen US$ zu akzeptablen Kursen. Geldautomaten sind im Stadtzentrum ziemlich häufig vorhanden.

274 DER SÜDWESTEN •• Potosí www.lonelyplanet.de

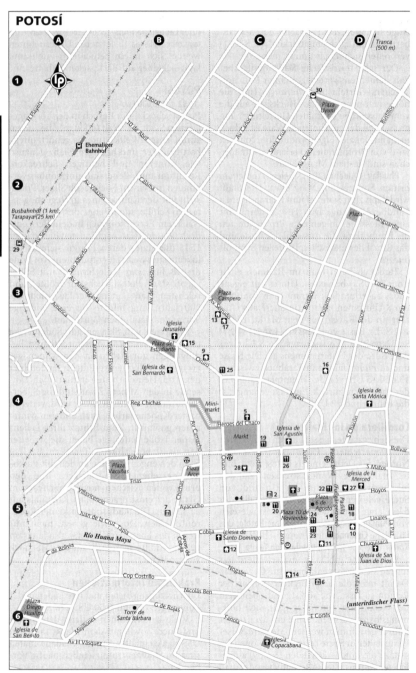

Es gibt eine **Touristeninformation** (☎ 262-2643; Ecke Ayacucho & Bustillos) in der Compañía de Jesús.

Sehenswertes

Potosís Zentrum wartet mit einem Reichtum an kolonialzeitlicher Architektur auf. Während der Recherchen war die **Kathedrale** wegen langwieriger Renovierungsarbeiten geschlossen, zu besichtigen ist aber die **Iglesia de San Lorenzo** (Heroes del Chaco), die für ihre Fassade im klassischen Mestizo-Stil berühmt ist.

Die **Casa Real de la Moneda** (Königliche Münze; Ayacucho; Gebühr für die obligatorische 2-stündige Führung 2,50 US$; ☼ Di-Sa 9-12 & 14.30-18.30, So 9-12 Uhr, letzte Führung 16.30 Uhr) ist sein Gewicht in Silber wert – sicher eines der schönsten Museen Boliviens. Zwischen 1753 und 1773 zur Kontrolle des kolonialen Münzwesens erbaut, beherbergt das restaurierte Gebäude heute religiöse Kunst, Artefakte aus Tiahuanaco, antike Münzen, Münzmaschinen aus Holz und die erste Lokomotive, die in Bolivien fuhr.

Das Highlight des **Museo & Convento de San Francisco** (Nogales; Eintritt 1,85 US$; ☼ Mo-Fr 9-11 & 14.30-17, Sa 9-11 Uhr) ist der Ausblick vom Dach. Das **Museo & Convento de Santa Teresa** (Villavicenzio; Eintritt 2,60 US$; ☼ 9-12.30 & 15-18.30 Uhr) ist ein Muss für alle Freunde von Kasteiung und Geißelung, Führungen gibt's aber nur auf Spanisch.

Die **Compañía de Jesús on Ayacucho** (☼ 8.30-12 & 14-18 Uhr) bietet einen genialen Ausblick auf gefliste Dachterrassen und darüber hinaus.

Aktivitäten

TOUR ZUR BERGWERKSKOOPERATIVE

Die Besichtigung der Minen ist anstrengend und bedrückend – ein Erlebnis, das man nicht so schnell vergessen wird. Bei den Touren klettern und kriechen die Teilnehmer normalerweise durch niedrige, enge, dreckige Schächte und erklimmen wackelige Leitern – definitiv nichts für feine Klamotten. Doch Vorsicht: Menschen, die unter Klaustrophobie oder Asthma leiden, wird ausdrücklich davon abgeraten! Die Arbeitsbedingungen in den Minen sind mittelalterlich, Schutzvorkehrungen existieren nirgends nicht und die meisten Schächte haben keine Belüftung. Einzig das Kauen von Kokablättern lindert etwas die Strapazen. Die Arbeit wird per Hand nur mit einfachen Werkzeugen verrichtet, die Temperaturen unter der Erde schwanken zwischen unter dem Gefrierpunkt und stickigen 45 °C. Die Arbeiter, die unglaublich vielen schädlichen Chemikalien ausgesetzt sind, sterben häufig nach nicht einmal zehn Jahren Schuften im Bergwerk an einer Quarzstaublunge. Die Mine ist als Kooperative organisiert, jeder Kumpel bewirtschaftet seinen eigenen Claim und verkauft das von ihm geschürfte Erz über die Kooperative an eine Schmelze. (Wer mehr über die Bergwerke und ihre Arbeiter erfahren möchte, sollte sich den vielfach preisgekrönten US-Film *The Devil's Miner* von 2005 anschauen.)

Die meisten Touren beginnen auf dem **Straßenmarkt der Bergarbeiter**, wo man Geschenke für diese kauft: Kokablätter, Alkohol und Zigaretten, um sie freundlich zu stimmen, Dynamit und Zündschnüre, wenn man eine Sprengung erleben möchte. Man kann auch eine **Mineralienraffinerie** besichtigen. Dann wird man zum **Cerro Rico** hinaufgefahren, wo die Führer gerne mal eine **Demonstrationssprengung** veranstalten. Danach beginnt mit Schutzweste und -helm die Kletterpartie. Man kann sich mit den Bergleuten unterhalten (sofern man ihre Sprache versteht), Fotos schießen (mit Blitzlicht) und die Geschenke als Trinkgeld an den Mann bringen.

Alle Führer arbeiten für Reiseveranstalter und müssen lizenziert sein. Die meisten Führer sprechen spanisch – bei den Tourveranstaltern herumfragen, falls man einen englischsprachigen benötigt –, einige sind selbst ehemalige Bergleute. Für eine drei- bis fünfstündige Gruppentour ist mit ungefähr 6 bis 7,50 US$ pro Person zu rechnen. Die Gruppenstärke sollte auf zehn Teilnehmer beschränkt sein. Touranbieter gibt's zuhauf – Traveller empfehlen u. a. diese:

Andes Salt Expeditions (☎ 622-5175; 3 Alonso de Ibañez) Von Lesern empfohlen, betrieben von einem ehemaligen Bergmann.

Koala Tours (☎ 622-4708; Ayacucho 7) Wiederholt empfohlen wegen des professionellen, angenehmen Services. Kostenpunkt: 10 US$ pro Person – jeden Cent davon wert.

South American Tours (☎ 622-28919; Ayacucho 11) Veranstaltet auch Touren zu den Lagunen.

Victoria Tours (☎ 622-2132; Chuquisaca 148) Veranstaltet auch Ausflüge zu den Lagunas de Kari Kari und zu den heißen Quellen.

LAGUNAS & HEISSE QUELLEN

Die **Lagunas de Kari Kari**, 8 km südöstlich der Stadt, sind künstliche Seen, die im späten 16. und frühen 17. Jahrhundert von indigenen Sklaven angelegt wurden, um die Stadt mit Wasser und ihre 132 *ingenios* (Schmelzhütten) mit Wasserkraft zu versorgen. Man kann eine Wanderung zu den Lagunen unternehmen, muss dafür aber einen sehr guten Orientierungssinn haben: Die Tour hin und zurück nimmt einen langen Tag in Anspruch, wenn man sich nicht zumindest einen Teil des Weges mitnehmen lässt. In einem IGM-Büro sollte man sich die topografische Karte *6435-II, Potosí (Este)* im Maßstab 1 : 50 000, besorgen. Reiseveranstalter bieten Ganz- und Halbtagestouren zu diesen (und anderen) Seen an.

Außerhalb Potosís befinden sich mehrere **Resorts mit heißen Quellen**; am beliebtesten ist **Tarapaya** 25 km nördlich der Stadt. In der Umgebung gibt es Dutzende ähnliche Tümpel. *Camiones* fahren ungefähr halbstündlich vom Mercado Chuquimia in der Nähe des Busbahnhofs dorthin ab. Auch *micros* (0,50 US$, 20 Min.) kurven den ganzen Tag dorthin und weiter nach Miraflores (wo es ebenfalls Pools gibt). Von der Abzweigung zur Laguna Tarapaya muss man den restlichen Weg zur Laguna zu Fuß zurücklegen, das dauert etwa 20 Minuten.

Festivals & Events

Die beliebteste Party im Jahr ist die **Entrada de Chu'tillos** am letzten Samstag im August. Traditionelle Tänze aus ganz Südamerika werden durch besondere Performances aus anderen Kontinenten ergänzt. Wer dabei sein will, sollte seine Unterkunft im Voraus buchen. Tipp: eine Woche früher nach Potosí kommen und sich die Proben für das große Happening anschauen – die sind fast so aufregend wie das Festival selbst.

Schlafen

Nur Spitzenklassehotels haben Heizungen, in den Billigunterkünften können sogar Decken Mangelware sein – also einen Schlafsack mitbringen. Hardcore-Billigabsteigen lassen sich zudem möglicherweise eine warme Dusche extra bezahlen.

Hotel Jerusalém (☎ 622-4633; hoteljer@cedro.pts. entelnet.bo; Oruro 143; Zi. inkl. Frühstück 2,30–3,50 US$) Das ordentliche, freundliche und nette Hotel besitzt eine Cafeteria mit gutem Ausblick. Es ist öfters von Tourgruppen ausgebucht und die Preise variieren saisonal. Deshalb im Voraus buchen und den Preis aushandeln.

Residencial Tarija (☎ 622-2711; Av Serrudo 252; Zi. mit Gemeinschaftsbad/eigenem Bad 2,60/6,50 US$ pro Pers.) Einfach, aber gut in Schuss; mit kiesbestreuten Parkplätzen.

Hostal Carlos V (☎ 622-5121; Linares 42; Zi. 3,25 US$/ Pers.) Man wird sich wohlfühlen in diesem kolonialzeitlichen Gebäude mit einem überdachten Hof und vielen Pflanzen. Ein ruhiger Aufenthalt ist garantiert (auch wegen der Sperrstunde um 24 Uhr). Außerdem gibt's einen Büchertausch.

Alojamiento San José (622-4394; Oruro 171; Zi. 3,70 US$/Pers.) Ein Eingang mit langen Fransen führt zu ordentlichen Zimmern. Die Matratzen haben Beulen, die dicker sind als eine mit Kokablättern gefüllte Bergarbeiterbacke.

Koala Den (☎ 622-6467; ktourspotosi@hotmail.com; Junín 56; B 3,70–5 US$, DZ 7,50 US$) Wie der Name schon sagt, ist es hier warm, behaglich und man hat alles, was man braucht. Trotz der ziemlich hohen Bettenpreise (und der überteuerten Doppelzimmer!) sorgt die tolle Infrastruktur – Küche, DVDs, Touren – dafür, dass das Haus bei geselligen Travellern ein Favorit ist.

Hostal María Victoria (☎ 622-2144; Chuquisaca 148; EZ 4–6 US$, DZ 9 US$) Ein schönes kolonialzeitliches Haus mit sauberen, zu einem Innenhof ausgerichteten Zimmern. Der Aufenthalt lohnt schon wegen des Ausblicks von der wenig genutzten Dachterrasse.

Hostal Compañía de Jesús (☎ 622-3173; Chuquisaca 445; Zi. 5 US$/Pers., mit eigenem Bad & Frühstück 6 US$) Mit seinem hübschen historischen Eingangsportal ist dieses Hostel von außen besser (tagsüber) als sein kaltes Inneres (nachts). Eine passable Wahl – aber nicht die allerbeste.

Hostal Santa María (☎ 622-3255; Av Serrudo 244; EZ/DZ 10/12,35 US$) Eine nicht genügend gewürdigte, ausgezeichnete Bleibe, untergebracht in einem hübschen kolonialzeitlichen Haus, das von Geranientöpfen umzingelt wird und quietschige, krankenhausartige Korridore aufzuweisen hat. Minuspunkt: Hier dürfte man erfahren, was es heißt, für Wärme zu beten.

Hotel El Turista (☎ 622-2492; Lanza 19; EZ/DZ 10/16,50 US$) Der Eigentümer nimmt seine Pflicht sehr ernst: ein sauberes, geräumiges Haus – aber bloß nicht lächeln.

Essen & Ausgehen

Der *comedor* des Markts hat billige Frühstücksmahlzeiten im Angebot, eine Reihe kleiner Bäckereien in der Fußgängerzone der Padilla servieren ein kontinentales Frühstück.

La Plata (Plaza 10 de Noviembre; Snacks 1,50–2,20 US$) Ein sehr beliebter, angesagter und gemütlicher Gringotreff mit großartiger heißer Schokolade (0,80 US$) und Spielen, um die kälteren Stunden auszufüllen.

Sumac Orcko (Quijarro 46; Mittagessen 1,50 US$, Hauptgerichte 3 US$) Eine der preisgünstigsten Optionen in der Stadt, serviert sättigende, viergängige *almuerzos* und Mahlzeiten.

Café Cultural Kaypichu (Millares 24; Hauptgerichte 1,70–2,20 US$; ⏲ Di–So 7–14 & 17–21 Uhr) Eine religiöse Ikone thront über diesem rein vegetarischen Café.

Confitería Capricornio (Padilla at Hoyos) Bemerkenswert: die preisgünstigen Gerichte und Snacks.

Cherry's Pasteleria (Padilla) Der Ort für Apfelstrudel, Schokoladenkuchen und Zitronenbaisers; der Kaffee ist Durchschnitt.

Candelaria Internet C@fe (Ayacucho 5; Mittag- & Abendessen 2,70 US$; ⏲ 7.30–21 Uhr) Ethnocafé mit Internetzugang.

El Mesón (Ecke Linares & Junín; Hauptgerichte 3–5 US$) Für ein gehobeneres Essen empfehlen sich die mit Tischdecken geschmückten Tische dieses Restaurants. Für 3,70 US$ gibt's stark gewürzte Fleischgerichte – „zum Aufwärmen", meint der Kellner.

Manzana Mágica (Ecke Oruro & Ingavi; Frühstück 7–15 Bs; ⏲ 7.30–22 Uhr) Das vegetarische Café bietet Müsli und Joghurt zum Frühstück, außerdem gibt es Abendgerichte und Snacks.

Café Imma Sumac (Bustillos 987) Hier gibt's großartige *salteñas*.

Cafe Pub 4060 (Hoyos 1) *Quatro mil seisenta* – genau so viele Meter liegt Potosí über dem Meeresspiegel. Und diese neue angesagte Bar in der Stadt erreicht in puncto Qualität spielend diese Höhe. Ausgezeichnete Snacks. Nur abends geöffnet.

Der beste Platz für einen Cocktail ist **La Casona 1775** (Frias 41).

Anreise & Unterwegs vor Ort

Der Busbahnhof liegt 1 km nordwestlich der Stadt (vom Zentrum aus eine halbe Stunde zu Fuß bergab). Etliche *micros* (0,15 US$; Abfahrt westlich der Kathedrale) bringen einen dorthin, ein Taxi kostet 0,50 US$ pro

Person. Mehrere Unternehmen fahren täglich nach La Paz (5–10 US$, 11 Std.). Morgens und abends verkehren Busse nach Oruro (4 US$, 8 Std.), dort gibt's einen Anschluss nach Cochabamba.

Die meisten Busse nach Sucre (2 US$, 3 Std.) starten täglich um 6.30 und 7 Uhr. Wer's eilig hat, kann nach Sucre auch ein Sammeltaxi nehmen (5 US$/Pers., 2 Std.); mit mehr Zeit sind die langsamen *camiones* und *micros*, die an der Plaza Uyuni losfahren, eine Alternative.

Richtung Süden gehen täglich gegen 19.30 Uhr Busse nach Tupiza (6 US$, 8 Std.) und mehrere um 7, 8, 18.30, 19 und 20 Uhr, die nach Villazón weiterfahren (6 US$, 10–12 Std.). Ein paar Busse pro Tag verbinden Potosí mit Tarija (6 US$, 14 Std.), einer täglich fährt nach Camargo, Yacuiba und Bermejo. Wer nach Santa Cruz möchte, reist am besten über Sucre oder Cochabamba.

Busse nach Uyuni (2–3,50 US$, 6–7 Std.) – eine malerische und beliebte Strecke – fahren zwischen 11 und 18 Uhr ab. Die Emporador-Busse starten um 12 und 14 Uhr am Busbahnhof, die übrigen an der Av Universitario.

DER SÜDOSTEN

Das riesige Tiefland des bolivianischen Oriente, in dem viele natürlichen Ressourcen Boliviens lagern, ist reich und vielgesichtig. Zu den zahlreichen kulturellen Highlights gehören eindrucksvolle Jesuitenmissionen und Naturwunder, die etwa im Parque Nacional Amboró oder im abgelegeneren Parque Nacional Noel Kempff Mercado entdeckt werden wollen. Fans von Che Guevara können seinen Spuren folgen, robuste Traveller können sich durch den wilden Chaco nach Paraguay aufmachen und auch Brasilien ist mit dem Zug nur einen Katzensprung entfernt.

SANTA CRUZ
☎ 03 / 1,3 Mio. Ew.
Santa Cruz de la Sierra (Höhe 415 m) rühmt sich stolz, mehr brasilianisch als bolivianisch zu sein. Tatsächlich wirken dank des warmen und tropischen Ambientes die *cambas*, wie sich die Einheimischen nennen, relaxter als die *kolla*, ihre Landsleute in den Anden.

Die Stadt wurde 1561 vom Spanier Ñuflo de Chaves 220 km östlich ihrer heutigen Position gegründet, dann aber, gegen Angriffe durch indigene Bevölkerung schlecht geschützt, in die Nähe der Ausläufer der Cordillera Oriental verlegt. Danach entwickelte sich Santa Cruz von einem abgelegenen Provinznest zu Boliviens größter Stadt. Berüchtigt als ein Zentrum des Kokainhandels, macht die Stadt heute noch größere Schlagzeilen als in seiner Rolle als Zentrum des umstrittenen Energiesektors.

Noch wurde das kolonialzeitliche Stadtzentrum von der Moderne im Norden, geprägt durch stylishe Läden und smarten Cafés, noch nicht erobert. Die gefliesten und mit Balkonen verzierten Gebäude haben – vor allem im Umkreis der mit Bäumen bepflanzten Plaza – ihren kolonialen Charme bewahrt. (Mit etwas Glück sieht man ein Faultier. Die wurden zwar umgesiedelt, aber ab und an taucht eines auf.)

Santa Cruz eignet sich als perfektes Basislager für Erkundungen eines noch immer urtümlichen Regenwaldgebietes, für die Suche nach Spuren Che Guevaras und für Besichtigungen von Jesuitenmissionen des 18. Jhs.

Orientierung
Das Stadtzentrum besitzt einen schachbrettartigen Grundriss. Zehn nummerierte *anillos* (Ringstraßen) lagern sich konzentrisch um das kompakte Stadtzentrum und begrenzen separate Vorstädte oder Regionen; *radiales* („Speichenstraßen") verbinden die Ringstraßen miteinander. Die billigeren Optionen für Kost und Logis lagern im Zentrum, innerhalb des ersten *anillo*. Die smarteren Restaurants und Hotels sind im Norden an der Av San Martin.

Praktische Informationen
BUCHLÄDEN
Lewy Libros (Junín 229) Hat Reiseführer auf Lager, außerdem eine Auswahl an Landkarten sowie englisch- und deutschsprachigen Taschenbüchern.
Los Amigos del Libro (Ingavi 114) Magere Auswahl.

EINREISESTELLEN
Das Hauptbüro der Einwanderungsbehörden befindet sich nördlich des Stadtzentrums gegenüber vom Eingang zum Zoo. Ist man auf dem Landweg von Paraguay aus eingereist, holt man sich hier seine Touris-

tenkarte ab. Ein bequemer zu erreichendes Büro gibt es im **Bahnhof** (🕓 10–12 & 13.30–19 Uhr), allerdings lungern hier viele falsche Beamte herum – wegen des Risikos, einem Hochstapler auf den Leim zu gehen, also nur ein letzter Ausweg. Das verlässlichste Amt befindet sich am Flughafen. Wer mutig genug für die Fahrt mit dem „Todeszug" ist (s. Kasten S. 283), kann seinen Ausreisestempel angeblich nur an der brasilianischen Grenze abholen; vor der Abreise deshalb herumfragen.

Infos zu Konsulaten in Santa Cruz gibt's auf S. 296.

GELD

Banco de Santa Cruz (Junín) Kontoabhebungen und Geldautomat. Nicht ganz so geschäftstüchtig, dafür werden Reiseschecks gelegentlich zu etwas besseren Kursen als anderswo umgetauscht.

Casa de cambio Aleman (Plaza 24 de Septiembre) Tauscht Devisen und Reiseschecks (2–3 % Gebühr).

Magri Turismo (☎ 334-5663; Ecke Warnes & Potosí) American Express-Agent; kein Umtausch von Reiseschecks.

INTERNETZUGANG

Surfmöglichkeiten gibt es überall im Stadtzentrum, u. a. in mehreren Entel-Filialen.

NOTFALL

Touristenpolizei (☎ 322-5016; Plaza 24 de Septiembre) Im Palacio Prefectural an der Nordseite der Plaza.

TELEFON

Von den Callshops in der Bolívar kann man via Internet billig ins Ausland telefonieren.

Punto Entel (Junín 284) Nahe der Plaza; Festnetzverbindungen.

TOURISTENINFORMATION

Departamental de Turismo (☎ 336-8901; Plaza 24 de Septiembre) Im Palacio Prefectural an der Nordseite der Plaza.

Fundación Amigos de la Naturaleza (FAN; ☎ 355-6800; www.fan-bo.org; Kilometer 7, Carretera a Samaipata) Erteilt Auskünfte zu den Nationalparks Amboró und Noel Kempff Mercado. Westlich der Stadt (*micro* 44) an der alten Straße nach Cochabamba.

Zentrale Touristeninformation (☎ 336-9595; Plaza 24 de Septiembre) Im Erdgeschoss der Casa de la Cultura an der Westseite der Plaza.

WÄSCHEREI

España Lavandería (España 160) Erledigung am gleichen Tag (bei Einlieferung der Wäsche vor 12 Uhr), Preis rund 1 US$ pro Kilogramm.

Lavandería La Paz (La Paz 42) Zentral gelegener, effizienter Waschsalon mit Trockner.

Namenlose lavandería (Bolívar 490) Effizienter Wasch- und Trocknerservice (1 US$/kg); klingeln!

Sehenswertes

Santa Cruz selber ist arm an Attraktionen. Die schattige **Plaza 24 de Septiembre** mit der **Kathedrale** ist tagsüber wie abends ein netter Ort, um ein wenig zu relaxen. An der Westseite der Plaza gibt's in der **Casa de la Cultura Raúl Otero Reiche** (🕓 Mo–Fr 8–12 & 15-17.30 Uhr) neben kostenlosen Musikdarbietungen und Ausstellungen zeitgenössischer Kunst auch Theatervorstellungen.

Die Einheimischen entspannen sich rund um den See im **Parque El Arenal** nördlich des Stadtzentrums, wo sich ein Markt mit Kunsthandwerk befindet und Paddelboote ausgeliehen werden können. Am See liegt außerdem das **Museo Etno-Folklórico** (Eintritt 0,75 US$), das eine kleine Sammlung regionaler anthropologischer Fundstücke ausstellt. In der Gegend sollte man sich nachts nicht herumtreiben.

Der unterfinanzierte **Jardín Zoológico** (☎ 342-9939; Erw./Kind 0,75/0,50 US$; 🕓 9–18 Uhr) lohnt einen Besuch. Zu seinen Bewohnern gehören südamerikanische Vögel, Säugetiere und Reptilien – nicht die Faultiere verpassen! Vom Stadtzentrum aus bringt einen jeder mit „Zoologico" beschilderte *micro* hierher. Die Wunder von Pailletten, großen Hüten und Goldtressen erschließen sich in dem mit Klimaanlage ausgestatteten Kathedralenmuseum, dem **Museo de Arte Sagrado** (Plaza 24 de Septiembre; Eintritt 0,60 US$), das im Obergeschoss eine betörende Sammlung von Gewändern, Juwelen und spukhaften Gemälden zeigt.

Schlafen

Aneinander gereiht finden sich mehrere billige, ununterscheidbare Plätze zum Schlafen gegenüber vom Terminal Bimodal. Ansonsten gibt es nur wenige akzeptable Billigquartiere.

Alojamiento Santa Bárbara (☎ 332-1817; Santa Bárbara 151; Zi. 3,70 US$/Pers.) Die werkshallengroßen Ventilatoren pusten einen fast um, die Betten allerdings sind weniger eindrucksvoll. Sehr einfache, aber freundliche Herberge mit sonnigem Hof.

Residencial Bolívar (☎ 334-2500; Calle Sucre 131; B 5,50 US$, EZ/DZ/3BZ 9/15/19 US$) Die zwei Streichel-

SANTA CRUZ

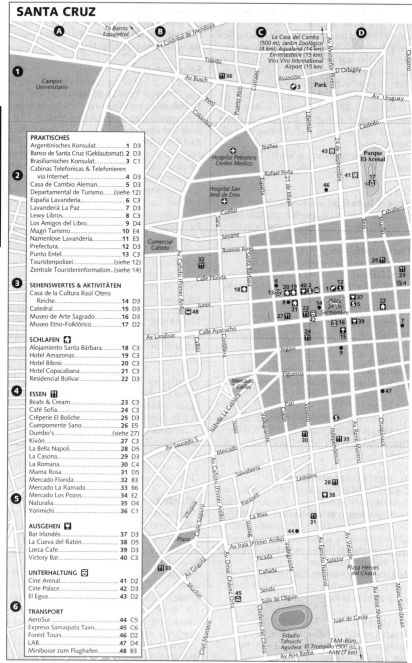

PRAKTISCHES
Argentinisches Konsulat..................1 D3
Banco de Santa Cruz (Geldautomat).2 D3
Brasilianisches Konsulat..................3 C1
Cabinas Telefonicas & Telefonieren
  via Internet..................................4 D3
Casa de Cambio Aleman..................5 D3
Departamental de Turismo......(siehe 12)
España Lavandería..........................6 C3
Lavandería La Paz..........................7 D3
Lewy Libros....................................8 C3
Los Amigos del Libro......................9 D4
Magri Turismo..............................10 E4
Namenlose Lavanderia..................11 E3
Prefectura....................................12 D3
Punto Entel..................................13 C3
Touristenpolizei......................(siehe 12)
Zentrale Touristeninformation..(siehe 14)

SEHENSWERTES & AKTIVITÄTEN
Casa de la Cultura Raúl Otero
  Reiche..14 D3
Catedral......................................15 D3
Museo de Arte Sagrado................16 D3
Museo Etno-Folklórico..................17 D2

SCHLAFEN
Alojamiento Santa Bárbara..........18 C3
Hotel Amazonas..........................19 C3
Hotel Bibosi................................20 C3
Hotel Copacabana......................21 C3
Residencial Bolívar.....................22 D3

ESSEN
Beats & Cream...........................23 C3
Café Sofia..................................24 C3
Crêperie El Boliche....................25 D3
Cuerpomente Sano....................26 E5
Dumbo's..............................(siehe 27)
Kivón..27 C3
La Bella Napoli..........................28 D5
La Casona..................................29 D3
La Romana.................................30 C4
Mama Rosa................................31 D5
Mercado Florida........................32 B3
Mercado La Ramada..................33 B6
Mercado Los Pozos....................34 E2
Naturalia...................................35 D4
Yorimichi...................................36 C1

AUSGEHEN
Bar Irlandés..............................37 D3
La Cueva del Ratón...................38 D5
Lorca Cafe.................................39 D3
Victory Bar................................40 C3

UNTERHALTUNG
Cine Arenal...............................41 D2
Cine Palace...............................42 D3
El Egua.....................................43 D2

TRANSPORT
AeroSur....................................44 C5
Expreso Samaipata Taxis..........45 C6
Forest Tours.............................46 D2
LAB...47 D4
Minibusse zum Flughafen........48 B3

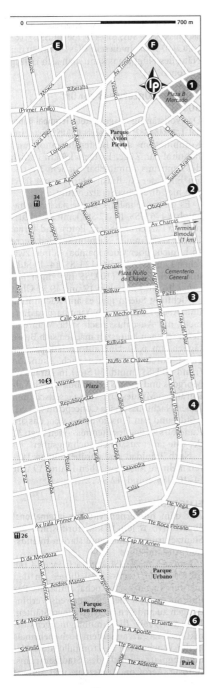

tukane verleihen diesem sehr empfohlenen Hotel zusätzliche Farbe. Es gibt einen einladenden Hof mit Hängematten und sehr gute Gemeinschaftsduschen. Reservieren oder früh am Tag erscheinen!

Hotel Bibosi (334-8548; bibosi@scbbs-bo.com; Junín 218; EZ/DZ 10/12,35 US$) Das Hotel Bibosi bietet einen großartigen Blick von der Dachterrasse und saubere, geräumige Zimmer mit Ventilator, Telefon und Bad.

Hotel Amazonas (333-4583; leanch@ibibosi.scz. entelnet.bo; Junín 214; EZ/DZ 10/12,35 US$) Das Hotel neben dem Bibosi hat viele Pflanzen, saubere Korridore und braun gefliese Zimmer.

Hotel Copacabana (332-9924; Junín 217; EZ 12,35–18 US$, DZ 19–23 US$) Viel rotes Spalier und rote Pflanzen peppen die kleinen Zimmer im Diskostil der 1970er-Jahre zusätzlich auf. Die Zimmer haben Deckenventilatoren. Nette, wenn auch nicht bemerkenswerte Unterkunft. Einige Zimmer sind klimatisiert. Um die lauten Zimmer im Erdgeschoss sollte man einen Bogen machen.

Essen

Auf der Suche nach einfachem, günstigem Essen wird man auf dem Mercado La Ramada fündig, eine weitere gute Anlaufstelle sind die Imbissstände im obersten Stock des mall-artigen Mercado Los Pozos, der auch ein gutes Sortiment an ungewöhnlichen tropischen Früchten aufweist. Im Mercado Florida finden sich etliche Stände, an denen ausgezeichnete Säfte gemixt und Fruchtsalate für 0,50 US$ serviert werden.

Cuerpomente Sano (Av Irala 437; 4 US$/kg) Ein Ort für Gesundheitsbewusste – ein üppiges, fabelhaftes vegetarisches Buffet.

Beats & Cream (Av Ayacucho & 21 de Mayo) Die absolut beste Eiscreme. Die Einheimischen lecken sich jeden Finger einzeln danach.

La Casa del Camba (Av Cristobel de Mendoza 1355, 2. anillo; Büffet 3 US$, Hauptgerichte 2,50–3,70 US$) *Cambas* (und Besucher) jeglicher Couleur strömen in die Casa del Camba, um sich bolivianische Spezialitäten und argentinisches Fleisch schmecken zu lassen. Abends spielt traditionelle Musik, freitags und samstags gibt's auch Tanzvorführungen.

La Casona (337-8495; Arenales 222; Hauptgerichte 5–7 US$; Mo–Sa) Wer einfach keine *empanada* mehr sehen kann, findet in diesem geschmackvollen und entspannten, von Deutschen betriebenen Restaurant internationale Gourmetgerichte.

La Bella Napoli (Independencia 683; Pizzas & Hauptgerichte 6–8 US$) Eine hübsche, mit Weinranken bedeckte Terrasse und feine Pastagerichte versetzen einen an die Adria.

Yorimichi (☎ 334-7717; Av Busch 548; Hauptgerichte rund 10 US$) Wen es nach Sashimi oder Udon gelüstet, sollte sein Glück in diesem Restaurant in der Nähe des Campus Universitario versuchen. Nicht gerade billig, dafür gibt's eben Sushi.

Crêperie El Boliche (☎ 333-9053; Arenales 135) Ein sehr teurer Laden; nur Abendessen.

Naturalia (Independencia 452) Biogemüseladen mit einer großen Auswahl an gesunden Lebensmitteln.

Auch empfehlenswert:

Café Sofia (Velasco 40) Sehr einfach; hausgemachtes Gebäck.

La Romana (Velasco 47A) Backt bemerkenswerte Brote, Croissants und verführerische süße Brötchen.

Mama Rosa (Velasco) Serviert leckere Pizzas, Hähnchengerichte und große *almuerzos*. Zu finden nahe der Av Irala. Ähnlich in Speisekarte und Stil sind **Dumbo's** (Ayacucho 247) und **Kivón** (Ayacucho 267), beide einen Block westlich der Plaza.

Ausgehen

Victory Bar (Ecke Junín & 21 de Mayo) Einen Block von der Plaza entfernt, in einem Obergeschoss untergebracht – eine von mehreren gemütlichen Bars in zentraler Lage.

Bar Irlandés (Ecke Junín & 24 de Septiembre) In dieser Balkonbar gibt's eine wilde Gringoszene und gute Aussicht auf die Plaza.

La Cueva del Ratón (La Riva 173) Scheunenartige Bar; Großleinwand mit Musikvideos.

Lorca Cafe (Ave René Moreno 20) Kulturcafé und -bar. Regelmäßiges Programm mit Livemusik und anderen kulturellen Veranstaltungen.

Unterhaltung

Viele *boliches* (Nachtclubs) sind entlang der Av San Martin im Barrio Equipetrol, nordwestlich der City, zwischen dem zweiten und dritten *anillo*. Um hinzukommen, braucht man ein Taxi (ca. 2 US$). Das Gedeck beginnt bei 2 US$, die Drinks sind teuer.

El Egua (24 de Septiembre 651; ☽ Do–So) Einer der beliebtesten kubanischen Salsaclubs der Stadt.

Cine Palace (Plaza 24 de Septiembre; Eintritt 2,50 US$) Kino an der Westseite der Plaza; zeigt jeden Abend neue Filme.

Cine Arenal (Beni 555; Eintritt 2,50 US$) Kino gegenüber vom Parque El Arenal; ältere Filme.

Aqualand (☎ 385-2500; www.aqualand.com.bo, spanisch; halber Tag 5–8 US$, ganzer Tag 7,50–10 US$; ☽ Do–So 10.30–17.30 Uhr) In diesem Wasserpark in der Nähe des Flughafens kann man sich richtig austoben.

Anreise & Unterwegs vor Ort
BUS

Das vollständig ausgestattete **Terminal Bimodal** (☎ 348-8382; Zutrittsgebühr 0,30 US$) ist eine Kombination aus Busfernbahnhof und Bahnhof für Züge. Es liegt 1,5 km östlich des Zentrums, unmittelbar vor dem 3. *anillo* am Ende der Av Brasil. Der *micro* 4 fährt von hier direkt ins Stadtzentrum.

Es gibt regelmäßige Busse nach Cochabamba (4–6 US$, 10–12 Std.), mit Anschluss nach La Paz, Oruro, Sucre, Potosí und Tarija. Direkt verkehrende Nachtbusse nach Sucre (d. h. nicht über Cochabamba) fahren zwischen 17 und 18 Uhr (6–12 US$, 14–17 Std.) und nach La Paz (10 US$ für einen *bus cama*, 16 Std.) zwischen 17 und 19.30 Uhr.

Richtung Süden gibt es am Nachmittag und Abend Busse nach Yacuiba und Bermejo, mit Anschluss nach Salta. Während der trockenen Jahreszeit machen sich Busse täglich um 6.30 Uhr auf die strapaziöse Fahrt durch den Chaco nach Asunción (rund 50 US$, mind. 30 Std.) in Paraguay. Morgens und abends gehen Busse nach Vallegrande. Mindestens vier Gesellschaften haben Nachtbusse nach Concepción (4 US$, 6 Std.) und San Ignacio de Velasco, das am Rundkurs zu den Jesuitenmissionen liegt; 31 del Este fährt zusätzlich auch tagsüber.

Nach Trinidad und darüber hinaus fahren mehrere Busse zwischen 17 und 19 Uhr (4–10 US$, mind. 12 Std.).

FLUGZEUG

Auf dem modernen **Viru Viru International Airport** (VVI; ☎ 181) 15 km nordöstlich des Stadtzentrums landen und starten Inlands- und Auslandsflüge.

AeroSur (☎ 385-2151; Av Irala at Colón) und **LAB** (☎ 800-10-3001; Chuquisaca 126) fliegen an den meisten Tagen nach Cochabamba, La Paz und Sucre. Von hier gibt's jeweils Verbindungen zu anderen bolivianischen Städten.

TAM (☎ 353-2639) fliegt montagmorgens direkt nach La Paz, außerdem noch mehrmals in der Woche vom El Trompillo, dem Militärflugplatz südlich des Stadtzentrums. Aerosur, AeroCon, Amazonas und Aeroest fliegen alle von dort in die Distrikte Egni und Pando sowie nach Puerto Suarez. Außerdem gibt es auf dem El Trompillo teurere Lufttaxis, mit denen man sich in jede Ecke des Landes bringen lassen kann.

Taxis zum Flughafen kosten einheitlich 6,20 US$, die Fahrt mit dem *micro* 0,60 US$.

ZUG

Es gibt drei Möglichkeiten, um an die brasilianische Grenze zu kommen: den effizienten und recht teuren *Ferrobus*, den *Expreso Oriental* (der berüchtigte Todeszug, s. unten) und den *Regional* (oder *mixto*), der eigentlich ein Güterzug ist, aber auch einige wenige Plätze für Passagiere hat.

Die bequemste und effizienteste Option ist der *Ferrobus*, der dienstags, donnerstags und sonntags um 19.30 Uhr abfährt (*semicama/cama* 28/33 US$) und am Montag, Mittwoch bzw. Freitag zurückkehrt (Achtung: die Fahrpläne werden gerne immer wieder geändert).

Der *Expreso Oriental* fährt am Montag, Mittwoch und Freitag um 17 Uhr nach Quijarro an der brasilianischen Grenze (Pullman/1.Klasse 6,50/15,50 US$, 15½ Std.) und kehrt am Dienstag, Donnerstag und Sonntag um 16.30 Uhr zurück. Die Fahrkarten können knapp werden. Und die Wagen sind häufig dermaßen mit Menschen und Waren vollgestopft, dass ein freier Sitzplatz eine Utopie bleibt. Der Fahrkartenschalter öffnet (angeblich) um 8 Uhr; das Ticket kann nur am Abreisetag gelöst werden, weshalb die

Schlangen dann kubanische Ausmaße erreichen. Abenteuerlustige können sich auch einen Platz in den *bodegas* (Güterwagen) eines *treno mixto* (Mischzug) sichern und an Bord ein 2.-Klasse-Ticket kaufen (Kostenpunkt: 20 % des Preises am Schalter).

Die teurere Variante besteht darin, sich über ein Reisebüro in Santa Cruz einen Fahrschein 1. Klasse besorgen zu lassen. Zusätzlich muss nach Erwerb des Tickets eine kleine Ausreisesteuer (0,50 US$) gezahlt werden.

Tickets besorgt das englischsprachige Büro **Forest Tours** (☎ 337-2042; www.forestbolivia. com; Cuéllar 22), das auch ausgezichnete Touren durch die Region anbietet.

Ein *treno mixto* fährt außerdem nach Yacuiba (an der argentinischen Grenze; Pullman/1. Klasse 10,50/4,70 US$, 18 Std.), Abfahrt ist montags und mittwochs jeweils um 15.30 Uhr.

RUND UM SANTA CRUZ
Samaipata

☎ 03 / 3000 Ew.

Das schöne Dorf Samaipata (1650 m) liegt eingebettet in die betörenden Wildnis der Cordillera Oriental. Es ist ein beliebtes Ausflugsziel am Wochenende (besonders für feierlustige Besucher aus Santa Cruz) und das perfekte Basislager, wenn man ausspannen, wandern oder die zahlreichen Sehenswürdigkeiten erkunden will. Demnächst kommen – der Ort bringt alles mit, um eines der angesagtesten Ziele Boliviens zu werden.

DER TODESZUG

„El tren de la muerte", der Todeszug, fährt von Santa Cruz nach Quijarro an der brasilianischen Grenze. Zahlreiche Theorien machen die Runde, wie der *Expreso Oriental* und der *Regional (mixto)* zu diesem düsteren Spitznamen gekommen sind. Die am nächsten liegende Variante: Der Name spiegelt einfach die Torturen der Reisenden wider. Jeder einzelne Knochen schmerzt, wenn der Zug durch Sojaplantagen und Strauchwerk bis in die feuchte Hitze des Pantanals an der brasilianischen Grenze rumpelt. Nach endlosen Stunden scheint man fast willig, die großartige Landschaft eine großartige Landschaft sein zu lassen und sich auf die Gleise zu werfen. Damit nicht genug, das Ungetüm hält auch noch ewig in sumpfigen Gebieten – ausreichend Verpflegung und Wasser, Chemiekeulen gegen Moskitos und im Winter warme Kleidung sind da unverzichtbar.

Der wahrscheinlichere Ursprung der zweifelhaften Auszeichnung sind die vielen Unfälle, die sich früher, vor allem in den 1980er-Jahren, häufig ereigneten. Einheimische packten Unmengen an Schmuggelware in die Abteile und fuhren selber auf den Dächern der Waggons mit. Da ging manch einer unfreiwillig über die Kante – vor allem wenn der überladene Zug entgleiste, was er dann auch regelmäßig tat.

PRAKTISCHE INFORMATIONEN

Der Ort hat eine Promo-Website: www.samaipata.info.

Sernap unterhält ein neues Büro 1 km außerhalb der Ortschaft an der Straße nach Santa Cruz.

Achtung: Geldautomaten sucht man hier vergeblich.

SEHENSWERTES & AKTIVITÄTEN

Wer den **Parque Nacional Amboró** besuchen will, hat mit Samaipata einen guten Ausgangspunkt gefunden. Highlights sind u. a. die **Wasserfälle von Pajcha**, gewaltige Riesenfarne und die **Höhlenmalereien von Cueva Mataral**. Vorstöße zu dem Ort, an dem sich in der Nähe von Vallegrande **Chés letzter Gefechtsstand** befand, sind auch möglich. Hobbyornithologen kommen angesichts der vielen in diesem Gebiet beheimateten seltenen Vogelarten und im **Kondor-Schutzgebiet** in der Nähe voll auf ihre Kosten.

10 km südöstlich der Ortschaft liegt auf einer Hügelkuppe **El Fuerte**, eine Stätte, die aus der Zeit vor den Inkas (Eintritt 4 US$; ⌚ Mo–Sa 8.30–12 & 14–18, So 8.30–16 Uhr) stammt. Am Wochenende ist es am leichtesten, vom Dorf aus hierher zu trampen. Alternativ eignet sich die Strecke auch für eine schöne Tageswanderung. Taxis kosten für die Fahrt hin und zurück inklusive eines ein-/zwei-/dreistündigen Aufenthalts bei den Ruinen rund 6/7,40/8,65 US$ für bis zu vier Personen. Das Eintrittsticket für die Ruinen ist auch gültig für das kleine **archäologische Museum** (⌚ 8.30–12.30 & 14–18 Uhr) im Ort.

Die folgenden Veranstalter organisieren Ausflüge in die Umgebung, darunter nach El Fuerte, zum Nationalpark Amboro, zu den Höhlenmalereien, Wasserfällen, Kondoren und zu den Wegen Ché Guevaras (10–50 US$/Pers. & Tag). Der sehr empfohlene Biologe **Michael Blendinger** (☎ /Fax 944-6227; www.discoveringbolivia.com; Bolívar s/n, vor dem Museum) bietet auch deutschsprachige Vogelbeobachtungstouren an und ist auf Touren in den südlichen Teil des Amboro-Gebiets spezialisiert. Weitere Anbieter sind die freundlichen deutsch sprechenden Frank und Olaf von **Roadrunners** (☎ 03-944-6294; theroadrunners@hotmail.com), **Bolviajes** (bei La Víspera; www.lavispera.org) und **Amboro Tours** (☎ 03-944-6293; erickamboro@yahoo.com); letzteren verleihen auch Fahrräder. Der in Samaipata geborene **Don Gilberto** (☎ 03-944-6050) lebte viele Jahre innerhalb des heutigen Nationalparks, spricht aber leider nur spanisch. Weitere Informationen gibt es auf der Website des Ortes: www.samaipata.info.

Das **FAN-Büro** (www.fan-bo.org; Ecke Sucre & Murillo) arrangiert Trips zur Gemeinde La Yunga am Rande des Parks.

SCHLAFEN

Mama Pasquala's (Stellplatz gegen Spende; Eintritt 0,15 US$) Der einfache, geschützt liegende Campingplatz ist ein Schnäppchen. Er findet sich 500 m von der Furt über den Fluss stromaufwärts Richtung El Fuerte.

Residencial Chelo (☎ 944-6014; Sucre s/n; Zi. ab 2,50 US$/Pers.) Einfache, aber ordentliche Unterkunft gleich neben der Plaza.

Residencial Kim (☎ 944-6161; Zi. 3 US$/Pers., EZ/DZ mit eigenem Bad 3,70/6 US$) Ein ruhiges, sauberes und sonniges Haus mit einer Vorliebe für Musik der Eighties; nördlich der Plaza.

Hotel Paola (☎ 944-6903; südwestliche Ecke der Plaza; Zi. 3 US$/Pers.) Die hübsche Terrasse mit

---

EINREISE NACH BRASILIEN

Von Quijarro bringen Shuttletaxis die Grenzgänger zum 2 km entfernten brasilianischen Grenzort Corumbá. Man kann seine Dollars oder Bolivianos auf der bolivianischen Seite in *reais* (ausgesprochen he-ais) tauschen, der Wechselkurs für Bolivianos ist allerdings mies. Achtung: Es gibt kein brasilianisches Konsulat in Quijarro. Bolivianische Beamte in Quijarro könnten versuchen, für den Ausreisestempel ein Bestechungsgeld abzukassieren. Von Corumbá aus gibt es gute Busverbindungen ins südliche Brasilien, aber keine Personenzüge.

Von der Grenze aus fährt der Bus zur Rua Frei Mariano und zum örtlichen Busbahnhof an der Rua 13 do Junho.

Ohne die Bescheinigung einer Gelbfieberschutzimpfung wird einem die Einreise nach Brasilien versagt: An der Grenze steht dafür ein Sanitätslaster bereit.

Infos zur Einreise von Brasilien nach Bolivien finden sich auf S. 385.

Ausblick auf die Plaza tröstet einen über die Mängel dieses chaotischen Familienbetriebs hinweg. Die Zimmer sind ganz ordentlich; mit Gemeinschaftsküche.

Finca La Víspera (☎ /fax 944-6082; www.lavispera. org; Stellplatz mit eigenem Zelt/ohne eigenes Zelt 4/5 US$ pro Pers., Gasthaus 10–18 US$/Pers.) 15 Minuten Fußweg südwestlich der Plaza liegt die liebenswerte Öko-Oase mit grasbewachsenem Campingplatz, stabilen Betten im „Backpackerhaus" und ansprechenden, in sich abgeschlossenen Gasthäusern. Die Eigentümer verleihen Pferde und organisieren Wanderungen in das Amboró-Gebiet.

Palacio del Ajedrez (Schachclub; ☎ 944-6196; pau lin-chess@cotas.com.bo; Bolívar s/n; Zi. 5 US$/Pers., EZ/DZ mit eigenem Bad 8/13 US$) Die Zimmer haben ordentliche Betten, außerdem kann man bolivianische Jugendmeister zu einer Partie Schach herausfordern. Zu finden neben dem archäologischen Museum.

Land-haus (☎ 944-6033; Hütte 10 US$/Pers.; 🏊) Nach einer morgendlichen Wanderung kann man am Pool dieser wunderschönen Parkanlage relaxen. Hübsche Hütten und Zimmer.

Bei Kilometer 100 liegt Las Cuevas, ein weiterer empfehlenswerter Campingplatz mit guten Schwimmgelegenheiten.

ESSEN

La Vaca Loca (Snacks 0,60–3,20 US$) „Verrückte Kuh" – na ja, vielleicht kein besonders glücklicher Name. Denn eigentlich hat der günstige Laden bessere Kuchen als Fleischgerichte. Das Restaurant liegt an der Südseite der Plaza.

Latina Café (Hauptgerichte 2–3,70 US$) Ein gemütlicher Platz zum Abhängen. Gute Auswahl, beste Aussicht.

Landhaus (Hauptgerichte 2,70-6 US$; 🕒 Do–So Abendessen) Etwas teurere Feinschmeckerkost bietet dieses Haus am nördlichen Ortsrand.

Descanso en las Alturas (Hauptgerichte 2,50–6,50 US$) Von der Mosquito Bar (auch ein Muss) geht es weiter auf die große Terrasse dieses Restaurants, wo man sich mit Pizzas und Fleischgerichten verwöhnen lassen kann.

La Chakana (Südkreuz) Dieser Laden an der Westseite der Plaza gehört Europäern und ist der wichtigste Gringotreff. Serviert werden vegetarische Gerichte, Omelettes und Pfannkuchen.

AN- & WEITERREISE

Expreso Samaipata-Taxis (3,20 US$/Pers., für 4 Pers., 2½ Std.) fahren in Santa Cruz von der Kreuzung der Av Omar Chávez Ortiz und der Solis de Olguin nach Samaipata ab, sobald sie voll sind. Als Alternative gibt es einen kleinen Bus, der um 16 Uhr täglich an der Av Grigotá auf Höhe des dritten *anillo* startet (2 US$, 3 Std.). Von Samaipata fahren **Sammeltaxis** (☎ 944-6133/6016) nach Santa Cruz, Abfahrt ist von der Tankstelle am Highway (12 US$/Wagen). *Micros* fahren täglich gegen 4.30 Uhr an der Plaza los, sonntags zwischen 12 und 15 Uhr.

Parque Nacional Amboró

Dieser außerordentliche Park erstreckt sich über zwei Klimazonen: die wärmere, amazonische im Norden und die südlichere, an die Yungas erinnernde mit kühleren Temperaturen (und weniger Moskitos!). Das Dorf Buena Vista, zwei Stunden (100 km) nordwestlich von Santa Cruz, eignet sich als Ausgangspunkt für Trips in den spektakulär waldigen nördlichen Tieflandabschnitt des Parque Nacional Amboró. Eine Zugangserlaubnis für den Park und Hüttenreservierungen bekommt man in Buena Vistas **Sernap-Büro** (☎ 932-2054) zwei Blocks südlich der Plaza. Empfehlenswerte Veranstalter von Touren durch den Park sind gegenüber aufgelistet.

Es gibt mehrere Bleiben und Verpflegungsmöglichkeiten, und im Park darf auch gezeltet werden. Empfehlenswert ist die einfache **Residencial Nadia** (☎ 932-2049), deren Betreiber viel über den Park weiß. Leckere Kost gibt's im Los Franceses – der Eigner ist jovial und *très français*.

Rundtrip zu den Jesuitenmissionen

Seit dem späten 17. Jh. gründeten Jesuiten im östlichen Tiefland Boliviens Siedlungen, die sogenannten *reducciones*. Sie erbauten Kirchen und errichteten Farmen. Die indigene Bevölkerung wurde bekehrt und „durfte" körperlich schuften, während die Jesuiten sie über Religion, Landwirtschaft, Musik und Handwerk belehrten. Ein Rundtrip nördlich und östlich von Santa Cruz führt zu einigen Missionen, deren Gebäude sich in unterschiedlichen Stadien des Verfalls oder Wiederaufbaus befinden. (Jetzt hinfahren, bevor der Massentourismus Überhand nimmt!) Veranstalter in Santa

BOLIVIEN

Cruz und Samaipata organisieren Touren, man kann aber – mit etwas mehr Zeit im Gepäck – den Kurs auch auf eigene Faust bewältigen. Einfache Kost und Logis gibt's sich in den meisten Ortschaften. Im Uhrzeigersinn folgen von Santa Cruz aus folgende Stationen:

San Ramón Nur als Verkehrsknotenpunkt bemerkenswert.

San Javier Die älteste der Missionen (1692 gegründet), vor Kurzem liebevoll restauriert.

Concepción Ein attraktiver Ort mit einer restaurierten, auffällig bunten Kirche von 1756.

San Ignacio de Velasco Viel unattraktiver, aber trotzdem einen Halt wert. Aufwendige Mission mit einer Kirche (von 1748), die 1948 zerstört wurde.

San Miguel Ein verschlafenes Örtchen mit einer herrlichen, sorgsam restaurierten Kirche (von 1721).

Santa Ana Ein winziges Dorf mit einer Dorfkirche von 1755.

San Rafael Die Kirche aus den 1740er-Jahren hat einen schönen Innenraum.

San José de Chiquitos Besitzt eine eindrucksvolle, 1748 errichtete Kirche aus behauenem Stein, die innerhalb eines Komplexes von Missionsgebäuden steht.

Eine Möglichkeit, den Rundtrip zu absolvieren, besteht darin, dass man mit dem Zug Santa Cruz–Quijarro bis San José fährt und sich von dort aus gegen den Uhrzeigersinn vorarbeitet. Alternativ dazu kann man aber auch mit dem Bus nach San Ignacio fahren, die Dörfer südlich davon als Abstecher mitnehmen, San José auslassen und mit dem Bus von San Ignacio zurückfahren bzw. seine Reise nach Brasilien fortsetzen. Eine weitere Option ist, in Santa Cruz ein Auto zu mieten – was durchaus bezahlbar ist, wenn sich mehrere Personen beteiligen.

Parque Nacional Noel Kempff Mercado

Der abgelegene Parque Nacional Noel Kempff Mercado liegt in den nördlichsten Winkeln des Departements Santa Cruz. Er ist nicht nur einer der spektakulärsten Nationalparks Südamerikas, sondern umfasst zugleich eine ganze Reihe schwindender Lebensräume von weltweit erstrangiger ökologischer Bedeutung. Auf 1,5 Mio. ha finden sich Flussläufe, Wasserfälle, Regenwälder, Plateaus und zerklüftete, bis zu 500 m in die Tiefe abfallende Steilhänge. Und zu all dem kommt noch eine atemberaubende Vielfalt amazonischer Flora und Fauna.

DAS AMAZONASBECKEN

Boliviens Anteil am magischen Amazonasbecken umfasst mehr als die Hälfte des gesamten Staatsgebiets und ist ein prima Ort, um urtümlichen Regenwald und Savannenlandschaften kennenzulernen. Im Amazonasgebiet liegen einige der namhaftesten Nationalparks und Reservate, darunter der unglaublich eindrucksvolle Parque Nacional Madidi (S. 291). Aber das Paradies ist gefährdet. Ein großer Teil des Areals ist dicht bevölkert oder durch Holzfällerei und Bergbau geschädigt: Siedler aus dem Hochland strömten in die Region, die auf Brandrodung basierende Landwirtschaft weitete sich aus und in den Tieflandgebieten um Trinidad wird großflächig Weidewirtschaft betrieben.

Bootstrips sind eine großartige Möglichkeit, das Leben hier vom Wasser aus kennenzulernen. Allerdings haben die Handelsboote, die die Flüsse des Nordens befahren, keinen festen Fahrplan und bieten keinerlei Komfort – monotone Verpflegung, Wasserentnahme aus dem Fluss und fehlende Kabinen sind keine Seltenheit. Eine Hängematte oder einen Schlafsack muss man selbst dabeihaben. Das gleiche gilt für Essensrationen, einen Wasserbehälter, Tabletten zur Wasserreinigung und Mittel gegen Malaria und Moskitos. Die beliebtesten Flussfahrten führen auf dem Río Ichilo von Puerto Villarroel nach Trinidad und auf dem Río Mamoré von Trinidad nach Guayaramerín. Tourveranstalter haben komfortable Flusstrips im Angebot, in deren Mittelpunkt die Beobachtung von wilden Tieren steht.

Städte mit Flugplätzen sind u. a. Cobija, Guayaramerín, Reyes, Riberalta, Rurrenabaque, San Borja und Trinidad. Flüge haben allerdings häufig Verspätung oder werden gar gestrichen; das gilt besonders für die Regenzeit.

RURRENABAQUE

☎ 03 / 13 000 Ew.

Die muntere und freundliche Grenzstadt „Rurre" (105 m) ist Boliviens schönste Siedlung im Tiefland. Der Ort lebt vom Tourismus: Traveller kommen den Río Beni hinauf, um den üppigen Urwald und das savannenartige Grasland der Umgebung zu

DAS AMAZONASBECKEN

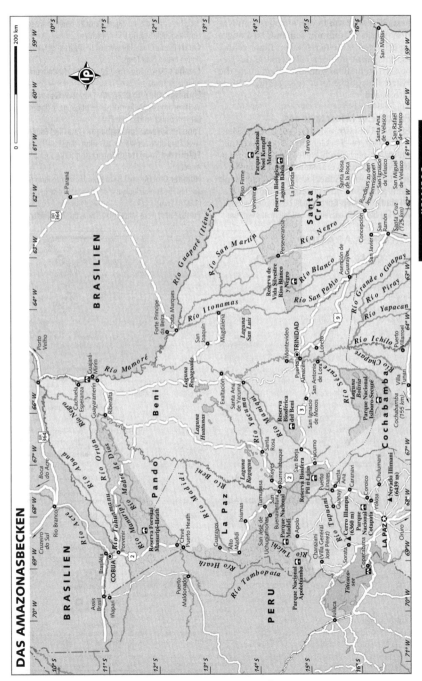

besuchen oder um in den einzigartigen Nationalparks Madidi mit seinen Öko-Lodges zu gelangen. Zu einer solchen Reise gehört es, entspannt in einer Hängematte das Leben zu genießen, genauso aber auch die Hitze, Feuchtigkeit und (gelegentlich) Moskitoplagen.

Praktische Informationen

Einige Tourveranstalter tauschen Reiseschecks ein (4–5% Gebühr). Touren können meistens per Kreditkarte bezahlt werden, *simpático*-Bars, Veranstalter und Hotels akzeptieren auch Schecks. Die Podem Bank zahlt auf Visa und MasterCard Bargeld aus.

PN Madidi/Sernap-Büro (☎ 892-2540) Gegenüber vom Fluss bei San Buenaventura. Hat Informationen zum Park; Besucher, die auf eigene Faust kommen, müssen eine Eintrittsgebühr von 10 US$ entrichten.

Cactri (Santa Cruz) Hier werden US-Devisen getauscht, zu finden neben Bala Tours.

Camila's (Santa Cruz s/n; 2,20 US$/Std.) Recht teurer Internetzugang.

Einreisestelle (☎ 892-2241; Plaza 2 de Febrero) Für die Verlängerung der Aufenthaltsberechtigung. Zu finden in der nordöstlichen Ecke der Plaza.

Laundry Service Rurrenabaque (Vaca Diez) Empfehlenswert. Erledigung der Wäsche am selben Tag (1,20 US$/kg).

Städtische Touristeninformation (Ecke Vaca Diez & Avaroa)

Number One (Avaroa) Beim Laundry Service Rurrenabaque um die Ecke. Erledigung der Wäsche am selben Tag (1,20 US$/kg).

Punto Entel (Ecke Santa Cruz & Comercio) Zum Telefonieren.

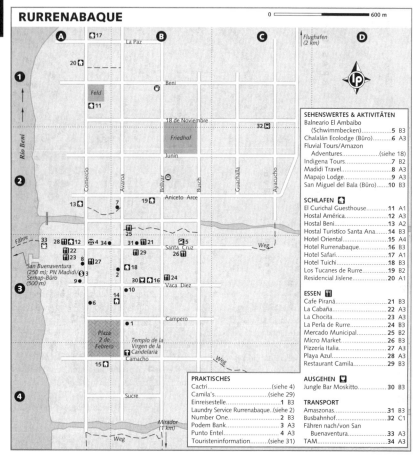

Sehenswertes & Aktivitäten

Entspannen kann man in Rurres großartigem **Balenario El Ambaibo** (Schwimmbad; Santa Cruz; Eintritt 2 US$). Direkt südlich des Ortes erreicht man nach einem kurzen Fußmarsch hügelauf einen **Mirador.**

Geführte Touren

URWALD- & PAMPATOUREN

Touren im Urwald und in der Pampa ernähren Rurre. Tourveranstalter schwirren hier so zahlreich herum wie Moskitos. Um den richtigen auszuwählen, empfiehlt es sich, mit Travellern zu sprechen, die schon an einer Tour teilgenommen haben – denn einige Veranstalter sind nicht gerade berauschend.

Bei Urwaldtouren geht's typischerweise mit dem Motorkanu den Beni und Tuichi hinauf, unterwegs wird gezeltet und im Regenwald gewandert. Die meisten Unterkünfte sind einfache Hütten oder bestehen sogar nur aus Schutzdächern mit Moskitonetzen. Achtung: Einige Urwaldtouren sind während der Regenzeit – insbesondere zwischen Januar und März – wegen Regen, Schlamm und Insekten nicht gerade ein Vergnügen.

Wer eher wilde Tiere beobachten will, sollte eine Tour durch die Pampa machen, die in die Feuchtsavannen nordöstlich der Stadt führt. Zu den Programmpunkten gehören tolle geführte Wanderungen und Bootsausflüge, bei denen tagsüber und abends Tiere beobachtet werden können.

Die Touren durch Urwald und Pampa kosten offiziell 30 US$ pro Person und Tag, inklusive Transport, Führern und Verpflegung. In der Regel warten großartige Ausflüge auf einen – doch wie die Führer mit den Tieren umgehen, hängt weitgehend von den Forderungen der Traveller ab. Man sollte darauf achten, dass Tiere nicht gefüttert, aufgeschreckt oder angefasst werden. Insektenschutzmittel und Feldflaschen mit Wasser mitnehmen. Außerdem sollte man sich die *autorización* (Lizenz) des Führers zeigen lassen. Die besten vermitteln Einsichten in die Flora und Fauna, das Leben der indigenen Bevölkerung und die Folklore der Waldbewohner, ohne Grenzen zu überschreiten. Die meisten Veranstalter haben ihre Büros in der Avaroa. Empfehlenswert sind u. a. folgende:

Fluvial Tours/Amazonia Adventures (☎ 892-2372; Avaroa s/n) Im Hotel Tuichi. Ist am längsten im Geschäft.

Indigena Tours (☎ 892-2091; indigenaecologico6@ hotmail.com; Avaroa s/n)

KOMMUNAL ORGANISIERTER ÖKOTOURISMUS

Eine ausgezeichnete Alternative sind die ethno-ökologischen Tourismusprojekte, die von Gemeinden veranstaltet werden und in den Dorfgemeinschaften verwurzelt sind. Die meisten dieser Projekte haben ihren Standort mehrere Stunden flussaufwärts und umfassen (inkl. komfortabler Einzelcabañas, *simpático* Führer, Verpflegung)

BITTE NICHT STREICHELN!

„Umweltbewusste" Veranstalter von Pampa- und Urwaldtouren entwickeln sich schneller als Moskitolarven. Leider unterbieten sie sich gegenseitig in ihren offiziellen Preisen – sehr zum Nachteil des Etiketts „umweltbewusst": Tatsächlich lassen viele nämlich ein Umweltbewusstsein vermissen, vor allem wenn es darum geht, anorganischen Müll von Zeltplätzen korrekt zu entsorgen und wilde Tiere zu schützen. So großartig es ist, die Tiere Amazoniens zu sehen, man sollte stets bedenken, dass es ein Privileg und kein „Recht" ist, Kaimane, Anakondas, Piranhas und dergleichen zu Gesicht zu bekommen. Veranstalter und Führer sollten keine Tiersichtungen versprechen (das ermutigt nämlich dazu, sie gegen jede Umweltethik einzufangen). Sie sollten nicht gezielt die Tiere aufstöbern und sie unter keinen Umständen füttern oder gar anfassen. Unglücklicherweise werden diese Regeln aber nicht immer beherzigt. Ein Leser stellte beispielsweise fest: „In puncto Ökologie war unser Veranstalter eine echte Zumutung. Wenn der Führer eine Anakonda entdeckte, wurde zugepackt, Babykaimane wurden eingefangen, um sie uns zu zeigen. Und wir hörten von einem gefangenen ausgewachsenen Kaiman, der sich in Panik den eigenen Schwanz abbiss".

Forderungen von Travellern können dazu beitragen, für einen schonenden Umgang mit der Natur zu sorgen. Nicht zuletzt von ihnen hängt es ab, dass Naturgebiete nachhaltig geschützt werden.

Besuche mit Übernachtung in den Gemeinden. Zudem kann man mit Pfeil und Bogen angeln und durch den Regenwald wandern. Zu den Projekten gehören u. a.: **Madidi Travel** (www.madidi-travel.com; 40–60 US$/Pers. & Tag) La Paz ☎ 02-245-0069; Jimenez 806); Rurrenabaque (☎ 892-2153; Comercial zw. Santa Cruz & Vaca Diez) Arbeitet innerhalb des privaten Schutzgebiets Serere. Möglichkeiten zu freiwilliger Arbeit. **Mapajo Lodge** (☎ 892-2317; www.mapajo.com; Santa Cruz zw. Avaroa & Comercio; 65 US$/Pers. & Tag) Besuche mit Übernachtung in den Gemeinden von Mosetén Chimáns. **San Miguel del Bala** (☎ 892-2394; www.sanmiguel delbala.com; Av Comercio; 50–60 US$/Pers. & Tag) Dieses Projekt in der Gemeinde Tacana ist Ende 2005 gestartet. In der Touristeninformation kann man sich nach dem **Tag der Geimeindetouren** (Tour 25 US$) erkundigen, der den Besuch von vier Zuwanderkolonien aus dem *altiplano* einschließt und Einsichten in alternative nachhaltige Entwicklungsprojekte in puncto Forstwirtschaft, Biolandwirtschaft und *artesanía* (Kunsthandwerk) vermittelt.

Schlafen

Hostal América (☎ 892-2413; Santa Cruz; Zi. 2 US$/Pers.) Dieses einfache *hostal* ist nur wegen der Zimmer im obersten Stock erwähnenswert, die eine prachtvolle Aussicht auf den Fluss und die Hügel bieten.

El Curichal Guesthouse (☎ 892-2647; elcurichal@hotmail.com; 1490 Comerico; Zi. 2,50 US$/Pers., mit eigenem Bad 4,30 US$) Es lohnt sich, dieses brandneue, makellose Anwesen direkt hinter dem Wohnhaus des Besitzers aufzusuchen. Schwingende Hängematten gibt es auch.

Hotel Oriental (☎ 892-2401; Plaza 2 de Febrero; Zi. 2,50 US$/Pers., mit eigenem Bad 10 US$) Eine weitere beschauliche, gute Option mit Hängematten im Garten, an der Südseite der Plaza.

Residencial Jislene (☎ 892-2552; Comercio; Zi. ab 2,50 US$/Pers., mit eigenem Bad 3,70 US$) Das Flussanwesen der Familie Caldera ist ein wenig ungeschliffen, ersetzt aber den Mangel an Komfort durch Gastfreundlichkeit. Praktisch, weil nahe am Río Beni.

Hotel Tuichi (☎ 892-2372; Avaroa s/n; B 2,50 US$, Zi. 4–5 US$/Pers.) Klassisches, partyfreudiges Backpackerhotel mit einfachen, ordentlichen Zimmern um einen ungepflegten Hof.

Hostal Touristico Santa Ana (☎ 892-2399; Avaroa zw. Diez & Campero; Zi. 3 US$/Pers., EZ/DZ mit eigenem Bad 6/8,65 US$) In diesem friedlichen, grünen und sauberen Haus möchte man für immer in der Hängematte bleiben.

Hotel los Tucanes de Rurre (☎ 892-2039; tucanesderurre@hotmail.com; Ecke Bolivar & Aniceto Arce; Zi. 5 US$, mit Gemeinschaftsbad 3 US$) Die exzentrische Anna steuert ein schmuckes Schiff, wo natürlich die allgegenwärtigen Hängematten nicht fehlen. Frühstück ist im Preis inbegriffen.

Hotel Rurrenabaque (☎ 892-2481, in La Paz 02-279-5917; Vaca Diez; EZ/DZ inkl. Frühstück 8/13,35 US$, ohne eigenes Bad 4,65/9 US$) Freundlich und fernab vom Lärm nächtlicher Diskobesucher. Das Hotel bietet einfache, aber saubere Zimmer mit Ventilator und Hängematten auf einem luftigen Balkon.

Weitere Mittelklasseoptionen sind das saubere und empfohlene **Hostal Beni** (☎ 892-2408; Comercio at Arce; EZ/DZ 3/6,20 US$, DZ mit eigenem Bad & TV 9 US$; 🖵) nahe dem Fluss und das **Hotel Safari** (☎ /Fax 892-2210; EZ/DZ 25/34 US$; 🖵) in schöner Uferlage.

Essen & Ausgehen

Auf dem Mercado Municipal gibt es viele gute *comedores* und Saftbars.

Mehrere meist recht gute Fischrestaurants sind in den Hütten am Flussufer untergebracht – empfehlenswert sind beson-

---

IN DIE VOLLEN!

Das bemerkenswerteste von einer Gemeinde getragene Ökotourismus-Projekt im bolivianischen Amazonien ist die Chalalán Ecolodge an einem artenreichen See, fünf Stunden von Rurre den Río Tuichi hinauf. Seit 1995 schafft es Jobs für die Tacana des Dorfs San José de Uchupiamonas. Häufig wird es als ein Beispiel für nachhaltigen Tourismus genannt, dessen Einnahmen direkt in die Gemeinde zurückfließen. Die Öko-Lodge ist eine tolle Anlage mit einem ausgebauten Wegenetz, ausgezeichnetem Essen und Nachtwanderungen. Ein Dreitagesaufenthalt mit zwei Übernachtungen (all inclusive) kostet rund 280 US$ pro Person, es werden Gruppen ab vier Personen genommen. Weitere Auskünfte erteilen das Büro in **Rurrenabaque** (☎ 892-2419; www.chalalan.com, spanisch; Comercio zw. Vaca Diez & Campero) oder America Tours (S. 217) in La Paz.

ders das Playa Azul, das La Chocita und das La Cabaña.

Cafe Piraña (Santa Cruz; 7–14 Uhr) Relaxter Treffpunkt mit großartigen vegetarischen Angeboten, direkt neben dem Büro von Amazonas.

Restaurant Camila (Santa Cruz s/n) Ein Travellertreff mit kompletter Speisekarte und massivem Urwaldwandgemälde.

Pizzería Italia (Commercio s/n) Gutes „Sie wissen schon" mit gemütlichen Plätzen drinnen und draußen.

Club Social (Commercio s/n; Mittagessen 1,25 US$, Lunch à la carte, Dinner oder Cocktails. Tische im Freien mit Ausblick auf den Fluss.

La Perla de Rurre (Bolivar s/n; Fischgerichte 3 US$) Fischfreunde schwärmen herbei.

Jungle Bar Moskkito (Vaca Diez) Rurre bietet nicht viel Action – das Moskkito ist ein unbestrittener Traveller-Favorit. Happy Hour zwischen 19 und 21 Uhr, Billardtische und gute Musik. Außerdem ein großartiger Ort, um sich mit anderen Travellern zu einer Tourgruppe zusammenzutun.

Anreise & Unterwegs vor Ort
BUS
Wenn die Straßen trocken sind, verkehren täglich Busse zwischen Rurrenabaque und La Paz (6,20 US$, 16 Std.), am besten ist es aber, die Fahrt in Coroico zu unterbrechen, das „nur" 14 Stunden von Rurre entfernt ist. Tatsächlich steigt man dann in Yolosa aus, 7 km westlich von Coroico, wo es ein *alojamiento* gibt, falls man hier hängenbleibt. Caranavi hat ein paar einfache Unterkünfte und Restaurants. Es ist zwar ein wenig empfehlenswerter Ort für einen Halt, aber der Umsteigepunkt für Minibusse nach Guanay (2 US$, 2½ Std.).

Busse nach Trinidad (15 US$, *bus cama* 17 US$, 18 Std.) fahren täglich – sofern die Straße befahrbar ist – über Yucumo, San Borja und San Ignacio de Moxos. Außerdem gibt es täglich Busse nach Riberalta (15 US$, 20 Std.) und einen nach Guayaramerín (17 US$, 20 Std.–3 Tage!).

FLUGZEUG
Die Zahl der Flüge nach Rurre nimmt stetig zu – und trotzdem sind sie oft ausverkauft. Während der Regenzeit starten sie zudem aus Sicherheitsgründen häufig verspätet oder werden ganz gestrichen: Die Flugzeuge können auf den Landebahnen, die dann mehr einer einzigen, riesigen Schlammpfütze gleichen, weder abheben noch aufsetzen. Man sollte sich vom Reiseveranstalter vorab ein Rückflugticket besorgen lassen.

Theoretisch fliegt **TAM** (892-2398; Santa Cruz) mit wechselndem Flugplan zwischen La Paz und Rurre (60 US$). **Amazonas** (892-2472; www.amazonas.com; Santa Cruz) versucht, dreioder viermal täglich nach/von La Paz (60 US$) zu fliegen. Der bescheidene Flugplatz ist eine grasbewachsene Landebahn ein paar Kilometer nördlich der Stadt. Der Transport vom Flugplatz kostet 4,30 US$, egal ob man sich nun für den Bus (Haltestelle im Ortskern), ein vollgepacktes Taxi oder – für alle ohne schweres Gepäck – den Rücksitz eines Motorrads entscheidet.

SCHIFF/FÄHRE
Dank der neuen Guayaramerín-Straße sind nur noch wenige Handelsschiffe den Río Beni hinunter nach Riberalta unterwegs. Taxifähren über den Fluss rüber nach San Buenaventura (0,15 US$) fahren regelmäßig.

RUND UM RURRENABAQUE
Parque Nacional Madidi
Die bemerkenswerte Wasserscheide des Río Madidi kann stolz auf die größte Artenvielfalt aller Schutzgebiete der Erde sein. Der ökologisch gesündeste Abschnitt steht als Parque Nacional Madidi (Eintritt 10 US$) unter Schutz. Er umfasst viele Lebensräume, von heißem Regenwald bis hin zu andinen Gletschern in 6000 m Höhe. Forscher haben in dem Gebiet mehr als 1000 Vogelarten gezählt – das sind 10 % aller bekannten Spezies der Erde!

Die bewohnten Gebiete des Parks entlang des Río Tuichi bleiben *territorio comunitario original*, was bedeutet, dass die indigene Bevölkerung weiterhin ihre angestammte Lebensweise fortführen, also jagen, fischen und andere Ressourcen des Waldes nutzen darf. Bislang herrscht eine erfolgreiche Koexistenz zwischen den Quechua-, Araonaund Tacana-Gemeinden und dem Park.

Die Rodungen am Tuichi und am nördlichen Rand des Parks stellt aber eine ernsthafte Bedrohung dar. Skrupellose Holzfäller schlagen immer noch Mahagoni, Zedern und andere wertvolle, gefährdete Bäume. Ein Staudammprojekt für das Gebiet der Bala-Schlucht unmittelbar flussaufwärts von Rurre ist seit Jahren in Planung: Es würde große Teile des Regenwalds überfluten, Siedlungen vernichten und heimische Flora und Fauna unwiederbringlich zerstören. Das Projekt scheint zwar endgültig auf Eis gelegt worden zu sein. Hinzugekommen ist dafür eine neue Bedrohung für den Park, die geplante Straße von Apolo nach Ixiamas, die ihn zerschneiden würde.

AN- & WEITERREISE
Der am besten zu erreichende und zugleich beliebteste Zugangspunkt zum Park ist Rurre. Am einfachsten besucht man das Schutzgebiet, indem man einen Abstecher zur Chalalán-Ökolodge (s. S. 290) oder einem der anderen Ökotourismus-Projekte (s. S. 289) unternimmt. Wer das Abenteuer liebt, kann die Randgebiete des Parks unabhängig von einem Tourveranstalter erkunden. Voraussetzung: eine Registrierung beim Sernap-Büro (s. S. 288) in San Buenaventura und die Begleitung durch einen lizenzierten Führer. Um tiefer in die Region vorzudringen, braucht man Glück, Geduld und das Entgegenkommen der Gastgeber. Trucks, *micros* und Busse Richtung Ixiamas fahren täglich von San Buenaventura nach Tumupasa, 50 km nördlich von Rurre. Von Tumupasa aus führt eine 30 km lange Wanderung durch den Wald nach San José de Uchupiamonas. Traveller, die diese Tour einplanen, sollten sich ganz auf sich selbst verlassen können. Wie schief so etwas gehen kann, ist in *Amazonas. Vier Männer in der Falle* von Yossi Ghinsberg nachzulesen.

TRINIDAD
☎ 03 / 80 000 Ew.
Es steckt mehr hinter „Trini" (235 m), der Hauptstadt des Departments Beni, als auf den ersten Blick zu vermuten wäre. Am 13. Juni 1686 von Padre Cipriano Barace als La Santísima Trinidad („Heilige Dreifaltigkeit") gegründet, war der Ort die zweite Jesuitenmission im Süden des heutigen Benis. Die freiliegenden Entwässerungskanäle helfen der Stadt nicht gerade, den Ruf des Hinterwäldlerischen abzuschütteln. Trotzdem ist Trini ein netter, entspannter Ort – und mit ein wenig Fleiß lässt sich hier eine Menge unternehmen: Neben der Missionsroute gibt es Exkursionen zum einzigartigen präkolumbischen System von Bewässerungskanälen, das den Moxeñas zugeschrieben wird.

Vor Kurzem eröffnete ein von der spanischen Regierung finanziertes **ethno-archäologisches Museum** (Eintritt 0,60 US$; ☻ 8–12 & 15–18 Uhr) in der Universität, 1,5 km außerhalb der Stadt. Motorräder sind nicht nur ein Fortbewegungsmittel, sondern auch ein Freizeitspaß: Für 1,20 US$ pro Stunde kann man ein Bike mieten und sich dem Jungvolk Trinidads in seiner Motorbegeisterung anschließen.

Das hübsche indigene Dorf **San Ignacio de Moxos** liegt 89 km westlich von Trinidad. Die jährliche **Fiesta del Santo Patrono de Moxos** am 31. Juli zieht Feierlustige aus dem ganzen Land an. Bootstransporte lassen sich in Puerto Almacén arrangieren.

Praktische Informationen
Die **Touristeninformation** (☎ 462-4831) hat ihre Arbeit aufgenommen. Sie hält gute Broschüren über die Sehenswürdigkeiten der Umgebung und einen Stadtplan bereit. Zugang über das Gebäude der Präfektur. Geldautomaten finden sich in der Nähe der Hauptplaza.

Geführte Touren
Agenturen arrangieren Ausritte, Angelausflüge und Bootstouren, Wanderungen, Besuche bei Gemeinden in der Umgebung und Vogelbeobachtungen. Empfehlenswert sind **Moxos Turismo** (☎ 462-1141; turmoxos@sauce.entelnet. bo; 6 de Agosto 114) oder **Paraíso Travel** (☎ 462-0692; paraiso@sauce.ben.entelnet.bo; 6 de Agosto 138).

Schlafen
Hostal Palmas (☎ 462-0182; La Paz 365; Zi. 3,70 US$/ Pers., mit eigenem Bad 6,50 US$) Man sollte ein Zimmer im Obergeschoss verlangen – die unten haben kein Fenster nach draußen.

Hotel Paulista (☎ 462-0018; Ecke 6 de Agosto & Suárez; Zi. 3,70 US$/Pers.) Das einfache, aber ordentliche Hotel hat seinen eigenen Heiligenschrein und serviert Mittagessen für 1 US$.

Hostal Sirari (☎ 462-4472; Santa Cruz 538; EZ/DZ 8,65/15 US$) Betrieben von einem Mutter-Tochter-Team, das auf sein Haus stolz ist. Die Unterkunft mit Fläche drinnen und draußen ist die beste hier – da muss man nur den zum Haus gehörigen Tukan fragen.

Hotel Copacabana (☎ 462-2811; Villavicencio 627; EZ ohne Klimaanlage 10–19 US$, DZ mit Klimaanlage 17–23 US$) Ein freundliches, gutes Hotel mit sehr verschiedenen Preisen. Zimmer ohne alle Extras kosten 5 US$.

Essen & Ausgehen

Trinidad gleich Rinderland. Folglich gibt's Rindfleisch ohne Ende. Traveller mit schmalem Geldbeutel versorgen sich auf dem Mercado Municipal, wo es für ein paar Münzen die lokale Spezialität *arroz con queso* (Reis mit Käse) gibt, außerdem Schaschlik, *yuca*, Kochbananen und Salat. Rund um die Plaza finden sich mehrere ordentliche Restaurants. Zum Feiern eignen sich am besten das Extravaganza und das Palo Diablo. An den Wochenenden spielt Livemusik.

La Casona (östliche Seite der Plaza) Das freundliche Restaurant hat Tische auf dem Bürgersteig, gute Pizzas und billige *almuerzos*.

Restaurant Brasileiro (18 de Noviembre s/n) Ein Selbstbedienungsladen mit extravaganten Köstlichkeiten (4,30 US$/kg).

Club Social (Plaza; almuerzos 1,20 US$) Die *almuerzos* sind so großzügig bemessen, dass man sie bei der Hitze kaum schafft.

El Moro (Bolívar & Velasco) Flaues Gefühl? Dann hier den Anker werfen!

Anreise & Unterwegs vor Ort

BUS

Der große Busbahnhof liegt an der Rómulo Mendoza. *Flotas* fahren jede Nacht nach Santa Cruz (normal/*cama* 3,70/7,40 US$, 10 Std.), mehrere Gesellschaften sind zudem – bei entsprechendem Straßenzustand – täglich über San Borja nach Rurrenabaque (12–24 Std.) unterwegs. In der trockenen Jahreszeit stellt die täglich verkehrende Flota Copacabana eine Direktverbindung nach La Paz her (24 US$ *bus cama,* 30 Std.). Zahlreiche *micros* und *camionetas* fahren nach San Ignacio de Moxos (3,70 US$, 3–5 Std.), Abfahrt Ecke Mamoré und 18 de Noviembre. Während der Trockenzeit bestehen schließlich auch tägliche Busverbindungen nach Riberalta und Guayaramerín.

FLUGZEUG

Der Flugplatz liegt nordwestlich der Stadt, die Entfernung ist vom Zentrum aus in einer halben Stunde zu Fuß zu schaffen. Taxis nehmen rund 2 US$ pro Person; wer mit wenig Gepäck reist, kann auch ein Motorradtaxi für nur 0,90 US$ nehmen. **AeroCon** (☎ 462-4442; Vacadiez, Ecke 18 de Noviembre) und **Amazonas** (☎ 852-3933; 18 de Noviembre 267) fliegen täglich nach Santa Cruz, Riberalta und Guayaramerín. **LAB** (☎ 462-1277; La Paz 322) startet nach Cochabamba durch, **TAM** (☎ 462-

2363; Bolívar at Santa Cruz) – allerdings weniger häufig – zu allen genannten Orte und zusätzlich nach La Paz.

SCHIFF/FÄHRE

Die nächstgelegenen Häfen sind Puerto Almacén am Ibare, 8 km südwestlich der Stadt, und Puerto Barador am Río Mamoré, 13 km in der gleichen Richtung. (Achtung: Zum Zeitpunkt der Recherche hatte sich der Río Mamoré aufgrund der Dürre zu einem Binnensee entwickelt, weshalb von Puerto Barador keine Boote ablegten.) Trucks nehmen rund 1 US$ nach Puerto Almacén und 2 US$ nach Puerto Barador.

Nach Booten Richtung Norden nach Guayaramerín oder Süden nach Puerto Villarroel erkundigt man sich in der *capitania,* der Hafenbehörde von Puerto Almacén. Man sollte beim Bootsführer den Abfahrtsplan erfragen und im Dorf nach Lidia Flores Dorado suchen, der stellvertretenden Bürgermeisterin, die Auskunft über die Reputation des Kapitäns in puncto Verlässlichkeit geben kann. Die Fahrt nach Guayaramerín dauert bis zu einer Woche, größere Boote schaffen die Strecke in drei bis vier Tagen; Kostenpunkt: rund 30–35 US$ inklusive Verpflegung. Nach Puerto Villarroel brauchen kleinere Boote acht bis zehn Tage.

RIBERALTA

☎ 03 / 76 000 Ew.

Vom Hocker reißt einen Riberalta (115 m), ein größeres Zentrum des Paranussanbaus, nicht gerade. Die größte Stadt an der bolivianischen Nordgrenze liegt am Grenzfluss zu Brasilien, die Bedeutung der Stadt, die sie dem Hafen am Río Beni verdankte, ist allerdings seit Fertigstellung der Straße nach La Paz etwas verblasst.

Das Stadtbild Riberaltas leidet unter offenliegenden Entwässerungsgräben, ansonsten ist es aber ein ganz entspannter Ort. Gewissermaßen ein Hängemattenparadies – denn in der lähmenden Hitze des Tages ist man fast vollständig außer Gefecht gesetzt und an kraftraubende Aktivitäten ist nicht zu denken. Cooler Tipp: sich im funkelnden Uferpool des Club Náutico (zwei Blocks nördlich der Plaza) erfrischen. An schönen Abenden brummen Motorräder um die Plaza, im Hintergrund ein Sonnenuntergang in Technicolor und eine seltsame Kathedrale, die Wache steht.

Es gibt ein paar Banken (aber keinen Geldautomaten) und an der Plaza ein annehmbares Internetcafé.

Schlafen

Palace Hotel (☎ 852-2680; Molina 79; Zi. 2 US$/Pers.) Die exzentrische *señorita* mit ihrem Nippes und der cabaña bestimmen die Atmosphäre. Einfach, aber lustig.

Residencial Los Reyes (☎ 852-2615; General Sucre 393; Zi. 2,50 US$/Pers., mit eigenem Bad 3,70 US$) Makellos und in der Nähe des Flughafens. Mit guten Hängematten, aber ohne Ventilator.

Residencial Las Palmeras (☎ 852-2353; r-laspalmeras@hotmail.com; Nicolás Suarex 391; EZ/DZ 12,50/16,50 US$, mit Klimaanlage 23/25 US$) Das Haus kommt einem B&B ziemlich nahe: ein adretter und sauberer Vorstadtfamilienbetrieb der Marke „nett und rosa".

Hotel Colonial (☎ 852-3018; EZ/DZ 19–22,50/21–25 US$, Suite EZ/DZ/3BZ 30/33/35 US$; ▧) Die gehobene Option im Ort ist in einem prachtvoll renovierten kolonialzeitlichen Wohnhaus untergebracht. Mit antiken Möbeln, hübschem Garten und … na klar, Hängematten. In der Nähe der Plaza.

Essen

Der Markt ist der beste Ort, um sich ein klasse Frühstück aus *api*, Saft und *empanadas* zusammenzustellen. An der Plaza gibt es mehrere Eisdielen.

Club Social (Dr Martinez; Mittagsmenü 1,20 US$) Serviert billige Mittagsmenüs.

Horno Camba (Hauptgerichte 1,30–2 US$) Beliebter Ort für ein Mittag- oder Abendessen auf der Plaza; in Nähe der Kathedrale.

La Parilla (Dr Martinez; Hauptgerichte 2,20 US$) Gegrilltes Fleisch in allen Formen und Variationen. Von den Einheimischen sehr empfohlen.

La Cabaña de Tío Tom (Sucre; Hauptgerichte 2,20–2,70 US$) Die kleine Veranda an der Straße ist ein hübscher Platz für ein nettes Essen.

An- & Weiterreise

BUS & CAMIÓN

Mehrere *flotas* fahren täglich zwischen Riberalta und Guayaramerín (2,50 US$, 3 Std.), alternativ kann man an der *camión*-Haltestelle an der Av Héroes del Chaco warten. Täglich verkehrende *flotas* von Guayaramerín nach Cobija, Rurrenabaque und La Paz halten auf dem Weg in Riberalta. *Flotas* zweier verschiedener Unternehmen fahren montags bis donnerstags nach Trinidad (25 US$).

FLUGZEUG

Der Flugplatz liegt 15 Minuten von der Hauptplaza entfernt. **Amaszonas** (☎ 852-3933; Chuquisaca s/n), **TAM** (☎ 852-3924; Chuquisaca) und **AeroCon** (☎ 852-2870; Plaza Principal Acera Norte 469) fliegen mehrmals wöchentlich nach Trinidad. Die Gesellschaften bieten Flüge nach La Paz, Santa Cruz oder Cochabamba und einige wenige in der Woche auch nach Cobija. TAMs 20-minütiger Flug von Riberalta nach Guayara (15 US$; 4-mal wöchentl.) ist sicherlich einer der billigsten Nervenkitzel Boliviens.

SCHIFF/FÄHRE

Schiffe, die den Río Beni nach Rurrenabaque hinauffahren, sind seltener als Jaguare, allerdings manchmal unterwegs, wenn die Straße in der Regenzeit unpassierbar ist. Findet man einen Platz, sollte das 100 US$ pro Tag (3 Pers.) für die fünf- bis achttägige Fahrt mit einem *expreso* kosten. Detaillierte Auskünfte gibt's im Büro des Hafenkapitäns.

GUAYARAMERÍN

☎ 03 / 40 444 Ew.

Die nette Kleinstadt Guayaramerín (130 m) ist Boliviens Hintertür nach Brasilien am Ufer des Río Mamoré. Die Grenzsiedlung lebt vom legalen und vom illegalen Handel mit der brasilianischen Stadt Guajará-Mirim am anderen Flussufer. Eine Straße verbindet Guayaramerín mit Riberalta, von wo aus man nach Rurrenabaque und La Paz weiter im Süden bzw. gen Westen nach Cobija kommt.

Praktische Informationen

US$ können in der Banco Mercantil, dem Hotel San Carlos (dort auch Annahme von Reiseschecks) oder der *casa de cambio* an der Plaza umgetauscht werden. An der Plaza gibt es auch Internetcafés.

Schlafen & Essen

Hotel Litoral (☎ 855-3895; 25 de Mayo; Zi. 3,20 US$/Pers., ohne Bad 2 US$, 3BZ mit Bad 6,20 US$) Nett und angenehm, mit gemütlichem Flair.

Hotel Santa Ana (☎ 855-3900, 25 de Mayo 611; Zi. 3,50 US$/Pers., ohne eigenes Bad 2,65 US$) Das ruhige und schattige Hotel ist eine attraktive Übernachtungsmöglichkeit.

EINREISE NACH BRASILIEN

Häufig verkehrende Motorboote (ca. 0,90 US$) verbinden die beiden Häfen Guayaramerín und Guajará-Mirim (Brasilien). Für einen Kurzbesuch in Guajará-Mirim gibt es keine Beschränkungen, wer weiter ins Inland Brasiliens möchte, braucht einen Ein- bzw. Ausreisestempel. Für die Einreise nach Brasilien ist die Vorlage einer Gelbfieber-Impfbescheinigung Voraussetzung; man sollte sie für eine Kontrolle griffbereit haben.

Stempel für die Ausreise aus Bolivien gibt's bei der Polícia Federal im Büro der **bolivianischen Einreisestelle** (☼ 8–20 Uhr) am Kai. Infos zur Einreise von Brasilien nach Bolivien stehen auf S. 452.

Hotel San Carlos (☎ 855-3555; 6 de Agosto; Zi. 20 US$/Pers.) Sauberes und modernes Hotel. Erinnert ein wenig an eine Fliesenfabrik der 1970er-Jahre, so viel dekorative Keramik findet sich hier. Es gibt sogar einen Pool mit einer 1970er-Jahre-Rutsche … benutzbar, wenn mal Wasser im Becken ist.

An der Plaza servieren Snack Antonella und das Restaurant Los Bibosis leckere Säfte und Snacks. Im Restaurant Brasileiro hinter der Plaza kann man für 2 US$ soviel essen, wie reingeht.

An- & Weiterreise

BUS & TAXI

Der Busbahnhof liegt am westlichen Stadtende, hinter dem Markt. Busse fahren mehrmals täglich nach Riberalta (2,50 US$, 3 Std.). Sammeltaxis nach Riberalta (3,70 US$, 2 Std.) starten am Busbahnhof ab, sobald vier Passagiere da sind. In der Trockenzeit machen sich täglich mehrere tollkühne *flotas* auf den Weg nach Rurrenabaque (18 US$, 14–36 Std.) und La Paz (23 US$, 30–60 Std.). Es gibt fünf Busse wöchentlich nach Cobija (13 US$, 13 Std.) und sieben nach Trinidad (23 US$, 24 Std.).

FLUGZEUG

Amazonas (☎ 855-3731; Frederico Román) und **AeroCon** (☎ 855-3882; Oruro s/n) fliegen täglich von/nach Guayaramerín–Riberalta–Trinidad–Santa Cruz (134 US$). **AeroSur** (☎ 855-3731) bedient mehrmals wöchentlich die Strecke nach Cobija. **TAM** (☎ 855-3924) fliegt zweimal wöchentlich von La Paz nach Riberalta und Guayaramerín, zweimal wöchentlich nach Trinidad und einmal wöchentlich nach Cochabamba und Santa Cruz.

SCHIFF/FÄHRE

Boote fahren fast täglich den Río Mamoré hinauf nach Trinidad (ca. 25 US$ inkl. Ver-

pflegung). Auskünfte darüber erteilt der Hafenkapitän. Angelausflüge mit dem Boot sind auch möglich.

ALLGEMEINE INFORMATIONEN

AKTIVITÄTEN

Wandern und Bergsteigen (s. S. 299) in den Anden belegen ganz klar die Spitzenposition in Boliviens Freizeitangebot. Wer's etwas gemütlicher mag, kann natürlich auch nur campen oder angeln. Die beliebtesten Treks (s. S. 234) beginnen in der Nähe von La Paz und überqueren auf alten Inkastraßen die Cordillera Real, um dann in den Yungas zu enden. Dschungeltreks (s. S. 289) sind vor allem in der Gegend von Rurrenabaque angesagt.

Eine wachsende Zahl von Veranstaltern in La Paz bieten Bergsteigertouren und Expeditionen in die Cordillera Real und zum höchsten Gipfel Boliviens, dem Volcán Sajama (6542 m), an.

Die Möglichkeiten für Mountainbikefahrer (S. 222) sind rund um La Paz praktisch endlos. Kajak- und Raftingtouren werden in der Nähe von Coroico und in der Chapare-Region, dem Tiefland um Cochabamba, immer beliebter.

Landessport sind die Bolivianer verrückt nach Karaoke, Schlagball, Billard, Schach, *cacho* und *fútbol*.

ARBEITEN IN BOLIVIEN

Es gibt viele freiwillige Organisation und NGOs, die in Bolivien tätig sind. Traveller, die sich nach bezahlten Jobs umschauen, sollten sich jedoch nicht zu viele Hoffnungen machen. Qualifizierte Englischlehrer können es bei dem professionell geführten Centro Boliviano-Americano (s. S. 217) in La Paz versuchen, das in anderen Städten Filialen unterhält. Neue, noch unqualifizierte Sprachlehrer müssen für die Ausbildung zwei Monatslöhne hinblättern. Besser zahlen Privatschulen, die Lehrer für Mathematik, natur- oder gesellschaftswissenschaftliche Fächer suchen. Ausgebildete Lehrer können bei einer vollen Stelle mit einem Lohn von bis zu 500 US$ pro Monat rechnen.

BOTSCHAFTEN & KONSULATE

Die Lage der Botschaften und Konsulate ist teilweise den jeweiligen Stadtplänen zu entnehmen.

Botschaften & Konsulate in Bolivien

Argentinien Cochabamba (☎ 04-422-9347; Blanco 0-929); La Paz (Karte S. 218 f.; ☎ 02-241-7737; Aspiazu 497); Santa Cruz (Karte S. 280 f.; ☎ 03-334-7133; Junín 22); Tarija (Karte S. 257; Ballivián N-699; ☾ Mo–Fr 8.30–12.30 Uhr); Villazón (Karte S. 261; Saavedra 311; ☾ Mo–Fr 9–13 Uhr) Das Büro in Santa Cruz befindet sich über der Banco de la Nación Argentina an der Plaza 24 de Septiembre.

Brasilien Cochabamba (Karte S. 264 f.; ☎ 04-425-5860; Edificio Los Tiempos II, 9. Stock); Guayaramerín (☎ /Fax 03-855-3766; Ecke Beni & 24 de Septiembre; ☾ Mo–Fr 9–13 & 15–17 Uhr); La Paz (Karte S. 214 f.; ☎ 02-244-0202; embajadabrasil@acelerate.com; Ecke Av Ancieto Arce & Gutierrez, Edificio Multicentro); Santa Cruz (Karte S. 280 f.; ☎ 03-334-4400; Av Busch 330)

Chile La Paz (☎ 02-279-7331; Calle 14, Calacoto); Santa Cruz (☎ 03-343-4272; 5 Oeste 224, Barrio Equipetrol) Nordwestlich des Stadtzentrums.

Deutschland Cochabamba (☎ 04-425-4024; Edificio La Promontora, 6. Stock); La Paz (Karte S. 214 f.; ☎ 02-244-0066, 1133/66; www.embajada-alemana-bolivia.org; Av Ancieto Arce 2395); Santa Cruz (☎ 03-336-7585; Nuflo de Chavez 241); Tarija (Karte S. 257; ☎ 04-664-2062; Campero 321)

Österreich La Paz (☎ 02-244-2094; Calle Montevideo 130, Edificio Requima); Santa Cruz (☎ 03-334-4402; Calle Taperas 27)

Paraguay Cochabamba (☎ 04-458-1081; Edificio America, Av Ayacucho, zw. Santivañez & General Acha); La Paz (Karte S. 214 f.; ☎ 02-243-3176; Ecke Av 6 de Agosto & P Salazar, Edificio Illimani)

Peru Cochabamba (☎ 04-4486-556; Edificio Continental, Av Santa Cruz); La Paz (Karte S. 214 f.; ☎ 02-244-0631; Av 6 de Agosto 2455, Edificio Hilda); Santa Cruz (☎ 03-336-8979; Edificio Oriente, 2. Stock)

Schweiz Cochabamba (☎ /Fax 04-448-6868; Av Santa Cruz 1274 Edif. Comercial Center, Ofic. 12–3); La Paz

(☎ 02-275-1225; Calle 13, No. 455, Esquina 14 de Septiembre); Santa Cruz (☎ 03-343-5540; Calle Los Gomeros 98, Barrio Sirari)

Bolivianische Botschaften & Konsulate

Bolivien unterhält diplomatische Vertretungen in den meisten südamerikanischen Staaten, außerdem in:
Deutschland (☎ 030 263 91 50; www.bolivia.de; Wichmannstr 6, 10787 Berlin) Die Botschaft ist auch für Schweizer Staatsbürger zuständig.
Österreich (☎ 01 587 46 75; embolaustria@of-viena.at; Waaggasse 10/4, 1040 Wien)

BÜCHER

Ausführlichere Infos gibt's in Lonely Planets *Bolivia*.

Wer viel wandern möchte, sollte zusätzlich Lonely Planets *Trekking in the Central Andes* oder *Trekking in Bolivia* von Yossi Brain in den Rucksack packen. *Bolivian Andes*, von Alain Mesili, ist Pflichtlektüre für Bergsteigerverrückte.

Einen guten Überblick über die bolivianische Geschichte, Politik und Kultur gibt *Bolivia in Focus* von Paul van Lindert. Falls man länger im Land bleiben will, sollte man zudem in *Culture Shock! Bolivia* von Mark Cramer schmökern. Eine weitere faszinierende Lektüre ist *Marching Powder* von Rusty Young, ein Bericht über das Leben im Gefängnis San Pedro in La Paz. *The Fat Man from La Paz: Contemporary Fiction from Bolivia*, eine Sammlung von 20 Kurzgeschichten, herausgegeben von Rosario Santos, ist guter Lesestoff für unterwegs.

Deutsch- und englischsprachige Publikationen bekommt man – recht teuer – bei Los Amigos del Libro in La Paz, in Cochabamba und in Santa Cruz. Die Läden führen eine gute Auswahl an populären Romanen, lateinamerikanischer Literatur, Wörterbüchern und Prachtbänden.

Bibliophile jubeln: Antiquariate und Büchertausche von eselsohrigen Schwarten sind auf dem bolivianischen Abschnitt des Gringotrails heute überall zu finden.

ESSEN & TRINKEN
Die bolivianische Küche

Im Allgemeinen ist bolivianisches Essen lecker und sättigend, wenn auch etwas langweilig. Eine herausragende Rolle spielen Kartoffeln, die es in Dutzenden von Varianten gibt, meistens in kleiner, bunter Form.

Chuño oder *tunta* (gefriergetrocknete Kartoffeln) sind eine häufige Beilage. Sie sehen knorrig aus und sind Geschmackssache. Im Tiefland verdrängt die *yuca* (Maniok) die Kartoffel.

Rindfleisch, Hühnchen und Fisch sind die gängigen Proteinlieferanten. Campesinos essen *cordero* (Schaffleisch), *cabrito* (Ziege), Lamafleisch und, zu besonderen Gelegenheiten, *carne de chancho* (Schweinefleisch). Der am weitesten verbreitete Fisch auf dem *altiplano* ist die *trucha* (Forelle), die im Titicacasee gezüchtet wird. Im Tiefland gibt es eine große Vielfalt an Süßwasserfischen, darunter den *sábalo,* den *dorado* und den köstlich schmeckenden *surubí* (Wels). Pizzas, gebratene Hähnchen, Hamburger und das in *chifas* (Chinarestaurants) zubereitete Asiafood bieten etwas Abwechslung.

Der beste bolivianische Snack ist die *salteña.* Die köstlichen Fleisch- und Gemüsepasteten stammen aus Salta in Argentinien, wurden aber in Bolivien perfektioniert. Gefüllt werden sie mit Rind- oder Hühnerfleisch, Oliven, Eiern, Kartoffeln, Zwiebeln, Erbsen, Möhren und anderen Überraschungen – Vorsicht beim Reinbeißen: gern spritzen regelrechte Saftfontänen heraus. *Empanadas,* frittierte Teigtaschen mit Käse, sind leckere Happen, die es schon früh auf dem Markt gibt.

Die üblichen Mahlzeiten sind das *desayuno* (Frühstück), das *almuerzo* (Mittagessen; üblicherweise ein Mittagsmenü) und die *cena* (Abendessen). Als *almuerzo* servieren die Restaurants – von kleinen Kabuffs in Seitengassen bis hin zu Etablissements mit Klasse – preisgünstige Menüs, bestehend aus einer Suppe, einem Hauptgericht und Kaffee oder Tee. In manchen Restaurants kommen noch ein Salat oder eine einfache Nachspeise dazu. *Almuerzos* kosten ungefähr die Hälfte von dem, was man für die Gerichte à la carte hinblättert: von weniger als 1 bis zu 5 US$, abhängig von der Klasse des Restaurants. Vertrauenswürdige *comedores* (Imbisse) auf dem Markt und Straßenstände sind immer die günstigste Option.

Zu den beliebtesten bolivianischen Standards gehören:

Chairo Geschnetzeltes vom Lamm oder Hammel mit Kartoffeln, *chuño* und anderen Gemüsen.

Fricasé Schmorgericht aus verschiedenen Fleischsorten, mit Mais.

Milanesa Panierte und gebratene Rinder- oder Hähnchenkoteletts.

Pacumutu Gegrillte Stückchen vom Rind (manchmal auch gebratene Hähnchenteile).

Pique a lo macho Rinderhack, Hotdogs und Fritten, zugedeckt mit Zwiebeln, Tomaten und allem Möglichen.

Saice Gewürzte Fleischsuppe.

Sajta Hähnchen in scharfer Pfeffersauce.

Silpancho Dünn geschnittenes Rinderschnitzel.

Getränke

ALKOHOLISCHE GETRÄNKE

In Bolivien wird in der Gegend um Tarija Wein angebaut. Die beste Marke dürfte der Cepas de Altura von La Concepción sein. Die Trauben werden an den Hängen der höchstgelegenen Weinberge des Planeten angebaut. Die gleiche Kellerei produziert auch *singani,* einen starken Tresterschnaps. Der beliebteste Cocktail ist der *chuflay,* eine erfrischende Mischung aus *singani,* 7-Up (oder Gingerale), Eis und Zitronensaft.

Die bolivianischen Biere sind durchaus trinkbar. Beliebte Marken sind u. a. Huari, Paceña, Sureña und Potosina. In den höheren Landesteilen ist das Bier lächerlich schaumig – man kommt kaum noch an das Gebräu unter dem Schaum heran.

Das beliebteste alkoholische Getränk der Massen ist *chicha cochabambina,* ein Gebräu aus vergorenem Weizen. Es wird in ganz Bolivien hergestellt, ganz besonders aber in der Region um Cochabamba. Andere *chicha*-Varianten, häufig auch nichtalkoholische, werden aus Süßkartoffeln, Erdnüssen, Maniok und anderen Früchten und Gemüsesorten gebraut.

NICHTALKOHOLISCHE GETRÄNKE

Neben den Klassikern Kaffee, Schwarztee und Heiße Schokolade ist *mate de coca* (Kokablättertee) das am weitesten verbreitete Heißgetränk. *Api,* ein ultrasüßes Heißgetränk aus Mais, Limonensaft und Zimt, wird auf Märkten angeboten – dort auch nach *mezclado,* gemischtem gelben und lilafarbenen *api,* Ausschau halten.

Wie anderswo auf der Welt sind auch in Bolivien die großen Softdrinkmarken vertreten und beliebt. Nicht auslassen sollte man aber die *licuados,* leckere Fruchtshakes mit Milch oder Wasser. Man sollte aber die *yapa* oder den *aumento* verlangen: den zweiten Ausguss von dem, was im Mixer geblieben ist. *Zumos* sind reine Frucht- oder

Gemüsesäfte. *Mocachinchi* schließlich ist ein überall auf den Märkten anzutreffendes Getränk, zubereitet aus Trockenfrüchten und mehr Zucker als Wasser.

FEIERTAGE & FERIEN

An den wichtigsten Feiertagen bleiben Banken, Büros und andere Dienstleistungsunternehmen geschlossen. Dafür platzt der öffentliche Verkehr oft aus allen Nähten. Wenn möglich, für solche Termine im Voraus buchen.

Año Nuevo (Neujahr) 1. Januar.

Día del Trabajador (Tag der Arbeit) 1. Mai; Vorsicht: Dynamit auf den Plazas.

Días de la Independencia (Unabhängigkeitstage) 5.–7. August.

Día de la Raza (Kolumbus-Tag) 12. Oktober.

Día de Todos los Santos (Allerheiligen) 2. November.

Navidad (Weihnachten) 25. Dezember.

Um sich nicht von den Nachbarn ausstechen zu lassen, besitzt außerdem jedes Departement seinen eigenen Feiertag. Das sind: der 22. Februar in Oruro, der 1. April in Potosí, der 15. April in Tarija, der 25. Mai in Chuquisaca, der 16. Juli in La Paz, der 14. September in Cochabamba, der 24. September in Santa Cruz und Pando und der 18. November in Beni.

FESTIVALS & EVENTS

Die bolivianischen Fiestas haben allesamt religiöse oder politische Wurzeln. Typischerweise werden sie mit viel Musik, Alkohol, Essen, Tanzen, Umzügen und Ritualen in der Regel recht hemmungslos gefeiert. Wassergefüllte Luftballons (Gringos sind beliebte Wurfziele!) und Feuerwerk (allzu oft auf Augenhöhe) dürfen da meistens nicht fehlen.

Alasitas („Erntedankfest") 24. Januar; am besten in La Paz oder Copacabana erleben.

Fiesta de la Virgen de Candelaria (Fest der Jungfrau von Candelaria) Erste Februarwoche; besonders toll in Copacabana.

Karneval An wechselnden Terminen im Februar oder März; in Oruro ist während der Diablada die Hölle los.

Semana Santa (Osterwoche) März oder April.

Fiesta de la Cruz (Fest des Kreuzes) 3. Mai; hat vielleicht etwas mit dem Kreuz zu tun, an dem Jesus hing, vielleicht aber auch nicht.

Fronleichnam Im Mai an wechselnden Terminen.

Fiesta de la Virgen de Urcupiña (Fest der Jungfrau von Urcupiña) 15.–18. August; am besten in Quillacollo erleben.

FRAUEN UNTERWEGS

Die Gleichberechtigung nähert sich in Bolivien dem modernen Standard. Was nicht heißt, dass frau allein in einer Bar und mit Minirock bekleidet das System auf die Probe stellen muss. Zurückhaltende Kleidung und Selbstsicherheit, die nicht mit Arroganz einhergehen sollte, sind für ausländische Frauen ein Muss. Die Männer im Tiefland sind in der Regel direkter und eher auf einen Flirt aus als die des *altiplano*.

FREIWILLIGENARBEIT

Zu den bolivianischen Organisationen, die freiwillige Helfer anheuern, gehören:

Comunidad Inti Wara Yassi (www.intiwarayassi.org; Parque Machía, Villa Tunari, Chapare) Von Freiwilligen betriebenes Wildtierreservat. Man muss sich für mindestens 15 Tage verpflichten; Erfahrung im Umgang mit wilden Tieren ist nicht erforderlich.

Volunteer Bolivia (Karte S. 264 f.; ☎ 04-452-6028; www.volunteerbolivia.org; 342 Ecuador zw. 25 de Mayo & España, Cochabamba) Betreibt das Kulturzentrum Cafe La Republika und vermittelt kurz- und langfristige Freiwilligenarbeit, außerdem Studienprogramme mit Unterbringung in Familien in ganz Bolivien.

FÜHRERSCHEIN

Die meisten Autovermietungen werden den Führerschein aus der Heimat akzeptieren. Trotzdem ist es nicht das Dümmste, auch einen internationalen dabeizuhaben. (Je mehr offizielle Papiere man in diesem bürokratieverliebten Land hat, desto besser!)

GEFAHREN & ÄRGERNISSE

Leider hat Bolivien zuletzt den Ruf verspielt, eines der sichersten Länder Südamerikas zu sein. Übergriffe auf Touristen nehmen zu, vor allem in La Paz und in geringerem Ausmaß auch in Cochabamba, Copacabana und Oruro (besonders während der Fiestas). Nepper, Schlepper, Bauernfänger, die sich als falsche Polizisten, falsche Touristenpolizisten oder „hilfsbereite" Touristen tarnen, sind auf dem Vormarsch. Außerdem ist Falschgeld im Umlauf. (Auf S. 220 stehen Infos über die gängigen Abzocketricks.)

Protestieren hat in Bolivien eine starke Tradition: Demonstrationen gibt es praktisch jede Woche und sie können sich auf Traveller auswirken. Es geht zwar in der Regel friedlich zu, aber gelegentlich setzt die Polizei Gewalt und Tränengas ein, um die Menge zu zerstreuen. *Bloqueos* (Straßenblockaden) und Streiks der Busfahrer & Co. sorgen oft für lange Verzögerungen.

Regenzeit bedeutet Überflutungen, Erdrutsche und unterspülte Straßen, die für weitere Verzögerungen sorgen. Da kann es einem durchaus passieren, dass man unterwegs steckenbleibt – sicherlich fühlt man sich dann etwas besser, wenn man ausreichend Nahrung, Wasser und warme Kleidung mitgenommen hat.

Notfall

Die Notfallnummern in den Großstädten:
Ambulanz (☎ 118)
Feuerwehr (☎ 119)
Polizei (Funkstreife; ☎ 110)
Touristenpolizei (☎ 02-222-5016)

GEFÜHRTE TOUREN

Geführte Touren sind eine bequeme Art, Attraktionen zu besuchen, wenn man wenig Zeit oder Muße hat, und häufig auch die einfachste Möglichkeit, abgelegene Gebiete zu erkunden. Sie sind außerdem vergleichsweise billig, wenngleich der jeweilige Preis von der Zahl der Teilnehmer einer Tour abhängt. Zu beliebten organisierten Touren gehören Tiahuanaco, das Valle de la Luna, Uyuni und Exkursionen zu entlegenen Highlights wie der Cordillera Apolobamba. Man sollte sie entweder in La Paz buchen oder in der Ortschaft, die dem Ziel der Tour am nächsten liegt.

Es gibt unzählige Veranstalter, die Komplettpakete für Wander- und Bergsteigertouren sowie Trips durch den Regenwald anbieten. Für Bergwanderungen in den Cordilleras gibt es maßgeschneiderte Expeditionen mit Führern, Transport, Trägern, Köchen und Ausrüstung. Manche Veranstalter verleihen auch die zugehörige Wanderausrüstung. Zu den empfehlenswerten Veranstaltern in La Paz gehören:

America Tours (Karte S. 218 f.; ☎ 02-237-4204; www. america-ecotours.com; Av 16 de Julio 1490, Edificio Av, No. 9) Sehr empfehlenswerter englischsprachiger Veranstalter, spezialisiert auf von Gemeinden getragenen Ökotourismus. Touren zu den Nationalparks Madidi und Sajama, nach Rurrenabaque und zum Salar de Uyuni.

Andean Summits (Karte S. 218 f.; ☎ 02-242-2106; www.andeansummits.com; Aranzaes 2974, Sopocachi) Bergsteigen und Wanderungen in ganz Bolivien, außerdem Abenteuertouren und archäologische Ausflüge.

Colibri (Karte S. 218 f.; ☎ 242-3246; Calle Manuel Caseres 1891; Ecke Alberto Ostria) Bietet allumfassende Wander-, Bergsteiger-, Mountainbike-, Urwald- und Geländewagentouren an, vermietet außerdem Ausrüstung. Man versteht hier auch Englisch und Französisch.

et-n-ic (Karte S. 218 f.; ☎ 02-246-3782; www.visita bolivia.com; Illampu 863) Neu eröffneter, von Schweizern betriebener Reiseveranstalter. Bietet Leihausrüstung von guter Qualität und Abenteuertouren praktisch überallhin.

Fremen Tours (☎ 02-240-7995; www.andes-amazonia. com; Santa Cruz & Socabaya, Galeria Handal, No. 13) Teurerer Veranstalter, spezialisiert auf das Amazonasgebiet und Chapare. Es gibt auch eine Filiale in Cochabamba (Karte S. 264 f.; ☎ 04-425-9392; Tumusla 0245).

Gravity Assisted Mountain Biking (Karte S. 218 f.; ☎ 02-231-3849; www.gravitybolivia.com; Av 16 de Julio 1490, Edificio Av, No. 10) Downhill-Nervenkitzel auf zwei Rädern: von der „gefährlichsten Straße der Welt" bis zu huckeligen einspurigen Pisten. Lust auf mehr? Dann nach abenteuerlichen Erkundungsfahrten fragen. Am besten vorab über das Internet buchen.

Tawa Tours (☎ 02-232-5796; tawa@ceibo.entelnet.bo; Sagárnaga 161) Französisch sprechendes Unternehmen mit einer großen Auswahl an Abenteuerevents, darunter Bergsteigen, Urwaldtrips, Wanderungen, Ausritte und Mountainbiketouren.

Zig-Zag (☎ 245-7814, 715-22822; www.zigzagbolivia. com; Illampu 867) Der nette und kenntnisreiche englischsprachige Betreiber bietet Trips nach Choro und Takesi an und hilft gern, die Ausflüge passgenau für seine Kunden zurechtzuschneidern. Er verleiht auch Ausrüstung – Zelte, Schlafsäcke und Stiefel.

GELD

Boliviens Währung ist der Boliviano (Bs). Er entspricht 100 Centavos. Banknoten gibt es zu 10, 20, 50, 100 und 200 Bs, außerdem sind Münzen im Wert von 1, 2 und 5 Bs sowie 10, 20 und 50 Centavos im Umlauf. Die Bolivianos, die oft noch Pesos genannt werden (die Währung wurde 1987 umbenannt), wird man außerhalb Boliviens kaum los. S. auch S. 20.

Bargeld

Rückgeld für Bankoten mit einem Wert von über 10 US$ aufzutreiben, ist wohl ein nationaler Freizeitsport. Jedenfalls scheint das Wechselgeld für größere Banknoten landesweit Mangelware zu sein. Wer Geld umtauscht, Reiseschecks einlöst oder etwas einkauft, sollte sich immer kleine Scheinen und Münzen zurückgeben lassen. Die meisten Banken wechseln zwar große Scheine in kleinere – aber hier heißt es Schlangestehen.

Devisen tauschen

Besucher fahren in der Regel mit US$ am besten. Devisen können in den *casas de cambio*, bei einigen Banken in größeren Städten und häufig auch bei Reiseveranstaltern getauscht werden. *Cambistas* (Straßengeldwechsler) gibt es in den meisten Städten. Sie tauschen nur US$ zu ungefähr dem gleichen Kurs wie *casas de cambio*. Nach Geschäftsschluss sind sie eine praktische Alternative, aber man muss sich vor Betrügern in Acht nehmen. Die Kurse unterscheiden sich von Ort zu Ort kaum, einen Devisenschwarzmarkt gibt es nicht. Die Währungen der Nachbarstaaten kann man in den Grenzgebieten und bei *casas de cambio* in La Paz umtauschen. Vorsicht vor beschädigten Scheinen: Wenn die Hälften eines zusammengeklebten Scheins nicht die gleiche Seriennummer haben, ist der Schein wertlos.

Zum Zeitpunkt der Drucklegung galten folgende Wechselkurse:

Land	Währung		Bs (Bolivianos)
Eurozone	1 €	=	11,24
Schweiz	1 SFr	=	6,83
USA	1 U$	=	8,28

Geldautomaten

In fast jeder größeren Ortschaft gibt es einen *cajero automatico* (Geldautomaten). Die Geldautomaten akzeptieren Visa-, Plus- und Cirrus-Karten und spucken nach Eingabe der richtigen PIN Bolivianos in 50er- und 100er-Scheinen aus (manchmal auch US$). Allerdings haben Traveller berichtet, dass sie außerhalb der Großstädte Zugangsprobleme hatten.

Internationale Überweisungen

Der schnellste Weg, sich Geld aus dem Ausland schicken zu lassen, ist mit Western Union. Die Firma hat Filialen in allen größeren Städten, allerdings sind die Gebühren oft deftig. Auch die eigene Bank kann gegen eine geringere Gebühr Geld an eine mit ihr kooperierende bolivianische Bank schicken, das kann sich allerdings über einige Geschäftstage hinziehen.

Kreditkarten

Bekannte Kreditkarten wie Visa, MasterCard und (seltener) American Express werden möglicherweise in den Großstädten in besseren Hotels, in Restaurants und von Tourveranstaltern akzeptiert. Gebührenfrei zahlen die Banco de Santa Cruz, die Banco Mercantil und die Banco Nacional de Bolivia bis zu 1000 US$ pro Tag auf Visa – seltener auch auf MasterCard – aus. Tourveranstalter in Ortschaften ohne Geldautomaten werden häufig für Kunden Bargeldauszahlungen vornehmen, die Gebühr beträgt dann 3 bis 5 %.

Reiseschecks

In La Paz gibt es den besten Kurs für Reiseschecks (1–3 % Gebühr), hier entspricht er fast dem Devisenkurs. In anderen größeren Städten ist er um 3 bis 5 % schlechter, während es in kleineren Städten manchmal unmöglich ist, Reiseschecks überhaupt einzutauschen. Schecks von American Express werden am häufigsten akzeptierten.

GESUNDHEIT

Sauberkeit und Hygiene gehören nicht zu den stärksten Seiten Boliviens. Deshalb sollte man immer genau hinschauen, was man da zu sich nimmt. Leitungswasser hat in der Regel keine Trinkqualität. Wenn es das Budget erlaubt, nur Mineralwasser trinken (der Magen wird's danken). Auf Wanderungen Jodtabletten mitnehmen.

Der *altiplano* liegt auf einer Höhe zwischen 3000 und 4000 m. Viele Besucher von La Paz, Copacabana und Potosí leiden deshalb unter der Höhenkrankheit. Im Extremfall haben Komplikationen wie Hirnödeme schon den Tod von ansonsten fitten und gesunden Personen verursacht. Diabetiker sollten außerdem berücksichtigen, dass nicht alle Instrumente zur Messung des Blutzuckers in Höhen über 2000 m korrekte Werte anzeigen.

Bolivien liegt offiziell in der Gelbfieberzone, eine Impfung wird daher empfohlen. Wer in andere Länder weiterreist, kann ohnehin gesetzlich dazu gezwungen werden, eine Impfung vorzuweisen (Brasilien z. B. verlangt bei der Einreise die Vorlage der Bescheinigung). Umgekehrt müssen alle, die aus einem Gelbfiebergebiet nach Bolivien einreisen, ebenfalls eine Impfbescheinigung vorlegen. Im Tiefland sind vorbeugende Maßnahmen gegen Malaria erforderlich.

Die medizinischen Einrichtungen mögen zwar nicht dem Standard entsprechen, den man von zu Hause gewohnt ist, aber es gibt ordentliche Krankenhäuser in den größten Städten und annehmbare Kliniken in den meisten Ortschaften (nicht jedoch in abgelegenen Landesteilen). Weitere Informationen über die Höhenkrankheit und andere eventuelle Gesundheitsbeeinträchtigungen werden im Kapitel „Gesundheit" ab S. 1246 behandelt.

INFOS IM INTERNET

Bolivianische Botschaft in Deutschland (www.bolivia.de) Seite mit Infos zu Land und Leute, Wirtschaft und Gesellschaft sowie zu touristischen Zielen.

Bolivia Web (www.boliviaweb.com) Ein guter Ausgangspunkt mit nützlichen Links zu Kultur und Kunst.

Bolivia.com (www.bolivia.com, spanisch) Aktuelle Nachrichten und kulturelle Informationen.

Enlaces Bolivia (www.enlacesbolivia.net) Brauchbare Zusammenstellung aktueller Links.

INTERNETZUGANG

In fast jedem Winkel Boliviens gibt es Internetcafés. Die Preise schwanken zwischen 0,30 und 1,25 US$ pro Stunde. In kleineren Ortschaften gibt es Surfmöglichkeiten in den Entel-Filialen.

KARTEN

Amtliche topografische und spezielle Karten gibt es beim Instituto Geográfico Militar (IGM; s. S. 215 für Details). Gute Wanderkarten für die Cordillera Real und Sajama sind die Höhenlinienkarten von Walter Guzmán. Nützliche Bergsteigerkarten gibt der Deutsche Alpenverein heraus. Die ausgezeichnete *New Map of the Cordillera Real,* erschienen bei O'Brien Cartographics, ist in verschiedenen Travellertreffs erhältlich. O'Brien veröffentlicht auch die *Travel Map of Bolivia,* die wohl beste Karte für das gesamte Land. South American Explorers (saexplorers.org) vertreibt die Karten von O'Brien, außerdem Pläne von den wichtigsten Städte.

KLIMA

Bolivien erstreckt sich wegen der großen Höhenunterschiede über mehrere Klimazonen. Genau genommen ist in dem Land praktisch jede Klimazone anzutreffen, vom dampfenden Regenwald bis zum arktischen Frost.

Abenteuerlustige werden durch fast jede Klimazone kommen – egal wann sie unterwegs sind. Während die Regenzeit in den

Sommer (Nov.–April) fällt, ist der trockene Winter (Mai–Okt.) die beliebteste und wohl auch komfortabelste Reisezeit. Die Hochsaison geht von Juni bis September, die Nebensaison von Oktober bis Mai.

Die Regenzeit dauert von November bis März oder April (Sommer). Was die großen Städte angeht, schneit es nur in Potosí (zw. Feb. & April) regelmäßig, doch gegen Ende der Regenzeit muss auch in Oruro und La Paz mit Schnee gerechnet werden. Auf dem *altiplano* und im Hochland kühlt es nachts häufig unter den Gefrierpunkt ab.

Der Winter in Cochabamba, Sucre und Tarija ist geprägt von klarem Himmel und optimalen Temperaturen. Im Amazonasbecken herrscht dagegen das ganze Jahr über ein heißes und feuchtes Klima, etwas trockner sind allenfalls die Monate Mai bis Oktober. Die Yungas sind zwar kühler, aber das ganze Jahr über recht feucht.

Weitere Infos und Klimatabellen finden sich auf S. 1222 f..

KURSE

In Sucre, Cochabamba und La Paz gibt es etliche Spanischschulen, Privatlehrer sind inzwischen auch in kleineren Ferienorten wie Sorata und Samaipata immer häufiger aufzutreiben. In größeren Städten sollten auch Privatlehrer für Musik-, Web- und andere Kunsthandwerkskurse zu finden sein. Die Privatlehrer verlangen durchschnittlich um 5 US$ die Stunde.

MEDIEN
Radio

Bolivien hat zahllose Rundfunkstationen, die auf Spanisch, Quechua und Aymara senden. Empfehlenswert sind in La Paz das werbefreie UKW 96,5 mit Folkloremusik und UKW 100,5 mit einem guten englisch-spanischsprachigen Popmix. In Cochabamba spielt Radio Latina auf UKW 97,3 eine muntere Mischung aus andiner Folkloremusik, Salsa und Rock. Eine gute Auswahl landestypischer Musik aus der Konserve sendet schließlich **Bolivia Web Radio** (www.boliviaweb.com/radio).

TV

Es gibt zwei staatliche und mehrere private Fernsehsender. Kabelfernsehen (mit CNN, ESPN und BBC) gibt es in den meisten Mittel- und Spitzenklassehotels.

Zeitungen & Zeitschriften

Die wichtigen internationalen englischsprachigen Nachrichtenmagazine sind in den Filialen von Amigos del Libro zu finden. In einigen bolivianischen Städten erscheinen Tageszeitungen, z. B. in Cochabamba, La Paz, Potosí und Sucre.

ÖFFNUNGSZEITEN

Wenige Geschäfte öffnen vor 9 Uhr, nur die Märkte erwachen schon gegen 6 Uhr zum Leben. Die Städte machen zwischen 12 und 14 Uhr praktisch komplett dicht, nur Märkte und Restaurants stopfen dann noch hungrige Mäuler. Die meisten Geschäfte bleiben bis gegen 20 oder 21 Uhr geöffnet. Wer dringend etwas braucht, sollte damit nicht bis zum Wochenende warten, die meisten Büros und Geschäfte haben dann nämlich geschlossen.

POST

Sogar Kleinstädte haben Postfilialen, einige davon sind mit dem Schriftzug Ecobol (Empresa Correos de Bolivia) gekennzeichnet. Die Post in größeren Ortschaften arbeitet in der Regel zuverlässig, bei wichtigen Sendungen sollte man dennoch die Gebühr für Einschreiben von 0,20 US$ investieren.

Verlässliche und kostenlose *lista de correos* (Abholung postlagernder Sendungen) gibt es in größeren Städten. Die Sendung sollte dazu folgendermaßen adressiert werden: Name des Empfängers c/o Poste Restante, Correo Central, Name der Stadt (z. B. La Paz), Bolivia. Um Missverständnissen vorzubeugen, empfiehlt es sich, den Vornamen normal und den Nachnamen komplett in Großbuchstaben zu schreiben. Die Post wird häufig in Auslands- und Inlandsstapel sortiert. Wer einen spanisch klingenden Nachnamen hat, sollte beide Stapel durchschauen.

Luftpostkarten oder -briefe bis 20 g kosten nach Europa 1,04 US$. Wer größere Sendungen verschicken will, kann immer zwischen dem billigeren, aber schneckenlahmen Transport per Schiff und dem teureren Luftweg wählen.

RECHTSFRAGEN

Trotz des Rufs, größter Kokaproduzent der Welt zu sein, ahndet Bolivien Drogendelikte mit schweren Strafen – auch wenn es sich dabei um Kokain handelt: Wer mit Drogen erwischt wird, wandert ins Gefängnis. Die Botschaften des Heimatlandes sind in der Regel nicht in der Lage zu helfen (oder wollen das auch nicht). Also Finger weg von Drogen jeglicher Art!

REISEN MIT BEHINDERUNGEN

Traurige Tatsache ist, dass Boliviens Infrastruktur auf Reisende mit Behinderungen schlecht eingestellt ist. Man kann allerdings von Einheimischen mit Handicaps lernen, wie sie im Alltag Hindernisse und Herausforderungen meistern. Und wer als Behinderter auf Schwierigkeiten stößt, wird auch immer auf Bolivianer treffen, die ihnen eine hilfreiche Hand reichen.

SCHWULE & LESBEN

Natürlich gibt es auch in Bolivien Schwule und Lesben. Dennoch, auf den Punkt gebracht gilt immer noch: Zurückhaltung ist Trumpf – selbst die Menschen in den Städten sind noch sehr konservativ.

Homosexualität ist zwar legal (allerdings verbietet die Verfassung gleichgeschlechtliche Ehen), die überwiegend katholisch geprägte bolivianische Gesellschaft neigt aber dazu, sie zu verleugnen und zu unterdrücken. Sich offen zur Homosexualität zu bekennen, kann die Chancen in der Gesellschaft einschränken. Schwulenbars und -treffs gibt es nur in den größeren Städten. Gleichgeschlechtliche Paare können sich problemlos ein Hotelzimmer teilen, solange sie nicht ein Doppelbett wünschen.

Schwule Aktivistengruppen gibt es in La Paz (MGLP Libertad), Cochabamba (Dignidad) und am sichtbarsten im progressiven Santa Cruz. Im Juni 2003 ersetzte die in Santa Cruz beheimatete Organisation Comunidad Gay, Lésbica, Bisexual y Travestí (GLBT) ihren vierten jährlichen Marcha de Colores am Día del Orgullo Gay (Gay-Pride-Tag, 26. Juni) durch eine Gesundheitsmesse namens Ciudadanía Sexual, um größere öffentliche Akzeptanz zu finden. In La Paz werden auf Flugblättern Travestieveranstaltungen von La Familia Galan angekündigt, der besten Travestiegruppe in der Regierungsstadt.

SHOPPEN

CDs und MCs mit *peñas,* Folklore- oder Popmusik sind gute Reiseerinnerungen. Kassetten könnten aber schlechte Raubkopien sein. Höherwertige CDs kosten rund 10 US$. Die beste Auswahl gibt's in La Paz. Traditionelle Musikinstrumente (z. B. *charangos, zampoñas*) werden im ganzen Land angeboten. Man sollte keine kaufen, die aus den vom Aussterben bedrohten Gürteltieren hergestellt sind.

Auch bolivianische Webarbeiten eignen sich als Mitbringsel. Touristische Orte wie die Calle Sagárnaga (La Paz) und Tarabuco (bei Sucre) bieten die größte Auswahl, doch kann es hier teurer sein, als wenn man die Sachen direkt vom Erzeuger kauft. Die Preise variieren stark je nach Alter, Qualität, Farbe und Größe der Weberei: Eine neue, einfache *manta* sollte etwa 20 US$ kosten, während die schönsten antiken Stücke mehrere hundert Dollar wert sind. Auch Waren aus unbehandelter oder verarbeiteter Alpakawolle sind eine feine Sache.

STROM

Das Stromnetz arbeitet mit 220 V bei 50 Hz. In ganz Bolivien werden US-amerikanische Stecker verwendet.

TELEFON

Entel, die Empresea Nacional de Telecomunicaciones, hat Filialen in fast jeder Ortschaft (das gilt zunehmend auch für Cotel, Viva und andere Konkurrenten), die üblicherweise von 7 Uhr bis spätabends geöffnet sind. Ortsgespräche kosten hier nur ein paar Bolivianos. *Puntos* sind kleine, privat betriebene Callshops, die ähnliche Dienste anbieten. Straßenkioske haben oft Telefone, wo kurze Ortsgespräche 1 Bs kosten.

Die Regionalvorwahlen sind einstellig und gelten jeweils für mehrere Departments: ☎ 2 für La Paz, Oruro und Potosí; ☎ 3 für Santa Cruz, Beni und Pando und ☎ 4 für Cochabamba, Sucre und Tarija. Bei einem Ferngespräch von einem öffentlichen Telefon aus muss vor der Vorwahl eine „0" gewählt werden. Die vollständige Vorwahl einer Ortschaft findet sich in diesem Kapitel jeweils direkt unter der Überschrift des entsprechenden Abschnitts. Bei Telefonaten innerhalb der Provinz entfällt der Code, bei Anrufen aus dem Ausland fällt die Null weg. Ruft man ein Handy in derselben Stadt an, wählt man die achtstellige Rufnummer; wenn das Handy in eine andere Stadt gehört, ist zunächst die dreistellige Betreibernummer zu wählen (010–021).

Boliviens Landesvorwahl ist die ☎ 591. Für internationale Gespräche von Bolivien aus muss zuerst die ☎ 00 gewählt werden. Einige Entel-Filialen akzeptieren R-Gespräche, andere nennen einem die Nummer des Dienstes und lassen einen Rückruf an ihre Stelle zu.

Telefonate aus Entel-Filialen nach Europa kosten ungefähr 1 US$ pro Minute. Günstigere Tarife gelten abends und an den Wochenenden. Deutlich günstigere Tarife haben die Net2Phone-Internetcall-Filialen. Sie entstehen nach und nach in den größeren Städten.

TOILETTEN

Man braucht Humor – stinkende *baños publicos* (öffentliche Toiletten) gibt es in Hülle und Fülle. Dafür muss man damit leben, dass es in vielen Bussen kein WC gibt. Immer Toilettenpapier mitnehmen! Und auf jeden Fall sollte die Luft anhalten können.

TOURISTENINFORMATION

Die nationale Tourismusbehörde, das Vice-Ministerio de Turismo, hat ihren Hauptsitz in La Paz. Es unterstützt die Touristeninformationen der Städte und Departements. Sie bieten gerade die nötigsten Auskünfte und haben – wenn sie geöffnet sind – mal mehr, mal weniger Gedrucktes vorrätig.

UNTERKÜNFTE

Die bolivianischen Unterkünfte gehören zu den billigsten, die man in Südamerika finden kann – auch wenn das Preis-Leistungs-Verhältnis sehr unterschiedlich ausfällt. Die in diesem Kapitel angegebenen Preise sind durchschnittliche Hochsaisonpreise, die sich während der Fiestas aber gut und gerne nochmal verdoppeln können. Wenn weniger los ist, lohnt es sich, zu feilschen. Bei drei oder mehr Übernachtungen könnte ein Schnäppchen drin sein. Die Zimmer werden höchstens während der Fiestas (das gilt besonders für den Karneval in Oruro) und in beliebten Wochenausflugszielen wie Coroico knapp.

Das bolivianische Hotelkategorisierungssystem unterscheidet zwischen *posadas, alojamientos, residenciales, casas de huéspedes, hostales* und *hoteles*. Es spiegelt die Preisskala und – zumindest bis zu einem bestimmten Grad – die Qualität wider.

Posadas sind die billigsten Bleiben. Sie werden hauptsächlich von *campesinos* beim Besuch in der Stadt aufgesucht, kosten zwischen 1 und 2 US$ pro Person und bieten das absolute Minimum an Sauberkeit und Komfort – manchmal auch weniger. Die Gemeinschaftsbäder müffeln vor sich hin, manche haben keine Duschen und warmes Wasser ... was ist das?

Eine Stufe höher stehen die *alojamientos*. Obwohl auch eher einfach, sind sie allemal besser als die *posadas* und daher auch etwas teurer. Fast überall gibt es nur Gemeinschaftsbäder, aber vielleicht gibt's schonmal eine warme Dusche. Manche Häuser sind sauber und ordentlich, andere eklig dreckig. Die Preise pendeln zwischen 1,25 und 5 US$ pro Person.

Die Qualität der *residenciales, casas de huéspedes* und *hostales* variiert. Die meisten sind akzeptabel, oft hat man die Wahl zwischen Gemeinschafts- und eigenem Bad. Man kann mit 5 bis 20 US$ für ein Doppelzimmer mit eigenem Bad rechnen, ohne eigenes Bad wird's etwa 30 % weniger. Wer sich in Unkosten stürzen kann und will, kann auch in einem der vielen Mittelklasse- und Fünfsterneluxushotels Boliviens absteigen.

Bei den Beschreibungen in diesem Kapitel wird vorausgesetzt, dass *residenciales* und *casas de huéspedes* (sowie einige *hostales*, je nach Stadt) Gemeinschaftsbäder und Hotelzimmer eigene Bäder haben.

Hostelling International (HI; www.hostellingbolivia. org) hat landesweit rund acht angeschlossene Unterkünfte. Untypisch für „Herbergsnetze" anderswo reichen sie von Zweisternehotels bis zu Campingplätzen, während wenige der traditionellen Schlafsaalbetten oder Einrichtungen wie Gemeinschaftsküchen bieten. HI-Mitgliedskarten können im HI Sucre Hostel, dem in Sucre ansässigen Flaggschiff unter den Hostels, oder bei Valmar Tours in La Paz gekauft werden.

Bolivien bietet ausgezeichnete Campingmöglichkeiten, vor allem an Wanderwegen und in abgelegenen Gebirgsgegenden. Ausrüstung kann in La Paz und in beliebten Trekking-Orten wie Sorata geliehen werden. Es gibt zwar wenige organisierte Campingplätze, aber außerhalb bevölkerter Zentren kann man sein Zelt fast überall aufstellen. Dabei sollte man bedenken, dass die Nächte im Hochland oft frostig sind. Aus manchen Gegenden liegen außerdem Berichte von Campern vor, die beklaut wurden. Deswegen empfiehlt es sich, vor Ort Erkundigungen über die Sicherheit einzuholen.

VERANTWORTUNGSBEWUSSTES REISEN

Verantwortungsbewusstes Reisen ist in Bolivien ein ständiger Kampf. Abfalleimer oder gar Mülltrennung haben Seltenheitswert, Umweltbewusstsein ist eine relativ neue – aber zunehmend beherzigte – Einstellung. Fast jeder Tourveranstalter im Land behauptet, „Ökotourismus" zu praktizieren, doch verlassen sollte man sich darauf nicht. Am besten fragt man den Veranstaltern über ihre Praktiken Löcher in den Bauch und überprüft anhand von Erlebnisberichten anderer Traveller, ob die Antworten auch der Wahrheit entsprechen.

Was das eigene Verhalten angeht, kann man einiges tun, um nicht nur möglichst wenig negative, sondern vielleicht sogar ein paar positive Einflüsse im Land zu hinterlassen. Bei einer Tour durch den Urwald oder die Pampa rund um Rurrenabaque sollte man vom Führer verlangen, keine wilden Tiere zu fangen oder zu füttern, nur damit die Teilnehmer hübsche Fotos von ihnen schießen können. Vor dem Besuch einer indigenen Gemeinde sollte man sich erkundigen, ob der Führer aus dieser Gemeinde stammt bzw. sicherstellen, dass der Veranstalter die Erlaubnis zu einem Besuch hat. Im Salar de Uyuni sollte man die Fahrer auffordern, den Abfall mitzunehmen und vorhandenen Reifenspuren zu folgen, um den Schaden auf der empfindlichen Salzfläche zu minimieren. Am Beni sollte man außerhalb der Jagdzeit keinen Fisch essen und dem Drang widerstehen, kunsthandwerkliche Erzeugnisse zu kaufen, die aus bedrohten Arten des Regenwalds hergestellt sind.

Gegenüber Bettlern sollte man es sich zweimal überlegen, ob man willkürlich Süßigkeiten, Zigaretten oder Bargeld verteilt oder es nicht besser ist, einer Hilfsorganisation, die sich z. B. im Gesundheits- oder Bildungswesen engagiert, eine Spende zukommen zu lassen (sie kann auch aus medizinischem Equipment oder Schreibutensilien bestehen). Auch der persönliche Kontakt kann eine Menge wert sein. Wird man von jemandem zu einer Mahlzeit in sein Haus eingeladen, sollte man nur etwas mitbringen, was nicht die einheimische Kultur untergräbt, beispielsweise Früchte oder eine Handvoll Kokablätter.

VISA

Reisepässe müssen bei der Einreise noch mindestens ein halbes Jahr gültig sein. Die Ein- und Ausreisestempel sind kostenlos. Werden doch Gebühren verlangt, sollte man diese höflich zurückweisen; wird die Aufforderung dringlicher, sollte man sich eine Quittung geben lassen. Es ist sinnvoll, stets eine Kopie von Pass griffbereit zu haben und seine Wertsachen möglichst – und falls man nicht gerade ein- oder ausreist – sicher im Reisegepäck zu verstauen.

Die bolivianischen Einreisebedingungen lassen sich beliebig auslegen. Jedes bolivianische Konsulat und jede Grenzstelle hat eigene Regeln und Verfahren.

Deutsche und österreichische Staatsbürger erhalten bei der Einreise eine Touristenkarte, die zu einem Aufenthalt von bis zu 90 Tagen berechtigt (bei der Einreise auf dem Landweg wird oft automatisch ein Stempel für 30 Tage verwendet; in diesem Fall den Grenzbeamten darauf hinweisen).

Schweizern wird üblicherweise eine Aufenthaltsberechtigung für 30 Tage erteilt. Wer länger bleiben will, sollte bei der Einreise höfflich um eine Aufenthaltsbewilligung von 90 Tagen bitten, die die Beamten dann wahrscheinlich gewähren werden. Ansonsten muss man sich seine Touristenkarte verlängern lassen (was bei der Einwanderungsbehörde in jeder größeren Stadt problemlos erledigt werden kann; Staatsangehörige mancher Länder müssen für die Verlängerung eine Gebühr bezahlen). Falls darüber hinaus ein Visum benötigt wird, muss man sich an die Auslandsvertretungen Bolivien wenden, die es auch in den benachbarten südamerikanischer Staaten gibt. Die Kosten variieren: Ein einjähriges Visum, das zur mehrmaligen Einreise berechtigt, kostet bis zu 50 US$.

Wer seine Aufenthaltsdauer eigenmächtig verlängert, kann mit einer Strafe von 2 US$ pro überzogenem Tag belegt und bei der Ausreise erst einmal festgehalten werden. Aktuelle Bestimmungen findet man auf der spanischen Website des **Ministerio de Relaciones Exteriores y Culto** (www.rree.gov.bo).

Brasilien

HIGHLIGHTS
- **Rio de Janeiro** – Am Strand von Ipanema Menschen beobachten, das unkonventionelle Flair von Santa Teresa erkunden und den Groove der Sambaclubs von Lapa spüren (S. 321)
- **Salvador** – Bei Tag im großartigen Pelourinho flanieren und bei Nacht in der Hauptstadt afro-brasilianischer Kultur zu süchtig machenden Beats abtanzen (S. 388)
- **Ouro Prêto** – Auf der Suche nach verwunschenen Kirchen und *cachaça* (Zuckerrohrrum) über das Kopfsteinpflaster einer der schönsten Kolonialstädte Südamerikas wandern (S. 354)
- **Pantanal** – In der unglaublich vielfältigen Natur dieser Gegend wild lebende Tiere sehen, von Affen und Aras bis zu Kaimanen und Capybaras (S. 380)
- **Abseits ausgetretener Pfade** – Die weißen, an die Karibik erinnernden Sandstrände von Alter do Chão tief im Amazonasgebiet besuchen (S. 441)
- **Besonders empfehlenswert** – Auf einer Jeepfahrt die ganze Pracht der unberührten Landschaft zwischen Tutoía und dem Parque Nacional dos Lençóis Maranhenses genießen (S. 425)

KURZINFOS
- **Berühmt für:** Karneval, den Amazonas, Musik, Fußball, Strände
- **Bester Straßensnack:** *agua de coco* (Kokosnusswasser)
- **Bestes Schnäppchen:** People Watching am Strand (kostet nix und macht immer Spaß)
- **Bevölkerung:** 188 Mio.
- **Fläche:** 8 456 510 km² (USA ohne Alaska)
- **Floskeln:** *legal, bacana* (cool), *festa* (Party), *repugnante* (eklig)
- **Geld:** 1 US$ = 2,04 Brasilianische Reais (R$), 1 € = 2,77 R$, 1 SFr = 1,69 R$
- **Hauptstadt:** Brasília
- **Landesvorwahl:** ☎ 55
- **Preise:** Doppelzimmer in einer *pousada* 30 US$, Busfahrt von Rio nach Ouro Prêto 13 US$
- **Reisekosten:** 35–45 US$ pro Tag
- **Sprachen:** Portugiesisch und 180 indigene Sprachen
- **Trinkgeld:** 10 % in Restaurants, oft schon inklusive
- **Visa:** EU-Bürger und Schweizer können mit einem noch mindestens sechs Monate gültigen Reisepass einreisen. Ein Visum ist nicht nötig, solange man nicht länger als 90 Tage im Land bleibt (s. S. 464).
- **Zeit:** MEZ –4 bis – 6 Std., je nach Region

TIPPS FÜR UNTERWEGS
In Brasilien berechnen viele Restaurants ihre Preise pro Kilo. Hier isst man gut und günstig! Und es lohnt sich, sich intensiv mit dem brasilianischen Bussystem auseinander zu setzen (S. 320).

VON LAND ZU LAND
Zu Brasiliens zahlreichen Grenzübergängen gehören: Oiapoque (Französisch-Guyana), Bonfim (Guyana), Boa Vista (Venezuela), Tabatinga (Kolumbien & Peru), Brasiléia, Guajará-Mirim, Cáceres und Corumbá (Bolivien), Ponta Porã (Paraguay), Foz do Iguaçu (Paraguay & Argentinien) und Chui (Uruguay).

Brasilien bedeckt halb Südamerika und zieht seit mindestens 500 Jahren Reisende magisch an. Über mehr als 7000 km erstrecken sich feinkörnige, weiße Sandstrände zwischen Palmen und dem tiefblauen Atlantik. Die Küste schmücken tropische Inseln, von Musik erfüllte Metropolen und bezaubernde Kolonialstädte. Das Inland von Brasilien hat andere Formen atemberaubender Sehenswürdigkeiten zu bieten: majestätische Wasserfälle, rote Schluchten und kristallklare Flüsse – um nur einige der Naturschönheiten zu nennen. Zu den größeren und bekannteren Attraktionen zählen der Amazonas und das Pantanal, die mit die größte Artenvielfalt der Welt beherbergen. Hier Tiere zu beobachten verschlägt einem die Sprache, aber auch die möglichen Abenteuer haben es in sich – und die warten nicht nur im Dschungel. Mit dem Kajak fahren, Raften, Wandern, Schnorcheln und Surfen kann man fast überall in Brasilien, am besten an einem der zahllosen sonnigen Nachmittage.

In Brasilien finden sich einige der aufregendsten Städte der Welt. Traveller erwartet nicht nur zur Karnevalszeit Musik, Tanz und Party. Angesichts der unzähligen Attraktionen stellt sich bei einer Brasilienreise eigentlich nur ein logistisches (und finanzielles) Problem: Man hat einfach keine Lust, wieder abzureisen.

AKTUELLE ENTWICKLUNGEN

Im Juli 2007 hat Brasilien den amerikanischen Kontinent zu Gast gehabt: Rio de Janeiro war Austragungsort der Panamerikanischen Spiele. Prinzipiell hat das Land viel zu feiern. Die Wirtschaft, die achtgrößte der Welt, boomt. 2006 hatte Brasilien seine Schulden bei den Vereinten Nationen, dem IWF und dem Pariser Club *vorzeitig* beglichen. Brasilien scheint stabiler als je zuvor und zieht unablässig Investitionen aus dem Ausland an. In Handelsgesprächen mit den USA und mit Entwicklungsländern hat das Land eine neue, starke Position errungen. Brasilien kann 90 % seines Ölbedarfs selbst decken und angesichts steigender Benzinpreise sind viele Autofahrer auf umweltfreundlichere, billigere Alkoholkraftstoffe auf Pflanzenbasis umgestiegen.

Aber trotz aller Erfolge hat Brasilien auch ernsthafte Probleme und eine lange Liste von Nöten. Millionen von Brasilianern leben immer noch in unglaublicher Armut. Die Kriminalität wächst und die Kluft zwischen Arm und Reich bleibt riesig: 1 % der Staatsbürger besitzen die Hälfte des Landes. Für die unmittelbare Zukunft wird es eine wichtige Rolle spielen, ob die Regierung diese hartnäckigen Probleme angeht.

GESCHICHTE
Die indigene Bevölkerung
Über die ersten Bewohner Brasiliens weiß man wenig. Aus den ältesten Fundstücken (hauptsächlich Keramik, Abfallhügel und Skelette) schließen Archäologen, dass die ersten Menschen vor etwa 50 000 Jahren in die Region gewandert sind, früher als in andere Gebiete des amerikanischen Kontinents.

Auch ist nicht bekannt, wie viele Menschen um 1500 hier lebten, als die Portugiesen an Land gingen. Schätzungen bewegen sich zwischen 2 und 6 Mio. Vermutlich gab es mehr als 1000 Stämme, die als nomadische Jäger und Sammler oder als sesshafte Ackerbauern lebten. Es kam immer wieder zu Kriegen zwischen den Stämmen. Manchmal wurden gefangene Feinde nach einer Schlacht rituell getötet und verspeist.

Am Anfang interessierten sich die Portugiesen wenig für die Eingeborenen, die sie als Steinzeitmenschen betrachteten. Und das dicht bewaldete Land bot wenig für den europäischen Markt. Doch das änderte sich, als portugiesische Händler Interesse am Rotholz (Brasilholz) entwickelten, das der Kolonie später ihren Namen gab, und Kolonisten kamen, um es abzubauen.

Natürlich lieferte die indigene Bevölkerung die benötigten Arbeitskräfte. Zunächst hatte sie die merkwürdigen, stinkenden Fremden freundlich empfangen und ihre Arbeitskraft, ihre Nahrung und ihre Frauen im Tausch gegen die Ehrfurcht gebietenden Metallwerkzeuge und den faszinierenden portugiesischen Schnaps angeboten. Aber schon bald nutzten die Neuankömmlinge die Bräuche der Einheimischen aus, nahmen ihnen das beste Land weg – und versklavten sie am Ende.

Die indigene Bevölkerung wehrte sich und gewann mehrere Schlachten, zog aber am Schluss doch den Kürzeren. Als die Kolonisten entdeckten, dass Zuckerrohr in der Kolonie gut gedieh, wurde die Arbeitskraft

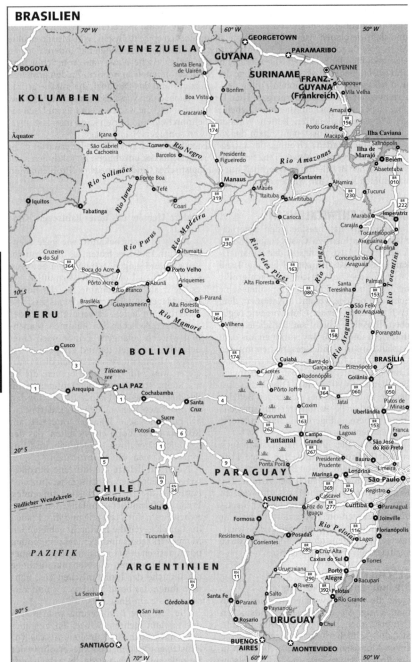

der Einheimischen noch wertvoller. Der Verkauf indigener Sklaven entwickelte sich zum zweitgrößten Handelszweig Brasiliens. Die Branche wurde von *bandeirantes* beherrscht, brutalen Männern, die im Inland Einheimische jagten und gefangen nahmen oder töteten. Ihre Taten stellten mehr als jeder Vertrag sicher, dass ein großer Teil des südamerikanischen Inlands an das portugiesische Brasilien fiel.

Jesuiten bemühten sich sehr um den Schutz der indigenen Bevölkerung. Einige verteilten sogar Waffen und kämpften an ihrer Seite gegen die *bandeirantes*. Aber sie konnten sie nicht aufhalten. 1759 wurden die Jesuiten aus Brasilien ausgewiesen. Die Einheimischen, die nicht von Kolonisten getötet wurden, fielen nicht selten europäischen Krankheiten zum Opfer.

Die Afrikaner

Im 17. Jh. ersetzten afrikanische Sklaven die indigenen Gefangenen auf den Plantagen. Zwischen 1550 und 1888 wurden rund 3,5 Mio. Sklaven nach Brasilien verschifft – das sind fast 40 % aller Sklaven, die in die Neue Welt kamen. Die Afrikaner galten als bessere Arbeiter und waren gegen die europäischen Krankheiten resistenter, aber sie leisteten energischen Widerstand. Während der gesamten Kolonialzeit bildeten sich *quilombos*, Gemeinden geflohener Sklaven. Sie reichten von *mocambos*, kleinen Gruppen, die sich in den Wäldern versteckten, bis zur großen Republik Palmares, die sich einen Großteil des 17. Jh. hindurch halten konnte. Unter der Führung des afrikanischen Königs Zumbí hatte Palmares in seiner Blütezeit 20 000 Einwohner.

Noch heute gibt es mehr als 700 Dörfer in Brasilien, die als *quilombos* entstanden sind. Ihr ständiges Wachstum wurde erst durch die Abschaffung der Sklaverei 1888 gestoppt.

Wer auf den Plantagen überlebte, suchte in afrikanischen Religionen und Kulturen Trost, oft in Form von Tanz und Gesang. Die Sklaven erhielten eine oberflächliche Unterweisung im Katholizismus, sodass bald ein synkretistischer Glauben entstand (s. „Religion", S. 313). Spirituelle Elemente vieler afrikanischer Stämme, beispielsweise der Yorubá, blieben erhalten und wurden den Sklavenhaltern durch eine katholische Fassade schmackhaft gemacht. Hier liegen die Wurzeln der modernen Religionen Candomblé und Macumba, die noch bis vor Kurzem per Gesetz verboten waren.

Das Leben auf den Plantagen war elend, aber auf viele Sklaven wartete ein noch schlimmeres Schicksal. In den 1690er-Jahren wurde im heutigen Minas Gerais Gold entdeckt, und der Goldrausch ließ nicht lange auf sich warten. In den Bergtälern schossen chaotische Städte wie Vila Rica de Ouro Prêto (Reiche Stadt des schwarzen Goldes) aus dem Boden. Die Region wurde von Einwanderern überschwemmt und zahllose Sklaven wurden aus Afrika importiert, um in Minas zu arbeiten – und zu sterben.

Die Portugiesen

Jahrelang sahen die Machthaber Portugals in der brasilianischen Kolonie nicht viel mehr als ein einträgliches Geschäft. Diese Einstellung änderte sich aber, als Napoleon 1807 in Lissabon einmarschierte. Der Prinzregent – später unter dem Namen Dom João VI. bzw. Johann VI. bekannt – verlegte seinen Hof umgehend nach Brasilien. Er blieb dort noch nach Napoleons Niederlage bei Waterloo 1815. Als er 1816 König wurde, erklärte er Rio de Janeiro zur Hauptstadt eines vereinten Königreiches aus Brasilien und Portugal. Damit machte er Brasilien zur einzigen Kolonie der Neuen Welt, die einem europäischen Monarchen als Sitz diente. 1821 kehrte Dom João nach Portugal zurück und setzte seinen Sohn Pedro als Regenten von Brasilien ein.

Im darauffolgenden Jahr versuchte das portugiesische Parlament, Brasilien wieder den Status einer Kolonie aufzuzwingen. Der Legende zufolge zog Pedro daraufhin sein Schwert und rief *„Independência ou morte!"* (Freiheit oder Tod) und krönte sich kurzerhand selbst zum Kaiser – Dom Pedro I. (Peter I.). Portugal war zu schwach, um gegen seine Lieblingskolonie in die Schlacht zu ziehen. Deshalb erlangte Brasilien ohne Blutvergießen die Unabhängigkeit.

Dom Pedro I. regierte neun Jahre lang. Er brachte das ganze Land gegen sich auf, indem er ein uneheliches Kind nach dem anderen zeugte, und musste schließlich zu Gunsten seines fünfjährigen Sohnes abdanken, Dom Pedro II. Bis zur Volljährigkeit des künftigen Kaisers litt Brasilien unter einem Bürgerkrieg. 1840 bestieg Dom Pedro II. mit großem Rückhalt in der Bevölkerung den Thron. Während seiner 50 Jahre währenden Herrschaft förderte er ein mächtiges parlamentarisches System, führte Krieg gegen Paraguay, mischte sich in die Angelegenheiten von Argentinien und Uruguay, sorgte für eine große Einwanderungswelle, schaffte die Sklaverei ab – und schuf einen Staat, der die Monarchie nicht mehr benötigte.

Die Brasilianer

Im 19. Jh. löste der Kaffee den Zucker als wichtigstes Exportgut Brasiliens ab. Brasilien lieferte bis zu 75 % der Weltproduktion. Infolge der Mechanisierung und des Eisenbahnbaus schnellten die Profite in die Höhe und die Kaffeebarone wurden sehr einflussreich.

1889 wurde das antiquierte Kaisertum durch einen von den Kaffeebaronen unterstützten Putsch gestürzt. Der Kaiser musste ins Exil gehen. Die neue brasilianische Republik erhielt eine Verfassung nach dem Vorbild der USA. Fast 40 Jahre lang wechselten zivile und militärische Präsidenten einander ab, aber tatsächlich lag die Macht immer in der Hand des Militärs.

Eine der ersten Bedrohungen für die junge Republik stellte eine kleine religiöse Gemeinschaft im Nordosten dar. Ein selbsternannter Heiliger namens Antônio Conselheiro war jahrelang durch das verarmte Hinterland gewandert und hatte die Erscheinung des Antichristen und das Ende der Welt prophezeit. Er schimpfte auf die neue Regierung und versammelte 1893 in Canudos seine Anhänger um sich. Die Regierung vermutete dahinter einen Versuch, die portugiesische Monarchie wiederzuerrichten und wollte den Aufstand niederschlagen. Das gelang erst im vierten Versuch. Alle Männer, Frauen und Kinder wurden getötet, der Ort wurde niedergebrannt.

Der Kaffee behielt seine immense Bedeutung, bis der Markt in der Weltwirtschaftskrise 1929 zusammenbrach. Die geschwächten Kaffeebarone von São Paulo, die die Regierung kontrollierten, schlossen sich mit einer Allianz der Opposition und nationalistischen Offizieren zusammen. Als ihr Präsidentschaftskandidat Getúlio Vargas die Wahlen von 1930 verlor, ergriff das Militär die Macht und übergab ihm die Führung.

Vargas erwies sich als guter Taktierer und beherrschte 20 Jahre lang die politische Bühne. Zeitweise lehnte sich seine Regierung an die faschistischen Staaten von Mussolini in Italien und Salazar in Portugal an. Vargas verbot politische Parteien, inhaftierte seine Gegner und zensierte die Presse. Bis 1954 war er immer wieder an der Macht, bis das Militär seinen Rücktritt erzwang. Vargas reagierte, indem er einen Brief an das brasilianische Volk schrieb und sich dann ins Herz schoss.

Juscelino Kubitschek, der 1956 zum Präsidenten gewählt wurde, war der erste, der Brasiliens Gelder mit vollen Händen ausgab. Sein Motto lautete: „Der Fortschritt von 50 Jahren in fünf Jahren." Seine Kritiker entgegneten: „Die Inflation von 40 Jahren in vier Jahren." In Anbetracht des riesigen Schuldenbergs, den Kubitschek durch die Errichtung von Brasília anhäufte, kommen die Kritiker der Wahrheit näher. Anfang der 1960er-Jahre hatte die Inflation die brasilianische Wirtschaft fest im Griff. Der Sieg Castros in Kuba verschärfte die Angst vor dem Kommunismus. 1964 strauchelte Brasiliens instabile Demokratie durch einen Militärputsch ihrem Ende entgegen.

Das autoritäre Militärregime herrschte fast 20 Jahre. Die meiste Zeit wuchs die Wirtschaft beträchtlich, wenngleich sie teilweise stark von internationalen Banken abhängig war. Generell forderte das Wachstum große Opfer von der Bevölkerung: Die vernachlässigten sozialen Probleme spitzten sich zu, Millionen von Menschen strömten in die Städte und die *favelas* (Slums) wuchsen fast ins Unermessliche.

Die jüngste Vergangenheit

Im November 1989 wurde die erste direkte Präsidentenwahl seit fast 30 Jahren abgehalten. Fernando Collor de Mello siegte über den Sozialisten Luíz da Silva („Lula"). Collors Versprechen, die Korruption und die Inflation zu bekämpfen, hielt nicht lange – 1992 wurde er wegen Bestechlichkeit des Amtes enthoben. Er soll eine Gruppe angeführt haben, die über 1 Mrd. US$ abgeschöpft hat.

Itamar Franco trat an Collors Stelle und führte eine neue Währung ein, den *real*. Diese Maßnahme löste einen Boom aus. Francos Finanzminister Fernando Henrique Cardoso wurde später mit großer Mehrheit zum Präsidenten gewählt – was der verdankte er definitiv dem Erfolg des *real*.

Cardosos Präsidentschaft Mitte der 1990er-Jahre ging mit stetigem Wirtschafts-

wachstum und mit bis dahin einzigartigen Auslandsinvestitionen einher. Zögerliche Maßnahmen zur Verbesserung des Bildungswesens und zur Bekämpfung der Armut wurden unternommen und Landreformen durchgeführt. Am Ende von Cardosos Amtsperiode hatte das Land aber immer noch ernsthafte Probleme.

Korruption und Gewaltverbrechen waren an der Tagesordnung. Ende der 1990er-Jahre zählte man jeden Monat 700 Morde im Großraum São Paulo, das weltweit – mit Rio de Janeiro – zu den Städten mit den meisten verübten Gewalttaten gehörte. 50 Mio. Brasilianer lebten in extremer Armut.

Angesichts dieser Zahlen verwundert es nicht, dass ein Präsidentschaftskandidat seine Wahlkampagne allein auf soziale Reformen ausrichtete. 2002 gewann Lula in seinem vierten Anlauf die Wahlen. Er stammt aus einer einfachen Arbeiterfamilie und stieg Anfang der 1980er-Jahre zu einem Streik- und Gewerkschaftsführer auf. Später gründete er die Arbeiterpartei PT (Partido dos Trabalhadores), die alle Verfechter von sozialen Reformen vereinte.

Investoren verschreckte die Wahl zunächst, weil sie befürchteten, dass ein linker Außenseiter die Wirtschaft zerstören würde. Er hat aber Freunde und Feinde überrascht, heute führt er eine der finanziell umsichtigsten Regierungen der jüngsten Vergangenheit. Gleichzeitig hat er sich den riesigen sozialen Problemen Brasiliens gewidmet. Lulas Programm gegen die Armut heißt *Fome Zero* (Null Hunger), ist aber zusammengebrochen, weil es schlecht geleitet wurde. Das Nachfolgeprogramm *Bolsa Familia* (Familienbörse) hat dafür mehr als 8 Mio. Menschen geholfen. Für Lula ist Beschäftigung das oberste Ziel, rund 3 Mio. Jobs wurden seit seinem Regierungsantritt geschaffen. Außerdem hat er den Mindestlohn um 25 % angehoben, was sich in vielen Familien sofort bemerkbar gemacht hat.

Doch auch Lulas Präsidentschaft hat ihre Schattenseiten, darunter 2005 einen weitreichenden Bestechungsskandal. Der schärfste und durch einen Videobeweis gestützte Anklagepunkt bestand darin, dass Mitglieder der Legislative von der PT monatliche Bestechungsgelder von bis zu 12 000 US$ erhalten haben. Die Regierung wurde ordentlich durchgeschüttelt, zahlreiche Mitglieder der PT mussten zurücktreten. Lulas Ansehen bekam durch den Skandal indes kaum einen Kratzer ab – öffentlich entschuldigte er sich vor dem ganzen Land und beteuerte immer wieder seine Unschuld. Trotz des Skandals erfreut er sich weiterhin großer Beliebtheit, verkörpert er doch immer noch für viele Brasilianer eine positive Zukunft. Ende 2006 wurde Lula für eine weitere Amtsperiode wiedergewählt.

KULTUR
Mentalität
Brasilianer sind sehr stolz auf ihr Land. Ein Lieblingsthema ist die großartige Landschaft. Auch wenn jeder Brasilianer andere Vorstellungen vom Paradies auf Erden hat – es liegt auf jeden Fall in Brasilien. Eine weitere Quelle des Nationalstolzes ist der Fußball. Der Sport ist hier weniger eine Freizeitbeschäftigung als eine landesweit verbreitete Droge, der alle Brasilianer verfallen zu sein scheinen.

Brasilien ist zwar berühmt für seinen Karneval, doch Brasilianer feiern liebend gerne das ganze Jahr über. Dennoch, in dem tropischen Land gibt's nicht nur Partys, Samba und Strände – manchmal leiden Brasilianer auch an *saudade*, einem nostalgischen, oft sehr melancholischen Verlangen nach irgend etwas. Dieses Gefühl drückt sich in vielen Werken von Jobim, Moraes und anderen großen Liedermachern aus und es offenbart sich in vielen Formen – vom unbestimmten Heimweh bis zum tiefen Bedauern begangener Fehler.

Wenn Brasilianer nicht gerade Samba tanzen oder in Traurigkeit versinken, helfen sie einander gerne. Liebenswürdigkeit ist weit verbreitet und wird auch erwartet. Der Altruismus ist sehr nützlich in einem Land, das für seine Bürokratie und lange Schlangen berüchtigt ist. Für alles gibt es einen offiziellen Weg und den *jeitinho*, den kleinen Umweg. Ein wenig Freundlichkeit – und ein paar Freunde – hilft sehr oft weiter. Man braucht nur etwas Geduld. Und davon scheinen Brasilianer reichlich zu haben.

Lebensart
Brasilien hat zwar die achtgrößte Wirtschaft der Welt, reichlich Ressourcen und eine gut entwickelte Infrastruktur, aber der Lebensstandard variiert sehr. Die Schere zwischen arm und reich geht hier weltweit mit am weitesten auseinander.

Seit der massenhaften Landflucht Mitte des 19. Jhs. leben die Ärmsten der Armen in *favelas*, die jede Stadt umgeben. Viele Unterkünfte bestehen hier aus kaum mehr als ein paar zusammengenagelten Brettern. In nur wenigen *favelas* gibt es sauberes Wasser, ein Abwassersystem oder eine Gesundheitsversorgung. Die Straßen werden von Drogenbossen beherrscht und das Verbrechen ist allgegenwärtig.

Die Reichen leben oft nur einen Steinwurf entfernt, manchmal nur durch eine Autobahn abgetrennt. Oft wohnen sie in modernen Festungen, die von Mauern und bewaffneten Wächtern geschützt werden. Und ihr Lebensstil gleicht dem der Oberschichten in Europa und Nordamerika.

Zum Karneval kommen beide Gruppen zusammen – wenn auch auf unterschiedliche Weise. Die *favelas* beherrschen dann die Bühne und ziehen durch die Straßen, während die Reichen zuschauen. Und alle begehen vor der Fastenzeit noch ein paar Sünden.

Bevölkerung
In Brasilien sind die Menschen so vielfältig wie die Landschaft, die sie bewohnen. Offiziellen Angaben zufolge sind 55 % der Bevölkerung weiß, 6 % schwarz, 38 % gemischt und 1 % andersfarbig – aber die Zahlen sagen wenig aus über die vielen Schattierungen, die in Brasiliens großem Schmelztiegel zu finden sind. Bis Ende des 19. Jhs. bestand die Bevölkerung aus indigenen Gruppen, Portugiesen, Afrikanern (die als Sklaven nach Brasilien gebracht worden waren) und ihren durchmischten Nachkommen. Seither gab es Einwanderungswellen u. a. aus Italien, Spanien, Deutschland, Japan, Russland, dem Libanon.

Die Einwanderung macht nur einen Teil der Vielfalt Brasiliens aus. Die Brasilianer selbst assoziieren mit dem Mischmasch eher die regionalen Bevölkerungsgruppen. *Caboclos* beispielsweise, die Nachfahren der ursprünglichen Bevölkerung, leben entlang der Flüsse im Amazonasgebiet und halten die Traditionen und Mythen ihrer Vorfahren lebendig. *Gaúchos* (Hirten) bevölkern den Rio Grande do Sul, sprechen ein spanisch gefärbtes Portugiesisch und können ihren Ruf als raubeiige Cowboys nicht so recht abschütteln. Im Gegensatz dazu haftet an den *baianos*, den Nachkommen der ersten Afrikaner in Brasilien, das Klischee, am extrovertiertesten zu sein und am besten feiern zu können. Nicht zu vergessen die *cariocas* (Einwohner Rios), *paulistanos* (aus der Konkurrenzstadt São Paolo), *mineiros* (aus den Kolonialstädten von Minas Gerais) und die *sertanejos* (Bewohner der von Dürre gebeutelten Region Sertão). Doch repräsentieren diese Gruppen nur einen kleinen Teil der bunten Bevölkerung, die die Seele Brasiliens ausmachen.

SPORT

Futebol (Fußball) ist eine nationale Leidenschaft. Rund um den Globus stehen die Brasilianer in dem Verdacht, den kreativsten, kunstvollsten und spannendsten Fußball zu spielen – schließlich ist Brasilien das einzige Land, das die Weltmeisterschaft fünfmal gewonnen hat (1958, 1962, 1970, 1994 und 2002).

Ein Fußballspiel ist hier ein riesiges Spektakel und eine der wahrscheinlich farbenfrohesten Aufführungen, die man zu sehen bekommt. Tickets kosten üblicherweise zwischen 3 und 10 US$. Saison ist fast das ganze Jahr über. Die nationale Meisterschaft wird von Ende Juli bis Mitte Dezember ausgespielt. In den Lokalzeitungen, der Tageszeitung *Jornal dos Sports* und auf der Website www.netgol.com sind die bevorstehenden Spiele aufgelistet. Zu den größten Fußballvereinen zählen Botafogo, Flamengo, Fluminense und Vasco da Gama (alle aus Rio de Janeiro); Corinthians, Palmeiras und São Paulo (all aus São Paulo); außerdem Bahia (aus Salvador), Sport (aus Recife) und Cruzeiro (aus Belo Horizonte).

RELIGION

Brasilien ist offiziell ein katholisches Land, in dem jedoch Vielfalt und Synkretismus willkommen sind. Problemlos findet man hier katholische Kirchgänger, die an spirituellen Sitzungen teilnehmen oder in einem *terreiro* (dem Haus einer afro-brasilianischen religiösen Gemeinschaft) um Hilfe beten.

Brasilien hat seine wichtigsten religiösen Wurzeln im Animismus der indigenen Bevölkerung und in den katholischen und afrikanischen Religionen, die von den Sklaven eingeführt wurden. Als letztes kam das evangelische Christentum hinzu, das sich über ganz Brasilien ausdehnt, besonders in den ärmeren Gegenden.

Die afro-brasilianischen Religionen entstanden, als die Kolonisten den Sklaven die Ausübung ihrer ursprünglichen Religionen verboten. Die Sklaven ließen sich aber nichts so leicht verbieten, verpassten ihren afrikanischen Göttern einfach katholische Namen und beteten sie weiterhin an. Die spiritistischste Religion ist Candomblé: Die Rituale werden in der Yoruba-Sprache abgehalten in einem *casa de santo* oder einem *terreiro* von einem *pai de santo* bzw. einer *mãe de santo* durchgeführt (wortwörtlich vom „Vater oder der Mutter eines Heiligen" – den Candomblé-Priestern). Die Gottheiten des Candomblé werden *orixás* genannt und jeder Mensch soll von einer dieser Gottheiten beschützt werden.

In Bahia und Rio versammeln sich riesige Massen von Anhängern der afro-brasilianischen Kulte, um an den Festivals am Ende des Jahres teilzunehmen – besonders an denen, die am Abend des 31. Dezembers und am Neujahrstag stattfinden. Millionen Brasilianer pilgern dann an den Strand, um *Iemanjá*, die Meeresgöttin, zu ehren. Ihr Alter Ego ist die Jungfrau Maria.

KUNST

Die brasilianische Kultur ist von den Portugiesen geprägt, die dem Land ihre Sprache und ihre Religion gaben, aber auch von den indigenen Bevölkerung, von Immigranten und Afrikanern.

Der afrikanische Einfluss ist vielerorts deutlich zu spüren, besonders stark aber im Nordosten, wo Religion, Musik und Küche aus Afrika die brasilianische Identität stark beeinflusst haben.

Architektur

Brasilien blendet seine Besucher in Städten wie Salvador, Olinda, São Luís, Ouro Prêto, Diamantina und Tiradentes mit seiner außerordentlich beeindruckenden kolonialen Architektur. Die Namen von zwei Architekten ragen heraus: Aleijadinho, das Genie, das im 18. Jh. die Barockbauten in den Bergbaustädten von Minas Gerais schuf (er war außerdem ein herausragender Bildhauer; s. S. 358), und Oscar Niemeyer, der Funktionalist und Modernist des 20. Jhs., der in den 1950er-Jahren leitender Architekt der neuen Hauptstadt Brasília war und viele andere bemerkenswerte Bauwerke in Brasilien geplant hat.

Bildende Künste

Der Fotograf Sebastião Salgado ist der im Ausland bekannteste zeitgenössische Künstler Brasiliens. Er ist berühmt für den meisterhaften Einsatz des Lichts und erntete internationalen Beifall für seine außerordentlich atmosphärischen Schwarz-Weiß-Fotografien von Migrantenarbeitern und anderen Menschen, die am Rande der Gesellschaft stehen.

Der bekannteste brasilianische Maler ist Cândido Portinari (1903–62), der schon früh im Lauf seiner Karriere den Entschluss fasste, nur Brasilien und seine Menschen zu malen. Er wurde stark vom mexikanischen Wandmaler Diego Rivera beeinflusst.

Kino

Brasiliens große Filmindustrie hat im Lauf der Jahre etliche gute Filme produziert. Einer der jüngsten Hits ist der Film *Dois Filhos do Francisco* (Die zwei Söhne Franciscos) aus dem Jahre 2005, der auf der wahren Geschichte zweier Brüder basiert, die aus der Armut aufsteigen und zwei erfolgreiche Countrymusiker werden.

Madame Satã (2002) versetzt die Zuschauer zurück in das Rio der 1930er-Jahre. Der Film spielt in den schmutzigen Rotlichtvierteln jener Zeit und zeigt die wahre Geschichte der Madame Satã (auch bekannt als João Francisco dos Santos), ein vom Schicksal gebeutelter, aber gutherziger Transvestit, Sänger, *capoeira*-Meisters und Symbol von Lapas unkonventionellem Lebensstil Mitte des Jahrhunderts.

Einer der Topregisseure Brasiliens ist Fernando Meirelles. Er machte sich einen Namen mit dem Film *City of God*, der die Brutalität einer *favela* in Rio zeigt. Nach diesem Erfolg drehte Meirelles mit *Der Ewige Gärtner* (2004) einen Hollywoodfilm: einen spannenden Thriller, der in Afrika spielt.

Ich Du Sie – Darlenes Männer (2000) von Andrucha Waddington ist eine Gesellschaftskomödie über eine Nordestina mit drei Ehemännern. Die Filmmusik des wunderbar gedrehten Werks stammt von Gilberto Gil.

Walter Salles, einer der bekanntesten Regisseure Brasiliens, wurde für *Central do Brasil* (1998) mit einem Oscar belohnt. Der Film erzählt die Geschichte einer einsamen Frau, die einen obdachlosen Jungen auf der Suche nach seinem Vater begleitet. Salles

jüngstes Werk, *Die Reise des jungen Che* (2004), ist ein Porträt der historischen Reise Che Guevaras und Alberto Granadas durch Südamerika.

Einblicke in die Tage der Diktatur bietet Bruno Barretos Film *Vier Tage im September* (1997). Er handelt von der Entführung des amerikanischen Botschafters durch linksgerichtete Guerillas im Jahr 1969.

Ein weiterer Meilenstein des brasilianischen Kinos markiert der emotionale Film *Pixote* (auch unter *Asphalthaie* bekannt; 1981) von Hector Babenco, der das Leben eines Straßenkinds aus Rio schildert und eine vernichtende Anklage der brasilianischen Gesellschaft formuliert.

Carlos Diegues' *Bye Bye Brasil* (1980) erzählt die abenteuerliche Geschichte einer Theatergruppe auf ihrer Reise durch das ganze Land. Der Film zeichnet die tiefen Veränderungen nach, die die brasilianische Gesellschaft in der zweiten Hälfte des 20. Jhs. durchlaufen hat.

Zu den alten Klassikern gehört Marcel Camus Film *Schwarzer Orpheus* aus dem Jahre 1959. Er spielt während des Karnevals und öffnete der Welt durch den Soundtrack von Jobim und Bonfá die Ohren für Bossa Nova.

Literatur

Joaquim Maria Machado de Assis (1839–1908), Sohn eines freigelassenen Sklaven, ist einer der großen, frühen Schriftsteller Brasiliens. Assis hatte einen herrlichen Sinn für Humor und nahm in menschlichen Angelegenheiten eine einfühlsame – wenn auch zynische – Haltung ein. Zu seinen wichtigsten Romanen zählen *Quincas Borba, Die nachträglichen Memoiren des Bras Cubas* und *Dom Casmurro*.

Jorge Amado (1912–2001), Brasiliens berühmtester zeitgenössischer Autor, schuf glänzende Porträts der Menschen und Orte Bahias. Bekannt sind vor allem *Gabriela wie Zimt und Nelken* und *Dona Flor und ihre zwei Ehemänner*.

Paulo Coelho ist der Romanschriftsteller Lateinamerikas, der nach Gabriel García Márquez am häufigsten gelesen wird. Seine New-Age-Legenden *Der Alchimist* und *Auf dem Jakobsweg* begründeten Mitte der 1990er-Jahre seinen Ruhm.

Chico Buarque ist zwar besser bekannt als Liedermacher, hat aber auch etliche Bücher geschrieben. *Budapest*, sein bester und neuester Roman, ist ein ideenreiches Porträt seiner Heimatstadt Rio de Janeiro – und Budapests.

Musik & Tanz

Musik gehört für Brasilianer zum Leben wie Essen und Schlafen.

Der Samba, eine brasilianische Erfindung, ist stark von afrikanisch Einfllüssen geprägt und eng mit dem Karneval verbunden. Der heute bekannteste Sambastil ist *pagode*, eine zwanglose, informelle Variante, zu deren herausragendsten Vertretern die Sänger Beth Carvalho, Jorge Aragão und Zeca Pagodinho gehören.

Ein weiteres brasilianisches Markenzeichen ist der Bossa Nova, der in den 1950er-Jahren aufkam und mit dem von Antônio Carlos Jobim und Vinícius de Moraes komponierten Klassiker *The Girl from Ipanema* Weltruhm erlangte. Der Begründer des Bossa Nova, der Gitarrist João Gilberto, tritt immer noch auf, ebenso seine Tochter Bebel Gilberto. Sie hat durch ihre Mix aus weichem Bossasound und elektronischem Groove das Interesse an diesem Musikstil neu entfacht.

Der *tropicalismo*, eine Mischung aus verschiedenen brasilianischen Musikrichtungen mit nordamerikanischem Rock und Pop, eroberte Ende der 1960er-Jahre die Bühnen. Die Protagonisten wie Gilberto Gil und Caetano Veloso sind immer noch aktuell – Gil ist sogar Brasiliens Kulturminister. Ein weiterer nicht zu vergessender brillanter Liedermacher ist Chico Buarque, der von der Wochenzeitung *Isto É* vor kurzem zum Musiker des Jahrhunderts gewählt wurde.

Der nebulöse Begriff Música Popular Brasileira (MPB) deckt eine Reihe von Stilvariationen ab, von vom originalen Bossa beeinflusster Musik bis hin zu Popmusik. MPB tauchte erstmals in den 1970er-Jahren auf und wurde von talentierten Musikern wie Edu Lobo, Milton Nascimento, Elis Regina und Djavan gespielt.

Jorge Benjor ist ein Sänger, dessen Karriere in den 1960er-Jahren begann und bis heute andauert. Benjor ist für seine süchtig machenden Rhythmen bekannt. In vielschichtigen Liedern baut er afrikanische Beats sowie Funk- , Samba- und Blueselemente ein.

Die Liste neuer Talente wird mit jedem Tag länger. Der brasilianische Hip-Hop

kommt in Fahrt mit Musikern wie Marcelo D2 (früher bei Planet Hemp), dessen Album *A Procura da Batida Perfeita* (2005) richtig Eindruck gemacht hat. Und Seu Jorge, der in *City of God* die Hauptrolle spielt, ist für die Veröffentlichung von *Cru* (2005) ausgezeichnet worden, einem einfallsreichen Hip-Hop-Album mit politischer Botschaft.

Brasilianischer Rock („hock" ausgesprochen) ist ebenfalls sehr beliebt. Gruppen und Künstler wie Zeca Baleiro, Kid Abelha, Ed Motta, die vom Punk beeinflusste Band Legião Urbana und die reggaeorientierten Skank verdienen das Prädikat „hörenswert".

Wo auch immer man in Brasilien hinkommt, wird man außerdem auf regionale Musikstile treffen. Der bekannteste ist der *forró* (foh-*hoh*), eine lebendige, synkopische Musik aus dem Nordosten des Landes, die den Takt der *zabumba* (einer afrikanischen Trommel) mit Akkordionlauten mischt. Zu den Stars dieses Musikstils gehören Luiz Gonzaga, Jackson do Pandeiro und die *forró*-Band Falamansa aus São Paulo. *Axé* ist ein Label für den Samba-Pop-Rock-Reggae-Funk-Karibik-Mischmasch, der in den 1990er-Jahren aus Salvador kam und besonders durch die extravagante Daniela Mercury bekannt wurde. Und am Amazonas trifft man auf die Rhythmen des *carimbo* und den sinnlichen Tanz, der ihn begleitet.

NATUR & UMWELT
Geografie

Als fünftgrößtes Land hinter Russland, Kanada, China und den USA grenzt Brasilien mit Ausnahme von Chile und Ecuador an jedes andere südamerikanische Land. Der 8,5 Mio. km^2 große Staat bedeckt fast den halben Kontinent.

In Brasilien gibt es vier wichtige geografische Regionen: die Küste, der Planalto Brasiliero (Brasilianisches Bergland), das Amazonasbecken und das Paraná-Paraguai-Becken.

Der schmale, 7400 km lange Küstenstreifen erstreckt sich zwischen dem Atlantischen Ozean und den Gebirgszügen der Küste. An der Grenze zwischen Uruguay und dem Bundesstaat Bahia fallen die Berge oft steil zum Meer ab. Nördlich von Bahia sind die Küstengebiete flacher.

Der Planalto Brasiliero erstreckt sich über den größten Teil des südlichen Hinterlands des Amazonasbeckens. Er ist von etlichen

316 BRASILIEN ·· Natur & Umwelt

großen Flüssen durchzogen und wird von Gebirgszügen unterbrochen, von denen keines höher als 300 m ist.

Das dünn besiedelte Amazonasbecken macht 42 % Brasiliens aus und wird im Süden von Gewässern des Planalto Brasileiro gespeist, während sich im Westen die Anden und im Norden das Hochland von Guyana (auch Guyana-Schild genannt) erheben. Im Westen ist das Becken 1300 km breit. Im Osten, zwischen dem Hochland von Guyana und dem Planalto, verengt es sich auf 100 km. Mehr als die Hälfte des 6275 km langen Amazonas liegt in Peru, genauso wie seine Quelle. Der Amazonas und seine 1100 Nebenflüsse führen schätzungsweise 20 % des Süßwassers der ganzen Welt. Der Pico da Neblina (3014 m) an der Grenze zu Venezuela ist der höchste Gipfel Brasiliens.

Das Paraná-Paraguai-Becken im Süden Brasiliens erstreckt sich bis zu den Nachbarländern Paraguay und Argentinien. Hier liegt ein großes Feuchtgebiet, das als Pantanal bekannt ist.

Tiere & Pflanzen

In Brasilien gibt es mehr bekannte Arten von Pflanzen (55 000), Süßwasserfischen (3000) und Säugetieren (etwa 520) als in jedem anderen Land der Erde. Bei den Vogelarten (1622) steht Brasilien an dritter und bei den Reptilienarten (468) an fünfter Stelle. Viele Arten leben im Amazonischen Regenwald, der in Brasilien 3,6 Mio. km² und in den Nachbarländern 2,4 Mio. km² bedeckt. Er ist der größte tropische Wald und das artenreichste Ökosystem der Welt. 20 % aller Vogel- und Pflanzenarten und 10 % aller Säugetiere sind hier zu Hause.

Weitere Arten leben über das ganze Land verstreut. Die größte Katze Brasiliens, der Jaguar, ist im Amazonischen und im Atlantischen Regenwald, im *cerrado* (Savanne) und im Pantanal anzutreffen.

In den vielfältigen Lebensräumen lassen sich noch viele andere brasilianische Säugetiere entdecken, beispielsweise fünf weitere Großkatzen (Puma, Ozelot, Langschwanzkatze, Tigerkatze und Jaguarundi), der Große Ameisenbär, verschiedene Faultierarten (sind am besten im Amazonasbecken zu beobachen) und Gürteltiere, 75 Primatenarten, darunter verschiedene Brüllaffenarten und Kapuzineräffchen, die Totenkopfaffen (der am häufigsten vorkommende Affe im Ama-

zonasbecken) und etwa 20 kleinere Marmosetten- und Tamerinarten. Dann gibt es noch den haarigen und langnasigen Nasenbär (eine Art Waschbär), den Riesenflussotter, den Mähnenwolf, den Tapir, Pekaris (wie das Wildschwein), Sumpf- und Pampashirsche, das Wasserschwein (mit 1 m Länge das größte Nagetier der Welt), den Amazonasdelphin, der oft im Amazonas und seinen Nebenflüssen gesichtet wird, und last, not least den Amazonasmanati (Seekuh), einen noch größeren Flussbewohner.

Ein Großteil der Wildtiere, die man sieht, sind Vögel. Der größte ist der flugunfähige, 1,4 m große Nandu, der im *cerrado* und im Pantanal lebt. Dutzende Arten von Papageien in prächtigen Farben, Aras, Tukane und Trogone sind hier ebenfalls anzutreffen. Im Amazonasbecken oder im Pantanal kann man sogar Hellrote Aras und – mit etwas Glück – blau-gelbe sehen. Leider sind sie aufgrund ihres wunderschönen Federkleids die Hauptbeute von Wilderern.

Die Alligatoren sind im Amazonasbecken und im Pantanal nicht zu übersehen. Eine der fünf Arten Brasiliens, der Mohrenkaiman, wird bis zu 6 m lang. Zu den Wasserbewohnern zählt auch der *pirarucú*, der 3 m erreichen kann. Seine roten und silberbraunen Schuppen erinnern an chinesische Gemälde. Vom berüchtigten Piranha gibt es etwa 50 Arten, sie leben im Amazonasbecken in den Flüssen Orinoco, Paraguai, São Francisco und in den Flüssen Guyanas. Aber nur eine Handvoll dieser Arten ist wirklich gefährlich und bestätigte Berichte, dass Menschen durch Piranhas zu Tode kamen, sind *extrem* selten.

Nationalparks

Mehr als 350 Gebiete sind zu Nationalparks, bundesstaatliche Parks oder Reservaten erklärt worden. Sie eignen sich allesamt gut dazu, um Flora, Fauna und/oder beeindruckende Landschaften zu beobachten:

Parque Nacional da Chapada Diamantina (S. 397) Diese Gebirgsregion im Nordosten mit ihren Flüssen, Wasserfällen, Höhlen und Naturbecken eignet sich hervorragend zum Wandern.

Parque Nacional da Chapada dos Guimarães (S. 383) Das felsige Hochplateau nordöstlich von Cuiabá bietet mit seinen Schluchten atemberaubende Aussichten und beeindruckende Felsformationen.

Parque Nacional da Chapada dos Veadeiros (S. 379) Der 200 km nördlich von Brasília, zwischen

Wasserfällen und natürlichen Schwimmbecken gelegene hügelige Nationalpark hat reichlich seltene Flora und Fauna zu bieten.

Parque Nacional da Serra dos Órgãos (S. 342) Dieser im hügeligen Südosten gelegene Park ist ein Mekka für Kletterer und Bergsteiger.

Parque Nacional de Aparados da Serra (S. 369) Der Park im Südosten ist für seine enge Schlucht mit einem 700 m in die Tiefe abfallenden Steilhang bekannt und bietet Wanderwege mit ausgezeichneten Aussichtspunkten.

Parque Nacional dos Lençóis Maranhenses (S. 429) Die Landschaft dieses Parks besteht aus spektakulären Stränden, Mangroven, Dünen und Lagunen.

Reserva de Desenvolvimento Sustentável Mamirauá (S. 449) In diesem tief in Amazonien gelegenen tropischen Regenwaldreservat lassen sich wilde Tiere eindrucksvoll beobachten.

Umweltprobleme

Traurigerweise ist Brasilien für seine Wälder genauso berühmt wie für deren Zerstörung. Nach aktuellen Zählungen ist mehr als ein Fünftel des Amazonischen Regenwaldes Brasiliens vollständig zerstört. Alle wichtigen Ökosysteme sind gefährdet und über 70 Säugetiere vom Aussterben bedroht.

Obwohl die Abholzung in den letzten Jahren langsamer voranschreitet, wird der Wald noch immer mit rasender Geschwindigkeit vernichtet. (2005 waren es *nur* 9000 km² Wald, 18 000 km² Jahr davor). 2005 litt der Amazonas außerdem unter der größten Trockenheit seit 100 Jahren. Die Flusspegel sanken dramatisch, Fische starben, Boote strandeten und ganze Dörfer versandeten. Die Dürre verursachte große Waldbrände, vernichtete Ernten und richtete verheerenden wirtschaftlichen Schaden an. Viele Wissenschaftler schreiben diese Katastrophe der globalen Erwärmung zu und sind der Ansicht, dass massive Umweltprobleme wie diese immer häufiger auftreten werden.

In Brasilien begann die großangelegte Abholzung in den 1970er-Jahren, als die Regierung Straßen durch den Dschungel legen ließ, um den von Dürre gebeutelten Menschen aus dem Nordosten auf neuem Kulturland im Amazonasbecken die Chance auf ein besseres Leben zu geben. Mit den Neuankömmlingen kamen auch Holzarbeiter und Viehzüchter, die die Wälder weiter abholzten. Die wenigen Siedler, die blieben (die meisten gaben auf und zogen in die *favelas* der wachsenden Städte des Amazo-nasbeckens), brandrodeten dann im großen Stil – mit verheerenden Folgen.

Die Regierung setzt ihre Entwicklungsprojekte im Amazonasbecken trotz zunehmender Proteste weiter fort. 2005 trat ein katholischer Bischof in einen Hungerstreik, um gegen den 2 Mrd. US\$ teuren Plan der Regierung zu protestieren, Wasser vom São Francisco abzuleiten, um großen landwirtschaftlichen Unternehmen zu helfen. Präsident Lula verhängte einen zeitweisen Baustopp und willigte ein, einen Dialog über das umstrittene Projekt zu führen.

Die Abholzung hat unerwartete Nebeneffekte. Im Amazonasbecken starben Dutzende Menschen durch Bisse von mit Tollwut infizierten Vampirfledermäusen, Tausende erkrankten. Einige Experten führen diese Angriffe auf die Zerstörung der Wälder zurück: Die Fledermäuse verlieren ihren natürlichen Lebensraum und werden zwangsläufig in dichter besiedelte Gebiete abgedrängt.

VERKEHRSMITTEL & -WEGE

AN- & WEITERREISE

In Brasilien gibt es zahlreiche internationale Flughäfen. Mit allen südamerikanischen Ländern außer Chile und Ecuador teilt das Land eine Grenze.

Bus

ARGENTINIEN

Der wichtigste Grenzübergang für Traveller ist Puerto Iguazú–Foz do Iguaçu, 20 Busstunden von Buenos Aires entfernt. Weiter südlich kann man von Uruguaiana (Brasilien) nach Paso de los Libres (Argentinien) und von dort per Bus weiter nach Buenos Aires gelangen. Weitere Grenzorte sind San Javier/Porto Xavier und Santo Tomé/São Borja am Rio Uruguai.

Direktbusse fahren zwischen Buenos Aires und Porto Alegre (64 US\$, 20 Std.) bzw. Rio de Janeiro (141 US\$, 42 Std.). Außerdem kann man nach Florianópolis, Curitiba und São Paulo fahren.

BOLIVIEN

Die längste Grenze Brasiliens verläuft durch Feuchtgebiete und Wälder und wird gerne von Schmugglern überquert.

Der meistfrequentierte Grenzübergang ist zwischen Quijarro (Bolivien) und Corumbá (Brasilien), einer günstigen Ausgangsstation für Reisen in das Pantanal. Von Quijarro fährt täglich ein Zug nach Santa Cruz in Bolivien. Von Corumbá aus gibt's Busverbindungen nach Bonito, Campo Grande, São Paulo, Rio de Janeiro und in den Süden Brasiliens.

Von Cáceres in Mato Grosso (Brasilien) fahren täglich Busse über die bolivianische Grenzstadt San Matías nach Santa Cruz (Bolivien) .

Guajará-Mirim (Brasilien) liegt am Fluss gegenüber von Guayaramerín (Bolivien). Beide Städte sind an das Busnetz ihres Landes angeschlossen, aber in der Regenzeit von Ende Dezember bis Ende Februar sind die Straßen in Nordbolivien nur schlecht befahrbar.

Brasiléia (Brasilien) in der Nähe von Cobija (Bolivien) liegt viereinhalb Busstunden von Rio Branco entfernt, von dort kann man bolivianische Busse nehmen. Diese Route ist weniger direkt als über Guayaramerín und Guajará-Mirim und in Bolivien gibt es während der Regenzeit die gleichen Probleme.

CHILE
Brasilien hat zwar keine gemeinsame Grenze mit Chile, aber es gibt Direktverbindungen zwischen Santiago und brasilianischen Städten, etwa Porto Alegre (116 US$, 36 Std.), Curitiba, São Paulo und Rio de Janeiro (130 US$, 62 Std.).

FRANZÖSISCH-GUYANA
Die brasilianische Stadt Oiapoque, die 560 km holprige Buskilometer oder einen kurzen Flug von Macapá entfernt ist, liegt am Ufer des Rio Oiapoque gegenüber von St. Georges (Französisch-Guyana). Minibusse verkehren über eine neu eröffnete Straße zwischen St. Georges und Cayenne, der Hauptstadt von Französisch-Guyana (früh am Morgen kommen!). Eine andere Möglichkeit ist der Direktflug von Belém nach Cayenne, der billiger als eine Fahrt sein kann, wenn man rechtzeitig genug bucht (s. gegenüber).

GUYANA
Lethem (südwestliches Guyana) liegt eine kurze Bootsfahrt von Bonfim (Roraima, Brasilien) entfernt. Von hier sind es zwei Busstunden nach Boa Vista.

KOLUMBIEN
Leticia am Amazonas im äußersten Südosten Kolumbiens grenzt an Tabatinga (Brasilien). Man kann die Grenze zu Fuß, per *combi* oder Taxi überqueren, aber beide Städten sind ansonsten nur auf dem Wasser- oder Luftweg zu erreichen.

PARAGUAY
Die beiden wichtigsten Grenzübergänge sind Ciudad del Este–Foz do Iguaçu und Pedro Juan Caballero–Ponta Porã. Von letzterem kommt man besser ins Pantanal. Direktbusse verkehren zwischen Asunción und brasilianischen Städten wie Curitiba (40 US$, 18 Std.), São Paulo und Rio de Janeiro (69 US$, 28 Std.).

PERU
Der einzige Landweg nach Peru führt über Iñapari, per Minibus oder Lkw fünf Stunden nördlich von Puerto Maldonado (Peru). Die Straße ist nur in der Trockenzeit befahrbar. Das Flüsschen Rio Acre zwischen Iñapari und der brasilianischen Kleinstadt Assis Brasil kann man zu Fuß überqueren. Von hier fährt ein Bus oder Geländefahrzeug in drei bis vier Stunden nach Brasiléia.

SURINAM
Die Überlandverbindung zwischen Surinam und Brasilien führt durch Französisch-Guyana oder Guyana.

URUGUAY
Von Reisenden am häufigsten genutzt wird der Grenzübergang zwischen Chuy (Uruguay) und Chuí (Brasilien). Andere Übergänge sind Río Branco–Jaguarão, Isidoro Noblia–Aceguá, Rivera–Santana do Livramento, Artigas–Quaraí und Bella Unión–Barra do Quaraí. Busse verkehren u. a. zwischen Montevideo und Porto Alegre (58 US$, 12 Std.), Florianópolis, Curitiba, São Paulo und Rio de Janeiro (130 US$, 39 Std.) in Brasilien.

VENEZUELA
Asphaltstraßen verbinden den Norden Venezuelas mit Boa Vista und Manaus, wobei man die Grenze in Santa Elena de Uairén/ Pacaraíma überquert. Sogar von Puerto La

FLUGHAFENSTEUER

Die internationale Flughafensteuer beträgt in Brasilien saftige 36 US$ und ist normalerweise im Preis für das Flugticket schon enthalten. Falls nicht, muss man die Steuer am Flughafen vor der Ausreise bar zahlen (entweder in US-Dollar oder in Reais) – also daran denken, diesen Beitrag als Reserve dabei zu haben!

Cruz an der Küste Venezuelas (80 US$, 33 Std.) verkehren Busse.

Flugzeug

Die verkehrsreichsten Flughäfen sind der Aeroporto Galeão (offizieller Name: Aeroporto Internacional António Carlos Jobim) in Rio de Janeiro (S. 321) und der Aeroporto Guarulhos (S. 348) von São Paulo. Die wichtigste Fluggesellschaft Brasiliens war einmal **Varig** (www.varig.de), allerdings gab es in der jüngsten Firmengeschichte einige Turbulenzen und das Streckennetz wurde stark eingeschränkt, soll nun aber wieder ausgebaut werden – für den neuesten Stand die Website checken! Gol Airlines (www.voegol.com.br) fliegt sechs Städte in Südamerika an.

Studententarife gibt's im **Student Travel Bureau** (STB; Karte S. 328; ☎ 0xx21-2512-8577; www.stb.com.br; Rua Visconde de Pirajá 550, Ipanema, Rio), das rund 30 Filialen im ganzen Land unterhält. **Andes Sol** (☎ 021-2275-4370; Av NS de Copacabana 209, Rio) bietet Billigreisen an.

Eine brasilianische Internetseite für Billigflüge ist www.viajo.com.br.

ARGENTINIEN

Gol und Aerolíneas Argentinas bieten Verbindungen zwischen Buenos Aires und Rio oder São Paulo an. Außerdem gibt es Flüge von Buenos Aires nach Porto Alegre, Curitiba, Florianópolis und Puerto Iguazú in Argentinien, das direkt an der Grenze auf der andere Seite von Foz do Iguaçu liegt.

BOLIVIEN

Gol unterhält Flüge von Santa Cruz nach Campo Grande (und von dort weiter nach São Paulo). TAM und Lloyd Aéreo Boliviano (LAB) fliegen von Santa Cruz nach São Paulo. LAB hat außerdem Flüge von Santa Cruz und Cochabamba nach Manaus.

In Bolivien unterhalten Aerosur und Aerocon Flüge von verschiedenen Städten nach Cobija, Guayaramerin und Puerto Suárez, die an der Grenze in der Nähe der brasilianischen Städte Brasiléia, Guajará-Mirim und Corumbá liegen.

CHILE

TAM und LanChile fliegen von Santiago nach Rio und São Paulo.

ECUADOR

Flüge von Quito oder Guayaquil nach São Paulo sind teuer und nie direkt.

DIE GUYANAS

Meta, eine brasilianische regionale Fluggesellschaft, fliegt von Georgetown (Guyana), Paramaribo (Surinam) und Cayenne (Französisch-Guyana) nach Belém und Boa Vista. Air Caraïbes, die Fluggesellschaft von Französisch-Guyana, hat ebenfalls Flüge zwischen Belém und Cayenne im Programm. Puma, eine brasilianische Gesellschaft, fliegt von Macapá nach Oiapoque, das an der Grenze ganz in der Nähe von St. Georges in Französisch-Guyana liegt.

KOLUMBIEN

AeroRepública hat Flüge von Bogotá nach Leticia. Von hier kann man die Grenze zu Fuß, mit dem Taxi oder einem *combi* (Minibus) nach Tabatinga in Brasilien überqueren. Hin- und Rückflug zwischen Rio und Bogotá mit Avianca sind ein teures Vergnügen. Bogotá sollte außerdem inzwischen wieder in den Flugplan von Varig aufgenommen worden sein.

PARAGUAY

Gol fliegt von Asunción nach Curitiba. Es gibt auch Flüge von Asunción nach Ciudad del Este an der Grenze in der Nähe von Foz do Iguaçu in Brasilien.

PERU

Die peruanische Gesellschaft Aviaselva fliegt von Iquitos in Peru nach Leticia in Kolumbien, das im Dreiländereck von Brasilien, Peru und Kolumbien liegt.

URUGUAY

Pluna hat Flüge von Montevideo nach Rio und São Paulo. Gol fliegt von Montevideo nach Porto Alegre.

VENEZUELA
Als eine der ersten Ziele im Ausland hat Varig Caracas wieder angeflogen.

Schiff/Fähre
Von Trinidad in Bolivien fahren Schiffe in etwa fünf Tagen den Río Mamoré nach Guayaramerín (Bolivien) hinunter, das gegenüber von Guajará-Mirim in Brasilien liegt.

Von Peru legen schnelle Passagierschiffe auf dem Amazonas die 400 km zwischen Iquitos (Peru) und Tabatinga (Brasilien) in acht bis zehn Stunden zurück. Von Tabatinga kann man weiter nach Manaus und Belém fahren.

UNTERWEGS VOR ORT
Auto
Brasilianische Straßen sind gefährlich, vor allem vielbefahrene Autobahnen wie die von Rio nach São Paulo. Jedes Jahr gibt es Zehntausende Verkehrstote. Bei Nacht zu fahren ist noch riskanter, weil dann viele Leute betrunken sind und die Sicht schlechter ist. Eine weiteres Ärgernis stellt die Polizei dar, die keine Gelegenheit auslässt, Bußgelder einzufordern.

Trotzdem kann das Auto ein gutes, wenn auch nicht ganz billiges Verkehrsmittel sein, um Brasilien zu erkunden. Ein kleiner Mietwagen für vier Personen kostet ohne Kilometerbegrenzung und mit Versicherung zwischen 35 und 60 US$ pro Tag (mit Klimaanlage 60–80 US$). Normalbenzin kostet rund 1,20 US$ pro Liter. Die bekannten international tätigen Autovermietungen beherrschen den Markt. Wenn man einen Führerschein, Kreditkarte und Pass hat und mindestens 25 (manchmal auch nur 21) Jahre alt ist, ist es einfach und sicher, ein Auto zu mieten. Man sollte einen internationalen Führerschein mitbringen.

Bus
Busse sind das Rückgrat des brasilianischen Fernverkehrs und sie fahren meistens zuverlässig und häufig. Leider sind die Buspreise mit die höchsten in Südamerika. Pro Stunde *comun* (einfach) bezahlt man durchschnittlich 4 US$.

Die Qualität der Straßen reicht von gut asphaltierten Routen im Süden über ordentliche Landstraßen an der Küste bis hin zu holprigen Geländestraßen im nordöstlichen Hinterland.

Die Fernbusse werden in drei Klassen unterteilt. Die billigste, *comum*, ist bequem, hat Sitze mit nach hinten klappbaren Rückenlehnen und meistens eine Bordtoilette. Die *executivo*-Klasse hat breitere Sitze, kostet rund 25 % mehr und hält seltener an. Die Luxusklasse *leitos* kostet bis zu doppelt so viel wie die *comum*-Klasse, dafür gibt's breite Liegesitze mit Kissen, Klimaanlage und manchmal Sandwiches und Getränke direkt an den Sitz. Nachtbusse aller Klassen halten meistens seltener.

In den meisten Städte gibt es einen zentralen Busbahnhof (*rodoviária*, „ho-do-vi-ah-ri-ya" ausgesprochen), der nicht selten am Stadtrand liegt. Generell kann man dort einfach ein Ticket für den nächsten Bus kaufen – aber an Wochenenden und in den Ferien (vor allem von Dezember bis Februar) empfiehlt es sich, im Voraus zu buchen.

Flugzeug
INLANDSFLÜGE
Die wichtigsten Gesellschaften für Inlandsflüge sind TAM und Gol. Varig baut ihr Flugnetz momentan wieder auf – aktuelle Infos stehen auf der Website (www.varig. de). Außerdem verkehren in Brasilien unzählige weitere Fluglinien, darunter Fly, Trip, Penta, TAVAJ, Rico und Meta.

Meistens fliegt man mit Gol am billigsten, auch wenn kleine Regionalgesellschaften manchmal gute Sonderangebote haben. Flugtickets gibt es in jedem Reisebüro. Wer eine American-Express-Karte hat, kann Tickets von Gol auch im Internet kaufen – sonst muss man im Reisebüro bar bezahlen.

Im Großen und Ganzen sind die brasilianischen Fluglinien zuverlässig, aber die Flugpläne ändern sich manchmal. Deshalb sollte man sich Flüge immer rückbestätigen lassen. Die meisten Gesellschaften haben eine landesweite Telefonnummer für Reservierungen und Rückbestätigungen:

Fly (☎ 0300-313-1323; www.voefly.com.br)
Gol (☎ 0300-789-2121; www.voegol.com.br)
TAM (☎ 0800-570-5700; www.tam.com.br)
Trip (☎ 0300-789-8747; www.airtrip.com.br)
Varig (☎ 0800-701-2670; www.varig.com.br)

Für die Hochsaison (Weihnachten–Karneval, um Ostern, Juli & Aug.) sollte man möglichst früh buchen. Das restliche Jahr über kann man meistens noch am Tag des Fluges Tickets ohne Aufpreis kaufen.

Die Flughafensteuer beträgt für Inlandsflüge zwischen 3 US$ auf kleinen und bis zu 8 US$ auf großen Flughäfen. Wenn sie nicht im Flugpreis enthalten ist, muss man beim Einchecken bar bezahlen (nur in Real).

FLUGPÄSSE

Wer außer Brasilien noch andere Länder in Südamerika besucht, kann sich einen Mercosur Airpass zulegen.

Für Flüge innerhalb Brasiliens bietet TAM einen Flugpass an, der vier Inlandsflüge umfasst und 499 US$ aufwärts kostet. Für je 120 US$ kann man noch bis zu vier Flüge dazukaufen. Um alle Flüge zu nutzen, hat man dann 21 Tage Zeit. Angesichts der astronomischen Flugpreise kann sich ein Flugpass schnell lohnen.

Einschränkungen: Der Flugpass muss außerhalb Brasiliens erworben werden, was nur in Verbindung mit einem Hin- und Rückflug nach Brasilien möglich ist. Beim Kauf muss man seine Reiseroute festlegen, die meistens nur gegen Zusatzgebühren geändert werden kann. Außerdem darf man keine Stadt mehr als einmal anfliegen. Wer nicht mit TAM nach Brasilien fliegt, bezahlt für den Flugpass 572 US$ (vier Flüge).

Nahverkehr
BUS
Regional- und Stadtbusse sind billig, fahren häufig und in jeden Winkel. Viele Busse zeigen ihr Fahrziel in riesigen Buchstaben an der Frontscheibe an, sodass man kaum im falschen Bus landen kann. Der Fahrer hält meistens nur an, wenn man ihm zuwinkt.

Normalerweise steigt man vorne ein und hinten aus. Der Fahrpreis ist in der Nähe des Schaffners angeschrieben, der am Drehkreuz sitzt und das Fahrgeld (meistens ca. 1 US$) wechseln kann. Mit einem großen Rucksack kommt man nur schwer durchs Drehkreuz. Nach 23 Uhr und zu Stoßzeiten (in den meisten Gegenden 12–14 & 16–18 Uhr) sollte man nicht mit dem Bus fahren. Prinzipiell gilt: Vorsicht, Taschendiebe!

TAXI
Taxis sind nicht billig. Aber wer gefährliche Fußwege und nächtliche Busfahrten vermeiden will oder wer zu großes Gepäck dabei hat, sollte trotzdem darauf zurückgreifen. Die meisten Taxameter beginnen bei 2 US$ und klettern um 1 US$ pro Kilometer (nachts und sonntags mehr). Man sollte sich vergewissern, dass der Fahrer das Taxameter auch anstellt, wenn man einsteigt. Manchmal gibt es Festpreise, vor allem zwischen Innenstadt und Flughafen.

Wenn möglich, sollte man sich vor einer Taxifahrt orientieren und während der Fahrt eine Karte bereithalten – falls der Fahrer einen riesigen Umweg fährt. Wie überall in der Welt nicht in ein Taxi steigen, in dem schon mehr als eine Person sitzt!

In Touristengegenden und besonders in der Nähe teurerer Hotels sollte man kein Taxi nehmen.

ZUG
Es gibt kaum Personenzüge. Eine der wenigen verbliebenen, lohnenswerten Routen verläuft das Küstengebirge hinunter von Curitiba nach Paranaguá (S. 364).

Schiff/Fähre
Das Amazonasgebiet ist eine der letzten Bastionen klassischer Flussreisen. Der Rio Negro, der Rio Solomões und der Rio Madeira sind die Autobahnen Amazoniens. Auf diesen Wasserstraßen, die in dem mächtigen Rio Amazonas münden, kann man Tausende Kilometer zurücklegen und das riesige Amazonasbecken auf dem Weg von oder nach Peru und Bolivien erkunden. Eine Fahrt auf dem Fluss ist langsam und kann langweilig werden (Entfernungen werden eher in Tagen als in Kilometern gemessen) – aber sie ist billig.

Weitere Infos s. Kasten auf S. 435.

Trampen
Trampen ist in Brasilien schwierig. Ausnahmen: das Pantanal und einige Gegenden, in denen auch Einheimische als Anhalter unterwegs sind. Am besten fragt man Fahrer, wenn sie gerade nicht in ihrem Auto sitzen – beispielsweise an einer Tankstelle oder Raststätte. Aber auch das kann schwierig sein. „Mitfahrgelegenheit" heißt auf Portugiesisch *carona*.

RIO DE JANEIRO

☎ 0xx21 / 6,2 Mio. Ew.

Rio wird auch *cidade maravilhosa* genannt – die wunderbare Stadt. Sie liegt an einem der beeindruckendsten Flecken dieser Erde.

Tolle Berge, weiße Sandstrände und grüne Regenwälder vor tiefblauem Meer ziehen Besucher schon seit Jahrhunderten in ihren Bann. Und außer interessante Leute in Ipanema zu beobachten, kann man hier auf Dutzende Arten aktiv werden. Vor Prainha lässt es sich großartig surfen, in den Regenwäldern Tijucas kann man wandern, die Guanabára-Bucht überquert man mit dem Segelboot oder man erklimmt den Pão de Açúcar – den berühmten Zuckerhut. Und wenn die Nacht hereinbricht, füllen sich die Straßen mit Samba, diesem unglaublich verführerischen Klang, und *cariocas* folgen dem Rhythmus zu den Tanzsälen und zu den Bars und Cafés unter freiem Himmel, die Rio bevölkern.

Obwohl Rio ernsthafte Probleme hat, denken viele Bewohner – auch Ausländer – nicht im Traum daran, irgendwo anders zu leben. Das sollte man im Hinterkopf haben, wenn man seinen Rückflug bucht …

GESCHICHTE

Ihren Namen hat die Stadt von den frühen portugiesischen Entdeckungsreisenden bekommen, die im Januar 1502 in der großen Bucht landeten (Baía de Guanabara). Weil sie glaubten, dass die Bucht ein Fluss sei, gaben sie ihr den Namen Rio de Janeiro (Fluss des Januars). Dann aber waren die Franzosen die ersten Siedler, die sich an der Bucht niederließen und 1555 die Kolonie France Antarctique gründeten. Aber weil die Portugiesen fürchteten, dass die Franzosen die Macht an sich reißen könnten, vertrieben sie sie 1567 – und blieben selbst hier. Dank der Zuckerrohrplantagen und des Sklavenhandels verwandelte sich Portugals neue Kolonie in eine bedeutende Siedlung und wuchs während des Goldrauschs in Minas Gerais im 18. Jh. stark an. 1763 verdrängte Rio mit einer Bevölkerung von 50 000 Salvador als Hauptstadt der Kolonie. 1900, nach einem Kaffeeboom, einer Einwanderungswelle aus Europa und dem Zulauf von Ex-Sklaven, hatte Rio schon 800 000 Einwohner.

Die goldene Zeit Rios währte von den 1920er- bis in die 1950er-Jahre hinein, als die internationale High Society es als exotisches Reiseziel für sich entdeckte. Doch leider gingen die guten Tage wieder vorüber. Als 1960 Brasília Hauptstadt wurde, schlug sich Rio schon mit Problemen herum, die es auch das nächste halbe Jahrhundert beschäf-

tigte. Zuwanderer strömten aus den armen Gebieten des Landes in die *favelas*, und die Zahl der Bedürftigen der Stadt stieg an. Und die *cidade maravilhosa* der 1990er-Jahre machte sich eher einen Namen als *cidade partida* – die geteilte Stadt. Diese Bezeichnung spiegelt die immer größer werdende Kluft zwischen Arm und Reich wider.

Aber trotz aller Probleme hat Rio auch Erfolge vorzuweisen. Im Juli 2007 richtete sie beispielsweise die Panamerikanischen Spiele aus. Und in Rio fiel auch der Startschuss für das Projekt Favela-Bairro, das den *favelas* besseren Zugang zu sanitären Einrichtungen, Kliniken und öffentlichen Verkehrsmitteln verschaffte. Mittlerweile setzt sich die städtische Sanierung und Gentrifizierung auch im Centro, in Lapa, Santa Teresa und Teilen der Zona Sul fort.

ORIENTIERUNG

Man kann die Stadt in zwei Zonen unterteilen: die Zona norte (Nordzone), die aus Industrie- und Arbeitervierteln besteht, und die Zona sul (Südzone) mit Vierteln der Mittel- oder Oberschicht und bekannten Stränden. Das Centro, das Geschäftsviertel von Rio und die Stelle der ersten Besiedlung markieren die Grenze dazwischen. Hier wie dort finden sich etliche bedeutende Museen und Kolonialbauten.

Die für Traveller interessantesten Gegenden Rios erstrecken sich entlang der Küste der Baía de Guanabara und des Atlantiks. Südlich vom Centro liegen Lapa, Glória, Catete, Flamengo, Botafogo und Urca, die von der Spitze des Pão de Açúcar (Zuckerhut) überragt werden. Noch weiter südlich sind Copacabana, Ipanema und Leblon.

Zu den anderen interessanten Gebieten zählt das auf einer Bergkuppe gelegene Kolonialviertel Santa Teresa, von dem aus man einen Blick auf das Centro und auf den Gipfel des Corcovado mit der Statue Cristo Redentor (Christus der Erlöser) hat.

Abgesehen vom Busbahnhof, dem Fußballstadion Maracanã und dem internationalen Flughafen gibt es für Reisende nur wenig Gründe, die Zona norte zu besuchen.

Quatro Rodas gibt einen ausgezeichneten Stadtplan heraus, der an jedem Kiosk erhältlich ist. Lonely Planet hat einen Stadtplan veröffentlicht, und bei Riotur, der städtische Touristeninformation, bekommt man kostenlose Straßenkarten.

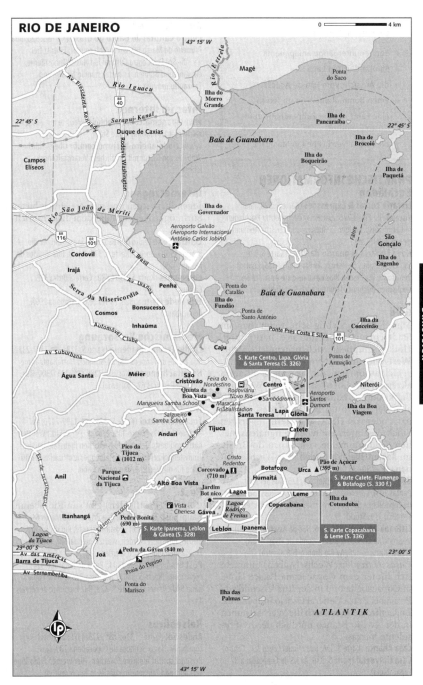

NICHT VERPASSEN

- Sonnenuntergänge am Ipanema
- Samba-Clubs in Lapa
- die Aussicht vom Pão de Açúcar
- einen Bummel durch Santa Teresa
- eine Fahrt mit der Zahnradbahn zum Cristo Redentor
- die Fußballverrücktheit in Maracanã

PRAKTISCHE INFORMATIONEN

Buchläden

Livraria Letras & Expressões (Karte S. 328; Rua Visconde de Pirajá 276, Ipanema) Ein beliebter Buchladen mit englischsprachigen Zeitungen und Zeitschriften und einem guten Café.

Nova Livraria Leonardo da Vinci (Karte S. 326; Edifício Marquês de Herval; Av Rio Branco 185, Centro) Der größte Buchladen Rios hat eine gute Auswahl an englischen Büchern, darunter auch Reiseführer.

Geld

Man sollte vorsichtig sein, wenn man im Stadtzentrum Geld mit sich herumträgt. Und es empfiehlt sich prinzipiell, nichts Wertvolles an den Strand mitzunehmen.

Geldautomaten, die die gängigen Karten akzeptieren, gibt's fast überall. Wer eine Bank- oder Kreditkarte benutzt, sollte Filialen der Banco do Brasil, Bradesco, Citibank oder von HSBC ansteuern. Im dritten Stock des internationalen Flughafens stehen Geldautomaten von Banco do Brasil, im **Ankunftsbereich** finden sich Wechselstuben (☺ 6.30–23 Uhr).

Banco do Brasil Centro (Karte S. 326; Rua Senador Dantas 105); Copacabana (Karte S. 336; Av Nossa Senhora de Copacabana 594); Internationaler Flughafen (Karte S. 323; Terminal 1, 3. Stock)

Citibank Centro (Karte S. 326; Rua da Assembléia 100); Ipanema (Karte S. 328; Rua Visconde de Pirajá 459A)

HSBC (Karte S. 326; Av Rio Branco 108, Centro)

Casas de cambio (Wechselstuben) tummeln sich hinter dem Copacabana Palace Hotel in Copacabana und in der Rua Visconde da Pirajá bei Praça General Osório in Ipanema. Im Centro befinden sich die Wechselstuben in der Av Rio Branco nördlich der Av Presidente Vargas.

Casa Aliança (Karte S. 326; Rua Miguel Couto 35C, Centro)

Casa Universal (Karte S. 336; Av NS de Copacabana 371, Copacabana)

Kulturzentren

Centro Cultural do Banco do Brasil (Karte S. 326; Rua Primeiro do Março 66; www.ccbb.com.br; Eintritt frei; ☺ Di–So) Das Centro Cultural hat Ausstellungsräume, ein Kino und Bühnen. Es bietet ständig Musik- und Tanzaufführungen.

Infos im Internet

www.ipanema.com Farbenfrohe Website mit ausgezeichneter Einführung in die Stadt.

www.riodejaneiro-turismo.com.br Übersichtliche Website von Riotur mit nützlichem Veranstaltungskalender.

Internetzugang

Jugendherbergen und größere Hotels bieten Surfmöglichkeiten, außerdem diese Einrichtungen:

Central Fone Centro (Karte S. 326; Souterrain, Av Rio Branco 156); Ipanema (Karte S. 328; loja B, Rua Vinícius de Moraes 129)

Eurogames (Karte S. 330 f.; Rua Correia Dutra 39B, Catete)

Tele Rede (Karte S. 326; Av NS de Copacabana 209A, Copacabana)

Medizinische Versorgung

Cardio Trauma Ipanema (Karte S. 328; ☎ 2287-2322; Rua Farme de Amoedo 88) 24-Stunden-Notfallaufnahme

Hospital Ipanema (Karte S. 328; ☎ 3111-2300; Rua Antônio Parreiras 67, Ipanema)

Notfall

Touristenpolizei (Karte S. 328; ☎ 3399-7170; Av Afrânio de Melo Franco 119, Leblon; ☺ 24Std.) Wer Pech hatte und bestohlen wurde, sollte den Diebstahl bei der Touristenpolizei melden, die einem eine offizielle Bestätigung für die Versicherung geben kann.

Post

Correios (Postfilialen) gibt's in Rio überall.

Hauptpost (Karte S. 326; Rua Primeiro de Março 64, Centro). Briefe, die mit „Posta-Restante, Rio de Janeiro, Brazil" adressiert wurden, warten hier darauf, von Ihrem Empfänger abgeholt zu werden.

Post Botafogo (Karte S. 330 f.; Praia de Botafogo 324); Copacabana (Karte S. 330 f.; Av Nossa Senhora de Copacabana 540); Ipanema (Karte S. 328; Rua Prudente de Morais 147)

Reisebüros

Andes Sol (Karte S. 336; ☎ 2275-4370; andessol@uol.com.br; Av Nossa Senhora de Copacabana 209) Das Personal spricht mehrere Sprachen. Hier werden Billigflüge verkauft und Budgetunterkünfte in Rio vermittelt.

DER WEG INS ZENTRUM

Rios Internationaler Flughafen Galeão (GIG) liegt 15 km nördlich vom Stadtzentrum auf der Ilha do Governador. Der für Inlandsflüge zuständige Flughafen Santos Dumont befindet sich an der Bucht im Stadtzentrum, 1 km östlich der Metrostation Cinelândia.

Real Auto Bus (☎ 0800-240-850) betreibt sichere, klimatisierte Busse, die vom internationalen Flughafen zum Busbahnhof Novo Rio, zur Av Rio Branco (Zentrum) und zum Flughafen Santos Dumont fahren, außerdem weiter in Richtung Süden durch Glória, Flamengo und Botafogo und entlang der Strände Copacabana, Ipanema und Leblon nach Barra da Tijuca (und in umgekehrte Richtung). Die Busse (3 US$) fahren alle 30 Minuten von 5.20 bis 12.10 Uhr und halten überall dort, wo man es wünscht. An der Haltestelle Carioca kann man in die Metro umsteigen.

Wer zu einem der Flughäfen will, kann einen Real-Bus vor jedem der größeren Hotels entlang der größeren Strände nehmen; man muss auf sich aufmerksam machen und die Busse anhalten.

Taxis vom internationalen Flughafen versuchen möglicherweise, ihre Gäste abzuzocken. Am sichersten und meistens auch am teuersten sind die Funktaxis, für die man am Flughafen einen festen Betrag zahlt. Ein gelb-blaues öffentliches *(comum)* Taxi nach Ipanema sollte um die 30 US$ kosten – ein Funktaxi etwa 45 US$.

Wer mit dem Bus in Rio ankommt, sollte eine Taxi zu seinem Hotel oder zumindest bis in die Gegend nehmen, in der man bleiben möchte. Die Gegend um den Busbahnhof **Rodoviária Novo Rio** (☎ 2291-5151; Av Francisco Bicalho) ist nämlich zwielichtig – und mit komplettem Gepäck in einem Stadtbus zu fahren, ist nicht ganz ungefährlich. Ein kleiner Schalter in der Nähe des Riotur-Auskunftsschalters im ersten Stock des Busbahnhofs vermittelt die gelben Taxis, die vor dem Busbahnhof warten. Die Fahrtkosten zum Internationalen Flughafen betragen beispielsweise 12 US$, zur Copacabana oder nach Ipanema 10 US$.

Wer sich doch für einen Stadtbus entscheidet – sie fahren draußen vor dem Busbahnhof ab. Zur Copacabana kommt man am besten mit den Bussen 127, 128 und 136, die Busse 128 und 172 fahren nach Ipanema. Wer zu den Budgethotels in Catete und Glória will, nimmt Bus 136 oder 172.

Telefon

Auslandsgespräche kann man hier führen:
Central Fone Centro (Karte S. 326; EG, Av Rio Branco 156); Ipanema (Karte S. 328; loja B, Rua Vinícius de Moraes 129)
Locutório (Karte S. 330 f.; Av Nossa Senhora de Copacabana 1171)
Tele Rede (Karte S. 330 f.; Av Nossa Senhora de Copacabana 209)

Touristeninformation

Alô Rio (☎ 0800-707-1808; ⏱ 9–18 Uhr) Englischsprachiges Personal hilft Travellern kostenlos.
Riotur Centro (Karte S. 326; ☎ 2542-8080; Rua da Assembléia 10, 9. Stock; ⏱ Mo–Fr 9–18 Uhr); Busbahnhof (Karte S. 330 f.; Rodoviária Novo Rio; ⏱ 5–24 Uhr); Copacabana (Karte S. 336; Av Princesa Isabel 183; ⏱ 8–20 Uhr); internationaler Flughafen (Karte S. 323; ⏱ 5–23 Uhr) Die sehr hilfreiche städtische Touristeninformation hat jede Menge Infos und reserviert Hotels.

GEFAHREN & ÄRGERNISSE

Wie in vielen anderen Metropolen gibt es auch in Rio Kriminalität und Gewalt, doch wer sich vernünftig verhält, wird höchstens ein paar schlimme Kater davontragen. Diebstahl ist zwar nichts Ungewöhnliches, man aber kann einige Vorsichtsmaßnahmen treffen, um die Risiken zu minimieren.

Busse sind bekanntermaßen beliebte Betätigungsfelder für Diebe. Also sollte man während der Fahrt stets die Augen offen halten und prinzipiell nicht nach Anbruch der Dunkelheit damit unterwegs sein. Nachts ist es besser, ein Taxi zu nehmen, um nicht an einsamen Straßen und Stränden entlanglaufen zu müssen. Das gilt besonders für das Centro – an Wochenenden sollte man generell einen Bogen darum machen, weil es dann verlassen und gefährlich ist.

Auch Strände sind bei Dieben beliebt. Also nichts Wertvolles zum Baden mitnehmen und stets wachsam sein – besonders an Feiertagen (etwa an Karneval), wenn es am Strand beängstigend voll wird.

Man sollte sich angewöhnen, ein paar kleine Scheine separat vom Geldbeutel aufzubewahren, sodass man beim Bezahlen keine Bündel zücken muss. Das Maracanã-Stadion ist einen Besuch wert, doch sollte man auch dorthin besser nur soviel mitnehmen, wie man am selben Tag auch ausgibt. Überfüllte Abschnitte meiden! Es empfiehlt

326 RIO DE JANEIRO •• Centro, Lapa, Glória & Santa Teresa www.lonelyplanet.de

CENTRO, LAPA, GLÓRIA & SANTA TERESA

0 — 400 m

PRAKTISCHES
Australisches Konsulat............... 1	C4
Banco do Brasil........................... 2	B4
Bradesco (Geldautomat)............ 3	B4
Casa Aliança................................ 4	B3
Central Fone 5	B4
Centro Cultural Banco do Brasil (CCBB)........................(siehe 12)	
Citibank.. 6	B3
HSBC (Geldautomat)................... 7	B4
Nova Livraria Leonardo da Vinci.8	B4
Riotur.. 9	B3
US-Konsulat................................ 10	C4

SEHENSWERTES & AKTIVITÄTEN
Arco de Teles............................. 11	C3
Centro Cultural Banco do Brasil (CCBB)..................................... 12	B3
Centro Cultural Carioca............ 13	A4
Centro de Arte Hélio Oiticica .. 14	A3
Largo do Guimarães.................. 15	A6
Macuco Rio................................. 16	C6
Museu Chácara do Céu............. 17	A5
Museu Histórico Nacional ..18	C4
Museu Nacional de Belas Artes................................ 19	B4
Paço Imperial........................... 20	C3
Saveiros Tours.................(siehe 16)	

SCHLAFEN
Cama e Café............................... 21	A6
Hotel Turístico.......................... 22	B6
Rio Hostel.................................. 23	B5

ESSEN
Ateliê Odeon 24	B4
Bar do Mineiro........................... 25	A6
Bar Luís....................................... 26	B4
Dito & Feito................................ 27	B3
Encontras Cariocas.................... 28	B5
Espirito Santa............................ 29	A5
Nova Capela............................... 30	B5

AUSGEHEN
Confeitaria Colombo................. 31	B3

UNTERHALTUNG
Cabaret Casa Nova.................... 32	B5
Carioca da Gema....................... 33	B5
Democráticos............................. 34	A5
Rio Scenarium............................ 35	A4

SHOPPEN
CD- & Plattenläden................... 36	B5
La Vereda................................... 37	A5
Plano B 38	A5

TRANSPORT
Bondinho nach Santa Teresa 39	B4
TAM... 40	B4
Varig... 41	B4

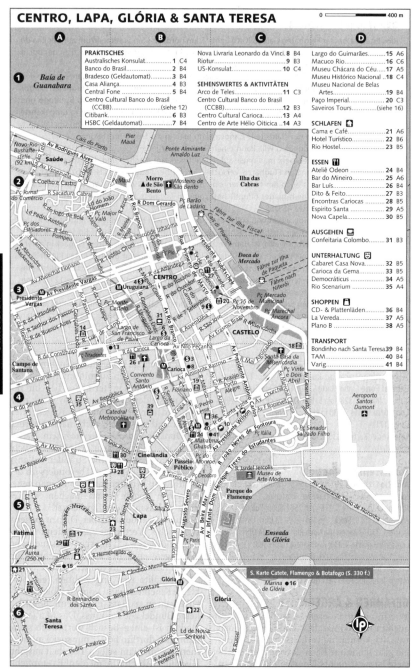

sich nicht, durch die *favelas* zu spazieren, es sei denn, man hat einen erfahrenen Führer. Wer das Pech hat, überfallen zu werden, sollte die geforderten Sachen aushändigen. Die Räuber drohen nicht nur mit ihren Waffen, sondern verwenden sie auch, wenn sie provoziert werden. Es ist ratsam, immer ein Bündel mit kleinen Geldscheinen dabei zu haben, die man im Falle eines Überfalls herausrücken kann.

Auf S. 458 gibt's weitere Tipps, wie man der Kriminalität in Rio aus dem Weg geht.

SEHENSWERTES

Neben Sand, Himmel und Meer bietet Rio jede Menge weitere Attraktionen: historische Viertel, farbenfrohe Museen, Kirchen aus der Kolonialzeit, malerische Gärten und spektakuläre Aussichten.

Ipanema & Leblon

Die Viertel Ipanema und Leblon (Karte S. 328), die durch einen zauberhaften Strand und schöne baumgesäumte Straßen bestechen, sind Rios schönste Ausflugsziele und beliebte Wohnorte für junge und schöne (und reiche) *cariocas*. Verschiedene Gruppen dominieren den Strand: Posto 9 an der Rua Vinícius de Moraes ist der Treffpunkt für die Schönen, ganz in der Nähe – gegenüber von Farme de Amoedo – ist die Abteilung für Schwule. Und Posto 11 in Leblon ist bei Familien beliebt.

Das beliebte Surfgebiet Arpoador liegt zwischen Ipanema und Copacabana. Überall am Strand können die Wellen hoch und die Strömungen stark werden – also nur da schwimmen, wo es Einheimischen auch tun.

Eine gute Aussicht auf den Strand hat man vom Mirante do Leblon unmittelbar westlich des Strandes.

Copacabana & Leme

Der traumhaft geschwungene Strand von Copacabana (Karte S. 336) ist 4,5 km lang und pulsiert nur so vor Energie. Touristen, Prostituierte und Kinder aus den *favelas* – alle sind sie Teil einer verrückten Menschenparade. Dutzende Restaurants und Bars mit Blick auf das Meer reihen sich entlang der Av Atlântica.

Wer nach Copacabana will, sollte nur das Notwendigste mitnehmen und niemals nachts alleine am Strand entlanglaufen. Besonders an den Wochenenden, wenn kaum

Einheimische am Strand sind, sollte man auf sich und seine sieben Sachen aufpassen.

Santa Teresa

Das auf einem Hügel über der Stadt gelegene Santa Teresa (Karte S. 326) bewahrt mit Kopfsteinpflaster und alternden Herrenhäusern den Charme vergangener Tage. Immer mehr Künstler und andere unkonventionelle Menschen wohnen in dem Viertel und genießen die farbenfrohen Restaurants und Bars. An den Wochenenden ist die Gegend um den Largo do Guimarães und den Largo das Neves ein lebendiger Szenetreff.

Das **Museu Chácara do Céu** (Karte S. 326; Rua Murtinho Nobre 93; Eintritt 2 US$, So frei; ☉ Mi–Mo 12–17 Uhr) ist ein nettes Kunst- und Antiquitätenmuseum in einer alten Industriellenvilla mit schönem Garten und tollem Ausblick.

Nach Santa Teresa kommt man mit dem **bondinho** (Straßenbahn; Karte S. 326; Fahrt 0,50 US$) ab der Haltestelle Rua Profesor Lélio Gama, hinter Petrobras. An Wochenenden sollte man ein Taxi zur Haltestelle nehmen, da einem in den Nachbarstraßen Diebe auflauern könnten.

Urca & Botafogo

Die friedlichen Straßen von Urca (Karte S. 330 f.) bieten im Kontrast zur städtischen Hektik angenehme Ruhe. Gute Spazierwege sind der Uferwall am Corcovado, die Straßen dahinter und der Naturpfad **Trilha Claudio Coutinho** (Karte S. 330 f.; ☉ 8–18 Uhr).

Vom **Pão de Açúcar** (Zuckerhut; Karte S. 330 f.; Eintritt 12 US$; ☉ 8–22 Uhr), dem berühmten 396 m hohen Berg, hat man eine grandiose Aussicht über die Stadt. Besonders spektakulär ist der Sonnenuntergang bei klarer Sicht. Zum Gipfel kommt man mit der Seilbahn – am Morro da Urca auf 215 m heißt es umsteigen. Laufen kann man auch (S. 332). Um zum Zuckerhut zu kommen, mit dem Bus bis Urca fahren (Nr. 107 ab Centro oder Flamengo, Nr. 500, 511 oder 512 ab Zona sul).

Westlich von Urca liegt das jugendliche Viertel Botafogo mit dem **Museu do Índio** (Karte S. 330 f.; Rua das Palmeiras 55; Eintritt US$2; ☉ Di–Fr 9–17.30, Sa & So 13–17 Uhr), das interessante Multimedia-Exponate über die Stämme im Norden Brasiliens zeigt.

Cosme Velho

Auf dem 710 m hohen, unter dem Namen Corcovado (Buckel) bekannten Gipfel steht

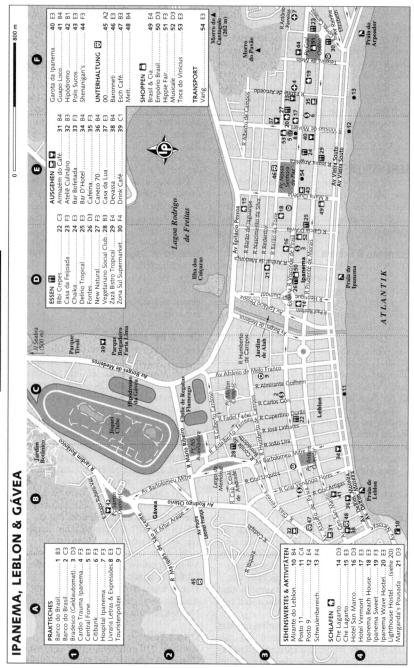

ein weiteres Wahrzeichen von Rio: der **Cristo Redentor** (Christus der Erlöser; Karte S. 323). Von hier hat man einen ähnlich phantastischen Blick wie vom Zuckerhut. Hoch geht's mit dem Taxi oder noch besser mit der **Zahnradbahn** (Hin- & Rückfahrt 12 US$; ⊗ 8.30–18.30 Uhr), die von der Rua Cosme Velho 513 abfährt. Zur Zahnradbahn wiederum geht's per Taxi oder mit dem Bus bis „Rua Cosme Velho" (Nr. 180, 184, 583 und 584). Den Trip am besten an einem Tag mit klarer Sicht machen!

Centro

Im lebhaften Geschäftszentrum von Rio erinnert viel an die großartige Vergangenheit der Stadt. Hier gibt es barocke Kirchen, große Plätze und Kopfsteinpflaster. Weitere Infos s. „Stadtspaziergang" (S. 332).

Besonders gute Ausstellungen präsentiert das **Centro Cultural Banco do Brasil** (S. 324). Das große **Museu Histórico Nacional** (Karte S. 326; ☎ 2550-9224; www.museuhistoriconacional.com.br; Av General Justo nahe Praça Marechal Âncora; Eintritt 2,50 US$; ⊗ Di–Fr 10–17.30, Sa & So 14–18 Uhr) ist im kolonialzeitlichen Zeughaus aus dem 18. Jh. untergebracht; es beherbergt Tausende von Gegenständen aus der brasilianischen Geschichte von der Gründung bis zur frühen Republik.

Das **Centro de Arte Hélio Oiticica** (Karte S. 326; ☎ 2242-1012; Rua Luis de Camões 68; Eintritt frei; ⊗ Di–Fr 11–19, Sa & So bis 17 Uhr) zeigt schöne zeitgenössische Kunst in einem neoklassischen Gebäude aus dem 19. Jh.

Im kleinen **Museu Nacional de Belas Artes** (Karte S. 326; Av Rio Branco 199; Eintritt 5 US$; So frei; ⊗ Di–Fr 10–18, Sa & So 14–18 Uhr) sind tolle Kunstwerke aus dem 17.–20. Jh. ausgestellt, darunter brasilianische Klassiker wie *Café* von Cândido Portinari.

Catete & Flamengo

In den Arbeiterviertel südlich vom Centro verstecken sich etliche Sehenswürdigkeiten.

Das **Museu da República** (Karte S. 330 f.; Rua do Catete 153; Eintritt 3 US$; Mi frei; ⊗ Di–Fr 12–17, Sa & So 14-18 Uhr) ist in dem herrlichen Palácio do Catete aus dem 19. Jh. untergebracht, der bis 1954 als Präsidentenpalast Brasiliens diente. Zur Ausstellung gehört eine Sammlung kunsthandwerklicher Stücke aus der republikanischen Periode und das unheimliche, original belassene Zimmer, in dem Präsident Vargas Selbstmord beging.

Das kleine **Museu Folclórico Edson Carneiro** (Karte S. 330 f.; Rua do Catete 181, Catete; Eintritt 2 US$; ⊗

Di–Fr 11–18, Sa & So 15–18 Uhr) gleich nebenan zeigt brasilianische Volkskunst mit Schwerpunkt auf Bahia-Künstler.

Hinter beiden Museen liegt der **Parque do Catete**. In den ehemaligen Palastanlagen gibt es ein Freiluftcafé und einen kleinen Brunnen.

Zu den besten neuen Errungenschaften Rios zählt das **Centro Cultural Telemar** (Karte S. 330 f.; ☎ 3131-6060; www.centroculturaltelemar.com. br, portugiesisch; Rua Dois de Dezembro 63, Flamengo; Eintritt frei; ⊗ Di–So 11–20 Uhr) mit seinen zeitgenössischen multimedialen Installationen und gelegentlichen Konzerten.

Jardim Botânico & Lagoa

Im grünen **Botanischen Garten** (Karte S. 323; Rua Jardim Botânico 920; Eintritt 1,50 US$; ⊗ 8–17 Uhr) gibt es über 5000 verschiedene Pflanzenarten. Unter der Woche herrscht im Garten eine ruhige, heitere Atmosphäre, an Wochenenden füllt er sich dagegen mit Familien und Musik. Von der Terrasse des Freiluftcafés blickt man auf die hinteren Gärten. Hin kommt man mit dem „Jardim Botânico"-Bus oder jedem anderen Bus mit der Aufschrift „via Jóquei".

Gleich nördlich von Ipanema erstreckt sich die **Lagoa Rodrigo de Freitas** (Karte S. 328), eine malerische Salzwasserlagune, um die ein Wander- und Fahrradweg führt (Fahrräder können am Parque Brigadeiro Faria Lima ausgeliehen werden). Die Kiosks am See sind ein malerischer Ort, um im Freien zu essen. Am Wochenende gibt es dazu Livemusik.

Parque Nacional da Tijuca

Nur 15 Minuten von den Zementbauten der Copacabana entfernt gibt es Wanderwege, die durch üppig grünen tropischen Regenwald führen. Durch das 120 km² große Schutzgebiet des **Parque Nacional da Tijuca** (Karte S. 323; ⊗ 7 Uhr–Sonnenuntergang), ein Relikt des atlantischen Regenwalds, führen sehr gut markierte Wege zu kleinen Anhöhen und Wasserfällen. Karten sind am Eingang im Kunsthandwerksladen erhältlich.

Am besten kommt man mit dem Auto hierher, ansonsten nimmt man den Bus 221, 233 oder 234 bzw. die Metro nach Saens Peña; von hier fährt man weiter mit dem Bus, der Barra da Tijuca als Ziel hat. In Alta da Boa Vista, einem kleinen Vorort in der Nähe des Parks, aussteigen!

330 RIO DE JANEIRO •• Catete, Flamengo & Botafogo

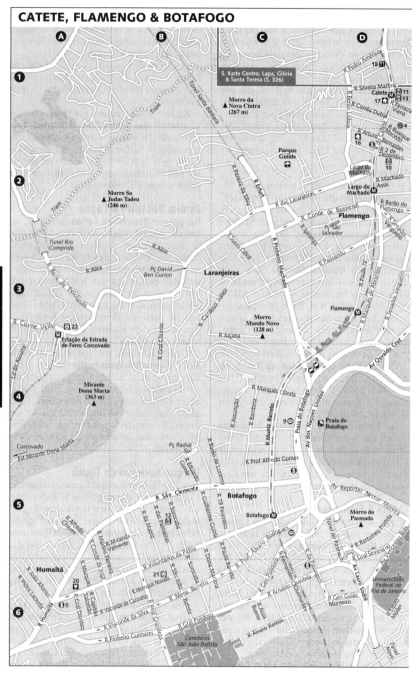

RIO DE JANEIRO •• Catete, Flamengo & Botafogo 331

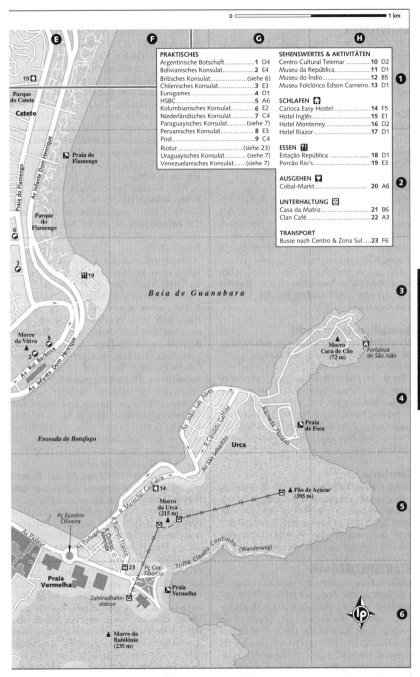

AKTIVITÄTEN

Die üppig grünen Berge und die glitzernde Küste Rios schreien geradezu nach Aktivität, und man kann den Zauber der Gegend an einem sonnendurchtränkten Nachmittag auf viele Arten und Weisen kennenlernen.

Klettern

Animus Kon-Tikis (☎ 2295-0086; www.animuskontikis. com.br; Klettertouren/Wanderungen 55/23 US$) bietet höchst lohnenswerte Klettertouren am Pão de Açúcar.

Drachenfliegen

Mit einem Drachen vom 510 m hohen Pedra Bonita herunterzugleiten, einem der gigantischen Granitblöcke, die die Stadt überragen, gehört zu den Highlights eines jeden Brasilienurlaubs. Viele Piloten bieten Tandemflüge an (ab ca. 80 US$ inkl. Transport). Zu den seriösen Anbietern zählen **Just Fly** (☎ 2268-0565; www.justfly.com.br), **SuperFly** (☎ 3322-2286) und **Tandem Fly** (☎ 2422-6371; www.riotandemfly.com.br).

Bootfahren in der Bucht

Macuco Rio (Karte S. 326; ☎ 2205-0390; www.macucorio. com.br, portugiesisch; Marina da Glória; Bootsausflüge 35–45 US$) veranstaltet täglich zwei Touren (10 Uhr & 14 Uhr) im Schnellboot, entweder zum unberührten Cagarras Archipelago oder zu den historischen Plätzen der Bucht.

Saveiros Tours (Karte S. 326; ☎ 2225-6064; www. saveiros.com.br; Marina da Glória, Glória; Bootsfahrt 14 US$; ⏰ 9.30–11.30 Uhr) organisiert zweistündige Trips in der Bucht in einem großen Schoner.

Tanzkurse

Centro Cultural Carioca (Karte S. 326; ☎ 2252-6468; www.centroculturalcarioca.com.br, portugiesisch; Rua Sete de Setembro, Centro; ⏰ Mo–Fr 11–20 Uhr) gibt einstündige Kurse in Samba und Standardtänzen, die zweimal die Woche stattfinden (40–60 US$ für einen 6-wöchigen Kurs).

STADTSPAZIERGANG

Obwohl Rios Zentrum der sinnliche Charme der Strände der Zona sul fehlt, hält die Innenstadt mit ihrer reichen Geschichte einige faszinierende Entdeckungen bereit. Das heutige Herz Rios ist die Praça Floriano in Cinelândia. Zur Mittagszeit und nach Feierabend, wenn sich die *cariocas* in den Freiluftcafés treffen, füllt sich die Luft mit Sambamusik und politischen Debatten. Weiter

nördlich taucht das **Teatro Municipal (1)** auf, in dem Rios beste Tanz- und Theateraufführungen stattfinden. Das Gebäude ist der Pariser Oper nachempfunden.

Die Praça Floriano im Nordwesten verlassen und auf dem Fußgängerweg Av 13 de Maio entlanglaufen. Die Av Almirante Borroso überqueren und schon erreicht man den Largo da Carioca. Oben auf dem Hügel steht der restaurierte **Convento de Santo Antônio (2)**, zu dessen gigantischer Statue viele *cariocas* beten, die auf der Suche nach einem Ehemann sind.

Vom Kloster aus entdeckt man das **Petrobras-Gebäude (3)** – es sieht aus wie der alte Rubik-Würfel – und die ultramoderne **Catedral Metropolitana (4)**. In der Nähe fährt der *bondinho* (0,50 US$) hoch nach Santa Teresa (S. 327).

Nicht weit von der Kathedrale entfernt kommt man zu den alten Läden, die die Rua da Carioca aus dem 19. Jh. zieren. Super einkehren kann man hier in der **Bar Luís (5**; S. 337), einer Institution Rios mit gutem Essen und Bier. Am Ende des Blocks steht man vor dem betriebsamen **Praça Tiradentes (6)**, früher ein legendäres Viertel. Hier sollte man kurz checken, was gerade im **Centro Cultural Carioca (7**; Rua do Teatro 37) läuft, einem restaurierten Theater mit guten Sambagruppen. Ganz in der Nähe befindet sich der stimmungsvolle portugiesische Lesesaal **Real Gabinete Português de Leitura (8**; Rua Luís de Camões 30; ⏰ 9– 18 Uhr). Etwas weiter in Richtung Westen liegt der **Campo de Santana (9)**, der Park, in dem Kaiser Dom Pedro 1822 Brasiliens Unabgängigkeit erklärte.

Zurück in der Nähe der Av Rio Branco empfiehlt sich das elegante Kaffeehaus **Confeitaria Colombo (10**; Rua Gonçalves Dias 30), wo es guten Espresso und sündhaft gute Desserts gibt. Danach die Av Rio Branco überqueren und die Rua 7 de Setembro entlanggehen, die zur **Praça 15 de Novembro (11)** führt. Neben dem Platz befindet sich der **Paço Imperial (12**; Eintritt frei; ⏰ Di–So 12–18.30 Uhr), der ehemalige königliche Palast und Sitz der Regierung. Heute beherbergt er zeitgenössische Ausstellungen, ein Kino und etliche Restaurants. Gleich nördlich davon liegt der **Arco de Teles (13)**, ein Bogen, der teilweise aus einem alten Aquädukt besteht. Wer unter ihm hindurchgeht, betritt die Travessa de Comércio mit ihren Freiluftbars, Restaurants und faszinierenden Geschäftsfassaden.

Von der Praça 15 de Novembro kann man rüber zum Hafenviertel schlendern, von wo aus regelmäßig Fähren nach Niterói an der Ostseite der Baía de Guanabaras fahren.

FESTIVALS & EVENTS

Zu einem der größten und wildesten Feste des Planeten zählt der **Karneval**, ein farbenprächtiges, hedonistisches Bacchanal, das praktisch ein Synonym für Rio ist. Obwohl der Karneval angeblich nur fünf Tage dauert (von Freitag bis Dienstag vor Aschermittwoch), beginnen die *cariocas* schon Monate vorher mit dem Feiern. Die Parade von aufwendig gearbeiteten Festzugswagen durch das *sambódromo* wird von Tausenden eifrigen Trommlern und wirbelnden Tänzerinnen begleitet und bildet den Höhepunkt der Festlichkeiten. Aber so richtig ab geht es erst auf den Partys überall in der Stadt.

Nachtclubs und Bars veranstalten besondere Kostümfeste, zudem gibt es kostenlose Livekonzerte (Largo do Machado, Arcos do Lapa, Praça General Osório). Wem es nach ein wenig Frivolität zumute ist, der kann sich auf verschiedenen Bällen Stadt vergnügen. *Bandas* bzw. *blocos* gehören zu den besten Arten, das Fest ganz wie die *cariocas* zu feiern. Sie bestehen aus einer Prozession von Trommlern und Sängern, der sich alle anschließen, die auf den Straßen Rios tanzen wollen. Zeit und Ort erfährt man aus *Veja's* „Rio"-Beilage oder bei Riotur. Die *blocos* in Santa Teresa und Ipanema sind sehr zu empfehlen.

Der beeindruckende Hauptumzug findet im **Sambódromo** (Rua Marques do Sapuçai) in der Nähe der Metrostation Praça Onze statt. Vor 30 000 überschwenglichen Menschen tanzt jede der 14 Sambaschulen eine Stunde lang einfach betörend. Die besten Schulen treten an Karnevalssonntag und -montag gegeneinander an (3. & 4. Feb. 2008; 22. & 23. Feb. 2009; 14. & 15. Feb. 2010). Am sichersten erreicht man das *sambódromo* mit dem Taxi oder mit der Metro, die während der Festivitäten rund um die Uhr fährt.

Infos zum Verkauf von *sambódromo*-Tickets zu offiziellen Preisen (ca. 60 US$) gibt es bei Riotur oder auf der übersichtlichen Karnevalwebsite (www.rio-carnival.net). Fürs Wochenende sind die meisten Tickets schon ausverkauft und man ist auf die Gnade der Schwarzmarkthändler angewiesen (nicht danach suchen – sie finden einen!). Oder man geht einfach um Mitternacht zum *sambódromo* und sieht sich mit einem Ticket, das je nach Platz 15 bis 50 US$ kostet, die Show nur für drei oder vier Stunden an

Wer im Karneval voll mitmischen will, kann vorher bei einer *escola de samba* Un-

> **ROUTENINFOS**
> **Start** Praça Floriano
> **Ziel** Niterói
> **Strecke** 3,5 km
> **Dauer** 3 Std.

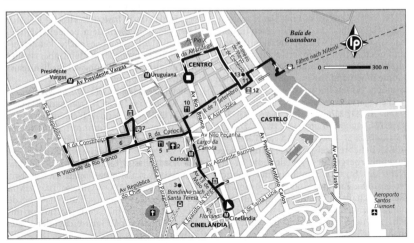

terricht nehmen und selbst an den Umzügen teilnehmen.

Nicht vergessen, der Karneval ist ein teurer Spaß: Die Zimmerpreise verdreifachen und vervierfachen sich. Und auch einige Diebe haben sich dem Karneval verschrieben – und klauen im Kostüm.

SCHLAFEN

In den letzten Jahren sind in Rio Dutzende Jugendherbergen eröffnet worden. Das macht die Stadt bei Backpackern natürlich zunehmend beliebt.

Von Dezember bis Februar reserviert man besser, rund um Neujahr und Karneval unbedingt.

Ipanema & Leblon

Ipanema Wave Hostel (Karte S. 328; ☎ 2227-6458; wavehostel@yahoo.com.br; Rua Barão da Torre 175 No 5, Ipanema; B 16 US$) Die Jugendherberge mit Holzfußböden und gepflegten Gemeinschaftsräumen ist bei jungen, lockeren Leuten beliebt. Die Unterkunft liegt in einer schönen Straße in Ipanema, gleich neben etlichen anderen Hostels.

Lighthouse Hostel (Karte S. 328; ☎ 2522-1353; www.thelighthouse.com.br; Rua Barão da Torre 175, No 20, Ipanema; B/DZ 18/55 US$) Die freundliche kleine Unterkunft gleich neben dem Ipanema Wave vermietet schöne Zimmer und eignet sich gut, um andere Traveller kennenzulernen und um Infos rund um die aktuelle Wellenlage auszutauschen.

Ipanema Beach House (Karte S. 328; ☎ 3202-2693; www.ipanemahouse.com; Rua Barão da Torre 485, Ipanema; B/DZ 18/55 US$; 💻 🐾) Das umgebaute zweistöckige Haus gehört zu den schönsten Jugendherbergen Rios. Es hat Schlafsäle mit sechs und neun Betten in Dreierstockbetten, etliche Privatzimmer, geräumige Aufenthaltsräume innen und außen, eine Bar und einen wunderschönen Pool.

Che Lagarto (www.chelagarto.com) Ipanema (Karte S. 328; ☎ 2512-8076; Rua Paul Redfern 48; B/DZ 20/60 US$); Copacabana (Karte S. 336; ☎ 2256-2778; Rua Anita Garibaldi 87; B mit/ohne HI-Karte 15/18 US$, DZ 46 US$) Beliebte preisgünstige fünfstöckige Jugendherberge für Traveller, die in der Nähe des Strands von Ipanema wohnen wollen. Die Zimmer sind einfach und die Gemeinschaftsräume nicht groß, mit Ausnahme der teuren Bar im 1. Stock. In der Filiale an der Copacabana ist partytechnisch mehr los.

Margarida's Pousada (Karte S. 328; ☎ 2239-1840; margaridacaneiro@hotmail.com; Rua Barão da Torre 600, Ipanema; EZ/DZ/Apt. ab 37/55/115 US$; 🐾) Günstig gelegenes Gästehaus mit gemütlichen Zimmern in einem kleinen zweistöckigen Haus und mit einem privaten Apartment in der Nähe, das man mieten kann.

Hotel Vermont (Karte S. 328; ☎ 2522-0057; hoteis vermont@uol.com.br; Rua Visconde de Pirajá 254, Ipanema; EZ/DZ ab 57/78 US$; 🐾) Die Lage ist das, was zählt bei dem Hochhaus zwei Blocks vom Strand entfernt. Die Zimmer mit gefliesten Fußböden, älteren Badezimmern und spärlicher Beleuchtung sind echt schäbig.

Hotel San Marco (Karte S. 328; ☎ 2540-5032; www.sanmarcohotel.net; Rua Visconde de Pirajá 524, Ipanema; EZ/DZ 65/70 US$; 🐾) Die Qualität ist mit der des Vermont vergleichbar.

Ipanema Sweet (Karte S. 328; ☎ 2551-0488; sonia cordeiro@globo.com; Rua Visconde de Pirajá 161, Ipanema; Apt. ab 95 US$; 🐾 🐾) Die modern möblierten Apartments mit Küche, Wohnzimmer und Balkon (keine Aussicht) sind günstig. Es gibt zwei Pools, Sauna und Waschmaschine.

Copacabana & Leme

Copacabana Praia Hostel (Karte S. 336; ☎ 2547-5422; Rua Tenente Marones de Gusmão 85, Copacabana; B/EZ/DZ 12/32/46 US$, Wohnung 46 US$) Die Jugendherberge ist nicht ausgeschildert. Sie liegt in einer ruhigen Straße an einem kleinen Park. Weil sie mit die billigsten Betten an der Copacabana hat, zieht sie jede Menge Budgettraveller an. Es werden auch einfache möblierte Wohnungen vermietet.

Rio Backpackers (Karte S. 336; ☎ 2236-3803; www.riobackpackers.com.br; Travessa Santa Leocádia 38, Copacabana; B/DZ 14/41 US$) In dem beliebten Hostel kann man toll junge Backpacker kennenlernen. Die Zimmer sind klein, aber sauber und gepflegt. Und die jungen brasilianischen Besitzer sind partyerprobt.

Hotel Toledo (Karte S. 336; ☎ 2257-1990; Fax 2257-1931; Rua Domingos Ferreira 71, Copacabana; Minis/EZ 32/55/67 US$) Das Toledo liegt einen Block vom Strand entfernt. Es vermietet altmodische, kleine Zimmer zu niedrigen Preisen und einige sarggroße Einzelzimmer („Minis“!).

Pousada Girassol (Karte S. 336; ☎ 2549-8344; www.girassolpousada.com.br; Travessa Angrense 25A, Copacabana; EZ/DZ/3BZ 44/55/64 US$) Das Girassol ist eine von zwei *pousadas* in der geschäftigen Av NS de Copacabana. Es gibt einfache Suiten mit Holzfußböden und ausreichender Luftzufuhr.

Hotel Santa Clara (Karte S. 336; ☎ 2256-2650; www.hotelsantaclara.com.br; Rua Décio Vilares 316, Copacabana; EZ/DZ ab 55/60 US$) Das ordentliche dreistöckige Hotel liegt versteckt in einer der friedlichsten Straßen Copacabanas. Am besten sind die Zimmer im Obergeschoss mit Holzfußboden, Fensterläden und Balkon.

Residencial Apartt (Karte S. 336; ☎ 2522-1722; www.apartt.com.br; Rua Francisco Otaviano 42, Copacabana; DZ ab 63 US$; 🖳) Die wenig einladende Unterkunft ist eines der billigsten Suitenhotels von Rio. Es vermietet einfache Wohnungen mit einigermaßen hellem Schlafzimmer, kleiner Küche und düsterem Wohnzimmer.

Santa Teresa

Rio Hostel (Karte S. 326; ☎ 3852-0827; www.riohostel.com; Rua Joaquim Murtinho; B/DZ ab 16/50 US$; 🖳) Die schöne, einladende Jugendherberge ist als Ausgangspunkt ideal, um das ultimative Bohème-Viertel Rios zu erkunden. Hier gibt's einen riesigen Aufenthaltsbereich und lebhafte abendliche Versammlungen am Pool.

Casa Áurea (Karte S. 326; ☎ 2242-5830; www.casaaurea.com.br; Rua Áurea 80, Santa Teresa; DZ 36–55 US$) Das ordentliche zweistöckige Gästehaus vermietet gute Zimmer rund um einen begrünten Innenhof. Es liegt einen kurzen Fußweg vom *bonde* (Tram) entfernt.

Cama e Café (Karte S. 326; ☎ 2221-7635; www.camaecafe.com; Rua Pascoal Carlos Magno 5, Santa Teresa; DZ ab 45 US$) Das B&B-Netz vermittelt Travellern Zimmer bei Einheimischen. Die Qualität reicht von einfach bis luxuriös. Auf der Internetseite sind die Quartiere beschrieben.

Botafogo & Urca

Carioca Easy Hostel (Karte S. 330 f.; ☎ 2295-7805; www.cariocahostel.com.br; Rua Marechal Cantuária 168, Urca; B/DZ 18/50 US$; 🖳) Die winzige Herberge unterhalb des Zuckerhuts hat saubere Schlafsäle, einen sonnigen Aufenthaltsraum und einen kleinen Pool an der Rückseite. Zur Copacabana kommt man schnell mit dem Bus (Nr. 511 oder 512).

Glória, Catete & Flamengo

Hotel Riazor (Karte S. 330 f.; ☎ 2225-0121; hotelriazor1@hotmail.com; Rua do Catete 160, Catete; EZ/DZ 21/28 US$; 🖳) Hinter der kolonialzeitlichen Fassade des Riazor verbergen sich abgetakelte Zimmer. Das Angebot ist klar: Bett, Bad, TV und Tür, durch die man zum Stadtbummel aufbricht.

Hotel Turístico (Karte S. 326; ☎ 2557-7698; Ladeira da Glória 30; EZ/DZ 25/30 US$) Das Turístico liegt in einer ruhigen Straße oberhalb der Metrostation Glória. Es bietet nette bis düstere, einfache Zimmer.

Weitere Budgetunterkünfte in Catete:
Hotel Monterrey (Karte S. 330 f.; ☎ 2265-9899; Rua Arturo Bernardes 39, Catete; EZ/DZ 24/32 US$)
Hotel Inglês (Karte S. 330 f.; ☎ 2558-3052; www.hotelingles.com.br; Rua Silveira Martins 20; EZ/DZ 25/32 US$)

ESSEN

In Rio gibt es unzählige Restaurants, die nicht immer billig sind. Die besten preiswerten Optionen sind Mittagsbuffets und Saftbars, die sich über die ganze Stadt verteilen. Unter den teureren Alternativen befinden sich die besten in Leblon, vor allem in der Rua Dias Ferreira, die vor Restaurants regelrecht überquillt. Weitere Möglichkeiten sind die Freiluftrestaurants am Ost- und Westufer des Sees (Lagoa) und in der Rua Joaquim Murtinho in Santa Teresa.

Ipanema & Leblon

Delírio Tropical (Karte S. 328; Rua Garcia D'Ávila 48, Ipanema; Salate 4–6 US$; ☺ 8–21 Uhr) Das luftige Delírio Tropical ist für seine Salate berühmt, die in vielen Varianten mit Suppe und warmen Speisen serviert werden (z. B. vegetarische Burger oder gegrillter Lachs).

Chaika (Karte S. 328; Rua Visconde de Pirajá 321; Mittagstisch 4 US$; ☺ 9–1 Uhr) Das unscheinbare Lokal serviert vorne Hamburger, Pasteten und Limonaden und hinten substanziellere Speisen.

Bibi Crepes (Karte S. 328; Rua Cupertino Durão 81, Leblon; Crêpes 5–8 US$; ☺ 12–1 Uhr) Hier gibt's verschiedene leckere süße und pikante Crêpes.

Fontes (Karte S. 328; Rua Visconde de Pirajá 605D; Hauptgerichte ca. 5 US$) Gute vegetarische Kost.

New Natural (Karte S. 328; Rua Barão da Torre 167; Mittagstisch 6 US$; ☺ 7–23 Uhr) Ein Favorit unter Travellern – das vegetarische Mittagsbuffet ist spitze: frische Suppen, Reisgerichte, Gemüse und Bohnen.

Vegetariano Social Club (Karte S. 328; Rua Conde Bernadotte 26L, Leblon; Hauptgerichte ca. 8 US$; ☺ 12–17.30 Uhr) Das relaxte Lokal serviert samstags mittelmäßige *feijoada* mit Tofu.

Zazá Bistro Tropical (Karte S. 328; Rua Joana Angélica 40, Ipanema; Hauptgerichte 14–22 US$; ☺ abends) Richtig reinhauen kann man bei Zazá, einem schön umgebauten Haus in Ipanema

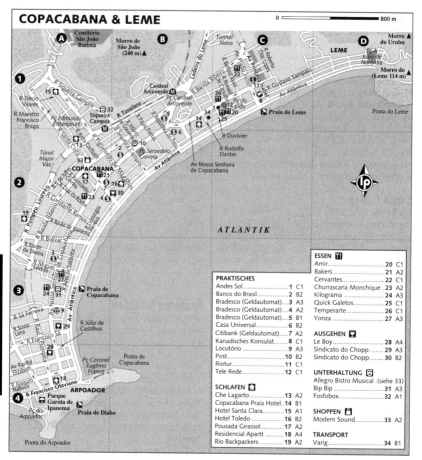

mit Dekor im französischen Kolonialstil und innovativen Fischgerichten. In der Lounge oben kann man auf Kissen bei Kerzenlicht dinieren.

Casa da Feijoada (Karte S. 328; Rua Prudente de Moraes 10B, Ipanema; Feijoada 17 US$) Das Spezialgericht von Rio aus schwarzen Bohnen und gesalzenem Schwein wird hier auf besondere Art zubereitet.

Zona Sul Supermarkt (Karte S. 328; Rua Gomes Carneiro 29) Hier kann man gut billige Mahlzeiten zusammenstellen.

Copacabana & Leme

Yonza (Karte S. 336; Rua Miguel Lemos 21B, Copacabana; Crêpes 4–7 US$; ☾ Di–Fr 10–24, Sa & So 18–24 Uhr) Surfbretter und japanisches Ambiente bestimmen die preisgünstige Crêperie am Strand. Es erwarten einen sättigende Crêpes und eine junge Kundschaft.

Temperarte (Karte S. 336; Av NS de Copacabana 266, Copacabana; 9 US$/kg; ☾ Mo–Sa mittags) Restaurant, mit beeindruckender Auswahl an Salaten, Grillfleisch und Gemüse; bezahlt wird nach Gewicht (des Essens!).

Bakers (Karte S. 336; Rua Santa Clara 86B; Sandwiches 3–6 US$; ☾ 9–20 Uhr) Hier locken weiche Croissants, Strudel und Kaffee Kundschaft an. Ein gutes Preis-Leistungs-Verhältnis bieten die Sandwiches.

Quick Galetos (Karte S. 336; Rua Duvivier 28A; Gerichte 4–6 US$) Günstige, frische Grillhähnchen.

Cervantes (Karte S. 336; Av Prado Junior 335B; Sandwiches ab 6 US$) Das Cervantes ist eine Institution der Copacabana und berühmt für seine Sandwiches mit Filet Mignon und Ananas sowie eiskaltes *chope* (Fassbier). Um die Ecke (Rua Barato Ribeiro 7) serviert die zum Cervantes gehörige *boteco* (Eckkneipe) leckere Speisen für Eilige.

Churrascaria Monchique (Karte S. 336; Av NS de Copacabana 796A; All you can eat 6,50 US$; ☻ mittags) Die preiswerte *churrascaria* mit riesiger Salatbar und Buffet bereitet leckere Grillgerichte zu.

Kilograma (Karte S. 336; Av Nossa Senhora de Copacabana 1144; 14 US$/kg) Im hervorragenden Selbstbedienungsrestaurant bekommt man Salate, Fleisch, Meeresfrüchte und Nachtisch.

Amir (Karte S. 336; Rua Ronald de Carvalho 55C; Hauptgerichte 10–14 US$) Das gemütliche Nahost-Restaurant serviert Hummus, Koftas, Falafel und andere authentische Gerichte.

Centro

Dito & Feito (Karte S. 326; Rua do Mercado 19; Gerichte 7–12 US$; ☻ Mo–Fr mittags) Das Restaurant in einer Villa aus dem 19. Jh. baut an Wochentagen ein beliebtes Buffet auf.

Ateliê Odeon (Karte S. 326; Praça Floriano; Hauptgerichte 8–12 US$; ☻ Sa & So geschl.) Eines der stark frequentierten brasilianischen Restaurants mit Freilufttischen an der Praça Floriano.

Bar Luís (Karte S. 326; Rua da Carioca 39; Hauptgerichte 9–15 US$; ☻ So geschl.) Die Bar Luís ist seit 1887 eine Institution von Rio. Sie serviert sättigende Portionen deutscher Gerichte und das beste dunkle Bier der Stadt.

Lapa & Santa Teresa

Encontras Cariocas (Karte S. 326; Av Mem de Sá 77, Lapa; Pizzas 6–16 US$; ☻ Mi–So abends) Eine Pizzeria mit Atmosphäre mitten im Musikviertel Lapa.

Bar do Mineiro (Karte S. 326; Rua Paschoal Carlos Magno 99, Santa Teresa; Hauptgerichte 8–15 US$; ☻ Mo geschl.) Das alteingesessene Restaurant ist ein Wahrzeichen von Santa Teresa. Es gibt Minas-Gerichte, z. B. *carne seca* (getrocknetes Fleisch mit Gewürzen), *lingüiça* (Schweinswurst) und samstags *feijoada*.

Nova Capela (Karte S. 326; Av Mem de Sá 96; Hauptgerichte ab 9 US$) Das altertümliche Nova Capela serviert portugiesische Küche und hat eine geschwätzige Kundschaft. Tipp: *Cabrito* (Ziege) probieren.

Espirito Santa (Karte S. 326; Rua Almirante Alexandrino 264, Santa Teresa; Hauptgerichte 9–18 US$; ☻ Mo geschl.) Das Espirito Santa befindet sich in einem wunderbar restaurierten Gebäude. Hier werden köstliche Amazonasgerichte

serviert, die man auf der rückwärtigen Terrasse mit Rundumblick genießen kann.

Glória, Catete & Flamengo

Estação República (Karte S. 330 f.; Rua do Catete 104, Catete; Gerichte 5–10 US$; ☻ Mo–Sa 11–24, So 11–23 Uhr) Ein beliebtes und billiges Selbstbedienungsrestaurant.

Porção Rio's (Karte S. 330 f.; Av Infante Dom Henrique-Aterro; All you can eat 28 US$) Die im Parque do Flamengo gelegene *churrascaria* ist eine der besten von Rio. „All you can eat" beinhaltet Grillfleisch – und Ausblick auf den Pão de Açúcar.

AUSGEHEN

Nur wenige Städte können es mit dem energiegeladenen Nachtleben Rios aufnehmen. Samba- und Jazzclubs, Freiluftcafés, Lounges und Nachtclubs sind nur ein Teil des Nachtlebens, während die *boteco* die *carioca*-Institution schlechthin ist. Wer etwas Portugiesisch kann, holt sich hier unzählige Infos: im Beiheft *Veja Rio* der Zeitschrift *Veja*, donnerstags und freitags im *O Globo* und im *Jornal do Brasil* und auf der Internetseite Rio Festa (www.riofesta.com.br).

Cafés & Saftbars

In den unzähligen Saftbars von Rio kann man toll die verschiedenen tropischen Leckereien kosten. Die Straßencafés von Ipanema und Leblon sind prima, um Kaffee zu trinken und Leute zu beobachten.

Polis Sucos (Karte S. 328; Rua Maria Quitéria 70; ☻ 7–24 Uhr) Eine erstklassige Saftbar.

Cafeína (Karte S. 328; Rua Farme de Amoedo 43; Sandwiches 4–7 US$) Im schönen Café kann man gut einen Espresso trinken, während man die Stadt an sich vorüberziehen lässt.

Confeitaria Colombo (Karte S. 326; Rua Gonçalves Dias 34) Buntglasscheiben und glänzender Brokat liefern das Ambiente für Javakaffee und Desserts.

Noch mehr Kaffeekultur gibt's hier: **Armazém do Café** (Karte S. 328; Rua Rita Ludolf 87B, Leblon)

Ateliê Culinário (Karte S. 328; Rua Dias Ferreira 45, Leblon)

Bars

Empório (Karte S. 328; Rua Maria Quitéria 37, Ipanema) Der Mix aus *cariocas*, Gringos und billigen Cocktails heizt die Stimmung in der schäbigen, aber beliebten Bar in Ipanema an.

Devassa (Karte S. 328; Rua General San Martin 1241, Leblon) Das stimmungsvolle Devassa schenkt das wohl günstigste Bier in Rio aus; MPB-Bands tragen auch noch zur fröhlichen Atmosphäre bei.

Bar D'Hotel (Karte S. 328; Marina All Suites, Av Delfim Moreira 696 2. Stock, Leblon) Eine der elegantesten Bars von Leblon und ein beliebter Treff der Schönen dieser Stadt.

Shenanigan's (Karte S. 328; Rua Visconde de Pirajá 112A, Ipanema) In dem Irish Pub mit Blick auf die Praça General Osorio trifft man ein gemischtes Publikum aus eleganten *cariocas* und sonnengebräunten Gringos.

Caneco 70 (Karte S. 328; Av Delfim Moreira 1026, Leblon) Traditioneller Treff am Strand nach dem Sonnenbaden

Garota de Ipanema (Karte S. 328; Rua Vinícius de Moraes 49) Jede Menge Touris bevölkern diese Bar – aber es wäre eine Sünde, den Ort, an dem Jobim und Vinícius ihren berühmten Song „Girl von Ipanema" komponierten, nicht zu erwähnen.

Guapo Loco (Karte S. 328; Rua Rainha Guilhermina 48, Leblon) Farbenfrohe mexikanische Restaurant-Bar; gehört zu den rauflustigsten Läden in Leblon. Tequila ist der Drink der Wahl.

Drink Café (Karte S. 328; Parque dos Patins, Av Borges de Medeiros, Lagoa; Eintritt für Livemusik 2 US$) Eines von mehreren lebendigen Freiluftrestaurants am See.

Hipódromo (Karte S. 328; Praça Santos Dumont 108, Gávea) Das in einer Gegend namens Baixo Gávea gelegene Hipódromo zieht vor allem junge Leute im Studentenalter an. Am besten ist es hier montags, donnerstags und sonntagnachts.

Sindicato Do Chopp (Karte S. 336) Copacabana Av Atlântica 3806); Leme (Av Atlântica 514) Open-Air-Bars mit Blick auf die breite Avenue und den Strand im Hintergrund.

UNTERHALTUNG
Livemusik
Der Eintritt kostet normalerweise zwischen 5 und 10 US$.

Carioca Da Gema (Karte S. 326; Av Mem de Sá 79, Lapa) Das Carioca da Gema ist einer der zahlreichen Sambaclubs Rios. In dem kleinen Raum mit gedämpfter Beleuchtung kann man eine der besten Sambabands der Stadt hören. Auf der Tanzfläche wird ausgelassen und reichlich getanzt.

Democráticus (Karte S. 326; Rua do Riachuelo 91, Lapa; ✆ Mi–So) Der bezaubernde Klassiker hat eine riesige Tanzfläche und ausgezeichnete Sambabands. Wer nur einen *gafieira* (Sambaclub) besuchen will, sollte den Democráticus wählen.

Rio Scenarium (Karte S. 326; www.rioscenarium.com.br, portugiesisch; Rua do Lavradio 20, Lapa; ✆ So & Mo geschl.) Der Río Scenarium gehört zu den prächtigsten Nachtschuppen von Lapa. Er hat drei Ebenen, die alle prunkvoll dekoriert sind. Über der Tanzfläche auf der ersten Ebene befinden sich Balkone, von denen man den Tänzern zu jazzlastigem Samba, *choro* und *pagode* zuschauen kann.

Clan Café (Karte S. 336; Rua Cosme Velho 564, Cosme Velho; ✆ Di–Sa ab 18 Uhr) Die unauffällige Bar hat eine große Terrasse und hervorragende zurückhaltende Livebands, die ab etwa 21 Uhr Samba, MPB und Jazz spielen.

Bip Bip (Karte S. 328; Rua Almirante Gonçalves 50, Copacabana; Eintritt frei; ✆ 18.30–1 Uhr) Das Bip Bip ist für Insider ein Schatz mit toller, lockerer Musik, der hinter einem einfachen Ladeneingang verborgen ist. Zur Zeit gibt es sonn-

---

SCHWULEN- & LESBENSZENE IN RIO

Rios schwule Gemeinde ist das ganze Jahr über weder besonders auffällig noch schrill – außer an Karneval. An den Stränden gibt's schwulenfreundliche Getränkebuden: in Copacabana gegenüber vom Copacabana Palace Hotel und in Ipanema gegenüber der Rua Farme de Amoedo (Rios schwulste Straße).

Le Boy (Karte S. 336; Rua Raul Pompéia 94) Einer von Rios besten (und größten) Schwulenclubs. Die DJs legen am Wochenende House und Drum 'n' Bass auf. Unter der Woche gibt's Dragshows.

Bar Bofetada (Karte S. 328; Rua Farme do Amoedo 87A) Hier heißt es zwar nicht „gays only", doch in dem lebendigen Treffpunkt sind schwule Paare fester Bestandteil des gemischten Publikums.

Cabaret Casa Nova (Karte S. 326; Av Mem de Sá 25, Lapa; ✆ Fr–Sa) Einer der ältesten Schwulenclub in Rio; mit bunt gemischtem Publikum (auch Dragqueens) und Trashmusik.

Casa da Lua (Karte S. 328; Rua Barão da Torre 240A, Ipanema) Die Lesbenbar befindet sich in einem grünen Teil von Ipanema. Großartige Drinks!

KNEIPENTOUR FÜR ANFÄNGER

Was Bars betrifft, so hat fast jedes Viertel in Rio seine bestimmten Plätze. In Ipanema liegen die Bars noch verstreut, aber in Leblon findet man sie am westlichen Endes der Av General San Martin. In der Nähe von Lagoa füllen sich die Bars rund um die JJ Seabra mit jüngerem Publikum, und in den Bars gegenüber der Praça Santos Dumont findet sich fast immer ein lustiges Völkchen ein. Die Kiosks am Seeufer (im Parque Brigadeiro Faria Lima) sind ein beliebter Treffpunkt mit Open-Air-Livemusik. In der Av Atlântica der Copacabana reihen sich Freiluftbars und -restaurants aneinander, doch nach Einbruch der Dunkelheit wird es hier etwas heikel. In Botafogo findet man authentische *carioca*-Bars, besonders rund um die Rua Visconde de Caravelas und auf dem Cobal Markt. Im Zentrum empfiehlt sich die Travessa do Comércio mit ihrer stimmungsvollen Atmosphäre unter der Woche für einen abendlichen Drink. Lapas quirligste Straße ist die von Sambaclubs gesäumte Av Mem de Sá. Und in Santa Teresa schließlich gibt's farbenprächtige Bars rund um den Largo do Guimarães und den Largo das Neves.

tags Samba, dienstags *chorinho* und mittwochs Bossa Nova. Die Bands legen ungefähr um 20 Uhr los.

Esch Café (Karte S. 328; Rua Dias Ferreira 78, Leblon) Das Esch bietet kubanische Zigarren und Livejazz in einem dunklen Holzambiente.

Allegro Bistro Musical (Karte S. 336; www.modern sound.com.br; Rua Barata Ribeiro 502, Copacabana; Eintritt frei; Mo–Fr 9–21, Sa bis 20 Uhr) Das kleine Café im Modern Sound (S. 340) ist an den meisten Abenden eine tolle Bühne für Livebands.

Nachtclubs

Vor Mitternacht läuft nix. Der Eintritt beträgt zwischen 5 und 15 US$, Frauen bezahlen meistens weniger als Männer.

Casa da Matriz (Karte S. 330 f.; casadamatriz.com.br; Rua Henrique Novaes 107, Botafogo) Im großen Avantgardezentrum, das in einer alten zweistöckigen Villa in Botafogo untergebracht ist, sind zahllose kleine Räume zu erkunden – Lounge, Kino, Tanzflächen.

00 (Zero Zero; Planetário da Gávea, Av Padre Leonel Franca 240, Gávea; Fr–So) Das 00 befindet sich im Planetarium von Gávea. Tagsüber ist es ein Restaurant, nachts eine schicke Lounge. Gute DJs und abgefahrene Partys ziehen ein gemischtes tanzwütiges Publikum an.

Baronneti (Karte S. 328; Rua Barão da Torre 354, Ipanema; Di–So) Junge, wohlhabende Leute kommen in den Nachtclub in Ipanema.

Fosfobox (Karte S. 336; Rua Siqueira Campos 143, Copacabana; Mi–So) Der unterirdische Club verbirgt sich unter einem Einkaufszentrum. DJs legen von Funk bis zu Glam Rock alles auf.

Melt (Karte S. 328; Rua Rita Ludolf 47, Leblon) Der teure Laden in Leblon hat oben eine Tanzfläche und unten eine verführerische Lounge.

Sambaschulen

Im September sind die Proben der großen Karnevalschulen für Publikum geöffnet. Bei den lebhaften, ungezwungenen Veranstaltungen wird getanzt, getrunken und gefeiert. Die Schulen liegen in zwielichtigen Gegenden, deshalb sollte man nicht allein hingehen. Die meisten Jugendherbergen organisieren Fahrten, falls man mit einer Gruppe gehen will. Bei Riotour erfährt man Öffnungszeiten und Orte. Die besten Schulen für Touristen sind:

Mangueira (2567-4637; Rua Visconde de Niterói 1072, Mangueira; Unterricht Sa 19 Uhr)

Salgueiro (2238-5564; Rua Silva Teles 104, Andaraí; Unterricht Sa 22 Uhr)

Sport

Maracanã (Karte S. 323; Rua Professor Eurico Rabelo e Av Maracanã) In Rios riesigem Fußballschrein finden einige der aufregendsten Spiele der Welt statt – nicht zuletzt wegen der zum Teil völlig durchgeknallten Fans. Das ganze Jahr über gibt es an unterschiedlichen Wochentagen Spiele. Die großen Vereine von Rio sind Flamengo, Fluminense, Vasco da Gama und Botafogo.

Zum Stadion nimmt man die Metro bis Maracanã und läuft dann die Av Osvaldo Aranha entlang. Am sichersten sind die Plätze auf der unteren Ebene – *cadeira* –, wo einen der Überhang vor herunterfallenden Gegenständen wie toten Hühnern und mit Urin gefüllten Flaschen (kein Witz!) beschützt. Der Eintrittspreis beträgt für die meisten Spiele 7 US$.

SHOPPEN
Märkte

Feira do Nordestino (Karte S. 323; Pavilhão de São Cristóvão in der Nähe der Quinta da Boa Vista; ☺ Fr–So) Der Markt strahlt tatsächlich die Atmosphäre des Nordostens aus. Jede Menge Essen, Trinken und Livemusik machen einen Besuch lohnenswert.

Hippiemarkt (Karte S. 328; Praça General Osório; ☺ So 9–18 Uhr) Eine der Attraktionen von Ipanema mit guten Souvenirs und Essen aus Bahia.

Brasilianisches Kunsthandwerk gibt's auch hier:

Brasil & Cia (Karte S. 328; Rua Maria Quitéria 27, Ipanema)

Empório Brasil (Geschäft 108, Rua Visconde de Pirajá 595, Ipanema)

La Vereda (Karte S. 326; Rua Almirante Alexandrino 428, Santa Teresa)

Musik

In der Rua Pedro Lessa (Karte S. 326) gibt es an Wochentagen CDs und Schallplatten von amerikanischem Independent Rock bis hin zu brasilianischem Funk.

Modern Sound (Karte S. 336; www.modernsound.com.br; Rua Barata Ribeiro 502D) Der größte Musikladen von Rio.

Auch hier kann man seine Plattensammlung vergrößern:

Musicale Copacabana (Av NS de Copacabana 1103C); Ipanema (Karte S. 328; Rua Visconde de Pirajá 483)

Plano B (Karte S. 326; Rua Francisco Muratori 2A, Lapa)

Toca do Vinícius (Karte S. 328; Rua Vinícius de Moraes 129, Ipanema)

AN- & WEITERREISE
Bus

Busse fahren von der **Rodoviária Novo Rio** (Karte S. 323; ☎ 2291-5151; Av Francisco Bicalho) etwa 2 km nordwestlich vom Centro ab. In die wichtigsten Städte fahren täglich mehrere Busse, Tickets sollte man im Voraus kaufen. Nach São Paulo verkehren rund alle 15 Minuten sehr gute Busse (15 US\$, 6 Std.). Ausgewählte Ziele, Fahrpreise und Reisezeiten:

Ziel	Dauer (Std.)	Preis (US\$)
Asunción (Paraguay)	30	85
Belém	52	140
Belo Horizonte	7	20
Buenos Aires (Argentinien)	46	138
Florianópolis	18	78
Foz do Iguaçu	22	50
Ouro Prêto	7	22
Paraty	4	18
Petrópolis	1	6
Porto Alegre	26	90
Porto Velho	54	138
Recife	42	90
Salvador	26	74
Santiago (Chile)	60	160

Flugzeug

Die meisten Flüge starten vom Aeroporto Galeão (Aeroporto António Carlos Jobim) 15 km nördlich vom Stadtzentrum. Einige Flüge von und nach São Paulo und zu nahegelegenen Städten benutzen den Aeroporto Santos Dumont in der Stadt. Mehr Infos s. Kasten „Der Weg ins Zentrum" (S. 325).

Gol-Tickets gibt es gegen Barzahlung in jedem Reisebüro. Viele internationale Fluglinien unterhalten Büros in oder in der Nähe der Av Rio Branco im Centro.

Die Büros der wichtigsten Fluglinien:

TAM (Karte S. 326; ☎ 2524-1717; Av Rio Branco 245, Centro)

Varig Centro (Karte S. 326; ☎ 2534-0333; Av Rio Branco 277); Copacabana (Karte S. 326; ☎ 2541-6343; Rua Rodolfo Dantas 16); Ipanema (Karte S. 328; ☎ 2523-0040; Rua Visconde de Pirajá 351)

UNTERWEGS VOR ORT
Bus

Die Busse in Rio verkehren regelmäßig und sind billig. Da Rio langgestreckt und schmal ist, findet man leicht den richtigen Bus. Und wenn man in den falschen steigt, ist das auch nicht schlimm. Neun von zehn Bussen, die vom Zentrum nach Süden fahren, kommen zur Copacabana, und umgekehrt. Allerdings sind die Busse oft voll, stecken im Stau und werden von Verrückten gefahren. Außerdem finden in ihnen viele Raubüberfälle statt – und nachts sollte man sie meiden.

Metro

Rios Metro hat zwei Linien und ist für einige Ziele perfekt geeignet. Sie verkehrt täglich zwischen 6 und 23 Uhr (1 US\$).

Taxi

Nachts oder wenn man Wertsachen mitführt, ist es sinnvoll, ein Taxi zu nehmen. Das Taxameter beginnt bei 2 US\$, jeder Kilometer kostet 0,75 US\$ – nachts und sonntags etwas mehr. **Funktaxis** (☎ 2260-0022) sind 30 % teurer als die herkömmlichen Kutschen, aber auch sicherer.

DER SÜDOSTEN

Es gibt etliche spektakuläre Reiseziele, die in weniger als einer Tagesreise von der *cidade maravilhosa* erreichbar sind – auch wenn sich viele Traveller nur schwer von den Verlockungen Rios losreißen können. Die gesamte Küste säumen bezaubernde Strände und an der Costa Verde (Grüne Küste, südlich von Rio) liegen die von Regenwald überwucherte Insel Ilha Grande und die elegante Kolonialstadt Paraty. In der entgegengesetzten Richtung kann man sich an der Costa do Sol (Sonnenküste) vergnügen: in der relaxten Surferstadt Saquarema, an den edleren Stränden und im Nachtleben von Búzios und den weißen Sandstränden in Arraial do Cabo.

Wer von den tropischen Stränden die Nase voll hat (geht das überhaupt?), sollte in die Berge fahren. Das Postkartenstädtchen Petrópolis und die nahegelegenen Gipfel der Serra dos Órgãos liegen nur eine kurze Busfahrt von Rio entfernt, während weiter im Norden Minas Gerais mit den Städten Ouro Prêto, Tiradentes und Diamantina einen grandiosen Eindruck von der brasilianischen Kolonialzeit vermittelt.

Rio-Fans weghören! Die Kulturhauptstadt Südamerikas ist São Paulo. Hier gibt es die besten Museen, Nachtclubs und Restaurants – die Küche ist hier vor allem wegen der ethnischen Vielfalt spitzenklasse.

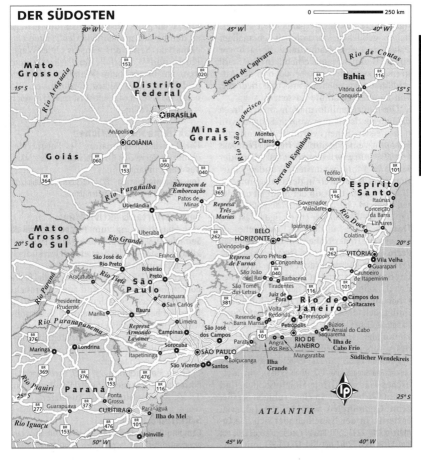

ANREISE & UNTERWEGS VOR ORT

Rio de Janeiro ist das wichtigste Tor zu den Küstenregionen. Wer von Süden oder Westen her kommt, gelangt auch von São Paulo an die Costa Verde. Belo Horizonte, die drittgrößte Stadt Brasiliens, bildet wiederum das Tor zu den alten Goldgräberstädten von Minas Gerais.

Zahlreiche Flüge verbinden die drei Großstädte des Südostens miteinander: Belo Horizonte, Rio und São Paulo. Darüber hinaus verkehren unzählige Busse im gesamten Südosten. Ilha Grande erreicht man per Fähre ab Angra dos Reis oder Mangaratiba (S. 346).

PETRÓPOLIS

☎ 0xx24 / 290 000 Ew.

Petrópolis war einst die Sommerresidenz der portugiesischen Kaiserfamilie. Einige prächtige Relikte aus der Vergangenheit sind erhalten geblieben, darunter ein ehemaliger Palast und eine Kathedrale, die sich vor einem Bergpanorama erhebt. In der Stadt herrscht zwar viel Verkehr, doch in der Altstadt gibt es angenehme Parks und friedliche, von Bäumen gesäumte Gassen.

Die Touristeninformation an der Praça da Liberdade ist nur wenige Schritte von den meisten Sehenswürdigkeiten entfernt. Hier gibt's einen Stadtplan. **Trekking Petropolis** (☎ 2235-7607; www.rioserra.com.br/trekking) in der Pousada 14bis organisiert Wander-, Rafting- und Radtouren in der Umgebung.

Die Hauptattraktion der Stadt ist das **Museu Imperial** (Rua da Imperatriz 220; Eintritt 4 US$; ☽ Di–So 11–17.30 Uhr), der ehemalige Palast von Dom Pedro II., in dem es Königliches zu sehen gibt. In der Nähe steht die **Catedral São Pedro de Alcântara** (Rua Sao Pedro de Alcântara 60; ☽ 8–12 & 14–18 Uhr) aus dem 19. Jh., in der die Grabmale des letzten Kaisers, Dom Pedro II., seiner Frau und seiner Tochter zu sehen sind. Südlich der Praça da Liberdade findet sich die **Casa de Santos Dumont** (Rua do Encanto 22; Eintritt 1,50 US$; ☽ Di–So 9.30–17 Uhr) – das kleine aber faszinierende ehemalige Haus des Vaters der brasilianischen Luftfahrt.

Pousada 14 Bis (☎ 2231-0946; www.pousada14bis. com.br; Rua Buenos Aires 192; DZ ab 35 US$), ein idyllisches Gästehaus mit Holzfußboden und einem Garten, liegt in einer ruhigen Straße, zehn Gehminuten vom Museu Imperial entfernt. In der Nähe befindet sich das **Comércio** (☎ 2242-3500; Rua Dr Porciúncula 55; EZ/DZ mit Bad 13/24 US$, EZ/DZ mit Bad 17/32 US$) mit einfachen aber sauberen Zimmern. Die an der Plaza Dom Pedro II gelegene **Casa D'Angelo** (Rua do Imperador 700; Hauptgerichte ab 4 US$) ist ein stimmungsvolles Café-Restaurant, in dem Backwaren und erschwingliche *pratos executivos* (Mittagsmenüs) serviert werden. **Luigi** (Praça da Liberdade 185; Hauptgerichte 8–13 US$) serviert in einem alten Haus am Hauptplatz italienische Küche.

Von Rio nach Petrópolis fährt zwischen 5 und 22 Uhr jede halbe Stunde ein Bus (6 US$, 1 Std.). Der Busbahnhof liegt 10 km von der Stadt entfernt in Bingen. Von hier nimmt man den Stadtbus 100 oder 10 (1 US$).

TERESÓPOLIS & PARQUE NACIONAL DA SERRA DOS ÓRGÃOS

☎ 0xx21 / 125 000 Ew.

Teresópolis liegt in einer Berglandschaft und ist ein gutes Ausgangslager für Ausflüge zu den bewaldeten Gipfeln des Parque Nacional da Serra dos Órgãos. Die Wege, Flüsse und Wasserfälle im Park erkundet man am besten beim Wandern, Klettern und Raften. Das 96 km nördlich von Rio gelegene Teresópolis selbst ist modern, reich – und langweilig.

Praktische Informationen

Die Touristeninformation des Parque Nacional da Serra dos Órgãos liegt in der Nähe des Parkeingangs.

Touristeninformation (☎ 2742-3352; Praça Olímpica; ☽ 8–18 Uhr) Im Zentrum von Teresópolis.

Sehenswertes & Aktivitäten

Der Haupteingang zum **Parque Nacional da Serra dos Órgãos** (☎ 2642-1070; Hwy BR-116; Eintritt 3 US$; ☽ 8–17 Uhr) liegt etwa 5 km südlich von Teresópolis.

Der beste Wanderweg ist der **Trilha Pedra do Sino** (Eintritt 6 US$), hin und zurück braucht man rund acht Stunden. Man kann auch über die bewaldeten Berge nach Petrópolis wandern. Die meisten Wege sind unbeschildert, doch bei der Touristeninformation kann man problemlos für wenig Geld einen Führer engagieren.

Grupo Maverick (☎ 2237-3529; www.grupomaverick.com.br) organisiert viele Wanderungen, Treks, Raftingtouren und Ausflügen.

Schlafen & Essen

Camping Quinta da Barra (☎ 2643-1050; www.campingquintadabarra.com.br, portugiesisch; Rua Antônio Maria,

Quinta da Barra; Stellplatz 6 US$/Pers.). Der Zeltplatz liegt ein paar Kilometer außerhalb von Teresópolis an der Straße nach Petrópolis.

Hostel Recanto do Lord (☎ 2742-5586; www.tere sopolishostel.com.br; Rua Luiza Pereira Soares 109; B/DZ/3BZ mit HI-Karte 7/20/27 US$; B/DZ/3BZ ohne HI-Karte 10/27/37 US$) Nette Zimmer und Atmosphäre; 2 km nordwestlich vom Busbahnhof.

Hotel Comary (☎ 9221-9147; EZ/DZ 15/30 US$) Das Comary liegt neben einer Bäckerei und hat einfache, aber blitzsaubere Zimmer. Weitere Budgetunterkünfte gibt's einen Block entfernt in der Rua Delfim Moreira.

Várzea Palace Hotel (☎ 2742-0878; Rua Prefeito Sebastião Teixeira 41/55; EZ/DZ 30/44 US$, mit Gemeinschaftsbad 15/22 US$) Der Klassiker in einem alten weißen Gebäude hat bessere Tage gesehen, doch die Zimmer sind o. k. und die Lage neben der Kirche Igreja Matriz ist perfekt.

Pousada Refúgio do Parque (☎ 9221-9147; EZ/DZ 15/30 US$) Die einfache Unterkunft mit Restaurant, in dem es sättigende Speisen gibt, liegt 2 km hinter dem Eingang zum Nationalpark. Die Zimmer sollte man lange im Voraus reservieren.

Sand's (Av Almirante Lúcio Meira; Mittagessen 4–8 US$) Das Selbstbedienungslokal in der Nähe des Busbahnhofs hat billige Mittagskost.

Cheiro de Mato (Rua Delfim Moreira 140; Hauptgerichte 6–10 US$) Ein ordentliches vegetarisches Restaurant.

Anreise & Unterwegs vor Ort

Von 5 bis 22 Uhr verkehrt alle halbe Stunde ein Bus zwischen Rio und Teresópolis (8 US$, 1½ Std.). Von Teresópolis fahren täglich alle eineinhalb Stunden Busse nach Petrópolis. Von Teresópolis Innenstadt kommt man stündlich mit dem Bus „Soberbo" (1 US$) zum Nationalpark. Öfter fährt der Bus „Alto" nach Praçinha do Alto, von dort führt ein kurzer Fußweg Richtung Süden zum Parkeingang.

SAQUAREMA

☎ 0xx22 / 46 000 Ew.

Das 100 km östlich von Rio gelegene Saquarema hat herrliche Strände und eine relaxte Atmosphäre. Das ehemalige Fischerdorf ist seit Langem bei Surfern und ihren gebräunten Fans beliebt, aber es gibt auch ruhige Fleckchen, an denen man einfach die Küste genießen kann. Einfache Kneipen und Restaurants ziehen an Wochenenden ein lebendiges Publikum an.

Praktische Informationen

Bei Lakes Shopping, einem winzigen Einkaufszentrum an der Straße nach Praia Itaúna, gibt's einen Geldautomaten und mehrere Lokale.

Banco do Brasil (Av Saquarema 539) Hier kann man mit der Kreditkarte Geld abheben.

Secretaria de Turismo (☎ 2651-4112; Rua Coronel Madureira 88; ☼ Mo–Fr 9–20 Uhr) Nett und nützlich.

Sehenswertes & Aktivitäten

Der Hauptstrand, die **Praia da Vila,** hat schönen Sand und einige Essens- und Getränkestände zu bieten. Im Westen erstrecken sich **Boqueirão** (3 km), **Barra Nova** (8 km) und **Jaconé** (10 km), die alle mit Regionalbussen zu erreichen sind. Östlich der Stadt liegt die **Praia Itaúna** (3 km), wahrscheinlich der schönste Strand von Saquarema, der sich auch am besten zum Surfen eignet (5 US$ mit dem Taxi vom Zentrum). Die malerische weiß getünchte Kirche von Saquarema heißt NS de Nazaré und steht auf einem Hügel oberhalb der Stadt. Zum Fest der Nazaré (7. Sept.) strömen Tausende Pilger her.

Surfbretter und -unterricht gibt's bei der **Saquarema Surf School** (☎ 9903-6619) an der Praia Itaúna.

Schlafen & Essen

Hotel Saquarema (☎ 2651-2275; hostelsaquarema@ saquarema.com.br; Praça Oscar de Macedo Soares 128; EZ/DZ ab 20/30 US$) Das einfache Hotel am Hauptplatz im Stadtzentrum (wo die Busse halten) hat kleine, abgenutzte Zimmer – die besten haben Balkone mit Blick auf die Plaza.

Pousada da Titia (☎ 2651-2058; Av Salgado Filho 744; EZ/DZ/3BZ 22/25/33 US$) Es gibt ein halbes Dutzend Unterkünfte an der Praia da Vila. Da Titia vermietet einfach eingerichtete Zimmer mit Fliesenböden.

Itaúna Inn (☎ 2651-1257; www.itaunainn.sa quarema.com.br; Av Oceânica 1764; EZ/DZ/3BZ 36/48/63 US$; ☒ ⌨) Das beliebte Gästehaus am Strand von Itaúna hat bequeme Zimmer mit einem idyllischen Garten, in dem man den Meerblick genießen kann. Wer im Voraus bestellt, wird vom Busbahnhof abgeholt und wieder hingebracht.

Restaurante Marisco (Praça Oscar de Macedo Soares 197; Gerichte 4–7 US$) Das billige Selbstbedienungsrestaurant gegenüber vom Busbahnhof hat Tische draußen.

Crepe e Cia (Av Nazareth 160; Crêpes ab 4 US$) Serviert einen Block von der Praia da Vila ent-

BRASILIEN

fernt leckere Crêpes in bezaubernder Umgebung.

Anreise & Unterwegs vor Ort

Der Busbahnhof von Saquarema findet sich auf der zentralen *praça*. Busse von Rio nach Saquarema fahren von 6.30 bis 20 Uhr mindestens einmal die Stunde (9 US$, 2 Std.).

ARRAIAL DO CABO

☎ 0xx22 / 35 000 Ew.

Arraial do Cabo ist mit strahlend weißen Sanddünen und einigen der schönsten Strände Rios gesegnet. Hier ist es mindestens genauso schön wie in Búzios – aber nur einen Bruchteil so hektisch. Die Stadt mit der anregenden Flair einer Arbeiterstadt liegt 45 km östlich von Saquarema. In den Sommermonaten drängen sich aber auch hier Menschenmassen am Strand – also möglichst die Wochenenden während der Ferien meiden.

Sehenswertes & Aktivitäten

Die Praia dos Anjos umspült wunderbar türkisfarbenes Wasser – aber es herrscht zu viel Bootsverkehr, um gemütlich darin zu plantschen. Eine bessere Wahl ist die Praia do Forno im Nordosten, die man über einen 1 km langen Wanderweg über einen steilen Hügel bei Anjos erreicht. Andere von der Stadt aus gut zu Fuß erreichbare Strände sind Prainha im Norden und die Praia Grande im Westen.

Die unberührte Ilha de Cabo Frio ist von Praia dos Anjos per Boot zugänglich. Auf der unter Naturschutz stehenden Seite der Insel liegt die Praia do Farol, ein großartiger Strand mit feinem weißem Sand. Die Gruta Azul (Blaue Grotte) auf der südwestlichen Seite der Insel ist ein weiteres wunderschönes Fleckchen. Vorsicht: Der Eingang der Grotte steht bei Flut unter Wasser. Reisebüros bieten Pauschalpakete zu den Orten an – leider mit zu vielen Teilnehmern. **Gruta Azul** (☎ 2622-1033; www.grutaazul.com.br) organisiert für rund 10 US$ pro Person Bootsfahrten.

Vor Arraial do Cabo gibt es gute Tauchgründe. Ein Anbieter von Tauchgängen ist u. a. **Acqua World** (☎ 2622-2217; www.acquaworld. com.br; Praça da Bandeira 23).

Schlafen & Essen

Camping Club do Brasil (☎ 9821 3105; Av da Liberdade 171; Stellplatz 9 US$/Pers.) Der kleine schattige Campingplatz ist in der Nähe der Praia dos Anjos.

Marino dos Anjos Albergue (☎ 2622-4060; Rua Bernardo Lens 145; www.marinadosanjos.com.br; B/DZ mit HI-Karte 15/45 US$, B/DZ ohne HI-Karte 21/49 US$) Die Herberge einen Block von der Praia dos Anjos entfernt vermietet kleine Zimmer, die Atmosphäre ist nett und gesellig. Man kann Fahrräder und Kanus ausleihen.

Porto dos Anjos (☎ 2622-1629; pousadaportodosan jos@ig.com.br; Av Luis Correa 8; EZ/DZ 25/40 US$) Die alternde *pousada* an der Praia dos Anjos hat einfache Zimmer mit Meerblick und organisiert Angel- und Tauchtouren.

Hotel Praia Grande (☎ 2622-1369; Rua Dom Pedro 41; EZ/DZ 25/40 US$; 🔲) Das zwei Blocks vom Busbahnhof entfernte Hotel vermietet saubere und große Zimmer.

Casa de Vovó (Rua Nilo Peçanha; Gerichte 4–7 US$) In diesem Selbstbedienungslokal an der Hauptstraße zur Praia dos Anjos gibt's leckere *comida caseira* (Hausgemachtes).

Chatô do Monde (Rua Santa Cruz 2; Hauptgerichte ab 8 US$) Der ein paar Blocks von der Praia dos Anjos entfernte Laden serviert unzählige Gerichte, von Pizza zu teuren Fischgerichten.

Só Frutas (Rua Dom Pedro 58) Im Eislokal mit Selbstbedienung kann man sich abkühlen.

An- & Weiterreise

Von Rio nach Arraial fährt zwischen 5 und 24 Uhr ungefähr jede Stunde ein Bus (11 US$, 3 Std.). Der Busbahnhof ist in der Rua Nilo Peçanha, zehn Gehminuten von der Praia dos Anjos und 20 Gehminuten von der Praia Grande entfernt.

BÚZIOS

☎ 0xx22 / 22 200 Ew.

Búzios gehört zu den bekanntesten Beachresorts Brasiliens und ist ein beliebtes Reiseziel der wohlhabenden *cariocas*. Búzios bietet eine eindrucksvolle natürliche Landschaft und eine Mischung aus extravaganten Bars, Restaurants und Boutiquen – und natürlich die dazugehörigen schönen Menschen. Búzios liegt 150 km östlich von Rio und war bis in die 1960er-Jahre hinein ein einfaches Fischerdorf. Dann wurde es von Brigitte Bardot „entdeckt" – und sein Schicksal als St. Tropez Brasiliens war besiegelt. Viele Brasilianer lieben diesen Ort, andere würden keinen Fuß hineinsetzen. Im Sommer sind die Preise hoch und die Menschenmassen enorm. Zu anderen Zeiten bewahrt Búzios aber seinen altmodischen Reiz.

Orientierung & Praktische Informationen

Búzios wird auch Armação dos Búzios genannt und ist eine von drei Siedlungen der Halbinsel. Es liegt zwischen Ossos an der Spitze der Halbinsel und dem hektischen Manguinhos, das an ihrer schmalsten Stelle liegt. Búzios Hauptstraße heißt Rua das Pedras. Dort gibt's viele *pousadas*, Restaurants, Bars und Internetcafés. Praia Rosa ist eine vierte Siedlung, die im Nordwesten an der Küste liegt.

Malízia Tour (☎ 2623-1226; Shopping Praia do Canto, loja 16, Rua das Pedras) wechselt Geld. An der nahegelegenen Praça Santos Dumont gibt's einen Geldautomaten und eine **Touristeninformation** (☎ 2623-2099; Praça Santos Dumont, Armação).

Sehenswertes & Aktivitäten

Im Allgemeinen sind die südlichen Strände schwerer zugänglich, dafür sind sie schöner und haben eine bessere Brandung. Geribá und Ferradurinha (Kleines Hufeisen) südlich von Manguinhos sind hübsche Strände mit guten Wellen, doch leider hat der Búzios Beach Club hier Apartments hingestellt. Daneben liegt Ferradura – geeignet zum Windsurfen. Die Praia Olho de Boi (Bullaugenstrand) an der Ostspitze der Halbinsel ist ein winziger Strand, den man über einen kleinen Weg von der langen, sauberen Praia Brava aus erreicht. Und an der Nordspitze des Kaps finden sich João Fernandinho, João Fernandes und die Oben-ohne-Strände Azedinha und Azeda, die sich zum Schnorcheln eignen. Die Praia da Tartaruga ist ruhig und schön.

Tour Shop (☎ 2623-4733; www.tourshop.com.br; Orla Bardot 550; 3-stündige Ausflüge 30 US$) organisiert Auflüge in Katameranen mit Glasboden an Stränden und mehreren Inseln vorbei.

Schlafen

In Búzios gibt's kaum Budgetunterkünfte, vor allem nicht im Sommer.

Country Camping Club (☎ 2629-1122; www.buzios camping.com.br; Rua Maria Joaquina 895; 9 US$/Pers.; ⚗) Der Campingplatz in Praia Rosa hat eine umfassende Ausstattung, liegt aber etwas ab vom Schuss.

Albergue de Juventude Praia dos Amores (☎ 2623-2422; www.alberguedebuzios.com.br; Av Bento Ribeiro 92; B mit/ohne Klimaanlage 17/14 US$; ⚗) Die rund 20 Gehminuten von der Praia da Tartaruga entfernte Jugendherberge liegt an einer befahrenen Straße; die Zimmer sind sehr eng. Ansonsten aber eine gute Wahl.

Pousada Mandala (☎ 2623-4013; Rua Manoel de Carvalho 223; EZ/DZ ab 30/45 US$; ⚗) Hinter einem dichten Garten verbirgt sich eine günstige *pousada* mit kleinen, aber schönen Suiten, von denen einige kleine Balkone haben.

Portal das Palmeiras (☎ 2623-2677; Rua César Augusto São Luiz 11; DZ ab 35 US$) Die sauberen, bunten Suiten der *pousada* bieten ein gutes Preis-Leistungs-Verhältnis. Das Haus ist 50 m von der Rua das Pedras entfernt.

Zen-do (☎ 2623-1542; Rua João Fernandes 60; EZ/DZ ab 42/47 US$) Die charmante Herberge in Ossos hat nur drei Zimmer in friedlicher Atmosphäre (rechtzeitig reservieren!). Hinten raus gibt's einen tollen Garten.

Essen & Ausgehen

An den Stränden von Brava, Ferradura und João Fernandes gibt es einfache Restaurants mit Strohdächern, die Fisch und Bier servieren. An der Rua das Pedras reihen sich Dutzende Kneipen aneinander.

Bistrô da Baiana (Rua Manoel de Carvalho 223; Acarajé 3,50 US$) Ein gutes Lokal für *acarajé*, *moqueca* und andere Köstlichkeiten der Bahia.

Jamaica (Av José Bento Ribeiro Dantas 1289; Hauptgerichte 3,50–6 US$) Das einfache Lokal in Ossos ist wegen seiner sättigenden Fisch- und Fleischgerichte bei Einheimischen beliebt.

Restaurante Boom (Rua Turíbio de Farias 110; Buffet10 US$/kg) Ausgezeichnetes und vielfältiges Buffet in luftiger Umgebung.

Restaurante David (Rua Turíbio de Farias 260; Hauptgerichte für 2 Pers. 30 US$) Eines der ursprünglichsten Fischrestaurants von Búzios serviert innen und außen große Platten für zwei Personen in zwanglosem Ambiente.

Privilège (Orla Bardot 510; Eintritt ab 12 US$; ⚗ Do–Sa) Der elegante Nachtclub spielt House für die Schickeria.

An- & Weiterreise

Von Rio nach Búzios fahren täglich sieben Busse (9 US$, 3 Std.). Regionalbusse verbinden Cabo Frio und Búzios (Ossos), für die 20 km brauchen sie 50 Minuten.

Unterwegs vor Ort

Queen Lory (☎ 2623-1179; www.queenlory.com.br; Orla Bardot 710) organisiert täglich Fahrten in einem Schoner zur Ilha Feia und zu den Stränden von Tartaruga und João Fernandinho (ab 20 US$ für 2 Std.). Bei **Búzios Dacar** (☎ 2623-4018; Rua Manoel de Carvalho 248; Rad/Buggy 12/60 US$ pro 24 Std.) kann man Fahrräder und Buggys leihen.

ILHA GRANDE
☎ 0xx24 / 3600 Ew.

Die Ilha Grande (Große Insel) fasziniert seine Besucher schon seit Jahrhunderten. Die drittgrößte Insel Brasiliens liegt rund 150 km südwestlich von Rio de Janeiro. Sie hat eine tropische Landschaft und herrliche Strände. Die Hügel sind mit üppigen Wäldern bedeckt – bedeutenden Überbleibsel des rasch verschwindenden Ökosystems von Mata Atlântica.

Auf der Ilha Grande gibt es weder Banken noch Autos. Also sollte man sich mit Bargeld eindecken, bevor man sich erholt. Infos über die Insel stehen auf www.ilha grande.com.br. In der Nähe der Anlegestelle gibt es eine kleine Touristeninformation, bei der man eine Karte der Insel erhält.

Sehenswertes & Aktivitäten
Der größte Ort ist Vila do Abraão, von dem aus man die Strände der Insel zu Fuß erreichen kann. Zum atemberaubenden Strand Lopes Mendes dauert es zweieinhalb Stunden, drei Stunden nach Dois Rios, wo sich hinter der Ruine des alten Gefängnisses ebenfalls ein schöner Strand erstreckt. Der Bico do Papagaio (Papageienschnabel) ist mit 982 m die höchste Erhebung der Insel (in 3 Std. erreichbar, am besten mit Führer). Wie überall vorsichtig sein: nicht alleine wandern und im Wald auf Giftschlangen achten.

Sudoeste SW Turismo (☎ 3365-1175; www. sudoestesw.com.br; Rua da Praia 647) verleiht Kajaks und organisiert Ausflüge. Tauchgänge kann man mit dem **Elite Dive Center** (☎ 9999-9789; www.elitedivecenter.com.br; Travessa Buganville) unternehmen.

Schlafen & Essen
Emilia's Eco-Camping (☎ 3361-5059; Rua Amancio de Souza 18; 6 US$/Pers.; 🖳) Von den Campingplätzen in der Umgebung von Abraão hat dieser die wohl beste Ausstattung, darunter Tischtennisplatten.

Aquário (☎ 3361-5405; aquario@ilhagrande.com; B/ DZ 20/50 US$) Das Aquário vermietet kleine, einfache Zimmer mit Meerblick und ist für

Backpacker die erste Wahl. Es gibt ein Naturschwimmbecken und abends Grillpartys. An der Anlegestelle geht man nach links und dann 1 km den Strand entlang bis zum Aquário.

Pousada Praia D'Azul (☎ 3361-5091; www.praiada zul.com.br, portugiesisch; Rua da Igreja; DZ ab 48 US$; 🗷 🗷) Das vor Kurzem renovierte Hotel hat kleine aber bequeme Zimmer mit Blick auf einen Pool.

O Pescador (☎ 3361-5114; opescadordailha@uol. com.br; Rua da Praia; DZ ab 50 US$; 🗷) In der hervorragenden Herberge am Strand gibt's gemütlich eingerichtete Zimmer und ein klasse Restaurant.

Manaola Creperia (Rua da Praia; Hauptgerichte 4– 6 US$; ⏱ 15–23 Uhr) Das einen Block vom Strand entfernte Straßencafé serviert süße und pikante Crêpes, Säfte und riesige Portionen *açai* (eine Art Beere, die gefroren und dann zerkleinert wird) mit Granola.

Banana Blu (Rua da Praia 661; Hauptgerichte 8– 14 US$) Das schön eingerichtete Restaurant am Strand serviert hervorragende Fischgerichte, Risotto und Grillplatten.

Weitere gute Fischrestaurants sind das **Corsário Negro** (Rua Alice Kury 90; Hauptgerichte für 2 Pers. 20–30 US$) und das Gartenlokal **Tropicana** (Rua da Praia 28; Hauptgerichte ab 8 US$).

An- & Weiterreise
Zur Insel kommt man mit Conerj-Fähren, die von Mangaratiba oder Angra dos Reis nach Abraão schippern. In Mangaratiba legen die Fähren um 8 Uhr ab, um 17.30 Uhr kehren sie zurück. Ab Angra dos Reis verkehrt die Fähre von Montag bis Freitag um 15.30 Uhr und an Samstagen, Sonn- und Feiertagen um 13.30 Uhr; von Abraão fährt sie täglich um 10 Uhr zurück. Die eineinhalbstündige Überfahrt kostet montags bis freitags 2,50 US$, samstags und sonntags 6 US$. Costa-Verde-Busse fahren von Rio alle 45 Minuten nach Angra (10 US$). Von Rio nach Mangaratiba verkehren täglich fünf Busse (7,50 US$). Um die Fähre zu bekommen, muss man den frühesten nehmen (5.30 Uhr). Zwischen Angra und Paraty fahren täglich acht Busse (2 US$, 2 Std.).

PARATY
☎ 0xx24 / 33 000 Ew.

Der Kolonialort Paraty gehört zu den Juwelen des Bundesstaates Rio. Malerische alte Kirchen und leuchtende Steinhäuser säumen die Kopfsteinpflasterstraßen. Die grünen Berge und das tiefblaue Meer verleihen der historischen Stadt noch mehr Farbe. An den Wochenenden im Sommer belebt Livemusik die Straßencafés und -restaurants. Von Weihnachten bis zum Karneval und an den meisten Wochenenden ist Paraty überfüllt, ansonsten aber angenehm ruhig.

Die Gegend um Paraty war früher von Guianá-Indianern bewohnt. Die europäische Siedlung entstand, als Portugiesen im 16. Jh. aus São Vicente hierher kamen. Paraty erlebte vom 17. Jh. an einen Boom, als in Minas Gerais Gold gefunden wurde und der Hafen sich zu einem wichtigen Umschlagplatz für die Verschiffung der Reichtümer nach Portugal entwickelte.

Praktische Informationen

Atrium (Rua da Lapa s/n) Wechselt Bargeld und Reiseschecks.

Centro de Informações Turísticas (☎ 3371-1897/1222; Av Roberto Silveira; 🕑 9–21 Uhr) Gute Infos über die Stadt.

Sehenswertes & Aktivitäten

Die neueste Sehenswürdigkeit von Paraty ist die **Casa da Cultura** (☎ 3371-2325; Rua Dona Geralda 177; Eintritt 6 US$; 🕑 So, Mo & Mi 10–18.30, Fr & Sa 13–21.30 Uhr) mit ihrer faszinierenden Dauerausstellung: Vorgeführt werden Interviews mit und Geschichten von Einheimischen; auf Englisch und Portugiesisch (Audio- und Videoaufnahmen).

Paratys Reichtum im 18. Jh. spiegelt sich in den schönen alten Häusern und Kirchen wider. Die drei Hauptkirchen dienten unterschiedlichen Ethnien: Die **Igreja NS do Rosário e São Benedito dos Homens Pretos** (Rua Rua Samuel Costa & Rua do Comércio; Eintritt 1 US$; 🕑 Di–Sa 9–12 & 13.30–17, So 9–15 Uhr) von 1725 wurde von und für Sklaven errichtet. Die **Igreja de Santa Rita dos Pardos Libertos** (Praça Santa Rita; Eintritt 1 US$; 🕑 Mi–So 9–12 & 13.30–15 Uhr) aus dem Jahr 1722 war die Kirche für befreite *mulattos*. Und die **Capela de NS das Dores** (Rua Dr Pereira & Rua Fresca; 🕑 geschl.) von 1800 schließlich war die Kirche für die weiße Kolonialelite.

Das **Forte Defensor Perpétuo** liegt auf dem Morro da Vila Velha, einem 20 Gehminuten nördlich der Stadt gelegenen Hügel. Es wurde 1703 errichtet, um die Goldtransporte vor Piraten zu schützen.

Wer gerne wandert, sollte sich in der Touristeninformation nach dem **Gold Trail**

erkundigen. Die teilweise gepflasterte Bergstraße wurde früher von den Minenarbeitern benutzt.

STRÄNDE

Das größte Plus von Paraty ist die atemberaubende Ansammlung von 65 Inseln und 300 Stränden in der Umgebung. Richtung Norden stößt man zuerst auf die **Praia do Pontal**, den Stadtstrand. Der Sand hier ist nicht so toll, doch wegen der *barracas* (Imbissstände) ist ein Zwischenstopp immer angebracht. Zehn Gehminuten weiter befindet sich am Fuß des Hügels die kleine versteckte **Praia do Forte**. Die 2 km von der Praia do Pontal entfernte **Praia do Jabaquara** ist ein breiter Strand mit genialer Aussicht, einem kleinen Restaurant und einem guten Campingplatz. Eine Bootsstunde von Paraty entfernt liegen die Strände **Vermelha** und **Lulas** in Richtung Nordosten und Saco im Osten. Sie sind klein und idyllisch. Meistens gibt es *barracas*, die Bier und Fisch servieren, und man trifft nur auf ein paar andere Gäste. Die **Praia de Parati-Mirim** 27 km östlich von Paraty ist besonders leicht zu erreichen, billig und schön, mit *barracas* und Ferienhäusern. Vom Busbahnhof in Paraty fährt der Stadtbus sechsmal täglich hin (1 US$, 40 Min.).

Zu den weniger leicht erreichbaren Stränden nehmen die meisten Touristen am Hafen einen Schoner. Eine Fahrt kostet 15 US$ pro Person. Die Boote halten an drei Stränden für jeweils rund 45 Minuten. Alternativ kann man auch eines der vielen kleinen Motorboote mieten. Für 15 US$ pro Stunde bringt einen der Kapitän an jeden gewünschten Ort.

Schlafen

Zwischen Dezember und Februar sollte man im Voraus buchen. In der historischen Innenstadt sind die Preise bedeutend höher.

Casa do Rio Hostel (☎ 3371-2223; www.paratyhostel.com; Rua Antônio Vidal 120; B mit/ohne HI-Karte 12/14 US$) Die Jugendherberge liegt zehn Gehminuten von der Altstadt entfernt auf der anderen Seite des Flusses. Sie hat bequeme Zimmer, Garten und Küche. Der Besitzer verleiht Fahrräder, Kajaks und Pferde und organisiert Ausflüge.

Casa da Colônia (☎ 3371-2343; Rua Marechal Deodoro s/n; B/DZ 19/38 US$) Obwohl das Gästehaus 100 m außerhalb der Altstadt liegt, hat es reichlich kolonialen Charme. Außerdem gibt's eine Küche.

Pousada do Sono (☎ 3371-1649; pousadadosono@paratyinfo.com.br; Rua João Luís do Rosário s/n; DZ ab 20 US$) Die einfache Unterkunft ist ein paar Gehminuten von der Altstadt entfernt und vermietet kleine Zimmer zu fairen Preisen.

Hotel Solar dos Gerános (☎ /Fax 3371-1550; Praça da Matriz 2; EZ/DZ ab 22/34 US$) Das koloniale Hotel an der Praça da Matriz hat Zimmer, die von attraktiv bis rustikal reichen. Einige haben einen Balkon.

Pouso Familiar (☎ 3371-1475; Largo do Rosário 7; DZ ab 30 US$) Das Gästehaus bietet vier nett eingerichtete Zimmer (eines mit Küche) und eine entspannende Terrasse nach hinten. Super Lage in der Altstadt.

Flor do Mar (☎ 3371-1674; www.pousadaflordomar.com.br; Rua Fresca 257; DZ ab 30 US$) Die attraktive Pension in der Altstadt hat fröhliche Zimmer mit netten Details. An Wochenenden steigen die Preise enorm.

Estalegem Colonial (☎ 3371-1626; estalagemcolonial@yahoo.com.br; Praça da Matriz 9; DZ ohne/mit Bad 45/60 US$) Das prächtige Kolonialhotel liegt mitten in der Altstadt. Die Zimmer sind wunderbar mit Antiquitäten und Holzgegenständen eingerichtet. Vom obersten Stock blickt man auf die Berge.

Essen & Ausgehen

Sabor da Terra (Rua Roberto Silveira 80; 8 US$/kg) Das Selbstbedienungsrestaurant ist eine gute Alternative zu den überteuerten Lokalen der Innenstadt. In der Av Roberto Silveira gibt's weitere billige Restaurants, in denen man das Essen nach Gewicht bezahlt.

O Café (Rua da Lapa 237; Gerichte 3–6 US$) Im Garten des entspannten Lokals in der Altstadt bekommt man Sandwiches, Kaffee und leichte Speisen.

Punto di Vino (Rua Marechal Deodoro 129; Hauptgerichte ab 7 US$) Das schöne italienische Restaurant serviert leckere Pizzas und Pasta. Die romantische Atmosphäre wird durch Livemusik verstärkt.

Paraty 33 (☎ 3371-7311; Paraty 33, Rua Maria Jacomé de Mello) Ein beliebtes Restaurant mit Kneipe und Livemusik in derselben Gegend.

Unterhaltung

Clubs mit Livemusik verlangen oft zwischen 3 und 5 US$ Eintritt. Das einheimische Jungvolk trifft sich außerhalb der Touristenzone an der Rua da Cadeia in Strandnähe.

Cocktails und Bossa Nova kann man auch im **Café Paraty** (Rua do Comércio 253) und im **Margarida Café** (Praça do Chafariz) genießen.

An- & Weiterreise

Der Busbahnhof liegt an der Rua Jango Pádua 500 m westlich der Altstadt. Von/nach Rio fahren täglich acht Busse (18 US$, 4 Std.) vier von/nach São Paulo (24 US$, 6 Std.).

SÃO PAULO

☎ 0xx11 / 11 Mio. Ew.

São Paulo, eine der größten Metropolen der Welt, nimmt in Südamerika eine überragende Stellung ein. Sampa – wie die Stadt von den Einheimischen liebevoll genannt wird – hat zwar nicht die natürliche Schönheit von Rio, aber dennoch viel zu bieten. Immerhin ist São Paulo die Kulturhauptstadt Brasiliens mit einer unüberschaubaren Vielfalt an Attraktionen, darunter erstklassige Museen, allabendliche Konzerte, Experimentaltheater und Tanz. Die Nachtclubs, Kneipen und Restaurants zählen zu den besten des Kontinents. Die *paulistanos*, die Einwohner São Paulos, arbeiten hart und feiern noch härter. Auch wenn alle unentwegt über die Kriminalität, Verkehrsstaus und die Luftverschmutzung klagen, würde kaum jemand von ihnen anderswo leben wollen.

São Paulo wurde zwar schon 1554 von Jesuiten gegründet, spielte aber in der Kolonialzeit keine große Rolle. Erst Ende des 19. Jhs. trat die Stadt aus dem Schatten heraus. Das 20. Jh. brachte einen riesigen Zustrom von Einwanderern, die im Eisenbahnbau, in Fabriken und auf den Feldern schufteten. In den 1950er-Jahren ist São Paulo zum Industrie- und Finanzmekka des Landes aufgestiegen. Als Folge der Immigration ist die Stadt mit ihren 17 Mio. Einwohnern im Großraum das kulturell vielfältigste Reiseziel Brasiliens. Während eines Spaziergangs durch Sampas Stadtviertel kann man quasi in der ganzen Welt einkaufen und essen.

Orientierung

Die zentralen Plätze der Innenstadt sind die Praça da Sé, an der sich die Umsteigestation der Metro befindet, und die Praça da República mit der Metrostation República. Das Viertel Liberdade südlich der Praça da Sé ist fest in asiatischer Hand, Bela Vista (auch Bixiga genannt) im Südwesten hält die italienische Trikolore hoch. Um die Rua 25 de Março im Nordosten der Praça da Sé ist eine arabische Gemeinschaft ansässig.

Die südwestlich der Innenstadt von Südosten nach Nordwesten verlaufende Av Paulista ist auf 1 bis 2 km von Hochhäusern gesäumt und mit der Metro zu erreichen. Südlich der Straße liegen Cerqueira César und Jardim Paulista mit vielen teuren Restaurants und Boutiquen. Noch weiter südlich befindet sich Vila Olímpia, das Zentrum des Nachtlebens.

Praktische Informationen

GELD

Lediglich an Wochenenden kann es Probleme bereiten, Geld zu wechseln. Viele Reisebüros und Wechselstuben bieten gute Kurse, wohingegen man um die kleineren in der Innenstadt einen Bogen machen sollte – einige sind illegal und betrügen einen.

Action Cambio (Shopping Light, Loja 130A; ☽ Mo–Fr 10–19, Sa bis 16 Uhr)

Citibank (Av Paulista 1111) Eine der zahlreichen Banken mit internationalen Geldautomaten in dieser Straße.

INTERNETZUGANG

Lig Center (Rua 7 de Abril 253, Centro; 2 US$/Std.; ☽ Mo–Fr 8–19.30, Sa 10–17 Uhr) Eines von mehreren Internetcafés in dieser Straße im Centro.

Lan House (Rua Barão de Iguape 7, Liberdade; 2 US$/Std.; ☽ 8–23 Uhr) Eine gute Wahl in Liberdade.

MEDIZINISCHE VERSORGUNG

Einstein Hospital (☎ 3747-1233; Av Albert Einstein 627, Morumbi) Eines der besten Krankenhäuser Lateinamerikas, im Südwesten der Stadt gelegen (den Bus 7241 ab der Rua Xavier de Toledo bis zum Jardim Colombo nehmen).

NOTFALL

Deatur (☎ 3214-0209; Av São Luís 91; ☽ Mo–Fr 9–17 Uhr) Touristenpolizei.

POST

Hauptpost (Rua Líbero Badaró, Centro)

TOURISTENINFORMATION

An strategisch günstigen Orten überall in der Stadt gibt es nützliche Infostände der Centrais de Informação Turistica (CIT).

CIT OLIDA (☎ 6224-0615; www.cidadedesaopaulo.com; Av São João 465, Centro; ☽ 9–18 Uhr) In der Nähe vom Praça da República; für alle, die kein Portugiesisch können, die geeigneteste Anlaufstelle. Weitere Infostände befinden sich in der Av Paulista in der Nähe vom MASP (Museu de Arte de São Paulo), im Ibirapuera Park, im Terminal 1 und 2 im Flughafen und im Tietê-Busbahnhof.

Gefahren & Ärgernisse

São Paulo ist eine berüchtigte Verbrecherhochburg. Besonders vorsichtig sollte man nachts und an Wochenenden im Zentrum sein, wenn weniger Leute unterwegs sind. In Bussen und auf der Praça da Sé treiben Taschendiebe ihr Unwesen. Wer mit dem Auto unterwegs ist, muss sich vor Autoentführungen und Raubüberfällen an roten Ampeln in Acht nehmen. Es ist sogar erlaubt, nachts rote Ampeln mit verringerter Geschwindigkeit zu überfahren: Wenn niemand kommt, fährt man ohne Halt weiter.

Sehenswertes & Aktivitäten

Für einen faszinierenden Stadtspaziergang bietet sich Liberdade an, das Klein-Japan von Sampa (es leben hier aber auch andere Asiaten). Sonntags sollte man den geschäftigen **Straßenmarkt** (mit frischen *gyoza*-Knödeln „to go") auf der Praça da Liberdade aufsuchen. Die Hauptstraße von **Bela Vista**, dem italienischen Viertel etwa 1 km westlich vom Markt, ist die Rua 13 de Maio. Hier finden sich europäische Restaurants, Antiquitätenläden und am Nordende ein paar Kneipen.

BRASILIEN

DER WEG INS ZENTRUM

Ein Taxi vom Aeroporto Congonhas zum Zentrum kostet etwa 20 US$. Busse (1 Std.) fahren außerhalb des Terminals ab: Das Gebäude verlassen, dann nach rechts gehen – eine geschäftige Straße mit Fußgängerüberführung rückt ins Blickfeld. In Richtung Überführung gehen, aber nicht darüber. Von hier sieht man normalerweise schon Leute an der Straße auf den Bus warten – falls nicht, fragt man nach dem Bus zur Station Bandeiras. Der letzte Bus fährt etwa um 1 Uhr morgens.

Von einer Haltestelle gegenüber vom Ankunftsterminal am Aeroporto Guarulhos fahren Luxusbusse (www.airportbusservice.com.br) alle 30 bis 40 Minuten (12 US$) zur Av Paulista, Praça da República, zum Busbahnhof Tietê und zum Flughafen Congonhas. Derselbe Bus fährt von den genannten Haltestellen auch wieder zurück zum Flughafen. Ein Taxi vom Aeroporto Guarulhos zum Zentrum kostet etwa 35 US$.

350 DER SÜDOSTEN •• São Paulo

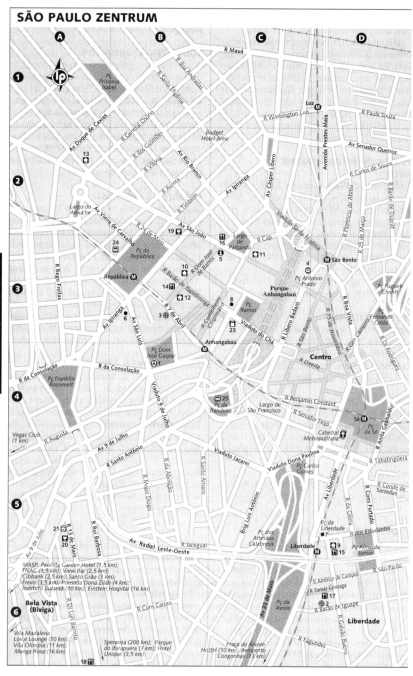

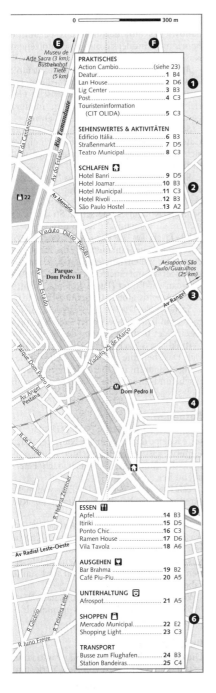

Die stimmungsvolle Altstadt von São Paulo liegt zwischen Praça da Sé, der Metrostation Luz und Praça da República (wo sonntags ein geschäftiger Markt abgehalten wird). Der Stolz der Stadt ist das unmittelbar westlich vom Viaduto do Chá gelegene **Teatro Municipal**, erbaut in einem Barock-Jugendstil-Mix. Ein weiteres populäres Wahrzeichen ist das 41-stöckige **Edifício Itália** (Ecke Av São Luís & Av Ipiranga; Eintritt frei) mit Restaurant, Pianobar und Aussichtsterrasse ganz oben.

Das **Museu de Arte de São Paulo** (MASP; ☎ 3283-2585; www.masp.art.br; Av Paulista 1578; Erw./Student 5/2,50 US$; Di–So 11–17 Uhr) verfügt mit mehr als 5000 Werken über die beste lateinamerikanische Sammlung westlicher Kunst. Zu den Highlights zählen Bilder des großen brasilianischen Künstlers Cândido Portinari und der französischen Impressionisten. Die nächste Metrostation ist Trianon-Masp.

Im großen **Parque do Ibirapuera**, 4 km von der Innenstadt entfernt, gibt es mehrere Museen, Monumente und Sehenswürdigkeiten, vor allem aber das **Museu de Arte Moderna** (☎ 5549 9688; Eintritt 3 US$; Di, Mi & Fr–So 10–18, Do bis 22 Uhr mit seiner riesigen Sammlung von Werken aus den 1930er- bis 1970er-Jahren. An der Praça da República den Bus 5121 mit Ziel „Santo Amaro" nehmen.

Das **Museu de Arte Sacra** (Av Tiradentes 676; Erw./Student 2/1 US$; Di–So 11–19 Uhr) ist eines der besten von Brasiliens zahlreichen Museen für religiöse Kunst. Die nächste Metrostation ist Tiradentes.

Das **Instituto Butantã** (☎ 3726-7222; Av Vital Brasil 1500; Eintritt frei; Di–So 9–16.30 Uhr) zählt zu den beliebtesten Attraktionen von São Paulo. Auf der Schlangenfarm leben über 1000 Schlangen, deren Gift für Impfstoffe und Seren gemolken wird.

Schlafen

Die Gegend um den Bahnhof Estação da Luz und die Stadtmitte sind Zentren der Kriminalität, Prostitution – und Billighotels. Wer hier übernachtet, muss extrem vorsichtig sein und sollte nachts nicht auf die Straße.

Praça da Árvore Hostel (☎ 5071-5148; www.spalbergue.com.br; Rua Pageú 266; B mit/ohne HI-Karte ab 10/12 US$;) Die Jugendherberge liegt recht weit südlich vom Zentrum, aber noch nah genug am Nachtleben – ein paar Gehminuten von der Metrostation Praça da Árvore entfernt. Sie hat saubere Schlafsäle mit vier, acht und zehn Betten. Die Atmosphäre ist lebendig und gesellig.

São Paulo Hostel (☎ 3333-0844; www.hostel.com. br; Rua Barão de Campinas 94, Centro; B mit/ohne HI-Karte ab 12/13 US$; ☒ ▢) Die beliebte Jugendherberge an der Praça da Republica hat ordentliche Schlafsäle mit vier und sieben Betten, außerdem DZ-Suiten.

Hotel Municipal (☎ 3228-7833; Av São João 354; EZ/DZ/3BZ 16/21/30 US$) Der alte, abgenutzte Schuppen bietet viel Atmosphäre und große Zimmer mit Holzfußboden und hoher Decke.

Hotel Rivoli (☎ 3231-5633; hotelrivoli@uol.com.br; Rua Dom José de Barros 28; EZ/DZ ab 18/23 US$) Das ältere Hotel ist nicht gerade ein Klassiker. Die Zimmer haben Holzfußböden, winzige Bäder und riesige Fenster. Die Suiten kosten ein paar Dollar mehr.

Hotel Joamar (☎ 3221-3611; www.hoteljoamar.com. br; Rua Dom Jose de Barros 187; EZ/DZ/3BZ 19/24/33 US$) Die kleine Pension in einer Fußgängerpassage in der Nähe der Praça da República vermietet sehr saubere Zimmer, die allerdings etwas heller sein könnten.

Hotel Banri (☎ 3207-8877; Rua Galvão Bueno 209; EZ/DZ ab 25/32 US$; ☒) Unter den vielen Hotels in asiatischem Besitz in Liberdade hat dieses ein besonders gutes Preis-Leistungs-Verhältnis. Die vor kurzem renovierten Zimmer haben Parkettfußboden, ausreichend Licht und moderne Bäder.

Paulista Garden Hotel (☎ 3885-1362; www.paulis tagardenhotel.com.br; Alameda Lorena 21; EZ/DZ/3BZ 35/40/55 US$; ☒ ▢) Das Paulista liegt praktisch in der Nähe vom Parque Ibirapuera. Es hat einigermaßen geräumige Zimmer mit blauem Teppichboden, bunten Bettdecken und großen Fenstern.

Pousada Dona Ziláh (☎ 3062-1444; www.zilah.com; Alameda Franca 1621; EZ/DZ/3BZ 45/55/65 US$; ▢) Die charmante Pension liegt am Rand des teuren Viertels Jardim Paulista. Die um einen kleinen Innenhof gruppierten Zimmer sind einfach und sauber.

Essen

Essen ist in Sampa eine beliebte Aktivität. Es gibt fast jede erdenkliche Landesküche.

Frevo (Rua Oscar Freire 603; Hauptgerichte 5–12 US$) Das Frevo befindet sich im Restaurantviertel Jardim Paulista. Es ist preiswert, serviert Grillsandwiches und einfache Häppchen und zieht vor allem Leute aus der Gegend an.

Ponto Chic (Largo do Paissandu 27; Hauptgerichte 6–10 US$; ☽ So geschl.) Das zwanglose Ponto Chic an der Praça da República tischt leckere Sandwiches auf, darunter das berühmte *bauru* mit Rindfleisch und geschmolzenem Käse auf Weißbrot.

Apfel (Rua Dom José de Barros 99; Platten ab 6 US$; ☽ Mo–Fr 11–15 Uhr) Das nette Selbstbedienungsrestaurant bietet mittags vegetarische Gerichte zu fairen Preisen an. Es liegt in einer geschäftigen Fußgängergasse im Centro.

Santo Grão (Rua Oscar Freire 413) Das schicke Café mit Innen- und Außenbereich eignet sich gut für Cappuccino, Nachspeisen und sättigende Bistrogerichte.

Ramen House (Rua Tomaz Gonzaga 75; Nudelsuppe 6 US$) Das einfache Nudelrestaurant bekocht vor allem Asiaten – mit preiswerten Ramen-Schalen (Nudeln). In derselben Straße gibt's weitere gute japanische Restaurants.

Vila Tavola (Rua 13 de Maio 848; Mittagsbuffet 7 US$) Die geräumige, einladende Vila Tavola ist eines von vielen italienischen Restaurants in der Straße mit einem satt machenden All-you-can-eat-Buffet (Pasta, Polenta, Risotto usw.). Abends gibt es Gerichte à la carte.

Speranza (Rua 13 de Maio 1004; Pizzas ab 9 US$) Wie man es in Bela Vista erwartet – das Speranza ist eine der besten Pizzerien der Stadt.

Itiriki (Rua Galvão Bueno 159; 12 US$/kg; ☽ 11–16 Uhr) Das beliebte asiatische Selbstbedienungsrestaurant in Liberdade serviert japanische und chinesische Spezialitäten, davon vieles vegetarisch.

Ausgehen

Bar Brahma (Av São João 677; ☽ 11–24 Uhr) Die älteste Kneipe der Stadt in der Nähe der Praça República ist antik eingerichtet. Hier kommen die Einheimischen gern nach Feierabend her.

Café Piu-Piu (Rua 13 de Maio 134) Eine von mehreren nett aussehenden Kneipen in der Rua 13 de Maio in Bela Vista.

Hotel Unique (Av Brigadeiro Luís Antônio 4700) Etwas Dekadenz findet man in dieser Kneipe mit Restaurant im obersten Stock eines Luxushotels. Es gibt einen Außenbereich, einen tollen Blick über die Stadt und starke (aber teure) Cocktails.

View Bar (www.theviewbar.com.br; 30. Stock., Al Santos 981, Cerqueira César) Hier gibt's ebenfalls Eleganz und schöne Aussichten.

Unterhaltung

Die quirlige Clubszene von São Paulo kann es mit dem Nachtleben von New York (und den dortigen Preisen) aufnehmen. Neuigkeiten sind auf www.baladas.com.br, www.obaodba.com.br, www.guiasp.com.br und guiadasemana.com.br (alle auf Portugiesisch) nachzulesen.

Das heißeste Szeneviertel ist Vila Olímpia. Die meisten Läden haben donnerstags bis samstags ab 24 Uhr geöffnet. Der Eintrittspreis beträgt nicht selten mehr als 10 US$.

Vegas Klub (www.vegasklub.com.br; Rua Augusta 765; ◷ Di–Sa) Das Vegas in Consolação ist zur Zeit besonders angesagt. Ein aufgewecktes, gemischtes Publikum tanzt zu House, Hip-Hop und *baile*-Funk.

Lov.e Lounge (Rua Pequetita 189) Die Tanzabende in dem beliebten Laden in Vila Olímpia ziehen (je nach Wochentag) Heteros und Homos an.

Manga Rosa (Av Luís Carlos Berrini 1754) Der abseits in Brooklin Paulista gelegene Nachtclub ist unter Tanzverrückten (besonders bei Trance-Fans) äußerst beliebt.

Afrospot (Rua Treize de Maio 48, Bela Vista) Im kleinen, intimen Club in Bela Vista legen kreative DJs auf.

Shoppen

Shopping Light (Rua Coronel Xavier de Toledo 23, Centro) Die Geschäfte und Restaurants im Shopping Light gegenüber vom Teatro Municipal vermitteln einen guten Eindruck von der Kultur der Einkaufszentren.

FNAC (www.fnac.com.br; Av Paulista 901) Wer Musik mag, ist bei FNAC mit einer hervorragenden Auswahl an CDs und Büchern richtig. Manchmal gibt es hier auch kostenlose Konzerte.

1 km südwestlich von FNAC liegt Jardim Paulista, das Viertel mit den besten Boutiquen von Sampa. Zum Flanieren eignen sich die Rua Oscar Freire, Haddock Lobo und Alameda Lorena.

Mercado Municipal (Rua da Cantareira 306, Centro; ◷ Mo–Sa 6–16 Uhr) Einer der besten Obst- und Gemüsemärkte Brasiliens.

Lebhafte Sonntagsmärkte:

MASP (Av Paulista 1578; ◷ 9–17 Uhr) Antiquitäten; unterhalb des MASP.

Praça da Liberdade (◷ 8–14 Uhr) Essen und Asiatisches.

Praça da República (◷ 8–14 Uhr) Kunsthandwerk.

An- & Weiterreise

BUS

Der riesige **Busbahnhof Tietê** (☎ 3235-0322), von dem Busse in alle Ecken Brasiliens starten, liegt an der Metrostation Tietê. Internationale Busse fahren nach Buenos Aires (125 US$, 36 Std.), Santiago do Chile (120 US$, 56 Std.) und Asunción (50 US$, 20 Std.). Nach Rio de Janeiro fahren jede Menge Busse (22 US$, 6 Std.). Weitere Ziele in Brasilien sind Brasília (37 US$, 14 Std.), Belo Horizonte (21 US$, 8 Std.), Foz do Iguaçu (40 US$, 15 Std.), Cuiabá (40 US$, 23 Std.), Salvador (68 US$, 32 Std.), Curitiba (15 US$, 6 Std.) und Florianópolis (30 US$, 12 Std.). Ein Tipp für alle, die in die Stadt wollen: Nach Möglichkeit einen Bus nehmen, der nicht frühmorgens oder am späten Nachmittag ankommt – zu diesen Zeiten gibt es gigantische Staus.

FLUGZEUG

São Paulo ist für viele Fluggesellschaften die Drehscheibe in Brasilien und für die meisten Traveller der erste Stopp. Im Allgemeinen haben die großen Fluglinien ein Büro in der Av São Luís in der Nähe der Praça da República. Bevor man einen Inlandsflug bucht, sollte man sich erkundigen, von welchem Flughafen in der Stadt er startet.

Der internationale Flughafen **Aeroporto Guarulhos** (☎ 6445-2945) liegt 30 km östlich vom Stadtzentrum. Flüge nach Rio (Flughafen Santos Dumont) verkehren mindestens alle 30 Minuten vom **Aeroporto Congonhas** (☎ 5090-9000), 14 km südlich vom Zentrum.

Unterwegs vor Ort

Busse sind langsam, während des Berufsverkehrs überfüllt und nicht gerade sicher. Die wichtigsten Umsteigepunkte sind die Praça da República und die belebte Station Bandeiras. An den Touristeninformationen erfährt man alles Wissenswerte über das Busnetz.

Viele Orte sind mit São Paulos *metrô* zu erreichen. Am besten erkundet man die Stadt per pedes und Metro. Diese ist billig, sicher und schnell. Sie verkehrt von 5 bis 24 Uhr und kostet 1 US$ pro Fahrt.

BELO HORIZONTE

☎ 0xx31 / 2,4 Mio. Ew.

Belo Horizonte ist die drittgrößte Stadt Brasiliens und ein schnell wachsendes Industriezentrum mit riesigen Wolkenkratzern, die die Berge der Umgebung verdecken. Für die meisten Traveller ist die weitläufige Hauptstadt von Minas Gerais nur ein Zwi-

schenstopp auf dem Weg in die Kolonialstädte Ouro Prêto und Diamantina.

Praktische Informationen

Auch in Belo Horizonte gibt es Kriminalität.
In der übervölkerten Umgebung des Busbahnhofs sollte man gut aufpassen und sich
nachts nicht aufhalten.

Belotur (☎ 3277-7666; www.belohorizonte.mg.gov.br;
Av Afonso Pena 1055; ☺ Mo–Fr 8–20, Sa & So bis 16 Uhr)
Belotur, die städtische Tourismusbehörde, bringt monatlich
einen super Führer auf Portugiesisch, Englisch und
Spanisch heraus. Sie unterhält Infostände am Busbahnhof,
in der Bahia Shopping (Rua da Bahia, 1022) und an den
beiden Flughäfen der Stadt.

Centro de Cultura Belo Horizonte (Rua da Bahia
1149; 3 US$/Std.) Internetzugang.

Nascente Turismo (Rua Rio de Janeiro 1314) Eine
praktisch gelegene Wechselstube.

Sehenswertes

Wer Zeit hat, sollte den **Parque Municipal** aufsuchen, ein grünes Meer, das zehn Gehminuten südöstlich vom Busbahnhof an der
Av Afonso Pena liegt. Dort kann man sich
den **Palácio das Artes** (Av Afonso Pena 1537; ☺ Mo–Sa
10–22, So 14–22 Uhr) anschauen, ein Kunst- und
Theaterzentrum.

Schlafen

Albergue de Juventude Chalé Mineiro (☎ 3467-
1576; www.chaleminheirohostel.com.br, portugiesisch; Rua
Santa Luzia 288; B mit/ohne HI-Karte 7/10 US$; EZ/DZ mit
Bad 15/22 US$; 🖵 🖳 🐾) Die beliebte Jugendher-
berge hat gute Schlafsäle und einen Garten
mit Pool. Sie liegt etwa 2 km östlich vom
Parque Municipal und ist mit der Metro
(Station Santa Teresa) zu erreichen; von hier
überquert man die Fußgängerbrücke zur
Rua Santa Luzia. Im Voraus reservieren!

Pousadinha Mineira (☎ 3446-2911; Rua Araxá 514;
EZ/DZ 11/22 US$) Eine sehr einfache Unterkunft.
Vom Busbahnhof folgt man der Av Santos
Dumont bis zur Rua Rio de Janeiro, biegt
links ab und läuft ein paar Blocks zur Av do
Contorno, die man überquert. Dann der
Rua Varginha ein paar Blocks bis zur Rua
Araxá folgen.

Essen & Ausgehen

Lanchonetes (Stehimbisse) und Schnellrestau-
rants konzentrieren sich um die Praça Sete,
vor allem in der Av Afonso Pena, 400 m südöstlich vom Busbahnhof. Im Viertel Savassi
gibt es mehrere erstklassige Restaurants.

Padaria Zona Sul (Av Paraná 163; Gerichte 3 US$)
Das Lokal unmittelbar südwestlich des Busbahnhofs brät super Grillhähnchen.

Naturalis (Rua Tome de Souza 689; Gerichte 5 US$)
Hier gibt es mittags unglaubliche vegetarische Angebote.

Cafe com Letras (Rua Antônio Albuquerque 785) Im
schicken Laden trinkt man ein Glas Wein
oder nimmt einen Snack ein.

Rococo (Afonso Pena 941) Einheimische Musiker und Musikliebhaber treffen sich vor und
nach Konzerten im Rococo.

Shopping Cidade (Rua Rio de Janeiro) und **Bahia
Shopping** (Rua da Bahia 1022) haben Fressmeilen.

An- & Weiterreise

Die beiden Flughäfen von Belo bieten Flüge
zu fast allen Zielen in Brasilien an. Die
meisten starten vom Aeroporto Confins,
40 km nördlich der Stadt, einige auch vom
Aeroporto da Pampulha, der sich 7 km
nördlich vom Zentrum befindet.

Der **Busbahnhof** (Praça da Rodoviária) ist nördlich vom Stadtzentrum am Nordende der
Av Afonso Pena. Busse verkehren nach Rio
(20 US$, 7 Std.), São Paulo (25 US$,
9½ Std.), Brasília (44 US$, 12 Std.) und Sal-
vador (78 US$, ca. 22 Std.). Täglich fahren
17 Busse nach Ouro Prêto (8 US$, 2¾ Std.),
sechs nach Diamantina (27 US$, 5½ Std.)
und sieben nach São João del Rei (14 US$,
3½ Std.).

OURO PRÊTO

☎ 0xx31 / 69 000 Ew.

Ouro Prêto liegt mitten in einer herrlichen
Berglandschaft und zählt zu den besterhal-
tenen Kolonialstädten Brasiliens. Wer die
hügeligen Kopfsteinpflasterstraßen hinun-
terschlendert, fühlt sich ins 18. Jh. zurück-
versetzt, als die barocken Kirchen und malerischen Plätze der Stadt zu den Kronjuwelen der Goldgräberstädte von Minas Gerais
zählten.

Ouro Prêto hieß ursprünglich Vila Rica
de Ouro Prêto – Reiche Stadt des Schwarzen
Goldes. Es wurde 1711 in eine Landschaft
mit einem der reichsten Goldvorkommen
der westlichen Hemisphäre gesetzt. Auf
dem Höhepunkt des Goldrausches lebten in
Ouro Prêto 110 000 Menschen, die Sklaven
Minas Gerais förderten die Hälfte des auf
der Welt produzierten Goldes zu Tage.

Als der Boom Ende des 18. Jhs. abebbte,
wurde es für die Kumpel immer schwieriger,

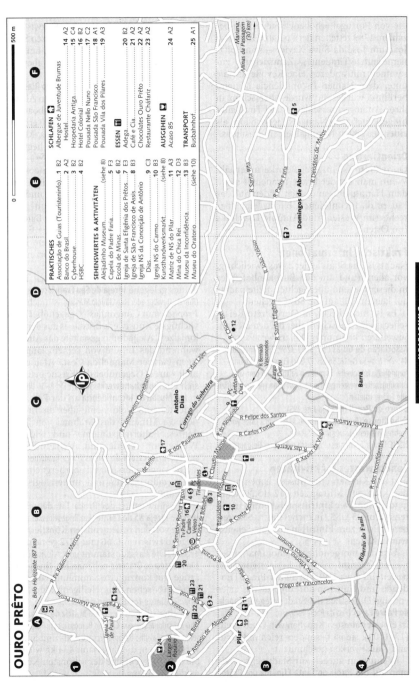

die von Portugal erhobenen Steuern zu bezahlen. 1789 zettelten der Poet und Zahnarzt Joaquim José da Silva Xavier – sein Spitzname lautete Tiradentes, „Zahnzieher" – zusammen mit anderen eine Revolte an, die unter dem Namen Inconfidência Mineira berühmt wurde. Sie wurde aber schon in ihren Anfängen zerschlagen und Tiradentes hingerichtet. Sein Name lebt jedoch fort, als einer der ersten Nationalhelden Brasiliens.

Orientierung

Ouro Prêto ist in zwei Bezirke unterteilt. Wenn man auf der Praça Tiradentes steht, dem Hauptplatz, und nach Süden auf das Museu da Inconfidência blickt, liegt Pilar rechts (im Westen) und Antônio Dias links (im Osten).

Praktische Informationen

Nachts ist die Stadt leider etwas zwielichtig, vor allem rund um den Busbahnhof. Wer in dieser Gegend übernachtet, sollte nachts auf keinen Fall auf die Straße gehen.

Es ist nicht leicht, in Ouro Prêto Reiseschecks einzutauschen, aber bei den meisten Juwelieren kann man Dollars wechseln.

Associação de Guias (☎ 3559-3269; Praça Tiradentes 41; ☾ Mo–Sa 8–18, So bis 17 Uhr) Eine nützliche und freundliche Infoquelle. Es gibt ein Faltblatt, in dem alle Öffnungszeiten verzeichnet sind. Man kann hier auch offizielle Führer mieten.

Banco do Brasil (Rua São José 195)

Cyberhouse (Rua Bobadela 109; 3 US$/Std.) Eines von mehreren Internetcafés in der Straße.

HSBC (Praça Tiradentes) Praktisch gelegener Geldautomat.

Sehenswertes & Aktivitäten

Fast alle Kirchen und Museen haben montags und zur Mittagszeit (12–13.30 Uhr) geschlossen. Der Eintrittspreis beträgt meistens 1 bis 3 US$, manche Eintrittskarten berechtigen zum Eintritt in mehrere Sehenswürdigkeiten.

Um das morgendliche Panorama zu genießen, beginnt man die Besichtigung am besten um etwa 7.30 Uhr an der Praça Tiradentes und läuft von dort die Rua das Lajes entlang. Die östlich der Stadt gelegene **Capela do Padre Faria** (Rua da Padre Faria s/n; ☾ 8–16.30 Uhr) ist eine der ältesten Kapellen von Ouro Prêto (1701–04); sie ist besonders reich an Gold und Kunstwerken geschmückt.

Wenn man zurück zur Stadt geht, stößt man auf die **Igreja de Santa Efigênia dos Prêtos**

(Rua Santa Efigênia s/n; ☾ 8–16.30 Uhr), die zwischen 1742 und 1749 von und für schwarzen Sklaven gebaut wurde. Die Kirche hat am wenigsten Gold in Ouro Prêto, dafür aber die meisten Kunstschätze.

Die **Igreja NS da Conceição de Antônio Dias** (Rua da Conceição s/n; ☾ 8–16.30 Uhr) wurde von Aleijadinhos Vater Manuel Francisco Lisboa entworfen und zwischen 1727 und 1770 erbaut. Aleijadinho ist am Altar von Boa Morte begraben. In der Nähe der Kirche liegt die **Mina do Chico Rei** (Rua Dom Silvério 108; ☾ 8–17.30 Uhr). Die Goldmine gehörte Chico-Rei, einem afrikanischen König, der in Ouro Prêto als Sklave arbeitete und sich und danach seinen ganzen Stamm freikaufte. Mit dem Gold aus der Mine wurde der Bau der Igreja de Santa Efigênia dos Prêtos finanziert. Der Eintrittspreis enthält eine Führung, bei der man die kalten, einstürzenden Gänge besichtigt.

Die zwei Blocks östlich der Praça Tiradentes gelegene **Igreja de São Francisco de Assis** (Rua do Ouvidor oder Rua Cláudio Manoel) ist nach den *Propheten* in Congonhas (s. gegenüber) das wichtigste Kunstwerk Brasiliens aus der Kolonialzeit. Aleijadinho gestaltete das Äußere, während das Innere von seinem langjährigen Partner Manuel da Costa Ataíde bemalt wurde. Gegenüber der Kirche befindet sich ein **Kunsthandwerksmarkt** (☾ 8–16 Uhr).

Im **Museu da Inconfidência** an der Praça Tiradentes sind Dokumente über die Inconfidência Mineira, das Grabmal von Tiradentes, Folterinstrumente und wichtige Werke von Ataíde und Aleijadinho zu sehen. Die **Escola de Minas** (Praça Tiradentes) im alten Gouverneurspalast beherbergt ein tolles metallurgisches und mineralogisches Museum.

Die südwestlich der Praça Tiradentes gelegene **Igreja NS do Carmo** (Rua Brigadeiro Mosqueira) wurde von den bedeutendsten Künstlern der Gegend zwischen 1766 und 1772 gemeinsam erbaut. Die Fassade stammt von Aleijadinho. Das **Museu do Oratório** nebenan hat eine großartige, gut konzipierte Sammlung von Oratorien (Nischen mit Heiligenbildern, die böse Geister fernhalten sollen).

Weiter südlich liegt die **Matriz de NS do Pilar** (Rua Brigador Mosqueira Castilho Barbosa s/n, in Praça Senhor João Castilho Barbosa) mit Gold- und Silberverzierungen, die insgesamt 434 kg wiegen. Sie beherbergt einige der schönsten Kunstwerke Brasiliens.

Schlafen

Albergue de Juventude Brumas Hostel (☎ 3551-2944; www.brumashostel.com.br; Rua Padre José Marcos Penna 68; B/DZ ab 10/25 US$; 🖳) In der freundlichen Jugendherberge werden mehrere Sprachen gesprochen. Es gibt saubere Zimmer, eine großartige Aussicht und man kann die Küche benutzen. Das Haus liegt etwa 150 m unterhalb des Busbahnhofs in der Nähe der Igreja São Francisco.

Pousada São Francisco (☎ 3551-3456; Rua Padre José Marcos Penna 202; B/EZ/DZ 10/25/30 US$) Die freundliche Unterkunft in der Nähe des Busbahnhofs hat schöne Zimmer und schrulliges Personal. Wenn man nachts ankommt, sollte man vorher anrufen, damit man am Busbahnhof abgeholt wird.

Hospedaria Antiga (☎ 3551-2203; www.antiga.com. br; Rua Xavier da Veiga 01; EZ/DZ ab 15/30 US$) Die koloniale Pension liegt etwas abseits vom Zentrum und bietet günstige Zimmer mit großen Fenstern und polierten Holzfußböden.

Pousada Vila dos Pilares (☎ 3551-1324; Praça Mons João Castilho Barbosa 19; EZ/DZ 17/34 US$) Alte, weitläufige Pension 50 m von der Kirche Matriz NS do Pilar entfernt. Die sauberen, einfachen Zimmer haben Holzfußböden und alte Badezimmer.

Pousada Nello Nuno (☎ 3551-3375; www.pousada nellonuno.com; Rua Camilo de Brito 59; EZ/DZ/3BZ ab 27/40/50 US$) Die herrliche *pousada* bietet mit Kunstwerken verzierte Wände, gemütliche Zimmer und andere einzigartige Feinheiten.

Hotel Colonial (☎ 3551-3133; www.hotelcolonial. com.br; Travessa Padre Camilo Veloso 26; EZ/DZ 35/45 US$) Die bezaubernde Pension vermietet gemütliche Zimmer in einem wunderschön erhaltenen Gebäude aus dem 19. Jh. und liegt einen Block von der Praça Tiradentes entfernt.

Essen & Ausgehen

Viele Restaurants säumen die Rua Direita und die Rua São José. Das typische Gericht von Minas ist *tutu a mineira,* ein grob püriertes *feijoada* aus schwarzen Bohnen.

Adega (Rua Teixeira Amaral 24; 10 US$/kg) Das köstliche Selbstbedienungsrestaurant eignet sich bestens, um verschiedene Gerichte aus Minas Gerais zu probieren. Vom Obergeschoss aus hat man außerdem eine beeindruckende Aussicht.

Café e Cia (Rua São José 187; 11 US$/kg) Das lockere Selbstbedienungsrestaurant bietet eine kleine, aber frische Auswahl und ist bei Studenten beliebt.

Chocolates Ouro Prêto (Rua Getúlio Vargas 99; Snacks 2 US$; ✆ 10–2 Uhr) Das originelle Café mit angeschlossenem Süßigkeitenladen serviert Torten mit Hühnchen oder Palmherzen, außerdem Schokoleckereien.

Restaurante Cháfariz (Rua São José 167; All-you-can-eat-Buffet 13 US$) Das beste Buffet der Stadt bietet eine schmackhafte Auswahl an *cozinha mineira,* dazu gibt's einen kostenlosen *cachaça* als Verdauungshilfe.

Acaso 85 (Largo do Rosário 85) Restaurant mit Scotchbar und ausgezeichneter Atmosphäre – Steinwände und enge Gassen verleihen dem Ganzen ein mittelalterliches Ambiente.

An- & Weiterreise

Der **Busbahnhof** (Rua Rolimex-Merces) liegt 500 m nordwestlich der Praça Tiradentes (einen „Circular"-Bus von der bzw. zur Plaza nehmen). Es pendeln täglich zahlreiche Busse zwischen Belo Horizonte und Ouro Prêto (8 US$, 2¾ Std.). In der Hauptsaison sollte man sein Ticket einen Tag vorher kaufen. Von Ouro Prêto fährt ein Nachtbus nach Rio (22 US$, 7 Std.), zudem fahren noch täglich zwei Busse nach São Paulo (30 US$, 11 Std.).

CONGONHAS

☎ 0xx31 / 45 000 Ew.

Die kleine, 72 km südlich von Belo Horizonte gelegene Stadt würde nur wenige Besucher anlocken, wären da nicht die Basílica do Bom Jesus de Matosinhos und – noch wichtiger – ihre prächtig gemeißelten Skulpturen. Aleijadinhos **Zwölf Propheten** gehören zu den berühmtesten Werken Brasiliens. Kunstliebhaber und Bewunderer des rätselhaften Künstlers sollten auf jeden Fall einen Abstecher nach Congonhas machen.

Die **Touristeninformation** (☎ 3731-1300; ✆ 8–18 Uhr), die auf dem Weg zur Stadt liegt, gibt Auskünfte über Veranstaltungen in Congonhas und weist den Weg zu den Campingplätzen außerhalb der Stadt.

Congonhas Jubileu do Senhor Bom Jesus do Matosinhos, das vom 7. bis 14. September stattfindet, ist eines der größten religiösen Feste Brasiliens, zu dem 600 000 Gläubige in die Stadt pilgern.

Dos Profetas (☎ 3731-1352; www.hoteldosprofetas. com.br; Av Júlia Kubitschek 54; DZ ab 30 US$) ist ein kleines Hotel im Zentrum der Stadt mit sauberen Zimmern und dunklen Holzmöbeln. Die *Propheten* sind nur 15 Minuten entfernt, der Fußweg führt meistens bergauf.

Das stimmungsvolle **Colonial Hotel** (☎ 3731-1834; Praça da Basílica 76; DZ ab 35 US$) mit angeschlossenem Restaurant hat riesige Korridore und unglaublich hohe Decken und liegt gleich gegenüber der *Propheten*.

Sechs Busse fahren täglich von Belo Horizonte nach Congonhas (5 US$, 1¾ Std.). Sieben Busse verbinden täglich Congonhas mit São João del Rei (7 US$, 2 Std.). Die Verbindung nach/von Ouro Prêto ist kompliziert: Zuerst muss man einen Bus nach Conselheiro Lafaiete (2 US$, 30 Min., regelm.) nehmen und dann einen der drei bis fünf täglichen Busse nach Ouro Prêto (6 US$, 2½ Std.). Regionalbusse verkehren zwischen dem Busbahnhof Congonhas und der 1,5 km entfernten Basílica (1 US$, 15 Min.).

SÃO JOÃO DEL REI

☎ 0xx32 / 82 000 Ew.

Die lebhafte Arbeiterstadt 182 km südlich von Belo Horizonte zieht weniger Besucher an als das nahe gelegene Tiradentes, weil São Joãos Zentrum kleiner und hektischer ist. Zur Verteidigung der Stadt muss man sagen, dass sie einige schöne Straßen aus der Kolonialzeit besitzt, die Einwohner freund-

---

ALEIJADINHO

Aleijadinho (Antônio Francisco Lisboa, 1730–1814), Sohn eines portugiesischen Architekten und einer afrikanischen Sklavin, konnte seine Hände und Beine nicht mehr benutzen, nachdem er 30 geworden war. Aber mit einem Hammer und einem Meißel, die an seinen Armen befestigt wurden, gelang es ihm, die brasilianische Kunst vom ausladenden Barock zum feineren, graziöseren Stil des Rokoko zu führen. Der „brasilianische Michelangelo" meißelte zwischen 1800 and 1805 die **12 Propheten des Alten Testaments** – sein Meisterwerk ist in der **Basílica do Bom Jesus de Matosinhos** in Congonhas zu sehen. Aleijadinho war auch für die dortigen sechs Kapellen und ihre Holzstatuen zuständig, die die Passion Christi verkörpern und sich hinter den *Propheten* nicht verstecken müssen.

---

lich und stolz auf ihre Stadt sind und man hier mehr authentische Energie spüren kann, als im bilderbuchhaften Tiradentes.

Wie auch andere Städte in Minas wurde São João del Rei zu Zeiten des Goldrausches Anfang des 19. Jhs. gegründet.

Praktische Informationen

Touristeninformation(☎ 3372-7338; Praça Frei Orlando 90; 🕙 Mo–Fr 8–16 Uhr) Gegenüber von São Francisco de Assis.

Sehenswertes & Aktivitäten

Die hier genannten Kirchen und Museen sind von Dienstag bis Sonntag zwischen 9 und 17 Uhr geöffnet und während der Mittagszeit geschlossen.

Die barocke **Igreja de São Francisco de Assis** (Rua Padre José Maria Xavier; Eintritt 0,50 US$) wurde 1774 erbaut. Das erste Gesamtprojekt von Aleijadinho türmt sich über der von Palmen gesäumten Plaza. Obwohl vieles vom Plan des Künstlers nicht umgesetzt wurde, gehört das Äußere der Kirche mit Aleijadinhos Skulptur der Jungfrau und etlichen Engeln zu den schönsten von Minas. Die **Igreja de NS do Carmo** (Rua Getúlio Vargas), mit deren Bau 1732 begonnen wurde, ist auch von Aleijadinho entworfen worden. Die zweite Sakristei ist berühmt für ihre unfertige Christusskulptur.

Die **Catedral de NS do Pilar** (Largo do Rosário) wurde 1719 zu Ehren der Schutzheiligen der Sklaven erbaut. Sie hat üppige Goldaltäre und schöne portugiesische Kacheln.

Das **Museu Regional do Sphan** (Rua Marechal Deodoro, 12; Eintritt 1 US$) hat eine kleine aber beeindruckende Sammlung von Werken aus den Kirchen der Stadt.

Die **Maria Fumaça** (Dampfzug; Bahnhof São João; einfache Strecke/hin & zurück 8/12 US$; 🕙 Sa, So & Feiertag) wird von Lokomotiven aus dem 19. Jh. gezogen und tuckert auf einem 13 km langen Gleis von São João nach Tiradentes. Die halbstündige Fahrt ist klasse. Der Dampfzug fährt in São João um 10 und um 15 Uhr ab und ist um 13 und 17 Uhr wieder zurück. Die Tickets gelten auch als Eintritt für das sehr interessante Eisenbahnmuseum, das **Museu Ferroviário** (Bahnhof São João; Eintritt nur für das Museum 1,50 US$).

Schlafen

Pousada São Benedito (☎ 3371-7447; Rua Marechal Deodoro 254; EZ/DZ mit Gemeinschaftsbad 10/20 US$) In dieser freundlichen Unterkunft fühlt man sich eher wie Zuhause als wie in einer *pousada*. Gemütliche Zimmer.

Hotel Provincia de Orense (☎ 3371-7960; Rua Marechal Deodoro 131; EZ/DZ/3BZ 20/34/45 US$) Das Orense liegt etwas abseits in einer Kopfsteinpflasterstraße in einem guten Viertel der Stadt und vermietet große, moderne Zimmer.

Hotel Brasil (☎ 3371-2804; Av Presidente Tancredo Neves 395; B mit/ohne Bad 25/15 US$) Die Unterkunft bietet große, aber heruntergekommene Zimmer. Aber die Lage ist praktisch und die Aussicht auf den Fluss klasse.

Essen & Ausgehen

Restaurante Rex (Rua Marechal Deodoro 124; 5 US$/kg; ☾ 11–16 Uhr) Das malerische, preisgünstige Restaurant serviert schmackhafte Mineiro-Gerichte in einem manchmal etwas überteuerten Stadtteil.

Chafariz (Rua Quintino Bocáiuva 100; 8 US$/kg; ☾ mittags) Das Chafariz liegt gleich hinter dem Bahnhof, ist allseits beliebt und tischt viele Gerichte aus der Region, besonders *feijoadas*.

Cabana do Zotti (Av Tiradentes 805; ☾ 21 Uhr–open end) Die beliebte Bar ist immer voll, spät abends wird das Tanzbein geschwungen.

Del Castro (Alto da 8 de Dezembro s/n; Eintritt 2 US$; ☾ Fr & Sa 21–6 Uhr) Beliebter Wochenendtreff.

Point 84 (Rua Kleber Figueiras 84; ☾ Do–So 19–5 Uhr) Hier gibt's gute Livemusik.

Anreise & Unterwegs vor Ort

Es fahren täglich vier Busse von Rio de Janeiro direkt nach São João (22 US$, 5½ Std.). Sieben Busse gehen täglich von São João nach Belo Horizonte (14 US$, 3½ Std.) über Congonhas (8 US$, 2 Std.). Nach Ouro Prêto nimmt man den Bus São Paulo-Mariana, der zweimal täglich fährt (15 US$, 4 Std.).

Die gelben Busse fahren vom Busbahnhof São Joãos in der Rua Cristóvão Colombo zum Stadtzentrum (0,50 US$, 10 Min.). Vom Zentrum zum Busbahnhof fahren die Busse von der kleinen Bushaltestelle vor dem Bahnhof ab.

TIRADENTES

☎ 0xx32 / 6400 Ew.

Tiradentes gehört zu den schönsten und charmantesten Dörfern in Minas Gerais – von seinen friedlichen Kopfsteinpflasterstraßen bis hin zu seinen Bergpanoramen

und dem sich durch die Stadt schlängelnden Fluss. Seine schöne Lage ist kein Geheimnis, daran sollte man vor allem an den Wochenenden denken. Tiradentes ist nach dem Märtyrer und Helden der Inconfidência Mineira (s. S. 356) benannt, der in einer nahe gelegenen Farm geboren wurde.

Praktische Informationen

Bradesco-Geldautomat (Rua Gabriel Passos 43)
Internetcafé (Rua Cadeia 30; 3 US$/Std. ☾ 9–19 Uhr) In der Nähe der Igreja NS Rosário dos Pretos.
Secretária de Turismo (☎ 3355-1212; Rua Resende Costa 71; ☾ 9–17 Uhr) Die Touristeninformation liegt gegenüber des von Bäumen gesäumten Largo das Forras und hat Karten und Infos.

Sehenswertes & Aktivitäten

Die Kolonialgebäude der Stadt liegen am Berg, dessen Gipfel die wunderschöne, 1710 erbaute **Igreja Matriz de Santo Antônio** (Rua Padre Toledo s/n; Eintritt 1 US$; ☾ 9–17 Uhr) krönt. Die Fassade stammt von Aleijadinho, das Innere ist reich mit Gold und Symbolen des Alten Testaments geschmückt.

Die von Sklaven erbaute **Igreja Nossa Senhora Rosário dos Pretos** (Rua Direita s/n; Eintritt 0,50 US$; ☾ Di–So 10–18 Uhr) aus dem Jahr 1708 ist Tiradentes älteste Kirche. Sie enthält etliche Bilder schwarzer Heiliger. Das **Museu do Padre Toledo** (Rua Padre Toledo 190; Eintritt 1,50 US$; ☾ Do–Di 9–16.30 Uhr) ist in der ehemaligen Villa eines anderen Helden der Inconfidência untergebracht, die mit Antiquitäten und Kuriositäten aus dem 18. Jh vollgestopft ist.

Am Fuß der Serra de São José befindet sich ein 1 km langer Streifen geschützter Atlantischer Regenwald mit etlichen **Wanderwegen**. Der beliebteste führt zur Quelle Mãe d'Agua, die durch einen 25-minütigen Fußweg vom Chafariz de São José Brunnen in der Stadt zu erreichen ist. Zu den anderen Wanderwegen zählt der zweistündige Caminho do Mangue, der von der Westseite der Stadt hoch zur Serra führt, und der A Calçada, eine Teilstrecke der alten Straße zwischen Ouro Prêto und Rio de Janeiro. Die Einheimischen raten davon ab, sich allein auf den Weg zu machen. Außerdem sollte man nichts Wertvolles mit sich führen. In der Touristeninformation oder beim Outdoorshop **Caminhos e Trilhos** (☎ 3355-2477; caminhosetrilhasturismo@yahoo.com.br; Rua Antônio Teixeira de Carvalho 120), der zehn Gehminuten in Richtung Süden von der Touristeninformation entfernt liegt, kann man sich nach Führern (15 US$/Wanderung) erkundigen.

Schlafen & Essen

An den Wochenenden können die Preise doppelt so hoch sein.

Hotel do Hespanhol (☎ 3355-1560; Rua dos Inconfidentes 479; EZ/DZ 15/30 US$) Das Budgethotel vermietet große, etwas kahle Zimmer mit wenig Licht. Einige Zimmer haben aber Balkontüren, die auf einen kleinen Balkon führen – ein guter Deal.

Pousada Tiradentes (☎ 3355-1232; Rua São Francisco de Paula 41; EZ/DZ 22/36 US$) Eine in die Jahre gekommene Unterkunft, gleich beim Busbahnhof, mit einfachen Zimmern, großen Fenstern und gepflegten Badezimmern.

Pousada do Laurito (☎ 3355-1268; Rua Direita 187; DZ mit/ohne Bad 35/25 US$) Die Zimmer dieser umgebauten Residenz mit Linoleumböden und hohen Decken sind ziemlich schlicht, doch der alte Besitzer ist eine Seele von Mensch.

Pousada da Bia (☎ 3355-1173; www.pousadadabia. com.br; Rua Frederico Ozanan 330; DZ ab 40 US$; ☒) Herrliche Pension mit einfachen, sauber gewischten Zimmern, die rund um einen grünen Hof liegen. Es gibt einem Swimmingpool.

Restaurante Padre Toledo (Rua Direita 250; Hauptgerichte um 14 US$) Das schon lange beliebte Restaurant serviert gute Mineira-Gerichte. Gleich daneben befindet sich eine preisgünstige Bäckerei, die von 6 bis 21 Uhr geöffnet hat.

Maria Luiza (Largo do Ó 13; Snacks 3–5 US$) Wer Sandwiches, Suppe, Tee oder Kaffee mag, sollte sich einen der Tische schnappen, die vor dem idyllischem Café auf dem Bürgersteig stehen.

Bar do Celso (Largo das Forras 80A; Gerichte 9 US$) Eines der zahlreichen Restaurants, die rund um die Plaza Largo das Forras zu finden sind. Es bietet eine kleine Auswahl an preiswerten Mineira-Gerichten.

Pasta & Cia (Rua Frederico Ozanan 327; Pasta 8–11 US$; ☒ Di geschl.) Das schöne Restaurant serviert gute italienische Küche.

Anreise & Unterwegs vor Ort

Die wundervolle Bahnreise von São João del Rei (s. S. 358) ist die beste Art, um nach Tiradentes zu gelangen, doch zwischen den beiden Städten fahren auch Busse (2,50 US$, 20 Min.), und zwar etwa alle 90 Minuten.

DIAMANTINA

☎ 0xx38 / 45 000 Ew.

Die Schönheit Diamantina liegt hoch in den Bergen und ist etwas anders, als die übrigen Kolonialstädte in Minas. Trotzdem verirren sich nur wenige Traveller her. Im Gegensatz zum südlichen Teil des Landes sind die Berge hier öde und haben felsige, windgepeitschte Gipfel. Es werden immer noch Diamanten abgebaut und das gut erhaltene Zentrum der Stadt hat sich in den letzten 200 Jahren nur wenig verändert – hauptsächlich aufgrund der isolierten Lage. Die Busfahrt von Belo Horizonte (300 km südlich) ist beschwerlich, aber lohnenswert: Das Panorama entlang der Strecke ist großartig.

Praktische Informationen

Banco do Brasil (Hauptplatz) Hat Visa-Geldautomaten.

Casa de Cultura (☎ 3531-1636; Praça Antônio Eulálio) Das Büro im 3. Stock gibt Infos rund um den Tourismus.

Touristeninformation (☎ 3531-1857; Praça Monsenhor Neves 44) Hier gibt's Reiseführer und Karten auf Portugiesisch.

Sehenswertes & Aktivitäten

Die meisten Sehenswürdigkeiten haben mittags geschlossen (12–14 Uhr).

Die **Igreja de NS do Carmo** (Rua do Carmo s/n; Eintritt 1,50 US$; ☒ Di–Sa 9–17, So bis 12 Uhr) wurde 1760–65 erbaut und ist die am reichsten verzierte Kirche der Stadt. Der Turm wurde auf der Rückseite errichtet, damit die Glocken Chica da Silva nicht aufweckten, die berühmte Geliebte und ehemalige Sklavin des Diamantenhändlers João Fernandes de Oliveira. Oliveiras Herrenhaus an der Praça Lobo de Mesquita – auch bekannt als Casa de Chica da Silva – veranschaulicht den extravaganten Lebensstil der beiden.

Das **Museu do Diamante** (Rua Direita 14; Eintritt 1 US$; ☒ Di–Sa 9–17, So bis 12 Uhr) befindet sich im Haus des Padre Rolim, einer der Inconfidêntes. Es zeigt Möbel, Folterinstrumente und andere Relikte der guten alten, diamantenen Zeit.

Der samstags stattfindende **Lebensmittel- & Kunstmarkt** (Centro Cultural David Ribeiro, Praça Barão Guaicuí; ☒ 9–18 Uhr) mit Livemusik ist eine interessante Veranstaltung. Das Centro hat einen kleines Museum mit faszinierenden alten Fotos.

Juscelino Kubitschek, der brasilianische Präsident der 1960er-Jahre, der Brasília gründete, wurde in Diamantina geboren. Die kleine **Casa de Juscelino Kubitschek** (Rua São Francisco 241; ☺ Di–Sa 9–17, So bis 14 Uhr) dokumentiert seine Herkunft aus einfachen Verhältnissen. Von dort kommt man über den **Caminho dos Escravos** (der von Sklaven gebaut wurde) nach ein paar Kilometern zur **Serra da Jacuba**.

Schlafen & Essen

Hotel JK (☎ 3531-1142; Largo Dom João 135; EZ/DZ 8/15 US$) Preiswerte Unterkunft direkt am Busbahnhof mit einfachen, aber sauberen Zimmern. In der Nähe gibt's noch weitere Budgethotels.

Chalé Pousada (☎ 3531 1246; Rua Macau de Baixo 52; EZ/DZ ab 15/25 US$) Schöne, alte Pension.

Pousada Gameleira (☎ 3531-1900; Rua do Rosário 209; EZ/DZ 15/30 US$) Urige, preiswerte Unterkunft in der Altstadt. Einige Zimmer liegen gegenüber der Igreja de NS do Rosário.

Restaurante Grupiaria (Rua Campos Carvalho 12; 12 US$/kg) Das beliebte Restaurant serviert schmackhafte *mineiro*-Gerichte.

Apocalipse (Praça Barão Guaicuí; Mittagessen ab 6 US$) In diesem Selbstbedienungsrestaurant gegenüber des Mercado Municipal kann man ein herzhaftes Mittagsessen genießen.

An- & Weiterreise

Es fahren täglich sechs Busse von Belo Horizonte (27 US$, 5½ Std.).

DER SÜDEN

Spektakuläre weiße Sandstrände, unberührte subtropische Inseln und das donnernden Getöse der Wasserfälle von Iguaçu sind nur einige der Attraktionen des reichen Südens Brasiliens. Man kann auch Wale beobachten, surfen oder eine faszinierende Bahnreise in die Berge unternehmen. Die meisten Besucher, die zum ersten Mal hier sind, bleiben nur kurz. Und das, obwohl diese Region eine radikal andere Sicht auf das Leben der Brasilianer bietet. Hier halten die *gaúchos* (Cowboys) der den weiten Hochebenen, die an Argentinien und Uruguay grenzen, immer noch an ihrem Cowboy-Lebensstil fest. Und der Einfluss von Millionen deutschen, italienischen, Schweizer und osteuropäischen Siedlern ist in den Dörfern im Inland und an der Küste immer noch deutlich zu spüren (ganz zu schweigen von den blauen Augen und den blonden Haaren).

Der Süden umfasst drei Staaten: Paraná, Santa Catarina und Rio Grande do Sul. Das Klima hier ist größtenteils subtropisch, aber im Winter liegt auf den Hügeln im Hinterland nicht selten Schnee.

AN- & WEITERREISE

Für diejenigen, die mit dem Flugzeug reisen, sind die wichtigsten Flugziele Curitiba, Florianópolis, Porto Alegre und Iguaçu, das an Argentinien und Paraguay grenzt. Von all diesen Städten gibt es gute Busverbindungen nach São Paulo.

UNTERWEGS VOR ORT

Kurzflüge und längere Busreisen verbinden die wichtigsten Städte des Südens miteinander. Wer zur Ilha do Mel will, kann einen Bus (oder die Panoramabahn) von Curitiba nach Paranaguá nehmen, von wo aus mehrmals täglich Boote zur Insel übersetzen. Von Pontal do Sul aus, das man von Curitiba (S. 365) auch per Bus erreichen kann, fahren noch mehr Boote.

CURITIBA

☎ 0xx41 / 1,7 Mio. Ew.

Curitiba, das für seine umweltfreundliche Bauweise bekannt ist, zählt zu Brasiliens Erfolgsstädten. Hier gibt's schöne Parks, gut erhaltene historische Bauten, wenige Verkehrsstaus und jede Menge Studenten und Angestellte der Universität. Die Hauptstadt des Bundesstaates Paraná eignet sich gut für einen kleinen Boxenstopp – aber es gibt nichts, was einen mehr als ein paar Tage halten könnte.

Praktische Informationen

Am Flughafen gibt es einen Touristeninformationsstand.

Cybernet XV (Rua das Flores 106; 3 US$/Std.; ☺ Mo–Sa 9.30–24 Uhr) Internetzugang.

Paraná Turismo (Loja 18, Rua 24 Horas) Hilfreicher Infostand in der engen, rund um die Uhr geöffneten Einkaufspassage.

Sehenswertes & Aktivitäten

Am besten erkundet man die Stadt zu Fuß. Im kopfsteingepflasterten historischen Viertel rund um den **Largo da Ordem** gibt es wunderschön restaurierte Gebäude, Bars und Restaurants. Nach Einbruch der Dunkelheit wird Livemusik gespielt. Die in der Nähe liegende **Rua das Flores** säumen Läden, Restau-

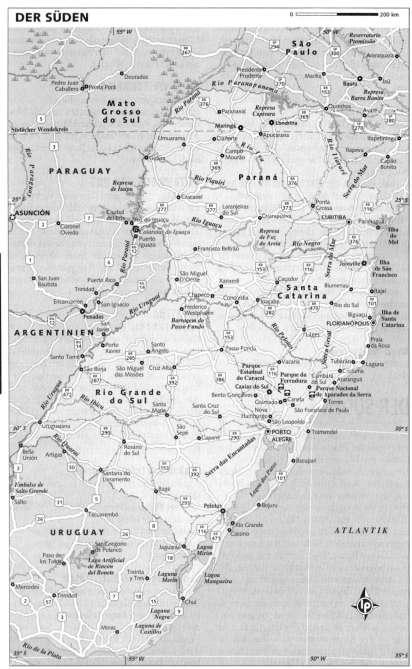

rants und bunte Blumen. Wer es noch grüner liebt, sollte den **Passeio Público** (Av Presidente Carlos Cavalcanti; Di–So) besuchen, einen kleinen Park mit schattigen Wegen und einem See. Die Attraktionen außerhalb des Zentrums von Curitiba – botanische Gärten, Parks mit Bäumen und das Oscar-Niemeyer-Museum – sind mit dem **Linha Turismo Bus** (s. „Unterwegs vor Ort" S. 364) erreichbar.

Schlafen

Gegenüber vom Busbahnhof gibt's jede Menge preiswerte Hotels.

Cervantes Hotel (3222-9593; www.cervanteshotel.cjb.net; Rua Alfredo Bufren 66; EZ/DZ 15/22 US$) Schlichte Unterkunft in guter Lage mit sauberen Zimmern, Teppichboden und alten Bädern. Die Spitzengardinen schaffen eine heimelige Atmosphäre.

Hotel Maia (3264-1684; Av Presidente Afonso Camargo 355; EZ/DZ 15/30 US$) Praktisch für alle, die spät kommen oder früh wieder weg müssen: Das saubere und sichere Maia liegt gegenüber vom Busbahnhof.

Palace Hotel (3222-6414; Rua Barão do Rio Branco 62; EZ/DZ 17/26 US$) Das preiswerte Palace in der Nähe der Rua das Flores hat Holzböden, große altmodische Fenster und Zimmer mit schönem natürlichem Licht.

Golden Hotel (3323-3603; www.goldenhotelpr.com.br; Rua Tobias de Macado 26; EZ/DZ 17/30 US$) Eine einfache und bescheidene Unterkunft im Zentrum mit kleinen, engen Zimmern und Holzfußböden. Die kleinen Balkone sind nett, genauso die Aussicht von den höheren Stockwerken auf die Kathedrale.

Hotel O'Hara (3232-6044; Rua XV de Novembro 770; EZ/DZ ab 25/35 US$) Das O'Hara mit Blick auf die Praça Santos Andrade bietet kleine, gemütliche Zimmer mit modernen Bädern.

Essen

Bars und Restaurants gibt es reichlich rund um den Largo da Ordem.

Spich (Rua das Flores 420; Buffet 2 US$; Mo–Sa mittags) Beim beliebten Mittagsbuffet gibt es gutes, frisches Essen zum guten Preis. Das Restaurant befindet sich im 2. Stock über dem Laden das Fábricas.

Green Life (Rua Carlos de Carvalho 271; Buffet 5 US$; mittags) Die meisten Zutaten, die in diesem vegetarischen Biorestaurant verwendet

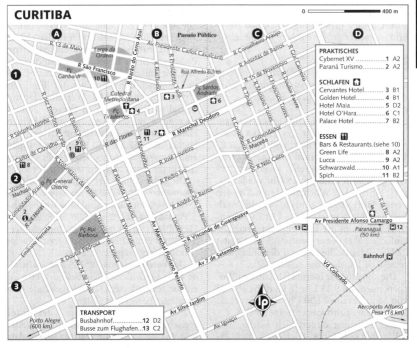

werden, stammen direkt von der Farm des Besitzers.

Lucca (Rua Ébano Pereira 19; Hauptgerichte 5–7 US$; 🕑 9.30–18.30 Uhr) Das schöne Café an der Rua das Flores serviert Mittagsmenüs, außerdem Pasta, *panini* und Quiche – und schaumige Cappuccinos.

Schwarzwald (Rua Claudino dos Santos 63; Hauptgerichte ab 7 US$) Das Schwarzwald ist eines der vielen stimmungsvollen Restaurants am Largo da Ordem, es serviert sättigende Wurstteller und andere deutsche Gerichte zusammen mit kaltem, gezapftem Bier.

An- & Weiterreise

BUS

Es fahren regelmäßig Busse nach São Paulo (20 US$, 6½ Std.), Rio de Janeiro (32 US$, 12 Std.), Foz do Iguaçu (30 US$, 10 Std.) und in alle anderen größeren Städte des Südens. Wer den Zug nach Paranaguá verpasst hat, kann einen der vielen Busse dorthin nehmen.

Es gibt Direktbusse nach Asunción (40 US$, 18 Std.), Buenos Aires (66 US$, 28 Std.) und Santiago (120 US$, 52 Std.).

FLUGZEUG

Von Curitiba gehen Flüge nach São Paulo und in andere größere Städte des Südens.

ZUG

Die Zugstrecke von Curitiba (auf 900 m Höhe) zum Hafen von Paranaguá ist sicher die aufregendste in ganz Brasilien – ein grandioses Panorama.

Man kann auf zwei Arten reisen: im *trem* (normaler Zug) oder in der *litorina* (Touristenzug). Der *trem* fährt täglich um 8.15 Uhr in Curitiba ab, endet montags bis freitags aber schon in Morretes, wo er um 11.15 Uhr ankommt (und um 15 Uhr wieder zurück fährt). Am Wochenende und in den Ferien fährt er den ganzen Weg bis nach Paranaguá, wo er etwa um 13.15 Uhr eintrifft (und um 14 Uhr zurückfährt). Die einfache Fahrt in der Touristenklasse kostet 22 US$. Man sollte sich auf die linke Seite setzen, da hat man die bessere Sicht.

Die klimatisierte *litorina* fährt an den Wochenenden um 9.15 Uhr in Curitiba ab und von Morretes um 14.30 Uhr wieder zurück. Die einfache Fahrt kostet stolze 50 US$.

Der Fahrplan ändert sich häufig, also sollte man sich vorher telefonisch ☎ 3323-

4007 erkundigen oder im Internet unter www.serraverdeexpress.com.br. schlau machen. An den Wochenenden die Tickets lieber im Voraus kaufen!

Unterwegs vor Ort

Der Alfonso-Pena-Flughafen liegt 18 km von der Stadt entfernt (25 US$ per Taxi). Ein Aeroporto–Centro-Bus fährt alle 20 Min. (1 US$) von der Av Presidente Afonso Camargo ab. Der stilvollere, silberfarbene Shuttlebus („Aeroporto Executivo", 3 US$) fährt alle 20 Min. direkt ins Zentrum. Er hält unterwegs seltener, z. B. am Busbahnhof, an der Praça Tiradentes und in der Rua 24 Horas.

Der weiße Linha-Turismo-Bus eignet sich bestens, um die Sehenswürdigkeiten außerhalb von Curitibas Innenstadt zu erkunden. Er fährt dienstags bis sonntags von 9 bis 17.30 Uhr alle halbe Stunde an der Praça Tiradentes ab. Man kann an jeder der 25 Sehenswürdigkeiten aussteigen und dann den nächsten Bus nehmen. Vier Tickets kosten 7,50 US$.

PARANAGUÁ

☎ 0xx41 / 140 000 Ew.

Die meisten Besucher der verschlafenen Stadt am Fluss befinden sich in der Hektik der Ankunft oder des Aufbruchs. Denn Paranaguá ist die Endstation der landschaftlich reizvollen Bahnfahrt von Curitiba aus und zugleich der Starthafen für Trips zur idyllischen Ilha do Mel. Wer am Ufer mit den alten Kolonialbauten flaniert, kommt aber nicht auf die Idee, dass es hier einen Hafen gibt. Die bunten, inzwischen verblichenen Gebäude und Kirchen vermitteln eine Atmosphäre tropischen Verfalls – genau richtig für einen Nachmittagsspaziergang.

Die Angestellten der zentralen **Touristeninformation** (☎ 3422-6882; Rua General Carneiro; 🕑 8–18 Uhr) am Hafen sind sehr freundlich.

Pousada Itiberê (☎ 3423-2485; Rua Heitor Ariente 142; EZ/DZ 10/17 US$) Eine sichere Budgetunterkunft mit einfachen aber sauberen *quartos* (Zimmer mit Gemeinschaftsbad).

Das **Hotel Ponderosa** (☎ 3423-2464; Rua Prescilinio Corrêa 68; EZ/DZ 10/20 US$) befindet sich in einem restaurierten Kolonialgebäude und vermietet preiswerte Suiten.

Barreado (im Tontopf gekochter Fleischeintopf) ist die kulinarische Spezialität der Region. Beim **Mercado Municipal do**

Café (Rua General Carneiro) am Hafen wird er gut und günstig zubereitet.

Fernbusse fahren vom Busbahnhof am Hafen ab. Es gibt häufig Verbindungen nach Curitiba (5,50 US$, 1½ Std.). Für Zuginfos von/nach Curitiba s. gegenüber

ILHA DO MEL
☎ 0xx41 / 1200 Ew.

Das schönste Tor zum Staat ist diese merkwürdig geformte Insel in der Mündung der Baía da Paranaguá. Hier gibt's hervorragende Strände, gute Surfwellen und schöne Küstenwanderwege. Der Verkehr beschränkt sich auf Boote und Menschen mit Surfbrettern – Autos sind auf der Insel verboten. Von Januar bis zum Karneval und über Ostern kommen junge Leute, um abzufeiern, aber zu anderen Zeiten ist die Insel ruhig und relativ abgeschieden.

Sehenswertes & Aktivitäten
Die Ilha do Mel gliedert sich in zwei Teile, die durch den Strand von Nova Brasília getrennt sind. Der größere, nördliche Teil besteht im Wesentlichen aus einem Schutzgebiet, in das sich kaum Touristen verirren, wenn man von der Praia da Fortaleza mit einem Fort aus dem 18. Jh. und der dahinter liegenden Praia Ponta do Bicho absieht.

Östlich von Nova Brasília steht der Farol das Conchas (Leuchtturm von Conchas), von dem man eine tolle Aussicht hat. Die besten Strände sind die Praia da Fora, die Praia do Miguel und die Praia Ponta do Bicho im Osten. Der Fußmarsch von Nova Brasília nach Encantadas an der Küste entlang dauert zweieinhalb Stunden.

Schlafen & Essen
An Wochenenden im Sommer und zu anderen Stoßzeiten sind viele Zimmer ausgebucht, doch in Nova Brasília kann man jederzeit eine Hängematte aufhängen oder ein Zelt aufstellen (ca. 4 US$/Pers.).

Die höchste Dichte von *pousadas* bietet die Praia do Farol entlang des Weges, der rechts von Nova Brasília wegführt.

Das kleinere Encantadas im Südwesten der Insel ist an Sommerwochenenden recht überfüllt. Im Restaurantkomplex Fim do Trilha (Hauptgerichte 3,50–10 US$) an der Praia da Fora kommen günstige Fischgerichte auf den Tisch. Freitag- und samstagabends gibt es Livemusik und meistens eine Strandparty.

Hostel Zorro (☎ 3426-9052; www.hostelzorro.com.br; B/DZ ab 9/25 US$) Das beliebte Hostel am Strand hat ordentliche Zimmer mit viel Holz sowie Gemeinschaftsküche und Freiluftlounge.

Pousada Caminho do Farol (☎ 3426-8153; www.pousadatropical.com; B 10 US$) Die nette, aber rustikale Unterkunft ist 200 m von der Anlegestelle von Nova Brasília entfernt. Sie vermietet Suiten mit Fliesenböden und Ventilator.

Pousadinha (☎ 3426-8026; http://pousadinha.com.br; EZ/DZ ab 12/20 US$) Die rund 100 m von der Anlegestelle in Nova Brasília entfernte beliebte Budgetunterkunft hat einige ordentliche Zimmer.

Sonho de Verão (☎ 3426-9048; sonho-deverao@uol.com.br; EZ/DZ ab 12/25 US$) Liegt an der Hauptstraße, hat rustikale aber schön dekorierte Suiten und bietet Küchenbenutzung.

Grajagan Surf Resort (☎ 3426-80433; www.grajagan.com.br; B/DZ/Stellplatz 20/60/6 US$) In der Nähe der Praia Grande gelegene hübsche *pousada*. Die bequemen Zimmer haben Veranden und Hängematten mit Meerblick, zudem gibt es ein gutes Freiluftrestaurant mit Bar.

Pousada Girassol (☎ 3426-8006; heliodasilva@onda.com.br; DZ 25 US$) Die beim Pousadinha gelegene Pension ist freundlich und hat bequeme Suiten.

Toca do Abutre (Hauptgerichte 6–13 US$) Die Surferbar in Nova Brasília ist auch ein Fischrestaurant, in dem es an manchen Abenden Livemusik gibt.

An- & Weiterreise
Drei Boote verlassen täglich den Anlegesteg gegenüber der Touristeninformation in Paranaguá (6 US$, 2 Std.). Sie legen zuerst in Nova Brasília und dann in Encantadas an. Zur Zeit fahren die Boote von Paranaguá um 8.30, 13.30 und 16.30 Uhr ab und von Nova Brasília zu denselben Zeiten wieder zurück.

Alternativ kann man mit dem Bus nach Pontal do Sul fahren, das auf dem Festland gegenüber von Encantadas liegt. Von dort setzt ein Boot zum 4 km entfernten Encantadas (5 US$, 30–40 Min.) über. In der Hochsaison fahren die Boote mindestens einmal in die Stunde von 8 bis 17 Uhr.

ILHA DE SANTA CATARINA
☎ 0xx48 / 388 000 Ew. (mit Florianópolis)

Die Ilha de Santa Catarina hat eine bemerkenswert vielfältige Landschaft mit vom

Mata Atlântica (Atlantischer Regenwald) bedeckten Bergen, klaren Seen, ruhigen Kiefernwäldern und Sanddünen, die so groß sind, dass man auf ihnen surfen kann. Die Strände sind die eigentliche Attraktion – von abgelegenen und vom Wald geschützten Sandstränden bis hin zu wilden, schroffen Küsten, an denen sich Surfer und Sonnenanbeter tummeln, ist auch hier die Palette groß.

Santa Catarinas Reize sind kein Geheimnis. Von Dezember bis Februar treffen Menschenmassen aus ganz Brasilien, Argentinien und Uruguay an den Stränden zusammen.

Während der nördliche Teil der Insel gut erschlossen ist, ist der Süden immer noch ziemlich unberührt. Alte Fischerdörfer zieren die Küste, und an der Westküste gibt es Austerfarmen und alte azorische Siedlungen. Wanderwege (vor allem von Pântano do Sul aus) führen über grüne Gipfel zu einsamen, unberührten Stränden. Es gibt auch einen See (Lagoa do Peri), der kleiner und friedlicher ist als die Lagoa da Conceição im Norden.

Aktivitäten

Wer einen kleinen Ausflug mit dem Kajak oder eine Segeltour über die **Lagoa do Peri** unternehmen will, sollte sich mit **Vicente** (☎ 3389-5366; vicente@barcomania.com.br; 25 US$/Pers.) in Verbindung setzen. Der nimmt maximal vier Passagiere mit und spricht fast nur Portugiesisch. Für Ausflüge auf der **Lagoa da Conceição** kann man eines der fahrplanmäßigen Wassertaxis (2 US$) neben der Brücke in Centro da Lagoa benutzen. Sehr nett sind auch Bootstouren zur schönen unbebauten **Ilha do Campeche** vor der Ostküste (15 US$): Hier gibt's alte Inschriften und man kann in hübschen Lagunen schnorcheln. **Scuna Sul** (☎ 3225-1806) – anrufen oder vorbeischauen – veranstaltet Touren von einer Landzunge im Süden der Praia da Armação aus. An den meisten Tagen geht es um 9 oder 10 Uhr los (17 US$).

Schlafen & Essen

Auf Schilder mit der Aufschrift „*se aluga quarto/apartamento*" achten! Außerdem gibt's hier viele Campingplätze. Von Norden nach Süden sind folgende Unterkünfte empfehlenswert.

Die Praia do Moçambique ist ein atemberaubender, 14 km langer Strand, der von

der Straße durch einen Kiefernwald abgeschirmt ist. An seinem nördlichen Ende befindet sich die **Pousada Rio Vermelho** (☎ 3296-1337; www.riovermelhopousada.com.br; Rodovia João Gualberto Soares 8479; Suite/Hütte 46/52 US$; ✕ ✍). Das in São João de Rio gelegene Vermelho ist eine tolle Unterkunft mit großem Grundstück, einem Pool und bequemem Zugang zum Strand. Untergebracht ist man in wunderschön eingerichteten Suiten oder in hübschen Hütten mit Küche.

Etwa 2 km weiter südlich gibt es einen **Campingplatz** (☎ 3269-9984; Rodovia João Gualberto Soares s/n; 7 US$/Pers.) – nur wenige Schritte vom Strand entfernt.

Weiter in Richtung Süden liegt die Praia da Joaquina, deren riesige Dünen kilometerweit zu sehen sind. Man kann hier Sandboards ausleihen (5 US$/Std.) und die Dünen hinuntersurfen. Am Strand stehen etliche Hotels, darunter das **Joaquim Beach Hotel** (☎ 3232-5059; www.joaquinabeachhotel.com.br; EZ/DZ ab 25/30 US$; ✕), das schöne Zimmer hat – einige davon mit Meerblick.

Die unglaublich geschäftige, an die Lagoa do Conceição grenzende Stadt namens Centro da Lagoa hat mehrere *pousada*s, von denen die meisten überteuert sind. Eine Ausnahme ist die **Pousada Dona Zilma** (☎ 3232-5161; Rua Prefeito Acácio Garibáldi São Thiago 279; EZ/DZ ab 13/25 US$), eine familienbetriebene Pension mit gemütlichen *apartamentos*. Die Unterkunft liegt einen Block vom See entfernt, etwa 1 km östlich der Brücke.

Am südlichen Ende der Insel befindet sich die bei Surfern beliebte Praia da Armação. Die **Pousada Pires** (☎ 3237-5161; www.pousad apires.cjb.net; Rua Prefeito Acácio Garibáldi São Thiago 279; EZ/DZ ab 13/25 US$) ist eine von vielen preiswerten Pensionen – eine freundliche Unterkunft mit einfachen Zimmern und Küche an der Hauptstraße der Stadt, gerade einmal 50 m vom Strand entfernt, .

Pântano do Sul, ein altes Fischerdorf, liegt weiter südlich und hat ein paar einfache Restaurants zu bieten. Die **Pousada do Pescador** (☎ 3237-7122; www.pousadadopescador.com. br; Rua Manoel Vidal 257; EZ/DZ ab 30/40 US$) einen Block vom Strand entfernt hat nette Chalets in einem Garten. Die Hauptstraße geht 2 km hinter dem Dorf in die ungeteerte Rua Rosália P Ferreira über. Nach etwa 1 km auf dieser Straße kommt man zur **Albergue do Pirata** (☎ 3389-2727; B 8 US$), einer HI-Jugend-

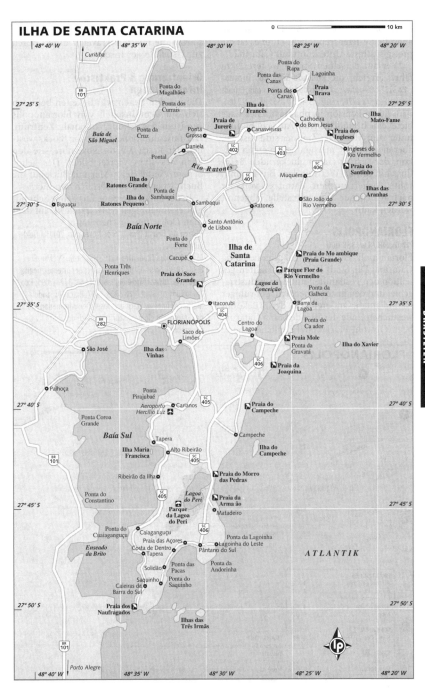

herberge. Die Zimmer sind spartanisch, aber die Besitzer freundlich – und es ist die preisgünstigste Unterkunft auf Catarina.

Wer auf derselben Straße weitere 2 km fährt, erreicht die **Pousada Sítio dos Tucanos** (☎ 3237-5084; www.pousadasitiodostucanos.com; Estrada Rosália Ferreira 2776; EZ/DZ NS 40/50 US$; HS 55/72 US$; 🖥). Diese Pension in phantastischer Lage bietet eine beeindruckende Aussicht bis hinunter zum Meer. Die Zimmer sind rustikal, aber elegant. Die meisten haben einen Balkon, der sich zu einem gluckernden Bergfluss hin öffnet. Wer mit dem Bus kommt, sollte vorher anrufen, damit er von der nächstgelegenen Bushaltestelle abgeholt werden kann.

FLORIANÓPOLIS
☎ 0xx48 / Ew. 388 000

Florianópolis ist das Tor zur Ilha de Santa Catarina. Die Stadt ist in zwei Hälften geteilt: in den Festlandteil mit dem Industriegebiet und den historischen Teil, der ruhiger ist und auf der anderen Seite der Brücke am westlichen Ende der Ilha de Santa Catarina liegt. Obwohl Florianópolis etliche schöne Ecken hat, die zur Erkundung einladen, starten die meisten Traveller direkt durch zur Osthälfte der Insel.

Orientierung & Praktische Informationen

Die meisten Sehenswürdigkeiten befinden sich auf dem Inselteil von Florianópolis rund um das schöne, koloniale Zentrum. Der Busbahnhof liegt ein paar Blocks westlich der Praça XV de Novembre, die den Kern des alten Viertel bildet. Das gehobenere Viertel Beira-Mar mit Blick auf die Bucht ist etwa 2 km nördlich von hier.

In der Fußgängerzone Rua Felipe Schmidt gibt es einen regen Schwarzmarkt, auf dem man Dollar umtauschen kann.

Banco do Brasil (Praça 15 de Novembro, 20) Hat Geldautomaten.

Moncho (Rua Tiradentes 181; 2 US$/Std.; ⊙ Mo–Fr 8.30–20.30, Sa 9–13 Uhr) Preisgünstiger Internetzugang.

Informationsstände Busbahnhof (☎ 3228-1095; Rua Paulo Fontes); Stadt (☎ 3223-4997; Praça Fernando Machado) Infos zu Stadt und Insel. Der Informationsstand der Stadt steht ein paar Schritte südlich der Praça XV de Novembro.

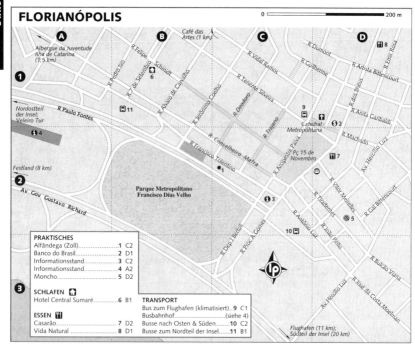

Schlafen & Essen

Die Bars, in denen am meisten los ist, finden sich im Viertel Beira-Mar Norte an der Bucht, etwa 1,5 km nördlich der Praça XV.

Albergue da Juventude Ilha de Catarina (☎ 3225-3781; www.floripahostel.com.br; Rua Duarte Schutel 227; B/DZ ab 10/22 US$) Die freundliche HI-Jugendherberge liegt zehn Gehminuten vom Busbahnhof entfernt.

Hotel Central Sumaré (☎ 3222-5359; Rua Felipe Schmidt 423; EZ/DZ 27/39 US$, EZ/DZ mit Gemeinschaftsbad 17/30 US$) Einfaches Hotel mit kleinen, aber malerischen Zimmern mit Holzfußböden.

Casarão (Praça 15 de Novembro 320; 9 US$/kg; ☺ Mo–Fr 11–23, Sa bis 15 Uhr) Unterkunft in einem alten Kolonialgebäude am Hauptplatz mit gutem Mittagsbuffet und Abendessen à la carte.

Café das Artes (Rua Esteves Júnior 734; Sandwiches 2–4 US$; ☺ Mo–Sa 11.30–23, So 16–23 Uhr) Das gehobene Kunstcafé im Viertel Beira-Mar Norte serviert Sandwiches, guten Kaffee und Backwaren.

Vida Natural (Rua Visconde de Ouro Prêto 298; Buffet 4,50 US$; ☺ Mo–Fr mittags) Vegetarischer Laden in kolonialem Ambiente und mit einem großen und leckeren Buffet.

An- & Weiterreise

Von hier starten täglich Flüge nach São Paulo und Porto Alegre und zu den meisten anderen größeren Städten. Fernbusse verbinden Florianópolis mit Torres (15 US$, 4 Std.), Porto Alegre (25 US$, 6½ Std.), Curitiba (17 US$, 4½ Std.), São Paulo (38 US$, 12 Std.), Rio de Janeiro (78 US$, 18 Std.), Foz do Iguaçu (45 US$, 14 Std.), Buenos Aires (90 US$, 25 Std.) und Montevideo (95 US$, 18 Std.).

Unterwegs vor Ort

Der Flughafen befindet sich 12 km südlich von Florianópolis. Hin kommt man entweder mit einem Taxi (16 US$), den regionalen Correador-Sudoeste-Bussen, die vom Busbahnhof (1 US$) losfahren, oder mit einem klimatisierten Correador-Sudoeste-Bus (2,50 US$), der von der Haltestelle neben der Kathedrale an der Praça 15 de Novembro abfährt.

Alle Strände sind mit regionalen Bussen und gelben Mikrobussen (sie nehmen Surfbretter mit) erreichbar. Busse, die den Osten und Süden der Insel anfahren (inkl. Lagoa da Conceição), starten vom Busbahnhof in

der Stadt in der Rua Antônio Luz. Die Busse nach Norden fahren vom Busbahnhof in der Rua Francisco Tolentino ab, in der Nähe des zentralen Busbahnhofs.

Auf der Insel kann man problemlos ein Auto mieten. **Yes Rent a Car** (☎ 3236-0229) bietet im Allgemeinen die besten Preise (ab 37 US$/Tag). Die Agentur ist am Flughafen vertreten, stellt die Autos aber auch vor jedem Hotel der Insel ab.

TORRES

☎ 0xx51 / 34 000 Ew.

Die kleine Stadt Torres eignet sich mit ihren schönen Stränden, den herrlichen Steinformationen und dem netten Umland, in dem es sich gut wandern lässt, hervorragend als Zwischenstopp auf einer Reise entlang der Küste. Torres liegt 205 km nordöstlich von Porto Alegre. Während des Jahres finden hier zahlreiche Surfmeisterschaften statt. Auf der nahe gelegenen **Ilha dos Lobos**, einer felsigen Insel etwa 2 km vor der Küste, versammeln sich während der Wintermonate Seelöwen. An Sommerwochenenden ist die Stadt überlaufen.

In der **Touristeninformation** (☎ 3626-1937; Ecke Av Barão do Rio Branco & Rua General Osório) gibt es Karten und eine Hotelliste. Das **Hotel Medusa** (☎ 3664-2378; Rua Benjamin Constant 828; EZ/DZ 14/19 US$) ist ein freundlicher Familienbetrieb mit einfachen, preiswerten Zimmern. Die schöne **Pousada da Prainha** (☎ 3626-2454; www.pousadadaprainha.com.br; Rua Alferes Feirreira Porto 138; EZ/DZ 20/30 US$, HS DZ 50 US$) bietet gemütliche Zimmer und liegt einen Block vom Strand entfernt. Campen kann man auf dem **Campingplatz Beira Mar** (☎ 9129-7868; Rua Alexandrino de Alencar 5551).

Bom Gosto (Av Barão do Rio Branco 242) ist eine herrliche *churrascaria*, **Doce Art** (Av Silva Jardim 295) hat guten Espresso und gebackene Köstlichkeiten.

Busse fahren nach und von Porto Alegre (15 US$, 4½ Std., 10-mal tgl.) und Florianópolis (15 US$, 5 Std., 3-mal tgl.).

PARQUE NACIONAL DE APARADOS DA SERRA

☎ 0xx54

Dieser großartige **Nationalpark** (Eintritt 3 US$; ☺ Mi–So 9–17 Uhr) liegt 70 km nordöstlich von São Francisco de Paula und 18 km von Cambará do Sul entfernt. Die größte Attraktion ist der **Cânion do Itaimbezinho**, ein phantastischer enger Canyon mit steilen Felswänden von 600 bis 720 m Höhe. Zwei Wasserfälle stürzen in eine tiefe Schlucht.

In der **Touristeninformation** (☎ 3251-1277) des Parque Nacional de Aparados da Serra gibt es Karten, ein Café und Führer für den Trilha Cotovelo. Auch bei **Acontur** (☎ 3251-1320; Cambará do Sul), dem lokalen Fremdenführerverband, kann man Guides anheuern.

Im Park gibt es drei Wanderwege: **Trilha do Vértice** (2 km, einfache Strecke) und **Trilha Cotovelo** (2½ Std., hin & zurück) führen zum Wasserfall und belohnen Wanderer mit Ausblicke auf den Canyon. **Trilha do Rio do Boi**, den man am besten von der Praia Grande östlich des Nationalparks erreicht, führt 7 km durch den Grund des Canyons. Der Weg ist etwas für erfahrene Wanderer. Während der Regenzeit ist er nicht zugänglich. Ein Führer ist hier sehr zu empfehlen.

Cambará do Sul betreibt kleine *pousadas* und viele Familien vermieten Zimmer in ihren Häusern.

Die einfachen Zimmer der lebhaften **Pousada Itaimbeleza** (☎ 3251-1367; Rua Dona Ursula; EZ/DZ 15/30 US$) in der Nähe des Busbahnhofs sind bei Backpackern beliebt.

Die **Pousada Corucacas** (☎ 3251-1123; www.guiatelnet.com.br/pousadacorucacas; EZ/DZ 30/60 US$) liegt 2 km außerhalb der Stadt an der Straße. Die Besitzer organisieren Reit- und Angelausflüge. Im Zimmerpreis sind Frühstück und Abendessen enthalten.

Von Porto Alegre fährt täglich ein Bus nach São Francisco de Paula und Cambará do Sul (12 US$, 6 Std.). Tickets am Abend zuvor kaufen! Jeden Tag verlässt ein Bus Torres an der Küste in Richtung Praia Grande und Cambará do Sul.

Zum Park selber fährt kein Bus. Am besten nimmt man ein Taxi oder einen Minivan (hin & zurück 30 US$).

CANELA
☎ 0xx54

Nördlich von Porto Alegre liegt das beliebte Wandergebiet Serra Gaúcha. Die Busfahrt von der Stadt hierher ist wunderschön, die bergigen Unterkünfte in Canela und das etwas teurere Gramado sind es auch. Im Winter fällt gelegentlich etwas Schnee und im Frühling sind die Berge mit Blumen übersät.

Canelas **Touristeninformation** (☎ 3282-1287; www.canela.com.br; Lago da Fama 227) im Stadtzentrum hält Karten und Infos parat.

Sehenswertes

Die Hauptattraktion des 9 km außerhalb von Canela liegenden **Parque Estadual do Caracol** (Eintritt 2,50 US$; ☯ 8.30–17.30 Uhr) ist der beeindruckende Cascata do Caracol, ein 130 m hoher Wasserfall. Der Linha-Turística-Bus fährt dienstags bis sonntags alle zwei Stunden hierher. Abfahrt vor der Touristeninformation.

Der **Parque da Ferradura** (Eintritt 3 US$; ☯ 9–17.30 Uhr), ein herrlicher 420 m hoher hufeisenförmiger Canyon mit drei Aussichtspunkten entlang der gut markierten Wege, liegt einen 6 km langen Fußmarsch vom Eingang des Parque do Caracol entfernt.

Aktivitäten

Abenteuertourismus – Felsklettern, Abseilen, Raften, Mountainbiken, Bungeejumpen – wird hier groß geschrieben. Infos gibt's bei der Touristeninformation oder bei den Agenturen **At!tude** (☎ 3282-6305; Av Osvaldo Avanha 391) und **JM Rafting** (☎ 3282-1255; Av Osvaldo Aranha 1038).

Schlafen & Essen

Alle Retaurants finden sich in der Hauptstraße Av Osvaldo Aranha oder in einer ihrer Nebenstraßen.

Pousada do Viajante (☎ 3282-2017; Rua Ernesto Urban 132; B/DZ 15/30 US$) Tolle HI-Jugendherberge gleich beim Busbahnhof mit ordentlichen Zimmern.

Hotel Bela Vista (☎ 3282-1327; www.canela.tur.br/hotelbelavista.htm; Av Osvaldo Aranha 160; EZ/DZ ab 15/30 US$) Die im Zentrum gelegene Unterkunft hat saubere, einfache *quartos* – ein guter Deal!

Churrascaria Espelho Gaúcho (☎ 3282-4348; Rua Baden Powell 50; Hauptgerichte 8 US$) Tolle *churrascaria*, mit „All the meat you can eat"-Angebot.

Anreise & Unterwegs vor Ort

Nach/von Porto Alegre fahren regelmäßig Busse (9 US$, 2½ Std.) über Gramado. Es gibt auch Busse nach São Francisco de Paula (3 US$, 1 Std.), von wo aus man weiter nach Cambará do Sul und zum Parque Nacional de Aparados da Serra gelangt.

PORTO ALEGRE
☎ 0xx51 / 1,4 Mio. Ew.

Die blühende Hafenstadt Porto Alegre mag vielleicht nicht gerade das schönste Reiseziel sein, dafür gibt sie eine gute Einführung in das fortschrittliche Rio Grande do Sul. Die lebendige, moderne Stadt liegt an den Ufern des Rio Guaíba und hat eine gut erhaltene neoklassische Altstadt mit schönen Plazas, faszinierenden Museen und Kulturzentren sowie eine lebendige Kunst- und Musikszene.

Praktische Informationen
Citibank (Rua 7 de Setembro 722) Geldautomaten.
Cyber Zone (Rua Dr Flores 386; 2 US$/Std.; Mo–Fr 9–21.30, Sa bis 17.30 Uhr) Ein elegantes Internetcafé.
Prontur (Av Borges de Medeiros 445) Wechselt Bargeld und Reiseschecks.
Touristeninformation (Mercado Público, Praça 15 de Novembro; 9–18 Uhr) Hilfreiches Büro. Es gibt auch eine Filiale am Flughafen

Sehenswertes
Der **Mercado Público** (Öffentlicher Markt) aus von 1869 und die angrenzende Praça 15 de Novembro bilden das Herz der Stadt. Die Läden am Markt verkaufen die einzigartige Teeausrüstung der *gaúchos*: die *cuia* (Kürbisflasche) und die *bomba* (silberner Strohhalm), außerdem natürlich *mate* selbst (pulvriger Kräutertee). Das interessante **Museu Histórico Júlio de Castilhos** (Rua Duque de Caxias 1231; Eintritt 2 US$; Di–So 10–17 Uhr) zeigt verschiedene Ausstellungstücke zur Geschichte Rio Grande do Suls, beispielsweise die speziellen Schnurrbarttassen. Das **Museu de Arte do Rio Grande do Sul** (Praça da Alfândega; Di–So 10–17 Uhr) hat eine gute *gaúcho*-Kunstsammlung. In der Nähe des Guáibasees befindet sich die Usina do Gasômetro, ein verlassenes Wärmekraftwerk, das in eine Plattform für Kunst, Tanz und Film umgewandelt wurde.

In der **Casa da Cultura Mario Quintana** (3221-7147; Rua dos Andradas 736) gibt's Theateraufführungen, Konzerte und Kunstausstellungen, außerdem ein beliebtes Kino und im 7. Stock ein Café mit Terrasse und Livemusik (ab 19 Uhr).

Schlafen
Marechal Hotel (3228-3076; www.hotelmarechal.com.br; Rua Andrade Neves 123; EZ/DZ 8/15 US$, EZ/DZ mit Bad 14/18 US$) Budgethotel mit abgenutzten Zimmern, alten Holzfußböden und hohen

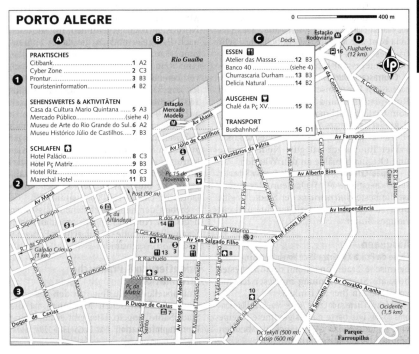

Decken. Wegen des Preises und der freundlichen Besitzer eine gute Wahl.

Hotel Palácio (☎ 3225-3467; Rua Vigário José Inácio 644; EZ/DZ 15/24 US$, mit Bad 20/32 US$) Die freundliche Unterkunft vermietet einfache Zimmer mit Teppichböden, grünen Wänden, fluoreszierenden Lampen und alten Holzmöbeln.

Hotel Ritz (☎ 3225-0693; Av André da Rocha 225; EZ/DZ 16/23 US$, EZ/DZ mit Bad 20/30 US$) In dem einladenden Hotel warten einfache, aber nette Zimmer mit Fliesenböden und großen Fenstern. Es gibt eine kleine Terrasse und eine Gemeinschaftsküche.

Hotel Praça Matriz (☎ 3225-5772; Largo João Amorim de Albuquerque 72; EZ/DZ US$17/25) Das alternde Hotel ist in einer neoklassischen Villa untergebracht. Einige der einfachen Zimmer haben Balkontüren zur Praça da Matriz.

Essen

In der Mitte des Mercado Público gibt es Essensstände, darunter einige gute wie Banco 40 – das hausgemachte Eis ist lecker!

In Cidade Baixa, etwa 2 km von der Altstadt entfernt (ein Taxi kostet 3 US$), gibt's mehrere Kneipen.

Delicia Natural (Rua dos Andradas 1325 2. Stock; All-you-can-eat-Buffet 5 US$; ☽ Mo–Fr mittags) Das Delicia baut zur Mittagszeit ein beliebtes, sehr frisches Buffet auf, das vor allem für Vegetarier interessant ist.

Churrascaria Durham (Rua Riachuelo 1300; Festpreisbuffet 6 US$) Die typische *churrascaria* bietet Rind-, Hühner- und Schweinefleisch direkt vom Grill, so viel man essen kann.

Atelier das Massas (Rua Riachuelo 1482; Hauptgerichte 6–10 US$; ☽ So geschl.) Das moderne Lokal in der Innenstadt hat gute Nudelgerichte und Originalgemälde an den Wänden.

Galpão Crioulo (Parque Maurício Sirotsky Sobrinho; All-you-can-eat-Buffet 20 US$) Das teure Restaurant ist die beste *churrascaria* der Stadt. Es gibt über 20 verschiedene Grillgerichte und ein riesiges Buffet.

Ausgehen

Chalé da Praça XV (Praça 15 de Novembro) Eine einheimische Tradition scheint darin zu bestehen, am Spätnachmittag in dieser Kneipe von 1885 ein Bier zu trinken.

Dr Jekyll (Travessa do Carmo 76; ☽ Mo–Sa 21 Uhr–Sonnenaufgang) Die beste nachts geöffnete Kneipe von Cidade Baixa. An manchen Abenden gibt es Livemusik (Alternative Rock).

Ossip (☎ 3224-2422; Rua da República 677) Eine bunte Kneipe in Cidade Baixa.

Ocidente (Av Osvaldo Aranha 960) Eine gute Tanzbar 2 km östlich der Innenstadt.

An- & Weiterreise

Der belebte Busbahnhof am Largo Vespasiano Julio Veppo hat verschiedene Terminals für Busse, die Ziele innerhalb und außerhalb von Rio Grande do Sul anfahren. Es gibt internationale Busse nach Montevideo (62 US$, 12 Std.) und Buenos Aires (84 US$, 20 Std.). Weitere Busse verkehren nach Foz do Iguaçu (41 US$, 15 Std.), Florianópolis (17 US$, 7 Std.), Curitiba (30 US$, 11 Std.) und Rio de Janeiro (70 US$, 24 Std.).

Unterwegs vor Ort

Porto Alegre hat eine *metrô* mit einer Linie. Wichtige Stationen sind Estação Mercado Modelo (am Hafen), Estação Rodoviária (die nächste Haltestelle) und der Flughafen (drei Stationen weiter). Eine Fahrt kostet 1 US$.

JESUITENMISSIONEN

Anfang des 17. Jh. gründeten jesuitische Missionare in einer Gegend, die sich im Nordosten nach Argentinien, im Südosten nach Paraguay und an die daran angrenzenden brasilianischen Gebiete erstreckte, eine Reihe von Indianermissionen. Nach verheerenden Angriffen durch Sklavenhändler aus São Paulo und feindselige Indios 1631 und 1638 beschränkte sich die Tätigkeit auf die 30 Missionen, die am leichtesten zu verteidigen waren. Sie entwickelten sich zu kulturellen und religiösen Zentren – sogar zu einem Staat im Staate, den manche Gelehrte als eine Insel des Fortschritts und des utopischen Sozialismus betrachten. Während der Blütezeit in den 1720er-Jahren lebten im Gebiet 150 000 Guarani.

Sieben der heute verfallenen Missionen liegen im Nordwesten des brasilianischen Staates Rio Grande do Sul, acht in Paraguay und 15 in Argentinien.

Orientierung & Praktische Informationen

Anlaufstelle für Ausflüge zu den verschiedenen brasilianischen Missionen ist die Stadt Santo Ângelo. Hier gibt es auch eine **Touristeninformation** (☎ 0xx55-3381-1294; www.missoesturismo.com.br).

Die interessanteste und am besten erhaltene Mission ist **São Miguel das Missões** (Eintritt 4 US$, abends Sound-&-Light-Show 2,50 US$), die 53 km in südwestlicher Richtung liegt und zu der täglich vier Busse fahren. Infos über Missionen in Argentinien und Paraguay s. S. 98 und S. 926).

Schlafen & Essen

Die preisgünstigsten Unterkünfte Santo Ângelos gibt es an der und um die Praça Rio Branco.

Pousada das Missões (☎ 0xx55-3381-1202; www. albergues.com.br/saomiguel; B/EZ/DZ 15/22/33 US$) Nette HI-Jugendherberge gleich neben der Mission São Miguel.

Hotel Barichello (☎ 0xx55-3381-1327; Av Borges do Canto 1559; EZ/DZ 22/34 US$) Zum ebenfalls in São Miguel gelegenen Hotel gehört eine gute *churrascaria*.

Hotel Comércio (☎ 0xx55-3312-2542; Av Brasil 1178; Zi. 30 US$) hat nette Annehmlichkeiten zu vernünftigen Preisen.

An- & Weiterreise

Von Porto Alegre fahren täglich acht Busse nach Sânto Angelo (30 US$, 7½ Std.).

Es besteht die Möglichkeit, von hier nach Argentinien einzureisen, und zwar von Porto Xavier über den Rio Uruguai nach San Javier, von São Borja nach Santo Tomé oder bei Uruguaiana, 180 km südlich von São Borja, von wo Busse nach Buenos Aires fahren. Wer die argentinischen Missionen besuchen will, kann von Puerto Iguazú (auf der gegenüberliegenden Grenzseite von Foz do Iguaçu) einen der häufiger fahrenden Busse (7-mal tgl.) nach San Ignacio Miní (24 US$, 5 Std.) nehmen. Zu den Missionen in Paraguay fahren täglich Busse von Ciudad del Este (Paraguay) – auch gegenüber von Foz do Iguaçu – nach Encarnación.

FOZ DO IGUAÇU

☎ 0xx45 / 295 000 Ew.

Das gewaltige Rauschen von 275 Wasserfällen, die sich 80 m tief in den Rio Iguaçu stürzen, scheint die kleine Stadt Foz überall mit einem aufregenden tiefen Brummen zu überziehen – und das, obwohl sich die berühmten Cataratas 20 km südöstlich vom Zentrum der Stadt befinden. Selbst an den heißesten Nachmittagen ist die unermüdlich fließende Kraft der Natur präsent. Man sollte die Wasserfälle von beiden Länderseiten aus besich-

tigen. Darüber hinaus kann man hier auch in die Wälder Paraguays eintauchen oder den Itaipu-Staudamm, eines der größten Wasserkraftwerke der Welt, besichtigen.

Praktische Informationen

In der Av Brasil finden sich jede Menge Banken und Wechselstuben. Am Flussufer entlangzulaufen, ist zu keiner Tageszeit sicher. Raubüberfälle auf der Brücke nach Ciudad del Este in Paraguay sind ziemlich alltäglich.

Foztur-Infostand (☎ 0800-451516; www.iguassu.tur. br) Flughafen (☼ 12 Uhr– letztes Flugzeug; Central (Av Jorge Schimmelpfeng); Busbahnhof für regionale & Fernbusse (☼ 7–18.30 Uhr) Hat Karten und detaillierte Infos über die Gegend.

Sehenswertes & Aktivitäten

Um die Wasserfälle richtig zu erfassen, muss man sie von beiden Seiten besichtigen. Von der brasilianischen hat man einen großartigen Überblick, während die Erfahrung auf der argentinischen intensiver ist – auf der **brasilianischen Seite** (Eintritt 10 US$; ☼ 9–17 Uhr) gibt es viel weniger Details zu sehen als auf der argentinischen. Außerdem kostet hier die Fahrt mit dem Boot zu den Wasserfällen mehr. Aber dafür gibt es hier einige einzigartige Abenteuer zu erleben – etwa eine Kombi aus Kajak- und Wanderausflügen sowie Raftingtoren. Bei **Macuco Safari** (www.macucosafari.com.br) nachfragen!

Der Eingang des sehenswerten **Parque das Aves** (Vogelpark; www.parquedasaves; Eintritt 8 US$; ☼ 8.30–17.30 Uhr), einem 5 ha großen Park mit über 800 verschiedenen Vogelarten, liegt nur fünf Gehminuten von den Wasserfällen entfernt. Man sollte in Dollar zahlen, um schlechte Wechselkurse zu vermeiden.

Auch wer nicht Paraguay als Reiseziel ansteuert, kann einen lohnenswerte Tagesreise von Iguaçu über den Fluss unternehmen. **RD Falls Tur** (☎ 3574-4157; www.rdfallstur.gov. br; Hotel San Remo, Rua Xavier da Silva 563) organisiert Ausflüge dorthin, außerdem Abseilen, Rafting und andere Abenteuerausflüge in der Gegend. Wer von Iguaçu aus Richtung Osten weiterreist, sollte einen Ausflug nach Prudentópolis in Erwägung ziehen.

Sein Geld wunderbar auf den Kopf hauen kann man bei **Helisul** (☎ 3529-7474; www.helisul. com; Flüge 60 US$), das im Park stationiert ist: Einen zehnminütigen Helikopterflug über die Wasserfälle buchen!

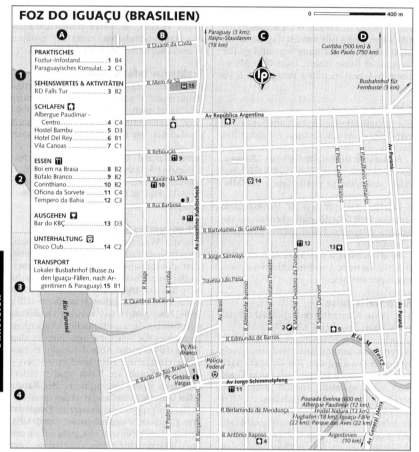

Der nördlich der Stadt gelegene **Itaipu-Staudamm** (☎ 3520-6985; www.itaipu.gov.br; Mo–Sa 9.30–20 Uhr) ist eine weitere atemberaubende Sehenswürdigkeit – besonders, wenn man erfährt, was alles seinetwegen zerstört wurde (einheimische Dörfer, 700 km² Wald und eine Reihe von Wasserfällen, die mit denen von Iguaçu konkurrieren konnten). Eintritt frei.

Schlafen

Albergue Paudimar (☎ 3529-6061; www.paudimar.com.br; Av das Cataratas; B mit/ohne HI-Karte 8/11 US$;) Die beliebte Jugendherberge von Foz liegt 12 km vor der Stadt auf dem Weg zu den Wasserfällen und erinnert mit ihrem Swimmingpool, der Bar, den preisgünstigen Gerichten und dem Internetzugang eher an ein Miniresort.

Centro (☎ 3028-5503; www.paudimarfalls.com.br; Rua Antônio Raposo 820; B mit/ohne HI-Karte 8/11 US$;) Eine viel kleinere, einfachere Jugendherberge, die zur Albergue Paudimar gehört.

Hostel Natura (☎ 9116-0979; hostelnatura@hotmail.com; Alameda Buri 333; Stellplatz/B ca. 10/17 US$;) Die neueste Jugendherberge von Foz steht auf einem tollen Grundstück zwischen zwei kleinen Seen inmitten üppiger Natur. Die Zimmer sind angenehm und sauber. Es gibt einen großen Freiluftbereich mit Pool. Die Herberge an der Strecke zu den Wasserfällen ist 13 km von der Stadt entfernt (an der Abzweigung nach Paudimar).

Hostel Bambu (☎ 3523-3646; www.hostelbambu. com; Rua Edmundo de Barros 621; B/DZ/3BZ 11/27/32 US$) Im neuen freundlichen Hostel wohnen lockere Leute. Die Zimmer sind klein, aber bequem, die Aufenthaltsräume groß und es gibt eine Terrasse und eine Küche. Der Besitzer bietet zahlreiche Ausflüge an.

Vila Canoas (☎ 3523-8797; www.hotelvillacanoas. com.br; Av República Argentina 926; EZ/DZ/4BZ ab 17/22/24 US$; 🖭) Im freundlichen Hotel stehen verschiedenste Zimmer zur Auswahl, von einfachen Viererzimmern mit Ventilator bis zu stilvollen farbenfrohen Doppelzimmern mit Klimaanlage. Das angeschlossene Reisebüro ist der richtige Ort, um Ausflüge – beispielsweise nach Paraguay – und billige Fahrten zur argentinischen Seite der Wasserfälle zu buchen.

Pousada Evelina (☎ 3574-3817; www.pousadaeve lina.com.br; Rua Irlan Kalichewski 171; EZ/DZ/3BZ ab 22/30/37 US$; 🖭 💻 🖭) Ein großes Plus der Pousada Evelina sind die Zimmer in schönem Design, aber auch der erfrischende Pool und die bequemen Aufenthaltsräume.

Hotel Del Rey (☎ 3523-2027; www.hoteldelreyfoz. com.br; Rua Tarobá 1020; EZ/DZ/3BZ 25/40/45 US$; 🖭 💻 🖭) Freundliche Unterkunft mit großen bequemen Zimmer und einem guten Frühstücksbuffet.

Essen & Ausgehen

In Foz ist eine Menge los, vor allem nachts in der Av Jorge Schimmelpfeng.

Oficina da Sorvete (Av Jorge Schimmelpfeng 244; Hauptgerichte ab 4 US$) Neben erfrischendem Eis bekommt man in dem netten Café leckere Baguettesandwiches, Salate und Mittagsangebote zu günstigen Preisen.

Corinthiano (Rua Xavier da Silva 392; Mittagsbuffet 3 US$) Das Lokal ist bei den Einheimischen für seine billigen Mittagsbuffets mit Hausmannskost sehr beliebt.

Boi em na Brasa (Av Juscelino Kubitschek & Rua Bartolomeu de Gusmão; BBQ 7,50 US$) Die *churrascaria* serviert Fleisch, so viel man verdrücken kann – zu sehr anständigen Preisen.

Tempero da Bahia (Rua Marechal Deodoro 1228; Hauptgerichte für 2 Pers. 20–27 US$; 🖭 Mo–Sa abends) Im schönen Restaurant gibt es *moqueca* und andere Gerichte aus Bahia – und dazu ab 20 Uhr Bossa Nova live.

Búfalo Branco (Rua Rebouças 530; Grill 15 US$) Hier kommt etwas teureres Fleisch auf den Tisch.

Bar do KBÇ (Rua Pres Castelo Branco & Rua Jorge Sanways) Die Straßentische der einfachen Kneipe gegenüber der Universität sind abends unter der Woche brechend voll.

Disco Klub (www.discoklub.com.br; Rua Almirante Barroso 2006) Einer der ältesten und besten Tanzschuppen von Foz befindet sich im Hotel Internacional Foz.

An- & Weiterreise

Von Foz gibt es regelmäßig Flüge nach Asunción, Rio, São Paulo und Curitiba. Busse verkehren nach Asunción (8 US$, 3-

---

EINREISE NACH ARGENTINIEN & PARAGUAY

EU-Bürger und Schweizer können ohne Visum nach Argentinien und Paraguay einreisen.

Alle, die nach Ciudade del Este in Paraguay wollen, seien gewarnt: Auf der Brücke lauern einem Räuber auf, also nicht zu Fuß gehen, sondern besser den Bus oder ein Taxi nehmen! Bei den Grenzposten sollte man darauf achten, dass man seinen (brasilianischen) Ausreisestempel und den (paraguayischen) Einreisestempel bekommt. Das passiert nicht immer automatisch. Vom Grenzposten kann man mit dem nächsten Bus – die Busse warten nicht, bis alle Reisenden die Formalitäten erledigt haben – oder mit dem Taxi nach Ciudad del Este weiterfahren. Infos über die Einreise nach Brasilien von Paraguay aus stehen auf S. 929.

Für den Grenzübertritt nach Puerto Iguazú in Argentinien: Nochmals – man muss nach seinen Ausreise- und Einreisestempel fragen. Und die Busfahrer halten nicht an der brasilianischen Grenze, außer wenn man sie darum bittet. Sie warten auch meistens nicht auf einen, bis man die Formalitäten erledigt hat, aber man kann jederzeit den nächsten Bus nehmen. Um Scherereien zu vermeiden, haben viele Hotels und Jugendherbergen ihre eigenen Kleinbusse, die Passagiere zu den Wasserfällen in Argentinien karren (ca. 20 US$) und sie auch wieder abholen. Das spart auf jeden Fall Zeit (aber, ja genau, auch hier muss man es dem Fahrer sagen, wenn er an der brasilianischen Grenze halten soll). Beide Grenzen sind rund um die Uhr geöffnet, der Busverkehr endet allerdings gegen 19 Uhr. Infos zur Einreise nach Brasilien von Argentinien aus gibt's auf S. 101.

mal tgl.), Curitiba (30 US$, 9½ Std., 14-mal tgl.), São Paulo (40 US$, 16 Std., 6-mal tgl.), Rio (50 US$, 22 Std., 4-mal tgl.) und Campo Grande (32 US$, 16 Std., 2-mal tgl.).

Unterwegs vor Ort

Zum 16 km vom Zentrum entfernten Flughafen kommt man mit Bus 120 Richtung „P Nacional" (1 US$, 30 Min.), der in der Av Juscelino Kubitschek hinter der Rua Barbosa mehrfach hält. Ein Taxi kostet rund 18 US$.

Vom Fernbusbahnhof (6 km außerhalb) fährt jeder Bus mit der Aufschrift „TTU" (1 US$) bis zum Regionalbusbahnhof. Ein Taxi kostet 5,50 US$.

Bus 400 zum Parque Nacional (1 US$) fährt vom Regionalbusbahnhof in der Av Juscelino Kubitschek zur brasilianischen Seite der Wasserfälle. Er ist täglich außer montagmorgens alle halbe Stunde bis Mitternacht unterwegs.

Zur argentinischen Seite der Wasserfälle kommt man am besten mit dem Bus nach Puerto Iguazú (2 US$). Er hält vor dem Regionalbusbahnhof und in der Av Juscelino Kubitschek. Er fährt bis 19 Uhr alle zehn Minuten (sonntags alle 50 Min.). Am Busbahnhof von Puerto Iguazú steigt man in einen Bus zu den Wasserfällen um (S. 98).

Alle zehn Minuten (sonntags alle 30 Min.) fährt ein Bus nach Ciudad del Este, Abfahrt am Armeestützpunkt gegenüber vom Regionalbusbahnhof in Foz.

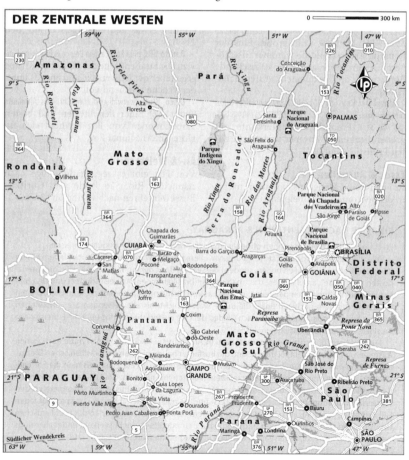

DER ZENTRALE WESTEN

DER ZENTRALE WESTEN

Das Pantanal ist eines der wichtigsten Feucht-gebiete der Erde und die Hauptattraktion im zentralen Westen. In den sich windenden Flüssen, in den Savannen und Wäldern wachsen und kreuchen jede Menge Pflanzen und Tiere – so viele wie sonst nirgendwo in der Neuen Welt. Für Naturliebhaber ist die Gegend also ein Muss! Weitere Sehenswür-digkeiten im zentralen Westen sind spekta-kuläre *chapadas* (Hochplateaus), die sich wie leuchtend rote Riesen über die grünen *cerrados* erheben. Atemberaubende Ausblicke, sensationelle Wasserfälle und malerische Schwimmbecken gibt es zu erkunden – und natürlich die vielen ungewöhnlichen Tiere.

Bonito im äußersten Südwesten der Re-gion ist eine weitere natürliche Sehenswür-digkeit, die reichlich Abenteuer zu bieten hat. Hier kann man in kristallklaren Flüssen zwi-schen Fischen schnorcheln, sich in einen Abgrund einer der Höhlen von Bonito ab-seilen oder über Stromschnellen im Urwald raften. Und wer eine Vorliebe für Surreales hat, sollte die auf dem Reißbrett geplante Hauptstadt Brasiliens besuchen: Brasília. Der winzige Kolonialort Goiás Velho erinnert im Gegensatz zu dieser Stadt erfreulich an die Alte Welt.

BRASÍLIA

☎ 0xx61 / 2,3 Mio. Ew.

Brasília verkörpert den Futurismus der 1960er-Jahre. Es ist ein Denkmal der Archi-tektur und der Stadtplanung. Die Stadt wurde innerhalb von drei Jahren aus dem Boden gestampft. Sie löste 1960 Rio de Janeiro als Hauptstadt Brasiliens ab und ist heute eine der am schnellsten wachsenden Städte des Landes. Ihre wichtigsten Väter waren Präsi-dent Juscelino Kubitschek, Architekt Oscar Niemeyer, Stadtplaner Lucio Costa und Landschaftsarchitekt Burle Marx.

In Brasília gibt's viele Kneipen und Res-taurants und jede Menge Nachtleben und Kultur. Allerdings spielt sich ein Großteil davon an den *asas* (Flügeln) ab, fern vom Betondschungel der Innenstadt. Für die Stadt-erkundung sollte man ein Auto haben.

Orientierung

Das Zentrum hat die Form eines Flugzeugs und zerfällt in Asa Norte (Nordflügel) und Asa Sul (Südflügel). Regierungsgebäude und Sehenswürdigkeiten bilden den Rumpf und liegen am Eixo Monumental.

Praktische Informationen

Banken mit Möglichkeiten zum Geld wech-seln befinden sich im Setor Bancár-io Sul (SBS, Südlicher Banksektor) und Setor Bancário Norte (SBN, Nördlicher Banksek-tor), beide nicht weit vom lokalen Busbahn-hof entfernt.

Touristeninformation im Flughafen (☎ 364-9135; ⊗ 7–23 Uhr) Die beste Informationsquelle. Hier kriegt man vielleicht Rabatte auf Hotelzimmer. Eine weitere Touristeninformation befindet sich am Fernsehturm.

Sehenswertes & Aktivitäten

Die wichtigsten Bauwerke von Brasília gruppieren sich auf einer Strecke von 5 km am Eixo Monumental und sind hier von Nordwesten nach Südosten aufgelistet. Man kann sie mit dem Auto abklappern oder vom lokalen Busbahnhof (vor allem Bus 104 und 108) herfahren und dann laufen. Jedes Reisebüro bietet geführte Stadttouren an (30 US$) – im **Hotel Nacional** (SHS Quadra 1 Bloco A) sind mehrere Agenturen zu finden.

Man beginnt am **Memorial JK** (Eintritt 2 US$; ⊗ Di–So 9–17 Uhr), in dem Präsident Kubit-schek begraben liegt und das veranschauli-cht, wie Brasília erbaut worden ist. Dann steuert man die Aussichtsplattform vom **Fernsehturm** (⊗ Di–So 9–18, Mo 14–18 Uhr) an. Etwa 1 km südwestlich an der Via W3 Sul, einer Seitenstraße des Eixo Monumental, steht **Santuário Dom Bosco** (⊗ 8–18 Uhr), eine Kirche mit sehr schönen blauen Buntglas-fenstern.

Auch die **Catedral Metropolitana** (⊗ 8–17 Uhr) mit ihren geschwungenen Säulen, Buntglas-fenstern und gespenstischen Statuen der vier Evangelisten ist einen Besuch wert. Die interessantesten Regierungsgebäude, **Palácio do Itamaraty**, **Palácio da Justiça** und **Palácio do Congresso**, befinden sich im „Cockpit" des Flugzeugs.

Schlafen

Gute Budgetunterkünfte gibt es kaum, dafür reduzieren viele Mittel- und Spitzenklasse-hotels ihre Preise an Wochenenden stark. Die billigsten Unterkünfte liegen an oder nahe der Via W3 Sul, 1–2 km südwestlich vom Eixo Monumental – aber sie sind nicht besonders sauber und sicher.

Taxifahrer empfehlen Touristen meistens Unterkünfte außerhalb des Stadtzentrums – vor allem in den Vororten Taguatinga und Núcleo Bandeirante. Es gibt hier gute Unterkünfte, aber in Núcleo gibt es auch viele *favelas* und man sollte aufpassen.

Cury's Solar (☎ 3244-1899; Quadra 707, Bloco I, Casa 15; EZ/DZ 15/30 US$) Wer etwas Enge verträgen kann, ist hier gut aufgehoben. Das Familienunternehmen ist sauber und sicher, Gäste dürfen Küche, Waschmaschine und Trockner benutzen.

Pensão da Zenilda (☎ 3224-7532; Quadra 704, Bloco Q, Casa 29; EZ/DZ 15/30 US$) Ein Apartmenthaus, in dessen Wohnungen mit Küche bis zu fünf Leute unterkommen. Auch die Waschmaschine kann man benutzen.

Casablanca (☎ 3228-8273; www.casablancabrasilia.com.br; SHN Quadra 3, Bloco A; EZ/DZ 60/75 US$;) Das freundliche Hotel in der Nähe des Fernsehturms hat komfortable Zimmer und gute Wochenendangebote.

Essen & Ausgehen

Einige gute Restaurants ballen sich in SCLS 405: italienische, französische, portugiesische, Tex-mex, koreanische, japanische, chinesische, Thai und vegetarische Restaurants. An Wochenenden ist es hier sehr voll.

Bar Beirute (SCLS Quadra 109, Bloco A, Lojas 2/4) Das Lokal mit Gerichten aus Nahost ist schon eine Institution von Brasília. Es gibt einen Freiluftbereich unter Bäumen. Abends verwandelt sich das Lokal in eine gut besuchte Kneipe.

Gate's Pub (SCLS Quadra 403, Bloco B, Loja 34; Eintritt 10 US$; Di–So 9–15 Uhr) Einer der besten Musikclubs der Stadt. An den meisten Abenden spielen Rock-, Reggae- oder Funkbands, danach wird getanzt.

Die Einheimischen essen gerne in Einkaufszentren, in denen es kleine Cafés und Fressmeilen mit guter Auswahl gibt:
Conjunto Nacional (Asa Norte, SCN)
Pátio Brasil (Asa Sul, W3, SCS)
Pier 21 (Setor de Klubes Esportivos Sul) Das beste von allen.
Shopping Brasília (Asa Norte, SCN QD 5, lote 2)

An- & Weiterreise

Von Brasília starten zahlreiche Flüge in fast alle brasilianische Städte.

Von der *Rodoferroviária* (dem riesigen Bahnhof für Fernbusse und Züge), der 5 km nordwestlich vom Stadtzentrum am Eixo Monumental liegt, fahren täglich Busse fast überallhin, u. a. nach Goiânia (10 US$, 3 Std.), Rio (78 US$, 17 Std.), Salvador (85 US$, 24 Std.), Cuiabá (40 US$, 18 Std.) und Belém (113 US$, 34 Std.).

Unterwegs vor Ort

Der Flughafen liegt 12 km südlich vom Stadtzentrum. Vom Regionalbusbahnhof nimmt man Bus 102 (2 US$, 40 Min.) oder den Minibus 30 (2 US$, 25 Min.). Die Touristeninformation organisiert ein Taxi vom Flughafen in die Stadt (15 US$).

Vom Regionalbusbahnhof zum Fernbus- und Zugbahnhof fährt Bus 131.

Am Flughafen, im Hotel Nacional Brasília und Hotel Garvey Park gibt es Autovermietungen.

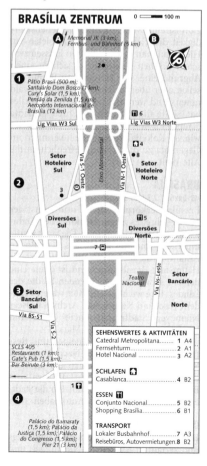

PARQUE NACIONAL DA CHAPADA DOS VEADEIROS

In dem 220 km nördlich von Brasília gelegenen spektakulären Park kann man die einzigartige Flora und Landschaft des *cerrado*-Hochlands bestaunen. Ein riesiges Himmelszelt, Hügel wie Wellen in der Ebene, malerische Wasserfälle und Naturbecken vereinen sich zu einer großartigen Landschaft. Häufig sieht man Wölfe, riesige Ameisenbären und 2 m große Nandus.

Praktische Informationen

Touristeninformation (☎ 0xx62-3446-1159; Ave Ari Valadão; ☺ Mo–Sa 8–17, So 9–12 Uhr) Das hervorragende Büro findet sich im Ort Alto Paraíso de Goiás, südöstlich vom Park und 200 m vom Busbahnhof entfernt.

Sehenswertes & Aktivitäten

Die Mondlandschaft und die unwirkliche Atmosphäre des **Vale da Lua** (Tal des Mondes; Eintritt 3 US$) machen es zur eindrucksvollsten Sehenswürdigkeit der Gegend. Das Tal liegt 5 km östlich von São Jorge an einem gut ausgeschilderten Wanderweg und außerhalb des Nationalparks – deshalb muss man für eine Erkundung keinen Führer nehmen.

Wer dagegen den Nationalpark besucht, muss einen lizenzierten Führer engagieren (15–30 US$) – man kriegt sie am Parkeingang oder über die meisten Hotels in São Jorge. Hauptattraktionen sind die Schluchten (**Cânion I** und **Cânion II**), der Rio Preto, die Wasserfälle (**Salto do Rio Preto I & II**; 80 bzw. 120 m) und **Morro da Baleia**, ein Rundhügel mit einem 2,5 km langen Wanderweg auf den Gipfel hoch.

Schlafen & Essen

São Jorge war früher ein Zentrum des Kristallbergbaus. Es liegt 40 km weiter westlich, 2 km vom Eingang zum Nationalpark entfernt. Hier gibt's die besten Unterkünfte und jede Menge Campingplätze (Stellplatz 5 US$/ Pers.), größtenteils auf Privatgrundstücken.

Pousada Trilha Violeta (☎ 0xx61-9985-6544; EZ/DZ 35/45 US$) Die Zimmer der netten Unterkunft gruppieren sich rund um einen Garten.

Pousada Água de Esperança (☎ 0xx61-9971-6314; EZ/DZ 35/45 US$) Das Hotel hat bequeme Zimmer in einem Holzhaus und einen Balkon mit zahlreichen Hängematten.

Villa São Jorge (Pizzas 9–14 US$) Ein entspanntes Freiluftrestaurant mit Kneipe und leckeren Pizzas.

An- & Weiterreise

Täglich fahren Busse zwischen Alto Paraíso de Goiás und Brasília (15 US$, 3½ Std.), Goiânia (24 US$, 6 Std.) und Palmas (Tocantins, 26 US$, 7 Std.). Der Bus nach Palmas fährt über Natividade. Täglich gibt es zudem einen Bus von Alto Paraíso de Goiás nach São Jorge (3 US$, 1 Std.).

GOIÂNIA

☎ 0xx62 / 1,2 Mio. Ew.

Goiânia liegt 205 km südwestlich von Brasília und ist die Hauptstadt des Bundesstaates Goiás. Die Stadt dient lediglich als Ausgangsbasis für Ausflüge in die historischen Ortschaften und die Nationalparks des Staates.

In allen Hotels kann man an Wochenenden einen Nachlass bekommen. Das zentral gelegene **Goiânia Palace** (☎ 3224-4874; Av Anhanguera 5195; EZ/DZ ab 20/30 US$) gehört zu den besten Budgetunterkünften der Stadt. Ein gutes Angebot ist auch das heimelige **Principe Hotel** (☎ 3224-0085; Av Anhanguera 2936; EZ/DZ 22/44 US$).

Mittags bekommt man bei **Argu's** (Rua 4 No 811; 7 US$/kg) gutes Essen, das nach Gewicht bezahlt wird.

TAM und Gol fliegen Goiânia an. Regelmäßig verkehren Busse nach Brasília (12 US$, 3 Std.), Cuiabá (40 US$, 13 Std.) und Goiás Velho (12 US$, 3 Std.).

GOIÁS VELHO

☎ 0xx62 / 27 000 Ew.

Wenn es in der 145 km nordwestlich von Goiânia gelegenen Stadt dämmert und die Kirchtürme in rotes Licht getaucht werden, senkt sich eine spürbare Stille über die Gegend. Wären da nicht die von schwarzem Urwald bedeckten Berge im Hintergrund, könnte man meinen, im Portugal des 18. Jhs. gestrandet zu sein. Goiás Velho ist eines der malerischsten Kolonialstädtchen im zentralen Westen.

Wer an einem Wochenende oder während der Karwoche kommt, sollte im Voraus buchen.

Die günstig gelegene, koloniale **Pousada do Sol** (☎ 3371-1717; Rua Dr Americano do Brasil 17; EZ/DZ 15/28 US$) hat einfache Zimmer mit einer guten Aussicht vom obersten Stockwerk.

Pousada Casa do Ponte (☎ 3371-4467; Rua Moretti Foggia s/n; EZ/DZ 25/45 US$) ist ein Hotel im Stil der 1950er-Jahre mit sauberen Zimmern in der Nähe des Stadtzentrums.

DAS PANTANAL

Das riesige Naturparadies ist Brasiliens größte ökologische Attraktion. Hier lebt eine Fülle an Tieren und Pflanzen, wie sie sonst nirgendwo in Südamerika zu finden ist. Während der Regenzeit (Okt.–März) überschwemmen der Rio Paraguai und kleinere Flüsse des Pantanals einen großen Teil der niedrig gelegeneren Gebiete und schaffen die *cordilheiras*, vereinzelte trockene Inseln, auf denen sich die Tiere versammeln. Das Wasser steigt im März im nördlichen Pantanal und im südlichen Teil im Juni bis zu 3 m über die Niedrigwasserstände. Die jahreszeitliche Überflutung führte dazu, dass nur wenige Menschen in dem Gebiet siedelten – dafür finden Tieren und Pflanzen hier ein unglaublich reichhaltiges Nahrungsangebot. Die Gewässer wimmeln vor Fischen, Vögel fliegen in Schwärmen durch die Lüfte und finden sich in riesigen Kolonien zusammen.

Im Ganzen ernährt das Pantanal 650 Vogelarten und 80 Säugetierspezies, darunter Jaguare, Ozelots, Pumas, Mähnenwölfe, Hirsche, Ameisenbären, Gürteltiere, Brüllaffen, Kapuzineraffen und Tapire. Zu den Säugetieren, die man besonders häufig sieht, gehört das Wasserschwein. Es ist das weltweit größte Nagetier und man kann es oft in Gruppen oder größeren Herden beobachten. Und die Alligatoren, von denen es trotz Bejagung zwischen 10 und 35 Mio. gibt, sind natürlich nicht zu übersehen.

Orientierung & Praktische Informationen

Der Pantanal erstreckt sich über eine Fläche von 230 000 km² und reicht bis nach Paraguay und Bolivien. Ein großer Teil des Gebietes ist nur per Boot oder zu Fuß erreichbar. Bestenfalls ist es feuchtwarm – im Sommer wird man von der Hitze und den Mücken überwältigt. Sonnenschutz und Mückenschutzmittel muss man selbst mitbringen, vor Ort sind sie nicht erhältlich.

Der Tourismus hat sich im Pantanal zu einem Riesengeschäft entwickelt. Quasi über Nacht sind die drei Städte, die als Ausgangsstationen für eine Erkundung der Region dienen, von Touranbietern überschwemmt worden. Und sie haben nicht alle einen guten Ruf. Wer in Cuiabá, Corumbá oder Campo Grande ankommt, wird garaniert schnell von einem Führer angehaut.

Einige dieser Leute wollen einfach nur mit dem brasilianischen Ökotourismus schnelles Geld machen, aber es gibt auch erfahrene Führer, die wirklich am Umweltschutz interessiert sind und Besucher in die Artenvielfalt des Pantanals einführen können. Es ist schwer, die Spreu vom Weizen zu trennen. Hier sind ein paar Tipps, damit der Aufenthalt im Pantanal sicher ist und Spaß macht:

- Keine überstürzte Entscheidung treffen, besonders wenn man gerade aus dem Nachtbus steigt.
- Als Erstes zur Touristeninformation gehen. Die meisten geben einem keine unabhängigen Ratschläge, weil sie staatlich organisiert sind – aber sie haben Beschwerdebücher, die man durchblättern sollte: Von den Erfahrungen anderer Traveller kann man viel lernen.
- Zu beachten ist: Der Agenturbesitzer oder Tourenvermittler ist nicht immer der Führer, mit dem man dann drei bis fünf Tage in der Wildnis verbringt. Deshalb sollte man darum bitten, dass einem der Führer zuerst vorgestellt wird.
- Nach Möglichkeit alles schriftlich fixieren und keinen vermittelnden Dritten Geld geben.
- Die Angebote vergleichen. Die meisten Anbieter operieren vom Regionalbusbahnhof oder vom Flughafen aus, sodass man sich problemlos umschauen kann.

Es ist nicht zwingend notwendig, eine Tour zu buchen. Man kann selber auf der Transpantaneira fahren oder trampen. Diese Straße beginnt im Nordwesten (im Staat Mato Grosso). Eine andere Route ist die Estrada Parque, die im Süden eine Schleife macht (Mato Grosso do Sul).

Die Transpantaneira gilt als beste Straße, um selbst zu fahren oder zu trampen. Von Poconé aus, südlich von Cuiabá, verläuft sie 145 km in Richtung Süden. Und auf dem Weg sieht man Tiere auch ohne Führer.

Geführte Touren

Ecological Expeditions (☎ 0xx67-3782-3504; pantanaltrekking.com; Rua Joaquim Nabuco 185; 160 US$/3 Tage) Der gut organisierte Touranbieter hat sein Büro in Campo Grande gegenüber vom Busbahnhof. Das drei Nächte und vier Tage umfassende Paket wird von unzähligen Budgetreisenden genutzt, die Tiere sehen wollen und die Partyatmosphäre in einer Großgruppe auch zu schätzen

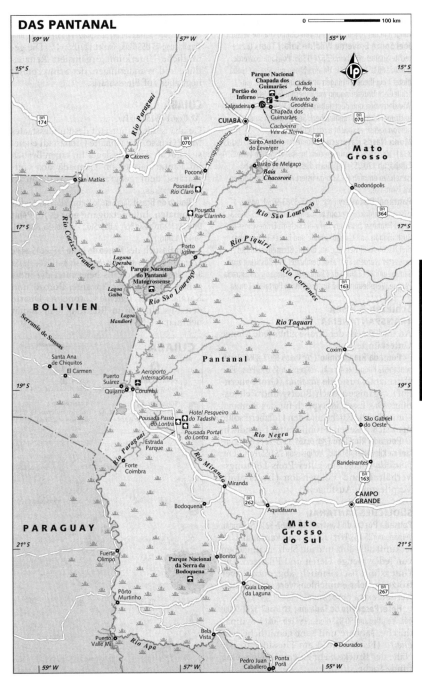

wissen. Das Angebot wird durch kostenlose Übernachtungen in der Jugendherberge von Campo Grande versüßt.
Joel Souza Ecoverde Wildlife Safari Tours (Karte rechte Spalte; ☎ 0xx65-3624-1386; Pousada Ecoverde, Cuiabá; 60 US$/Tag) Das Unternehmen mit Sitz in Cuiabá bietet Vogelbeobachtungen und Naturtouren an, einschließlich Unterbringung auf Bauernhöfen, Verpflegung, Wanderungen und Bootsfahren. In der Pousada Ecoverde nach Joel fragen (s. gegenüber). Seine Touren sind hervorragend; er spricht auch Deutsch.
Munir Nasr's Natureco (Karte rechte Spalte; ☎ 0xx65-3321-1001; www.natureco.com.br; Rua Benedito Leite 570, Cuiabá; ab 120 US$/Tag) Auch dieser Führer in Cuiabá ist sehr zu empfehlen. Er organisiert All-inclusive-Touren ins Pantanal.
Pantanal Discovery (☎ 0xx67-3383-9791; www.gilspantanaldiscovery.com.br; Campo Grande; 175 US$/3 Tage) Pantanal Discovery befindet sich im Erdgeschoss des Busbahnhofs von Campo Grande und bietet Touren über drei Nächte und vier Tage an, die größtenteils sehr gut bewertet werden. Ein Paket beinhaltet das Busticket zum Sammelpunkt (Buraco da Piranha) am Eingang zur Estrada Parque, Verpflegung und Unterkunft im Portal do Lontra.

Schlafen & Essen
TRANSPANTANEIRA
An und abseits der Straße gibt's jede Menge Unterkünfte.
Pousada Rio Clarinho (☎ 0xx65-9977-8966; Transpantaneira Kilometer 42; inkl. Vollpension 45 US$/Pers.) Die charmante, rustikale *fazenda* (Großbauernhof) organisiert auch Boots- und Reitausflüge. Das Essen ist typisch für das Pantanal – und die alte Küche und den Holzherd sollte man sich ansehen. Fröhlich und freundlich.
Pousada Rio Claro (☎ 0xx65-3345-2249; Transpantaneira Kilometer 45; inkl. Vollpension 75 US$/Pers.) Die *pousada* bietet ein gutes Preis-Leistungs-Verhältnis und Vollpension (Unterkunft, Verpflegung, Ausflüge).

SÜDLICHES PANTANAL
Pousada Portal do Lontra (☎ 0xx67-3231-6136; inkl. Verpflegung 25 US$/Pers.) Klassische Pantanal-Unterkunft aus Holz und auf Stelzen, umgeben von jeder Menge Tieren und Pflanzen. Die Unterkunft ist ziemlich abgenutzt, aber trotzdem sehr empfehlenswert. Aktivitäten werden extra berechnet.
Hotel Pesqueiro do Tadashi (☎ 0xx67-3231-9400; inkl. Verpflegung 50 US$/Pers.; Feb.–Okt.) Sympathische, saubere und sehr gemütliche *pesqueiro* (Fischerhütte) am Flussufer in der Nähe der Brücke. Sehr zu empfehlen – eine runde Sache.

Pousada Passo do Lontra (☎ 0xx67-231-6569; www.passodolontra.com.br; Stellplatz 4 US$/Pers., Zi. inkl. Verpflegung 75 US$/Pers., Chalet 120 US$;) Die gemütliche Unterkunft organisiert Reitausflüge und Wanderungen, der Schwerpunkt liegt aber auf Flusssafaris.

CUIABÁ
☎ 0xx61 / 525 000 Ew.
Cuiabá ist die Hauptstadt des Bundesstaates Mato Grosso. Die lebhafte Grenzstadt eignet sich gut als Ausgangslager für einen Besuch im Pantanal oder im Chapada dos Guimarães, dem geografischen Mittelpunkt Südamerikas.

Banco do Brasil (Rua Getúlio Vargas 915) hat Geldautomaten. Internetzugang gibt es im **Point One** (Av Mato Grosso 96A; 2 US$/Std.; Mo–Sa, 8.30–24, So 13–1 Uhr).

Ein Besuch des **Museo do Índio** (3615-8489; Av Fernando Correia da Costa; Mo–Fr 8–11 & 14–17, Sa 8–11 Uhr) lohnt sich: Es beleuchtet die indigenen Gruppen der Xavante, Bororo und Karajá. An der Tenente Coronel Av Duarte den Bus Nr. 406 in Richtung Universität nehmen.

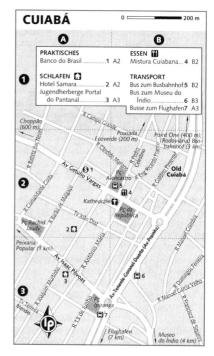

Schlafen

Pousada Ecoverde (☎ 0xx65-3624-1386; Rua Pedro Celestino 391; EZ/DZ/3BZ 8/11/15 US$) Sehr preisgünstig, aber etwas rustikal. Es gibt einen herrlichen Hof mit Garten und eine Waschmaschine. Wer sich im Voraus ankündigt, wird kostenlos vom Busbahnhof oder vom Flughafen abgeholt.

Jugendherberge Portal do Pantanal (☎ 0xx65-624-8999; www.portaldopantanal.com.br; Av Isaac Póvoas 655; B 10 US$) Einfache Unterkunft. Gäste können Waschmaschine und Küche gegen eine kleine Gebühr benutzen.

Hotel Samara (☎ 0xx65-3322-6001; Rua Joaquim Murtinho 270; EZ/DZ 12/24 US$) Einfache, winzige Zimmer zum ebenfalls kleinen Preis.

Essen & Ausgehen

Nachts ist das Zentrum fast leer (und nicht sicher), aber ganz in der Nähe, in der Av Getúlio Vargas, gibt's gute Restaurants.

Mistura Cuiabana (☎ 624-1127; Ecke Rua Padre Celestino & Rua Candido Mariano; Gerichte 4 US$/kg; ⊙ Mo–Fr 11–14 Uhr) Das direkt im Zentrum gelegene Restaurant bietet preiswertes Mittagessen.

Choppão (Av Getulio Vargas s/n; Gerichte f. 2 Pers. 15 US$) Das typisch cuiabánische Restaurant serviert unglaublich große Portionen an Fleisch- und Fischgerichten, außerdem bekommt man hier das kälteste *chope* (gezapftes Bier) der Stadt.

Peixaria Popular (Av São Sebastião 2324; Gerichte 8–18 US$; ⊙ Mo–Sa 11–24 Uhr) Das preisgekrönte Restaurant liegt etwas außerhalb des Zentrums und serviert köstliche Fischgerichte.

An- & Weiterreise

TAM und Gol verbinden Cuiabá mit vielen anderen brasilianischen Städten, allerdings nicht mit Corumbá.

Der Busbahnhof liegt 3 km nördlich vom Zentrum an der Landstraße Richtung Chapada dos Guimarães. Von hier fahren Busse u. a. nach Cáceres (13 US$, 3½ Std., 6-mal tgl.), Porto Velho (66 US$, 24 Std., mehrmals tgl.), Goiânia (40 US$, 13 Std., regelm.), Brasília (52 US$, 20 Std., 1-mal morgens & 1-mal abends) und nach Campo Grande (36 US$, 10 Std., 8-mal tgl.).

Die Autovermietungen gleich außerhalb des Flughafengebäudes sind meistens billiger als die drinnen. Für die Transpantaneira eignet sich am besten ein VW Golf oder ein Fiat Uno.

Unterwegs vor Ort

Der Flughafen liegt in Varzea Grande, 7 km südlich vom Zentrum. Die Busse „Rodoviaria/Marajoara", „24 de Dezembro" und „Pireneus" fahren von der gegenüberliegenden Seite des Hotels Las Velas, das sich in der Nähe des Flughafens befindet, zum Zentrum. Vom Zentrum zum Flughafen kommt man mit den Bussen, die von der Ostseite der Praça Ipiranga abfahren.

Die „Centro"-Busse, die sich im Busbahnhof finden, fahren zur Praça Alencastro. „Centro"-Busse außerhalb des Busbahnhofs fahren häufiger und lassen einen entlang der Av Isaac Póvoas aussteigen.

RUND UM CUIABÁ
Parque Nacional da Chapada dos Guimarães

Die wunderschöne felsige Hochebene, die an den amerikanischen Südwesten erinnert, beginnt etwa 60 km nordöstlich vor Cuiabá. Die drei außergewöhnlichen Sehenswürdigkeiten sind der 60 m hohe Wasserfall **Cachoeira Véu de Noiva**, der Aussichtspunkt **Mirante de Geodésia** (Südamerikas geografisches Zentrum) und die **Cidade de Pedra** (Steinstadt). Alle drei sind mit dem Auto erreichbar, zu den ersten zwei kann man auch zu Fuß und mit dem Bus gelangen. Wer nur für einen Tag in der Gegend ist, sollte den **Véu de Noiva** besuchen. Von hier aus führt eine Tageswanderung auf einem gut ausgeschilderten Weg zu sechs weiteren Wasserfällen. Es gibt dort auch ein Restaurant, das ausgezeichneten *pintado* (Wels) serviert.

In der netten kleinen Stadt Chapada dos Guimarães befindet sich ein **Secretária de Turismo** (☎ 0xx65-3301-2045; Av Perimentral s/n). Hier bekommt man auch Karten.

Von Cuiabá fahren jede Stunde Busse zur Stadt Chapada dos Guimarães (3,50 US$, 1 Std.). Der Busbahnhof liegt zwei Blocks von der Hauptpraça (Praça Dom Wunibaldo) entfernt.

Auch ein paar Blocks von der Praça entfernt liegt das **Hotel São José** (☎ 0xx65-3301-2479; Rua Vereador José de Souza 50; EZ/DZ 7,50/15 US$), das einfache, preiswerte Zimmer vermietet. Gegenüber der Hauptpraça der Stadt Chapada befindet sich die **Pousada Bom Jardim** (☎ 0xx65-3301-1244; Praça Dom Wunibaldo; EZ/DZ ab 12/25 US$) mit passablen Zimmern. Die besten sind freundlich und hell. Rund um die Praça Dom Wunibaldo gibt's etliche Restaurants.

Cáceres

☎ 0xx65 / 67 000 Ew.

Die erholsame Stadt am Rio Paraguai liegt 215 km westlich von Cuiabá und 115 km von der bolivianischen Grenzstadt San Matías entfernt.

Capri Hotel (☎ 3223-1711; Rua Getúlio Vargas 99; EZ/DZ 9/18 US$) Die Unterkunft in der Nähe des Busbahnhofs hat einfache, aber saubere Zimmer und ein paar geräumige *apartamentos*. Das näher am Fluss und am Zentrum gelegene **Rio Hotel** (☎ 3223-3084; Praça Major João Carlos; EZ/DZ 18/30 US$) ist auch eine gute Wahl.

Von Cáceres fährt täglich ein Bus nach San Matías und Santa Cruz in Bolivien (36 US$, 24 Std.). In Cáceres kann man einen brasilianischen Ausreisestempel erhalten – und zwar bei der Polícia Federal, die 4 km außerhalb des Zentrums in der Av Getúlio Vargas liegt (Taxi hin & zurück 12 US$).

Poconé

☎ 0xx65 / 23 000 Ew.

Poconé liegt 100 km südwestlich von Cuiabá und ist das Tor zum zerklüftesten Teil der Transpantaneira. Ab hier ist die „Landstraße", die in Richtung Süden zum Pantanal führt und in Porto Jofre endet, nicht mehr als ein pockennarbiger Sandweg.

Die besten Übernachtungsmöglichkeiten – besonders wenn man eine Mitfahrgelegenheit auf der Transpantaneira sucht – finden sich vor der Stadt in der Nähe des Straßenanfangs. Die **Pousada Pantaneira** (☎ 3345-1630; EZ/DZ 13/26 US$) hat trostlose Zimmer, doch das *rodízio* (All-you-can-eat) des Restaurants ist ziemlich gut.

Von Cuiabá fahren täglich sechs Busse nach Poconé (8 US$, 2½ Std.).

CAMPO GRANDE

☎ 0xx67 / 735 000 Ew.

Die betriebsame Hauptstadt von Mato Grosso do Sul ist das Haupttor zum Pantanal.

Die **Touristeninformation** (☎ 3324-5830; Av Afonso Pena & Av Nordeste; ☽ Di–Sa 8–19. So 9–12 Uhr), drei Blocks vom Busbahnhof entfernt, hat ausführliche Infos über Mato Grosso do Sul und nettes Personal, das nach Kräften um unvoreingenommene Ratschläge bemüht ist.

Schlafen & Essen

Die hier genannten preiswerten Hotels liegen rund um den Busbahnhof, der tagsüber sicher ist – nachts dagegen weniger.

Jugendherberge Campo Grande (☎ 3382-3504; www.pantanaltrekking.com; Rua Joaquim Nabuco 185; EZ/DZ/3BZ/4 BZ 12/17/22/25 US$; ⬚ ☎) Die gegenüber vom Busbahnhof gelegene Jugendherberge hat kleine Zimmer und einen erfrischenden Pool. Ausflüge ins Pantanal sind auch möglich.

Hotel Cash (☎ 3382-0217; Rua Barão do Rio Branco 342; EZ/DZ/3BZ/4BZ mit Ventilator 12/17/22/30 US$; DZ mit Klimaanlage 22 US$; ⌗) Unterkunft mit sauberen, aber einfachen und preisgünstigen Zimmern.

Turis Hotel (☎ 3382-7688; Rua Alan Kardec 200; EZ/DZ mit Ventilator 12/22 US$, mit Klimaanlage 16/25 US$; ⌗) Unterkunft mit kleinen, ziemlich neuen gefliesten Zimmern und Tageslicht.

Hotel Iguaçu (☎ 3322-4621; www.hoteliguacu.com.br; Rua Dom Aquino 761; EZ/DZ 30/35 US$; ⌗) Das freundliche und beliebte Hotel gegenüber vom Busbahnhof vermietet angenehme Zimmer mit Holzfußböden (einige mit Balkon).

Galpão Gaúcho (Av Alan Kardec 209; Gerichte 7 US$; ☽ mittags) Die günstige *churrascaria* 1 km östlich des Busbahnhofs serviert lecker gegrilltes Fleisch und hat ein kleines Buffet.

Fontebella (Av Afonso Pena 2535; Pizzas 5–10 US$) Auch 1 km östlich des Busbahnhofs. Tagsüber gibt's Eis, abends Pizza.

Casa do Peixe (Rua Dr João Rosa Pires 1030; Buffet 15 US$) Bietet ein ausladendes All-you-can-eat-Buffet mit Meeresfrüchten in einem lockeren, klimatisierten Ambiente. Einen Block südlich und vier Blocks westlich des Busbahnhofs.

An- & Weiterreise

TAM und Gol bieten täglich Flüge von/nach São Paulo, Cuiabá, Rio und Brasília an.

Jeden Tag fahren Busse nach Corumbá (32 US$, 6-mal tgl.). Die vier Direktbusse brauchen etwa sechs Stunden; wer in Estrada Parque aussteigen will, muss einen Bus mit Zwischenhalt nehmen. Zu den weiteren Zielen mit täglichen Verbindungen zählen Cuiabá (32 US$, 10 Std.), Bonito (21 US$, 5 Std.), Ponta Porã (23 US$, 5 Std.), São Paulo (60 US$, 12 Std.) und Foz do Iguaçu (36 US$, 16 Std.).

Unterwegs vor Ort

Busse zum Zentrum (7 km) fahren von der Haltestelle an der Hauptstraße vor dem Flughafen ab. Vom Zentrum zum Flughafen kommt man mit einem Indubrasil-Bus.

CORUMBÁ

☎ 0xx67 / 88 000 Ew.

Von der Hafenstadt am Rio Paraguai gelangt man ins Pantanal und ins nur 15 Minuten entfernte Bolivien. Der Sonnenuntergang am Fluss ist zauberhaft. Und auch wenn die Stadt für Wilderei und Drogenhandel berühmt ist, werden Traveller meistens in Ruhe gelassen.

Geldautomaten gibt's bei der **HSBC** (Rua Delamare 1067). Viele Läden in der Rua 13 de Junho tauschen bolivianisches, brasilianisches und amerikanisches Geld.

Sematur (☎ 3231-7336; Rua Manoel Cavassa 275) hat eine Liste von Führern, Touranbietern, Hotels und Bootsunternehmen im Pantanal.

Unter den Budgetunterkünften ist das **Hotel Nelly** (☎ 3231-6001; Rua Delamare 902; EZ/DZ 6/10 US$) mit einfachen Zimmern und Gemeinschaftsbädern eine gute Wahl.

Das **Hotel Laura Vicuña** (☎ 3231-5874; Rua Cuiabá 775; EZ/DZ 15/30 US$, EZ/DZ mit Bad 18/28 US$) ist ein sauberes und bequemes Hotel an einer ruhigen Ecke in der Nähe des Stadtzentrums.

Im **Churrascaria e Restaurante Rodeio** (Rua 13 de Junho 760; 8 US$/kg) zahlt man das Essen nach Gewicht – und es ist sicherlich das schickste Lokal dafür. Zubereitet werden etliche Salate und jede Menge leckere Fleischgerichte.

Täglich fahren neun Busse nach Campo Grande (24 US$, 6 Std. per Direktbus). Um 14 Uhr fährt ein Bus nach Bonito (22 US$, 7 Std.).

Von der Haltestelle gegenüber vom Busbahnhof Corumbás fährt der Cristo-Redentur-Bus (1 US$) zum lokalen Busbahnhof in der Rua 13 de Junho. Wer wenig Gepäck hat, kann vom Regionalbusbahnhof ein Motorradtaxi nehmen (2 US$). Ein Taxi kostet rund 7 US$.

BONITO

☎ 0xx67 / 18 000 Ew.

Bonito liegt mitten zwischen spektakulären Naturwundern. Die kleine, charmante Stadt im Südwesten von Mato Grosso do Sul profitiert vom Boom des Ökotourismus: Die meisten Leute kommen hierher, um in den kristallklaren Flüssen zu schnorcheln, aber man kann die Landschaft auf verschiedenste Arten genießen – vom Abseilen und Raften bis zum Reiten und Vögel beobachten. Und obwohl die Stadt so beliebt ist, kann man hier außerhalb der Hochsaison (Dez.–Feb.) immer noch super relaxen.

Nur die Reisebüros vor Ort dürfen Führer zu den Sehenswürdigkeiten der Gegend engagieren. Deshalb muss man Touren über sie buchen. In der Hauptstraße drängen sich zahlreiche Reisebüros, die alle ähnliche Preise haben. Zu den besseren zählen **Muito Bonito Tourismo** (☎ 255-1645; Rua Coronel Pilad Rebua 1448) und **Ygarapé Tour** (☎ 255-1733; Rua Coronel Pilad Rebua 1853). Bei den Preisen für Flusstouren ist die Schnorchelausrüstung mit drin, aber nicht die Anfahrt. Es empfiehlt sich, sich einer Gruppe anzuschließen, die schon ein Verkehrsmittel organisiert hat.

Einer der besten Flüsse zum Schnorcheln ist der rund 50 km von Bonito entfernte **Rio da Prata** (5-Std.-Tour inkl. Mittagessen 46 US$). Der Ausflug umfasst einen kurzen Marsch durch den Dschungel und eine Schnorcheltour, bei der man sich 3 km flussabwärts treiben lässt und dabei an 30 Fischarten vorbeizieht. Außerdem gibt es den kristallklaren, 20 km von Bonito entfernten **Rio Sucuri** (3-Std.-Tour 37 US$) und das **Aquário Natural Baía Bonita** (3-Std.-Tour 37 US$), 7 km von Bonito entfernt.

Die **Gruta do Lago Azul** (Halbtagesausflug 12 US$), 20 km von Bonito gelegen, ist eine große Höhle mit einem leuchtenden unterir-

---

EINREISE NACH BOLIVIEN

Der Fronteira–Corumbá-Bus (1 US$, alle 30 Min.) ab Praça Independência an der Rua Dom Aquino fährt zur bolivianischen Grenze. Motorradtaxis kosten 2 US$, normale Taxis 6 US$.

Alle brasilianischen Grenzformalitäten müssen in Corumbá mit der Polícia Federal (Praça República 51) vollständig abgewickelt werden. Wer die Grenze zu Bolivien nur für ein paar Stunden überquert, um sich ein Zugticket zu kaufen, braucht keinen brasilianischen Ausreisestempel.

Geldwechsler an der Grenze akzeptieren US-Dollar sowie brasilianisches und bolivianisches Bargeld.

Die bolivianische Grenzstadt Quijarro besteht aus kaum mehr als ein paar Hütten. Die Taxifahrt für die 4 km zwischen der Grenze und dem Bahnhof in Quijarro kostet ca. 8 US$ (mototaxis 4 US$). Nähere Infos über die Zugreise von Quijarro nach Santa Cruz gibt's auf S. 284.

dischen See und Stalaktiten. Das natürliche Schwimmbecken **Balneário Municipal** (Eintritt 5 US$; 7 km von Bonito) teilt man sich mit vielen Fischen. Man braucht hier keinen Führer und kommt per Motorrad oder Fahrrad sehr leicht hin. Und der **Abismo de Anhumas** (Tagesausflug inkl. Abseilen & Schnorcheln 120 US$) schließlich ist 22 km von Bonito entfernt – in dem 72 m tiefen Abgrund gibt es einen unterirdischen See und unglaubliche Stalaktiten.

Schlafen

Besonders an Wochenenden empfiehlt es sich, im Voraus zu buchen.

HI-Hostel Albergue da Juventude do Ecoturismo (☎ 3255-1462; www.ajbonito.com.br; Rua Lúcio Borralho 716; B mit/ohne HI-Karte 12/15 US$; 🖳 🖭) Die sauberen Zimmer der munteren Jugendherberge sind rund um einen Swimmingpool verteilt. Auf dem großen überdachten Innenhof kann man prima andere Traveller kennenlernen – am besten beim abendlichen Grillen. Die Unterkunft liegt 1,5 km vom Zentrum entfernt. Man kann hier auch Ausflüge buchen.

Pousada Sucuri (☎ 3255-1420; Rua 2 de Outubro 840; EZ/DZ 15/20 US$; 🍴 🖳) Die *pousada* befindet sich ganz in der Nähe der Hauptstraße und hat eine lockere Atmosphäre, angenehme Zimmer mit Bad, freundliches Personal und kostenlosen Internetzugang.

Pousada Muito Bonito (☎ 3255-1645; contato@ muitobonito.com.br; Rua Coronel Pilad Rebua 1448; EZ/DZ 15/30 US$; 🍴) Diese *pousada* liegt günstig in der Stadt und vermietet schöne Zimmer mit Bad. Außerdem gibt's einen einladenden Hof und die Möglichkeit, Ausflüge zu buchen.

Essen

O Casarão (Rua Coronel Pilad Rebua 1843; 6 US$/kg) Das beliebte Restaurant berechnet seine Meeresfrüchtegerichte pro Kilogramm.

Restaurante da Vovó (Rua Felinto Muller; 8 US$/kg) Serviert ausgezeichnetes Essen aus der Gegend. Abgerechnet wird nach Gewicht.

Cantinho do Peixe (Rua 31 de Março 1918; Hauptgerichte ab 10 US$) Eines der besten Restaurants, um frischen *pintado* und andere Spezialitäten aus Bonito zu probieren.

Taboa Bar (Rua Coronel Pilad Rebua 1841) In der lebhaften Bar im Herzen der Hauptstraße mit Tischen draußen kann man hervorragend einen Drink nehmen. An den Wochenenden wird Livemusik gespielt.

An- & Weiterreise

Drei Busse pro Tag verbinden Campo Grande und Bonito (21 US$, 5 Std.). Busse nach Ponta Porã (16 US$, 6 Std.) fahren um 12.10 Uhr (außer sonntags) ab, nach Corumbá (21 US$, 7 Std.) um 6 Uhr (außer sonntags).

PONTA PORÃ

☎ 0xx67 / 66 000 Ew.

Ponta Porã ist eine Grenzstadt, die durch die Av Internacional von der paraguayanischen Stadt Pedro Juan Caballero getrennt ist. Infos zu Pedro Juan Caballero gibt's im Kapitel zu Paraguay

Brasilianische Einreise- und Ausreisestempel bekommt man bei der **Polícia Federal** (☎ 3431-1428; Av Presidente Vargas; ⏰ 8–17 Uhr) in der Nähe des paraguayischen Konsulats.

Schlafen & Essen

Brasilianische und paraguayische Behörden führen in dieser Gegend viele Kontrollen durch. Der illegale Drogenhandel boomt und man tut gut daran, seine nächtlichen Aktivitäten etwas einzuschränken.

Hotel Internacional (☎ 3431-1243; Av Internacional 2604; EZ/DZ 13/25 US$) Sichere und preisgünstige Unterkunft.

Choppão (Rua Marechal Floriano 1877; Hauptgerichte 8 US$) Beliebter Laden mit reichhaltigen Fleisch-, Fisch- und Pastagerichten.

Anreise & Unterwegs vor Ort

Vom Busbahnhof in Ponta Porã (etwa 4 km vom Zentrum entfernt) fahren regelmäßig Busse nach Campo Grande (16 US$, 5½ Std.). Es gibt einen Bus, der über Bonito nach Corumba fährt. Wer mit dem Bus von der brasilianischen Seite in die Stadt fährt, kann sich am Regionalbusbahnhof – in der Av Internacional in der Nähe der Jugendherbergen – absetzen lassen.

DER NORDOSTEN

Das ganze Jahr ist es warm, die Natur zeigt sich von einer unglaublich schönen Seite und die Kultur ist reich an folkloristischen Traditionen – der Nordosten Brasiliens ist ein wahres tropisches Paradies.

Die über 2000 km lange fruchtbare Küste ist übersät mit idyllischen weißen Sandstränden, üppigem Regenwald, Sanddünen und Korallenriffs. Das große Naturspektrum bietet eine perfekte Kulisse für vielseitige Freiluftaktivitäten.

Diese Ecke Brasiliens haben die Portugiesen als Erstes besiedelt – deshalb atmet sie förmlich Geschichte. In den kolonialen Zentren von Salvador, Olinda und São Luís stehen jede Menge wunderbar restaurierte und romantisch verfallende alte Gebäude.

Der Nordosten ist wohl die faszinierendste und kulturell reichste Region Brasiliens. Überschäumende Feste, unendlich viele Musik- und Tanzstile und exotische Küche mit reichlich Meeresfrüchten ziehen viele Touristen an. Auch die magischen Strandorte, die herrliche Landschaft und hippe Partys tragen ihren Teil dazu bei.

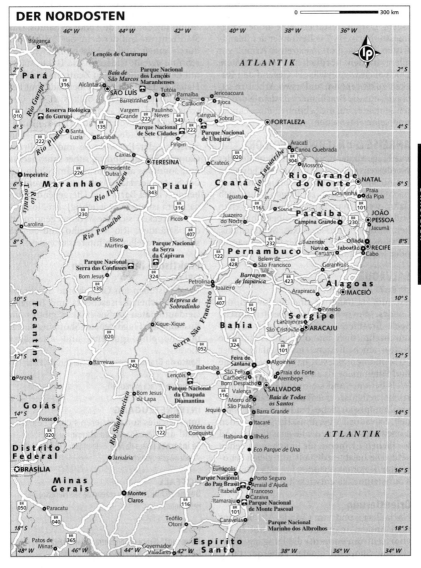

Die Landwirtschaft prägt das Inland – hier und in den Fischerdörfern an der Küste geht das Leben einen einfachen und beschaulichen Gang. Die Menschen haben mit massiven sozialen Problemen zu kämpfen, etwa der durch Arbeitslosigkeit verursachten Armut, einem verfallenden Bildungssystem, Wohnungsmangel und einer schlechten Infrastruktur – teilweise fehlen selbst die einfachsten Einrichtungen wie sanitäre Anlagen. Daraus resultiert eine hohe Säuglingssterblichkeit. Die Bewohner des Inlands fristen ihr Leben oft in extremer Armut, vor allem in den nördlichen Bundesstaaten. Doch auch wenn viele der Gegend den Rücken zukehren, um anderswo Arbeit zu suchen, sind die Brasilianer aus dem Nordosten sehr stolz auf die Schönheit ihres Landes und seiner Menschen.

ANREISE & UNTERWEGS VOR ORT

Die Flüge zu den wichtigsten Flughäfen des Nordostens – Salvador, Recife und Fortaleza – sind normalerweise am billigsten. Von/nach Porto Seguro zu fliegen lohnt sich dann, wenn man Espírito Santo umgehen will. Im Nordosten gibt's überallhin Verkehrsmittel – Busse, Taxis, Sammeltaxis, Minibusse (*van*, *kombi* oder *besta* genannt) oder Motorradtaxis.

SALVADOR

☎ 0xx71 / 2,4 Mio. Ew.

Salvador da Bahia ist eine der Juwelen des Landes. Man nennt es auch die afrikanische Seele Brasiliens – die Hautfarbe ist hier durchschnittlich am dunkelsten und die Kultur am heißesten. Die Nachfahren der afrikanischen Sklaven haben ihre Bräuche und Sitten mehr als anderswo in der Neuen Welt bewahrt und sie in blühende kulinarische, religiöse, musikalische, tänzerische und kampfsportliche Traditionen verwandelt. Salvador ist berühmt für seine wilden Volksfeste, in denen alle geistlichen und weltlichen Elemente im Einklang zu sehen sind. Die belebte Altstadt mit vielen renovierten Kolonialgebäuden hat sich zu einem Touristenmekka entwickelt.

Orientierung

Nach Barra und zur Cidade Alta kommt man, indem man am Busbahnhof (8 km vom Zentrum entfernt) die Fußgängerbrücke zum Shopping Iguatemí überquert und

den klimatisierten Minibus „Praça da Sé" nimmt (2,25 US$). Ein Bus mit demselben Ziel fährt auch am Flughafen (über 30 km vom Zentrum entfernt) ab. Billiger ist eine Fahrt mit den Stadtbussen, die vor dem Busbahnhof und dem Flughafen halten. Nach Barra fahren die Busse mit Ziel „Barra 1", „Vale dos Rios" und „STIEP R3", zur Cidade Alta der Bus zur Praça da Sé.

Salvador liegt auf einer Halbinsel an der Mündung der Baía de Todos os Santos. Das Stadtzentrum auf der Seite der Bucht wird durch einen steilen Felsen in zwei Abschnitte geteilt: Cidade Baixa (Unterstadt) mit dem kommerziellen Zentrum und dem Hafen und Cidade Alta (Oberstadt) mit Pelourinho (Pelô). Hier ballt sich die Geschichte und damit auch der Tourismus und das Nachtleben von Salvador. Die Einkaufsstraßen in Cidade Baixa und der Gegend zwischen der Praça da Sé und der Praça Campo Grande sind tagsüber laut, nachts und sonntags ausgestorben. Im Süden, an der Spitze der Halbinsel, liegt das wohlhabende Viertel Barra (die Ufergegend Porto da Barra ist etwas zwielichtig). Im Nordosten erstrecken sich die Wohngegenden an den Stränden. Rio Vermelho und Itapuã sind für Traveller am interessantesten.

Praktische Informationen

GELD

Wechselstuben am Cruzeiro de São Francisco tauschen Reiseschecks und Bargeld. Geldautomaten großer Banken gibt es am Busbahnhof, Flughafen, im Shopping Barra, im Shopping Iguatemi und außerdem hier:

Banco do Brasil (Cruzeiro de São Francisco 11, Pelourinho)

Bradesco (Praça Municipal)

INTERNETZUGANG

Internetcafés konzentrieren sich in Pelô und rund um den Porto da Barra.

Sé internet (Praça da Sé 3, Pelourinho; 1 US$/Std.) Nur stundenweise Abrechnung.

NOTFALL

Deltur (☎ 3322-1168; Cruzeiro de São Francisco 14, Pelourinho)

POST

Hauptpost (Praça da Inglaterra, Cidade Baixa)

Post (Cruzeiro de São Francisco, Pelourinho)

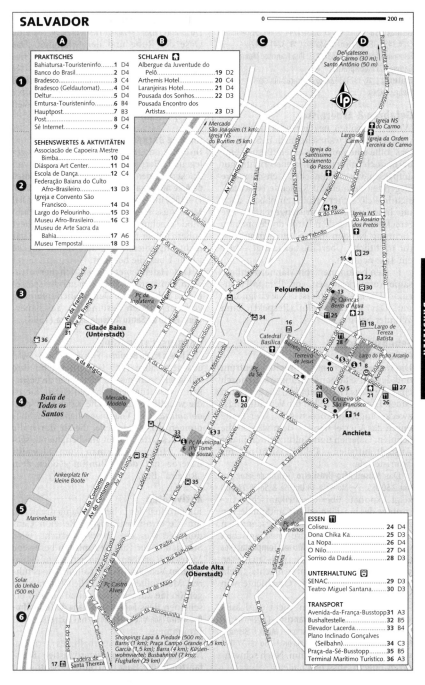

TOURISTENINFORMATION

Bahiatursa Flughafen (☎ 3204-1244/1444); Busbahnhof (☎ 3450-3871); Mercado Modelo (☎ 3241-0242); Pelourinho (☎ 3321-2463/2133; Rua Francisco Muniz Barreto 12) Mehrsprachig.

Emtursa (☎ 3321-3127/2697; Praça Municipal) Mehrsprachig.

Gefahren & Ärgernisse

Wer in Brasilien beklaut oder überfallen wird, erlebt das wahrscheinlich in Salvador. Das sollte einen nicht an einem Besuch hindern, doch sollte man hier eben richtig gut aufpassen, vor allem nachts. Menschenleere Gegenden vermeiden! Reisende berichten, sich in Pelô sicher gefühlt zu haben, doch nur innerhalb der Touristengegenden. Die Strecke zwischen dem Largo do Pelourinho Richtung Norden nach Santo Antônio ist für nächtliche Überfälle berüchtigt – hier ein Taxi nehmen.

Frauen bekommen von Männern unliebsame Aufmerksamkeit, vor allem in Pelourinho. Die beste Taktik ist es, sie zu ignorieren. Das Wort *respeito* (Respekt) kann Wunder bewirken.

Sehenswertes

PELOURINHO

Die *vielen* Kirchen im historischen Zentrum und das Forte de Santo Antônio sind durch ein Tunnelsystem verbunden, das am Hafen endet. Die Tunnel sollen für Verteidigungszwecke angelegt worden sein. Wer heute durch das Viertel flaniert, dem werden die Schulen, Galerien und Kulturzentren in der Altstadt auffallen – Pelô ist nicht nur für Touristen da.

Das **Museu Afro-Brasileiro** (Terreiro de Jesus; Eintritt 2,50 US$; ☺ Mo–Fr 9-18 Uhr, Sa & So 10-17 Uhr) zeigt Exponate über die afrikanischen Ursprünge des brasilianischen Candomblé. Ein Ausstellungsraum ist schönen geschnitzten Holztafeln der *orixás* (afro-brasilianischen Göttern) gewidmet. Im **Museu Tempostal** (Rua Gregório de Mattos 33; Eintritt frei; ☺ Di–Sa 13-18 Uhr) veranschaulichen u. a. gut gemachte Tafeln mit alten Postkarten die Geschichte von Salvador.

Die Kirche, die man nicht auslassen sollte, ist die **Igreja São Francisco** (Cruzeiro de São Francisco; Eintritt 1,50 US$, Führung mit Musik & Beleuchtung 2,50 US$; ☺ Mo–Fr, 9–18, Sa bis 17, So 13–17 Uhr) voller Pracht und Reichtum. Nach schwangeren Engeln Ausschau halten!

Das **Museu de Arte Sacra da Bahia** (Rua do Sodré 276; Eintritt 2 US$; ☺ Mo–Fr 11.30–17.30 Uhr) ist eine Oase der Ruhe und der Schönheit. Das Kloster aus dem 17. Jh. beherbergt eine riesige Sammlung religiöser Kunst.

Makaber: Am steilen **Largo do Pelourinho** fanden Sklavenauktionen statt und am *pelourinho* (Steinpfosten) wurden Sklaven ausgepeitscht.

CIDADE BAIXA & BARRA

Im Solar do Unhão, dem an der Bucht gelegenen Herrschaftshaus und Lager von Zuckerbaronen aus dem 18 Jh., ist das **Museu de Arte Moderna** (Av Contorno; Eintritt frei; ☺ Di–So 13–18 Uhr) untergebracht. Ein echt cooler Ort! Man muss hierher ein Taxi vom Mercado Modelo nehmen, denn Solar do Unhão liegt außerhalb der Busrouten. Und laufen ist gar nicht empfehlenswert – die einsame Strecke ist für Überfälle bekannt.

Das Hafengebiet eignet sich hervorragend, um Leute zu beobachten oder spazieren zu gehen. Tipp: Den Sonnenuntergang von der ältesten Festung aus anschauen, dem **Forte de Santo Antônio da Barra** (1598).

HALBINSEL ITAPAGIPE

Die **Igreja NS do Bonfim** (☺ Di–So 7–11 & 14–17 Uhr) aus dem Jahre 1745 ist berühmt für ihre Fähigkeit, wundersame Heilungen zu bewirken – bzw. für den Glauben daran. Sie ist die wichtigste katholische Kirche der *candomblistas*. Die Gläubigen haben Nachbildungen der Körperteile, die sie durch die Kraft des Ortes geheilt glauben, hier ausgestellt. Hin kommt man vom Elevador Lacerda mit dem „Bonfim"- oder dem „Ribeira"-Bus.

Aktivitäten

Ein Großteil des Lebens in Bahia dreht sich um die afro-brasilianische Religion Candomblé. Wer ein *terreiro* besucht, wird Stunden voller Rituale rund um besessene Menschen erleben, die sicherlich zu einem tieferen Verständnis der Kultur Bahias führen. Man sollte saubere, helle Kleidung tragen (keine kurzen Hosen) und gut satt erscheinen. Das **Federação Baiana do Culto Afro-Brasileiro** (Rua Alfredo de Brito 39) hat Adressen und Programme.

Reiseagenturen außerhalb des Terminal Marítimo Turístico bieten lustige **Bootsfahrten** in der Baía de Todos os Santos mit

Zwischenstopps zum Mittagessen und Schwimmen vor den Inselstränden an.

Die **Praia do Porto** in Barra ist ein kleiner Strand mit ruhigem Wasser, der aber normalerweise ziemlich überfüllt ist. In **Piatã** (2 5km), **Itapoã** (27 km) oder noch weiter abseits sind die Strände leerer und das Wasser ist sauberer.

Kurse

Associacão de Capoeira Mestre Bimba (Rua das Laranjei-ras 1, Pelourinho) bietet Unterricht in *capoeira* (Kampfkunst/Tanz), *maculelê* (Stockkampf), Schlagzeug und *berimbau an*. Es gibt hier auch Vorstellungen (5 US$).

Die folgenden Agenturen geben Kurse in traditionellem und zeitgenössischem afrobrasilianischem Tanz, in *capoeira* und Schlagzeug:

Diáspora Art Center (Largo de São Francisco 21, 3. Stock, Pelourinho)

Escola de Dança (Rua da Oracão 1, Pelourinho)

Festivals & Events
KARNEVAL
Der Karneval in Salvador ist der zweitgrößte Brasiliens und jüngeren Leuten zufolge der beste. Charakteristisch sind die Paraden der *axé*- und *pagode*-Bands auf den dahinschleichenden *trios-electricos* (lange Lastwagen mit riesigen Lautsprechern). Ein *trio* oder eine Trommeltruppe bilden in einem mit Seilen abgegrenzten Gebiet zusammen mit ihrem Gefolge einen *bloco*. Die Leute zahlen einer Top-Band bis zu 300 US$ für ein *abadá* (ein Hemd, das man braucht, um an einem *bloco* teilzunehmen*)*, hauptsächlich aus Prestigegründen – und weil es in einem *bloco* einfach sicherer ist. Kritiker des Karnevals von Salvador bezeichnen ihn als diskriminierend und meinen damit die klar ersichtlichen Klassen- und Rassentrennung zwischen den Menschen innerhalb und außerhalb der *blocos*. Aber wenn man sich für *fazer pipoca* (Popcorn) in den Straßen entscheidet, ist das immer noch eine tolle Art, den Karneval zu feiern.

Es gibt drei wichtige Karnevalregionen: vom Strand von Barra bis zum Stadtteil Rio Vermelho (sehr touristisch), vom engen Campo Grande bis zum Stadtteil Praça Castro Alves und Pelourinho (hier gibt es keine *trios*, sondern vor allem Konzerte und Trommler). Einen Veranstaltungskalender findet man bei Bahiatursa, im *Guia do Ócio*

(erhältlich in Buchläden) und unter www.portaldocarnaval.ba.gov.br.

Sicherheitshinweise
Die größte Gefahr beim Karneval sind Menschenmassen, die vor einer Schlägerei flüchten. Deshalb sollte man immer darauf aufpassen, was um einen herum geschieht. Die Polizeipräsenz ist hoch, man wird überall durchsucht und angefasst, besonders als Frau. Kostüme sind nicht üblich – kurze Hosen (bequem) und Tennisschuhe (schützend) sind die normale Verkleidung. Um den Karneval ohne Reue genießen zu können, sollte man Folgendes beachten:

- Kleine Gruppen bilden und menschenleere Gebiete meiden.
- Frauen sollten nicht allein unterwegs sein und keine Röcke tragen (um nicht binnen Sekunden eine Hand darunter zu spüren).
- Nur einen kleinen Geldbetrag dabeihaben, am besten im Schuh.
- *Jede* Form von Schmuck, Uhren und schöne Sonnenbrillen zu Hause lassen.
- Mit Taschendieben keinen Streit anfangen.
- Nur eine Kopie des Reisepasses mitnehmen.

NOCH MEHR FESTIVALS
In Salvador finden viele Feste statt, vor allem im Januar und Februar. Bei Bahiatursa erfährt man die Termine.

Die größten und farbenfrohesten nach Karneval sind:

Lavagem do Bonfim 2. Donnerstag im Januar

Festa de Iemanjá 2. Februar

Schlafen
Im Pelô gibt es jede Menge improvisierte Hostels, und wer hier übernachtet, ist zwar mitten im Geschehen, aber es ist auch oft laut und anstrengend. In der Gegend von der Praça da Sé bis über die Praça Castro Alves hinaus stehen größtenteils abgetakelte Hotels. Vom entspannteren Strand in Barra dagegen kommt man leicht zum Pelô und kann die Vorzüge einer Wohngegend genießen. Während des Karnevals muss man unbedingt im Voraus buchen.

PELOURINHO
Pousada Encontro dos Artistas (☎ 0xx71-3242-7783; www.guiafacilnet.com; pousadaencontrodosartistas@hot

mail.com; Rua João de Deus 23; B/DZ 15/50 US$) Der Kunstgeschmack des neuen Mittelklassehotels ist vielleicht etwas daneben, aber die Schlafsäle sind klasse und nicht so laut.

Laranjeiras Hostel (☎ 3321-1366; www.laranjeirashostel.com.br; Rua Inácio Accioli 13; B/EZ/DZ ohne Bad 16/35/46 US$, EZ/DZ 60 US$) Das qualitativ beste und attraktivste Hostel im Pelô hat so hohe Schlafsäle, dass drei Betten übereinander passen. Die Bäder sind gut, aber es geht laut und geschäftig zu.

Auch zu empfehlen:

Albergue da Juventude do Pelô (☎ 3242-8061; www.alberguedopelo.com.br; Rua Ribeiro dos Santos 3; B 10 US$) Einfache Jugendherberge.

Pousada dos Sonhos (☎ 3322-9901; www.pousadadossonhos.com; Rua Gregório de Matos 55; B/EZ/DZ ohne Bad 12,50/15/25 US$) Freundlich und luftig.

GLEICH AUSSERHALB VON PELOURINHO

Nega Maluca Guesthouse (☎ 3242-9249; www.nega-maluca.com; Rua dos Marchantes 15, Santo Antônio; B 12 US$) Die freundliche, besonders entspannte Pension wird von Travellern geleitet. Die guten Schlafsäle liegen außerhalb der lauten Zone des Pelô. Man kann kostenlos die Küche benutzen und im Internet surfen.

Arthemis Hotel (☎ 3322-0724; www.arthemishotel.com.br; Praça da Sé 398, Edifício Themis, 7. Stock; EZ/DZ 17,50/27,50 US$) Das Arthemis liegt toll und hat eine Frühstückterrasse mit phantastischer Aussicht. Die Zimmer sind einfach und die billigsten haben zementierte Fenster.

Pousada do Boqueirão (☎ 3241-2262; www.pousadaboqueirao.com.br; Rua Direita do Santo Antônio 48, Santo Antônio; EZ/DZ 75/90 US$, ohne Bad 32,50/42,50) Von den teuren *pousadas* in Santo Antônio ist das aus alten renovierten Gebäuden bestehende Boqueirão vielleicht das geschmackvollste und eleganteste.

BARRA

Albergue Jardim Brasil (☎ 3264-9637/9096; www.pousadadajuventude.com.br; Rua Recife 4, Jardim Brasil; B/DZ ohne Frühstück 12/27,50 US$; 🕱) Dass es hier überhaupt keine Gemeinschaftsräume gibt, gleicht die einfache Unterkunft durch ihre Lage zwischen hippen Kneipen und Restaurants aus. Eine Gästeküche ist vorhanden.

Albergue do Porto (☎ 3264-6600; www.alberguedoporto.com.br; Rua Barão de Sergy 197; DZ mit Bad 50 US$, B/DZ 17,50/45 US$; 🕱) Die erste Adresse unter den Herbergen von Barra hat luftige, hohe Schlafsäle, ein Wohnzimmer mit Sitzsäcken und eine Gästeküche. Das Jahrhundertwen-

degebäude ist ein bisschen kindergartenmäßig gestaltet.

Pousada Barra Point (☎ 3267-2321; www.pousadabarrapoint.com.br; Rua Comendador Barnardo Catarino 137; B/EZ/DZ 17,50/25/40) Über den Preis für die Zimmer im umgebauten Wohnhaus sollte man verhandeln.

Pousada Milagres (☎ 3264-4113; www.pousadamilagres.com; Rua Eng Milton Oliveira 46/210; EZ/DZ 25/40 US$; 🕱) Endlich eine supertolle *pousada*, die nicht überteuert ist! Die Zimmer im Haus aus den 1920er-Jahren haben Parkettfußböden, bunte Wände und gute Bäder.

Essen

Salvador hat hervorragende Restaurants und ist erwartungsgemäß besonders für seine afrikanisch angehauchte Bahia-Küche bekannt. Ein verbreitetes Straßengericht ist *acarajé* (in *dendê*-Palmöl frittierte Küchlein aus braunen Bohnen und Shrimps). Für Livemusik muss man normalerweise Eintritt bezahlen.

PELOURINHO

In der Cidade Alta tummeln sich angesehene Restaurants in Pelô und in der Rua Direita de Santo Antônio.

Mão na Massa (Rua Direita do Santo Antônio 18; 🕒 12–17 Uhr) Das Restaurant hat eine Freilufterrasse mit Blick auf die Bucht und einen leckeren *prato feito* (Tagesgericht; 3,50–7,50 US$) mit Kartoffelbrei oder Kürbis.

Delicatessen do Carmo (Rua do Carmo 68; 7 US$/kg) Die kleine Bäckerei baut mittags ein tolles, frisches Buffet auf und der Besitzer redet dazu nett mit Gästen.

Coliseu (Cruzeiro de São Francisco, 2. Stock;11,45 US$/kg) Im Restaurant mit dem größten und besten Mittagsbuffet von Pelô kann man gut regionale Gerichte probieren.

O Nilo (Rua Laranjeiras 44; Gerichte 7–11 US$) Hier schmeichelt man dem Gaumen mit super Falafel, Hummus, Tabuli, Babaghanus und anderen nahöstlichen Spezialitäten. Es gibt Außentische in einer schönen Straße.

La Nopa (Rua Santa Isabel 13; Gerichte 7–10 US$) Das tolle italienische Bistro ist bekannt für seine frischen Pasta-, Risotto- und Fleischgerichte.

Teuer aber zu Recht berühmt für die traditionelle Bahia-Küche sind:

Sorriso da Dadá (Rua Frei Vicente 5) Die *moqueca de peixe* (Fisch, Tomate, Paprika und Zwiebeln in gewürzter

Kokosmilch und *dendê*-Öl gekocht; für 2 Pers. 22,50 US$)
Nach Möglichkeit probieren!

Dona Chika Ka (Rua Frei Vicente 10) Der *bobó de camarão* (Shrimps in gewürzter Maniokpaste) wird hervorragend bewertet (für 2 Pers. 22,50 US$).

KÜSTENGEGEND

Raus aus Pelô! Das beste Essen von Barra gibt's in der Nähe des Leuchtturms in der Rua Alfonso Celso, der Av Almirante Marquez und im Jardim Brasil. In diesem Park tummeln sich Sushi-, Eis- und Crêpe-Lokale und Pizzerien auf engem Raum. Auch in Rio Vermelho und Itapuã gibt's gute Restaurants.

Acarajé da Dinha (Largo de Santana, Rio Vermelho) Die Einheimischen drängen sich an diesem Straßenstand, um das bekannteste *acarajé* von Salvador zu essen.

Messa Farta (Rua Almirante Marquez de Leão) Im kleinen Ecklokal muss man wählen: Entweder man geht zum Buffet (inkl. Getränk 3,30 US$) oder lässt sich frisch Fleisch grillen (5,45 US$/kg).

Brasil Legal Churrascaria (Rua Afonso Celso 110; 4 US$/Pers.) Das Grillrestaurant bietet All-you-can-eat, hat eine große Auswahl und wird sehr voll.

Ausgehen

In Salvador vergeht kein Tag ohne Gesang, Tanz oder Party … meistens alles gleichzeitig und normalerweise im Freien.

PELOURINHO

Die Plätze und Pflastersteinstraßen Pelourinhos füllen sich mit Feiernden, die zusammen Bier an Plastiktischen trinken oder hinter umherziehenden Trommelorchestern tanzen. Dienstag ist die Nacht der Nächte:

IN DIE VOLLEN!

Paraíso Tropical (Hauptgerichte 17 US$) Rio Vermelho (Rua Feira de Santana 354, Parque Cruz Aguiar, Rio Vermelho); Cabula (Rua Edgar Loureiro 98-B, Cabula) Das bekannte Restaurant verleiht traditionellen brasilianischen Gerichten eine Feinschmeckernote, meistens mit Obst und Blüten aus der Gegend. Nach dem ersten Bissen hat man die langsame Bedienung vergessen. Die Zweigstelle in Cabula befindet sich in der zweiten Seitenstraße der Rua Nossa Senhora do Resgate.

Die Stadt sponsert kostenlose Livemusik in den Innenhöfen von Pelô – dem Largo de Tereza Batista, dem Largo de Pedro Arcanjo und der Praça Quincas Berro d'Água – und auf dem Terreiro de Jesus. Das Programm findet man in der Rubrik *Pelourinho Dia e Noite* in Bahiatursas kostenlosem Blättchen *BahiaCultural*.

Bar Cruz do Pascoal (Rua Joaquim Távora 2, Santo Antônio) Wer in aller Ruhe sein Bier trinken und einen entspannten Rundblick genießen will, ist auf der rückwärtigen Terrasse der Bar genau richtig.

Restaurante Olivier (Rua Direita de Santo Antônio 61, Santo Antônio) Livejazz und Bossa Nova von Donnerstag bis Sonntag.

KÜSTENGEGEND

Und wieder: Raus aus Pelô! Barras Nachleben konzentriert sich im Jardim Brasil. Coole Freiluftbars ziehen ein hippes wohlhabendes Publikum an. Bierkneipen gibt's auch an der Alameda Marques de Leão und Habeus Copos veranstaltet freitagabends *pagode na mesa* (Tischsamba).

Auf dem Largo de Santana und Largo da Mariquita im Künstlerviertel Rio Vermelho drängen sich Leute, die Bier trinken und *acarajé* essen. Rund um die Plätze gibt's mehrere Kneipen.

World Bar (Rua Dias D'Ávila) In dieser Kneipe, die von jungen Leuten besucht wird, spielen Livebands.

Mercado do Peixe (Fish Market; Largo da Mariquita) *Der* Ort für nächtliches Marktessen und ein kaltes Bier.

Unterhaltung

Gleich nach der Ankunft sollte man sich bei Bahiatursa erkundigen, was gerade los ist. Dort gibt es auch den kostenlosen Veranstaltungskalender *BahiaCultural*.

FOLKLORISTISCHE SHOWS

In Salvador sind Choreografen und Künstler von Weltklasse zu Hause. In den Shows werden Elemente des *afro* (afrobrasilianischer Tanz), *samba de roda* (koketter Samba, der in einem Kreis getanzt wird), Tänze der *orixás*, und *maculelê* und *capoeira* gezeigt. Alle mit Livegesang und Trommeln – das haut einen um!

Balé Folclórico da Bahia (Teatro Miguel Santana, Rua Gregório de Mattos 49; Eintritt 10 US$; ☾ Shows Mo & Mi–Sa 20 Uhr)

Grupo Folclórico SESC (Arena do Teatro SESC, SENAC, Largo do Pelourinho; Eintritt 3,50 US$; ☺ Shows Do–Sa 20 Uhr)

LIVEMUSIK

Viele der Sänger, Bands und Karnevalgruppen Salvadors halten einen Monat vor Beginn des Karnevals wöchentliche *ensaios* (Proben; 2,50–20 US$) ab – im Wesentlichen sind das Konzerte. Die Bruderschaft Filhos de Gandhy ist eine *afoxé*, eine an den Tradition des Candomblé anknüpfende Gruppe, die mittlerweile typisch für Salvador selbst ist. Ausgezeichnete *blocos afros* (Gruppen mit starken afro-brasilianischen Trommelorchestern) sind Ilê Aiyê, die erste ausschließlich schwarze Karnevalgruppe, Male Debalê, Cortejo Afro, Dida (ausschließlich Frauen) und Muzenza. Eher in Richtung Pop – aber immer noch mit starken Trommelelementen – geht die Gruppe Olodum (eine Institution von Pelourinho), Araketu und Timbalada (das geistige Kind des Meisterkomponisten und Musikers Carlinhos Brown). Die Königinnen der salvadorianischen Popmusik sind Margareth Menezes, Ivete Sangalo und Daniela Mercury.

Teatro Castro Alves (Praça Campo Grande) Salvadors bester Veranstaltungsort für erstklassige Aufführungen. In seinem Concha Acústica (Amphitheater) finden wöchentlich lustige Shows statt (1 US$).

TANZCLUBS

In Salvadors Hafenviertel gibt es massig Tanzclubs, die meistens von den Hippen und Schönen besucht werden.

Tropicana (Av Otávio Mangabeira 4707, Jardim Armação) Brasilianische Livemusik in einer lockeren Atmosphäre.

Aeroklube (Av Otávio Mangabeira, Boca do Rio) In der Einkaufsstraße sind Rock in Rio und das Café Cancún. Beide bieten brasilianische Livemusik und sind besonders bei sehr jungen Leuten beliebt.

Der **Fashion Klub** (Av Otávio Mangabeira 2471, Jardim dos Namorados) und die **Satélite Bar** (Av Otávio Mangabeira 940, Patamares) sind gehobene Tanzclubs.

TREFFPUNKTE FÜR SCHWULE & LESBEN

Salvador hat eine große schwule Gemeinschaft und eine schwule Szene, in der ziemlich viel los ist.

Beco dos Artistas (Artist's Alley; Av Cerqueira Lima, Garcia) Ein Treffpunkt für ausgesprochen junge Schwule. Vom Teatro Castro Alves geht man einige Blocks die Rua Leovigildo Filgueiras entlang.

Off (Rua Dias D'Ávila 33, Barra) und **Queens Klub** (Rua Teadoro Sampaio 160, Barris) versprechen lange Nächte und Abtanzen zu Elektromusik.

Shoppen

EINKAUFSZENTREN

Shopping Iguatemí Salvadors größtes Einkaufszentrum ist direkt gegenüber vom Busbahnhof.

Shopping Barra (Av Centenário 2992, Chame-Chame) Größer und schicker als Shopping Lapa und Shopping Piedade.

Shopping Piedade & Shopping Lapa (abseits Av 7 de Setembro, hinter der Praça da Piedade) Zu Fuß vom Pelô erreichbar.

MÄRKTE

Der Mercado São Joaquim ist eine kleine Stadt aus Ständen im Hafenviertel etwa 3 km nördlich vom Mercado Modelo.

Mercado Modelo (Mo–Sa 9–19, So bis 14 Uhr) Der zweistöckige Touristenmarkt hat Dutzende von Läden, die allerlei Kunsthandwerk aus der Region verkaufen. Früher wurden ankommende Schiffsladungen mit Sklaven in den wässrigen Tiefen dieses Gebäudes aus dem 19. Jh. festgehalten – im Hauptgeschoss auf die Treppen achten, die nach unten führen! Oft gibt es im hinteren Außenbereich *capoeira*-Aufführungen und Livemusik.

An- & Weiterreise

BUS

Die meisten Busse, die aus Süden kommen, fahren um die Baía de Todos os Santos. Alternativ kann man auf der Ilha Itaparica eine Fähre von Bom Despacho (45 Min) nach Salvador nehmen.

Ziel	Dauer (Std.)	Preis (US$)	Häufigkeit
Aracaju	4½	17.50–24.50	10-mal tgl.
Belo Horizonte	24	73	tgl.
Fortaleza	20	94	tgl.
Ilhéus	8	22–51	5–6-mal tgl.
Lençóis	6	18	2-mal tgl.
Natal	21	61–82	2-mal tgl.
Porto Seguro	11	49–77	2–3-mal tgl.

Recife	11	47–65	2-mal tgl.
Rio	24–28	107	4-mal tgl.
São Paulo	33	105–136	4-mal tgl.
Vitória	18	85	1–2-mal tgl.

FLUGEZEUG

BRA, Gol, Ocean Air und TAM bieten Inlandsflüge vom Flughafen in Salvador an. TAP und Air Europa fliegen von Salvador nach Europa und zurück.

Unterwegs vor Ort

Im Zentrum verbinden der vor Kurzem renovierte **Elevador Lacerda** (5 Centavos; 🕐 24 Std.) und der spannendere **Plano Inclinado Gonçalves** (Seilbahn; 5 Centavos; 🕐 Mo–Fr 7–19, Sa bis 13 Uhr) die Ober- mit der Unterstadt. Wer den Bus nimmt, sollte sich vor den teuren klimatisierten Minibussen hüten.

AREMBEPE

☎ 0xx71

Arembepes Nähe zu Salvador und sein verblasster Ruhm ziehen Traveller nach wie vor in die *aldea hippy* – das Hippiedorf, das Mick Jagger und Janis Joplin in den 1960er-Jahren wachgeküsst haben. Das Dorf selbst ist nichts Besonderes, also besser gleich zum Strand gehen und weiter in Richtung Norden fahren. Dort kommt man an der Station Projeto TAMAR vorbei und nach etwa zehn Minuten sieht man auf einer Sanddüne, die der *aldea hippy* als Schutz dient, kleine strohgedeckte Hütten und Kokosnusspalmen. In der Nähe gibt's ein Restaurant, das Fruchtsäfte und Snacks anbietet und natürlich Hippies, die Kunsthandwerk verkaufen. Arembepe ist auf jeden Fall ein guter Ort, um mal wieder durchzuschnaufen.

Vom Busbahnhof Lapa in Salvador einen „Arembepe"-, „Montegordo"- oder „Barra do Pojuca"-Bus in Richtung Arembepe nehmen (1,70 US$, 1¼ Std.). Einige der Busse kommen auch am Terminal da França vorbei.

PRAIA DO FORTE

☎ 0xx71

Praia do Forte wurde als ökologischer Strandferienort für ein gehobenes Publikum konzipiert. Das Ergebnis ist ein schöner, eleganter, aber trotzdem lockerer Ferienort mit weißen luftigen Stränden. Das Dorf ist umgeben von den Ruinen des **Castelo do Garcia d'Ávila** (Eintritt 2,50 US$; 🕐 8.30–18

Uhr) und die Region bietet jede Menge Möglichkeiten zum Kanufahren, Wandern und Fahrradfahren. Geldautomaten sind im Ort vorhanden.

Das außerordentlich interessante **Projeto TAMAR** (Eintritt 3,50 US$; 🕐 9–18 Uhr) ist Teil eines nationalen Projekts, das mit den Gemeinden der Region zusammenarbeitet, um die Brutstätten der Meersschildkröte zu erhalten und die Öffentlichkeit über die gefährdeten Schildkröten aufzuklären. In der Station kann man Aquarien mit Schildkröten und anderen Meeresbewohnern besichtigen.

*Pousada*s sind hier teuer, aber die meisten bieten in der Nebensaison an Werktagen Rabatte an. **Camping Reserva da Sapiranga** (☎ -3342-2109; www.campingreservadasapiranga. cbj.net; 6 US$/Pers.) hat schattige Plätze 2 km außerhalb der Stadt. **Albergue Praia do Forte** (☎ 3676-1094; www.albergue.com.br; Rua da Aurora 3; B/DZ 11/37,50 US$) bietet angenehme Schlafsäle mit gefliesten Böden und Bad, die allesamt um einen grünen Innenhof liegen. Im Preis sind die Benutzung der Küche und der Eintritt für das Projeto Tamar mit drin, Fahrräder und Surfbretter kann man ausleihen.

Busse von Salvador nach Praia do Forte (4 US$, 1 Std. 40 Min.) fahren vom Terminal da Calçada in Cidade Baixa (5– 18 Uhr, zu jeder vollen Sunde) oder vom Busbahnhof (2-mal tgl.). Busse und *kombis* übernehmen von 7 bis 18.30 Uhr alle 40 Minuten die Rückfahrt (3,25 US$).

CACHOEIRA & SÃO FÉLIX

☎ 0xx75 / 30 350 Ew.

Die gut erhaltenen Kolonialgebäude der verschlafene Stadt Cachoeira am Rio Paraguaçu konkurrieren mit denen des gegenüberliegenden São Félix. Cachoeira ist ein wichtiges **Candomblé**-Zentrum, außerdem wird die Tradition der Holzschnitzkunst hochgehalten, die stark afrikanisch beeinflusst ist. Die Stadt eignet sich für einen netten Tagesausflug und um ein Stück des Recôncavo kennenzulernen, des grünen fruchtbaren Umlands der Baía de Todos os Santos. Seine Zucker- und Tabakplantagen machten es einst zu einer der wichtigsten Wirtschaftsregionen des kolonialen Brasilien.

Es gibt eine **Touristeninformation** (Rua Ana Neri 4) und in beiden Städten größere Banken.

Sehenswertes & Aktivitäten

Die **Candomblé**-Gruppen der Gegend haben nichts gegen Besucher einzuwenden. Bei der Touristeninformation bekommt man Auskünfte darüber, wann und wo Zeremonien stattfinden. Leider ist sie nicht immer auf dem Laufenden.

Das am Flussufer gelegene **Centro Cultural Dannemann** (Av Salvador Pinto 39, São Félix; ☙ Di–Sa 8–17 Uhr, Galerie nur So 13–17 Uhr) hat zusätzlich zu seiner Ausstellung zeitgenössischer Kunst auch einen Saal, in dem man Frauen bei der Arbeit zuschauen kann – sie rollen Zigarren wie schon im Jahr 1873. Das **Museu Hansen Bahia** (Rua 13 de Maio; ☙ Di–Fr 9–17 Uhr, Sa & So bis 14 Uhr) zeigt kraftvolle Drucke und Gemälde eines deutsch-brasilianischen Künstlers rund um das Thema menschliches Leid. Die **Igreja da Ordem Terceira do Carmo** (Rua Inocência Bonaventura) ist eine mit Gold überladene Kirche mit vielen Darstellungen des leidenden Christus – mit echten Rubinen als Blut. Zur Zeit der Recherche war die Kirche wegen Renovierungsarbeiten geschlossen.

Festivals & Events

Festa de São João Bahias größtes Festival findet vom 22. bis 24. Juni statt.

Festa da NS de Boa Morte Das faszinierende Event findet am Freitag vor dem 15. August statt und dauert drei Tage: Nachkommen der Sklaven feiern ihre Freilassung mit Tanz und Gebeten in einem Mischmasch aus Candomblé und Katholizismus.

Schlafen & Essen

Pousada do Paraguassú (☎ 3438-3386; www.pousada paraguassu.com.br; Av Salvador Pinto 1; EZ/DZ 22,50/32,50 US$; ☒) Am Flussufer in São Félix gelegene moderne *pousada*. Schöne Zimmer mit Blick auf einen blumenreichen Innenhof.

Pousada do Pai Thomaz (☎ 3425-1288; Rua 25 de Junho 12) Pai Thomaz wurde während der Recherchen zu diesem Buch gerade renoviert. Vorher war die Unterkunft als gute Budgetoption bekannt. Das zugehörige Restaurant ist mit Holzschnitzereien aus der Gegend geschmückt.

Beira Rio (Rua Paulo Filho 19; Gerichte 5–11 US$) Cachoeiras bestes Restaurant serviert Pasta- und Fleischgerichte, außerdem Fisch-*pratofeito* (3 US$).

An- & Weiterreise

Es fahren täglich Busse von Salvador nach Cachoeira/São Félix (3 US$, 2 Std., 5.30– 21.30 Uhr stündl.). In beiden Städten machen sich stündlich Busse zur Rückfahrt auf, und zwar 4.20 bis 18.50 Uhr. Man kann auch weiterfahren bis nach Feira de Santana (2,50 US$, 1½ Std., 5.30–18.50 Uhr stündl.), wo es Anschlussbusse gibt.

LENÇÓIS

☎ 0xx75 / 8900 Ew.

Lençóis ist die schönste der alten Diamantenstädte von Chapada Diamantinas – einer bergigen, bewaldeten Oase im staubigen *sertão* (Hinterland). Die Stadt selbst ist durchaus sehenswert: Kopfsteinpflasterstraßen und hell gestrichene Gebäude aus dem 19. Jh., die sich an grüne Berge schmiegen. Aber die wahre Attraktion ist die Umgebung, die voll von Höhlen, Wasserfällen und Hochebenen mit vielversprechenden Panoramaaussichten ist. Lençóis ist *der* Hotspot des Nordostens für Outdoorabenteuer.

Praktische Informationen

Die Touristeninformation befindet sich auf der Rückseite des Marktgebäudes neben der Brücke.

Banco do Brasil (Praça Horácio de Mattos) Hat einen Geldautomaten.

Café.com (3 US$/Std.) Internetzugang; im Marktgebäude.

Calil Neto (Praça Horácio de Mattos 82; ☙ Mo 17–23, Di–So 8–14 & 17–23 Uhr) Wen die Fotoalben des Touristikunternehmens noch nicht überzeugt haben, dem wird die Fotogalerie hier den letzten Zweifel an der Schönheit dieses Gebietes nehmen.

Aktivitäten

SPAZIEREN GEHEN & SCHWIMMEN

Die hier beschriebenen Wanderwege sind leicht und ohne Führer zu bewältigen. Bis hinter die Bushaltestelle laufen und dem Rio Lençóis 3 km stromaufwärts in den Parque Municipal da Muritiba folgen. Man kommt an einer Reihe von Stromschnellen vorbei: **Cachoeira Serrano**, **Salão de Areias Coloridas** (Hallen des farbigen Sands), wo Künstler Material für Sandgemälde in Flaschen sammeln, **Poço Halley** (Halleys Brunnen), **Cachorinha** (Kleiner Wasserfall) und schließlich **Cachoeira da Primavera** (Frühlingswasserfall). Alternativ auf der Rua São Benedito 4 km aus der Stadt raus bis zum **Ribeirão do Meio** gehen, einer Reihe von Naturbecken mit einer natürlichen Wasserrutsche. Wer nach noch mehr Schwimmgelegenheiten sucht, nimmt den morgendlichen Seabra-Bus und steigt an der Bar Mucugêzinho aus. Etwa 2 km flussabwärts liegt der **Poço do Diabo** (Teufelsbrunnen), ein Naturbecken mit einem 25 m hohen Wasserfall.

WANDERN

Im Südwesten von Lençóis liegt der **Parque Nacional da Chapada Diamantina**, eine 1520 km² große atemberaubende Landschaft mit Wasserfällen, Flüssen – und Affen. Der Park bietet auch für Geologen viel Interessantes. Seine Infrastruktur ist aber wirklich unzulänglich – die Wege sind nicht ausgeschildert und Busse fahren nur unregelmäßig –, weshalb ein Besuch ohne Führer zu einem schwierigen Unterfangen wird. Und weil es mit unerfahrenen Führern schon zu schrecklichen Unfällen gekommen ist, sollte man ausschließlich einen der autorisierten Guides anheuern (ihr Foto auf der Dienstmarke überprüfen!). Der Fremdenführerverbund **ACVL** (☎ 3334-1425; Rua 10 de Novembro) oder Reisebüros vor Ort können einen vermitteln. Zwei kenntnisreiche einheimische, englischsprechende Führer sind **Roy Funch** (☎ 3334-1305; royfunch@ligbr.com.br; Rua Pé de Ladeira 212) und **Olivia Taylor** (☎ 3334-1229; oliviadosduendes@zaz.com.br; Rua do Pires), Besitzer der Pousada dos Duendes.

Trekkingtouren können zwei bis acht Tage in Anspruch nehmen. Übernachtet wird in Zelten, bei Einheimischen und in *pousadas*. Die Preise für Touren beginnen bei 35 US$ pro Tag inklusive Verpflegung und sind von der Art des Trips und der Größe der Gruppe abhängig. Transport und Übernachtung werden normalerweise zusätzlich berechnet. Die notwendige Ausrüstung kann bei den Agenturen ausgeliehen werden.

Geführte Touren

Hier sollte man nicht jeden Centavo einzeln umdrehen, sondern eine ordentliche Tour buchen. Die Anbieter vor Ort organisieren Ausflüge mit dem Auto (mit Schwimmen und Wandern) und Wanderungen ab 20 US$ pro Person. Eventuelle Eintrittsgelder sind nicht im Preis inbegriffen. Kunden werden meistens in Gruppen zusammengefasst und individuelle Wünsche können nur dann erfüllt werden, wenn man mit einer eigenen Gruppe anrückt. Herausragende Sehenswürdigkeiten:

Poço Encantado Postkartenmotiv: eine Höhle mit erstaunlich schönem blauem Wasser.

Poço Azul Höhle mit Regenwasserpool.

Gruta da Lapa Doce Höhle mit eindrucksvollen Formationen.

Morro do Pai Inácio Der hervorstechendste Gipfel der Gegend mit tollem Blick über Tal und Hochplateaus.

Cachoeira da Fumaça Mit 420 m der höchste Wasserfall Brasiliens.

Marimbus Das „Mini-Pantanal" lohnt sich nur zum Sonnenauf- oder -untergang.

Schlafen

Zu Ferienzeiten muss man im Voraus buchen. Wer nachts mit dem Bus ankommt, darf in den meisten *pousadas* die restliche Nacht verbringen und muss nur das Frühstück bezahlen.

Pousada & Camping Lumiar (☎ 0xx75-3334-1241; lumiar@sendnet.com.br; Praça do Rosário 70; Stellplatz 5 US$/Pers.) Schattige Stellplätze in einem schönen Garten mit einer voll eingerichteten Gästeküche.

Pousada dos Duendes (☎ 3334-1229; www.pousadadosduendes.com; Rua do Pires; B/EZ/DZ 10/15/25 US$, ohne Bad 7,50/12,50/20 US$) Backpacker strömen in diese Unterkunft wegen der lockeren Atmosphäre, den guten und billigen Zimmern und den großen Gemeinschaftsräumen. Im Angebot sind gemeinsame Abendessen (5 US$; vor 17 Uhr reservieren; auch vegetarisch und vegan) und eine Bücherbörse.

Pousada da Fonte (☎ 3334-1953; www.pousadadafonte.com; Rua da Muritiba; B/EZ/DZ 12,50/15/30 US$) Die komfortable *pousada* hinter der Casa de Hélia hat fünf Zimmer und erinnert an ein Ferienhaus. Die Frühstücksterrasse und die Veranden mit Hängematten liegen mitten in einem ruhigen Wald.

Pousada Casa de Hélia (☎ 3334-1143; www.casadehelia.com.br; Rua da Muritiba; B/DZ 12,50/35 US$) Die bei Backpackern beliebte Unterkunft verteilt sich über einen Hügel, von dem aus man in ein grünes Flusstal blickt. Die Zimmer haben Steinfußböden und Möbel aus Astgehölz. Von der Bushaltestelle muss man den Hügel hoch.

Pousada Solar dos Moraes (☎ 3334-1849; Rua Arnulfo Moraes; www.pousadasolardosmoraes.com; EZ/DZ 15/30 US$) Die Zimmer sind nicht der Rede wert, jedoch haben alle eine kleine Veranda mit Hängematte und Blick auf einen grünen Garten, in dem ein riesiger *jaca*-Baum steht.

Essen

Burritos y Taquitos (Rua São Benedito 58; 3 Tacos 3,50 US$) Wer hätte erwartet, in Bahia einen leckeren mexikanischen Rinderburrito oder Kaktustaco zu essen? Besonders gut schmecken sie auf der Terrasse, die nach hinten raus geht.

Neco's Bar (Rua da Baderna; 6 US$/Pers.) Das Lokal mit Hausmannskost ist eine Institution – deshalb muss man 24 Stunden im Voraus bestellen.

Ristorante Italiano os Artistas da Massa (Rua da Baderna 49; Gerichte 6–9 US$) Der etwas kahle Speisesaal wird durch das Angebot wirklich frischer und guter italienischer Gerichte deutlich aufgewertet.

Bode Grill (Rua 10 de Novembro 26; Gerichte 9–12 US$) Das kleine Restaurant hinter der Bank ist für seine mit selbstgemachten Leckereien gefüllten *prato feito* (3 US$) bekannt.

Cozinha Aberta (Rua da Baderna 111 & Av Rui Barbosa 42; Gerichte 10 US$) Im Gourmetbistro bekommt man Thai-Huhn in Kokosmilch und indisches Curry mit Rind und Gemüse nach den Prinzipien des italienischen „Slow Food" (alles ist frisch, Bio und wenn möglich aus der Gegend).

An- & Weiterreise

Busse nach Salvador (18 US$, 6 Std.) fahren täglich um 13.15 und um 23.30 Uhr, montags, mittwochs und freitags auch um 7.30 Uhr. Alle Busse nach Salvador halten in Feira de Santana (13 US$, 4½ Std.), von wo aus Busse fast überall hin starten, allerdings ohne zeitlich aufeinander abgestimmt zu sein.

MORRO DE SÃO PAULO

☎ 0xx75

Für einige Leute ist der Ferienort eindeutig zu touristisch geworden, während andere ihn immer noch für den besten Partyort in Bahia halten. Der Charme von Morro beruht auf Resten der kolonialen Vergangenheit und seiner einzigartigen isolierten Lage. Zwischen drei waldigen Hügeln verlaufen ein paar Sandstraßen, die von Schubkarren und Fußgängern beherrscht werden. Die Strände mit warmem, flachem Wasser verschwinden bei Flut. Man kann zum Wasserfall wandern, eine Bootsfahrt zum ruhigen **Boipeba** unternehmen, eine **Zip-Line-Klettertour** (12,50 US$/Pers.) am Leuchtturm wagen oder vom Fort aus die Sonnenuntergang beobachten.

Es gibt einen **Geldautomaten** (Segunda Praia). Internet kostet 4,50 US$ pro Stunde.

Schlafen

Zu Ferienzeiten muss man im Voraus buchen, vor allem zum Karneval und zur *resaca* (die fünf Tage Ausnüchterungszeit nach dem Karneval). Die Partyszene steppt in Segunda Praia, da sollte man lieber nicht übernachten!

Pousada dos Passaros (☎ 3652-1102; www.hostel domorro.com.br; B/DZ 15/35 US$; 🖳) Ein geselliges Hostel mit Frühstück auf einer Terrasse im Garten und guten Schlafsälen. Den ersten nach links abzweigenden Gang an der Rua da Fonte Grande nehmen.

Pousada Passarte (☎ 3652-1030; www.pousadapas sarte.com.br; Rua da Biquinha 27; EZ/DZ 20/30 US$; 🖳) Die kleinen, einfachen Zimmer sind in der Hochsaison ein gutes Angebot. Ruhige Lage und netter Frühstücksbereich.

Pousada Ninho da Águia (☎ 3652-1201; www. ninhodaaguia.com.br; EZ/DZ 25/35 US$; 🖳) Die Zimmer des „Adlernests" am Leuchtturm sind hochwertig und beim Frühstück hat man einen atemberaubenden Blick.

Pousada Kanzuá do Marujo (☎ 3483-1152; www. pousadakanzuadomarujo.com.br; Terça Praia; EZ/DZ 35/40 US$; 🖳) Ein leuchtender zweistöckiger Komplex mit modernen Zimmern, vom Strand aus etwas zurückversetzt. Große Gärten.

Pousada 2000 (☎ 3652-1271; www.pousada2000. com.br; Rua da Biquinha 31; EZ/DZ 40/50 US$; 🖳) Die komfortablen Zimmer sind so konzipiert, dass sie Sonnenlicht und Brise optimal ausnutzen, und mit Möbeln aus Ästen eingerichtet.

Essen

Oh Lá Lá! Crepes (Caminho da Praia; Gerichte 3,5–7,50 US$) In dem winzigen Lokal mit Kunstpostern an den Wänden bekommt man bei hipper Musik Salate sowie süße und pikante Crêpes vorgesetzt.

Espaguetaria Strega (Caminho da Praia; Nudelgerichte 5–9 US$) Ins Strega strömen vor allem junge Leute, um Pasta in allen Variationen – ob mit Öl und Knoblauch oder mit Shrimps und Käse – zu essen. An der Bar gibt es 40 Sorten *cachaça*.

Restaurante Tinharé (Caminho da Praia) Das Familienunternehmen serviert hervorragende *moqueca de peixe* (7,50 US$) auf Tischen mit durchsichtigem Plastik und Plastikblumen. Das Lokal liegt etwas versteckt am unteren Ende der Treppen.

Ponto de Encontro (Caminho da Praia; Hauptgerichte 9 US$) Von den schicken Restaurants ist dieses hier eines der besten. Auf der Speisekarte stehen kreative Salate, Nudel-, Fleisch- und vegetarische Gerichte.

An- & Weiterreise

Der Katamaran *Gamboa do Morro* (25–30 US$, 2 Std., 2–3-mal tgl.) und das Schnellboot *Ilha Bela* (27,50 US$, 2 Std., 1–2-mal tgl.) fahren täglich zwischen Morro und dem Terminal Maritimo Turistico in Salvador (hinter dem Mercado Modelo). Da der Wellengang beträchtlich sein kann, sollten Landratten mit leerem Magen kommen und einen bestimmten Punkt fixieren, wenn das Schiff zu schaukeln beginnt. Über Land tuckert ein Bus nach Valença, von dort nimmt man ein Schiff (2,35 US$, 1½ Std., 6.30–17.30 Uhr stündl.) oder Schnellboot (5,30 US$, 30 Min., 3-mal tgl.) über den Fluss nach Morro.

ITACARÉ

☎ 0xx73 / 18 100 Ew.

Itacaré ist ein kleiner durchschnittlicher Fischerort aus der Kolonialzeit an der Mündung des Rio de Contas. Viele Jahre pilgerten Hippies und Surfer hierher – sie ließen sich faszinieren vom Urwald an der Küste, den Postkartenstränden und den zuverlässig brandenden Wellen. Auch wenn sich inzwischen wohlhabendere Touristen unter die Besucherschar mischen, herrscht immer noch eine lässige, jugendliche Atmosphäre und die Einheimischen teilen sich die Stadt mit den Gästen. Die Szene wird beherrscht von Surfen, Reggae und Ökotourismus (in dieser Reihenfolge).

Es gibt Geldautomaten und mehrere Internetcafés (2,50 US$/Std.).

Aktivitäten

Hier kann man überall surfen lernen und Bretter ausleihen. Die Strände in der Stadt sind nichts Besonderes (aber zum Surfen gut geeignet) – man sollte eher die Paradiese von **Engenhoca**, **Havaizinho** und **Itacarezinho** 12 km südlich der Stadt ansteuern. In der Nähe plätschert direkt an der Straße **Cachoeira Tijuipe** (Eintritt 2,25 US$), ein breiter bräunlicher Wasserfall, in dem man gut schwimmen kann. Das idyllische **Prainha** ist vom südlichsten Stadtstrand Praia do Ribeira aus über einen Pfad zu erreichen. An den Stränden von Itacaré und in der Umgebung hat es zahlreiche Überfälle gegeben – also besser wenig Bargeld mitnehmen und die Wertsachen in der Unterkunft lassen!

Einheimische Anbieter organisieren Kanuausflüge flussaufwärts, Raftingtouren, Mountainbiking, Abseilen und Reit- und Wandertouren zu den Sehenswürdigkeiten der Gegend. Der bedeutendste Ausflug führt die Peninsula de Maraú entlang zur atemberaubenden **Praia Taipús de Fora** (21,50 US$). **Conduru Ecoturismo** (Praça da Bandeira) – am Weg nach Prainha gelegen – hat eine 200 m lange, 40 m hohe **Zip Line** (7,50 US$) und einen **Lianenrundkurs** (25 US$).

Itacaré ist für **Capoeira** bekannt. Es gibt auch Kurse.

Schlafen

Camping Pop (☎ 3251-2305; Praia da Concha; Stellplatz 7,50 US$/Pers.) Schattige Plätze und exzentrische Besitzer.

Albergue O Pharol (☎ 3251-2527; www.albergueopharol.com.br; Praça Santos Dummont 7; B/DZ 13,50/38 US$; 🖾) Das hübsche, saubere und superfreundliche Pharol ist das beste Hostel von Itacaré. Es gibt eine Gästeküche und ein bequemes Wohnzimmer.

Pousada Cores do Mar (☎ 3251-3418; www.itacare.com; Praia da Concha; EZ/DZ 20/25 US$) Die schnörkellose, von einem coolen Surfer geführte *pousada* hat eine Reihe Hängematten und preiswerte Zimmer mit Blick auf einen Garten.

Pousada Itacaré (☎ 3251-3601; pousadaitacare@hotmail.com; Praia da Concha; EZ/DZ 22,50/30 US$; 🖾) In der von einer Familie geführten *pousada* mit schattigen hohen Bäumen hört man den Ozean rauschen. Die einfachen Zimmer sind mit grellbunten Wänden und Fliesenböden ausgestattet.

Pousada Itaóca (☎ 3251-3382; www.pousadaitaoca.hpg.com.br; Rua Pedro Longo 520, Pituba; EZ/DZ 25/35 US$; 🖾) Das übliche Rezept: komfortable Zimmer und Hängematten, aber in einer attraktiveren Umgebung.

Essen

Todas as Luas (Rua Pedro Longo 334; Gerichte 1,75–36 US$) Hier gibt es Pasta (3,50–6 US$) und Pizza (pro 10 cm 1,75–3,50 US$) an Freilufttischen, außerdem Livemusik.

Terral (Rua Pedro Longo 150) Vom Strand strömen die Leute ins Terral, um *pratos feitos*

(4,50– 6 US$) und Hamburger (2 US$) zu verspeisen.

Almazen (Rua Pedro Longo 69) Das fast vegetarische Restaurant serviert Sandwiches mit selbstgemachtem Brot, hausgemachten Joghurt mit Granola, Salate und leckere vegetarische *pratos feitos* (6 US$).

Sahara (Rua Pedro Longo; arabische Platte 5,50 US$) Das Lokal am Ende der Hauptstraße ist im Besitz eines Israeli und serviert eine leckere arabische Platte (selbstgemachte Pita, Falafel, Hummus, Tomatensalat und frittierte Kartoffeln).

Tia Deth (Av Castro Alves; Gerichte für 2 Pers. 12,50– 30 US$) Im farbenfrohen Speisesaal unter einem riesigen Baum werden Fisch und Meeresfrüchte im traditionellen und im Bahia-Stil serviert. Es gibt auch billige *pratos feitos* (5 US$).

Anreise & Unterwegs vor Ort

Nach Itacaré gelangt man am besten über Itabuna oder Ilhéus. Von Itabuna (5 US$, 2½ Std., 5.30–20 Uhr stündl.) und Ilhéus (3,50 US$, 1½ Std., 6.20–20.40 Uhr stündl.) fahren Busse nach Itacaré.

Ein stündlich vor dem Busbahnhof abfahrender Bus klappert die Strände südlich der Stadt ab.

ILHÉUS

☎ 0xx73 / 221 900 Ew.

Helle um die Jahrhundertwende errichtete Häuser und merkwürdig gewundene Straßen verleihen Ilhéus ein verspieltes Erscheinungsbild – die perfekte Einladung zum Umherstreifen. Der Ruhm von Ilhéus gründet sich auf seine Geschichte als reicher Kakaohafen und auf die Tatsache, dass Jorge Amado, der bekannteste Schriftsteller Brasiliens, hier geboren wurde. Einer seiner größten Romane spielt in seiner Heimatstadt: *Gabriela, wie Zimt und Nelken*.

Praktische Informationen

Die großen Banken im Zentrum haben Geldautomaten. Die Touristeninformation liegt zwischen Kathedrale und Meer.

Reality Internet (Rua Dom Eduardo; 0,75 US$/Std.)

Sehenswertes & Aktivitäten

Die 1534 errichtete **Igreja de São Jorge** (Praça Rui Barbosa; ☾ Di–So) ist eine der ältesten Kirchen Brasiliens. In der **Casa de Jorge Amado** (Rua Jorge Amado 21; Eintritt 0,50 US$; ☾ Mo–Fr 9–12 & 14–18, Sa

bis 13, So 15–17 Uhr) ist der Schriftsteller aufgewachsen, hier schrieb er auch seinen ersten Roman. Für seine Leser ist das Haus auf jeden Fall interessant.

Der **Eco Parque de Una** (☎ 3633-1121; www.eco parque.org.br; Eintritt 15 US$) liegt 70 km südlich von Ilhéus. In dem Schutzgebiet wächst Atlantischer Regenwald. Es gibt eine lohnenswerte, zweistündige Tour mit Kautschukzapfen, Baumkronenbrücke und Schwimmbecken. Am billigsten ist es, sich direkt anzumelden, aber es gibt auch Touragenturen vor Ort.

Die besten Strände sind im Süden, darunter die **Praia dos Milionários**.

Schlafen

In Pontal – eine kurze Busfahrt vom jenseits der Bucht gelegenen Zentrum entfernt – gibt es mehrere moderne *pousadas*.

Albergue da Ilha (☎ 3231-8938; Rua General Câmara 31; B/DZ 10/30 US$) Die saubere, coole Unterkunft wurde in einem hohen, schmalen alten Gebäude eingerichtet. Pluspunkte gibt's für die phantastische Küche und die Dachterrasse. Es steht ein Schlafsaal mit sechs Betten zur Verfügung.

Pousada Delmar (☎ 3632-8435; mamorim@cepec. gov.br; Rua Castro Alves 322, Pontal; EZ/DZ 15/20 US$; ☒) Ein beliebtes modernes Hotel mit Frühstücksterrasse.

Pousada Brisa do Mar (☎ 3231-2644/8424; Av 2 de Julho 136; EZ/DZ 20/25 US$; ☒) Das moderne Haus wurde zu einer *pousada* umgebaut und ist bedeutend besser als die Hotels im Zentrum. Die Zimmer haben Parkettfußböden, von den vorderen aus blickt man aufs Meer. Die Strecke zum Zentrum ist allerdings heruntergekommen.

Essen & Ausgehen

Larika (am Ende der Av Getúlio Vargas, Pontal; Hamburger & Sandwiches 2 US$; ☾ So–Do 18–1 Uhr, Fr & Sa bis Tagesanbruch) Der beliebte Stand serviert an Tischen draußen mit Meerblick Spezialhamburger und Sandwiches und jede erdenkliche Saftkombination (1 US$).

Barrakítika (Praça Antonio Muniz 39) Der lässige Schuppen mit Freilufttischen liegt in der Biegung einer ruhigen Straße. Donnerstags bis samstags wird Livemusik gespielt.

Sheik (Alto de Oitero) Vom schicken, auf einem Hügel gelegenen Sheik hat man einen tollen Blick. Die Speisekarte vereint typische südamerikanische mit arabischen und japa-

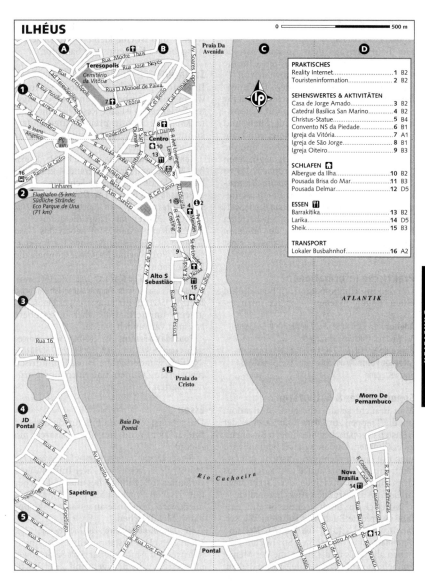

nischen Gerichten. Am späten Abend wird's an der Bar voll.

An- & Weiterreise

Busse fahren nach Itacaré (3,50 US$, 1½ Std., 11-mal tgl.), Valença (11 US$, 5 Std., 2-mal tgl.), Salvador (32–50 US$, 7 Std., 3-mal tgl.), Porto Seguro (15 US$, 6 Std., 4-mal tgl.) und Rio (68–87 US$, 22 Std., 1–7-mal tgl.). Von Itabuna, 30 km weiter landeinwärts, gibt es noch häufiger verkehrende Verbindungen. Busse nach Itabuna fahren vom lokalen Busbahnhof an der Praça Cairu und von außerhalb des Busbahnhofs (1,35 US$, 40 Min.) alle 30 Minuten.

PORTO SEGURO

☎ 0xx73 / 95 700 Ew.

Für Touristen aus dem Ausland hat die Stadt Porto Seguro ihren wahren Charme schon lange verloren – zugunsten von T-Shirt- und Modeschmuckläden. Für brasilianische Familien der Mittelschicht und für Schülergruppen ist sie aber *der* Ort schlechthin, um ein Ferienpaket mit Spaß und Sonne zu genießen. Porto bietet rund um die Uhr eine lebendige Partyszene und die Chance, die außergewöhnlich begnadeten Tänzer aus der Gegend und *capoeiristas* zu sehen – die Künstler, die *capoeira*-Kampfkunst und -Tanz betreiben. Porto ist berühmt, weil hier offiziell die erste Stelle war, an dem die Portugiesen Brasilien betreten haben. Außerdem wurde hier der *lambada* geboren – ein Tanz, so sinnlich, dass er einst verboten war.

Praktische Informationen

Um den Informationsstand am Busbahnhof einen Bogen machen – er ist unzuverlässig.

Adeltur (☎ 3288-1888; Av 22 de Abril 100, Shopping Av) Wechselt Geld und Reisechecks.

Banco do Brasil (Av 22 de Abril) Hat Geldautomaten.

Internet Point (Av dos Navegantes 90;1,50 US$/Std.) Internetzugang.

Sehenswertes & Aktivitäten

Man braucht schon eine gute Motivation, um die Treppen zur **Cidade Histórica,** einer der frühsten europäischen Siedlungen Brasiliens, zu erklimmen. Und hier ist sie: Belohnt wird man mit einer prächtigen Aussicht, mit farbenfrohen alten Gebäuden und Kirchen aus dem frühen 16. Jh. Hinter der Kirche nach *capoeira*-Aufführungen Ausschau halten!

Nördlich der Stadt liegt der Strand, eine lang gestreckte Bucht mit ruhigem Wasser, *barracas* und Clubs. **Toa Toa**, **Axé Moi** und **Barramares** sind die größten Strandclubs. Sie haben alle MCs und Tänzer, die der Menge zu beliebten Tänzen Anleitungen geben. Der schönste Strandabschnitt beginnt nördlich von Toa Toa. Zum Strand kommt man mit einem „Taperapuã"- oder „Rio Doce"-Bus, zurück mit einem „Campinho"- oder „Cabralia"-Bus.

Festivals & Events

Der Karneval von Porto Seguro dauert drei bzw. vier Tage länger als anderswo – bis zum Freitag oder Samstag nach Aschermittwoch – und ist eine kleinere und sicherere Ausgabe des Karnevals von Salvador.

Schlafen

In Porto Seguro gibt es ebenso viele Hotels wie in Salvador, aber während der wichtigsten Ferienzeiten ist eine Reservierung empfehlenswert. Richtig preisgünstige Unterkünfte sind die älteren *pousadas* in der Rua Marechal Deodoro.

Camping Mundaí Praia (☎ 3679-2287; 7,50 US$/ Pers.; 🐾) Gegenüber vom Strand, 4 km nördlich der Stadt. Jede Menge Schatten.

Pousada Casa Grande (☎ 3268-4422; tanaina.bra sileira@terra.com.br; Av dos Navegantes 151; EZ/DZ 10/20 US$) Die zentrale Lage, die guten Zimmer und ein grüner Hof haben das Casa Grande zu der besten *pousada* für Backpacker in Porto gemacht. Gäste können die Küche benutzen.

Pousada Brisa do Mar (☎ 3288-2943/1444; www. brisadomarpousada.com.br; Praça Dr Manoel Ribeiro Coelho 188; EZ/DZ 15/30 US$) Ein langes, enges Haus, das in eine uninteressante, aber blitzsaubere *pousada* verwandelt wurde.

Pousada do Francês (☎ 3288-2429; www.comvene zabrasil.com.br; Av 22 de Abril 180; EZ/DZ 17,50/30 US$; 🐾) Eine wunderschöne Pousada mit frisch renovierten Zimmern und einem üppig grünen Garten.

Essen

Die schönsten Restaurants für den Abend finden sich rund um die Passarela do Álcool.

Bigode Lanche (Av dos Navegantes; Sandwiches 0,75– 3,50 US$; ⏰ bis Tagesanbruch) Zwei Imbisswagen verkaufen tolle Sandwiches und 0,5 l-Becher mit frischen Fruchtsäften (1 US$). Konsumiert wird das Ganze an zusammenklappbaren Metalltischen.

Restaurant do Mineiro (Rua Augusto Borges 102; 3,40 US$/Pers.) Das Restaurant mit kaum nennenswertem Ambiente serviert Salat, soviel man essen will, Beilagen und zwei Portionen Grillfleisch.

Restaurante Expresso Oriente (Av dos Navegantes 670; 8,45 US$/kg) Sushi und einige chinesische Gerichte runden die normalen Gerichte und die reichliche Salatbar ab. Das Essen wird nach Gewicht abgerechnet.

Sambuca Pizzaria (Praça dos Pataxós; Pizzas 7–15 US$) Portos beste Pizzaria ist ein netter Speisesaal abseits von Passarelas wildem Trubel.

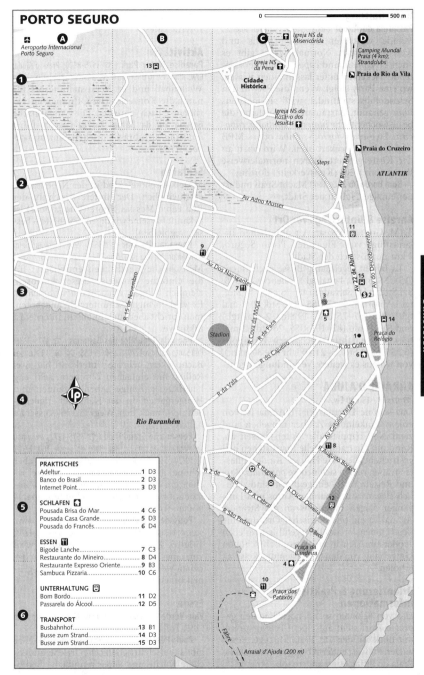

Unterhaltung

Passarela do Álcool (Alkoholweg; ⊙ jeden Abend). Stände verkaufen Fruchtcocktails und Kunsthandwerk. Normalerweise gibt es auch Livemusik und *capoeira*. Umherstreifende Ticketverkäufer lassen einen wissen, wo eine Party steigt. Wenn die Paty in den Strandclubs stattfindet, wird sie meistens *luau* genannt. Barramares veranstaltet die beste wöchentliche *luau* mit *lambada, capoeira*, Live-*axé*, -*forró*, -*samba* oder -MPB und anderen Leckerbissen. Wird oben an der Küste gefeiert, fahren normalerweise Busse vom *trevo* (Kreisverkehr) dorthin.

Bom Bordo (Av 22 de Abril) Macht Spaß und ist der einzige Club in der Stadt.

Anreise & Unterwegs vor Ort

TAM, Gol und Ocean Air unterhalten Inlandsflüge vom Flughafen Porto Seguro, 2 km nordöstlich der Stadt.

Es fahren regelmäßig Busse nach Ilhéus (15 US$, 6 Std., 4-mal tgl.), Valença (23 US$, 8½ Std., tgl.), Salvador (48–76 US$, 11 Std., tgl.), Vitoria (31–45 US$, 10½ Std., 2–3-mal tgl.), Rio (67–75 US$, 19 Std., 2-mal tgl.) und São Paulo (82–105 US$, 26 Std., 2-mal tgl.). Busse fahren auch nach Eunápolis (3,25 US$, 1 Std., 5–21.40 Uhr alle 30 Min.), von wo aus es weitere Verbindungen gibt.

ARRAIAL D'AJUDA

☎ 0xx73 / 13 000 Ew.

Das schöne Dorf Arraial d'Ajuda ist von einem funkelnden Zauber umgeben und zieht Neu-Hippies aller Altersklassen an. Rund um die traditionelle Praça stehen hell gestrichene, besetzte Häuser. An den Pflasterstraßen reihen sich neuere *pousadas*, Bars und Restaurants – einige davon sind ziemlich elegant – aneinander. Autos und Fußgänger folgen ihnen bis an die Strände. Arraial ist ein phantastischer Ort, um eine neue Dimension des Partygefühls zu erleben – oder um sich in einer tropisch schönen Umgebung von den Strapazen der Reise zu erholen.

Orientierung & Praktische Informationen

Das von Schatten spendenden Bäumen geprägte Dorf steht auf einem Felsvorsprung mit Blick auf den Ort Praia Mucugê. Einen kurzen Fußweg entfernt liegen die traumhafte Praia de Pitinga und andere tolle Strände.

Es gibt einen Geldautomat und etliche Internetcafés.

Aktivitäten

Paradise Water Park (☎ 3575-8600; Praia d'Ajuda; Erw./Kind 19/10 US$) hat Wasserrutschen, ein Wellenbad und ist Veranstaltungsort für namhafte Konzerte. Die Öffnungszeit variieren je nach Jahreszeit. Die sympathische **Groupo Sul da Bahia** (Rua da Capoeira) führt *lambada*, afro-brasilianischen Tanz und *capoeira* auf.

Schlafen

Mittelklassehotels sind in der Nebensaison erschwinglich. Der hintere Abschnitt der Rua Fábio Messias Nobre (Rua Jatobar) ist bekannt für seine windigen Geschäfte – besser wegbleiben!

Pousada Alto Mar (☎ 3575-1935; www.jungleim mersion.pro.br; Rua Bela Vista 114; B/EZ/DZ 10/20/25 US$) Menschliche Herzlichkeit entschädigt für die einfache Bauweise dieser kuriosen, ziemlich billigen, einfachen *apartamentos*. Es wird Portugiesischunterricht angeboten, man spricht aber auch Englisch, Internet ist inklusive.

Pousada República das Bananas (☎ 3575-3336; Rua Santo Antonio; EZ/DZ 12,50/25 US$; ⊠ ⌨) Die bei Bachpackern beliebte Unterkunft hat zwei Reihen mit einfachen Zimmern, sehr eng beieinander. Einige haben Veranden und Hängematten. In der Nähe der *capoeira*-Schule – nach den Wegweisern Ausschau halten.

Pousada Le Grand Bleu (☎ 3575-1272; www.pou sadalegrandbleu.com.br; Rua Beco do Jegue 160; EZ/DZ 17,50/20 US$; ⊠ ⌨) Eine abgenutzte, aber schöne, gut gepflegte *pousada* mit viel lackiertem Holz innen und außen. Die Zimmer auf zwei Ebenen haben bunte Zementböden. Jede Menge Pflanzen.

Pousada Manga Rosa (☎ 3575-1252/1423; www. pousadamangarosa.com; Rua Fábio Messias Nobre 172; EZ/DZ 25/30 US$; ⊠) Die erstklassige *pousada* wird von einer netten Familie betrieben, die daneben wohnt. Es gibt einen herrlichen grünen Innenhof.

Essen

Vale Verde (Eingang von der Praia Mucugê; prato feito 5 US$) Tolle Strand-*prato-feito*.

Paulo Pescador (Praça São Braz; Gerichte 6 US$) Hier gibt's typisch brasilianische, frische und leckere Küche und superfreundliche Bedienung als Zugabe (einige sprechen Englisch!). Man kann Fotos von jedem Gericht begutachten.

Restaurante São João (Praça Brigadeiro Eduardo Gomes 41; Gerichte 6 US$; 🕓 open end) Man kann in Arraial nicht mehr Typisches der alten Schule bekommen als in São João – der Eingang führt durch das Wohnzimmer des Besitzers. Phantastische Bahia-Küche.

A Portinha (Rua Manoel C. Santiago; 10 US$/kg) Das wahrscheinlich beste pro-Kilogramm-Restaurant in Brasilien. Hier gibt's Gerichte wie Kürbispüree und im Holzofen gebackene Quiches, dazu eine herrliche Salatbar.

Aipim (Beco do Jegue; Gerichte 8–19 US$) Ein Freiluftrestaurant in tropischem Schick und eleganter Kulisse mit beleuchteter Bar und hipper Lounge, das Ganze unter einem strohgedecktem Dach. Ein Vergnügen, das man sich gönnen sollte.

Unterhaltung

In der Hauptstraße gibt's jede Menge Amüsierbetriebe. *Luaus* finden während der Sommermonate und in den Ferien an der Cabana Grande, der Magnólia (ravig) und am Parracho (touristisch) häufig statt. Nach dem neuesten, heißesten Club für *lambada* und *forró* fragen! D. O. C. ist ein toller geschlossener Club im São-Paulo-Stil.

Beco das Cores (Estrada do Mucugeâ) Eine kleine Galerie mit zauberhaftem Ambiente und Livemusik am Wochenende.

Girasol (Estrada do Mucugeâ) Eignet sich bestens zum People Watching, während man sich auf den bunten Kissen lümmelt oder Billard spielt.

An- & Weiterreise

Zwischen Porto Seguro und Arraial verkehren tagsüber regelmäßig eine Passagier- und eine Autofähre (1 US$ nach Arraial, Rückfahrt kostenlos, 5 Min.) und nach Mitternacht zu jeder vollen Stunde. Vom Pier in Arraial einen Bus oder ein Kombi zum Zentrum nehmen (0,50 US$, 10 Min.). Man kann die 4 km auch zu Fuß gehen, am herrlichen Strand entlang – das ist aber nicht empfehlenswert, wenn der Strand leer ist.

TRANCOSO

☎ 0xx73 / 10 000 Ew.

Eine kunterbunte Mischung aus reichen Brasilianern, internationalen Ravern und alten und jungen Hippies tummelt sich in diesem kleinen tropischen Paradies. Das Dorf liegt auf einem hohen Felsen mit Blick aufs Meer. Der **Quadrado**, eine große viereckige Rasenfläche, auf der nachmittags *futebol* gespielt wird, bildet das Zentrum. Abends scheint sich jeder in den Freiluftrestaurants aufzuhalten, die den Quadrado umgeben – die Stimmung ist dann magisch! Die im Süden direkt an Trancoso grenzenden Strände sind auch herrlich, trotzdem sollte man nicht die berühmte **Praia do Espelho** (20 km südlich) an der Straße nach Caraíva auslassen.

In der Nähe des Quadrado und im Supermercado Nogueira – in der Straße, die in die Stadt führt – gibt es Geldautomaten.

Schlafen & Essen

Die meisten Unterkünfte hier sind teuer. Im Januar und während der Hauptferienzeit sind Reservierungen ein Muss. Viele der teuren Restaurants am Quadrado servieren ein *prato feito* oder *prato executivo* (5 US$), wenn man danach fragt.

Pousada Miramar (☎ 3668-1123/1819; miramartrancoso@hotmail.com; Quadrado; Stellplatz 6,50 US$/Pers.) Campen mit Meerblick.

Pousada Cuba (Rua Cuba; EZ/DZ 12,50/17,50 US$) Die *pousada* gleicht einer Wohnung und auf einem Berg stehen einfache Hütten, die durch Schotterwege miteinander verbunden sind. Den in der Nähe der Pousada Quarto Crescente aufgestellten Wegweisern folgen. Gemeinschaftsküche.

Café Esmeralda Albergue (☎ 3668-1527; cafe esmeralda@portonet.com.br; Quadrado; Zi. 30 US$, ohne Bad 20 US$) Ein kanadisch-argentinisches Pärchen hat etliche einfache Zimmer, einen Kakaobaum und einen Platz hinter ihrem Café mit Hängematten zum Entspannen. Kein Frühstück.

Pousada Quarto Crescente (☎ 3668-1014; www. quartocrescente.net; Rua Itabela; EZ/DZ 30/40 US$; 🖳) Eine sehr hübsche Unterkunft mit Schatten spendenden Bäumen rund um einen großen Garten, einer gut bestückten Bibliothek (Büchertausch!), gemütlichen Zimmern und einem ausgezeichneten Frühstück. Einen kurzen Fußweg vom Quadrado entfernt.

Du Blè Noir (Rua do Telégrafo 300; Crêpes ca. 3 US$) Der Schokoladen- und Bananencrêpes dieser Crêpe-Bude in einer kleinen Galleria in der Nähe des Quadrado ist legendär. Es gibt auch pikante Crêpes.

A Portinha (Quadrado;10 US$/kg) Dieses Buffetrestaurant verwöhnt seine Gäste mit einer reichhaltigen Auswahl an ausgezeichneten frischen Gerichten und mit Sitzplätzen unter einem hohen Baum.

Silvana & Cia (Quadrado; Gerichte für 2 Pers. 20–45 US$) Die ortsansässige Familie serviert leckere typische Fleischgerichte und Gerichte aus Bahia an Tischen, die unter einem gigantischen *amendoeira*-Baum stehen.

An- & Weiterreise

Bei Ebbe ist der 13 km lange Spaziergang entlang des Strandes von Arraial d'Ajuda wundervoll. Vom Pier in Arraial d'Ajuda und vom Zentrum fahren stündlich Busse (2,50 US$, 50 Min.) von 7.15 bis 20 Uhr, zurück von 6 bis 20 Uhr. Zwischen Trancoso und Porto Seguro verkehren täglich zwei Busse (3 US$, 2 Std.).

CARAÍVA

☎ 0xx73 / 6440 Ew.

Im abgelegenen, schönen Dorf Caraíva gibt's weder Strom noch Autos oder Banken und anständige Telefonverbindungen. Das zieht viele alternativ angehauchte Menschen an, die sich nach einem ruhigen Leben sehnen. Das sandige Fleckchen liegt zwischen einem mangrovengesäumten Fluss und einem lang gestreckten Strand mit wogender Brandung. Laute Generatoren erzeugen freitagnachts Strom und halten so den *forró* am Leben. In der Nebensaison ist in Caraíva alles geschlossen.

Bootsausflüge den Fluss hinauf, Reitausflüge oder Wanderungen zu einem Dorf von Pataxó-Indianern und Ausflüge zum Parque Nacional de Monte Pascoal können problemlos organisiert werden. Eine 14 km lange Wanderung in Richtung Norden (oder mit dem Bus) bringt einen zur berühmten **Praia do Espelho**.

Erst die Dunkelheit enthüllt den wahren Zauber Caraívas, deshalb sollte man unbedingt über Nacht bleiben. Die **Casa da Praia** (☎ 9111-4737; www.caraiva.net/casasdapraia/; EZ/DZ 15/30 US$) und die **Pousada Raiz Forte** (☎ 9991-7391; EZ/DZ 12,50/25 US$) vermieten einfache Zimmer. Moskitonetze sind notwendig. Im Cantinho da Duca gibt es ein ausgezeichnetes vegetarisches *prato feito*.

Busse nach Caraíva starten im Zentrum und am Hafen von Arraial d'Ajuda (5,75 US$, 2½ Std., 2–3-mal tgl.) sowie in

Trancoso (5 US$, 2 Std., 2–3-mal tgl.). Von Itabela aus hat man in Richtung Süden und Norden bessere Verbindungen (4 US$, 2 Std., 2-mal tgl.).

ARACAJU

☎ 0xx79 / 461 000 Ew.

Das Zentrum der entspannten, einigermaßen schönen Stadt ist von Fußgängerzonen geprägt und entsprechend langsam.

Praktische Informationen

Die großen Banken haben Geldautomaten. **Bureau de Informações Turisticas** (☎ 3214-8848; Praça Olímpio Campos) Hier gibt es kostenlose Stadtpläne. **Timer Web Café** (Praça Olimpio Campos 700; 1,50 US$/ Std.; ❏) Internet bis in die Nacht.

Sehenswertes & Aktivitäten

Im **Oceanário** (Aquarium; Av Santos Dumont, Praia de Atalaia; Eintritt 3 US$; ☼ 14–20 Uhr) des Projeto TAMAR schwimmen Meeresschildkröten, Rochen und Aale. Seichtes, schlammiges Wasser schwappt an die zugebauten Strände der Stadt – die **Praia Atalaia Nova** auf der Ilha de Santa Luzia ist schöner.

Aracaju ist zwar kein Touristenmagnet, aber trotzdem ganz nett. Noch interessanter sind Trips ins verschlafene **Laranjeiras** (23 km) und nach **São Cristóvão** (29 km), die kolonialen Juwelen von Sergipe.

Schlafen

Hotel Amado (☎ 3211-9937; www.infonet.con.br/hotel amado; Rua Laranjeiras 532, Centro; EZ/DZ 15/25 US$; ❏) Das Amado ist die beste Budgetunterkunft im Zentrum. Die *pousada* in einem alten umgebauten Haus hat abgenutzte, aber saubere Zimmer. Sehr gute Lage.

Pousada Mirante das Águas (☎ 3255-2610; www. mirantedasaguas.com.br; Rua Delmiro Golveia 711, Atalaia; EZ/DZ 20/25 US$; ❏) Die *pousada* vermietet komfortable Zimmer und es gibt einen ausgeklügelten Aufenthaltsbereich mit Spielen. Nur zwei Blocks vom Meer entfernt. Die Belegschaft spricht Englisch.

Essen

Restaurants und Nachtleben konzentrieren sich in den Vierteln am Strand, die man als *orla* (Ufer) bezeichnet.

Bon Apetite (Rua João Pessoa 71175, Centro; 7,50 US$/ kg) Das aufwendige Buffet des bei Arbeitern beliebten Lokals bietet eine große Auswahl.

O Miguel (Av Antônio Alves 340, Atalaia Velha; Carne do sol f. 2 Pers. 12,50 US$) Hier gibt's Spezialitäten aus dem Nordosten, etwa *carne do sol* (sonnengetrocknetes Rindfleisch).

New Hakata (Av Beira Mar; Mi 15 US$/Pers.; ☒) Das große japanische Restaurant hat jeden Mittwoch ein hervorragendes All-you-can-eat-Buffet mit Livejazz.

Anreise & Unterwegs vor Ort

BRA, Gol, Ocean Air und TAM bieten Inlandsflüge ab Aracaju.

Die Rodoviária Nova (Neuer Busbahnhof) liegt 4 km östlich vom Zentrum. Von hier fahren häufig Busse nach Maceió (10–16 US$, 4 Std., 4-mal tgl.), Penedo (8 US$, 3 Std., tgl.), Recife (26 US$, 23 Std., tgl.) und Salvador (17–25 US$, 4½ Std., 10-mal tgl.). Stadt- und Vorortbusse starten an der **Rodoviária Velha** (Alter Busbahnhof; Av Divina Pastora, Centro).

PENEDO

☎ 0xx82 / 56 750 Ew.

Die Kolonialstadt Penedo liegt an einem Fluss. Hier stehen viele schöne Gebäude aus dem 17. und 18. Jh., darunter viele Kirchen. Zu den Attraktionen zählen eine Flussfahrt auf dem oft jadefarbenen Rio São Francisco und die belebten Märkte der Innenstadt, die sich besonders an Samstagen gut füllen.

Praktische Informationen

Am Flussufer stehen Geldautomaten der großen Banken.

Touristeninformationen (☎ 3551-2727; Praça Barão de Penedo) Neben Stadtplänen gibt es hier einstündige Stadtspaziergänge (nur auf Portugiesisch).

Sehenswertes & Aktivitäten

Ausflüge auf dem Fluss zu Sanddünen an der Flussmündung (10–15 US$, 2½ Std.), vorbei an schwimmenden Inseln und Häusern am Fluss, starten von Piaçabuçu (28 km flussabwärts). Abfahrt ist mindestens einmal täglich um 9 Uhr (min. 4 Pers.). Kürzere Fahrten bieten die Fähren (0,75 US$) nach Neópolis – einer weiteren Kolonialstadt – oder nach Carrapicho (Santana do São Francisco): Das Dorf in der Nähe ist für seine Keramiken bekannt.

Schlafen & Essen

Pousada Estilo (☎ 3551-2465; Praça Jácome Calheiros 79; 12,50/25 US$) Eine Familie aus dem Ort vermietet einfache, saubere *apartamentos* in ihrem Haus an einem kolonialzeitlichen Platz. Die Zimmer im zweiten Stock sind luftig und schöner als die in ihrer *pousada*, die näher am Fluss liegt.

Pousada Colonial (☎ 3551-2355; Praça 12 de Abril 21; EZ & DZ 40 US$; ☒) Das restaurierte, am Fluss gelegene Kolonialhaus hat einfache, saubere Zimmer mit Holzfußböden und antikem Mobiliar – einige mit Blick auf den Fluss.

Esquina Imperial (Av Floriano Peixoto 61; Mittagessen 6 US$/kg) Einfache Unterkunft mit Mittagsbuffet. Abends gibt es Sandwiches und Suppe.

Forte da Rocheira (Rua da Rocheira 2; Gerichte 12–15 US$) Die neue Unterkunft an der Außenwand einer Festung aus dem 17. Jh. und die Aussicht auf den Fluss machen die langweiligen Fleisch- und Fischgerichte wett.

An- & Weiterreise

Nach Maceió (7,50 US$) nimmt man den *pinga* BR-101 (4 Std., 1-mal tgl.), den *expresso litoral* (Küstenexpress; 2½ Std., 2-mal tgl.) oder den *pinga litoral* (Küstenstraße; 4 Std., 4-mal tgl.). Auf der *pinga-litoral*-Strecke ist die wunderschöne Küstenlandschaft am beeindruckendsten. Nach Aracaju (6,75 US$, 3 Std.) und Salvador (23,50 US$, 9 Std.) fährt täglich nur ein Bus. *Topiques* (Minibusse) nach Maceió, Piaçabuçu und Aracaju fahren regelmäßig (Mo–Sa ca. 5–16.30 Uhr, So seltener) in der Nähe des Busbahnhofs ab.

MACEIÓ

☎ 0xx82 / 796 840 Ew.

Maceió ist eine moderne Stadt mit einladenden Restaurants und einem aktiven Nachtleben. Doch das wahre Highlight ist ihre schöne Lage direkt am Strand. Das leuchtend grüne Wasser umspült die Strände, an denen bunt bemalte *jangadas* (traditionelle Segelboote) liegen. Die Einheimischen gehen abends zwischen den strohgedeckten Restaurants und von Palmen beschatteten *futebol*-Feldern spazieren. Die nur eine Stunde entfernte **Praia do Gunga** verkörpert die Tropen perfekt und ist allein schon die Reise nach Maceió wert. Das größte Fest der Stadt, das Maceió-Fest, ein Karneval im Stil von Salvador, der allerdings außerhalb der Saison in der zweiten Dezemberwoche stattfindet.

Praktische Informationen

Aeroturismo (Centro ☎ 3326-2020/2500; Rua Barão do Penedo 61; Shopping Iguatemi ☎ 3357-1184; ☼ Mo–Sa 10–21.30, So 15–21.30 Uhr) Wechselt Reisechecks.

Alsetures (☎ 3315-1603; Av Dr Antônio Gouveia 1143, Pajuçara) Touristeninformation mit sehr jungen Angestellten.

Banco do Brasil (Centro Rua João Pessoa; Ponta Verde Av Alvaro Otacílio 2963) Hat Geldautomaten im Hafenviertel Pajuçara.

Monkey internet (Av Eng Mario de Gusmão 513, Ponta Verde; 1,50 US$/Std.; ☼) Schnelle Internetverbindungen bis in die Nacht.

Sehenswertes & Aktivitäten

Das **Museu Théo Brandão** (Av da Paz 1490; Eintritt 1 US$; ☼ Di–Fr 9–17, Sa & So 14–17 Uhr) zeigt hochwertige Alagoan-Volkskunst, darunter Kopfschmuck, der bis zu 35 kg wiegt. Donnerstags werden zwischen 20 und 22 Uhr im Hof kostenlose Folklore-Vorführungen veranstaltet.

Die **Praia de Ponta Verde** und **Jatiúca** sind nette Stadtstrände mit ruhigem Meer. Die **Praia do Francês** (24 km) ist ein schöner Strand mit jeder Menge Bars – das wichtigste Ziel für Wochenendausflügler aus Maceió, weshalb es auch reichlich *pousadas* gibt. Die unglaublich idyllische **Praia do Gunga** liegt an einem Flussufer gegenüber von Barra de São Miguel (34 km) – vor 9 Uhr kommt man am leichtesten und billigsten hin.

Jangadas segeln von der Praia de Pajuçara 2 km hinaus zu aus Riff geformten Naturbecken (6,50 US$). Allerdings sind diese Trips etwas überlaufen.

Schlafen

Pajuçara am Strand ist bedeutend ruhiger als das Stadtzentrum.

Maceió Hotel (☎ 3326-1975; Rua Dr Pontes de Miranda 146; EZ/DZ 5/10 US$) Alle Zimmer sind sauber und einfach, die im Obergeschoss haben Fenster.

Mar Amar (☎ 3231-1551; Rua Dr Antônio Pedro de Mendonça 343, Pajuçara; EZ/DZ 10/20 US$; ☼) Die Unterkunft ist etwas abgetakelt, aber die kleinen Zimmer mit zusammengewürfeltem Mobiliar sind sauber.

Albergue Algamar (☎ 3231-2246; Rua Pref Abdon Arroxelas 327, Ponta Verde; B/EZ/DZ 16/30/30 US$; ☼)

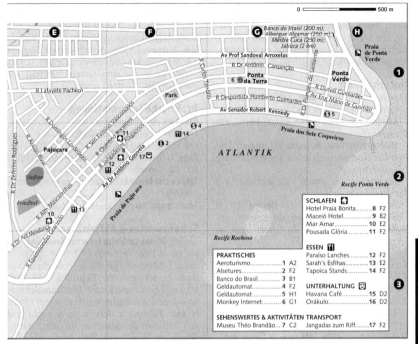

Das große Haus wurde in eine Herberge mit großer Veranda und Fernsehzimmer verwandelt. Die separaten Zimmer sind überteuert.

Pousada Glória (☎ 3337-2348; Rua Jangadeiros 1119, Pajuçara; EZ/DZ 20/25 US$; ❄) Die großen Zimmer werden von den Besitzern der Bäckerei darunter vermietet. Freundlichkeit und gute Qualität machen das Glória zur besten Budgetunterkunft.

Hotel Praia Bonita (☎ 2121-3700; www.praiabonita.com.br; Av Dr Antônio Gouveia 943; EZ/DZ 40/45 US$; ❄) Das Praia Bonita ist ein attraktives, zweistöckiges Hotel am Strand mit angenehmem Design und stilvollen Werken einheimischer Künstler.

Essen

In Pajuçara, Ponta Verde und Jatiúca drängen sich unzählige Restaurants am Meer – die in Jatiúca sind die besten. Viele Stände am Strand bereiten *beiju de tapioca* (1– 2 US$) zu: Maniokmehl wird so lange erhitzt, bis es fest wird, dann wird es gefaltet und pikant oder süß gefüllt – superlecker.

Wenn die Einheimischen preiswerte Fischgerichte essen wollen, gehen sie in eines der einfachen Restaurants von Massagueira (10 km südlich), einem Fischerdorf am Südufer des Lagoa Mundaú.

Paraíso Lanches (Av Dr Antônio Gouveia 877, Pajuçara) Das einfache Café serviert innovative Sandwiches von Soja bis Hamburger (1,75– 4,25 US$), Salate (2,50–5,25 US$), leckere Vollkornpfannkuchen (2,25–4,50 US$), *açaí* und eine riesige Auswahl frischer Fruchtsäfte.

Sarah's Esfiha's (Rua Dr Lessa de Azevedo 59, Pajuçara; Esfihas 0,75US$) Sarah's ist ein einfaches Nahost-Restaurant, das individuelle *esfihas* (lockeres, belegtes oder gefülltes Brot), Hummus, Tabouleh u. s. w. auftischt.

Mestre Cuca (Av Dep José Lages 453, Ponta Verde; 8 US$/kg) Das Lokal ist zwar einfach, aber die Auswahl ist toll – auch jede Menge Salate.

Divina Gula (Rua Eng Paulo B Nogueira 85, Jatiúca; Hauptgerichte 6–11 US$) Die beliebte Institution von Maceió hat sich auf Gerichte aus Minas Gerais und dem Nordosten spezialisiert und bietet 50 Sorten *cachaça* an.

Massarella (Rua José Pontes Magalhães 271, Jatiúca; Hauptgerichte 6–12 US$; 😎) Wer selbstgemachte Pasta und Steinofenpizza mag, ist hier richtig. Die Deko besteht aus Käse und Tellern, die von der Decke hängen und eine authentische Atmosphäre schaffen.

Unterhaltung

Das Nachtleben tanzt in Stella Maris. Die folgenden drei Clubs sind immer voll.

Lampião (Av Álvaro Otacílio, Jatiúca) *Forró* am Strand.

Orákulo (Rua Barão de Jaraguá 717, Jaraguá) Die beliebte Kneipe spielt jeden Tag eine andere Musikrichtung.

Aquarela (Av Juca Sampaio 1785, Jacintinho) Live *forró* und *pagode*.

Schwulenkneipen wie das **Havana Café** (Av Com Leão 85, Jaraguá) ziehen doch eher gemischtes Publikum an. Zu finden sind sie in der Nähe vom Orákulo.

An- & Weiterreise

BRA, Gol, Ocean Air und TAM unterhalten Inlandsflüge ab Maceió. Der Flughafen liegt 25 km nördlich vom Zentrum.

Der Busbahnhof befindet sich 6 km nördlich vom Stadtzentrum. Es gibt Busse nach Recife (14–21 US$, 3½ Std., 14-mal tgl.), Penedo (7,50 US$; *expresso litoral*, 2½ Std., 2-mal tgl.; *pinga litoral*, 4 Std., 4-mal tgl.; *pinga BR-101*, 4 Std., 1-mal tgl.), Aracaju (13–16 US$, 4 Std., 4-mal tgl.) und Salvador (26–37 US$, 9 Std., 4-mal tgl.).

RECIFE

☎ 0xx81 / 2,9 Mio. Ew.

Recife ist nach Salvador die zweitwichtigste Stadt im Nordosten und eines der kulturellen Zentren Brasiliens. Es ist auch ein wichtiger Hafen und hat gute städtische Strukturen, investiert aber leider wenig in den Tourismus. Wer zum ersten Mal die Hochhäuser sieht und die stinkenden Kanäle riecht, wird enttäuscht sein. Wer aber beharrlich bleibt und abends öfters ausgeht, lernt die Tänze, die Rhythmen und das Nachtleben kennen, für das Recife berühmt ist. Man kann Recife auch von der Zwillingsstadt Olinda aus erkunden, die alle Traveller netter finden.

Orientierung

Die Innenstadt von Recife umfasst Boa Vista und Santo Antônio jenseits des Rio Capibaribe. Beide Stadtteile sind tagsüber belebt, nachts und sonntags dafür ausgestorben. Auf der Ilha do Recife befindet sich das ruhige historische Viertel Antigo. Boa Viagem ist eine wohlhabende Gegend am Strand 6 km südlich vom Zentrum. Der Strand ist hier in drei Zonen unterteilt, die man *jardins* (Gärten) nennt.

Praktische Informationen

Bradesco (Av Guararapes, Boa Vista)

Empetur Flughafen (☎ 3462-4960); Recife Antigo (☎ 3224-2361; Rua Bom Jesus 197); TIP (☎ 3452-2824)

Pl@y (Av Conselheiro Aguiar 2964, Boa Viagem; 2,50 US$/Std.; 😎) Gegenüber der Albergue Maracatus.

Tele Centro Internet (Av Conde da Boa Vista 56, Centro; 2 US$/Std.)

Touristenpolizei (☎ 3326-9603; Flughafen)

Sehenswertes & Aktivitäten

In der **Oficina Cerâmica Francisco Brennand** (Várzea; Eintritt 2 US$; ⌚ Mo–Do 8–17, Fr–16 Uhr) sieht man Schlangen, gewölbte Pobacken, aus dem Ei schlüpfende Reptilien und zum Himmel gerichtete Kiefer. Der Künstler verwandelte die stillgelegte Fabrik seiner Eltern in eine Fabrik für dekorative Kacheln und ein umfassendes Museum für seine merkwürdigen Skulpturen. Ein Ausflug in den grünen Vorort ist ein Highlight – deshalb sollte man ihn unbedingt mit einem Picknick auf den großen Anlagen verbinden. Man kommt zum Museum mit dem Bus UR7-Várzea ab der Hauptpost in der Av Guararapes, indem man einfach bis zur Endhaltestelle sitzenbleibt (35 Minuten). Dort sollte man ein Taxi nehmen (3 US$), weil der mehrere Kilometer lange Fußweg nicht sicher ist.

Das **Museu do Homem do Nordeste** (Av 17 de Agosto 2187, Casa Forte) war zum Zeitpunkt der Recherche wegen Renovierungsarbeiten geschlossen. Bei Empetur erkundigen, ob das hervorragende Völkerkundemuseum wieder offen ist!

Zu den Highlights der Altstadt zählt die **Igreja da Ordem Terceira de São Francisco** (Rua Imperador Pedro II; ⌚ Mo–Fr 8–11 & 14–17, Sa 8–11.30 Uhr) aus dem 17. Jh. Ihre Capela Dourada (Goldene Kapelle) ist eines der schönsten Beispiele des brasilianischen Barocks.

Einheimische gehen an der Praia Boa Viagem selten ins Wasser – sauberer sind die Strände im Süden, etwa **Praia Pedra do Xaréu** (20 km) oder **Praia Calhetas** (23 km).

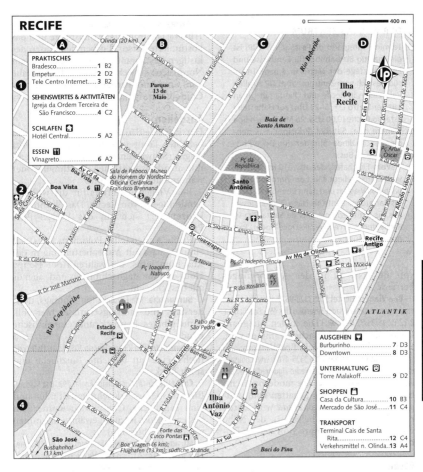

Festivals & Events
Karneval In Recife wird der Karneval besonders farbenfroh und volkstümlich gefeiert. Die Proben und Partys in den Vormonaten vermitteln bereits einen guten Eindruck vom eigentlichen Fest. Karnevalgruppen und Zuschauer hüllen sich in raffinierte Kostüme, beispielsweise in das eines *maracatu* (Krieger mit riesiger Kopfbedeckung und Blume im Mund), *caboclo* (Mischung aus afrikanischen und einheimischen Elementen), eines Königs aus der Kolonialzeit, eines Harlequin, eines Stiers oder eines *frevo* (ein Oberteil aus Getreide mit gekräuselten Ärmeln für beide Geschlechter, dazu gehört ein kleiner Schirm). Die Stadt tanzt tagelang zu frenetischem *frevo* und afrikanisch beeinflusstem *maracatu*. Das Geschehen konzentriert sich im Centro und in Recife Antigo. Die Sicherheitshinweise von S. 391 gelten auch hier.

Recifolia ist ein Karneval außerhalb der Saison im Stile Salvadors in der letzten Oktoberwoche.

Schlafen
Boa Viagem ist besser als das Centro.

Hotel Central (☎ /Fax 3222-4001; EZ/DZ 11/19 US$) Helle Zimmer mit hohen Decken machen das ehemals noble Hotel aus den 1930er-Jahren, das in einer von Bäumen beschatteten Straße steht, zu einer klasse Budgetunterkunft.

Albergue Maracatus do Recife (☎ 3326-1221; www.geocities.com/alberguemaracatus; Rua Maria Carolina 185, Boa Viagem; B/EZ/DZ 12,50/12,50/25 US$;) Unterkunft in einem schicken Haus aus den 1970er-Jahren mit luftigen Schlafsälen und unkonventioneller Beleuchtung. Zum Preis kommt eine einmalige Gebühr für die Bettwäsche (1,75 US$). Gäste können die Küche benutzen. In der Nähe der Haltestelle

DER WEG INS ZENTRUM

Terminal Integrado de Passageiros (TIP) ist gleichzeitig Busbahnhof für Fernbusse und Endhaltestelle der Metro und liegt 14 km südwestlich vom Zentrum. Vom TIP zu allen Reisezielen in Recife und Olinda fährt man mit der Metro (5–23 Uhr) zur Haltestelle Estação Recife (0,60 US$, 25 Min.). Nach Boa Viagem den „Setubal (Príncipe)"-Bus nehmen, nach Olinda fährt der „Rio Doce/Princesa Isabel"-Bus.

Vom Flughafen, der etwa 10 km südlich vom Zentrum liegt, fährt der Aeroporto Bus nach Boa Viagem und dann über die Av Dantas Barreto ins Zentrum. Nach Olinda diesen Bus bis zum Terminal Cais de Santa Rita in Recife und dann einen „Rio Doce"- oder „Pau Amarelo"-Bus nehmen.

von Bus Nr. 10 in der Av Domingos Ferreira.

Boa Viagem Hostel (☎ 3326-9572; www.hostelboa viagem.com.br; Rua Aviador Severiano Lins 455, Boa Viagem; B/EZ/DZ 15/32/32 US$; 🖳) Die coolen Außenanlagen machen die einfachen Zimmer wett. In der Nähe vom Colégio Boa Viagem.

Pousada Casuarinas (☎ 3325-4708; www.pousada casuarinas.com.br; Rua Antônio Pedro Figueiredo 151, Boa Viagem; EZ/DZ 30/41 US$; 🖳) Die moderne Architektur der ruhigen, im Schatten von Mangobäumen stehenden *pousada* wird durch reichlich Volkskunst belebt. In der Nähe vom Supermarkt Bompreço in der Av Domingos Ferreira.

Essen

Die Restaurants von Boa Viagem, die sich außerhalb von Polo Pina befinden (s. unten), sind sehr verstreut. Wer im Centro zu Abend essen will, sollte es in Recife Antigo oder im Pátio de São Pedro probieren, ein süßer kolonialer Innenhof.

Sucão (Rua dos Navegantes 783, Boa Viagem; 2,75–6 US$) Zum Sandwich, Quiche oder Salat unbedingt einen der 100 verschiedenen frischen Obstsäfte probieren! In der Nähe von Recife Palace.

Vinagreto (Rua do Hospício 203, Centro; 8,50 US$/kg; 🖳) Tolles Mittagsbuffet.

Sabor de Beijo (Av Conselheiro Aguiar 2994, Boa Viagem; 9 US$/kg; 🖳) Beliebter Süßigkeitenladen mit ziemlich ausgefallenem Mittagsbuffet. In der Nähe der Albergue Maracatus.

Parraxaxá (Rua Baltazar Pereira 32, Boa Viagem; 11 US$/kg) Die fröhliche Atmosphäre und das kostümierte Personal geben dem Essen des lustigen Restaurants (Motto: Alles aus dem Nordosten) die richtige Würze. In der Nähe von Conjunto Pernambucano in der Av Conselheiro Aguiar.

Ausgehen

Der Patio de São Pedro im Centro ist ein beliebter Treffpunkt, besonders am Terça Negra (Schwarzen Dienstag), einer Nacht mit afro-brasilianischen Rhythmen, oder während der Happy Hour.

Boa Viagem ist etwas für die wohlhabende Jugend von Recife. Das Nachtleben konzentriert sich auf das Viertel Polo Pina.

Recife Antigo (alias Polo Bom Jesus) hat ein paar Bars mit Außenbestuhlung in der Rua Bom Jesus, die während der Happy Hour und sonntagnachmittags und -abends gut besucht sind.

Burburinho (Rua Tomzinha 106) Montags, donnerstags und samstags wird es hier voll, dann gibt es Poprock und einheimische Bands.

Downtown (Rua Vigário Tenório 105) Hat Billardtische, eine gut besuchte Tanzfläche und spielt Rock.

Conselheiro (Av Conselheiro Aguiar 793, Boa Viagem) Bietet beides, eine Kneipe mit Stühlen und eine Tanzfläche. Conselheiro wurde zum besten Flirtort Recifes gewählt (zusammen mit dem Burburinho).

Musique (Rua Tenente João Cícero 202, Boa Viagem) Hat gute DJs. Alternativ kann man nebenan bei A Casa einen trinken gehen.

Boratcho (Av Herculano Bandeira 513, Polo Pina, Boa Viagem) Groovy Tanzclub, in dem häufig Recifes eigener *mangue beat* (modernisierter *maracatú*) gespielt wird.

Sala de Reboco (Rua Gregório Junior 264, Cordeiro) Der Ort für *forró*.

Unterhaltung

Pernambuco Cultural (☎ 3268-9299; www.agendaper nambucocultural.com.br) Bietet ausgezeichnete kulturelle Shows, die Pernambucos große Bandbreite an Musik und Tanz zeigen. Wenn Maracatu Nação Pernambuco oder Toque Leoa (reine Frauenbands) auftreten, sollte man auf alle Fälle hingehen. Der Veranstaltungsort ist oft Torre Malakoff (Rua do Bom Jesus, Recife Antigo).

Shoppen

Pernambucos traditionelles Kunsthandwerk (Keramikfiguren, Holzskulpturen und Lederwaren) gibt es hier:

Casa da Cultura (Mo–Sa 9–18 Uhr, So 9–14 Uhr) Befindet sich in einem Gefängnis aus der Kolonialzeit, das bis 1979 in Betrieb war. Oft finden hier freitags um etwa 15 Uhr Kulturveranstaltungen statt.

Mercado do São José (Mo–Sa 6–17.30, So bis 12 Uhr) Lohnenswerter Markt.

Anreise & Unterwegs vor Ort

BRA, Gol, TAM und Ocean Air bieten vom Flughafen in Recife, der 10 km südlich des Zentrums liegt, Inlandsflüge an. TAP verbindet Recife mit Europa.

Bustickets bekommt man bei den Verkaufstellen in der Stadt oder man kann sie telefonisch beim Busticketlieferservice **Disk Rodoviária** (☎ 3452-3990) bestellen. Busse fahren nach João Pessoa (9 US$, 2 Std., 5–19 Uhr stündl.), Natal (16 US$, 4½ Std., 9-mal tgl.), Fortaleza (43–76 US$, 12 Std., 3-mal tgl.), Maceió (13–20 US$, 4 Std., 12–14-mal tgl.), Salvador (40–50 US$, 11–12 Std., 2-mal tgl.) und Rio (123–134 US$, 42 Std., 3-mal tgl.).

Vom Zentrum nach Boa Viagem kann man jeden Bus nehmen, der mit „Aeroporto", „Shopping Center", „Candeias" oder „Piedade" gekennzeichnet ist und in der Av NS do Carmo losfährt. Zurück geht's mit jedem „Dantas Barreto"-Bus.

OLINDA

☎ 0xx81 / 360 000 Ew.

Olinda ist schon irgendwie das kulturelle Gegenstück von Recife: eine lebendige Stadt mit Künstlervierteln, Kunstgalerien, Straßenmusik, in der immer irgendwo ein Fest stattfindet. Vom historischen Zentrum mit seinen ruhigen Straßen, den pastellfarbenen Häusern und den vielen Kirchen hat man Ausblick aufs Meer. Die Stadt gehört zu den am besten erhaltenen Kolonialstädten Brasiliens und ist zusammen mit Recife eines der wichtigsten Kulturzentren. Und obwohl Olinda ein touristisches Reiseziel ist, hat die Stadt ihren Charme bewahrt, ist sympathisch und kleinstädtisch.

Praktische Informationen

Größere Banken befinden sich nordöstlich der Praça do Carmo, wo die Av Marcos Freire in die Av Getúlio Vargas übergeht. Jedes *kombi*, das in diese Richtung fährt, setzt einen vor der Tür ab.

Olinda Net Café (Praça do Carmo 5-B; 2,50 US$/Std.)

Olind@net.com (Rua do Sol; 1,50 US$/Std.)

Touristeninformation (☎ 3305-1048; Praça do Carmo 100) Kostenlose Führer erhältlich.

Gefahren & Ärgernisse

Kriminalität (meistens kleinere Delikte) gibt es auch in Olinda. Man sollte nicht alleine verlassene Straßen entlanglaufen oder nachts Wertsachen bei sich haben. Die Stadtverwaltung empfiehlt, nur ihre kostenlosen autorisierten Führer zu nehmen (haben gelbe T-Shirts an). Sonst kann es zu heiklen Situationen kommen, wenn Unstimmigkeiten bei der Bezahlung auftreten.

Sehenswertes & Aktivitäten

Die steilen Straßen des historischen Zentrums geben ganz von selbst einen Stadtspaziergang vor. Beim Spaziergang sollte man auf die bunten Graffitis mit volkstümlichen Themen achten.

Im **Museu do Mamulengo** (Rua do Amparo 59) sind hölzerne Handpuppen zu besichtigen, die für den Nordosten typisch sind. Die **Casa dos Bonecos Gigantes** (Rua do Amparo 45) zeigt gigantische Karnevalpuppen aus Pappmaché, die bis zu 13 kg wiegen. Beide waren zum Zeitpunkt der Recherche wegen Renovierung geschlossen.

In der *capoeira*-Schule **Angola Mãe** (Rua Ilma Cunha 243) können Gäste Unterricht nehmen oder sonntags um 18 Uhr eine *roda* (Kreis) anschauen. Man sollte sich respektvoll zeigen und ohne Führer kommen. Die Schule ist zu erkennen an einem Metalltor mit Zebramuster. Im **Alto da Sé** kann man Sonntags gegen 16 Uhr *capoeira* und einheimische Tänze sehen.

Kirchen sind von 8 bis 11.30 und 13.30 bis 17 Uhr für Besucher geöffnet. Im **Mosteiro de São Bento** (Rua São Bento) von 1582 befindet sich ein außergewöhnlicher geschnitzter und vergoldeter Hauptaltar, der sogar Atheisten beeindruckt. Während der Sonntagsmesse um 10.30 Uhr gibt es gregorianische Gesänge.

Auch wenn es im **Museu de Arte Contemporânea** (Rua 13 de Maio; Eintritt 0,35 US$; Di–Fr 9–12 & 14–17 Uhr, Sa & So 14–17 Uhr) sehr gute Ausstellungen gibt, ist seine Vergangenheit als Inquisitionsgefängnis im 18. Jh. noch faszinierender. Die Zellen befanden sich im Ober-

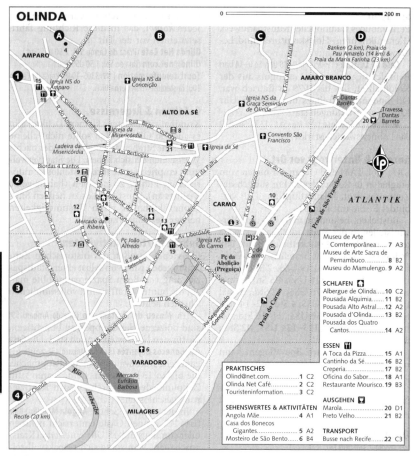

geschoss – man achte auf das Loch im Boden zum Keller (eine Toilette) und die unheilvollen schweren Holztüren.

Das **Museu de Arte Sacra de Pernambuco** (Rua Bispo Coutinho; Eintritt 0,35 US$; Mo-Fr 9–13 Uhr) zeigt volkstümliche Christus- und traditionelle Sakralbilder.

Regionalbusse fahren von der Praça do Carmo zu den nördlichen Stränden **Praia do Pau Amarelo** (14 km) und **Praia da Maria Farinha** (23 km), an denen das Meer ruhig ist. Die Einheimischen gehen lieber an die Südküste.

Festivals & Events

Vom Karneval bekommt man an Wochenenden (besonders sonntagnachts) in den Vormonaten schon einen guten Eindruck. Dann üben *blocos* in den Straßen und im historischen Zentrum. Die Feststimmung erwacht in Olinda schon am Freitag nach Karneval wieder und am 11. März wird der Geburtstag der Stadt gefeiert.

Karneval Traditionell und farbenfroh, außerdem viel intimer und sicherer als in der Großstadt. Schnelle und frenetische *frevo*-Musik gibt den Rhythmus vor, zu dem die schweren Trommeln des *maracatu* ein Gegengewicht bilden. Kostümierte *blocos* und Zuschauer tanzen beim geselligen, verspielten und unzüchtigen Fest in den Straßen. Auch hier gelten die Sicherheitshinweise von S. 391.

Festival de Folclore Nordestino Ende August gibt es Tanz, Musik und Folklore aus dem Nordesten. Sehr zu empfehlen.

Schlafen

Zum Karneval sollte man lange im Voraus buchen, obwohl es billiger ist, gleich eine Wohnung oder ein Haus zu mieten.

Pousada d'Olinda (☎ 3494-2559; www.pousadadolinda.com.br; Praça João Alfredo 178; B 12,50 US$; EZ/DZ 25/35 US$; 🛉 🐜) Man hat die Wahl zwischen einem Schlafsaal mit zwölf Betten und Straßenlärm oder einer Art Geräteschuppen mit vier Betten. Die abgetrennten Zimmer im Obergeschoss sind schlecht, aber die weiter hinten sind eine gute Option in der mittleren Preisklasse. Pool und Wiese sind schön und gesellig.

Albergue de Olinda (☎ 3429-1592; www.alberguedeolinda.com.br; Rua do Sol 233; B/EZ/DZ 13/25/30 US$; 🐜) Moderne Zimmer in einem historischen Gebäude, dazu ein schöner Garten mit Hängematten und eine Freiluftküche. Man hört ununterbrochen Verkehrslärm.

Pousada Alquimia (☎ 3429-1457; Rua Prudente de Morais 292; EZ/DZ 20/25 US$) Einfache Zimmer in einem Block hinter dem Kolonialhaus des Eigentümers. Das Frühstück wird in seiner Küche serviert.

Pousada Alto Astral (☎ 3439-3453; www.pousadaaltoastral.com.br; Rua 13 de Maio 305; EZ/DZ 30/40 US$; 🐜) Die Zimmer, die in den grünen Garten hinter der *pousada* blicken, sind luftig und hell – die anderen sind dunkel. Den Preis aushandeln.

Pousada dos Quatro Cantos (☎ 3429-0220; www.pousada4cantos.com.br; Rua Prudente dos Morais 441; EZ/DZ ohne Bad 40/46 US$) Die *quartos* im erfreulichen ehemaligen Wochenendhaus aus der Kolonialzeit liegen rund um einen schattigen Hof.

Essen

Im historischen Zentrum ist teuer, essen zu gehen.

Jardins do Mourisco (Av Dr Justino Gonçalves; 8 US$/kg) Das Buffet ist gut, der Nachtisch noch besser und im Kieshof unter den mächtigen, mit Wein überwucherten *jaca*-Bäumen sitzt's sich toll.

Creperia (Praça João Alfredo 168; Gerichte 4–9 US$) Auf der von Palmen beschatteten Terrasse oder im mit Tellern und Straßenschildern dekorierten Speisesaal des charmanten Restaurants genießt man süße und pikante Crêpes.

A Toca da Pizza (Rua do Guadalupe 53; große Pizzas 4,50–7,50 US$) Eine Italienerin serviert in ihrem Haus hervorragende Pizzas – aber nur zum Abendessen.

Cantinho da Sé (Ladeira da Sé; Hauptgerichte f. 2 Pers. 9–12,50 US$) Zu typisch brasilianischen Fleischgerichten gibt's in dem einfachen Lokal einen Blick über Recife.

Oficina do Sabor (Rua do Amparo 335; Hauptgerichte f. 2 Pers. 14–35 US$) Das landesweit bekannte Gourmetrestaurant von Olinda ist klein, idyllisch und bietet einen Blick über Recife. Spezialität des Hauses ist gefüllter, gebackener Kürbis.

Unterhaltung

Nach einem Sundowner in Alto da Sé tanzt man in einem der einfachen Clubs in der hässlichen Rua do Sol. Die Musik reicht von *forró* und *afoxé* (traditionelle afro-brasilianische Rhythmen) bis Rock und Reggae.

Preto Velho (Alto da Sé 681) Samstags Live-*afoxé*, sonntagnachmittags *axé*, *samba* und *reggae*.

Marola (Travessa Dantas Barreto) Im Marola am Strand gibt's jeden Abend und sonntagnachmittags Live-MPB.

Anreise & Unterwegs vor Ort

Im Kasten auf S. 412 stehen Busverbindungen vom/zum Flughafen. In Olinda steigt man an der Praça do Carmo aus. Busse nach „Rio Doce/Piedade" und „Barra de Jangada/Casa Caiada" fahren von Olinda nach Boa Viagem. Jeder Bus nach „Rio Doce", „Casa Caiada" oder „Jardim Atlantico" fährt von der Stadtmitte in Recife nach Olinda.

CARUARU

☎ 0xx81 / 300 000 Ew.

Die Marktstadt im Hinterland ist modern und architektonisch uninteressant, hat aber unerwartete kulturelle Schätze zu bieten. So veranstaltet das als Hauptstadt des *forró* bekannte Caruaru den gesamten Juni hindurch ein **Forró-Festival**. Die Stadt ist auch das Zentrum Südamerikas für die Herstellung von Keramikfiguren, die bunt bemalt sind und Menschen in Alltagssituationen darstellen.

Das **Museu do Barro** (Patio do Forró; 🕑 Di–Sa 8–17 Uhr, So 9–13 Uhr) ist in der Rua José de Vasconcelos hinter einem hohen Ziegelschornstein zu finden. Ausgestellt werden Arbeiten meisterlicher einheimischer Töpferkünstler – Mestre Vitalino ist der bekannteste. Ein Ausflug nach **Alto de Moura** lohnt sich: In dem 6 km vom Zentrum entfernten Stadt-

BRASILIEN

teil lebte und arbeitete Vitalino. Seine Nachkommen führen seine Kunst weiter. Mittwochs und samstags ist die **Feira Livre** angesagt, ein riesiger Freiluftmarkt in der Innenstadt, auf dem es alles Erdenkliche gibt – darunter auch Tonfiguren und anderes Kunsthandwerk.

Zwischen Recife und Caruaru fahren zwischen 5.50 und 20 Uhr alle 30 Minuten Busse (*executivo* 9 US$, 1½ Std.; *comun* 7,25 US$, 2½ Std.). Der Busbahnhof liegt 3 km vom Zentrum entfernt – den Fahrer darum bitten, dass er einen in der Nähe des Marktes absetzt.

JACUMÃ
☎ 0xx83 / 2000 Ew.

In Jacumã kann man an fast verlassenen Stränden super relaxen (nackt!) – die wunderbare Trägheit wird höchstens an den Wochenenden durch etwas *forró* unterbrochen. Das Dorf ist nichts Besonderes. Viele Leute aus Joao Pessoa haben hier ein Wochenendhaus. Die Strände im Süden sind wirklich atemberaubend: mit hohen, trockenen, roten Klippen, Palmen und grünem Wasser. Die meisten *pousadas* befinden sich in der Nähe dieser Strände. Das vorherrschende Verkehrsmittel ist das Auto. Es gibt keine Banken.

Die berüchtigte **Praia de Tambaba** (14 km) ist der einzige offizielle, kontrollierte und entspannte Nacktbadestrand im Nordosten (Männer ohne weibliche Begleitung haben keinen Zugang). Die **Praia do Coqueirinho** (8 km) und die **Praia de Tabatinga** (4 km) sind genauso schön.

Im Zentrum steht die **Pousada Beija-Flor** (☎ 3290-1822; Rua Maria Amélia; EZ/DZ 14/20 US$; ❌ 🍴) – einige guter Zimmer mit Hängematten und Blick auf die sandige Straße.

Ein cooles Ehepaar aus Argentinien führt die zwei Blocks vom Strand entfernte **Pousada dos Mundos** (☎ 3290-1460; www.pousadadosmundos.com.ar; Rua dos Juazeiros, Praia de Tabatinga; EZ/DZ 25/30 US$; ❌ 🍴). Die Zimmer sind groß und mit schönen Holzmöbeln eingerichtet, und sie haben eigene Veranden mit Hängematte. Die Besitzer sprechen Englisch und organisieren Transportmittel. Ein Restaurant bringt Essen vorbei (alles nicht sehr teuer). Wenn man anruft, wird man im Zentrum abgeholt.

Im einfachen **Kelly Lanches** gibt es Pizzas, *prato feito* (3 US$) und super Hamburger

(0,85–2 US$). Auch das **Commar** macht einen sehr guten *prato feito* (3 US$). Beide Lokale sind in der Hauptstraße im Zentrum.

Wer auf der BR-101 Richtung Norden fährt, muss an der Abzweigung Conde/Jacumã in einen Regionalbus umsteigen. Von João Pessoa aus nimmt man einen Bus nach „Jacumã“ oder „Conde/Jacumã“ (1,75 US$, 1¼ Std., bis 21 Uhr alle 20 Min.) oder den Bus „PB-008“ (1,25 US$, 1 Std.; alle 40 Min.). Sie fahren an der dritten Haltestelle der Rua Cicero Meireles los, die senkrecht zum Platz vor dem Busbahnhof führt. Täglich pendeln vier Busse zwischen João Pessoa und Praia de Tambaba mit Halt in Jacumã.

JOÃO PESSOA
☎ 0xx83 / 600 000 Ew.

João Pessoa ist nicht gerade eine Touristenattraktion, aber ein bequemes (und billiges) Ausgangslager, um die sauberen und schönen Strände der Umgebung zu erkunden.

Orientierung & Praktische Informationen

Abends gehen alle an der Strandpromenade spazieren, vorbei an strohgedeckten Ständen und Restaurants. Ganz in der Nähe gibt es Kneipen und Clubs. Im Zentrum und in der Av Senador Rui Carneiro in Manaíra haben außerdem große Banken ihre Filialen.

Gameleira Internet (Av João Maurício 157, Manaíra; 1,50 US$/Std.) David, der amerikanische Besitzer, ist eine gute Infoquelle; er gibt dreitägige Portugiesischkurse für Traveller.

PBTur (☎ 0800-281-9229; Av Almirante Tamandaré 100, Tambaú) Karten und englischsprachiges Personal.

Sehenswertes & Aktivitäten

Das lohnenswerte **Centro Cultural de São Francisco** (Eintritt 1,50 US$; ⌚ Di–So 9–12 & 14–17 Uhr) ist ein schöner religiöser Komplex, der in mehreren Baustilen errichtet wurde. Während der Bauzeit gab es immer wieder Schlachten mit Holländern und Franzosen – deshalb zog sie sich über drei Jahrhunderte hin. Die Bodenfliesen mit Einlegearbeiten aus Myrrheharz und die hervorragende Volkskunst-Ausstellung anschauen! In der **Casa do Artista Popular** (Praça da Independência 56, Centro; ⌚ Mo–Fr 9–19, Sa & So 10–18 Uhr), einem restaurierten Haus aus den frühen 20. Jh., ist ebenfalls Volkskunst zu sehen.

Die Stadtstrände sind zugebaut, aber das Wasser ist ruhig und relativ sauber. Die besten Strände der Umgebung sind die **Praia Campina** (43 km) für Surfer und die **Praia do Oiteiro** (40 km). Von der Praia Cabo Branco führt ein wunderbarer Wanderweg 15 km in Richtung Süden zur **Ponta de Seixas**, dem östlichsten Punkt Südamerikas.

Schlafen
Tambaú und Manaíra liegen am Meer und sind angenehmer als das Centro.

Pousada Arco Íris (☎ 3241-8086; Rua Visconde de Pelotas 20, Centro; EZ/DZ 7,50/14 US$; ✹) Eine saubere, einfache Unterkunft einige Blocks oberhalb des Sees.

Hotel Mar Azul (☎ 3226-2660; Av João Maurício 315, Manaíra; Zi. ohne Frühstück 15 US$) Ein schmuckloser Ort am Wasser, aber die Zimmer sind riesig und haben eine kleine Küche.

Manaíra Hostel (☎ 3247-1962; www.manairahostel.br2.net; Rua Major Ciraulo 380, Manaíra; B/DZ 16/30 US$; ✹ ⊠) Hier wurde ein modernes Haus in ein schönes Hostel umgemodelt. Es gibt schöne Bäder, eine Kochgelegenheit und jede Menge Gemeinschaftsräume.

Pousada do Caju (☎ 2107-8700; www.pousadadocaju.com.br; Rua Helena Meira Lima 269, Tambaú; EZ/DZ 27/47 US$; ✹ ⊠) Zwei benachbarte Häuser wurden zu dieser farbenfrohen *pousada* verbunden. Vor dem Einchecken mehrere Zimmer anschauen!

Essen
Kneipen und Restaurants tummeln sich in Tambaú. Die Stände vor dem runden Hotel Tropical Tambaú servieren *beiju de tapioca* (pikante und süße „Tacos" aus Maniokmehl), *macaxeira na chapa* (Maniokpfannkuchen mit Fleisch- oder Käsefüllung), Suppen und mehr.

Oca (Rua Almirante Barroso 303, Centro) Die erste Adresse für ein vegetarisches Mittagsbuffet unter der Woche.

Lion (Av Tamandaré 624, Tambaú; Hauptgerichte 2,25–8 US$) Das Lokal ist für Crêpes bekannt, aber an den *rodízio*-Abenden Mitte der Woche isst man hier am besten die Pizza (5,50 US$).

Mangai (Av General Édson Ramalho 696, Manaíra; 10 US$/kg) Das abendliche Buffet ist eine Institution der Stadt und eine gute Möglichkeit, Spezialitäten aus dem nordöstlichen Hinterland zu probieren.

Picanha de Ouro (Av Epitácio Pessoa, Tambaú; Filet für 2 Pers. 13 US$) Die dürftige Atmosphäre sollte einen nicht vom besten Grillrestaurant der Gegend abschrecken.

Anreise & Unterwegs vor Ort
Gol und TAM unterhalten Inlandsflüge nach João Pessoa. Der Flughafen liegt 11 km westlich von Zentrum.

Busse verkehren nach Recife (7–9 US$, 2 Std., 5–19.30 Uhr stündl.), Natal (10–13 US$, 3 Std., 8-mal tgl.), Fortaleza (42–80 US$, 10 Std., 2-mal tgl.) und Salvador (55 US$, 14 Std., 1–2-mal tgl.). Die Busse 510 und 511 fahren nach Tambaú, und zwar vom ersten Bussteig vor dem Busbahnhof. Die meisten Regionalbusse kommen an der Lagoa im Zentrum vorbei.

PRAIA DA PIPA
☎ 0xx84 / 3000 Ew.

Pipa konkurriert mit Jericoacoara um den Titel des hippsten Strandorts im Nordosten – außerhalb von Bahia. Hier wird es jedes Jahr teurer, aber die Boutiquen sollten einen nicht deprimieren. Die Atmosphäre in Pipa ist alternativ und entspannt und das Nachtleben ist manchmal wirklich toll. Und auch die Natur ist sehr schön. Im Meer schwimmen Delphine und hinter den unberührten Stränden erheben sich großartige Felsen.

Es gibt einen Geldautomaten, Internet kostet 2 US$ pro Stunde. Der Buchladen verleiht Lesestoff.

Sehenswertes & Aktivitäten
Das **Santuário Ecológico** (Eintritt 2 US$; ☺ Mo–Sa 8–17, So bis 13 Uhr) ist ein kleines Naturreservat an der Straße in die Stadt. Ein Besuch lohnt sich wegen der spektakulären Aussichten.

Der südlichste Strand ist die **Praia do Amor**. Die **Praia dos Golfinhos** nördlich der Stadt ist nur über das Ufer zugänglich und bei Flut vom Ort abgeschnitten. Zur **Praia do Madeiro** gelangt man über Golfinhos oder per *kombi* von der Stadt aus. Die Wellen sind in Pipa nicht schlecht – in der Stadt gibt's Surfbretter und -unterricht, außerdem Kurse im Kitesurfen.

Schlafen
In allen Ferien im Voraus buchen!

Camping das Mangueiras (☎ 3223-8153/3246-2472; Rua Praia do Amor; Stellplatz 5 US$/Pers.) Schattige Plätzchen und Außenduschen.

Albergue da Rose (☎ 8844-8371; Rua da Mata; EZ/DZ 12,50/25 US$) Im netten Rose oben auf dem Hügel gibt es ein paar Zimmer, die sich um

BRASILIEN

eine kleine Veranda mit Hängematten gruppieren.

Pousada Xamã (☎ 3246-2267; www.pousadaxama. com; Rua dos Cajueiros 12; B/EZ/DZ 12,50/15/35 US$; 🍴 🖴) Die erstklassige und preisgünstige *pousada* hat überall Hängematten, ein super Frühstück, bequeme Zimmer und ein schönes, grünes Grundstück.

Pousada Aconchego (☎ 3246-2439; www.pipa.com. br/aconchego; Rua do Céu 100; EZ/DZ 25/35 US$) Einfach gebaute Bungalows mit Hängematten und Extras in einem schönen Garten. Zentrale Lage.

Essen

Restaurants sind in Pipa teuer.

Casa da Farinha (Hauptstraße) Hervorragende Bäckerei mit Grill und Sandwiches.

Soparia Chez Liz (Hauptstraße; Suppe 2–4 US$) Das einfache Café serviert Suppen mit Gemüse oder Fleisch.

Tá Massa (Rua da Gameleira; Pasta 2,75–6,50 US$) In dem netten kleinen Lokal hat man die Wahl zwischen Penne oder Spaghetti mit zahlreichen fleischhaltigen oder vegetarischen Saucen.

Tapas Bar (Rua do Céu) Eine spanische Tradition ist in Pipa der Renner: eine Mahlzeit aus mehreren kleinen Tellern (Tapas).

An- & Weiterreise

Der letzte Bus aus Natal (4,25 US$, 1¾ Std., 10-mal tgl, So 4-mal tgl.) fährt um 18.45 Uhr, sonntags um 18.25 Uhr. Ein Taxi von Natal nach Pipa kostet 50 US$. Wer aus Süden kommt, steigt in Goaininha eineinhalb Stunden vor João Pessoa aus. In Goaininha nimmt man einen *kombi* (1,25 US$, 40 Min.) hinter der Kirche oder ein Taxi (10 US$).

Bei Pipa Tour Ecotourismo – hinter der Blue Bar – hängen Busfahrpläne aus. Es gibt häufige Verbindungen nach Natal, aber wer nach Süden will, muss in Goaininha einen Bus anhalten.

NATAL

☎ 0xx84 / 800 000 Ew.

Natal ist eine saubere, eher farblose Hauptstadt, die von beeindruckend großen Sanddünen umgeben ist. Weil es mit 300 Sonnentagen pro Jahr als die „Sonnenstadt" Brasiliens gilt, ist Natal mittlerweile ein Hauptziel europäischer Pauschaltouristen. Die meisten Traveller kommen nur hierher, um einen Tag auf den Sanddünen zu ver-

bringen. Eine weitere Attraktion ist **Carnatal**, der Karneval von Natal, der in der ersten Dezemberwoche im Stil von Salvador gefeiert wird.

Praktische Informationen

Am Strand von Ponta Negra gibt's Geldautomaten.

Banco do Brasil (Av Rio Branco) Im Zentrum.

Bradesco (Av Rio Branco) Ebenfalls im Zentrum.

Hotel Miami Beach (Av Governador Sílvio Pedrosa 24, Praia das Artistas; 2 US$/Std.) Internetzugang.

Pizza a Pezzi (Rua Dr Manoel A B de Araujo, Alto de Ponta Negra 396A; 1,50 US$/Std.) Internetzugang.

Setur Flughafen (☎ 0800-841-516); Rodoviária Nova (☎ 0xx81-3205-2428) Hier gibt's Karten und begrenzt Informationen. Auch im Centro de Turismo.

Sehenswertes & Aktivitäten

Möchtegern-Ayrton-Sennas bieten Ausflüge mit dem Strandbuggy zum schönen **Genipabu** an. Wer die Variante *com emoção* (mit Gefühl) wählt, bekommt die Todeswand und die vertikale Abfahrt geboten. Akkreditierte Fahrer – Mitglieder des **Sindicato dos Bugeiros** (☎ 3225-2077; Posto VIP, Av Rota do Sol, Ponta Negra) – sind vertrauenswürdiger. Ein achtstündiger Ausflug kostet 35 US$ pro Person und kann über *pousadas*, Reisebüros oder am billigsten direkt über das Sindicato gebucht werden. Bevor man bucht, sollte man sich allerdings klarmachen, dass die Ausflüge das Ökosystem zerstören. Es ist möglich, mit dem Strandbuggy nach Fortaleza zu fahren – 760 km herrliche Küste!

Von den Stadtstränden ist die **Praia Ponta Negra** (14 km südlich vom Zentrum) zwar bebaut, aber am schönsten. **Morro de Careca** – eine steile, riesige Sanddüne, die direkt ins Meer abfällt – erhebt sich über dem Südende des Strands.

Einen besonders tollen Blick über die Stadt und den Rio Potengi hat man vom **Forte dos Reis Magos** (Eintritt 1 US$1 ⏰ 8–16.30 Uhr) aus dem 16. Jh.

Schlafen

Die meisten Backpacker übernachten im teuren, aber netten Ponta Negra oder bei Tia Helena.

Albergue Pousada Meu Canto (☎ 3212-2811; Rua Ana Neri, Petrópolis; B/DZ 9/20 US$) Tia Helena nimmt Gäste in ihrer einfachen, grünen *pousada* sofort in ihre internationale Fami-

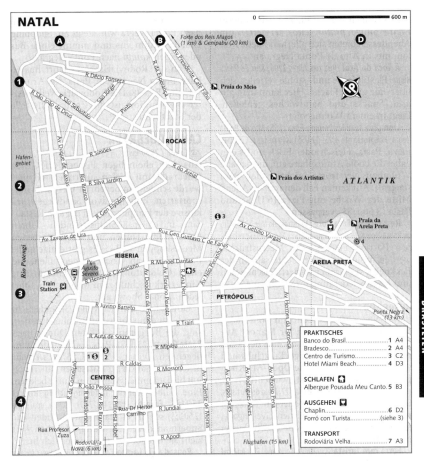

lie auf. Mit dem Bus 21 bis zur ersten Haltestelle (Padaria Duro Trigo) in der Rua Manoel Dantas fahren.

Albergue da Costa Hostel (☎ 3219-0095; www.alberguedacosta.com.br; Av Praia de Ponta Negra 8932, Ponta Negra; B/DZ 15/35 US$, DZ ohne Bad 32,50 US$; 🖳) Die unterhaltsame Herberge ist entspannt, locker und steht in einer natürlicheren Umgebung als das Lua Cheia. Gästeküche und Hängematten gehören dazu.

Pousada Recanto das Flores (☎ 3219-4065; www.pousadarecantodasflores.com.br; Av Engenheiro Roberto Freire 3161, Ponta Negra; EZ/DZ 20/35 US$; 🐾 🖳) Die kleine, nette *pousada* wäre charmant – ohne den Lärm von der hektischen Straße. Die Einzelzimmer sind ein gutes Angebot – die Dicke der Matratze prüfen!

Lua Cheia Hostel (☎ 3236-3696; www.luacheia.com.br; Rua Dr Manoel A B de Araujo 500, Alto de Ponta Negra; B/EZ/DZ 20/40/40 US$) Die neue Backsteinherberge ist einer Burg nachempfunden – mit Zugbrücke, Türmen und allen Schikanen. Die dunklen Schlafsäle sind nach innen und außen offen, also recht laut. Etwas für Partyfreaks.

Pousada do Alemão (☎ 3219-2655; www.pousadaoalemaorn.com.br; Rua Pedro Fonseca Filho 2030, Ponta Negra; EZ/DZ 30/35 US$; 🐾) Die hervorragenden großen Zimmer liegen an einem idyllischen Hof mit Springbrunnen und Teich. Die Besitzer sind Deutsche.

Essen

In Ponta Negra gibt es Lokale wie das Esquinão da Vila, das in der Rua Ver Manuel

Sátiro südlich der Av Engenheiro Roberto Freire billige *pratos feitos* serviert. Zum Abendessen bieten sich allerhand neue Restaurants in Alto de Ponta Negra an.

A Toca do Açaí (Rua das Algas 2206, Alto de Ponta Negra) Plastiktische und -stühle verteilen sich über eine große Fläche. Hier kann man gut *açaí*, Snacks und Sandwiches genießen. Liegt in einem Wohngebiet.

Lion (Rua Aristides Porpino Filho 285B, Alto de Ponta Negra; Hauptgerichte 4,25–12 US$) Man isst Crêpe, Pizza, Pasta, Fleisch oder Fisch und saugt dabei die coole Atmosphäre auf, die das alte Wohnhaus verströmt (nicht in den Pool steigen!). Auf keinen Fall den *rodízio*-Abend Mitte der Woche mit Pizza (6 US$) und Pasta (8,50 US$) verpassen!

Restaurante Erva Doce (Av Estrela do Mar 2238, Alto de Ponta Negra; ½ Portion 8–14 US$) Von einer halben Portion Fleisch oder Meeresfrüchte werden mindestens zwei Leute satt. In der Eckkneipe versprühen karierte Tischdecken und Neonbeleuchtung ihren Charme.

Ausgehen

Ponta Negra ist das Zentrum von Natals Nachtleben. Um die Rua Dr Manoel Augusto Bezerra de Araújo in Alto de Ponta Negra tummeln sich einige Tanzclubs und viele coole, charismatische Open-Air-Kneipen. Die Strandgegend ist zwielichtig.

Chaplin (Av Presidente Café Filho 27, Praia dos Artistas; Eintritt 10 US$; ☺ Do–So) Im beliebten Tanzclub mit sechs Tanzflächen dröhnen Live-*pagode*, *forró* und Elektromusik. Vor 23 Uhr kostet der Eintritt die Hälfte.

Forró com Turista (Centro do Tourismo, Rua Aderbal Figueiredo 980, Petrópolis; ☺ Do) Der Name klingt langweilig und abschreckend, aber der Live-*forró* in einem historischen Innenhof ist der Hammer.

Anreise & Unterwegs vor Ort

BRA, Gol, Trip und TAM haben Inlandsflüge von und nach Natal. Der Flughafen liegt 15 km vom Zentrum entfernt. TAP unterhält auch Flugverbindungen zwischen Natal und Europa.

Fernbusse verkehren ab der Rodoviária Nova (Neuer Busbahnhof) 6 km südlich vom Zentrum nach Fortaleza (28–49 US$, 8 Std., 9-mal tgl.), Recife (21,50 US$, 4½ Std., 9-mal tgl.), João Pessoa (8–13 US$, 3 Std., 8-mal tgl.) und Salvador (59–80 US$, 20 Std., 2-mal tgl.).

Wer aus Richtung Süden kommt und nach Ponta Negra will, steigt am Shopping Cidade Jardim aus und nimmt einen Bus oder einen *kombi* nach Ponta Negra.

Von der Rodoviária Nova fährt Bus 66 nach Ponta Negra. Zur Praia dos Artistas verkehrt Bus 38. Die Rodoviária Velha (Alter Busbahnhof) ist die Zentralhaltestelle der Stadtbusse.

CANOA QUEBRADA
☎ 0xx88 / 2800 Ew.

Aus dem ehemaligen Fischerdorf Canoa Quebrada mit vielen alternden Hippies wurde schnell ein begehrter Ort für Windsportarten. Eine handvoll Sandwege – inklusive der Hauptstraße, in der sich Restaurants und eine paar Shops befinden – führen durch weiße Dünen und an rostfarbenen Meeresklippen vorbei. Es gibt einige grelle Bars, die sich an Wochenenden füllen, und einen Geldautomaten. **Canoa Criança,** eine Kinderzirkusschule zum Mitmachen, führt jeden Monat Shows auf.

Obwohl die ziemlich vollen Strände nicht gerade zu den schönsten Brasiliens zählen, sind die Buggytours auf den Dünen nach **Ponta Grossa** (23 US$/Pers.) oder zu den umliegenden Dünen (12,50 US$/Pers.) sehr beliebt. Die Saison fürs **Kitesurfen** dauert von Juli bis Dezember. Man kann Kurse belegen. Eine halbe Stunde **Tandemgleitflug** kostet 35 US$. **Ernesto** (☎ 3421-7059; 10 Min. inkl. Cape 12,50 US$) schafft es, dass seine Kunden wie Superman durch die Lüfte schweben – er zieht sie mit seinem Jeep hinter sich her.

Pousada Via Láctea (☎ 3421-7103; www.pousada vialactea.com; Rua Descida da Praia; 4 US$/Pers.) hat einen Campingplatz in Meeresnähe. Die einfachen Zimmer der **Pousada Europa** (☎ 3421-7004; www.portalcanoaquebrada.com.br; EZ/DZ 15/17,50 US$; ☻) sind mit Hängematten und einer eigenen Holztreppe ausgestattet. Vom Meer weht eine frische Brise rüber. Nette Hippie-Elemente bringen Schwung in die einfachen, sauberen Zimmer der **Pousada das Cores** (☎ 3421-7140; www.portalcanoaquebrada.com. br/pousada_das_cores.htm; EZ/DZ 15/25 US$). Die **Pousada Colibri** (☎ 9604-4953; www.portalcanoaquebrada. com.br/colibri.htm; EZ/DZ US$35/40; ☻) vermietet vier gemütliche Zimmer mit Meeresblick und -rauschen. **Gostozinho** (Rua Descida da Praia) besitzt kein Schild, dafür eine Auswahl an guten *pratos feitos* (3 US$). Im **Café Habana** (Hauptstraße) reichen die Tagesgerichte (3–

5,50 US$) von Knoblauchshrimps bis zur Hühnerlasagne.

Von Natal einen Bus nach Aracati nehmen (27 US$, 6 Std., 6-mal tgl.) und dann die letzten 13 km nach Canoa entweder mit dem Taxi (6 US$), dem Bus oder per *kombi* (1 US$) zurücklegen – letztere starten bis 20 Uhr in Aracati an der Igreja Matriz. In Fortaleza (9 US$, 3½ Std., 4-mal tgl.) kann man auch in den Bus nach Canoa einsteigen, bevor er am Busbahnhof vorbeikommt, und zwar vor der Albergue Atalaia (Av Beira Mar 814, Iracema) oder vor dem Club Náutico (Av Presidente Kennedy, Meireles). Beach Point (Av Presidente Kennedy, Meireles), ein Laden gegenüber vom Naútico, verkauft Fahrkarten.

FORTALEZA
☎ 0xx85 / 2,2 Mio. Ew.

Die weitläufige Industriestadt mit dem großem Fischereihafen ist touristisch wenig interessant, aber man kann sich hier mit allem versorgen, bevor es weitergeht. Im Zentrum stehen ein paar historische Gebäude mit schönen Fassaden, doch insgesamt ist Fortaleza ziemlich öde – allerdings ist das Nachtleben beeindruckend. Während des **Fortal**, einem Karneval in der letzten Juliwoche im Salvador-Stil, ist die ganze Stadt von Bahia-Rhythmen erfüllt.

Praktische Informationen
In Iracema gibt's an jeder Ecke Internetzugang (2 US$/Std.).

Banco do Brasil (Rua Floriano Peixoto 941, Centro) Geldautomaten stehen am Centro Cultural Dragão do Mar (Iracema), vor dem Mercado Central (Centro) und vor dem Club Náutico (Meireles).

Touristeninformation Flughafen (☎ 3477-1667); Centro de Tourismo (☎ 3101-5508); Praça da Ferreira (☎ 3226-3244); Praia Nautico (☎ 3242-4447) Verteilt Stadtpläne, das Personal spricht etwas Englisch. Auch am Busbahnhof vertreten.

Gefahren & Ärgernisse
Die Prostitution in der Stadt greift immer mehr um sich, vor allem in Iracema. Diebstahl kommt häufig vor. Männliche Traveller berichten, dass Frauen am Strand ihre Getränke mit Drogen versetzt hätten.

Sehenswertes & Aktivitäten
Das **Museu de Arte e Cultura Populares** (Centro de Turismo, Centro; Eintritt 0,50 US$; ☾ Mo–Sa 8–16.30, So

bis 11.30 Uhr) stellt Volkskunst aus: von Holzdrucken bis zu unglaublich fein bemalten Sandflaschen. Im **Centro Cultural Dragão do Mar** (Iracema; ☾ Mo–Do 9–17.30, Fr–So 14–21.30 Uhr) sind ein Planetarium, ein Kino, ein Theater, Galerien und das **Museu de Arte Contemporânea** (Eintritt 1 US$; ☾ Mo geschl.) untergebracht. Das **Museu do Ceará** (Rua São Paulo 51, Centro; Eintritt 1 US$; ☾ 8.30–17 Uhr) zeigt gute Exponate über die Geschichte und die Völker von Ceará.

Entlang der **Praia de Meireles** verläuft eine schöne Strandpromenade mit schilfgedeckten Restaurants, Sporteinrichtungen und einem abendlichen Kunsthandwerksmarkt. Die **Praia do Futuro** (11 km) ist zwar nichts Besonderes, aber der sauberste und beliebteste Stadtstrand. An der unmittelbar nordwestlich gelegenen **Praia do Cumbuco** gibt es Dünen und man kann Trips mit einer *jangada* (traditionelles Segelboot) unternehmen. Ausflüge im Strandbuggy zum **Morro Branco** (Weißer Hügel; 13 US$/Pers.) machen Spaß und werden an der Promenade von Meireles angeboten.

Schlafen
Iracema hat schon bessere Tage gesehen und ist billiger als das reiche Meireles. Beide Stadtteile sind dem Zentrum vorzuziehen.

Albergue Backpackers (☎ 3091-8997; www.albergue backpackers.sites.uol.com.br; Av Dom Manuel 89, Iracema; EZ/DZ 12,50/25 US$, ohne Bad 10/20 US$) Die phantastische Jugendherberge wurde von der ehemaligen Globetrotterin Gisele aus Fortaleza eingerichtet und wird von ihr geleitet. Die Wände der einfachen Zimmer sind handbemalt. Es gibt grüne Freizeitflächen und jede Menge Insiderinfos. Die Besitzerin spricht Englisch.

Hotel Passeio (☎ 3226-9640; Rua Dr João Moreira 221, Centro; EZ/DZ 17,50/27,50 US$; ✸) Obwohl die Unterkunft im Zentrum liegt, sind die Zimmer nicht ganz heruntergekommen.

Albergue Atalaia (☎ 3219-0755; www.alberguedajuventudeatalaia.com.br; Av Beira Mar 814, Iracema; B/EZ/DZ 17,50/30/42,50 US$; ✸) Die gut geführte Herberge hat Kochgelegenheit, Fernsehzimmer und Terrasse. Bettwäsche für den Schlafsaal kostet 3 US$ extra.

Alamo Praia Hotel (☎ 3219-7979; www.alamohotel.com.br; Av Almirante Barroso 885, Iracema; EZ/DZ 20/30 US$; ✸) Die Zimmer des dreistöckigen, sauberen Hotels sind etwas schäbig, aber ganz o. k.

Mundo Latino (☎ 3242-8778; www.mundolatino.com.br; Rua Ana Bilhar 507, Meireles; EZ/DZ 40/45 US$; ✸)

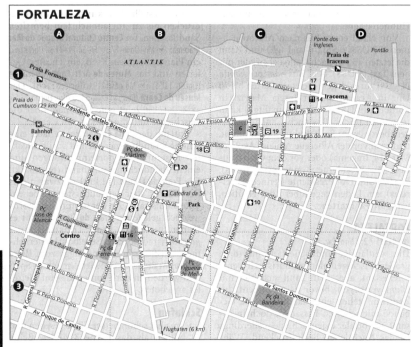

Das in eine *pousada* umgebaute, charmante Haus hat große Zimmer mit Parkettfußböden. Gute Lage.

Essen

Die Restaurants am Ponte dos Ingleses in Iracema sind teuer und heruntergekommen. Mittags kann man in der Av Monsenhor Tabosa in Iracema und abends im Centro Cultural Dragão do Mar essen. Die Restaurants in Varjota haben mehr Atmosphäre und/oder eine ausgefallenere Küche.

Mercado de Peixe (Fischmarkt; Praia de Mucuripe) Hier kann man an einem Stand Fisch, Shrimps oder Hummer (5–7,50 US$/kg) kaufen und sie an einem anderen Stand in Öl und Knoblauch zubereiten lassen (1,50–2 US$/kg).

Bebelu (Av Historiador Raimundo Girão 789, Iracema; Sandwiches 1–5 US$) Die schicke Imbissbude serviert Sandwiches und Burger, aber auch Pita, Ananas und gebackene Banane.

Self L'Escale (Rua Guilherme Rocha, Centro; 10 US$/kg) Das Buffet in einem restaurierten Kolonialgebäude hat eine hervorragende Auswahl mit reichlich Gemüse.

Picanha do Raul (Rua Joaquim Alves 104, Iracema; 6,50–10 US$/2 Pers.) In dem einfachen Grillrestaurant in einer ruhigen, schattigen Straße steht Rindfleisch im Mittelpunkt (es gibt nur zwei Gerichte ohne). Wer will, kann das Fleisch nach Gewicht bestellen.

Coco Bambu (Rua Canuto de Aguiar 1317, Varjota) Das karibisch angehauchte Lokal hat mittags ein Buffet, Pizza, *beiju de tapioca* („Tacos" aus Maniokmehl), Crêpes und Sushi. Beim Essen hat man Sand unter und Palmen über sich.

Ausgehen

In den Kneipen und Clubs rund um das Centro Cultural Dragão do Mar ist jeden Tag etwas los. An Wochenenden wird's richtig voll.

Pirata Bar (Rua dos Tabajaras 325, Iracema; Eintritt 12,50 US$) Hier gehen die Einheimischen hin, besonders zum *forró* am „verrücktesten Montag des Planeten".

Unterhaltung

Órbita (Rua Dragão do Mar 207, Iracema; Eintritt 6–8 US$) Reggae (donnerstags), Livemusik und Electronica.

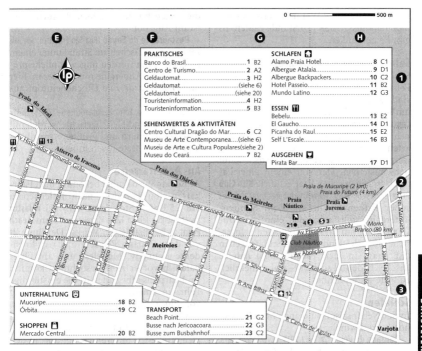

Mucuripe (Rua Travessa Maranguape 108, Centro) Ein guter Club mit einer offenen und drei abgeschlossenen Tanzflächen.

Shoppen
Ceará ist für sein Kunsthandwerk bekannt (die besten Hängematten Brasiliens!). Im Mercado Central und im Centro de Turismo im Zentrum sind die Preise fair.

Anreise & Unterwegs vor Ort
BRA, Gol, Ocean Air, TAF, TAM und Trip unterhalten von und nach Fortaleza Inlandsflüge. TAP verbindet Fortaleza mit Europa.

Busse fahren nach Natal (28–50 US$, 8 Std., 7-mal tgl.), Teresina (25–42 US$, 10 Std., 8-mal tgl.), São Luís (47 US$, 16 Std., 3-mal tgl.), Recife (43–50 US$, 12 Std., 3-mal tgl.), Belém (75–80 US$, 22 Std., 4-mal tgl.), Salvador (77 US$, 22 Std., tgl.) und Rio (146 US$, 48 Std., tgl.).

Der Bus „Siqueira/Mucuripe" fährt vom Busbahnhof nach Iracema und Meireles – er hält vor dem Telemar-Gebäude in der Av Borges de Melo. Der klimatisierte Guanabara-Top-Bus (2,50 US$, 7–22.15 Uhr alle 30 Min.) verbindet den Flughafen und den Busbahnhof (beide 6 km vom Zentrum entfernt) mit allen wichtigen Stränden. Von Iracema zum Busbahnhof nimmt man in der Av Tamancaré einen Bus nach „Aguanabi 1" oder „Siqueira/Mucuripe".

JERICOACOARA
☎ 0xx88 / 2000 Ew.

Jericoacoara ist wirklich toll. Hier tobt das Nachtleben, tagsüber kann man aktiv sein und zwischendurch die leckere Küche genießen – und das alles an einem schönen, abgeschiedenen Fleckchen Erde. Das Dorf hat Sandstraßen und liegt an einem breiten, grauen Strand mit einer riesigen gelben Sanddüne und grünen Hügeln dahinter. Wegen der entspannten Atmosphäre bleiben hippe Brasilianer und Traveller meistens länger als geplant. Windsurfer finden hier die besten Bedingungen Südamerikas vor. In Jeri gibt's auch tolle Wellen, um Longboarden zu lernen.

Hüten sollte man sich vor *bichos de pé* (Parasiten, die sich in die Füße bohren) –

nicht barfuß laufen! Wer im Internet surfen möchte, muss 4 US$ pro Stunde zahlen. Es gibt keine Banken.

Sehenswertes & Aktivitäten

Schön ist der 3 km lange Spaziergang zum Felsbogen **Pedra Furada**, sehr zu empfehlen sind auch die Buggyfahrten (20 US$) zu den umliegenden Dünen und Seen, etwa zum **Lagoa do Paraíso**. Man kann Surfunterricht nehmen oder Kurse in diversen Windsportarten belegen. Die entsprechende Ausrüstung – darunter auch Sandboards – kann man ausleihen. Der von einem amerikanisch-brasilianischen Paar geführte **Kite Club Prea** (☎ 3669-2359; www.kiteclubprea.com) bietet super Kiteunterricht an. Zum Sonnenuntergang sollte man sich eine *capoeira*-Darbietung am Strand anschauen (Unterricht möglich). Und vor dem Schlafengehen isst man in der **Padaria Santo Antonio** frisches Brot und schlürft – wahrscheinlich zu viele – Caipirinhas.

Schlafen

In der Nebensaison sind auch Mittelklassehotels erschwinglich.

Pousada do Véio (☎ 3669-2015; www.jericoacoara. tur.br/pousadadoveio; Rua Principal; EZ/DZ 20/30 US$; 🔁) Einfache Zimmer (einige mit Loft) mit Hängematten liegen um einen Garten hinter einem Wohnhaus.

Pousada Bangalô (☎ 3669-2075; www.jericoacoa rapraia.com; Rua Novo Jeri; EZ/DZ 25/30 US$; 🔁) Um die rustikale, nette *pousada* mit üppigem Garten verläuft eine Mauer – das schafft eine intime Atmosphäre.

Pousada Atlantis (☎ 3669-2041; www.jericoacoara. tur.br/atlantis; Rua das Dunas; EZ/DZ 25/35 US$; 🔁) Eine Reihe einfacher, aber bequemer Zimmer, jeweils mit Hängematte und Tisch vor der Tür, von denen man ins Grüne blickt. Der Besitzer ist Schweizer.

Vila dos Ipês (☎ 3669-2241; www.viladosipespou sada.com.br; Rua São Francisco; EZ/DZ 42/50 US$; 🔁) In der attraktiven *pousada* am Strand rascheln einen die Palmen in den Schlaf, der Blick aufs Meer versüßt das Frühstück.

Essen

Café Brasil (zw. Rua Principal & Rua São Francisco) Das süße kleine Café serviert leckeren Kaffee, *açaí* und leichte Gerichte.

Pizzaria Delacasa (Rua Principal; Pizzas 2,25–8 US$) Es gibt Konkurrenz, doch die Pizzas sind die besten für den Geldbeutel. Auch Pasta ist im Angebot.

Restaurante do Sapão (Rua São Francisco; Specials 2,50–5 US$) An Tischen am Strand unter einem riesigen Baum werden ungewöhnliche *pratos feitos* wie Aubergine mit Parmesan, Eier und *moqueca de raio* (Rocheneintopf aus Bahia) serviert.

Carcará (Rua do Forró; Hauptgerichte 6–12 US$) Sehr gute Nudel- und Fleischgerichte werden mit frischen Kräutern und größter Sorgfalt zubereitet. Das beste Essen in Jeri.

An- & Weiterreise

Außer am Busbahnhof bekommt man Fahrkarten von Fortaleza nach Jericoacoara (18–25 US$, 6 Std., 3-mal tgl.) bei **Velastur** (Av Monsenhor Tabosa 1273, Meireles) und am **Beach Point** (Av Presidente Kennedy, Meireles). Der Bus hält vor dem Praiano Palace Hotel (Av Presidente Kennedy, Meireles) und am Flughafen, bevor er zum Busbahnhof kommt. Im Fahrpreis inbegriffen ist die einstündige Fahrt in einem offenen Geländefahrzeug von Jijoca nach Jeri.

Wer aus Richtung Westen kommt, nimmt den Bus um 10.30 Uhr von Sobral nach Jijoca (10 US$, 3 Std.) und steigt dort in den Bus nach Fortaleza um. Man kann auch mit einem Geländewagen von Camocim nach Jericoacoara (10 US$, 1¼ Std.) fahren, und zwar zwischen 9 und 11 Uhr. Zeldés fährt wochentags vom Posto Antônio Manual; Carlinhos verkehrt montags, mittwochs und freitags.

Busfahrkarten nach Fortaleza (18–25 US$, 6 Std., 3-mal tgl.) sind in der Pousada Casa do Turismo erhältlich.

Wer von Jeri nach Westen will, nimmt um 10.30 Uhr den Geländewagen nach Jijoca (2,50 US$). Dort heißt es in den Sobral-Minibus (10 US$, 3 Std.) umsteigen, der um 14 Uhr abfährt (nicht So). Von der Rua Principal in Jeri fahren Geländewagen von Zeldés (Mo–Fr 4.30 Uhr) oder Carlinhos (Mo, Mi & Fr 6.30 Uhr) nach Camocim. Hier starten Busse nach Parnaíba (7 US$, 2 Std., tgl. 16.30 & 1 Uhr).

PARQUE NACIONAL DE SETE CIDADES

Im **Parque Nacional Sete Cidades** (Eintritt 1,50 US$; 🕐 8–17 Uhr) gibt es alte Felsmalereien, Gewölbe und Höhlen zu sehen, wirklich unvergesslich sind allerdings die höchst ungewöhnlichen Felsformationen, die aus dem

Unterkünfte online: www.lonelyplanet.com

umliegenden trockenen Flachland heraus-
ragen. Über sie gibt es wilde Spekulationen
– auch von seriösen Wissenschaftlern: Möglicherweise sind sie von sieben untergegan-
genen, 190 Mio. Jahre alten Städten übrig
geblieben oder aber das Werk außerirdi-
scher Zivilisationen … Führer (10 US$/
Gruppe) sind im Park Pflicht und man kann
sie im 6 km vom Eingang entfernt liegenden
Zentrum des Parks engagieren. Englischsprechende Führer sind rar. Für den 13 km
langen Weg zu allen sieben „Städten" benötigt man zwei bis drei Stunden. Ein Bad in
einem Naturbecken oder in einem der
atemberaubend schönen Wasserfälle (nur
Dez.–Juli) runden den Ausflug ab. Wer die
Wege mit dem Fahrrad (1 US$/Std.) ab-
fährt, kann die komplette Tour in drei bis
vier Stunden bewältigen. Man sollte schon
morgens anrücken und Snacks, Wasser und
Sonnenschutzmittel nicht vergessen.

In Piripiri (62 000 Ew.) vermietet das moderne **Califórnia Hotel** (☎ 3276-1645; Rua Dr Antenor
Freitas 546; EZ/DZ 15/25 US$; 🕸) steril wirkende
Zimmer. Gleich außerhalb des Parkeingangs
steht das **Hotel Fazenda Sete Cidades** (☎ 3276-
2222; EZ/DZ 12/16 US$; 🕸 🐾) auf einem ausge-
dehnten Grundstück mit Nutztieren und
einem Restaurant. Die Zimmer können mit
dem Rest des Hotels nicht mithalten. Im
Park liegt 2 km vom Parkzentrum entfernt
das gemütliche **Parque Hotel Sete Cidades**
(☎ 3223-3366; www.hotelsetecidades.com.br; EZ/DZ
21/28 US$, Stellplatz 5 US$/Pers.; 🕸 🐾) mit einem
Restaurant und einem natürlichen
Schwimmbecken.

Für die Strecke zwischen dem Park und
Piripiri (26 km) kann man ein *mototaxi*
(6 US$), Taxi (15 US$) oder den kostenlosen
Angestelltenbus nehmen, der um 7 Uhr am
Telemar-Gebäude auf der Praça da Bandeira
und um 17 Uhr am Park abfährt. Busse nach
Piripiri fahren ab Fortaleza (16–21 US$,
7 Std., 3-mal tgl.), Sobral (10–13 US$, 3 Std.,
3-mal tgl.), Parnaíba (10–13 US$, 3 Std., 9-
mal tgl.) und São Luís (33 US$, 10 Std., 2-
mal tgl.).

PARNAÍBA

☎ 0xx86 / 170 000 Ew.

Parnaíba ist ein unscheinbarer Hafen an der
Flussmündung des Rio Parnaíba mit schönen
Stränden im Nordosten. In Porto das Barcas,
dem restaurierten Lagerhausviertel am Ufer
der Stadt, gibt's ein paar einfache Geschäfte
und Restaurants mit noch unrealisierten
künstlerischen Ambitionen. Das **Delta** von
Parnaíba, ein 2700 km² großes Meerdelta mit
Mangroven und jeder Menge Vögel, wird
von Travellern oft als schön, aber nicht umwerfend bezeichnet. Der achteinhalb Stunden dauernde Ausflug kostet zwischen 7 und
20 US$ pro Nase, je nach Art des Bootes. Die
Trips finden nur statt, wenn sich genügend
Interessenten melden. Los geht's meistens
um 8 Uhr in Porto das Barcas. **Casa do Turismo**
(☎ 3323-9937; casadoturismo@bol.com.br; Laden 17, Porto
das Barcas) kontaktieren!

Reiseagenturen rund um Porto das Barcas bieten Internetzugang (1 US$/Std.). **Bra-
desco** (Av Presidente Getúlio Vargas 403, Centro) hat
verlässliche Geldautomaten.

Casa Nova Hotel (☎ 3322-3344; Praça Lima Rebelo
1094, Centro; EZ/DZ 12,50/20 US$, ohne Bad 7,50/15 US$;
🕸) ist eine sterile, aber hochwertige Unterkunft, die nur einen kurzen Fußmarsch von
Porto das Barcas entfernt liegt. Das ordentliche **Hotel Cívico** (☎ 3322-2470/2432; www.hotelci
vico.com.br; Av Governor Chagas Rodrigues 474; EZ/DZ
20/27 US$; 🕸 🐾) ist zehn Blocks von Porto

ALTERNATIVE STRECKE

Zwischen Parnaíba und Barreirinhas zu reisen bedeutet, auf einer Holzbank über eine holprige Piste
an Sanddünen, isolierten Dörfern und herrlicher Landschaft vorbeizurattern. Dieses Abenteuer ist
großartig! Von Parnaíba aus verkehrt aber auch mehrmals wöchentlich in unregelmäßigen Abständen eine Fähre (17,50 US$, 7 Std.) durch das Delta nach Tutóia (45 000 Ew.). Der Bus nach Tutóia
(5,25 US$, 3 Std., Mo–Fr 6, 11.30, 16 & 16.30, Sa 6, 11.30 & 16.30, So 6 & 16.30 Uhr) hält am Bus-
bahnhof und an der Praça Troca Troca im Zentrum von Parnaíba. Von Tutóia aus fahren montags
bis samstags um 10 und 17.30 und sonntags um 16 Uhr offene Geländefahrzeuge nach Paulinho
Neves (auch Rio Novo genannt; 2,50 US$, 1½ Std.). In der winzigen Ortschaft gibt es mehrere *pou-
sadas* und zu Fuß erreichbare Sanddünen. Die Fahrt im Geländewagen nach Barreirinhas (5 US$,
2 Std.) ist etwas rauer und landschaftlich schöner; Abfahrt montags bis samstags um 6 und 12.30
Uhr, sonntags nur um 6 Uhr.

das Barcas entfernt und reduziert seine Preise in der Nebensaison. Es serviert das beste Mittagsbuffet Parnaíbas (11 US$/kg). **Sabor e Arte** (Av Vargas 37, Porto das Barcas; für 2 Pers. 14 US$) serviert gute *pratos feitos* mit Fleisch oder Gemüse (2,50–4,50 US$).

Parnaíba eignet sich als Ausgangslager, um den Parque Nacional dos Lençóis Maranhenses (s. Kasten S. 425) oder Jericoacoara (S. 423) zu besuchen.

Busse fahren nach Camocim (7–11 US$, 3 Std., 3-mal tgl.), Sobral (14–22 US$, 5 Std., 3-mal tgl.), Fortaleza (26–42 US$, 10 Std., 3-mal tgl.), Teresina (19–26 US$, 6 Std., 9-mal tgl.) und São Luís (25 US$, 9 Std., 2-mal tgl.).

TERESINA
☎ 0xx86 / 700 000 Ew.

In Teresina, der netten, aber nicht weiter bemerkenswerten Hauptstadt von Piauí, trifft man nur selten Touristen. Sie ist als heißeste Stadt Brasiliens bekannt. **Inter.com** (Rua David Caldas 270; 0,75 US$/Std.;) bietet Internetzugang. Geöffnete Banken gibt's im Zentrum. Der Karneval heißt **Micarina** (Mitte Juli) und wird außerhalb der Saison im Stil Salvadors gefeiert.

In den Geschäften des **Central de Artesanato** (Praça Dom Pedro II; Mo–Fr 8–18, Sa 9–15 Uhr) wird Kunsthandwerk aus der Gegend verkauft. Die **Casa da Cultura** (Rua Rui Barbosa 348; Eintritt 0,25 US$; Mo–Fr 8–17.30, Sa 9–13, So 12.30–17.30 Uhr) ist ein Kulturzentrum, das Werke einheimischer Künstler zeigt, während im Hintergrund Musikunterricht gegeben wird.

Wir sind immer noch auf der Suche nach einer akzeptablen Budgetunterkunft im Zentrum. Wer eine gefunden hat – bitte melden!

Die Standardbleibe, das **Hotel Sambaíba** (☎ 3222-6712; sambaibahotel@yahoo.com.br; Rua Gabriel Ferreira 230, Centro; EZ/DZ 22/30 US$;), wird durch heitere Wandmalereien aufgepeppt. Die Zimmer sind jedoch ungepflegt. Die gemütlichen Zimmer des halbwegs attraktiven **Metro Hotels** (☎ 3226-1010; metrohotel@webone.com. br; Rua 13 de Maio 85, Centro; EZ/DZ US$27/32;) haben hohe Decken – den Aushang mit den Preisen ignorieren!

Im Selbstbedienungsrestaurant **Bom Bocado** (Rua Paissandu 120; 8 US$/kg;) gegenüber der Casa da Cultura kann man frisch gegrilltes Fleisch essen, während ein Indoor-Wasserfall vor sich hin plätschert. Wer auf

Meeresfrüchte steht, sollte das **Camarão do Elias** (Av Pedro Almeida 457) ausprobieren. Täglich wird im **Forno e Fogão** (Luxor Piauí Hotel; Praça da Bandeira 310; Buffet 9 US$;) ein ausgezeichnetes All-you-can-eat-Mittagsbuffet zubereitet. Samstags gibt's *feijoada* (Eintopf mit Bohnen und Schweinefleisch), sonntags einen Brunch.

BRA, Gol und TAM bieten Inlandsflüge vom Flughafen in Teresina an; dieser liegt 6 km nördlich vom Zentrum.

Busse fahren nach São Luís (21–38 US$, 7 Std., 8-mal tgl.), Belém (48 US$, 14 Std., 6-mal tgl.), Parnaíba (20 US$, 5 Std., 9-mal tgl.), Sobral (15–27 US$, 7 Std., 8-mal tgl.) und Fortaleza (25–43 US$, 10 Std., 9-mal tgl.).

Vom Busbahnhof zum Zentrum kommt man mit dem Rodoviaria-Circular-Bus von der Bushaltestelle auf der gegenüberliegenden Straßenseite oder mit einem Potivelho- oder Dirceuit-*kombi*.

SÃO LUÍS
☎ 0xx98 / 950 000 Ew.

Manche bezeichnen São Luís als letzte bezaubernde koloniale Bastion Brasiliens, auch weil es sich von der großen Zahl ausländischer und den paar einheimischen Touristen nicht beeinflussen lässt. Die Kopfsteinpflasterstraßen des wiederbelebten historischen Zentrums – ein Unesco-Kulturerbe – sind von farbenfrohen kolonialen Herrenhäusern gesäumt, die für ihre Fassaden mit *azulejos*, portugiesischen, bemalten Kacheln, bekannt sind. Sie wurden angebracht, um die Hitze ein wenig fernzuhalten. São Luís hat eine reiche folkloristische Tradition, die in seinen farbenfrohen Festen zum Ausdruck kommt, und ist mittlerweile Brasiliens Reggae-Hauptstadt.

Orientierung

São Luís wird durch den Rio Anil in zwei Halbinseln geteilt. Das Centro befindet sich auf der südlichen, es liegt auf einem Berg oberhalb des historischen Virtels Praia Grande (auch bekannt als Projeto Reviver). In Praia Grande tragen viele Straßen mehrere Namen. Das Centro und die abseits gelegenen Straßen von Praia Grande sind nachts ausgestorben. Auf der nördlichen Halbinsel sind die wohlhabenden Vororte (São Francisco) und Stadtstrände (Calhau) zu finden.

Praktische Informationen

Banco da Amazônia (Av Dom Pedro II; ⊗ Mo–Fr 11–14 Uhr) Tauscht US-Dollar und Reiseschecks.

Banco do Brasil (Travessa Boa Ventura) Hat einen Geldautomaten.

Bradesco (Av Dom Pedro II) Mit Geldautomat.

Poeme-se (Rua Humberto de Campos; 1,50 US$/Std.) Internetzugang.

Touristeninformation Flughafen (☎ 3244-4500); Busbahnhof (☎ 3249-4500); Praça Benedito Leite (☎ 3212-6211) Hat gute Broschüren und englischsprachiges Personal.

Sehenswertes & Aktivitäten

In Praia Grande reiht sich eine merkwürdige Mischung aus hübsch restaurierten Gebäuden mit Regierungsbüros, touristischen Geschäften und verlassenen Häusern aneinander, die Obdachlosen und den vielen herrenlosen Katzen des Viertels als Zuhause dienen.

Das Centro de Cultura Popular beherbergt drei der besten Museen des Nordostens. Einige Führer sprechen Englisch. Die **Casa da Festa** (Rua do Giz 221; Eintritt frei; ⊗ Di–So 9–19 Uhr) stellt auf vier Ebenen farbenfrohe Kostüme und Requisiten aus, wie sie auf Festivals der Region und bei religiösen Zeremonien verwendet werden. Die **Casa do Maranhão** (Rua do Trapiche; Eintritt frei; ⊗ Di–So 9–19 Uhr) gibt eine staatliche Tourismusbroschüre heraus, die man geradezu als multimediales Werk bezeichnen könnte. Und sie zeigt im Obergeschoss die regional verschiedenen Kostüme des Volksspiels Bumba Meu Boi (s. rechte Spalte). Gebrauchsgegenstände aus dem täglichen Leben der Einwohner Maranhãos – von zarten Fischfallen aus Holz bis hin zum aus Abfall gebastelten Kinderspielzeug – gibt's in der **Casa do Nhozinho** (Rua Portugal 185; Eintritt frei; ⊗ Di–So 9–19 Uhr) zu sehen.

Das **Museu Histórico do Estado de Maranhão** (Rua do Sol 302; Eintritt 1 US$; ⊗ Di–So 9–18 Uhr) ist in einer restaurierten Villa aus dem Jahr 1836 untergebracht. Es zeigt interessante historische Gegenstände aus dem Besitz wohlhabender Familien.

Die hiesigen Strände sind breit und flach. Am Wochenende drängen sich Einheimische und ihre Autos an der windgepeitschten **Praia do Calhau**.

Festivals & Events

Carnaval Neben São João & Bumba Meu Boi das größte Festival von São Luís.

São João & Bumba Meu Boi Diese Festivals werden zusammen von Ende Juni bis zur zweiten Augustwoche gefeiert. Bumba Meu Boi feiert eine Sage, die von den Toten und von der Auferstehung eines Stieres handelt. Mit Musik, Tanz und Theater. Das ganze Jahr über finden Proben statt, sie bieten einen Vorgeschmack auf die Festivals – in der Touristeninformation nach den Veranstaltungsorten fragen.

Marafolia Ein Karneval im Salvador-Stil, der außerhalb der Saison Mitte Oktober stattfindet.

Schlafen

Der Standard der Budgetunterkünfte in São Luís ist insgesamt ziemlich dürftig.

Pousada Internacional (☎ 3231-5154; Rua da Estrela 175; EZ/DZ 8,50/14 US$, ohne Bad 7,50/12,50 US$) Die beste der einfachen und billigen Unterkünfte bemüht sich wenigstens um etwas Deko. Fensterlose Zimmer.

Pousada Reviver (☎ 3231-1253; www.pousadareviver.com.br; Rua de Nazaré 173; B/EZ/DZ 7,50–10/20/25 US$; ⊗) Das Gebäude wurde vor Kurzem renoviert – die Zimmer sind jetzt modern, hell und sehr geräumig. Das Ganze wirkt aber etwas steril.

Hostel Solar das Pedras (☎ 3232-6694; www.ajsolardaspedras.com.br; Rua da Palma 127; B/EZ/DZ 9/13/17 US$) Die in einem schönen, restaurierten Kolonialhaus untergebrachte Jugendherberge hat freigelegte Steinwände und ein geselliges Wohnzimmer, jedoch auch fensterlose, schlecht belüftete Zimmer.

Pousada Vitória (☎ 3231-2816; Rua Afonso Pena 98; EZ/DZ 17,50/30 US$; ⊗) Große Zimmer (im Haus einer Familie) mit improvisiertem Bad und Blick auf einen Innenhof. Nett!

Pousada Portas da Amazônia (☎ 3222-9937; www.portasdaamazonia.com.br; Rua do Giz 129; EZ/DZ 44/59 US$; ⊗) Die schlichte, elegante *pousada* mit dunklem Holz und weißgetünchten Wänden befindet sich in zwei miteinander verbundenen kolonialen Häusern. Frühstück mit Spezialitäten aus der Gegend.

Essen

São Luís hat eine ziemlich eingeschränkte Auswahl an Restaurants.

Valéry (Rua do Gis) In der Bäckerei eines Franzosen gibt's leckere Backwaren, Croissants, Quiches und – natürlich – phantastisch schmeckende Brote.

Naturista Alimentos (Rua do Sol 517; 7,25 US$/kg) Werktags vegetarisches Mittagessen.

Base da Lenoca (Av Dom Pedro II 181; Hauptgerichte für 2 Pers. 7–20 US$) In dem beliebten Fischres-

taurant mit Blick auf den Fluss kann man sein Essen und dazu eine kühle Brise und ein Bier genießen.

Gula Gula (Rua da Paz 414; 8 US$/kg; 🍴) *Der* Ort im Zentrum für ein Mittagsbuffet unter der Woche.

Crioula (Beco da Pacotilha 42; 9 US$/kg) Großes Buffetrestaurant mit Deko und leckeren Spezialitäten aus der Gegend.

A Varanda (Rua Genésio Rego 185, Monte Castelo; Hauptgerichte für 2 Pers. 18 US$; 🍴) Der sehr grüne Innenhof und die exzellenten Fisch-, Shrimps- und Rindfleischgerichte lenken vom langsamen Service ab. Hin kommt man mit einem Bus nach „Vicente Fiaro" oder „Santa Clara" ab Terminal de Integração. Beim CEFET aussteigen und die erste Straße rechts abbiegen. Ist den Trip wirklich wert!

Ausgehen

Die folgenden Locations erreicht man mit dem „Calhau Litorânea"-Bus, der im Terminal de Integração Praia Grande abfährt.

Reggae-Bars wie die **Bar do Nelson** (Av Litorânea, Calhau) oder die **Roots Bar** (Rua da Palma) sind hier angesagt. Die Touristeninformation kann noch weitere Bars empfehlen, in denen es keine betrunkene Raufbolde gibt.

Die Open-Air-Kneipen auf der Lagoa da Jensen – etwa das Academia do Chopp – eignen sich von Donnerstag bis Sonntag bestens, um sich ein Bierchen zu genehmigen und Livemusik anzuhören.

Unterhaltung

Café Bagdá (Rua Portugal) In der Altstadt; verwandelt sich nachts in eine Disko.

Studio 7 (Av dos Holandeses, Calhau) Hier gibt's Electronica und Funk im Riostil.

Anreise & Unterwegs vor Ort

BRA, Gol, TAF und TAM bieten Inlandsflüge vom Flughafen in São Luís an, der 15 km südöstlich des Zentrums liegt. TAP verbindet São Luís mit Europa.

Busse gehen nach Belém (48 US$, 12 Std., tgl.), Barreirinhas (13 US$, 4 Std., 4-mal tgl.), Teresina (21–37 US$, 7 Std., 6-mal tgl.) und Fortaleza (47 US$, 18 Std., 3-mal tgl.). Fernbusse fahren vom 8 km südöstlich des Zentrums gelegenen Busbahnhof ab.

ALCÂNTARA
☎ 0xx98 / 6000 Ew.

Der Schatz malerischer Kolonialarchitektur, der langsam würdevoll verfällt, liegt an der Baía de São Marcos gegenüber von São Luís. Das Anfang des 17. Jh. gegründete Alcântara war das Zentrum der regionalen Zucker- und Baumwollindustrie und Heimatort der Großgrundbesitzer von Maranhão. Auf zu modernen Zeiten: Heute befindet sich das Zentrum der brasilianischen Raumfahrt vor den Toren der Stadt. Alcântara lohnt sich für einen Tagesausflug. Es gibt keine Banken im Ort.

Die beiden Straßen am höchsten Punkt des Dorfes präsentieren die schönste Architektur. Zu den Sehenswürdigkeiten zählen der am besten erhaltene **Pelourinho** Brasiliens (Steinpfosten zur Auspeitschung; Praça da Matriz) und das **Museu Histórico** (Praça da Matriz; Eintritt 0,50 US$; ⏰ Mo-Sa 8-14, So 9-13 Uhr), das Alltagsgegenstände der Bürger aus dem 18. und 19. Jh. zeigt. Bei der farbenfrohen Festa do Divino (erster Sonntag nach Christi Himmelfahrt, normalerweise im Mai) tritt eine Trommlerparade schwarzer Frauen auf. Ein Kinderpaar, das als König und Königin verkleidet ist, begleitet sie.

Im Dorf gibt es etliche *pousadas* und einen Campingplatz. Die **Pousada dos Guarás** (☎ 3337-1339; pousadadosguaras@aol.com; Praia da Baronesa; EZ/DZ 12,50/20 US$; ❄) liegt direkt am Strand (Kajaks vorhanden) und ist von Mangroven und Affen umgeben. Die Bungalows sind mit Stroh gedeckt, stehen in einem tropischen Garten und sind sauber und bequem. Hier kann man auch gut einen trinken; in der Regenzeit muss man sich vor Mücken hüten. Im **Restaurante da Josefa** (Rua Direita; Prato feito 3–4 US$) wird die beste Hausmannskost von Alcântara serviert. In der Rua das Mercés 401 gibt es *doce de especie*, die hiesige Keksspezialität aus Kokosnuss und Orangenblättersaft.

Fähren nach Alcântara (5 US$, 1 Std., tgl. 7 & 9.30 Uhr) verkehren ab der *hidroviária* (Fährhafen) von São Luís und bei Ebbe von der Praia Ponta d'Áreia (Bus von der *hidroviária* im Fährpreis inbegriffen). Wer es abenteuerlicher liebt, kann bei Flut mit dem Segelboot *Mensageiro da Fé* fahren (2,50 US$, 1¼ Std., tgl., 11–17 Uhr). Die Überfahrt ist in jedem Fall langsam und schaukelnd. Daher sollte man sie am besten mit halb gefülltem Magen antreten. Auf den Scharlachsichler achten!

PARQUE NACIONAL DOS LENÇÓIS MARANHENSES

Die beste Jahreszeit für einen Besuch des abgelegenen Parks ist zwischen März und September, wenn sich Becken mit bläulichem, kristallklarem Regenwasser zwischen den bis zu 40 m hohen Sanddünen bilden. Überhaupt besteht der 1550 km² große Park größtenteils aus Dünen; Kraftfahrzeuge sind verboten. Anbieter vor Ort veranstalten Halbtagestouren in den Park (20 US$/Pers.). Nachmittags ist das Licht günstiger! Auch Zweitagestouren sind möglich. Ein Tagesausflug flussaufwärts (25 US$/Pers.) führt zum Dorf **Caburé** am Meer, vorbei an den größten Mangroven Brasiliens, und beinhaltet einen Stopp in einem Restaurant mit Affenkolonie. Der anschließende Trip zur Flussmündung (5 US$) wird von Travellern nicht besonders empfohlen.

In den Park kommt man über das am Fluss gelegene Barreirinhas (13 000 Ew.), wo es ein **Internetcafé** (2 US$/Std.) und um die Ecke eine Filiale der **Banco do Brasil** (Hauptstraße) gibt.

Die **Pousada Tia Cota** (☎ 3349-1237; Rua Coronel Godinho 204; EZ/DZ ohne Bad 7,50/15 US$, EZ/DZ 15/25 US$; 🏠) hat dunkle *quartos* und gute einfache Zimmer mit Bad. Die am Fluss gelegene **Pousada do Porto** (☎ 0xx98-3349-1910; Rua Anacleto de Carvalho 20; EZ/DZ 10/22 US$; 🏠) ist modern und hell. Im **Restaurante Bela Vista** (Rua Anacleto de Carvalho 617) kann man auf einer schattigen Veranda am Fluss sitzen und gute *pratos feitos* (3 US$) essen.

Wer Ruhe und Einsamkeit sucht, sollte die morgendliche Fähre (2,50 US$, 3–4 Std., tgl.) flussaufwärts nehmen. In Caburé und in Atins gibt es mehrere *pousadas*. Luzia aus Atins ist berühmt dafür, dass sie jeden aufnimmt, der die anderthalb Stunden zu ihrem Haus läuft, und dass sie sehr gut kocht. Die Besatzung der Fähren kennt den Weg.

Von Barreirinhas gelangt man nach Parnaíba und Jericoacoara (s. Kasten S. 425). Es fahren täglich vier Busse zwischen São Luís und Barreirinhas (13 US$, 4 Std.). Zurück nach São Luís kommt man auch mit einem Minibus (12,50 US$) oder einem Gemeinschaftstaxi (15 US$), die einen an jedem gewünschten Ort absetzen.

DER NORDEN

Manche Orte sind in der Phantasie von Travellern immer noch romantische, beinahe mythische Orte – das Amazonasgebiet steht dabei ganz oben auf der Liste. Durch unsere Köpfe spuken wilde Panther und Anakondas, undurchdringlicher Regenwald und Eingeborene, die noch nie einen Weißen gesehen haben. Einige Leute verlassen den Amazonas daher völlig unbeeindruckt – doch mal ehrlich, nur wer wirklich total überzogene Erwartungen hat oder zu kurz bleibt, wird enttäuscht sein: Tiere sieht man zwar selten, aber wenn, dann ist es umso spektakulärer. Der Wald wird überall abgeholzt, ist aber immer noch groß und dicht. Viele indigene Völker haben ihre Traditionen inzwischen gegen eine moderne Lebensweise eingetauscht, aber die Dörfer der *caboclos* (Nachkommen von Portugiesen und Indios) sind immer noch lebendig und beeindruckend.

Schon die Zahlen sind atemberaubend: Das Amazonasbecken umfasst 6 Mio. km² Flüsse und Dschungel – und etwas mehr als die Hälfte davon liegt in Brasilien. Es enthält 17 % des gesamten Süßwassers der Welt, der Fluss selbst führt an seiner Mündung 12 Mrd. l Wasser pro Minute! Es gibt 80 000 km schiffbare Wasserstraßen. Die jährliche Niederschlagsmenge beträgt durchschnittlich 2500 mm und in der Regenzeit steigt der Wasserspiegel der Flüsse um durchschnittlich 10 m an.

Am besten vergisst man seine Erwartungen und sieht mit eigenen Augen, wie sich die Menschen an diese „Wasserwelt" angepasst haben. Und dann wird man vom Amazonas auf keinen Fall enttäuscht sein.

ANREISE & UNTERWEGS VOR ORT

Im Norden beschränkt sich das Busnetz auf wenige Strecken – hauptsächlich dienen im Amazonasbecken Flüsse als Straßen. Obwohl Flüge meistens mindestens doppelt so teuer sind wie Hängematten auf Fähren, sollte man sich nach Sonderangeboten erkundigen. Flüge von São Luís nach Manaus sind normalerweise teurer als von Teresina oder Belém aus.

BELÉM

☎ 0xx91 / 1,4 Mio. Ew.

Belém ist wohlhabender als die großen Küstenstädte weiter südöstlich. Ein derartiges Niveau würde man in dieser abgelegenen Stadt nicht erwarten. Der Reichtum basiert auf Beléms Lage als Tor zum Amazonas. Alle Produkte der Region (z. B. Holz und Sojabohnen) müssen Belém passieren, bevor sie auf den Markt gelangen. Glücklicherweise hat die Stadt in den Tourismus investiert. Die Renovierungen und Neubauten sind phantastisch. Wer sich die Zeit nimmt, um auf den von Mangobäumen gesäumten Boulevards zu flanieren und die Kunst- und Musikszene zu erkunden, wird wie in kaum einer anderen Stadt Brasiliens dafür belohnt.

Orientierung

Die Av Presidente Vargas ist die Hauptstraße im Zentrum. Der Comércio, etwa zwischen Av Presidente Vargas und Av Portugal gelegen, ist ein kompaktes Geschäftsviertel, das tagsüber brummt und nachts ausgestorben ist. Hier finden sich Budgetunterkünfte. Außer dem Comércio ist das Flussufer eine Industriegegend. Die Cidade Velha (Altstadt), in der die historischen Gebäude Beléms stehen, ist ruhig. Östlich vom

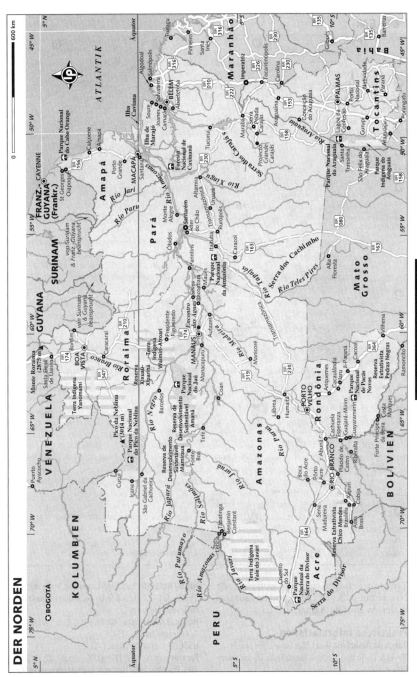

DER NORDEN •• Belém

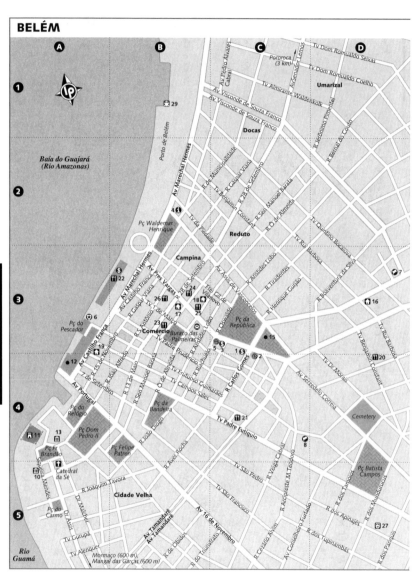

Zentrum befindet sich das wohlhabende Nazaré mit schicken Läden und Restaurants in der Av Brás de Aguiar.

Praktische Informationen

Banco da Amazônia (Rua Carlos Gomes; Mo–Fr 10–13 & 14–16 Uhr) Wechselt Reiseschecks, US-Dollar und Euro.

Hilton Hotel (Av Presidente Vargas 882; 3 US$/Std.; Mo–Fr 8–22.30, Sa & So bis 18.30 Uhr) Internetzugang im Geschäftszentrum.

Hospital Adventista (0800-910-022, 3246-8686; Av Almirante Barroso 1758)

HSBC (Av Presidente Vargas 670)

Paratur Flughafen (3210-6330); Zentrum (3212-0575; Praça Waldemar Henrique) Englischsprachiges Personal.

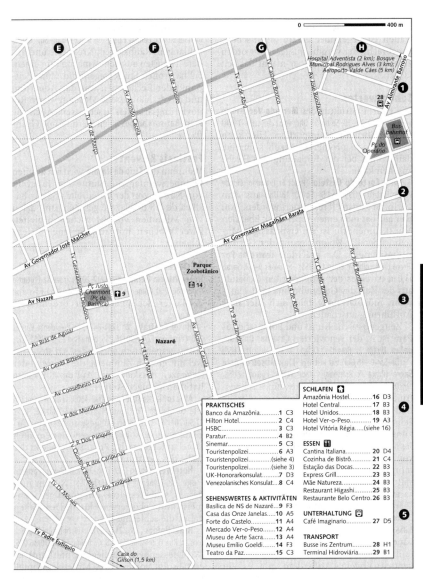

Sinemar (Ecke Av Presidente Vargas & Rua Riachuelo; 1,50 US$/Std.) Internetzugang.

Touristenpolizei (☎ 3212-5525 Durchwahl 39; Praça do Pescador)

Gefahren & Ärgernisse

Der Comércio und Cidade Velha sind für Überfälle berüchtigt, wenn wenig Leute unterwegs sind (nachts und sonntags). Die Einheimischen empfehlen, gebündelt ein paar kleine Geldnoten dabeizuhaben, die man bei einem Überfall aushändigen kann. Sonstiges Bargeld an mindestens drei verschiedenen Orten verstauen! Nachts sollte man immer ein Taxi nehmen. Taschendiebstahl kommt tagsüber häufiger vor, besonders auf dem Mercado Ver-o-Peso. Misstrauen ist gegenüber einem „Deutschen" angebracht, der vorgibt, ausgeraubt worden zu sein, und Geld will – er macht das seit Jahren.

Sehenswertes

Die eiserne Struktur des **Mercado Ver-o-Peso** (☾ Mo–Sa 7.30–18, So bis 13 Uhr) wurde um 1900 aus Großbritannien importiert. Hier kann man gut *açaí* probieren – früh kommen, damit man bei der Entladung der Fische zusehen kann.

Das **Forte do Castelo** (Praça Fr Brandão, Cidade Velha; Eintritt 1 US$; ☾ Di–So 10–18 Uhr) aus dem 17. Jh. ist kunstvoll restauriert worden. Von hier aus hat man einen super Blick über den Markt. Innendrin ist ein erstklassiges Museum über die Kolonisierung der Gegend zu besichtigen. Das prächtige **Teatro da Paz** (Praça da República; Eintritt 2 US$; ☾ Di–Fr 9–17, Sa bis 13 Uhr) ist eines der großartigsten Gebäude aus der Zeit des Gummibooms in Belém – wenn möglich sollte man sich hier eine Aufführung anschauen.

Zeitgenössische Kunst und Fotografie aus Pará ist in der renovierten **Casa das Onze Janelas** (Praça Fr Brandão, Cidade Velha; Eintritt 1 US$; ☾ Di–So 10–18 Uhr) zu sehen. Das **Museu de Arte Sacra** (Praça Fr Brandão, Cidade Velha; Eintritt 2 US$; ☾ Di–So 10–18 Uhr) besteht aus einer rekonstruierten Version von Beléms erster Kirche und einem angrenzenden Bischofspalast. Es zeigt hervorragende indianische Schnitzkunst. Die **Basílica de NS de Nazaré** (Praça da Basílica, Nazaré; ☾ Di–So 7–12 & 15–19 Uhr, Mo 15–19 Uhr) von 1909 hat schöne Innenräume aus Marmor und beherbergt eine winzige Wunderstatue der Jungfrau von Nazaré, die in Nazareth angefertigt worden sein soll.

Im Park **Mangal das Garças** (Praço do Arsenal, Cidade Velha; Eintritt in den Park frei, 4 Sehenwürdigkeiten 3 US$; ☾ Di–So 10–18 Uhr) am Fluss steht ein Gebäude voller einheimischer Schmetterlinge und Kolibris und ein weiteres mit frei fliegenden Vögeln. Außerdem gibt es ein Schiffsmuseum und einen 47 m hohen Aussichtsturm.

Der viktorianische **Bosque Municipal Rodrigues Alves** (Av Almirante Barroso; 0,50 US$; ☾ Di–So 8.30–17 Uhr) ist ein 15 ha großes Stück Regenwald im großartigen Stil alter botanischer Gärten. Hier gibt es Aras, Nasenbären, Affen und die größten Wasserlilien der Welt. Die Einheimischen treiben im Park Frühsport. Im **Museu Emílio Goeldi** (Av Governador Magalhães Barata; Eintritt 1 US$; ☾ 9–17 Uhr Di–So) leben Schlangen, Raubkatzen, Krokodile und andere Tierarten aus dem Amazonas in einem 5,2 ha großen Stück Regenwald. Zum Zeitpunkt der Recherchen war das Aquarium und das archäologische Museum wegen Renovierungsarbeiten geschlossen. Auch die **Praça Batista Campos** ist eine erholsame Grünfläche.

Festivals & Events

Während des **Círio de Nazaré** wird am zweiten Oktobersonntag die Statue der Jungfrau von Nazaré von der Catedral da Sé zur Basílica de NS de Nazaré gebracht und dabei von Millionen von Menschen begleitet. Zwei Wochen mit ausgelassenen Feiern folgen.

Schlafen

Hotel Vitória Régia (☎ 3212-2077; Travessa Frutuoso Guimarães 260, Comércio; EZ/DZ 13/16 US$; ✸) Ein abgetakelter Schuppen hinter ordentlicher Fassade.

Hotel Central (☎ 3241-8477; Av Presidente Vargas 290, Comércio; EZ/DZ 20/25 US$, ohne Bad 13/19 US$) Ein etwas gespenstisch wirkendes Art-déco-Juwel mit großen Zimmern, die während der Regenzeit nasskalt sind. Auf der Rückseite hat man weniger Straßenlärm.

Amazónia Hostel (☎ 4008-4800; www.amazoniahostel.com.br; Av Gov José Malcher 592, Nazaré; B/DZ 17,50/20 US$) Die gut ausgestattete neue Jugendherberge ist in einem renoviertem alten Hotel untergebracht. Praktische Lage in der Nähe des Zentrums.

Hotel Ver-o-Peso (☎ 3241-2022; Boulevard Castilhos França 208, Comércio; EZ/DZ 25/30 US$; ✸) Ein modernes, sauberes Hotel mit günstigen Zimmern und dekorierten Fluren. Der Haken dabei: die schlechte Lage.

Hotel Unidos (☎ 3252-1891/1411; hotel.unidos@bol.com.br; Rua Ó de Almeida 545, Campina; EZ/DZ 30/36 US$; ✸) Die saubere, gepflegte Unterkunft ist ein absolut vorzeigbares Mittelklassehotel, das 10 % Rabatt bei Barzahlung gibt. Gute Lage.

Essen

Belém ist bekannt für sein *pato no tucupi* (Ente in Manioksaft mit leckerer *jambu*-Blätter-Sauce), *tacacá* (eine gummiartige Suppe aus Maniokwurzeln, getrockneten Shrimps und *jambu*-Blättern) und *maniçoba* (schwarze Bohnen, Schweinefleisch und Maniokblätter).

Mãe Natureza (Rua Sen Manoel Barata 889, Campina; 10 US$/kg; ☒) Der sterile Raum passt nicht zum einzigartigen vegetarischen Mittagsbuffet. Mãe Natureza macht die Sojamilch selber und benutzt Rohzucker.

Restaurante Higashi (Rua Ó de Almeida 509, Campina; 12,50 US$/kg; ☾ Mo–Fr; ☒) Das kleine japanische Restaurant bietet Mittags- und Abendbuffets, Mittagstisch (2,50–7 US$) und japanisches Abendessen á la carte (7–15 US$).

Cantina Italiana (Travessa Benjamin Constant 1401, Nazaré; Hauptgerichte 9–13 US$; ☒) Die rosafarbenen Wände dieses gemütlichen Pasta- und Pizzarestaurants sind mit gerahmten Fotos und Kunstwerken bedeckt.

Cozinha de Bistrô (Travessa Campos Sales 898, Comércio; Hauptgerichte ca. 10 US$; ☒) Das kuriose und hippe Bistro ist etwas unter die Ebene der Straße abgesunken. Es hat chaotische Möbel und Kunstwerke an den Wänden. Die Tagesgerichte sind lecker und erschwinglich (4,50–7,50 US$) und die Speisekarte ausführlich.

Estação das Docas (Gebäude 2, Av Castilho Franca, Comércio; Mittagsbuffet 11 US$; ☒) Die in einem renovierten Warenlager am Hafen untergebrachten Lokale haben Mittagsbuffets und Abendessen á la carte. Im zweiten Stock gibt's ein teures Pro-Kilogramm-Restaurant. Sitzplätze im Innen- und im Außenbereich mit Blick auf den Fluss.

Empfohlene Mittagsbuffets:

Restaurante Belo Centro (Rua Santo Antônio 264, Comércio; 7 US$/kg; ☾ Mo–Fr)

Express Grill (Rua Sen Manoel Barata 713, Comércio; 12 US$/kg)

REISEN AUF DEM FLUSS

Flussreisen sind ein einzigartiges Amazonasabenteuer. Man sollte aber wissen, dass normale Schiffe immer langsam und voll, oft feucht und miefig, manchmal langweilig und nie bequem sind. Glücklicherweise sind Brasilianer freundlich und die Kultur des Gebiets ist interessant. Wer *forró*-Musik mag, könnte seine Meinung im Verlauf der Reise ändern ... Einige Tipps:

- Flussabwärts geht es viel schneller als flussaufwärts – dafür schippern die Kähne flussaufwärts dichter am Ufer entlang und man bekommt mehr zu sehen.

- Die Schiffe liegen vor der Abfahrt ein paar Tage im Hafen – vor der Entscheidung die Qualität überprüfen.

- Zwischen den verschiedenen Booten variieren die Fahrpreise kaum. Am billigsten sind Tickets an Bord. Die Kapitäne geben Verkäufern meistens einen Minimalpreis vor und wer das Ticket billiger kauft, muss die Differenz an Bord nachzahlen. Deshalb Straßenhändlern mit Spottpreisen aus dem Weg gehen.

- Meistens gibt es *camarotes* (Kabinen) für zwei bis vier Personen, die mehr Privatsphäre und Sicherheit bieten. Nur eine Kabine mit Ventilator oder Klimaanlage nehmen. *Camarotes* kosten im Allgemeinen so viel wie ein Flug.

- Sobald man an Bord darf, die eigene Hängematte aufspannen (erhältlich auf jedem Markt; Schnur nicht vergessen): Der Motor ist auf der untersten Ebene, die Toiletten sind hinten und an beiden Enden sind die meisten Leute unterwegs. Deshalb ist der ideale Ort für die Hängematte das oberste Deck, in Richtung Bug. Man muss damit rechnen, dass andere ihre Hängematte über oder unter der eigenen aufspannen.

- Regenjacke oder Poncho, Bettlaken oder dünne Decke, Klopapier und Durchfallmittel mitbringen.

- Die im Fahrpreis inbegriffenen Mahlzeiten bestehen hauptsächlich aus Reis, Bohnen und Fleisch sowie Wasser oder Saft. Man sollte ein paar Liter Trinkwasser, Obst und Snacks mitbringen. Mit Tomaten und Zwiebeln lassen sich die Mahlzeiten verbessern.

- Das Gepäck sorgfältig im Auge behalten. Alle Reißverschlüsse schließen, den Rucksack in eine Plastiktüte oder ein Tuch hüllen und mit einer Schnur oder Kette an einem Dachbalken, einem Pfosten oder der Reling festbinden. Wertsachen immer mit sich führen. Die Schiffe legen regelmäßig an – besonders vor und während der Stopps aufpassen.

Ausgehen

Eine garantiert schöne Atmosphäre für einen Drink am Nachmittag und am Abend findet man an der Praça da República und Estação das Docas.

Café Imaginario (Rua Apinagés) Die Wände des kleinen Hauses wurden mit Fingerfarben bemalt und die Fenster stehen weit offen, damit die Klänge von Live-Jazz und Bossa Nova (Dienstag, Freitag und Samstag) nach draußen klingen können. Die Pizza mit *jambu*-Blättern (mittelgroß 10 US$) ist berühmt.

Unterhaltung

Mormaço (Praço do Arsenal, Cidade Velha; ☺ Fr–So) Überdachter, luftiger Landungssteg mit einfacher Bar und ein paar Tischen vor einer kleinen Bühne. Livebands spielen Reggae, Rock, Heavy Metal und sonntagnachmittags den lokalen *carimbo*. Hinter Mangal das Garças.

Pororoca (Av Senador Lemos 3326, Sacramenta; Eintritt 5–7 US$) Ein einfacher aber unglaublich beliebter Tanzclub, der *pagode* (donnerstags), Reggae (sonntags) und *brega* (einen schnellen freien Paartanz aus Pará; freitags) spielt.

Casa do Gilson (Travessa Padre Eutíquio 3172, Condor; ☺ Fr & Sa ab 15, So ab 17.30 Uhr) Der *chorinho* (eine Sambavariation) gibt in diesem Haus mit Blechdach und billigem Bier den Ton an. Zählt zu Beléms bekanntesten Locations für Livemusik.

An- & Weiterreise
BUS

Busse fahren nach São Luís (56 US$, 12 Std., tgl.), Fortaleza (75–82 US$, 25 Std., 1–3-mal tgl.), Recife (105 US$, 34 Std., tgl.), Salvador (119 US$, 36 Std., tgl.), Palmas (66 US$, 19 Std., tgl.), Brasília (112 US$, 34 Std., tgl.) und Rio de Janeiro (120–178 US$, 50–55 Std., 1–2-mal tgl.).

FLUGZEUG

BRA, Gol, Meta, Puma, Rico, TAF, TAM und Total bieten Inlandsflüge von Belém an. Suriname Airways verbindet Belém mit Georgetown (Guyana), der Karibik, Miami und Amsterdam. Air Caraïbes fliegt von Belém nach Cayenne (Französisch-Guyana), in die Karibik und nach Paris.

SCHIFF/FÄHRE

Passagierboote fahren vom Terminal Hidroviária in Belém. (Tickets werden drinnen an Schaltern verkauft). Boote nach Santarém (Hängematte 50–60 US$, 3 Tage) und Manaus (Hängematte 75–110 US$, 5 Tage) fahren montags, dienstags, mittwochs und freitags. Die Boote nach Macapá (Hängematte 40 US$, 23 Std.) fahren montags, mittwochs, freitags und samstags ab. Nähere Infos und Tipps gibt's im Kasten auf S. 435.

ALGODOAL
0xx91 / 1000 Ew.

Algodoal, das isoliert auf der Ilha de Maiandeua liegt, ist ein idyllisches Überbleibsel aus der Geschichte, umgeben von harten, windigen Stränden, Mangrovenwäldern, Dünen und Vegetation. Das rustikale Fischerdorf hat autofreie Sandstraßen, eine sehr einfache touristische Infrastruktur und seit Kurzem auch Strom. Banken sucht man vergeblich.

Das Dorf ist durch einen kleinen Fluss – bei Ebbe kann man ihn durchwaten, es gibt aber auch Kanus – von der **Praia do Farol** und der **Praia da Princesa** getrennt, an denen es eine Reihe von Restauranthütten gibt. Hinter den Stränden liegt die **Lagoa da Princesa.**

Vom Strand bis zur Rua Principal sind es zu Fuß zehn Minuten (es gibt auch Pferdekutschen). Während der Ferien ist in Algodoal recht viel Betrieb.

Algodoal Camping Club (☎ 3229-0848; 5 US$/Pers.) hat schattige Stellplätze. Zelte und Schlafsäcke können ausgeliehen werden. Durch die Wände der einfachen Hütten der **Pousada Kakuri** (☎ 3854-1138; Rua Principal; B 10 US$, Cabañas mit/ohne Bad 15/13 US$) kann man durchschauen. Die entspannte Atmosphäre und der freundliche Besitzer machen die Unterkunft aber anhaltend beliebt. Es werden leckere Fischgerichte serviert.

Bei den ein Stück höher der Straße stehenden **Cabanas do Cesar** (Rua Principal; Cabañas EZ/DZ 7,50/12 US$) vermisst man ein bisschen gute Laune beim Besitzer, ansonsten sind die Hütten gut und sauber, sie haben Moskitonetze und Gemeinschaftsbäder.

Das **Jardim do Éden** (☎ 9967-9010/9623-9690; www.algodoal-amazon-tourism.com; Praia do Farol; Hängematte auf Bad EZ/DZ 12,50/20 US$, ohne Bad EZ/DZ 30/37 US$, Hütte 55/65 US$) vermietet gemütliche Zimmer auf beiden Stockwerken des schönen, vielseitig geschmückten Holzhauses am Strand. Im zweiten Stock gibt's Tische und Hängematten. Die drei einfachen Backsteinhütten umgibt ein geschütztes Naturgebiet. Man spricht Englisch und es werden Touren angeboten. Die vegetarische Platte (7,50 US$) und die anderen Gerichte (12,50 US$) schmecken klasse. Man sollte sich von der Fähre hier absetzen lassen – der Weg durchs Dorf dauert 25 Minuten.

Zur Insel kommt man über Marudá auf dem Festland. Busse nach Marudá fahren am Busbahnhof in Belém (7,50 US$, 3½ Std., 4–5-mal tgl.) ab, schnellere Minibusse (7,50 US$) starten gleich dahinter, und zwar bis etwa 16.30 Uhr. Sie setzen einen am Hafen vom Marudá ab. Von dort fahren Boote nach Algodoal (2 US$, 40 Min.), sobald sich mindestens fünf Passagiere eingefunden haben (dann 10–15 US$). Zurück fahren die Busse und Minibusse vom Hafen bis etwa 16 Uhr.

ILHA DE MARAJÓ
☎ 0xx91 / 250 000 Ew.

Dies 50 000 km² große grüne Insel an der Mündung des Amazonas ist etwas größer als die Schweiz. Die Westseite der Ilha de Marajó ist morastig und unzugänglich – und berühmt für Schlangen und Malaria. Dafür verspricht die Ostseite einen entspannten Besuch. Die Insel ist reich an Pflanzen und Tieren, und in den Restaurants ersetzt Büffelfleisch das sonst übliche Rindfleisch. Marajó ist für seine unbewaffneten, freundlichen Menschen und den *carimbo* bekannt – den farbenprächtigen Tanz aus Pará.

Man sollte in Joanes oder Salvaterra (oder in beiden Orten!) sein Quartier aufschlagen.

Joanes

Joanes liegt Camará am nächsten. Es ist ein kleines Dörfchen mit Resten einer alten Jesuitenkirche und einem schönen Sandstrand. Nutzvieh läuft die grasigen Straßen entlang, an denen es ein paar Läden und Sandwichbuden gibt. Die schöne **Pousada Ventania do Rio-Mar** (☎ 3646-2067; www.pousada ventania.com; EZ/DZ 22/37 US$) steht auf einer windigen Landzunge mit Blick auf den Strand und hat individuell gestaltete Zimmer. Die belgische Besitzerin betreibt eine Büchertauschbörse und verleiht Fahrräder, Motorräder, Pferde und Kanus. Sie organisiert auch günstige Wanderungen, Kanu-Ausflüge, die von Einheimischen geleitet wer-

den, und Touren mit Fischern aus der Region. Etliche Strandrestaurants servieren einfaches Essen zu günstigen Preisen.

Salvaterra

Salvaterra (5800 Ew.) 18 km nördlich von Joanes vermittelt ein eher städtisches Feeling und hat einen anständigen Strand: die Praia Grande. An der Plaza, in der Nähe des Flusses, gibt's einen Touristeninfostand.

Die zwanglose **Pousada Bosque dos Aruãs** (☎ 3765-1115; Segunda Rua; EZ/DZ 25/30 US$; ☒) steht auf einem Felsvorsprung und vermietet gute, einfache Holzhütten auf Pfählen in einem schönen natürlichen Hof. Das zugehörige Restaurant serviert phantastisch schmeckende Fleisch- und Fischgerichte (für 2 Pers. 5–10 US$), Suppen und Salate. Die jungen Besitzer sprechen Englisch, kennen sich gut in brasilianischer Musik aus und spielen großartige Sachen. Fahrräder können geliehen werden.

Soure & Umgebung

Soure (17 000 Ew.) ist Marajós inoffizielle Hauptstadt. Es liegt an der Mündung des Rio Paracauari, fast gegenüber von Salvaterra. Die Hauptstraßen sind geteert und von hohen Mangobäumen gesäumt. Der Rest sind grüne Fahrradwege.

Banco do Brasil (Rua 3 zw. Travessa 17 & 18) hat Geldautomaten. **Bimba** (Rua 4 zw. Travessa 18 & 19) verleiht Fahrräder (3 US$/Tag).

Der Töpfer Carlos Amaral stellt traditionelle Aruã- und Marajoara-Keramik her und hat dafür schon einige Preise eingeheimst. Man sollte sich seine **Olaria** (Arbeitsplatz; Travessa 20 zw. Rua 3 & 4) anschauen – dort werden auch kleine, erschwingliche Stücke verkauft. Nachdem man die Straßen von Soure erkundet hat, geht es mit dem Fahrrad weiter zur **Praia Barra Velha** (3 km): der Travessa 14 raus aus der Stadt folgen und durch das *fazenda*-Tor gehen. Etliche einfache Stände verkaufen Getränke und Meeresfrüchte. Nach links geht's zur **Praia de Araruna**, die lang, wahnsinnig schön und fast verlassen ist. Es gibt einen Fluss, der über den Strand fließt, sodass man bei Flut ein Boot braucht. Auf der Rua 4 geht es landeinwärts zur **Praia do Pesqueiro** (11 km), Soures beliebtem Wochenendstrand, auch mit Fischständen.

Die beste Budgetunterkunft ist das **Hotel Araruna** (☎ 8163-7731; Travessa 14 zw. Rua 7 & 8; EZ/DZ

20/30 US$; ☻). Es vermietet saubere, aber langweilige Zimmer. **Paraíso Verde** (Travessa 17 zwischen Rua 9 & 10; Hauptgerichte für 2 Pers. 7–12 US$) serviert köstliche typische Fleisch- und Fischgerichte in einem herrlichen grünen Hof.

Anreise & Unterwegs vor Ort

Boote verkehren zwischen Beléms Terminal Hidroviário und Camará (6,5 US$, 3 Std.) auf der Ilha do Marajó täglich zweimal, sonntags nur einmal. Busse nach Joanes, Salvaterra und Soure sind auf die Ankunft der Boote abgestimmt. Ein paar Kilometer außerhalb von Salvaterra verbinden kleine Motorboote (0,50 US$, 5 Min.) und eine stündlich verkehrende Autofähre (kostenlos) Salvaterra mit Soure. *Mototaxis*, Taxis und unregelmäßige Minibusse – den Fahrplan in der *pousada* erfragen – besorgen den Transport auf der Insel.

MACAPÁ

☎ 0xx96 / 336 800 Ew.

Wer von Französisch-Guyana kommt oder dorthin will, dem wird ein Tag Ruhe im wohlgeordneten Macapá gut tun. Da sich Macapá direkt am Äquator befindet, ist es hier heiß und sehr feucht, doch im angenehmen Hafenviertel verschafft der Wind Abkühlung.

Praktische Informationen

Agência Solnave (Rua Padre Júlio m Lombaerd 48) Fahrkarten für Bootsfahrten hier kaufen.

Bradesco (Rua Cândidoo Mendes 1316) Hat zuverlässige Geldautomaten.

Setur (☎ 3212-5335; Rua Independência 29) Touristeninformation.

TV Som (Av Mendonça Furtado 253; 0,75 US$/Std.) Internetzugang.

Sehenswertes

Die beeindruckende **Fortaleza de São José de Macapá** (Eintritt Av Henrique Galúcio; Eintritt frei; ☼ 9–18 Uhr) wurde zwischen 1764 und 1782 von den Portugiesen gebaut, um sich gegen die aus Guayana eindringenden Franzosen zu verteidigen.

Zu den wichtigsten Ausstellungsstücken des **Museu SACACA de Desenvolvimento Sustentável** (Av Feliciano Coelho 1509; Eintritt frei; ☼ Di–So 9–18 Uhr) zählen Rekonstruktionen der Wohnstätten auf dem Land – von strohbedeckten Hütten bis hin zu Booten. Am bes-

ten kommt man mit einem *mototaxi* (0,75 US$) dorthin.

APITU (Av Mendonça Jr/Rua Azarias Neto; ☼ Mo–Sa 8–12 & 14–18 Uhr) hat eine kleine, aber authentische Sammlung indigener Kunsthandwerksgegenstände.

Schlafen & Essen

Hotel América Novo Mundo (☎ 3223-2819; Av Coaracy Nunes 333; EZ/DZ 15/20 US$, ohne Bad 7,50/12,50 US$; ☻) Freundlicher Service und gute Zimmer – man sollte ein luftiges nach vorne raus nehmen.

Hotel Glória (☎ 3222-0984; Rua Leopoldo Machado 2085; EZ/DZ 29/40 US$; ☻) Adrette Zimmer und warme Duschen.

Peixaria Amazonas (Rua Beira Rio at Rua Macacoari; Hauptgerichte für 2 Pers. 12–15 US$) Hier kann man eine *caldeirada de peixe* – eine Suppe mit Gemüse und großen Stücken Fisch, die für vier reicht –, die Aussicht auf den Fluss und eine frische Brise genießen.

Bom Paladar Kilos (Av Presidente Getúlio Vargas 456; 8 US$/kg; ☻) Ausgezeichnetes Mittagsbuffet, darunter vegetarische Gerichte.

Anreise & Unterwegs vor Ort

BUS

Es fahren täglich ein bis zwei Busse nach Oiapoque (32 US$, 12–24 Std.). Die ersten 250 km sind geteert, danach wird es vor allem in der Regenzeit ungemütlich. Vorher telefonisch Abfahrtzeiten erfragen. „Jardim"- und „Pedrinhas Novo Horizonte"-Busse verbinden Zentrum und **Busbahnhof** (☎ 3251-5045), der sich etwa 3 km nördlich befindet.

FLUGZEUG

Gol, Puma, TAF, TAM und Rico bieten vom Flughafen Macapá 3,5 km nordwestlich des Zentrums Inlandsflüge (normalerweise über Belém) an. TAF fliegt auch nach Cayenne (Französisch-Guyana), Puma nach Oiapoque. Für die Strecke zwischen Flughafen und Zentrum eignen sich Taxis (8 US$) am besten.

SCHIFF/FÄHRE

Boote nach Belém (Hängematte 45 US$, 23 Std.) fahren dienstags, donnerstags und samstags. Es starten täglich drei Boote nach Manaus (Hängematte 150 US$, 5 Tage) via Santarém (60 US$, 3 Tage). Passagierboote legen in Santana an, 25 km südwestlich von

Macapá. Man gelangt mit einem „Santana"-Bus (1,25 US$, 30 Min.) von der Rua Tiradentes (bei Av Mendonça Furtado) dorthin. Ein Taxi von Macapá nach Santana kostet 15 US$. Nähere Infos und Tipps gibt's im Kasten auf S. 435

OIAPOQUE
☎ 0xx96 / 13 000 Ew.

Die abgelegene, nicht besonders angenehme Stadt liegt gegenüber von St. Georges (Französisch-Guyana) am anderen Ufer des Rio Oiapoque

Banco do Brasil und Bradesco unterhalten hier Filialen. Die Hotels sind billiger als in St. Georges. Das **Arizona Hotel** (☎ 3521-2185; Av Coaracy Nunes 551; EZ/DZ 15/20 US$) ist einfach und sauber. Das **Restaurante Beija Flor** (Rua Joaquim C da Silva) serviert ganz gute brasilianische und französische Gerichte.

Oiapoque kann man von Macapá mit dem Bus oder Flugzeug erreichen und umgekehrt (s. gegenüber).

PALMAS
☎ 0xx63 / 151 000 Ew.

Palmas wurde 1989 als Hauptstadt des neuen Bundesstaates Tocantin konzipiert und aus dem Boden gestampft. Die sterile Stadt stand ohne Industrie und damit ohne wirtschaftliche Grundlage da. Nachdem der größte Trubel vorbei war, wandte sie sich deshalb langsam dem Ökotourismus zu. Wer genügend Geld und Zeit hat, sollte hier einen der überraschend vielen guten Ausflüge buchen.

Zu den vielversprechendsten Gebieten zählt die Ilha do Bananal: Feuchtgebiete ähnlich wie im Pantanal treffen hier auf Regenwälder. Auch das Parque Estadual do Jalapão mit seinen Dünen, Schluchten und Wasserfällen Interessantes zu bieten.

EINREISE NACH FRANZÖSISCH-GUYANA

Vor der Ausreise aus Brasilien einen Ausreisestempel bei der **Polícia Federal** (☒ So geschl.) in der Hauptstraße holen, 500 m vom Markt entfernt, bei der Bushaltestelle. Motorboote (7,50 US$, 20 Min.) überqueren den Fluss nach St. Georges in Französisch-Guyana vom Ende der Hauptstraße aus. Infos zur Reise in die Gegenrichtung gibt's auf S. 752. Eine Brücke soll 2007 fertiggestellt sein.

Bananal Ecotour (☎ 3215-4333; www.bananalecotour.com.br; Quadra 103-S, Conjunto 02, Lote 02, Sala 03) organisiert gute Trips.

Das nette **Hotel Serra Azul** (☎ 3215-1505; Rua NO-03 at NS-01; EZ/DZ 11,50/15 US$; ☒) an der Nordseite der Galeria Bela Palma vermietet saubere, aber etwas kleine Zimmer und hat sehr freundliches Personal.

Das **Alvorada Hotel** (☎ 3215-3401; Quadra 103-N, Conjunto 2, Rua NO 1, Lotes 20 & 21; EZ/DZ 20/27,50 US$; ☒) ist eine gute Budgetunterkunft einen Block nördlich der Praça dos Girassó. Die Zimmer im 2. Stock sind die besseren.

In Palmas Einkaufszentrum gleich südlich der Praça dos Girassóis gibt es eine gute Fressmeile.

Gol und TAM bieten Inlandsflüge (meistens über Brasília), die vom Flughafen in Palmas, 28 km vom Zentrum entfernt, abheben. Bus 71, der Expresso Miracema, fährt zum Zentrum (0,50 US$).

Busse fahren nach Alto Paraíso de Goiás (18 US$, 7 Std., tgl.), Brasília (34 US$, 12 Std., tgl.) und Salvador (45 US$, 19 Std., tgl.). Nach Teresina, São Luís und Belém kommt man über Imperatriz (29 US$, 10 Std.). Um zum Zentrum zu gelangen, die Straße vor der *rodoviária* überqueren – fast jeder Bus fährt ins Zentrum und kommt an der Galeria Bela Palma vorbei. Ein Taxi kostet 12 US$.

SANTARÉM
☎ 0xx93 / 200 000 Ew.

Die meisten Traveller eilen von Belém nach Manaus und verpassen das, was sie so dringend sehen wollten: den Amazonas. Ein Zwischenstopp in Santarém ist nicht nur die Unterbrechung einer langen Reise, sondern bietet auch die Gelegenheit, den Regenwald und die Dörfer, die man von der Hängematte auf dem Schiff aus gesehen hat, näher zu erkunden. Santarém selbst ist vielleicht wenig aufregend und nicht weiter bemerkenswert – aber es bietet Zugang zu malerischen Orten am Fluss und zu wundervollen Regenwaldreservaten.

Praktische Informationen
Bradesco (Av Rui Barbosa) Hat Geldautomaten.
Cyber Café (Av Tapajós 418; 1,50 US$/Std.; ☒) Internetzugang bis 23 Uhr.

Sehenswertes & Aktivitäten
Der Amerikaner Steve Alexander führt halbtägige interessante botanische Touren

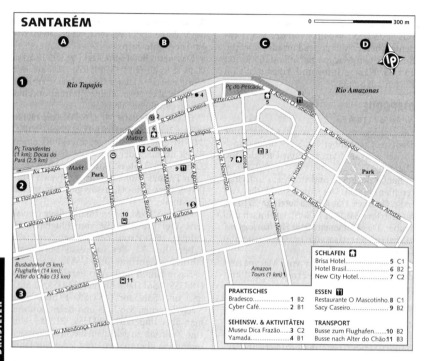

(30–40 US$/Pers.) durch den **Bosque de Santa Lúcia** durch. Er kann viel über Landwirtschaft und die Abholzung des Waldes erzählen. Seine Agentur **Amazon Tours** (☎ 3522-1928; www.amazonriver.com; Travessa Turiano Meira 1084) hat nähere Infos.

Der schwarzteefarbene Rio Tapajós fließt vor Santarém in den milchkaffeebraunen Amazonas. Beide Gewässer treiben ein paar Kilometer lang Seite an Seite vorwärts, ohne sich zu vermischen – denn sie sind verschieden schnell und haben eine andere Dichte und Temperatur. Ein verblüffender Anblick, den man vom Restaurant und Café auf dem Dach des Yamada (Av Tapajós) aus auf sich wirken lassen kann.

Das **Museu Dica Frazão** (Rua Floriano Peixoto 281; ☼ tgl.) leitet die exzentrische, international bekannte 80-jährige Dona Dica selbst. Sie zeigt und verkauft schöne Kleider und Teppiche, die sie aus Wurzelhaaren aus dem Amazonasbecken anfertigt.

Schlafen & Essen

Hotel Brasil (☎ 3523-5177; Travessa dos Mártires 30; EZ/DZ ohne Bad 7,50/15 US$; ✱) Die Unterkunft selber ist super: sauber, mit Plastikblumen dekoriert und sehr sympathisch. Die Zimmer sind aber nicht so super: Die Wände reichen nicht bis zur Decke, der Straßenlärm ist heftig und die Zimmer ohne Klimaanlage haben keine Fenster.

Brisa Hotel (☎ 3522-1018; Av Senador Lameira Bittencourt 5; EZ/DZ 22,50/30 US$; ✱) Die kleinen Zimmer und winzigen Bäder sind modern und steril, aber aufgrund des Preis-Leistungs-Verhältnisses besser als anderswo. Fenster braucht man nicht – sondern die Klimaanlage.

New City Hotel (☎ 3522-0355; Travessa Francisco Corrêa 200; EZ/DZ 25/35 US$; ✱) Die Zimmer variieren in Größe und Qualität. Die Möbel passen nicht zueinander, sind aber bequem. Den überteuerten Preis muss man herunterhandeln.

Restaurante O Mascotinho (Rua Adrian O Pimentel; Hauptgerichte 1,25–6 US$) Pasta, Pizza und Hamburger werden auf einer großen Terrasse mit Blick auf den Fluss serviert.

Esquina do Jardim (Travessa Francisco Correa; 3 US$/Pers.) Ein einfaches Mittagsbuffet mit einer guten Auswahl gegrillter Fleischgerichte. Innen- und Außenbestuhlung.

Sacy Caseiro (Rua Floriano Peixoto 521; 9 US$/kg; 🔀)
Für so einen abgelegenen Ort bietet dieses
Mittagsbuffet eine tolle Auswahl – leider in
einem öden Saal.

Anreise & Unterwegs vor Ort

BUS
Mittwochs und samstags fährt ein Bus nach
Cuiabá (124–132 US$, ca. 3 Tage). Die Ab-
fahrtzeiten sind unregelmäßig, weil nur die
ersten 84 km von Santarém nach Süden
asphaltiert sind und die Busse für die restlichen 700 km in der Regenzeit schon mal
eine Woche brauchen können.

FLUGZEUG
Gol, Meta, Puma, Rico, TAM und Total unterhalten Inlandsflüge nach Santarém. Der
Flughafen liegt 14 km westlich vom Zentrum. Ein Taxi kostet 15 US$. Der „Aero-
porto"-Bus (0,50 US$, 40 Min.) verkehrt
unregelmäßig vom frühen Morgen bis etwa
18 Uhr – am Informationsschalter im Flughafen gibt es Fahrpläne, alternativ an der
Bushaltestelle in der Av Rui Barbosa einen
fiscal fragen.

SCHIFF/FÄHRE
Schiffe nach Manaus (Hängematte 30–
40 US$, 2 Tage, Mo–Sa) und Belém (Hänge-
matte 40–50 US$, 3,5 Std., Do–So) fahren ab
Docas do Pará, 2,5 km westlich vom Stadtzentrum. Alle Ticketschalter am Eingang
verkaufen Fahrkarten für dieselben Schiffe.
Zum Zeitpunkt der Recherche hatte AJATO
den Schnellbootservice nach Manaus eingestellt. Schiffe nach Macapá (45–62 US$,
36 Std., tgl.) legen an der Praça Tiradentes
1 km östlich vom Zentrum ab. Infos und
Tipps gibt's im Kasten auf S. 435.
   Der Minibus „Orla Fluvial" pendelt bis
19 Uhr alle 20 Minuten zwischen dem Zentrum und beiden Häfen. Der Bus „Circular
Esperanza" fährt vom Zentrum direkt zu
den Docas do Pará, auf dem Rückweg macht
er allerdings einen großen Umweg. Ein Taxi
kostet 6 US$.

RUND UM SANTARÉM
Floresta Nacional (FLONA) do Tapajós
Der 6500 km² große geschützte Regenwald
am Rio Tapajós ist für seine riesigen Bäume
bekannt, darunter den *sumaúná* (eine Art
Kapokbaum). In der Regenzeit besiedeln
regelmäßig Tiere die *igarapés* (Kanäle zwi-

schen Flüssen) und *igapós* (überflutete Wälder): Relativ häufig bekommt man Faultiere,
Affen, Flussdelphine und Vögel zu sehen.
Für die Einheimischen ist Kautschuk eine
wichtige Einnahmequelle und man kann
Latexfabriken besichtigen. Der FLONA bietet zwar nicht die Atmosphäre eines tiefen
Urwalds – wie das westliche Amazonasbecken –, ist aber trotzdem sehr schön. Agenturen in Santarém und Alter do Chão organisieren Ausflüge, man kann aber auch auf
eigene Faust hinfahren.
   In zwei Gemeinden im FLONA – Maguary und Jamaracuá – kann man in Privathäusern übernachten. Es gibt keinen Strom,
kein fließend Wasser und keine Innentoi-
letten. Man schläft (Hängematte mitbringen!) und isst (meistens Fisch und Reis) mit
der Familie. Wasserflaschen, Klopapier, Taschenlampe und zusätzliche Lebensmittel
sollte man mitbringen.
   Wer den FLONA besuchen will, muss
sich ein Ticket (1,50 US$/Pers. & Tag) bei
IBAMA (☎ 0xx93-3523 2964; Av Tapajós 2267; 🕒 Mo–Fr
7–12 & 14–19 Uhr) besorgen. Für den Park ist
ein Führer Pflicht. Zu den Kosten für eine
Wanderung (15 US$/Gruppe) und eine Ka-
nufahrt (8 US$/Boot) kommt eine Gemein-
desteuer dazu (2,50–5 US$/Pers.).
   Busse nach Maguary (2,50 US$, 3–4 Std.)
fahren montags bis samstags von der Av São
Sebastião in der Nähe des Telemar-Gebäu-
des ab. Am Haus von Sr Adalberto oder Sr
Almiro aussteigen. Sie kontrollieren den
Park und organisieren Führer.

ALTER DO CHÃO
☎ 0xx93 / 7000 Ew.
Alter do Chão hat weiße Sandstrände und
eine tropische Atmosphäre. An kaum einem
anderen Ort in Amazonien kann man besser entspannen. Die Strände sind zwischen
Juni und Dezember am breitesten, aber man
kann zu jeder Jahreszeit herkommen.
   Das einfache Dörfchen liegt am Rio Tapajós in der Nähe des malerischen **Lago
Verde**. Es ist von Regenwäldern umgeben,
die in unterschiedlichem Maße geschützt
sind, darunter im FLONA do Tapajós (s.
linke Spalte). Gut zu erreichen ist auch der
Rio Arapiunes, der wegen seiner Strände und
seines Wassers „Karibik des Amazonas"
genannt wird – und das ist nur ein bisschen
übertrieben.
   Es gibt keine Banken.

Aktivitäten

Auf dem Lago Verde kann man allein oder mit Führer Kajak und Kanu fahren (Leihgebühr 1,50 US$/Std.). Beim coolen **Mãe Natureza** (☎ 3527-1264; www.maenatureza.com; Praça Sete de Setembro) gibt es alles – von der achttägigen Bootsfahrt auf dem Fluss über Wander-, Schnorchel- und Angelausflüge bis zu kulturellen Exkursionen rund um Alter (15–43 US$), darunter auch in das FLONA-Reservat. Mãe Natureza ist argentinisch, das Personal spricht mehrere Sprachen und vermittelt auch englischsprachige Führer. Im Nachbarhaus hat **Vento em Popa** (☎ 3527-1379; ventoempopa@netsan.com.br) seinen Sitz: ähnliches Angebot plus Fahrradverleih (15 US$/Pers.) und Touren im Geländewagen.

Festivals & Events

In Alter do Chão wird es zur **Festa do Çairé** voll; bei dem volkstümlichen Fest werden in der zweiten Septemberwoche Tanz und Umzügen dargeboten.

Schlafen & Essen

Traveller und interessante Einheimische versammeln sich nach Einbruch der Dunkelheit auf dem Hauptplatz.

Albergue da Floresta (☎ 9928-8888; www.alberguepousadadafloresta.com; Travessa Antônio Pedrosa; Hängematte 10 US$/Pers., DZ im Chalet 25 US$) Die Unterkunft ist sehr entspannt und liegt in einem dicht bewachsenen Garten. Es gibt Hängematten (mit Moskitonetz) in einem offenen Pavillon mit Strohdach und einfache, aber bequeme Hütten, außerdem eine Gästeküche. Die Besitzer sind coole, internationale Hippies.

Pousada Vila Praia (☎ 3527-1346; Av Copacabana; EZ/DZ 15/22 US$, Chalet 30–35 US$; 🎱) Die *pousada* besteht aus zwei engen Reihen von Hütten mit Veranda und Hängematte. Die Zimmer sind einfach, die Chalets mit zwei Zimmern eignen sich jedoch super für drei bis fünf Leute.

Pousada Tia Marilda (☎ 3527-1144/1131; Travessa Antônio A Lobato 559; EZ/DZ 16,50/20 US$; 🎱) Die freundliche, einfache Unterkunft ist irgendwie niedlich und bemüht, die einigermaßen großen Zimmer schön zu dekorieren. Die Räume im Obergeschoss sind luftiger und größer.

Tribal (Travessa Antônio A Lobato; Hauptgerichte 4–6 US$) und **Farol da Vila** (Rua Jo Caisi de Arrimo; Hauptgerichte 4–6 US$) servieren typische Fleischgerichte, die super und wie selbstgemacht schmecken.

Shoppen

Arariba (Travessa Antônio A Lobato) Das hervorragende Kunstgeschäft verkauft Werke von acht indigenen Amazonas-Stämmen.

An- & Weiterreise

Busse nach Alter do Chão (0,90 US$, 1 Std., 8-mal tgl.) starten ab Santarém von 5 bis 18 Uhr vor dem Telemar-Gebäude in der Av São Sebastião oder von der Praça Tiradentes. Vom Flughafen fährt man mit dem Bus nach Santarém und steigt im ersten Stadtviertel bei der *garagem do Perpetuo Socorro* gegenüber vom Supermercado O Gauchinho aus. Dann überquert man die Straße und hält einen Bus nach „Alter do Chão" an.

MANAUS

☎ 0xx92 / 1,67 Mio. Ew.

Manaus hat eine merkwürdige Anziehungskraft, vermutlich wegen seiner isolierten Lage tief im mythischen Amazonasgebiet. In Wirklichkeit ist die Stadt aber ziemlich unromantisch. Abgesehen von den Überbleibseln aus dem Gummiboom Ende des 19. Jhs., als Manaus das „Paris der Tropen" war, hat die Stadt wenig zu bieten. Wer allerdings in den Regenwald will, hat hier den richtigen Ausgangspunkt. Und wer sich hier aufhalten muss, kann sich an der Tatsache berauschen, dass Manaus ein internationaler Hafen ist, der 1500 km vom Meer entfernt liegt! Alle Baustoffe für die Stadt mussten per Schiff diesen langen Weg transportiert werden. Infos über Ausflüge in den Dschungel und Unterkünfte dort stehen auf S. 448.

Orientierung

Südlich vom Teatro Amazonas und eingefasst von einem U, das die Av Epaminondas, Av Floriano Peixoto und Av Getúlio Vargas bilden, liegt das Einkaufsviertel. Hier geht es tagsüber laut zu, nachts und sonntags ist es aber menschenleer (außer auf den Plätzen). Das Gleiche gilt für das Gebiet zwischen der Rua dos Andradas und dem Fluss. Die Praça da Matriz ist nachts ziemlich zwielichtig. Die Zona Franca ist es weniger – aber trotzdem fühlt man sich hier nicht wohl. Rund um das Teatro Amazonas ist alles ein bisschen gehobener.

DER WEG INS ZENTRUM

Der Flughafen liegt 13 km nördlich vom Zentrum. Der Bus 306 mit der Zielangabe „Aeroporto Centro" (0,90 US$, 30 Min.) fährt grob jede halbe Stunde; er verkehrt bis 23 Uhr. Taxis kosten offiziell 21 US$, können aber von der Bushaltestelle am Flughafen billiger sein.

Der Busbahnhof liegt 6 km nördlich vom Zentrum und einen kurzen Fußweg von den wichtigsten Busstrecken entfernt. Man überquert die Fußgängerbrücke vor dem Busbahnhof, geht mit der Menge zur nächsten Bushaltestelle und nimmt einen der Busse, die auf der Tafel unter „Centro" aufgelistet sind. Ein Taxi kostet 10 US$.

Praktische Informationen

GELD
Amazônia Cambio e Turismo (Av Sete de Setembro 1251; Mo–Fr 9–17, Sa bis 12 Uhr) Wechselt Euro, US-Dollar und Reiseschecks.
Bradesco (Av Eduardo Ribeiro)
HSBC (Rua Dr Moreira 226) 24-Std.-Geldautomaten.

INTERNETZUGANG
Aca On-Line (Rua Guilherme Moreira; 1,50 US$/Std.;)
Amazon Cyber Café (Ecke Rua Getúlio Vargas &10 de Julho; 1,75 US$/Std.;) Bis nachts geöffnet.
Speed Cyber Café (Rua dos Andradas 408; 1 US$/Std.;)

MEDIZINISCHE VERSORGUNG
Unimed (3633-4431; Av Japurá 241)

NOTFALL
Politur (3231-1998; CAT, Av Eduardo Ribeiro)

POST
Hauptpost (Rua Marcílio Dias 160)

TOURISTENINFORMATION
Amazonastur Flughafen (0800-280-8820, 3652-1120); Centro de Atendimento ao Turista (CAT; 3622-0767; Av Eduardo Ribeiro); Estação Hidroviário (3233-8698; im PAC) Auch am Busbahnhof.

Gefahren & Ärgernisse
Am Flughafen lungern Schlepper, die einem Regenwaldtouren und Unterkünfte

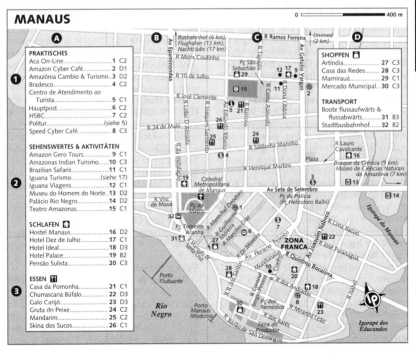

andrehen wollen – einige haben sich dann auf der Fahrt als Räuber entpuppt. Nach 23 Uhr sollte man sich vom Hafen und der Praça da Matriz fernhalten. Wer nachts mit dem Schiff ankommt, nimmt am besten ein Taxi zum Hotel, denn Überfälle sind nicht selten.

Sehenswertes

Das gemütliche **Teatro Amazonas** (Eintritt 5 US$; ☺ Mo–Sa 9–20.30 Uhr) aus dem 19. Jh. verkörpert wie kaum ein anderes Gebäude in Amazonien den Reichtum, der während des Gummibooms angehäuft wurde. Man engagiert entweder einen englischsprachigen Führer oder schließt sich der Tour der Theatergruppe Livro Vivo an, die in portugiesischer Sprache die Geschichte lebendig werden lässt. Am besten eine Aufführung anschauen – sonntagnachmittags geht das kostenlos. Und auf dem Vorplatz findet fast jeden Abend kostenlose Veranstaltungen statt.

Im **Museu de Ciências Naturais da Amazônia** (Estrada Belém s/n, Colônia Cachoeira Grande; Eintritt 6 US$; ☺ Mo–Sa 9–12, 14–17 Uhr) sind ausgestopfte Tiere, Fische und Insekten zu sehen, darunter erstaunliche Schmetterlinge und Käfer. Die Sammlung ist klein, aber fein und gibt einen guten Einblick in die einzigartige Fauna der Region. Von der Praça da Matriz oder dem Bosque da Ciência Bus 519 nehmen. Von der Bushaltestelle den „Museu"-Schildern folgen (10 Gehminuten).

Im friedlichen **Bosque da Ciência** (Forest of Science; Rua Otávio Cabral; Eintritt 1 US$; ☺ Di–So 9–16 Uhr) tummeln sich Riesenotter, Manatis, Kaimane, Schildkröten, Affen, Faultiere und andere Tiere in einem 130 km² großen Regenwaldareal. Ab Praça da Matriz Bus 519 nehmen.

Das **Museu do Homem do Norte** (Av Sete de Setembro 1385; Eintritt 1,50 US$; ☺ Mo–Fr 9–12 & 13–17 Uhr) zeigt ethnologische Exponate über die Menschen der Region, vor allem die am Fluss siedelnden *caboclos*. Der schmucke **Palácio Rio Negro** (Av Sete de Setembro 1546; Eintritt frei; ☺ Di–Fr 10–17, Sa 16–20 Uhr) war die Villa eines Gummibarons und ist heute ein Kulturzentrum, in dem zeitgenössische Kunst ausgestellt und Konzerte stattfinden.

Proben für das Fest **Bumba Meu Boi** finden von September bis Juni freitags und samstags im *sambódromo* statt. Nähere Infos hat Amazonastur.

Aktivitäten

Der **Encontro das Águas** (Zusammenfluss der Gewässser) ist die Stelle, wo der dunkle Rio Negro auf den milchkaffeebraunen Rio Solimões trifft. Beiden fließen mehrere Kilometer nebeneinander her, ohne sich zu vermischen – was an der unterschiedlichen Geschwindigkeit, Dichte und Temperatur der beiden Flüsse liegt –, bevor sie sich schließlich zum eigentlichen Amazonas vereinen. Viele Regenwaldausflüge führen zum Encontro. Wenn es die gebuchte nicht tut – man kann mit einem bei Associação dos Canoeiros (S. 393) gemieteten Boot hinfahren oder die Stelle bei einem Ausflug von Ponta do Catalão, 12 km östlich des Zentrums, nach Careiro anschauen: Den Bus Nr. 713 an der Praça da Matriz nach Ponta do Catalão (Endhaltestelle) nehmen und von dort ein Motorboot (3 US$, 40 Min.) oder die stündlich fahrende Autofähre (kostenl.) benutzen. Careiro ist ein idyllischer und sehenswerter Ort.

Schlafen

Die meisten Budgetunterkünfte von Manaus sind qualitativ minderwertig. Ideale Unterkünfte gibt's in der Nähe des Teatro Amazonas.

Pensão Sulista (☎ 3234-5814; Av Joaquim Nabuco 347; EZ/DZ 10/15 US$; ⊠) Mietskasernenähnliche, sehr einfache Zimmer, die in einem ganz hübschen alten Gebäude untergebracht sind. Hohe Decken.

Hotel Ideal (☎ 3622-0038; Rua dos Andradas 491; EZ/DZ 11/16,50 US$; ⊠) Im mehrstöckigen Block gibt's einfache Zimmer, die mit einer grauweißen Hochglanzfarbe angestrichen sind – ideal! Nach einem Zimmer mit Fenster fragen. Es ist zwar etwas steril, aber unendlich besser als die schäbigen Alternativen in dieser Preisklasse. Drumrum stehen noch andere Budgethotels.

Hostel Manaus (☎ 3233-4545; www.hostelmanaus. com; Rua Lauro Cavalcante 231; B 11,50 US$) Die Jugendherberge der australischen Besitzer wurde während der Recherchen zu diesem Buch gerade eröffnet. Umgebautes Haus mit Küchennutzung.

Hotel Dez de Julho (☎ 3232-6280; www.hoteldez dejulho.com; Rua 10 de Julho 679; EZ/DZ 25/27,50 US$; ⊠) Das vierstöckige Hotel, das sich hinter einer großen, sauberen Lobby befindet, bietet eine große Vielfalt an einfache Zimmern mit modernen Einrichtungen. Die zwei Innenhöfe sind mit tropischen Wandgemälden verziert. Kann laut werden. Eine billigere, aber schlechtere Alternative gibt's gleich nebenan.

Hotel Palace (☎ 3622-4622/4623; www.hotelpalace. brasilcomercial.com; Av 7 de Setembro 593; EZ/DZ 32,50/42,50 US$; 🔀) Eine grüne, verzierte Fassade aus dem frühen 20. Jh. schirmt die großen, hellen Zimmer mit Holzmöbeln ab. Die Badezimmer haben schon ein gutes halbes Jahrhundert auf dem Buckel und sind ziemlich klein. Die ruhigsten Zimmer liegen an der Praça da Matriz.

Essen
Nachts und an Sonntagen findet man an der Praça Heliodoro Balbí und der Praça São Sebastião gute Möglichkeiten zum Essen. Tipp: *tacacá*, eine gummiartige Suppe aus Maniokwurzeln, getrockneten Shrimps und leckeren *jambu*-Blättern, an den Straßenständen probieren!

Skina dos Sucos (Ecke Av Eduardo Ribeiro & Rua 24 de Maio; Sandwiches & Snacks 0,25–4 US$) An der betriebsamen Theke kriegt man Sandwiches und Snacks zum Mittagessen. Eignet sich bestens, um frischen amazonischen Fruchtsaft wie *açaí* zu probieren.

Gruta do Peixe (Rua Saldanha Marinho 609; 5,50 US$/ kg, Hauptgerichte 7 US$) Zur Mittagszeit ist es in diesem höhlenähnlichen Keller etwas voll und von dem Grill verraucht, auf dem Fleisch gebrutzelt wird. Bekannt für die Fischgerichte.

Casa da Pamonha (Rua Barroso 375; 9 US$/kg; 🔀) Das vegetarische Mittagsbuffet ist im Gegensatz zum Speisesaal kreativ und geschmackvoll. Die beste Auswahl hat man kurz vor 12 Uhr. Snacks gibt's den ganzen Tag über.

Galo Carijó (Ecke Rua dos Andradas & Rua Pedro Botelho; Hauptgerichte für 2 Pers. 10–17 US$) In dem zwanglosen Restaurant dreht sich alles um gebratenen Fisch.

Mandarim (Rua Joaquim Sarmento 224; 11 US$/kg, Hauptgerichte 7–9 US$; 🔀) Chinesisches Restaurant mit Mittagsbuffet – chinesische, japanische und brasilianische Gerichte.

Churrascaria Búfalo (Av Joaquim Nabuco 628; 20 US$/ Pers.; 🔀) Obwohl das Lokal in keinem tollen Viertel liegt, treffen sich im Búfalo eher elegante Leute, um ein stilvolles Mittagessen und zum Abendessen *rodízio* (all you can eat) zu genießen. Letzteres besteht aus einem umfangreichen Buffet (mit Sushi!).

Das Fleisch wird an Spießchen an den Tisch gebracht. Das Bufolete, die pro-Kilogramm-Version (11,50 US$), gibt's gleich nebenan.

Ausgehen
Um im Zentrum auszugehen, eignet sich die Gegend rund um das Teatro Amazonas für Erwachsene und Kinder am besten. Freitag- und samstagabends trifft man sich auf der Praça da Polícia und der Praça da Saudade, auf der es Imbiss- und Getränkestände ihre Waren verkaufen.

Ponta Negra (13 km vom Zentrum) hat eine Art Uferpromenade mit Bars und Restaurants. Viele der coolen Nachtlokale von Manaus sind in der Estrada de Ponta Negra direkt am Beginn dieser Gegend.

Unterhaltung
Coração Blue (Estrada de Ponta Negra 3701, Ponta Negra) Der Tanzclub spielt jeden Abend die unterschiedlichste Musik.

Aomirante (Rua Padre Agostinho Caballero, Santo Antonio) Bekannt für seine Reggae-Nächte am Sonntag.

Tulipa Negra (Rua Recife 2515, Flores; Do–Sa) Hier gibt's Liverock und manchmal Blues.

Shoppen
Mercado Municipal (Mo–Sa 6–18, So bis 12 Uhr) Der große, gusseiserne Jugendstil-*mercado* wurde 1882 eröffnet. Hier kann man Heilkräuter aus Amazonien und Kunsthandwerk erstehen.

Mamirauá (Rua 10 de Julho 495) Verkauft hochwertige Körbe und Matten.

An- & Weiterreise
BUS
Fünf Busse fahren täglich nach Boa Vista (40–45 US$, 12 Std., 5-mal tgl.). Ein täglicher Direktbus nach Caracas in Venezuela (114 US$, 36 Std.), der in Santa Elena de Uairén (71 US$, 16 Std.) und Puerto La Cruz (103 US$, 32 Std.) hält, fährt normalerweise nur im Sommer.

Der Transport in Richtung Süden nach Porto Velho wurde auf unbestimmte Zeit eingestellt.

FLUGZEUG
Gol, Meta, Rico, TAF, TAM, Total und Trip bieten Inlandsflüge von Manaus an. LAB verbindet Manaus mit Lateinamerika und Miami, TAM fliegt direkt nach Miami.

Kleinere Fluglinien benutzen das Terminal 2, „Eduardinho", das sich etwa 600 m östlich von Terminal 1 befindet.

SCHIFF/FÄHRE

Die großen Passagierboote benutzen den Estação Hidroviária (auch Porto Flutuante genannt). Innen verkauft die Agência Rio Amazonas Tickets für die meisten der Boote. Die Jungs auf der Straße verkaufen die Tickets vielleicht billiger, aber wenn etwas damit nicht stimmt, hat man Pech gehabt. Hängematten bekommt man bei **Casa das Redes** (Rua Rocha dos Santos). Nähre Infos und Tipps s. Kasten S. 435.

Ziel	Dauer	Kosten (US$)	Häufigkeit
Belém	3½ Tage	Ober-/Unterdeck 118/108	Mi & Fr
Porto Velho	4 Tage	Ober-/Unterdeck 101/97	Di & Fr
Santarém	30–36 Std.	Ober-/Unterdeck 57/49	Di–Sa
Tabatinga	6½ Tage	Oberdeck 134	Di, Mi, Fr & Sa

AJATO bietet dienstags eine schnelle Bootsverbindung nach Tabatinga (150 US$, 34 Std.); los geht's am Porto Manaus Moderna, wo auch Tickets verkauft werden. Zum Zeitpunkt der Recherche war die Fahrt nach Santarém gestrichen. Traveller berichten, dass die Schnellboote zu schnell sind und die Fahrt nicht gerade angenehm ist.

Unterwegs vor Ort

Alle Busse, die ins Zentrum fahren, kommen an der Praça da Matriz vorbei, machen einen Schlenker auf die Av Floriano Peixoto und fahren dann nach rechts auf die Av Sete de Setembro oder weiter geradeaus auf die Av Getúlio Vargas. Zwischen 13 und 14 Uhr und zwischen 17 und 19 Uhr sind die Straßen in der Innenstadt brechend voll.

RUND UM MANAUS
Ausflüge in den Dschungel

Viele Traveller glauben, dass sie in Amazonien den Wildtieren so nahe kommen, dass sie hochglanzmagazinreife Fotos von ihnen schießen können. Und dass sie gleich außerhalb Manaus auf Eingeborene mit Speeren treffen. Das ist aber bei Weitem nicht so. Die Vegetation ist zu dicht, die

Tiere zu scheu und die kulturelle Kluft zu groß. (Um „unzivilisierte" Gemeinschaften kennenzulernen, muss man eine Expedition von einer Woche und mehr auf sich nehmen.) Auf einem typischen Ausflug begegnen einem rosa und graue Flussdelphine, Krokodile, Affen und jede Menge Vögel, darunter Aras und Tukane. Faultiere gibt es relativ häufig. Seekühe, Riesenschlangen und Jaguare sind dafür selten zu sehen. Man bekommt einen Sinn dafür, wie diese Tiere sich bewegen und wo sie sich aufhalten. Je abgelegener, unbewohnter und unberührter die Gegend ist, umso besser lassen sich die wilden Tiere beobachten.

Der typische Dschungelausflug dauert zwei bis vier Tage, aber es gibt auch alle möglichen anderen Variationen. Normalerweise wird man Piranhas angeln, bei Nacht Krokodile beobachten, sich während einer kleinen Wanderung durch den Regenwald informieren lassen und einmal im Regenwald campen. Mit dem Kanu durch die *igarapés* (Kanäle zwischen den Flüssen) und die *igarapós* (überschwemmte Wälder) zu fahren – hier gibt es mehr Tier- und Pflanzenarten – ist ein absolutes Muss und einer der Gründe, warum die Hochwasserperiode (ca. März–Juli) die beste Zeit für einen Besuch ist.

In und an „weißen Flüssen" wie in der Region um den Lago Mamorí scheinen mehr Tiere zu leben als in Gebieten mit „schwarzen Flüssen" wie dem Rio Negro. Hier gibt es aber auch mehr Moskitos und die Vegetation ist etwas dichter, was es schwerer macht, Wildtiere überhaupt zu sehen.

Folgende Dinge sind bei der Auswahl von Ausflügen zu beachten:

- die Sprachkenntnisse des Führers;
- die Erfahrung des Führers hinsichtlich des Ökosystems des Ausflugsziels;
- die Größe der Gruppe;
- das Verhältnis von Reisezeit und der Zeit, die man am Zielort verbringt;
- die Zeit, die man in einem Boot ohne Motor verbringt;
- Rettungswesten;
- die Kosten für außergewöhnliche Trips.

Man braucht robustes Schuhwerk oder Stiefel, lange Hosen, ein langärmeliges Hemd, einen Regenmantel, Mückenschutzmittel, eine Taschenlampe und eine Wasserflasche.

Ein Fernglas mit starker Vergrößerung macht das Erlebnis noch intensiver. Pass mitnehmen!

GEFAHREN & ÄRGERNISSE

Auf einem Regenwaldtrip außerhalb von Manaus ist schon alles mögliche passiert. Man sollte bedenken, dass man seine persönliche Sicherheit in einer unbekannten, oft abgelegenen natürlichen Umgebung in die Hände eines anderen legt. Am besten wählt man eine Reiseagentur oder nur solche Führer aus, die bei Amazonastur (s. S. 443) zugelassen sind. Etliche Agenturen haben abgelaufene oder mittlerweile entzogene Zertifikate – deshalb ihre Registrierung persönlich überprüfen! Wer bei einer zugelassenen Reiseagentur oder einen zugelassenen Führer bucht, hat eine größere Chance, sein Geld wiederzubekommen, wenn etwas schief gehen sollte. Außerdem schützt man andere vor unerfreulichen Erlebnissen. Wer sich für einen nicht registrierte Agentur oder einen Führer entscheidet, sollte sich vorher über deren Ruf informieren. Frauen sollten nur in Gruppen von drei oder mehr Personen teilnehmen, um nicht mit dem Führer allein in einer abgelegenen Gegend zu landen.

ABZOCKE

In Manaus gibt es mehr Betrüger als sonst irgendwo in Brasilien. Bevor man irgend jemandem sein Geld anvertraut, sollte man die Reiseagentur, für das der Anbieter arbeitet, persönlich aufsuchen. Wenn es sich wirklich um einen autorisierten Anbieter handelt, bekommt er auch so seine Kommission. Da der Konkurrenzdruck in diesem Geschäft härter geworden ist, sind einige Betrüger dazu übergegangen, Ausweise, Quittungen und Bestätigungsanrufe der Reiseagenturen zu fälschen oder so zu tun, als gehörten sie einer in Reiseführern verzeichneten Reiseagentur an. Solche Scharlatane sind sehr oft am Flughafen anzutreffen, sie arbeiten aber auch auf der Straße und an Hotelrezeptionen. Mitarbeiter dort verdienen sich ein Zubrot, indem sie Informationen über die Zimmer herausrücken.

REISEAGENTUREN & FÜHRER

In Manaus gibt es jede Menge Reiseagenturen, die disneymäßige Touren anbieten. Die hier genannten Agenturen sind emp-

fehlenswert und preisgünstig und vermitteln eine eher authentische und abenteuerliche Erfahrung. Bei einigen Reiseagenturen muss eine bestimmte Anzahl von Leuten zusammenkommen, während bei anderen immer eine konstante Menge an Kunden bedient wird. Reiseagenturen können fast alles organisieren, aber die meisten haben sich auf ein bestimmtes geografisches Gebiet spezialisiert. Im Preis sollte alles Nötige enthalten sein: Übernachtung, Essen, Trinkwasser, Transfer, Aktivitäten und Führer. Außer bei einer wirklich sehr gut etablierten Agentur sollte man darauf bestehen, einen Teil des Geldes im Voraus und den Rest erst nach der Rückkehr zu bezahlen.

Bei der Auswahl gilt: sich Zeit lassen! Viele erfahrene Traveller haben Manaus enttäuscht verlassen, weil sie ihre Traum-Regenwaldtour übereilt gebucht haben.

Amazonas Indian Turismo (☎ 0xx92-3633-5578; www.amazonasindianturismo.tur.br; Rua dos Andradas 311, Centro) Bei diesem Veranstalter und seinen englischsprechenden Indios hat man das Gefühl, die richtige Wahl getroffen zu haben. Das Gästebuch ist voller Lob. Im rustikalen Camp am Rio Urubú gibt es Hängematten und Latrinen. Ein drei Tage und zwei Nächte dauernde Ausflug kostet 223 US$ pro Person. Im Angebot sind zwei- bis neuntägige Trips.

Amazon Gero Tours (☎ 0xx92-3232-4755; www.amazongerotours.com; Rua 10 de Julho 679, Centro) Die Agentur wird von englischsprechenden Führern und von Gero geleitet, einem rundum hilfsbereiten Kerl. Die typischen Ausflüge gehen zum Lago Mamori, zum Lago Ararinha und nach Cutrapa und kosten 90 bis 110 US$ pro Person und Nacht. Bett oder Hängematte und Toiletten mit Wasserspülung. Ehrlich und flexibel.

Iguana Turismo (www.amazonbrasil.com.br) Hotel Dez de Julho (☎ 0xx92-3633-6507; Rua 10 de Julho 669, Centro); Hotel Rio Branco (☎ 0xx92-3248-3211; Rua dos Andrades 474, Centro) Iguanas typischer Ausflug zum Lago Juma kostet 90 US$ pro Person und Nacht. Die gemütlichen Hängematten oder die Hütten, die Toiletten mit Wasserspülung haben, befinden sich neben dem Haus des guyanischen Besitzers Gerry Hardy, das direkt am Ufer steht. Seine Frau und ihre Familie stammen aus der Gegend und kümmern sich um die Unterkünfte. Ideal für individuell maßgeschneiderte Touren.

Mamori Adventure Camping (☎ 0xx92-9184-8452/8123-3744; vicenteguidetour@hotmail.com) Wer tief in den Regenwald vorstoßen und campen möchte, ist bei Vicente und David an der richtigen Adresse. Sympathisch und englischsprechend.

Brazilian Safaris (☎ 0xx92-8112-7154; www.braziliansafaris.com; Rua 10 de Julho 632, Centro) Die Agentur des Guyaners Munaf „Steve" Roman bietet Ausflüge zum Lago Tucunaré von drei Tagen/zwei Nächte bis zu sieben Tage/sechs Nächte für 60 US$ pro Person und Nacht an. Man kann auch Trips auf einem Boot oder eine Kombination aus Hütte und Boot buchen. Das Angebot, mit Delphinen zu schwimmen und sie zu füttern, sollte man aber ausschlagen – es zerstört das natürliche Verhalten der Tiere.

Associação dos Canoeiros (Estação Hidroviária) Der Verbund unabhängiger, amtlich zugelassener Schiffer wird vom englischsprechenden Antonio Franco geleitet. Sie tragen oft grüne Jacken und gelbe Abzeichen und stehen am Eingang des Estação Hidroviária. Sie können alles arrangieren, von zweitägigen Bootsausfluge bis hin zur 15-tägigen Reise über den Landweg nach Guyana und Venezuela. Ein Regenwaldtrip für eine Gruppe von drei bis vier Personen kostet etwa 175 US$ am Tag. Untergebracht wird man bei Familien aus der Region.

LODGES IM REGENWALD

Rund um Manaus gibt es im Umkreis von 250 km mindestens zwei Dutzend Lodges – die Hotels am Fluss gibt es von rustikal (Hängematten) bis luxuriös (Suiten). Die Übernachtungen sind meistens Bestandteil

---

EINREISE NACH VENEZUELA

Bevor man in einen Bus nach Venezuela steigt, sollte man herausfinden, ob man sich im Konsulat von Manaus oder Boa Vista eine Touristenkarte besorgen muss – die Einreisebestimmungen für Venezuela ändern sich von Zeit zu Zeit. Die Busse halten an einem Grenzposten der brasilianischen Polícia Federal, wo man vor der Einreise nach Venezuela den Ausreisestempel bekommt. Die Stadt Santa Elena de Uairén (S.1193) liegt 15 km nördlich der Grenze in Venezuela. Infos zur Reise von Santa Elena nach Brasilien stehen auf S. 1195.

EINREISE NACH PERU UND KOLUMBIEN

Bevor man Brasilien verlässt, kann man sich seinen Ausreisestempel bei der **Polícia Federal** (Av da Amizade 650; ⏰ 8–18 Uhr) in Tabatinga holen.

Die Boote nach Peru fahren vom Porto da Feira nach Santa Rosa (1 US$, 5 Min., 6–18 Uhr). Normale (35 US$, 2½ Tage, 3-mal wöchentl.) und Schnellboote (75 US$, 10 Std., tgl.) fahren auch nach Iquitos (weiter flussaufwärts in Peru). Auf der Strecke nach Iquitos überquert man in Santa Rosa die Grenze.

In das kolumbianische Leticia führt ein kurzer Fußmarsch. Oder man nimmt einen der häufig fahrenden *kombis*. Weitere Infos gibt's unter „Schiff/Fähre" bei Leticia (S. 891) und im Kasten auf S. 1070.

---

von Ausflugspaketen (etwas teurer), die auch diverse Aktivitäten beinhalten. Weil viele Unternehmen mit den Unterkünften zusammenarbeiten oder selbst welche besitzen, gehören zu den billigen Regenwaldtouren auch die entsprechenden Lodges.

Acajatuba Jungle Lodge (☎ 0xx92-3642-0358/0378; www.acajatuba.com.br; Rua 7 87, Adrianópolis; Paket mit 1/2 pro Person 225/305 US$) Die Lodge besteht aus 20 runden Bungalows auf Pfählen am Lago Acajatuba.

Amazon Eco-Lodge (☎ 0xx92-3656-6033; www.naturesafaris.com; Rua Flavio Espirito Santo 1, Kissia II, Manaus; Paket 4 Tage & 3 Nächte 500 US$/Pers.) Die kleine bezaubernde Lodge schwimmt auf dem Lago Juma, liegt 60 km südöstlich von Manaus und kann 28 Gäste aufnehmen.

DREILÄNDERECK

Im Nordosten Amazoniens – 1100 km westlich von Manaus – verläuft am Flussufer unsichtbar die Grenze zwischen Tabatinga (Brasilien) und Leticia (Kolumbien). Das gegenüberliegende Ufer und die Inseln im Fluss gehören zu Peru. Santa Rosa, der peruanische Grenzort, liegt auf einer Insel. Von diesem Dreiländereck aus führen Straßen in alle drei Länder – ein perfektes Ausgangslager für Regenwaldtouren. Leticia ist der größte und netteste der drei Grenzstädte mit den besten Dienstleistungen. Weitere Infos gibt's auf S. 886.

BOA VISTA

☎ 0xx95 / 197 000 Ew.

Die am Reißbrett konzipierte, etwas öde Siedlung am Fluss ist die Hauptstadt von Roraima, dem am dünnsten besiedelten Bundesstaat Brasiliens. Umgeben von Trockensavanne liegt sie isoliert zwischen dem Siedlungsgebiet der Yanomami, einem der größten noch existierenden Stämme Amazoniens, und den schönen Hochebenen des venezolanischen Grenzgebiets. Für Traveller interessant sind nur die Wander- und Campingmöglichkeiten in der Umgebung.

Praktische Informationen

Die Touristeninformation am Busbahnhof hat unregelmäßig geöffnet.

Bradesco (Av Sebastião Diniz & Rua Inácio Magalhães) Geldautomaten.

Byte Internet (Av Dr Silvio Botelho 537; 1 US$/Std.) Internetzugang.

Edson Ouro Safira Joyas (Av Benjamin Constant 64 W; ☼ Mo–Sa 8–17.30 Uhr) Wechselt die Währungen von Venezuela und Guyana sowie US-Dollar und Euro.

Sehenswertes & Aktivitäten

Am Wochenende geht man in den **Parque Anauá,** der etwa 2,5 km nordwestlich vom Zentrum liegt. Gärten, ein See und das kleine aber interessante **Museu Integrado de Roraima** (Eintritt frei; ☼ 8–18 Uhr) lohnen den Weg.

Porto do Babazinho (☎ 3224-8174; babazinhorr@ yahoo.com.br; Av Major Williams 1) am Fluss verleiht Kajaks (2 US$/Std.), organisiert Tagestouren auf dem Fluss (min. 4 Pers.), gibt zwischen Dezember und März Windsurfunterricht und veranstaltet zweitägige Touren zu einer Ranch (60 US$/Pers.). Der Belgier **Jean-Luc Felix** (☎ 3624-3015; Restaurante Bistro Gourmet, Av NS da Consolata) und **Lula** (☎ 9965-2222) führen zwei- und mehrtägige Wander- und Campingausflüge in die Berge der Umgebung durch.

Schlafen & Essen

Hotel Monte Libano (☎ 3224-7232; Av Benjamin Constant 319 W; EZ/DZ 14/17,50 US$, ohne Bad 10/15 US$; ✦) Die beste Budgetunterkunft hat düstere *quartos* und etwas bessere klimatisierte Zimmer. Zum Frühstück gibt's Brot und Kaffee.

Hotel Ideal (☎ 3224-6342; Rua Araújo Filho 481; EZ/DZ 20/25 US$; ✦) Ein kahles, mehrstöckiges Hotel mit sauberen, einfachen Zimmern.

La Gondola (Av Benjamin Constant 35W; 7 US$/kg) Das einfache Lokal am Hauptplatz hat ein

---

IN DIE VOLLEN!

Auf halbem Weg zwischen Manaus und der peruanischen Grenze gibt es einen abgelegenen Auwald, der unter dem Schutz der **Reserva de Desenvolvimento Sustentável Mamirauá** (Reservat zur Aufrechterhaltung und Entwicklung Mamirauás; Büro ☎ 0xx97-3343-4160; www.mamiraua.org.br; Av Brasil 197, Tefé; All-inclusive-Paket 3 Tage & 3 Nächte 450 US$/Pers., 4 Tage & 4 Nächte 520 US$/Pers.) steht. Das 12 400 km² große Reservat gehört zum weltweit zweitgrößten (57 000 km²) zusammenhängenden Naturschutzgebiet mit tropischem Regenwald. Mamirauá verbindet Naturschutz mit wissenschaftlicher Forschung und verbessert gleichzeitig die Situation der Gemeinden innerhalb des Reservats.

Dank des ausgezeichnetes Ökotourismus-Programms der Organisation erhält man Zugang zu einem unberührten Stück gewaltigen Primärregenwaldes, zu Flüssen und Seen voller Leben. Die Stille dort wird die lauteste sein, die man jemals gehört hat. Was das Beobachten von Tieren angeht, gehört das Reservat zu den besten Gebieten in Amazonien. Hier leben vier Affenarten (darunter der seltene Scharlachgesicht-Uakari), Eichhörnchen und über 400 verzeichnete Vogelarten – insgesamt mehr Tiere als in der Umgebung von Manaus. Indigene Führer und ein englischsprechender Naturforscher leiten Exkursionen, die nicht schlauchen.

Gruppengröße bestehen durchschnittlich aus zwölf und höchstens 20 Personen. Untergebracht wird man in netten, wenn auch einfachen schwimmenden Bungalows. Zu Essen gibt es u. a. Früchte und Fisch aus der Region – vieles davon ist selbst angebaut und/oder aus biologischem Anbau.

Rico und Trip bieten Flügen zwischen Manaus, Tefé und Tabatinga an. Von Manaus nach Tefé fahren normale (Ober-/Unterdeck 57/49 US$, 45 Std., Mi–Sa) und Schnellboote (90 US$, 13 Std., Mi & Sa). Für die Rückfahrt stehen ebenfalls normale (45/37 US$, 40 Std., tgl. außer Mi) und Schnellboote (US$90, 11 Std., Do & So) zur Verfügung. Die Schnellboote betreibt **AJATO** (S. 446). Boote von Tefé nach Tabatinga fahren über Jutaí.

beliebtes Mittagsbuffet und serviert weitere Gerichte.

Restaurant Ver O Rio (Praça Barreto Leite; Hauptgerichte f. 2 Pers. 17,50/25 US$) Auf der Speisekarte des luftigen Lokals am Fluss steht vor allem Fisch, aber auch Rind, Huhn und Shrimps.

Anreise & Unterwegs vor Ort

Gol und Meta bedienen Boa Vista. Der Flughafen ist 3,5 km vom Zentrum entfernt. Ein Taxi kostet 10 US$. Meta hat auch Verbindungen nach Georgetown (Guyana) und Paramaribo (Surinam).

Täglich fahren fünf Busse nach Manaus (40–45 US$, 12 Std.). Der tägliche Bus nach Caracas in Venezuela (80 US$, 24 Std.) hält in Santa Elena de Uairén (12,50 US$, 3½ Std.) und Puerto La Cruz (74 US$, 17 Std.). Ein Taxi vom Busbahnhof zum Zentrum (2,5 km) kostet 4 US$.

Gemeinschaftstaxis mit der Aufschrift „Lotação" (1 US$) fahren auf einigermaßen festgelegten Routen und sind die besten Fortbewegungsmittel. Vorher fragen, ob sie wirklich am gewünschten Ort vorbeifahren, weil sie manchmal Umwege machen.

BONFIM

☎ 0xx95 / 3000 Ew.

Das Örtchen Bonfim liegt am Rio Tacutu und ist ein Zwischenstopp auf dem Weg nach Lethem in Guyana (S. 785). Vom anderen Flussufer ist Lethem 5 km entfernt. Bonfim und Lethem sind nicht gerade nette Orte – deshalb sollte man sich rechtzeitig auf den Weg machen, damit man noch vor Einbruch der Dunkelheit am eigentlichen Ziel ist.

EINREISE NACH GUYANA

Vor der Ausreise aus Brasilien bei der **Polícia Federal** (☼ 8–19 Uhr) einen Ausreisestempel holen. Der Bus, der um 14 Uhr in Boa Vista abfährt, hält bei der Polícia Federal und fährt dann weiter zum Fluss. Wer früher oder später aufbricht, nimmt vom Busbahnhof in Bonfim ein Taxi zur Polícia Federal (2,50 US$); von hier sind es nur noch wenige Gehminuten bis zum Fluss. Motorisierte Kanus (2 US$) überqueren den Fluss nach Guyana. Nach der Ankunft sollte man sich gleich bei den Grenzbehörden melden, weil hier viel geschmuggelt wird.

Die Unterkünfte in Lethem sind viel besser. Wer trotzdem in Bonfim übernachten muss, sollte die **Pousada Fronteira** (☎ 3552-1294; Rua Aluísio de Menezes 26; Zi. 7,50 US$; 🞡) ansteuern.

Zwischen Boa Vista und Bonfim fahren täglich vier Busse (6,50 US$, 1½ Std.).

PORTO VELHO

☎ 0xx69 / 311 500 Ew.

Das am schlammigen Rio Madeira gelegene Porto Velho hat erst vor Kurzem wirtschaftliche Bedeutung erlangt, weil hier die Sojabohnen aus Mato Grosso von Lastwagen auf Schiffe umgeladen werden. Langsam wird die abgelegene Stadt nun ein wenig aufgewertet. Nichtsdestotrotz bleibt Porto Velho aber ein Knotenpunkt des Kokainschmuggels und ist besonders bei Nacht ein raues Pflaster.

Praktische Informationen

Die meisten Läden und Büros haben zwischen 12 und 14 Uhr zu.

Bradesco (Av Carlos Gomes) Geldautomaten.

Casa de Câmbio Marco Aurélio (☎ 3223-2551; Rua José de Alencar 3353; ☼ Mo–Fr 8.30–15 Uhr) Wechselt US-Dollar und Reiseschecks.

Titan Cyber Lan (Av Campos Sales 2913; 1,25 US$/Std.; ☼ 9–23 Uhr) Bietet Internetzugang; über Sanduba's.

Sehenswertes

Im **Museu da Estrada de Ferro Madeira-Mamoré** (Praça Madeira Mamoré; Eintritt frei; ☼ 8–18 Uhr) sind Überreste der Eisenbahnstrecke zu sehen, über die Kautschuk über den unschiffbaren Flussabschnitt zwischen Guajará-Mirim und Porto Velho transportiert werden und die den Ort mit dem Weltmarkt verbinden sollte. Das Vorhaben geriet zu einer Katastrophe und forderte so viele Todesopfer, dass die Strecke als „Todesbahn" bezeichnet wurde. Die Arbeiten sollen aber wieder aufgenommen werden – im Museum nachfragen!

Schlafen

Hotel Tia Carmem (☎ 3221-1908/7910; Av Campos Sales 2895; EZ/DZ ohne Bad 10/15 US$, mit Bad 17,50/25 US$; 🞡) In den billigsten Zimmern der sympathischen, günstig gelegenen Unterkunft ist keine Lüftung – also die teureren wählen!

Hotel Tereza Raquel (☎ 3223-9234/5906; Rua Tenreiro Aranha 2125; EZ/DZ 17,50/23 US$; 🞡) Für die

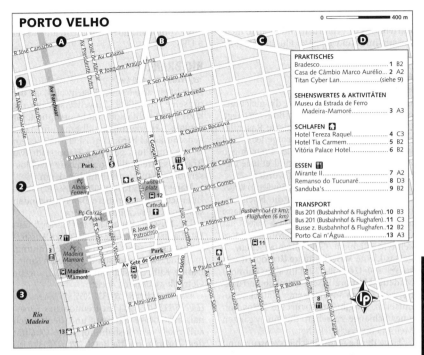

hiesigen Verhältnisse bietet das ordentliche Hotel mit freundlicher Belegschaft und hellen Zimmern ein gutes Preis-Leistungs-Verhältnis.

Vitória Palace Hotel (☎ 3221-9232; Rua Duque de Caxias 745; EZ/DZ 17,50/22,50 US$; ✷) Die Qualität der Zimmer (und vor allem der Bäder) ist eine Kategorie unterhalb des Tereza Raquel, aber die friedliche Umgebung des farblosen Hotels wirkt nachts viel sicherer.

Essen

Sanduba's (Av Campos Sales 2913; Sandwiches 1,25–4,50 US$) Ein beliebtes Open-Air-Lokal mit Grillsandwiches, guten Säften, *guaraná* und *açaí* – und Großbildfernsehen.

Mirante II (Rua Dom Pedro II; Hauptgerichte 5–12,50 US$; ✷ Mo geschl.) Auf der Freiluftterrasse mit Blick auf den Fluss genießt man ein Essen, ein *açaí* oder ein Getränk.

Remanso do Tucunaré (Av Brasília 1506; Hauptgerichte f. 2 Pers. 10–21 US$) Das Fischrestaurants serviert auch halbe Portionen. Im dunklen Speisesaal gibt es große Aquarien und Tafeln, die die Namen der treuesten Kunden verewigen.

Anreise & Unterwegs vor Ort

BUS

Es gibt Busse nach Guajará-Mirim (15 US$, 5½ Std., 6-mal tgl.), Rio Branco (26–31 US$, 8 Std., 5-mal tgl.) und Cuiabá (75 US$, 21 Std., 3-mal tgl.). Sammeltaxis fahren vom Busbahnhof nach Guajará-Mirim (22,50 US$, 3½ Std.). Vom Busbahnhof zum Zentrum (3 km) fährt Bus 201 („Hospital de Base via Aeroporto"). In die Gegenrichtung nimmt man den Bus nach „Presidente Roosevelt" oder „Esperanza da Comunidade".

FLUGZEUG

Gol, Rico, TAM und Trip unterhalten Verbindungen nach Porto Velho. Der Flughafen liegt 6 km außerhalb vom Zentrum. Ein Taxi kostet 12,50 US$. Man kann auch Bus 201 nach „Hospital de Base via Aeroporto" nehmen.

SCHIFF/FÄHRE

Schiffe nach Manaus (Hängematte 50–65 US$, 3–3½ Tage) legen dienstags und freitags gegen 18 Uhr am Porto Cai n'Água ab. Wer mittwochs fährt, muss mitten in der

Nacht in Manicoré auf das Anschlussboot warten. Das ist gefährlich und deshalb nicht ratsam. Infos und Tipps zu Flussreisen gibt's im Kasten auf S. 435.

GUAJARÁ-MIRIM
☎ 0xx69 / 35 500 Ew.

In dieser freundlichen Stadt, die gleich gegenüber von Guayaramerín (Bolivien) liegt, überschatten Bäume verwilderte Rasenflächen und Bürgersteige, die rotbefleckt sind von sonnengebleichter Erde. Im ruhigen Zentrum am Rio Mamoré sind etliche Gebäude mit Bretten vernagelt worden.

Playnet Games (Posto Nogueira, Rua Getúlio Vargas; 1,25 US$/Std.) bietet bis spät in die Nacht Internetzugang in einer Tankstelle. **Bradesco** (Ecke Av Costa Marques & Av Leopoldo de Mateos) hat Geldautomaten. In Guajará-Mirim gibt es keine Möglichkeit, Geld umzutauschen.

Das kleine **Museu Histórico Municipal** (Eintritt frei; ☼ 8.30–12 & 14.30–17 Uhr) im alten Bahnhof Madeira-Mamoré ist ein ziemlich verrücktes, von Käfern angefressenes Naturkundemuseum. Es gibt merkwürdige Fotos von einer Schlange zu sehen, die einen ganzen Menschen verschluckt hat.

Trotz der Lage im Geschäftszentrum und der heruntergekommenen Fassade sind die Zimmer des **Alfa Hotel** (☎ Av Leopoldo de Mateos 239; EZ/DZ 10/20 US$; ☒) sauber und hell. Das einfache **Hotel Mini-Estrela Palace** (☎ 3541-1205; Av 15 de Novembro 460; EZ/DZ 10/23 US$; ☒), das in einem Wohnviertel liegt, vermietet saubere Zimmer mit veralteten Möbeln. Eine ähnliche Unterkunft befindet sich gleich gegenüber und in der Nähe gibt's Restaurants.

Das Mittagsbuffet in Guajará-Mirims bestem Restaurant, dem **Restaurante Oásis** (Av 15 de Novembro 460; 8 US$/kg), besteht u. a. aus frisch gegrilltem Fleisch.

Panificadora Central (Av 15 de Novembro 632) Die Qualität und Vielfalt der salzigen und süßen Snacks und der frischen Säfte in dieser Eck-Bäckerei ist überraschend gut.

Busse fahren nach Porto Velho (15–17 US$, 5½ Std., 6-mal tgl.) und Rio Branco (23 US$, 8 Std., tgl.). Sammeltaxis fahren vom Busbahnhof nach Porto Velho (22,50 US$, 3½ Std.). Bustickets sollte man am Busbahnhof (2 km östlich des Zentrums) oder im Real-Norte-Büro am Hafen kaufen. Die Busse (außer die um Mitternacht) fahren an diesem Büro vorbei, etwa 20 Minuten bevor sie den Busbahnhof verlassen. Ein Taxi vom Bahnhof zum Zentrum kostet 5 US$.

RIO BRANCO
☎ 0xx68 / 255 000 Ew.

Acre ist ein abgelegener Regenwaldstaat, der für seine mutwillige Umweltzerstörung, die hohe Kriminalitätsrate und Korruption, für brutale Kämpfe um Landbesitz und Drogenschmuggel berüchtigt ist. Trotz alledem ist die am Fluss gelegene Hauptstadt Rio Branco so freundlich und relativ erschlossen, dass man hier durchreisen kann.

Viarena (Rua Rui Barbosa 507; 1,50 US$/Std.) bietet Internetzugang. Größere Banken befinden sich an der Praça Eurico Dutra.

Das **Museu da Borracha** (Rubber Museum; Av Ceará 1441; Eintritt frei; ☼ Mo–Fr 8–18 Uhr) zeigt Ausstellungsstücke über Kautschukgewinnung, indigene Kunstgegenstände und zum Santo-Daime-Kult, der sich um das halluzinogene Getränk *ayahuasca* dreht.

Das **Chalé Hotel** (☎ 2332-2055; Rua Palmeiral 334; EZ/DZ 15/22,50 US$; ☒) hat freundliches Personal, anständige Zimmer und liegt gleich außerhalb des Busbahnhofs. Die Qualität der Zimmer im **Afa Hotel** (☎ 3224-1396; Rua Franco Ribeiro 109; EZ/DZ 15/20 US$; ☒) ist nicht optimal, aber es ist sauber, freundlich und steht in einem ruhigen Viertel. Die Zimmer des sterilen **Hotel e Churrascaria Triângulo** (☎ 3224-0600/3529; Rua Floriano Peixoto 893; EZ/DZ 17,50/30 US$; ☒) sind tiptop und liegen von einer lebhaften Straße zurückgesetzt. Das klimatisierte Grillrestaurant bietet ein *rodízio* (9 US$) oder Buffet (9 US$/kg) auf nett karierten Tischdecken. Das Beinahe-Feinschmeckerrestaurant **Afa Bistrô d'Amazonia** (Rua

---

EINREISE NACH BOLIVIEN

Vor der Ausreise einen Ausreisestempel bei der **Policía Federal** (Av Presidente Dutra; ☼ 8–22 Uhr) holen. Wenn man auf den Fluss zugeht, biegt man rechts in die Av Dutra ein. Passagierboote nach Guayaramerín (1,50 US$, 5 Min.) legen zwischen 7 und 18 Uhr ungefähr alle 15 Minuten am Hafen am unteren Ende der Av 15 de Novembro ab. Von 18 bis 7 Uhr müssen mindestens zehn Fahrgäste für eine Überfahrt zusammenkommen. Infos zur Reise in die Gegenrichtung gibt's auf S. 284.

Franco Ribeiro 99; 8,50 US$/kg; 🖳) hat ein Mittagsbuffet mit kreativen Salaten, Naturreis und vegetarischen Gerichten.

Gol und Rico bieten Inlandsflüge vom 20 km westlich des Zentrums gelegenen Flughafen in Porto Velho an. Ein Taxi zum Flughafen kostet 25 US$. **Inácio's Tur** (Rua Rui Barbosa 450) betreibt einen Bus zum, aber nicht vom Flughafen (15 US$). Bus 304 (40 Min.) fährt unregelmäßig vom Busbahnhof zum Flughafen nach dem Fahrplan fragen. An der Bushaltestelle Estadio José de Melo in der Av Ceará einsteigen.

Busse fahren nach Porto Velho (53 US$, 8 Std., 4-mal tgl.), Guajará-Mirim (23 US$, 8 Std., tgl.), Xapuri (9 US$, 3½ Std., 2-mal tgl.) und Brasiléia (10 US$, 4½ Std., 5-mal tgl.). Vom Busbahnhof zum Zentrum (1,5 km) einen Bus mit der Aufschrift „Norte-Sul", „Amapá", „Taquari" oder „Domoacir" nehmen.

XAPURI

☎ 0xx68 / 6200 Ew.

Aneinander gereihte adrette Holzhäuser, Blumen und Bäumen säumen gepflasterte und rote unbefestigte Straßen in dieser hübschen kleinen Stadt. Wer sich in der Gegend aufhält, sollte Xapuri besuchen. Es hat Charme und sieht irgendwie anders aus als andere Städte in Nordbrasilien.

Xapuri war die Heimat des Kautschukzapfers und international bekannten „Umweltmärtyrers" Chico Mendes, der nach jahrelangem erfolgreichem Kampf gegen die Zerstörung des Waldes 1988 von Holzarbeitern und Farmern ermordet wurde. Die einen Block vom Busbahnhof entfernte

Fundação Chico Mendes (Rua Dr Batista de Moraes; Eintritt frei; 🕒 9–18 Uhr) stellt ergreifende Fotos und Erinnerungsstücke von Mendes aus. Zeitweise arbeitet seine Schwägerin hier. Man kann das rustikale Haus von Mendes anschauen, in dem er erschossen wurde. Dadurch bekommt man auch einen Eindruck von den charakteristischen Häusern dieser Gegend.

Etliche schöne und preiswerte *pousadas* vermieten gemütliche Zimmer. Das **Restaurante Central** (Rua 6 de Agosto 173) hat ein einfaches Mittagsbuffet (5,50 US$/kg).

Busse fahren nach Rio Branco (8,50 US$, 3½ Std., 2-mal tgl.) und Brasiléia (3,50 US$, 2 Std., 2-mal tgl.). Gemeinschaftstaxis nach Rio Branco (12,50 US$, 2 Std.) und Brasiléia (5 US$, 45 Min.) starten vor einem Kiosk in der Rua Coronel Branão.

BRASILÉIA

☎ 0xx68 / 10 500 Ew.

Der Rio Acre und die Igarapé Bahia trennen Brasiléia von Cobija in Bolivien. Brasiléia hat eine ausgesprochen freundliche Atmosphäre, während Cobija mehr und bessere Dienstleistungen anbietet.

Alto Acre (Praça Hugo Poli; 1,50 US$/Std.) hat Internetzugang. **Banco da Amazônia** (Av Prefeito R Moreira; 🕒 Mo–Fr 8–13 Uhr) wechselt ausländische Währungen und löst Reisechecks ein.

Pousada Las Palmeras (☎ 3546-3284; Av Geny Assis 425; EZ/DZ 20/30 US$; 🖳) vermietet gepflegte Zimmer mit ein bisschen zu viel künstlichem Licht. Es gibt einen luftigen Gemeinschaftsbereich. In der Av Prefeito Rolando Moreira findet man jede Menge Lokale.

Busse fahren nach Rio Branco (18,50 US$, 4½ Std., 5-mal tgl.) und Xapuri (3,70 US$,

---

EINREISE NACH BOLIVIEN & PERU

Vor der Ausreise aus Brasilien einen Ausreisestempel bei der Polícia Federal in Epitáciolândia, einer Nachbarstadt von Brasiléia, holen. Den Fahrer bitten, einen auf dem Weg in die Stadt dort abzusetzen.

In Richtung Bolivien nimmt man von der Polícia Federal ein Taxi (3,50 US$) oder *mototaxi* (1 US$) über die Brücke von Epitáciolândia oder Brasiléia. Im Fahrpreis ist der Halt am bolivianischen Grenzposten und die anschließende Fahrt zu einem Hotel oder zum Busbahnhof inbegriffen. In Cobija gibt es mehrere Unterkünfte, einen Flughafen (genauer gesagt zwei) und am frühen Morgen Busverbindungen nach Riberalta und Guayaramerín in Bolivien.

In Richtung Peru holt man sich in Epitáciolândia einen Ausreisestempel, nimmt einen Bus nach Assis in Brasilien (3,50 US$, 1¾ Std., 3-mal tgl.) und überquert den Rio Acre nach Iñapari (Peru). Falls man übernachten muss: In Assis sind die Unterkünfte besser als in Iñapari.

Infos zur Reise von Peru nach Brasilien s. S. 1061.

2 Std., 2-mal tgl.). Gemeinschaftstaxis nach Rio Branco (12,50 US$, 2½ Std.) und Xapuri (5 US$, 45 Min.) fahren gegenüber vom Busbahnhof ab.

ALLGEMEINE INFORMATIONEN

AKTIVITÄTEN

In Brasilien gibt es unendlich viele Möglichkeiten, den Adrenalinspiegel zu pushen. Die Internetseiten www.360graus.com.br und www.guiaverde.com.br (beide portugiesisch) geben verlässlich Auskunft über Schluchtenklettern, Paragliding, Kitesurfen, Wakeboarden sowie Raften, Surfen, Trekkingtouren, Tauchen oder Klettern.

Surfen

In Brasilien gibt es eine gute Auwahl an Surfgebieten. Die besten finden sich im Süden und im Südosten: Saquarema (S. 343), Ilha de Santa Catarina (S. 365), São Francisco do Sul, Ilha do Mel (S. 365), Búzios (S. 344) und Rio de Janeiro (S. 321). Im Nordosten trifft sich die Surfergemeinde vor allem in Itacaré (S. 399), Praia da Pipa (S. 417) und Fernando de Noronha. Zur brasilianischen Winterzeit (Juni-Aug.) sind die Wellen am besten.

Wandern & Klettern

Diese beliebten Aktivitäten sind in denkühleren Monate, also von April bis Oktober, am schönsten. Zu den hervorragenden Wandergebieten zählen die Nationalparks von Chapada Diamantina in Bahia (S. 460), Serra dos Órgãos im Staat Rio de Janeiro (S. 342), Chapada dos Veadeiros in Goiás (S. 379) und die Serra de São José in der Nähe von Tiradentes in Minas Gerais.

Rio de Janeiro ist Brasiliens zentraler Klettertreff, mit etwa 350 dokumentierten Kletterrouten in einem Umkreis von 40 Minuten Fahrzeit. Die Nationalparks Serra dos Órgãos, Itatiaia (Rio de Janeiro) und Caparaó (Minas Gerais) bieten ebenfalls einige besonders tolle Klettertouren.

Um andere Kletterer kennenzulernen und an Gruppenausflügen teilzunehmen, sollte man die Bergsteigervereine in Rio aufsuchen. Das **Centro Excursionista Brasileiro** (☎ 0xx21-2252-9844; www.ceb.org.br; portugiesisch; Av

Almirante Barroso 2, 8. Stock, Centro) bringt eine Liste mit den bevorstehenden Exkursionen heraus und hat wöchentliche Treffen, auf denen das Wochenendprogramm besprochen wird. Es handelt sich meistens um Trekkings und Tageswanderungen.

Windsurfen & Kitesurfen

Búzios im Bundesstaat Rio bietet gute Bedingungen, zudem kann man dort eine Ausrüstung leihen. Doch das Mekka für den harten Kern der Windsurfer Brasiliens ist von Juli bis Dezember die Ceará-Küste nordwestlich von Fortaleza. Zu den beliebtesten Spots gehören hier Jericoacoara (S. 423), Canoa Quebrada (S. 420) und das kleine Fischerdorf Icaraizinho.

ARBEITEN IN BRASILIEN

In Brasilien ist die Arbeitslosenrate hoch und Touristen dürfen normalerweise nicht arbeiten. Ausländer finden aber häufig in größeren Städten eine Stelle als Sprachlehrer, entweder bei einer Schule oder als Privatlehrer. Die Bezahlung ist mittelmäßig (ca. 13 US$/Std.), aber wenn man drei bis vier Tage in der Woche arbeitet, kann man davon leben.

BOTSCHAFTEN & KONSULATE

Botschaften & Konsulate in Brasilien

Argentinien (Karte S. 330 f.; ☎ 0xx21-2553-1646; Praia de Botafogo 228, No 201, Botafogo, Rio de Janeiro)

Bolivien Manaus (☎ 0xx92-3236-9988; Av Efigênio Salles, Condomínio Greenwood, Quadra B, Casa 20); Rio de Janeiro (Karte S. 330 f.; ☎ 0xx21-2552-5490; Av Rui Barbosa 664, No 101, Flamengo)

Chile (Karte S. 330 f.; ☎ 0xx21-2552-5349; Praia do Flamengo 344, 7. Stock, Flamengo, Rio de Janeiro)

Deutschland Brasília (☎ 0xx61-3442-7000; Av das Nacoes, Quadra 807 – Lote 25); Rio de Janeiro (☎ 0xx21-2554-0004; Rua Presidente Carlos de Campos 417, Laranjeiras, Rio de Janeiro)

Ecuador (☎ 0xx21-2491-4113; Av das Americas 500, Bldg 21, No 305, Barra da Tijuca, Rio de Janeiro)

Kolumbien Belém (Karte S. 326; ☎ 0xx91-3246-5662; Av Almirante 71, Apto 601, Bloco B); Manaus (☎ 0xx92-3234-6777; Rua Dona Libânia 62); Rio de Janeiro (Karte S. 330 f.; ☎ 0xx21-2552-5048; Praia do Flamengo 284, No 101, Flamengo)

Österreich Brasília (☎ 0xx61-3443-3421; Av das Nacoes, Quadra 811 – Lote 40); Rio de Janeiro (☎ 0xx21-210-20020; Av Atlantica 3804)

Paraguay (Karte S. 330 f.; ☎ 0xx21-2553-2294; Praia de Botafogo 242, 2. Stock, Botafogo, Rio de Janeiro)

Peru Manaus (☎ 0xx92-3236-5012; Rua HI 12, Morada do Sol, Alexio); Rio de Janeiro (Karte S. 330 f.; ☎ 0xx21-2551-9596; Av Rui Barbosa 314, 2. OGI, Flamengo)
Schweiz Brasília (☎ 0xx61-3443-5500; Av das Nacoes, Lote 41); Rio de Janeiro (☎ 0xx21-2221-1867; Rua Cândido Mendes 157)
Uruguay (Karte S. 330 f.; ☎ 0xx21-2553-6030; Praia de Botafogo 242, 6. Stock, Botafogo, Rio de Janeiro)
Venezuela Belém (☎ 0xx91-3222-6396; Rua Presidente Pernambuco 270); Manaus (☎ 0xx92-3233-6004; Ferreira Pena 179); Rio de Janeiro (Karte S. 330 f.; ☎ 0xx21-2554-6134; Praia de Botafogo 242, 5. Stock, Botafogo)

Brasilianische Botschaften im Ausland
Deutschland (☎ 030-726280; www.brasilianische-botschaft.de; Wallstraße 57, 10179 Berlin)
Österreich (☎ 01-5120631; mail@brasilemb.at; Pestalozzigasse 4/2, 1010 Wien)
Schweiz (☎ 031-3718515; www.brasbern.ch; Monbijoustrasse 68, 3000 Bern 23)

BÜCHER
Wer das Land noch eingehender erkunden will, für den bieten die englischsprachigen Lonely Planet Reiseführer *Brazil* und *Rio de Janeiro* alle wichtigen Infos. Von Lonely Planet gibt es auch ein Buch mit brasilianischen Redewendungen.

In *Quatro Rodas: Viajar Bem e Barato*, das in den meisten brasilianischen Zeitungskiosken und Buchläden für 18 US$ zu bekommen ist, steht eine ausführliche Liste mit preisgünstigen Unterkünften und Restaurants in ganz Brasilien – plus Infos zu Sehenswürdigkeiten.

Travelers' Tales Brazil, das von Scott Doggett und Annette Haddad herausgegeben wird, ist eine schöne Sammlung von Reiseabenteuern mit herrlichen Porträts über das Leben in Brasilien. Zu den großen Klassikern der Reiseliteratur zählt Peter Flemings *Brasilianisches Abenteuer*, ein lustiger Bericht über eine Expedition nach Mato Grosso in den 1930er-Jahren. *Traurige Tropen* (1955) von Claude Lévi-Strauss markierte einen Meilenstein für die Erkundung der indigenen Völker im brasilianischen Hinterland.

Zu den lesenswerten Geschichtsbüchern zählen *A Concise History of Brazil* von Boris Fausto, *Brazil: Five Centuries of Change* von Thomas Skidmore und *Eine kleine Geschichte Brasiliens* von Walther L. Bernecker, Horst Pietschmann und Rüdiger Zoller. Die Geschichte, die hinter Euclides

da Cunhas meisterhaften *Krieg in Sertao*, das von der Rebellion in Canudo handelt, wurde von Mário Vargas Llosa in seinem unterhaltsamen Roman *Der Krieg am Ende der Welt* erneut aufgegriffen. Jorge Amado, Brasiliens bester Romanautor, schrieb viele wundervolle Bücher, u. a. *Gabriela, wie Zimt und Nelken*.

The Brazilians von Joseph A. Page ist eine faszinierende Schilderung über Land und Leute. Eine schön illustrierte, ansprechende Einführung in die brasilianische Musik bietet das Buch *Samba, Bossa Nova und die Klänge Brasiliens* von Chris McGowan und Ricardo Pessanha. Und *Futebol: The Brazilian Way* gibt Einblick in die Kultur hinter der brasilianischen Nationaldroge.

Sy Montgomerys *Ich folgte den rosa Delfinen* erzählt von ihren Erfahrungen, die sie bei der Beobachtung der schwer zu fassenden amazonischen Geschöpfen machte. *Der Schatz der Wayana – die Lehre der Schamanen im Amazonas-Regenwald* von Mark Plotkin berichtet von den mystischen Begegnungen des Autors in Amazonien mit einigen der größten Heiler der Welt. Und in *Samba* gibt Alma Guillermoprieto einen aufschlussreichen Bericht über den Eintritt in eine der Samba-Schulen Rios.

ESSEN & TRINKEN
Brasilianische Küche
In brasilianischen Restaurants werden riesige Portionen serviert. Manchmal sind die Gerichte für zwei Personen gedacht. Selbst mit einer kleinen Reisekasse muss man jedenfalls nicht hungern. Im Mittelpunkt des brasilianischen Speiseplans stehen *arroz* (weißer Reis), *feijão* (schwarze Bohnen) und *farinha* (Mehl aus Maniokwurzeln). Die typisch brasilianische Mahlzeit ist ein *prato feito* (ein Menü, oft „pf" abgekürzt) oder ein *refeição*. Sie bestehen aus den genannten Zutaten plus Fleisch, Huhn oder Fisch und kosten in den meisten Lokalen 3 bis 6 US$.

Gut sind auch die Mittagsbuffets, bei dem man *por quilo* (pro Kilogramm) bezahlt und sich sein Menü selbst zusammenstellt. Der Preis beträgt meistens rund 12 US$ pro Kilogramm, das Essen auf einen großen Teller bringt ca. 500 g auf die Waage. Die entsprechenden Lokale sind auch für Vegetarier gut geeignet. Ein weiteres Angebot ist der *rodízio* (all you can eat) zum Festpreis. Die meisten *churrascarias* (Grillrestaurants) bieten abends einen *rodízio* an und bringen einem unzählige Spieße mit verschiedenen Fleischsorten an den Tisch.

In einigen Touristenrestaurants sind Betrügereien bei der Rechnung und beim Wechselgeld Routine. Die Rechnung also sorgfältig prüfen!

In der brasilianischen Küche gibt es viele regionale Variationen. Die *comida baiana* der Nordostküste hat eine klar afrikanische Note. Sie benutzt Peperoni, typische Gewürze und das reichhaltige Öl der *dendê*-Palme. Im Pantanal und im Amazonasgebiet gibt es leckeren Fisch. Die *comida gaúcha* von Rio Grande do Sul ist dagegen sehr fleischlastig. Folgende Gerichte sind in Brasilien verbreitet:

açaí (a·sa·i) – eine Frucht aus dem Amazonasgebiet, die nach Beere schmeckt und dunkelrot ist; gefroren und püriert liefert sie ein leckeres Sorbet, das mit Granola, Ginseng, Honig usw. gegessen wird

acarajé (a·ka·ra·dsche) – *baianas* (Frauen aus Bahia) verkaufen die Speise traditionell in den Straßen in ganz Bahia. Sie wird aus geschälten braunen Bohnen, Salz und Zwiebeln gemacht, die dann in *dendê*-Palmöl frittiert werden. Das Gebäck wird mit *vatapá*, getrockneten Shrimps, Paprika und Tomatensauce gefüllt

barreado (ba·rre·a·do) – eine Mischung aus Fleisch und Gewürzen, die 24 Stunden in einem Tontopf köchelt und mit Banane und *farofa* serviert wird; das Regionalgericht von Paraná

bobó de camarão (bo·bo de ka·ma·rau) – gekochte Maniokpaste, gewürzt mit getrockneten Shrimps, Kokosmilch und Cashewnüssen

caldeirada (kow·day·ra·da) – Eintopf mit großen Fischstücken, Zwiebeln und Tomaten

carne do sol (kar·ne do sol) – leckeres gesalzenes und gegrilltes Rindfleisch, serviert mit Bohnen, Reis und Gemüse

caruru (ka·ru·ru) – eines der beliebtesten afro-brasilianischen Gerichte; wird aus Okra und anderen Gemüsesorten gemacht, die mit Zwiebeln, Salz, Shrimps, *malagueta*-Peperoni, *dendê*-Öl und Fisch in Wasser gekocht werden

casquinha de caranguejo/siri (kas·ki·nja de ka·rang·ge·*dscho*/si·ri) – gefüllter Krebs mit Maniokmehl

cozido (ko·zi·do) – ein Eintopf, meistens mit vielen Gemüsesorten (z. B. Kartoffeln, Süßkartoffeln, Karotten und Maniok)

dourado (do·raa·do) – der leckere Wels wird in ganz Brasilien gegessen

farofa (fa·ro·fa) – leicht geröstetes Maniokmehl mit Zwiebel- oder Speckstücken; ein verbreitetes Gewürz

feijoada (fei·dscho·a·da) – der Eintopf mit Schweinefleisch ist Brasiliens Nationalgericht; es wird mit Reis und

einer Schale Bohnen serviert und traditionell samstagmittags gegessen; verträgt sich gut mit Caipirinha

frango a passarinho (frang·go a pa·sa·ri·njo) – die kleinen Stücke Grillhähnchen sind ein perfekter *tira-gosto* (Vorspeise oder Snack)

moqueca (mo·ke·ka) – Eintopf mit *dendê*-Öl und Kokosmilch, oft auch mit Chili und Zwiebeln; das Wort bezeichnet auch eine Kochmethode im geschlossenen Tontopf aus Bahia: Fisch, Shrimps, Austern, Krebse oder eine Kombination aus allem können im *moqueca*-Stil zubereitet werden

pato no tucupi (pa·to no tu·ku·pi) – das Gericht mit gebratener Ente ist in Pará beliebt; die Ente wird mit Knoblauch gewürzt und in *tucupi*-Sauce aus Manioksaft und *jambu*, einer einheimischen Gemüsesorte, gekocht

peixada (pei·scha·da) – in Brühe mit Gemüse und Eiern gekochter Fisch

peixe a delícia (pei·sche a de·li·sja) – gegrillter Fisch, meistens mit Banane und Kokosmilch

prato de verão (pra·to de ve·rau) – wörtlich „Sommersalat"; der Obstsalat wird in vielen Saftbars von Rio angeboten

sanduíche (sang·du·i·sche) – bezeichnet eine große Bandbreite preiswerter Snacks vom *X-tudo* (Hamburger mit allem) bis *misto quente* (gegrilltes Sandwich mit Schinken und Käse); *sanduíches* sind das Kernangebot der *lanchonetes* (Imbisse)

tacacá (ta·ka·ka) – ein indigenes Gericht aus getrocknetes Shrimps, die mit Peperoni, *jambu*, Maniok und noch mehr gekocht werden

tucunaré (tu ka na·rei) – zarter, leckerer Fisch aus dem Amazonas

tutu á mineira (tu·tu a mi·nei·ra) – eine *feijoada* aus schwarzen Bohnen, die oft mit *couve* (einer Kohlart) serviert wird; typisch für Minas Gerais

vatapá (va·ta·pa) – das Meeresfrüchtegericht ist vielleicht die bekannteste brasilianische Speise afrikanischen Ursprungs; sie wird mit Maniokpaste, Kokosnuss und *dendê*-Öl gemacht.

Getränke

Die unglaubliche Vielfalt brasilianischer Obstsorten sorgt für himmlische *sucos* (Säfte). In jeder Stadt gibt es reichlich Saftbars, die 30 bis 40 Sorten haben und 1,50 US$ für ein großes Glas verlangen.

Cafezinho (Kaffee) wird in Brasilien stark, heiß und süß und meistens ohne Milch getrunken. *Refrigerantes* (Erfrischungsgetränke) gibt es überall, normalerweise sind sie billiger als Wasser in Flaschen. *Guaraná* wird aus einer Amazonasfrucht hergestellt und ist genauso beliebt wie Coca Cola. Es ist kalt, süß und kohlensäurehaltig. Weil die Frucht jede Menge wundersame Eigenschaften zugeschrieben werden, kann man sich obendrein einreden, das Getränk sei gesund.

Die beiden wichtigsten alkoholischen Getränke Brasiliens sind *cachaça* (höflicher *pinga* genannt), ein hochprozentiger Zuckerrohrrum, und *cerveja* (Bier). *Cachaça* kann sehr heftig, aber auch einigermaßen mild sein. Es ist die Grundlage des Caipirinhas, des vielleicht berühmtesten brasilianischen Cocktails. Von den gängigen Biersorten sind Antarctica und Brahma die besten. Chope (*schoh*-pi) ist ein helles Pils und bildet die Spitze der brasilianischen Zivilisation. Schlüsselsatz: *„Moço, mais um chope!"* (Ober, noch ein Bier!)

FEIERTAGE & FERIEN

Die Hochsaison in Brasilien dauert von Dezember bis zum Karneval (gewöhnlich im Februar). Die Nebensaison geht von März bis November.

Ano Novo (Neujahrstag) 1. Januar
Carnaval (Fr–Di vor Aschermittwoch) Februar/März. Die Karnevalfeierlichkeiten starten gewöhnlich schon weit vor den offiziellen Feiertagen.
Paixão & Páscoa (Karfreitag & Ostersonntag) März/April
Tiradentes (Gedenktag für Tiradentes) 21. April
Dia do Trabalho (Maifeiertag/Tag der Arbeit) 1. Mai
Fronleichnam/Corpus Christi (60 Tage nach Ostern) Sonntags im Mai oder Juni
Dia da Independência (Tag der Unabhängigkeit) 7. September
Dia da Nossa Senhora de Aparecida (Mariä Erscheinung) 12. Oktober
Finados (Allerseelen) 2. November
Proclamação da República (Tag der Proklamation der Republik) 15. November
Natal (Weihnachten) 25. Dezember

FESTIVALS & EVENTS

Festa de Iemanjá (Fest von Iemanjá) Wird in Rio am 1. Januar und in Salvador am 2. Februar gefeiert.
Procissão do Senhor Bom Jesus dos Navegantes Prozession für Jesus, den Herrn der Bootsleute. Wird in Salvador (Bahia) am Neujahrstag gefeiert.
Lavagem do Bonfim (Reinigung der Kirche von Bonfim) Am zweiten Donnerstag im Januar. Ein Candomblé-Fest, das in der rituellen Waschung der Kirche von Bonfim in Salvador, Bahia, ihren Höhepunkt hat.
Karneval Freitags bis dienstags vor Aschermittwoch. Die Karnevalfeiern beginnen meistens schon lange vor den offiziellen Feiertagen.
Semana Santa (Karwoche) Die Woche vor Ostern. Feste in Congonhas, Ouro Prêto, Goiás Velho.

Dia do Índio (Tag der Indios) 19. April.
Festas Juninas (Junifeste) Während des ganzen Junis. Wird im Staat Rio und an vielen anderen Orten Brasiliens gefeiert.
Boi-Bumbá 28.–30. Juni. Wird in Parintins (Amazonas) gefeiert.
Bumba Meu Boi Ende Juni bis zur zweiten Augustwoche. In São Luís.
Fortal (Karneval außerhalb der Saison) Letzte Juliwoche. Wird in Fortaleza gefeiert.
Jubileu do Senhor Bom Jesus do Matosinhos (Festtag des Erlösers von Matosinhos) 7.–14. September. Wird in Congonhas gefeiert.
Círio de Nazaré (Fest der Jungfrau von Nazareth) Beginnt am zweiten Sonntag im Oktober. In Belém.
Carnatal (Karneval in Natal) Erste Dezemberwoche. Natals Antwort auf das größte Fest Brasiliens wird im Dezember gefeiert (die Einwohner Natals können einfach nicht auf den *anderen* Karneval warten).

FRAUEN UNTERWEGS

In den Städten des Südostens und Südens werden ausländische Frauen ohne Begleitung kaum beachtet. In den traditionelleren ländlichen Gebieten des Nordostens ziehen blonde, hellhäutige Frauen allerdings reichlich Aufmerksamkeit auf sich, vor allem wenn sie ohne männliche Begleitung unterwegs sind.

Der Machismo ist in Brasilien etwas verdeckter als im spanischsprachigen Lateinamerika. Flirten ist eine häufige Form der Kommunikation, ist aber meistens harmlos. Frauen müssen sich nicht gleich beleidigt, belästigt oder angemacht fühlen.

Es ist ratsam, sich den Kleidernormen der jeweiligen Regionen anzupassen: Die knappen Strandkleidchen aus Rio sind für die Straßen im Hinterland z. B. nicht geeignet.

Bei tatsächlicher oder vermuteter ungewollter Schwangerschaft bekommt man in den meisten brasilianischen Apotheken für rund 10 US$ die Pille für danach (*a pilula do dia seguinte*). Tampons und andere Hygieneartikel sind problemlos erhältlich, lediglich in ländliche Gebiete sollte man einen Vorrat mitnehmen.

FREIWILLIGENARBEIT

Eine super Freiwilligenorganisation, an die man sich wenden kann, ist **Iko Poran** (☎ 0xx21-2205-1365; www.ikoporan.org) in Rio de Janeiro. Sie vermittelt Freiwillige ihrem Können entsprechend an bedürftige Stellen. Freiwillige arbeiten in Brasilien u. a. als Lehrer für

Tanz, Musik, Kunst und Sprachen. Iko Poran stellt die Unterkunft. Es gibt Pläne, Freiwillige auch in Salvador, Praia do Forte und Santarem unterzubringen. Auch die englische **Task Brasil** (www.taskbrasil.org.uk) ist eine lobenswerte Organisation, die Freiwillige nach Rio vermittelt. Hier muss man alles im Voraus arrangieren und eine Gebühr bezahlen, die Projekte von Task Brasil unterstützt, und für seinen eigenen Unterhalt sorgen.

Die beste Internetseite über Freiwilligendienste ist **Action Without Borders** (www.idealist.org).

Auch auf eigene Faust findet man Freiwilligendienste in Brasilien. Es gibt reichlich Bedarf. Hilfsorganisationen vor Ort setzen Freiwillige sehr gerne ein. Bei Kirchen und Gemeindezentren nachfragen!

FÜHRERSCHEIN

In Brasilien darf man ab 18 Auto fahren. Die meisten ausländischen Führerscheine gelten in Brasilien. Auf Nummer sicher geht man aber, wenn man sich einen internationalen Führerschein besorgt, da die Polizisten, mit denen man als Ausländer zu tun hat, nicht immer mit den Gesetzen vertraut sind.

GEFAHREN & ÄRGERNISSE

In den Medien ist Brasilien ständig wegen der Gewalt und der Kriminalität präsent, die sich im Land ereignet. Wer seinen Verstand einsetzt, kann die Risiken aber stark reduzieren. Man sollte auf jeden Fall die Vorsichtsmaßnahmen ergreifen, die in ganz Südamerika angebracht sind (s. S. 1217).

Zunächst sollte man sich nicht gleich nach der Ankunft mit Jetlag in Touristengegenden herumtreiben: Dann ist man ein offensichtliches Opfer. Außerdem sollte man die Tatsache akzeptieren, dass man in Brasilien möglicherweise überfallen, bestohlen oder beraubt wird. Wenn das passiert, ist Widerstand zwecklos. Deshalb sollte man nur so viel Geld dabeihaben, wie man im Tagesverlauf braucht – und ein dick wirkendes Geldbündel mit kleinen Scheinen, das man bei einem Überfall aushändigen kann. Weitere Tipps:

- Einfach kleiden, Schmuck zu Hause lassen und nicht mit iPods, Digitalkameras und anderen auffälligen Dingen durch die Gegend laufen (lieber Einwegkameras benutzen).
- Kleine Summen griffbereit haben, damit man nicht den Geldbeutel herausholen muss, um im Bus zu bezahlen.
- Etwas Bargeld im Schuh oder Socken dabei haben.
- Sich vor der Ankunft an einem unbekannten Ort eine grobe Orientierung verschaffen. Anstatt durch gefährliche Gegenden zu laufen, ein Taxi nehmen.
- Sich wachsam und zielgerichtet bewegen. Kriminelle stürzen sich auf benebelt, zögerlich oder orientierungslos wirkende Personen.
- Geldautomaten benutzen, die in Gebäuden aufgestellt sind. Vor dem Abheben oder Wechseln immer die Umgebung prüfen. Kriminelle suchen sich manchmal an solchen Orten ihre Opfer.
- Im Zimmer Fenster und Türen auf ihre Sicherheit prüfen und nichts Wertvolles herumliegen lassen.
- Wenn eine Situation brenzlig oder verdächtig wirkt, sollte man sich sofort aus dem Staub machen, die Marschrichtung ändern oder eine andere Maßnahme ergreifen, um der Situation zu entkommen.
- Zu Stadtstränden nur Badesachen, Handtuch und ein Minimum an Kleingeld mitnehmen – keine Kamera, keine Tasche, keinen Schmuck.
- Bei Dunkelheit niemals menschenleere Straßen oder Parks betreten.
- Von den *favelas* fernhalten.

Einen Diebstahl kann man bei der Polizei melden. Das ist allerdings ein Riesenaufwand und nur zu ratsam, wenn man einen Polizeibericht für die Versicherung braucht.

GELD

Brasiliens Währung ist der Real (oft R$ geschrieben), die Mehrzahl heißt Reais. Ein Real entspricht 100 Centavos. Die Banknoten haben verschiedene Farben und auf der Rückseite Tierdarstellungen. Es gibt Noten im Wert von 1 (Saphir-Amazilie; ein Kolibri), 2 (Echte Karettschildkröte), 5 (Silberreiher), 10 (Grünflügelara), 20 (Goldgelbes Löwenäffchen), 50 (Jaguar) und 100 (Brauner Zackenbarsch) R$.

Feilschen

Es ist üblich, in Hotels den Zimmerpreis auszuhandeln. Bei einem Taxi ohne Taximeter sollte man vor der Fahrt den Preis festlegen.

Geldautomaten

Der einfachste Weg in größeren Städten an Bargeld zu kommen, sind die weit verbreiteten Geldautomaten. Die gibt es auch in einigen kleineren Ortschaften, dort funktionieren sie aber meistens nur mit brasilianischen Kreditkarten. Am meisten Glück sollte man mit den Automaten von HSBC, Banco de Brasil, Bradesco und Banco 24 Horas haben. Auf die Cirrus-, Visa- und sonstige Aufschriften achten.

Geldwechsel

Bargeld und Reiseschecks in US-Dollar können in *casas de câmbio* (Wechselstuben) und Banken umgetauscht werden; letztere haben einen besseren Kurs, aber langsameren Service (Banco do Brasil verlangt allerdings für jeden Tausch von Reiseschecks 20 US$ Kommission). Für Bargeld bekommt man meistens 1 oder 2 % mehr als für Reiseschecks.

Bei Drucklegung galten folgende Wechselkurse:

Land	Währung	R$ (Reais)
Eurozone	1 €	2,77
Schweiz	1 SFr	1,69
USA	1 US$	2,04

Kreditkarten

In Brasilien kann man in vielen Geschäften mit Kreditkarte bezahlen und an Geldautomaten und in Banken Geld abheben. Visa ist die gängigste Karte, gefolgt von MasterCard. Mit American Express und Diners Club kommt man auch weiter. Bargeldauszahlungen mit Visa sind auch in Kleinstädten möglich, in denen es keine Wechselstuben gibt – das kann aber ziemlich lange dauern. Kreditkartenbetrug ist weit verbreitet. Man sollte seine Kreditkarte immer im Auge behalten, vor allem in Restaurants.

Reiseschecks

Reiseschecks können in großen Banken und Wechselstuben umgetauscht werden. In Banken bekommt man normalerweise einen besseren Kurs – außer bei Banco do Brasil, wo man für jede Transaktion mit Reiseschecks 20 US$ Kommission fällig werden.

Allerdings kann die langsame, bürokratische Prozedur in den Banken ganz schön auf die Nerven gehen. *Casas de câmbio* (Wechselstuben) sind schnell und zuverlässig, haben aber schlechtere Kurse. Am häufigsten werden in Brasilien Reiseschecks von American Express akzeptiert.

GESUNDHEIT

Wer innerhalb von drei Monaten vor der Einreise nach Brasilien (oder vor der Beantragung eines Visums für Brasilien) in Bolivien, Kolumbien, Ecuador, Französisch-Guyana, Peru, Venezuela oder einem von mehreren afrikanischen Ländern war, braucht eine Gelbfieberimpfung. Weil sich die Liste der Länder ändert, sollte man sich vor der Reise bei einem brasilianischen Konsulat erkundigen. An den meisten brasilianischen Grenzübergängen und großen Flughäfen kann man sich impfen lassen (für Ausländer kostenlos) und das Zertifikat auf der Stelle bekommen. Aber es ist ratsam, die Impfung vor der Abreise durchzuführen.

Malaria ist in einigen Gebieten am Amazonas ein Problem. Reisende sollten eine geeignete Prophylaxe dabeihaben, beispielsweise Mefloquin oder Doxycyclin (Chloroquin bringt hier nichts) und sich möglichst weitgehend verhüllen, um Mückenstiche zu vermeiden. (Es gibt auch Denguefieber, gegen das es keine Medikamente gibt.)

In den meisten städtischen Gebieten ist das Leitungswasser sauber, auch wenn es nicht besonders schmeckt. In abgelegenen Gebieten sollte man das Wasser filtern oder abgefülltes Wasser kaufen.

Die Sonne ist in Brasilien sehr intensiv. Man sollte sich vor Hitzschlag, Dehydrierung und Sonnenbrand schützen. Bevor man sich in anstrengende Aktivitäten stürzt, starken Sonnenschutz auftragen, viel Wasser trinken und dem Körper Gelegenheit geben, sich an die hohen Temperaturen zu gewöhnen. Bei Dehydrierung hilft *agua de coco* (Kokosmilch), die Elektrolyte enthält.

Weitere Infos s. S. 1246.

INFOS IM INTERNET

Brasilianische Botschaft (www.brasilianische-botschaft.de) Hat praktische Infos für Touristen und u. a. Artikel über Kultur, Politik, Umwelt, Sport in Brasilien.

Brazil Max (www.brazilmax.com) Hübsch gestaltete Seite mit Beiträgen über Reisen, Kultur und Gesellschaft in Brasilien. Anständige Auswahl an Artikeln und Links.

Brazzil (www.brazzil.com) Bietet detaillierte Artikel zu Politik, Literatur, Kunst und Kultur des Landes.
Terra (www.terra.com.br/turismo, portugiesisch) Reiseseite mit aktuellen Infos über Unterhaltungsangebote, Nachtleben und Restaurants in etlichen brasilianischen Städten.
Universität von Texas (lanic.utexas.edu/la/brazil) Eine ausführliche brasilianische Linksammlung.

INTERNETZUGANG

Internetcafés sind in Brasilien weit verbreitet. Die Gebühren betragen etwa 2 bis 3 US$ für eine Stunde.

KARTEN & STADTPLÄNE

Die besten Karten in Brasilien hat die Reihe Quatro Rodas. Für einzelne Regionen (Norte, Nordeste etc.) kosten sie um die 5 US$. Quatro Rodas gibt auch den Straßenatlas *Atlas Rodoviário* heraus – nützlich, wenn man fährt. Und ausgezeichnete Straßenatlanten für einzelne, wichtige Städte gibt's auch.

Gute topografische Karten machen IBGE, das Amt für Geografie, und DSG, die geografische Abteilung der Armee. Die Karten sind nicht immer verfügbar, aber in den meisten Bundeshauptstädten verkaufen die IBGE-Büros ihre Karten. Die Adressen der jeweiligen Büros stehen auf der IBGE-Website (www.ibge.gov.br).

In den Telefonbüchern vieler Bundesstaaten sind Stadtpläne enthalten.

KLIMA

Im größten Teil Brasiliens ist es im Lauf des Jahres immer ungefähr gleich warm. In den südlicheren Staaten wie Río Grande do Sul gibt es aber ausgeprägtere jahreszeitliche Schwankungen – vergleichbar mit denen in Europa.

Der Sommer geht von Dezember bis Februar (in dieser Zeit sind auch Schulferien), dann herrschen in Rio und im Nordosten Temperaturen von knapp unter 40 °C. Während des restlichen Jahres liegen die Temperaturen meistens um die Mitte 20 bis knapp über 30 °C. Im Süden schwanken die Temperaturen zwischen 15 °C im Winter (Juni–Aug.) und bis zu 35 °C im Sommer.

Im Amazonasgebiet wird es selten heißer als 27 °C, dafür ist es feucht, und in den tropischen Regionen prasselt oft Starkregen nieder. In einigen Teilen des Nordens wird die Zeit von Dezember bis März als Winter betrachtet, da es dann am meisten regnet.

Weil die Temperatur im Allgemeinen das ganze Jahr über moderat ist, gibt es eigentlich keine schlechte Reisezeit für Brasilien. Allerdings sollte man die Menschenmassen (und die Hitze) des Sommers meiden, es sei denn, man will den Karneval erleben. Am besten kommt man zwischen April und November. Das ist auch die beste Zeit für Wanderungen in Amazonien und im Pantanal – vor allem die trockene Jahreszeit von Juni bis August.

Weitere Infos und Klimadiagramme gibt's auf S. 1222.

KURSE

Beim IBEU (Instituto Brasil Estados Unidos), an dem Brasilianer Englisch lernen, kann man problemlos recht teure Portugiesischkurse buchen. Es gibt in jeder größeren Stadt eine Niederlassung. Weitere Sprachschulen findet man über das **National Registration Center for Study Abroad** (www.nrcsa.com) und die Internetseite www.onestoplanguage.net.

MEDIEN
Fernsehen

Das brasilianische Fernsehen besteht zum größten Teil aus Gameshows, Fußball, schlechten amerikanischen Filmen, die portugiesisch synchronisiert wurden, und den allgemein beliebten *novelas* (Seifenopern). Der größte brasilianische Sender ist Globo. In besseren Hotels gibt es Kabel-TV mit CNN und anderen englischsprachigen Programmen.

Zeitungen & Zeitschriften

Die wöchentlich auf Portugiesisch erscheinende *Veja* ist ein aktuelles Nachrichtenmagazin, das nach dem Vorbild der *Time* gestaltet ist. In sieben oder acht größeren Städten kommt sie zusammen mit der *Vejinha* heraus, einem guten Programmheft zum Heraustrennen, das sich der jeweiligen Musik-, Kunst und Nachtclubszene widmet. Die Zeitungen *Folha de São Paulo* und Rios *Jornal do Brasil* haben eine gute nationale Berichterstattung und sind eher im linken Spektrum angesiedelt. Die Meldungen von *O Estado de São Paulo* und Rio's *O Globo* sind etwas umfassender und rechtslastig.

Die englische *Newsweek* und die Tageszeitung *International Herald Tribune* sind weit verbreitet. In tourististischen und Geschäftsgegenden wie Rio und São Paulo bekommt man Zeitungen aus Europa, aber sie sind teuer.

ÖFFNUNGSZEITEN

Die meisten Geschäfte und staatlichen Dienstleistungseinrichtungen (inkl. Post) haben montags bis freitags von 9 bis 18 Uhr und samstags von 9 bis 13 Uhr geöffnet. Banken sind im Allgemeinen von 9 oder 10 bis 14 oder 15 Uhr geöffnet. In den meisten Restaurants gibt es von 12 bis 15 und von 18 bis 22 Uhr etwas zu essen. Lokale mit Frühstück machen auch von etwa 8 bis 10.30 Uhr auf. In Bars kann man meistens von 19 bis 2 Uhr morgens und an Wochenenden bis 4 Uhr morgens diverse Drinks schlürfen.

POST

Eine Postkarte oder ein Brief ins Ausland kosten bis 20 g rund 1 US$. Luftpostbriefe nach Europa brauchen ein bis zwei Wochen. Das *posta-restante*-System funktioniert ganz ordentlich, dabei wird Post bis zu 30 Tage in einem Postamt gelagert.

RECHTSFRAGEN

Man sollte vor der brasilianischen Polizei auf der Hut sein (aber auch Respekt zeigen). Manche Polizisten schieben einem Drogen unter und legen Gringos rein, um Schmiergelder zu kassieren.

Für den Gebrauch und den Besitz von Drogen gibt es einen harten Strafenkatalog. Die Polizei teilt in puncto Marihuana nicht die tolerante Haltung der meisten Brasilianer. Bei Polizeikontrollen an den Landstraßen werden immer wieder Autos nach dem Zufallsprinzip angehalten. Die Polizei, die die Küstenstraßen zwischen São Paulo und Búzios kontrolliert, ist berüchtigt dafür, junge Menschen und Ausländer zu schikanieren. Auch Grenzgebiete sind gefährlich.

Aus Bolivien und Peru wird eine große Menge an Kokain durch Brasilien geschleust. Wer in einem einer der Andenländer gerne Koka-Blätter gekaut hat und von dort nach Brasilien einreist, sollte sein Gepäck vorher gründlich reinigen.

REISEN MIT BEHINDERUNG

Für Behinderte ist das Reisen in Brasilien beschwerlich. Am besten geeignet ist wahrscheinlich noch Rio de Janeiro. Hier sind Straßen und Bürgersteige an den wichtigen Stränden abgeflacht. In den meisten anderen Gegenden sucht man behindertengerechte Einrichtungen dagegen vergeblich, und vor Restaurants sind normalerweise Treppen.

Ein Reisebüro in São Paulo hat sich auf Reisen für Menschen mit Behinderungen spezialisiert: **Fack Tour** (☎ 0xx11-4335-7662; fack tour@originet.com.br).

SCHWULE & LESBEN

Auch wenn es mittlerweile schwule Charaktere in den *novelas* (Seifenopern) gibt, stehen die meisten Brasilianer Schwulen ablehnend gegenüber. Der Machismo herrscht vor. Sich offen zu bekennen, ist schwierig. Rio hat die größte Schwulenszene, aber auch in Salvador, São Paulo und anderen Städten gibt es gute Schwulenkneipen. Nicht nur GLS *(Gays, Lesbians e Simpatizantes)* finden sich hier ein, sondern auch Heteros. Ein hervorragendes schwules Reise- und Tourbüro ist **G Brazil** (☎ 0xx21-2247-4431; www.gbrazil. com; Rua Farme de Amoedo 76, Nr. 303). Gute Internetseiten für Schwule und Lesben sind www.riogayguide.com und www.pridelinks. com/Regional/Brazil.

In Brasilien gibt es keine Gesetze gegen Homosexualität. Das Schutzalter beträgt wie für Heteros 18 Jahre, d. h. erst ab dann sind freiwillige sexuelle Kontakte erlaubt.

SHOPPEN

CDs, einheimisches (indigenes und anderes) Kunsthandwerk und Kunst sind gern gesehene Souvenirs.

In jeder einigermaßen modernen Stadt gibt es Einkaufszentren (*shoppings*), meistens mit ordentlichen Musikgeschäften. Weniger vorhersehbar – im guten wie im schlechten Sinne – sind Shoppingtouren auf Märkten und an Straßenständen. Die Stände verkaufen oft raubkopierte CDs für rund 4 US$ – offizielle CDs im Laden kosten 10 bis 20 US$.

Echtes indigenes Kunsthandwerk ist in den Artíndia-Läden von Funai, der staatlichen Organisation zur Wahrung indigener Interessen, und in Museumsshops erhältlich.

Im Nordosten stellen Kunsthandwerker sehr vielfältige Gegenstände her. Salvador und das nahegelegene Cachoeira sind besonders bekannt für grob gearbeitete Holzskulpturen. Ceará ist auf Spitze spezialisiert.

BRASILIEN

Und das Hinterland von Pernambuco, vor allem Caruaru, hat sich mit äußerst phantasievollen Keramikfiguren einen Namen gemacht.

In Candomblé-Geschäften gibt es allerlei Kuriositäten, von magischer Räucherware, die garantiert die sexuelle Anziehungskraft, Weisheit und Gesundheit steigert, bis hin zu Amuletten und Keramikfiguren afro-brasilianischer Götter.

SPRACHE

Portugiesisch gehört zu den zehn am meisten gesprochenen Sprachen der Welt. Das brasilianische Portugiesisch unterscheidet sich vom europäischen Portugiesisch, doch können sich Portugiesen und Brasilianer problemlos verständigen. Spanisch und Portugiesisch sind dagegen nicht ganz so kompatibel miteinander. Wer Spanisch kann, wird in der Lage sein, etwas auf Portugiesisch zu lesen, doch mit dem Verstehen der gesprochenen Sprache könnte es schwierig werden. Einige Brasilianer finden es auch etwas befremdlich, wenn Fremde hier ankommen und Spanisch sprechen – und erwarten, verstanden zu werden.

STROM

Brasilien hat keine einheitliche Stromspannung. Sie liegt zwischen 110 und 220 V. Wer Elektrogeräte dabei hat, sollte einen Umwandler und einen Überspannungsschutz mitnehmen.

TELEFON
Inlandsgespräche

Inlandsgespräche kann man von normalen Kartentelefonen auf der Straße und in Telefonshops führen. Karten mit 30 Einheiten sind für 3 US$ bei Straßenhändlern, an Kiosks und überall, wo *cartões telefônicos* angeschrieben steht, erhältlich. Es gibt auch Karten mit mehr Einheiten.

Ortsgespräche kosten nur wenige Einheiten. Man wählt die Nummer ohne Vorwahl. Um ein Orts-R-Gespräch zu führen, wählt man ☎ 9090 vor der Nummer.

Für Ferngespräche wählt man die ☎ 0, dann den Code des Netzbetreibers, die Vorwahl und schließlich die Telefonnummer. Man muss einen Netzbetreiber wählen, der den eigenen Standort und den des Angerufenen abdeckt. Sie machen meistens in den Gebieten Werbung, die sie vorrangig bedie-

nen – aber normalerweise funktionieren die landesweiten Anbieter Embratel (Code 21), Intelig (Code 23) und Telemar (Code 31) immer.

Vorwahlen sind meistens nach dem Schema „0xxZiffer-Ziffer“ angegeben, wobei die beiden „x“ für den Code des Netzbetreibers stehen. Wenn man beispielsweise von Rio de Janeiro aus die Nummer ☎ 3219-3345 in Fortaleza (Vorwahl ☎ 0xx85) im Staat Ceará anrufen will, wählt man ☎ 0, dann 21 oder 23 oder 31 oder 85 (Codes der vier Betreiber, die sowohl Rio wie auch Ceará bedienen), danach 85 für Fortaleza und schließlich die Nummer 3219-3345.

Ein Ferngespräch kostet meistens fünf bis zehn Karteneinheiten pro Minute.

Für ein Fern-R-Gespräch innerhalb Brasiliens wählt man ☎ 9 vor 0xx. Eine Bandansage auf Portugiesisch fordert einen dann dazu auf, nach einem Signalton den eigenen Namen und Standort zu nennen.

Internationale Gespräche

Die Vorwahl Brasiliens ist die ☎ 55. Wer aus dem Ausland anruft, lässt die 0xx vor den lokalen Vorwahlen weg.

Gespräche von Brasilien nach Europa kosten mindestens 2 US$ pro Minute (20 % weniger tgl. 20–6 Uhr & So).

Von den normalen Kartentelefonen auf der Straße kann man nur internationale Gespräche führen, wenn man eine Karte für internationale Gespräche hat oder ein R-Gespräch anmeldet. Die meisten Telefone sind ausschließlich für Inlandsgespräche, und selbst wenn nicht, reicht eine brasilianische Telefonkarte bei einem internationalen Gespräch kaum für eine Minute.

Wer keine Karte für internationale Gespräche hat, sollte einen Telefonshop aufsuchen und nach dem Gespräch bar bezahlen. Auch in den meisten Internetcafés kann man telefonieren. Gespräche vom Hotel aus sind meistens teurer.

Für ein internationales R-Gespräch (*a cobrar*) wählt man von jedem beliebigen Telefon aus ☎ 000107. Das ist aber nur in wenige Länder möglich. Man kann sich auch mit der internationalen Vermittlung verbinden lassen, indem man ☎ 000111 oder ☎ 0800-703-2121 wählt. Wenn das nicht funktioniert, muss man ein Telefon suchen, von dem aus internationale Gespräche möglich sind.

Handy

Die Nummer eines *celular* (Handy) besteht aus acht Ziffern und beginnt mit einer 9. Wer ein Handy anruft, leert seine Telefonkarte viel schneller als bei einem normalen Gespräch. Handynummern haben wie alle anderen eine Ortsvorwahl. Wenn man aus einer anderen Stadt anruft, muss man die Vorwahl hinzufügen.

TOILETTEN

Öffentliche Toiletten gibt es in jedem Busbahnhof und Flughafen, meistens gegen eine Gebühr von rund 0,50 US$. Anderswo sind öffentliche Toiletten die Ausnahme. Allerdings darf man oft ohne Probleme die Toiletten von Restaurants und Kneipen benutzen. Wie in anderen lateinamerikanischen Ländern wirft man das Klopapier nicht in die Schüssel, sondern in einen stinkenden Korb daneben. Nur wenige Toiletten des Landes sind behindertengerecht.

TOURISTENINFORMATION

Fast alle Touristeninformationen Brasiliens unterstehen dem jeweiligen Bundesstaat oder der Stadt. Ob sie hilfreich oder nutzlos sind, hängt vom Personal ab.

Bei brasilianischen Konsulaten und Botschaften bekommen Touristen eingeschränkt Informationen.

UNTERKUNFT

Die Unterkünfte in Brasilien sind einfach, aber normalerweise sauber und relativ sicher. In fast allen gibt es eine Art *café da manhã* (Frühstück). Privatzimmer mit Gemeinschaftsbad werden *quartos* genannt, Zimmer mit eigenem Bad *apartamentos*. Fast jede brasilianische Stadt hat mindestes ein Hotel oder eine *pousada*.

Campen

Campen kann man gut, wenn man die Nationalparks oder andere abgelegene Gebiete erkunden will und bereit ist, ein Zelt und andere notwendige Dinge zu tragen. Der **Camping Clube do Brasil** (www.campingclube.com.br, portugiesisch) hat etwa 40 Campingplätze zwischen Fortaleza und Porto Alegre.

Hotels

Brasiliens Hotels bewegen sich irgendwo zwischen feudal und schäbig, auch die Extreme sind zu bekommen. Die Preise gehören mit zu den höchsten Südamerikas, aber man kann immer das ein oder andere Schnäppchen machen.

Außerhalb der Städte kann man sehr einfache Einzel-/Doppel-*quartos* für 10/16 US$ bekommen. Bessere Quartiere mit eigenem Bad fangen bei 20/30 US$ für ein Einzel-/Doppelzimmer an und kosten in größeren Städten wie Rio wesentlich mehr.

Man sollte immer nach den Preisen fragen, weil sie oft viel niedriger sind, als es der Aushang angibt. Es schadet auch nicht, wenn man „*Tem desconto*" (Gibt es Rabatt?) fragt, was einem eine Ersparnis zwischen 3 US$ und 30 % pro Nacht einbringen kann. Im Allgemeinen steigen die Preise in der Hochsaison um 30 %. Hotels in businessorientierten Städten wie São Paulo und Curitiba geben an den Wochenenden bereitwillig Rabatt.

Jugendherbergen

Jugendherbergen werden *albergues da juventude* genannt. Die dem HI-Verband angegliederte **Federação Brasileira dos Albergues da Juventude** (www.hostel.org.br) betreibt im ganzen Land über 80 Jugendherbergen, zu den meisten führt ein Link auf der Website. Viele Jugendherbergen sind hervorragend und eignen sich ausgezeichnet, um junge Brasilianer und Brasilianerinnen kennenzulernen. Ein Bett im Schlafsaal kostet zwischen 10 und 17 US$ pro Person. Wer kein Mitglied des HI-Verbandes ist, zahlt gewöhnlich 20 % extra. Man kann aber in Brasilien in vielen Herbergen und in den Büros der Jugendherbergsverbände für 15 US$ eine HI-Gästekarte kaufen.

Pousadas

Eine *pousada* ist typischerweise eine kleine familienbetriebene Pension, obwohl manche Hotels sich auch „pousadas" nennen, um den Charmefaktor zu erhöhen. Einfache *pousadas* verlangen mitunter gerade mal 10/20 US$ für ein Einzel-/Doppelzimmer, die Obergrenze kann aber auch bei 160 US$ für ein Doppelzimmer mit Frühstück liegen.

VERANTWORTUNGSBEWUSSTES REISEN

An den meisten Orten Brasiliens sind Touristen willkommen, doch sollte man die einheimischen Sitten respektieren.

Alle sollten dazu beitragen, die brasilianische Umwelt zu schützen, und zwar, indem man möglichst ökologisch orientierte Reiseangebote wahrnimmt. Wer die Angebote der Gemeinden nutzt – Führer, Zimmer, Handwerker usw. – lässt sein Geld direkt den Menschen zukommen. Das gilt auch, wenn man Kunsthandwerk und andere Gegenstände direkt bei den Produzenten oder ihren Vertretern kauft.

VISA

Auf S. 459 steht etwas über die Vorschriften zur Gelbfieberimpfungen.

EU-Bürger und Schweizer brauchen kein Visum, um nach Brasilien einzureisen und dürfen sich dann 90 Tage im Land aufhalten.

Wer unter 18 ist und ohne Eltern oder Vormund nach Brasilien einreisen will, braucht eine Erlaubnis von den Eltern, dem Vormund oder einem Gericht. Frühzeitig bei einem brasilianischen Konsulat Informationen einholen!

Aufenthaltsverlängerung

Eine Verlängerung des Aufenthalts um weitere 90 Tage ist für Touristen normalerweise problemlos möglich. Dafür zuständig ist die Polícia Federal, die Büros in den Hauptstädten der Bundesstaaten und in den Grenzorten unterhält. Die Verlängerung muss spätestens 14 Tage vor Ablauf der ursprünglichen Aufenthaltsdauer beantragt werden. Wenn man zur Polícia Federal geht, sollte man sich ordentlich kleiden – einige Polizeistationen behandeln Leute in kurzen Hosen herablassend. Die Verlängerung scheint ziemlich automatisch erteilt zu werden, jedoch muss man manchmal ein Flugticket und ausreichend Geld vorweisen; hin und wieder werden weniger als 90 Tage Verlängerung gewährt. Wer die maximale Verlängerung von 90 Tagen erhält und vor Ablauf dieser Frist das Land verlässt, darf nicht wieder einreisen, bevor die 90 Tage vorüber sind.

Ein-/Ausreisekarte

Bei der Einreise nach Brasilien müssen alle Touristen eine *cartão de entrada/saida* (Ein-/Ausreisekarte) ausfüllen. Die Einwanderungsbehörden behalten die eine Hälfte, man selbst bekommt die andere. Die Karte auf keinen Fall verlieren! Wenn man das Land verlässt, muss man dem Grenzbeamten die zweite Hälfte geben. Wer sie nicht hat, muss bei einer Banco do Brasil, die weit von der Grenze entfernt sein kann, eine saftige Strafe bezahlen (ca. 75 US$). Bei der Bank gibt's dann ein Formular für die Grenzbeamten. Die meisten Besucher dürfen 90 Tage im Land bleiben. Falls man aus irgendeinem Grund weniger bekommt, wird das neben dem Stempel im Pass vermerkt.

Chile

HIGHLIGHTS

- **Torres del Paine** – In heulendem Wind die Gletscherseen und schroffen Spitzen über der patagonischen Steppe erforschen (S. 600)
- **Zentrale Senke** – Die steilen Hänge von Portillo oder die riesigen, weiten Flächen des Valle Nevado erkunden (S. 492)
- **Valparaíso** – Durch die Hügel von Nerudas Lieblingsstadt schlendern, das Herz der chilenischen Kunstszene (S. 493)
- **Atacama** – In der trockensten Wüste der Welt durch spröde Landschaften mit Fumarolen, Salzbergen und Lehmziegeldörfern reisen (S. 518)
- **Abseits ausgetretener Pfade** – Im abgelegenen Herzland der Pioniere, den Tälern mit ihren türkisfarbenen Flüssen um Cochamó, Coyhaique und Palena, Cowboy spielen (S. 590)
- **Besonders empfehlenswert** – Durch wogendes Grasland und Lagunen voller Flamingos zu Füßen der schneebedeckten Gipfel des Parque Nacional Lauca trekken (S. 534)

KURZINFOS

- **Berühmt für:** Politik, *pisco* (brandyartiger Likör) & patagonische Berggipfel
- **Bester Straßensnack:** Ganz ehrlich? *Un completo:* ein Hotdog mit Guacamole, Mayo & Tomaten (1,50 US$)
- **Bestes Schnäppchen:** eine Flasche Missiones de Rengo Carmenere für 3,50 US$
- **Bevölkerung:** 16 Mio.
- **Fläche:** 748 800 km² Land, 8150 km² Wasser, 6435 km Küstenlänge
- **Floskeln:** *chorro*, *bacán* (cool), *asco* (ekelhaft), *copete* (Cocktail)
- **Geld:** 1 US$ = 529 chilenische Pesos (Ch$), 1 € = 719 Ch$, 1 SFr = 439 Ch$
- **Hauptstadt:** Santiago
- **Landesvorwahl:** ☎ 56
- **Preise:** *hospedaje* mit Frühstück 10–12 US$, Mittagsmenü 6 US$, Eintritt in Nationalparks frei–17 US$
- **Reisekosten:** 35–40 US$/Tag
- **Sprachen:** Spanisch, Mapudungun, Rapanui
- **Trinkgeld:** 10 % in besseren Restaurants; Trinkgeld für alle Guides
- **Visa:** EU-Bürger und Schweizer benötigen zur Einreise nur einen gültigen Reisepass.
- **Zeit:** MEZ –5 Std.

TIPPS FÜR UNTERWEGS
Am besten nur kleine Geldscheine mitnehmen. Das spezielle *menú del día* ist günstiger als Gerichte von der Speisekarte. Im ländlichen Patagonien Zeit und Geduld haben: Wo Verkehrsmittel dünn gesät sind, kann man mal für ein, zwei Tage an einer Stelle festsitzen.

VON LAND ZU LAND
Die Routen führen nach Tacna (Peru) oder Ollagüe und Colchane (Bolivien). Außerdem geht's nach Paso Jama, Puente del Inca, San Martín de los Andes, Junín de los Andes, Villa La Angostura, Trevelin, Los Antiguos, Río Turbio und Río Gallegos (Argentinien).

Das spindeldürre Chile erstreckt sich über 4300 km über den halben Kontinent, von der trockensten Wüste der Welt bis zu riesigen Gletscherfeldern. Ein Mosaik von Vulkanen, Geysiren, Stränden, Seen, Flüssen, Steppen und unzähligen Inseln füllt den Raum dazwischen. Seine Schlankheit verleiht Chile die Intimität eines Hinterhofs, allerdings eines Hinterhofs, dessen Begrenzungen die Anden und der Pazifik bilden. Was hier geboten ist? Alles. Das Schwierigste wird sein, eine Reiseroute festzulegen. Es gibt eine gute Infrastruktur, spektakuläre Sehenswürdigkeiten und die gastfreundlichsten Gastgeber weit und breit. Was also auswählen? Vielleicht die grenzenlose Einsamkeit der Wüste, die schroffen Gipfel der Anden oder die üppigen Wälder der Fjorde. Die geheimnisvolle Osterinsel oder die abgeschiedene Isla Robinson Crusoe bringen einen sogar weg vom Kontinent. Aber nicht vergessen, dass Chile neben den einzelnen Attraktionen auch jede Menge Charakter zu bieten hat. Seine unendliche Weite beflügelt die Phantasie. Man sagt, dass sie aus Barmännern Dichter, aus Präsidenten Träumer und aus Fremden Freunde gemacht hat. Ein paar falsche Abzweigungen oder Abstecher, und man ist selbst Teil dieser verschworenen Gemeinschaft, die sonntags ihre Grillfeste feiert. Und zu den langen, trägen Abendessen, die einen hier erwarten, bringt man am besten eine gute Flasche Roten mit.

AKTUELLE ENTWICKLUNGEN

Wer hätte je gedacht, dass die Chilenen einmal eine Frau ins Präsidentenamt wählen würden? Das fragte die Sozialistin Michelle Bachelet, als sie sich zu der wachsenden Schar linksgerichteter politischer Führer auf dem Kontinent gesellte. Chile, dem sich mit dem Tod des früheren Diktators General Augusto Pinochet Ende 2006 vielleicht ein Weg zur schnelleren innenpolitischen Bewältigung von dessen Unrechtsregime eröffnet hat, macht in wirtschaftlicher Hinsicht Furore. Momentan schnellt das Land im Weltranking der Staaten steil empor (bereits Nummer 37) und ist auf dem Sprung, der erste lateinamerikanische Aufsteiger in die Erste Welt zu werden. Aber gleichzeitig droht die Umwelt der ganz am Geschäftemachen orientierten Einstellung zum Opfer zu fallen. Zu erwähnen sind da die ungehemmte Verschmutzung durch Papierfabriken in Valdivia, der Vorschlag, für das Pascua-Larna-Bergbauprojekt einen Gletscher zu versetzen, und einige Megastaudammpläne, die Chiles unberührteste Wasserwege im Süden gefährden.

GESCHICHTE
Frühgeschichte
Der Fund eines einzelnen, 12 500 Jahre alten Fußabdrucks im Monte Verde in der Nähe von Puerto Montt brachte die frühesten greifbaren Wurzeln Chiles ans Licht. Im Norden stammen die Bauern der Aymara und Atacameño von den Inka ab. Zu anderen frühen Völkern gehören die El Molle und die Tiwanaku, die sich mit Geoglyphen verewigt haben. Außerdem lebten früher das Fischervolk der Chango an der Nordküste und die Diaguita in den Flusstälern im Inland.

Die Mapuche (auch Araukaner genannt) waren umherziehende Bauern in den südlichen Wäldern. Als einzige indigene Gruppe schafften sie es, sich der Herrschaft der Inka zu entziehen. Unterdessen lebten die Cunco auf Chiloé und dem Festland als Fischer und Bauern. Im Süden haben die Gruppen der Selk'nam und Yagan lange Zeit den Kontakt mit den Europäern gemieden. Und jene waren es dann schließlich auch, die sie an den Rand des Aussterbens bringen sollten.

Kolonialzeit
1541 durchquerte der Konquistador Pedro de Valdivia mit seinen Männern die raue Atacama-Wüste und gründete im fruchtbaren Mapocho-Tal die Siedlung Santiago. Sie etablierten die berühmten *encomiendas*: ein System der Zwangsarbeit, das die relativ große sesshafte Bevölkerung im Norden ausbeutete. Im Süden gab es eine derartige Einverleibung nicht. Die Mapuche kämpften drei Jahrhunderte lang gegen die Kolonisierung durch die Europäer. Als die *encomiendas* ihren Wert verloren, nahmen landwirtschaftliche *haciendas* oder *fundos* (Farmen) ihren Platz ein. Geführt wurden sie von in Amerika geborenen Spaniern. Die *latifundios* (Landgüter) blieben teils bis in die 1960er-Jahre erhalten und wurden zur beherrschenden Macht in der chilenischen Gesellschaft.

Unter San Martíns Schutz wurde der Chilene Bernardo O'Higgins, unehelicher Sohn eines Iren, der „oberste Direktor" der Chilenischen Republik.

Die ersten fünf Jahre nach der Unabhängigkeit beherrschte O'Higgins die Politik. Er setzte Reformen in Politik, Sozialwesen, Religion und Bildung in Kraft. Aber die Widerstände der Landbesitzer gegen seine egalitären Maßnahmen zwangen ihn schließlich zum Rücktritt. Der Geschäftsmann und Sprecher der Landbesitzer, Diego Portales, agierte bis zu seiner Hinrichtung 1837 nun de facto als Diktator. Seine Verfassung auf der Grundlage des Gewohnheitsrechts versammelte die Macht in Santiago und machte den Katholizismus zur Staatsreligion.

Expansion & Entwicklung

Als es unabhängig wurde, war Chile klein. Aber es gelang dem Land, im sogenannten Salpeterkrieg (1879–83) über Peru und Bolivien zu triumphieren. Verträge mit den Mapuche brachten die an Nitrat reiche Wüste Atacama und die südlichen Seegebiete unter Chiles Kontrolle. Außerdem annektierte Chile 1888 das abgelegene Rapa Nui (Osterinsel).

Britisches, nordamerikanisches und deutsches Kapital verwandelten die trockene Wüste Atacama in eine Goldgrube. Die Investoren sorgten dafür, dass durch die Nitrate etwas Wohlstand ins Land kam und dadurch die Regierung gefestigt wurde. Die Nitrathäfen Antofagasta und Iquique wuchsen rasant. Dann aber ließ der Verkehr rund ums Kap Horn nach, weil der Panamakanal eröffnet wurde (1914) – eine Entwicklung, die durch die Erfindung von Dünger auf Petroleumbasis noch verstärkt wurde, denn dieser Dünger machte Mineralnitrate überflüssig.

Der Bergbau schuf auch eine neue Arbeiterklasse und gleichzeitig eine Klasse der Neureichen. Beide stellten die starke Position der Landbesitzer infrage. 1886 wurde Präsident José Manuel Balmaceda gewählt. Er ging das Problem der Ungleichheit an und versuchte, Wohlstand und Macht gerechter zu verteilen. Damit entzündete er 1890 eine Rebellion des Kongresses und einen Bürgerkrieg, der 10 000 Todesopfer forderte, seinen eigenen Selbstmord eingeschlossen.

Revolutionskriege & Frühe Republik

Die spanische Kontrolle über den Handel im Vizekönigtum Peru erzeugte unter den *criollos* (in Amerika geborene Spanier) Unzufriedenheit. Unabhängigkeitsbewegungen tauchten daraufhin überall im Land auf. Am Ende war es ein Argentinier, nämlich José de San Martín, der 1818 Santiago befreite.

468 CHILE ·· Geschichte

www.lonelyplanet.de

Entwicklungen im 20. Jh.

Bis in die 1920er-Jahre lebten 75 % der Landbevölkerung von Chile immer noch auf den *latifundios*. Und zu denen gehörten weiterhin 80 % des landwirtschaftlich am besten nutzbaren Landes. Als die Industrie sich ausweitete und die Infrastruktur verbessert wurde, stieg zwar das Wohlergehen der städtischen Arbeiter, aber die Situation auf dem Land verschlechterte sich. Immer mehr Tagelöhner wurden in die Städte getrieben.

Die 1930er- bis 1960er-Jahre standen im Zeichen facettenreicher Bemühungen um Agrarreformen. Während dieser Zeit errangen nordamerikanische Firmen die Kontrolle über die Kupferminen, die zum Eckpfeiler der chilenischen Wirtschaft werden sollten. 1964 wurde der Reformer Eduardo Frei Präsident. Ganz opportunistisch griff er den von den USA beherrschten Exportsektor an und wurde zum Verfechter der „Chilenisierung" der Kupferindustrie. So übernahm die Regierung etwas über 50 % der Minen, die von US-amerikanischen Gesellschaften gehalten wurden.

Von den Rechten als zu reformerisch und von den Linken als zu konservativ eingestuft, musste die christdemokratische Staatsverwaltung Freis zahlreiche Schwierigkeiten durchstehen. Dazu gehörte die gewalttätige Gruppierung der MIR (die Linksgerichtete Revolutionäre Bewegung), die von den Arbeitern in den Kohlebergwerken, den Textil- und anderen städtischen Arbeitern Unterstützung erhielt und sich auch für eine Landreform stark machte. Als die Wahl von 1970 näher rückte, wurde die Christliche Demokratische Partei immer schwächer. Sie war nicht mehr in der Lage, die Erwartungen der Gesellschaft zu erfüllen.

Allende kommt an die Macht

Der sozialistische Kandidat der Koalition Unidad Popular (Volkseinheit oder UP) Salvador Allende bot ein radikales Programm. Seine Forderungen waren die Nationalisierung der Industrie und die Enteignung der *latifundios*. 1970 wurde er mit knappem Vorsprung gewählt. Allende begann damit, staatliche Kontrolle über viele private Unternehmen auszuüben und sorgte für eine radikale Neuverteilung der Einkommen. Als die Bauern, über den langsamen Fortschritt der Agrarreformen frustriert, anfingen, Land zu besetzen, gingen

weite Teile der politischen Szene auf Konfrontationskurs. Die Ernten gingen zurück. Die Enteignungen der Kupferminen und anderer Unternehmen plus die verdächtig freundlichen Beziehungen zu Kuba provozierten die Feindschaft der USA. 1972 war Chile durch Streiks gelähmt, die von der Christlich Demokratischen Partei und der Nationalen Partei unterstützt wurden.

Ein militärischer Staatsstreich im Juni 1973 misslang zwar, aber die Opposition gewann an Stärke. Dem relativ unbekannten General Augusto Pinochet gelang am 11. September 1973 ein *golpe de estado* (Staatsstreich). Die UP-Regierung wurde gestürzt, Allende starb (angeblich Selbstmord) ebenso wie Tausende seiner Anhänger. Die Polizei und das Militär verhafteten Tausende Linksgerichtete, als linksgerichtet Verdächtige und ihre Sympathisanten. Viele wurden in das Nationalstadion von Santiago getrieben, wo sie Schläge und Folter erleiden mussten. Hinrichtungen waren an der Tagesordnung. Hunderttausende gingen ins Exil.

Die Diktatur Pinochets & sein Vermächtnis

Viele Führer der Opposition, unter ihnen einige, die den Staatsstreich befürwortet hatten, erwarteten nun eine schnelle Rückkehr zur Zivilregierung. Aber General Pinochet hatte andere Pläne. Von 1973 bis 1989 stand er an der Spitze einer Junta. Sie löste den Kongress auf, verbot sämtliche Linksparteien und schloss alle weiteren Parteien von der Regierung aus. Sie verbot beinahe jede politische Aktivität und regierte durch Erlasse. Die Karawane des Todes ermordete zahlreiche politische Gegner, von denen sich viele freiwillig gestellt hatten. Die Häftlinge kamen aus allen Bereichen der Gesellschaft, von Bauern bis zu Professoren. Während des 17 Jahre dauernden Regimes verschwanden Tausende für immer.

1980 legte Pinochet eine neue, auf die Wähler zugeschnittene Verfassung vor, die seine Präsidentschaft bis 1989 bestätigte. Sie ging durch, obwohl viele Wähler aus Protest der Wahl fernblieben. Auch wenn Pinochet die Wirtschaft Chiles auf Kurs gebracht und für eine dauerhafte Stabilität gesorgt hatte, entsprachen die Wähler 1988 nicht seinem Wunsch, die Amtszeit des Präsidenten noch einmal bis 1997 zu verlängern. 1989 for-

mierten sich 17 Parteien zur Koalition der Concertación para la Democracia (Einigkeit für Demokratie). Ihr Kandidat Patricio Aylwin gewann problemlos. Aylwins Präsidentschaft wurde durch die Zwänge der neuen Verfassung behindert. Aber es gelang ihm immerhin die Veröffentlichung des „Rettig Report", einer Dokumentation über die Toten und Verschwundenen während Pinochets Diktatur.

Als General Pinochet im September 1998 in London verhaftet und unter Hausarrest gestellt wurde, kam es weltweit zu Tumulten. Die Aktion war die Folge einer Untersuchung des spanischen Richters Báltazar Garzón zum Verschwinden spanischer Bürger in den Nachwehen des Staatsstreiches von 1973. Sowohl das Berufungsgericht (im Jahr 2000) als auch der Oberste Gerichtshof (2002) entschieden, dass Pinochet unter Altersdemenz leide. Er sei nicht dazu in der Lage, sich vor Gericht zu verantworten. Pinochet kehrte nach Chile zurück, verlor aber seinen Status als Senator, den er eigentlich auf Lebenszeit innehatte. Ende 2006 verstarb er.

Die internationale Bühne

Im Jahr 2000 stieß der dem gemäßigten linken Lager zugehörige Ricardo Lagos zur wachsenden Riege linksorientierter Regierungschefs, die in großen Teilen Südamerikas gewählt worden sind. Nach einer unruhigen Phase zwischen 2001 und 2003 erholte sich das Land, um nun als hellster Stern am lateinamerikanischen Wirtschaftsfirmament zu erstrahlen, angetrieben von Rekordpreisen für sein wichtigstes Exportprodukt Kupfer. Die Staats- und Auslandsschulden sind niedrig, die Investitionen aus dem Ausland steigen, und die Regierung hat eifrig Freihandelsverträge vor allem mit der EU und Nordamerika unterzeichnet.

Chile rangiert nun an 37. Stelle der am höchsten entwickelten Länder. Die Gesundheitsversorgung hat sich verbessert, die Lebenserwartung steigt, die Bildung wuchs um 25 %, und seit 1990 wurde die Armut halbiert. Gesellschaftlich stößt Chile schnell viel von seinem Konservativismus ab. 2004 wurde ein Scheidungsgesetz verabschiedet, schon 2001 hatte man die Todesstrafe abgeschafft. Die Künste und die freie Presse blühen, und die Rechte der Frauen werden gesetzlich immer stärker verankert.

Die Wahl von Michelle Bachelet, früher Verteidigungsministerin unter Lagos, im Jahr 2005 war ein Wendepunkt. Und das nicht nur, weil sie eine Frau ist. Sie repräsentiert alles, was Chile oberflächlich betrachtet nicht ist. Sie ist eine Anhängerin der Lehre von der Unabhängigkeit des Seins, eine Sozialistin und eine alleinerziehende Mutter. Ihr Vater war ein Luftwaffengeneral, der unter den Anden von Pinochets Leuten starb. Sie selbst wurde auch verhaftet und gefoltert, dann aber wieder freigelassen und lebte im Ausland im Exil. Ihre Fähigkeit, Menschen miteinander zu versöhnen, hat der ausgebildeten Ärztin geholfen, alte Wunden zu heilen, die zwischen Militär und Öffentlichkeit klafften. Die meisten Chilenen meinen, dass sie für die Fortführung der Politik von Lagos steht und einzig und allein die bereits starke Wirtschaft des Landes nicht „durcheinander bringen" dürfe. Eines aber ist sicher: Allein die Tatsache ihrer Präsidentschaft spricht Bände über ihr Land, das sich Veränderungen gegenüber offen zeigt.

KULTUR
Mentalität
Chile durchläuft gerade eine Phase radikaler gesellschaftlicher Veränderungen. Diese ehemalige „Insel" zwischen den Anden und dem Meer wurde mit Einflüssen von außen überflutet. Gleichzeitig beginnt man in Chile, die Konformität zu hinterfragen, die den Menschen von der Diktatur und der katholischen Kirche eingeimpft wurde. Das ist nicht leicht. Bekanntermaßen diplomatisch und höflich, schrecken die Chilenen vor Meinungsverschiedenheiten zurück.

Lebensart
Traveller, die aus Peru oder Bolivien herüberkommen, werden sich vielleicht wundern, wohin das stereotype Südamerika verschwunden ist. Äußerlich entspricht der chilenische Lebensstil dem der Europäer. Die Reichen leben komfortabel, haben oft Dienst- und Kindermädchen, während die Ärmsten mühsam von der Hand in den Mund leben. Die enormen Einkommensunterschiede münden natürlich in entsprechendes Klassenbewusstsein. Der durchschnittliche Chilene konzentriert seine Energien auf Familie, Heim und Arbeit. Die Chilenen bleiben während ihrer Ausbildungszeit – auch an der Universität – gewöhnlich von ihren Eltern abhängig und leben zu Hause, bis sie heiraten. Unabhängigkeit wird längst nicht so hoch geschätzt wie familiäre Einheit und Zusammengehörigkeitsgefühl. Dennoch sind allein erziehende Mütter nicht selten. Die Scheidung ist zwar erst vor Kurzem legalisiert worden, aber informelle Trennungen waren schon vorher die Regel. Obwohl Frauen auf dem Arbeitsmarkt unterrepräsentiert sind, werden sie als Fachkräfte geschätzt. Für Schwule und Lesben ist Chile noch immer eine recht konservative Kultur. Auch wenn es nicht gerade offen antischwul ist, bietet Chile doch wenig öffentliche Unterstützung für alternative Lebensarten. Die Erwachsenen kleiden sich konservativ, eher in Richtung formelle Geschäftskleidung. Ihr erster Eindruck von Gästen ist sehr stark von Äußerlichkeiten geprägt.

Bevölkerung
Etwa 75 % der Chilenen leben auf gerade mal 20 % seiner gesamten Fläche, und zwar in der für die Landwirtschaft wichtigsten Region im mittleren Chile. Zu diesem Gebiet gehört Gran Santiago (die Hauptstadt mit ihren Vororten), wo über ein Drittel der schätzungsweise 16 Mio. Menschen des Landes lebt. Mehr als 85 % aller Chilenen leben in Städten.

Zwar blicken die meisten Chilenen auf spanische Vorfahren gemischt mit indigenen Gruppen zurück, doch haben Einwanderungswellen diesem Mix auch Briten, Iren, Franzosen, Italiener, Kroaten und Palästinenser hinzugefügt. Deutsche Kolonisten haben ab 1852 das Seengebiet besiedelt. Die nördlichen Anden sind die Heimat von etwa 69 200 Angehörigen der Aymara und Atacameño. Die Mapuche zählen um die 620 000, die meisten leben in La Araucanía. Das chilenische Gesetz versucht die Einwanderung auf die Osterinsel zu begrenzen, um die Kultur der 3800 Rapa Nui zu bewahren. In Feuerland ist eine einzige Yaga übrig geblieben, die bereits in den 70ern ist.

SPORT
In den Herzen fast aller Chilenen regiert der *fútbol* (Fußball). Im ländlichen Patagonien reisen die Teams zu Pferd einen ganzen Tag, um ein Sonntagsmatch zu spielen. Die wichtigsten Teams sind Colo Colo aus Santiago,

Universidad de Chile (volksnah) und Universidad Católica (elitärer). Tennis ist ebenfalls extrem beliebt – dank der Goldmedaille von Nicolás Massú und Fernando Gonzáles im Doppel, der ersten Goldmedaille für Chile überhaupt – bei den Olympischen Spielen 2004 in Athen. Sie traten damit direkt in die Fußstapfen von Marcelo „El Chino" Rios, der als Tennisstar eine wahre Blitzkarriere hinlegte. Den ganzen Sommer über regiert das chilenische Rodeo das Land. Dann führen von Santiago bis ins tiefste Patagonien elegante *huasos* (Cowboys) ihre schnellen Künste in den *medialuna* (halbmondförmigen Stadien) vor.

RELIGION
Etwa 90 % aller Chilenen sind Katholiken. Fast der gesamte Rest der Bevölkerung ist evangelisch-protestantisch.

KUNST & KULTUR
Kino
Das chilenische Kino erlebt gerade eine Renaissance. Man genießt die Freiheit, ungeschnitten Geschichten erzählen zu dürfen. Die Themen reichen von Sozialkritischem bis zu plattem Sex. Der noch nicht einmal 30-jährige Nicolás López pflegt schwarzen Humor und zur Freude seines jungen Publikums bei *Promedio Rojo* (2005) Comic-Kultur. *Mi Mejor Enemigo* (Mein größter Feind, 2004) ist eine wunderbar erzählte Geschichte über gar nicht so sehr entfernte Feinde. Sie spielt 1978 in Patagonien während des Gebietsstreits mit Argentinien. Koproduzenten waren Argentinien und Spanien. Der Hit *Machuca, mein Freund* (2004) von Andrés Wood verfolgt, wie man in dem klassenbewussten und unruhigen Jahr 1973 erwachsen wurde. Woods *Loco-Fieber* (2001) zeigt die gesellschaftlichen Dummheiten in einem kleinen Fischerdorf in Patagonien bei der Seeschneckenernte. *Sub Terra* (2203) stellt die Ausbeutung der chilenischen Bergarbeiter dar. *Ein Taxi für Drei* (2001) von Orlando Lübbert und Diego Izquierdos *Sexo con Amor* (Sex mit Liebe, 2002) sind ebenfalls einen DVD-Abend wert. Der umjubelte Dokumentarfilmer Patricio Guzmán konzentriert sich auf die gesellschaftlichen Auswirkungen der Diktatur. Auf sein Konto geht der faszinierende *La Memoria obstinada* (Die Erinnerung verjährt nicht, 1997). Über die neuesten chilenischen Filme kann man sich auf www.chilecine.cl informieren.

Literatur
Chile hat sich seinen Ruf als Land der Dichter mit den Nobelpreisgewinnern Gabriela Mistral und Pablo Neruda verdient. Vicente Huidobro wird als einer der Begründer der modernen Dichtung in spanischer Sprache angesehen, und Nicanor Parra führt diese Tradition fort.

Die beliebte zeitgenössische Autorin Isabel Allende lässt viele ihrer Geschichten in ihrer Heimat Chile spielen, obwohl sie wie der Stückeschreiber, Romanautor und Essayist Ariel Dorman in den USA lebt. Zu den wichtigen Literaten gehört auch José Donoso. Sein Roman *Curfew* erzählt vom Leben während der Diktatur aus dem Blickwinkel eines aus dem Exil Heimgekehrten, außerdem Antonio Skármeta, der den Roman *Mit brennender Geduld* geschrieben hat. Auf diesem basiert der italienische Film *Der Postmann* (1994), der einen Oscar erringen konnte. Jorge Edwards (geb. 1931) war ein Mitarbeiter und Zeitgenosse von Neruda und schrieb den ihm gezollten Tribut *Goodbye, Poet*. Luis Sepúlveda (geb. 1949) ist einer der produktivsten Schriftsteller Chiles. Er hat Bücher wie den *Patagonia Express* und die Novelle *Der Alte, der Liebesromane las* veröffentlicht.

Marcela Serrano (geb. 1951) gilt als eine der besten Latina-Autorinnen des vergangenen Jahrzehnts. Pedro Lernebel (geb. 1950) schreibt über Homosexualität, Geschlechtsumwandlungsprobleme und andere umstrittene Themen mit heftigem Schockwert. Die posthume Veröffentlichung von Roberto Balanos (1955–2005) monumentalem *2666* (erscheint in fünf Bänden) besiegelt seinen Kult-Helden-Status. Alberto Fuguets (geb. 1964) *Mala Onda* (Schlechte Ausstrahlung) wurde von der McOndo-Bewegung herausgegeben. Zum Entsetzen aller Akademiker erklärt sie, dass der lateinamerikanische magische Realismus tot sei. Sie setzt an seine Stelle die losgelöste Realität der Jugend in der städtischen Konsumkultur.

Musik & Tanz
Chiles zeitgenössische Musik reicht vom revolutionären Folk der 1960er- und 1970er-Jahre bis zur Volksmusik aus den Anden, von modernem Rock zu Altbands. Die

Volksmusikbewegung La Nueva Canción Chilena (Neues chilenisches Lied) hat die sozialen Hoffnungen und politischen Probleme lyrisch verarbeitet. Zusammengefasst wird das in Violeta Parras „Gracias a la Vida" (Danke fürs Leben). Zur Bewegung gehörten Victor Jara (er wurde später während des militärischen Staatsstreichs ermordet) und die Gruppen Quilapayún und Inti-Illimani.

Die im Exil lebenden Musikgruppen hatten in Europa einige Erfolge, wie die in Paris untergekommenen Los Jaivas, Los Prisioneros und La Ley (mit Basis in Mexiko). Joe Vasconcellos bringt dynamischen Latinfusion auf die Bühne. Zu den zeitgenössischen Bands, die im In- und Ausland Aufmerksamkeit erregen, gehören La Ley, Lucybell, Tiro de Gracia, Los Bunkers, Javiera y los Imposibles und Mamma Soul. Bars sind hervorragende Orte, um auf neue Bands aller Art zu stoßen. Jazz erlebt einen Aufschwung, während der Reggaton (Reggae auf Spanisch) die Tanzflächen beherrscht.

Der einzige „traditionelle" chilenische Tanz ist die *cueca*. Die Tänzer umkreisen einander. Dabei wirbelt jeder aufreizend ein buntes Taschentuch entweder versteckt oder über dem Kopf.

NATUR & UMWELT
Geografie
Das kontinentale Chile erstreckt sich über 4300 km von Peru bis zur Magellanstraße. Im Durchschnitt ist es weniger als 200 km breit und steigt dabei vom Meer bis auf über 6000 m Höhe in manchen Gegenden. In der Mitte verläuft eine schmale Senke.

Das Festland von Chile, mit trockenen Spitzen und stark vereist, hat eindeutig abgrenzbare Temperatur- und Geografiezonen. Sie verlaufen entlang der Anden. Norte Grande reicht von der peruanischen Grenze bis nach Chañaral. Es wird von der Wüste Atacama und dem *altiplano* (Hochebene der Anden) beherrscht. Norte Chico erstreckt sich von Chañaral bis zum Río Aconcagua. Hier gibt's Buschland und dichtere Wälder, wo es häufiger mal regnet. Dort macht der Bergbau der Landwirtschaft Platz, die in den großen Flusstälern betrieben wird.

Die breiteren Flusstäler von Mittelchile reichen vom Río Aconcagua nach Concepción und zum Río Biobío. Es ist die Hauptregion für Landwirtschaft und Weinanbau. Die Verwaltungsregionen La Araucanía und Los Lagos (das Seengebiet) erstrecken sich südlich vom Río Biobío bis nach Puerto Montt. Das Gebiet ist von ausgedehnten Urwäldern, schneebedeckten Vulkanen und Seen geprägt. Chiloé ist die größte Insel des Landes. Dichte Wälder und ein Flickenteppich mit Weideland sind hier zu finden. Auf dem Festland hat das berühmte Patagonien nur schwer zu bestimmende Grenzen. Für manche beginnt es mit der Carretera Austral, für andere im tief eingeschnittenen Aisénfjord. Von dort erstreckt es sich nach Süden zu den Campos de Hielo (den kontinentalen Eisfeldern), und endet an der Magallanstraße und in Feuerland.

Das Land ist in 13 nummerierte Verwaltungsregionen eingeteilt: I Tarapacá, II Antofagasta, III Atacama, IV Coquimbo, V Valparaíso (dazu gehören Rapa Nui und der Archipiélago Juan Fernández), Región Metropolitana (ohne Nummer), VI Libertador General Bernardo O'Higgins, VII Maule, VIII Biobío, IX La Araucanía, X Los Lagos, XI Aisén del General Carlos Ibáñez del Campo und XII Magallanes y Antártica Chilena.

Tiere & Pflanzen
Eingegrenzt von Ozean, Wüste und Bergen ist Chile die Heimat einer einzigartigen Natur. Hier hat sich vieles selbstständig entwickelt, woraus eine ganze Reihe einheimischer Spezies hervorging.

In den Wüstenausläufern im Norden wachsen Kandelaberkakteen. Sie stehen weit genug voneinander entfernt, um den *camanchaca* (Nebel) aufnehmen zu können. Guanako (eine große Kamelart), *vicuña* (ein wilder Verwandter der domestizierten Lamas und Alpakas, der nur in großer Höhe in den südlichen Zentralanden zu finden ist), Lamas und Alpakas (ebenso wie die straußenähnliche Rhea, die auf Spanisch *ñandú* heißt) und die Vizcacha (eine wilde Verwandte der Chinchillas) leben hier. Dazu kommt eine große Vielfalt an Vogelarten, von Andenmöwen und Riesenwasserhühnern bis zu drei verschiedenen Flamingoarten.

Im Süden liegen geschützte Wälder mit chilenischen Andentannen *(Araucaria araucana; pehuén),* Zypressen und der Südbuche. In der Region X stehen Restbestände der noch nicht abgeholzten *alerce*, der zweitältesten Baumart der Welt. Der wohl temperierte, valdivianische Regenwald ist das Zuhause einer ansehnlichen Palette von Pflanzenarten. Dazu gehört die *nalca*, die größte Kräuterart der Welt. Selten zu Gesicht bekommt man die herumstreunenden Pumas der Anden, die im gleichen Lebensraum zuhause sind wie die Wildschweine, die aufgrund ihrer steigenden Zahl schon zur Belastung der Umwelt geworden sind. Das seltene *pudú*-Rotwild, dessen Population immer dünner wird, versteckt sich tief in den dichten Wäldern. *Bandurrias* (Weißhalsibisse) tauchen häufig auf den Weiden auf. Dem zwitschernden *chucao* sagt man nach, er bringe Unglück, wenn er links am Wegesrand sitzt. Der *queltehue* ist angeblich besser als jeder Wachhund, weil er krächzt, um sein am Boden liegendes Nest zu beschützen. Eine ganze Kolonie von Humboldt- und Magellanpinguinen bevölkert zu bestimmten Jahreszeiten die Nordwestküste von Chiloé.

Vom Seengebiet bis zur Region Magallanes ziehen sich grüne Hochwälder der weit verbreiteten Gattung des *Nothofagus*. Der im Vergleich dazu abnehmende Regen in den östlichen Ebenen der Region Magallanes und in Feuerland lässt ausgedehnte Grasflächen entstehen. Der geschützte Guanako hat im Nationalpark Torres del Paine ein Comeback gefeiert. Dort kann man auch einen Blick auf *caiquenes* (Hochlandgänse), Rheas und Füchse erhaschen. Punta Arenas ist die Heimat der Magellanpinguine und Kormorane. Die lange Küstenlinie Chiles bietet vielen Meerestieren einen Lebensraum, z. B. Seelöwen, Ottern, Robben und Walen.

Nationalparks & Naturschutzgebiete

Chiles zahlreiche und schöne Parks sind viel zu wenig nutzbar gemacht. Eine strahlende Ausnahme ist nur der Torres del Paine. Die Parks und Reservate werden von der Corporación Nacional Forestal verwaltet und verfügen über viel zu wenig Geld. Bei **Conaf** (Karte S. 482 f.; ☎ 02-390-0282; www.conaf.cl, spanisch; Av Bulnes 291) in Santiago vorbeischauen. Dort gibt's preiswerte Karten und Broschüren.

Private Naturreservate schützen über 106 Gebiete vor extremer Abholzung. Dazu gehören: Parque Pumalín in Nordpatagonien, Alto Huemul in der Region VII, El Cañi in

der Nähe von Pucón, Monte Verde auf der Isla Riesco nördlich von Punta Arenas und Bahía Yendegaia auf Feuerland. Zusätzlich sind noch große Projekte in Arbeit, etwa das Valle Chacabuco und der 115 000 ha große Parque Tantauco im Südwesten der Insel Chiloé.

Die folgende Auflistung enthält die beliebtesten und am leichtesten zugänglichen Parks von Norden nach Süden. Einige davon sind auch Nationalparks.

Alerce Andino (S. 577) Bewahrt in der Nähe von Puerto Montt die Bestände des *alerce*-Baumes.

Altos del Lircay Ein Reservat mit Blick auf die Andensenke und einem Rundtrek nach Radal Siete Tazas.

Chiloé (S. 582) Bietet breite, sandige Strände, blaue Lagunen und von Mythen umrankte Wälder.

Conguillío (S. 551) Mischwälder mit Araukarien, Zypressen und Südbuchen umgeben den aktiven, schneebedeckten Volcán Llaima.

Huerquehue (S.558) In der Nähe von Pucón, Wanderwege durch Araukarienwälder mit sagenhaftem Blick auf den Volcán Villarrica.

La Campana Gleich bei Santiago, schützt Wälder der heimischen Eiche und der chilenischen Palme.

Lauca (S. 534) Östlich von Arica, mit aktiven und ruhenden Vulkanen, klaren, blauen Seen, vielen Vögeln, *altiplano*-Dörfern und ausgedehnten Steppen.

Llanos de Challe In der Küstenebene von Norte Chico, der beste Platz, um nach einem der seltenen Regenfälle das Blühen der Wüste zu bewundern.

Los Flamencos In und um San Pedro de Atacama, ein Reservat, das Salzseen und hoch gelegene Lagunen, Flamingos, unheimliche Wüstenlandschaften und heiße Quellen schützt.

Nahuelbuta (S. 545) In den Küstenkordilleren, beschützt den größten erhaltenen Araukarienwald.

Nevado Tres Cruces (S. 512) Östlich von Copiapó, dazu gehören ein 6330 m hoher Gipfel gleichen Namens und der 6900 m hohe Ojos del Salado.

Puyehue (S. 565) In der Nähe von Osorno, mit herrlichen, heißen Quellen und einem Skigebiet, außerdem einem beliebten Wanderweg durch die vulkanische Wüste und den Krater hinauf zu den Thermal- und Geysierfeldern.

Queulat (S. 587) Wilder, immergrüner Wald, Berge und Gletscher erstrecken sich auf 70 km an der Carretera Austral.

Torres del Paine (S. 600) Chiles Vorzeigepark in der Nähe von Puerto Natales, mit einem ausgezeichneten Wegenetz zu den berühmtesten Ausblicken des Landes.

Vicente Pérez Rosales (S. 571) Zu Chiles ältestem Nationalpark gehören der spektakuläre Todos los Santos und der Volcán Osorno.

Villarrica (S. 558) Der rauchende, symmetrische Kegel des Volcán Villarrica ist Spielwiese für Trekker und Kletterer, Snowboarder und Skiläufer.

Umweltprobleme

Umweltschäden könnten der Preis sein, den Chile für seinen wachsenden Wohlstand zu zahlen hat. In dem an Ressourcen reichen Land sind die bedeutendsten Konfliktherde zwischen der aufs Geschäft fixierten Politik und dem Naturschutz Bergbauprojekte wie das von Pascua Lama (hier soll ein Andengletscher „verlegt" werden) und die Zerstörung des wichtigsten Flusssystems von Patagonien (Río Puele, Río Baker, um nur zwei zu nennen). Hier ist die Errichtung von Staudämmen und Wasserkraftwerken geplant. Von der Region VIII Richtung Süden verliert der Urwald zugunsten der Plantagen mit schnell wachsenden Exoten wie Eukalyptus und der Monterey-Kiefer zunehmend an Boden. Die Bestände der einheimischen Araukarie und *alerce* haben in den letzten Jahrzehnten rasant abgenommen. Die Papiermühle von Celco-Arauco in Valdivia hat der Umwelt in beispiellosem Maß Schaden zugefügt: Ein Bestand von 5000 schwarzhälsigen Schwänen wurde getötet und die Flüsse der Region verschmutzt. Trotz lokaler und internationaler Proteste ist die Fabrik immer noch in Betrieb. Die Lachszucht im Süden droht, sowohl das Süß- als auch das Salzwasser zu verunreinigen und das Leben der Meerestiere zu gefährden. Ein anderes Problem ist der umfangreiche Gebrauch von landwirtschaftlichen Chemikalien und Pestiziden, um Chiles Früchteexport zu steigern. Im Norden gefährden der Bergbau und die Pestizide der Landwirtschaft die Wasserversorgung. Das wachsende Loch in der Ozonschicht über der Antarktis ist zu einem solchen Problem geworden, dass Gesundheitsexperten empfehlen, schützende Kleidung zu tragen und starke Sonnenschutzmittel zu verwenden, um der krebserregenden ultravioletten Strahlung zu entgehen. Das gilt vor allem für Patagonien.

VERKEHRSMITTEL & -WEGE

AN- & WEITERREISE

Bus

Abgesehen vom äußersten Süden Patagoniens und von Feuerland bedeutet eine Reise von Chile nach Argentinien, dass man die Anden überqueren muss. Einige Pässe sind im Winter geschlossen. Sehr beliebt sind besonders in den Sommermonaten die Passagen durch das Seengebiet und Patagonien. Es ist deshalb ratsam, früh zu buchen und die Reservierung bestätigen zu lassen.

Chile Chico nach Los Antiguos Häufiger Busservice.

Coyhaique nach Comodoro Rivadavia Mehrere Busse fahren wöchentlich bis Río Mayo durch. Sie sind in der Regel ausgebucht.

Futaleufú nach Esquel *Colectivos* (Taxis mit festen Routen) fahren regelmäßig zur Grenze. Dort sind weitere Transportmöglichkeiten kein Problem.

Iquique, Calama und San Pedro de Atacama nach Jujuy und Salta Paso de Jama (4200 m) wird am häufigsten genutzt; der Paso de Lago (4079 m) ist ein perfekter Trip mitten durch ein wenig besuchtes Land voller *salares* (Salzwüsten); früh buchen.

Osorno nach Bariloche Die schnellste Route über Land geht durch das Seengebiet; viele Busse benutzen das ganze Jahr über den Paso Cardenal Samoré, oft auch Pajaritos genannt.

Puerto Montt und Puerto Varas nach Bariloche Das ganze Jahr über; touristische Kombination von Bus- und Fährtouren.

GRENZÜBERGÄNGE

Um etwas über die Straßenzustände an den Grenzübergängen zu erfahren, sind die **Carabineros** (☎ 133) in der Grenzregion gute Ansprechpartner. Richtung Peru ist die Route von Arica nach Tacna die einzige Grenzübertrittsmöglichkeit an Land. Die Verbindungen von Chile nach Bolivien sind schon viel besser geworden, aber viele dieser Routen sind lang und mühsam. Zu den am besten zugänglichen Grenzübergängen gehören die folgenden:

Von Arica nach La Paz Die Landstraße ist vollständig befestigt und führt bis zum Parque Nacional Lauca, viele Busse und Trampen geht auch.

Von Calama nach Ollagüe 8-stündige Zugfahrt mit Anschluss nach Oruro und La Paz.

Von Iquique nach Oruro Führt über Colchane/Pisiga, die Landstraße ist fast überall befestigt, regelmäßige Busse, kommt am Parque Nacional Volcán Isluga vorbei – nach Pflanzen und Tieren Ausschau halten!

Von San Pedro de Atacama nach Uyuni Beliebte Strecke für Fahrzeuge mit Vierradantrieb.

FLUGHAFENSTEUER

Die Flughafensteuer für internationale Flüge liegt bei 26 US$ oder der entsprechenden Summe in Landeswährung.

Puerto Natales nach El Calafate Im Sommer viele Busse, in der Nebensaison weniger.

Punta Arenas nach Río Gallegos Viele Busse befahren täglich diese sechstündige Route.

Punta Arenas nach Feuerland Eine Fährfahrt von zweieinhalb Stunden nach Porvenir und von dort zwei Busse wöchentlich nach Río Grande mit Verbindung nach Ushuaia; Direktverbindungen per Bus gehen über Primera Angostura.

Santiago nach Mendoza Für die Überquerung der Libertadores gibt's Unmengen von Möglichkeiten; *colectivos* sind teurer, aber schneller.

Temuco nach San Martín de los Andes Die äußerst beliebte Route wird im Sommer regelmäßig von Bussen befahren, die den Mamuil Malal Pass (Paso Tromen für die Argentinier) benutzen.

Temuco nach Zapala und Neuquén Regelmäßiger, aber seltener Busservice über Pino Hachado (1884 m); Icaima (1298 m) ist eine Alternative.

Valdivia nach San Martín de los Andes Kombination von Bus und Fähre. Zunächst wird der Lago Pirehueico nach Paso Hua Hum überquert. Von dort fahren Busse weiter nach San Martín de los Andes.

Flugzeug

Santiagos Aeropuerto Internacional Arturo Merino Benítez ist der wichtigste Flughafen des Landes. Einige andere Städte bieten internationale Flüge in benachbarte Länder. Nur Lan fliegt nach Rapa Nui (Osterinsel). Taca und Lan haben Nonstoppflüge nach/von Lima in Peru. Die peruanischen Flüge nach Tacna in Chile sind etwas billiger. LAB und Lan fliegen nach/von La Paz, Santa Cruz und Cochabamba (alles in Bolivien). Taca und Avianca verbinden Santiago mit Bogotá in Kolumbien. TAM fliegt zu Zielen in Brasilien und Paraguay, vielleicht bald auch wieder Varig, die finanzielle Probleme hatte. Lan steuert Montevideo in Uruguay an. Aerolíneas Argentinas und Lan haben auch oft spezielle Internetangebote von Santiago nach Buenos Aires. Europäische Fluglinien sammeln die Passagiere in Buenos Aires auf und starten dann zum Langstreckenflug. Ihre Preise sind durchaus konkurrenzfähig. DAP Airlines verkehrt zwischen den wichtigsten Zielen in Patagonien.

UNTERWEGS VOR ORT
Auto & Motorrad

Wer motorisiert ist, kann auch abgelegene Nationalparks und die meisten Punkte abseits der ausgetretenen Pfade erreichen. Das gilt vor allem für die Wüste Atacama, die Carretera Austral und die Osterinsel. Sicherheitsprobleme gibt es kaum. Man sollte sein Fahrzeug aber immer abschließen und die Wertsachen mitnehmen. In Santiago und Umgebung wird der Gebrauch von Privatfahrzeugen häufig eingeschränkt, um den Smog zu verringern.

Bus

Das chilenische Bussystem ist sagenhaft. Unmengen von Unternehmen werben mit *ofertas* (saisonalen Sonderpreisen), Rabatten und Extraluxus wie Spielfilmen an Bord. Die Langstreckenbusse sind bequem, schnell und pünktlich. Sie haben normalerweise Toiletten und machen regelmäßig zum Essen einen Stopp – oder es wird sogar Essen serviert. Auf beliebten Langstrecken (hauptsächlich in Richtung Argentinien) im Sommer rund um die wichtigsten Feiertage im Voraus buchen. Die Gepäckhalter sind zwar sicher, aber ein verschließbarer Sack kann nicht schaden und schützt das Gepäck vor Schmutz. Zwei der praktischsten und verlässlichsten Gesellschaften sind Pullman Bus und Tur Bus. Sie haben Mitgliederclubs, denen man beitreten kann. Das kostet 5 US$ und bringt 10% Rabatt auf Langstreckentrips. Tur Bus bietet Tickets billiger an, die online gekauft werden.

Flugzeug

Lan (☎ 600-526-2000; www.lan.com) und **Sky** (☎ 600-600-2828; www.skyairline.cl, spanisch) haben

---

EINREISE NACH ARGENTINIEN

Die Grenze nach Argentinien zu überqueren, ist kein Problem. Die Busse mit internationalen Routen fahren einfach durch – kein Buswechsel, keine Gebühren. Die Grenzposten sind offen, so lange es hell ist. Ein paar Langstreckenbusse fahren aber auch nachts rüber. Dorotea (in der Nähe von Puerto Natales) ist im Sommer rund um die Uhr geöffnet. Touristenkarte und Pass mitbringen. Die Bananen aber besser im Hostel zurücklassen – Essen darf man nicht mit rübernehmen.

Inlandsflüge im Angebot. Bei einem Last-Minute-Preis von Lan kann man bei Website-Specials bis zu 40 % einsparen. Sie werden wöchentlich jeweils dienstags herausgegeben. Flugtaxis Richtung Süden binden schlecht zugängliche Regionen an. Allerdings sind ihre Passagiere nicht versichert. Die Grenze für mitgeführtes Gepäck kann bei gerade mal 10 kg liegen. Für Übergepäck werden deftige Aufpreise verlangt.

Nahverkehr

Alle Groß- und Kleinstädte haben Taxis, die meisten davon mit Zählern. Bei manchen gibt's für touristische Ziele feste Preise. Vor der Abfahrt den Preis bestätigen lassen. *Colectivos* sind Taxis mit festen Routen. Sie sind auf den Schildern auf den Autodächern abzulesen. Die Preise liegen bei etwa 0,40 US$ pro Fahrt. *Micros* sind Stadtbusse. Sie haben Nummern und Schilder, auf denen ihr Ziel steht. Das Ticket aufbewahren, es könnte von einem Kontrolleur überprüft werden. In Santiago gibt's ein sauberes, schnelles und leicht zu benutzendes Metrosystem. Die meistbesuchten und beliebtesten Orte in der Umgebung sind damit zu erreichen.

Schiff/Fähre

Passagier- und Autofähren und Katamarane verbinden Puerto Montt mit Zielen an der Carretera Austral. Dazu gehören Caleta Gonzalo (Chaitén) und Coyhaique. Mit ihnen kommt man außerdem von Quellón nach Castro und von Chiloé nach Chaitén. Die Fähren von Hornopirén nach Caleta Gonzalo verkehren nur im Sommer.

Ein Highlight für viele Traveller ist ein Trip an Bord von Navimags *Magallanes* von Puerto Montt nach Puerto Natales. Dafür sollte man im Voraus bei **Navimag** (☎ 02-442-3120; www.navimag.com; Av El Bosque Norte 0440, Santiago) buchen! Die *Magallanes* ist nicht etwa ein Kreuzfahrt-, sondern ein Frachtschiff, das auch für Touristen ausgestattet wurde. Die Kabinen und Betten sind recht komfortabel. Die billigsten Betten sind allerdings die, die den Gerüchen des transportierten Viehs am nächsten und den schaukelnden Wellen am heftigsten ausgesetzt sind. Die Mahlzeiten sind in Ordnung. Wer Vegetarier ist, sollte das bei der Buchung angeben. Medikamente gegen Seekrankheit, Snacks und Getränke einpacken – die Bar ist sehr teuer.

Trampen

Besonders unter jungen Chilenen ist Trampen in den Sommerferien die bevorzugte Art, im Land herumzukommen. Einige Backpacker bitten an den *servicentros* an der Panamericana um Mitnahme. In Patagonien sind die Distanzen riesig und die Fahrzeuge selten. Dort muss man darauf vorbereitet sein, am Straßenrand campen zu müssen. Immer Snacks und Wasser mitnehmen, vor allem in der Wüste. Bitte beachten, dass Lonely Planet Trampen nicht empfiehlt!

Zug

Die **Empresa de Ferrocarriles del Estado** (EFE; ☎ 02-376-8500; www.efe.cl, spanisch) unterhält einen Passagierservice Richtung Süden, von Santiago nach Chillán, Concepción und Temuco. Für die Fahrt nach Puerto Varas und Puerto Montt werden die Züge gewechselt. Auf der Strecke wird mehrfach gehalten. Die verschiedenen Klassen heißen *turista* und *salón*, beide mit verstellbaren Sitzen, *cama pasillo* (Schlafwagen) und *clase departamento*. Das ist die luxuriöseste Methode mit privaten Zweibettabteilen und Waschbecken. Die teurere *cama*-Klasse ist die modernere Ausführung und hat Schlafkojen oben und unten.

SANTIAGO

☎ 02 / 4,67 Mio. Ew.

Santiagos Postkartenmotivseite ist die einer modernen Großstadt, die zu Füßen gigantischer, mit Schnee bedeckter Andengipfel liegt. Das nette und geordnete Erscheinungsbild macht die Stadt für Traveller zu der am wenigsten einschüchternden Hauptstadt Südamerikas. Die vorherrschende Fußgängerzonenkultur ist allerdings etwas öde. Die Stadt selbst lässt sich nicht in irgendwelche Schubladen stecken. Besucher bekommen neben herausgeputzten Vororten gammelige Cafés in der City zu sehen, dazu eine neoklassizistische, vielfach reizlose Architektur, und das Ganze ist eingebettet in eine konservative Kultur, die aber trotzdem immer wieder in Straßenprotesten explodiert. Das vielleicht am schwersten zu erkennende Gesicht der Stadt ist der wundervolle, gebirgige Hintergrund. Der Himmel ist – wenn nicht himmelblau – von einem dichten Smogvorhang verdeckt.

In dieser sicheren und schrulligen Stadt lässt sich problemlos eine Entdeckungstour machen. Eine Erkundungstour beginnt am besten in der U-Bahn oder – wenn man sich traut – einen der gelben Busse gequetscht. Wem das Zentrum nicht liegt, der kann das angesagte Nachtleben von Bellavista oder den Künstlerviertel-Rummel von Barrio Brasil testen. Providencia und Las Condes bieten phantasievolle Cafés und Buchläden. Wer noch nie hier war, sollte am Flughafen versuchen, das Wiedersehen eines „verlorenen Sohnes" mit seiner Familie zu beobachten. Dann bekommt man eine Ahnung vom Zauber Santiagos.

GESCHICHTE

Santiago wurde 1541 von Pedro de Valdivia gegründet. Er wählte diesen Platz wegen des gemäßigten Klimas und der idealen strategischen Verteidigungslage. Bis zum Nitratboom in den 1880er-Jahren blieb es eine kleine Stadt. Der Zentralbahnhof wurde von Gustave Eiffel entworfen. 1985 brachte ein Erdbeben einen Teil der klassischen Architektur der Innenstadt zum Einsturz. Heute ist Santiago für den ganzen Kontinent ein wichtiges Finanzzentrum und Sitz von multinationalen Konzernen wie Yahoo!, Microsoft und J. P. Morgan.

ORIENTIERUNG

„El Centro" ist ein kompaktes, dreieckiges Gebiet, das vom Río Mapocho und Parque Forestal im Norden, der Vía Norte Sur im Westen und der Av General O'Higgins (die Alameda) im Süden eingegrenzt wird. Die wichtigsten öffentlichen Gebäude gruppieren sich rund um die Plaza de Armas. Von dort zweigt ein belebtes Netz von Einkaufsarkaden und Fußgängerzonen ab. Nördlich und östlich des Zentrums liegt Barrio Bellavista mit dem Cerro San Cristóbal (Parque Metropolitano). Richtung Westen findet

sich Barrio Brasil, die künstlerische Enklave der Stadt. An der Spitze des Dreiecks erstrecken sich Richtung Osten die wohlhabenden *comunas* (Stadtgebiete) Providencia und Las Condes. Man erreicht sie über die Alameda. Nuñoa ist das anschließende Wohngebiet südlich von Providencia.

PRAKTISCHE INFORMATIONEN
Buchläden
Chiles Steuer von 19 % auf Bücher treibt die Preise hoch.

Books (Manuel Montt, Av Providencia 1652, Providencia) Taschenbücher und Reiseführer auf Englisch.

English Reader (www.englishreader.cl; Av Los Leones 116, Providencia) Super Auswahl an neuen und gebrauchten Büchern auf Englisch mit Lese- und Tauschabenden (Di & Do).

Feria Chilena del Libro (Karte S. 482 f.; Paseo Huérfanos 623) Santiagos Buchladen mit der größten Auswahl.

Librería Inglesa Local 11 (Paseo Huérfanos 669); Providencia (Av Pedro de Valdivia 47)

Geld
Casas de cambio säumen die Agustinas zwischen Bandera und Ahumada. Sie wechseln Bares und Reiseschecks. Geöffnet sind sie zu den normalen Geschäftszeiten und Samstagvormittags. Geldautomaten (Redbanc) sind in der ganzen Stadt zu finden.

Blanco Viajes (☎ 636-9100; Gral Holley 148, Providencia) Vertritt American Express.

Gepäckaufbewahrung
Alle wichtigsten Busterminals haben eine, wo man für etwa 2 US$ pro Tag seine Tasche abstellen kann. Eine andere Möglichkeit ist, sein Gepäck kostenlos in einer anständigen Unterkunft zu lagern.

Internetzugang
Internetcafés, die rund um die Uhr geöffnet haben, sind reichlich vorhanden. Pro Stunde verlangen sie etwa 1 US$.

DER WEG INS ZENTRUM

Der **Aeropuerto Internacional Arturo Merino Benítez** (☎ 601-9001) ist in Pudahuel, 26 km nordwestlich von Santiagos Zentrum. **Tur Bus** (Karte S. 482 f.; ☎ 671-7380; Moneda 1529) fährt zwischen 18.30 und 21 Uhr alle 15 Minuten (2,50 US$, 30 Min.). **Buses Centropuerto** (☎ 677-3010; Alameda) bietet einen ähnlichen Service (1,70 US$) ab der Metrostation Los Héroes. Einen Schuttleservice von Tür zu Tür (6–8 US$) betreiben **New Transfer** (☎ 677-3000) und **Transfer** (☎ 777-7707). Eine Taxifahrt ins Zentrum kostet etwa 25 US$. Alle wichtigen Bushaltestellen befinden sich gleich an der Alameda, wo auch die Metrostationen sind.

478 SANTIAGO www.lonelyplanet.de

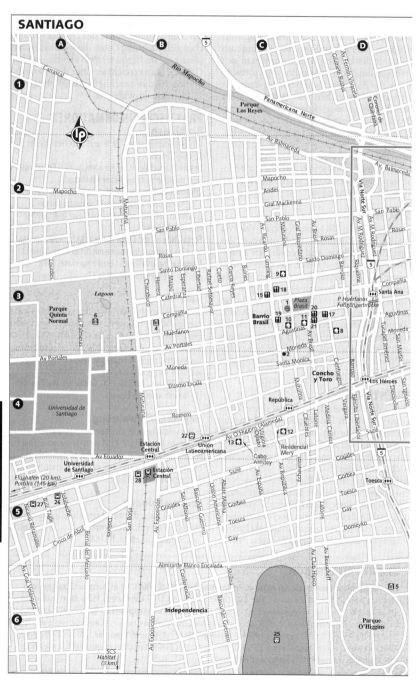

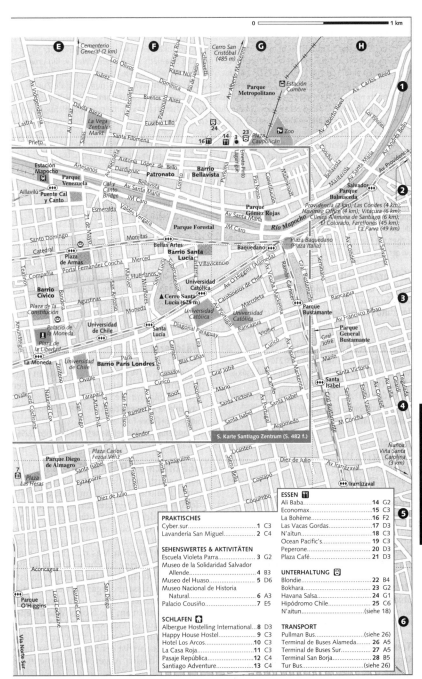

PRAKTISCHES
Cyber.sur..................................1 C3
Lavandería San Miguel..............2 C4

SEHENSWERTES & AKTIVITÄTEN
Escuela Violeta Parra.................3 G2
Museo de la Solidaridad Salvador
  Allende....................................4 B3
Museo del Huaso.......................5 D6
Museo Nacional de Historia
  Natural...................................6 A3
Palacio Cousiño..........................7 E5

SCHLAFEN
Albergue Hostelling International..8 D3
Happy House Hostel...................9 C3
Hotel Los Arcos........................10 C3
La Casa Roja............................11 C3
Pasaje República......................12 C4
Santiago Adventure..................13 C4

ESSEN
Ali Baba...................................14 G2
Economax................................15 C3
La Bohème...............................16 F2
Las Vacas Gordas.....................17 D3
N'aitun....................................18 C3
Ocean Pacific's........................19 C3
Peperone.................................20 D3
Plaza Café................................21 D3

UNTERHALTUNG
Blondie....................................22 B4
Bokhara...................................23 G2
Havana Salsa...........................24 G1
Hipódromo Chile......................25 C6
N'aitun............................(siehe 18)

TRANSPORT
Pullman Bus.....................(siehe 26)
Terminal de Buses Alameda....26 A5
Terminal de Buses Sur.............27 A5
Terminal San Borja..................28 B5
Tur Bus...........................(siehe 26)

CHILENISCH FÜR ANFÄNGER

Das chilenische Spanisch klingt, als hätte man zu viel getrunken: Es ist verwischt, ein einziger Sing-Sang und mit Ausdrücken gewürzt, die für den Rest der Spanisch sprechenden Welt völlig unverständlich sind. *¿Cachay?* (Hast du's?) beendet oft die Sätze, ebenso wie das unvermeidliche *pues*, ausgesprochen *„po“*. *„Sípo“*, also alles aneinandergeklebt, heißt sowas wie „nun ja“. Faule Zungen bringen nur „pa“ statt „para“ zustande, und so soll *„¿pa'que po?“* „Nun, warum das?“ heißen. Ländliche Ausdrücke sind in dieser ehemals bäuerlichen Gesellschaft fest verankert. Da bezeichnet man mit *cabros* junge Männer, beschwert sich *„es un cacho“* (wörtlich „Das ist ein Horn!“, soll heißen, dass etwas der Knackpunkt, eine Hürde ist) und geht zu einer *carrete*, um zu einer *carretear* (wörtlich „Wagen“, gemeint ist eine Party bzw. feiern). Wer dieses *loco*-Kauderwelsch lustig findet, sollte sich John Brennans *How to Survive in the Chilean Jungle* besorgen. Das bekommt man in allen englischsprachigen Buchläden in Santiago (s. S. 477). *¿Cachay?*

Axcesso Internet (Karte S. 482 f.; Agustinas 869, Galería Imperio, 1. Stock) Sechzig Computer und schnelle Verbindungen.
Cyber.sur (Karte S. 478 f.; Maturana 302; ☺ bis 23 Uhr) An der Ecke der Plaza Barrio Brasil.

Kulturzentren
Instituto Chileno-Británico (Karte S. 482 f.; ☎ 638-2156; Santa Lucía 124)
Instituto Chileno-Norteamericano (Karte S. 482 f.; ☎ 696-3215; Moneda 1467)

Medizinische Versorgung
Clínica Alemana de Santiago (☎ 210-1111; Av Vitacura 5951) In Vitacura, dem nächsten Vorort östlich von Las Condes; sehr zu empfehlen.
Posta Central (☎ 634-1650; Portugal 125) Santiagos Hauptnotaufnahme, in der Nähe der Metrostation Universidad Católica.

Notfall
Ambulanz (☎ 131)
Feuerwehr (☎ 132)
Polizei (☎ 133)

Post
Hauptpost (Plaza de Armas; ☺ Mo–Fr 8–22, Sa 8–18 Uhr) An der Nordseite der Plaza. Wickelt für eine geringe Gebühr Sendungen poste restante ab. Die Post wird 30 Tage dabehalten. Andere Zweigstellen sind im Centro bei Moneda 1155 und in Providencia an der Av Providencia 1466.

Reisebüros
Student Flight Center (☎ 335-0395, 800-340-034; www.sertur.cl, spanisch; Hernando de Aguirre 201, Oficina 401, Providencia) STA-Vertreter; verbilligte Flugtickets.

Touristeninformation
Conaf (Karte S. 482 f.; ☎ 390-0282; www.conaf.cl, spanisch; Paseo Bulnes 291; ☺ Mo–Do 9.30–17.30, Fr 9.30–16.30 Uhr) Informationen über alle Parks und Reservate mit ein paar topografischen Karten zum Fotokopieren.
Städtische Touristeninformation (Karte S. 482 f.; ☎ 632-7783; www.ciudad.cl, spanisch; Merced 860) In der Casa Colorada, in der Nähe der Plaza de Armas.
Sernatur (☎ 236-1416; Av Providencia 1550, Providencia) Chiles nationaler Touristenservice mit einem fähigen, gut informierten Personal. Weitere Zweigstellen befinden sich praktischerweise am Flughafen und am Busterminal San Borja.

Wäscherei
Self-Service ist eher nicht üblich. Die hier aufgelisteten Wäschereien verlangen fürs Waschen, Trocknen und Zusammenlegen pro Ladung um die 5 US$.
Lavandería Autoservicio (Karte S. 482 f.; Monjitas 507) Südlich vom Parque Forestal.
Lavandería San Miguel (Karte S. 478 f.; Moneda 2296) Im Barrio Brasil.

GEFAHREN & ÄRGERNISSE
Santiago ist eigentlich relativ sicher, aber es gibt Kleinkriminalität. Rund um die Plaza de Armas, dem Mercado Central, dem Barrio Brasil, dem Cerro Santa Lucia und dem Cerro San Cristóbal empfiehlt es sich, besonders auf der Hut zu sein. Lieber nicht zu sehr damit angeben, was man hat. In Straßencafés auf seine Taschen aufpassen. Bei einem nächtlichen Ausflug nach Bellavista immer aufpassen: Organisierte Gruppen haben es manchmal auf Betrunkene abgesehen, vor allen am Pío Nono. Wie in jeder großen Stadt ist man spät in der Nacht zu zweit oder in der Gruppe sicherer.

Unangenehm ist der Smog von Santiago. Er brennt in den Augen und schmerzt im Hals.

SEHENSWERTES
Museen

Die meisten Museen verlangen sonntags keinen Eintritt und haben montags zu. Die normalen Öffnungszeiten sind üblicherweise dienstags bis samstags von 10 bis 18 oder 19 Uhr und sonntags von 10 bis 14 Uhr. Wenn nicht anders angegeben, kostet der Eintritt 1 US$.

Ein absolutes Muss ist das **Museo Chileno de Arte Precolombino** (Karte S. 482 f.; Bandera 361; Eintritt 3,50 US$). Es behandelt schlappe 4500 Jahre der präkolumbischen Zivilisation in Nord- und Südamerika. Man sieht atemberaubende Keramik, traumhafte Textilien und Chinchorro-Mumien, die 1000 Jahre älter sind als ihre ägyptischen Kollegen.

Das **Museo Histórico Nacional** (Karte S. 482 f.; www.museohistoriconacional.cl, spanisch; Plaza de Armas 951) befindet sich im Palacio de la Real Audencia. Hier ist die koloniale und republikanische Geschichte Chiles dokumentiert. Es werden indigenes Kunsthandwerk, Möbel und Einrichtungsgegenstände aus der frühen Kolonialzeit gezeigt, außerdem eine interessante Ausstellung zur Politik des 20. Jhs.

Santiagos Museum der schönen Künste aus dem frühen 20. Jh. ist dem Petit Palais in Paris nachempfunden. Der **Palacio de Bellas Artes** (Karte S. 482 f.; JM de la Barra) steht in der Nähe der Av José María Caro. Er beherbergt zwei Museen: Das **Museo de Bellas Artes** mit ständigen Ausstellungen zur chilenischen und europäischen Kunst und das **Museo de Arte Contemporáneo** (www.mac.uchile.cl, spanisch). Hier werden moderne Fotografie, Design, Skulpturen und Internetkunst gezeigt.

In der Hochstimmung von Chiles sozialistischer Phase wurde das **Museo de la Solidaridad Salvador Allende** (Karte S. 478 f.; Herrera 360, Barrio Brasil) gegründet. Es hat Werke von Matta, Miró, Tapies, Calder und Yoko Ono an seinen Wänden. Während der Diktatur hat die gesamte Sammlung 17 Jahre im Untergrund verbracht und auf der Rückkehr einer Regierung in Zivil gewartet.

Das schönste Herrenhaus von Santiago ist der **Palacio Cousiño** (Karte S. 478 f.; Dieciocho 438; Eintritt 3,50 US$). Er wurde 1871 mit einem Vermögen gebaut, das sich Wein, Kohle und Silberminen verdankt hat. Zu den Highlights gehört Kunst im französischen Stil und einer der ersten Aufzüge des Landes. Im Eintrittspreis inbegriffen ist eine informative geführte Tour auf Englisch.

Das **La Chascona** (Museo Neruda; Karte S. 482 f.; Márquez de La Plata 0192; Eintritt 5 US$) wurde nach den wirren Locken der Witwe des Besitzers Pablo Neruda so benannt. Das Haus ist geformt wie ein Schiff. Es beherbergt die vielfältigen Sammlungen des Dichters. Die ansprechenden Führungen werden auf Englisch durchgeführt.

Wer Zeit hat, kann auch noch folgende Museen anschauen:

Museo del Huaso (Karte S. 478 f.; Parque O'Higgins; Eintritt frei) Hat eine eindrucksvolle Sammlung von Ponchos und Hüten zusammengetragen.

Museo de Artes Visuales (Karte S. 482 f.; Lastarria 307, Plaza Mulato Gil de Castro, Centro; Eintritt 2 US$) Auf knappem, modernem Raum werden zeitgenössische chilenische Skulpturen gezeigt.

Museo Nacional de Historia Natural (Karte S. 478 f.; Parque Quinta Normal) Umfangreiche Schmetterlings- und Fossiliensammlung.

Parks & Gärten

Auf dem **Cerro Santa Lucía** (Karte S. 482 f.) stand erst eine Einsiedlerhütte, dann ein Kloster, dann ein militärisches Bollwerk. Seit 1875 bietet der Park drum herum Erholung vom Chaos der Stadt. An der Südwestecke liegt die Terraza Neptuno mit Brunnen und Treppen, die in Haarnadelkurven zum Gipfel führen.

Nördlich von Río Mapocho erhebt sich der 870 m hohe **Cerro San Cristóbal** ("Tapahue" für die Mapuche) über Santiago. Hier befindet sich der **Parque Metropolitano** (www.parquemetropolitano.cl, spanisch), die größte offene Fläche der Hauptstadt. Es gibt zwei Schwimmbecken, einen botanischen Garten, einen etwas vernachlässigten Zoo und ein Kunstmuseum. Auf den Gipfel des San Cristóbal kann man sich mit dem **Funicular** (Eintritt 2 US$; ☽ Mo 13–20, Di–So 10–20 Uhr) beamen lassen. Er steigt 485 m von der Plaza Caupolicán, am Nordende des Pío Nono in Bellavista, empor. Von der Terraza führt ein 2000 m langer teleférico (Seilbahn, 2,50 US$ für den Rundtrip) zu einer Station in der Nähe des Nordendes der Av Pedro de Valdivia Norte. Damit erreicht man die meisten der interessantesten Punkte im Park. Ein funicular/teleférico-Kombiticket kostet 4 US$. Mit einer felsigen Wanderung bergauf kann man dem Nepp aber auch ein Schnippchen schlagen.

Der **Cementerio General** (☎ 737-9469; www.cementeriogeneral.cl) liegt am Nordende der Av

482 SANTIAGO •• Zentrum www.lonelyplanet.de

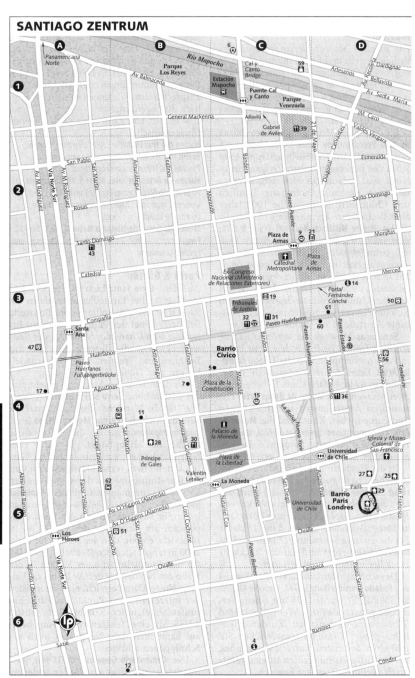

SANTIAGO ZENTRUM

www.lonelyplanet.de SANTIAGO •• Zentrum **483**

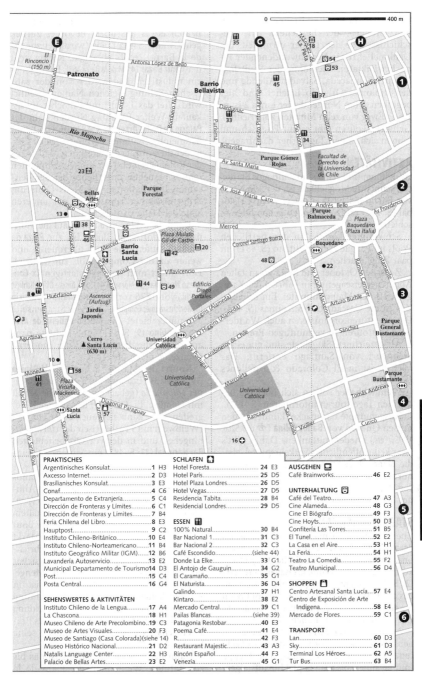

PRAKTISCHES		SCHLAFEN		AUSGEHEN	
Argentinisches Konsulat	1 H3	Hotel Foresta	24 E3	Café Brainworks	46 E2
Axcesso Internet	2 D3	Hotel París	25 D5		
Brasilianisches Konsulat	3 E3	Hotel Plaza Londres	26 D5	UNTERHALTUNG	
Conaf	4 C6	Hotel Vegas	27 D5	Café del Teatro	47 A3
Departamento de Extranjería	5 C4	Residencia Tabita	28 B4	Cine Alameda	48 G3
Dirección de Fronteras y Límites	6 C1	Residencial Londres	29 D5	Cine El Biógrafo	49 F3
Dirección de Fronteras y Límites	7 B4			Cine Hoyts	50 D3
Feria Chilena del Libro	8 E3	ESSEN		Confitería Las Torres	51 B5
Hauptpost	9 C2	100% Natural	30 B4	El Tunel	52 E2
Instituto Chileno-Británico	10 E4	Bar Nacional 1	31 C3	La Casa en el Aire	53 H1
Instituto Chileno-Norteamericano	11 B4	Bar Nacional 2	32 C3	La Feria	54 H1
Instituto Geográfico Militar (IGM)	12 B6	Café Escondido	(siehe 44)	Teatro La Comedia	55 F2
Lavandería Autoservicio	13 E2	Donde La Elke	33 G1	Teatro Municipal	56 D4
Municipal Departamento de Tourismo	14 D3	El Antojo de Gauguin	34 G2		
Post	15 D2	El Caramaño	35 G1	SHOPPEN	
Posta Central	16 G4	El Naturista	36 D4	Centro Artesanal Santa Lucía	57 E4
		Galindo	37 H1	Centro de Exposición de Arte	
SEHENSWERTES & AKTIVITÄTEN		Kintaro	38 E2	Indígena	58 E4
Instituto Chileno de la Lengua	17 A4	Mercado Central	39 C1	Mercado de Flores	59 C1
La Chascona	18 H1	Pailas Blancas	(siehe 39)		
Museo Chileno de Arte Precolombino	19 C3	Patagonia Restobar	40 F3	TRANSPORT	
Museo de Artes Visuales	20 F3	Poema Café	41 E4	Lan	60 D3
Museo de Santiago (Casa Colorada)	(siehe 14)	R	42 F3	Sky	61 D3
Museo Histórico Nacional	21 D2	Restaurant Majestic	43 A3	Terminal Los Héroes	62 A5
Natalis Language Center	22 H3	Rincón Español	44 F3	Tur Bus	63 B4
Palacio de Bellas Artes	23 E2	Venezia	45 G1		

La Paz. Dieser Friedhof ist eine ganze Stadt von Gräbern, der Besuchern eine Geschichtsstunde der Trauer vermittelt. Ein Denkmal ehrt die Verschwundenender Pinochet-Diktatur. Die Söhne der Stadt José Manuel Balmaceda, Salvador Allende und der Diplomat Orlando Letelier sind hier begraben. Vom Nordende der Línea 2 ist es ein Fußweg von zehn Minuten zuj Friedhof. Geführte Touren gibt es auf Englisch und lohnen sich. Einen Tag vorher nachfragen!

AKTIVITÄTEN

Aktivitäten im Freien sind Santiagos Stärke. Die schnellste Möglichkeit ist, den Pío Nono von Barrio Bellavista zum Cerro San Cristóbal (S. 481) raufzulaufen, zu gehen oder zu schlendern.

Schwimmer können in den herrlichen Pools im Parque Metropolitano (S. 481) ein paar Züge machen.

Zwischen Oktober und März veranstalten Abenteuerreiseagenturen Fahrten der Kategorie III den Maipo hinunter. Ein beliebtes Ziel ist die Cascada de las Animas (S. 492). Die Agenturen organisieren auch Wander- oder Reittouren zu vernünftigen Preisen.

Ausgezeichnete Skigebiete sind nur einen Steinwurf von Santiago entfernt. Das nächste ist in El Colorado & Farellones (S. 491).

Weinliebhaber sollten sich über die bequemen Tagestouren informieren (S. 492).

Ausgepumpte Backpacker können in den heißen Quellen von **Baños Colina** (☎ 639-5266; 15 US$/Pers.) wieder auftanken. Dahin gibt's zwar keine öffentlichen Verkehrsmittel, aber die **Manzur Expediciones** (☎ 777-4284) starten normalerweise mittwochs, samstags und sonntags an der Plaza Italia (in der Nähe der Metrostation Baquedano).

STADTSPAZIERGANG

Zuerst trinkt man einen Espresso im **Poema Café** (**1**; S. 487) in der Biblioteca Nacional von 1924. Einen Block Richtung Osten kommt man zum **Centro Artesanal Santa Lucía** (**2**; S. 489). Ganz weit gefasst könnte man das als Ansammlung von Ständen im Freien bezeichnen, die Kunsthandwerk verkaufen. Ein Tätowierer gehört auch dazu.

Auf der anderen Straßenseite kündigt ein neoklassizistischer Torbogen den **Cerro Santa Lucía** (**3**; 481) an. Die monumentale Treppe (nur tagsüber) bis zum Gipfel hinaufsteigen.

Zwischen den sich hier treffenden Liebespaaren etwas ausruhen, bevor es zurück geht. An der Santa Lucia (wird hier zur JM de la Barra) rechts abbiegen. Rechts steht der **Clinic Bazar** (**4**; JM de la Barra 463). Hier gibt es einen lustigen Laden, der von der satirischen Zeitung gleichen Namens geführt wird. Hier das T-Shirt mit Pinochet-Visage kaufen. Weiter Richtung Norden steht der **Palacio de Bellas Artes** (**5**; S. 481) im von Laubbäumen beschatteten Parque Forestal. Entweder die Porträts der einsamen Mädels aus der Kolonialzeit und der sonnenverbrannten *huasos* besuchen oder lieber bei den seltsamen Installationen im MAC (Museum zeitgenössischer Kunst) auf der anderen Seite der Halle vorbeischauen.

Dann die JM la Barra runter auf die Monjitas und dort fünf Blocks bis zur **Plaza de Armas** (**6**) laufen. Die Plaza überqueren und weiter auf der Compañía bis zur Bandera. Dort findet man den palastartigen **Ex-Congreso Nacional** (**7**; Morandé 441; ☿ für die Öffentlichkeit geschl.) von 1876 vor dem **Tribunales de Justicia** (**8**; Gerichtsräume; Compañía). Auf der Straßenseite gegenüber bietet das **Museo Chileno de Arte Precolombino** (**9**; S. 481) eine lebhafte panamerikanische Perspektive, die moderne Grenzen einfach übergeht.

Knurrt der Magen? Schnell im **El Rápido** (**10**; Bandera 347; Empanadas 2 US$) nebenan zu einer *empanada* (gebackene Teigtasche gefüllt mit Gemüse, Ei, Oliven, Fleisch oder Käse) greifen. Man kann sich auch einer *borgo*ña (Weißwein mit Fruchtfleisch der *chirimoya*) hingeben und in der vor Ort beliebtesten **Bar Nacional** (**11**; S. 487) ein Mittagessen einnehmen.

Einen Block auf dem Paseo Huerfanos nach links, dann rechts auf den Paseo Ahumada, die wichtigste Fußgängerzone (*peatonal*). Nach Lokalgrößen Ausschau halten. Jeden Wochentag um 14 Uhr wird die Boulevardzeitung *La Segunda* auf den Markt geworfen. Dann macht der lokale Nachrichtenverkäufer **Rambo** die Straßen unsicher und feuert imaginäre Salven in die Menge. Der scheinbar verrückte Veteran ist in Wirklichkeit eine beliebte feste Einrichtung der Innenstadt-Kultur. Rambos Verkleidung kann die eines Cowboys oder die eines Präsidentschaftskandidaten sein, aber seine Haare verraten ihn auf alle Fälle.

Dann nach rechts auf die Agustinas bis zur Tatinos. Wenn man die Plaza de la

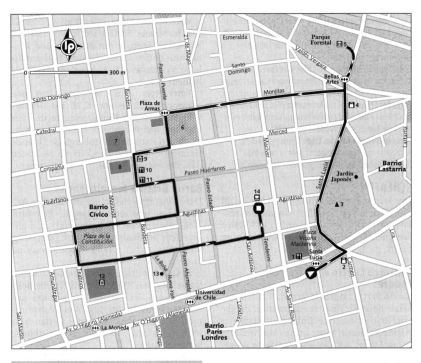

ROUTENINFOS
Start Biblioteca Nacional
Ankunft Baron Rojo
Länge 3 km
Dauer 4–6 Std.

Constitución erreicht, hat man einen Ausblick auf den mächtigen **Palacio de la Moneda** (**12**; ☎ 690-4000, Durchwahl 4311; Morandé 130, Centro; Eintritt frei; Mo–Fr 10–18 Uhr) aus der späten Kolonialzeit. Dieser Präsidentenpalast war der Schauplatz des blutigen Staatsstreichs von 1973. Während der gesamten Zeit der Diktatur war er für die Öffentlichkeit geschlossen. Für die Chilenen war seine Wiedereröffnung im Jahr 2000 ein stolzer Augenblick (einen Besuch einen Monat vorher bei visitas@presidencia.cl arrangieren).

Weiter zum Tempel des Kapitalismus, der **Bolsa de Comercio** (**13**; Börse; La Bolsa 64). Dort sieht man Chiles eifrige Wirtschaft bei der Arbeit. Den Geschäftsleuten zu einer Kaffeepause nach draußen folgen. Die *cafés con pierna* sind Chiles Antwort auf das bedrückende Erbe der Diktatur und die strengen katholischen Regeln. Wörtlich übersetzt heißt der Begriff „Cafés mit Beinen". Tatsächlich aber enthüllen die Kellnerinnen hier noch ein bisschen mehr. Im **Baron Rojo** (**14**; Agustinas 717; Mo–Fr 9–18.30 Uhr) können Koffeinsüchtige und kulturell entsprechend Interessierte für 1,50 US$ eine Tasse Kaffee bekommen.

KURSE
Eine dieser Sprachschulen ausprobieren:
Escuela Violeta Parra (Karte S. 478 f.; ☎ 735-8211; www.tandemsantiago.cl; Ernesto Pinto Lagarrigue 362-A, Bellavista) Zweiwöchige Intensivkurse kosten 250 US$. Die Schule sorgt für Unterbringung in Familien und Ausflüge.
Instituto Chileno de la Lengua (Karte S. 482 f.; ☎ 697-2728; www.ichil.cl; Riquelme 226, Barrio Brasil)
Natalis Sprachenzentrum (Karte S. 482 f.; ☎ 222-8721; www.natalislang.com; Av Vicuña Mackenna 6, 6. Stock) Wird von seinen ehemaligen Studenten wärmstens empfohlen.

FESTIVALS & EVENTS
Festival del Barrio Brasil Ausstellungen, Theater, Tanz und Musik bringen im Januar sogar noch mehr Leben auf die wunderbare Plaza Brasil.

Feria Internacional del Aire y del Espacio (www.fidae.cl) Der Aeropuerto Los Cerrillos südwestlich der Stadt ist der Schauplatz dieser bedeutenden internationalen Flugshow im späten März.

Gran Premio Hipódromo Chile Wird Ende April/Anfang Mai im Hipódromo Chile veranstaltet. Ist das beste Rennen dreijähriger Pferde in Chile.

Feria Internacional de Artesanía Wird im November im Centro's Parque General Bustamente veranstaltet. Es ist die beste Kunsthandwerksmesse der Stadt.

Feria Internacional del Libro Santiagos jährliche Buchmesse im Estación Mapocho zieht in der letzten Novemberwoche Autoren des gesamten Kontinents an.

SCHLAFEN

Der Rummel im Zentrum lässt über Nacht etwas nach. Auf Familien eingestellte *residenciales* (Budgetunterkünfte) schließen zwischen 2 und 7 Uhr. Also bevor es zum Feiern geht, besser nachfragen.

Santiago Centro & Barrio París Londres

Barrio París Londres (Metrostation Universidad de Chile) ist eine attraktive, ruhige kopfsteingepflasterte Enklave südlich der Alameda. Barrio Santa Lucía (Metrostation Santa Lucía) auf der anderen Seite ist genauso malerisch, aber schicker.

Residencia Tabita (Karte S. 482 f.; ☎ 671-5700; www.residenciatabita.sitio.net; Príncipe de Gales 81; EZ ohne Bad inkl. Frühstück 10,30 US$, DZ 26 US$) Ein witziger, preiswerter Ort mit verblichener Einrichtung und großen Zimmern. Im Winter sind sie vielleicht ein bisschen frisch. Die Unterkunft ist nicht deutlich ausgeschildert – nach einem Schild mit „Hotel Familiar" darauf Ausschau halten.

Residencial Londres (Karte S. 482 f.; ☎ 638-2215; unico54@ctclnternet.cl; Londres 54; EZ/DZ ohne Bad 12/23 US$) Die beste Budgetunterkunft von Santiago. Hier gibt's Parkettboden und antike Möbel. Das entspannte, familiäre Feeling macht's erst richtig gemütlich. Vorher reservieren.

Hotel Plaza Londres (Karte S. 482 f.; ☎ 633-3320; www.hotelplazalondres.cl; Londres 77; EZ/DZ 27/37 US$; P 💻) Kühle Zimmer in der herrlichen Lage der kopfsteingepflasterten Plazuela José Toribio Medina. Zimmer 301 blickt auf den Platz.

Hotel París (Karte S. 482 f.; ☎ 664-0921; París 813; Zi./Pers. 35 US$, ohne Bad 28 US$) Ein sicheres Plätzchen mit geräumigen Zimmern und höflichem Personal.

Hotel Foresta (Karte S. 482 f.; ☎ 639-6262; Fax 632-2996; Subercaseaux 353; EZ/DZ inkl. Frühstück 36/48 US$) Nur einen Sprung von den Bars und Restaurants entfernt. Der niedliche und gemütliche Volltreffer hat Zimmer mit Bad und heißem Wasser.

Hotel Vegas (Karte S. 482 f.; ☎ 632-2498; www.hotelvegas.net; Londres 49; EZ/DZ inkl. Frühstück 43/53 US$; P 💥 💻) Herausgeputzte und behagliche architektonisch gelungene Oase. Nach den *matrimonial* (übergroße Doppelzimmer) im 1. oder 2. Stock fragen. Sie kosten dasselbe wie die normalen Doppelzimmer.

Barrio Brasil & Jenseits davon

Das Künstlerviertel ist voller hübscher Angebote und sehr zentral gelegen – kein Problem, die angesagten Restaurants und andere Teile der Stadt zu erreichen. Es ist ruhig und relativ sicher. Die Metrostationen sind Los Héroes oder Santa Ana.

La Casa Roja (Karte S. 478 f.; ☎ 696-4241; www.lacasaroja.cl; Agustinas 2113; B/DZ 8/22 US$; 💻) Ein Spitzenvilla aus dem 19. Jh., vollgestopft mit Backpackern, die im eleganten Wohnzimmer, in den Innenhöfen oder Gärten hinterm Haus und der Gemeinschaftsküche herumhängen.

Albergue Hostelling International (Karte S. 478 f.; ☎ 671-8532; www.hisantiago.cl; Cienfuegos 151; Mitglieder B/EZ/DZ 9,50/27/40 US$; 💻) Das Zentrum der Backpackerszene. Das sichere, absolut sterile Bettenhaus mit 120 Schlafplätzen bietet viele Gemeinschaftsräume, bequeme Betten und einen billigen Wäscheservice.

Happy House Hostel (Karte S. 478 f.; ☎ 688-4849; www.happyhousehostel.cl; Catedral 2207; B/EZ/DZ inkl. Frühstück 15/40/50 US$; 💻) In dieser Villa aus dem frühen 20. Jh. lässt sich's wunderbar entspannen, umgeben von schimmernden Details. Das Haus wird von freundlichem und auskunftsfreudigem Personal geführt. Die Dachterrasse bietet Aussicht aufs Gebirge und einen Billardtisch. Langzeitgäste bekommen Rabatt.

Hotel Los Arcos (Karte S. 478 f.; ☎ 699-0998; Agustinas 2173; EZ/DZ 33/40 US$) Eine anständige Sache. Bei längerem Aufenthalt gibt's Rabatt.

República

Einige hervorragende Budgetvolltreffer liegen zentral bei der Universität, südlich der Alameda und östlich von Estación Central versteckt. Die nächste Metrostation ist República.

SCS Habitat (☎ 683-3732; scshabitat@yahoo.com; San Vicente 1798; B/DZ 5/7 US$) Ein Schnäppchen, auch wenn es am Ende der Welt liegt. Von Estación Central sind es zu Fuß 20 Minuten oder man nimmt den *micro* 335 oder 358 die Av Exposición (17 Blocks) runter. An der Plaza am Ende der Straße aussteigen und dann drei Blocks nach links (Osten) bis San Vicente. Es ist das letzte Haus.

Santiago Adventure (Karte S. 478 f.; ☎ 671-5529; santiago_adventure@terra.cl; Cabo Arestey 2468; B/DZ inkl. Frühstück 13/15 US$) Dieser ruhige Hafen bietet eine Gemeinschaftsküche, eine Wäscherei, Internet und Infos für Traveller. Er liegt in einer Gasse, die von der Av España abgeht, eine Straße westlich der República.

Residencial Mery (Karte S. 478 f.; ☎ 696-8883; Pasaje República 36; Zi. 19 US$) Aus dem Frieden in dieser ruhigen Gasse das Beste machen. Um 2 Uhr werden die Türen abgeschlossen.

ESSEN

Billiges Mittagessen gibt's überall im Zentrum. Barrios Bellavista, Brasil oder Providencia eignen sich dagegen besser fürs Abendessen. Die Lokale machen normalerweise nach dem Mittagessen zu und erst wieder gegen 20 Uhr auf – außer sonntags. Die meisten Lokale in Bellavista haben jeden Tag bis spät in die Nacht auf.

Santiago Centro

Im Zentrum ein Mittagessen oder ein *onces* (einen Snack) genießen. Abends darf man nicht erwarten, dass hier viel offen hat. Unter der südlichen Arkade an der Plaza de Armas servieren Straßenverkäufer *completos* (Hotdogs) und *empanadas*.

Patagonia Restobar (Karte S. 482 f.; Paseo Huérfanos 609; Sandwiches & Snacks 3–6 US$) Mal raus aus dem Trubel auf der Huérfanos und rein in diese in Kabinen unterteilte Zuflucht. Umfangreiche Weinkarte, jede Menge Sandwiches.

El Naturista (Karte S. 482 f.; Moneda 846; Hauptgerichte 3,50–6 US$) Die zentrale Filiale einer Vegetarierkette mit Spitzenauswahl an Pasta, Salat und Crêpes. Die teurere Ausgabe ist in der Av Vitacura 2751 in Las Condes.

100% Natural (Karte S. 482 f.; Valentín Letelier 1319; Hauptgerichte 4–7 US$) Grün ist das Thema in dieser fruchtigen Tankstelle für Fruchtsäfte, Salate und Sandwiches.

Mercado Central (Karte S. 482 f.; ☺ So–Do 6–16, Fr 6–20, Sa 6–18 Uhr) Hier sollte man die interessanten Lokale abseits der Touristenfallen aufsuchen. Das Pailas Blancas (Hauptgerichte 4–6 US$) hat die ganze Nacht offen und bedient Hardcore-Partygänger nach einer Clubnacht. An der 21 de Mayo die Brücke zum Mercado de Flores überqueren. Der herrliche Markt ist von einfachen *cocineras* (Küchen) umgeben. Sie servieren simple Mahlzeiten wie gebratenen Seebarsch und *paila marina* (Meeresfrüchteeintopf).

Poema Café (Karte S. 482 f.; Moneda 650; Hauptgerichte 5–8 US$; ☺ Mo–Fr 9–19 Uhr) Während eines relaxten Leseabenteuers ein Gericht mit literarischem Thema auseinandernehmen.

Bar Nacional (Karte S. 482 f.; Bandera 317; Hauptgerichte 6–11 US$) Karikaturen und Fotos von Sepias schmücken diesen anbetungswürdigen Sodabrunnen. Hier wimmelt es von Kellnern mit Fliege, die sagenhaften *pastel de choclo* (Maiskasserolle) servieren. Es gibt noch eine Filiale in der Paseo Huérfanos 1151.

Kintaro (Karte S. 482 f.; Monjitas 460; Gerichte ca. 6,50 US$) Die kitschige Einrichtung ignorieren. Authentisches Sushi gibt's zu vernünftigen Preisen.

Restaurant Majestic (Karte S. 482 f.; Santo Domingo 1526; Hauptgerichte 9–17 US$; ☺ 19.30–24 Uhr) Ausgezeichnete indische Gerichte wie Tandoori und Currys. Das alles gibt's im opulenten Ambiente des Hotels Majestic.

Barrios Santa Lucía & Bellavista

Diese Gegend ist eine Spitzenwahl fürs Abendessen und einen Drink. Allerdings ist vor 21 Uhr jeder Versuch hoffnungslos, ein Abendessen zu bekommen. Die orientalischen Cafés am Merced in Santa Lucía servieren ausgezeichnete Süßigkeiten, *empanadas* mit Spinat und türkischen Kaffee.

El Rinconcito (Ecke Manizano & Dávila Baeza; Sandwiches 3 US$) Hummus und Falafel werden in Recoleta westlich von Bellavista angeboten.

El Antojo de Gauguin (Karte S. 482 f.; Pío Nono 69; Hauptgerichte 4–9 US$) Gut für billige, leckere Ware aus dem Nahen Osten.

Galindo (Karte S. 482 f.; Dardignac 098; Hauptgerichte 4–9 US$) Fast schon unangenehm populär. Hat zuverlässig Chilenisches zu bieten, fleischhaltige Sandwiches und jede Menge Bier.

Café Escondido (Karte S. 482 f.; Rosal 346; Hauptgerichte 5 US$) Gleich neben dem Rincón Español. Serviert billiges Lager und anständige Snacks: die *canapé de champiñones* (Pilze in Knoblauchsauce; 4,50 US$) probieren!

El Caramaño (Karte S. 482 f.; Purísima 257; Hauptgerichte 4,50–7 US$) Mal klingeln, um in dieses mit Graffiti übersäte tolle Lokal reinzukommen. Den Gästen werden qualitätvolle chilenische Spezialitäten gereicht.

Donde La Elke (Karte S. 482 f.; Dardignac 68; Mittagsmenü 5,40 US$) Diese helle, kleine Café hat mittags ausgezeichnetes Menüs.

Venezia (Karte S. 482 f.; Pío Nono 200; Hauptgerichte 6–9 US$) Eine der wenigen Locations mitten in Pío Nono, die es wert ist, mal vorbeizuschauen. Das Venezia bietet klassische chilenische Küche in verblichener Bohème-Einrichtung.

La Bohème (Karte S. 478 f.; Constitución 124; Hauptgerichte 8–11 US$) Gesellig, aber gemütlich mit sagenhafter französischer Küche.

Rincón Español (Karte S. 482 f.; Rosal Interior 346; Hauptgerichte 8–12 US$) Der Keilerkopf versetzt einen nach Spanien, genauso wie die leckeren Tapas und die Paella.

Ali Baba (Karte S. 478 f.; Santa Filomena 102; Hauptgerichte 8–13 US$) Beduinenszenerie, Bauchtanz und riesige *tablas* (Gemeinschaftsplatten) machen dieses Lokal zu einem echten Highlight. Vegetarier sind willkommen.

R (Karte S. 482 f.; Lastarria 307; Hauptgerichte 10–15 US$) Romantisches Kerzenscheinambiente. Die Gerichte (vor allem Fisch) haben einen peruanischen Einschlag.

Barrio Brasil

Economax (Karte S. 478 f.; Ecke Ricardo Cumming & Compañía) Großer Supermarkt.

Peperone (Karte S. 478 f.; Huérfanos 1954; Empanadas 2 US$) Ein Café mit Kerzenschein und 20 verschiedenen *empanadas* im Angebot. Die mit Käse und Spargel probieren.

N'aitun (Karte S. 478 f.; Av Ricardo Cumming 453; Specials 3,50 US$) Eine Musikkneipe. Zu den Sounds gibt's täglich gute und einfach coole Mittagsspecials.

Plaza Café (Karte S. 478 f.; Av Brasil 221; Hauptgerichte 4–6 US$) Freundlich und unaufgeregt und mittags mit Dreigängemenü.

Las Vacas Gordas (Karte S. 478 f.; ☎ 697-1066; Cienfuegos 280; Hauptgerichte 4–8 US$) Der allgemeine Liebling: in den „fetten Kühen" werden professionell gebrutzelte Steaks anständige Pasta serviert und der Service ist klasse. Vorher anrufen!

Ocean Pacific's (Karte S. 478 f.; Ricardo Cumming 221; Hauptgerichte 7–14 US$) Spaß und Meeresfrüchte in familiärer Umgebung mit Tiefseeambiente.

Providencia

La Mia Pappa (11 de Septiembre 1351; Menü 3 US$) Hier ist Ellbogeneinsatz angesagt, um an die Kohlehydrate zu kommen. Bietet ordentliche all-you-can-eat-Pasta und Lasagne.

Café del Patio (Providencia 1670, Local 8-A; Hauptgerichte 6–10 US$) In dieses niedliche Café tritt man ein, um Gemüse aus dem Wok und andere einfallsreiche vegetarische Speisen zu genießen.

La Pizza Nostra (Providencia 1975; Pizza ab 6 US$) Eine 30-jährige Tradition an Steinofenpizzas und Service. Sogar sonntags geöffnet.

Liguria (Av Pedro de Valdivia Norte 047; Hauptgerichte 7–10 US$) In Santiago eine Legende. Das einfache Erfolgsrezept: eine sagenhafte Speisekarte bei niedrigen Preisen, dazu eine heftige Portion *bon vivant* und Rummel. Wer nicht gesehen werden möchte, sollte allerdings nicht herkommen. In der Av Providencia 1373 gibt's eine Filiale.

El Huerto (Orrego Luco 054; Hauptgerichte ab 8 US$) Das Gericht „Vegetarischer Planet" (nicht uns zu Ehren so genannt) ist ein Reinlegen: Spinatfettuccini mit Tofucremesauce. Das Café La Huerta daneben hat nicht so viel im Angebot, ist aber netter zum Geldbeutel.

AUSGEHEN

Café Brainworks (Karte S. 482 f.; JM de la Barra 454; ☽ Mo–Fr 10–20, Sa & So 10–19 Uhr) Ideal für ein Tässchen Kaffee oder ein Nachmittagsbier.

UNTERHALTUNG
Livemusik

Confitería Las Torres (Karte S. 482 f.; Alameda 1570) Ein Treffpunkt von 1879 mit dem Charme der Alten Welt. Hier wird die Nostalgie an den Wochenenden mit dem Tango der Livebands aufpoliert.

Club de Jazz (www.clubdejazz.cl, spanisch; Av Alessandri 85, Ñuñoa; Eintritt 5 US$; ☽ Do–Sa 22–3 Uhr) Die bekannteste Jazzkneipe in Lateinamerika ist in einem großen Holzgebäude untergebracht. Die Plaza Ñuñoa ist einen Trompetenstoß entfernt.

La Casa en el Aire (Karte S. 482 f.; www.lacasaenelaire.cl, spanisch; Antonia López de Bello 0125, Bellavista; ☽ Mo–So 20 Uhr–open end) Ein alternativer Treffpunkt. Das bedeutet: Am Mittwoch gibt's Poesie und Theater. Live Folkmusik rockt den Rest der Woche.

N'Aitun (Karte S. 478 f.; ☎ 671-8410; www.naitun. co.cl, spanisch; Av Ricardo Cumming 453, Barrio Brasil;

Mo–Sa 20 Uhr–open end) Dieses Plätzchen ist seit 1980 ein Versammlungsort der linken Szene. Freitags werden Liveacts geboten mit einer Palette von Indiebands bis zu Bolero- und Tangoduetten.

Nachtclubs

Die Clubs kommen gegen Mitternacht so langsam in Schwung. Die meisten Dance Spots schließen im Februar und ziehen nach Valparaíso und Viña del Mar um.

Blondie (Karte S. 478 f.; Alameda 2879, Barrio Brasil) Für jeden Indiefan ein Muss. Das herrliche alte Theater hat über der Tanzfläche eine riesige Videoleinwand.

El Tunel (Karte S. 482 f.; Santo Domingo 439; Eintritt inkl. Getränke 5 US$; Mi–Sa 22–4 Uhr) Ein beliebter Retroclub. Hier regen die Klassiker der 1970er-Jahre zu „Grease Lightning"-Auftritten an. Alle kommen schwitzend, aber glücklich wieder raus.

Havana Salsa (Karte S. 478 f.;Dominica 142, Barrio Bellavista) Eine von Kuba inspirierte Tanzkneipe.

La Feria (Karte S. 482 f.; Constitución 275, Barrio Bellavista) Das Haus für Techno und House.

Bokhara (Karte S. 478 f.;Pío Nono 430, Barrio Bellavista) Der hedonistische Schwulentreffpunkt schlechthin. Man kann sich an den Spiegeln erfreuen und zu Techno und House tanzen.

Kino

Viele Kinos geben mittwochs Rabatt.

Cine Hoyts (Karte S. 482 f.; 600-5000-400; www.cinehoyts.cl, spanisch; Paseo Huérfanos 735) Im Paseo Huérfanos im Zentrum gibt's ein paar Multiplexkinos wie das hier.

Zu den Programmkinos gehören diese:

Cine Alameda (Karte S. 482 f.; Alameda 139)

Cine El Biógrafo (Karte S. 482 f.; Lastarria 181, Barrio Santa Lucía; 3,50 US$)

Cine Tobalaba (www.showtime.cl, spanisch; Providencia 2563, Providencia)

Theater

Café del Teatro (Karte S. 482 f.; 672-1687; Riquelme 226, Barrio Brasil; 12–2 Uhr) Momentan *die* Bar. Vorher hinten im alten Theater abchecken, was geboten wird, oder sich vor den farbigen Wandgemälden unter die Stammgäste mischen.

Estación Mapocho (Karte S. 482 f.; 361-1761; Ecke Bandera & Balmaceda) Der ehemalige Bahnhof für die Personenzüge nach Viña und Valparaíso beherbergt heute das wichtigste Kulturzentrum in Santiago. Jetzt gibt's hier live Theater, Konzerte, Ausstellungen und ein Café.

Zu den Theatern der Stadt gehören das **Teatro Municipal** (Karte S. 482 f.; 369-0282; www.municipal.cl, spanisch; Agustinas 794) und das **Teatro La Comedia** (Karte S. 482 f.; 639-1523; Merced 349) in der Nähe vom Cerro Santa Lucía. Es werden schlüpfrige Komödien aufgeführt.

Sport

Estadio Nacional (238-8102; Ecke Av Grecia & Marathon, Ñuñoa) Sich den Massen anschließen und „Chi-Chi-Chi-Le-Le-Le" rufen. Internationale Fußballspiele ziehen normalerweise Unmengen an. Tickets gibt's am Stadion.

Pferderennen finden jeden Samstag und jeden zweiten Donnerstag ab 14.30 Uhr im **Hipódromo Chile** (Av Independencia 1715) in der *comuna* Independencia statt. Freitags und jeden zweiten Montag und Mittwoch ab 14.30 Uhr gibt's welche im **Club Hípico de Santiago** (Karte S. 478 f.; Almirante Blanco Encalada 2540), südlich der Alameda in der Nähe vom Parque O'Higgins.

SHOPPEN

Für Kunsthandwerk empfehlen sich folgende Adressen:

Centro de Exposición de Arte Indígena (Karte S. 482 f.; Alameda 499) Handgemachtes der Rapa Nui, Mapuche und Aymara.

Centro Artesanal Santa Lucía (Karte S. 482 f.; Ecke Carmen & Diagonal Paraguay) Auf der anderen Seite vom Cerro Santa Lucía: Schmuck aus Lapislazuli, Sweater, Kupfer- und Töpferware.

Cooperativa Almacén Campesina (Purísima 303) In Bellavista; Stolen und Schals, aber auch Töpferware und Schmuck.

Centro Artesanal de Los Dominicos (Av Apoquindo 9085; 11–19.30 Uhr) Die größte Sammlung an Kunsthandwerk der Stadt. Sie bietet jede Menge Gewebtes und alles von Schmuck bis zu Sätteln. Man findet sie im Dominikanerkloster in Las Condes. Die Metro nach Escuele Militar nehmen, von da ein Taxi (5 US$) oder einen Bus (nach einem mit der Aufschrift „Los Dominicos" Ausschau halten) die Av Apoquindo runter. Die *micros* 235, 327, 343 und 344 bringen einen bis fast ans Ende von Apoquindo. Von dort ist es nur noch ein Fußweg von fünf Minuten.

AN-& WEITERREISE
Bus

Der Bustransport innerhalb von Chile ist normalerweise zuverlässig, pünktlich, sicher und bequem. In Santiago gibt es vier Hauptbusterminals. Von dort fahren die Busse zu Zielen im Norden, im Zentrum und im Süden Chiles. Die größte und bekannteste Busgesellschaft heißt Tur Bus. Eine Club-Karte für 5 US$ kann einen Rabatt von 10 % auf einfache Strecken einbringen, wenn man bar bezahlt. Im Tur-Bus-Büro beitreten. Pullman Bus ist auch sehr gut. Im Süden ist Cruz del Sur die beste Wahl.

Der **Terminal San Borja** (Karte S. 478 f.; ☎ 776-0645; Alameda 3250) liegt am Ende der Einkaufsmeile, neben dem Hauptbahnhof. Die Fahrkartenschalter sind nach Regionen unterteilt. Die Ziele sind gut sichtbar angeschrieben. Sie reichen von Arica bis zu den *cordilleras* (in die Berge) rund um Santiago.

Im **Terminal de Buses Alameda** (Karte S. 478 f.; ☎ 776-2424; Ecke Alameda & Jotabeche) befinden sich **Tur Bus** (☎ 778-0808) und **Pullman Bus** (☎ 778-1185). Beide fahren viele Ziele im Norden, Süden und an der Küste an. Sie sind vom Preis her sehr ähnlich und gleich zuverlässig und bequem.

Der **Terminal de Buses Sur** (Karte S. 478 f.; ☎ 779-1385; zw. Ruiz Tagle & Nicasio Retamales, Alameda 3850) hat die häufigsten Verbindungen zur zentralen Küste, internationalen und südlichen Zielen (Los Lagos und Chiloé).

Der **Terminal Los Héroes** (Karte S. 482 f.; Tucapel Jiménez) in der Nähe der Alameda im Centro ist sehr viel praktischer und nicht so chaotisch. Die Busse fahren hauptsächlich Richtung Norden, die Panamericana rauf. Aber ein paar fahren auch nach Argentinien und in den Süden nach Temuco.

Die Preise können erheblich variieren, also vorher die Möglichkeiten auskundschaften. Bei Werbeaktionen können die Preise um die Hälfte fallen. Studenten erhalten 25 % Rabatt. Außerhalb der Hochsaison im Sommer sind Rabatte die Regel. Wenn der Bus nicht voll ist und gerade abfahren will, versuchen zu handeln. In der Ferienzeit im Voraus buchen. Die Preise für Strecken zwischen wichtigen Zielen sind in diesem Kapitel aufgeführt, die ungefähren Kosten für die einfache Strecke und die Dauer gibt's hier:

Ziel	Dauer (Std.)	Preis (US$) Pullman	Preis (US$) Salón Cama
Antofagasta	18	44	75
Arica	28	61	k. A.
Chillán	6	10	26
Concepción	8	11	30
Copiapó	11	32	56
Iquique	26	49	k. A.
La Serena	7	17	30
Osorno	10	16	39
Puerto Montt	12	18	45
Temuco	8	13	32
Valdivia	12	14	36
Valparaíso	2	6	n/a
Villarrica	9	14	36
Viña del Mar	2	7	n/a

Flugzeug

Der **Aeropuerto Internacional Arturo Merino Benítez** (☎ 601-1752, Fundbüro 690-1707; www.aeropuertosantiago.cl) liegt in Pudahuel, 26 km nordwestlich vom Geschäftsviertel von Santiago. Inlandsflüge werden von **Lan** (☎ 600-526-2000; Centro Karte S. 482 f.; Paseo Huérfanos 926; Providencia Av Providencia 2006) und **Sky** (☎ 353-3100; Andres de Fuenzalida 55, Providencia) durchgeführt. Es folgen ein paar ungefähre Preise für die einfache Strecke.

Ziel	Preis (US$)
Antofagasta	188
Arica	195
Balmaceda	186
Calama	162–266
Concepción	98
Puerto Montt	150
Punta Arenas	215
Temuco	131

Zug

Alle Züge verlassen Santiago vom Estación Central (Karte S. 478 f.). Die Tickets werden im **Ticketbüro** (☎ 376-8500; Alameda 3170; ☽ 7–21.45 Uhr) und an der **Metro Universidad de Chile** (Karte S. 482 f.; ☎ 688-3284; ☽ Mo–Fr 9–20, Sa 9–14 Uhr) verkauft.

Schnellere und zuverlässigere Züge fahren von Santiago Richtung Süden über Talca (10 US$, 2½ Std.) und Chillán (15 US$, 5 Std.) nach Temuco (mit Anschlüssen nach Puerto Montt). Der **Empresa de Ferrocarriles del Estado** (EFE; ☎ 376-8500; www.efe.cl, spanisch) fährt um 22.30 Uhr (16,50 US$, 9 Std.) nach Temuco. Es gibt zwei verschiedene Ticketarten: *salón* (das billigere) und *preferente*. Onlinebucher sparen 10 %. An den Wochenenden und in den Ferien steigen die Preise. Von diesem Bahnhof starten täglich zehn Züge in den Süden.

Der regionale Service der *metrotren* fährt ebenfalls Richtung Süden bis San Fernando.

UNTERWEGS VOR ORT
Auto
Der sicherste Weg, sich den Tag zu vermiesen, ist, in Santiago ein Auto zu mieten und damit herumzufahren. Aber wer unbedingt muss, findet hier ein paar Autovermietungen. Die meisten haben auch am Flughafen Büros.

Automóvil Club de Chile (Acchi; ☎ 212-5702; Vitacura 8620, Vitacura)

Budget (☎ 362-3232; Bilbao 1439, Providencia)

First (☎ 225-6328; www.firstrentacar.cl; Rancagua 0514, Providencia)

Hertz (☎ 235-9666; www.hertz.com; Av Andrés Bello 1469, Providencia)

Lys (Karte S. 482 f.; ☎ 633-7600; Miraflores 541) Lys vermietet auch Mountainbikes.

Bus
Die billigen, gelben *micros* brechen inzwischen langsam auseinander und werden gerade nach und nach ersetzt. Die Richtungsangaben auf den Schildern im Fenster überprüfen oder andere an der Haltestelle Wartende fragen. Viele Busse haben bereits feste, ausgeschilderte Haltestellen, können aber auch zwischendrin noch halten. Die Preise sind je nach Bus leicht verschieden, liegen aber meistens um die 0,70 US$ pro Trip. Und immer das Ticket dabei haben – ein Kontrolleur könnte danach fragen. In den neuen, grünen Bussen werden keine Scheine angenommen, nur Münzen.

Colectivo
Schneller und bequemer als die Busse sind die *colectivo*-Taxis. Sie nehmen auf ihren festen Routen bis zu fünf Fahrgäste mit. Der Preis liegt innerhalb der Stadtgrenzen um die 0,75 US$, zu den Vororten bei 4 US$. Sie sehen aus wir normale Taxis, aber auf dem Dach verrät ein beleuchtetes Schild ihre Strecke.

Metro
Sauber, schnell und zuverlässig. Die Metro verkehrt montags bis samstags von 6 bis 22.30 Uhr und an Sonn- und Feiertagen von 8 bis 22.30 Uhr. Die drei Linien sind zu einem Netz verbunden, das zu den meisten interessanten Orten führt. Die Preise sind je nach Tageszeit unterschiedlich und bewegen sich zwischen 0,70 und 0,85 US$. Ein Ticket kann man immer nur einmal verwenden. Also gleich mehrere kaufen, um nicht so oft anstehen zu müssen. In manchen unterirdischen Stationen haben auch die Busgesellschaften Fahrkartenbüros und es gibt Callcenter und Schnellimbisse.

Taxi
Die schwarz-gelben Fahrzeuge sind sehr zahlreich und nicht zu teuer. Die meisten Fahrer sind ehrlich, höflich und hilfsbereit. Ein paar fahren allerdings längere Strecken als nötig, und eine Handvoll hat „merkwürdige" Zähler. *Bajar la bandera* (das Taxi anhalten) kostet etwa 0,40 US$ und pro 200 m 0,18 US$. Es gibt auch ein System von Funktaxis, die ein wenig billiger sind. In Hotels und Restaurants bestellt man normalerweise gern eins für die Gäste.

RUND UM SANTIAGO

SKIGEBIETE
Die chilenischen Skigebiete sind von Juni bis Oktober offen. In der Vor- und Nachsaison sinken die Preise. Die meisten Gebiete liegen über 3300 m und sind baumlos. Die Abfahrten sind lang, die Saison ist es auch und der Schnee ist tief und trocken. Snowboarder sind überall willkommen. Drei der wichtigsten Regionen befinden sich eine knappe Stunde von der Hauptstadt entfernt. Die vierte liegt etwa zwei Stunden weit weg an der argentinischen Grenze.

El Colorado & Farellones (Ganztagesticket für den Lift 37 US$) liegen 45 km östlich der Hauptstadt und so dicht nebeneinander, dass man sie zusammenfassen kann. Hier gibt es 18 Lifts und 22 Abfahrten – die Talstation liegt auf 2430 m, die höchste Bergstation auf 3330 m Höhe. Das **Centro de Ski El Colorado** (☎ 02-246-3344; www.elcolorado.cl; Av Apoquindo 4900, Local 47, Las Condes, Santiago) hat die neuesten Informationen, wie der Schnee und die Pisten aussehen. Im **Refugio Aleman** (☎ 02-264-9899; www.refugioaleman.cl; Camino Los Cóndores 1451, Farellones; B/DZ inkl. Frühstück & Abendessen 35/40 US$) findet man freundliches und mehrsprachiges Personal und entspanntes, internationales Publikum. Deshalb ist es als Budgetunterkunft der beste Griff. Man kann mit den Skiern von der Tür direkt zu den Pisten fahren.

Nur 4 km vom Farellones Skigebiet gibt's in **La Parva** (Ganztageticket für den Lift 37 US$, zusammen mit Valle Nevado 54 US$) 30 Pisten – die Talstation liegt auf 2662 m, die Bergstation auf 3630 m Höhe. Für die neuesten Informationen **Centro de Ski La Parva** (☎ 02-431-0420; www.skilaparva. cl; Isidora Goyenechea 2939, Oficina 303, Las Condes, Santiago) kontaktieren.

Weitere 14 km hinter Farellones hat das **Valle Nevado** (☎ 02-477-7700; www.vallenevado.com; Av Vitacura 5250, Oficina 304, Santiago; Ganztageticket für den Lift 29–38 US$) alles zu bieten, was das Skifahrerherz begehrt. 27 Abfahrten liegen zwischen 2805 und 3670 m, davon manche mit bis zu 3 km Länge.

Portillo (Ganztagestickets für den Lift 37/29 US$) ist eine Klasse für sich und liegt 145 km nordöstlich der Hauptstadt an der argentinischen Grenze. Es gibt ein Dutzend Lifts und 23 Abfahrten zwischen 2590 und 3330 m Höhe. Die **Inca Lodge** (NS/HS pro Person und Woche inkl. Vollpension 450/550 US$) auf dem Gelände bringt junge Traveller in Schlafsälen unter. Hier wird einen garantiert nichts von einem Tag im Pulverschnee abhalten, denn Jungs und Mädels sind getrennt. Im Preis sind die Tickets inbegriffen. Außerdem gibt's in der Nebensaison ein paar unglaubliche Angebote. **Centro de Ski Portillo** (☎ 02-263-0606; www.skiportillo.com; Renato Sánchez 4270, Las Condes, Santiago) wegen der neuesten Details kontaktieren.

Manzur Expediciones (☎ 02-777-4284) fährt mittwochs, samstags und sonntags von der Plaza Italia direkt zu den Pisten. Transport, Mittagessen und Leihgebühr für die Skiausrüstung kosten 25 US$.

SkiTotal (☎ 02-246-0156; www.skitotal.cl; Av Apoquindo 4900, Local 39-42, Las Condes, Santiago) arrangiert den Transport (ca. 15 US$) zu den Skigebieten. Los geht's um 8.45 Uhr, zurück ist man um 17.30 Uhr. Die Leihgebühr für die Skiausrüstung (27–34 US$ für alles zusammen) ist etwas billiger als an der Piste.

WEINGÜTER

Während das hier geschrieben wird, studieren die chilenischen Weinvermarkter gerade *Sideways*, ein Road-Movie, das in den kalifornischen Weinbergen spielt, und polieren ihre Taktik auf. Aber bis jetzt sind Weintouren immer noch eine elitäre Angelegenheit. Dazu gehören die Touren über das Gelände mit lehrreichen Erklärungen und danach winzige Fingerhüte vom guten Zeug. Hier ein paar erreichbare Weingüter.

Viña Concha y Toro (☎ 02-476-5269; www.conchay toro.com; Virginia Subercaseaux 210, Pirque; Touren auf Englisch 6 US$; ☺ Touren Mo–Fr 11.30–15, Sa 10–12 Uhr) Die größte und kommerziellste Kellerei Chiles. Man kann das riesige Gelände und das Anwesen bei Pirque durchstreifen. Vier Tage im Voraus reservieren! Die Metro von Paradero 14 am Westausgang der Bellavista de La Florida Metrostation Richtung Pirque nehmen.

Viña Cousiño Macul (☎ 02-351-4175; www.cousino macul.cl; Av Quilín 7100, Peñalolén; Tour & Probe 6 US$; ☺ Touren Mo–Sa 11 Uhr) Bus 390 von der Alameda.

Viña De Martino (☎ 02-819-2062; www.demartino.cl; Manuel Rodríguez 229; ☺ Tour auf Englisch Mo–Sa 12 Uhr) In Isla Maipo, eine Stunde südwestlich von Santiago. Bietet ausgezeichnete Touren, geführt von Weinexperten. Die Basistour in der *vinoteca* im toskanischen Stil kostet 10 US$. Eine Tour mit Mittagessen und unbegrenztem Weinnachschenken kostet 35 US$. Mindestens einen Tag vorher eine Tour reservieren! Die Busse nach Isla de Maipo fahren vom San Borja Terminal in Santiago ab.

Viña Santa Carolina (☎ 02-511-5778; Rodrigo de Araya 1341; Tour 12,50 US$) Das Weingut in Ñuñoa besteht seit 1875. Zwei Tage vorher nach einer Tour auf Englisch fragen!

Viña Undurraga (☎ 02-372-2865; www.undurraga.cl; bei Kilometer 34 auf der Strecke von Camino nach Melipilla; Touren 7 US$; ☺ Touren Mo–Fr 10, 11, 14, 15.30, Sa & So 10, 11.30, 13 Uhr) 34 km südwestlich von Santiago an der alten Straße nach Melipilla. Vom San Borja Terminal den Bus nach Talagante nehmen und darum bitten, am Weingut abgesetzt zu werden.

CAJÓN DEL MAIPO

Der Cajón del Maipo (Río Maipo Canyon) südöstlich der Hauptstadt ist eins der beliebtesten Wochenendziele für die *santiaguinos*. Hier kann man wandern, klettern, raften, rad- und skifahren. Von September bis April fahren Raftingboote die hauptsächlich der Kategorie III zugeordneten Stromschnellen des trüben Maipó runter. Das dauert ein bisschen länger als eine Stunde. Ganztagestouren kosten etwa 70 US$. Wenn man selbst für seinen Transport und das Essen sorgt, ist es billiger. Den ganzen Spaß organisiert man **Cascadas Expediciones** (☎ 02-861-1777; www.cascada-expediciones.com; Cam Al Volcán 17710, Casilla 211, San José de Maipó) und **Altué Active Travel** (☎ 02-232-1103; www.chileout doors.com; Encomenderos 83, Las Condes, Santiago).

In der Nähe des Dorfes San Alfonso liegt die **Cascada de las Animas** (☎ 02-861-1303; www. cascada.net; Stellplatz/Hütte 8/67 US$). Das herrliche 3500 ha große, private Naturreservat ist eigentlich eine Pferderanch, die noch in Betrieb ist. Die Zeltplätze am Fluss sind eben und baumbeschattet. Die Hütten für vier Personen haben Küche und Kamin. Das lebhafte Restaurant serviert einfallsreiche Gerichte auf einer Terrasse mit Blick über das Tal. Dazu gibt's auch noch einen schönen Pool mit natürlichem Quellwasser, eine Sauna und die Möglichkeit, sich massieren zu lassen. Außerdem kann man hier beliebig viele Wander-, Rad- (30 US$) und Raftingtouren arrangieren. Es ist ein Spitzenziel, um mal aus der Stadt rauszukommen. Von Mai bis September sind die Aktivitäten und Unterkünfte billiger.

Das 3000 ha große **Monumento Natural El Morado** (Eintritt 2,50 US$; ☺ Mai–Sept. geschl.) ist nur 93 km von Santiago entfernt. Wanderer werden hier von der Laguna El Morado aus mit einer Aussicht auf den 4490 m hohen Cerro El Morado belohnt. Von den etwas dürftigen heißen Quellen Baños Morales sind es nur zwei Stunden zu Fuß. Rund um den See gibt es kostenlose Zeltplätze.

Das **Refugio Lo Valdés** (☎ 099-220-8525; www. refugiolovaldes.com; inkl. Frühstück 27 US$/Pers.) ist ein Landhaus in den Bergen, das vom deutschen Alpenverein geführt wird – ein beliebtes Ziel fürs Wochenende. Im Preis mit drin ist das Frühstück, weitere Mahlzeiten sind auch zu haben. 11 km entfernt von hier liegen die **Baños Colina** (☎ 02-209-9114; 15 US$/Pers. inkl. Stellplatz). Von den heißen, terrassenförmigen Quellen überblickt man das ganze Tal.

Vom Terminal San Borja fahren die Busse von **Buses San José de Maipó** (☎ 02-697-2520; 1,20 US$) zwischen 6 und 21 Uhr alle 30 Minuten nach San José Maipó, halten aber an der Parque O'Higgins Metrostation. Der Bus um 7.15 Uhr fährt im Januar und Februar täglich weiter bis zu den Baños Morales, von März bis Oktober allerdings nur an den Wochenenden.

Turismo Arpue (☎ 02-211-7165) schickt samstags und sonntags Busse (7 US$) los. Sie fahren um 7.30 Uhr von der Plaza Italia (der Baquedano Metrostation) in Santiago ab und direkt bis zu den Baños Morales. Zum Überprüfen der Abfahrtszeiten lieber noch mal anrufen. Von Oktober bis Mitte Mai fahren die Busse von **Buses Manzur** (☎ 02-777-4284) von der Plaza Italia mittwochs, samstags und sonntags um 7.15 Uhr zu den heißen Quellen. Man kann auch die **Buses Cordillera** (☎ 02-777-3881) vom Terminal San Borja aus nehmen.

VALPARAÍSO
☎ 032 / 276 000 Ew.

Valparaíso oder „Valpo" ist ein schon etwas abgenutzter und hektischer Hafen. Am Ufer stapeln sich die Häuser bis zu sagenhaften Höhen. Die Stadt gilt als kulturelle Hauptstadt Chiles und liegt 120 km nordwestlich von Santiago. Mit gutem Grund gehört Valparaíso zum Unesco-Weltkulturerbe. Während künstlerisch angehauchte Menschen es lieben werden, dürften seine raueren Ecken nicht für jeden etwas sein. Im Hintergrund ist die Stadt von verworrenen Kabeln und Trümmern geprägt. Das überfüllte Zentrum wird El Plan genannt. Seine tief auf einer schmalen Strandterrasse gelegene Straßen verlaufen parallel zur Küste, die hier eine Schleife Richtung Viña del Mar beschreibt. Ein unregelmäßiges Straßennetz führt bis zu den Wohngebieten auf den Hügeln. Sie sind aber auch über steile Fußwege und die berühmten *ascensores* (Aufzüge) von Valparaíso mit der Innenstadt verbunden. Gebaut wurden die Aufzüge einst während der Blütezeit der Stadt, zwischen 1883 und 1916.

Valparaíso war früher der führende Handelshafen für Routen ums Kap Hoorn und durch den Pazifik. Für ausländische Schiffe, einschließlich Walfänger, war es eine wichtige Zwischenstation. Außerdem war es Chiles Exporthafen für Weizen, der für den Goldrausch in Kalifornien bestimmt war. Ausländisches Kapital und Händler machten daraus das finanzielle Machtzentrum Chiles. Sein Niedergang begann mit dem katastrophalen Erdbeben von 1906 und der Eröffnung des Panamakanals im Jahr 1914. Heute ist es die Hauptstadt der Region V und Sitz des chilenischen Kongresses. Mit einer Reihe von heißen Nachtlokalen, Restaurants und B&Bs kommt es gerade wieder in Mode.

Praktische Informationen
GELD
Inter Cambio (Plaza Sotomayor s/n) Eine Wechselstube.

INFOS IM INTERNET
Mal bei den folgenden Internetseiten auf Spanisch vorbeischauen.
B&B Valparaíso (www.bbvalparaiso.cl) Für weitere Unterkunftsmöglichkeiten nützlich.
Capital Cultural (www.capitalcultural.cl) Eine Übersicht über Restaurants, Hotels und das kulturelle Angebot.

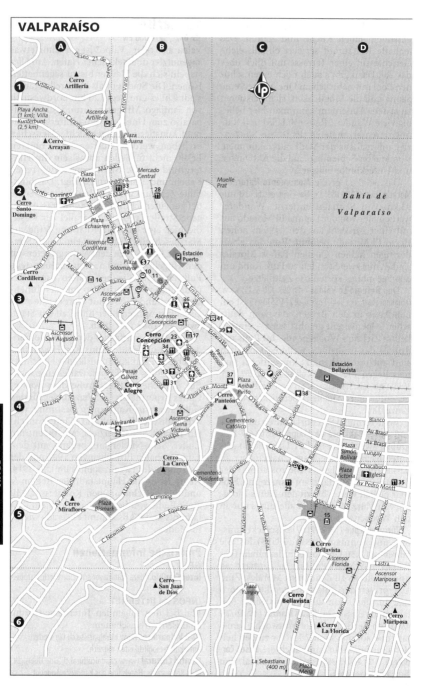

RUND UM SANTIAGO •• Valparaíso

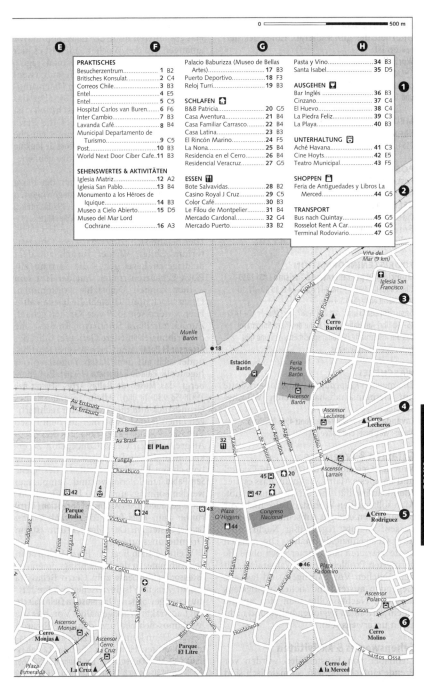

PRAKTISCHES
- Besucherzentrum................... **1** B2
- Britisches Konsulat................. **2** C4
- Correos Chile...................... **3** B3
- Entel............................. **4** E5
- Entel............................. **5** C5
- Hospital Carlos van Buren....... **6** F6
- Inter Cambio...................... **7** B3
- Lavanda Café..................... **8** B4
- Municipal Departamento de Turismo......................... **9** C5
- Post............................... **10** B3
- World Next Door Ciber Cafe..**11** B3

SEHENSWERTES & AKTIVITÄTEN
- Iglesia Matriz..................... **12** A2
- Iglesia San Pablo.................. **13** B4
- Monumento a los Héroes de Iquique......................... **14** B3
- Museo a Cielo Abierto........... **15** D5
- Museo del Mar Lord Cochrane....................... **16** A3
- Palacio Baburizza (Museo de Bellas Artes)........................... **17** B3
- Puerto Deportivo................. **18** F3
- Reloj Turri........................ **19** B3

SCHLAFEN
- B&B Patricia...................... **20** G5
- Casa Aventura.................... **21** B4
- Casa Familiar Carrasco.......... **22** B4
- Casa Latina....................... **23** B3
- El Rincón Marino................. **24** F5
- La Nona.......................... **25** B4
- Residencia en el Cerro.......... **26** B4
- Residencial Veracruz............. **27** G5

ESSEN
- Bote Salvavidas................... **28** B2
- Casino Royal J Cruz.............. **29** C5
- Color Café....................... **30** B3
- Le Filou de Montpelier.......... **31** B4
- Mercado Cardonal............... **32** G4
- Mercado Puerto.................. **33** B2
- Pasta y Vino...................... **34** B3
- Santa Isabel..................... **35** D5

AUSGEHEN
- Bar Inglés........................ **36** B3
- Cinzano.......................... **37** C4
- El Huevo......................... **38** C4
- La Piedra Feliz................... **39** C3
- La Playa.......................... **40** B3

UNTERHALTUNG
- Aché Havana.................... **41** C3
- Cine Hoyts...................... **42** E5
- Teatro Municipal................ **43** F5

SHOPPEN
- Feria de Antiguedades y Libros La Merced......................... **44** G5

TRANSPORT
- Bus nach Quintay................ **45** G5
- Rosselot Rent A Car.............. **46** G5
- Terminal Rodoviario.............. **47** G5

INTERNETZUGANG

Internetcafés gibt's überall. Eines des nettesten ist:

World Next Door Ciber Cafe (Blanco 692; 1 US$/Std.; Mo–Sa 8.30–20 Uhr). Dieses gastfreundliche Internetcafé hat superschnelle Verbindungen, Studentenrabatte und Telefonverbindungen auf Internetbasis.

MEDIZINISCHE VERSORGUNG

Hospital Carlos van Buren (☎ 2204-000; Av Colón 2454) Befindet sich an der Ecke von San Ignacio.

POST

Post (Prat 856)

TELEFON

Callcenter gibt's im Zentrum jede Menge. Entel hat Büros an Condell 1495 und an der Ecke der Av Pedro Montt und Cruz.

TOURISTENINFORMATION

Municipal Departamento de Turismo (☎ 2939-108; Condell 1490; Mo–Fr 8.30–14 & 15.30–17.30 Uhr) Bietet einfachen Service.

Besucherzentrum (☎ 2939-587; Mo–Fr 10–14 & 15–18 Uhr) Am Hafen in der Nähe der Plaza Sotomayor. Das gut informierte Personal spricht Englisch und gibt kostenlose Stadtpläne aus.

WÄSCHEREI

Die meisten *hospedajes* (Budgetunterkünfte mit Gemeinschaftsbad) bieten Wäscheservice.

Lavanda Café (Av Almirante Montt 454) Am Cerro Alegre; Wäscherei und Kaffee.

Gefahren & Ärgernisse

Von der Gegend um den Mercado Central und La Iglesia Matriz sagt man, dass es hier Kleinkriminalität und Straßenräuber gibt. Man sollte seinen Wohlstand also nicht zur Schau stellen und gut auf seine Sachen aufpassen. Es gibt regelmäßig Nachrichten über Gelegenheitsdiebstähle. Die meisten Leute spazieren aber immer noch ohne die geringsten Probleme durch Valparaíso. Mit den üblichen Vorkehrungen sind fast alle Gegenden ausreichend sicher, wenigstens tagsüber. Nachts sollte man sich an die einem vertrauten Regionen halten und nicht allein unterwegs sein.

Sehenswertes & Aktivitäten

Liebhaber von Fensterläden werden vor Freude einfach weg sein, so malerisch sind die Varianten in dieser Stadt. Beim **Muelle Prat** am unteren Ende der Plaza Sotomayor anfangen. An den Wochenenden ist es hier ziemlich lebhaft, fast könnte man sagen, *touristisch*. Auf seine Sachen aufpassen! Man kann sich zu einer billigen Hafenrundfahrt dazuquetschen (1,50 US$), aber das Fotografieren von Marineschiffen ist strengstens verboten. Von hier die Plaza Sotomayor raufklettern. Das unterirdische Mausoleum **Monumento a los Héroes de Iquique** zollt den im Salpeterkrieg auf See gebliebenen Märtyrern Chiles Tribut.

Den **Ascensor Cordillera** westlich der Plaza nimmt man, wenn man zum ausgewogenen **Museo del Mar Lord Cochrane** (Merlet 195; Eintritt frei; Mitte März–Mitte Sept. Di–So 10–18 Uhr, Mitte Sept.–Mitte März Di–So 10–13 & 15–20 Uhr) von 1842 will. Hier befand sich früher das erste Observatorium Chiles. Wieder zurück auf dem niedrigeren Level geht's die Serrano zur Plaza Echaurren runter. Auf der Hut sein – hier können Diebstähle vorkommen. Einen Block nördlich steht die **Iglesia Matriz**. Hier wurden seit 1559 vier Kirchen gebaut. Zurück zur Plaza Sotomayor. In die Nähe der Tribunales (niedere Gerichte) führt der **Ascensor El Peral** zum Cerro Alegre. Dort befindet sich auf dem Paseo Yugoslavo der Jugendstil-**Palacio Baburizza** (1916). Er beherbergt das **Museo de Bellas Artes** (Eintritt frei; Di–So 9.30–18 Uhr). Allein sein herrliches Grundstück und die Architektur rechtfertigen einen Besuch. Von hier auf dem Paseo Yugoslavo weiter zur Urriola, um den Cerro Alegre und den Cerro Concepción zu erklimmen. Es sind die bekanntesten und typischsten Hügel der Stadt. In der **Iglesia San Pablo** am Pilcomayo und Templeman werden sonntags um 12.30 Uhr Orgelkonzerte gegeben. Den **Ascensor Concepción (Turri)** runter zum **Reloj Turri** (Ecke Esmeralda & Gómez Carreño) besteigen. Der Glockenturm ist ein Orientierungspunkt.

Weiter östlich liegt die Plaza Victoria an der Aldunate. In der Nähe bringt einen der **Ascensor Espíritu Santo** zum Cerro Bellavista hinauf. Aus ihm ist inzwischen ein Freiluftmuseum geworden. Das **Museo a Cielo Abierto** zeigt abstrakte Wandgemälde. Von hier die Av Ramos nehmen und dann die Ricardo Ferrari. Dann kommt man zum am wenigsten bekannten Haus von Neruda, **La Sebastiana** (☎ 2256-606; Ferrari 692; Erw./Student 3,75/2 US$; Di–So 10.30–14.30 & 15.30–18 Uhr, Jan. & Feb. bis 19

Uhr). In diesem windumtosten Haus erwachen Nerudas abwechslungsreicher Geschmack, sein Humor und seine Leidenschaft für Schiffe zum Leben. Man kann auch mit dem Verde Mar Bus „O" oder „D" hierher kommen. Er fährt am Serrano nördlich der Plaza Sotomayor ab. An Block 6900 an der Av Alemania aussteigen, dann ist es nur noch ein kurzer Weg.

Wer mal auf dem Wasser aus der Stadt rauskommen will, kann das mit dem Paddel- oder Segelboot tun. **Puerto Deportivo** (☎ 2592-852; www.puertodeportivo.cl; Muelle Barón; Kajakverleih 8 US$/Std.) hat Boote zu vernünftigen Preisen zu verleihen und bietet auch Kajak- und Segelkurse.

Die billigste Tour durch die Hügel von Valparaíso ist der *micro* O von Verde Mar. Er startet an der Serrano in der Nähe der Plaza Sotomayor. Er tuckert nach Viña del Mar (0,50 US$) und kommt dabei an La Sebastiana vorbei.

Festivals & Events

Año Nuevo (Neujahr) ist das Hauptevent. Der Grund ist das spektakuläre Feuerwerk, das Hunderttausende von Zuschauern in die Stadt bringt.

Schlafen

Die Perlen unter Valpos Unterkünften sind die in den Hügeln thronenden Budgetunterkünfte, sogenannte *hospedajes*. Vorher reservieren oder die Buchungslisten auf www.granvalparaiso.cl oder www.bbvalparaiso.cl (beide spanisch) ansehen!

Residencial Veracruz (☎ 2253-583; Av Pedro Montt 2881; EZ/DZ 8/16 US$) Die freundliche Familienresidenz ist etwas für hauchdünne Brieftaschen. Sie liegt in der Nähe des Busbahnhofs und bietet nette Gemeinschaftsräume und Zugang zur Küche. Wenn einem der Straßenlärm nichts ausmacht, ist es herrlich.

Casa Aventura (☎ 2755-963; www.casaventura.cl; Pasaje Gálvez 11, Cerro Concepción; inkl. Frühstück 12 US$/ Pers.) Das komfortable und luftige *hostal* wird von einem freundlichen Paar geführt. Nach Wandertouren und Spanischkursen fragen! Zum Frühstück gehören Früchte, hausgemachter Käse und echter Kaffee. Und man darf die Küche benutzen.

B&B Patricia (☎ 2220-290; 12 de Febrero 315; EZ/DZ ohne Bad inkl. Frühstück 12/24 US$) Glänzend und frisch. Hohe Decken und nette Besitzer. Zudem liegt's mitten in der Stadt.

Residencia en el Cerro (☎ 2495-298; Pasaje Pierre Loti 51 zw. Abtao & Pilcomayo, Cerro Concepción; EZ/DZ 12/24 US$; 🖳) Der Glamour der Jahrhundertwende, dazu grandiose Aussicht und köstliches Frühstück. Man findet es an einer kleinen mit Bougainvillea überdeckten Gasse.

El Rincón Marino (☎ 2225-815; www.rinconmarino. cl; San Ignacio 454; EZ/DZ inkl. Frühstück 12,50/25 US$; 🖳) Mundpropaganda hat dafür gesorgt, dass der lebhafte Schlupfwinkel beliebt geworden ist. Wunderbare Besitzer, geräumige Zimmer und Küchenbenutzung.

Casa Familiar Carrasco (☎ 2210-737; www.casacarrasco.cl; Abtao 668, Cerro Concepción; Zi./Pers. 13,50 US$) Nicht ganz so billig, die Zimmer sind sauber, aber recht einfach. Anziehungspunkte sind hier die tollen, schon etwas betagten Besitzer und die sagenhafte Aussicht vom Dach. Die unverwechselbare rosa und grüne Fassade ist gar nicht zu verfehlen.

Villa Kunterbunt (☎ 2288-873; villakunterbunt valpo@yahoo.de; Quebrada Verde 92, Cerro Playa Ancha; Zi./Pers. inkl. Frühstück 16 US$; 🖳) In diesem Haus lässt sich's in die Kolonialzeit eintauchen. Es hat flauschige Kissen, Badewannen mit Klauenfüßen, herzhaftes Frühstück, eine freundliche Besitzerfamilie und eine Hinterhofveranda. Das romantische Turmzimmer vorher reservieren! Man kommt mit dem *colectivo* 150 und 151 oder den Bussen 1, 2, 3, 5, 17 oder 111 vom Busbahnhof her.

La Nona (☎ 2495-706; www.bblanona.com; Galos 660, Cerro Alegre; Zi./Pers. 18 US$) Das *hospedaje* wurde von Lesern empfohlen. Die Besitzer überschlagen sich geradezu, um den Aufenthalt angenehm zu gestalten. Den Weg dorthin und vieles mehr findet man auf der hervorragenden Website.

Casa Latina (☎ 2494-622; Papudo 462, Cerro Concepción; EZ/DZ ohne Bad inkl. Frühstück 19/35 US$/Pers.; 🖳) Das traumhafte und gerade neu eingerichtete *hospedaje* bietet das ganze Selbstbewusstsein eines Hotels zusammen mit dem gemütlichen Gemeinschaftsfeeling eines Hostels.

Essen

Sonntags sind die meisten Restaurants, soweit nichts anderes dran steht, nur zwischen 12 und 16 Uhr geöffnet.

Santa Isabel (Av Pedro Montt btwn Las Heras & Carrera; ⏱ 9–21 Uhr) Supermarkt mit Cafeteria im Obergeschoss.

Mercado Cardonal (Ecke Yungay & Rawson) Bergeweise frische und farbenfrohe Produkte –

hier besorgt man sich Ziegenkäse und Oliven. Die Treppe rauf serviert die *cocinerías* für 3,50 US$ *paila marina* aber auch Tagesessen für 2,50 US$.

Mercado Puerto (Ecke Blanco & San Martín) Auf dem hemdsärmeligen und fischigen Markt gibt's auch günstige Mahlzeiten.

Casino Royal J Cruz (Condell 1466; ☺ 14.30–16 Uhr) Ein herrlicher Mischmasch aus Antiquitäten, Graffitis auf den Tischplatten und lässiger Atmosphäre. Den turmhohen Berg *chorrillana* (ein Teller mit Pommes, obendrauf würziges Schweinefleisch, Zwiebeln und Eier) angehen, während Folksänger dazu schrummen und schnulzen.

Color Café (Papudo 526, Cerro Concepción; Hauptgerichte 4–9 US$) Eine brillante, literarische Absteige mit einem ganzen Universum an Teeangeboten, leckeren vegetarischen Versuchungen, Kaffee und samtweicher heißer Schokolade. Sonntags länger geöffnet.

Le Filou de Montpellier (☎ 2224-663; Av Almirante Montt 382; Tagesmenü 5 US$) Anbetungswürdig und geführt von einem verrückten Franzosen. Er bereitet Gerichte zu, bei denen einem das Wasser im Mund zusammenläuft – z. B. Quiche Lorraine oder gebratener, mit Pflaumen gefüllter Truthahn in einer Sauce aus Cognac und Portwein.

Bar Inglés (☎ 2214-625; Cochrane 851; Hauptgerichte 7–10 US$; ☺ Mo–Fr 12–23 Uhr) Spät am Abend schleichen sich die kleinen Gauner lieber zur Hintertür raus, nachdem sie es geschafft haben, den leichtgläubigen *santiaguinos* für Schmuggelware Bares abzuknöpfen. Die Bar ist voller Erinnerungen – hier spürt man die Atmosphäre der See. Im Angebot sind Steaks, Meeraal und spanische Tortillas.

Bote Salvavidas (☎ 2251-477; Muelle Prat s/n; Hauptgerichte 9–13 US$) Die Preise mögen gesalzen und die Bedienung langsam sein, aber von diesem Meeresfrüchtelokal hat man beste Sicht auf das geschäftige Treiben am Hafen.

Pasta y Vino (☎ 2496-187; Templeman 352; Hauptgerichte 9–13 US$) Einfallsreich und interessant. Hier wird's schnell voll. Zu empfehlen sind die Ravioli, die mit einem Hauch von Curry und Kokosnuss zubereitet werden.

Ausgehen

Auf geht's, am besten mit einem Freund, in die schmuddelige, von Pubs gesäumte Av Ecuador. Hier in der Nr. 50 Mr. Egg und in der Nr. 24 die Leo Bar zu finden. Allein loszuziehen ist nicht empfehlenswert.

Cinzano (Plaza Anibal Pinto 1182; ☺ Mo–Sa 10–2 Uhr) Seit 1896 haben in dieser Bar mal Trinker, Matrosen, Schnulzensänger und Liebespaare vorbeigeschaut. An der Wand hängen Fotografien von sinkenden Schiffen. An den Abenden bringen alte Jungs mit goldenen Stimmen den Tango aufs Parkett.

El Huevo (www.elhuevo.cl; Blanco 1386; Eintritt 7 US$) In diesem Happening-Spot für Studenten und junge Leute kann man locker die Nacht durchtanzen und -trinken.

La Playa (Cochrane 568; ☺ 10–nach Mitternacht) Eine lange Bar, billige Krüge voll Bier und ein hedonistischer Touch machen das La Playa zu einem tollen Ort zum Ausgehen.

La Piedra Feliz (www.lapiedrafeliz.cl; Av Errázuriz 1054; Eintritt Di–Sa 8,50 US$) Eine klassische Angelegenheit mit Livejazz und -tango an den Wochenenden.

Teatro Municipal (Av Uruguay 410) Bringt live Theater und Konzerte.

Unterhaltung

Aché Havana (Av Errázuriz 1042; Eintritt Do–Sa 6 US$, Di & Mi frei) *Mueve la cadera* (schwing die Hüften) zu pulsierendem Salsa.

Cine Hoyts (☎ 2594-709; Av Pedro Montt 2111) Filmtheater.

Shoppen

Feria de Antiguedades y Libros La Merced (Plaza O'Higgins; Tickets 6 US$; ☺ Sa, So & Feiertags) Für die einen ist es Ramsch, für die anderen *feria*. Aber man kann hier einiges Herausragendes finden, z. B. alte Bücher. Außerdem macht's Spaß.

An- & Weiterreise

Das **Terminal Rodoviario** (Av Pedro Montt 2800) ist gegenüber vom Congreso Nacional. Die Busse fahren fast genauso wie die von Viña del Mar. Viele steuern Ziele im Norden und Süden an. Die Preise und Zeiten ähneln denen von Santiago. An den Wochenenden das Ticket nach Santiago im Voraus besorgen. Tur Bus bietet die häufigsten Abfahrten (4 US$, 2 Std.). Die meisten Busse Richtung Norden fahren in der Nacht, viele nach Süden dagegen morgens.

Fénix Pullman Norte (☎ 257-993) fährt nach Mendoza (19 US$, 8 Std.), ebenso **Tas Choapa** (in Valparaíso ☎ 2252-921, in Viña del Mar 032-882-258), der aber bis San Juan und Córdoba weiterfährt. Die Busse halten in Viña del Mar, umfahren aber Santiago.

Die Busse zu der romantischen Küstenstadt Quintay starten fünfmal am Tag, und zwar an der Ecke Chacabuco und 12 de Febrero.

Unterwegs vor Ort

Der originellste Weg, in Valparaíso herumzukommen, ist die Straßenbahn (0,30 US$). Sie fährt – obwohl schon recht abgenutzt – immer noch überall in der Stadt herum. *Micros* (0,50 US$) fahren nach und kommen von Viña und verkehren auch in der gesamten Stadt, genauso wie die *colectivos* (0,60 US$). Tagsüber kann man dem Verkehr noch entgehen, indem man auf den *merval* springt. Dieser Nahverkehrszug fährt von der **Estación Puerto** (Plaza Sotomayor 711) ab. Bellavista und Barón sind weitere Bahnhöfe. Die Züge fahren bis 22 Uhr. Die **ascensores** (ab 0,20 US$; ☽ 7–20 oder 20.30 Uhr) von Valpo werden sowohl als Transportmittel als auch als Fahrgeschäft zur Unterhaltung verstanden. Der älteste Aufzug ist der Ascensor Cordillera – er ist von 6 bis 23.30 Uhr in Betrieb.

Risikofreudige können sich ein Auto mieten, um die Strandorte im Norden und Süden zu erkunden. Zu diesem Zweck die Agentur **Rosselot Rent a Car** (☎ 352-365; Victoria 3013) kontaktieren.

ISLA NEGRA

Ein spannendes Vermächtnis von Einfallsreichtum, Kuriosität und Zuneigung. Das exotische **Lieblingshaus** (☎ 035-461-284; Eintritt inkl. Englisch sprechendem Guide 5,20 US$; ☽ Sommer Di–So 10–20 Uhr, übriges Jahr Di–Fr 10–14 & 15–18, Sa & So 10–20 Uhr) von Pablo Neruda steht an der Spitze einer felsigen Landzunge, 80 km südlich von Valparaíso. Hier ist eine außergewöhnliche Sammlung an Bugsprieten, Schiffen in Flaschen, nautischen Instrumenten und Holzschnitzereien zu sehen. Und hier befindet sich auch Nerudas Grab neben dem seiner dritten Frau Matilde. In der Hochsaison sind Reservierungen sehr zu empfehlen. Übrigens: Isla Negra ist keine Insel.

Ein Besuch kann problemlos als Tagesausflug gemacht werden. Pullman und Tur Bus (beide 3 US$, 1½ Std., alle 30 Min.) fahren direkt von Santiagos Terminal de Buses Alameda hierher. Pullman Bus Lago Peñuelas (2 US$, 1½ Std., alle 15 Min.) kommt aus Valparaíso herüber.

VIÑA DEL MAR

☎ 032 / 286 900 Ew.

Ordentliche, grüne Gärten und palmengesäumte Boulevards sind charakteristisch für diese Stadt an der Küste. Kurz nennt man sie einfach Viña. Sie ist bekannt für ihre vielen Parks und Blumen. Dieses City Beach Resort vermittelt ein gelacktes und modernes Feeling, das keinen schärferen Kontrast zum benachbarten Valpo bilden könnte. Seit die Eisenbahn Santiago mit Valparaíso verbunden hat, sind die Gutsituierten in Scharen nach Viña del Mar gezogen. Fern vom überfüllten Hafen haben sie sich hier großartige Häuser und Villen gebaut. Für die *santiaguinos* ist Viña ein beliebtes Ziel fürs Wochenende und einen Sommerausflug.

In den Ferien können die Strände von Viña sehr voll werden. Morgens sind sie in kühle Nebel gehüllt. Der kalte Humboldtstrom könnte ebenfalls ein geplantes Bad verhindern. Der Sommer ist die Hochsaison der Taschendiebe, also vor allem am Strand auf seine sieben Sachen aufpassen.

Praktische Informationen

Afex (Av Arlegui 641) Wechselt Reiseschecks und andere Währungen.

Central de Turismo e Informaciones (☎ 269-330; www.visitevinadelmar.cl; Av Marina s/n; ☽ Sommer Mo–Sa 9–19 Uhr, Rest des Jahres Mo–Fr 9–14 & 15–19, Sa 10–14 & 16–19 Uhr) Hat Stadtpläne und Veranstaltungskalender.

Horeb (Av Arlegui 458; 0,80 US$/Std.) Bietet Internetzugang.

Hospital Gustavo Fricke (☎ 680-041; Álvarez 1532) Östlich vom Geschäftsviertel.

Lavarápido (Av Arlegui 440; Expressservice 7 US$) Hier kann man seine Wäsche erledigen.

Post (Plaza Latorre 32) Liegt an der Nordwestseite der Plaza Vergara.

Sernatur (☎ 882-285; infovalparaiso@sernatur.cl; Av Valparaíso 507, 2. Stock; ☽ Mo–Fr 8.30–14 & 15–17.30 Uhr) Etwas ab von der Hauptstraße gibt's auch Touristeninformationen.

Tecomp (Av Valparaíso 684) Bietet billige internationale Gespräche.

Sehenswertes & Aktivitäten

Das kleine **Museo de Arqueológico e Historia Francisco Fonck** (4 Norte 784; Eintritt 1,50 US$; ☽ Di–Fr 9.30–18, Sa & So 9.30–14 Uhr) hat sich auf die Archäologie der Rapa Nui und die Naturgeschichte Chiles spezialisiert. Ausgestellt sind eine originale *moai* (riesige Steinskulptur

VIÑA DEL MAR

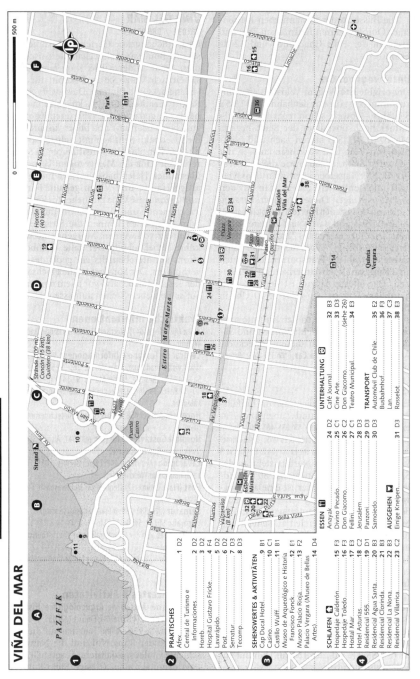

PRAKTISCHES
Afex..1	D2
Central de Turismo e Informaciones.............2	D2
Horeb..3	D2
Hospital Gustavo Fricke......................4	F4
Lavarápido...5	D2
Post..6	D2
Sernatur..7	D3
Tecomp...8	D3

SEHENSWERTES & AKTIVITÄTEN
Cap Ducal Hotel................................9	B1
Casino..10	C1
Castillo Wulff...................................11	B1
Museo de Arqueológico e Historia Francisco Fonck.............12	E1
Museo Palacio Rioja..........................13	F2
Palacio Vergara (Museo de Bellas Artes)..............................14	D4

SCHLAFEN
Hospedaje Calderón..........................15	F3
Hospedaje Toledo.............................16	F3
Hostal Mar.......................................17	E3
Hotel Asturias..................................18	C2
Residencial 555................................19	D1
Residencial Agua Santa....................20	B3
Residencial Clorinda.........................21	B3
Residencial La Nona.........................22	B3
Residencial Villarrica........................23	C2

ESSEN
Anayak..24	D2
Divino Pecado..................................25	C1
Don Giacomo...................................26	C2
Fellini..27	C1
Jerusalem..28	D3
Panzoni...29	D3
Samoiedo..30	D3

AUSGEHEN
Einige Kneipen.................................31	D3

UNTERHALTUNG
Café Journal....................................32	B3
Cine Arte...33	D3
Don Giacomo..............................(siehe 26)	
Teatro Municipal.............................34	E3

TRANSPORT
Automóvil Club de Chile...................35	E2
Busbahnhof.....................................36	F3
Lan...37	C3
Rosselot..38	E3

der Rapa Nui), Silberarbeiten der Mapuche, peruanische Keramik und dazu Insekten und ausgestopfte Vögel. Zwei Blocks Richtung Osten befindet sich in einer Villa das **Museo Palacio Rioja** (Quillota 214; Eintritt 1 US$; Di–So 10–13.30 & 15–17.30 Uhr). Hier gibt's Ausstellungen, Filmvorführungen und Konzerte.

Die einstigen Gärten der reichen Alvarez-Vergara-Familie, die **Quinta Vergara** (7–19 Uhr), sind heute ein öffentlicher Park. Er liegt südlich der Bahnlinie. Das Gelände wurde landschaftlich großartig gestaltet und hat Pflanzen aus vielen Ecken der Welt zu bieten. Hier steht auch der **Palacio Vergara** (1908) im venezianischen Stil, der das nicht ganz so anregende **Museo de Bellas Artes** (Eintritt 1 US$; Di–So 10–14 & 15–18 Uhr) beherbergt.

Auf der Nordseite der Flussmündung steht das rundherum glitzernde **Kasino**. Richtung Westen findet man das 1880 erbaute **Castillo Wulff** und das wie ein Phantasieschiff gestaltete **Cap Ducal Hotel**.

Festivals & Events

Das beliebteste Ereignis in Viña del Mar ist das jährliche **Festival Internacional de la Canción** (Internationales Songfestival). Es findet jeden Februar im Amphitheater im Quinta-Vergara-Park statt und zieht große Namen der lateinamerikanischen Popwelt an. Die Chilenen lieben es, die englischsprachigen Acts haben ihre beste Zeit aber meistens schon hinter sich.

Schlafen

Die Unterkünfte sind nicht so bezaubernd wie ihm nahen Valpo. Auch die Preise sind nicht so toll. Die hier genannten Beträge gelten in der teureren Sommersaison. In der Nebensaison nach den mitunter hohen Rabatten fragen. Die besten Budgetunterkünfte liegen an der Av Agua Santa und in der Umgebung, gleich südlich der Bahnlinie.

Residencial Agua Santa (901-531; Agua Santa 36; EZ/DZ 10/20 US$) Ein ruhiges, blaues, viktorianisches Hotel, beschattet von Bäumen.

Hospedaje Calderón (970-456; Batuco 147; 10 US$/ Pers.) Die heimelige (nicht beschilderte) Familienunterkunft bietet einfache, gut geschrubbte Zimmer. Sie liegt nur einen Sprung vom Busbahnhof entfernt.

Hospedaje Toledo (881-496, Batuco 160; 10 US$) In der freundlichen, nicht ausgeschilderten Herberge beim Busbahnhof lässt sich der Besitzer gern in ein Schwätzchen verwickeln.

Residencial Clorinda (623-835; Diego Portales 47; Zi. 12 US$) Perfekt zum Abhängen eignet sich die Außenterrassen mit grandioser Aussicht. Gelegenheiten zum Wäsche waschen und Küchenbenutzung sorgen fast für eine Bequemlichkeit wie daheim.

Residencial La Nona (663-825; Agua Santa 48; EZ/DZ inkl. Frühstück 13/26 US$) Ein farbenfrohes Haus mit einfachen, aber bequemen Zimmern. Die im Hauptgebäude haben ein eigenes Bad. Der etwas matronenhafte Wäscheservice ist einfach klasse.

Hotel Asturias (711-565; www.hotelasturias.tk; Av Valparaíso 299; 13,50 US$/Pers.) Gehört zur Hostelling International (HI) Gruppe. Es ist eine ordentliche und freundliche Budgetunterkunft, wo man wahrscheinlich auch andere Backpacker antreffen wird.

Hostal Mar (884-775; Alvares 868; EZ/DZ inkl. Frühstück 23/33,50 US$; P) Nach dem Weidenbaum und dem Neonschild am Ende einer Einfahrt suchen. Sie markieren den Eingang zu diesem fröhlichen Hostel. Ordentliche Zimmer und behagliche Gemeinschaftsräume sind den etwas höheren Preis wert.

Residencial Villarrica (881-484; administracion@ hotelvillarrica.com; Av Arlegui 172; EZ/DZ ohne Bad 25/37 US$) Die Zimmer oben sind die besten. Die Unterkunft ist hell und geräumig und hat einen netten, antiken Touch. An den Wochenenden im Voraus buchen.

Residencial 555 (739-035; 5 Norte 555; EZ/DZ inkl. Frühstück 26/43 US$) Unsere beste Wahl. Die alte Perle mit Kronleuchtern und einem Hauch von Kitsch liegt an einer ruhigen, mit Bäumen gesäumten Straße. Die Zimmer sind absolut sauber und einfach herrlich.

Essen & Ausgehen

In den Fußgängerzonen rund um die Av Valparaíso hat man die besten Möglichkeiten, billig zu essen. Einen Spaziergang den Paseo Cousiño runter machen. Hier kann man eine Reihe lebhafter Pubs ausprobieren. In manchen gibt's Livemusik.

Jerusalem (Quinta 259; Snacks 2–5 US$) Einen Stuhl heranziehen und mit den freundlichen Besitzern ein Schwätzchen halten, während sie ein Falafel-Sandwich zubereiten. Es gibt noch weitere Ware aus dem Nahen Osten. Man sollte sich aber vor dem *arak* in Acht nehmen, einen starken Schnaps.

Don Giacomo (Villanelo 135, 1. Stock; Hauptgerichte 2,50–5 US$) Wenn die Sonne in ihrem Zenit steht, wird in diesem Salsa-Club günstiges

Mittagessen serviert. Dazu gehören Lasagne und Pastagerichte.

Anayak (☎ 680-093; Quinta 134; Kaffee & Kuchen 3,50 US$) Wer Kaffee und Kuchen will – nur hinein in dieses große, helle Café. Die Mittagskarte ist ein wenig überteuert.

Panzoni (Paseo Cousiño 12-B; Hauptgerichte 4–9 US$) Verdreht den Gästen zur Mittagszeit den Kopf mit seinem Mix aus herzlicher Begrüßung und feinen, unkomplizierten, italienischen Speisen.

Samoiedo (Av Valparaíso 637; Hauptgerichte 7–11 US$) Die klassische Kneipe für die old Boys vertreibt seit einem halben Jahrhundert den Hunger. Den Mittagsschmaus *lomo a lo pobre* (wörtlich „Rindfleisch für arme Leute") versuchen.

Fellini (3 Norte 88; Hauptgerichte ab 9 US$) Eines des bekanntesten und beliebtesten Restaurants von Viña. Das Ambiente ist hell und einladend. Ein einfaches Pastagericht probieren!

Divino Pecado (Av San Martín 180; Hauptgerichte 9–13 US$; ☽ 12.30–15.30 & 19–23.30 Uhr) In diesem edlen italienischen Restaurant verkehrt die High Society und genießt gepflegte Speisen wie Thunfisch von der Osterinsel. Und im Hintergrund spielen die Violinen.

Unterhaltung

Für echtes Nachtleben muss man nach Valparaíso.

Café Journal (Ecke Santa Agua & Alvarez; ☽ Fr & Sa bis 4 Uhr) Dieser sagenhaft beliebte Club bietet einen Mix aus elektronischer Musik mit drei wogenden Tanzflächen, frisch gezapftem Bier und Wänden, die mit den Nachrichten von gestern gepflastert sind.

Cine Arte (Plaza Vergara 142; Tickets 6 US$) Wer Filme sehen möchte, ist hier richtig.

Don Giacomo (☎ 961-944; Villanelo 135, 1. Stock; ☽ 10–2 Uhr) Die mit Holz eingerichtete Location stammt von 1920 und hat mehrere Erdbeben überstanden. Jetzt pulsiert hier mehrere Tage die Woche der Salsa. Wer schüchtern ist oder zwei linke Füße hat, kann auch ein paar Runden Billard spielen.

Teatro Municipal (Plaza Vergara) In diesem großen Gebäude kommen Theateraufführungen und Kammermusikkonzerte auf die Bühne, außerdem gibt's Art-House-Filme.

An- & Weiterreise

Von der Ecke Tres Norte und Libertad fährt ein Shuttle (10 US$) von **Lan** (☎ 600-526-2000; Av Valparaíso 276) zu Santiagos Flughafen Pada-

huel. Oder einen Bus nach Santiago nehmen und darum bitten, am „Cruce al Aeropuerto" abgesetzt zu werden. Das spart glatt eine Stunde.

Der **Busbahnhof** (Ecke Av Valparaíso & Quilpué) liegt vier Blocks östlich von der Plaza Vergara. Er ist weniger chaotisch als der von Valpo und wird von fast den gleichen Bussen bedient.

Um ein Auto zu mieten, **Rosselot** (☎ 382-888; Alvares 762) kontaktieren. Der **Automóvil Club de Chile** (Acchi; ☎ 689-505; 1 Norte 901) hat seine Niederlassung gleich nördlich von der Marga.

Unterwegs vor Ort

Die Av Arelgui fahren regelmäßig Busse mit der Aufschrift „Puerto" oder „Aduana" runter. Sie verbinden Viña mit Valparaíso (0,50 US$, 5 Min.). Eine einfachere Möglichkeit, nach Valparaíso zu kommen, ist die Metro Regional Valparaíso (Merval). Sie hat hier zwei Stationen: **Estación Miramar** (Ecke Alvarez & Agua Santa) und **Estación Viña del Mar** (Plaza Sucre).

Um das Beach Resort Reñaca in der Nähe zu erreichen, Bus 111 nehmen. Er fährt an der Straße ab, die Richtung Norden zur Küste führt (0,50 US$, 10 Min., alle 10 Min.). Bus 1 fährt weiter bis Concón (25 Min., alle 10 Min.).

RUND UM VIÑA DEL MAR

Die Küstenstädte gleich nördlich von Viña haben bessere Strände. Aber ihr ruhiger Charakter hat sich durch die wuchernden Vororte und Apartmenthäuser in Luft aufgelöst. **Concón** liegt 15 km nördlich von Viña und ist wegen seiner unprätentiösen Meeresfrüchterestaurants einen Trip wert. Im **Las Deliciosas** (☎ 903-665; Sv Borgoño 25370, Concón) gibt's ausgezeichnete *empanadas*, z. B. die mit Käse und Krabben (1,50 US$).

Weitere 23 km hinter Concón liegt **Quintero**. Die verschlafene Halbinsel hat Strände, die sich zwischen die Felsen schmiegen. **Hospedaje Garzas** (☎ 032-930-443; Av Francia 1341; EZ/DZ inkl. Frühstück 10/20 US$) ist der beste Griff in der Stadt. Es hat ein künstlerisches Ambiente, Zimmer mit Holztäfelung und Meerblick.

Weiter nördlich ist **Horcón** ein malerischer Fischerhafen, der sich zum Zufluchtsort für Hippies entwickelt hat. Die **Hostería Arancibia** (☎ 032-796-169; EZ/DZ 25/42 US$) bietet ordentliche Hütten mit Meerblick und ein nettes Fisch-und-Meeresfrüchterestaurant. Bevor man die kleine Bucht erreicht, geht eine Straße nach rechts ab und führt zu einer felsigen, halbmondförmigen Bucht. Hier kann man wild campen, auch wenn der Sand dann einfach überall ist. Am anderen Ende liegt der FKK-Strand „Playa La Luna".

La Negra (☎ 032-796-213; Calle Principal; Camping 4 US$, Zi. inkl. Frühstück 14 US$/Pers.) hat einen schattigen Hof fürs Zelt und vermietet Zimmer im auf künstlerisch gemachten, luftigen Haus. Die Küche darf mitbenutzt werden. Den Busfahrer bitten, bei „Agua Potable" zu halten. La Negra liegt gleich nebenan. Im **Santa Clara** (Pasaje La Iglesia; Fischgerichte 4–7 US$) werden riesige und köstliche Fischplatten zubereitet. Einen Tisch im ersten Stock verlangen – dann hat man eine schöne Aussicht.

Weiter Richtung Norden erreicht man nach 35 km **Zapallar**. Der exklusivste Küstenort Chiles hat immer noch unverdorbene Strände, die von dichten, bewaldeten Hügeln umgeben sind. In Zapallar sind Budgetunterkünfte eher Mangelware, aber das **Residencial Margarita** (☎ 033-741-284, Januario Ovalle 143; EZ/DZ 12/24 US$) hält die Fahne hoch. Die Zimmer sind gut in Schuss und sauber mit ordentlichen Badezimmern. Im Voraus buchen! Im **El Chiringuito** (Caleta de Pescadores; Fischhauptgerichte 8 US$) ein erstklassiges Mittagessen mit Fisch und Meeresfrüchten genießen. Zerbrochene Muschelschalen knirschen unter den Füßen, und eine Fensterfront geht aufs Meer.

Mehrere Busfirmen bedienen Zapallar direkt von Santiago aus. Dazu gehören Tur Bus und Pullman. Sol de Pacífico kommt von Viña die Küste herauf.

NÖRDLICHES CHILE

Weiter im Inland geht die milde Küste mit ihren Sonnenanbetern und Surfern in kaktusbewachsene Ebenen und trockene, in verschiedenen Rottönen gestreifte Berge über. Minen durchziehen diese erzreichen Riesen wie Narben. Der wichtigste Bodenschatz ist Kupfer, für Chiles Wirtschaftsmotor das reinste Superplus-Benzin. Aber Leben gibt's auch: In den fruchtbaren Tälern werden *pisco*-Trauben, Papayas und Avocados angebaut. Bei klarem Wetter lässt sich der Himmel außergewöhnlich gut beobachten – deshalb sind hier viele internationale Projekte rund um Teleskope, Optik und

Funk stationiert. Die Atacama, die trockenste Wüste der Welt, ist eine Zuflucht für Flamingos. Sie leben hier auf Salzlagunen inmitten der seltsam geformten Mondlandschaften mit ihren Geysiren, umgeben von schneebedeckten Bergen. Diese Gegend ist eine Orgie für die Sinne und warten geradezu auf Erforschung.

Zum 2000 km langen nördlichen Streifen von Chile gehört Norte Chico, auch „die Region der 10 000 Minen" genannt. Diese halbtrockene Übergangszone reicht vom Valle Central bis zur Atacama. Ihre Hauptattraktionen sind die Strände La Serena und Valle Elqui und die Oberservatorien. Die Wüste Atacama nimmt „Norte Grande" ein, das im Salpeterkrieg Peru und Bolivien abgenommen worden ist. Der Stempel, den die Alten Kulturen diesem Land aufgedrückt haben, ist unübersehbar: Riesige Geoglyphen schmücken die kahlen Hügel. Das Volk der Aymara bebaut noch immer die *precordillera* (Ausläufer der Anden) und lässt Lamas und Alpakas im Hochland weiden. Wer sich von der Wüstenszenerie losreißt, kann die Mine von Chuquimaquata erkunden, die noch in Betrieb ist, oder sich ins Getümmel der trockenen Küstenstädte stürzen.

In den Bergen unbedingt Vorkehrungen gegen die Höhenkrankheit treffen und in den Wüstengebieten kein Leitungswasser trinken! Der *camanchaca* (ein dichter Nebel, der sich in der Atacama an den Hügeln der Küste bildet) sorgt dafür, dass das Klima am Strand kühl bleibt. In den Hochebenen schwankt die Temperatur zwischen Tag und Nacht dagegen erheblich.

OVALLE
☎ 053 / 104 000 Ew.

Schachspieler versammeln sich auf der Plaza dieses einfachen Marktfleckens. In Ovalle kriegen Traveller einen kleinen Einblick in das Stadtleben in den Provinzen. Außerdem ist es der beste Ausgangspunkt für Touren zum Parque Nacional Fray Jorge und zum Valle del Encanto. Der Stand für Touristeninformationen befindet sich an der Ecke Benavente und Ariztia Oriente. **Tres Valles Turismo** (☎ 629-650; Libertad 496) organisiert Touren und wechselt Geld. Bankautomaten findet man in der Victoria an der Plaza.

Im großartigen alten Bahnhof ist das **Museo del Limarí** (Ecke Covarrubias & Antofagasta;

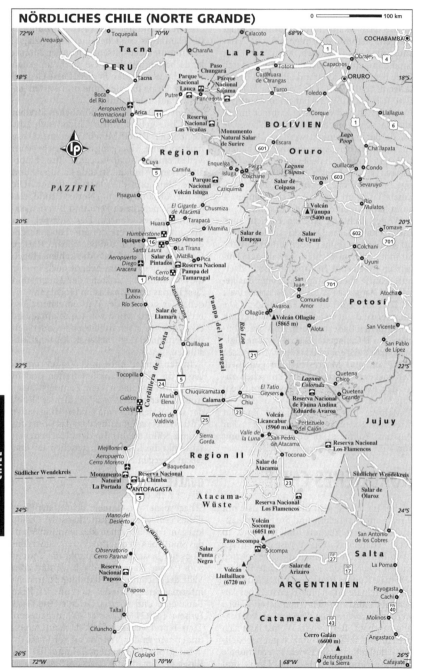

Eintritt 1 US$, So Eintritt frei; ☎ Di–Fr 9–18, Sa & So 10–13 Uhr) untergebracht, das wundervolle Keramiken ausstellt. An ihnen kann man deutlich die Verbindungen erkennen, die sogar über die Anden hinweg zwischen den Diaguita-Völkern an der Küste Chiles und dem nordwestlichen Argentinien bestanden haben.

Schlafen & Essen

Hotel Quisco (☎ 620-351; Maestranza 161; EZ/DZ 17/22 US$, ohne Bad 9/18 US$) Liebenswertes Personal und wirklich schräger Möbelmix. Die Zimmer mit Fenstern nach innen gehen auf dunkle, schmale Flure hinaus. In der Nähe des Busbahnhofs.

Hotel Roxy (☎ 620-080; Libertad 155; EZ/DZ/3BZ 15/23/31 US$, ohne Bad 11,50/17,50/21 US$) Sonnendurchflutet und friedlich. Im Garten stehen Zitronenbäume, und die Böden haben Schachbrettmuster. Das Manko allerdings: Es ist ein bisschen ungepflegt.

Feria Modelo de Ovalle (Av Benavente; ☼ Mo, Mi, Fr & Sa 8–16 Uhr) Ein summender Bienenkorb an Markttreiben. Hier wird jede Menge verschiedener Früchte und Gemüse verkauft.

Club Social Arabe (Arauco 255; Tagesmenü 2–3 US$, Hauptgerichte 3,50–8 US$) Im hohen Innenhof werden sagenhafte gefüllte Weinblätter, Sommerkürbisse oder rote Paprikaschoten mit Baklava serviert. Außerdem gibt's chilenische Spezialitäten.

Ausgehen

Café Real (☎ 624-526; Vicuña MacKenna 419; ☼ Mo–Sa 9–14.30 Uhr) Fröhlich und weltoffen. Junges Gemüse kippt hier Espresso und kalten Cristal. Außerdem wird Poolbillard und ab und zu Livemusik gespielt.

El Quijote (Arauco 295) Eine leicht angegammelte Bar, die das literarische und das linksgerichtete Lateinamerika feiert.

An- & Weiterreise

Vom **Busbahnhof** (Ecke Maestranza & Balmaceda) fährt eine Reihe von Bussen nach Santiago (6,50 US$, 5 Std.), La Serena (2 US$, 1¾ Std.) und zu anderen Zielen weiter nördlich. Schneller kommt man mit der **Agencia Tacso** (Ariztía Pontiente 159) nach La Serena (3,25 US$, 1¼ Std.).

RUND UM OVALLE

Am **Monumento Arqueológico Valle del Encanto**, 19 km westlich von Ovalle in einem steini-

gen Nebenfluss des Río Limarí, überziehen Petroglyphen, Piktogramme und antiker Mörtel den Canyon. Die tanzenden Strichmännchen und die außerirdisch anmutenden Formen sind Überreste der El Molle-Kultur (200–700 n. Chr.). Man sieht sie um die Mittagszeit, wenn es kaum Schatten gibt, am besten. Besucher dürfen hier auch campen und picknicken. Wer von der Stadt aus ein Taxi benutzt, zahlt für die Hin- und Rückfahrt 25 US$. Aber auch jeder Bus Richtung Westen kann einen beim Hinweisschild am Highway absetzen. Von da ist es ein einfacher Marsch von 5 km auf einer gut markierten Straße.

Der **Parque Nacional Fray Jorge** (Eintirtt 3 US$; ☼ 15. Dez.–15. März Fr–So 9–16.30 Uhr, übriges Jahr nur Sa & So) liegt 82 km westlich von Ovalle. Der üppige, wolkenverhangene valdivianische Nebelwald ist eine ökologische Insel in dieser halbtrockenen Region. Von den ursprünglich 10 000 ha dieser wirklich einzigartigen Vegetation sind heute nur noch 400 übrig, genug jedoch, um die Gegend zu einem Weltbiosphärenreservat der Unesco zu machen. **El Arrayancito** (Stellplatz 14 US$) liegt 3 km von der Touristeninformation entfernt. Hier gibt's geschützte Stellplätze mit Feuerstellen, Picknicktische, Trinkwasser und Toiletten. Verpflegung muss selbst mitgebracht werden, außerdem ist warme, regenabweisende Kleidung zu empfehlen.

Den Park erreicht man über eine Seitenstraße, die etwa 20 km nördlich der Ovalle-Kreuzung von der Panamericana Richtung Westen abzweigt. Öffentliche Verkehrsmittel gibt's nicht, Agenturen in La Serena und Ovalle bieten aber Touren an. Ein Taxi von Ovalle aus kostet etwa 45 US$.

LA SERENA

☎ 051 / 160 150 Ew.

Das friedliche La Serena mit seiner neokolonialen Architektur, den schattigen Straßen und goldenen Stränden verwandelt sich im Sommer in ein angesagtes Beach Resort. 1544 wurde die zweitälteste Stadt Chiles gegründet. Von hier aus sind es nur kurze Spritztouren bis zu Dörfern voller Charme, sonnendurchwärmten *pisco*-Weinbergen und zu internationalen Sternwarten. Das nahe **Coquimbo** ist ein bisschen weniger lieblich, kultiviert aber ein munteres Nachtleben. Morgens ist La Serena oft in kühlen Nebel gehüllt.

Praktische Informationen

Banken mit Geldautomaten säumen die Plaza.

Conaf (☎ 225-068; Cordovez 281) Hat Broschüren über Fray Jorge und Isla Choros.

Entel (Prat 571) Von hier aus nach Hause telefonieren.

Gira Tour (Prat 689) Wechselt Geld.

Hospital Juan de Dios (☎ 225-569; Balmaceda 916) Hat einen Eingang für Notfälle an der Ecke Larraín Alcalde und Anfión Muñoz.

Infernet (Balmaceda 417; 2,60 US$/Std.) Ein psychedelisches Cybercafé mit Kabinen und Webcams.

Lavaseco (Balmaceda 851; 4,50 US$/kg) Macht die Wäsche.

Post (Ecke Matta & Prat) Gegenüber der Plaza de Armas.

Sernatur (☎ 225-199; Matta 461) Ist außerordentlich aufmerksam.

Sehenswertes & Aktivitäten

La Serena hat sage und schreibe 29 Kirchen vorzuweisen, aber nur relativ wenige Gläubige, die sie besuchen. An der Plaza de Armas steht die **Iglesia Catedral** aus dem Jahre 1844. Die **Iglesia Santo Domingo** einen Block weiter westlich stammt aus der Mitte des 18. Jhs., und die steinerne **Iglesia San Francisco** (Balmaceda 640) im Kolonialstil wurde in den frühen Jahren des 17. Jhs. gebaut.

Das **Museo Histórico Casa Gabriel González Videla** (Matta 495; Eintritt 1 US$; ☺ Mo–Fr 10–18, Sa 10–13 Uhr) ist nach dem in La Serena geborenen chilenischen Präsidenten der Jahre 1946 bis 1952 benannt. Er hatte zunächst die Kommunistische Partei übernommen, diese dann verboten und Pablo Neruda aus dem Senat und ins Exil getrieben. Es lohnt sich, auf einen Sprung oben bei der modernen Kunst vorbeizuschauen. Im vielseitigen **Museo Arqueológico** (Ecke Cordovez & Cienfuegos; Eintritt 1 US$; ☺ Di–Fr 9.30–17.30, Sa 10–13 &16–19, So 10–13 Uhr) können Besucher sich Mumien der Atacameño, eine *moai* von Rapa Nui, Artefakte der Diaguita und eine Karte mit der Verteilung der ursprünglichen Bevölkerung Chiles anschauen. Auf dem **Mercado La Recova** ist ein buntes Durcheinander von getrockneten Früchten, Regenstöcken und künstlerisch wertvollem Schmuck zu finden. Der sehr gepflegte japanische Garten **Kokoro No Niwa** (Jardín del Corazón; Eintritt 1 US$; ☺ 10–18 Uhr) befindet sich am südlichen Ende des Parque Pedro Valdivia. Hier kann man sich inmitten von plätschernden Bächen, dahingleitenden Schwänen und Steingärten erholen.

Breite, sandige **Strände** erstrecken sich von La Serenas nicht mehr funktionstüchtigem Leuchtturm bis Coquimbo. Die reißenden Strömungen zwischen der Av Aguirre und Cuatro Esquinas meidet man besser und wählt lieber die Strände mit den Schildern „Playa Apta" südlich von Cuatro Esquinas und rund um Coquimbo. Ein Fahrradweg führt etwa 4 km den Strand entlang. Die **Bodyboarder** der Region treffen sich an der Playa El Faro. Playa Totoralillo, südlich von Coquimbo, wird wegen seiner Brecher und den Möglichkeiten zum **Windsurfen** sehr geschätzt.

Drüben in Coquimbo steht das **Cruz del Tercer Milenio** (Kreuz des dritten Jahrtausends; Eintritt 2,60 US$; ☺ Mo–Fr 10–19, Sa & So 11–20 Uhr), ein 96 m hohes, bei Nacht beleuchtetes Betonkreuz. Wer die schwindelerregende Aussicht über die Bucht genießen will, nimmt den Aufzug (2 US$) bis hoch zur Spitze.

Agenturen bieten eine bunte Palette von Ausflügen an, vom Besuch des Nationalparks bis zum nächtlichen Astrotrip, von *pisco*-Probiertouren bis hin zu New-Age-Trips ins UFO Central, Cochiguaz. Zu den üblichen Ausflügen gehören Tagestouren durch das Elqui Valley (23–27 US$), den Parque Nacional Fray Jorge und das Valle del Encanto (35 US$) und durch den Parque Nacional Pingüino de Humboldt (39–41 US$). Die Agenturen organisieren auch Fahrten zu den Observatorien, u. a. zum Observatorio Comunal Cerro Mamalluca (19,50–25 US$). Die Mindestteilnehmerzahl liegt zwischen zwei und sechs Personen.

Ingservtur (☎ 220-165; www.ingservtur.cl; Matta 611) Bekannte Agentur mit freundlichem, Englisch sprechendem Personal. Für Studenten gibt's Rabatte.

Inti Mahini (☎ 224-350; www.intimahinatravel.cl, spanisch; Prat 214) Zielgruppe dieser Agentur, die neben den Standardtouren nützliche Ratschläge zum unabhängigen Reisen auf Lager hat, sind jüngere Leute.

Talinay Adventure Expeditions (☎ 218-658; talinay@turismoaventura.net; Prat 470, Local 22) Hat zweisprachige Guides, Standardprogramme, aber auch Abenteuerlicheres, z. B. Mountainbiken, Klettern, Kajaktouren, Tauchen, Reiten und Sandboarding. Man kann hier auch Fahrräder mieten (1,75/14 US$ Std./ganzer Tag).

Festivals & Events

Das **Festival de La Serena** Anfang Februar zieht auch die großen chilenischen Musiker an. Ungefähr zur selben Zeit strömen berühmte chilenische Autoren zur **Feria Internacional del Libro de La Serena** ins historische Museum (s. linke Spalte).

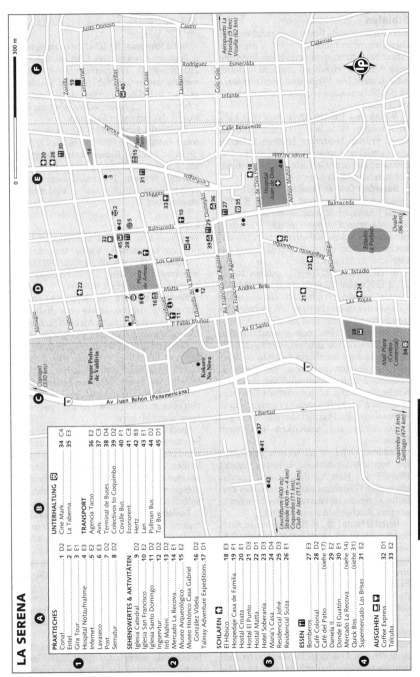

Schlafen

Backpackerhostels findet man rund um den Busbahnhof in rauen Mengen. Viele Taxifahrer bekommen von den Hotels Prozente, man muss also eisern auf sein Ziel bestehen oder laufen. Die Wege sind hier nur kurz. In der Nebensaison können die Preise niedriger sein.

Maria's Casa (☎ 229-282; Las Rojas 18; Zi. 8 US$/Pers.) In neun einfachen Zimmern rund um einen grünen Hinterhof können Reisende die familiäre Atmosphäre genießen. Der Schuster auf dem Gelände macht die niedlichsten Schuhe in ganz Chile.

Hospedaje Casa de Familia (☎ 213-954; hostal rosita@hotmail.com; Cantournet 976; EZ/DZ 9/18 US$; P ⌨) Altes, neokoloniales Haus mit einer Veranda zum Entspannen und Zimmern mit hohen Decken. Kabelfernsehen, Waschküche und Küchenbenutzung sind hier zusätzliche Annehmlichkeiten.

Hostal Croata (☎ 224-997; Cienfuegos 248; DZ 27 US$, EZ/DZ mit Bad 9/17,50 US$ alles inkl. Frühstück; ⌨) Zentral, persönlich und sehr sicher (in die Sicherheitskameras lächeln!). Wäscheservice und Fahrradverleih sind möglich.

El Hibisco (☎ 211-407; mauricioberrios2002@yahoo. es; Juan de Dios Peni 636; EZ/DZ inkl. Frühstück 10/20 US$; P) Einfaches, familiäres Gästehaus. Hier gibt's Fußböden aus Holz, ein Gemeinschaftsbad und Waschmöglichkeiten. Die Küche darf man auch benutzen. Zu dem köstlichen Frühstück gehört hausgemachte Marmelade (die Marmeladengläser kriegen Gäste auch als Andenken mit nach Hause).

Residencial Jofré (☎ 222-335; hostaljofre@hotmail. com; Regimiento Coquimbo 964; EZ/DZ inkl. Frühstück 10/20 US$; ⌨) Hier handelt es sich um das ehemalige Gästehaus einer Schule, das einfache Zimmer, einen sympathischen Besitzer und Küchenbenutzung bietet.

Hostal El Punto (☎ 228-474; www.punto.de; Andres Bello 979; B/EZ/DZ inkl. Frühstück 10,50/21/34 US$, EZ/DZ ohne Bad 16/21 US$; P) Ein wundervolles Gästehaus voller Farben mit sonnigen Terrassen, einer Leihbücherei und einer Waschküche. Es wird von einem freundlichen deutschen Paar geführt, das die Gäste mit Reisetipps versorgt.

Hostal Matta (☎ 210-014; hostal_matta@hotmail. com; Matta 234; DZ 17,50 US$, mit Bad 25 US$; ⌨) Eine hell eingerichtete und wundervoll gepflegte, neue Pension. Das junge Personal ist freundlich, die Gemeinschaftsräume sind heimelig

und die Zimmer tadellos. Frühstück gibt's für 1,75 US$.

Hotel Soberanía (☎ 227-672; www.hotelsoberania. cl; Regimiento Coquimbo 1049; EZ/DZ inkl. Frühstück ab 22/33 US$; P ⌨) Ein Familienhotel im Kolonialstil, das in der Nebensaison Sonderangebote hat. Die Zimmer sind klein und schon ein bisschen verwohnt, aber die Ruhe macht das auf jeden Fall wett.

Residencial Suiza (☎ 216-092; residencial.suiza@ terra.cl; Cienfuegos 250; EZ/DZ inkl. Frühstück 27/32 US$; P) Die Besitzer dieses zentral gelegenen, senfgelb-roten Gästehauses sind sehr stolz auf ihre Pension. Die zwölf Zimmer sind ansprechend, absolut sauber und fröhlich eingerichtet.

Essen

Wer aus dem Norden kommt, wird sich über die kulinarische Vielfalt freuen.

Supermercado Las Brisas (Cienfuegos 545) Großer Supermarkt, in dem Selbstversorger alles kriegen, was das Herz begehrt.

Mercado La Recova (Ecke Cienfuegos & Cantournet) Preiswerte Imbissstände oberhalb des Markts, wo man frische Meeresfrüchte und Hühnchen-*cazuela* (Eintopf) kriegt.

Bomberos (Ecke Av Francisco de Aguirre & Balmaceda; Tagesmenü 1,75 US$; ☯ Mittagszeit) Wer sich mit einem einfachen Essen zufrieden gibt, kann sich im Stockwerk über der Feuerwehrstation den Brigaden anschließen. Singles können oben mal die Fotokartei der Feuerwehrleute durchblättern.

Quick Biss (Cienfuegos 545, 1. Stock; Mittagessen mit Selbstbedienung 2 US$, Hauptgerichte 5 US$) Hier können Hungrige aus frischen Salaten, siedend heißen Grillspezialitäten und den dazugehörigen Beilagen auswählen. Das Essen in dieser veggiefreundlichen Cafeteria mit Selbstbedienung ist überraschend lecker.

Daniela II (Aguirre 456; Hauptgerichte 2,60–9 US$) In diesem schlichten Lokal wird Leckeres gekocht – riesige Portionen chilenisches Essens und Berge von Meeresfrüchten. Die Einheimischen hauen hier so richtig rein.

Café Colonial (Balmaceda 475; Frühstück 3,50–5 US$, Mittagsmenü 4 US$, Hauptgerichte 4–8 US$; ☯ 9 Uhr–open end) Starker Espresso, Bananenpfannkuchen und Burger locken Traveller mit Heimweh an. An Wochenenden gibt's Livemusik – unbedingt mal reinschauen!

Donde El Guatón (Brasil 750; Hauptgerichte 5–10 US$) Brutzelnde *parrilladas* (gegrilltes Fleisch) werden direkt vor den hungrigen Augen der

Gäste in Flammen gesetzt. Für ein besonderes Ambiente sorgen Blumen und Kronleuchter aus Fahrradreifen.

Angesagte Lokale und Spitzenrestaurants säumen den Strand Richtung Peñuelas.

Ausgehen

Nachtclubs sind an der ganzen Küste Richtung Barrio Inglés Coquimbo verstreut. Vor allem im Sommer ist hier eine Menge los.

Coffee Express (Ecke Prat & Balmaceda; ☺ Mo–Fr 9–21, Sa 10–21 Uhr) In dem überdimensionalen Coffeeshop wird einer der besten Java-Kaffees von La Serena serviert.

Talcuba (Eduardo de la Barra 589; ☺ Mo– Fr 17.30– open end, Sa & So 19.30 Uhr–spät) In dieser schummrig beleuchteten kleinen Taverne tanzen die Studenten von der Uni Schulter an Schulter zu Rock und Pop ab. Dass hier allgemein viel getrunken wird, ist kein Wunder: Die Getränke sind nämlich so billig. Tipp: Papaya Sour oder Serena Libre!

Unterhaltung

Cine Mark (☎ 212-144; www.cinemark.cl, spanisch; Mall Plaza, Av Albert Solari 1490; Eintritt 4,60 US$) Bringt die großen Filme auf die Leinwand.

Club de Jazz (☎ 288-784; Aldunate 739; Eintritt 5 US$) Das zeitlos-schicke, neokoloniale Haus in Coquimbo hat Marmortreppen. An den Wochenenden wird ab 23 Uhr Livemusik gespielt.

La Taberna (Balmaceda 824) In einem 100 Jahre alten Haus ist diese ziemlich heruntergekommene Bar untergebracht. Regelmäßig gibt's Liveacts, an den Wochenenden ab Mitternacht auch chilenische Volksmusik.

Das **Café del Patio** (Prat 470; Mittagsmenü 3–4 US$, Hauptgerichte 4–7 US$) ist eine Mischung aus Terrassencafé und Weinbar. Hier treten im Sommer einige der besten Jazzmusiker von Santiago auf. Und auch die Bands aus der Region können sich hören lassen.

An- & Weiterreise

BUS

Am **Terminal de Buses** (☎ 224-573; Ecke Amunátegui & Av El Santo) von La Serena gibt's Dutzende von Gesellschaften, die regelmäßig von Santiago aus auf der Panamericana Richtung Norden nach Arica fahren. Dazu gehören **Tur Bus** (☎ 215-953; www.turbus.com, spanisch; Terminal oder Balmaceda 437), **Pullman Bus** (☎ 218-252, 225-284; Eduardo de la Barra 435), **Pullman Carmelita** (☎ 225-240) und **Flota Barrios** (☎ 222-601).

Ziel	Dauer (Std.)	Preis (US$)
Antofagasta	13	18–45
Arica	23	27–52
Calama	16	24–39
Copiapó	5	7–9
Iquique	19	25–43
Los Vilos	4	7
Santiago	7	8–27
Vallenar	3	5,25

Von Via Elqui fahren zwischen 7 und 22.30 Uhr regelmäßig Busse nach Pisco Elqui (3 US$, 2 Std.) und Monte Grande (2,85 US$, 2 Std.). Buses Serenamar hat mehrere Busse pro Tag Richtung Guanaqueros (2 US$, 50 Min.), Tongoy (2,25 US$, 1 Std.) und Andacollo (1,40 US$, 1½ Std.).

Ziele in Argentinien fährt **Covalle Bus** (☎ 213-127; Infante 538) an. Dienstags, donnerstags und sonntags um 23 Uhr geht's los über den Libertadores-Pass nach Mendoza (32 US$, 12 Std.) und San Juan (35 US$, 14 Std.).

COLECTIVO

Viele regionale Ziele sind besser und schneller mit dem *taxi colectivo* zu erreichen. *Colectivos* nach Coquimbo (1,50 US$, 15 Min.) fahren an der Av Francisco de Aguirre zwischen Balmaceda und Los Carrera ab. **Agencia Tacso** (☎ 227-379; Domeyko 589) bringt Traveller nach Ovalle (3,25 US$, 1½ Std.), Vicuña (3 US$, 1¼ Std.) und Andacollo (2,60 US$, 1½ Std.). Für etwa 50 US$ kann man ein *colectivo* auch für eine Tagestour zum Valle de Alqui chartern.

FLUGZEUG

Der **Aeropuerto La Florida** (Ruta 41) von La Serena liegt 5 km östlich der Innenstadt. **Lan** (☎ 600-526-2000; Balmaceda 406) fliegt drei- bis fünfmal pro Tag nach Santiago (100 US$, 50 Min.) und einmal nach Antofagasta (121 US$, 1¼ Std.). An der Mall Plaza gibt's noch ein Büro mit längeren Öffnungszeiten.

Unterwegs vor Ort

Private Taxis zum Aeropuerto La Florida kosten 4 US$. **She Transfer** (☎ 295-058) unterhält einen Tür-zu-Tür-Minibustransfer, man zahlt dafür 1,75 US$.

Wer ein Auto mieten will, dem seien **Avis** (☎ 227-171; laserena@avischile.cl; Av Francisco de Aguirre

063) mit einer Zweigstelle am Flughafen, **Hertz** (☎ 226-171; Av Francisco de Aguirre 0225) oder **Econorent** (☎ 220-113; Av Francisco de Aguirre 0135) empfohlen.

VICUÑA

☎ 051 / 24 000 Ew.

Das verschlafene Dorf Vicuña mit seinen Lehmziegelhäusern liegt 62 km östlich von La Serena eingekuschelt im Elqui Valley. Es ist der beste Ausgangspunkt, um sich das Tal anzuschauen oder einfach nur seine Schätze, die reichen Bestände an Avocado, Papaya und anderen Früchten, zu genießen. Die Highlights sind eine beeindruckende Auswahl an Museen und der Zugang zum Observatorio Mamalluca. Serviceeinrichtungen für Traveller gibt's an der Plaza de Armas: das **Oficina de Información Turística** (Torre Bauer), die Banco de Estado, die Bargeld und Reiseschecks wechselt und einen Bankautomaten hat (Geld aber besser in La Serena wechseln), die Post und außerdem Callcenter und eine Entel-Filiale. **Mami Sabina** (Ecke Mistral & Infante) hat Internet (1 US$/Std.) und einen Fahrradverleih.

Sehenswertes & Aktivitäten

Das **Museo Gabriela Mistral** (☎ 411-223; Av Gabriela Mistral; Eintirtt 1 US$) liegt am Ostrand der Stadt. Es würdigt eine der berühmtesten literarischen Persönlichkeiten Chiles. Das kleine **Museo Entomológico y de Historia Natural** (☎ 411-283; Chacabuco 334; Eintritt 1 US$) stellt Insekten und wundervoll bunte Schmetterlinge aus.

Der Aufstieg durch Staub und Hitze auf den **Cerro de la Virgen** gleich nördlich der Stadt lohnt sich, denn von hier oben hat man einen schönen Blick über das weitläufige Elqui Valley. Von der Plaza de Armas aus erreicht man die Spitze zu Fuß in weniger als einer Stunde. *Pisco-Fans* können die 20 Gehminuten zur eifrig angepriesenen **Planta Pisco Capel** (☎ www.piscocapel.com, spanisch; Eintritt frei; ⏱ Jan. & Feb. 10–18, März–Dez. 10–12.30 & 14–18 Uhr) auf sich nehmen. Eine kurze Führung und winzige Versuchsschlückchen werden den Durst sicher noch anregen. Hin kommt man, indem man sich von der Stadt aus nach Südosten wendet, über die Brücke geht und dann links abbiegt.

Galaxien durch das 30 cm große Teleskop im **Observatorio Cerro Mamalluca** (☎ 411-352; www.mamalluca.org; Av Gabriela Mistral 260; Führung 6 US$) zu bestaunen, sollte sich niemand ent-

gehen lassen. Wer zwischen September und Ende April kommt, muss einen Monat im Voraus buchen. Unbedingt einen warmen Sweater mitbringen! Von Sonnenuntergang bis 12.30 Uhr werden alle zwei Stunden zweisprachige Führungen durchgeführt. Shuttles (2,60 US$) fahren vor dem Verwaltungsbüro ab, auch die müssen allerdings im Voraus reserviert werden.

Schlafen & Essen

Residencial La Elquina (☎ 411-317; O'Higgins 65; EZ/ DZ inkl. Frühstück 19/32 US$, ohne Bad 9/17,50 US$; Ⓟ) In dieser Unterkunft, die versteckt hinter Weinstöcken und Obstbäumen liegt, geht's etwas beengt und eher einfach zu. Aber die Gäste werden mit Schaukelstühlen auf der Terrasse und einer Hängematte in Schwung gebracht.

Hostal Rita Klamt (☎ 419-611; rita_klamt@yahoo.es; Condell 443; EZ/DZ inkl. Frühstück 10,50/21 US$; Ⓟ ⓢ) Gäste des ruhigen Hauses können sich in gemütlichen Zimmern in die Betten kuscheln. Zusätzliche Annehmlichkeiten sind ein Pool und eine mütterliche, deutschsprechende Wirtin. Zum Frühstück gehören hausgemachte Marmelade und frischer Kaffee.

Casa Turística Colonial del Professor (☎ 411-637; Av Gabriela Mistral 152; EZ/DZ inkl. Frühstück 10,50/21 US$) Die Unterkunft in einem Backsteingebäude im Hinterhof gehört zu einem stattlichen, älteren Gebäude. Im wild zugewucherten Garten sind die Katzen die Chefs.

Hostal Valle Hermoso (☎ 411-206; Gabriela Mistral 706; EZ/DZ inkl. Frühstück 12,50/21 US$) Platz ist in diesem 100 Jahre alten Gebäude aus Lehmziegeln ein Fremdwort, und viel Aufhebens macht man hier auch nicht. Aber es gibt Holzfußböden, einfache Badezimmer und einen kleinen Hof.

Hotel Halley (☎ 412-070; Av Gabriela Mistral 542; DZ/Suite/3BZ/4BZ inkl. Frühstück 52/64/72/98 US$; Ⓟ ⓢ) Das weinrote Haus aus der Kolonialzeit bietet luftige Zimmer, gehäkelte Bettdecken und Bettgestelle aus Eisen. Im kühlen Hof kann man an einem *pisco sour* (Brandy aus Weintrauben mit Zitronensaft, Eiweiß und Puderzucker) nippen. Das Restaurant ist öffentlich zugänglich und serviert wunderbare gegrillte Ziege, jede Menge Salate und chilenische Klassiker (Hauptgerichte 4– 10 US$).

Solar Villaseca (☎ 412-189; Tagesmenü 4 US$; ⏱ Di–So 13–18 Uhr) Wer bislang geglaubt hat, dass ein mit Sonnenenergie zubereitetes Essen aus einem auf dem Gehweg gebratenen Ei besteht, wird hier eines Besseren belehrt. Dieser innovative Imbiss bietet chilenische Gerichte, die auf solarbetriebenen Herden gekocht werden. Im Sommer sind Reservierungen ein Muss. Vom Busbahnhof nimmt man am besten ein *colectivo*. Das Lokal ist von Vicuña 6 km entfernt, noch hinter der Destillerie Capel.

Anreise & Unterwegs vor Ort

Der **Busbahnhof** (Ecke Prat & O'Higgins) befindet sich einen Block südlich der Plaza. Von hier aus fahren regelmäßig Busse nach La Serena (2,25 US$, 1 Std.), Coquimbo (2,50 US$, 1¼ Std.) und Pisco Elqui (1,75 US$, 50 Min.). Ein Trip nach Monte Grande dauert 40 Minuten und kostet 1,50 US$. Einige Gesellschaften bieten einen täglichen Transfer nach Santiago (9 US$, 7½ Std.), z. B. **Pullman** (☎ 412-812).

Dem Busbahnhof gegenüber liegt das **Terminal de Taxis Colectivos** (Ecke Prat & O'Higgins). Von hier fahren schnelle *colectivos* nach La Serena (3 US$, 45 Min.). Ein Fahrrad kann man bei **Mami Sabina** (☎ 419-594; Ecke Av Gabriela Mistral & Infante) ausleihen.

VALLE DEL ELQUI

Riesige Observatorien, Muskatel-Weinberge, *pisco*-Destillerien und Papayagehölze – das alles gibt's in Elqui. Das fruchtbare Tal ist wegen der extrem geomagnetischen Energie etwas für New-Age-Anhänger, hat aber auch Bauernhöfe und Dörfer zu bieten, die gerade wegen ihrer Schlichtheit so schön sind. Eine ausgeflippte Oase, geeignet zum Abschalten und für Entdeckungstouren!

Pisco Elqui ist ein ländliches Örtchen, das geborgen im Tal liegt. Es ist der am besten erreichbare Ausgangspunkt, um die Gegend zu erkunden. Einen hiesigen *pisco* probiert man am besten bei **Solar de Pisco Elqui** (☎ 051-451-358; ☽ 11–19 Uhr), wo die Marke Tres Erres produziert wird, oder 3 km südlich der Stadt in der urtümlichen *pisquería* Los Nichos.

Unterhalb steil ansteigender Hügel liegt versteckt der **Camping Rinconada** (☎ 051-198-2583; Stellplatz 4 US$/Pers.) mit staubigen Stellplätzen. Auf Anfrage kann man heiß duschen oder ein Reitpferd bekommen.

Hotel Elqui (☎ 051-451-083; O'Higgins s/n; Zi. inkl. Frühstück 13 US$/Pers.) bietet schmucklose Unterkünfte, aufgemotzt wird das Ganze durch Weinstöcke und Swimmingpools.

El Tesoro de Elqui (☎ 051-451-069; www.tesoro-elqui.cl; Prat s/n; DZ ohne/mit Bad inkl. Frühstück 39/53 US$; P ☲) mit seinen üppigen Gärten, Zitronenbäumen und den blühenden Weinreben ist *das* Versteck für Liebespärchen. Die Hütten haben Hängematten, einige auch eine Küche und ein Oberlicht zum Sternegucken. Das Restaurant ist auch nicht nur Durchschnitt (Mahlzeiten ab 6 US$). In der Nebensaison fallen die Preise für die Doppelzimmer auf bis zu 32 US$.

Jugos Naturales/Mandarino (Plaza de Armas; große Pizzas 10–16 US$; ☽ 9–1.30 Uhr) serviert herrliche Fruchtsäfte und knusprige Pizzas inmitten von Schaffellen und Indie-Musik.

Die Busse von Via Elqui verkehren den ganzen Tag über zwischen Pisco Elqui und Vicuña (3 US$). An der Plaza kann man einsteigen. Manche fahren auch weiter zu den Dörchfen Horcón und Alcohuaz.

COPIAPÓ

☎ 052 / 129 090 Ew.

Das gastfreundliche Copiapó ist ein geschickter Ausgangspunkt für Trips zu den abgelegenen Bergen an der Grenze nach Argentinien, vor allem zum atemberaubenden Parque Nacional Nevado Tres Cruces, zur Laguna Verde und zum Ojos del Salado, dem höchsten aktiven Vulkan der Welt. Dass 1832 im nahen Chañarcillo Silber entdeckt wurde, sorgte dafür, dass Copiapó so manches vor allen anderen bekam: die erste Eisenbahn in Südamerika, den ersten Telegrafen und die erste Telefonleitung in Chile. Copiapó liegt 800 km nördlich von Santiago und 565 km südlich von Antofagasta.

Praktische Informationen

Añañucas (Chañarcillo) Hat eine Wäscherei, in der man sich die Wäsche waschen lassen kann. In der Nähe von Chacabuchas.

Cambios Fides (Mall Plaza Real, Colipí 484, Office B 123) Entweder hier Geld wechseln oder einen der 24-Stunden-Bankautomaten aufsuchen.

Conaf (☎ 213-404; Juan Martínez 55) Hat Infos über den Park.

Sernatur (☎ 212-838; infoatacama@sernatur.cl; Los Carrera 691) An der Plaza Prat; hilfsbereit und gut informiert.

Sehenswertes

Das **Museo Mineralógico** (☎ 206-606; Ecke Colipí & Rodríguez; Erw. 1 US$; ☽ Mo–Fr 10–13 & 15.30–19, Sa 10–13 Uhr) muss man einfach gesehen haben! Es zollt den Rohstoffen, denen die Stadt ihr

Dasein verdankt, einen liebevollen Tribut. Mehr als 2000 Gesteinsproben sind ausgestellt, manche leuchten im Dunkeln.

Überreste aus Copiapós großer Bergbauzeit prägen das Zentrum. Die von Pfefferbäumen beschattete Plaza Prat zeigt mit der eleganten, dreitürmigen **Iglesia Catedral** und der muffigen, alten **Casa de la Cultura** der Gemeinde Beispiele der frühen Bergbauära. Vor den umherziehenden Wahrsagern muss man sich allerdings in Acht nehmen: Wenn die erst einmal loslegen, kommt man nur sehr schwer wieder weg.

Schlafen & Essen

Residencial Rocio (☎ 215-360; Yerba Buenas 581; EZ/DZ ohne Bad 7/12,50 US$) Ein einfaches Gästehaus mit jugendlichen Besitzern und einem kühlen, von Bambusbäumen beschatteten Spazierweg.

Residencial Chañarcillo (☎ 213-281; Chañarcillo 741; EZ/DZ/3BZ ohne Bad 8/16/24 US$) Eine flotte *señora* bietet kleine, aber sauber geschrubbte Zimmer an.

Residencial Nueva Chañarcillo (☎ 212-368; Manuel Rodríguez 540; EZ/DZ ohne Bad 11/17 US$) Geschmackssache, ob man den verspielten Kitsch und die Plastiksträußchen für heimelig hält oder nicht.

Hotel La Casona (☎ 217-277; www.lacasonahotel.cl; O'Higgins 150; EZ/DZ inkl. Frühstück ab 43/51 US$; P 🖳) Ein sehr, sehr gemütliches Gästehaus. Die Gärten sind wunderbar grün und die Besitzer zweisprachig. Außerdem ist das Restaurant herausragend.

Empanadopolis (Colipí 320; 1,25 US$) Hier gibt's *empanadas* zum Mitnehmen. Bei den ungewöhnlichen Geschmacksrichtungen läuft einem das Wasser im Munde zusammen.

Don Elias (Los Carrera 421; Tagesmenü 2,60 US$) Ein weniger anspruchsvolles Diner, aber die *almuerzos* (Mittagsmenüs) sind ausgezeichnet und die Meeresfrüchte besonders gut.

Chifa Hao Hwa (Yerbas Buenas 334; Hauptgerichte 4–8 US$; 🕐 mittags & abends) Chinesische Karte, fauchende Drachen und Neonlicht.

Di Tito (Chacabuco 710; Hauptgerichte 5–6 US$) Eine freundliche, behagliche Mischung aus Restaurant und Bar. Es werden Pizzas und Pastagerichte serviert.

An- & Weiterreise

Der brandneue Aeropuerto Desierto de Atacama liegt 40 km nordwestlich von Copiapó. **Lan** (☎ 600-526-2000; Mall Plaza Real, Colipí 484) fliegt täglich nach Antofagasta (86 US$, 1 Std.), La Serena (63 US$, 45 Min.) und Santiago (208 US$, 1½ Std.). Ein Taxi kostet 21 US$; am besten bei **Radio Taxi San Francisco** (☎ 218-788) versuchen! Es gibt auch einen Transferbus (9 US$, 25 Min.).

Pullman Bus (☎ 212-977; Colipí 109) hat ein großes Terminal und ein **Ticketbüro** (Ecke Chacabuco & Chañarcillo) im Zentrum. Auch **Tur Bus** (☎ 238-612; Chañarcillo 680) hat ein Terminal und ein **Ticketbüro** (Colipí 510) im Geschäftszentrum. Weitere Gesellschaften sind **Expreso Norte** (☎ 231-176), **Buses Libac** (☎ 212-237) und **Flota Barrios** (☎ 213-645). Sie haben alle ein gemeinsames Terminal an der Chañarcillo. Viele Busse zu Zielen in der Wüste im Norden fahren mitten in der Nacht ab. Es lohnt sich, die Preise zu vergleichen: Antofagasta (14–18 US$, 8 Std.), Arica (24–32 US$, 18 Std.), Calama (21–28 US$, 10 Std.), Iquique (24–35 US$, 13 Std.), La Serena (7–10 US$, 5 Std.) und Santiago (16–34 US$, 12 Std.).

PARQUE NACIONAL NEVADO TRES CRUCES

Im **Parque Nacional Nevado Tres Cruces** (Eintrit 7 US$) gibt es jede Menge wilder Tiere und unberührter Bergspitzen mit zerklüfteten Abhängen. Der Park ist bei Abenteurern zweifellos groß im Kommen. Flamingos, Gänse aus den Anden, Rüsselblässhühner, große Herden von *vicuñas* und Guanakos leben auf den 61 000 ha. Etwa 140 km östlich von Copiapó führt eine Schleife des internationalen Hwy 31 durch den nördlichen Abschnitt. Die Hochebene Salar de Maricunga (3700 m) nimmt etwa 8000 ha ein. Ein paar Kilometer hinter der Grenzkontrolle geht eine Straße ab, die nach 85 km zum Sommerrefugium der Flamingos führt: zur **Laguna del Negro Francisco**. Zum hiesigen **Refugio** (B 9 US$) müssen Traveller eigenes Bettzeug, Trinkwasser und Gas zum Kochen mitbringen. Vom nördlichen Abschnitt geht der Hwy 31 weiter Richtung Osten. Er wird von einer Reihe schneebedeckter Vulkane flankiert und führt an der unglaublich türkisfarbenen **Laguna Verde** (4325 m) vorbei, bevor er bei Paso de San Francisco die Grenze passiert.

Südlich der Grenzen des Parks ist der **Ojos del Salado** mit 6893 m der höchste Gipfel von Chile und gerade mal 69 m niedriger als der Aconcagua. Damit ist er auch der höchste aktive Vulkan der Welt. *Refugios* befinden sich in Höhen von 5100 und 5750 m. Kletterer brauchen eine Genehmigung von Chiles **Dirección de Fronteras y Límites** (☎ in Santiago 02-671-2725; Teatinos 180, 6. Stock), die schon vor der Ankunft in Chile beantragt werden kann.

Sehr zu empfehlen ist der Bergführer **Erik Galvez** (☎ 052-319-038; erikgalvez@latinmail.com). Die Agentur **Gran Atacama** (☎ 052-219-271; www.granatacama.cl; Mall Plaza Real, Colipi 484, Local B 122, Copiapó) unternimmt Touren zum Parque Nacional Nevado Tres Cruces (200 US$/2–3 Pers. alles inkl.), hat aber auch eine ganze Reihe anderer Trips im Angebot.

Es gibt keine öffentlichen Verkehrsmittel. Wer herkommt, sollte ein höher gelegtes Fahrzeug benutzen und Wasser und Reservegas mitbringen. Vor der Abfahrt alles bei Conaf in Copiapó abchecken!

CALDERA & BAHÍA INGLESA

Caldera liegt 75 km westlich von Copiapó. Das klare Wasser, jede Menge Sonne und die Meeresfrüchte sorgen dafür, dass diese Stadt mit ihren weißen Stränden im Sommer vor Badegästen überquillt. Das restliche Jahr über ist es ein verschlafener Zufluchtsort – und das, obwohl das Wetter genauso gut ist. Die Preise werden dann drastisch gesenkt, und der Strand ist fast verlassen. Hier geerntete Muscheln, Austern und Seetang versüßen das kulinarische Angebot.

Das Bahía Inglesa Resort hat Strände aus weißen Muschelkalk vor dem türkisblauen, mit Windsurfern gesprenkelten Meer. In Bahía Inglesa organisiert **Domo Chango Chile** (☎ 052-316-168; www.changochile.cl; Av El Morro 610, Bahía Inglesa) Drachenfliegen, Surfen und Touren in Fahrzeugen mit Vierradantrieb ab 27 US$. Man kann dort auch für 3,50 US$ Fahrräder leihen. **Camping Bahía Inglesa** (☎ 052-315-424; Playa Las Machas; Stellplatz 32 US$) hat gute sanitäre Einrichtungen und Ausblick auf die Bucht. Wer hier herkommen will, tut das am besten in der Nebensaison, weil dann die Preise extrem fallen. Auf der anderen Seite der Plaza von Caldera steht das **Residencial Millaray** (☎ 052-315-528; Cousiño 331; Zi. 9 US$/Pers.). Es ist ein wenig heruntergekommen, aber ganz nett und vom Preis-Leistungs-Verhältnis her ein guter Griff. Die originellste Wahl ist mit Sicherheit das **Domo Chango Chile** (DZ ab 18 US$; ☀). Die Zelte mit Kuppeln aus Plastik bringen einen ins Schwärmen. Die Unterkunft liegt gegenüber der Küste.

In Caldera werden im geselligen, kleinen **El Plateoue** (Av El Morro 756; Mittagsmenü 7–9 US$; ☺ 11 Uhr–open end) wunderbare Meeresfrüchte und internationale Spezialitäten serviert, z. B. Sushi und Thaicurry. Am besten schlendert man am Meer entlang und sucht sich ein passendes Lokal fürs Abendessen.

Bushaltestellen gibt's in Caldera. Sie werden von **Pullman** (Ecke Gallo & Vallejo), **Recabarren** (Ossa Varas s/n) und **Tur Bus** (Ossa Varas s/n) angefahren. Für 1 US$ verkehren zwischen Caldera und Bahía Inglesa Busse und *colectivos*. Busse nach Copiapó kosten 2,50 US$ (1 Std.). Private Taxis zum Aeropuerto Desierto de Atacama berechnen 14 US$.

PARQUE NACIONAL PAN DE AZÚCAR

Der kalte Humboldtstrom fließt parallel zur Wüste die Küstenlinie hinauf und bringt die lustigen, gleichnamigen Pinguine und jede Menge anderes Seegetier mit. Im **Pan de Azúcar** (Eintritt 6 US$) gibt's auf 44 000 ha weiße Sandstrände, geschützte Höhlen, steinige Landspitzen und kakteenbedeckte Hügel. Vom Conaf-Büro im Park ist es ein Marsch von 8 km zum El Mirador und von 12 km nach Quebrada Castillo. **PingüiTour** (☎ 099-743-0011; www.galeon.com/pinguitour, spanisch; 54 US$/Boot) bietet Bootstouren an, auf denen man Pinguine und andere Vögel auf einer Insel beobachten kann. In der Nebensaison zieht Nebel herauf und fördert den Winterschlaf.

Campen (Stellplatz bis 3/bis 6 Pers. 9/17,50 US$) kann man in Playa Piqueros, Playa Soldado und Caleta Pan de Azúcar. Eine Toilette, Wasser, eine kalte Dusche und ein Tisch gehören dort zur Ausstattung. Die **Cabañas** (HS/NS bis 6 Pers. 80/50 US$) im Park haben auch eine Küche. Bei Conaf in Copiapó reservieren! In der in Vergessenheit geratenen Bergbauhafenstadt Chañaral können Traveller im etwas schmuddeligen **Hotel La Marina** (☎ 052-480-942; Merino Jarpa 562; EZ/DZ 6/10 US$) oder im gemütlichen, gut gepflegten **Hostal Los Aromos** (☎ 052-489-636; www.hostallosaromos.cl; Los Aromos 7; EZ/DZ inkl. Frühstück 16/27 US$; ℗) übernachten.

Flota Barrios (☎ 480-894; Merino Jarpa 567) und **Pullman Bus** (☎ 480-213; Ecke Diego de Almeyda & Los Baños) fahren Santiago (27–53 US$, 15 Std.) und Copiapó (4 US$, 2½ Std.) an. Im Pullman-Terminal starten auch Minibusse, die zum Park fahren (einfache Fahrt 3,50 US$, 25 Min.). Ein Taxi kostet um die 25 US$ für die einfache Strecke.

ANTOFAGASTA

☎ 055 / 296 900 Ew.

Antofagasta ist eine Metropole mitten in der Wüste und gleichzeitig eine Hafenstadt. Die herbe Mischung aus Beton und Verkehrschaos hat dazu geführt, dass die Stadt auf der Rangliste der Traveller weit unten steht. Trotzdem haben die antiquierte Plaza und die Gebäude im Barrio Histórico, die aus der Zeit des Nitratbooms stammen, ihren Reiz. Antofagasta wurde 1870 gegründet und gewann schnell an Bedeutung, denn es war der einfachste Weg ins Inland und schlug schon nach kurzer Zeit die höchsten Tonnagen aller südamerikanischen Pazifikhäfen um. Von hier aus wird der größte Teil des Kupfers und der anderen Mineralien aus der Atacama exportiert. Außerdem ist Antofagasta ein wichtiger Knotenpunkt für den Im- und Export nach und aus Bolivien, das diese Region im Salpeterkrieg an Chile verloren hat. In der verlassenen Umgebung kann man vergessene Häfen und unheimliche, einsame Nitratstädte besichtigen. Am besten würdigt man sie einfach vom Busfenster aus.

Orientierung

Antofagasta breitet sich auf einer weitläufigen Terrasse am Fuß des Küstengebirges aus. Die Westgrenze der Innenstadt verläuft von Nord nach Süd an der Av Balmaceda, gleich östlich des modernen Hafens. Die Panamericana führt etwa 15 km östlich der Stadt ins Inland.

Praktische Informationen

Im Internet surft man südlich der Plaza Colón für weniger als 1 US$ die Stunde.

Cambio Ancla Inn (Baquedano 508) Wechselt Geld.

Entel (Condell 2451) Ermöglicht Ferngespräche.

Hospital Regional (☎ 269-009; Av Argentina 1962)

Lave-Fast Wäscherei (14 de Febrero 1802) Berechnet etwa 6 US$ pro Ladung fürs Waschen, Trocknen und Zusammenlegen.

Post (Washington 2623) Auf der anderen Seite der Plaza Colón.

Sernatur (☎ 451-818; infoantofagasta@sernatur.cl; Maipú 240) Hat gute Informationen.

Sehenswertes & Aktivitäten

Die Blütezeit des Nitratbergbaus hat ihre Spuren hinterlassen: viktorianische und georgianische Gebäude. Sie stehen im **Barrio Histórico** zwischen der Plaza und dem alten Hafen. Der britische Einfluss lässt sich deutlich an der Big-Ben-Imitation **Torre Reloj** auf der **Plaza Colón** erkennen. Das **Museo Regional** (Ecke Balmaceda & Bolívar; Eintritt 1 US$) ist im früheren Zollamt untergebracht und durchaus einen Abstecher wert, und um den lebhaften **Terminal Pesquero** (Fischmarkt) von Antofagasta herum, gleich nördlich der Hafenaufsicht, lauern die Seelöwen.

Das viel fotografierte Symbol der Nation ist **La Portada**. Der wunderschöne, natürliche Gesteinsbogen steht ein Stück vor der Küste, 16 km nördlich von Antofagasta. Wer auch ein Foto will, nimmt von der Sucre Bus 15 Richtung *cruce* (Kreuzung), steigt bei La Portada aus und läuft dann noch 3 km.

Schlafen

Camping Rucamóvil (☎ 223-929; Kilometer 11; Stellplatz 6 US$/Pers.) Ein paar schattige Fleckchen und Meerblick vom terrassenförmigen Gelände aus. *Micro* 2 vom Mercado Central fährt südlich am Campingplatz vorbei.

Hotel Rawaye (☎ 225-399; Sucre 762; EZ/DZ/3BZ 7/10,50/15 US$) Das Eldorado für Pfennigfuchser, aber mit papierdünnen Wänden und oberhalb einer belebten Straße.

Hotel Brasil (☎ 267-268; JS Ossa 1978; DZ 27 US$) Ein fairer Preis für geräumige 08/15-Zimmer und liebenswerte Gastgeber.

Hotel Frontera (☎ 281-219; Bolívar 558; DZ 27 US$, EZ/DZ ohne Bad 12,50/17 US$) Freundlich, sauber und zentral. Die Zimmer haben grell orangefarbene Fliesen und gemütliches Bettzeug.

Hotel San Marcos (☎ 251-763; Latorre 2946; EZ/DZ/3BZ inkl. Frühstück 28,50/40/45 US$; Ⓟ) In diesem muffigen, matriarchalischen Gästehaus hat die spärliche Möblierung Paisleymuster, aber es gibt komfortable Betten.

Essen & Ausgehen

Líder (Antofagasta Shopping, Zentero 21) Großer Supermarkt, der Selbstversorger verwöhnt; nördlich vom Zentrum.

Mercado Central (Ossa zw. Maipú & Uribe, 2–6 US$) Ein Platz mit Charme und wochentags billigen Fisch- und Meeresfrüchtegerichten zum Mittagessen.

Pizzanté (Av JM Carrera 1857; 4–7 US$) Zähe Pizzas, die unter einer Riesenmenge Belag verschwinden.

El Arriero (Condell 2644, Hauptgerichte 6–10 US$) Ein versnobtes Steakhaus. Nach 21 Uhr ist das Ambiente eher das einer Pianobar.

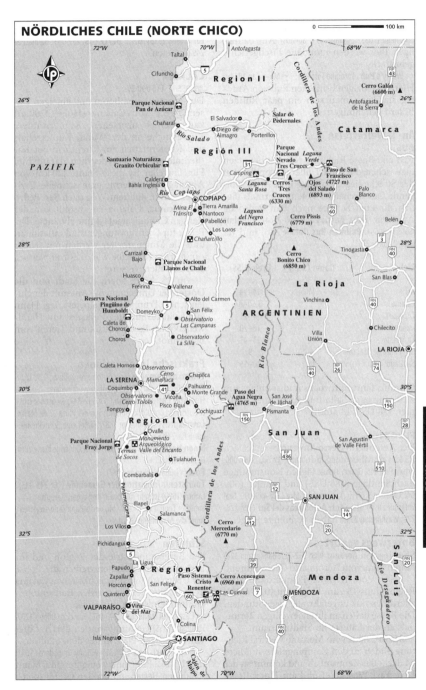

516 NÖRDLICHES CHILE •• Calama

Club de Yates (☎ 485-553; Av Balmaceda s/n; Mittagsmenü 6 US$; ☺ mittags & abends) Am baufälligen Pier werden mondäne Fischgerichte gebrutzelt.

Wally's Pub (Antonino Toro 982; ☺ Mo–Sa ab 18 Uhr) Hier, im einzigen britischen Pub von Antofagasta, kann man sich ein paar Runden Billard genehmigen.

An- & Weiterreise

BUS

Fast alle Busse Richtung Norden benutzen inzwischen die Ruta 1 über Tocopilla. Auf der Strecke liegen Iquique und Arica. Folgende Gesellschaften bieten mehrmals täglich direkten Service nach San Pedro de Atacama: **Flota Barrios** (Condell 2764), **Géminis** (Latorre 3055), **Pullman Bus** (Latorre 2805) und **Tur Bus** (Latorre 2751).

Ziel	Dauer (Std.)	Preis (US$)
Arica	11	14–23
Calama	3	3,50–8
Copiapó	7	14–21
Iquique	6	16–20
La Serena	12	23–41
San Pedro de Atacama	4	9
Santiago	19	30–55

Géminis fährt mittwochs und sonntags um 7.30 Uhr nach Salta und Jujuy in Argentinien (38 US$, 14 Std.).

FLUGZEUG

Der Aeropuerto Cerro Moreno befindet sich 25 km nördlich der Stadt. **Lan** (☎ 600-526-2000; Arturo Prat 445, Option 8) hat täglich Nonstopflüge nach Santiago (188 US$) und Iquique (50–90 US$, 45 Min.). Sowohl **Sky** (☎ 459-090; Gral Velásquez 890) als auch **Aerolíneas del Sur** (☎ 228-779; Washington 2548) haben verbilligte Flüge.

Unterwegs vor Ort

Shuttles von **Aerobus** (☎ 262-727; Baquedano 328) fahren zum/vom Aeropuerto Cerro Moreno (4 US$). Vom Terminal Pesquero fährt der Regionalbus 15 zum Flughafen (0,75 US$), allerdings nur ungefähr alle zwei Stunden. Die Busse halten an ihren jeweiligen Terminals an der Latorre im Stadtzentrum.

Micro 2 fährt vom Mercado Central Richtung Süden zu den Campingplätzen. *Micro* 14 deckt das Zentrum ab und kommt an der Lave-Fast-Wäscherei und am Hotel Brasil

vorbei. Autos kann man bei **Avis** (☎ 221-073; Balmaceda 2556) und **Hertz** (☎ 269-043; Balmaceda 2492) mieten.

CALAMA

☎ 055 / 138 000 Ew.

Den momentanen Boom und einzigen Daseinszweck von Calama (Höhe 2700 m) kann keiner übersehen: Kupferstatuen, Kupferstiche an der Wand, Kupferreliefs und Kupferplatten am Kirchturm der Kathedrale weisen überdeutlich darauf hin. Für Traveller ist diese Stadt, 220 km von Antofagasta entfernt, eine schnelle Zwischenstation auf dem Weg nach San Pedro de Atacama. Calama ist absolut von der riesigen Chuquicamata-Mine abhängig. Die Preise für Dienstleistungen sind inflationär, und die Minenarbeiter werden mit *schops con piernas* (dasselbe wie *cafés con piernas*, aber mit Bier) versorgt.

Am 23. März feiern die Stadt und die Dörfer der Umgebung die Ankunft der chilenischen Truppen im Salpeterkrieg. Dann gibt's ein turbulentes Volksfest mit Handwerkskunst, Essen, Musik und Tieren vom Bauernhof.

Praktische Informationen

Centro de Lamadas (Ecke Sotomayor & Vivar; 0,50 US$/Std.) Callcenter mit billiger Breitbandverbindung.
Hospital Carlos Cisterna (☎ 342-347; Av Granaderos & Cisterna) Fünf Blocks nördlich der Plaza 23 de Marzo.
Lavaexpress (Sotomayor 1887) Bietet eine Schnellreinigung für 2 US$ pro kg.
Moon Valley Wechsel (Vivar 1818) Günstige Kurse zum Geldwechseln.
Post (Vicuña Mackenna 2167)
Touristeninformation der Gemeinde (☎ 345-345; Latorre 1689) Ist sehr hilfsbereit und organisiert im Sommer Touren nach Chiu Chiu und zu den Tatio-Geysiren (über die Atacameño-Städte).

Schlafen

Die Bergbauindustrie der Region und ihr Bedarf an Unterkünften treiben die Preise für Übernachtungsmöglichkeiten in Calama in die Höhe. Bei den meisten Budgetunterkünften gibt's kein Frühstück.

Casas del Valle (☎ 340-056; Francisco Bilbao 1207; Stellplatz 8 US$) Gecampt werden darf auf diesem schattigen Platz hinter dem Stadion.

Hotel Claris Loa (☎ 311-939; Av Granaderos 1631; EZ/DZ 7/14 US$) Billig und wenig freundlich, mit schäbigen Betten und kahlen Glühbirnen.

Residencial Toño (☎ 341-185; Vivar 1970; EZ/DZ 10,50/21 US$) Ordentliche Durchschnittszimmer, aber als kleinen Bonus gibt's ein besonders herzliches Willkommen.

Hotel Atenas (☎ 342-666; Ramírez 1961; EZ/DZ ohne Bad 12/23 US$) Das kühle, düstere Hotel in der Mitte von Calamas wichtigster Straße hat kleine Zimmer abseits vom Straßenlärm.

Hotel El Loa (☎ 341-963; Abaroa 1617; EZ 28 US$) Ein nettes, wenn auch durchschnittliches Plätzchen: außen rotes, verschnörkeltes Eisen, innen schlichte Zimmer.

Essen & Ausgehen

Mercado Central (Latorre; Tagesmenüs 2–3,50 US$) Bei den *cocinerías* auf diesem lebhaften, kleinen Markt zwischen Ramírez und Vargas wird auch größerer Hunger schnell gestillt, Schulter an Schulter mit den einheimischen Arbeitern.

Café Viena (Abaroa 2023; Gerichte 2–4 US$) Ein einfaches Diner, in dem man sich mit Salaten und Bergen von Sandwiches versorgen kann.

Pollo Scout (Vargas 2102; Huhn ab 2 US$; ☺ Mittag- & Abendessen) Am Spieß gegrilltes Hähnchen und dampfende *cazuela* sind in diesem Imbiss die Spezialität.

Club Croata (Abaroa s/n; Mittagsmenü 5 US$; ☺ mittags & abends) Gedeck und Mittagessen gibt's hier zum Fixpreis. *Pastel de choclo* ist ein herzhafter, chilenischer Klassiker.

Bon Apetit (Sotomayor 2129; Mittagsmenü 5 US$) Lust auf Cappuccino und klebriges Gebäck? Außerdem wird eine verführerische Auswahl an Mittagsmenüs angeboten.

An- & Weiterreise

BUS

In der Hauptsaison kauft man die Tickets für längere Trips besser ein paar Tage im Voraus. Wer einen der regelmäßigen Busse nach Antofagasta oder über Nacht nach Iquique, Arica oder Santiago nehmen will, schaut bei **Tur Bus** (Ramírez 1802), **Pullman Bus** (Sotomayor 1808) und **Géminis** (Antofagasta 2239) vorbei. Tur Bus und Pullman haben auch außerhalb der Stadt große Terminals. Mit folgenden Preisen sollte man in etwa rechnen: Antofagasta (3,50–8 US$, 3 Std.), Arica (14–23 US$, 10 Std.), Iquique 12–16 US$, 6½ Std.), La Serena (27–60 US$, 16 Std.) und Santiago (32–75 US$, 20 Std.).

Um nach San Pedro de Atacama (2,30 US$, 1 Std.) zu kommen, versucht man es bei

Buses Frontera (Antofagasta 2041), **Buses Atacama 2000** (Géminis Terminal) oder Tur Bus.

Traveller mit Zielen außerhalb Chiles sollten so früh wie möglich reservieren. Fahrten nach Uyuni, Bolivien (12–15 US$, 15 Std.) machen Frontera und Buses Atacama 2000; sie fahren zweimal die Woche. Nach Salta und Jujuy in Argentinien kommt man donnerstags, freitags und sonntags um 8 Uhr mit Pullman (45 US$, 12 Std.). Billiger ist allerdings Géminis, dienstags, freitags und sonntags um 10 Uhr (35 US$, 12 Std.).

FLUGZEUG

Lan (☎ 600-526-2000; Latorre 1726) fliegt viermal am Tag vom Aeropuerto El Loa nach Santiago (162–266 US$). **Sky** (☎ 310-190; Latorre 1497) ist manchmal billiger.

ZUG

In eine Schlafkoje klettern und den Schlafsack parat halten: Der einzige (und ungeheizte) Personenzug im Norden verkehrt an der bolivianischen Grenze zwischen Calama und Ollagüe. Es gibt auch Verbindungen nach Uyuni (12,50 US$, 18 Std.). Der Zug fährt jeden Mittwoch um 23 Uhr ab. Tickets bekommt man bei der **Estación de Ferrocarril** (☎ 348-900; Balmaceda 1777; ☺ 8.30–13 & 15–18 Uhr). Sitze gibt's so gut wie keine, und die Temperaturen fallen bis unter den Gefrierpunkt. Im Café gibt's Sandwiches, aber man bringt sich besser selber was mit.

Unterwegs vor Ort

Der Flughafen ist 5 km entfernt. Taxis verlangen 5 US$. Die Busgesellschaften haben gleich außerhalb des Stadtzentrums große Terminals. Wer sich die Taxifahrt zurück in die Stadt sparen will, bittet darum, an ihrem Büro in „el centro" abgesetzt zu werden.

Colectivos nach Chuquicamata (1,40 US$, 15 Min.) fahren regelmäßig an der Abaroa ab, gleich nördlich der Plaza 23 de Marzo. Zu den Mietwagenfirmen gehören **Avis** (☎ 363-325; Aeropuerto El Loa) und **Hertz** (☎ 341-380; Av Granaderos 141). Wer zu den Geysiren möchte, braucht einen höher gelegten Jeep oder einen Pickup.

CHUQUICAMATA

Die Kupfermine gleich nördlich von Calama pustet ständig Staubschwaden in die Luft, die in der wolkenlosen Wüste noch Kilometer entfernt zu sehen ist. Ansonsten ist hier alles ein Superlativ: Die Mine selbst ist eine große, offene Wunde, 4,5 km lang, 3,5 km breit und 850 m tief. An die 630 000 t Kupfer werden hier jährlich abgebaut, und damit ist Chile der größte Kupferexporteur der Welt. Der junge Che Guevera besuchte auf seiner Reise durch den Kontinent die riesigen Schlackenberge und traf hier einen kommunistischen Bergmann, der einen Wandel in seiner Politik herbeiführte.

Mit dem Abbau begann 1915 zunächst die US Anaconda Copper Mining Company. Mittlerweile wird die Mine von der staatlichen **Corporación del Cobre de Chile** (Codelco; ☎ 055-327-469; visitas@codelco.cl; Ecke Tocopilla & JM Carrera) betrieben. Zu Chuquicamata gehörte ursprünglich eine wohlgeordnete Geschäftsstadt. Aber Umweltprobleme und die Kupfervorkommen unterhalb der Stadt zwangen die gesamte Bevölkerung, im Jahr 2004 nach Calama umzusiedeln.

Einen Besuch vereinbaren Besichtigungswillige am besten über Codelco oder sie bitten die Touristeninformation in Calama darum, eine Reservierung vorzunehmen. Die Agenturen in Calama meidet man besser, sie berechnen wesentlich mehr. Wochentags werden Führungen auf Englisch und Spanisch angeboten. 30 Minuten vor der Tour sollte man sich beim Codelco-Büro melden, seinen Personalausweis mitbringen und eine freiwillige Spende abliefern. Die Führungen sind auf 40 Personen begrenzt, und im Januar und Februar ist die Nachfrage groß. Dann also besser mehrere Tage im Voraus buchen! Die 50-minütige Tour beginnt um 14 Uhr. Festes Schuhwerk (keine Sandalen), lange Hosen und lange Ärmel sind zu empfehlen.

SAN PEDRO DE ATACAMA
☎ 055 / 4970 Ew.

Oasen ziehen Herden an, und diese hier ist keine Ausnahme. Früher war San Pedro de Atacama (Höhe 2440 m) ein bescheidener Rastplatz am Viehweg über die Anden, heute rangiert es auf der Liste der Immobilienhändler ganz oben. Innerhalb von nur einem Jahrzehnt haben Unmengen von Gästehäusern, Lokalen, Internetcafés und Reisebüros die staubigen Straßen erobert und daraus eine Art Lehmziegel-*landia* gemacht. Hier sind alle unangenehmen Nebenwirkungen einer schnellen Entwicklung zu finden, z. B. gepfefferte Preise, zwielichtige

Tourenanbieter und aggressive Angebote. Und doch gibt es hier auch unglaubliche Ruhe, hypnotisierende Landschaften, Lagerfeuer unter sternübersätem Himmel und Hostels mit Hängematten. Wem es gelingt, seinen Besuch so zu timen, dass er die Touris umgeht, wird feststellen, dass hier ein verdammt guter Ort zum Relaxen ist.

Die Stadt liegt 120 km südöstlich von Calama und damit in der Nähe des Nordendes des Salar de Atacama, einer riesigen Salzwüste. Die Busse halten gleich bei der Plaza. Die Stadt erkunden kann man bequem zu Fuß. Das Wasser in San Pedro ist nicht trinkbar, aber die meisten Läden verkaufen Wasser in Flaschen.

Praktische Informationen
Apacheta Café (Ecke Toconao & Plaza de Armas; 1,75 US$/Std.) Internet.

Bankautomat (Caracoles s/n; ☻ 9–22 Uhr) Am Westende des Dorfes; funktioniert aber nur ab und zu.

Café Etnico (Tocopilla 423; 1,75 US$/Std.) Internet.

Conaf (Solcor; ☻ 10–13 & 14.30–16.30 Uhr) 2 km hinter dem Zoll und der Einreisestelle an der Toconao.

Entel (Plaza de Armas)

Geldwechsel (Toconao 492) Hier kann man Geld wechseln, allerdings sind die Kurse schlecht.

Oficina de Información Turística (Touristeninformation; ☎ 851-420; sanpedrodeatacama@senatur.cl; Ecke Toconao & Gustavo Le Paige; ☻ Mo–Fr 9.30–13 & 15–19, Sa 10–14 Uhr)

Post (Toconao s/n)

Posta Médica (☎ 851-010; Toconao s/n) Die Klinik vor Ort, östlich der Plaza.

Viento Norte (Vilama 432-B) Waschen für 2,60 US$ pro kg.

Sehenswertes & Aktivitäten
Ein Stopp bei der **Iglesia San Pedro** (Gustavo Le Paige) aus dem 17. Jh. lohnt sich: In dieser Lehmziegelkirche knacken und seufzen die Bodenbretter, und die massiven Türen sind aus Cardón-Kaktus gefertigt. Im Norden der Plaza ist das **Paseo Artesanal**. Hier kann man mit den einheimischen Verkäufern ein Plüschchen halten und zwischen Alpakawollpullis, daumengroßen Puppen und jeder Menge Plunder herumstöbern.

Im **Museo Arqueológico Padre Le Paige** (Gustavo Le Paige; Erw./Student 3,50/1,75 US$; ☻ Mo–Fr 9–12 & 14–19, Sa & So 10–12 & 14–18 Uhr) sorgen faszinierend verformte Totenschädel und Mumiennachbildungen für an der Scheibe plattgedrückte Nasen. Besucher können hier einiges über die Atacameño-Kultur und ihre

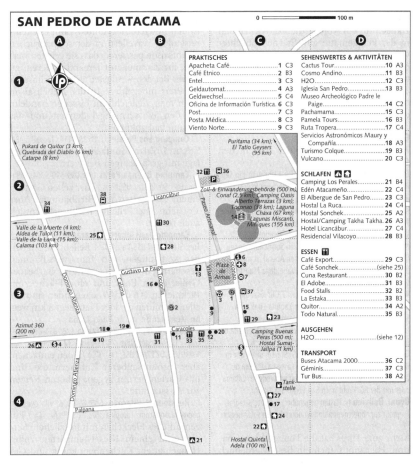

Entwicklung während der Invasion der Inka und der Eroberung durch die Spanier lernen. Genauso interessant sind die schamanischen Paraphernalia (das sind halluzinogene Mittelchen).

Zu den Sehenswürdigkeiten in der nahen Wüste kommt man problemlos zu Fuß oder per Drahtesel. Aber auf jeden Fall eine Karte, genügend Wasser und Sonnenschutzmittel mitnehmen! Pferdefans können auf derselben Strecke reiten, und auch darüber hinaus gibt's für sie noch ein paar Wege. **Ruta Tropera** (☎ 851-960; www.rutatropera.cl, spanisch; Toconao 479; 7 US$/Std.) organisiert verschiedene Reittouren, von kurzen Ausflügen bis zu ausgedehnten, tagelangen Wanderritten. Ehrgeizige Gipfelstürmer können **Azimut 360** (☎ 851-469; www.azimut.cl; Caracoles 66) gleich westlich vom Zentrum testen. Diese Bergspezialisten verlangen pro Person 140 US$ und mehr. Oder man bucht bei **Vulcano** (☎ 851-373; vulcanochile@terra.cl; Caracoles 317), zu deren faszinierenden Wanderzielen der Sairecabur (6040 m, 143 US$), der Lascar (5600 m, 134 US$) und Toco (5604 m, 80 US$) gehören.

Wenn man total erledigt ist, ist Schwimmen in der **Oasis Alberto Terrazas** (Pozo Tres; Eintritt 4 US$/Tag) die ideale Abkühlung. Sie liegt 3 km östlich der Straße nach Paso Jama. Und haben wir eigentlich schon erwähnt, dass man auf den Dünen sandboarden (halber Tag 18 US$) und mountainbiken (halber/ganzer Tag 5/9 US$) kann? Bei **H2O** (Caracoles 295A) oder **Vulcano** (Caracoles 317) kriegt man ein Rad. Danach tut ein wohlverdientes Nickerchen in der Hängematte gut! Sternebeobachter werden die Nachthimmelführung nicht verpassen wollen, die – wo sonst? – in der Ödnis der Wüste stattfindet. Veranstalter ist ein Spitzenastronom von **Servicios Astronómicos Maury y Compañía** (☎ 851-935; www.spaceobs. com; Caracoles 166; 16 US$/2½-stündige Tour).

Geführte Touren

Achtung: Die Eintrittsgelder sind in den Preisen nicht enthalten.

El Tatio-Geysire (17,50–27 US$) Um 4 Uhr geht's in San Pedro los, damit man die Geysire bei Sonnenaufgang erreicht. Beim Rumlaufen vorsichtig sein – besonders Neugierige und Unbelehrbare sind auch schon reingefallen. Thermalbäder und Frühstück gehören dazu.

Valle de la Luna (5–9 US$) Die Tour beginnt im Laufe des Nachmittags in San Pedro, um den Sonnenuntergang über dem Tal zu erwischen. Am frühen Abend ist man zurück. Besuche im Valle de Marte, Valle de la Muerte und Tres Marias sind inbegriffen.

Altiplano-Seen (30–45 US$) Gegen 7 Uhr lässt die Gruppe Pedro hinter sich, um an der Laguna Chaxa am Salar de Tacama die Flamingos, die Stadt Socaire, die Lagunas Miñiques und Miscanti, Toconao und Quebrada de Jere zu sehen. Rückkehr ist um 17 Uhr.

Geysire und Pueblos (36–49 US$) Startet um 4 Uhr in Richtung Geysire. Dann geht's nach Capana, Pukará de Lasana und Chiu-Chiu. Die Tour endet entweder in Calama oder mit der Rückkehr nach San Pedro um 18 Uhr.

Uyuni, Bolivien (s. Kasten gegenüber) Beliebte 3-tägige Jeeptour zur abgelegenen und wunderschönen *salar*-Region.

Mehr gute Tipps hat die Touristeninformation. Hier gibt's auch ein Beschwerdebuch – die Berichte über verschiedene Reisebüros sind hilfreich und manchmal richtig ergreifend. Die Agenturen mit dem besten Feedback von Travellern sind folgende:

Cactus Tour (☎ 851-587; www.cactustour.cl; Caracoles 163-A) Zwar nur klein, aber häufig empfohlen wegen des guten Services. Höfliche, zweisprachige Guides, komfortable Fahrzeuge und überdurchschnittlich gutes Essen. Die Preise entsprechen der Qualität.

Cosmo Andino (☎ 851-069; cosmoandino@entelchile. net; Caracoles s/n) Ebenfalls was Kleineres, höhere Preisen, aber als einzige Agentur der Stadt mit unbeflecktem Ruf.

Feste & Events

Die **Fiesta de San Pedro y San Pablo** findet am 29. Juni statt. Das religiöse Fest wird mit Volkstanzgruppen und feierlichen Prozessionen begangen.

Schlafen

In den Budgetunterkünften kann es alleinreisenden Travellern in der sommerlichen Hauptsaison passieren, dass sie gebeten werden, ihr Zimmer mit jemand anderem zu teilen. Bei den wenigsten ist das Frühstück im Preis inbegriffen. In der Nebensaison kann man vielleicht ein bisschen handeln. An den Wassermangel denken und das Schaumbad abkürzen!

Camping Los Perales (☎ 851-114; Tocopilla 481; Stellplatz 5 US$/Pers.) Einfache, weitläufige Anlage mit gesprächigen Besitzern.

Camping Buenas Peras (☎ 099-510-9004; Ckilapana 688; Stellplatz 6 US$/Pers.) Hier zelten Gäste in einem Obstgarten mit Birnbäumen. Aber Vorsicht: Die Früchte fallen gelegentlich auch runter!

Camping Oasis Alberto Terrazas (☎ 851-042; Pozo Tres; Stellplatz 7 US$/Pers.; ⬛) Beliebt wegen seines weitläufigen, von Tamarugo-Bäumen beschatteten Geländes. Es gibt Barbecue-Grills, einen Pool und eine Fläche zum Picknicken. An den Wochenenden sind vor allem Familien da. Der Platz liegt 3 km weg, an der Straße nach Paso Jama.

Hostal/Camping Takha Takha (☎ 851-038; Caracoles 101-A; Stellplatz 7 US$/Pers., EZ ohne/mit Bad 13/35 US$, DZ 27/45 US$; P ⬛) In den einfachen, aber absolut sauberen Zimmern, die rund um Gärten herum liegen, gehören Kerzen zur Ausstattung.

Residencial Vilacoyo (☎ 851-006; vilacoyo@san pedroatacama.com; Tocopilla 387; 7 US$/Pers.; ⬛) Ein gemütliches Fleckchen mit herzlichem Service und einem Kieselsteingarten voller Hängematten. Küchenbenutzung und Gepäckaufbewahrung sind möglich.

Hostal Sumaj-Jallpa (☎ 851-416; El Tatio 703, Sector Licancabur; B/EZ/DZ 9/19,50/39 US$; P ⬛) Urtümliches schweizerisch-chilenisches Hostel. Es liegt 1 km außerhalb der Stadt.

Hostal La Ruca (☎ 851-568; hostallaruca@hotmail. com; Toconao 513; EZ inkl. Frühstück 9 US$; P ⬛) *Der* neue Treffpunkt für Backpacker: Das Hostel hat eine Bar im Hof und eine kontaktfreudige Belegschaft. Die Duschen sind absolut sauber und die Zimmer gemütlich. Das Gepäck wird auf Wunsch aufbewahrt.

Éden Atacameña (☎ 851-154; Toconao 592; hostal eden_spa@hotmail.com; Toconao 592; EZ/DZ 8/16 US$, DZ mit Bad 32 US$, alles inkl. Frühstück; P ⬛) Man nehme sich ein Beispiel an den auf der Terrasse sonnenbadenden Schäferhunden und entspanne sich hier mal so richtig! Es gibt

EINREISE NACH BOLIVIEN

Tiefrote und türkisfarbene Lagunen in großer Höhe, brodelnde Geysire, fliegende Flamingos und die blendend hellen Salzflächen von Uyuni sind die Highlights einer traumhaften und extremen dreitägigen Jeeptour von San Pedro aus. Weil es für das unwegsame Gelände keine Karten gibt, muss man auf jeden Fall eine Tour buchen. Und da fangen die Probleme an: Zum moderaten Preis von 70 US$ gehören der Transport, die Unterkunft und die Mahlzeiten. *Für den Preis darf man aber keine Qualität erwarten!* Der Service kann stark variieren, und irgendwelche Extras gibt's kaum. Man kann auch eine Viertagestour buchen und nach San Pedro zurückkehren. Dann hängt man aber unter Umständen in Uyuni fest, bis die Tour-Veranstalter so viele Traveller gesammelt haben, dass das Fahrzeug auch voll ist.

Der Erfolg des Trips hängt vor allem von einer mutigen, positiven Einstellung und einem guten Fahrer ab. Am besten holt man bei anderen Travellern Erkundigungen über die Fahrer ein. Besser zweimal überlegen, bevor man eine Tour bucht, bei der eine Übernachtung in einem Salzhotel geplant ist – solche Unterkünfte schaffen es nicht, ihre Abfälle vernünftig loszuwerden. Die werden schließlich in der gleichen Salzkruste entsorgt, die man hier eigentlich bewundern wollte. Man wohnt in großer Höhe, sollte also viel Wasser trinken, auf Alkohol verzichten, einen besonders warmen Schlafsack und etwas gegen die hämmernden Kopfschmerzen mitbringen.

Turismo Colque (☎ 851-109; Ecke Caracoles & Calama) veranstaltet die meisten Touren und ihr Ruf ist hervorragend. Man kann auch andere Agenturen wie **Pachamama** (☎ 851-064; Toconao s/n) und **Pamela Tours** (☎ 099-676-6841; Tocopilla 405) checken. Keine bekommt glänzende Zeugnisse.

Hängematten, eine Gemeinschaftsküche und Waschbecken im Freien.

El Albergue de San Pedro (☎ 851-426; hostelsanpedro@hotmail.com; Caracoles 360; Mitglieder B/DZ/3BZ inkl. Frühstück 9/27/35 US$, Nichtmitglieder 11,50/32/43 US$) Gastfreundliches HI-Hostel mit lauter Sechserzimmern mit dreistöckigen Betten. Das Personal spricht fließend Englisch und organisiert regelmäßig Fußballturniere. Zum Service gehören ein Café auf dem Gelände, eine Wäscherei, Schließfächer, eine Fahrradvermietung und Sandboards.

Hostal Sonchek (☎ 851-112; soncheksp@hotmail.com; Calama 370; B/DZ 10,50/43 US$; P) Ein von Slowenen geführtes Hostel mit Strohdächern und Lehmziegelwänden. Aus der Küche riecht es immer sehr lecker. Man spricht Englisch und Französisch.

Hotel Licancábur (☎ 851-007; Toconao s/n; EZ/DZ 21/45 US$, ohne Bad 11,50/23 US$; P) Das Hotel Licancábur kann mit seiner freundlichen, familiären Atmosphäre punkten. Die Betten sind stabil genug, aber mehr Wasserdruck wäre wahrscheinlich nicht schlecht. Das Frühstück kostet 2 US$.

Hostal Quinta Adela (☎ 851-272; Toconao 624; DZ/3BZ ab 45/60 US$; P) Eine entspannte Einführung ins *hacienda*-Leben: Dieses Haus voller Charakter wird von einem vornehmen älteren Paar geführt. Die Zimmer umgeben einen großen Obstgarten. Das riesige Frühstück kostet 3,50 US$.

Essen & Ausgehen

Zwar werden in dieser Oase hervorragende kulinarische Köstlichkeiten gezaubert (und die Vielfalt ist weit größer als sonst in Chile), aber die Gäste müssen für ein vegetarisches Pfannengericht oder eine Pizza mit Mozzarella ordentlich blechen. In den Läden der Stadt gibt es Lebensmittel zu kaufen, aber Obst und Gemüse sind welk und die Auswahl spärlich.

In einigen Restaurants werden an den Wochenenden abends die Turntables angeworfen, und in allen gibt's nach 1 Uhr keinen Alkohol mehr. Das verbieten die sehr strengen Vorschriften der Region. Trotzdem ist das Dorf ziemlich gesellig, die Partyszene in den Privathäusern ist alles andere als mager.

Gute Anlaufstellen für Hungrige sind:

Essensstände (Parkplatz; Mittagsmenü ab 2 US$) An diesen rustikalen Ständen hinter dem Taxistand werden *empanadas, humitas* (Maisklöße) und Suppen verkauft.

Quitor (Ecke Licancábur & Domingo Atienza; feste Menüs 2,60–3,50 US$; ☽ mittags & abends) Touristen und Einheimische kommen unter einem Strohdach zusammen, um sich *ajiaco* (Rindereintopf) und andere Klassiker des Nordens schmecken zu lassen.

Café Sonchek (Calama s/n; Frühstück 2–3 US$; Hauptgerichte 3 US$, Tagesmenü 4,50 US$; ☽ Mo–Sa Frühstück & Mittagessen) Veggiefreundliche Mahlzeiten werden direkt vor den Augen der Gäste zubereitet. Das beliebte, preiswerte Lokal befindet sich im Hostal Sonchek.

Todo Natural (Caracoles 271; Hauptgerichte 3,50–6 US$; ☺ morgens, mittags & abends) Vollkorn-Sandwiches, jede Menge verschiedene Salaten und dicke Pfannkuchen stehen in diesem niedlichen, kleinen Café auf der Speisekarte. Das Warten lohnt sich.

Café Export (Ecke Toconao & Caracoles; Tagesmenü 7 US$, Gerichte mit Getränk 5–10 US$) Funky und kerzenlichtbeleuchtet. Es gibt starken Kaffee, hausgemachte Pasta und ordentliche Pizza.

Cuna Restaurant (Tocopilla 359; Tagesmenü 8 US$; ☺ morgens, mittags & abends) Atacameño-Gerichte auf den heutigen Geschmack getrimmt. Den wunderhübschen Hof und die nette Bar ausprobieren!

Weitere beliebte Treffpunkte mit offenem Feuer im Hof sind **El Adobe** (Caracoles s/n; Frühstück 4 US$, Tagesmenü 5–8 US$) und **La Estaka** (Caracoles s/n; Frühstück 4 US$, Tagesmenü 8 US$; ☺ mittags & abends).

H2O (Caracoles 295-A) ist den ganzen Tag geöffnet. Es gibt Wasser in Flaschen.

An- & Weiterreise

Buses Atacama 2000 (Ecke Licancábur & Paseo Artesanal) und Buses Frontera ein paar Türen weiter fahren täglich nach Calama (2,30 US$) und Toconao (1 US$, 30 Min.). **Tur Bus** (Licancábur 11) betreibt pro Tag acht Busse nach Calama, und von da weiter nach Arica (17 US$, 1-mal tgl.), Antofagasta (7 US$, 6-mal tgl.) und Santiago (37 US$, 3-mal tgl.).

RUND UM SAN PEDRO DE ATACAMA

Die zerfallende Ruine der Festung **Pukará de Quitor** (Erw./Student 2,60/1,30 US$) aus dem 12. Jh. liegt 3 km nordwestlich der Stadt. Von hier hat man einen herrlichen Blick auf die Stadt und die gesamte Oase. 3 km weiter öffnet sich auf der rechten Seite die **Quebrada del Diablo** (Teufelsschlucht), ein schmaler Serpentinenweg – ein Traum für Mountainbiker! Etwa 2 km weiter Richtung Norden befinden sich die Inkaruinen von **Catarpe**. Der Sonnenuntergang über den geschwungenen Sandhügeln im **Valle de la Luna** (Erw./Student 2,60/1,75 US$) 15 km westlich der Stadt ist ein Muss für San-Pedro-Besucher. Tipp: Die Massen austrischen und zum Sonnenaufgang vorbeischauen! Die kreisrunden Behausungen **Aldea Tulor** (Eintritt 2 US$) 9 km südlich der Stadt gehören zu den Ruinen eines präkolumbischen Dorfes der Atacameño.

EINREISE NACH ARGENTINIEN

Géminis (☎ 851-538; Toconao s/n) fährt Salta und Jujuy in Argentinien an. Los geht es dienstags, freitags und sonntags um 11.30 Uhr (35 US$, 12 Std.). Auf S. 475 gibt's weitere Informationen zum Grenzübergang nach Argentinien.

Wer einen dieser Orte zu Fuß oder mit dem Fahrrad ansteuert, sollte auf jeden Fall genug Wasser, zu essen und Sonnenschutzmittel dabei haben.

Die wunderbare **Laguna Chaxa** (Eintritt 3 US$), von der Stadt aus 67 km in Richtung Süden, gehört zum **Salar de Atacama**. Hier leben drei verschiedene Flamingoarten (der James-Flamingo, der chilenische und der andische), außerdem Kiebitze, Wasserhühner und Enten. Die Sonnenuntergänge sind traumhaft. Die **Lagunas Miscanti & Miñiques** (Eintritt Erw./Student 3,50/1,75 US$) befinden sich 155 km südlich der Stadt. Die glitzernden, azurblauen Seen liegen 4300 m über dem Meeresspiegel. Bei Conaf nach *refugios* fragen!

Wer die vulkanischen, heißen Quellen von **Puritama** (Eintritt 10 US$) besuchen will, fährt von der Stadt 30 km in Richtung Norden. Die Quellen liegen in einem Box-Canyon auf dem Weg nach El Tatio. Zu dem friedlichen Plätzchen, das ordentliche Anlagen hat, sind es von der Kreuzung nur 20 Minuten zu Fuß auf einem gut erkennbaren Kiesweg. Die Quellen sind über 33 °C warm, und es gibt mehrere Wasserfälle und Becken. Essen und Wasser bringt man besser mit. Der Transport hierher ist schwierig und teuer – zur Auswahl stehen Taxis und eine geführte Tour.

Mit einer Höhe von 4300 m bilden die **El-Tatio-Geysire** (95 km nördlich der Stadt) das höchstgelegene Geysirfeld der Welt. Die Touristen pilgern zu jedem Sonnenaufgang zu dieser unheimlichen Ebene, um die unterhalb liegenden, dampfenden Fumaroles zu bestaunen. Die Touren beginnen zu unchristlicher Zeit um 4 Uhr, damit die Schaulustigen um 6 Uhr an den Geysiren ankommen. Die meisten Gruppen machen nach dem Sightseeing erst einmal ein Picknick. Camping ist möglich, doch die Nächte sind bitterkalt. Es ist wahrscheinlich besser, seinen Schlafsack zum schlichten *refugio* 2 km vor den Geysiren zu schleppen.

TOCONAO

☎ 055 / 500 Ew.

Das winzige, adrette Toconao liegt 40 km südlich von San Pedro und ist eine clevere Wahl, wenn man auf der Suche nach dem echten Atacama-Feeling ist. Toconao ist vor allem für seinen schön behauenen vulkanischen Stein bekannt, den *laparita*. Die **Iglesia de San Lucas** aus dem 18. Jh. hat einen frei stehenden Glockenturm. Die vor der Stadt etwa 4 km entfernte **Quebrada de Jerez** (Eintritt 1,75 US$) ist eine idyllische Oase. Sie quillt von Obstbäumen, Kräutern und blühenden Pflanzen geradezu über. Einige preiswerte *residenciales* und Restaurants finden sich in der Nähe der Plaza. Dazu gehört die **Residencial y Restaurant Valle de Toconao** (☎ 852-009; Calle Lascar 236; EZ/DZ/3BZ 8/16/24 US$). Buses Frontera und Buses Atacama 2000 fahren täglich nach/von San Pedro De Atacama (s. gegenüber).

IQUIQUE

☎ 057 / 216 420 Ew.

Iquique ist einer Theaterbühne nicht unähnlich: Vorn ragt die Stadt ins Meer hinaus, und hinten ist sie von der bräunlichen Küstenlinie umgeben. Und tatsächlich sind Dramen der Stadt nicht fremd. Zu Anfang lebte sie von den Guanoreserven und wurde im 19. Jh. dank der Nitratreichtümer geradezu verschwenderisch. Seitdem hat sie ihren Schwung verloren und setzt nun für die Zukunft auf Wirtschaft und Tourismus. Am besten sieht man das an der Dutyfree-Megazone, dem funkelnden Glamour des Kasinos und den überall neu entstehenden Beach Resorts. Die wahren Schätze der charmanten Küstenstadt sind aber die Überreste der wundervollen Architektur aus König Georgs Zeiten, die phantastischen hölzernen Bürgersteige von Baquedano, die thermischen Winde und die grandiosen Surfmöglichkeiten.

Orientierung

Iquique liegt 1853 km nördlich von der Hauptstadt Santiago und 315 km südlich von Arica. Die Stadt liegt eingequetscht zwischen dem Ozean und der öden, braunen Küstenlinie, die plötzlich auf 600 m ansteigt. Südlich des Zentrums sind auf der Peninsula de Cavancha das Kasino, Luxushotels und eine hübsche, ziemlich felsige Küste zu finden.

Praktische Informationen

Internetzugang hat man eigentlich von jedem Block, sogar direkt gegenüber der Playa Cavancha. Die Banken rund um die Plaza Prat haben Bankautomaten. In der Zona Franca (s. unten) gibt's mehr *casas de cambio*.

Afex Money Broker (Serrano 396) Wechselt Bares und Reiseschecks.

Entel (Gorostiaga 251) Telefone.

Hospital Regional Dr Torres (☎ 422-370; Ecke Tarapacá & Av Héroes de la Concepción) Zehn Blocks östlich der Plaza Condell.

Post (Bolívar 458).

Sernatur (☎ 312-238; Anibal Pinto 436; ☉ Jan. & Feb. Mo–Sa 9–20, So 9–14 Uhr, März–Dez. Mo–Fr 8.30–13 & 15–17 Uhr) Kostenlose Stadtpläne und Informationen.

Telefónica CTC (Ramírez 587) Telefone.

Vaporito (Bolívar 505; 3,50 US$/2 kg) Wäscheservice. Hat auch noch eine weitere Filiale an der Juan Martínez 832.

Sehenswertes & Aktivitäten

Der Stil des 19. Jhs., in dem die Stadt gebaut wurde, ist am besten an der Plaza Prat zu erkennen. Hier stehen der **Torre Reloj** (Glockenturm) von 1877 und das neoklassizistische **Teatro Municipal** aus dem Jahr 1890. An der Nordostecke befindet sich das maurische **Casino Español** von 1904. Im Innern kann man sich kunstvolle Fliesen und Gemälde rund um *Don Quixote* anschauen. Das 1871 erbaute **Edificio de la Aduana** (Zollhaus; Av Centenario) beherbergt heute das kleine **Museo Naval** (☎ 517-138; Esmeralda 250; Erw. 0,35 US$; ☉ Di–Sa 10–13 & 16–19, So 10–14 Uhr).

Eine wunderschön restaurierte **Straßenbahn** zuckelt in der Hauptsaison von Zeit zu Zeit die Av Baquedano hinunter und kommt dabei an einer beeindruckenden Reihe von Gebäuden im Stile König Georgs vorbei. Im **Museo Regional** (☎ 411-214; Baquedano 951; Eintritt frei; ☉ Mo–Fr 9–17.30, Sa & So 10–17 Uhr) sind präkolumbische Artefakte ausgestellt, unheimliche Tierföten, Mumien und Tiwanaku-Schädel. Am Baquedano steht außerdem der grandiose **Palacio Astoreca**. Drinnen zeigt das **Centro de Cultura** (☎ 425-600; O'Higgins 350; Eintritt 0,70 US$) Gemälde von Künstlern aus der Region. Die **Hafentouren** (Muelle de Pasajeros; 3,50 US$) tuckern zu den Kolonien der Seelöwen hinaus.

In der **Zona Franca** (Zofri; ☉ Mo–Sa 11–21 Uhr) nördlich vom Geschäftszentrum gibt's auf ermüdenden 240 ha Dutyfreeshops. Vom Geschäftszentrum aus fahren alle *colectivos* Richtung Norden dorthin.

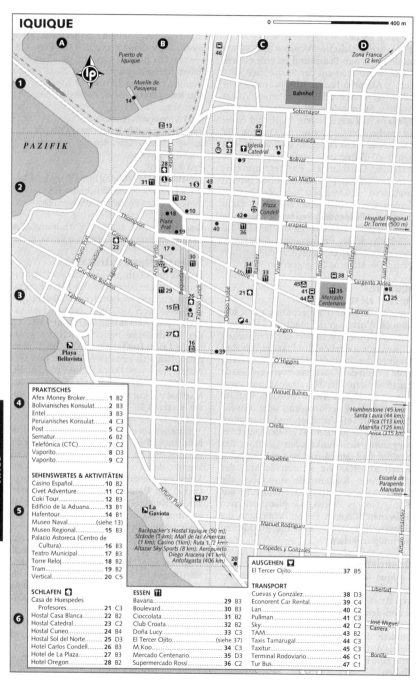

Playa Cavancha (Ecke Av Arturo Prat & Amunátegui) ist der beliebteste Strand von Iquique und herrlich zum Schwimmen und Wellenreiten. Weiter südlich machen reißende Strömungen und heftige Brecher die **Playa Brava** eher zum Revier der Sonnenanbeter. Wer hin will, kann vom Geschäftsviertel aus ein *colectivo* nehmen oder laufen.

Surfen und Wellenreiten lässt sich am besten im Winter, denn dann kommt die Dünung von Norden. Möglich ist beides aber das ganze Jahr über (s. S. 537). Am Nordende der Playa Cavancha gibt's morgens weniger Konkurrenzkämpfe. Die **Playa Huaiquique** liegt in den südlichen Vororten der Stadt und ist ebenfalls eine gute Option. Aber weiter nördlich, Richtung Arica, ist das Wasser wärmer.

Vertical (☎ 391-077; www.verticalstore.cl, spanisch; Prat 580) verkauft und vermietet Ausrüstungen für Surfer. Unterricht kostet 27 US$ aufwärts. **Mormaii Escuela de Surf y Bodyboard** (☎ 099-450-3298; www.iquiquextreme.cl, spanisch) bietet ebenfalls Surfstunden. Für zwei/acht Stunden muss man 17,50/53 US$ hinblättern, Ausrüstung eingeschlossen. Trips nach Cerro Dragón zum Sandboarden kosten in etwa das gleiche.

Iquiques ideale Lage macht es zum Mekka der Paraglider. Da möchte man am liebsten gleich Anlauf nehmen und abspringen! Beim mehrsprachigen **Altazor Skysports** (☎ 380-110; www.altazor.cl, spanisch; Flight Park, Vía 6, Manzana A, Sitio 3, Bajo Molle) können Interessierte einen Versuch starten. Die **Escuela de Parapente Manutara** (☎ 418-280; manutarachile@hotmail.com; 18 de Septiembre 1512) wird von Franzosen geführt und veranstaltet ebenfalls Einführungsflüge und dreitägige Kurse (160 US$).

Geführte Touren

Die öffentlichen Verkehrsmittel nach Humbersonte, Mamiña und zu den Geoglyphen haben ihre Tücken. Eine geführte Tour in Erwägung zu ziehen, kann sich also lohnen. Trips nach Pica führen auch zum Cerro Pintados.

Avitours (☎ 099-139-5039; www.avitours.cl)

Civet Adventure (☎ 428-483; civetcor@ctcinternet.cl; Bolívar 684) Organisiert kleine Abenteuertouren zu *altiplano*-Zielen in Fahrzeugen mit Vierradantrieb. Wer mitfährt, wird voll ausgestattet. Man kann auch Landsailing und Paragliding buchen. Das Personal spricht auch Deutsch.

Coki Tour (☎ 329-207; cokitouriqq@terra.cl; Baquedano 982) Bietet Touren auf Spanisch oder, wenn vorher abgesprochen, auf Englisch.

Schlafen

Die Taxifahrer bekommen von manchen *residenciales* und Hotels Prozente. Wer dort ankommen möchte, wo er wirklich hin wollte, muss hart bleiben oder vielleicht doch lieber zu Fuß gehen. Nördlich von Iquique bei Pisagua und Cuya kann man am Strand kostenlos wild campen.

Die billigsten Betten findet man rund um den Mercado Centenario, aber hier gibt's kein Drumherum, kein Lächeln, kein Frühstück. Eine solche Unterkunft ist das dunkle, kastenförmige **Hostal Sol del Norte** (☎ 421-546; Juan Martínez 852; EZ/DZ 6/12,50 US$; P).

Backpacker's Hostel Iquique (☎ 320-223; www.hosteliquique.cl; Amunategui 2075; Mitglieder B/EZ/DZ inkl. Frühstück 8/11,50/19,50 US$, Nichtmitglieder 9/12,50/21 US$; ▯) Nur ein paar Schritte vom Strand entfernt. Es ist ein Spitzenhostel mit einer englisch sprechenden Belegschaft. Es gibt jede Woche ein Barbecue (3,50 US$), außerdem Schließfächer, Spiele, eine Wäscherei, Gepäckaufbewahrung, eine Küche und eine winzige Dachterrasse mit Meerblick.

Casa de Huespedes Profesores (☎ 314-475; inostrozaфloresprop@hotmail.com; Ramírez 839; EZ/DZ inkl. Frühstück 10/16 US$; ▯) Ein altes Gästehaus mit hohen Decken und abblätternder Blumentapete. Alle sind freundlich und Fahrräder kann man auch ausleihen.

Hostal Cuneo (☎ 428-654; Baquedano 1175; Zi. 10 US$, mit Bad 16 US$) Die Zimmer nach vorne sind besser. In diesem *hostal* im Familienbesitz ist das Frühstück im Preis inbegriffen.

Hostal Catedral (☎ 426-372; Obispo Labbé 253; Zi. inkl. Frühstück 10 US$/Pers.) Für frühe oder späte Tur-Busverbindungen praktisch gelegen. Dieses gemütliche Fleckchen ist sehr grün, aber ein klein wenig muffig.

Hotel Oregon (☎ 410-959; San Martín 294; Zi. inkl. Frühstück 12,50 US$/Pers.) Ein nostalgisches Hotel in der Nähe der Plaza. Es hat hohe Decken, knarrende Holzböden und einen hohen, alten Innenhof.

Hotel de La Plaza (☎ 419-339; Baquedano 1025; EZ/DZ inkl. Frühstück 16/25 US$) Das Gebäude im georgianischen Stil hat einen herrlichen Hof. Allerdings hätten die Zimmer etwas mehr Liebe vertragen können. Die Einzelzimmer sind klein, aber die Bäder dafür riesig.

IN DIE VOLLEN!

Mit einem beherzten Sprung in den Abgrund kann man locker einen langen Tag im Bus abschütteln. Paraglider lieben die steile Felswand an der Küste Iquiques, ebenso wie die aufsteigenden Luftströme und ausgedehnten, sanften Dünen. In Sachen Paragliding gehört die Stadt zu den absoluten Topadressen auf dem Kontinent. Anfänger können sich für 45 US$ an einen Tandemflug wagen. Am besten studiert man ein wenig die Seite www.parapenteiquique.cl (spanisch) und checkt die von Franzosen geführte Escuela de Parapente Manutara (S. 525) oder Altazor Skysports am Playa Cavancha ab. Windschutz, Sonnencreme und … Mumm mitbringen!

Hostal Casa Blanca (☎ 420-007; Gorostiaga 127; EZ/DZ inkl. Frühstück 17/27 US$) Das sympathische Gästehaus voller Pastellfarben in allen Schattierungen ist ein friedliches Plätzchen. Der Service ist freundlich.

Hotel Carlos Condell (☎ 327-545; Baquedano 964; EZ/DZ inkl. Frühstück 23/38 US$; Ⓟ) Ein wunderschönes Gebäude aus der Zeit des großen Booms im 19. Jh. Die Lage ist perfekt, aber der dem Gebäude eigene Charme wird nicht mehr so richtig gepflegt.

Essen

Supermercado Rossi (Tarapacá 579) Vielfältige Produkte und frisches Gemüse.

Bavaria (Aníbal Pinto 926) Hat leckere Köstlichkeiten zum Mitnehmen.

Mercado Centenario (Barros Arana s/n) Mittagessen ohne viel Drumherum kann man an den Sandwichständen an der Nordseite bekommen. Die *cocinerías* die Treppe rauf haben Fisch- und Meeresfrüchte im Angebot.

M.Koo (Latorre 596; Snacks 1,25–1,75 US$) Der einfache Laden an der Ecke hat ausgezeichnete *chumbeques* (süße Kekse aus der Gegend). Zu den Specials gehören dampfende *humitas* und *pastel de choclo* zum Mitnehmen.

Doña Lucy (Vivar 855; Kuchen 1,50 US$; Ⓨ 9–19 Uhr) Ein brummender Teeladen mit köstlichen Cremetorten und Cappuccino.

El Tercer Ojito (Patricio Lynch 1420; Hauptgerichte 4–8 US$; Ⓨ mittags & abends) Entspannter New-Age-Laden mit ausgezeichnetem peruanischem Essen, Currys und seltsamem Sushi. Im hübschen Hof gibt's Kakteen,

Wandgemälde und sogar eine Schildkröte in einer Badewanne zu sehen.

Club Croata (Plaza Prat 310; Hauptgerichte 4–11 US$) Berge von Pasta und Huhn sind hier im Angebot. Das Mittagessen zum Festpreis ist das beste an der Plaza.

Cioccolata (Aníbal Pinto 487; Tagesmenü 5 US$; Sandwiches 4 US$; Ⓨ Mo–Sa 8.30–22, So 17–22 Uhr) Ein besserer Coffeeshop mit herzhaftem Frühstück, Sandwiches, tollen Kuchen und leckerer Schokolade im Angebot.

Boulevard (Baquedano 790; Hauptgerichte 7–15 US$; Ⓨ mittags & abends) Straßencafé mit reichhaltigen Fondues, Pizzas, Crêpes und riesigen Salaten mit würzigen Dressings.

Ausgehen

Die schrägen Pubs und Clubs, die südlich der Stadt die Küste säumen, sind ein guter Tipp.

El Tercer Ojito (Patricio Lynch 1420) Bietet eine Terrasse zum Relaxen. Hier kann man nach Einbruch der Dunkelheit einen Cocktail schlürfen. Von 20 bis 22 Uhr ist Happy Hour.

Unterhaltung

Die Mall de las Americas (Héroes de la Concepción) hat ein Multiplex-Kino südöstlich des Zentrums.

An- & Weiterreise

BUS & COLECTIVO

Die meisten Busse fahren vom **Terminal Rodoviario** (☎ 416-315; Patricio Lynch) ab; ein paar Gesellschaften haben Ticketbüros an der West- und Nordseite des Mercado Centenario. **Tur Bus** (☎ 472-984; www.turbus.cl, spanisch; Esmeralda 594) hat einen Geldautomaten. Einige Fahrpreise sind hier aufgelistet:

Ziel	Dauer (Std.)	Preis (US$)
Antofagasta	8	12–20
Arica	4½	9
Calama	7	12–16
Copiapó	14	19–32
La Serena	18	21–41
Santiago	26	27–45

Wer ein schnelleres *colectivo* nach Arica (15 US$, 3½ Std.) nehmen will, versucht es bei **Taxitur** (☎ 414-815; Sargento Aldea 783). **Taxis Tamarugal** (☎ 419-288; Barros Arana 897-B) hat täglich *colectivos* nach Mamiña (Hin- und Rückfahrt 10,50 US$).

Nach La Paz in Bolivien fährt **Cuevas y González** (☎ 415-874; Sargento Aldea 850) von Montag bis Samstag um 22 Uhr (17,50–21 US$, 20 Std.). Wenn man von Arica aus fährt, wird's billiger. Nach Jujuy und Salta in Argentinien geht's mit Pullman dienstags um 23 Uhr (65 US$) vom Busterminal aus.

FLUGZEUG

Der Flughafen der Region **Aeropuerto Diego Aracena** (☎ 410-787) befindet sich 41 km südlich des Geschäftszentrums an der Via Ruta 1.

Lan (☎ 600-526-20002; Tarapacá 465) ist desto billiger, je früher man bucht. Zu den täglichen Flügen gehören vier nach Arica (39–77 US$, 40 Min.), einer nach Antofagasta (50–69 US$, 45 Min.), sieben nach Santiago (158–286 US$, 2½ Std.) und einer nach La Paz in Bolivien (159–190 US$, 2 Std.).

Sky (☎ 415-013; Tarapacá 530) fliegt auch nach Arica (36 US$), Antofagasta (54 US$) und Santiago (163 US$), außerdem noch weiter in den Süden Chiles. **Aerolineas del Sur** (☎ 420-230; Ecke Thompson & Patricio Lynch) bietet gute Preise, z. B. nach Antofagasta (Hin- und Rückflug 71 US$) und Santiago (Hin- und Rückflug 186 US$).

TAM (☎ 390-600; www.tam.com.py, spanisch; Serrano 430) fliegt dreimal wöchentlich nach Asunción in Paraguay (309 US$).

Unterwegs vor Ort

Aerotransfer (☎ 310-800) unterhält vom Flughafen (41 km südlich der Stadt) einen Shuttleservice von Haus zu Haus (6 US$).

Autos zu mieten kostet pro Tag 44 US$. Die hiesigen Agenturen verlangen häufig einen internationalen Führerschein. Am besten versucht man's bei den Mietwagenständen am Flughafen oder bei **Econorent Car Rental** (☎ 417-091; reservas@econorent.net; Obispo Labbé 1089).

RUND UM IQUIQUE

Die Reisebüros in Iquique bieten geführte Touren zu allen hier genannten Sehenswürdigkeiten. Pica und Mamiña gibt's allerdings nicht in derselben Tour.

Nachdem das Feuer des Nitratbooms lange verglüht ist, ist von **Humberstone** (Eintritt 1,50 US$) nur ein unheimliches Gerippe übrig geblieben. 45 km nordöstlich von Iquique gelegen, wurde es 1872 erbaut. Die größte Blüte erlebte die Geisterstadt in den 1940er-Jahren: Das Theater zog damals Stars aus Santiago an, die Arbeiter vertrieben sich die Zeit in einem massiven gusseisernen Pool, den man aus einem gereinigten Schiffswrack hergestellt hatte, und Komfort, der den meisten kleinen Städtchen völlig fremd war, war hier plötzlich selbstverständlich. Die Entwicklung von synthetischem Nitrat führte 1960 zur Schließung der *oficina*. Heute sind einige Gebäude restauriert, andere sind allerdings instabil – also Vorsicht bei der Erkundung! Als Unesco-Weltkulturerbe steht Humberstone auf der Liste der gefährdeten Stätten weit oben, vor allem wegen der Baufälligkeit der Konstruktionen. Auf die skelettartigen Überreste der **Oficina Santa Laura** trifft man nach einem Fußmarsch von 30 Minuten Richtung Südwesten. Man kann sich auch von Bussen Richtung Osten dort absetzen lassen. Wer bereit ist zu warten, bekommt normalerweise problemlos einen Bus für den Rückweg. Essen, Wasser und Fotoausrüstung mitnehmen!

Die umwerfende, präkolumbische Geoglyphe (Erdzeichnung) **El Gigante de Atacama** (Riese der Atacama) 14 km östlich von Huara an den Hängen des Cerro Unita ist mit 86 m die weltgrößte archäologische Darstellung einer menschlichen Figur. Abgebildet ist ein mächtiger Schamane, von dessen klobigem Kopf Strahlen ausgehen. Seine dünnen Glieder halten einen Pfeil und eine Medizintasche. Fachleute schätzen, dass die Geoglyphe etwa 900 n. Chr. entstanden ist. Den besten Überblick hat man mehrere Hundert Meter vom Fuß des Hügels entfernt. Den stark erodierenden Hügel sollte man nicht besteigen. Wer sich das Ganze anschauen möchte, nimmt sich am besten entweder ein Taxi oder schließt sich einer geführten Tour an.

Mitten in der trostlosen Pampa der Atacama gibt es weitläufige Gehölze des unverwüstlichen Tamarugo-Baumes (*prosopis tamarugo*). Sie säumen ein Panamericana südlich von Pozo Almonte. Der Wald bedeckte einst Tausende von Quadratkilometern, bevor die Rodungen für die Minen ihn fast vollständig zerstört haben. Die Bäume sind in der **Reserva Nacional Pampa del Tamarugal** geschützt. Hier befinden sich außerdem 355 restaurierte Geoglyphen, die Menschen, Lamas oder geometrische Formen zeigen. Sie bedecken einen Abhang des **Cerro Pintados** (Eintritt 1,75 US$), fast genau gegenüber der Abzweigung nach Pica. Von der Landstraße aus ist es ein extrem staubiger, aber wenig anspruchsvoller Marsch dorthin, vorbei an einem verlassenen Rangierbahnhof. Hin und zurück braucht man jeweils eineinhalb Stunden. Der **Campingplatz** (Stellplatz 8 US$/Pers., Gästehausbett 11 US$), der von Conaf geführt wird, hat ebene, schattige Stellplätze mit Tischen und ein paar Übernachtungsmöglichkeiten in Hütten. Er liegt von Pozo Almonte aus 24 km in Richtung Süden.

Die Oase **Pica** ist ein hellgrüner Fleck auf einer staubigen Leinwand. Sie liegt 113 km südöstlich von Iquique und ist vor allem für ihre Limonen berühmt, die wichtigste Zutat des sauren, leckeren *pisco sour*. Tagesausflügler lieben es, mit einem frischen, fruchtigen Drink in der Hand im **Cocha Resbaladero** (Gral Ibáñez; ☼ 8–21 Uhr; Eintritt 1,75 US$) im Süßwasserpool zu planschen. **Camping Miraflores** (☎ 057-741-338; Miraflores s/n; Stellplatz 2 US$/Pers.) ist an den Wochenenden völlig überlaufen, obwohl es dort keinen Schatten gibt. Das historische **El Tambo** (☎ 057-741-041; Gral Ibáñez 68; Zi. 6 US$/Pers., Hütte für 4 Pers. 32 US$) aus dem Jahr 1906 hat ältliche Zimmer voller Charme.

Mamiña liegt 125 km östlich von Iquique (aber nicht an derselben Straße wie nach Pica). Die merkwürdige Stadt ist in Terrassen angelegt und wegen ihrer Thermalbäder, der Kirche von 1632 und der präkolumbischen Festung **Pukará del Cerro Inca** für Traveller interessant. Im **Barros Chino** (☎ 057-751-298; Eintritt 1,75 US$; ☼ Di–So 9–16 Uhr), einer Art günstiges „Resort", können sich Erholungsbedürftige in einen Liegestuhl fläzen und sich mit stärkendem Schlamm vollkleistern. Zu ähnlichen Preisen kann man sich auch in einzelnen Betonwannen im **Baños Ipla** (☼ 8–4 & 15–21 Uhr) oder im **Baños Rosario** aufweichen lassen. Letzteres liegt unterhalb der Refugio Saltire. Im **Cerro Morado** (Stellplatz 4 US$/Pers.) wird Mittagessen zum Festpreis serviert, und man kann hier auch im Hinterhof campen. In der Stadt gibt's ein paar einfache *residenciales*. Überall wird Vollpension geboten. Wer angeben will, schaut sich mal das **Hotel Los Cardenales** (☎ 057-517-000; Zi. inkl Vollpension 43 US$/Pers.; P ⊠) an. Es ist das gemütlichste Haus der Stadt und hat einen Pool mit Quellwasser, Whirlpools und Gärten. Die Besitzer aus Litauen sprechen mehrere Sprachen. Informationen zu den Verkehrsmitteln s. Iquique (S. 526).

ARICA

☎ 058 / 185 270 Ew.

Wären da nicht die Sommertage, die gewaltige Brandung und die warmen Meeresströmungen, dann wäre diese Stadt gleich bei Peru eher kein Highlight. Arica ist ein städtischer Badeort mit langen Stränden, die bis zum buckeligen Felsen El Morro reichen. Hier trifft man auf das Volk der Aymara, das an Verkaufsständen seine Handwerkskunst unter die Leute zu bringen versucht. Außerdem gibt's eine Kirche aus Eisen, die zusammen mit ein paar weiteren architektonischen Perlen ein wenig Glanz in das ansonsten langweilige Stadtzentrum bringt. Für die meisten Traveller ist Arica nur das Sprungbrett zu den gewaltigen Höhenzügen des Parque Nacional Lauca.

Orientierung

Alle Dienstleistungseinrichtungen für Traveller befinden sich im geschäftigen, chaotischen Zentrum, das zwischen der Küste und der Av Vicuña Mackenna liegt. Die 21 de Mayo ist eine Fußgängerzone. Die besten Strände liegen südlich vom *morro* und nördlich vom Parque Brasil. Die Bushaltestellen befinden sich an der Diego Portales, gleich hinter der Av Santa Mariá. Dorthin kommt man am besten per *colectivo* oder mit dem Bus. Die *colectivos* fahren schneller und häufiger. Wer zum Stadtzentrum will, nimmt *colectivo* 8 (0,50 US$) die Diego Portales runter. Zu Fuß sind es ca. 3 km.

Praktische Informationen

Internetcafés und Läden, wo man telefonieren kann, reihen sich in der 21 de Mayo und der Bolognesi aneinander. In der Fußgängerzone (21 de Mayo) gibt's jede Menge Bankautomaten, die rund um die Uhr zugänglich sind. *Casas de cambio* an der 21 de Mayo haben gute Kurse für US-Dollar, peruanische, bolivianische und argentinische Währungen sowie Euro.

Automóvil Club de Chile (☎ 252-678; 18 de Septiembre 1360) Karten und Straßeninformationen. Westlich vom Zentrum.

Ciber Tux (Bolognesi 370; 0,70 US$/Std.; ☼ 10–24 Uhr) Internetcafé.

Conaf (☎ 201-200; tarapaca@conaf.cl; Av Vicuña Mackenna 820; ☼ Mo–Fr 8.30–17.15 Uhr) Hat ein paar nützliche Informationen zu den Nationalparks in der Región 1 (Tarapacá). Vom Zentrum aus kommt man am besten mit Bus 12 hin (0,30 US$).

NÖRDLICHES CHILE •• Arica 529

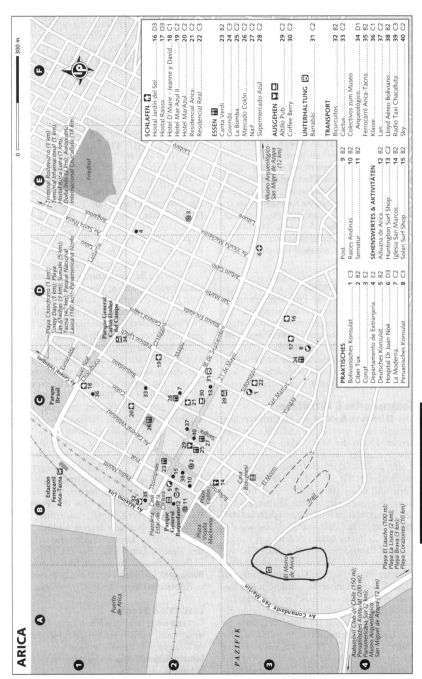

Departamento de Extranjería (☎ 250-377; Angamos 990) Ersetzt verloren gegangene Touristenkarten und verlängert Visa.

Hospital Dr Juan Noé (☎ 229-200; 18 de Septiembre 1000)

Info Arica (www.infoarica.cl) Informationen über Arica auf Englisch und Spanisch.

La Moderna (18 de Septiembre 457; 3 US$/kg) Zum Wäschewaschen.

Post (Prat 305) Am Fußweg Richtung Pedro Montt.

Raices Andinas (☎ 233-305; www.raicesandinas.com; Sotomayor 195) Ein ordentlicher, kleiner, von Aymara geführter Laden. Empfehlenswert, weil er dazu beiträgt, dass man die hier lebenden Völker besser kennenlernt. Touren in die Berge dauern zwei (ca. 84 US$) bis vier (ca. 232 US$) Tage. Der Preis hängt von der Teilnehmerzahl ab.

Sernatur (☎ 252-054; infoarica@sernatur.cl; San Marcos 101; ⏰ Dez.–Feb. Mo–Sa 8.30–19, So 10–14 Uhr, März–Nov. Mo–Fr 8.30–17.30 Uhr) Nützliche Anlaufstelle, die Broschüren über Tarapacá und andere Regionen Chiles auf Lager hat.

Gefahren & Ärgernisse

Taschendiebstahl ist ein Problem, besonders an den Busterminals und den Stränden. Am besten nur das Nötigste mitnehmen! Manche Strände sind wegen starker Meeresströmungen gefährlicher als andere.

Die Uhren umstellen: Chile ist Peru zwischen dem 15. Oktober und dem 15. März zwei Stunden, ansonsten eine Stunde voraus.

Sehenswertes & Aktivitäten

Der **El Morro de Arica** ist ein eindrucksvoller, bräunlicher Felsbrocken und überragt mit seinen 110 m die Stadt. Man erreicht ihn über einen Fußweg vom Südende der Calle Colón aus. Das dortige Museum erinnert an die Schlacht, die am 7. Juni 1880 zwischen Peru und Chile stattgefunden hat und für beide Nationen ein heikles Thema ist. Die 1875 im gotischen Stil erbaute **Iglesia San Marcos** an der Plaza Colón wurde ebenso wie das frühere Zollhaus **Aduana de Arica** am Parque General Baquedano von Alexandre Gustave Eiffel entworfen (bevor hier Land aufgeschüttet wurde, lag das Gebäude direkt am Hafen). Beide Bauwerke wurden in den Pariser Werkstätten von Eiffel vorgefertigt. Die Kirche ist mit Ausnahme der Tür vollkommen aus Gusseisen. Im **Plazoleta Estación** ein Eisenbahnmuseum untergebracht, der Eintritt ist frei. Der **Feria Agro**, ein lebhafter Markt mit sagenhafter Auswahl an Obst und Gemüse, befindet sich 6 km vom Stadtzentrum entfernt an der Kreuzung mit der Panamericana Sur. Wer hin will, nimmt ein *micro* oder *colectivo* mit der Aufschrift „Agro".

Das **Museo Arqueológico San Miguel de Azapa** (☎ 205-555; Eintritt 2 US$; ⏰ Jan.–Feb. 9–20 Uhr, März–Dez. 10–18 Uhr) liegt 12 km östlich von Arica und beherbergt einige der ältesten Mumien der Welt. Die Ausstellung des archäologischen und kulturellen Erbes der Region ist phantastisch. Außerdem gibt's gut geschriebene Broschüren auf Englisch. *Colectivos* (1,25 US$) an der Ecke Chacabuco und Patricio Lynch sorgen für den Transport.

Wer die Av Comandante San Martín Richtung Süden geht, kommt zu den Stränden. Der beste zum Baden und Faulenzen ist die **Playa El Laucho** gleich hinter dem Club de Yates. Dahinter kommt die nette, geschützte **Playa La Lisera**. Hier gibt's auch Umkleideräume und Duschen. Am besten steigt man an der 18 de Septiembre oder an der Nordostecke der Av General Velásquez und Chacabuco in Bus 8. Die Fischmehlfabrik etwa 7 km weiter südlich lässt sich schon von Weitem erschnüffeln. Ganz in der Nähe ist die **Playa Corazones**. Hier kann man wild campen und einen Kiosk gibt's auch. Der Pfad gleich hinter dem Strand ist ein guter Tipp: Man sieht Höhlen, Horden von Kormoranen, donnernde Brecher, Tunnel und eine Seelöwenkolonie. Busse fahren Corazones nicht an, also bleiben nur Taxi oder Fahrrad.

Den tückischen Wellen verdankt Arica äußerst anspruchsvolle Surfwettbewerbe. Im Juli gibt's die größten Brecher (s. S. 537). Die Strände nördlich der Innenstadt sind rauer aber sauberer. Von der Ecke Av General Velásquez und Chacabuco fährt Bus 12 hierher. Die **Playa Chinchorro** 2 km weiter hat günstige Lokale zu bieten, tolle Läden und einen Jetskiverleih. An der **Playa Las Machas** mehrere Kilometer nördlich, wie auch an der Isla de Alacrán, südlich vom Club de Yates, können Surfprofis sich mit den gigantischen Wellen des El Gringo und El Buey messen. Zu den Surfshops gehören **Huntington Surf Shop** (☎ 232-599; 21 de Mayo 493) und **Solari Surf Shop** (☎ 233-773; 21 de Mayo 160).

Festivals & Events

Carnaval Ginga Findet Mitte Februar statt. Vorgeführt werden traditionelle Tänze und die *comparsa*-Gruppen aus der Region zeigen ihr musikalisches Können.

Semana Ariqueña (Arica-Woche) In den ersten Juniwochen.

Schlafen

Das Campen an der schwarzsandigen **Playa Corazones** (Av Comandante San Martín), die 7 km Richtung Süden am Ende der Av Comandante San Martín liegt, ist kostenlos, aber die Plätze sind ungepflegt und überfüllt. Wasser mitbringen! Der ordentliche **Sumaki** (Stellplatz 3 US$/Pers.) befindet sich von Arica aus 5 km Richtung Norden, in der Nähe der Playa Las Machas. Er hat ein Volleyballfeld, Bäder und Duschen. Von Dezember bis Februar führt Sernatur eine billige Jugendherberge. Im Büro kann man nachfragen, wo sie ist, das ändert sich nämlich jede Saison.

Die Taxifahrer bekommen von einigen *residenciales* und Hotels Prozente. Fest auf dem eigenen Ziel beharren! Neben den unten aufgeführten Unterkünften säumen noch ein paar billige die Prat und die Velásquez. Bessere Optionen sind an der Sotomayor zu finden.

Residencial Real (☎ 253-359; Sotomayor 578; Zi. 7 US$/Pers.) Ruhig, sauber und freundlich. Die Zimmer oben sind die beste Wahl.

Residencial Arica (☎ 255-399; 18 de Septiembre 466; Zi. 8 US$/Pers.) Zentral und sauber, mit riesigen Gemeinschaftsbädern. Frühstück und Küchenbenutzung sind aber nicht drin.

Hostal Roca Luna (☎ 264-624; Diego Portales 861; Zi. pro Person Gemeinschaftsbad/eigenes Bad 8/12 US$) Wer nah am Busterminal sein will, sollte das Roca Luna in Erwägung ziehen.

Doña Inés (☎ 226-372; casadehuespedes@hotmail. com; Manuel Rojas 2864; B inkl. Frühstück Mitglieder/Nichtmitglieder 10,50/14 US$, EZ/DZ 17,50/25 US$) Ein angesagter, kleiner HI-Ableger. Es gibt moderne Zimmer, eine hübsche Terrasse mit Hängematten, Tischtennis und eine kahle Wand für Grafittikünstler. Zur Innenstadt sind's zu Fuß 20 Minuten; wer will, kann an der nahen Av Chapiquiña auch das *colectivo* 4 nehmen.

Sunny Days (☎ 241-038; www.sunny-days-arica.cl; Tomas Aravena 161; B 10,50 US$, EZ ohne/mit Bad inkl. Frühstück 10,50/12,50 US$, DZ 21/25 US$; P 🖳) Das nette, gastfreundliche Hostel wird von einem neuseeländisch-chilenischen Paar geführt. Zu den Bussen und zum Strand ist es von hier aus nicht weit. Geboten werden außerdem eine Wäscherei, Gepäckaufbewahrung, ein Fahrradverleih und eine Gemeinschaftsküche.

Hotel Mar Azul (☎ 256-272; www.hotelmarazul.cl, spanisch; Colón 665; EZ/DZ/3BZ inkl. Frühstück 12,50/25/37,50 US$; 🖭) Eine prima Wahl ist das Mar Azul mit seinen Bananenbäumen, einem Pool im Freien und den zwitschernden Singvögeln. Ein Hauch von Schimmel und winzige Einzelzimmer sind die einzigen Nachteile.

Hotel Mar Azul II (☎ 233-653; Patricio Lynch 681; Zi. inkl. Frühstück 12 US$/Pers.) Ist nicht ganz so ruhig gelegen, riecht aber besser. Gutes Frühstück gibt's bei beiden.

Hostal Raissa (☎ 251-070; San Martín 281; EZ/DZ inkl. Frühstück 12,50/25 US$) In den friedlichen Innenhöfen wachsen Mangos und schnattern Wellensittiche. Das Raissa hat eine Gästeküche, Zimmer mit Bad und Kabelfernsehen. Wer ein eigenes Apartment mieten möchte, wird hier auch fündig. Mit Fahrradverleih und Wäscherei.

Hostal Jardín del Sol (☎ 232-795; Sotomayor 848; Zi. 14 US$/Pers.) Traveller können hier in vollen Zügen die entspannte Atmosphäre genießen, zu, der Innengärten, ein Open-Air-Zwischengeschoss, eigene Badezimmer, Ventilatoren und das Frühstück beitragen.

Hotel D'Marie – Jeanne y David (☎ 258-231; Av General Velásquez 792; EZ/DZ inkl. Frühstück 16/30 US$; P) Wird von einem hilfsbereiten französisch-chilenischem Paar geführt. Es ist eine wunderbare Oase mit Frangipani- und Hibiskusbäumen, großen Zimmern mit Ventilator, TV und Zimmerservice. Dazu gibt's große Duschen und ein einfaches Frühstück.

Essen & Ausgehen

Das Leitungswasser ist hier voller Chemikalien. Lieber Flaschen kaufen und an den zahlreichen Ständen die leckeren frischen Säfte trinken.

Supermercado Azul (18 de Septiembre & Baquedano) Großer Supermarkt.

Govinda (Blanco Encalada 200; feste Menüs 1,75 US$; ☽ Mo–Fr 12.30–15.30 Uhr) Man muss nicht unbedingt Hare-Krishna-Anhänger oder Vegetarier sein, um die Wohnzimmeratmosphäre und die dreigängigen, kreativen Mittagsmenüs aus Bio-Zutaten (die auf einem einzigen Metallteller serviert werden) zu lieben. Das Lokal liegt versteckt im Wohngebiet.

Mercado Colón (Colón & Maipú; festes Menü 2–3,50 US$, Fischgerichte 3–5 US$; ☽ morgens & mittags) Winzige Restaurants servieren auf diesem lebhaften, überdachten Markt billigen, frisch gebratenen *corvina* (Seebarsch), *cojinova* (spanischen Seehecht) und Suppen.

Naif (Sangra 365; Frühstück 2,50–3,50 US$, Mittagsmenü 4 US$; ☉ Mo–Sa morgens, mittags & abends) ist eine schräge Café-Bar mit Eisenstühlen, scharfer Kunst und ab und zu Livemusik.

La Bomba (Colón 357; Tagesmenü 3 US$, Hauptgerichte 3–6 US$; ☉ mittags & abends) Die kreischende Sirene auf dem Gebäude wird einen auf die billigen Mittagessen zum Festpreis aufmerksam machen. Dieses einfache Lokal ist Teil des Feuerwehrhauses.

Canta Verdi (Bolognesi 453; Sandwiches & kleine Pizzas 4–6 US$; ☉ mittags & abends) In dem neuen Restaurant mit Bar kann man sich prima stärken und die farbenfrohe Künstlergasse überblicken. Sehr geeignet für ein Gringo-Rendezvous und Pizza und Snacks an der Bar, Krüge voll Bier und Cocktails! Es liegt versteckt in einer Fußgängerzone. Von 20 bis 23 Uhr ist Happy Hour.

Coffee Berry (21 de Mayo 423; Kaffee 1–2 US$) Hier werden mit Sirup, Sahne und verschiedenen Aromen verfeinerte Kaffeegetränke serviert und außerdem gibt's hausgemachte Schokolade.

Altillo Pub (21 de Mayo 260, 1. Stock; ☉ Mo–Sa 18 Uhr–open end) Kerzenschein beleuchtet die Tische. Vom winzigen Balkon aus kann man unbemerkt die Fußgängerzone beobachten.

Unterhaltung

Barrabás (18 de Septiembre 520) Nachtschwärmer können hier kuschelige Loungezonen und coole Vibes genießen. Livemusik oder DJs.

Im Sommer verlangen die Diskos an der Playa Chinchorro etwa 5 US$ Eintritt.

An- & Weiterreise

AUTO
Wer selbst nach Peru fahren will, sollte vorher beim Konsulat nachfragen, welche Formulare aktuell benötigt werden. Man braucht mehrere Kopien des Relaciones-de-Pasajeros-Formulars, das man kostenlos in den meisten Läden vor Ort kriegt. Damit kann man 60 Tage in Peru bleiben. Nach Bolivien sollte man eine Extraration Treibstoff, Wasser und Frostschutzmittel mitnehmen.

BUS & COLECTIVO
In der Gegend um die Terminals treiben sich die Taschendiebe herum – also immer gut aufs Gepäck aufpassen! Am **Terminal Rodoviario** (☎ 241-390; Ecke Diego Portales & Santa María) bieten mehrere Busgesellschaften Fahrten zu verschiedenen Zielen an. Dazu gehören täg-

lich mehrere nach Iquique (9 US$, 4½ Std.), Antofagasta (16–35 US$, 13 Std.) und Santiago (35–70 US$, 28 Std.). Géminis fährt direkt nach Calama (15–23 US$, 10 Std.) und unterhält Verbindungen nach San Pedro de Atacama (41 US$, 3-mal pro Woche). In allen Bussen Richtung Süden wird man an den Regionengrenzen durchsucht.

Reisende mit Ziel La Paz in Bolivien nehmen einen der Busse von Cuevas y González oder Chilebus (13–21 US$, 9 Std.), die täglich früh morgens starten. Am schäbigeren Terminal Internacional gleich östlich gibt's noch mehr Angebote Richtung La Paz. Man lässt sich einfach am Lago Chungara von den Bussen aufgabeln und erkundigt sich dort nach den Ankunftszeiten. Vom gleichen Terminal fahren auch *colectivos* nach Tacna (4 US$). Peruanische *colectivos* fahren außerhalb des Terminals ab; sie werden auf der Strecke öfter aufgehalten, weil sie durchsucht werden. Die chilenischen starten innerhalb des Terminals. Am besten gibt man dem Fahrer seinen Pass, damit er die Grenzformalitäten erledigen kann.

Nach Putre hat **La Paloma** (☎ 222-710; Germán Riesco 2071) um 6.30 Uhr einen direkten Bus (3,50 US$, 1½ Std.). Er fährt vom Germán Riesco 2071 ab. Um zu den Busterminals zu kommen, schnappt man ein *colectivo* 1, 4 oder 11, das von Maipú startet. Von San Marcos aus fährt auch die Nummer 8.

FLUGZEUG
Lan (☎ 600-526-2000, option 8; 21 de Mayo 345) fliegt täglich mehrmals nach Santiago (195 US$, 3½ Std.) und einmal am Tag nach La Paz in Bolivien (120 US$, 3–5 Std.). Der Flug wird mit **Lloyd Aéreo Boliviano** (☎ 251-919; Bolognesi 317) abgestimmt, Traveller können sich hier nach weiteren Verbindungen innerhalb Boliviens erkundigen. **Sky** (☎ 251-816; 21 de Mayo 356) hat billigere, aber weit weniger Inlandflüge.

Der Flughafen Chacalluta liegt 18 km Richtung Norden. **Radio Taxi Chacalluta** (☎ 254-812; Patricio Lynch 371) hat Taxis (9 US$) und *colectivos* (4,50 US$/Pers.).

ZUG
Züge nach Tacna (1,75 US$, 1½ Std.) fahren montags bis samstags um 10 und 19 Uhr vom **Ferrocarril Arica-Tacna** (☎ 231-115; Máximo Lira 889) ab.

Unterwegs vor Ort

Mietwagen bekommt man bei **Cactus** (☎ 257-430; Baquedano 635, Local 36) oder **Klasse** (☎ 254-498; www.klasserentacar.cl; Av General Velásquez 762, local 25). Die Preise liegen bei 27 US$ pro Tag aufwärts. Mountainbikes mit doppeltem Stoßdämpfer sind bei **Bicircuitos** (Estación Ferrocarril Arica–La Paz) für 13 US$ pro Tag oder 4 US$ die Stunde zu haben.

RUTA 11 & PUTRE

An den Abhängen der kahlen Ausläufern des Lluta-Tales gibt es Geoglyphen. Außerdem steht in **Poconchile** eine von Erdbeben beschädigte Kirche aus dem 17. Jh. und man kann Kandelaberkakteen besichtigen (wer die in voller Blüte gesehen hat, ist wirklich ein Glückspilz, denn sie blühen nur einmal im Jahr für 24 Stunden). Auch interessant: die Ruinen der Festung **Pukará de Copaquilla** aus dem 12. Jh. am Rand einer Schlucht.

Antike, steingefasste Terrassen voller Luzernen und duftendem Oregano umgeben Putre (1980 Ew.; 3530 m). Das Dorf der Aymara liegt 150 km nordöstlich von Arica und ist ein prima Ort, um sich zu akklimatisieren. Besucher sollten die wunderbaren Wanderungen, die man hier machen kann, und das ruhige Dorfambiente ausgiebig genießen. Ursprünglich war der Ort eine *reducción* aus dem 16. Jh. (eine spanische Siedlung, erbaut, um die indigene Bevölkerung zu kontrollieren). Es gibt jede Menge Architektur aus der Kolonialzeit, vor allem die restaurierte **Iglesia de Putre** (1670) aus Lehmziegeln. Im Februar findet ein frivolwitziger **Karnaval** statt. Dann stehen explodierende Mehlballons und Livemusik auf dem Programm.

Im Ort gibt es eine Post und ein Callcenter. Die wichtigste Straße ist die Baquedano.

Tour Andino (☎ 099-011-0702; www.tourandino. com, spanisch; Baquedano s/n) ist ein Einmannbetrieb, dessen Guide Justino Jirón wärmstens empfohlen sei. Die Biologin Barbara Knapton aus Alaska bietet bei **Alto Andino Nature Tours** (☎ Nachrichten 058-300-013; www.birdingalto andino.com; Baquedano 299) Exkursionen mit Vogelbeobachtung und zum Thema Naturgeschichte auf Englisch und Spanisch an. Die Touren sind ziemlich teuer, aber ausgezeichnet. Interessierte sollten weit im Voraus reservieren.

Hostal Cali (Baquedano s/n; EZ/DZ 6/10,50 US$) ist die günstigste Unterkunft in Putre. Der In-

---

EINREISE NACH PERU

Der Grenzübergang bei Challuca/Tacna ist täglich von 8 bis 12 Uhr geöffnet und von Freitag bis Sonntag rund um die Uhr. Busse auf internationalen Routen fahren einfach durch. Langstreckenfahrten sollten aber besser in Tacna gebucht werden, dort ist es billiger. Pass und Touristenkarte bereit halten und den ganzen Obst- und Gemüseproviant vor dem Grenzübergang aufessen! Von Oktober bis Februar ist die peruanische Zeit der chilenischen zwei Stunden hinterher. Im restlichen Jahr ist es nur eine Stunde.

Informationen zu Reisen in umgekehrter Richtung stehen auf S. 981.

---

nenhof ist betoniert und die Zimmer haben den Charme von Verhörräumen.

Residencial La Paloma (☎ 099-197-9319; Baquedano s/n; EZ ohne/mit Bad 9/14 US$; P) ist ein ordentliches *residencial* mit Restaurant. Die Zimmer haben dünne Wände und sind um betonierte Innenhöfe herum angeordnet.

Gleich in Scharen zieht es Traveller zum **Pachamama** (☎ 099-286-1695; ukg@entelchile.net; B/EZ/DZ 9/17,50/35 US$; P). Das schöne Hostel hat eine großzügige Gemeinschaftsküche, einen Innenhof voller Blumen und gut informiertes, junges Personal.

Kuchu-Marka (Baquedano 351; ☽ mittags & abends) serviert köstliche Quinoa-Suppe, außerdem Alpakasteaks, Vegetarisches und Getränke. Folkloremusiker spielen für ein Trinkgeld auf. Gloria, die Besitzerin, vermittelt Zimmer in Privathäusern. Lange geöffnet.

EINREISE NACH BOLIVIEN

Der beliebteste Strecke nach Bolivien ist die Route via Parque Nacional Lauca. Man kommt dann von der chilenischen Stadt Chungara nach Tambo Quemado. Die meisten internationalen Busse fahren morgens ab. Die Einreisestelle hat von 8 bis 21 Uhr geöffnet. Pass und Touristenkarte sollte man parat haben. Man kann die Chungara-Grenze von Putre aus auch per Taxi erreichen. Dann die Grenze zu Fuß überqueren und in Tambo Quemado auf öffentliche Verkehrsmittel umsteigen. Busse auf internationalen Routen fahren einfach durch.

Buses La Paloma (Baquedano 301) fährt täglich um 14 Uhr nach Arica (3,50 US$, 1½ Std.). Busse nach Parinacota im Parque Nacional Lauca kommen an der Abzweigung nach Putre vorbei, die 5 km von der Hauptlandstraße entfernt liegt.

PARQUE NACIONAL LAUCA

Lauca, 160 km nordöstlich von Arica, ist ein wahres Juwel: In nebligen Höhen gibt es hier schneebestäubte Vulkane, abgelegene, heiße Quellen und schimmernde Seen. Herden von *vicuñas* und Vizcachas und zahlreiche Vogelarten wie Flamingos, riesige Blässhühner und Andenmöwen bewohnen den Park (138 000 ha, 3000–6300 m). Und ganz nebenbei finden sich auch noch beeindruckende kulturelle und archäologische Highlights.

22 km von Putre entfernt liegen die Termas de Las Cuevas. Das kleine, einfache Thermalbad erreicht man über einen gewundenen Pfad, an dem es Vizcachas in rauen Mengen gibt. Das nächste Fotomotiv kommt schon 4 km weiter Richtung Osten: Domestizierte Lamas und Alpakas grasen auf smaragdgrünen Weiden zwischen klaren Lagunen voller *guallatas* (Andengänsen) und Enten.

Das Aymara-Dorf **Parinacota** liegt 20 km entfernt, 5 km abseits der Landstraße. Zwischen weißgewaschenen Ziegel- und Steinstraßen steht eine wunderschöne Kirche aus dem 18. Jh. Interessierte müssen sich einfach ihre surrealistischen, an Hieronymus Bosch erinnernden Wandgemälde anschauen und das Museum besuchen! Eine hiesige Legende erzählt, dass der Tisch, der hier angebunden ist, einst in die Nachbarschaft geflüchtet ist. Dort, wo er angehalten hat, starb am nächsten Tag ein Mann. Klingt sehr abenteuerlich … Es gibt jede Menge Wanderwege (die sogar einen Tisch in Versuchung führen können) – in der Conaf-Rangerstation in der Stadt nach Details fragen!

Die **Payachata-Zwillingsvulkane** – Parinacota (6350 m) und Pomerape (6240 m) – ruhen momentan. Zu ihren Füßen, auf 4500 m Höhe, liegt der **Lago Chungará**. Er ist einer der höchstgelegenen Seen der Welt. Gleich südlich von ihm raucht Unheil verkündend der Volcán Gualltatire vor sich hin.

Traveller sollten sich unbedingt langsam an die Höhe gewöhnen, sich am Anfang nicht verausgaben und in Maßen essen und trinken. Die Kräutertee-Arznei *chachacoma* oder *mate de coca* helfen gegen die Höhenkrankheit. Beides kann man im Dorf bekommen. Außerdem Sonnencreme, Sonnenbrille und einen Hut einpacken!

Geführte Touren

Wer auf den eintägigen Blitztrip zum Lago Chunagará verzichtet, den viele Reisebüros in Arica anbieten, erspart sich auch die hämmernden Kopfschmerzen. Man nennt sie hier *soroche* (Höhenkrankheit). Die Zeit nutzt man besser, um die Landschaft zu genießen. Touren, die eineinhalb Tage (55–60 US$) dauern und einen Zwischenstopp von einer Nacht in Putre einlegen, lassen einem mehr Zeit, um sich zu akklimatisieren. Eine dreitägige Rundtour nach Lauca, zum Monumento Natural Salar de Surire, zum Parque Nacional Volcán Isluga und nach Iquique (200 US$) endet spät am Abend des dritten Tages in Arica. Englisch sprechende Guides sind selten, also im Voraus einen engagieren! Es gibt nicht so wahnsinnig viele Touren, deshalb sind etwas Flexibilität und Ausdauer gefragt. Am besten erkundigt man sich im Sernaturbüro nach Beschwerden über unterdurchschnittlich gute Anbieter.

Latinorizons (Arica ☎ 058-250-007; www.latinorizons. com; Bolognesi 449) Zuverlässiger, von einem Belgier geführter Anbieter. Hat regelmäßig Touren in die Berge und unregelmäßig einen Trip auf der alten Arica–La-Paz-Eisenbahnstrecke bis nach Poconchile im Programm.

Parinacota Expeditions (Arica ☎ 058-256-227; www. parinacotaexpediciones.cl, spanisch; Ecke Bolognesi & Thompson) Zusätzlich zu den normalen 1½- bis 3-tägigen Ausflügen bietet diese kleine Agentur längere Vulkanbesteigungen und Mountainbiken auf Lamapfaden an.

Schlafen

Conaf (☎ 058-201-225; amjimene@conaf.cl; B 10 US$) Hat *refugios* für Hartgesottene in Las Cuevas, Parinacota und am Lago Chungará; letzteres ist am besten zu erreichen und hat die meisten Betten (nämlich sechs). Campen kostet 8 US$ pro Zelt. Genügend Lebensmittel und einen warmen Schlafsack mitbringen!

Hostal Terán (☎ 058-228-761; Parinacota gegenüber der Kirche; 4 US$/Pers.) Wer in diesem *refugio* schlafen will, wickelt sich besser in gehäkelte Decken, um dem Luftzug zu trotzen. *Señora* Morales kocht, man kann aber auch die Küche tief unten benutzen (das wappnet gegen die nächtliche Kälte). Für Frühstück/Abendessen zahlt man 1/2 US$.

An- & Weiterreise
Der Park erstreckt sich auf beiden Seiten der asphaltierten Landstraße von Arica nach La Paz. Im Abschnitt über Arica (S. 532) stehen Details zu den Busverbindungen. Wer mit dem eigenen Auto oder einem Mietwagen unterwegs ist, sollte zusätzlichen Treibstoff und Frostschutzmittel dabei haben.

ZENTRALES CHILE

Die meisten Traveller lassen das Kernland, Heimat des chilenischen Rodeo, und seine Weinberge links liegen und ziehen gleich weiter. Wenn diese Region aber irgendwo anders in der Welt läge, bekäme sie wahrscheinlich deutlich mehr Aufmerksamkeit. Die riesigen Ernten, die in der fruchtbaren zentralen Senke eingebracht werden, füllen die Lager der Lebensmittelhändler von Anchorage bis Tokio. Ganz zu schweigen von der Bedeutung des chilenischen Weines – etwa für eine lebhafte *sobremesa* (Unterhaltung beim Abendessen)! Die Weingegend ist von Santiago aus ebenso gut in einer Tagestour zu erreichen wie die phantastischen Skigebiete. Man muss auch nicht viel weiter fahren, um ordentliche Surfreviere und die unberührten Parks der Reserva Nacional Radal Siete Tazas oder den Parque Nacional Laguna de Laja zu finden.

Früher war diese Gegend für die Spanier eine wahre Goldgrube, denn sie fanden hier kleine Goldminen, gutes Farmland und südlich von Concepción jede Menge potenzielle Arbeiter. Die hartnäckigen Mapuche zwangen die Spanier jedoch bis zur Mitte des 17. Jhs., die meisten ihrer Siedlungen wieder aufzugeben.

RANCAGUA
☎ 072 / 214 300 Ew.
Einmal im Jahr übernehmen die Cowboys das Zepter in der Industriezone von Rancagua, nämlich wenn im späten März die nationalen Meisterschaften im **Rodeo** abgehalten werden. Der Wettkampf der *huasos* ist eine bitterernste Sache und bestimmt nichts zum Lachen. Danach wird *cueca* getanzt und gefeiert. Die Region liegt nur 86 km südlich von Santiago und ist somit ideal für

einen Tagesausflug. Sehenswerte Ziele sind die heißen Quellen der **Termas de Cauquenes** (www.termasdecauquenes.cl; Eintritt 6 US$) und die viel zu wenig geschätzte **Reserva Nacional Río de los Cipreses** (☎ 297-505; Eintritt 2,90 US$).

Traveller kriegen Infos bei **Sernatur** (☎ 230-413; Germán Riesco 277). Geld wechselt **Afex** (Campos 363, Local 4; ☺ Mo–Fr 9–18 Uhr) und bei **Conaf** (☎ 204-600; rancagua@conaf.cl; Cuevas 480) stehen einem eifrige Guides für den Park zur Verfügung.

Das äußerst einfache **Hotel Rosedal de Chile** (☎ 230-253; Calvo 435; Zi. inkl. Frühstück 9 US$/Pers.) liegt ein paar Blocks von Tur Bus entfernt. Im **Casino Carabineros en Retiro** (Bueras 255; Mittagessen 3 US$) werden zu guten Preisen riesige Portionen serviert. Fette Steaks grillt man in behaglicher, familiärer Atmosphäre im **Torito** (Zañartu 323; Hauptgerichte 6–11 US$). An den Wochenenden gibt's Livemusik.

Von Rancaguas Busbahnhof fahren täglich zwei Busse zu den heißen Quellen. Am besten ist es, vorher kurz beim Hotel anzurufen und nachzufragen, denn der Fahrplan ändert sich öfter mal. Langstreckenbusse fahren auch ab dem **Terminal** (Dr Salinas 1165) nördlich vom Mercado Central. **Tur Bus** (Ecke Calvo & O'Carrol) und **Buses al Sur** (O'Carrol 1039) haben ihrer eigenen Terminals. Busse nach Santiago (2,40 US$, 1 Std.) verkehren alle zehn oder 15 Minuten. Vom **Bahnhof** (☎ 230-361; Av Estación s/n) fährt stündlich der Metrotren-Nahverkehrszug nach Santiago (2,50 US$, 1 Std.). EFE bringt Traveller zu Zielen im Süden, z. B. nach Chillán (16 US$, 3½ Std.) und Temuco (20 US$, 8 Std., tgl. 23.23 Uhr).

SANTA CRUZ
☎ 072 / 32 400 Ew.
Dank der großzügigen Investitionen eines ehemaligen Waffenhändlers blitzt und blinkt das zauberhafte, malerische Santa Cruz. Es ist das Weinzentrum der Region und die einzige Stadt, die Weintouren veranstaltet hat. Seinen großen Moment hat Santa Cruz Anfang März, wenn auf der Plaza die lebhafte **Fiesta de la Vendimia** (das Weinlesefestival) gefeiert wird. Chiles größtes privates Museum, das **Museo de Colchagua** (☎ 821-005; www.museocolchagua.cl; Errázuriz 145; Eintritt 5 US$; ☺ Di–Sa 10–18 Uhr), ist einen Besuch wert, denn es hat eine labyrinthartige Sammlung von ungewöhnlichen Fossilien, in Bernstein gefangenen Insekten, Textilien

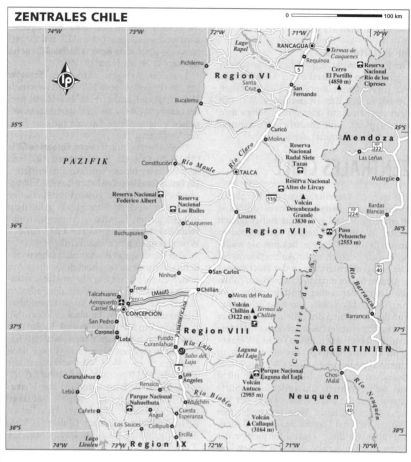

der Mapuche, präkolumbischer anthropomorpher Keramik, wunderschönen Goldarbeiten, Ausrüstungsgegenständen der Konquistadoren, Geräten der *huaso*, Dokumenten und Karten. Der **Busbahnhof** (Rafael Casanova 478) liegt etwa vier Blocks westlich der städtischen Plaza. Ungefähr alle halbe Stunde fährt von dort ein Bus nach Pichilemu (3 US$, 2 Std.) bzw. Santiago.

PICHILEMU
☎ 072 / 12 400 Ew.

Kräftige Leftbreaks machen das staubige, heruntergekommene Pichilemu zu einem Surf-Hotspot. Mit seiner künstlerischen *buena onda* (guten Schwingung) und den vielen Auswanderern, die sich hier niederlassen, ist dieses Fleckchen Sand kein schlechter Ort zum Relaxen.

Die **Touristeninformation** (☎ 842-109; Municipalidad, Angel Gaete 365) hat zusätzlich einen **Stand** (Ecke Angel Gaete & Anibal Pinto; ☼ Sommer).

Ein Brett und einen Wetsuit leiht man bei der **Escuela de Surf Manzana 54** (☎ 099-574-5984; Costanera s/n; Brettleihgebühr 6 US$/halber Tag) am La-Puntilla-Strand. Die Surfkurse (Einzelkurse 17 US$/2 Std.) sind für Anfänger perfekt. Wer hin möchte, spaziert bis zum Strand am Ende der Av Ortúzar und geht dann noch ein paar Minuten auf der Costanera. Die Wellen bei Punta de Lobos sind eine größere Herausforderung. Beim felsigen Infiernillo im Westen geht's dagegen etwas ruhiger zu, aber man kann hier gut fischen.

In Pichilemu findet jeden Sommer der **Campeonato Nacional de Surf** (die Nationale Surfmeisterschaft) statt. Austragungsort ist Punta de Lobos 6 km südlich der Stadt.

Das **Pequeño Bosque** (☎ 842-071; Ecke Santa Teresa & Paseo del Sol; Stellplatz 16 US$/4 Pers.) hat Zugang zum Strand und alle nötigen Campingeinrichtungen. Während der Saison schießen an der Aníbal Pinto *residenciales* wie Pilze aus dem Boden, die aber nach der Saison wieder geschlossen werden. Hier findet sich das eine oder andere Schnäppchen. Im **Hotel Chile España** (☎ 841-270; Av Ortúzar 255; EZ/DZ ohne Bad inkl. Frühstück 12/20 US$), einer schlichten, lässigen Unterkunft mit Holzöfen und Schaukelstühlen, steigen die Surfer ab. Die **Cabañas Buena Vista** (☎ 842-638; www.343 sur.com; Av Pichilemu; 12,60 US$/Pers.) sind geräumige Hütten mit sagenhaftem Meerblick. Mehr als zehn Gäste werden hier aber nicht aufgenommen. Den Transport hierher kann man entweder mit dem englischen Besitzer Will absprechen oder vom Stadtzentrum aus 20 Minuten bis zur Kreuzung laufen. Geboten werden Mountainbikeverleih und Ausflüge zum Fliegenfischen.

Der gegrillte und marinierte Fisch, der im mediterran gestalteten **Costa Luna** (Costanera 879; ⊙ Sommer tgl., Winter Mi–So) an Tischen mit Blick auf die Brandung serviert wird, macht das Lokal zum besten der Stadt.

Vom **Terminal de Buses** (Ecke Av Millaco & Los Alerces) an Pichilemus Stadtrand fahren regelmäßig Busse nach Santa Cruz (2 US$, 2 Std.) und San Fernando (3 US$3, 3 Std.).

Von dort gibt's Verbindungen in den Norden und Süden.

CURICÓ
☎ 075 / 119 600 Ew.

Für einen Besuch der Weinanbaugebiete der Region ist das entspannte Curicó der perfekte Ausgangspunkt. Seine absolut postkartenwürdige **Plaza de Armas** wird von immergrünen Bäumen, Palmen und Schmucktannen beschattet. Hier gibt es außerdem einen schmiedeeisernen Pavillon auf Stelzen.

Im Sommer unterhält **Sernatur** (Plaza de Armas) einen Infostand. **Forex** (Carmen 477) ist die einzige *casa de cambio*. Es gibt jede Menge Geldautomaten.

Das ausgelassene **Festival de la Vendimia** (Weinlesefestival) Mitte März geht über drei Tage. Das Weingut **Miguel Torres** (☎ 564-100) befindet sich 5 km südlich der Stadt und führt Touren durch, aber nur nach Anmeldung. In seinem schicken Restaurant kommt französisch-chilenisches Essen auf den Tisch (Mittagessen 20 US$). Am besten nimmt man ein *colectivo* Richtung Molina und bittet darum, hier abgesetzt zu werden.

Das **Residencial Rahue** (☎ 312-194; Peña 410; Zi. 11 US$/Pers.) liegt auf der anderen Straßenseite. Es ist eine schnörkelige, überlegenswerte Alternative zum altweltlichen Charme des **Hotel Prat** (☎ 311-069; Peña 427; EZ/DZ inkl. Frühstück 13,50/27 US$) mit seiner schattigen, weinumrankten Laube, den kühlen Zimmern und durchhängenden Lattenrosten. Im Erdgeschoss des Kulturzentrums befindet sich das

---

DAS IST DIE WELLE – CHILES FÜNF TOP-SURFPLÄTZE

In Chile rollen auf 4300 km Wellen ans Land – Langeweile unmöglich!

- Die klassische Welle: ab Januar und den ganzen Februar über füllen Pilger den Punta de Lobos von Pichilemu – ein perfekter linker Brecher.

- Eins sein mit der Welle und vor Puertecillos rollenden Wellen das Zelt aufschlagen. Dieses wilde Surferparadies ist nicht ausgeschildert. Die Anwohner von Pichilemu fragen, ob man ihnen folgen darf.

- Der Mythos der Stadtwelle: Die flache Klippenbrandung von Iquique ist dafür bekannt, Neuankömmlinge anzuspringen, sie herumzuwirbeln und ihnen die Brieftasche zu stehlen. Hinfallen gehört zur Feuertaufe. Wenn nicht im „El Colegio" (Schule), dann mit Sicherheit im „La Intendencia" (Verwaltungsbüro). Schühchen sind gut gegen die Seeigel.

- Die ernst gemeinte Welle: Die Welle von Arica heißt „El Gringo". Sie ist flach, superschwer und unfreundlich zu ihren Namensvettern.

- Das Küken unter den Wellen: Anfänger machen sich auf den Weg nach La Puntilla in Pichilemu. Eine Surfschule und einen schönen, dicken Neoprenanzug aussuchen.

Refugio Restaurant (Merced 447; Tagesspecial 3,50 US$; ⊙ Mo–Sa 12.30–16 & 18–23 Uhr), wo europäische und lateinamerikanische Küche erfolgreich verschmolzen werden.

Das **Terminal de Buses** (Ecke Maipú & Prat) und die **Estación de Ferrocarril** (☎ 310-028; Maipú 657) liegen vier Blocks westlich der Plaza de Armas. Es gibt täglich acht Züge Richtung Norden nach Santiago (10 US$, 2 Std.) und zehn Richtung Süden nach Chillán (11 US$, 2½ Std.). Das Busunternehmen **Buses Bravo** (☎ 312-193) bedient Llico (tgl. 15.30 Uhr), den Treffpunkt der Windsurfer. **Buses Hernández** (☎ 491-179) fährt zum Radal Siete Tazas National Park (2 US$, 2 Std.), und **Buses Díaz** (☎ 311-905) steuert täglich um 15.20 Uhr den malerischen Lago Vichuquén (3 US$, 2½ Std.) an. Die Busse nach Santiago (5 US$, 2½ Std.) fahren etwa alle halbe Stunde. Am besten **Bus Pullman Sur** (Camilo Henríquez) drei Blocks nördlich der Plaza oder **Tur Bus** (Manso de Velasco 0106) versuchen!

RESERVA NACIONAL RADAL SIETE TAZAS

In diesem **Reservat** (Eintritt 2,50 US$) geht die mediterranen Vegetation in feuchten immergrünen Wald über, dort wo sich der obere Río Claro über sieben Basaltbecken ergießt und in den 50 m hohen **Cascada Velo de la Novia** (Brautschleierfällen) endet. Wanderwege gibt es hier jede Menge. Längere führen u. a. zum Cerro El Fraile, zum Valle del Indio und zu den Altos del Lircay. Der **Parque Inglés** liegt herrlich und bietet Lodges, in denen man herzhaft essen kann.

Camping Los Robles (13,50 US$/bis 6 Pers.) innerhalb des Parks hat warme Duschen und einen Grillplatz. Wer außerhalb der Saison kommt, vermeidet das große Tohuwabohu. Einfache Zeltplätze mit fließendem kaltem Wasser sind bei **Radal** (☎ 099-333-8719; Stellplatz 21 US$/5 Pers.) zu haben.

Verpflegung bringt man am besten aus Molina mit.

Wer zum Parque Inglés möchte, nimmt zuerst einen *micro* von der Av San Martín in Curicó nach Molina (in 50 km Entfernung). Dort mit Proviant eindecken! Von November bis März fahren zwischen 8 und 20 Uhr täglich fünf Busse vom Terminal de Molina an der Maipú (2 US$, 2 Std.) ab. Im übrigen Jahr verkehrt täglich ein Bus, der um 17.30 Uhr losfährt und um 8.30 Uhr wieder hier ist.

TALCA

☎ 071 / 201 800 Ew.

Talca punktet mit seiner lebhaften Universitätsatmosphäre und dadurch, dass es die Gringos, die auf dem Weinpfad durchs Land unterwegs sind, mit Essen und Wein versorgt. Die Stadt liegt 257 km südlich von Santiago und ist ein günstiger Ausgangspunkt zu den Reservaten. Außerdem gibt's hier bessere Verbindungen für Langstreckenbusse als in den anderen Städten der Umgebung. Serviceleistungen für Traveller sind bei **Sernatur** (1 Poniente 1281), **Conaf** (3 Sur & 2 Poniente) und **Forex Money Exchange** (2 Oriente 1133) zu haben. In dem Haus, in dem Bernardo O'Higgins 1818 die Unabhängigkeitserklärung Chiles unterzeichnet hat, ist heute das **Museo O'Higgins y de Bellas Artes** (1 Norte 875; Eintritt frei; ⊙ Di–Fr 10–19, Sa & So 10–14 Uhr) untergebracht, in dem ländliche Szenen in Öl und Porträts von *huasos* ausgestellt sind.

Schlafen & Essen

Casa Chueca (☎ 099-419-0625; www.trekkingchile.com/Casachueca/; B 11 US$, EZ/DZ/3BZ mit Bad & Frühstück 22/30/36 US$; ⊙ Aug.–Juni geschl.; 🐾) Backpacker lieben diese einfachen Cabañas: Sie stehen in einem Garten und haben Blick auf den plätschernden Fluss. Die Besitzer wissen sehr viel über die Region und führen Wandertouren durch. Man kann sich auch einen Drahtesel schnappen und die vielen Weingüter in der Nähe auf eigene Faust erkunden. Wer hier wohnen will, ruft erst einmal vom Terminal in Talca aus an und nimmt dann Taxtuals „A"-*micro* Richtung San Valentín bis zum letzten Stopp in Taxtual. Da wird man abgeholt.

Das **Hostal del Puente** (☎ 220-930; 1 Sur 411; EZ/DZ 25/43 US$) bietet die besten Schlafmöglichkeiten der Stadt. Die Unterkünfte am Fluss liegen links und rechts von Säulengängen und sind im Haziendastil gestaltet. Das Management ist freundlich und spricht Englisch. Ein sehr hübscher Garten gehört zur Anlage und die Zimmer sind wirklich gemütlich.

Die billigsten Frankfurter Würstchen genehmigt man sich an der 5 Oriente. Mahlzeit!

Las Brisas Supermarkt (Ecke 1 Norte & 5 Oriente) Hat bis 22 Uhr geöffnet.

Mercado Central (zw. 1 Norte, 5 Oriente, 1 Sur & 4 Oriente) Billige *cocinerías*.

Entrelíneas (1 Sur 1111; ☺ Mo–Fr 10–20.30 Uhr; Sandwiches 2,50 US$) Eine angesagte Mischung aus Café und Buchladen. Hier kriegt man Livepoetry zum Espresso!

Rubin Tapia (2 Oriente 1339; Hauptgerichte 5–9 US$; ☺ Mo–Sa 10–24 Uhr) hat eine unglaubliche Weinauswahl. Das leckere grüne Curry und die Thaigarnelen lassen einem das Wasser im Munde zusammenlaufen.

An- & Weiterreise

An der Haupt-**Bushaltestelle** (12 Oriente) von Talca halten die meisten Nord-Süd-Busse, außerdem gibt's **Tur Bus** (3 Sur 1960). Ein paar Preise und Reisezeiten: Chillán (6 US$, 5 Std.), Puerto Montt (18 US$, 11 Std.) und Temuco oder Valparaíso (13 US$, 6 Std.). Buses Vilches (1,50 US&, 1½ Std.) fährt dreimal täglich von hier ab, um 7, 13 und 16.50 Uhr, in Richtung des Dorfs Vilches und noch weiter. Am Eingang des Reserva Nacional Altos del Lircay drehen die Busse wieder um.

Der **Bahnhof** (11 Oriente 1000) liegt am Ostende der 2 Sur. Täglich fahren fünf Züge nach Chillán (8,50 US$, 1¾ Std.), Curicó (7 US$, 45 Min.), Santiago (10 US$, 2¾ Std.) und Temuco (13,50 US$, 6½ Std.). Eine Schmalspurbahn tuckert zum dünenumrandeten Küstenresort Constitución. Sie fährt täglich (2 US$, 2½ Std.) um 7.30 Uhr und an Wochentagen auch um 16 Uhr. Zurück kommt sie immer um 7.15 Uhr und wochentags zusätzlich um 16 Uhr.

RESERVA NACIONAL ALTOS DE LIRCAY

Das **Nationalreservat** (Eintritt 2,50 US$) liegt 65 km östlich von Talca an den Ausläufern der Anden. Besucher können hier wundervolle Wanderungen machen, mitten durch große Populationen von *tricahues* und anderen einheimischen Papageien. Wer sich die anstrengende, zwölf Stunden lange Schinderei zutraut, kann sich zum **El Enladrillado** aufmachen, einem einzigartigen Basaltplateau, von dem aus man einen atemberaubenden Blick hat. Die zehnstündige Wanderung zur **Laguna del Alto** ist etwas leichter. Trekkingfans können einen Abstecher zum Radal Siete Tazas machen, sie brauchen dafür allerdings einen Guide, denn der Pfad ist nicht ausgeschildert. Eine geführte Wanderung lässt sich beim Veranstalter **El Caminante** (☎ 099-837-1440, 071-197-0097; www.trekkingchile. com), der nur während der Saison Touren

anbietet, oder bei **Expediciones Rapel** (☎ 071-228-029, 099-641-5582) buchen.

Der **Conaf-Campingplatz** (Stellplatz 13 US$/5 Pers.) ist von der Bushaltestelle einen einstündigen Fußmarsch entfernt. Außerdem kann auf Plätzen im Hinterland gezeltet werden. Von Talca aus fahren die Busse von Buses Vilches täglich um 7, 13 und 16.50 Uhr direkt bis zum Eingang des Parks. Der Fahrplan wird allerdings öfter mal geändert. Der Preis beträgt 1,50 US$.

CHILLÁN
☎ 042 / 161 950 Ew.

Das von Erdbeben geschüttelte und von den Belagerungen der Mapuche mitgenommene, aber trotzdem unverwüstliche Chillán ist der faszinierendste Stopp zwischen Santiago (407 km nördlich) und Temuco (270 km südlich). Chillán Nuevo wurde 1835 an der Stelle der alten Stadt gebaut. Als ein weiterer Erdstoß 1939 auch die neue Stadt zerstörte, stiftete die mexikanische Regierung die **Escuela México** (Av O'Higgins 250; ☺ Mo–Fr 10-13 & 15–18, Sa & So 10–18 Uhr), die es auch heute noch gibt. Auf Pablo Nerudas Bitte hin malten der mexikanische Künstler David Alfaro Siqueiros und Xavier Guerrero spektakuläre Wandgemälde zu Ehren indigener und postkolumbischer Persönlichkeiten der Geschichte. Spenden sind willkommen (und sogar gefordert).

Mit einer bunten Palette von landwirtschaftlichen Erzeugnissen und Handwerksgegenständen (Leder, Korbwaren, Webarbeiten) ist die **Feria de Chillán** einer von Chiles besten Märkten. Samstags füllt das farbenfrohe Treiben die ganze Plaza de la Merced und erstreckt sich auch bis in die angrenzenden Straßen hinein.

Nur eine kurze Bus- oder Taxifahrt vom Zentrum entfernt liegt **Chillán Viejo**, die ursprüngliche Stadt. Sie ist der Geburtsort von Bernardo O'Higgins. Ein 60 m langes, gefliestes Mosaik zeigt Szenen aus dem Leben des kleinen Befreiers.

Praktische Informationen
Banco de Chile (Ecke El Roble & 5 de Abril) Hat einen Bankautomaten.
Centro Tur (☎ 221-306; 18 de Septiembre 656) Reisebüro, das Bahnfahrkarten verkauft.
Hospital Herminda Martín (☎ 212-345; Ecke Constitución & Av Argentina) Sieben Blocks östlich der Plaza.

540 ZENTRALES CHILE •• Chillán Unterkünfte online: www.lonelyplanet.com

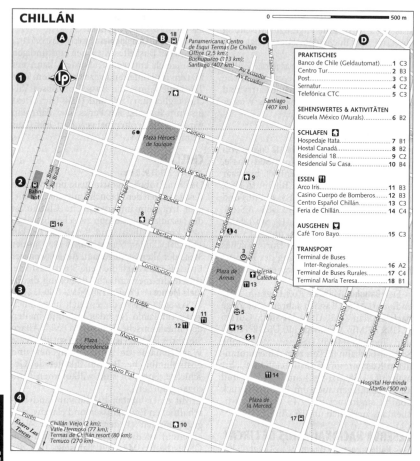

Post (Libertad 505)
Sernatur (☎ 223-272; 18 de Septiembre 455) Liegt einen halben Block nördlich der Plaza.
Telefónica CTC (Arauco 625)

Schlafen

Hospedaje Itata (☎ 214-879; Itata 288; EZ/DZ inkl. Frühstück 6,50/13 US$) Billig und leider auch ein bisschen schäbig. Der Pluspunkt des Itata ist aber die mütterliche Gastgeberin. Für einen kleinen Obulus schmeißt sie auch mal eine Party.

Residencial 18 (☎ 211-102; 18 de Septiembre 317; Zi. 7,50 US$/Pers.) Man muss lange im Voraus buchen, um in diesem beliebten Haus ein Plätzchen zu ergattern. Gäste fühlen sich hier sofort wie daheim.

Hostal Canadá (☎ 234-515; Libertad 269; EZ/DZ 8,50/17 US$) Charakter hat hier nicht nur das Gebäude, sondern auch der Besitzer. Die Zimmer sind einwandfrei.

Residencial Su Casa (☎ 223-931; Cocharcas 555; Zi. 9 US$/Pers.) Etwas klein, aber gemütlich und im Grünen gelegen. Geführt wird das Haus von einer freundlichen *señora*.

Essen

Mercado Central (Maipón zw. 5 de Abril & Isabel Riquelme) In den *cocinerías* bei den Metzgerständen werden billige und leckere *paila marina* und *longaniza* (Schweinswürstchen) zubereitet.

Casino Cuerpo de Bomberos (El Roble 490; Colación 2 US$) Wer sich an den glotzenden Einheimischen und an den Billardspielern vorbeitraut, bekommt hier einfaches chilenisches Essen serviert.

Arco Iris (El Roble 525; Buffet 6 US$) Glitzernde, klingelnde Windspiele – typisch Hippie eben – und vernünftige, vegetarische Gerichte. Ein Eldorado für Veggies!

Café Toro Bayo (Arauco 683, Local 4; ☾ Mo–Sa 15–2 Uhr) Eine Studentenkneipe voller fröhlicher Nachtschwärmer. Bis tief in die Nacht werden hier Escudos und *piscos* ausgeschenkt.

Centro Español Chillán (Arauco 555; Hauptgerichte 6–10 US$; ☾ So geschl.) Kellner mit Fliege servieren duftende Paella und andere spanische Spezialitäten. Von diesem eleganten, beliebten Lokal aus hat man einen wunderbaren Überblick über die gesamte Plaza de Armas.

An- & Weiterreise

Die meisten Langstreckenbusse benutzen das **Terminal María Teresa** (Av O'Higgins 010) gleich nördlich der Av Ecuador. Das alte **Terminal de Buses Inter-Regionales** (Ecke Constitución & Av Brasil) ist die andere Möglichkeit, wo man ein Gefährt von Tur Bus (auch an der María Teresa) und Línea Azul erwischen kann. Die Línea Azul ist die schnellste Verbindung von hier nach Concepción. Die lokalen und regionalen Busse nutzen den **Terminal de Buses Rurales** (Sargento Aldea) südlich der Maipón.

Ziel	Dauer (Std.)	Preis (US$)
Angol	2¾	4
Concepción	1½	2
Los Angeles	1½	2,20
Puerto Montt	9	12
Santiago	6	9
Talca	3	4
Temuco	5	6
Termas de Chillán	1½	2,50
Valdivia	6	8,50
Valle Los Trancas	1¼	3

Die Züge zwischen Santiago und Temuco halten am **Bahnhof** (☎ 222-424; Av Brasil) am Westende der Libertad.

Renta-car (☎ 212-243; 18 de Septiembre 380) vermietet Autos für 35 US$ pro Tag. Wer zu den Skigebieten möchte, braucht Schneeketten, die auch ausgeliehen werden können (13,50 US$).

RUND UM CHILLÁN

Das **Termas de Chillán Resort** (☎ 042-434-200; www.termaschillan.cl, Skilift pro Tag Erw./Kind 32/22 US$, NS 26/18,50 US$), das auch für seine **Thermalbäder** (Erw./Kind 29/20 US$) berühmt ist, kann mit neuen Pisten an baumgesäumten Hängen punkten. Die Lage ist traumhaft. Es gibt 32 Abfahrten mit maximal 2500 m Länge und bis zu 1100 m Höhenunterschied. Einer der elf Lifte ist der längste in Südamerika. Die Saison sollte eigentlich von Mitte Juni bis Mitte September dauern, aber wer einen Besuch plant, sollte lieber vorher auf der Webseite nachsehen oder ☎ 02-366-8695 anrufen. Skiausrüstung kann vor Ort für etwa 25 US$ ausgeliehen werden.

Wenn das Geld knapper ist, ist vielleicht eher das Valle Hermoso das Richtige. Dort gibt's einen **Campingplatz** (Stellplatz 14,50 US$), auf dem auch Lebensmittel verkauft werden. Außerdem gibt's hier öffentliche **Thermalbäder** (Eintritt 3,50 US$; ☾ 9–17 Uhr). Man findet das Valle Hermoso, indem man der Abzweigung zwischen dem Valle Las Trancas und den schicken Hotels folgt.

Hostelling Las Trancas (☎ 042-243-211; www.hostellinglastrancas.cl; Camino Termas de Chillán Kilometer 73,5; inkl. Frühstück 13,50 US$/Pers.) liegt ein wenig abseits vom Ort des Geschehens, aber der anständige Preis und das Lagerfeuerambiente machen das wieder wett. Außerdem gibt's ein Restaurant und eine Bar. Die Busse von Buses Línea Azul in Chillán fahren das ganze Jahr über um 8 Uhr (Rückkehr 16 Uhr) für 3 US$ zum Valle Las Trancas, im Sommer sogar weiter bis Termas de Chillán.

Die Dörfer an der Küste nordwestlich von Chillán laden zu Entdeckungstouren ein. Surfer und Fischer kommen in **Buchupureo**, 13 km nördlich von Cobquecura (etwa 100 km von Chillán entfernt), gleichermaßen auf ihre Kosten. Papayas wachsen hier, und Rinder verstopfen die Straße. Die kleinen Häuser sind mit Schiefer aus der Region ummantelt. Eine gute Wahl ist **Camping Ayekán** (☎ 042-197-1756; www.turismo ayekan.cl; Stellplatz 15 US$). Der Platz ist nur während der Hauptsaison geöffnet. Sobald man die Plaza de Armas von Buchupureo erreicht hat, links abbiegen, ab da ist der Weg zum Campingplatz gut ausgeschildert. Die **Cabañas Mirador de Magdalena** (☎ 042-197-1890; aochoa_3000@hotmail.com; La Boca s/n; Cabaña für 4 Pers. 37 US$) werden vom charmanten Don Angel geführt. Die urtümlichen Hütten überblicken das Flussdelta, das zum Meer hin ausläuft.

CONCEPCIÓN

☎ 041 / 216 050 Ew.

Der unglaubliche Rummel in Chiles zweitgrößter Stadt macht süchtig: Die wachsende Industrie, der Hafenbetrieb und die Universitäten sind einen Zwischenstopp in „Conce" wert. Der Ort ist nicht wirklich hübsch, denn Erdbeben haben 1939 und 1960 die historischen Gebäude zerstört. Im Geschäftszentrum gibt's aber dank der hier wohnenden Studenten nette Plazas, Fußgängerzonen und ein mächtig brummendes Nachtleben.

Orientierung

Concepción liegt am Nordufer des Río Biobío, des einzigen nennenswerten schiffbaren Wasserwegs Chiles. Der malerische Hügel Cerro Caracol verhindert, dass sich die Stadt in Richtung Osten ausdehnt. Die Plaza Independencia ist das lebhafte Zentrum von Concepción.

Praktische Informationen

In der Innenstadt gibt's jede Menge Geldautomaten.

Afex (Barros Arana 565, Local 57) Geldwechsel.

Conaf (☎ 2248-048; Barros Arana 215, 1. Stock) Hat gute Informationen.

CyberPass (Barros Arana 871, Local 2; 1 US$/Std.) Internet.

Entel (Barros Arana 541, Local 2)

Hospital Regional (☎ 2237-445; Ecke San Martín & Av Roosevelt) Acht Blocks nördlich der Plaza Independencia.

Laverap (Caupolicán 334; 2 US$/kg) Schnelle Wäscherei.

Portal (Caupolicán 314; 1 US$/Std.) Internet.

Post (O'Higgins 799)

Sernatur (☎ 2227-976; Aníbal Pinto 460; ☼ Sommer tgl. 8.30–20 Uhr, Winter Mo–Fr 8.30–13 & 15–18 Uhr) Gute Infos.

Sehenswertes & Aktivitäten

Am 1. Januar 1818 erklärte O'Higgins auf der **Plaza Independencia** Chiles Unabhängigkeit. Auf dem Gelände des Barrio Universitario beherbergt die **Casa del Arte** (Ecke Chacabuco & Larenas; Eintritt frei; ☼ Mo geschl.) das riesige Wandgemälde des Mexikaners Jorge González Camarena, *La Presencia de América Latina* (1965). Am Rand des Parque Ecuador sind in der **Galería de Historia** (Av Lamas &

Lincoyán; Eintritt frei; ☼ Mo geschl.) sehr lebendig wirkende Dioramas ausgestellt. Sie vermitteln Besuchern ein Gefühl für das Leben der Mapuche vor den Konquistadoren und das der Pioniere. Die Galerie im Obergeschoss stellt Arbeiten aus der Region aus.

Früher war die hügelige Küstenstadt **Lota** südlich von Concepción das Herz von Chiles Kohleindustrie. Traveller können hier wunderbare Touren (www.lotasorprendente. cl) durch Minen und Barackensiedlungen machen. Die Mine **Chiflón del Diablo** (Teufelspfeifen; ☎ 2871-565; ☼ 9–18.30 Uhr) war bis 1976 in Betrieb. Frühere Minenarbeiter leiten die Führungen in die frostigen Tiefen (7–14 US$ abhängig von der Tourlänge). Um hinzukommen, bittet man den Fahrer des *micro*-Busses am besten, an der Parada Calero anzuhalten. Dann noch die Bajada Defensa Niño runtergehen, und schon ist die lange Mauer mit dem Namen der Mine zu sehen. Ästheten besuchen die traumhafte Landschaft des 14 ha großen **Parque Isidora Cousiño** (Eintritt 2,50 Uhr; ☼ 9–20 Uhr), komplett mit Pfau und Leuchtturm.

Schlafen

Eigentlich ist man hier eher auf Geschäftsleute als auf Backpacker eingerichtet. Besonders während des Schuljahres, wenn die Unistudenten viele der *residenciales* bewohnen, kann es schon mal eng werden.

Residencial Metro (☎ 2225-305; Barros Arana 464; EZ/DZ inkl. Frühstück 11/20 US$) Bietet gut gepflegte Zimmer, auch wenn das Gebäude schon etwas heruntergekommen ist. Es steht im Zentrum oberhalb einer Arkade.

Hostal Antuco (☎ 2235-485; Barros Arana 741 Depto 33; Zi. inkl. Frühstück 12 US$/Pers.) Ein einwandfreies, gut erhaltenes *hostal*. Die wenig ansprechende Lage über einer Einkaufspassage ignoriert man am besten einfach. Die Klingel ist am Tor zu Treppe, da, wo man die Arkade betritt.

Residencial San Sebastián (☎ 2242-710; Barros Arana 741, Depto 35; EZ/DZ 12/22 US$) Vom Hostal Antuco nur den Flur runter. Die Unterkunft ist ähnlich, hat aber vielleicht die etwas schöneren Zimmer.

Essen & Ausgehen

Wer in Conce ist, muss einfach mindestens einmal zur *once* (sozusagen zur Teatime) in einem der vielen Cafés gewesen sein. Eine Möglichkeit wäre z. B. das **Café Haití** (Caupolicán

ZENTRALES CHILE •• Concepción

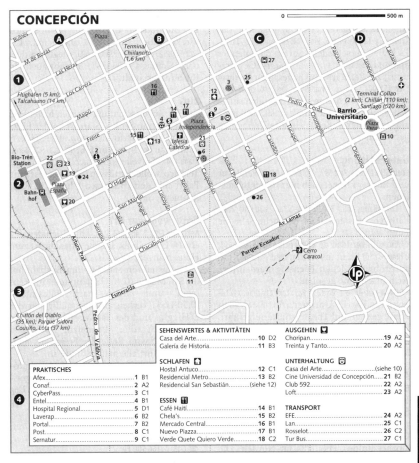

511; Kuchen 2 US$), von wo aus man perfekt die Leute auf der Plaza beobachten kann.

Mercado Central (zw. Caupolicán, Maipú, Rengo & Freire) Auf zu diesem Markt, auf dem zwischen billigen Imbissstuben eingelegte Zwiebeln, Chilis und Seegras verkauft werden! Die Kellnerinnen werben heftig um die Kundschaft, aber angeboten wird im Großen und Ganzen überall das gleiche.

Chela's (Barros Arana 405; Hauptgerichte 3,50–7 US$) Ein freundliches Café. Die *chorillana* (wahre Berge von Chips mit Zwiebeln und Wurststückchen, 6,50 US$) sollten eigentlich zusammen mit einem Mittel gegen Blähungen serviert werden.

Verde Quete Quiero Verde (Colo Colo 174; Hauptgerichte 4–8 US$; So geschl.) Perfekter Service und leckere Gerichte wie Spinatlasagne und herzhafte Sandwiches. Am besten spült man das Ganze mit einem Glas Apfel-Pfefferminz-Saft runter. Im hinteren oberen Stock sind eine Galerie und Künstlerateliers untergebracht, die manchmal für Besucher offen sind.

Nuevo Piazza (Barras Arana 631, 1. Stock; Hauptgerichte 6–10 US$; So geschl.) Das Essen ist ganz ordentlich, aber die wahre Attraktion ist hier die Sicht auf die Plaza: wie im Zoo. Das Restaurant befindet sich in der Galería Universitaria.

Westlich der Plaza Independencia und gegenüber vom Bahnhof, in einer Gegend, die Barrio Estación genannt wird, gibt es mehrere beliebte Lokale, die eine Mischung aus Restaurant und Kneipe sind (ab dem Abendessen geöffnet). Dazu gehört das **Treinta y Tanto** (Arturo Prat 404; Empanadas 2–3 US$). Es hat 30 verschiedene Sorten dampfender *empanadas* und *vino navegado* (Gewürzwein) auf der Karte. Im angesagten **Choripan** (☎ 253-004; Arturo Prat 542; ☸ 7.30–open end) versammelt sich eine meist ziemlich junge Schar, um kaltes Bier, Livemusik und ganz allgemein das äußerst lebhafte Treiben zu genießen.

Unterhaltung

Club 592 (Arturo Prat 592; ☸ Mi–Sa 16–3 Uhr) Raver und Rocker können sich hier so richtig ausleben.

Loft (Barros Arana 37; ☸ Mo–Sa ab 23.30 Uhr) Wer Latin vorzieht, tanzt sich hier beim Salsa die Füße wund.

Cine Universidad de Concepción (☎ 2227-193; O'Higgins 650) Filmfans sollten mal dieses Kino ausprobieren: Jeden Dienstag werden hier Arthouse-Filme gespielt.

Casa del Arte (☎ 2234-985; Ecke Chacabuco & Larenas) Im Barrio Universitario. Es werden Filme gezeigt und Theaterstücke aufgeführt. Um sich nach dem aktuellen Programm und den Uhrzeiten zu erkundigen, ruft man am besten vorher an.

An- & Weiterreise

BUS

Es gibt zwei Terminals für Langstreckenbusse: **Collao** (☎ 2316-666; Tegualda 860) in den nördlichen Randgebieten und das **Terminal Chillancito** (☎ 2315-036; Camilo Henríquez 2565) im Vorort Bulnes, ebenfalls im Norden. Die meisten Busse fahren vom Collao ab. Viele Busunternehmen haben auch Büros im Zentrum. **Tur Bus** (Ticketbüro Tucapel 530) und andere fahren regelmäßig nach Santiago und Viña del Mar/Valparaíso.

Ziel	Dauer (Std.)	Preis (US$)
Angol	1½	5
Chillán	2	1,50
Los Ángeles	2	3
Lota	½	0,70
Puerto Montt	7	10,50
Santiago	7	8
Talca	4	5
Temuco	4	7
Valdivia	6	9,50
Valparaíso/Viña del Mar	8	13

FLUGZEUG

Der Aeropuerto Carriel Sur befindet sich direkt außerhalb von Concepción. **Lan** (☎ 600-526-2000; Barros Arana 600) fliegt von dort nach Santiago (160 US$). Es gibt auch ein Büro in der Stadt.

ZUG

Zu den Zügen Richtung Norden bietet EFE einen Bustransfer an. Start ist an der Plaza España im Barrio Estación. Die Tickets kauft man im Büro von **EFE** (☎ 2226-925; Barros Arana 164). Traveller, die nach Santiago oder Temuco wollen, müssen leider zuerst eine Fahrt mit dem Bus nach Chillán in Kauf nehmen.

Unterwegs vor Ort

Aerovan (☎ 2248-776) hat am Flughafen für etwa 5 US$ Minibusse, die einen direkt zum Hotel bringen.

Micros fahren ständig vom Busbahnhof die San Martín (0,40 US$) hinunter ins Zentrum, und *micros* nach Talcahuano (0,50 US$) verkehren regelmäßig auf der O'Higgins und der San Martín. Man kann aber auch den Pendelzug Bio-Trén (0,60 US$) vom Ende der Freire aus nehmen. Er fährt alle halbe Stunde ab.

In Concepción stehen mehrere Autovermietungen zur Auswahl. Eine der preiswertesten ist **Rosselot** (☎ 2732-030; Chacabuco 726). Hier sind Autos schon ab 30 US$ pro Tag zu haben.

LOS ÁNGELES

☎ 043 / 166 500 Ew.

Dieses Zentrum der Agrarindustrie ist nicht besonders reizvoll, aber es ist der Ausgangspunkt für Ausflüge in den Parque Nacional Laguna del Laja und zum oberen Biobío. Die besten Informationen kriegt man bei **Automóvil Club de Chile** (Ricardo Vicuña 684). **Inter Bruna** (Caupolicán 350) wechselt Geld und vermietet Autos. Im **Museo de la Alta Frontera** (Ecke Caupolicán & Colón; Eintritt frei; ☸ Mo–Fr 8.15–14 & 14.45–18.45 Uhr) kann man außergewöhnliche Silberarbeiten der Mapuche anschauen.

Das **Hotel Oceano** (☎ 342-432; Colo Colo 327; EZ/DZ inkl. Frühstück 18/35 US$) in der Stadt ist einfach und farbenfroh. Im **Hotel Don Lucho** (☎ 321-643; Lautaro 579; EZ/DZ inkl. Frühstück 20/23,50 US$), einem phantastischen, altmodischen Kasten aus dem Jahr 1907, kann man sehr gut essen oder schlafen. Unbedingt mal das bei den

Einheimischen beliebte *pulmay desenconchado* (4 US$) probieren, einen Eintopf aus Schellfisch, Würstchen und Geflügel! Die beste Unterkunft in der Gegend ist das **Hospedaje El Rincón** (☎ 099-441-5019; elrincon@cvmail.cl; Panamericana km 494; DZ inkl. Frühstück 28 US$). Die deutschen Besitzer verwöhnen müde Backpacker mit Ruhe, gemütlichen Zimmern und hausgemachtem Essen. Wer Intensivkurse in Spanisch oder eine geführte Wanderung zur Laguna del Laja arrangieren oder ein Fahrrad ausleihen möchte, kann das von hier aus tun. Ein kräftiges Frühstück gehört zum Preis. Um aus Los Ángeles oder Cruce La Mona abgeholt zu werden, verabredet man das am besten vorher telefonisch.

Empfehlenswert ist auch das **Café Prymos** (Colón 400; Sandwiches 3 US$). Die Sandwiches sind beeindruckend. Im **Julio's Pizza** (Colón 452) gibt's üppige Pizzas und Pasta im argentinischen Stil. Selbstversorger decken sich im **Las Brisas Supermarkt** (Villagrán) ein.

Die Langstreckenbusse fahren vom **Terminal Santa María** (Av Sor Vicenta 2051) ab, der am Nordostrand der Stadt liegt. **Tur Bus** (Av Sor Vicenta 2061) ist gleich in der Nähe. Busse nach Antuco starten am **Terminal Santa Rita** (Villagrán 501).

PARQUE NACIONAL LAGUNA DEL LAJA

Dieser **Park** (Eintritt 1,40 US$) schützt die Chilezeder *(Austrocedrus chilensis)*, die Andentanne und andere ungewöhnliche Baumarten, die den Pumas, Füchsen, Vizcachas und dem Andenkondor Schutz bieten.

Die Lagune, die genauso heißt wie der Park, ist durch die Lava des 2985 m hohen Volcán Antuco geformt und staut den Río Laja. Ihr majestätischer Anblick wird allerdings durch Wasserkraftprojekte ziemlich beeinträchtigt. Der Park selbst ist aber zerklüftet und wunderschön. Die beeindruckendste Attraktion ist der symmetrische Kegel des Antuco. Es gibt sowohl Wege für Tageswanderungen als auch für längere Touren, der schönste ist der Rundweg um den Volcán Antuco herum – mit Ausblick auf die von Gletschern umgebene Sierra Velluda und den See.

Der Antuco und der Nationalpark waren im Jahr 2005 Schauplatz einer Tragödie: Damals starben 45 Soldaten bei einem Übungsmanöver in einem Schneesturm. Der Vorfall ist eine ernüchternde Mahnung, dass die Kräfte der Berge unvorhersehbar und zerstörerisch walten können.

In der Nähe des Parkeingangs, bei Kilometer 90, befindet sich **Camping Lagunillas** (☎ 043-321-086; Stellplatz 12 US$/5 Pers.). Das **Refugio Digeder** (☎ 041-229-054; B 10 US$; ☿ Winter) wird von der Concepción's Dirección General de Deportes y Recreación geführt und liegt am Fuß des Volcán Antuco. Von Los Ángeles aus können Traveller einen der Busse nach Antuco (2 US$, 1¼ Std.) nehmen. Es fahren auch alle zwei Stunden Busse nach Abanico (2,30 US$, 2 Std.). Das Verwaltungsbüro und Besucherzentrum von Conaf in Chacay ist einen 11 km langen Fußmarsch entfernt.

PARQUE NACIONAL NAHUELBUTA

Der *pehuén* wird bis zu 50 m hoch und sein Stamm kann einen Durchmesser von 2 m haben. *Pehuén*-Wälder bedecken die Hänge des **Parque Nacional Nahuelbuta** (Eintritt 3,20 US$), der einer der letzten Orte außerhalb der Anden ist, wo dieser Baum wächst. Das **Centro de Informaciones Ecológicas** von Conaf in Pehuenco, 5 km vom Parkeingang entfernt. Ein 4 km langer Pfad windet sich durch die *pehuén*-Wälder bis zum Granitfelsen **Piedra del Aguila**. Von diesem 1379 m hohen Aussichtspunkt hat man einen Blick von den Anden bis zum Pazifik! Der **Cerro Anay**, 1450 m über dem Meeresspiegel, bietet ähnliche Aussichten. Der Weg dorthin, den man über Coimallín erreicht, ist nur kurz, mit Wildblumen übersät und führt durch dichte Araukarienbestände.

Der Park ist das ganze Jahr über geöffnet, aber im Winter bedeckt Schnee die Gipfel. Ihre Zelte können Besucher entweder bei **Camping Pehuenco** (Stellplatz 9 US$) aufstellen, wo es Wasser und Toiletten mit Spülung gibt, oder sie wählen das etwas einfachere **Camping Coimallín** (Stellplatz 9 US$) 5 km nördlich vom Pehuenco.

Das **Terminal Rural** (Ilabaca 422) liegt von Angol 35 km Richtung Osten. Von hier aus fahren Busse nach Vegas Blancas (1,70 US$, 1 Std.), das vom Parkeingang 7 km entfernt ist. Abfahrt ist immer montags bis samstags um 6.45 Uhr, zurück sind die Busse abends um 16 und 18 Uhr. Buses Angol führt im Sommer Touren zum Parque Nacional Nahuelbuta (4,20 US$) durch. Bei der Touristeninformation kann man nach den Abfahrtszeiten fragen.

DAS SEENGEBIET

Je weiter man nach Süden kommt, umso grüner wird es. Schließlich erreicht man schneebedeckte Vulkane, die die grünen Hügel und die Seen überragen. Diese ländliche Region ist perfekt, um mal in eine ruhigere Gangart zu schalten. Die Región de la Araucanía – nach ihren Andentannen, den Chilenischen Araukarien benannt – ist das Zentrum der Mapuchekultur. Das Gebiet weiter südlich wurde 1850 von Deutschen kolonisiert und bildet heute eine provinzielle Enklave der bestrumpften Großmütter, Kuchen und Spitzenvorhänge. Es ist so abgelegen, dass man glatt ein wenig *sueño* (schläfrig) wird. Aber bloß nicht: Draußen vor den Türen der schindelgedeckten Behausungen warten jeden Menge Abenteuer: Raften und Klettern, Wandern, ein Sprung in eine heiße Quelle, *once* trinken in den Kolonialstädtchen und Mate nippen mit den einheimischen *huasos*. Gastfreundschaft ist eine große Stärke dieser *sureños* (Südländer). Man sollte sich Zeit zum Genießen nehmen!

Ihre ländlichen Wurzeln merkt man den meisten der Stadtbewohner (etwa die Hälfte der Bevölkerung) noch an. Holzhacken und Marmeladekochen ist nach wie vor Teil ihrer täglichen Routine. Unglücklicherweise hat das raketenhafte Wachstum von Temuco und Puerto Montt ein bisschen viel Konsumatmosphäre zur Folge – besser, man hält sich an die vielen grünen Gebiete außerhalb der Stadtgrenzen. Das isolierte Hinterland (von Todos los Santos bis zum Río Puelo) wurde in den frühen Jahren des 20. Jhs. besiedelt. Dank seiner Abgeschiedenheit ist dort die Kultur der Pioniere erhalten geblieben. Dass die Straßen hierher ausgebaut werden, kündigt aber schon die unausweichlichen Veränderungen an. Das Gebiet umfasst die IX. und einen Teil der X. Region. Dazu gehört auch Puerto Montt, das Tor zum Chiloé-Archipel und zum chilenischen Patagonien.

TEMUCO

☎ 045 / 250 000 Ew.

Temuco, eine der am schnellsten wachsenden chilenischen Städte, ist das Geschäftszentrum der Region und ein Dreh- und Angelpunkt für den Verkehr. Durch die rasante Entwicklung gibt's hier wenig Schönes zu sehen, auch wenn Temuco die Heimatstadt des heranwachsenden Pablo Neruda gewesen ist. Und Temuco ist außerdem die Marktstadt für die Gemeinschaften der Mapuche, die in der Umgebung leben.

Orientierung

Temuco ist über die Panamericana Richtung Süden 675 km von Santiago entfernt. Es liegt am Nordufer des Río Cautín. Der Cerro Ñielol erhebt sich nördlich des Stadtzentrums. Die Wohngebiete im Westen der Stadt sind etwas ruhiger. Hier befinden sich auch die besseren Restaurants.

Praktische Informationen

Callcenter sind billig (1 US$/Std.) und sehr zahlreich vorhanden, ebenso Bankautomaten.

Casa de Cambio Global (Bulnes 655, Local 1) Wechselt Reiseschecks.

Conaf (☎ 298-100; Bilbao 931, 2. Stock) Bietet Informationen über die Parks.

Entel (Ecke Prat & Manuel Montt)

Hospital Regional (☎ 212-525; Manuel Montt 115) Sechs Blocks westlich und einen nördlich der Plaza.

Lavandería Autoservicio Marva (Manuel Montt 415) Hier kriegt man die Unterwäsche sauber.

Post (Ecke Diego Portales & Prat)

Sernatur (Ecke Claro Solar & Bulnes) Hilfreich.

Touristenkiosk (Mercado Municipal) Hat Stadtpläne und Listen der Unterkünfte.

Sehenswertes & Aktivitäten

Die **Feria Libre** (Av Barros Arana; ☾ 8–17 Uhr) ist ein lebhafter, farbenfroher Markt für die Erzeugnisse und Handwerksgegenstände der Mapuche. Das **Museo Regional de la Araucanía** (Av Alemania 084; Eintritt 1 US$, So frei; ☾ Mo–Fr 9–17, Sa 11–17, So 11–13 Uhr) erzählt die mitreißende Geschichte der Völker in der Araucania. Vom Geschäftszentrum *micro* 9 nehmen oder hinlaufen!

Am **Cerro Ñielol** (Prat; Eintritt 1,25 US$) kann man der *copihue*, der Nationalblume Chiles, huldigen. Es gibt hier Wanderwege und ein Informationszentrum zum Thema Umweltschutz.

Schlafen

Temuco ist eigentlich keine Touristenstadt und deshalb eine Herausforderung für Backpacker. Die billigsten Absteigen rund um den Bahnhof und die Feria Libre sind

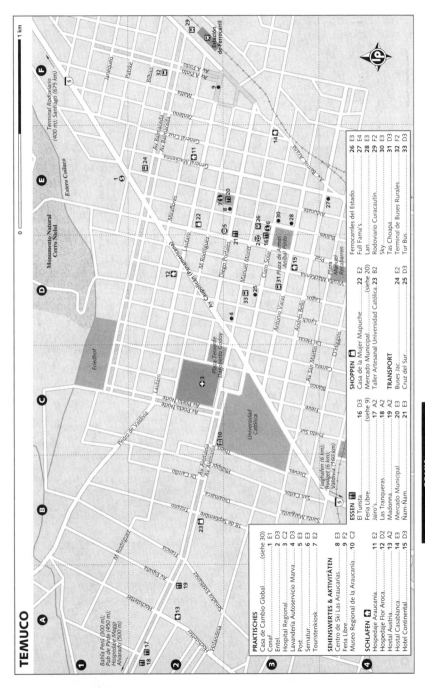

DAS SEENGEBIET

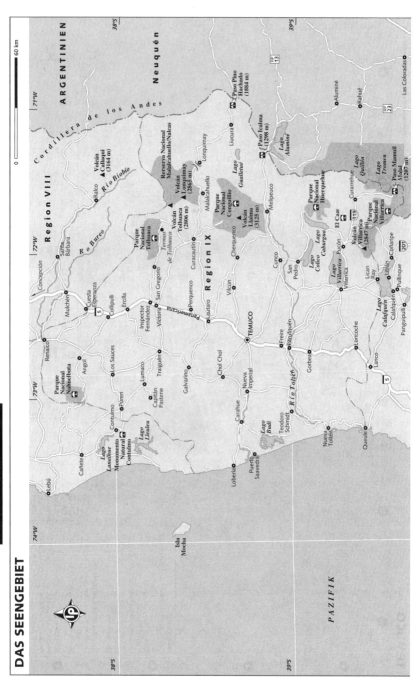

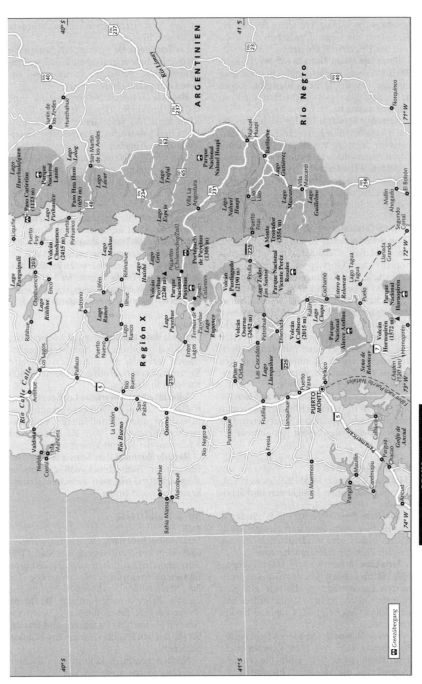

oft etwas fragwürdig, vor allem für Frauen. Sie sollten die Gegend zwischen der Plaza und der Universität vorziehen.

Hospedaje Maggi Alvarado (☎ 263-215; Recreo 209; Zi. 8 US$/Pers.) Die sehr hübschen Zimmer und die Tourtipps, die es hier gibt, sorgen dafür, dass dieses gemütliche Haus die Konkurrenz aussticht.

Hospedaje Araucanía (☎ 219-089; Gral Mackenna 151; Zi. 8 US$/Pers.) Ein knarrendes, altes Holzhaus im Zentrum mit einer warmen, familiären Atmosphäre und ruhigen Zimmern.

Hospedaje Flor Aroca (☎ 234-205; Lautaro 591; Zi. 8 US$/Pers.) Geräumig, fröhlich und gleich in der Av Caupolicán gelegen. Küchenprivilegien gibt's hier nicht, aber dafür Frühstück für 2 US$.

Hostal Casablanca (☎ 212-740; Manuel Montt 1306; EZ inkl. Frühstück 10 US$) In einem klapprigen, alten weißen Gebäude. Im Casablanca braucht man Ohrstöpsel, bekommt aber Frühstück. Die Zimmer mit eigenem Bad (16 US$) haben auch Kabel-TV.

Das **Hostal Austria** (☎ 247-169; hostalaustria@terra.cl; Hochstetter 599; Zi. inkl. Frühstück 24–38 US$/Pers.; Ⓟ ✗) ist eine Klasse besser als ein durchschnittliches *hostal*. Dieses Haus im Westen von Temuco hat Zimmer mit warmen Bettdecken, außerdem kommen Gäste in den Genuss von Kabel-TV, eines leckeren Frühstücks und eines heißen Bads.

Hotel Continental (☎ 238-973; Antonio Varas 709; DZ 80–120 US$) In Temucos Klassiker kann man Nerudas Lieblingszimmer reservieren. Das Haus hat eines der besten Restaurants der Stadt.

Essen & Ausgehen

El Turista (Claro Solar 839; Snacks 2 US$) Serviert Kaffee mit gehaltvollen Süßigkeiten und Schokolade.

Ñam Ñam (Diego Portales 802 & No 855; Sandwiches 3–6 US$) Bier vom Fass und riesige Sandwiches zieht das studentische Volk an. Großes Plus: die Nichtraucherzone!

Feria Libre (Av Barros Arana; ⏱ 8–17 Uhr; Hauptgerichte 3,50 US$) Lebhaft geht es zu an den preiswerten Essensständen, die nur ein paar Schritte von den meisten Unterkünften entfernt klein Geschnippeltes, siedend Heißes verkaufen.

Mercado Municipal (Ecke Bulnes & Diego Portales; Hauptgerichte 4–8 US$; ⏱ 9–19 Uhr) Obwohl es ein Touristenklischee ist, sind die *caldillo* (Suppe) und die Meeresfrüchteplatten, die

in den Restaurants hier serviert werden, nicht zu schlagen.

Las Tranqueras (Av Alemania 0888; Hauptgerichte 4–8 US$) In diesem einfachen Lokal werden Lamm, Ziege, geröstetes Schwein und andere Grillspezialitäten serviert.

Madonna (Av Alemania 0660; Pasta 6–8 US$) Eine lässiges Lokal, wo einem der Käse über's Kinn läuft: 30 verschiedene Pizzas plus Pasta und Salsas zum Selbstzusammenstellen sind im Angebot.

Jairo's (Av Alemania 0830; Hauptgerichte 8–12 US$) Ein Drehorgelspieler begleitet in Temucos bestem Restaurant für Meeresfrüchte köstliche *ostiones a la crema* (Muscheln in Sahnesauce).

Im Westen von Temuco gibt es viele Restaurants, die gut für einen Drink sind.

Pub de Pinte (Ecke Recreo & Alessandri) Mit Kerzenlicht, gemütlicher Deko, kaltem Fassbier und Snacks (3 US$).

Bahía Perú (Ecke Av Alemania & Recreo) Perfekt für eine Dosis Gewürze oder Ceviche (Hauptgerichte 8–11 US$) mit einem Spritzer Pernod. Damit ist dieses Lokal unschlagbar und zieht eine lebhafte, nicht enden wollende Menge an.

Shoppen

Casa de la Mujer Mapuche (Prat 283) Kooperative, die lokal produzierte Handwerksgegenstände verkauft, vor allem Textilien und Keramik. Davon profitieren beinahe 400 Künstler in der Region.

Taller Artesanal Universidad Católica (Av Alemania 0422; ⏱ Mo–Fr 8–13 & 15–19 Uhr) Verkauft Qualitätssilber und Nachbildungen von Mapucheschmuck, der von Künstlern und Studenten der Region kreiert wurde.

Mercado Municipal (Ecke Bulnes & Diego Portales) Ein ganzer Häuserblock voll glitzernder Kostbarkeiten, die man zwischen Krimskrams versteckt findet.

An- & Weiterreise

BUS

Das **Terminal Rodoviario** (☎ 255-005; Pérez Rosales 01609) liegt am Nordeingang der Stadt. Die Busgesellschaften haben auch Ticketbüros im Geschäftszentrum. Zu ihnen gehören **Tur Bus** (☎ 278-161; Ecke Lagos & Manuel Montt) mit den meisten Fahrten nach Santiago, **Tas Choapa** (Antonio Vara 609), deren Busse zu Zielen im Norden bis nach Arica fahren, und **Cruz del Sur** (☎ Claro Solar 599), die auch die Insel Chiloé bedienen.

Nach Argentinien kommt man leichter von Osorno aus. Cruz del Sur fährt regelmäßig über den Paso Cardenal Samoré östlich von Osorno nach Bariloche. Tas Choapa bietet einen ähnlichen Service.

Vom **Terminal de Buses Rurales** (Ecke Avs Balmaceda & A Pinto) werden Ziele in der Region angefahren, z. B. Chol Chol (2 US$, 1½ Std.) und Melipeuco (3 US$, 2½ Std.). **Buses Jac** (Ecke Av Balmaceda & Aldunate) hat die meisten Busse nach Villarrica und Pucón und verkehrt außerdem nach Santiago und Coñaripe. Die Abfahrtsstelle der Busse nach Curacautín, Lonquimay (3,50 US$, 3 Std.) und zum oberen Biobío ist der **Rodoviario Curacautín** (Av Barros Arana 191).

Ziel	Dauer (Std.)	Preis (US$)
Angol	2	34
Bariloche, Argentina	10½–12	20
Chillán	4	8
Coñaripe	2½	6
Concepción	4½	7
Cunco	1½	2
Curacautín	1½	4
Osorno	3	7
Pucón	1½	4,50
Puerto Montt/Puerto Varas	7	9
Santiago	8	10–35
Valdivia	3	4
Victoria	1	2,50
Villarrica	1	4,50
Zapala & Neuquén, Argentina	10	33

FLUGZEUG
Der **Flughafen Maquehue** liegt 6 km südlich der Stadt. **Lan** (☎ 600-526-2000; Bulnes 687) hat viele Flüge nach Santiago (175 US$, 1¼ Std.) und täglich Flugzeuge nach Puerto Montt (80 US$, 45 Min.) und Punta Arenas (250 US$, 3 Std.). Auch die Preise von **Sky** (☎ 747-300; Bulnes 655, Local 4) sind vernünftig.

ZUG
Die Züge nach Santiago fahren nachts ab und halten auf der Strecke an mehreren Stellen (Economy/Liegesitz 21/27,50 US$, 9 Std.). Es gibt auch Züge in den Süden nach Puerto Varas und Puerto Montt. Tickets kauft man an der **Estación de Ferrocarril** (☎ 233-416; Av Barros Arana) oder im Büro von **Ferrocarriles del Estado** (EFE; ☎ 233-522; Bulnes 582) im Zentrum.

Unterwegs vor Ort
Taxifahrten vom Flughafen ins Stadtzentrum kosten etwa 5 US$. Bus 1 verkehrt zwischen Bahnhof und Innenstadt. Am Busterminal halten auch die *colectivos* 11P und 25A. *Colectivo* 9 fährt den Westen von Temuco an. Bei **Budget** (☎ 338-836) am Flughafen und bei **Full Fama's** (☎ 213-851; Andrés Bello 1096) kann man Autos mieten.

PARQUE NACIONAL CONGUILLÍO
Hier findet die Araukarie (Andentanne) ein Refugium. Der **Conguillío** (Eintritt 5,50 US$) schützt 60 835 ha mit alpinen Seen, tiefen Canyons und einheimischen Wäldern. In seinem Zentrum schwelt der Volcán Llaima (3125 m) vor sich hin. Zum letzten Mal ist er 1957 ausgebrochen.

Der geniale **Sierra-Nevada-Pfad** (10 km, ca. 3 Std. einfache Strecke) beginnt am Parkplatz bei Playa Linda, am Ostende der Laguna Conguillío. Er klettert nach Nordosten durch die Wälder voll chilenischer Buchen und kommt an ein paar Aussichtspunkten über dem See vorbei. Vom zweiten, der malerischer ist, kann man die dichten Bestände der Araukarien sehen, die chilenische Buchen auf der Spitze des Bergkamms verdecken. Ein Weg vom **Sendero de Chile** (18 km, ca. 6 Std. einfache Strecke) verbindet die Laguna Captrén mit der Guardaría Truful-Truful. An der **Laguna Captrén** führt **Los Carpinteros** (8 km, ca. 2½ Std. einfache Strecke) zur atemberaubenden, 1800 Jahre alten und 3 m dicken Araucaría Madre. Es ist der größte Baum im Park.

Um zu erfahren, welche Teile des Parks zwischen April und November geöffnet sind, vorher anrufen. Es kann immer zu heftigen Schneefällen kommen. An der **Laguna Conguillío** verkauft das **Centro de Información Ambiental** (www.parquenacionalconguillio.cl, spanisch) von Conaf Karten mit den Wegen. Das winzige **Centro de Ski Las Araucarias** (☎ 045-562-313; www.skiaraucarias.cl, spanisch; halber/ganzer Tag Liftticket 20/25 US$) hat drei Pisten und auch ein Büro in Temuco (☎ 045-274-141; Bulnes 351, Oficina 47). Erfahrene Skiläufer werden den Vulkan weiter hinauf stapfen müssen, um auf ihre Kosten zu kommen.

Schlafen & Essen
Die Campingplätze an der Laguna Conguillío verlangen alle 30 US$. Zur Auswahl stehen **El Estero** (in Temuco ☎ 045-644-388) und **Laguna Captren**, 6 km vom Lago Conguillío entfernt. In der Nebensaison fallen die Preise heftig.

Das Centro de Ski Las Araucarias bietet für Skifahrer das **Refugio Los Paraguas** (B 11 US$) und das **Refugio Pehuén** (B 14 US$, DZ 34–43 US$). Wer übernachten will, muss möglicherweise selbst für einen Schlafsack sorgen. Im Skizentrum kann man buchen.

La Baita (☎ 416-410; www.labaitaconguillio.cl, spanisch; Hütten für 4–8 Personen 60–85 US$) ist ein Ökotourismusprojekt gleich außerhalb der Südgrenze des Parks. Es liegt in unberührten Wäldern. Sechs nette Hütten sind voll ausgestattet. Dazu gehört ein langsam brennender Ofen, eingeschränkte Elektrizität und warmes Wasser. In der Hochsaison gibt's Mahlzeiten, Touren und einen kleinen Laden. La Baita ist 60 km von Curacautín entfernt.

An-& Weiterreise

Um den Sektor Los Paraguas zu erreichen, die **Buses Flota Erbuc** (☎ 045-272-204) nehmen. Sie fahren vom Terminal de Buses Rurales in Temuco täglich zwölfmal nach Cherquenco (2 US$2, 1 Std.). Von dort sind es noch 17 km zu Fuß oder per Anhalter zur Skilodge.

Wer zum Nordeingang will, nimmt ebenfalls ein Fahrzeug von Buses Flota Erbuc. Die Gesellschaft unterhält einen regelmäßigen Service nach Curacautín (2,15 US$, 1½ Std.). Von dort fährt ein Shuttle (1 US$) an den Wochentagen zur Parkgrenze bei Guardería Captrén. Wenn es die Umstände erlauben, fahren sie zwischen Dezember und März weiter bis zur Laguna Captrén. Starker Regen kann aber dazu führen, dass zwischen den Lagunas keine Passagierfahrzeuge mehr fahren können.

Zum Südeingang hat **Nar-Bus** (☎ 045-211-611) in Temuco täglich sieben Busse nach Melipeuco (2,50 US$, 1 Std.). Dort kann die **Hostería Huetelén** (☎ 045-693-032) eine Taxifahrt zum Park arrangieren.

VILLARRICA

☎ 045 / 28 000 Ew.

Villarrica hat eine ähnliche Landschaft, aber weniger Flusen, Schwung und Trubel als das nahe Pucón. Seine Blüte ist bereits verwelkt. Heute ist ein etwas schlaffes Resort übrig geblieben. Die Stadt wurde 1552 am südwestlichen Ufer des Lago Villarrica gegründet und wiederholt von den Mapuche angegriffen, bis man 1882 Verträge unterzeichnet hat.

Praktische Informationen

Banken mit Geldautomaten sind überall vorhanden.

Banco de Chile (Ecke Alderete & Pedro de Valdivia) Hat einen Geldautomaten.

Hospital Villarrica (☎ 411-169; San Martín 460)

Oficina de Turismo (Pedro de Valdivia 1070; ☾ Sommer bis 23 Uhr) Hat hilfsbereites Personal und nützliche Broschüren.

Post (Anfión Muñoz 315)

Telefónica CTC (Henríquez 544)

Turcamb (Pedro de Valdivia 1061) Wechselt US-Dollar (Cash).

Sehenswertes

Das **Museo Histórico y Arqueológico** (Pedro de Valdivia 1050; Eintritt 1 US$; ☾ Mo–Fr 9–13 & 15–19.30 Uhr) ist gleich neben der Touristeninformation. Hier werden Schmuckstücke der Mapuche, eine *ruka* (mit Stroh gedeckte Hütte), Musikinstrumente und grob behauene Holzmasken ausgestellt. Hinter der Touristeninformation bietet die **Feria Artesanal** kunsthandwerkliche Gegenstände.

Geführte Touren

Viele Touren, die in Pucón (s. gegenüber) organisiert werden, kann man auch hier arrangieren. Beim Reisebüro **Politur** (☎ 414-547; Henríquez 475) nachfragen oder bei **Süd Explorer** (Av Pedro de Valdivia), dem Organisator fürs Fliegenfischen.

Schlafen

Im Sommer und während der Skisaison steigen die Preise ordentlich. Die **Cámara de Turismo** (Ecke Gral Urrutia & A Bello) hat eine Liste der *hospedajes*.

La Torre Suiza (☎ /Fax 411-213; www.torresuiza. com; Bilbao 969; Stellplatz 5 US$/Pers., B 10 US$, DZ ohne/ mit Bad 23/26 US$; ⓟ ▣) Von den Europäern heiß geliebt. Das Ganze ist ein Sammelsurium sauberer Schlafsäle und stilvoller Zimmer in einem gut erhaltenen, älteren Haus. Zu den Serviceleistungen gehören eine voll ausgestattete Küche, eine Wäscherei und ein Fahrradverleih.

Hostal Berta Romero (☎ 411-276; Pedro de Valdivia 712; Zi. 10 US$) Das elegante, unterschätzte Heim liegt zur lauten Seite hin. Dafür kann man die Küche mitbenutzen.

El Arrayán (☎ 411-235; Gral Körner 442; EZ/DZ 16/24 US$, Hütten für 4 Pers. 51 US$) Sehr gastfreundlich und gut geführt, und die Küche benutzen dürfen Gäste auch.

Mehr als ein halbes Dutzend Camping-plätze verteilen sich am Straßenrand zwischen Villarrica und Pucón. Beide der hier empfohlenen haben ordentliche, schattige und private Plätze und warme Duschen.

Camping Los Castaños (☎ 412-330; Stellplatz 18 US$) 1 km östlich der Stadt.

Camping Dulac (☎ 412-097; Stellplatz 22 US$) 2 km östlich.

Essen & Ausgehen

Café Bar 2001 (Henríquez 379; Sandwiches 2,50–5 US$) Ein Platz zum Zurücklehnen und Entspannen. Es gibt echten Kaffee und dicke, herrliche Sandwiches.

Hostería de la Colina (☎ 411-503; Las Colinas 115; Hauptgerichte 6–10 US$; ☷ mittags & abends) Man stelle sich vor, Suppe aufregend zu finden. An den Geschmack von Gazpacho, Kastanie oder chinesischer Karotte denken! Die Hauptgerichte stammen aus der Region, aber ab und zu gibt's auch Lasagne oder Schmorfleisch.

Travellers (☎ 413-617; Valentin Letelier 753; Hauptgerichte 4–8 US$) Zum Frühstück zwischen Haferflocken und Wan Tans wählen. In Lateinamerika ist diese Globetrotter-Speisekarte auf den ersten Blick vielleicht verwirrend – aber zur chilenischen und zur mexikanischen Küche gehört eben *all* das. Abends kann man an einem Drink nippen und beim Jazz abkühlen.

An- & Weiterreise

Villarrica hat ein Haupt-**Busterminal** (Pedro de Valdivia 621), obwohl einige Unternehmen auch eigene Büros in der Nähe unterhalten. Die Preise für Langstrecken sind ähnlich wie die in Temuco (eine Stunde entfernt), wo es eine größere Auswahl gibt.

Buses Jac (Bilbao 610) fährt nach Pucón (0,75 US$, 30 Min.), Temuco (4 US$, 1¼ Std.), Lican Ray (0,75 US$, 30 Min.) und Coñaripe (1,50 US$, 1 Std.). **Buses Regional Villarrica** (Vicente Reyes 619) fährt ebenfalls regelmäßig nach Pucón.

Zu Zielen in Argentinien fahren montags, mittwochs und freitags um 6.45 Uhr Busse von Igi Llaima, und zwar nach San Martín de los Andes (20 US$) und Neuquén (40 US$, 16 Std.). Auf ihrem Weg kommen sie durch Paso Mamuil Malal. Buses San Martín hat einen ähnlichen Service. Die Busse beider Unternehmen starten am Hauptbusterminal.

PUCÓN

☎ 045 / 21 000 Ew.

Ein schimmernder See unterhalb des schnaubenden Kegels des 2847 m hohen Volcán Villarrica ist für die Mystik des zu einem Megaresort gewordenen Dorfes Pucón verantwortlich. Im Sommer zieht eine wilde Mischung von Familien, Abenteurern, Pauschalreisenden und New-Age-Gurus in dieses Mekka. Wo sonst in Chile kann man bis zum Morgengrauen Party machen und Geld in Spielautomaten werfen, früh losmarschieren, um den Vulkan (mit 300 anderen Begeisterten) zu besteigen oder ausschlafen, um zum Strand oder zu den heißen Quellen zu gehen, eine Karamellmilch zu trinken, eine mit Perlen verzierte Handtasche zu kaufen, halb Santiago über den Weg zu laufen, sich massieren zu lassen und dann in einem Tipi zu schlafen? Hier gibt's für jeden etwas. Und mal ganz abgesehen von der vorherrschenden Hochnäsigkeit ist der Mix aus internationalen Globetrottern, der schmissigen Szene und den Naturwundern im Hinterland ein echter Knaller.

Orientierung

Pucón liegt 25 km von Villarrica entfernt, am Ostende des Lago Villarrica. Nördlich ist die Flussmündung des Río Pucón und südlich der Volcán Villarrica. Man kommt in der Stadt sehr gut zu Fuß zurecht. Die meisten Tourplaner und Dienstleister befinden sich an der Hauptgeschäftsstraße, der Av O'Higgins. Restaurants und Läden säumen auch die Fresia. Sie führt zur Plaza. Kurz hinter der Plaza beginnt der Strand.

Praktische Informationen

Die Wechselkurse in Temuco sind besser, aber an der Av O'Higgins oder Fresia gibt es Banken.

Ciber-Unid@d G (Av O'Higgins 415, Local 2; 1 US$/Std.) Online gehen.

Conaf (☎ 443-781; Lincoyán 336) Hat Informationen zu den Parks in der Nähe.

Entel (Ansorena 299) Daheim anrufen.

Hospital San Francisco (☎ 441-177; Uruguay 325; ☷ 24 Std.) Für medizinische Notfälle.

Laundry Express (Av O'Higgins 660, Local 2; 1,75 US$/ Ladung)

Lavandería Esperanza (Colo Colo 475; 1,75 US$/Ladung)

Oficina de Turismo (Ecke Av O'Higgins & Palguín) Bietet Broschüren. Normalerweise spricht einer vom Personal

PUCÓN

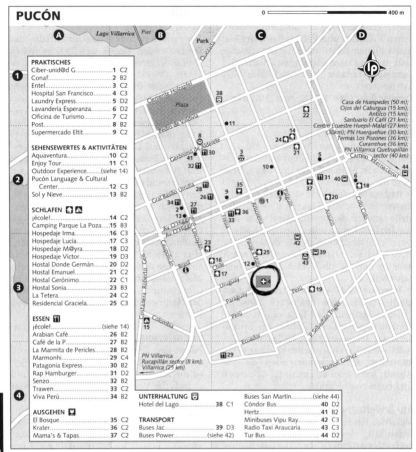

Englisch. Das bunte Beschwerdebuch durchsehen, bevor man irgendetwas bucht, vor allem in Sachen Canopy-Touren.
Post (Fresia 183) Von hier kann man auch daheim anrufen.
Pucon (www.pucon.com) Nützliche Informationsquelle im Internet.
Supermercado Eltit (Av O'Higgins 336; 7–21 Uhr) Wechselt zu vernünftigen Gebühren bare US-Dollar und hat auch einen Bankautomaten.

Aktivitäten

Gleichgültig, wie viele Menschen sich an egal welchem Tag auf der Av O'Higgins drängeln, mit etwas Einfallsreichtum entdeckt man immer ein nettes Plätzchen und lässt die Massen hinter sich. Auf keinen Fall sollte man sich nur auf die beliebtesten Touren stürzen, sondern Einheimische und die hier lebenden Ausländer nach ihren Lieblingsplätzen fragen.

Die Massen machen eine **Wanderung** den rauchenden, Lava spuckenden Krater des Volcán Villarrica hinauf. Die Ganztagestour (40–60 US$) verlässt gegen 7.30 Uhr Pucón. Professionelle Kletterei gehört nicht zum Programm. Es sind auch schon oft Leute oben angekommen, die keine besondere Erfahrung am Berg haben. Ein Guide wird allerdings empfohlen, wenn man sich mit der Ausrüstung selbst nicht besonders gut auskennt. Wenn man einen Führer bucht, vorher fragen, was er macht, wenn das Wetter schlecht ist. Nicht so gut angesehene

Firmen brechen auch an einem lausigen Tag auf, nur um dann umzukehren und den Preis nicht zurückerstatten zu müssen. Bei der Touristeninformation und andere Traveller fragen, ob es Ärger gegeben hat.

Die Flüsse und Stromschnellen in der Nähe von Pucón werden wie folgt klassifiziert: der untere Trancura III, der obere Trancura IV, Liucura II–III, die Stromschnellen von Puesco V und Maichín IV–V. Wer eine **Rafting-** oder **Kajaktour** bucht, sollte beachten, dass in die angegebene Dauer des Trips auch die Zeit für den Hin- und Rückweg eingerechnet ist. Die Preise schwanken abhängig von Saison, Teilnehmerzahl, Agentur und Schwierigkeitsgrad zwischen 10 US$ und 50 US$. Wenn im Winter die Pegel steigen, ist Rafting nicht möglich.

Mountainbikes können in der ganzen Stadt (20 US$ /Tag) ausgeliehen werden. Vorher aber die Stoßdämpfer und die Bremsen prüfen! Die beliebteste Route ist der Rundkurs Ojos de Caburgua. Etwa 4 km östlich der Stadt die Abzweigung zum Flugfeld nehmen und den Río Trancura überqueren. Die Fahrradverleiher sollten auch Karten parat haben.

Kurse

Beim **Pucón Language & Cultural Center** (☎ 443-315, 099-935-9417; www.languagepucon.com; Uruguay 306; 1 Woche Gruppenintensivkurs 162 US$) kann man Sprachunterricht nehmen. Dort findet man auch Informationen zu privaten Unterkünften und einen kostenlosem Büchertausch.

Geführte Touren

Zu den Outdoor-Agenturen gehören:

Aguaventura (☎ 444-246; www.aguaventura.com; Palguín 336) Die engagierte Agentur in französischem Besitz ist für Rafting, Kajakfahren, Abseilen, Canyoning und Wintersport der beste Griff.

Antilco (☎ 099-713-9758; www.antilco.com) 15 km östlich von Pucón am Río Liucura. Die Reittouren ins Liucura Tal werden empfohlen.

Centro Ecuestre Huepil-Malal (☎ 099-643-3204; www.huepil-malal.cl; Kilometer 27 am Camino Pucón-Huife) Das Reitzentrum hat einen guten Ruf und wird von einer herzlichen Familie geführt. Es werden ausgezeichnete Reittrecks in die *cordillera* veranstaltet.

Enjoy Tour (☎ 442-313; www.enjoytour.cl; Ansorena 123) Ein professioneller Laden mit spitzenmäßiger, neuer Ausrüstung und aufmerksamem Personal. Er bietet unendlich viele Ausflüge und einen Transfer zum Flughafen für 31 US$.

Outdoor Experience (☎ 442-809; www.outdoor experience.org; Gral Basilio Urrutia 952 B) Das Büro der kleinen Agentur grenzt an das ¡école! an. Felsklettern, Trips nach Cani und insgesamt weniger kommerzielle Ausflüge, fachmännisch geführt und man kann was lernen.

Sol y Nieve (☎ 441-070; www.chile-travel.com/ solnieve.htm; Av O'Higgins 192) Ein zuverlässiger Ausrüster für Vulkan- und Raftingtouren. Er ist dafür bekannt, nach dem Rafting noch *asados* (Barbecue) einzuschieben.

Festivals & Events

Der Sommer ist ein einziger Strom an vor Freude pulsierenden Ereignissen. Diese Events auf keinen Fall verpassen:

Jornadas Musicales de Pucón Ein jährliches Musikfestival Mitte Januar.

Triatlón Internacional de Pucón (Pucóns Internationaler Triathlon) Anfang Februar.

Schlafen

In Pucón zahlen die Gäste für ihre Ferien das absolute Maximum. Manchmal denkt man echt, dass sich die Häuser einen Spaß erlauben. Hier sind die Kosten für die Hochsaison aufgeführt. In der Nebensaison fallen sie gnädigerweise um 20 %. Wer nicht reserviert hat, kann sich nach einer billigen, nicht eingetragenen Unterkunft bei Familien in der Umgebung von Lincoyán, Perú und Ecuador (keine Sorge, das sind Straßen in Pucón!) umsehen.

¡école! (☎ 441-675; ecole@entelchile.net; Gral Basilio Urrutia 592; B 8 US$, geteiltes Zi. 16 US$, EZ/DZ mit Bad 37/45 US$) Diese Institution hat eine ganze Skala an Angeboten. Während die Doppelzimmer im oberen Stock frisch und komfortabel sind, sehen einige der Absteigen hinten aus wie … Garagenwohnungen. Trotzdem machen es die Topfpflanzen, das ausgezeichnete vegetarische Restaurant und das allgemeine Naturfreundefeeling zu einem positiven Ort. Die ungeheizten Schlafsäle sind im Winter geschlossen.

Hospedaje Victor (☎ 443-525; www.pucon.com/ victor; Palguín 705; EZ 12 US$; 🖳) Eine herausragende Budgetoption mit fast neuen, gemütlichen Holzzimmern. Sie haben helle Decken und sind neu ausgestattet. Schön abgeschieden und gastfreundlich.

Casa de Huespedes (☎ 442-444; www.dondegerman. cl; Pasaje las Rosas; B/geteiltes Zi. 12/14 US$; 🖳) In diesen blitzenden, etwas abgelegenen Buden kommt man gut unter. Sie sind aus hellem Holz und gehören demselben Besitzer wie das Hostal Donde Germán. Die riesige Küche mit Schachbrettfliesen und lustiger Neonbeleuchtung hat einen Holzofen zum Kochen. Die Unterkunft liegt beim Busterminal und nur fünf Minuten zu Fuß von der Action entfernt.

Hospedaje Lucía (☎ 441-721; Lincoyán 565; Zi. 12 US$/Pers.) Ein respektables, gut erhaltenes Haus. Die freundlichen Besitzer bieten auch Angeltouren an.

Hospedaje Irma (☎ 442-226; Lincoyán 545; geteiltes Zi./DZ 12/35 US$) Geranien und Veloursofas bestimmen in diesem sehr chilenischen Haus die Szenerie. Die Zimmer haben die Größe von Schuhschachteln.

Hostal Emanuel (☎ 442-696; Gral Basilio Urrutia 571; Zi. 12 US$, mit Bad 14 US$) Wirbt mit der „nettesten *señora* von Chile". Die Zimmer sind dunkel, aber erfüllen ihren Zweck.

Hostal Donde Germán (☎ 442-444; www.dondegerman.cl; Brasil 640; B/DZ 14/49 US$; 🖳) Mit einem Rasen, wo man es sich gemütlich machen kann und der sich auch zum Einlochen eignet. Außerdem gibt's geschmackvoll abgetrennte Plätze, Zimmer mit Holzdecken und flauschigen Bettdecken. Dieses Haus in deutschem Besitz setzt Standards für das Äußere eines Hostels. Zum gepfefferten Preis gehören Internetzugang und die Möglichkeit, sich Bücher zu leihen.

Hostal Sonia (☎ 441-269; Lincoyán 485; Zi. 16 US$/ Pers.) Ein sauberer, kleiner Ort mit Miniaturzimmern in Blumenthemen.

Hospedaje M@yra (☎ 442-745; Palguín 695; B/EZ/DZ 16/18/32 US$; 🅿 🖳) Ein etwas abgenutztes Chalet. Es bietet ein Loungeareal mit Kiesboden und Buden in Pfirsichfarben.

Residencial Graciela (☎ 441-494; Roland Matus 521; EZ/3BZ 24/39 US$) Einfache, geschrubbte Zimmer mit Polyestervorhängen. Die Besitzerin ist gastfreundlich.

Hostal Gerónimo (☎ 443-762; www.geronimo.cl; Gerónimo de Alderete 665; EZ/DZ inkl. Frühstück 49/55 US$; 🅿) Ist gar kein *hostal*. Im Gerónimo gibt's traumhafte Zimmer mit Tapete an den Stuckwänden, eine zuverlässige Gasheizung und Bäder mit Terrakottafliesen. Vom Balkon kann man den rauchenden Krater des Villarrica bewundern. Zum leckeren Frühstück gehören normalerweise Saft, Eier und Kuchen.

La Tetera (☎ 441-462; www.tetera.cl; Gral Basilio Urrutia 580; DZ inkl. Frühstück ohne/mit Bad 43/57 US$; 🖳) Obwohl die Einrichtung mal aufpoliert werden könnte, regiert hier fleckenlose Ernsthaftigkeit. In diesem gastfreundlichen Haus

mit Holztäfelung ist das Personal einfach Klasse. Das beste Frühstück in der Stadt.

Camping Parque La Poza (☎ 441-435; Costanera Roberto Geis 769; Stellplatz 5 US$/Pers.) Der ständige Verkehr, der an diesem riesigen, schattigen Campingplatz vorbeifließt, mindert seine Attraktivität. Aber man kann hier Kochen, es gibt Gepäckfächer und warmes Wasser.

Etwa 18 km östlich und abseits von der Straße zum Lago Caburgua liegen drei Campingplätze. Sie berechnen für einen Platz für sechs Personen 10 bis 12 US$. Nach der Überquerung des Río Pucón nach Schildern Ausschau halten. Zwischen Pucón und Villarrica sind noch mehr Zeltplätze.

Essen

Ruhig ein bisschen prassen. So gutes Gourmetessen wird man im Rest von Südchile sonst nicht bekommen.

Rap Hamburger (Ecke Av O'Higgins & Arauco; Burger 3 US$) Der Laden für den schnellen Happen zwischendurch. Es gibt auch Cheeseburger. Lange Öffnungszeiten.

La Tetera (Gral Basilio Urrutia 580; Hauptgerichte 3– 6 US$) Zum Frühstück gehören Müsli oder Eier mit frischem Brot und Obst. Die Pasta mittags und Gerichte zur Teezeit sind ebenfalls sehr o.k.

Café de la P (Ecke Av O'Higgins & Lincoyán; Hauptgerichte 3–10 US$) Ein stilvolles Café, wo man herrlich Leute beobachten kann. Es gibt ordentlichen Espresso, gute Steaks und Provolone auf Baguette.

Patagonia Express Café (Fresia 354; Eiswaffel 4 US$) Hausgemachte Torte und sahnige Eiscreme, selbstgemachte Schokolade und Karamellmilch. Und das alles auf dem Gehweg – eine sehr sommerliche Angelegenheit.

¡école! (Gral Basilio Urrutia 592; Hauptgerichte 4–7 US$) Die Einrichtung schwankt zwischen schneeweiß und Bob Marley. Das Essen ist ein weiterer Beleg dafür, dass hier gerne gemixt wird: Lachs mit bengalischem Curry und Spinatsalat mit Sesam. Aber das passt herrlich zusammen. Ab und zu gibt's Liveunterhaltung.

Marmonhi (Ecuador 175; Hauptgerichte 4–10 US$) Bei einem langsamen Mittagessen abseits vom Rummel schwelgen. Dieses Blockhaus hat steifes Leinen auf den Tischen und Plätze im Garten. Die Speisen aus der Region sind super, etwa *empanadas* und *humitas*.

Arabian Café (Fresia 354; Hauptgerichte 5–9 US$; ⏰ mittags & abends) Die Spezialität sind gefüllte, rote Paprikaschoten mit würzigem Rindfleisch. Aber auch Hummus und Tahini sind in diesem authentischen Restaurant aus dem Nahen Osten einen Versuch wert.

Viva Perú (Lincoyán s/n; Hauptgerichte 5–13 US$) Auf der Terrasse den besten *pisco sour* der Stadt zu einem feurig heißen Stück *yuquitas* (gebratener Maniok) runterkippen. Ein schicker Stil und eine tolle, originelle Speisekarte. Nur dem öligen *arroz chaufa* (gebratener Reis) aus dem Weg gehen!

La Marmita de Pericles (☎ 442-431; Fresia 300; Mittagsmenü 7 US$; ☻ mittags & abends) Aufrichtiger Service und das gekonnt zubereitete Essen machen das Bestellen zum wahren Vergnügen. Forelle in Rosmarinbutter und eine Flasche Wein könnte man in Erwägung ziehen … Währenddessen schmachtet Sinatra aus den Boxen.

Trawen (Av O'Higgins 311; Hauptgerichte 8–14 US$; ☻ mittags & abends) Fettucini mit Kürbis, Vollkornpizza, frische Früchtesmoothies … wer sich nach frischem und authentischem Fisch sehnt, sollte sich an einem der abgenutzten Holztische niederlassen und die Warterei durchstehen. Das Wandgemälde mit Waldmotiv und eine Felsenmauer lassen Gedanken ans Nirwana aufkommen.

Senzo (Fresia; Hauptgerichte 8–16 US$) Die Speisekarte weist Spuren von Erstklassigkeit auf (Risotto mit Shrimps und Tomaten). Aber es gibt auch einen ganzen Sumpf von Cocktails, kaltem Bier vom Fass mit ausgepresster Zitrone und man kann draußen sitzen.

Ausgehen

El Bosque (Av O'Higgins 524) Beliebt und etwas für gut betuchte Outdoor-Typen. Das El Bosque wurde aus Holz aus der Region gebaut, hat eine stilvolle Weinbar und eine Abenteuersport auf DVD.

Krater (☎ 441-339; Av O'Higgins 447) Eine Absteige-Bar für anspruchslose Traveller.

Mama's & Tapas (Av O'Higgins 587) Diese kurvige Bar mit eisernen Barhockern beherbergt eine flippige Menge. Die Happyhour an Werktagen bis 22 Uhr nutzen.

Unterhaltung

Hotel del Lago (Ansorena 23) Bietet ein glitzerndes Kasino und ein Kino.

An- & Weiterreise

Den Bustransport nach/von Santiago (13–32 US$, 11 Std.) übernehmen **Tur Bus** (Camino Internacional) östlich der Stadt, **Buses Jac** (Ecke Uruguay & Palguín), **Cóndor Bus** (Colo Colo 430) und **Buses Power** (Palguín 550), die billigste (und unbequemste) Option.

Tur Bus fährt auch täglich nach Puerto Montt (10 US$, 5 Std.). Nach Temuco startet Tur Bus jede Stunde, Buses Jac jede halbe Stunde (3,50 US$, 2 Std.). Nach Valdivia unterhält Jac täglich fünf Busse (4 US$, 3 Std.). Buses Jac und **Minibuses Vipu Ray** (Palguín 550) haben einen dauerhaften Service nach Villarrica (1 US$, 30 Min.) und Curarrehue (1,20 US$, 45 Min.). Buses Jac bedient auch Caburgua (1 US$, 45 Min.), Paillaco (3 US$, 1 Std.) und den Parque Nacional Huerquehue (3 US$, 1 Std.). Nach San Martín de los Andes in Argentinien fährt **Buses San Martín** (Tur Bus Terminal) sechsmal in der Woche ab (20 US$, 5 Std.). Die Busse halten in Junín.

Unterwegs vor Ort

Die Mietpreise für ein Auto pro Tag reichen von 30 US$ für einen Personenwagen bis zu 79 US$ für einen Pick-up mit Vierradantrieb. **Hertz** (☎ 441-664; www.hertz.com; Ecke Gerónimo de Alderete & Fresia) ist eine Anlaufstelle. Bei den weiter draußen liegenden Zielen werden die Taxifahrer versuchen zu handeln. **Radio Taxi Araucaria** (☎ 442-323; Ecke Palguín & Uruguay) kann auch schon im Voraus Trips arrangieren.

RUND UM PUCÓN
Tal des Río Liucura

Östlich von Pucón durchschneidet die Camino Pucón-Huife ein großartiges Tal. Hier sprudeln viele, viele heiße Quellen. Die beste Option liegt am Ende der Straße. Zu den **Termas Los Pozones** (Kilometer 36; Eintritt 6 US$; max. Aufenthalt 3 Std.) gehören sechs natürliche Steinbecken. Sie sind rund um die Uhr geöffnet. Ein paar Kerzen anzünden und unter dem Sternenhimmel eintauchen. Den Transport organisiert man am besten mit einer *hospedaje* oder einer Agentur. Oder mit anderen ein Auto mieten und sich für den Sprung in die heißen Quellen so viel Zeit nehmen, wie man will.

Das Naturschutzgebiet **El Cañi** (Kilometer 21; Eintritt mit/ohne Führer 10/5 US$) wurde von Bürgern ins Leben gerufen, die schon lange bestehende Immobilieninteressen bekämpfen. Es schützt 400 ha alten Araukarienwald. Ein dreistündiger, 9 km langer Wanderpfad führt einen steilen Weg bis zu einer atemberaubenden Aussicht hinauf. Mit Outdoor Experience oder am Parkeingang einen Besuch absprechen.

Ruta 119
Bei der Ankunft in Mamuil Malal an der argentinischen Grenze hat diese Route einige Nettigkeiten abseits der Piste parat. Das ruhige und farbenfrohe **Curarrehue** zeugt von den Einflüssen der Mapuche. Die **Touristeninformation** (☎ 197-1573; Plaza) hat ein paar Informationen über mögliche Aktivitäten und zu Campingplätzen und Hostels. Vor der Stadt kann man sich im **Kila Leufu** (☎ 099-711-8064; EZ/DZ 13/26 US$) mit viel Spaß auf dem Lande erholen, Kühe melken lernen und eine herrliche Nachtruhe genießen. Von Pucón starten regelmäßig Busse nach Curarrehue (1,20 US$, 45 Min.) und Villarrica (2 US$, 45 Min.). Es gibt von Curarrehue aus auch einen Service nach San Martín de los Andes.

Von Curarrehue 5 km weiter Richtung Nordosten liegt das einfache **Recuerdo de Ancamil** am Ufer des Río Maichín. Es hat acht natürliche Pools, einer davon ist sogar in einer Grotte versteckt. Es gibt Campingmöglichkeiten und ein paar Hütten. Noch 10 km weiter verbreiten die gelassenen, heißen Quellen **Termas de Panqui** (Tagesticket 13 US$) einen spirituellen Touch. Man kann auch Mahlzeiten (5–8 US$) bekommen und in einem Tipi (18 US$) oder einem Hotel (Zi. 27 US$/Pers.) übernachten. Für Treks und Klettertouren bei der **Lodge** (☎ 441-029; www.the-lodge.cl; Tour & Unterkunft 100 US$/Tag) vorbeischauen. Sie liegt 24 km von Curarrehue entfernt. Aber die Besitzer bieten von Pucón aus einen kostenlosen Transport an.

PARQUE NACIONAL HUERQUEHUE
Rauschende Flüsse, Wasserfälle, Araukarienwälder und alpine Seen zieren den 12 500 ha großen **Parque Nacional Huerquehue** (Eintritt 3,50 US$). Er ist nur 35 km von Pucón entfernt und damit leicht zu erreichen. Es stehen eine ganze Palette an Wandertouren zur Auswahl. Am Eingang verkauft Conaf Karten mit den Touren.

Der **Wanderweg Los Lagos** (9 km, 3–4 Std. einfache Strecke) verläuft in Serpentinen von 700 m auf bis zu 1300 m Höhe durch dichte *lenga*-Wälder zu kompakten Araukarie-Beständen. Sie umgeben eine Reihe ursprünglicher Seen. An der Laguna Huerquehue geht der Wanderweg **Los Huerquenes** (2 Tage) weiter nach Norden, dann Richtung Osten. Er durchquert den Park und erreicht die **Termas de San Sebastián** (☎ 045-341-961) knapp östlich der Parkgrenze. Von dort verbindet eine Schotterstraße das Nordende des Lago Caburgua mit Cunco.

Conafs Campingplätze von Lago Tinquilco und Renahue berechnen für den Stellplatz 16 US$. Das **Refugio Tinquilco** (☎ 02-777-7673 in Santiago; www.tinquilco.cl; Stockbett ohne Bettwäsche 12 US$, DZ 34 US$) am Ausgangspunkt des Wanderwegs Lago Verde ist eine gastfreundliche, zweistöckige Holzlodge. Sie bietet für ein kleines Extra französischen Kaffee und Mahlzeiten (Vollpension 12 US$). Man kann aber auch selbst kochen.

Buses Jac hat morgens und nachmittags einen regelmäßigen Service nach/von Pucón (3 US$, 1 Std.). Auf jeden Fall vorher einen Platz reservieren. Sonst sich lieber einer Tour anschließen oder gemeinsam ein Taxi nehmen.

PARQUE NACIONAL VILLARRICA
Der Parque Nacional Villarrica wurde 1940 eingerichtet und schützt 60 000 ha bemerkenswerte Vulkanlandschaft mit dem 2847 m hohen Villarrica, dem 2360 m hohen Quetrupillán und entlang der argentinischen Grenze mit einem Teil des 3746 m hohen Lanín. Chile teilt sich diesen Berg mit Argentinien, von wo aus man ihn besteigen kann.

Rucapillán liegt direkt südlich von Pucón an einer gut gepflegten Straße. Hier befinden sich die beliebten Wanderwege auf und rund um den Villarrica (Infos zu Vulkanwanderungen s. S. 554). Wer eine Abkürzung sucht, kann einen Teil des Weges mit dem Skilift zurücklegen. Das ist doch mal ein origineller Betrug. Der Wanderweg **Challupen Chinay** (23 km, 12 Std.) umrundet die Südseite des Vulkans und windet sich durch eine ganze Reihe von Landschaften. Er endet schließlich am Eingang zum Sektor **Quetrupillán**.

Ski Pucón (☎ 045-441-901; www.skipucon.cl; spanisch; Gran Hotel Pucón, Clemente Holzapfel 190, Pucón; Liftticket 31 US$/Tag; ☼ Juli–Okt.) ist vor allem etwas für Anfänger. Aber auch erfahrene Skifahrer werden ein paar ungewöhnliche Möglichkeiten entdecken. Die Lavarinnen sind wirklich spaßige, natürliche Halfpipes.

Wenn der Wind zu stark und die Wolkendecke zu dicht ist, wird dieser aktive Vulkan allerdings geschlossen. Vor dem Aufstieg die Wetterlage checken. Beinahe jede Agentur und eine Reihe von Hotels schicken Minivans (6–10 US$, kostenlos, wenn man Skier mietet) bis zur Basislodge.

LAGO CALAFQUÉN

Strände und Gärten mit schwarzem Sand ziehen die Touristen zu diesem See, der mit Inseln durchsetzt ist. Vor allem das modische **Lican Ray** (30 km südlich von Villarrica) und das etwas einfachere **Coñaripe** (22 km östlich von Lican Ray) sind ihr Ziel. Außerhalb der Saison ist alles tot und ausgestorben. Die **Touristeninformation** (☎ 045-431-516; Urritia 310) von Lican Ray ist direkt an der Plaza. Sie hat Karten und eine Liste mit Unterkünften. **Turismo Aventura Chumay** (☎ 045-317-287; Las Tepas 201) verleiht Fahrräder, hat Informationen zur Region und bietet Touren an. Von Coñaripe aus kann man Touren zu einigen Schluchten, heißen Quellen und anderen Gegenden des Parks machen, die von Touristen eher selten aufgesucht werden.

Schlafen & Essen

In Coñaripe sind die Campingplätze am See nur klein. Die überfüllten verlangen verhandelbare 16 bis 20 US$ pro Stellplatz. **Millaray** (☎ 099-802-7935) oder **Rucahue** (☎ 045-317-210) versuchen.

Hostal Chumay (☎ 045-317-287; Las Tepas 201; EZ/DZ 12/27 US$) Ein super Schnäppchen hinter der Plaza. Es hat ein Restaurant, das ein Fisch-und-Meeresfrüchte-Mittagessen zum Festpreis (4 US$) serviert.

Hotel Elizabeth (☎ 045-317-275; Beck de Ramberga 496; EZ/DZ 17/34,50 US$) Ein zweistöckiges Holzhotel mit Balkonzimmern. Von der Bäckerei unten ziehen die verführerischen Düfte herauf. Nichts für Leute, die auf Diät sind, denn es gibt auch noch ein Restaurant und eine Chocolaterie.

Folgende Unterkünfte haben in Lican Ray das ganze Jahr über geöffnet:

Hostal Hofmann (☎ 045-431-109; Cam Coñaripe 100; Zi. 10 US$/Pers.) Ein ansprechendes Haus mit Federkissen und Blumengärten.

Los Ñaños (☎ 045-431-026; Urrutia 105; Hauptgerichte 6–12 US$) Perfekte *empanadas*. Außerdem gibt's ordentliche Fisch- und Merersfrüchte-, Fleisch- und Pastagerichte zu gesalzenen Preisen.

An- & Weiterreise

Buses Jac (Ecke Urrutia & Marichanquín) fährt häufig nach Villarrica (1,50 US$, 45 Min.) und Coñaripe (1,50 US$, 30 Min.). Die anderen Busse starten an der Ecke Urrutia und Huenumán. Jeden Morgen um 7.30 Uhr fährt ein Regionalbus über Nebenstraßen nach Panguipulli (3 US$, 2 Std.).

LAGO PANGUIPULLI

Am nordwestlichen Ende des Lago Panguipulli liegt die Stadt **Panguipulli**. Sie ist ein wichtiges Servicezentrum. Hier gibt's eine Auswahl an Lokalen und eine herrliche Aussicht auf den Volcán Choshuenco (2415 m). Die städtische **Touristeninformation** (☎ 063-312-202; Plaza Prat) befindet sich an der Ostseite der Plaza. Dort ist man hilfsbereit und hat Informationen über die Region. Am östlichen Ende des Sees liegt das ruhige Dörfchen **Choshuenco**. Von hier hat man einen weiten Blick über den Strand. Weiter südlich ist **Enco** der beste Ausgangspunkt für Wanderungen zum Mocho Choshuenco, diejenige der beiden Vulkanspitzen, die man am besten besteigen kann.

Schlafen & Essen

Die Playa Chauquén liegt südlich der Stadt. Die Strandregion hat eine Vielzahl von Campingmöglichkeiten zu bieten. Im Sommer verkehrt zweimal täglich ein Shuttle zum und vom Strand.

Camping El Bosque (☎ 063-311-489; Stellplatz 5 US$/Pers.) In Panguipulli, 200 m nördlich der Plaza Prat. Es gibt 15 Zeltplätze und warme Duschen.

Hostal España (☎ 063-311-166; jhrios@telsur.cl; Av O'Higgins 790; EZ/DZ 26/34,50 US$) Bietet gemütliche Zimmer mit eigenem Bad in familiärer Atmosphäre. Man kann Frühstück bekommen und Geld wechseln.

Girasol (Martínez de Rozas 664; Mittagessen 5 US$) Serviert Chiles beste Gerichte. Den *pastel de choclo* probieren!

Gardylafquen (☎ 063-311-887; Martínez de Rozas 722; Mittagessen 5 US$) Tischt einladende Menüs zum Festpreis auf.

An- & Weiterreise

Das wichtigste **Terminal de Buses** (Gabriela Mistral 100) von Panguipulli befindet sich an der Ecke der Diego Portales. Es gibt von Montag bis Samstag regelmäßig Abfahrten nach Liquiñe, Coñaripe (1,50 US$) und Lican

Ray (3 US$, 2 Std.); nach Choshuenco, Neltume und Puerto Fuy und nach Valdivia (3 US$, 2 Std.) und Temuco (4,50 US$, 3 Std.). Busse von Panguipulli nach Puerto Fuy (2 Std.) passieren Choshuenco und kommen früh am nächsten Morgen nach Panguipulli zurück.

LAGO PIREHUEICO

Auf einer malerischen Route nach San Martín de los Andes in Argentinien kann man den rauschenden und steilen Windungen des Rio Huilo Huilo folgen. Auf etwa 60 000 ha Privatland bereitet **Huilo Huilo** (☎ 02-334-4565; www.huilohuilo.cl, spanisch; Eintritt 1,50 US$) die Region für einen verträglichen Ökotourismus vor. Zum Gelände gehört das märchenhafte Hotel **La Montaña Mágica** (DZ ab 100 US$), das wie eine prächtige Turmspitze aussieht.

Die **Hua-Hum-Fähre** (in Panguipulli ☎ 063-311-334) befördert Passagiere und Fahrzeuge zwischen Puerto Fuy und Puerto Pirehueico (1½ Std.). Von dort geht's über Land weiter. Bei Paso Hua Hum überquert man die Grenze, bevor man San Martín erreicht. Die Fähre startet von Januar bis Mitte März zweimal am Tag in jede Richtung und im übrigen Jahr einmal täglich. Autos kosten 16 US$, Jeeps und Pick-ups 25 US$, Fußgänger 1 US$ und Fahrräder 3 US$. Auf beiden Seiten des Sees gibt's einfache Unterkünfte.

VALDIVIA

☎ 063 / 127 750 Ew.

In der Universitätsstadt Valdivia pulsiert möglicherweise das hippste Stadtleben im Süden Chiles: ein Flussufer mit einer frischen Brise, zahlreiche Unis, Unmengen von Bars und Restaurants, alte Architektur und eine moderne Einstellung. Als Ziel der deutschen Einwanderer in den 1850er- und 1860er-Jahren hat die Stadt auch einen geschichtlichen Hintergrund. Wegen den deutschen Wurzeln gibt's hier jede Menge Schokolade und Bier. Die Stadt hat Glanz und Katastrophen erlebt. Nach ihrer Gründung wurde sie von den Mapuche geplündert und ging erneut nieder, als 1960 ein Erdbeben große Teile vernichtete und die Küste um 4 m absenkte. 2005 kam es dann zu einer Umweltkatastrophe: Damals starben 5000 schwarzhalsige Schwäne an Vergiftung, verursacht von der Papierfabrik Celco-Arauco. Es kam zwar vor Ort und weltweit zur Protesten, aber die Fabrik arbeitet immer noch. Die Umweltschlacht geht weiter (s. www.accionporloscisnes, spanisch).

Orientierung

Valdivia liegt 160 km südwestlich von Temuco und 45 km westlich der Panamericana. Vom Terminal de Buses wird man von jedem Bus mit der Aufschrift „Plaza" ins Zentrum und zur Plaza de la República gebracht. Die Unterkünfte kann man zu Fuß erreichen.

Praktische Informationen

Im Geschäftszentrum gibt es jede Menge Geldautomaten und Callcenter. Am Terminal de Buses ist ein Touristenkiosk.

Café Phonet (Libertad 127; 1 US$/Std.) Internet mit schwatzfreundlichen Tarifen für Ferngespräche.

Cambio Arauco (Arauco 331, Local 24) Zum Geldwechseln, samstags geöffnet.

Cambio La Reconquista (Carampangue 329)

Entel (Pérez Rosales 601) Callcenter.

Hospital Regional (☎ 297-000; Simpson 850; ☽ 24 Std.) Südlich der Stadt, nahe Aníbal Pinto.

Lavandería Manantial (Camilo Henríquez 809; 2 US$/Ladung) Hier die Unterwäsche schrubben.

Post (O'Higgins 575)

Sernatur (☎ 213-596; Prat 155; ☽ März–Dez. Mo–Fr 8.30–17.30 Uhr, Jan. & Feb. tgl.) Liegt am Flussufer.

Sehenswertes & Aktivitäten

Zur farbenfrohen **Feria Fluvial**, ein Fisch- und Gemüsemarkt am Flussufer, kommen Seelöwen herangepaddelt und fressen aus der Hand. Über die Brücke geht's zur Isla Teja. Im winzigen **Parque Prochelle** findet man etwas Ruhe. Das ausgezeichnete **Museo Histórico y Arqueológico** (Los Laureles 47; Eintritt 1,25 US$; ☽ Dez.–März 9–13 & 14.30–18 Uhr, April–Nov. 10–13 & 14–18 Uhr) befindet sich in einer Villa nahe am Fluss. Zu den Ausstellungsstücken gehören Artefakte der Mapuche und Haushaltsgegenstände der frühesten deutschen Siedler. In der Nähe befindet sich das **Museo de Arte Contemporáneo** (☎ 221-968; Los Laureles; Eintritt 1 US$; ☽ Di–So 10–13 & 15–19 Uhr). Es steht auf den Fundamenten der ehemaligen Cervecería Anwandter. Die Brauerei stürzte beim Erdbeben 1960 ein. Auf der Isla Teja befindet sich außerdem der schattige **Parque Saval**. Hier gibt's einen Strand am Fluss und einen schönen Weg zu einer mit Seerosen bedeckten Lagune.

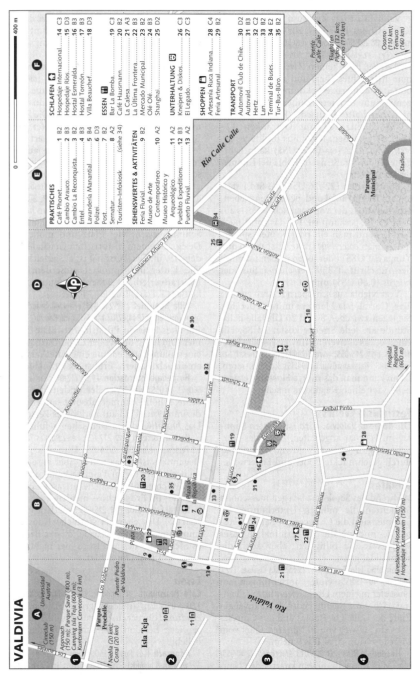

Valdivia ist das Zentrum der deutschen Kultur Chiles. Eine Tour zur **Cervecería Kunstmann** (☎ 292-969; www.cerveza-kunstmann.co.cl, spanisch; ☼ Nov.–März 12–1 Uhr, Apr.–Okt. Mo–Sa 12–24, So 12–19 Uhr) lässt keinen Zweifel offen, dass man hier echtes Bier, und zwar eines der besten Südamerikas bekommt. Es gibt auch genug zum Probieren. Abends kann man hier herzhafte deutsche Küche (Krüge 5 US$, Mahlzeiten mit Getränken 12–15 US$) genießen. Jeder Bus und jedes *colectivo* zur Isla Teja (0,50 US$) kann Fahrgäste an der Straße nach Niebla bei Kilometer 5 absetzen.

Bootsfahrten (22–26 US$, 6½ Std.) starten am **Puerto Fluvial** und gleiten den Nebenarm hinunter, der von spanischen Forts aus dem 17. Jh. gesäumt ist. Bei der Fahrt nach Niebla kann man ein paar Kröten sparen, indem man *colectivos* (Ecke Chacabuco und Yungay; 1 US$) oder jeden gelben oder mit der Aufschrift „T-350" versehenen Bus oder *micros* (0,80 US$) nimmt.

Von Niebla aus schippern Fähren zur Isla Teja, Corral, Isla Mancera und Isla del Rey. Sie legen zwischen 8 und 20 Uhr alle halbe Stunde ab. Jede Strecke kostet 2 US$. Für einen etwas aktiveren Hinweg **Pueblito Expeditions** (☎ 245-055; www.pueblitoexpediciones.cl; San Carlos 188; Kajakausrüstung 29 US$) kontaktieren. Dann kann man das ruhige Flussnetz erpaddeln oder einen Kajakkurs machen.

Festivals & Events

Die **Noche de Valdivia**, wird am dritten Sonntag im Februar abgehalten. Es ist das jährliche Highlight von Valdivia, wunderbar durch geschmückte Boote und Feuerwerk.

Schlafen

Während des Semesters belegen massenhaft Studenten die billigen Unterkünfte. Im Sommer sind die Chancen größer. Die *hospedajes* in der Nähe des Terminal de Buses sind zwar die billigsten, aber auch die schmuddeligsten.

Camping Isla Teja (☎ 225-855; Los Cipreses 1125; Stellplatz 10–15 US$) Gute Einrichtungen am Flussufer in einem Obstgarten mit Apfelbäumen. Über die Puente Pedro de Valdivia am Ende der Calle Los Robles und Los Cipreses ist es ein Fußweg von 30 Minuten. Oder vom Mercado Municipal Bus 9 nehmen.

Hospedaje Ríos (☎ 206-013; Arauco 869; Zi. 10 US$/Pers.) Man findet in diesem knarrenden Haus

geräumige und helle Zimmer. Es wird wegen seiner Gastfreundlichkeit gerühmt. Die Gemeinschaftsbäder könnten ruhig sauberer sein.

Hospedaje Karamawen (☎ 347-317; esolisromero@yahoo.com; Gral Lagos 1334; geteilte Zi. inkl. Frühstück 12 US$) Hier lassen sich wunderbar die persönlichen Aufmerksamkeiten und das künstlerische Ambiente genießen. Die Zimmer sind geschmackvoll eingerichtet. Der Besitzer (ein Übersetzer) ist engagiert und lebhaft. Das Frühstück schmeckt ausgezeichnet. Neben englisch, französisch und schwedisch wird auch deutsch gesprochen.

Airesbuenos Hostel (☎ 206-304; www.airesbuenos.cl; Gral Lagos 1036; B/EZ/DZ 13,50/29/35 US$; ℗ 🖵) So angenehm, wie das Wohnen in einem *hostal* nur sein kann. Es gibt herrliche Details aus Schmiedeeisen, viel Platz und modernes Design in einem historischen Gebäude aus dem 19. Jh. Das Personal ist ausgezeichnet. Die Unterkunft punktet außerdem mit Fahrradverleih, Küchenbenutzung und heißem Kakao. Eine HI-Filiale.

Villa Beauchef (☎ 216-044; www.villabeauchef.cl; spanisch; Beauchef 844; EZ/DZ 14/24 US$, mit Bad 20/29 US$) Ein altes Haus in Pfirsichfarben. Die Zimmer sind luftig und voller Licht. Dazu gibt's einen Blumengarten und eine gute Auswahl an Einzelzimmern. Frühstück ist inklusive.

Hospedaje Internacional (☎ 212-015; García Reyes 660; Zi. 14 US$/Pers.) Traveller finden hier einfache, schöne Zimmer, absolut saubere Badezimmer und ein aufmerksames Personal. Das *hostal* wird von Deutschen geführt.

Hostal Torreón (☎ 212-622; Pérez Rosales 783; Zi. pro Person ohne/mit Bad 20/24 US$) Altmodisch und elegant. Es ist etwas teurer, aber an einem regnerischen Tag in Valdivia bietet es eine gemütliche Zuflucht. Die etwas feuchten Zimmer im Erdgeschoss meiden.

Hostal Esmeralda (☎ 215-659; Esmeralda 651; EZ/DZ 24/31 US$) Das ehemals stattliche Haus hat immer noch genug Charme. Zu den Bars ist es nicht weit, deshalb ist es hier nichts für Leute mit leichtem Schlaf.

Essen

Café Hausmann (O'Higgins 394; Cruditos & Kuchen 1,50–5 US$) Ein fingerhutgroßer Laden, der *cruditos* (Carpaccio), Strudel und Kuchen serviert. Bei den Einheimischen ziemlich beliebt.

Approach (Los Robles 150; Hauptgerichte 4–7 US$; ☼ mittags & abends) Ein Plätzchen im argentinischen Stil. Es liegt auf der Isla Teja, gleich über die Brücke. Das beliebte und freundliche Restaurant ist wegen der Superpizzas und der Pasta den kurzen Trip wert.

Mercado Municipal (Prat s/n; Hauptgerichte 4–8 US$; ☺ mittags) Riesige Teller mit Fisch und Chips oder *choritos al ajillo* (Muscheln in Knoblauch und Chili) sind nur ein paar der Spezialitäten, die in diesem Restaurant auf drei Stockwerken serviert werden. Von hier hat man einen schönen Blick über den Fluss.

La Última Frontera (Pérez Rosales 787; Hauptgerichte 4–7 US$; ☺ mittags & abends) Unter den Porträts von Butch Cassidy und Comandante Marcos versammelt sich die studentische Masse. Sie tratscht und feiert mit tollen Sandwiches, Mittagessen, frischen Säften und riesigen Bierhumpen. Die angesagte, restaurierte Villa hat lange offen.

Olé Olé (Lautaro 170; Hauptgerichte 5 US$) Zwei Tische, vier Stühle und eine offene Küche, die Paella und köstliche *empanadas* herstellt. Wenn der Besitzer einen neuen Schwung Sangria testet, geht er aufs Haus.

Shanghai (Andwandter 898; Hauptgerichte 5 US$) Die Studenten und das Stadtvolk schwören auf die großzügigen Portionen von chinesischem *chaufan* (gemischter Reis) und den aufmerksamen, familiären Service.

Bar La Bomba (Caupolicán 594; Mittagessen 6 US$) Das altmodische Valdivia. Es steckt voller Nostalgie der vergangenen Jahre. Sich für *schop* oder ein schnelles Mittagessen den Stammgästen anschließen.

La Calesa (Yungay 735; Hauptgerichte 8–15 US$; ☺ mittags & abends) Einfach verführerisch mit üppigen, peruanischen Geschmacksrichtungen in einem sonnendurchfluteten Raum oder auf einer Terrasse am Fluss.

Unterhaltung

Partygänger sollten den Block voller Pubs, Restaurants und Diskos an der Esmeralda (hinter der Caupolicán) erkunden. Da gibt's etwas für jeden Geschmack, sogar für diejenigen, die gar keinen haben.

El Legado (Esmeralda 657) Der Laden ist die beste Adresse für Livejazz am Wochenende.

Cineclub (www.uach.cl) Zeigt von März bis Februar an der Universität von Austral Programmkino.

Shoppen

Feria Artesanal (Mercado Municipal) Eine Auswahl an Kunsthandwerk aus Holz und Wolle.

Artesanía Ruca Indiana (Camilo Henríquez 772) Bester Ort für Kunsthandwerk der Mapuche.

An- & Weiterreise

BUS

Das **Terminal de Buses** (☎ 212-212; Anfión Muñoz 360) von Valdivia bietet regelmäßig Busse zu Zielen zwischen Montt und Santiago. Die Langstreckenbusse Richtung Norden fahren am frühen Morgen oder späten Abend los.

Tur Bus (Ticketbüro O'Higgins 460) hat viele Ziele im Programm. Buses Pirehueico und Sur Express erklimmen Panguipulli. Buses Jac fährt bis nach Villarrica (3,50 US$, 3½ Std.), Pucón und Temuco hinauf. Tas Choapa und Andesmar reisen nach Bariloche in Argentinien. Igi Llaima geht einmal täglich nach San Martín de los Andes und Neuquén.

Ziel	Dauer (Std.)	Preis (US$)
Ancud	5½	11
Bariloche, Argentina	6	21
Neuquén, Argentina	16	43
Osorno	1½	2
Panguipulli	2½	1,75
Pucón	3	5
Puerto Montt	3½	6
San Martín de los Andes, Argentinien	8	20
Santiago	10	20
Temuco	2¼	5

FLUGZEUG

Lan (☎ 600-526-2000; Maipú 271) fliegt zweimal täglich nach Concepción (70 US$, 45 Min.) und Santiago (157 US$, 2¼ Std.).

Unterwegs vor Ort

Der Aeropuerto Pichoy liegt nördlich der Stadt und ist über die Puente Calle Calle zu erreichen. **Transfer** (☎ 204-111) hat einen Minibusservice (3,50 US$).

Sowohl **Autovald** (☎ 212-786; Camilo Henríquez 610) als auch **Hertz** (☎ 218-317; Picarte 640) vermieten Fahrzeuge. **Automóvil Club de Chile** (☎ 212-376; Garcia Reyes 440) hilft auch weiter.

OSORNO

☎ 064 / 140 000 Ew.

Der landwirtschaftliche Dreh- und Angelpunkt Osorno befindet sich 910 km südlich von Santiago. Von hier aus kann man sehr gut den Parque Nacional Puyehue in Angriff nehmen oder in einen Bus nach Argentinien klettern. Obwohl Osorno einen milden Charakter hat und im Prinzip ein angenehmer Ort ist, gibt es wenig, das einen zum Verweilen verführen könnte.

Orientierung

Der Hauptbusbahnhof befindet sich im Ostteil der Innenstadt und fünf Blocks von der Plaza de Armas entfernt. Einen Block nördlich und einen westlich sind viele Budgetunterkünfte.

Praktische Informationen

Cambiotur (☎ 234-846; Juan Mackenna 1004, Local B) Hier Geld wechseln.

Conaf (☎ 234-393; Martínez de Rosas) Hat detaillierte Informationen zum Parque Nacional Puyehue.

Entel (Ramírez 1107)

Hospital Base (☎ 235-572; Av Bühler) In den südlichen Vororten von Arturo Prat.

Lavandería Limpec (Prat 678) Wäscherei.

Post (O'Higgins 645)

Sernatur (☎ 237-575; O'Higgins 667) An der Westseite der Plaza de Armas.

Touristen-Infokiosk (⏲ bis 23 Uhr) Am Busbahnhof.

Sehenswertes

Wer hier einen ganzen Tag verbringt, sollte beim **Museo Histórico Municipal** (Matta 809; Eintritt frei; ⏲ Mo–Fr 10–12.30 & 14.30–17 Uhr, Dez.–Feb. Sa 11–13 & 16–19 Uhr) vorbeischauen. Es bietet einen guten Einblick in die Kultur der Mapuche und in die Zeit der deutschen Kolonisation. Das historische Viertel in der Nähe der Plaza de Armas ist auch einen Blick wert.

Schlafen

In der Nähe des Busterminals gibt's jede Menge Budgethostels. Andere Gegenden der Stadt eignen sich allerdings besser für den Aufenthalt.

Camping Olegario Mohr (☎ 204-870; Camping 4 US$/Person) Am Südufer des Río Damas und östlich der Stadt. Die Tore sind zwischen Mitternacht und 8 Uhr geschlossen. Die *colectivos* auf der Av Buschmann setzen Fahrgäste nur ein paar Minuten entfernt ab.

Hospedaje Webar (☎ 319-034; renewebar@entel chile.net; Los Carrera 872; EZ/DZ inkl. Frühstück 8,50/17 US$) Ein künstlerischer alter Kasten. Sein Charme lässt über ein paar durchhängende Betten hinwegsehen. Die hohen Decken in den Zimmern wirken recht stattlich.

Hospedaje Sánchez (☎ 232-560; crisxi@telsur.cl; Los Carrera 1595; EZ/DZ inkl. Frühstück 8,50/17 US$) Auch wenn das Äußere etwas aufgemöbelt werden könnte, hat dieses Eckhaus ein gastfreundliches Innenleben. Die wunderbaren Besitzer sorgen für Frühstück und lassen einen auch mal in die Küche.

Residencial Ortega (☎ 232-592; Colón 602; Zi. 12 US$/Pers.; P) Immer ein Favorit der Backpacker. Es gibt große Gemeinschaftsräume und in jedem Zimmer Kabel-TV.

Hospedaje Puelche (☎ 238-065; hospedaje_puelche_osorno@hotmail.com; Barrientos 2456-E; EZ/DZ 17/26 US$) Eine gemütliche Bleibe mit harten Betten und warmen Duschen. Es steht nicht in dem wehenden *puelche*, dem Wind, nach dem das *hospedaje* benannt wurde.

Essen & Ausgehen

Líder (Ecke Colón & Errázuriz) Supermarkt gleich beim Busterminal.

Mercado Municipal (Ecke Arturo Prat & Errázuriz) Hat eine Reihe von Essensständen, die günstige Speisen verkaufen.

Entre Amigos (Local 2; Gerichte 1,50–4 US$) Für Fisch-und Meeresfrüchtegerichte und Suppen dieses Lokal in der alten Metzgerstraße aufsuchen.

Café Migas (☎ 235-541; Freire 584; Hauptgerichte 2–5 US$; ⏲ 8–21 Uhr) Ein munteres Café. Serviert *empanadas*, Pizzas und Kuchen sowie ein Mittagsspecial für 3,50 US$.

Pizzería Donnatelo (Ecke Cochrane & Ramírez; Pizzas 2–6 US$; ⏲ mittags & abends) Pizzas aus der Seitengasse – möglicherweise die besten der Stadt.

Club de Artesanos (Juan Mackenna 634; Hauptgerichte 2,50–7 US$; ⏲ mittags & abends) Perfekt für ein Glas des vor Ort hausgebrauten Märzen. Das „Haus der Handwerker" hat sich auf riesige Teller mit chilenischen Klassikern spezialisiert.

Salón de Té Rhenania (Eleuterio Ramírez 977; Onces 4 US$; ⏲ So geschl.) Ein luftiges und lichtdurchflutetes Café im 1. Stock. Es werden großzügige Sandwiches und gebratene *empanadas* serviert.

Shoppen

Asociación Futa Huillimapu (Ecke Juan Mackenna & Portales) Verkauft qualitätvolle Produkte aus Holz und Webarbeiten und unterstützt eine Vereinigung indigener Frauen.

La Casa de Vino (☎ 207-576; Juan Mackenna 1071) Die Besitzer von La Casa de Vino kennen sich wirklich aus und haben super Vorschläge zu neuen chilenischen Weinen.

Climent (Angulo 603) Ist auf Campingausrüstung spezialisiert.

An- & Weiterreise

Die Langstreckenbusse und die Linien nach Argentinien benutzen das **Hauptbusterminal** (Av Errázuriz 1400) in der Nähe der Angulo. Die meisten Busse Richtung Norden auf der Panmericana fahren in Puerto Montt ab. Sie starten etwa jede Stunde und fahren nach Santiago meistens über Nacht. Es gibt auch täglich Busse nach Argentinien und mehrmals die Woche nach Coyhaique, Punta Arenas und Puerto Natales (41 US$, 28 Std.). Sie befahren die Ruta 215 und den Paso Cardenal Antonio Samoré.

Ein paar Reisezeiten und Preise:

Ziel	Dauer (Std.)	Preis (US$)
Bariloche	5	15
Coyhaique	22	30
Puerto Montt	1	3
Punta Arenas	28	41
Santiago	12	21–40
Temuco	3	7

Lokale und regionale Busse fahren vom **Terminal Mercado Municipal** (Ecke Errázuriz & Prat) ab. Er liegt zwei Blocks westlich vom Hauptterminal, im Mercado Municipal. Zu den Zielen gehört Entre Lagos (fährt vor dem Markt ab, 2 US$, 30 Min.), Termas Puyehue/Aguas Calientes (fährt hinter dem Markt ab, 1,50 US$, 1 Std.), Anticura (3 US$, 1½ Std.), Pajaritos (3 US$, 2 Std.) und Río Negro (1 US$, 15 Min.). Colectivos fahren das ganze Jahr über nach Entre Lagos und nur im Sommer nach Aguas Calientes. Um zu den Küstenstädten zu kommen, den Río Rahue überqueren. Dann kommt man zu den Bushaltestellen an der Feria Libre Ráhue. Man kann auch ein colectivo an der Ecke República und Victoria nehmen.

Unterwegs vor Ort

Automóvil Club de Chile (☎ 255-555; Bulnes 463) vermietet Jeeps und Autos.

RUND UM OSORNO

An der Küste können sich Traveller in **Maicolpué** spitzenmäßig vom Klub der Gringos erholen. **Campingplätze** (4 US$/Zelt) sind im Südteil der Stadt zu finden. Bei den **Cabañas Rosenburg** (US$12/Pers.) gibt's zwergenhafte, mit Holzschindeln gedeckte Hütten in Zeltform. Sie blicken auf die donnernde Brandung. Pfade in den Süden führen zu ursprünglichen, fast völlig verlassenen Strände.

Am Südwestufer des Lago Puyehue liegt **Entre Lagos**. Es ist 50 km von Osorno entfernt und eine ruhigere Alternative. **Camping No Me Olvides** (☎ 064-371-633; Stellplatz 5 US$/Pers., Hütte 18 US$/Pers.) liegt 6 km östlich der Stadt an der Ruta 215. Der super Campingplatz ist durch geschnittene Hecken unterteilt. Die Gäste können hier auch ihre Brot- und Kuchenbestände auffüllen. Das **Hospedaje Panorama** (☎ 064-371-398; Gral Lagos 687; Zi. inkl. Frühstück 8 US$/Pers.) steht voller Obstbäume und beschäftigt freundliche deutsche Schäfer. Auf den Betten liegen Wolldecken. Zum Frühstück auf der hinteren Terrasse gibt's manchmal auch frischen Kuchen.

Weitere 16 km Richtung Osten erreicht man die **Termas de Puyehue** (☎ 064-232-157; www. puyehue.cl, spanisch; EZ/DZ ab 98/104 US$), ein Tophotel mit heißen Quellen (Tagesticket 12,50 US$). Trekker können sich einen Tag lang in den Becken aalen oder sich massieren lassen. Hier gabelt sich die Ruta 215. Die nördliche Abzweigung führt zur argentinischen Grenze, die südliche zum Parque Nacional Puyehue.

PARQUE NACIONAL PUYEHUE

Einen Tag nach dem Erdbeben im Jahr 1960 sprengte der 2240 m hohe Volcán Puyehue seine Spitze in die Luft und verwandelte ein großes Stück dichten und feuchten, immergrünen Wald in eine kahle Landschaft aus Sanddünen und Lavaströmen. Heute schützt der **Parque Nacional Puyehue** (parquepuyehue@terra. cl; Eintritt 1,50 US$) 170 000 ha dieses Gebietes voller Gegensätze. Das **Aguas Calientes** (Tagesticket 5,50 US$) ist ein einfaches Resort mit heißen Quellen. Conaf hat hier ein Informationszentrum und kassiert den Eintritt. Im **Camping Chanleufú** (Stellplatz 22 US$/4 Pers.) gibt's zwar keine heißen Duschen, aber für den Preis darf man auch in die Außenpools mit heißem Quellwasser und die anderen Außenanlagen.

Antillanca (Liftticket 26 US$, Leihgebühr für Ausrüstung 18–26 US$) liegt an den Hängen des 1990 m hohen Volcán Casablanca. Es ist ein kleines Skigebiet, 18 km hinter Aguas Calientes. Hier kann man eine geniale Aussicht auf die

Seen und Vulkane und ein Ambiente wie zu Hause genießen. Skifahrer werden mit zusammengewürfelten Thermoklamotten und alter Ausrüstung ausgestattet. Zum nahen Bariloche scheint es ein weiter Weg. Im Sommer führt ein Wanderweg zu einem Aussichtspunkt auf dem Krater mit Blick auf die Bergkette. Unten kann man im **Hotel Antillanca** (☎ 064-235-114; EZ/DZ im Refugio 20/34 US$, im Hotel 35/48 US$) übernachten. Rustikales und modernes Ambiente stehen zu Wahl. Weitere Pluspunkte sind ein Fitnessraum, eine Sauna und eine Disko – für die wilden Nächte, die man vielleicht mit einer Handvoll anderer Übernachtungsgäste verbringt.

Anticura liegt 17 km nordwestlich der Abzweigung von Aguas Calientes – für abgelegenere Gebiete des Parks ist es der beste Startpunkt. Angenehme, kurze Wege führen zu einem Aussichtspunkt und einem Wasserfall. **Camping Catrué** (Stellplatz 8 US$/2 Pers.) hat ebene Plätze mit Bäumen und Picknicktischen aus Baumstämmen. Strom gibt es nur eingeschränkt. Die Bäder sind ordentlich.

2 km westlich von Anticura befindet sich **El Caulle** (☎ 099-641-2000; Eintritt 12 US$), der Anfang des beliebten Treks über das öde Plateau des Volcán Puyehue. Obwohl das Zugangsgebiet offiziell innerhalb der Parkgrenzen liegt, ist es doch in Privatbesitz. Das Eintrittsgeld ist heftig, aber es wird dazu verwendet, das kostenlose *refugio* und die Wege zu pflegen. Trekker können ihre Extra-Ausrüstung am Eingang deponieren. Die **Puyehue Traverse** (3–4 Tage) beginnt mit einem steilen Marsch durch *lenga*-Wälder über lockere, vulkanische Erde bis zu einem Campingplatz und *refugio* mit Holzofen und Wasser. Von dort kann man bis zur Spitze des Kraters raufstapfen oder die vier Stunden bis Los Baños weiterlaufen. Diese Reihe von Thermalbädern am Flussufer muss man erst ausprobieren, bevor man erkennt, dass es überhaupt welche sind. Hier darf man auch wild campen. Der Pfad führt weiter zu einem eindruckvollen Geysierfeld. Und es geht sogar noch weiter in den Norden bis Riñinahue am Südufer des Lago Ranco. Hier wird der Weg allerdings nicht gepflegt – es könnte also schwierig sein, ihm zu folgen. Wanderer berichten, dass sie dafür bezahlen mussten, Privatland zu durchqueren. Ein anderer Wanderweg, die **Ruta de los Americanos** (6–8 Tage), zweigt

vom Los-Baños-Pfad ab und umrundet die Ostseite des Vulkans. Wildes Campen ist möglich.

Die Busse und *colectivos* von Osornos **Mercado Municipal** (Ecke Errázuriz & Prat) fahren nach Termas de Puyehue, Aguas Calientes (1,50 US$, 1 Std.), Anticura (3 US$, 1½ Std.) und zur chilenischen Zoll- und Einreisestelle in Pajaritos. Jeder Bus nach Anticura kann Trekker bei El Caulle absetzten. Im Winter gibt's manchmal ein Shuttle zur Skilodge in Antillanca. Den **Club Andino Osorno** (☎ 064-232-297; O'Higgins 1073, Osorno) kontaktieren. Sonst muss man den Transport selbst organisieren.

PUERTO OCTAY

☎ 064 / 3000 Ew.

Das ländliche Puerto Octay hat in der Frühzeit der deutschen Besiedlung über den Lago Llanquihue Puerto Montt mit Osorno verbunden. Nett und heiter ist es eine gute Alternative zu seinen touristischen Nachbarn. Es gibt hier allerdings kaum mehr zu tun, als Kühe zu zählen. Die erhaltenen deutschen Gebäude versetzen die Besucher in die Vergangenheit der Kolonialzeit. Die **Touristeninformation** (Esperanza 555) befindet sich an der Ostseite der Plaza de Armas. Nach der Karte mit den historischen Häusern der Stadt fragen! Im **Museo El Colono** (Independencia 591) gibt's eine Ausstellung zur deutschen Kolonialzeit und zur Architektur in der Region.

Camping Centinela (☎ 391-326; Península Centinela; Stellplatz 16 US$/Familie) gibt Rabatt, wenn nur zwei Leute kommen. Die Plätze sind ganz nah am Seeufer und bieten jede Menge Schatten. Backpacker strömen zum **Zapato Amarillo** (☎ /Fax 391-575; B/DZ 11/25 US$). Die kleine Farm liegt 2 km nördlich der Stadt. Die gastfreundlichen chilenisch-schweizerischen Besitzer bieten eine eigene Küche für die Gäste, Gemüse aus dem Garten, Ausflüge und einen Fahrradverleih. Mittag- und Abendessen kosten jeweils 5 US$. Auf der Plaza hat das **Baviera** (Germán Wulf 582) für 3,50 US$ ein spezielles Angebot fürs Mittagessen mit vegetarischen Alternativen.

Das **Busterminal** (Ecke Balmaceda & Esperanza) von Puerto Octay hat einen regelmäßigen Service nach Osorno (1,50 US$, 1 Std.), Frutillar (1 US$, 30 Min.), Puerto Varas (1,50 US$, 1 Std.), Puerto Montt (2 US$, 1½ Std.) und Cruce de Rupanco (0,80 US$,

20 Min.). Dort kann man einen der Busse erwischen, die zwischen Osorno und Las Cascadas verkehren.

LAS CASCADAS

Ganz am anderen Ende des Lago Llanquihue liegt am Ostufer das winzige Las Cascadas mit einem traumhaften Strand mit schwarzem Sand. Beim Supermarkt eine Wanderkarte mitnehmen! Die Straße Richtung Süden nach Ensenade ist hervorragend zum Biken geeignet, aber im Januar muss man auf die extreme Sonne und *tábanos* (Pferdebremsen) vorbereitet sein.

Die kanariengelbe **Hostería Irma** (☎ 064-396-227; Stellplatz 6 US$/Pers., Zi. 10 US$/Pers.) liegt 1 km Richtung Ensenada. Hier gibt's kleine Blumengärten und der Vater der wundervollen Gastgeberin nimmt die Gäste zu Wanderungen an den Hängen des Vulkans mit, der riesig im Hintergrund emporragt. Das Frühstück ist im Preis mit drin. Die Zeltplätze am Strand sind mit Tischen ausgestattet. Der Sand dort ist weich. Im **Camping Las Cañitas** (☎ 099-643-4295; Stellplatz 20 US$/6 Pers.) kann man eventuell einen Rabatt aushandeln. Die Anlage befindet sich 5 km die Straße nach Ensenada hinunter. Es gibt auch Hütten zu mieten. Ein 500 m langer Pfad beginnt hinter Hütte 7 und führt zu einem unglaublichen Wasserfall. Den Verwalter nach der Richtung fragen!

Buses Cordillera fahren fünfmal täglich direkt nach und kommen von Osorno. Von Puerto Octay startet wochentags um 17 Uhr ein Bus, er verlässt Las Cascadas um 7.30 Uhr.

FRUTILLAR

☎ 065 / 10 000 Ew.

Das Bemerkenswerte an Frutillar ist sein deutscher Touch: Das Dorf hat sein Erbe aus dem 19. Jh. bewahrt. Man kommt hierher, um den Eindruck von einfacheren Zeiten zu genießen, sich auf dem See treiben zu lassen, hausgemachte Kuchen zu essen und in Zimmern zu schlafen, die von Spitzenvorhängen beschattet werden. Es ist allerdings billiger, im nahen Osorno oder Puerto Varas zu übernachten. Ältere Traveller haben vor Frutillar vielleicht am meisten. Für viele ist das Dorf einfach zu ruhig, um hier länger zu bleiben. Aber immerhin groovt die Stadt von Ende Januar bis Anfang Februar: Dann bringt die Konzertreihe

Semana Musical de Frutillar (www.semanasmusicales. cl, spanisch) internationalen Folk, Kammermusik und Jazz in das moderne Amphitheater am See. Die Mittagskonzerte sind am günstigsten.

Die Stadt ist in zwei Gebiete eingeteilt. Frutillar Alto ist die Arbeiterstadt mit wenig Sehenswürdigkeiten. Bajo liegt am See und hat alle Touristenattraktionen. Der **Touristeninfostand** (Av Philippi; ☼ Dez.–März 10–21 Uhr) befindet sich zwischen San Martín und O'Higgins. Rund um die Stadtverwaltung sind alle üblichen Banken, die Post und Callcenter zu finden.

Das **Museo Colonial Alemán** (Ecke Pérez Rosales & Prat; Eintritt 2 US$; ☼ Di–So) stellt in gepflegten Gärten genaue Rekonstruktionen einer mit Wasserkraft betriebenen Mühle, einer Schmiede und einer Villa aus. Das **Centro Forestal Edmundo Winkler** (Calle Caupolicán) steht auf einem winzigen Stückchen Land nördlich der Stadt. Dort gibt's einen 800 m langen Rundkurs, auf dem die Baumarten erläutert werden. Im

Los Ciruelillos (☎ 420-163; Stellplatz 10 US$/2 Pers.) liegt auf einer Halbinsel am südlichen Ende des Strandes (1,5 km vor Frutillar Bajo). Hier gibt's 45 voll ausgestattete Stellplätze, einen kleinen Sandstrand und Feuerstellen. Die **Hostería Winkler** (☎ 421-388; Av Philippi 1155; B 12 US$) stellt selbstversorgenden Backpackern einen Anbau zur Verfügung. Einige Stände an der Straße verkaufen Snacks. Aber auch das Essen im Restaurant ist billig. Die preiswertesten Mahlzeiten bekommt man im **Casino de Bomberos** (Av Philippi 1065; Gerichte 5 US$). Wer auf *onces* steht, ist clever und geht ins **Hotel Klein Salzburg** (Av Philippi 663; Gerichte 7– 14 US$).

Busse nach Puerto Varas (1 US$, 30 Min.), Puerto Montt (1,80 US$, 1 Std.) und Osorno (1,50 US$, 40 Min.) starten in Frutillar Alto. Preisgünstige *colectivo*-Shuttles fahren die Av Carlos Richter zwischen Frutillar Alto und Frutillar Bajo rauf und runter.

PUERTO VARAS

☎ 065 / 22 500 Ew.

Jeden Sommer wird diese ruhige, gepflegte ehemalige deutsche Kolonie von Besuchern belagert, die die Annehmlichkeiten des Kleinstadt-Ambientes genießen. Gezierte Omis sind hier genauso zu finden wie Horden von Backpackern. Und wenn der Regen mal eine Pause einlegt, hat man einen um-

568 DAS SEENGEBIET •• Puerto Varas

www.lonelyplanet.de

werfenden Blick auf den See und den Volcán Osorno. Weil der Ort ein schickes Kasino und eine günstige Lage für Freizeitangebote wie Canyoning, Klettern, Fischen, Wandern und Skifahren hat und außerdem stetig wächst, rühmt sich Puerto Varas gern, das chilenische Bariloche zu sein – aber in Wirklichkeit ist es immer noch ein veschlafenes Nest, wo die Sonntage Gott und dem Barbecue gehören.

Orientierung & Praktische Informationen

21 US$ kostet ein Taxi vom Flughafen von Puerto Montt. *Micros* pendeln zwischen dem Busterminal von Puerto Montt und Puerto Varas hin und her (1,50 US$). Im Zentrum gibt's eine Reihe Geldautomaten.

Afex Exchange (San Pedro 410) Wechselt Bares und Reiseschecks.

Casa de Turista (☎ 237-956; Av Costanera) Am Pier; private Organisation mit Informationen zu ihren Mitgliedern.

Centro Médico Puerto Varas (☎ 232-792; Walker Martínez 576)

Clínica Alemana (☎ 232-336; Hospital 810, Cerro Calvario) In der Nähe der Stelle, wo die Del Salvador im Südwesten aus der Stadt herausführt.

Dizconexion (Santa Rosa 539; 1,50 US$/Std.) Hat Internetzugang mit schnellen Verbindungen.

Entel (San José 413)

Lavandería Schnell (San Pedro 26-A; 3 US$/kg) Wäscherei.

Post (Ecke San Pedro & San José)

Touristeninformation der Gemeinde (☎ 232-437; San Francisco 431) Hat Broschüren und kostenlose Karten.

Sehenswertes & Aktivitäten

Ein Bummel durch die Stadt mit all ihrer deutschen Architektur aus dem 19. Jh. lohnt sich. Die farbenfrohe **Iglesia del Sagrado Corazón** (Ecke San Francisco & Verbo Divino) aus dem Jahr 1915 hat ihr Vorbild in den Marienkirchen im Schwarzwald.

Ein Sprung in das belebende, kobaltblaue Wasser des Lago Llanquihue ist an einem warmen Sommertag eine prima Alternative zur Siesta. Die schönsten Strände sind die östlich des Zentrums in Puerto Chico oder die an der Straße nach Ensenada. Wer abenteuerlustig genug ist, kann darüber nachdenken, eine Raftingtour auf dem eisgrünen Wasser des Río Petrohué zu machen. Die Fahrten die Stromschnellen der Klassen III und IV hinunter kosten 30 US$ aufwärts.

Beim Canyoning kann man auch in eisiges Wasser eintauchen, dieses Mal in den traumhaften Schluchten mit ihren Wasserfällen.

Wer lieber festen Boden unter den Füßen hat, kann eine Reihe von **Wanderwegen** ausprobieren. Der Volcán Calbuco (2015 m) ist relativ leicht zu erwandern, andere Strecken erreicht man über Petrohué. Bei einer **Besteigung** des Volcán Osorno (2652 m) sind für die letzten beiden Abschnitte Seile und Klettergurte nötig. Ausrüster verlangen für Dreiergruppen pro Person 170 US$. Der Trip dauert zwölf Stunden, los geht's morgens um 5 Uhr. Im Winter kann man auf dem Vulkan **skifahren** (s. S. 572). Wenn die eigenen Haxen zum Laufen zu müde sind, ist ein **Gleitflug** von Baum zu Baum eine weitere Möglichkeit, sich den Wald anzuschauen.

Versteckte Fleckchen, um die Leine auszuwerfen, gibt es jede Menge. Wer ernsthaft am **Fliegenfischen** interessiert ist, dem sei wärmstens empfohlen, sich mit dem Guide **Osvaldo Anwandter** (☎ 099-869-3862; www.fly-fishing chile.cl) in Verbindung zu setzen.

Geführte Touren

Al Sur (☎ 232-300; www.alsurexpeditions.com; Ecke Del Salvador & San Juan) Der offizielle Outdoor-Veranstalter für den Parque Pumalín. Er hat sowohl Kajaktrips auf dem Meer als auch Rafting vor Ort und die Besteigungen des Volcán Osorno im Programm.

Andina del Sud (☎ /Fax 232-511; www.andinadelsud. com; Del Salvador 72) Bietet eine *Cruce del Lagos* mit Bus und Fähre von Petrohué nach Bariloche in Argentinien an.

Campo Aventura (☎ 232-910; www.campo-aventura. com; San Bernardo 318) Richtig gute Ausritte rund um Cochamó (s. S. 572).

Capitán Haase (☎ 232-747, 099-810-7665; Santa Rosa 132; Schifffahrt Erw./Kind 30/20 US$) Fährt vom späten Oktober bis Mitte April auf einem 22 m langen Segelboot in den Sonnenuntergang.

CTS (☎ 237-328; www.ctsturismo.cl; San Francisco 333) Tourveranstalter für das Skigebiet am Volcán Osorno. Bietet Transport zum Berg, Canopytrips (wo man sich mit Hilfe von Zipleinen von Baum zu Baum schwingt) und Ausflüge in die Region.

Ko'Kayak (☎ 232-424; www.paddlechile.com; San José 130) Meer- und Fluskajaktouren und Raftingtrips auf den Flüssen Petrohué und Palenas. Hat einen guten Ruf. Es wird französisch und englisch gesprochen.

LS Travel (☎ 232-424; www.lstravel.com; San José 130) Freundlich. Gute Informationen zu Touren nach Argentinien und Autovermietungen.

DAS SEENGEBIET •• Puerto Varas

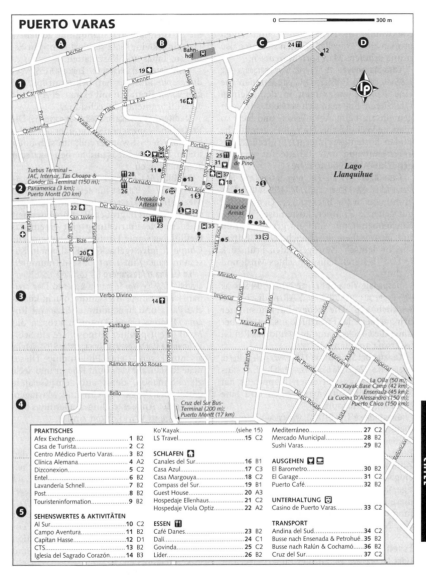

PUERTO VARAS

PRAKTISCHES		Ko'Kayak	(siehe 15)	Mediterráneo	27 C2
Afex Exchange	1 B2	LS Travel	15 C2	Mercado Municipal	28 B2
Casa de Turista	2 C2			Sushi Varas	29 B2
Centro Médico Puerto Varas	3 B2	SCHLAFEN			
Clínica Alemana	4 A2	Canales del Sur	16 B1	AUSGEHEN	
Dizconexion	5 C2	Casa Azul	17 C3	El Barometro	30 B2
Entel	6 B2	Casa Margouya	18 C2	El Garage	31 C2
Lavandería Schnell	7 B2	Compass del Sur	19 B1	Puerto Café	32 B2
Post	8 B2	Guest House	20 A3		
Touristeninformation	9 B2	Hospedaje Ellenhaus	21 B2	UNTERHALTUNG	
		Hospedaje Viola Optiz	22 A2	Casino de Puerto Varas	33 C2
SEHENSWERTES & AKTIVITÄTEN					
Al Sur	10 C2	ESSEN		TRANSPORT	
Campo Aventura	11 B2	Café Danes	23 B2	Andina del Sud	34 C2
Capítan Hasse	12 D1	Dali	24 C1	Busse nach Ensenada & Petrohué	35 B2
CTS	13 B2	Govinda	25 C2	Busse nach Ralún & Cochamó	36 B2
Iglesia del Sagrado Corazón	14 B3	Líder	26 B2	Cruz del Sur	37 B2

Pachamagua (09-500-5991; pachamagua@chile.com) Professioneller Ausrüster für Canyoning. Man spricht englisch und französisch. Der beste Canyoning-Anbieter der Stadt.

Schlafen

Wer im Januar und Februar unterwegs ist, sollte im Voraus reservieren. In der Nebensaison lassen sich Rabatte herauskitzeln.

Hospedaje Ellenhaus (233-577; www.ellenhaus.cl; Walker Martínez 239; B/EZ/DZ 8/13/24 US$) Federbetten und eine knorrige Kiefer machen wett, dass die meisten Zimmer Schuhschachteln sind. Küchenbenutzung, Informationen für Traveller und Fahrradverleih.

Compass del Sur (232-044; www.compassdelsur.cl; Klenner 467; Stellplatz/B/EZ/DZ 8/14/27/35 US$;)

Behaglich und stilvoll. Dieses *hostal* hat Kalkwände in Pastellfarben und einen großen Hof. Traveller können sich hier also prima erholen. Man spricht deutsch.

Casa Margouya (☎ 511-648; www.margouya.com; 318 Santa Rosa; Zi. 14 US$/Pers.) Gäste wohnen wie eine Familie zusammen in den kleinen Quartieren: Ehe man sich versieht, sitzt man gemeinsam beim Abendessen und leert so manche Weinflasche. Hier gibt's gemütliche Buden, kostenloses Internet, Frühstück, Küchenbenutzung und Rabatte für vor Ort gebuchte Abenteuertouren.

Casa Azul (☎ 232-904; www.casaazul.net; Ecke Manzanal 66 & Del Rosario; B/EZ/DZ 14/29/39 US$) Das Himmelreich für Backpacker: Gemütliche, gut geheizte Zimmer, kostenloses WLAN, Küchenbenutzung und ein großer Garten mit japanischem Fischteich. Der Besitzer spricht deutsch. Zum gesunden Frühstück (3 US$) gehören hausgemachtes Müsli und Joghurt.

Hospedaje Viola Optiz (☎ 232-890; Del Salvador 408, Depto 302; Zi. 16 US$/Pers.) Altmodisch und wirklich süß. Die liebevolle Hausmutter bringt einem das Frühstück ans Bett. Unbedingt die Glockensammlung und das Rindsledersofa anschauen!

Canales del Sur (☎ 346-121; www.canalesdelsur.cl; Pasaje Ricke 224; Zi. 16 US$/Pers.; P ▯) Ein sauberes Gästehaus an einer Treppe. Es hat Zimmer mit Spitzenvorhängen und eine heimelige Atmosphäre.

Guest House (☎ 231-521; www.vicki-johnson.com; O'Higgins 608; EZ/DZ/3BZ inkl. Frühstück 45/65/85 US$; P) In dieser Unterkunft in US-amerikanischem Besitz stimmt auch das kleinste Detail: Die Zimmer sind groß, hell und wundervoll eingerichtet. Zum Frühstück gehören richtiger Kaffee und Hafermuffins. Extras, die diese Location so einzigartig machen, sind morgendliches Yoga, Hydrotherapie und eine Masseurin.

Essen

Líder (Av Gramado s/n) Großer Supermarkt mit viel Auswahl. Auf der anderen Straßenseite gibt's auf dem Mercado Municipal Obst- und Gemüsestände.

Café Danes (Del Salvador 441; Hauptgerichte 3–7 US$) Die *empanadas* und *humitas* (Maistamales) sind hier immer gut und das beste auf der typischen Caféspeisekarte.

Dalí (Santa Rosa 131; Tapas 4 US$) Hier können Gäste zwischen Kunstbüchern und Drucken

auf rotgoldenen Kissen relaxen, während sie die Aussicht auf den Llanquihue genießen. Das klitzekleine Café serviert samtigen Espresso, Tapas und Käseplatten.

Sushi Varas (Del Salvador 537; Brötchen 6 US$) Wer die *empanadas* satt hat, bekommt hier ein *kanikama*-Brötchen mit extra viel Avokado als willkommene Abwechslung.

Mediterráneo (Santa Rosa 068; Piscosours 6 US$) Die Preise sind ganz schön saftig, aber das Plätzchen am See ist wundervoll, um sich unter freiem Himmel Tapas und herben *pisco sour* zu genehmigen.

La Olla (Av Costanera 1071; Hauptgerichte 6–12 US$; ⏱ 12–24 Uhr) Ist für seine chilenischen Meeresfrüchteklassiker berühmt, die super zubereitet und in großen Portionen serviert werden. Die Einrichtung gibt einem das Gefühl, bei seiner Großmutter zu sein. Die *Chupe de jaiva* (gebackene Krabben in Käsesahnesauce) im Tontopf sind traumhaft!

La Cucina d'Alessandro (Av Costanera 1290; Hauptgerichte 7 US$; ⏱ Mo–So mittags & abends) Der sizilianische Besitzer Alessandro macht köstliche Pasta und hauchdünne Pizza mit Rucola. Espresso und Tiramisu krönen das Mahl in entspannter Atmosphäre am See.

Govinda (Santa Rosa 218; Hauptgerichte 9 US$) Mehr als nur Essen – eine Philosophie! Dieses neue Restaurant verwöhnt Körper und Seele gleichermaßen, denn auf dem Gelände gibt's auch Yoga, Tai-Chi und Massagen. Einige der Angebote klingen allerdings besser als sie in Wirklichkeit sind.

Ausgehen

Puerto Café (Del Salvador 328) Hier kann man den einen oder anderen Fetzen chilenischen Klatsch aufschnappen, während man auf einem üppigen Sofa sitzend an einem *cortado* (Kaffee mit Milch) nippt.

El Barómetro (Walker Martínez 584) Traveller und Einheimische steuern diese schräge Location an, die schon eine hiesige Institution ist. Es gibt frisch gezapftes Markenbier und leckere Häppchen.

El Garage (Walker Martínez 220; ⏱ 14–4 Uhr) In dieser Bar wird ein Mix aus Livejazz und Fusion gespielt, an langen Sommerabenden bis in die Morgenstunden hinein.

Unterhaltung

Casino de Puerto Varas (Del Salvador 21; ⏱ 24 Std.) Das edle Ambiente mit herrlicher Aussicht und Cocktails zieht Fremde an, die ihr Geld los werden wollen. Über ihre Verluste trösten sie sich mit einem Shrimpscocktail und Liveunterhaltung hinweg.

An- & Weiterreise
BUS & MICRO
Die meisten Langstreckenbusse starten in Puerto Montt, sie fahren bei den Terminals am Stadtrand ab. Das Terminal von **Turbus** (☎ 234-525; Del Salvador 1093) dient den Linien von Turbus, JAC, Intersur, Tas Choapa und Condor als Anfahrtsstelle. **Cruz del Sur** (San Francisco 1317) bietet die meisten Fahrten, z. B. nach Chiloé und Punta Arenas. Die Gesellschaft hat auch ein **Büro** (Walker Martínez 230) in der Stadt. **Tur Bus** (San Pedro 210) ist hier auch eine Möglichkeit. Nach Santiago starten in der Nacht Tur Bus, **Tas Choapa** (Walker Martínez 227) und **Buses Inter** (San Pedro 210).

Nach Bariloche in Argentinien fährt Tas Choapa montags und samstags, Cruz del Sur täglich. Minibusse nach/von Ensenada (1,50 US$) und Petrohué (3 US$) starten im Sommer regelmäßig und in der Nebensaison dreimal täglich an der Del Salvador. Dort gibt's auch regelmäßig Minibusse nach Puerto Montt (1 US$, 30 Min.), Frutillar (40 Min.) und Puerto Octay (1 Std.). Wer nach Ralún und Cochamó möchte, nimmt die Busse an der Ecke Walker Martínez und San Bernardo.

SCHIFF/FÄHRE
Die Touristenattraktion schlechthin sind die *Cruce de Lagos* (170 US$, 8 Std.), bei denen die Teilnehmer in ganzen Herden per Fähre und Bus über den Lago Todos Los Santos und die Anden nach Bariloche in Argentinien (S. 153) verfrachtet werden. An einem sonnigen Tag (für den es aber nie eine Garantie gibt) ist das auch wirklich spektakulär. Wer unabhängiger veranlagt ist, sollte sich lieber auf eigene Faust ein paar ähnlich atemberaubende Ausblicke suchen. **Andina del Sud** (☎ 232-511; www.crucedelagos.cl; Del Salvador 72) nimmt Reservierungen vor und hat auch in **Puerto Montt** (☎ 257-797; A Varas 437) eine Filiale. Etwas zum Essen mitbringen, denn die Angebote an Bord sind mager! Manchmal gibt es Rabatte für Studenten. In der Nebensaison gibt's weniger Abfahrten.

ZUG
Empresa de los Ferrocarriles de Estado (☎ 232-210; www.efe.cl; Klenner s/n) hat den Dienst wieder aufgenommen. Es fahren Züge in den Süden nach Puerto Montt (1 US$, 21 Min.) und in den Norden nach Temuco (7 US$, 5½ Std.) mit Verbindungen nach Santiago. Auf der Website kann man sich über Sommer- und Winterfahrpläne informieren.

ENSENADA
Die gewundene Ruta 225 ist eine malerische Landstraße. Strände säumen die Strecke, und die wie ein Megafon geformte Erhebung des Volcán Osorno ist das absolute Highlight. Die Mitarbeiter der Pferdeställe von **Quinta del Lago** (☎ 099-138-6382; Kilometer 25; Reiten 12 US$/Std.) führen Reittouren die Hänge des Volcán Calbulco hinauf durch. Der Raftingausrüster **Ko'Kayak** (☎ 232-424; www.paddle chile.com; San José 130, Puerto Varas) hat seine Basis bei Kilometer 40 und Unterkünfte in der ländlichen **Casa Ko** (☎ 099-699-9850; ohne/mit Bad 24/27,50 US$/Pers.). Um das süße alte Bauernhaus herum verlaufen Wanderwege und gleich hinterm Haus gibt's Möglichkeiten zum Fischen. Wer hierher will, organisiert von der Ko'Kayak-Basis aus den Transport oder ruft vorher an. **Camping Montaña** (☎ 065-235-285; Stellplatz 5 US$/Pers.) befindet sich direkt vor der Polizeistation. **Terra Sur** (☎ 065-260-308; www.osorno-tours.com; Kilometer 44; Fahrrad 12 US$/Tag) verleiht nebenan sehr gute Mountainbikes mit Stoßdämpfern, hilft bei Fahrzeugproblemen oder zeigt einem einfach nur den Weg. Zwischen Oktober und Mai kann man einen Zwischenstopp beim **Hotel Ensenada** (Kilometer 44) einlegen und auf einen Drink oder Snack einkehren. Wer eine Erkundungstour durch diesen grandiosen alten Kasten mit seiner riesigen Sammlung an Koffern, Andenken und alten Landwirtschaftsgeräten, den schrägen Fußböden und den langen, weißen Korridoren macht, fühlt sich, als wäre er in eine altertümliche Version von Kubricks *Shining* geraten.

PARQUE NACIONAL VICENTE PERÉZ ROSALES
Im ersten **Nationalpark** Chiles mit seinem langgestreckten, smaragdgrünen See, umgeben von Valdivianischem Regenwald und Vulkanen, sind 251 000 ha geschützt. Dazu gehören auch der Lago Todos Los Santos und die Vulkane Osorno, Puntiagudo (2190 m) und Monte Tronador (3554 m) mit ihren schneebedeckten Gipfeln. Die Ruta 225 endet in Petrohué, 50 km östlich von Puerto

Varas. Dort befindet sich der Eingang zum Park. Im Sommer verkehren von Puerto Varas aus regelmäßig Minibusse, das restliche Jahr über aber nur zweimal pro Tag.

Bei den **Saltos del Petrohué** (Eintritt 2 US$) 6 km vor dem Dorf donnern Wasserfälle über die Basaltfelsen. **Petrohué** selbst hat Strände, Startpunkte für Wanderwege und die Anlegestelle für die *Cruce-de-Lagos*-Tour (s. S. 571) nach Peulla zu bieten. Im großen **Hotel Petrohué** (☎ 065-258-042; www.petrohue.com; EZ/DZ 130/170 US$; P) mit seiner Felsdeko und den Holzbalken brennen einladend knisternde Feuer. Mittagessen kriegt man hier für 10 bis 14 US$. Wer Luxus im Budget nicht eingeplant hat, bezahlt vielleicht lieber einen Bootsführer für eine Überfahrt (1 US$) zum **Hospedaje Kuschel** (Stellplatz/Zi. 5/16 US$/Pers.). Dort kann man sein Zelt zwischen Kuhfladen kuscheln, wenn man nicht das Glück hat, eines der wenigen Zimmer zu ergattern. Verpflegung sollte aus Puerto Varas mitgebracht werden.

Vom Hotel Petrohué führt ein unbefestigter Weg zur **Playa Larga**. Von diesem langen, schwarzen Sandstrand geht der **Sendero Los Alerces** nach Westen, wo er auf den **Sendero La Picada** trifft. Der sandige Weg führt hinauf auf den Volcán Osorno Paso Desolación, von wo aus man einen wunderbaren Blick auf den funkelnden See, den Volcán Puntiagudo und den Monte Tronador hat. Weil es um den See herum keine Straßen gibt, sind die Pfade weiter im Landesinnern zu Fuß nicht zugänglich. Wer ein Boot chartert (40 US$/einfache Fahrt; aufgepasst, dass es auch seetüchtig ist!) oder sich einer geführten Wandertour anschließt, kommt bis zu den luxuriösen heißen Quellen der **Termas de Callao**. Dort kann man campen und weitere wunderschöne Pfade entdecken. **Expediciones Petrohué** (☎ 065-212-025; www.petrohué.com) gehört zum Hotel, und das Büro befindet sich auch gleich nebenan. Angeboten werden geführte Touren ins Gelände.

Um den **Volcán Osorno** zu erklettern oder per Ski zu „erfahren", muss man in die Nähe von Ensenada. Das Skigebiet **Volcán Osorno** (☎ 065-233-445, www.volcanosorno.cl; Lifttickets halber/ ganzer Tag 20/27 US$, Student 16 US$) hat zwei Lifte auf 600 ha und herrliche Tiefschneeabfahrten für Profis. Aber auf Gletscherspalten aufpassen! Das einfache **Refugio Teski Ski Club** (☎ 099-700-0370; B 14 US$; ganzjährig) thront auf halber Höhe des Berges. Die Aus-

sicht ist schwindelerregend, und geschlafen wird in Stockbetten in kleinen Schlafräumen (wer einen Schlafsack mitbringt, holt sich keine Frostbeulen). Mamita und Papito kümmern sich liebevoll um ihre Gäste. Frühstück (6 US$), Mittag- und Abendessen (beides 9 US$) gibt's auch. Und man kann eine Kletterausrüstung ausleihen.

Um zum Skigebiet und zum *refugio* zu kommen, nimmt man die Straße von Ensenada nach Puerto Octay bis zu einem Hinweisschild 3 km von Ensenada entfernt. Von dort geht es 9 km weit eine Seitenstraße hinauf. In Puerto Varas arrangiert CTS Shuttletransporte.

RÍO-PUELO-TAL

Eine wendeltreppenartige Straße führt um Seno Reloncaví herum und zu dem hübschen Dörfchen **Cochamó**, dessen mit *alerce*-Schindeln gedeckte **Iglesia Parroquial María Inmaculada** im Chilotestil erbaut wurde. Das Río-Puelo-Tal hat noch immer den bescheidenen Charme eines Mädchens vom Lande, weil es von der Großindustrie namens Tourismus noch weitgehend unberührt ist. Deshalb sind Abenteuerlustige hier richtig.

Campo Aventura (☎ 065-232-910; www.campoaventura.com; San Bernardo 318, Puerto Varas; Stellplatz 4,50 US$, Zi. inkl. Frühstück & Abendessen 44 US$/Pers.; 1. Okt.–15. April) bietet phantastische Reittouren durch das obere Río-Cochamó-Tal. Die Leute dort können auch zuverlässige, unabhängige einheimische Guides empfehlen, die preisgünstig sind. Die dazugehörige gemütliche Lodge nimmt ebenfalls Übernachtungsgäste auf, und im vegetarierfreundlichen Restaurant kann sich jeder mit leckeren Gerichten (Frühstück 5–8 US$, Mittagessen 12 US$, Abendessen 15 US$) stärken. Gut vorbereitete Langstreckentrekker erkunden von hier aus die Wunder des granitüberwölbten Tales. In der Stadt bietet das **Hospedaje Edicar** (☎ 065-216-256; Ecke Av Prat & Sargento Aldea; Zi. 12 US$/Pers.) solide Betten und eine schöne Aussicht vom Balkon.

Río Puelo, 26 km die Straße runter, ist ein ruhiges, vom Regen dämpfiges Dorf. Hier findet sich die **Municipalidad de Cochamó** (☎ 065-350-271, 099-949-4425; www.cochamo.cl; plaza). Azucena Calderón ist eine hilfreiche Mitarbeiterin der Touristeninformation. Sie kann Interessenten (in gaaanz langsamem Spanisch) verschiedene Möglichkeiten für Touren in die Region, einfache Familienunter-

IN DIE VOLLEN!

Butch Cassidy und Sundance haben es getan – und jetzt können es auch andere. Für diese atemberaubende Überquerung der Anden die Mundharmonika und einen Regenponcho einpacken! Der erfahrene Ausrüster **Opentravel** (☎ in Puerto Montt 65-260-524; www.opentravel.cl) führt Treks und Reittouren auf schmalen Wegen, die schäumende Wasserfälle und Seen umrunden. Man watet durch eisige Flüsse bis hinauf zu abgelegenen Farmen. Die Teilnehmer übernachten bei den Familien der Pioniere. Es gibt warmes Brot direkt aus dem Holzofen und Beeren frisch vom Busch. Eine Nacht auf einer Insel, die nur von einem Menschen bewohnt ist, bildet das süße Finale. Es wird englisch, französisch und spanisch gesprochen. In El Bolson in Argentinien oder Puerto Montt in Chile starten oder ankommen. Die maßgeschneiderten Treks starten bei 500 US$ pro Person für vier Tage und drei Nächte. Die Mindestteilnehmerzahl beträgt vier Personen.

künfte und Guides empfehlen. Die meisten Ausflüge beginnen in Llanada Grande und folgen dann unterschiedlichen Routen durch das Tal (s. gegenüber). Hardcore-Wanderern sei empfohlen, sich an den freundlichen Lolo Escobar zu wenden: Er zeigt einem eine unvergessliche fünftägige Rundtour zum Ventisquero-Gletscher in der Nähe von Segundo Corral. Nach der Cochamó-Wanderkarte und der Broschüre fragen! In Río Puelo bietet **Victor Baccaro** (☎ 099-138-2310; info@andespatagonia.cl) zuverlässige Bergführerdienste an (Wanderungen ab 118 US$). Er entwickelt gerade geodätische Kuppelunterkünfte.

Buses Fierro verkehrt täglich fünfmal nach und von Puerto Montt (6 US$, 4 Std.) und hält in Puerto Varas, Ensenada und Cochamó.

PUERTO MONTT

☎ 065 / 160 000 Ew.

Das geschäftige Wirtschafts- und Industriezentrum Puerto Montt ist dank seiner Rolle im Lachsexport eine der am schnellsten wachsenden Städte des Kontinents. Für Traveller ist Puerto Montt das Sprungbrett nach Patagonien.

Orientierung

Puerto Montt liegt 1020 km südlich von Santiago. Das Stadtzentrum befindet sich am Wasser. Die am Meer entlangführende Av Diego Portales wird dort zur Av Angelmó, wo sie nach Westen zu dem kleinen Fischerei- und Fährhafen Angelmó abbiegt. Nach Osten führt sie weiter zum Badeort Pelluco und trifft auf die Carretera Austral. Nachts ist die Gegend rund um den Busbahnhof ein Tummelplatz für Kleinkriminelle. Also entsprechend vorsichtig sein und hier und am Meer nicht allein herumlaufen!

Praktische Informationen

Internetcafés gibt's an der Av Angelmó und rund um die Plaza. Bankautomaten findet man auch überall.

Afex (Av Diego Portales 516) Geldwechsel.

Arco Iris (San Martín 232; 1 US$/Ladung) Hier kann man seine Wäsche erledigen.

Banco de Chile (Ecke Pedro Montt & Av Diego Portales) Hat einen Geldautomaten.

Hospital Regional (☎ 261-134; Seminario; ☼ 24 Std.) In der Nähe der Kreuzung mit der Décima Región.

Latin Star (Av Angelmó 1672; 1 US$/Std.) Internet, außerdem billig telefonieren und Bücher tauschen.

Touristeninformation der Gemeinde (Varas & O'Higgins) In einem Kiosk gegenüber der Plaza.

Post (Rancagua 126)

Sernatur (Plaza de Armas) Fast so gut wie die Touristeninformation.

Sehenswertes & Aktivitäten

Das älteste Gebäude der Stadt ist die aus *alerce* gebaute **Iglesia Catedral** (Urmeneta s/n) aus dem Jahre 1856 auf dem Plaza de Armas. In der **Casa del Arte Diego Rivera** (☎ 261-817; Quillota 116; Eintritt frei; ☼ Mo–Fr 10–13 & 15–21, Sa 10–13 Uhr) werden im oberen Stock Kunst- und Fotoausstellungen gezeigt. Unten gibt's Theater, Film und Tanz.

Das **Museo Juan Pablo II** (Av Diego Portales 991; Eintritt 0,50 US$; ☼ Mo–Fr 9–19, Sa 10–18 Uhr) direkt am Meer hat Ausstellungen zu allen möglichen Themen, von Geschichte und Archäologie bis hin zu religiöser Ikonographie, deutscher Kolonisation und zum hiesigen Stadtleben.

Straßenstände säumen die geschäftige, abgasstinkende Av Angelmó. Jedes Mal, wenn ein Kreuzfahrtschiff im Hafen anlegt, gehen die hier Preise kräftig nach oben. In den unordentlichen Stapeln von Wollsa-

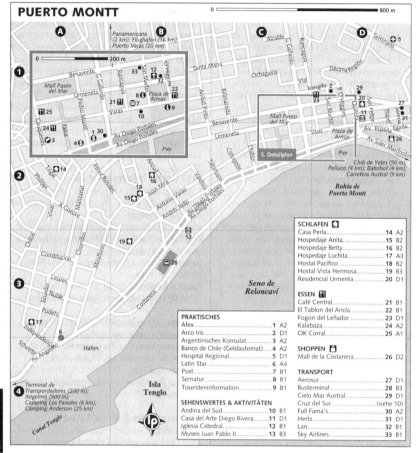

chen, Holzschnitzereien und Ramsch sollte man ruhig mal ein bisschen wühlen. Am Ende der Straße befinden sich die *palafitos* (Häuser auf Stelzen im Wasser) und ein ausgezeichneter Fischmarkt. Allerhand weiteres Handwerk ist am malerischen Fischereihafen von Angelmó, 3 km Richtung Westen, zu sehen. Zur Isla Tenglo draußen auf dem Meer kommt man preisgünstig von den Docks in Angelmó aus. Der Strand dort ist sehr beliebt und nicht der schlechteste Platz für ein Picknick.

Schlafen

Im touristischen Puerto Varas die Straße hoch haben Traveller mehr Auswahl. Aber es gibt auch hier ein paar gute Angebote.

Camping Anderson (☎ 099-517-7222; www.chipsites.com/camping/; Panitao, Km 20; Stellplatz 5 US$) Ein Ökozeltplatz direkt an der Bucht, an der Straße nach Panitao. Wer kein Geld hat, kann dort auch für die Unterkunft arbeiten. Wir haben allerdings nicht gefragt, ob Latrinenputzen dazugehört ... Buses Bohle fährt die 20 km vom Busterminal in Puerto Montt bis Panitao (6-mal tgl. außer sonntags).

Camping Los Paredes (☎ 258-394; Stellplatz 14 US$) Ein schöner Platz mit warmen Duschen. Backpacker haben manchmal Glück und können noch einen Rabatt aushandeln. Der Platz liegt 6 km westlich der Stadt an der Straße nach Chinquihue. Die Regionalbusse vom Busterminal halten direkt am Eingang.

Hospedaje Anita (☎ 315-479; Juan Mira 1094; Zi. 8 US$/Pers.) Einem Pfarrhaus zum Verwechseln ähnlich, einfach und nur ein kleines bisschen heruntergekommen.

Hospedaje Luchita (☎ 253-762; Independencia 236; Zi. 12 US$/Pers.) Gut möglich, dass die großzügige Doña Luchita einem zuerst einmal ein Stück Kuchen serviert, bevor man sich in dieser netten familiären Unterkunft mit den gewachsten Böden und den ordentlichen kleinen Zimmern häuslich niederlässt.

Hospedaje Betty (☎ 253-165; Ancud 117; Zi. ohne/mit Bad 12/14 US$/Pers.) Rosenfarbene Schindeln, eine riesige, altmodische Küche und Zimmer in Pastelltönen mit hauchdünnen Vorhängen sorgen für Gemütlichkeit. Auch die Gastgeberin ist wunderbar.

Hostal Vista Hermosa (☎ 255-859; Miramar 1486; Zi. 12 US$/Pers.) Die Farbe blättert schon ab, und die Teppiche sind durchgescheuert, und trotzdem ist dieses *alerce*-Haus heimelig und gut gepflegt.

Casa Perla (☎ 262-104; www.casaperla.com; Trigal 312; EZ/DZ 12/24 US$; 🖳) Eine ordentliche, entspannte Familienresidenz. Hier kann man Kontakte für Spanischkurse und Kajaktrips knüpfen.

Residencial Urmenta (☎ 253-262; Urmenta 290; EZ/DZ ohne Bad 17/26 US$) Ein gut gepflegter Klassiker mit minzgrünen Wänden, weichen Decken, riesigen Badezimmern und einer Bauernhausküche.

Hostal Pacífico (☎ 256-229; www.hostalpacifico.cl; Juan Mira 1088; EZ/DZ 29/45 US$) In gut gepflegten Hotelzimmern mit Holztäfelung und blitzsauberen Badezimmern stehen hier wuchtige Betten.

Essen & Ausgehen

Die *palafitos* am äußersten Ende von Angelmó bieten jede Menge Ambiente und gutes Essen für 6 bis 8 US$. Die Kellnerinnen lungern draußen herum, um Vorbeilaufende zum Reinkommen zu überreden. In der entgegengesetzten Richtung gibt's in Pelluco (nur einen kurzen Bustrip für 0,50 US$ vom Terminal entfernt) eine Reihe besserer Restaurants und Clubs am Strand. Hier geht Puerto Montt nachts aus, wenn überhaupt.

Café Central (Rancagua 117; Snacks 1,50–6 US$) Hier kann man sich zu den Stammgästen gesellen und in dem rauchgeschwängerten Raum gegrilltes Fleisch und einen Drink genießen.

El Tablon del Ancla (Ecke Varas & O'Higgins; Tagesmenü 3 US$) Die gemütlichen Nischen an der Plaza sind meistens voll, denn sie sind ein beliebter Treffpunkt. Es gibt preiswertes Mittagessen oder *pichangas* (Pommes mit verschiedenen Saucen).

Kalabaza (Varas 629; Hauptgerichte 3–7 US$) Ein bisschen hipper ist dieses Lokal, wo Hungrige sind an Sandwiches, Kunstmann-Bier und Mittagessen zum Festpreis (auch vegetarische Auswahl) gütlich tun können.

Fogon del Leñador (Rancagua & Rengifo; Hauptgerichte 8–10 US$ ☽ So geschl.) Nahezu perfekt gegrillte Steaks werden hier mit glühend heißen *sopapillas* (geröstetem Brot) serviert.

OK Corral (Cauquenes 128; Burger 4–6 US$) Wenn man sich mal an das blöde Saloonambiente gewöhnt hat, ist dieses Lokal eigentlich ganz lässig. Es brummt vor Energie und bietet riesige Portionen und frisch gezapftes Bier.

Club de Yates (Costanera; Hauptgerichte 12–20 US$; ☽ 12–16 & 20 Uhr–open end) Superedel und glamourös – vom Glanz der Gläser bis zum Hafenpanorama. Die fast enzyklopädische Speisekarte hat fachgerecht zubereitete Meeresfrüchte zu bieten. Unbedingt mal die Spinatcrêpes mit Krabbenfüllung oder den gegrillten Thunfisch probieren!

An- & Weiterreise
BUS

Das **Busterminal** (☎ 253-143; Ecke Av Diego Portales & Lillo) von Puerto Montt liegt direkt am Meer und ist der wichtigste Verkehrsknotenpunkt. Reisende sollten auf ihre Sachen aufpassen oder sie bei der *custodia* deponieren. Im Sommer sind die Busse nach Punta Arenas und Bariloche schnell voll, also lieber im Voraus buchen!

Die Minibusse nach Puerto Varas (1,50 US$, 30 Min.), Frutillar (1,80 US$, 1 Std.) und Puerto Octay (2 US$, 1½ Std.) fahren von der Ostseite des Terminals ab. Nach Cochamó (5 US$, 4 Std.) verkehren die Busse fünfmal täglich.

Buses Fierro fährt dreimal täglich nach Hornopirén (5 US$, 5 Std.), von wo aus man im Sommer Fährverbindungen nach Caleta Gonzalo hat. In der Nachsaison (Mitte März–Mitte Dez.) kommt man nur sehr schlecht mit dem Bus nach Hornopirén und zur oberen Carretera Austral.

Cruz del Sur (☎ 254-731; Varas 437) hat regelmäßig Busse nach Chiloé. Die Busse Richtung Santiago fahren normalerweise gegen

22 Uhr ab und halten in verschiedenen Städten. Die „direkten" Linien legen nur in Puerto Varas und Osorno einen Stopp ein, möglichst also einen von diesen Bussen nehmen. **Tur Bus** (☎ 253-329) unterhält tägliche Verbindungen nach Valparaíso/Viña del Mar. Um über Argentinien nach Coyhaique und Punta Arenas zu kommen, versucht man es am besten bei Cruz del Sur oder Turibús. Nach Bariloche in Argentinien verkehren **Tas Choapa** (☎ 254-828), **Río de La Plata** (☎ 253-841) und Cruz del Sur. Sie fahren täglich über die Cardenal Samoré und kommen im Osten von Osorno vorbei.

Ziel	Dauer (Std.)	Preis (US$)
Ancud	2	4
Bariloche, Argentinien	8	19
Castro	4	6
Concepción	9	15
Coyhaique	20	32
Osorno	1½	3
Pucón	8	7
Punta Arenas	30–36	50
Quellón	6	9
Santiago	12–14	11–23
Temuco	7	9
Valdivia	3½	6
Valparaíso/Viña del Mar	14	25

FLUGZEUG

Lan (☎ 253-315; www.lan.com; O'Higgins 167, Local 1-B) fliegt bis zu viermal täglich nach Punta Arenas (ab 200 US$, 2¼ Std.), dreimal täglich nach Balmaceda/Coyhaique (100 US$, 1 Std.) und bis zu achtmal täglich nach Santiago (ab 200 US$, 1½ Std.).

Sky Airlines (☎ 248-027; www.skyairlines.cl; Ecke San Martín & Benavente) bringt Reisende zu erheblich besseren Preisen nach Punta Arenas (140 US$) und Santiago (120 US$). **Aerosur** (☎ 252-523; Urmeneta 149) fliegt täglich außer sonntags nach Chaitén an der Carretera Austral (50 US$).

SCHIFF/FÄHRE

Puerto Montt ist der wichtigste Abfahrtshafen nach Patagonien. Das **Terminal de Transbordadores** (Av Angelmó 2187) hat ein Ticketbüro und eine Wartehalle für Passagiere der **Navimag**-Fähren (☎ 253-318; www.navimag.com). Nach den Abfahrtszeiten fragen, denn hoher Seegang und schlechtes Wetter sorgen immer wieder für Verspätungen.

Catamaranes del Sur hat eine schnelle Fähre (5 Std.) nach Chaitén. Am besten ist es, sich bei **Cielo Mar Austral** (☎ 264-010; Quillota 245; einfache Fahrt 39 US$) zu erkundigen, ob etwas frei ist. Die Fähre ist ziemlich oft außer Betrieb. Navimag fährt in der Hauptsaison regelmäßig nach/von Chaitén und Quellón, in der Nebensaison aber nicht so häufig. Auf der Webseite stehen die aktuellsten Preise und Fahrpläne.

Wer nach Puerto Chacabuco will, kann die M/N *Puerto Edén* von Navimag nehmen (18 Std.). Die Fahrpreise reichen von 52 US$ für einen *butaca* (Liegesitz) bis 216 US$ pro Person für ein Bett im Schlafsaal mit Gemeinschaftsbad. Die M/N *Evangelistas* legt auf ihrem Weg zur Laguna San Rafael in der Hauptsaison alle vier bis fünf Tage einen Zwischenstopp in Puerto Montt ein, im übrigen Jahr allerdings nur drei- bis viermal im Monat. Die Preise schwanken zwischen 310 US$ pro Person für eine Koje und 827 US$ für eine Kabine mit eigenem Bad.

Um nach Puerto Natales zu kommen, nimmt die M/N *Magallanes* von Navimag die beliebte Dreitagesroute durch die Fjorde Chiles. Wegen der Abfahrtszeiten fragt man entweder bei den Navimag-Büros in Santiago (S. 476) oder schaut auf die Website. Außerdem sollten Reisende ihre Buchung im Büro in Santiago noch einmal überprüfen. Die Hauptsaison dauert von November bis Mai, die Nebensaison von Oktober bis April und die Nachsaison von Mai bis September. Die Mahlzeiten sind im Fahrpreis enthalten. Die Preise pro Person schwanken, je nachdem, wie viel Aussicht man von seiner Kajüte aus hat und ob man ein eigenes Bad oder ein Gemeinschaftsbad hat:

Klasse	Hochsaison (US$)	Nebensaison (US$)	Nachsaison (US$)
AAA	1690	1180	720
AA	1620	1060	700
A	1440	860	650
Koje	325	275	200

Autos kosten 385 US$ extra. Fahrräder und Motorräder können auch gegen einen Aufpreis mitgenommen werden. Wer zur Seekrankheit neigt, sollte Medikamente dabeihaben, wenn eine Überquerung des Golfo de Penas ansteht. Da sind Schiffe den magenumstülpenden Pazifikwellen voll ausgesetzt.

ZUG
Die Züge von **Empresa de los Ferrocarriles de Estado** (☎ 480-787; www.efe.cl; Cuarta Terraza s/n) fahren Richtung Norden nach Temuco (8 US$, 6 Std.). Dort gibt's Anschluss nach Santiago.

Unterwegs vor Ort
Die ETM-Busse (2 US$) fahren zwischen Aeropuerto El Tepual, 16 km westlich der Stadt, und Busterminal. Ein Taxi vom Flughafen kostet etwa 10 US$.

Zu den Autovermietern gehören **Hertz** (☎ 259-585; Varas 126) und **Full Fama's** (☎ 258-060; Portales 506). Letztere Agentur hilft Travellern auch dabei, die Erlaubnis zu bekommen, mit einem Mietwagen nach Argentinien zu fahren. Die Preise liegen zwischen 50 US$ für ein normales Auto und 100 US$ für einen Pick-up oder Jeep.

PARQUE NACIONAL ALERCE ANDINO
Nur wenige wagen sich in den wilden, smaragdgrünen Wald des 40 000 ha großen **Parque Nacional Alerce Andino** (Eintritt 2 US$), obwohl er nur 40 km von Puerto Montt entfernt ist. Der Park wurde 1982 eingerichtet, um einen der letzten *alerce*-Bestände zu schützen. Die Bäume wachsen hauptsächlich in 400 bis 700 m Höhe. Wer Schlamm und den häufigen Regengüssen die Stirn bietet, wird zwischen Meeresspiegelhöhe und 900 m mit phantastischen Walderlebnissen belohnt. Hier wabert ein dichtes, verwobenes Durcheinander aus *coigue* und *ulmo*, Farnen, Kletterpflanzen und dem undurchdringlichen Dickicht des *quila*. Zwar sind hier Pumas, *pudús*, Füchse und Stinktiere unterwegs, die Chancen, einen Kondor, Eisfischer oder Wasservogel zu sehen, stehen allerdings besser.

Conaf betreib bei Correntoso am Río Chamiza einen **Campingplatz** (Stellplatz 7 US$) mit fünf Zeltplätzen. Er liegt am Nordende des Parks. Weitere sechs Zeltgelegenheiten gibt's auf dem **Campingplatz** (Stellplatz 7 US$) in der Nähe des oberen Endes des Río-Chaica-Tals. Wanderer können auch im Hinterland campen.

Einige Agenturen in Puerto Varas organisieren Wanderungen und geführte Touren durch den Park. Wer auf eigene Faust hin möchte, nimmt die Ruta 7, Carretera Austral. Sie führt auf eine Estero de Reloncaví nach La Arena. Von Puerto Montt aus unterhält Buses Fierro täglich vier Busse zum Dorf Correntoso (2 US$, 30 Min.), das nur 3 km vom Río-Chamiza-Eingang an der Nordgrenze des Parks entfernt liegt. Fierro hat auch täglich fünf Busse zur Kreuzung bei Lenca (2 US$, 1¾ Std.) an der Carretera Austral. Von dort führt eine schmale Straße 7 km das Tal des Río Chaica hinauf.

CHILOÉ

Auf Chiloé hat ländlicher Einfallsreichtum den *trineo* erfunden, einen Schlitten, mit dem man auch durch den dicksten Schlamm kommt. Und die Bedingungen auf der Insel ließen die Menschen den *curanto* perfektionieren, ein Gericht, das aus Fleisch, Kartoffeln und Schellfisch besteht und in riesigen Blättern über Dampf gegart wird. Und die ländliche Phantasie schuf den *invunche*, einen mythischen Torwächter, der als Eintrittspreis verlangt, dass man sich einen Klaps auf den Hintern geben lässt. Wer sind diese Menschen? Die von den einheimischen Chonos und Huilliche abstammenden bescheidenen Chiloten hießen die Jesuiten

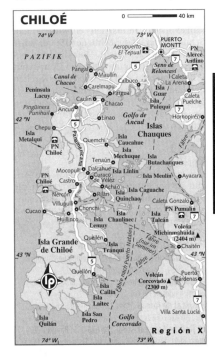

und die Spanier willkommen, haben sich aber nie mit den Bewohnern des Festlands verbündet. Weil die Insel so isoliert war, konnten unglaublich vielfältige Traditionen und Mythen entstehen, es wimmelt hier nur so von Geisterschiffen, Phantomliebhabern und Hexen. Heute schnitzt man niedliche Versionen davon und verkauft sie an die Touristen. Aber diese blöden Souvenirs kann man vergessen – es dauert schon einige neblige Regentage, schlammige Wanderungen und Schwätzchen am Feuer, bis der geduldige Besucher über diese Charaktere wirklich Bescheid weiß. Sie sind stolz, aber niemals angeberisch, freundlich, aber nicht sehr gesprächig.

Inmitten eines Archipels von über 400 kleinen Inseln gelegen ist die Hauptinsel ein bunter Teppich aus Weideland und welligen Hügeln. Sie ist 180 km lang, aber nur 50 km breit. Die Städte und Farmen befinden sich eher auf der Ostseite, die westlichen Ufer sind dagegen ein fast völlig straßenloses Gewirr von dichten Wäldern, in die der wilde Pazifik hineinschwappt. Mehr als die Hälfte der 155 000 Chiloten kann gerade so von der Landwirtschaft leben. Andere sind vom Fischfang abhängig, der sich rasant von kunstvoll zu industriell entwickelt hat. Schuld daran ist die Mitte der 1990er-Jahre eingeführte Lachszucht. Wer die Insel besucht, sollte sich unbedingt die Häuser mit ihren Schindeln und die hölzernen Kirchen anschauen, die überall auf der Insel verteilt stehen. Manche sind bis zu 200 Jahre alt und werden als Unesco-Weltkulturerbe geschützt.

ANCUD

☎ 065 / 28 000 Ew.

Das geschäftige, verwitterte Städtchen Ancud ist ein guter Ausgangspunkt, um die Pinguinkolonien und die stürmische, glitzernde Nordküste zu Fuß oder mit dem Kajak zu erkunden.

Praktische Informationen

Banco de Chile (Libertad 667) Hat einen Geldautomaten. Auch andere Banken haben welche.

Clean Center (Pudeto 45; 1,75 US$/Ladung) Wäscherei.

Entel (Pudeto 219) Call Center

Hospital de Ancud (☎ 622-356; Almirante Latorre 405) An der Ecke zur Pedro Montt.

La Red de Agroturismo (☎ 628-333; Ramírez 207) Organisiert Ausflüge zu Bauern- und Fischergemein-

schaften und bringt Traveller bei Familien in kleinen Städten unter, die nicht auf den Touristenkarten verzeichnet sind.

Post (Ecke Pudeto & Blanco Encalada)

Sernatur (☎ 622-800; Libertad 665; ☽ Sommer 8.30–20 Uhr, Winter Mo–Fr 8.30–18 Uhr) Gegenüber der Plaza; hat hervorragende Reiseinformationen und Wanderkarten.

Zone@Net (Pudeto 396, 1. Stock; 1 US$/Std.) Internetcafé.

Sehenswertes & Aktivitäten

Das **Museo Regional de Ancud** (Libertad; Erw./Kind 1/0,25 US$; ☽ Jan.–Feb. 10.30–19.30 Uhr, März–Dez. Mo–Fr 9.30–17.30, Sa & So 10–14 Uhr) zeichnet mit einer exzellenten und informativen Ausstellung die Geschichte der Insel nach. Im Nordwesten der Stadt liegt das **Fuerte San Antonio**, der letzte spanische Außenposten in Chile. Auf dem umgestalteten **Mercado Municipal** (Prat) lässt es sich wunderbar durch lebende Krabben, riesige Salatköpfe und Wolle spazieren.

Austral Adventures (☎ 625-977; www.austral-adventures.com; Lord Cochrane 432) ist vor allem für seine genialen, mehrtägigen Bootstouren durch den Archipel berühmt. Aber der Veranstalter hat auch Strandwanderungen, Ausflüge zu den Pinguinkolonien, Kajakfahrten und Unterkünfte bei Familien auf dem Land im Angebot. Die Tagespreise für Wandern und die Pinguinkolonien liegen zwischen 40 und 60 US$. Die Guides sprechen englisch. Das kleine, von einer Familie geführte **Puñihuil** (☎ 099-655-6780) veranstaltet Touren (16 US$/Pers.) zu den Pinguin- und Seelöwenkolonien.

Auf dem Weg zu den Pinguinen kommt man am **Puente Quilo** (Eintritt gegen Spende) vorbei. Don Serafin hat dieses sagenhafte, urige Freiluftmuseum zusammengestellt. Er hatte einen Hinterhof, der nach dem Erdbeben von 1960 von seltsamen Schätzen überquoll. Die Beute reicht von ganzen Walskeletten über ausgestopftes Meeresgetier bis zu Relikten der indigenen Bevölkerung.

Festivals & Events

In der zweiten Januarwoche wird's in Ancud fröhlich. Dann ist die **Semana Ancuditana** (Ancud-Woche). Inselweit wird das mit Musik, Tanz und Essen gefeiert.

Schlafen

Camping Arena Gruesa (☎ 623-428; Costanera Norte 290; Stellplatz/Zi. pro Pers. 3/11 US$) Ordentliche *hostal*-Zimmer oder grasbewachsene Plätze mit heißem Wasser. Außerdem gibt's Licht und man darf die Küche benutzen. Liegt sechs Blocks von der Plaza entfernt.

Hospedaje Austral (☎ 624-847; hospedajeaustral@ hotmail.com; Aníbal Pinto 1318; EZ/DZ/3BZ 8,50/17/25,50 US$; **P** **▣**) Die freundliche und neu gebaute Budgetunterkunft hat bequeme Betten mit Decken. Sie ist gleich beim Busbahnhof.

Cabañas y Hospedaje Vista al Mar (☎ 622-617; www.vistaalmar.cl; Costanera 918; Hütten 8,50–12 US$/ Pers., ganze Hütte 40 US$; **P** **▣**) HI-Mitglieder können sich hier eine Hütte teilen. Das Flair von 1982 einfach ignorieren.

Terramar (☎ 620-493; Bellavista 457; Zi. 10 US$/Pers.) Mit Daunenbetten und schrägen Decken. Hier fühlt man sich wie daheim. Das süße, familienfreundliche Haus ist mit Schindeln gedeckt.

Hostal Mundo Nuevo (☎ 628-383; www.newworld. cl; Costanera 748; B/DZ inkl. Frühstück 12/33 US$; **P**) In dieser Zuflucht am Meer kann man sich prima zusammenrollen. Es gibt feste Betten und tolle Details aus Holz. Der Besitzer Martin kann Wanderungen empfehlen. Zum Frühstück gehört hausgemachtes Mehrkornbrot.

Hostal Lluhay (☎ 622-656; Cochrane 458; EZ/DZ inkl. Frühstück 16/25 US$) Ein gemütliches Haus am Meer. Es gibt nette Gastgeber, knisternde Feuer und ein klimperndes Klavier. Das Frühstück nicht verpassen!

Essen & Ausgehen

Café Arte Nerudiano (Ecke Ramirez & Maipu; Snacks 2–4 US$; ✆ 9–13 Uhr, So nur nachmittags) An diesem lichtdurchfluteten Platz mit Terrasse werden Espresso und Sandwiches serviert.

Pedersen Salón de Té (Sargento Aldea 470; Kuchen 3,50 US$) In diesem Teehaus am Strand kommen täglich die besten Torten und Kuchen von Ancud aus dem Backofen.

Retro Pub (Maipú 615; Hauptgerichte 4–8 US$) Ein gemütlicher, hölzerner Tribut an den Rock 'n' Roll. Es gibt leckeres Tex-Mex. In den Sommernächten geht's hier rund.

El Sacho (Mercado Municipal; Hauptgerichte 4–8 US$; ✆ mittags) Frischer Fisch und Meeresfrüchte ohne viel drum herum werden auf der zementierten Terrasse serviert. Zu den riesigen Portionen gehören auch gedämpfte Muscheln und gebratener Fisch.

La Candela (Libertad 599; Hauptgerichte 5–8 US$) Das kühle und in verschiedenen Farben gestreifte Café liegt an der Plaza. Hier werden

Lachs in Sojasauce und peruanischer *ají de gallina* (würziger Hühnereintopf) aufgetischt.

Lumiere (Ramirez 278; Abendessen 7 US$) Diese Mischung aus Pub und Restaurant ist in Meerblau getüncht und hat viel Charme. Es gibt *mariscos a pil pil* (Meeresfrüchte mit Chili und Knoblauch) und Drinks. Im Winter laufen Filme.

An- & Weiterreise

Der **Busbahnhof** (☎ 624-017; Ecke Aníbal Pinto & Marcos Vera) liegt 2 km östlich vom Geschäftszentrum. Taxis ins Zentrum kosten 2 US$. Cruz del Sur startet regelmäßig nach Puerto Montt (4 US$, 2½ Std.), Castro (2 US$, 1½ Std.) und Quellón (4 US$, 2½ Std.).

CASTRO

☎ 065 / 29 000 Ew.

Castro ist die blühende Hauptstadt von Chiloé. Seit es saniert wurde, gibt es hier seltsame Anblicke. Neben dem ersten Mega-Supermarkt bietet ein Straßenverkäufer auf seinem Karren frischen *sierra*-Fisch an. Robuste Konstruktionen haben die wackeligen ersetzt, in dem Maße wie die Lachsindustrie die Holzboote verdrängt hat, die seit Jahrhunderten verwendet wurden. Aber die bunt bemalten *palafitos* zeugen immer noch vom eigentlichen Erbe Castros, das 1567 einmal ganz bescheiden angefangen hat.

Praktische Informationen

Geldautomaten kann man rund um die Plaza finden.

Chiloe Web (www.chiloeweb.com, spanisch) Eine Unmenge an nützlichen Kleinigkeiten kann man von dieser Website fischen.

Conaf (☎ 532-501; Gamboa 424) Gibt Informationen zum Parque Nacional Chiloé.

Entel (O'Higgins 480)

Hospital de Castro (☎ 632-445; Freire 852) Am Fuß des Cerro Millantuy.

Julio Barrientos (Chacabuco 286) Wechselt Bargeld und Reiseschecks.

Post (O'Higgins 388)

Städtische Touristeninformation (Plaza de Armas) Gibt Travellern gute Informationen zu Unterkünften in Farmen.

Turismo Pehuen (☎ 635-254; consultas@turismo pehuen.cl; Blanco Encalada 299) Empfehlenswert. Das ganze Jahr über geöffnet. Touren zu den Inseln in der Nähe und Reiten.

Sehenswertes & Aktivitäten

Die neogotische **Iglesia San Francisco de Castro** (Plaza de Armas) darf man auf keinen Fall verpassen. Der gelbe und lavendelfarbene Anstrich zeigt die Individualität der Insel. Schlau gefertigte landwirtschaftliche Geräte und Überreste der Huilliche werden u. a. im **Museo Regional de Castro** (Esmeralda s/n; ☾ Jan.–Feb. Mo–Fr 9.30–20, So 10.30–13 Uhr, März–Dez. 9.30–13 & 15–18.30, So 10.30–13 Uhr) ausgestellt. Neben dem Rummelplatz zeigt das **Museum der Modernen Kunst** (☎ 635-454; Parque Municipal; Spenden willkommen; ☾ Sommer 10–20 Uhr) innovative Werke aus der Region. Im nicht auf Profit ausgerichteten **Almacén de Biodiversidad** (Ecke Lillo & Blanco; www.almacendebiodiversidad.com; ☾ Mo–Fr 9–13 & 15–18.30 Uhr) werden Arbeiten lokaler Künstler von höchster Qualität verkauft. Die farbenfrohen **Palafitos** befinden sich zum größten Teil an der Costanera Pedro Montt. Sie liegt nördlich der Stadt, am westlichen Ausgang der Innenstadt.

Festivals & Events

Festival de Huaso Chilote Cowboyfestival, Ende Januar.
Festival Costumbrista Volksmusik und -tanz und traditionelles Essen, Mitte Februar.

Schlafen

Für Saisonunterkünfte wird mit handgeschriebenen Zetteln an der San Martín, O'Higgins und Barros Arana geworben. Wer **Urlaub auf dem Land** (☎ in Santiago 02-690-8000; www.viajesrurales.cl) machen will, kann sich auch in der städtischen Touristeninformation erkundigen.

Camping Pudú (☎ 099-643-7764; Stellplatz 9 US$/2 Pers.) Ordentliche Anlage auf dem Weg nach Dalcahue, 10 km nördlich von Castro.

Hospedaje Central (☎ 637-026; Los Carrera 316; Zi. 7 US$/Pers.) Großes *hostal* mit netten Zimmern mit lackiertem Holz. Zum Teil ist es etwas eng. Die Bettdecken haben Rüschen.

Hospedaje Agüero (☎ 635-735; Chacabuco 449; Zi. 12 US$/Pers.) An der Rezeption ist man vielleicht etwas mürrisch, aber die Zimmer sind komfortabel und haben Blick auf die *palafitos*.

Hostal O'Higgins (☎ 632-016; O'Higgins 831, Interior; DZ inkl. Frühstück 12 US$) Steife und holzgetäfelte Zimmer mit sauberen Gemeinschaftsbädern und Frühstück.

Camping Llicaldad (☎ 635-080; Fiordo de Castro; Stellplatz 14 US$/4 Pers.) An der Panamericana, 6 km südlich von Castro. Während der Regenzeit sind die Plätze schlammig.

Hospedaje Mirador (☎ 633-795; Barros Arana 127; Zi. 14 US$/Pers.; 💻) Das rote Haus an einem steilen Durchgang zum Meer hat abschließbare Zimmer (klein aber annehmbar) mit großen Betten und einer atemberaubender Aussicht.

Hostal Cordillera (☎ 532-247; hcordillera@hotmail.com; La Rosedana 175; Zi. 14 US$/Pers.; 💻) Eine herrliche Atmosphäre. Es ist schon etwas abgewohnt aber geräumig und gut gepflegt. Dazu gibt's eine ruhige, überdachte Terrasse. Nach den Zimmern mit Meerblick fragen kann nicht schaden.

Hostal del Río (☎ 632-223; Thompson 232; EZ/DZ 39/49 US$) Frisches, weißes Bettzeug, hereinströmendes Licht und große, absolut feminine Zimmer.

Essen

Die Restaurants direkt am Meer, gleich bei der *feria artesenal*, sind für die Pesos ein echter Knaller. Auf jeden Fall sollte man hier das **Vista Hermoso** (Mittagsmenü 5 US$) ausprobieren!

Restaurant Camahueto (Los Bancos 350; Menu del dia 3,50 US$) Die reichlichen und einfachen Mittagsspecials, etwa Lachs mit Reis und Salat, sind ein Volltreffer.

Años Luz (San Martín 309; Hauptgerichte 4–12 US$; ☾ 11 Uhr–open end) Die Angebote an Espresso und Himbeermargaritas, die großzügigen gehäuften Teller voll Meeraal (Congrio) mit Mandelkruste und die Lachspastete machen die freundliche Menge satt, die sich hier gerne versammelt. Im Sommer wird ab 23 Uhr live Latin Jazz oder Rock gespielt.

Sacho (Thompson 213; Hauptgerichte 5–9 US$) Ein super Fisch-und-Meeresfrüchte-Restaurant mit ausgezeichneten Krabben und *curanto* (eine herzhafte Kombination aus Fisch, Schellfisch, Huhn, Schweinefleisch, Lamm, Rindfleisch und Kartoffeln), groß genug für zwei.

An- & Weiterreise

BUS & COLECTIVO

Der städtische **Terminal de Buses Rurales** (San Martín) befindet sich in der Nähe der Sargento Aldea. Von hier fahren Busse nach Dalcahue (2 US$, 30 Min.) und Cucao (3 US$, 1 Std.), in der Nebensaison sind auf der Strecke allerdings weniger Fahrzeuge unterwegs. Das **Cruz del Sur Terminal** (☎ 632-389; San Martín 486) bedient Quellón und Ancud sowie weiter entfernte Ziele.

Ziel	Dauer (Std.)	Preis (US$)
Ancud	1¼	2
Puerto Montt	4	5
Quellón	1½	2
Quemchi	1½	2
Santiago	16	29–48
Temuco	7	15
Valdivia	7	10

Zu Zielen in der Nähe sind *colectivos* die schnellere Alternative. Die **Colectivos Chonchi** starten in Chacabuco in der Nähe der Esmeralda (1 US$) und in Ramírez in der Nähe der San Martín. Die **Colectivos Quellón** verlassen Sotomayor und San Martín (3 US$) ebenso wie die Colectivos Achao (1 US$).

SCHIFF/FÄHRE
Im Sommer fahren manchmal Fähren nach Chaitén (S. 583). Die meisten halten in Quellón. Mittwochs um 16 Uhr, samstags um 24 Uhr und sonntags um 15 Uhr fährt **Naviera Austral** (☎ 634-628; Av Puerto Montt 48; 31 US$) ab. Bei **Navimag** (☎ 432-360; www.navimag. com; Angelmó 2187, Puerto Montt) oder dem Vertreter von Catamaranes del Sur, **Cielo Mar Austral** (☎ 264-010; Quillota 245; einfache Strecke 39 US$), die aktuellen Fahrpläne überprüfen. Manche Fähren nehmen auch Autos an Bord.

DALCAHUE & ISLA QUINCHAO
Dalcahue liegt 20 km nordöstlich von Castro. Die Kirche aus dem 19 Jh. hat dorische Säulen. In der Stadt gibt's gut erhaltene, einheimische Architektur und einen berühmten Sonntagsmarkt. Hier wird Wolle verkauft, die einfallsreich z. B. in mit Fleece gesäumte Hausschuhe verwebt wurde, in Puppen und sogar in Röcke. Kunsthandwerkerinnen knüpfen an ihren Ständen Körbe und stricken, in der Hoffnung, dass ihre Vorführung zum Kauf anregt. Außerhalb der Stadt veranstaltet das **Altue Sea Kayak Center** (☎ in Santiago 02-232-1103; www.seakayakchile. com) wunderbare sechs bis neun Tage lange Kajaktouren durch den Archipel. Alle Trips im Voraus buchen!

Auf halber Strecke zwischen Dalcahue und Achao liegt das 1660 gegründete **Curaco de Vélez**. Zu seinen größten Schätzen zählen die Architektur der Chiloten und die Freiluft-Austernbar am Strand. Die Busse zwischen Achao und Dalcahue stoppen in Curaco.

Die Isla Quinchao südöstlich von Dalcahue gehört zu den Inseln, die man am leichtesten erreichen kann. Ein Tagesstrip lohnt sich. Die größte Stadt der Insel ist **Achao**. Die Hauptattraktion hier ist die älteste Kirche von Chiloé. Holzstifte statt Nägel halten die **Iglesia Santa María de Achao** zusammen.

Camping Garcia (☎ 065-661-283; Delicias; Stellplatz 3 US$/Pers.; Dez.–März) ist einen Block von der Plaza entfernt. Zu den Stellplätzen gehören warme Duschen. Auf der anderen Seite der Plaza gibt's gute Unterkunftsmöglichkeiten: **Hostal Plaza** (☎ 065-661-283; Amunátegui 20; Zi. 10 US$/Pers.) und **Sol y Lluvia** (☎ 065-253-996; Gerónimo de Urmeneta 215; Zi. 12 US$). Das **Mar y Velas** (Serrano 02) serviert Muscheln, Venusmuscheln und kaltes Bier zum Blick über den Pier.

Minibusse und *colectivos* fahren direkt nach und kommen von Castro. Von Dalcahue aus schickt **Dalcahue Expreso** (Freire) unter der Woche alle halbe Stunde Busse nach Castro (2 US$). An den Wochenenden sind es etwas weniger. Die Fähren zur Isla Quinchao laufen ununterbrochen aus. Fußgänger dürfen umsonst mit. Allerdings kommt man auf der Insel dann ohne einen Bus nirgends hin. Autos kosten hin und zurück 6 US$.

CHONCHI
☎ 065 / 12 000 Ew.
Chonchi ist ein verschlafenes Dorf an einer ruhigen Bucht. Damit spottet es seiner wilden Vergangenheit, denn früher war es ein Piratenstützpunkt und der Verschiffungshafen für den Zypressenexport, der heute 23 km südlich von Castro liegt. Wenn man zum Nationalpark will, ist dies die nächste annehmbare Stadt. Die Serviceeinrichtungen befinden sich vor allem an der Centenario. Dazu gehört eine **Touristeninformation** (Ecke Sargento Candelaria & Centenario; Jan.–März). Wer die **Isla Lemuy** erkunden möchte, nimmt die kostenlose Fähre von Puerto Huichas (5 km südlich). Sie legt alle halbe Stunde ab. Sonntags und in der Nebensaison startet sie nur stündlich.

Beim **Camping los Manzanos** (☎ 671-263; Pedro Aguirre Cerda 709; Stellplatz 9 US$/bis zu 4 Pers.) gibt's warme Duschen. **La Esmeralda** (☎ 671-328; carlos@esmeraldabythesea.cl; Irarrázabal s/n; B/DZ 10/16 US$;) liegt am Strand. Die Zimmer sind einfach und annehmbar. Einen super Ausblick hat man vom „Flitterwochenzimmer". Der Besitzer heißt Charles Gredy. Er verleiht Fahrräder und Angelausrüstung, bietet Touren zu seiner Fisch- und Meeresfrüchtezucht an und zaubert entsprechende Abendessen aus dem Tagesfang. Im *mercado* werden wahre Fisch- und Meeresfrüchtehighlights serviert. Die Lokale im 1. Stock über dem Handwerksmarkt haben eine schmale Terrasse. Von hier sieht man wunderschön aufs Meer.

Richtung Castro fahren die Busse an der anderen Seite der Plaza ab, auf der oberen Ebene. Man kann sich auch gegenüber der Kirche ein *colectivo* (1 US$) schnappen. Im Sommer fahren ein paarmal am Tag öffentliche Verkehrsmittel zum Parque Nacional Chiloé (2 US$, 1½ Std.).

PARQUE NACIONAL CHILOÉ

Grandiose, immergrüne Wälder treffen auf braungraue Sandstreifen und den endlosen, tosenden Pazifik. Der 43 000 ha große **Nationalpark** (Eintritt 2 US$) befindet sich 54 km südwestlich von Castro. Der Park schützt verschiedene Vogelarten, den chilotischen Fuchs und den zurückgezogen lebenden *pudú*. Einige Gemeinschaften der Huilliche sind innerhalb der Parkgrenzen ansässig. Ein paar davon betreiben hier Campingplätze.

Den Park betritt man am besten über das winzige Dorf Cucao. Dort werden gerade ein paar Annehmlichkeiten eingerichtet. Dann kommt man in den Parksektor Chanquín. Hier unterhält Conaf ein Besucherzentrum mit Informationen. Der **Sendero Interpretivo El Tepual** windet sich auf 1 km über umgestürzte Bäume und durch dichten Wald. Der 2 km lange **Sendero Dunas de Cucao** führt zu einer Reihe von Dünen hinter einem langen, weißen Sandstrand. Die beliebteste Route ist aber der 20 km lange **Sendero Chanquín–Cole Cole**. Er folgt der Küste, kommt am Lago Huelde vorbei und erreicht schließlich den Río Cole Cole. Der Pfad geht noch 8 km weiter bis zum Río Anay und durchquert dabei Gehölze mit roter Myrte.

Schlafen & Essen

An der Straße, die am Park vorbeiführt, gibt's eine Reihe privater Campingplätze. Sie verlangen alle ca. 3 US$ pro Person.

Camping Chanquín (Stellplatz 4 US$/Pers.) Im Park gelegen, 200 m hinter dem Besucherzentrum. Gute Einrichtungen und bei Regen ein überdachtes Areal.

El Fogon de Cucao (☎ 099-946-5685; Stellplatz 6 US$/Pers., Zi. inkl. Frühstück 20 US$/Pers.) Hier kann man wählen: entweder das traumhafte Gästehaus mit riesiger Terrasse oder die voll ausgestatteten Zeltplätze am Meer. Achtung: Im Restaurant werden manchmal Jam-Sessions abgehalten. Dann tritt der musikalische Besitzer mit seinen Freunden auf, und zwar bis in die frühen Morgenstunden. So ein kostenloses Konzert kann ein Glücksfall sein. Das gilt allerdings nicht für die Mitsänger aus dem Hintergrund des Campingplatzes. Es werden auch Reittouren zu einem *refugio* (Zweitagestrip) angeboten.

Parador Darwin (☎ 099-884-0702; paradordarwin@ hotmail.com; EZ/DZ inkl. Frühstück 14/24 US$; ☺ Juni–Juli) An einem Regentag der Volltreffer. Einladende Zimmer mit Schaffellen auf dem Boden, mit Tischen aus Baumstämmen und mit elektrischen Wasserkochern. Das Café serviert frische Säfte, eine einheimische Art der Scheidenmuschel mit Parmesan und große Salate (Hauptgerichte 6 US$). Das Ganze kann man bei Brettspielen und Jazz genießen.

Zu den billigen und freundlichen Unterkünften gehören **El Arrayán** (☎ 099-219-3565; Parkeingang; EZ/DZ 8/14 US$) und **El Paraíso** (☎ 099-296-5465; Zi. 10 US$), kurz vor der Brücke.

Wer die 20 km lange Wanderung nach Cole Cole macht, übernachtet auf dem **Campingplatz** (Stellplatz 3 US$/Pers.). Einen Kocher mitbringen und auf die verflixten Sandflöhe vorbereitet sein.

An- & Weiterreise

Die Busse nach und von Castro fahren fünfmal am Tag (2,75 US$, 1 Std.). Der Service von Chonchi ist eher sporadisch. Bis nach der Cucao-Brücke im Bus bleiben. Der letzte Stopp ist am Park.

QUELLÓN

☎ 065 / 13 800 Ew.

Wer am Ende der Panamericana einen Topf voll Gold und einen Regenbogen erwartet, wird enttäuscht sein. Quellón ist nur ein plumper Hafen. Sogar die Bewohner beklagen sich über die Piraterie, die mit den Naturreichtümern von Quellón betrieben wird – nur noch ein trauriges Industrieambiente ist geblieben. Die meisten Traveller kommen wegen der Fährverbindungen nach Chaitén oder Puerto Montt her. Besser Geld wechseln, bevor man kommt. Die **Banco del**

Estado (Ecke Ladrilleros & Freire) hat einen Geldautomaten. **Patagonia Chiloe Expeditions** (08-590-2200; ☺ Jan.–Feb.) organisiert Touren zur lieblichen und abgelegenen Isla Kailin (Bootstour 20 US$).

Unterkunft ohne Frühstück bieten das schäbige **Hotel Playa** (☎ 681-278; Pedro Montt 427; Zi. 8 US$) und das **Hotel El Chico Leo** (☎ 681-567; Pedro Montt 325; Zi. ohne/mit Bad 14/39 US$). Mit seinen fusseligen Bettdecken, muschelförmigen Lampen und der Gestaltung in Acrylfarben ist es der beste Griff. Das Restaurant (Mittagessen 2,50–6 US$) ist gut und an den Billardtischen ist Action geboten. Jeder mit *honda* (gutem Feeling) nimmt ein Taxi zum **Taberna Nos** (O'Higgins 150; Snacks 3 US$; ☺ Mo–Sa 20.30–3 Uhr). Ska, billiges Bier, Meeresfrüchtetapas, aber auch die galicisch-chilenischen Besitzer sind dafür Grund genug.

Buses Cruz del Sur und Transchiloé fahren am **Busbahnhof** (Ecke Aguirre Cerda & Miramar) ab. Nach Castro schicken die Unternehmen regelmäßig ihre Fahrzeuge (2 US$, 1½ Std.). **Navimag** (☎ 432-360; www.navimag.com; Angelmó 2187, Puerto Montt) segelt zweimal die Woche nach Chaitén. **Naviera Austral** (☎ 207; Pedro Montt 457) fährt mittwochs um 12 Uhr und freitags um 9 Uhr nach Chaitén (29 US$, 5. Std.). Die Fahrpläne ändern sich je nach Saison. Alle Abfahrten in den jeweiligen Büros vorher prüfen!

NÖRDLICHES PATAGONIEN

Ein Netz von Flüssen, Bergspitzen und ausgedehnten Gletschern bildete vor langer Zeit einmal eine natürliche Grenze zwischen dem nördlichen Patagonien und dem Rest der Welt. In den 1980er-Jahren gelang es zum ersten Mal, mit der von Pinochet gebauten **Carretera Austral** (Hwy 7) diese abgelegenen Regionen anzubinden. Die Isolation hat dafür gesorgt, dass man hier extrem unabhängig geblieben ist und weiterhin auf das Uhrwerk der Natur lauscht. „*Quien se apura en la Patagonia pierde el tiempo*" – „Derjenige, der sich in Patagonien beeilt, verliert seine Zeit", sagen die Einheimischen. In diesem Land jenseits des Seengebiets führt das Wetter die Regie. Also keine Hektik: Verpasste Flüge, verspätete Fähren und Überschwemmungen gehören hier einfach

dazu. Am besten nimmt man die Wartezeit also so, wie es die Einheimischen tun: Man nutzt die Gelegenheit, um den Wasserkessel anzuheizen und bei einem Mate ein gemütliches Gespräch zu führen.

Die Carretera Austral beginnt südlich von Puerto Montt und verbindet auf der ganzen Strecke bis Villa O'Higgins die weit auseinander liegenden Städte und Dörfchen miteinander. Insgesamt sind das etwas mehr als 1200 km. In der Hochsaison (Mitte Dez.–Ende Feb.) können Traveller erheblich leichter reisen und manche Orte viel besser erreichen. Kombinierte Bus- und Fährtouren verschaffen Besuchern den besten Überblick über die Region. Dieses Kapitel behandelt grob das Gebiet von Chaitén bis zum Lago General Carrera, aber es gibt hier noch viel mehr. Man sollte nicht zögern, die Seiten des Reiseführers zu verlassen. Die kleinen Dörfer an der Straße und die entlegensten Dörfchen Cochrane, Caleta Tortel und Villa O'Higgins lohnen auf alle Fälle eine Erkundungstour.

CHAITÉN & PARQUE PUMALÍN
☎ 065 / 3500 Ew.

Ein smaragdgrüner Regenschirm überspannt die verregnete Bucht. Der gähnende Außenposten Chaitén besteht aus nur wenig mehr als einem Gitternetz von sechs mal acht Straßen. Es ist der einzige Ort in der Nähe des Parque Pumalín. Für die in dieser Gegend ultraländliche Carretera Austral ist es ein wichtiger Verkehrsknotenpunkt. Wer mit der Fähre ankommt, sollte wissen, dass der Hafen zehn Minuten zu Fuß entfernt nordwestlich der Stadt liegt. An der Plaza sind die Post, Entel und die **Banco del Estado** (Ecke Libertad & O'Higgins). Die Bank wechselt zu jämmerlichen Kursen Bargeld und hat einen Geldautomaten. Der **Touristenkiosk** (Ecke Costanera & O'Higgins; ☺ Jan.–Feb. 9–21 Uhr) gibt eine Liste mit Unterkünften aus. Das **Pumalín Information Center** (O'Higgins 62) informiert über den Park und reserviert Hütten. Eine wahre Schatzkiste voller Informationen zur Region bietet **Chaitur** (☎ 731-429; nchaitur@hotmail.com; O'Higgins 67). Die Agentur organisiert auch Touren mit zweisprachigen Führern zum Pumalín, zum Gletscher Yelcho, zu den Termas de Amarillo und zu Stränden mit Seelöwenkolonien. Die Regionalbusse haben hier ihre Basis. Chaitur kann auch ganz allgemein bei Touren helfen, auch auf Englisch.

584 CARRETERA AUSTRAL

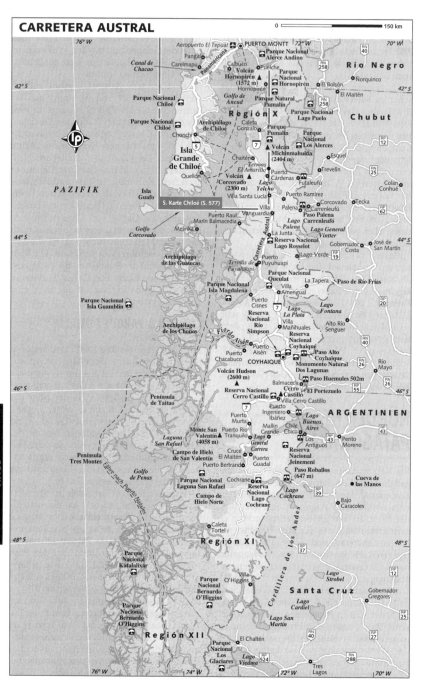

Sehenswertes & Aktivitäten

Im 2889 km^2 großen **Parque Pumalín** (www.pumalinpark.org; Eintritt frei) werden unberührte, ursprüngliche Regenwälder und alte *alerce*-Bäume geschützt. Er befindet sich 68 km nördlich von Chaitén. Es ist der größte Privatpark Chiles und eines der umfassendsten Schutzprojekte dieser Art. Der größte Teil ist undurchdringlich. Aber erschlossene Wanderwege führen parallel zur Straße durch den Park. Nachdem man vom Bus abgesetzt wurde, kann man per Anhalter bis zum nächsten Weg trampen, allerdings nicht in der Nebensaison. Der **Sendero Cascadas** (Caleta Gonzalo) klettert durch dichten Wald bis zu einem Wasserfall hinauf. Der **Sendero Laguna Tronador** liegt 12 km weiter südlich und steigt über Treppen und Strickleitern zu Aussichtspunkten über Michinmahuida und einem abgeschiedenen See mit zwei Campingplätzen. Einen weiteren Kilometer weiter südlich ist der **Sendero Los Alerces**, ein Pfad, dem man leicht durch majestätische *alerce*-Bestände folgen kann. Das Parkbüro informiert über weitere Möglichkeiten. Für Besucher stehen mehrere **Campinggebiete** (3 US$/Pers., überdachter Stellplatz 10 US$) zur Auswahl.

Etwa 25 km südöstlich von Chaitén befinden sich die **Termas El Amarillo** (Eintritt 5 US$; Stellplatz 7 US$). Hier werden die heißen Quellen in kleine Zementpools geleitet, die von Grünzeug umgeben sind. Nachts gehören die Pools den Campern allein.

Schlafen & Essen

Los Arrayanes (☎ 731-136; Stellplatz 5 US$/Pers.) Am Strand und mit warmen Duschen, 4 km nördlich von Chaitén.

Hospedaje Llanos (☎ 731-332; Corcovado 378; EZ 10 US$) Einfache Zimmer, einige mit Meerblick. Außerdem ist die Gastgeberin wunderbar.

Casa Hexagon (☎ 08-286-2950; Río Blanco 36; EZ 14 US$) Flusskiesel und rohe Balken schmücken das herrliche, sechseckige Haus am Fluss. Der freundliche deutsche Besitzer gibt wertvolle Tipps zur Region.

Hostería Los Coihues (☎ 731-461; Pedro Aguirre Cerda 398; EZ/DZ inkl. Frühstück 26/34 US$) Stilvoll und sonnig. Die ruhige *hostería* verwöhnt erschöpfte Traveller mit jeder Menge Handtüchern und einem großzügigen, kontinentalen Frühstück.

Corcovado (Ecke Corcovado & Cerda; Mittagsspecial 6 US$) Ein Speiseraum ohne überflüssigen Schnickschnack. Leckeres gegrilltes Lamm oder Lachs mit Kartoffeln.

Cocinerías Costumbristas (Portales 258; Mahlzeiten 3–6 US$) Unschlagbare *empanadas de mariscos* (Meeresfrüchte) und riesige Fischplatten werden von süßen Señoras mit Schürzen serviert.

An- & Weiterreise

BUS

Transportes Cordillera (Libertad 432) fährt täglich um 15.15 Uhr nach Futaleufú. **Chaitur** schickt täglich außer sonntags um 15.30 Uhr Busse nach Futaleufú (10 US$, 4 Std.). **Buses Palena** (Ecke Corcovado & Todesco) fährt dreimal wöchentlich vom Terminal nach Palena (9 US$, 4½ Std.). **Buses Norte** (☎ 731-390; Libertad 432) schickt montags, mittwochs und freitags um 9.30 Uhr Busse nach Coyhaique (27 US$, 12 Std.) mit Stopp in La Junta (14 US$, 4 Std.) und Puyuhuapi (15 US$). Chaitur fährt täglich außer samstags um 9 Uhr nach Coyhaique (27 US$) und täglich um 7 und um 17 Uhr nach Caleta Gonzalo (5 US$, 2 Std.). **B y V Tour** (Libertad 432) fährt täglich nach Caleta Gonzalo.

FLUGZEUG

AeroSur (☎ 731-228; Ecke Pinto & Riveros) betreibt ein Lufttaxi nach Puerto Montt (60 US$, 45 Min.).

SCHIFF/FÄHRE

Die Fahrpläne ändern sich. Bevor man Pläne macht, sollte man lieber noch mal nachfragen.

Catamaranes del Sur (☎ 731-199; Juan Todesco 118) Hat nur Personenfähren. Sie fahren im Sommer dreimal pro Woche nach Puerto Montt und Castro.

Naviera Austral (☎ 731-272; www.navieraustral.cl, spanisch; Corcovado 266) Die Auto- und Passagierfähre *Pincoya* (31 US$, 12 Std.) fährt viermal pro Woche nach Puerto Montt. Nur im Sommer geht's zweimal pro Woche nach Quellón, Chiloé (29 US$, 6 Std.) und täglich von Caleta Gonzalo im Parque Pumalín nach Hornopirén (19 US$). Hier fahren Bussen nach Puerto Montt ab.

FUTALEUFÚ

☎ 065 / 1800 Ew.

Das kristallklare Wasser des Futaleufú hat dieses bescheidene Bergdorf berühmt gemacht. Es liegt 155 km von Chaitén entfernt. Weltberühmte Rafting- und Kajakstrecken haben aber ihren Preis: Das Tal fühlt sich so langsam ein bisschen wie Boulder, Taos, oder Pucón an. Sollte „Futa" oder „Fu"– wie die Eingeweihten es nennen – auf der Liste der Reiseziele stehen, dann hier auf jeden Fall ein langsames Tempo einschlagen, mit den Einheimischen plaudern, ihre Sprache sprechen und Anteil nehmen. Denn heutzutage gibt's hier mehr von uns als von ihnen.

Praktische Informationen

Alles Geld mitbringen, das man braucht. Nur die **Banco del Estado** (Ecke O'Higgins & Manuel Rodríguez) wechselt Bargeld.

Geführte Touren

Raftingtrips auf dem Río Espolón und die Abschnitte auf dem anspruchsvolleren Futaleufú sind teuer (85–100 US$). Zuverlässige Ausrüster sind:

Austral Excursions (Hermanos Carera 500) Diesen Ausrüster betreiben Einheimische. Neben Flussabfahrten gibt's auch Trekking- und Canyoningtouren.

Bio Bio Expeditions (☎ 800-246-7238; www. bbxrafting.com) Ein Pionier in dieser Region. Die ökologisch eingestellte Gruppe bietet Flussabfahrten, Reiten und mehr. Sie ist gut im Geschäft, nimmt aber auch manchmal Laufkundschaft.

Expediciones Chile (☎ 721-386; Mistral 296) Ein sicherer Raftingveranstalter mit jeder Menge Erfahrung. Bietet auch Kajakfahren, Mountainbiking und andere Aktivitäten.

Schlafen & Essen

Camping Puerto Espolón (☎ 696-5324; Stellplatz 4 US$/Pers. ; ⌛ Jan.–Feb.) Die beste Option. Der Platz liegt in der Nähe der Stadt, am Flussufer mit einem Sandstrand.

Cara del Indio (Stellplatz 6 US$/Pers.) Großer Campingplatz am Fluss, 15 km hinter Puerto Ramírez. Hier gibt's Einstiegsstellen für Kajaks und Raftingboote. Außerdem sind warme Duschen und eine Sauna im Angebot. Dazu werden ganze Berge hausgemachtes Brot, Käse und Bier verkauft.

El Campesino (☎ 721-275; Prat 107; Zi. inkl. Frühstück 8 US$/Pers.) Das gastfreundliche Haus eines alten Kolonisten. Es gibt Frühstück und Gemeinschaftsbäder.

El Galpón (☎ 021-964-200; www.dosmargaritas.org; Sector Azul puente Pinilla; Zi. 9 US$/Pers.) Eine herrliche Farm, die noch in Betrieb ist, gleichzeitig eine Stiftung, die sich der Entwicklung von Landwirtschaft und umweltverträglichem Tourismus in der Region widmet. Gäste wohnen in einfachen, makellos sauberen Zimmern in einer umgebauten Scheune. Man kann frische Farmprodukte kaufen und dort kochen. Die Einrichtung ist 22 km von Futaleufú entfernt.

Posada Ely (☎ 721-205; Balmaceda 409; EZ inkl. Frühstück 18 US$) Die Zimmer stehen unter der Aufsicht von Betty und sind gut gepflegt. Sie macht eine scheußliche Hagebuttenmarmelade, die es zusammen mit frischem Brot, Eiern, Saft, Tee und noch mehr zum Frühstück gibt.

Futaleufú (Cerda 408; Hauptgerichte 6 US$) Ob Regen oder Sonne, hier warten jede Menge Salat, Pommes und überbackenes Huhn zu vernünftigen Preisen.

Sur Andes (Cerda 308; Mahlzeiten 6 US$) Auf der Gartenterrasse dieses Teehauses an echtem Kaffee nippen. Hungrige können Kuchen, Burger und Vegetarisches schmausen.

Martín Pescador (Balmaceda 603; Mahlzeiten 18 US$) Ohne Zweifel das beste Essen im Umkreis von Kilometern. Es gibt denkwürdige Lachsceviche und viele, viele köstliche Weine. Ruhig mal das günstigere Mittagsspecial probieren!

An- & Weiterreise

An der Plaza fährt montags und freitags um 9 und 18 Uhr **Transportes Cordillera** ☎ 721-249; Prat 262; 3 US$; 1½ Std.) zur argentinischen Grenze. In der Hochsaison gibt's bei anderen Unternehmen noch mehr Busse. Der **Grenzposten Futaleufú** (⌛ 8–20 Uhr) ist sehr viel schneller und zuverlässiger als der Übergang bei Palena. Er liegt gegenüber der argentinischen Grenzstadt Carrenleufú. **Transportes Sebastián** (☎ 721-288; Piloto Carmona 381) fährt täglich außer sonntags um 7.30 nach Chaitén (10 US$, 4 Std.) und hält in Villa Santa Lucía (wo man Richtung Süden nach Coyhaique umsteigen kann), Puerto Cárdenas und Termas El Amarillo. **Cuchichi** (Sargento Aldea) fährt dienstags und donnerstags um 8 Uhr über Argentinien nach Puerto Montt (31 US$, 13 Std.).

Es gibt keine Tankstelle. Der Lebensmittelladen an der Sargento Aldea verkauft Benzin in Kanistern. In Argentinien ist es billiger – wenn man es bis dahin schafft.

PALENA

☎ 065 / 1500 Ew.

Tourismus mutet in den dornigen Ausläufern und grasigen Wiesen jenseits des ultratürkisen Río Palena immer noch ziemlich seltsam an. Aber die Überreste des Lebensstils der Pioniere und eine unglaubliche Gastfreundschaft lohnen die Reise. Palena liegt nur 8 km westlich der Grenze und ist ein Grenzübergang nach Argentinien, an dem wenig los ist. Am letzten Wochenende im Januar wird hier das **Rodeo de Palena** veranstaltet.

Wenn man sich 22 km vor Palena vom Bus absetzen lässt, kann man im gemütlichen **Adventuras Cordilleranas** (741-388; www. rutatranspatagonia.cl; El Malitobridge; EZ inkl. Frühstück 10 US$) bleiben. Hier verhätschelt Mireya die Gäste wie einen Teil ihrer eigenen Brut. Die Familie bietet auch Unterkünfte in Hütten am Fluss und Ausritte zum ländlichen El Tranquilo. In der Stadt kann man das freundliche **La Frontera** (741-388; Montt 977; Zi. 10 US$/Person) oder **Residencial La Chilenita** (☎ 731-212; Pudeto 681; Zi. 10 US$/Pers.) ausprobieren. Abenteurer sollten zum wunderbaren **Rincón de la Nieve** (741-269; Valle Azul; EZ inkl. Frühstück 12 US$) reiten oder wandern, das von Familie Casanova in Valle Azul landwirtschaftlich genutzt wird. Man kann hier relaxen oder den unglaublichen, fünf Tage langen Rundtrip zum abgelegenen Lago Palena (s. Kasten S. 590) machen. Im Voraus arrangieren!

Buses Palena (Plaza de Armas) fährt montags, mittwochs und freitags um 7.30 Uhr nach Chaitén (9 US$, 4½ Std.).

PUERTO PUYUHUAPI

1935 besiedelten vier deutsche Einwanderer diesen abgelegenen Außenposten im Regenwald. Dazu angeregt hatten sie die Abenteuer des Entdeckers Hans Steffen. Durch die Textilarbeiter von Chiloé wuchs die landwirtschaftliche Kolonie. Ihre Fertigkeiten sorgten 1947 dafür, dass die deutsche **Fábrica de Alfombras** (www.puyuhuapi.com; Calle Aysen s/n; Touren 2 US$) ein Erfolg wurde. Sie webt noch heute Teppiche. Auf der anderen Seite der Bucht sind die **Termas de Puyuhuapi**, ein Spitzenresort mit heißen Quellen.

Die freundliche **Hostería Marily** (☎ 067-325-102; Ecke Uebel & Circunvalación; EZ/DZ inkl. Frühstück 15/30 US$) bietet ordentliche Matratzen und feste Betten. Das Pionierhaus **Casa Ludwig** (☎ 067-320-000; www.casaludwig.cl; Uebel s/n; Zi. inkl. Frühstück ab 20 US$/Pers.) ist elegant und gemütlich. Ein Aufenthalt ist ein echter Hochgenuss, mit lodernden Feuern und einem umfangreichen Frühstück an einem großen Gemeinschaftstisch. **Rossbach** (Gerichte 8 US$)

serviert ausgezeichnete Kuchen und riesige Mahlzeiten nach Hausfrauenart. Vor dem Regen flieht man ins **Aonikenk Cabañas** (☎ 067-325-208; Hamburgo 16; Hütten für 2–4 Pers. 25–35 US$) . Es bereitet kleine Gerichte zu und ist unglaublich gastfreundlich – der Besitzer wird die nassen Sachen am Holzofen trocknen. Die Hütten sind schön eingerichtet. Hier kann man auch mal vorbeischauen, um sich Informationen über die Region zu holen.

Buses Norte (☎ 067-232-167; Gral Parra 337) und Transportes Emanuel Busse fahren zwischen 15 und 17 Uhr vom Laden neben der Polizeistation nach Chaitén (16 US$, 5½ Std.) und Coyhaique (14 US$, 6½ Std.).

PARQUE NACIONAL QUEULAT

Queulat (Eintritt 3 US$) ist ein wildes Reich. Hier winden sich Flüsse durch Wälder voller dichter Farne und Südbuchen. Die steilwandigen Fjorde flankieren kriechende Gletscher. Vom **Centro de Información Ambiental** von Conaf führt ein 3 km langer Weg bis zu einem Aussichtspunkt über den Ventisquero Colgante, einem kreideblauen, hängenden Gletscher.

Gleich nördlich des Südeingangs bei Pudú, bei Kilometer 170, klettert ein feuchter Pfad das Tal des **Río de las Cascadas** hinauf. Er führt durch dichte Wälder zu einer Granitschüssel. Ein halbes Dutzend Wasserfälle plätschern hier von den hängenden Gletschern.

Campen kann man im für den Weg nach Ventisquero Colgante günstig gelegenen **Ventisquero** (Stellplatz 7 US$) und in **Angostura** (Lago Risopatrón; Stellplatz 7 US$), 15 km nördlich von Puyuhuapi.

COYHAIQUE

☎ 067 / 44 900 Ew.

Coyhaique füllt die dahinrollende Steppe am Fuß des Basaltmassivs des Cerro Macay. Die Rancherstadt und Hauptstadt der Region zieht die Landarbeiter in der Holz- und Lachsindustrie und die Angler in die nahegelegenen Fliegenfischerunterkünfte. Wer frisch aus der Wildnis kommt, könnte die Stadt als scheußlichen Rückfall in die Welt der Sattelschlepper und der unterdurchschnittlichen Unterhaltung empfinden.

Die Plaza von Coyhaique bildet das Herzstück des fünfeckigen Grundrisses, der einen leicht durcheinander bringt. Die Av General Baquedano umrundet die Stadt im

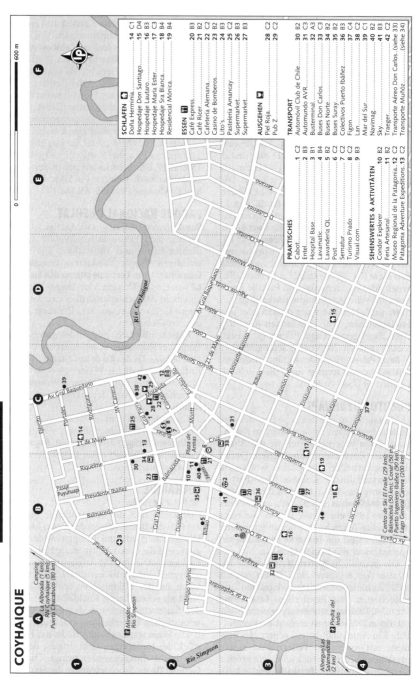

Nordosten und trifft auf den Highway nach Puerto Chacabuco. Die Av Ogano führt in den Süden nach Balmaceda und zum Lago General Carrera.

Praktische Informationen

Banken mit Geldautomaten säumen die Condell.

Cabot (☎ 230-101; Lautaro 331) Ein Reisebüro mit allgemeinem Service.

Conaf (☎ 212-109; Av Ogana 1060) Hat Details zum Park.

Hospital Base (☎ 231-286; Ibar 68) In der Nähe des westlichen Endes der JM Carrera.

Lavamatic (Simpson 417; 4 US$/kg)

Lavandería QL (Bilbao 160; 4 US$/kg)

Post (Cochrane 202)

Sernatur (☎ 233-949; Bulnes 35) Das Personal hat ausgezeichnete Informationen zu Unterkünften, Guides für Angeltouren, Verkehrsmittel und Angebote weiter im Süden.

Turismo Prado (21 de Mayo 417) Hier die Reiseschecks wechseln.

Visual.com (12 de Octubre 485-B; 1 US$/Std.) Hier oder in den anderen Callcenter online gehen.

Sehenswertes & Aktivitäten

Vom **Mirador Río Simpson** hat man eine erstklassige Sicht auf den Fluss. Um dorthin zu kommen, auf der JM Carrera Richtung Westen gehen. Wanderer finden Wanderwege in der **Reserva Nacional Coyhaique** (Eintritt 1 US$), 5 km von der Stadt entfernt. Die Baquedano nach Norden nehmen, über die Brücke gehen und an der Schotterstraße rechts abbiegen. Vom Eingang sind es 3 km zur Laguna Verde. **Condor Explorer** (☎ 670-349; www.condorexplorer.com; Dussen 357) bietet Trekking, Klettern etc. mit zweisprachigen Guides und gutem Service. Das englischsprachige **Patagonia Adventure Expeditions** (☎ 219-894; www.adventurepatagonia.com; Riquelme 372) wird sehr empfohlen. Es veranstaltet Rafting (halber Tag 25 US$) und phantastische mehrtägige Wanderungen zu den Gletschern.

Von Juni bis Mai können Angler mit ein paar Auflagen **Fischen** gehen. Die meisten fangen Braun- und Regenbogenforellen. Von Juni bis September kommen die Skifahrer im **Centro de Ski El Fraile** (☎ 231-690) voll auf ihre Kosten. Bügel- und Tellerlifte erreichen 29 km südlich von Coyhaique 800 m abfallendes Gelände. Spitzenfahrer können hinter die Lifte marschieren und dort in ein paar Mulden mit schwerem, nassem Schnee kämpfen. Hier kann man herrlich zwischen den Bäumen herumkurven

In der Stadt hat das **Museo Regional de la Patagonia** (Ecke Av General Baquedano & Eusebo Lillo; Eintritt 0,75 US$; ✸ Dez.–Feb. 9–18 Uhr, übriges Jahr eingeschränkte Öffnungszeiten) Gegenstände der Pioniere und Insignien der Jesuiten zusammengestellt. Auf der **Feria Artesanal** (Plaza de Armas) wird Krimskrams aus Wolle, Leder und Holz verkauft.

Schlafen

Die Preise hier gelten für Zimmer mit Gemeinschaftsbädern.

Albergue Las Salamandras (☎ 211-865; www.salamandras.cl; Stellplatz/B/DZ 7/16/26 US$) Auf dem bewaldeten Ufer des Río Simpson. Das einfache Gästehaus bietet großzügige Gemeinschaftsräume, zwei Küchen und Schlafsaalbetten mit dicken Decken.

Hospedaje Don Santiago (☎ 231-116; Errázuriz 1040; Zi. 8 US$) Ein wundervoller gastfreundlicher Ort. Die Zimmer sind so groß wie Streichholzschachteln. Auf Anfrage kann man Thermosflaschen mit heißem Wasser bekommen.

Reserva Nacional Coyhaique (Stellplatz 9 US$/5 Pers.) Gut ausgestattete Zeltplätze, bei Conaf anfragen.

Hospedaje Lautaro (☎ 238-116; Lautaro 269; Zi. 9 US$; ✸ nur im Sommer) Heruntergewohnte Zimmer und Sofas aus Kunstleder charakterisieren diese Absteige. Nahe beim Busbahnhof.

Hospedaje María Ester (☎ 233-023; Lautaro 544; EZ 10 US$) Helle, kleine Zimmer. Alle haben Fenster, aber es gibt nur wenige Einzelzimmer.

Hospedaje Sra Blanca (☎ 232-158; Simpson 459; EZ 12 US$) Jede Menge Zimmer mit ordentlichen Spitzenvorhängen. Die Unterkunft liegt versteckt hinter Großmutters Rosengarten.

Doña Herminia (☎ 231-579; 21 de Mayo 60; EZ inkl. Frühstück 10 US$) Der aufmerksame Service und die Liebe zum Detail – etwa Leselampen und frische Handtücher – machen diese untadeligen Zimmern zu einem Superschnäppchen.

Residencial Mónica (☎ 234-302; Eusebio Lillo 664; EZ 12 US$) Gut gepflegt und gemütlich, im spröden Stil der 1960er-Jahre.

Camping La Alborada (☎ 238-868; Stellplatz 20 US$/5 Pers.) Sauber und mit guten Einrichtungen auf geschützten Plätzen, 1 km von der Stadt entfernt.

Essen & Ausgehen

An der Lautaro liegen zwei große Super-märkte direkt nebeneinander.

Pastelería Amancay (21 de Mayo 340; Dessert 3 US$)
Da läuft einem das Wasser im Munde zu-sammen: fünf verschiedene Sorten Schoko-ladenkuchen, Kuchen und von Hand gefer-tigte Schokolade.

Casino de Bomberos (Gral Parra 365; Mittagessen 5 US$) Eine echt schmuddelige Kneipe in der Feuerwehrstation. Hat aber ordentliches Mittagessen.

Lito's (☎ 214-528; Lautaro 147; Gerichte 5–9 US$) Bescheiden mit Vinyl ausgekleidet. Dieser Lieblingsplatz der Einheimischen kocht per-fekt Chilenisches, etwa Fleisch, Fisch und Meeresfrüchte und Salate.

Café Express (Ecke Arturo Prat & Freire; Gerichte 6 US$) Hier kann man sich den Einheimischen bei einfachem Café-Essen und frisch gezapftem Bier anschließen.

Cafetería Alemana (Condell 119; Sandwiches 6 US$) Die Bedienung trödelt etwas. Aber für große Sandwiches mit Rindfleisch in bäuerlichem Kitschambiente ist es gut.

Café Ricer (Horn 48; Hauptgerichte 10–12 US$) Et-was hohe Preise für ihre Stühle mit Schaf-fellen und den rustikalen Schick. Ricer lockt die schönen Menschen mit einer Palette von Angeboten, etwa leckere Pizza, Salate und Eiscreme. Schwachpunkt ist der Service.

Piel Roja (Moraleda 495; ☽ 18–5 Uhr) Der far-benfrohe Club, gestopft voll mit jungen Leuten und Outdoorfans, hat eine protzige Bar und im oberen Stock wackelt der Tanz-boden bis zum Morgen.

Pub Z (Moraleda 420) In der früheren Scheune gibt's manchmal Kunstausstellungen und Livemusik.

An- & Weiterreise

BUS

Busse fahren vom **Busterminal** (Ecke Lautaro & Magallanes) ab. Dort gibt's auch mehrere Bü-ros. Die Fahrpläne ändern sich regelmäßig. Bei Senatur die neuesten Informationen einholen. Soweit nicht anders erwähnt, fah-ren die folgenden Busse am Terminal ab:

Nach Puerto Aisén und Puerto Chaca-buco fährt **Buses Suray** schätzungsweise alle eineinhalb Stunden (2,50 US$, 1 Std.).

Folgende Gesellschaften bedienen Chai-tén (29 US$, 12 Std.): **Buses Norte** (Gral Parra 337) und **Transporte Muñóz** (Gral Parra 337) sowie Bus Daniela. Oder einen Bus nach La Junta (20 US$, 7–10 Std.) nehmen und dort nach Chaitén umsteigen.

Colectivos und Shuttles sind in Richtung Puerto Ingeniero Ibáñez (7 US$, 1½ Std.) unterwegs und haben Anschluss zur Fähre nach Chile Chico. Dazu gehören die Shutt-les von **Colectivos Puerto Ibáñez** (Ecke Arturo Prat & Errázuriz) und **Transportes Ali** (☎ 219-009, 250-346) mit Tür-zu-Hafen-Service.

Acuario 13 und Buses Ñadis fahren vier-mal pro Woche nach Cochrane (17 US$, 7–10 Std.). **Buses Don Carlos** (Cruz 63) gehen don-nerstags und montags um 16 Uhr nach Pu-erto Río Tranquilo (11 US$, 5 Std.). Von dort hat man Anschluss nach Chile Chico. Mini-bus Interlagos startet an drei Vormittagen pro Woche nach Chile Chico (20 US$, 12 Std.).

ABSTECHER: DAS PATAGONIEN DER PIONIERE

Wenn der Wind von der Seite heult und der Regen einfach nicht aufhört, sollte man an einem Holzofen Zuflucht suchen, ein paar Runden *mate* trinken und mit den Einheimischen *echar la talla* (die Zeit verbringen). Das ländliche Patagonien bietet einen einzigartigen und privilegierten Einblick in einen aussterbenden Lebensstil. Um der lahmen, ländlichen Wirtschaft eine Starthilfe zu geben, haben die Regierung und nicht auf Profit ausgerichtete Initiativen Verbünde von einheimischen Guides und die Unterbringung in Familien ins Leben gerufen.

Diese Familienunternehmen bieten Übernachtungsmöglichkeiten in bequemen *hospedajes* oder Farmen und organisieren wilde, mehrtägige Treks und Reitausflüge durch ein märchenhaftes Ge-lände. Die Preise sind o. k., sie liegen zwischen 12 und 16 US$ pro Tag für die Unterkunft und 20 US$ pro Tag für einen Führer. Die Pferde kosten noch zusätzlich und es wird nur Spanisch gesprochen.

RutaTransPatagonia (☎ 67-214-031; www.rutatranspatagonia.cl, spanish) ist von Palena bis zum Cerro Castillo, südlich von Coyhaique im Einsatz. Weiter nördlich arrangieren die Touristeninformation im Municipalidad of Cochamó ähnliche Trips in der Umgebung des Río Puelo. Am besten eine Woche oder mehr im Voraus buchen, denn die Vermittler müssen auch mit den abgelegendsten Gastgebern Funkkontakt aufnehmen können. Ganz recht – kein Telefon, keine Elektrizität, keine Sorgen.

Queilinbus fährt täglich über Argentinien nach Osorno und Puerto Montt (49 US$, 20–22 Std.). Nach Punta Arenas startet Bus Sur dienstags (50 US$, 22 Std.) und nach Comodoro Rivadavia montags und freitags (30 US$, 8 Std.). Dort kann man Richtung Süden umsteigen.

FLUGZEUG
Der Hauptflughafen der Region ist in Balmaceda, 50 km südöstlich von Coyhaique. **Lan** (☎ 600-526-2000; Gral Parra 402) fliegt täglich nach Puerto Montt (1 Std.) und Santiago (2½ Std.). **Sky** (☎ 240-825; Arturo Prat 203) ist auch eine Option.

SCHIFF/FÄHRE
Die Fähren nach Puerto Montt legen am Puerto Chacabuco ab. Er ist von Coyhaique mit dem Bus zwei Stunden entfernt. Die Fahrpläne werden gerne mal geändert.

Navimag (☎ 233-306; www.navimag.com; Horn 47-D) segelt mehrmals in der Woche von Puerto Chacabuco nach Puerto Montt (52–216 US$, 18 Std.). **Mar del Sur** (☎ 231-255; Av General Baquedano 146-A) hat Fähren nach/von Puerto Ibáñez und Chile Chico (5 US$5, 2½ Std.). Sie sind sehr gefragt, also auf alle Fälle beim Büro vorher reservieren.

Unterwegs vor Ort
Der Tür-zu-Tür-Shuttleservice (5 US$) zum Flughafen fährt zwei Stunden vor dem Abflug ab. Bei **Transfer Coyhaique** (☎ 210-495, 099-838-5070) oder **Transfer Aisén Tour** (☎ 217-070, 099-489-4760) anrufen.

Ein Auto zu mieten ist teuer und im Sommer nur eingeschränkt möglich. Bei **Traeger** (☎ 231-648; Av General Baquedano 457), **Automundo AVR** (☎ 231-621; Bilbao 510) und **Automóvil Club de Chile** (☎ 231-847; JM Carrera 333) kann man's versuchen. **Figon** (Simpson 888) verleiht (10–25 US$/Tag) und repariert Fahrräder.

LAGO GENERAL CARRERA
Der riesige, 224 000 ha große See gehört zur Hälfte zu Argentinien. Dort heißt er Lago Buenos Aires. Meistens sieht er aus wie ein vom Wind bewegtes, grünblaues Meer inmitten der patagonischen Steppe. Auf den rauen und gewundenen Straßen der Gegend kommt man sich winzig klein vor und man hat das Gefühl, als würde man in dieser Landschaft nur im Schneckentempo vorankommen. Dieses Kapitel folgt der Carretera

Austral von Coyhaique Richtung Süden und umrundet das Westufer des Sees.

Kurz bevor man von Coyhaique aus Balmaceda erreicht, führt eine Abzweigung nach rechts (das Schild zeigt Cochrane an) zur **Reserva Nacional Cerro Castillo**. Die Spitzen des von Gletschern umgebenen Cerro Castillo ragen hoch über etwa 180 000 ha Südbuchenwald. In Villa Cerro Castillo (Kilometer 104) kann man bei **Don Niba** (☎ öffentliches Telefon 067-419-200; Los Pioneros 872; EZ inkl. Frühstück 10 US$) unterkommen. Der Guide, Geschichtenerzähler und Enkel von Pionieren hat ein komfortables Haus und macht super Frühstück. Er bietet auch Reittouren und Wanderungen an.

Am Westufer gibt's in **Puerto Río Tranquilo** eine Tankstelle. Bootstouren führen bei ruhigem Wasser zur **Capilla de Mármol** (Marmorkapelle). Nördlich der Stadt stößt die (nicht vollendete) von Gletschern gesäumte Straße zum Parque Nacional Laguna San Rafael Richtung Küste vor. Die **Residencial Darka** (☎ 067-419-500; Arrayanes 330; EZ/DZ inkl. Frühstück 10/20 US$) hat ein paar ordentliche Zimmer und einen freundlichen Besitzer. Am windigen Strand oder 10 km westlich am Lago Tranquilo kann man wild campen.

Etwa 13 km östlich von Cruce El Maitén gibt's in **Puerto Guadal** Treibstoff und Verpflegung. Am See kann man sein Zelt aufschlagen oder sich in der **Hostería Huemules** (☎ 067-431-212; Las Magnolias 382; Zi. 10 US$/Pers.) zusammenrollen. Der Besitzer Don Kemel wohnt nebenan. Er ist eine wahre Legende und manchmal lässt er seine Gäste an den Geschichten aus seinen Marinezeiten in Valparaíso oder seiner Jugend in Beruit teilhaben.

Chile Chico
☎ 067 / 4000 Ew.

Gold- und Silberminen gibt es zu Hauf an der Achterbahnstraße ab Puerto Guadal. Sie endet in Chile Chico, einer sonnigen Oase mit windgepeitschten Pappeln und Obstgärten. Von hier fahren Busse nach Los Antiguos (S. 173) und auf der Ruta 40, die ins Patagonien des südlichen Argentinien führt. In der Gegend liegt die **Reserva Nacional Jeinemeni** (Eintritt 2 US$) (60 km entfernt), ein echter Schatz mit Flamingos und türkisfarbenen Bergseen. Abgesehen von einigen teuren Touren gibt's kaum Verkehrsmittel. Man kann versuchen, eine Fahrt mit den Rangers von **Conaf** (☎ 411-325; Blest Gana 121) zu arrangieren.

Es gibt eine **Touristeninformation** (☎ 411-123; Ecke O'Higgins & Lautaro) und zum Geldwechseln die **Banco del Estado** (González 112).

Man kann beim ultrafreundlichen **Kon Aiken** (☎ 411-598; Pedro Burgos 6; Stellplatz/B pro Pers. 5/10 US$) oder dem liebenswerten **Hospedaje No Me Olvides** (Stellplatz/EZ pro Per. 5/16 US$) übernachten, 200 m außerhalb der Stadt Richtung Argentinien. Es hat kuschelige, große und saubere Zimmer, außerdem kann man die Küche benutzen und bekommt Mahlzeiten. Im **Oliser** (☎ 411-904; O'Higgins 426; EZ 10 US$) sind die Zimmer tiptop und direkt über einem Callcenter. Das **Hospedaje Brisas del Lago** (☎ 411-204; Manuel Rodríguez 443; EZ/DZ 15/24 US$) ist komfortabel und sauber – aber der zündende Funke fehlt.

Café Elizabeth y Loly (Pedro González 25; Hauptgerichte 3–9 US$) bietet abendliche Cafékultur und serviert starken Kaffee und köstliches, authentisches Baklava. Das **El Monchito** (O'Higgins 250; Gerichte 7 US$) bereitet tolle Tortellini zu und hat an Fährtagen Tagesmenüs im Angebot.

An- & Weiterreise

BUS
Zu den Verbindungen von Coyhaique nach Puerto Ibáñez, Puerto Río Tranquilo und Chile Chico s. S. 590. Von Chile Chico fährt **Acotrans** (☎ 411-582) nach Los Antiguos in Argentinien (5 US$, 20 Min.). **Transportes Condor** (☎ 419-500) geht nach Puerto Río Tranquilo (12 US$, 3½ Std.) und hält in Puerto Guadal (10 US$). **Transportes Ales** (☎ 411-739; Rosa Amelia 800) macht denselben Trip und fährt mittwochs und samstags nach Cochrane (6 Std.) weiter. Mittwochmorgens geht das Shuttle von Río Tranquilo (dort muss man übernachten) weiter bis Coyhaique (14 US$, 10–12 Std.).

SCHIFF/FÄHRE
Die Auto-Passagierfähren von Mar del Sur pendeln mehrmals die Woche zwischen Chile Chico und Puerto Ingeniero Ibáñez (2½ Std.) hin und her. Abfahrtstage und -zeiten wechseln häufig. Bei der Entel-Filiale in Chile Chico nach dem aktuellen Stand fragen. Preise: Passagiere 5 US$, Fahrräder 4 US$, Motorräder 8 US$ und Fahrzeuge 36 US$. Unbedingt reservieren, nähere Infos stehen auf S. 591.

SÜDLICHES PATAGONIEN

Der Wind fegt über das Land, die Berge sind gezackt und das Wasser plätschert glasklar dahin. Diese öde Gegend zog zuerst Missionare und Glücksritter aus Schottland, England und Kroatien an. Der Autor Francisco Coloane beschrieb sie als „mutige Männer, deren Herz aus nicht mehr als einer weiteren, geschlossenen Faust besteht". Es entstanden *estancias*. Auf diesen Farmen mit viel Weideland betrieb man intensiv Rinder- oder Schafzucht. Der alles beherrschende Besitzer bzw. Verwalter beutete dabei die abhängigen, indigenen Arbeiter aus. Diese Tatsache und der bald folgende Wolleboom zogen so manche Folgen nach sich: Wenige verdienten sich auf Kosten der indigenen Bevölkerung eine goldene Nase. Krankheiten und Kriege rotteten die *indígenas* fast vollständig aus. Als der Wollpreis dann abstürzte und der Panamakanal dafür sorgte, dass der Verkehr umgelenkt wurde, musste die Region schwere Tiefschläge verkraften.

Der Wert Patagoniens mag hart erkämpft gewesen und fast wieder verloren gegangen sein – aber jetzt ist einiges im Wandel. Früher bedeutete Reichtum, dass man Mineralien und Vieh hatte. Heute liegt er im Land selbst. Besucher lieben an Patatgonien gerade die Spannung der abgeschiedenen und geisterhaften Schönheit. Torres del Paine empfängt jährlich 200 000 Besucher, und immer mehr Traveller suchen sogar noch südlichere Ziele, etwa Feuerland und die Antarktis.

PUNTA ARENAS
☎ 061 / 125 000 Ew.

Wenn diese Straßen nur sprechen könnten. Die vom Wind beschädigte ehemalige Strafanstalt Punta Arenas hatte schon abgerissene Seeleute, Minenarbeiter, Seehundjäger, ausgehungerte Pioniere und durch den Wolleboom reich gewordene Dandys zu Gast. In den 1980er-Jahren begann man, hier eine der größten Kohlenwasserstoffreserven der Welt abzubauen. Daraus hat sich eine lebhafte Petrochemieindustrie entwickelt. Heute treffen in Punta Arenas das Abgerissene und das Großartige aufeinander. Und man rüstet sich für den Tourismus und die Industrie.

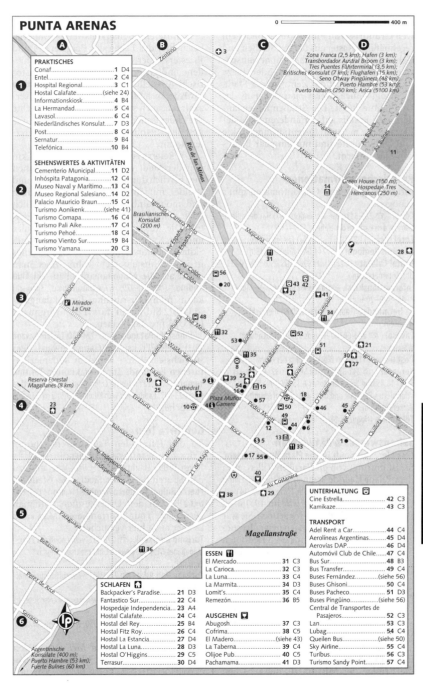

Orientierung

Den Grundriss von Punta Arenas bildet ein regelmäßiges Raster aus breiten Straßen und Gehwegen. So lässt es sich leicht herumspazieren. Die Plaza de Armas oder Plaza Muñoz Gamero ist das Zentrum der Stadt. Es bringt Glück, wenn man den Fuß der Ona-Statue küsst. Die Straßennamen ändern sich jeweils auf der anderen Seite der Plaza. Die meisten Orientierungspunkte und Unterkünfte sind nur ein paar Blocks von hier entfernt.

Praktische Informationen

Internetzugang und Geldautomaten gibt's genügend.

Conaf (☎ 223-841; José Menéndez 1147) Hat detaillierte Infos zu den Parks in der Nähe.

Entel (Navarro 957; 🕐 bis 22 Uhr) Telefonservice.

Hospital Regional (☎ 244-040; Angamos 180)

Hostal Calafate (Magallanes 926; 1 US$/Std.; 🕐 9–23 Uhr) Internetzugang.

Informationskiosk (Plaza Muñoz Gamero; 🕐 Mo–Fr 8–19, Sa 9–20 Uhr).

La Hermandad (Lautaro Navarro 1099) Hier Geld wechseln.

Lavasol (☎ 243-607; O'Higgins 969; 3 US$/Ladung) Wäscherei.

Post (Bories 911) Einen Block nördlich der Plaza.

Sernatur (☎ 241-330; Waldo Seguel 689; 🕐 Mo–Fr 8.15–18.45 Uhr, Sommer Mo–Fr 8.15–20 Uhr) Hat gut informiertes Personal und dazu Infos zu Unterkünften und Verkehrsmitteln.

Telefónica (Nogueira 1116) Telefonservice.

Sehenswertes & Aktivitäten

Das Herz der Stadt ist die **Plaza Muñoz Gamero**. Sie ist umringt von großartigen Villen, etwa dem **Palacio Mauricio Braun** (Magallanes 949; Eintritt 1,50 US$; 🕐 Sommer 10.30–17 Uhr, Winter 10.30–14 Uhr). Der luxuriöse Herrensitz war im 19. Jh. im Besitz der Familie Braun-Menéndez. Sie war von Schafhirten zu Landmagnaten aufgestiegen. Zu den faszinierendsten Friedhöfen Südamerikas gehört der **Cementerio Municipal** (Bulnes 949): ein Mix aus Gräbern demütiger Einwanderer mit Inschriften, die von Herzen kommen, und den extravaganten Grabsteinen der ersten großen Familien der Stadt. Ein Denkmal erinnert an die Selk'nam. Diese indigene Volksgruppe ist während des Wollebooms ausgelöscht worden.

Das **Museo Regional Salesiano** (Av Bulnes 374; Eintritt 3 US$; 🕐 Di–So 10–12 & 15–18 Uhr) wirbt für die Erfolge der Missionare, die zwischen indigenen Gruppen und den Siedlern Frieden stifteten. Bemerkenswertes Material beleuchtet das Leben des Bergsteigers und Priesters Alberto de Agostini und verschiedene indigene Volksgruppen. Die historische Ausstellung des **Museo Naval y Marítimo** (☎ Pedro Montt 981; Eintritt 0,75 US$; 🕐 Di–Sa) erzählt u. a. auch sehr plastisch die Geschichte der chilenischen Gesandtschaft, die Sir Ernest Shackletons Crew in der Antarktis retten konnte.

Die **Reserva Forestal Magallanes** liegt 8 km von der Stadt entfernt. Traveller können hier herrlich durch dichte *lenga*-Wälder und Wälder mit chilenischer Buche wandern und mountainbiken. Wer sich ordentlich quält, schafft es auf den Gipfel des Mt. Fenton. Die Aussicht von dort ist spektakulär und die Kraft des Windes beeindruckend. Skifahren kann man auch, es ist allerdings in jeder Hinsicht recht zahm. Aber man blickt auf die Magellanstraße! Im **Ski Club Andino** (☎ 241-479; www.clubandino.cl, spanisch) kann man Ausrüstung für Skilanglauf (6 US$/2 Std.) und fürs Pistenvergnügen (16 US$ pro Tag) leihen.

Inhóspita Patagonia (☎ 224-510; Lautaro Navarro 1013) Bietet Treks zum Cape Froward, dem südlichsten Punkt auf dem südamerikanischen Festland. Zum Kajakfahren **Turismo Yamana** (☎ 221-130; Av Colón 568) oder **Nautica** (☎ 223-117; Camino Río Seco Kilometer 7,5) am Hafen aufsuchen.

Geführte Touren

Zu den lohnenden Tagestouren gehören Trips zum **Seno Otway pingüinera** (Pinguinkolonie; Touren 10 US$, Eintritt 5 US$; 🕐 Dez.–März) und zu den Spuren der ersten Siedler der Stadt bei **Fuerte Bulnes & Puerto Hambre** (Touren 14 US$, Eintritt 2 US$). In den Unterkünften hilft man gerne, eine Tour zu arrangieren. Man kann es aber auch hier versuchen:

Turismo Aonikenk (☎ 228-332; www.aonikenk.com; Magallanes 619) Gut bewertet mit mehrsprachigem Personal.

Turismo Pali Aike (☎ 223-301; www.turismopaliaike.com; Lautaro Navarro 1129)

Turismo Pehoé (☎ 244-506; www.pehoe.com; José Menéndez 918)

Turismo Viento Sur (☎ 226-930; www.vientosur.com; Fagnano 565)

Touren auf der *Barcaza Melinka* zu den Pinguinkolonien auf der **Isla Magdalena** (Monumento Natural Los Pingüinos; Erw./Kind 30/15 US$) star-

Unterkünfte online: www.lonelyplanet.com   SÜDLICHES PATAGONIEN •• Punta Arenas   **595**

ten von Dezember bis Ende Februar dienstags, donnerstags und samstags. Tickets
kann man über **Turismo Comapa** (☎ 200-200;
www.comapa.com; Magallanes 990) buchen.

Festivals & Events

Das Feuerwerk und die Umzüge des **Carnaval
de Invierno** (Ende Juli) sind ein Lichtblick in
Punta Arenas' Winter.

Schlafen

Hospedaje Independencia (☎ 227-572; Av Independencia 374; Stellplatz/B 3/6 US$; 🖳) Hier wimmelt's
von Backpackern. Das beschwingte Haus ist
etwas beengt, aber der Preis ist unschlagbar.
Ein Leihfahrrad kostet 10 US$ pro Tag.

Hospedaje Tres Hermanos (☎ 225-450; Angamos
1218; B/EZ inkl. Frühstück 8/12 US$) Diese Perle emp-
fängt Gäste warm und großmütterlich – super Wahl östlich vom Zentrum.

Backpacker's Paradise (☎ 240-104; Ignacio Carrera
Pinto 1022; B 7 US$; 🖳) Für Bohemiens wäre das
türlose Leben im Paradies nichts. Aber die
Stimmung ist gut.

Hostal O'Higgins (☎ 227-999; O'Higgins 1205; B
10 US$; P) Makellos und gut gelegen. Große
Badezimmer mit Schließfach-Ambiente. Es
gibt warme Duschen und eine Gemeinschaftsküche.

Hostal del Rey (☎ 223-924; Fagnano 589; B 12 US$,
Apt. für 2–4 Pers. 30/60 US$; P) Teddys und künst-
liche Blumen herrschen über dieses saubere
und nette Haus.

Hostal La Estancia (☎ 249-130; carmenaled@yahoo.
com; O'Higgins 765; B 12 US$, EZ 25–29 US$, DZ 35–39 US$)
Ein großes Haus. Die Zimmer sind tapeziert
und haben hohe Decken. Die wunderbaren
Gastgeber bereiten den wärmsten Empfang
der Stadt. Ein großes Frühstück gehört
ebenso dazu wie kabelloses Internet und
Satellitenfernsehen.

Green House (☎ 227-939; Angamos 1146; Zi./Hütten
16/20 US$ pro Pers.) Eine einladende Atmosphäre
erfüllt das bequeme Haus östlich des Zentrums. Gastgeber sind eine junge Anthro-
pologin und ihre Familie. Die Gäste können
hier kochen. Es wird deutsch gesprochen.

Hostal La Luna (☎ 221-764; hostalluna@hotmail.
com; O'Higgins 424; EZ/DZ 12/20 US$; P) Eine gemüt-
liche Angelegenheit mit Elementen aus hei-
mischem Holz und Daunendecken.

Hostal Calafate (☎ 241-281; Magallanes 926; EZ/DZ
31/49 US$) Gemütliche Mittelklasseoption im
Zentrum. Hat einige prima Zimmer, in denen der Verkehrslärm aber gut zu hören ist.

Hostal Fitz Roy (☎ 240-430; hostalfitzroy@hotmail.
com; Lautaro Navarro 850; EZ/DZ/3BZ inkl. Frühstück
24/39/53 US$) Ein Landhaus, das mitten in die
Innenstadt geknallt wurde. Es gibt ein altes
Kordsofa, Seekarten und genug zum Frühstück. Die Zimmer haben Telefon und
Kabel-TV.

Terrasur (☎ 247-114; www.hostalterrasur.cl; O'Higgins
123; EZ/DZ 42/58 US$) Nobel, mit schön einge-
richteten Zimmern mit Blumenmotiven.
Dazu kommt ein kleiner Hof voller Blumen
und Plätze zum Entspannen.

Essen & Ausgehen

Lomit's (José Menéndez 722; Sandwiches 3–5 US$) Der
Backofen ist in diesem wuseligen Neoncafé
der Mittelpunk. Hier kippen die Einheimischen *shop Fanta* (Orangenlimo mit Bier)
und die Ausländer feuern brüllend ihre
Fußballteams im Fernseher an.

La Carioca (José Menéndez 600; Hauptgerichte 4–
8 US$) Hier gibt's gute Pizza im Zentrum und
gute Mittagsspecial für den Preis.

La Marmita (Sampaio 678; Hauptgerichte 5–10 US$;
 😋 mittags & abends) Hier kann man sich ein
herrliches Abendessen gönnen. Alles wird
mit Sorgfalt zubereitet, vom Steak in Car-
menère-Sauce bis zum Nachtisch mit gefüllten Feigen. Das freundliche Ambiente
schimmert in allen Farben.

El Mercado (Mejicana 617; Hauptgerichte 5–10 US$;
 😋 24 Std.) In diesem Laden bereiten kommen
riesige Fisch- und Meeresfrüchtespecials auf
den Tisch. Für die Post-Party-Leute ist die
ganze Nacht geöffnet.

Remezón (21 de Mayo 1469; Hauptgerichte 6–12 US$)
Einfallsreiches Essen mit allen üblichen
Fisch- und Meeresfrüchtegerichten. Den
mit schwarzem Tee gedämpften Lachs probieren! Den Abend beginnt man am besten
mit einem *pisco sour.*

La Luna (O'Higgins 974; Meeresfrüchtepasta 8–12 US$)
Geschmückt mit einer Weltkarte und mit
kostbaren chilenischen Weinen. Das Restaurant serviert herrliche Spezialitäten wie
Königskrabbe und dazu eine charakteristische Pasta.

Olijoe Pub (Errázuriz 970) Wer scharf auf einen
Drink ist, sollte sich in den Sattel schwingen
und in diesem ultraenglischen Pub mit seinen Lederstiefeln protzen.

La Taberna (Plaza Muñoz Gamero) Man kann
auch in diesem klassischen Old-Boys-Club
etwas trinken. Er ist in der Villa von Sara
Braun versteckt.

CHILE

El Madero (Bories 655) Vor dem Clubbing hier aufwärmen.

Pachamama (Magallanes 698) Verkauft getrocknete Nüsse und Früchte. Zu den großen Supermärkten der Stadt gehören **Abugosh** (Bories 647) und **Cofrima** (Navarro & Balmaceda).

Unterhaltung

Kamikaze (Bories 655; Gedeck 5 US$) Dieser Tanzclub befindet sich vom El Madero die Treppe runter. Hier kann man mit einheimischen in den 20-ern und 30-ern einen drauf machen.

Cine Estrella (Mejicana 777) Zeigt Filme.

Shoppen

Zona Franca (Zofri; ☯ Mo–Sa) Die Duty-free-Zone: Hier werden massenweise Elektronik, Outdoorausrüstung, Kameras und Filmzubehör verhökert. *Colectivos* pendeln den ganzen Tag zwischen dem Zentrum und der Zona.

An- & Weiterreise

Wegen Bus- und Schifffahrtsplänen bei Sernatur nachfragen. In der Zeitung *La Prensa Austral* findet man Infos zu den Verkehrsmitteln, Kontaktadressen und Fahrplänen.

BUS

Bus Transfer fährt (3 US$) den ganzen Tag und ist auf die Flugzeiten abgestimmt. **Turismo Sandy Point** (☎ 222-241; Pedro Montt 840) hat einen Tür-zu-Tür-Shuttleservice (4,50 US$) zum und vom Stadtzentrum. DAP unterhält seinen eigenen Shuttleservice (2 US$). Traveller auf dem Weg nach Puerto Natales können einfach direkt am Flughafen einen Bus nehmen.

Punta Arenas hat kein zentrales Busterminal. Es fährt nur ein Bus täglich nach Ushuaia. Unbedingt eine Woche im Voraus einen Platz reservieren! Es ist vielleicht billiger und einfacher, nach Río Grande zu fahren und sich dort ein *micro* Richtung Ushuaia zu schnappen. Zu den Gesellschaften und Zielen gehören:

Bus Sur (José Menéndez 552) Puerto Natales, Coyhaique, Puerto Montt, Ushuaia.

Bus Transfer (Pedro Montt 966) Puerto Natales, Flughafentransfer.

Buses Fernández, Turíbus & Buses Pingüino (Armando Sanhueza 745) Puerto Natales, Puerto Montt, Río Gallegos, Torres del Paine.

Buses Ghisoni & Queilen Bus (Lautaro Navarro 975) Río Gallegos, Río Grande, Ushuaia, Coyhaique, Puerto Montt.

Buses Pacheco (www.busespacheco.com; Av Colón 900) Puerto Natales, Río Grande, Río Gallegos, Ushuaia, Puerto Montt.

Central de Transportes de Pasajeros (Ecke Magallanes & Av Colón) Alle Richtungen.

Ziel	Dauer (Std.)	Preis (US$)
Coyhaique	20–22	45–50
El Calafate	8–11	25–37
Puerto Montt	30–36	50–59
Puerto Natales	3–4	5–7
Río Gallegos	5–8	12–15
Río Grande	8–9	18–20
Ushuaia	12–14	30–36

FLUGZEUG

Der Aeropuerto Presidente Carlos Ibáñez del Campo liegt 20 km nördlich der Stadt. **Lan** (☎ 600-526-2000; www.lan.com; Bories 884) fliegt mindestens viermal täglich über Puerto Montt (105 US$, 2¼ Std.) nach Santiago (152 US$, 4¼ Std.) und samstags zu den Falklandinseln/Islas Malvinas (Hin- & Rückflug 580 US$). Für wöchentliche *promociones* (Specialangebote) wird online geworben. Sie werden dienstags herausgegeben und sind schnell weg. **Aerolíneas Argentinas** (☎ 02-210-9000; Pedro Montt 969) arrangiert Flüge nach Argentinien. **Aerovías DAP** (☎ 223-340; www.dap.cl; O'Higgins 891) fliegt zweimal täglich außer sonntags nach und von Porvenir (23 US$, 20 Min.), mehrmals die Woche nach Puerto Williams auf der Isla Navarino (82 US$, 1¼ Std.) und dienstags und freitags nach Ushuaia (82 US$, 1 Std.). Das Gepäck ist pro Person auf 10 kg beschränkt. **Sky Airline** (☎ 710-645; www.skyairline. cl; Roca zwischen Lautaro Navarro & O'Higgins) fliegt nach Santiago und Puerto Montt.

SCHIFF/FÄHRE

Transbordadora Austral Broom (☎ 218-100; www. tabsa.cl; Av Bulnes 05075) fährt vom Fährterminal Tres Puentes (*colectivos* starten am Palacio Mauricio Braun) nach Porvenir auf Feuerland (7 US$, 2½–4 Std.). Ein schnellerer Weg nach Feuerland (2 US$, 20 Min.) führt über die Kreuzung Punta Delgada–Bahía Azul nordöstlich von Punta Arenas. Fähren starten zwischen 8.30 und 22.15 Uhr alle 90 Minuten. Für Autos vorher telefonisch reservieren (18 US$).

Broom unterhält auch die Fähre *Patagonia*. Sie schippert zwei- oder dreimal im Monat nur mittwochs von Tres Puentes nach Puerto Williams auf der Isla Navarino und kommt freitags zurück (150–180 US$ inkl. Mahlzeiten, 38 Std.). Auf dieser Tour durch den Beagle-Kanal sieht man unglaubliche Landschaften. Man hat außerdem eine Chance, Delphine und Wale zu beobachten. Es ist ratsam, für eine Koje etwas extra zu bezahlen.

Unterwegs vor Ort

Colectivos (0,50 US$, nachts und sonntags auch mehr) schwirren in der Stadt herum. Richtung Norden bekommt man sie an der Av Magallanes oder Av España, Richtung Süden an der Bories oder Av España.

Adel Rent a Car (☎ 235-471; www.adelrentacar.cl; Pedro Montt 962) hat einen aufmerksamen Service, konkurrenzfähige Preise und Reisetipps. Man kann außerdem **Lubag** (☎ 242-023; Magallanes 970) versuchen. Alle Agenturen können die nötigen Papiere für eine Fahrt nach Argentinien besorgen. Der **Automóvil Club de Chile** (☎ 243-675; O'Higgins 931) bietet Fahrern Hilfe bei der Reise.

PUERTO NATALES

☎ 061 / 18 000 Ew.

Pastellfarbene Häuser mit Wellblechdächern stehen hier Schulter an Schulter. Der früher eher langweilige Fischerhafen am Seno Última Esperanza hat sich zum lärmenden Knotenpunkt gemausert: Goretex-gekleidete Traveller treffen sich hier auf ihrem Weg zum Topnationalpark des Kontinents.

Praktische Informationen

Die meisten Banken haben Geldautomaten.

Banco del Estado (Plaza de Armas) Wechselt Bargeld.

Conaf (☎ 411-438; O'Higgins 584) Hat hier ein Verwaltungsbüro.

CyberCafe (Blanco Encalada 226; 1 US$/Std.; ◷ 9–21 Uhr) Hier online gehen.

Entel (Baquedano 270)

Hospital (☎ 411-533; O'Higgins & Ignacio Carrera Pinto)

Post (Eberhard 429)

Redfarma (Arturo Prat 158) Eine gute Apotheke.

Sernatur (☎ 412-125; Costanera Pedro Montt) Hat Informationen, allerdings sind sie nicht so hilfreich wie die der Touristeninformation.

Servilaundry (Manuel Bulnes 513; 4 US$/Ladung) Wäscheservice, wie auch in vielen Hostels.

Städtische Touristeninformation (☎ 411-263; Manuel Bulnes 285) Im Museum; nützliche Listen.

Stop Cambios (Baquedano 386) Wechselt Bargeld.

Sehenswertes & Aktivitäten

Um die Zusammenhänge verständlich zu machen, zeigt das kleine **Museo Historico** (☎ 411-263; Manuel Bulnes 285; Eintritt frei; ◷ Di–So 8.30–12.30 & 14.30–18 Uhr) Exponate der Yaga- und Tehuelchekulturen und der Kolonisten. Gute Beschriftungen.

Vor einem Ausflug auf den **Mirador Dorotea** sollte man sich warmlaufen! Die felsige Landspitze ist weniger als 10 km von Natales entfernt und abseits der Ruta 9. Ein Schild an Lot 14 weist den Weg zum Aussichtspunkt. Die Wanderung führt durch einen *lenga*-Wald und bietet am Ende eine phantastische Aussicht auf das Gletschertal und die Berggipfel drum herum.

Geführte Touren

Zu den englischsprachigen Tour-Agenturen für Aktivurlauber gehören **Antares Patagonia** (☎ 414-611; www.antarespatagonia.com; Barros Arana 111) und **Erratic Rock** (☎ 411-472; www.erraticrock.com; Erratic Rock Hostel, Baquedano 719). Zu weiteren Abenteuerausrüstern s. S. 600.

Schlafen

In Puerto Natales stehen jede Menge Betten, aber die besten sind in der Hochsaison schnell voll – also lieber vorher telefonisch reservieren! In der Nebensaison stürzen die Preise ab.

Hospedaje Nancy (☎ 411-186; Manuel Bulnes 343; EZ/DZ 10/16 US$) Schon viel benutzt, aber gut gepflegt. Das Ruder hat eine unglaublich süße Matrone in der Hand.

Erratic Rock Hostel (☎ 411-472; www.erraticrock.com; Baquedano 719; B/EZ/DZ inkl. Frühstück 12/16/32 US$; ▣) Ein schäbig-schicker Ort für Kletterer mit dem besten Kundenservice der Stadt. Dazu gibt's eine Filmothek, Cowboykaffee und amerikanisches Frühstück.

Patagonia Aventura (☎ 411-028; Tomás Rogers 179; B/DZ 12/29 US$; ▣) Gemütliche kleine Zimmer mit Holzschnitzereien füllen dieses *hostal*, das jeden Service bietet. Dazu gibt's ein Café-Frühstück, einen Ausrüstungsladen und Hilfe bei Touren.

Residencial Bernardita (☎ 411-162; O'Higgins 765; Zi. 14 US$/Pers.) Hier gibt's absolut saubere Wellblechzimmer, Tee- und Kaffeeservice und Küchenbenutzung.

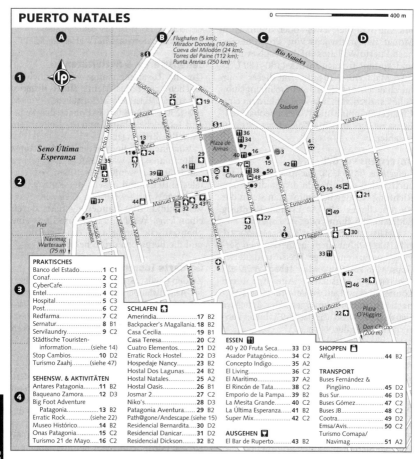

Casa Cecilia (☎ 411-797; Tomás Rogers 64; EZ/DZ inkl. Frühstück 15/21 US$) Sauber und zentral. Das Cecilia vermietet beengte, aber angenehme Zimmer in einem warmen Haus. Es gibt Frühstück mit hausgemachtem Brot, warme Duschen und Zelte zum Ausleihen.

Hostal Dos Lagunas (☎ 415-733; Barros Arana 104; Zi. 18 US$/Pers.) Ein warmes und gastfreundliches Holzhaus. Die Zimmer sind übergroß, Frühstück gibt's in der Küche und dazu jede Menge Reisetipps.

Hostal Natales (☎ 410-081; www.hostalnatales.cl; Ladrilleros 209 B/EZ 20/59 US$; 🖥) Limonengrün und brandneu. Dieses relativ ruhige *hostal* hat geschmackvollen und wohlig warme Zimmern. Und zu allen gehört ein eigenes Bad.

Hostal Oasis (☎ 411-675; Señoret 332; EZ/DZ inkl. Frühstück 20/29 US$) Behaglich mit ein wenig Kitsch. Der Service ist freundlich. Es gibt Frühstück und flauschiges Bettzeug.

Amerindia (☎ 411-945; Barros Arana 135; Zi. inkl. Frühstück 20 US$/Pers.; 🖥) Angesagt und funktional. Das ruhige Amerindia hat einen künstlerischen Touch und ist voller Retrofeeling. Ein herrliches Bad, Selbstbedienungsfrühstück, eine Terrasse, wo man sein Zelt trocknen kann, kostenloses Internet und Kabelfernsehen sind Pluspunkte.

Cuatro Elementos (☎ 415-751; www.4elementos.cl, Esmeralda 813; B/EZ/DZ inkl. Frühstück 20/29/60 US$) Ein einfaches Ökogästehaus. Ein Bergführer hat es gebaut: aus vorsichtig recyceltem Zink, Treibholz und alten Holzöfen, und das Ergebnis ist erstaunlich. Das frisch gebackene Brot und die luxuriösen Aufmerksamkeiten überzeugen einen dazubleiben.

Diese sauberen und aufmerksamen Häuser werden außerdem empfohlen:

Josmar 2 (☎ 414-417; Esmeralda 517; Stellplatz/B 4/6 US$)

Casa Teresa (☎ 410-472; Esmeralda 483; B inkl. Frühstück 7 US$)

Residencial Danicar (☎ 412-170; O'Higgins 707; B/EZ 8/10 US$; ✗)

Backpacker's Magallania (☎ 414-950; Tomás Rogers 255; B/DZ inkl. Frühstück 10/28 US$)

Residencial Dickson (☎ 411-871; Bulnes 307; Zi. inkl. Frühstück 12 US$/Pers.)

Niko's (☎ 412-810; Ramírez 669; Zi. 12 US$/Pers.)

Essen & Ausgehen

40 y 20 Fruta Seca (☎ 210-661; Baquedano 443) Shopper finden hier getrocknete Früchte und Nüsse. Perfekt für die Wanderung.

Super Mix (☎ 210-661; Baquedano 443) Verkauft Lebensmittel für Selbstversorger.

Emporio de la Pampa (Eberhard zw. Magallanes & Barros Arana; Snacks 3–9 US$) In dieses mit Fässern gesäumte Insiderversteck schlüpfen. Es gibt chilenischen Wein, Käse oder Kaffee und köstliche gebackene Sachen.

El Rincón de Tata (Arturo Prat 236; Hauptgerichte 4–10 US$) In verrauchter, abgehalfterter Atmosphäre werden Sandwiches und chilenische Klassiker serviert.

El Living (Arturo Prat 156; Hauptgerichte 6 US$) Die exotischen und vegetarierfreundlichen Angebote in dieser Gringohöhle klingen leckerer als sie sind. Aber immerhin: Wo sonst kann man deutsche Zeitschriften lesen und richtigen Kaffee trinken?

Concepto Indigo (Ladrilleros 105; Hauptgerichte 5–9 US$) Um zu diesem gemütlichen Café zu gelangen, geht es abwärts. Es liegt direkt an der Meerenge und hat eine ausgezeichnete Auswahl an Wein und herzhaftem Essen.

El Marítimo (Costanera Pedro Montt 214; Hauptgerichte 5–10 US$) Fisch- und Meeresfrüchteplatten ohne überflüssigen Schnickschnack, serviert mit Blick auf die Meerenge.

La Última Esperanza (Eberhard 354; Hauptgerichte 5–15 US$) Ausgezeichnete Fisch- und Meeresfrüchteplatten werden zu starkem *pisco sour* aufgetischt, und das auf noble weiße Tischdecken.

La Mesita Grande (Arturo Prat 196; Pizzas 14 US$) Ein umgebauter Wolleladen. Das Herzstück ist ein langer, abgenutzter Tisch. Bei göttlichen dünnen Pizzas mit Spinat und geräuchertem Schinken oder mit zitronengespicktem Lachs treffen sich die Traveller.

Asador Patagónico (Arturo Prat 158; Abendessen für 2 Pers. 35 US$; ☾ mittags & abends) In Scheiden geschnittenes Fleisch wird vor den Augen der Gäste über dem Feuer gebraten. Das phantasievolle Restaurant ist etwas für den Riesenappetit.

El Bar de Ruperto (Ecke Manuel Bulnes & Magallanes; 🖳) Fußball, Schach und Guinness helfen einem hier zu vergessen, dass man weit weg von zu Hause ist.

Shoppen

Alfgal (Barros Arana 249) Verkauft Campingausrüstung.

An- & Weiterreise

BUS

Puerto Natales hat kein zentrales Busterminal. In der Hochsaison einen Tag im Voraus buchen, vor allem für Abfahrten am Vormittag. Es gibt folgende Busgesellschaften: **Buses Fernández & Pingüino** (www.busesfernandez.com; Eberhard 399), **Bus Sur** (www.bus-sur.cl; Baquedano 558), **Cootra** (Baquedano 456), **Buses JB** (Arturo Prat 258), **Turismo Zaahj** (www.turismozaahj.co.cl, spanisch; Arturo Prat 236) und **Buses Gómez** (www.busesgomez.com; Arturo Prat 234). In der Nebensaison ist der Service eingeschränkt.

Nach Torres del Paine fahren die Busse zwei- bis dreimal am Tag ungefähr um 7, 8 und 14.30 Uhr. Wer in der Nebensaison zur Berglodge Paine Grande möchte, sollte den Morgenbus (Hin- & Rückfahrt 10 US$, 2 Std.) nehmen. Dann erreicht er den Katamaran (einfache Strecke 12,50 US$, Hin- & Rückfahrt 20 US$, 2 Std.).

Nach Punta Arenas (6–7 US$, 3 Std.) sind die Busse von Buses Fernández die besten. Man kann aber auch Bus Sur versuchen. Nach Bussen direkt zum Flughafen Ausschau halten!

Nach Río Gallegos in Argentinien (12 US$, 4 Std.) fährt Bus Sur dienstags und donnerstags. El Pingüino startet am Fernández Terminal mittwochs und sonntags um 11 Uhr.

Nach El Calafate in Argentinien (20–30 US$, 5½ Std.) bieten Zaahj, Cootra (bedient auch Río Turbio) und Bus Sur die häufigsten Fahrten.

Für eine Reise nach Coyhaique (60 US$, 22 Std.) Bus Sur nehmen.

SCHIFF/FÄHRE

Wetter und Gezeiten beeinflussen die Ankunftszeiten der Fähren. Um eine Reise mit Navimags *Magallanes* (Puerto Montt–Punta Arenas) rückzubestätigen, das **Turismo Comapa** (☎ 414-300; www.comapa.com; Manuel Bulnes 533) kontaktieren. Auf S. 576 stehen Informationen über die Preise.

Unterwegs vor Ort

Bei **Emsa/Avis** (☎ 241-182; Manuel Bulnes 632) kann man ein Auto mieten. Die Preise in Punta Arenas sind allerdings besser.

PARQUE NACIONAL TORRES DEL PAINE

Diese 3000 m hohen Granitnadeln sind für Globetrotter das Kubla Khan. Die Torres sind einen Tagesmarsch vom nächsten Bus entfernt. Doch für die unterschiedlichen Landschaften des Parks sollte man eine komplette Pilgerfahrt einplanen (am besten mit unnötig schweren Rucksäcken). Der Weg führt durch Steppen, Wälder voller Südbuchen, über wippende Hängebrücken und vorbei an kriechenden Gletschern. Torres des Paine (2800 m), Paine Grande (3050 m) und Los Cuernos (2200–2600 m) sind die Postkartenhelden dieses 181 000 ha großen Unesco-Biosphärenreservats. Die meisten wandern den Rundkurs oder das „W" ab, um das klassische Panorama einzusaugen. Andere absolut traumhafte Pfade sind deshalb fast verlassen. Man kann den Massen noch besser entgehen, wenn man im November oder zwischen März und April kommt. Plötzliche Regengüsse und Windböen, die einen umhauen, gehören zum herzlichen Begrüßungsritual. Wasserfeste Ausrüstung, einen synthetischen Schlafsack und – für Camper – ein gutes Zelt mitbringen. 2005 brannte ein Wanderer 10 % des Waldes nieder, er hatte bei Wind einen Campingkocher angezündet. Schlampiges Campen hat Folgen! Also verantwortungsvoll und nicht trampelig sein – man ist einer von 200 000 Besuchern pro Jahr.

Orientierung & Praktische Informationen

Der Parque Nacional Torres del Paine liegt 112 km nördlich von Puerto Natales. Der Weg dorthin führt über eine ordentliche, aber gelegentlich unebene Schotterstraße.

Bei Villa Cerro Castillo kann man je nach Jahreszeit die Grenze nach Argentinien bei Cancha Carrera überqueren. Die Straße geht 40 km weiter nach Norden und Westen bis **Portería Sarmiento** (Eintritt 17 US$, zu bezahlen in chilenischen Pesos). An diesem Haupteingang werden die Eintrittsgebühren eingesammelt. Bis zur *administración* (Hauptquartier des Parks) und dem **Conaf Centro de Visitantes** (☺ Sommer 9–20 Uhr) sind es nochmal 37 km. Dort gibt's gute Informationen zur Ökologie des Parks und zum Zustand der Wege.

Der Park ist das ganze Jahr über geöffnet. Es hängt von den eigenen Fähigkeiten ab, ob man hinkommt. Der Besucherstrom ist so stark, dass er wohl bald reguliert werden muss. Aber noch ist es nicht so weit. Zu guten Informationsquellen im Internet zählen www.torresdelpaine.com und die *hostal*-Website www.erraticrock.com mit einer guten Ausrüstungsliste für Backpacker.

Aktivitäten

WANDERN

Für den Rundkurs (das „W" plus die Rückseite der Bergspitzen) benötigt man sieben bis neun Tage. Für das „W" allein sind vier bis sechs Tage einzuplanen. Ein oder zwei Tage kommen noch für die An- und Abreise dazu. Die meisten Trekker nehmen von Laguna Amarga aus eine der Routen Richtung Westen. Man kann auch bei der *administración* starten oder den Katamaran von Pudeto zum Lago Pehoé nehmen und dort loslaufen (s. S. 602). Ungefähr Richtung Südwesten, das „W" entlang, bieten sich die schönsten Ausblicke auf Los Cuernos. Allein unterwegs zu sein, vor allem auf der Rückseite des Rundkurses, ist nicht ratsam und wird von Conaf reglementiert.

Das „W"

Der Pfad zum **Mirador Las Torres** ist relativ einfach – nur die Kletterei über Felsbrocken auf dem letzten Stück ist die Ausnahme. Der Pfad zum Refugio Los Cuernos ist der windigste des „W". **Valle Frances** sollte man auf keinen Fall verpassen. Um den ganzen Weg zum Aussichtspunkt bei Campamento Británico zu bewältigen, muss man genügend Zeit einplanen. Vom Valle Frances zum Lago Pehoé kann es ziemlich windig werden, aber der Abschnitt ist recht einfach. Der Teil bis zum **Lago Grey** ist in Ordnung, hat aber ein paar steile Stellen. Eine weitere

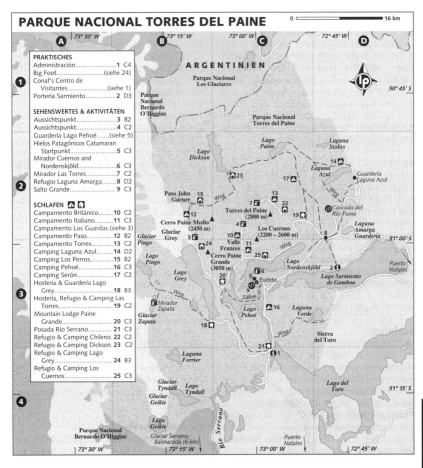

halbe Stunde nach dem *refugio* kann man den Gletscher sehen.

Der Rundgang

Die Landschaft auf der Rückseite der Gipfel ist sehr viel öder, aber trotzdem schön. Auf dem Paso John Garner (dem extremsten Teil des Kurses) geht's manchmal durch knietiefen Schlamm und Schnee. Bei Los Perros steht ein einfaches *refugio*. Ansonsten heißt es: rustikales Campen. Zwischen jedem Campingplatz muss man mit etwa vier bis sechs Stunden Marsch rechnen.

Noch mehr Wege

Wer die ausgetretenen Pfade verlässt, den belohnen herrliche Einsamkeit und ganz neue Entdeckungen. Von der Laguna Amarga Guardería führt eine Wanderung von vier Stunden durch kahles Land zur **Laguna Azul**. Am Nordostufer kann man campen. Nach weiteren zwei Stunden in Richtung Norden erreicht der Weg den Lago Paine.

Von der *administración* verläuft eine dreistündige Tour zur Berglodge Paine Grande über einen einfachen, ebenen Weg mit phantastischer Aussicht.

Ein wirklich abgelegener vierstündiger Wanderweg vom Guadería Lago Grey folgt dem Río Pingo zur früheren Stelle des Refugio Zapata. Von hier läuft man eineinhalb bis zwei Stunden weiter, um Aussicht auf den **Glaciar Zapata** zu haben.

GLETSCHERWANDERN & KAJAKFAHREN

Big Foot Adventure Patagonia (☎ 061-414-611; www.bigfootpatagonia.com; Bories 206, Puerto Natales) führt Eiswanderer (75 US$) auf den Glaciar Grey. Mit Big Foot und **Onas Patagonia** (☎ 061-412-707; Eberhard 599, Puerto Natales) kann man aus dem Park hinauspaddeln. Die zwei bis drei Tage langen Touren mit dem Kajak den Río Serrano hinunter sind zwar keine Budgetreisen, bieten aber eine einzigartige Möglichkeit, den Park zu erleben.

REITEN

Der Park befindet sich im Besitz verschiedener Organisationen. Pferde dürfen deshalb nicht von der westlichen Sektion (Lagos Grey und Pehoé, Río Serrano) in den Ostteil mitgenommen werden, der von der Hostería Las Torres verwaltet wird. Normalerweise wird man beim Refugio Los Cuernos gestoppt. **Baqueano Zamora** (☎ 061-413-953; www.baqueanozamora.com; Baquedano 534, Puerto Natales) unternimmt Touren zum Lagos Pingo, Paine und Azul und zur Laguna Amarga (halber Tag 55 US$, inkl. Mittagessen).

Schlafen

Vorher reservieren! Wer ohne Reservierung im Park ankommt, ist besonders in der Hochsaison dazu verdammt, auf den wenigen freien Plätzen zu campieren. Reisebüros nehmen Reservierungen vor. Besser schaut man aber die Angebote selbst durch. **Path@gone/Andescape** (☎ 061-413-290; www.pathagone.com; Eberhard 595, Puerto Natales) verwaltet die Lagos Grey und Dickson. **Vertices Patagonia** (☎ 061-412-742; www.verticepatagonia.cl) besitzt und betreibt die Berglodge Paine Grande. **Fantastico Sur** (☎ 061-710-050; www.fantasticosur.com; Magallanes 960, Punta Arenas; Eintritt 0,80 US$; ⌚ Mo–Fr 9–17, Sa & So 10.30–13.30 & 15–17 Uhr) besitzt Torres, Chileno und Los Cuernos, außerdem die refugios und Campingplätze von Serón.

Einige refugios verlangen beim Eintritt in den Park eine Identifizierung mit Foto (also ein Pass). Am besten ist man ausgerüstet, wenn man vorher für alle Unterkünfte Fotokopien der Touristenkarte und des Passes anfertigt – das beschleunigt das Einchecken enorm. Das Personal kann per Funk die nächste Reservierung bestätigen. Bei der riesigen Zahl an Trekkern sind Schwierigkeiten nicht zu vermeiden – also Zen-Gelassenheit üben!

CAMPING

Camping in den refugios kostet 6 US$ pro Stellplatz. In den refugios kann man auch Ausrüstung zum Campen leihen: Zelt (11 US$/Nacht), Schlafsack (6 US$), Matte (3 US$) und Kocher (5 US$). In der Hochsaison kann das Angebot allerdings knapp werden, also besser eigene Ausrüstung mitbringen. An kleinen Ständen wird teure Pasta, Tütensuppe und Butangas verkauft. Die von Conaf verwalteten Plätze sind kostenlos und sehr einfach. Viele Camper haben davon berichtet, dass sich Tiere (die nagende Art) auf den Plätzen herumtreiben. Essen also nicht in der Packung oder in den Zelten herumliegen lassen. Lieber alles an einen Baum hängen.

REFUGIOS

In den refugios stehen jeweils vier bis acht Stockbetten im Zimmer. Man kann die Küche benutzen (aber nur, wer hier wohnt und nur zu bestimmten Zeiten). Außerdem kann man warm duschen und essen. Ein Bett kostet 17 bis 30 US$, die Leihgebühr für einen Schlafsack 7 US$, die Mahlzeiten 7 bis 12 US$. Sollte das refugio überbucht sein, stellt das Personal alles Nötige zum Campen zur Verfügung. Die meisten refugios schließen Ende April. Nur die Berglodge Paine Grande hat das ganze Jahr über geöffnet, aber nur mit eingeschränktem Angebot.

An- & Weiterreise

Nähere Informationen zu den Verkehrsverbindungen zum Park stehen auf S. 599 bei Puerto Natales. Wer vom Park am selben Tag nach El Calafate will, muss sich entweder einer Tour anschließen oder sorgfältig im Voraus planen. Es gibt keine direkte Verbindung. Am besten kehrt man nach Puerto Natales zurück.

Busse setzen Passagiere in Laguna Amarga, am Anleger der Katamarane Hielos Patagónicos in Pudeto und beim Hauptquartier des Parks ab oder nehmen sie dort auf. Der Katamaran fährt von Dezember bis Mitte März von Pudeto zum Lago Pehoé (einfache Strecke/Hin- & Rückfahrt 18/32 US$ pro Pers.) um 9.30, 12 und 18 Uhr, Ende März und im November um 12 und 18 Uhr und im September, Oktober und April nur um 12 Uhr. Ein weiteres Boot befährt ein paarmal am Tag den Lago Grey zwischen der **Hostería Lago Grey** (☎ 061-225-986; www.austrohoteles.cl) und dem Refugio Lago Grey (einfache Strecke 30 US$, 1½–2 Std.). Die *hostería* wegen des aktuellen Fahrplans kontaktieren!

PARQUE NACIONAL BERNARDO O'HIGGINS

Im Grunde ist der O'Higgins vollkommen unzugänglich. Deshalb bleibt er das verschwiegene und exklusive Zuhause der Gletscher und Wasservögel. Man kann den Park nur mit dem Boot erreichen. Ganztagestouren per Schiff (60 US$) zum Fuß des Glaciar Serrano organisieren **Turismo 21 de Mayo** (☎ 061-411-978; www.turismo21demayo.cl, spanisch; Eberhard 560, Puerto Natales) und **Path@gone** (☎ 061-413-290; www.pathagone.com; Eberhard 595, Puerto Natales).

Auf der Tour kommt man nach Torres del Paine, indem man das Boot zum Glaciar Serrano nimmt. Die Passagiere steigen dort in ein Zodiak (Gummiboot mit Motor) um, halten zum Mittagessen in Estancia Balmaceda (15 US$) und fahren auf dem Río Serrano weiter. Um 17 Uhr erreichen sie die Südgrenze des Parks. Mit der gleichen Tour kann man den Park auch wieder verlassen. Um das Zodiak um 9 Uhr zu erreichen, muss man aber möglicherweise eine Nacht im Zelt in der Nähe des Río Serrano verbringen. Die Tour kostet bei Turismo 21 de Mayo oder **Onas Patagonia** (☎ 061-413-290; www.pathagone.com; Eberhard 595, Puerto Natales) 90 US$.

FEUERLAND (TIERRA DEL FUEGO)

Die glimmenden Feuer der Lager der Yaghan leuchten am Ufer. Das hat einst Magellan dazu veranlasst, diese Inseln das „Land des Feuers" zu nennen. Das Stück Land mit Bergen, Seen und Steppen war einmal die Heimat von großen herumziehenden Guanakoherden und von über 4000 indigenen Yaghan, Hauah, Alakaluf und Selk'nam. Neuankömmlinge haben aber alles verändert. Die Missionare brachten „zivilisiertere" Lebensweisen. Die Trittbrettfahrer des Goldrausches kamen und suchten schnellen Reichtum. Ehrgeizige Hirten aus Kroatien und von Chiloé kamen auf der Suche nach Arbeit auf einer *estancia*. Das extreme Wetter und die Isolation trieben viele von ihnen in den Hunger und den Ruin. Andere beschleunigten noch das Massaker an den indigenen Völkern. Feuerland ist immer noch eine Bastion der Schaffarmen. Und

das heutige Feuerland hat noch einen weiteren Schatz gefunden: Erdgas. Die chilenische Hälfte ist nicht annähernd so gut zu erreichen wie die argentinische. Das ist aber ein noch besserer Grund, sich in diese fast unbekannten Gegenden abzuseilen.

Porvenir

☎ 061 / 5000 Ew.

Die größte chilenische Siedlung auf Feuerland ist Porvenir. Die meisten machen dorthin einen Tagestrip von Punta Arenas aus. Das bedeutet aber normalerweise, dass man in der Stadt nur ein paar Stunden verbringen kann und im Verhältnis dazu die Überquerung der kabbeligen Wasserstraße viel länger dauert, als es dem Magen gut tut. **Touristeninformation** (Padre Mario Zavattaro 402) ist im oberen Stockwerk des fesselnden **Museo de Tierra del Fuego** (Plaza de Armas) untergebracht. Das Museum zeigt eine seltsame Sammlung von Mumien und Schädeln der Selk'nam, außerdem Musikinstrumente, die von den in der Mission lebenden Einheimischen auf der Isla Dawson verwendet wurden. Außerdem gibt's eine Ausstellung zur frühen chilenischen Kinematografie.

Die **Cordillera Darwin Expediciones** (☎ 580-747, 099-640-7204; www.cordilleradarwin.com; Av Manuel Señoret 512) organisiert Touren zu den Peale-Delfinen (85 US$, Mahlzeiten inkl.). Außerdem gibt's einige sehr empfehlenswerte, längere all-inclusive Kajak-, Camping- und Reittrips. Um sich in San Sebastián abholen zu lassen, vorher anrufen.

Wer ein harmloses Abenteuer sucht (das Heizsystem ist sehr einfallsreich), kann im **Residencial Colón** (☎ 581-157; Damián Riobó 198; Zi. 7 US$/ Pers.) übernachten oder noch besser im **Hotel España** (☎ 580-160; Croacia 698; EZ/DZ 9/11 US$). Es hat bequeme Betten in großen, sonnigen Zimmern. Für ein Essen eignet sich das **El Chispa** (Ecke Viel & Señoret; Frühstück 1,50–3 US$, Mittagessen 5–7 US$). Hier werden herzhafte Meeresfrüchte zubereitet. Der **Club Croata** (Av Manuel Señoret 542; Hauptgerichte 4–8 US$) kommt gleich nach Zagreb.

Transbordadora Broom (☎ 580-089) unterhält die Auto-/Passagierfähre *Melinka* nach Punta Arenas (7 US$/Pers., 45 US$/Fahrzeug, 2½–4 Std.). Sie fährt dienstags bis samstags um 14 Uhr, an Sonn- und Feiertagen um 17 Uhr. **Aerovías DAP** (☎ 580-089; www.dap.cl; Av Manuel Señoret) fliegt zweimal täglich außer sonntags nach Punta Arenas

(23 US$). Im Winter ist der Fahrplan z. T eingeschränkt.

Isla Navarino

Ushuaia kann man getrost vergessen. Das Ende der Welt beginnt hier, wo Fohlen auf der Hauptstraße herumstreunen und die Yachten bei ihrer Fahrt um Kap Hoorn Zuflucht suchen. Es gibt über 150 km Wanderwege. Damit ist die Isla Navarino das verwilderte Paradies der Backpacker. Man findet abgelegene schieferfarbene Seen, moosige *lenga*-Wäler und die verwitterten Spitzen der **Dientes de Navarino**. In den 1940er-Jahren waren von Kanada ein paar Biber auf die Insel gebracht worden. Heute wird sie von etwa 40 000 Exemplaren geplagt. Sie stehen sogar auf der Speisekarte – wenn man ein offenes Restaurant findet. Die einzige Stadt ist **Puerto Williams** (2250 Ew.), eine Siedlung der Marine und der offizielle Zugangshafen für Frachtschiffe auf ihrem Weg zum Kap Hoorn und zur Antarktis. Außerdem lebt hier der letzte Mensch, der noch Yaghan spricht.

PRAKTISCHE INFORMATIONEN

Der Informationsstand ist auf Dauer geschlossen. Eine Alternative ist **Akainij** (☎ 061-621-173; Central Comercial Sur 156), ein Reisebüro, das auch Zugang zum Internet anbietet. Zudem gibt's noch **Turismo SIM** (☎ 061-621-150; www.simltd.com; Ricardo Maragano 168) für Touren und Zodiaktransfers nach Ushuaia. **Fueguia** (☎ 061-621-251; Prado 245) hat empfohlene, französisch sprechende Guides für Trekkingrundkurse. Die Banco de Chile hat einen Geldautoamten.

SEHENSWERTES & AKTIVITÄTEN

Wer den **Cerro Bandera** erwandert, wird mit einem weiten Blick über den Beagle-Kanal belohnt. Am besten beginnt man die vierstündige Rundtour beim Navarino-Rundkurs. Der Weg steigt steil durch *lenga*-Wälder bis zu sturmzerzausten, mit Steinen übersäten Bergspitzen. Backpacker, die sich selbst versorgen, können dann die ganze vier- bis fünftägige Rundtour der **Dientes de Navarino** machen. Dabei lassen sich unglaublich raue, windgepeitschte Ausblicke unterhalb der zackigen Spitzen des Navarino genießen. Der südlichste ethnobotanische Park der Welt, **Omora** (www.omora.org), hat Pfade, auf denen die Flora erläutert wird.

Nach dem **Virgen** rechts abbiegen und 4 km Richtung Puerto Navarino laufen. Das winzige **Museo Martín Gusinde** (☎ 061-621-043; Ecke Araguay & Gusinde; Spende erwartet; ☺ Mo–Fr 9–13 & 14.30–19, Sa & So 14.30–18.40 Uhr) würdigt den deutschen Priester und Ethnographen, der von 1918 bis 1923 bei den Yaghan gearbeitet hat. Ein Marsch von zehn Minuten die Küste entlang Richtung Osten führt zur **Villa Ukika**, der letzten Yaghansiedlung. Es gibt ein *hostal* und ein **Kipa-Akar** (Haus der Frauen). In dem bescheidenen Kunsthandwerksladen werden Sprachbücher, Messer aus Walfischknochen und Schmuck verkauft. Sollte geschlossen sein, einfach bei einem Dorfbewohner nachfragen.

SCHLAFEN

Residencial Pusaki (☎ 061-621-116; Piloto Pardo 242; EZ/DZ inkl. Frühstück 19/21 US$) Was ist hier nicht zum Verlieben? Unter der Obhut von Pati fühlt man sich eher wie ein Cousin, der in den Ferien zu Besuch ist, als wie ein Fremder – jedenfalls sobald man ein paar Barbecues mitgemacht und sich bei den lockeren Abendessen den Bauch vollgeschlagen hat. Die Zimmer sind gut gepflegt und haben Gemeinschaftsbäder. Und die Küche darf auch benutzt werden.

Hostal Lajuwa (☎ 061-621-267; Villa Ukika; B inkl. Frühstück 20 US$) Absolut saubere, schlafsaalmäßige Zimmer. Das Hostal liegt in der Yaghansiedlung.

Hostal Coirón (☎ 061-621-227; www.hostalcoiron.cl; Ricardo Maragano 168; EZ/DZ inkl. Frühstück 35/49 US$) Ein geschmackvolles Gästehaus mit sonnendurchflutetem Wohnzimmer und Kochmöglichkeiten. Auf den dicken Matratzen können sich reisemüde Knochen prima erholen.

Essen & Ausgehen

Dientes de Navarino (Plaza; Hauptgerichte 5 US$) Bodenständig wie Puerto Williams selbst, serviert werden Meeresfrüchteplatten, *combinados* (*pisco* und Cola) und Wein aus Schläuchen.

Club de Yates Micalvi (Bier 4 US$; ☺ spät, Juni–Aug. geschl.) Willkommen an Bord der *Micalvi*! Das gestrandete deutsche Frachtschiff wurde 1976 zum Marinemuseum erklärt – und endete als schwimmende Bar. Auf den gefliesten Decks tummeln sich Seeleute und Yachtbesitzer, spinnen Seemannsgarn und kippen Whiskey und Cola.

AN- & WEITERREISE

Aerovías DAP (☎ 061-621-051; Centro Comercial) fliegt mehrmals pro Woche nach Punta Arenas (82 US$). Es gibt nur begrenzt Plätze, deshalb unbedingt im Voraus reservieren! Die Transbordador-Austral-Broom-Fähre *Patagonia* fährt zwei- bis dreimal im Monat freitags von Tres Puentes nach Punta Arenas (150–180 US$ inkl. Mahlzeiten, 38 Std.). Zodiakboote steuern zwischen September und März täglich Ushuaia an. Am besten bucht man über Akainij. Der 25-minütige Trip kostet 100 US$ für die einfache Fahrt. Privatyachten, die diese Tour machen, sind im Club de Yates zu finden.

ISLA ROBINSON CRUSOE

Mit Schnitzen vertrieb sich der Schiffbrüchige Alexander Selkirk auf diesem einsamen, felsigen Eiland im Pazifik die Jahre. Obwohl der Name der Insel 670 km vor der Küste von Valparaíso literarisch so berühmt ist, ist sie eigentlich relativ unberührt geblieben. Man entdeckte den Archipiélago Juan Fernández 1574, und über 200 Jahre lang bot er zahlreichen Seehundfängern und Piraten Unterschlupf, auch den britischen Korsaren, vor denen Selkirk geflohen war. Obwohl die Spanier San Juan Bautista im Jahre 1750 gründeten, war das Dorf bis 1877 nicht durchgehend bewohnt. Erst als die britische Marine im Ersten Weltkrieg die *Dresden* in der Cumberlandbucht versenkte, wurde die ganze Welt auf die Insel aufmerksam.

Die schroffe Geografie der Isla Robinson Crusoe (22 km lang und 7 km breit) sorgt für wechselhaftes Wetter. Wer in der Regenzeit zwischen April und September herkommt, muss auf warme und kühle Temperaturen eingerichtet sein (im Durchschnitt 22 °C). Seit 1935 ist die Insel ein Nationalpark und heute ein Unesco-Biosphärenreservat. Ihre Vegetation ist außergewöhnlich: Es gibt sowohl Pflanzen, die sonst in den Anden wachsen, als auch welche, die auf Hawaii zu finden sind. Die hiesige Flora hat allerdings unter der Einschleppung von Festlandspezies ziemlich gelitten, u. a. auch unter den Ziegen, die Selkirk verspeist hat. Besucher können Juan-Fernández-Seebären sichten, die vor 100 Jahren fast ausgestorben waren. Heute gibt es wieder etwa 9000. Mit etwas Glück kann man auch einen Blick auf den seltenen Juan-Fernández-Kolibri erhaschen. Die Männchen sind knallrot.

SAN JUAN BAUTISTA

☎ 032 / 600 Ew.

Die Hummerfischer-Gemeinde San Juan Bautista, die von steilen Felsspitzen geschützt und von Pferdeweiden umgeben ist, überblickt die Bahía Cumberland. Sie ist die einzige Stadt der Insel. Man kriegt hier direkt am Hafen Hummer für 20 US$ – und einen Einblick in ein isoliertes Leben. Die Kinder entscheiden nach der Grundschule, ob sie Fischer werden oder ihre Ausbildung 700 km weit entfernt fortsetzen wollen. Es gibt keine Geldautomaten oder Geldwechsler, Traveller sollten also Bargeld vom Festland mitbringen, am besten in kleinen Scheinen. Das **Centro Información Turista** (Vicente González) ist am oberen Ende der Vicente González, 500 m von der *costanera* entfernt Richtung Inland.

Sehenswertes & Aktivitäten

In San Juan Bautista gibt's für Besucher eine ganze Schatzkiste nautischer Geschichte zu entdecken. Das fängt schon beim **Cementerio** in der Nähe des Leuchtturms an, wo eine vielsprachige Mischung spanischer, französischer und deutscher Einwanderer begraben liegt, zu der auch die Überlebenden vom Kriegsschiff *Dresden* aus dem Ersten Weltkrieg gehören. Die **Cuevas de los Patriotas** sind feuchte Höhlen, in denen mehr als 40 Patrioten der chilenischen Unabhängigkeitsbewegung nach ihrer Niederlage in Rancagua im Jahre 1814 jahrelang eingesperrt waren. Direkt oberhalb der Höhlen liegt das **Fuerte Santa Bárbara**. Es wurde 1749 von den Spaniern gebaut, um die Piraten fernzuhalten. Der phantastische **Nationalpark** (Eintritt für 7 Tage 5 US$), der die ganze Insel einnimmt, ist aber der wahre, unvergrabene Schatz der Insel. Die sensibelsten Regionen dürfen nur eingeschränkt besucht werden. Wer hin möchte, redet am besten mit den registrierten einheimischen Guides (an einem Stand in der Nähe der Plaza). Die 3 km-Wanderung zum **Mirador de Selkirk**, einem spektakulären Aussichtspunkt, kann man auf eigene Faust unternehmen. Von dort aus haben Gestrandete den Horizont nach Schiffen abgesucht. Der Pfad geht nach Süden weiter. Wer ihn nimmt, erreicht nach

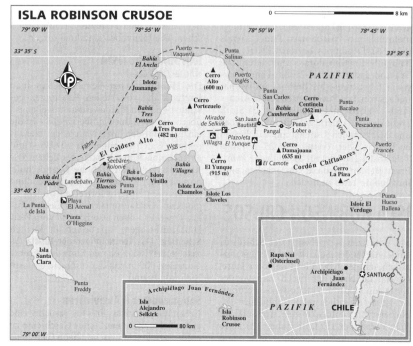

einer Stunde **Villagra** (4,8 km) und kann dann weiterlaufen bis zu den Klippen zur **Punta La Isla** (13 km). An beiden Zielen kann man campen. Der Weg führt an der **Bahía Tierras Blancas** vorbei, der wichtigsten Aufzuchtkolonie der Juan-Fernández-Seebären.

Schlafen & Essen

Die Preise lassen einen schon ordentlich spüren, dass man sich wirklich mitten im Pazifik befindet. Camping ist für Budgetreisende die beste Wahl. Allerdings sollten sie immer die strengen Gepäcklimits der Fluglinien im Auge behalten. Die *hospedajes* machen einen ganz schönen Wirbel.

Camping Los Cañones (Vincente González; Stellplatz 2 US$/Pers.) Gleich oberhalb der *costanera*. Es gibt felsige Stellplätze und kalte Duschen.

Camping Elector (751-066; Stellplatz 5 US$) Bietet bessere Stellplätze zwischen Büschen und Blumen. Das Areal liegt außerhalb der Stadt an der Straße nach Plazoleta El Yunque und hat Waschräume, eine Grillstelle und eine Küche im Haus.

Residencial Mirador Selkirk (751-028; Pasaje del Castillo 251; DZ 26–43 US$) Ein gemütliches familiäres Haus. Man genießt hier die schöne Aussicht und die Inselküche (Hauptgerichte 4–8 US$).

Refugio Naútico (751-077; www.islarobinsoncrusoe.cl,, spanisch; Carrera Pinto 280; EZ/DZ 51/86 US$;) Dieses *refugio* bietet helle, große Zimmer mit Blick auf den Wald. Außerdem gibt's Bücher und Musik, und auch Ausflüge lassen sich von hier aus bestens organisieren.

El Remo (751-030; Plaza; Hauptgerichte 3–6 US$) Genau das Richtige für Sandwiches und abendliche Cocktails, z. B. *murtillados,* mit Rum versetzter Beerensaft.

Aldea Daniel Defoe (751-223; Alcalde 449; Hauptgerichte 8–11 US$) Das Lokal hat einen gewinnenden rauen Charme und serviert Hummercrêpes und peruanische und mexikanische Spezialitäten.

An- & Weiterreise

Zwischen September und April bieten zwei Gesellschaften von Santiago aus fast täglich Lufttaxiservice zur Insel, im übrigen Jahr weniger häufig. Die Flüge dauern ungefähr zwei Stunden. Höchstens 10 kg Gepäck pro Nase sind erlaubt. Auch sollte man sich darauf einstellen, dass der Aufenthalt mal zwei bis drei Tage länger dauern kann, denn schlechtes Wetter kann dafür sorgen, dass ein Start zu gefährlich wäre.

Lassa (☎ 02-273-4354; lassa@entelchile.net; Aeródromo Tobalaba, Av Larraín 7941) hat die meisten Flüge. Man reist in einer Twin Otter mit 19 Plätzen.

Aeromet (☎ 02-538-0267; reserves@tairc.cl; San Juan Bautista La Pólvora 226; Santiago Pajaritos 3030, Oficina 604) alias Transportes Aéreos Robinson Crusoe hat seine Basis südwestlich von Maipú und startet vom Aeropuerto Los Cerrillos in Santiago (Hin- & Rückflug 542 US$).

Die englischsprache Gesellschaft **Vaikava Expediciones** (☎ 592-852; www.vaikava.cl, spanisch; 200 US$/Pers. & Tag) hat sich auf spektakuläre zehntägige Yachttouren (sechs Tage unterwegs, vier auf den Inseln) spezialisiert. Man kann auch mit der **Armada de Chile: Comando de Transporte** (☎ 506-354; Primera Zona Naval, Prat 620, Valparaíso) eine Überfahrt machen. Ihr Marineversorgungsschiff fährt sechsmal im Jahr. Der zweitägige Trip kostet ohne zusätzlichen Schnickschnack 40 US$ pro Tag.

RAPA NUI (OSTERINSEL)

Die isolierte Wunderwelt der Rapa Nui liegt weitab des Festlands und ist ein Eldorado für Archäologen, eine geisterhafte Landschaft mit kulturellen Lösungsschnipseln für Geheimnisse, die einfach nicht zu erklären sind. Eine Szenerie aus rätselhaften Statuen *(moai)* überschattet kleinere Schätze wie die kristallklare Brandung, wilde Pferde und das Weideland. Für die Einwohner ist die Insel *Te Pito o Te Henua* (der Nabel der Welt). Das winzige polynesische Rapa Nui (117 km²) liegt für die meisten Südamerikareisenden völlig abseits der Route, aber wer sich die Mühe macht, die große Distanz zu überwinden, wird es nicht bereuen.

Als erster Europäer setzte der holländische Admiral Roddeveen seinen Fuß auf die Insel. Sein Timing (Ostersonntag 1722) besiegelte ihren Spitznamen. Nachdem Rapa Nui 1888 zu chilenischem Gebiet erklärt wurde, wurde es als Isla de Pascua bekannt. Die Insel liegt 1900 km östlich der nächsten bewohnten Landmasse, der sogar noch kleineren Insel Pitcairn, und 3700 km westlich von Südamerika.

Wie eine so isolierte Insel überhaupt besiedelt werden konnte, hat Historiker und Archäologen lange Zeit in Erstaunen versetzt. Obwohl Thor Heyerdahls *Kon-Tiki*-Expedition die Theorie bestätigen sollte, dass die Polynesier südamerikanische Wurzeln haben, ist heute die verbreitetste Annahme, dass sie von Südostasien her kamen. Von dort aus bevölkerten sie das polynesische Dreieck aus Hawaii, Neuseeland und Rapa Nui.

Auf Rapa Nui haben sich zwei Gesellschaften gebildet: die Langen Ohren des Ostens und die Kurzen Ohren des Westens. Beide erbauten große Steinaltäre, die *ahu*, und *moai*, um ihre Vorfahren zu ehren. Kriege zerstörten die *ahu*, und die *moai* wurden umgeworfen (viele wurden erst vor Kurzem wieder aufgerichtet und restauriert). Die Legende besagt, dass Priester die *moai* von ihrer Herstellungsstätte beim Rano-Raraku-Vulkan mit Hilfe von *mana* bis zur Küste gebracht hätten. Dabei sollen die Statuen jeden Tag ein kleines Stück von selbst „gelaufen" sein. Die meisten aber sagen, dass eine Art Schlitten an den *moai* befestigt wurde. Dann hat man das Ganze mit einem Zweifuß angehoben und vorwärts geschleift. Dass die Insel teilweise entwaldet ist, ließe sich so jedenfalls erklären – man brauchte ja Holz für den Transport der Statuen. Ein weiterer religiöser Kult, der des Vogelmannes, ist ähnlich faszinierend. Das zeremonielle Zentrum befindet sich bei Orongo.

Die Inselbewohner sprechen Rapa Nui, einen ostpolynesischen Dialekt, der verwandt ist mit dem Spanischen und mit Maori, das auf den Cookinseln gesprochen wird. Zu den wichtigsten Ausdrücken gehören *iorana* (hallo), *mauuru* (danke), *pehe koe* (wie geht's?) und *riva riva* (prima, gut).

Mit dem kunstvollen, farbenfrohen **Tapati Rapa Nui Festival** wird im Februar 14 Tage lang die Kultur der Insel gefeiert. Die touristische Rushhour dauert von Januar bis März, das sind auch die heißesten Monate. In der Nebensaison wirkt Rapa Nui manchmal ein bisschen wie ausgestorben. Besucher sollten mindestens drei Tage einplanen, um alle wichtigen Stätten anschauen zu können. Die Zeit ist auf Rapa Nui der des chilenischen Festlands zwei Stunden hinterher, der MEZ sieben (im Sommer sechs).

Steile Vorsprünge, eine wundervolle Unterwasserlandschaft, jede Menge Meerestiere und absolut kristallklares Wasser machen

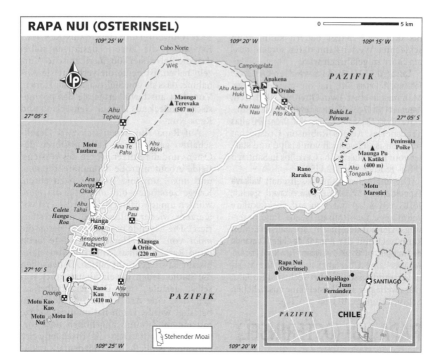

die Insel zu einem prima Tauchrevier. Surfer können auf den großen Wellen an den Nord- und Südküsten schwelgen.

HANGA ROA
☎ 032 / 3800 Ew.

Blauer Himmel und friedliche, sich windende Straßen machen das stressfreie Hanga Roa so anziehend. Auch wenn sie in der Hauptsaison von Touristen überschwemmt ist – die Stadt hat sich ihr gemächliches Tempo bewahrt. Man findet sich leicht zurecht, obwohl Hanga Roa ziemlich groß ist. Die Nord-Süd-Straße, Av Atamu Tekena, ist die Hauptstraße. Dort gibt's einen Supermarkt, Läden, einen Kunstmarkt und verschiedene Lokale. Die Policarpo Toro ist gleich unterhalb und führt am Wasser entlang. Die von Osten nach Westen verlaufende Av Te Pito o Te Henua verbindet Caleta Hanga Roa, eine kleine Bucht mit einem Fischerhafen, mit der Kirche.

Praktische Informationen
Alle Welt trifft sich in den Internetcafés, wo unglaubliche 6 US$ und mehr für die Stunde verlangt werden. Die *residenciales* haben normalerweise einen Wäscheservice. Meistens, vor allem in den *residenciales* und bei Mietagenturen, werden US-Dollar in bar gern gesehen.

Banco del Estado (Av Pont s/n; Mo–Fr 8–13 Uhr) Hat nur für MasterCard einen Bankautomaten; Visakarteninhaber kriegen am Schalter Bares. US-Dollar können gewechselt werden, aber für Reisechecks werden 10 US$ Gebühr kassiert

Conaf (☎ 100-236) An der Straße nach Rano Kau; hat Tipps für Wanderrouten.

Entel (Av Tu'u Maheke s/n) Gegenüber der Banco del Estado. Mal kurz daheim anzurufen ist von hier aus aber richtig teuer.

Hospital Hanga Roa (☎ 100-215; Av Simon Paoa s/n) Einen langen Block östlich der Kirche.

Isl@net (Av Atamu Tekena s/n; 6 US$/Std.; 9.30–22 Uhr) Internet; in der Nähe des Hauptplatzes.

Post (Av Te Pito o Te Henua) Einen halben Block von der Caleta Hanga Roa entfernt.

RapaCall (Av Atamu Tekena s/n; 6 US$/Std. Mo–Fr 8.30–13, So 15–20 Uhr) Internet; in der Nähe des Hauptplatzes.

Sernatur (☎ 100-255; Tu'u Maheke) Hat einfache Karten von der Insel.

Gefahren & Ärgernisse

Das beste Mittel gegen Taschendiebstahl ist, die Wertsachen zu Hause oder in einem Schließfach in der Unterkunft zu lassen. Sonnencreme, Sonnenbrille, langärmelige Shirts und ein Hut gehören zur Kriegsausrüstung gegen die starke Sonneneinstrahlung.

Sehenswertes & Aktivitäten

Eine erste Anlaufstelle für Rapa-Nui-Neulinge ist das **Museo Antropológico Sebastián Englert** (☎ 551-020; Sector Tahai; Eintritt 2 US$; ⌚ Di–Fr 9.30–12.30 & 14–17.30, Sa & So 9.30–12.30 Uhr) im Norden der Stadt. Hier sind *moai kavakava* (die seltsamen „Rippenstatuen") und Nachbildungen der *rongo-rongo*-Tafeln ausgestellt. Die kunstvollen Holzschnitzereien der **Iglesia Hanga Roa**, der katholischen Kirche der Insel, verschmelzen die Traditionen Rapa Nuis mit der christlichen Doktrin. Es gibt auch einen wirklich coolen Sonntagsgottesdienst auf Rapa Nui!

Taucher wenden sich am besten an das **Orca Diving Center** (☎ 100-375; Caleta Hanga Roa; 50 US$/Tauchgang). Tauchscheine nicht vergessen! Das **Hare Orca** (☎ 550-375; Caleta Hanga Roa s/n) nebenan vermietet Body- (15 US$) und Surfboards. Wer noch Anfänger ist, geht zum Caleta Hanga Roa.

Viele Anbieter führen für etwa 40 US$ pro Tag oder 25 US$ für den halben Tag zu den wichtigsten Stätten der Insel. Beliebt sind **Kia Koe Tour** (☎ 100-852; Atamu Tekena s/n) und **Haumaka Archeological Guide Services** (☎ /Fax 100-274; haumaka@entelchile.net; Ecke Avs Atamu Tekena & Hotu Matua).

Schlafen

Traveller, die während der Hauptsaison anreisen, sollten ihre Schlafmöglichkeiten früh buchen. Am Flughafen warten die Vermieter dann schon, um ihre Schützlinge aufzugabeln. Wenn nicht anders erwähnt, ist in den hier genannten Unterkünften das Frühstück inklusive.

Camping Mihinoa (☎ 551-593; www.mihinoa.com; Av Pont s/n; Stellplatz 10 US$/Pers.; ⌨) Hier gibt's zwar nicht das kleinste schattige Fleckchen, aber das grasbewachsene Gelände des einzigen Campingplatzes der Insel und das nahe Tosen der Wellen gleichen diesen Nachteil wieder aus. Geboten sind Küchenbenutzung, Fahrrad- und Zeltverleih (17 US$) und Wäscheservice. Der Platz liegt südlich vom Zentrum.

Ana Rapu (☎ 100-540; www.anarapu.cl; Av Apina s/n; Stellplatz 10 US$/Pers., EZ/DZ 20/30 US$; ⌨) Eine gesellige Option für den kleinen Geldbeutel. Pluspunkte sind die Reittouren, die Wäscherei und Internetzugang.

Residencial El Tauke (☎ 100-253; Av Te Pito o Te Henua s/n; EZ/DZ 15/30 US$) In schlichten, aber sauberen Zimmern wohnen Gäste in dieser super gelegenen Unterkunft ganz in der Nähe des Trubels.

Residencial Miru (☎ 100-365; Atamu Takena s/n; Zi. 15 US$) Das gastfreundliche Haus hat einfache Zimmer und bietet Küchenbenutzung. Frühstück kostet 5 US$.

Hostal Chez Oscar (☎ 551-261; chezoscar@123mail.cl; Av Pont s/n; EZ/DZ 20/35 US$) Die Zimmer sind ein bisschen eng, aber der grüne Garten und die freundlichen Besitzer machen das wett.

Residencial Chez Erika (☎ 100-474; Av Tuki Haka He Vari s/n; EZ/DZ 25/35 US$) Schlichte, farbenfrohe Zimmer – eine lockere, ordentliche Übernachtungsmöglichkeit.

Hostal Aukara (☎ 100-539; aukara@entelchile.net; Av Pont s/n; EZ/DZ 40/70 US$) Die Zimmer dieses malerischen Hauses sind ganz ordentlich. Es hat eine Galerie, in der Arbeiten des Eigentümers ausgestellt sind. Die „Partymeile" ist zu Fuß erreichbar.

Essen

Frischer Saft und Fisch sind das Beste, was die ansonsten eher uninteressante (und teure) Inselküche zu bieten hat.

Supermercado Kai Nene (Av Atamu Tekena s/n; ⌚ Mo–Sa 9–13 & 17–20 Uhr) Für Selbstversorger.

Tarapu (☎ 551-863; Av Atamu Tekena s/n; Hauptgerichte 3 US$; ⌚ Mo–Sa 9.30–16 Uhr) Schnürsenkel halten die Picknickpakete und die billigen Sandwiches (es gibt sogar vegetarische) dieses Lokals in Familienbesitz zusammen.

Ariki o Te Pana (Av Atamu Tekena s/n; Hauptgerichte 4–13 US$; ⌚ Mo–Sa) Die einfache Kneipe serviert hervorragende *empanadas* mit Käse und Thunfisch, kalte Drinks und ordentliche Portionen Mittagessen.

Merahi Ra'a (☎ 551-125; Av Te Pito o Te Henua s/n; Hauptgerichte 10–17 US$; ⌚ Di geschl.) Wegen seiner ultrafrischen Meeresfrüchte und der großen Portionen ist dieses Restaurants am Hafen so beliebt. Eine bebilderte Speisekarte hilft, *matahuira* von *kana kana* (Fischsorten) zu unterscheiden.

Jardín del Mau (☎ 551-677; Av Policarpo Toro s/n; Hauptgerichte 14–18 US$; ⌚ Di geschl.) Vegetariern läuft bei der Auswahl aus Pasta und Lasagne in dieser schlichten Kneipe am Meer das Wasser im Mund zusammen.

Ausgehen

Aloha Pub (Ecke Atamu Tekena & S Englert; ☻ So geschl.) Ein freundlicher Rückzugsort, um die Batterien wieder aufzuladen.

Unterhaltung

Toroko (Av Policarpo Toro s/n; ☻ Do–Sa) Die heruntergekommene, aber trotzdem lebhafte Disko spielt Pop von der Insel und moderne Sounds.

Piditi (Av Hotu Matua s/n; ☻ Do–Sa) Hier brodelt's nur so vor Feierlustigen, besonders samstags. Der Eintritt für beide Klubs beträgt 4 US$ (nur für Männer). Die Getränke sind teuer, und so richtig in Schwung kommen die Partys erst nach 1 Uhr.

PARQUE NACIONAL RAPA NUI

Der **Nationalpark** (Eintritt 10 US$) ist voller Höhlen, *ahu,* umgestürzter *moai* und Petroglyphen. Er nimmt einen großen Teil von Rapa Nui ein und umfasst alle archäologischen Stätten. Um ihn besuchen zu können, so oft man will, bezahlt man in Orongo das Eintrittsgeld. Die folgenden Absätze beschreiben nur einen kleinen Teil von dem, was die Insel zu bieten hat. Ganz gleich, wohin man geht – den archäologischen Stätten ist immer mit Respekt zu begegnen. Die *ahu* zu bedehen oder Felsen der archäologischen Gebilde wegzunehmen oder umzustellen ist absolut tabu. Wenn man sich angemessen verhält, lächeln einen die *moai* auch an!

Rund um Hanga Roa

Ahu Tahai liegt einen kurzen Fußmarsch nördlich der Stadt und ist bei Sonnenuntergang wirklich traumhaft. Hier gibt's drei restaurierte *ahu* zu sehen. Der eigentliche Ahu Tahai ist der in der Mitte mit dem einzelnen *moai.* Ahu Ko Te Riku befindet sich weiter nördlich. Der *moai* dort hat einen Haarknoten und Augäpfel. Ahu Vai Uri hat vier erodierte *moai* in verschiedenen Größen. An den Hügeln sind noch die Fundamente der *hare paenga* (ellipsenförmige Häuser) und die Wände von „Hühnerhäusern" zu sehen.

4 km nördlich von Tahai kann man in **Ahu Tepeu** mehrere umgestürzte *moai* und ein Dorf besichtigen. An der nahen Küste befindet sich die **Ana Kakenga,** eine Höhle mit zwei Fenstern zum Ozean hinaus. **Ahu Akivi** ist eine Stätte mit sieben *moai.* Sie ist einzigartig, weil nur hier die *moai* zum Meer hin ausgerichtet sind. Wie alle anderen überblicken sie aber auch ein Dorf. An den Tagen der Sonnenwende schauen sie genau in die untergehende Sonne.

Anakena

An diesem beliebten, palmengesäumten Strand mit dem herrlich weißen Sand landete der Legende nach Hotu Matua. Ein Streifzug durch die wichtigsten archäologischen Stätten von **Ahu Nau Nau** und vorbei an der postkartenreifen Reihe der *moai* lohnt sich wirklich. Anschauen sollte man sich auch **Ahu Ature Huki** auf dem Hügel: Heyerdahl und ein Dutzend Inselbewohner brauchten neun Tage, um den einzelnen *moai* hier wieder aufzurichten.

Ahu Te Pito Kura

Oben über der Bahía La Pêrouse liegt ein faszinierender, 10 m hoher *moai* mit dem Gesicht nach unten und gebrochenem Genick. Er ist der größte *moai,* der je von Rano Raraku fortbewegt und auf einem *ahu* errichtet wurde. Dass er den unvollendeten Figuren in Rano Raraku so ähnlich sieht, lässt vermuten, dass dieser *moai* auch zu den jüngsten gehört. Sein Name ist von dem polierten Rundstein ganz in der Nähe abgeleitet, dem *te pito kura* (Nabel des Lichts).

Ahu Tongariki

Herausragend, was Menge und Lage betrifft: 15 *moai* stehen Seite an Seite auf dem größten *ahu,* der je gebaut wurde. 1960 beschädigte ein Tsunami viele *moai* und spülte ihre Haarknoten bis weit ins Landesinnere. Aber in den frühen 1990er-Jahren richtete die japanische Firma Tadano 15 der *moai* wieder auf.

Rano Raraku

Rano Raraku ist ein Fest für die Sinne: Eine erhabene Szenerie halb-behauener und vergrabener *moai* präsentiert sich den Besuchern. Der Rano Raraku wird gerne als „Kinderstube" bezeichnet, denn die *moai* wurden aus den Ausläufern dieses erloschenen Vulkans geschlagen. Es lohnt sich, zwischen den felsigen Puzzleteilen der unfertigen *moai* herumzuwandern. Es sind 600, und der größte ist 21 m hoch. Am Kraterrand befinden sich ein stiller, schilfiger See und ein Amphitheater voll stattlicher Köpfe. Der Rundumblick haut einen um!

Rano Kau

Die Hauptattraktion von Rapa Nui schlechthin sind der Rano Kau und sein Kratersee, ein Kessel mit *tortoral*-Schilf. 400 m weiter oben und direkt am gähnenden Abgrund der Klippen klebt das **Zeremoniendorf Orongo** (Eintritt US$10) am Hang, eine wackelige Angelegenheit 9 km südlich von Hanga Roa. Hier wurden die Vogelmann-Rituale veranstaltet. Vorsichtig auftreten, sonst ist der empfindliche Schauplatz in Gefahr! Der Höhepunkt der Zeremonie war ein Rennen, bei dem die Teilnehmer aus einem Rußschwalbennest von den kleinen *motu* (Inselchen) direkt vor der Küste ein Ei zu holen hatten. Die jungen Männer kletterten die Klippen hinunter und schwammen auf Flößen zu den Inseln hinaus. Dort suchten sie ein Ei. Wer die Eierjagd gewann, wurde für ein Jahr der Vogelmann. Man kann sich eine Ansammlung von Felsbrocken ansehen, die mit Petroglyphen bedeckt sind, die Tangata Manu (den Vogelmann) und Make Make (ihren Gott) darstellen. Wandern und Fahrradfahren ist möglich, aber der 9 km lange Weg von der Stadt hierher ist sehr steil. Für eine Wanderung rund um den Krater braucht man einen ganzen Tag und genügend Wasser.

AN- & WEITERREISE

Lan (☎ 600-526-2000; Atamu Tekena s/n, Hanga Roa) ist die einzige Fluggesellschaft, die Rapa Nui anfliegt. Pro Woche gehen vier Flüge nach/von Santiago und nach/von Papeete (Tahiti). Hin und zurück kostet das von Santiago aus 630 bis 900 US$. Zwei Tage vor dem Abflug sollte man sich das Ticket noch einmal bestätigen lassen, denn die Flüge sind oft überbucht.

UNTERWEGS VOR ORT
Auto

Comercial Insular (☎ 032-100-480; Atamu Tekena s/n) in Hanga Roa vermietet Suzukis mit Vierradantrieb für 50 bis 60 US$ für acht Stunden. Die größeren Hotels und Reisebüros bieten ebenfalls Mietwagen an (oder auch für Privatleute, allerdings ohne Versicherung). Man sollte sich davon überzeugen, dass das Auto für den Fall eines Platten mit allem Notwendigen ausgerüstet ist.

Fahrrad

Mountainbikes kann man für 16 US$ für acht Stunden und für 25 US$ pro Tag in Hanga Roa ausleihen. Eine Proberunde ist empfehlenswert, sonst erwischt man vielleicht eine defekte Gangschaltung oder scheuert sich den Hintern wund. An der Tankstelle gibt's eine Luftpumpe.

Taxi

Taxis kosten für die meisten Touren in der Stadt pauschal 3 US$. Über längere Ausflüge lässt sich verhandeln. Die Preise hängen hauptsächlich von der Fahrtdauer ab. Eine Fahrt von Hanga Roa nach Anakena und zurück kostet 20 US$.

ALLGEMEINE INFORMATIONEN

AKTIVITÄTEN

Für Aktivurlauber ist Chile ein Paradies. Ganz oben auf der Liste steht **Trekking**, und dabei macht Torres del Paine (S. 600) das Rennen. Die Gegenden um Parinacota und den Lago Chungara (S. 534), Parque Pumalín (S. 583), Nahuelbuta (S. 545), Puyehue (S. 565), das Cochamó-Tal (S. 572) und die Isla Navarino (S. 604) sind ebenfalls sehr beliebt. Die Wege sind in vielen Parks weder gut ausgeschildert noch gepflegt. Einige sind einfach ehemalige Viehpfade. **Sendero de Chile** (www.senderodechile.cl), eine von der Regierung gegründete Gesellschaft, ist gerade dabei, von Norden nach Süden ein Netzwerk von Wegen zu verbinden und ordentlich auszuschildern – teilweise ist das auch schon geschehen. Wer **Klettern** will, sollte sich von Chiles **Dirección de Fronteras y Límites** (Difrol; ☎ 671-2725; Teatinos 180, 6. Stock, Santiago) die Erlaubnis holen, die Gipfel an der Grenze (Ojos de Salado) zu erklimmen.

Wellen zum **Surfen** (s. S. 537) gibt es an den Küsten Zentral- und Nordchiles. Iquique bietet zudem die besten Bedingungen zum **Paragliden** und **Landsegeln** in ganz Südamerika.

Rafting oder **Kajakfahren** ist hier Weltklasse. Am beliebtesten ist der Futaleufú (S. 585). Nicht zu verachten sind aber auch der Liucura (S. 557) und der Trancura (S. 555) außerhalb von Pucón oder der Petrohué in der Nähe von Puerto Varas

(S. 568). Wer auf dem Meer Kajak fahren möchte, dem seien Chiloé (S. 578) und die Fjorde rund um den Parque Pumalín (S. 583) wärmstens empfohlen.

Zu den Favoriten zum **Mountainbiken** gehören die Gegend rund um San Pedro de Atacama (S. 518), Ensenada, Lago Llanquihue (S. 571), Ojos de Caburgua (S. 555) und die anspruchsvolle Carretera Austral. Die Reise auf zwei Rädern hat so ihre Tücken: Autos schleudern auf den Schotterstraßen Steine hoch, der Sommer im Süden bringt *tábanos* (Bremsen) mit sich, und die Kurven auf dem südlichen Abschnitt der Carretera Austral sind heftig. In den meisten Städten in Chile gibt es Werkstätten und Läden für eine Reparatur.

Beim **Reiten** dringt man auf mehrtägigen Touren in Regionen der Anden vor, die sonst unerreichbar sind. Pucón (S. 553), das Río-Puelo-Tal (S. 572), Puyehue (S. 565) und die Gegend um Torres del Paine (S. 602) sind empfehlenswert.

Die **Skisaison** geht von Juni bis Oktober. In Santiago gibt's ein paar Läden, wo man Skier leihen kann. Ansonsten bekommt man in den Skigebieten gleich alles im Paket. Auf zum Volcán Villarrica (S. 558), nach Chillán (S. 541) und in die anderen Gebiete rund um Santiago (S. 491)!

Hedonisten ziehen das **Eintauchen** in die therapeutischen heißen Quellen sicher vor. Der gesamte Bergrücken Chiles ist vulkanisch aktiv, deshalb kann das Land mit der gesamten Bandbreite vom bescheidenen Tümpel bis zum edlen Spa mit flauschigen Handtüchern aufwarten. Puritama (S. 522) außerhalb von San Pedro de Atacama, Los Pozones (S. 557) bei Pucón oder Puyehue (S. 565) sind einen Versuch wert, oder auch die Gegenden um Liquiñe und Coñaripe. Genießer werden auch auf Ausflügen zu den **Weinproben** in die Weinberge Zentralchiles (S. 535) und rund um Santiago (S. 492) auf ihre Kosten kommen.

ARBEITEN IN CHILE

Es ist durchaus möglich, als Lehrer für Englisch in Santiago Arbeit zu finden. Eine besonders gute Bezahlung darf man allerdings nicht erwarten. Im Süden gibt es wegen der Lachsindustrie immer mehr Nachfrage nach Englischlehrern und Übersetzern. Seriöse Arbeitgeber bestehen auf einer Arbeits- und Aufenthaltserlaubnis vom **Departamento de**

Extranjería (Karte S. 482 f.; ☎ 02-550-2400; Agustinas 1235, 1. Stock, Santiago; ⊙ Mo–Fr 9–14 Uhr), die aber immer schwerer zu kriegen ist.

BOTSCHAFTEN & KONSULATE

Zu Informationen zum Thema Visum, s. S. 619.

Botschaften & Konsulate in Chile

Wichtige Botschaften und Konsulate in Chile:

Argentinien Antofagasta (☎ 055-220-440; Blanco Encalada 1933); Puerto Montt (☎ 065-253-996; Cauquenes 94, 1. Stock); Punta Arenas (☎ 061-261-912; 21 de Mayo 1878); Santiago (Karte S. 482 f.; ☎ 02-582-2606; www.embargentina.cl; Vicuña Mackenna 41, Centro)

Bolivien Antofagasta (☎ 055-259-008; Jorge Washington 2675); Arica (☎ 058-231-030; www.rree.gov.bo; Patricio Lynch 298); Calama (☎ 055-341-976; Latorre 1395); Iquique (☎ 057-421-777; Gorostiaga 215, Dept E, Iquique); Santiago (☎ 02-232-8180; cgbolivia@manquehue.net; Av Santa María 2796, Las Condes)

Brasilien Punta Arenas (☎ 061-241-093; Arauco 769); Santiago (Karte S. 482 f.; ☎ 02-425-9230; www.embajadadebrasil.cl; MacIver 225, 14. Stock)

Deutschland Arica (☎ 058-231-657; Prat 391, 9. Stock, Oficina 101); Punta Arenas (☎ 061-212-866; Av El Bosque s/n, Lote 1, Manzana 8); Santiago (Karte S. 482 f.; ☎ 02-463-2500; www.embajadadealemania.cl; Las Hualtatas 5677, Vitacura)

Österreich Santiago (☎ 02-223-4774 Barros Errazuriz 1968, 3 piso, Santiago)

Peru Arica (☎ 058-231-020; 18 de Septiembre 1554); Iquique (☎ 057-411-466; Zegers 570, 1. Stock); Santiago (☎ 02-235-4600; conpersantiago@adsl.tie.cl; Padre Mariano 10, Oficina 309, Providencia)

Schweiz Santiago, Las Condes (☎ 02-263-4211; san.vertretung@eda.admin.ch, Américo Vespucio Sur 100, piso 14)

Chilenische Botschaften & Konsulate

Diplomatische Vertretungen Chiles:

Deutschland Berlin (☎ 030-726-2035; www.embajadaconsuladoschile.de; Mohrenstraße 42); Frankfurt (☎ 069-550-194; Humboldtstraße 94)

Österreich Wien (☎ 01-513-19-58; Lugeck 1/3/9)

Schweiz Bern (☎ 031-371-07-45; Eigerplatz 5)

BÜCHER

Der englische Lonely Planet Band *Chile & Easter Island* versorgt Traveller mit detaillierten Reiseinformationen und allem Wissenswerten. Die jährlich erneuerte und sehr informative Reihe von Turistel hat einzelne Bände über das nördliche, zentrale und südliche Chile, plus einen zusätzlichen zum Thema Camping. Gute Reisegefährten sind Sara Wheelers *Unterwegs in einem schmalen Land*, Charles Darwins *Die Fahrt der Beagle* und Nick Redings *The Last Cowboys at the End of the World: The Story of the Gauchos of Patagonia* oder auch: *Cape Horn and other Stories* von Francisco Coloane und die Anthologie *Chile: A Traveler's Literary Companion* (herausgegeben von Katherine Silver).

ESSEN & TRINKEN
Chilenische Küche
Das Beste von Chiles kulinarischem Angebot sind die unverarbeiteten Produkte. Auf dem Markt bekommt man alles, von Ziegenkäse bis zu Avocados, Granatäpfeln, gutem Joghurt, frischen Kräutern und einer phantastischen Vielfalt von Meeresfrüchten. Was die chilenische Küche an Würze und Vielseitigkeit vermissen lässt, macht sie mit der Menge wieder wett. Das Frühstück ist allerdings eher spartanisch, meistens gibt es Instantkaffee oder Tee, Brötchen und Marmelade. Bei einem herzhaften *menú del día* (preiswertes Tagesessen) zu Mittag kann man aber wieder auftanken. Es gibt dabei eine *cazuela* (Suppe), ein Hauptgericht mit Fisch oder Fleisch mit einer Kohlenhydratbeilage und fadem Gemüse. Die großen Märkte und *casinos de bomberos* (Restaurants der Feuerwehrleute) bieten billiges Essen an. Als Snacks kann man sich einen reichhaltigen *completo* (einen unter Mayo, Avocado, Tomate und Ketchup versteckten Hotdog) oder *humitas* (Maistamales) einverleiben. Die *empanadas* sind spitze, es gibt sie frittiert mit Käse oder Schellfisch oder *al horno* (gebacken) mit Fleisch, dann heißen sie *pino*.

Wer's ein bisschen schärfer mag, würzt mit *ají Chileno* nach. Ein Sandwich mit geschmolzenem Käse und Schinken ist ein *barros jarpa*, eins mit Steak ein *barros luco*. Beefsteak und grüne Bohnen ergeben ein *chacarrero*. *Lomo a lo pobre* nennt man hier Spiegeleier und Pommes auf Steak. *Chorrillana* ist ein arteriengefährdender Teller mit Bratkartoffeln, gegrillten Zwiebeln, Spiegeleiern und Steak. Meeresfrüchte gibt's massenweise, und sie sind unglaublich gut. *Caldillo de ...* ist eine herzhafte Suppe aus Fisch (oft Meeraal), gewürzt mit Zitrone, Koriander und Knoblauch. *Chupe*

de ... sind Meeresfrüchte, die in einer Mischung aus Butter, Semmelbröseln, Käse und Gewürzen gebacken wurden. *Paila marina* ist ein Eintopf aus Fisch und Schalentieren.

Die Leute im Süden essen eine Menge Kartoffeln in jeder Form. Im Sommer gibt's außerdem gegrilltes Lamm am Spieß (*asado de cordero*). Der deutsche Einfluss hat für eine große Vielfalt an Strudeln, Kuchen und Käsekuchen gesorgt. Auf Chiloé sollte man *milcao* (Kartoffelklöße) probieren und *curanto*: Fisch, Schalentiere, Huhn, Schwein, Lamm, Rindfleisch und Tomaten werden zusammen in einer Schüssel gekocht. Das reicht für zwei.

Getränke
Jährlich werden in Chile über 700 Mio. l Wein produziert, da darf sich ein Chilereisender auf keinen Fall die eigene Ration entgehen lassen. Carmenère ist wunderbar. Es gibt ihn nur noch in Chile (in Europa wurde diese Sorte durch eine Reblausplage fast ausgelöscht). Cabernet Sauvignon und der immer beliebter werdende Syrah sind auch zu empfehlen. Ordentliche Flaschen gibt's schon ab 4 US$. Für die Pfennigfuchser: Ein Schlauch Gato Negro ist besser als nichts.

Die beste Erfindung Chiles (und Perus) ist der *pisco sour*: Traubenbranntwein gemischt mit Zitronensaft, Eiweiß und Puderzucker. *Pisco* mit Cola ist ein *piscola*, *combinado* heißt das, wenn irgendein anderer Softdrink drin ist. *Bebidas* (Softdrinks) sind hier sowieso extrem beliebt. Zu den hiesigen Marken gehören das unglaublich süße Bilz und das ebenfalls etwas unglücklich benannte Pap. Im Süden ist das Leitungswasser in Ordnung. *Mote con huesillo*, den es am Straßenrand zu kaufen gibt, ist ein erfrischender Pfirsichnektar aus Gerste und mit Wasser verdünntem Pfirsichkonzentrat.

Instant-Nescafé ist eine landesweite Plage. Unternehmerisch veranlagte Ausländer, die planen, nach Chile auszuwandern, könnten eine Espressobar aufmachen. Ein paar gibt es schon. Mate (Tee aus Paraguay) wird vor allem in Patagonien viel getrunken. *Yuyos* (Kräutertees) sind auch sehr beliebt.

Kunstmann und Cólonos sind die besten Biermarken in Chile. Ein Bier vom Fass nennt man *schop*.

FEIERTAGE & FERIEN

An den folgenden nationalen Feiertagen sind Verwaltungsbüros und Geschäfte geschlossen:

Año Nuevo (Neujahr) 1. Januar
Semana Santa (Osterwoche) März/April
Día del Trabajador (Tag der Arbeit) 1. Mai
Glorias Navales (Seeschlacht von Iquique) 21. Mai
Corpus Christi (Fronleichnam) Mai/Juni
San Pedro y San Pablo (Tag der Heiligen Peter & Paul) 29. Juni
Asunción de la Virgen (Mariä Himmelfahrt) 15. August
Día de Unidad Nacional (Tag der nationalen Einheit) 1. Montag im September
Día de la Independencia Nacional (Unabhängigkeitstag) 18. September
Día del Ejército (Tag der Streitkräfte) 19. September
Día de la Raza (Tag des Kolumbus) 12. Oktober
Todos los Santos (Allerheiligen) 1. November
Inmaculada Concepción (Tag der unbefleckten Empfängnis) 8. Dezember
Navidad (Weihnachten) 25. Dezember

FESTIVALS & EVENTS

Im Januar und Februar veranstalten alle chilenischen Städte und auch alle Örtchen und Dörfer irgendeine Art von Show mit Livemusik, speziellen Feierlichkeiten und Feuerwerk. Die Touristeninformationen haben die genauen Termine. Religiöse Feiertage und die Fiestas Patrias sind weitere Festivitäten.

Festival Costumbrista Diese typischen Fiestas finden überall statt. Ein echtes patagonisches Rodeo bekommt man in Villa Cerro Castillo zu sehen.
Festival de la Virgen del Carmen Um die 40 000 Pilger huldigen Mitte Juli in Tirana Chiles Jungfrau. Es gibt jede Menge maskierte Menschen zu sehen und Tanz auf den Straßen.

FRAUEN UNTERWEGS

Keine Sorge. Verglichen mit ihren heißblütigen Nachbarn sind die chilenischen Männer absolut harmlos. Im Norden und in den zentralen Regionen sind sie schnell mit ihren *piropos* (Komplimenten) dabei. Aber diese hormonell bedingten Anwandlungen sind bereits erledigt, wenn sie ausgesprochen sind – nicht zu ernst nehmen! Das Nervigste ist eher, dass sie einen andauernd nach dem Alter fragen und ob man verheiratet sei. Viele *Chileanas* sind auch von ihren ausländischen Gegenübern eingeschüchtert und es kann anfangs schwierig sein, sie näher kennenzulernen.

FREIWILLIGENARBEIT

Erfahrenen Outdoor-Führern gelingt es vielleicht, in der arbeitsreichen Hochsaison Arbeit gegen Unterkunft zu tauschen. Das ist aber normalerweise nur möglich, wenn man die ganze Saison dabei bleibt. **Experiment Chile** (www.experiment.cl) organisiert 14-wöchige Sprach- und Freiwilligenprogramme. Sprachschulen haben oft auch die Möglichkeit, ihre Studenten in Freiwilligenarbeit unterzubringen. Die Non-Profit-Organisation **Un Techo Para Chile** (www.untechopara-chile.cl, spanisch) baut im ganzen Land Häuser für Menschen mit geringem Einkommen. Auf ihrer Website haben sie Kontaktinformationen für Leute, die an Freiwilligenarbeit interessiert sind. Der jährlich erscheinende *Directorio de Organizaciones Miembros* wird von **Renace** (Red Nacional de Acción Ecológica; www.renace.cl, spanisch) herausgegeben. Hier sind Umweltschutzorganisationen aufgelistet, die eventuell auch freiwillige Arbeiter nehmen.

GEFAHREN & ÄRGERNISSE

Verglichen mit anderen südamerikanischen Ländern ist Chile bemerkenswert sicher. In größeren Städten und an den Busbahnhöfen ist Kleindiebstahl ein Problem. Also immer ein Auge auf seine Sachen haben! Man kann auch die sichere Gepäckaufbewahrung in den Busbahnhöfen und den *hospedajes* nutzen. Im Sommer treiben sich die Diebe hauptsächlich am Strand herum. Auch einige Gebiete von Valparaíso sollte man besser meiden. Militäreinrichtungen zu fotografieren ist strengstens verboten. Zu den Gefahren der Natur gehören Erdbeben – heftige haben Chile schon erschüttert. Ebenso riskant sind die Strömungen vor der Küste. Die Badeplätze sehr sorgfältig auswählen und nach folgenden Schildern Ausschau halten: *„apta para bañar"* (Schwimmen in Ordnung) und *„no apta para bañar"* (Nicht schwimmen!). Chiles Hundemeute folgt einem überallhin, ist aber normalerweise harmlos.

GEFÜHRTE TOUREN

Der einzige Weg, einen abgelegenen kalbenden Gletscher zu erreichen, einen aktiven Vulkan zu besteigen oder auf einem Fluss zu raften ist, eine Tour zu buchen. Es gibt aber auch jede Menge Möglichkeiten, ungeführt aktiv zu werden – man muss nur sorgfältig planen. Es kann vorkommen, dass Anbieter einen englisch sprechenden Guide anpreisen, für seinen Service aber einen Aufpreis verlangen – vorher fragen! Beim Tourismus auf dem Land kann einheimische, spanisch sprechende Guides aus der Region zu vernünftigen Preisen anheuern – und kommt so zu Orten, von denen man sonst nie erfahren hätte.

GELD

Die aktuelle chilenische Währung ist der Peso (Ch$). Banknoten gibt es in den Nennwerten 500, 1000, 2000, 5000, 10000 und 20000 Pesos. Münzen kommen als 1, 5, 10, 50, 100 und 500 Pesos vor. In den ländlichen Gegenden kann es schwierig werden, Scheine über 5000 Ch$ zu wechseln. Das Personal in Tankstellen und Getränkeläden ist normalerweise hilfsbereit. Einfach ein entschuldigendes Gesicht aufsetzen und „¿Tiene suelto?" fragen.

Die Wechselkurse sind in der Regel in Santiago am besten. Dort gibt es auch einen munteren Markt für europäische Währungen. In den letzten Jahren war die chilenische Währung recht stabil. Im gesamten Band wurde der Wechselkurs 510 Ch$ für 1 US$ verwendet – es kann aber immer zu Schwankungen kommen. Der Wert des Dollars scheint während der Spitzenzeit der Touristensaison zu fallen, schießt aber, sobald der März kommt, wieder nach oben. Eine Rechnung in baren US-Dollar zu bezahlen, ist gelegentlich möglich, vor allem in Reisebüros. Aber ihre Wechselkurse sollte man sorgfältig prüfen. Viele Spitzenklassehotels geben Kurse für US-Dollar heraus, die unter dem Tageskurs liegen. Am besten ist es, alle Transaktionen in Pesos bezahlen.

Per Telegramm überwiesenes Geld sollte in ein paar Tagen da sein. Auf Anfrage können die chilenischen Banken auch US-Dollar herausgeben. Filialen der Western Union findet man in ganz Chile, normalerweise direkt neben der Post.

Feilschen

Nur auf einem Kunsthandwerksmarkt ist Handeln akzeptiert. Die Preise für Verkehrsmittel und Unterkünfte sind in der Regel festgelegt und öffentlich angeschrieben. Aber im gemächlichen Sommer oder in der Nebensaison kann man höflich nach einem Rabatt fragen, „¿Me podría hacer precio?".

Geldautomaten

Die vielen Geldautomaten in Chile sind als redbanc bekannt und der leichteste Weg, an Geld zu kommen. Wahrscheinlich wird die eigene Bank für eine Transaktion eine kleine Gebühr verlangen. Die meisten Geldautomaten haben Erklärungen auf Spanisch und Englisch. Vor Beginn der Transaktion muss man die Option „foreign card" (tarjeta extranjera) wählen. Man kann sich nicht darauf verlassen, dass es in San Pedro de Atacama (der einzige Geldautoamt bricht gerne mal zusammen), auf Rapa Nui oder in den kleinen Städten Patagoniens Geldautomaten gibt.

Geldwechsel

Beim Geldwechsel sind US-Dollar die bevorzugte Währung. Mit Bargeld bekommt man einen besseren Kurs als mit Reiseschecks und man spart die Gebühr. Wer Bargeld und Reiseschecks wechseln will, wird in den casas de cambios schneller bedient als in den Banken, aber die Kurse sind schlechter, genauso wie prinzipiell in abgelegenen Gegenden. Also lieber in größeren Städten Geld wechseln! In sehr touristischen Gebieten nehmen oder wechseln Hotels, Reisebüros und einige Läden auch US-Dollar. Geldwechsler, die auf der Straße arbeiten, bieten fast ähnliche Kurse. Die Vertretung von American Express ist die **Blanco Viajes** (☎ 02-636-9100; Gral Holley 148, Providencia, Santiago). Reiseschecks können bei der Banco del Estado und den meisten Wechselstuben eingelöst werden. Geldautomaten sind einfacher.

Zur Zeit der Drucklegung galten folgende Wechselkurse:

Land	Währung		Ch$
Eurozone	1 €	=	719
Schweiz	1 SFr	=	439
USA	1 US$	=	529

Kreditkarten

Die meisten ordentlichen Geschäfte akzeptieren Kreditkarten. Aber man sollte sich besser nicht darauf verlassen. Es kann passieren, dass der Käufer die 6 % Gebühr, die das Geschäft zahlt, selbst draufgelegt muss. Kreditkarten können auch nützlich sein, um bei der Einreise in ein anderes Land zu zeigen, dass man „flüssig" ist.

GESUNDHEIT

Die Krankenhäuser in Chile sind in Ordnung, aber private *clínicas* sind für Traveller die beste Option. Außer in der Atacamawüste und in Santiago kann man das Leitungswasser ruhig trinken. Im Norden gibt es am häufigsten Probleme mit der Höhenkrankheit und mit Dehydrierung. Das Ozonloch im Süden verursacht Sonnenbrand – für Sonnenschutz sorgen und Sonnenbrillen tragen! Für eine Reise durch Chile sind keine Impfungen nötig, aber wer auf Rapa Nui unterwegs ist, sollte sich über aktuelle Beschränkungen erkundigen und darüber, welche Dokumente man vorlegen muss. In kleineren Städten bekommt man keine Tampons. Weitere Informationen stehen im Kapitel Gesundheit (S. 1246).

INFOS IM INTERNET

Chiletouristik (www.chiletouristik.com/de/reisetipps. html) Runduminfos zu Touren, Unterkünften und zu Chile allgemein.

Chile Information Project (www.chip.cl) Informatives Material über alles von Menschenrechten bis zu völlig abgelegenen Zielen.

Chiloé (www.chiloeweb.com) Die besten Informationen über die Insel.

Patagonia Chile (www.patagonia-chile.com) Umfassende Listen für Touristen.

Rehue-Stiftung (www.xs4all.nl/~rehue) Links zur Geschichte, Themen und Events der Mapuche.

Sernatur (www.sernatur.cl) Informationen der staatlichen Tourismusorganisation.

Touristiklinks (www.touristiklinks.de/laender/ suedamerika/chile) Flüge, Touren, Unterkünfte.

INTERNETZUGANG

In den meisten Gegenden gibt's Internetzugang zu vernünftigen Preisen zwischen 1 und 6 US$ pro Stunde.

KARTEN & STADTPLÄNE

In Santiago verkauft das **Instituto Geográfico Militar** (Karte S. 482 f.; ☎ 02-460-6800; www.igm.cl, spanisch; Dieciocho 369, Centro; ☷ Mo–Fr 9–17.30 Uhr) geografische Karten der Region im Maßstab 1:50 000 für etwa 15 US$ pro Stück. Das sind die besten Orientierungshilfen, die für Trekker zu haben sind. Sie können aber schon überholt sein – in manchen Fällen haben Flüsse ihren Lauf verändert. Man kann die Karten auf der Website durchblättern und bestellen. Bei Conaf in Santiago darf man Pläne der Nationalparks kopieren.

JLM Mapas veröffentlicht Touristenkarten zu allen wichtigen Regionen und Wandergebieten im Maßstab 1:50 000 bis 1:500 000. Sie sind leicht zu benutzen und hilfreich. Aber man sollte sich nicht hundertprozentig auf sie verlassen.

Online-Karten sind in ihrer Qualität sehr unterschiedlich. **Plano Digital de Publiguías** (www.planos.cl, spanisch) hat Online-Stadtpläne, aber sich durch die Website zu klicken ist frustrierend. Pläne von Santiago bekommt man auf **Map City** (www.mapcity.cl, spanisch). Einige Webseiten der regionalen Regierungen haben interaktive Karten. Dort kann man in den großen Städten auch nach Straßennamen suchen. Wer mit dem Auto unterwegs ist, sollte sich den aktuellen *Turistel* (spanisch) leisten. Von diesem unentbehrlichen Straßenatlas erscheinen für die nördliche, zentrale und südliche Region jeweils separate Ausgaben.

KLIMA

Im nördlichen Chile ist das Wetter das ganze Jahr über gut. Aber auch im Sommer warme Kleider einpacken, dann ist man auf morgendlichen Nebel und große Höhen gut vorbereitet. Januar und Februar sind die regnerischen Monate. Einige Routen abseits der Hauptstrecken können dann Probleme machen.

Santiago und das zentrale Chile lassen sich am besten von September bis April genießen. Der Herbst ist dann eine erstklassige Ausrede, um in dieser Weinregion etwas zu trödeln. Von Dezember bis Ende Februar kann Santiago unerträglich heiß und voller Smog sein.

Oktober bis Ende April ist ideal für das Seengebiet und Patagonien. Man muss allerdings auf Regen vorbereitet sein. Camper sollten einen synthetischen Schlafsack mitbringen. Im äußersten Süden regiert der Wind. Sonnenschutz – Hut, Sonnenbrille, Sonnencreme usw. – sind lebenswichtig.

In ganz Chile, auch auf den Inseln, ist Mitte Dezember bis Mitte März Hochsaison. Das bedeutet: Die Preise steigen, die Unterkünfte sind überfüllt, es gibt Tonnen von Touristen (weil dann die meisten Chilenen unterwegs sind) und überbuchte Flüge und Busse.

In den „Allgemeinen Informationen" zu Südamerika (S. 1209) gibt's noch mehr Informationen und Klimatabellen.

KURSE

In Santiago und mehreren anderen Städten gibt's Spanischkurse.

Die **National Outdoor Leadership School** (in den USA ☎ 307-332-5300; www.nols.edu) hat ihr Hauptquartier in Coyhaique. Sie bietet ein 75 Tage langes „Semester in Patagonien" an. Man kann dort alles Notwendige für das Leben in der Wildnis der Berge erfahren, außerdem Kajakfahren auf dem Meer lernen und Naturwissenschaften mit Universitätsanspruch studieren. Die **Vinoteca** (☎ 02-335-2349; Isidora Goyenechea 2966, Las Condes) in Santiago organisiert Weinseminare. **Abtao** (☎ 02-211-5021; www.abtao.cl; El Director 5660, Las Condes, Santiago) arrangiert ausgewählte Kurse zum Ökosystem Chiles und seiner Flora und Fauna.

MEDIEN

El Mercurio (www.elmercurio.cl) ist Chiles älteste, konservative Tageszeitung. Sie hat nun endlich mit der eher links eingestellten *La Tercera* etwas Konkurrenz bekommen. *Últimas Noticias* und andere versuchen, die Aufmerksamkeit der Leser mit Titelseiten voller Busunfälle und Schießereien zu auf sich zu ziehen. **Estrategia** (www.estrategia.cl) mit ihren Finanzinformationen ist die beste Quelle zu Wechselkursen. Die **Santiago Times** (www.chip.cl) bedient die englischsprachige Bevölkerung. In den Regionalzeitungen kann man sich über die Ereignisse und Events vor Ort informieren. Die alternative *Clinic* versorgt ihr Publikum mit schneidenden Leitartikeln und Satiren über Politik und die chilenische Gesellschaft.

Das chilenische Fernsehen hat sich auf seichten Klatsch und Talentshows verlegt. Die ländliche Bevölkerung vor allem in Patagonien und auf den Chiloé-Inseln hat keinen Telefonanschluss. Sie ist in Sachen Kommunikation von den Radionachrichten abhängig.

ÖFFNUNGSZEITEN

Die Läden in Chile öffnen um 10 Uhr. Manche schließen gegen 13 Uhr über Mittag für zwei bis drei Stunden und machen dann wieder bis etwa 20 Uhr auf. Die Verwaltungsbüros und Unternehmen haben von 9 bis 18 Uhr geöffnet, Banken an den Wochentagen von 9 bis 14 Uhr. Die Touristeninformationen bleiben im Sommer jeden Tag lange offen. In der Nebensaison sind die Öffnungszeiten eingeschränkt. In vielen Provinzstädtchen und -städten haben die Restaurants und Dienstleistungseinrichtungen sonntags zu. Museen haben oft montags geschlossen. Die Öffnungszeiten der Restaurants variieren stark – viele machen nicht zum Frühstück auf und einige schließen während der Flaute zwischen Mittag und Abend.

POST

Correos de Chile (Postämter) haben wochentags von 9 bis 18 Uhr und sonntags von 9 bis 12 Uhr geöffnet. Wichtige Überseepost *certificado* senden, damit sie auch wirklich ankommt. Die Paktepost ist recht zuverlässig, es kann aber passieren, dass ein Angestellter das Paket überprüft, bevor er es annimmt. Anbieter in der Nähe der Post packen für ein wenig Geld die Pakete ein. Innerhalb von Chile kostet ein normaler Brief 0,42 US$ oder 1,30 US$ für Expresszustellung. Ein Luftpostbrief oder eine Postkarte nach Europa kostet 0,70 US$.

Wer innerhalb von Chile ein Paket verschicken will, sollte das mit dem *encomienda* (Bussystem) tun. Es ist sehr viel zuverlässiger. Dazu das Päckchen einfach zu der Busfirma tragen, die in die richtige Richtung fährt. Deutlich den Ort und den Namen der Person drauf schreiben, die das Paket abholen wird.

In Santiago kostet poste restante oder *lista de correos* (ein Aushang informiert über eingegangene Post) ungefähr 0,35 US$ pro Brief. Wer Post bekommen will, sollte unbedingt den Absenders sagen, dass sie die Adresse deutlich schreiben und ein „Señora" oder „Señor" davorsetzten. In Chile wird die Post nämlich in nach Geschlecht getrennten Listen sortiert. Alle Post wird einen Monat lang aufbewahrt.

REISEN MIT BEHINDERUNG

Chile kümmert sich immer noch nicht genug um die Bedürfnisse von Menschen mit Behinderungen. Begleitpersonen im Bus helfen beim Ein- und Aussteigen. Aber eine Unterkunft ohne Treppen oder mit Fluren zu finden, die breit genug für einen Rollstuhl sind, ist schwierig. Trotzdem sind die Chilenen sehr gastfreundlich und entgegenkommend: In Familienunterkünften wird man sich oft überschlagen, um helfen zu können.

SCHWULE & LESBEN

Chile ist immer noch ein konservativ und katholisch denkendes Land. Viele runzeln hier über Homosexuelle die Stirn. Die jüngere Generation ist aber schon sehr viel toleranter. Die Menschen in der Provinz sind in ihrer Einstellung gegenüber Schwulen aber sicher noch weit hinterher. Die Schwulenszene von Santiago (und die allgemeine Toleranz) hat sich dagegen sprunghaft verbessert und kommt in den letzten Jahren so richtig in Schwung. Vielleicht ist sie jetzt mit besonderem Elan erwacht, weil sie so lange Zeit schon im Untergrund existiert hat. Die meisten Schwulenbars und Nachtclubs kann man im Barrio Bellavista finden.

Gay Chile (www.gaychile.com) hat umfassende Infos für Schwule. Dazu gehören aktuelle Events, das Nachtleben von Santiago, Unterkunftsempfehlungen, gesetzliche und medizinische Ratschläge und medizinisches Personal. Beim Aufenthalt in Santiago nach der ersten chilenischen Zeitschrift Ausschau halten, die sich auf Schwule und andere gesellschaftlich nicht anerkannte Gruppen eingestellt hat: **Opus Gay** (www.opusgay.cl, spanisch) wurde scherzhaft nach der konservativen, katholischen Gruppe Opus Dei benannt.

Die wichtigste Schwulenorganisation in Chile ist **Movimiento Unificado de Minorías Sexuales** (MUMS; www.orgullogay.cl, spanisch).

SHOPPEN

Den tiefblauen Lapislazuli gibt es fast nur in Chile. Im Süden kann man jede Menge preisgünstige, aus Wolle gewebte Waren kaufen, besonders auf Chiloé. In der Araucanía findet man Schmuck und Korbwaren im Mapuchestil. Die künstlerischen Produkte im Norden ähneln denen aus Peru und Bolivien. Es gibt Essbares, das es wert ist, mitgeschleppt zu werden: *miel de ulmo* (Honig aus dem Süden) *mermelada de murta* (eine Marmelade aus roten Beeren) und Papayakonserven aus dem Elqui-Tal. In den Städten werden oft gute Antiquitäten angeboten, vor allem auf der Plaza O'Higgins in Valparaíso.

STROM

Die Stromspannung beträgt in Chile 220 V bei 50 Hz. Es werden Stecker mit zwei oder drei Stiften verwendet.

TELEFON

Die Vorwahl von Chile ist ☎ 56. Die zwei größten Telefongesellschaften sind Entel und Telefónica CTC. Beide haben Callcenter, in denen man in Einzelkabinen direkt telefonieren kann. Die meisten schließen um 22 Uhr. In einigen Centern stellt das Personal die Verbindung her, dann teilt es einem mit, in welche *cabina* der Anruf gelegt wurde. Ferngespräche basieren auf einem Trägerfrequenzsystem. Um einen Anruf zu tätigen, muss man den Telefoncode der jeweiligen Gesellschaft vorwählen, z. B. **Entel** (☎ 123) und **Telefónica CTC** (☎ 188). Wer ein R-Gespräch führen will, wählt ☎ 182, um eine Verbindung zu bekommen. Die Preise für internationale Gespräche sind angemessen.

Jeder Telefonanbieter stellt seine eigenen Telefonzellen auf, die dann nur die jeweiligen Karten und Münzen annehmen. Die *tarjetas telefónicas* (Telefonkarten) kann man an Kiosks kaufen. Ein Ortsgespräch kostet 100 Ch$ (ca. 0,20 US$) pro Minute und außerhalb der Spitzenzeiten (wochentags 8–20, Sa 8–14 Uhr) sogar nur 85 Ch$. Die Rufnummern der Zellen bestehen aus sieben Ziffern mit einer ☎ 09 davor. Wenn man von Zelle zu Zelle telefonieren möchte, die 0 weglassen. Bei einem Anruf von einer Zelle ins Festnetz die Vorwahl der jeweiligen Festnetzregion hinzufügen. Handys sind schon für 50 US$ zu haben. Man kann sie mit Prepaidkarten aufladen. Bei Handygesprächen zahlt wie üblich der Anrufer. Telefonate von Handy zum Festnetz sind sehr teuer und saugen die Prepaidkarte schnell leer.

TOILETTEN

Das benutzte Toilettenpapier in den Mülleimer stopfen – denn das empfindliche Röhrensystem in Chile ist damit normalerweise überfordert. Öffentliche Toiletten verlangen eine kleine Gebühr (0,20 US$). Man kann auch versuchen, ein (in der Regel sauberes) Restaurantklo zu finden. Toilettenpapier gehört nicht zum Service, man muss es selbst dabeihaben.

TOURISTENINFORMATION

Der Touristenservice des Landes ist **Sernatur** (☎ 600-737-62887; www.sernatur.cl, spanisch). Er hat in Santiago und den meisten Städten Büros. Wie hilfreich sie sind, ist sehr unterschiedlich. Aber normalerweise haben sie wenigstens Broschüren und Faltblätter. Viele Städte betreiben auch ihre eigenen Touristeninformationen, die sich dann meistens an der Hauptplaza oder am Busbahnhof befinden.

UNTERKÜNFTE

In den meisten beliebten Städten sind die Unterkünfte sehr schnell ausgebucht. Es ist also besser, vor der Ankunft zu reservieren. Die Preise im Sommer und in den Ferien können 10 bis 20 % höher liegen als im übrigen Jahr. Sernatur und die meisten städtischen Touristeninformationen haben Listen mit den registrierten Budgetunterkünften. HI betreibt in fast jeder größeren Stadt ein Hostel. Die sind allerdings nicht immer auch die beste Wahl. Mitgliederkarten kann man für 14 US$ bei einem der HI-Hostels oder im **HI-Büro** (☎ 02-233-3220; Hernando de Aguirre 201, Oficina 602, Providencia, Santiago) kaufen.

Viele Broschüren preisen beliebte Unterkünfte an. Nach „Backpacker's Best of Chile", „Hostels for Backpackers" und den Listen von SCS Scott Ausschau halten. Überall im Land gibt es ein Netzwerk von Hostels in europäischem Besitz, die alle Annehmlichkeiten bieten. Vor allem im Seengebiet vermieten Familien preisgünstige Zimmer. Die meisten sind mit Küchenbenutzung, warmen Duschen und Frühstück, auch wenn es normalerweise nur aus Brot und Instantkaffee besteht. Die besseren Hotels rechnen oft die 18 % IVA (Mehrwertsteuer) in den Preis mit ein. Für ausländische Traveller sollte das aber vom Touristenpreis abgezogen werden. Kleinere Hotels können diesen bürokratischen Schritt aber oft nicht ausführen. Bevor man ein Zimmer nimmt, sollte man sich darüber einig sein.

Der *Rutero-Camping*-Führer hat die besten Infos für Camper. Die meisten organisierten Zeltplätze sind auf Familien eingestellt. Sie bieten große Plätze, voll eingerichtete Bäder und Waschküchen, Feuerstellen, ein Restaurant oder eine Snackbar. Viele sind teuer, weil sie ein Minimum von fünf Personen berechnen. Man sollte versuchen, einen Preis pro Person zu bekommen. In abgelegeneren Regionen kann man manchmal kostenlos campen (ohne Einrichtungen). Gas heißt *vencina blanca* und wird in *ferreterias* (Eisenwarenläden) oder in größeren Supermärkten verkauft.

VERANTWORTUNGSBEWUSSTES REISEN

Wanderer sind dazu verpflichtet, ihren Müll wieder mitzunehmen und keine Spuren zu hinterlassen. Den *ahus* auf Rapa Nui und anderen Monumenten sollte man besonderen Respekt entgegenbringen. Immer seltener werdende Meeresfrüchtedelikatessen wie *locos* (Abalone) und *centolla* (Königskrabben) nicht während ihrer Brutzeit konsumieren! Keine Schnitzereien und Kunsthandwerk kaufen, die aus geschützten Materialien (Cardonkaktus im Norden und *alerce* im Süden) hergestellt wurden. Sich an die Aufforderung halten, das benutzte Klopapier in den Mülleimer zu werfen (fast überall). Der beste und einfachste Weg, in Chile Karmapunkte zu sammeln, ist freundlich und höflich zu sein.

VISA

Bürger der EU und Schweizer brauchen für die Einreise nach Chile kein Visum. Pässe sind obligatorisch und absolut notwendig, wenn man Reisechecks eintauschen, in ein Hotel einchecken oder irgendeine Routineangelegenheit regeln möchte.

Bei der Ankunft bekommt man eine 90 Tage gültige Touristenkarte. Nicht verlieren! Wenn es doch passiert, kann sich an die **Policía Internacional** (☎ 02-737-1292; Gral Borgoño 1052, Santiago; ☽ Mo–Fr 8.30–17 Uhr) oder die nächste Polizeistation wenden. Verlässt man Chile wieder, muss man die Touristenkarte vorzeigen.

Die Touristenkarte für weitere 90 Tage beim **Departamento de Extranjería** (Karte S. 482 f.; ☎ 02-550-2484; Agustinas 1235, 1. Stock, Santiago; ☽ Mo–Fr 9–14 Uhr) zu verlängern, kostet 100 US$. Viele Besucher springen lieber kurz über die argentinische Grenze und zurück. Auf S. 612 gibt's Infos zu Botschaften und Konsulaten.

Ecuador

HIGHLIGHTS

- **Galapagosinseln** – mit Pinguinen schnorcheln, meterlange Iguanas bestaunen, furchtlose Seevögel aus der Nähe betrachten und mit riesigen Mantarochen tauchen (S. 718)
- **El Oriente** – in Urwaldlodges übernachten, im ecuadorianischen Teil des Amazonasbeckens über tropische Flüsse gleiten und Kaimane, Brüllaffen und Faultiere entdecken (S. 688)
- **Parque Nacional Machalilla** – Buckelwale sichten und die einmaligen tropischen Trockenwälder im einzigen an der Küste gelegenen Nationalpark Ecuadors erkunden (S. 707)
- **Die Altstadt von Quito** – sich von den tranceähnlichen Klängen, unzähligen Gerüchen und der atemberaubenden Architektur des historischen Stadtzentrums von Quito in eine andere Welt entführen lassen (S. 637)
- **Abseits ausgetretener Pfade** – den Río Santiago hoch nach Playa de Oro fahren, wo die Goldschürfer, Urwaldkatzen und der magische Tropenwald die Sinne benebeln (S. 700)
- **Besonders empfehlenswert** – mit einem Milchlaster, zu Fuß oder im Sattel den Quilotoa Loop erkunden, eine der spektakulärsten Anden-Straßen (S. 667)

KURZINFOS

- **Berühmt für:** die Galapagosinseln
- **Bester Straßensnack:** *empanadas de verde* (Kochbananen-Empanadas)
- **Bestes Schnäppchen:** Wollpullover
- **Bevölkerung:** 12 Mio.
- **Fläche:** 283 560 km² (ungefähr so groß wie Großbritannien und Nordirland)
- **Floskeln:** *bacán* (cool), *¡guácala!* (ekelhaft), *farra* (Party)
- **Geld:** US$; 1 € = 1,32 US$, 1 SFr = 0,81 US$
- **Hauptstadt:** Quito
- **Landesvorwahl:** ☎ 593
- **Preise:** Zimmer im Budgethotel in Quito 6 US$, Flasche Bier 1 US$, Eintritt in den Nationalpark 10–20 US$
- **Reisekosten:** 15–20 US$ pro Tag
- **Sprachen:** Spanisch, Quichua
- **Trinkgeld:** 10 % in Restaurants; allen Reiseführern Trinkgeld geben!
- **Visa:** EU-Bürger und Schweizer brauchen nur einen gültigen Reisepass
- **Zeit:** MEZ −6 Std.

TIPPS FÜR UNTERWEGS

Mit leichtem Gepäck auf Tour gehen, dann darf der Rucksack auch in den Bus mitgenommen werden. Wer ein *almuerzo* (Mittagsmenü) bestellt und auf Märkten einkauft, spart Geld.

VON LAND ZU LAND

Die wichtigen Grenzübergänge sind in Ipiales (Kolumbien), Tumbes/Aguas Verdes, La Tina und La Balsa (Peru), außerdem über Iquitos/Nuevo Rocafuerte (auf dem Flussweg nach Peru).

Nirgendwo sonst auf der Erde bietet die Natur eine solche Fülle – und den damit verbundenen Spaß – auf so engem Raum. Ecuador ist das zweitkleinste Land Südamerikas, und umso erstaunlicher ist seine landschaftliche Vielfalt. Wer an einem Tag noch fröstelnd auf einem Markt in den Anden in handgewebten Pullovern wühlt, kann schon am nächsten Tag schwitzend Brüllaffen im Regenwald beobachten.

Für Naturliebhaber ist Ecuador ein Traum: Das hungrige Auge erwarten exotische Orchideen und Vögel, bizarre Urwaldpflanzen, merkwürdige Insekten, windgepeitschter *páramo* (Grasland in Höhenlage), tropfnasse Tropenwälder und furchtlose Tiere, die rund um die Galapagosinseln hüpfen, watscheln und schwimmen. Den Adrenalinjunkies bieten sich abenteuerliche Möglichkeiten im Weltklasseformat: Klettern, Bergwandern, Wandern und Raften. Wer voll und ganz im Reiten, Wandern oder Surfen aufgeht, verlässt Ecuador mit einem heftigen Muskelkater, aber glücklich. Den kulturbeflissenen Traveller belohnt das Land mit einem lebendigen indigenen Erbe, inklusive traditioneller Trachten und Hochlandmärkte, wo der konstante Rhythmus der Klänge und Bewegungen ihn langsam in einen trancehaften Geisteszustand versetzt.

AKTUELLE ENTWICKLUNGEN

Die von den Präsidenten Ecuadors verfolgte Politik hat stets was Dramatisches (das Land hatte in den letzten zehn Jahren sieben Präsidenten). Der ins Exil vertriebene ehemalige Präsident Lucio Gutiérrez kehrte im Oktober 2005 überraschend nach Ecuador zurück, behauptete, das rechtmäßige Oberhaupt des Landes zu sein und kam sofort ins Gefängnis. Die Zeit in Gefangenschaft mag seinen „Thronanspruch" gemildert haben, aber geläutert hat sie ihn nicht: Als Gutiérrez im März 2006 entlassen wurde, wollte er wieder für das Präsidentenamt kandidieren, aber das Oberste Wahlorgan Ecuadors verhinderte, dass er auf die Kandidatenliste kam.

In einem Land, in dem die Gewinne durch Öl fast die Hälfte des nationalen Budgets ausmachen, ist dieser Rohstoff ein wichtiges Thema. Es gilt, bezüglich der Entwicklungen im Chevron-Texaco-Fall die Ohren offenzuhalten: Das Unternehmen ist noch immer in einen Rechtsstreit involviert, der nach einer Gemeinschaftsklage von 30 000 Ecuadorianern begonnen hat. Sie behaupten, dass Chevron Texaco absichtlich 80 Mio. l Giftmüll in den Amazonas gekippt hat. Die Folge: unermessliche Umweltschäden und zwei indigene Kulturen kurz vor dem Aussterben.

Die Freihandelsgespräche mit Washington kamen im März 2006 zum Erliegen, nachdem die Proteste der indigenen Bevölkerung gegen den Freihandel die Nation paralysiert hatten. Die USA brachen die Verhandlungen ab, nachdem der ecuadorianische Kongress ein Gesetz verabschiedet

hatte, das 50 % der unerwarteten Gewinne ausländischer Ölfirmen in sein Staatssäckel befördern würde – und das zu einer Zeit weltweit hoher Ölpreise.

Doch nicht alle Nachrichten sind so düster. Im Oktober 2005 qualifizierte sich Ecuador zum zweiten Mal für die Fußballweltmeisterschaft, was zwei Tage lang mit Musik und Feuerwerk gefeiert wurde. Schätzungsweise 25 % der Ecuadorianer sind Angehörige indigener Gruppen – so ist vielleicht nicht überraschend, dass ein ecuadorianischer Schamane im April 2006 alle zwölf Austragungsorte der WM besucht hat, um vor Turnierbeginn die bösen Geister vom Fußballplatz zu vertreiben. Der Talisman muss gewirkt haben: Ecuador erreichte das Achtelfinale, was keiner für möglich gehalten hätte, und wurde schließlich erst von England besiegt.

GESCHICHTE

Die Geschichte Ecuadors spiegelt sich in seinen Straßenschildern wider. Wer nur einen Tag lang in Quito umherläuft und die Stadt von der Av de Los Shyris (benannt nach einem Stamm aus dem nördlichen Hochland aus der Präinkazeit) bis ins Viertel Mariscal Sucre (größter Nationalheld Ecuadors) durchstreift, kann schon einiges über die Geschichte Ecuadors lernen.

Die frühen Kulturen

Die ältesten Werkzeuge, die in Ecuador gefunden wurden, sind von 9000 v. Chr. Schon während der Steinzeit lebten also Menschen in der Region. Die wichtigsten frühen Gemeinschaften bildeten sich entlang der

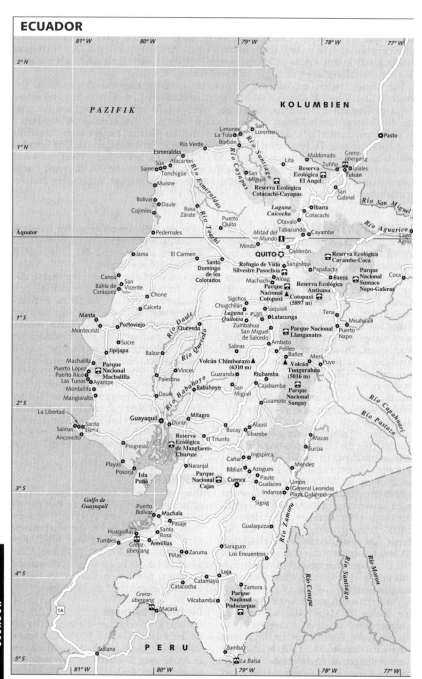

Küste, in einer Landschaft, die sich eher zum Leben eignete als das karge Hochland. Die erste Kultur, die dauerhaft in Ecuador siedelte, war die Valdivia-Kultur. Sie entstand vor fast 6000 Jahren entlang der Küste der Halbinsel Santa Elena.

Bis zum 11. Jh. hatten sich in Ecuador zwei Hauptkulturen entwickelt: die expansionswütige Cara-Kultur an der Küste und die friedliebende Quitu-Kultur im Hochland. Die beiden Gruppen verschmolzen und wurden bekannt als die Quitu-Cara- oder Shyris-Zivilisation. Diese war bis ins 14. Jh. hinein die treibende Kraft im Hochland, dann wurden die Puruhá aus dem zentralen Hochland immer mächtiger. Die dritte wichtige Gruppe waren die Cañari, die weiter südlich siedelten. Auf diese drei Kulturen trafen die Inka, als sie vom heutigen Peru aus begannen, sich Richtung Norden auszubreiten.

Das Land der vier Himmelsrichtungen

Bis Anfang des 15. Jhs. konzentrierte sich das Inkareich rund um Cusco in Peru. Das änderte sich während der Herrschaft des Inkas Pachacuti dramatisch, dessen expansionistische Politik die Erschaffung des riesigen Inkaimperiums Tahuantinsuyo in Gang setzte. In Quichua (oder Quechua, wie die Sprache anderswo in Südamerika heißt) bedeutet dieser Name „Land der vier Himmelsrichtungen". Als die Inka Ecuador erreichten, war Tupac Yupanqui, Pachacutis Nachfolger ihr Herrscher. Sie trafen auf heftigen Widerstand sowohl der Cañari als auch der Quitu-Cara. In einem Kampf metzelten die Inka Tausende Cara nieder und warfen sie in der Nähe von Otavalo (S. 655) in einen See, dessen Wasser sich daraufhin rot gefärbt haben soll. Er wurde deshalb Laguna Yaguarcocha genannt, Blutsee.

Der Norden war viele Jahre lang unterjocht. Der Inka Tupac bekam einen Sohn mit einer Cañari-Prinzessin. Dieser Sohn, Huayna Capac, wuchs in Ecuador auf und folgte seinem Vater auf den Inkathron. Huayna Capac hatte seinerseits zwei Söhne: Atahualpa, der in Quito aufwuchs, und Huáscar, der in Cusco erzogen wurde.

Als Huayna Capac 1526 starb, vermachte er sein Reich nicht nach alter Sitte einem Sohn, sondern beiden. Zwischen den Söhnen entstand eine Rivalität, die schließlich in einem Bürgerkrieg mündete. Nach mehreren Jahren des Kampfes besiegte Atahualpa seinen Bruder Huáscar in der Nähe von Ambato im zentralen Ecuador. So regierte Atahualpa ein geschwächtes und noch immer geteiltes Inkareich, als Francisco Pizarro 1532 in Peru landete.

Das schmutzige Spiel der Spanier

Pizarros Vorstoß war schnell und dramatisch: Er instrumentalisierte die Zwietracht innerhalb des Inkareiches und zog viele ethnische Gruppen auf seine Seite, die nicht zu den Inkas gehörten, sondern erst vor Kurzem von ihnen unterworfen worden waren. Das Ausschlaggebende aber war der Ausrüstungsunterschied der Gegner: Die Inkakrieger kämpften zu Fuß gegen die berittenen, gepanzerten Conquistadores. Sie waren ihnen nicht gewachsen und wurden zu Tausenden abgeschlachtet. Innerhalb von drei Jahren erlangten die Spanier die Kontrolle über das ehemalige Inkareich – auch, indem sie die Inkaherrscher bei mehreren Gelegenheiten betrogen.

Die neue Heimat

Ab 1535 verlief die Kolonialzeit ohne größere Aufstände der einheimischen Ecuadorianer. 1540 machte Francisco Pizarro seinen Bruder Gonzalo zum Gouverneur von Quito. In der Hoffnung, weiteres Gold zu finden, schickte Gonzalo seinen Leutnant Francisco de Orellana los, das Amazonasgebiet zu erkunden. Am Ende schipperten dieser und seine Mannen bis zum Atlantik und waren damit die ersten, die den gesamten Amazonas hinunterfuhren und den Kontinent durchquerten. Noch heute gedenkt man in Ecuador dieser Fahrt, die fast ein Jahr dauerte.

Während der ersten Jahrhunderte der Kolonialherrschaft war Lima in Peru der Regierungssitz Ecuadors. Ecuador war ursprünglich eine *gobernación* (Provinz) und wurde 1563 zur Real Audiencia de Quito (Königliche Audienz von Quito), wodurch es politisch wichtiger wurde. Die Audiencia gehörte zum Vizekönigreich Peru, 1739 wurde sie dann dem Vizekönigreich Kolumbien zugeführt, das damals Nueva Granada hieß.

Ecuador blieb während dieser Jahrhunderte eine friedliche Kolonie, in der Landwirtschaft und Künste florierten. Auf jedem heiligen Fleck der ursprünglichen Einwohner wurden Kirchen und Klöster erbaut und mit einzigartigen Schnitzereien und Malereien verziert, die das Ergebnis eines spanisch-indigenen Kunstmixes waren. Die sogenannte Escuela Quiteña (Quito-Schule) wird noch heute von Ecuadors Besuchern bewundert. Sie hat sowohl die Kolonialgebäude dieser Zeit als auch Ecuadors einzigartige Kunstgeschichte stark geprägt.

Die Kolonialherren führten ein angenehmes Leben, aber die indigenen Einwohner – und später die *mestizos* (Menschen mit spanischen wie indigenen Wurzeln) – wurden unter deren Herrschaft schlecht behandelt. Das System der Zwangsarbeit wurde nicht nur geduldet, sondern noch unterstützt. Und so überrascht es nicht, dass die indigenen Gruppen im 18. Jh. mehrere Aufstände gegen die herrschenden Klassen der Spanier anzettelten. Soziale Unruhen und die Einrichtung von Kakao- und Zuckerplantagen im Nordwesten veranlassten Grundbesitzer, afrikanische Arbeitssklaven zu importieren. Ein Großteil der reichen afro-ecuadorianischen Kultur, die man heute in der Provinz Esmeraldas findet, ist ein Erbe aus dieser Zeit.

Adiós, Spanien

Der erste ernsthafte Versuch, sich von den Spaniern zu befreien, fand am 10. August 1809 statt. Er wurde von einer von Juan Pío Montúfar angeführten Partisanengruppe unternommen. Diese nahm Quito ein und installierte dort eine Regierung, aber die königstreuen Truppen erlangten innerhalb von nur 24 Tagen wieder die Kontrolle.

Ein Jahrzehnt später befreite Simón Bolívar, ein venezolanischer Nationalheld, auf seinem Marsch südwärts von Caracas Kolumbien. Bolívar unterstützte die Bewohner von Guayaquil, als sie am 9. Oktober 1820 ihre Unabhängigkeit erklärten. Es dauerte jedoch weitere zwei Jahre, bis Ecuador sich endgültig von der spanischen Herrschaft befreien konnte. Die entscheidende Schlacht fand am 24. Mai 1822 statt, als einer der besten Generäle Bolívars, Mariscal (Feldmarschall) Sucre, die Royalisten bei Pichincha besiegte und Quito einnahm.

Bolívar träumte von einem vereinten Südamerika und verschmolz Venezuela, Kolumbien und Ecuador zum unabhängigen Staat Großkolumbien. Der hatte aber nur acht Jahre Bestand, und im Jahr 1830 erlangte

Ecuador die vollständige Unabhängigkeit. Im selben Jahr wurde ein Vertrag mit Peru unterzeichnet, der die Grenze zwischen den beiden Nationen festlegte.

Liberale gegen Konservative

Nachdem Ecuador von Spanien unabhängig war, nahm die Geschichte ihren Verlauf: Die typisch lateinamerikanischen politischen Kämpfe zwischen Liberalen und Konservativen begannen. Quito entwickelte sich zum Hauptzentrum der kirchlich unterstützten Konservativen, während Guayaquil traditionell als liberal und sozialistisch angesehen wurde. Die Rivalität zwischen diesen Gruppen eskalierte oft und extrem gewalttätig: 1875 wurde der konservative Präsident García Moreno erschossen, und der liberale Präsident Eloy Alfaro wurde 1912 in Quito von Demonstranten getötet und öffentlich verbrannt. Die Rivalität zwischen den beiden Städten besteht auf sozialer Ebene noch heute (s. „Mentalität", S. 626). Mit der Zeit übernahm das Militär die Kontrolle, sodass Ecuador im 20. Jh. länger unter militärischer Herrschaft stand als unter ziviler.

Krieg mit Peru

1941 versuchte Peru, fast die Hälfte des ecuadorianischen Territoriums einzunehmen. Zwischen den beiden Nationen brach Krieg aus. Minister aus ganz Amerika trafen sich 1942 zu einer Konferenz und legten im Protokoll von Rio de Janeiro schließlich die Grenze neu fest. Ecuador hat diese Grenze nie anerkannt, und das führte immer wieder zu kleineren Auseinandersetzungen mit Peru. Die ernsthafteste war ein kurzer Krieg Anfang 1995, als mehrere Dutzend Soldaten auf beiden Seiten getötet wurden. Nach weiteren Kampfhandlungen im Jahr 1998 legten Peru und Ecuador den Konflikt schließlich bei und Peru behielt den Großteil des strittigen Landes.

Jüngste politische Entwicklungen

Die jüngste demokratische Phase in Ecuador begann 1979 mit der Wahl von Präsident Jaime Roldos Aguilera. In den folgenden 20 Jahren wechselten sich Liberale und Konservative mit dem Regieren ab.

Aus der Wahl von 1998 ging Jamil Mahuad, ein ehemaliger Bürgermeister von Quito, als Sieger hervor und wurde sofort auf die Probe gestellt. Die verheerenden Folgen von El Niño und der schwächelnde Ölmarkt von 1997 und 1998 brachte die Wirtschaft 1999 ins Trudeln. Der Sucre, die ehemalige Währung von Ecuador, sackte bis Januar 2000 von etwa 7000 für 1 US$ auf 25 000. Die Lage geriet außer Kontrolle.

Dollarisierung: ein heikles Thema

Als Mahuad seinen Plan vorstellte, die nationale Währung gegen den US-Dollar auszutauschen, brach im Land heftiger Protest aus. Am 21. Januar 2000 legten Demonstrationszüge die Hauptstadt lahm. Die Protestler besetzten das ecuadorianische Kongressgebäude und zwangen Mahuad zum Rücktritt. Ihre Anführer waren Antonio Vargas, Coronel Lucio Gutiérrez und der ehemalige Präsident des obersten Gerichtshofs Carlos Solorzano, der die Präsidentschaft sofort an den ehemaligen Vizepräsidenten Gustavo Noboa übergab. Noboa setzte die „Dollarisierung" fort, und im September 2000 wurde der US-Dollar offizielle Landeswährung.

Präsidenten kommen und gehen

2002 wurde Präsident Noboa vom ehemaligen Protestanführer Lucio Gutiérrez abgelöst, dem seine populistischen Pläne und die Versprechungen, der Korruption in der Regierung ein Ende zu setzen, bei der Wahl die entscheidende Unterstützung der indigenen Bevölkerung einbrachte. Aber schon kurz nach der Amtsübernahme machte Gutiérrez bei den radikalen Reformen einen Rückzieher und führte, ermutigt vom Internationalen Währungsfonds IWF, strenge Maßnahmen durch, um die massiven Schulden des Landes in den Griff zu bekommen. Und als ob das noch nicht genug gewesen wäre, um die Bevölkerung gegen sich aufzubringen, enthob Gutiérrez die meisten Mitglieder des obersten Gerichts Ende 2004 ihrer Ämter. Dadurch konnte er seine Rivalen aus dem Gericht drängen, die Verfassung ändern und so dafür sorgen, dass die Korruptionsanklage gegen seinen ehemaligen Verbündeten, den allgemein verhassten Ex-Präsidenten Antonio Bucaram, fallen gelassen wurde. Es überrascht nicht, dass in der Hauptstadt heftige Proteste ausbrachen. Im April 2005 wählte der Kongress Gutiérrez schließlich ab und ersetzte ihn durch Vizepräsident Alfredo Palacio. Welche negativen Entwicklungen einsetzten, nachdem Palacio das Präsidentenamt übernommen hatte, steht im Kapitel „Aktuelle Entwicklungen" (S. 621). Inzwischen hat aber auch Palacio schon einen Nachfolger gefunden: Am 15. Januar 2007 wurde dieser vom linksgerichteten Politiker und ehemaligen Wirtschafts- und Finanzminister Rafael Correa abgelöst.

KULTUR
Mentalität
Die meisten Ecuadorianer haben drei Dinge gemeinsam: den Stolz auf die Naturschätze ihres Landes (seine Schönheit und seine Ressourcen), die Abscheu gegenüber korrupten Politikern, die eine Neuverteilung der Schätze versprechen und dabei weiter in die eigene Tasche wirtschaften, und den Verwandten im Ausland (mehr als 10 % der Bevölkerung – etwa 1,3 Mio. Menschen – haben Ecuador verlassen, um anderswo Arbeit zu suchen).

Darüberhinaus scheiden sich die Geister, und die Einstellungen ändern sich mit der Höhenlage. *Serranos* (Menschen aus den Bergen) und *costeños* (Menschen von der Küste) können stundenlang erzählen, warum sie anders (soll heißen: besser) sind als die anderen. Analog zur historischen Rivalität zwischen den konservativen *quiteños* (Bewohnern von Quito) und den liberaleren *guayaquileños* (Leuten aus Guayaquil) nennen die *serranos* die Menschen von der Küste *monos* (Affen) und sagen, diese seien faul und würden lieber feiern als ihre Städte sauber zu halten. Die *costeños* finden, die *serranos* seien zugeknöpft, elitär und würden alles unnötig bürokratisieren. Natürlich machen die *serranos* in Scharen Ferien an der Küste. Und die *costeños* schwärmen von den kühlen Abenden im Hochland.

Lebensart
Wie ein Ecuadorianer lebt, hängt von der Geografie und der Zugehörigkeit zu einer bestimmten Ethnie und Klasse ab. Eine arme *campesino-* (Kleinbauern-)Familie, die den mageren Vulkanboden im steilen Hochland bestellt, lebt ganz anders als eine Fischerfamilie an der Küste, die zwischen Mangroven in der Provinz Esmeraldas wohnt, und wieder anders als eine Familie aus den Slums von Guayaquil. Eine indigene Saragurofamilie, die im südlichen Hochland Vieh aus Gemeinschaftsbesitz hütet, führt ein völlig anderes Leben als eine *quinteño-*

Familie aus der Oberschicht, die drei Hausangestellte, einen neuen Computer und in der Garage einen Mercedes hat.

Etwa 60 bis 70 % der Ecuadorianer leben unterhalb des Existenzminimums. Die permanente Sorgen der meisten Ecuadorianer gelten Brennmaterial und Nahrungsmitteln. Aber fast alle Traveller, die zum ersten Mal herkommen, stellen mit Erstaunen fest, dass selbst die ärmsten Ecuadorianer eine Offenheit ausstrahlen, eine Großzügigkeit und Zufriedenheit, die man in hochentwickelten Ländern nur selten findet. Fiestas feiern alle mit Eifer, und manchmal kriegt man nachts kein Auge zu, weil nebenan lautstark eine Geburtstagsparty läuft.

Bevölkerung
Von allen Ländern Südamerikas hat Ecuador die höchste Bevölkerungsdichte – etwa 45 Menschen leben auf 1 km². Trotzdem wirkt das Land noch immer sehr unberührt, denn 30 % der Bevölkerung leben auf engstem Raum in den Städten Quito und Guayaquil und weitere 30 % in anderen urbanen Gegenden Ecuadors. Fast die Hälfte der Menschen wohnt an der Küste (einschl. der Galapagosinseln), und etwa 45 % im Hochland. Der Rest lebt im Oriente, wo die Besiedlung langsam fortschreitet.

Mestizos sind etwa 65 % der Ecuadorianer, 25 % haben indigene Wurzeln, 7 % spanische, und 3 % sind Nachfahren von Afrikanern. Andere ethnische Gruppen machen weniger als 1 % aus. Die meisten Menschen indigener Herkunft sprechen Quichua und leben im Hochland. Einige kleinere Gruppen sind im Tiefland anzutreffen.

SPORT
Der Nationalsport – das überrascht kaum – ist *futból* (Fußball). Jeden Samstag und Sonntag finden in Quito und Guayaquil Spiele der höchsten Liga statt, und überall gibt es spontane Spiele. Des beste Team des Landes ist Barcelona (aus Guayaquil), obwohl man das in der Gegend von Quito lieber nicht laut sagen sollte. Auch Volleyball spielt eine große Rolle, und die Leute in den Bergen lieben den Stierkampf. In der ersten Dezemberwoche hat er in Quito Hochsaison. Ein anderer Lieblingssport Ecuadors ist *pelea de gallos*: Hahnenkampf. Eine Stadt ohne einen Hahnenkampfring ist keine Stadt.

RELIGION

Die Hauptglaubensrichtung ist römisch-katholisch, obwohl es auch eine kleine Minderheit anderer Kirchen gibt. Die indigenen Gruppen vermischen den Katholizismus mit eigenen traditionellen religiösen Vorstellungen.

KUNST & KULTUR
Architektur

Viele Kirchen Quitos wurden während der Kolonialzeit erbaut, und die Architekten waren inspiriert von der Quito-Schule (s. „Bildende Künste", rechte Spalte). Außerdem lassen die Kirchen oft maurische Einflüsse erkennen, besonders was das Innendekor betrifft. Der als *mudéjar* bekannte Stil spiegelt eine Bauweise wider, die sich zu Beginn des 12. Jhs. in Spanien entwickelte. Insgesamt ist die Architektur der kolonialen Kirchen überaus prunkvoll – Barock eben.

Viele Häuser aus der Kolonialzeit sind zweistöckig und haben verzierte Balkone am Obergeschoss. Die Wände sind weiß getüncht und die Dächer mit roten Ziegeln gedeckt. Die Altstädte von Quito und Cuenca sind von der Unesco anerkannte Weltkulturdenkmäler. In beiden Orten gibt es wunderbar erhaltene koloniale Architektur in Hülle und Fülle.

Musik

Die *música folklórica* (traditionelle Andenmusik) hat einen charakteristischen, eindringlichen Klang, der durch Songs wie Paul Simons Version von „El Cóndor Pasa" („If I Could") im Westen bekannt wurde. Ihre Fremdartigkeit ist durch die pentatonische Tonleiter (Fünfton) und die Verwendung von präkolumbischen Blas- und Schlaginstrumenten begründet, die an das vom Wind gepeitschte *páramo*-Leben erinnern. Den größten Hörgenuss verspricht eine *peña* (Club für volkstümliche Musik oder Vorführung).

Das nordwestliche Ecuador, besonders die Provinz Esmeraldas, ist berühmt für die Marimbaklänge. Marimba war ursprünglich die Musik der afro-ecuadorianischen Bevölkerung des Landes. Es wird immer schwieriger, sie live zu erleben, denn viele Afro-Ecuadorianer spielen heute eher Salsa oder andere musikalische Stilrichtungen.

Eine Musik, der man nicht entgehen kann, ist Cumbia. Ihre Rhythmen erinnern an ein trabendes, dreibeiniges Pferd. Cumbia kommt ursprünglich aus Kolumbien und hat in ihrer ecuadorianischen Ausprägung einen raueren (fast amateurhaften), melancholischen Klang, bei dem das elektronische Keyboard dominiert. Busfahrer lieben diese Musik, vielleicht weil sie auf merkwürdige Art zu den Reisen durch die Nebenstraßen der Anden passt.

Was die Jugendkultur anbelangt, so ist der aus der Karibik stammende *reggaetón* (eine Mischung aus puertoricanischem *bomba*, Dancehall und Hip-Hop) heute praktisch die einzige Musikrichtung, und die wird von allen überall gehört. Die einzigen Jugendlichen in Ecuador, die diese Musik nicht mögen, sind die *rockeros* (Rocker), die Heavy Metal aus dem Ausland oder poppige Rock-'n'-Roll-Klänge ecuadorianischer Bands wie Kruks en Carnak, Hijos de Quién und Sal y Mileto bevorzugen.

Bildende Künste

Die religiöse Kunst der Kolonialzeit ist in vielen Kirchen und Museen zu bewundern, besonders in Quito. Sie stammt von indigenen Künstlern, die bei den spanischen Conquistadores in die Schule gingen. Sie übernahmen die religiösen Ideen der Spanier, ließen aber ihre eigenen Glaubensvorstellungen einfließen. So entstand eine einzigartige religiöse Kunst, die bekannt ist unter dem Namen Escuela Quiteña. Die Quito-Schule ging dann mit der Unabhängigkeit verloren.

Das 19. Jh. wird als republikanische Periode bezeichnet. Typisch für die Kunst dieser Zeit ist der Formalismus. Lieblingsthemen waren Helden der Revolution, wichtige Mitglieder aus der High Society der neuen Republik und blühende Landschaften.

Im 20. Jh. entstand die indigene Schule, deren verbindendes Thema die Unterdrückung der indigenen Bevölkerung von Ecuador ist. Wichtige Künstler der sogenannten *indigenista* sind Camilo Egas (1889–1962), Oswaldo Guayasamín (1919–99), Eduardo Kingman (1913–97) und Gonzalo Endara Crow (geb. 1936). Besucher können (und sollten!) sich die Werke dieser Künstler in den Galerien und Museen von Quito ansehen. Die ehemaligen Wohnhäuser von Egas und Guayasamín (auch in Quito) sind heute Museen, die ihre Arbeiten ausstellen.

Kino

Ecuadors international renommiertester Regisseur ist Sebastián Cordero. Sein Film *Kleine Ratten* (1999) erzählt die Geschichte eines Kindes aus Quito, dessen eben aus dem Gefängnis entlassener Cousin ihn in den Strudel der Straßenkriminalität zieht. Der Film gibt einen Einblick in die dunkle Seite der Hauptstadt – die man sonst wahrscheinlich nicht zu sehen kriegt. Corderos neuer Film *Crónicas – Das Monster von Babahoyo* (2004) spielt in einer küstennahen Stadt im Tiefland und handelt von einem krummen Deal zwischen einem Serienmörder und einem Reporter aus Miami.

Literatur

Ecuadorianische Literatur ist außerhalb Lateinamerikas ziemlich unbekannt, aber der Roman *Huasipungo* des indigenen Autors Jorge Icaza – eine naturalistische Schilderung der ärmlichen Bedingungen auf Haziendas in den Anden Anfang des 20. Jhs. – ist auf Deutsch erschienen unter dem Titel *Huasipungo. Roman aus Ecuador*. Ebenfalls lesenswert ist das englische Buch *Fire from the Andes: Short Fiction by Women from Bolivia, Ecuador & Peru*, herausgegeben von Susan E. Benner und Kathy S. Leonard.

NATUR & UMWELT
Geografie

Obwohl Ecuador so klein ist, ist es eines der Länder mit der größten geografischen Vielfalt weltweit. Es lässt sich in drei Regionen teilen: Das Rückgrat bilden die Anden, westlich der Berge liegt das Küstentiefland, und im Osten schließt die Region Oriente den Regenwald des oberen Amazonasbeckens ein. Innerhalb von nur 200 km – soweit wie ein Kondor fliegt – kann man von Meeresspiegelhöhe auf schneebedeckte Gipfel klettern, die 6 km über dem Meeresboden liegen und anschließend auf der Ostseite des Landes in den Regenwald hinabsteigen. Die Galapagosinseln liegen am Äquator, 1000 km westlich der ecuadorianischen Küste, und bilden eine der 21 Provinzen des Landes.

Tiere & Pflanzen

Ecuador ist eines der artenreichsten Länder der Welt und wird von Ökologen als „megadiversity hot spot" bezeichnet. Mehr als 20 000 Pflanzenarten kennt man hier, und jedes Jahr entdeckt man noch neue. In ganz Nordamerika gibt es nur 17 000 Pflanzenarten. In den Tropen sind im Allgemeinen viel mehr Arten heimisch als in gemäßigten Zonen, doch ein weiterer Grund für die Artenvielfalt Ecuadors ist ganz einfach, dass es hier viele verschiedene Lebensräume gibt. Es liegt auf der Hand, dass in den Anden ganz andere Arten leben als im tropischen Regenwald, und mit den dazwischenliegenden Lebensräumen und den Küstengebieten ergeben sich sehr unterschiedliche Ökosysteme, eine Anhäufung von Leben, die Naturliebhaber aus der ganzen Welt fasziniert.

Vogelbeobachter strömen in Scharen wegen der großen Vielfalt an Vogelarten nach Ecuador – um die 1 500 und damit etwa zweimal so viele, wie in Nordamerika, Europa oder Australien verzeichnet sind. Und Ecuador ist nicht nur ein Land der Vögel: Etwa 300 Säugetierarten kennt man hier, von den Affen am Amazonas bis hin zu den seltenen Brillenbären im Andenhochland.

Nationalparks

In Ecuador gibt es mehr als 30 Parks und Reservate, die unter dem Schutz der Regierung stehen. Neun davon sind Nationalparks; außerdem stehen viele Naturschutzgebiete unter privater Leitung. Insgesamt liegen 18 % des Landes in Schutzgebieten. Ecuadors erster *parque nacional* waren die Galapagosinseln, eingerichtet im Jahr 1959. Verstreut über das Festland von Ecuador befinden sich acht weitere Nationalparks. Zu den meist besuchten gehören (von Norden nach Süden):

Parque Nacional Cotopaxi (S. 664) Mit seinem gewaltigen, eisbedeckten Gipfel ist der Volcán Cotopaxi das ganze Jahr über ein eindrucksvolles Ziel zum Wandern und Bergsteigen.

Parque Nacional Yasuní (S. 692) Steht für den Amazonasregenwald, große Flüsse und Lagunen. Mit seinen Kaimanen, Affen, Vögeln, Faultieren und vielen anderen Arten ist der Wald das ganze Jahr über einen Besuch wert.

Parque Nacional Machalilla (S. 707) Ein Trockenwald an der Küste. Strände und Inseln sind die Heimat von Walen, Seevögeln, Affen und Reptilien. Tolle Wandermöglichkeiten und Strände.

Parque Nacional Sangay (S. 669) Vulkane, *páramo* und Nebelwald sind das Zuhause von Brillenbären, Tapiren, Pumas und Ozeloten und bieten das ganze Jahr über Möglichkeiten zum Wandern, Klettern und Beobachten der Tiere und Pflanzen.

Parque Nacional Cajas (S. 684) Mit seinen schimmernden Seen und dem heidelandähnlichen *parámo*-Gebiet ist dieser Park im Hochland ein idealer Ort für einen Abenteuerausflug von Cuenca aus.

Parque Nacional Podocarpus (S. 687) Hat alle Facetten vom Nebelwald bis zum Regenwald. Den malerischen Park im Süden erkundet man am besten von Loja, Zamora oder Vilcabamba aus.

In vielen Parks leben indigene Stämme, die schon lange da waren, bevor man das Gebiet zu einem Park erklärt hat. Bei den Oriente-Parks führten die indigenen Jagdgepflogenheiten (die sich noch stärker auswirken, weil die Gruppen in kleinere Gebiete zurückgedrängt und ihre Ressourcen beschnitten wurden) zum Konflikt mit den Parkschützern. Wie man diese Gebiete vor Öl- und Bauholzgewinnung oder Bergbau schützen, aber gleichzeitig die Rechte der indigenen Bevölkerung wahren soll, ist immer noch eine sehr schwierige Frage.

Die Eintrittspreise der Nationalparks sind unterschiedlich. Auf dem Festland verlangen die meisten Hochlandparks 10 US$ und die meisten Tieflandparks 20 US$ pro Besucher; in beiden Fällen gelten die Tickets eine Woche lang. Auf den Galapagosinseln kostet der Eintritt zum Park 100 US$.

Umweltprobleme

Abholzung ist das schwerwiegendste Umweltproblem in Ecuador. In den Bergen ist der natürliche Bewuchs fast völlig verschwunden und auch entlang der Küste sind die früher üppigen Mangrovenwälder fast abgeholzt. In diesen Wäldern waren viele Pflanzen- und Tierarten der Küste heimisch. Aber man brauchte Platz, um künstliche Shrimpsteiche anzulegen. Die Provinz Esmeraldas hat noch einen großen Mangrovenbestand, einen der letzten des Landes in dieser Größe. Neue Shrimpsfarmen zu eröffnen, ist heute verboten.

Etwa 95 % der Wälder der westlichen Andenhänge und der westlichen Tieflands werden heute landwirtschaftlich genutzt, v. a. als Bananenplantagen. In diesen Wäldern lebten mehr Arten als anderswo auf der Erde, und viele von ihnen sind (oder waren) endemisch, d. h. es gibt und gab sie wirklich nur hier. Viele Arten sind sicher ausgestorben, noch bevor sie überhaupt identifiziert werden konnten. Heute bemüht man sich, das wenige, was noch übrig ist, zu bewahren.

Auch wenn ein Großteil des Regenwalds am Amazonas noch da ist, ist er ernsthaft bedroht, weil er immer weiter unterteilt wird. Seit man hier Öl entdeckt hat, wurden Straßen gebaut, es kamen Siedler, und der Zerstörungsgrad ist exponentiell gestiegen. Die Hauptursachen davon sind Abholzung, Viehzucht und Ölgewinnung.

Klar ist, dass diese Probleme eng mit Ecuadors Wirtschaft zusammenhängen. Öl, Bananen und Shrimps sind die drei Hauptexportgüter des Landes. Die durch die Herstellung der Produkte hervorgerufenen schweren Umweltschäden erfordern aber, dass man ihren Wert sorgfältig abwägt.

Indigene Regenwaldbewohner, die die Flüsse als Trinkwasser- und Nahrungsquelle brauchen, sind auch stark von der Problematik betroffen. Ölreste, Chemikalien, Erosion und Düngemittel verschmutzen die Flüsse, töten Fische und machen das Wasser ungenießbar. Leider befürwortet die Regierung die Ölgewinnung. Sie ermutigt die Ecuadorianer, das Land zu besiedeln und nutzbar zu machen, ohne Rücksicht auf Wälder, Flüsse, Tiere und Pflanzen oder die ursprünglichen Bewohner.

Ecuador fehlen die finanziellen Mittel für einen nachhaltigen, staatlich geförderten Umweltschutz. Regionale und internationale Naturschutzorganisationen, indigene Gruppen, die von den Ressourcen des Regenwalds leben, und der Ökotourismus haben zwar dafür gesorgt, dass der Rest der Welt von der Umweltkrise in Ecuador erfährt und die Forderung nach einem Schutz der Umwelt immer lauter wird. Aber es ist Eile geboten, das weiß jeder Umweltschützer in Ecuador zu berichten. Ständig werden neue Bergbau-, Ölgewinnungs-, Abholzungs- und andere Projekte durchgeführt, und man braucht den Druck von allen Seiten, um ihre Auswirkungen auf die Umwelt zu minimieren oder abzustellen.

VERKEHRSMITTEL & -WEGE

AN- & WEITERREISE

Bus

Wenn man in Quito Busfahrkarten für Fahrten über die Landesgrenze kauft, muss man dort oft den Bus wechseln. Meistens ist es günstiger und genauso bequem, eine Fahrkarte bis zur Grenze zu erwerben und dann wieder ein Ticket im nächsten Land. Ausnahmen sind die internationalen Busse von Loja (S. 684) nach Piura in Peru (über Macará), und von Guayaquil (S. 710) nach Peru (über Huaquillas) – die Hauptrouten zwischen Ecuador und Peru. Hier muss man den Bus nicht wechseln, und die Beamten der Einreisestelle steigen meistens mit ein, um den Papierkram zu erledigen. Zumba, südlich von Vilcabamba (S. 687), wird als Alternativroute von und nach Peru immer beliebter, weil die Strecke schön gelegen und nicht so stark befahren ist. Die Hauptbusroute zwischen Kolumbien und Ecuador führt über Tulcán (S. 662). Andere Grenzübergänge zwischen Kolumbien und Ecuador sind unsicher.

Flugzeug

Die wichtigsten internationalen Flughäfen sind in Guayaquil (S. 710) und Quito (S. 632). Es gibt direkte Flüge nach Bogotá (Kolumbien), Buenos Aires (Argentinien), Caracas (Venezuela), Curaçao, Guatemala-Stadt (Guatemala), Havanna (Kuba), Lima (Peru), Panama-Stadt (Panama), Rio de Janeiro (Brasilien), San José (Costa Rica), Santiago (Chile) und São Paulo (Brasilien). Anschluss (über Lima) besteht nach Asunción (Paraguay) und La Paz (Bolivien). Außerdem gibt es wöchentlich drei Verbindungen von Tulcán (im nördlichen Hochland von Ecuador) nach Cali (Kolumbien).

FLUGHAFENSTEUER

Alle Passagiere der Flüge ins Ausland außer Fluggäste auf der Durchreise haben eine Steuer in Höhe von 25 US$ zu bezahlen. Das gilt jedoch nicht für den Flug Tulcán–Cali (Kolumbien).

Schiff/Fähre

Nähere Informationen über Schiffsverbindungen zwischen Nuevo Rocafuerte (Ecuador) und Iquitos (Peru) stehen auf S. 693.

UNTERWEGS VOR ORT

Normalerweise kommt man in Ecuador schnell und einfach überall hin. Das am häufigsten benutzte Verkehrsmittel ist der Bus, gefolgt vom Flugzeug. Mit dem Bus

dauert eine Fahrt von der kolumbianischen Grenze zur Grenze nach Peru 18 Stunden. In den nördlichen Mangrovenhainen und im Oriente sind Schiffe üblich.

Womit man auch immer reist – auf jeden Fall den Pass mitnehmen! Man braucht ihn beim Einstieg in ein Flugzeug und bei Straßenkontrollen. Wer keine Papiere dabei hat, kann verhaftet werden. Ist der Pass in Ordnung, wird nur flüchtig kontrolliert. Bei Reisen in Grenznähe oder im Oriente kommen Passkontrollen häufiger vor.

Auto & Motorrad

Autos zu mieten ist in Ecuador unüblich, v. a., weil das Reisen mit öffentlichen Verkehrsmitteln so einfach ist. Der Automobilverband von Ecuador heißt **Aneta** (in Quito ☎ 02-250-4961, 02-222-9020; www.aneta.org.ec) und bietet seinen Mitgliedern einen 24-Stunden-Pannendienst und auch Mitgliedern ausländischer Automobilclubs einige Dienste.

Bus

Busse sind die Lebensadern von Ecuador und die einfachste Art, sich fortzubewegen. In den meisten Städten gibt es einen *terminal terrestre* (zentraler Busbahnhof) für Fernverbindungen, obwohl die Busse manchmal von unterschiedlichen Stellen abfahren. *Busetas* sind schnelle, kleine Direktbusse, die zuweilen erschreckend schnell fahren. In größeren Bussen gibt es meistens auch Stehplätze. Diese Fahrzeuge können ganz schön voll werden, dafür ist die Fahrt oft interessanter.

Wer einen bestimmten Platz will, kauft seine Fahrkarten im Voraus am Busbahnhof. An Ferienwochenenden kann es vorkommen, dass Busse schon mehrere Tage vorher ausgebucht sind. Unternehmen mit häufig verkehrenden Bussen verkaufen vorab keine Fahrkarten. Wer eine Stunde vor der Abfahrt da ist, bekommt meistens einen Sitzplatz. Soll es sofort losgehen, geht man zum Busbahnhof und wartet, bis der Zielort ausgerufen wird. Darauf achten, dass der Bus direkt dorthin fährt, wenn man nicht umsteigen will!

Wer mit leichtem Gepäck reist, behält es bei sich im Bus. Sonst muss es aufs Dach gehievt oder ins Gepäckabteil gestopft und mit Adleraugen bewacht werden.

In Fernbussen gibt es selten Toiletten. Sie halten aber meistens in annehmbaren Abständen zu 20-minütigen Ess- und Pinkel-pausen. Falls nicht, stoppen die Fahrer auch mal, damit Fahrgäste den Straßenrand dün-gen können.

Nahverkehrsbusse sind meist langsam und voll, aber dafür billig. Fast überall ko-stet eine Fahrt etwa 0,20 bis 0,25 US$. Nah-verkehrsbusse fahren oft auch Nachbarorte an – eine tolle Möglichkeit, die Gegend zu erkunden.

Flugzeug

Mit Ausnahme des Flugs auf die Galapagos-inseln (nähere Informationen auf S. 723) sind die meisten Inlandsflüge billig. Ein ein-facher Flug kostet etwa 50 US$, selten mehr als 60 US$. Fast alle Flieger starten oder landen in Quito oder Guayaquil. Einige In-landsflüge bieten eine herrliche Aussicht auf die schneebedeckten Anden – auf dem Flug von Quito nach Guayaquil links sitzen!

Die größte Binnenfluglinie Ecuadors heißt **TAME** (www.tame.com.ec). **Icaro** (www.icaro.com.ec) ist die zweitgrößte und bietet weniger Flüge an, hat aber die neueren Flugzeuge. Mit diesen Fluglinien gelangt man von Quito nach Guayaquil, Coca, Cuenca, Es-meraldas, Lago Agrio, Loja, Macas, Machala, Manta, Tulcán und zu den Galapagosinseln. Von Guayaquil aus gibt es Flugverbin-dungen nach Quito, Coca, Cuenca, Loja, Machala und zu den Galapagosinseln. Sonn-tags kann man nicht in das Oriente-Gebiet fliegen. **AeroGal** (www.aerogal.com.ec) fliegt hauptsächlich die Galapagosinseln an.

Wer kein Ticket für einen bestimmten Flug bekommt (besonders von Kleinstädten aus), geht frühzeitig zum Flughafen und lässt sich auf eine Warteliste setzen – viel-leicht storniert jemand sein Ticket.

Lastwagen

In entlegenen Gegenden übernehmen oft *camiones* (Lastwagen) und *camionetas* (Kleinlaster) die Aufgabe von Bussen. Bei gutem Wetter hat man eine tolle Aussicht, bei schlechtem muss man unter die dunkle Plane krabbeln und Staub einatmen. Klein-laster können auch gemietet werden, um zu entfernten Orten wie Schutzhütten für Bergsteiger zu gelangen.

Schiff/Fähre

In einigen straßenlosen Gegenden sind mo-torisierte Einbäume die einzige Transport-möglichkeit. Regelmäßig verkehrende Boote sind bezahlbar, kosten aber im Hinblick auf die Strecke mehr als ein Bus. Man kann auch ein eigenes Boot samt Skipper mieten – das ist aber recht teuer. Die Nordküste (bei San Lorenzo und Borbón) und der un-tere Río Napo von Coca nach Peru sind die Gegenden, zu denen man am ehesten per Boot unterwegs ist (wenn man denn so weit kommt). Platzregen und grelle Sonne kön-nen quälend sein. Ein Schirm schützt vor beidem. Auf jeden Fall eine gute Sonnen-creme benutzen oder lange Ärmel, lange Hosen und Hut tragen. Eine leichte Jacke ist gut bei kühlem Regen. Für Pausen am Fluss empfiehlt sich Insektenschutz. Eine Wasserflasche und reichlich Proviant ma-chen die Ausrüstung komplett. Ein paar Kleidungsstücke separat in einer Plastiktüte aufbewahren, sonst werden sie beim Sturm patschnass!

Taxi

Taxis sind billig. Den Fahrpreis trotzdem im Voraus aushandeln, sonst zahlt man schnell zuviel. Eine lange Fahrt in einer großen Stadt (Quito oder Guayaquil) sollte nicht mehr als 5 US$ kosten. Kurze Fahrten in Kleinstädten kosten meist etwa 1 US$. Ta-xameter sind in Quito (wo die Mindestpau-schale 1 US$ beträgt) obligatorisch, an-derswo aber selten. Am Wochenende und in der Nacht liegen die Fahrpreise etwa 25 bis 50 % höher. Ein Taxi für einen ganzen Tag dürfte 50 bis 60 US$ kosten.

Trampen

Trampen ist in Ecuador möglich, aber nicht üblich. Öffentliche Verkehrsmittel sind re-lativ günstig, und in entlegenen Gegenden dienen Lastwagen als Busse. Es ist deshalb nicht so einfach, eine kostenlose Mitfahr-möglichkeit zu ergattern. Hält ein Fahrer an, um Gäste aus- und einsteigen zu lassen, verlangt er wahrscheinlich auch Geld. Ist man der einzige Fahrgast, kann es sein, dass der Fahrer einen nur mitgenommen hat, um mal mit einem Ausländer zu sprechen.

Zug

Die Regenfälle von El Niño 1982–83 haben nicht viel von Ecuadors Schienennetz übrig-gelassen. Und nur in die touristisch interes-santen Abschnitte wurde soviel Geld inve-stiert, dass sie wiedereröffnen konnten.

Dreimal pro Woche verkehrt ein Zug zwischen Riobamba und Sibambe, inklusive der haarsträubenden Nariz del Diablo (Teufelsnase), Ecuadors Schienenstolz und -freude. Die Ibarra–San-Lorenzo-Linie, die früher das Hochland mit der Küste verbunden hat, liegt auf dem Sterbebett. *Autoferros* (auf Schienengestelle montierte Busse) bedienen nur einen Bruchteil des Weges nach San Lorenzo. Eine einfache Möglichkeit, mit der Eisenbahn zu fahren, ist die am Wochenende befahrene Strecke Quito–Cotopaxi, mit Halt in der Area de Recreación El Boliche neben dem Parque Nacional Cotopaxi.

QUITO

☎ 02 / 1,4 Mio. Ew.

Allein die Lage der sich über das Andental erstreckenden und von vulkanischen Gipfeln flankierten Stadt Quito ist atemberaubend. Das historische Zentrum, die Altstadt, ist ein Labyrinth in kolonialer Pracht – seit 1978 Unesco-Weltkulturerbe. Trotz intensiver Restaurierungsmaßnahmen (bis 2006) hat die Altstadt ihren lebhaften Arbeiter- und Andencharme behalten. Ein Gang durch die engen Straßen führt Besucher in eine andere Welt. Streunende Hunde streifen an indigenen Frauen vorbei, die schwere Lasten mit sich herumschleppen, an Gitarristen ohne Beine, blinden Akkordeonspielern und riesigen Schweinen am Spieß, die aus engen Eingängen hervorlugen. Das ewige Schreien der Straßenhändler liegt in der Luft wie Klostergesang, und unzählige Gerüche stellen die Nase auf eine harte Probe. Zu Fuß nur 20 Minuten entfernt liegt die Neustadt, eine ganz andere Welt. Touristisches Zentrum ist Mariscal Sucre, wo es jede Menge Cafés, Restaurants, Reisebüros, Internetcafés, Bars und Hotels gibt.

Quito war eine wichtige Inkastadt, die kurz vor der Ankunft der spanischen Conquistadores von Atahualpas General Rumiñahui zerstört wurde. Die heutige Hauptstadt Ecuadors wurde am 6. Dezember 1534 von Sebastián de Benalcázar auf den Inkaruinen gegründet. Leider sind keine Inkabauwerke mehr erhalten.

ORIENTIERUNG

Quito (2850 m) ist nach Guayaquil die zweitgrößte Stadt Ecuadors. Sie lässt sich in

drei Einheiten unterteilen: Die koloniale Altstadt ist das Zentrum. Das moderne Quito – die Neustadt – mit größeren Bürogebäuden, Fluglinienbüros, Botschaften und Einkaufszentren liegt im Norden. In der Neustadt befinden sich auch der Flughafen, Wohnhäuser der Mittel- und Oberschicht und das Viertel Mariscal Sucre (das auch als El Mariscal bekannte Touristengebiet). Die Av Amazonas mit ihren Banken, Hotels, Kunsthandwerksläden, Cafés und Firmenbüros ist die bekannteste Straße der Neustadt, die Av 10 de Agosto und die Av 6 de Diciembre die wichtigsten Durchgangsstraßen. Der Süden der Stadt besteht schließlich hauptsächlich aus Arbeitervierteln.

Das **Instituto Geográfico Militar** (IGM; Karte S. 634 f.; ☎ 254-5090, 222-9075/76; Kartenverkauf 🕙 Mo–Do 8–16, Fr 7–12.30 Uhr) auf dem steilen Paz y Miño produziert und verkauft die besten topografischen Karten Ecuadors. Man muss am Eingang den Reisepass abgeben.

PRAKTISCHE INFORMATIONEN
Buchläden
Confederate Books (Karte S. 634 f.; J Calama 410) Führt in Ecuador die größte Auswahl an Secondhandbüchern auf Englisch und in anderen Sprachen.

English Bookstore (Karte S. 634 f.; Ecke J Calama & Av 6 de Diciembre) Buchladen und Café mit einer großen Auswahl an gebrauchten Büchern auf Englisch.

Libri Mundi (Karte S. 634 f.; JL Mera 851) Quitos bester Buchladen, ausgezeichnetes Sortiment von Büchern auf Spanisch, Englisch, Deutsch und Französisch.

Libro Express (Karte S. 634 f.; Av Amazonas 816 & Gral Veintimilla) Guter Laden für Reiseführer, Bildbände und Zeitschriften.

Geld
Es gibt mehrere Banken und einige *casas de cambio* (Geldwechselstuben) in der Neustadt in der Av Amazonas – zwischen Av Patria und Orellana –, außerdem Dutzende Banken in der ganzen Stadt. Die in diesem Abschnitt genannten Filialen Banken haben Geldautomaten und lösen Reisechecks ein.

Wer am Sonntag Geld wechseln muss, geht zu Producambios am Flughafen; die *casa de cambio* in der internationalen Ankunftshalle hat immer offen, wenn Flugzeuge landen.

American Express (Karte S. 634 f.; ☎ 02-256-0488; Av Amazonas 329, 5. Stock) Verkauft Amex-Reisechecks ausschließlich an Inhaber von American-Express-Karten. Ersetzt auch verloren gegangene oder gestohlene Schecks.

DER WEG INS ZENTRUM

Der Flughafen befindet sich in der Av Amazonas, etwa 10 km nördlich des Viertels Mariscal Sucre (wo die meisten Budgetunterkünfte sind). Geht man aus dem Flughafen raus, ist Süden auf der linken Seite. Die Av Amazonas überqueren und in einen Bus nach Süden steigen. Die Fahrt von hier nach Mariscal kostet 0,30 US$. Von dort fahren Busse und die „Trole" (elektrisch betriebene Busse) in die Altstadt rund 2 km weiter südlich. Ein Taxi vom Flughafen nach Mariscal sollte nicht mehr kosten als 5 US$, in die Altstadt etwa 6 US$.

Der Busbahnhof (Terminal Terrestre Cumandá) ist ein paar Blocks südlich der Plaza Santo Domingo in der Altstadt. Wer bei Nacht ankommt, sollte ein Taxi in die Stadt nehmen. Wenn man viel Gepäck dabei hat, die Trole prinzipiell lieber meiden!

Banco de Guayaquil Av Amazonas (Karte S. 634 f.; Av Amazonas N22-147/Gral Veintimilla); Colón (Karte S. 634 f.; Av Cristóbal Colón/Reina Victoria)
Banco del Pacífico Neustadt (Karte S. 634 f.; Av 12 de Octubre & Cordero); Altstadt (Karte S. 639; Ecke Guayaquil & Chile)
Banco del Pichincha (Karte S. 639; Guayaquil/Manabí)
MasterCard (Karte S. 643; Naciones Unidas 8771/De Los Shyris)
Producambios (Av Amazonas 350; ✆ Mo–Fr 8.30–18, Sa 9–14 Uhr)
Visa (Karte S. 643; De Los Shyris 3147)
Western Union Av de la República (Karte S. 634 f.; Av de la República 433); Colón (Karte S. 634 f.; Av Cristóbal Colón 1333)

Infos im Internet
Corporación Metropolitana de Turismo (www.quito.com.ec, spanisch)
Gay Guide to Quito (http://gayquitoec.tripod.com)
Que Hacer Quito (www.quehacerquito.com, spanisch)

Internetzugang
In der Mariscal-Gegend (v. a. an der J Calama) gibt's viele Internetcafés, in der Altstadt aber nicht. Alle nehmen 0,70 bis 1 US$ pro Stunde. Eine Auswahl der beliebteren:
Friends Web Café (Karte S. 634 E-6-19) Die Stimmung ist genauso gut wie die Säfte und Snacks.
K'ntuña Net (Karte S. 639; Chile 0e4-22, Pasaje Arzobispal, local 14) Im rückwärtigen Innenhof des Palacio Arzobispal.
Papaya Net (Karte S. 634 f.; J Calama 469/JL Mera) Coole Musik. Serviert Alkoholika, Espresso und Snacks.
Sambo.net (Karte S. 634 f.; JL Mera/J Pinto) Gemütliches Café mit schnellem Internetzugang.
Stop 'n' Surf (Karte S. 639; Espejo Shopping, Espejo 0e2-40, local 64)

Kulturzentren
Alliance Française (Karte S. 634 f.; ✆ 224-9345/50; Av Eloy Alfaro N32-468 Nähe Av 6 de Diciembre) Bietet Filme, Sprachkurse und Infos über Ecuador und Frankreich.
Asociación Humboldt (Karte S. 634 f.; ✆ 254-8480; www.asociacion-humboldt.org, spanisch & deutsch; Ecke Vancouver & Polonia) Deutsches Zentrum und Goethe-Institut.
Centro Cultural Afro-Ecuatoriano (Karte S. 634 f.; ✆ 252-2318; JL Tamayo 985) Informiert über afro-ecuadorianische Kultur und Veranstaltungen in Quito.
Centro Cultural Metropolitano (Karte S. 639; ✆ 295-0272, 258-4363; www.centrocultural-quito.com; Ecke García Moreno & Espejo; Eintritt 2 US$; ✆ 9–17 Uhr, Innenhof Di–So bis 19.30 Uhr) Dreh- und Angelpunkt kultureller Events in der Altstadt.

Medizinische Versorgung
Clínica de la Mujer (Karte S. 643; ✆ 245-8000; Av Amazonas 4826/Gaspar de Villarroel) Privatklinik; Schwerpunkt Frauenheilkunde.
Clínica Pichincha (Karte S. 634 f.; ✆ 256-2408, 256-2296; Gral Veintimilla 1259 & U Páez) In der Neustadt; macht Laboranalysen bei Parasitenbefall, Diarrhö etc.
Dr. Alfredo Jijon (Karte S. 643; ✆ 245-6359, 246-6314; Centro Meditropoli, Büro 215, Mariana de Jesús & Av Occidental) Gynäkologe.
Dr. John Rosenberg (Karte S. 634 f.; ✆ 252-1104, Dw. 310, 09-973-9734, Pieper 222-7777; Foch 476 & D de Almagro) Internist, Fachgebiet Tropenmedizin; spricht deutsch. Macht auch Hausbesuche.
Dr. Silvia Altamirano (✆ 224-4119; Av Amazonas 2689 & Av de la República) Kieferorthopädin und Zahnärztin. Hervorragende Ärztin!
Hospital Metropolitano (Karte S. 643; ✆ 226-1520; Mariana de Jesús/Av Occidental) Besser, aber teurer als das Voz Andes.
Hospital Voz Andes (Karte S. 643; ✆ 226-2142; Juan Villalengua 267 Nähe Av América & Av 10 de Agosto) Krankenhaus unter US-amerikanischer Leitung mit Ambulanz und Unfallstation. Geringe Gebühren.

Notfall
Feuerwehr (✆ 102)
Notruf (✆ 911)
Polizei (✆ 101)
Rot-Kreuz-Krankenwagen (✆ 131, 258-0598)

634 QUITO •• Neustadt

www.lonelyplanet.de

QUITO – NEUSTADT

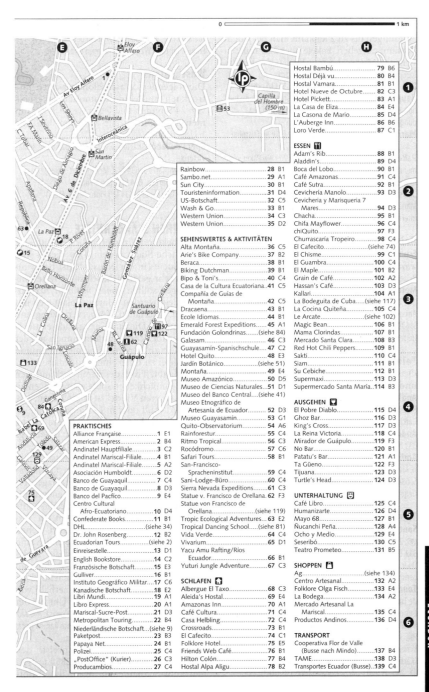

Post

Sendungen bis zu 2 kg kann man bei jedem Postamt aufgeben. Pakete über 2 kg müssen von der Mariscal-Sucre-Post oder der Paketpost (s. u.) versendet werden.

DHL (Karte S. 634 f.; Av Cristóbal Colón 1333/Foch)

Hauptpost (Karte S. 639; Espejo 935) In der Altstadt; hier holt man seine *lista de correos* ab (postlagernde Sendungen; s. S. 735).

Mariscal-Sucre-Post (Karte S. 634 f.; Ecke Av Cristóbal Colón & Reina Victoria)

Paketpost (Karte S. 634 f.; Ulloa 273) Wer ein Paket von mehr als 2 kg versenden möchte, geht zu diesem Postamt, in der Nähe der Dávalos.

„PostOffice" (Karte S. 634 f.; Ecke Av Amazonas & Santa María) Privatunternehmen, bietet FedEx, UPS und andere internationale Kurierdienste an.

Reisebüros

Ecuadorian Tours (Karte S. 634 f.; ☎ 256-0488; www.ecuadoriantours.com; Av Amazonas N21-33) Gutes Reisebüro für Dienste aller Art.

Metropolitan Touring Neustadt (Karte S. 634 f.; ☎ 250-6650/51/52; www.metropolitan-touring.com; Av Amazonas N20-39 Nähe 18 de Septiembre); Altstadt (Karte S. 639; ☎ 228-9172; Olmedo Oe-548) Ecuadors größtes Reisebüro.

Telefon

Ortsgespräche und Ferngespräche ins In- und Ausland sind möglich bei:

Andinatel Altstadtfiliale Benalcázar (Karte S. 639; Benalcázar Nähe Mejía); García Moreno (Karte S. 639; Ecke García Moreno & Sucre)

Andinatel Hauptfiliale (Karte S. 634 f.; Av Eloy Alfaro 333 Nähe 9 de Octubre)

Andinatel Mariscal-Filiale JL Mera (Karte S. 634 f.; JL Mera 741/Gral Baquedano); Reina Victoria (Karte S. 634 f.; Reina Victoria Nähe J Calama) In der Mariscal-Gegend.

Touristeninformation

South American Explorers (SAE; Karte S. 634 f.; ☎ 222-5228; www.saexplorers.org; Jorge Washington 311 & Leonidas Plaza Gutiérrez; ☺ Mo–Mi, Fr 9.30–17, Do 9.30–18, Sa 9–12 Uhr) Dies ist eine wirklich hervorragende Touristenorganisation!

Touristeninformationen (Corporación Metropolitana de Turismo; www.quito.com.ec auf Spanisch); Altstadt „El Quinde" (Karte S. 639; ☎ 257-0786; García Moreno N12-01/Mejía; ☺ Mo–Sa 9.30–18, So 10–16 Uhr); Altstadt Palacio Arzobispal (Karte S. 639; ☎ 258-6591; Chile & Venezuela, Plaza Grande; ☺ Mo–Sa 9–17 Uhr); Mariscal (Karte S. 634 f.; ☎ 255-1566; Cordero/Reina Victoria; ☺ Mo–Fr 9–17 Uhr); Flughafen (☎ 330-0163)

Touristeninformationsstand (Karte S. 639; Ecke Venezuela & Chile, Plaza Grande) Bequem bei allgemeinen Fragen, hilft mit Wegbeschreibungen und Karten.

Waschsalons

Die folgenden Waschsalons waschen und trocknen muffelnde Klamotten innerhalb von 24 Stunden und legen sie noch zusammen. Sie nehmen alle zwischen 0,75 und 1 US$ pro kg.

Opera de Jabón (Karte S. 634 f.; J Pinto 325 Nähe Reina Victoria)

Rainbow (Karte S. 634 f.; JL Mera 1337/Cordero)

Sun City (Karte S. 634 f.; JL Mera/Foch)

Wash & Go (Karte S. 634 f.; J Pinto 340/JL Mera)

GEFAHREN & ÄRGERNISSE

Quito bekommt immer mehr den Ruf, eine gefährliche Stadt zu sein. Das Viertel Mariscal Sucre (in der Neustadt) ist bei Dunkelheit sehr gefährlich; selbst kürzeste Entfernungen sollten *immer mit dem Taxi* zurückgelegt werden. Mariscal plagt sich mit Drogen, Überfällen, Körperverletzung und Prostitution. Die Stadt hat gerade erst einschneidende Schritte unternommen, um der Lage Herr zu werden – und die Korruption der Polizei zu unterbinden, die diese Misslage erlaubt. Trotz der damit verbundenen Unannehmlichkeiten sollte man erwägen, in einem anderen Viertel zu übernachten, z. B. in der Altstadt oder in La Floresta. Hier erlebt man auch das authentischere Quito. Auch sonntags sind kaum Leute unterwegs und es kann in Mariscal heikel werden.

Mit der Restaurierung der Altstadt hat sich auch die Polizeipräsenz verstärkt: Das historische Zentrum ist an Werktagen bis ca. 22 Uhr sicher und am Wochenende bis Mitternacht. Den Hügel El Panecillo sollte man nicht hochklettern, sondern ein Taxi nehmen. Auch für die Rückfahrt stehen oben auf dem Hügel Taxen. Wie üblich sind überfüllte Busse (besonders auf der Trole- und der Ecovía-Linie), der Busbahnhof und die Märkte das Revier von Taschendieben. Wer ausgeraubt wird, sollte innerhalb von 48 Stunden zwischen 9 und 12 Uhr bei der **Polizei** (Altstadt Karte S. 639; Mideros & Cuenca; Neustadt Karte S. 634 f.; Ecke Reina Victoria & Vicente Ramón Roca) ein Protokoll aufnehmen lassen.

Wer von „Normalnull" anreist, den könnte Quitos Höhenlage auf 2850 m erstmal zum Schnaufen bringen, ihm Kopfschmerzen verursachen oder für einen ausgetrockneten Mund sorgen. Diese Symptome der *soroche* (Höhenkrankheit) verschwinden normalerweise nach ein bis zwei Tagen. Um sie zu minimieren, sollte man es nach der Ankunft langsam angehen lassen, viel Wasser trinken und auf Zigaretten und Alkohol verzichten.

SEHENSWERTES

Traveller mit wenig Zeit sollten am besten direkt die Altstadt ansteuern. Hier unterscheidet sich Quito von allen anderen Städten auf der Welt.

Altstadt

Die vor Jahrhunderten von indigenen Handwerkern und Arbeitern erbauten Kirchen, Abteien, Kapellen und Klöster von Quito sind legendenumwoben und atmen Geschichte. Die Altstadt ist ein magischer, wuseliger Ort, voller schreiender Straßenverkäufer, flanierender Fußgänger, hupender Taxis, ächzender Busse und Polizisten, die mit der Trillerpfeife den Verkehr in den engen, verstopften Einbahnstraßen zu regeln versuchen. An Sonntagen zwischen 8 und 16 Uhr dürfen hier keine Autos fahren – die ideale Zeit, um das historische Zentrum zu erkunden.

Die Kirchen haben täglich geöffnet (meist bis 18 Uhr), sind aber sonntags von Kirchgängern bevölkert. Zur Mittagszeit zwischen 13 und 15 Uhr schließen sie häufig.

PLAZA GRANDE

Quitos kleine, hübsch restaurierte Hauptplaza (auch bekannt als Plaza de la Independencia) ist perfekt, um eine Tour durch die Altstadt zu starten. Auf den Bänken hier kann man prima die Morgensonne der Anden in sich aufsaugen, während die Schuhputzer und Fotografen mit den Polaroidkameras um den Park herum ihre Dienste anbieten. Der Platz ist von mehreren wichtigen Gebäuden umrahmt: Das flache weiße Gebäude auf der Nordwestseite ist der **Palacio del Gobierno** (Präsidentenpalast; Karte S. 639; García Moreno/Chile). Drinnen geht der Präsident seinen Amtsgeschäften nach, deshalb beschränkt sich das Sightseeing auf den Eingangsbereich. Am Südwestende der Plaza steht die erst kürzlich gestrichene **Kathedrale** (Karte S. 639; Ecke Espejo & García Moreno; Eintritt 1 US$, Sonntagsmesse Eintritt frei; ☽ Mo–Sa 10–16, Sonntags-

messe stündl. 6–12 & 17–19 Uhr). Obwohl sie nicht so ausgeschmückt ist wie andere Kirchen, lohnt sich ein Blick hinein. An den Wänden hängen Gemälde verschiedener Künstler der Quito-Schule, und Mariscal Sucre, Leitfigur der Unabhängigkeitsbewegung von Quito, ist hier begraben. Der **Palacio Arzobispal** (Erzbischöflicher Palast; Karte S. 639; Chile zw. García Moreno & Venezuela), heute eine Arkade mit kleinen Läden und mehreren guten Restaurants, steht am Nordostende der Plaza.

Gleich neben der Plaza ist das herausragende **Centro Cultural Metropolitano** (Karte S. 639; ☎ 295-0272, 258-4363; www.centrocultural-quito.com; Ecke García Moreno & Espejo; Eintritt 2 US$; ☽ Di–So 9–17, Innenhof bis 19.30 Uhr), das als erstes Gebäude der Altstadt restauriert wurde und sich zu einem Knotenpunkt der Kultur entwickelt hat. Es beherbergt verschiedene Wanderausstellungen zeitgenössischer Künstler und veranstaltet tolle Künstler-Shows im großen Innenhof. Neben zwei weiteren Innenhöfen und zwei herrlichen Dachterrassen (alle sehenswert) hat das Zentrum auch ein Auditorium, ein Museum, eine Bibliothek und ein exzellentes Café.

NÖRDLICH DER PLAZA GRANDE

Eine der zuletzt erbauten Kirchen des kolonialen Quito ist **La Merced** (Karte S. 639; Ecke Cuenca & Chile; Eintritt frei; ☽ 6–12 & 15–18 Uhr). Sie wurde 1742 vollendet und steht zwei Blocks nordwestlich der Plaza Grande. Zu den vielen faszinierenden Kunstwerken im Inneren gehören Gemälde mit so beruhigenden Szenen wie glühenden Vulkanen, die über den Kirchendächern von Quito ausbrechen, und eine von Asche bedeckte Hauptstadt.

Einen Block nordöstlich befindet sich das ausgezeichnete **Museo de Arte Colonial** (Karte S. 639; ☎ 221-2297; Mejía 915/Cuenca; Eintritt 0,50 US$), in dem Ecuadors beste Sammlung aus Kolonialzeiten untergebracht ist. Das Museum war 2005 und 2006 wegen Restaurierung geschlossen, dürfte aber mittlerweile wiedereröffnet worden sein.

Das **Museo Camilo Egas** (Karte S. 639; ☎ 257-2012; Venezuela 1302/Esmeraldas; Eintritt 0,50 US$; ☽ Di–Fr 9–17, Sa & So 10–16 Uhr) enthält eine kleine, aber feine Sammlung von Spätwerken Camilo Egas, früher einer der berühmtesten indigenen Maler.

Hoch oben auf einem Hügel im nordöstlichen Teil der Altstadt steht die gotische **Basílica del Voto Nacional** (Karte S. 639; ☎ 258-3891;

Ecke Venezuela & Carchi; Eintritt 2 US$; ⓣ 9–17 Uhr), deren Bau 1926 begonnen wurde und sich über mehrere Jahrzehnte zog. Highlight sind die Türme der Basilika, die Besucher erklimmen können – wenn sie sich trauen. Um nach ganz oben zu kommen, muss man im Hauptdach eine klapprige Holzplanke überqueren und über steile Stufen und Leitern klettern. Wer haftet? Pah!

PLAZA & KLOSTER SAN FRANCISCO
Mit seinen massiven, schneeweißen Türmen und dem Volcán Pichincha im Hintergrund ist das **Kloster San Francisco** (Cuenca/Sucre; Eintritt frei; ⓣ tgl. 7–11, Mo–Do 15–18 Uhr) eine der herrlichsten Sehenswürdigkeiten von Quito – von innen wie von außen. Es ist der größte Kolonialbau der Stadt und die älteste Kirche (erbaut 1534–1604) – nicht verpassen!

Obwohl ein Großteil des Gebäudes wegen Erdbebenschäden erneuert werden musste, sind einige Teile noch im Originalzustand. In der **Kapelle Señor Jesús del Gran Poder** rechts vom Hauptaltar sind noch die alten Fliesen zu sehen, und der **Hauptaltar** selbst ist ein eindrucksvolles Beispiel barocker Holzschnitzereien. Rechts neben dem Haupteingang der Kirche befindet sich das **Museo Franciscano** (☎ 295-2911; www.museofrancis cano.com; Eintritt 2 US$; ⓣ Mo–Sa 9–13 & 14–18, So 9–12 Uhr), in dem einige der schönsten Kunstwerke der Kirche ausgestellt sind. Im Eintrittspreis inklusive ist eine Führung auf Englisch oder Spanisch. Gute Museumsführer weisen auf die *mudéjar-* (maurischen) Darstellungen der acht Planeten hin, die sich an der Decke um die Sonne drehen, und erklären, wie das Licht während der Sonnenwenden durch das hintere Fenster scheint und den Hauptaltar erleuchtet. Beides sind Beispiele für indigene Einflüsse auf die christliche Architektur.

CALLES GARCÍA MORENO & SUCRE
Neben der Kathedrale in der García Moreno steht die **Kirche El Sagrario** (Karte S. 639; García Moreno; Eintritt frei; ⓣ 6–12 & 15–18 Uhr) aus dem 17. Jh. Um die Ecke in der Sucre befindet sich Ecuadors am kunstvollsten verzierte Kirche **La Compañía de Jesús** (Karte S. 639; Sucre Nähe García Moreno; Eintritt 2,50 US$; ⓣ 9.30–11 & 16–18 Uhr). Angeblich wurden 7 t Gold verarbeitet, um die Wände, Decken und Altäre im Innenraum zu schmücken, und *quiteños* nennen sie stolz die schönste Kirche des Landes.

Der Bau der Jesuitenkirche wurde 1605 begonnen und dauerte insgesamt 163 Jahre.

Weiter südlich überspannt der im 18. Jh. errichtete Torbogen **Arco de la Reina** (Karte S. 639; García Moreno/Rocafuerte) die García Moreno. Auf der einen Seite befindet sich das **Museo de la Ciudad** (Karte S. 639; ☎ 228-3882; Ecke García Moreno & Rocafuerte; Eintritt 3 US$, geführte Tour zzgl. 4 US$; ⓣ Di–So 9.30–17.30 Uhr), das das Leben in Quito im Verlauf der Jahrhunderte beleuchtet. Auf der anderen Seite steht das **Monasterio de Carmen Alto** (Karte S. 639; Ecke García Moreno & Rocafuerte), ein weiteres Kloster, das noch in Betrieb ist und in dem Nonnen traditionelle Süßwaren herstellen und verkaufen. Durch eine sich drehende Vorrichtung, hinter der die Nonnen im Verborgenen bleiben, werden auch Backwaren, aromatisierte Wässerchen gegen Nervenleiden und Schlafstörungen, Bienenhonig und Flaschen mit hochprozentiger *mistela* (Likör mit Anisgeschmack) verkauft.

PLAZA & KIRCHE SANTO DOMINGO
Die **Plaza Santo Domingo** (Karte S. 639; Guayaquil/Bolívar) ist der Lieblingsplatz der Straßenkünstler. Die Massen strömen hierher, um schmollende Clowns und flinke Zauberer zu sehen. Der märchenhafte, gotisch anmutende Altar im Inneren der **Kirche Santo Domingo** (Karte S. 639; Flores & Rocafuerte; Eintritt frei; ⓣ 7–13 & 16.30–19.30 Uhr) und deren alter Holzfußboden wurden erst vor kurzem restauriert. Der Bau der Kirche dauerte von 1581 bis 1650.

EL PANECILLO
Der kleine, immer sichtbare Hügel der Altstadt heißt **El Panecillo** (Kleiner Brotlaib) und ist ein Wahrzeichen von Quito. Auf seiner Spitze steht eine riesige Statue der **Virgen de Quito**, von der aus man einen herrlichen Blick auf die Stadt und die umliegenden Vulkane hat. Am besten gleich morgens hingehen, bevor es wolkig wird! Aber nicht den Weg am Ende der García Moreno hinauf nehmen – die Treppe ist nicht sicher. Ein Taxi von der Altstadt kostet etwa 5 US$. Für den Weg zurück nach unten kann man einen Wagen heranwinken.

PARQUE ITCHIMBIA
Oben auf einem Hügel östlich der Altstadt befindet sich diese neu geschaffene Grünfläche mit einer tollen 360°-Sicht auf die

QUITO •• Sehenswertes 639

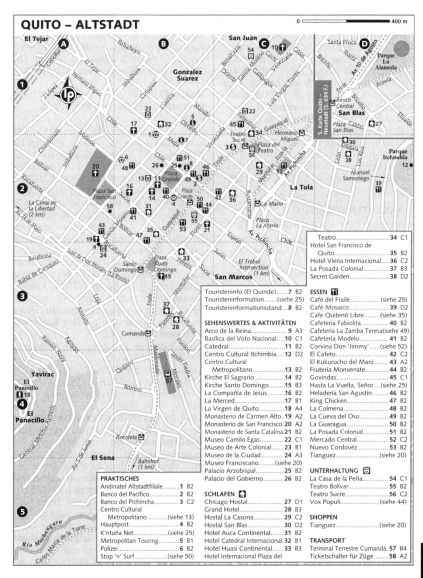

QUITO – ALTSTADT

PRAKTISCHES
Andinatel Altstadtfiliale..........1 B2
Banco del Pacifico...................2 B2
Banco del Pichincha................3 C2
Centro Cultural
  Metropolitano...............(siehe 13)
Hauptpost................................4 B2
K'ntuña Net.....................(siehe 25)
Metropolitan Touring.............5 B1
Polizei......................................6 B2
Stop 'n' Surf....................(siehe 50)

Touristeninfo (El Quinde)......7 B2
Touristeninformation.......(siehe 25)
Touristeninformationsstand...8 B2

SEHENSWERTES & AKTIVITÄTEN
Arco de la Reina......................9 A3
Basilica del Voto Nacional...10 C1
Catedral.................................11 B2
Centro Cultural Itchimbia...12 D2
Centro Cultural
  Metropolitano...................13 B2
Kirche El Sagrario.................14 B2
Kirche Santo Domingo.........15 B3
La Compañia de Jesús..........16 B2
La Merced..............................17 B1
La Virgen de Quito...............18 A4
Monasterio de Carmen Alto..19 A2
Monasterio de San Francisco..20 A2
Monasterio de Santa Catalina..21 B2
Museo Camilo Egas...............22 C1
Museo de Arte Colonial.......23 B1
Museo de la Ciudad..............24 A3
Museo Franciscano........(siehe 20)
Palacio Arzobispal................25 B2
Palacio del Gobierno............26 B2

SCHLAFEN
Chicago Hostal.....................27 D1
Grand Hotel..........................28 B3
Hostal La Casona.................29 C2
Hostal San Blas....................30 C1
Hotel Auca Continental.......31 B2
Hotel Catedral Internacional..32 B1
Hotel Huasi Continental.....33 B3
Hotel Internacional Plaza del
  Teatro...............................34 C1
Hotel San Francisco de
  Quito.................................35 B2
Hotel Viena Internacional...36 C2
La Posada Colonial..............37 B3
Secret Garden......................38 D2

ESSEN
Café del Fraile...............(siehe 25)
Café Mosaico........................39 D2
Cafe Quiteño Libre........(siehe 35)
Cafetería Fabiolita................40 B2
Cafetería La Zamba Teresa(siehe 49)
Cafetería Modelo..................41 B2
Corvina Don 'Jimmy'......(siehe 52)
El Cafeto...............................42 C2
El Kukurucho del Maní........43 A2
Frutería Monserrate............44 B2
Govindas...............................45 C1
Hasta La Vuelta, Señor...(siehe 25)
Heladería San Agustín.........46 B2
King Chicken........................47 B2
La Colmena...........................48 B2
La Cueva del Oso.................49 B2
La Guaragua.........................50 B2
La Posada Colonial..............51 B2
Mercado Central..................52 C2
Nuevo Cordovéz..................53 B2
Tianguez........................(siehe 20)

UNTERHALTUNG
La Casa de la Peña...............54 C1
Teatro Bolivar......................55 B2
Teatro Sucre.........................56 C2
Vox Populi......................(siehe 44)

SHOPPEN
Tianguez........................(siehe 20)

TRANSPORT
Terminal Terrestre Cumandá..57 B4
Ticketschalter für Züge........58 A2

ganze Stadt. Herzstück des Parks ist das aus Glas und Eisen bestehende **Centro Cultural Itchimbia** (Karte S. 639; ☎ 295-0272; Parque Itchimbia), wo regelmäßig Kunstausstellungen und kulturelle Veranstaltungen stattfinden. In dem Park gibt es auch Rad- und Wanderwege. Busse mit der Aufschrift „Pintado" fahren vom Centro Histórico aus dorthin. Alternativ kann man auf der (Ostseite der) Elizalde hochlaufen – ausgeschilderte Treppen führen zum Park.

telefériQo

Quitos neuste Attraktion – und eine umwerfende noch dazu – ist der **telefériQo** (Karte S. 643; ☎ 250-0900; www.teleferiqo.com; Av Occidental &

Av La Gasca; Eintritt Erw. 4 US$, Kind unter 6 Jahren 3 US$, Expresslinie 7 US$; ☺ Mo 11–22, Di–Do 9–22, Fr & Sa 9–24 Uhr), eine Gondelbahn, die Millionen gekostet hat und Passagiere in einer haarsträubenden, 2,5 km langen Fahrt entlang der Flanken des Volcán Pichincha bis nach oben zum Cruz Loma bringt. Oben angekommen (auf 4100 m!) kann man den Gipfel des Rucu Pichincha (S. 644) besteigen.

Der telefériQo-Komplex selbst ist ein Schandfleck mit überteuerten Restaurants, Spielhöllen, einer Gokartbahn, Souvenirläden, einem Tanzclub und sogar einem Themenpark (Eintritt 2–10 US$). An Wochen-

---

ANSICHTEN VON QUITO

Die Stadt Quito bietet umwerfende Ausblicke. An einem einzigen Tag so viele Stätten wie möglich zu sehen, ist schon ein Abenteuer für sich und eine einzigartige Möglichkeit, die Stadt kennenzulernen. Morgens ist der Himmel am klarsten. Hier einige der besten Aussichtspunkte:

- Heiligste Ansicht – El Panecillo (s. S. 638). Auf dem El Panecillo von innen die Virgen de Quito erklimmen.
- Tödlichste Ansicht – Basílica del Voto Nacional (s. S. 637). Der haarsträubende Aufstieg in diese gotischen Türme ist nichts für empfindliche Mägen.
- Köstlichste Ansicht – Café Mosaico (S. 648). Hat den schönsten Balkon der ganzen Stadt.
- Patriotischste Ansicht – La Cima de la Libertad (Karte S. 643). Das Unabhängigkeitsdenkmal steht westlich der Altstadt an den Flanken des Volcán Pichincha. Mit dem Taxi hoch- und mit dem Bus runterfahren.
- Ausschweifendste Ansicht – Parque Itchimbia (s. S. 638). Die Schuhe ausziehen und vom Rasen aus den Rundumblick genießen.
- Atemberaubendste Ansicht – Cruz Loma und der telefériQo (s. S. 639). Auf einer Höhe von 4100 m verschlägt es einem den Atem.
- Merkwürdigste Aussicht – Der Kirchturm des Klosters Santa Catalina (s. Kasten gegenüber). Wer sagt, dass Kirchenführungen keinen Spaß machen?

---

enden kann die Wartezeit bis zu vier Stunden betragen. Am besten entweder 7 US$ für die Expresslinie investieren oder (noch besser) an einem Wochentag kommen. Ein Taxi kostet von Mariscal aus rund 2 US$.

Neustadt

PARQUE LA ALAMEDA & PARQUE EL EJIDO

Vom nordöstlichen Rand der Altstadt streckt der lange, dreieckige Parque La Alameda seine Rasenflächen bis zur Neustadt aus. Im Zentrum des Parks steht das **Quito-Observatorium** (Karte S. 634 f.; ☎ 257-0765; Eintritt 0,20 US$, Abendvorführung 0,40 US$; ☺ Mo–Fr 8–12 & 15–17, Sa 8–12 Uhr), das älteste europäische Observatorium auf dem Kontinent.

Nordöstlich von La Alameda liegt der hübsche, grüne Parque El Ejido, der größte Park im Zentrum von Quito und ein beliebter Austragungsort für spontane Fuß- und Volleyballspiele. Am Wochenende finden entlang der Av Patria Open-Air-**Vorführungen** statt, und Kunsthandwerkverkäufer stellen an der gesamten Nordseite des Parks ihre Stände zum größten **Kunsthandwerkermarkt** Quitos auf.

Ein einzelner Steinbogen am Nordende des Parque El Ejido markiert den Anfang der Vorzeigestraße des modernen Quito, die Av Amazonas. Nördlich des Parks ist sie die Hauptader des Viertels **Mariscal Sucre**.

CASA DE LA CULTURA ECUATORIANA

Gegenüber des Parque El Ejido steht die **Casa de la Cultura Ecuatoriana** (Karte S. 634 f.; www.cce.org. ec, spanisch), ein Wahrzeichen der Stadt. In dem runden Glasbau ist eines der wichtigsten Museen des Landes untergebracht: das **Museo del Banco Central** (Karte S. 634 f.; ☎ 222-3259; Ecke Av Patria & Av 12 de Octubre; Eintritt 2 US$; ☺ Di–Fr 9–17, Sa & So 10–16 Uhr). Es zeigt die landesweit umfangreichste Sammlung ecuadorianischer Kunst. In der **Sala de Arqueología** (Archäologieraum) gibt es eine fabelhafte Ausstellung mit mehr als 1000 Keramikexponaten aus der Zeit von 12 000 v. Chr. bis 1534 n. Chr., untermalt von stimmungsvoller Volksmusik. Unter den herrlichen prähispanischen Goldfunden in der **Sala de Oro** (Goldraum) ist auch eine glänzende goldene Sonnenmaske, heute Symbol der Banco Central. Oben in der **Sala de Arte Colonial** (Raum für Kolonialkunst) gibt es meisterhafte Arbeiten der Kunstschule von

Quito zu sehen. Die **Sala de Arte Contemporáneo** (Raum für zeitgenössische Kunst) schließlich zeigt eine große Sammlung zeitgenössischer und moderner ecuadorianischer Kunst unf Kunst des 19. Jhs.

PARQUE LA CAROLINA

Nördlich von Mariscal liegt der riesige Parque La Carolina (Karte S. 634 f.). Am Wochenende ist er voller Familien, die hierher kommen, um Paddelboot zu fahren, Fuß- und Volleyball zu spielen, auf den Radwegen Fahrrad- oder auf Inlinern zu fahren oder einfach dem Stadtchaos zu entfliehen.

Die neuste Errungenschaft des Parks ist der **Jardín Botánico** (Karte S. 634 f.; ☎ 246-3197; Eintritt 1,50 US$; ☺ Mo 9–15, Di–So 9–17 Uhr), in dem es über 300 Pflanzenarten aus ganz Ecuador und ein hervorragendes *orquideario* (Orchideengewächshaus) mit fast 1000 Orchideensorten gibt. Wer sich für die Flora und Fauna von Ecuador interessiert, geht nach nebenan zum besten Naturgeschichtemuseum des Landes, dem **Museo de Ciencias Naturales** (Karte S. 634 f.; ☎ 244-9824; Eintritt 2 US$; ☺ Mo–Fr 8.30–13 & 13.45–16.30 Uhr).

Tausende von toten Insekten und Spinnen zu betrachten, ist eine gute Methode, um sich nervlich auf einen Ausflug in das Oriente-Gebiet einzustimmen.

In der Nähe kann man bei einem Besuch des **Vivariums** (Karte S. 634 f.; ☎ 227-1799; www.vivarium.org.ec; Av Amazonas 3008/Rumipamba; Eintritt 2,50 US$; ☺ Di–So 9.30–17.30 Uhr) rund 90 lebendige Reptilien und Amphibien, die meisten davon Schlangen, besuchen und dabei seine Dschungelängste weiter nähren. Das Vivarium ist ein herpetologisches Forschungs- und Bildungszentrum, und bis auf eines der Kriechtiere (eine furchteinflößende Königskobra) stammen alle aus Ecuador.

MUSEO GUAYASAMÍN & CAPILLA DEL HOMBRE

Das ehemalige Wohnhaus des weltberühmten indigenen Künstlers Oswaldo Guayasamín (1919–99), das **Museo Guayasamín** (Karte S. 634 f.; ☎ 246-5265; Calle Bosmediano 543; Eintritt 2 US$; ☺ Mo–Fr 9–13.30 & 15–18.30 Uhr), beherbergt die größte Sammlung von Werken des Malers. Guayasamín war selbst ein passionierter Sammler, und das Museum zeigt auch seine ausgezeichnete Kollektion von mehr als 4500 präkolumbischen Stücken aus Keramik, Knochen und Metall aus ganz Ecuador.

Einige Blocks entfernt steht Guayasamíns erstaunliche **Capilla del Hombre** (Kapelle des Menschen; Karte S. 634 f.; ☎ 244-6455; www.guayasamin.com; Mariano Calvache/Lorenzo Chávez; Eintritt 3 US$, bei Kauf einer Eintrittskarte zum Museo Guayasamín 2 US$; ☺ Di–So 10–17 Uhr). Die Frucht der größten Vision von Guayasamín, ein gigantisches Monument und Museum, ist ein Tribut an die Menschheit, an das Leiden der Armen Lateinamerikas und an die unsterbliche Hoffnung auf eine bessere Welt. Ein bewegender Ort mit sehr empfehlenswerten Führungen (auf Englisch, Französisch und Spanisch, im Preis inbegriffen).

ÜBERIRDISCHES VERGNÜGEN

Südöstlich der Plaza Grande steht das **Kloster Santa Catalina** (Karte S. 639; Espejo 779/Flores; Eintritt 1,50 US$; ☺ Mo–Sa 8.30–17.30 Uhr). Es ist noch immer bewohnt und hat 2005 seine Pforten für Besucher geöffnet. Seit seiner Gründung 1592 verbringen Novizinnen fünf Jahre in der Abgeschiedenheit seiner Einzelzellen. Bis heute steht den 20 Nonnen nur eine Stunde zu, in der sie miteinander sprechen oder fernsehen dürfen. Sie stellen aber alle möglichen Arten von Naturprodukten her (u. a. Shampoos, alkoholfreie Weine, Handcremes, Elixiere), die hinter einer Drehtür verkauft werden, damit die Nonnen ungesehen bleiben.

Eine Führung durch das Kloster und sein interessantes Museum dauert mindestens eine Stunde – und das ist eine echt schauerliche: Religiöse Gemälde aus dem 18. Jh. zeigen Jungfrauen und Heilige im Fegefeuer, während Teufel die auf Stachelrädern aufgespießten Körper von Sündern drehen. Auf einem Gemälde ist eine durstige Schafherde zu sehen, die aus Jesu Wunden tropfende Blutströme schlürft. Ein anderes zeigt einen Engel, der nach brutalem Akt der Selbstgeißelung das Fleisch von Christus' Rippen pflückt.

Es wird vermutet, dass Santa Catalina durch geheime unterirdische Tunnel mit der drei Blocks entfernten Kirche Santo Domingo verbunden ist.

Das Museum und die Kapelle liegen im Viertel Bellavista nordöstlich der Innenstadt. Man kann den Hügel hochlaufen oder mit dem Bus die Av 6 de Diciembre entlang bis zur Av Eloy Alfaro fahren und dann umsteigen Richtung Bellavista. Ein Taxi kostet etwa 2 US$.

NOCH MEHR MUSEEN

Wer sich für die Kultur der indigenen Bevölkerung der Amazonasregion interessiert, sollte im kleinen **Museo Amazónico** (Karte S. 634 f.; ☎ 256-2663; Av 12 de Octubre 1436; Eintritt 2 US$; ⊗ Mo–Fr 8.30–12.30 & 14–17 Uhr) oder im **Museo Etnográfico de Artesanía de Ecuador** (Karte S. 634 f.; ☎ 223-0609; Reina Victoria N26-166 & La Niña; ⊗ Mo–Fr 8–18.30, Sa 10–18 Uhr) vorbeischauen. Letzteres wird von der hochangesehenen gemeinnützigen Fundación Sinchi Sacha (s. auch Tianguez, S. 648 und S. 652) geleitet. Es war wegen Umbauarbeiten geschlossen, sollte aber mittlerweile wieder offen haben.

Guápulo

Von Mariscal aus führt die Av 12 de Octubre den Hügel hoch zum **Hotel Quito** (Karte S. 634 f.; González Suárez N27-142). Hinter dem Hotel (von dessen Bar im obersten Stockwerk man eine tolle Aussicht hat) gehen steile Stufen hinunter zum eher unkonventionellen Viertel El Guápulo, das in einem senkrecht abfallenden Tal liegt. Im Zentrum des Viertelchens steht das reizvolle **Santuario de Guápulo** (Karte S. 634 f.; ⊗ 9–12 Uhr). Die Kirche wurde erbaut zwischen 1644 und 1693.

Den besten Blick auf die Kirche hat man vom **Mirador de Guápulo** bei der **Statue des Francisco de Orellana** (Karte S. 634 f.; RL Larrea Nähe González Suárez) hinter dem Hotel Quito. Francisco schaut auf das Tal runter, in dem seine sagenhafte Reise von Quito zum Atlantik seinen Anfang nahm – die erste Amazonasfahrt eines Europäers.

AKTIVITÄTEN

Quito ist einer der besten Orte, um Tourguides anzuheuern und ein- oder mehrtägige Ausflüge zu organisieren.

Radtouren

Am zweiten und letzten Sonntag im Monat ist die gesamte Av Amazonas und ein Großteil der Altstadt für Autos gesperrt, und jede Menge Radler versammeln sich auf der Straße zum zweimal monatlich stattfindenden **ciclopaseo** (Fahrradtour).

Mountainbikefirmen verleihen Räder und bieten tolle ein- oder zweitägige geführte Geländetouren in Gebieten der Anden an, die man sonst nie zu sehen bekäme. Tagestouren kosten rund 45 US$. **Biking Dutchman** (Karte S. 634 f.; ☎ 256-8323, 254-2806; www. bikingdutchman.com; Foch 714/JL Mera) war Ecuadors Vorreiter in Sachen Mountainbiketour, hat gute Fahrräder und Guides und einen ausgezeichneten Ruf. **Arie's Bike Company** (Karte S. 634 f.; ☎ 290-6052; www.ariesbikecompany.com; Wilson 578/Reina Victoria) bietet ähnliche Ausflüge an und bekommt von den Lesern super Kritiken. Preise und Touren beider Unternehmen vergleichen!

Klettern

Kletterer wird der **Rocódromo** (Karte S. 634 f.; ☎ 250-8463; Queseras del Medio s/n; Eintritt 1,50 US$; ⊗ Mo–Fr 8–20, Sa & So 8–18 Uhr) begeistern, eine 25 m hohe Klettereinrichtung gegenüber des Estadio Rumiñahui. Es gibt mehr als 12 Routen an den drei Hauptwänden, eine vierseitige Felskonstruktion und ein Gebäude aus Fels. Schuhe sind für 1,50 US$ zu leihen, Seile für 2 US$ und Klettergurte für 1 US$. Kreidetaschen und Karabiner kosten extra. Wer eine Ausrüstung ausleiht, wird vom Personal gesichert. Der Rocódromo befindet sich in Laufweite von Mariscal.

Die **Compañía de Guías de Montaña** (Karte S. 634 f.; ☎ 290-1551, 255-6210; www.companiadeguias.com.ec; Jorge Washington 425/Av 6 de Diciembre) ist ein erstklassiger Klettertourenanbieter, dessen Bergführer alle lizenzierte Lehrer sind und mehrere Sprachen sprechen. Zweitagestouren kosten 224 US$ pro Person, Dreitagestouren 330 US$; der Eintritt zum Park kommt noch dazu. Auch maßgeschneiderte Touren sind möglich. **Alta Montaña** (Karte S. 634 f.; ☎ 252-4422, 09-422-9483; Jorge Washington 8-20) ist ebenfalls ein empfehlenswerter Anbieter.

Montaña (Karte S. 634 f.; ☎ 223-8954; mountain_refugeecuador@yahoo.com; Cordero E12-141/Toledo; B 7 US$, EZ/DZ 9/15 US$) ist ein Treffpunkt für Bergsteiger aus Quito, eine gute Quelle für unvoreingenommene Informationen (niemand versucht hier, einem etwas anderes als eine Tasse Kaffee zu verkaufen) und ein prima Ort, um einheimische Bergsteiger kennenzulernen.

Weitere Agenturen, die Berg- und Klettertouren anbieten, sind auf S. 644 genannt.

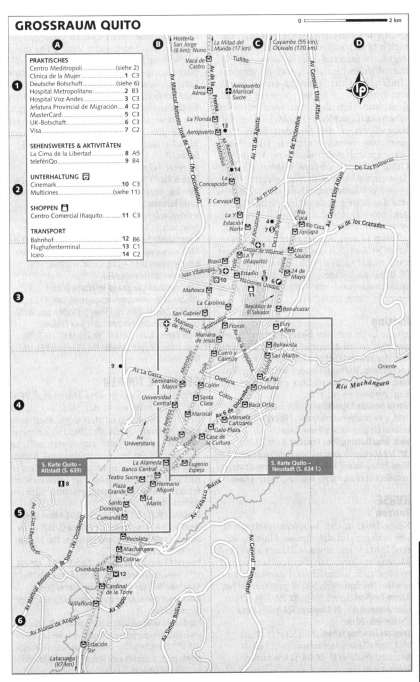

Bergwandern

Quitos neuer teléfériQo (S. 639) bringt Passagiere zum Cruz Loma (4100 m). Von dort kann man auf den Gipfel des zerklüfteten Rucu Pichincha (ca. 4700 m) wandern. Hinter dem Cruz Loma führen gut markierte Wanderwege vorbei an einem Stacheldrahtzaun (um den sich wohl niemand schert) rauf zum Rucu Pichincha. Der Aufstieg dauert ca. drei Stunden; dabei muss man einige Strecken klettern. Diese Wanderung nicht gleich nach der Ankunft in Quito machen, sondern erstmal ein paar Tage zum Akklimatisieren einlegen!

Vor der Inbetriebnahme des téléfériQo war das Besteigen des Rucu Pichincha wegen bewaffneter Raubüberfälle ziemlich gefährlich, aber diese Gefahr scheint völlig gebannt zu sein. An der Bergstation des téléfériQo lässt sich das gut abschätzen, wer ganz sicher gehen will, kann beim SAE (S. 636) nachfragen. Die Wanderung ist spektakulär und am schönsten morgens, bevor Wolken aufziehen.

Rafting

Einige Unternehmen bieten Rafting-Tagesausflüge an, zu denen es mit dem Kleinbus von der Hauptstadt aus losgeht. Es gibt auch mehrtägige Rafting-Touren weiter weg. Kostenpunkt: ab etwa 65 US$ pro Person und Tag. Anbieter sind z. B.:

Sierra Nevada Expeditions (Karte S. 634 f.; ☎ 255-3658; www.hotelsierranevada.com; J Pinto 637 Nähe Cordero) Ein guter Rafting-Tour-Anbieter.

Yacu Amu Rafting/Ríos Ecuador (Karte S. 634 f.; ☎ 223-6844; www.yacuamu.com; Foch 746 Nähe JL Mera) Rafting-Touren, Kajakausflüge und Kurse. Unter australischer Leitung mit viel Erfahrung. Täglich Touren.

KURSE
Tanzen

Keine Lust, in den *salsotecas* (Salsaclubs) nur verlegen auf die eigenen Füße zu starren? Einfach mal einen Salsakurs besuchen! Merengue, Cumbia und andere Latinotänze werden auch unterrichtet. Privatkurse kosten durchschnittlich 5 US$ pro Stunde bei:

Ritmo Tropical (Karte S. 634 f.; ☎ 255-7094; ritmotropical5@hotmail.com; Av Amazonas N24-155/J Calama; 🕙 Mo–Fr 9–20 Uhr)

Tropical Dancing School (Karte S. 634 f.; ☎ 222-0427; tropicaldancing@hotmail.com; Foch E4-256/Av Amazonas; 🕙 Mo–Fr 10–20 Uhr, Sa & So nur nach Reservierung)

Sprache

Quito ist einer der besseren Orte in Südamerika, um Spanisch zu lernen. Die meisten Schulen bieten alle Levels an, als Privatoder Gruppenunterricht, und können eine Unterbringung in Familien arrangieren. Einige Programme enthalten auch Tanzkurse, Kochkurse oder kulturelle Veranstaltungen. Die Preise für Privatstunden liegen bei 6 bis 9 US$ pro Stunde. Einige verlangen eine Einschreibegebühr (meistens ca. 20 US$).

Beraca (Karte S. 634 f.; ☎ 290-6642; beraca@interactive.net.ec; Av Amazonas 1114) Günstig und beliebt.

Bipo & Toni's (Karte S. 634 f.; ☎ 255-6614, 256-3309; www.bipo.net; J Carrión E8-183/Leonidas Plaza Gutiérrez)

Ecole Idiomas (Karte S. 634 f.; ☎ 223-1592; info@ecotravel-ecuador.com; L Garcia E6-15 Nähe JL Mera) Bietet auch die Teilnahme an Freiwilligenarbeit an.

Guayasamín Spanish School (Karte S. 634 f.; ☎ 254-4210; www.guayasaminschool.com; J Calama E8-54 Nähe 6 de Diciembre) Unter ecuadorianischer Leitung; von zahlreichen Lesern empfohlen.

San Francisco Language Institute (Karte S. 634 f.; ☎ 252-1306; www.sanfranciscospanish.com; Av Amazonas 662, 2. Stock, Büro 201) Teuer (9 US$/Std. plus 50 US$ Einschreibegebühr), bekommt aber gute Kritiken.

Vida Verde (Karte S. 634 f.; ☎ 222-6635, 256-3110; www.vidaverde.com; Leonidas Plaza Gutiérrez N23-100 Nähe Wilson)

GEFÜHRTE TOUREN

Organisierte Touren sind manchmal billiger, wenn man sie in der Stadt bucht, die dem Zielort am nächsten liegt, aber dazu braucht man einen flexibleren Zeitplan. Wer lieber von Quito aus starten will, ist mit den folgenden Agenturen und Anbietern gut beraten. Sie genießen einen guten Ruf und sind zuverlässig. Für Infos zu Radfahren, Rafting, Bergsteigen und anderen Aktivitäten s. S. 642.

Dracaena (Karte S. 634 f.; ☎ 254-6590; J Pinto E4-453) Bietet 4- bis 8-tägige Touren in Cuyabeno (S. 689) an, die ausgezeichnete Kritiken bekommen haben. Eine 5-tägige Tour kostet pro Person 200 US$.

Emerald Forest Expeditions (Karte S. 634 f.; ☎ 254-1278; www.emeraldexpeditions.com; J Pinto E4-244/Av Amazonas) Wird von Travellern wegen seiner Oriente-Touren hoch gelobt. Kostenpunkt: etwa 60 bis 80 US$ pro Person und Tag.

Fundación Golondrinas (Karte S. 634 f.; ☎ 222-6602; www.ecuadorexplorer.com/golondrinas; Isabel La Católica N24-679) Bietet freiwillige Teilnahme an Konservierungsprojekten an; arrangiert auch Wandertouren im *páramo* westlich von Tulcán (s. S. 662).

Galasam (Karte S. 634 f.; ☎ 250-7080; www.galasam. com; Av Amazonas 1354/Cordero) Bekannt für seine preiswerten bis mittelteuren Fahrten zu den Galagasinseln, aber die Meinungen der Kunden gehen auseinander: Viele beschweren sich, einige sind begeistert.

Gulliver (Karte S. 634 f.; ☎ 252-9297, 09-946-2265; www.gulliver.com.ec; Ecke JL Mera & Calama) Bietet Wander-, Bergwander-, Mountainbike- und Reittouren in den Anden an. Exzellente Preise, täglicher Tourbeginn. Die meisten Tagesausflüge kosten 30 bis 45 US$ pro Person. Die preiswertesten 5- bis 7-tägigen Touren zum Cotopaxi starten von der Hostería PapaGayo (S. 664), die den Veranstaltern gehört, und kosten 360 bis 450 bzw. 500 US$.

Rainforestur (Karte S. 634 f.; ☎ 223-9822; www. rainforestur.com; Av Amazonas 420/F Robles) Sehr gute Wahl für Dschungeltrips zum Cuyabeno-Reservat. Bietet auch Rafting-Trips in der Nähe von Baños an sowie Wandertouren und Ausflüge zu indigenen Märkten in der Gegend um Quito.

Safari Tours (Karte S. 634 f.; ☎ 255-2505, 250-8316; www.safari.com.ec; Foch E5-39; ☽ 9–19 Uhr) Hat vom Dschungeltrek über Touren zu den Galapagosinseln bis zu Bergwanderungen auf dem Vulkan alles im Programm. Viele Tagestouren.

Sierra Nevada Expeditions (Karte S. 634 f.; ☎ 255-3658; www.hotelsierranevada.com; J Pinto 637 Nahe Cordero) Veranstaltet Bergwander-, Fahrrad- und River-Rafting-Touren.

Tropic Ecological Adventures (Karte S. 634 f.; ☎ 222-5907; www.tropiceco.com; Av de la República E7-320) Macht 3- bis 6-tägige Touren zum Oriente, in die Anden und den Nebelwald.

FESTIVALS & EVENTS

Die größte Party der Stadt wird in der ersten Dezemberwoche anlässlich der Gründung von Quito gefeiert. Dann finden auf der Plaza de Toros täglich Stierkämpfe statt. An Silvester werden lebensgroße Puppen (oft Politiker) um Mitternacht auf den Straßen verbrannt. Karneval feiert man mit heftigen Wasserschlachten, denen keiner entkommt. Während der Osterwoche finden farbenprächtige religiöse Prozessionen statt.

SCHLAFEN

Die meisten Leute kommen in der Neustadt unter, besonders im Viertel Mariscal, wo Internetcafés, Bars und Restaurants gleich vor der Tür sind. Leider ist Mariscal nach Einbruch der Dunkelheit extrem gefährlich. Seit der Restaurierung der Altstadt wird auch das historische Quito wieder eine beliebte Gegend zum Übernachten. Vielleicht gibt es nicht an jeder Ecke Bananenpfann-

kuchen und Jugendherbergen, aber dafür mehr typisch südamerikanisches Flair.

Nah bei Mariscal ist das schicke (und sicherere) Viertel La Floresta. Auch hier gibt es Unterkünfte und jede Menge Bars.

Altstadt

Die Hotels zwischen der Plaza Santo Domingo und dem Busbahnhof gehören zu den billigsten, aber nach 19 Uhr geht es hier zwielichtig zu.

La Posada Colonial (Karte S. 639; ☎ 228-2859; Paredes 188; Zi. pro Person mit Gemeinschaftsbad/eigenem Bad 4/5 US$) Auch wenn es ein bisschen nah am Busbahnhof liegt, bietet das altmodische Hotel in der Altstadt mit seinen Holzfußboden mit das beste Preis-Leistungs-Verhältnis. Die Betten sind durchgelegen, aber sonst ist das Haus sehr gepflegt und völlig sicher. Helle und freundliche Atmosphäre.

Hotel Huasi Continental (Karte S. 639; ☎ 295-7327; Flores 332; Zi. pro Person mit Gemeinschaftsbad/eigenem Bad 4/7 US$) Mehrere Leser haben dieses Hotel mit seinen spartanisch eingerichteten, aber sauberen, gemütlichen Zimmern empfohlen. Leider besitzen nur einige davon Fenster. Dafür sind die Betten fest.

Grand Hotel (Karte S. 639; ☎ 228-0192, 295-9411; www.geocities.com/grandhotelquito; Rocafuerte 1001; EZ/DZ mit Gemeinschaftsbad 4,50/8 US$, mit eigenem Bad 6,50/12 US$) Diese alte Backpacker-Absteige ist sauber und hat viel Charakter (und auffallende Charaktere!). In Zimmern ohne Fenster ist es ziemlich dunkel. Prima für alle, die auf billig und nicht-touristisch stehen.

Chicago Hostal (Karte S. 639; ☎ 228-0224; chicago hostal@panchored.net; Los Ríos 1730; B 5,50 US$, EZ/DZ mit Gemeinschaftsbad 6/12 US$, mit eigenem Bad 9/16 US$; ▣) Das ultrafreundliche, neue Hotel an der Grenze zur Neustadt vermietet makellos saubere, einfache Zimmer mit Kabel-TV. Auch vorhanden: Essraum, Bar und Gepäckaufbewahrung.

Secret Garden (Karte S. 639; ☎ 295-6704, 316-0949; Antepara E4-60/Los Ríos; B 6,75 US$, EZ oder DZ mit Gemeinschaftsbad/eigenem Bad 17,50/24 US$) Das neue, farbenfrohe, von einem ecuadorianisch-australischen Paar geleitete Hostel ist mit Abstand die beste Budgetunterkunft in Quito. Der Blick von der Terrasse im 5. Stock ist Wahnsinn. Angeboten werden ein „All you can eat"-Frühstücksbuffet (2,50 US$ zusätzlich) und täglich Abendessen (ca. 3,75 US$).

Hotel Catedral Internacional (Karte S. 639; ☎ 295-5438; Mejía 638; EZ/DZ 7/12 US$) Super sauberes

Hotel mit altem, aber gepflegtem Dekor, kuriosen Möbeln und herrlich altertümlichen Tagesdecken. Unbedingt ein Zimmer mit Fenster nehmen!

Hotel Internacional Plaza del Teatro (Karte S. 639; ☎ 295-9462, 295-4293; Guayaquil N8-75; EZ/DZ 10/16 US$) Das Antik-Hotel hat sich mit den Marmortreppen, den breiten Fluren und den Zimmern mit Balkon etwas von seiner früheren Eleganz bewahrt. Die Zimmer weg von der Straße haben keinen Balkon und nicht so viel Charakter, sind aber ruhiger. Lässiges Personal; beliebt bei Ecuadorianern.

Hotel Viena Internacional (Karte S. 639; ☎ 295-4860; Flores 600/Chile; EZ/DZ mit Bad 11/22 US$) Auch wenn die von 1972 stammende Tapete mit dem Rankenmuster in den Augen schmerzt, ist dieses Hotel mit seinen makellos sauberen Zimmern, dem erstklassigen Service und dem freundlichen Innenhof die beste Wahl in der Altstadt. Die Zimmer sind mit Holzfußboden, TV, Warmwasser und guten Duschen ausgestattet. Sehr ruhig wohnt man in denen mit Balkon eher nicht.

Hotel San Francisco de Quito (Karte S. 639; ☎ 228-7758; www.uio-guided.com/hsfquito; hsfquito@andinanet. net; Sucre 217; EZ/DZ mit eigenem Bad 14/24 US$, Miniapartments mit kleiner Küche 18/30 US$) Wer im kolonialen Quito stilvoll (d.h. in altertümlichem Flair) nächtigen möchte, sollte dieses jahrhundertealte Kleinod probieren. Die Zimmer haben keine Fenster, aber Doppeltüren, die zu einem zauberhaften Balkon mit Blick auf den hübschen Innenhof führen.

Auch zu empfehlen:

Hostal San Blas (Karte S. 639; ☎ 228-1434; Caldas 121, Plaza San Blas; EZ/DZ mit Gemeinschaftsbad 5/6,75 US$, mit eigenem Bad 6,75/10 US$) Gute Option, wenn man nichts gegen winzige Zimmer hat.

Hostal La Casona (Karte S. 639; ☎ 257-0626, 258-8809; Manabí 255; EZ/DZ 6/8 US$) Dunkle, saubere und modrige Zimmer auf drei Stockwerken und dazu haufenweise Dinge, an denen man sich den Kopf stoßen kann.

Hotel Auca Continental (Karte S. 639; ☎ 295-4799; aucahotel@hotmail.com; Sucre Oe4–14; EZ/DZ inkl. Frühstück 10/20 US$) Einfach und ziemlich altmodisch, aber völlig in Ordnung.

Neustadt

Casa Bambú (Karte S. 634 f.; ☎ 222-6738; G Solano 1758 Nähe Av Colombia; B 4 US$, Zi. pro Person mit Gemeinschaftsbad/eigenem Bad 5/7 US$) Ein Juwel mit geräumigen Zimmern, einem winzigen Garten, Gästeküche, Bücherbörse, Wäscherei und einem tollen Ausblick von den Hängematten auf dem Dach aus. Es ist den Weg den Hügel hinauf wirklich wert.

Hostal Déjà vu (Karte S. 634 f.; ☎ 222-4483; www. hostalsdejavu.com; 9 de Octubre 599; B 6 US$, EZ/DZ mit Gemeinschaftsbad 10/12 US$, mit eigenem Bad 12/15 US$) Bunt bemalte Wände und verrückte alte Möbel sorgen in diesem etwas verwohnten, aber beliebten *hostal* (billiges Hotel) für Underground-Ambiente.

La Casa de Eliza (Karte S. 634 f.; ☎ 222-6602; manteca@uio.satnet.net; Isabel La Católica N24-679; B 6 US$, DZ 12 US$) Obwohl dem beliebten Hotel sein Alter deutlich anzusehen ist, ist es freundlich und hat bodenständigen Charme. Das umgebaute Haus verfügt über eine große Gästeküche, einen gemütlichen Gemeinschaftsbereich, eine kleine Bücherbörse und einfache Zimmer.

El Cafecito (Karte S. 634 f.; ☎ 223-4862; www.café cito.net; Cordero E6-43; B 6 US$, EZ/DZ 9/14 US$) Gleichbleibend beliebte, preisgünstige Option. Die Zimmer sind sauber, das Ambiente heiter, und durch das exzellente Café im Erdgeschoss gibt's eine bequeme Frühstücksmöglichkeit. Nur Gemeinschaftsbäder.

Crossroads (Karte S. 634 f.; ☎ 223-4735; www.cross roadshostal.com; Foch E5-23; B 6–7 US$, EZ/DZ mit Gemeinschaftsbad 12/18 US$, mit eigenem Bad 15,50/25 US$) Großes, umgebautes Haus mit hellen Zimmern und einladender, geselliger Atmosphäre. Ein gutes Café, Kabel-TV, Küchenbenutzung, Gepäckaufbewahrung und die Terrasse mit Feuerstelle sind Pluspunkte.

L'Auberge Inn (Karte S. 634 f.; ☎ 255-2912; www. ioda.net/auberge-inn; Av Colombia N12-200; EZ/DZ mit Gemeinschaftsbad 7/13 US$, mit eigenem Bad 10/17 US$) Die vielen Extras wie Billardtisch, Sauna, Safe, Kamin im Gemeinschaftsraum, Innenhof, Küche, Gepäckaufbewahrung, Wäschereiservice, eigenes Reisebüro und eine tolle Pizzeria (ohne Worte!) machen diese Unterkunft zum Superdeal.

Albergue El Taxo (Karte S. 634 f.; ☎ 222-5593; Foch E4-116; EZ/DZ mit Gemeinschaftsbad 7/14 US$, mit eigenem Bad 8/16 US$) Das freundliche, bescheidene El Taxo ist ein umgebautes Wohnhaus aus den 1970er-Jahren mit komfortablen, bunten Zimmern, viele davon mit Gemeinschaftsbad. Der einfache Gemeinschaftsraum hat einen Kamin (der selten befeuert wird). Die Gästeküche ist gut gepflegt.

La Casona de Mario (Karte S. 634 f.; ☎ 234-4036, 223-0129; www.casonademario.com; Andalucía N24-115; Zi. 8 US$/Pers.) Das in einem hübschen, alten Haus untergebrachte La Casona de Mario hat gemütliche Zimmer, tadellos saubere Gemeinschaftsbäder, einen Garten, ein Fernsehzimmer und eine Gästeküche. Viele Leser haben die Unterkunft empfohlen, weil sie gastfreundlich ist, eine schöne Atmosphäre und eine ruhige, aber komfortable Lage bietet und ihr Geld rundum wert ist. Hervorragende Wahl!

Amazonas Inn (Karte S. 634 f.; ☎ 222-5723, 222-2666; J Pinto E4-324 & Av Amazonas; Zi. 9–12 US$/Pers.) Außerordentlich gute Option: Die Zimmer sind einfach und sehr sauber, haben ein eigenes Bad, fließend Warmwasser und Kabel-TV (mehr als 70 Kanäle!). Die Zimmer im 1. Stock haben Fenster. Freundliches Personal, zentrale Lage.

Aleida's Hostal (Karte S. 634 f.; ☎ 223-4570; www.aleidashostal.com.ec; Andalucía 559/Salazar; EZ/DZ mit Gemeinschaftsbad 11/22 US$, mit eigenem Bad 17/34 US$ bzw. 22/39 US$) Die freundliche, dreistöckige Pension in La Floresta wird von einer Familie geleitet und wirkt durch ihre Helligkeit, die riesigen Zimmer, die hohen Holzdecken und die Holzböden sehr geräumig. Gäste kriegen zur Begrüßung einen Schluck *punta* (selbstgemachtes Feuerwasser).

Casa Helbling (Karte S. 634 f.; ☎ 222-6013; www.casahelbling.de; Gral Veintimilla E18-166; EZ/DZ mit Gemeinschaftsbad 12/18 US$, mit eigenem Bad 18/26 US$) Dieses gemütliche, umgebaute Kolonialstil-Haus in der Mariscal-Gegend ist sauber, entspannt und freundlich. Es gibt eine Gästeküche, eine Wäscherei und viele Gemeinschaftsbereiche zum Relaxen.

Folklore Hotel (Karte S. 634 f.; ☎ 255-4621; www.folklorehotel.com; Madrid 868 Nähe Pontevedra; EZ/DZ inkl. Frühstück 15/25 US$) Wunderbar umgebautes Haus in La Floresta mit geräumigen, farben-

---

IN DIE VOLLEN!

Café Cultura (Karte S. 634 f.; ☎ 222-4271; www.cafecultura.com; F Robles 513; EZ/DZ 77/89US$) Das charmante Boutiquehotel ist in einer umgebauten Villa mit Garten untergebracht. In den hübsch gestrichenen Gemeinschaftsräumen gibt es drei knisternde Kamine, und die Zimmer sind mit Wandgemälden verschiedener Künstler individuell gestaltet. Im ganzen Hotel ist das Wasser aufbereitet (nur zu, das Duschwasser ist trinkbar!). Traveller lieben dieses Hotel, deshalb besser reservieren! Das internationale Hotelpersonal spricht mehrere Sprachen.

---

frohen Zimmern. Hat einen kleinen Garten und einladendes Familienflair.

Auch zu empfehlen:

Hostal Vamara (Karte S. 634 f.; ☎ 222-6425; hostal vamara@yahoo.com; Foch 753 & Av Amazonas; B 3 US$, Zi. mit Gemeinschaftsbad 6 US$/Pers., mit eigenem Bad & TV 8 US$/Pers.) Gehört zu den günstigsten Hostels der Stadt.

Hostal Alpa Aligu (Karte S. 634 f.; ☎ 256-4012; alpaaligu@yahoo.com; J Pinto 240; B 4 US$)

Loro Verde (Karte S. 634 f.; ☎ 222-6173; Rodríguez E7-66; EZ/DZ 9/18 US$) Einfach, aber gemütlich; tolle Lage.

Hotel Nueve de Octubre (Karte S. 634 f.; ☎ 255-2424/2524; 9 de Octubre 1047; EZ 10–13 US$, DZ 14–16 US$) Etwas langweilig, aber absolut akzeptabel.

Hotel Pickett (Karte S. 634 f.; ☎ 254-1453, 255-1205; Wilson 712; EZ/DZ 10/20 US$) Einfaches Hotel; total in Ordnung für den Preis.

ESSEN

Als beliebtes Touristenziel und Landeshauptstadt ist Quito – besonders die Neustadt – voller internationaler Restaurants. Aber es ist ein besonderes Vergnügen, die vielfältige ecuadorianische Küche zu testen: charakteristische Familienrestaurants, wo nur eine einzelne Spezialität zubereitet wird, und gelegentlich auch mal ein protzig aufgemachtes Gourmetrestaurant mit ecuadorianischer Nouveau Cuisine.

Die Restaurants in der Altstadt waren früher der typische preisgünstige ecuadorianische Standard ohne Schnickschnack. Die meisten sind auch heute noch so, aber es gibt eine Handvoll neueröffneter Restaurants, die einer gehobeneren Klientel aus dem Ausland ausgezeichnete traditionelle Küche servieren.

Pfennigfuchser halten sich an die üblichen *almuerzos* oder *meriendas* (Mittags- oder Abendmenüs). Viele Restaurants in der Neustadt haben sonntags geschlossen.

Altstadt

Die traditionellsten Lokale von Quito sind im historischen Zentrum. Diese Lokale haben – anders als die in Mariscal Sucre – ihre Familienrezepte von Generation zu Generation verfeinert. Die besten Angebote gibt es manchmal in Cafés.

CAFÉS & SNACKS

El Kukurucho del Maní (Karte S. 639; Rocafuerte Oe5-02/García Moreno; Snacks 0,25–0,50 US$) Hier werden kiloweise gezuckerte Nüsse, Maiskörner und *haba*-Bohnen in einem Kupferkessel zubereitet, groß genug, um ein Schwein darin zu kochen. Klassische *quiteño*-Snacks.

El Cafeto (Karte S. 639; Chile 930 y Flores, Convento de San Agustin; Kaffeegetränke 0,75–2 US$) Der großartige Coffeeshop unter ecuadorianischer Leitung serviert Kaffee aus 100 % biologisch angebauten Kaffeebohnen aus Ecuador. Der Espresso ist der beste in der Stadt.

Cafetería Modelo (Karte S. 639; Ecke Sucre & García Moreno; Snacks 1–2 US$) Das 1950 eröffnete Modelo ist eins der ältesten Cafés der Stadt und perfekt, um traditionelle Snacks wie *empanadas de verde* (Kochbananen-Empanadas mit Käsefüllung), *quimbolitos* (süßer Kuchen im Blatt gedünstet), *tamales* (Maismehl gefüllt mit Fleisch und in einem Bananenblatt gedünstet) und *humitas* (ähnlich wie mexikanische Tamales) zu probieren.

Heladería San Agustín (Karte S. 639; Guayaquil 1053; Eiscreme 1,20 US$) Die Familie Alvarez Andino stellt seit 1858 *helados de paila* her – von Hand in großen Kupferschalen gefertigte Eiscreme. Es ist die älteste Eisdiele in Quito und damit ein absolutes Muss für Eisfans.

Frutería Monserrate (Karte S. 639; Espejo Oe2-12; Hauptgerichte 1,50–3 US$) Bekannt wegen seiner riesigen Schüsseln tropischer Früchte, umrahmt von Himbeersoße und Schlagsahne – das tolle Café serviert aber auch leckere Suppen, Sandwiches, typische Snacks und *leeeckeres* Frühstück. Der Laden ist beliebt bei den Einheimischen und hygienisch absolut einwandfrei.

Café del Fraile (Karte S. 639; Chile Oe4-22, Pasaje Arzobispal, 2. Stock; Getränke 2–4 US$, Sandwiches 4,50 US$) Dank europäischer Atmosphäre und Sitzgelegenheiten auf dem Balkon ist diese Café-Bar ideal, um abends eine Schokolade oder einen Cocktail zu schlürfen. Serviert auch Sandwiches, Snacks und Desserts.

Tianguez (Karte S. 639; Plaza San Francisco; Hauptgerichte 3–5 US$) Das Tianguez zwischen den steinernen Bögen unterhalb des Klosters San Francisco ist eines der bestgelegenen Cafés der Stadt.

Café Mosaico (Karte S. 639; Manuel Samaniego N8-95 Nähe Antepara, Itchimbia; Hauptgerichte 8,50–11 US$, Getränke 2,50–5 US$; ☎ 11–22.30, Di ab 16 Uhr) Sicher, die Getränke sind zu teuer, aber einen Balkonblick wie diesen gibt's *nirgendwo* sonst, und Touristen sind hier eine Seltenheit.

RESTAURANTS

Cafetería Fabiolita (Karte S. 639; El Buen Sanduche, Espejo Oe4-17; Sandwiches 1 US$, Seco de chivo 2,50 US$)

Seit mehr als 40 Jahren serviert das Edelrestaurant unterhalb der Kathedrale den beliebtesten *seco de chivo* (Eintopf mit Ziegenfleisch) der Stadt, eins der traditionellsten Gerichte in Ecuador (nur zwischen 9 und 11 Uhr!). Die *sanduches de pernil* (Schinkensandwiches) sind sogar legendärer als die Lokalpolitiker Quitos.

Govindas (Karte S. 639; Esmeraldas 853; Almuerzos 1,20–1,60 US$) Das können die Krishnas der Altstadt: ein köstliches vegetarisches Mittagsbuffet zaubern.

La Guaragua (Karte S. 639; Espejo Oe2-40 Nähe Flores; Hauptgerichte 2–6 US$) Die Tische erinnern an Schreibtische, aber das Essen ist exzellent. Auf jeden Fall die *tortillas de quinoa* (Quinoa-Pasteten) und Empanadas probieren!

La Colmena (Karte S. 639; Benalcázar 619; Almuerzos 2,35 US$) Seit 50 Jahren wird Gästen der Familie Vaca Meza eines der Lieblingsgerichte aus Ecuador kredenzt: die *guatita*, ein Kuttel-Kartoffel-Eintopf in einer würzigen Erdnusssauce. Ob man Kutteln nun mag oder nicht – es lohnt sich, das Original mal zu probieren.

Cafetería La Zamba Teresa (Karte S. 639; Chile 1046; Almuerzos 3 US$, Hauptgerichte 4–8 US$) In dieser zum Cueva del Oso (s. unten) gehörenden Cafeteria können Gäste einen Teil des ausgezeichneten Restaurantangebots genießen. Die Mittagsmenüs sind echt preiswert.

Hasta La Vuelta, Señor (Karte S. 639; Chile Oe4-22, Palacio Arzobispal, 3. Stock; Hauptgerichte 6–7 US$) Das exzellente Restaurant mit Sitzen auf dem Balkon bietet ecuadorianische Küche vom Feinsten. Von Donnerstag bis Sonntag gibt es die zwei berühmtesten Hochlandsuppen: *yaguarlocro* (Blutwurstsuppe) und *caldo de patas* (Rinderhufsuppe).

La Cueva del Oso (Karte S. 639; Chile 1046; Hauptgerichte 7–10 US$) Das loungeähnliche Cueva del Oso serviert exquisite Spezialitäten aus Ecuador. Die Bar mit den niedrigen, runden Sitzecken ist eine prima Gelegenheit, dem Krach draußen zu entkommen.

Sparfüchse essen gute Hausmannskost und billige *almuerzos* in diesen Lokalen:
Nuevo Cordovéz (Karte S. 639; Guayaquil 774; Almuerzos 1,40–1,75 US$, Hauptgerichte 2–3 US$) Bunte Sitzecken und Stierkampfdekor.
La Posada Colonial (Karte S. 639; García Moreno 1160 Nähe Mejía; Almuerzos 2 US$, Hauptgerichte 2–3 US$)
Café Quiteño Libre (Karte S. 639; Sucre Oe3-17; Almuerzos 2 US$, Hauptgerichte 2–3 US$) Im Ziegelsteinkeller des Hotel San Francisco de Quito (S. 646).

King Chicken (Karte S. 639; Bolívar 236; Hauptgerichte 2–4 US$) Hier gibt es leckere Brathähnchen und große Eisbecher in Diner-Atmosphäre.

FRISCH VOM MARKT

Mercado Central (Karte S. 639; Pichincha zw. Esmeraldas & Manabí; Hauptgerichte unter 1–3 US$; 8–16, So bis 15 Uhr) Wer direkt zum Mercado Central geht, findet einen Stand mit traditionellen (sehr günstigen) Quito-Gerichten neben dem anderen. Hier gibt's alles – vom *locro de papa* (Kartoffelsuppe mit Käse und Avocado) über Meeresfrüchte bis hin zu *yaguarlocro*. Auch frische Früchte und Gemüse sind im Angebot.

Corvina Don „Jimmy" (Karte S. 639; Mercado Central, Pichincha zw. Esmeraldas & Mejia; Hauptgerichte 2–4 US$; 8–16, So bis 15 Uhr) Den berühmtesten Stand des Mercado Central gibt es schon seit 1953. Er verkauft riesige Portionen *corvina* (Wolfsbarsch). Wer den nicht mit einer großen Schüssel *ceviche* (marinierte, rohe Meeresfrüchte) als Beilage essen will, fragt nach Reis.

Neustadt

Traveller, die auch mal etwas tiefer in die Tasche greifen wollen, können sich in der Neustadt den Gaumenfreuden hingeben. Der Nachteil ist, dass der Großteil von Mariscal sich dem Geschmack der Ausländer angepasst hat und es deshalb nicht ganz einfach ist, hier ein authentisches, einheimisches Restaurant mit zivilen Preisen zu finden. Aber es gibt sie, die preisgünstigen Lokale, geführt von einheimischen Familien für einheimische Gäste. Man muss nur die Straßen im Gebiet westlich der Av Amazonas, nördlich von Jorge Washington und entlang Cordero nordwestlich der Amazonas abklappern.

CAFÉS

Kallari (Karte S. 634 f.; Wilson E4-266/JL Mera; Frühstück 2 US$, Mittagessen 2,50 US$) Neben der Tatsache, dass die Schokoladentafeln von Kallari besser sind als Sex, gibt es in diesem Kabuff in Quichua auch leckeres, gesundes Frühstück und Mittagsgerichte.

El Cafecito (Karte S. 634 f.; Cordero 1124; Hauptgerichte 2–4 US$) Serviert ganztägig preiswerte, hauptsächlich vegetarische Speisen und Snacks. Super Frühstück.

chiQuito (Karte S. 634 f.; Camino de Orellana 630; Snacks 2–4 US$) Das intime Künstlercafé eignet sich perfekt für ein Päuschen auf dem gemütlichen Spaziergang nach Guápulo.

Café Amazonas (Karte S. 634 f.; Ecke Av Amazonas & R Roca; Kaffee 0,60 US$, Hauptgerichte 2–4 US$) Klassisches Amazonascafé mit Tischen im Freien – ideal zum Leutebeobachten.

Café Sutra (Karte S. 634 f.; J Calama 380; Snacks 2–6 US$; Mo–Sa 12–3 Uhr) Mit seiner Schummerbeleuchtung, der gedämpften Musik und dem coolen Publikum ist das Café Sutra ein toller Ort, um sich einen Snack und ein Bier zu Gemüte zu führen, bevor der Abend richtig losgeht.

Magic Bean (Karte S. 634 f.; Foch E5-08; Hauptgerichte 4–7 US$) Es hat stark nachgelassen, aber lange war das Lokal mit seinem lecker zubereiteten Frühstück, den Mittagsgerichten, Säften und Kaffeegetränken das Epizentrum von Mariscal.

Grain de Café (Karte S. 634 f.; Gral Baquedano 332; Hauptgerichte 4–7 US$) Hier können Gäste bei einem Kaffee abschalten oder gleich ein ganzes Menü bestellen. Es gibt viele vegetarische Gerichte.

RESTAURANTS

Cevicheria y Marisquería 7 Mares (Karte S. 634 f.; La Niña 525; Hauptgerichte 1–5 US$) *Das* Lokal für billigen *encebollado* (leckere Suppe aus Meeresfrüchten, Zwiebeln und Yucca). Die Schale kostet nur 1,30 US$ und ist ein tolles Mittagessen.

El Guambra (Karte S. 634 f.; Av 6 de Diciembre/Jorge Washington; Hauptgerichte 1,25–4 US$) Sieht nicht aufregend aus, aber das winzige Restaurant serviert umwerfende *ceviche* und Meeresfrüchtegerichte zu absoluten Tiefpreisen.

Chacha (Karte S. 634 f.; Ecke JL Mera & Foch; Hauptgerichte 1,50–2 US$) Traveller empfehlen das argentinische Lokal wegen seiner günstigen Pizza, Pasta und *empanadas*, die draußen aufgetischt werden.

La Cocina Quiteña (Karte S. 634 f.; R Roca E5-86/Reina Victoria; Hauptgerichte 1,50–4 US$) Kostenloses Popcorn und das einheimische Publikum machen die Cocina so authentisch, wie es in Mariscal nur sein kann. Alles ist billig. Hat auch Tische im Freien.

El Chisme (Karte S. 634 f.; Luis Cordero 1204 Nähe JL Mera; Almuerzos 2 US$) Das freundliche Lokal unter einheimischer Leitung bereitet ecuadorianische Gerichte für wenig Geld zu. Tolles Mittagsmenü.

Sakti (Karte S. 634 f.; J Carrión 641; Almuerzos 2 US$, Hauptgerichte 2–3 US$; Mo–Fr 8.30–18.30 Uhr) Das cafeteriamäßig aufgezogene Lokal serviert preisgünstige, nahrhafte Suppen, Gemüse, Obstsalat, Pasta und Lasagne.

Aladdin's (Karte S. 634 f.; Ecke Diego de Almagro & Baquerizo Moreno; Hauptgerichte 2–4 US$) Das Soul-Restaurant ist sehr beliebt wegen seiner tollen Falafel und Shawarma-Sandwiches, den Sitzmöglichkeiten im Freien und den riesigen Wasserpfeifen.

Hassan's Café (Reina Victoria Nähe Av Colón; Hauptgerichte 2–6 US$) Das libanesische Essen – Shawarmas, Humus, Kebab, gefüllte Aubergine, Gemüseteller – ist gut, frisch und billig. Zehn Tische gibt's.

El Maple (Karte S. 634 f.; Ecke Foch & Diego del Almagro; Hauptgerichte 3–5 US$) Ausgezeichnete Biogerichte für Veggies. Das Vier-Gänge-Mittagsmenü (2,80 US$) ist ein Schnäppchen!

La Bodeguita de Cuba (Karte S. 634 f.; Reina Victoria 1721; Hauptgerichte 3–5 US$) Holztische und die graffitibedeckten Wände schaffen ein fröhliches Ambiente für die kubanischen Speisen. Donnerstagabends gibt's Livemusik.

Chifa Mayflower (Karte S. 634 f.; J Carrión 442; Hauptgerichte 3–6 US$) Wenn es gut genug ist für den Starkoch Martin Yan (sein Foto mit Autogramm hängt neben der Tür), dann ist es wirklich gut. Viele vegetarische Gerichte.

Mama Clorindas (Karte S. 634 f.; Reina Victoria 1144; Gerichte 3–7 US$) Kredenzt die Köstlichkeiten Ecuadors; fast nur ausländische Gäste.

Adam's Rib (Karte S. 634 f.; J Calama 329; Hauptgerichte 4–6 US$) Seit 1986 kommt eine treue Schar von Auswanderern hierher, um mal wieder an Spareribs zu nagen.

Cevichería Manolo (Karte S. 634 f.; Ecke D de Almagro & La Niña; Hauptgerichte 4–6 US$) Auch Einheimische gehen in dieses ausgezeichnete Restaurant mit erschwinglichen Preisen. Auf der Karte stehen verschiedene Sorten *ceviches* und tolle Meeresfrüchtegerichte.

Red Hot Chili Peppers (Karte S. 634 f.; Foch E4-314; Hauptgerichte 4–6 US$) Beliebtes mexikanisches Restaurant mit Großleinwand-TV. Wer sich die Fajitas und Piña Coladas schmecken lässt, der feiert auf dem Heimweg „Fiesta Mexicana".

Le Arcate (Karte S. 634 f.; Gral Baquedano 358; Hauptgerichte 4–6 US$) Die beliebte Pizzeria in Mariscal hat mehr als 50 Holzofenpizzas auf der Karte (wahrscheinlich die besten in der Gegend), außerdem Lasagne, Steaks und Meeresfrüchte zu vernünftigen Preisen.

Su Cebiche (Karte S. 634 f.; JL Mera N24-200; Hauptgerichte 4–7 US$) Auf Hochglanz poliertes,

kleines Mittagslokal mit exzellenten Spezialitäten von der Küste.

Siam (Karte S. 634 f.; J Calama E5-10; Hauptgerichte 5–8 US$) Leckeres Thai-Essen, kleine Portionen.

Boca del Lobo (Karte S. 634 f.; J Calama 284; Hauptgerichte 5–9 US$; ☾ Mo–Sa 16–1 Uhr) Ultraschickes Restaurant mit stilvollem Ambiente und einer phänomenalen Speisekarte, auf der Köstlichkeiten wie Wolfsbarsch an Rosmarin, Lachs *ishpungo* (ein zimtähnliches Gewürz), gefüllte Kochbananen-Tortillas, Raclette, Focaccias, Pizzas und ausgezeichnete Desserts stehen. Ein echtes Schlemmerparadies.

Churrascaría Tropeiro (Karte S. 634 f.; Gral Veintimilla 546; Buffet 12 US$) Kann man bei zehn Fleischsorten, drei verschiedenen Salaten und All-you-can-eat etwas falsch machen?

SELBSTVERSORGER

Mercado Santa Clara (Karte S. 634 f.; Ecke Dávalos & Versalles; ☾ 8–17 Uhr) Der wichtigste Lebensmittelmarkt in der Neustadt. Neben einer hervorragenden Auswahl gibt's auch Stände mit billigem Essen.

Supermercado Santa María (Karte S. 634 f.; Ecke Dávalos & Versalles; ☾ Mo–Sa 8.30–20, So 9–18 Uhr) Riesiger Supermarkt, der bequemerweise gegenüber des Mercado Santa Clara liegt.

Supermaxi (Karte S. 634 f.; Ecke La Niña & Y Pinzón; ☾ tgl.) Größter und bester Supermarkt in der Mariscal-Umgebung.

AUSGEHEN

Die *Farra* konzentriert sich in Quito größtenteils im Mariscal und drumrum; die Grenze zwischen Bar und Tanzclub ist fließend. Die Bars im Mariscal sind, ob man das gut findet oder nicht, allgemein laut und berüchtigt für ihre „Gringo-Jagd": Einheimische beiderlei Geschlechts flirten mit Touristen – kann klasse sein oder nervig, je nachdem, wie man drauf ist. Auf den Tresen zu tanzen ist meist schon obligatorisch. Bars mit Tanz verlangen oft Eintritt, dazu gibt's normalerweise ein Getränk. Nicht vergessen: Nach einem Abend im Mariscal immer mit dem Taxi nach Hause fahren (s. S. 636)!

Weit entspannter und ohne Anmache geht's in La Floresta oder Guápulo zu, wo Trinken eher was Mentales ist.

El Pobre Diablo (Karte S. 634 f.; www.elpobrediablo. com; Isabel La Católica E12-06) Freundliches, relaxtes Lokal mit Livejazz-Veranstaltungen am Mittwoch- und Donnerstagabend. Holztische und die solide Cocktailkarte tragen zum Ambiente bei. Restaurant vorhanden.

La Reina Victoria (Karte S. 634 f.; Reina Victoria 530) Diese Mariscal-Institution zu schlagen, die neben einem Kamin, Dartscheibe und Billard auch tolles Essen und eine super Kneipenatmosphäre zu bieten hat, ist schwer.

Mirador de Guápulo (Karte S. 634 f.; R L Larrea y Pasaje Stübel) Das gemütliche Café mit Bar liegt auf einer Klippe mit Blick auf Guápulo. Die Aussicht ist einmalig, und die Snacks sind köstlich. Mittwoch- bis Samstagabend wird Livemusik gespielt (Eintritt 4,50 US$).

Ta Güeno (Karte S. 634 f.; Camino de Orellana N27-492) Eine wundervoll unkonventionelle Bar in Guápulo mit freundlicher Stimmung, toller Terrasse und großen Krügen *canelazo* (traditionelles heißes, alkoholisches Getränk).

No Bar (Karte S. 634 f.; Ecke J Calama 380 & JL Mera; Eintritt 3–5 US$; ⏰ 18–3 Uhr) Dieses Wahrzeichen von Mariscal hat vier kleine, dunkle Tanzflächen und eine chaotische Bar (auf den Tresen wird immer getanzt). Komasaufen und Pilsener-Duschen inklusive. Am Wochenende ist mächtig viel los. Mit langen Schlangen an der Theke rechnen!

Tijuana (Karte S. 634 f.; Ecke Reina Victoria & Santa María; Eintritt 3–4 US$) Einheimische stehen dicht gedrängt auf der kleinen Tanzfläche. Erstaunlich, dass man so überhaupt tanzen kann. Trendschuppen.

Englische Pubs sind in Quito schon ewig in. Diese zählen zu den beliebtesten.

Patatu's Bar (Karte S. 634 f.; Wilson E4-229)

Turtle's Head (Karte S. 634 f.; La Niña 626)

King's Cross (Karte S. 634 f.; Reina Victoria 1781)

Ghoz Bar (Karte S. 634 f.; La Niña 425)

UNTERHALTUNG

Das Kinoprogramm und andere Veranstaltungen stehen in den lokalen Zeitungen *El Comercio* und *Hoy*. Oder im *Quito Cultura* nachschlagen, einem monatlich erscheinenden Magazin, das es bei den Touristeninformationen kostenlos gibt. Tipps im Internet finden sich unter www.quehacer quito.com (spanisch).

Kinos

Die beiden ersten sind moderne Multiplexe, die hauptsächlich Hollywoodstreifen mit spanischen Untertiteln zeigen.

Cinemark (Karte S. 643; ☎ 226-0301; www.cinemark. com.ec, spanisch; Ecke Naciones Unidas & Av América; Eintritt 4 US$)

Multicines (Karte S. 643; ☎ 225-9677; www.multicines. com.ec, spanisch; CCI – Centro Comercial Iñaquito; Eintritt 4 US$)

Ocho y Medio (Karte S. 634 f.; ☎ 290-4720/21/22; www.ochoymedio.net, spanisch; Ecke Vallodolid N24-353 & Vizcaya) Zeigt Arthouse-Filme (oft auf Englisch). Gelegentlich finden hier auch Tanz-, Theater- und Livemusikveranstaltungen statt. Hat ein kleines Café.

Livemusik

Peñas sind normalerweise Bars, in denen traditionelle *música folklórica* (Volksmusik) geboten wird.

Vox Populi (Karte S. 639; Espejo Oe2-12/Flores; ⏰ Di, Mi & So 16–23, Do–Sa 16–2 Uhr) In der hippsten, schicksten Bar der Altstadt gibt es ausgezeichnete Livemusik von kubanischem *son* bis zu Latinojazz. Jamsessions finden donnerstags bis samstags statt; Beginn 22 Uhr.

Ñucanchi Peña (Karte S. 634 f.; Av Universitaria 496; Eintritt 5 US$; ⏰ Do–Sa 20–2 oder 3 Uhr) Eines der besten Lokale für *música folklórica* live.

La Casa de la Peña (Karte S. 639; García Moreno N11-13; Eintritt 3–5 US$; ⏰ Do 19–24, Fr & Sa 19–2 Uhr) Schon allein die Lage in einem altertümlichen Gebäude in der Altstadt machen diese intime *peña* zu einer prima Location für ecuadorianische Volksmusik.

Café Libro (Karte S. 634 f.; www.cafélibro.com; J Carrión 243; Eintritt 3–5 US$; ⏰ Mo–Fr 17–1, Sa ab 18 Uhr) Livemusik, zeitgenössischer Tanz, Tango, Jazz und andere Veranstaltungen locken ein intellektuelles oder künstlerisch angehauchtes Publikum in das gemütliche, unkonventionelle Café.

Nachtclubs

Seseribó (Karte S. 634 f.; Ecke Gral Veintimilla & Av 12 de Octubre, Edificio Girón; Eintritt 7 US$; ⏰ Do–Sa 21–1 Uhr) Quitos erstklassige *salsoteca* muss man gesehen haben. Ein netter kleiner Club mit spitzenmäßiger Musik! Einen Tanzpartner zu finden, ist selten ein Problem, und meistens geht es dabei höflich zu.

Mayo 68 (Karte S. 634 f.; L García 662) Die lustige *salsoteca* ist kleiner (und manche meinen, deshalb auch besser) als das Seseribó.

Theater & Tanz

Teatro Sucre (Karte S. 639; ☎ 228-2136, 02-228-2337; www.teatrosucre.com; Manabí N8-131; Eintritt 3–70 US$; Kartenverkauf ⏰ 10–13 & 14–18 Uhr) Das vor kurzem renovierte historische Stadttheater erstrahlt heute in neuem Glanz über der Plaza del Teatro. Die Aufführungen reichen

652 QUITO •• Shoppen

www.lonelyplanet.de

von Jazz und klassischer Musik bis zu Ballett, modernem Tanz und Oper.

Teatro Bolívar (Karte S. 639; ☎ 258-2486/7; www. teatrobolivar.org, info@teatrobolivar.org; Espejo zw. Flores & Guayaquil) Das alte Bolívar-Theater wird derzeit nach einem Brand renoviert, aber die Aufführungen – alles von Schauspiel bis zu internationalen Tango-Electronica-Gigs – finden trotzdem statt.

Humanizarte (Karte S. 634 f.; ☎ 222-6116; www. humanizarte.com; Leonidas Plaza Gutiérrez N24-226) Jeden Mittwoch um 17.30 Uhr wird zeitgenössischer und folkloristischer Tanz aus den Anden gezeigt.

Teatro Prometeo (Karte S. 634 f.; ☎ 222-6116; www.cce.org.ec; Av 6 de Diciembre 794) Das Theater der Casa de La Cultura Ecuatoriana hat oft moderne Tanzvorführungen und andere Shows, an denen auch Zuschauer Spaß haben, die kein Spanisch können. Die Tickets sind günstig.

SHOPPEN

Viele Läden in der Gegend von Mariscal (besonders entlang oder in der Nähe der Av Amazonas und der JL Mera) verkaufen traditionelles, einheimisches Kunsthandwerk. Die Qualität ist oft hoch, die Preise aber auch. Die besten Schnäppchen gibt's auf den beiden hier genannten Kunsthandwerksmärkten, auf denen *indígenas*, meistens *otavaleño* (aus Otavalo), verkaufen.

Kunsthandwerkläden

La Bodega (Karte S. 634 f.; JL Mera N22-24) Qualitativ hochwertiges Kunsthandwerk, alt und neu.

Ag (Karte S. 634 f.; JL Mera N22-24) Die Auswahl an seltenem, handgefertigtem Silberschmuck aus ganz Südamerika ist hervorragend.

Centro Artesanal (Karte S. 634 f.; JL Mera E5-11) Großartiger Laden, bekannt für seine von indigenen Künstlern stammenden Kunsthandwerksarbeiten und Gemälde.

Tianguez (Karte S. 639; Plaza San Francisco) Der an das namengebende Café (S. 648) angegliederte Laden ist Mitglied der Fair Trade Organization und verkauft ausgezeichnete Kunsthandwerksartikel aus ganz Ecuador.

Folklore Olga Fisch (Karte S. 634 f.; Av Cristóbal Colón 260) Geschäft der legendären Designerin Olga Fisch. Höchste Qualität (und Preise) weit und breit. Einfach so tun, als wäre es ein Museum.

Productos Andinos (Karte S. 634 f.; Urbina 111) Der sich über zwei Stockwerke erstreckende La-

den eines Künstlerverbunds ist voller Waren zu vernünftigen Preisen.

Märkte

Samstags und sonntags verwandelt sich das nördliche Ende des Parque El Ejido in Quitos größten Kunsthandwerksmarkt. Zwei Blocks weiter nördlich auf der JL Mera zwischen der Jorge Washington und der 18 de Septiembre ist der **Mercado Artesanal La Mariscal** (Karte S. 634 f.; Ecke JL Mera & Jorge Washington) ein ganzer Block mit Kunsthandwerkständen.

AN- & WEITERREISE
Bus

Der **Terminal Terrestre Cumandá** (Busbahnhof Cumandá; Karte S. 639; Maldonado/Javier Piedra) befindet sich in der Altstadt, ein paar hundert Meter südlich der Plaza Santo Domingo. Die nächstgelegene Trole-Haltestelle ist die Haltestelle Cumandá. Wer nachts mit dem Taxi ankommt, sollte darum bitten, *im* Bahnhof beim Passagierausstieg abgesetzt zu werden. Das kostet wahrscheinlich 0,10 US$ Zufahrtsgebühr extra, ist aber sicherer.

Vom Busbahnhof aus fahren mehrmals am Tag Busse zu den meisten größeren Reisezielen im Land. Einige steuern auch stündlich verschiedene Ziele an, z. B. Ambato und Otavalo. Wer in Ferienzeiten oder an Freitagabenden los will, sollte unbedingt im Voraus buchen.

Die ungefähren Preise für eine einfache Fahrt und die Fahrtdauer sind in der folgenden Tabelle aufgeführt. Bei längeren Fahrten kann man auch einen teureren, luxuriöseren Bus nehmen.

Ziel	Dauer (Std.)	Preis (US$)
Ambato	2½	2
Atacames	7	9
Bahía de Caráquez	8	9
Baños	3½	3,50
Coca	9 (über Loreto)	9
Cuenca	10–12	10
Esmeraldas	5–6	9
Guayaquil	8	7
Huaquillas	12	10
Ibarra	2½	2,50
Lago Agrio	7–8	7
Latacunga	2	1,50
Loja	14–15	15
Machala	10	9
Manta	8–9	8

Otavalo	2¼	2
Portoviejo	9	9
Puerto López	12	12
Puyo	5½	5
Riobamba	4	4
San Lorenzo	6½	6
Santo Domingo	3	2,50
Tena	5–6	6
Tulcán	5	5

Transportes Ecuador (Karte S. 634 f.; JL Mera N21-44/ Jorge Washington) und **Panamericana** (Karte S. 634 f.; Ecke Av Cristobal Colón & Reina Victoria) haben komfortablere (und etwas teurere) Busse, die von der Neustadt nach Guayaquil fahren. Da spart man sich den Weg zum Busbahnhof. Panamericana unterhält auch Fernbusse nach Machala, Loja, Cuenca, Manta und Esmeraldas.

Flugzeug

Quitos Flughafen **Aeropuerto Mariscal Sucre** (Karte S. 643; ☎ 294-4900, 243-0555; www.quitoairport. com; Av Amazonas/Av de la Prensa) befindet sich etwa 10 km nördlich des Zentrums. Viele der Busse Richtung Norden auf der Av Amazonas und der Av 10 de Agosto fahren hin – einige stellen „Aeropuerto"-Schilder auf, auf anderen steht „Quito Norte". S. auch „Der Weg ins Zentrum", S. 633.

Ecuadors wichtigste Inlandsfluglinien sind (beginnend mit der bedeutendsten): **TAME** (Karte S. 634 f.; ☎ 250-9375/76/77/78, 02-290-9900; Av Amazonas 1354/Av Cristobal Colón)

Icaro (Karte S. 643; ☎ 245-0928, 02-245-1499; Palora 124/Av Amazonas) Gegenüber vom Flughafen.

AeroGal (☎ 225-7301/8087/8086; Av Amazonas 7797) In der Nähe des Flughafens.

Die Preise der Linien unterscheiden sich wenig. Bei den hier genannten Preisen und Daten sind Änderungen vorbehalten. Alle Preise gelten für einen Hinflug. Alle Flüge dauern weniger als eine Stunde, außer die zu den Galapagosinseln (3¼ Std. von Quito, 1½ Std. von Guayaquil).

Coca 43–57 US$, Mo–Sa 3-mal tgl. mit Icaro und TAME.

Cuenca 63 US$, Mo–Fr 2-mal tgl. & Sa & So 1-mal tgl. mit Icaro, Mo–Fr 3-mal tgl., Sa & So 2-mal tgl. mit TAME.

Esmeraldas 33–37 US$, Di, Do, Fr & So 1-mal tgl. mit TAME.

Galápagos HS/NS 390/344 US$ (Hin- & Rückflug), 2-mal tgl. mit TAME.

Guayaquil 53 US$, 1-mal tgl. mit AeroGal, Mo–Fr 3-mal tgl. & Sa & So 1-mal tgl. mit Icaro, 10–12-mal tgl. mit TAME.

Lago Agrio 43–56 US$, Mo–Sa 1-mal tgl. mit Icaro, Mo, Do & Fr 2-mal tgl. & Di, Mi & Sa 1-mal tgl. mit TAME.

Loja 49–55 US$, Mo–Fr 2-malt tgl., Sa & So 1-mal tgl. mit Icaro, Mo–Sa 2-mal tgl. mit TAME.

Macas 43–57 US$, Mo–Fr 1-mal tgl. mit TAME.

Machala 55 US$, nur über Guayaquil, Mo–Fr 1-mal tgl. mit TAME.

Manta 45 US$, Mo–Sa 1-mal tgl. mit TAME.

Tulcán 30 US$, Mo, Mi & Fr 1-mal tgl. mit TAME.

Zug

Auch wenn das Eisenbahnsystem von Ecuador ziemlich chaotisch ist – wer gute Nerven hat, kann es wagen. Ein am Wochenende verkehrender Touristenzug verlässt Quito in Richtung Süden und fährt etwa 3½ Stunden bis zur Area Nacional de Recreación El Boliche, die an den Parque Nacional Cotopaxi angrenzt. Viele Passagiere fahren auf dem Dach mit.

Der **Bahnhof** (Karte S. 643; ☎ 265-6142; Sincholagua & Vicente Maldonado) liegt etwa 2 km südlich der Altstadt. Fahrkarten im Voraus beim **Fahrkartenschalter** (Karte S. 639; ☎ 258-2927; Bolívar 443/García Moreno; Hin- & Rückfahrt 4,60 US$/Pers.; ⏰ Mo–Fr 8–16.30 Uhr) kaufen.

UNTERWEGS VOR ORT
Bus

Eine Fahrt in einem der sicheren und praktischen Nahverkehrsbusse kostet 0,25 US$. Bezahlt wird im Bus. Fahrgäste sollten, wenn es voll ist, trotzdem auf ihre Taschen und Geldbeutel achten. Es gibt verschiedene Bustypen, die an ihrer Farben zu erkennen sind. Die blauen *Bus Tipos*, in denen man auch stehen darf, sind die häufigsten. Die roten *ejecutivo*-Busse haben nur Sitzplätze. Sie sind deshalb weniger voll, fahren aber auch seltener.

Schilder in den Fenstern der Busse zeigen das Ziel an – es gibt keine Routennummer. Die Fahrer verraten einem im Allgemeinen gern, welchen Bus man nehmen muss, wenn man doch in den falschen eingestiegen ist.

Taxi

Taxis sind gelb und haben einen Aufkleber mit ihrer Nummer im Fenster. Von Gesetz wegen sind Fahrer angehalten, *taxímetros* (Taxameter) zu benutzen, und die meisten tun das auch. Viele verlangen aber einen Pauschalpreis von 2 US$ für die Fahrt zwischen Mariscal und der Altstadt. Das sind meistens etwa 0,25 US$ mehr, als das Taxameter gezeigt hätte. Es ist jedem selbst überlassen, ob er um die zuviel gezahlten 0,25 US$ feilscht oder nicht. Erzählt ein Taxifahrer, dass sein Taxameter defekt ist, ein anderes Taxi anhalten. Am späten Abend und sonntags verlangen die Taxifahrer mehr. Die Kosten sollten aber das Doppelte des Taxameterpreises nicht übersteigen. Fahrgäste können auch für rund 8 US$ pro Stunde ein Taxi mieten; eine tolle Möglichkeit, um Sehenswürdigkeiten am äußeren Stadtrand zu erkunden.

Trole, Ecovía & Metrobus

In Quito gibt es drei elektrisch betriebene Busstrecken – Trole, Ecovía und Metrobus. Alle Busse fahren auf der Nord-Süd-Route entlang einer der drei Durchgangsstraßen von Quito. Die Linien steuern bestimmte Stationen auf autofreien Straßen an. Deshalb sind sie schnell und effizient, aber meistens auch voll und berüchtigt für Taschendiebe. Die Busse verkehren zwischen 6 und 0.30 Uhr etwa alle zehn Minuten (während der Hauptverkehrszeit öfter). Der Fahrpreis beträgt 0,25 US$.

Der Trole fährt die Maldonado und die Av 10 de Agosto entlang. In der Altstadt nehmen die Busse Richtung Süden die westliche Route (entlang Guayaquil), während die Busse Richtung Norden auf der östlichen Route fahren (entlang Montúfar und Pichincha). Der Ecovía fährt auf der Av 6 de Diciembre und der Metrobus auf der Av América.

RUND UM QUITO

MITAD DEL MUNDO & UMGEBUNG
☎ 02

Ecuador ist vor allem berühmt dafür, dass es am Äquator liegt, und man wird kaum so weit reisen und dann keinen Abstecher zur Hemisphärengrenze in **Mitad del Mundo** (Mitte der Welt; Eintritt 2,50 US$; ☾ Mo–Fr 9–18, Sa & So 9–19 Uhr), 22 km nördlich von Quito, machen. Klar, hier geht es touristisch zu, aber zwischen Nord- und Südhalbkugel hin- und herzuspringen ist ja auch eine ziemliche Sensation. An Sonntagnachmittagen rocken Livebands auf der zentralen Plaza den Äquator, und die *quiteños* kommen in Scharen, um das Spektakel zu sehen. Das Planetarium und das tolle maßstabsgetreue Mo-

dell der Altstadt von Quito samt anderer Attraktionen anzuschauen, kostet extra. Außerhalb des Mitad-del-Mundo-Komplexes befindet sich das hervorragende **Museo Solar Inti Ñan** (☎ 239-5122; Eintritt Erw./Kind unter 12 Jahren 2/1 US$; ☾ 9.30–17.30 Uhr) – vermutlich die Stelle, über die der Äquator eigentlich verläuft. Das Museum zeigt faszinierende Ausstellungen zu astronomischer Geographie, einige witzige Installationen mit Wasser und Energie und ist definitiv interessanter als der offizielle Komplex nebenan.

Rumicucho (Eintritt 1,50 US$; ☾ Mo–Fr 9–15, Sa & So 8–16 Uhr) ist ein kleine Ausgrabungsstätte aus der Präinkazeit 3,5 km nördlich von Mitad del Mundo. Auf dem Weg nach Calacalí, etwa 5 km nördlich von Mitad del Mundo, befindet sich der uralte Vulkankrater **Pululahua** – die Sicht vom Kraterrand ist herrlich. Außerdem kann man zum Kraterboden wandern.

Um von Quito nach Mitad del Mundo zu kommen, mit dem Metrobus (0,25 US$) nach Norden bis zur Haltestelle Cotocollao fahren. In Cotocollao umsteigen in den grünen Mitad-del-Mundo-Bus (ist deutlich gekennzeichnet), *ohne* den Bussteig zu verlassen. Das Umsteigen kostet noch mal 0,15 US$ (im Bus bezahlen), und die Fahrtdauer beträgt insgesamt 1½ Stunden. Der Bus hält direkt vor dem Parkeingang.

Die Busse fahren dann weiter am Komplex vorbei und halten an der Zufahrtsstraße zum Pululahua – nach dem Mirador de Ventanillas fragen (dem Aussichtspunkt, wo der Wanderweg zum Krater beginnt).

REFUGIO DE VIDA SILVESTRE PASOCHOA

Im kleinen, aber schönen **Naturschutzgebiet** (Eintritt 7 US$) 30 km südöstlich von Quito steht einer der letzten unberührten feuchten **Andenwälder** im zentralen Ecuador – ein schönes Tagesausflugsziel für Naturforscher und Vogelbeobachter, weil hier nachweislich mehr als 100 Vogelarten und viele seltene Pflanzen zu sehen sind. Es gibt Wanderwege von einfach bis anstrengend. An ausgewiesenen Stellen ist **Campen** (3 US$/Pers.) erlaubt. Plumpsklos, Picknickflächen und Wasser sind vorhanden; außerdem findet sich hier eine einfache **Hütte** (B 5 US$) mit 20 Etagenbetten. Das Naturschutzgebiet steht unter der Leitung der **Fundación Natura** (☎ 02-250-3385/86/87, Durchwahl 202, 203; Av República 481 & Diego de Almagro) in

MYTHEN AUS MITTELERDE

Je näher man an den Äquator kommt, desto mehr hört man die Leute von seiner geheimnisvollen Energie erzählen. Aber was ist Fakt und was Fiktion?

Wachsweiche Erklärungen bringen nichts, also wird der größte Mythos gleich entlarvt: Mitad del Mundo liegt nicht auf dem Äquator, aber nahe dran. Navigationssysteme zeigen, dass der Ort etwa 240 m von der Marke entfernt ist. Aber das braucht keiner, dem man später Fotos davon zeigt, zu wissen, oder?

Noch so ein harter Brocken: die Sache mit der Toilettenspülung. Eines der Highlights im Museo Solar Inti Ñan ist die Demonstration, dass das Wasser nördlich des Äquators gegen den Uhrzeigersinn abfließt und südlich des Äquators, 3m entfernt, im Uhrzeigersinn. Die Forscher behaupten, das sei Blödsinn. Die Coriolis-Kraft, die dazu führt, dass Wettersysteme in der nördlichen Hemisphäre nach rechts drehen und in der südlichen Hemisphäre nach links, hat nämlich gar keinen Einfluss auf so geringe Wassermengen wie die in einem Waschbecken oder in einer Toilette.

Und jetzt ein bisschen Wahrheit: Das eigene Körpergewicht ist am Äquator niedriger. Das liegt daran, dass am Äquator stärkere Zentrifugalkräfte wirken als an den Polen. Doch der Unterschied zwischen hier und den Polen beträgt nur etwa 0,3 % und nicht die geschätzten 1,5 bis 2 %, wie die Waage am Monument weismachen möchte.

Wen nach all dieser Entmythisierung ein Gefühl von Flaute packt, keine Bange – das liegt am Gebiet: Denn „Flaute" war der Name, den die Seeleute ihm gaben, weil es in der Region entlang des Äquatorgürtels aufgrund der starken Erwärmung der Erdoberfläche wenig Wind gibt. Die Wärme sorgt dafür, dass die Luft hochsteigt, anstatt zu wehen, und mit aufsteigender Luft kann man kein Schiff segeln. Aber am Äquator ist auch sowas lustig.

Quito, die auch mit Wegbeschreibungen, Wanderkarten und sonstigen Infos hilft.

Das Refugio ist mit dem Bus erreichbar. Man fährt von La Marín in Quitos Altstadt bis nach **Amaguaña** (1 US$, 1 Std.). Für die letzten 7 km bis zum Eingang einen Kleinlaster mieten (ca. 10 US$ pro Gruppe/Laster).

TERMAS DE PAPALLACTA

☎ 02

Nach schweißtreibenden Regenwaldexpeditionen oder anstrengenden Wanderungen in den Anden ist es wie pure Medizin, in die himmlischen heißen Quellen von **Termas de Papallacta** (in Quito ☎ 250-4747, 256-8989; Eintritt 6 US$, f. Hotelgäste frei; ☼ 7–21 Uhr) einzutauchen. Das rund 67 km (2 Std.) von Quito entfernte Thermalbad gehört zu Ecuadors schönsten, gepflegtesten und wahrscheinlich landschaftlich am attraktivsten gelegenen. Der Komplex selbst ist Teil des noblen **Hotel Termas de Papallacta**. Tagesausflügler sind aber willkommen – ein perfektes Ziel für eine Spritztour. Günstigere Hotels gibt es außerhalb der Anlage im Dorf Papallacta, aber man kommt auch gut am selben Tag nach Quito zurück. Am besten wochentags hinfahren, weil sich am Wochenende bis zu 2000 Gäste hier tummeln!

Alle Busse, die nach Baeza, Tena oder Lago Agrio fahren, halten auch in Papallacta. Um den verstopften Busbahnhof in Quito zu umgehen, am besten ein Taxi zur Kreuzung El Trébol (den Taxifahrer fragen) nehmen und von dort mit dem Bus weiterfahren.

NÖRDLICHES HOCHLAND

Nur einen Steinwurf von Quito entfernt erheben sich steile grüne Hügel mit staubigen Dörfern und lebhaften Provinzstädten – und mit dem Kulturreichtum des nördlichen Hochlands. Wer auf dem Weg nach oder von Kolumbien ist, kommt zwangsläufig hier durch. Und es gibt viele Gründe, einen Stopp einzulegen: Der berühmte Markt von Otavalo, den es schon in Präinkazeiten gab, ist der größte Kunsthandwerksmarkt in Südamerika, und verschiedene kleinere Städte sind bekannt für Kunsthandwerk wie Holzschnitzereien und Lederarbeiten. Und das Beste: Die Menschen – besonders die indigenen *otavaleños* (Menschen aus Otavalo) – sind sehr freundlich.

OTAVALO

☎ 06 / 31 000 Ew.

Die freundliche, florierende Stadt Otavalo (2550 m) ist berühmt für ihren riesigen

Samstagsmarkt, auf dem *indígenas* in traditioneller Tracht ihre Kunsthandwerksprodukte an Horden von Fremden verkaufen. Obwohl der Markt beliebt ist und jeden Samstag von Ausländern überflutet wird, sind die *otavaleños* selbstbestimmt geblieben und gehen keine kulturellen Kompromisse ein. Die Szenerie ist sagenhaft und das Ganze ein zauberhaftes Erlebnis.

Das Auffälligste an der *otavaleños*-Kultur ist die traditionelle Kleidung. Die Männer tragen lange, einfache Zöpfe, weiße, wadenlange Hosen, Schnürensandalen, graue oder blaue Wendeponchos und dunkle Filzhüte. Die Frauen sehen sehr eindrucksvoll aus, mit wunderschön bestickten Blusen, langen schwarzen Röcken und Schultertüchern und raffiniert gefalteten Kopfbedeckungen.

Praktische Informationen

Andinatel Calderón (Nähe Modesto Jaramillo); Salinas (bei der Plaza de Ponchos)

Banco del Pacífico (Bolívar/García Moreno) Bank mit Geldautomat.

Banco del Pichincha (Bolívar Nähe García Moreno) Bank mit Geldautomat.

Büchermarkt (Roca Nähe García Moreno) Hat antiquarische Bücher.

Native C@ffé Net (Sucre Nähe Colón; 1 US$/Std.) Internetzugang.

Post (Sucre/Salinas, 2. Stock)

Vaz Cambios (Ecke Modesto Jaramillo & Saona) Tauscht Reiseschecks.

Sehenswertes

Jeden Samstag in den frühen Morgenstunden, wenn die Touristen noch in ihren Zimmern schlafen, strömen Verkäufer in die Stadt und schleppen riesige Pakete Kunsthandwerk an, um sie auf dem **Samstagsmarkt** zu verkaufen. Gegen 8 Uhr ist der in vollem Gange, und gegen 10 Uhr sind die **Plaza de Ponchos** (der Mittelpunkt des Kunsthandwerkmarkts) und fast jede Straße in der Gegend voller Menschen. Sowohl das traditionelle Kunsthandwerk (Webarbeiten, Schultertücher, Ponchos) als auch am Touristengeschmack orientierte Handarbeiten (Wollpullis mit Rastamotiven) konkurrieren um Traveller-Dollar. Feilschen ist anstrengend, aber möglich – und die *otavaleño*-Verkäufer bleiben immer freundlich.

Der **Tiermarkt** am Westrand der Stadt ist eine interessante Abwechslung vom Trubel. Vor dem Hintergrund der Vulkane Cotacachi und Imbabura laufen indigene Männer und Frauen mit Schweinen, Kühen, Ziegen und Hühnern umher, um in der kühlen Morgenluft die Ware zu prüfen, zu feilschen und ein Schwätzchen zu halten. Ab 8 Uhr wird es hier wieder ruhiger. Der **Lebensmittelmarkt** findet in der Nähe des südlichen Endes der Modesto Jaramillo statt.

Das **Instituto Otavaleño de Antropología** (Eintritt frei; ☑ Di–Fr 8.30–12 & 14.30–18, Sa 8.30–12) gleich neben der Panamericana nördlich der Stadt hat ein kleines, aber interessantes archäologisch-ethnografisches Museum mit Ausstellungsstücken zur Gegend.

Aktivitäten

Rund um Otavalo gibt's tolle Wandermöglichkeiten, besonders in der Gegend um die Lagunas de Mojanda (S. 659). **Diceny Viajes** (☎ 292-1217; Sucre 10-11) bietet wärmstens empfohlene Wandertouren mit indigenen Bergführern auf den Volcán Cotacachi an. **Runa Tupari** (☎ 292-5985; www.runatupari.com; Sucre & Quiroga) hat sich mit Gemeinden der Region zusammengetan und veranstaltet Reit-, Wander- und Mountainbiketouren. Zu den Tagestrips gehören ein Abstieg per Mountainbike über 2000 m in den tropischen Nebelwald und eine zehnstündige Rundwanderung zum Cotacachi (4939 m).

Der älteste und bekannteste Informations- und Bergführerservice der Stadt ist **Zulaytur** (☎ 09-814-6483; www.geocities.com/zulaytur; Ecke Sucre & Colón, 2. Stock). Der sachkundige Leiter Rodrigo Mora bietet verschiedene preisgünstige Touren an, darunter ein Besuch der Häuser indigener Weber, wo man weben lernen und Produkte frisch vom Webstuhl kaufen kann.

Kurse

Begeistert von den Lesern empfohlen werden **Mundo Andino** (☎ 292-1864; espanol@interactive. net.ec; Salinas 4-04) und das **Instituto Superíor de Español** (☎ 292-2414; www.instituto-superíor.net; Sucre 11-10). Einzelunterricht kostet 4 bis 5 US$ pro Stunde. Beide arrangieren Übernachtungsmöglichkeiten.

Festivals & Events

Während der ersten beiden Septemberwochen findet die **Fiesta del Yamor** statt, mit Prozessionen, Musik und Tanz auf der Plaza, Feuerwerk, Hahnenkämpfen, der Wahl der Fiesta-Queen und natürlich kü-

OTAVALO

PRAKTISCHES
Andinatel	1 C3
Andinatel	2 B4
Banco del Pacífico	3 B5
Banco del Pichincha	4 B5
Büchermarkt	5 B5
Native C@ffé Net	6 B4
Post	7 C4
Vaz Cambios	8 C3

SEHENSWERTES & AKTIVITÄTEN
Diceny Viajes	9 B4
Hahnenkampf-Ring	10 B4
Instituto Otavaleño de Antropología	11 D1
Instituto Superior de Español	12 C4
Mundo Andino	13 C4
Runa Tupari	14 C3
Zulaytur	15 B4

SCHLAFEN
Chukitos	16 C4
Hostal María	17 B4
Hostal Valle del Amanecer	18 C4
Hotel El Indio	19 C4
Hotel Riviera-Sucre	20 B5
Residencial El Rocío	21 B3
Residencial San Luis	22 B4
Residencial Santa Fe	23 B4
Rincón del Viajero	24 C4

ESSEN
Bogotá Plaza	25 B4
Café Sol y Luna	26 C4
Casa de Frutas	27 C4
Empanadas Argentina	28 C4
Fontana di Trevi	29 C4
Mi Otavalito	30 B4
Quino	31 C5
Shenandoah Pie Shop	32 C3
Yolanda's Chica de Yamor	33 A6

UNTERHALTUNG
Café bar da'Pinto	34 C4
Peña La Jampa	35 C3

TRANSPORT
Busbahnhof	36 D3

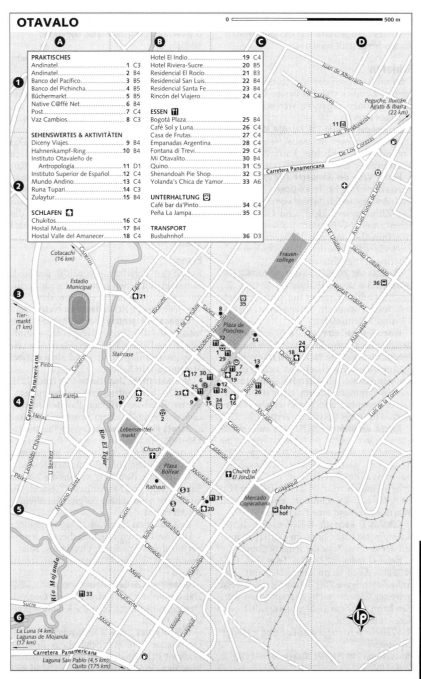

belweise *chicha de yamor* (ein leckeres alko-holfreies Maisgetränk, das aus sieben Mais-sorten hergestellt wird).

Schlafen

Otavalo ist wegen des Markts am Samstag freitags ziemlich voll. Die besten Übernach-tungsoptionen ergattert, wer schon don-nerstags kommt.

Residencial El Rocío (☎ 292-0584; Morales 11-70; Zi. pro Person mit Gemeinschaftsbad/eigenem Bad 4/5 US$) Freundliche, schlichte Unterkunft mit Warmwasser und Bergblick vom Dach.

Hostal Valle del Amanecer (☎ 292-0990; ama necer@uio.satnet.net; Ecke Roca & Quiroga; Zi. pro Person inkl. Frühstück mit Gemeinschaftsbad/eigenem Bad 7/9 US$) Die Zimmer sind klein, und Gastfreund-schaft ist eher Glückssache, aber der schat-tige Innenhof mit den Hängematten und das leckere Frühstück locken trotzdem viele Übernachtungsgäste an.

Chukitos (☎ 292-4959; www.chukitoshostal.4t.com; Bolívar 10-13 & Morales; EZ/DZ mit Bad 7/14 US$; ▯) Leicht staubige Zimmer mit schmalen Bet-ten, folkloristischem Andendekor, Kabel-TV und Warmwasser.

Hotel Riviera-Sucre (☎ 292-0241; www.riviera sucre.com; García Moreno 3-80 & Roca; Zi. pro Person mit Gemeinschaftsbad/eigenem Bad 7/15 US$) Das von Bel-giern geführte Hotel befindet sich in einem langgestreckten, hübschen Haus mit großen, bunten Zimmern, Kamin, einer Bibliothek, einem Innenhof und Warmwasser. Ausge-zeichnetes Preis-Leistungs-Verhältnis.

Rincón del Viajero (☎ 292-1741; www.rincondel viajero.org; Roca 11-07; Zi. pro Person inkl. Frühstück mit Gemeinschaftsbad/eigenem Bad 7,50/10 US$; ▣) Die herzliche, gastfreundliche Atmosphäre, bunte Wandmalereien und die urgemüt-lichen Zimmer machen das Hotel zum Hit. Es gibt ein TV-Zimmer, einen Kamin, Warmwasser und eine Dachterrasse.

Cabañas El Rocío (Zi. 10 US$/Pers.) Ein netter Schlupfwinkel mit Garten im Viertel San Juan auf der anderen Seite der Panamericana.

Hotel El Indio (☎ 292-0060; Sucre 12-14, EZ/DZ 10/15 US$) Auch wenn dem Haus mit dem unbeabsichtigten 70er-Jahre-Kitsch-Stil ein gewisser Charme nicht abgesprochen wer-den kann – für das Geld gibt's deutlich bes-sere Unterkünfte.

Weitere vertrauenswürdige und günstige Optionen:

Hostal María (☎ 292-0672; Modesto Jaramillo Nähe Colón; 3 US$/Pers.).

Residencial San Luis (☎ 292-0614; Calderón 6-02; Zi. pro Person mit Gemeinschaftsbad/eigenem Bad 4/5 US$)

Residencial Santa Fe (☎ 292-0171; Colón Nähe Sucre; Zi. 5 US$/Pers.)

Herrlich außerhalb der Stadt gelegen ist das ruhige **La Luna** (☎ 09-973-7415; www.hostallaluna. com; Stellplatz 2,50 US$, B mit/ohne Frühstück 5,50/4 US$; Zi. pro Person mit Gemeinschaftsbad/eigenem Bad 9/10 US$), das man nach 4 km Fahrt auf der Straße zu den Lagunas de Mojanda erreicht. Das Frühstück hier macht richtig satt, und zu den angenehmen Extras gehören eine Kü-che, ein Kamin, ein Esszimmer, die schöne Aussicht und die kostenlose Abholung von Otavalo – wenn man das vorher telefonisch vereinbart. Eine Taxifahrt kostet um die 4 US$. Die Eigentümer arrangieren Moun-tainbike- und Wandertouren.

Essen

Bei all den Travellern, die sich in der Stadt tummeln und denen keine Küche zur Verfü-gung steht, verwundert es kaum, dass Ota-valo jede Menge Restaurants zu bieten hat.

Empanadas Argentina (Sucre 2-02 & Morales; Empa-nadas 0,50 US$) Die Pizzas, das gepökelte Rind-fleisch und die Käse- oder Mais-Ananas-Empanadas (megalecker!) sind nicht nur bei Studenten sehr beliebt.

Shenandoah Pie Shop (Salinas 5-15; Pastete 1 US$/ Stück) Die berühmten, großzügig mit kan-dierten Früchten gefüllten Pasteten schme-cken am besten zu einem Vanillemilchshake.

Bogotá Plaza (Bolívar Nähe Calderón; Hauptgerichte 1,50–3 US$) In dem winzigen, familienge-führten Lokal gibt es sättigende Mittagsme-nüs und starken kolumbianischen Kaffee.

Mi Otavalito (Sucre 11-19; Hauptgerichte 2–4 US$) Superleckere ecuadorianische Gerichte in familiärer Atmosphäre. Es gibt viel *almuer-zos* fürs Geld

Casa de Frutas (Sucre Nähe Salinas; Hauptgerichte 3–5 US$) Serviert glücklichmachendes Knus-permüsli mit Früchten, Omelettes, Salate, Sojaburger, Säfte und Kaffee aus heimischem Anbau.

Quino (Roca Nähe García Moreno; Hauptgerichte 5 US$) Hat die besten Meeresfrüchte der Gegend. Den gegrillten Fisch oder die Krabben *cevi-che* müssen Sie probieren.

Café Sol y Luna (Bolívar 11-10; Hauptgerichte 5–6 US$) Das kleine Café mit belgischem Besitzer zeichnet sich aus durch einen gemütlichen Innenhof, ein warmes Interieur und gesunde Gerichte mit vorwiegend biologisch angebauten Zutaten.

Fontana di Trevi (Sucre Nähe Salinas, 2. Stock; Hauptgerichte 5–6 US$) In der urigen Pizzeria gibt's noch immer mit die besten Pizzas der Stadt.

Yolanda's chicha de yamor (Gewächshaus/Sucre & Mora; ☺ Ende Aug.–Mitte Sept.) Das während der Festivalzeit geöffnete Lokal Yolanda tischt leckere indigene Gerichte auf, aber ein echter Hit ist die *chicha de yamor*.

Unterhaltung

Otavalo ist wochentags wie ausgestorben, aber am Wochenende geht es rund. Lieblingstreffs sind die *peñas*.

Peña La Jampa (Ecke Modesto Jaramillo zw. Av Quito & Quiroga; Eintritt 2–3 US$) Bietet live Salsa, Merengue, Rock und *musica folklórica*.

Café bar da'Pinto (Colón zw. Bolívar & Sucre) Hält sich hauptsächlich an *musica folklórica*.

Hahnenkampf (Eintritt 0,50 US$) Findet jeden Samstagabend gegen 19 Uhr im Ring am Südwestende der Straße 31 de Octubre statt. Einheimische behaupten, der eigentliche Kick hier sind nicht die Kämpfe der Hähne, sondern das mitfühlende Publikum, in dessen Gesichtern „die volle Bandbreite menschlicher Emotionen zu sehen ist" …

Anreise & Unterwegs vor Ort

Der **Busbahnhof** (Atahualpa & Jacinto Collahuazo) befindet sich zwei Blocks nördlich der Av Quito. Transportes Otavalo/Los Lagos ist das einzige Unternehmen aus Quito, das hierher fährt (2 US$, 2½ Std.). Andere Unternehmen lassen Fahrgäste auf ihrem Weg nach Norden oder Süden an der Panamericana aussteigen (zu Fuß 10 Min. in die Stadt). Es fahren häufig Busse vom Busbahnhof nach Ibarra (0,45 US$, 35 Min.).

RUND UM OTAVALO

☎ 06

Die besondere Art des Lichts, das Gefühl, dass die Zeit hier stehen geblieben ist, und der Wahnsinnsblick auf die Anden verzaubern die Landschaft rund um Otavalo. Mit den großzügig verteilten Seen, Wanderwegen und traditionellen indigenen Dörfern bietet die Gegend eine Menge, was sich zu erkunden lohnt. Die Tourenveranstalter in Otavalo (S. 656) helfen mit Informationen weiter und organisieren Wanderungen, aber auch Erkundungstouren auf eigene Faust sind möglich.

Die herrlichen **Lagunas de Mojanda**, in der Hochlage des *páramo* etwa 17 km südlich von Otavalo, laden zu einer unvergesslichen Wanderung ein. Die Gegend wurde 2002 zum Schutzgebiet erklärt. Taxis ab Otavalo kosten pro Wegstrecke etwa 12 US$. Man kann auch hochwandern und oben campen. Informationen über die Seen gibt die Mojanda Foundation/Pachamama Association direkt gegenüber der Casa Mojanda an der Straße zum Park. Zulaytur (S. 656) in Otavalo organisiert geführte Wandertouren inklusive Transport für rund 30 US$.

Wie an einer Perlenschnur aufgereiht liegen entlang der Ostseite der Panamericana, einige Kilometer nördlich von Otavalo, die überwiegend von *indígenas* bewohnten Dörfer **Peguche**, **Ilumán** und **Agato**. Alle drei sind zu Fuß oder mit dem Nahverkehrsbus erreichbar. In Peguche steht das **Hostal Aya Huma** (☎ 292-1255; www.ayahuma.com; EZ/DZ mit Gemeinschaftsbad 8/12 US$, mit eigenem Bad 14/20 US$), ein wunderschön gelegenes, freundliches *hostal*, das gute und günstige Hausmannskost serviert (auch vegetarische Gerichte). Von dort aus bietet sich auch eine Wanderung zum hübschen **Wasserfall** 2 km südlich von Peguche an.

Auch die **Laguna San Pablo** ist von Otavalo aus zu Fuß erreichbar. Einfach auf einem der Wege, die über Hügel hinter dem Bahnhof führen, grob Richtung Südosten laufen. Dann auf der befestigten Straße weitergehen, die einmal um den See herumführt.

Das Dorf **Cotacachi**, etwa 15 km nördlich von Otavalo, ist berühmt für seine Lederarbeiten, die in den Läden entlang der Hauptstraße verkauft werden. Es gibt dort einige Hotels, und es fahren stündlich Busse ab Otavalo hierher.

Rund 18 km westlich von Cotacachi liegt der spektakuläre, kraterähnliche See **Laguna Cuicocha** inmitten eines erloschenen, erodierten Vulkans. Der See gehört zur **Reserva Ecológica Cotacachi-Cayapas** (Eintritt See 1 US$, gesamter Park 5 US$), die zum Schutz des großen westlichen Andenwaldgebiets eingerichtet wurde, das sich vom **Volcán Cotacachi** (4939 m) bis zum Río Cayapas im Küstentiefland erstreckt. Ein Spaziergang um den See dauert rund sechs Stunden (bei der Rangerstation am Parkeingang fragen, wie sicher der Weg ist). Anfahrt von Cotacachi mit dem Kleinlaster oder Taxi (je 8 US$, einfache Fahrt).

IBARRA

☎ 06 / 108 535 Ew.

Obwohl Ibarra sich ordentlich weiterentwickelt und deshalb einiges von seinem früheren kleinstädtischen Reiz eingebüßt hat, bleibt es durch seine koloniale Architektur, die grünen Plazas und die kopfsteingepflasterten Straßen eine schöne Stadt – zumindest am Wochenende, wenn nicht so viel Verkehr ist. Ibarras einmaliger Mix aus Studenten, *mestizos*, indigenen Hochlandbewohnern und Afro-Ecuadorianern gibt der Stadt einen interessanten, multikulturellen Touch. Sie liegt auf 2225 m Höhe.

Ibarras alte Architektur und die schattigen Plazas sind nördlich vom Zentrum zu finden. Bei **Andinatel** (Sucre 4-48) kann man Telefonate führen. Die **Touristeninformation** (iTur; ☎ 06-260-8409; www.turismoibarra.com; Oveido & Sucre; ⏰ Mo–Fr 8.30–13 & 14–17 Uhr) befindet sich zwei Blocks südlich des Parque Pedro Moncayo. Die **Banco del Pacífico** (Ecke Olmedo & Moncayo) löst Reiseschecks ein und hat einen Geldautomaten.

Schlafen

In Ibarra wimmelt es nur so von billigen Hotels. Die günstigsten stehen in der Nähe des Busbahnhofs.

Hostal Ecuador (☎ 295-6425; Mosquera 5-54; Zi. 5 US$/Pers.; ⓟ) Nackte, helle Zimmer lassen das Haus wie ein Sanatorium wirken, aber das Personal ist aufmerksam.

Hostal El Retorno (☎ 295-7722; Moncayo 4-32; Zi. pro Person mit Gemeinschaftsbad/eigenem Bad 6/7 US$) Ein fröhliches, kleines Hostel mit Minibetten und TV im Zimmer. Nach einem Zimmer mit Fenster fragen!

Hostal El Ejecutivo (☎ 295-6575; Bolívar 9-69; EZ/DZ 7/12 US$; ⓟ 🖥) Alte Bettüberwürfe verleihen den großen Zimmern (einige mit Balkon) ein Retroambiente. Die Zimmer verfügen über Bäder mit Warmwasser, Telefon und TV. Im 1. Stock ist ein Internetcafé.

Hostal del Río (☎ 261-1885, 09-944-2792; Juan Montalvo 4-55 & Flores; EZ/DZ 12/15 US$) Das hervorragende *hostal* in einem ruhigen Viertel einige Blocks östlich des Zentrums verbindet modernes Art déco mit regionalem Kolonialstil. In den Zimmern gibt's Holzböden und bequeme Betten.

Essen

Ibarra ist bekannt für seine köstlichen *nogadas* (Nougat) und den süßen *arrope de mora* (ein dicker Brombeersirup), erhältlich an den Süßwarenständen gegenüber vom Parque La Merced.

Heladería Rosalía Suárez (Oviedo 7-82; Eis 1,50 US$) Auf keinen Fall Ibarra verlassen, ohne eine Kugel Eis bei der Heladería Rosalía Suárez probiert zu haben! Die berühmteste Eisdiele in Ecuador wurde vor mehr als 90 Jahren von Rosalía selbst eröffnet. Rosalía soll die *helados de paila*-Tradition perfektioniert haben. Sie wurde 104 Jahre alt.

Antojitos de Mi Tierra (Plaza Francisco Calderón) Das beste Lokal für Traditionelles für Zwischendurch wie *chicha de arroz* (süßes Reisgetränk) und *tamales, humitas* und *quimbolitos* (in Maishüllblättern oder Blättern gedünstete Maisklöße).

Café Arte (Salinas 5-43; Hauptgerichte 4–6 US$) Von einem Künstler geführter Treff mit relaxter Atmosphäre. Eignet sich prima, um Leute kennenzulernen und einheimische Bands zu hören. Mexikanisch angehauchte Speisen.

Los Almendros (Velasco 5-59 & Sucre; Mittagsgerichte 2,25 US$) Die Gäste stehen wegen der lecker zubereiteten ecuadorianischen Gerichte bis vor die Tür Schlange.

Órale (Sucre zw. Grijalva & Borrero; Hauptgerichte 4 US$) Serviert leckeres mexikanisches Essen in entspannter Atmosphäre.

An- & Weiterreise

BUS

Ibarras neuer Busbahnhof liegt am Ende der Av Teodoro Gómez de la Torre. Ein Taxi zum/vom Zentrum kostet 1 US$. Es gibt regelmäßige Busverbindungen nach Quito (2,50 US$, 2½ Std.), Guayaquil (9 US$, 10 Std.), Esmeraldas (8 US$, 9 Std.), Atacames (9 US$, 9 Std.), San Lorenzo (4 US$, 3½–4 Std.), Tulcán (2 US$, 2½ Std.), Otavalo (0,35 US$, 35 Min.) und zu zahlreichen anderen Reisezielen.

ZUG

Als die Straße nach San Lorenzo fertig war, wurde die spektakuläre Eisenbahnstrecke Ibarra-San Lorenzo, die früher das Hochland mit der Küste verband, stillgelegt. Die *autoferros* fahren noch bis nach Primer Paso (einfache Fahrt 4 US$, 1¾ Std.), weniger als ein Viertel der Strecke nach San Lorenzo. Es ist im Grunde eine Rundfahrt für Touristen, die nur stattfindet, wenn mindestens 16 Fahrgäste zusammenkommen. Dass Fahrten ausfallen, ist normal. Nähere Infor-

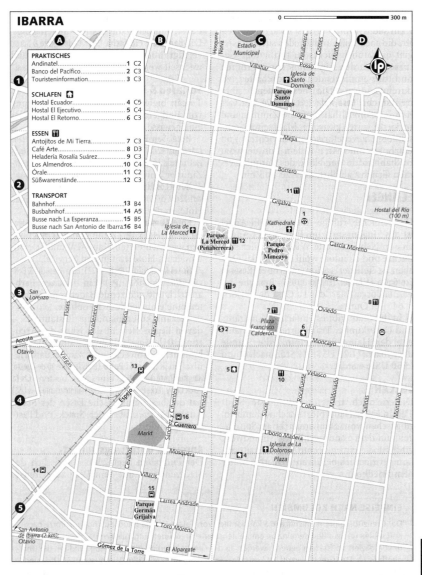

mationen gibt es beim **Bahnhof** (☎ 295-0390/5050; Espejo) oder unter www.imbabura turismo.gov.ec.

RUND UM IBARRA
☎ 06

Ganz in der Nähe befindet sich das für seine Holzschnitzereien berühmte **San Antonio de Ibarra**. Hier gibt es jede Menge Läden, die Holzarbeiten jeder Art und Größe verkaufen. In Ibarra fahren von der Kreuzung Guerrero/Sánchez y Cifuentes häufig Busse nach San Antonio. Oder man läuft etwa 2 km südlich entlang der Panamericana (zu der kommt man, wenn man in südwestlicher Richtung die Straße Espejo entlanggeht).

Das hübsche kleine Dorf **La Esperanza**, 7 km südlich von Ibarra ist ideal für Traveller, die nach Ruhe und Frieden suchen. Hier gibt es nämlich nichts zu tun, außer Gespräche mit den Einheimischen zu führen und die umliegenden Landschaften zu durchwandern. Die bescheidene, aber freundliche **Casa Aida** (☎ 264-2020; Calle Gallo Plaza; Zi. 4 US$/Pers.) hat einfache Zimmer und serviert gute, günstige Mahlzeiten, einschließlich vegetarischer Gerichte. Von Ibarra kommt man mit dem Bus, der vom Busbahnhof in der Nähe des Parque Germán Grijalva abfährt, oder zu Fuß hin.

EL ÁNGEL

☎ 06

Das schlichte, ruhige Andendorf El Ángel ist das Eingangstor zum Páramos El Ángel, eine in Nebel gehüllte Wildnis, in der sich Füchse und Kondore wohl fühlen. Das Örtchen ist Teil der 16 000 ha großen **Reserva Ecológica El Ángel** (Eintritt 10 US$). Besuche im *páramo* organisiert das La Casa de Eliza (s. S. 646) in Quito.

In der Stadt gibt es einfache Restaurants und Unterkünfte. Transportes Espejo fährt von der Haupt-Plaza einmal die Stunde über Ibarra (1,20 US$, 1½ Std.) nach Quito (3,50 US$, 4 Std.).

TULCÁN

Die ziemlich triste, windumtoste Stadt Tulcán ist die Hauptpforte nach Kolumbien. Abgesehen vom Straßenmarkt an Sonntagen (auf dem es nur wenig Kunsthandwerk gibt) ist die einzige echte Touristenattraktion der ziemlich berühmte **Ziergarten** hinter dem Friedhof.

Die **Touristeninformation** (☎ 298-5760) befindet sich in der Nähe des Friedhofeingangs. Die **Banco del Pichincha** (Ecke 10 de Agosto & Sucre) verfügt über einen Geldautomaten und wechselt werktags Geld und Reiseschecks.

Schlafen & Essen

Tulcán bietet eine trostlose Ansammlung von Budgethotels, aber immerhin gibt es eine gewisse Auswahl.

Hotel San Francisco (☎ 298-0760; Bolívar Nähe Atahualpa; EZ/DZ 4/8 US$) Eines der besten Budgethotels in der Stadt. Nach einem *ventana*-Zimmer (mit Fenster) fragen.

Hotel Los Alpes (☎ 298-2235; JR Arellano Nähe Bolívar; EZ/DZ 5/10 US$) Dem Preis angemessenes Hotel in der Nähe des Busbahnhofs.

Hotel Lumar (☎ 298-0402/7137; Sucre Nähe Pichincha; EZ/DZ 7/14 US$; **P**) Zimmer mit Teppichboden, weichen Betten, Kabel-TV und Telefon; modernes Hotel mit gutem Service.

Hotel Machado (☎ 298-4221; Ecke Ayacucho & Bolívar; EZ/DZ 13/26 US$; **P**) Ein frischer Farbanstrich und glänzende Badezimmer schaffen eine einladende Atmosphäre.

Tulcáns kolumbianische Restaurants – davon liegen viele in der Nähe der Kreuzung 10 de Agosto/Bolívar – sind eine willkommene Abwechslung zur ecuadorianischen Küche. **El Patio** (Bolivar Nähe 10 de Agosto; Hauptgerichte 3 US$) ist eines der besten. **Chifa Pack Choy** (Ecke Pichincha & Sucre; Hauptgerichte 2–3 US$) hat das beste chinesische Essen der Stadt. An der Grenze gibt es viele Snack- und Fast-Food-Stände.

Anreise & Unterwegs vor Ort

Der Flughafen liegt 2 km nordöstlich des Stadtzentrums auf dem Weg zur Grenze.

EINREISE NACH KOLUMBIEN

Der Grenzübergang Rumichaca, 6,5 km nördlich von Tulcán, ist die Hauptdurchgangspforte nach Kolumbien und zur Zeit der einzige empfehlenswerte Grenzübergang. Alle Formalitäten – die total unkompliziert vonstatten gehen – werden an der Grenze erledigt, die jeden Tag rund um die Uhr geöffnet ist. Der Grenzübertritt ist kostenlos. Es verkehren regelmäßig Minibusse (0,80 US$) und Taxis (4 US$) zwischen der Grenze und dem Parque Isidro Ayora in Tulcán, etwa fünf Blocks nördlich der zentralen Plaza. Die Busse akzeptieren kolumbianische Pesos oder US-Dollar. Reisende müssen unbedingt sicherstellen, dass ihre Papiere in Ordnung sind, und auf beiden Seiten damit rechnen, dass sie nach Drogen und Waffen durchsucht werden. Nicht vergessen, dass Kolumbien ein konfliktreiches Territorium ist, und vor dem Überschreiten der Grenze lieber erst vor Ort fragen, wie sicher das Reisen innerhalb Kolumbiens ist. Jenseits der Grenze gibt es regelmäßige Verbindungen nach Ipiales, das ist die erste kolumbianischen Stadt, 2 km entfernt.

Für Informationen zum Grenzübertritt *von* Kolumbien aus, s. S. 886.

www.lonelyplanet.de   ZENTRALES HOCHLAND **663**

ABSTECHER: RESERVA BIOLÓGICA LOS CEDROS

Unerschrockenen Travellern wird es Spaß machen, im ländlichen **Los Cedros Scientific Center** (loscedros@ecuanex.net.ec; www.reservaloscedros.org; Zi. 30 US$/Pers.) ein bisschen herumzustöbern, einer Forschungsstation innerhalb des 6400 ha großen, wunderbaren Bioreservats Los Cedros. Das Center befindet sich mitten in einem Urwald in einer Region, die zu denen mit der größten Artenvielfalt auf unserem Planeten gehört.

Um nach Los Cedros zu gelangen, muss man erst zum Dorf Chontal fahren und von dort aus eine 4- bis 6-stündige anspruchsvolle Wanderung durch das Magdalena-Flusstal in die Cordillera de la Plata unternehmen. Das Reservat am besten im Voraus kontaktieren (via E-Mail), um Arrangements für einen Reiseführer, Packtiere und Unterkünfte zu treffen. Die Preise verstehen sich inklusive aller Mahlzeiten (wodurch das Ganze wirklich günstig ist) und Führer. Von Otavalo aus fahren Busse nach Chontal. Von Quito fährt der Bus von **Transportes Minas** (☎ 02-286-8039; Calle Los Ríos) nach Chontal (3½ Std.), und zwar täglich um 6 Uhr; Abfahrt ist in der Nähe des Ayora Maternity Hospital. Die Wartezeit auf Maultiere und Führer in Chontal kann man sich mit einem Frühstück in Ramiros und Alicias *hostal* vertreiben.

TAME (☎ 298-0675; Sucre Nähe Ayacucho) hat Büros in der Stadt und am **Flughafen** (☎ 298-2850). Die Linie bietet täglich Flüge nach bzw. ab Quito (30 US$) und fliegt immer montags, mittwochs und freitags nach Cali in Kolumbien (78 US$).

Busverbindungen bestehen nach/ab Ibarra (2,50 US$, 2½ Std.) und Quito (5 US$, 5 Std.). Trucks fahren nach Cuenca (17 US$, 17 Std., tgl.), Guayaquil (13 US$, 11–13 Std.) und in andere Städte.

Der **Busbahnhof** (Bolívar/JR Arellano) befindet sich 2,5 km südwestlich des Stadtzentrums. Nahverkehrsbusse (10) fahren an der Bolívar entlang zur City. Taxis zum/vom Zentrum kosten rund 1 US$.

WESTLICHE ANDENHÄNGE

☎ 02

An den westlichen Andenhängen, nordwestlich von Quito, befindet sich mit der letzte tropische Nebelwaldbestand von Ecuador. Entlang der alten Straße nach Santo Domingo (die bis zur Küste weiterführt) finden sich einige herrliche Orte, um diese in Nebel gehüllten Wälder erforschen zu können. Am besten mit dem Ort **Mindo** anfangen, das berühmt ist für Vogelbeobachtung und für seine umweltbewussten Einwohner. Von Mindo aus können Traveller im Nebelwald wandern, Vogelbeobachtungsführer anheuern, im Río Mindo schwimmen und *entspannen*.

Es gibt in der Stadt einige einfache, aber charmante Unterkünfte, z. B. **Hostal Bijao** (in Quito ☎ 02-276-5740; Zi. mit Gemeinschaftsbad/mit eigenem Bad pro Pers. 4/7,50 US$), **Rubbi Hostal** (☎ 235-0461; rubbyhostal@yahoo.com; Zi. 5 US$/Pers.) und **La Casa de Cecilia** (☎ 09-334-5393; casadececilia@yahoo.com; Zi. 5 US$/Pers.).

Direktbusse von Quito nach Mindo (2,50 US$, 2½ Std.) fahren vom **Cooperativa Flor de Valle Busbahnhof** (Karte S. 634 f.; M Larrea, Ascunción, Nähe Parque El Ejido, Quito) Fahrzeiten: Montag bis Freitag 8 und 15.45 Uhr. Am Wochenende fahren die Busse um 7.20, 8, 9 und 15.45 Uhr.

Hinter der Abzweigung nach Mindo schlängelt sich die alte Straße abwärts durch die Tieflanddörfer **Puerto Maldonado** und **Puerto Quito**, bevor sie auf die Nord-Süd-Straße zwischen Santo Domingo und Esmeraldas trifft. An der Abzweigung nach Mindo hält auch der Bus nach Santo Domingo.

ZENTRALES HOCHLAND

Südlich von Quito führt die Panamericana vorbei an acht von zehn der höchsten Gipfel des Landes - darunter die wie gemalt aussehende, schneebedeckte Spitze des Volcán Cotopaxi (5897 m) und der gletscherbedeckte Gigant Volcán Chimborazo (6310 m). Das zentrale Hochland ist ein Paradies für Trekker und Bergsteiger. Selbst Anfänger können sich auf einige der höchsten Gipfel des Landes wagen. Wer lieber flachen Boden unter den Füßen hat, wird von dieser Region genauso begeistert sein. Sie hat viel zu bieten: Man kann Wanderungen zu abgelegenen Andendörfern in der Nähe des Quilotoa Loop unternehmen, sich in Guaranda und Salinas an hausgemach-

ECUADOR

tem Käse und Schokolade laben, mit dem Rad von Baños aus hügelabwärts bis zum Oriente düsen, in spektakulären Nationalparks wandern oder auf dem Dach eines Güterwagens die berühmte Nariz del Diablo herunterbrausen. Im zentralen Hochland gib's winzige indigene Dörfer, und viele der traditionsreichsten Märkte des Landes finden hier statt. Sich hier oben von traditionell gekleideten *indígenas* das Kleingeld abluchsen zu lassen, gehört zu den denkwürdigsten Erinnerungen überhaupt.

PARQUE NACIONAL COTOPAXI

☎ 03

Das Herzstück des beliebtesten **Nationalparks** (Eintritt 10 US$) von Ecuador ist der schneedeckte und einfach beeindruckende **Volcán Cotopaxi** (5897 m), der zweithöchste Berg Ecuadors. Wochentags ist der Park fast wie ausgestorben. Dann können Naturfreaks die (buchstäblich) atemberaubende Szenerie fast allein genießen.

Im Park gibt es ein kleines Museum, ein Infozentrum, ein *refugio* (Bergsteigerhütte) und einige Camping- und Picknickbereiche. Die Pforte ist von 8 bis 18 Uhr geöffnet (am Wochenende länger), aber Wanderer können fast zu jeder Zeit hindurchschlüpfen. Der Haupteingang zum Park befindet sich hinter einer Abzweigung der Panamericana, rund 30 km nördlich von Latacunga. Von da aus sind es noch 6 km bis nach **Control Caspi**, zur Station am Eingang. Alle Quito-Latacunga-Busse halten bei der Abzweigung. Zum Parkeingang folgt man den größeren Schotterstraßen (auch ausgeschildert). Bis zum Museum sind es noch etwa 9 km. Ca. 4 km hinter dem Museum liegt die **Laguna de Limpiopungo**, ein flacher Andensee auf 3830 m. Um ihn herum verläuft ein Weg, den man in rund einer halben Stunde schafft. Die Bergsteigerhütte befindet sich etwa 12 km hinter dem See (und 1000 m oberhalb). Über eine sehr holprige Straße führt der Weg zu einem Parkplatz (etwa 1 km vor der Hütte). Alternativ bringt einen ein Kleinlaster mit Fahrer für 20 bis 30 US$ von Latacunga aus nach oben.

Die Hütte ist vom See aus zu Fuß erreichbar, aber ein Marsch in dieser Höhe ist für Leute, die nicht akklimatisiert sind, schwierig. Die Höhenkrankheit ist gefährlich! Deshalb muss sich jeder ein paar Tage lang z. B. in Quito an die Höhe gewöhnen, bevor es an

---

IN DIE VOLLEN!

El Monte Sustainable Lodge (☎ 09-308-4675, 390-0402; www.ecuadorcloudforest.com; Hütten 86US$/Pers.) Es dürfte kaum möglich sein, eine relaxtere Unterkunft zu finden als diese intime Lodge im Nebelwald am Ufer des Río Mindo. Hier können Gäste fabelhafte Hausmannskost (im Preis inbegriffen) genießen, zum Quaken der Frösche einschlafen, nach dem Aufwachen unter eine heiße Dusche springen, sich ein leckeres Frühstück genehmigen und den lieben langen Tag Vögel beobachten, nach Orchideen suchen und wandern. Die Besitzer Tom und Mariela (die Englisch und Spanisch sprechen) kümmern sich rührend um ihre Gäste. Die Preise gelten inklusive Mahlzeiten und geführter Aktivitäten. Jede Hütte steht zwischen Bäumen versteckt und bietet Platz für vier Personen. Reservierung empfohlen.

---

den Aufstieg geht. Wer nach der Hütte noch weiter will, braucht eine schnee- und eisfeste Kletterausrüstung und Erfahrung. Veranstalter in Quito (S. 642 & S. 644), Latacunga (s. gegenüber) und Riobamba (S. 674) bieten Touren zum Gipfel und Mountainbiketouren bergabwärts vom Cotopaxi an.

In der Nähe des Haupteingangs zum Park, etwa 2 km westlich (und auf der anderen Seite der Panamericana), ist die **Albergue Cuello de Luna** (☎ 09-970-0330, in Quito ☎ 02-224-2744; www.cuellodeluna.com; B ab 11 US$, EZ/DZ/3BZ ohne Bad 20/26/36 US$, EZ/DZ/3BZ/4BZ mit Bad 23/34/45/53 US$), eine freundliche, beliebte Unterkunft mit gutem Essen (7–10 US$). Weiter nördlich ist die **Hostería PapaGayo** (☎ 02-231-0002, 09-990-3524; www.hosteria-papagayo.com; Panamericana Sur km 43; Zeltplatz 3 US$, B 6 US$, Zi. mit eigenem Bad 8–12 US$), ein toll umgebautes, 150 Jahre altes Bauernhaus und ein perfekter Standort zum Akklimatisieren und Entdecken des Cotopaxi.

Campen im Park kostet 3 US$ pro Nase. Ein Etagenbett in der Hütte gibt's für 17 US$. Kochmöglichkeiten sind vorhanden. Unbedingt einen warmen Schlafsack mitbringen!

LATACUNGA

☎ 03 / 51 700 Ew.

Latacunga (2800 m), eine lebendige Marktstadt und Hauptstadt der Provinz Coto-

Unterkünfte online: www.lonelyplanet.com   ZENTRALES HOCHLAND ·· Latacunga **665**

paxi, wirkt von der Panamericana aus eher langweilig. Sobald man aber die Brücke über den flott fließenden Río Cutuchi hinter sich lässt, werden die Gebäude älter – und der alte Teil von Latacunga ist verdammt cool. Die Stadt ist berühmt für ihre Mamá Negra-Festivals, und es scheint hier mehr Friseurläden pro Kopf zu geben als in jeder anderen Stadt Ecuadors. Latacunga ist ein guter Ausgangspunkt für Fahrten zum Cotopaxi und Startpunkt für den Quilotoa Loop (S. 667), sowie der strategisch günstigste Ort, um am Donnerstagmorgen den Markt in Saquisilí zu besuchen.

Praktische Informationen

AJ Cyber Café (Quito 16-19; 1 US$/Std.) Internetzugang.

Andinatel (Quevedo Nähe Maldonado) Call Center, von dem aus man die Lieben daheim anrufen kann.

Banco de Guayaquil (Maldonado 7-20) Bank mit Geldautomat.

Captur (☎ 281-4968; Ecke Sanchez de Orellana & Guayaquil, Plazoleta Santo Domingo) Touristeninformation.

Discovery Net (Salcedo 4-16;1 US$/Std.)

Post (Quevedo Nähe Maldonado)

Touristeninformation (Panamericana s/n) Im Inneren des zentralen Busbahnhofs.

Aktivitäten

Verschiedene Tourenanbieter haben ein-, zwei- oder dreitägige Klettertouren zum Cotopaxi (s. gegenüber) im Programm. Tagestouren kosten 35 bis 45 US$ pro Person, je nach Gruppengröße. Zweitagestouren zum Cotopaxi-Gipfel kosten 130 bis 150 US$ pro Person – aber darauf achten, dass der Tourenführer qualifiziert und motiviert ist! Die folgenden Anbieter haben alle die Lizenz des Ministeriums für Tourismus und wurden von den Lesern positiv bewertet:

Expediciones Volcán Route (☎ 281-2452; volcan route@hotmail.com; Salcedo 4-49)

Neiges (☎ 281-1199; neigestours@hotmail.com; Guayaquil Nähe 2 de Mayo)

Tovar Expeditions (☎ 281-1333; reivajg1980@ hotmail.com; Guayaquil 5-38)

Feste & Events

Einmal im Jahr, am 23. und 24. September, findet in Latacunga ein großes Fest zu Ehren der Virgen de las Mercedes statt. Die eher als **Fiesta de la Mamá Negra** bekannte Veranstaltung wird mit Prozessionen, Feuerwerk, Straßentanz und Andenmusik gefeiert. Das ist eine der Festivitäten, die, ob-

gleich an der Oberfläche christlich, starken indigenen Einflüssen unterliegt und wirklich sehenswert ist.

Schlafen

Bereits am Mittwochnachmittag füllen sich die Hotels für den am Donnerstag in Saquisilí stattfindenden indigenen Markt.

Residencial Amazonas (☎ 281-2673; F Valencia 47-36; Zi. mit Gemeinschaftsbad/eigenem Bad 3/5 US$ pro Pers.) Dieser Preis ist unschlagbar. Für eine Nacht sind die Zimmer O.K.

Residencial Santiago (☎ 280-0899; 2 de Mayo & Guayaquil; EZ/DZ mit Gemeinschaftsbad 5,50/11 US$, mit eigenem Bad 6,75/13,50 US$) Das gastfreundliche, einfache Hotel mit den türkisfarbenen Wänden und durchschnittlich großen Zimmern wird von den Lesern empfohlen.

Hotel Estambul (☎ 280-0354; Quevedo 644; Zi. mit Gemeinschaftsbad/eigenem Bad 8/10 US$ pro Pers.) Lange Zeit ein Favorit, hat das Hotel inzwischen viel von seiner früheren Freundlichkeit eingebüßt, wenngleich die Zimmer noch immer sauber und gemütlich sind. Makellose Gemeinschaftsbäder.

Hotel Rosim (☎ 280-2172; Quito 16-49; EZ/DZ 8/16 US$) Ein kleines, schlichtes, freundliches Hotel mit heißen Duschen mit kräftigem Wasserstrahl und großen weißen Handtüchern. Ist sein Geld wert.

Hotel Central (☎ 280-2912; Sanchez de Orellana/Salcedo; EZ/DZ 10/14 US$) Heimeliges Dekor, kitschige Accessoires (wie Keramikaschenbecher aus den 60er Jahren) und freundliches Personal machen dieses Hotel zu einer der besten Optionen in der Stadt.

Hotel Macroz (☎ 280-0907; hotelmakroz@latinmail. com; F Valencia 8-56; EZ/DZ 15/25 US$, 2BZ 30 US$) Mit schwarz-goldenem 80er-Jahre-Dekor und anderen Annehmlichkeiten das eleganteste Hotel in Latacunga. Frühstück inbegriffen.

Essen

Das traditionelle Gericht in Latacunga ist die *chugchucara*, eine leckere Kalorienbombe mit *fritada* (gebratenen Schweinefleischstücken), *mote* (Maismehl) mit *chicharrón* (gebratener Schweinehaut), Kartoffeln, gebratener Banane, *tostada* (geröstetem Mais), Popcorn und Käse-*empanadas*. Es gibt mehrere *chugchucara*-Restaurants in Quijano y Ordoñez, einige Blocks südlich des Zentrums. Am vollsten sind sie am Wochenende, wenn Familien die Tische füllen und Musiker von Tür zu Tür ziehen.

ECUADOR

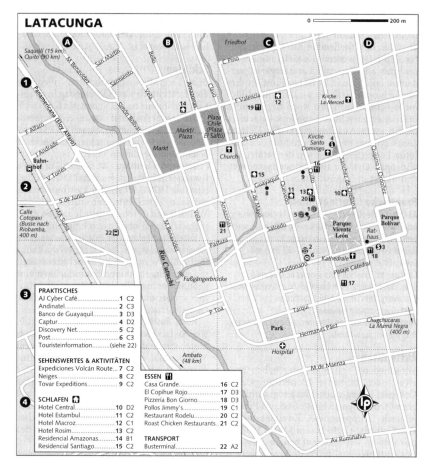

Entlang der Amazonas zwischen Salcedo und Guayaquil gibt es viele Restaurants, die günstige Brathähnchen anbieten.

Casa Grande (Ecke Quito & Guayaquil; Almuerzos 1,30 US$; Mo–Sa 7–17 Uhr) Winziges, familiengeführtes Lokal, in dem günstige *almuerzos* serviert werden.

El Copihue Rojo (Quito 14-38; Almuerzos 2 US$, Hauptgerichte 3–5 US$) Hier gibt es täglich köstliche *almuerzos*, außerdem Fleisch, Pasta und fünf verschiedene Suppen.

Pollos Jimmy's (Quevedo 8-85 Nähe Valencia; Hauptgerichte 2,25–2,50 US$) Wer Lust auf leckeres Grillhähnchen hat, schaut hier vorbei.

Chugchucaras La Mamá Negra (☎ 280-5401; Quijano y Ordoñez 1-67; Chugchucara 4 US$; Mo geschl.) Eines der besten Lokale für *chugchucaras*.

Pizzería Bon Giorno (Ecke Sanchez de Orellana & Maldonado; Hauptgerichte 4–7 US$) Serviert riesige Portionen Lasagne und gute Pizzas.

Restaurant Rodelu (☎ 280-0956; Quito 16-31; Hauptgerichte 4–7 US$) Macht prima Pizza, leckeres Frühstück und ganz passable Espressogetränke.

An- & Weiterreise

Die aus Quito kommenden Busse (1,50 US$, 2 Std.) halten am **Busbahnhof** (Panamericana), wenn Latacunga ihr Endreiseziel ist. Wer einen Bus nimmt, der noch nach Ambato oder Riobamba weiterfährt, muss an der Ecke 5 de Junio und Cotopaxi aussteigen, etwa fünf Blocks westlich der Panamericana. Die Busse Richtung Ambato (1 US$,

45 Min.) und Quito fahren am Busbahnhof ab. Fahrgäste, die Richtung Süden nach Riobamba wollen, steigen in einen der vorbeifahrenden Busse an der Ecke 5 de Junio und Cotopaxi. Alternative: Mit dem Bus nach Ambato fahren und dort umsteigen.

Transportes Cotopaxi fährt vom Busbahnhof aus stündlich den holperigen, aber spektakulären Weg bergab nach Quevedo (3,75 US$, 5½ Std.) via Zumbahua (2 US$, 2 Std.). Weitere Transportmöglichkeiten zu anderen Reisezielen auf dem Quilotoa Loop sind unten in der rechten Spalte genannt.

DER QUILOTOA LOOP
☎ 03

Zu den aufregendsten Abenteuern in Ecuador gehört es, sich auf den eindrucksvollen Schotterstraßen des Quilotoa Loop durchschütteln zu lassen und zwischen den Andendörfern der Gegend hin und her zu wandern. Die Fahrt ist nicht ohne, bietet aber reichlich Entschädigung: Hochlandmärkte, den atemberaubenden Kratersee der Laguna Quilotoa, herrliche Wanderungen und traditionelle Hochlanddörfer. Für den Loop *mindestens* drei Tage einplanen und warme Kleidung (es kann hier oben bitterkalt werden), Wasser und Snacks mitbringen.

Von Latacunga nach Zumbahua

Zehn Kilometer westlich von Latacunga liegt **Pujilí**, wo es einen Sonntagsmarkt und schöne Fronleichnams- und Allerseelenfeste gibt. Die Straße windet sich bergauf in die höheren Bereiche des *páramo*, vorbei am kleinen Ort Tigua, etwa 45 km hinter Pujilí. Der ist bekannt für seine leuchtenden Anden-Motive, gemalt auf Leinwand aus Schafshaut. Gemütliche Übernachtungsmöglichkeiten sind die **Posada de Tigua** (Hacienda Agrícola-Ganadera Tigua Chimbacucho; ☎ 281-3682, 280-0454; laposadadetigua@latinmail.com; via Latacunga-Zumbahua km 49; Zi. Halb-/Vollpension 17/23 US$ pro Pers.), eine Milchfarm, die noch in Betrieb ist, und **Samana Huasi** (☎ 281-4868, in Quito 02-256-3175; www.tigua.org; km 53; B, Zi .& Verpflegung 19 US$/Pers.).

Rund 15 km westlich von Tigua befindet sich das winzige Dorf **Zumbahua**, in dem es einen kleinen, aber wirklich faszinierenden Samstagsmarkt gibt. Umgeben vom grünen, hügeligen Flickenteppich ist eine Kulisse, in der das Wandern zu einem echten Erlebnis wird.

Unterbringung und Essen in Zumbahua sind einfach. Die drei Unterkünfte der Stadt füllen sich freitags schnell. Also lieber frühzeitig anreisen. Die beste ist **Condor Matzi** (☎ 281-4611; EZ/DZ 5/10 US$) am Platz.

Von Zumbahua nach Saquisilí

Von Zumbahua rollen Busse und Mietlaster 14 km in nördlicher Richtung eine unbefestigte Straße hinauf zu einer der erstaunlichsten Sehenswürdigkeiten Ecuadors – dem **Laguna Quilotoa**, einem atemberaubenden Vulkankratersee. Am Rand des Kraters befinden sich mehrere einfache, günstige Unterkünfte, geführt von freundlichen *indígenas*. Einen warmen Schlafsack mitbringen.

Rund 14 km nördlich des Sees liegt das winzige Dorf **Chugchilán**, ein hervorragender Ausgangspunkt für Wanderungen mit drei reizenden, gastfreundlichen Hotels. Das beste von ihnen ist das allseits beliebte, von Amerikanern geführte **Black Sheep Inn** (☎ 281-4587; www.blacksheepinn.com; B/EZ/DZ/3BZ/4BZ 22,50/48/67/91/112 US$; ▯ ☒). Im Preis enthalten sind zwei leckere vegetarische Gerichte. Das **Hostal Mama Hilda** (☎ 281-4814, in Quito 02-258-2957; www.hostalmamahilda.com; Zi. pro Person mit Gemeinschaftsbad/eigenem Bad 13/16 US$) ist freundlich und bei Backpackern beliebt. Die Preise verstehen sich inklusive Frühstück und Abendessen. Das freundliche **Hostal Cloud Forest** (☎ 281-4808; jose_cloudforest@hotmail.com; Zi. pro Person mit Gemeinschaftsbad/eigenem Bad 6/8 US$) ist die günstigste und einfachste Unterkunft.

Etwa 23 km nördlich von Chugchilán liegt das Dorf **Sigchos** mit ein paar schlichten Unterkünften. Von hier aus sind es rund 52 km Richtung Osten bis nach **Saquisilí**, Standort eines der wichtigsten indigenen Märkte im Land. Jeden Donnerstagmorgen steigen die Einwohner weit entfernter indigener Dörfer, von denen die meisten an ihren roten Ponchos und runden Filzhüten zu erkennen sind, mit einer Kakophonie aus Geräuschen und Farben zum Markt hinab. In der Stadt gibt es ein paar günstige Unterkünfte ohne warmes Wasser.

Anreise & Unterwegs vor Ort

Keiner der Busse fährt ganz um den Loop herum. Von Latacunga aus fahren sie nur bis Chugchilán (4 US$, 4 Std.) – entweder im Uhrzeigersinn (via Zumbahua und Quilotoa) oder gegen den Uhrzeigersinn (via

Sigchos). Der Bus über Zumbahua verlässt den Busbahnhof von Latacunga täglich um 12 Uhr, erreicht Zumbahua gegen 13.30 Uhr, Laguna Quilotoa gegen 14 Uhr und kommt um etwa 16 Uhr in Chugchilán an. Der Bus über Sigchos fährt täglich um 11.30 Uhr ab, erreicht Saquisilí kurz vor 12 Uhr, Sigchos gegen 14 Uhr und kommt gegen 15.30 Uhr in Chugchilán an; samstags fährt er um 10.30 Uhr ab.

Busse, die von Chugchilán aus über Zumbahua nach Latacunga zurückfahren, verlassen Chugchilán montags bis freitags um 4 Uhr (guten Morgen!), erreichen Quilotoa gegen 6 Uhr, Zumbahua gegen 6.30 Uhr und kommen um 8 Uhr in Latacunga an. Samstags fährt dieser Bus schon um 3 Uhr in Chugchilán los, sonntags um 6 und um 10 Uhr. Busse über Sigchos fahren montags bis freitags um 3 Uhr ab, kommen um 4 Uhr in Sigchos an, in Saquisilí gegen 7 Uhr und erreichen Latacunga gegen 8 Uhr. Samstags fährt der Bus um 7 Uhr los. Sonntags müssen Fahrgäste in Sigchos umsteigen.

Morgens fährt ein Milchlaster (1 US$) gegen 8.30 Uhr von Chugchilán nach Sigchos, der die Fahrgäste mitnimmt, die gern bis nach Sonnenaufgang im Bett bleiben. In Zumbahua können Laster z. B. nach Laguna Quilotoa gemietet werden.

Und keine Sorge – dieser Fahrplan verwirrt jeden!

AMBATO
☎ 03 / 154 100 Ew.

Mit Ambato (2577 m) muss man erst warm werden. Im Vergleich zum nahe gelegenen Baños hat Ambato für Traveller wenig zu bieten, außer der Chance, eine völlig untouristische ecuadorianische Stadt zu erleben. Ambato ist berühmt für seinen chaotischen **Montagsmarkt** – einen der größten in Ecuador –, das in der zweiten Februarhälfte stattfindende Blumenfest und die *quintas* (historische Landhäuser) etwas außerhalb. Von oberhalb der Stadt hat man einen tollen Blick auf den Volcán Tungurahua.

Vom Busbahnhof aus fahren die Stadtbusse mit der Aufschrift „Centro" zum Parque Cevallos (0,20 US$), der zentralen Plaza von Ambato.

Praktische Informationen
Banco del Pacífico (Ecke Lalama & Cevallos) Bank mit Geldautomat.

Banco del Pichincha (Lalama Nähe Sucre) Bank mit Geldautomat.

Net Place (Juan Montalvo 05-58 Nähe Cevallos; 1 US$/ Std.) Internetzugang.

Touristeninformation (☎ 282-1800; Guayaquil & Rocafuerte)

Schlafen & Essen
Das größte Minus von Ambato sind die Hotels. Es gibt ein paar Ausnahmen, aber insgesamt sind sie trostlos und überteuert. Preis und Komfort scheinen selten übereinzustimmen.

Residencial América (JB Vela 737; EZ/DZ 4/8 US$) Das beste unter den vielen billigen Einfachhotels in dem etwas heruntergekommenen Viertel zwischen dem Parque 12 de Noviembre und dem nahegelegenen Mercado Central. Hat nur Gemeinschaftsbäder mit lauwarmen Duschen.

Hostal Señorial (☎ 282-5124; Ecke Cevallos & Quito; EZ/DZ 14,50/29 US$) Liegt in einer schöneren Gegend und ist so eingerichtet, dass nur eingefleischte *Miami Vice*-Fans dies zu würdigen wissen. Das Señorial hat saubere Zimmer mit Teppichboden und Telefon, Kabel-TV und Kopfteile mit Spiegeln an den Betten (macht Laune!).

Chifa Nueva Hong Kong (Bolívar 768; Hauptgerichte 2–3 US$) Macht gutes, aber standardmäßiges chinesisches Essen.

Pizzería Fornace (Cevallos 17-28; Pizzas 3–5 US$) Die beste Pizza und Pasta der Stadt.

El Alamo Chalet (Cevallos 17-19; Hauptgerichte 3–6 US$) Solide Ecuador-Hausmannskost.

An- & Weiterreise
Der Busbahnhof ist 2 km vom Stadtzentrum entfernt. Von dort aus fahren viele Busse nach Baños (1 US$, 1 Std.), Riobamba (1 US$, 1 Std.), Quito (2 US$, 2½ Std.) und Guayaquil (6 US$, 6 Std.). Weniger häufig verkehren Busse nach Guaranda (2 US$, 2½ Std.), Cuenca (7 US$, 7 Std.) und Tena (5 US$, 6 Std.).

BAÑOS
☎ 03/12 300 Ew.

Die von üppig grünen Gipfeln gesäumte, mit dampfenden Thermalbädern und einem herrlichen Wasserfall gesegnete Stadt Baños gehört zu den verlockendsten und beliebtesten touristischen Reisezielen in Ecuador. Ecuadorianer und Fremde strömen hierher, um zu wandern, in die Bäder zu springen, mit Mountainbikes oder gemieteten Quads herumzudüsen, den Vulkan zu besichtigen, Partys zu feiern und sich mit der berühmten *melcocha* (Toffee) die Zähne zu ruinieren. Trotz des touristischen Einflusses ist dies ein wundervoller Ort, an dem es sich lohnt ein paar Tage zu verbringen.

Baños (1800 m) ist auch Durchgangsstadt auf dem Weg, der über Puyo (S. 696) zum Dschungel führt. Östlich von Baños fällt die Straße auf spektakuläre Weise ab zum oberen Amazonasbecken – ein Anblick, den man am besten am Lenker eines Mountainbikes genießt, das man sich in der Stadt leihen kann.

Das jährliche Fest von Baños findet um den 16. Dezember herum statt.

Praktische Informationen

Andinatel (Ecke Rocafuerte & Halflants) Telefon-Call Center.

Banco del Pacífico (Ecke Halflants & Rocafuerte) Bank mit Geldautomat.

Banco del Pichincha (Ecke Ambato & Halflants) Bank mit Geldautomat.

CD Comp (Ambato Nähe Alfaro; 2 US$/Std.) Internet.

Direct Connect (Martínez Nähe Alfaro; 2 US$/Std.) Internet.

La Herradura (Martínez Nähe Alfaro; 1 US$/Kilo) Wäscherei.

Post (Halflants Nähe Ambato)

Touristeninformation (☎ 274-0483; mun_banos@ andinanet.net; Halflants Nähe Rocafuerte)

Sehenswertes

Es lohnt sich, mal einen Blick in die **Basílica de Nuestra Señora de Agua Santa** (Ambato/12 de Noviembre; Eintritt frei; 🕑 7–16 Uhr) zu werfen. Auf ihren bizarren Gemälden sind Menschen dargestellt, die von der Jungfrau des Heiligen Wassers – der Schutzheiligen von Baños – vor Autounfällen und Naturkatastrophen gerettet worden sind. Dieser Jungfrau huldigt man hier den ganzen Oktober lang. Zu dieser Zeit bevölkern indigene Musikanten die Straßen. Oberhalb der Kirche ist ein kleines **Museum** (Eintritt 0,50 US$; 🕑 8–17 Uhr), in dem kuriose taxidermische Stücke und eine Menge traditionelles Kunsthandwerk ausgestellt sind.

Aktivitäten

Als kleine Stadt mit traumhafter Kulisse bietet Baños viele abwechslungsreiche Outdoormöglichkeiten.

URWALDTOUREN

Von Baños aus werden jede Menge Urwaldtouren angeboten, aber nicht alle Führer haben Erfahrung. Die hier aufgeführten haben gute Kritiken erhalten. Drei- bis siebentägige Urwaldtrips kosten etwa 30 bis 50 US$ pro Person und Tag, abhängig vom Reiseziel. Die meisten Touren von Baños führen sowieso durch Quito, daher ist die Ersparnis nicht so bedeutend. In den Wäldern nahe Baños gibt es keine Tiere zu sehen. Wer den Regenwald in Reinkultur erleben möchte, muss also bis ins untere Río Napo-Gebiet vordringen (S. 692).

Rainbow Expeditions (☎ 274-2957, 09-895-7786; rainbowexpeditions2005@hotmail.com; com; Alfaro/Martínez) gehört einem Mitglied der Shuar Gemeinschaft (eine indigene Gruppe aus dem südlichen Oriente) und ist ein sehr gut geführtes Unternehmen mit interessanten Touren im Angebot. Andere Anbieter sind **Rainforestur** (☎ 274-0743; www.rainforestur.com.ec; Ambato 800) und **Vasco Tours** (☎ 274-1017; www.vascotours.banios. com; Alfaro Nähe Martínez). Für weitere Informationen zum Thema Touren s. S. 644.

KLETTERN & TREKKING

Bergsteiger sind gut beraten, nicht auf den derzeit aktiven Volcán Tungurahua (5016 m) zu klettern, der 1999 wieder zum Leben erwachte und im August 2006 (s. S. 672) ausbrach. Die Schutzhütte auf dem Vulkan wurde zerstört. Auch wenn einige vor dem Ausbruch von 2006 auf den Vulkan gestiegen sind, wäre das heute reiner Selbstmord. Der Vulkan ist Teil des **Parque Nacional Sangay** (Eintritt 20 US$).

Touren auf den Cotopaxi und den Chimborazo können arrangiert werden. Bergsteigerschulen mit gutem Ruf sind **Expediciones Amazónicas** (☎ 274-0506; amazonicas2002@yahoo.com; Oriente 11-68 Nähe Halflants) und **Rainforestur** (☎ 274-0743; www.rainforestur.com.ec; Ambato 800). Die üblichen Preise für Klettertouren mit mindestens zwei Personen liegen bei 65 bis 80 US$ pro Person und Tag, plus den Eintritt zum Park.

MOUNTAINBIKETOUREN

Es gibt viele Unternehmen, die Fahrräder für etwa 5 US$ pro Tag vermieten. Ausrüstung sorgfältig prüfen! Die beste gepflasterte Straße ist der dramatische Abstieg nach Puyo, rund 60 km entfernt. Auf jeden Fall beim eindrucksvollen **Pailón del Diablo**, einem

ECUADOR

etwa 18 km von Baños entfernten Wasser- fall Halt machen. In der Stadt Shell gibt es eine Passkontrolle – Dokumente also mit- nehmen. Von Puyo (oder überall sonst ent- lang der Strecke) besteht die Möglichkeit, mit dem Bus nach Baños zurückzufahren. Das Rad kommt aufs Dach.

REITEN

Pferde können für etwa 10 US$ pro halben Tag (mehr mit Reitführer) bei **Ángel Aldáz** (☎ 274-0175; Montalvo Nähe Mera) und **José & Two Dogs** (☎ 274-0746; josebalu_99@yahoo.com; Maldonado & Martínez) gemietet werden. Das **Hostal Isla de Baños** (☎ 274-0609, 274-1511; islabanos@andinanet.net; Halflants 1-31) bietet geführte Reittouren an (halb- oder mehrtägig).

RIVER-RAFTING

GeoTours (☎ 03-274-1344; www.ecuadorexplorer.com/ geotours; Ambato/Halflants) bietet Halbtagestouren auf dem Río Patate für 30 US$ und Ganzta- gestouren auf dem Río Pastaza (Klasse IV–V) für 100 US$ an. Die Ganztagestour dauert 10 Stunden, davon ist man vier auf dem Fluss. Essen, Transport, Führer und Ausrüstung sind inklusive. Das Unterneh- men hat auch dreitägige Kajakkurse im Pro- gramm (150 US$). **Rainforestur** (☎ 274-0743; www.rainforestur.com.ec; Ambato 800) veranstaltet ebenfalls Rafting-Touren.

THERMALBÄDER

In Baños dreht sich alles ums Baden in den Thermalbädern. Wer seine Ruhe vor Urlaub machenden Familien und ihren schreienden Kindern haben möchte, geht früh am Mor- gen (d. h. vor 7 Uhr). In allen Bädern gibt es Umkleideräume und Leihbadebeklei- dung. Das einzige Bad mit Warmwasserdu- schen ist das am Wasserfall gelegene **Piscina de La Virgen** (Tag/Abend 1/1,20 US$; 🕙 4.30–17 & 18–22 Uhr). **Piscina El Salado** (Eintritt 1 US$; 🕙 4.30–17 Uhr), 2 km westlich der Stadt, ist ähnlich, hat aber mehrere Becken mit verschiedenen Temperaturen. Mit dem Bus nach Rocafu- erte kommt man hin, Haltestelle ist in der Nähe des Marktes.

WANDERN

In Baños bestehen verschiedene phanta- stische Wandermöglichkeiten. Die Touris- teninformation hat eine ziemlich grobe, aber ganz nützliche Karte mit Wanderwe- gen rund um die Stadt.

Vom Busbahnhof aus verläuft ein kurzer Wanderweg zur Puente San Francisco (San Francisco-Brücke), die über den Río Pastaza führt. Auf der anderen Seite kann man lau- fen, so weit einen die Füße tragen.

Am Südende von Maldonado führt ein Fußweg zum Bellavista (das weiße Kreuz hoch über Baños) und zur zwei Stunden entfernten Siedlung Runtún. Südlich von Mera führt ein Weg zum **Mirador de La Virgen del Agua Santa** und weiter nach Runtún.

Kurse

Einzelunterricht in Spanisch kostet ab etwa 4,50 US$ und wird z. B. hier angeboten: **Baños Spanish Center** (☎ 274-0632; www.spanishcen ter.banios.com; Oriente 8-20 Nähe Cañar) **International Spanish School for Foreigners** (☎ 274-0612; 16 de Diciembre & Espejo) **Si Centro de Español y Inglés** (☎ 274-0360; Páez Nähe Oriente)

Schlafen

Es gibt eine Menge Hotels in Baños. Die Konkurrenz ist groß, deshalb sind die Preise niedrig. Am teuersten wird es am Freitag- abend und an Ferienwochenenden; dann kann es sein, dass alle Hotels der Stadt ziem- lich ausgelastet sind.

Hostal Plantas y Blanco (☎ 274-0044; option3@ hotmail.com; Martínez/12 de Noviembre; Zi. 4,50–7,50 US$/ Pers.; 🖳) Das wohl ewig beliebte „Pflanzen und Weiß" (selbst herausfinden, warum es so heißt) mit dem hübschen Interieur schneidet bei Travellern wegen der Dach- terrasse, des tollen Frühstücks, des Dampf- bads und seines Preis-Leistungs-Verhält- nisses insgesamt sehr gut ab.

Hospedaje Santa Cruz (☎ 274-0648; santacruzhos tal@yahoo.com; 16 de Diciembre; Zi. 5–7 US$/Pers.) Sehr gute Option mit großen Zimmern und Bä- dern mit Heißwasser. Die Zimmer sind zwar ein kleines bisschen dunkel, aber im zuge- wachsenen Garten lässt sich Sonne tanken, soviel man will.

La Petit Auberge (☎ 274-0936; reservation_banos@ hotmail.com; 16 de Diciembre; B 6 US$; EZ/DZ 10/16 US$, mit Kamin 12/20 US$) Bietet ein rustikales, gemüt- liches Hüttenambiente. Ein sehr guter Deal und besonders heimelig, wenn man eines der teureren Zimmer mit Kamin erwischt.

Posada El Marqués (☎ 274-0053; www.marques banios.com; Pje V Ibarra; Zi. 8,50 US$/Pers.) Farbenfrohe indigene Motive schmücken die luftigen Zimmer dieses gemütlichen Hotels am Ende

ZENTRALES HOCHLAND •• Baños

BAÑOS

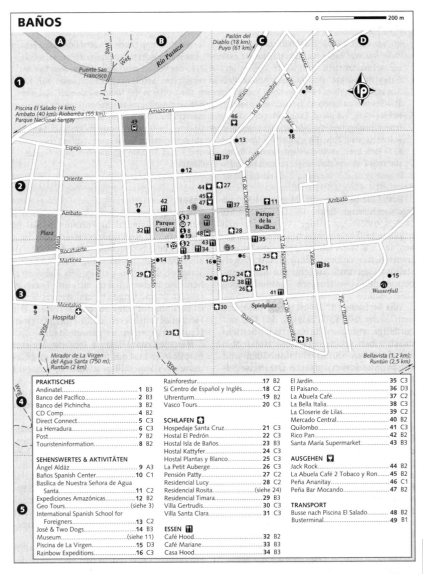

PRAKTISCHES		
Andinatel	1	B3
Banco del Pacífico	2	B3
Banco del Pichincha	3	B2
CD Comp	4	B2
Direct Connect	5	C3
La Herradura	6	C3
Post	7	B2
Touristeninformation	8	B2
SEHENSWERTES & AKTIVITÄTEN		
Ángel Aldáz	9	A3
Baños Spanish Center	10	C1
Basílica de Nuestra Señora de Agua Santa	11	B2
Expediciones Amazónicas	12	B2
Geo Tours	(siehe 3)	
International Spanish School for Foreigners	13	C2
José & Two Dogs	14	B3
Museum	(siehe 11)	
Piscina de La Virgen	15	D3
Rainbow Expeditions	16	C3
Rainforestur	17	B2
Si Centro de Español y Inglés	18	C2
Uhrenturm	19	B2
Vasco Tours	20	C3
SCHLAFEN		
Hospedaje Santa Cruz	21	C3
Hostal El Pedrón	22	C3
Hostal Isla de Baños	23	B3
Hostal Kattyfer	24	C3
Hostal Plantas y Blanco	25	C3
La Petit Auberge	26	C3
Pensión Patty	27	C3
Residencial Lucy	28	C3
Residencial Rosita	(siehe 24)	
Residencial Timara	29	B3
Villa Gertrudis	30	C3
Villa Santa Clara	31	C3
ESSEN		
Café Hood	32	B2
Café Mariane	33	C3
Casa Hood	34	C3
El Jardín	35	C3
El Paisano	36	D3
La Abuela Café	37	C2
La Bella Italia	38	C3
La Closerie de Lilas	39	C2
Mercado Central	40	B2
Quilombo	41	C3
Rico Pan	42	B2
Santa María Supermarket	43	B3
AUSGEHEN		
Jack Rock	44	B2
La Abuela Café 2 Tobaco y Ron	45	B2
Peña Ananitay	46	C1
Peña Bar Mocando	47	B2
TRANSPORT		
Busse nach Piscina El Salado	48	B2
Busterminal	49	B1

einer ruhigen Straße. In bequemer Nähe zum Thermalbad Piscina de La Virgen.

Hostal El Pedrón (☎ 274-0701; www.elpedron.banos.com; Alfaro Nähe Martínez; Zi. pro Person mit Gemeinschaftsbad/eigenem Bad 9/13,50 US$) Das alte, rustikale Hotel ist das mit dem größten Garten, inklusive Hängematten und Stühle. Die Zimmer sind verwohnt, aber sauber.

Villa Santa Clara (☎ 274-0349; www.hotelvillasantaclara.com; 12 de Noviembre; EZ/DZ 10/20 US$; 🏊) In Anbetracht seines Swimmingpools ist dieses Hotel mit den einfachen, motelähnlichen Zimmern, welche auf einen kargen, betonierten Hof hinausschauen, eigentlich eine gute Wahl. Die Küche zu benutzen, ist hier auch möglich.

VULKANAUSBRUCH BEI BAÑOS

Im Jahr 1999, nachdem der nahe gelegene Volcán Tungurahua zum Leben erwacht und ausgebrochen war, war Baños für mehrere Monate evakuiert. Die vulkanischen Aktivitäten ließen nach und die Normalität stellte sich wieder ein, bis im Mai 2006 der Vulkan erneut riesige Wolken heißen Gases ausspuckte und Präsident Alfredo Palacio veranlasste, den Notstand auszurufen. Am 17. August 2006 gab es einen heftigen Vulkanausbruch. Die Dörfer in der Nähe wurden zerstört, die Straße von Riobamba nach Baños wurde unterbrochen, und wieder musste Baños teilweise evakuiert werden. Wer plant, Baños oder die nahegelegenen Dörfer zu besuchen, sollte potentielle Gefahren prüfen und die wöchentlichen englischen Updates im Global Volcanism Program (www. volcano.si.edu) bzw. die spanischen Updates des Instituto Geofísico (www.igepn.edu.ec) checken. Bitte beachten, dass die Fahrzeiten nach/ab Riobamba und Ambato wahrscheinlich auf unbestimmte Zeit von den Auswirkungen betroffen sein werden.

Hostal Isla de Baños (☎ 274-0609, 274-1511; isla banos@andinanet.net; Halflants 1-31; EZ/DZ mit Frühstück 14,50/24,50 US$) Das ruhige, von Deutschen geleitete und in einem schönen Garten gelegene *hostal* zeichnet sich aus durch freundliche, saubere Zimmer mit Ziegelsteinwänden und haufenweise Kunst aus den Anden. Die teureren Zimmer haben einen Balkon.

Villa Gertrudis (☎ 274-0441; www.villagertrudis. com; Montalvo 20-75; EZ/DZ 15/30 US$; ▣) Die unauffällige, ruhige Villa Gertrudis besticht durch einen schönen Garten, Holzmöbel aus der 60er-Jahren, Holzfußböden und entspanntes Ferienambiente. Die Preise gelten einschließlich Frühstück und der Benutzung des Swimmingpools auf der anderen Straßenseite.

Andere langerprobte und vollkommen akzeptable Hotels sind:

Residencial Lucy (☎ 274-0466; Rocafuerte 2-40; Zi. pro Person mit Gemeinschaftsbad/eigenem Bad 3/5 US$) Dreistöckig und motelähnlich; ganz o.k. für eine Nacht oder auch zwei.

Residencial Rosita (☎ 274-0396; 16 de Diciembre Nähe Martínez; Zi. pro Person mit Gemeinschaftsbad/ eigenem Bad 4/5 US$) hat große Zimmer und Gemeinschaftsbäder. Außerdem gibt's zwei Apartments.

Residencial Timara (☎ 274-0599; www.timara.banios. com; Maldonado; Zi. pro Person mit Gemeinschaftsbad/ eigenem Bad 4/8 US$) Beste Wahl unter den supergünstigen Hotels – vorausgesetzt, man hat nichts gegen ein Gemeinschaftsbad.

Pensión Patty (☎ 274-0202; Alfaro 5-56; Zi. 4,50 US$/ Pers.) Die bekannte, von einer Familie geführte Pension ist düster und unkonventionell. Sehr beliebt bei erfahrenen Bergsteigern. Hat Gemeinschaftsduschen.

Hostal Kattyfer (☎ 274-1559; hostalkattyfer@hotmail. com; 16 de Diciembre Nähe Martínez; Zi. 5 US$/Pers.) Große, einfach eingerichtete Zimmer und eine Gästeküche.

Essen

Die Fußgängerzone von Ambato zwischen der Basilika und dem Parque Central ist gesäumt von Restaurants. Hier kann man prima Leute beobachten, aber das Essen ist allgemein eher mittelmäßig. Die besten Restaurants befinden sich in den Nebenstraßen. Die meisten haben sich auf Traveller eingestellt und lange Öffnungszeiten. Baños ist berühmt für seine *melcocha*-Toffees. Die Hersteller fabrizieren sie in Holzfässern in Hauseingängen in der ganzen Stadt.

Mercado Central (Alfaro & Rocafuerte; Almuerzos 1,50 US$) Wer Lust auf frisches Obst und Gemüse oder superbillige *almuerzos* hat, geht zum zentralen Markt der Stadt.

Rico Pan (Ambato Nähe Maldonado; Frühstück 2–3 US$) Hat das beste Brot in der Stadt und macht ein tolles Frühstück.

La Abuela Café (Ambato Nähe 16 de Diciembre; Hauptgerichte 2–4 US$) Bietet mit Pasta, Hähnchen, Steaks, mexikanischen und vegetarischen Gerichten eine bunte Speisekarte. Die *almuerzos* sind billig. Gute Atmosphäre.

El Paisano (Vieira/Martínez; Hauptgerichte 2,50– 4,50 US$) Trotz der gleißenden Neonbeleuchtung und einem leichten Farbgeruch serviert El Paisano mit die nahrhaftesten vegetarischen Speisen der Stadt.

Casa Hood (Martínez/Halflants; Hauptgerichte 3–4 US$) Ein riesiger Ofen wärmt den Speisesaal, die Bücherecke ist die beste der Stadt, und das Essen – Lasagne, gegrillter Wolfsbarsch, Pad Thai, vegetarische Teller, Falafel und mehr – ist einfach köstlich.

La Bella Italia (16 de Diciembre; Hauptgerichte 3– 5 US$) Das kleine, freundliche Bella Italia kocht leckere italienische Gerichte.

La Closerie de Lilas (Alfaro 6-20; Hauptgerichte 3– 5 US$) Das von einer Familie (inklusive Kindern) geführte, schöne kleine Restaurant serviert Steaks, Forelle und Nudelgerichte.

Café Hood (Maldonado, Parque Central; Hauptgerichte 3–6 US$) Einige der Speisen hier sind ganz hervorragend, z. B. die weichen Tacos oder die Kichererbsen mit Spinat in einer Currysoße. Viele vegetarische Optionen.

Quilombo (Ecke Montalvo & 12 de Noviembre; Hauptgerichte 3–6 US$; ☺ Mi–So) *Quilombo* bedeutet in der argentinischen Umgangssprache „Durcheinander" oder „Wahnsinn". Einfach herkommen und selber sehen, warum dieser Name zu dem exzellenten argentinischen Grillhaus so gut passt.

El Jardín (Parque de la Basílica; Hauptgerichte 3–6 US$) Beliebter Treff mit begrünter Terrasse. Hat die verschiedensten Gerichte und Sandwiches zur Auswahl.

Café Mariane (Halflants & Rocafuerte; Hauptgerichte 4–6 US$) Bietet ausgezeichnete französisch-mediterrane Küche zu vollkommen angemessenen Preisen.

Santa María Supermarket (Ecke Alfaro & Rocafuerte) Hier können sich die Selbstversorger unter den Travellern eindecken.

Ausgehen & Unterhaltung

Nachtleben in Baños bedeutet Tanzen in den örtlichen *peñas* und Abhängen in den Bars. Für's Barhopping ist der zwei Blocks umfassenden Abschnitt entlang der Alfaro, nördlich der Ambato am besten.

Jack Rock (Alfaro 5-41; ☺ 19–2 Uhr) Eine Mischung aus englischem Pub und Hard Rock Café. Am Wochenende mit Tanz.

La Abuela Café 2 Tobaco y Ron (Alfaro Nähe Oriente; ☺ 16–2 Uhr). Winziges Café mit Karaoke und einem tollen kleinen Balkon.

Peña Ananitay (16 de Diciembre Nähe Espejo; ☺ 21–3 Uhr) Hier wird live *música folklórica* gespielt.

Peña Bar Mocando (Alfaro Nähe Ambato; ☺ 16–2 Uhr) Zeitlose Bar mit Sitzplätzen auf dem Bürgersteig und Partystimmung.

An- & Weiterreise

Von vielen Städten aus kann es schneller sein, in Ambato umzusteigen. Von dort fahren sehr regelmäßig Busse nach Baños (0,90 US$, 1 Std.).

Vom **Busbahnhof** (Espejo & Reyes) in Baños fahren zahlreiche Busse nach Quito (3,50 US$, 3½ Std.), Puyo (2 US$, 2 Std.) und Tena (4 US$, 5 Std.). Die Straße nach Riobamba (1 US$, 1 Std.) über Penipe wurde

kürzlich wiedereröffnet. Deshalb müssen die Busse nicht mehr über Ambato fahren.

GUARANDA
☎ 03 / 20 474 Ew.

Obwohl Guaranda (2670 m) Hauptstadt der Provinz Bolívar ist, ist sie klein und so abgelegen, dass Einheimische Fremde heute noch bestaunen. Es ist ein würdevoller, provinzieller Ort mit herrlichen alten Lehmziegelbauten, maroden Holzbalkonen, spanischen Ziegeldächern und einer hübschen zentralen Plaza. Die Straßen von Riobamba und Ambato bieten eine atemberaubende Aussicht auf den Chimborazo. Guaranda feiert begeistert Karneval.

Praktische Informationen

Andinatel (Rocafuerte Nähe Pichincha) Telefon-Center.

Banco del Pichincha (Azuay) Bank mit Geldautomat; tauscht keine Reiseschecks ein.

Post (Azuay Nähe Pichincha)

Schlafen & Essen

Hotel Bolívar (☎ 298-0547; Sucre 7-04; EZ/DZ 8/16 US$) Zweistöckiges Hotel mit freundlichen, schlichten Zimmern, die um einen Garten herum liegen. Ein gutes Restaurant und ein tolles Café gehören mit zum Komplex.

Hostal de las Flores (☎ 298-0644; Pichincha 4-02; Zi. pro Person mit Gemeinschaftsbad/eigenem Bad 8/9 US$) Das hübsche, am ehesten auf Traveller eingestellte Hotel Guarandas befindet sich in einem liebevoll renovierten alten Gebäude.

Los 7 Santos (Convención de 1884 Nähe 10 de Agosto; Hauptgerichte 1–3 US$) Vielleicht der beste Grund, um nach Guaranda zu kommen. Los 7 Santos ist *der* Schlupfwinkel für Reisende: eine Künstlerbar mit Café, geleitet von drei Generationen – Großmutter, Mutter und Sohn –, die Snacks, leichte Gerichte und Frühstück servieren.

La Bohemia (Convención de 1884 & 10 de Agosto; Hauptgerichte 2–4 US$) Das familiengeführte, gemütliche Lokal mit den Getreidesäcken an der Decke gehört, dank seiner köstlichen, preisgünstigen *almuerzos* (2 US$), sicher zu den besten der Stadt. Als Essensbegleiter empfiehlt sich einer der riesigen leckeren *batidos* (Fruchtshakes).

Pizzería Buon Giorno (Sucre/García Moreno; Pizzas 3,50–7 US$) Serviert luftig knusprige Pizzas, Lasagne und Burger.

Queseras de Bolívar (Av Gral Enriquez) Hier kann man sich mit den berühmten Käsesorten

ECUADOR

der Provinz, Schokolade und anderen Leckereien eindecken.

An- & Weiterreise

Der Busbahnhof befindet sich ca. 500 m östlich des Zentrums, gleich neben der Ave de Carvajal. Von hier fahren Busse nach Ambato (2 US$, 2 Std.), Quito (4,50 US$, 5 Std.), Riobamba (2 US$, 2 Std.) und Guayaquil (4 US$, 5 Std.). Die Fahrt nach Guayaquil ist echt aufregend.

SALINAS

☎ 03 / 1000 Ew.

Salinas liegt in einer schönen, wilden Landschaft und ist berühmt für seinen ausgezeichneten Käse, Salami, göttliche Schokolade und grob gewebte Pullover. Das winzige Bergdorf, 35 km nördlich von Guaranda, ist ein interessantes Ausflugziel jenseits der üblichen Pfade. Das Dorf ist ziemlich hoch gelegen: 3550 m. Die **Touristeninformation** (☎ 239-0022; www.salinerito.com) mit Blick auf die zentrale Plaza organisiert Besuche bei den einzigartigen Kooperativen von Salinas.

Oberhalb der Plaza befindet sich **El Refugio** (☎ 239-0024; B 6 US$, Zi. mit Bad 8 US$/Pers.), ein einfaches, gemütliches *hostal*, das von der örtlichen Jugendgruppe geleitet wird. Busse nach Salinas fahren täglich um 6 und 7 Uhr und montags bis freitags stündlich zwischen 10 und 16 Uhr von der Plaza Roja in Guaranda ab.

RIOBAMBA

☎ 03 / 126 100 Ew.

Das als „Sultan der Anden" bekannte Riobamba (2750 m) ist eine traditionelle, altmodische Stadt, die einen langweilt, aber auch begeistert. Sie ist still und doch schön, mit breiten Boulevards und beeindruckenden Steinhäusern aus dem 18. und 19. Jh., in denen beliebig zusammengewürfelte, völlig verschiedene Läden sind. Die Stadt ist Ausgangspunkt für eine aufregende Zugfahrt die **Nariz del Diablo** (Teufelsnase) herunter und einer der besten Orte im Land, um Bergführer anzuheuern.

Praktische Informationen

Andinatel (Tarqui/Veloz) Telefon-Center.

Banco de Guayaquil (Primera Constituyente/García Moreno) Bank mit Geldautomat.

Café Digital (Rocafuerte Nähe 10 de Agosto; 0,70 US$/ Std.) Internetzugang.

Lavandería Donini (Villaroel Nähe Larrea; 0,80 US$/ Kilo) Wäscherei.

Parque Nacional Sangay Office (☎ 295 3041; parquesangay@andinanet.net; Av 9 de Octubre Nähe Duchicela; ☽ Mo–Fr 8–13 & 14–17 Uhr) Hier gibt es Informationen und Eintrittskarten für den Parque Nacional Sangay.

Post (Espejo & 10 de Agosto)

Sehenswertes

Am **Markttag** (Samstag) bricht in den Straßen von Riobamba hektisches Treiben aus, besonders entlang der Straßen nordöstlich des Parque de la Concepción.

Das berühmte **Museo de Arte Religioso** (☎ 296-5212; Argentinos; Eintritt 2 US$; ☽ Di–Sa 9–12 & 15–18 Uhr) in der restaurierten Iglesia de La Concepción beherbergt eine düstere, faszinierende Sammlung religiöser Kunst. Bedeutendstes Stück ist eine meterhohe goldene Monstranz, verziert mit mehr als 1500 Juwelen und von unschätzbarem Wert.

Aktivitäten

Dank der Nähe zum Volcán Chimborazo ist Riobamba eine der wichtigsten Bergsteigerstädte Ecuadors. Die zweitägigen Touren zum Gipfel kosten ab 140 US$ pro Person zum Chimborazo (160 US$ zum Cotopaxi). Bergführer, Ausrüstung, Transport und Essen sind inklusive. Der Eintritt zum Park (10–20 US$) kostet meistens extra.

Mountainbiketouren werden immer beliebter. Es gibt eine Tagestour ab 35 US$ pro Person. Bergabstiege von der Schutzhütte auf dem Chimborazo treiben das Adrenalin in die Höhe und sind jeden Cent wert.

Empfehlenswerte Bergtourenanbieter:

Andes-trek (☎ 295-1275, 09-929-8076; www.andes -trek.com; Colón 22-25) Veranstaltet Klettertouren.

Expediciones Julio Verne (☎ 296-3436, nach 18 Uhr ☎ 296-0398; www.julioverne-travel.com; El Espectador 22-25) Organisiert unter anderem Kletter- und Mountainbiketouren. Man spricht Niederländisch und Englisch.

Pro Bici Zentrale (☎ 295-1759; Primera Constituyente 23-51 & 23-40); Nebenbüro (Primera Constituyente Nähe Larrea) Hervorragend für Mountainbiketouren und Fahrradverleih. Können Englisch.

Veloz Coronado Expeditions (☎ 296-0916; www. velozexpediciones.com; Chile 33-21/Francia) Exzellenter Bergtour-Veranstalter.

Schlafen

Die besten Hotels befinden sich im Zentrum, fast 2 km östlich vom Busbahnhof

ZENTRALES HOCHLAND •• Riobamba 675

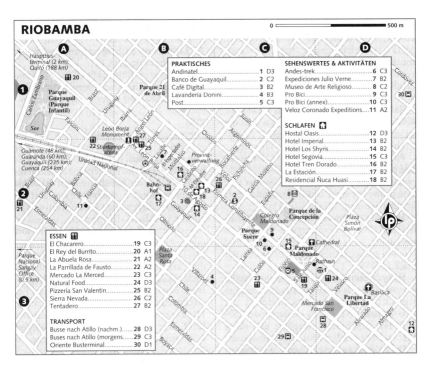

entfernt. Die Budgethotels sind eher etwas schmuddelig.

Hotel Los Shyris (☎ 296-0323; Rocafuerte 21-60 & 10 de Agosto; Zi. pro Person mit Gemeinschaftsbad/eigenem Bad 6/7 US$) Das große, moderne Hotel Los Shyris bietet wegen seiner zentralen Lage und der sauberen Zimmer ein tolles Preis-Leistungs-Verhältnis. Hat wenig Charakter, lässt aber dafür viel Sonne rein.

Hostal Oasis (☎ 296-1210; Veloz 15-32; Zi. 7 US$/Pers.) Was Freundlichkeit, Preis-Leistungs-Verhältnis und heimelige Gemütlichkeit anbelangt, ist das Oasis kaum zu schlagen. Die Zimmer liegen um einen Garten, in dem es auch ein Lama und zwei kreischende Papageien gibt. Kostenloser Shuttle zum/vom Bahnhof und den Bushaltestellen.

Hotel Tren Dorado (☎ 296-4890; htrendorado@ hotmail.com; Carabobo 22-35; Zi. 9 US$/Pers.) Das bequemerweise in Nähe des Bahnhofs gelegene, freundliche Tren Dorado hat makellos saubere, gemütliche Zimmer mit Blumendekor, die Martha Stewart zur Ehre gereichen würden. An den Tagen, an denen Züge fahren, gibt es um 5.30 Uhr ein Frühstücksbuffet (zzgl. 3 US$).

La Estación (☎ 295-5226; Unidad Nacional 29-15 Nähe Carabobo; EZ/DZ 10/20 US$) Die farbenfrohen Zimmer sorgen für einen launigen Aufenthalt in diesem freundlichen Hotel gegenüber der Straße zum Bahnhof.

Sind alle anderen Hotels ausgebucht, wären folgende eine akzeptable Alternative:

Residencial Ñuca Huasi (☎ 296-6669; 10 de Agosto 10-24; Zi. pro Person mit Gemeinschaftsbad/eigenem Bad 3/5 US$) Alte Backpackerabsteige. Sollte sich dringend einer Verjüngungskur unterziehen.

Hotel Imperial (☎ 296-0429; Rocafuerte 22-15; Zi. pro Person mit Gemeinschaftsbad/eigenem Bad 5/6 US$) Sauber, freundlich und laut.

Hotel Segovia (☎ 09-445-9626; Primera Constituyente 22-26; Zi. 6 US$/Pers.) Düster und unpersönlich, aber sicher und sauber.

Essen

La Abuela Rosa (Brasil 37-57/Esmeraldas; Hauptgerichte 0,80–1,50 US$) Bei Grandma Rosa gibt es *comida típica* (traditionelle ecuadorianische Speisen) und leckere Snacks.

Mercado La Merced (Mercado M Borja; Guayaquil zw. Espejo & Colón; Hauptgerichte 1–3 US$) Selbst wenn einem der ecuadorianische Klassiker *hornado* (ganzes gebratenes Schwein) nicht zusagt, lohnt es sich, auf diesem sauberen Markt vorbeizuschauen, wo die Marktfrauen einem über riesige braun gebrutzelte Schweineleiber Dinge zurufen wie „Hallo Hübscher, probier mal *dieses* Schwein!". Am besten samstags hingehen.

Natural Food (Tarqui Nähe Primera Constituyente; Almuerzos 1,50 US$) Vegetarier gehen wegen der leckeren, herzhaften (und billigen!) vegetarischen *almuerzos* schnurstracks hierher.

Pizzería San Valentin (Av León Borja & Torres; Hauptgerichte 2–5 US$) San Valentin ist einer der Eckpfeiler des Nachtlebens in Riobamba und eine prima Location, um zu essen und Leute kennenzulernen.

Sierra Nevada (Primera Constituyente 27-38; Hauptgerichte 3–4 US$) Serviert ausgezeichnete Meeresfrüchte, ecuadorianische Gerichte und die wahrscheinlich besten *almuerzos* der Stadt (3 US$).

El Rey del Burrito (Av León Borja 38-36; Hauptgerichte 3–5 US$) Hier gibt es mexikanische Klassiker wie Burritos, Tacos und Enchiladas.

El Chacarero (5 de Junio 21-46; Hauptgerichte 3,50–5 US$) Hat eine tolle Atmosphäre und super Pizzas. Die Nudelgerichte lieber auslassen.

La Parrillada de Fausto (Uruguay 20-38; Hauptgerichte 4–6 US$) Das lustige argentinische Steakhaus mit Ranchambiente verwöhnt Gäste mit marinierten Grillsteaks, Forelle und Geflügel.

Unterhaltung

Das eher begrenzte Nachtleben konzentriert sich um die Kreuzung Av León Borja/Torres und nordwestlich davon entlang der León Borja. Am Wochenende verwandelt sich das Gebiet in ein Teenager-Tollhaus, mit der **Pizzería San Valentin** (Av León Borja & Torres) als Epizentrum. Nicht weit entfernt ist das **Tentadero** (Av Leon Borja Nähe Ángel Leon; Eintritt 3 US$; Fr & Sa 22 Uhr–open end), die heißeste *discoteca* der Stadt, in der die ganze Nacht lang Electronic und Salsa aufgelegt werden.

An- & Weiterreise

BUS

Der **Hauptbusterminal**(☎ 296-2005; Av León Borja/Av de la Prensa) befindet sich 2 km *nordwestlich* des Zentrums. Es verkehren häufig Busse nach Quito (4 US$, 4 Std.), Guayaquil (4,75 US$, 5 Std.) und Alausí (1,50 US$, 2 Std.) und weniger häufig nach Cuenca (6 US$, 6 Std.). Jeden Morgen fährt mindestens ein Bus nach Machala (6 US$, 6–7 Std.). Die Nahverkehrsbusse fahren die Av León Borja entlang und verbinden den Busbahnhof mit der City.

Die Busse nach Baños (1 US$, 1 Std.) und zum Oriente fahren vom **Oriente-Busterminal** (Espejo & Luz Elisa Borja) nördlich des Zentrums.

ZUG

Die spektakuläre Zugfahrt nach Sibambe (11 US$, 5 Std.) beginnt in Riobamba. Der Zug hält in Alausí (s. gegenüber), unmittelbar bevor er in einer haarsträubenden Berg- und Talfahrt die berühmte **Nariz del Diablo** herunterstampft. Von Sibambe aus fährt der Zug sofort zurück nach Riobamba und hält wieder in Alausí. Die meisten steigen in Alausí aus und verbringen die Nacht dort oder fahren mit dem Bus zurück nach Riobamba. Der Zug fährt mittwochs, freitags und sonntags um 7 Uhr in Riobamba ab. Tickets kauft man am **Bahnhof** (☎ 03-296-1909; Av León Borja/Unidad Nacional), entweder einen Tag vor der Abfahrt oder ab 6 Uhr am Reisetag. Mitfahren auf dem Dach ist natürlich erlaubt. Wer Fahrkarten für Freunde kaufen will, muss deren Reisepässe mitbringen.

VOLCÁN CHIMBORAZO

Der erloschene Volcán Chimborazo ist nicht nur der höchste Berg Ecuadors, sein Gipfel (6310 m) ist aufgrund der äquatorialen Wölbung der Erde auch der am weitesten vom Erdmittelpunkt entfernte Ort. Das sollten die K2-Bezwinger mal erfahren! Der Berg gehört, ebenso wie der **Volcán Carihuairazo** (5020 m), zur **La Reserva de Producción de Fauna Chimborazo** (Eintritt 10 US$).

Mit einem Mietlaster-Taxi aus Riobamba für etwa 25 US$ (im Hotel nachfragen) kommt man am einfachsten an das Monster heran. Der Fahrer bringt einen zur unteren der zwei **Schutzhütten** (Betten 10 US$), auf 4800 m Höhe, und wartet dort, während man die 200 m zur oberen Schutzhütte zurücklegt. Bergsteiger, die länger als einen Tag bleiben möchten, können die Rückfahrt für einen anderen Tag vereinbaren, was dann wahrscheinlich noch mal 12 US$ pro Nase kostet. In den Schutzhütten gibt es Matratzen, Wasser und Kochmöglichkeiten. Warme Schlafsäcke nicht vergessen!

Das Klettern jenseits der Schutzhütte erfordert schnee- und eisgerechte Ausrüstung und Bergsteigererfahrung, ebenso der Auf-

ABSTECHER: LAGUNAS DE ATILLO

Durch die Fertigstellung der Straße von Guamote (einer kleinen Stadt südlich von Riobamba) nach Macas (im südlichen Oriente) 2005/2006 ist auf einmal ein spektakulärer Sektor des **Parque Nacional Sangay** (Eintritt 20 US$) zugänglich: die *páramo*-Seenregion der Lagunas de Atillo. Man kann vom Dorf **Atillo** aus innerhalb von sechs bis acht Stunden über einen Bergkamm zu den herrlichen Lagunas de Ozogoche wandern. Wer die Region erkundet hat, kann mit dem Bus von Atillo nach Macas runterfahren, eine nur spärlich befahrene Route. Von Riobamba fahren Busse der Cooperativa Unidos um 5:45 und 15 Uhr nach Atillo. Die Abfahrt ist in der Nähe der Plaza San Francisco. In Atillo nach Wanderstrecken fragen. Über weitere Informationen verfügt das Parque Nacional Sangay Office in Riobamba (s. „Praktische Informationen", S. 674).

stieg zum Carihuairazo. Am besten Kontakt aufnehmen mit einem der unter Riobamba (S. 674) oder Quito (S. 642) empfohlenen Bergführer. Unerfahren sollten die Führer nicht sein; ein Aufstieg auf diese Höhe ist kein Kinderspiel.

Es gibt auch ausgezeichnete Trekkingmöglichkeiten zwischen beiden Bergen. Topografische Karten der Region sind bei der IGM in Quito (S. 632) zu haben. Von Juni bis September ist es in dieser Region trocken, die Nächte sind immer sehr kalt.

Wer Lust auf eine 8 km-Wanderung hat (nicht ganz leicht auf dieser Höhe), fährt mit dem Bus von Riobamba Richtung Guaranda und bittet den Fahrer, ihn auf der Straße beim Parkeingang abzusetzen.

ALAUSÍ

☎ 03 / 5570 Ew.

Die geschäftige, kleine Eisenbahnstadt Alausí (2350 m) ist der letzte Ort, durch den der Zug vor seinem Abstieg durch die berühmte Nariz del Diablo fährt. Viele steigen lieber hier als in Riobamba zu, obwohl man die guten Plätze eher erwischt, wenn man in Riobamba (s. gegenüber) einsteigt.

Entlang der Hauptstraße (Av 5 de Junio) stehen viele Hotels; die meisten davon sind Samstagabend voll. Das makellose saubere **Hotel Europa** (☎ 293-0200; 5 de Junio 175/Orozco; EZ mit Gemeinschaftsbad/eigenem Bad 5/8 US$, DZ 8/14 US$) ist eines der besten. Ein guter Tipp ist auch das **Hotel Americano** (☎ 293-0159; García Moreno 159; Zi. 5 US$/Pers.) in der Nähe des Bahnhofs oder das familiengeführte **Hotel Tequendama** (☎ 293-0123; 5 de Junio 152; EZ/DZ 5/10 US$).

Abgesehen von den Hotelrestaurants gibt es einige einfache Speiselokale entlang der Hauptstraße.

Die Busse fahren stündlich nach/ab Riobamba (1,50 US$, 1½ Std.), und mehrere

Busse täglich verkehren auch nach Cuenca (4 US$, 4 Std.).

Der Zug von Riobamba nach Sibambe hält in Alausí, bevor er die atemberaubende Nariz del Diablo (11 US$ Hin-/Rückfahrt) herunterfährt. Der Fahrkartenverkauf beginnt morgens um 7 Uhr. Bis nach Sibambe sind es etwa zwei Stunden. Dort ändert der Zug sofort die Fahrtrichtung und tuckert nach Riobamba zurück. Das Mitfahren auf dem Dach ist erlaubt (und wird gern gesehen!), allerdings ist es meistens voller Fahrgästen aus Riobamba.

SÜDLICHES HOCHLAND

Fährt man die Panamericana entlang Richtung südliches Hochland, verschwinden die riesigen, schneebedeckten Gipfel des zentralen Hochlands allmählich aus dem Rückspiegel. Das Klima wird ein bisschen wärmer, die Entfernungen zwischen den Städten werden größer, und entlang des Weges stehen die Zeitzeugen vergangener Jahrzehnte. Cuenca – wohl die schönste Stadt Ecuadors – und das hübsche kleine Loja sind die einzigen größeren Städte in der Region.

Es gibt zwar keine Gletscher zum Besteigen, aber jede Menge anderer Outdoor-Aktivitäten. Der von Seen umgebene Parque Nacional Cajas bietet exzellente Wander- und Campingmöglichkeiten, und im Parque Nacional Podocarpus können Gäste in ein und demselben Park Nebelwälder, tropische Feuchtwälder und den *páramo* erkunden. Vom relaxten Gringo-Ort Vilcabamba aus kann man tagelang durch die geheimnisvolle Hochlandschaft wandern oder reiten und am Abend zurückkehren, um sich bei einer Massage, vegetarischem Essen und heißen Bädern zu entspannen.

CUENCA

☎ 07 / 417 000 Ew.

Die koloniale Pracht Cuencas mit der von Quito zu vergleichen, ist hier ein Lieblings-zeitvertreib. Was die Größe anbelangt, gewinnt Quito ganz eindeutig. Aber Cuenca – das saubere Juwel des Südens – besticht einfach durch seinen Charme. Die engen, kopfsteingepflasterten Straßen und die weiß gestrichenen Häuser mit den roten Ziegeldächern, die hübschen Plazas und die Kirchen mit den Kuppeldächern, die wunderschöne Lage oberhalb der grünen Ufer des Río Tomebamba – all das bewirkt, dass die Stadt bei den meisten Travellern einen tiefen Eindruck hinterlässt. Auch wenn Cuenca der kolonialen Vergangenheit fest verhaftet ist, hat dennoch in Ecuadors drittgrößter Stadt (2530 m) die Moderne Einzug gehalten. Es gibt internationale Restaurants, Kunstgalerien, coole Cafés und einladende Bars, die in die großartige Architektur integriert wurden.

Praktische Informationen

GELD

Banco de Guayaquil (Mariscal Sucre/Borrero) Bank mit Geldautomat.

Banco del Pichincha (Ecke Solando & 12 de Abril) Bank mit Geldautomat.

INTERNETZUGANG

Folgende Läden verlangen etwa 1 US$ pro Stunde.

Bapu Net (Presidente Córdova 9-21)

Cuenca Net (Ecke Calle Larga & Hermano Miguel)

Cybercom (Ecke Presidente Córdova & Borrero)

Dot Com (Hermano Miguel Nähe Presidente Córdova)

MEDIZINISCHE VERSORGUNG

Clínica Santa Inés (☎ 281-7888; Daniel Córdova 2-113) Ein Arztbesuch in dieser Klinik kostet rund 20 US$.

POST

Post (Ecke Gran Colombia & Borrero)

TELEFON

Etapa (Benigno Malo 7-26) Telefon-Center.

TOURISTENINFORMATION

Busbahnhof Informations Büro (☎ 284-3888; Busbahnhof)

Touristeninformation (iTur; ☎ 282-1035; i_tur@cuenca.gov.ec; Mariscal Sucre/Luís Cordero) Extrem hilfreich; es wird Englisch gesprochen.

WASCHSALON

Fast Klín (Hermano Miguel 4-21)

Lavahora (Honorato Vásquez 6-76)

Sehenswertes

Auf jeden Fall sollte man mal die Straße 3 de Noviembre entlanglaufen, die dem nördlichen Ufer des **Río Tomebamba** folgt. Der Fluss ist gesäumt von Kolonialbauten, und noch heute trocknen Frauen ihre Wäsche am grasbewachsenen Ufer. Nah am Fluss gibt es eine **Inkaruine** zwischen dem östlichen Ende der Calle Larga und der Av Todos Los Santos. Der Großteil des Mauerwerks wurde zerstört, um koloniale Gebäude zu errichten, aber einige feine Nischen und Wände sind stehen geblieben.

Parque Calderón (Benigno Malo/Simón Bolívar), der Hauptplaza, wird von der hübschen „**neuen Kathedrale**" (erbaut 1885) mit ihren riesigen Kuppeln dominiert. Gegenüber steht die kleinere „**alte Kathedrale**" (Baubeginn 1557), die als El Sagrario bekannt ist.

Besucher sollten einmal auf dem **Blumenmarkt** vor der winzigen Kolonialkirche auf der **Plazoleta del Carmen** (Padre Aguirre at Mariscal Sucre) den Duft der Blumen einsaugen (oder wenigstens ein Foto davon machen). Danach zur stillen **Plaza de San Sebastián** (Ecke Mariscal Sucre & Talbot) rüberlaufen und dem **Museo de Arte Moderno** (Mariscal Sucre/Talbot; Eintritt frei, Spende erbeten; ☾ Mo–Fr 9 & 15–18.30, Sa & So 9–13 Uhr) einen Besuch abstatten! Dort gibt es eine kleine Ausstellung mit zeitgenössischer lokaler Kunst.

Das wichtigste Museum von Cuenca, das **Museo del Banco Central „Pumapungo"** (www.museopumapungo.com; Calle Larga Nähe Huayna Capac; Eintritt 3 US$; ☾ Mo–Fr 9–18, Sa 9–13 Uhr) ist schon wegen seiner fabelhaften ethnografischen Ausstellung einen Besuch wert, ganz zu schweigen von der entzückenden Sammlung von *tsantsas* (Schrumpfköpfen).

Das **Museo de las Culturas Aborígenes** (Calle Larga 5-24; Eintritt 2 US$; ☾ Mo–Fr 9–18.30, Sa 9–13 Uhr) beherbergt eine ausgezeichnete Sammlung mit mehr als 5000 archäologischen Funden, die die rund 20 ecuadorianischen Kulturen präkolumbianischer Zeit repräsentieren. Auch einen Abstecher wert ist das **Museo de Artes Populares** (Cidap; Hermano Miguel 3-23; Eintritt frei; ☾ Mo–Fr 9.30–13 & 14–18, Sa 10–13 Uhr), in dem wechselnde Ausstellungen traditionelle indigene Trachten, Kunsthandwerk und Kunst aus ganz Lateinamerika zeigen.

Aktivitäten

Cuenca ist ein ganz ausgezeichneter Ausgangspunkt für Erkundungstouren – zu Fuß, zu Pferd oder mit dem Fahrrad – zu nahe gelegenen Sehenswürdigkeiten wie dem Parque Nacional Cajas, den Inkaruinen von Ingapirca und indigenen Dörfern. Wer nicht unbedingt auf eigene Faust los will, kann sich einer Führung der im Folgenden aufgeführten Touranbieter anschließen. Tagestouren kosten durchschnittlich 35 bis 40 US$ pro Person; der Eintritt zum Park kommt meist noch dazu.

Expediciones Apullacta (☎ 283-7815, 283-7681; www.apullacta.com; Gran Colombia 11-02) Tagestouren nach Ingapirca und Cajas.

Ecotrek (☎ 284-1927, 283-4677; ecotrex@az.pro.ec; Calle Larga 7-108) Empfohlen für Trekking- und Bergtouren und Reisen zum Amazonas.

Humberto Chico (Cabañas Yanuncay kontaktieren, ☎ 07-288-3716, 281-9681; yanuncay@etapa.com.ec; Calle Canton Gualaceo 2-149) Betreut Touren mit Übernachtung nach Cajas, zum südlichen Oriente und zu anderen Orten.

Mamá Kinua Cultural Center (☎ 284-0610; Torres 7-45, Casa de la Mujer) Ausgezeichnete, von Quichua veranstaltete Kulturtouren. Tolle Organisation.

Terra Diversa Travel Center (☎ 282-3782; www.terradiversa.com; Hermano Miguel 5-42) Hat Reit-, Mountainbike- und Wandertouren, Ausflüge nach Ingapirca und 3-stündige Stadttouren im Angebot (15 US$).

Kurse

In Cuenca lässt sich prima Spanisch lernen. Der Einzelunterricht kostet ungefähr 5 bis 7 US$ pro Stunde.

Abraham Lincoln Cultural Center (☎ 07-282-3898; rboroto@cena.or.ec; Borrero 5-18)

Amazing Grace (☎ 283-5003; Mariscal Lamar 6-56) Gut für fortgeschrittene Sprachschüler.

Centro de Estudios Interamericanos (☎ 283-9003, 282-3452; info@cedei.org; Gran Colombia 11-02) Bietet Kurse für Spanisch, Quichua, lateinamerikanische Literatur und indigene Kultur an.

Sampere (☎ 282-3960; www.sampere.com/cuenca; Hermano Miguel 3-43)

Feste & Events

Am 3. November wird Cuencas städtische Unabhängigkeit mit einem großen Fest gefeiert. Heiligabend finden sehr bunte Paraden statt. Zur Gründungsfeier von Cuenca (10.–13. April) und an Fronleichnam ist ebenfalls viel los. Karneval wird mit ungestümen Wasserschlachten begangen.

Schlafen

In Cuenca gibt es eine große Auswahl an Hotels, aber die Preise sind ein bisschen höher als anderswo.

Hotel Norte (☎ 282-7881; Cueva 11-63; Zi. pro Person mit Gemeinschaftsbad/eigenem Bad 4/6 US$) Bestes Budgethotel in der Gegend um den Plaza Rotary Markt.

Hostal Paredes (☎ 283-5674; Luís Cordero 11-29; Zi. pro Person mit Gemeinschaftsbad/eigenem Bad 4/6 US$) Das Paredes ist ein verrücktes, freundliches Hotel in einem Gebäude aus dem frühen 20. Jh. Die Wände zieren Gemälde im Stil von Dalí, in der Lobby stehen viele Pflanzen, und ein paar Sittiche in Käfigen machen den etwas schrulligen Eindruck komplett. Tolles Preis-Leistungs-Verhältnis.

Hotel Pichincha (☎ 282-3868; karolina7a@hotmail.com; Torres 8-82; Zi. 4,50 US$/Pers.) Das für Cuenca-Standards riesige und unpersönliche Hotel mit 60 Zimmern hat faire Preise und ist bei Backpackern und Ecuadorianern gleichermaßen beliebt. Die Zimmer sind sauber, aber die Gemeinschaftsbäder wirken ziemlich schäbig.

El Cafecito (☎ 283-2337; www.cafécito.net; Honorato Vásquez 7-36; B 5 US$, Zi. mit eigenem Bad 15 US$) Hier geht die Party ab! Zum Haus gehört ein ziemlich verqualmtes, tolles Café, in dem mit Kaffee gedopte Reisende leckere Snacks verputzen können. Es wird manchmal recht laut, aber viele lieben das Ambiente.

Verde Limón (☎ 283-1509, 282-0300; www.verdelimonhostal.com; Jaramillo 4-89 Nähe Cueva; B 6 US$, Zi. 7 US$/Pers.; 🖳) „Grüne Limette" bezieht sich auf die neongrünen Wände des kleinen Hostels – das schmerzt fast in den Augen. Obwohl die Küche mal einen Frühjahrsputz vertragen könnte, stimmt hier der Preis.

Hostal El Monasterio (☎ 282-4457; Padre Aguirre 7-24; Zi. pro Person mit Gemeinschaftsbad/eigenem Bad 6/8 US$) Aus der Gemeinschaftsküche und den Essbereichen des sechsgeschossigen Hotels hat man eine tolle Aussicht. Die Zimmer sind gemütlich und sauber.

Hostal El Monarca (☎ 283-6462; hostalmonarca@hotmail.com; Borrero 5-47; EZ/DZ 7/14 US$) Orangene Wände, verrückte Kunst und eine „Das Leben ist schön, lasst uns die Musik lauter stellen"-Stimmung ist genau das, was einige von uns Reisehungrigen brauchen. Es gibt Gemeinschaftsbäder.

Casa Naranja (Naranja Lodging; ☎ 282-5415, 288-3820; www.casanaranja.galeon.com; Mariscal Lamar 10-38 Nähe Padre Aguirre; EZ 8–15 US$, DZ 12–18 US$) Toll, was ein ansässiger *cuencana* Künstler aus dem 100 Jahre alten Familiendomizil gemacht hat: eine schlichte Pension mit einem wunderbaren Künstlerambiente. Einfache Zimmer; Gemeinschaftsküche.

Hotel Milan (☎ 283-1104, 283-5351; Presidente Córdova 9-89; Zi. 9 US$/Pers.) Das allzeit verlässliche Milan hat nette, komfortable Zimmer, feste Betten, Kabel-TV und immer heißes Wasser.

Cabañas Yanuncay (☎ 288-3716, 281-9681; yanun cay@etapa.com.ec; Calle Canton Gualaceo 2-149; Zi. 12 US$/ Pers.) Die ruhige Pension, 3 km südwestlich des Zentrums, bietet Zimmer in einem separaten Haus oder in zwei Hütten an, die im Garten des Besitzers stehen. Der Preis gilt einschließlich Frühstück, Küchenbenutzung und Whirlpool. Bio-Abendessen kostet 6 US$. Der Besitzer Humberto spricht Englisch und Deutsch und organisiert Touren.

Hostal Macondo (☎ 284-0697, 283-0836; www. hostalmacondo.com; Tarqui 11-64; EZ/DZ mit Gemeinschaftsbad 13,50/20 US$, mit eigenem Bad 19/26 US$) Das glanzvolle, im Kolonialstil eingerichtete Macondo lockt mit seinem sonnigen Garten, den fröhlichen Sitzecken, dem ländlichem Dekor und dem ausgezeichneten Frühstück viele Traveller an.

La Posada del Angel (☎ 284-0695; www.hostalpo sadadelangel.com; Simón Bolívar 14-11; EZ/DZ 31/46 US$; 🖳) Farbe, Charakter, Geschichte – das Posada del Angel hat alles, was das ideale B&B so braucht.

Essen

Die meisten Restaurants haben sonntags geschlossen. Also lieber auf die Suche gehen, *bevor* der Blutzucker in den Keller sinkt.

Tutto Freddo (Ecke Benigno Malo & Simón Bolívar; Eiscreme 0,75 US$–3 US$; 🕑 tgl.) Hat wahrscheinlich die beste (und auf jeden Fall definitiv die beliebteste) Eiscreme in der Stadt. Bietet auch Mahlzeiten an.

Moliendo Café (Honorato Vásquez 6-24; Imbiss 1–3 US$) Das Moliendo Café serviert köstliche kolumbianische *antojitos* (Appetithappen) zu Preisen, die jeden glücklich machen.

Café Austria (Benigno Malo 5-45; 1–3 US$) Hier gibt es österreichische Kuchen, Kaffee und Sandwiches.

La Olla Mágica (Hermano Miguel 6-70; Hauptgerichte 1,50–2,50 US$) Schweinekoteletts zu diesem Preis sind kaum zu schlagen.

New York Pizza (Gran Colombia 10-43; Hauptgerichte 1,50–3,50 US$; 🕑 tgl.) Die knusprig dünne Pizza gibt es ab 1,10 US$ das Stück.

Mamá Kinua Cultural Center (Torres 7-45, Casa de la Mujer; Almuerzos 2 US$; 🕑 Mo–Fr 8–17.30 Uhr) Das von Frauen geleitete Restaurant bereitet mit die leckersten *almuerzos* der ganzen Gegend zu. Man serviert hier hauptsächlich vegetarisches Essen.

Cacao & Canela (Ecke Jaramillo & Borrero; Sandwiches 2–4 US$; 🕑 Mo–Sa 16–23 Uhr) Hat sättigende Sandwiches und guten Kaffee.

Café Eucalyptus (Gran Colombia 9-41; Tellergerichte 2–6 US$) Zwei knisternde Kamine, zwei große Sofas, zwei Esssäle, eine hübsche Bar, 30 Weine, verschiedene Biere vom Fass und 100 kleine Tellergerichte – hier kann man es sich gut gehen lassen.

Monday Blue (Ecke Calle Larga & Luís Cordero; Hauptgerichte 2,50–4 US$; 🕑 16.30–0 Uhr) Die festliche mexikanische Atmosphäre ähnelt eher Cancún als Cuenca, aber es macht zweifellos Spaß, in diesem Restaurant mit angeschlossener Bar mexikanische Speisen, Shawarmas und Pizza zu verputzen.

La Barraca (Borrero 9-68; Hauptgerichte 3–4 US$) Eine lockere Atmosphäre und tolle Musik ergänzen die ausgezeichneten Snacks (Guacamole und Chips, Popcorn und Ähnliches). Die Hauptgerichte sind dafür leider eher nur mittelmäßig.

Raymipampa (Benigno Malo 8-59; Hauptgerichte 3–5 US$; 🕑 tgl.) Eine echte Institution in Cuenca. Die Geschmacksrichtung schwankt irgendwo zwischen ecuadorianischer Hausmannkost und Imbissfutter.

Las Brasas de San Juan (Jaramillo 7-34; Hauptgerichte 3–9 US$) Ein Leser meinte, dass es hier die besten Steaks von Ecuador gibt.

El Pedregal Azteca (Gran Colombia 10-33; Hauptgerichte 5–9 US$) Leckeres mexikanisches Essen, aber die Portionen können ganz schön klein ausfallen; wer noch Hunger hat, hält sich an die kostenlosen Maischips.

Die folgenden Lokale bieten alle bodenständige ecuadorianische Küche. Am besten schmecken die preisgünstigen *almuerzos*. In den meisten Restaurants gibt es mehr einheimische Gäste als Touristen.

Grecia (Gran Colombia 9-69; Almuerzos 1,50 US$, Hauptgerichte 3–4 US$)

Restaurant El Paraíso (Ordóñez 10-19; Almuerzos & Merienda 2 US$, Hauptgerichte 1,50–2 US$) Nur vegetarisches Essen; hat auch Eiscreme.

Goura (Jaramillo 7-27; Almuerzos 2 US$; Hauptgerichte 2–4 US$) Vegetarisches Lokal.

El Cántaro (Simón Bolívar 8-50; Hauptgerichte 3–4 US$, Almuerzos 2,20 US$)

CUENCA

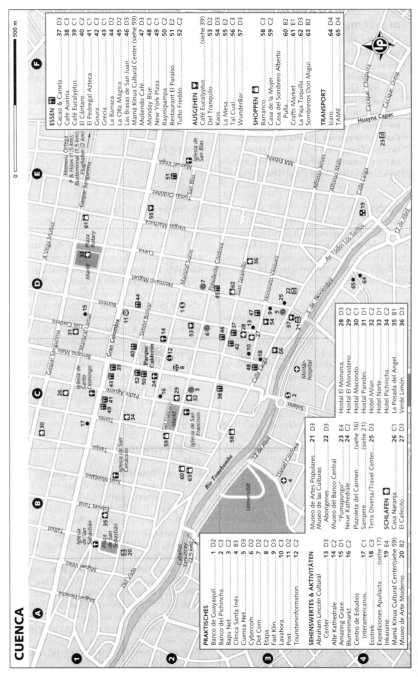

PRAKTISCHES	
Banco de Guayaquil	1 D2
Banco del Pichincha	2 C3
Bapu Net	3 C1
Clínica Santa Inés	4 B3
Cuenca Net	5 D3
Cybercom	6 D2
Dot Com	7 D2
Etapa	8 D2
Fast Klin	9 D3
Lavahora	10 D2
Post	11 D2
Touristeninformation	12 C2

SEHENSWERTES & AKTIVITÄTEN	
Abraham Lincoln Cultural Center	13 D3
Alte Kathedrale	14 C2
Amazing Grace	15 D1
Blumenmarkt	16 C2
Centro de Estudios Interamericanos	17 C1
Ecotrek	18 C3
Expediciones Apullacta	(siehe 17)
Inkaruine	19 E4
Mamá Kinua Cultural Center	(siehe 59)
Museo de Arte Moderno	20 B2
Museo de Artes Populares Aborígenes	21 D3
Museo de las Culturas	22 D3
Museo del Banco Central "Pumapungo"	23 E4
Neue Kathedrale	24 C2
Plazoleta del Carmen	(siehe 16)
Sampere	(siehe 21)
Terra Diversa/Travel Center	25 D3

SCHLAFEN	
Casa Naranja	26 C1
El Cafecito	27 D3
Hostal El Monarca	28 D3
Hostal El Monasterio	29 C2
Hostal Macondo	30 C1
Hostal Paredes	31 D1
Hotel Milán	32 C2
Hotel Norte	33 D1
Hotel Pichincha	34 C2
La Posada del Ángel	35 B1
Verde Limón	36 D3

ESSEN	
Cacao & Canela	37 D3
Café Austria	38 C3
Café Eucalyptus	39 C1
El Cántaro	40 C1
El Pedregal Azteca	41 C1
Goura	42 C3
Grecia	43 C1
La Barraca	44 D2
La Olla Mágica	45 D2
Las Brasas de San Juan	46 D2
Mamá Kinua Cultural Center	(siehe 59)
Moliendo Café	47 D3
Monday Blue	48 C3
New York Pizza	49 C1
Raymipampa	50 C2
Restaurant El Paraíso	51 E2
Tutto Freddo	52 D3

AUSGEHEN	
Café Eucalyptus	(siehe 39)
Del Tranquilo	53 D3
Kaos	54 D3
La Mesa	55 E2
Tal Cual	56 C3
WunderBar	57 D3

SHOPPEN	
Barranco	58 C3
Casa de la Mujer	59 C2
Casa del Sombrero Alberto Pulla	60 B2
Crafts Market	61 E1
La Paja Toquilla	62 D3
Sombreros Don Miguel	63 B2

TRANSPORT	
Icaro	64 D4
TAME	65 D4

DER IST NICHT AUS PANAMA, DER IST AUS MONTECRISTI!

Seit mehr als einem Jahrhundert duldet Ecuador, dass die Welt fälschlicherweise einem anderen Land seinen berühmtesten Exportartikel zuschreibt – den Panamahut. Für alle Ecuadorianer, die etwas auf sich halten, ist der Panamahut ein *„sombrero de paja toquilla"* (Toquilla-Strohhut), und für den Kenner ist es ein Montecristi, benannt nach der berühmtesten Hutmacherstadt von allen (s. S. 704). Aber es ist bestimmt kein Paaa…

Cuenca ist das Zentrum des Panamahuthandels und ein großartiger Ort, um einen schönen Sombrero zu ergattern. In folgenden Läden lohnt sich ein Besuch:

Barranco (Calle Larga 10-41)

Casa del Sombrero Alberto Pulla (Tarqui 6-91)

Homero Ortega P & Hijos (www.homeroortega.com; Gil Ramirez Davalos)

La Paja Toquilla (Ecke Hermano Miguel & Jaramillo)

Sombreros Don Migui (Tarqui Nähe Calle Larga)

Ausgehen

Das Café Eucalyptus (S. 680) ist ein tolles Lokal, um in entspannter Atmosphären und in Gesellschaft von (vorwiegend) Gringos einen Drink zu schlürfen. Für Frauen sind Getränke mittwochs zwischen 18 und 22 Uhr kostenlos.

Unterhaltung

Diskos sind Donnerstag- bis Samstagabend geöffnet. Während der Woche ist Cuenca so tot wie Pizarro. Es gibt einen Haufen kleiner, freundlicher Bars auf der Honorato Vásquez in der Nähe des El Cafecito (S. 679). Entlang der Presidente Córdova, östlich von Hermano Miguel, befinden sich mehrere beliebte Bars mit Tanzfläche.

Tal Cual (Calle Larga 7-57) Gemütliche, freundliche Bar, in der donnerstags bis samstags Livemusik gespielt wird.

La Mesa (Gran Colombia 3-55) Bekannt als Cuencas bester Salsa Club.

Del Tranquilo (deltranquilo@hotmail.com; Borrero Nähe Mariscal Sucre) Abendliche Livemusikauftritte von Donnerstag bis Samstag.

WunderBar (Hermano Miguel/Calle Larga) Die wilde, in der Nähe des Flusses gelegene Bar unter deutscher Leitung macht gute Laune. Serviert auch Speisen.

Kaos (Honorato Vásquez 6-11) Im von Briten geleiteten, lässigen Kaos gibt es Sofas, Billardtische und Snacks.

Shoppen

Entlang der Gran Colombia und in den Blocks direkt nördlich des Parque Calderón befinden sich mehrere gute Kunsthandwerkläden. Die besten Einkaufsmöglichkeiten bietet jedoch die **Casa de la Mujer** (Torres 7-33).

Die mehr als 100 dazugehörigen Stände garantieren stundenlanges, großes Shopping-Vergnügen.

Der Donnerstagsmarkt auf der **Plaza Rotary** (Mariscal Lamar & Hermano Miguel) wird hauptsächlich für Einheimische abgehalten (d.h. es werden hauptsächlich Schweine, Textilien aus Polyester, Obst und Möbel angeboten), aber es gibt auch einige sehenswerte Kunsthandwerkstände. Bessere Angebote hat der nahe gelegene **Kunsthandwerkmarkt** (Ecke Gaspar Sangurima & Vargas Machuca), mit seiner merkwürdigen, aber recht interessanten Kombination aus Körben, Keramikwaren, Eisen, Küchenutensilien, knalligen Plastiktieren, buntem religiösem Krimskrams und Meerschweinchengrills (ein tolles Geschenk für Muttern, aber ein klein wenig umständlich zu transportieren).

An- & Weiterreise

BUS

Cuencas **Busbahnhof** (España) befindet sich 1,5 km nordöstlich des Zentrums. Busse Richtung Guayaquil (8 US$) fahren entweder über den Parque Nacional Cajas (3½ Std.) oder Cañar (5½ Std.). Es besteht regelmäßiger Busverkehr nach Quito (10 US$, 10–12 Std.). Einige Busse fahren nach Machala (4,50 US$, 4 Std.), einige wenige noch weiter bis Huaquillas (6 US$, 5 Std.). Es verkehren regelmäßig Busse nach Alausí (4 US$, 4 Std.). Mehrmals am Tag bestehen Busverbindungen nach Loja (7 US$, 5 Std.), Macas (8,50 US$, 8 Std. via Guarumales; 10 Std. via Limón) und in andere Städte im Oriente. Die Busse nach Gualaceo (0,80 US$, 50 Min.) fahren alle halbe Stunde.

DER INKAPFAD NACH INGAPIRCA

Auch wenn hier nur ein Bruchteil des Verkehrs herrscht, den der Inkapfad zum Machu Picchu erlebt, ist die dreitägige Wanderung nach Ingapirca eine beliebte Wanderroute. Teile des schätzungsweise 40 km langen Weges folgen der alten königlichen Straße, die Cusco mit Quito und Tomebamba (dem heutigen Cuenca) verband.

Startpunkt der Wanderung ist das Dorf **Achupallas**, 23 km südöstlich von Alausí (S. 677). Der Pfad ist streckenweise kaum zu erkennen und manchmal gar nicht mehr vorhanden, also zieht man besser mit einem Kompass und drei topografischen Karten – Alausí, Juncal und Cañar – im Maßstab 1:50 000 los, die es beim IGM (S. 632) in Quito gibt. Manchmal sind Einheimische da, die die Richtung weisen können. Extra Proviant einpacken für den Fall, dass man sich verirrt! Die Gegend ist entlegen, aber bewohnt, deshalb nichts außerhalb des Zelts liegen lassen. Mann muss auch darauf vorbereitet sein, dass die Kinder hartnäckig betteln. Die meisten Traveller geben ihnen nichts, damit sie nicht zum Leidwesen zukünftiger Wanderer zum Betteln ermutigt werden.

Wer nach Achupallas möchte, besteigt einen der täglich verkehrenden Laster aus Alausí oder, was zuverlässiger ist, mietet einen Taxi-Pickup für etwa 10 bis 15 US$ für die einfache Fahrt. Alternativ gibt es eine Transportmöglichkeit nach **Guasuntos** (auch bekannt als La Moya), von wo aus Anschluss mit Trucks (10 U$) nach Achupallas besteht. Es sind etwa 10 km von Alausí nach La Moya und noch mal 15 km nach Achupallas. In beiden Orten gibt es keine Übernachtungsmöglichkeiten.

FLUGZEUG

Cuencas **Flughafen** (Aeropuerto Mariscal Lamar; ☎ 286-2203; Av España) liegt 2 km vom Zentrum entfernt. **TAME** (☎ 288-9097, 288-9581; Astudillo 2-22) und **Icaro** (☎ 281-1450; Milenium Plaza, Astudillo s\n) fliegen von hier täglich nach Quito (63 US$) und Guayaquil (45 US$).

Unterwegs vor Ort

Cuenca lässt sich sehr gut zu Fuß erkunden. Ein Taxi zum/vom Busbahnhof oder Flughafen kostet etwa 2 US$. Von der Vorderseite des Busbahnhofs fahren regelmäßig Busse in die Innenstadt (0,25 US$) ab.

RUND UM CUENCA

☎ 07

Vom Besuch in kleinen indigenen Dörfern und Thermalbädern bis hin zu Wandertouren – es gibt in Cuenca reichlich Möglichkeiten für Ausflüge.

Ingapirca

Ingapirca, die wichtigste Inkastätte in Ecuador, wurde gegen Ende des 15. Jhs. im Zuge der Expansion der Inkas ins heutige Ecuador errichtet. Beim Bau der **Stätte** (Eintritt 6 US$; ⏱ 8–18 Uhr), 50 km nördlich von Cuenca, verwendeten die Inkas die gleiche fugenlose Technik beim Zusammensetzen von polierten Steinblöcken wie die in Peru. Obwohl weniger beeindruckend als die Stätten in Peru, ist sie einen Besuch wert.

Ein Museum erläutert die Stätte, Führer (sowohl in Menschen- als auch in Buchform) gibt es vor Ort. Im 1 km entfernten **Dorf Ingapirca** gibt's einen Kunsthandwerkladen, einfache Restaurants und eine schlichte *pensión*.

Wer einen Kurzbesuch plant: Der Transportes Cañar-Bus (2,50 US$, 2 Std.) fährt vom Busbahnhof in Cuenca montags bis freitags um 9 und 13 Uhr sowie samstags und sonntags um 9 Uhr direkt nach Ingapirca. Die Rückfahrt nach Cuenca erfolgt montags bis freitags um 13 und 16 Uhr sowie samstags und sonntags um 13 Uhr.

Gualaceo, Chordeleg & Sígsig

Die drei Dörfer sind berühmt für ihre Sonntagsmärkte. Zusammen bilden sie ein tolles Tagesausflugsziel von Cuenca aus. Wer früh losfährt, kann schon am Nachmittag wieder in Cuenca sein. **Gualaceo** hat den größten Markt, mit Obst und Gemüse, Tieren und verschiedenen Haushaltswaren. Der **Markt von Chordeleg**, 5 km entfernt, ist kleiner und touristischer. Auf dem 25 km von Gualaceo entfernten **Markt von Sígsig** bietet sich die Gelegenheit, die Kunst der Panamahut-Hersteller zu bewundern.

Vom Busbahnhof in Cuenca fahren alle halbe Stunde Busse nach Gualaceo (0,80 US$, 50 Min.), Chordeleg (1 US$, 1 Std.) und Sígsig (1,25 US$, 1½ Std.). Wer nicht die Geduld aufbringt, auf einen der

Busse zu warten, der kann die 5 km von Gualaceo nach Chordeleg problemlos auch zu Fuß bewältigen.

Parque Nacional Cajas

Der atemberaubend schöne, kühle, moorähnliche *páramo* des **Parque Nacional Cajas** (Eintritt 10 US$) ist berühmt für seine vielen Seen und die großartigen Möglichkeiten zum Forellenfangen, Wildcampen und Wandern. Ein schöner Tagesausflug von Cuenca (nur 30 km entfernt)! **Campen** (Zeltplatz 4 US$/Pers.) ist erlaubt, und es gibt eine kleine Hütte mit acht Feldbetten und einer Küche, die oft besetzt ist. In Cajas allein herumzuwandern, kann gefährlich werden – wegen der vielen Seen und des Nebels verliert man leicht die Orientierung. Am besten bis 16 Uhr zurück sein, wenn der Nebel dichter wird! Die kürzeren Wanderwege sind gut gekennzeichnet. Topografische Karten im Hochglanzformat sind im Eintrittpreis enthalten.

Die Busse von Guayaquil fahren durch den Park, aber die Fahrer weigern sich, für die einstündige Fahrt verbilligte Fahrkarten auszugeben. Um nicht den vollen Fahrpreis von 8 US$ bis Guayaquil bezahlen zu müssen, zunächst in Cuenca von der Ricardo Darque (zwischen Av de las Américas und Victor Manuel Albornoz) aus mit einem **Transporte Occidental Bus** (1,25 US$, 1 Std.) fahren. Selbst wenn man mit einem Taxi (2 US$) zur Bushaltestelle fährt kostet das weniger. Die Busse verkehren täglich um 10.20, 12, 14, 16, 17, 18.15 und 19 Uhr. Für die Rückfahrt einfach einen der vorbeifahrenden Busse Richtung Cuenca anhalten.

SARAGURO

☎ 07

Südlich von Cuenca schlängelt sich die Straße durch den unheimlichen *páramo*, bis sie nach 165 km Saraguro erreicht, was auf Quichua soviel bedeutet wie „Land des Mais". Das verschlafene, kleine Saraguro ist Heimat der Saraguro, der erfolgreichsten indigenen Gruppe im südlichen Hochland. Sie lebten ursprünglich in der Titicacasee-Region in Peru, wurden aber im Zuge des als *mitimaes* bekannten Kolonialisierungssystems, das im Inkareich galt, zwangsweise umgesiedelt.

Noch heute erkennt man die Saraguro schnell an ihrer traditionellen Kleidung.

Sowohl Männer als auch Frauen (aber besonders die Frauen) tragen ganz flache weiße Filzhüte, deren breite Krempen an der Unterseite oft gefleckt sind. Die Männer tragen meist einen Pferdeschwanz, einen schwarzen Poncho, knielange, schwarze Hosen und darüber manchmal einen kleinen weißen Schurz.

Der beste Tag für einen Besuch in Saraguro ist der Sonntag, wenn der örtliche Markt die Saraguros – im besten Sonntagsputz – aus den umliegenden ländlichen Gegenden lockt. Übernachtungsmöglichkeit besteht im freundlichen **Residencial Saraguro** (☎ 220-0286; Ecke Loja & Antonio Castro; Zi. 4 US$/Pers.). Für das leibliche Wohl sorgt das von *indígenas* geführte **Mamá Cuchara** (Parque Central; Hauptgerichte 1,50–2,50 US$; ☺ Sa geschl.).

Alle Cuenca-Loja-Busse (4 US$, 3½ Std.) halten einen Block von der zentralen Plaza entfernt. Busse nach Loja (62 km, 2 US$, 1½ Std.) fahren tagsüber stündlich.

LOJA

☎ 07 / 170 000 Ew.

Dank seiner Nähe zum Oriente ist Loja mit einem angenehm gemäßigten Klima gesegnet. Die Stadt ist berühmt für ihre Musiker (jeder scheint hier irgendein Instrument zu spielen) und ihre preisgekrönten Parks. Trotz der Tatsache, dass Loja Provinzhauptstadt ist, bleibt es dennoch im Herzen eine Kleinstadt. Ein oder zwei Tage reichen dicke, um die Stadt zu erkunden. Loja (2100 m) ist ein guter Ausgangspunkt für einen Besuch im nahegelegenen Parque Nacional Podocarpus und außerdem der wichtigste Stopp vor einer Fahrt Richtung Süden nach Vilcabamba und Peru.

Einen guten Ausblick hat man von der **Virgen de Loja Statue** (La Salle). Das jährlich stattfindende Fest der **Virgen del Cisne** (8. Sept.) wird mit großen Paraden und einem Jahrmarkt gefeiert.

Praktische Informationen

Banco de Guayaquil (Eguiguren Nähe Bernardo Valdivieso) Bank mit Geldautomat.

Clínica San Agustín (☎ 257-0314; 18 de Noviembre & Azuay) Klinik mit gutem Ruf.

Jungle Net (Riofrío 13-64; 1 US$/Std.) Internetzugang.

Ministerio del Medio Ambiente (☎ 258-5421; podocam@impsat.net.ec; Sucre 4-35) Gibt Informationen zum Parque Nacional Podocarpus.

Pacifictel (Eguiguren Nähe Olmedo) Telefon-Center.

Post (Ecke Colón & Sucre)
Touristeninformation (iTur; ☎ 258-1251; Ecke Bolívar & Eguiguren) Im Rathaus.
World Net (Colón 14-69; 1 US$/Std.) Internetzugang.

Schlafen

Hotel Londres (☎ 256-1936; Sucre 07-51; EZ/DZ/3BZ 4/8/12 US$) Das Hotel Londres mit seinem knarrenden Holzfußboden, den hohen weißen Wänden und durchhängenden Betten ist eher einfach, aber ein Dauerfavorit bei den Travellern, denn die Gemeinschaftsbäder sind makellos sauber und die Besitzer jung und freundlich.

Hotel México (☎ 257-0581; Eguiguren 15-89; EZ/DZ 4/8 US$) Heruntergekommenes Hotel, das gerade eben noch als ein solches durchgeht.

Las Orquídeas (☎ 258-7008; Bolívar 08-59; EZ/DZ 8/16 US$) Die kleinen Zimmer sind nicht so freundlich, wie die blumengeschmückte Lobby vielleicht erwarten lässt, aber sauber und völlig in Ordnung.

Hotel Metropolitan (☎ 257-0007/244; Calle 18 de Noviembre 6-41; Zi. 10 US$/Pers.) Das Metropolitan ist freundlich und gemütlich, hat Holzfußboden, anständige Betten und Kabel-TV.

Hostal América (☎ 256-2887; Calle 18 de Noviembre Nähe Imbabura; EZ/DZ mit Frühstück 20/27 US$) Modernes, gemütliches Hotel mit richtig riesigen Zimmern.

Essen

El Tamal Lojano (18 de Noviembre 05-12; Kleine Gerichte 0,70–1 US$, Almuerzos 2 US$) Die Gäste strömen

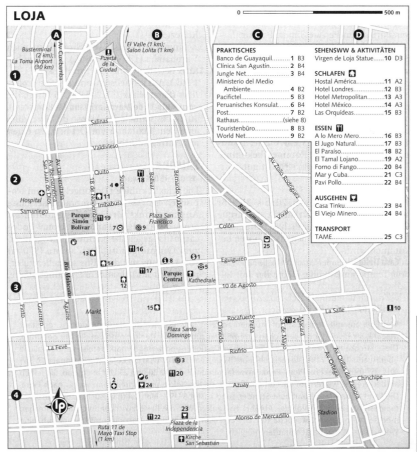

hierher wegen der ausgezeichneten *quimbolitos*, *humitas* und *tamales lojanos* (alles leckere Maiskloßvarianten) und der *empanadas de verde*. Unbedingt alle probieren!

El Jugo Natural (Eguiguren 14-20; 1–2 US$) Super Frühstück mit Obst und Joghurt.

El Paraíso (Quito 14-50; Menü 2 US$) Hier gibt es sättigende vegetarische Mittags- und Abendgerichte für 2 US$.

A lo Mero Mero (Sucre 06-22; Hauptgerichte 3–4 US$, Almuerzos 2 US$) Entspricht nicht ganz dem Standard von Mexico City, aber wen es nach gebackenen Bohnen und Tortillas gelüstet, der wird sie nur hier finden.

Salon Lolita (Salvador Bustamante Celi/Guayaquil, El Valle; Hauptgerichte 3–8 US$) *Das* Lokal für traditionelle Speisen aus Loja. *Cuy* (Meerschweinchen) gibt es im Ganzen gegrillt, je nach Größe für 8, 10 oder 12 US$. Anfahrt mit einem „El Valle" Bus von der Av Universitaria beim Parque Simón Bolívar.

Mar y Cuba (Rocafuerte 09-00/24 de Mayo; Hauptgerichte 4–5 US$) Exzellente Meeresfrüchte, *ceviche* und kubanische Klassiker.

Forno di Fango (Bolívar 10-98; Pizzas 4,50–13 US$) Die leckere Pizza aus dem Lehmziegelofen muss man probiert haben.

Es gibt zahlreiche Grillhähnchenlokale entlang der Mercadillo, westlich der Bolívar, wo man für etwa 2 US$ ein Viertel Hähnchen mit Suppe und Pommes bekommt. **Pavi Pollo** (Alonso de Mercadillo 14-99) ist gut.

Ausgehen

An Sonntagabenden von 20 bis 21 Uhr spielt die örtliche Militärkapelle im Parque Central die wahrscheinlich lebendigsten Marschklänge, die man jemals zu hören bekommen wird.

Casa Tinku (Alonso de Mercadillo Nähe Bernardo Valdivieso) Temperamentvolle, kleine Bar mit toller Stimmung und Livemusik an den Wochenenden.

El Viejo Minero (Sucre 10-76) Alte, ländliche Kneipe. Perfekt für ein entspanntes Bier.

An- & Weiterreise

Der nächstgelegene Flughafen bei Loja ist der La Toma Flughafen in Catamayo, 30 km westlich der Stadt. **TAME** (☎ 257-0248; Av Ortega Nähe 24 de Mayo) fliegt montags bis samstags nach Quito (49 US$) und dienstags bis donnerstags nach Guayaquil (36 US$). **Aerotaxi** (☎ 257-1327, 258-4423) bringt Gäste zum Flughafen (4 US$, 40 Min.).

Lojas Busbahnhof liegt 1 km nördlich der Stadt. Busse fahren mehrmals täglich nach Quito (15 US$, 14–15 Std.), Macará (6 US$, 6 Std.), Guayaquil (9 US$, 9 Std.), Machala (5 US$, 5 Std.), Zamora (2,50 US$, 2 Std.) und Cuenca (7 US$, 5 Std.) und zu anderen Reisezielen.

Einmal pro Stunde verkehren Busse nach Vilcabamba (1 US$, 1½ Std.). Vilcabambaturis betreibt schnellere Minibusse (1 US$, 1 Std.). Am schnellsten sind die *taxis colectivos* (Sammeltaxis; 1,20 US$, 45 Min.), die vom **Ruta 11 de Mayo-Taxistand** (Av Universitaria), 10 Blocks südlich der Alonso de Mercadillo abfahren. Taxifahrer vor Ort bringen einen auf Anfrage dorthin.

ZAMORA

☎ 07 / 16 074 Ew.

Die relaxte, ruhige Dschungelstadt am tropischen Ufer des Río Zamora ist der beste Ausgangspunkt für Erkundungstouren ins grüne Tiefland des Parque Nacional Podocarpus (s. gegenüber). Obwohl geografisch zum Oriente gehörig, ist Zamora (970 m) von Loja aus mit dem Bus schneller zu erreichen (2 Std.) als andere Dschungelstädte,

---

EINREISE NACH PERU

Von Loja aus mit dem Bus fünf Stunden entfernt befindet sich die staubige kleine Grenzstadt **Macará**, 3 km vor der peruanischen Grenze (Grenzübertritt kostenlos; rund um die Uhr geöffnet). Diese Strecke nach Peru ist landschaftlich viel schöner und weniger stark bereist als die übliche über Huaquillas (S. 718). Die meisten Leute fliegen von Loja (S. 684) mit **Loja International** (☎ 257-9014, 257-0505) direkt bis Piura, Peru. Busse fahren um 7, 13, 22.30 und 23 Uhr in Loja ab. Sie halten an der Grenze, warten auf ein- und aussteigende Passagiere und fahren dann weiter nach Piura. Die Fahrt dauert insgesamt acht Stunden (und kostet 8 US$). Man sollte versuchen, das Busticket mindestens einen Tag vor der Abfahrt zu kaufen. Wer die Reise zwischendurch unterbrechen möchte, kann das in **Catacocha** tun. Der Loja-Piura-Bus hält in Catacocha und Macará, d. h. eine Weiterfahrt ist von beiden Städten möglich.

von denen die meisten ziemlich weit im Norden liegen. Zu den anständigen Budgethotels in der Stadt gehören **Hostal Seyma** (☎ 260-5583; 24 de Mayo Nähe Amazonas; EZ/DZ 3/6 US$) und **Hotel Chonta Dorada** (☎ 260-6384, 260-7055; hotelchontadorada@hotmail.com; Pío Jaramillo zw. Diego de Vaca & Amazonas; EZ/DZ 7/11,50 US$).

Auf der Busfahrt Richtung Norden durch den Oriente gibt es ein paar einfache Hotels in den Kleinstädten **Gualaquiza** (5 Std.), **Limón** (ca. 9 Std.), **Méndez** und **Sucúa**. **Macas** (S. 698) liegt rund 13 bis 15 Stunden entfernt.

PARQUE NACIONAL PODOCARPUS

Eines der biologisch gesehen reichsten Gebiete des Landes und ein herrlicher Park für Entdeckungstouren ist der **Parque Nacional Podocarpus** (Eintritt 10 US$). Er schützt Lebensräume auf Höhen zwischen 3600 m im *páramo* in der Nähe von Loja und 1000 m in den dampfenden Regenwäldern bei Zamora. Die Topographie ist wunderbar wild und komplex, und der Park platzt vor lauter Pflanzen und Tieren aus allen Nähten. Namensgeber des Parque Nacional Podocarpus ist der Podocarpus – der einzige einheimische Nadelbaum Ecuadors.

Der Haupteingang zum Hochlandsektor des Parks befindet sich in **Cajanuma**, etwa 10 km südlich von Loja. Von dort führt ein Weg 8,5 km hoch zur Rangerstation und den Trailheads. Für einen Tagesauflug am besten mit dem Taxi von Loja ganz bis nach oben fahren (rund 10 US$), mehrere Stunden wandern und die 8,5 km/zwei Stunden zu Fuß bis zur Hauptstraße zurückgehen, wo man in einen der vorbeifahrenden Busse einsteigen kann.

Für einen Besuch im tropischen Tieflandsektor fährt man nach Zamora. Von dort mit dem Taxi (6 US$) oder zu Fuß die 6 km lange Schotterstraße bis zum **Bombuscaro-Eingang** zurücklegen, wo es eine Rangerstation, Wanderwege, Bademöglichkeiten, Wasserfälle, einen **Campingplatz** (Zeltplatz 2 US$/Pers.) und eine kleine **Hütte** (Feldbett 5 US$/Pers.) gibt. Von Vilcabamba aus ist der Zugang auch mit dem Pferd erreichbar.

VILCABAMBA

☎ 07 / 4200 Ew.

Das als Tal der Langlebigkeit geltende Vilcabamba ist berühmt dafür, dass seine Einwohner steinalt werden. Und wen wundert's? Mit so einer ruhigen Lage, einem derart schönen Wetter und einem soooo entspannten Lebenstempo – wer wollte da schon den Löffel abgeben? Backpacker machen hier halt, um an der heiteren Lebensart teilzuhaben, zu wandern, zu reiten, das Essen zu genießen, sich massieren zu lassen und in den billigen Pensionen von Vilcabamba einfach zu entspannen. Es ist auch ein perfekter Zwischenstopp auf dem Weg nach/von Peru über **Zumba**. Der Ort liegt auf 1500 m Höhe.

Bargeld mitbringen; hier gibt es keine Banken! Telefone, Internetcafés und die Post sind dagegen leicht zu finden.

Aktivitäten

Orlando Falco, ein gut ausgebildeter, Englisch sprechender Naturführer, leitet empfehlenswerte Touren zum Parque Nacional Podocarpus und zu anderen Gebieten für etwa 20 bis 35 US$ pro Person, plus 10 US$ Eintritt zum Park. Man findet Falco im Primavera, seinem Kunsthandwerkladen auf der Plaza. **Caballos Gavilan** (☎ 264-0281; gavilanhorse@yahoo.com; Sucre) bietet bezahlbare, sehr empfehlenswerte Reitausflüge an, die zwischen vier Stunden und drei Tagen dauern. Mehrere Leser und zahlreiche Einheimische haben den ortsansässigen Führer Jorge Mendieta von **Caminatas Andes Sureños** (jorgeluis222@latinmail.com; Central Plaza) wegen seiner geführten Wandertouren empfohlen.

Schlafen

Hostal Mandango (☎ 09-370-5266; Huilco Pamba Nähe Juan Montalvo; Zi. pro Person mit Gemeinschaftsbad/eigenem Bad 3/5 US$; 🏊) Das sich hinter dem Busbahnhof befindende Mandango ist wahrscheinlich die beste superbillige Budgetunterkunft in der Stadt. Die Zimmer sind klein, aber die mit eigenem Bad haben feste Betten, und alles ist sauber.

Residencial Don German (☎ 264-0130, 09-132-4669; Jaramillo; Zi. 4 US$/Pers.) Einfache Unterkunft mit sauberen, netten Zimmern und Gemeinschaftsduschen mit Heißwasser. Es gibt einen winzigen, gut beleuchteten Gemeinschaftsbereich und eine Gästeküche. Ein einfaches Hotel, aber absolut akzeptabel.

Rumi-Wilco Ecolodge (rumiwilco@yahoo.com; http://koberpress.home.mindspring.com/vilcabamba; Zi. 4–4,50 US$/Pers.) Die zu Fuß etwa 30 Minuten von der Stadt entfernte Rumi Wilco Ecolodge besteht aus dem für vier Personen gedachten **Pole House** (DZ/3BZ 16/18 US$), einem ruhigen Schlupfwinkel mit Hängematten, Küche und privatem Trinkbrunnen, und verschiedenen anderen, super gelegenen Hütten. Wunderbar entspannend!

Hostería y Restaurante Izhcayluma (☎ 264-0095; www.izhcayluma.com; B 7 US$, EZ 13–20 US$, DZ 20–30 US$; 🏊) Mit seinem weitreichenden Blick über das Tal, einem Swimmingpool, einem Garten voller Blumen und äußerst komfortablen Zimmern ist Hostería y Restaurante Izhcayluma kaum zu schlagen. Liegt 2 km südlich der Stadt.

Jardín Escondido (Versteckter Garten; ☎ 264-0281; www.vilcabamba.org/jardinescondido.html; Sucre; B 8 US$, Zi. 10–15 US$/Pers.; 🏊) Der kürzlich renovierte, farbenfrohe Jardín Escondido ist das schickste Hotel im Zentrum. Der Garten versteckt sich hinter den Toren. Die teuersten Zimmer sind ziemlich luxuriös.

Rendez-Vous (☎ 09-219-1180; rendezvousecuador@yahoo.com; Diego Vaca de Vega 06-43; EZ/DZ 8/16 US$) Das von Franzosen betriebene Rendez-Vous ist ein hübsches Hotel in Flussnähe, mit makellos sauberen Zimmern, die auf einen herrlichen Garten schauen. Jedes hat eine eigene Hängematte. Frühstück mit hausgemachtem Brot ist im Preis inbegriffen.

Cabañas Río Yambala (☎ 09-106-2762; www.vilcabamba.cwc.net; Hütten inkl. 2 Mahlzeiten 10–14 US$/Pers., ohne Mahlzeiten 5–9 US$/Pers.) Etwa 4 km südöstlich der Stadt befindet sich das von freundlichen Briten geleitete Cabañas Río Yambala, ein weiteres Original von Vilcabamba. Die sechs niedlichen ländlichen Hütten verschiedener Größe haben alle eine eigene heiße Dusche und Ausblick. Gäste können von der Plaza aus hochlaufen oder mit dem Taxi hinfahren (etwa 4 US$).

Hostal Madre Tierra (☎ 264-0269, 09-309-6665; www.madretierra1.com; B 13,50 US$, Zi. 13,50–25 US$/Pers., Suite 34 US$/Pers.; 💻 🏊) Rund 2 km nördlich der Stadt liegt dieses tolle, total unkomplizierte Wellnesshotel, ein Pionier in Sachen Wohlfühlen plus Ästhetik, einer Philosophie, der heute die meisten Hotels in Vilcabamba folgen. Die Zimmer befinden sich in Hütten, die am Hang verteilt sind, einige davon bieten gute Aussicht. Der Wellnessbereich (Behandlungen 16–40 US$) ist auch für Nichtgäste zugänglich.

Essen & Ausgehen

Izhcayluma (☎ 264-0095; www.izhcayluma.com) hat ein ganz ausgezeichnetes Restaurant. Andere Restaurants in der Stadt zu finden, ist aber auch nicht schwer.

Restaurant Vegetariano (Salgado/Diego Vaca de la Vega; Hauptgerichte 2–3 US$) Gute vegetarische Kost; *almuerzos* für 2,60 US$.

La Terraza (Central Plaza; Hauptgerichte 2,50–4 US$) Italienische, mexikanische und thailändische Tellergerichte; eine große Auswahl für Vegetarier.

Jardín Escondido (Sucre & Agua de Hierro; Hauptgerichte 3–5 US$) Serviert mexikanische Speisen in einem hübschen Garten.

Shanta's Bar (Hauptgerichte 3–6 US$; 🕒 12–3 Uhr) Das an der Straße zum Río Yambala gelegene Shanta macht tolle Forellen, Pizzas und anderes. Es ist gleichzeitig die beste Bar in der Stadt.

An- & Weiterreise

Die Transportes Loja-Busse fahren alle 90 Minuten nach Loja (1 US$, 1½ Std.). Vom Busbahnhof aus fahren auch Gemeinschaftstaxis nach Loja, die bis zu fünf Fahrgäste mitnehmen (1,20 US$, 45 Min.). Es verkehren täglich Busse nach Zumba (6 US$, 6 Std.), das nahe der peruanischen Grenze liegt.

EL ORIENTE

Der ecuadorianische Teil des Amazonasbeckens – auch bekannt als *El Oriente* – ist eines der aufregendsten Reiseziele des Landes. Hier können Reisende auf einer Kanutour auf Kaimane treffen, die in den Schwarzwasserlagunen lauern, Zweifinger-Faultiere und Brüllaffen sehen, nach Piranhas fischen oder durch die wildeste Vegetation wandern, die sie je zu Gesicht bekommen werden. In der Nacht, wenn die Angst vor dem Leben da draußen mal überwunden ist, wiegt einen die psychedelische Symphonie der Insekten und Frösche in den Schlaf.

Dieser Abschnitt des Buches beschreibt den Oriente von Norden nach Süden (s. Zamora, S. 686 zu den südlichsten Städten der Region.) In den nördlichen Oriente kommen mehr Traveller, während die Region südlich des Río Pastaza ziemlich abgelegen wirkt. Von Quito aus fahren häufig Busse nach Puyo, Tena, Coca und Lago Agrio. Von Cuenca (S. 682) aus verkehren Busse über Limón bis Macas. Die Busse aus der südlichen Hochlandstadt Loja fahren über Zamora nach Limón und weiter nach

Macas. Von Macas führt eine Straße nach Puyo und zum nördlichen Oriente. Es ist auch möglich – wenngleich anstrengend – über den Río Napo nach Peru und an den Amazonas zu reisen.

LAGO AGRIO
☎ 06/ 34 100 Ew.

Wenn man nicht gerade auf hektische Grenzstädte steht, ist Lago für Touristen hauptsächlich anziehend wegen seines Status als Ausgangspunkt zum nahe gelegenen Naturreservat von Cuyabeno (s. rechte Spalte) Der am Sonntagmorgen stattfindende **Markt** wird von indigenen Cofan besucht und könnte durchaus einen Besuch wert sein. Von Lago aus eine Tour nach Cuyabeno zu buchen, kann schwierig werden: Die meisten Leute haben die Tour im Voraus gebucht und reisen von Quito aus an, die Führer tauchen auf, und am nächsten Morgen sind alle verschwunden.

Wer über Nacht in der Stadt bleibt, sollte das **Hotel Casablanca** (☎ 283-0181; Av Quito 228; EZ/DZ 10/15 US$) oder das **Hotel D'Mario** (☎ 283-0172; hotelmario@andinanet.net; Av Quito 1-171; EZ 15–32 US$, DZ 17–40 US$; ✗ 🖳 🖺) ausprobieren. Beide liegen an der Hauptstraße, wo man auch fast alle anderen Lokalitäten findet. Im D'Mario gibt es eine beliebte Pizzería.

Gefahren & Ärgernisse
Da die Konflikte im benachbarten Kolumbien heftiger werden, haben sich Grenzstädte wie Lago Agrio in beliebte Zufluchtsorte für kolumbianische Guerillakämpfer, antirebellische Paramilitärs und Drogenschmuggler verwandelt. Bars und Nebenstraßen können unsicher sein, also besser auf der Hauptstraße bleiben, besonders abends. Touristen haben selten Probleme, aber Vorsicht ist trotzdem geboten.

An- & Weiterreise
Der Flughafen liegt 5 km östlich der Stadt; ein Taxi dorthin kostet 2 US$. **TAME** (☎ 283-0113; Orellana Nähe 9 de Octubre) und **Icaro** (☎ 283-2370/71, 288-0546; am Flughafen) fliegen montags bis samstags nach Quito (43–56 US$); am besten im Voraus buchen.

Der Busbahnhof befindet sich etwa 2 km nordwestlich vom Zentrum. Nach Quito (7 US$, 8 Std.) bestehen regelmäßige Busverbindungen. Es fahren täglich ein oder zwei Busse (meist über Nacht) nach Tena

---

EINREISE NACH PERU
Etwa 125 km südlich von Vilcabamba befindet sich in der Nähe des Außenpostens **Zumba** die herrlich abgelegene Grenzstadt namens **La Balsa**. Von Vilcabamba (oder Loja) ist es eine Tagereise nach San Ignacio, Peru, das der beste Ort ist, um die Nacht zu verbringen. Von San Ignacio besteht die Möglichkeit, nach Jaén (3 Std.) zu fahren, weiter nach Bagua Grande (noch 1 Std.) und dann nach Chachapoyas (S. 1056; weitere 3 Std.), was die erste größere Stadt ist. Von Jaén kann man auch nach Chiclayo (S. 1037) an die peruanische Küste, fahren.

Zur Anreise aus Peru, s. S. 1039.

(7 US$, 8 Std.), Cuenca, Guayaquil (14 US$, 14 Std.) und Machala. Die Busse nach Coca halten üblicherweise nicht am Busbahnhof. Man muss auf der Av Quito im Zentrum einen *ranchera* anhalten (Bus mit offener Seite; 3 US$, 2½ Std.) – man kann die Einheimischen, wo das am besten funktioniert.

RESERVA DE PRODUCCIÓN FAUNÍSTICA CUYABENO
Dieses herrliche, sich über 6034 km^2 erstreckende **Reservat** (Eintritt 20 US$), schützt die Regenwaldheimat der Siona, Secoya, Cofan, Quichua und Shuar. Außerdem schützt es die Wasserscheide des Río Cuyabeno, in dessen Regenwaldseen und Sümpfen faszinierende Wasserbewohner wie Flussdelphine, Seekühe, Kaimane und Anakondas leben. Es gibt hier jede Menge Affen und Vögel, und auch von Sichtungen von Tapiren, Nabelschweinen, Agutis und verschiedenen Katzenarten wurde schon berichtet. Obwohl es zahlreiche Ölkatastrophen gegeben hat, sind große Teile des Reservats unberührt geblieben und einen Besuch wert. Das Reservat auf eigene Faust zu erkunden, ist fast unmöglich; die meisten Besucher arrangieren eine Tour von Quito (S. 644) oder Coca aus. Die nächstgelegene Stadt ist Lago Agrio.

COCA
☎ 06 / 18 300 Ew.

Wer zu den Leuten gehört, die gern in der tropischen Hitze vor sich hin brüten, ein Bierchen zischen und das Straßenleben der Kleinstadt beobachten, wird sich in Coca eigenartig wohl fühlen. Ansonsten ist es einfach eine staubige, glühend heiße Ölstadt und kaum mehr als der letzte Stopp, bevor man in ein motorisiertes Kanu steigt, um den gewaltigen Río Napo herunterzufahren. Die Stadt ist allerdings ein guter Ort, um Führer für Touren nach Pañacocha, Cuyabeno und zum Parque Nacional Yasuní (S. 692) anzuheuern.

Praktische Informationen
Andinatel (Ecke Eloy Alfaro & 6 de Diciembre)
Banco del Pinchincha (Ecke Bolívar und 9 de Octubre) Bank mit Geldautomat.
Casa de Cambio 3R (Ecke Napo & García Moreno) Löst Reiseschecks ein.
Imperial Net (García Moreno; 1,80 US$/Std.) Internetzugang.
Post (Napo Nähe Cuenca)
Touristeninformation (Ecke García Moreno & Quito)

Geführte Touren
Coca liegt näher an großen Urwaldgebieten als Misahuallí, aber um einen Führer anzumieten, sollte man eine Gruppe von mindestens vier Personen sein, damit es bezahlbar bleibt. Touren über den Río Tiputini und in den Parque Nacional Yasuní (S. 692) sind möglich, dauern jedoch wenigstens eine Woche. Für einen Besuch in einem Huaorani-Dorf braucht man eine schriftliche Genehmigung der Gemeinde. Die folgenden Tourenanbieter sind allesamt zuverlässig. Die Touren kosten im Durchschnitt 50 bis 60 US$ pro Person und Tag. Im Preis ist alles inbegriffen, mit Ausnahme des Eintritts zum Park.

Emerald Forest Expeditions (in Quito ☎ 02-288-2309; www.emeraldexpeditions.com; Ecke Quito und Espejo) Kann auf 20 Jahre Erfahrung im Tourengeschäft zurückblicken und wird sehr empfohlen. **River Dolphin Expeditions** (☎ 09-917-7529; Guayaquil Nähe Napo) hat gemischte Kritiken von den Lesern erhalten; am besten selbst urteilen. Beide Unternehmen bieten 10-tägige Expeditionen auf dem Río Napo bis nach Iquitos, Peru, an.

Hotel El Auca (s. gegenüber) organisiert keine Touren, ist aber wahrscheinlich einer der besten Orte in der Stadt, wenn man einen einheimischen Führer treffen möchte, der Arbeit sucht, oder andere Traveller, die

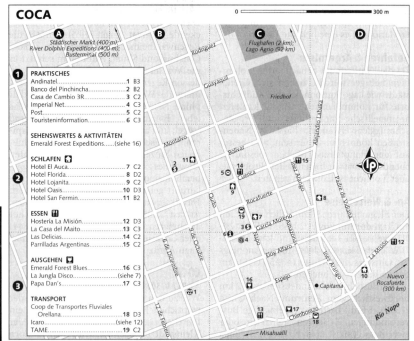

von ihren eigenen Erfahrungen berichten oder einem helfen können, eine Gruppe zusammenzukriegen.

Schlafen & Essen

Die billigeren Hotels in Coca sind schmuddelig, überteuert und voller Ölarbeiter.

Hotel Oasis (☎ 288-0206; yuturilodge@yahoo.com; Camilo de Torrano s/n; EZ/DZ 8/16 US$) Die Zimmer sind heruntergekommen, aber das Hotel hat eine schöne Terrasse mit Flussblick. Das Personal organisiert auch geführte Touren zu den „Economic Lodges" am Río Napo.

Hotel San Fermin (☎ 288-1848; Quito und Bolívar; EZ/DZ mit Ventilator 9/17 US$, mit Klimaanlage 18/28 US$; ✷) Das große, wunderschön eingerichtete Haus ist die beste der neuen Errungenschaften dieser Stadt.

Hotel El Auca (☎ 288-0127/0600; helauca@ecuanex. net.ec; Napo; EZ 12–35 US$, EZ 20–50 US$) Eine Oase sowohl für Tourgruppen wie auch für Ölarbeiter (ganz zu schweigen von den zahmen Dschungelbewohnern, die hier durch den Garten wandern). Das Auca ist das beste Hotel in Coca.

Alternativen:

Hotel Florida (☎ 288-0177; Alejandro Labaka; EZ/DZ mit Gemeinschaftsbad 6/10 US$, mit eigenem Bad 10/15 US$)

Hotel Lojanita (☎ 288-0032; Ecke Napo & Cuenca; Zi. pro Person mit Ventilator/Klimaanlage 8/12 US$; ✷)

Essen & Ausgehen

Die Restaurants in der **Hostería La Misión** (Camilo de Torrano s/n) und im Hotel El Auca werden gemeinhin als die besten der Stadt angesehen.

Las Delicias (Ecke Napo & Cuenca; Hauptgerichte 1,50 US$) Hier gibt es Brathähnchen mit Pommes.

La Casa del Maito (Malecón; Hauptgerichte 2,50 US$) Für die himmlische Spezialität des Hauses, *maito* (in Blättern gekochter Fisch), zwängen sich ausländische Gäste zwischen lärmende Einheimische.

Parrilladas Argentinas (Ecke Inés & Cuenca, 2. OG) Alteingesessenes Steakhaus.

La Jungla Disco (Eintritt 10 US$, Hotelgäste freier Eintritt) Oberhalb des Hotels El Auca. Die einzige Disko in Coca.

Emerald Forest Blues (Ecke Espejo & Quito) Freundliche, kleine Bar, geleitet vom Besitzer der Emerald Forest Expeditions.

Papa Dan's (Napo/Chimborazo) Ein mittlerweile klappriger Coca-Klassiker.

> ### ABSTECHER IN SACHEN KULTUR
>
> Ein Kulturereignis weitab der üblichen Pfade erlebt, wer mit einem Transportes Putumayo-Bus von Lago Agrio Richtung Tarapoa fährt, und dann 23 km nach Osten bis zur Dschungelstadt Dureno, einem indigenen Cofan Dorf. Den Fahrer bitten, einen bei der **Comuna Cofan Dureno** rauszulassen (nicht beim Kolonistendorf Dureno, 4 km weiter östlich), und dann die 100 m bis zum Río Aguarico laufen. Am Ufer brüllt man laut und winkt den Leuten auf der anderen Seite des Flusses zu, damit die Bootsführer rüberkommen und einen mitnehmen. Es ist meist möglich, in einer Hütte zu übernachten und indigene Reiseführer anzuheuern.

An- & Weiterreise

BUS

Die Büros der Busgesellschaften befinden sich in der Stadt und am Busbahnhof, nördlich vom Zentrum. Mehrere Busse am Tag fahren nach Quito (10 US$, 9 Std. über Loreto, 13 Std. über Lago Agrio), Tena (7 US$, 6 Std.) und Lago Agrio (3 US$, 3 Std.) und in andere Dschungelstädte. Die als *rancheras* oder *chivas* bezeichneten Laster mit der offenen Seitenwand bedienen vom Busbahnhof aus verschiedene Reiseziele zwischen Coca und Lago Agrio und fahren zum Río Tiputini im Süden.

FÄHRE

Montags und donnerstags fährt um 8 Uhr eine **Coop de Transportes Fluviales Orellana** (☎ 288-0087; Napo Nähe Chimborazo) Passagierfähre nach Nuevo Rocafuerte (15 US$, 12–15 Std.) an der peruanischen Grenze. Die Rückfahrt nach Coca von Nuevo Rocafuerte ist sonntags, dienstags und freitags um 17 Uhr. Obwohl zum Mittagessen meist angelegt wird, sollten Fährgäste für die Reise etwas zu Essen und Wasser mitbringen. Wer auf dem Flussweg ankommt oder von dort abfährt, muss beim *capitanía* (Hafenkapitän) an den Landungsbrücken seinen Pass vorlegen und sich registrieren lassen. Bei Touren kümmert sich darum dann meist der Tourguide.

FLUGZEUG

Der Flughafen liegt 2 km nördlich der Stadt. **TAME** (☎ 288-1078; Ecke Napo & Rocafuerte) und **Icaro**

(☎ 288-0997/0546; www.icaro.com.ec; La Misión, Hostería La Misión) fliegen montags bis samstags nach Quito (43–57 US$). Im Voraus buchen!

RÍO NAPO

☎ 06

Östlich von Coca fließt der Río Napo geradewegs nach Peru und Richtung Amazonas. An dieser langen, einsamen Flussstrecke stehen einige der besten Dschungellodges von Ecuador. Außer an Bord der Fähre nach Nuevo Rocafuerte ist die Flussfahrt allerdings teuer. Bei Gästen einer Lodge ist der Transport im Paket inbegriffen.

Pompeya ist eine katholische Mission, die von Coca aus etwa zwei Stunden flussabwärts am Río Napo in der Nähe des **Reserva Biológica Limoncocha** liegt. Heute, da es eine Straße gibt und in der Nähe Ölbohrungen stattfinden, ist das Gebiet eher ein bisschen deprimierend und nicht gerade geeignet, um Tiere und Pflanzen zu beobachten. Die Gegend lässt sich mit dem Bus von der Ölstadt **Shushufindi** aus, die eine Stunde von Coca und Lago Agrio entfernt liegt, relativ leicht erreichen.

Von Coca aus etwa fünf Stunden flussabwärts liegt **Pañacocha**, eine weitere Siedlung, die man auf eigene Faust besuchen kann. Es gibt dort eine traumhaft schöne Schwarzwasserlagune mit tollen Möglichkeiten zum Piranhafangen und einer unglaublichen biologischen Vielfalt zwischen Nebelwald und Trockenwald. Touren ab Coca machen hier Halt, aber eine Fahrt mit dem öffentlichen Kanu nach Nueva Rocafuerte (s. rechte Spalte) ist aufregender. Eine preisgünstige Übernachtungsmöglichkeit bietet die **Pensión Las Palmas** (am Fluss; Zi. 3 US$/Pers.), aber selbst Campen ist möglicherweise bequemer. Preiswerte *comedores* (Billigrestaurants), darunter Elsita und Delicia, befinden sich in Blickweite des Bootsanlegers.

Wer es bequemer mag, sich einen Naturführer und leckeres Essen wünscht, sollte vielleicht in einer Lodge übernachten. Die günstigste in der Region ist die **Yuturi Lodge** (Yuturi Jungle Adventures in Quito, Karte S. 634 f.; ☎ 250-4037/3225; www.yuturilodge.com; Amazonas N24-236 & Colón; Pakete mit 4 Übernachtungen 350 US$/Pers.), die gute Kritiken bekommen hat. Die **Sani Lodge** (in Quito, Karte S. 634 f.; ☎ 02-255-8881; www.sanilodge.com; R Roca 736 & Av Amazonas, Pasaje Chantilly; Pakete mit 3/4/7 Übernachtungen 285/380/665 US$/Pers.) ist ein wundervolles Fleckchen. Die Führer und der Service sind ausgezeichnet, und das alles zu einem vernünftigen Preis.

Der Río Napo fließt direkt außerhalb der nördlichen Grenze des Parque Nacional Yasuní, bis er schließlich in Nuevo Rocafuerte in Peru mündet.

NUEVO ROCAFUERTE

Nuevo Rocafuerte, für die meisten nur ein abgelegener Fleck auf der Landkarte, liegt fünf Stunden flussabwärts von Pañacocha (12–15 Std. von Coca aus) am Ende einer wirklich anstrengenden Reise zur peruanischen Grenze. Das sehr einfache **Parador Turístico** (☎ 238-2133; hinter dem Büro der Nationalpolizei; Zi. mit Gemeinschaftsbad 3–5 US$/Pers.) ist schnell ausgebucht, weil dies die einzige Unterkunft in der Stadt ist. Ein paar winzige Lädchen verkaufen Grundnahrungsmittel; wen es nach einer warmen Mahlzeit gelüstet, der muss sich umhören. Strom gibt es nur zwischen 18 und 23 Uhr. Führungen vor Ort und Touren auf dem Río Yasuní zum Parque Nacional Yasuní (s. unten) können arrangiert werden.

Wer nach Peru weiterreist, sollte weit im Voraus planen. Denn wer das mit dem Timing nicht drauf hat, sitzt hier möglicherweise einige Zeit fest. Man sollte besser einen ausreichenden Vorrat an Wasserentkeimungstabletten, Insektenschutz und Essen mitbringen. Die Anbieter in Coca organisieren Dschungeltouren, die nach Iquitos, Peru, führen.

PARQUE NACIONAL YASUNÍ

Ecuadors größter **Park** (Eintritt 20 US$) auf dem Festland ist ein riesiger, 9620 km² großer Streifen mit Feuchtgebieten, Marschen, Sümpfen, Seen, Flüssen und tropischem Regenwald. Die unterschiedlichsten Regenwaldbewohner sind hier zu Hause, nämlich außer Pflanzen und Tieren auch einige Huaorani-Gemeinschaften. Leider schaden die Wilderei und immer mehr auch die Ölgewinnung dem Park.

Diesen Park ganz auf eigene Faust zu besuchen ist schwierig, aber die Tourorganisatoren in Coca (S. 690) und Quito (S. 644) bieten geführte Touren an. Zu den empfehlenswerten Einzelführern gehören **Oscar Tapuy** (in Quito ☎ 02-288-1486; oscarta23@yahoo.com), einer der besten Guides des Landes für Vogelbeobachtungstrips, und **Jarol Fernando Vaca** (in Quito ☎ 02-224-1918; shiripuno2004@yahoo.com), ein

EINREISE NACH PERU

Für Reisende, die nach Peru weiterfahren, werden die Grenzformalitäten in Nuevo Rocafuerte erledigt; in Peru werden die Einreiseformalitäten dann in **Iquitos** abgewickelt. Der offizielle Grenzübergang (gebührenfrei) befindet sich in **Pantoja**, von Nuevo Rocafuerte eine kurze Fahrt flussabwärts. Hier kommt es auf das Timing an: Um den 18. jedes Monats herum verlässt ein Frachtschiff Iquitos, Peru, und kommt um den 24. in Pantoja an. Wer das Schiff in Pantoja erwischt, kommt in den Genuss einer sechstägige Hin- und Rückfahrt (etwa 70 US$) nach/von Iquitos. Um nach Pantoja zu gelangen, kann man die peruanischen *militares* (Soldaten), die täglich mit dem Boot nach Nuevo Rocafuerte fahren, um eine Mitfahrgelegenheit bitten (etwa 5 US$). Die Verhältnisse auf dem Frachtschiff sind extrem einfach – es gibt nur ein Bad und jede Menge Viehzeug. Auf jeden Fall eine Hängematte, Essen, 20 l Wasser und Wasserentkeimungstabletten mitbringen! Alternativ kann man versuchen, von Nuevo Rocafuerte flussabwärts nach Santa Clotilde, Peru, zu gelangen. Von Santa Clotilde fahren dienstags, donnerstags und samstags Boote nach Iquitos (25 US$).

Zur Reise in die entgegengesetzte Richtung s. S. 1070.

---

in Quito ansässiger Naturforscher und Experte für Schmetterlinge. Beide sprechen Englisch, und Jarol ist sogar von den Huaorani autorisiert, Führungen auf ihrem Territorium vorzunehmen. Per E-Mail oder per Telefon lässt sich Kontakt aufnehmen.

TENA

☎ 06 / 16 670 Ew.

Ecuadors Wildwasserhauptstadt befindet sich dort, wo die zwei wundervollen Flüsse – der Río Tena und der Río Pano – zusammenfließen und lockt Paddler aus der ganzen Welt an. Es ist eine hübsche, relaxe Stadt (518 m), wo in den Hotels vor den Zimmertüren Kajaks herumliegen und Bootsfahrer sich in Pizzerias die Zeit vertreiben und über ihren Tag in den Stromschnellen schwadronieren. Rafting-Ausflüge sind leicht zu organisieren, und verschiedene Anbieter veranstalten interessante Dschungeltouren.

Praktische Informationen

Andinatel (Olmedo Nähe Juan Montalvo) Telefon-Center.

Banco del Austro (15 de Noviembre) Löst Reisechecks ein; Geldautomat vorhanden.

Cucupanet (Hauptplaza/Mera; 1,20 US$/Std.) Internetzugang.

Electrolava (neben der Polizei, Hauptplaza) Wäscherei.

Polizei (☎ 288-6101; Hauptplaza)

Post (Ecke Olmedo & García Moreno)

Touristeninformation (☎ 288-8046; Agusto Rueda) Informiert über Wandertouren vor Ort.

Aktivitäten

Wer kein Kajak mitgebracht hat, sollte einen Rafting-Trip buchen. Die Bandbreite reicht von gemütlichen Flussfahrten in malerischer Kulisse bis hin zum „Big-Water-Rafting" auf dem **Río Misahuallí,** bei dem man wunderschöne Dschungel-, Nebelwald- und Canyon-Panoramen zu sehen bekommt. Je nach Schwierigkeitsgrad kosten die Tagestouren etwa 50 bis 65 US$ pro Person. Alte Hasen im Raftinggeschäft sind **Ríos Ecuador/Yacu Amu** (☎ 288-6727; www.rios ecuador.com; Orellana), die verschiedene Tagestouren und auch einen viertägigen Kajakkurs anbieten (zum Schnäppchenpreis von 250 US$). **River People** (☎ in Quito 02-290-6639, 288-8384; www.riverpeopleraftingecuador.com; 15 de Noviembre & 9 de Octubre) ist ein erstklassiger Tourenanbieter unter britischer Leitung, der von denen, die es ausprobiert haben, begeisterte Kritiken erntet.

Eine Empfehlung für Wasserfall- und Höhlentouren ist der Führer **Manuel Moreta** (☎ 288-9185; manuel.moreta@eudoramail.com).

Geführte Touren

Der beliebte Organisator **Amarongachi Tours** (☎ 288-6372; www.amarongachi.com; 15 de Noviembre 438) hat verschiedene vergnügliche Dschungeltouren für 40 US$ pro Person und Tag im Programm. Wärmstens zu empfehlen ist auch **Sacharicsina** (☎ 288-6839; sacharicsinatour@ yahoo.com; Montesdeoca 110), geleitet von den Quichua sprechenden Cerda-Brüdern, die Touren zum gleichen Preis anbieten. Wer sich auf die Quichua-Kultur konzentrieren möchte, ist richtig bei **Ricancie** (☎ 288-8479; ricancie.nativeweb.org; Av del Chofer & Hugo Vasco). **Sachamazónica** (☎ 288-7979) im Busbahnhof wird von indigenen Führern betreut, die sich sehr gut auskennen.

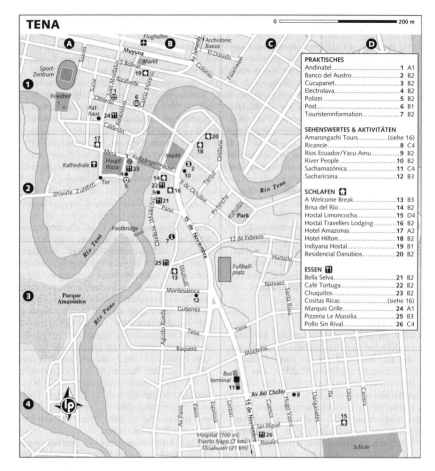

Schlafen

Hostal Limoncocha (☎ 288-7583; limoncocha@andina net.net; Ita 533; Zi. pro Person mit Gemeinschaftsbad/eigenem Bad 4/6 US$) Stark frequentierte, lebhafte Backpacker-Unterkunft mit Gästeküche, handgefertigten Wandgemälden und sauberen Bädern in den Zimmern, die ein eigenes haben. Es gibt Frühstück und Bier.

A Welcome Break (☎ 288-6301; cofanes@hotmail. com; Agusto Rueda 331; EZ/DZ 4/8 US$) Die beengten Zimmer haben nackte Betonfußböden, aber die Wirtsfamilie ist herzlich. Hier gibt's Gemeinschaftsduschen, eine Gästeküche und einen Garten.

Hostal Travellers Lodging (☎ 288-6372; 15 de Noviembre 438; Zi. 6 & 12 US$/Pers.) Die Zimmer für 12 US$ bieten einen tollen Ausblick. Die günstigeren Zimmer haben dünne Wände und sind klein und dunkel, aber eigentlich ganz gemütlich. Alle haben ein eigenes Bad und Heißwasser. Beliebt.

Brisa del Río (☎ 288-6444/6208; Orellana; B 6 US$, EZ mit Bad 10 US$) Blitzsauberes Hostel mit pastellfarben gestrichenen Schlafsälen und Gemeinschaftsduschen.

Auch zu empfehlen:

Hotel Amazonas (☎ 288-6439; Ecke Juan Montalvo & Mera; EZ/DZ 3/6 US$) O. k. für eine Nacht.

Residencial Danubios (☎ 288-6378; 15 de Noviembre; Zi. 4–6 US$/Pers.; P) Seriöse Budgetunterkunft.

Hotel Hilton (☎ 288-6329; 15 de Noviembre; EZ/DZ 6/12 US$) Sauber, aber eng; nette Wirtsleute.

Indiyana Hostal (☎ 288-8837; Bolívar 349; EZ/DZ 8/16 US$; P) Wie bei Oma. Gemütlich.

Essen & Ausgehen

Pollo Sin Rival (15 de Noviembre; Hauptgerichte 1,50–3 US$) Das ideale Lokal bei Heißhunger auf Brathähnchen.

Café Tortuga (Orellana; Snacks 2 US$) Tolles Café am Fluss unter Schweizer Leitung. Serviert *empanadas*, Frucht-Frappés, Cappuccino, Frühstück und anderes.

Bella Selva (Orellana; Hauptgerichte 2–6 US$) Pizzeria am Fluss mit tropischen Anklängen und leckeren vegetarischen Pizzas.

Chuquitos (Hauptplaza; Hauptgerichte 3–5 US$) Alter Favorit mit abwechslungsreicher Speisekarte und ausgezeichneten Fischgerichten.

Cositas Ricas (15 de Noviembre; Hauptgerichte 3–6 US$) Das Cositas Ricas kredenzt leckere vegetarische und ecuadorianische Gerichte sowie frisch gepresste Säfte.

Pizzería Le Massilia (Agusto Rueda; Pizzas 4–6 US$) Noch eine klasse Pizzeria am Fluss; serviert werden auch Nachos.

Marquis Grille (Amazonas 251; Menü 12 US$) Ziemlich teuer, aber familiär – ein wunderbares Schlemmerlokal. Das Menü ist inklusive Salat, Wein und Dessert.

Für Wagemutigere gibt es Grills an der Fußgängerbrücke, die Würstchen, Hähnchen und *guanta* (einen Dschungelnager) braten, außerdem billige Imbissbuden und Cafés mit Terrassenbestuhlung und kaltem Bier.

An- & Weiterreise

Der Busbahnhof liegt weniger als 1 km Richtung Süden von der Hauptplaza entfernt. Mehrmals täglich fahren Busse nach Quito (6 US$, 6 Std.), Lago Agrio (7 US$, 8 Std.), Coca (7 US$, 6 Std.), Baños (4 US$, 5 Std.) und zu anderen Orten. Busse nach Misahuallí (1 US$, 1 Std.) fahren stündlich vor dem Busbahnhof ab.

MISAHUALLÍ

☎ 06

Misahuallí (Mi-sah-wah-JI), eine der verschlafensten Dschungelstädte im Oriente, liegt umgeben von Grün an der Kreuzung zweier großer Flüsse – dem Río Misahuallí und dem Río Napo. Einst war sie ein betriebsamer Verbindungspunkt für Dschungeltouren, aber heute werden die meisten Trips in Quito gebucht. Die umliegende Gegend ist schon seit Jahrzehnten besiedelt, und die meisten Säugetiere wurden entweder gejagt oder vertrieben. Dennoch kann man hier herrlich wandern (allein oder in Begleitung eines einheimischen Führers) und die verschiedensten Dschungelvögel, tropische Blumen, Wanderameisen, schillernde Schmetterlinge und andere Insekten beobachten.

Internetzugang und die Möglichkeit, zu telefonieren oder Geld zu wechseln, gibt es nur in Tena (S. 693). In Misahuallí haben die Straßen keine Namen, aber man kann sich eigentlich nicht verlaufen.

Aktivitäten

Die Schotterstraßen rund um Misahuallí eignen sich prima für entspannte Spaziergänge zu den außerhalb gelegenen Dörfern. Ganz in der Nähe und zu Fuß erreichbar ist auch ein **Wasserfall**, in dem man baden oder an dem man ein Picknick veranstalten kann. Mit dem Misahuallí-Puerto Napo Bus hinfahren und den Busfahrer bitten, einen am Río Latas, etwa 20 Minuten von Misahuallí entfernt, rauszulassen; nach el *camino a las cascadas* (dem Weg zu den Fällen) fragen und dann flussaufwärts bis zum Wasserfall gehen. Das dauert etwa eine Stunde – Waten im Wasser inklusive.

Man sollte sich auch auf keinen Fall die **Butterfly Farm** (Eintritt 2 US$; ☺ 9–16 Uhr) entgehen lassen! Sie liegt einen Block von der Plaza entfernt.

Geführte Touren

Wer Tiere und Pflanzen zu sehen hofft, sollte sich von Misahuallí eher weit weg begeben. Da die meisten Touren in Quito organisiert werden, haben es Individualreisende an Dschungeleingangspunkten wie Misahuallí schwerer, vor Ort eine Gruppe zusammenzustellen. Hat man aber eine kleine Gruppe beisammen, kann der Trip hier billiger sein. Die Führer treten auf der Hauptplaza an einen heran und bieten Touren an – die meisten von ihnen sind unerfahren und haben keine Lizenz. Am besten einen Guide anheuern, der hier oder von anderen Travellern empfohlen wird. Die Führungen dauern zwischen einem Tag und zehn Tagen. Der Führer, Essen, Wasser, Unterkunft (vom Campen im Dschungel bis zu komfortablen Lodges) und Gummistiefel sind meist im Preis inbegriffen. Die Touren kosten im Allgemeinen rund 25 bis 40 US$ pro Person und Tag.

Die folgenden Führer und Tourenbetreiber werden empfohlen:

Ecoselva (☎ 289-0019; ecoselva@yahoo.es; auf der Plaza) Ausgezeichneter Führer; Unterbringung in einer ländlichen Lodge oder in Dschungelcamps.

Douglas Clarke's Expeditions (☎ 288-8848; douglasclarkeexpediciones@yahoo.com) Von Lesern empfohlen; bei Touren mit Übernachtung wird meist gecampt. Kontakt über das Hostal Marena Internacional.

Aventuras Amazónicas (☎ 289-0031; auf der Plaza) Bietet Touren für 25 US$ pro Tag. Sitz im La Posada.

Luis Zapata (☎ 289-0084; zorrozz_2000@yahoo.com) Selbständiger Tourenführer.

Marco Coro (☎ 289-0058; cachitours@hotmail.com) Selbständiger Tourenführer.

Schlafen & Essen

Wasser- und Stromausfälle kommen hier häufiger vor, und die meisten Hotels sind sehr einfach (heißes Wasser kann man vergessen), aber freundlich und völlig sicher.

Hostal Shaw (☎ 289-0019; EZ/DZ 5/10 US$) Einfache Zimmer mit Ventilator und Gemeinschaftsbädern. Oberhalb von Ecoselva auf der Plaza gelegen.

Hostal Marena Internacional (☎ 289-0002; Zi. 5–8 US$/Pers.) In den oberen Etagen des mehrstöckigen Hotels weht immer eine angenehm erfrischende Brise.

El Paisano (☎ 289-0027; EZ/DZ 7/11 US$) Das bei Backpackern beliebte Haus renoviert gerade seine alten Zimmer. Danach wird es hier wahrscheinlich noch cooler sein als zuvor!

Residencial La Posada (☎ 289-0005; auf der Plaza; EZ/DZ 7/14 US$) Einfache Zimmer mit heißem Wasser und Ventilatoren über einem großen Eckrestaurant.

CRE (☎ 289-0061; EZ/DZ 8/16 US$) Ordentliche, gemütliche Zimmer im Motelstil und rustikale Hütten. Das Wasser ist heiß, die Matratzen sind fest.

France Amazonia (☎ 288-7570; www.france-amazonia.com; EZ/DZ mit Frühstück 16/32 US$) Beste Unterkunft in der Stadt. Die schattigen, strohgedeckten Hütten stehen um einen glitzernden Swimmingpool herum und sind durch Kopfsteinpflasterwege verbunden.

Restaurant Nico (☎ 289-0088; Calle Santander; Hauptgerichte 2–4 US$) Das Nico ist die beste Wahl in der Stadt, wenn man sich für 1,75 US$ mit *almuerzos* den Bauch vollschlagen will.

An- & Weiterreise

Busse nach Tena (1 US$, 1 Std.) fahren stündlich von der Plaza ab. Die Miete für Kanus mit Außenbordmotor beträgt 25 US$ pro Stunde (bis zu 12 Passagiere). Für Gäste, die in einer Lodge am Río Napo übernachten, wird der Transport organisiert.

JATUN-SACHA-BIO-RESERVAT

Am südlichen Ufer des Río Napo, etwa 7 km östlich von Misahuallí, befindet sich das **Jatun-Sacha-Bio-Reservat** (Eintritt 6 US$) – eine biologische Station und ein Regenwaldreservat zum Schutz von 850 Schmetterlings- und 535 Vogelarten und einer Unmenge interessanter Pilzarten. Geleitet wird das Reservat von der **Fundación Jatun Sacha** (in Quito ☎ 02-243-2240, 243-2173; www.jatunsacha.org; Pasaje Eugenio de Santillán N34-248 & Maurián, Urbanización Rumipamba), einer ecuadorianischen gemeinnützigen Organisation. Das Bio-Reservat Jatun Sacha eignet sich als Tagesausflugsziel, eine Übernachtungsmöglichkeit besteht in den **Cabañas Aliñahui**. Reservierungen für eine solche Übernachtung nimmt das Jatun Sacha-Büro in Quito entgegen.

Jatun Sacha und Cabañas Aliñahui sind von Tena aus erreichbar: Mit einem Bus fährt man Richtung Ahuano oder Santa Rosa und bittet den Fahrer, an einem der Eingänge zu halten. Aliñahui liegt rund 3 km östlich der Jatun Sacha Forschungsstation bzw. 27 km östlich von Tena auf der Straße nach Santa Rosa.

PUYO

☎ 03 / 24 432 Ew.

Diese freundliche, weitläufige Stadt am Rande des Dschungels ist ein merkwürdiger Mix aus Beton und Schindeln und eine wichtige Zwischenstation für Traveller. Sie liegt nur zwei Busstunden von der Hochlandstadt Baños (S. 668) entfernt und drei Stunden südlich von Tena. Der Blick auf die Vulkane im Westen ist oft beeindruckend – eine Sehenswürdigkeit für die kleine Tieflandstadt am Rande des Dschungels. Die nahe gelegenen indigenen Dörfer sind interessante Ausflugsziele.

Marín und Atahualpa sind die wichtigsten Straßen im Zentrum und haben die umfangreichste Infrastruktur. Nördlich der Innenstadt führt eine Brücke über den Río Puyo zum Paseo Turístico, ein kurzer Wanderweg durch die Wälder.

Praktische Informationen

Amazonía Touring (Atahualpa Nähe 10 de Agosto) Löst Reiseschecks ein.

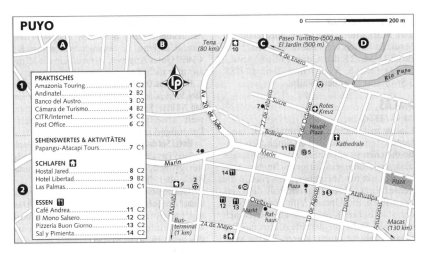

Andinatel (Orellana) Telefon-Center.
Banco del Austro (Atahualpa) Bank mit Geldautomat.
Cámara de Turismo (☎ 288-6737; Marín, Centro Commercial Zuñiga, 2. OG) Touristeninformation.
Centro de Información de Turismo Responsable (CITR; 9 de Octubre/Bolívar; Internetzugang, 0,75 US$/Std.) Bietet Internetzugang, Infos zum Tourismus in der Gegend und indigenes Kunsthandwerk.
Post (27 de Febrero)

Geführte Touren

Wärmstens empfohlen sei **Papangu-Atacapi Tours** (☎ 288-3875; papangu@andinanet.net; 27 de Febrero Nähe Sucre), ein einzigartiger, von Quichua geleiteter Tourenbieter, der sich auf Kulturtourismus spezialisiert hat. Bietet Reisenden die Möglichkeit, Quichua-Dörfer zu besuchen, bei einheimischen Familien zu übernachten und den Lebensstil der Quichua kennen zu lernen. Das investierte Geld geht direkt an die besuchten Gemeinden. Ein- bis Zehntagestouren (Minimum 2 Pers.) kosten 40 US$ pro Person und Tag.

Schlafen

Hostal Jared (☎ 288-5670; 27 de Febrero; EZ/DZ 6/12 US$; P) Das freundliche Hotel hat helle, nett eingerichtete Zimmer mit knittrigen Bettbezügen und neuer Einrichtung und bietet ein gutes Preis-Leistungs-Verhältnis.
Hotel Libertad (☎ 288-3681; Orellana; EZ/DZ 6/12 US$) Ruhige Unterkunft mit kleinen, aber makellosen Einzelzimmern.
Las Palmas (☎ 288-4832; www.laspalmas.pastaza.net; Ecke Av 20 de Julio & 4 de Enero; EZ/DZ 10/20 US$)

Großer, gelber Kolonialbau mit einem hübschen Garten. Einen plappernden Papagei gibt's hier auch. Nur wenige Block zu Fuß vom Zentrum entfernt. Tolles Preis-Leistungs-Verhältnis.
El Jardín (☎ 288-6101; www.eljardin.pastaza.net; Paseo Turístico, Barrio Obrero; EZ/DZ 15/30 US$) Das hinter einem großen Garten gelegene, einladende, rustikale Holzhaus hat Balkone mit Hängematten und einfache, aber komfortable Zimmer. Preise einschließlich Frühstück mit Obst und Joghurt.

Essen

Café Andrea (9 de Octubre & Bolívar; Snacks 2 US$) Das gemütliche Café auf der Plaza serviert Cappuccinos, leckere *empanadas de verde* und andere Snacks.
Sal y Pimienta (Atahualpa; Almuerzos 2 US$) In diesem Steakhaus, das sehr schnell serviert und ungemein günstig ist, tummeln sich die Einheimischen.
El Mono Salsero (Orellana Nähe Villareal; Hauptgerichte 2 US$) Straßenlokal zum fröhlichen Hotdog- und *ceviche*-Mampfen mitten unter den Einheimischen.
El Jardín (Paseo Turístico, Barrio Obrero; Hauptgerichte 4–5 US$) Dieses Haus mit Garten am Fluss hat vielleicht das beste Essen im Oriente. Befindet sich gleich gegenüber der Fußgängerbrücke zum Parque Omaere, in der Nähe des namensgebenden Hotels.
Pizzería Buon Giorno (Orellana; Pizzas 4,50–6 US$) Hier gibt es Bier und Pizza mit dickem Boden und viel Käse.

An- & Weiterreise

Der Busbahnhof liegt 3 km außerhalb der Stadt. Es fahren regelmäßig Busse nach Baños (2 US$, 2 Std.), Quito (5 US$, 6 Std.), Macas (5 US$, 5 Std.) und Tena (3 US$, 3 Std.) und in andere Städte.

MACAS

☎ 07 / 13 600 Ew.

Macas mit seinem gleichmäßigen, langsamen Tempo und den zugänglichen Einheimischen ist ein einladendes Ausflugsziel und außerdem ein ausgezeichneter Ausgangspunkt für Abenteuer, die weiter in die Ferne führen. Macas liegt oberhalb des Ufers des wilden Río Upano. Von der Rückseite der städtischen Kathedrale aus bietet sich eine tolle Sicht auf den Fluss und das Río Upano-Tal. An einem klaren Tag ist auch der häufig qualmende Volcán Sangay zu sehen, der sich etwa 40 km nordwestlich befindet. Macas ist die größte Stadt im südlichen Oriente – und trotzdem ist es im Herzen eine Kleinstadt.

Praktische Informationen

Banco del Austro (Ecke 24 de Mayo & 10 de Agosto) Bank mit Geldautomat.

Cámara de Turismo (☎ 270-1606/0300; Comin Nähe Soasti) Touristeninformationsstand.

Cyber Vision (Soasti; Internet 1,50 US$/Std.)

Pacifictel (24 de Mayo) Telefon-Center.

Post (9 de Octubre Nähe Comin)

Geführte Touren

Im südlichen Oriente gibt's viele Möglichkeiten für faszinierende Touren, die in Macas gebucht werden. Achtung: Die indigenen Shuar mögen es nicht, wenn Besucher ohne Führer in ihre Dörfer kommen! Die **Associacíon Ecoturismo Danu** (☎ 270-1300; Amazonas & Bolívar, 2. OG) unternimmt Ausflüge in die Nähe des Parque Nacional Sangay und in dessen Nähe. Eine dreitägige Tour für zwei Personen kostet 45 US$ pro Tag. **Planeta Tours** (☎ 270-1328; Comin/Soasti) bietet Kulturtouren im Shuar-Gebiet, Wanderungen zu Wasserfällen, Fischfangtouren und Wildwasser-Kanufahrten an.

Zu den bewanderten, freiberuflichen Shuar-Führern zählen **Bolívar Caita** (☎ 270-1690; bolicaita@hotmail.com), **Nanki Wampankit** (nanki_82@hotmail.com) und **Tsunki Marcelo Cajecal** (tourshuar@hotmail.com). Am besten per E-Mail Kontakt aufnehmen.

Schlafen & Essen

Residencial Macas (☎ 270-0254; 24 de Mayo Nähe Sucre; Zi. pro Person mit Gemeinschaftsbad/eigenem Bad 4/5 US$) Gutes Angebot, wenn einem die Minizimmer nichts ausmachen.

Hotel Las Orquideas (☎ 270-0970; 9 de Octubre Nähe Sucre; Zi. pro Person mit Gemeinschaftsbad/eigenem Bad 7/8 US$) Saubere, rosafarbene Zimmer, weit abseits des Lärms. Super Preis-Leistungs-Verhältnis!

Hotel Sol del Oriente (☎ 270-2911; Tarqui & Soasti; Zi. 8 US$/Pers.) Ein unscheinbares Hochhaus mit großen, hell gefliesten Zimmern und Blick über die City.

Hotel Heliconia (☎ 270-1956; h_heliconia_macas@ hotmail.com; Soasti & 10 de Agosto; EZ/DZ 13/22 US$) Das mit Parkettfußboden, Panoramablick und allem Komfort ausgestattete Hochhaus ist das beste Hotel in Macas.

La Italiana (Bolívar & Soasti; Hauptgerichte 1,50–4 US$) Hier gibt es Burritos, Pasta und Pizza.

Café bar Maravilla (Soasti Nähe Sucre; Hauptgerichte 4–6 US$) Serviert kreative Gerichte und leckere Cocktails in toller Atmosphäre.

Restaurant Pagoda (Ecke Amazonas & Comín; Hauptgerichte 4–6 US$) Das beste *chifa* (chinesische Restaurant) in Macas.

Die *comedores* auf der Comín, Nähe Soasti, verkaufen köstliche *ayampacos,* eine Dschungelspezialität aus Fleisch, Huhn, oder gegrilltem Fisch in *bijao*-Blättern.

An- & Weiterreise

TAME (☎ 270-1162/1978; Flughafen) fliegt montags und donnerstags nach Quito (43–57 US$). Vom Busbahnhof aus fahren täglich mehrere Busse nach Cuenca (8,50 US$, 8 Std.), Gualaquiza (8 US$, 8–10 Std.), Riobamba und Ambato. Mehrere Busse pro Tag fahren nach Puyo (4 US$, 4 Std.). Zur Bushaltestelle geht es über eine Fußgängerbrücke über den Ríos Pastaza und Pano. Die Busse nach Puyo warten auf der anderen Seite. Die Verbindungen sind gut abgestimmt.

PAZIFIKKÜSTE & TIEFLAND

Ecuador steht für lebhafte Andenmärkte, Abenteuer am Amazonas, fesselnde Touren zu den Galapagosinseln – aber Strände? Niemandem kommt die Küste in den Sinn, wenn er an Ecuador denkt. Für die meisten spielt sie eine untergeordnete Rolle. Viele haben alles andere gesehen, ohne je in ihre Nähe gekommen zu sein. Selbst Schuld! Ecuadors Nordküste (von der kolumbianischen Grenze bis in die Gegend von Manta) ist ein Land mit großen Mangroven, afro-ecuadorianischer Kultur, einer unglaublichen biologischen Vielfalt und tollen Ausflugsmöglichkeiten abseits des Touristenrummels. Die Südküste (vom Parque Nacional Machalilla bis zur peruanischen Grenze) ist zu Recht berühmt für Meeresfrüchte und hat die besten Strände, z. B. einige herrliche entlang der „Ruta del Sol" (Sonnenroute). Zugegeben, es ist nicht die Karibik, aber Meer ist Meer! Sonnenanbeter sollten die richtige Reisezeit wählen: Von Juni bis November ist Regenzeit, aber auch die sonnigste Zeit. Die Sonne brennt vor und nach dem Regenguss am Nachmittag. Von Dezember bis Mai ist es oft eher bewölkt und kühl.

AN- & WEITERREISE

Die meisten Orte entlang der Nordküste sind von Quito aus in einem Tag erreichbar. Die wichtigste und schnellste Route von Quito an die Küste ist die neue Straße, die über die wenig reizvolle Tieflandstadt **Santo Domingo de los Colorados** führt. Hier gibt es viele Hotels, wenn Bedarf besteht. Die *alte* Straße nach Santo Domingo führt durch Mindo (S. 663), bevor sie sich nach Esmeraldas herunter schlängelt.

Nach San Lorenzo (Provinz Esmeraldas) sind es von Ibarra (im nördlichen Hochland) aus nur vier Stunden Fahrt über eine betonierte Straße. Guayaquil ist weniger als vier Stunden von Cuenca entfernt, wenn man über die neue Straße durch den Parque Nacional Cajas fährt. Fast der gesamte Küsten-Highway ist betoniert. Eine spektakuläre Straße verbindet Latacunga im Hochland mit der Tieflandstadt Quevedo, ein wichtiger Knotenpunkt auf dem Weg zur Südküste. Viele Leute nehmen die elfstündige Busfahrt von Quito nach Puerto López (S. 708) auf sich. Das ist ein schräges kleines Fischerdorf und der Zugang zum Parque Nacional Machalilla und zur Ruta del Sol.

RUND UM SAN LORENZO

☎ 06

Die von grünem Dschungel umgebene, am Rande der dunklen, stillen See gelegene

Stadt San Lorenzo (14 600 Einwohner) ist ein altersschwacher, aber lebhafter Mix aus brennender Hitze, tropischen Rhythmen und zerfallenden Fassaden. Marimba-Klänge und Salsa-Musik geben dem afrikanisch-ecuadorianischen Außenposten, der einmal jährlich im August bei einem Musikfestival ausrastet, seine besondere Note. Hauptgrund für einen Abstecher hierher sind die selten besuchten Mangroven in der Gegend. Bootstouren können unten am Hafen arrangiert werden.

Wer Richtung Süden fährt, kommt auf der Straße nach Esmeraldas an einem empfehlenswerten Hostel in Río Verde (S. 700) vorbei. Es besteht auch die Möglichkeit, mit dem Boot über **Limones** durch die Mangroven zu fahren und im schlammigen Fischerdorf **Olmedo** (ein kurzer Fußweg von La Tola; S. 700) Halt zu machen, wo ein winziges Hostel steht, das von einheimischen afro-ecuadorianischen Frauen geleitet wird. Es gibt wenige Strände in dieser Gegend – nur Mangroven.

Orientierung & Praktische Informationen

Die Calle Imbabura ist die Hauptstraße. Die Busse fahren in die Stadt, am Bahnhof (auf der linken Seite) vorbei und halten am Ende der Imbabura an der Plaza. Der Hafen liegt ein paar Blocks weiter unten. Es gibt nur wenige Möglichkeiten, Geld zu wechseln. Nach Einbruch der Dunkelheit sollte man die Hauptstraße besser nicht verlassen!

Schlafen & Essen

Die Hotels sind *alle* einfach. Travellern sei empfohlen, sich Moskitonetze und Ventilatoren zu organisieren; das Wasser ist auch häufiger mal knapp.

Hotel Carondolet (☎ 278-0202; Parque Central; Zi. pro Person mit Gemeinschaftsbad/eigenem Bad 3,50/4,50 US$) Winzige Zimmerchen mit Blick auf die Blechdächer. Man sollte auf saubere Bettwäsche achten.

Hotel Pampa de Oro (☎ 278-0214; Calle Tácito Ortiz; Zi. 6 US$/Pers.) Die Zimmer dieses freundlichen Hotels sind sauber und mit Ventilatoren, Moskitonetzen und jeweils einem eigenen Bad ausgestattet.

Hotel Continental (☎ 278-0125; Imbabura; Zi. pro Person mit Ventilator/Klimaanlage 7/10 US$) Fischmotive an den Wänden und knarrende Dielen prägen dieses antiquierte Hotel. Die Zimmer sind groß und sauber und verfügen über TV und warme Duschen.

Ballet Azul (Imbabura; Hauptgerichte 2–6 US$) Serviert exzellente Meeresfrüchte, und die *batidos* sind eine Wucht.

La Red (Isidro Ayora Nähe Imbabura; Hauptgerichte 3–10 US$) Hat wenig Flair, aber das Essen ist ungemein lecker. Den *encocado* (Fisch in würziger Kokosnusssauce) probieren!

An- & Weiterreise

Die Busse nach Ibarra (4 US$, 4 Std.) fahren um 13 und 15 Uhr an der Ecke Imbabura/Tácito Ortíz ab. Die Busse nach Esmeraldas (5 US$, 5 Std.) und Borbón (1,20 US$, 1 Std.) fahren zwischen 5 und 16 Uhr stündlich von der zentralen Plaza los.

Obwohl der Bootsverkehr nach der Fertigstellung der Straße nach Borbón und Esmeraldas nachgelassen hat, fahren um 8.30 und 11 Uhr noch immer Boote über Limones (3 US$, 1½ Std.) nach La Tola (6 US$, 2½ Std.). Die Fahrt durch die küstennahen Mangroven bis zu den winzigen, hauptsächlich von Afro-Ecuadorianern bewohnten Fischerdörfern ist eine tolle Sache. Passagiere sollten auf Sonne, Wind und Gischt eingestellt sein. Der um 8.30 Uhr abfahrende Bus bietet in La Tola eine Anschlussmöglichkeit zu den Bussen nach Esmeraldas (4–5 Std.).

RUND UM BORBÓN

☎ 06

Der einzige Grund, an diesem kleinen, matschigen und baufälligen Hafen Halt zu machen ist (außer alten Männern beim Dominospielen zuzusehen) das Anschlussboot über den Ríos Cayapas und nach San Miguel zur Reserva Ecológica Cotacachi-Cayapas oder über den Río Santiago nach Playa de Oro. In Borbón befindet sich **La Tolita Pampa de Oro** (Zi. pro Person mit Gemeinschaftsbad/eigenem Bad 3/5 US$), eine einfache Unterkunft in einer weitläufigen, blau gestrichenen Pension. In der Stadt gibt es mehrere einfache Restaurants.

Eine Stunde hinter Borbón (die Küste entlang, nicht den Fluss hoch) liegt das freundliche Küstendorf **Río Verde** mit der empfehlenswerten **Hostería Pura Vida** (☎ 274-4203; hosteriapuravida.com; Zi. 10 US$/Pers., Cabañas 15 US$; Menüs 3–5 US$), die saubere Zimmer oder *cabañas* in Strandnähe anbietet und auch ein Restaurant hat. Die Besitzer ar-

rangieren sowohl Mountainbiketouren, Fischfangtrips und andere Ausflüge, als auch die Möglichkeit zur Freiwilligenarbeit in Schulen vor Ort.

Es fahren häufig Busse von Borbón nach Esmeraldas (3 US$, 4 Std.) und San Lorenzo (1,20 US$, 1 Std.). Halt der Busse Richtung Esmeraldas: Pura Vida, 2 km hinter der Río Verde Brücke.

RESERVA ECOLÓGICA COTACACHI-CAYAPAS

Die Fahrt mit dem täglich in Borbón ablegenden Boot nach **San Miguel** (8 US$, 5 Std., 11 Uhr) ist ein faszinierender Trip in die wenig erkundete Gegend nahe der Küste, die ein begeisterter Besucher als „das *andere* Herz der Dunkelheit" beschrieben hat. San Miguel ist Ausstiegsstelle für Touren in die selten besuchte Reserva Ecológica Cotacachi-Cayapas (Eintritt 5 US$).

Der Park bietet Wasserfälle, Regenwaldwanderwege und tolle Möglichkeiten zum Beobachten von Vögeln, Affen und anderen wild lebenden Tieren. Es gibt einen Laden in San Miguel, der Proviant und einfache Mahlzeiten für etwa 5 US$ verkauft. Es ist möglich, die auf der anderen Seite des Flusses lebenden Cayapas zu besuchen. Das **San Miguel-Ökoprojekt** (☎ in Quito 02-252-8769; www.ecosanmiguel.org; Tour/Unterkunftspaket 30 US$/Tag) ist ein von der Gemeinde geleitetes Programm, das zwei- und dreitägige Trips in den Regenwald anbietet. In der **Rangerstation** (5 US$/Pers.) auf einem kleinen Hügel und mit spektakulärem Ausblick auf Regenwald und Fluss gibt's schlichte Übernachtungsmöglichkeiten. Vorsicht vor bissigen Sandflöhen! Die beste Zeit für einen Parkbesuch ist zwischen September und Dezember.

Das täglich verkehrende Passagierboot fährt nur nach San Miguel zurück, wenn Fahrgäste das auch vereinbart haben – also mit dem Bootsführer vorab darüber sprechen! Abfahrtszeit in San Miguel wäre dann so gegen 4 Uhr.

PLAYA DE ORO

Der andere Fluss, der von Borbón ins Inland führt, ist der Río Santiago. Die entfernteste Siedlung flussaufwärts ist das entlegene **Playa de Oro** in der Nähe der Grenze zur Reserva Ecológica Cotacachi-Cayapas. Eine halbe Stunde stromaufwärts von Playa de Oro liegt die **Playa de Oro Reserva de Tigrillos**, ein 10 000 ha großes Reservat zum Schutz einheimischer Dschungelkatzen. Man erlebt das am besten, wenn man in der von der Gemeinde betriebenen **Dschungellodge** (www.touchthejungle.org; Zi. 50 US$/Pers.) am Fluss übernachtet. Drei Mahlzeiten und Führungen durch Einheimische sind inklusive. Eine authentische, einzigartige Erfahrung!

Playa de Oro liegt von Borbón aus rund fünf Stunden flussaufwärts, aber es verkehren nicht regelmäßig Boote dorthin. Man muss um 7.30 Uhr mit dem Bus von Borbón nach Selva Alegre (3 US$, 2 Std.) tuckern und von dort aus fährt – wenn man vorher reserviert hat – ein Motorboot aus Playa de Oro zum Dorf oder Reservat. Die zweistündige Flussfahrt (2½ Std. bis zum Reservat) ab Selva Alegre kostet 50 US$, aufgeteilt auf die Anzahl der Reisenden. Reservierungen müssen mindestens einen Monat im Voraus bei **Rosa Jordan** (rosaj@touchthejungle.org) oder **Tracy Wilson** (tracy@touchthejungle.org) gemacht werden. Beide sprechen Englisch.

ESMERALDAS
☎ 06 / 95 124 Ew.

Die lebhafte, laute und für ihre Zwielichtigkeit berüchtigte Stadt Esmeraldas ist ein wichtiger Hafen und Standort einer großen Ölraffinerie. Für Traveller ist sie eher nur ein notwendiger Halt für Anschlussbusse. Backpacker, die über Nacht bleiben müssen, sind mit dem alten, aus Holz gebauten **Hostal Miraflores** (☎ 272-3077; Bolivar 6-04, 2. OG, auf der Plaza; EZ/DZ 4/8 US$) ganz gut bedient.

Der Flughafen befindet sich 25 km entfernt an der Straße nach San Lorenzo; eine Taxifahrt kostet 6 US$. **TAME** (☎ 272-6862/3; Bolívar/9 de Octubre), in der Nähe der Plaza, fliegt dienstags, donnerstags, freitags und sonntags nach Quito (33 US$).

Die Busse fahren von verschiedenen Haltestellen ab, die alle in Laufweite der Hauptplaza liegen. **Aero Taxi** (Sucre Nähe Rocafuerte), **Transportes Occidentales** (9 de Octubre Nähe Sucre), **Transportes Esmeraldas** (10 de Agosto, Plaza Central) und **Panamérica International** (Piedrahita Nahe Olmedo) fahren alle nach Quito (6 US$, 6 Std.). Occidentales und Esmeraldas bieten auch viele Busverbindungen nach Guayaquil (5–7 US$, 8 Std.), Ambato, Machala (7 US$, 9 Std.) und in andere Städte an. **Reina del Camino** (Piedrahita Nähe Bolívar) bedient Manta (7 US$, 7 Std.) und Bahía de Caráquez (7 US$, 8 Std.).

Transportes La Costeñita (Malecón Maldonado) und **Transportes del Pacífico** (Malecón Maldonado) fahren häufig nach Atacames und Súa (beide 0,80 US$, ca. 1 Std.) und Muisne (2 US$, 2 Std.). Diese Unternehmen haben auch Verbindungen nach Borbón (3,50 US$, 4 Std.) und San Lorenzo (5 US$, 5 Std.). Die Busse fahren am Flughafen vorbei.

ATACAMES
☎ 06 / 9785 Ew.

Ecuadors beliebtesten Strand, dicht gesäumt von strohgedeckten Bars, Sarong-Läden und festlichen *serranos,* kann man auf zweierlei Art betrachten: als chaotischen Spaß oder überfüllten Albtraum. Welcher Eindruck sich durchsetzt, hängt von der eigenen Einstellung und von der Jahreszeit ab. Während der Hauptsaison (Juli–Mitte Sept., Weihnachten–Neujahr, Karneval und Ostern), ist hier nonstop *farra,* während der restlichen Zeit tote Hose.

Busse laden Fahrgäste im Stadtzentrum an der Hauptstraße nach Esmeraldas ab, (beim Rikscha-Stand aussteigen). Das Zentrum befindet sich auf der Inlandseite der Hauptverkehrsstraße. Die Straße ist über eine kleine Fußgängerbrücke über den Río Atacames oder mit der Riksha (1 US$) erreichbar. Die meisten Hotels und Bars stehen am *malecón* (Wasser).

Gefahren & Ärgernisse

Eine kräftige Strömung lässt jedes Jahr Menschen ertrinken, also nicht zu tief ins Wasser gehen. Es gab schon nächtliche Angriffe auf Strandbesucher, und Campen ist unsicher. Nichts unbeaufsichtigt am Strand liegen lassen!

Schlafen

Am Wochenende und in den Ferien sind die Hotels schnell ausgebucht. Die hier angegeben Preise gelten für die Hauptsaison, während der die Hotels normalerweise eine Mindestpauschale für vier Personen erheben (das ist die übliche Bettenanzahl in den meisten Hotelzimmern).

Am Westende des *malecón* führt die Calle Las Acacias weg vom Strand und zur Hauptverkehrsstraße. Die billigsten Hotels in Atacames stehen hier. Die meisten von ihnen sind einfach, aber o.k.

Galería (☎ 273-1149; Malecón; Zi. 8 US$/Pers.; 🖳) Das schlichte Strandmotel mit dem Charme eines an Land gespülten Treibholzstapels hat von den Gästen begeisterte Kritiken bekommen. Die Nutzung des Pools kostet 2 US$ extra.

Hotel Jennifer (☎ 273-1055; Nähe Malecón; Zi. 10 US$/Pers.) Spartanisch eingerichtete, aber nette Zimmer, auf der Rückseite außerdem noch Hütten. Ganz ausgezeichnetes Preis-Leistungs-Verhältnis!

Cabañas Sol y Mar (☎ 273-1524; Zi. 10 US$/Pers.; P ⚋) Das Personal ist nicht sonderlich engagiert, aber die Zimmer sind gefliest und schön luftig.

Cabañas Los Bohios (☎ 273-1089; Calle Principal; Zi. 14 US$/Pers.; Cabañas 27 US$/Pers.; P ⚋) Offene, aber kleine Bambus-*cabañas* in Puppenstubengröße mit TV und Ventilator, aufgestellt in ordentlichen Gärten.

Hotel Tahiti (☎ 273-1078; Malecón; Zi. 20 US$/Pers., Cabañas 12 US$; P ⚋) Dieses Strandhotel hat billige, dunkle *cabañas* und etwas freundlichere Hotelzimmer.

Villas Arco Iris (☎ 273-1069; www.villasarcoiris.com; Malecón; Zi. 22 US$/Pers; ⚋ ⚋) Gemütlichstes Strandhotel von Atacames, geboten werden tadelloser Service und eine entspannte Atmosphäre.

Essen

Die Restaurants in Strandnähe servieren alle das Gleiche – nämlich den Fang des Tages. An den *ceviche*-Ständen westlich der Fußgängerbrücke tummeln sich die Einheimischen. Abenteuerlustige Hungrige sollten sich dazu gesellen. Die Schüssel gibt es ab etwa 3 US$.

Walfredo's (Calle Principal; Hauptgerichte 3–6 US$) Das bei Einheimischen äußerst beliebte Restaurant (auf der Straße parallel zum und hinter dem *malecón*) bietet eine Auswahl an Meeresfrüchten, die genauso gigantisch ist wie der Essbereich draußen.

Pizzería No Name (Malecón; Pizzas 5–8 US$) Das Pizzalokal.

An- & Weiterreise

Es gibt regelmäßige Busverbindungen nach Esmeraldas (0,80 US$, 1 Std.) und in Richtung Süden nach Súa (0,50 US$, 10 Min.), Same (0,50 US$, 15 Min.) und Muisne (1,50 US$, 1½ Std.). Transportes Occidentales und Aerotaxi, deren Büros sich in der Nähe der Hauptverkehrsstraße befinden, fahren beide täglich in die Hauptstadt Quito (9 US$, 7 Std.).

SÚA
☎ 06

Das freundliche Fischerdorf, 6 km westlich von Atacames, ist weit ruhiger als die Partystadt nebenan. Ein schönes Plätzchen, um die Füße in der Sonne auszustrecken und in der freundlichen Bucht zu baden.

Es gibt hier weniger Unterkünfte als in Atacames, aber sie sind auch ruhiger und bieten oft mehr fürs Geld, wenn man nicht gerade auf das Nachtleben aus ist. **Hotel Chagra Ramos** (☎ 273-1006; Zi. 7 US$/Pers.) bietet ein gutes Restaurant mit sehr zivilen Preisen, einen kleinen Strand und einen schönen Ausblick. Abseits des Strands befindet sich das **Hotel El Peñón de Súa** (☎ 273-1013; EZ/DZ 8/16 US$). Dessen Zimmer haben blanke Betonwände, aber sonst ist das Hotel vollkommen akzeptabel. Direkt am Strand liegt das **Hotel Las Bouganvillas** (☎ 273-1008; EZ/DZ 8/16 US$), dessen freundliche Zimmer über Balkone verfügen.

SAME & TONCHIGÜE
☎ 06

An die palmengesäumte Küste von Same, dem Ferienort 6 km südwestlich von Súa, schmiegen sich exklusive Hotels. Dieser stille, schöne Ort, der von Geld regiert wird, ist sogar noch ruhiger als Súa und damit das Gegenteil von Atacames. Das von Kolumbianern geführte **Azuca** (☎ 733-343; Entrada Las Canoas, Carretera; Zi. 10 US$/Pers.) an der Hauptverkehrsstraße ist die billigste Unterkunft in der Stadt, ein ungewöhnliches Haus mit künstlerischem Touch und nur ein paar Zimmern über einem guten Restaurant.

Etwa 3 km hinter Same liegt das winzige Fischerdorf Tonchigüe, dessen Strand den Strand von Same fortsetzt. **Playa Escondida** (☎ 273-3122, 09-973-3368; www.playaescondida.com.ec; Zeltplatz 5 US$/Pers., Zi. 8–12 US$/Pers.) befindet sich 3 km westlich von Tonchigüe und 10 km die Straße nach Punta Galeras runter. Das von der Kanadierin Judy geführte Anwesen ist ein abgelegenes, ruhiges und hübsches Fleckchen mit einem Restaurant und reichlich leeren, versteckten Strandflächen.

MUISNE
☎ 05

Muisnes langer, breiter Strand ist dem Wind ausgesetzt und wird nur von ein paar sandigen kleinen Hotels und einfachen Restaurants gesäumt. Der Großteil von Muisne befindet sich auf einer Insel, die durch den Río Muisne vom Festland abgetrennt ist. Die Busse halten am Hafen, wo Boote (0,20 US$) über den Fluss in die Stadt fahren. Auf der Insel führt die Hauptstraße vom Hafen durch das „Stadtzentrum" und auf dem letzten bröckeligen, holprigen Stück zum 1,5 km entfernten Strand. Faulpelze mieten sich für die Fahrt zum Strand ein „Ecotaxi" (Dreirad).

Playa Paraíso (☎ 248-0192; Zi. 5 US$/Pers., Cabañas 8 US$) ein rustikales, weitläufiges und rosa gestrichenes Holzhaus ist die beste Übernachtungsmöglichkeit am Strand. Es hat einen hübschen Garten und Hängematten. Die Besitzer sprechen Englisch. Ein Stück den Strand runter ist das ebenfalls gute **Spondylus** (☎ 248-0279; Zi. pro Person mit Gemeinschaftsbad/ eigenem Bad 7/9 US$).

Viele der entlang des Strands verstreuten Restaurants servieren *encocado*, der meist ausgezeichnet schmeckt.

Es fahren stündlich La Costeñita-Busse über Atacames (1 Std.) nach Esmeraldas (2 US$, 2½ Std.). Transportes Occidentales betreibt Nachtbusse nach Quito (8 US$, 8 Std.). Außerdem fahren täglich Busse nach Santo Domingo, Anschlussmöglichkeit gibt's nach Quito und Guayaquil.

Die einfachste Art und Weise, sich von Muisne aus Richtung Süden zu bewegen, ist, mit dem Bus bis zur Straßenkreuzung **El Salto** (0,50 US$, 30 Min.) zu fahren und dort in einen der vorbeifahrenden Busse nach **Pedernales** zu steigen. Manchmal ist es nötig, auf der Strecke zwischen El Salto und Pedernales in **San José de Chamanga** umzusteigen (Chamanga ist am herumfliegenden Müll und den auf Stelzen gebauten Häusern leicht zu erkennen). In Pedernales bestehen Anschlussmöglichkeiten in den Süden und ins Hochland.

MOMPICHE
☎ 05

Außer seinem palmengesäumten Strand hat Mompiche wenig zu bieten. Und das ist das Schöne! Berühmt ist der Ort für seine phantastischen Wellen, genauer gesagt für den mächtig anschwellenden linksseitigen „Point Break". Übernachten kann man bei **Gabeal** (☎ 09-969-6543; Oststrand; Zeltplatz 3 US$, Zi. 15 US$/Pers.), wo eine Reihe von Bambushütten steht. Die Bäder haben nur kaltes Wasser. Reit- und Surfstunden werden angeboten.

Rancheras fährt täglich nach/ab Esmeraldas (3,50 US$, 3½ Std.) und kommt unterwegs an Atacames vorbei.

CANOA
☎ 05 / 6086 Ew.

Surfer, Fischer und Sonnenanbeter teilen sich diesen tollen, breiten Streifen Strand – einen der besten in der Gegend –, und das Dorf wächst immer weiter. Die **Höhlen** am nördlichen Ende des Strands kann man bei Ebbe besichtigen.

Mit seinen heißen Duschen und dem freundlichen Service ist das **Hostal Shelmar** (☎ 09-864-4892; shelmar66@hotmail.com; Av Javier Santos 304; Zi. 6 US$/Pers.) eine gute Wahl. Es liegt einige Blocks vom Strand entfernt.

Das von Holländern geführte **Hotel Bambu** (☎ 261-6370; www.ecuadorexplorer.com/bambu; Zeltplatz 2 US$, EZ/DZ mit Gemeinschaftsbad 7/12 US$, mit eigenem Bad 20 US$) vermietet blitzsaubere, landhausähnliche Zimmer am Strand. Auf dem Anwesen gibt es jede Menge Hängematten, das Restaurant ist ganz ausgezeichnet, und die Säfte und das kalte Biere sind ein zusätzliches Sahnehäubchen.

Das drei Blocks weiter Richtung Inland gelegene **La Posada de Daniel** (☎ 261-6373; posadadedaniel183@hotmail.com; Zeltplatz 4 US$, Zi. 8 US$/Pers.; 🖳 🖵) bietet seinen Gästen geräumige Hütten, die um einen sauberen Swimmingpool herum angeordnet sind.

Arenabar (Malecón; Pizzas 2–3 US$) macht leckere Pizza. Samstagabends ist hier Tanz.

Das drei Blocks vom Strand entfernte **Restaurante Torbellino** (Hauptgerichte 3–5 US$) serviert exzellente Meeresfrüchte und köstliche, preisgünstige *almuerzos*.

SAN VICENTE
☎ 05

Die geschäftige Stadt liegt nur eine Fährfahrt über den Río Chone vom beliebteren Ferienort Bahía de Caráquez entfernt. Die meisten Traveller machen hier nur Halt, um in einen Anschlussbus oder auf die Fähre nach Bahía zu steigen.

Die Busse fahren vom Marktbereich in der Nähe des Piers ab. Costa del Norte-Busse fahren stündlich nach Pedernales (3 US$, 3 Std.). Coactur verkehrt täglich Richtung Manta, Portoviejo und Guayaquil (7 US$, 6 Std.). Die Fähren nach Bahía de Caráquez (0,35 US$, 10 Min.) legen zwischen 6 und 22 Uhr vom Pier ab.

BAHÍA DE CARÁQUEZ
☎ 05 / 19 700 Ew.

Die selbsternannte „Ökostadt" mit den kreideweißen Hochhäusern mit roten Ziegeldächern, den gepflegten Gärten und gefegten Gehsteigen macht einen ordentlichen Eindruck. Kaum zu glauben, dass sie 1998 von einem schweren Erdbeben zerstört wurde, gefolgt von einer Flut. Heute recycelt der städtische Markt seinen Müll, Bio-Shrimps-Farmen eröffnen, und hier und da an den Hängen werden Aufforstungsprojekte betrieben. Es gibt verschiedene interessante Öko- und Kulturtouren, die sich lohnen. Wen aber der Strand lockt, der ist woanders besser aufgehoben.

Orientierung & Praktische Informationen
Die Stadt liegt auf einer kleinen Halbinsel, die an ihrer engsten Stelle im Norden nur etwa vier Blocks breit ist. Die Fähren von San Vicente überqueren den Río Chone und legen an den Piers entlang des Malecón Alberto Santos an der Ostseite der Halbinsel an. Die meisten Serviceeinrichtungen befinden sich am oder um den *malecón* herum auf der Parallelstraße Bolívar, einen Block weiter westlich. **Genesis Net** (Malecón Alberto Santos 1302; 1,60 US$/Std.) bietet Internetzugang. **Banco de Guayaquil** (Bolívar & Riofrío) löst Reiseschecks ein und hat einen Geldautomaten.

Geführte Touren
Die Touren in Bahía sind einzigartig. Die zwei aufgeführten Anbieter widmen sich dem Ökotourismus. Sie zeigen Gästen hiesige Umweltprojekte und führen sie zu Kooperativen, die handgeschöpftes Papier herstellen. Beide Unternehmen bieten Tagestouren zur Isla Fragatas in der Chone-Mündung an. **Guacamayo Bahíatours** (☎ 269-1412; www.guacamayotours.com; Bolívar/Arenas) arrangiert auch Übernachtungen auf der nahe gelegenen Río Muchacho Organic Farm. **Bahía Dolphin Tours** (☎ 269-2097/86; Bolívar 1004) unternimmt Ausflüge zu den archäologischen Stätten in der Nähe.

Schlafen
Die billigsten Unterkünfte haben meistens Probleme mit der Wasserversorgung.

Bahía Hotel (☎ 269-0509; Malecón Alberto Santos/Vinueza; Zi. 7–10 US$/Pers.) Die Zimmer in diesem fröhlichen Hotel mit Blick aufs Wasser sind etwas verwohnt, aber sauber.

La Herradura (☎ 269-0446; Bolívar 202; EZ 8–16 US$; DZ 20–25 US$; 🐾) In diesem alten spanischen Haus stehen in jeder Ecke Antiquitäten und Kunsthandwerksgegenstände. Die oberen Zimmer haben Balkone, zwei davon mit Blick aufs Meer.

Weitere günstige Optionen:

Residencia Vera (☎ 269-1581; Ante 212 Nahe Bolívar; Zi. 4 US$/Pers.) Fairer Preis; sehr einfach, aber o.k.

Bahía B&B (☎ 269-0146; Ascázubi 322; Zi. pro Person mit Gemeinschaftsbad/eigenem Bad 6/8 US$) Ganz in Ordnung für eine Nacht.

El Viajero (☎ 269-0792; Bolívar 910; EZ/DZ 8/16 US$) Großzügige, aber einfache Zimmer in einem weitläufigen, alten Haus.

Essen
Am Wasser, in der Nähe des Piers, gibt es mehrere Restaurants. Die besten sind **La Chozita** (Malecón Alberto Santos; Hauptgerichte 4–6 US$) und **Muelle Uno** (Malecón Alberto Santos; Hauptgerichte 4–6 US$). Bei beiden stehen gegrilltes Fleisch und Fisch auf der Speisekarte.

Picantería la Patineta (Ascázubi Nähe Malecón Alberto Santos; Suppe 1 US$; 🕙 8.30–12.30 Uhr) Serviert leckeren *encebollado*. Das supergünstige Frühstück hier hat Tradition.

Rincón Manabita (Ecke Malecón Alberto Santos & Aguilera; Hauptgerichte 2–3 US$) *Das* Lokal für gegrillte Hähnchen (nur abends).

Arena Bar (Bolívar 811; Hauptgerichte 2–5 US$; 🕙 17–0 Uhr) Hier gibt es Pizza, Salate und anderes zum Sattessen; gute Musik, lässige Surferdeko.

An- & Weiterreise
Für Infos zu Fährverbindungen s. San Vicente (S. 703). Die Busse halten am Südende des Malecón Alberto Santos, in der Nähe des Bahía Hotels. Coactur-Busse fahren jede Stunde nach Portoviejo (1,50 US$, ½ Std.) und Manta (3 US$, 2½ Std.). Reina del Camino bietet einen Busservice nach Quito (9 US$, 8 Std.), Esmeraldas (7 US$, 8 Std.), Santo Domingo (4 US$, 4 Std.) und Guayaquil (5 US$, 6 Std.).

MONTECRISTI
☎ 05

Montecristi, die wahrscheinlich berühmteste Stadt Ecuadors, ist weltweit dafür bekannt, dass hier der schönste Strohhut auf dem Planeten hergestellt wird – fälschlicherweise bezeichnet als **Panamahut**. In Ecuador heißen diese Hüte *sombreros de paja toquilla* (*toquilla*-Stroh ist ein feines, faseriges Stroh, das nur in dieser Region vorkommt). Zahllose Läden in der Stadt verkaufen Hüte, aber für einen ordentlichen *super-fino* (den feinsten, am engmaschigsten gewebten Hut von allen) muss man den Laden und das Haus von **José Chávez Franco** (☎ 260-6343; Rocafuerte 386) hinter der Kirche aufsuchen. Hüte gibt es dort für unter 100 US$, billiger als sonst auf der Welt. Montecristi ist mit dem Bus von Manta aus (0,20 US$) in 15 Minuten erreichbar. Cuenca ist ein weiterer guter Ort, um Panamahüte (S. 682) zu kaufen.

MANTA
☎ 05 / 183 100 Ew.

Sobald der Tag anbricht, hieven die einheimischen Fischer ihren Fang an Bord und fahren an Land, wo sich der **Strand von Tarqui** in eine Szenerie schwatzender Hausfrauen, Restaurantbesitzer und Fischhändler verwandelt, die um die besten Stücke feilschen. In der Nähe werden am Strand riesige hölzerne Fischerboote gebaut, noch immer von Hand, eine Arbeit, die die ausgeprägte Seefahrertradition der *manteños* (Leute aus Manta) fortsetzt. Einsame, paradiesische Strände gibt es hier zwar nicht, aber der Ort ist prima, um mal die Atmosphäre einer geschäftigen, relativ sicheren ecuadorianischen Hafenstadt zu schnuppern.

Manta ist benannt nach der Manta-Kultur (500 bis 1550 n. Chr.), bekannt für Töpferei- und Seefahrerhandwerk. Die Mantas segelten nach Mittelamerika, Peru und vielleicht auch zu den Galapagosinseln.

Orientierung
Ein stinkender Meeresarm teilt die Stadt in Manta (Westseite) und Tarqui (Ostseite); die beiden Seiten verbindet eine Autobrücke. In Manta sind die wichtigen Büros, Einkaufsmöglichkeiten und der Busbahnhof, während sich in Tarqui die billigeren Hotels befinden.

Der Flughafen liegt 3 km östlich von Tarqui. Der Busbahnhof ist bequemerweise in Manta, einen Block vom *malecón* entfernt.

Praktische Informationen
Banco del Pacífico Geldautomat (Ecke Av 107 & Calle 103, Tarqui) Löst Reiseschecks ein, auch ein Geldautomat ist vorhanden.

Banco del Pichincha (Av 2/ Calle 11, Manta) Löst Reiseschecks ein, Geldautomat vorhanden.
Cyber Café (Av 1 Nahe Calle 14; 0,70 US$/Std.)
Municipal Touristeninformation (☎ 261-1471; Calle 9, Rathaus)
Pacifictel (Malecón de Manta) Telefon-Center; in Manta am Wasser.
Post (Calle 8/Av 4, Manta)

Sehenswertes
Die saubere, breite **Playa Murciélago**, die 2 km westlich des Zentrums von Manta liegt, ist bei Einwohnern und Ecuador-Touristen gleichermaßen beliebt. Der nicht ganz so malerische **Tarqui Beach** ist am frühen Morgen interessant, wenn die Fischer vor dem Werftareal ihren Fang an Land bringen.

Das **Museo del Banco Central** (Malecón de Manta; Eintritt 1 US$, So kostenlos; ◷ Mo–Sa 9–17, So 11–15 Uhr) beherbergt eine kleine, aber interessante Ausstellung zur Manta Kultur.

Schlafen
Die Preise steigen während der Feiertagswochenenden und in der Hauptsaison (Dezember–März und Juni–August). Dann sind Einzelzimmer schwer zu kriegen.

Hostal Astoria 2 (☎ 0262-8045; Av 105/Calle 106, Tarqui; Zi. 5 US$/Pers.) Ein frischer Anstrich und eine neue Einrichtung machen dies gepflegte Budgethotel zur guten Option.

Hostal Miami (☎ 0262-2055; Av 102 & Calle 107, Tarqui; Zi. 5 US$/Pers.) Geräumige, aber spartanisch eingerichtete Zimmer in Meeresgischtgrün, mit Meerblick vom Balkon.

Hotel Panorama Inn (☎ 261-1552; Calle 103 Nähe Av 105, Tarqui; EZ/DZ 6/12 US$, Nebenhaus 20/40 US$; 🖳) Kahle, aber geräumige Zimmer mit eigenem Bad, TV und großen Fenstern. Etwas eintönig, dafür ein Schnäppchen! Die teureren Zimmer im Nebenhaus haben Klimaanlagen.

Hotel El Inca (☎ 262-0440; Calle 105 & Malecón, Tarqui; EZ/DZ 10/20 US$) Eine Pension aus der guten alten Zeit mit hübschen, kleinen Zimmern, Wandgemälden und einem abgewetzten, nostalgischen Charme.

Leo Hotel (☎ 262-3159; Av 24 de Mayo, Manta; EZ mit Ventilator/Klimaanlage 12/15 US$; 🖳) Das beste Hotel in der Nähe des Busbahnhofs.

Hotel Manta Imperial (☎ 262-2016; Malecón at Calle 20, Manta; EZ/DZ mit Ventilator 27/34 US$, mit Klimaanlage 32/40 US$; 🖳 🖳) Der Betonpalast aus den 60er-Jahren hat schon bessere Zeiten gesehen, ist aber noch immer eines der besten Hotels in Manta.

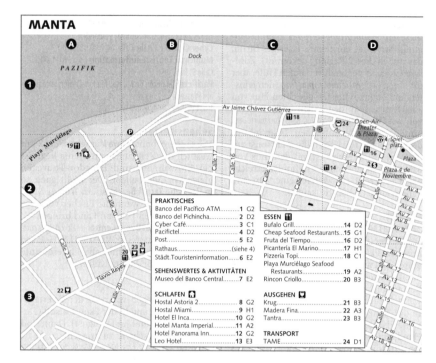

Essen

Das östliche Ende des Tarqui Beach ist gesäumt von billigen Freiluftrestaurants mit – natürlich – einer Fischkarte. Die **Fischrestaurants** an der **Playa Murciélago** sind neuer, aber immer noch günstig.

Fruta del Tiempo (Ecke Av 1 & Calle 12; Hauptgerichte 1–3 US$) Hier können sich Gäste in einen Bambusstuhl fläzen und tolle Säfte, Frühstück, sättigende Mittagsgerichte und Eisbecher genießen.

Bufalo Grill (Av 6 zw. Calle 13 & Calle 14; Mittagsgerichte 2 US$) In dem kleinen und sehr beliebten Lokal bereitet Freddy mittags seine leckeren Specials zu.

Pizzería Topi (Malecón de Manta; Hauptgerichte 3–6 US$) Backt Pizzas bis zum Morgengrauen.

Rincon Criollo (Flavio Reyes & Calle 20; Mittagsgerichte 3,50 US$; Nur Mittagessen) Das quirlige Lokal, das bei den Einheimischen beliebt ist, kocht traditionelle Erdnusssuppe, Hähnchen mit Reis und andere Gerichte.

Picantería El Marino (Malecón de Tarqui & Calle 110; Hauptgerichte 4–6 US$) Blau karierte Tischdecken, riesige Meeresfrüchteteller, Meerblick und eine klirrend kalte Klimaanlage!

Ausgehen

Das Epizentrum des Nachtlebens von Manta ist die Kreuzung Flavio Reyes/Calle 20, von der Playa Murciélago aus bergauf.

Tantra (Flavio Reyes & Calle 20) Am Wochenende voller Salsatänzer auf Stilettoabsätzen.

Madera Fina (Flavio Reyes Nähe Calle 23) Langjähriger Favorit. Spielt Salsa, Reggae und tropische Rhythmen.

Krug (Flavio Reyes) Einladende Bar mit entspannter Atmosphäre.

An- & Weiterreise

Der **Flughafen** (☎ 262-1580) liegt etwa 3 km östlich von Tarqui; ein Taxi kostet rund 1 US$. **TAME** (☎ 262-2006; Malecón de Manta) fliegt täglich nach Quito (45 US$).

Es fahren häufig Busse nach Portoviejo (0,75 US$, 40 Min.), Guayaquil (4,50 US$, 4 Std.), Quito (8 US$, 9 Std.) und Bahía de Caráquez (3 US$, 2½ Std.), außerdem nach Puerto López (2,50 US$, 2½ Std.) und Montañita (5 US$, 3½ Std.). Coactur fährt regelmäßig nach Pedernales (5 US$, 7 Std.) und Canoa. Auch andere große Reiseziele werden regelmäßig angefahren.

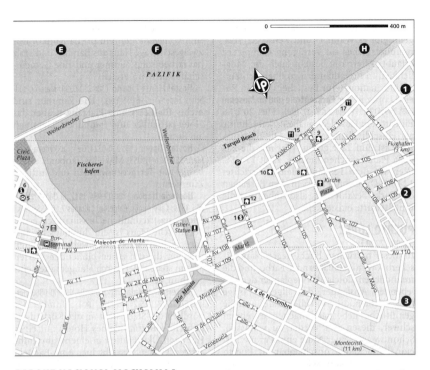

PARQUE NACIONAL MACHALILLA
☎ 05

Eingerichtet zum Schutz einsamer Strände und Korallenformationen, zweier vor der Küste gelegener Inseln, eines tropischen Trockenwalds, eines küstennahen Nebelwalds, archäologischer Stätten und von 20 000 ha Meer ist dies Ecuadors einziger **Nationalpark** (Eintritt 20 US$) an der Küste. Ein wunderbares, einzigartiges Reiseziel! Der hier zu besichtigende tropische Trockenwald erstreckte sich früher entlang großer Teile der Pazifikküste Mittel- und Südamerikas, wurde aber fast bis zum Verschwinden abgeholzt. Zu den Pflanzen im Park gehören Kakteen, verschiedene Feigenarten und der riesige Kapok-Baum. Brüllaffen, Ameisenbären, Leguane und über 200 Vogelarten leben im Inneren des Waldes, während die Küste von Fregattvögeln, Pelikanen und Tölpeln bewohnt wird, von denen einige auf den vor den Küste gelegenen Inseln in Kolonien nisten.

Die herrliche **Playa Los Frailes** liegt etwa 10 km nördlich von Puerto López, kurz vor der Stadt Machalilla. Die Busse halten vor der Ranger Station, von wo aus eine 3 km lange Straße und ein 4 km langer Wanderweg zum Strand führen. Es gibt gute Bademöglichkeiten und jede Menge Seevögel. Campen ist erlaubt.

Die öde, von der Sonne versengte **Isla de la Plata**, eine Insel 40 km nordwestlich von Puerto López, ist ein Highlight des Parks, besonders von Mitte Juni bis Mitte Oktober, wenn Buckelwale sich vor der Küste paaren und man dies von den Ausflugsbooten aus (Touren werden in Puerto López arrangiert, S. 708) mit ziemlicher Sicherheit sehen kann. Zur Walbeobachtungstour gehört meist auch eine kurze Wanderung. Die Insel selbst beherbergt Kolonien nistender Seevögel. Außerhalb der Walsaison kann man auch Delphine beobachten. Die Fahrt zur Insel dauert zwei bis drei Stunden. Campen ist nicht erlaubt.

Vom Eingang auf der Festlandseite, 6 km nördlich von Puerto López, führt eine 5 km lange Schotterstraße nach **Agua Blanca** (Dorf Eintritt 3 US$), ein kleines Dorf mit einem **archäologischen Museum** (Eintritt frei bei Besuch des Dorfs; ⊙ 8–18 Uhr) und zu einer nahe gelegenen archäologischen Manta-Stätte. In der Gegend gibt es Wander- und Reitwege. Tourenführer stehen zur Verfügung. Campen ist erlaubt. Alternativ besteht auch die Möglichkeit, in Privathäusern zu übernachten.

Informationen für Besucher gibt's in Puerto López in der **Parkzentrale und im Museum** (☎ 260-4170; Mo–Fr 8–17 Uhr). Die 20 US$ Eintritt zum Park decken alle Parkabschnitte ab (einschließlich der Insel). Die Eintrittskarte ist fünf Tage gültig. Wer *nur* die Isla de la Plata besuchen möchte, zahlt 15 US$. Wer auf dem Festland bleibt, entrichtet 12 US$. Die Gebühr muss in allen Bereichen des Parks bezahlt sein, also unbedingt die Eintrittskarte einstecken.

PUERTO LÓPEZ

☎ 05 / 7720 Ew.

In dieser herrlichen Bucht liegen blaue Fischerboote mit abblätternder Farbe, und die freundlichen Hotels, das Geplapper der hier lebenden Ausländer, das allgegenwärtige träge Lächeln, die fröhlichen Cafés und die gemütliche Lebensart machen es einem schwer, diesen Ort wieder zu verlassen. Schon wegen seiner Nähe zum Parque Nacional Machalilla unschlagbar ist Puerto López ein obligatorischer Zwischenstopp auf jeder Tour an die Küste.

In der Stadt gibt es Internetcafés, und die **Banco de Pichincha** (Ecke Machalilla & General Córdova) hat einen Geldautomaten und löst Reiseschecks ein.

Geführte Touren

Zahlreiche Anbieter veranstalten Trips zur Isla de la Plata und/oder Touren zum Festlandabschnitt des Parks. Die meisten Agenturen verlangen 35 US$ pro Person (zzgl. Eintrittspreis zum Park) für eine Fahrt zur Insel mit Walbeobachtung, wenn Saison ist. Unternehmen mit Lizenz haben die besseren Boote und mehr Ausrüstung (wie Schwimmwesten, Radio und Ersatzpersonal) als Führer ohne Lizenz, die die Tour für die Hälfte des Preises anbieten. Anbieter mit gutem Ruf sind **Exploramar** (Malecón), **Machalilla Tours** (☎ 230-0206; Malecón) und **Mantaraya** (☎ 230-0233; General Córdova/Juan Montalvo).

Schlafen

Sol Inn (☎ 230-0248; hostal_solinn@hotmail.com; Juan Montalvo Nähe Eloy Alfaro; Zi. pro Person mit Gemeinschaftsbad/eigenem Bad 5/6 US$) Im Sol Inn herrscht, dank der freundlichen, jungen Besitzer, definitiv *buena onda* (ein prima Klima). Das zweigeschossige Haus aus Bambus und Holz hat farbenfrohe Zimmer und eine Gemeinschaftsküche im Freien.

Hostal Monte Libano (☎ 230-0231; Malecón südliches Ende; Zi. 5–6 US$/Pers.) Die Zimmer sind nichts für Leute mit Platzangst, aber das Hotel ist sauber und freundlich. Liegt nah am Strand.

Hostal Flipper (☎ 230-0221; General Córdova/Rocafuerte; EZ/DZ 6/12 US$) Makellos sauberes neues *hostal* mit Terracottawänden und luftigen Zimmern.

Hostería Itapoá (☎ 09-984-3042, in Quito ☎ 02-255-1569; Calle Abdón Calderón; Cabañas 7,50 US$/ Pers.) Dieses gastfreundliche brasilianisch-ecuadorianische Haus ist ein durchaus bezahlbarer Schlupfwinkel mit weiß getünchten *cabañas*, die um einen blühenden Garten herum stehen, der durch Hängematten eingerahmt wird.

Hostería Mandala (☎ 230-0181, 09-950-0880; Hütten EZ/DZ/3BZ 15/24/36 US$; P) Unmittelbar nördlich der Stadt steht an der Küste diese hübsche *hostería* (kleines Hotel) mit einer Handvoll Öko-Hütten in einem labyrinthartigen Garten. Es gibt hier eine Bar, ein Spielzimmer und eine mehrsprachige Bibliothek. Das Restaurant des Hauses serviert ganz köstliches Frühstück, italienische Gerichte und Meeresfrüchte aus heimischem Fang. Großartig!

Essen

Café Bellena/The Whale Café (Malecón; Hauptgerichte 2–6 US$) Bringt ein tolles Frühstück (die Apfelzimtpfannkuchen sind unglaublich), exzellente Desserts und Pizzas sowie vegetarische Gerichte auf den Tisch.

Patacon Pisa'o (General Córdova; Hauptgerichte 3 US$) Es muss nicht immer Fisch sein. Das winzige kolumbianische Lokal serviert phantastische *arepas* (Maispfannkuchen) mit Hackfleisch, Huhn oder Bohnen.

Bellitalia (Juan Montalvo; ab 18 Uhr) Das kleine Restaurant bietet göttliches italienisches Essen, guten Wein und ein fabelhaftes Tiramisu bei Kerzenschein.

Entlang des *malecón* befinden sich traditionelle Fischrestaurants mit Außenbereich. **Restaurant Carmita** (Malecón; Hauptgerichte 2–3 US$) ist das bekannteste unter ihnen, aber andere, wie Picantería Rey Hojas und Mayflower, servieren vergleichbares Essen.

Unterkünfte online: www.lonelyplanet.com   PAZIFIKKÜSTE & TIEFLAND •• Südlich von Puerto López   **709**

An- & Weiterreise

Es fahren täglich mehrere Busse nach Quito (12 US$, 11 Std.). Die Busse nach Jipijapa halten am Parkeingang und an anderen Punkten entlang der Küste. Die stündlich Richtung Süden bis Santa Elena verkehrenden Busse machen ebenfalls an mehreren Stellen entlang des Weges Halt.

SÜDLICH VON PUERTO LÓPEZ

☎ 04

Dieser Abschnitt der Ruta del Sol (Sonnenroute) ist mit seinen winzigen Fischerdörfchen und den breiten Stränden besonders einladend. Etwa 14 km südlich von Puerto López (gleich hinter dem Dorf Puerto Rico) befindet sich die **Hostería Alandaluz** (☎ 278-0690; in Quito ☎ 02-254-3042; www.andaluzhosteria.com; Zeltplatz 4 US$, Zi. 14–33 US$/Pers.), eine der ersten autarken und nicht zu stark frequentierten Ferienanlagen in Ecuador. Die Anlage wird von Ecuadorianern geleitet und wurde mit schnell wachsenden (und schnell ersetzbaren) einheimischen Bambus- und Palmblättern gebaut. Gäste können sich ungestört am Strand in der Sonne aalen, reiten, Volleyball spielen oder einfach entspannen – die Atmosphäre ist sehr entspannt. Faire Preise für die Mahlzeiten.

Das nächste Dorf Richtung Süden (wer blinzelt, hat es schon verpasst) ist **Las Tunas**, mit einem langen, breiten und leeren Strand. Wahrzeichen von Las Tunas ist der vergrabene Bug eines riesigen Holzbootes, der tatsächlich der Restaurantteil eines Hotels mit dem passenden Namen **La Barquita** (Das kleine Boot; ☎ 278-0051, 278-0683; www.labarquita-ec.com; B 10 US$, DZ/3BZ 28/36 US$) ist. Die Doppelzimmer sind sauber und gemütlich und haben Hängematten zur Vorderseite raus. Außerdem gibt es einige *cabañas* und preisgünstige Betten im Schlafsaal. Ebenfalls in Las Tunas befindet sich die **Hostería La Perla** (☎ 278-0701; www.proyectospondylus.org; EZ/DZ 20/40 US$), ein romantisches Strandhaus, verwittert durch Sonne und Sand. Besitzerin Mónica Fabara ist Meeresbiologin und hoch gelobte Fremdenführerin.

Eingepfercht zwischen grünen tropischen Hügeln und einem weiteren langen, breiten Strand liegt das sandige, kleine Dorf **Ayampe**, etwa 17 km südlich von Puerto López entfernt, direkt an der Provinzgrenze zwischen Guayas und Manabí. Es gibt eine Handvoll ausgezeichneter Pensionen hier, darunter die hübsche kleine **Cabañas de la Iguana** (☎ 278-0605; www.ayampeiguana.com; Zi. pro Person mit Gemeinschaftsbad/eigenem Bad 7/8 US$), die auch die billigste von allen ist. Die am Hügel gelegene **Finca Punta Ayampe** (☎ 278-0616; www.finca puntaayampe.com; Zi./Cabaña pro Person 8/12 US$) ist ziemlich klasse.

Das nächste Küstendorf, **Olón**, hat einen schönen Strand, eine günstige *pensión* und ein teures Hotel.

MONTAÑITA

☎ 04

Montañita, gesegnet mit den besten Surferwellen des Landes und zahlreichen Budgethotels, steht für nackte Füße, Schlabbershorts, Surfen und Szene. Manche lieben den Ort, andere hassen ihn. Obwohl schnell gewachsen ist er noch so heiter und freundlich wie eh und je. Mehrere Läden in der Stadt vermieten Surfbretter.

Es gibt verschiedene **Internetcafés**. Die **Banco de Guayaquil** hat einen Geldautomaten.

Schlafen & Essen

Die Hotels im Dorf sind günstiger als die entlang des Strands Richtung La Punta („der Punkt"). Während der Hauptsaison von Dezember bis April sollte man vorab reservieren (und Ohrstöpsel mitbringen). Es gibt viele Restaurants. Einfach herumlaufen und sich das schönste aussuchen!

La Casa del Sol (☎ 290-1302; www.casasol. com; Zi. 4–10 US$/Pers.) Komfortabel, aber nicht zu luxuriös. Ein nettes, relaxtes Haus am Strand und eine hervorragende Wahl.

Tiki Limbo Backpackers Hostel (☎ 254-0607; tikilimbo@hotmail.com; Zi. ab 5 US$/Pers.) Das Tiki Limbo ist genauso laut wie alle übrigen Unterkünfte in der Gegend, hat aber einen klasse Loungebereich im Obergeschoss. Zum Hostel gehört auch ein gutes vegetarisches Restaurant.

El Centro del Mundo (☎ 278-2831; Zi. pro Person mit Gemeinschaftsbad/eigenem Bad 5/6 US$) Der dreistöckige Gigant in Strandnähe hat schlichte Zimmer und behelfsmäßige Toiletten und Duschen. Gemeinschaftsbalkone mit Meerblick.

Cabañas Pakaloro (☎ 290-1366; pakaloro69@hot mail.com; EZ/DZ 6/11 US$) Das herrlich und mit Liebe zum Detail gestaltete Haus mit makellos sauberen Zimmern, Hängematten auf der Veranda und blitzblanken Holzböden gehört zu den besten Unterkünften der Stadt.

ECUADOR

Charo Hostal (☎ 290-1344; charo117@msn.com; Zi. ab 8 US$) Mutet zwar nicht so charmant an wie die anderen Hotels, ist aber wegen der schönen Strandlage und der gepflegten Räume dennoch zu empfehlen.

Paradise South (☎ 290-1185; www.paradisesouthec. com; Zi. 10–20 US$) Liegt unten am Strand und ist ideal für Gäste, die die Stille suchen. Die Lehmziegelhütten sind mit Keramikfußböden und modernen Bädern ausgestattet.

An- & Weiterreise

Auf ihrem Weg Richtung Süden nach Guayaquil (5 US$, 3½-4 Std.) kommen drei CLP-Busse an Montañita vorbei, und zwar um 5, 13 und 17 Uhr. Die Busse Richtung Süden nach Santa Elena (1,50 US$, 1¼ Std.) und La Libertad oder Richtung Norden nach Puerto Lopez (1,50 US$, 1 Std.) passieren den Ort alle 15 Minuten.

MANGLARALTO

☎ 04

In dieser winzigen, an einem breiten Strand, 4 km von Montañita entfernt gelegenen Stadt gibt es nur vereinzelt einfache Hotels und Restaurants. Südlich von Manglaralto befindet sich **Valdivia**, die älteste archäologische Stätte Ecuadors.

Die **Fundación Pro Pueblo** (☎ 278-0231; www. propueblo.com) bietet Travellern die Chance, entlegene Küstendörfer zu besuchen und bei einheimischen Familien zu übernachten. Die zu entrichtende Gebühr schließt Mahlzeiten, Führungen und Maulesel mit ein. Die gemeinnützige Organisation fördert die nachhaltige Entwicklung, einheimische Handwerker und den verantwortungsvollen Tourismus.

Direkt nördlich der Stadt am Strand liegt die **Kamala Hostería** (☎ 242-3754; www.kamalahos teria.com; B 3 US$/Pers., Cabanas 25–45 US$) mit bunt zusammengewürfelten *cabañas*, die vier Backpackern gehört. Sie haben PADI-Tauchkurse, Reitausflüge und Tagestouren im Angebot. Ein Restaurant sorgt fürs leibliche Wohl. Einmal im Monat finden Vollmondpartys statt!

SANTA ELENA & LA LIBERTAD

Wer Richtung Süden nach Guayaquil unterwegs ist und keinen der Direktbusse von CLP nimmt (s. Montañita), muss in einer dieser beiden Städte umsteigen. In Santa Elena ist das am einfachsten – der Fahrer schmeißt einen raus, wo die Straße sich gabelt. Einfach die Straße überqueren und bei der anderen Gabelung in den Bus steigen. Den hässlichen, staubigen und hektischen Hafen von La Libertad lieber meiden.

PLAYAS

☎ 04

Playas bewegt sich irgendwo in der Mitte zwischen interessant und hässlich und ist der nächste Strandferienort vor Guayaquil. Von Januar bis April ist es hier brechend voll. Dann steigen die Preise, Zelte und Müll zieren den Strand, aus den Diskos hört man nachts das Wummern der Bässe, und die Fischrestaurants mit Plätzen im Freien (machen zur Hälfte den Reiz von Playas aus) sind den ganzen Tag belegt. Zu anderen Zeiten ist der Ort fast wie ausgestorben.

In der Gegend von Playas gibt es gute Surfmöglichkeiten. Nähere Infos hat der örtliche Surfclub **Playas Club Surf** (☎ 09-725-9056; Ecke Paquisha & Av 7) im Restaurant Jalisco.

In den billigsten Hotels ist das Leitungswasser brackig. **Residencial El Galeón** (☎ 276-0270; Ecke Guayaquil & A Garay; Zi. pro Person mit Gemeinschaftsbad/mit eigenem Bad 4/5 US$), einen Block östlich der zentralen Plaza, ist sauber und freundlich. Das blitzsaubere, vierstöckige **Hotel Arena Caliente** (☎ 228-4097; www.hotelarena caliente.com; Av Paquisha; EZ/DZ 28/35 US$; 🍴 🖃) dürfte eigentlich locker das beste Hotel am Platz sein.

Die Transportes Villamil-Busse fahren regelmäßig nach Guayaquil (2,50 US$, 1¾ Std.).

GUAYAQUIL

☎ 04 / 2,1 Mio. Ew.

Stimmt schon, die größte Stadt des Landes ist ein erdrückend heißer, lauter und chaotischer Ort. Aber es lohnt sich, hier ein paar Tage zu verbringen, um zu verstehen, warum die *guayacos* (Leute as Guayaquil) so verdammt stolz auf die Stadt sind. Guayaquil hat es weit gebracht: Die früher trostlose und gefährliche Hafenstadt, die ihren Gästen nichts als Ärger bot, hat das einst kriminelle Hafenviertel entlang des breiten Río Guayas inzwischen in eine 2,5 km lange Vorführmeile verwandelt. Das historische Viertel Las Peñas und Guayaquils wichtigste Durchgangsstraße durch die Innenstadt, die Calle 9 de Octubre, wurden ebenfalls restauriert. Diese Gegenden sind genauso sicher wie die

Parks, Plazas und Museen im Zentrum. Und es macht Spaß sie zu erkunden. Wer allerdings nicht so auf große Städte steht, wird auch diese hier nicht mögen.

Alle Flüge zu den Galapagosinseln starten oder landen in Guayaquil. Daher ist dies (nach Quito) der beste Ausgangsort für eine Reise zu den Galapagosinseln.

Orientierung

Die meisten Reisenden übernachten im Zentrum, das am Westufer des Río Guayas liegt und wie ein Gitter angelegt ist. Die wichtigste Ost-West-Straße ist 9 de Octubre. Der Malecón 2000 (die Stadt hat die Promenade am Fluss erst kürzlich wieder aufgebaut) erstreckt sich entlang des Río Guayas-Ufers, von Mercado Sur (in der Nähe des diagonal verlaufenden Blvd José Joaquín Olmedo) an der südlichen Spitze bis Barrio Las Peñas und zum Hügel von Cerro Santa Ana im Norden. Der Vorort Urdesa, häufig besucht wegen seiner Restaurants und seines Nachtlebens, liegt etwa 4 km nordwestlich und ist 1,5 km nach Westen vom Flughafen entfernt.

Praktische Informationen

BUCHLÄDEN

Librería Científica (Karte S. 714 f.; Luque 225) Führt eine kleine Auswahl englischsprachiger Reiseliteratur.

GELD

Die folgenden Banken lösen Reiseschecks ein und haben Geldautomaten. Im Zentrum finden sich jede Menge Geldautomaten.
Banco de Guayaquil (Karte S. 714 f.; Ecke Rendón & Panamá)
Banco del Pacífico (Karte S. 714 f.; Paula de Icaza 200)
Banco del Pacífico (Karte S. 714 f.; Ecke 9 de Octubre & Ejército)

INTERNETZUGANG

Die folgenden Internetcafés verlangen weniger als 1 US$ pro Stunde.
American Cyber (Karte S. 716; ☎ 264-7112; Oxandaberro Nähe Av Isidro Ayora)
Cyber@City (Karte S. 714 f.; Ballén Nähe Chile, Unicentro Shopping Center)
CyberNet (Karte S. 714 f.; Luque 1115) Neben dem Hotel Alexander.
Internet 50¢ (Karte S. 714 f.; Rumichacha 818 Nähe 9 de Octubre; 0,50 US$/Std.)
Joeliki Cybernet (Karte S. 714 f.; Moncayo Nähe Vélez)
SCI Cyber Center (Karte S. 714 f.; Ecke Chile & Ballén)

MEDIZINISCHE VERSORGUNG

Clínica Kennedy (Karte S. 714 f.; ☎ 228-6963/9666; Av del Periodista, Nueva Kennedy Vorort) Bestes Krankenhaus von Guayaquil.
Dr Serrano Saenz (Karte S. 714 f.; ☎ 230-1373; Boyacá 821 & Junín) Auch ohne Voranmeldung; spricht Englisch.

POST

Post (Karte S. 714 f.; Carbo Nähe Aguirre)

REISEBÜROS

Die hier aufgeführten Agenturen bieten erschwingliche Ausflüge zu den Galapagosinseln an.
Centro Viajero (Karte S. 714 f.; ☎ 230-1283; centrovi@telconet.net; Baquerizo Moreno 1119/9 de Octubre, Office 805, 8. OG) Toller Service; sprechen Spanisch, Englisch und Französisch.
Dreamkapture Travel (Karte S. 716; ☎ 224-2909; www.dreamkapture.com; Alborada 12a etapa, Benjamín Carrión/Av Francisco de Orellana) Unter französisch-kanadischer Leitung.
Galápagos Sub-Aqua (Karte S. 714 f.; ☎ 230-5514; Orellana 211 Nähe Panamá, Office 402) Sehr empfehlenswerter Anbieter für Tauchtouren vor den Galapagosinseln.
Galasam Tours (Karte S. 714 f.; ☎ 230-4488; www.galapagos-islands.com; 9 de Octubre 424, Office 9A) Hat super Angebote. Bei der Verhandlung hart bleiben. Es gab schon einige Beschwerden.

TELEFON

Pacifictel (Karte S. 714 f.; Chile) Neben Pacifictel, um den Block herum, wo die Post ist; es gibt noch viele andere Telefon-Center.

TOURISTENINFORMATION

Centro de Turismo (Karte S. 714 f.; Malecón) Sehr hilfsbereit; in einem Zugwaggon auf dem Malecón.
Dirección Municipal de Turismo (Karte S. 714 f.; ☎ 252-4100, Dw. 3477/9; www.guayaquil.gov.ec; Pichincha 605 Nähe 10 de Agosto) Im Rathaus.
Subsecretario de Turismo Litoral (Karte S. 714 f.; ☎ 256-8764; infotour@telconet.net; Paula de Icaza 203, 5. OG) Hat Infos zu den Provinzen Guayas und Manabí.

Gefahren & Ärgernisse

Der Innenstadtbereich ist tagsüber in Ordnung, aber am Abend etwas zweifelhaft. Der Malecón und die Haupttreppe hoch zum Cerro Santa Ana sind vollkommen sicher, sogar nachts. Ein dauerhaftes Problem sind Raubüberfälle nach dem Geldabheben an Geldautomaten. Daher sollte man besonders vorsichtig sein, solange man nur einige Blocks von der Bank entfernt ist. Es emp-

712 PAZIFIKKÜSTE & TIEFLAND ·· Guayaquil www.lonelyplanet.de

fiehlt sich, am Busbahnhof und auf dem Straßenmarkt von Bahía auf seine Wertsachen aufzupassen.

Sehenswertes

MALECÓN 2000

Wer eben erst kaputt und verschwitzt angekommen ist, geht am besten hinunter zur neu errichteten **Uferpromenade** (Karte S. 714 f.; ☯ 7–0 Uhr) und lässt sich (mit etwas Glück) am breiten Río Guayas eine Brise um die Nase wehen. Die als Malecón 2000 bekannte Uferpromenade ist Guayaquils Vorzeigeprojekt in Sachen Sanierung und erstreckt sich 2,5 km entlang des Flusses, vom **Mercado Sur** am südlichen Ende bis zum Cerro Santa Ana und Las Peñas (s. folgenden Abschnitt) im Norden. Die Gegend wird stark von der Polizei überwacht und ist komplett sicher, sogar nachts (wenn es hier am schönsten ist).

Direkt nördlich des Mercado Sur, im Gebiet zwischen Olmedo, Chile, Colón und dem Ufer, befindet sich der stark besuchte, farbenfrohe Straßenmarkt **La Bahía** (Karte S. 714 f.; Pichincha), ein faszinierendes Terrain für Entdecker (Achtung: Taschendiebe treiben sich hier herum!).

Die Calle 9 de Octubre ist die wichtigste Straße im Zentrum von Guayaquil. Was für ein tolles Gefühl, an einigen der nüchterneren Gebäude der Stadt vorbei zu flanieren und dabei Scharen von Geschäftsleuten, Ramschverkäufern und Zeitungshändlern zu begegnen! Die Straße trifft am beeindruckenden **La Rotonda**-Monument auf den Malecón. Weiter nördlich entlang des Malecón befindet sich das moderne **Museo Antropológico y de Arte Contemporáneo** (MAAC; Karte S. 714 f.; ☎ 230-9400; Malecón & Loja; Eintritt Mi–Sa 3 US$, Di & So 1,50 US$; ☯ Di–Sa 10–18, So 10–16 Uhr), ein Museum für Anthropologie, Archäologie und zeitgenössische ecuadorianische Kunst. Das MAAC verfügt auch über ein Kino mit 400 Sitzen, in dem Arthouse-Filme gezeigt werden, eine Freilichtbühne und Gastronomie.

LAS PEÑAS & CERRO SANTA ANA

Am nördlichen Ende des Malecón befinden sich diese zwei historischen Viertel. Nach ihrer Restaurierung stellen sie die idealisierte Version eines ruhigen südamerikanischen Bergdorfes dar, inklusive bunt gestrichener Häuser und kopfsteingepflasterter

Alleen. Die sich entlang Cerro Santa Ana, vorbei an den bunt bemalten Häusern hügelaufwärts schlängelnde Treppe ist ziemlich touristisch, aber der Blick vom Fort oben (genannt **Fortín del Cerro**) und der **Leuchtturm** sind herrlich.

Rechts neben der Treppe windet sich die alte Kopfsteinpflasterstraße **Calle Numa Pompillo Llona** elegant vorbei an verfallenden Holzhäusern aus der Kolonialzeit, die halbherzig von Bambuspfeilern abgestützt werden. Viele der Häuser oberhalb des Flusses sind Kunstgalerien.

INNENSTADT

Leguane streifen wie Dinosaurier durch den hübschen, von Bäumen gesäumten **Parque Bolívar** (Parque Seminario; Karte S. 714 f.; Chile/ Ballén) und starren kleine Kinder an, die Snacks in den Händen halten. Ein wirklich merkwürdiger Anblick! Die moderne **Kathedrale** befindet sich auf der Westseite der Plaza.

Es lohnt sich, einen Bummel auf der Hauptdurchfahrtsstraße **9 de Octubre** zu machen, um die Geschäftigkeit von Guayaquil zu erleben. Guayaquils größte Plaza, der **Parque del Centenario** (Karte S. 714 f.; 9 de Octubre/Garaycoa), erstreckt sich vier Blocks weit, ist voller Denkmäler und markiert das Zentrum der Stadt. Die beeindruckendste Kirche ist die **Kirche San Francisco** (Karte S. 714 f.; 9 de Octubre Nähe Chile), die nach einem verheerenden Brand im Jahr 1896 wiederaufgebaut und herrlich restauriert wurde.

MALECÓN EL SALADO

Wie das berühmtere Schwesterprojekt am Río Guayas ist der Malecón El Salado ein Versuch, die Ufergegend für die Bewohner der Stadt wieder nutzbar zu machen. Es gibt verschiedene Restaurants und Cafés in einem wie ein Einkaufszentrum wirkenden, stromlinienförmigen, modernen Gebäude entlang der Mündung. Oberhalb ist ein Fußgängerweg.

STÄDTISCHER FRIEDHOF

Der blendend weiße, am Hang gelegene **Friedhof** (Karte S. 714 f.; Moncayo & Coronel) mit Hunderten von Gräbern, Denkmälern und den riesigen Mausoleen ist der Traum eines jeden Gruftis. Ein Spaziergang durch die Palmen führt zum beeindruckenden Grab von Präsident Vicente Rocafuerte. Der Friedhof ist am besten mit dem Taxi erreichbar.

DER WEG INS ZENTRUM

Guayaquil eröffnete im August 2006 einen neuen internationalen Flughafen. Dieser befindet sich direkt neben dem alten Flughafen Simón Bolívar auf der Av de las Américas, 5 km nördlich des Zentrums. Der Busbahnhof ist 2 km nördlich des Flughafens. Ein Taxi in die Innenstadt dürfte von beiden Standorten etwa 4 bis 5 US$ kosten, vorausgesetzt, man überquert die Av de las Américas (statt von der Innenseite ein Taxi heranzuwinken) und handelt. Es kann allerdings sein, dass das beim neuen Flughafen nicht möglich ist. Vom Busbahnhof aus fahren Busse vorbei am Flughafen, die Av de las Américas runter zum Zentrum; Bus 71 ist eine gute Verbindung.

Feste & Events

Die ganze Stadt macht Party während der letzten Juliwoche, wenn Simón Bolívars Geburtstag (24. Juli) und der Gründungstag von Guayaquil (25. Juli) gefeiert werden. In dieser Zeit sind die Hotels voll, und der laufende Betrieb gerät durcheinander. Groß sind auch die Festivitäten zum Unabhängigkeitstag von Guayaquil (9. Oktober) und am Día de la Raza (12. Oktober). Silvester wird mit Freudenfeuern gefeiert.

Schlafen

Die Budgethotels sind im Allgemeinen von schlechter Qualität und haben happige Preise. Am ehesten wird man wohl in der Innenstadt übernachten wollen. Die Vororte im Norden sind teilweise dichter am Flughafen und am Busbahnhof, aber wegen des Verkehrs und der Umgehungsstraßen ist der Aufenthalt hier auch nicht komfortabler.

Hotel Sander (Karte S. 714 f.; ☎ 232-0030; Luque 1101; Zi. pro Person mit Ventilator/Klimaanlage 9/11 US$; 🏠) Trotz seiner kahlen Zimmer und seiner bunkerähnlichen Erscheinung gehört das große Hotel Sander mit seinem 24-Stunden-Security Service, dem freundlichen Personal und einem funktionierenden Aufzug zu den besseren Billigoptionen.

Hostal Suites Madrid (Karte S. 714 f.; ☎ 230-7804; Quisquis 305; Zi. mit Ventilator/Klimaanlage 12/15 US$; 🏠) Die großen, modernen Zimmer sind hell und makellos sauber und wirken nicht so heruntergekommen wie die typischen Budgethotels von Guayaquil.

Hotel Montesa (Karte S. 714 f.; ☎ 231-2526; Luis Urdaneta 817 Nähe Rumichaca; Zi. mit Ventilator/Klimaanlage 12/15 US$; 🏠) Eine weitere gute Budgetoption. Das neue Hotel hat eine helle, gefliese Lobby, die zu den kleinen, ebenso hellen Zimmern passt. Nur mit Glück gibt es hier heißes Wasser, aber das Personal ist freundlich und professionell.

Hostal Mar del Plata (Karte S. 714 f.; ☎ 04-230-7610; Junín 718 Nähe Boyacá; EZ/DZ mit Ventilator 12/20 US$, EZ/DZ mit Klimaanlage 18/23 US$; 🏠) Wen alte Fernseher und fehlende Toilettensitze nicht stören, wird das Hotel mit den sauberen Zimmern als solide Wahl empfinden.

Dreamkapture Hostal (Karte S. 716; ☎ 224-2909; www.dreamkapture.com; Alborada 12a etapa, Manzana 2, Villa 21; EZ/DZ mit Gemeinschaftsbad 12/20 US$, mit eigenem Bad 18/28 US$; 🏠 🏊) Das kleine, freundliche, von Kanadiern und Ecuadorianern geführte *hostal* im nördlichen Vorort Alborada hat picobello saubere Zimmer, einen Frühstücksraum, TV-Zimmer und einen kleinen Garten. Im Haus liegen jede Menge Infos für Traveller herum, und ein gesundes Frühstück ist im Preis inbegriffen. Das *hostal* befindet sich auf der Sixto Juan Bernal, in der Nähe der Kreuzung Benjamín Carrión/ Francisco de Orellana. Ausgeschildert ist das Haus nicht; einfach nach verträumten Bildern Ausschau halten.

Hotel Andaluz (Karte S. 714 f.; ☎ 231-1057; hotel_andaluz@yahoo.com; Junín 852; EZ/DZ 18/36 US$; 🏠) Die durch einen Zaun geschützte Lobby passt irgendwie nicht zur attraktiven Fassade, aber ein Labyrinth von Fluren führt zu sauberen und gemütlichen Zimmern.

Hotel California (Karte S. 714 f.; ☎ 230-2538; Urdaneta 529; EZ/DZ 20/24 US$; 🏠) Die Zimmer haben nicht so viel Charme wie die marmorne Lobby und das professionelle Personal erwarten lassen, sind aber mit Kabel-TV und modernen Bädern ausgestattet.

Hotel Alexander (Karte S. 714 f.; ☎ 253-2000; hotelalexander@hotmail.com; Luque 1107; EZ/DZ 25/30 US$; 🏠 💻) Die zentrale Lage, ein schönes Restaurant, kostenloser (und drahtloser) Internetzugang und ein professioneller Service entschädigen einen für dunkle, wenig beeindruckende Zimmer. Tolles Preis-Leistungs-Verhältnis!

Essen

Was das Essen anbelangt, hinkt die Innenstadt von Guayaquil den Vororten im Norden hinterher. Es gibt jede Menge kleine,

714 PAZIFIKKÜSTE & TIEFLAND •• Guayaquil

www.lonelyplanet.de

GUAYAQUIL ZENTRUM

PRAKTISCHES

Banco de Guayaquil	**1** E3
Banco del Pacífico	**2** E3
Banco del Pacífico	**3** A3
Centro de Turismo	**4** E3
Centro Viajero	**5** D3
Cyber@City	**6** D4
CyberNet	**7** B3
Dirección Municipal de Turismo	**8** D4
Dr Serrano Saenz	**9** D3
Galápagos Sub-Aqua	**10** E3
Galasam Tours	**11** D3
Internet 50¢	**12** C3
Joelik Cybernet	**13** B3
Kanadisches Konsulat	**14** D3
Librería Científica	**15** D4
Pacifictel	**16** D4
Post	**17** D4
SCI Cyber Center	**18** D4
Subsecretario de Turismo Litoral	**19** E3
US-amerikan. Konsulat	**20** B3

SEHENSWERTES & AKTIVITÄTEN

Catedral	**21** D4
Fortín del Cerro	**22** F1
Kirche San Francisco	**23** D4
La Bahía (Straßenmarkt)	**24** D5
La Rotonda	**25** E4
Leuchtturm	**26** F1
Mercado Sur	**27** D6
Museo Antropológico y de Arte Contemporáneo (MAAC)	**28** F2

ECUADOR

preisgünstige Esslokale, die die arbeitende Bevölkerung versorgen, aber nur wenige sind wirklich erwähnenswert. Um den Parque del Centenario herum befinden sich gemütliche *parrillas* (Grillrestaurants), und entlang des Malecón 2000 und des Malecón El Salado reihen sich helle, saubere Fast-Food-Restaurants aneinander. In der Mall del Sol, nördlich der Innenstadt, gibt es verschiedene gastronomische Betriebe. Traveller essen am besten in den Hotels der Innenstadt oder im nordwestlich gelegenen Vorort Urdesa.

Poly Restaurant (Karte S. 714 f.; Malecón 303; Almuerzos 1,50 US$) Eines der letzten ursprünglichen Lokale in der Gegend des Malecón und von Las Peñas – serviert gutes und günstiges Mittagessen.

Asadero Costeño (Karte S. 714 f.; Garaycoa 929; Almuerzos 1,50 US$) Hat super preiswerte Grillhähnchen.

El Toro Asado (Karte S. 714 f.; Ecke Chimborazo & Vélez; Hauptgerichte 1,50–4 US$) Lokal mit entspanntem Ambiente. Serviert gutes Grillfleisch zu erschwinglichen Preisen. *Asado y menestra* (gegrilltes Rindfleisch mit Linsen oder Bohnen) ist die Spezialität der Hauses.

Frutabar (Karte S. 714 f.; Malecón; Getränke ab 1,50 US$) Hier können Gäste aus mehr als 20 verschiedenen *batidos* und Sandwiches, Snacks und Dutzenden von Saftkreationen wählen.

Restaurant Ali Baba (Karte S. 714 f.; 9 de Octubre; Hauptgerichte 2 US$) Im Ali Baba gibt es orientalische Gerichte wie Humus und Falafel.

Ristorante Casa Italia (Karte S. 714 f.; Rendón 438; Hauptgerichte 3 US$, Almuerzos 2 US$) Das vermutlich einzige italienische Restaurant in der Innenstadt bietet preisgünstige Mittagsmenüs.

Artur's Café (Karte S. 714 f.; Numa Pompillo Llona 127; Hauptgerichte 3–7 US$) Langzeitfavorit mit unschlagbarer Versteckatmosphäre und in Superlage oberhalb des Río Guayas in Las Peñas. Arthur's Café hat sich auf ecuadorianische Küche spezialisiert.

Bopan (Karte S. 714 f.; Malecón & Paula de Icaza; Hauptgerichte 3–7 US$) Crepes, Tortillas, Sandwiches und Pastagerichte laden in diesem Lokal auf dem Malecón zur Einkehr ein.

Escalón 69 (Karte S. 714 f.; Cerro Santa Ana; Hauptgerichte 4–8 US$) Romantische Eleganz trifft in diesem einzigartigen Restaurant auf eine lässige, nachbarschaftliche Atmosphäre. Kreative ecuadorianische Karte.

Resaca (Karte S. 714 f.; Malecón at Roca; Hauptgerichte 5–9 US$) Ein typischer Ami-Schuppen wie

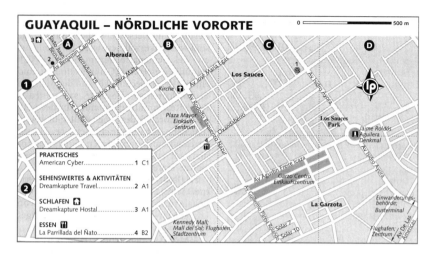

TGI Friday's (d. h. karierte Tischdecken und Chicken Wings), macht aber Laune. Und die sehr beliebte Bar ist am Wochenende brechend voll.

La Parrillada del Ñato (Karte S. 716; VE Estrada 1219/ Laureles, Urdesa; Hauptgerichte 6–10 US$) Im berühmtesten Grillrestaurant in Guayaquil groß essen zu gehen, lohnt sich *auf jeden Fall*! Ernsthaft, das hier ist eine Institution. Hat eine **Filiale** (Ecke Demetrio Aguilera Malta & RB Nazur) in Alborada.

Tasca Vasca (Karte S. 714 f.; Ballén 422 & Chimborazo; Hauptgerichte 8–14 US$) Mit seiner verrauchten Kelleratmosphäre, den höflichen Kellnern und den mit Kreide auf Tafeln angeschriebenen Speisekarten entführt dieser spanische Klassiker seine Gäste auf einen anderen Kontinent.

Las 3 Canastas (Karte S. 714 f.; Ecke Velez & Chile) Das Innenstadtlokal serviert Fruchtshakes, Fruchtsäfte und Eiscreme. Es hat auch Tische im Freien.

Ausgehen

Die *farra* von Guayaquil verteilt sich um die Innenstadt herum, aber einige der interessantesten, einladendsten und elegantesten Bars befinden sich in bequemer Lage im Viertel Las Peñas. Daneben gibt es auch mehrere Bars im Zentrum, in der Nähe des Malecón 2000. Weitere Clubs und Bars sind in den Vierteln Alborada, Kennedy Norte und Urdesa.

DADA (Karte S. 714 f.; Numa Pompilio Llona 177) Hip und elegant, aber trotzdem warm und einladend. Die Inneneinrichtung im DADA ist komplett aus Holz. Man sitzt hier mit Blick auf den Fluss.

Escalón 69 (Karte S. 714 f.; Cerro Santa Ana) Befindet sich oberhalb des empfohlenen Restaurants gleichen Namens. Am Wochenende gibt es im Escalón 69 abends Karaoke und Livemusik.

El Galeón de Artur's (Karte S. 714 f.; Cerro Santa Ana) Ebenfalls in Las Peñas ist El Galeón. Ein lässiges Lokal für Drinks, wenn einen die laute Musik nicht stört.

La Paleta (Karte S. 714 f.; Numa Pompilio Llona) Die wahrscheinlich unkonventionellste Bar in der City besticht durch höhlenähnliche Ecken, bequeme Bänke und das dunkle Holzambiente.

La Proa (Karte S. 714 f.; Malecón at Vernaza y Carbo; 10 US$ Eintritt) Die schöne, hippe Bar neben dem MAAC-Kino ist so stylisch wie nur irgend möglich.

La Taberna (Karte S. 714 f.; Cerro Santa Ana) Die Deko ist eine Mischung aus Fußballtrikots, Zeitungsausschnitten, Zigarettenstangen und Fotos.

Unterhaltung

El Telégrafo und *El Universo* veröffentlichen Veranstaltungsprogramme.

Casa de Cultura (Karte S. 714 f.; Ecke 9 de Octubre & Moncayo) Zeigt fremdsprachige Filme und Kunstfilme.

Imax (Karte S. 714 f.; Malecón 2000; www.imaxmalecon2000.com; Eintritt 4 US$) An das MAAC angeschlossen.

Supercines 9 de Octubre (Karte S. 714 f.; 9 de Octubre 823/Avilés; Eintritt 2 US$) Modernes Multiplex-Kino.

An- & Weiterreise

BUS

Der Busbahnhof ist 2 km vom Flughafen entfernt. Es bestehen Busverbindungen zu den meisten größeren Städten im Land. Täglich fahren etliche Busse nach Quito (9 US$, 7–10 Std.), Manta (4,50 US$, 4 Std.), Esmeraldas (7 US$, 7 Std.) und Cuenca (8 US$, 3½ Std.).

Verschiedene Unternehmen am Busbahnhof fahren nach Machala (4,50 US$, 3 Std.) und Huaquillas (4,50 US$, 4½ Std.) an der peruanischen Grenze. Die einfachste Art, nach Peru zu kommen, ist allerdings mit einer der internationalen Linien. **Rutas de America** (☎ 229-7383; Los Rios 3012/Letamendi), deren Büro und Haltestelle sich südöstlich der Innenstadt befinden, betreiben Direktbusse nach Lima (50 US$, 24 Std.), die täglich um 6 Uhr abfahren. **Expresso Internacional Ormeno** (☎ 229-7362; Centro de Negocios El Terminal, Bahía Norte, Office 34, Bloque C) fährt täglich um 14 Uhr nach Lima (55 US$), mit Halt in Tumbes (20 US$, 5 Std.). Die Firma hat ihr Büro und ihre Haltestelle auf der Av de las Américas, gleich nördlich des zentralen Busbahnhofs. Die Busverbindungen sind sehr bequem, weil die Fahrgäste an der Grenze nicht aussteigen müssen. Die Formalitäten werden im Bus erledigt. Beide Unternehmen fahren auch verschiedene andere Länder in Südamerika an.

FLUGZEUG

S. S. 713 für Reiseinformationen zum/vom Flughafen. Internationale Flüge unterliegen einer Abflugsteuer von 25 US$. **TAME** Zentrum (Karte S. 714 f.; ☎ 256-0778, 256-0920; Paula de Icaza 424, Gran Pasaje); Flughafen (☎ 228-2062, 228-7155) fliegt täglich mehrmals nach Quito (53 US$), ein- oder zweimal täglich nach Cuenca (41 US$), dreimal wöchentlich nach Loja (41 US$) und einmal pro Werktag nach Machala (28 US$). TAME und **AeroGal** (☎ 228-4218; www.aerogal.com.ec; Flughafen) fliegen die Flughäfen Baltra und San Cristóbal auf den Galapagosinseln an (Hin- und Rückflug 344 US$; Mitte Jan.–Mitte Juni und Sept.–Nov. 300 US$). **Icaro** (☎ 229-4265; www.icaro.com.ec; Flughafen) fliegt nach Quito.

Unterwegs vor Ort

Zu Fuß kommt man am besten durch die Innenstadt. Die Fahrt mit den städtischen Bussen ist billig (etwa 0,20 US$), aber die Routen sind kompliziert. Ein Taxi im Innenstadtbereich sollte nicht mehr als 1,50 US$ kosten.

MACHALA

☎ 07 / 216 900 Ew.

Die selbsternannte „Bananenhauptstadt der Welt", Machala, ist die viertgrößte Stadt Ecuadors. Die meisten Traveller, die von oder nach Peru unterwegs sind, kommen hier durch, aber wenige bleiben länger als eine Nacht. Der netteste Zug dieser chaotischen Stadt sind vermutlich die kostenlosen Bananen auf den Restauranttischen. Páez ist eine Fußgängerzone zwischen Rocafuerte und 9 de Octubre.

In der Stadt gibt es viele Internetcafés. Die **Banco del Pacífico** (Ecke Junín & Rocafuerte) und die **Banco del Pichincha** (Ecke Rocafuerte & Guayas) verfügen über Geldautomaten und auch lösen Reiseschecks ein. Möglichkeiten zum Telefonieren bestehen bei **Pacifictel** (Montalvo Nähe 9 de Octubre).

Schlafen & Essen

Die meisten Hotels haben nur kaltes Wasser, und Moskitonetze sind zu empfehlen. Auf der Sucre, Nähe Colón, gibt es mehrere preisgünstige *parrilla*-Restaurants, die Ausgehungerten für wenig Geld Grillhähnchen und Steaks servieren.

Hotel San Francisco International (☎ 293-0445, 293-0457; Tarqui Nähe Sucre; EZ/DZ mit Ventilator 12/18 US$, mit Klimaanlage 17/23 US$; ❸) Die günstigeren Zimmer sind klein und mit alten Möbeln ausgestattet; die Farbe blättert von den Wänden. Die neuen Zimmer dagegen sind schon fast schick.

Hotel Ejecutivo (☎ 292-3162; Sucre & 9 de Mayo; EZ/DZ 18/25 US$; ❸) Die Zimmer bieten einen Ausblick über die Innenstadt. Helle und sonnige Flure.

Restaurant Chifa Central (Tarqui Nähe Sucre; Hauptgerichte 2–5 US$; ❀ 11–22 Uhr) Tischt riesige Portionen chinesischen Essens auf.

An- & Weiterreise

Der Flughafen liegt 1 km südwestlich der Stadt. Ein Taxi kostet etwa 1 US$. **TAME** (☎ 293-0139; www.tame.com.ec; Montalvo Nähe Pichincha) fliegt an Wochentagen nach Guayaquil (30 US$) und weiter nach Quito (55 US$).

Es gibt keinen zentralen Busbahnhof. Die **CIFA**-Busse (Ecke Bolívar & Guayas) fahren von der 9 de Octubre, Höhe Tarqui, regelmäßig

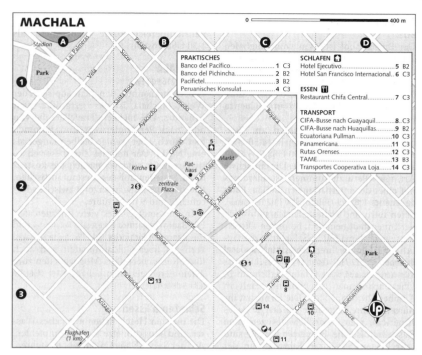

nach Huaquillas (1,50 US$, 1½ Std.) an der peruanischen Grenze und nach Guayaquil (3 US$, 4 Std.). **Rutas Orenses** (9 de Octubre Nähe Tarqui) und **Ecuatoriana Pullman** (9 de Octubre Nähe Colón) fahren Guayaquil ebenfalls an, letzteres Unternehmen hat klimatisierte Busse.

Panamericana (Bolívar/Colón) bietet täglich mehrere Verbindungen nach Quito (10 US$, 10 Std.). **Transportes Cooperativa Loja** (Tarqui & Bolívar) fährt nach Loja (4,50 US$, 7 Std.).

HUAQUILLAS

☎ 07 / 30 000 Ew.

Die auf der peruanischen Seite Aguas Verdes genannte Stadt Huaquillas ist die wichtigste Grenzstadt zu Peru und liegt 80 km südlich von Machala. Es gibt eigentlich wenig Grund, hier Halt zu machen. Fast alles spielt sich auf der langen Hauptstraße ab. Die ecuadorianischen Banken wechseln kein Geld (haben aber Geldautomaten). Die mit Aktentaschen bewaffneten Geldwechsler tauschen Geld ein, aber es wird vielfach von Abzocke berichtet.

Wer hier übernachten muss, ist ganz gut bedient mit dem **Hotel Hernancor** (☎ 299-5467; 1 de Mayo; EZ/DZ 13/16 US$; 🗙) oder dem **Hotel Rody** (☎ 299-5581; Av Tnte Cordovez & 10 de Agosto; EZ/DZ ab 5/10 US$).

Die CIFA-Busse fahren von der Hauptstraße zwei Blocks von der Grenze entfernt aus regelmäßig nach Machala (1,50 US$, 1½ Std.). Panamericana fährt täglich nach Quito (10 US$, 12 Std.). Ecuatoriana Pullman betreibt Busse nach Guayaquil (4,50 US$, 4½ Std.). Transportes Loja verkehrt nach Loja (5 US$, 6 Std.).

DIE GALAPAGOSINSELN

☎ 05 / 19 000 Ew.

So wie einst bei Darwin (der 1835 hierher kam) können die Galapagosinseln auch heute bewirken, dass man die Welt mit anderen Augen sieht. Eine Tour zu diesen außergewöhnlichen Inseln ist, als ob man in eine Paralleluniversum stolpert. Es ist eine fremdartige, außerweltliche Kolonie auf Grundlage gegenseitiger Zusammenarbeit, verwaltet von Seelöwen – den „Golden Retrievern" der Galapagosinseln. Was die Insel

EINREISE NACH PERU

Die Formalitäten werden auf beiden Seiten der Grenze problemlos erledigt. Viele Traveller berichten, dass der Grenzübertritt mit dem Nachtbus einfacher ist – ohne großen Andrang, Schnüffler und übereifrige Beamte der Einwanderungsbehörde (in der Nacht wollen die Grenzbeamten einfach nur, dass man weiterfährt). Das Busunternehmen CIFA bietet direkte, grenzüberschreitende Busverbindungen ab Machala und Guayaquil nach Tumbes, Peru.

Die ecuadorianische **Einwanderungsbehörde** (keine Gebühren; ⓨ 24 Std.) befindet sich 5 km außerhalb von Huaquillas und 3 km nördlich der Grenze. Ein- und Ausreiseformalitäten werden hier erledigt. Der Bus wartet nicht, wer aber sein Busticket aufbewahrt, kann ohne zusätzliche Kosten mit dem nächsten Bus weiterfahren. Es gibt auch Taxis.

Beim Verlassen Ecuadors bekommen Reisende einen Ausreisestempel von der ecuadorianischen Einwanderungsbehörde. Nach dem Vorzeigen des Passes beim Grenzwächter einfach mit anderen ein Mototaxi (0,50 US$) zum Gebäude der peruanischen Einwanderungsbehörde etwa 2 km hinter der Grenze nehmen. Von hier aus fahren *colectivos* nach Tumbes (1,50 US$; Vorsicht, sonst wird man bei den Preisen über's Ohr gehauen!).

Für die Anreise *von* Peru, s. Kasten S. 1044.

---

in den Augen der Besucher so besonders und berühmt gemacht hat, ist die Furchtlosigkeit ihrer Bewohner. Blaufußtölpel, Seelöwen, Landleguane aus prähistorischer Zeit – sie alle benehmen sich so, als wären die Menschen nichts anderes als lästige Paparazzi. Nur hier veranstalten Mensch und Tier einen Wettbewerb darum, wer den anderen länger anstarren kann – und der Mensch verliert!

Ein Besuch auf den Inseln ist allerdings ziemlich teuer. Und um ihre Wunder wirklich erleben zu können, muss man eine Tour machen. Es ist möglich, unabhängig voneinander vier der Inseln zu besuchen, aber viele der Tiere und die kleineren Inseln bekommen Gäste nur auf einer Bootsfahrt vor die Linse.

NATUR & UMWELT

Die Galapagosinseln wurden 1959 zum Nationalpark erklärt. Der organisierte Tourismus begann in den 1960er-Jahren, und seit den 1990er-Jahren kamen jährlich rund 60 000 Menschen her. Heute zählen die Inseln jedes Jahr mehr als 100 000 Besucher. Da der Tourismus gewachsen ist, verlagern immer mehr legale und auch illegale Arbeitskräfte ihren Wohnsitz hierher. Der dramatische Anstieg menschlicher Nutzung hat begonnen, sich auf die fragile Ökologie der Inseln auszuwirken. Im Jahr 2005 konnte das größte der 80 Touristenboote, die die Galapagosinseln anfahren, 96 Passagiere befördern. 2006 trat die *MV Discovery* mit Platz für 500 Passagiere ihre Jungfernfahrt zu den Inseln an. Viele warten nur darauf, dass der Massentourismus auf den Galapagosinseln Einzug hält.

Die Inseln hatten auch schon mit ganz anderen Problemen zu kämpfen, darunter Ölkatastrophen, die Jagd auf Seelöwen (deren Geschlechtsorgane auf dem internationalen Schwarzmarkt verkauft werden), Überfischung, illegales Fangen von Haien, Hummern und anderen Seelebewesen und die Einführung nicht einheimischer Tiere. Es ist also nicht zu übersehen, dass der Galápagos National Park alle Hände voll damit zu tun hat, sich selbst zu schützen. Wer möchte, kann der **Charles Darwin Foundation** (www.galapagos.org), der gemeinnützigen Organisation, die für den Schutz und die Erforschung der Inseln zuständig ist, über deren Internetseite Geld spenden.

ORIENTIERUNG

Die wichtigste Insel ist die Isla Santa Cruz. An ihrer Südseite liegt Puerto Ayora, die größte Stadt der Galapagosinseln, von der aus die meisten Budgettouren starten. Hier gibt es viele Hotels und Restaurants. Nördlich von Santa Cruz, abgetrennt durch eine schmale Meerenge, befindet sich die Isla Baltra, Standort des größten Flughafens der Inseln. Ein öffentlicher Bus und eine Fähre verbinden den Flughafen von Baltra mit Puerto Ayora.

Die Isla San Cristóbal, die östlichste der Galapagosinseln, ist der Sitz der Provinzhauptstadt Puerto Baquerizo Moreno, wo es ebenfalls Hotels und einen Flughafen gibt. Die anderen bewohnten Inseln sind die Isla Isabela und die Isla Santa María.

PRAKTISCHE INFORMATIONEN

Alle ausländischen Besucher müssen bei der Ankunft am Nationalpark 100 US$ (in bar!) bezahlen. Hauptsaison ist von Dezember bis Januar, um Ostern herum und von Juni bis August. Während dieser Zeit kann es schwierig sein, Touren zu einigermaßen günstigen Preisen zu arrangieren. Zu beachten ist, dass die meisten Inseln zwei oder sogar drei Namen haben. Galapagos liegt zeitlich eine Stunde hinter Festland-Ecuador zurück. Das Aktuellste zu den Inseln kann man auf der Charles Darwin Foundations-Nachrichtenseite unter www.darwin foundation.org nachlesen.

PREISE

Jeder sollte sich darauf einstellen, dass er mehr Geld ausgibt als geplant. Für eine kostengünstige einwöchige Tour in der Nebensaison muss man mit mindestens 500 bis 700 US$ rechnen. In der Hauptsaison sind es 1000 US$, jeweils zuzüglich Anflug und 100 US$ Eintrittsgebühr zum Park. Die günstigste (wenngleich nicht die beste) Besuchszeit ist zwischen September und November, wenn das Meer stürmisch und auf den Inseln nichts los ist. Wer in Puerto Ayora selber eine Tour bucht, spart eventuell Geld. Die Ausgaben für Übernachtungen müssen jedoch mit eingerechnet werden.

UNBEDINGT MITBRINGEN

Viele praktische (oder sogar unentbehrliche) Dinge gibt es auf den Galapagosinseln nicht. Daher genügend Tabletten gegen Seekrankheit, Sonnen- und Insektenschutz, Filme, Batterien, Toilettenartikel und Medikamente auf dem Festland besorgen!

BÜCHER

Lonely Planets englischsprachiger Reiseführer *Ecuador & the Galápagos Islands* von Günter Wessel bietet jede Menge Informationen zu den Galapagosinseln. Der beste allgemeine englische Reiseführer zur Tier- und Pflanzenwelt ist Michael H. Jacksons *Galápagos: A Natural History Guide*. Der einzige Reiseführer, der *alle* auf dem Archipel vorkommenden Wirbeltiere erfasst, ist *Birds, Mammals and Reptiles of the Galápagos Islands* von A. Swash & R. Still. Vogelbeobach-

ter sollten einen Blick werfen in *A Field Guide to the Birds of the Galápagos* von Michael Harris. Es gibt außerdem den *Field Guide to the Fishes of Galápagos* von Godfrey Merlen. J. Weiners pulitzerpreisgekröntes Buch *The Beak of the Finch* stellt eloquent Tatsachen über die Evolutionsforschung auf den Galapagosinseln und anderorts dar. Weitere Buchempfehlungen, s. S. 730.

FREIWILLIGENARBEIT

Auf der Isla San Cristóbal hat die Gemeinschaftsorganisation **Nueva Era** (☎ 252-0489; www.neweragalapagos.org) ihren Sitz. Sie sucht Freiwillige, die mit einheimischen Kindern in Bereichen wie Umwelt, Kunst, Tanz, Handwerk, Strandreinigung etc. arbeiten möchten. Freiwillige zahlen für Unterkunft und Verpflegung. Eine bewundernswerte lokale Organisation!

TOURISTISCHE STÄTTEN

Zum Schutz der Inseln gestatten die Nationalparkbehörden Besuchern den Zugang zu rund 50 Stellen, außerdem zu den Städten und zu öffentlichen Bereichen. Andere Gebiete sind gesperrt. An den touristischen Stätten sind Pflanzen, Tiere und Geologie am interessantesten. Abgesehen von den im Folgenden aufgeführten Arealen (in der Nähe von Puerto Ayora und Puerto Baquerizo Moreno) sind die meisten Stellen mit dem Boot erreichbar.

Üblicherweise gelangen Gäste in einer *panga* (Jolle) an Land. Das Anlegen ist entweder „nass" (man springt aus dem Boot und watet in knietiefem Wasser an Land) oder „trocken" (man steigt aus auf einen Anleger oder einen Felsvorsprung). Gelegentlich fallen Leute bei der nassen Landung ins Wasser (ha, ha, ha! Nicht witzig!) oder rutschen bei der trockenen Landung auf den algenbedeckten Felsen aus. Also schön vorsichtig sein und die Kamera in einer wasserdichten Tasche verstauen! Bootskapitäne werden Reisegruppen nur an ausgewiesenen touristischen Stättlen aussteigen lassen.

Zusätzlich zu den Bereichen an Land gibt es viele sehenswerte Stellen im Meer, wo Tauchen oder Schnorcheln erlaubt ist.

GEFÜHRTE TOUREN

Es gibt auf den Galapagosinseln im Wesentlichen drei Arten von Touren: Ausflüge mit dem Boot mit Übernachtung an Bord; Tagestouren mit Übernachtung in immer demselben Hotel (meist in Puerto Ayora oder Puerto Baquerizo Moreno) und hotelbasierte Touren, bei denen die Gäste in Hotels auf verschiedenen Inseln übernachten. Der allerletzte Schrei sind die Kajaktouren, derzeit angeboten von **Row International** (www.rowinternational.com) für rund 3300 US$ pro Person. Die letzten zwei genannten Tourarten werden aber wohl den finanziellen Rahmen des gemeinen Budgettravellers sprengen.

Die Tourpreise gelten exklusive 100 US$ Eintrittsgebühr zum Park, Anflug und Getränke in Flaschen. Trinkgeld ist ebenfalls nicht enthalten. Auf einer preisgünstigen einwöchigen Tour sollten Crew und Reiseführer *mindestens* 20 US$ Trinkgeld pro Passagier bekommen (etwa die Hälfte davon kriegt der Führer).

Wer eine solche Menge Geld investiert, um die Galapagosinseln zu sehen, der will wahrscheinlich möglichst viel davon haben. Die günstigeren Boote sind meist o.k., wenn aber etwas schief läuft, dann eher bei diesen. Müssen es die Galapagosinseln sein, aber der Geldbeutel gibt nicht mehr her als für eine Fahrt mit dem Billigboot – trotzdem fahren! Denn das wird vermutlich ein unvergessliches Abenteuer. Es ist aber eine Überlegung wert, ein paar hundert Dollar mehr zu bezahlen für ein bequemeres, zuverlässigeres Boot und einen besseren Reiseführer. Die meisten Leute finden die Tour großartig. So oder so.

Geführte Tagestouren

Die meisten Tagestouren starten von Puerto Ayora aus, einige wenige aber auch von Puerto Baquerizo Moreno. Die Gäste segeln mehrere Stunden bis zu(r) touristischen Stätte(n), besuchen die Insel mitten am Tag und sind wahrscheinlich Teil einer großen Gruppe. Nur wenige Inseln sind nah genug an Santa Cruz oder San Cristóbal, dass sie sich für einen Tagesausflug eignen.

Da für Hin- und Rückfahrt so viel Zeit draufgeht und man die Inseln so nicht morgens oder abends besuchen kann, sind Tagestouren nicht zu empfehlen. Die Stippvisite auf der Insel ist wahrscheinlich zu kurz, der Reiseführer vielleicht schlecht informiert und die Crew hat möglicherweise keinen Sinn für Naturschutz.

Die Tagestourenanbieter in Puerto Ayora verlangen etwa 40 bis 120 US$ pro Person und Tag. Man sollte sich unbedingt vorher mit anderen Reisenden über die Qualität des Reiseführers und des Bootes austauschen. Auf gar keinen Fall in ein Boot steigen, das unterwegs betankt werden muss – das kann Stunden dauern!

Geführte Bootstouren

Die meisten Besucher gehen auf längere Bootstouren und schlafen an Bord. Vier- bis achttägige Touren werden am häufigsten gebucht. Für die Galapagosinseln sollte man sich mindestens eine Woche Zeit nehmen, auch wenn fünf Tage vielleicht reichen, um das Wichtigste zu sehen. Wer die abseits gelegenen Inseln Isabela und Fernandina besuchen möchte, sollte zwei Wochen einplanen. Gäste kommen bei einer vorgeplanten Tour am ersten Tag gegen Mittag mit dem Flugzeug vom Festland an. Da bleibt dann noch ein halber Tag auf den Galapagosinseln. Am letzten Tag muss man schon am Morgen am Flughafen sein. D. h. bei einer Fünftagetour hat man effektiv nur drei volle Tage auf den Inselnzur Verfügung. Wer eine Tour von Puerto Ayora aus plant, kann das vermeiden.

Oft ist eine einwöchige Tour eine Kombination aus zwei kürzeren Trips, beispielsweise eine Tour von Montag bis Donnerstag kombiniert mit einer von Donnerstag bis Montag. Solche einwöchigen Touren sind nicht sehr sinnvoll, da der größte Teil des Donnerstag mit Ein- und Aussteigen verbracht wird.

Tourboote gibt es sehr verschiedene, von kleinen Yachten bis zu großen Schiffen. Der häufigste Bootstyp ist ein Motorsegler mit Platz für 6 bis 16 Passagiere. An Kategorien ist alles vertreten und kann gebucht werden, von der Economy- und Touristenklasse bis zur Deluxe- und Luxusklasse.

Die sieben- oder achttägigen Economy-Touren finden meist auf kleinen Booten mit sechs bis zwölf Schlafkojen in Doppel-, Dreier- oder Viererkabinen statt. Für Bettzeug ist gesorgt, und die Unterkünfte sind sauber, allerdings feucht und eng mit wenig Privatsphäre. Zu allen Mahlzeiten wird reichlich einfaches, aber frisches Essen und Saft serviert, und im Boot fährt ein Reiseführer mit (aber nur wenige Führer auf den Economy-Touren sprechen Englisch).

Es gibt Toiletten und frisches Trinkwasser. Zum Waschen dienen Salzwasserschläuche an Deck oder auf einigen Booten auch Duschen mit Frischwasser. Bei den vorgegebenen Reiserouten ist genügend Zeit für einen Besuch der zentral gelegenen Inseln und zur Beobachtung der Pflanzen und Tiere eingeplant.

Manchmal geht etwas schief, und falls das passiert, ist es meist extrem schwierig, den Preis erstattet zu bekommen. Zu den Problemen gehören Bootswechsel in letzter Minute (steht im Kleingedruckten im Vertrag), eine dürftige Besatzung, zu wenig Getränkeflaschen an Bord, das Abweichen von der geplanten Reiseroute, Maschinenschaden oder Überbuchung. Passagiere müssen sich die Kabinen teilen, und es wird nicht garantiert, dass ihre Kabinengenossen gleichen Geschlechts sind. Wer seine Kabine nicht mit einem Fremden anderen Geschlechts teilen möchte, sollte sich schriftlich geben lassen, dass er oder sie das nicht muss. Allgemein gilt: je günstiger die Tour, umso unbequemer das Boot und unwissender der Reiseführer.

Tourarrangements vor Ort

Die meisten Gäste kommen im Zuge einer im Voraus arrangierten Tour auf die Inseln. Es kann jedoch billiger sein, in Puerto Ayora oder Puerto Baquerizo Moreno eine Individualtour zu planen. Meist stehen hierfür, wenn man erstmal auf den Galapagosinseln ist, nur die günstigeren Boote zur Verfügung. Die besseren Boote sind fast immer ausgebucht. Also nicht auf die Galapagosinseln fliegen und auf ein Top-Boot für wenig Geld hoffen! Es ist nicht unüblich, dass Gäste auf die Inseln fliegen und erst dort eine Tour planen, aber es ist auch nicht so einfach, wie es klingt. Manchmal dauert es mehrere Tage – oder sogar eine Woche oder mehr – und ist daher eine üble Option für Reisende, die zeitlich gebunden sind.

Der beste Ort, um eine Tour zu organisieren, ist Puerto Ayora, alternativ geht das aber auch in Puerto Baquerizo Moreno. Dort stehen allerdings weniger Boote zur Verfügung. Wer allein oder mit nur einem Freund reist, muss nach weiteren Mitreisenden suchen, denn selbst die kleinsten Boote fahren nicht mit weniger als vier Passagieren. Aber es finden sich eigentlich immer Leute, die Boote suchen, und die Agenturen können dabei helfen, Traveller und Boote zusammenzubringen.

Im August und um Weihnachten und Ostern herum Boote zu finden, ist besonders schwierig. In den ruhigeren Monaten gibt es zwar weniger Touristen auf den Inseln, aber dafür werden die Boote während dieser Zeit oft repariert oder gründlich überholt, vor allem im Oktober. Trotz dieser Vorbehalte können Reisende, die in Puerto Ayora nach einem Boot suchen, binnen einer Woche fast immer eins finden (manchmal auch in wenigen Tagen), wenn sie sich dahinterklemmen. In Anbetracht der Extrakosten für Übernachtungen und Mahlzeiten in Puerto Ayora spart man bei dieser Methode allerdings nicht unbedingt.

Das Wichtigste ist, einen guten Kapitän und einen begeisterten Naturführer zu finden. Beide – und das Boot natürlich – sollte man vor dem Buchen in Augenschein nehmen dürfen.

Tourarrangements im Voraus

Wem die Zeit oder die Ruhe für Tourarrangements vor Ort fehlt, der kann in Quito oder Guayaquil eine Tour buchen. Trotzdem sind während der Hauptsaison Wartezeiten von mehreren Tagen oder Wochen möglich. Bei verschiedenen Agenturen Preise vergleichen und ein Abfahrtsdatum wählen, das einem gut passt. Manchmal gibt es ein tolles Boot zum Budgetpreis; besonders, wenn die Geschäfte schleppend gehen, senken die Reisagenturen lieber ihre Preise in letzter Minute, als eine leere Koje zu riskieren.

REISEN AUF EIGENE FAUST

Die Galapagosinseln selbstständig zu erkunden, ist, im positiven wie im negativen Sinne, ein völlig anderes Erlebnis als eine geführte Bootstour. Nur vier der Inseln – Santa Cruz, San Cristóbal, Isabela und Santa María – können von Individualreisenden besucht werden. Addiert man die Kosten für Hotel, Tagestouren (sicher man ja sicher machen will) und die Fahrten zwischen den Inseln, wird das Reisen allein sicher nicht viel billiger als eine geführte Tour. Größtes Manko: ohne Führer (d. h. geführte Tour) bleiben viele der Inseln oder Pflanzen und Tiere (die Hauptattraktion) verschlossen. Dennoch *kann* es ein tolles Erlebnis sein, mit mehr Zeit und mehr Ruhe die vier

www.lonelyplanet.de — DIE GALAPAGOSINSELN •• An- & Weiterreise **723**

Inseln auf eigene Faust und auf eine Art kennen zu lernen, wie es auf einer kurzen Tour nicht möglich wäre.

Individualreisende fliegen entweder nach Santa Cruz oder San Cristóbal oder besteigen eine der regelmäßig zwischen den beiden Inseln verkehrenden Passagierfähren (s. rechte Spalte). Puerto Ayora auf Santa Cruz ist recht teuer, aber es gibt einige großartige Stätten (vor allem Bahía Tortuga), die man auf eigene Faust besuchen kann. Von hier aus Tauchgänge und Tagestouren zu planen, ist einfach. Puerto Baquerizo Moreno auf San Cristóbal ist billiger und entspannter, bietet weltklasse Surferwellen, gute Schnorchelmöglichkeiten, Stellen zum Campen und verschiedene interessante Sehenswürdigkeiten, die auch ohne Reiseführer zugänglich sind. Puerto Villamil auf Isabela ist sogar noch günstiger. Der Ort hat selten Besucher. So kann es passieren, dass man tagelang allein auf weiter Flur ist (und da nur zwei reguläre Fähren pro Monat an der Isabela haltmachen, können das ziemlich viele Tage werden!). Die Isla Santa María (Floreana) schließlich ist nur einmal pro Monat (An- und Abfahrt) mit dem Boot erreichbar, und es gibt nur eine Möglichkeit zum Übernachten und Essen (nicht billig, aber Campen ist eventuell möglich), aber die Insel ist ein wahres Paradies.

Die Galapagosinseln auf eigene Faust zu erkunden, lohnt sich nur für Reisende, die *mindestens* zwei, besser drei oder mehr Wochen Zeit haben. Die beste Zeit für Individualreisen ist außerhalb der Saison, wenn die Hotels günstiger und nicht komplett ausgebucht sind.

AN- & WEITERREISE

Die meisten Besucher fliegen zur Isla Baltra, von wo aus sie mit Bus und Fähre nach Puerto Ayora auf der Isla Santa Cruz weiterfahren. Auch Puerto Baquerizo Moreno auf der Isla San Cristóbal kann angeflogen werden, aber Puerto Ayora hat eine bessere Infrastruktur. Daher sollten Traveller, die eine Tour vor Ort buchen möchten, besser dorthin fliegen.

TAME, Icaro und AeroGal fliegen mehrmals täglich ab Quito (390 US$ Hin- und Rückflug, 3¼ Std.) über Guayaquil (344 US$ Hin- und Rückflug, 1½ Std.) nach Baltra und San Cristóbal (gleicher Preis). Die Flüge sind günstiger – 344 US$ ab Quito und

300 US$ ab Guayaquil – in der Nebensaison (1. Mai–14. Juni und 15. Sept.–31. Okt.). Es ist möglich, mit einem einfachen Flug zu einer Insel zu gelangen und von einer anderen wieder abzufliegen. Auch ein Rückflug mit offenem Datum geht. Wer das Rückflugdatum eines bereits gebuchten Fluges ändern möchte (7 US$ Gebühr), muss das persönlich in Puerto Ayora oder Baquerizo Moreno tun. Änderungen im Rückflug sind in der Hauptsaison schwieriger. Am besten früh im Reisebüro sein, um qualvolle Wartezeiten zu vermeiden. Flüge immer noch einmal bestätigen lassen!

Wer eine Tour gebucht hat, sollte darauf achten, dass er zur richtigen Insel fliegt. Gelegentlich landen nämlich Leute auf der falschen Insel und verpassen die Tour.

UNTERWEGS VOR ORT
Flugzeug

Die kleine Fluglinie **Emetebe** (Puerto Ayora ☎ 252-6177; Puerto Baquerizo Moreno ☎ 252-0036; Puerto Villamil ☎ 252-9155; Guayaquil ☎ 04-229-2492) fliegt mit einem Flugzeug für fünf Passagiere zwischen Baltra und Puerto Villamil (Isla Isabela), Baltra und Puerto Baquerizo Moreno (Isla San Cristóbal) und zwischen Puerto Baquerizo Moreno und Puerto Villamil. Der Flugpreis beträgt etwa 120 US$ (einfacher Flug). Pro Person sind nur 13 kg Reisegepäck erlaubt.

Schiff/Fähre

Ingala (in Puerto Ayora ☎ 526-151/199) betreibt die *Ingala II,* eine Passagierfähre zwischen den Inseln. Sie fährt rund dreimal pro Woche von Santa Cruz nach San Cristóbal, etwa zweimal im Monat von Santa Cruz nach Isabela (meistens an einem Freitag) und einmal pro Monat von Isabela nach Floreana. Das Büro in Puerto Ayora hat aktuelle Details, ebenso die Cámara de Turismo in Puerto Ayora. Die Abfahrtszeiten ändern sich oft. Die Preise liegen für Ausländer bei 50 US$ (in der Nebensaison manchmal weniger). Tickets kauft man am Abreisetag.

Am günstigsten sind meist die kleineren (aber oft schnelleren) Privatboote, die zwischen den Inseln hin und her düsen und Vorrat oder manchmal auch Passagiere transportieren. Einfach mal in den Häfen von Puerto Ayora auf Santa Cruz und Puerto Baquerizo Moreno auf San Cristóbal herumfragen!

ECUADOR

724 DIE GALAPAGOSINSELN

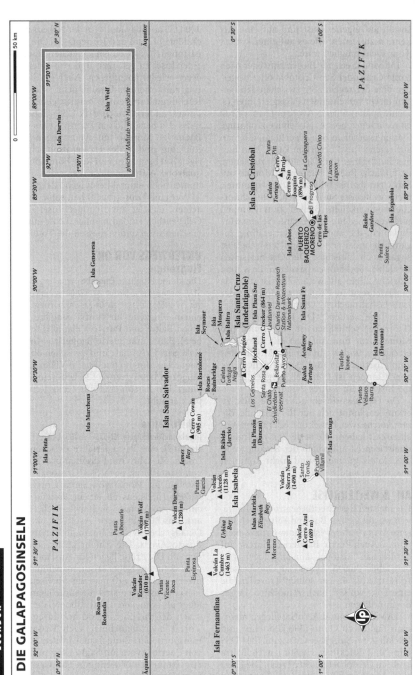

ISLA SANTA CRUZ (DIE RASTLOSE)

Die meisten Besucher kommen an der bevölkerungsreichsten Insel des Archipels nur auf ihrer Durchreise von der Isla Baltra nach Puerto Ayora vorbei. Aber die Santa Cruz ist mit ihren leicht zugänglichen Stränden und dem entlegenen Hochland, das abenteuerliche Aktivitäten fernab des Tourismus zu bieten hat, eigentlich ein schönes eigenständiges Reiseziel.

Puerto Ayora

Das saubere, kleine Puerto Ayora ist der am dichtesten bevölkerte Ort der Galapagosinseln und Herz der Tourismusindustrie. Ein freundliches Fleckchen, super zum Abhängen und der beste Ort auf den Inseln, um eine Bootstour zu planen.

PRAKTISCHE INFORMATIONEN

Banco del Pacífico (Av Charles Darwin) Die einzige Bank in der Stadt hat einen MasterCard/Cirrus Geldautomaten & löst Reiseschecks ein.

Cámara de Turismo (☎ 252-6153; www.galapagos tour.org; Av Charles Darwin) Touristeninformation; Beschwerden über Boote, Touren oder die Bootsbesatzung hier einreichen.

Wäscherei Lava Flash (Av Bolívar Naveda; 1 US$/kg) Wäscherei.

Limón y Café (Av Charles Darwin) Eines von vielen Internetcafés.

AKTIVITÄTEN

Das **Red Mangrove Hotel** (☎ 252-6277; Av Charles Darwin) in der Nähe des Friedhofs vermietet Seekajaks, Surfbretter und Fahrräder. Das **Galápagos Tour Center** (Ecke Pelícano & Padre Julio Herrera) verleiht Surfbretter (halber/ganzer Tag 8/18 US$) und Mountainbikes (halber/ganzer Tag 8/15 US$) und bietet außerdem Schnorchelausflüge an (25 US$).

Die besten Tauchzentren in der Stadt sind **Scuba Iguana** (☎ 252-6497; www.scubaiguana.com; Av Charles Darwin) im Hotel Galápagos, in der Nähe des Friedhofs, und **Galápagos Sub-Aqua** (☎ 252-6350; www.galapagos-sub-aqua.com; Av Charles Darwin). Beide sind hervorragend und bieten verschiedene Touren an, einschließlich Ausrüstung, Boot und Führer. Es gibt Kurse zum Erwerb des PADI-Zertifikats.

GEFÜHRTE TOUREN

Wer von Puerto Ayora aus eine Tour organisieren möchte, sollte Angebote und Preise der folgenden Agenturen vergleichen. Alle bieten Last-Minute-Angebote (sofern vorhanden).

Galápatour (☎ 526-088; Av Rodríguez Lara & Genovesa) Hinter dem städtischen Markt.

Moonrise Travel (☎ 526-403/348; sdivine@ga.pro.ec; Av Charles Darwin) Die seriöse Agentur ist schon lange im Geschäft; super für preisgünstige Last-Minute-Touren.

We Are the Champions Tours (☎ 252-6951; www. wearethechampionstours.com; Av Charles Darwin) Tourveranstalter unter ecuadorianisch-deutscher Leitung, der alle möglichen Galapagos-Trips mit ökologischer Ausrichtung anbietet.

SCHLAFEN

Die meisten Hotels in Puerto Ayora stehen entlang der Av Charles Darwin.

Hotel Sir Francis Drake (☎ 252-6221; Av Padre Julio Herrera; EZ/DZ 8/15 US$) Wenn die tristen, grauen Vorhänge und der im Hotel Sir Francis Drake verbaute Beton auch nicht gerade das Auge erfreuen – die gefliesten Zimmer sind gut in Schuss.

Hotel Lirio del Mar (☎ 252-6212; Av Bolívar Naveda; EZ/DZ 8/16 US$) Farbenfrohe Zimmer mit Betonwänden auf drei Etagen. Einfach, aber sauber. Die Gemeinschaftsterrasse sorgt für eine frische Brise.

Hotel Salinas (☎ 252-6107; Av Bolívar Naveda; EZ/DZ ab 10/15 US$) Zweigeschossiges Hotel mit geräumigen, aber einfachen Zimmern. Heißwasser, TV und Ventilatoren. Nach einem Raum im Obergeschoss fragen!

El Peregrino B&B (☎ 252-6323; Av Charles Darwin; EZ/DZ mit Frühstück 13/26 US$) Die einfache Pension mit vier Zimmern befindet sich in zentraler Lage, und seine Gäste erwartet eine freundliche, familiäre Atmosphäre.

Hotel Castro (☎ 252-6173; Av Padre Julio Herrera; EZ/DZ 20/30 US$; ✶) Das Castro hat saubere, gepflegte Zimmer mit gefliesten Fußböden und Heißwasser. Es liegt nur einen Block vom Hafen entfernt.

Estrella del Mar (☎ 252-6427; estrelladelmar@ayora. ecua.net.ec; EZ/DZ ab 28/40 US$) Die Zimmer in dem von einer Familie geführten Hotel sind zwar sehr schlicht, aber die mit Fenster und Meerblick entschädigen für dieses Manko; die anderen Zimmer sind allerdings deutlich günstiger.

Casa del Lago (☎ 271-4647; www.galapagoscultural. com; Zi. ab 35 US$; ✶ ▣) Die bei weitem schönste und gemütlichste Unterkunft auf den Inseln hat nur drei große Suiten. Jede ist aus recyceltem Material gebaut und mit hübschen Fliesen und Textilien sowie großen Küchen mit Herd und Kühlschrank ausgestattet. Es gibt hier auch viele nette, kleine Extras.

ESSEN

Die preisgünstigsten Restaurants befinden sich entlang der Av Padre Julio Herrera.

Tropicana Restaurant (Av Bolívar Naveda; Hauptgerichte 2 US$) Gute, billige Option vor Ort.

El Chocolate Galápagos (Av Charles Darwin; Hauptgerichte 3–6 US$) Neben Kaffee, Fruchtgetränken und Schokoladenkuchen hat das Lokal eine umfangreiche Mittags- und Abendkarte.

Hernan Café (Av Padre Julio Herrera; Hauptgerichte 3–9 US$) Das ausgezeichnete Café serviert Sandwiches (2 US$), Hamburger (3 US$), Pizza (5 US$) und Meeresfrüchte, die aber etwas teurer sind.

Familiar William's (Charles Binford; Encocados 4–7 US$; 🕐 Di–So 18–22 Uhr) Familiar Williams, berühmt für seine *encocados*, ist einer der phantastischen Imbissstände entlang der Charles Binford.

Garrapata (Av Charles Darwin; Hauptgerichte 4–9 US$) Tischt alles auf: von Sandwiches über Hähnchen in Ananassauce bis zu Shrimps in Knoblauchsauce.

Rincón de Alma (Av Charles Darwin; Hauptgerichte 6–9 US$) Hier gibt es köstliche *ceviches* und andere Meeresfrüchte, und auch günstige *almuerzos*.

Restaurant Salvavidas (Harbor; Hauptgerichte 6–16 US$) Beliebtes Hafenlokal. Zum Bier werden Snacks und Meeresfrüchte gereicht.

Im **Proinsular Supermarkt** (Av Charles Darwin) in der Nähe des Hafens können sich Reisende mit Proviant versorgen. Es gibt auch einen **städtischen Markt** (Av Padre Julio Herrera).

AUSGEHEN

La Panga (Av Charles Darwin) die beliebteste Disko in der Stadt.

Limón y Café (Av Charles Darwin) Limón y Café ist ein nettes, cooles, kleines Café, in dem Gäste Billard spielen oder auch einfach nur abhängen können.

AN- & WEITERREISE

Weitere Informationen über Flüge nach/ab Santa Cruz s. S. 723. Der Rückflug muss in den Büros von **Aerogal** (☎ 252-6798; www.aerogal.com.ec; Av Padre Julio Herrera) oder **TAME** (☎ 252-6165; www.tame.com.ec; Av Charles Darwin) unbedingt rückbestätigt werden!

Ankommende Fluggäste werden (bei einer im Voraus gebuchten Tour) in Baltra von einem Mitglied der Crew in Empfang genommen oder fahren mit öffentlichen Verkehrsmitteln, nämlich mit dem Bus und per Fähre, nach Puerto Ayora (2,60 US$, 2 Std.). Von Puerto Ayora aus starten die Busse Richtung Baltra um 7 Uhr.

Unterwegs in Puerto Ayora

Auch wenn viele Bereiche der Insel ohne einen Führer nicht zugänglich sind, gibt es dennoch viel zu sehen. Falls nicht anders angegeben, können Gäste die folgenden Sehenswürdigkeiten auf eigene Faust besuchen. Die **Charles Darwin Research Station** (Karte S. 727; www.darwinfoundation.org; Eintritt frei) liegt einen Fußmarsch von etwa 20 Minuten in nordöstliche Richtung von Puerto Ayora entfernt an der Straße. In der Station gibt es ein Informationszentrum, ein Museum, eine Schildkrötenaufzucht und ein begehbares Schildkrötengehege, wo man die Riesenbewohner der Galapagosinseln hautnah erleben kann.

Südwestlich von Puerto Ayora führt ein 3 km langer Wanderweg zur paradiesischen **Bahía Tortuga** (Schildkrötenbucht; Karte S. 724), mit einem herrlichem weißem Korallensandstrand und einem geschützten Badebereich hinter einer Landzunge. Hinter dem Strand stehen Mangroven, und es können harmlose Haie (keine Angst!), Pelikane und sogar Flamingos gesichtet werden, außerdem jede Menge Seeleguane. Aufgepasst auf die starken Strömungen auf der zum Meer offenen Seite der Landzunge! Ab Av Padre Julio Herrera der Beschilderung folgen.

Von Puerto Ayora aus fahren Busse zu den Dörfern **Bellavista** (Karte S. 724) und **Santa Rosa** (Karte S. 724), von wo aus sich ein Teil des Landesinneren erkunden lässt. Keines der Dörfer hat ein Hotel. Wenn Platz ist, kann man um 8 Uhr im Park in den Flughafenbus steigen. Die Alternative wäre, in Puerto Ayora für einen Tag einen Truck oder ein Mountainbike zu mieten (zu den Dörfern geht es bergauf).

Vom Dorf Bellavista 7 km nördlich von Puerto Ayora aus geht es entweder in westlicher Richtung auf der Hauptstraße nach Santa Rosa oder 2 km in östlicher Richtung zu einigen **Lavaröhren** (Karte S. 724; Eintritt 2 US$). Diese unterirdischen Tunnel sind länger als 1 km; Taschenlampe mitbringen!

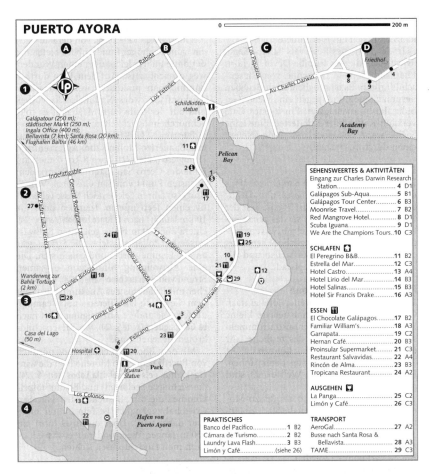

Nördlich von Bellavista führt ein Fußweg in das Hochland, u. a. zum **Cerro Crocker** (Karte S. 724) und zu weiteren Hügeln und erloschenen Vulkanen. Hier bietet sich eine gute Gelegenheit, die einheimische Vegetation und Vogelwelt kennenzulernen. Es sind etwa 6 km von Bellavista bis zum halbmondförmigen Hügel Media Luna und weitere 3 km bis zum Fuß des Cerro Crocker. Dies ist nationales Parkland und nur mit Führer zugänglich.

Die **Los Gemelos** (Karte S. 724) genannten Zwillingskrater liegen etwa 5 km hinter Santa Rosa. Es sind eher Schlundlöcher als Vulkankrater, umgeben vom Scalesia-Wald. Oft sind hier zinnoberrote Fliegenschnäpper zu sehen und gelegentlich auch Kurzohreulen. Obwohl sie weniger als 100 m von der Straße entfernt sind, verstecken sich die Krater in der Vegetation. Also besser mit einem Führer hingehen.

In der Nähe von Santa Rosa schützt das **El Chato Tortoise Reserve** (Karte S. 724) Riesenschildkröten, die hier durch die Wildnis streifen. Vom Dorf führt ein Pfad (nach dem Weg fragen) durch Privatgelände zum etwa 3 km entfernten Reservat. Er geht bergab und ist oft schlammig. Der Pfad gabelt sich an der Grenze zum Reservat. Die rechte Abzweigung führt den kleinen Hügel Cerro Chato (3 km weiter) hinauf, die linke nach La Caseta (2 km). Hier muss ein Führer dabei sein, aber alle möglichen Einheimischen bieten sich an, einen zu führen.

Reichlich Wasser mitbringen! In Santa Rosa kann man sich ein Pferd mieten.

In der Nähe des Reservats ist eine **Ranch** (Eintritt 4 US$), die der Familie Devine gehört. Hier sind immer Dutzende von Riesenschildkröten. Es ist möglich, nach Belieben herumzulaufen und, gegen eine kleine Gebühr, Fotos zu machen. Ein kleines Café verkauft Kaffee oder Kräutertee. Eine feine Sache, wenn der Hochland-*garúa* (Nebel) einen durchweicht hat!

ISLA SAN CRISTÓBAL

Einheimische bezeichnen San Cristóbal als die Hauptstadt des Paradieses, und da Puerto Baquerizo Moreno die Hauptstadt der Provinz Galapagos ist, ist sie das genau betrachtet auch. Auf der Insel gibt es verschiedene für Touristen zugängliche Sehenswürdigkeiten, mördergute Surfwellen und die hübsche, gemütliche Hauptstadt.

Puerto Baquerizo Moreno

Puerto Baquerizo Moreno, oft einfach Cristóbal genannt, ist eine relaxte kleine Stadt. Während der Hochsaison tummeln sich hier die Touristen, das restliche Jahr über ist tote Hose. Besucher können im Ort Touren arrangieren oder super ausspannen. Drei „Surf Breaks" von Weltformat sind ganz in der Nähe.

Fluggäste, die in Puerto Baquerizo Moreno ankommen, erreichen die Stadt zu Fuß in wenigen Minuten.

Casa del Ceibo (☎ 252-0248; Zi. 4 US$/Pers.) Sind zwei Zimmer im Baumhaus genehm? Die Küche darf benutzt werden.

Hotel San Francisco (☎ 252-0304; EZ/DZ 7/14 US$) Das billigste Hotel in der Stadt ist einfach, aber in Ordnung.

Hotel Mar Azul (☎ 252-0139; hotelmarazul_ex@ hotmail.com; Av Alsacio Northia; EZ/DZ 12/20 US$) Freundlich, mit netten Terrassen und heißen Duschen, TV und Ventilator.

Es gibt jede Menge Restaurants, und die *almuerzos* sind billig. Auf jeden Fall einen *batido* im **El Grande** (Villamil; Getränke 0,90 US$– 1,50 US$) probieren. Surfer schwören, dass der sie den ganzen Tag fit hält.

Unterwegs in Puerto Baquerizo Moreno

Die folgenden Sehenswürdigkeiten sind auch ohne Reiseführer zugänglich. Etwa 1,5 km südöstlich von Puerto Baquerizo Moreno befindet sich der **Cerro de las Tijeretas** (Fregattvogel-Hügel; Karte S. 724), von dem aus sich ein wunderschöner Rundumblick bietet und der ohne Führer leicht über einen Wanderweg erreichbar ist. Auf dem Weg dorthin kommt man praktischerweise an einem Auskunftsbüro des Nationalparks vorbei, und auf der Seite zum Meer gibt es tolle Schnorchelmöglichkeiten.

Für rund 2 US$ fahren die Taxis von Puerto Baquerizo Moreno zum Agrarzentrum **El Progreso** (Karte S. 724) etwa 8 km östlich am Fuße des Cerro San Joaquín (896 m), dem höchsten Punkt von San Cristóbal. Von El Progreso fahren gelegentlich Busse (alternativ einen Jeep mieten, trampen oder die 10 km laufen) nach **El Junco Lagoon** (Karte S. 724), einem auf 700 m Höhe gelegenen Süßwassersee mit toller Aussicht. Die Straße geht an der Lagune vorbei und gabelt sich. Die eine Abzweigung führt zum einsamen Strand von **Puerto Chino** (Karte S. 724), wo Besucher mit Erlaubnis des Auskunftsbüros auf dem Cerro de las Tijeretas auch campen dürfen. Die andere Abzweigung führt nach **La Galapaguera** (Karte S. 724), wo Riesenschildkröten zu sehen sind.

Mit dem Boot etwa eine Stunde nördlich von Puerto Baquerizo Moreno liegt die winzig kleine Felseninsel **Isla Lobos** (Karte S. 724), die wichtigste Seelöwen- und Blaufußtölpelkolonie, die für Besucher der Isla San Cristóbal zugänglich ist (ein Führer muss aber dabei sein). Über die Insel führt ein 300 m langer Weg, und mit etwas Glück kann man Lavaeidechsen sichten.

ISLA ISABELA

Puerto Villamil (Karte S. 724) ist die wichtigste Stadt auf der selten besuchten Isla Isabela. Eine 18 km lange Straße führt von hier zum winzigen Dorf Santo Tomás. In Puerto Villamil gibt es eine Handvoll Übernachtungsmöglichkeiten, alle bezahlbar.

Hotel Las Gardenias (☎ 252-9115; Zi. 10 US$) ist eine der billigsten Unterkünfte auf der Insel. Einen Versuch wert sind auch das **Cormorant Beach House** (☎ 252-9200; www.galapagoss.com; Av Antonio Gill & Malecón; Zi. ab 20 US$) mit zwei großen *cabañas* am Strand und die **Hostería Isabela del Mar/Ballena Azul** (☎ 252-9030; www.hosteria isabela.com.ec; Zi. 20 US$/Pers.), die über einige Zimmer mit Meerblick verfügt.

Es gibt ein paar einfache *comedores*, und die meisten Hotels bieten Verpflegung an.

ISLA SANTA MARÍA

Auf der auch als Floreana bekannten Insel wohnen weniger als 100 Menschen, die meisten rund um **Puerto Velasco Ibarra** (Karte S. 724), die einzige Siedlung der Insel. Dort befindet sich auch das **Floreana Hotel & Restaurant** (☎ 252-0250; EZ/DZ/3BZ 30/50/70 US$), geleitet von den Nachfahren von Margaret Wittmer, die als eine der ersten Siedlerinnen auf der Insel berühmt ist. Sie ist auch Autorin des Buches *Floreana*, das von ihren ersten Jahren auf der Insel erzählt. Die Zimmer zum Strand hin haben Heißwasser und einen Ventilator, und das Hotel ist selten ausgebucht. In Puerto Velasco Ibarra gibt es einen kleinen Souvenirladen und eine Post.

ALLGEMEINE INFORMATIONEN

AKTIVITÄTEN

Wo anfangen? In Ecuador gibt es so viele spannende Aktivitäten, dass in jeder Liste etwas fehlen würde. Die vulkanischen, schneebedeckten Gipfel des zentralen Hochlands von Ecuador – einschließlich Chimborazo (mit einer schwindelerregenden Höhe von 6310 m, S. 676) und Cotopaxi (5897 m, S. 664) – locken Bergsteiger aus der ganzen Welt an. Quito (S. 632), Riobamba (S. 674), Baños (S. 668) und Latacunga (S. 664) sind die besten Städte, um Guides anzuheuern und Ausrüstungen zusammenzuleihen.

Wie wäre es mit Wandern? Die moorähnliche Landschaft des Parque Nacional Cajas (S. 684), die Nebelwälder im Parque Nacional Podocarpus (S. 687) oder in Mindo (S. 663), der windumtoste *páramo* der Lagunas de Mojanda (S. 659) in der Nähe von Otavalo, das spektakuläre Quilotoa-Loop-Gebiet in den Hochanden (S. 667) und die an der Küste gelegenen Trockenwälder des Parque Nacional Machalilla (S. 707) sind nur einige von vielen Wandergebieten in Ecuador.

Wer auf Vogelbeobachtung fliegt, kann sich freuen. Im Zuge des Christmas Bird Count der Audubon Society 2004/2005 wurden an einem einzigen Tag in der Nähe von Mindo (S. 663) 420 Arten gesichtet und registriert. Und diese Zählung wurde nur noch von der unteren Río-Napo-Region des Amazonas (S. 692) übertroffen, wo 471 Vogelarten gemeldet wurden. Auch die Galapagosinseln bieten eine außerordentliche Vogelvielfalt.

Tena (S. 693) im Oriente ist das Kajak- und River-Rafting-Mekka von Ecuador. Tagestouren auf oberen Río Napo (Klasse III) oder Río Misahuallí (Klasse IV+) sind hier unkompliziert zu organisieren.

Montañita (S. 709) und die zu den Galapagosinseln gehörende Isla San Cristóbal (s. S. 728) bieten weltklasse Surfmöglichkeiten. Playas (S. 710) hat ganz gute Wellen, aber um sie zu entdecken, muss man sich Einheimischen anschließen (mal den Playas Club Surf probieren – S. 710). Die Galapagosinseln sind berühmt für ihre Tauch- und Schnorchelmöglichkeiten (mit Hammerhaien und riesigen Mantarochen), und der Parque Nacional Machalilla (S. 707) ist einfach verdammt schön.

Und wie sieht es mit Mountainbiketouren aus? Fahrräder können an Orten wie Baños (S. 668) und Riobamba (S. 674) für etwa 5 US$ pro Stunde ausgeliehen werden. Eine Alternative sind die extremen, ganztägigen Downhilltouren, die Touranbieter in diesen Städten und in Quito (S. 632) und Cuenca (S. 678) veranstalten.

ARBEITEN IN ECUADOR

Wer in Ecuador einen Job sucht, braucht offiziell ein Arbeitsvisum. Gelegentlich gibt es in Quito oder Cuenca freie Stellen für Englischlehrer. Die Bezahlung ist niedrig, aber zum Leben reicht es. Im Tourismusbereich (in Dschungellodges, bei Touranbietern etc.) bestehen eigentlich ganz gute Arbeitsmöglichkeiten.

BOTSCHAFTEN & KONSULATE

Weitere Informationen gibt's unter „Visa" auf S. 737.

Botschaften & Konsulate in Ecuador

Botschaften und Konsulate am besten morgens aufsuchen.

Deutschland (Karte S. 643; ☎ 02-297-0820; www. embajada-quito.de; Naciones Unidas E10-44/República de El Salvador, Edificio Citiplaza, 12. Stock, Quito)

Kolumbien Quito (☎ 02-245-8012; www.embajadade colombiaenecuador.org; Atahualpa 955 & República, 3. Stock); Guayaquil (☎ 04-263-0674/75; Francisco de Orellana, World Trade Center, Turm B, 11. Stock); Tulcán (☎ 06-298-0559; Av Manabí 58-087)

Österreich (☎ 02-246-9700; przibra@interactive.net.
ec; Gaspar de Villaroel No. E9-53, Entre Av de los Shyris y 6
de Diciembre, Quito)
Peru Quito (☎ 02-246-8410, 246-8389; embpeecu@uio.
satnet.net; República de El Salvador 495 & Irlanda);
Guayaquil (☎ 04-228 114; conperu@gye.satnet.net; Av
Francisco de Orellana 501); Loja (Karte S. 685; ☎ 07-257-
9068; Sucre 10-56); Machala (Karte S. 718; ☎ 07-930-680;
Ecke Bolívar & Colón)
Schweiz (☎ 02-243-4113; www.eda.admin.ch/quito;
Juan Pablo Sanz y Avenida Amazonas 3617, Edificio Xerox,
2. Stock, Quito)
Venezuela (☎ 02-226-8636; Av Los Cabildos 115, Quito)

Ecuadorianische Botschaften & Konsulate im Ausland

Ecuador hat Botschaften in Kolumbien,
Peru und in den folgenden Ländern.
Deutschland (☎ 030-238-6217; mecuadoral@t-online.
de; www.embajada-ecuador.org; Kaiser-Friedrich-Str. 90,
1. Stock, 10585 Berlin)
Österreich (☎ 01-535-3208; mecaustria@chello.at;
Goldschmiedgasse 10/2/24, 1010 Wien)
Schweiz (☎ 031-351-2771; Kramgasse 54, 3011 Bern)

BÜCHER

Lonely Planets englischsprachiger Reiseführer *Ecuador & the Galápagos Islands* bietet
detaillierte Reiseinformationen zum Land.
Und wenn es ein Werk gibt, das zum Thema
ecuadorianische Kultur den Nagel auf den
Kopf trifft, ist es das witzige und kurzweilige
Buch *Arm mit den Armen* von Moritz
Thomsen. Joe Kanes *Krieger des Jaguars. Ein
Indianerstamm verteidigt den Regenwald* ist
neuer und beschreibt, welche Auswirkungen
die Ölindustrie auf den ecuadorianischen
Amazonas hat.

*Auf den Spuren des Panamahutes. Eine
ungewöhnliche Reise durch Ecuador* von
Tom Miller ist ein faszinierendes Buch über
die Suche nach dem wichtigsten und falsch
benannten Produkt aus Ecuador, dem
Panamahut. Einen etwas literarischeren
(und surrealen) Einblick gewähren Henri
Michaux' *Ecuador – Reisetagebuch* oder
Kurt Vonneguts absurdes Werk *Galapagos*,
das im futuristischen Guayaquil und auf
den *Galapagosinseln spielt*.

ESSEN & TRINKEN

Die Restaurantempfehlungen in diesem Kapitel (und Buch) sind nach Geldbeutel geordnet, angefangen mit den günstigsten
Optionen. Für Informationen zu den üblichen Öffnungszeiten der Restaurants s.
„Öffnungszeiten", S. 734.

Ecuadorianische Küche

Zum Frühstück gibt es Eier und Brötchen
oder Toast. Eine gute Alternative ist *humita*,
eine Maismehltasche, die oft zum Kaffee
gereicht wird.

Für viele Ecuadorianer ist das Mittagessen
die wichtigste Mahlzeit des Tages. In preiswerten Restaurants bekommen Gäste ein
ordentliches *almuerzo* (Mittagsgericht)
schon für 1,50 US$. Ein *almuerzo* besteht
aus einer *sopa* (Suppe) und einem *segundo*
(Hauptgericht), meistens ein Eintopf mit viel
Reis dazu. Manchmal gibt es als Hauptspeise
auch *pescado* (Fisch), *lentejas* (Linsen) oder
menestras (ein Gemüseeintopf mit dem, was
gerade da ist, meistens Bohnen oder Erbsen).
Einige Lokale servieren auch Salat (oft gekocht), Saft und *postre* (Nachtisch) neben
den beiden anderen Gängen.

Die *merienda* (Abendessen) ist ein Menü,
ganz ähnlich dem Mittagessen. Wer weder
almuerzo noch *merienda* möchte, kann auch
von der Speisekarte wählen, was allerdings
teurer ist.

Ein *churrasco* ist ein herzhaftes Gericht
aus gebratenem Rindfleisch, gebratenen Eiern, etwas Gemüse, gebratenen Kartoffeln,
Avocado- und Tomatenscheiben und – wie
immer – Reis.

Arroz con pollo ist ein Berg von Reis mit
kleinen Hähnchenstücken darin. *Pollo a la
brasa* ist Brathähnchen, oft serviert mit
Pommes. Bei *gallina* handelt es sich meistens um gekochtes Huhn, wie in Suppen.
Pollo ist dagegen eher Huhn, das auf dem
Spieß gegrillt oder gebraten wurde.

Parrillas (oder *parrilladas*) sind Grillrestaurants. Hier gibt es Steaks, Schweinekoteletts, Hähnchenbrüste, Blutwurst, Leber und
Kutteln (entweder alles zusammen oder
einzeln, je nach Lokal). Einige *parrillas* bereiten das Fleisch auf argentinische Art zu
und servieren alles zusammen auf einem
Tischgrill.

Die Meeresfrüchte sind gut, sogar im
Hochland. Die häufigsten Fischarten sind
corvina (eigentlich Wolfsbarsch, aber meistens irgendeine Art weißfleischiger Fisch)
und *trucha* (Forelle). In ganz Ecuador beliebt sind *ceviche*: rohe Meeresfrüchte in
einer Zitronenmarinade, serviert mit Popmais und Zwiebelscheiben. Schmeckt köst-

lich! *Ceviche*-Gerichte gibt es *de pescado* (mit Fisch), *de camarones* (mit Shrimps), *de concha* (mit Schalentieren) oder *mixto* (gemischt). Leider kann man sich an unsachgemäß zubereitetem *ceviche* mit Cholera infizieren. Im Zweifelsfall also lieber die Finger davon lassen!

Chifas (Chinarestaurants) sind im Allgemeinen günstig. Neben anderen Standardgerichten gibt es hier *chaulafan* (Reisgerichte) und *tallarines* (Nudelgerichte). Die Portionen sind meistens reichlich und enthalten eine ordentliche Dosis Mononatriumglutamat. Für Vegetarier dürften *chifas* die beste Option sein – denn außerhalb der Touristengegenden findet man selten vegetarische Restaurants.

Restaurants bieten meistens eine Vielfalt von Speisen an, Klassiker sind z. B.:

Caldo (*kal*·do) – Suppe oder Eintopf. Wird oft auf den Märkten zum Frühstück serviert. *Caldo de gallina* (Hühnersuppe) ist die beliebteste unter ihnen. *Caldo de patas* ist Suppe mit gekochten Rinderhufen.

Cuy (kui) – Am Stück gebratenes Meerschweinchen, eine Delikatesse aus der Inkazeit. *Cuy* schmeckt wie eine Kreuzung aus Kaninchen und Huhn. Auf dem Grill leicht zu erkennen an den kleinen Pfoten und Zähnen.

Lapingachos (la·pien·*ga*·tschos) – Pfannkuchen mit Kartoffelbrei und Käse, oft serviert mit *fritada* (Streifen von frittiertem oder gebratenem Schwein).

Seco (*se*·ko) – Wörtlich „trockene" Suppe: Ein Eintopf, meistens mit Fleisch und Reis. Gibt es in den Varianten *seco de gallina* (Hühnereintopf), *de res* (Rind), *de chivo* (Ziege) oder *de cordero* (Lamm).

Tortillas de maíz (tor·*tie*·lia de ma·*is*) – Leckere Maispfannkuchen.

Yaguarlocro (ja·gwar·*lo*·kro) – Noch ein Klassiker. Kartoffelsuppe mit gebratenen Blutwurststücken. Viele Leute mögen lieber die einfache Form *locro*, meistens mit Kartoffel-, Mais- und Käseeinlage – ohne die Blutwurst.

Getränke

Leitungswasser sollte man hier grundsätzlich aufbereiten oder gleich Wasser in Flaschen kaufen. *Agua mineral* enthält Kohlensäure: Güitig (ausgesprochen „wietig") ist die bekannteste Marke. *Agua sin gas* ist ohne Kohlensäure.

In Flaschen abgefüllte Getränke sind billig, und alle üblichen alkoholfreien Getränke sind erhältlich. Die einheimischen Sorten haben so nette Namen wie Bimbo oder Lulu. Wer sein Getränk gekühlt möchte, fragt nach *helada*, wer's lieber ungekühlt mag, bestellt *al clima*. Nicht vergessen, *sin*

hielo (ohne Eis) zu sagen – es sei denn, der Wasserquelle ist zu trauen.

Jugos (Säfte) gibt es überall. Man muss aber darauf achten, *jugo puro* (reinen Saft) zu ordern und nicht *con agua* (mit Wasser verdünnten). Die häufigsten Sorten sind *mora* (Brombeere), *tomate de árbol* (eine sonderbar appetitanregende Frucht, bei uns als Tamarillo bekannt), *naranja* (Orange), *toronja* (Grapefruit), *maracuyá* (Maracuja), *piña* (Ananas), *sandía* (Wassermelone), *naranjilla* (eine einheimische Frucht, die wie Bitterorange schmeckt) und Papaya.

Kaffee ist weit verbreitet, schmeckt aber enttäuschend. Meistens wird Instantkaffee gereicht – entweder *en leche* (mit Milch) oder *en agua* (mit Wasser). In den besseren Restaurants gibt's Espresso.

Té (Tee) trinkt man schwarz mit Zitrone und Zucker. *Té de hierbas* (Kräutertee) und heiße Schokolade sind ebenfalls beliebt.

Was alkoholische Getränke anbelangt, so sind einheimische *cervezas* (Bier) gut und günstig. Pilsener gibt es in 650 ml-Flaschen, Club in 330 ml-Flaschen. Importbiere sind schwer zu bekommen. Die einheimischen Weine schmecken scheußlich, und die importierten sind teuer.

Ron (Rum) ist billig und gut. Das einheimische Feuerwasser, *aguardiente*, ein Destillat aus Zuckerrohr, ist etwas für Kenner, kann aber ganz gut schmecken und ist außerdem sehr billig. Importierte Spirituosen dagegen sind teuer.

FEIERTAGE

An wichtigeren Feiertagen haben Banken, Büros und andere Institutionen geschlossen, und die öffentlichen Verkehrsmittel sind oft sehr voll; wenn möglich, im Voraus buchen. Hier sind die wichtigsten nationalen Feiertage in Ecuador aufgeführt. Es kann durchaus vorkommen, dass sie auch an einigen Tagen um den eigentlichen Feiertag herum gefeiert werden.

Neujahr 1. Januar.

Heilige Drei Könige 6. Januar.

Semana Santa (Osterwoche) März/April.

Labor Day Tag der Arbeit, 1. Mai.

Schlacht von Pichincha 24. Mai. Wird gefeiert zu Ehren der entscheidenden Schlacht, die 1822 zur Unabhängigkeit von Spanien führte.

Simón Bolívars Geburtstag 24. Juli.

Unabhängigkeitstag von Quito 10. August.

Unabhängigkeitstag von Guayaquil 9. Oktober. Wird

verbunden mit dem Nationalfeiertag am 12. Oktober und ist ein wichtiges Fest in Guayaquil.

Kolumbustag/Día de la Raza 12. Oktober.

Allerheiligen 1. November.

Allerseelen 2. November. Blumen werden zu den Friedhöfen gebracht. Besonders farbenfroh geht es dabei den in ländlichen Gegenden zu, wo ganze indigene Familien die Friedhöfe bevölkern, um dort zu essen und zu trinken und zur Erinnerung an die Toten Gaben und Geschenke aufzubieten.

Unabhängigkeitstag von Cuenca 3. November. Wird verbunden mit den Nationalfeiertagen am 1. und 2. November. Ist in Cuenca das bedeutsamste Fest des Jahres.

Heiligabend 24. Dezember.

Erster Weihnachtstag 25. Dezember.

FESTIVALS & EVENTS

Viele der großen Feste in Ecuador orientieren sich am römisch-katholischen liturgischen Kalender. Sie werden oft mit großem Getöse gefeiert, besonders in den indigenen Hochlanddörfern, wo ein katholischer Feiertag oft nur eine Ausrede für ein traditionelles Fest ist, bei dem zu den rituellen Zeremonien und Prozessionen ordentlich getrunken und getanzt wird. Zu den wichtigsten Festen gehören:

Februar

Karneval Wird zu unterschiedlichen Terminen in ganz Ecuador gefeiert.

Fiesta de Frutas y Flores (Obst- & Blumenfest) Findet in den letzten zwei Februarwochen in Ambato statt.

Juni

Fronleichnam Religiöser Feiertag, der in vielen Hochlandstädten mit dem traditionellen Erntefest kombiniert und groß mit Prozessionen und Tanz auf den Straßen gefeiert wird.

Día de San Juan (Johannes der Täufer) Fiestas im Gebiet von Otavalo am 24. Juni.

Día de San Pedro y San Pablo (St. Peter & Paul) Fiestas im Gebiet von Otavalo und in Städten des nördlichen Hochlands; am 29. Juni.

September

Fiesta del Yamor Vom 1. bis 15. September in Otavalo.

Fiesta de la Mamá Negra Findet am 23. und 24. September in Latacunga statt.

Dezember

Fundación de Quito (Gründungsfest von Quito) Wird in der ersten Dezemberwoche gefeiert mit Stierkämpfen, Paraden und Tanz.

FRAUEN UNTERWEGS

Frauen werden im Allgemeinen feststellen, dass Ecuador ein sicheres und angenehmes Reiseland ist, trotz der Tatsache, dass der Machismo hier in voller Blüte steht. Ecuadorianer flirten oft, machen Komplimente oder pfeifen Singlefrauen hinterher. Im Grunde ist das nur ein Sport, eine Art Hormongeplänkel, und die beste Strategie ist, die Männer abblitzen zu lassen. Frauen, die ungewollte verbale Annäherungsversuche standhaft ignorieren, werden oft mit Respekt behandelt.

An der Küste sind Männer zudringlicher, und alleinreisende Frauen sollten von Bars und Diskos fernbleiben, wo sie offen angebaggert werden, besser mit dem Taxi fahren als zu laufen etc. Kokette Konversationen mit einem Mann, auch wenn Ironie und Humor im Spiel sind, sind hier nicht üblich, und der Mann wird vermutlich davon ausgehen, dass frau nur das Eine will.

FREIWILLIGENARBEIT

Fast alle Organisationen, die in Ecuador mit freiwilligen Hilfskräften arbeiten, setzen eine Mindestdauer von einem Monat voraus, und viele von ihnen erwarten zumindest Grundkenntnisse im Spanischen. Außerdem *kassieren* die meisten von ihren freiwilligen Hilfskräften zwischen 100 und 300 US$ pro Monat, also bitte nicht erwarten, dass es gegen Arbeit Kost und Logis gibt – das ist selten der Fall. Die mit Abstand beste Informationsquelle in Ecuador ist das Clubhaus von SAE (S. 636) in Quito. Der **Ecuador Explorer** (www.ecuadorexplorer.com) hat eine super Seite mit Anzeigen, in der zahlreiche Organisationen aufgeführt sind, die freiwillige Mitarbeiter suchen.

FÜHRERSCHEIN

Um in Ecuador fahren zu dürfen, braucht man einen internationalen Führerschein, außerdem eine Fahrerlaubnis aus dem Heimatland und einen Reisepass.

GEFAHREN & ÄRGERNISSE

Ecuador ist ein ziemlich sicheres Land, trotzdem ist Vorsicht geboten. Taschendiebstahl nimmt definitiv zu und ist an vollen Orten wie Märkten verbreitet. Bewaffnete Raubüberfälle sind im Großteil Ecuadors noch immer unüblich, obwohl Teile von Guayaquil und das Viertel Mariscal Sucre in Quito mittlerweile den Ruf haben, sehr gefährlich zu sein.

Fast jedes Jahr werden ein paar über Nacht verkehrende Fernbusse auf ihrem Weg zur Küste ausgeraubt. Wenn es sich vermeiden lässt, lieber nicht mit Nachtbussen durch die Provinzen Guayas oder Manabí fahren!

Wegen der bewaffneten Unruhen im benachbarten Kolumbien können die Gebiete entlang der kolumbianischen Grenze (besonders im nördlichen Oriente) gefährlich sein. Geführte Touren sind aber im Allgemeinen sicher.

Ansonsten sind die normalen Vorsichtsmaßnahmen zu treffen, die in den Allgemeinen Informationen zu Südamerika unter „Gefahren & Ärgernisse" (s. S. 1217) aufgeführt sind. Wer ausgeraubt wird, muss innerhalb von 48 Stunden von der Polizei vor Ort einen *denuncia* (polizeilichen Bericht) erstellen lassen, denn nach dieser Frist wird keiner mehr aufgesetzt.

GEFÜHRTE TOUREN

Ein Großteil des Galapagos-Archipels ist für Besucher nur im Rahmen einer geführten Tour zugänglich (also einer Bootstour). Viele Traveller entscheiden sich auch für organisierte Touren auf dem Amazonas, denn sie sind kostengünstig(er), lehrreich und oft die einzige Möglichkeit, in die Tiefe des Regenwalds zu gelangen.

GELD

Früher bezahlte man in Ecuador mit dem Sucre, bis im Zuge der Dollarisierung 2000 der US$ als Währung eingeführt wurde (S. 625). Weitere Informationen über Kosten und Geld s. S. 20.

Bargeld

Die Scheine sind die gleichen wie in den USA. Auch die Münzen sind identisch mit den nordamerikanischen, was Form, Größe und Material anbelangt, aber sie zeigen keine US-Präsidenten, sondern Gesichter und Symbole aus Ecuador.

Es ist oft ziemlich schwierig an Wechselgeld zu kommen. Wer versucht, billige Artikel mit einer 20 US$-Note (oder auch einer 10 US$-Note) zu bezahlen, muss meistens von einem Laden zum nächsten rennen, um Wechselgeld aufzutreiben – oder der Ladeninhaber erledigt das. Gelingt das nicht

– Pech gehabt! Also sollte man wann immer möglich Scheine in Münzen tauschen. Wenn man Rückgeld erwartet, eine ernste Miene aufsetzen und fragen „*¿Tiene suelto?*" (Haben Sie Kleingeld?).

Feilschen

Auf Wochen- und Kunsthandwerkmärkten wird erwartet, dass man feilscht. Manchmal lohnt es sich, in der Nebensaison auch mit den Hotels zu handeln.

Geld wechseln

Das Tauschen fremder Währungen in US$ funktioniert einfach in Quito, Guayaquil und Cuenca, wo auch die Gebühren am niedrigsten sind. Devisentausch ist auch an den meisten der größeren Grenzübergänge möglich. An einigen Orten aber, vor allem im Oriente, kann es schwierig sein, Geld zu wechseln. Normalerweise geht es in den Wechselstuben, den *casas de cambio*, am schnellsten. Banken tauschen auch Geld ein, es dauert nur wesentlich länger. Die Gebühren dafür weichen im Allgemeinen um nicht mehr als 2 % voneinander ab, egal in welcher Stadt man es versucht.

In den größeren Städten gibt es auch einen Schwarzmarkt, meistens in der Nähe der größeren *casas de cambio*. Die Wechselkurse sind in etwa gleich, aber das Tauschen von Geld auf der Straße ist illegal (das wird aber ignoriert). Außerdem sind Falschgeld und Betrug hier ernsthafte Risiken.

Bei Drucklegung des Buches galten folgende Wechselkurse:

Land	Währung		US$
Eurozone	·	1 € =	1,32
Schweiz		1 SFr =	0,81

Geldautomaten

Geldautomaten sind die einfachste Art, an Bargeld zu kommen. Es gibt sie in den meisten Städten, selbst in den kleineren, aber manchmal sind sie defekt. Die Bancos del Pacífico und die Bancos del Pichincha haben MasterCard/Cirrus-Geldautomaten, die Bancos de Guayaquil haben Visa/Plus-Geldautomaten.

Kreditkarten

Kreditkarten können durchaus sinnvoll sein, besonders, um bei Banken Bargeld zu bekommen. Visa und MasterCard sind die Karten, die am ehesten anerkannt werden.

Reiseschecks

Die meisten Banken und fast alle Wechselstuben lösen Reiseschecks ein, damit bezahlen kann man aber nur in Tophotels und -restaurants.

INFOS IM INTERNET

The Best of Ecuador (www.thebestofecuador.com) Umfassendes Infoportal für Touristen.

Ecuador Explorer (www.ecuadorexplorer.com) Ausführliche Informationen und gute Kleinanzeigen.

Latin American Network Information Center (http://lanic.utexas.edu/la/ecuador/) Links zu allem, was mit Ecuador zu tun hat.

Ministry of Tourism (www.vivecuador.com) Bietet viele Infos, von Gesundheits- über Wirtschaftsthemen bis hin zu den Highlights des Landes.

INTERNETZUGANG

Außer in den ganz kleinen Städten gibt es überall Internetcafés. Die Preise liegen bei etwa 1 US$ pro Stunde, in kleineren Städten auch darüber.

KARTEN & STADTPLÄNE

In ecuadorianischen Buchhandlungen gibt es ein begrenztes Angebot an Ecuador-Karten. Die beste Auswahl hat das **Instituto Geográfico Militar** in Quito (S. 632). Der in Quito veröffentlichte *Pocket Guide to Ecuador* enthält Karten des Landes und Pläne der größeren Städte.

KLIMA

Ecuadors Klima besteht aus feuchten und trockenen Jahreszeiten, aber in den verschiedenen geografischen Regionen gibt es erhebliche Unterschiede – je nachdem, ob man sich in den Anden, an der Küste oder im Oriente aufhält.

Die Galapagosinseln und die Küste haben von Januar bis April eine heiße, regnerische Jahreszeit, bei der sich sturzflutartige Regengüsse mit Intervallen glühenden Sonnenscheins abwechseln. Wer während dieser Zeit an die Küste reist, ist andauernd schweißgebadet. Von Mai bis Dezember regnet es selten, aber der Himmel ist oft bewölkt, und am Strand ist es kühl. In dieser Zeit ist das Reisen zwar deutlich angenehmer, aber es kann am Strand doch etwas zu kalt zum Sonnenbaden sein. Die Ecua-

dorianer zieht es eher in der feuchten Saison an den Strand.

Im Oriente regnet es während der meisten Monate, besonders nachmittags und abends. Der August und die Monate von Dezember bis März sind im Allgemeinen am trockensten, April bis Juni am feuchtesten – mit regionalen Abweichungen. Malaria kommt häufiger in der Regensaison vor, in dieser Zeit ist es aber einfacher, auf den Flüssen zu reisen, weil die Wasserstände natürlich höher sind.

Im Hochland reist es sich das ganze Jahr über angenehm, auch wenn von Oktober bis Mai auf jeden Fall mit Regen zu rechnen ist. Allerdings regnet es nicht jeden Tag, und selbst im April, dem feuchtesten aller Monate, fällt durchschnittlich nur an einem von zwei Tagen Regen.

Die Tagestemperaturen in Quito liegen das ganze Jahr über im Durchschnitt zwischen mindestens 8 und höchstens 21 °C.

Weitere Informationen und Klimatabellen gibt's in den Allgemeinen Informationen zu Südamerika (S. 1222).

KURSE

Ecuador ist eines der besten Länder des Kontinents, um Spanisch zu lernen. Quito (S. 632) und Cuenca (S. 678) und in geringerem Maße auch Otavalo (S. 655) und Baños (S. 668) sind ideale Orte, um die Sprache im Einzelunterricht zu lernen. Die Preise liegen bei 5 bis 10 US$ pro Stunde.

MEDIEN

Der *Explorer* ist eine monatlich kostenlos auf Englisch und Spanisch erscheinende Broschüre mit einem Veranstaltungskalender von Quito. Die besten Zeitungen des Landes sind *El Comercio* (www.elcomercio.com, spanisch) und *Hoy* (www.hoy.com.ec, spanisch), die in Quito erscheinen und *El Telégrafo* (www.telegrafo.com.ec, spanisch) und *El Universo* (www.eluniverso.com, spanisch) in Guayaquil.

ÖFFNUNGSZEITEN

Öffnungszeiten sind in diesem Buch nur dann gesondert vermerkt, wenn sie von den folgenden Standardöffnungszeiten abweichen: Banken sind im Allgemeinen montags bis freitags von 8 bis 14 oder bis 16 Uhr geöffnet. In den größeren Städten haben die meisten Geschäfte und Regierungsbüros

MINDESTALTER

■ Alkoholkonsum: 18

■ Autofahren: 18

■ Wählen: 18

■ Einverständlicher Sex: nicht festgelegt.

montags bis freitags von 9 bis 17.30 Uhr offen und über Mittag eine Stunde geschlossen, irgendwann zwischen 12 und 14 Uhr. An der Küste und in den kleineren Städten kann sich die Mittagspause auch mal über zwei oder mehr Stunden hinziehen. Viele Geschäfte sind samstagmittags geöffnet, aber fast alle – auch Restaurants – haben sonntags zu. Restaurants haben mittags meist zwischen 11.30 und 15 Uhr auf und abends von 17 bis 22 Uhr. Einige haben auch den ganzen Tag offen. Bars öffnen im Allgemeinen zwischen 17 und 19 Uhr und schließen zwischen Mitternacht und 2 Uhr. Telefon-Call-Center sind ausnahmslos täglich von 8 bis 22 Uhr geöffnet. Die üblichen Öffnungszeiten der Post sind montags bis freitags von 8 bis 18 Uhr und samstags von 8 bis 13 Uhr.

POST

Ein Brief nach Europa kostet 2 US$. Für ein paar Cents können Briefe *certificado* (per Einschreiben) versendet werden. Das Versenden von Paketen mit 2 bis 20 kg Gewicht geht am besten in Quito.

Wer in Ecuador Post empfangen will, lässt den Versender die Postsendung ans nächstgelegene Postamt schicken, z. B. an Max MUSTERMANN, Lista de Correos, Correo Central, Quito (oder eine Stadt und Provinz nach Wahl), Ecuador. Die Post wird alphabetisch sortiert, deshalb sollte man sicherstellen, dass der Nachname ganz deutlich geschrieben ist.

Mitglieder von **SAE** (S. 636) können die Post zum Clubhaus schicken lassen. Wiegt so eine Sendung mehr als 2 kg, muss sie vom Zoll abgeholt werden und man muss eine höhere Gebühr zahlen.

RECHTSFRAGEN

Drogendelikte werden in Ecuador hart bestraft, selbst wenn nur eine kleine Menge illegaler Drogen (darunter Marihuana und Kokain) gefunden wird. Die Angeklagten verbringen oft Monate im Gefängnis, bevor sie vor Gericht gestellt werden. Und wenn sie verurteilt werden (wovon auszugehen ist), müssen sie mit mehreren Jahren Gefängnis rechnen.

Bei „Polizisten" in Zivil heißt es aufgepasst. Wer aber von einem uniformierten Beamten am helllichten Tag aufgefordert wird sich auszuweisen, der muss seinen Pass ohne Diskussion vorzeigen.

Passiert ein Autounfall, sollten die beteiligten Fahrzeuge, außer wenn es eine wirklich kleine Sache war, an Ort und Stelle bleiben, bis die Polizei eintrifft und den Unfall aufnimmt. Wer einen Fußgänger verletzt, trägt dafür die Verantwortung und kann ins Gefängnis kommen, wenn er nicht für die medizinische Versorgung bezahlt – auch wenn er nicht der Unfallverursacher ist. Also defensiv fahren!

REISEN MIT BEHINDERUNG

Leider existiert in Ecuador so gut wie keine Infrastruktur für Reisende mit Behinderungen.

SCHWULE & LESBEN

Ecuador ist wahrscheinlich nicht gerade der beste Ort, um einem Partner gleichen Geschlechts öffentlich seine Zuneigung zu zeigen. Bis 1997 war Homosexualität hier illegal. In Quito und Guayaquil gibt es eine Underground-Szene, aber abgesehen von ein paar wenigen Tanzclubs sind sie schwer zu finden. Wer's genauer wissen will, schaut nach beim **Syberian's Gay Guide to Quito** (http://gayquitoec.tripod.com) oder bei **Gayecuador** (www. gayecuador.com, spanisch).

STROM

Die Stromspannung in Ecuador ist 110V, 60 Hz und Wechselstrom – wie in Nordamerika. Ebenfalls wie dort haben die Stecker zwei flache Stifte.

TELEFON

Andinatel (hauptsächlich im Hochland und im Oriente) und Pacifictel (hauptsächlich an der Küste) bieten lokale, nationale und internationale Telefondienste. Die Stadt Cuenca arbeitet mit Etapa. Ein Anruf nach Europa kostet etwa 0,45 US$ pro Minute. Für rund 0,25 US$ die Minute sind in größeren Städten auch Telefonate über das Internet möglich.

R-Gespräche kann man in die meisten europäischen Länder führen und auch direkt Telefonoperatoren in Europa anwählen. Die Nummern hält der jeweilige Service Provider für Ferngespräche parat. Von einem Privattelefon in Ecuador wird man durch Wählen der ☎ 116 mit einem internationalen Operator verbunden.

Jede Provinz hat eine eigene zweistellige Vorwahl. Die Vorwahl für Handys ist ☎ 09. Bei Telefonanrufen innerhalb einer Provinz die Vorwahl weglassen. Bei Anrufen aus dem Ausland die 0 der Vorwahl weglassen. Ecuadors Landesvorwahl ist ☎ 593.

Für Ortsgespräche zu einer Pacifictel- oder Andinatel-Filiale oder in eine öffentliche Telefonzelle gehen. Öffentliche Telefone funktionieren mit Telefonkarten, die es an Kiosken gibt.

Alle Telefonnummern in Ecuador haben heute sieben Ziffern, und die erste Ziffer – außer bei Mobilfunknummern – ist immer eine „2" (außer in Quito, wo einige mit einer „3" beginnen). Gibt einem jemand eine sechsstellige Nummer (was oft passiert), einfach eine „2" davor setzen.

TOILETTEN

Der Wasserdruck ist bei ecuadorianischen Toiletten sehr niedrig. Toilettenpapier in der Schüssel kann das Klo verstopfen – also lieber in den Papierkorb tun. Das mag zwar vielleicht unhygienisch scheinen, ist aber wesentlich besser als eine verstopfte Schüssel und Wasser, das den Fußboden überflutet. Der Wasserdruck in den teuren Hotels ist in Ordnung.

Öffentliche Toiletten gibt es in der Regel nur in Busbahnhöfen, Flughäfen und Restaurants. Die Toiletten heißen *servicios higiénicos* und sind meist mit „SS.HH." gekennzeichnet. Wer in einem Restaurant aufs Örtchen muss, fragt nach dem *baño*. Toilettenpapier ist in Ecuador eher Mangelware – also immer daran denken, einen eigenen Vorrat mitzubringen.

TOURISTENINFORMATION

Das von der Regierung geleitete **Ministerio de Turismo** (www.vivecuador.com) ist verantwortlich für Touristeninformationen auf nationaler Ebene. Nach und nach eröffnet das Ministerium jetzt auch Fremdenverkehrsbüros – bekannt als **iTur**-Büros – in den wichtigen Städten Ecuadors.

South American Explorers (SAE) hat ein Clubhaus in Quito (s. S. 636). Auf S. 636 stehen auch Allgemeine Informationen zu dieser nützlichen Organisation.

UNTERKUNFT

An Unterkünften mangelt es in Ecuador nicht, aber während der großen Feste oder am Abend vor dem Markttag kann es ziemlich voll werden – also lieber im Voraus buchen. Wer speziell wegen eines Marktes oder Festes in eine Stadt kommt, sollte versuchen, am Tag vor der Veranstaltung nicht später als am frühen Nachmittag einzutreffen. Die meisten Hotels bieten auch Einzelzimmertarife an. Allerdings berechnen einige Strandorte während der Hauptsaison die Anzahl der Betten im Zimmer, egal, wie viele Personen darin übernachten.

In Ecuador gibt es mehrere Jugendherbergen, die aber qualitativ selten besonders gut sind. *Pensiones* sind die günstigsten Unterkünfte. Es kann jedoch vorkommen, dass die Zimmer stundenweise vermietet werden und die Sauberkeit zu wünschen übrig lässt. In entlegenen Dörfern kann es auch eine Option sein, bei Familien zu übernachten.

VERANTWORTUNGSBEWUSSTES REISEN

Verantwortungsbewusstes Reisen ist in Ecuador ein heikles Thema. Das Schlagwort „Ökotourismus" wird von fast allen Touranbietern im Land verwendet – aber man muss selbst beurteilen, ob man die ausgelobten Unternehmenspraktiken nun für verantwortungsvoll hält oder nicht. SAE in Quito (S. 636) ist eine ausgezeichnete Quelle, um Touranbieter, Hotels und Lodges zu finden, die wirklich echten Ökotourismus praktizieren.

Selbst kann man mehrere Dinge tun, um möglichst wenig Schaden anzurichten (bzw. möglichst viel Positives für das Land zu tun). Wer eine Tour in den Oriente macht, sollte dafür sorgen, dass der Reiseführer für die Mahlzeiten kein Wild erlegt oder Bäume für das Feuerholz fällt. Wer eine indigene Gemeinschaft besucht, sollte darauf achten, dass der Führer aus dieser Gemeinschaft stammt oder gute Beziehungen zu ihr hat (bzw. im Falle der Huaorani eine schriftliche Besuchserlaubnis vorweisen kann). Auf den Galapagosinseln sollte man sich den Tieren nicht nähern (egal, wie groß die

Versuchung ist) und auf den offiziellen Wegen bleiben. Schon wegen der großen Mengen von Touristen, die die Inseln besuchen, ist das unglaublich wichtig. Auf den Inseln und an der Küste sollte man besser zweimal überlegen, bevor man Hummer oder Shrimps isst – Hummer werden überfischt, und das „Shrimp Farming" gehört mit zu den umweltschädlichsten Praktiken im Land. Nichts kaufen, was aus Koralle, besonders schwarze Koralle, hergestellt ist! Keinen Abfall wegwerfen, auch wenn viele Ecuadorianer das tun.

Bei all den Geschichten über aufgeschlitztes oder gestohlenes Gepäck, die Traveller gerne erzählen, kann man leicht ganz paranoid werden. Am besten einfach daran denken, dass auch die Ecuadorianer ihr Land bereisen – trotzdem wird man nie einen Ecuadorianer mit hypermodernem, maschendrahtgesichertem Gepäck zu Gesicht bekommen. Solche Dinge demonstrieren eigentlich nur deutliches Misstrauen gegenüber den Menschen, die man doch eigentlich kennenlernen wollte, als man sich vorgenommen hat, Ecuador einen Besuch abzustatten.

S. auch „Verantwortungsbewusstes Reisen" vorne in diesem Buch.

VISA

Touristen aus der EU und der Schweiz brauchen zur Einreise nach Ecuador kein Visum. Bei der Einreise wird eine 90 Tage lang gültige T-3-Touristenkarte ausgestellt. Nur selten werden nur 60-Tage-Stempel erteilt – aber wer länger bleiben will, sollte das nachprüfen.

Offiziell braucht jeder, der in das Land einreist, ein Ticket für den Rückflug und ausreichende Mittel für den Aufenthalt, aber die Grenzbeamten verlangen selten einen Nachweis. Internationale Impfpässe sind gesetzlich nicht vorgeschrieben, aber einige Impfungen, besonders gegen Gelbfieber, sind ratsam.

Visaverlängerung

Verlängerungen der 90 Tage gültigen Touristenkarte stellt die **Jefatura Provincial de Migración** (Karte S. 643; ☎ 02-224-7510; Isla Seymour 1152 Nähe Río Coca; ☿ Mo–Fr 8.30–12 & 15–17 Uhr) aus. Eine Verlängerung des Aufenthalts um 30 weitere Tage ist möglich, und dieses Verfahren kann dreimal wiederholt werden, was eine erlaubte Gesamtaufenthaltsdauer von 180 Tagen (sechs Monate) pro Jahr ergibt. Eine Verlängerung der Touristenkarte ist erst am Ablauftag möglich.

Die Guyanas

Man mische die Nachkommen entflohener oder befreiter Sklaven mit alteingesessenen indigenen Kulturen und füge einige Einwanderer aus Indien, Indonesien, Laos, China und Brasilien hinzu – gewürzt mit einer Prise französischem, britischem und niederländischem Kolonialismus koche man das Ganze an der Atlantikküste im Süden Lateinamerikas kräftig durch. Ergebnis: eine der vielfältigsten und am wenigsten bereisten Regionen des Kontinents. Die drei Länder sind stark durch ihre koloniale Vergangenheit geprägt. Der kulturelle Mischmasch sorgt zwar für leichtes Chaos, bringt aber gleichzeitig eine würzig-scharfe Küche und unzählige resolute Exzentriker hervor. Reggae-Musik und afro-europäische Vibes erinnern Besucher daran, dass diese Länder sich selbst eher der Karibik als Südamerika zurechnen.

Die undurchdringlichen, malariaverseuchten Urwälder bewahrten die Region anfangs davor, dass sich hier allzu viele europäische Siedler niederließen – die meisten Neuankömmlinge starben an Tropenkrankheiten. Heute haben diese Länder einen besonderen Trumpf: Einige der ursprünglichsten Tropenwälder der Erde, wie geschaffen für die abenteuerlichste Variante des Ökotourismus. Mangels touristischer Infrastruktur ist eine Reise durch die Guyanas zwar anstrengend und kostspielig, aber gleichzeitig ein ungemein lohnenswertes Unterfangen. Französisch-Guyana gehört offiziell zu Frankreich und ist von allen drei Ländern am saubersten und am besten organisiert. Wenn man westwärts durchs kunterbunte Surinam fährt, nimmt die Anzahl der Schlaglöcher beständig zu. Wer schließlich in Guyana ankommt, sehnt sich nach seiner letzten heißen Dusche zurück.

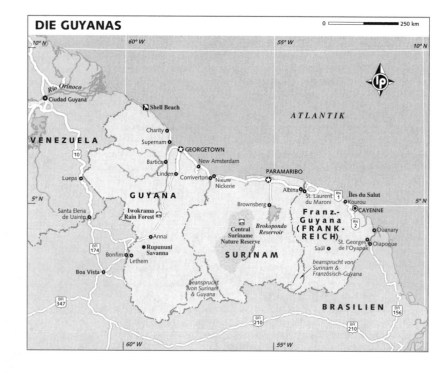

GESCHICHTE

Die schlammige, von Mangroven gesäumte Küstenlinie Guyanas, die nur spärlich von kriegerischen Kariben-Indianern bewohnt war, interessierte die europäischen Siedler zunächst wenig. Die Spanier erblickten die Küste erstmals 1499; die Aussicht auf Gold oder billige Arbeitskräfte war jedoch mehr als gering. Im 16. Jh. vermuteten Forschungsreisende hier die legendäre Stadt El Dorado. Bis zur Mitte des 17. Jhs. bestand jedoch kein sonderliches Interesse an diesem Fleckchen Erde.

Ab 1615 besiedelten die Niederländer das Land. Nach der Gründung der Niederländischen Westindien-Kompanie trieben die Kolonisten Handel mit den amerindianischen Völkern im Landesinneren. Gleichzeitig entstanden Plantagen z. B. für Zuckerrohr und Kakao. Da eingeschleppte Krankheiten die indigene Bevölkerung nahezu auslöschten, importierten die Niederländer Sklaven aus Westafrika. Zur Mitte des 18. Jhs. entflohen immer mehr Sklaven und gründeten Siedlungen im Landesinneren. Ihre Nachfahren heißen „Maroons".

Ungefähr 1650 legten die Engländer Zuckerrohr- sowie Tabakplantagen am Westufer des Surinam an und gründeten das heutige Paramaribo. Nach dem Zweiten Englisch-Holländischen Seekrieg und dem Frieden von Breda (1667) erhielten die Niederländer Surinam und ihre Kolonien an der Küste Guyanas zurück (im Tausch gegen eine Insel namens Manhattan). Dennoch mussten sie das Gebiet östlich des Maroni (Marowijne auf niederländisch) an die Franzosen abtreten. Während der nächsten 150 Jahre wechselte die Oberherrschaft über die Region zwischen drei Mächten; 1800 war Großbritannien am Ruder, während die Niederländer Surinam kontrollierten. Die Franzosen behaupteten sich gerade noch in Cayenne, heute Französisch-Guyana. Am Ende der Napoleonischen Kriege bestätigte der Vertrag von Paris die niederländische Alleinherrschaft über Surinam. Die Franzosen behielten das Gebiet östlich des Maroni. Die Briten erwarben dagegen offiziell die niederländischen Kolonien in Britisch-Guyana (heutiges Guyana). 1834 wurde die Sklaverei in allen britischen Kolonien abgeschafft. Fortan unterband die Royal Navy den Sklavenhandel in der Karibik, was auf den Plantagen zu einem Mangel an Arbeitskräften führte. Es wanderten immer mehr Lohnarbeiter aus anderen Kolonien ein, die den Guyana-Ländern ihren einzigartigen Ethno-Mix verliehen.

NATUR & UMWELT
Geografie

Trotz ihrer karibischen Kultur liegen die Guyanas direkt am Atlantik. Die markanteste Landschaftsformation ist der sogenannte Guyana-Schild. Das weitläufige und kristalline Hochland erstreckt sich über den Nordosten Brasiliens sowie Französisch-Guyana, Surinam, Guyana und Venezuela. Im Tertiär trennte sich der Guyana-Schild vom größeren Brasilianischen Schild im Süden. Die entstehenden Anden drehten die Fließrichtung der westwärts strömenden Flüsse um und erschufen das Amazonasbecken. Ab dem 2810 m hohen Monte Roraima im Grenzgebiet Guyanas, Brasiliens und Venezuelas senkt sich der Schild stufenweise bis auf Meereshöhe ab.

Tiere & Pflanzen

Größtenteils unberührte Regenwälder bedecken das Innere der Guyanas und bieten zahllosen Pflanzen- und Tierarten eine Heimat. Allerdings sind diese Ökosysteme bedroht durch unkontrollierte Goldförderung und internationale Holzkonzerne. Das prachtvollste Tier im Dschungel ist der Jaguar, aber auch andere Kreaturen, wie z. B. Hellrote Aras, Große Ameisenbären und Sonnensittiche, haben sich hier ungestört ausbreiten können. Es gedeihen hier auch Tapire, Mohrenkaimane und Riesenotter, die in anderen Teilen Südamerikas bereits vom Aussterben bedroht sind.

Die vielen Wasserläufe machen u. a. Krötenkopfschildkröten, Zitteraale, Brillenkaimane, Schwarze Piranhas und *tucunares* (Cichlas) unsicher. Je nach Jahreszeit brüten an den Küsten die phänomenalen Riesenlederschildkröten, aber auch Grüne und Oliv-Bastardschildkröten. Harpyien und Felshähne lassen sich in ganz Südamerika wohl am besten in den Guyanas beobachten.

Nationalparks

In den Guyanas gibt es großartige Angebote für Ökotouristen. Von den drei Ländern besitzt Surinam die meisten Naturschutzgebiete. Am größten ist die 1,6 Mio. ha große Central Surinam Nature Reserve (S. 771).

Guyanas größter Nationalpark heißt Iwokrama. Hier erhält eine Bevölkerung aus leidenschaftlichen Naturschützern ein Waldschutzgebiet am Leben (S. 788). Von allen drei Ländern hat Französisch-Guyana die wenigsten offiziellen Naturschutzgebiete. Doch die Landschaft ist bis heute ziemlich unberührt.

Umweltprobleme

In punkto Naturschutz leisten alle Guyanas einen Drahtseilakt: Einerseits muss die Wirtschaft wachsen – am schnellsten geht's durch Holzwirtschaft, Bergbau und das Aufspüren von Ölquellen. Andererseits soll der Ökotourismus längerfristig ausgebaut werden. Alle drei Länder haben bewusst große Landflächen als Naturschutzgebiete ausgewiesen. Durch gewaltige Spenden konnte Surinam 1998 die 16 187 km² große Central Surinam Nature Reserve anlegen.

In Surinam wirbt Conservation International mit dem Erhalt der Artenvielfalt für den Schutz des Waldes. In Guyana arbeitet die Organisation daran, weitere nationale Naturschutzzonen einzurichten. Die Iwokrama Rainforest Reserve in Guyana besteht aus insgesamt 371 000 ha Regenwald. In dem riesigen „Versuchslabor" wird getestet, wie sich umweltverträgliche Holzwirtschaft und Ökotourismus auf die Natur auswirken. In allen drei Guyanas bedrohen Jäger die Brutplätze der Lederschildkröten.

VERANTWORTUNGSBEWUSSTES REISEN

Der „Ökotourismus" sieht in allen Guyanas zunächst gleich aus. Allerdings sind die Anbieter sehr unterschiedlich: Am besten mehrere Firmen abgeklappern und deren „Ökostrategie" überprüfen.

Für den einzelnen Ökotouristen gilt: Die Umwelt auf sich wirken lassen, ohne negativ auf diese einzuwirken. Wie immer sollte man gewisse Grundsätze befolgen und die Vegetation bewahren. Traveller sollten Angelhaken und Messer als Handelsgüter mitnehmen und Einheimische nicht ohne deren Einverständnis fotografieren. Führer sollten ein umweltgerechtes Verhalten an den Tag legen und idealerweise dem besuchten Dorf zugehörig sein. In Städten lässt man am besten von Gerichten mit seltenen Tieren die Finger und kauft einheimische Produkte. Energie und Wasser sparen!

VERKEHRSMITTEL & -WEGE

Nähere Infos zu Verkehrsmitteln stehen jeweils im Abschnitt „Verkehrsmittel & -wege" der Kapitel „Französisch-Guyana" (S. 744), „Surinam" (S. 765) und „Guyana" (S. 780).

Auto & Motorrad

In allen drei Guyanas sind Überlandfahrten nur in Küstennähe möglich. Autoreisen sind hier heikel. Man sollte sie nur mit entsprechenden Mechanikerkenntnissen, Ersatzreifen und Reservekanistern unternehmen. Während der Regenzeit verschlechtert sich der Straßenzustand extrem. Besonders in Guyana und Surinam ist die Fahrbahn auch an trockenen Tagen sehr rutschig. Außerdem dürfen Autofahrer (v. a. mit Mietfahrzeugen) nicht alle Grenzen überqueren und gelten v. a. beim Übergang von Französisch-Guyana nach Surinam als ungebetene Gäste.

Aus Richtung Westen kann man von Boa Vista in Nordbrasilien nach Guyana einreisen. Die Verbindungsstraße nach Georgetown ist jedoch häufig geschlossen. Ab Georgetown folgen Straßen der Küste in östlicher Richtung. Nach Surinam und Französisch-Guyana muss jeweils ein Fluss überquert werden. Seit kurzer Zeit verbindet eine Straße Französisch-Guyana mit Brasilien; die dazugehörige Brücke sollte Mitte 2007 fertig gestellt sein. Bis dahin müssen Fahrzeuge noch per Fähre über den Fluss transportiert werden (ca. 240 US$). Zwischen Guyana und Venezuela gibt's keinen offiziellen Grenzübergang – da ist ein Umweg über Brasilien erforderlich.

Flugzeug

Flugreisen sind kompliziert. Internationale Flüge landen in Georgetown (Guyana), Paramaribo (Surinam) und Cayenne (Französisch-Guyana). Zum Zeitpunkt der Recherche existierten keinerlei Direktflüge zwischen den drei Ländern. Maschinen aus Nordamerika legen oft Zwischenlandungen auf karibischen Inseln ein. So fliegt Air France regelmäßig von Miami über Guadeloupe, Martinique und Haiti nach Cayenne. Wer über Paris anreist, spart u. U. Zeit und Geld. Direktflüge gibt's von Amsterdam nach Paramaribo. Zudem besteht eine Nonstop-Verbindung von Guyana nach New York.

FRANZÖSISCH-GUYANA

HIGHLIGHTS

- **Awala-Yalimopo während der Schildkröten-Brutsaison** – Im Mondschein am Kreislauf des Lebens teilhaben und ein friedliches Ritual beobachten: Dinosauriern gleich legen Lederschildkröten ihre Eier im Sand ab (S. 758)
- **Îles du Salut** – Ferien auf einer Insel machen und dabei in aller Ruhe die reizenden Ruinen von Französisch-Guyanas berühmtesten Strafkolonien erkunden (S. 754)
- **Centre Spatial Guyanais (Raumfahrtzentrum Guyana)** – Alles über die aufwändige Prozedur eines Satellitenstarts erfahren und vielleicht eine Rakete abheben sehen (S. 753)
- **Besonders empfehlenswert** – Eine Autofahrt zu den belebten Urwäldern der Trésor Nature Reserve unternehmen und per pedes die tropische Vegetation erforschen. Danach geht's weiter zu den Savannen und Feuchtgebieten von Kaw (S. 752) mit unzähligen Vogelarten
- **Abseits ausgetretener Pfade** – Auf dem Sentier Molokoï de Cacao durch den tiefsten Dschungel wandern. Einzige Weggefährten sind dabei neben Kapuzineräffchen, Riesenschlangen und Insekten auch andere exotische Pflanzen- und Tierarten – wie z. B. blutdürstige Moskitos (S. 751)

KURZINFOS

- **Berühmt für:** Papillon, Strafkolonien und Satellitenstarts
- **Bester Straßensnack:** Verschiedene Leckereien aus Laos auf den Märkten (ab 0,50 US$)
- **Bestes Schnäppchen:** Kostenloses Campen auf der Île St. Joseph (S. 755)
- **Bevölkerung:** 182 400
- **Fläche:** 91 000 km^2 (etwas kleiner als Portugal)
- **Floskeln:** *chébran* (cool), *infect* (ekelhaft), *une teuf* (Party)
- **Geld:** 1 US$ = 0,76 € (Landeswährung ist der Euro), 1 SFr = 0,61 €
- **Hauptstadt:** Cayenne
- **Landesvorwahl:** ☎ 594
- **Preise:** Hängemattenplatz in einem traditionellen *carbet* 10 US$, indonesische Nudelpfanne 3,50 US$, frisch gepresster Passionsfrucht-Saft 2 US$
- **Reisekosten:** 50–60 US$ pro Tag
- **Sprachen:** Französisch, Patois, Kreol, amerindianische Sprachen, Sranan Tongo (Surinaams)
- **Trinkgeld:** 10 % in Restaurants und Hotels (falls nicht bereits im Preis enthalten); bei Taxis kein Trinkgeld
- **Visa:** Für EU-Bürger und Schweizer nicht erforderlich
- **Zeit:** MEZ −4 Std.

TIPPS FÜR UNTERWEGS

Wer eine Hängematte dabei hat, kann im Umkreis von Cayenne fast überall günstig übernachten – Moskitonetz nicht vergessen!

VON LAND ZU LAND

Französisch-Guyana hat u. a. Grenzübergänge nach Surinam (Albina) und Brasilien (Oiapoque).

FRANZÖSISCH-GUYANA •• Aktuelle Entwicklungen

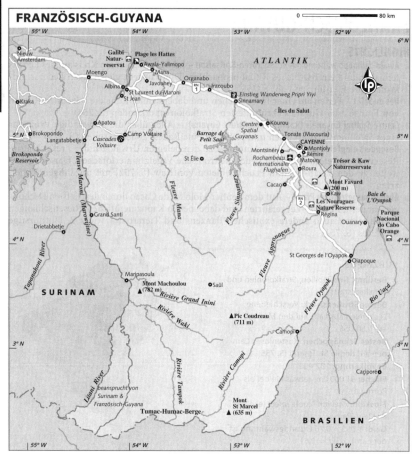

Französisch-Guyana ist ein kleines Land mit unberührten Regenwäldern. Glück im Unglück: Als französisches Überseedepartement gehört es heute zur EU und ist die reichste Region in dieser Ecke der Welt. Frankreich investiert riesige Summen, um eine stabile Basis für seinen Weltraumbahnhof zu schaffen. Von Brasilien bis Surinam versucht jedermann, die Grenze zu überqueren – angelockt von gut bezahlten Jobs und umfangreichen Sozialleistungen. Dem Land fehlt jedoch die unbekümmerte Einfachheit seiner ums Überleben kämpfenden Nachbarn: Einerseits ist dies ein faszinierendes Reiseziel mit restaurierten Gebäuden aus der Kolonialzeit und einer schauerlichen Straflagertradition (unter den illustren Häftlingen waren z. B. Papillon und Alfred Dreyfus). Dazu kommt eine der vielfältigsten Pflanzen- und Tierwelten der Erde. Andererseits scheint Europa das Herz Französisch-Guyanas eisern im Griff zu halten – die Mächtigen in Übersee haben offensichtlich kein großes Interesse daran, dass die Bevölkerung ihr Potential voll ausschöpft.

AKTUELLE ENTWICKLUNGEN

Europas Vorzeige-Rakete Ariane 5 ist in Kourou (Französisch-Guyana) stationiert. Sie transportiert Satelliten ins All und hält seit dem 17. November 2005 mit über 8000 kg den Rekord für Nutzlasten. Ende 2007 soll erstmals der leichtere Transporter Vega abheben. Für 2008 ist der Jungfernflug der Soyuz geplant; diese Rakete kann mittelschwere Nutzlasten oder Astronauten in den Weltraum bringen und wird ebenfalls auf dem Weltraumbahnhof Kourou ihre Triebwerke zünden.

GESCHICHTE

1643 gründeten die Franzosen die erste Siedlung in Cayenne. Tropenkrankheiten und feindlich gesinnte Indianer verhinderten jedoch, dass große Plantagen angelegt werden konnten. Nach verschiedenen Konflikten mit Niederländern, Briten und einer achtjährigen Besatzung durch Brasilien und Portugal gewann Frankreich schließlich die Oberhand zurück. Kurz darauf wurde die Sklaverei abgeschafft (1848), was die wenigen Plantagen an den Rand des Zusammenbruchs brachte.

Ungefähr zur selben Zeit kam die französische Regierung auf die Idee, dass Strafkolonien in Guyana die Kosten für einheimische Gefängnisse senken und zur Entwicklung der Kolonie beitragen könnten. Die ersten Verbannten kamen 1852 an. Wer seine Tage überlebte, musste hier eine gewisse Zeit als „Ausgebürgerter" verbringen. Da 90 % aller Verurteilten an Malaria oder Gelbfieber starben, trug diese Politik jedoch nur wenig zum erhofften Bevölkerungswachstum bei. Französisch-Guyana war einschlägig bekannt für sein brutales und korruptes Justizsystem. Das letzte Straflager wurde 1953 geschlossen. 1946 erhielt Guyana den Status eines französischen Überseedepartements. 1964 begannen die Arbeiten am Centre Spatial Guyanais (Weltraumzentrum). Dadurch kamen Wissenschaftler, Ingenieure, Techniker und Servicepersonal aus Europa und der ganzen Welt ins Land – und Kourou entwickelte sich zu einer modernen Stadt von beträchtlicher Größe. In der Hoffnung auf ein eigenes Stück Land wanderten in den 1970er-Jahren die Hmong aus Laos ein. Die meisten Flüchtlinge ließen sich in den Städten Cacao und Javouhey nieder. Bis heute bilden sie das Rückgrat der hiesigen Bauernschaft.

Die Wirtschaft Französisch-Guyanas hängt immer noch am Tropf der französischen Metropole. Manche Einheimische munkeln, dass das Wirtschaftswachstum gezielt gehemmt wird, um die Kolonie weiterhin fest im Griff zu haben. Nacheinander haben französische Regierungen staatliche Arbeitsplätze geschaffen und Milliarden Euro an Subventionen bereitgestellt. Ergebnis ist ein beinahe europäischer Lebensstandard in den Stadtgebieten. Die Dörfer auf dem Land sind wesentlich ärmer. Die zahlreichen Amerindianer und Maroons im Hinterland fristen immer noch ein kärgliches Dasein.

Früher wurden hauptsächlich Tropenhölzer exportiert. Heute sind die Fischerei (v. a. Shrimps), die Holzwirtschaft und der Bergbau (v. a. Gold) die Haupterwerbszweige. Der Tourismus steckt dagegen noch in den Kinderschuhen und erhält nur wenig Aufmerksamkeit seitens der Regierung. Die Landwirtschaft besteht aus den wenigen Marktgärten der Hmong – die meisten Lebensmittel und Konsumgüter werden eingeführt (ebenso Energie). Der Weltraumbahnhof hat rund 1350 Angestellte und macht ca. 15 % der Wirtschaftstätigkeit aus.

KULTUR

In Französisch-Guyana bilden die Historie zum Anfassen, die sagenhafte Küche und die temperamentvolle französische Sprache mit der unendlichen Weite und Vielfalt Amazoniens eine verführerische Mixtur. Die warmherzigen Einwohner des winzigen Departements hängen zwar vom Mutterland ab, haben aber mit dem Trubel Europas nichts am Hut. Cayenne und Kourou erfreuen sich einer beinahe schon europäischen Wirtschaftssituation. Dennoch hat ein Großteil der Bevölkerung finanzielle Probleme und führt ein Leben in Bescheidenheit.

Die Einwohner Guyanas sind stolz auf ihr multikulturelles Universum mit Einflüssen aus aller Herren Länder. In Französisch-Guyana haben rund 150 000 Menschen einen festen Wohnsitz. Dazu kommen ungefähr 30 000 Zeit- und Gastarbeiter aus Haiti und Brasilien. Es gibt zwei verschiedene Hmong-Gruppen, die „Grünen" und die „Weißen", die in Laos nicht untereinander heiraten durften. In Französisch-Guyana ist dies hingegen erlaubt – um Inzucht zu verhindern.

RELIGION

Französisch-Guyana ist überwiegend katholisch. Maroons und Amerindianer pflegen ihre eigenen religiösen Traditionen. Auch die Hmong sind teilweise römisch-katholisch, denn eine Nonne, Schwester Anne-Marie Javouhey, brachte die Flüchtlinge einst ins Land.

KUNST & KULTUR

Musik und Tanz sind die lebendigsten Kunstformen in Französisch-Guyana – man denke an karibische Rhythmen mit französischem Akzent. Holzschnitzereien der Maroons und Wandteppiche der Hmong stehen auf Straßenmärkten zum Verkauf.

NATUR & UMWELT
Geografie

Im Osten und Süden grenzt Französisch-Guyana an Brasilien. Im Westen bilden der Maroni und der Litani die Grenze zu Surinam (der Südteil ist umstritten).

Die meisten Einwohner leben im Küstenstreifen am Atlantik. Hier befindet sich der Großteil der wenigen Straßen von Französisch-Guyana. Mangroven säumen fast die ganze Küste; dennoch gibt's auch ein paar Sandstrände. Das dicht bewaldete Landesinnere ist nahezu menschenleer. Die Landschaft hebt sich allmählich in Richtung des Tumac-Humac-Gebirges an der brasilianischen Grenze.

Tiere & Pflanzen

Zum Glück blieb Französisch-Guyana von großen Plantagen weitgehend verschont. Dadurch sind die Regenwälder zu 90 % intakt und beherbergen mehr Pflanzenarten als der Dschungel Surinams oder Guyanas. In der Trésor Nature Reserve wurden auf einem Hektar nicht weniger als 164 verschiedene Baumarten gezählt! Außerdem ist Französisch-Guyana die Heimat unzähliger Insekten und anderer Tiere wie z. B. Tapire, Jaguare, Pfeilgiftfrösche oder Kaimane.

VERKEHRSMITTEL & -WEGE
An- & Weiterreise
FLUGZEUG

Sämtliche internationalen Flüge landen auf dem Rochambeau International Airport (S. 749) in Cayenne.

SCHIFF/FÄHRE & BUS

Flussfähren nach Französisch-Guyana kommen durch die Städte St. Laurent du Maroni an der Grenze zu Surinam (oder einfach St. Laurent; s. S. 758) und St. Georges de l'Oyapok an der brasilianischen Grenze (s. S. 752). Von dort aus fahren *taxis collectifs* zu den größeren Siedlungen.

Unterwegs vor Ort
AUTO

Die Hauptstraßen Französisch-Guyanas entsprechen dem Standard der Industrienationen. Tollen Autotrips auf eigene Faust steht daher nichts im Weg. Nebenstraßen und unbefestigte Pisten sind dagegen oft in schlechtem Zustand (v. a. während der Regenzeit) – daher unbedingt Ersatzreifen, Reservekanister und genügend Zeit einplanen. Da es so gut wie keine öffentlichen Verkehrsmittel gibt, sind Mietwagen angesagt (s. S. 749). Ein internationaler Führerschein wird empfohlen, ist aber nicht offiziell erforderlich.

FLUGZEUG

Von Cayenne aus brummen kleine Maschinen zu Zielen im Landesinneren wie z. B. St. Georges und Saül (s. S. 752). Air Guyane ist für die meisten Inlandsflüge verantwortlich.

SCHIFF/FÄHRE

Auch Flussfähren schippern ins Landesinnere. Den Reisenden verlangt dieses Transportmittel jedoch einiges an Geduld und ein gutes Timing ab – es sei denn, man nimmt an einer geführten Tour teil. Kaw und St. Laurent eignen sich am besten, um an Bord zu gehen.

TAXI COLLECTIF

Taxis collectifs (im Prinzip Minibusse) rangieren als fahrbare Untersätze auf Platz Zwei. Sie starten regelmäßig in Cayenne (S. 750), seltener in St. Laurent (S. 757) und St. Georges (S. 752).

TRAMPEN

Einheimische trampen im Umkreis von Cayenne oder fahren per Anhalter westwärts

---

FLUGHAFENSTEUER

Bei Flügen ins Ausland (ausgenommen Frankreich) wird eine Flughafensteuer von 20 US$ fällig. Sie ist häufig bereits im Ticketpreis enthalten. Flüge nach Paris gelten als Inlandsverbindungen.

in Richtung St. Laurent. Für Touristen besteht jedoch ein höheres Risiko, da sie u. U. als „Goldesel" angesehen werden. Traveller sollten auf gar keinen Fall bei Nacht trampen und die Straße zwischen Régina und St. Georges unbedingt meiden. Auf dieser einschlägig bekannten Route werden häufig Drogen und illegale Einwanderer transportiert.

CAYENNE
50 395 Ew.

In Cayenne treffen Karibik, Südamerika und Europa aufeinander. Die fröhlichen Farben der Karibik prägen die Stadt mit ihrer kunterbunten Kultur. Schmiedeeiserne Balkone aus der Kolonialzeit säumen die Straßen. Die Holzklappläden leuchten in tropischen Rosa-, Gelb- und Türkistönen. Hier gibt's lebhafte Märkte und tolle Restaurants (u. a. mit brasilianischer, kreolischer, französischer und chinesischer Küche). Augen und Gaumen freuen sich gleichermaßen – es ist wirklich unmöglich, hier ein Gericht auszulassen. Außerhalb vom Zentrum versetzen die Vorstadthighways die Besucher schnell wieder zurück ins 21. Jh.

Orientierung

Cayenne liegt am Westende einer kleinen und etwas hügeligen Halbinsel zwischen Cayenne und Mahury. Der Mittelpunkt, auf dem das Leben pulsiert, ist die nordwestlich gelegene Place des Palmistes, auf der umgeben von Palmen Cafés und Snackbuden stehen. Westlich von hier erstreckt sich der älteste Stadtteil, die Place Léopold Héder (auch Place Grenoble genannt).

Bevor Neuankömmlinge sich auf die Socken machen, holen sie sich am besten einen kostenlosen Stadtplan beim Touristen-Informationsschalter des Flughafens. Karten zu Cayenne gibt's auch bei Hotels oder bei der Touristeninformation (s. rechts) in der Stadt.

Praktische Informationen
BUCHLÄDEN

AJC (33 Blvd Jubelin) Hat die größte Auswahl an Büchern und Karten, darunter auch topografische Karten des Institut Géographique National.

Maison de la Presse (14 Av du Général de Gaulle) Sie verkauft französische Bücher, Zeitungen und Zeitschriften.

GELD

Überall in der Stadt gibt's Banken und Geldautomaten. Banken und *cambios* lösen Reiseschecks ein.

Banque National de Paris (BNP; 2 Place Victor Schoelcher) Kunden müssen oft anstehen.

Change Caraïbes (64 Av du Général de Gaulle; ☽ Mo–Fr 7.30–12.30 & 15.30–17.30, Sa 8–12 Uhr) Faire Konditionen.

INTERNETZUGANG

Copy Print (22 Rue Lalouette; ☽ Mo–Fr 8–12 & 14.30–18, Sa 8–12 Uhr) Günstigstes und sauberstes Internetcafé im Stadtzentrum.

CyberCafé des Palmistes (Bar Les Palmistes, 12 Av du Général de Gaulle; ☽ Mo–Sa 7–24 Uhr) Während man seine E-Mails liest, kommt ein kühles Bier gerade recht.

OOL Guyane (Einkaufszentrum Cara, ZI Collery 3; ☽ Mo–Sa 8–20 Uhr) Internetcafé rund 5 km außerhalb von Cayennes Zentrum mit kostenlosen Highspeed-Verbindungen.

MEDIZINISCHE VERSORGUNG

Centre Hospitalier Cayenne (☎ 39-50-50; 3 Av Flamboyants)

NOTFALL

Feuerwehr (☎ 18)

Polizei (☎ 17)

POST

Post Agence de Ceperou (Place Léopold Héder; ☽ Mo–Fr 7.30–13.30, Sa 7.30–11.45 Uhr) Postfiliale in praktischer Lage. Verteilt während der ersten zwei Wochen im Monat Schecks an Arbeitslose und ist dann hoffnungslos überfüllt.

REISEBÜROS

Sainte Claire Voyages (☎ 30-00-38, 17-19 Rue Lalouette) Das hilfsbereite Personal bucht Flüge und geführte Touren.

TELEFON

Im Zentrum gibt's keine Telefonstuben, dafür aber zahlreiche Münzfernsprecher (v. a. im Umkreis der Place des Palmistes).

TOURISTENINFORMATION

Comité du Tourisme de la Guyane (☎ 29-65-00; www.tourisme-guyane.com; 12 Rue Lalouette; ☽ Mo–Fr 8–13 & 15–18, Sa 8–12 Uhr) Teilt sich momentan ein Büro mit dem Office du Tourisme – so herrscht kein Mangel an hilfsbereiten Angestellten, Prospekten, Karten und Infos. Der Schalter am Flughafen empfängt Neuankömmlinge bis spät in die Nacht.

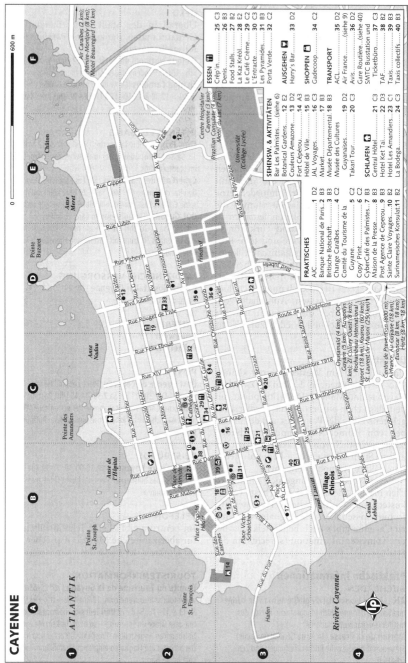

DER WEG INS ZENTRUM

Der Rochambeau International Airport liegt 18 km südwestlich von Cayenne. Neuankömmlinge teilen sich am besten ein Taxi mit anderen Reisenden (tagsüber/nachts 35/45 US$, ca. 20 Min.). In der Gegenrichtung ist es günstiger, zunächst mit einem *taxi collectif* nach Matoury zu fahren; die letzten 5 km werden dann per Bus oder Taxi absolviert. Achtung: Taxifahrer zocken Passagiere häufig ab, indem sie jedes Gepäckstück einzeln berechnen.

Gefahren & Ärgernisse

In Cayenne ist die Kriminalität (kleinere Delikte und Gewaltverbrechen) auf dem Vormarsch. Dies liegt hauptsächlich an der wachsenden Drogenszene. Bei Nacht schließen sich Traveller am besten in kleinen Gruppen zusammen oder nehmen gleich ein Taxi. Um das Village Chinois (oder Chicago) südlich vom Markt sollten Touristen einen weiten Bogen machen.

Sehenswertes

Das übersichtliche und farbenfrohe Cayenne lässt sich zu Fuß locker und entspannt innerhalb eines Tages erkunden. Hinter der **Place Léopold Héder** mit ihren Pflanzen befinden sich die Überreste des alten **Fort Cépérou**. 1643 erwarben die ersten französischen Siedler ein Stück Land von den Galibi-Indianern und errichteten darauf die Festung. Ein Großteil des Geländes ist heute militärisches Sperrgebiet. Dennoch können Besucher durch die Anlage spazieren und sich an einer tollen Aussicht auf Stadt und Fluss erfreuen. Die schattige **Place des Palmistes** eignet sich super, um Leute zu beobachten. Normalerweise treiben sich hier immer ein paar Gestalten aus der örtlichen Drogenszene herum. Daher lässt man sich am besten in der **Bar Les Palmistes** (12 Av du Général de Gaulle; ☻ Mo–Sa 7–24 Uhr) nieder und betrachtet das Geschehen aus sicherer Entfernung. Den stinkenden Abgasen entkommen Touristen am besten in den weitläufigen **Botanischen Gärten** (Blvd de la République; Eintritt frei) auf der anderen Seite der Stadt. Sie wurden 1879 angelegt und glänzen bis heute mit der vielfältigen Flora Guyanas. Wer nach der Siesta über die Av du Général de Gaulle bummelt, taucht in das pulsierende Geschäftsleben Cayennes voll ein.

Auf Cayennes größtem **Markt** (Ecke Rue Lt Brasse & Rue Ste Rose; ☻ Mi, Fr & Sa 6.30–13 Uhr) blüht der Handel mit Handwerksgegenständen der Hmong, Gemälden im afrikanischen Stil und tonnenweise Gewürzen – Safran gibt's hier zum Schnäppchenpreis! Manche Obst- und Gemüsesorten scheinen aus einem Science-Fiction-Film entsprungen zu sein. Im Inneren servieren Suppenstände das beste vietnamesische *pho* (5 US$) der Guyanas.

Das **Musée Départemental** (1 Rue de Rémire; Erw./Kind & Student 2,50/1,50 US$; ☻ Mo & Do 8–13.15 & 15–17.45, Mi & Fr 8–13.15 Uhr) in zentraler Lage zeigt u. a. einen ausgestopften Mohrenkaiman von beängstigendem Ausmaß. Dazu gesellen sich weitere Tierpräparate aus der Region und eine ethnobotanische Ausstellung. Aufgrund der schlechten Beschilderung ist der klimatisierte „Schmetterlingsraum" leicht zu übersehen. Im OG gibt's Infos über das Leben in der alten Strafkolonie und ein paar amerindianische Handwerksgegenstände. Das kleinere **Musée des Cultures Guyanaises** (☎ 31-41-72; 78 Rue Madame Payé; Eintritt frei; ☻ Mo, Di, Do & Fr 8–12.45 & 15–17.45, Mi 8–12.45, Sa 8–11.45 Uhr) widmet sich Guyanas Frühgeschichte von den geologischen Anfängen bis zur amerindianischen Periode vor der Kolonialzeit. Die gemütliche, klimatisierte Bibliothek im OG enthält Publikationen in Französisch, Englisch und in verschiedenen anderen Sprachen.

Geführte Touren

Ohne fähige Führer sind die Urwälder Französisch-Guyanas undurchdringlich und gefährlich. In Cayenne organisieren diverse empfehlenswerte Anbieter eigene Touren; häufiger vermitteln sie landesweit Führer und kassieren dafür eine Provision. Zu den besseren Firmen zählt z. B. **Takari Tour** (☎ 31-19-60; www.takaritour.gf; 8 Rue du Cap Bernard). Der älteste und renommierteste Veranstalter heißt **JAL Voyages** (☎ 31-68-20; www.jal-voyages.com; 26 Av du Général de Gaulle); bei der beliebtesten Tourvariante übernachten Teilnehmer auf einem schwimmenden *carbet* in Kaw (ab 120 US$). Bei **Couleurs Amazone** (☎ 28-70-00; www.couleursamazone.fr, französisch; 2 Av Pasteur) ist für jeden Geschmack etwas dabei, z. B. Trainingscamps in der Wildnis (5 Tage ab 450 US$) – ein absolutes Muss für alle, die bei der *Survivor* oder einem anderen Überlebenstraining mitmachen möchten.

Billiger ist es natürlich, sich direkt vor Ort nach einem einheimischen Führer umzusehen. Einfach in der eigenen Unterkunft nachfragen (Details s. die entsprechenden Regionen).

Festivals & Events

Januar bis Februar, bzw. März (Daten variieren) steigt mit dem **Karneval** *das* Festival des Jahres – jedes Mal noch größer und wilder! Fast rund um die Uhr gibt's Livebands und Paraden. Während der letzten Karnevalswoche sind die Schulen und viele Geschäfte häufig geschlossen. In den Hotels herrscht dann wesentlich mehr Betrieb.

Schlafen

Wer kein Auto dabeihat, muss wohl oder übel in Cayennes Zentrum übernachten. Mit einem fahrbaren Untersatz kommen auch die günstigeren Unterkünfte rund um die Stadt infrage.

La Bodega (☎ 30-25-13; www.labodega.fr; 42 Av du Général de Gaulle; DZ ab 36 US$; P ꙮ) Günstigste Unterkunft der Stadt. Gäste können sich in der hauseigenen Bar bis zum frühen Morgen einen hinter die Binde kippen und danach zurück ins Zimmer kriechen. An einen ruhigen Schlaf ist allerdings kaum zu denken. Während des Karnevals steigen die Preise für Zimmer mit Aussicht.

Hotel Ket Tai (☎ 28-97-77; 72 Blvd Jubelin; DZ 48 US$) Schlichtes – wenn nicht sogar fades – Hotel ein paar Gehminuten vom Stadtzentrum entfernt. Bietet Komfort im Motelstil und zählt dadurch zu den besseren Unterkünften im Budgetbereich.

Central Hôtel (☎ 25-65-65; www.centralhotel-cayenne.fr; Ecke Rue Molé & Rue du Lieutenant Becker; EZ/DZ 60/64 US$; ꙮ P) Äußerst durchschnittliches, aber sehr beliebtes Hotel im Stadtzentrum. Ist aufgrund der tollen Lage und des hilfsbereiten Personals oft komplett ausgebucht – am besten im Voraus reservieren. In der Lobby im EG riecht's nach abgestandenem Zigarettenrauch.

Hotel Les Amandiers (☎ 31-38-75; amandiers@hotmail.com; Place Auguste-Hort; DZ/Suite 64/107 US$; ꙮ) Hier hat eine Dame mit rosa Haaren und zwei kleinen Hunden das Sagen. Was die Zimmer an Charakter vermissen lassen, gleicht das Management wieder aus. Dies ist das einzige Hotel in Cayenne mit Blick auf den Strand und ein Stückchen Park. Die Zimmer mit Aussicht sind daher besonders empfehlenswert.

Oyasamaïd (☎ 31-56-84; www.oyasamaid.com; PK 4, Route de la Madeleine, Chemin Castor; DZ 65 US$, Zusatzbett 18 US$; ꙮ P) Französische Familienpension *à la Guianese* mit insgesamt vier Zimmern. Ist freundlich, sauber und begeistert mit allen möglichen Extras, etwa Whirlpools in den Bädern. Das Zentrum liegt fünf Autominuten entfernt.

Essen

Tagsüber gibt's auf Cayennes Markt (S. 747) leckere Nudeln zu unschlagbaren Preisen. Abends locken **Imbissstände** (Place des Palmistes) mit köstlichen Crepes, indonesischer Reispfanne, fettigen Hamburgern und Sandwiches (alle ab 3,50 US$). Kleine chinesische Lebensmittelläden und vereinzelte Supermärkte machen Selbstversorgung zum Kinderspiel. Außerdem sind folgende Restaurants immer einen Besuch wert:

Crêp'in (5 Rue du Lieutenant Becker; Salate 4,50 US$, Crepes ab 2 US$, Frühstück 5,50 US$; ꙮ Mo–Sa 8–20 Uhr) Eins der wenigen Lokale der Stadt mit einem opulenten Frühstück. Zum Mittag gibt's dann Salate, Sandwiches, Crepes (süß und pikant) sowie frisch gepresste Säfte.

Le Café Crème (41 Rue J Catayée; Sandwiches ab 3,50 US$; ꙮ Mo–Fr 6.15–16.30, Sa 6.15–15.30 Uhr) Das Straßencafé *à la Française* serviert Kaffee auf Pariser Art, gewaltige Sandwiches und leckeres Gebäck.

L'Entracte (☎ 30-01-37; 65 Rue J Catayée; Pizzen ab 6 US$; ꙮ 12–14.30 & 18.30–22.30 Uhr) Gäste bewundern die Filmplakate an den Wänden, während sie die leckeren und günstigsten Pizzen der Stadt verspeisen.

Denis (☎ 30-71-18; 21 Rue Lt Brassé; Hauptgerichte ca. 7 US$; ꙮ 11.30–22.30 Uhr) In Cayenne gibt's eine Reihe erschwinglicher chinesischer Restaurants. Das freundliche Denis zählt diesbezüglich zu den besten Adressen. Beim Menü ist für jeden Geschmack etwas dabei.

Porta Verde (☎ 29-19-03; 58 Rue du Lieutenant Goinet; 14 US$/kg; ꙮ Mo–Sa 11.45–14.45 Uhr) Einheimische schwören auf das brasilianische Lokal. Beim Mittagsbuffet wird der Preis nach Kilogramm berechnet (Abendessen nur auf Vorbestellung).

Les Pyramides (☎ 37-95-79; Ecke Rue Christophe Colomb & Rue Malouet; Hauptgerichte 19 US$; ꙮ Di–So 12–15 & 19–23 Uhr) Das großartige türkische

Restaurant verkauft auch Essen zum Mitnehmen. Bereitet u. a. herzhaften Kuskus zu und ist sein Geld definitiv wert.

La Kaz Kréòl (☎ 39-06-97; 35 Av d'Estrées; Hauptgerichte 19 US$; ☾ Di–So 12.30–14.30 & 19.30–22.30 Uhr) Äußerst empfehlenswertes Restaurant mit kreolischen Gerichten (traditionell und modern), die auch optisch was hermachen.

Ausgehen

In den Bars und Clubs von Cayenne gibt's Livemusik, französische Weine und Rumpunsch en masse. Am bekanntesten sind:

La Bodega (42 Av du Général de Gaulle; ☾ So–Fr 7–1, Sa bis 2 Uhr) In der typisch französischen Straßenbar stärken sich Gäste an Tapas, während sie ihren Aperitif schlürfen. Nach 23 Uhr geht der Betrieb erst richtig los.

Harry's Bar (20 Rue Rouget de l'Isle; ☾ Mo–Do 7–14.30 & 17–1, Fr & Sa bis 2 Uhr) In der schnuckeligen und unterhaltsamen Bar gibt's nonstop Jazz, Blues und Latin auf die Ohren. Schenkt neben 50 verschiedenen Whiskeys auch fast ebenso viele Biersorten aus.

Acropolys (☎ 31-97-81; Route de Cabassou; Eintritt 19 US$; ☾ Mi–Sa ab 22 Uhr) Außerhalb vom Stadtzentrum beschallen Nachtclubs wie das griechisch angehauchte Akropolys ihre Tanzflächen mit Zouk und Musik aus aller Welt.

Reggae ist in den kleinen Clubs des Village Chinois angesagt (unbedingt den Warnhinweis auf S. 747 beachten). An der Av de la Liberté finden Nachtschwärmer ein paar brasilianische und dominikanische Bars.

Shoppen

Wer hier seinen einzigen Zwischenstopp in Südamerika einlegt und unbedingt Handwerksgegenstände kaufen möchte, kann dies bei **Gadecoop** (31 Rue Arago; ☾ Di–Fr 9–13 Uhr) tun. Die Erlöse der amerindianischen Künstlerkooperative gehen direkt an die Dorfbewohner. Qualität und Preise suchen in Französisch-Guyana ihresgleichen.

An- & Weiterreise

Alle internationalen und landesweiten Flüge starten auf dem **Rochambeau International Airport** (☎ 29-97-00).

Folgende Fluglinien haben Büros in der Stadt oder am Rochambeau:

Air Caraïbes (☎ 29-36-36; gsa.aircaraibes@wanadoo.fr; Centre de Katoury, Rte Rocade)

Air France (☎ 29-87-00; 17 Rue Lalouette & Flughafen; www.airfrance.gf)

Air Guyane (☎ 29-36-30; Flughafen; www.airguyane. com)

TAF (☎ 30-70-00; 2 Rue Lalouette)

Wer Plätze frühzeitig bucht, kommt am günstigsten weg. Details zu Flugzielen (einfacher Flug):

Belém (Brasilien) TAF, 269 US$, 1¼ Std., 2-mal wöchentl.; Air Caraïbes, 219 US$, 1¼ Std., 7-mal wöchentl.

Fort-de-France (Martinique) Air France, 365 US$, 2 Std., 2-mal wöchentl.; Air Caraïbes, 375 US$, 2 Std., 2-mal wöchentl.

Macapá (Brasilien) TAF, 209 US$, 1 Std., 6-mal wöchentl.

Saül Air Guyane, 72 US$, 40 Min., 5-mal wöchentl.

Unterwegs vor Ort

AUTO

Für Gruppen ab zwei Personen, die das Land intensiv erkunden möchten, ist ein Mietwagen u. U. eine günstigere Alternative zu öffentlichen Verkehrsmitteln. Anbieter und Straßen sind jedoch mit Vorsicht zu genießen. Daher sollten Kunden die Fahrzeuge sorgfältig überprüfen und auch selber mal ein Rad wechseln können. Die meisten Firmen betreiben ihre Schalter am Flughafen.

ACL (☎ 30-47-56; allocation@wanadoo.fr; 44 Blvd Jubelin)

ADA (☎ 16-91-69; www.adaguyane.com; Lot 26ZA Galmot)

Avis (☎ 30-25-22; 58 Blvd Jubelin)

Europcar (☎ 35-18-27; gtmlocation@europcar.gf; ZI Collery Ouest & Flughafen)

Hertz (☎ 29-69-30; www.hertzantilles.com; ZI Collery Ouest & Flughafen)

BUS

Die Regionalbusse von **SMTC** (☎ Fahrplanauskunft 25-49-29) fahren im Umkreis von Cayenne sowie an die Strände von Montjoly (1,50 US$). Das Streckennetz ist jedoch recht klein. Sonntags fahren die Busse nicht – dann muss man wohl oder übel auf ein Taxi zurückgreifen.

TAXI

Die Taxis sind mit Taxametern ausgestattet; der Startpreis liegt bei 1,80 US$. Jeder weitere Kilometer schlägt mit 0,90 US$ zu Buche (1,30 US$ von 19 bis 6 Uhr sowie an Sonn- und Feiertagen). Einen Taxistand gibt's am südöstlichen Rand der Place des Palmistes.

TAXI COLLECTIF

Wenn alle Plätze besetzt sind, starten *taxis collectifs* vom Gare Routière an der Av de la Liberté (tgl. bis 18 Uhr). Von der Ecke Rue Molé fahren sie nach Matoury (2,40 US$, 15 Min., 10 km) und St. Laurent (48 US$, 4 Std., 250 km). Ab der Ecke Rue Malouet geht's nach Kourou (12 US$, 1 Std., 60 km) und St. Georges (24 US$, 2 Std., 100 km). Passagiere sollten den Fahrpreis im Voraus aushandeln und früh erscheinen.

RUND UM CAYENNE

Rund um die Landeshauptstadt lassen sich viele Attraktionen erkunden, indem man für ein oder zwei Tage ein Fahrzeug leiht.

Rémire-Montjoly
19 492 Ew.

Rémire-Montjoly besteht eigentlich aus zwei separaten Städten. Das Gebiet mit seinen langen und breiten Stränden zählt zu den schönsten Küstenstreifen des Landes. Leider wird es oft von blutdürstigen Sandfliegen heimgesucht. **Plage Montjoly** ist der beste Strand vor Ort und einfach per Bus oder Taxi zu erreichen. Wind und Wellen locken zunehmend **Kitesurfer** an. Verleiher oder Schulen sucht man vergeblich. Reisende mit eigener Ausrüstung können weitere Infos direkt am Strand einholen. In der Gegend um Montjoly liegen die historischen Ruinen des **Forts Diamant.** Wanderwege verlaufen entlang der Seen von Le Rorota und zum Gipfel der **Montagne du Mahury** mit ihrer atemberaubenden Aussicht. Der 5 km lange Marsch zur **Grand Matoury Nature Reserve** bei La Mirande begeistert v. a. Vogelliebhaber.

Übernachtungsmöglichkeiten bietet z. B. das gepflegte **Motel du Lac** (☎ 38-08-00; moteldulac@opensurf.net; Chemin Poupon – Rte de Montjoly; DZ 74 US$; P ♨ ♋) nah der Plage Montjoly und einem Naturschutzgebiet am See. Hier gibt's auch einen Riesenpool. Ansonsten wäre da noch das liebenswert-kitschige **Motel Beauregard** (☎ 35-41-00; criccrac@wanadoo.fr; PK9, 2 Rte de Rémire; DZ ab 65 US$; P ♨ ♋) in nur 10 km Entfernung nach Cayenne. Neben einer Bowlingbahn besitzt es auch einen Pool, Tennisplätze und einen Fitnessraum.

Montsinéry-Tonnégrande
915 Ew.

Die beiden Dörfer Montsinéry, Tonnégrande und das einsame Straßenstück da-zwischen werden oft kollektiv als „Montsinéry-Tonnégrande" bezeichnet.

Die **Réserve Animalière Macourienne** (Erw./Kind 14/8 US$, geführte Touren 6 US$; ☽ 9–18 Uhr) liegt 45 km westlich von Cayenne am Montsinéry. Auf den ersten Blick sind hier ein paar bemitleidenswerte Schlangen und Vögel in Käfigen eingesperrt. Das Gelände entpuppt sich jedoch sehr schnell als tiefschwarzer Dschungel mit riesigen Jaguar-Gehegen, Harpyien, Kaimanen und Faultieren. Der Weg führt zu einem unbefestigten Pfad von 3 km Länge. Dieses Fleckchen mit unzähligen wilden Affen gehört offensichtlich auch zum Revier eines Jaguars. Absolutes Highlight ist die Fütterung der Brillenkaimane (18 Uhr) und der Jaguare (sonntags 17 Uhr).

Die Kreuzung von D5 und RN2 befindet sich 25 km südlich von Cayenne. Das dortige **Emerald Jungle Village** (☎ 28-00-89; emeraldjunglevillage@wanadoo.fr; Carrefour du Gallion; EZ/DZ 29/32 US$) gehört in der Gegend zu den besten Optionen für Ökotouristen. Der Biologe Joep Moonen ist auch als Naturschützer in der Trésor Nature Reserve aktiv. Zusammen mit seiner Frau Marijke leitet er die staubige Lodge und empfängt Gäste überaus herzlich. Wer Ökotrips in den Osten Französisch-Guyanas plant, wird hier bestens beraten. Tipp: Vorher anrufen und sich ein unvergessliches Abenteuer zusammenstellen lassen. Zudem gibt's Kanus (30 US$/Tag) und Mountainbikes (12 US$/Tag) zum Mieten.

Cacao
1100 Ew.

Das Dorf Cacao liegt ca. 75 km südwestlich von Cayenne und ist ein kleines Stück Laos in den Hügeln Guyanas. Hier gibt's saubere plätschernde Flüsse, Gemüsefelder und einfache Holzhäuser auf Stelzen. In den 1970er-Jahren flohen die Hmong aus Laos und schufen sich hier eine sichere und friedliche Heimat. Für die Einheimischen aus Cayenne ist Cacao am Wochenende ein beliebtes Ausflugsziel – denn Sonntag ist Markttag. Dann verkaufen die Hmong ihre schönen Stickereien und Webstoffe. Dazu kommen unzählige kulinarische Köstlichkeiten aus Laos. Um der Tourbus-Invasion zu entgehen, kommt man am besten bereits um 10 Uhr hierher. Unter der Woche lassen sich dagegen kaum an-

FRANZÖSISCH-GUYANA ·· Rund um Cayenne

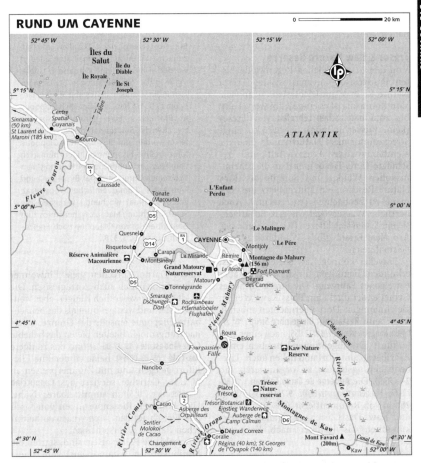

RUND UM CAYENNE

dere Besucher blicken. Äußerst sehenswert ist auch **Le Planeur Bleu** (leplaneurbleu@wanadoo.fr; Erw./Kind 3,50 US$/frei; So 9–13 & 14–16 Uhr, ansonsten nach Vereinbarung) mit Schmetterlingen und Spinnen (tote und lebende). Wagemutige können mit einer lebenden Tarantel auf Tuchfühlung gehen. Wochentags gibt's private Führungen nach telefonischer Voranmeldung. Hausgemachte Leckerbissen aus Laos serviert das Restaurant **Chez By et Daniel** (☎ 27-09-98; 111 Bourg de Cacao). Gäste mit einem Planeur-Bleu-Ticket erhalten 5% Ermäßigung.

Insekten und andere Tierarten lassen sich wunderbar im Rahmen einer zweitägigen Abenteuerwanderung auf dem **Sentier Molokoï de Cacao** beobachten. Dies ist einer der wenigen Trips durch den tiefsten Dschungel, den man auf eigene Faust unternehmen kann. Die **Auberge des Orpailleurs** (☎ 27-06-22; www.terresdeguyane.fr; PK62, RN 2; EZ/DZ 27/33 US$, Hängemattenplatz 6 US$/Pers.) mit ihrem rustikalen Chic steht an der Straße nach St. Georges. Ein Pfad verbindet diese Unterkunft mit dem einfacheren **Quimbe Kio** (☎ 27-01-22; www.quimbekio.com; Hängemattenplatz 12 US$, Leihgebühr Hängematte & Matratze 5 US$) in Cacao. Beide *gîtes* (Gästehäuser) organisieren außerdem tolle Öko-Exkursionen durch die Region. Interessenten sollten festes Schuhwerk tragen und zusätzlich ausreichend Trinkwasser, Insektenabwehrmittel und wasserdichte Kleidung dabeihaben. Auf halber Strecke finden Wanderer eine kleine Schutzhütte.

Bei den beiden Lodges gibt's Karten und nähere Infos.

Trésor & Kaw Nature Reserve

Von den ursprünglichen Regenwaldgebieten Französisch-Guyanas ist das Trésor Nature Reserve am leichtesten zugänglich. Von Roura aus ist es eine 17 km weite Fahrt bis zum **botanischen Lehrpfad** von Trésor (keine Busverbindung). Die 1,75 km lange Strecke informiert Naturfreunde über die atemberaubende Artenvielfalt und geschützte Tiere. Trésor grenzt an die geheimnisvollen Wälder und Sümpfe der Kaw Nature Reserve, ein Spitzenplatz um Kaimane zu beobachten (v. a. nachts). Auch herrliche Wasservögel wie z. B. Scharlachsichler lassen sich blicken (v. a. im Sommer). Am **Mont Favard** gibt's Wanderwege und Felsmalereien.

Traveller können Kaw auf eigene Faust erkunden, benötigen für die Anreise aber ein eigenes Fahrzeug. Die Straße in dieses Gebiet endet direkt am Fluss Kaw. Wer im gleichnamigen Dorf übernachten möchte, fragt beim **Restaurant Gingembre Sirop** (☎ 27-04-64; Hängemattenplatz/B 6/12 US$) nach einer Unterkunft. Die Eigentümer betreiben einen Fährdienst zum Dorf und helfen auch, Tierbeobachtungstouren zu organisieren (ab 24 US$). Die **Auberge de Camp Caïman** (☎ 30-72-77; Hängemattenplatz/EZ/DZ 9/26/36 US$) liegt 28 km von Roura entfernt zwischen Trésor und Kaw. Das Gästehaus veranstaltet Exkursionen bis hinüber nach Kaw (ab 24 US$).

Von Régina nach St. Georges de l'Oyapok

Die Verbindungsstraße zwischen Régina und St. Georges wurde 2004 fertiggestellt und ist seitdem eine Hauptroute illegaler Einwanderer aus Brasilien. Régina (300 Ew.) gleicht immer mehr einer Geisterstadt. Entlang des Highways grassiert das Verbrechen – daher sollte man auf keinen Fall anhalten oder Tramper mitnehmen. Die ausgebrannten Autos am Straßenrand zeugen noch von Polizeiaktionen, bei denen illegale Einwanderer festgenommen und deren Fahrzeuge zerstört wurden. Bei Nacht sollten Traveller auf keinen Fall auf dieser Strecke herumfahren.

Bei St. Georges (2828 Ew.) aus der Kolonialzeit grenzt Französisch-Guyana an Bra-

---

EINREISE NACH BRASILIEN

Bei Abstechern nach Brasilien müssen zunächst die Ausreiseformalitäten erledigt werden. Dafür ist eine **Douane** (Zollstelle; ☽ 8–18 Uhr) am Flussufer in St. Georges zuständig. Danach geht's mit einem Einbaum (5 US$, 5 Min.) hinüber nach Oiapoque in Brasilien. Eine Verbindungsbrücke zwischen den Städten soll irgendwann 2007 fertig werden. Auf die Ankunft in Oiapoque folgt ein fünf- bis zehnminütiger Fußmarsch vom Fluss zur Bundespolizei. Hier holt man sich seinen Einreisestempel. Busse (tgl.) und Flugzeuge (Puma; einfache Wegstrecke 240 US$, 3-mal wöchentl.) verlassen die Stadt in Richtung Macapá. Nähere Infos zum Grenzübertritt von Oiapoque nach Französisch-Guyana s. S. 318..

---

silien. Darum sprechen viele Einwohner neben Französisch auch Portugiesisch. Die Stadt ist zwar wesentlich ruhiger, aber weitaus trister und weniger bunt als das benachbarte Oiapoque jenseits der Grenze. Übernachtungsmöglichkeiten bieten das beliebte **Chez Modestine** (☎ 37-00-13) und das ruhigere **Caz-Calé** (☎ 37-00-54), beide an der Rue Elie-Elfort gelegen und mit Zimmerpreisen ab 30 US$. Gerichte serviert das **Cappuccino** (Hauptgerichte 7 US$) in unmittelbarer Nähe. Hier kommen Riesenportionen von Fisch und Fleisch auf den Tisch – nach einheimischen Rezepten, versteht sich.

Sobald alle Plätze belegt sind, starten die Minibusse (v. a. frühmorgens) vom Stadtzentrum aus nach Cayenne (24 US$, 2 Std.).

SAÜL
160 Ew.

Das ehemalige Goldgräberdorf Saül markiert das geografische Zentrum Französisch-Guyanas. Das naturbelassene Paradies ist von Cayenne aus per Flugzeug zu erreichen und wird hauptsächlich von Berufsbiologen erkundet.

Das Rathaus vermittelt einfache Unterkünfte im **Gites Communal** (☎ 37-45-00; EZ/DZ/3BZ 14/26/33 US$). In Cayenne organisieren diverse Veranstalter achttägige Fluss-Dschungel-Abenteuertouren nach Saül. In verschiedenen Dörfern sind Stopps vorgesehen (S. 747).

KOUROU

19 074 Ew.

Triste Bauwerke aus den 1970er- und 1980er-Jahren verteilen sich – dank des Centre Spacial Guyanais mit seinen rund 1350 Angestellten – über ganz Kourou. Zwar sitzt hier der Hauptwirtschaftszweig des Landes, kulturell wird aber überraschend wenig geboten. Nach einem Besuch des Weltraumbahnhofs düst man daher am besten per Boot hinüber zu den Îles du Salut. Das einzige sehenswerte Stadtviertel heißt *Le Vieux Bourg* (s. rechts). Hier können Reisende etwas essen, ausgehen und sich darüber wundern, warum die restliche Stadt so geschmacklos daherkommt. Kourou ist zwar die am schnellsten wachsende Stadt in Französisch-Guyana, aber gleichzeitig auch eine der ärmsten – daher immer die Augen offenhalten.

Praktische Informationen

Guyanespace Voyages (☎ 22-31-01; www.guyane space.com; 39 Av Hector-Berlioz) Bucht alles Mögliche: von Trips zu den Îles du Salut bis hin zu Auslandsflügen.

Mediateque (Pôle Culturel de Kourou; ⏰ Mo–Fr 9–17 Uhr) Wer den kostenlosen Internetzugang benutzen möchte, muss seinen Reisepass vorlegen.

Point Information Tourisme (☎ 32-98-33; Av Victor Hugo; ⏰ Mo–Fr 7.30–13.30 Uhr) Versteckt sich in einem Gebäudekomplex gegenüber der Kirche Notre Dame.

Taxi Phone Cyber (18 Rue Aimaras; ⏰ Mo–Sa 9–13 & 15–20, So 9–14 Uhr) Internetzugang und Telefonservice für Ferngespräche.

Sehenswertes

1964 wurde Kourou zum Standort des **Centre Spatial Guyanais** (CNS, das Französische Raumfahrtzentrum) auserkoren. Ausschlaggebend waren neben der Nähe zum Äquator die lange Küstenlinie (50 km) und die niedrige Bevölkerungsdichte sowie die Lage außerhalb der Tropensturm- und Erdbebenzone. Die Startrampe ist dem Äquator weltweit am nächsten (fünf Breitengrade). Hier dreht sich der Erdball wesentlich schneller als weiter nördlich oder südlich. Dieser „Katapulteffekt" erhöht den Vortrieb bei Raketenstarts extrem – die Energieausbeute ist damit um 17 % höher als bei Startrampen, die in größerer Entfernung zum Äquator liegen. Seit 1980 wurden zwei Drittel aller kommerziellen Satelliten von Französisch-Guyana aus ins All geschossen. Insgesamt gibt's weltweit lediglich 16 Startrampen die-

ser Art, doch Kourou liegt sozusagen ideal.

CNS betreibt das Zentrum zusammen mit der ESA (European Space Agency; www.esa.com) und Arianespace (www.ari anespace.com). Zum Zeitpunkt der Recherche war ausschließlich der schwere Raumtransporter *Ariane 5* im Einsatz. 2007 bzw. 2008 werden in Kourou auch die beiden neuen Raketen *Vega* (für leichte Nutzlasten) und *Soyuz* (für mittelschwere Nutzlasten) abheben.

Die absolut spacigen (und kostenlosen!) **geführten Touren** (☎ 32-61-23; www.cnes-csg.fr; ⏰ Mo–Do 7.45 & 12.45, Fr 7.45 Uhr) dauern drei Stunden und haben auch eine Besichtigung der Startrampe im Programm. Interessenten müssen telefonisch reservieren und ihren Reisepass vorlegen. Manche Führer sprechen Englisch oder Deutsch (beim Buchen nachfragen). Auch das hervorragende **Musée de l'Espace** (Raumfahrtmuseum; Erw./Kind inkl. geführter Tour 7/4,50 US$, ohne geführte Tour 4,50/3 US$; ⏰ Mo–Fr 8–18, Sa 14–18 Uhr) mit seiner informativen Ausstellung (auf Englisch und Französisch) sollte man keinesfalls verpassen.

Im Idealfall legen Traveller ihren Besuch auf einen Raketenstart (ca. neun pro Jahr). Damit's auch klappt, müssen sämtliche Personendaten (Vor- und Zuname, Postanschrift, Telefonnummer und Alter) rechtzeitig per E-Mail an die Adresse CSG-accueil@ cnes.fr übermittelt werden.

Schlafen

In Kourou gibt's leider nur sehr wenige günstige Übernachtungsmöglichkeiten. Bei beiden „Budgetunterkünften" ist die Rezeption täglich von 12 bis 14 und von 18 bis 20 Uhr besetzt (außer sonntags). Die besten Betten hat das einladende **Hotel Ballahou** (☎ 22-00-22; ballahou@ariasnet.fr; 1-3 Rue Amet Martial; EZ/DZ/Wohnstudio 39/51/65 US$; ⓟ 🞫). Es ist zwar etwas schwer zu finden, hält Gäste aber am Centre d'Accueil ab. Das **Le Gros Bec** (☎ 32-91-91; hotel-legrosbec@wanadoo.fr; 56 Rue du De Floch; EZ/DZ/3BZ 62/72/79 US$; ⓟ 🞫) in unmittelbarer Nachbarschaft des Viertels *Le Vieux Bourg* besitzt geräumige Wohnstudios mit Zwischengeschossen und Kochecken.

Essen & Ausgehen

Der farbenfohe Stadtteil *Le Vieux Bourg* mit seinen vielen Schlaglöchern erstreckt sich entlang der Av Général de Gaulle. Die bei weitem interessanteste Ecke Kourous begeistert mit tollen Gerichten der indischen, kreolischen, chinesischen, marokkanischen und französischen Küche. Dazu gesellen sich diverse Tanzbars mit Livemusik. Am besten die Straße entlangschlendern und spontan ein Lokal auswählen.

Außerhalb von *Le Vieux Bourg*:

Le Glacier des 2 Lacs (68 Av des Deux Lacs; 🕐 Mi–So 8–23.30 Uhr) Die beste Molkerei Französisch-Guyanas stellt neben verführerischem Speiseeis noch weitere süße Köstlichkeiten her.

La Pizzeria (38 Rue ML King; Pizzen ab 7 US$; 🕐 12–22.30 Uhr) Großes Restaurant mit Pizzen und weiteren italienischen Gerichten.

Die Selbstversorgung fällt angesichts des **Lebensmittelmarktes** (Place de la Condamine; 🕐 Di & Fr) sowie zahlreicher anderer Märkte und Supermärkte nicht schwer.

An- & Weiterreise

Taxis collectifs fahren nach Cayenne (12 US$, 1 Std., 60 km) und St. Laurent (30 US$, 3 Std., 190 km). Hotels informieren über Abfahrtszeiten und -stellen. Nur **Avis** (☎ 32-52-99; 4 Av de France) und **Europcar** (☎ 35-25-55; Hotel Mercure Atlantis, Lac Bois Diable) vermieten sowohl in Cayenne als auch in Kourou Fahrzeuge. One-Way-Trips sind somit möglich, allerdings nur gegen entsprechenden Aufpreis.

RUND UM KOUROU
Îles du Salut

Die Îles du Salut liegen 15 km nördlich von Kourou in rauen und haireichen Gewässern. Als im 18. Jh. Fieber und Malaria auf dem Festland wüteten, flohen die Siedler auf die Inseln – der Seewind hielt die Moskitos fern. Die Gefängnisse wurden wesentlich später errichtet. Die meisten der über 2000 Verbannten überlebten die unmenschlichen Haftbedingungen nicht. Seitdem der Gefängnisbetrieb 1947 ein Ende fand, dienen die Inseln wieder der Zerstreuung. Allerdings sind die Moskitos mittlerweile kaum weniger blutdürstig als ihre Artgenossen auf dem Festland.

Auf der Île Royale lag einst die Verwaltungszentrale der Strafkolonie. In den restaurierten Gefängnisgebäuden befindet sich heute auch eine Gastwirtschaft mit Übernachtungsmöglichkeit. Die kleinere Île St. Joseph mit ihren schaurigen Isolationszellen ist dagegen fest im Griff von zirpenden Zi-

kaden und wuchernden Kokospalmen. Auf der Île du Diable saßen politische Gefangene (z. B. Alfred Dreyfus) ein; wegen der lebensgefährlichen Unterwasserströmungen ist das Eiland heute für Besucher geschlossen. Zu Zeiten der Strafkolonie verband ein 225 m langes Versorgungskabel die Insel mit der Île Royale.

Die Ausstellung im ehemaligen **Wohnhaus des Direktors** (🕐 Di–So 10–16.30 Uhr) zeigt neben historischen (auf Englisch) auch zeitgenössische Exponate. Hier starten zweistündige geführte Touren über die Île Royale (6 US$; normalerweise auf Französisch), bei denen sich zahlreiche Tierarten wie z. B. Aras, Agoutis, Kapuzineraffen und Meeresschildkröten beobachten lassen. Mit Badeanzug und Handtuch bewaffnete Besucher machen es sich am weißen Sandstrand von St. Joseph gemütlich. Wer sich im kühlen Nass erfrischen will, sollte aufgrund der gefährlichen Strömungen besonders vorsichtig sein. Das Centre Spacial Guyanaise hat auf der Île Royale eine gewaltige Infrarotkamera montiert. Wenn Raketen in Richtung Osten vom Weltraumbahnhof abheben, werden die Inseln komplett geräumt.

SCHLAFEN & ESSEN

Auberge des Îles du Salut (☎ 32-11-00; www.ilesdu salut.com; Île Royale; Hängemattenplatz 12 US$, Bungalow 67 US$, EZ/DZ mit Vollpension 145/217 US$) Der Empfang ist immer noch so wie zu den Tagen, als hier die Häftlinge eintrafen. Die Zimmer in den kunstvoll renovierten Wachquartieren erinnern jedoch an einen schmissigen Bogart-Streifen. Wer in die Fußstapfen Papillons treten möchte, spannt seine Hängematte in den (sanierten und neu gestrichenen) Schlafsälen des Ex-Gefängnisses auf. Auf das karge Frühstück (9 US$) kann man getrost verzichten. Traveller sollten sich aber auf jeden Fall mindestens ein Gericht (Komplettmenü 26 US$) im Restaurant gönnen – es serviert absolut die beste Fischsuppe der transatlantischen Provence. Kochgelegenheiten gibt's nicht, doch mitgebrachte Picknickvorräte senken die Kosten auf ein Minimum. Besucher sollten dafür sorgen, dass sie ausreichend Trinkwasser mitbringen; das Wasser auf den Inseln ist wirklich ungenießbar.

In den paradiesischen Uferzonen der Îles Royale und St. Joseph kann man kostenlos campen (Insektenabwehrmittel, Moskito-

WER WAR PAPILLON?

Henry Charrières außergewöhnliche Erzählung von neun Fluchtversuchen aus dem berüchtigtsten Straflager der Welt hat bei vielen die Frage nach deren Wahrheitsgehalt aufgeworfen. Charrière bestand darauf, dass sich alles wie berichtet zugetragen habe – abzüglich einiger Gedächtnislücken. Die Forschung offenbarte jedoch ein anderes Bild: Nach Pariser Polizeiberichten verübte „Papillon" so gut wie sicher den Mord, für den er verurteilt wurde. Zeitzeugen unter den Gefängniswächtern beschrieben Charrière als wohlerzogenen Häftling, der ohne Murren seinen Latrinendienst versah. Anhand der Gefängnisakten lassen sich die Tatsachen leider nicht vollständig rekonstruieren. Allgemein wird angenommen, dass Charrière seine eigenen Abenteuer mit denen anderer Verbannter kombinierte, weitere dazuerfand und alles hübsch ausschmückte.

Mittlerweile behauptet ein hundertjähriger Pariser namens Charles Brunier, der echte Papillon zu sein. Ein Schmetterlingstattoo auf seinem linken Arm und drei dokumentierte Fluchtversuche aus den Lagern Guyanas sprechen dafür. Doch mit der Zeit hat sich die Wahrheit wohl genauso davongestohlen wie ein entflohener Sträfling.

netze und wasserfeste Kleidung sind unbedingt erforderlich).

AN- & WEITERREISE

Komfortable und abgasfreie Trips mit Katamaranen oder Segelbooten sind zwar teurer, aber umso lohnender. Je nach Anbieter kommen Passagiere in den Genuss von Rumpunsch zu Sonnenuntergang und weiterer Extras. Der Törn zu den Inseln dauert ca. eineinhalb bis zwei Stunden. Die meisten Boote stechen vom *ponton des pêcheurs* in See (Kourous Fischereihafen am Ende der Av Général de Gaulle). Los geht's um ca. 8 Uhr, die Rückkehr ist dann zwischen 16 und 18 Uhr. Interessenten reservieren entweder telefonisch oder buchen direkt in Cayenne oder Kourou. Zu den Anbietern gehören:

La Hulotte (☎ 32-33-81; 55 US$) Der gesellige Katamaran unternimmt einen Abstecher zur Île St. Joseph und umrundet anschließend die Île du Diable.

Royal Ti'Punch (☎ 32-09-95; 57 US$) Der Katamaran im Besitz der Auberge läuft u. a. die Île St. Joseph an. Verlangt als einzige Firma keinen Zuschlag fürs Übernachten.

Sothis (☎ 32-09-95; 35 US$, einfache Fahrtstrecke 1 Std.) Die überfüllte und qualmende Fähre fährt ausschließlich zur Île Royale. War zum Zeitpunkt der Recherche wegen Reparaturen außer Betrieb.

Tropic Alizés (☎ 25 10 10; 55 US$ inkl. Rückfahrt nach Cayenne) Die Segelboote legen am Nautical Club in Kourou ab, man kann auch direkt in Cayenne zusteigen.

Sinnamary & Umgebung

Im freundlichen Dorf Sinnamary (3500 Ew.), 60 km nordwestlich von Kourou, arbeiten Indonesier an wunderbaren Holzschnitzereien, Schmuck, Töpferwaren und weiteren traditionellen Handwerksgegenstände.

Besucher, insbesondere Vogelliebhaber, sollten den 20 km langen **Pripri Yiyi Trail** wenigstens ein Stück weit entlangwandern; er beginnt an der La Maison de la Nature ein paar Kilometer außerhalb des Dorfs.

Restaurant-Hôtel Floria (RN1 an der südöstlichen Einfahrt nach Iracoubo; Zi. 36 US$) Echte kreolische Fröhlichkeit wirkt hier wie eine erfrischende Brise. Wer sich nicht in einem der winzigen Zimmer mit hellen Vorhängen niederlässt, sollte zumindest eines der üppigen Komplettmenüs (14 US$) genießen und ein bisschen mit der munteren „Großmutter" Floria plauschen.

ST. LAURENT DU MARONI

19 167 Ew.

Die Kolonialgebäude im verschlafenen St. Laurent gehören zu den schönsten des Landes. Zwischen den markanten Gefängnisbauten scheinen noch immer – rund 60 Jahre nach Schließung der Strafkolonie – die Geister der Insassen zu schweben. St. Laurent liegt am Ufer des Fleuve Maroni (Marowijne) direkt an der Grenze zu Surinam. Hier starten die Flussexkursionen zu Siedlungen der Maroons und und der Amerindianer.

Praktische Informationen

GELD

Banken und Geldautomaten finden sich überall in der Stadt.

Cambio COP (23 Rue Montravel; 🕙 8–12 Uhr) Faire Konditionen beim Umtausch von Euros.

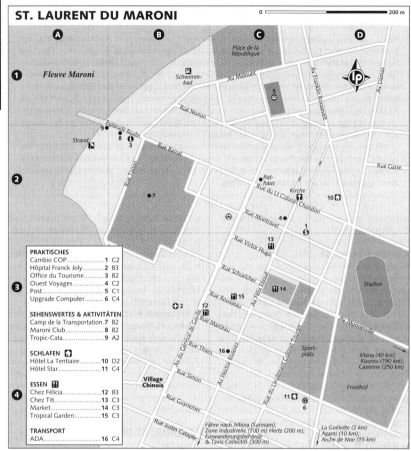

INTERNETZUGANG
Infocenter (16 Rue Victor Hugo; ☻ Mo–Sa 9–12 & 15.30–19, So 9.30–12 Uhr) Super zentral gelegen, mit Telefonservice.

Upgrade Computer (30 Rue Thiers; ☻ Mo–Fr 9–12 & 15.30–18.30 Uhr) Ist das absolut günstigste Internetcafé vor Ort.

NOTFALL
Hôpital Franck Joly (☎ 34-10-37; 16 Av du Général de Gaulle)

POST
Post (3 Av du Général de Gaulle) Mit Geldautomat.

REISEBÜROS
Ouest Voyages (☎ 34-44-44; 10 Av Félix Eboué)

TOURISTENINFORMATION
Office du Tourisme (☎ 34-23-98; www.97320.com, französisch; Esplanade Baudin; ☻ Mo–Fr 7.30–18, Sa 7.45–12.45 & 14.45–17.45, So 9–13 Uhr) Hier sind zahlreiche Karten und Prospekte erhältlich. Das Personal verteilt kostenlos Infobroschüren für Stadtspaziergänge und bucht Führungen durch das Camp de la Transportation – ebenso organisiert es Mountainbike-Trips und geführte Touren durch Rumfabriken. Das Büro führt eine Liste mit allen Unterkünften der Region und kann Zimmer reservieren lassen.

Sehenswertes & Aktivitäten
Der größte Teil des furchtbar schaurigen **Camp de la Transportation,** in dem die frisch eingetroffenen Häftlinge auf ihre Verlegung warten mussten, kann nur im Rahmen einer

1½-stündigen **Tour** (Erw./Student/Kind 6/3/ 1,50 US$; Mo—Sa 8, 9.30, 11, 15 & 16.30, So 9.30 & 11 Uhr) besichtigt werden. Die meisten Führer sprechen ein bisschen Englisch; die Tickets gibt's bei der Touristeninformation. Zu sehen sind neben winzigen Zellen und Fußfesseln auch Toiletten in Schlafsaalgröße (diese waren bei den Gefangenen als „Liebesraum" bekannt) sowie die öffentlichen Hinrichtungsplätze. Der gesamte Komplex wurde gerade mal so weit restauriert, dass die düstere und beklemmende Stimmung noch erhalten blieb. In einer Zelle ist Papillons Name neben dem Bett eingeritzt – ob er tatsächlich hier einsaß, ist jedoch ziemlich umstritten. Zwanzig Tage dauerte jeder Gefangenentransport über den Atlantik, bei dem jeweils 500 bis 600 Mann verschifft wurden.

Der **Maroni Club** (☎ 23-52-51; Esplanade Baudin; 16 US$/2 Std.) verleiht Kanus für Paddeltrips auf dem Maroni. **Tropic-Cata** (☎ 34-25-18; www. tropic-cata.com, französisch; Esplanade Baudin) hat zweistündige (19 US$) bis zweitägige (190 US$) **Bootsausflüge** auf dem Maroni im Programm. Die amerindianischen Führer von **Agami** (s. unten) organisieren halbtägige Kanutrips (ab 30 US$).

Mann oh Mann! Wer schon immer mal mit einer riesigen Anakonda kuscheln wollte, kann dies in der **Arche de Noe** (Straße nach St. Jean; geführte Touren Erw./Kind 7,50/3,50 US$; 9—11.30 & 14.30—17 Uhr) tun. Der interaktive Zoo ist auch die Heimat des weltweit einzigen „Ocema", einer Kreuzung aus Ozelot und Puma.

Schlafen & Essen

St. Laurent hat nur wenige Unterkünfte. Die beiden Hotels stehen direkt in der Stadt. Günstigere Hängemattenplätze gibt's weiter draußen.

Agami (☎ 34-74-03, Fax 34-01-53; PK 10 an der Straße nach St. Jean; Hängemattenplatz mit/ohne Leihhängematte 12/9 US$) Die Dominikanerin Carmen und ihr karibisch-indianischer Ehemann bieten Hängemattenplätze in traditionellen amerindianischen Hütten, die malerisch in einem Garten liegen, in dem üppig Pampelmusen und Bananen gedeihen. Das Restaurant mit Latino-Dekor serviert zum Festpreis (15 US$) das beste traditionelle amerindianische Essen in den Guyanas. Das Agami kann auch günstige Kanutouren organisieren.

Hôtel La Tentiaire (☎ 34-26-00; tentiaire@wanadoo.fr; 12 Av Franklin Roosevelt; DZ ab 57 US$; P   ) Das ehemalige Verwaltungsgebäude der Strafkolonie besitzt kleine, aber super vornehme und geschmackvolle Zimmer mit TV.

Hôtel Star (☎ 34-10-84; 26 Rue Thiers; DZ ab 57 US$;   ) Die Einrichtung des Hotels entspricht der einer öffentlichen Highschool. Dazu gesellen sich muffige Zimmer – kommt daher nur in Frage, wenn das Tentiaire voll belegt ist.

Chez Titi (11 Rue Victor Hugo; Frühstück 4,50 US$, Pizzen 6—8 US$; Di—Sa 6—22 Uhr) Das beliebte französische Lokal lockt Gäste mit dem verführerischen Duft frischer Backwaren, Pizzen und einem europäischen Frühstück.

Chez Félicia (23 Av du Général de Gaulle; Hauptgerichte 8—16 US$) Félicia zaubert hervorragende kreolische Gerichte auf den Tisch.

Tropical Garden (7 Rue Rousseau; 11—1 Uhr; Pizzen ab 6 US$, Komplettmenüs 18 US$) Kombination aus Bar und Restaurant mit tollem Essen und Pooltisch. Für das Dekor gilt „Naturemeets-Funk". Hier scheint sich die ganze Stadt zu treffen.

La Goélette (Balate Plage; Hauptgerichte 20 US$) Der alte Kahn sollte ursprünglich nach Nigeria dampfen. Heute köcheln einfallsreiche Gerichte mit Meeresfrüchten in den Kesseln.

Selbstversorger finden in St. Laurent zahlreiche Lebensmittelgeschäfte und einen quirligen **Markt** (Mi & Sa morgens). Die günstigste Alternative zu den Restaurants sind die **javanischen Imbissstände** (Av Félix Eboué). Sie verkaufen ordentliche Portionen von *bami goreng* (Nudelpfanne) mit Satay (3 US$) als Beilage.

Anreise & Unterwegs vor Ort

St. Laurents breite Straßen aus der Kolonialzeit eignen sich ideal für Stadtspaziergänge. Taxis verkehren zwischen St. Laurent und dem Fährsteg nach Albina (einfache Fahrtstrecke ca. 4 US$). Zu Fuß sind's rund 2 km.

Sobald sie voll sind, starten *taxis collectifs* nach Cayenne (48 US$, 4 Std.) und Kourou (30 US$, 3 Std.) vom Gare Routière neben dem Stadion.

ADA (☎ 27-94-82; 14 Av Hector Rivierez) und **Hertz** (☎ 34-19-81; Zone Industrielle) sind die einzigen Autovermieter vor Ort. Für One-Way-Trips nach Cayenne verlangen beide Anbieter übertriebene Zuschläge.

EINREISE NACH SURINAM

Bac La Gabrielle (☎ 39-80-00; Pers./Auto 4/26 US$; 🕓 30 Min.; Mo, Di, Do & Fr 7 & 14, Mi 7 & 17, Fr 8, So 15.30 Uhr) Die Fähre nach Albina in Surinam legt vom internationalen Landungssteg ab. Dieser liegt ca. 2 km südlich des Zentrums von St. Laurent am Ende der Av Éboué. Hier gibt's auch eine Zollstelle und ein Einwanderungsbüro. Bei Bedarf bringen auch private *pirogues* (Einbäume) Passagiere rund um die Uhr vom Kai ans andere Ufer (6 US$, 15 Min.). Allerdings wird man teilweise in einiger Entfernung zum Einwanderungsbüro von Albina abgesetzt. Die Abfahrtszeiten von Bussen und Taxis nach Paramaribo in Surinam orientieren sich an der Fähre. Details zum Grenzübertritt von Surinam nach Französisch-Guyana stehen auf S. 772.

RUND UM ST. LAURENT DU MARONI
Mana & Awala-Yalimopo

Das urige Dorf Mana (5900 Ew.) liegt ca. 50 km nordöstlich von St. Laurent an einer ziemlich holperigen Straße. Besonders malerisch wird das Dorf, weil es am Ufer des gleichnamigen Flusses gelegen ist – und dieser zählt unbedingt zu den schönsten und ursprünglichsten Flüssen im Norden Südamerikas.

Manas **Post** (Ostende der Rue Bastille) hat einen Geldautomaten. Bei Reisen in Richtung Osten finden Autofahrer hier die letzte Tankstelle vor der Wildnis: Sie liegt neben dem Kreisverkehr am Dorfeingang. Diese Region ist nur mit einem eigenen Fahrzeug zu erreichen.

Amerindianische Siedler und gigantische Moskitoschwärme bevölkern Awala-Yalimopo (1162 Ew.) und auch die **Plage Les Hattes**. Dieser Strand zählt zu den weltweit bekanntesten Brutplätzen der **Riesenlederschildkröten**. Von April bis Juli legen die Tiere hier ihre Eier ab. Die Jungen schlüpfen dann zwischen Juli und September. Auf dem Strand tummeln sich so viele Schildkröten, dass ein Biologe die Szene einst als „Panzerschlacht" bezeichnete. Während der Brutsaison müssen Traveller hier unbedingt einen Besuch machen.

Im kleinen Museum der **Maison de la Reserve Natural l'Amana** (☎ 34-84-04; 🕓 Mo, Mi & Fr 8–12 & 14–18; Di, Do & Sa 14–18 Uhr; Erw./Kind 2,50 US$/

frei) können sich Traveller über die wunderbare Welt der Schildkröten informieren. Am Haus beginnen außerdem zwei Naturlehrpfade.

In Mana bringt die muntere Isabelle (sie spricht Französisch und Spanisch) ordentlich Schwung in das ansonsten recht triste **Le Bougainvillier** (☎ 34-80-62; 33 Rue Frères; DZ mit/ohne Bad 42/30 US$; 🗙). Zu den Unterkünften in Awala-Yalimopo zählen das **Chez Judith & Denis** (☎ 34-24-38; Hängemattenplatz inkl. Frühstück 28 US$; **P**) und die **L'Auberge de Jeunesse Simili** (☎ 34-16-25; Hängemattenplatz/Zi. pro Pers. 6/14 US$). Während der Schildkrötensaison füllen sich alle Quartiere ziemlich schnell. Wer mittags oder abends Lust auf ein traditionelles amerindianisches Essen im **Yalimale** (☎ 34-34-32; 🕓 Mo geschl.) hat, muss einen Tisch reservieren.

Javouhey
658 Ew.

Das Hmong-Dorf liegt 13 km abseits der holperigen Straße von St. Laurent nach Mana. Der wunderbare Sonntagsmarkt ist nicht so überlaufen wie der in Cacao. Wandbilder zieren die altmodischen Bungalows der **Auberge du Bois Diable** (☎ 34-19-35; dewevre.alain@wanadoo.fr; PK8 Rte de l'Acarouany; DZ 48 US$). Der Eigentümer Alain Dewevre (alias „Tarzan") kennt die Mana-Region wie seine Westentasche. Im Lauf der Zeit hat er diverse elternlose oder verletzte Affen vor dem Tod bewahrt, die das Anwesen mit Leben erfüllen. Bei den angebotenen Urwaldexkursionen reicht der Schwierigkeitsgrad von leicht bis extrem.

ALLGEMEINE INFORMATIONEN FRANZÖSISCH-GUYANA
Aktivitäten

Vogelbeobachtungs- und Wandertouren, genauso wie Kanutrips sind in Französisch-Guyana sehr gefragt. An den meisten Flüssen kann man sein Kanu auch ohne Tourveranstalter zu Wasser lassen. Wer die Herausforderung sucht, heuert aber dennoch meistens einen Führer an. Die Strände von Montjoly (S. 750) und Kourou (S. 753) laden Outdoorfans ein zum Segeln, Windsurfen und Kitesurfen. Trotzdem gibt's nur wenige öffentliche Einrichtungen. Die Sportanglerszene steckt zwar noch in den Kinderschuhen, zeigt jedoch ein enormes Potential.

www.lonelyplanet.de   FRANZÖSISCH-GUYANA ·· Allgemeine Informationen **759**

Botschaften & Konsulate
BOTSCHAFTEN & KONSULTATE IN FRANZÖSISCH-GUYANA
Deutschland, Österreich und die Schweiz unterhalten keine eigenen Vertretungen in Französisch-Guyana. Anfragen sind an die jeweiligen Botschaften in Paris zu richten.

Brasilien (☎ 29-60-10; 444 Chemin St Antoine)

Deutschland (☎ 0033-1538-3450-0; Av Franklin D. Roosevelt 13/15, 75008 Paris)

Österreich (☎ 0033-1-4063-3090; Av de Villars 17, 75007 Paris)

Schweiz (☎ 0033-1-4955-6700; Rue de Grenelle 142, 75007 Paris)

Surinam (Karte S. 746; ☎ 30-04-61; 3 Av Léopold Héder)

BOTSCHAFTEN & KONSULATE FRANZÖSISCH-GUYANAS IM AUSLAND
Die diplomatische Zuständigkeit für das Überseedepartement liegt bei den französischen Vertretungen im Ausland. Adressen im deutschsprachigen Raum:

Deutschland (☎ 030-590-03-90-00; Pariser Platz 5, 10117 Berlin)

Österreich (☎ 043-1-50-27-50; Technikerstraße 2, 1040 Wien)

Schweiz (☎ 031-359-21-11; Schosshaldenstraße 46, 3006 Bern)

Bücher
Das wohl bekannteste Buch über Französisch-Guyanas Strafkolonie ist Henri Charrières autobiografischer Roman *Papillon*. Er diente als Vorlage für den legendären Hollywood-Streifen mit Steve McQueen und Dustin Hoffman. Alexander Miles' Werk *Devil's Island: Colony of the Damned* orientiert sich größtenteils an Fakten, ist aber äußerst unterhaltsam. Einen prima Gesamtüberblick über die Region gibt *France's Overseas Frontier* von R. Aldrich und J. Connell. Anne Fadimans brillanter Bericht *Der Geist packt Dich, und Du stürzt zu Boden* spielt hauptsächlich in Kalifornien, ist aber die beste Veröffentlichung zur Diaspora der Hmong.

Essen & Trinken
Eine von Französisch-Guyanas Hauptattraktionen ist seine hervorragende Küche. An fast jeder Ecke gibt's super leckeres Essen. Traveller sollten auf jeden Fall einheimische Fleisch- und Fischsorten probieren – schließlich zählt der *jamais goûter* zu den schmackhaftesten Flossenträgern der Welt. Bedrohte Tierarten haben auf einer Speisekarte allerdings nichts verloren! Zahlreiche asiatische Restaurants und Imbissstände verkaufen gute und günstige Gerichte aus China, Vietnam und Indonesien. Auch Vegetarier kommen dabei nicht zu kurz. Cafés und Delis sind etwas teurer. Die besseren Restaurants schlagen in punkto Preis jedoch richtig zu – unter 10 US$ ist hier meist nichts zu haben.

Selbstversorger können sich auf den regelmäßig stattfindenden *marchés* (Märkte) mit einheimischen Produkten eindecken. Auch die gigantischen Märkte von Cayenne und Kourou verkaufen zahlreiche Lebensmittel. Außerdem gibt's in jeder Stadt noch diverse kleinere Läden (*chinois*, ausgesprochen shin-*wah*). Importierte Getränke mit und ohne Alkohol kosten in Restaurants und Bars recht viel. Lebensmittelläden stillen den Durst wesentlich preiswerter.

Feiertage & Ferien
Neujahr 1. Januar

Dreikönigstag 6. Januar

Aschermittwoch Karnevalsende im Februar/März (variiert)

Ostern März/April (variiert)

Tag der Arbeit 1. Mai

Pfingsten Mai/Juni (variiert)

Französischer Nationalfeiertag 14. Juli

Mariä Himmelfahrt 15. August

Allerheiligen 1. November

Allerseelen 2. November

Gedenktag des Ersten Weltkriegs Veteranentag am 11. November

Weihnachten 25. Dezember

Festivals & Events
Der Karneval von Januar bis Februar bzw. März (variiert) ist ein beeindruckendes und farbenfrohes Ereignis. Vom Dreikönigstag bis Aschermittwoch verwandeln sich die Städte in turbulente Partyzonen. Zu den lohnenden Festivitäten gehören auch das Neujahrsfest der Hmong in Cacao (normalerweise im Dezember) und das chinesische Neujahrsfest in Cayenne (Januar oder Februar).

Gefahren & Ärgernisse
Die ländlichen Gebiete Französisch-Guyanas sind relativ sicher, nicht jedoch die größeren Städte (v. a. nachts). Das Land leidet

zunehmend unter dem Drogenschmuggel und anderen Straftaten. Im Umkreis von Iracoubo und in Richtung Régina riegeln Zollbehörde und Gendamerie daher die Verkehrswege häufig mit Straßensperren ab. Einheimische und Ausländer werden gleichermaßen gründlich auf Drogen kontrolliert.

Geführte Touren

Besonders im Landesinneren fahren nahezu keine öffentlichen Verkehrsmittel. Daher erkunden Traveller Französisch-Guyana am besten im Rahmen geführter Touren. Details zu Veranstaltern und Angeboten finden sich bei den jeweiligen Städten.

Geld

Das Überseedepartement gehört zur Eurozone und ist eine der teuersten Regionen Südamerikas. Die Preise entsprechen denen Frankreichs – nahezu alle Waren werden aus dem Mutterland eingeführt. In Cayenne können Traveller Bargeld oder Reiseschecks leicht in Euro umtauschen. Die Konditionen liegen jedoch 5 % unter den offiziellen Wechselkursen. Kreditkarten sind gern gesehene Zahlungsmittel. Die Geldautomaten (*guichets automatiques*) gehören zu den Netzwerken von Plus und Cirrus. Mit einer Visa- oder MasterCard kann hier Bares abgehoben werden. Auch mit EuroCard oder Card Bleu gibt's so gut wie nie Probleme.

WECHSELKURSE

Zum Zeitpunkt der Recherche galten folgende Wechselkurse:

Land	Währung		€ (Euro)
Schweiz	1 SFr	=	0,61
USA	1 US$	=	0,76

Gesundheit

Die Malariaerreger im Landesinneren sind resistent gegen Chloroquin. Zudem gilt Französisch-Guyana als Gelbfieberregion. Wer während eines Aufenthalts eine Impfung benötigt, wendet sich an das **Centre de Prévention et de Vaccination** (☎ 30-25-85; Rue des Pommes Rosas, Cayenne; ☽ Mo & Do 8.30–12 Uhr). Außerdem sollten sich Traveller gegen Typhus schützen. Die medizinische Versorgung ist ausgezeichnet, doch nur wenige Ärzte sprechen Englisch. In größeren Städten ist das

Leitungswasser von guter Qualität. Im Umland trinkt man besser nur abgefülltes oder abgekochtes Wasser.

Weitere Infos s. S. 1246.

Infos im Internet

Guiana Shield Media Project (www.gsmp.org) Tolle Infos zu Umweltthemen (in fünf Sprachen).

Réseau France Outre-Mer (RFO: http://.guyane.rfo.fr) Die Website liefert u. a. aktuelle Nachrichten, Kulturinfos und Links. Lässt sich über Google halbwegs vom Französischen ins Deutsche übersetzen.

Internetzugang

Internetcafés gibt's in Cayenne, Kourou und St. Laurent. Sie sind alle nicht gerade billig (v. a. in der Hauptstadt).

Karten & Stadtpläne

Für Französisch-Guyana gibt Frankreichs Institut Géographique National eine Karte im Maßstab 1:500 000 heraus. Neben super Stadtplänen von Cayenne und Kourou beinhaltet sie auch detailliertere Karten der bevölkerten Küstenregionen. Vor Ort gibt's ansonsten noch topografische Karten im Maßstab 1:25 000 und tonnenweise Touristenkarten.

Klima

Von Januar bis Juni fallen Reisen buchstäblich „ins Wasser". Die meisten Niederschläge prasseln im Mai vom Himmel. Die Trockenzeit von Juli bis Dezember empfinden Besucher wahrscheinlich am angenehmsten. Das Klima ist ganzjährig heiß (28 °C) und feucht. Daher trägt man am besten leichte Bekleidung und packt zusätzlich einen Poncho ein.

Medien

Cayennes Tageszeitung *France-Guyane* informiert auf Französisch über das Geschehen vor Ort und in der Welt. Französische Zeitungen und Zeitschriften gibt's überall. Donnerstags erscheint das kostenlose Mini-Magazin *Loisirs Hebdo* mit einem Veranstaltungskalender für ganz Französisch-Guyana.

Öffnungszeiten

Wer etwas zu erledigen hat, sollte früh aus den Federn steigen. Viele Geschäfte machen während der Mittagshitze den Laden dicht. Allgemein haben sie jedoch von 8 bis 12 und von 14 bis 17 Uhr geöffnet. Die meisten Restaurants öffnen von 12 bis 14 Uhr und wieder von 19 bis 22 Uhr (manchmal länger). Sonntags – teilweise auch montags – schaltet das ganze Land einen Gang runter; dies gilt v. a. für St. Laurent. Nachtclubs öffnen gegen 22 Uhr.

Post
Da sämtliche Sendungen über Frankreich verschickt werden, ist der Postservice sehr verlässlich. Damit Briefe sicher in Französisch-Guyana ankommen, sollte sie neben „France" als Empfängerland auch mit der internationalen Postleitzahl des Departements versehen sein.

Shoppen
In den 1970er-Jahren flohen die Hmong von Laos nach Französisch-Guyana. Ihre aufwändigen Wandteppiche gibt's sonst nirgends in Südamerika. Sie sind nicht gerade günstig und lassen sich am besten in Cacao ergattern. Holzschnitzereien der Maroons stehen am Straßenrand zum Verkauf; in Surinam bezahlen Traveller weniger. Das weitere Souvenirangebot umfasst z. B. aufgespießte Riesenkäfer und herrliche Schmetterlinge. Allerdings unterstützt man diesen Erwerbszweig, wenn man solche Produkte kauft – sollte man vielleicht lieber sein lassen. Die Handwerksgegenstände der Amerindianer entsprechen denen in Surinam, sind in Französisch-Guyana aber etwas teurer.

Strom
Bloß nicht die Finger in die Steckdose bringen: Die Netzspannung liegt bei 220/127 V, 50 Hz.

Telefon
Sämtliche öffentlichen Telefonzellen und „Taxi Phones" (gibt's oft in Internetcafés) eignen sich für Ferngespräche ins Ausland. Auf die ☎ 00 folgen die Länder- und Regionalvorwahl. Den Schluss bildet die jeweilige Anschlussnummer. Die Vermittlung erreicht man unter ☎ 00 594. Die Telefonkarten für öffentliche Fernsprecher gibt's bei Postfilialen, Zeitungsständen und Tabakläden.

In manchen Städten (v. a. in Kourou) zerstörten Randalierer in der Vergangenheit mehrfach fast sämtliche Telefonzellen.

Touristeninformation
Dankenswerterweise hat fast jede Stadt oder Siedlung eine Art Touristeninformation – und sei es nur eine Theke im örtlichen *marché*. Französische Fremdenverkehrsbüros im Ausland liefern Basisinformationen zu Französisch-Guyana.
Deutschland (☎ 069-7560-830; Westenstraße 47, 60325 Frankfurt/Main)
Österreich (☎ 0222-5032-890; Argentinierstraße 41 A, 1040 Wien)
Schweiz (☎ 01-211-3095; Löwenstraße 59, 8023 Zürich)

Unterkunft
Hotels in Französisch-Guyana sind meistens schlicht, aber komfortabel. Bei günstigen Hotels liegt der Startpreis für ein Einzelzimmer um die 35 US$, Doppelzimmer sind ab 45 US$ zu haben. In den meisten Hotels arbeiten einige Angestellte mit Englischkenntnissen. Statt des überteuerten Frühstücks (ab 8 US$) stärkt man sich am besten in einem der örtlichen Cafés.

Bei längeren Aufenthalten in Cayenne, Kourou oder St. Laurent zählen *gîtes* (Gästehäuser und Appartements) zu den günstigsten Optionen – Details liefern die Touristeninformationen. Ansonsten können Traveller ihre Hängematten in *carbets* (offene Hütten) aufspannen. In ländlichen Gebieten gibt's neben kostenlosen Übernachtungsmöglichkeiten auch Campingplätze mit Hängemattenplätzen (ab 6 US$). Viele Gästehäuser haben Raum für „Seemannsschaukeln" (ab 6 US$) und verleihen zudem Moskitonetze (10 bis 18 US$).

Visa
Für Aufenthalte bis maximal 90 Tage benötigen EU-Bürger kein Visum. Alle Besucher (ausgenommen Franzosen) müssen jedoch ihren Reisepass vorlegen. Auch der Nachweis über eine Schutzimpfung gegen Gelbfieber sollte mitgeführt werden. Offiziell müssen alle Touristen (sogar französische Staatsbürger) ein Ticket für die Weiter- oder Rückreise besitzen. Beim Grenzübertritt wird dies aber nicht überprüft.

SURINAM

HIGHLIGHTS

- **Galibi Nature Reserve** – Zusehen, wie sich Meer und Land vereinigen. Riesen-Lederschildkröten kriechen aus dem Wasser und legen ihre Eier im Sand ab (S. 771)
- **Paramaribo** – Sich für die lebendige Hauptstadt mit ihren stattlichen Kolonialgebäuden begeistern und von der fröhlichen Stimmung anstecken lassen (S. 766)
- **Palumeu** – Im tiefen Dschungel Surinams auf den Spuren von Indiana Jones wandeln und amerindianische Kultur erleben (S. 772)
- **Besonders empfehlenswert** – Zunächst 190 km durch Urwald und Savanne fahren und dann per Kanu an amerindianischen Dörfern vorbei ins Raleighvallen paddeln, dem Tor zur Central Suriname Nature Reserve (S. 771)
- **Abseits ausgetretener Pfade** – Sich per Kanu und per pedes durch den Urwald kämpfen und anschließend den Mt. Kasikasima erklimmen (S. 767)

KURZINFOS

- **Berühmt für:** Moscheen und Synagogen in friedlicher Nachbarschaft; Bauxit
- **Bester Straßensnack:** Chinesische und indische Leckerbissen auf dem Zentralmarkt
- **Bestes Schnäppchen:** Kleidung und Taxifahrten
- **Bevölkerung:** 493 000 (Volkszählung 2005)
- **Fläche:** 163 800 km² (ungefähr 4-mal so groß wie die Niederlande oder der US-Bundesstaat Georgia).
- **Floskeln:** *tof* auf Niederländisch (cool); *walgelijk* auf Niederländisch, *viestie* auf Sranan Togo (ekelhaft); *feest* auf Niederländisch, *vissa* auf Sranan Togo (Party)
- **Geld:** 1 US$ = 2,78 Surinam-Dollar (S$), 1 € = 3,69 S$, 1 SFr = 2,28 S$
- **Hauptstadt:** Paramaribo
- **Landesvorwahl:** ☎ 597
- **Preise:** Gästehäuser in Paramaribo 14 US$, *roti* mit Hühnchen und Gemüse 2,50 US$, ein *djogo* (1 l) Parbo-Bier 1,50 US$
- **Reisekosten:** 25–30 US$ pro Tag

- **Sprachen:** Niederländisch, Englisch, Sranan Tongo (Surinaams), Hindustani, Javanisch, Maroon und amerindianische Sprachen, Chinesisch
- **Trinkgeld:** 10–15 % in Restaurants und Hotels (falls nicht enthalten); Taxis: keines
- **Visa:** EU-Bürger (inkl. Schweiz) benötigen ein Visum und einen Reisepass
- **Zeit:** MEZ –4 Std.

TIPPS FÜR UNTERWEGS

Nachts mit einem der günstigen Taxis zu den Restaurants außerhalb vom Stadtzentrum fahren, um Paramaribo hautnah zu erleben.

VON LAND ZU LAND

In Surinam gibt's Grenzübergänge nach Corriverton (Guyana) und nach St. Laurent (Französisch-Guyana).

SURINAM

Surinam bezeichnet sich selbst als das „schlagende Herz Amazoniens". Und da ist tatsächlich etwas dran: In der warmen und dicht bewaldeten Region treffen zahlreiche Flüsse aufeinander; und hier pulsiert der lebendige Rhythmus der ethnischen Vielfalt. Überall, in der temperamentvollen Hauptstadt Paramaribo aus der niederländischen Kolonialzeit, aber genauso auch in den undurchdringlichen Urwäldern im Landesinneren, bereitet das winzige Land seinen Besuchern einen überaus herzlichen Empfang. Neben den fröhlichen Nachfahren entflohener afrikanischer Sklaven und den Siedlern aus den Niederlanden und aus Großbritannien trifft man hier auf Gastarbeiter aus Indien, Indonesien und China. Dazu kommen die einheimischen Amerindianer. Hier vereint sich das Allerbeste aus beiden Welten: Auf der einen Seite eine Stadt voller Restaurants, Einkaufszentren und Clubs; auf der anderen Seite ein ursprünglicher Dschungel fernab jeglicher Zivilisation. Die Reisen und Touren durch dieses Land der Flüsse und der dichten Wälder gestalten sich jedoch relativ schwierig. Der Mix aus den vielen, vielen Sprachen erschwert mitunter die Kommunikation ganz gewaltig – und das gilt manchmal sogar für niederländische Muttersprachler. Und eines sollte der Travller auch nicht vergessen: Weil hier so viele kulinarische Traditionen aufeinandertreffen, ist die hiesige Küche genauso feurig und vielfältig wie das Land an sich.

AKTUELLE ENTWICKLUNGEN

Obwohl Surinam als relativ stabil gilt, leidet das Land unter zahlreichen Problemen. 2004 wurde der Gulden durch den Surinam-Dollar ersetzt, um das Vertrauen in die Wirtschaft zu stärken. Im selben Jahr richtete die UN ein Tribunal ein, das im Grenzstreit zwischen Surinam und Guyana um potentielle Ölvorkommen vor der Küste vermitteln soll. Zum Zeitpunkt der Recherche war jedoch keine Einigung in Sicht.

Nach monatelangen politischen Grabenkämpfen trat Präsident Ronald Venetiaan im August 2005 mit knapper Mehrheit seine dritte Amtszeit an. Seine Partei stellt auch die meisten Sitze im Parlament. Venetiaan beschnitt die Staatsausgaben und kurbelte die kränkelnde Bananenindustrie mit Geldern aus internationalen Krediten an. Dies verlieh dem kleinen Land eine relativ stabile Wirtschaftslage.

GESCHICHTE

Surinam war das letzte Überbleibsel eines einst stattlichen niederländischen Herrschaftsgebiets in Südamerika. Früher kontrollierten die Niederlande neben großen Teilen Brasiliens auch einen Großteil der Guyanas. Nach territorialen Konflikten mit Großbritannien und Frankreich blieben den Niederländern jedoch nur noch Niederländisch-Guyana und ein paar Karibikinseln. Im 19. Jh. wanderten Hindustanis und Indonesier (örtlich „Javaner" genannt) ein, um auf den Plantagen zu arbeiten.

Trotz begrenzter Autonomie hatte Surinam bis 1954 den Status einer Kolonie. Danach erhielt das Land eine eigene Regierung und erklärte 1975 seine Unabhängigkeit. Dies war der Startschuss für politische Wirren. 1980 führte Sergeant Major (später Lieutenant Colonel) Desi Bouterse einen Militärputsch an, der von den meisten Einwohnern begrüßt wurde. 1982 ließ das an die Macht gekommene Militärregime 15 prominente Oppositionelle brutal hinrichten. 1986 startete die Regierung einen gnadenlosen Feldzug, um einen Aufstand der Maroons niederzuschlagen. Viele Maroons flohen aus den ganz oder teilweise zerstörten Dörfern nach Französisch-Guyana. Die 1987 gewählte Zivilregierung wurde 1990 durch einen unblutigen Putsch wieder abgesetzt. 1991 kam erneut eine Zivilregierung an die Macht. Sie unterzeichnete 1992 einen Vertrag mit dem „Jungle Commando" (Maroon-Miliz) und weiteren bewaffneten Banden. 1999 protestierte die Bevölkerung mit Streiks und Straßendemonstrationen gegen die wirtschaftliche Instabilität. Die Regierung sah sich gezwungen, die Neuwahlen um ein Jahr vorzuziehen. Doch auch nach der Wahl im Mai 2000 veränderte sich nicht viel, obgleich die Niederlande ihre Hilfszahlungen aufstockten, um die Wirtschaft zu stabilisieren.

Die Wirtschaft Surinams wird durch den Bauxitabbau dominiert, der 70 % des Exports ausmacht. Auch die Landwirtschaft (Reisanbau und Bananen) bildet einen wichtigen Erwerbszweig. Die Fischereiindustrie (mit Aquakulturen) befindet sich im Aufwärtstrend. Surinam gibt sich außerdem redlich Mühe, den Ökotourismus im Landesinneren zu fördern.

KULTUR

Die Einwohner des multikulturellen Surinam sind überaus freundlich und großzügig. In Paramaribo werden Toleranz und friedliches Zusammenleben großgeschrieben. Religiös oder rassistisch motivierte Konflikte sind so gut wie unbekannt. Angesichts der Tatsache, dass hier so viele verschiedene Volksgruppen auf engstem Raum zusammenleben, ist dies besonders bemerkenswert.

Viele Surinamer sind in die Niederlande ausgewandert oder haben einige Zeit dort gelebt – einerseits aufgrund der besseren Wirtschaftslage, andererseits, um den Repressalien durch das Militär zu entkommen. Die meisten Einwohner leben in Paramaribo und in den Küstenregionen. Die offizielle Landessprache ist Niederländisch, doch viele Menschen verstehen auch Standard-Englisch.

SPORT

Obwohl Surinam in vielerlei Hinsicht nicht gerade typisch südamerikanisch ist, haben sogar die kleinsten Nester eigene Fußballplätze. Als gebürtiger Surinamer spielt der niederländische Kicker Clarence Seedorf für den AC Mailand. Er hat eine Nationalmannschaft organisiert sowie Land und Gelder für den Bau eines Erstliga-Stadions mit Trainingszentrum zur Verfügung gestellt. Beide Sportstätten liegen 30 Autominuten außerhalb von Paramaribo.

RELIGION

Rund 40 % der Einwohner bezeichnen sich als Christen, hängen aber teilweise auch traditionellen afrikanischen Glaubensrichtungen an. Zu den Hindus gehören 26 % der äußerst homogenen Bevölkerung; die meisten stammen aus Ostindien. 19 % aller Gläubigen sind Moslems. Dazu kommen ein paar Buddhisten, Juden und Anhänger amerindianischer Kulte.

KUNST & KULTUR

Diverse Kulturformen kommen von den eingewanderten Volksgruppen. Dazu zählt z. B. die indonesische Gamelan-Musik, die bei bestimmten Events erklingt. Ansonsten finden Besucher aufwändige Korbflechtereien der Amerindianer, wunderbare Gemälde talentierter Künstler sowie Schnitzereien der Maroons – allgemein die fähigsten Holzkünstler im tropischen Amerika.

NATUR & UMWELT

Surinam teilt sich in recht unterschiedliche topografische Regionen auf (v. a. dichte Tropenwälder und Savannen). Die Westgrenze zu Guyana bildet der Corantijn (Corentyne in Guyana), dessen südlichste Ausläufer für Streit sorgen. Weitere Grenzen zu Französisch-Guyana markieren der Marowijne (Maroni in Französisch-Guyana) und der Litani, dessen Südteil ebenfalls Anlass zu Konflikten gibt.

Die meisten Surinamer bewohnen die Küstenebene am Atlantik, wo sich auch die meisten Straßen des Landes befinden. Das Landesinnere ist fast ausschließlich per Flugzeug oder Boot (auf den Flüssen in Nord-Süd-Richtung) zu erreichen. Eine Straße führt zur Brownsberg Nature Reserve. Durch den Afobaka Dam entstand am Oberlauf des Surinam einer der größten Stauseen der Welt (1550 km²), der Brokopondo. Wegen der Stromschnellen sind die meisten Flüsse nur begrenzt befahrbar.

VERKEHRSMITTEL & -WEGE
An- & Weiterreise

Internationale Flüge landen auf Surinams einfachem und schlecht klimatisiertem Flughafen Zanderij (S. 770).

Von Albina (im Osten, S. 772) und Nieuw Nickerie (im Westen, S. 772) überqueren Boote die Grenzflüsse zu Französisch-Guyana, bzw. Guyana.

Unterwegs vor Ort

Aufgrund fehlender Straßen ist das Landesinnere nur per Flugzeug oder Boot erreichbar.

AUTO

Surinam hat nur wenige Straßen, meist in beklagenswertem Zustand. Die Strecken entlang der Küste und nach Brownsberg können mit herkömmlichen Autos befahren werden. Für die Routen ins Landesinnere sind dagegen Allradfahrzeuge erforderlich. Die vorhandenen Leihwagen sind teuer und dürfen nur innerhalb des Landes gefahren werden. Der Linksverkehr in Surinam ist ein Überbleibsel der britischen Kolonialzeit. Traveller benötigen einen internationalen Führerschein.

BUS

Preiswerte mittelgroße Busse (oder „Jumbos") fahren regelmäßig über den Küstenhighway. Den Preis handelt man vor dem Einsteigen mit dem Fahrer aus. Staatliche Busse sind zwar günstiger als private Gesellschaften, jedoch u. U. wesentlich voller. Abseits der Hauptstrecken gibt's kaum Busverbindungen.

FLUGZEUG

Von Paramaribo aus starten die kleinen Maschinen von **Surinam Airways** (SLM; www.slm. firm.sr) und **Gum Air** (www.gumair.com) zu diversen Zielen im Inland, darunter fliegen sie auch ein paar der Naturschutzgebiete an (s. S. 770). Gum Air bietet hauptsächlich Charterflüge an.

SCHIFF/FÄHRE

Flüsse ermöglichen malerische Bootsausflüge zu Regionen im Landesinneren, die ansonsten unzugänglich sind. Es gibt nur wenige Anbieter mit festem Fahrplan; über den Preis lässt sich meist reden. Traveller organisieren ihren Trip am besten frühzeitig in Paramaribo. Günstige Fähren und Barkassen überqueren einige der großen Flüsse, wie z. B. den Surinam und den Coppename.

FLUGHAFENSTEUER

Surinams Flughafensteuer beträgt rund 20 US$ (meist im Ticketpreis enthalten).

TAXI

Sammeltaxis sind auf Strecken entlang der Küste unterwegs. Sie kosten zwar wesentlich mehr als Busse, sind aber bedeutend schneller. Die Taxipreise sind verhandelbar, aber allgemein recht niedrig. Erst auf einen Preis einigen, dann einsteigen.

PARAMARIBO

220 307 Ew.

In Paramaribo, der beeindruckensten und lebendigsten Hauptstadt der Guyanas, trifft Amsterdam auf den Wilden Westen. Schwarzweiße Gebäude aus der holländischen Kolonialzeit säumen die grasbewachsenen Plätze. Der Geruch von Gewürzen wabert aus indischen Roti-Shops und vermischt sich mit den Autoabgasen. Vor düsteren holländischen Festungen verkaufen Maroon-Künstler ihre farbenfrohen Gemälde. Die Einwohner von „Parbo" sind stolz auf ihre Multikulti-Gemeinschaft – und auf die Tatsache, dass in dieser Stadt Moscheen und Synagogen einträchtig nebeneinander stehen. Seit 2002 gehört die historische Innenstadt zum Unesco-Weltkulturerbe.

Orientierung

Das weitläufige Parbo erstreckt sich am Westufer des gewundenen Surinam. Das Stadtzentrum hat die Form eines kompakten Dreiecks. Es wird im Norden von der Gravenstraat, im Westen von der Zwartenhovenbrugstraat und im Südosten vom Fluss begrenzt. Die Brücke von Paramaribo nach Meerzorg überspannt den Fluss in Richtung Osten.

Praktische Informationen

BUCHLÄDEN

Vaco Press (Domineestraat 26; ☼ Mo–Fr 8–16.30, Sa 8–13 Uhr) Parbos bester Buchladen verkauft Titel in verschiedenen Sprachen und ist die einzige verlässliche Quelle, wo es Karten gibt.

GELD

Die meisten großen Banken wechseln Geld, lösen Reiseschecks ein und zahlen Bares gegen Kreditkarte aus. Achtung: Nur die Geldautomaten der RBTT-Banken akzeptieren internationale Karten.

Centrale Bank van Suriname (Waterkant 20)

De Surinaamsche Bank (DSB; Gravenstraat 26-30)

RBTT Bank (Kerkplein 1)

DER WEG INS ZENTRUM

Vom Johan Pengel International Airport (oder Zanderij), 45 km südlich von Parbo, geht's mit Taxis in die Stadt (25 US$, 1 Std.). Gewiefte Traveller lassen sich von ihrem Hotel ein Taxi zum Flughafen schicken. Bei der Abreise sind die Shuttleservices von **De Paarl** (☎ 403610) und **Le Grand Baldew** (☎ 474713) wesentlich günstiger (8 US$). Beide Anbieter holen Passagiere direkt am Hotel ab. Tagsüber fahren preiswerte Minibusse vom Heiligenweg zu den Flughäfen Zanderij (1,20 US$) und Zorg-en-Hoop (0,50 US$). Taxis nach Zorg-en-Hoop kosten ca. 8 US$.

INFOS IM INTERNET

Welcome to Parbo (www.parbo.com) Die Suriname Tourism Foundation liefert mit dieser Website eine hervorragende Einführung zu Paramaribo und Surinam.

INTERNETZUGANG

Business Center (Kleine Waterstraat; 2 US$/Std.; ☼ Mo–Sa 8–24, So 9–24 Uhr) Befindet sich direkt neben der Café-Bar 't Vat und verleiht auch Mobiltelefone.

Carib Computers (Heerenstraat 22; 1,50 US$/Std.; ☼ Mo–Sa 9–22, So 14-21 Uhr) Unterhält diverse Ableger in ganz Parbo.

MEDIZINISCHE VERSORGUNG

Academisch Ziekenhuis (☎ 442222; Flustraat; ☼ Mo–Fr 6–22, Sa & So 9–22 Uhr) Die hiesigen Allgemeinmediziner sind äußerst kompetent und sprechen fließend Englisch.

NOTFALL

Academisch Ziekenhuis (AZ; ☎ 442222; Flustraat) Paramaribos einziges Krankenhaus mit einer Notaufnahme.

Polizei, Feuerwehr & Krankenwagen (☎ 115)

POST

Post (Korte Kerkstraat 1) Gegenüber der Dutch Reformed Church herrscht hier manchmal das reinste Chaos.

TELEFON

TeleSur (Heiligenweg 1) Bietet einen Service für Ferngespräche und verkauft Magnetkarten für Telefonzellen.

TOURISTENINFORMATION

Tourist Information Center (☎ 479200; www.sr.net/ users/stsur; Waterkant 1; ☼ Mo–Fr 9–15.30 Uhr) Anlaufstelle Nummer Eins bei einem Aufenthalt in Paramaribo. Hier gibt's kostenlose Karten für Stadtspaziergänge und Prospekte zu allem, was interessant sein könnte. Vor Ort informiert Conservation International (CI) mit einer Ausstellung über verschiedene Ökotourismus-Projekte in Surinam.

Gefahren & Ärgernisse

Da die Kriminalität auf dem Vormarsch ist, sollten Traveller v. a. nach Einbruch der Dunkelheit die Augen offenhalten und auf den belebten Straßen bleiben. Tagsüber treiben Taschendiebe im Umkreis des Marktes ihr Unwesen. Bei Nacht sollte man um den Palmentuin einen weiten Bogen machen.

Sehenswertes

Ein oder zwei Tage können beim Erkunden der Hauptstadt mit ihrer Kolonialarchitektur aus dem 17. Jh. und ihren lebendigen Geschäftsstraßen schnell vergehen. Der turbulente **Zentralmarkt** mit seinen unterschiedlichen Bereichen ist nichts für schwache Nerven: Auf dem beinahe unheimlich wirkenden Maroon-Markt stapeln sich Knochen, Stöcke, Federn und Affen in Käfigen. Dazu kommen alle möglichen Gebräue und Früchte für religiöse und medizinische Zwecke. Auf dem weitläufigen asiatisch-indischen Markt gibt's alle erdenklichen, unnützen Plastikartikel und Lebensmittel. Sehenswert ist auch der unter freiem Himmel stattfindende Fischmarkt, der bis in den letzten Winkel mit Lärm angefüllt ist. Auf dem **Onafhankelijkheidsplein** (Platz der Unabhängigkeit) im Stadtzentrum steht eine Statue des legendären früheren Premierministers Pengel. Drum herum liegen die stattliche **Präsidentenpalast** aus dem 18. Jh. (nur am 25. November öffentlich zugänglich)

TRILLERCONTEST

Sonntags vergnügen sich die Einwohner bei friedlichen Vogelwettbewerben auf dem Onafhankelijksplein. Dabei strapazieren zahlreiche Piepmätze ihre Kehlen – zumeist Großschnabel-Reisknacker, die bei Amerindianern aus dem Landesinneren gekauft werden. Die Leute bringen ihre Lieblings-*twatwas* mit; der mit der lautesten Stimme trägt den Sieg davon. Dieser Wettbewerb ist eine Art Nationalsport und dazu äußerst sehenswert. Dennoch ist das Ganze nicht mehr so gefragt wie früher. Zuschauer und Teilnehmer sind meist männlich.

und alte Regierungsgebäude aus der Kolonialzeit. Im krassen Gegensatz hierzu steht ein ultramoderner „Finanztempel". Hinter dem Palast erstreckt sich der **Palmentuin**, ein schattiger Hain mit majestätischen Riesenpalmen, in denen sich tropische Vogelarten und Kapuzineraffen tummeln.

Das fünfeckige **Fort Zeelandia** aus dem 17. Jh. wurde wunderschön restauriert. Die Festung erhebt sich dort, wo die ersten Siedler ihre neue Heimat betraten. Im Inneren befindet sich das **Stichting Surinaams Museum** (☎ 425871; ⏲ Di–Sa 9–14, So 10–14 Uhr; geführte Touren So 11 & 12.30 Uhr, niederländisch; Eintritt 3 US$), das neben Stücken aus der Kolonialzeit und zeitgenössisch eingerichteten Zimmern auch Sonderausstellungen präsentiert. Wer die Waterkant in Richtung Südwesten entlangschlendert, stößt auf einige der atemberaubendsten Kolonialgebäude der Stadt. Hierbei handelt es sich meist um Kaufmannshäuser, die nach den großen Feuern von 1821 und 1832 entstanden sind. Von hier aus führen mehrere Straßen landeinwärts. Vor allem entlang der **Lim-a-Postraat** gibt's viele alte Holzhäuser. Manche wurden restauriert, andere umweht noch der verwitterte Charme.

Die **Roman Catholic Cathedraal** von 1885 an der Gravenstraat ist den Surinamern zufolge das größte Holzbauwerk der Welt. 1979 wurde sie auf unbestimmte Zeit geschlossen – so lange, bis der durchgesackte Oberbau vollständig repariert ist. Ein paar Blocks weiter stößt man auf Bauten, die zu den schönsten des Kontinents gehören: An der Keizerstraat stehen die größte **Moschee** der Karibik und die gewaltige **niederländisch-Israelische Synagoge** einträchtig nebeneinander.

Geführte Touren

Surinam hat ein vorbildliches System von Nationalparks und Schutzgebieten. Die meisten lassen sich mit Touranbietern mit Sitz in Parbo besuchen. Surinams Naturschutzstiftung heißt **Stinasu** (Stichting Natuurbehoud Surinam; ☎ 476597; www.stinasu.sr; Cornelis Jongbawstraat 14). Die Organisation verbindet Forschungsarbeit mit Ökotourismus: Ein Teil der Tourerlöse fließt direkt in den Naturschutz. Im Angebot sind u. a. hervorragende Expeditionen nach Brownsberg (ab 45 US$), Galibi (ab 150 US$), Raleighvallen/Voltzberg/Foengoe Island (4 Tage, 375 US$) und Coppename (1 Tag, 80 US$). Außer-

dem gibt's hier Infos für alle, die die Central Suriname Nature Reserve mehr oder weniger auf eigene Faust erkunden möchten.

METS (Ökotourismus-Bewegung in Surinam; ☎ 477088; www.surinamevacations.com; JF Nassylaan 2) ist der wahrscheinlich professionellste Touranbieter Surinams mit zahlreichen Trips, vom Sightseeing in Paramaribo (halber Tag 22 US$) bis zu Urwald-Expeditionen zum Mt. Kasikasima (8 Tage, 675 US$). Besonders beliebt sind Flussfahrten auf dem Awarradam im Herz des Maroon-Gebiets (5 Tage, 350 US$). METS reserviert auch für die Trips anderer Anbieter.

Ara Cari Tours (☎ 499705; www1.sr.net/~t100908; Kwattaweg 254) organisiert hervorragende Ausflüge zum Tafelberg, dem östlichsten der „Lost World Mountains". Zudem können Traveller die Frederik Willem Falls im Südwesten Surinams besuchen.

Sun & Forest Tours (☎ 478383; www.surinamesunforest.nl; Kleine Waterstraat 1) veranstaltet empfehlenswerte mehrtägige Expeditionen ins Landesinnere. Mit **Cardy Adventures** (S. 770) geht's per Fahrrad (40 US$) oder Boot (50 US$) zu den nahen Plantagen von Commewijne. Auch längere Touren ins Landesinnere sind im Angebot (4 bis 10 Tage, 350 bis 900 US$).

Schlafen

Guesthouse TwenTy4 (☎ 420751; Jessurunstraat 24; www.crozrootz.com; Hängematte/EZ/DZ 3/15/20 US$) Heimeliges Gästehaus in zentraler Lage. Steht an einer ruhigen Nebenstraße und ist ein echtes Backpacker-Paradies. Neben Telefon- und Faxservice gibt's Frühstück (3 US$), Abendessen (ab 5 US$) und einen Internetzugang. Gäste können sich auch ein Bierchen an der Bar holen und Drahtesel ausleihen (5 US$/Tag). Die sympathischen Eigentümer veranstalten zudem günstige geführte Touren.

Guesthouse Albergo Alberga (☎ 520050; www.guesthousealbergoalberga.com; Lim-a-Postraat 13; EZ/DZ 18/24 US$, DZ mit Klimaanlage 36 US$; 🖳) Gästehaus-Klassiker in einem hübschen Gebäude, das zum Weltkulturerbe gehört. Steht an einer durch und durch kolonial geprägten Straße nur einen Katzensprung von allen interessanten Attraktionen entfernt. Mit dem stets gut gelaunten Personal freundet man sich schnell an.

Guesthouse Kiwi (☎ 421374; guesthousekiwi.com, niederländisch; Mahonylaan 88A; DZ/4BZ 36/60 US$; 🖳) Die freundliche Unterkunft in einem weißen Betongebäude verspricht einen ruhigen und erholsamen Aufenthalt. Gästen steht eine Küche zur Verfügung.

Hotel AaBéCé (☎ 422950; Mahonylaan 55; EZ/DZ 42/48 US$; 🖳) Hat weniger Charme als die Backpacker-Unterkünfte, dafür aber klimatisierte Zimmer mit mehr Komfort.

Eco-Resort (☎ 425522; Cornelis Jongbawstraat 16; www.ecoresortinn.com; EZ/DZ/3BZ 75/85/95 US$; P 🖳) Überdurchschnittliches „Juwel" mit angenehmen Zimmern, professionellem Service und etwas Stil. Wer hier absteigt, bekommt zusätzlich ein Frühstück und kann die feschen Einrichtungen des kitschigen Hotels Torarica benutzen.

Hotel Torarica (☎ 471500; www.torarica.com; Mr Rietbergplein 1; EZ/DZ 129/150 US$; P 🏊 🍴) Ein kleines Stückchen Las Vegas in Surinam. Das mit Spiegeln und Kronleuchtern geschmückte Hotel ist für sein Kasino bekannt.

Essen

In Parbo muss niemand verhungern. Am „Strip" gegenüber vom Hotel Torarica gibt's alle möglichen Restaurants für jeden Geldbeutel und Geschmack: Dies reicht von indonesischen und kreolischen Lokalen über „California-Grills" bis hin zu niederländischen Pfannkuchenläden. Im Stadtzentrum finden Traveller die günstigsten Optionen auf dem Zentralmarkt (S. 767) sowie an den indonesischen Imbissständen entlang der Waterkant. Im javanischen Viertel Blauwgrond bereiten Einheimische Gerichte in ihren Küchen zu und servieren Abendessen auf ihren Veranden. Neben diesen „Fresszonen" sind zu empfehlen:

Zeeland Coffee Beanery (Ecke Domineestraat & Steenbakkerijstraat; Suppen ab 2,50 US$, Kuchen ab 1,25 US$; 🕒 So–Mi 7–21, Do–Sa 7–23 Uhr) Äußerst beliebtes Straßencafé. Während die Gäste einen Kaffee schlürfen oder eine der leckeren Suppen genießen, können sie das bunte Treiben auf der Straße beobachten. Auf der Speisekarte stehen auch Gebäck und Kuchen.

Moti Mahal (Wagenwegstraat 56-58; Rotis 2,50 US$; 🕒 Mittag- & Abendessen) Das kleine Restaurant tischt schmackhafte indische Rotis in gewaltigen Portionen auf.

Joosje Rotishop (Zwartenhovenbrugstraat 9; Rotis 4–6 US$; 🕒 Mo–Sa 8.30–22 Uhr) Serviert seit 1942 schmackhafte Rotis und ist bei Einheimischen schwer angesagt. Gegessen wird in einem klimatisierten Speiseraum.

Restaurant Dumpling #1 (JF Nassylaan 12; Hauptgerichte 3–6 US$; 🕒 Di–So 7–14 & 17–23 Uhr) Der Name ist Programm: Hier gibt's ordentliche Portionen für wenig Geld.

Chi Min (☎ 412155; Cornelis Jongbawstraat 83; Hauptgerichte 4–10 US$; 🕒 11–15.30 & 18.30–23 Uhr) Liegt ein paar Taximinuten nördlich vom Stadtzentrum und ist Einheimischen zufolge der beste Chinese in Parbo.

Mix Food (☎ 420688; Zeelandiaweg 1; Hauptgerichte ab 5 US$; 🕒 Mittag- & Abendessen) Ruhiges Freiluftrestaurant mit außergewöhnlich freundlichem Service. Super Adresse für kreolische Köstlichkeiten und exotische Säfte.

De Waag Restaurant (☎ 474514; Waterkant 5; Frühstück ab 3,50 US$, Mittag- & Abendessen 8–15 US$; ❀ 10–22 Uhr) Wunderschönes und luftiges Lokal am Flussufer. Macht zwar erst um 10 Uhr morgens auf, serviert dafür aber das beste Frühstück der Stadt sowie leckere Mittag- und Abendessen.

Sarinah (☎ 430661; Verlengde Gemenelandsweg 187; 10/15 Häppchen pro Pers. 9/11 US$; ❀ Abendessen) Das Sarinah ist *die* Adresse für gehobene indonesische Küche. Angesichts der mehrgängigen *rijsttafel* (wörtlich „Reistafel") sollten Gäste ordentlich Kohldampf mitbringen.

Ausgehen

Die Nacht beginnt in der **Café-Bar 't Vat** (Kleine Waterstraat 1; ❀ 7.30–2 Uhr). In der Mischung aus Freiluftbar und Café sorgen gelegentlich Livebands für Unterhaltung. Danach geht's weiter zu den anderen Bars und der **Starzz Disco** (❀ Mi–Sa 22–3 Uhr) am „Strip".

Abseits der Nachtclubs rund um das Hotel Torarica liegt der **Club Touché** (Ecke Waldijkstraat & Dr. Sophie Redmondstraat; ❀ Mi–Sa 22–3 Uhr). Hier wird die ganze Nacht über das Tanzbein geschwungen: Im EG läuft Techno, im OG kommen dagegen Salsafans auf ihre Kosten.

Shoppen

Die Einwohner Französisch-Guyanas strömen zum Shoppen nach Paramaribo. Neben qualitativ hochwertigen Imitaten (von Levis bis Gucci) sind auch DVD-Raubkopien im Angebot. Das alles gibt's zu super niedrigen Preisen entlang von Steenbakkerijstraat und Domineestraat.

An- & Weiterreise

AUTO

In Parbo gibt's zwei verlässliche Autovermieter: **Avis** (☎ 421567; www.avis.com) ist im Hotel Torarica und am Flughafen vertreten; **Europcar** (☎ 424631; www.europcar.com) hat einen Schalter am Flughafen. Leihwagen sind teuer (ab 40 US$) und nicht immer in bestem Zustand, weswegen Mechanikerkenntnisse recht hilfreich sein könnten.

BUS

Sobald alle Plätze belegt sind, fahren die Minibusse nach Nieuw Nickerie (4 US$, 4 Std., 235 km) und zu anderen Zielen im Westen des Landes. Los geht's an der Ecke Dr. Sophie Redmondstraat/Hofstraat. Von der Wanterkant am Fuß des Heiligenwegs starten Minibusse alle 60 Minuten (oder wenn sie voll sind) nach Albina (4 US$, 4 Std., 140 km) im Osten Surinams. Über die Weiterreise per Boot informieren jeweils die Kapitel „Albina" (S. 772) und „Nieuw Nickerie" (S. 772).

FLUGZEUG

Paramaribo hat zwei Flughäfen: Der nahe Zorg-en-Hoop ist für Inlandsflüge zuständig. Der größere Johan Pengel International Airport (allgemein „Zanderij" genannt) für internationale Flüge liegt 45 km südlich von Parbo.

Folgende Fluglinien sitzen in Paramaribo: **BWIA** (☎ 422511; www.bwee.com; Wagenwegstraat 36), **Gum Air** (☎ 498760; www.gumair.com; Kwattaweg 254), **KLM** (☎ 472421; Dr. DE Mirandastraat 9) und **SLM** (☎ 432700; www.slm.firm.sr; Dr. Sophie Redmondstraat 219).

Details zu einigen Flugzielen (jeweils einfache Flugstrecke):

Belém (Brasilien) META, 200 US$, 2 Std., 3-mal wöchentl.; SLM, 227 US$, 2-mal wöchentl.

Curaçao (Karibik) SLM, 334 US$, 3 Std., 4-mal wöchentl.

Port of Spain (Trinidad) BWIA, 203 US$, 30 Min., 3-mal wöchentl.; SLM, 202 US$, 4-mal wöchentl.

TAXI

Taxis starten an denselben Stellen wie die Minibusse. Sie können aber auch über das Hotel angefordert werden. Wer das Glück hat, einen zuverlässigen Fahrer zu finden, lässt sich am besten dessen Wagen- und Telefonnummer geben. So kommt man während eines längeren Aufenthalts in den Genuss eines persönlichen Chauffeurs. Für Fahrten in Richtung Osten empfehlen sich die Taxis auf der Meerzorg-Seite des Flusses.

Unterwegs vor Ort

Mittlerweile ersetzt die Brücke von Paramaribo nach Meerzorg die alte Fähre. Ansonsten pendeln auch lange und schnelle Einbäume für wenig Geld (ca. 0,50 US$) regelmäßig zwischen den Ufern hin und her.

Mit Fahrrädern lässt sich Parbo und seine Umgebung prima erkunden (z. B. die alten Plantagen am anderen Ufer des Surinam). **Cardy Adventures & Bike Rental** (☎ 422518; www. cardyadventures.com; Cornelis Jongbawstraat 31; 5 US$/Tag; ❀ Mo–Fr 8–16, Sa 8–13 Uhr) verleiht neben verlässlichen „Hollandrädern" auch Mountainbikes. Außerdem gibt's Karten für tolle Radtouren.

Die meisten Parbo-Busse fahren am Heiligenweg ab. Fahrplaninfos erhalten Traveller über die **Bus-Hotline** (☎ 473591, 410922), an Haltestellen oder in den Unterkünften.

Taxis sind normalerweise preiswert, haben aber keine Taxameter. Daher muss man den Preis vor dem Einsteigen mit dem Fahrer aushandeln (kurze Strecken ca. 2 US$). Die meisten Chauffeure sprechen ganz gut Englisch.

NATIONALPARKS & NATURSCHUTZGEBIETE

Einer der Hauptgründe, nach Surinam zu kommen, ist das umfangreiche System von Nationalparks und Naturschutzgebieten. Es ist allerdings schwierig bis unmöglich, diese auf eigene Faust zu erkunden. Die meisten Traveller buchen daher eine geführte Tour. Kontaktinfos zu Touranbietern stehen auf S. 767.

Central Suriname Nature Reserve

Das 1,6 Mio. ha große Schutzgebiet existiert seit 1998 und gehört zum Weltnaturschutzerbe. Dank einer Spende des CI (Conservation International) in Höhe von 1 Mio. US$ und den Bemühungen diverser Umweltschutzorganisationen konnten riesige Regenwaldgebiete unter Schutz gestellt werden. Sie machen insgesamt 12 % von Surinams gesamter Landesfläche aus. Die Region ist für ihren Artenreichtum bekannt – 40 % aller Tiere und Pflanzen kommen ausschließlich in den Guyanas vor. Dazu gesellen sich verschiedene unberührte Ökosysteme, spektakuläre Geländeformationen und Wasserfälle. Nur wenige Ecken sind für Besucher zugänglich.

RALEIGHVALLEN & VOLTZBERG

Raleighvallen (Raleigh-Wasserfälle) am Oberlauf des Coppename begeistert mit unzähligen Vogel- und Affenarten sowie spektakulären Wasserfällen. Stinasu (S. 767) unterhält Touristenunterkünfte auf Foengoe Island. Hierher gelangt man mittels einer fünfstündigen Autofahrt mit anschließendem zweistündigen Bootstrip. Zur 240 m hohen Granitkuppel des Voltzbergs geht's per pedes zweieinhalb Stunden lang quer durch den Urwald. Anschließend steigt man über die Steilwände hinauf zum Gipfel.

Von oben ist die Aussicht auf das Blätterdach ganz wunderbar.

TAFELBERG

Diese abgelegene Region voller Berge, Wälder und Savannen befindet sich fernab jeglicher Zivilisation. Dem Erklimmen des 1026 m hohen Berges (s. S. 768) gehen ein Flug und zwei stramme Wandertage voraus.

Brownsberg Nature Reserve & Tonka Island

Die Brownsberg Nature Reserve erstreckt sich rund 100 km südlich von Paramaribo oberhalb des Brokopondo-Stausees. Zahlreiche Wanderwege durchziehen die artenreiche Bergregion mit ihren tropischen Regenwäldern. Die Parkverwaltung befindet sich oben auf dem Plateau. Dort gibt's einige komfortable Touristenunterkünfte (35 US$), die von Stinasu verwaltet werden.

Ab Brownsberg lohnt sich auf alle Fälle ein separater Abstecher nach Tonka Island mitten im See. Zusammen mit den Saramacca-Maroons leitet das amerikanische **Amazon Conservation Team** (ACT; ☎ 421770; www. amazonteam.org; 123 Gravenstraat, Paramaribo) dieses rustikale Ökotourismus-Projekt. Kontaktinfos gibt's direkt beim ACT oder bei Stinasu (S. 767).

Brownsberg kann man relativ leicht auf eigene Faust erkunden: Von Paramaribo aus fahren Minibusse zum Maroondorf Koffiekamp (4 US$; 4½ Std.). Wer sich rechtzeitig darum kümmert, kann sich hier von Stinasu abholen und zum Park transportieren lassen. Ein solcher Ausflug ist allerdings nicht innerhalb eines Tages zu schaffen und erfordert mindestens eine Übernachtung.

Galibi & Coppename Nature Reserves

Galibi ist ein Schildkrötenbrutgebiet. Von April bis August legen hier unzählige Meeresschildkröten (darunter Riesen-Lederschildkröten) ihre Eier ab. Mit Genehmigung der Kariben-Indianer können Traveller mit Leihkanus von Albina aus hierher paddeln. Etwas einfacher gestaltet sich die Anreise mit Stinasu ab Paramaribo.

Das geschützte Sumpfgebiet Coppename befindet sich an der Mündung des gleichnamigen Flusses. Hier leben die vom Aussterben bedrohten Seekühe – außerdem ist es ein echtes Paradies für Vogelliebhaber. Stinasu organisiert auf Anfrage Touren.

Palumeu
200 Ew.

Das friedliche amerindianische Dorf liegt am Ufer des Boven Tapanahoni. Mittlerweile setzt es auf den Tourismus, um sich neben der Holzwirtschaft und der Jagd eine dauerhafte Lebensgrundlage zu schaffen. Von Albina aus ist diese Region in acht bis zwölf Tagen zu erreichen; dabei müssen zahlreiche Stromschnellen gemeistert werden. Ansonsten können Traveller auch in Paramaribo ins Flugzeug steigen und während des einstündigen Trips von oben einen Blick auf den Mt. Kasikasima werfen. METS und Stinasu (s. S. 767) vermitteln Unterkünfte. Hierbei handelt es sich um einfache, aber komfortable Hütten im amerindianischen Stil, die nachts von Petroleumlampen erhellt werden.

NIEUW NICKERIE
13 165 Ew.

In dieser modernen Stadt mit breiten Straßen und wenigen Einwohnern ist nicht viel los. Wer dennoch bleiben möchte, fährt am besten mit einem einheimischen Fischer hinaus zum Bigi Pani (ca. 30 US$), wo brütende Vögel und viele Tierarten zu sehen sind. Für einen Tagesausflug in dieses Gebiet verlangen Hotels durchschnittlich 50 US$.

Das **Concord Hotel** (☎ 232345; Wilhelminastraat 3; DZ 20 US$; ❄) ist eine Unterkunft im Motelstil. Das gepflegte **Sea Breeze** (☎ 212111; GG Meimastraat 34; DZ 23 US$; ❄) bietet dagegen etwas mehr Komfort. Am vornehmsten übernachtet man im **Residence Inn** (☎ 210950; RP Bharosstraat 84; resinnic@sr.net; EZ/DZ/3BZ/4BZ 53/65/77/89 US$; P ❄).

Das beste Preis-Leistungs-Verhältnis vor Ort hat das Restaurant **Melissa's Halal Food** (Concord Hotel; Hauptgerichte 2,50 US$). In seinem klimatisierten Speiseraum serviert es opulente Gerichte aus Indien.

Im **Telesur Office** (St. Kanaalstraat 3; ☾ Mo–Sa 7–22 Uhr) können Traveller telefonieren und ihre E-Mails checken. Gleich nebenan gibt's eine **RBTT-Bank** mit Geldautomat.

Alle Busse und Minibusse halten und starten am Markt. Staatliche Bussen fahren täglich um 6 und 13 Uhr nach Paramaribo (4 US$, 4 Std., 235 km). Sobald der erste

---

EINREISE NACH FRANZÖSISCH-GUYANA

Die französische Fähre (pro Pers./Auto 4/26 US$, 30 Min.; Mo, Di, Do & Fr 8 und 15, Mi 8 und 17.30, Sa 8.30, So 16 Uhr) schippert von Albina aus quer über die Marowijne nach St. Laurent du Maroni in Französisch-Guyana. Von dort aus führt eine gute Straße nach Cayenne (S. 757). Ansonsten stehen für die kurze Überfahrt auch Einbäume (ca. 5 US$) zur Verfügung. Allerdings liegt die Einwanderungsbehörde näher an der Fährstation – dort muss man sich seinen Ausreisestempel abholen. Drüben in Französisch-Guyana befindet sich die Einwanderungsbehörde ebenfalls am Fährsteg. Infos zu Reisen in Gegenrichtung stehen auf S. 758.

---

staatliche Bus weg ist, füllt ein Privatanbieter seine Plätze und fährt los (7 US$). Rund um die Uhr rollen zusätzlich Taxis nach Parbo (60 US$, 3 bis 4 Std.). Minibusse starten um 8 Uhr nach South Drain (5 US$); dort legt die Fähre nach Guyana ab. Am besten wendet man sich bereits am Vortag an den Fahrer – das eigene Hotel hilft bei der Reservierung.

ALBINA
3982 Ew.

Das lebendige Dorf liegt am Westufer des Marowijne. Der Fluss markiert die Grenze zu Französisch-Guyana. Während der Maroon-Aufstände in den 1980er- und frühen 1990er-Jahren wurde Albina mehrfach zerstört und hat sich bis heute nicht vollständig erholt. Für einen längeren Aufenthalt gibt's keinen Grund. Die meisten Reisenden kommen auf dem Weg nach Galibi (S. 771) oder Französisch-Guyana hier durch.

Wer übernachten möchte, dem sei das saubere **Creek Guesthouse** (☎ 342031, nach Herrn Wong fragen; 27 US$) empfohlen. Die Eigentümer sprechen etwas Englisch und vermitteln Führer zu den Schildkrötenstränden.

Minibusse (10 US$, 4 Std.) und Busse (7 US$) gehen von Albinas Zentrum auf der Surinam-Seite nach Paramaribo. Ansonsten lässt man sich von zuverlässigen **Jan & Son Taxi Service** (☎ 08831011, 08847009; 60 US$) an der Fähre abholen und zur vorgesehenen Unterkunft in Paramaribo bringen.

ALLGEMEINE INFORMATIONEN SURINAM
Aktivitäten
Besonders beliebt in Surinam sind Erkundungstouren in die Wälder im Landesinneren. Vor allem Vogelliebhaber kommen auf ihre Kosten, viele weitere Tierarten kann man beobachten – meistens per Boots- und/oder Wandertour. Surinam lässt sich recht easy per Drahtesel erforschen.

Botschaften & Konsulate
BOTSCHAFTEN & KONSULATE IN SURINAM
Die meisten ausländischen Vertretungen befinden sich im Zentrum von Paramaribo. Die Schweiz unterhält momentan keine diplomatische Vertretung in Surinam. Schweizer Staatsbürger müssen sich daher an ihre Botschaft in Caracas (Venezuela) wenden.

Brasilien (☎ 400200; Maratakkastraat 2, Zorg-en-Hoop)
Deutschland (Karte S. 768; ☎ 421000; Coster Straat 16)
Frankreich (Karte S. 768; ☎ 476455; Gravenstraat 5-7)
Guyana (Karte S. 768; ☎ 477895; Gravenstraat 82)
Niederlande (Karte S. 768; ☎ 477211; Van Roseveltkade 5)
Österreich (☎ 476433; Burenstraat 33)
Venezuela (Karte S. 768; ☎ 475401; Gravenstraat 23-25)

BOTSCHAFTEN & KONSULATE SURINAMS IM AUSLAND
Momentan unterhält Surinam keine diplomatischen Vertretungen in der Schweiz und in Österreich.

EINREISE NACH GUYANA
Ab Nieuw Nickerie geht's eineinhalb Stunden lang über holperige Straßen nach South Drain. Täglich um 11 Uhr legt hier die Canawaima-Fähre (14 US$, 25 Min.) ab und fährt quer über den Corantijn (Corentyne in Guyana) nach Moleson Creek in Guyana. Nach dem Einstempeln und dem Absolvieren der Zollformalitäten stehen auf der Guyana-Seite diverse Minibusse in Richtung Corriverton/Georgetown bereit (2/10 US$; 20 Min./3 Std.). Am einfachsten gelangen Traveller mit **Bobby Minibus** (☎ 498583, 8743897; 27 US$) direkt von Paramaribo nach Georgetown. Die Fahrzeuge verlassen Parbo um ca. 5 Uhr und sind auf die Fähre in South Drain abgestimmt. Infos zu Reisen in der Gegenrichtung gibt's auf S. 787.

Deutschland (☎ 089-55-33-63; Adolf-Kolping-Straße 16, München)

Bücher
Das bekannteste Buch zu Surinam ist *Der Schatz der Wayana: Die Lehren der Schamanen im Amazonas-Regenwald* von Mark Plotkin. Auch viele Infos über Brasilien, Venezuela und die anderen Guyanas sind hier zu finden. Els Schellekens *The Guide to Suriname* entstand in Zusammenarbeit mit dem berühmten einheimischen Fotografen Roy Tjin. Dieses englischsprachige Buch ist bei Vaco Press (S. 766) erhältlich. Eine tolle Einführung in die Region ist auch *Surinam: Politics, Economics & Society* von Henk E. Chin und Hans Buddingh.

Essen & Trinken
Surinams Küche ist Ausdruck der ethnischen Vielfalt des Landes – und dazu meist ganz hervorragend. Vegetariern geht es hier wirklich gut, weil sie unter so vielen asiatischen Gerichten auswählen können. An jeder Ecke gibt's Essen aus China und Indien. Am günstigsten kommt man mit den *warungs* (javanische Imbissstände) weg, doch auch ein paar der besten Nobelrestaurants servieren indonesische Gerichte. Die kreolische Küche kombiniert afrikanische und amerindianische Elemente. Nahezu alle Restaurants haben englischsprachiges Personal (und oft sogar auch englische Speisekarten).

Das einheimische „Parbo"-Bier ist nicht von schlechten Eltern. Normalerweise teilen sich mehrere Leute eine *djogo* (Literflasche). Die besten lokalen Rumsorten heißen „Borgoe" und „Black Cat".

Feiertage & Ferien
Neujahrstag Am 1. Januar steigt die größte Party des Jahres.
Tag der Revolution 25. Februar
Holi Phagwah Neujahrsfest der Hindus im März/April (variiert)
Ostern März/April (variiert)
Tag der Arbeit 1. Mai
Nationaler Gewerkschaftstag/Gedenktag zur Abschaffung der Sklaverei 1. Juli
Unabhängigkeitstag 25. November
1. Weihnachtstag 25. Dezember
2. Weihnachtstag 26. Dezember
Eid-ul-Fitr (*Lebaran* oder *Bodo* auf Indonesisch) Ende des Ramadan (variiert)

Frauen unterwegs

Die einheimischen Männer begegnen weiblichen Reisenden – v. a., wenn diese allein unterwegs sind – häufig verbal aggressiv (teilweise extrem!). Körperliche Übergriffe sind jedoch so gut wie unbekannt. Die ständigen schlüpfrigen Bemerkungen stoßen ab und frustrieren.

Gefahren & Ärgernisse

Manche städtischen Gebiete leiden unter Kleinkriminalität (v. a. Überfälle). Daher vor Ort nachfragen, welche Ecken gefährlich sind. Paramaribos Marktviertel ist berühmtberüchtigt für seine Taschendiebe. Auch im Landesinneren ist man vor Dieben nicht sicher. Traveller sollten sich auf keinen Fall alleine in den Urwald wagen.

Geführte Touren

Traveller erkunden das Landesinnere am besten mit einem professionellen Tourveranstalter (s. Auswahl auf S. 767). Rund 30 Anbieter haben sich auf Aktivitäten spezialisiert. Oft werden dabei Umweltaspekte mit soziokulturellen Themen kombiniert (z. B. bei Besuchen in Dörfern der Maroons oder Amerindianer). Die Preise (inkl. Verpflegung, Unterkunft, Transport und Führer) hängen jeweils von Dauer und Teilnehmerzahl ab. Viele Ausflüge können individuell auf Reisegruppen zugeschnitten werden.

Bei den meisten Trips liegt die Teilnehmerzahl zwischen vier und acht Personen. Daher sollten Traveller rechtzeitig buchen.

Geld

Die Landeswährung ist der Surinam-Dollar (SRD). Dennoch weisen manche Geschäfte ihre Preise in Euro aus. Die meisten **Banken** (☿ Mo–Fr 7–14 Uhr) akzeptieren die großen internationalen Währungen. Dennoch lassen sich Guyana-Dollar (und manchmal sogar brasilianische Real) nur schwer umtauschen.

KREDITKARTEN

Nur die Geldautomaten der RBTT-Banken akzeptieren internationale Kreditkarten. Auch manche großen Hotels und Reisebüros nehmen Plastikgeld an (oft gegen Bearbeitungsgebühr) – anderswo hat man so gut wie immer Pech. Langsam aber sicher baut Surinam sein Kreditkartensystem aus.

GELD UMTAUSCHEN

Bis auf *cambios* ist mit dem Umtausch von Bargeld meist ein zeitraubender Papierkrieg verbunden. Immer mehr Banken (aber nur Banken!) lösen mittlerweile Reiseschecks ein, zahlen Bares gegen Kreditkarte aus und stempeln Formulare für Auslandsüberweisungen ab. Da bleibt nur eine Lösung: Bargeld bei Hotels und bestimmten Läden wechseln. Dies ist wahrscheinlich auch die beste Option – vorausgesetzt, man handelt ordentliche Konditionen aus.

Wechselkurse zum Zeitpunkt der Recherche:

Land	Währung		SRD (Surinam-Dollar)
Eurozone	1 €	=	3,69
Schweiz	1 SFr	=	2,28
USA	1 US$	=	2,78

Gesundheit

Wer aus einer Gelbfieberregion einreist, muss eine Schutzimpfung nachweisen. Im Landesinneren grassieren Typhus und chloroquinresistente Malaria. Ausschließlich in Paramaribo kann das Leitungswasser bedenkenlos getrunken werden.

Weitere Infos stehen auf S. 1246.

Infos im Internet

Surinam.Net (www.surinam.net) Infos, Links, Live-Radiosendungen und Foren.

Suriname Online Tourist Guide (www.surinametourism.com) Umfassende Info-Website für Touristen.

Suriname Tourism Foundation (www.surinametourism.org) Nützliche und farbenfrohe Website mit Touristenservices und Informationen zu Sehenswertem in Surinam.

Internetzugang

In Parbo und Nieuw Nickerie gibt's erschwingliche Internetcafés (ca. 2 US$/Std.). Gegen Gebühr stellen große Hotels ihren Gästen einen Internetzugang für Laptops zur Verfügung.

Karten & Stadtpläne

Vor Ort gibt's lediglich eine Karte von Surinam: Die aktuelle und hervorragende *toeristenkaart* (11 US$) von Hebri BV. Zu Parbo gibt es eine Sammlung von Stadtplänen in Buchform (10 US$). Beide sind bei Vaco Press (S. 766) und beim Souvenirladen vom Hotel Torarica (S. 769) erhältlich (jeweils in Paramaribo). Die Karte zu Surinam von **International Travel Maps** (www.itmb.com) wird nur im Ausland verkauft.

Klima
Die Hauptregenzeit geht von Ende April bis Juli; kürzere Perioden folgen im Dezember und Januar. Die Trockenperioden (Februar bis Ende April und August bis Anfang Dezember) eignen sich am besten für einen Aufenthalt in Surinam. Doch kommen die meisten Traveller zwischen Juli und August hierher. Dann ziehen die Preise etwas an.

Medien
Die beiden Tageszeitungen heißen *De Ware Tijd* und *De West*. Der *Suriname Weekly* (auf Englisch und Niederländisch) wirkt etwas dürftig.

Surinam hat insgesamt fünf Fernsehsender und zehn kommerzielle Radiostationen. TV-Nachrichten werden auf Niederländisch ausgestrahlt, Radioprogramme zusätzlich auf Hindustani, Indonesisch und Sranan Tongo.

Öffnungszeiten
In Surinam beginnt und endet der Tag recht früh. Wochentags haben die meisten Geschäfte von 7.30, bzw. 8 bis 15 Uhr geöffnet. Manche Geschäfte öffnen auch samstags für ein paar Stunden. In Restaurants schließt die Küche meist um 22 oder 23 Uhr. Mittagessen gibt's von 11 bis 14.30 Uhr, die Abendessenszeit beginnt um 18 Uhr. Die wenigen Lokale, in denen Frühstück serviert wird, öffnen bereits um 8 Uhr.

Post
In Paramaribo arbeitet die Post recht zuverlässig. In anderen Landesteilen sieht's mitunter ziemlich düster aus.

Shoppen
Die tollen Handwerksgegenstände der Maroons sind in Surinam günstiger als in Guyana oder Französisch-Guyana. Auch die Handwerksprodukte der Amerindianer und Indonesier haben ihren Reiz. Traveller gehen am besten in Paramaribo auf Einkaufstour. Das Geschäftszentrum erstreckt sich rund um die Domineestraat.

Strom
Netzspannung: 110/220 V, 60Hz.

Telefon
Die staatliche Telefongesellschaft heißt TeleSur (Telecommunicatiebedrijf Suriname). Für Gespräche ins Ausland gibt's gelbe Telefonzellen auf der Straße. Bezahlt wird mit *fiches* (Wertmarken in Münzform, erhältlich bei den TeleSur-Filialen). Ansonsten bieten sich R-Gespräche oder Direktservices über das jeweilige Heimatland an.

Touristeninformation
Außerhalb Surinams gibt's die besten Infos und Karten zum Land in den Niederlanden. Vor Ort ist die beste Anlaufstelle für Traveller die Touristeninformation in Paramaribo.

Unterkunft
In Paramaribo gibt's überall relativ erschwingliche Hotels und Gästehäuser. Im Landesinneren übernachtet man dagegen hauptsächlich in rustikaleren Quartieren oder Hängematten. In den heißen Nächten können Insekten zum Problem werden – daher Moskitonetz nicht vergessen! Die meisten Unterkünfte berechnen das Frühstück separat (2,50 bis 4 US$).

Visa
EU-Bürger (inkl. Schweiz) müssen grundsätzlich einen Reisepass vorlegen und benötigen zusätzlich ein Visum.

Surinam unterhält nur wenige diplomatische Vertretungen im Ausland. Wer ein Visum beantragen möchte, wendet sich an die nächste Botschaft. Allerdings kann die Bearbeitung auf dem Postweg bis zu vier Wochen in Anspruch nehmen. Bei den Konsulaten in Georgetown (Guyana) und Cayenne (Französisch-Guyana) bezahlen EU-Bürger 30 US$ für Visa mit zwei Monaten Gültigkeit (einfacher Grenzübertritt); die Bearbeitungsdauer reicht von ein paar Stunden bis zu mehreren Tagen. Wer die Grenze mehrfach überqueren oder länger bleiben möchte, muss mehr berappen. Angeblich kommen Besucher in Cayenne einfacher an Visa als in Georgetown. Hierfür werden ein Passfoto und ein Rückreiseticket benötigt.

Wer länger bleiben möchte, kann sein Visum bei der **Vreemdelingenpolitie** (Einwanderungsbehörde; ☎ 403609; Havenkomplex, Van 't Hogerhuysstraat, Nieuwe Haven; ✆ Mo–Fr 7–14 Uhr) in Paramaribo verlängern lassen.

GUYANA

HIGHLIGHTS

- **Kaieteur Falls** – Im tiefsten Regenwald des Amazonasgebiets angesichts des höchsten nur über eine Stufe herabstürzenden Wasserfalls der Welt in andächtiges Staunen verfallen (S. 787)
- **Iwokrama** – Sich von diesem brandneuen Ökotourismus-Projekt mitten im Regenwald inspirieren lassen und die wundervolle Gastfreundschaft amerindianischer Dörfer genießen (S. 788)
- **Rupununi-Savanne** – In dieser Region „jenseits von Afrika" den Cowboy-Lifestyle pflegen. Hier gedeihen ein paar der letzten Populationen von Riesenottern und Mohrenkaimanen (S. 788)
- **Besonders empfehlenswert** – Vorbei an Reisfeldern, Siedlungen und Flussgebieten voller Vögel von Parika zum Mabaruma (Muschelstrand) reisen. Hier legen Meeresschildkröten ihre Eier im Sand ab (S. 786 f.)
- **Abseits ausgetretener Pfade** – In den abgelegenen Kanuku-Bergen Harpyien beobachten oder auf einer Ranch zusammen mit einheimischen *vaqueros* (Cowboys) das Lasso schwingen (S. 789)

KURZINFOS

- **Berühmt für:** Das Massaker von Jonestown, Zuckerrohr und das Geburtshaus des 80er-Jahre-Popstars Eddie Grant
- **Bester Straßensnack:** Geheimnisvolle Früchte auf dem Markt
- **Bestes Schnäppchen:** Das Restaurant „Lady Fingers" (S. 784)
- **Bevölkerung:** 768 000 (nach einer Schätzung 2005)
- **Fläche:** 214 970 km² (ungefähr so groß wie Großbritannien)
- **Geld:** 1 US$ = 190 Guyana-Dollar (G$), 1 € = 252,49 G$, 1 SFr = 155,88 G$
- **Hauptstadt:** Georgetown
- **Landesvorwahl:** ☎ 592
- **Preise:** Bett in Gästehaus 20 US$, leckerer Pfeffertopf 3 US$, süffiges Banks-Bier 0,75 US$
- **Reisekosten:** 25–30 US$ pro Tag
- **Sprachen:** Englisch, Kreol, Hindu, Urdu, amerindianische Dialekte
- **Trinkgeld:** 10 % in Restaurants und Hotels (falls nicht bereits im Preis enthalten); kein Trinkgeld bei Taxis
- **Visa:** Für EU-Bürger und Schweizer bei einem Aufenthalt bis zu 90 Tagen nicht erforderlich
- **Zeit:** MEZ –4 Std.

TIPPS FÜR UNTERWEGS

Für Reisen ins malariaverseuchte Landesinnere sind ausreichend langärmelige und leichte Bekleidungsstücke sowie Insektenabwehrmittel erforderlich.

VON LAND ZU LAND

Guyana unterhält Grenzübergänge nach Surinam (Nieuw Nickerie) und Brasilien (Bonfim).

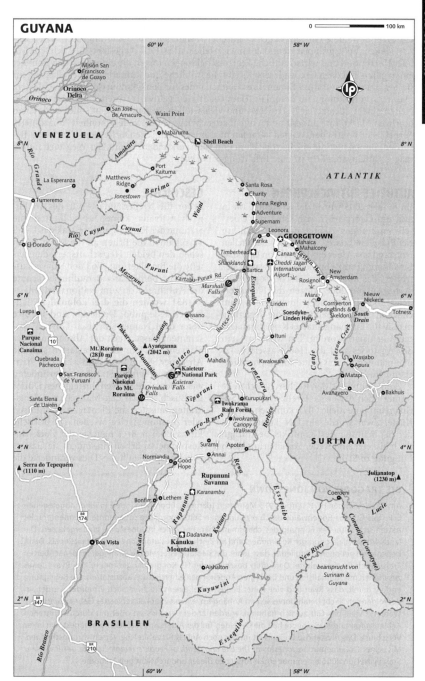

Vom eigenen Tourismusverband als „vielfältig" und „ursprünglich" beschrieben, genießt das dicht bewaldete Guyana wegen politischer Instabilität und Spannungen zwischen verschiedenen Volksgruppen dennoch einen zweifelhaften Ruf. Angesichts der Schlagzeilen über Korruption und wirtschaftliche Fehlentscheidungen tragen die einheimischen Politiker einen guten Teil dazu bei. Andererseits gibt die fröhliche und kunterbunte Bevölkerung ihr Bestes, um die Naturattraktionen ihres Heimatlandes für den Ökotourismus zu erschließen. Die heruntergekommene koloniale Hauptstadt Georgetown verbreitet karibisches Flair. Neben einem attraktiven Nachtleben und vielen tollen Restaurants gibt's hier auch einen quirligen Markt. Im Landesinneren offenbart sich dagegen die volle Schönheit Amazoniens. Fernab aller politischen Wirren kämpfen hier amerindianische Dörfer ums Überleben. Besucher können hier die einzigartige Flora und Fauna erkunden. Wohin der Weg auch führen mag – ein Guyana-Trip ist eine Erfahrung fürs Leben!

AKTUELLE ENTWICKLUNGEN

Im Januar 2005 wurde die Küstenregion in und um Georgetown von schweren Überschwemmungen heimgesucht. Daraufhin rief Präsident Bharrat Jagdeo den nationalen Notstand aus. Über ein Drittel von Guyanas Bevölkerung war von dem Hochwasser betroffen, das mindestens 34 Todesopfer forderte. Anfang 2006 stiegen die Fluten erneut, doch die Schäden hielten sich zum Glück in Grenzen. Seitdem ist die Regierung massiv für ihr mangelhaftes Krisenmanagement kritisiert worden. Ein weiterer Stein des Anstoßes sind die Hochwasserschutzmaßnahmen, die bis heute äußerst unzureichend sind.

Zum Zeitpunkt der Recherche schwelte immer noch der ewige Grenzstreit mit Surinam um potentielle Ölvorkommen vor der Küste. Zwar wurde ein UN-Tribunal mit der Schlichtung des Konflikts beauftragt, doch bis jetzt sind weder Annäherung noch Einigung in Sicht.

GESCHICHTE

Bevor die Niederländer Ende des 16. Jhs. nach Guyana kamen, bevölkerten die Stämme der Kariben und Arawak das Land. 1796 kamen die Briten an die Macht. Zwischen den beiden Herrschaftsperioden zettelte die Bevölkerung 1763 den Sklavenaufstand von Berbice an – daraufhin avancierte der Anführer Kofi zum Nationalhelden.

1831 wurden die drei kolonialen Siedlungen Essequibo, Demerara und Berbice unter dem Namen „Britisch-Guyana" zusammengefasst. Nach der Abschaffung der Sklaverei im Jahr 1834 weigerten sich die Afrikaner, gegen Entlohnung auf den Plantagen zu arbeiten. Stattdessen gründeten viele ehemalige Sklaven ihre eigenen Dörfer im Busch. Durch den Mangel an Arbeitskräften mussten die Plantagen geschlossen oder zusammengelegt werden. Die britische Firma Booker Bros hauchte der Zuckerindustrie neues Leben ein, indem sie Gastarbeiter aus Indien holte. Dies veränderte die

---

DIE TRAGÖDIE VON JONESTOWN

Am 18. November 1978 starben 913 Menschen (darunter über 270 Kinder) in einer abgelegenen Ecke des Guyana-Regenwalds durch erzwungenen Selbstmord. Die sogenannten Sonnentempler hatten sich unter der Führung des charismatischen Jim Jones in Jonestown niedergelassen. Die landwirtschaftlich geprägte Kommune stand im Zeichen eines utopischen Gleichheitsideals. Dann berichteten geflohene Mitglieder, dass Jones die Siedlung eher wie die Straflager im benachbarten Französisch-Guyana leitete. Daraufhin beschloss der US-Kongressabgeordnete Leo Ryan, Jones zusammen mit Journalisten und besorgten Angehörigen einen Besuch abzustatten. Die Begegnung endete damit, dass Ryan und vier seiner Begleiter bei einem Fluchtversuch ermordet wurden. In der folgenden Nacht befahl Jones seinen Anhängern, ein mit Zyankali versetztes Gebräu zu trinken. Während viele das Gift zu sich nahmen, wurden andere erschossen oder mit durchschnittenen Kehlen aufgefunden. Bis heute hält die CIA einen Teil der Akten zum Massaker von Jonestown unter Verschluss. Das mysteriöse Ereignis ist immer noch Anlass für zahlreiche Verschwörungstheorien. Mit seiner Dokumentation *Jonestown: The Life and Death of People's Temple* lieferte der Regisseur Stanley Nelson 2006 einen modernen Ansatz zu dieser undurchsichtigen Tragödie.

Bevölkerungsstruktur sehr stark und legte den Grundstein für rassistisch motivierte Konflikte, die bis heute anhalten.

Bis 1953 wurde Britisch-Guyana größtenteils wie eine Kolonie verwaltet. Dann nahm das Land sein Schicksal mit einer neuen Verfassung selbst in die Hand und wählte eine Regierung. Zehn Jahre später starben bei schweren Unruhen fast 200 Menschen. Grund für den Aufruhr war, dass farbige Arbeiter als Ersatz für streikende indische Plantagenkräfte eingestellt wurden. 1966 wurde das Land unter dem Namen „Guyana" unabhängiges Mitglied im britischen Commonwealth. Seit 1970 ist es eine Republik mit einem gewählten Präsidenten.

1978 geriet Guyana erneut in die Schlagzeilen: In der religiösen Kommune Jonestown begingen rund 900 Anhänger des amerikanischen Auswanderers Jim Jones Massenselbstmord.

Seit der Unabhängigkeit besetzen Afro-Guyaner die meisten wichtigen Ämter. In den letzten Jahren wurden auch vermehrt Angehörige der ostindischen Volksgruppe in einflussreiche Positionen berufen. Guyanas erster gewählter Präsident namens Cheddi Jagan starb 1997 im Amt. Seine Frau Janet – eine gebürtige Amerikanerin – übernahm daraufhin die Regierungsgeschäfte, was zu weiteren politischen Spannungen führte. 1999 trat Janet Jagan aus gesundheitlichen Gründen zurück und ernannte Bharrat Jagdeo zu ihrem Nachfolger.

Die für Januar 2001 angesetzten Wahlen fanden erst im März 2001 statt. Diese Verzögerung brachte die ohnehin schon gespannten Beziehungen zwischen den Volksgruppen zum Überkochen. Nachdem die regierende PPP/Civic zum Sieger erklärt wurde und ihre dritte Amtszeit in Folge antrat, steckten Oppositionsanhänger in Georgetown ganze Häuserblocks in Brand. Anschließend lieferten sich Polizei und Demonstranten wochenlang erbitterte Straßenschlachten.

Guyanas Wirtschaft basiert auf dem Export von Rohstoffen – hauptsächlich Bauxit, und Gold sowie Zucker, Reis, Holz und Shrimps. Das Kleingewerbe wird von Einwohnern mit ostindischen Wurzeln dominiert. Bis Ende der 1990er-Jahre besetzten Afro-Guyaner die meisten politischen Ämter. Guyana ist Mitglied der karibischen Wirtschaftsgemeinschaft „Caricom".

KULTUR

Guyana hat rund 768 000 Einwohner. Weitere 500 000 Guyananer leben im Ausland (v. a. in Kanada, Großbritannien, den USA, Trinidad und Barbados). Die koloniale Plantagenwirtschaft prägt die Kultur des Landes bis heute. Die afrikanischen Sklaven fristeten einst ein klägliches Dasein. Infolgedessen vergaßen sie einen Großteil ihrer kulturellen Wurzeln und nahmen den christlichen Glauben an. Später wanderten Gastarbeiter aus Ostindien ein und fanden wesentlich bessere Lebensbedingungen vor. So konnten sie sich viel von ihrem kulturellen Erbe bewahren. Misstrauen herrscht zwischen den verschiedenen Volksgruppen. Die größten amerindianischen Stämme (Arawak, Kariben, Macushi und Wapishana) bewohnen verstreute Siedlungen im Landesinneren. Die meisten Einwohner leben in Georgetown und in den Küstengebieten.

SPORT

Im ethnisch zerrissenen Guyana herrscht wenigstens beim Sport eine gewisse Einheit – hier wird hauptsächlich Cricket gespielt. Bei internationalen Wettbewerben tritt Guyana zusammen mit den Westindischen Inseln an. Die bekanntesten einheimischen Cricketspieler heißen Clive Lloyd und Carl Hooper. „König Fußball" kommt hier allenfalls die Rolle des Kronprinzen zu. 2007 wurde in Georgetown das Halbfinale der Cricket-Weltmeisterschaft ausgetragen. Dieses Event bot dem Land die Gelegenheit, seine Tourismus-Infrastruktur von Grund auf umzukrempeln.

RELIGION

Die meisten Afro-Guyaner sind Christen und gehören normalerweise der anglikanischen Kirche an; eine Handvoll glaubt auch an den Koran. Die Volksgruppe aus Ostindien besteht größtenteils aus Hindus, ergänzt durch eine ansehnliche moslemische Minderheit. Dennoch sind Spannungen zwischen Hindus und Moslems so gut wie unbekannt. Seit der Unabhängigkeit bemüht sich Guyana, alle großen Religionen mit Nationalfeiertagen zu berücksichtigen.

NATUR & UMWELT

Wie Surinam hat Guyana unzählige Flüsse. Die drei größten Wasserläufe heißen Berbice, Demerara und Essequibo (von Osten nach Westen). Alle fließen in Richtung Norden. Die schmale Küstenebene ist 460 km lang und 16 bis 60 km breit. Sie macht nur 4 % der gesamten Landesfläche aus; dennoch leben hier 90 % aller Einwohner. Die Niederländer legten einst ein System von Entwässerungskanälen, Deichen und Buhnen (künstliche Dämme zum Uferschutz) an. So konnten sie dem Atlantik einen Großteil des sumpfigen Küstengebiets abringen. Diese Polder sind die Basis für Guyanas Landwirtschaft. Sandstrände gibt's allerdings kaum.

Tropische Regenwälder bedecken fast das gesamte Landesinnere – bis auf eine gewaltige Savanne im Südwesten. Sie erstreckt sich zwischen dem Rupununi und der Grenze zu Brasilien.

VERKEHRSMITTEL & -WEGE
An- & Weiterreise
Internationale Flüge landen auf dem Cheddi Jagan International Airport (S. 785) südlich der Hauptstadt.

Von Bonfim in Brasilien geht's quer über den Fluss nach Lethem in Guyanas friedlicher Rupununi-Savanne. Ab Bonfim führt eine gute Straße zur brasilianischen Stadt Boa Vista. Die Strecke von Lethem nach Georgetown ist dagegen holperig und bei nasser Witterung manchmal unpassierbar.

Im Nordosten besteht über Corriverton (Springlands) eine Verbindung nach Moleson Creek. Hier legt die Fähre nach South Drain in Surinam ab. In der Nähe von South Drain liegt die Grenzstadt Nieuw Nickerie. Von dort aus geht's per Allradfahrzeug weiter nach Paramaribo (S. 787) oder Französisch-Guyana (S. 772).

In Richtung Westen gibt's keine Straßenverbindung nach Venezuela. Außerdem existieren keine offiziellen Grenzübergänge. Die einzige Überlandroute führt daher über Boa Vista und Bonfim in Brasilien.

Unterwegs vor Ort
Vom Ogle Aerodome in Georgetown (S. 785) starten Chartermaschinen ins Landesinnere.

Traveller können die meisten großen Flüsse mit einer Fähre überqueren. Regelmäßig pendeln Kähne auf dem Essequibo zwischen Charity und Bartica. Sie legen unterwegs in Parika an, das von Georgetown

---

FLUGHAFENSTEUER

Bei der Ausreise wird eine Flughafensteuer in Höhe von 20 US$ fällig (zahlbar in Guyana-Dollar).

---

aus über einen befestigten Highway zu erreichen ist. Eine Fährverbindung besteht auch zwischen Rosignol und New Amsterdam. Letzteres liegt an einem Highway, der in Richtung Osten zur surinamischen Grenze führt. Wesentlich häufiger transportieren Wassertaxis (Schnellboote) Passagiere von Parika nach Bartica. Sie sind allerdings relativ teuer.

Ab Georgetown fahren unregelmäßig Minibusse zu kleineren Städten. In der Hauptstadt sind Mietwagen im Angebot – zum Zeitpunkt der Recherche allerdings nicht direkt am Flughafen.

Details zum Transport vor Ort s. S. 785.

Traveller sollten einen internationalen Führerschein dabeihaben, den man auch braucht, wenn man ein Fahrzeug mieten will.

Das Trampen ist unter keinen Umständen zu empfehlen – ansonsten wird man so gut wie sicher ausgeraubt.

GEORGETOWN
236 878 Ew.

Georgetown hat unzweifelhaft seinen Reiz. Dank des regelmäßigen Stadtrasters findet man sich leicht zurecht. Heruntergekommene Gebäude aus der Kolonialzeit und die wild wuchernden Parks sorgen für ein relaxtes Feeling im turbulenten Alltag. Rund um den belebten Markt ist die Luft geschwängert von zornigem Gebrüll, fröhlichen Schreien und Marihuana-Rauch. Traveller bekommen hier neben freund-

---

DER WEG INS ZENTRUM

Die Buslinie 42 (1 US$, 1 Std.) pendelt zwischen dem Cheddi Jagan International Airport und dem Timeri Bus Park hinter dem Parlamentsgebäude im Stadtzentrum. Der Bus ist relativ sicher, doch bei Nacht nehmen Traveller besser ein Taxi (20 US$, Sharing möglich). Wer früh am Morgen von Jagan abfliegt, sollte sich bereits am Vortag um ein Taxi kümmern.

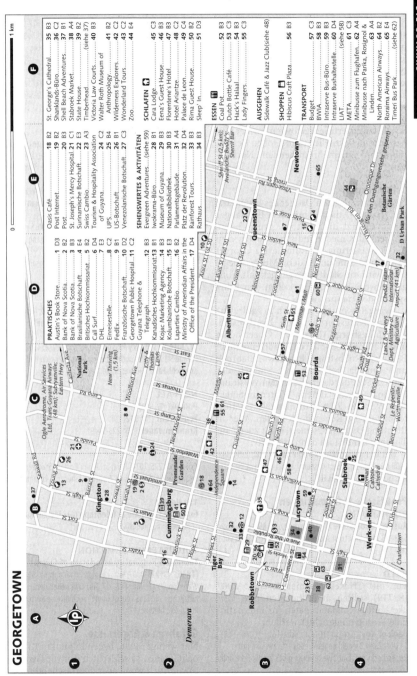

lichen Zeitgenossen auch zwielichtige Gestalten (z. B. Diebe) zu Gesicht. Insgesamt ist der Trubel so groß, dass die ganze Stadt kurz vor der Explosion zu stehen scheint. Nur ein paar Blocks entfernt ist das Verkehrsaufkommen weitaus niedriger. Hier kommt man in den Genuss nahezu menschenleerer Straßen und fühlbarer karibischer Gelassenheit. Trotz seiner harten Schale begeistert Georgetown mit einer blühenden intellektuellen Szene, tollen Restaurants und einem brummendem Nachtleben.

Orientierung

Georgetown liegt am Ostufer des Demarara, der in den Atlantik mündet. Ein langer Deich schützt die Stadt vor Sturmfluten, während das niederländische Kanalsystem die Entwässerung übernimmt. Da Georgetown gute 2 m unter dem Meeresspiegel liegt, wird die Stadt ganz gut gekühlt. Fußgängerwege verlaufen zwischen den Fahrspuren der Hauptstraßen.

Georgetown unterteilt sich in zahlreiche Viertel: Kingston liegt im Nordwesten. Cummingsburg, Alberttown, Queenstown und Newtown nehmen das Stadtzentrum in Beschlag. Robbstown, Lacytown, Stabroek und Bourda befinden sich südlich der Church St (Bourda grenzt an den Westrand der Botanischen Gärten). Weiter im Süden sind Werk-en-Rust, Wortmanville, Charlestown und Le Repentir zu finden. Wer in Richtung Osten marschiert, stößt zuerst auf Thomas Lands und dann auf Kitty.

Bei der **Kojac Marketing Agency** (☎ 225-2387; 140B Quamina St, Cummingsburg) sind prima Stadtpläne (2 US$) erhältlich.

Praktische Informationen

BUCHLÄDEN

Austin's Book Store (190 Church St; ⏳ Mo–Fr 8–16, Sa 8–13 Uhr) Größte Auswahl an Büchern und Karten vor Ort.

GELD

Für die Cricket-Weltmeisterschaft 2007 (S. 779) sollten am Flughafen und Cricketstadion Geldautomaten für internationale Karten eingerichtet werden.

Bank of Nova Scotia (104 Carmichael St; ⏳ Mo–Fr 14 Uhr) Zahlt Bargeld gegen Kreditkarte und löst Reiseschecks ein. Eine zweite Filiale gibt's an der Ecke Robb St/Ave of the Republic.

Laparties Cambio (34 Water St; ⏳ Mo–Fr 8–17 Uhr) Die unmittelbare Nähe zum Lebensmittelgeschäft Fogarty's macht die Wechselstube zu einer der sichersten. Die Konditionen gehören zu den besten der Stadt.

Swiss Cambio (☎ 226-1723; 24A Water St) Das zuverlässige *cambio* kommt zu seinen Kunden: Wer anruft, kann sich einen Angestellten ins Hotel kommen lassen und Bargeld so in sicherer Umgebung umtauschen.

INTERNETZUGANG

Georgetowns Internetcafés verlangen um die 2 US$ pro Stunde. Viele bessere Hotels stellen ihren Gästen einen WLAN-Zugang zur Verfügung.

Call Surf (16 Robb St, OG; ⏳ Mo–Fr 8–17 Uhr) Wird von Western Union betrieben und ist nicht sonderlich gut ausgeschildert.

Oasis Café (125 Carmichael St; ⏳ Mo–Fr 8–20, Sa 10–16 Uhr) Hat zwei Terminals und einen WLAN-Zugang.

Post Internet (Ecke Lamaha & Carmichael St; ⏳ Mo–Fr 8–18, Sa 8–13 Uhr) Günstigste und zugleich langsamste Internetverbindung der Stadt.

MEDIZINISCHE VERSORGUNG

Georgetown Public Hospital (☎ 225-6900; New Market St) Mangelhafte und heruntergekommene Einrichtungen.

St. Joseph's Mercy Hospital (☎ 227-2072; 130-132 Parade St) Traveller suchen besser private Praxen und Krankenhäuser wie dieses auf.

NOTFALL

Polizei (☎ 911)
Feuerwehr (☎ 912)
Krankenwagen (☎ 226-9449)

POST

Post (☎ 225-7071; Robb St) In der Post im Stadtzentrum geht's häufig drunter und drüber – daher früh kommen.

TELEFON

Guyana Telephone & Telegraph (GT&T; Ecke Church St & Ave of the Republic; ⏳ 2–22 Uhr)

TOURISTENINFORMATION

Tourism & Hospitality Association of Guyana (THAG; ☎ 225-0807; www.exploreguyana.com; 157 Waterloo St; ⏳ Mo–Fr 8–17 Uhr) Gibt neben dem nützlichen „Guyana Tourist Guide" auch diverse Karten und Prospekte heraus.

Gefahren & Ärgernisse

Nur wenige Städte haben in punkto Kriminalität einen so schlechten Ruf wie Georgetown. Auch wenn alles überraschend friedlich wirkt, werfe man einfach mal einen Blick in eine örtliche Tageszeitung. Danach dürfte klar sein, dass hier Vorsicht angebracht ist. Traveller sollten niemals Schmuck oder teuer aussehende Bekleidung tragen und außerdem nie mehr Bargeld als nötig mitführen. Bei Nacht hält man sich besser von den Straßen fern. Als *absolute* No-Go-Areas gelten die Tiger Bay (nördlich der Church St und westlich der Main St) und der Promenade Garden.

Sehenswertes

Es lohnt sich, mindestens zwei Tage einzuplanen, um diese faszinierende Stadt zu erkunden. Die schönsten Gebäude aus dem 19. Jh. gibt's entlang der Main St und v. a. an der Ave of the Republic gleich östlich vom Demerara.

Das beeindruckendste Bauwerk der Stadt ist die anglikanische **St George's Cathedral** (North Rd) von 1892 im gotischen Stil. Das angeblich größte Holzgebäude der Welt besteht hauptsächlich aus einheimischen Materialien. Insbesondere wurde dafür ein Hartholz namens „Greenheart" verwendet. Weiter südlich erhebt sich das markante **Rathaus** von 1868. Während der Kolonialzeit hielten die Frauen der Stadt von seinem rund 23 m hohen Turm nach den Schiffen ihrer Liebsten Ausschau. Direkt dahinter befinden sich die **Victoria Law Courts** von 1887. Am Südende der Ave of the Republic steht das gut erhaltene **Parlamentsgebäude** von 1834 aus der niederländischen Zeit. Ganz in der Nähe kommt mit dem gusseisernen **Stabroek Market** (Water St) ein Wahrzeichen Georgetowns in Sicht. Es besitzt einen Uhrenturm aus Riffelblech. Die gewaltige Einkaufspassage entstand Ende des 18. Jhs. und wurde schon als „bizarrer Basar" bezeichnet. Die heutige Konstruktion stammt allerdings von 1880.

Andrew Carnegie ließ die **Nationalbibliothek** (Ecke Ave of the Republic & Church St) errichten. Drei Blocks weiter nördlich erhebt sich das **State House** (Ecke Main & New Market St) von 1825 mit seinen vielen Holzklappläden. Heute dient es als Präsidentensitz.

Das **Museum of Guyana** (Ecke North Rd & Hincks St; Eintritt frei) dokumentiert mit super altmodischen Ausstellungen die kulturelle, soziale und politische Gesichte des Landes. Auch das **Walter Roth Museum of Anthropology** (61 Main St) ist durchaus sehenswert. Hierbei handelt es sich um das erste Museum dieser Art in der englischsprachigen Karibik.

Georgetowns **Botanische Gärten** (Regent Rd) begeistern mit vielen Pflanzenarten; zudem flattern zahlreiche Vögel durch die Luft. Der **Zoo** (www.guyanazoo.org.gy; Ecke Regent & Vlissingen Rd; Erw./Kind 0,50/0,25 US$, mit Videokamera 11 US$; 7.30–17.30 Uhr) des Gartens ist dagegen eine traurige Angelegenheit – nichts für Tierfreunde. Einziges Highlight sind die Seekühe, die im Kanal des Zoos ihre Runden drehen und aus nächster Nähe betrachtet werden können. Der **Platz der Revolution** mit dem Kofi-Denkmal liegt im offenen Hof eines Gebäudeblocks südlich vom Botanischen Garten. 1763 führte Kofi den Aufstand auf den Zuckerplantagen von Berbice an und wurde dadurch zum Nationalhelden. Die ungewöhnliche Statue weist unverkennbar westafrikanische Einflüsse auf: Die Proportionen des Körpers sind stark übertrieben dargestellt.

Geführte Touren

Obwohl Traveller das Landesinnere schon auf eigene Faust erkunden könnten, sollte man sich einen guten Führer suchen, um auch wirklich etwas zu sehen. Touren sollten umweltverträglich sein; besonders geeignet sind solche, bei denen Amerindianer mitarbeiten. Diese Form des Tourismus unterstützt den Aufbau dieses Wirtschaftszweigs im Land. Viele Touranbieter sind in den besseren Hotels der Stadt vertreten.

Annette von **Shell Beach Adventures** (225-4483; www.sbadventures.com; Le Meridien Pegasus Hotel, Seawall Rd) engagiert sich leidenschaftlich für das Wohl der Meeresschildkröten, den Erhalt indigener Kulturen und den Regenwald. Ihre Touren zählen zu den besten des Landes. Im Angebot sind drei- oder mehrtägige Trips (580 US$), die umwelt- und sozialverträglich gestaltet sind. Dabei besuchen Teilnehmer z. B. die Küstenregion und sehen den Meeresschildkröten bei der Eiablage zu (von März/April bis August). Dazu kommen Abenteuer-Expeditionen ins Landesinnere. Die Firma entwickelt zusammen mit Amerindianern umweltverträgliche Tourismusprogramme. Im Rahmen seiner **Rainforest Tours** (227-2011; www.rftours.com; Hotel Tower, 74 Main St) bietet Frank Singh toll organisierte Trips auf Essequibo und Mazaruni an (80 US$). Wer es abenteuerlich mag, bucht eine fünftägige Überlandreise zu den

Kaieteur Falls (550 US$). Zu empfehlen ist auch das Programm von **Wilderness Explorers** (☎ 227-7698; www.wilderness-explorers.com; Cara Suites, 176 Middle St) mit Tagesausflügen rund um Georgetown (30 US$) und zum Kariben-Reservat Santa Mision (50 US$). Die Spezialität sind jedoch längere und individuell zugeschnittene Ausflüge zur Rupununi-Savanne und nach Iwokrama. Richard von **Wonderland Tours** (☎ 225-3122; 150 Waterloo St) gewährt Ermäßigungen auf Tagesausflüge zum Essequibo. Außerdem hilft er sehr gerne beim Organisieren von Reisen innerhalb des Landes und in die anderen Guyanas. **Evergreen Adventures** (☎ 226-0605; www. evergreen-adventures.com; 159 Charlotte St) begeistert mit individuell zugeschnittenen Trips ins Landesinnere (v. a. nach Kaieteur).

Schlafen

Florentene's Hotel (☎ 226-2283; 3 North Rd; DZ 11 US$) Heruntergekommenes, aber freundliches Hotel – vorausgesetzt, man stört sich nicht an verrosteten Ausgüssen und staubigen Holzfußböden. Gäste sollten auf ihre Wertsachen aufpassen.

Eena's Guest House (☎ 227-3132; 17 North Rd; DZ mit/ohne Bad 14/12 US$) Das Gästehaus gegenüber vom Florentene's ist wesentlich sauberer und sicherer. In den recht gemütlichen Zimmern im Streichholzschachtelformat steigen hauptsächlich Einheimische ab. Die Eigentümer freuen sich jedoch riesig über ausländische Besucher.

Rima Guest House (☎ 225-7401; 92 Middle St; rima@networksgy.com; EZ/DZ/3BZ 24/28/34 US$) Das professionell geleitete Rima ist die einzige echte Backpacker-Unterkunft vor Ort. Hat einen sehr hohen Sicherheitsstandard und hilft beim Organisieren sämtlicher Aktivitäten. Die luftigen Riesenzimmer sind tadellos sauber und versprühen kolonialen Charme.

Sleep' In (☎ 231-7667; 151 Church St; www.sleepin guesthouse.com; DZ mit/ohne Klimaanlage 45/30 US$; 🖳) Düstere und stickige Zimmer im Motelstil (mit TV und guten Betten). Ist sehr sicher und komfortabel.

Palace de Leon (☎ 227-7019; palacedeleon2000@ yahoo.com; 60e½ Croal St; Apartment mit 1/2/3 Zi. 45/55/75 US$) Eine lebhafte Großfamilie leitet das Kolonialgebäude voller Pflanzen. Das komplett eingerichtete Apartment mit zwei Schlafzimmern reicht locker für vier bis fünf Personen.

Hotel Ariantze (☎ 226-5363; 176 Middle St; www. arianzesidewalk.com; EZ/DZ inkl. Frühstück 50/60 US$; 🖳) Fesches Hotel mit kolonialen Elementen, hellen Riesenfenstern und super hilfsbereiten Angestellten. Alle Zimmer haben einen eigenen WLAN-Zugang. Akzeptiert Kreditkarten gegen 5 % Bearbeitungsgebühr.

Essen

Georgetown begeistert mit einem superklasse Essen zu wunderbar niedrigen Preisen. Die hiesige Küche ist viel westlicher geprägt als die Küche in den anderen Guyana-Hauptstädten. Die Restaurants verteilen sich recht gleichmäßig über das gesamte Stadtgebiet.

Lady Fingers (232B Middle St; Frühstück/Mittagessen ab 1,50/2,50 US$) Tolles Lokal im Cafeteria-Stil. Serviert für wenig Geld einheimische Spezialitäten in gewaltigen Portionen.

Coal Pot (17 Hincks St; Gerichte 2–5 US$; 🕑 Mittag- & Abendessen) Beste Adresse für kreolische Küche. Dank der abwechslungsreichen Mittagskarte herrscht oft Hochbetrieb.

Dutch Bottle Café (10 North Rd; Hauptgerichte 2–7 US$; 🕑 Mittag- & Abendessen) In dem restaurierten Haus aus der Kolonialzeit speist man mondän, aber günstig. Gemälde einheimischer Künstler zieren die Wände. Auf der Speisekarte stehen neben leckeren vegetarischen Optionen auch Gerichte mit Fleisch und Fisch.

Francine's Fish & Chips (Sheriff St; Fish & Chips 2,50 US$; 🕑 Mittag- & Abendessen) Brummendes Café mit lauter Reggae-Musik. Angesichts der Schachteln mit gebackenem Fisch und Pommes aus Kochbananen ist Anstehen angesagt.

Oasis Café (125 Carmichael St; Salatbar 4 US$; 🕑 Mo–Do 7.30–18.30, Fr 7.30–20.30, Sa 9–21.30 Uhr) Hier gibt's neben super Kaffee auch Sandwiches und Backwaren. Mittags bedienen sich Gäste an der Salatbar und surfen ansonsten eine Runde im Internet. Unbedingt probieren: Den „Waini-River"-Kuchen mit Kakao aus biologischem Anbau.

Hack's Halaal (5 Commerce St; Hauptgerichte 4–8 US$; 🕑 Mittagessen) Das gehobene Lokal in Marktnähe verwöhnt Gäste mit schmackhaften indischen Rotis.

New Thriving (167 Barr St; Hauptgerichte 3–9 US$; 🕑 Mittag- & Abendessen) Ist mit Abstand das beste chinesische Restaurant in ganz Georgetown.

> ## IN DIE VOLLEN!
>
> **Cara Lodge** (☎ 225-5301; www.carahotels.com; 294 Quamina St; EZ/DZ/3BZ 110/121/132 US$; 🔀 🖵) Wer Geld übrig hat, steigt am besten in diesem „Juwel" aus der Kolonialzeit ab (nicht zu verwechseln mit dem anderen firmeneigenen Hotel namens „Cara Suites"). Angesichts weißer Jalousien, einer etwas überladenen Architektur und Fluren voller Kunst erscheint die Cara Lodge wie ein Unterschlupf für glamouröse Filmstars. Dafür sorgen u. a. ein riesiger altmodischer Ballsaal und eine offene Terrassenbar rund um einen hundertjährigen Mangobaum. Das Nobelrestaurant im UG hat ebenfalls Hollywoodformat. Durch moderne Extras (z. B. WiFi) und alle erdenklichen Annehmlichkeiten ist dieses Hotel genauso komfortabel wie verführerisch. Tipp: Die Standardzimmer sind tatsächlich schmucker als die teureren Varianten.

Ausgehen

Sheriff St rühmt sich damit, zu den beliebtesten Nightlife-Spots der ganzen Karibik zu gehören. Die **Sheriff Bar** (10 Sheriff St) setzt noch einen drauf und bezeichnet sich selbst als *die* Bar in der Region – mit allem, was dazugehört: Livemusik, zwielichtigen Gestalten und Prostituierten. Wer's etwas gediegener mag, wirft einen Blick ins **Buddy's** (☎ 231-7260; 137 Sheriff St). Der Laden sichert seinen Eingang mit einem Metalldetektor und ist bei ostindischen Volksangehörigen der oberen Mittelschicht schwer angesagt. Das topmoderne **Avalanche** (Sheriff St) zieht hauptsächlich ein junges Publikum an. Der Eintritt kostet normalerweise ein paar Dollar; hier ist immer ordentlich was los. Einen aktuellen Veranstaltungs- und Konzertkalender gibt's im Internet unter www.gtvibes. com.

Abseits der Sheriff St ist das **Sidewalk Café and Jazz Club** (176 Middle St) im Hotel Ariantze immer gut für einen gepflegten Drink. Am Donnerstagabend sorgt Livejazz für Unterhaltung.

Shoppen

Handwerksgegenstände aus einheimischer Produktion werden auf der **Hibiscus Craft Plaza** vor der Post angeboten. Der Ableger von **Shell Beach Adventures** (Seawall Rd) im Hotel Le Meridien Pegasus Hotel verkauft u. a. Bio-Schokolade, *casareep* (amerindianische Manioksauce), Palmöl und Seife. Dazu gesellen sich ein paar amerindianische Handwerksprodukte.

An- & Weiterreise

FLUGZEUG

Der Cheddi Jagan International Airport für internationale Flüge liegt 41 km südlich von Georgetown. Das Ogle Aerodrome befindet

sich näher an der Stadt und fliegt Ziele im Landesinneren an. **BWIA** (☎ 1-800-538-2992; www.bwee.com; 4 Robb St), **LIAT** (☎ 227-8281; www. liatairline.com; 4 Robb St); **META** (☎ 225-5315; Ecke Middle & Thomas St) und **North American Airways** (☎ 227-5805; www.northamericanair.com; 126 Carmichael St) verbinden die Hauptstadt mit Inseln in der Karibik (hauptsächlich Trinidad und Barbados), Surinam (über Brasilien), New York (USA) und anderen Flughäfen in Ausland. **Roraima Airways** (☎ 225-9648; www.ro raimaairways.com; R8 Eping Av, Bel Air Park), **Air Services Ltd** (ASL; ☎ 222-4357; www.airservicesltd.com; Ogle Aerodrome) und **Trans Guyana Airways** (TGA; ☎ 222-2525; www.transguyana.com; Ogle Aerodome) schicken ihre kleinen Maschinen ins Landesinnere.

Auswahl an Zielen und Preisen (jeweils einfache Flugstrecke):

Barbados LIAT, 125 US$, 2 Std., tgl.

Boa Vista (Brasilien) META, 150 US$, 1 Std., 3-mal wöchentl.

Kaieteur ASL, 125 US$, 1 Std., 3-mal wöchentl.

Lethem & Annai TGA, 110 US$, 1½ Std., tgl; Roraima, 110 US$, 3-mal wöchentl.

Mabaruma TGA, 80 US$, 1 Std., 4-mal wöchentl.

BUS

Die Minibusse nach Parika (Linie 32; 1 Std.) und Rosignol (Linie 50; 1½ Std.) starten am Stabroek Market und kosten rund 4 US$. Ab Parika fahren Boote nach Bartica (10 US$; 1 Std.). In Rosignol legt die Fähre nach New Amsterdam ab (0,30 US$, 15 Min.); von dort aus geht's weiter nach Corriverton. Die Minibusse folgen keinem festen Fahrplan sondern machen sich auf den Weg, wenn alle Plätze besetzt sind. **Wonderland Tours** (☎ 225-3122; s. gegenüber) schickt Minibusse direkt nach Moleson Creek (15 US$). Dort sticht die Fähre nach Surinam in See.

Tickets für die Intraserve-Busse nach Lethem (40 US$; Check-In um 19 Uhr; tgl.

außer Mittwoch und Samstag; 12 bis 18 Std.) sollten spätestens am Vortag beim **Ticketbüro** (159 Charlotte St) gekauft werden – denn die Fahrzeuge sind schnell ausgebucht. Sie starten von der Intraserve-Haltestelle an der Ecke Oronoque St/North Rd. Diese Linie ist dafür bekannt, dass ihre Fahrzeuge häufig wegen Pannen unterwegs liegen bleiben. Daher sollten sich Passagiere entsprechend mit Snacks, Trinkwasser und warmer Bekleidung bewaffnen – und es auf keinen Fall eilig haben. Täglich fahren zusätzlich Minibusse am Markt ab (40 US$, 12 bis 18 Std.). Allerdings werden sie unterwegs manchmal gekapert und ausgeraubt.

Unterwegs vor Ort

Die Mietwagen von **Budget** (☎ 225-5595; 75 Church St; ◷ Mo–Sa) sind relativ teuer (50 US$/ Tag inkl. 100 Fahrtkilometer, Minimum 3 Tage). Die meisten Straßen sind allerdings schlecht und die Verkehrssituation ist nicht ganz ohne. Daher ist man mit Taxis und Bussen wesentlich besser dran.

Taxis sind *die* praktischen und sicheren Verkehrsmittel für Fahrten durch Georgetowns Zentrum (ca. 0,40 US$ im Zentrum). Am besten nehmen Traveller über das eigene Hotel Kontakt zu einer verlässlichen Taxifirma auf. Wer einen zuverlässigen Chauffeur findet, sollte sich unbedingt dessen Telefon- und Wagennummer geben lassen. So kann man sich während eines Aufenthalts von einem freundlichen Zeitgenossen sicher durch die Gegend kutschieren lassen.

KÜSTENEBENE

Ab Georgetown erstreckt sich die Küstenebene ostwärts bis zur Grenze zu Surinam. Die Ebene kann man über den Eastern Hwy durchqueren. Diese Strecke führt von einer nichtssagenden Siedlung zur nächsten. Unterwegs bekommt man es mit Schlaglöchern, lebensmüden Hunden und freilaufenden Rindern zu tun – da ist es kein Wunder, dass Tiere hier öfters unangenehme Bekanntschaft mit Stoßstangen machen. Nach einer rund zweistündigen Fahrt ab Georgetown endet die Straße in **Rosignol**. Von hier aus schippert eine gewaltige Oldtimer- Fähre quer über den Berbice nach **New Amsterdam** (oft auch „Berbice" genannt). Am anderen Ufer beginnt die Straße zur Grenze.

Corriverton
12 740 Ew.

Die beiden Städte **Springlands** und **Skeldon** liegen rund 195 km von Georgetown entfernt am Westufer des Corentyne. Sie werden zusammen als „Corriverton" bezeichnet und markieren das südöstliche Ende der Küstenstraße. An der langgestreckten und belebten Main St gibt's neben Moscheen und Kirchen auch einen Hindutempel. Dazu kommen günstige Hotels, Restaurants und Bars. Wie ihre heiligen Verwandten in Indien trotten Brahmanen-Rinder (Zebus) einfach quer über den Markt. Das Skeldon Estate of Guysuco am Nordrand der Stadt ist der größte einheimische Arbeitgeber. Wer gern an der Main St übernachten möchte, nimmt ein Zimmer im sauberen **Hotel Par Park** (Zi. 10–12 US$) oder im **Mahogany Hotel** (☎ 339-2289; Zi. 13–33 US$) – auch sehr zu empfehlen – mit seiner antiken Einrichtung. Neben ein paar Zimmern mit toller Aussicht auf den Fluss besitzt es auch ein **Restaurant,** von dem aus man auf die Hauptstraße blickt.

AN- & WEITERREISE

Von Corrivertons Hauptstraße fahren Busse über Crabwood Creek nach Moleson Creek (4 US$). Dort legt die Fähre nach Surinam ab. Um das Schiff rechtzeitig zu erreichen, sollten Traveller ihren Trip bereits am Vortag vom Hotel aus arrangieren und Corriverton allerspätestens um 9 Uhr verlassen. Entlang der Hauptstraße bestehen regelmäßig Busverbindungen nach New Amsterdam.

NORDWESTLICHE KÜSTENREGION

Boote fahren von **Parika** aus über den Essequibo nach **Supernam** am Westufer. Ebenfalls per Boot geht's ab Parika südwärts zur lebhaften Bergbaustadt **Bartica** (10 400 Ew.). In der Nähe von Bartica trifft der Essequibo auf den Mazaruni. Die **Marshall Falls** – eine Reihe von Stromschnellen mit einem Dschungelwasserfall – kann man vom Ufer aus zu Fuß erreichen. Tourveranstalter bieten auch Tagesausflüge ab Georgetown an (s. S. 783). Für ein paar entspannende Tage am Fluss bietet sich den **Shanklands** (☎ 225-2678; www.shanklands.com; 232 Camp & Middle St, Georgetown; B 10 US$, DZ 1./2. Übernachtung 187/55 US$) an. Palmen säumen diese Ferienanlage am Ufer, die leicht auf eigene Faust zu erreichen ist:

EINREISE NACH SURINAM

Die Fähre nach Surinam (14 US$, 25 Min., tgl. 11 Uhr) legt in Moleson Creek ab und fährt quer über den Correntyne zur Grenzstadt South Drain. Diese liegt eineinhalb Autostunden südlich von Nieuw Nickerie. Wer mitfahren möchte, sollte sich spätestens bis 10 Uhr einfinden – Passkontrolle und Zollformalitäten nehmen einige Zeit in Anspruch. Auf der Surinam-Seite warten Minibusse auf Neuankömmlinge. Sie sind auf die Fähre abgestimmt und rollen nach Nieuw Nickerie oder Paramaribo. Manchmal lassen sich keine Geldwechsler blicken. Für die Reise nach Paramaribo deckt man sich daher am besten noch in Guyana mit ausreichend Surinam-Dollar ein. Gewiefte Traveller haben stets den aktuellen Wechselkurs im Kopf.

Regelmäßig überqueren zusätzlich kleine Boote den Fluss (ca. 15 Min.). Sie werden allerdings häufig überfallen; außerdem erreicht man Surinam ohne die erforderlichen Stempel im Reisepass.

Infos zu Reisen in Gegenrichtung stehen auf S. 773.

Zuerst geht's per Bus nach Parika und danach mit einem Schnellboot weiter nach Bartica (s. S. 785). Ganz ähnlich mutet das **Timberhead** (☎ 225-3760; timberhead_gy@yahoo.co.uk; Meridien Pegasus, Seawall Rd, Georgetown; All-inclusive 153 US$/Pers.) an. Es verspricht ebenfalls einen recht entspannten Regenwaldurlaub am Flussufer.

Vorbei an einer malerischen Reismühle und an Bauerndörfern führt eine Küstenstraße westwärts vom Essequibo weg. Nach 50 km kommt die Stadt **Charity** in Sicht. Ab hier müssen Traveller die Reise auf dem Wasserweg fortsetzen. Quer durch Flussgebiete voller Vögel, Mangrovensümpfe und Savannen schippert man nach **Santa Rosa**. Hierbei handelt es sich um die älteste und größte Siedlung der Amerindianer in Guyana. Das Ziel des nun folgenden Bootstrips ist der rund 140 km lange **Muschelstrand**. Er säumt die Küste in der Nähe der venezolanischen Grenze. Hier legen vier der acht bekannten Meeresschildkrötenarten ihre Eier ab. Dies ist eine der ursprünglichsten Regionen an der gesamten südamerikanischen Küste. Provisorische Fischerhütten und amerindianische Dörfer sind die einzigen Anzeichen von einer menschlicher Besiedlung. **Waini Point** befindet sich in der Nähe der wunderbaren Stadt **Mabaruma** (721 Ew.) aus der Kolonialzeit. Weltweit ist dies eins der attraktivsten Reviere der Scharlachsichler. Traveller können auf eigene Faust nach Mabaruma fliegen (s. S. 785). Wer die Gegend aber so richtig erforschen will oder wer über Land – und Wasser – reisen möchte, nimmt aber doch besser an einer geführten Tour teil. Nähere Infos stehen auf S. 783.

DAS LANDESINNERE
Kaieteur National Park & Orinduik-Falls

Selbst wenn man bereits den Angels Wasserfall oder die Fälle von Iguazú oder Niagara besichtigt hat oder sich gar nicht sonderlich für Wasserfälle interessiert: Ein Besuch der **Kaieteur Falls** (www.kaieteurpark.gov.gy) ist ein absolutes Muss. Beim angeblich höchsten über eine Stufe herabstürzenden Wasserfall der Erde donnern pro Sekunde rund 113,6 m³ Wasser über eine 250 m hohe Felskante. Ohne die Gesellschaft anderer Touristen ist dies mitten im diesigen und uralten Dschungel eine Erfahrung fürs Leben. Mutige (oder verrückte) Traveller stellen sich oben an den Rand und starren in den Abgrund. Je nach Jahreszeit sind die Fälle zwischen 76 und 122 m breit. Schwalben nisten unterhalb der Fallkante und schießen jeden Abend zu Sonnenuntergang in das Wasser hinein und heraus. Auf dem Weg zum Wasserfall bekommt man manchmal auch scharlachrote Felshähne zu Gesicht. Die winzigen Goldfröschchen sind sehr selten. Unglaublich, aber wahr: Aus den Amphibien wird ein Halluzinogen gewonnen, das 160 000-mal stärker ist als Kokain.

Viele Besucher fliegen für einen Tag von Georgetown aus hierher und sehen sich gleich auch noch die **Orinduik Falls** an. Diese liegen 15 Flugminuten südlich von Kaieteur und sind ca. 24,4 m hoch. Hier kann man prima ein erfrischendes Bad nehmen; in Kaieteur würde ein Sprung ins kühle Nass mit Sicherheit tödlich enden. Diverse Anbieter haben Tagesausflüge mit kleinen Flugzeugen im Programm (ca. 210 US$).

Interessenten wird empfohlen, sich frühzeitig zu erkundigen und eine gewisse Flexibilität mitzubringen: Die Maschinen heben nur ab, wenn alle Plätze belegt sind (5 bis 8 Pers.; normalerweise an Wochenenden).

In Kaieteur kann man in einer rustikalen **Lodge** (12 US$/Pers.) übernachten. **Air Services Ltd** (☎ 222-4357; www.airservicesltd.com; Ogle Aerodrome, Georgetown) nimmt Buchungen für Betten und Flüge entgegen. Zudem hilft die Firma beim Beschaffen von Vorräten; aufgrund der Gewichtsbeschränkung können kaum eigene mitgebracht werden. Wenn es der Reiseplan erlaubt, bietet sich die anstrengende (aber spektakuläre) Überlandroute nach Kaieteur an. Dieser Trip dauert etwa fünf Tage (S. 783).

Iwokrama-Regenwaldprojekt

Das Iwokrama-Regenwaldprojekt existiert seit 1996 und umfasst ein Gebiet von 371 000 ha. Das einzigartige lebende „Labor" kombiniert Forstwirtschaft im Regenwald mit sozioökonomischen Programmen für Amerindianer. Im unberührten Regenwald wurden die weltweit meisten Fisch- und Fledermausarten auf einem Fleck gezählt. Hier leben auch die größten Raubkatzen (Jaguare) Südamerikas und die gewaltigsten geschuppten Süßwasserfische des Planeten (Arapaimas). Ihnen leisten die größten Otter, Flussschildkröten, Ameisenbären, Schlangen, Nagetiere, Adler und Kaimane der Welt Gesellschaft. Im Gegensatz zu einem Nationalpark erhält Iwokrama keinerlei staatliche Fördergelder. Daher ist das Management gezwungen, äußerst effektiv zu wirtschaften – und das, ohne die natürlichen Ressourcen übermäßig auszubeuten. Im Rahmen eines Forschungsprojekts über umweltverträgliche Forstwirtschaft werden Bäume ganz gezielt gefällt. Die Erlöse aus dem Holzverkauf ermöglichen es der Organisation, Ökotourismus und biologische Forschung voranzutreiben. Amerindianische Völker bewohnen Dörfer im Regenwald und werden darin bestärkt, an Ökotourismusprojekten mitzuarbeiten. Sie betätigen sich u. a. als Parkranger, fangen tropische Aquarienfische und stellen Naturprodukte in Hütten her. Das gesamte Iwokrama-Personal verbreitet eine bewundernswerte Zuversicht und ist stolz auf die Projekte des Zentrums. Und das reicht vom Direktor über den Koch des Außenpostens bis zu den Bewohnern der umliegenden Dörfer.

Am günstigsten und umweltfreundlichsten lässt sich Iwokrama über das Zentrum selbst besuchen. Das **Büro** (☎ 225-1504; www.iwokrama.org; 77 High St) in Georgetown organisiert Transport und Unterkünfte für längere Touren. Wer kürzer bleiben möchte, übernachtet direkt beim **Außenposten** (EZ/DZ mit Vollpension 35/65 US$). Abhängig von der Gruppengröße kosten zweitägige Trips rund 268 US$ pro Person (all-inclusive). Dabei besuchen die Teilnehmer amerindianische Dörfer, marschieren durch den Dschungel und beobachten die Kaimane bei Dunkelheit. Bei allen Übernachtungen in Iwokrama wird eine Benutzungsgebühr für den Wald fällig (15 US$). Touren auf eigene Faust sollten im Voraus über das Büro in Georgetown angekündigt werden. Für die Bootsfahrt zum Außenposten berappt man 10 US$.

Rund 60 km weiter im Süden können Traveller zusätzlich Iwokramas neue **Canopy-Touren** (www.iwokramacanopywalkway.com; Tageskarte 20 US$) genießen und die Nacht in einer Hängematte verbringen (81 US$ inkl. Vollpension, Führer und Gebühren).

Iwokrama fördert Ökotourismus-Projekte in amerindianischen Dörfern. Insbesondere in **Surama** (mit Vollpension & Aktivitäten ab 110 US$/Pers.) gibt's reizende rustikale Hütten speziell für Touris. Gebucht werden kann direkt über Iwokrama oder Wilderness Explorers (S. 784). Einige Dorfbewohner wurden zu Wander- oder Kanuführern ausgebildet. Die Schule bereitet Touristen häufig mit Gesang und Tanz einen warmherzigen Empfang.

Von Annai nach Lethem

Die Rupununi-Savanne ähnelt den afrikanischen Ebenen. Neben vereinzelten amerindianischen Dörfern findet man hier eine unglaublich artenreiche Flora und Fauna. In den Flüssen tummeln sich gigantische Kaimane und die größten Wasserlilien der Welt (*victoria amazonica*). Dazu gesellen sich zahllose farbenfrohe Vögel. Die Wasserläufe erstrecken sich quer durch Ebenen voller goldener Gräser und Termitenhügel. Im Herzen der Savanne liegt Annai, wo Amerindianer, eine Polizeistation und eine Flugpiste aufeinandertreffen. Die größte Ortschaft in dieser Region ist jedoch

Lethem. Die Cowboystadt liegt noch weiter südlich an der Grenze zu Brasilien. Die Savanne hat eine Gesamtfläche von über 104 400 km^2. Das Gemeinschaftsgefühl prägt die Atmosphäre, sodass man schwerlich einen sichereren Ort auf Erden findet. In dieser Region stößt man auf ein paar einzigartige Charaktere – eine Mischung aus leidenschaftlichen Tierfreunden, Umweltschützern und Lebenskünstlern. Die relativ nahen **Kanuku-Berge** begeistern mit außergewöhnlicher Artenvielfalt. Der Name ist Programm: „Kanuku" bedeutet in der Sprache der Macushi „reicher Wald"; 70 % aller Vogelarten des Landes leben hier.

In der Region sind Guyanas *vaqueros* (Cowboys) beheimatet, die ihr Können beim jährlichen Osterrodeo vorführen.

Für den Besuch der amerindianischen Dörfer ist offiziell eine Genehmigung erforderlich. Wer mit Iwokrama oder einem Tourveranstalter unterwegs ist, muss sich darum normalerweise nicht selbst kümmern. Anträge können ansonsten beim **Ministry of Amerindian Affairs** (☎ 227-5067; www. amerindian.gov.gy; 251-252 Quamina St & Thomas St, South Cummingsburgh, Georgetown) gestellt werden.

Neben der Landepiste in Lethem steht der Laden von Don und Shirley. Er ist die beste Informationsquelle zu lokalen Attraktionen, Führern und anderen interessanten Aspekten. Dies gilt auch für Pat Rash, deren Internetcafé sich direkt neben dem Laden befindet.

SCHLAFEN & ESSEN

Der Transport von/nach Georgetown gestaltet sich relativ schwierig. Daher lohnt sich der Aufwand, um irgendwo anders hinzukommen, für ein oder zwei Übernachtungen nicht. Die Unterkünfte auf den abgelegenen Ranches haben keinen Telefonanschluss, können aber über **Wilderness Explorers** (S. 784) reserviert werden.

Aunt Louisa's (☎ 772-9280; Annai; DZ 4 US$) Staatliches Gästehaus direkt neben der Polizeistation im friedlichen Annai. In der super einfachen Unterkunft hat die warmherzige und stets gutgelaunte Louisa das Sagen. Als Telefon dient der öffentliche Fernsprecher vor dem Haus – daher anrufen und nach Louisa fragen.

Trail's End (☎ 772-2010; Lethem; shefishs@gmail. com; Hängematte/DZ inkl. Frühstück 10/35 US$) Die Amerikanerin Pat Rash kam nach eigenen Angaben „zum Angeln" nach Guyana. Bei den Unterkünften im Stil einer Ranch ist für jeden Geldbeutel etwas dabei. Pat organisiert alle möglichen Aktivitäten. Dies reicht von Angeltrips bis zum „Cowboy für einen Tag".

Rock View Lodge (☎ 226-5412; Annai; www.rock view lodge.com; EZ/DZ mit Vollpension 95/150 US$, Stellplatz & Hängematte mit/ohne Halbpension 30/10 US$; 🖵) Das hauseigene Restaurant bezeichnet sich selbst als „bester Boxenstopp in der Rupununi" und ist in Wirklichkeit das einzige seiner Art in dieser Region. Hier gehen die Einheimischen ein und aus. Die eigentliche Ranch befindet sich direkt neben der Landepiste in Anni. Die Zimmer mit dem Vibe einer Hacienda sind die komfortabelsten in der ganzen Rupununi-Savanne. Die Lodge veranstaltet Wanderungen und Abstecher zu amerindianischen Dörfern. Ansonsten genehmigt man sich zusammen mit den Einheimischen einen gepflegten Drink im Restaurant oder in der Bar neben der Landepiste.

Dadanawa Ranch (Kanuku-Berge; 107 US$/Pers. inkl. Verpflegung) Duane und Sandy leiten Guyanas einsamste Ranch am Fuß der Kanuku-Berge. Die Dadanawa-Ranch ist so abwechslungsreich, abenteuerlich und malerisch, wie man es sich in seinen kühnsten Träumen immer erhofft hat. Während der anspruchsvollen Wanderungen können Traveller u. a. Harpyien beobachten. Ansonsten betätigen sich Gäste als Cowboys und lassen es abends mit dem *vaqueros* mal ordentlich krachen.

Karanambu Ranch (Rupununi; 180 US$/Pers. inkl. Verpflegung & Aktivitäten) Wer schon immer mal auf Jane Goodalls Spuren wandeln wollte, hat hier die Gelegenheit dazu. Die Eigentümerin Diane McTurk ist ein echtes Unikat und hat ihr Leben dem Schutz der Rupununi-Riesenotter gewidmet. Ein paar Otterwaisen erfüllen die Ranch mit Leben – genauso wie Diane, die ebenso locker wie interessant erscheint. Die Traveller übernachten in Hütten im Ranch-Stil, die auch ein paar amerindianische Elemente aufweisen. Die Hütten besitzen geräumige und super ausgestattete Bäder. In einer der schönsten Regionen des Planeten bietet Diane jeden Tag verschiedene Aktivitäten an. Die Gäste bekommen dabei auch verschiedene Vogelarten und Große Ameisenbären zu Gesicht.

EINREISE NACH BRASILIEN

Der Takatu (Río Tacutu in Brasilien) markiert die Grenze zwischen Guyana und Brasilien. Lethem liegt an einem Ufer, die brasilianische Stadt Bonfim auf der anderen Seite. Von Lethem aus geht's mit einem Taxi (2,50 US$) oder per pedes (ca. 30 Min.) zum Fluss. Unterwegs muss man sich bei der Einwanderungsbehörde seinen Ausreisestempel abholen. Motorisierte Einbäume (1,50 US$) transportieren Passagiere in zwei Minuten hinüber nach Bonfim. Dort besteht mit Taxis (2 US$, 10 Min.) Verbindung zum Busbahnhof. Unterwegs muss man den brasilianischen Zöllnern seine Aufwartung machen, die sämtliche Fahrzeuge an einer Straßensperre kontrollieren. Ab und zu sammeln zusätzlich Busse die Neuankömmlinge am Fluss ein. Diese Option ist jedoch relativ unzuverlässig; mit einem Taxi ist man besser dran. Von Bonfims Busbahnhof gehen Amatur-Busse nach Boa Vista. Dort stehen Flugzeuge und Busse für die Weiterreise zur Verfügung. EU-Bürger (inkl. Schweiz) können ohne Visum nach Brasilien einreisen. Allerdings müssen alle Besucher eine Gelbfieber-Schutzimpfung nachweisen und ein Einreiseformular vorlegen. Auf der Guyana-Seite tauschen Geldwechsler Bargeld zu fairen Konditionen in Brasilianische Real um. Infos zum Grenzübertritt von Brasilien nach Guyana stehen auf S. 450.

AN- & WEITERREISE

Vom Georgetown aus schicken die beiden lokalen Fluglinien Roraima und TGA (s. S. 785) ihre Maschinen nach Lethem, Annai und Karanambu (einfache Flugstrecke, jeweils ab 110 US$). Spontan sind allerdings kaum Plätze zu bekommen; daher wird Travellern empfohlen, im Voraus zu reservieren. Auf Wunsch legen die Flugzeuge an allen drei Orten eine Zwischenlandung ein (110 US$/Flug), die sich auf diese Weise in einem Aufwasch abklappern lassen.

Busse pendeln zwischen Lethem und Georgetown (über Annai; 40 US$). Während der Regenzeit wird der Betrieb manchmal eingeschränkt oder ganz eingestellt (Details s. S. 785). Iwokrama und die größeren Lodges bieten Besuchern auch Überlandfahrten mit Allradfahrzeugen an. Wer alleine durch Guyana reist, kommt mit einem Flugzeug aber meistens günstiger weg. Vierköpfige Gruppen bezahlen für die Fahrt mit einem Jeep folgende Preise (jeweils einfache Wegstrecke): Von Annai nach Lethem 260 US$; von Annai nach Karanambu 280 US$; von Annai zur Fähre von Kurupukari oder dem Außenposten von Iwokrama 220 US$; und von Lethem nach Dadanawa 200 US$.

Von Lethem aus können Traveller nach Brasilien einreisen (s. Kasten oben).

ALLGEMEINE INFORMATIONEN
Aktivitäten

Im Landesinneren und an der Küste gibt's unzählige Möglichkeiten für Wanderer, Tierliebhaber und Angler. Auch Freunde von Raftingtrips und Vogelkundler kommen auf ihre Kosten. Sämtliche Aktivitäten lassen sich am einfachsten über örtliche Touranbieter organisieren.

Botschaften & Konsulate
BOTSCHAFTEN & KONSULATE IN GUYANA

Sämtliche diplomatischen Vertretungen befinden sich in Georgetown. Österreich und die Schweiz unterhalten momentan keine Vertretungen in Guyana.

Brasilien (Karte S. 781; ☎ 225-7970; 308-309 Church St)
Deutschland (☎ 227-3344; 24 Water St)
Frankreich (☎ 227-5435; 46 First St)
Kolumbien (Karte S. 781; ☎ 227-1410; 306 Church St)
Surinam (Karte S. 781; ☎ 226-7844; 171 Crown St)
Venezuela (Karte S. 781; ☎ 226-6749; 296 Thomas St)

BOTSCHAFTEN & KONSULATE GUYANAS IM AUSLAND

Guyana unterhält keine diplomatischen Vertretungen im deutschsprachigen Raum. Sämtliche Anfragen sind daher an die Botschaft in Brüssel zu richten.

Belgien (☎ 323-675 62 16; 13-17 Rue de Praetere, 1050 Brüssel)

Bücher

Charles Watertons Buch *Wanderings in South America* von 1825 ist *der* klassische Reisebericht zu Guyana. In *Ninety-Two Days* beschreibt Evelyn Waugh eine strapaziöse Reise von Georgetown quer durch die Rupununi-Savanne. Mit *Journey to Nowhere: A New World Tragedy* (oder *Black and*

White) liefert Shiva Naipaul einen bewegenden Bericht zum Massaker von Jonestown (S. 778). Oonya Kempadoos Werk *Buxton Spice* beschreibt mit zahlreichen sexuellen Anspielungen das Erwachsenwerden im Guyana der 1970er-Jahre. Vogelfreunde werfen am besten einen Blick in *Birds of Venezuela* von Steven L. Hilty.

Essen & Trinken

Die Küche Guyanas reicht vom leckeren Pfeffertopf (amerindianischer Eintopf mit Maniok) bis zum gewöhnungsbedürftigen *souse* (Kalbskopf in Gelee). Indische Gerichte sind weitverbreitet und äußerst schmackhaft: An jeder Ecke gibt's „Cook-Up" (Reis und Bohnen mit allen möglichen Zutaten) und „Roti" (Indisches Fladenbrot, gefüllt mit Hühnchen-Curry). Allgemein lieben es die Einheimischen recht feurig – wer das nicht mag, hat Pech gehabt.

Rum aus einheimischer Produktion wird überall ausgeschenkt. Der 15 Jahre alte „El Dorado" zählt zu den besten Rumsorten der Welt. Mit viel Glück lässt sich die noch bessere 25 Jahre alte Variante auftreiben. Die meisten Leute geben sich jedoch mit der günstigeren (aber keinesfalls schlechteren) fünfjährigen Sorte zufrieden. Das süffige „Banks"-Bier wird in Georgetown gebraut und ist in den Varianten „regular" und „premium" erhältlich. Georgetowns bessere Restaurants verwöhnen ihre Gäste zusätzlich mit Fruchtpunsch (ebenso wirksam wie Rumpunsch).

Feiertage & Ferien

Neujahr 1. Januar

Youman Nabi Geburtstag des Propheten Mohammed, Anfang Januar

Tag der Republik Gedenktag des Sklavenaufstands von 1763 am 23. Februar

Phagwah Neujahrsfest der Hindus im März/April (variiert)

Ostern März/April (variiert)

Tag der Arbeit 1. Mai

CARICOM-Tag 1. Montag im Juli

Befreiungstag 1. Montag im August

Diwali Lichterfest der Hindus im November (variiert)

1. Weihnachtstag 25. Dezember

2. Weihnachtstag 26. Dezember

Festivals & Events

Der **Tag der Republik** im Februar ist das größte Kulturevent des Jahres. Doch auch die religiösen Feste der Hindus und Moslems sind sehr beliebt. Seit kurzem gibt's den **Monat des amerindianischen Erbes** (September) mit diversen Kulturveranstaltungen, wie Handwerksausstellungen und traditionellen Tänzen. An der **Regatta** nehmen unzählige verschiedene Schnellboote teil. Sie preschen jedes Jahr zu Ostern in Bartica und Canaan übers Wasser. Ebenfalls an Ostern findet jedes Jahr ein Rodeo in Lethem (Rupununi-Savanne) statt.

Frauen unterwegs

Angesichts von Guyanas zweifelhaftem Ruf sollten Frauen besonders auf der Hut sein und abends niemals ohne Begleitung ausgehen. Weiblichen Alleinreisenden wird zudem empfohlen, sich tagsüber an die belebten Viertel von Georgetown zu halten. Im Landesinneren besteht dagegen kaum Gefahr.

Gefahren & Ärgernisse

Guyana – insbesondere Georgetown – ist für Unruhen auf den Straßen bekannt (vor allem, wenn Wahlen anstehen). Um potentielle gefährliche Situationen sollte man einen weiten Bogen machen und stets die Augen offen halten (Details s. S. 782).

Traveller sollten Flüge zum Cheddi Jagan International Airport so legen, dass sie möglichst bei Tageslicht ankommen. Für den Transport in die Stadt empfehlen sich ausschließlich registrierte Flughafentaxis. Die Fahrer sind leicht zu erkennen; sie tragen offizielle Ausweise an ihren Hemdtaschen. Sämtliche Gepäckstücke sollten abgeschlossen werden. Taschendiebe freuen sich besonders über Rucksäcke.

Das Trampen ist auf keinen Fall zu empfehlen – ansonsten wird man so gut wie sicher ausgeraubt und/oder körperlich angegriffen. Wer in Guyana den Daumen ausstreckt, muss lebensmüde sein!

Geführte Touren

Wie in den anderen Guyana-Ländern sorgen die begrenzte Infrastruktur und Touranbieter für unvergessliche Trips ins herrliche Landesinnere. Im Regenwald und an den Flüssen preisen zahlreiche Anbieter in Lodges ihre „Abenteuertouren" an. Solche Trips sind mitunter sehr teuer. Dies gilt auch für Inlandsflüge, die häufig nicht im Preis enthalten sind. Verpflegung und Unterkunft sind aber grundsätzlich mit dabei. Die meisten Firmen bestätigen Termine erst ab einer gewissen Mindestteilnehmerzahl (normalerweise 5 Pers.). Wer ins Landesinnere oder zu einer Ferienanlage reisen möchte, hat freitags und samstags die besten Chancen. (Infos zu Anbietern s. S. 783)

Geld

Der Guyana-Dollar (G$) ist mehr oder weniger stabil. Sein Wertverfall geht jedoch mit der landesweiten Inflation einher. Beträge werden in riesigen Summen ausgewiesen – z.B. kostet eine Cola rund 100 G$. Daher nicht erschrecken, wenn Gerichte in Restaurants mit Tausenden von Dollar zu Buche schlagen.

Zum Zeitpunkt der Recherche akzeptierten die vorhandenen Geldautomaten keine internationalen Karten. Ob sich dies – wie angekündigt – mit der Cricket-Weltmeisterschaft 2007 geändert hat, muss man vor Ort selbst herausfinden. Am Flughafen und am Cricketstadion sollten zumindest entsprechende Geräte angebracht werden.

KREDITKARTEN

Die meisten besseren Hotels und Restaurants in Georgetown akzeptieren Kreditkarten. Bei Tankstellen, den meisten Geschäften und sonstigen Einrichtungen hat man jedoch so gut wie immer Pech. Ausschließlich die Bank of Nova Scotia zahlt Bargeld gegen Vorlage einer Kreditkarte aus.

GELD UMTAUSCHEN

Bargeld kann bei **Banken** (Mo–Fr 8–14 Uhr) und **cambios** (Wechselstuben; Mo–Fr 9–15.30 Uhr) umgetauscht werden. Letztere bieten bessere Konditionen und kommen mit weniger Papierkram aus. Manche Hotels wechseln Bargeld inoffiziell gegen Bearbeitungsgebühren unter 10 oder 15%.
Wechselkurse zum Zeitpunkt der Recherche:

Land	Währung		G$ (Guyana-Dollar)
Eurozone	1 €	=	252,49
Schweiz	1 SFr	=	155,88
USA	1 US$	=	190

Gesundheit

In Georgetown gibt's eine adäquate medizinische Versorgung – zumindest in privaten Krankenhäusern und Arztpraxen. In anderen Landesteilen sieht's diesbezüglich schlecht aus. In Guyana grassiert die chloroquinresistente Malaria. Auch vom Denguefieber geht Gefahr aus (v. a. im Landesinneren und sogar in Georgetown). Traveller sollten sich daher gegen Moskitos schützen und rechtzeitig eine Malariaprophylaxe vornehmen. Zudem werden Schutzimpfungen gegen Typhus, Hepatitis A, Diphterie/Tetanus und Kinderlähmung empfohlen. Guyana gilt als Gelbfieberregion. Wer anschließend in ein anderes Land weiterreist, muss oft eine Schutzimpfung nachweisen. Umgekehrt verfährt Guyana auf dieselbe Weise. Leitungswasser ist grundsätzlich mit Vorsicht zu genießen (besonders in Georgetown). Cholera bricht zumeist in Gebieten aus, in denen es mit der Hygiene nicht zum Besten bestellt ist. Dennoch sollten Traveller überall entsprechend vorbeugen. (Weitere Infos s. S. 1246)

Infos im Internet

Land of Six Peoples (www.landofsixpeoples.com) Liefert tonnenweise Infos von der Wetterlage bis zu historischen Aspekten.

Tourism and Hospitality Association of Guyana (www.exploreguyana.com) Staatliche Website mit Karten zum Herunterladen.

Tourism Authority (www.guyana-tourism.com) Alles Nötige für die Reiseplanung.

Guyana News and Information (www.guyana.org) Umfangreiches Infomaterial mit Schwerpunkt auf aktuellen Geschehnissen.

Internetzugang

Georgetown hat die besten Internetcafés des Landes (ca. 2 US$/Std.). Viele bessere Hotels stellen ihren Gästen häufig einen Internetzugang zur Verfügung. Zudem ist WLAN auf dem Vormarsch.

Karten & Stadtpläne

Guyana-Karten und Stadtpläne von Georgetown kann man ab und zu bei den Souvenirshops der besseren Hotels oder bei den Buchläden (S. 782) ergattern. Detaillierte Karten zum Land gibt's ansonsten beim **Lands & Surveys Dept, Ministry of Agriculture** (227-2582; 22 Upper Hadfield St, Durban Backlands) in Georgetown. Die Behörde ist aber ziemlich schwer zu finden. Daher lässt man sich am besten von einem ortskundigen Taxifahrer hinbringen.

Klima

Das heiße Äquatorialklima ist das ganze Jahr relativ konstant. Der Seewind macht die Temperaturen erträglich. Guyana hat zwei separate Regenzeiten (von Mai bis Mitte August und von Mitte November bis Mitte Januar). Von August bis Oktober sind die Temperaturen am höchsten.

Am besten besuchen Traveller das Land am Ende der Regenzeit. Dann stürzen die größten Wassermengen über die Kaieteur Falls. Manche Einheimische empfehlen auch die Zeit von Mitte Oktober bis Mitte Mai. Dann ist das Klima zwar feucht, aber nicht ganz so heiß. Achtung: Sogar während der „Trockenzeit" treten immer wieder Wolkenbrüche auf.

Medien

In Georgetown erscheinen mehrere Tageszeitungen. Die *Stabroek News* (www.stab roeknews.com) nehmen den liberalsten Standpunkt ein. Der *Guyana Chronicle* (www.guyanachronicle.com) ist sehr regierungstreu. Amüsanten Klatsch und Tratsch verbreiten die *Kaieteur News*. In Georgetown wird einmal pro Monat das hervorragende Nachrichtenmagazin *Guyana Review* herausgegeben. Das Radioprogramm „Voice of Guyana" schwirrt auf 102 FM oder 560 AM durch den Äther.

Öffnungszeiten

Die meisten Geschäfte haben von ca. 8.30 bis 16 Uhr geöffnet, samstags halbtägig oder gar nicht. Am Sonntag ist überall der Laden dicht – dann wirkt Georgetown beinahe wie eine Geisterstadt. In den meisten Restaurants kommt das Mittagessen von 11.30 bis 15 Uhr auf den Tisch. Zu Abend gegessen wird dann von ca. 18.30 bis 22 Uhr.

Post

Die Post arbeitet meistens unzuverlässig. Traveller sollten wichtige Dokumente und Sendungen entweder per Einschreiben oder mit folgenden internationalen Kurierdiensten verschicken (alle in Georgetown): **UPS** (Karte S. 781; ☎ 227-1853; 210 Camp St), **DHL** (Karte S. 781; ☎ 225-7772; 50 E 5th St, Alberttown) und **FedEx** (Karte S. 781; ☎ 227-6976; 125 D Barrack St, Kingston).

Shoppen

Nibbee-Fasern werden aus Urwald-Schlingpflanzen gewonnen. Guyanas markantestes und reizvollstes Naturprodukt wird für alle möglichen Gegenstände verwendet (von Hüten bis Möbel). Im Südwesten des Landes praktizieren die Macushi eine einzigartige Kunstform. Aus dem geronnenen Latexsaft des *balata*-Baums formen sie Waldszenen und Tierfiguren. Im Angebot sind außerdem *casareep* (amerindianische Manioksauce), Crabtree-Oil (amerindianisches Allheilmittel) sowie Schachteln, Löffel und Schüsseln aus tropischen Harthölzern. Für den Nachwuchs gibt's gewobene Tragetücher im amerindianischen Stil. Am besten kauft man traditionelle Waren direkt in den Dörfern. Weitere gute Adressen sind Iwokrama und Shell Beach Adventures (S. 783) in Georgetown.

Strom

Die Netzspannung liegt bei 127 V, 60 Hz.

Telefon

Die blauen öffentlichen Telefonzellen in den Städten eignen sich für direkte Telefonate und R-Gespräche ins Ausland. Prepaid-Telefonkarten sind in Georgetown erhältlich. Mit Internet-Telefonservices kommt man jedoch wesentlich günstiger weg. Verbindungen übers Netz stehen in ganz Georgetown zur Verfügung. Die Vermittlung für internationale Gespräche ist unter ☎ 002 zu erreichen. Nummern im Stadtgebiet von Georgetown erfährt man unter ☎ 92 (092 für Anschlüsse außerhalb der Hauptstadt). Für kostenlose Ortsgespräche gibt's gelbe Telefonzellen. Die meisten Hotels und Restaurants stellen Gästen ihr Telefon kostenlos für Ortsgespräche zur Verfügung.

Touristeninformation

Guyanas Regierung unterhält kein offizielles Fremdenverkehrsbüro im Ausland. Innerhalb der Landesgrenzen gibt's dagegen die äußerst formelle **Tourism and Hospitality Association of Guyana** (www.exploreguyana.com) und die etwas kundenfreundlichere **Tourism Authority** (www.guyana-tourism.com). Die diplomatischen Vertretungen Guyanas im Ausland liefern ebenfalls recht aktuelle Informationen.

Unterkunft

In Georgetown dienen die günstigsten Hotels häufig gleichzeitig als Stundenhotels. Bei besonders niedrigen Preisen ist daher Vorsicht geboten. Saubere, sichere und komfortable Mittelklassehotels verlangen für ihre Zimmer zwischen 11 und 25 US$. Bei Unterkünften der gehobeneren Art mit Klimaanlage liegt der Startpreis bei ca. 40 US$. Die Anzahl der Lodges im Regenwald und der Ranches in der Savanne nimmt ständig zu. Gäste bezahlen hier weitaus mehr (ab 100 US$).

Visa

EU-Bürger (inkl. Schweiz) benötigen für die Einreise nach Guyana kein Visum, wohl aber einen Reisepass, der noch mindestens sechs Monate gültig ist. Bitte darauf achten, dass er bei der Einreise gestempelt wird. Wenn Neuankömmlinge ihr Rückreiseticket vorlegen, erhalten sie automatisch ein Touristenvisum mit 90 Tagen Gültigkeit. Österreichische Touristenvisa sind in letzter Zeit häufig willkürlich auf 30 Tage begrenzt worden, daher auf das handschriftliche Datum im Einreisestempel achten.

Auch ein internationaler Impfpass mit dem Nachweis einer Gelbfieberschutzimpfung ist erforderlich. Traveller sollten sich außerdem rechtzeitig um sämtliche anderen Schutzimpfungen kümmern.

Wer länger als 90 Tage bleiben möchte, wendet sich an die **Einwanderungsbehörde** (Karte S. 781; ☎ 225-1744; Camp Rd; ⏱ Mo–Fr 8–11.30 & 13–15 Uhr).

Kolumbien

HIGHLIGHTS

- **Cartagena** – Die unglaubliche Schönheit der romantischsten Stadt Südamerikas erleben, berühmt für ihre Geschichte und ihr wundervolles Stadtbild (S. 841)
- **Zona Cafetera** – Sich an Kolumbiens bestem Kaffee berauschen, umgeben von endlosen Plantagen und rauchenden Vulkanen (S. 864)
- **Bogotá** – Museen besuchen, in super Restaurants essen und bis zum Morgengrauen Salsa tanzen – das und mehr in der pulsierenden Hauptstadt Kolumbiens (S. 809)
- **San Agustín** – Die weiten Hügel dieser einzigartigen Begräbnisstätte erkunden, die mit Hunderten von menschenähnlichen Steinskulpturen übersät sind (S. 876)
- **Abseits ausgetretener Pfade** – Auf den Spuren von Indiana Jones die Ciudad Perdida, die verlorene Stadt, suchen und die Überreste einer uralten, tief im Dschungel versteckten Kultur entdecken (S. 840)
- **Besonders empfehlenswert** – Von Cartagena nach Bucaramanga: eine zweitägige Tour durch die Wälder und Sümpfe Nord-Kolumbiens. Bei diesem Trip bewegt man sich mit Bus, Jeep und Boot vorwärts, übernachtet wird im faszinierenden Örtchen Mompós

KURZINFOS

- **Berühmt für:** Gabriel García Márquez, Kaffee, Smaragde, Kokain, Schönheitschirurgie, FARC
- **Bester Straßensnack:** Saft-Smoothies
- **Bestes Schnäppchen:** Sporttauchen in Taganga
- **Bevölkerung:** 43 Mio.
- **Fläche:** 1 141 748 km²
- **Floskeln:** *chévere/bacano* (cool), *asqueroso* (widerwärtig, scheußlich), *rumba* (Party)
- **Geld:** 1 US$ = 2299 Kolumbianische Pesos (KOL$), 1 € = 3063 KOL$, 1 SFr = 1905 KOL$
- **Hauptstadt:** Bogotá
- **Landesvorwahl:** ☎ 57
- **Preise:** Doppelzimmer in einer Budgetunterkunft 5–15 US$, Mahlzeit in einem günstigen Restaurant 1,50–2,50 US$, Busticket für 100 km 3–4 US$
- **Reisekosten:** 15–25 US$ pro Tag
- **Sprache:** Spanisch
- **Trinkgeld:** Üblich (nicht zwingend) sind 10 % in höherwertigen Restaurants
- **Visa:** für Bürger der großen westlichen Länder nicht erforderlich.
- **Zeit:** MEZ −6 Std. (keine Sommerzeit)

TIPPS FÜR UNTERWEGS

Ticketpreise für Langstreckenbusse sind nicht festgelegt, also immer noch mal nachverhandeln. Sowohl der Aussicht als auch der Gesundheit zuliebe immer tagsüber reisen!

VON LAND ZU LAND

Die wichtigsten Grenzübergänge nach Venezuela sind San Antonio del Táchira (nahe Cúcuta) und Paraguachón. Von Ecuador aus überquert man die Grenze in Túlcan (bei Ipiales).

796 KOLUMBIEN

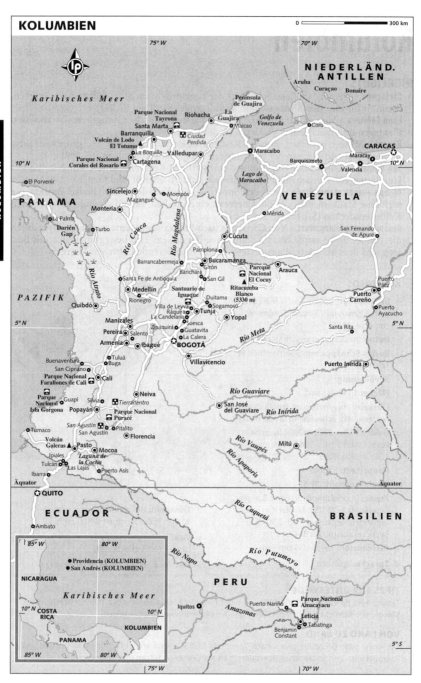

Wer eine Zeit lang durch Kolumbien gereist ist, wird sich fühlen, als wäre er auf dem Set eines dramatischen Hollywood-Thrillers – in einer Szene erkundet man eine versunkene Stadt, in der nächsten tanzt man bis in die Morgenstunden Salsa. Ein wenig später geht es in wilder Fahrt einen reißenden Fluss hinunter, dann erprobt man seine Kräfte an einem aktiven Vulkan und schwebt schließlich an einem Paragliding-Schirm durch die Lüfte – und das alles vor den Kulissen hoch aufragender Andengipfel, des üppigen Amazonasdschungels oder des klaren karibischen Meers.

Kein Film ohne eine bunt zusammengewürfelte Besetzung? Kein Problem! Kolumbien hat eine Menge unverwechselbarer Typen. Doch man sollte sich nicht zu viel Hoffnungen machen: Nicht an jeder Straßenecke stolpert man über den Pablo Escobar von Morgen, eine neue Shakira oder Aufständische mit Patronengürteln am ganzen Leib. Die meisten Kolumbianer sind ziemlich normal – und gehören obendrein zu den freundlichsten und lebendigsten Menschen, denen man je begegnen wird.

Die Chancen, seine eigene Version eines Hollywoodstreifens à la *Die Jagd nach dem grünen Diamanten* zu erleben, werden von Jahr zu Jahr besser: Klettern, Tauchen und Radfahren sind nur einige der Aktivitäten, die zur Auswahl stehen. Das Nachtleben ist legendär und keine Reise nach Kolumbien wäre perfekt ohne einige *rumbas*, bei denen die Nacht zum Tag wird. Dank verbesserter Sicherheitsvorkehrungen wird Kolumbien von der internationalen Travellergemeinde nicht mehr geächtet, selbst früher verbotene Reiserouten wurden inzwischen geöffnet. Wenn, dann sollte man jetzt fahren: Die Preise sind günstig, der Empfang herzlich und der zweifelhafte Ruf der Vergangenheit hält viele Gringos noch fern.

Abenteuer und Romantik lassen den Puls zwar schneller schlagen. Was einen aber wirklich von den Socken haut, sind die engagierten und mitreißenden Menschen. Man sollte sich die Zeit nehmen, ein paar Kolumbianer kennen zu lernen – was früher als ein Tabu galt, könnte heute zum Highlight einer Südamerikareise werden.

AKTUELLE ENTWICKLUNGEN

Jung, beliebt und anscheinend unaufhaltsam hat der kolumbianische Präsident Álvaro Uribe eine Verfassungsänderung durchgeboxt, die ihm die politische Herrschaft bis 2010 ermöglicht. Im November 2005 billigte das Verfassungsgericht Uribes Antrag, der eine zweite vierjährige Amtszeit des kolumbianischen Präsidenten erlaubt. Die Entscheidung bereitete Uribes Sieg bei den Präsidentschaftswahlen im Mai 2006 den Weg, die er mit 62 % der Stimmen deutlich gewann.

Experten glauben, dass die zweite Amtszeit Uribes ähnlich wie seine ersten vier Regierungsjahre verlaufen wird, geprägt durch eine kompromisslose militärische Taktik, die Kolumbiens führende Gruppe von Aufständischen, die Fuerzas Armadas Revolucionarias de Colombia (FARC) praktisch lahmgelegt hat. Andere erwarten dagegen, dass sich Uribes konservative Regierung von ihrer früheren Kriegspolitik lossagen und sich an einer eher landwirtschaftlich orientierten Wirtschaft ausrichten wird.

Eine Branche mit bemerkenswertem Wachstum ist der Tourismus. Nicht länger als Kidnapping-Hotspot der Welt verschrien – diesen Titel hat jetzt der Irak, herzlichen Dank – können sich immer mehr Reisende mit der Idee eines Urlaubs in Kolumbien anfreunden. Ca. 1 Mio. Besucher konnte Kolumbien 2005 vermelden, was einem Anstieg von 2 % gegenüber dem Vorjahr entspricht. Die World Tourism Organization zeigte sich tief beeindruckt und entschied sich gar für Cartagena als Veranstaltungsort ihrer Jahreskonferenz 2007.

Kaffee, schon immer ein beliebter Exportartikel, legte ebenfalls zu. Die Erlöse stiegen während der Anbausaison 2004/05 um 58 %! Der Bergbau, ein weiterer Wachstumszweig, ist zu einem 488 Mio. US$-Geschäft geworden. Unter dem Strich wächst die legale Wirtschaft Kolumbiens jährlich um 5 %. Doch auch die Schattenwirtschaft Kolumbiens setzt vor allem mit Kokain und Edelsteinen noch rund 6,5 Mrd. US$ jährlich um.

Trotz seines Erfolgs im Zweifrontenkrieg mit linken Rebellen und rechten paramilitärischen Gruppen kämpft das Land immer noch mit massiven sozialen Problemen wie einer weit verbreiteten Armut und der

Zwangsumsiedlung ganzer Kulturgruppen. Der von den USA unterstützte *Plan Colombia* – ein Versuch, den Koka-Anbau zu stoppen – hatte einen verheerenden Effekt auf die Umwelt und das Leben der Menschen, die in einen Krieg verwickelt wurden. Und trotzdem sind der Kokain-Überschuss und der erzielte Preis auf dem Weltmarkt stabil geblieben bzw. zeitweise sogar gestiegen.

GESCHICHTE
Präkolumbische Zeit
Kolumbiens Ureinwohner, Stämme, die aus dem heutigen Panama eingewandert waren, ließen sich in kleinen Gruppen nieder und erreichten mit der Zeit eine hohe Entwicklungsstufe. Sie haben drei wichtige archäologische Stätten hinterlassen: San Agustín, Tierradentro und Ciudad Perdida. Zudem blieb eine beeindruckende Sammlung von Goldschmiedearbeiten erhalten, die in puncto Technik und Design zu den besten des Kontinents gehören.

In der Andenregion und entlang der Küsten von Pazifik und Karibik verstreut angesiedelt, haben sich diese Kulturen unabhängig voneinander entwickelt. Zu den außergewöhnlichsten gehören die Calima-, Muisca-, Nariño-, Quimbaya-, San-Agustín-, Sinú-, Tayrona-, Tierradentro-, Tolima- und Tumaco-Kulturen.

Das war's mit der Nachbarschaft
1499 war Alonso de Ojeda der erste Konquistador, der seinen Fuß auf kolumbianischen Boden setzte und registrierte, dass die Einheimischen Objekte aus Gold benutzten. Zwar wurden einige kurzlebige Siedlungen gegründet, doch erst 1525 legte Rodrigo de Bastidas den Grundstein zu Santa Marta, der ersten fortbestehenden Stadt. 1533 gründete Pedro de Heredia Cartagena, das sich bald zum Haupthandelszentrum entwickelte.

1536 stießen die Spanier ins Landesinnere vor, und zwar sowohl von der Nord- als auch von der Südseite aus. Jiménez de Quesada startete in Santa Marta, zwei Jahre später gründete er Santa Fe de Bogotá. Auf dem Weg dahin eroberte er Muisca, ein Schlag, der letztendlich den Untergang der alten Zivilisationen in der Neuen Welt einläuten sollte.

Das Objekt seiner Begierde suchte Qusada allerdings vergebens. Gold fand er keines – und das trotz der Legende des sagenumwobenen El Dorado, die von ausgeklügelten Ritualen der Indianer zu berichten weiß, bei denen goldene Opfergaben in den heiligen See, die Laguna de Guatavita, geworfen wurden.

Sebastián de Benalcázar (in Kolumbien bekannt als Belalcázar) desertierte aus Francisco Pizarros Armee, die das Inkareich eroberte, und startete von Ecuador aus eine Expedition. Er unterwarf den südlichen Teil von Kolumbien, gründete unterwegs Popayán und Cali und erreichte schließlich 1539 Bogotá.

In der Folgezeit entbrannte zwischen den beiden Gruppen ein harter Kampf um die Vorherrschaft. Doch erst 1550 installierte der spanische König Karl V. in Bogotá den Gerichtshof *Real Audiencia del Nuevo Reino de Granada*, um so Recht und Ordnung wiederherzustellen. Verwaltungstechnisch gehörte die neue Kolonie damals zum Vizekönigreich Peru.

Der Wachstum des spanischen Reiches in der Neuen Welt machte 1717 eine neue Landesgrenze notwendig. Bogotá wurde die Hauptstadt des neu gebildeten Virreinato de la Nueva Granada (Vizekönigreich Neugranada). Ihm gehörten die Gebiete des heutigen Kolumbiens, Panamas, Ecuadors und Venezuelas an.

Unabhängigkeitskriege
Ende des 18. Jhs. eskalierte die generelle Unzufriedenheit mit der spanischen Herrschaft in Protesten und schließlich – vor dem Hintergrund der Revolutionen in Frankreich und Nordamerika – in einer offenen Rebellion. Nachdem Spanien durch die Invasion Napoleon Bonapartes geschwächt wurde, schien Neugranada der Weg zur Unabhängigkeit offenzustehen: Als Napoleon 1808 seinen eigenen Bruder Joseph auf den spanischen Thron setzte, weigerte sich die Kolonie, den neuen Monarchen anzuerkennen. Eine kolumbianische Stadt nach der anderen erklärte ihre Unabhängigkeit.

1812 landete Simón Bolívar, der zum Helden des Unabhängigkeitskampfs werden sollte, in Cartagena, wo er sich der spanischen Armee entgegenstellte. In einem brillanten Eroberungsfeldzug Venezuelas gewann er zwar sechs Schlachten, hatte aber letztlich keine Chance Caracas zu halten, weshalb er sich nach Cartagena zurückziehen musste. Zwischenzeitlich erlitt Napoleon endgültig sein Waterloo und Spanien hatte den Rücken frei, um seine Kolonien zurückzuerobern. 1817 wurde das Kolonialrecht wiederhergestellt.

Doch der Flächenbrand war nicht mehr zu löschen. Bolívar dachte gar nicht daran, die Waffen niederzulegen. Nachdem er eine Reiterarmee venezolanischer Llaneros (vergleichbar den Gauchos Argentiniens) rekrutiert hatte, marschierte er unterstützt von einer britischen Legion über die Anden nach Kolumbien. Die letzte und gleichzeitig entscheidende Schlacht fand am 7. August 1819 in Boyacá statt – Kolumbien war unabhängig.

Unabhängigkeit ... & Bürgerkrieg

Zwei Jahre nach Erlangen der Unabhängigkeit setzten sich die Revolutionäre in Villa del Rosario (nahe Cúcuta) zusammen, um einen Plan für das neue Land auszutüfteln. Bereits hier kamen die beiden gegensätzlichen Strömungen der nächsten Jahre, Zentralismus versus Föderalismus, zum Vorschein. Bolívar, Verfechter einer zentralistischen Republik, konnte seinen Willen zunächst durchsetzen: Groß-Kolumbien, zu dem das heutige Ecuador, Kolumbien, Venezuela und Panama gehörten, entstand, und Bolívar wurde zum ersten Präsidenten des neuen Staates gewählt.

Doch schon mit dessen Gründung begann der Zerfall. Schnell zeichnete sich ab, dass eine zentrale Regierung nicht in der Lage war, ein solch großes und von vielen Unterschieden geprägtes Land zu regieren. Und so kam's, es kommen musste: 1830 teilte sich Groß-Kolumbien in drei separate Länder auf, Kolumbien formierte sich zu einem selbstständigen Staat.

Die zentralistische und die föderalistische Bewegung organisierten sich 1849 in zwei politischen Parteien: Die Konservativen gehörten der zentralistischen Ausrichtung an, die Liberalen der föderalistischen. Kolumbien wurde Schauplatz eines intensiv ausgefochtenen Konkurrenzkampfs zwischen den beiden Lagern, der schließlich im kompletten Chaos endete. Das Land taumelte von einer Unruhe zur nächsten. Acht Bürgerkriege brachen im 19. Jh. aus, zwischen 1863 und 1885 sah sich die Regierung mehr als 50 Aufständen gegenüber.

1899 verwandelte sich eine Revolte der Liberalen in einen ausgewachsenen Bürgerkrieg, dem sogenannten Krieg der 1000 Tage. Das Blutbad endete mit einem Sieg der Konservativen, 100 000 Menschen bezahlten ihn mit ihrem Leben. 1903 nutzten die USA die innere Zwietracht des Landes. Sie schürten eine Sezessionsbewegung in Panama, zu dieser Zeit eine kolumbianische Provinz. Hintergrund: Mit der Gründung der neuen Republik kamen die USA dem Ziel näher, einen Kanal durch die mittelamerikanische Landenge zu bauen.

La Violencia

Nach einer kurzen Friedenszeit brach der Kampf zwischen Liberalen und Konservativen 1948 erneut aus. La Violencia, der grausamste von vielen Bürgerkriegen, blickt auf eine erschreckende Bilanz von 300 000 Toten: Nachdem am 9. April 1948 Jorge Eliécer Gaitán, der charismatische, beliebte Führer der Liberalen, bei einem Attentat ermordet worden war, brachen in Bogotá Unruhen aus, die sich bald über das gesamte Land ausbreiteten. Überall griffen die Liberalen zu den Waffen.

Bis 1953 hatten einige Gruppen liberaler Guerillas einen bedrohlichen Grad an Unabhängigkeit erreicht – der Partisanenkonflikt nahm revolutionäre Tendenzen an. Die Spitzen sowohl der Liberalen als auch der Konservativen Partei griffen zum letzten Mittel und unterstützten einen Staatsstreich, um das Heft wieder in die Hand zu bekommen und das Land zu befrieden. Der Putsch von General Gustavo Rojas Pinilla 1953 blieb die einzige militärische Intervention des 20. Jhs. Und seiner Diktatur war keine allzu lange Lebensdauer beschieden: 1957 unterzeichneten die Vorsitzenden der beiden Parteien einen Pakt, ihre Macht in den nächsten 16 Jahren zu teilen. Gleichzeitig unterdrückten sie sämtliche politische Aktivität außerhalb der beiden Parteien und leisteten damit letztlich dem Entstehen neuer Guerillagruppen Vorschub.

Revolution gefällig?

Während der späten 1950er- und frühen 1960er-Jahre bildeten sich in Kolumbien rund ein Dutzend Guerillagruppen, von denen jede eine eigene Ideologie mit eigenen politischen und militärischen Strategien verfolgte. Die Bewegungen, die den größten

Einfluss auf die Lokalpolitik ausübten und für die meisten Opfer verantwortlichen waren, waren die Fuerzas Armadas Revolucionarias de Colombia (Revolutionäre Streitkräfte Kolumbiens; FARC), der Ejército de Liberación Nacional (Nationale Befreiungsarmee; ELN) und der Movimiento 19 de Abril (Bewegung 19. April; M-19).

Bis 1982 betrachtete man die Guerillas als „Problem der öffentlichen Ordnung" und ließ sie militärisch bekämpfen. Präsident Belisario Betancur (1982–86) war der Erste, der direkte Gespräche mit den Guerillas begann und versuchte, sie ins politische Leben des Landes zu integrieren. Doch die Gespräche endeten in einem Fiasko, bezeichnenderweise symbolisiert durch die Einnahme von Bogotás Palacio de Justicia durch den M-19 im November 1985.

Die liberale Regierung von Präsident Virgilio Barco (1986–90) unterschrieb nach langen und komplizierten Verhandlungen mit dem M-19 einen Vertrag, woraufhin die Gruppe ihre Waffen niederlegte, ihre aufständischen Aktivitäten beendete und sich in eine politische Partei umwandelte. Die beiden anderen großen Gruppen jedoch – die 17 000 Mitglieder starke FARC und der 5000 Mann starke ELN – blieben dem bewaffnetem Kampf treu und kontrollierten 35–40% des Landes. Als die Unterstützung aus Moskau und Havanna ausblieb, stellten sie auf Erpressung und Kidnapping um, um ihren Kampf auch weiterhin finanzieren zu können. Außerdem verstrickten sie sich tief in Produktion und Handel mit Drogen, vor allem Kokain.

Dummerweise war der Staat nicht in der Lage in den Gebieten, die an die Guerillas abgegeben werden mussten, wieder Fuß zu fassen. In der Folge schossen deshalb private Armeen, die sogenannten *paramilitares* oder *autodefensas,* wie Pilze aus dem Boden. Von der Armee werden sie ignoriert oder sogar unterstützt. Die rechtsgerichteten Verbände bekämpfen in vielen Regionen die Rebellen, darunter in Urabá, Cesar, Córdoba, Antioquia, Magdalena Medio, Santander, Cundinamarca und Caquetá. Sie richteten einige schreckliche Massaker unter Zivilisten an, die angeblich die Guerillas unterstützt haben sollen. In einer losen Allianz, den Autodefensas Unidas de Colombia (Vereinigte Bürgerwehren Kolumbiens; AUC), sind geschätzte 20 000 Para-militärs im ganzen Land zusammengeschlossen.

Der Markt des weißen Puders

Kolumbien kontrolliert 80% des Weltmarkts für Kokain. Von ihren beschaulichen Anfängen in den frühen 1970er-Jahren entwickelte sich die Mafia innerhalb kürzester Zeit zu einer gigantischen Industrie mit eigenen Plantagen, Labors, Logistik und Schutzdiensten. So richtig boomte das Geschäft dann Anfang der 1980er-Jahre. Das Medellín-Kartell, geführt von Pablo Escobar, wurde zur führenden Organisation, deren Bosse lebten unbescholten in Saus und Braus. Sie gründeten sogar ihre eigene politische Partei und zwei Zeitungen, 1982 wurde Escobar in den Kongress gewählt.

1983 startete die Regierung schließlich eine Kampagne gegen den Drogenhandel, die sich nach und nach in einen regelrechten Krieg verwandelte. Das Kartell antwortete mit Gewalt und schaffte es, viele seiner Gegner auszulöschen. Im August 1989 erreichte der Krieg einen blutigen Höhepunkt, als Luis Carlos Galán, der Präsidentschaftskandidat der Liberalen für die Wahl 1990, er-mordet wurde. Die Regierung reagierte mit der Beschlagnahmung von fast 1000 Besitztümern der Mafia und kündigte neue Auslieferungs-Gesetze an – ein Albtraum für die Drogenbarone, den der Kampf mit terroristischen Praktiken, vor allem Autobomben, fortsetzten.

Die Wahl des liberalen Präsidenten César Gaviria (1990–94) bescherte dem gebeutelten Land eine kurze Phase der Hoffnung. Nach längeren Verhandlungen, während derer auch ein Verfassungszusatz das Verbot der Auslieferung von Kolumbianern neu regelte, gaben Escobar und die restlichen Kartell-Bosse auf und der Drogenterrorismus ließ nach. Escobar entkam jedoch seinem palastartigen Gefängnis, nachdem die Regierung auf stümperhafte Art versucht hatte, ihn an einen besser gesicherten Ort zu bringen. Eine Spezialeinheit mit 1500 Elitesoldaten jagte Escobar 499 Tage lang, bis man ihn am 2. Dezember 1993 in Medellín stellte und auf der Flucht erschoss.

Trotzdem ging der Drogenhandel ungestört weiter. Während sich das Militär darauf konzentrierte, einen einzigen Mann zu jagen und sein Kartell zu zerschlagen, nutzten die anderen Kartelle clever die Möglichkeiten, die sich aus diesen für sie glücklichen Umständen ergaben. Das von den Brüdern Rodríguez Orejuela geführte Cali-Kartell drang schnell in die Lücke, die das zerschlagene Medellín-Kartell hinterlassen hatte, und wurde Kolumbiens größter Händler. Das Spiel wiederholte sich, als die Top-Bosse des Kartells 1995 gefangen und hinter Schwedische Gardinen gesteckt wurden. Auch danach blühte der Drogenhandel weiter; andere regionale Drogenkartelle, Paramilitärs und vor allem Guerillas, übernahmen die Rolle, die die beiden ersten Mafiagruppen vorgegeben hatten.

1999 startete Präsident Andrés Pastrana den *Plan Colombia*, den die USA mit 3,3 Mrd. US$ unterstützten. Dessen Ziel war es, die Kokapflanze in Kolumbien mit Pestiziden aus der Luft komplett auszurotten. Die kolumbianischen Kokafarmer und -händler, die nicht auf ein Jahresgeschäft von 6 Mrd. US$ verzichten wollten, haben in vielen Fällen ihre Felder kurzerhand woanders hinverlagert, oftmals in Nationalparks, in denen die Verwendung der chemischen Keule verboten ist. Und so bleibt die Menge an Kokain, die in den USA und in Europa auf den Markt kommt, trotz vermehrter Razzien und Verhaftungen von Kleinhändlern stabil.

Ein Silberstreif am Horizont

Álvaro Uribe, ein unabhängiger Hardliner, gewann 2002 die Präsidentschaftswahl mit einem starken Anti-Guerilla-Programm und der Ansage, die Tradition von Protektion durch Regierungsbehörden und Günstlingswirtschaft zu zerschlagen.

Uribes Ethik der harten Arbeit zahlte sich aus. Seine erste Amtszeit zeigte sichtbare Verbesserungen der öffentlichen Sicherheit und der legalen Wirtschaft des Landes. Die Armee wurde besser ausgerüstet und hat 60% mehr kampfbereite Soldaten als 2002. So gelang es der Regierung, das meiste Land, das bis in die späten 1990er-Jahren an die Guerillas abgetreten worden war, zurückzuerobern und zahlreiche Rebellen zu entwaffnen.

Mit Zustimmungsraten von 80% ist Uribe der vielleicht beliebteste politische Führer Lateinamerikas, doch muss er immer noch seine ganze Konzentration der Stabilisierung des Friedens widmen. Die inneren Konflikte stempelt er als terroristische Akte ab – und dabei macht er wenig Unterschiede zwischen der FARC und dem Cali-Kartell. Die Guerillas fordern, dass Uribe erst Kolumbiens Zerrissenheit anerkennt, bevor Gespräche beginnen können. Sowohl die UN als auch Menschenrechtsorganisationen bezeichnen den Konflikt als politisch. Uribe muss aber seine Sichtweise der Lage des Konflikts aufrechterhalten, um eine bessere Verhandlungsbasis zu haben. Doch hat er schon angeboten, seine Ansichten zu überdenken, wenn der ELN einen Waffenstillstand einhält.

Die AUC bilden die einzige Gruppe, die einen Rückzug angeboten hat. Sie steht allerdings nicht in direktem Konflikt mit der Regierung, sondern verfolgt sogar gemeinsame Ziele. Sie möchte einzig den Status Quo erhalten. Eine Menge Leute – einige davon in UN, EU und der US-Regierung – hat dafür gesorgt, dass den AUC äußerst großzügige Bedingungen für ihre Auflösung gestellt wurden. Auch ist offensichtlich, dass viele ihrer Mitglieder mit Blut an den Händen davonkommen werden. Bis Ende 2005 haben zwar fast 10 000 AUC-Paramilitärs die Waffen niedergelegt, doch es ist noch nicht klar, ob sie auch ihre politischen, ökonomischen und drogenkriminelle Strukturen zerschlagen werden.

KULTUR
Mentalität

Die Schlagzeilen zeichnen vielleicht kein besonders positives Bild von Kolumbien, dem Bürgerkrieg und der ausufernden Gewalt. Das alles spiegelt jedoch keinesfalls den Charakter seiner Einwohner wider, die auf eine natürliche Art gesellig, sozial und höflich sind. Es dürfte schwer sein, einen Kolumbianer zu finden, der nicht hilfsbereit ist oder einfach nur ein wenig plaudern möchte, um sich auf der Straße die Zeit zu vertreiben. Schnell wird einem klar, dass Kolumbianer es lieben, sich zu unterhalten, und man einfach mit jedem ins Gespräch kommen kann. Man sollte sich also nicht wundern, wenn Fremde im Restaurant auf einen zukommen und anfangen zu quatschen. Dank ihrer respektvollen Art sind die Kolumbianer nicht nur nett zu Fremden, sondern auch untereinander. Man kann immer mit einer freundlichen Antwort rechnen, wenn man einen Kolumbianer höflich nach etwas fragt. Sogar das Feilschen, heißt es, sei nur eine Entschuldigung für ein Schwätzchen. Wer also nur über Geld reden will, wird seine Antworten auch nur in Steno erhalten.

Als Folge der jahrzehntelangen Bürgerkriege leben Kolumbianer im Hier und Jetzt. Tanzen, Trinken und Partys bis in die Morgenstunden scheinen das sonst so unsichere Leben erträglicher zu machen. Ihre Lebensfreude ist offensichtlich und viele Kolumbianer träumen davon, nach Übersee zu reisen, auch wenn die meisten es sich nicht leisten können. Aber sie hängen auch leidenschaftlich an ihrem eigenen Land und sprechen liebevoll von dessen Schönheit.

Die meisten Kolumbianer passen prima in dieses Profil. Doch es gibt auch Ausnahmen: Vor allem die bürgerkriegsgeschüttelten Dörfer am Amazonas und die verarmten Slums außerhalb von Bogotá lassen eine nicht ganz so optimistische Lebenseinstellung aufkommen. Aber eines triumphiert immer: der unerschütterliche Geist des kolumbianischen Volkes, das in der Vergangenheit so viele Unruhen überstanden hat. Und das weiß, dass es auf die eine oder andere Art auch die derzeitigen Schwierigkeiten hinter sich lassen wird.

Lebensart

Zwischen Arm und Reich klafft in Kolumbien eine enorme Lücke. Gerade mal 10 % der Bevölkerung kontrollieren 46 % des Reichtums und verdienen 80-mal mehr als die ärmsten 10 %. Ungefähr 60 % der Kolumbianer in den Städten leben unter der Armutsgrenze, auf dem Land sind es sogar 80 %.

Eine solche Kluft hat eine bizarre Mischung aus Erster und Dritter Welt entstehen lassen. Junge Berufstätige, die im Norden Bogotás leben, verbringen ihre Freizeit vielleicht beim Golf oder Tennis, während auf der anderen Seite der Stadt Hunderttausende Menschen in den überfüllten Slums der Ciudad Bolívar ihr Dasein fristen.

Die neue städtische Elite lebt sehr kosmopolitisch – Essen in Sushibars, Kommunizieren über Laptops und teure ausländische Autos –, während die Kolumbianer in den entlegenen Dörfern ohne Strom oder fließendes Wasser auskommen müssen. Aber trotz ihres privilegierten Status ist das Leben der reichen Kolumbianer äußerst

unsicher. Kaum ein Mitglied der oberen Zehntausend, das nicht jemanden kennt, der ermordet, gekidnappt oder ausgeraubt wurde. Am anderen Ende der Skala sitzen die armen Kolumbianer oftmals zwischen den Stühlen der FARC, der Regierung und der Paramilitärs, gelegentlich mit tödlichem Ausgang.

In den Häusern trifft man oft auch noch Großfamilien, die alle unter einem Dach leben. Die Großeltern passen meist auf die Kleinen auf, während die Eltern, Tanten und Onkel bei der Arbeit sind. Die immer stärker werdende Mittelschicht zeigt jedoch ein steigendes Interesse an großen Einfamilienhäusern.

Unabhängig vom Einkommensniveau vereint die Kolumbianer eine Handvoll gemeinsamer Interessen, darunter *fútbol*, Salsa und die Begeisterung für lärmende *rumbas*. Ein kolumbianisches Festival wird in allen Ecken des Landes mit dem gleichen Getöse begangen.

Einwohner

Das Land Kolumbien hat derzeit ungefähr 42 Mio. Einwohner und ist damit nach Brasilien und Mexiko und noch vor Argentinien das drittgrößte Land in Lateinamerika. Die Einwohner verteilen sich ziemlich gleichmäßig von Norden nach Süden, lediglich das Amazonasbecken im östlichen Kolumbien ist spärlich besiedelt. Die größten Städte sind Bogotá (7,5 Mio.), Medellín (2,5 Mio.), Cali (2,25 Mio.) und Barranquilla (1,3 Mio.).

Kolumbiens bunt gemischte Bevölkerung ist ein Spiegelbild der abwechslungsreichen Geschichte des Landes. Sie setzt sich im Wesentlichen aus drei Gruppen zusammen: Angehörigen indigener Völker, den Nachfahren spanischer Siedler und afrikanischer Sklaven. 58 % der Kolumbianer bezeichnen sich als Mestizen, als Menschen, die Indios und Europäer als Vorfahren haben. Daneben gibt es noch weitere ethnische Gruppen: 20 % Weiße, 14 % Nachfahren eines weißen und eines schwarzen Elternteils, 4 % afrikanischer Herkunft, 3 % Nachfahren eines afrikanischen und indigenen Elternteils und nur 1 % Angehörige indigener Völker. Kolumbiens indigene Bevölkerung spricht 65 Sprachen und beinahe 300 Dialekte, die mehreren linguistischen Familien zugeordnet werden.

Viele neue Einwanderer kommen aus dem Nahen Osten, besonders aus der Türkei und dem Libanon, aber auch aus anderen Teilen Lateinamerikas, wie beispielsweise aus Peru, Ecuador oder der Karibik. Die Konflikte im Süden des Landes haben unterdessen dafür gesorgt, dass Zehntausende Kolumbianer ins benachbarte Ecuador vertrieben wurden.

SPORT

Fußball und Radsport sind die beliebtesten Publikumsrenner des Landes. Kolumbiens Top-Sportler nehmen regelmäßig an internationalen Wettkämpfen teil, z. B. der Fußball-WM und der Tour de France, und konnten schon einige Erfolge erzielen. Während in der nationalen Fußballliga das ganze Jahr über Spiele in fast allen Winkeln des Landes stattfinden, beschränkt sich Baseball auf die Karibikküste.

Kolumbianer sind begeistert Anhänger der *corrida* (Stierkampf), den die Spanier ins Land gebracht haben. Die meisten Städte und Dörfer haben eine *plaza de toros* (Stierkampfarena). Die Stierkampfsaison erreicht ihren Höhepunkt im Januar, wenn die besten Matadore aus Spanien eingeladen werden.

RELIGION

Die Mehrzahl der Kolumbianer ist römisch-katholisch. Andere Glaubensrichtungen sind offiziell gestattet, haben aber nur wenige Anhänger. Im letzten Jahrzehnt haben sich jedoch verschiedene protestantische Gemeinden ausgedehnt und es geschafft, ca. 3 Mio. Katholiken zu „bekehren". Viele Ureinwohner haben den katholischen Glauben angenommen, wobei sie allerdings oft Elemente ihrer traditionellen Religionen mit übernommen haben. Eine kleinere Glaubensgemeinschaft bilden die kolumbianischen Juden, Synagogen gibt es in den meisten großen Städten.

KÜNSTE
Architektur

Das bedeutendste Beispiel präkolumbischer Stadtplanung ist die Ciudad Perdida, ein Überbleibsel der Tayrona-Kultur in der Sierra Nevada de Santa Marta. Obwohl die Gebäude die Zeiten nicht überdauert haben, befinden sich die Grundmauern, darunter ein komplexes Netzwerk aus Terrassen,

Pfaden und Treppen, in bemerkenswert gutem Zustand.

Nach der Ankunft der Spanier wurden normalerweise Steine und Ziegel als Baumaterialien benutzt. Die kolonialen Städte folgten strikten Vorgaben durch die spanische Krone. Sie wurden auf einem Raster erbaut, dessen Zentrum die Plaza Mayor (Hauptplatz) bildete. Dieses Raster wurde während der Kolonialherrschaft und noch lange Zeit danach angewandt. Es ist das herausragende Charakteristikum der meisten kolumbianischen Städte und Dörfer.

Spaniens katholische Tradition hat eine Vielzahl an Kirchen und Klöster in der ehemaligen Kolonie hinterlassen – die Zentren von Bogotá, Cartagena, Popayán und Tunja sind gute Beispiele.

Im 19. Jh. wurde trotz der Unabhängigkeit weiterhin vorwiegend im spanischen Stil gebaut. Moderne Architekturtrends tauchten erst nach dem Zweiten Weltkrieg auf, ein Prozess, der in den 1960er-Jahren durch den Bau von Hochhäusern beschleunigt wurde.

Das neueste architektonische Phänomen Kolumbiens ist die Stadtplanung. Der Erfolg des Bussystems TransMilenio, autofreie Sonntage, Radwege und die Ausweitung der Parks in Bogotá wurden zum Modell für andere Städte in Südamerika, Afrika und Asien. Der selbsternannte Architekt dieses städtischen Sanierungsplans, der frühere Bürgermeister von Bogotá, Enrique Peñalosa, reist mit dem Bogotá-Plan durch das Land und bewirbt ihn auch als Modell für andere Städte der Dritten Welt.

Bildende Künste

Die Kolonialzeit wurde von der religiösen Kunst Spaniens dominiert. Obwohl die Gemälde und Skulpturen dieser Epoche im Allgemeinen von örtlichen Künstlern erstellt wurden, spiegeln sie den spanischen Einfluss der Zeit wider. Mit der Ankunft der Unabhängigkeit sagten sich die bildenden Künste zwar strikt von religiösen Themen los, doch erst mit der europäischen Kunstrevolution am Ende des 19. Jhs. begannen auch kolumbianische Künstler zu experimentieren und originelle Werke zu schaffen.

Zu den wichtigsten modernen Malern und Bildhauern gehören: Pedro Nel Gómez, bekannt für seine Wandgemälde, Ölgemälde und Skulpturen; Luis Alberto Acuña, ein

Maler und Bildhauer, der Motive aus der präkolumbischen Zeit verwendet; Alejandro Obregón, ein Maler mit Hang zu abstrakten Formen; Rodrigo Arenas Betancur, Kolumbiens berühmtester Erbauer von Monumenten; und Fernando Botero, der international bekannteste kolumbianische Künstler. Dessen etwas ironischer Stil ist durch die charakteristische Dicke seiner Figuren in seinen Gemälden und Skulpturen leicht wiederzuerkennen.

Die Neuzeit ist charakterisiert durch die Ausbreitung von Schulen, Trends und Techniken. Künstler, die man im Auge behalten sollte, sind Bernardo Salcedo (Konzeptskulpturen und Fotografie), Miguel Ángel Rojas (Gemälde und Installationen) und die talentierte Doris Salcedo (Skulpturen und Installationen).

Kino

Der international erfolgreichste kolumbianische Film der letzten Zeit, *Maria voll der Gnade* (2004) hat amerikanische und kolumbianische Produzenten zusammengebracht. Es entstand ein bewegender Film über eine schwangere 17-jährige Angestellte einer Blumenfabrik, die ihre Kleinstadtwelt verlässt, um als Kurier Kokain in die USA zu schmuggeln.

Zwei weitere aktuelle Filme, die sich mit den kolumbianischen Themen Drogen und Gewalt beschäftigen, sind *Sumas y Restas* (Summen und Abzüge; 2004) und *Rosario Tijeras* (2005). Zwar waren beide Filme im Land extrem erfolgreich, da ihnen jedoch die internationale Unterstützung fehlte, erreichten sie nicht die gleiche Aufmerksamkeit wie *Maria voll der Gnade*.

Das Mainstream-Hollywoodkino hat sich Kolumbien auf seine ganz eigene Art und Weise genähert, beispielsweise in den Filmen *Die Jagd nach dem grünen Diamanten* (1984) mit Michael Douglas und Kathleen Turner oder *Das Kartell* (1994) mit Harrison Ford.

Literatur

Während der Zeit der Unabhängigkeit und bis zum Zweiten Weltkrieg kamen aus Kolumbien nur wenige international anerkannte Schriftsteller, etwa José Asunción Silva (1865–96), der wahrscheinlich beste Dichter des Landes, der auch als Vorreiter der Moderne in Lateinamerika gilt.

Ein Literaturboom nach dem Krieg katapultierte viele große lateinamerikanische Autoren in die internationale Szene, darunter den Kolumbianer Gabriel García Márquez (geb. 1928). Sein 1967 veröffentlichter Roman *Hundert Jahre Einsamkeit* wurde ohne Umwege zum weltweiten Bestseller. Er vermischt Mythen, Träume und Realität und verblüfft den Leser mit einer neuen Ausdrucksform, den die Kritiker *realismo mágico* (magischer Realismus) getauft haben. 1982 erhielt „Gabo" den Nobelpreis für Literatur. Sein neuestes Buch, *Erinnerung an meine traurigen Huren*, wurde 2006 veröffentlicht.

Es gibt verschiedene Zeitgenossen, die es verdienen, beachtet zu werden, darunter der Dichter, Romancier und Maler Héctor Rojas Herazo, sowie Álvaro Mutis, ein enger Freund von Gabo. Aus der jüngeren Generation sollte man sich die Arbeiten von Fernando Vallejo genauer anschauen, einem anerkannten Bilderstürmer, der überraschend kritisch zu García Márquez steht.

Musik

Grob betrachtet kann Kolumbien in vier musikalische Zonen aufgeteilt werden: die Karibik- und die Pazifikküste, die Andenregion und Los Llanos. Die Karibikküste vibriert von afrikanisch beeinflussten Rhythmen wie *Cumbia, Mapalé* und *Porro*. Hier steht auch die Wiege des *Vallenato*,. der auf dem europäischen Akkordeon basiert und vor einem Jahrhundert in den Regionen La Guajira und Cesar entstand. Heute hat der Vallenato erfolgreich fast das ganze Land erobert und ist die beliebteste Musikrichtung ganz Kolumbiens.

Der Musik der Pazifikküste, dem *currulao,* liegen ein starker afrikanischer Trommelbeat und spanische Elemente zugrunde. Die kolumbianische Andenmusik wurde noch deutlicher von spanischen Rhythmen und Instrumenten beeinflusst. Sie unterscheidet sich stark von der einheimischen Musik des peruanischen und bolivianischen Hochlands. Zu den typischen Formen gehören der *bambuco,* der *pasillo* und der *torbellino,* alle instrumental und dominiert von Seiteninstrumenten. Die Musik aus Los Llanos, die *música llanera,* wird gesungen und normalerweise von einer Harfe, der *cuatro* (eine Art vierseitige Gitarre) und Maracas begleitet.

„SCHWERMETALL"

César López hat eine Vision von Kolumbien: Mehr Musik, weniger Morde. Als Antikriegsaktivist und Musiker hat er immer daran geglaubt, Frieden durch beruhigende Gitarrenriffs vermitteln zu können. Dieser Glaube führte zur Gründung der Battalion of Immediate Artists Reaction, einer Gruppe von Musikern und Künstlern, die sich die friedliche Versöhnung der vielen verfeindeten Gruppen Kolumbiens auf ihre Fahnen geschrieben hat.

Als Teil ihres Programms zieht die Battalion manchmal durch die Straßen und gibt improvisierte Konzerte an Schauplätzen früherer Gewalt. 2003 zog die Gruppe mit gewehrbepackten Soldaten durch die Ruinen des El Nogal Country Clubs, wo eine Autobombe über 30 Menschen tötete. Dabei bemerkte López zum ersten Mal, dass die Soldaten ihre Gewehre genauso trugen wie er seine Gitarre – und eine Idee wurde geboren. Das Resultat heißt *escopetarra*, ein zur Gitarre umgebautes Gewehr.

Die Original-*escopetarra* wurde aus einem alten Winchester Repetiergewehr gefertigt. Seitdem hat López mehrere Dutzend Gewehrgitarren gebaut, einige aus AK-47 Sturmgewehren, die er vom Büro des Friedensbeauftragten bekommen hatte. Die Mitglieder des Battalion benutzen diese Gitarren bei ihren Friedenskonzerten, einige andere wurden an gleichgesinnte Prominente verliehen, in der Hoffnung Frieden zu stiften. Shakira, Carlos Santana, Paul McCartney und Carlos Vives sind nur einige der Künstler, die diese besondere Sorte „Heavy Metal" ausprobieren durften.

López neuestes schlagzeilenträchtiges Projekt ist die Gründung einer neuen Band, der Experimental Reconciliation Group. Sie besteht aus sieben Musikern, die sich früher als Paramilitärs, Soldaten, linksextreme Guerillas und Gangmitglieder feindlich gegenüberstanden. Mehr über César López gibt's unter www.cesarlopez.org.

Kolumbiens berühmtester musikalischer Export ist Shakira. Ihr Album *Oral Fixation Vol 2* (2005) etablierte sie als weltweiten Superstar, der weit davon entfernt ist, nur ein One Hit Wonder zu sein. Weitere kolumbianische Künstler, die über die Landesgrenzen hinaus bekannt wurden, sind der Latino-Popsänger Carlos Vives, Totó La Momposina, der mit traditionellen afrokaribischen Liedern auftritt, Latino-Rocksänger Juanes und Kolumbiens beliebteste Rockgruppe, Los Aterciopelados.

NATUR & UMWELT
Das Land
Kolumbien erstreckt sich auf einer Fläche von 1 141 748 km² und ist damit ungefähr so groß wie Frankreich, Spanien und Portugal zusammen. Es bedeckt den nordwestlichen Teil des Kontinents und ist das einzige südamerikanische Land, das Küsten sowohl am Pazifik (1448 km lang) als auch am Karibischen Meer (1760 km) hat. Kolumbien grenzt an Panama, Venezuela, Brasilien, Peru und Ecuador.

Kolumbiens Geografie ist unglaublich vielfältig. Die westliche Hälfte des Landes ist bergig und von drei Andenketten durchzogen: der Cordillera Occidental, Cordillera Central und Cordillera Oriental, die unge-

fähr parallel von Norden nach Süden verlaufen. Das Gebiet östlich der Anden ist weites Tiefland, das sich in zwei Zonen teilt: die savannenartigen Los Llanos im Norden und dem größtenteils durch Regenwald bedeckte Amazonasbecken im Süden.

Zu Kolumbien gehören mehrere kleine Inseln. Die größten sind die Archipele von San Andrés und Providencia (im karibischen Meer, 750 km nordwestlich vom Festland), die Islas del Rosario (nahe der Karibikküste) und die Isla Gorgona (im Pazifik).

Tiere & Pflanzen
In keinem anderen Land gibt es mehr Pflanzen- und Tierarten pro Flächeneinheit als in Kolumbien. Diese Vielfalt entsteht durch die zahlreichen Klimazonen und Mikroklimata, aufgrund derer sich viele verschiedene Lebensräume und biologische Inseln bildeten, in denen sich Tiere und Pflanzen unabhängig voneinander entwickeln konnten.

Kolumbien ist die Heimat für Jaguare, Ozelots, Pekaris (Nabelschweine), Tapire, Rotwild, Gürteltiere, Brillenbären und viele verschiedene Affenarten, nicht zu vergessen die ungefähr 350 weiteren verschiedenen Säugetierarten. Es gibt mehr als 1920 verzeichnete Vogelarten (fast ein Viertel der weltweit bekannten Arten), vom großen Anden-Kondor bis hin zum klitzekleinen Kolibri. Und auch Kolumbiens Pflanzenwelt weiß zu beeindrucken, beispielsweise mit allein 3000 Orchideenarten. Die nationalen Herbarien haben mehr als 130 000 verschiedene Pflanzen klassifiziert.

Nationalparks

Kolumbien besitzt 38 Nationalparks und 12 weitere staatlich betriebene Naturschutzgebiete. Ihre Gesamtfläche bedeckt 9 % des Landes. Nur eine Handvoll Parks bietet auch Übernachtungs- und Verpflegungsmöglichkeiten an. In den übrigen Parks finden sich dagegen keinerlei Einrichtungen für Besucher. Während einige von ihnen, vor allem in den abgelegenen Gebieten, praktisch unerreichbar sind, ist man in anderen aufgrund von Guerillaaktivitäten nicht sicher.

Nationalparks werden von der Unidad Administrativa Especial del Sistema de Parques Nacionales betrieben, einer Abteilung des Umweltministeriums. Die Zentrale ist in Bogotá zuhause, regionale Büros finden sich in weiteren Städten. Die Zentrale betreut alle Parks, während die untergeordneten Filialen nur die Parks in ihrer Region verwalten. Zu den Parks gehören:

Parque Nacional Tayrona (S. 840) Küstenregenwälder und Strände: Affen, Korallen; Spazieren gehen, Wandern und Schnorcheln.

Parque Nacional Amacayacu (S. 892) Begehbarer Amazonas: Reptilien, Affen; Kanutouren und Trekking.

Parque Nacional el Cocuy (S. 829) Spektakuläre Andengipfel und Seen; Spazieren gehen und Trekking.

Parque Nacional Los Nevados (S. 865) Schneebedeckte Anden-Vulkane und Nebelwälder; Wandern und Bergsteigen.

Parque Nacional Santuario de Iguaque (S. 829) Bergseen, historische Stätten; Wandern.

Umweltschutz

Kolumbiens Umwelt ist ernsthaft bedroht, u. a. durch massive Abholzung. Jedes Jahr werden große Teile des Regenwalds und andere empfindliche Lebensräume ohne Skrupel zugunsten der Industrie, des Wohnungsbaus, der Land- und Viehwirtschaft und – seit Neuestem – des Koka-Anbaus vernichtet. Selbst die Nationalparks sind davor nicht sicher, denn mangels staatlicher Unterstützung und Personals können sie nicht wirklich bewacht werden. Vielerorts

hat es also zunächst einmal nichts gebracht, dass man ein Gebiet zum Nationalpark ernannt hat – das Siedeln, Abholzen, die Viehhaltung und Wildererei ging ungehindert weiter.

Seit über 20 Jahren sind Ölpipelines Ziel von Anschlägen der Guerillas. Sie sollen die multinationalen Konzerne stoppen, die natürlichen Ressourcen des Landes auszubeuten. Seit 1986 hat es mehr als 950 Aktionen gegeben, bei denen Flüsse und Land durch mehr als 2 Mio. Barrel Rohöl – das sind ungefähr 230 Mio. l! – verseucht wurden. Zum Vergleich: Beim Untergang der *Exxon Valdez* gelangte etwa ein Elftel dieser Menge in die Umwelt.

Ein weiteres Problem entsteht aus dem Kampf gegen Kokain: Die USA haben ihre militärische Hilfe für Kolumbien davon abhängig gemacht, dass die Koka- und Mohnplantagen ausgeräuchert werden. Jedes Jahr werden tausende Hektar Koka- und Mohnpflanzen mit Pflanzengiften besprüht, die Glyphosat enthalten, einen Wirkstoff, der auch die normale Ernte vernichtet. So verarmen Tausende von Bauern und Angehörige indigener Völker; sie werden vertrieben und riskieren ihre Gesundheit. Darüber hinaus mahnen viele Wissenschaftler, dass die Pflanzengifte auch Mikroorganismen und Pilze vernichten, die für das Ökosystem des Regenwaldes notwendig sind, und so den gesamten Nährstoffzyklus verändern.

VERKEHRSMITTEL & -WEGE

AN- & WEITERREISE
Auto & Motorrad

Zwischen Kolumbien und Panama gibt es zwar keinen direkten Landweg, dafür ist es möglich, das eigene Gefährt per Frachtschiff von einem Land zum anderen überzusetzen. Start und Ziel sind Colón und Cartagena. In Cartagena wendet man sich an das Büro von **Seaboard Marine** (☎ 5-677-2410; www.seaboardmarine.com); das Unternehmen verlangt für die Verladung eines Autos 850 US$.

Bus
ECUADOR

Fast alle Traveller passieren die Grenze an der Panamericana zwischen Ipiales und

FLUGHAFENSTEUER

Die Flughafensteuer für internationale Flüge aus Kolumbien beträgt 30 US$ bei einer Aufenthaltsdauer von bis zu 60 Tagen, 50 US$ müssen alle berappen, die länger geblieben sind. Gezahlt wird in US Dollars oder Pesos zum Tageskurs. Die Gebühr gilt für alle Flughäfen, doch in Cali kann man sich im 2. Stock ein Steuerbefreiungsformular abholen. Einfach dem Ticketagent klarmachen, man sei ein Tourist und kein Geschäftsreisender. Obwohl es das Formular nicht an allen Flughäfen gibt, lohnt auf jeden Fall die Nachfrage, da sich die Politik auch ändert.

Tulcán; s. hierzu die Abschnitte Ipiales (S. 884) und Tulcán (Ecuador).

VENEZUELA

Es gibt diverse Grenzübergänge zwischen Kolumbien und Venezuela. Der bei Travellern beliebteste liegt an der Route über Cúcuta und San Antonio del Táchira entlang der Hauptstrecke von Bogotá nach Caracas; s. S. 836 und S. 1164.

Ein anderer Grenzübergang findet sich in Paraguachón an der Straße von Maicao nach Maracaibo. Es fahren Busse und Sammeltaxis zwischen Maicao und Maracaibo, außerdem Direktbusse zwischen Cartagena und Caracas; s. die Abschnitte zu Maracaibo (S. 1153) und Cartagena (S. 841).

Schließlich gibt es auch noch einen beliebten kleinen Grenzübergang zwischen dem kolumbianischen Puerto Carreño und entweder Puerto Ayacucho (S. 1197) oder Puerto Páez (beide in Venezuela).

Flugzeug

Dank seiner Lage in der nordwestlichen Ecke des Kontinents ist Kolumbien ein bequemes und verhältnismäßig günstiges Tor nach Südamerika für Traveller, die aus den USA, Mittelamerika oder direkt aus Europa kommend anreisen. In Bogotá liegt Kolumbiens größter internationaler Flughafen, aber auch andere Städte wie Cartagena, Medellín und Cali wickeln internationale Flüge ab. Das Land wird von einer Reihe von großen internationalen Fluglinien angeflogen, darunter British Airways, Air France, Iberia und American Airlines, au-

ßerdem auch noch von einem Dutzend nationaler Linien.

BRASILIEN & PERU

Direktflüge zwischen diesen Ländern und Kolumbien sind teuer. Am günstigsten dürfte es sein, über Leticia an der Grenze zu Brasilien und Peru zu fliegen. Siehe Kapitel Leticia (S. 891).

ECUADOR

Tägliche Flüge zwischen Quito und Bogotá bieten Avianca und Continental Airlines (200–250 US$ einfache Strecke) an. Die ecuadorianische Fluglinie Tame hat Flüge zwischen Cali und Tulcán in Ecuador (95 US$ einfache Strecke) sowie zwischen Cali und Quito (140 US$) im Flugplan.

MITTELAMERIKA

In Kolumbien gibt es auch regelmäßige Flugverbindungen zu den meisten mittelamerikanischen Hauptstädten. Die Flüge kosten beispielsweise: Guatemala City–Bogotá 390–410 US$, San José (Costa Rica)–Bogotá 370–400 US$, Panama City–Bogotá 200–250 US$. Während der Recherchen für dieses Buch gab es keine direkte Verbindung zwischen Mittelamerika und der kolumbianischen Insel San Andrés, doch das kann sich ändern. Es lohnt sich also, nachzufragen.

VENEZUELA

Avianca und Aeropostal fliegen täglich mehrmals zwischen Caracas und Bogotá. Ein normales Ticket für eine Strecke belastet die Reisekasse mit ca. 200 US$; allerdings gibt es öfter Aktionen, mit denen man 50 US$ sparen kann.

Schiff

BRASILIEN & PERU

Der einzig brauchbare Grenzübergang zwischen den beiden Ländern und Kolumbien erfolgt über Leticia im kolumbianischen Amazonasgebiet. Leticia erreicht man per Boot von Iquitos (Peru) und Manaus (Brasilien); s. S. 891.

PANAMA

Zwischen Colón in Panama und Cartagena in Kolumbien verkehren Segelboote. Mehr dazu ist im Abschnitt Cartagena (S. 847) zu finden.

UNTERWEGS VOR ORT
Auto & Motorrad

Mit dem eigenen Fahrzeug durch Kolumbien zu kurven, ist nicht so verrückt, wie es sich zunächst anhört. Während der Recherchen trafen wir zahlreiche Traveller, die den kolumbianischen Landstraßen trotzten und dabei ganz gut zurechtkamen. Aber vielleicht hatten sie auch einfach nur Glück.

Denn tatsächlich bestehen einige Sicherheitsrisiken: Autodiebstahl ist eine echte Gefahr – man sollte also stets wachsam bleiben, wenngleich man nicht viel dagegen unternehmen kann, wenn man unterwegs überfallen wird. Auch das Verkehrsverhalten ist nicht unbedingt das, was man von zu Hause gewohnt ist. Vor allem in den Städten wird chaotisch und wild gefahren. Verkehrsregeln sind nicht das Papier wert, auf das sie gedruckt sind. Kein Mensch hält sich daran, es nützt also nicht viel, sie selbst zu beherzigen.

Wer in Kolumbien fahren möchte, sollte einen internationalen Führerschein dabeihaben. Es ist schon möglich, dass der Führerschein des Heimatlandes auch anerkannt wird, aber man betritt hier eine Grauzone und nicht jeder kennt die Regelungen. Daher ist es ganz schick, wenn man mit einem internationalen Dokument herumwedeln kann.

Bus

Busse sind *das* Transportmittel in Kolumbien. Das Bussystem ist gut entwickelt und ausgebaut und erreicht selbst die entlegendsten Dörfer. Die Kategorien reichen von recht gewöhnlichen Mühlen bis hin zu modernen Luxusschlitten.

Die besten Busse (*climatizado*) bieten eine Menge Beinfreiheit, Liegesitze, große Gepäckfächer und Toiletten. Auf jeden Fall sollte man warme Kleidung dabei haben, da die meisten Busfahrer die Klimaanlage bis zum Anschlag aufdrehen.

Auf den meisten Straßen verkehren die Busse regelmäßig, weshalb nicht unbedingt im Voraus reserviert werden muss. Etwas abseits der Hauptstrecken, wo weniger Busse am Tag fahren, sollte man sich das Ticket aber bereits einige Zeit vor der Abfahrt sichern. Reservierungen sind eigentlich nur um Weihnachten und Ostern wirklich notwendig, wenn die Kolumbianer scharenweise in die Ferien fahren.

Eine weitere Busklasse nennt sich *chiva*. Die einer Straßenbahn ähnelnden Gefährte waren bis vor einigen Jahrzehnten das Haupttransportmittel. Ihr Rumpf besteht fast komplett aus Holz, verziert mit dekorativen Mustern. Heute sind die *chivas* zwar von den Hauptstraßen verschwunden, doch zwischen den kleinen Dörfern des Hinterlands spielen sie immer noch eine wichtige Rolle.

Colectivos sind eine Kreuzung zwischen Bussen und Taxis. Es handelt sich meist um große Autos (Jeeps oder Minibusse), die feste Strecken abfahren, vor allem Kurz- und Mittelstrecken. Wenn sie voll sind, fahren sie los, einen Fahrplan gibt es nicht. *Colectivos* sind eine gute Alternative, wenn man lange auf den nächsten Bus warten müsste oder man es eilig hat.

Busreisen in Kolumbien sind ziemlich günstig. Als Faustregel gilt, dass die *climatizados* ungefähr 4 US$ pro 100 km kosten. Befahren mehrere Firmen die gleiche Route, kostet das Ticket in der Regel bei allen dasselbe (allerdings kann man schon mal einen Rabatt erhaschen, man sollte sich also umgucken).

Flugzeug

Kolumbien hat ein gut ausgebautes und zuverlässiges Netz von Inlandsflügen. Die wichtigsten Airlines sind **Avianca** (www.avianca. com), **SAM** (Avianca Group), **Aires** (www.aires.com. co), **Aerorepública** (www.aerorepublica.com.co) und **Satena** (www.satena.com), die meisten bieten auch internationale Flüge an.

Preise und Service der einzelnen Fluglinien unterscheiden sich kaum. Wahrscheinlich wird allein der Flugplan, der am besten passt, den Ausschlag geben. Meistens wird man wohl mit Avianca oder Aerorepública unterwegs sein. Die Ticketpreise hängen von der Verfügbarkeit der Plätze ab. Wer also unbedingt einen bestimmten Flug haben will, der schon fast ausgebucht ist, muss mit astronomischen Preisen rechnen. Wer lange im Voraus bucht, bekommt dagegen auch Schnäppchen.

Bei Inlandsflügen fällt eine Flughafensteuer von 4 US$ an, die man normalerweise beim Kauf des Tickets mitbezahlt (in den in diesem Kapitel genannten Preisen ist die Steuer bereits enthalten). Buchungen sollte man sich auf jeden Fall 72 Stunden vor Abflug bestätigen lassen.

www.lonelyplanet.de   BOGOTÁ ·· Orientierung **809**

Schiff

Kolumbien hat am Karibischen Meer und am Pazifik über 3000 km Küstenlinie. Kein Wunder, dass reichlich Schiffe unterwegs sind – wenn auch zum großen Teil unregelmäßig verkehrende Frachtschiffe, die auch Passagiere mitnehmen. Die Flüsse sind wichtige Transportwege in der Region Chocó und im Amazonasbecken, wo man anders nicht hinkommt. Ein paar Boote folgen einem regelmäßigen Zeitplan – da die meisten Frachtschiffe sind, sind sie aber alles andere als schnell und die Reise fällt alles andere als komfortabel aus.

BOGOTÁ

☎ 1 / 7,5 Mio. Ew.

In Bogotá bewegt sich etwas. Früher ein Ort, an dem man besser nicht war, hat die kolumbianische Hauptstadt mittlerweile ihr Image ganz schön aufpoliert und ist auf dem besten Weg, ein Highlight unter den lateinamerikanischen Städten zu werden. Erhöhte Sicherheit, Projekte zur Verbesserung der Infrastruktur und eine stadtweite Putzkampagne haben der einst mitgenommen Metropole ein neues Gesicht verliehen.

Anmutige Kirchen, hervorragende Museen und ein pulsierendes Nachtleben können einen einige Tage beschäftigen. Zudem ist Bogotá das politische und finanzielle Zentrum des Landes, ganz zu schweigen von der Lage der Stadt in der geografischen Mitte Kolumbiens, die sie zu einem tollen Ausgangspunkt für Entdeckungstouren im restlichen Land macht.

Noch immer zieht es die Kolumbianer nach Bogotá, mittlerweile Heimat von mehr als 7 Mio. Menschen. Aus allen Teilen des Landes kommen sie, auf der Suche nach neuen Chancen für Bildung und Arbeit. Doch viele Arme vom Land müssen schnell feststellen, dass die Straßen hier auch nicht mit Gold gepflastert sind, und enden schließlich in einem der vielen Gettos am südlichen Rand der Stadt.

Die meisten Reisenden verbringen den Hauptteil ihrer Zeit in oder rund um La Candelaria. Das 470 Jahre alte historische Stadtzentrum ist ein nettes Viertel mit Cafés, Unterkünften und historischen Sehenswürdigkeiten. In großem Kontrast zum Süden steht der Norden Bogotás, wo man

sich einen Teufel um Geschichte schert und lieber in ultramodernen Vierteln dem Kapitalismus huldigt.

Bogotá liegt auf 2600 m Höhe – und so weit oben kann man schon mal höhenkrank werden, ein leichtes Schwindelgefühl nach der Ankunft ist nicht selten. Die ersten ein bis zwei Tage sollte man es daher ruhig angehen lassen – bald hat sich der Körper an die Höhe gewöhnt. Die Durchschnittstemperatur liegt das ganze Jahr über bei 14 °C, die Nächte sind kühl, die Tage warm. Die Trockenzeit dauert von Dezember bis Februar und Juni bis September.

ORIENTIERUNG

Bogotá hat sich entlang der Nord-Süd-Achse ausgebreitet. Im Osten wird es von einer Bergkette mit den beiden Gipfeln des Cerro de Monserrate und des Cerro de Guadalupe begrenzt. Die Berghänge hat man so weit wie möglich erschlossen, inzwischen breitet sich Bogotá nach Westen und Norden aus.

Das Stadtzentrum teilt die Metropole in zwei äußerst unterschiedliche Teile. Im nördlichen Teil Bogotás befinden sich hauptsächlich die gehobenen Wohngebiete, während sich im Süden die weitläufigen Vororte der unteren Einkommensklassen ausdehnen. Der Westen, weg von den Bergen, ist der heterogenste Teil der Stadt, zugleich über die meiste Industrie verfügt. Hier liegen auch der Flughafen sowie der Busbahnhof.

Bogotá bietet genug für ein paar Tage Aufenthalt. Auf die Besucher warten einige Sehenswürdigkeiten sowie die lebendigste und abwechslungsreichste Kultur- und Kunstszene des Landes. Die Highlights befinden sich im Stadtzentrum, nur kurze Fußwege voneinander entfernt.

Zu beachten: Straßennamen, die ein „A" enthalten, stehen für einen halben Block (die Carrera 7A liegt also genau zwischen den Carreras 7 und 8.).

PRAKTISCHE INFORMATIONEN
Bibliotheken

Biblioteca Luis Ángel Arango (☎ 1-343-1212; Calle 11 Nr. 4-14; ☽ Mo–Sa 8–20, So bis 16 Uhr) Bibliothek mit gelegentlichen Kunstausstellungen.

Biblioteca Nacional (☎ 1-243-5969; Calle 24 Nr. 5-60; ☽ Mo–Fr 7.45–17 Uhr) Für den Besuch benötigt man einen Bibliotheksausweis.

KOLUMBIEN

810 BOGOTÁ

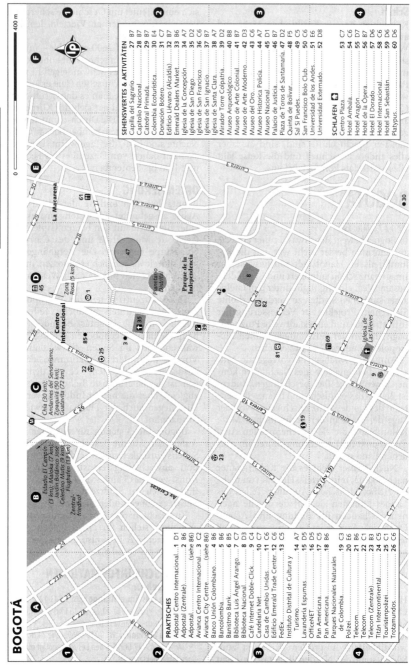

BOGOTÁ

PRAKTISCHES
Adpostal Centro Internacional	1 D1
Adpostal (Zentrale)	2 B6
Adpostal	(siehe 86)
Avianca Centro Internacional	3 C2
Avianca City Centre	(siehe 86)
Banco Unión Colombiano	4 B6
Bancolombia	5 B6
Banistmo Bank	6 B5
Biblioteca Luis Ángel Arango	7 C7
Biblioteca Nacional	8 D3
Café Internet Doble-Click	9 C4
Candelaria Net	10 C7
Casa de Cambio Unidas	11 C6
Edificio Emerald Trade Center	12 C6
FedEx	13 C5
Instituto Distrital de Cultura y Turismo	14 A7
Lavandería Espumas	15 D5
OfficeNET	16 D5
Pan Americana	17 C5
Pan Americana	18 B6
Parques Nacionales Naturales de Colombia	19 C3
Polizei	20 E6
Telecom	21 B6
Telecom	22 C1
Telecom (Zentrale)	23 B3
Titán Intercontinental	24 C5
Touristenpolizei	25 C1
Trotamundos	26 C6

SEHENSWERTES & AKTIVITÄTEN
Capilla del Sagrario	27 B7
Capitolio Nacional	28 B7
Catedral Primada	29 B7
Colombia Ecoturística	30 E4
Donación Botero	31 C7
Edificio Liévano (Alcaldía)	32 B7
Emerald Dealers Market	33 B6
Iglesia de la Concepción	34 A7
Iglesia de San Diego	35 D2
Iglesia de San Francisco	36 C6
Iglesia de San Ignacio	37 B7
Iglesia de Santa Clara	38 A7
Mirador Torre Colpatria	39 D2
Museo Arqueológico	40 B8
Museo de Arte Colonial	41 B7
Museo de Arte Moderno	42 D3
Museo del Oro	43 C6
Museo Historica Policía	44 A7
Museo Nacional	45 D1
Palacio de Justicia	46 B7
Plaza de Toros de Santamaría	47 D2
Quinta de Bolívar	48 F5
Sal Si Puedes	49 C5
San Francisco Bolo Club	50 C6
Universidad de los Andes	51 E6
Universidad Externado	52 D8

SCHLAFEN
Centro Plaza	53 C7
Hotel Ambalá	54 C6
Hotel Aragón	55 D7
Hotel de la Opera	56 B7
Hotel El Dorado	57 D6
Hotel Internacional	58 C6
Hotel San Sebastián	59 D6
Platypus	60 D6

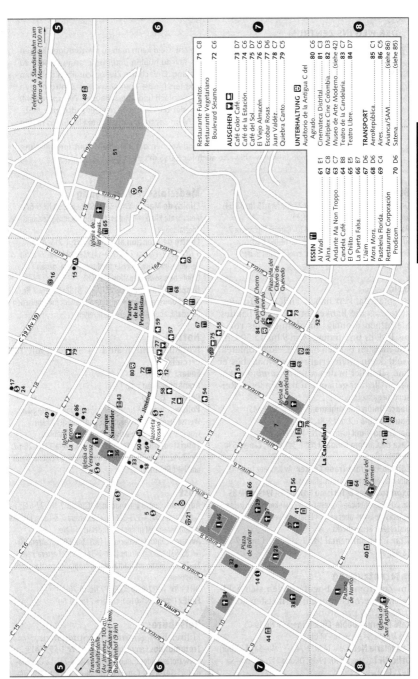

812 BOGOTÁ ·· Praktische Informationen

www.lonelyplanet.de

DER WEG INS ZENTRUM

Der Flughafen El Dorado erschließt sich einem sehr leicht. Geld kann man zu vernünftigen Kursen hinter der Zollabfertigung umtauschen, um dann ins Taxi zu hüpfen und ins Zentrum (13 km) zu fahren. Es gibt einen kleinen Taxistand direkt am Ausgang. Einfach das Ziel beschreiben und man bekommt einen Zettel mit der Adresse und einen Fixpreis für die Tour (7 US$ ins Zentrum), den man dann dem Fahrer in die Hand drückt. Ist alles ganz einfach und überschaubar. Wer sparen will oder muss, nimmt entweder die *busetas* (Minibusse) oder die *colectivos* mit der Aufschrift „Aeropuerto"; sie stehen etwa 50 m vom Terminal entfernt. Vom Zentrum zurück zum Flughafen halten sie in der Calle 19 oder Carrera 10.

Busreisende kommen am Hauptbusbahnhof an und können die 9 km zum Zentrum mit einer *buseta* oder einem *colectivo* fahren, wahlweise auch für 5 US$ mit dem Taxi.

Buchläden

Gaviot @ Libros (☎ 1-256-5621; Carrera 15 Nr. 82-54) Importierte Bücher und Zeitschriften.

Pan Americana (☎ 1-341-7420) Carrera 7 (Carrera 7 Nr. 18-48); Carrera 7A (Carrera 7A Nr. 14-09) Bücher, Büromaterial und Elektronik. Hat zwei Filialen in der Innenstadt.

Geld

Bogotás Banken haben andere Öffnungszeiten als die Banken im Rest des Landes: Sie öffnen montags bis donnerstags von 9 bis 15 Uhr und freitags von 9 bis 15.30 Uhr. Die meisten Banken haben Geldautomaten. Geld kann man erfahrungsgemäß besser und schneller in den *casas de cambio* wechseln. Alle hier genannten Banken lösen Reiseschecks ein.

Banco Unión Colombiano (Carrera 8 Nr. 14-45)

Bancolombia (Carrera 8 Nr. 13-17)

Banistmo Bank (Carrera 8 Nr. 15-60)

Casa de Cambio Unidas (☎ 1-341-0537; Carrera 6 Nr. 14-72)

Edificio Emerald Trade Center (Av Jiménez Nr. 5-43) Hier gibt es mehrere Wechselbüros.

Expreso Viajes & Turismo (☎ 1-593-4949; Calle 85 Nr. 20-32). American Express Filiale. Hier kann man keine Schecks einlösen, aber es gibt Ersatz für verlorene oder gestohlene Reiseschecks.

Titán Intercontinental (☎ 1-336-0549; Carrera 7 Nr. 18-42)

Internetzugang

Im Zentrum von Bogotá finden sich zahlreiche Internetstationen; die meisten kosten 0,70–1 US$ pro Stunde.

Café Internet Doble-Click (Carrera 7A Nr. 19-03; ⏱ Mo–Sa 8–21, So 10–18 Uhr)

Candelaria Net (Calle 14 Nr. 3-74; ⏱ Mo–Sa 9–21 Uhr)

OfficeNET (Carrera 4 Nr. 19-16, Oficina 112; ⏱ Mo–Sa 9–21 Uhr)

Medizinische Versorgung

Clínica de Marly (☎ 1-343-6600; Calle 50 Nr. 9-67) Ambulante Klinik mit Ärzten für Allgemeinmedizin und Spezialgebiete.

Centro de Atención al Viajero (☎ 1-215-2029, 1-612-0272; Carrera 7 Nr. 119-14) Medizinische Hilfe für Reisende inklusive diverser Impfungen (u. a. gegen Gelbfiebers sowie Hepatitis A und B).

Hospital San Ignacio (☎ 1-288-8188; Carrera 7 Nr. 40-62) Universitätskrankenhaus mit hohem medizinischen Standard, aber oft langen Wartezeiten.

Notfall

Notfallnummern sind 24 Stunden am Tag erreichbar.

Feuer (☎ 119)

Krankenwagen (☎ 125)

Polizei (☎ 112)

Polizei (Carrera 1A Nr. 18A-96) Wenn Dokumente oder Wertsachen verloren gegangen sind oder gestohlen wurden, wendet man sich an diese Polizeistation.

Touristenpolizei (☎ 1-337-4413; Carrera 13 Nr. 26-62; ⏱ 7–12 & 14–19 Uhr) Das zweisprachige Personal berät und hilft Reisenden.

Post

Adpostal Centro Internacional (Carrera 7 Nr. 27-54); La Candelaria (☎ 1-353-5666; Ecke Carrera 7 & Calle 13) Das Hauptpostamt ist in der La Candelaria Filiale.

Avianca Centro Internacional (%1-342-6077; Carrera 10 Nr. 26-53); Stadtzentrum (☎ 1-342-7513; Carrera 7 Nr. 16-36) Die Filiale im Stadtzentrum empfängt postlagernde Sendungen.

DHL (☎ 1-212-9727; Calle 72 Nr. 10-70)

FedEx (☎ 1-291-0100; Carrera 7 Nr. 16-50)

Reisebüros

Hilfreiche Agenturen für Studenten:

Trotamundos Centro Internacional (☎ 1-599-6413; www.trotamundos.com.co; Diag 35 Nr. 5-73); La Candelaria (%1-341-8986; Carrera 6A Nr. 14-43, Oficina 208) STA-

Travel-Zweigstelle; manchmal mit attraktiven Rabatten für Studenten und junge Leute.
Viajes Vela (☎ 1-635-3827; www.travelstc.com; Calle 100 Nr. 19-61, Oficinas 210 & 211)

Telefon
In den meisten Internetcafés gibt es internationale und inländische Telefongespräche zu akzeptablen Preisen.
Telecom (☎ 1-561-1111; Calle 23 Nr. 13-49; ⏰ 7–19 Uhr) Das Hauptbüro befinden sich im Stadtzentrum, andere Filialen sind über die ganze Stadt verteilt.

Touristeninformation
Schalter der Touristeninformation findet man am Busbahnhof und am Flughafen El Dorado.
Instituto Distrital de Cultura y Turismo (☎ 1-327-4916; www.culturayturismo.gov.co, spanisch; Carrera 8 Nr. 9-83; ⏰ Mo–Fr 8.30–16.30 Uhr) An einer Ecke der Plaza de Bolívar.
Parques Nacionales Naturales de Colombia (☎ 1-243-3003, 1-341-0676, 1-341-5331; www.parquesnacionales.gov.co, spanisch; Carrera 10 Nr. 20-30; ⏰ Mo–Fr 8–16 Uhr) Hier erhält man Informationen und Genehmigungen für die Nationalparks und kann Übernachtungen in den Parks buchen.

Waschsalon
Viele Hotels bieten ihren Gästen einen Wäscheservice an.
Lavandería Espumas (Calle 19 Nr. 3A-37, Local 104) Es gibt einige günstige *lavanderías* in der Innenstadt.

Gefahren & Ärgernisse
In Bogotá darf man keine hundertprozentige Sicherheit erwarten, doch Teile der Innenstadt inklusive La Candelaria sind heute eindeutig sicherer als noch vor ein paar Jahren. Das Zentrum ist in den letzten Jahren zum größten Teil restauriert worden, die Polizeikontrollen haben zugenommen. Die nördlichen Stadtteile gelten im Allgemeinen als sicherer als das Zentrum, aber hier wie dort sollte man vorsichtig sein.

Nachts sollte man sich so wenig wie möglich auf den Straßen aufhalten und weder Geld noch andere Wertgegenstände mit sich herumtragen. Das heißt jedoch nicht, dass man aus lauter Paranoia komplett auf das Nachtleben verzichten muss. Mit gesundem Menschenverstand und einem Taxi geht das schon. Und draußen auf der Straße sollte man sich eben an die gut beleuchteten großen Boulevards halten.

Kameras setzt man besser diskret ein, auch rund um die Plaza Bolívar – einige Reisende wurden schon am hellichten Tag bestohlen.

SEHENSWERTES
Plaza de Bolívar & Umgebung
Die Plaza de Bolívar ist das Herz der Altstadt, rundherum sieht man einen bunten Mix aus verschiedenen Architekturstilen. Das wuchtige klassizistische Steingebäude im Stil der griechischen Antike an der Südseite ist das **Capitolio Nacional**, der Sitz des Kongresses. Gegenüber ist der nicht weniger monumentale **Palacio de Justicia**. Er steht an der Stelle des Gebäudes, das im November 1985 von den Guerillas des M–19 gestürmt worden war und nach einer heftigen 28-stündigen Gegenoffensive der Armee vollständig ausbrannte. Dabei starben mehr als 100 Menschen, darunter elf Richter des Obersten Gerichts.

Die westliche Seite der Plaza bestimmt das im französischen Stil errichtete **Alcaldía** (Rathaus) aus dem frühen 20. Jh. Die klassizistische **Catedral Primada** an der östlichen Seite des Platzes wurde 1823 fertiggestellt und ist die größte Kirche in Bogotá. Nebenan steht die **Capilla del Sagrario**, das einzige Gebäude am Platz, das aus noch aus Kolonialzeit stammt.

Östlich der Plaza liegt das kolonialzeitliche Viertel **La Candelaria**. Diese Gegend hat sich einen angenehmen Altstadt-Charme erhalten, auch wenn einige der alten Gebäude durch moderne Bauten ersetzt wurden. Der am besten erhaltene Teil des Viertels erstreckt sich zwischen den Calles 9 und 13 sowie den Carreras 2 und 5. Hier kann man auch einfach den Reiseführer mal in die Tasche packen und dann nach Lust und Laune durch die Gassen und Straßen schlendern.

Museen
Bogotá hat eine große Auswahl an Museen. Am letzten Sonntag eines Monats ist der Eintritt frei – und der Andrang groß.

Hauptattraktion ist das **Museo del Oro** (Goldmuseum; ☎ 1-284-7450; www.banrep.gov.co/museo; Calle 16 Nr. 5-41; Eintritt Erw. Di–Sa 1 US$, So frei, Kind unter 12 Jahren frei; ⏰ Di–Sa 9–18, So 10–16 Uhr). Hier ist wirklich alles Gold was glänzt – mehr als 34 000 Goldexponate von allen größeren prähispanischen Kulturen Kolumbiens sind

TODSCHICK UND KUGELSICHER

Miguel Cabellero ist der selbsternannte Armani der kugelsicheren Damen- und Herrenoberbeklei-dung. Stimmt, es ist nur eine kleine Marktnische, aber mit Prinzen, Diplomaten und Staatsmännern auf der Kundenliste sind die Umsätze gewaltig gestiegen.

Cabellero, dessen Laden sich auf der Calle 70 in Bogotá befindet, macht seit zwölf Jahren kugel-sichere Klamotten. Er fing mit 10 US$ und einer alten Lederjacke an. Heute beschäftigt er 80 Mit-arbeiter und verdient 3 Mio. US$ im Jahr.

Die Firma ist spezialisiert auf wildleder- und lederbesetzte Jacken und Westen, verkauft aber auch hieb- und stichfeste Hemden, minensichere Schuhe und schrapnellabweisende Decken. Das alles wird für eine immer stilbewusstere Klientel gefertigt. In Bogotá stationierte US-Diplomaten haben schon mehr als ein Duzend Stücke aus Cabelleros Kollektion erstanden – die guten Stücke kosten zwischen 200 und 2000 US$. Weitere Kunden sind Hugo Chavez, Präsident von Venezuela, sein kolumbianischer Amtskollege Álvaro Uribe und der Prinz von Spanien.

Der Rückgang der Gewalt in Kolumbien in den letzten drei Jahren sei schlecht für das Geschäft gewesen, ließ das Unternehmen verlauten. Allerdings finden sich neue Käuferschichten in den heftigeren Gegenden von Mexico City bis Bagdad.

Caballeros Website unter www.miguelcaballero.com lohnt einen Besuch.

---

in dem vielleicht bedeutendsten Goldmu-seum der Welt ausgestellt.

Ein weiteres Highlight in Bogotá ist die **Donación Botero** (☎ 1-343-1331; Calle 11 Nr. 4-41; Eintritt frei; ☾ Mo & Mi–Sa 9–19, So 10–17 Uhr). Die 208 Teile umfassende Sammlung enthält 123 von Botero geschaffene Werke, darunter Gemälde, Zeichnungen und Skulpturen. Zusätzlich werden noch 85 Werke interna-tionaler Künstler gezeigt, darunter solch klangvolle Namen wie Picasso, Chagall, Miró, Dali, Renoir, Matisse und Monet. Der Audioguide für 2 US$ ermöglicht einen gu-ten Überblick.

Das **Museo Arqueológico** (☎ 1-243-1048; Carrera 6 Nr. 7-43; Eintritt Erw./Student 1,50/0,75 US$; ☾ Di–Fr 8.30–17, Sa 9.30–17, So 10–16 Uhr) befindet sich in einer wunderschönen Villa aus der Kolo-nialzeit und zeigt eine umfangreiche Samm-lung mit Töpferwaren von Kolumbiens wichtigsten prähispanischen Kulturen.

Das **Museo de Arte Colonial** (☎ 1-341-6017; Carrera 6 Nr. 9-77; Eintritt 1 US$; ☾ Di–Fr 9–17, Sa–So 10–16 Uhr) zeigt eine beeindruckende Samm-lung kolonialzeitlicher Kunst, darunter 76 Ölgemälde und 106 Zeichnungen von Gre-gorio Vásquez de Arce y Ceballos (1638–1711), dem wichtigsten Maler der spa-nischen Zeit.

Wer den Norden des Stadtzentrums be-sucht, sollte auf jeden Fall im **Museo Nacional** (☎ 1-334-8366; www.museonacional.gov.co, spanisch; Carrera 7 Nr. 28-66; Eintritt 1,50 US$; ☾ Di–So 10–17.30 Uhr) vorbeischauen. Es befindet sich in einem ehemaligen Gefängnis und erlaubt mit sei-

nen vielen Ausstellungsstücken einen Ein-blick in die kolumbianische Geschichte von den ersten Siedlern bis heute. Zu sehen sind u. a. historische Objekte, Fotos, Karten, Ar-tefakte, Gemälde, Dokumente und Waffen. Auf keinen Fall die Mumien verpassen.

Fans zeitgenössischer Kunst sind im **Mu-seo de Arte Moderno** (☎ 1-286-0466; Calle 24 Nr. 6-00; Eintritt 1,50 US$; ☾ Di–So 10–18, So bis 15 Uhr) gut aufgehoben, in dem ständig wechselnde Ausstellungen einheimischer und fremder Künstler stattfinden.

Etwas aus dem Rahmen fällt das **Museo Historico Policía** (☎ 1-233-5911; Calle 9 Nr. 9-27; Eintritt frei; ☾ Di–Sa 8–12 & 14–17 Uhr). Während der kos-tenlosen geführten Tour bekommt man allen möglichen Polizeikrimskrams gezeigt. Das wahre Highlight allerdings ist die Aus-stellung im Keller, die die 499 Tage dauernde Jagd auf Pablo Escobar dokumentiert. Das makabre Prachtstück der Sammlung ist die blutbefleckte Jacke, die Pablo bei seiner Er-mordung trug.

Die **Quinta de Bolívar** (☎ 1-336-6419; www.quin tadebolivar.gov.co; Calle 20 Nr. 2-91 Este; Eintritt 1,50 US$; ☾ Di–Fr 9–16.30, Sa & So 10–15.30 Uhr) ist ein altes Landhaus, das Simón Bolívar aus Dankbar-keit für seine Dienste geschenkt wurde. Heute zeigt das Museum Dokumente, Kar-ten, Waffen, Uniformen sowie Bolívars Hausrat.

Kirchen

Als Zentrum der Missionarstätigkeit seit den frühesten Tagen der spanischen Fremdherrschaft blickt Bogotá stolz auf zahlreiche kolonialzeitliche Kirchen. Die meisten stammen aus dem 17. und 18. Jh. Hinter ihrem ziemlich strengen Äußeren schlummert in den meisten Fällen eine prachtvolle Innenausstattung.

Eine der beeindruckendsten Kirchen ist die **Iglesia de Santa Clara** (Carrera 8 Nr. 8-91; Eintritt 1 US$; ✹ Di–Fr 9–17, Sa & So 10–16 Uhr), die heute als Museum der Öffentlichkeit zugänglich ist. Die Wände sind komplett mit über 100 Gemälden bedeckt, außerdem werden Heiligenstatuen und Altarbilder ausgestellt, alle aus dem 17. und 18. Jh.

Man sollte auch einen Blick in die herrliche **Iglesia de San Francisco** (Av Jiménez im Carrera 7) werfen, besonders wegen der bemerkenswert geschmückten Kanzel. Die **Iglesia de la Concepción** (Calle 10 Nr. 9-50) ist Heimat von Bogotás schönster im Mudéjar-Stil errichteten Gruft. Und die **Iglesia de San Ignacio** (Calle 10 Nr. 6-35) ragt sowohl wegen ihrer Größe als auch wegen der wertvollen Kunstsammlung aus der Menge heraus. Die **Iglesia de San Diego** (Carrera 7 Nr. 26-37) schließlich ist eine wunderschöne Landkirche – ja, als sie gebaut wurde, lag sie außerhalb der Stadt –, die inzwischen von einem Meer aus Hochhäusern umgeben ist.

Cerro de Monserrate

Um aus schwindelnder Höhe einen Blick auf die Stadt zu werfen, sollte man eine Fahrt auf den Gipfel des Cerro de Monserrate unternehmen, den über dem Stadtzentrum thronenden Berg. Auf dem Gelände gibt es eine Kirche mit einer Statue des Señor Caído (Gestürzten Jesus), dem zahlreiche Wunder zugeschrieben werden.

Es geht auf drei Wegen nach oben: mit der *teleférico* (Schwebeseilbahn, 5 US$ hin & zurück, jede Viertelstunde Mo–Sa 9.30–24, So 6–17 Uhr); der Standseilbahn (5 US$ hin & zurück, So & Feiertag 6–18 Uhr) oder per pedes (eine Stunde dauert).

Für die letzte Variante sollte man sich nur sonntags entscheiden, wenn die Pilgerscharen den Weg bevölkern. Unter der Woche ist man sonst ein zu gutes Ziel für Diebe, die sich in den Bergen herumdrücken. Vom Stadtzentrum aus gelangt man zu den Seilbahnstationen zu Fuß; alternativ kann man ein kurzes Stück mit dem Taxi fahren oder den Bus mit dem Ziel „Funicular" nehmen.

Noch mehr Sehenswertes

Einen anderen interessanten Blick aus der Vogelperspektive hat man vom **Mirador Torre Colpatria** (☎ 1-283-6697; Carrera 7 Nr. 24-89; Eintritt 1,25 US$; ✹ Sa, So & Feiertag 11–17 Uhr) beim Parque de la Independencia. Die Aussichtsplattform auf der Spitze dieses 48stöckigen, 162 m hohen Wolkenkratzers (erbaut von 1975–79) bietet einen herrlichen 360°-Rundblick.

Sonntags sollte man auch beim Flohmarkt rund um den Parque de los Periodistas in der Nähe des Viertels La Candelaria vorbei schauen.

Der **Jardín Botánico José Celestino Mutis** (☎ 1-437-7060; www.jbb.gov.co, spanisch; Calle 57 Nr. 61-13; Eintritt 1,50 US$; ✹ Mo–Fr 8–17, Sa & So 9–17 Uhr) beheimatet eine Vielzahl von Pflanzen, die in den verschiedenen Klimazonen Kolumbiens wachsen. Ein Teil gedeiht in den Gärten, der Rest in Treibhäusern. Die Flughafen-*busetas* oder *colectivos* setzt einen in der Nähe ab.

Maloka (☎ 1-427-2707; www.maloka.org, spanisch; Carrera 68D Nr. 40A-51; Erw./Student 3,50/2 US$; ✹ Mo–Do 8–18, Fr–So 9–19 Uhr) nennt sich ein interaktives Zentrum für Wissenschaft und Technik, vielleicht das größte und beste in Kolumbien. Zahlreiche Ausstellungen haben u. a. das Universum, Menschen, Technologie, Leben, Wasser und Artenvielfalt zum Thema, ferner gibt es ein supermodernes Cine-Dome-Kino. Am Besten zu erreichen mit den *busetas* oder *colectivos*, die zum Flughafen fahren.

AKTIVITÄTEN

Ein Plätzchen, an dem man Fußball spielen oder joggen kann, findet man im Parque Simón Bolívar, einem beliebten Wochenendtreffpunkt der *bogotános*.

Mountainbiking- und Klettertouren werden von Suesca (S. 822) organisiert. Wer zuerst seine Technik verfeinern möchte, findet eine Kletterwand im **Gran Pared** (☎ 1-245-7284; www.granpared.com, spanisch; Ecke Carrera 7 & Calle 50; mit Ausrüstung 5 US$/Std.; ✹ Mo 14–22, Di–Sa 10–22, So 9–17 Uhr).

Paragliden kann man bei **Esteban Noboa** (☎ 1-672-8447, 310-819-4316), der für einen 25-minütigen Tandemflug 30 US$ berechnet.

Bowling-Freaks kommen im **San Francisco Bolo Club** (☎ 1-342-3232; Av Jiménez Nr. 6-71; 1 US$/Spiel; ✹ 10–22 Uhr) auf ihre Kosten. Es gibt keinen automatischen Punktezähler und noch nicht einmal eine Maschine, die die Pins aufstellt – hier ist Handarbeit gefragt.

ROUTENINFOS
Start Plaza de Bolívar
Ziel Mirador Torre Colpatria
Strecke 2,4 km
Dauer 1 Std.

STADTSPAZIERGANG

Im Zentrum Bogotás lässt sich alles leicht zu Fuß erreichen. Die folgende Tour führt zu den wichtigsten Sehenswürdigkeiten. Der kaum zu verfehlende Startplatz ist das historische Herz der Stadt, die **Plaza de Bolívar** (**1**; S. 813). Hier kann man sich sammeln, während man auf einen Blick die wichtigsten historischen Sehenswürdigkeiten der Stadt geboten bekommt. Dazu gehört die phantastische **Catedral Primada** (**2**), das wahrscheinlich schönste historische Gebäude der Stadt, und ihre kleinere Schwester, die **Capilla del Sagrario** (**3**). Wenn man sich durch die Kampftauben auf dem Platz durchgemogelt hat, ist es noch einen halben Block die Calle 11 hoch, bis man zur **La Puerta Falsa** (**4**) gelangt, einem historischen Schokoladenladen, der einen mit herrlichen Süßigkeiten verführt. Wer den Koffeinflush bevorzugt, steuert weiter oberhalb den **Juan Valdéz Coffee Shop** (**5**) an. Er befindet sich direkt neben dem herrlichen **Donación Botero** (**6**; S. 814), den man mit etwas Zeit im Gepäck erkunden kann (Eintritt frei).

Inzwischen befindet man sich mittendrin in La Candelaria, dem Viertel der schmalen Gassen und trendigen Cafés. Um einen herum wimmelt es wahrscheinlich nur so vor lauter Studenten und Künstlern, die sich hier an den Wochentagen aufhalten. Leute beobachten, in einem Buch schmökern oder mit den Einwohnern plauschen – hier ist auf jeden Fall der beste Ort Bogotas, um das Treiben der Stadt entspannt an sich vorbeitreiben zu lassen. Ausreichend mit Koffein gepusht, schlendert man nach Norden zum **Emerald Traders' Market** (**7**) an der Ecke Av Jiménez und Carrera 7, wo sich Pulks von Leuten herumdrücken, die in schummriger Umgebung Edelsteine verkaufen wollen. Selbst wer das Feilschen liebt, kann hier nur verlieren – todsicher wird man übers Ohr gehauen: Denn nur ein wirklich geschultes Auge kann den Unterschied zwischen einem falschen Stein und der echten Ware erkennen. Wer ein paar echte schöne Steine sehen möchte, ist im **Museo del Oro** (**8**; S. 813) um die Ecke wahrscheinlich besser aufgehoben.

Den Rest von Bogotá City sieht man bei einem Gang die Carrera 7 runter, vorbei an zahllosen Geschäften, Kirchen, Restaurants, Handwerksmärkten und Theatern. Am Wochenende kann man die Tour mit einer

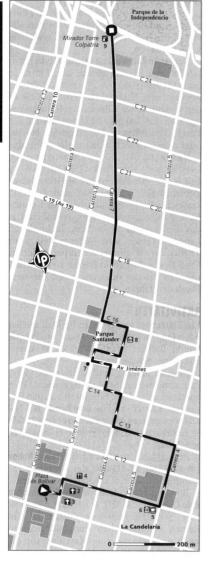

Fahrt zur Spitze des **Mirador Torre Colpatria** (9; S. 815) krönen, dem unübersehbaren 48-stöckigen Gebäude, das direkt südlich der Calle 26 liegt.

KURSE

Informationen zu formlosen Unterricht (Spanisch, Kochen, Yoga oder Salsa) findet man an den Infobrettern der Pensionen. Alternativ erkundigt man sich im Restaurant L'Jaim. Sprachkurse bieten u. a. an:
Universidad de los Andes (☎ 1-286-9211; Carrera 1 Nr. 18A 10)
Universidad Externado de Colombia (☎ 1-282-6066; Calle 12 Nr. 1-17)
Universidad Javeriana's Centro Latinoamericano (☎ 1-320-8320; Carrera 10 Nr. 65-48) Bogotás bekannteste Spanisch-Schule mit normalen Jahreskursen und dreiwöchigen Intensivkursen.
Universidad Nacional (☎ 1-316-5335; Ecke Carrera 30 & Calle 45)

GEFÜHRTE TOUREN

Eco-Guías (☎ 1-347-5736, 1-212-1423; www.ecoguias. com; Carrera 7 Nr. 57-39, Apt Nr. 802B) Eine Firma für Abenteuerreisen, die sich auf Ökotourismus spezialisiert hat und individuell zugeschnittene Touren in die verschiedensten Ecken des Landes anbietet, darunter auch in Nationalparks. Gern werden auch günstige Sonntagsausflüge in die Umgebung Bogotás organisiert.
Sal Si Puedes (☎ 1-283-3765; Carrera 7 Nr. 17-01, Oficina 639) Eine Vereinigung von Outdoorfans, die Wochenendwanderungen aufs Land organisieren. Meist handelt es sich um Tagesausflüge nach Cundinamarca, aber während der Ferien und an langen Wochenenden werden auch größere Touren in andere Gegenden angeboten. Andere Vereine dieser Art:
Andarines del Senderismo (☎ 1-617-8857; Transversal 48 Nr. 95A-32)
Colombia Ecoturística (☎ 1-241-0065, 1-366-3059; cominarcolombia@hotmail.com; Carrera 3 Nr. 21-46, Apt 802B)
Viajar y Vivir (☎ 1-211-1368, 1-211-1205; www.viajary vivir.com, spanisch; Carrera 13 Nr. 61-47, Local 104)

FESTIVALS

Festival Iberoamericano de Teatro Dieses Theaterfestival zeigt Gruppen aus Lateinamerika und darüber hinaus. Es findet in allen geraden Jahren im März/April statt.
Festival de Cine de Bogotá Bogotás Filmfestival im Oktober bietet in der Regel eine gute Auswahl lateinamerikanischer Filme.
Exporartesanías Auf dieser Handwerksmesse im Dezember versammeln sich Künstler mit ihren Objekten

---

IN DIE VOLLEN!

Hotel de la Ópera (☎ 1-336-2066; www.hotel opera.com.co; Calle 10 Nr. 5-72; DZ/Suite 95/115 US$) Die bei Weitem beste Unterkunft in La Candelaria befindet sich in zwei akribisch restaurierten historischen Gebäuden direkt neben dem Teatro Colón. Das Fünfsternehotel besitzt nicht nur viel Charme und Charakter, sondern auch ein Dachterrassenrestaurant mit einem tollen Blick über die angrenzenden Kolonialhäuser. Die Atmosphäre und der Service sind erstklassig, und das Hotel ist klein genug, um jedem Gast die ungeteilte Aufmerksamkeit der Belegschaft zukommen zu lassen.

---

aus dem ganzen Land. Eine hervorragende Gelegenheit, originäres Kunsthandwerk zu erwerben.

SCHLAFEN

In Bogotá gibt es Übernachtungsmöglichkeiten in allen Preisklassen. Der historische Bezirk La Candelaria ist bei den Reisenden am beliebtesten, hier gibt es dann auch eine gute Auswahl von Budgethotels. Alternativ bietet sich noch der Norden der Stadt an, mit zahlreichen teureren Angeboten, aber nur wenigen Budgethotels.

Platypus (☎ 1-341-2874, 1-341-3104; www.platypus bogota.com; Calle 16 Nr. 2-43; B/EZ/DZ 6/11/13 US$; 🖳) Das mit Abstand beliebteste Budgethotel unter Backpackern. Das Platypus hat drei Vierbettzimmer und einige Einzel- und Doppelzimmer. Das Drumherum ist relativ einfach, nur ein paar Zimmer verfügen über ein eigenes Bad. Dafür ist es sicher, nett, sauber und hat warmes Wasser. In dem Hostel kann man Bücher tauschen, kostenlos mit WLAN-Anschluss surfen, es gibt Wasch- und Kochgelegenheiten und kostenlosen Kaffee. Der freundliche Besitzer Germán (spricht sich Hermann), selbst ein langjähriger Globetrotter, spricht mehrere Sprachen (auch Deutsch!) und hat eine Menge hilfreicher Tipps auf Lager.

Hotel Internacional (☎ 1-341-8731; Carrera 5 Nr. 14-45; EZ/DZ/3BZ 5,50/11/16 US$; ohne Bad 5/10/13 US$; 🖳) Besonders unter israelischen Reisenden beliebt, mit Internetzugang und Küchenbenutzung.

Hotel Aragón (☎ 1-284-8325; Carrera 3 Nr. 14-13; EZ/DZ/3BZ ohne Bad 6,50/12/18 US$) In guter Lage verfügt das Hotel über 24 private Zimmer, die meisten mit Tageslicht und Blick auf die Straße. Ruhig, ständig warmes Wasser, saubere und gut gepflegte Einrichtung.

Centro Plaza (☎ 1-243-3818; www.hotelcentroplaza. com; Carrera 4 Nr. 13-12; B/DZ/3BZ mit Bad 6,50/14,50/20 US$; 🖳) Ein weiterer Treffpunkt der Israelis. Hier gibt es ein koscheres Restaurant und Billardtische. Die kleinen Zimmer sind sauber, aber ohne Fenster.

La Casona del Patio Amarillo (☎ 1-212-8805; Carrera 8 Nr. 69-24; EZ/DZ/3BZ mit Bad 14/24/33 US$, ohne Bad 12/20/24 US$; 🖳) Eines der günstigsten Häuser im Norden Bogotás. Die Zimmer sind picobello sauber und luftig. Es wird einiges an Service geboten, z. B. Frühstück (2 US$).

Hotel El Dorado (☎ 1-334-3988; Carrera 4 Nr. 15-00; DZ mit/ohne Bad 17/13,50 US$) Eine gute Option in der Nähe des Nachtlebens. Die Zimmer im El Dorado sind relativ klein, aber die meisten haben ein eigenes Bad.

Hotel San Sebastián (☎ 1-480-0503; Av Jiménez Nr. 3-97; EZ/DZ/3BZ 18/25/32 US$) Gemütlicher als die oben genannten Häuser. Das San Sebastián hat luftige Zimmer mit TV und eigenen Badezimmern. Es liegt sehr günstig nur einige Blocks vom Museo del Oro entfernt.

Hotel Ambala (☎ 1-342-6384; www.hotelambala. net; Carrera 5 Nr. 13-46; EZ/DZ/3BZ 20/27/41 US$; ✗) Dieses freundliche Hotel hat 22 makellose, wenn auch kleine Zimmer, alle mit TV und Minibar. Vielleicht die beste Mittelklasseoption in La Candelaria.

ESSEN

Unzählige Restaurants bieten Mittagessen zwischen 1,50 und 3 US$ an. Die Auswahl trifft man am besten, indem man kurz reingeht, guckt was die anderen Gäste haben und dann entweder bleibt oder zum nächsten Laden weiterzieht. Die meisten dieser Läden gibt's auf der Carrera 7.

La Puerta Falsa (Calle 11 Nr. 6-50; Snacks 0,50–1,50 US$) Bogotás, und eigentlich auch Kolumbiens, ältestes Restaurant für typische lokale Snacks (darunter *tamales* und Schokolade-*santafereño*) und Süßigkeiten. Ist seit 1816 im Geschäft.

Mora Mora (Carrera 3a Nr. 15-98; Smoothie 1,25 US$; ⏲ Mo–Fr 7–20, Sa 9–16 Uhr) Seinem Namen „Himbeere Himbeere" gerecht werdend, bietet der in Pastelltönen gehaltene Laden Fruchtsmoothies, Sandwiches und Snacks an. Müsli und Früchte sind eine gute Frühstücksoption; WLAN-Ausstattung.

Restaurante Corporación Prodicom (Calle 15A Nr. 2-21; Mittagsmenü 1,50–2 US$) Leckere Mittagsangebote bringen Punkte in der örtlichen Beliebtheitsskala ein.

Andante Ma Non Troppo (Carrera 3A Nr. 10-92; Gerichte 1,50–3 US$; ⏲ 8–20 Uhr) Dies ist ein ruhiges Café und Restaurant, das Pasta und das beste Brot in La Candelaria auf der Karte aufweisen kann.

Pastelería Florida (Carrera 7 Nr. 21-46; Snacks 0,50–1,50 US$) An seinem neuen Standort ist das Florida bereits bekannt für seine Schokolade-*santafereño*. Auch ein toller Ort zum Frühstücken.

Restaurante Vegetariano Boulevard Sésamo (Av Jiménez Nr. 4-64; Menü 2–3 US$; ⏲ 8–16 Uhr) Ein vegetarisches Restaurant, in dem Suppe, Saft und eine Gemüseplatte zum Mittagsmenü gehören.

El Chilito (Carrera 3 Nr. 18A-56; Gerichte 2–4 US$; ⏲ Mo–Do & Sa 9.30–15.30, Fr 9.30–19 Uhr) Ein Burrito- und Quesadilla-Laden nach Gringo-Geschmack. Der Besitzer ist Musiker und hat gute Tipps für die besten Live-Jamsessions.

L'Jaim (☎ 1-281-8635; Carrera 3 Nr. 14-79; Mahlzeiten 3–5 US$; ⏲ So–Fr 12–21 Uhr) Ein kleines Fleckchen Israel mitten in Bogotá. Tolles *shawarma* (geschnetzeltes Fleisch mit Gemüse, serviert mit Pita und Hummus), Falafel und Baklava. Die eineiigen Zwillinge, denen der Laden gehört, geben auch Reisetipps und organisieren Sprachkurse.

Alina (☎ 1-341-7208; Calle 9 Nr. 2-81; Pizzas 3–4 US$; ⏲ 11.30–22 Uhr) Man sagt, es wäre die beste Pizzeria in La Candelaria. Das Alina hat auch ein Dutzend verschiedene Pasteten und Lasagne auf der Karte. Es wird von Mario betrieben, der kolumbianisch-amerikanischer Herkunft ist und einige Zimmer in seinem Haus hinter dem Restaurant vermietet.

Restaurante Fulanitos (Carrera 3 Nr. 8-61; Hauptgerichte 4-7 US$) Ein wunderschön eingerichteter, informeller Laden, der typische Gerichte aus dem Valle del Cauca in Süd-Kolumbien anbietet.

Al Wadi (Calle 27 Nr. 4A-14; Gerichte 4–6 US$; ⏲ 10–21 Uhr) Befindet sich in der hippen Gegend La Macarena, dekoriert mit *shisha*-Pfeifen (Wasserpfeifen) und Szenen aus dem Libanon. Falafel oder Kebab sind zu empfehlen, gekrönt mit arabischen Pralinen. Um die Ecke zur Carrera 4a findet man weitere teurere Restaurants.

IN DIE VOLLEN!

Andrés Carne de Res (☎ 1-863-7880; www.andrescarnederes.com, spanisch; Calle 3 Nr. 11A-56, Chía; Gerichte 12–15 US$; 🕒 Fr–So 12–3 Uhr) Vorsicht, die Hüte gut festhalten – dieses legendäre Steakhouse überwältigt mit sagenhaftem Essen und durchgehender Partyatmosphäre. Ein Ausflug in das Andrés Carne de Res, das ein gutes Stück nördlich von Bogotás Stadtgrenzen liegt, wird man sicher nicht bereuen. Hier warten Riesensteaks und Rancho-Ambiente – und das alles kombiniert mit einer beliebten Partylocation: also unbedingt die Tanzsandalen einpacken (und einen dicken Geldbeutel, der Laden ist nicht gerade billig). Bekannte DJs, manchmal sogar aus Europa, haben hier schon Late-Night-Rumbas mit heißen Beats unterlegt. Hin geht's mit dem TransMilenio, Abfahrt am Portal del Norte, und dann weiter mit regelmäßig fahrenden Bussen nach Chía. Ein Taxi vom Zentrum kostet etwa 13 US$. Und wer länger bleiben will, muss auf jeden Fall auch mit dem Taxi zurück, da der TransMilenio spät am Abend nicht mehr fährt. Man kann das Happening aber auch mit einem Trip nach Zipaquirá verbinden.

Candela Café (Calle 9 Nr. 4-93; Hauptgerichte 7–9 US$; 🕒 Mo–Sa 12–15 Uhr) Ein exklusives Lunch-Café, das bei den einheimischen Krawattenträgern groß eingeschlagen hat. Der Mittelmeerlachs ist grandios, ebenso das scharfe Chili con Carne und die leckere *gratinado* (Käse und Hühnersuppe).

AUSGEHEN
Cafés

Juan Valdéz (Ecke Calle 73 & Carrera 9; 🕒 Mo–Sa 7–23, So 10–19 Uhr) Koffeinjunkies und Auswanderer lieben diese schicke Filiale der Juan Valdéz Kette. Sie ist an der Glas-und Stahlkonstruktion mit den Schirmen davor zu erkennen. Eine zweite Filiale gibt es in der Donación Botero (S. 814).

Café del Sol (Calle 14 Nr. 3-60; 🕒 8–20.30 Uhr) Dieser Coffeeshop braut alle Arten von Cappuccinos, Espressos und sogar Irish Coffee. Snacks, Sandwiches und Frühstück gibt's ebenfalls.

Café de la Estación (Calle 14 Nr. 5-14; 🕒 Mo–Fr 7–22, Sa 9–20 Uhr) Eine einzigartige Adresse. Ein alter Zugwaggon wurde mitten in der Stadt in ein klitzekleines Café verwandelt, das Kaffee und Snacks serviert.

Bars

Der Haupttreff für Nachtschwärmer ist die Zona Rosa im Norden der Stadt, zwischen den Carreras 11 und 15 sowie den Calles 81 und 84. Sie besteht aus einem Labyrinth von Musikkneipen, Bars, Restaurants und Cafés, die vor allem am Wochenende zum Leben erwachen.

Das Stadtzentrum ist in den letzten Jahren wiederbelebt worden und Nachtlokale sind wie Pilze aus dem Boden geschossen,

vor allem in La Candelaria. Die meisten sind relativ günstig, die Flasche Bier kostet weniger als ein Dollar.

Surikata (Calle 84 Nr. 13-43, Zona Rosa; 🕒 Di–Sa 18–3 Uhr) Die intime Bar dürfte das Aushängeschild der alternativen Szene der Zona Rosa sein. Hier wird amerikanischer und britischer Rock aus den 1980er- und 1990er-Jahren gespielt, doch es wird mehr gechillt als getanzt.

Mister Babilla (Calle 82 Nr. 12-15, Zona Rosa; Eintritt 5 US$; 🕒 Di–Sa 19–3 Uhr) Ein lauter, bunter Partyladen. An musikalische Rhythmen erklingen Rock, Merengue und Salsa.

Pub (Carrera 12A Nr. 83-48, Zona Rosa; 🕒 Mittag–open end) Der Beitrag der Iren zur Zona Rosa, zur großen Freude der betuchteren Einheimischen und Auswanderer.

Saloon (Calle 51 Nr. 7-69; 🕒 Mo–Sa 15-2 Uhr) Die beliebteste Bar auf der Calle 51, der „Studentenstraße". Der Eintritt von 4,50 US$ beinhaltet Gutscheine für vier Biere. Auf der ganzen Straße gibt es auch noch weitere studentische Sickergruben.

Café Color Café (Carrera 2 Nr. 13-06; 🕒 12–23 Uhr) Liegt an der Plazoleta del Chorro de Quevedo und ist eine von mehreren Bohème-Bars, in denen man auf dem Boden sitzen und billiges Bier trinken kann. In diesem hier gibt es auch noch über 50 Sorten Kaffee.

UNTERHALTUNG

Aktuelle Informationen zum kulturellen Leben findet man im Unterhaltungsteil der führenden lokalen Zeitung *El Tiempo*. Die Freitagsausgabe enthält eine „Was geht ab"-Rubrik mit Namen *Eskpe*. Weitere Auskünfte rund um Kinos, Theater, Nachtleben,

SCHWULEN- & LESBENSZENE IN BOGOTÁ

Die schwule und lesbische Szene in Bogotá ist sehr aktiv. Unter www.guiagaycolombia.com/bogota (Spanisch) können sich interessierte Traveller genauer informieren. In einigen Läden beinhaltet der Eintritt ein oder zwei Drinks.

Chase (Calle 67 Nr. 4A-91) Restaurantbar über drei Ebenen mit ruhiger Atmosphäre und anständigem Essen.

Theatron (Calle 58 Nr. 10-34; Eintritt 7 US$; ☻ 22 Uhr–open end) Eine der beliebtesten Schwulendiskos der Stadt, allerdings nicht wirklich preiswert. Beim Lottus heißt's „Frauen müssen draußen bleiben".

Café Village (Carrera 8 Nr. 64-29; ☻ 18 Uhr–open end) Ruhige Restaurantbar mit anständigen Preisen; exzellenter Kaffee.

El Closet Lounge (☎ 1-520-7126; www.elclosetbogota.com, spanisch; Kilometer 5 Via Calera; Fr & Sa 22 Uhr–open end) Der etwas teurere Club liegt ziemlich weit im Osten der Stadt, Richtung La Calera. Für ein Taxi von der City aus werden 14 US$ fällig.

Kulturangebote und Vermischtes finden sich auf der Website von **Terra** (www.terra.com. co/bogota, spanisch).

Bogotá hat viele Nachtclubs für alle Stimmungslagen und jeden Musikgeschmack, ob nun Rock, Reggae, Tango, Samba, Hip-Hop oder Salsa, die wohl bei den heißblütigen Innenstädtern am beliebtesten und ein echtes Erlebnis für Reisende ist. Es gibt auch einige diskoähnliche Läden, genannt *salsotecas* – man sollte auf jeden Fall in einer vorbeischauen, selbst wenn man nur der Musik zuhören und den Leuten beim Tanzen zugucken möchte.

Nachtclubs

In vielen *salsotecas* und Clubs gibt es einen Mindestverzehr von 3 bis 5 US$. Günstigere Läden findet man in der Zona Rosa.

Salomé Pagana (Carrera 14A Nr. 82–16, Zona Rosa; Eintritt 3 US$; ☻ 18–3 Uhr) Das Salomé Pagana ist eine empfehlenswerte *salsoteca* mit guter Salsa- und *Son-Cubano*-Musik (traditionelle kubanische Musik).

Quiebra Canto (Carrera 5 Nr. 17-76, La Candelaria; ☻ Mi–Sa 18.30–2.30 Uhr) Eines der beliebtesten Nachtlokale im Zentrum. In der lauten zweistöckigen Disko gibt es jeden Tag andere Musik und an manchen Wochenenden spielen Bands.

El Viejo Almacén (Calle 15 Nr. 4–18, La Candelaria; ☻ Di–Sa 19–3 Uhr) Nostalgische Tangobar mit über 4000 alten Tangoplatten aus Vinyl.

Escobar Rosas (Ecke Calle 15 & Carrera 4, La Candelaria; Eintritt inkl. 3 Getränken 5 US$; ☻ Do–Sa 20 Uhr–open end) Grobkörnig und überfüllt dreht sich auf den hiesigen Plattentellern Rock aus den Seventies und Eighties. Von der oberen Bar ge-langt man hinunter zur verschwitzten Tanzfläche im Keller.

Punta Sur (Carrera 13 Nr. 81-36, Zona Rosa; ☻ Mi–Sa 16–3 Uhr) Die Hälfte der Anwesenden tanzt entweder auf den Tischen oder ist unter ihnen zusammengebrochen. Das Beste: Es gibt keinen Mindestverzehr.

Kinos

Bogotá hat Dutzende von Kinos, in denen vor allem das typische Hollywood-Einerlei läuft.

Multiplex Cine Colombia (☎ 1-404-2463; Calle 24 Nr. 6-01) Das bequemste Multiplex im Stadtzentrum.

Informationen zu höherwertiger Kost findet man im Programm der *cinematecas* (Arthaus-Kinos). Dazu gehören:

Auditorio de la Antigua Calle del Agrado (☎ 1-281-4671; Calle 16 Nr. 4-75)

Cinemateca Distrital (☎ 1-283-5598; www.cinematecadistrital.gov.co, spanisch; Carrera 7 Nr. 22-79)

Museo de Arte Moderno (☎ 1-286-0466; Calle 24 Nr. 6-00)

Theater

Die besten Theater vor Ort:

Teatro de la Candelaria (☎ 1-281-4814; Calle 12 Nr. 2-59)

Teatro Libre (☎ 1-281-4834; Calle 13 Nr. 2-44 & ☎ 1-217-1988; Calle 62 Nr. 10-65)

Teatro Nacional (☎ 1-217-4577; Calle 71 Nr. 10-25)

Sport

Fußball ist Nationalsport in Kolumbien.

Estadio El Campín (Carrera 30 an der Calle 55) Größtes Stadion. Die Spiele finden mittwochabends und sonntagnachmittags statt.

Tickets können vor den Spielen am Stadion gekauft werden (4–40 US$).

Tickets für lokale Begegnungen gibt's auch bei **Millonarios** (Carrera 24 Nr. 63-68) und **Santa Fe** (Calle 64A Nr. 38-08). Für internationale Spiele der Selección Colombia, der Nationalmannschaft, erhält man Tickets im Vorverkauf bei der **Federación Colombiana de Fútbol** (www.colfutbol.org, spanisch; Av 32 Nr. 16-22).

Stierkampf

Plaza de Toros de Santamaría (Carrera 6 an der Calle 27) Stierkampf ist nach wie vor beliebt. Kämpfe finden an den meisten Sonntagen im Januar und Februar statt. Tickets erhält man am Kartenschalter der Arena (10–100 US$)

AN- & WEITERREISE
Bus

Der **Busbahnhof** (☎ 1-428-2424; Calle 33B Nr. 69-13) befindet sich 9 km vom Stadtzentrum entfernt. Es ist groß, funktional und gut organisiert. Hier gibt es eine Touristeninformation, Restaurants, Cafés, Duschen und Schließfächer.

Am Busbahnhof starten Busse in jeden Winkel des Landes. Auf den Hauptstrecken verkehren sie regelmäßig rund um die Uhr zu folgenden Zielen: Bucaramanga (24 US$, 10 Std.), Cali (25 US$, 12 Std.) und Medellín (20 US$, 9 Std.). Direktbusse fahren außerdem nach Cartagena (47 US$, 20 Std.), Cúcuta (32 US$, 16 Std.), Ipiales (36 US$, 23 Std.), Popayán (29 US$, 15 Std.), San Agustín (17 US$, 12 Std.) und Santa Marta (44 US$, 16 Std.). Alle Preise gelten für klimatisierte Busse, der bevorzugten Kategorie auf diesen langen Strecken.

Flugzeug

Bogotás Flughafen, der Aeropuerto El Dorado, hat zwei Terminals, an denen Inlands- und internationale Flüge abgewickelt werden. Das Hauptterminal **El Dorado** (☎ 1-413-9053; Av El Dorado) liegt 13 km nordwestlich vom Stadtzentrum und bietet alle notwendigen Services, darunter eine Touristeninformation (bei der Gepäckausgabe), Internetanschluss (im Telecom Büro) und Geldwechselmöglichkeiten. Drei *casas de cambio*, nebeneinander im Erdgeschoss gelegen, wechseln Geld und sind rund um die Uhr geöffnet. Die Banco Popular ein Fenster weiter (ebenfalls 24 Stunden geöffnet) wechselt sowohl Bargeld als auch Reiseschecks. Im oberen Stock gibt es Dutzende Geldautomaten.

Das andere Terminal, **Puente Aéreo** (☎ 1-413-9511; Av El Dorado), befindet sich vom Hauptterminal 1 km in Richtung Stadtzentrum entfernt. Hier werden einige internationale und Inlandsflüge der Avianca abgewickelt. Vor Abflug sollte man auf jeden Fall überprüfen, von welchem Terminal es losgeht.

Es gibt zahlreiche Inlandsflüge in nahezu alle Regionen Kolumbiens, u. a. nach Cali (80–110 US$), Cartagena (90–142 US$), Leticia (110–140 US$), Medellín (70–120 US$) und San Andrés (145–150 US$). Tickets erhält man in Reisebüros oder direkt bei der Fluggesellschaft. Die meisten unterhalten im Stadtzentrum ein Büro:

AeroRepública (☎ 1-342-7221; www.aerorepublica. com.co; Carrera 10 Nr. 27-51, Local 165)

Aires (☎ 1-336-6039; www.aires.com.co, spanisch; Carrera 7 Nr. 16-36, piso 16)

Avianca/SAM (☎ 1-404-7862; Carrera 7 Nr. 16-36)

Satena (☎ 1-281-7071; www.satena.com; Carrera 10 Nr. 26–21, Oficina 210)

UNTERWEGS VOR ORT
Bus & Buseta

Klammert man den TransMilenio einmal aus, besteht Bogotás öffentlicher Nahverkehr aus Bussen und *busetas*. Sie fahren kreuz und quer durch die ganze Stadt – und das, wenn irgendwie möglich, mit Formel-1-Geschwindigkeit.

Von ein paar Ausnahmen abgesehen, gibt es in den Straßen keine Bushaltestellen – man hält den Bus oder *buseta* einfach durch ein Wink an, wo man gerade steht. Der Fahrpreis (0,30–0,50 US$, abhängig von der Klasse und dem Alter des Fahrzeugs) steht an der Tür oder der Windschutzscheibe angeschlagen. Der Preis ist immer der gleiche, egal ob man nur einen Block weiter oder quer durch die ganze Stadt fährt. Außerdem gibt es noch *colectivos,* die die Hauptstrecken entlangrattern und etwa 0,50 US$ kosten.

Taxi

Bogotás Taxis sind grundsätzlich mit einem Taxameter ausgerüstet und man sollte darauf bestehen, dass der Fahrer es einschaltet. Eine Strecke von 10 km darf nicht mehr als 4 US$ kosten. Für Fahrten zum Flughafen gibt es einen Aufschlag von 1,25 US$.

Ein Wort der Warnung: Wenn man mit dem Taxi vom Busbahnhof oder dem Flughafen zu einem Budgethotel fährt, sollte man bei Fahrern skeptisch sein, die behaupten, das ausgewählte Hotel würde nicht mehr existieren, wäre abgebrannt oder sonst einem schlimmen Schicksal anheim gefallen. Es ist wahrscheinlich, dass versucht wird, den Gast zu einem Hotel zu lotsen, das dem Fahrer eine Kopfprämie zahlt.

TransMilenio

Der TransMilenio hat den öffentlichen Nahverkehr Bogotás revolutioniert. Seit 2000 betreibt das System große Busse, die auf ihren eigenen Spuren fahren, ohne dass sie von anderen Fahrzeugen behindert werden. Der TransMilenio ist günstig (0,40 US$), sehr häufig unterwegs, schnell und von 5–23 Uhr in Betrieb. Tickets kauft man am Bahnhof. In der Rush Hour sind die Busse oft sehr schnell rappelvoll.

Einige Busse fahren nach einem Express-Fahrplan und lassen auf dem Weg Haltestellen aus. Auf den Fahrplänen am Bahnhof findet man den Bus, der einen am besten ans Ziel bringt.

Die zentrale TransMilenio-Route ist die Av Caracas, die das Zentrum mit den südlichen und nördlichen Vororten verbindet. Es gibt auch Linien auf der Carrera 30, Av 81, Av de Las Americas und einen kurzen Abschnitt die Av Jiménez hoch zur Carrera 3. Von den drei Endhaltestellen ist aber nur das **Portal del Norte** (Nördliche Endhaltestelle; Calle 170) für Traveller wirklich interessant, denn von hier aus kommt man weiter nach Zipaquirá und Suesca.

RUND UM BOGOTÁ

ZIPAQUIRÁ

☎ 1 / 70 000 Ew.

Eine der faszinierendsten Sehenswürdigkeiten ist die betörend schöne unterirdische **Salzkathedrale** (☎ 1-852-4035; www.catedraldesal. gov.co, spanisch; Eintritt 4 US$, Mi 2 US$; ☺ Di–So 9-16.30 Uhr) in Zipaquirá, etwa 50 km nördlich von Bogotá.

Die Kathedrale entstand in einer alten Salzmine, die einst direkt in einen Berg außerhalb der Stadt gegraben wurde. Die Minen stammen aus der Muisca-Zeit und sind bereits intensiv ausgebeutet worden, doch

was noch übrig ist, wird für weitere 500 Jahre reichen.

Die Kathedrale wurde 1995 für die Öffentlichkeit zugänglich gemacht. Sie ist 75 m lang, 18 m hoch und bietet 8400 Menschen Platz. Die Führungen dauern eine Stunde. Man kann auch das angrenzende **Salzmuseum** (Eintritt 1 US$; ☺ Di–So 10–16 Uhr) besichtigen, in dem die Geschichte des Salzabbaus, ein Modell der benachbarten Mine und weitere Ausstellungsstücke zu sehen sind.

Busse fahren alle zehn Minuten von Bogotá nach Zipaquirá (0,80 US$, 1¼ Std.), Abfahrt ist beim nördlichen Bahnsteig des Transmilenio, dem Portal del Norte, auf der Autopista del Norte an der Calle 170. Der TransMilenio von der Stadtmitte Bogotás bringt einen in 40 Minuten zum Portal del Norte. Die Minen sind einen 15-minütigen Marsch bergauf vom Zentrum Zipaquirás entfernt.

Alternativ kann man auch den **Turistren** (www.turistren.com.co auf Spanisch) nehmen, der am Wochenende und in den Ferien von Bogotá nach Zipaquirá fährt. Er ist verdammt langsam, aber auch spaßig – zur Unterhaltung spielt sogar eine Band in den Abteilen. Außerdem ist es eine der wenigen noch vorhandenen Möglichkeiten, mit einer echten Dampfeisenbahn zu fahren.

Der Zug (12 US$ hin & zurück) startet um 8.30 Uhr am **Bahnhof Sabana** (☎ 1-375-0556/7; Calle 13 Nr. 18-24), hält um 9.20 Uhr kurz am **Bahnhof Usaquen** (Calle 100 & Carrera 9A) und erreicht um 11.30 Uhr Zipaquirá. Zurück fährt der Zug in Zipaquirá um 14 Uhr, um 17 Uhr erreicht er Usaquen. Eine Reservierung am Vortag ist unbedingt notwendig.

SUESCA

☎ 1 / 14 000 Ew.

Suesca liegt eine gute Tagestour von Bogotá entfernt und ist für all jene etwas, die nach einem kleinen Abenteuer suchen. Hier hat sich innerhalb kürzester Zeit ein Zentrum für Extremsport entwickelt, das Klettertouren, Mountainbiking und Wildwasser-Rafting im Angebot hat. Am besten kommt man am Wochenende her, wenn die örtlichen Ausstatter ihre Türen öffnen.

Klettermaxe sollten **Hernan Wilke** (☎ 310-216-8119; www.monodedo.com, spanisch; Ecke Carrera 7 & Calle 50) aufsuchen, der Ausrüstungen verleiht und Unterricht erteilt. Tagesklettertouren werden von **Hugo Rocha** (☎ 315-826-2051; 40 US$/ Tag) veranstaltet.

Wenn man übernachten will, bieten die meisten Ausrüster (auch Hernan) Zimmer an, Kostenpunkt ungefähr 5 US$ pro Person. Die Kletterschule **Campo Base** (deaventura porcolombia@yahoo.com) hat auch einen Schlafsaal. Camping ist eine weitere Option, wenn man sein eigenes Zeug mit dabei hat.

Anreise nach Suesca: den TransMilenio zum Portal del Norte und von dort einen der regelmäßig verkehrenden Direktbusse (2 US$, 40 Min., 67 km) nehmen.

GUATAVITA

☎ 1 / 2600 Ew.

Guatavita Nueva, wie das Städtchen auch genannt wird, wurde in den 1960er-Jahren von Grund auf neu gebaut, als das alte koloniale Guatavita in den Wassern eines Stausees unterging. Die Stadt ist eine interessante architektonische Mischung aus Alt und Neu, und ein beliebtes Wochenendziel für *bogotános*.

15 km von der Stadt entfernt liegt die berühmte **Laguna de Guatavita**, heiliger See und rituelles Zentrum der Muisca – und die Wiege des Geheimnisses von El Dorado. Der See war ein Ort der kultischen Verehrung, an dem die Muisca den Göttern Goldstücke, Edelsteine und Lebensmittel von den opferten. Der Mythos der unglaublichen Reichtümer, die auf dem Grund des Sees liegen sollen, hat natürlich ein ganzes Heer an Schatzsuchern auf den Plan gerufen. Doch trotz gewaltiger Anstrengungen der Spanier und später der Kolumbianer wurde nur wenig ans Tageslicht gefördert. Bewahrheitet sich also die Legende, nach der der See seine Schätze nie wieder preisgeben wird?

Seit einiger Zeit braucht man eine Erlaubnis, um den See zu besuchen. Diese wird nur noch selten erteilt: 20 Personen werden jeden Samstag und Sonntag zugelassen. Man erhält die Genehmigung bei der **Corporacion Autonoma Regional de Cundinamarca** (in Bogotá ☎ 1-320-9000; www.car.gov.co, spanisch; Carrera 7 Nr. 36-45, Bogotá).

Mit der Genehmigung in der Hand nimmt man den Bus nach Guatavita (Abfahrt am Portal del Norte, dem Nordbahnhof des TransMilenio) und steigt 11 km vor der Stadt (6 km nach Sesquilé) aus, wo ein Schild den Weg zum See weist. Dann geht es 7 km über eine Schotterpiste einen Berg hinauf. Es gibt hier einige Bauernhöfe, wo man im Zweifel nach dem Weg fragen kann. An den Wochenenden findet man vielleicht andere Traveller, die einen Jeep haben und einen mitnehmen.

NÖRDLICH VON BOGOTÁ

Hier schlägt das Herz Kolumbiens. Die tiefen Schluchten, reißenden Flüsse und hohen Gipfel wurden als erste von den Konquistadoren besiedelt – einige ihrer kolonialen Städte stehen heute noch. Und hier liegt auch das Herz der Revolution: Simón Bolívar begann in dieser Region den kolumbianischen Unabhängigkeitskampf gegen die Spanier.

Die Departementos von Boyacá, Santander und Norte de Santander sind auf Reisende gut eingerichtet: Sie liegen in günstiger Reichweite von Bogotá, besitzen ein gut ausgebautes Netzwerk von Straßen und Buslinien und eine Menge Sehenswürdigkeiten. Darunter auch 450 Jahre alte Kolonialstädte, Handwerksmärkte und spektakuläre Nationalparks.

TUNJA

☎ 8 / 150 000 Ew.

Tunja, Hauptstadt des Departemento de Boyacá, wird von vielen Travellern auf der Durchreise nach Villa de Leyva einfach links liegen gelassen – und das obwohl sie dem wissbegierigen Traveller viel zu bieten hat, u. a. schöne Kolonialbauten und elegante Häuser geschmückt mit dem Schönsten, was Südamerikas Kunsthandwerk hergibt. Die Stadt wurde 1539 von Gonzalo Suárez Rendón dort gegründet, wo vorher Hunza lag, eine prähispanische Siedlung. Von diesem indigenen Erbe ist fast nichts übrig geblieben, dagegen hat viel koloniale Architektur die Jahrhunderte überdauert. Heute ist Tunja eine geschäftige Universitätsstadt mit 150 000 Einwohnern.

Die Stadt liegt auf 2820 m Höhe und hat erwartungsgemäß ein recht frisches Klima. Man braucht also warme Kleidung, besonders abends.

Praktische Informationen

Bancolombia (Carrera 10 Nr. 22-43) Wechselt Reiseschecks und US-Dollar.

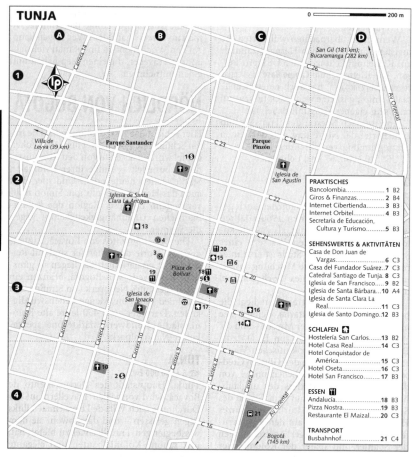

Giros & Finanzas (Carrera 10 Nr. 16-81) Diese *casa de cambio* liegt hinter dem Supermercado Comfaboy.
Internet Cibertienda (Carrera 10 Nr. 19-83; 0,80 US$/Std.; Mo–Fr 9–20, Sa 10–12 & 14–19 Uhr) Internetzugang und CD-Brenner.
Internet Orbitel (Calle 20 Nr. 10-26; 9–19 Uhr) Internet und internationale Ferngespräche.
Secretaría de Educación, Cultura y Turismo (8-742-3272; Carrera 9 Nr. 19-68; 8–12 & 14–18 Uhr) Hier erhält man kostenlose Karten von Tunja.

Sehenswertes

Die **Casa del Fundador Suárez Rendón** (8-742-3272; Carrera 9 Nr. 19-68; Eintritt 0,60 US$; 8–12 & 14–18 Uhr) und die **Casa de Don Juan de Vargas** (8-742-6611; Calle 20 Nr. 8-52; Eintritt 1 US$; Di–Fr 9–12 &14–17, Sa & So 10–16 Uhr) wurden beide in koloniale Kunstmuseen umgewandelt. Die Decken in beiden Häusern sind mit Gemälden von menschlichen Wesen, Tieren, Wappen und mythologischen Szenen bedeckt – ein beeindruckender und ungewöhnlicher Anblick.

Die **Iglesia de Santa Clara La Real** (8-742-5659; Carrera 7 Nr. 19-58; Eintritt 1 US$; 8–12 & 14–18 Uhr) ist eine der schönsten und aufwendigsten geschmückten Kirchen Kolumbiens. Sie ist in ein Museum umgewandelt worden.
Die **Iglesia de Santo Domingo** (Carrera 11 Nr. 19-55) ist ein weiteres Beispiel für die spanische Kolonialarchitektur. Man sollte sich auf jeden Fall die üppige Capilla del Rosario anschauen, die sich gleich rechts vom Eingang der Kirche befindet.

Zu den weiteren Kirchen, die einen Besuch wert sind, gehören die **Iglesia de Santa Bárbara** (Carrera 11 Nr. 16-62), die **Iglesia de San Francisco** (Carrera 10 Nr. 22-23) und die **Catedral Santiago de Tunja** (Plaza de Bolívar). Die Kirchen in Tunja sind bekannt für ihre Mudéjar-Kunst, ein arabisch beeinflusster Stil, der sich im christlichen Spanien zwischen dem 12. und 16. Jh. entwickelt hat. Er zeigt sich vor allem in den mit Ornamenten und Kassetten bedeckten Grüften.

Schlafen

Hostería San Carlos (☎ 8-742-3716; Carrera 11 Nr. 20-12; EZ/DZ/3BZ 9/13/18 US$; ✗) Liegt in einem netten alten Haus und wird von einer freundlichen Großmama betrieben. Das San Carlos ist eine nette, günstige Wahl. Es gibt nur fünf Zimmer, aber eines davon hat fünf Betten und eignet sich gut für Gruppen.

Hotel Casa Real (☎ 310-852-1636; Calle 19 Nr. 7-65; hotelcasareal@yahoo.es; EZ/DZ/3BZ 9/13/20 US$; ✗) Liegt zwischen der Bushaltestelle und der Hauptplaza. Das neue Hotel ist spärlich, aber bunt eingerichtet. Das Hotel Oseta direkt gegenüber ist ähnlich.

Hotel San Francisco (☎ 8-742-6645; Carrera 9 Nr. 18-90; EZ/DZ/3BZ 11/18/24 US$) Ein weitläufiges altes Haus mit abgenutzter Ausstattung, aber größtenteils sauberen Zimmern.

Hotel Conquistador de América (☎ 8-742-3534; Calle 20 Nr. 8-92; EZ/DZ/3BZ 12/15/22 US$; ✗) Das Kolonialhaus an einer Ecke der Plaza de Bolívar hat 20 geräumige Zimmer mit warmen Duschen und kleinen Fernsehern. Einige Zimmer sind etwas schummrig und erinnern an Schuhschachteln, die größeren Doppelzimmer (23 US$), die zur Straße rausgehen, leiden unter dem Lärm – man kann sich aussuchen, worüber man sich lieber ärgern möchte.

Essen

Viele Restaurants in Tunja servieren günstige Mittagsmenüs zwischen 1,50 und 2 US$.

Restaurante El Maizal (Carrera 9 Nr. 20-30; Hauptgerichte 3–5 US$; ⏱ 10–17 Uhr) Ein beliebter Laden mit sehr guten regionalen Gerichten zu günstigen Preisen.

Pizza Nostra (Calle 19 Nr. 10-36; Pizzas 3–8 US$; ⏱ 12–23 Uhr) Tolle Pizzas, direkt an der Plaza de Bolívar.

Andalucía (☎ 300-273-4221; Carrera 9 Nr. 19-92; Hauptgerichte 11–12 US$; ⏱ 7.30–20 Uhr) Dieses

neue Restaurant befindet sich in einem kolonialen Herrenhaus an der Plaza. Auf der Karte steht größtenteils Fisch und eine tolle Auswahl an Nachtischen. Man sollte sich nach den Konzerten erkundigen; gelegentlich spielen hier auch Mariachi-Bands.

An- & Weiterreise

Der Busbahnhof liegt an der Av Oriental, ein kurzer Fußweg südöstlich der Plaza de Bolívar. Busse nach Bogotá (4,50 US$, 2½–3 Std.) fahren alle zehn bis 15 Minuten. Wer in die Innenstadt von Bogotá will, sollte am Portal del Norte Ecke Calle 170 aussteigen und von dort aus den TransMilenio nehmen. Während der Hauptverkehrszeit ist es allerdings bequemer, vom Busbahnhof aus mit dem Taxi zu fahren. Busse nach Bucaramanga (15 US$, 7 Std.) fahren stündlich und kommen durch San Gil (9 US$, 4½ Std.). Minibusse nach Villa de Leyva (1,80 US$, 45 Min.) fahren bis ca. 18 Uhr stündlich.

VILLA DE LEYVA

☎ 8 / 13 000 Ew.

Villa de Leyva ist die Kolonialstadt *par excellence*. 1954 zum Nationaldenkmal erklärt, blieb sie vollständig erhalten, moderne Architektur sucht man nahezu vergebens.

Das 1572 gegründete Villa de Leyva hat ein gesundes, trockenes und mildes Klima. Das Thermometer klettert grundsätzlich höher als in Tunja, das zwar nur 39 km entfernt, aber 700 m höher liegt. Es ist ein beliebtes Wochenendausflugsziel der *bogotános*, ein touristischer Trend, der einen Miniboom in der Hotel- und Restaurantszene ausgelöst hat. Zu Wochenbeginn bekommt man daher die Unterkünfte zu besseren Konditionen. Mehr Details gibt es unter www.villadeleyva.net (spanisch) oder www.expovilla.com.

Praktische Informationen

Banco Popular (Plaza Mayor, Calle 12 Nr. 9-43) Rund um die Uhr zugänglicher Geldautomat.

Money Exchange & Photocopy Shop (☎ 8-732-1225; Plaza Mayor, Carrera 9 Nr. 12-36; ⏱ 9–18 Uhr) Wechselt US-Dollar, das allerdings zu einem schlechten Kurs.

Movistar (Calle 14 Nr. 9-52; 1,20 US$ pro Std.; ⏱ 9–20 Uhr) Internetcafé.

Oficina de Turismo (☎ 8-732-0232; Ecke Carrera 9 & Calle 13; ⏱ Mo-Sa 8–13 & 15–18, So 9–13 & 15–18

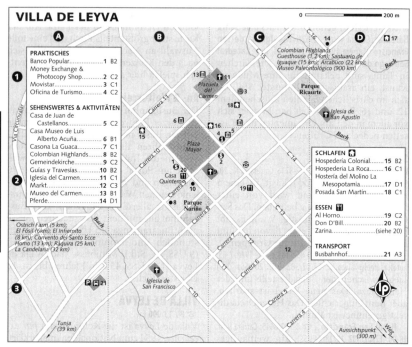

Uhr) Hier kann man Tipps für Unternehmungen bekommen und Karten kaufen (1 US$).

Sehenswertes

Die **Plaza Mayor**, ein beeindruckender viereckiger Platz – angeblich der größte seiner Art in Kolumbien –, wird von weiß getünchten Kolonialhäusern eingefasst. Die **Gemeindekirche** auf der Plaza und die **Iglesia del Carmen**, einen Block weiter nordöstlich, haben ein interessantes Inneres. Neben der letzteren Kirche findet sich ein Museum für religiöse Kunst, das **Museo del Carmen** (Plazuela del Carmen; Eintritt 0,80 US$; Sa, So & Feiertags 10–13 & 14–17 Uhr), in dem wertvolle Gemälde, Schnitzereien, Altarstücke und andere religiöse Stücke aus dem 16 Jh. und späteren Epochen zu sehen sind.

Das **Casa Museo de Luis Alberto Acuña** (Plaza Mayor; Eintritt 0,80 US$; Di–So 10–13 & 15–17 Uhr) zeigt einige Werke des gleichnamigen Malers, Bildhauers, Schriftstellers und Historikers, der von so verschiedenartigen Strömungen wie der Mythologie der Muisca bis hin zur zeitgenössischen Kunst beeinflusst wurde.

Das **Museo Paleontológico** (Vía Arcabuco; Eintritt 0,80 US$; Di–Sa 9–12 & 14–17, So 9–15 Uhr) liegt ungefähr 1 km nordöstlich der Stadt auf der Straße nach Arcabuco. Gezeigt wird eine Sammlung von hier gefundenen Fossilien, die aus einer Zeit stammen, als das alles hier noch Meeresgrund war – so vor etwa 100–150 Mio. Jahren.

Villa de Leyva ist ein echtes Ziel zum Chillen. Das richtige Gefühl für diesen Ort wird man wohl nur bekommen, wenn man diesen Reiseführer einfach mal im Rucksack lässt und sich ziellos über die holprigen Straßen treiben lässt. Die **Casa de Juan de Castellanos** und die **Casona La Guaca**, zwei einwandfrei restaurierte Kolonialbauten an der Carrera 9 direkt an der Plaza Mayor, sollte man aber nicht verpassen. Sie haben wunderschöne Innenhöfe, eigene Cafés und Werkstätten.

Der bunte **Markt**, der samstags auf einem Platz drei Blocks südöstlich der Plaza Mayor seine Zelte aufschlägt, ist ebenfalls einen Besuch wert. Am frühen Morgen ist er am besten und am aufregendsten. Von dort aus geht's weiter nach Südosten und hoch auf den Berg zu einem **Aussichtspunkt**, von dem aus man einen herrlichen Blick über die Stadt hat.

Aktivitäten

Das Gebiet rund um Villa de Leyva eignet sich gut zum **Wandern** – und wenn man schon mal da ist, kann man gleich noch ein paar der benachbarten Sehenswürdigkeiten abklappern (s. S. 828). Oder man wandert im Santuario de Iguaque (S. 829). Die Region ist auch toll zum **Radfahren**, Bikes kann man sich in Villa de Leyva ausleihen (s. die im Anschluss folgenden Hinweise zu den geführten Touren).

Reiten ist ein weiterer beliebter Sport. Viele Einheimische mieten sich Pferde (2,50 US$/Std.) – entweder im Hotel nachfragen oder zur Ecke Carrera 9/Calle 16 gehen.

Geführte Touren

Taxis parken vor dem Busbahnhof und bieten Hin- und Rückfahrten zu den umliegenden Sehenswürdigkeiten an. Zum Standards gehören El Fósil, El Infiernito und der Convento del Santo Ecce Homo (25 US$), außerdem Ráquira und La Candelaria (35 US$). Die Preise gelten pro Taxi für bis zu vier Personen und beinhalten die Stopps an den Sehenswürdigkeiten.

Colombian Highlands (☎ 8-732-1379; colombian highlands@hotmail.com; Carrera 9 Nr. 11-02) Organisiert Touren abseits der ausgetretenen Pfade, darunter Nachtwanderungen, Abseilen und Ausritte. Verleiht Fahrräder und Campingausrüstungen und arbeitet mit dem Colombian Highlands Guesthouse zusammen.

Guías & Travesías (☎ 8-732-0742; Calle 12 Nr. 8A-31) Die Agentur verleiht Fahrräder (pro Std./halber Tag/Tag 1,50/5/9 US$) und veranstaltet Touren ins Umland.

Schlafen

An den Wochenenden können die freien Quartiere knapp werden; an *puentes* (Brückentage) und in der Osterwoche kann es gar völlig aussichtslos sein, was zu bekommen – und das obwohl die Preise dann explodieren. Die unten genannten Preise gelten wochentags.

Hospedería Colonial (☎ 8-732-1364; Calle 12 Nr. 10-81; EZ/DZ 4,50/9 US$) Einfach aber akzeptabel, und nur einen Block von der Plaza entfernt.

Colombian Highlands Guesthouse (☎ 8-732-1379, 311-308-3739; colombianhighlands@hotmail.com;

B/EZ/DZ 6/8/16 US$, Stellplatz 2,50 US$/Pers.; ☐ ☒ ☐) Die Pension, in der Traveller gerne gesehen werden, ist mit Colombian Highlands verbunden und wird von dem netten Oscar Gilede betrieben. Sie liegt in einem Privathaus, 1 km nordwestlich der Hauptplaza. Zur Pension gehören fünf Doppelzimmer, zwei davon mit eigenem Bad.

Hospedería La Roca (☎ 8-732-0331; Plaza Mayor; Zi. 9 US$/Pers.; ☒) Weitläufige Flure auf zwei Stockwerken führen in nette Zimmer, alle mit TV, hohen Decken und modernen Bädern. Vom beliebten Dachcafé hat man einen Ausblick über den Platz.

Posada San Martín (☎ 8-732-0428; Calle 14 Nr. 9-43; EZ/DZ/3BZ inkl. Frühstück 13,50/22,50/34 US$; ☒) Dieses kuriose Hotel hat helle bunte Zimmer, jedes mit kleinem TV. Im netten Gemeinschaftsraum versammelt man sich zum Frühstück. Es empfiehlt sich, vorher anzurufen, denn tagsüber ist oft abgeschlossen.

Hostería del Molino La Mesopotamia (☎ 8-732-0235; Carrera 8 Nr. 15A-265; EZ/DZ/3BZ inkl. Frühstück 40/48/64 US$; ☐ ☒) Legendäres, 435 Jahre altes Haus (das älteste Gebäude der Stadt) – ursprünglich eine Getreidemühle, heute ein Hotel mit Atmosphäre.

Essen & Ausgehen

Villa de Leyva hat eine Vielzahl von Restaurants, aber nicht alle sind unter der Woche geöffnet.

Restaurante Casa Blanca (Calle 13 Nr. 7-16; Menüs 2,50 US$, Hauptgerichte 4–5 US$; ☺ 10–17 Uhr) Eines der besten Budgetrestaurants der Stadt.

Al Horno (Calle 13 Nr. 7-95; Hauptgerichte 3–6 US$; ☺ 16–22 Uhr) Auf der Speisekarte des farbenfrohen und stimmungsvollen Bistros stehen 12 verschiedene Pizzas, Pastagerichte und tolle Desserts.

Zarina (Casa Quintero; Hauptgerichte 6–8 US$; ☺ 12.30–21 Uhr) Einheimische, die sich auskennen, haben das libanesische Lokal zum besten Restaurant der Stadt gewählt. Zu empfehlen sind Falafel mit Tahini (Sesampaste). Dies ist aber nur eines von vielen hervorragenden Restaurants im Casa Quintero.

Don D'Bill (Casa Quintero; ☺ 19–2 Uhr) Nahezu überall dürfte er eher was für eine Millionenfrage sein, doch in Villa de Leyva ist er eine Legende. Der ältere Drummer, der vier Jahre lang für Elvis Presley die Sticks durch die Luft gewirbelt hat, spielt jetzt fast jede Nacht in dieser kleinen Bar.

An- & Weiterreise

Der Busbahnhof liegt an der Straße nach Tunja drei Blocks südwestlich der Plaza Mayor. Minibusse fahren bis ca. 18 Uhr regelmäßig nach Tunja (1,80 US$, 45 Min.). Es gibt täglich zwei Direktbusse nach Bogotá (6 US$, 4 Std.), alternativ fährt man bis Tunja und steigt dort um.

RUND UM VILLA DE LEYVA

Villa de Leyva ist ein guter Ausgangspunkt, um die umliegende Region zu erkunden. Man findet einige Kultur- und Naturhighlights, darunter archäologische Relikte, koloniale Bauten, Felszeichnungen, Höhlen, Seen und Wasserfälle. Wer will, kann sich auch als Hobbypaläontologe betätigen und nach Fossilien buddeln.

Man erreicht die Sehenswürdigkeiten zu Fuß, per Fahrrad oder hoch zu Ross (s. S. 827). Außerdem bieten Regionalbusse und Taxis ihre Dienste an, alternativ kann man auch eine Tour (s. S. 827) planen.

Eine Rundfahrt mit dem Taxi (max. 4 Pers.) von Villa de Leyva nach El Fósil, El Infiernito und Ecce Homo kostet ca. 25 US$, die Wartezeit an den drei Sehenswürdigkeiten ist dabei enthalten.

Straußenfarm

Etwa 5 km südwestlich von Villa de Leyva, in Richtung El Fósil, liegt eine etwas deplazierte **Straußenfarm** (Eintritt 1,80 US$; ☺ 9–17 Uhr). Hier leben 120 Strauße und eine Handvoll Lamas, Pferde und Schafe. Auf der Farm gibt es ein Restaurant, in dem man gegrillten Strauß probieren kann (9 US$).

El Fósil

Das verhältnismäßig vollständige **Fossil eines Kronosaurus** (Eintritt 1 US$; ☺ 8–18 Uhr) ist das eines 120 Mio. Jahre alten prähistorischen Meerestiers, das Ähnlichkeit mit einem überdimensionalen Krokodil hat. Es liegt an der Straße nach Chiquinquirá, 6 km östlich von Villa de Leyva. In etwa einer Stunde erreicht man den Ort über einen Fußweg. Wer's eilig hat, nimmt den Bus nach Chiquinquirá oder Ráquira, der einen 1 km vom Fossil entfernt absetzt.

Estación Astronómica Muisca (El Infiernito)

Das **astronomische Zentrum der Muisca** (Eintritt 1 US$; ☺ Di–So 9–12 & 14–17 Uhr) wurde bereits um 1000 n. Chr. errichtet und, ähnlich wie Stonehenge, von den Ureinwohnern zur Bestimmung der Jahreszeiten verwendet. Noch heute können 30 zylindrische Monolithen begutachtet werden, die in Abständen von 1 m senkrecht in zwei parallelen, 9 m entfernten Reihen im Boden eingelassen sind. Die großen phallischen Steinmonolithen verliehen dem Ort auch eine rituelle Bedeutung.

Das astronomische Zentrum liegt etwa 2 km nördlich von El Fósil. Zu Fuß kommt man in 25 Minuten hin. Fahrrad, Pferd oder Taxi sind ebenfalls gebräuchliche Transportmittel.

Convento del Santo Ecce Homo

Das 1620 gegründete **Dominikanerkloster** (Eintritt 1 US$; ☺ 9–17 Uhr) ist ein Stein- und Ziegelbau mit einem wunderschönen Innenhof. Es liegt 13 km nordwestlich von Villa de Leyva. Der morgens nach Santa Sofía fahrende Bus setzt einen etwa 15 Min. zu Fuß entfernt ab.

Ráquira

☎ 8 / 1600 Ew.

Die bunt bemalten, durcheinandergewürfelten Handwerksläden und Stapel von frisch gebrannten Tontöpfen sind ein willkommener Lichtblick entlang der Hauptstraße in diesem Kuhdorf. 25 km von Villa de Leyva entfernt, ist Ráquira bekannt für seine schönen Töpferwaren. Es gibt zahlreiche kleine Werkstätten im Dorf selbst und in der Umgebung. Man kann den Arbeiter über die Schultern schauen und auch einkaufen. Viele Werkstätten rund um den Marktplatz verkaufen auch andere Sachen, z. B. Hängematten, Ponchos, Körbe, Holzschnitzereien und Schmuck.

Es gibt drei Budgethotels an der Hauptplaza und eine Handvoll Restaurants. Drei oder vier Minibusse fahren täglich von Villa de Leyva nach Ráquira (1,50 US$, 35 Min.) und zurück, falls Bedarf besteht, sind auch ein paar *colectivos* im Einsatz.

La Candelaria

☎ 8 / 300 Ew.

Dieser kleine Weiler, der zwischen trockenen Hügeln 7 km hinter Ráquira liegt, ist für das **Monasterio de La Candelaria** (☺ 9–17 Uhr) bekannt. Das Kloster wurde 1597 von Augustinermönchen gegründet und 1660 fertiggestellt. Ein Teil ist für die Öffentlichkeit zugänglich. Mönche führen durch die Kapelle, ein kleines Museum, die Bücherei und den Innenhof, flankiert vom Kloster mit einer Sammlung von Gemälden aus dem 17. Jh.

Pro Tag halten nur zwei Busse in La Candelaria, beide kommen aus Bogotá. Man kann auch den Weg nach Ráquira gehen (1 Std.) oder mit dem Taxi fahren. Eine Fahrt hin und zurück nach Villa de Leyva nach Ráquira und La Candelaria kann für 30 US$ (max. 4 Pers.) arrangiert werden, der Fahrer wartet in beiden Dörfern.

Santuario de Iguaque

Das Santuario de Iguaque ist ein 67,5 km² großes Naturreservat nordöstlich von Villa de Leyva. Das Reservat dehnt sich bis in die höchsten Gebirgsketten aus, die sich bis nach Arcabuco erstrecken. Es gibt acht kleinere Bergseen im Norden des Reservats, die auf 3550 und 3700 m Höhe liegen. Der Laguna de Iguaque, der dem ganzen Reservat seinen Namen gab, ist der Wichtigste, besonders deshalb, weil er den Muiscas heilig war.

Das **Besucherzentrum** (B 9 US$, 3 Gerichte 8 US$) liegt auf 2950 m Höhe, 3 km abseits der Straße zwischen Villa de Leyva und Arcabuco. Man bekommt Mahlzeiten und eine Unterkunft in einem Schlafsaal, zudem zahlt man hier auch den Eintritt in Reservat (9 US$). Wer eine Übernachtung plant, sollte die Verfügbarkeiten im Voraus über das Parkbüro in Bogotá checken.

Von Villa de Leyva aus nimmt man den Bus nach Arcabuco (4-mal tgl.), steigt dann nach 12 km in einem Ort namens Los Naranjos aus und geht zum Besucherzentrum (3 km). Vom Besucherzentrum geht's dann noch mal zwei bis drei Stunden bergauf zum Laguna de Iguaque. Wer die Strecke richtig genießen will, benötigt gut und gerne vier bis sechs Stunden.

PARQUE NACIONAL EL COCUY

Schneebedeckte Berge, funkelnde Bergseen und herrliche grüne Täler – der Parque Nacional El Cocuy gilt als eines der spektakulärsten Schutzgebiete Kolumbiens. Es befindet sich im höchsten Teil der Cordillera Oriental und schraubt sich bis zum 5330 m hohen Gipfel des Ritacumba Blanco in die Höhe.

Die Bergkette ist relativ kompakt und recht gut zu erreichen – die Startpunkte sind Guicán und El Cocoy im nördlichen Departemento de Boyacá. Der Park ist ein idealer Ort zum Wandern, allerdings sollte man für die Routen etwas Erfahrung mitbringen. Es gibt keine Einrichtungen im Park, d. h. die gesamte Verpflegung und Ausrüstung inklusive Schlafsäcke, warme Kleidung und Zelt muss man selbst mitschleppen.

Einige Veranstalter bieten allerdings Touren in den Park an. Wer einen zuverlässigen privaten Führer sucht, sollte **Rodrigo Arias** (☎ 310-211-4130; arias_rodrigo@hotmail.com) in Bogotá kontaktieren; er ist auch über das Platypus Guesthouse zu erreichen.

SAN GIL
☎ 7 / 35 000 Ew.

Die Kleinstadt San Gil hat sich einen guten Ruf als Zentrum für Ökotourismus und Abenteuersport erworben. Es muss zwar noch etwas zulegen, bevor es in mit Zielen wie Queenstown, Durango oder Interlaken einer Liga spielt, doch eine Handvoll Veranstalter bieten allemal genügend Adventures, um Reisende ein paar Tage lang zu beschäftigen.

Die Stadt selbst ist ein beliebter Stopp auf der Route Bogotá–Bucaramanga. Es gibt einen stattlichen Hauptplatz mit riesigen alten *ceibas* (Kapokbäume) und einer Kathedrale aus dem 18. Jh. Hauptattraktion ist der **Parque El Gallineral** (☎ 7-724-4372; Malecón at Calle 6; Eintritt 1,80 US$; ☻ 8–18 Uhr), ein wunderschöner, an einem Fluss gelegenen Park, in dem die Bäume mit *barbas de viejo* bedeckt sind; die langen silbrigen Tillandsia-Wedeln (Bromelienart) bilden einen beeindruckenden silbernen Schleier um ihre Blätter.

Wenn man in San Gil Halt macht, sollte man auf jeden Fall die kurze Tour nach Barichara unternehmen, einer netten Kolonialstadt in den benachbarten Hügeln (S. 830).

Praktische Informationen

Bancolombia (Calle 12 Nr. 10-44) Geldautomat rund um die Uhr.

CAI de Turismo (☎ 7-724-3433; Ecke Malecón & Calle 7; ☻ 7.30–12 & 13–18.30 Uhr) Das Touristenbüro liegt neben dem Eingang zum Parque El Gallineral. Verlässlichere Informationen erhält man bei den benachbarten Ökotour-Unternehmen.

Foxnet (Carrera 10 Nr. 12-37; 0,80 US$/Std.; ⏰ 7–12.30 & 14–20 Uhr) Internetzugang im Centro Comercial El Edén am Hauptplatz.

Geführte Touren

Einige Veranstalter in San Gil bieten Wildwasser-Rafting auf den umliegenden Flüssen an. Die 10 km lange Standardtour auf dem Río Fonce (Grad 1–3) kostet 12 US$ pro Person und dauert eineinhalb Stunden. Längere Touren auf dem Río Chicamoch, die einen höheren Adrenalinausstoß garantieren (Grad 4 und höher), werden auf Wunsch organisiert. Die meisten Veranstalter bieten auch Reiten, Höhlentouren, Paragliding, Abseilen, Klettern und Ökowanderungen an.

Colombia Rafting Expeditions (☎ 311-283-8647; colombiakayak5@hotmail.com; Carrera 10 Nr. 7-83)

Macondo Adventures ((☎ 7-724-5646, 311-828-2905; macondohostal@hotmail.com; Macondo Guesthouse, Calle 10 Nr. 7-66) Hier werden alle Arten von Touren organisiert. Ein Anruf vorab empfiehlt sich, denn dann können Gruppen zusammengestellt werden (was die Sache günstiger macht).

Planeta Azul (☎ 7-724-0000; planetaazulsg@hotmail. com; Parque El Gallineral)

Xurvivors (☎ 7-724-1738; Calle 6 Nr. 9-121; xurvivors@ hotmail.com)

Schlafen & Essen

San Gil bietet eine Vielzahl von Hotels, die sich über das ganze Stadtzentrum verteilen; die meisten sind in der Budgetkategorie anzusiedeln.

Macondo Guesthouse (☎ 724-4463, 311-828-2905; Calle 12 Nr. 7-26; B/EZ/DZ 4,50/6/9 US$; 🖳) Das von Australiern geführte Haus, eine 180 Jahre alte Villa, liegt eineinhalb Blocks oberhalb der Hauptplaza. Zur Einrichtung gehören Kochgelegenheiten, ein Büchertausch und Wäscheservice. Der Besitzer Shaun Carter organisiert auch Touren und Rafting-Trips in der Gegend.

Centro Real (☎ 7-724-0387; Calle 10 Nr. 10-41; EZ/ DZ/3BZ mit Bad 5/9/12 US$; ✂) Das Centro Real ist ein neues Haus mit 20 Zimmern. Es ist sauber, bequem, zentral und ziemlich beliebt – also vorher anrufen.

Hotel Mansión del Parque (☎ 7-724-5662; Calle 12 Nr. 8-71; EZ/DZ/3BZ 16/21/25 US$) In einem Kolonialhaus an der Ecke des Parque Central gelegen, bietet das Mansión del Parque große Zimmer, von denen die besten einen Balkon zur Plaza hinaus haben.

Cafetería Donde Betty (Ecke Carrera 9 & Calle 12; ⏰ 7–24 Uhr) Das nette Café serviert Frühstück, Sandwiches und Fruchtshakes gegen den großen Durst.

An- & Weiterreise

Der Busbahnhof liegt 2 km westlich der Stadtmitte an der Straße nach Bogotá. Stadtbusse pendeln regelmäßig zwischen dem Bahnhof und dem Stadtzentrum, oder man nimmt ein Taxi (1 US$).

Regelmäßig fahren Busse Richtung Süden nach Bogotá (15 US$, 7½ Std.) und Richtung Norden nach Bucaramanga (5 US$, 2½ Std.). Es gibt auch halbstündliche Minibusse, die nach Bucaramanga fahren (5 US$, 2¼ Std.). Busse nach Barichara (1,25 US$, 40 Min.) fahren alle 45 Minuten vom **Cotrasangil Bus Office** (Carrera 10 Nr. 14-82) in der Innenstadt.

BARICHARA

☎ 7 / 4000 Ew.

Barichara ist die Sorte Stadt, von der Hollywoods Filmemacher träumen. Eine spanische Kolonialstadt von betörender Schönheit. Die weiß getünchten Gebäude und gepflasterten Straßen sehen fast so neu aus, als ob sie gestern und nicht schon vor 300 Jahren errichten worden wären. Sicher, das hollywoodreife Aussehen ist das Ergebnis nicht unerheblicher Wiederaufbaumaßnahmen der letzten 25 Jahre, doch geschah das alles mit Verstand und Geschmack.

Wer auf der Hauptplaza herumspaziert, sollte unbedingt die **Catedral de la Inmaculada Concepción** ansehen, ein massiver Sakralbau aus dem 18. Jh. Sie ist das aufwendigste Stück Architektur der Stadt. Die **Casa de la Cultura** (☎ 7-726-7002; Calle 5 Nr. 6-29; Eintritt 0,25 US$; ⏰ Mi–Sa 8–12 & 14–18, So 9–13 Uhr) zeigt eine kleine Fossiliensammlung und Töpferarbeiten der Guane-Indios.

Von Barichara aus kann man das Dorf **Guane** besuchen, 10 km nordwestlich, wo die Zeit vor ein paar Jahrhunderten stehen geblieben ist. Es gibt eine schöne Landkirche und ein Museum mit einer Fossiliensammlung sowie Kunstgegenständen der Guane Indianer.

Schlafen & Essen

In Barichara gibt es ein halbes Dutzend Hotels, dazu ein paar Einheimische, die privat Zimmer vermieten.

Aposentos (☎ 7-726-7294; Calle 6 Nr. 6-40; Zi. 9 US$/ Pers.) Das kleine freundliche Hotel direkt an der Hauptplaza hat fünf Zimmer und ist eine der günstigsten Übernachtungsmöglichkeiten. Anständiger Service.

Hotel Coratá (☎ 7-726-7110; Carrera 7 Nr. 4-08; Zi. 10 US$/Pers.) Das Coratá ist ein historisches Hotel in einem 280 Jahre alten Gebäude, dekoriert mit Antiquitäten und Holzmöbeln. Die großen Zimmer haben hohe Decken und TV.

Hostal Misión Santa Bárbara (☎ 7-726-7163, in Bogotá 1-288-4949; Calle 5 Nr. 9-12; EZ/DZ/3BZ inkl. Frühstück 22/36/48 US$; 🛋) Ein schönes, mit Liebe zum Detail eingerichtetes Kolonialhaus, das mit bequemen altmodischen Zimmern aufwartet.

Es gibt einige einfache, günstige Restaurants rund um die Plaza und in den Straßen drum herum, beispielsweise das **Restaurante La Braza** (Carrera 6 Nr. 6-31; 🕐 12–18 Uhr), das günstige Mahlzeiten und typische einheimische Gerichte serviert. Am Abend sollte man das **Plenilunio Café** (Calle 6 Nr. 7-74; Gerichte 3-4 US$; 🕐 18.30–23 Uhr) ausprobieren, ein italienisches Restaurant in einem kleinen gemütlichen Raum mit nur vier Tischen. Hier kann man auch noch lange nach dem Essen verweilen und den Abend mit einem Buch oder eine Partie Schach ausklingen lassen.

An- & Weiterreise

Shuttlebusse verkehren alle 45 Minuten zwischen Barichara und San Gil (1 US$, 40 Min.). Zwei Busse pro Tag (außer am Sonntag) fahren nach Guane; alternativ kann man in weniger als zwei Stunden über einen alten spanischen Pfad zu Fuß dorthin wandern.

BUCARAMANGA

☎ 7 / 560 000 Ew.

Bucaramanga, die Hauptstadt von Santander, ist das moderne, kommerzielle und industrielle Zentrum der Region, das mit einem angenehmen Klima gesegnet ist. Die Stadt ist bekannt für ihre vielen Parks, Zigarren und die berüchtigte *hormiga culona*, eine große Ameise, die gebraten gegessen wird. Für den Traveller gibt es nicht viele Gründe, hier anzuhalten. Es sei denn, er will eine lange Überlandreise unterbrechen oder umsteigen, um den Bus ins benachbarte Girón zu erreichen.

Praktische Informationen

Bancolombia (☎ 7-630-4251; Carrera 18 Nr. 35-02)

Click & Play (Calle 34 Nr. 19-46, Zimmer 115, Centro Comercial La Triada; 1 US$/Std.; 🕐 8–21 Uhr) Internet und internationale Telefongespräche.

Mundo Divisas (Calle 34 Nr. 19-46, Zimmer 120, Centro Comercial La Triada; 🕐 8–12 & 14.30–18 Uhr) Geldwechsler.

Telenet (☎ 7-670-5850; Calle 36 Nr. 18-03; 1 US$/Std.; 🕐 7.30–19.30 Uhr) Internet und internationale Telefonanrufe.

Touristenpolizei (☎ 7-633-8342; Parque Santander; 🕐 24 Std.) In dieser kleinen Polizeistation erhält man auch kostenlose Stadtpläne und Prospekte.

Sehenswertes

Hier gibt es nicht viel zu sehen oder zu tun. Aber vielleicht tut die Pause auf dem langen Weg von Bogotá zur Küste oder nach Cúcuta ganz gut. Wenn man schon mal hier ist, sollte man das **Museo Casa de Bolívar** (☎ 7-630-4258; Calle 37 Nr. 12-15; Eintritt 0,50 US$; 🕐 Mo–Fr 8–12 & 14–18, Sa 8–12 Uhr) besuchen, in dem es ethnografische und historische Sammlungen zu sehen gibt.

Außerdem kann man im **Jardín Botánico Eloy Valenzuela** (☎ 7-648-0729; Eintritt 0,25 US$; 🕐 8–17 Uhr) im Vorort Bucarica entspannt spazieren gehen. Hin geht's mit dem Bus nach Bucarica, er fährt an der Carrera 15 im Stadtzentrum ab. Ein Abstecher ins 9 km entfernte Girón (S. 833) lohnt sich ebenfalls.

Schlafen

Budgethotels verteilen sich rund um den Parque Centenario, vor allem in der Calle 31 zwischen den Carreras 19 und 22.

Residencias ABC (☎ 7-633-7352; Calle 31 Nr. 21-44; EZ/DZ/3BZ 3/5/6 US$) Eines der günstigsten Häuser der Gegend. Die Zimmer sind einfach und die Straße davor etwas laut, dafür liegt es relativ zentrumsnah.

Hotel Morgan No 2 (☎ 7-630-4226; Calle 35 Nr. 18-83; EZ/DZ/3BZ 13/18/20 US$; ✂ 📺) Sehr zentral gelegenes günstiges Haus mit großen Zimmern, TV und Ventilatoren.

Hotel Ruitoque (☎ 7-633-4567; Carrera 19 Nr. 37-26; EZ/DZ/3BZ inkl. Frühstück 22/30/38 US$; ✂ 📺) Eines der günstigsten Hotels mit klimatisierten Zimmern.

Essen & Ausgehen

Zu den typischen regionalen Gerichten gehören *mute* und *cabro* bzw. *cabrito*. Die le-

832 NÖRDLICH VON BOGOTÁ •• Bucaramanga

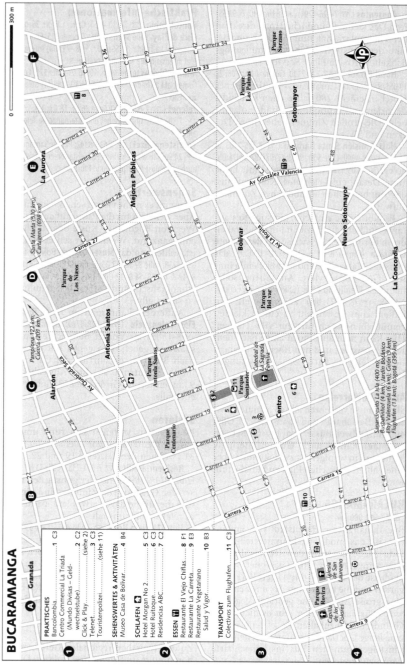

BUCARAMANGA

PRAKTISCHES
- Bancolombia..1 C3
- Centro Commercial La Triada (Mundo Divisas – Geldwechselstube)..........................2 C2
- Click & Play..................................(siehe 2)
- Telenet...3 C3
- Touristenpolizei.........................(siehe 11)

SEHENSWERTES & AKTIVITÄTEN
- Museo Casa de Bolívar..........................4 B4

SCHLAFEN
- Hotel Morgan No 2.................................5 C3
- Hotel Ruitoque..6 C3
- Residencias ABC.....................................7 C2

ESSEN
- Restaurante El Viejo Chiflas....................8 F1
- Restaurante La Carreta..........................9 E3
- Restaurante Vegetariano Salud y Vigor....................................10 B3

TRANSPORT
- Colectivos zum Flughafen....................11 C3

gendären *hormiga culona* sind kein Gericht, das man im Restaurant bestellt, sondern eher ein Snack. Man erhält die Ameisen nur etwa von März bis Mai in Delikatessenläden oder im Einkaufszentrum **Sanandresito La Isla** (Diagonal 15 zw. Calles 55 & 56). Bezahlt wird nach Gewicht (ca. 30 US$/kg).

Das Nachtleben spielt sich in den östlichen Vororten ab, das Epizentrum des Geschehens bildet die Zona Rosa. Sie liegt an der Carrerà 31 zwischen den Calles 33 und 34 und an der Calle 33 zwischen den Carreras 31 und 33. Die Bars und Diskos erstrecken sich aber entlang der Carrera 33 bis zur Calle 45.

Restaurante Vegetariano Salud y Vigor (Calle 36 Nr. 14-24; Gerichte 1,50–3 US$; So–Fr 7.30–18.30 Uhr) Günstiges Mittagessen.

Restaurante El Viejo Chiflas (Carrera 33 Nr. 34-10; Hauptgerichte 3–6 US$; 11–24 Uhr) Gut und günstig, mit den typischen einheimischen Gerichten.

Restaurante La Carreta (Carrera 27 Nr. 42-27; Hauptgerichte 6–12 US$; 12–15.30 & 18–24 Uhr) Dieses Restaurant hat in puncto gutes Essen eine 40-jährige Tradition.

An- & Weiterreise

Bucaramangas Busbahnhof liegt südwestlich vom Zentrum, etwa auf halbem Weg nach Girón. Regelmäßig Regionalbusse mit der Aufschrift „Terminal" fahren von den Carreras 15 und 33 dorthin. Busse starten regelmäßig nach Bogotá (22 US$, 10 Std.), Cartagena (36 US$, 12 Std.), Cúcuta (10 US$, 6 Std.) und Santa Marta (31 US$, 9 Std.).

GIRÓN

☎ 7 / 45 000 Ew.

Kopfsteinpflaster, Pferdekarren und Trägheit liegen in der Luft. In San Juan de Girón befindet man sich in einer anderen Zeit, obwohl es nur 9 km vom pulsierenden Bucaramanga entfernt ist.

Die Touristeninformation, das **Secretaría de Cultura y Turismo** (☎ 7-646-1337; Calle 30 Nr. 26-64; 8–12 & 14–18 Uhr), ist in der Casa de la Cultura untergebracht. Es gibt zwei Geldautomaten an der östlichen Seite des Parque Principal. E-Mails kann man bei **el port@l.net** (Carrera 25 Nr. 30-86; 0,60 US$/Std.; Mo–Fr 8–23 Uhr) checken.

Das hübsche Zentrum der 1631 gegründeten Stadt wurde größtenteils wiederauf-

gemöbelt und hat viel von seinem historischen Charakter erhalten. Die **Plazuela Peralta** und die **Plazuela de las Nieves** gehören zu den nettesten Orten. Auch lohnt sich ein Blick auf die vielgesichtige **Catedral del Señor de los Milagros** an der Hauptplaza.

Mehr Quartiere gibt es in Bucaramanga, nur eine kurze Fahrt von Girón entfernt. Wer dennoch länger in der Stadt bleiben möchte, sollte das hübsche **Hotel Las Nieves** (☎ 7-646-8968; Calle 30 Nr. 25-71; EZ/DZ/3BZ 11/18/22 US$) an der Hauptplaza ansteuern. Es hat große bequeme Zimmer. Im Hotel gibt es ein günstiges Restaurant mit Menüs und regionalen Gerichten.

Man kann auch in einigen nobleren Restaurants speisen, die herzhaftes typisches Essen in netter kolonialer Umgebung servieren. Dazu gehören das **Restaurante Villa del Rey** (Calle 28 Nr. 27-49; Hauptgerichte 3–6 US$; 8–18 Uhr), das **Mansión del Fraile** (Calle 30 Nr. 25-27; Hauptgerichte 4–6 US$; 12–18 Uhr) und das **Restaurante La Casona** (Calle 28 Nr. 28-09; Hauptgerichte 5–8 US$; 12–18 Uhr).

Die häufig verkehrenden Busse von den Carreras 15 und 33 in Bucaramanga setzen einen nach einer halben Stunde Fahrt direkt an der Hauptplaza in Girón ab.

PAMPLONA

☎ 7 / 45 000 Ew.

Das aus der Kolonialzeit stammende Pamplona liegt spektakulär im tiefen Valle del Espíritu Santo in der Cordillera Oriental. Ein nettes Städtchen mit alten Kirchen, schmalen Straßen und wuseligen Geschäften. Wer gerade aus den heißen Ebenen Venezuelas kommt, wird hier den passenden Ort für einen Zwischenstopp auf dem Weg nach Zentralkolumbien finden.

Pamplona bietet eine respektable Sammlung von Museen, fast alle befinden sich in restaurierten Kolonialhäusern. Eines der besten, das **Museo de Arte Moderno Ramírez Villamizar** (☎ 7-568-2999; Calle 5 Nr. 5-75; Eintritt 0,50 US$; Di–Fr 9–12 & 14–18, Sa & So 9–18 Uhr) zeigt über 40 Werke von Eduardo Ramírez Villamizar, einem von Kolumbiens herausragendsten Künstlern, der 1923 in Pamplona geboren wurde.

Eines der günstigsten Hotels der Stadt ist das **Hotel Orsúa** (☎ 7-568-2470; Calle 5 Nr. 5-67; EZ/DZ/3BZ 5/10/14 US$) an der Hauptplaza. Das beste Haus am Platz ist aber das **Hotel Cariongo** (☎ 7-568-1515; Ecke Calle 9 & Carrera 5; DZ

22 US$), das sich drei Blocks südwestlich der Plaza befindet.

Der neue Busbahnhof von Pamplona liegt etwa 600 m südwestlich der Hauptplaza. Man kann von hier aus in rund zehn Minuten in die Stadt laufen oder 1 US$ für ein Taxi zahlen.

Pamplona liegt an der Straße zwischen Bucaramanga und Cúcuta. Busse fahren von hier aus regelmäßig nach Cúcuta (4 US$, 1¾ Std., 72 km) und Bucaramanga (8 US$, 4½ Std., 124 km). Man muss sich möglicherweise an den Schaltern verschiedener Busgesellschaften erkundigen, welcher Bus bzw. welches Sammeltaxi als nächstes abfährt.

CÚCUTA

☎ 7 / 560 000 Ew.

Cúcuta ist eine heiße unattraktive Stadt, die mehr als 500 000 Einwohner hat. Es ist die Hauptstadt des Departemento de Norte de Santander und ein quirliges Geschäftszentrum, das von der Nähe zum nur 12 km entfernten Venezuela profitiert. Die Stadt hat keine nennenswerten Sehenswürdigkeiten. Wenn man also nicht gerade auf dem Weg von oder nach Venezuela ist, gibt es kaum Gründe, hier durchzukommen.

Praktische Informationen

Zwischen Kolumbien und Venezuela besteht eine Stunde Zeitunterschied. Wenn man von Kolumbien nach Venezuela reist, muss man seine Uhr eine Stunde vorstellen. In Venezuela angekommen, muss man sich eine Touristenkarte besorgen. Sie wird direkt vom DIEX-Büro in San Antonio del Táchira in Venezuela ausgestellt, das dort an der Carrera 9 zwischen Calles 6 und 7 zu finden ist.

Adpostal (Calle 8A) Im Norden vom Parque Nacional; für Post.

Bancolombia Av 0 (Av 0 Nr. 14-50); Av 5 (Av 5 Nr. 9-80) Löst Reiseschecks ein.

Corporación Mixta de Promoción de Norte de Santander (☎ 7-571-3395; Calle 10 Nr. 0-30) Touristeninformation.

Einreisestelle Die Einwanderungsbehörde des Departmento Administrativo de Seguridad (DAS) – hier gibt's Ein- und Ausreisestempel für den Reisepass – liegt an der linken Seite der Straße nach Venezuela direkt vor der Grenze am Río Táchira.

On-Site (Av 0 Nr. 11-55; 0,50 US$/Std.; ⏲ 8–22 Uhr) Internetcafé.

SIS Café Internet (Calle 14 Nr. 4-47; 0,50 US$/Std.; ⏲ Mo–Sa 8–21, So 9.30–18 Uhr)

Sehenswertes

Wer ein paar Stunden übrig hat, sollte die **Casa de la Cultura** (☎ 7-571-6689; Calle 13 Nr. 3-67; ⏲ Mo–Fr 8–12 & 14–18 Uhr) besuchen. Der eindrucksvolle Glockenturm, in dem von Zeit zu Zeit Kunstausstellungen stattfinden, fällt sofort auf. Die **Banco de la República** (☎ 7-575-0131; Av Diagonal Santander at Calle 11; ⏲ Mo–Fr 8–12 & 14–18 Uhr) veranstaltet ebenfalls Ausstellungen in der Area Cultural.

Nicht weit entfernt liegt die **Villa del Rosario**, 10 km südöstlich von Cúcuta an der Straße zur Grenze. In dem Gebäude wurde 1821 die Verfassung von Gran Colombia entworfen und verabschiedet. Um an das Ereignis zu erinnern, wurde der Parque de la Gran Colombia angelegt, in dem man die Ruinen des 1875 bei einem Erdbeben zerstörten Templo del Congreso anschauen kann (die Kirche war der Versammlungsort der Kongresssitzungen wurde). Zudem findet sich in der Anlage die Casa de Santander; das Geburtshaus von Santander beherbergt heute ein kleines Museum. Von Cúcuta aus erreicht man diese Sehenswürdigkeiten nicht mit dem Bus nach Villa del Rosario, sondern mit dem nach San Antonio.

Schlafen & Essen

Um die Hotels innerhalb von sechs Blocks rund um den Busbahnhof sollte man einen Bogen machen, denn die Gegend ist nachts schmuddelig und unsicher.

Hotel La Bastilla (☎ 7-571-2576; Av 3 Nr. 9-42; EZ/DZ/3BZ 7/9/14 US$) Dieses Budgethotel bietet relativ saubere Zimmer in zentraler Lage, zwei Blocks vom Hauptplatz entfernt. Die Zimmer haben Fenster, was in dieser Preisklasse eher selten ist.

Hotel Real Cúcuta (☎ 7-583-2014; Av 4 Nr. 6-51; EZ/DZ/3BZ mit Ventilator 8/11/15 US$, mit Klimaanlage 11/14/18 US$; ✂) Eines der günstigsten Häuser mit Klimaanlage. Das Real Cúcuta hat hauptsächlich große Dreibettzimmer.

Hotel Amaruc (☎ 7-571-7625; Ecke Calle 10 & Av 5; EZ/DZ mit Ventilator 18/23 US$, mit Klimaanlage 24,50/32 US$; ✂ ✂) Äußerst zentrale Lage mit Blick über den Parque Santander.

La Mazorca (Av 4 Nr. 9-67; Menüs 2 US$; Hauptgerichte 5–7 US$) Hier lässt sich kreolische Küche mit gutem Wein in einem sonnigen Innenhof genießen.

NÖRDLICH VON BOGOTÁ •• Cúcuta   835

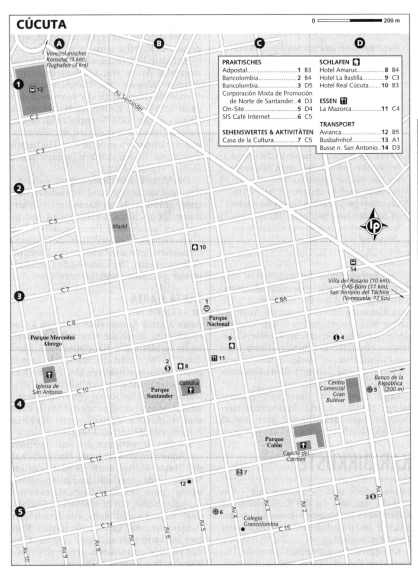

An- & Weiterreise

Der Flughafen befindet sich etwa 4 km nördlich vom Stadtzentrum. Minibusse mit der Aufschrift „El Trigal Molinos" halten in der Av 1 oder der Av 3 und setzen einen dann 350 m vom Flughafen entfernt ab. Ein Taxi kostet 3 US$. Von Cucúta starten Flugzeuge zu den meisten großen Städten Kolumbiens, darunter auch Bogotá (90–120 US$) und Cartagena (90–130 US$). Nach Venezuela werden allerdings keine Direktflüge angeboten – es ist also besser, von San Antonio del Táchira (S. 1164) aus ins Landesinnere Venezuelas weiterzureisen; die venezolanische Grenzstadt ist nur 12 km von Cúcuta entfernt.

EINREISE NACH VENEZUELA

Wer nach Venezuela möchte, fährt am besten mit einem der vielen Busse oder Sammeltaxis von Cúcutas Busbahnhof nach San Antonio del Táchira (jeweils etwa 0,50 US$, zu zahlen entweder in kolumbianischen Pesos oder venezolanischen Bolivars). Es gibt auch noch *colectivos* und Busse Richtung San Antonio, die im Zentrum an der Ecke Av. Diagonal Santander/Calle 8 abfahren. Die Fahrzeuge müssen an der Grenze nicht gewechselt werden. Nicht vergessen: vor der Brücke aussteigen und sich den Reisepass am DAS abstempeln lassen! Der Grenzübergang ist sieben Tage in der Woche 24 Stunden lang geöffnet. Infos über die Einreise nach Kolumbien von Venezuela aus stehen auf S. 1198.

Der **Busbahnhof** (Av 7 an der Calle 1) ist sehr dreckig und überlaufen – einer der schlimmsten von ganz Kolumbien. Außerdem sollte man hier seine Sachen immer im Auge behalten und einen großen Bogen um alle Kerle machen, die einem Reiseversicherungen, Bustickets, Schmuggelware oder sonst irgendetwas verkaufen möchte (Überraschung: es sind Gauner!). Bustickets kauft man direkt am Schalter.

Regelmäßig fahren Busse nach Bucaramanga (13 US$, 6 Std.). Mindestens zwei Dutzend Busse fahren täglich nach Bogotá (32 US$, 16 Std.).

KARIBIKKÜSTE

Sonnenschein und Geschichte satt – das sind die Zutaten, die die Karibikküste zu Kolumbiens beliebtestem Reiseziel einheimischer und natürlich auch internationaler Touristen macht.

Kronjuwel der Küste ist Cartagena. Die ehemalige Kolonialstadt verzaubert mit einer Schönheit und Romantik, die im ganzen Land, wenn nicht sogar auf dem ganzen Kontinent ihresgleichen sucht. Wer eher an Naturschönheiten interessiert ist, sollte den Parque Nacional Tayrona besuchen, ein spektakuläres Fleckchen Erde mit einsamen Stränden und jungfräulichem Regenwald. Und steht einem der Geschmack nach Abenteuer à la Indiana Jones, dürfte ein

strapaziöser dreitägiger Dschungeltrip zur Ciudad Perdida, der verlorenen Stadt, wohl genau das Richtige sein.

Auf den 1760 Küstenkilometern findet man alle Arten von Ökosystemen, von dichtem Urwald am Darién-Hindernis (Tapón del Darién) an der Grenze zu Panama im Westen bis hin zur Wüste von La Guajira in der Nähe Venezuelas im Osten. Taucher werden von einigen wunderschönen Korallenriffen angetan sein. Die besten Tauchspots finden sich bei Taganga in der Nähe von Santa Marta.

Die Menschen in dieser Region, die *costeños*, sind ein lässiges und fröhliches Völkchen größtenteils afrikanischer Abstammung. Ihr beschauliches Leben wird manchmal von rauschenden Feiern unterbrochen – das bunteste und wildeste aller kolumbianischen Feste überhaupt ist der Carnaval de Barranquilla. Der Carnaval de Cartagena ist nur geringfügig weniger verrückt.

SANTA MARTA

☎ 5 / 410 000 Ew.

Santa Martas Anmut einer früheren Kolonialstadt ist durch die neuere Betonbauten leicht verblasst. Die Nähe zum Meer allerdings bleibt – und die macht sie immer noch zu einem attraktiven Ort. Für die Kolumbianer ist sie eines der beliebtesten Reiseziele, was sicherlich an den vielen garantierten Sonnenstunden, einer Menge Rum und etlichen Grundstücken mit direktem Zugang zum Sandstrand liegt.

Zu den Attraktionen der Stadt gehören ein Aquarium und die große Hacienda, auf der Simón Bolívar starb. El Rodadero im Süden (heute innerhalb der Stadtgrenzen) ist ein hippes Strandbad. Santa Marta ist der Ausgangspunkt, um zum hübschen Fischerdorf Taganga und dem wunderschönen Parque Nacional Tayrona zu starten. Von hier aus kann man auch den Trip zur Ciudad Perdida organisieren, der größten prähispanischen Stadt von Tayrona.

Praktische Informationen

Auf der Calle 14 zwischen den Carreras 3 und 5 befinden sich einige *casas de cambio* (Wechselstuben).

Bancolombia (Carrera 3 Nr. 14-10) Wechselt Reiseschecks.

Depris Postamt (Carrera 3 Nr. 17-26; ☿ Mo–Fr 8–12 & 14–18, Sa 8–13 Uhr)

KARIBIKKÜSTE •• Santa Marta

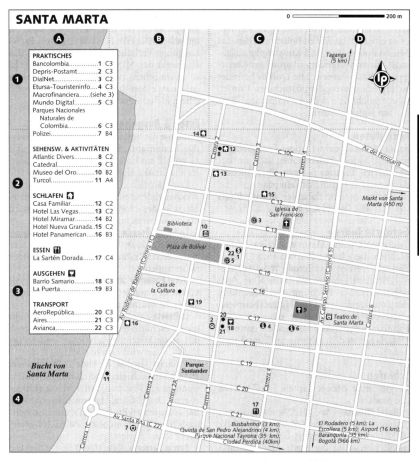

DialNet (Calle 13 Nr. 3–13, San Francisco Plaza, Local 205; 0,80 US$/Std.; Mo–Sa 8–20, So 9.30–17 Uhr) Internetcafé.

Etursa-Touristeninformation (☎ 5-421-1833; Calle 17 Nr. 3-120) Städtische Touristeninformation.

Macrofinanciera (Calle 13 Nr. 3–13, San Francisco Plaza, Local 206) Private Wechselstube.

Mundo Digital (Calle 15 Nr. 2B–19, Local 108; 1,20 US$/Std.; Mo–Fr 7–20, Sa 8–20, So 9–17 Uhr) Internetcafé.

Parques Nacionales Naturales de Colombia (☎ 5-423-0704; www.parquesnacionales.gov.co, spanisch; Calle 17 Nr. 4-06)

Sehenswertes

Das **Museo del Oro** (☎ 5-421-0953; Calle 14 Nr. 2-07; Eintritt frei; Mo–Fr 8–11.45 & 14–17.45 Uhr) zeigt eine interessante Sammlung von Gegenständen der Tayrona, die hauptsächlich aus Ton und Gold gefertigt wurden. Auf keinen Fall sollte man das beeindruckende Modell der Ciudad Perdida verpassen – erst recht nicht, wenn man vorhat, sich das Ganze in natura anzuschauen.

Die gewaltige, weiß getünchte **Catedral** (Carrera 4 an der Calle 17) gilt als älteste Kirche Kolumbiens, obwohl die Arbeiten an ihr erst Ende des 18. Jhs. beendet wurden. Hier liegt die Asche des Stadtgründers, Rodrigo de Bastidas, bestattet (gleich links neben dem Eingang der Kirche).

Die **Quinta de San Pedro Alejandrino** (☎ 5-433-0589; Eintritt 4 US$; 9.30–16.30 Uhr) ist die Hacienda, auf der Simón Bolívar seine letzten Tage verbrachte und schließlich auch starb. Das Haus kann besichtigen werden, es ist eingerichtet wie zu Bolívars Zeiten. Im Museo Bolivariano sind Kunstwerke ausgestellt, die von lateinamerikanischen Künstlern gestiftet wurden. Die Quinta befindet sich in Mamatoco, dem östlichsten Vorort. Man erreicht sie mit dem „Mamatoco"-Bus, der am Hafen abfährt.

Aktivitäten

Santa Marta ist ein wichtiger **Tauchspot**. Die meisten Tauchschulen haben sich im benachbarten Taganga (s. gegenüber) niedergelassen, aber es gibt auch ein paar Anbieter im Stadtzentrum, darunter **Atlantic Divers** (☎ 5-421-4883; Calle 10C Nr. 2-08).

Geführte Touren

Touren von Santa Marta aus haben hauptsächlich die Ciudad Perdida (S. 840) zum Ziel. Sie werden von **Turcol** (☎ 5-421-2256, 5-433-3737; turcol24@hotmail.com; Carrera 1C Nr. 20-15) organisiert. Die Buchung und Bezahlung der Tour kann über einige Hotels (beispielsweise das Hotel Miramar oder die Casa Familiar) abgewickelt werden, die dann die Unterlagen und Bezahlung an Turcol weiterleiten.

Schlafen

Es gibt eine Menge Hotels im Zentrum der Stadt.

Hotel Miramar (☎ 5-423-3276; elmiramar_santa marta@yahoo.com; Calle 10C Nr. 1C-59; B/EZ/DZ 4/4,50/9 US$; 🖳) Eine der günstigsten Übernachtungsmöglichkeiten in der Stadt. Das Miramar war lange Zeit ein typisches Gringohotel; mit einer lauten Hippie-Atmosphäre, aber auch sehr einfach und ungepflegt. Im dazugehörigen Café erhält man günstige Gerichte und Getränke.

Casa Familiar (☎ 5-421-1697; www.hospedericasa familiar.freeservers.com; Calle 10C Nr. 2-14; B/EZ/DZ/3BZ 4/5/8/10 US$) Das freundliche und saubere Hochhaus-Hotel ist ein beliebter Treff für Backpacker. Es hat sowohl private Zimmer als auch Schlafsäle. Zum Faulenzen empfiehlt sich die nette Dachterrasse.

Hotel Las Vegas (☎ 5-421-5094; Calle 11 Nr. 2-08; EZ/DZ 5,50/10 US$; mit Klimaanlage 9,50/13,50 US$; 🖳) Klein aber fein. Das Las Vegas bietet die günstigsten klimatisierten Zimmer der Stadt. Die Zimmer zur Straße haben Fenster und Balkon, dafür wird's aber laut.

Hotel Nueva Granada (☎ 5-421-1337; www.hotel nuevagranada.com; Calle 12 Nr. 3-17; EZ/DZ 11/16 US$, mit Klimaanlage 16/23 US$; 🖳 🖳 🖳) Gutes Preis-Leistungs-Verhältnis, wahrscheinlich das Highlight der Mittelklasse in der Stadt. Es ist gut in Schuss (was in Santa Marta selten ist), hat einen hübschen Innenhof und einem kleinen Pool.

Essen & Ausgehen

Rund um die Budgethotels gibt es viele günstige Restaurants, besonders an den Calles 11 und 12 am Hafen, wo ein einfaches Essen für maximal 2 US$ zu bekommen ist.

Das Nachtleben von Santa Marta geht am Wochenende so richtig los und es gibt überhaupt keine Schwierigkeiten, einen Ort zu finden, an dem man Salsa tanzen kann.

La Sartén Dorada (Ecke Carrera 4 & Calle 21; Hauptgerichte 4–7 US$; 🕑 11.15–15.30 Uhr) Eines der günstigeren Restaurants, das gute Fischgerichte zubereitet.

Hotel Panamerican (Carrera 1C; Gerichte 2–3 US$) Wenn es etwas edler sein soll, kann man dieses Restaurant ausprobieren.

La Puerta (Calle 17 Nr. 2-29; 🕑 Di–Sa 18–3 Uhr) Ein nicht beschilderter lebhafter Studententreff mit einer Mischung aus Rock und Salsa-Musik. Hier wird es sehr voll.

El Garaje (Taganga; 🕑 Mi–Sa 22 Uhr–open end) Hier lohnt sich ein Besuch am Mittwoch, wenn es im Rest von Santa Maria ruhiger zugeht. Das El Garaje ist eine lustige, offene Bar am hinteren Ende von Taganga. So richtig Schwung kommt aber erst nach Mitternacht in die Bude.

Barrio Samario (Calle 17 Nr. 3-36; 🕑 18–3 Uhr) Diese von Belgiern betriebene Salsa-Bar hat sich die eher älteren Gäste geangelt.

Unterhaltung

La Escollera (Calle 5 Nr. 4-107, El Rodadero; Eintritt 13 US$; 🕑 Mi–So 21–4 Uhr) Trendige und teure Disko auf einem schmalen Inselchen am nördlichen Ende von El Rodadero.

An- & Weiterreise

BUS

Der Busbahnhof liegt am südöstlichen Stadtrand. Regelmäßig pendeln Minibusse zwischen hier und der Carrera 1C im Zentrum.

Ein halbes Dutzend Busse fahren täglich nach Bogotá (41 US$, 16 Std.), fast genauso viele sind nach Bucaramanga (28 US$,

EINREISE NACH VENEZUELA

Jede halbe Stunde fahren Busse nach Maicao (10 US$, 4 Std.), von wo aus es mit einem *colectivo* nach Maracaibo (Venezuela; S. 1153) weitergeht. Die *colectivos* verkehren regelmäßig zwischen 5 und 15 Uhr (10 US$, 2½ Std.) und halten am Busterminal von Maracaibo. Maicao ist nicht die sicherste Stadt der Region, also nur so kurz wie möglich bleiben und auf keinen Fall das Busterminal verlassen.

Außerdem gehen täglich drei Busse von Santa Marta direkt nach Maracaibo (29 US$, 7 Std.) – sie werden von Expreso Brasilia, Expresos Amerlujo und Unitransco/Bus Ven betrieben. Ihre Route verläuft von Cartagena über Maracaibo und weiter nach Caracas.

Die venezolanischen Einreiseformalitäten werden in Paraguachón auf der venezolanischen Seite der Grenze erledigt. Wenn man von Kolumbien nach Venezuela reist, die Uhr eine Stunde vorstellen. Infos, wie man von Maracaibo in Venezuela nach Kolumbien kommt, gibt's auf S. 1157.

9 Std.) unterwegs. Busse nach Barranquilla (4 US$, 1¾ Std.) starten alle 15 bis 30 Minuten. Einige davon fahren direkt nach Cartagena (10 US$, 4 Std.), und falls nicht, bekommt man in Barranquilla sofort einen Anschluss.

FLUGZEUG

Der Flughafen liegt 16 km südlich der Stadt an der Straße, die Barranquilla mit Bogotá verbindet. Stadtbusse mit der Aufschrift „El Rodadero Aeropuerto" bringen einen von der Carrera 1C aus in 45 Minuten hin. **Avianca** (☎ 5-421-4018; Carrera 2A Nr. 14-47), **Aero-República** (☎ 5-421-0120; Ecke Carrera 3 & Calle 17) und **Aires** (Carrera 3) fliegen Santa Marta an. Geflogen wird auch nach Bogotá (80–130 US$ einfache Strecke) und Medellín (80–130 US$).

RUND UM SANTA MARTA

Taganga

☎ 5 / 2500 Ew.

Angezogen von Sonne, Sand und billigen Tauchkursen wird das relaxte Fischerdorf Taganga immer mehr zum Mekka für Backpacker. Es liegt 5 km nordöstlich von Santa Marta und ist mit den regelmäßigen Minibussen von der Carrera 1C aus leicht zu erreichen. Der Strand des Dorfes ist vollgepackt mit Booten und Freiluftrestaurants. Die Einwohner bieten Bootsausflüge entlang der Küste an, alternativ kann man in der hügeligen Umgebung wandern, von wo aus man eine tolle Aussicht hat.

Playa Grande ist eine wunderschöne Bucht nordwestlich vom Dorf. Man kommt entweder zu Fuß (20 Min.) oder von Taganga aus per Boot (1 US$) hin. Am Strand reihen sich Restaurants mit Palmwe-

deldächern aneinander, die mit gebratenem Fisch um Kundschaft buhlen.

Taganga ist ein beliebtes Tauchrevier. Ein halbes Dutzend Tauchschulen bieten Tauchgänge und Kurse an. Die Angebote gehören zu den billigsten, die man in Kolumbien finden kann. Ein viertägiger PADI/NAUI-konformer Open-Water-Kurs mit sechs Tauchgängen kostet 200 US$, ein Minikurs mit zwei Tauchgängen nur 45 US$. Zu den besten Schulen im Ort gehören **Centro de Buceo Tayrona** (☎ 5-421-9195; www.buceotay rona.net; Calle 18 Nr. 1-39) und **Centro de Buceo Poseidon** (☎ 5-421-9224; www.poseidondivecenter.com; Calle 18 Nr. 1-69).

La Casa de Felipe (☎ 5-421-9101; www.lacasadefe lipe.com; Carrera 5A Nr. 19-13; B/EZ/DZ/3BZ 4/10/13/18 US$; 💻) ist ein ruhiges und nettes Haus mit vier Zimmern mit Bad und drei Suiten mit Bad und Kochgelegenheit. Der Betreiber Jean-Philippe ist ein sympathische Franzose. Das Hotel liegt ein paar Blocks oberhalb vom Strand, hinter dem Fußballplatz.

Casa Blanca (☎ 5-421-9232; barbus85@latinmail. com; Carrera 1 Nr. 18-161; Zi. 6 US$/Pers.; 💻) Das Hotel liegt direkt am Strand. Alle 10 Zimmer haben ein eigenes Bad, Balkon mit Hängematte und Blick über die Bucht. Für Gäste ist die Küchenbenutzung kostenlos.

Saubere und bequeme Zimmer mit Bad gibt es im **Techos Azules** (Blaue Dächer ☎ 5-421-9141; cacabelofreddy@yahoo.com.mx; Zi. 6,50 US$/Pers.), das außerdem einen guten Zugang zum Strand hat. Die Unterkunft liegt zwischen dem Strand und der Straße in die Stadt oberhalb der Casa Blanca.

Am Hafen finden sich eine Reihe von Restaurants, in denen frischer Fisch mit Reis und Salat nicht mehr als 5 US$ kosten sollten.

Unterhaltung findet man im El Garaje (S. 838).

Parque Nacional Tayrona

Einer der beliebtesten Nationalparks in Kolumbien ist der **Tayrona** (Eintritt 9 US$) an der Urwaldküste östlich von Santa Marta. Die Strände des Parks verstecken sich in tiefen Buchten und unter dem Schatten von Kokospalmen – sie gehören zu den schönsten des Landes. Einige werden von natürlichen Korallenriffen begrenzt, die sich gut mit Schnorchel und Flossen erkunden lassen (eigene Ausrüstung mitbringen). Vorsicht: Es gibt mitunter heimtückische Strömungen. Die Region war einst die Heimat der Tayrona-Indios; einige Überbleibsel ihrer Kultur sind noch im Park zu entdecken. Am bedeutendsten ist die Ruine der prähispanischen Stadt Pueblito.

ORIENTIERUNG & PRAKTISCHE INFORMATIONEN

Der Haupteingang des Parks ist in **El Zaíno** (hier wird auch der Eintritt bezahlt), das 35 km von Santa Marta entfernt an der Küstenstraße nach Riohacha liegt. Von El Zaíno aus führt eine 4 km lange gepflasterte Straße direkt ans Meer nach **Cañaveral**. Hier findet man die Parkverwaltung, einen Campingplatz, *cabañas* (Hütten), ein Restaurant und ein kleines Museum.

SEHENSWERTES & AKTIVITÄTEN

Cañaverals kleines **Museo Arqueológico Chairama** zeigt einige archäologische Funde aus Pueblito. Von hier aus treten die meisten Besucher den 45-minütigen Fußweg Richtung Westen nach Arrecifes an, wo es günstige Übernachtungsmöglichkeiten und Verpflegung gibt – und außerdem eine Küste, die spektakulär von **wuchtigen Felsbrocken** begrenzt wird.

Geht man von Arrecifes aus 20 Minuten in nordwestliche Richtung am Strand entlang, erreicht man La Piscina, eine tiefe Bucht, die teilweise durch eine unterirdische Felsenkette von der offenen See abgetrennt wird – ein guter Platz zum **Schnorcheln**. Weitere 20 Minuten zu Fuß bringen einen nach Cabo San Juan de la Guía, ein wunderschönes Kap mit **netten Stränden** und Aussichtspunkten. Vom Kap aus führt ein landschaftlich schöner Weg vorbei an einer beeindruckenden **Tropenwaldkulisse** ins Landesinnere;

nach eineinhalb Stunden bergauf erreicht man Pueblito.

SCHLAFEN & ESSEN

Viele Traveller bleiben in Arrecifes, wo es drei Plätzchen zum Schlafen und Essen gibt. Die meisten Backpacker stranden am Cabo San Juan de la Guía, das mit sehr günstigen Unterkünften mit Hängematten (2 US$) lockt.

Rancho Lindo (Arrecifes; Stellplatz/Hängematte pro Pers. 1,50/2,50 US$) Bietet Stellplätze, vermietet überdachte Hängematten und hat ein Restaurant (Gerichte 4–6 US$).

Finca El Paraíso (Arrecifes; ☎ 310-691-3626; Stellplätze 4,50 US$, Hängematte/Cabaña pro Pers. 2,50/9 US$) Direkt hinter der Rancho Lindo. Mit *cabañas*, überdachten Hängematten, Stellplätzen und einem Restaurant (5–7 US$).

Bucarú (Arrecifes) Ein 10-minütiger Strandspaziergang nach Westen bringt einen zum Bucarú, einen Ableger vom El Paraíso mit ähnlicher Einrichtung.

AN- & WEITERREISE

Nach El Zaíno (2,50 US$, 1 Std.) kommt man mit Palomino-Bussen, die regelmäßig vom Marktplatz in Santa Marta abfahren (Karte S. 837, Ecke Carrera 11/Calle 11). Von El Zaíno sind es nach Cañaveral 50 Minuten zu Fuß; oder man nimmt den Jeep, der zwischen beiden Orten pendelt (0,60 US$, 10 Min.). Alternativ startet an den meisten Tagen um 10 Uhr vor dem Hotel Miramar ein Touristenbus, der auf direktem Weg nach Cañaveral fährt.

CIUDAD PERDIDA

Ciudad Perdida – wörtlich die „Verlorene Stadt" – ist neben Machu Picchu die größte präkolumbische Stadt, die auf dem amerikanischen Kontinent entdeckt wurde. Erbaut wurde sie zwischen dem 11. und 14. Jh. auf den nördlichen Ausläufern der Sierra Nevada de Santa Marta. Wahrscheinlich war sie die größte Siedlung der Tayrona. Während ihres Eroberungsfeldzugs löschten die Spanier die Tayrona aus, deren Dörfer und Städte schnell von der üppigen Vegetation überwuchert wurden. Dieses Schicksal teilte auch die Ciudad Perdida vier Jahrhunderte lang, bis sie durch Zufall 1975 von *guaqueros* (Grabräubern) entdeckt wurde.

Die Ciudad Perdida liegt in einer Höhe von 950 bis 1300 Meter, südöstlich von Santa

Marta, 40 km Luftlinie entfernt. Die Stadtmitte erstreckt sich auf einem Bergrücken. Von dort aus führen mehrere Steinpfade in tiefer gelegene Abschnitte des Abhangs. Es gibt ca. 150 Felsterrassen, die einst als Fundament der Häuser dienten, einige davon sind erstaunlich gut erhalten. Ursprünglich standen im Stadtzentrum natürlich keine Bäume, doch der Dschungel hat sich sein Territorium zurückgeholt. Heute ist es größtenteils überwachsen, was dem mysteriösen Ambiente alles andere als schadet.

Die Ciudad Perdida ist tief im dichten Wald versteckt, inmitten zerklüfteter Felsen, weit weg von der menschlichen Zivilisation und ohne Anschluss zu irgendwelchen Straßen. Man erreicht sie nur zu Fuß, für die sehr anstrengende Trekkingtour muss man in der Regel sechs Tage einplanen. Der Weg beginnt in El Mamey und führt zunächst den Río Buritaca entlang. Den Abschnitt zwischen Santa Marta und El Mamey legt man mit dem Auto zurück.

Zugang zur Ciudad Perdida erhält man nur im Rahmen einer Tour, die von Turcol in Santa Marta organisiert wird. Es ist nicht möglich, auf eigene Faust loszumarschieren oder einen Privatführer zu engagieren. Eine sechstägige All-inclusive-Tour (ca. 180 US$/Pers.) beinhaltet den Transport, Verpflegung, Hängemattenquartiere, Träger, Führer und Genehmigungen. Die Touren finden in Gruppen von vier bis zwölf Personen statt und starten das ganze Jahr über, sobald die Gruppe groß genug ist. Seine eigenen Sachen trägt man selbst. Eine Taschenlampe, Wasserbehälter und Insektenschutz sollten auf jeden Fall dabei sein.

Der Marsch zur Ciudad Perdida dauert drei Tage, ständig geht es den Berg hinauf. Einen Tag verbringt man vor Ort, zwei Tage ist man mit dem Rückweg beschäftigt. Die Hitze kann einem ganz schön zu schaffen machen. Wenn es feucht ist – und das ist es fast das ganze Jahr über –, gleichen die Wege einer einzigen Schlammpfütze. Die trockenste Zeit erstreckt sich von Dezember bis Februar oder Anfang März. Unterwegs durchquert man mehrere Bäche, bei denen man zwangsläufig nasse Füße bekommt. Ein paar Reserveschuhe sollten also zur Grundausrüstung gehören.

Guerillas sind in dieser Gegend sehr aktiv – man sollte daher besondere Aufmerksamkeit walten lassen.

BARRANQUILLA
☎ 5 / 1,3 Mio. Ew.

Ein Irrgarten aus Zementblocks und staubigen Straßen – so präsentiert sich Barranquilla, das sich aufgrund der hier angesiedelten Industrie und des wichtigen Hafens zur viertgrößten Stadt Kolumbiens entwickelt hat. Es gibt wenige Sehenswürdigkeiten und kaum ein Argument, das für einen Besuch spräche – es sei denn, man steht auf nichtssagende lateinamerikanische Hafenstädte oder es findet gerade Barranquillas explosiver viertägiger Karneval statt, eines der größten und schönsten Feste in ganz Kolumbien.

Wenn man dann schon mal hier ist, kann man sich auch die **Catedral Metropolitana** (Ecke Calle 53 & Carrera 46) ansehen, die zwar von außen eher einem Bunker gleicht, dafür aber innen eine schöne Einrichtung mit aus Deutschland importierten Glasmalereien zu bieten hat.

Das Stadtzentrum ist schäbig und unattraktiv, doch die erste Adresse, wenn man eine günstige Bleibe sucht. Eine Option ist z. B. das **Hotel Colonial Inn** (☎ 5-379-0241; Calle 42 Nr. 43-131; EZ/DZ/3BZ 11/16/18 US$; ✷), ein ansehnliches Gebäude mit relativ netten Zimmern mit TV. Gibt die Reisekasse noch etwas mehr her, sollte man in El Prado 3 km nordwestlich vom Zentrum nächtigen. Hier findet man das **Hotel Sima** (☎ 5-358-4600; hotelsima@enred.com; Carrera 49 Nr. 72-19; EZ/DZ inkl. Frühstück 30/36 US$; ✷), ein gutes Haus mit Klimaanlage und Kabel-TV.

Der Busbahnhof liegt nicht gerade günstig 7 km außerhalb des Stadtzentrums. Man kann schon einmal eine Stunde unterwegs sein, um ihn mit einem Stadtbus zu erreichen. Schneller geht's mit dem Taxi (4 US$, 20 Min.).

CARTAGENA
☎ 5 / 1,1 Mio. Ew.

Eine legendenumwobene Märchenstadt, romantisch und unverfälscht schön – Cartagena de Indias ist ein Ort, der süchtig macht. Normale Besichtigungstouren werden ihr nicht gerecht, daher sollte man die übliche Museums-Checkliste in die Tonne treten und stattdessen einfach nur so durch die verwinkelten Straßen schlendern, in denen Bougainvilleen riesige Balkone verdunkeln und massive Kirchen ihre Schatten auf begrünte Plazas werfen.

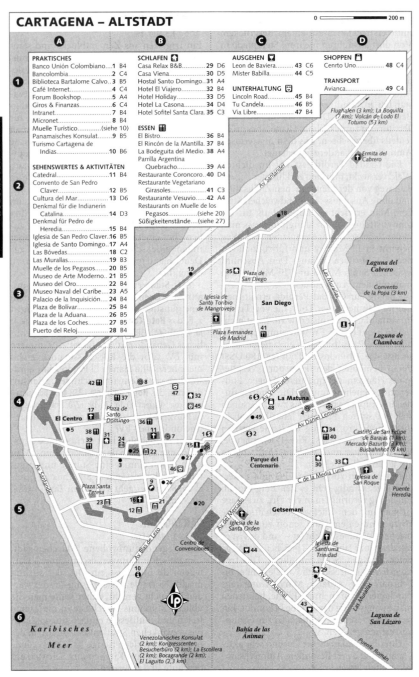

Das 1533 gegründete Cartagena entwickelte sich schnell zum spanischen Haupthafen an der Karibikküste und zum Tor in den Norden Südamerikas. Die den Indios geraubten Schätze wurden hier gelagert, bis die Galeonen vorbeikamen, um die Fracht nach Spanien zu transportieren. Natürlich lockte das auch Piraten an – allein im 16. Jh. überstand die Stadt fünf füchterliche Belagerungen. Die bekannteste davon wurde von Francis Drake 1568 angeführt.

Als Antwort auf die Piratenangriffe beschlossen die Spanier, Cartagena in eine uneinnehmbare Hafenfestung zu verwandeln. Zu diesem Zweck bauten sie kunstvolle Wälle rund um die Stadt und errichteten eine Kette von Forts. Derart gerüstet konnte sich Cartagena gegen weitere Belagerungen zur Wehr setzten, allen voran der Attacke von Edward Vernon im Jahr 1741, und weiter blühen. In der Kolonialzeit nahm die Stadt eine Schlüsselstellung im spanischen Überseereich ein und beeinflusste maßgeblich die Geschicke Kolumbiens.

Heute hat sich Cartagena auf dramatische Art und Weise vergrößert und ist von weitläufigen Vororten umgeben. Zur Stadt mit ihren rund 1,1 Mio. Einwohnern gehören der größte Hafen Kolumbiens und ein bedeutendes Industriezentrum. Nichtsdestotrotz hat sich die Altstadt innerhalb ihrer Mauern kaum verändert. Sie ist ein lebendiges Museum für die spanische Architektur des 16. und 17. Jh., in dem es schmale gewundene Straßen, Kirchen, Plazas und große Wohnhäuser zu entdecken gibt.

In den letzten Jahrzehnten hat sich Cartagena zu einem schicken Strandbad gemausert. In Bocagrande und auf El Lanuito, einer L-förmigen Halbinsel südlich der Altstadt, ist ein modernes Touristenviertel entstanden, das sich – vollgestopft mit erstklassigen Hotels und teuren Restaurants – zu einem beliebten Ziel für wohlhabende Kolumbianer und internationale Chartertouren entwickelt hat. Die meisten Backpacker bleiben aber eher im historischen Viertel der Stadt hängen.

Das Klima von Cartagena ist zwar heiß, doch abends weht meist eine kühle Brise, bei der es sich gut durch die Stadt schlendern lässt. Theoretisch dauert die Trockenperiode von Dezember bis April, dagegen erwartet einen im Oktober und November viel Regen.

Praktische Informationen

BUCHLÄDEN

Biblioteca Bartolome Calvo (☎ 5-660-0778; Calle de la Inquisición; ☾ Mo–Fr 8.30–18, Sa 9–13 Uhr) Stadtbücherei.

Forum Bookshop (☎ 5-664-8290; Ecke De Los Estribos & Paseo del Triunfo; ☾ Mo–Sa 9–20.30, So 16–20 Uhr) Gute Auswahl an Büchern zu Cartagena. Hier gibt's auch Kaffee und Snacks.

GELD

Cartagena ist die einzige Stadt in Kolumbien, wo Straßengeldwechsler es noch – meist recht hartnäckig – versuchen, einen mit sagenhaften Wechselkursen zu ködern. Daher: Adlerauge sei wachsam! Die Burschen sind Betrüger, die einem verdammt gut das Geld aus der Tasche ziehen können. Banken, die im Zentrum Reiseschecks und/oder Bargeld wechseln, sind:

Banco Unión Colombiano (Av Venezuela)
Bancolombia (Av Venezuela, Edificio Sur Americana)
Giros & Finanzas (Av Venezuela Nr. 8A-87) Die *casa de cambio* in der Altstadt arbeitet für Western Union.

INTERNETZUGANG

Im 2. Stock des Centro Uno gibt es mehrere kleine Internetcafés.

Café Internet (Calle Roman Nr. 34-02; 1,20 US$/Std.; ☾ Mo–Sa 8–19.30, So 9–14 Uhr)

Intranet (Av Daniel Lemaitre; 1 US$/Std.; ☾ Mo–Sa 8–18 Uhr)

Micronet (Calle de la Estrella Nr. 4-47; 0,80 US$/Std.; ☾ Mo–Fr 8.30–19.30, Sa 9–16 Uhr)

TOURISTENINFORMATION

Turismo Cartagena de Indias (☎ 5-655-0211; www.turismocartagena.com, spanisch; Av Blas de Lezo; ☾ Mo–Fr 8–12 & 14–18, Sa 8–12 Uhr) Befindet sich im Muelle Turístico.

Sehenswertes

Die Altstadt von Cartagena – immerhin Weltkulturerbe der Unesco – ist natürlich *das* Highlight, vor allem der Teil innerhalb der Stadtmauern, der sich aus den historischen Vierteln El Centro und San Diego zusammensetzt. Kaum eine Straße, die nicht einen Blick verdienen würde. Getsemaní, das Viertel außerhalb der Mauern, ist zwar weniger beeindruckend und nicht so gut erhalten, aber auch allemal einen Abstecher wert. Doch Vorsicht: Dieser Teil der Stadt ist nicht so sicher, vor allem nach Einbruch der Dunkelheit.

Die Altstadt ist von **Las Murallas**, den dicken schützenden Mauern, umgeben. Ihr Bau wurde nach dem Angriff von Francis Drakes Piraten gegen Ende des 16. Jhs. begonnen. Bis dahin war Cartagena fast völlig ungeschützt. Die Fertigstellung dauerte schlappe 200 Jahre, Sturmschäden und Piratenangriffe verzögerten die Bauarbeiten immer wieder.

Hinter dem Haupttor zur Innenstadt, der **Puerta del Reloj** (der Uhrturm wurde erst im 19. Jh. hinzugefügt), erstreckt sich die **Plaza de los Coches**, der ehemaligen Sklavenmarkt. Bemerkenswert sind die schönen alten Häuser mit kolonialen Bögen und Balkonen und das Denkmal für den Stadtgründer Pedro de Heredia.

Ein paar Schritte Richtung Südwesten liegt die **Plaza de la Aduana**, der älteste und größte Platz in der Altstadt. Er wurde als Paradeplatz genutzt, drumherum befanden sich einst alle Verwaltungsgebäude. Am südlichen Rand der Plaza steht das **Museo de Arte Moderno** (☎ 5-664-5815; Plaza de San Pedro Claver; Eintritt 0,50 US$; ☽ Mo–Fr 9–12 & 15–18, Sa 10–13 Uhr), das immer wieder zeitlich begrenzte Ausstellungen zeigt.

In der Nähe befindet sich der **Convento de San Pedro Claver.** Das von Jesuiten ursprünglich als San Ignacio de Loyola gegründete Kloster wurde später zu Ehren des in Spanien geborenen Mönchs Pedro Claver umgetauft, der hier lebte und starb. Er widmete sein ganzes Leben der Betreuung von Sklaven, die aus Afrika hierher verfrachtet wurden. Das Kloster ist ein riesiges dreistöckiges Gebäude mit einem baumbewachsenen Innenhof. Ein Teil der Anlage, u. a. auch Clavers Zelle, ist als **Museum** (☎ 5-664-4991; Plaza de San Pedro Claver; Eintritt 2 US$ ☽ Mo–Sa 8–17, So bis 16 Uhr) für Besucher geöffnet.

Die Kirche nebenan, die **Iglesia de San Pedro Claver**, hat eine imposante Steinfassade. Die sterblichen Überreste von San Pedro Claver liegen in einem Glassarg unter dem Hochaltar. Hinter der Kirche befindet sich das **Museo Naval del Caribe** (☎ 5-664-7381; Calle San Juan de Dios; Eintritt 3,50 US$; ☽ Di–So 9–19 Uhr), das die Marinegeschichte Cartagenas und der Karibik zeigt.

Nebenan erstreckt sich die **Plaza de Bolívar,** ein besonders schöner Winkel der Altstadt. An einer Seite des Platzes befindet sich der **Palacio de la Inquisición,** ein gutes Beispiel für spätkoloniale Architektur aus den 1770er

Jahren, dessen Fassade überstehende Balkone und ein herrliches barockes Steintor hat. Dahinter verbirgt sich heute ein **Museum** (☎ 5-664-4113; Plaza de Bolívar; Eintritt 1,60 US$; ☽ 9–19 Uhr) mit Folterinstrumenten der Inquisition, präkolumbischen Tonwaren und Kunstwerken der kolonialen und postkolonialen Zeit.

Gegenüber der Plaza zeigt das **Museo del Oro** (☎ 5-660-0778; Plaza de Bolívar; Eintritt frei; ☽ Di–Fr 10–13 & 15–18, Sa 10–13 & 14–17 Uhr) eine schöne Sammlung von Gold und Tonwaren der Sinú-Kultur. Die **Kathedrale** wurde 1575 begonnen, aber dann teilweise durch Drakes Kanonen zerstört und erst 1612 fertiggestellt. Die Kuppel des Turms wurde im frühen 20. Jh. hinzugefügt.

Ein Block westlich der Plaza verläuft die **Calle Santo Domingo**, eine Straße, die sich seit dem 17. Jh. kaum verändert hat. Hier steht die **Iglesia de Santo Domingo**, die älteste Kirche der Stadt. An dem großen wuchtigen Bau mussten Stützpfeiler an den Wänden hinzugefügt werden, um die Längsschiffe zu stützen.

Am nördlichen Ende der Altstadt sind die **Las Bóvedas** zu sehen, 23 Verliese, die Ende des 18. Jhs. in die Verteidigungsmauern hineingebaut wurden. Es handelt sich dabei um die letzte Konstruktion, die noch aus der Kolonialzeit stammt. Während sie damals militärischen Zwecken dienten, bieten die Verliese heute Andenkenläden Unterschlupf.

Nicht entgehen lassen sollte man sich auch den **Muelle de Los Pegasos.** In dem netten alten Hafen direkt außerhalb der südlichen Mauern der Altstadt liegen eine Menge Fischer-, Fracht- und Touristenboote.

Mehrere Festungen wurden an strategisch wichtigen Stellen außerhalb der Mauern errichtet, um die Stadt besser vor Piraten zu schützen. Die bei weitem größte ist das riesige **Castillo de San Felipe de Barajas** (☎ 5-656-0590, 5-666-4790; Av Arévalo; Eintritt 3 US$; ☽ 8–18 Uhr) östlich der Altstadt, dessen Bau 1639 begonnen und erst 150 Jahre später beendet wurde. Sehr beeindruckend ist es, das komplexe Tunnelsystem zu erkunden, durch das die Verpflegung und die Evakuierung des Forts sichergestellt werden sollte.

Der 1607 von Augustinern gegründete **Convento de La Popa** (☎ 5-666-2331; Eintritt 2,50 US$; ☽ 9–17 Uhr) thront auf der Spitze eines 150 m hohen Hügels hinter der Festung San Felipe.

Zum Kloster gehören eine schöne Kapelle und ein hübscher blumengeschmückter Innenhof, außerdem hat man von hier aus einen herrlichen Panoramablick über die Stadt. Achtung: Entlang der Serpentinen, über die man von der Stadt aus zum Kloster gelangt, hat es schon mehrere Überfälle gegeben – es empfiehlt sich also ein Taxi (es gibt keine öffentlichen Verkehrsmittel).

Aktivitäten

Die riesigen Korallenriffen entlang der Küste von Cartagena schreien geradezu danach, aus der Stadt ein tolles **Tauchzentrum** zu machen. Die meisten örtlichen Tauchschulen befinden sich in Bocagrande und El Laguito.

Caribe Dive Shop (☎ 5-665-3517; www.caribedive shop.com; Hotel Caribe, Bocagrande)

Cultura del Mar (☎ 5-664-9312; Calle del Pozo 25-95, Getsamaní)

Dolphin Dive School (☎ 5-660-0814; www.dolphindi veschool.com; Edificio Costamar, Av San Martín Nr. 6-105, Bocagrande)

Eco Buzos (☎ 5-655-5449; Edificio Alonso de Ojeda, Av Almirante Brion, El Laguito)

Festivals

Die größten alljährlichen Events in Cartagena sind:

Festival Internacional de Cine Internationales Filmfestival, das im März und/oder April meist kurz vor Ostern stattfindet.

Feria Artesanal y Cultural Regionale Handwerksmesse im Juni/Juli. Gleichzeitig gibt es Konzerte mit Folkloremusik und weitere kulturelle Veranstaltungen.

Reinado Nacional de Belleza Nationaler Schönheitswettbewerb am 11. November, mit dem der Unabhängigkeitstag Cartagenas gefeiert wird. Die Fiesta beginnt schon einige Tage vorher – die Stadt dreht völlig durch. Das Happening, auch bekannt als Carnaval de Cartagena oder Fiestas del 11 de Noviembre, ist der wichtigste Termin im Stadtkalender.

Schlafen

In Cartagena gibt es eine ordentliche Auswahl an Budgetunterkünften und trotz des touristischen Anstrichs sind die Hotelpreise auch nicht höher als in andern Städten. Die meisten Besucher kommen von Ende Dezember bis Ende Januar. Doch selbst dann ist es nicht besonders schwer, ein Zimmer zu finden.

Die meisten Backpacker bleiben in Getsemaní. Hier gibt es viele kleine Unterkünfte, in denen man sich für 5 US$ oder weniger einquartieren kann. Dennoch, wenn es die Reisekasse irgendwie zulässt, sollte man in Cartagena nicht allzu sehr geizen und sich in den schöneren Vierteln El Centro oder San Diego etwas Besseres gönnen – vor allem dann, wenn sich ein Zimmer mit Klimaanlage ergattern lässt. Alle hier genannten Hotels haben – wenn nicht anders angegeben – Ventilatoren.

Hotel Holiday (☎ 5-664-0948; Calle de la Media Luna, Getsemaní; EZ/DZ mit Bad 4,50/9 US$) Ein beliebtes und freundliches Haus für Traveller. Die 13 sauberen, luftigen Doppelzimmer mit Bad sind ihr Geld wert, dazu gibt's vier kleinere Zimmer ohne eigene Bäder.

Casa Viena (☎ 5-664-6242; www.casaviena.com; Calle San Andrés, Getsemaní; DZ mit Klimaanlage 3 US$, B mit/ohne Bad 10/5 US$; 🔲 🖳) Eine der beliebtesten und günstigsten Backpackerunterkünfte mit einfachen Zimmern, die meisten davon mit Gemeinschaftsbad. Zum Hotel gehören die üblichen Einrichtungen, darunter eine Wäscherei, ein Büchertausch, einzelne Schließfächer und eine Touristeninformation.

Hotel La Casona (☎ 5-664-1301; Calle Tripita y Media Nr. 31-32, Getsemaní; EZ/DZ mit Klimaanlage 12/16,50 US$, ohne Klimaanlage 7/12 US$; 🔲) Das familiäre Hotel besteht aus mehreren kistenartigen Zimmern mit eigenen Bädern. Das La Casona ist auch die Heimat eines freundlichen Affen und einiger tropischer Vögel.

Hotel Las Vegas (☎ 5-664-5619; Calle San Agustín Nr. 6-08; EZ/DZ/3BZ 14/19/23 US$; 🔲) Direkt um die Ecke vom El Viajero liegt das Las Vegas, eine weitere gute Wahl in Zentrumsnähe. Die Zimmer sind sauber und haben einen Fernseher. In denen zur Straße hinaus ist es allerdings tagsüber wie nachts recht laut.

Hotel El Viajero (☎ 5-664-3289; Calle del Porvenir Nr. 35-68; EZ/DZ 16/21 US$; 🔲) Eines der besten Budgethäuser in der Gegend. Das kürzlich renovierte Hotel hat 14 Zimmer und einen großen Innenhof. Die Küche kann kostenlos benutzt werden.

Hostal Santo Domingo (☎ 5-664-2268; Calle Santo Domingo Nr. 33-46; EZ/DZ/3BZ mit Bad 20/28/34 US$; 🔲) In einer süßen Straße in El Centro. Bietet für den Preis relativ wenig Annehmlichkeiten. Die Klimaanlage kostet 6 US$ pro Person extra.

Casa Relax B&B (☎ 5-664-1117; www.cartagenare lax.com; Calle de Pozo Nr. 20-105; EZ/DZ 36/45 US$; 🔲 🖳 🖼) Die beste Wahl in Getsemaní.

> **IN DIE VOLLEN!**
>
> **Hotel Sofitel Santa Clara** (☎ 5-664-6070; www.hotelsantaclara.com; Calle del Torno, San Diego; DZ 300 US$, Suite 360–400 US$; P ✗ ✗ ☐ ☒) Ein opulentes Hotel, das wenig von seiner farblosen Vergangenheit preisgibt – es war ursprünglich ein Kloster, der 1621 errichtete Convento de Santa Clara, und später ein Armenhospital. Heute verbirgt sich hinter den ehemaligen Klostermauern in 162 Zimmern und 18 Suiten die Quintessenz von Luxus. Auf die Gäste warten ein Fitnessraum, ein Businesscenter sowie ein französisches und ein italienisches Restaurant. Im ersten Haus am Platz tummeln sich gern die Promis – auch Bill Clinton hat sich hier bereits verköstigen lassen. Und wer sich keine Übernachtung leisten kann, sollte wenigstens in der Bar El Coro vorbeischauen, die wie eine antiquarische Bibliothek ausstaffiert ist.

Dieses von Franzosen geführte B&B bietet zehn gut ausgestattete Zimmer mit TV und modernen Badezimmern. Das französische Frühstück wird am Gemeinschaftstisch serviert – gut, um andere Gäste kennenzulernen.

Essen

In Cartagena gibt es leckeres Essen – vor allem wenn man mal ein bisschen mehr investieren möchte, es geht aber auch günstig. Dutzende von einfachen Restaurants in der Altstadt servieren *almuerzos* für unter 2 US$, viele davon bieten auch *comidas* (Menüs) an. Zu den Dauerbrennern gehört das **Restaurante Coroncoro** (Calle Tripita y Media, Getsemaní; ⏲ 8–30 Uhr), Vegetarier sollten das **Restaurante Vegetariano Girasoles** (Calle Quero, San Diego; ⏲ 11.30–17 Uhr) testen.

Gut ein Dutzend Stände am Muelle de los Pegasos haben rund um die Uhr geöffnet und bieten viele lokale Snacks sowie eine beinahe unglaubliche Auswahl von Fruchtsäften an – zu empfehlen sind die Säfte aus *nísperos* (runden Früchten mit weichem Fleisch), *maracuyás* (Maracujas), *lulos* (stacheligen Früchten mit sehr weichem Fruchtfleisch), *zapotes* (auberginenförmigen Früchten mit orangefarbigen, faserigem Fleisch) und *guanábana* (Stachelannonen). An den Süßwarenständen an der Plaza de los Coches in El Portal de los Dulces kann man auch typische lokale Süßigkeiten ausprobieren.

Die Plaza Santo Domingo beherbergt sechs Open-Air-Cafés mit einer umfangreichen Karte für Gerichte, Snacks, Süßigkeiten und Getränke. Die Cafés sind nicht wirklich billig, dafür aber hip. Am Abend sind schnell alle Tische belegt.

El Bistro (Calle de Ayos Nr. 4-42; Sandwiches 2,50 US$; ⏲ Mo–Sa 8–23 Uhr) Unter deutscher Leitung.

Im El Bistro bekommt man nützliche Reisetipps, günstiges Mittagessen und hervorragendes Abendessen.

La Bodeguita del Medio (Calle Santo Domingo; Hauptgerichte 6–9 US$; ⏲ 12–24 Uhr) Essen, trinken, glücklich sein – und das alles unter den wachsamen Augen von Che und Fidel.

Restaurante Vesuvio (Calle de la Factoria Nr. 36-11; Hauptgerichte 5–8 US$; ⏲ Mo–Sa 11–15 & 18–1, So 18–1 Uhr) Der freundliche Italiener Mariano serviert echte italienische Gerichte und Dolce. Der Hit unter den ausgewanderten Italienern, die es nach Cartagena verschlagen hat.

El Rincón de la Mantilla (Calle de la Mantilla Nr. 3-32; Hauptgerichte 6–9 US$; ⏲ Mo–Sa 8–22 Uhr) Dieser stimmungsvolle kolumbianische Laden bringt das Essen heiß und schnell auf den Tisch. Um wieder abzukühlen, sollte man den hervorragenden *sapote*, einen süchtig machenden Milch-Frucht-Shake, ausprobieren.

Parrilla Argentina Quebracho (Calle de Baloco; Hauptgerichte 8–12 US$; ⏲ Mo–Do 12–15 & 19–24, Fr & Sa 12–24 Uhr) Argentinische Küche, darunter natürlich herrlich saftige und schön angerichtete Steaks – und die Tangoshows am Abend dürfen auch nicht fehlen.

Ausgehen

Bars, Tavernen, Diskos und andere Venues haben lange geöffnet. Viele finden sich in der Av del Arsenal in Getsemaní, Cartagenas Zona Rosa.

Leon de Baviera (Av del Arsenal Nr. 10B-65; ⏲ Di–Sa 16–3 Uhr) Der Laden gehört einem ausgewanderten Deutschen namens Stefan. Er hat es mit der bayerischen Deko vielleicht ein bisschen übertrieben. Dennoch ist der Laden ein guter Start in einen feucht-fröhlichen Abend. Auf die Ohren gibt's Rockmusik aus den Eighties und Nineties.

Unterhaltung

Nachts kann man bei einer Rundfahrt mit dem *chiva*, einem typisch kolumbianischen Bus, viel Spaß haben. Eine Band spielt *vallenato*, einen beliebten einheimischen Rhythmus. Die *chivas* starten um 20 Uhr an der Av San Martín zwischen den Calles 4 und 5 in Bocagrande zu einem drei- bis vierstündigen Trip. Am Ende wird man in einer Disko abgesetzt, in der man den Rest der Partynacht einläuten kann.

Mister Babilla (Av del Arsenal Nr. 8 B-137; Eintritt 6 US$; ☽ 21–4 Uhr) Eine der beliebtesten Diskos in der Gegend, aber auch eine der teuersten. Günstigere Läden gibt es ganz in der Nähe. Einfach die Straße runter – man kann sie nicht verfehlen.

Tu Candela (Portal de los Dulces Nr. 32-25; Eintritt 4 US$; ☽ 20–4 Uhr) Die obere Etage dieses Clubs ist das perfekte Revier für Salsafreaks, im unteren Stockwerk kann man dagegen in Ruhe etwas trinken. Die Lage in der Altstadt ist toll!

SCHWULEN- & LESBENTREFFS

Lincoln Road (Centro Calle del Porvenir Nr. 35-18; Eintritt 4 US$; ☽ Do–Sa 22.30–3 Uhr) Ultraflashiger Schwulenclub mit Lasereffekten, Strobos, pulsierender Musik und hin und wieder auch Striptease.

Via Libre (Centro Calle de la Soledad Nr. 5-52; Eintritt 4 US$; ☽ Sa 22–4 Uhr) Nur einmal die Woche geöffnet, geht es in dieser schwulen- und lesbenfreundlichen Disko etwas lässiger zu als im Lincoln Road.

An- & Weiterreise

BUS

Der Busbahnhof liegt am östlichen Stadtrand und ist ein gutes Stück vom Zentrum der Stadt entfernt. Die großen grün-weißen Metrocar-Busse sind klimatisiert und pendeln alle zehn Minuten hin und her (0,50 US$, 40 Min.). Im Zentrum kann man auf der Av Daniel Lemaitre zusteigen. Der mit roten Buchstaben gekennzeichnete Wagen nimmt eine direkte Strecke und ist daher schneller.

Ein halbes Dutzend Busse fahren täglich nach Bogotá (43 US$, 20 Std.), ebenso viele sind nach Medellín (40 US$, 13 Std.) unterwegs. Busse nach Barranquilla fahren ungefähr alle 15 Minuten (4 US$, 2 Std.), einige fahren weiter nach Santa Marta – falls nicht, kann man in Barranquilla umsteigen. Unitransco betreibt einen Bus nach Mompós, der sich morgens um 7 Uhr auf die Reise macht (15 US$, 8 Std.; s. S. 849).

Die drei Busunternehmen **Expreso Brasilia** (☎ 5-663-2119), **Expresos Amerlujo** (☎ 5-653-2536) und **Unitransco/Bus Ven** (☎ 5-663-2065) haben täglich Busse nach Caracas (68 US$, 20 Std.) via Maracaibo (37 US$, 10 Std.) im Fahrplan. Unitransco ist zwar etwas günstiger als die beiden anderen Unternehmen, dafür muss man an der Grenze in Paraguachón jedoch den Bus wechseln. Alle Busse fahren über Barranquilla, Santa Marta und Maicao. Billiger wird der Trip nach Caracas, wenn man einzelne Etappen mit dem regionalen Nahverkehr zurücklegt und in Maicao und Maracaibo umsteigt.

FLUGZEUG

Alle größeren kolumbianischen Fluglinien fliegen Cartagena an. Es gibt Flüge nach Bogotá (90–120 US$), Cali (120–150 US$), Medellín (80–125 US$) und San Andrés (230–250 US$ hin & zurück).

Der Flughafen liegt 3 km nordöstlich der Altstadt im Vorort Crespo und wird regelmäßig von Regionalbussen angesteuert. Diese fahren an mehreren Stellen los, u. a. an der India Catalina und der Av Santander. *Colectivos* nach Crespo starten an der India Catalina; mit dem Taxi kostet die Tour 3 US$. Im Terminal gibt es zwei Geldautomaten, Casa de Cambio América (bei den Inlandsankünften) wechselt Bargeld und Reiseschecks.

SCHIFF

Es gibt keine Fähre zwischen Cartagena und Colón in Panama, auch Frachtschiffe sind nur wenige unterwegs. Netter ist es, mit dem Segelschiff nach Panama zu schippern. Boote, vor allem ausländische Yachten, nehmen gern einmal Traveller auf Rundtrips von Cartagena über das San-Blas-Archipel (auch Kuna Yala; Panama) nach Colón mit, doch auf so etwas verlassen kann man sich natürlich nicht. Der Törn dauert vier bis sechs Tage, normalerweise sind auch ein, zwei Tage in San Blas fürs Schnorcheln oder Speerfischen reserviert. Die Reisekasse wird mit 220–270 US$ plus ca. 30 US$ fürs Essen belastet.

An den Schwarzen Brettern in der Casa Viena und dem Hotel Holiday in Cartagena findet man Kontaktdaten. Zu den Booten gehören die **Golden Eagle** (☎ 311-419-0428) und die **Melody** (☎ 315-756-2818; freshaircharters@yahoo. com); beide Schiffe stechen fast schon regelmäßig in See.

Vorsicht ist geboten bei Gaunern, die einen auf „unglaubliche" Karibiktouren locken wollen. Es kursieren Horrorgeschichten über Boote, die während eines Törns auseinander fielen oder wegen gebrochener Masten und anderen Materialfehlern kaum das Land erreichten. Die vertrauenswürdigsten Touren organisiert Casa Viena.

RUND UM CARTAGENA
Islas del Rosario
Die Inselgruppe 35 km südwestlich von Cartagena besteht aus 27 kleinen Koralleninseln, darunter einigen Inselchen, auf denen gerade einmal ein Haus Platz findet. Das ganze Gebiet wurde zum Nationalpark erklärt, dem Parque Nacional Natural Corales del Rosario y San Bernardo.

Schiffsausflüge zu den Inseln sind gut etabliert. Sie starten das ganze Jahr über am Muelle Turístico in Cartagena. Die Boote legen täglich zwischen 8 und 9 Uhr ab und kommen zwischen 16 und 18 Uhr zurück. Die Büros am Hafen verlangen für Touren in großen Booten ca. 18 US$. Unabhängige Betreiber, die ebenfalls auf Kundschaft warten, haben Touren für 16 US$ oder weniger im Angebot, meist sind sie außerdem in kleineren Booten unterwegs. Am Besten – und meist auch am billigsten – kommt man weg, wenn man eine Tour über eines der Gringo-Budgethotels arrangiert. Zu den Touren gehört normalerweise ein Mittagessen; den Eintritt zum Aquarium auf einer der Inseln (5 US$), die Hafensteuer (2 US$) und das Ticket für den Nationalpark (2 US$) muss allerdings extra zahlen.

Playa Blanca
Einer der schönsten Strände rund um Cartagena. Die Playa Blanca liegt auf der Isla de Barú 20 km südwestlich der Stadt und ist in der Regel ein Stopp auf den Bootstouren zu den Islas del Rosario. Hier kann man wunderbar schnorcheln – das Korallenriff beginnt direkt hinter dem Strand (Schnorchelausrüstung mitbringen).

Am Strand gibt es einige rustikale Häuser, in denen man übernachten oder etwas essen kann. Der Favorit unter Travellern ist der **Campamento Wittenberg** (☎ 311-436-6215),

der von dem Franzosen Gilbert geführt wird. Man kann in Betten (4 US$) oder Hängematten (3 US$) schlafen, Verpflegung gibt's auch.

Am einfachsten kommt man zur Playa, indem man mit Gilbert mitfährt, wenn er einmal die Woche (meist mittwochs) mit seinem Boot zur Casa Viena in Cartagena kommt und seine Gäste aufgabelt (6 US$, 45 Min.). Wer das nicht mit seinem Zeitplan unter einen Hut bekommt, geht auf den Hauptmarkt von Cartagena, den Mercado Bazurto, und nimmt von dort das Boot oder den Bus. Die Boote legen täglich zwischen 8 und 10.30 Uhr ab; sonntags allerdings fährt stattdessen ein Bus direkt zum Strand.

La Boquilla
Das kleine Fischerdorf 7 km nördlich von Cartagena liegt auf einer Halbinsel zwischen dem Meer und einer Lagune. Wer einen Tag am Strand relaxen möchte, findet fünf Gehminuten von der Bushaltestelle entfernt das nette Plätzchen mit dem passenden Namen El Paraíso. Die Einheimischen fischen hier mit ihren berühmten *atarrayas* (kegelförmigen Wurfnetzen) in der Lagune. Außerdem kann man sie für Bootstouren auf den schmalen Kanälen durch die Mangrovenwälder anheuern. Der Preis ist Verhandlungssache und erst nach der Rückkehr zu bezahlen.

Viele der mit Palmblättern gedeckten Restaurants am Strand ziehen am Wochenende Gäste aus ganz Cartagena an. Die restliche Zeit haben die meisten jedoch geschlossen. Busse verkehren regelmäßig zwischen La Boquilla und der India Catalina in Cartagena (0,40 US$, 30 Min.).

Volcán de Lodo El Totumo
Am Ufer des flachen Ciénaga del Totumo etwa 50 km nordöstlich von Cartagena befindet sich ein interessanter 15 Meter hoher Hügel, der wie ein Mini-Vulkan aussieht. Es handelt sich tatsächlich um einen solchen, jedoch spuckt er statt Lava und Asche Schlamm. Ein Phänomen, das aus im Untergrund verwesenden organischen Stoffen resultiert, die den Gasdruck produzieren.

El Totumo ist der höchste Schlammvulkan Kolumbiens. Lauwarmer Schlamm mit der Konsistenz von Sahne füllt den Krater. Man kann über speziell gebaute Stufen bis nach oben klettern, dann wieder nach unten in den Krater und ein erfrischendes Schlammbad nehmen (0,50 US$) – ein einzigartiges Erlebnis. Sich in einem Vulkan zu suhlen, ist sicherlich etwas, was man vorher noch nicht ausprobiert hat. Postiver Nebeneffekt: Der Schlamm enthält Mineralien mit therapeutischer Wirkung. Und man muss auch nicht den ganzen Tag wie ein Schweinchen herumlaufen – nach dem Bad klettert man nach unten und wäscht den Schlamm in der *ciénaga* (Lagune) wieder ab.

Von Cartagena aus erreicht man den Vulkan mit dem Bus vom Mercado Bazurto, von wo aus morgens jede Stunde Busse nach Galerazamba fahren. Sie fahren die alte Barranquilla Straße entlang, hinauf nach Santa Catalina, und biegen kurz danach in Richtung Norden in eine Seitenstraße nach Galerazamba ab. Man steigt an der Küstenstraße bei der Tankstelle in Lomita Arena (1,50 US$, 1½ Std.) aus und geht anschließend die 2,5 km die Landstraße entlang nach Barranquilla (30 Min.). Danach geht's 1 km nach rechts (Südosten) bis zum Vulkan (nochmals 15 Min.). Der letzte Direktbus von Lomita Arena zurück nach Cartagena fährt gegen 17 Uhr.

Mehrere Tourunternehmen in Cartagena organisieren Minibus-Touren zum Vulkan (nur Fahrt 11 US$, mit Mittagessen in La Boquilla 14 US$), die man in den gängigen Backpacker-Hotels buchen kann.

Jardín Botánico Guillermo Piñeres

Als nette halbtägige Flucht vor dem Trubel der Stadt bietet sich der **Botanische Garten** (☎ 5-663-7172; Eintritt 4 US$; ☷ Di–So 9–16 Uhr) am Stadtrand von Turbaco 15 km südöstlich von Cartagena an. Der Bus nach Turbaco fährt regelmäßig in der Nähe vom Castillo de San Felipe in Cartagena ab. Man sagt dem Fahrer, dass er einen an der Abzweigung zum Garten rauslassen soll (0,75 US$, 45 Min.). Von dort aus ist es ein 20-minütiger Spaziergang eine größtenteils unbefestigte Seitenstraße entlang. In dem 8 ha großen Garten gedeihen typische Pflanzen der Karibikküste, darunter zwei verschiedene Koka-Arten.

MOMPÓS
☎ 5 / 28 000 Ew.

Abends, wenn die Einwohner von Mompós friedlich in ihren Schaukelstühlen dahin-

dümpeln und die Fledermäuse über die Regenrinnen fliegen, fühlt man sich wie in einer Szene aus *Huckleberry Finn* oder *Vom Winde verweht.*

Die Atmosphäre von Mompós ist einzigartig in Kolumbien – fast schon denkt man, man habe sich an den Mississippi verirrt. Wenn möglich, sollte man diese besondere Stimmung einmal erlebt haben, trotz der Schwierigkeiten, in das Städtchen zu gelangen. Umgeben von schlammtrüben Flüssen und üppiger Vegetation liegt Mompós 230 km südöstlich von Cartagena, es ist durch eine Kombination aus Bus, Boot und Auto zu erreichen.

Die 1537 gegründete Stadt am östlichen Zweig des Río Magdalena wurde schnell zu einem wichtigen Umschlagplatz für alle Handelswaren aus Cartagena, die für das Landesinnere bestimmt waren. Mehrere beeindruckende Kirchen und viele luxuriöse Häuser entstanden. Doch gegen Ende des 19. Jhs. wurde der Schiffsverkehr in andere Seitenarme des Río Magdalena umgeleitet und der Wohlstand der Stadt verebbte. Mompós wurde in der Abgeschiedenheit zurückgelassen. Und an der hat sich seither nur wenig verändert, wie der nach wie vor sichtbare koloniale Charakter ausreichend beweist.

Mompós kann auch eine literarische Tradition aufweisen, außerdem spielt hier Gabriel García Márquez' Roman *Chronik eines angekündigten Todes.*

Praktische Informationen
Club Net (Carrera 1 Nr. 16-53; 0,80 US$/Std.; ☷ 6-21.30 Uhr) Internetcafé.
Geldautomat (BBVA; Plaza de Bolívar)
Geldwechsel (Plaza de Bolívar) Wechselt US-Dollar zu einem sehr schlechten Kurs.
Touristeninformation (☎ 5-685-5738; Plaza de la Libertad) Befindet sich im Alcaldía Gebäude. Man sollte sich den Weg zur Künstlerwerkstatt zeigen lassen, wo man hier entstandenen Schmuck ansehen und natürlich auch kaufen kann.

Sehenswertes
Die meisten zentralen Straßen werden von weiß getünchten kolonialzeitlichen Häusern gesäumt, die mit den charakteristischen Metallgittern vor den Fenstern, imposanten Eingängen und wunderschönen versteckten Innenhöfen die Uhr scheinbar zurückdrehen. Sechs Kirchen aus dieser Epoche

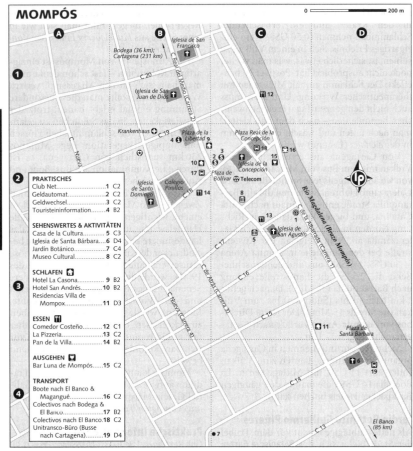

vervollständigen die Szenerie – diese sind zwar alle interessant, aber leider selten geöffnet. Zumindest die **Iglesia de Santa Bárbara** (Calle 14) mit ihrem maurisch anmutenden Turm sollte man nicht verpassen. Sie ist in der sakralen Architektur Kolumbiens einzigartig.

Die **Casa de la Cultura** (Calle Real del Medio; Eintritt 0,50 US$; Mo–Fr 8–17 Uhr) zeigt Erinnerungsstücke aus der Geschichte der Stadt. Das **Museo Cultural** (Calle Real del Medio; Eintritt 1,50 US$; Di–Fr 9.30–12 & 15–17, Sa & So 9.30–12 Uhr) präsentiert eine Sammlung mit religiöser Kunst. Es gibt einen kleinen **Jardín Botánico** (Calle 14) mit einer Menge Kolibris und Schmetterlingen. Um reinzukommen, muss man ans Tor klopfen.

Feste & Events

Die Feiern zur **Semana Santa** fallen in Mompós sehr üppig aus. Die feierliche Prozession kreist am Gründonnerstag und Karfreitag nachts mehrere Stunden lang durch die Straßen.

Schlafen

Hotel Celeste (5-685-5875; Calle Real del Medio Nr. 14-174; EZ/DZ mit Ventilator 7/13,50 US$) Das familiäre Haus mit großmütterlicher Atmosphäre bietet einen guten Service, die Zimmer sind allerdings einen Tick zu klein.

Residencias Villa de Mompox (5-685-5208; Calle Real del Medio Nr. 14-108; EZ/DZ mit Ventilator 7/13,50 US$, mit Klimaanlage 10/19 US$;) Günstige Zimmer mit Klimaanlage.

Hotel La Casona (☎ 5-685-5307; Calle Real del Medio Nr. 18-58; EZ/DZ mit Ventilator 8/13,50 US$, mit Klimaanlage 13,50/23 US$; ❄) Diese *residencia* hat gut ausgestattete Zimmer, einen Gemeinschaftsbereich zum Wohlfühlen und freundliche Mitarbeiter.

Hotel San Andrés (☎ 5-685-5886; Calle Real del Medio Nr. 18-23; EZ/DZ mit Ventilator 9/13,50 US$, mit Klimaanlage 13,50/23 US$; ❄) Die blassen Zimmer des Hotels werden durch die Sittiche und Papageien, die im Innenhof leben, ein wenig belebt.

Essen & Ausgehen

Comedor Costeño (Calle de la Albarrada Nr. 18-45; ❄ 5.30–16.30 Uhr) Eines von mehreren rustikalen Restaurants am Fluss in der Nähe des Markts mit günstigem Essen.

Pan de la Villa (Calle 18 Nr. 2-53; ❄ 7–22 Uhr) Die Spezialitäten sind Eis, Kuchen und Backwaren, außerdem werden Crêpes serviert.

La Pizzeria (Carrera 2 Nr. 16-02; Pizzen 6-9 US$; ❄ 17–22 Uhr) Abends kann man an Tischen, die mitten auf der Straße aufgestellt sind, sitzen, etwas Kaltes trinken und sich eine Pizza schmecken lassen.

Bar Luna de Mompós (Calle de la Albarrada; ❄ 18 Uhr–open end) Diese einfache Kneipe am Fluss macht so lange Spaß, bis man besser kein Bier mehr bestellen sollte oder eben doch die Türen dicht gemacht werden.

An- & Weiterreise

Mompós liegt zwar weit abseits der üblichen Verkehrsrouten, kann aber relativ leicht auf dem Landweg oder dem Fluss erreicht werden. Die meisten Reisenden kommen aus Cartagena. Unitransco hat einen Direktbus, der in Cartagena um 7.30 Uhr abfährt (15 US$, 8 Std.). Es geht schneller, wenn man mit Brasilia einen Bus nach Magangué nimmt (11 US$, 4 Std.); das Unternehmen schickt ein halbes Dutzend Busse pro Tag los. In Bodega steigt man dann in ein Boot um (2 US$, 20 Min.), das bis 15 Uhr regelmäßig ablegt. Fortgesetzt wird die Reise dann mit dem *colectivo* nach Mompós (2,50 US$, 40 Min.). Vielleicht erwischt man aber auch in Magangué eine der direkt nach Mompós schippernden *chalupas* (Flussboote).

Wer von Bucaramanga aus aufbricht, nimmt den Bus nach El Banco (13,50 US$, 7 Std.) und fährt per Jeep oder Boot (beide ca. 5 US$, 2 Std.) weiter nach Mompós.

SAN ANDRÉS & PROVIDENCIA

750 km nordwestlich von Cartagena und nur 230 km östlich von Nicaragua befindet sich diese Inselkette, die Kolumbiens kleinsten Distrikt darstellt. Sie besteht aus einer südlichen Gruppe, mit San Andrés als größter und wichtigster Insel, und einer nördlichen Gruppe, die sich um die bergige Insel Providencia verteilt.

In der Vergangenheit haben Reisende die Inseln gern als „Trittbrett" zwischen Mittel- und Südamerika benutzt. Inzwischen sind die entsprechenden Verbindungen allerdings nicht mehr so häufig.

Während San Andrés nicht unbedingt das Paradies auf Erden darstellt, ist Providencia mit Sicherheit einzigartig und auf jeden Fall einen Besuch wert – sofern das Reisebudget Hin- und Rückflug überhaupt zulässt. Für Tauch- und Schnorcheltrips sind die beiden Inseln jedenfalls ideal.

Ein Blick in die Geschichte zeigt, dass die Inseln zur britischen Krone gehörten. Wenngleich sie nach der Unabhängigkeit wieder von Kolumbien annektiert wurden, ist der englische Einfluss in der Sprache, Religion und Architektur bis heute lebendig geblieben. Der Way of Life der Einwohner hat sich erst seit den Fünfzigern des letzten Jahrhunderts verändert, als Flüge zum kolumbianischen Festland alltäglich wurden. Providencia hat sich dagegen noch einiges mehr vom kolonialzeitlichen Charakter bewahrt.

Die Touristensaison erreicht von Mitte Dezember bis Mitte Januar sowie über Ostern und von Mitte Juni bis Mitte Juli ihren Höhepunkt,. Alle Besucher, die länger als einen Tag bleiben, müssen bei der Ankunft eine Abgabe von 8 US$ zahlen.

SAN ANDRÉS

☎ 8 / 75 000 Ew.

Kokospalmen und steile Schluchten, die nach Regenfällen plötzlich von Flüssen ausgefüllt werden, gehören zu den typischen Merkmalen der Insel San Andrés, deren Form ein wenig an ein Seepferdchen erinnert und die das kommerzielle und administrative Zentrum der Inselgruppe bildet. Dank seines Flughafens ist San Andrés das

Praktische Informationen

Alle hier genannten Adressen befinden sich in San-Andrés-Stadt. Details zu den Konsulaten von Costa Rica und Honduras stehen auf S. 893.

Bancolombia (Karte S. 854; Av Atlantico) Wechselt Reiseschecks und Bargeld.

Café Internet Sol (Karte S. 854; Av Duarte Blum; 8–22 Uhr)

Creative Shop (Karte S. 854; Av Las Américas) Internetcafé unterhalb des Hotel Hernando Henry.

Giros & Finanzas (Karte S. 854; Centro Comercial San Andrés, Local 12, Av Costa Rica) Das örtliche Western Union Büro.

Macrofinanciera (Karte S. 854; Edificio Leda, Av Providencia Nr. 2-47) Wechselt US Dollar.

Secretaría de Turismo Departamental (Karte S. 854; 8-512-5058; www.sanandres.gov.co; Av Newball) Im Gebäude der Gobernación, Piso 3. Zum Zeitpunkt der Recherche befand sich gegenüber vom Restaurante La Regatta ein provisorisches Büro.

Sehenswertes

Die meisten Besucher verbringen ihren ganzen Aufenthalt ausschließlich in El Centro. Man sollte es ihnen allerdings keinesfalls gleichtun, sondern stattdessen die Zeit nutzen und den Rest der Insel erkunden. Der Strand von El Centro entlang der Av Colombia liegt praktisch und ist hübsch, doch während der Hochsaison mitunter auch ganz schön überfüllt. An der Westseite der Insel wird man vergeblich einen Strand suchen und die Strände entlang der Ostküste sind, abgesehen von dem bei San Luis, nicht gerade spektakulär.

In dem kleinen Dorf **La Loma** (s. Karte linke Spalte) im hügligen Mittelteil der Insel steht eine recht bekannte Baptistenkirche – die erste, die auf San Andrés gegründet wurde.

In der Unterwasserhöhle **Cueva de Morgan** (s. Karte linke Spalte) soll der walisische Pirat Henry Morgan angeblich einige seine Schätze vergraben haben. **Hoyo Soplador** (s. Karte linke Spalte), an der Südspitze der Insel, ist eine Art kleiner Geysir, der dank ein natürlichen Loches im Korallengestein Meerwasser in die Luft spuckt. Das Phänomen kann man allerdings nur beobachten, wenn Winde und Flut günstig stehen.

Vor San Andrés gibt es mehrere kleine Riffe, besonders beliebt sind **Johnny Cay** (s. Karte linke Spalte) vor El Centro und

einzige Eiland des Archipels, das über die Luft mit dem Festland verbunden ist – und damit der erste und letzte Ort, den man hier draßen im Karibischen Meer zu sehen bekommt.

Die Insel selbst, 12,5 km lang und 3 km breit, ist durch eine 30 km lange landschaftlich reizvolle, geteerte Straße erschlossen, die an der Küste rund um die Insel verläuft. Mehrere Straßen zweigen von ihr ins Inland ab. Urbanes Zentrum und Hauptstadt der Inselgruppe ist San Andrés (von den Insulanern El Centro genannt), die am Nordzipfel der Insel liegt. Zwei Drittel der 60 000 Inselbewohner leben in El Centro, dem touristischen und kommerziellen Hotspot mit Hotels, Restaurants und Geschäften.

Acuario (s. Karte gegenüber) vor der Ostküste der Insel.

Aktivitäten

Die Korallenriffe in der Umgebung haben aus San Andrés ein wichtiges **Tauchzentrum** mit mehr als 35 verschiedenen Tauchlocations gemacht. Zu den besten Tauchschulen gehören:

Banda Dive Shop (Karte S. 854; ☎ 8-512-2507; www.bandadiveshop.com; Hotel Lord Pierre, Av Colombia, San-Andrés-Stadt)

Buzos del Caribe (Karte S. 854; ☎ 8-512-8931; www.buzosdelcaribe.com, spanisch; Av Colombia Nr. 1-212, San-Andrés-Stadt) Die älteste und größte Tauchschule. Hat einen guten Ruf, ist aber teuer (250 US$ für einen PADI- oder NAUI-Kurs im offenen Meer).

Karibik Diver (Karte S. 854; ☎ 8-512-0101; www.karibikdiver.com; Av Newball Nr. 1-248, San-Andrés-Stadt) Auch diese kleine Schule ist teuer (300 US$), verfügt aber über hochwertige Ausrüstung und einen persönlichen Service.

Geführte Touren

Cooperativa de Lancheros (Karte S. 854; Av Colombia) Am Strand der Stadt. Touren zu den Riffs Johnny Cay (3 US$) und Acuario (4 US$); eine Kombitour zu beiden Riffen kostet 5 US$.

Semisubmarino Manatí (Karte S. 854; Tickets Cooperativa de Lancheros; 1½-stündige Touren 13,50 US$/Pers.) Ein besonders gebautes Boot mit großen Fenstern, die unter der Wasseroberfläche liegen. Es fährt ein- oder zweimal pro Tag eineinhalb Stunden lang um die umliegenden Riffe. Wenn man nicht taucht oder schnorchelt, bekommt man hier den wohl zweitbesten Blick auf das reichhaltige Leben im Meer vor San Andrés.

Semisubmarino Nautilus (Karte S. 854; Kai; 2-stündige Touren 13,50 US$) Ähnliche Touren wie von Semisubmarino Manatí. Abfahrt ist vom Kai westlich des Casa de la Cultura.

Taxi Touren (max. 4 Pers. 18 US$) Die gleiche Route wie mit dem Tren Blanco (s. nächsten Absatz) kann auch mit einem Taxi unternommen werden. Andere, kürzere oder längere Touren können mit den Taxifahrern vereinbart werden.

Tren Blanco (3-stündige Tour 3 US$) Eine Art Zug auf der Straße, der von einem als Lokomotive verkleideten Traktor gezogen wird. Startet jeden Morgen an der Ecke Av Colombia/Av 20 de Julio (Karte S. 854) zu einer Inselrundfahrt, unterwegs wird an verschiedenen Sehenswürdigkeiten angehalten.

Schlafen

Alles in allem gibt es reichlich Übernachtungsmöglichkeiten in San Andrés, für die allerdings mehr als auf dem Festland hingeblättert werden muss.

Posada Doña Rosa (Karte S. 854; ☎ 8-512-3649; Av Las Américas; EZ/DZ 9/18 US$) Der niedrige Preis macht es zur offensichtlich besten Wahl für Traveller mit kleinem Geldbeutel. Das Doña Rosa hat acht Zimmer, alle davon mit Bad und Ventilator.

Hotel Mary May Inn (Karte S. 854; ☎ 8-512-5669; ketlenan@yahoo.com; Av 20 de Julio; EZ/DZ/3BZ 15/18/22 US$; ❄) Das kleine und freundliche Haus hat acht gut ausgestattete Zimmer an einem ruhigen Garten. Das Doppelzimmer ist sein Geld wert, wer jedoch allein unterwegs ist, sollte versuchen, einen besseren Preis auszuhandeln.

Hotel Hernando Henry (Karte S. 854; ☎ 8-512-3416; Av Las Américas Nr. 4-84; EZ/DZ mit Ventilator 12/20 US$, mit Klimaanlage 14/23 US$; ❄) Von außen macht es nicht gerade viel her. Dennoch ist dieses Hotel eine der besten Optionen in der Stadt. Saubere, altmodische Zimmer mit TV, Kühlschrank und Balkon.

Cocoplum Hotel (s. Karte gegenüber; ☎ 8-513-2121; www.cocoplumhotel.com; Carretera a San Luis Nr. 43-39; EZ/DZ 44/60 US$; ❄ ▢ ▢) Das lässige Ressort an einem Privatstrand in San Luis ist ein geeigneter Platz, um den Touristenströmen zu entkommen. Das Restaurant serviert den ganzen Tag über frische Gerichte und ist auch für Nicht-Gäste geöffnet.

Essen

In San Andrés Town gibt es eine Reihe günstiger Restaurants, die die überall üblichen Mittags- und Abendmenüs für etwa 2–3 US$ servieren.

Fisherman Place (Karte S. 854; Av Colombia; Gerichte ab 3 US$; ⏱ 12–16 Uhr) Das Open-Air-Restaurant am Strand bereitet mit die besten Meeresfrüchte der Stadt zu. Zu den Tops gehören die Krabbensuppe (3 US$), gebackener Fisch (3 US$) und der Meeresfrüchte-Eintopf (7 US$).

Restaurante La Regatta (Karte S. 854; Av Newball; Gerichte 11–26 US$; ⏱ 12–22 Uhr) Mischt in der ersten Liga der insularen Gastroszene ganz oben mit. Gäste bekommen hervorragende Meeresfrüchte und tolle Blicke auf die Karibik geboten.

Unterhaltung

Auf der Av Colombia zwischen dem Hotel Lord Pierre und dem Hotel Aquarium Decameron tobt das Nachtleben.

854 SAN ANDRÉS & PROVIDENCIA •• San Andrés

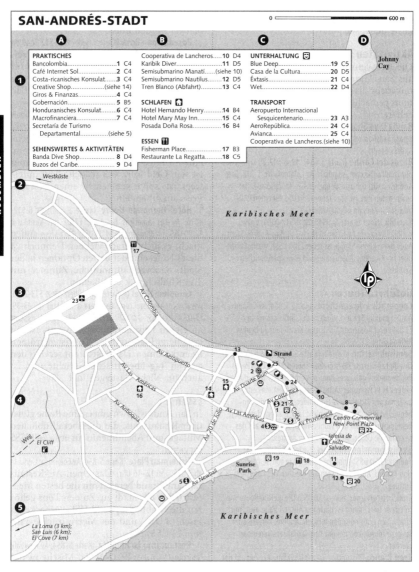

Wet (s. Karte oben; Edificio Big Point, Av Colombia; 16–24 Uhr) Dieser hippe Laden hat eine Tanzfläche, Videomonitore und plärrende Musik.

Casa de la Cultura (s. Karte oben; Av Newball) Organisiert freitags Karibische Nächte, die aus Folkloreshows mit Livemusik und lokalen Gerichten bestehen.

In einigen der exklusiveren Hotels von San Andrés sind auch Diskos vorhanden. Zu den trendigsten (und teuersten) unter ihnen gehört das **Blue Deep** (s. Karte oben; Av Newball) im Sunrise Beach Hotel, dicht gefolgt vom **Éxtasis** (s. Karte oben; Av Colón), das im Hotel Sol Caribe San Andrés untergebracht ist.

An- & Weiterreise

FLUGZEUG

Der Flughafen befindet sich in San-Andrés-Stadt, zehn Gehminuten nordwestlich vom Zentrum; ein Taxi kostet 3 US$. Zu den kolumbianischen Fluglinien, die San Andrés anfliegen, gehören **Avianca/SAM** (s. Karte gegenüber; ☎ 8-512-3211; Ecke Avs. Colombia & Duarte Blum) und **AeroRepública** (s. Karte gegenüber; ☎ 8-512-7334; Av Colón 3-64). Zum Zeitpunkt der Recherche für dieses Buch gab es Direktflüge nach Bogotá (140 US$), Cali (140 US$), Cartagena (128 US$) und Medellín (140 US$), aber keine nach Mittelamerika. Mit Avianca kommt man jedoch dreimal die Woche über Bogotá nach Panama City (207 US$ einfache Strecke).

Die Flughafensteuer, die für internationale Flüge von San Andrés aus erhoben wird, ist die gleiche wie überall in Kolumbien: 30 US$, wenn man sich weniger als 60 Tage im Land aufgehalten, 50 US$, wenn man länger geblieben ist. Gezahlt werden kann in Pesos oder US Dollar.

Satena Airways (☎ 8-512-6867; satenaadz@yahoo.com; Aeropuerto Internacional Sesquicentenario) betreibt zwischen San Andrés und Providencia täglich zwei oder drei Flüge (124 US$ hin & zurück) mit einem 19-Sitzer. Früher bot auch die Gesellschaft West Caribbean Airways die Route an, zum Zeitpunkt der Recherche hatten diese die Verbindungen jedoch eingestellt.

SCHIFF

Weder gibt es irgendwelche Fähren noch nehmen Frachtschiffe nach Cartagena und Providencia Passagiere an Bord.

Unterwegs vor Ort

Örtliche Busse fahren die Küstenstraße entlang und auch ins Landesinnere nach La Loma und El Cove. Man kann in der Nähe jeder Sehenswürdigkeit aussteigen. Alternativ dazu werden Fahrräder (pro Std./Tag ab 1,50/5 US$), Motorräder, Roller und Autos verliehen. Man sollte sich gut umsehen – Preise und Konditionen sind sehr unterschiedlich.

PROVIDENCIA

☎ 8 / 4500 Ew.

Providencia gehört zu den Orten, die jede Erwartung vom Paradies erfüllen. Ruhige, entspannte Dörfchen schmiegen sich unter Palmen an weiße Sandstrände. Das Meer ist warm, die Einheimischen freundlich und die Gegend herrlich. Wenn man einmal allem entfliehen möchte, ist man hier goldrichtig.

Providencia liegt 90 km nördlich von San Andrés und ist die zweitgrößte Insel der Inselgruppe. Sie ist 7 km lang und 4 km breit. Die bergige Landschaft ist vulkanischen Ursprungs und viel älter als San Andrés. Die höchste Erhebung ist El Pico (320 m).

In Santa Isabel, einem Dorf am nördlichen Ende der Insel, sitzt die Verwaltung. Santa Catalina, eine kleinere Insel etwas weiter nordwestlich ist von Providencia durch den flachen Canal Aury getrennt, über den eine Fußgängerbrücke führt.

Providencia ist weit weniger touristisch als San Andrés. Größtenteils wird englisch gesprochen und man kann noch eine Menge karibisch-englische Architektur entdecken. Hier und da gab's ein paar Veränderungen, doch das Erscheinungsbild der Insel ist weitestgehend unversehrt geblieben.

Die Insel bietet sich für einen Strandurlaub an, der mit Tauch- und Wanderausflügen gespickt werden kann. Der Pfad auf den El Pico beginnt in Casabaja, am Südende der Insel. Bis nach oben ist es ein eineinhalbstündiger strammer Marsch.

Es dürfte einen vor keine Probleme stellen, auf der Insel herumzukommen. Man winkt einfach einem der Taxi-*colectivos* oder Pickups, die die Uferstraße entlangfahren (1 US$ in alle Richtungen). Die Einheimischen lassen sich auch mal schnell von einem Motorrad mitnehmen – das kann man auch als Traveller durchaus versuchen.

Praktische Informationen

Es gibt keine *casas de cambio* (Wechselstuben) auf Providencia, notfalls kann man jedoch in einigen Geschäften in Santa Isabel, etwa in Supermärkten, Geld wechseln, sollte dort dann aber keine guten Kurse erwarten. Die bessere Variante: sich in San Andrés mit genug Pesos eindecken.

Banco Agrario de Colombia (Santa Isabel; ⏰ Mo–Do 8–13.30, Fr bis 14 Uhr) Gibt Vorschüsse auf Visa-Karten. Der Geldautomat nebenan nimmt auch Mastercard.

Net Crawler (Santa Isabel; ⏰ 8.30–12 & 14.30–21 Uhr) Internetcafé.

Touristeninformation (☎ 8-514-8054; providencia2004@yahoo.com; Santa Isabel) Befindet sich im Gebäude der Gobernación.

Aktivitäten

Die Korallenriffe, die einen unter der traumhaft türkisfarben schillernden Meeresoberfläche rund um Providencia erwarten, sind umfangreicher als die um San Andrés. Die Schnorchelausrüstung kann man in Aguadulce leihen (oder man kauft sie in San Andrés und bringt sie mit, was vielleicht die bessere Alternative ist).

Zu den empfehlenswerten Tauchschulen gehören **Centro de Buceo Scuba Town** (☎ 8-514-8481) in Pueblo Viejo und **Sonny Dive Shop** (☎ 8-514-8231) in Aguadulce. Beide bieten Kurse im offenen Meer für Anfänger und Fortgeschrittene für 180–200 US$ an. Meist lässt man sich vor der Westseite der Insel ins Wasser plumpsen.

Schlafen & Essen

Unterkunft und Essen belasten in Providencia ganz schön die Reisekasse, der Ausflug wird noch teurer als der nach San Andrés. Die meisten Traveller bleiben in der Touristenhochburg Aguaduce, obwohl Santa Isabel eigentlich das nettere Ziel ist. Kleine Restaurants findet man sowohl in Santa Isabel als auch in Aguaduce.

Mr. Mac (☎ 8-514-8366; jujentay@hotmail.com; EZ/DZ 11/19 US$) Mr. Mac ist eines der billigsten Hotels, und zwar im doppelten Sinn – es ist ungepflegt und vernachlässigt. Einige Zimmer haben Blick auf den Strand.

Hotel Flaming Trees (☎ 8-514-8049; Santa Isabel; EZ/DZ 13,50/23 US$; ❄) Die beste Wahl in Santa Isabel. Die nette Pension hat neun große klimatisierte Zimmer mit Bad, Kühlschrank und TV.

Cabañas Miss Elma (☎ 8-514-8229; EZ/DZ/Suite 16/32/68 US$; ❄) Miss Elma bietet sowohl mit Ventilatoren gekühlte Zimmer als auch weitläufige klimatisierte Suiten. Sie liegen direkt am Strand. Die Unterkunft hat außerdem ein eigenes Restaurant, das sehr gut, aber nicht gerade billig ist.

Posada del Mar (☎ 8-514-8168; inforeservas@posadadelmarprovidencia.com; EZ/DZ inkl. Frühstück 32/46 US$; ❄) Die Mittelklasseoption hat gepflegte Zimmer, alle mit Bad und Balkon, auf denen man sich in Hängematten lang bzw. krumm machen und Blick auf den Strand genießen kann.

Café Studio (Gerichte 5–20 US$; ☯ Mo–Sa 11–21 Uhr) An der Hauptstraße in Bahía Suroeste liegt dieses nette Café, das unter kanadischer Leitung steht. Es bereitet hervorragende Espressi und Kuchen zu, außerdem bietet die Küche eine Speisekarte mit traditionellen einheimischen Gerichten, die zum Besten gehören, was man auf der Insel bekommt.

An- & Weiterreise

Satena Airways fliegt zwischen San Andrés und Providencia (124 US$ hin & zurück) zwei bis dreimal pro Tag. In den meisten Fällen wird man das Rückflugticket schon in San Andrés kaufen – in der Hochsaison sollte man dies aber auf jeden Fall tun und sich außerdem den Rückflug am Flughafen von Providencia noch einmal bestätigen lassen.

NORDWESTLICHES KOLUMBIEN

Von den Kaffeefeldern der Zona Cafetera zur schicken Innenstadt und den Einkaufszentren von Medellín– das nordwestliche Kolumbien bietet weite Landschaften und eine Vielzahl von Konsumfreuden. Die Langeweile kann man sich mit einem Bad in heißen Quellen verteiben – aber auch mit Ausritten, Vulkanbesteigungen und Touren ins spektakuläre Valle de Cocora, der Heimat der berühmten andinen Wachspalme.

Der Bezirk Antioquia ist der regionale Spitzenreiter in Sachen Größe, Einwohnerzahl und Reichtum. Die Einwohner, bekannt als *paisas,* haben es traditionell gescheut, Liaisons mit Farbigen oder Angehörigen der indigenen Bevölkerung einzugehen. Daher ist das Gebiet äußerst „weiß" und die *criollos,* Nachfahren spanischer Einwanderer, sind eindeutig in der Mehrheit.

Das malerisches Bergland von Antioquia, dem *país paisa* (Land *der paisa*), erstreckt sich teilweise über die Cordillera Occidental und die Cordillera Central. Straßen verbinden die kleinen *pueblos paisa* (*paisa*-Dörfer), deren typische Architektur durchaus bemerkenswert ist.

Die Zona Cafetera, Kolumbiens größtes Kaffeeanbaugebiet, ist ein prima Ort, um mal ein paar Tage durchzuschnaufen. Zudem ist sie ein guter Ausgangspunkt zu einigen Andengipfel. Im Westen von Antioquia liegt die unruhige Provinz Chocó, in der Guerilla immer wieder für Unruhe sorgen – es lohnt sich vorab ein Blick in die aktuellen Nachrichten, bevor man einen Abstecher dorthin plant.

MEDELLÍN
☎ 4 / 2,5 Mio.

Überflügelt von der beschwingten Raffinesse von Bogotá und dem romantischen Flair von Cartagena, hat Medellín die Entwicklung hin zu einer Touristenhochburg ein wenig verschlafen. Dennoch, die „Stadt des ewigen Frühlings", die sich seit den berüchtigten Tagen als Mittelpunkt des kolumbianischen Drogenhandels stark verändert hat, besitzt einen ganz eigenen Charakter.

Seit Pablo Escobar und sein Kartell nur noch ein Teil der Stadtgeschichte von Medellín sind, sind die Straßen wieder sicherer und alle Stadtteile wieder zugänglich geworden. Drogen bestimmen nicht mehr die Wirtschaft der Stadt, vielmehr hat es Medellín geschafft, andere kommerzielle und industrielle Standbeine aufzubauen (heute werden hauptsächlich mit Textilien und Schnittblumen Geschäfte gemacht). Eine supermoderne U-Bahn und hochwertige Kultur- und Wissenschaftszentren haben Schwung in die City gebracht. Die Straßen brodeln vor Leben, wenn die geschäftigen *paisas* zwischen Arbeit und Vergnügen hin- und herflitzen.

Die 1675 gegründete Stadt bestand in ihren frühesten Tagen vor allem aus einzelnen Haciendas, aus denen sich später die vielen schönen Vorstädte gebildet haben. Die Gegend strotzt vor verwinkelten Straßen und Grünflächen. Hohe Berge, die über den putzigen *pueblos* und Wochenendhäusern thronen, umgeben die ganze Stadt.

Und Medellín ruht sich nicht auf den Erfolgen der letzten Jahren aus. Ein Entwicklungsprojekt nach dem anderen wird vom umtriebigen Bürgermeister Sergio Fajardo Valerrama ins Leben gerufen. Der Río Medellín wurde gesäubert und die U-Bahn um eine Straßenbahn, die die ärmeren Vororte mit der Innenstadt verbindet, erweitert. Das neueste Lieblingskind des Bürgermeisters ist der Versuch, aus Medellín eine zweisprachige Stadt zu machen. Millionen von Pesos werden dafür ausgegeben, das Englisch der *paisas* aufzubügeln.

Praktische Informationen
INTERNETZUGANG
In der Innenstadt gibt es viele Internetcafés (die meisten berechnen ca. 1 US$ pro Stunde).

Café Internet Doble-Click (Calle 50 Nr. 43-135; ☽ Mo–Fr 7–21, Sa 7–19, So 10–16 Uhr) Eines der wenigen Internetcafés, das auch sonntags auf hat.

EPM.Net (Carrera 45 Nr. 52-49; ☽ Mo–Fr 8–20, Sa 8–12.30 Uhr)

Punto Net (Carrera 50 Nr. 52-50, Centro Comercial Unión Plaza, Local 133; ☽ Mo–Sa 8.30–20 Uhr)

GELD
Die hier genannten Banken wechseln am ehesten Reiseschecks zu vernünftigen Raten. Die Banken wechseln auch Bargeld, aber hierfür bekommt man in den *casas de cambio* ähnliche, wenn nicht sogar bessere Raten (und es geht schneller).

Bancolombia (Carrera 49 Nr. 49-74)

Banco Santander (Carrera 49 Nr. 50-10)

Giros & Finanzas (Centro Comercial Villanueva, Calle 57 Nr. 49-44, Local 241) Western Union Büro. Center mit einem halben Dutzend *casas de cambio*.

Titán Intercontinental (Edificio Coltejer, Carrera 46 Nr. 52-65, Local 103) *Casa de cambio*.

TOURISTENINFORMATION
Fomento y Turismo Flughafen (☎ 4-562-2885; ☽ Mo–Sa 6–19 Uhr); Palacio de Exposiciones (☎ 4-232-4022; Av Alfonso López; ☽ Mo–Fr 7.30–12.30 & 13.30–17.30 Uhr) Die Zentrale der Touristeninformation in Medellín befindet sich im Palacio de Exposiciones, 1 km südwestlich vom Zentrum.

Gefahren & Ärgernisse
Zwar ist Medellín nicht mehr der größte Kokain-Umschlagplatz der Welt. Doch der sicherste Ort, den man sich vorstellen kann, ist die Millionenmetropole deswegen noch lange nicht. Wie in jeder anderen großen kolumbianischen Stadt gibt es auch hier die üblichen Sicherheitsprobleme, man sollte also auf sich aufpassen. Das Stadtzentrum ist tagsüber relativ sicher, den Nachtspaziergang verkneift man sich aber besser – zur abendlichen *rumba* gelangt man auch mit einem Taxi.

Sehenswertes
Das **Museo de Antioquia** (☎ 4-251-3636; www.museodeantioquia.org, spanisch; Carrera 52 Carabobo Nr. 52-43; Eintritt 3 US$; ☽ Mo & Mi–Fr 9.30–17, Sa & So 10–16 Uhr) zeigt Sammlungen prähispanischer,

858 NORDWESTLICHES KOLUMBIEN •• Medellín

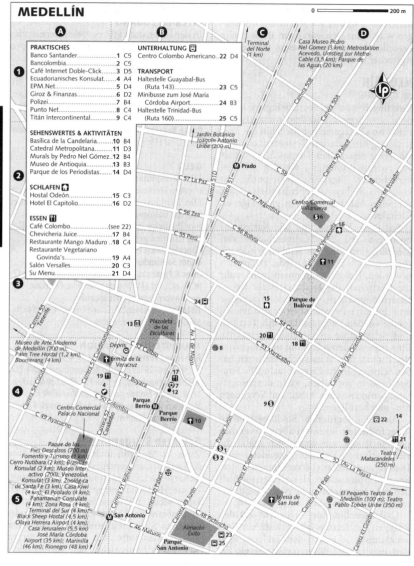

kolonialzeitlicher, unabhängiger und moderner Kunst aus der 400-jährigen Geschichte Antioquias. Außerdem ist hier auch noch die Stiftung von Fernando Botero mit 92 eigenen Werken und 22 weiteren Exponaten anderer internationaler Künstler untergebracht. Zusätzlich wurden noch 23 große Bronzeskulpturen auf der Plazoleta de las Esculturas vor dem Museum aufgestellt.

Gegenüber vom Parque Berrío stehen zwei große Wandgemälde. Sie sind das Werk eines weiteren berühmten Sohns der Stadt, Pedro Nel Gómez (1899–1984), der damit 1956 Szenen aus der Geschichte Antioquias dokumentierte. Das **Casa Museo Pedro**

Nel Gómez (☎ 4-233-2633; Carrera 51B Nr. 85-24; Eintritt 2 US$; ☻ Mo–Fr 9–12 & 14–17, Sa 9–12 Uhr) ist in dem Haus untergebracht, in dem der Künstler auch lebte und arbeitete. Hier sind ungefähr 2000 seiner Werke, darunter mit Wasserfarben gemalte Bilder, Ölgemälde, Zeichnungen, Skulpturen und Wandgemälde ausgestellt – es heißt, dass Pedro Nel Gómez der produktivste Künstler Kolumbiens war.

Ein weiteres bedeutendes Museum der Stadt, das **Museo de Arte Moderno de Medellín** (☎ 4-230-2622; Carrera 64B Nr. 51-64; Eintritt 2 US$; ☻ Mo–Fr 10–13 & 14–18, Sa 10–17 Uhr) zeigt wechselnde Ausstellungen zeitgenössischer Kunst.

Abgesehen von ein paar alten Kirchen ist die kolonialzeitliche Architektur der Stadt praktisch verschwunden. Zu den interessanteren älteren Kirchen gehört die **Basílica de la Candelaria** (Parque Berrío), die um 1770 errichtet wurde und 1868–1931 Kathedrale Medellíns war. Die gigantische neoromanische **Catedral Metropolitana** (Parque de Bolívar) lohnt ebenfalls einen Besuch. Das 1931 fertiggestellte Gotteshaus gilt als größte Backsteinkirche Südamerikas (1,2 Mio. Backsteine wurden verbaut).

Medellín hat einen schönen botanischen Garten, den **Jardín Botánico Joaquín Antonio Uribe** (☎ 4-233-7025; Carrera 52 Nr. 73-182; Eintritt 1 US$; ☻ 9–17 Uhr).

Wenn man genug vom Sightseeing hat, ist der **Parque de los Pies Descalzos** (Barfuß-Park; Carrera 57 Nr. 42-139) genau das Richtige zum Abschalten. Die Einheimischen werden regelrecht dazu angespornt, ihre Schuhe auszuziehen, durch die flachen Wasserbecken zu waten und das Zen-Ambiente zu genießen. Neben dem Park finden sich Restaurants und das **Museo Interactivo** (☎ 4-380-6956; Carrera 57 Nr. 42-139; ☻ Di–So 8–20 Uhr) mit 200 interaktiven Exponaten – eine von Medellíns kinderfreundlicheren Ausstellungen.

Einen guten Überblick über die Stadt gewinnt man vom **Cerro Nutibara** aus, einem 80 m hohen Hügel 2 km südwestlich vom Stadtzentrum. Das **Pueblito Paisa**, ein Nachbau eines typischen Antioquia-Dorf, wurde auf dem Gipfel errichtet; es beherbergt einige Handwerksläden. Einen anderen Ausblick auf die Stadt bekommt man bei einer Fahrt in der neu gebauten **Metrocable**, in die man an der Metrostation Acevedo einsteigen kann.

Aktivitäten

Medellín ist dank des perfekten Zusammenspiels von Wind und rauem Gelände Kolumbiens **Paragliding**-Mekka.

Boomerang (☎ 4-254-5943, 311-774-1175; piloto_x@hotmail.com; Calle 38B Nr. 79–16, Barrio Laureles) bietet Kurse (etwa 300 US$ für einen Wochenkurs), Ausrüstungsverleih und Tandemflüge über die Stadt (25 US$).

Festivals & Events

Mercado de San Alejo Farbenfroher Handwerksmarkt, der jeden ersten Samstag im Monat im Parque de Bolívar stattfindet.

Feria Nacional de Artesanías Kunsthandwerksmarkt im Juli; in der Sportanlage Atanasio Girardot. Viele Schnäppchen.

Feria de las Flores Findet Anfang August eine Woche lang statt und ist das größte Ereignis in Medellín. Höhepunkt ist das Desfile de Silleteros am 7. August, wenn Hunderte von *campesinos* aus den Bergen in die Stadt strömen, in einer Parade die Straßen entlangmarschieren und *silletas* (geflochtene Körbe) mit Blumen auf dem Rücken tragen.

Alumbrado (Weihnachtslichter-Festival) Jedes Jahr zur Weihnachtszeit veranstaltet die Stadt am Fluss eine spektakuläre Lichtershow. Viele kolumbianische Familien lassen sich das abendliche Spektakel nicht entgehen. Vom 7. Dezember bis zur zweiten Januarwoche.

Schlafen

Palm Tree Hostal (☎ 4-260-2805; www.palmtreemedellin.com; Carrera 67 Nr. 48D-63; B/EZ/DZ 6/9/12 US$; ▯) Das Palm Tree ist die älteste und immer noch günstigste Traveller-Unterkunft in Medellín. Es bietet zahlreiche Annehmlichkeiten eines westlichen Hostels, darunter Wäscheservice, Fahrradverleih, Büchertausch und eine Gemeinschaftsküche. Das Hostel liegt im Vorort Suramericana, etwa 1,5 km westlich vom Zentrum. Mit der Metro (Station Suramericana) oder dem Bus die Calle 50 Av Colombia entlang gut zu erreichen. Für ein Taxi vom Busbahnhof zahlt man 2 US$.

Casa Kiwi (☎ 4-268-2668; www.casakiwi.net; Carrera 36 Nr. 7–10, El Poblado; B 7 US$; EZ/DZ mit Bad 18/23 US$, ohne Bad 13,50/18 US$; ▯) Das Gästehaus unter neuseeländischer Leitung ist jung, lustig und liegt sehr günstig in Reichweite des Nachtlebens in der Zona Rosa. Die Zimmer sind verhältnismäßig sauber, außerdem gibt's eine Lounge und eine Terrasse mit Grillplatz. Am Besten kommt man mit dem Taxi hierher.

Black Sheep Hostal (☎ 4-311-1589, 311-341-3048; www.blacksheepmedellin.com; Transversal 5a Nr. 45-133; B/EZ/DZ 7/13/14,50 US$; 🖳) Gut geführtes Gästehaus mit allen nur denkbaren Annehmlichkeiten, darunter zwei Fernsehzimmer, Grillplatz, Spanischkurse, Küche und saubere Zimmer. Es liegt im protzigen Viertel Bario Patio Bonito, 20 Gehminuten von der Zona Rosa entfernt.

Casa Jerusalem (☎ 4-321-5230, 316-348-8000; je rusalem_medellin@yahoo.com; Carrera 36 Nr. 7-10; B/EZ/DZ 7/9/13,50 US$; 🖳 🖳) Hier werden Komfort, Platz und Gemütlichkeit geboten. Die von Israelis geführte Backpackerbleibe liegt in einem großen Haus, nur ein paar Minuten entfernt von der Metrostation Aguacatala (wenn man sich telefonisch ankündigt, wird man dort abgeholt). In der Nähe gibt es noch einen Supermarkt, das war's dann aber auch schon.

Medellín Homestays (☎ 4-477-1966; medellin homestays@yahoo.com; pro Woche 360 US$) Über diese Organisation bekommt man Kontakt zu einheimischen Familien, die einen wochenweise privat unterbringen. Die Preise beinhalten zwei Mahlzeiten pro Tag plus fünf Tage Spanischkurs (3 Stunden täglich). An Juan Fernando Trujillo wenden.

STADTZENTRUM

Im Stadtzentrum gibt es viele günstige Hotels, von denen einige ein Doppelleben als Stundenhotel führen und die Preise am Wochenende erhöhen.

Hostal Odeón (☎ 4-513-1404; Calle 54 Nr. 49-38; EZ/DZ/3BZ mit Bad 9/14/19 US$) Klein, ruhig und sehr zentral. Die Zimmer sind mit Kühlschrank, TV und Stereoanlage ausgestattet. Gute Adresse, wenn man in der Innenstadt sein möchte.

Hotel El Capitolio (☎ 4-512-0012; Carrera 49 Venezuela Nr. 57-24; EZ/DZ mit Bad inkl. Frühstück 16/19/23 US$) Frisch renovierte und günstige Unterkunft direkt hinter der Kathedrale.

Essen

Wie in jeder großen Stadt gibt es in Medellín Hunderte von Restaurants für jeden Geldbeutel. Das Zentrum hat fast schon ein Überangebot an Restaurants, Snackbars und Cafés. Hier wird man die billigsten Mahlzeiten finden. Restaurants in der Zona Rosa an der El Poblado sind etwas hochwertiger. Einen unglaublichen Smoothie gibt es an der Bude Chevicheria Juice, die neben der

Polizeistation vor der Metrostation Parque Barío steht.

Restaurante Vegetarian Govinda's (Calle 51 Nr. 52-17; Gerichte 2 US$; 🕒 Mo–Sa 8–2.30 Uhr) Anständige vegetarische Küche serviert von freundlichen Hare Krishnas. Das helle Restaurant im oberen Stockwerk liegt neben dem Museo de Antioquia.

Su Menu (Calle 53 Nr. 43-44, Gerichte 2–3 US$; 🕒 Mo–Fr 12–20, Sa bis 16 Uhr) Studentenkneipe mit typisch kolumbianischen Gerichten.

Restaurante Mango Maduro (Calle 54 Nr. 47-5; Gerichte 2,50 US$; 🕒 Mo–Sa mittags) Ein Farbklecks in der Restaurantszene der Innenstadt. Hier erhält man *paisa*-Gerichte mit frischen Zutaten. Der Hit bei jungen Berufstätigen, Künstlern und Intellektuellen.

Salón Versalles (Pasaje Junín Nr. 53-39; Mittagsmenü 3 US$; 🕒 Mo–Sa 7–21, So 8–18 Uhr) Das zweistöckige Restaurantcafé ist ein Dauerbrenner unter den Einheimischen. Auf der wechselnden Karte stehen gute Mittagsmenüs, leckere argentinische und chilenische *empanadas* (je 0,60 US$) und eine Auswahl aus Kuchen und Teilchen, bei denen man lieber nicht nachdenken sollte, wie viele Kalorien sie enthalten.

Ay! Caramba (Carrera 37A Nr. 8A-60, Parque Lleras; Hauptgerichte 6–9 US$; 🕒 Mo–Sa 12–23 Uhr) Hervorragendes mexikanisches Open-Air-Restaurant, in dem Tacos, Enchiladas und dergleichen serviert werden. Wem es hier nicht gefällt, findet rund um den Park ein Dutzend weitere Alternativen. Schnäppchenjäger seien allerdings gewarnt: Das Viertel ist die beste und damit auch die teuerste Ecke der Stadt.

Café Colombo (Carrera 45 Nr. 53–24, piso 10; Hauptgerichte 7–9 US$; 🕒 Mo–Sa 12-2.30 & 17.30–23 Uhr) Das helle minimalistische Lokal bietet eine tolle Aussicht und eine gute Karte. Es befindet sich im obersten Stockwerk des Gebäudes, in dem sich auch das Centro Colombo Americano befindet.

Ausgehen

Das Zentrum für Nachtschwärmer ist die Zona Rosa in El Poblado, ungefähr zwischen den Calles 9 und 10A sowie den Carreras 36 und 42. An jeder Ecke finden sich Restaurants, Cafés, Clubs, Bars, Pubs und Diskos. So richtig brodelt die Partystimmung erst ab 22 Uhr, vor allem an den Wochenenden. Taxis befördern einen aus dem Zentrum für 2 US$ zur Zona Rosa.

Berlin (Calle 10 Nr. 41-65) Exotische Motorrad-kneipe und Billiardhalle in der Mitte des Club-Viertels von Medellín.

Unterhaltung

In den örtlichen Tageszeitungen *El Colombiano* und *El Mundo* erfährt man, was los ist. In der **Opción Hoy** (www.supernet.com.co/opcion hoy; Preis 1 US$), einer örtlichen monatlichen Stadtzeitung, stehen die Termine von Kunst-ausstellungen, Theater, Konzerten, Arthaus-Kinos, Sport- und Kulturevents. Kann auch online abgerufen werden.

Museo de Arte Moderno (☎ 4-230-2622; Carrera 64B Nr. 51-64) Medellíns beste *cinemateca* (Arthaus-Kino) mit einem abwechslungsreichen und interessanten Programm.

Centro Colombo Americano (☎ 4-513-4444; Carrera 45 Nr. 53-24) Hier gibt's auch ein Kunst-kino.

Teatro Matacandelas (☎ 4-239-1245; Carrera 47 Nr. 43-47) Eine der besten experimentellen Trup-pen der Stadt.

Teatro Pablo Tobón Uribe (☎ 4-239-2674; Carrera 40 Nr. 51-24) Medellíns größtes Mainstream-Theater.

El Pequeño Teatro de Medellín (☎ 4-269-9418; Carrera 42 Nr. 50A-12) Im abwechslungsreichen Repertoire stehen traditionelle und zeitge-nössische Aufführungen.

Vinacuré (☎ 4-278-1633; www.vinacure.com; Carrera 50 Nr. 100D Sur-7, Caldas) Weit im Süden draußen findet sich hier eine bizarre Mischung aus Sünde, Zirkuskunststückchen und experi-menteller Kunst. Man kann sich einfach nur zurücklehnen und das psychedelische Am-biente genießen oder im „Kleider nicht nötig"-Zimmer selbst zum Spektakel wer-den. Freitags und samstags ist mehr los. Mit dem Taxi kostet die Fahrt zum Vinacuré ca. 8 US$.

Circus Bar (Km 1, Las Palmas; www.circusfunpalace. com; Eintritt 5 US$) Lauter Club mit Rockmusik; eher was für Yuppies. Das gelegentliche Zir-kuskunststück wird über der Tanzfläche gezeigt, man sollte also auf fliegende trikot-tragende Trapezkünstler aufpassen. In der Straße gibt es noch ein paar andere Läden, darunter das Grunge-Rock-Pub auf der an-deren Straßenseite.

Mango's (Carrera 42 Nr. 67A-151) Wahrscheinlich Medellíns beste Disko; mit netter Deko, fünf Bars und einem guten Musikmix. Liegt an der Autopista Sur in Itagüí, ein Stückchen außerhalb von El Poblado.

El Blue (Calle 10 Nr. 40-20) In der Nähe vom Parque Lleras spielt man hier Rock, manch-mal treten Livebands auf. Es gibt draußen eine große Terrasse und entspannte Vibes.

An- & Weiterreise

BUS

Medellín hat zwei Busbahnhöfe. Am Termi-nal del Norte 2 km nördlich vom Stadtzen-trum starten die Busse, die in Richtung Norden, Osten und Südosten unterwegs sind, darunter nach Santa Fe de Antioquia (4 US$, 3 Std.), Bogotá (20 US$, 9 Std.), Cartagena (39 US$, 13 Std.) und Santa Marta (35 US$, 16 Std.). Es ist vom Stadt-zentrum aus mit der Metro in sieben Minu-ten leicht zu erreichen, ein Taxi kostet 2 US$.

Das Terminal del Sur 4 km südwestlich vom Zentrum wickelt die Routen Richtung Westen und Süden ab. Dazu gehören Busse nach Manizales (11 US$, 5 Std.), Cali (18 US$, 9 Std.) und Popayán (22 US$, 12 Std.). Zum Südterminal geht es vom Stadtzentrum aus mit den Buslinien nach Guayabal (Ruta 143) und nach Trinidad (Ruta 160). In diese Busse kann man an der Av Oriental direkt vor dem Shop Éxito San Antonio einsteigen. Ein Taxi kostet ebenfalls 2 US$.

FLUGZEUG

Der Hauptflughafen José María Córdoba 35 km südöstlich der Stadt wickelt alle in-ternationalen und die meisten Inlandsflüge ab. Lediglich kleinere Maschinen, die auf Inlandsstrecken unterwegs sind, steuern den alten Flughafen Olaya Herrera direkt außer-halb der Stadt an. Regelmäßige Minibus-Shuttles zwischen dem Stadtzentrum und dem Hauptflughafen fahren an der Ecke Carrera 50A/Calle 53 ab (2 US$, 1 Std.). Ein Taxi kostet 15 US$.

Inlandsflüge mit Zielen in ganz Kolum-bien hat u. a. **Avianca** (☎ 4-251-7710; Calle 52 Nr. 45-94, local 9912) im Angebot. Nach Bogotá und Cali muss man mit 70–120 US$ rechnen, nach Cartagena mit 90–140 US$ und nach San Andrés mit 150–160 US$.

Unterwegs vor Ort

Medellíns Metronetz besteht aus einer 23 km langen Nord-Süd-Achse und einer 6 km langen Abzweigung nach Westen und hat insgesamt 25 Haltestellen. Die Züge fah-

> ### ABSTECHER: RÍO CLARO
>
> Dank der sich ständig verbessernden Sicherheitssituation kann das Tal des Río Claro im Osten von Antioquia endlich wieder gefahrlos bereist werden. Der kristallklare Fluss hat unglaubliche Formen in sein Marmorbett gewaschen. Die Ecke ist ein Paradies für Hobbyornithologen, die hier viele Arten wie Kolibris oder Reiher vors Kameraobjektiv bekommen. Auch Geier lassen sich öfters blicken.
>
> Die Nacht verbringt man am Besten in der Lodge El Refugio, die etwa 1 km vom Fluss entfernt in der Nähe der Stadt Puerto Triunfo liegt. Der Río Claro verläuft direkt neben der Straße, die Bogotá (14 US$, 5 Std.) und Medellín (10 US$, 3 Std.) miteinander verbindet. Die meisten Busse auf dieser Strecke lassen einen in Puerto Triunfo aussteigen. Nachts ist das Reisen in dieser Gegend immer noch recht riskant – also vorher unbedingt Informationen über die aktuelle Lage einholen.

ren oberirdisch, auf einer rund 5 km langen Strecke durch die Innenstadt verläuft sie als Hochbahn über den Straßen und ermöglicht daher eine gute Aussicht. Die Metrocable verlängert die Metro in die ärmeren Vierteln in den Hügeln. Für diesen Abstecher muss man an der Station Acevedo umsteigen.

Die Metro fährt montags bis samstags zwischen 5 und 23 Uhr, sonntags und an Feiertagen von 7 bis 22 Uhr. Alle 5–10 Minuten kommt ein Zug. Einzel-/Rückfahrscheine kosten 0,45/0,80 US$, für eine Zehnerkarte (*multiviaje*) wird man 4 US$ los.

Die restliche Stadt ist mit Bussen und *busetas* ganz gut erschlossen. Alle Busse sind mit der Liniennummer und ihrer Zielhaltestelle gekennzeichnet. Die meisten Routen starten an der Av Oriental und am Parque Berrío, von wo aus man fast überall innerhalb des Stadtgebiets hinkommt.

Während der Recherchen war geplant, die „Metroplus" in Betrieb zu nehmen, einen Schnellbus vergleichbar dem TransMilenio in Bogotá. Die ersten Busse sollen die Calle 30 und Carrera 45 entlangfahren.

RUND UM MEDELLÍN

Die malerisch-raue Landschaft rund um Medellín ist mit Haciendas und netten kleinen *pueblos paisas* gesprenkelt. Wer ein paar Tage übrig hat, sollte eine Tour rund um die Stadt machen und das unverfälschte Antioquia kennenlernen. Vor der Abreise empfiehlt es sich allerdings, die Sicherheitslage zu checken.

Die neueste Attraktionen der Gegend ist der **Parque de las Aguas**, ein schöner Vergnügungspark mit Wasserrutschen, Pools und anderen Highlights. Er liegt 20 km nordöstlich von Medellín und ist von der Stadt aus

gut zu erreichen: Man nimmt die Metro zum Nordende der Stadt in Niquía und dann den Bus.

Die Tour durch folgende Städte ist auch unter dem Namen Circuito de Oriente bekannt. In jeder Stadt kann in *hospedajes* (Budgethotels) übernachtet werden, ein Bett kostet 4–5 US$. Regelmäßig verkehrende Busse verbinden die Städte mit Medellín.

Marinilla
☎ 4 / 14 000 Ew.

Gute 46 km südöstlich von Medellín liegt an der Straße nach Bogotá Marinilla, ein erstaunlich gut erhaltenes Beispiel für die Architektur und Stadtplanung von Antioquia. Der Ort mit seiner schönen Hauptplaza und den angrenzenden Straßen stammt aus der ersten Hälfte des 18. Jhs. und gehört zu den ältesten Städten in der Umgebung. Man kann sich durch die Straßen im Zentrum treiben lassen und sich die **Capilla de Jesús Nazareno** (Ecke Carrera 29 & Calle 32) anschauen, ein schönes weiß getünchtes Juwel einer Kirche, die um 1750 errichtet wurde.

Es gibt mindestens ein halbes Dutzend Budgethotels in der Stadt, die an oder in der Nähe der Hauptplaza liegen. Busse nach Medellín fahren regelmäßig an der Plaza (1 US$, 1 Std.) ab, ebenso die *colectivos* nach Rionegro (0,40 US$, 15 Min.).

El Peñol

Der El Peñol (wörtlich „der Stein") könnte der kleine Bruder des berühmten Zuckerhuts von Rio de Janeiro sein. Der 200 m hohe Granitmonolith ragt majestätisch direkt am Embalse del Peñol, einem künstlichen Sees ca. 30 km östlich von Marinilla, in die Höhe. Wer die 649 Stufen nach oben bezwungen hat, wird mit einem traumhaften Blick über die ganze Region belohnt. Bevor's wieder nach unten geht, kann man sich an einer Snackbar eine Stärkung genehmigen.

Busse von/nach Medellín starten alle ein bis zwei Stunden (3 US\$, 2½ Std.) und fahren durch Marinilla (2 US\$2, 1¼ Std.).

Rionegro

☎ 4

Das 1663 gegründete Rionegro ist die älteste und bevölkerungsreichste Stadt des Circuito de Oriente. Umgeben von einem Gewirr aus Farmen und üppigen Weinbergen stehen hier auch einige Gebäude, die typisch für das *paisa* sind. Rionegro ist die Stadt, die dem Hauptflughafen von Medellín am nächsten liegt.

1863 sind Politiker in der **Casa de la Convención** (Calle 51 Nr. 47-67) zusammengekommen, um die liberalste Verfassung in der Geschichte des Landes zu schreiben. Das Haus wurde inzwischen in ein Museum umgewandelt, in dem eine Dokumentensammlung und wechselnde Ausstellungen rund zu dem Thema gezeigt werden. Einen Block von der Casa entfernt liegt die 1740 entstandene **Capilla de San Francisco** (Ecke Calle 51 & Carrera 48), die älteste noch existierende Kirche der Stadt.

Carmen de Viboral

☎ 4 / 15 000 Ew.

Das Städtchen 9 km südöstlich von Rionegro hat sich im ganzen Land einen Namen für handbemalte Keramik gemacht. Am Stadtrand stehen einige große Fabriken – darunter Continental, Capiro und Triunfo – und mehrere kleine Werkstätten, die noch größtenteils in Handarbeit produzieren. Fast allen Touren aus Medellín haben auch den Besuch einer dieser Fabriken im Programm.

La Ceja

☎ 4 / 25 000 Ew.

Das 1789 gegründete La Ceja hat sich zu einem netten *pueblo paisa* entwickelt. Die große weitläufige Hauptplaza wird gesäumt von Häusern, zu deren Markenzeichen hübsche Balkone, fein verzierte Türen und Fensterdekorationen gehören. An der Plaza stehen zwei Kirchen; die kleinere hat ein bemerkenswert schmuckvolles Inneres

inklusive eines außergewöhnlichen, barocken holzgeschnitzten Altarretabels (Altaraufsatz).

9 km nordwestlich von La Ceja befindet sich an der Straße nach Medellín der **Salto de Tequendamita**; ein nettes Restaurant liegt direkt am Fuß des Wasserfalls. Viele organisierte Touren aus Medellín halten hier zum Mittagessen.

Retiro

☎ 4 / 6000 Ew.

Die kleine malerische Stadt inmitten grüner Hügel wurde um 1800 gegründet. Sie liegt 33 km südöstlich von Medellín und 4 km abseits der Straße nach La Ceja. Die Plaza ist ein gutes Beispiel für die Architektur von Antioquia. Gleiches gilt für die vielen Häuser in den umliegenden Straßen.

SANTA FE DE ANTIOQUIA

☎ 4 / 12 500 Ew.

Die gepflasterten Straßen, Kirchen, Holzbalkone und üppigen Eingänge versetzen einen in Santa Fe de Antioquia schnurstracks in die Vergangenheit zurück. Die weiß schillernde Stadt wurde 1541 gegründet und ist die älteste der Region. Zur Zeit der spanischen Herrschaft war sie ein wichtiges und florierendes Zentrum und bis 1826 Hauptstadt von Antioquia. Als dann die Hauptstadt nach Medellín verlegt wurde, fiel die Stadt in einen Tiefschlaf, aus dem sie bis heute nicht erwacht ist. Santa Fe de Antioquia liegt an der Straße nach Turbo, 79 km nordwestlich von Medellín.

Sehenswertes

Man sollte sich ein paar Stündchen gönnen, um durch die Straßen zu schlendern. Immer wieder gibt es schmuckvoll verzierte Eingänge und Innenhöfe mit farbigen Blütenmeeren zu bewundern. Unter den Kirchen der Stadt sticht die **Iglesia de Santa Bárbara** (Calle 11 an der Carrera 8) aus dem 18. Jh. hervor, bemerkenswert ist vor allem die barocke Steinfassade.

Das **Museo de Arte Religioso** (☎ 4-853-2345; Calle 11 Nr. 8-12; Eintritt 1 US\$; ☺ Sa, So & Feiertag 10–17 Uhr) direkt neben der Kirche Santa Bárbara zeigt religiöse Objekte, darunter Gemälde von Gregorio Vásquez de Arce y Ceballos.

Die **Puente de Occidente**, eine nicht alltägliche, 291 m lange Brücke über den Río Cauca, findet sich 5 km östlich der Stadt.

Das 1895 fertiggestellte Bauwerk zählte zu den ersten Hängebrücken auf dem amerikanischen Kontinent. Hin geht's von Santa Fe aus per pedes oder mit einem Taxi.

Festivals

Festival de Cine (www.festicineantioquia.com) Das viertägige Open-Air-Filmfestival findet Anfang Dezember auf den Straßen von Santa Fe de Antioquia statt. Alle Filme sind kostenlos, außerdem fließt eine Menge Alkohol. (Gut gemeinter Tipp: Um den örtlichen Fusel namens Candela sollte man einen großen Bogen machen. Man könnte nach dessen Genuss zeitweise oder sogar dauerhaft erblinden.)

Fiesta de los Diablitos Die letzten vier Tage des Jahres werden mit Musik, Tanz, einer Handwerksmesse, Stierkampf und, na klar, einem Schönheitswettbewerb gefeiert. Findet vom 27. bis 31. Dezember statt.

Schlafen & Essen

Die Stadt hat ein Dutzend Hotels in allen Preisklassen, die die meiste Zeit leer stehen. Wenn an den Wochenenden die Stadtbewohner aus Medellín in Santa Fe einfallen, um wieder aufzutanken, sind sie jedoch gut belegt. Abgesehen von den Hotels, die auch ein Restaurant haben, gibt es ein Dutzend weitere Lokale. Auf keinen Fall sollte man die *pulpa de tamarindo* auslassen, eine einheimische Süßigkeit aus Tamarinde (Sauerdattel), die auf dem Markt auf der Hauptplaza verkauft wird.

Hospedaje Franco (☎ 4-853-1654; Carrera 10 Nr. 8A-14; Zi. mit/ohne Bad pro Person 6/4 US$) Das einfache, aber passable Haus ist eines der günstigsten der Stadt; es serviert auch die billigsten Gerichte.

Hostal del Viejo Conde (☎ 4-853-1091; Calle 9 Nr. 10-56; Zi. mit Bad pro Person 5,50 US$) Das kleine Budgethotel bietet saubere Zimmer mit Ventilator, die allerdings ein bisschen muffig werden können. Günstiges Essen gibt's auch.

Hotel Caserón Plaza (☎ 4-853-2040; halcaraz@ edatel.net.co; Plaza Mayor; B ab 33 US$; ⊠) Die Zimmer sind um einen Innenhof drapiert, es gibt einen netten Pool, einen Garten und ein anständiges Restaurant.

An- & Weiterreise

Ein halbes Dutzend Busse verbindet Santa Fe täglich (4 US$, 3 Std.) mit dem Nordterminal in Medellín, ein weiteres halbes Dutzend Minibusse (5 US$, 2½ Std.) ergänzt das Angebot.

ZONA CAFETERA

Ganz egal, wie man seinen Kaffee mag – ob rabenschwarz, mit viel Milch oder gar entkoffeiniert –, die Zona Cafetera darf man keinesfalls verpassen. Vulkane bilden die Kulisse der mit Kaffeepflanzen bedeckten Berge, die eine erhabene Schönheit ausstrahlen. Den Besuchern der zahlreichen Plantagen in der Region wird eine herzliche Gastfreundschaft entgegengebracht. Unterm Strich ist die Zona Cafetera also der perfekte Ort, um auf einer Tour zwischen Bogotá, Cali und Medellín mal wieder die Akkus aufzuladen.

Manizales

☎ 6 / 420 000 Ew.

Manizales, ein wichtiger Punkt auf der Landkarte des Kaffeehandels, präsentiert in geschäftigen Straßen seinen Wohlstand. Die Stadt ist sicher keine Schönheit – das meiste der ursprünglichen Architektur wurde durch Erdbeben zerstört –, dafür aber ein hervorragender Ausgangspunkt, um die Umgebung zu erkunden. Zumindest die beeindruckende **Catedral de Manizales** (Plaza de Bolívar) ist mit ihrem 106 m hohen Hauptturm – einem der höchsten des Landes – ein Hingucker.

Zu den eher nützlichen Einrichtungen gehören das **Café Internet Fundadores** (Carrera 23 Nr. 30-59) und die **Bancolombia** (Ecke Calle 21 Carrera 22). Das **Centro de Información Turística de Caldas** (Touristinformation; ☎ 6-884-2400, Durchwahl 153; ⊠ Mo–Sa 8–18, So 9–13 Uhr) befindet sich im Erdgeschoss des Palacio de Gobierno an der Plaza de Bolívar.

Übernachten kann man in Manizales im **Mountain House** (☎ 6-887-4736, 300-789-8840; www. mountainhousemanizales.com; Calle 65 Nr. 24-97; EZ/DZ 13/19 US$; ⊠), ein auf Backpacker ausgerichtetes Haus mit Wäscheservice, Warmwasserduschen, einem Büchertausch und Fahrradverleih.

Touren organisiert **Bioturismo Arte y Café** (☎ 6-884-4037; Centro Comercial Parque Caldas), geleitet werden sie von Omar Vargas. Die Agentur veranstaltet auch Touren zum Parque Nacional Los Nevados, durch das Valle de Cocora und zum Parque del Café.

Die Bushaltestelle befindet sich an der Av 19 zwischen den Carreras 14 und 17, ein paar Schritte nordwestlich von der Plaza de Bolívar. Der Flughafen liegt an der Straße nach Bogotá 8 km südöstlich vom Zentrum der Stadt.

Parque Nacional Los Nevados

Wer die schneebedeckte Gebirgskette aus vulkanischen Hügeln bereist, darf sich auf die wohl sagenhaftesten Panoramen in den kolumbianischen Anden und wunderschöne Wanderwege durch den Nebelwald freuen. Der Nevado del Ruiz (5325 m) ist der größte und höchste Vulkan der Kette.

Die einzige Straße führt von Norden her in den Park. Sie zweigt von der Straße Manizales–Bogotá in La Esperanza, 31 km von Manizales entfernt, ab und schlängelt sich bis zur Schneegrenze auf ca. 4800 m am Fuß des Nevado del Ruiz hinauf. Von hier aus wandert man in ca. drei Stunden zum Gipfel des Vulkans.

Der Parkeingang befindet sich in Las Brisas (4050 m), ausländische Besucher müssen 9 US$ Eintritt bezahlen. Es gibt einfache Hütten, die 3 US$ pro Person verlangen. Wer keinen guten Schlafsack mitbringt, sollte kältefest sein. Ungefähr 4 km von Las Brisas den Berg hinauf liegt das Chalet Arenales, wo es Schlafsaalbetten für 5 US$ pro Nacht gibt.

Im Park sucht man öffentlichen Transportmittel vergeblich, man besucht ihn daher besser im Rahmen einer geführten Tour. Ein guter Tipp hierfür ist Bioturismo Arte y Café (s. gegenüber) in Manizales.

Salamina

☎ 6 / 19 000 Ew.

Das merkwürdige Dorf sieht aus wie ein typisches *pueblo paisa* – und fühlt sich auch so an. Es ist einen entspannten Tagesausflug von Manizales entfernt. Besucher erwarten schnuckelige alte Häuser und eine einschiffige Kathedrale.

Regelmäßig pendeln Minibusse (4 US$, 2½ Std.) und *colectivos* (5 US$, 2¼ Std.) zwischen Manizales und Salamina. Alle fahren durch Neira, eine weitere historische Stadt, die sich alle ansehen sollte, die Fans der kolonialen *paisa*-Architektur sind.

Pereira

☎ 6 / 455 000 Ew.

Mutter Natur war nicht besonders nett zu Pereira. Die 455 000 Einwohner zählende Stadt wurde seit ihrer Gründung 1863 von zahlreichen verheerenden Erdbeben heimgesucht, die das meiste der früheren Bausubstanz dahingerafft hat. Die Stadt präsentiert sich nicht gerade als ein blühender Garten, ist aber ein guter Ausgangspunkt für Ausflüge in die benachbarten Kaffeeplantagen.

Wer in Pereira gestrandet ist, sollte auf jeden Fall den **Bolívar Desnudo** von Arenas Betancur anschauen, die 8,5 m hohe und 11 t schwere Bronzeskulptur des nackten Bolívar, der von einem Pferderücken über seine Betrachter hinwegblickt. Zu bestaunen ist das Monstrum, das man bedenkenlos zu Kolumbiens ungewöhnlichsten Monumenten für El Libertador zählen darf, auf der Plaza de Bolívar.

Wenn man eine Bleibe sucht, garantiert das **Hotel Cataluña** (☎ 6-335-4527; Calle 19 Nr. 8-61; EZ/DZ 14/18 US$) ruhige Nächte. Das Hotel ist nur einen halben Block von der Plaza de Bolívar entfernt.

Der Flughafen Matecaña liegt 5 km westlich der Innenstadt und ist mit dem Stadtbus in 20 Minuten zu erreichen; ein Taxi kostet 2 US$. Avianca fliegt achtmal täglich nach Bogotá.

Der Busbahnhof befindet sich 1,5 km südlich des Stadtzentrums an der Calle 17 Nr. 23-157. Die meisten Stadtbusse bringen einen in weniger als 10 Minuten hin.

Marsella

☎ 6 / 9000 Ew.

Das nette *paisa*-Dorf liegt in den Hügeln 29 km nordwestlich von Pereira. Zu sehen gibt's einen gut gepflegten **Botanischen Garten** (Eintritt 1,25 US$; ☾ 8–18 Uhr) und einen kuriosen **Friedhof** (Eintritt frei; ☾ 8–18 Uhr). Dieser wurde auf einem Abhang 1 km von der Plaza entfernt angelegt. Er besteht aus einer Reihe von kunstvollen Terrassen, in denen die Leichname viele Jahre lang begraben werden, bevor man ihre Überreste in die Beinhäuser der Familien überführt.

Minibusse von/nach Pereira fahren bis ca. 19 Uhr alle 15 Minuten (1,50 US$, 1 Std.).

Termales de Santa Rosa

Die beliebten Thermalquellen, auch bekannt unter dem Namen Termales Arbeláez, befinden sich 9 km östlich von Santa Rosa de Cabal, das wiederum an der Straße zwischen Pereira und Manizales liegt. Eine Touristenanlage mit Thermalbädern, Hotel, Restaurant und Bar wurde ganz in die Nähe der Quellen mitten hinein in die herrliche Szenerie am Fuße eines 170 m hohen Wasserfalls geknallt.

In den **Thermalbädern** (Eintritt 5 US$; ☾ 8–24 Uhr) sieht man an den Wochenenden manchmal vor lauter Menschen kein Wasser mehr. Man erreicht die Bäder über Santa Rosa de Cabal, wo man am Marktplatz um 7, 12 und 15 Uhr eine *chiva* nimmt (0,80 US$, 45 Min.).

Armenia
☎ 6 / 245 000 Ew.

Ähnlich wie Manizales und Pereira darf man in dieser Verwaltungshauptstadt wenig Sehenswertes erwarten, da die meisten älteren Bauwerke von Erdbeben dahingerafft wurden.

Heute verfügt Armenia über gute Einrichtungen und ein nettes **Goldmuseum** (☎ 6-749-8433; Ecke Av Bolívar & Calle 40N; Eintritt frei; ☾ Di–So 10–18 Uhr). Letzteres findet sich im Centro Cultural, an der Straße nach Pereira 5 km nordöstlich vom Zentrum.

Ins Internet kommt man bei **Valencia Comunicaciones** (Calle 21 Nr. 15-53; ☾ 8–22 Uhr), Geld kann in der **Bancolombia** (Calle 20 Nr. 15-26) .

Günstige Hotels befinden sich zwischen den Carreras 17 und 18 sowie den Calles 17 und 19. Ein Tipp ist das **Hotel Casa Real** (☎ 6-741-4550; Carrera 18 Nr. 18-36; EZ/DZ mit Bad 10/17 US$), ein kleines einfaches Haus mit Kabel-TV und neuen Betten.

Der Busbahnhof befindet sich an der Ecke Carrera 19/Calle 35 etwa 1,5 km südwestlich vom Zentrum.

Parque Nacional del Café
Oder sollte der Park besser Kaffeebohnen-Disneyland heißen? Jedenfalls bekommt man im **Parque Nacional del Café** (☎ 6-753-6095; www.parquenacionaldelcafe.com.com, spanisch; einfacher Eintritt 6 US$; ☾ Mi–So 9–16 Uhr) eine interessante und stressfreie – wenn auch etwas sterile – Einführung in die Geschichte, Kultur und Wissenschaft des Kaffees geboten. Zu den Attraktionen gehören ein Museum, eine kleine Kaffeeplantage und etwas Nervenkitzel, darunter eine Achterbahn und eine Wildwasserbahn. Der eine oder andere Traveller dürfte wohl durch den Kommerz in die Flucht geschlagen werden, doch wer die richtige Erwartungshaltung mitbringt, wird durchaus seinen Spaß haben und einen tollen Tag erleben.

Der Park liegt in der Nähe von Pueblo Tapao, etwa 15 km westlich von Armenia. Er ist problemlos mit Minibussen von der Stadt aus zu erreichen. In der Hochsaison (Mitte Dez.–Mitte Jan., Ostern, Mitte Juni–Mitte Juli) ist der Park täglich geöffnet. Man sollte einen Blick auf die Webseite werfen. Bei Regen lohnt sich die Anreise erst gar nicht, denn die meisten Attraktionen befinden sich im Freien.

Salento
☎ 6 / 3500 Ew.

Die kleine Stadt liegt eine Stunde mit dem Auto von Armenia entfernt, es kommt einem aber wie 100 Jahre vor. Salento wurde 1850 gegründet und hat schöne alte Häuser, von denen viele in Geschäfte, Restaurants und Hotels für Wochenendbesucher verwandelt wurden. Auf keinen Fall sollte man Alto de la Cruz verpassen, einen Hügel mit Gipfelkreuz am Ende der Calle Real. Man muss schon ein bisschen klettern, dafür hat man aber von hier aus einen genialen Blick auf das grüne Valle de Cocora und die hohen Berge drumherum.

Am besten übernachtet man im **Plantation House** (☎ 315-409-7039; theplantationhousesalento@yahoo.co.uk; Calle 7 Nr. 1-04). Die von Briten betriebene Backpackerunterkunft liegt auf einer 120 Jahre alten Plantage, auf der noch Kaffeepflanzen und Orangenbäume im Garten wachsen.

Busse zwischen Salento und Armenia (1,50 US$) fahren alle 15 Minuten.

Valle de Cocora
Östlich von Salento erstrecken sich das kleine Dorf Cocora und das beeindruckende Valle de Cocora, das man mit seinen breiten grünen Tälern und rauen Berggipfeln für eine etwas üppig ausgefallene Version der Schweiz halten könnte. Doch keine Angst, man wird sehr schnell wieder daran erinnert, dass man nur ein paar Grade vom Äquator weg ist, wenn kurz hinter Cocora plötzlich ein mit *palma de cera* (Wachspalmen) bedeckter Hügel auftaucht. Die Bäume ragen über den Nebelwald hinaus, in dem sie wachsen und gedeihen. Ein sagenhafter Anblick!

Der beeindruckendste Teil des Tals liegt östlich von Cocora. Nimmt man die holprige Straße bergab zur Brücke über den Río Quindío (nur fünf Gehminuten von den Restaurants entfernt), sieht man bereits die ersten Exemplare dieser merkwürdigen Palmen. Weiter bergauf kann man die Gegend bestaunen – eine einzigartige Landschaft, die man bestimmt nirgendwo sonst finden wird.

Die Stadt Cocora besteht nur aus ein paar Häusern, drei Restaurants mit hervorragenden Forellengerichten und einer Forellenzuchtstation. Die Palmen haben Cocora zu einer Touristenattraktion gemacht, wobei die meisten Besucher am Wochenende kommen. Dann sind vor den Restaurants Einheimische anzutreffen, die Pferde (2,50 US$/Std.) verleihen.

Zwei Jeeps pro Tag rattern die holprige 11 km lange Straße nach Cocora (1 US$, 35 Min.) entlang, Abfahrt ist normalerweise um 7.30 Uhr und 16 Uhr an der Plaza in Salento. Bei entsprechender Nachfrage werden auch mal nur Touren angeboten. Am Wochenende gibt es erfahrungsgemäß mindestens vier Fahrten täglich.

SÜDWESTLICHES KOLUMBIEN

Im Südwesten Kolumbiens erwarten die Besucher viele verschiedene Landschaften und Kulturen. Cali, die größte Stadt der Region, ist ein Stück unverfälschtes Kolumbien – Salsamusik und romantisch-schwüle Nächte dürfen da natürlich nicht fehlen. Nähert man sich der ecuadorianischen Küste, wird die Landschaft hügeliger. Und kulturell wie geografisch scheinen die Städte Pasto und Ipiales schon eher zu Ecuador als zu Kolumbien zu gehören. Zu den Highlights der Region gehören sicher die beiden bedeutenden archäologischen Stätten in San Agustín und Tierradentro sowie die Kolonialstadt Popayán.

CALI

☎ 2 / 2 250 000 Ew.

Cali tanzt nach seinem eigenen Groove. Tagsüber scheint die heiße, schwüle Stadt in einen ausgedehnten Mittagsschlaf zu verfallen, alles geht weitaus gemächlicher als in Calis Kontrahenten Bogotá und Medellín seinen Gang. Nachts aber erwachen die *calenõs* aus ihrem Tiefschlaf und schnüren die Tanzschuhe. Die ganze Stadt giert regelrecht nach Salsa, besonders im Viertel Juanchito halten die heißblütigen Rhythmen die Partys bis zum Morgengrauen am Laufen.

Touristenattraktionen sind in Cali eher Mangelware, immerhin können ein paar Museen und Kirchen besucht werden, mit denen man einen oder zwei Tage beschäftigen kann. Nicht verpassen sollte man den Zoológico de Cali, den vielleicht schönsten Zoo Kolumbiens. Darüber hinaus empfiehlt sich Cali perfekt dazu, ein wenig Latino-Flair zu schnuppern, ein paar Salsa-Schritte zu lernen und einfach Menschen zu beobachten. Letzteres wird einem durch die für ihre Schönheit berühmten *calenãs* leicht gemacht. Schönheit, das merkt man schnell, ist eine Leidenschaft, die hier unmittelbar nach der Salsa rangiert. Und sie ist zu einem großen Industriezweig geworden: Cali gilt weltweit als führendes Zentrum der Schönheitschirurgie – und die Resultate des Phänomens sind wahrlich beeindruckend.

Orientierung

Die Stadt wird vom Río Cali in zwei Teile geteilt. Im Süden liegt das historische Herz. Rasterförmig angelegt umgibt es die Plaza de Caycedo – hier befinden sich die meisten touristischen Sehenswürdigkeiten, darunter historische Kirchen und Museen.

Nördlich vom Fluss erstreckt sich das neue Zentrum mit seiner Hauptachse, der Av Sexta (Av 6N). Das moderne Viertel beherbergt trendige Shops und Restaurants. Es erwacht abends zum Leben, wenn eine erfrischende Brise die Tageshitze dämpft. Wer nach einem Tag voller Sightseeing auf der anderen Seite des Flusses etwas essen und trinken will und noch genug Energie zum Tanzen hat, ist hier auf jeden Fall goldrichtig.

Praktische Informationen

Man kann schnell und günstig im Internet surfen (1–1,50 US$/Std.). Die meisten Cybercafés öffnen montags bis freitags von 8 bis 20 Uhr und samstags von 8 bis 18 Uhr. Zusätzlich zu den hier genannten gibt es auch noch einige auf der Av Sexta.

Bancolombia (Ecke Calle 15N & Av 8N) Wechselt Bargeld und Reiseschecks.

Banco Unión Colombiano (Carrera 3 Nr. 11-03) Wechselt Bargeld.

Comunicaciones Novatec (Av 8N Nr. 20-46) Internet.

Centro Cultural Comfandi (Calle 8 Nr. 6–23, Piso 5) In der Altstadt.

Giros & Finanzas (Carrera 4 Nr. 10-12) Die Western-Union-Filiale wechselt Bargeld.

868 SÜDWESTLICHES KOLUMBIEN •• Cali

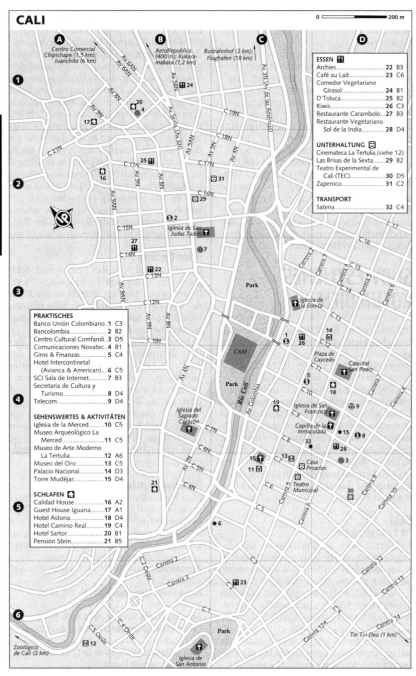

SCI Sala de Internet (Av 6N Nr. 13N-66) Das größte Internetcafé im Zentrum.

Secretaría de Cultura y Turismo (☎ 2-886-0000 Durchwahl 2410) Die Touristeninformation der Stadt befindet sich im 1. Stock des Gebäudes der Gobernación del Valle del Cauca.

Gefahren & Ärgernisse

Cali macht vielleicht einen ruhigeren und lässigeren Eindruck als Bogotá oder Medellín. Dennoch sollte man sich von den relaxten Vibes, der Sommerhitze und den rassigen Frauen nicht benebeln lassen. Diebe und Betrüger sind in Cali auch nicht untätiger, dümmer oder ungefährlicher als anderswo. Vor allem nachts ist auf den Straßen Vorsicht erste Bürgerpflicht. Bereits in den Abendstunden sollte man einen Bogen um den Park am Río Cali machen, nach Anbruch der Dunkelheit sind auch die Viertel östlich der Calle 13 nichts für sicherheitsbedürftige Westeuropäer.

Sehenswertes & Aktivitäten

Die wunderschöne **Iglesia de la Merced** (Ecke Carrera 4 & Calle 7) aus dem 16. Jh. ist die älteste Kirche in Cali. In der benachbarten Abtei ist das gute **Museo Arqueológico La Merced** (☎ 2-889-3434; Carrera 4 Nr. 6-59; Eintritt 1 US$; ☼ Mo–Sa 9–13 & 14–18 Uhr) untergebracht. Es stellt eine umfangreiche Sammlung prähispanischer Tonwaren aus, die von den indigenen Kulturen aus Zentral- und Südkolumbien zeugen.

Einen Block weiter kann im **Museo del Oro** (☎ 2-684-7757; Calle 7 Nr. 4-69; Eintritt frei; ☼ Mo–Sa 10–17 Uhr) eine kleine aber feine Sammlung von Gold- und Tonstücken der Calima-Kultur besichtigt werden.

Das **Museo de Arte Moderno La Tertulia** (☎ 2-893-2942; Av Colombia Nr. 5 Oeste-105; Eintritt 1 US$; ☼ 10–18 Uhr) präsentiert wechselnde Ausstellungen mit Werken der zeitgenössischen Malerei, Bildhauerei und Fotografie.

Zoológico de Cali (☎ 2-892-7474; Carrera 2A Oeste an der Calle 14 Oeste; Eintritt 2,50 US$; ☼ 9–17 Uhr) verdient das Prädikat „bester Zoo Kolumbiens". Auf einer Fläche von 10 ha leben über 1200 Tiere und mehr als 180 Arten, die sowohl in Kolumbien als auch anderswo auf dem Planeten zu Hause sind.

Wer genug von Kirchen und Museen hat, kann jederzeit in die Luft gehen. Am besten mit **German Air** (☎ 312-266-5943; germanair@bjnrock. com), einem Veranstalter, der Paragliding-Kurse und Tandemsprünge anbietet.

Festivals & Events

Die **Feria de Cali** ist *das* Großereignis in Cali. Das Happening dauert jedes Jahr vom 25. Dezember bis zum Jahresende, gefeiert wird mit Paraden, Salsakonzerten, Stierkämpfen und, wer hätte es gedacht, einem Schönheitswettbewerb.

Schlafen

In Cali gibt's zwei Budgethotels für Backpacker, das Guest House Iguana und das Calidad House, die sich praktischerweise im neuen Stadtzentrum befinden. Sie liegen in der Nähe der Nachtclubs und Restaurants und sind bei Travellern ziemlich beliebt.

Guest House Iguana (☎ 2-661-3522; iguana_cali@ yahoo.com; Calle 21N Nr. 9N-22; B/EZ/DZ 6/9/13,50 US$; ▢) Ruhig, von Schweizern geführt, mit unterschiedlichen Zimmern, einige davon mit eigenem Bad. Oben gibt es ein tolles Doppelzimmer mit viel Privatsphäre. Die Stimmung im Iguana ist backpackerfreundlich und der Besitzer gibt gern Tipps für die ganze Region.

Calidad House (☎ 2-661-2338; Calle 17N Nr. 9AN-39; B/EZ 6/7 US$) In dem von Briten geleiteten Haus gibt es große Schlafsäle und private Einzelzimmer mit Gemeinschaftsbad, hinzu kommen eine Gemeinschaftsküche und Waschmaschinen. Zum Zeitpunkt der Recherchen plante das Management, die Privatzimmer zu renovieren. Zusammen mit dem Iguana ist das Calidad für Backpacker die erste Adresse in Cali.

Hotel Camino Real (☎ 2-884-2525; Calle 9A Nr. 3-54; EZ/DZ 13,50/18 US$) Nicht sehr glamourös; trotzdem bietet das Camino Real vernünftige Zimmer zu anständigen Preisen. In der Straße gibt es auch noch einige andere Hotels, falls man sich erst mal umschauen möchte.

Hotel Sator (☎ 2-668-6482; hotelsator@yahoo.com; Av 8N Nr. 20-50; EZ/DZ 15/23 US$) Wer etwas mehr Privatsphäre schätzt, als das Iguana oder das Calidad bieten können, kann es in diesem benachbarten Hotel versuchen. Die kleinen Zimmer ordnen sich rund um einen Innenhof an.

Hotel Astoria (☎ 2-883-0140; Calle 11 Nr. 5-16; EZ/ DZ 18,50/24 US$) Mittelklasseoption in guter Lage abseits der Hauptplaza.

Pensión Stein (☎ 2-661-4999; www.hotelstein.com. co; Av 4N Nr. 3N-33; EZ/DZ mit Ventilator 27/45 US$, mit Klimaanlage 38/52 US$, alle inkl. Frühstück) Schlossartiges Haus mit Charakter und Stil. Das

Schweizer Ehepaar bietet makellos saubere Zimmer mit Bad und ein Restaurant.

Essen

Haufenweise Cafés und Restaurants verteilen sich rund um die Av Sexta. Ob einem nun der Sinn nach einfachen Snacks, Burgern und Pizzas, nach Ethno-Food oder doch lieber nach regionalen kolumbianischen Spezialitäten steht – fündig wird man hier auf jeden Fall. Die Altstadt hat auch einige günstige Läden zu bieten, höherwertige Restaurants sucht man dagegen vergeblich.

Café au Lait (Calle 2 Nr. 4-73; Kaffee 1,50 US$) Das kleine von Franzosen betriebene Café befindet sich in dem netten Viertel San Antonio. Hervorragender Kaffee und Snacks.

Comedor Vegetariano Girasol (Av 5BN Nr. 20N-30; Menüs 1,75 US$) Für Vegetarier, im neuen Zentrum.

Restaurante Vegetariano Sol de la India (Carrera 6 Nr. 8-48; Menüs 2 US$) Vegetarisches Restaurant in zentraler Lage.

El Arca (Calle 13 Nr. 8-44; Hauptgerichte 2-4 US$; ✆ Mo–Fr 12–22, Sa 18–23 Uhr) Guter kolumbianisch-europäischer Fresstempel mit Chillout-Atmosphäre; ganz besonders beliebt bei Singles.

Kiwis (Calle 12 Nr. 3-36; Crepes 3 US$; ✆ 9–20 Uhr) Spezialisiert auf Eis und Smoothies, aber man bekommt auch gute Käse-Schinken-Crepes.

D'Toluca (Calle 17N Nr. 8N-46; Gerichte 3–4 US$; ✆ 12–24 Uhr) In der Nähe vom Iguana und Calidad. Das kleine mexikanische Restaurant ist unter Backpackern ein Favorit.

Archie's (Av 9N Nr. 14N-22; Hauptgerichte 5–8 US$; ✆ 12–22 Uhr) Gourmetpizzas und Salate werden in entspannter Atmosphäre mit frischen Zutaten zubereitet. Bei einem Spaziergang durch die Nachbarschaft findet man auch noch ein weiteres Dutzend höherwertige Alternativen.

Restaurante Carambolo (Calle 14N Nr. 9N-18; Hauptgerichte 6–10 US$) Die schicke Restaurantbar erstreckt sich über zwei Stockwerke und ist mit unzähligen Blumen geschmückt. Die gute Küche pflegt einen sehr mediterranen Touch.

Ausgehen

In Calis Straßen reihen sich die Bars aneinander, die meisten sind gleichzeitig *salsotecas*. Nachtschwärmer sollten sich vor allem in der Gegend um die Calle 17N zwischen der Av 8N und der Av 9N umsehen. Meistens wird kein Eintritt verlangt, man kann also unbeschwert von einer Location zur nächsten weiterziehen.

Centro Comercial de Chipichape (www.chipichape.com, spanisch; Calle 38N Nr. 6N-35) In einem der vielen Außen-Cafés des Einkaufscenters läuten *caleños* aller Altersstufen den Abend mit einem kühlen *cerveza* (Bier) ein – oft bleibt es nicht bei dem einen. Die Einheimischen haben das Center „Silicon Valley" getauft, was weniger an einer florierenden Computerbranche als vielmehr an dem großen Anteil gut „bestückter" Damen liegt, die hier shoppen gehen. Die Mall liegt unmittelbar nördlich der Hauptachse entlang der Av Sexta.

Unterhaltung

Aktuelle Infos entnimmt man der Veranstaltungsrubrik der örtlichen Tageszeitung *El País*.

Cali ist das Epizentrum der Salsa. Man muss schon flinke Füße haben, um mit der Masse mithalten zu können. Einen lockeren Abend in der Nähe der Pensionen kann man in den Diskos an der Ecke Av 6N und Calle 16N haben.

Die beste Gegend für nächtliche Salsas findet man im legendären Viertel Juanchito, einem beliebten, hauptsächlich schwarzen Vorort am Río Cauca. Weit weg vom Zentrum war Juanchito mit dubiosen Cafés und Bars traditionell eine Keimzelle der Salsa. Heute haben die sterilen und teuren *salsotecas* die meisten der alten schummrigen, aber charmanten Sickergruben ersetzt.

Der berühmteste – und wahrscheinlich auch teuerste – Salsaladen in Juanchito ist das Changó. Das Agapito gleich nebenan ist billiger, aber genauso gut. Im Parador treten die akrobatischsten Tänzer der Stadt in Aktion. Man sollte an einem Wochenende kommen und ein Taxi nehmen. So richtig steppt der Bär erst zu vorgerückter Stunde: Die Läden öffnen gegen 22 Uhr, um Mitternacht füllen sich die Läden so allmählich und gegen 2 Uhr geht's dann rund.

Las Brisas de la Sexta (Av 6N Nr. 15N-94) Eine der größten und beliebtesten *salsotecas*.

Zaperoco (Av 5N Nr. 16N-46) Die etwas versteckte, gemütliche und nette *Salsoteca* hat magnetisierende Salsarhythmen und eine heiße Atmosphäre.

Kukuramakara (Calle 28N Nr. 2bis-97; Eintritt 5 US$ ☺ Do–Sa 21–4 Uhr) In diesen Laden mit Livemusik kommen eher erwachsene Gäste. Während der Recherchen war es einer der In-Läden schlechthin.

Cinemateca La Tertulia (☎ 2-893-2939; Av Colombia Nr. 5 Oeste-105) Calis bestes Arthaus-Kino; im Museo de Arte Moderno La Tertulia.

Teatro Experimental de Cali (TEC; ☎ 2-884-3820; Calle 7 Nr. 8-63) Das kolumbianische Theater begann mit der Gründung dieser Kompagnie. Bis heute ist sie eine der innovativsten Theatertruppen der Stadt.

Eine weitere beliebte Unterhaltungsmeile ist die Calle 5 in Süd-Cali. Zu den besten Läden hier gehört das **Tin Tin Deo** (Carrera 22 Nr. 4A-27), das von Studenten und Professoren besucht wird, was dem Ganzen erst den richtigen intellektuellen Touch gibt.

An- & Weiterreise
BUS
Der Busbahnhof befindet sich 25 Gehminuten nordöstlich vom Stadtzentrum, zehn Minuten benötigt man mit dem Bus. Busse fahren regelmäßig nach Bogotá (25 US$, 12 Std.), Medellín (18 US$, 9 Std.) und Pasto (14 US$, 9 Std.). Die Busse nach Pasto setzen einen auch in Popayán ab (5 US$, 3 Std.). Es gibt allerdings auch stündlich verkehrende Minibusse nach Popayán (6 US$, 2½ Std.).

FLUGZEUG
Der Flughafen Palmaseca liegt 16 km nordöstlich der Stadt. Minibusse zwischen dem Flughafen und dem Busbahnhof fahren bis etwa 20 Uhr alle zehn Minuten (1 US$, 30 Min.); ein Taxi kostet 12 US$.

Etliche Flüge verbinden Cali mit allen größeren kolumbianischen Städten, darunter Bogotá (80–110 US$), Cartagena (120–150 US$), Medellín (70–120 US$), Pasto (70–100 US$) und San Andrés (140–150 US$). Aires und Satena fliegen nach Ipiales (80–100 US$). Zu den innerstaatlichen Fluglinien gehören **Satena** (☎ 2-885-7709; Calle 8 Nr. 5-14) und **AeroRepública** (☎ 2-660-1000; Calle 26N Nr. 6N-16).

Avianca (☎ 2-667-6919; Av Colombia Nr. 2-72, Hotel Intercontinental) fliegt nach Panama-Stadt (60 Tage gültiges Hin- & Rückflugticket 329 US$), Tame schickt wöchentlich drei Flieger nach Tulcán in Ecuador (86 US$ einfache Strecke) und nach Quito (123 US$).

American Airlines (☎ 2-666-3252; Av Colombia Nr. 2-72, Hotel Intercontinental) bietet Flüge in die USA an. Iberia und Air France fliegen europäische Ziele an.

Unterwegs vor Ort
Das neue und das alte Stadtzentrum liegen nahe genug beieinander, um fast alle interessanten Flecken bequem per pedes zu erreichen. Am einfachsten kommt man mit einem Taxi vom Busbahnhof zum Zentrum (1,30 US$). Vom Busbahnhof fahren die Busse (pauschal 0,20 US$) in südliche Richtung die Calle 5 entlang.

RUND UM CALI
Historische Haciendas
Im Tal des Río Cauca rund um Cali gibt es viele alte Haciendas. Die meisten stammen aus dem 18. und 19. Jh. und widmeten sich einst dem Anbau und der Verarbeitung von Zuckerrohr, der wichtigsten Pflanze, die hier angebaut wurde. Die beiden bekanntesten sind die **Hacienda El Paraíso** (☎ 2-256-2378; Eintritt 1,75 US$; ☺ Di–So 9–17 Uhr) und die **Hacienda Piedechinche** (☎ 2-550-6076; Eintritt 1,25 US$; ☺ Di–So 9–16 Uhr). Beide liegen ca. 40 km nordöstlich von Cali und sind heute Museen. Am Wochenende gibt es Touren von Cali aus, man kann die Haciendas aber auch auf eigene Faust mit öffentlichen Verkehrsmitteln besuchen, obwohl beide Orte etwas abseits der Hauptstraßen liegen. Man nimmt einen der Busse nach Buga und steigt am Stadtrand von **Amaime** aus (die Fahrer wissen, wo sie einen rauslassen müssen). Dann geht man nach Piedechinche (5,5 km) oder schnappt sich ein Taxi. El Paraíso ist noch etwas weiter die Straße runter.

San Cipriano
Dieses Dorf versteckt sich tief im Tropenwald nahe der Pazifikküste und abseits der Straße von Cali nach Buenaventura. Zum Dorf führen keine Straßen, dafür Schienen, die gelegentlich von Zügen befahren werden. Die Einheimischen haben jedoch ihr eigenes Schienennetzwerk etabliert, auf dem kleine von Motorrädern angetriebene Wagen entlangzuckeln. Das ausgeklügelte Transportsystem ist eine tolle Attraktion, die schon allein den Ausflug nach San Cipriano rechtfertigt.

Außerdem hat San Cipriano einen kristallklaren Fluss zu bieten, der sich ideal zum

Planschen eignet. Es gibt schnörkellose Budgetunterkünfte und einige einfache Läden, in denen man was zwischen die Zähne bekommt. Das Dorf ist bei den *caleños* besonders am Wochenende beliebt, unter der Woche geht's dagegen ziemlich ruhig zu.

Von Cali aus nimmt man den Bus oder den *colectivo* nach Buenaventura, steigt im Dorf Córdoba aus (3 US$, 2 Std.) und geht den Berg hinunter ins Dorf zu den Schienen. Von hier aus bringen einen die Einheimischen mit ihren Schienenmotorrädern nach San Cipriano (1 US$) – eine toller Trip durch den Regenwald.

ISLA GORGONA

56 km vor dem Festland liegt die 9 km lange und 2,5 km breite Isla Gorgona, die größte zu Kolumbien gehörende Pazifikinsel. Das felsige Eiland ist vulkanischen Ursprungs, die höchste Erhebung liegt immerhin 330 m über dem Meeresspiegel. Tropischer Regenwald beherbergt die unterschiedlichsten Tiere, darunter verschiedene Affenarten, Eidechsen, Schildkröten, Schlangen und Vogelarten, die nur hier vorkommen. An der Küste gibt es Strände, vor denen sich Korallenriffe erstrecken, im Wasser tummeln sich zeitweise Delphine sowie Buckel- und Pottwale. Das Klima ist heiß und feucht, ohne dass sich wirklich eine Trockenzeit identifizieren ließe.

Die Insel, die während der Zeit der La Violencia bis 1984 ein brutales Hochsicherheitsgefängnis beheimatete, wird seit einigen als **Nationalpark** (Eintritt 7,50 US$; B 12 US$; 3 Menüs 12 US$) geschützt. Es gibt Quartiere im Vierbettzimmer mit Bad, Verpflegung und Touren über die Insel (alle Exkursionen werden von Führern begleitet). Man kann auch schwimmen, sonnenbaden und schnorcheln (die eigene Ausrüstung muss mitgebracht werden).

Wer die Isla Gorgona besuchen möchte, benötigt eine Erlaubnis, die das Büro der Nationalparkverwaltung in Bogotá ausstellt. Es empfiehlt sich jedoch, weit im Voraus zu buchen – das gilt ganz besonders für die kolumbianische Ferienzeit. Grundsätzlich hält man sich auf der Insel vier Tage bzw. drei Nächte auf, der Trip muss im Voraus bezahlen werden.

Die Tour zur Isla Gorgona beginnt z. B. in der Hafenstadt Buenaventura, die wiederum in einer dreistündigen Busfahrt von Cali aus zu erreichen ist. Ein normalerweise total überfülltes Frachtschiff befördert einen nachts in rund zehn bis zwölf Stunden zur Insel, Kostenpunkt ca. 30 US$. Der ganze Spaß entpuppt sich bei schwerem Seegang als ein wahrer Höllentanz.

Einige Traveller und die meisten Touren nutzen als Startpunkt Guapí, ein Küstendorf in der Provinz Cauca, direkt gegenüber von Gorgona. Guapí ist nicht über den Land-

---

ABSTECHER: BUENAVENTURA

Buenaventura ist vielleicht nicht die schönste Stadt Kolumbiens, doch mit schlappen 6000 l Regen pro Quadratmeter und Jahr sicher die nasseste. Die Bevölkerung setzt sich hauptsächlich aus Nachfahren afrikanischer Sklaven zusammen, weshalb sich in der Hafenstadt eine gewisse kulturelle Eigenständigkeit und einiges vom afrikanischen Erbe erhalten haben. Allerdings für einen hohen Preis. Armut ist allgegenwärtig, die meisten Straßen sind unbefestigt und von Holzhütten gesäumt. Die Isolation hat die Region zu einer Bastion von Paramilitärs und linken Rebellen werden lassen, wenngleich sich die Lage in den letzten Jahren stark verbessert hat.

In dem Gebiet gibt's ein paar feine Strände, sie sind nur eine kurze Fahrt mit dem Wassertaxi entfernt. Außerdem zieht die Mündung des nahen Río San Juan zwischen August und Oktober Buckelwale und Delphine an. Es gibt einige Übernachtungsmöglichkeiten. Der wirklich herausragende Ort, ein müdes Haupt zu betten, ist aber das **Hotel Estación** (☎ 2-243-4070; www.hotel estacion.com; Calle 2 Nr. 1A-08; DZ ab 70 US$), eine klassizistische Konfektschachtel, in der Luxuszimmer, ein gutes Restaurant oder dreitägige All-inclusive-Whalewatching-Pakete ab 300 US$ pro Person den Gästen einen herrlichen Aufenthalt garantieren.

Zum Zeitpunkt der Recherchen wurde die Straße zwischen Cali und Buenaventura intensiv überwacht und galt als sicher. Dennoch sollte man auf jeden Fall die Lage checken, bevor man sich auf die Reise macht. Busse und *colectivos* fahren regelmäßig vom Busbahnhof in Cali hierher (4–5 US$, 3 Std.).

weg, sondern nur durch die Luft zu erreichen; Satena fliegt täglich von Cali aus (50 US$). Von hier aus fahren dann Boote mit zehn Passagieren in weniger als 2 Stunden nach Gorgona (ca. 200 US$/Boot). Informationen und Reservierungen unter ☎ 2-825-7137 oder ☎ 2-825-7136.

Mehr Komfort bieten einige Touranbieter in Cali, die für 250–300 US$ Trips nach Gorgona anbieten. Die Buchung erfolgt über **Aviatur** (☎ 2-664-5050; Av 6N Nr. 37BN-94). Eine weitere Option für Tauchfreaks besteht darin, sich einer Tauchsafari anzuschließen. Eine Wochenendtour beinhaltet mehrere Tauchgänge und einen Besuch der Insel – der Spaß belastet die Reisekasse mit ungefähr 385 US$; Kontakt über **Arecifes del Pacífico** (☎ 315-410-8018; fico5@telesat.com.co).

Ecolombia Tours (☎ 2-557-1957; ecolombiatours@yahoo.com; Carrera 37A Nr. 6-18) ist wohl Calis bester Spezialist für Touren zur Isla Gorgona.

POPAYÁN
☎ 2 / 240 000 Ew.

Das in strahlendem Weiß glänzende Popayán gehört zu den schönsten alten Städten Kolumbiens. Doch im Gegensatz zu vielen anderen historischen Stätten ist Popayán nicht für die Touristen herausgeputzt worden. Die Stadt atmet, in den Straßen wimmelt das Leben, das dank eines hohen Studentenanteils auch noch jung geblieben ist.

Die 1537 gegründete Stadt entwickelte sich schnell zu einem wichtigen politischen, kulturellen und religiösen Zentrum und zum obligatorischen Zwischenstopp auf dem Weg zwischen Cartagena und Quito. Das milde Klima gefiel auch den reichen Spaniern, die in Cali ihre Zuckerrohrplantagen besaßen. Einige imposante Kirchen und Klöster wurden im 17. und 18. Jh. gebaut, als die Stadt ihre Blütezeit hatte.

Während im 20. Jh. viele kolumbianische Städte darum wetteiferten, in der Industrialisierung die Nase ganz vorn zu haben, hat Popayán seinen kolonialzeitlichen Charakter behalten. Im März 1983 wurden viele historische Bauten, darunter die meisten Kirchen, bei einem Erdbeben ernsthaft beschädigt – ironischerweise kurz vor der Prozession am Gründonnerstag. Der schwierige und kostspielige Wiederaufbau dauerte zwei Jahrzehnte, dafür kann sich das Ergebnis sehen lassen.

Obwohl die City nicht gerade groß ist, hat man sich erstaunlich schnell verlaufen – alle Straßen sehen irgendwie gleich aus. Doch Hand aufs Herz, etwas Orientierungslosigkeit im Gassenlabyrinth gehört zum Spaß einfach dazu.

Praktische Informationen
Celnet.com (Carrera 8 Nr. 5-13; 1 US$/Std.; Mo–Sa 8–21, So 9–14 Uhr) Internetcafé.
Cyber Center (Calle 5 Nr. 9-31; 1 US$/Std.; 9–21 Uhr) Noch ein Internetcafé.
Oficina de Turismo de Popayán (☎ 2-824-2251; Carrera 5 Nr. 4-68; ☒ Mo–Fr 8–12 & 14–18, Sa & So 9–13 Uhr) Touristeninformation.
Parques Nacionales Naturales de Colombia (Nationalparkbüro; ☎ 2-823-1212, 2-823-1279; www.parquesnacionales.gov.co, spanisch; Carrera 9 Nr. 25N-6)
Policía de Turismo (Touristenpolizei; ☎ 2-822-0916; Edificio de Gobernación, Parque Caldas)
Titán Intercontinental (Carrera 7 Nr. 6-40, Centro Comercial Luis Martínez, Interior 106)
Unidas (Carrera 6 Nr. 5-44) Wechselt Bargeld.

Sehenswertes
In Popayán gibt es einige gute Museen, von denen die meisten in herrlichen historischen Gebäuden untergebracht sind. Die **Casa Museo Mosquera** (☎ 2-824-0683; Calle 3 Nr. 5-38; Eintritt 1 US$; ☒ 8.30–12 & 14–17 Uhr) beispielsweise ist in einem großen Kolonialbau untergebracht, in dem schon General Tomás Cipriano de Mosquera, Kolumbiens Präsident von 1845 bis 1867, wohnte. Im Museum findet man einige persönliche Erinnerungsstücke und eine Sammlung mit kolonialer Kunst, darunter auch einige religiöse Objekte.

Das **Museo Arquidiocesano de Arte Religioso** (☎ 2-824-2759; Calle 4 Nr. 4-56; Eintritt 1 US$; ☒ Mo–Fr 9-12.30 & 14–17, Sa 9–14 Uhr) zeigt eine umfangreiche Sammlung religiöser Kunst, u. a. Gemälde, Statuen, Altarschmuck, Silber und liturgische Gefäße, die meisten davon aus dem 17.–19. Jh. Das **Museo Guillermo Valencia** (☎ 2-824-2081; Carrera 6 Nr. 2-65; Eintritt 1 US$; ☒ Di–So 10–12 & 14–17 Uhr) widmet sich dem in Popayán geborenen Dichter, der hier einst lebte. Es ist vollgestopft mit zeitgenössischen Möbeln, Gemälden und alten Fotos aus seinem Umfeld.

Das **Museo de Historia Natural** (☎ 2-820-1952; Carrera 2 Nr. 1A-25; Eintritt 1,50 US$; ☒ Di–So 8.30–12 & 14–17 Uhr) verdient es aufgrund seiner Sammlung von Insekten, Schmetterlingen und vor allem ausgestopften Vögeln, erwähnt zu

874 SÜDWESTLICHES KOLUMBIEN •• Popayán

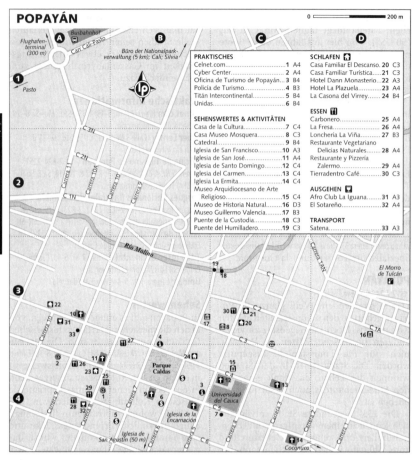

werden. Im oberen Stockwerk befindet sich auch noch eine archäologische Ausstellung präkolumbianischer Tonwaren aus Südkolumbien.

Alle kolonialzeitlichen Kirchen wurden nach dem Erdbeben von 1983 peinlich genau restauriert. Die **Iglesia de San Francisco** (Carrera 9 an der Calle 4) ist das größte und wahrscheinlich schönste Gotteshaus Popayáns. Ein Blick ins Innere lohnt sich wegen des Hochaltars und der sieben beachtenswerten Seitenaltären. Zu den weiteren kolonialzeitlichen Kirchen mit reicher originaler Ausstattung gehören die **Iglesia de Santo Domingo** (Carrera 5 an der Calle 4), die **Iglesia de San José** (Calle 5 an der Carrera 8) und die **Iglesia de San Agustín** (Calle 7 an der Carrera 6).

Die **Iglesia La Ermita** (Calle 5 an der Carrera 2) darf sich älteste Kirche von Popayán (1546) nennen, ihr Inneres ist vor allem wegen ihres schönen Hauptaltarretrabels und der alten Freskenteile sehenswert, die erst nach dem Erdbeben entdeckt wurden. Die klassizistische **Catredral** (Parque Caldas) ist dagegen die neueste Kirche im Zentrum, erbaut wurde sie zwischen 1859 und 1906. Das Erdbeben zerstörte sie fast vollständig, weshalb sie nach und nach von Grund auf wieder aufgebaut wird.

Bei einem Spaziergang am Fluss kann man zwei ungewöhnliche Brücken entdecken. Die kleinere der beiden, der **Puente de la Custodia**, wurde 1713 errichtet. Er ermöglichte es Priestern, den Fluss zu überqueren, um Kranke in den armen nördlichen Vororten an der Kommunion teilnehmen zu lassen. Etwa 160 Jahre später wurde daneben der 178 m lange, mit zwölf Bögen versehene **Puente del Humilladero** gebaut, der bis heute benutzt wird.

Museen, Kirchen und Brücken sind nur Teile dessen, was Popayán zu bieten hat. Den Rest erkundet man am besten bei einem gemütlichen Spaziergang durch die Straßen, die von weiß getünchten kolonialzeitlichen Häusern gesäumt werden. Man wird immer wieder architektonische Kleinode und herrliche Innenhöfe – viele sind für die Öffentlichkeit zugänglich – entdecken.

Festivals & Events

Wer in der **Karwoche** in der Gegend ist, dem bietet sich die Möglichkeit, Zeuge der berühmten Prozession in der Nacht von Gründonnerstag auf Karfreitag zu sein. Das Osterfest in Popayán gehört zu den aufwendigsten im ganzen Land. Gleichzeitig findet auch das Festival für religiöse Musik statt.

Schlafen

In Popayán gibt es Übernachtungsmöglichkeiten für jeden Geldbeutel. Viele Hotels befinden sich in alten, stilvollen und atmosphärischen Kolonialhäusern.

Casa Familiar Turística (☎ 2-824-4853; Carrera 5 Nr. 2-07; B/EZ/DZ 4,50/7/11 US$) Eines der günstigsten Hotels der Stadt. Es gibt nur vier Zimmer, mit Gemeinschaftseinrichtungen. Ein guter Platz, um Kontakte mit anderen Travellern zu knüpfen.

Casa Familiar El Descanso (☎ 2-824-0019; Carrera 5 Nr. 2-41; EZ/DZ 7/13,50 US$) Kleine, aber feine Zimmer in einem großen Anwesen. Fließend warmes Wasser und eine gemütliche Einrichtung mit weichen Sofas und viel Tageslicht.

La Casona del Virrey (☎ 2-824-0836; Calle 4 Nr. 5-78; Zi. mit/ohne Bad 16/8 US$/Pers.) Kolonialzeitliches Gebäude mit Stil und Charakter. Man sollte eines der geräumigen Zimmer mit Blick auf die Straße wählen.

Hotel La Plazuela (☎ 2-824-1084; hotellaplazuela@ hotmail.com; Calle 5 Nr. 8-13; EZ/DZ 35/50 US$) Das herrliche Anwesen ist in ein stylisches Mittelklassehotel umgewandelt worden.

Hotel Dann Monasterio (☎ 2-824-2191; www. hotelesdann.com, spanisch; Calle 4 Nr. 10-14; EZ/DZ 54/60 US$; ⏺) Das große Gebäude aus der Kolonialzeit mit dem riesigen Innenhof war

einst ein Franziskanerkloster. Es belegt mit seinen 48 weitläufigen, renovierten Zimmern einen der Spitzenplätze in der Hotelszene Popayán. Das gute Restaurant ist auch einen Besuch wert, wenn man nicht hier übernachtet.

Essen

Popayán hat viele Restaurants, das Essen ist daher relativ günstig.

La Fresa (Calle 5 Nr. 8-89; ⏺ 8–20 Uhr) In dem kleinen Kabäuschen ohne Schild an der Tür werden leckere preiswerte *empanadas de pipián* (eine Art gebackene Teilchen) serviert.

Tierradentro Café (Carrera 5 Nr. 2-12) Die beste Anlaufstelle für Espressos und Capuccinos in der Stadt. Nichts für Entscheidungsunfähige – es gibt 90 unterschiedlichen Geschmacksrichtungen! Ein unverzichtbarer Zwischenstopp für Koffeinjunkies.

Restaurante Vegetariano Delicias Naturales (Calle 6 Nr. 8-21) Gute und günstige vegetarische Gerichte

Carbonero (Carrera 8a Nr. 5-15; Gerichte 3 US$; ⏺ 12–21.30 Uhr) Wenn der große Hunger kommt … Das Restaurant serviert kolumbianisches Essen in großen Portionen. Einer der Besitzer spricht Englisch und kann gute Insidertipps für einen Aufenthalt in Popayán geben.

Lonchería La Viña (Calle 4 Nr. 7-79; Hauptgerichte 3–5 US$; ⏺ 9–24 Uhr) Eines der besten und beliebtesten Restaurants für den kleinen Geldbeutel. Leckeres Essen, gewaltige Por-

---

ABSTECHER: RESERVA NACIONAL NATURAL PURACÉ

Trekkingmöglichkeiten gibt es direkt außerhalb von Popayán im Reserva Nacional Natural Puracé, einem 83 000 ha großen Naturreservat. Highlights sind der manchmal schneebedeckte Nevado de Puracé (4750 m), sowie heiße Quellen, Bergseen, Wasserfälle und Felder von buntem Gras. Das Reservat liegt etwa 45 km südöstlich von Popayán. Der Eintritt kostet 8 US$, der Schlafsaalplatz kommt auf 6 US$, und drei Mahlzeiten am Tag schlagen dann noch mal mit 5 US$ zu Buche. Für Informationen und Reservierung in Popayán kontaktiert man am Besten die Parques Nacionales Naturales de Colombia (S. 873)..

tionen und großartige Öffnungszeiten. Fazit: sehr zu empfehlen.

Restaurante y Pizzeria Zalermo (Carrera 8 Nr. 5-100; Hauptgerichte 3–7 US$; ☺ 9–22 Uhr) Die Gäste können aus einem Dutzend verschiedener Pizzas wählen. Außerdem gibt's Hühnchen und Pasta.

Ausgehen

El Sotareño (Calle 6 Nr. 8-05; ☺ Mo–Sa 16 Uhr–open end) Legendäre rustikale Bar mit 40-jähriger Geschichte. Passend dazu werden nostalgische Oldies gespielt, z. B. Tango-, Bolero-, *ranchera* und *milonga*-Klänge – der Saphir des Plattenspielers holpert über verkratzte LPs, die wahrscheinlich genauso alt sind wie der Laden selbst. Hier gibt's das billigste Bier der Stadt.

Afro Club La Iguana (Calle 4 Nr. 9-67; ☺ Mo–Sa 20 Uhr–open end) Eine Bar mit hervorragender Salsa und kubanischer *son*-Musik in voller Lautstärke. Wenn heiße Salsa-Rythmen die stickige Luft vibrieren lassen, kann es rappelvoll werden, besonders am Wochenende.

An- & Weiterreise

BUS

Der Busbahnhof ist mit einem kurzen Fußmarsch in nördlicher Richtung zu erreichen. Jede Menge Busse fahren nach Cali (5 US$, 3 Std.), zudem starten stündlich Minibusse und *colectivos*. Nach Bogotá machen sich die Busse alle ein bis zwei Stunden auf den Weg (26 US$, 15 Std.).

Busse nach Pasto (10 US$, 6 Std.) fahren jede Stunde. Auf der gefährlichen Strecke reist man am besten tagsüber. Infos, wie es nach Tierradentro geht, findet man auf S. 881, die Anreise nach San Agustín ist auf S. 878 beschrieben.

FLUGZEUG

Der Flughafen befindet sich hinter dem Busbahnhof, 15 Gehminuten nördlich vom Stadtzentrum. Satena fliegt täglich nach Bogotá (70–80 US$).

SILVIA

☎ 2 / 5000 Ew.

Traveller, die einen Blick auf das Leben der indigenen Bevölkerung werfen wollen, sollten in dieser Kleinstadt 53 km nordöstlich von Popayán fündig werden. Silvia ist das Zentrum der Guambiano, eines der traditionellsten Indianervölker Kolumbiens. Die Guambiano leben zwar nicht in der Stadt, kommen aber dienstags hierher auf den Markt, um Früchte, Gemüse und Handwerksarbeiten zu verkaufen. Hier findet man das bunteste Indiotreiben im ganzen Land – Grund genug, um sich einen Dienstag für einen Abstecher nach Silvia zu reservieren. Männer in traditioneller Kleidung machen ihre Geschäfte, während die Frauen in handgewebten Kleidern und mit Perlenketten behangen eifrig Wolle spinnen. Man sollte einen Pullover in den Rucksack packen – wenn es wolkig ist, kann es nämlich schnell empfindlich kühl werden. Wer länger in Silvia bleiben möchte, kann aus mindestens einem halben Dutzend Budgethotels wählen.

Von Popayán aus gelangt man mit dem Bus von Coomotoristas oder dem Minibus von Tax Belalcázar nach Silvia, (2 US$, 1½ Std.). Dienstags pendeln auch *colectivos* zwischen Popayán und Silvia.

SAN AGUSTÍN

☎ 8 / 2000 Ew.

Schon lange bevor die Europäer an den Küsten Amerikas anlandeten, zogen die geschwungenen Hügel von San Agustín eine bis heute mysteriöse Gemeinschaft von Menschen an, die hier ihre Toten bestatteten und sie mit herrlichen Statuen ehrten. Jahrhundert später gehören ihre Hinterlassenschaften zu den wichtigsten archäologischen Stätten des Kontinents. Hunderte von frei stehenden, riesigen in Stein gehauene Statuen bewachen die Gräber der Stammesältesten. Tonwaren und Goldobjekte wurden massenweise zurückgelassen, doch vieles davon rissen sich im Lauf der Jahrhunderte leider Grabräuber unter die Nägel.

Die Kultur von San Agustín hatte ihre Blütezeit zwischen dem 6. und 14. Jh. n. Chr. Die schönsten Statuen wurden in der letzten Phase erbaut. Als die Konquistadoren sich daran machten, Kolumbien der spanischen Krone einzuverleiben, war die Kultur wahrscheinlich bereits untergegangen. Erst Mitte des 18. Jhs. wurden dann die Statuen entdeckt.

Bis jetzt haben Archäologen etwa 500 Statuen gefunden und freigelegt. Viele sind menschenähnliche Figuren – einige realistisch, andere so sehr stilisiert, dass sie eher

SÜDWESTLICHES KOLUMBIEN •• San Agustín

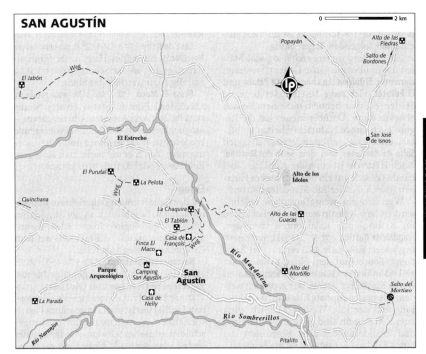

an maskierte Monster erinnern. Wieder andere Bildnisse ähneln heiligen Tieren und stellen Adler, Jaguare und Frösche dar. Die Statuen sind zwischen 20 cm und bis zu 7 m groß und unterschiedlich detailliert ausgearbeitet.

Orientierung & Praktische Informationen

Die Statuen und Gräber verteilen sich in Gruppen über ein weitläufiges Gelände zu beiden Seiten der Schlucht, die vom Oberlauf des Río Magdalena gebildet wird. In San Agustín, der größten Stadt der Region, finden sich die meisten Unterkünfte und Restaurants. Von hier aus kann man die Gegend zu Fuß, auf dem Pferd oder mit dem Jeep erforschen. Drei Tage sollte man sich allemal für eine gemütliche Erkundung der interessantesten Plätze reservieren.

Banco Ultrahuilca (Calle 3 Nr. 12-73) Genug Bargeld mitbringen, denn es gibt nur einen Geldautomaten in der Stadt! Niemand akzeptiert verlässlich Reiseschecks und die Wechselkurse für Bargeld sind bescheiden.

Internet Galería Café (Calle 3 Nr. 12-16; 8–22 Uhr) Internetcafé direkt gegenüber der Touristeninformation.

Touristeninformation (8-837-3062 Durchwahl 15; Ecke Calle 3 & Carrera 12; Mo–Fr 8–12 & 14–17 Uhr) Auskünfte und Stadtpläne.

Sehenswertes & Aktivitäten

Der 78 ha große **Parque Arqueológico** (Eintritt 2 US$; 8–18 Uhr) mit den schönsten Statuen der Gegend liegt 2,5 km westlich der Stadt San Agustín. Im Park befinden sich mehrere archäologische Stätten mit Statuen, Gräbern und Grabhügeln. Außerdem ist hier das **Museo Arqueológico** (Di–So 8–17 Uhr) zu finden, in dem kleinere Statuen und Töpferarbeiten gezeigt werden; durch den **Bosque de las Estatuas** (Statuenwald) schlängelt sich schließlich ein Weg, an dem 35 Statuen unterschiedlicher Herkunft besichtigt werden können.

Der **Alto de los Ídolos** (8–16 Uhr) ist ein weiterer archäologischer Park, der für seine Grabhügel und großen Steingräber bekannt ist. Hier steht die größte Statue mit 7 m Höhe. Der Park liegt ein paar Kilometer südwestlich von San José de Isnos, von San Agustín Stadt aus auf der anderen Seite des Río Magdalena. Das Ticket zum Parque Arqueológico berechtigt auch zum Eintritt in den Alto de los Ídolos; es ist an zwei aufeinander folgenden Tagen gültig.

Ein Dutzend weitere archäologische Stätten liegen über die ganze Gegend verstreut, darunter **El Tablón**, **La Chaquira**, **La Pelota** und **El Purutal**, vier nahe beieinander liegende Stätten, die man bequem mit einem Besuch abhaken kann. Darüber hinaus hat die Region auch einige Naturschönheiten zu bieten, etwa zwei reizende Wasserfälle, den **Salto de Bordones** und den **Salto del Mortiño**. Auch **El Estrecho** ist ein toller Anblick; dabei handelt es sich um ein nur 2 m breites Flussbett, durch das der Río Magdalena strömt.

Wer sich ein wenig austoben möchte, wird in San Agustín genug Möglichkeiten für Rafting- und Kajaktouren vorfinden. **Magdalena Rafting** (☎ 311-271-5333; magdalenarafting@yahoo.fr; Via Parque Nr. 4-12) veranstaltet halbtägige Touren auf dem Fluss, Kostenpunkt 18 US$ inklusive Getränke. Es kann auch in einem Kajak über das Wasser gepaddelt werden. Die besten Monate fürs Raften sind der Juni und der Juli. Weitere Möglichkeiten zum Zeitvertreib sind Ausritte, Jeeptouren und Wanderungen; alles organisiert die Finca El Maco Pension (s. rechte Spalte).

Schlafen
Es gibt ein Dutzend Budgethotels in und um San Agustín, die meisten davon sind sauber, freundlich und mit warmen Wasser ausgestattet.

Außerhalb der Stadt finden sich noch mehr Budgetoptionen, die sich möglicherweise bei Travellern noch größerer Beliebtheit erfreuen.

Camping San Agustín (☎ 8-837-3192; Stellplatz 3 US$) Der Campingplatz liegt am Weg zum archäologischen Park etwa 1 km außerhalb der Stadt.

Casa de François (☎ 8-837-3847; 4 US$/Pers.) Nette von Franzosen geleitete Pension an der Straße nach El Tablón 1 km nördlich der Stadt. Es gibt zwei Zimmer und eine Hütte mit vier Betten. Gäste können die Küche mitbenutzen.

Hospedaje El Jardín (☎ 8-837-3159; Carrera 11 Nr. 4-10; 3,50 US$/Pers.) Einfache aber ordentliche Option in der Nähe der Busunternehmen. Die Zimmer gibt es mit und ohne Bad.

Hotel Colonial (☎ 8-837-3159; Calle 3 Nr. 11-54; 4 US$/Pers.) Auch in der Nähe der Busunternehmen. Man kann Zimmer mit und ohne

Bad mieten, zudem gibt's ein anständiges Restaurant.

Casa de Nelly (☎ 8-837-3221; Zi. mit/ohne Bad pro Pers. 6/4 US$) Ein nettes Haus unter französischer Leitung an der Schotterpiste nach La Estrella 1 km westlich der Stadt.

Finca El Maco (☎ 8-837-3437; www.elmaco.ch; 5,50 US$/Pers.) Eine Ökofarm an der Straße zum Parque Arqueológico. Übernachtungsmöglichkeiten in Hütten, hervorragende Biogerichte, Wäscheservice und Küchenbenutzung. Von hier aus kann man auch gute Reittouren oder Raftingtrips planen.

Essen
An der Calle 5 finden sich mehrere Budgetrestaurants. Es gibt auch an der Straße zum Parque Arqueológico einige Läden, darunter das Restaurant La Brasa, das auf dem Grill leckere Essen zubereitet.

Restaurante Brahama (Calle 5 Nr. 15-11; Menüs 2 US$) Hier bekommt man günstige Menüs, vegetarische Gerichte und Obstsalat.

Donde Richard (Via al Parque Arqueológico; Hauptgerichte 5-6 US$) Hier ist man auf gegrilltes Fleisch spezialisiert, vor allem auf das Aushängeschild: mariniertes Schwein. Zweifelsfrei der beste Laden der Stadt. Unbedingt die hausgemachten Würstchen probieren.

An- & Weiterreise
Alle Busunternehmen sind auf der Calle 3 an der Ecke zur Carrera 11 versammelt. Drei Busse pro Tag (Abfahrt frühmorgens) fahren über eine raue aber sehenswerte Straße durch Isnos nach Popayán (8 US$, 6–8 Std.). Coomotor betreibt zwei Busse täglich nach Bogotá (16 US$, 12 Std.).

Es gibt keine direkten Busse nach Tierradentro. Man fährt über La Plata (8 US$, 5 Std.) und steigt dort in den Bus nach El Cruce de San Andrés (4 US$, 2½ Std.) um, von wo aus man in 20 Gehminuten das Tierradentro Museum erreicht. In La Plata gibt's mehrere günstige Hotels.

Unterwegs vor Ort
Der übliche Weg, zu den Sehenswürdigkeiten von San Agustín außerhalb des Parque Arqueológico zu kommen, ist eine Jeeptour oder ein Ausritt. Bei der standardmäßigen Jeeptour werden Abstecher nach El Estrecho, zum Alto de los Ídolos, Alto de las Piedras, Salto de Bordones und Salto de Mortiño gemacht. Man braucht sieben bis

acht Stunden und zahlt 12 US$ pro Person, vorausgesetzt, der Jeep ist mit sechs Leuten voll besetzt: Da die Besucherzahlen rückläufig sind, gibt es nur noch wenige Jeeptouren; daher zahlt man gegebenenfalls für die freien Plätze mit.

Pferde kann man in den Hotels oder direkt bei den Besitzern ausleihen, die häufig auf die Touristen zukommen. Man mietet Pferde für spezielle Routen, halbtags (7 US$) oder ganztags (12 US$). Eine der beliebtesten Pferdetouren (7 US$ pro Pferd, ca. 5 Std.) geht über El Tablón, La Chaquira, La Pelota und El Purutal. Wenn ein Führer die Gruppe begleiten soll, zahlt man noch mal 6 US$ für den Führer und weitere 6 US$ für sein Pferd.

TIERRADENTRO
☎ 2 / 1500 Ew.

Für die Ureinwohner von Tierradentro müssen die hohen Klippen und die großartige Landschaft ein guter Ort gewesen sein, um sich in ein Leben nach dem Tod zu verabschieden. Jedenfalls wurden hier zahlreiche unterirdische Begräbnisstätten gefunden, die sich über das ganze Gelände verteilen. Die Gräber – die einzigen ihrer Art in Amerika – sind aufwendig verzierte, kreisrunde Räume von 2 bis 7 m Durchmesser, die in die Flanken und Gipfel der Hügel hineingegraben wurden. Die Kuppeldecken der größeren Gräber werden von massiven Säulen gestützt. In den Kammern befinden sich die eingeäscherten Überreste der Stammesältesten. Die weiß gekalkten Decken wurden mit geometrischen roten und schwarzen Mustern – die Farben repräsentieren Leben und Tod – bemalt, in einigen Kammern ist die Dekoration bemerkenswert gut erhalten.

Über 100 Kammern wurden bis heute entdeckt, zudem mehrere Dutzend Steinstatuen, die denen von San Agustín ähneln und möglicherweise das Ergebnis eines weiten Kulturtransfers sind. Über die Stämme, die diese Gräber und Statuen errichtet haben, ist kaum etwas bekannt. Mit größter Wahrscheinlichkeit setzten sie sich aus Angehörigen verschiedener Kulturen zusammen. Die Menschen, die für das Graben der Grüfte zuständig waren, standen in der so-

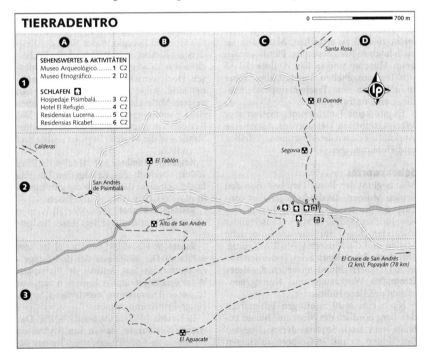

zialen Hierarchie über jenen, die die Statuen hergestellt haben. Heute wird die Region von den Páez-Indios bewohnt, die hier schon vor der spanischen Eroberung lebten. Allerdings ist es umstritten, ob sie Nachfahren derjenigen sind, die die Skulpturen aus den Steinen geschlagen haben.

Abgesehen von den Gräbern ist Tierradentro ein recht relaxtes Fleckchen Erde, das weniger touristisch geprägt ist als San Agustín. Viel Luxus oder Annehmlichkeiten sollte man nicht erwarten, dafür bekommt man einen guten Einblick ins kolumbianische Landleben.

Orientierung & Praktische Informationen

Tierradentro liegt weit abseits aller wichtigen Stadtzentren und ist nur über Schotterpisten zu erreichen. Ob man nun von Popayán und San Agustín aus anreist, ist herzlich egal: So oder so sollte man sich auf eine halbtägige Busfahrt gefasst machen, bei der man ordentlich durchgeschüttelt wird.

In Tierradentro angekommen, findet man vor Ort vier Stätten mit Gräbern und eine mit Statuen, zwei Museen und das Dorf San Andrés de Pisimbalá. Mit Ausnahme des Friedhofs El Aguacate sind alle Orte leicht zu Fuß zu erreichen. Man kann sie auch hoch zu Ross besuchen. Pferde werden beim Museum und in San Andrés (8 US$ pro Tag) ausgeliehen. Für fast alle Gräber braucht man eine Taschenlampe – unbedingt eine mitbringen.

Es gibt keine Touristeninformation oder Wechselstuben in Tierradentro. Allgemeine Auskünfte erteilen die Museumsangestellten und Hotelmanager.

Sehenswertes

Man beginnt den Besuch am besten in den beiden Museen, die direkt gegenüber voneinander in derselben Straße liegen. Das Kombiticket (3 US$) ist an zwei aufeinander folgenden Tagen für alle archäologische Stätten und die Museen (8–16 Uhr) gültig. Das **Museo Arqueológico** zeigt Tonurnen, die in den Gräbern gefunden wurden, das **Museo Etnográfico** Werkzeuge und Kunstgegenstände der Páez-Indios.

Nach einem 20-minütigen Fußmarsch den Berg nördlich des Museums hinauf gelangt man nach **Segovia**, der wichtigsten Begräbnisstätte mit 28 Gräbern. In einigen

davon sind gut erhaltene Dekorationen zu besichtigen. Zwölf der Gräber sind beleuchtet, für die anderen wird eine Taschenlampe benötigt.

Weitere Stätten sind **El Duende** (vier Gräber ohne erhaltene Dekoration) und **Alto de San Andrés** (fünf Gräber, zwei davon mit Originalmalereien). **El Aguacate** liegt hoch oben auf einer Bergkette, eine zweistündige Wanderung vom Museum entfernt. Hier gibt es ein paar Dutzend Gräber, die meisten jedoch haben *guaqueros* (Grabräuber) zerstört. Statuen wurden in **El Tablón** zusammengetragen.

Das kleine Dorf **San Andrés de Pisimbalá**, 25 Gehminuten westlich vom Museum, ist für seine wunderschöne strohgedeckte Kirche bekannt.

Schlafen & Essen

Unterkunft und Essen sind in Tierradentro einfach und günstig – für eine Schlafgelegenheit muss mit ca. 3,50 US$ gerechnet werden. Es sollte kein Problem darstellen, in der Nähe des Museums etwas zu finden – sehr praktisch für einen kurzen Besuch. Wer länger als nur ein paar Tage bleiben möchte, sollte sich besser in San Andrés de Pisimbalá etwas suchen. Erste Wahl dürfte das Hotel El Refugio in der Nähe der Residencias Ricabet sein. Während der Recherchen war es wegen Renovierung geschlossen. Doch wenn seine Pforten wieder geöffnet sind, sollte es sich zu Tierradentros bestem Mittelklassehotel entwickelt haben (inkl. Swimmingpool und Restaurant). Das Residencias Lucerna, das in der gleichen Straße wie die Museen liegt, ist sauber und freundlich.

Hospedaje Pisimbalá (☎ 311-605-4835) Etwa 150 m oberhalb des Residencias Lucerna findet sich diese Bleibe, eine der günstigsten in puncto Übernachtung und Essen.

Residencias Ricabet (☎ 312-279-9751) Weitere 150 m die Straße hinauf liegt dieses Budgethotel.

Viajero (☎ 312-746-5991; Calle 6 Nr. 4-09, San Andrés de Pisimbalá) Die günstigste der drei Budget-*residencias* in San Andrés de Pisimbalá. Wem's nicht gefällt, der kann sich zum Los Lagos de Tierradentro durchfragen, wo es einige Privatzimmer gibt.

La Portada (⏲ 7–20 Uhr; Gerichte 1–2 US$) Das einzige Restaurant, das in San Andrés de Pisimbalá zu finden ist, serviert leckere *ju-*

gos (Fruchtdrinks) und frisch zubereitetes kolumbianisches Essen.

An- & Weiterreise

Jeden Tag fahren mehrere Sotracauca Busse von Popayán aus nach Tierradentro (6 US$, 5–6 Std.). Die Busse um 5, 8, 9.30 und 13 Uhr fahren nur bis El Cruce de San Andrés, von wo aus man per pedes in 20 Minuten die Museen erreicht. Der Bus um 10.30 Uhr fährt dagegen noch 4 km weiter bis nach San Andrés de Pisimbalá und kommt auf dem Weg dorthin auch an den Museen vorbei.

Zurück nach Popayán gibt es von San Andrés de Pisimbalá nur einen einzigen Bus, er fährt jeden Morgen gegen 6.20 Uhr los und kommt ebenfalls an den Museen vorbei. Wer diesen Bus verpasst, kann nach El Cruce de San Andrés gehen und dort einen der Busse heranwinken, die gegen 8, 13 und 16 Uhr hier durchfahren. Man kann auch den Bus anhalten, der hin und wieder an El Cruce de San Andrés in Richtung La Plata (2,50 US$, 2½ Std.) vorbeirattert. Von da aus kommt man dann weiter nach Bogotá oder San Agustín.

PASTO

☎ 2 / 420 000 Ew.

Pastusos, die Einwohner von Pasto, hatten es noch nie leicht. Am Fuße des temperamentvollen Volcán Galeras haben sie Eruptionen und verheerende Erdbeben überstanden. Das Wetter zeigt sich fast immer von seiner kalten und stürmischen Seite, die Straßen scheinen ziemlich verlassen und vernachlässigt. Kein Wunder, haben die *pastusos* im restlichen Land einen wenig schmeichelhaften Ruf und finden sich oft in den Pointen der kolumbianischen Varianten von Ostfriesenwitzen wieder – glücklicherweise sind sie ziemlich gutmütig und geben selbst gerne den neuesten Lacher zum Besten. Trotz der Unzulänglichkeiten ist Pasto ein praktischer Zwischenstopp an der Panamericana, zudem eignet sich die Stadt als Ausgangspunkt für einen Besuch der wunderschönen Laguna de la Cocha.

Praktische Informationen

Bancolombia (Plaza de Nariño) Geldautomat und Einlösen von Reiseschecks.

Ciber C@fe PC Rent (Calle 18A Nr. 25-36; 0,80 US$/Std.; ☯ 8–22 Uhr)

Infornet (Calle 18 Nr. 29-15; 0,80 US$/Std.; ☯ Mo–Sa 8–19, So 10–13 Uhr)

Macrofinanciera (Carrera 26 Nr. 17–12, Centro Comercial El Liceo, Local 203)

Oficina Departamental de Turismo de Nariño (☎ 2-723-4962; Calle 18 Nr. 25-25) Direkt an der Plaza de Nariño.

Sehenswertes

Pasto hat einige kleine, aber durchaus interessante Museen zu bieten. Das **Museo del Oro** (☎ 2-721-9108; Calle 19 Nr. 21-27; Eintritt frei; ☯ Mo 8.30–12, Di–Fr 8.30–12 & 14–18 Uhr) im Gebäude der Banco de la República stellt Gold und Tonwaren der präkolumbischen Kultur der Nariño aus.

Das **Museo Taminango de Artes y Tradiciones** (☎ 2-723-5539; Calle 13 Nr. 27-67; Eintritt 0,80 US$; ☯ Mo–Fr 8–12 & 14–18, Sa 9–13 Uhr) ist in der peinlich genau restaurierten *casona* (großes Haus) von 1623 untergebracht, die das älteste Haus der Stadt sein soll. Gezeigt werden Kunstwerke und antike Objekte aus der Region.

Wer sich für die Stadtgeschichte interessiert, ist im **Museo Juan Lorenzo Lucero** (☎ 2-731-4414; Calle 18 Nr. 28-87; Eintritt 0,80 US$; ☯ Mo–Fr 8–12 & 14–16 Uhr) richtig, in dem Antiquitäten, alte Waffen, Fotos, Dokumente, Möbel und Gemälde präsentiert werden. Zu einem Besuch gehört jeweils eine Führung – Führungen beginnen normalerweise um 8, 10 und 14 Uhr.

Es gibt ein Dutzend kolonialzeitliche Kirchen in der Stadt, die meisten davon sind große Bauten mit reich dekorierter Inneneinrichtung. Die **Iglesia de San Juan Bautista** mit ihrem kunstvollen Inneren ist die älteste Kirche der Stadt, sie stammt noch aus der Zeit von Pastos frühen Tagen. Die **Iglesia de Cristo Rey** hat wundervolle Glasmalereien.

Festivals & Events

Das Hauptereignis der Stadt, der **Carnaval de Blancos y Negros**, findet Anfang Januar statt. Sein Ursprung reicht zurück in die Zeit der spanischen Herrschaft, als es den Sklaven erlaubt wurde, am 5. Januar zu feiern. Ihre Herren zeigten ihr Einverständnis dadurch, dass sie ihr Gesicht schwarz anmalten, woraufhin am nächsten Tag die Sklaven ihre Gesichter weiß anpinselten. An den zwei Tagen ist in der Stadt die Hölle los, jeder bemalt und bepudert jeden mit allem, was verfügbar ist. Es ist eine ernsthafte Sache –

PASTO

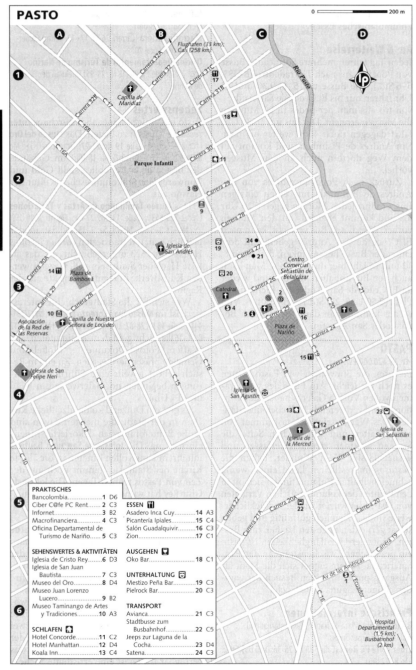

PRAKTISCHES
Bancolombia.................1 D6
Ciber C@fe PC Rent.......2 C3
Infornet...........................3 B2
Macrofinanciera.............4 C3
Oficina Departamental de
  Turismo de Nariño.....5 C3

SEHENSWERTES & AKTIVITÄTEN
Iglesia de Cristo Rey......6 D3
Iglesia de San Juan
  Bautista.......................7 C3
Museo del Oro...............8 D4
Museo Juan Lorenzo
  Lucero..........................9 B2
Museo Taminango de Artes
  y Tradiciones............10 A3

SCHLAFEN
Hotel Concorde............11 C2
Hotel Manhattan..........12 D4
Koala Inn......................13 C4

ESSEN
Asadero Inca Cuy.........14 A3
Picantería Ipiales..........15 C4
Salón Guadalquivir......16 C3
Zion..............................17 C1

AUSGEHEN
Oko Bar........................18 C1

UNTERHALTUNG
Mestizo Peña Bar.........19 C3
Pielrock Bar..................20 C3

TRANSPORT
Avianca........................21 C3
Stadtbusse zum
  Busbahnhof..............22 C5
Jeeps zur Laguna de la
  Cocha.......................23 D4
Satena..........................24 C3

man sollte allerdings unbedingt Klamotten anziehen, an denen man nicht hängt.

Schlafen

Es gibt eine Vielzahl von Hotels in der gesamten Innenstadt.

Koala Inn (☎ 2-722-1101; Calle 18 Nr. 22-37; Zi. mit/ ohne Bad 8/5,50 US$/Pers.) Eine klasse Backpackerunterkunft mit supernetten Angestellten und großen Zimmern, die in einem schönen historischen Gebäude untergebracht sind. Pluspunkte sammeln: Wäscheservice, Büchertausch, ein Budgetrestaurant und Satelliten-TV auf der Veranda.

Hotel Manhattan (☎ 2-721-5675; Calle 18 Nr. 21B-14; 5,50 US$/Pers.) Das alte Gebäude fängt langsam an, auseinander zu fallen; dafür liegt es günstig und ist ein prima Plan B, wenn das Koala ausgebucht ist.

Hotel Concorde (☎ 2-731-0658; Calle 19 Nr. 29A-09; EZ/DZ 12/16 US$) Ein kleines Hotel in der Nähe des Vergnügungsviertels. Nicht luxuriös, aber gemütlich, mit Kabel-TV und heißem Wasser.

Essen

Günstige Restaurants und Cafés mit Menüs für unter 2 US$ gibt's im Zentrum haufenweise.

Salón Guadalquivir (Plaza de Nariño; ☺ Mo–Sa 7–19.30 Uhr) Das Café ist bekannt für seine *tamales* (in Bananenblätter eingewickeltes Hackfleisch und Gemüse) und die süchtig machenden *empanadas* (3 für 1 US$).

Zion (Calle 20 Nr. 31B-47; Gerichte 2–4 US$; ☺ Mo–Sa 12–24 Uhr) Hervorragende Pizzas serviert in einer ansonsten etwas unpassenden Rasta-Atmosphäre.

Picantería Ipiales (Calle 19 Nr. 23-37; Gerichte 3 US$; ☺ Mo–Sa 9.30–21, So 10–18 Uhr) Der örtliche Spezialist für *lapingachos* (gebratene Pfannkuchen aus Kartoffelbrei und Käse).

Asadero Inca Cuy (☎ 2-723-8050; Carrera 29 Nr. 13-65; Gerichte für 2 Pers. 10 US$; ☺ 9–22 Uhr) Eines der besten Innenstadtrestaurants für alle, die schon einmal *cuy* (gegrilltes Meerschweinchen) probieren wollten. Das Gericht – das gesamte *cuy* plus Beilagen – macht locker zwei Personen satt. Eine Stunde im Voraus bestellen.

Ausgehen

Oko Bar (Calle 20 & Carrera 31; ☺ Mo–Sa 19 Uhr–open end) Die beliebte Bar ist bis an die Decke mit Menschen vollgestopft – vor allem donners-

tagabends, wenn Frauen von 19–22 Uhr kostenlose Drinks serviert bekommen. Sie befindet sich in der Zona Rosa von Pasto, d. h. es gibt rechts und links daneben auch noch reichlich andere gute Läden, wenn einem eher der Sinn nach einer Kneipentour steht.

Unterhaltung

Pielrock Bar (Carrera 27 Nr. 17-88; ☺ Mo–Sa 19 Uhr–open end) Den Beweis, dass Bewusstseinserweiterungen aber auch wirklich jeden Winkel der Erde erreichen können, tritt diese sehr alternative Rockbar an, in der Funk und psychedelischer Rock aus den Sixties und Seventies gespielt wird. Am Wochenende gibt es Live-Acts.

Für einen besonderen andinen Rhythmus sollte man die **Mestizo Peña Bar** (Calle 18 Nr. 27-67; ☺ Di–Sa 16 Uhr–open end) oder die **Canto Andino Peña Bar** (Calle 20 Nr. 30-41; Di–Sa 19 Uhr–open end) aufsuchen. Beide spielen am Wochenende Live-Musik.

An- & Weiterreise

BUS

Der Busbahnhof liegt 2 km südlich vom Stadtzentrum. Hin fahren Stadtbusse, die im Zentrum mehreren Haltestelle bedienen, so u. a. an der Ecke Carrera 20A/Calle 17. Ein Taxi kostet 1,25 US$.

Regelmäßig verkehren Busse, Minibusse und *colectivos* nach Ipiales (3,50 US$, 1½– 2 Std.). Wer einen Platz auf der linken Seite ergattert, hat eine bessere Aussicht. Viele Busse fahren auf einer atemberaubenden Straße nach Cali (14 US$, 9 Std.), zwölf Busse sind täglich nach Bogotá (35 US$, 21 Std.) unterwegs. Diese Strecke sollte man allerdings nur tagsüber in Angriff nehmen – und zwar sowohl der Sicherheit als auch der Aussicht wegen.

FLUGZEUG

Der Flughafen liegt 33 km nördlich der Stadt an der Straße nach Cali. *Colectivos* fahren von der Calle 18 bei der Carrera 25 (2,50 US$, 45 Min.) hin. Wer einen Tag vor dem Flug am Büro der Airline oder im Reisebüro zahlt, wird von einem *colectivo* am Hotel abgeholt.

Avianca und Satena fliegen täglich von Pasto aus nach Bogotá (90–120 US$), Cali (80–100 US$) und in andere kolumbianische Städte.

RUND UM PASTO
Volcán Galeras
Der aktive Vulkan Galeras (4267 m) liegt nur 8 km Luftlinie westlich von Pasto. Über die Straße sind es jedoch 22 km, öffentliche Verkehrsmittel fahren keine. Rauchwolken steigen gelegentlich vom Krater auf, wenngleich sich der letzte Ausbruch im Jahr 1993 ereignete; damals starben zehn Menschen. So lange die seismische Aktivität minimal bleibt, können Touristen hochwandern oder zum Gipfel fahren. Für die Wanderung von Pasto aus sollten vier bis fünf Stunden einkalkuliert werden. Zum Zeitpunkt der Recherchen waren spezielle Genehmigungen nötig, um sich dem Krater nähern zu können. Das Touristenbüro in Pasto weiß Genaueres darüber und kann Führer (20 US$) und Autos (35 US$) vermitteln.

Laguna de la Cocha
Einer der größten und schönsten Seen in ganz Kolumbien erstreckt sich 25 km östlich von Pasto. Die kleine Insel La Corota ist ein Naturschutzgebiet, bedeckt wird sie von dichten Wäldern und einer äußerst artenreichen Flora. Man kann mit einem Sechssitzer-Boot zur Insel rudern (7,50 US$); die Einheimischen vermieten sie in dem kleinen Dorf am Ufer.

Am Ufer verteilt liegen rund zwei Dutzend kleine private Naturschutzgebiete, die unter dem Namen Reservas Naturales de la Cocha zusammengeschlossen sind. Sie wurden von Einheimischen auf ihren Farmen gegründet. Besucher werden von ihnen herumgeführt, einige bieten auch Unterkünfte und Essen an.

Jeeps zum See (1,50 US$, 45 Min.) fahren wochentags an der Iglesia de San Sebastián im Zentrum von Pasto ab, wochenends hinter dem **Hospital Departamental** (Calle 22 an der Carrera 7).

IPIALES
☎ 2 / 75 000 Ew.

Ipiales ist nicht gerade der berauschendste Ort, um in Kolumbien eine Tour zu beginnen oder zu beenden. Doch es kann passieren, dass man hier übernachten muss, wenn es spät geworden ist.

In der Stadt dürfte sich nicht ohne Weiteres ein Zeitvertreib finden lassen, einzig der Besuch des farbenfrohen **Samstagsmarkts**, auf dem die campesinos aus den umlie-

genden Dörfern ihre Waren kaufen und verkaufen, ist recht kurzweilig.

Der einzige Grund darüber hinaus, hier anzuhalten, ist die Kirche **Santuario de las Lajas** (s. gegenüber), die allemal einen genaueren Blick verdient.

Praktische Informationen
Es gibt viele Geldwechsler und private casas de cambio in der Innenstadt. Möglichkeiten, Geld zu wechseln, findet man außerdem noch an der ecuadorianischen Grenze in Rumichaca.

Alle Aus- und Einreiseformalitäten werden in Rumichaca und nicht in Ipiales oder Tulcán durchgeführt. Das Büro des DAS findet sich auf der kolumbianischen Seite der Grenze, das ecuadorianische Pendant liegt direkt gegenüber vom Rió Rumichaca.

Banco de Bogotá (Carrera 6 an der Calle 15) Geldautomat.

Bancolombia (Plaza La Pola) Geldautomat und Einlösen von Reisechecks.

Cibernet (Carrera 6 Nr. 12-43, Centro Comercial Polo; 1 US$/Std.; Mo–Sa 9–19 Uhr)

SAI Internet (Calle 16 Nr. 6-46; 1 US$/Std.; ☾ Mo–Sa 8–22 Uhr)

Schlafen & Essen
In der Innenstadt gibt es eine Menge Budgethotels und Restaurants.

Hotel Belmonte (☎ 2-773-2771; Carrera 4 Nr. 12-111; EZ/DZ 5/7 US$) Eines der günstigsten der annehmbaren Hotels. Klein, freundlich, familiär und bei Backpackern beliebt.

Hotel Emperador (☎ 2-773-2311; Carrera 5 Nr. 14-43; EZ/DZ 6,50/10,50 US$) Sicher nicht das Hotel, von dem man zu Hause schwärmen wird, doch die Unterkunft liegt zentrumsnah und die Zimmer sind solide.

Hotel Don Lucho (☎ 2-773-2164; Carrera 6A Nr. 11-64; EZ/DZ 8/13,50 US$) Neues, ziemlich sauberes Hotel mit hellen Zimmern und freundlichen Angestellten. Ein Favourit unter Geschäftsreisenden.

Hotel Los Andes (☎ 2-773-4338; www.hotel losandes.com; Carrera 5 Nr. 14-44; EZ/DZ 23/34 US$) Eines der besten Hotels in Ipiales; mit schönen ruhigen Zimmern, Fitnessstudio, Sauna und einem Restaurant, das ebenfalls zu den besten der Stadt gehört.

In der ganzen Stadt findet man zahlreiche Budgetrestaurants, von denen man keine Wunder erwarten sollte. Sie sind allesamt sehr einfach.

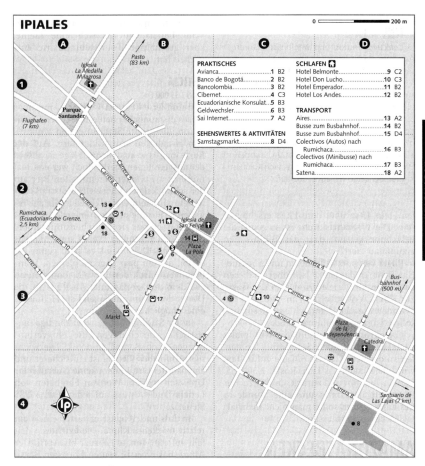

An- & Weiterreise

FLUGZEUG
Der Flughafen liegt an der Straße nach Cumbal 7 km nordwestlich von Ipiales. Am besten ist er mit einem Taxi (6 US$) zu erreichen. Satena und Aires fliegen nach Cali (80–100 US$) und Bogotá (100–130 US$).

BUS
Der große Busbahnhof von Ipiales befindet sich etwa 1 km nordöstlich vom Zentrum. Er ist mit dem Stadtzentrum durch Stadtbusse (0,20 US$) sowie Taxis (1 US$) verbunden.

Expreso Bolivariano betreibt täglich ein Dutzend Busse nach Bogotá (35 US$, 25 Std.), mehrere Unternehmen bieten regelmäßig verkehrende Busse nach Cali (14 US$, 10 Std.) an. Alle diese Busse bringen ihre Passagiere in 8 Stunden nach Popayán. Bei Tageslicht fährt man am sichersten.

Es gibt viele Busse, Minibusse und *colectivos* nach Pasto (2–3 US$, 1½–2 Std.), Abfahrt ist am Busbahnhof. Wer rechts sitzt, hat eine bessere Aussicht.

Santuario De Las Lajas

Das Santuario de las Lajas 7 km südöstlich von Ipiales ist eine **neogotische Kirche,** die zwischen 1926 und 1944 auf einer Brücke über einer spektakulären Schlucht erbaut wurde. Mitte des 18. Jhs. soll ein Bildnis der Jungfrau Maria auf einem riesigen vertika-

> **EINREISE NACH ECUADOR**
>
> *Colectivos* (Autos und Minibusse) fahren häufig die 2,5 km lange Strecke zur Grenze nach Rumichaca (0,50 US$). Abfahrtspunkte befinden sich am Busbahnhof von Ipiales und am Markt nahe der Ecke Calle 14/Carrera 10. Am Grenzübergang muss man umsteigen – d.h. zu Fuß über die Grenze marschieren und auf der anderen Seite den nächsten *colectivo* nach Tulcán (6,5 km) nehmen. Der Grenzübergang hat 24 Stunden geöffnet; wer Infos zur Einreise nach Kolumbien benötigt, schlägt S. 662 auf.

len Stein 45 m über dem Fluss erschienen sein. Die Wallfahrtskirche ist so gegen die Felsklippe gebaut, dass das Bildnis den Hauptaltar ziert.

Pilger aus ganz Kolumbien und Südamerika strömen das ganze Jahr über an diesen geweihten Ort. Viele bringen in der Gasse zur Kirche Votivtäfelchen an. Die Zahl der Wunder, die sich demnach ereignet haben sollen, ist schon beeindruckend.

Colectivos fahren regelmäßig von Ipiales nach Las Lajas (0,50 US$, 15 Min.). Sie starten an der Ecke Carrera 6/Calle 4. Ein Taxi von Ipiales nach Las Lajas kostet 2,50 US$. Für ein Taxi hin und zurück, das bis zu vier Passagiere mitnimmt und eine Stunde in Las Lajas wartet, sollte man nicht mehr als 6 US$ berappen müssen.

AMAZONASBECKEN

Kolumbiens Amazonasgebiete sind unentdecktes Land. Die dicht mit Wald bewachsene Region nimmt ein Drittel der Fläche des Landes ein und ist damit nur unwesentlich kleiner als Schweden. Und dennoch, von Modernität oder einer Infrastruktur fehlt jede Spur. Wohin das Auge blickt, sieht es Regenwald – das Paradies für jeden Biologen. Das ganze Gebiet ist von Flüssen durchzogen und nur spärlich von vereinzelten Ureinwohnerstämmen bevölkert, deren einzige Verbindung zur Außenwelt ein Versorgungsflugzeug ist, das gelegentlich abhebt. Den Großteil des Amazonasterritoriums halten Guerillagruppen besetzt, für Otto Normaltraveller ist es praktisch unzugänglich. Der einzige Ort, der sich realis-

tisch in Reichweite befindet, ist die Grenzstadt Leticia, in der sich eine kleine, aber geschäftige Touristenindustrie entwickelt hat.

LETICIA

☎ 8 / 35 000 Ew.

Still und leise liegt am Ufer des Amazonas dieses erstaunliche, heiße Fleckchen Zivilisation, die größte Stadt in einem Umkreis von Hunderten von Kilometern. Auf der Karte mag es so aussehen, als läge sie abseits der ausgetretenen Pfade, doch wer erst mal mit einem Eis oder einem kalten Bier auf der schnuckeligen kleinen Hauptstraße abhängt, wird sein erstes Urteil vielleicht revidieren. Für die meisten Traveller ist Leticia dennoch nur ein Zwischenstopp: Boote fahren nach Iquitos (Peru) und Manaus (Brasilien). Dabei gibt es hier genug zu sehen, um ein paar Tage zu bleiben. Wanderungen durch den Urwald, Bootstouren auf dem Amazonas und Ausflüge in die Dörfer der Ureinwohner sind die Highlights eines möglichen Programms.

In der Stadt gibt es ganz anständige touristische Einrichtungen, die Flugverbindungen nach Bogotá sind o.k. Die wichtigste Info aber: Leticia ist ein sicherer und entspannter Ort, in dem keine Guerillas ihr Unwesen treiben. Wer am Flughafen von Leticia landet, muss auf jeden Fall 5 US$ Steuer zahlen.

Im Juli und August erwartet einen ein relativ trockenes Klima. Die feuchteste Zeit fällt auf die Monate Februar bis April. Der Amazonas erreicht seinen höchsten Stand im Mai und Juni, von August bis Oktober herrscht „Ebbe". Der Unterschied zwischen Hoch- und Niedrigwasser kann satte 15 m betragen!

Orientierung

Leticia liegt im Dreiländereck zwischen Kolumbien, Brasilien und Peru direkt an der kolumbianisch-brasilianischen Grenze. Benachbarter Grenzort ist das brasilianische Tabatinga (S. 890), das ungefähr genauso groß ist wie Leticia und einen eigenem Hafen und einen Flughafen besitzt. Leticia und Tabatinga wachsen immer weiter zusammen, Grenzkontrollen werden keine mehr durchgeführt. Regelmäßig verbinden *colectivos* die Städte, wer will, kann aber auch laufen. Einheimische wie Fremde können

DAS VERLORENE PARADIES

Die Ankunft der Europäer in der Neuen Welt löste eine Pandemie unter den eingeborenen Völkern in beiden Teilen Amerikas aus, die Millionen Menschen dahinraffte. Dass diese Tatsache seit Langem allgemein bekannt ist, lässt das Elend der indigenen Nukak-Makú-Indios nur noch tragischer erscheinen.

Als die Nukak-Makú 1988 zum ersten Mal mit Weißen in Kontakt kamen, lebten die etwa 1000 Mitglieder dieses Nomadenstammes im östlichen Amazonasgebiet Kolumbiens. Davon starb etwa die Hälfte an den von den Fremden eingeschleppten Krankheiten, vor allem an Masern und Grippeinfektionen. Erst 1997 hatte eine Initiative zur Rettung des Stammes Erfolg, als dessen Land unter gesetzlichen Schutz gestellt wurde.

Seitdem versuchen die Nukak-Makú, ihre Lebensart als Jäger und Sammler zu erhalten. Immer wieder werden sie von armen kolumbianischen Bauern bedrängt, die auf dem Stammesgebiet Koka anbauen. Das Leid der Indianer vergrößerte sich nochmals im Jahre 2006, als linke Guerillas und die kolumbianische Armee auf dem Land der Indios ihre Kämpfe ausfochten und 150 Mitglieder des Stammes zur Flucht zwangen.

Eingeschleppte Krankheiten und Gewalt lassen das Überleben des gesamten Stammes am seidenen Faden hängen.

ohne Visum zwischen den Städten hin- und herspringen. Wer jedoch vorhat, weiter ins Innere eines Landes zu fahren, muss seinen Pass beim DAS in Leticia und der Policía Federal in Tabatinga abstempeln lassen.

Auf der Amazonasinsel gegenüber von Leticia und Tabatinga liegt Santa Rosa, ein peruanisches Dorf. Boote fahren sowohl von Tabatinga als auch von Leticia aus hin.

Am gegenüber von Leticia liegenden Amazonasufer erreicht man etwa 25 km stromabwärts die brasilianische Stadt Benjamin Constant, den Haupthafen für alle möglichen Kähne, die flussabwärts Richtung Manaus schippern. Tabatinga und Benjamin Constant sind regelmäßig durch Fähren miteinander verbunden.

Von den vier genannten Grenzstädtchen ist Leticia das touristisch am besten erschlossene und wohl auch schönste. Wer mal die Stiefel hochlegen möchte, ist hier richtig – egal in welche Richtung es danach weitergeht. Dennoch werden im Folgenden auch einige Tipps zu Einrichtungen in Tabatinga aufgelistet (Geldwechselmöglichkeiten, Internetzugang, Hotels, Restaurants), die es einem erlauben, sich problemlos in dem Gebiet zu bewegen und seine Route flexibel zu planen.

Praktische Informationen
EINREISESTELLE
DAS-Beamte am Flughafen von Leticia (täglich geöffnet) drücken einem den Ein- oder Ausreisestempel in den Pass.

Ein- und Ausreisestempel für Brasilien gibt's bei der Policía Federal in der Av da Amizade 650 in Tabatinga, die in der Nähe vom Krankenhaus liegt. Es kann einem durchaus passieren, dass man bei der Einreise nach Brasilien den Offiziellen einen Nachweis über eine Gelbfieberimpfung vorlegen muss.

Wer nach Iquitos unterwegs ist oder von dort kommt, erhält den Ein- oder Ausreisestempel in Santa Rosa.

Details zu den Konsulaten in Leticia und Tabatinga finden sich auf S. 893.

GELD
Es ist wenig sinnvoll kolumbianische Pesos weit nach Brasilien oder Peru hineinzutragen, da man dort mit Sicherheit Schwierigkeiten bekommen wird, sie in die jeweilige Landeswährung umzutauschen. Umgekehrt wird man natürlich auch mit Reais in Bogotá nur wenig bis gar nichts anfangen können. Am besten wechselt man also die Währung des Landes, dem man den Rücken zukehrt, gleich in Leticia bzw. Tabatinga.

Casas de Cambio gibt es auf der Calle 8 zwischen der Carrera 11 und dem Markt. Sie wechseln US-Dollar, kolumbianische Pesos, brasilianische Reais und peruanische Soles. Werktags sind sie von 8 oder 9 Uhr bis 17 oder 18 Uhr geöffnet, samstags bis ca. 14 Uhr. Es lohnt sich, die Wechselkurse miteinander zu vergleichen.

Wechselstuben in Tabatinga:

LETICIA

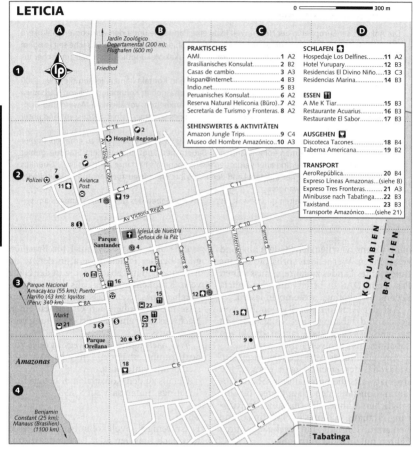

PRAKTISCHES
AMI..1 A2
Brasilianisches Konsulat.................2 B2
Casas de cambio..............................3 A3
hispan@internet..............................4 B3
Indio.net..5 B3
Peruanisches Konsulat....................6 A2
Reserva Natural Heliconia (Büro)..7 A2
Secretaría de Turismo y Fronteras. 8 A2

SEHENSWERTES & AKTIVITÄTEN
Amazon Jungle Trips.......................9 C4
Museo del Hombre Amazónico..10 A3

SCHLAFEN
Hospedaje Los Delfines................11 A2
Hotel Yurupary...............................12 B3
Residencias El Divino Niño..........13 C3
Residencias Marina.......................14 B3

ESSEN
A Me K Tiar....................................15 B3
Restaurante Acuarius....................16 B3
Restaurante El Sabor....................17 B3

AUSGEHEN
Discoteca Tacones........................18 B4
Taberna Americana.......................19 B2

TRANSPORT
AeroRepública...............................20 B4
Expreso Líneas Amazonas...(siehe 8)
Expreso Tres Fronteras.................21 A3
Minibusse nach Tabatinga.........22 B3
Taxistand......................................23 B3
Transporte Amazónico......(siehe 21)

Banco do Brasil (Av da Amizade 60) Visa-Bargeldauszahlungen in Reais.

Banco Ganadero (Ecke Carrera 10 & Calle 7) Löst Amex-Reiseschecks ein (kein Bargeldumtausch) und gibt Visa-Auszahlungen in Peso.

Cambios El Opita (Carrera 11 Nr. 7-96) Löst Reiseschecks ein.

CNM Câmbio e Turismo (Av da Amizade 2017) Ca. 500 m von der Grenze entfernt, tauscht Bargeld und Reiseschecks um. Gibt Reais und Pesos aus, wie man es haben möchte; der Kurs kann aber etwas niedriger als in Leticia sein.

INTERNETZUGANG

Die hier genannten Cybercafés berechnen 1–1,50 US$ pro Stunde.
AMI (Carrera 10 Nr. 11-119)
hispan@internet (Calle 10 Nr. 9-82)

Indio.net (Centro Comercial Acuarios, Carrera 7 an der Calle 8)

TOURISTENINFORMATION
Secretaría de Turismo y Fronteras (☎ 8-592-7569; Calle 8 Nr. 9-75; Mo–Fr 7–12 & 14-17.30 Uhr)

Sehenswertes

Der **Jardín Zoológico Departamental** (Av Vásquez Cobo; Eintritt 1 US$; Mo–Fr 8–12 & 14–17, Sa & So 8–17.30 Uhr) am Flughafen beheimatet landestypische Tiere, darunter Anakondas, Tapire, Affen, Kaimane, Ozelote, Adler, Aras und Polo, das sympathische Manati (Seekuh).

Das kleine **Museo del Hombre Amazónico** (☎ 8-592-7729; Carrera 11 Nr. 9-43; Eintritt frei; Mo–Fr

9–12 & 14.30–17, Sa 9–13 Uhr) zeigt Kunst- und Haushaltsgegenstände der Ureinwohner der Region.

Man sollte außerdem einmal über den **Markt** und am Ufer entlangschlendern. Auch ein Besuch des **Parque Santander** vor Sonnenuntergang ist ein beeindruckendes Spektakel, wenn tausende kleiner kreischender Papageien (hier *pericos* genannt) ihr Nachtquartier in den Bäumen ansteuern.

URWALDTOUREN

Ein gutes Dutzend Tourveranstalter in Leticia haben sich auf Dschungeltouren spezialisiert. Die meisten Unternehmen bieten Tagestouren den Amazonas hinauf nach Puerto Nariño an. Zum Programm gehören ein Mittagessen, ein kurzer Spaziergang in den Wald und der Besuch eines indigenen Dorfes. Die Ausflüge sind meist gut organisiert, bequem und stressfrei, geben einem aber kaum ein unverfälschtes Bild vom Regenwald und seinen Bewohnern.

Die echte Wildnis beginnt eigentlich abseits des Amazonas entlang seiner Nebenarme. Je weiter man vordringt, desto besser werden die Chancen, wilde Tiere in ihrem relativ unberührten Lebensraum zu beobachten und Indiosiedlungen zu besuchen. Man muss zwar mehr Zeit und Geld investieren, ist aber hinterher wahrscheinlich glücklicher.

Mehrtägige Touren werden in Leticia von verschiedenen Unternehmen veranstaltet. Drei davon haben kleine Naturreservate und Urwaldcamps angelegt. Alle drei Reservate liegen an den Ausläufern des Río Yavarí an der brasilianisch-peruanischen Grenze.

Das **Reserva Natural Zacambú** liegt Leticia am nächsten, 70 km sind es per Boot. Die Hütte steht an dem See Zacambú, der sich wiederum direkt am Río Yavarí auf der peruanischen Seite des Flusses erstreckt. Sie ist einfach und hat kleine Zimmern ohne Bad. Insgesamt bietet sie 30 Gästen Platz. Hütte und Touren werden von **Amazon Jungle Trips** (☎ 8-592-7377; amazonjungletrips@yahoo.com; Av Internacional Nr. 6-25) in Leticia betrieben.

Das **Reserva Natural Palmarí** liegt weitere 20 km flussaufwärts am Río Yavarí, etwa 110 Flusskilometer von Leticia entfernt. Die weitläufige Lodge liegt am südlichen, brasilianischen Flussufer und offenbart eine Aussicht auf eine weite Bucht, in der sich oft graue, jüngere und rosafarbene, ältere Delphine blicken lassen. Die Lodge besteht aus mehreren *cabañas* mit Bad und einer runden *maloca* mit Hängematten. Das Reservat betreut sein Besitzer **Axel Antoine-Feill** (☎ 1-531-1404, 310-786-2770; www.palmari.org; Carrera 10 Nr. 93-72, Bogotá) in Bogotá, der mehrere Sprachen spricht, darunter auch Englisch. Sein Vertreter in Leticia ist **Francisco Avila** (☎ 8-592-4156, 310-596-0203).

Das etwa 110 km von Leticia entfernte **Reserva Natural Heliconia** bietet Gästen Zimmer und Unterkunft in strohgedeckten Hütten. Touren per Boot oder per pedes führen auf oder am Fluss entlang, erkunden Buchten und den Urwald. Es gibt auch organisierte Ausflüge zu Dörfern der inidgenen Völker und Touren, die sich der Beobachtung von seltenen Vögeln und Delphinen widmen. Das Reservat wird von einem **Büro** (☎ 311-508-5666; www.amazonheliconia.com; Calle 13 Nr. 11-74) in Leticia aus verwaltet.

Alle drei Betreiber bieten für ihre Lodges drei- bis sechstägige All-Inclusive-Pakete an. Sie umfassen Übernachtungen (in Betten), Verpflegung, geführte Ausflüge und der Transport von/nach Leticia. Die Kosten variieren je nachdem, wie viele Teilnehmer sich finden, wie lange der Aufenthalt dauern soll, zu welcher Zeit man reist usw. Pi mal Daumen sollte man mit 40–80 US$ pro Person und Tag kalkulieren. Die Touren folgen normalerweise keinem festen Zeitplan. Die Agenten warten, bis sie genug Leute zusammen haben – wer keine Lust oder Zeit hat zu warten, muss mehr für den Spaß hinblättern. Man sollte den Betreiber jedenfalls rechtzeitig im Voraus kontaktieren. Deutsche, Österreicher und Schweizer brauchen kein Visum für die Ausflüge auf brasilianisches oder peruanisches Staatsgebiet.

Palmarí ist der einzige Anbieter der ein günstiges Angebot für Traveller geschnürt hat, das auch ohne Touren gebucht werden kann. Es eignet sich für alle, die im Reservat nächtigen wollen, denen aber ein All-Inclusive-Paket zu teuer ist. Die **Lodge** (Hängematte/ Zi. pro Pers. 7/10 US$) berechnet nur Unterkunft und Essen (Frühstück/Mittagessen/Abendessen 3/4/5 US$), den Aufenthalt und die Ausflüge auf eigene Faust kann man unabhängig planen. Dabei dürfen auch die Kanus des Reservats benutzt und Führer angeheuert werden, sofern sie nicht gerade mit anderen Touren oder sonstigen Aufgaben beschäftigt sind.

Von diesem Angebot abgesehen, haben Backpacker auch die günstige Option, im Rahmen der geführten Touren im Parque Nacional Amacayacu (S. 892) und der Touren mit Einheimischen aus Puerto Nariño (S. 892) ein wenig Urwaldluft zu schnuppern. Nicht vergessen: ausreichend Mückenspray aus Bogotá mitbringen, da es in Leticia nichts Anständiges zu kaufen gibt. Wer eine analoge Kamera benutzt, sollte zudem lichtempfindliche Filme einstecken – im Dschungel ist's immer finster.

Schlafen
LETICIA
Residencias Marina (☎ 8-592-6014; Carrera 9 Nr. 9-29; EZ/DZ/3BZ 7/10/15 US$) Akzeptables zentral gelegenes Hotel, die Zimmer haben Ventilator und Kühlschrank.

Residencias El Divino Niño (☎ 8-592-5598; Av Internacional Nr. 7-23; EZ/DZ 8/11 US$; 🏠) An dem einfachen Haus ist nichts besonders. Ausnahme: Es ist besonders preiswert. Liegt an der Grenze zu Brasilien.

Hospedaje Los Delfines (☎ 8-592-7388; losdelfines leticia@hotmail.com; Carrera 11 Nr. 12-81; EZ/DZ/3BZ 14/18/22 US$) Kleine familiäre Pension mit neun sauberen Zimmern, die sich rund um einen grünen Innenhof gruppieren.

Hotel Yurupary (☎ 8-592-7983; www.hotelyurupary. col.nu, Spanish; Calle 8 Nr. 7-26; EZ/DZ/3BZ 18/27/35 US$, alle inkl. Frühstück; 🏠) Einer der besten Läden für kleines Geld. Weitläufige Zimmer mit Kühlschrank und Kabelfernsehen.

TABATINGA
Hotel Cristina (☎ 92-412-2558; Rua Marechal Mallet 248; EZ/DZ mit Ventilator 6/8 US$, mit Klimaanlage 8/12 US$) Praktische einfache Unterkunft, wenn man frühmorgens das erste Boot nach Iquitos kriegen will.

Hotel Bela Vista (☎ 92-412-3846; Rua Marechal Rondon 1806; B 16 US$; 🏠) Das Bela Vista ist nicht besonders schick, dafür stellt es eine unschlagbare Kombination aus diesen Attributen dar: billig, sauber, klimatisiert und nur einen Steinwurf vom ersten Boot nach Iquitos entfernt. Und obendrein nett bis zum Abwinken.

Posada do Sol (☎ 92-412-3987; Rua General Sampaio; EZ/DZ/3BZ 20/24/36 US$, alle inkl. Frühstück; 🏠 🍴) Dies ist einer der besten Läden überhaupt. Das große familiengeführte Herrenhaus bietet den Besuchern sieben Zimmer mit TV und Kühlschrank.

Essen
LETICIA
Das Essen in Leticia ist in der Regel gut und nicht zu teuer. Die Spezialität der Gegend ist Fisch wie z. B. die leckeren Sorten *gamitana* (schwarzer Pacu) und Pirarucu (Arapaima).

Restaurante El Sabor (Calle 8 Nr. 9-25; Menüs 2–4 US$; 🕙 Di–So 24 Std.) Leticias günstigstes Restaurant; mit super Menüangeboten, vegetarischen Burgern, Bananenpfannkuchen und Obstsalat – und zum Essen gibt's endlos Gratissäfte.

A Me K Tiar (Carrera 9 Nr. 8-15; Hauptgerichte 3–5 US$; 🕙 Mo–Sa 12–23.30, So 17–23.30 Uhr) Die *parrillas* und das gegrillte Fleisch gehören zur ersten Liga der Stadt; faire Preise.

Restaurante Acuarius (Carrera 7 Nr. 8-12; Hauptgerichte 3–5 US$; 🕙 7–21 Uhr) Das nette Outdoor-Restaurant serviert hervorragende Fleisch- und Geflügelgerichte, zudem Fisch aus der Region, etwa den Pirarucu (Arapaima).

TABATINGA
Tabatingas Gastroszene hat in den letzten Jahren zugelegt.

Restaurante Fazenda (Av da Amizade 196; Hauptgerichte 3–7 US$) Anständiges brasilianisches Essen, serviert in einem nett eingerichteten Restaurant.

Restaurante Tres Fronteiras do Amazonas (Rua Rui Barbosa; Hauptgerichte 4–7 US$; 🕙 9–23 Uhr) Attraktives, mit Palmwedeln gedecktes Outdoor-Restaurant; große Auswahl an Fisch- und Fleischgerichten.

Ausgehen
Discoteca Tacones (Carrera 11 Nr. 6-14) Wahrscheinlich die trendigste Disko in Leticia.

Taberna Americana (Carrera 10 Nr. 11-108) Eine günstige, rustikale Bar, die Salsarhythmen bis in die frühen Morgenstunden spielt.

An- & Weiterreise
FLUGZEUG
Die einzige Passagierfluglinie, die Leticia anfliegt, ist **AeroRepública** (☎ 8-592-7666; Calle 7 Nr. 10-36). Sie pendelt an mehreren Tage in der Woche zwischen Leticia und Bogotá (110–140 US$). In der Ferienzeit könnte es allerdings schwierig werden, Flüge aus Leticia heraus zu ergattern – also möglichst rechtzeitig buchen.

Zwei Fluggesellschaften (Trip und Rico) fliegen von Tabatinga nach Manaus. Außer

EINREISE NACH BRASILIEN & PERU

Leticia mag zwar mitten im Nichts liegen, ist aber trotzdem der ideale Ausgangspunkt für einen Besuch der Nachbarländer. Der schnellste Weg aus Kolumbien ist der Flieger nach Manaus, mehr Spannung verspricht allerdings ein Trip mit dem Wasserflugzeug nach Iquitos in Peru. Mit einem Flussdampfer entweder nach Manaus oder Iquitos zu tuckern, ist zwar eine sehr gemächliche Variante, dafür aber die stilvollere Art, Leticia Adieu zu sagen. Dabei sollte man bedenken, dass Iquitos mindestens so abgelegen ist wie Leticia – wenn nicht noch abgelegener.

Leticia versteht sich gut mit seinen Nachbarn: Folglich gibt es keine formelle Grenze zwischen Kolumbien und Brasilien. Bevor man das Land verlässt, braucht man einen Ausreisestempel vom DAS-Büro in Leticia und einen Einreisestempel von der Polícia Federal in Tabatinga. Mehr Infos zu diesen Grenzübergängen gibt's auf S. 448 und S. 1070.

mittwochs geht an jedem Wochentag ein Flieger. Tickets kann man entweder in Tabatingas Reisebüro **Turamazon** (☎ 92-412-2026; Av da Amizade 2271) oder bei **CNM Câmbio e Turismo** (☎ 92-412-3281; Av da Amizade 2017) kaufen; beide Geschäfte liegen in der Nähe der Grenze. Der Flughafen befindet sich 2 km südlich von Tabatinga; *colectivos* mit der Aufschrift „Comara", die von Leticia aus fahren, setzen einen in der Nähe ab.

TANS, eine kleine peruanische Airline, fliegt mit Wasserflugzeugen mittwochs und samstags (65 US$) von Santa Rosa nach Iquitos.Die Maschinen bieten 15 Personen Platz. Informationen und Tickets gibt's bei **Cambios La Sultana** (☎ 8-592-7071; Calle 8 Nr. 11-57) in Leticia. Man muss von Leticia oder Tabatinga aus mit dem Boot nach Santa Rosa fahren, um den Flieger zu bekommen.

SCHIFF

Leticia ist der Ausgangspunkt für Traveller, die nach Amazonasabenteuern in der Abgeschiedenheit der Wildnis suchen, sei es stromabwärts Richtung Manaus (Brasilien) oder flussaufwärts Richtung Iquitos (Peru).

Boote nach Manaus legen am Porto Fluvial de Tabatinga hinter dem Krankenhaus ab und schippern durch Benjamin Constant. Es fahren drei Schiffe pro Woche. Los geht's in Tabatinga mittwochs, freitags und samstags jeweils gegen 14 Uhr, ein Zwischenstopp wird in Benjamin Constant eingelegt. Es fahren jedoch auch immer wieder zwischendurch weitere Boote – also vor Ort informieren.

Die Tour nach Manaus nimmt drei Tage und vier Nächte in Anspruch und kostet 65 US$, wenn man in der eigenen Hängematte nächtigt, bzw. 240 US$, wenn man lieber die Doppelkabine vorzieht. (Flussaufwärts von Manaus nach Tabatinga dauert die Tour normalerweise sechs Tage; Kostenpunkt: 110 US$ für die Hängematte-, 330 US$ für die Doppelkabine-Variante). Das Essen ist zwar im Preis enthalten, doch eher armselig und monoton. Es kann also nicht schaden, Snacks und Wasserflaschen dabeizuhaben. Die Boote erreichen Tabatinga ein bis zwei Tage, bevor sie sich wieder auf die Rückfahrt den Fluss hinunter begeben. Man kann also die Hängematte schon mal aufhängen oder die Kabine in Beschlag nehmen, sobald man die Fahrt bezahlt hat. Das spart Hotelkosten. Essen gibt's erst nach der Abfahrt. Und: Diebe drücken sich auf den Booten herum – also immer gut aufpassen.

Drei kleine Bootsunternehmen in Tabatinga – Transtur, Mayco und **Mi Reyna** (☎ 92-412-2945; Rua Marechal Mallet 248) – betreiben leistungsstarke Passagierboote *(rápidos)* zwischen Tabatinga und Iquitos. Jede Firma hat ein paar Fahrten in der Woche im Fahrplan, es legt also immer mindestens ein Boot pro Tag ab. Die Boote starten in Tabatinga am Porto da Feira um 5 Uhr und kommen in Iquitos 10 bis 12 Stunden später an. Unterwegs halten die Boote an der Einreisestelle in Santa Rosa. Die Fahrt kostet in beide Richtungen 60 US$, inklusive Frühstück und Mittagessen. Nicht vergessen: den Ausweis bei der DAS am Flughafen von Leticia vor der Abfahrt stempeln lassen.

Etwa ein- bis zweimal die Woche schippern auch Frachtkähne von Santa Rosa nach Iquitos. Die Reise dauert etwa drei Tage und kostet inklusive Verpflegung 25–30 US$. Flussabwärts von Iquitos nach Santa Rosa dauert es gewöhnlich nicht länger als zwei Tage.

Zu beachten ist: Es gibt keine Straßen, die von Iquitos ins Landesinnere von Peru führen. Man muss fliegen oder über den Fluss weiter nach Pucallpa fahren (5–7 Tage), von wo aus man dann über den Landweg nach Lima und sonst wohin kommt.

PARQUE NACIONAL AMACAYACU

Der Amacayacu-Nationalpark erstreckt sich nördlich des Amazonas etwa 55 km flussaufwärts von Leticia. Das Urwaldterritorium hat eine Fläche von 2935 km² und ist damit ein bisschen größer als das Saarland. Ein geräumiges **Besucherzentrum** (Hängematte/B 8/12 US$) mit Essen (drei Mahlzeiten ca. 8 US$) und Schlafmöglichkeiten wurde am Ufer des Amazonas errichtet. Der Eintritt zum Park beträgt 9 US$. In Leticia nimmt das **Aviatur Büro** (Calle 7 bei Carrera 11) Buchungen entgegen.

Vom Besucherzentrum aus kann man den Park entweder über die ausgeschilderten Wege oder vom Wasser aus erkunden. Einheimische Führer begleiten die Besucher auf allen Ausflügen; sie berechnen abhängig von der Route 10–20 US$ pro Gruppe. Während des Hochwassers (Mai–Juni) verwandelt sich das meiste Land in Sumpf und Lagunen. Viele Wanderwege können dann nur teilweise oder gar nicht begangen werden, weshalb stattdessen Kanutrips organisiert werden. Zu den Basics der benötigten Ausrüstung gehören: Unmengen Mückenspray, eine Taschenlampe, langärmelige T-Shirts und wasserfeste Klamotten.

Boote von Leticia nach Puerto Nariño (s. unten) setzen einen am Besucherzentrum des Parks ab (10 US$, 1½ Std.).

PUERTO NARIÑO

☎ 8 / 2000 Ew.

Puerto Nariños Hauptattraktion ist die Einsamkeit. Das Dorf liegt von Leticia aus ungefähr 60 km den Amazonas hinauf – 15 km sind es vom Amacayacu-Park aus – am Ufer des großen Flusses in der Mitte von absolut gar nichts. Die Isolation hat aber dem Stolz seiner Einwohner nichts ausgemacht, im Gegenteil: Heute dürfte der Ort einer der saubersten des ganzen Landes sein. Jeden Morgen ziehen Bürgerbrigaden durch die Stadt und sammeln herumliegenden Müll auf. Etwa 10 km westlich von Puerto Nariño erstreckt sich der Lago Tarapoto, ein reizender See, der nur über den Fluss zugäng-

lich und ein gutes Revier zum Beobachten von rosafarbenen Delphinen ist. Eine halbtägige Motorboot-Tour zum See kann von Puerto Nariño aus organisiert werden (pro Boot für max. 4 Pers. ca. 25 US$). Die Einheimischen zeigen einem auf Boots- oder Wandertouren zudem viele Orte, etwa den Parque Nacional Amacayacu. Wer möchte, kann sich auch ein Kanu ausleihen (8 US$/Tag) und auf eigene Faust losfahren.

In Puerto Nariño gibt es einige Möglichkeiten, eine Bleibe zu finden.

Brisas del Amazonas (☎ 311-281-2473; B 6 US$) Einfache Zimmer in einem schicken, wenn auch verfallenen Herrenhaus.

Eware Tourist Refuge (☎ 311-474-3466; zoraida veloza@yahoo.com; B 10 US$) Eines der zahlreichen rustikalen Gästehäuser; etwa zehn Minuten mit dem Boot von der Stadt entfernt. Das Kanu kann man umsonst benutzen, von einem kleinen Aussichtsturm hat man den umliegenden Urwald im Blick.

Das gefällige **El Alto del Águila** (B/DZ 5/10 US$) liegt 20 Gehminuten von der Stadt entfernt. Auf dem Weg sieht man Affen und Aras und genießt zudem eine tolle Aussicht auf den Fluss. Günstige Urwaldtrips werden auf Wunsch ebenfalls organisiert.

Casa Selva (☎ 310-221-4379, 311-217-7758; EZ/DZ/3BZ 28/38/42 US$) Einwandfrei saubere Zimmer mit eigenem Bad und Schlafsaal mit sechs Hängematten. Verpflegung gibt's auch.

Günstige Mahlzeiten servieren die beiden einfachen Restaurants am Flussufer: Doña Francisca oder Las Margaritas.

Die drei kleinen Bootsunternehmen Expreso Tres Fronteras, Transporte Amazónico und Expreso Líneas Amazonas (alle haben ein Büro am Ufer in Leticia) betreiben regelmäßig verkehrende, schnelle Passagierboote nach Puerto Nariño. Abfahrt montags bis freitags um 14 Uhr, an den Wochenenden um 13 Uhr (14 US$, 2 Std.). Das Ticket sollte man am Morgen oder einen Tag vor der Abfahrt kaufen.

ALLGEMEINE INFORMATIONEN

AKTIVITÄTEN

Mit seiner erstaunlichen geografischen Vielfalt ist Kolumbien ein Topziel für Wanderer, wenngleich einige Gegenden von

Guerillas besetzt sind und deshalb besser gemieden werden sollten.

Die Korallenriffe Kolumbiens laden dagegen zum Schnorcheln und Tauchen ein. Am meisten Spaß macht das vor San Andrés (S. 853), Providencia (S. 856), Santa Marta (S. 838), Taganga (S. 839) und Cartagena (S. 845). Überall gibt es mehrere Tauchschulen, die Kurse und auch sonst alles rund ums Tauchen anbieten. Kolumbien gilt als eines der günstigsten Tauchgebiete weltweit.

Auch in Sachen Paragliding hat sich einiges getan. Das Zentrum hierfür ist die Umgebung von Medellín (S. 862), doch es gibt auch Flugschulen in Bogotá, Cali und anderen Orten. Paragliding in Kolumbien ist ein günstiges Vergnügen.

Wildwasserrafting ist noch ein relativer Neuling in Kolumbien, doch Interesse und Angebot wachsen schnell, vor allem rund um San Gil (S. 830). Auch in San Agustín (S. 877) und Suesca (S. 822) lockt man mit kleineren Angeboten. Und – es ist keine Überraschung – wie die meisten anderen Outdooraktivitäten kann man auch Raftingtouren für recht wenig Pesos bekommen.

Der Radsport ist unter den kolumbianischen Fans zwar sehr beliebt, doch Fahrradverleiher sind erst in den letzten Jahren in die Marktlücke gestoßen.

Noch nicht genug? Wer will, kann auch bergsteigen, reiten, klettern, surfen, angeln, Höhlen erkunden und sogar in einem Schlammvulkan baden (Volcán de Lodo El Totumo, S. 848).

ARBEITEN IN KOLUMBIEN

Rein rechtlich gesehen braucht man ein Arbeitsvisum, um einen Job in Kolumbien zu bekommen. Ohne das Visum kann man zwar theoretisch Sprachunterricht erteilen, allerdings könnte es ohne richtige Qualifikation problematisch sein, überhaupt an eine Stelle zu kommen.

BOTSCHAFTEN & KONSULATE
Botschaften & Konsulate in Kolumbien

Zu den ausländischen Vertretungen in Bogotá gehören die hier genannten (Botschaften und Konsulate befinden sich an der selben Adresse, außer, wenn es anders angegeben ist). Die meisten Standorte dieser und anderer Konsulate findet man auf den jeweiligen Stadtplänen.

Brasilien Bogotá (☎ 1-218-0800; Calle 93 Nr. 14–20, Piso 8); Leticia (Karte S. 888; %8-592-7530; Carrera 9 Nr. 13-84); Medellín (Karte S. 858; ☎ 4-265-7565; Calle 29D Nr. 55-91)

Deutschland (☎ 1-249-4911; Fax 1-429-3145; info@bogota.diplo.de; Carrera 4 Nr. 72-35, Bogotá)

Ecuador Bogotá (☎ 1-212-6512; Calle 72 Nr. 6-30); Konsulat in Ipiales (Karte S. 885; ☎ 2-773-2292; Carrera 7 Nr. 14-10); Medellín (Karte S. 858; ☎ 4-512-1303; Calle 50 Nr. 52–22, Oficina 603)

Österreich (☎ 1-326-3680; Fax 1-317-7639; bogota-ob@bmeia.gv.at; Carrera 9, No. 73-44, Piso 4, Bogota)

Panama Bogotá (☎ 1-257-4452; Calle 92 Nr. 7-70); Cartagena (Karte S. 842; ☎ 5-664-1433; Plaza de San Pedro Claver Nr. 30–14, El Centro); Medellín (Karte S. 858; ☎ 4-268-1358; Carrera 43A Nr. 7-50, Oficina 1607)

Peru Botschaft in Bogotá (☎ 1-257-0505; Calle 80A Nr. 6-50), Konsulat in Bogotá (☎ 1-257-6846; Calle 90 Nr. 14-26); Leticia (Karte S. 888; ☎ 8-592 7204; Calle 13 Nr. 10-70)

Schweiz (☎ 1-349-7230; Fax 1-349-7195; bog.vertretung@eda.admin.ch; Carrera 9a 74-08, Piso 11, Bogotá)

Venezuela Botschaft in Bogotá (☎ 1-640-1213; Carrera 11 Nr. 87-51, Piso 5), Konsulat in Bogotá (☎ 1-636-4011; Av 13 Nr. 103-16); Cartagena (Karte S. 842; ☎ 5-665-0382; Carrera 3 Nr. 8-129, Bocagrande); Cúcuta (Karte S. 835; ☎ 7-579-1956; Av Camilo Daza); Medellín (Karte S. 858; ☎ 4-351-1614; Calle 32B Nr. 69-59)

Kolumbianische Botschaften & Konsulate

Kolumbien unterhält Botschaften und Konsulate in allen Nachbarländern. Für die deutschsprachigen Länder sind folgende diplomatische Vertretungen zuständig:

Deutschland (☎ 030-263-9610; Fax 030-2639-6125; info@botschaft-kolumbien.de; Kurfürstenstraße 84, 10787 Berlin)

Österreich (☎ 01-406-4446; Fax 01-408-8303; embcol viena@aon.at; Stadiongasse 6-8/15, 1010 Wien)

Schweiz (☎ 031-351-1700; Fax 031-352-7072; colom bie@iprolink.ch; Dufourstrasse 47, 3005 Bern)

BÜCHER

Noch detailliertere Reiseinformationen sind in dem Lonely Planet Band *Colombia* zu finden.

Treffpunkt Cafe „Fruchtpalast". Erlebnisse in Kolumbien von Charles Nicholl ist ein sehr unterhaltsames Tagebuch, in dem der Autor seine Wanderungen durch das Land in den 1980er-Jahren schildert. Die Daten mögen vielleicht nicht mehr die aktuellsten sein, die persönlichen Erlebnisse dafür besitzen auch für Traveller im 21. Jh. noch die gleiche Relevanz wie zu der Zeit, als sie gemacht wurden.

Einen Bericht über den kolumbianischen Drogenkrieg legte Robin Kirk mit seinem Buch *More Terrible than Death: Violence, Drugs and America's War in Colombia* vor. Die Verfasserin lebte für einige Zeit in Kolumbien, wo sie für Human Rights Watch arbeitete. Sie beschreibt einige der brutalsten Terrorübergriffe, die sie während ihrer Arbeit beobachtet hat. Einen eher akademischen Bericht desselben Konflikts findet man in dem Band *Drogen, Terror, Öl. Entstehung und Wandel der US-Außenpolitik gegenüber Kolumbien 1999–2003* von Maximilian Kurz, der der Frage nachgeht, inwieweit sich die US-Kolumbien besonders seit dem 11. September 2001 verändert hat.

Obwohl die Kolumbianer kein Interesse daran zu haben scheinen, etwas über die FARC zu erfahren, ist Pablo Escobar immer noch ein beliebtes Thema. *Killing Pablo. Die Jagd auf Pablo Escobar, Kolumbiens Drogenbaron* (2003) von Mark Bowden verkauft sich wie geschnittenes Brot.

ESSEN & TRINKEN
Kolumbianische Küche

Die kolumbianische Küche ist abwechslungsreich und regional. Zu den typischsten Gerichten gehören:

Ajiaco (a-chie-*a*-ko) – Hühnersuppe mit drei verschiedenen Kartoffelarten, serviert mit Mais und Kapern. Eine Spezialität aus Bogotá.

Bandeja Paisa (ban-*de*-cha *pai*-sa) – typisches antioquianisches Gericht aus Rinderhackfleisch, Würstchen, roten Bohnen, Reis, gebratenen grünen Bananen, Rührei, gebratenem gepökeltem Schweinefleisch und Avocados.

Chocolate Santafereño (tscho-ko-*la*-te san-ta-fe-*re*-nyo) – Tasse heiße Schokolade mit einem Stück Käse und Brot (üblicherweise stippt man den Käse in die Schokolade). Eine weitere Spezialität aus Bogotá.

Cuy (kuy) – gegrilltes Meerschweinchen, typisch für Nariño.

Hormiga Culona (or-*mie*-ga ku-*lo*-na) – große gebackene Ameisen. Möglicherweise die exotischste aller kolumbianischen Spezialitäten, die es nur in Santander gibt.

Lechona (le-*tscho*-na) – geschlachtetes ganzes Schwein, das mit seinem eigenen Fleisch, Reis und getrockneten Erbsen gefüllt und dann in einem Ofen gebacken wird; eine Spezialität aus Tolima.

Tamal (ta-*mal*) – Geschnetzeltes Schwein mit Reis und Gemüse; alles zusammen wird in Maisteig gewickelt, dann in Bananenblätter eingepackt und gedämpft. Es gibt mehrere regionale Varianten.

Abwechslung gehört leider nicht zu den Attributen des einfachsten Menüs *(comida corriente)*, das die meisten Kolumbianer essen, wenn sie essen gehen. Es ist ein Zwei-Gänge-Menü bestehend aus einer *sopa* (Suppe) und einer *bandeja* bzw. einem *seco* (Hauptgericht). Mittags (von 12–14 Uhr) nennt sich das Ganze *almuerzo*, während es abends (nach 18 Uhr) zur *comida* wird, die aber weitgehend identisch mit der mittäglichen Variante ist. Die *almuerzos* und *comidas* sind das Standardessen, manchmal sogar das Einzige, das einem in den zahllosen preiswerten Restaurants vorgesetzt wird. Günstiger wird man wohl kaum satt werden, zwischen 1,50 und 2,50 US$ kosten die Menüs – also etwa die Hälfte eines Gerichts à la carte.

An ein anständiges *desayuno* (Frühstück) ist nur schwer ranzukommen – und selbst wenn, ist es nix, von dem man noch zu Hause was erzählen müsste. Man findet vielleicht ein paar Rühreier und Kaffee, den großen Hunger sollte man sich aber besser fürs Mittagessen aufsparen.

In Kolumbien gibt es eine verblüffende Auswahl an Früchten, von denen einige nur in dieser Ecke des Planeten vorkommen. Probieren sollte man einmal: *guanábanas* (Stachelannonen), *lulos, curubas, zapotes* (schwarze Sapoten), *mamoncillos, uchuvas* (Physalu bzw. Kapstachelbeeren), *feijoas* (Brasilianische bzw. Ananas-Guaven), *granadillas,* Maracujas, *tomates de árbol* (Baumtomaten), *borojoas, mameyes* (südamerikanische Aprikosen) und *tamarindes* … um nur einige zu nennen.

Getränke

Kaffee ist in Kolumbien das Getränk Numero uno. *Tinto*, eine kleine Tasse schwarzer Kaffee, gibt's überall. Andere Spezialitäten sind der *perico* bzw. *pintado*, ein kleiner Milchkaffee, und der *café con leche,* der in größeren Tassen serviert wird und mehr Milch enthält.

Tee ist nicht besonders beliebt und entsprechend nur in schlechter Qualität zu bekommen. Dafür gibt es *aromáticas* – Kräutertees z. B. mit *cidrónes* (Zitronenblätter), *yerbabuena* (Pfefferminze) und *manzanilla* (Kamille) –, die gut und günstig

DER STOFF, AUS DEM DIE BRAUSE IST

Coca Sek mag genau das Richtige sein, um den Durst zu löschen, doch in den Regalen der Supermärkte zu Hause wird man wohl vergeblich nach diesem Getränk suchen. Hergestellt wird besagter Softdrink von den Nasa-Indios in Südkolumbien aus einem Extrakt der Kokablätter. Es ist bei Weitem nicht genug Koka drin, um zu bewusstseinserweiternden Erfahrungen zu führen, doch bezeichnen die Abfüller das Gebräu auch als einen Energy Drink, der ungefähr ähnlich stimulierend wie Kaffee wirken soll.

Das Getränk ist zwar in Kolumbien zu haben, Coca-Cola, Pepsi und andere Limonadeproduzenten können allerdings nachts ruhig schlafen – Coca Sek wird wahrscheinlich nie nach Europa oder Amerika exportiert: Aufgrund von Gesetzen, die die Einfuhr von Roh-Koka verbieten, wäre für jede Ladung der Brause am Zoll Endstation.

Coca Sek – was so viel wie Koka der Sonne bedeutet – sieht aus wie Cidre und schmeckt entfernt nach Ginger Ale. Obwohl noch nicht alle Tests abgeschlossen sind, enthält das Getränk einen Koka-Anteil von unter 0,5 %. Coca Sek wird von etwa 15 Angehörigen des Nasa-Stammes hergestellt und abgefüllt. Ein Teil der Firmenerlöse geht an Kokabauern.

sind. *Agua de Panela*, Rohrzucker in heißem Wasser aufgelöst, schmeckt mit einem Schuss Zitrone einfach klasse.

Bier ist beliebt, billig und im Allgemeinen nicht schlecht. Gleiches kann vom kolumbianischen Wein leider nicht behauptet werden – um den macht man besser einen Bogen.

Aguardiente, ein einheimischer Schnaps mit Anisgeschmack, wird von verschiedenen Firmen im ganzen Land produziert. Cristal aus Caldas und Nectar aus Cundinamarca dürften die beliebtesten Marken sein. Natürlich marschiert auch *ron* (Rum) vielerorts über die Theken, vor allem an der Karibikküste.

In einigen Regionen – besonders auf dem Land – wird man auch *chicha* und *guarapo* (vergorene Mais- oder Fruchtsäfte) eingeschenkt bekommen. Die Gebräue werden meist zuhause angesetzt und enthalten mal mehr, mal weniger Alkohol.

FEIERTAGE & FERIEN

Die folgenden Feiertage und speziellen Events werden in ganz Kolumbien gefeiert. Die mit einem Stern gekennzeichneten Feiertage werden – sofern sie nicht ohnehin auf einen Montag fallen – auf den darauffolgenden Montag verlegt. So wird ein langes Wochenende daraus, genannt *puente*.

Año Nuevo (Neujahr) 1. Januar
Los Reyes Magos (Heilige Drei Könige) 6. Januar*
San José (Hl. Josef) 19. März
Jueves Santo (Gründonnerstag) März/April
Viernes Santo (Karfreitag) März/April
Día del Trabajador (Tag der Arbeit) 1. Mai

La Ascensión del Señor (Christi Himmelfahrt) Mai/Juni – unterschiedliche Daten
Corpus Cristi (Fronleichnam) Mai/Juni*
Sagrado Corazón de Jesús (Herz Jesu) Juni*
San Pedro y San Pablo (Hll. Peter & Paul) 29. Juni*
Día de la Independencia (Unabhängigkeitstag) 20. Juli
Batalla de Boyacá (Schlacht von Boyacá) 7. August
La Asunción de Nuestra Señora (Mariä Himmelfahrt) 15. August*
Día de la Raza (Entdeckung Amerikas) 12. Oktober*
Todos los Santos (Allerheiligen) 1. November *
Independencia de Cartagena (Unabhängigkeit von Cartagena) 11. November *
Inmaculada Concepción (Unbefleckte Empfängnis Mariä) 8. Dezember
Navidad (Weihnachten) 25. Dezember

Abgesehen vom Wetter sollte man bei seinen Reiseplanungen auch die kolumbianischen Ferienzeiten berücksichtigen. Es gibt im Großen und Ganzen drei Hauptreisezeiten, in denen sich die Kolumbianer auf die Socken machen. Ende Dezember bis Anfang Januar, in der Semana Santa (Karwoche) sowie Mitte Juni bis Mitte Juli. Dann sind die Transportmittel noch überfüllter, die Preise der Flugtickets noch höher und die Hotels noch schneller rappelvoll. Wer zu dieser Zeit unterwegs ist, sollte daher weit im Voraus planen. Dafür bekommt man aber auch leichter Kontakt zu mitreisenden Kolumbianern, die in entspannter Ferienstimmung sind.

FESTIVALS

Kolumbianer lieben ihre *fiestas*. Es gibt nicht weniger als 200 Festivals und Events

– von kleinen lokalen Happenings bis zu internationalen, mehrtägigen Feierlichkeiten ist wirklich alles im Programm. Die meisten Festivitäten sind regional, die schönsten werden in den Abschnitten zu den jeweiligen Ortschaften erwähnt.

FRAUEN UNTERWEGS

Wie das restliche Lateinamerika ist Kolumbien ein ziemliches „Männerland". Machismo und Sexismus sind in der ganzen Gesellschaft zu spüren. Weibliche Reisende erregen mehr Neugier, Aufmerksamkeit und Avancen von einheimischen Männern als in westlichen Ländern. Viele kolumbianische Männer starren Frauen an, machen anzügliche Bemerkungen, kommentieren das Aussehen und werden manchmal gar zudringlich: Das ist eben der lateinamerikanische Way of Life – und die meisten Latinos würde einen ungläubig mit ihren großen schwarzen Augen anschauen, wenn man sie deswegen der sexuellen Belästigung bezichtigen würde. Im Gegenteil, viel eher müsste sich man anhören, dass doch nur Komplimente verteilt würden.

Die beste Art und Weise, mit dieser „Aufmerksamkeit" klar zu kommen, ist, sie einfach zu ignorieren. Selbstbewusstsein und entschiedenes Auftreten sind das A und O, und auf gar keinen Fall sollte sich frau durch das Machogehabe die Ferien verderben lassen. Und etwas weniger aufreizende Klamotten reduzieren die Chancen, überhaupt angemacht zu werden – zumindest wird sich manch eitler Gockel nicht den Hals verrenken. Auch ein Ehering am Ringfinger und ein Foto vom Gatten – und wenn's in Wirklichkeit nur der Bruder ist – stellen einen natürlichen Abwehrmechanismus dar.

Es gibt keinerlei Initiativen in Kolumbien, die speziell für Frauen Hilfe anbieten, geschweige denn Ressourcen mit Angeboten für weibliche Traveller.

FREIWILLIGENARBEIT

Es gibt nur wenige Möglichkeiten, als Freiwilliger in Kolumbien zu arbeiten. Meist liegt es daran, dass die örtlichen Organisationen angesichts der immer noch vorhandenen Sicherheitsmängel keine Verantwortung für Besucher übernehmen wollen. Eine der besten Möglichkeiten besteht darin, als Ranger in einem kolumbianischen Natio-

nalpark unterzukommen. Wer dazu bereit ist, sich für mindestens einen Monat zu verpflichten, und zudem über anständige Spanischkenntnisse verfügt, hat ganz gute Karten. Eventuell muss man einen fünftägigen Kurs in Bogotá besuchen. Informationen (spanisch) gibt es unter www.parquesnacionales.gov.co/parques/gpvhtml.htm. Wer für eine NGO, eine nichtstaatliche Organisation, tätig sein möchte, benötigt in der Regel ein Touristenvisum. Andere Möglichkeiten, seine Hilfe freiwillig im sozialen Bereich anzubieten, gibt es bei den Ablegern folgender NGOs:

Confederación Colombiana de ONGs (Karte S. 810 f.; ☎ 1-215-6519; www.ccong.org.co; Carrera 13A Nr. 107-02, Bogotá)
Federación de ONGs de Bogotá y Cundinamarca (Karte S. 810 f.; ☎ 1-677-1088; Calle 175 Nr. 40-56, Bogotá)
Peace Brigades International Colombia Project (☎ 0032-2-536-1169; www.peacebrigades.org/colombia; Rue de la Linière 11, 1060 Brüssel, Belgien)

FÜHRERSCHEIN

Es ist möglich, mit dem Auto oder dem Motorrad von Punkt A nach Punkt B zu gelangen – und einigen Travellern ist das auch ohne größere Probleme geglückt. Die nationalen Führerscheine werden akzeptiert, obwohl sich eventuell Komplikationen vermeiden lassen, wenn man einen internationalen Führerschein dabeihat.

GEFAHREN & ÄRGERNISSE

Obwohl die Sicherheitsmaßnahmen in den letzten Jahren verbessert wurden, lauern in Kolumbien immer noch viele Gefahren, vor denen man sich in Acht nehmen muss. Bei den aktuellen News sollte man zwischen den Schlagzeilen lesen, Kidnapping beispielsweise sollte die geringsten Kopfschmerzen bereiten – das passiert Fremden so gut wie nie. Schon eher kann man allerdings Opfer eines Raubüberfalls oder einer Betrügerei werden.

Diebstahl & Raub

Am ehesten muss man sich vor Langfingern schützen, die im Allgemeinen in den Großstädten zugange sind. Je ländlicher die Gegend, desto ruhiger und sicherer darf man sich fühlen. Üblicherweise versuchen die Diebe, Wertsachen aus den Taschen zu klauen oder den Opfern Taschen, Kameras

SICHER REISEN

Wer in Kolumbien unterwegs ist, sollte nicht gleich eine Paranoia entwickeln, sondern immer den gesunden Menschenverstand eingeschaltet lassen. Viele Traveller haben Kolumbien bereist, ohne deswegen gleich Probleme bekommen zu haben. Wer ein paar Grundregeln beherzigt, kann das Risiko minimieren, Opfer eines Übergriffs zu werden.

Zur eigenen Sicherheit:

- Ist die Gegend, die man besuchen will, nicht als sicher ausgewiesen, sollte man sich eher auf die Städte konzentrieren und die Landpartie besser ausfallen lassen.
- Keine Speisen, Getränke oder Zigaretten von Fremden annehmen.
- Nie auf eigene Faust in arme Viertel, heruntergekommene Straßen oder suspekt wirkende Gegenden marschieren, besonders nach Einbruch der Dunkelheit.
- Wer in einer neuen Ortschaft ankommt, sollte eine Karte griffbereit haben oder zumindest eine grobe Orientierung besitzen.
- Selbstsicher durch die Straßen laufen, keinesfalls verirrt schauen oder sich mit verblüfftem Gesichtsausdruck mitten auf der Straße platzieren.
- Taxis benutzen, wenn dies der geeignete Weg ist, riskante Gegenden zu vermeiden.

Tipps für unterwegs:

- Flugreisen sind immer dann die bessere Variante, wenn die Landroute für massive Sicherheitsmängel berüchtigt ist.
- Vor Ort Ratschläge über die Zielregion und die Gebiete einholen, durch die man fahren will.
- Nur tagsüber mit Bussen reisen.
- Keine Mietwagen benutzen (wer sich von diesem Rat nicht einschüchtern lässt, bekommt auf S. 808 weitere Tipps).
- Wer meint, die bekannten Wege verlassen zu müssen, sollte vor der Abreise Dritten unbedingt Details seiner Route mitteilen.

So schützt man sich vor Dieben:

- Geld und Wertsachen an einem sicheren Ort im Hotel deponieren. Wer unbedingt größere Mengen Bargeld benötigt, sollte einen Geldgürtel tragen.
- Während der Reise sollten die Wertsachen am Körper und im Gepäck verteilt werden, damit nicht alles auf einmal mit einem gezielten Griff verschwindet.
- Besser kleidet man sich lässig und preiswert. Besonders zu empfehlen: gedeckte Töne. Grelle Klamotten sollten im Rucksack bleiben.
- Fotoapparate sollten so lange und oft wie möglich unsichtbar bleiben und nur zum Knipsen kurz rausgeholt werden.
- Ab und zu sichergehen, dass man nicht verfolgt oder beobachtet wird, besonders wenn man aus einer Bank, einer *casa de cambio* oder vom Geldautomaten kommt.
- Für den Fall der Fälle sollte eine Universalreiseversicherung abgeschlossen werden.

oder Uhren zu entreißen. Nur ein Moment der Unachtsamkeit genügt und weg ist die Ausrüstung.

Es empfiehlt sich, einen Köder mit kleinen Geldscheinen im Gegenwert von 5–10 US$ mit sich zu tragen, den man im Falle eines Raubüberfalls aushändigen kann. Sollte man keine Pesos dabeihaben, löst das bei den Tätern eventuell Frust aus – und das macht sie unberechenbar.

Bewaffnete Überfälle ereignen sich in den Städten vor allem in den Vierteln der Oberen Zehntausend. Als Opfer sollte man dem Räuber geben, was er will, und cool bleiben. Wer die Nerven behält und nicht alle seine Wertgegenstände auf einmal zückt, kann

898 ALLGEMEINE INFORMATIONEN •• Gefahren & Ärgernisse — www.lonelyplanet.de

---

AUFSTIEG UND FALL DER KOKAPFLANZE

Der Kokastrauch gedeiht in den mineralreichen Böden Kolumbiens prächtig – vier der fünf bekann-ten Kokastraucharten wachsen hier. Angehörige indigener Stämme kauen Kokablätter seit Jahr-hunderten, um Beschwerden des Alltags – von Höhenkrankheit bis Zahnschmerzen – zu lindern. Ohnehin ist dieses Brauchtum ein wichtiger Bestandteil der kulturellen Identität vieler südameri-kanischer Völker. Kokablätter werden auch in religiösen Zeremonien benutzt, etwa als Opfergaben für die Sonne oder um Rauch zu erzeugen. Um einen Blick in die Zukunft zu werfen, wird in den Blätter gelesen, so wie in anderen Kulturen in Teeblättern.

In Europa wurde die Kokapflanze im 16. Jh. eingeführt. Ihre ersten Konsumenten waren u. a. William Shakespeare und Königin Victoria von England. 1855 isolierte dann der Deutsche Chemiker Friedrich Gädcke das Kokainalkaloid. Westliche Ärzte und Wissenschaftler, z. B. Siegmund Freud, begannen mit der Droge zu experimentieren. Anfangs noch als Aufputsch- und Betäubungsmittel verwendet, zeichneten sich ihre süchtig machenden Eigenschaften immer deutlicher ab. Der Besitz von Kokain ist in allen westlichen Ländern unter Strafe gestellt, doch der Fluss der Droge in die Vereinigten Staaten und nach Europa ebbte niemals ab.

Heute wechselt 1 kg Kokain für etwa 40 000 bis 90 000 Euro den Besitzer. Jeden Tag greifen weltweit 5000 Menschen zum ersten Mal nach der Droge – 75 % davon werden süchtig.

KOLUMBIEN

den Täter mit etwas Glück bereits mit dem Köder zufriedenstellen. Auf keinen Fall sollte man versuchen zu fliehen oder gar den Helden zu spielen – die Chancen sind schlecht. Und wer mit der Hilfe von Pas-santen rechnet, wird meist bitter ent-täuscht.

Vorsicht ist auch geboten, wenn man am Automaten Geld abhebt – auch hier wurde schon von Raubüberfällen berichtet. Die Kriminellen lauern ihren Opfern an den Geldautomaten auf und schlagen entweder direkt vor Ort oder erst ein paar Blocks da-von entfernt zu.

Drogen

Kokain ist zwar hauptsächlich eine Export-droge, sie ist aber auch vor Ort erhältlich. Marihuana ist weiter verbreitet und leichter zu bekommen. Dennoch ist es natürlich besser, man lässt die Finger davon und trägt auch keine Drogen bei sich. Polizisten und Soldaten filzen Touristen mitunter äußerst akribisch. Sollten sie dabei fündig werden, handeln sie gern ein fettes Sümmchen Be-stechungsgeld aus.

Hin und wieder wird einem Dope auf der Straße, in einer Bar oder Disko angeboten. Man sollte dankend ablehnen. Die Verkäu-fer könnten V-Leute der Polizei sein oder zu Trickbetrügerbanden gehören, die mit falschen Polizeidokumenten bewaffnet von ihren Opfern kurz darauf Schweigegeld er-pressen wollen. Auch wurde in diesem Zu-sammenhang von Travellern berichtet, de-

nen Drogen untergeschoben wurden – also immer auf der Hut sein.

Ein weiteres Problem hört auf den Na-men *burundanga*. Diese Droge wird aus Bäumen gewonnen, die in Kolumbien weit verbreitet sind, und von Dieben verwendet, die damit ihre Opfer außer Gefecht setzen. Das praktisch geschmack- und geruchlose Alkaloid kann man Süßigkeiten, Zigaretten, Kaugummi, Alkohol, Bier – praktisch jedem Essen oder Getränk – beimischen. Haupt-symptome sind der Verlust der Willenskraft und des Gedächtnisses sowie Müdigkeit, die ein paar Stunden oder auch mehrere Tage andauert. Eine Überdosis kann schlimms-tenfalls tödlich wirken. Also lieber noch mal darüber nachdenken, bevor man Zigaretten von Fremden oder einen Drink von einem neuen „Freund" annimmt.

Guerillas

Man kann monatelang durch die Metropo-len und Touristenhochburgen Kolumbiens reisen und überhaupt nichts davon mitbe-kommen, dass in einige Regionen bürger-kriegsähnliche Zustände herrschen. In den letzten Jahren wurden Guerillas und Para-militärs immer weiter in abgelegene Regen-wald- und Bergregionen zurückgedrängt, die eher nicht zum Besichtigungspro-gramms eines Travellers gehören. Die größ-ten Konfliktherde befinden sich in den De-partementos Chocó und Putumayo sowie dem scheinbar endlosen Amazonasbecken, das den Südosten des Landes bedeckt.

Die rebellierenden FARC und die Uribe-Regierung haben sich bereits mehrmals an den Verhandlungstisch gesetzt und es gab erste Erfolge bei der Entwaffnung von Guerillas und Paramilitärs. Der Vorteil liegt nun bei der Regierung. Das heißt aber noch lange nicht, dass der seit vier Jahrzehnten tobende Krieg bereits überwunden wäre und nicht jederzeit neue Gewalt aufflammen könnte.

Generell sollte man abseits gelegene Strecken meiden. Sicherer ist man auf den Hauptrouten und tagsüber unterwegs. Dummerweise sind auch die Hauptrouten nicht ganz ungefährlich – es wird auch von gelegentlichen Überfällen auf Busse und Autos entlang der Straße Popayán–Pasto und Medellín–Cartagena berichtet. In den meisten Fällen sind diese Überfälle politisch motiviert: Die Passagiere dürfen mit ihrem Gepäck aussteigen, bevor der Bus in Brand gesetzt wird.

Seit Uribe 2002 den Präsidentenstuhl erobert hat, ist die Zahl von Kidnappings mit Lösegeldforderung spürbar gesunken. Wird doch noch jemand entführt, handelt es sich bei den Opfern fast ausschließlich um reiche kolumbianische und ausländische Geschäftsleute oder deren Familienmitglieder. Hundertprozentig sicher ist man aber auch als normaler Reisender nicht – der letzte Entführungsfall, bei dem ein Tourist auf einer Wanderung zur Ciudad Perdida verschleppt wurde, ereignete sich 2003.

Es sind auch schon Hinterhalte auf Auto- oder Busreisende vorgekommen, bei denen es die Täter auf Wertgegenstände abgesehen haben. Diese Überraschungsangriffe geschehen meist nachts und werden von normalen Kriminellen oder Guerillas angeführt, sind aber ebenfalls seltener geworden.

Wer durch Kolumbien reist, sollte so oder so stets Guerilla-Aktivitäten im Auge behalten. Ein nicht ganz leichtes Unterfangen, denn die Dinge ändern sich oft schnell und unerwartet. Es kann also nicht schaden, die Antennen immer auf Empfang zu lassen. Die örtliche Presse und Fernsehnachrichten können hilfreich sein, eventuell besser und genauer sind aber die Ratschläge von den Hotelbesitzern. Auch andere Traveller oder das Internet sind gute Informationsquellen.

GELD

Die offizielle Landeswährung ist der Kolumbianische Peso. Es gibt 50-, 100-, 200-, 500- und 1000-Peso-Münzen sowie Scheine zu 1000, 2000, 5000, 10000, 20000 und 50000 Pesos. Es kursieren Blüten, weshalb man darauf achten sollte, was man bekommt. Im Gegensatz zu perfekten Dollar-Fälschungen sind Peso-Fälschungen meist ziemlich stümperhaft und leicht vom Original zu unterscheiden.

Angesichts der Gefahren im Land ist es ohnehin ratsam, nur das nötigste Bargeld und ansonsten beispielsweise Reiseschecks mit sich zu führen (die von American Express lassen sich am einfachsten einlösen), wenngleich ein paar US-Dollar-Noten durchaus ihren praktischen Nutzen haben können (Euros sind nicht so gern gesehen). Da auch in Kolumbien Geldautomaten auf dem Vormarsch sind, fährt man am besten, sein Geld auf einer Kreditkarte mit sich herumzutragen.

Vorsichtig: Es sind große Mengen von Dollarblüten „Made in Cali" im Umlauf. Groben Schätzungen zufolge wurden etwa ein Viertel aller gefälschten Dollarnoten, die weltweit kursieren, in Kolumbien gedruckt. Sie sind von den echten praktisch nicht zu unterscheiden.

Feilschen

Gefeilscht wird eher bei ungezwungenen Geschäften etwa auf Märkten, an Straßenständen, in Taxis und manchmal auch in Fernbussen.

Geldautomaten

In allen Städten und größeren Ortschaften finden sich eine Menge *cajeros automáticos*

LANDMINEN

Kolumbien liegt in der Statistik der Landminenopfer nach Kambodscha und Afghanistan an dritter Stelle. Geschätzte 100000 Minen sind über das Land verstreut, hauptsächlich in abgelegenen, von den FARC kontrollierten Gegenden. 2005 gab es 1070 Landminenopfer. Keine der hier vorgestellten Regionen gehören zu den Risikogebieten. Wer allerdings in den von Rebellen beherrschten Departementos Chocó, Los Llanos, Putumayo oder im Amazonasbecken im Landesinneren unterwegs ist, sollte besonders vorsichtig sein.

(Geldautomaten). Die meisten Banken haben einen eigenen Automaten, meist direkt bei der Filiale, aber auch an anderen zentralen Plätzen (auf zentralen Plazas, in Einkaufszentren, am Flughafen usw.). Viele Geldautomaten sind an das Netz von Cirrus und Plus angeschlossen und akzeptieren zudem Karten von Mastercard und Visa. Die Auszahlung erfolgt in kolumbianischen Pesos.

Geld wechseln

Einige große Banken wechseln Bargeld (meist US Dollar, seltener Euros) und Reiseschecks (vor allem Amex). Zu den wichtigsten nationalen Banken gehören: Banco Unión Colombiano, Bancolombia und Banco Santander.

Banken lösen Reiseschecks zu Konditionen ein, die 2–5 % unter dem offiziellen Wechselkurs liegen, um 1–3 % schlechter fallen gar die Kurse für den Bargeldumtausch aus. Die Wechselkurse variieren von Bank zu Bank, einige verlangen Gebühren, andere nicht – es lohnt sich also, sich ein wenig umzuschauen. Zudem wird der Service normalerweise nur ein paar Stunden am Tag – meist morgens – angeboten. Die Geschäftsstellen sind oft überfüllt und zum Umtauschen ist eine Menge Papierkram nötig. Unterm Strich sollte man aber nicht mehr als 5–10 Minuten seiner Zeit opfern müssen. Bei allen Bankgeschäften muss der Ausweis vorgelegt werden.

Bargeld und meist auch Reiseschecks kann man aber auch in den *casas de cambio* (offizielle Wechselstuben) umtauschen, es gibt sie in so ziemlich allen großen Städten und Grenzorten. Sie sind werktags bis 17 oder 18 Uhr geöffnet, samstags meist bis 12 Uhr. Hauptsächlich handeln sie mit US Dollars, seltener mit Euros. Die Kurse sind vergleichbar mit denen von Banken, manchmal auch ein bisschen schlechter.

Auch auf der Straße bekommt man für seine Dollarnoten Pesos. In der Regel lässt man sich jedoch besser nicht darauf ein; lediglich an der Grenze, wo es eventuell keine andere Alternative gibt, kann man diesen Weg in Betracht ziehen. Geldwechsler gehen an jedem Grenzübergang ihren Geschäften nach.

Wichtig: Auf gar keinen Fall für andere Geld wechseln, vor allem nicht für Kolumbianer, die einen auf der Straße ansprechen.

Gutmütige Traveller wurden schon verhaftet und eingebuchtet, nachdem die Banken die Geldscheine als Blüten identifiziert hatten.

Zum Zeitpunkt der Drucklegung galten folgende Wechselkurse (Änderungen vorbehalten):

Land	Einheit		KOL$ (Peso)
Eurozone	1 €	=	3036
Schweiz	1 SFr	=	1905
USA	1 US$	=	2299

Kreditkarten

Bargeldloses Bezahlen erfreut sich in Kolumbien zunehmender Akzeptanz. Die kleinen Plastikkarten sind auch praktisch, um Bargeld abzuheben, ob nun an einem Bankschalter oder am Geldautomaten. Vorteil: Die Transaktionen werden nach dem offiziellen Wechselkurs berechnet, man bekommt also effektiv mehr Geld, als wenn man Reiseschecks oder Bargeld umtauscht.

Am besten fährt man in Kolumbien mit Visa-Kreditkarten, die von den meisten Banken akzeptiert werden; auch Mastercard ist o. k. Man sollte allerdings sicherheitshalber die Notfallnummer kennen – falls man die Karte verliert oder sie gestohlen wird, kann man sie schnell sperren lassen.

GESUNDHEIT

Kolumbien hat ein eng geknüpftes Netz von Apotheken, zumindest die in den großen Städten sind in den meisten Fällen auch gut ausgestattet. Gleiches gilt für Kliniken und Krankenhäuser, von denen einige, beispielsweise die in Bogotá, westliches Niveau haben. Zwar wird behauptet, dass Leitungswasser in größeren Städten bedenkenlos getrunken werden kann, doch sollte man besser kein Risiko eingehen. Im Kapitel „Gesundheit" am Ende dieses Buches (S. 1246) gibt es weiterführende Informationen.

INFOS IM INTERNET

Nützliche Onlineressourcen mit allgemeinen und touristischen Informationen über Kolumbien findet man hier:

Colombia in Cyberspace (www.javier.net/colombia) Eine Webseite mit Bildern und Hintergrundinformationen, und einer Musikseite mit Audio-Dateien.

Colombia Journal (www.colombiajournal.org) Hervorragende Seite mit Informationen zu aktueller Politik, Wirtschaft, Menschenrechten, etc.

Deutsch-Kolumbianischer Freundeskreis (www.dkfev.de) Der Freundeskreis informiert auf seiner teilweise spanischsprachigen Website über sein Kulturprogramm in Deustchland, über Hilfsprojekte in Kolumbien und über Land und Leute.

El Tiempo (www.eltiempo.com) Spanischsprachige Leser sollten sich auf der Webseite von Kolumbiens führender Tageszeitung umsehen.

Locombia (www.locombia.com) Nachrichten, Kommentare und Meinungen zu allen Dingen Kolumbiens.

Online-Zeitungen (www.onlinenewspapers.com/colombia.htm) Links zu 19 kolumbianischen Online-Zeitungen.

Poor but Happy (www.poorbuthappy.com/colombia) Viele praktische Informationen, auch für Touristen.

INTERNETZUGANG

In praktisch jeder großen Stadt und auch in den Zentren kleinerer Ortschaften finden sich Internetcafés. Allein in Bogotá dürften es über 100 sein. Die meisten Läden bieten mehrere Services an, u. a. Drucken, Scannen und Faxen, mancherorts können auch günstig Auslandsgespräche geführt werden. In den Zentren der Metropolen sind die Internetverbindungen am schnellsten, in den etwas entfernteren Orten wie auf Providencia oder in Ipiales muss man dagegen etwas Geduld mitbringen. In der Regel surft man für 0,80–2 US$ pro Stunde.

WLAN-Internet gibt es nur an ausgesuchten Orten in den größeren Städten, etwa in Einkaufszentren oder besseren Hotels. Ohnehin bedeutet drahtloses Surfen jedoch, dass man seinen Laptop durch die Gegend schleppen muss, was nicht nur umständlich ist, sondern auch Diebe auf den Plan ruft. Einige exklusivere Hotels in den Großstädten haben neben WLAN- auch Ethernet-Anschlüsse.

KARTEN

Die größte Auswahl an Karten verlegt das staatliche Kartographenamt, das **Instituto Geográfico Agustín Codazzi** (IGAC; www.igac.gov.co; Carrera 30 Nr. 48-51, Bogotá). Gefaltete nationale Straßenkarten von diversen Verlagen sind in Buchläden erhältlich.

KLIMA

Kolumbien liegt am Äquator. Daher schwanken die Temperaturen im Jahresverlauf nur gering, jedoch gibt es Trocken- und Regenperioden, wobei diese je nach Region unterschiedlich ausfallen. Als Faustregel gilt, dass es in den Anden und an der Karibikküste, wo man wahrscheinlich die meiste Zeit verbringt, jährlich zwei Trocken- und zwei Regenzeiten gibt.

Die eigentliche Trockenperiode fällt auf die Monate Januar und März, einen kürzeren, nicht ganz so trockenen Abschnitt gibt's von Juni bis August. Diese Zeiträume sind für einen Besuch besonders gut geeignet, vor allem wenn man beabsichtigt, zu wandern oder sich anderweitig viel im Freien aufzuhalten. In der Trockenzeit hat man auch bessere Chancen, die lokalen Feste mitzuerleben.

Weitere Infos und Klimakarten finden sich im Kapitel „Allgemeinen Informationen" am Ende dieses Bandes (S. 1222).

MEDIEN
Radio & TV

Hunderte von Mittelwellen- und UKW-Radiostationen sind in Kolumbien in erster Linie mit Musikprogrammen auf Sendung. In Bogotá empfiehlt sich die Universidad Nacional Station (UKW 106,9 MHz). Es gibt drei landesweite und vier regionale Fernsehsender. Satelliten- und Kabelfernsehen boomt in Bogotá und den anderen größeren Städten.

Zeitungen & Zeitschriften

In allen größeren Städten erscheinen Tageszeitungen. Bogotás führende Zeitung, *El Tiempo,* berichtet solide über nationale und internationale Themen, Kultur, Sport und Wirtschaft. Sie hat die größte landesweite Auflage. Die führenden Blätter anderer Großstädte sind *El Mundo* und *El Colombiano* in Medellín, *El País* und *El Occidente* in Cali.

Semana heißt die größte Wochenzeitschrift des Landes. Sie informiert über lokale wie internationale Ereignisse und hat einen großen Kulturteil. Ein weiteres beliebtes Wochenmagazin ist *Cambio.*

ÖFFNUNGSZEITEN

Behörden und Büros haben montags bis freitags – zumindest theoretisch – acht Stunden geöffnet, und zwar normalerweise von 8 bis 12 und 14 bis 18 Uhr. Viele Einrichtungen in Bogotá haben jedoch inzwischen die sogenannte *jornada continua* eingeführt, bei der die Mittagspause zugunsten eines um zwei Stunden nach vorn verlegten Feierabends geopfert wird. Banken (außer in Bogotá – s. S. 812) haben montags bis donnerstags von 8 bis 11.30 und 14 bis 16 Uhr, freitags von 8 bis 11.30 und 14 bis 16.30 Uhr geöffnet.

Geschäfte öffnen montags bis samstags in der Regel um 9 Uhr, geschlossen wird um 18 oder 19 Uhr. Manche Läden legen eine Mittagspause ein, andere nicht. Große Geschäfte und Supermärkte haben normalerweise bis 20 oder 21 Uhr geöffnet, einige sogar länger. Die meisten besseren Restaurants in den größeren Städten wie vor allem Bogotá haben auch nach 22 Uhr noch geöffnet, in kleineren Städten schließen Lokale dagegen um 21 Uhr oder früher.

Die Öffnungszeiten von Museen und anderen Touristenattraktionen fallen sehr unterschiedlich aus. Die meisten Museen haben montags zu, empfangen aber dafür an Sonntagen Besucher.

POST

Die kolumbianische Post teilt sich auf drei Unternehmen auf: Avianca, Adpostal und Depris. Alle sind für Inlands- wie Auslandspost zuständig, doch nur Adpostal verschickt Sendungen nach Europa auch über den Seeweg (das günstigste Porto). Alle drei arbeiten effizient und zuverlässig, wobei Avianca und Depris dies deutlich teurer tun: Ein 10 g schwerer Brief nach Europa kostet mit Avianca 3 US$, mit Adpostal nur 1 US$. Die Preise von Depris können gar astronomische Höhen erreichen, für eine Postkarte in die Heimat müssen bis zu 4 US$ hingeblättert werden. Postlagernde Sendungen werden nur von Avianca entgegengenommen. Das zuverlässigste Büro findet sich in Bogotá (S. 812).

RECHTSFRAGEN

Wer in Kolumbien verhaftet wird, hat das Recht auf einen Anwalt. Hat man keinen, bekommt man einen Pflichtverteidiger gestellt. Grundsätzlich gilt die Unschuldsbehauptung: Man ist so lange unschuldig, bis das Gegenteil bewiesen ist.

Was den Besitz von Drogen angeht, wird man normalerweise mit kleineren Mengen – maximal 20 g Marihuana bzw. 5 g Kokain – ungeschoren davon kommen. Allerdings

ist es illegal, die Rauschmittel zu erwerben oder zu verkaufen. Grundsätzlich lässt man am besten gleich ganz die Finger davon.

Wer von der Polizei angesprochen wird, sollte die Nerven behalten. Verlangen die Uniformierten Geld, sollte man diese höflich auffordern, mit einem die nächste Wache aufzusuchen und dort eine Quittung für fällige Bußgelder auszustellen. Auf keinen Fall versuchen, Schmiergeld zu zahlen, sondern den gesunden Menschenverstand einschalten. Vorsicht vor Betrügern, die sich als Polizisten ausgeben.

REISEN MIT BEHINDERUNG

Kolumbien ist für Reisende mit einer Behinderung nicht gerade ein Traumziel. Nur wenige teure Hotels und Restaurants sind über Rollstuhlrampen zugänglich, während der öffentliche Nahverkehr für Menschen mit eingeschränkter Mobilität zur echten Herausforderung wird. Kaum eine Behörde, ein Museum oder eine Bank ist speziell für Behinderte eingerichtet, behindertengerechte Toiletten gibt es praktisch überhaupt nicht.

SCHWULE & LESBEN

In so einem erzkatholischen Land wie Kolumbien spielt sich das schwule und lesbische Leben eher im Untergrund ab. Immerhin ist die Zahl von schwulen Kneipen in den letzten Jahren gestiegen, vor allem in den Großstädten. In Bogotá gibt es die größte Schwulen- und Lesbengemeinde, hier kann man seine Sexualität noch am offensten ausleben. Daher bieten sich in der Hauptstadt auch die besten Chancen, Kontakte zu knüpfen und zu erfahren, wo was los ist. Auf www.gaycolombia.com findet man Adressen von Bars, Discos, Events, Aktivitäten und andere nützliche Infos aus der Szene.

STROM

In Kolumbien werden US-amerikanische Stecker mit zwei flachen Stiften verwendet. Aus der Steckdose kommen 110 V mit einer Frequenz von 60 Hz.

KURSE

Kolumbien ist ein prima Ziel für alle, die Spanisch lernen wollen. Das in Kolumbien gesprochene Spanisch ist deutlich und einfach zu verstehen, Sprachschulen gibt es in allen Großstädten. Wer will, kann sich auch einen Lehrer suchen und Einzelunterricht nehmen. Informationen erhält man in Hostels (in Bogotá, Cartagena, Medellín, Cali), die üblicherweise einige Spanischlehrer vermitteln. Meistens sind es Studenten, die nicht allzu hohe Gebühren verlangen. Man kann es auch bei **Nueva Lengua** (www.nuevalengua.com/spanish) probieren; das Unternehmen unterhält Zweigstellen in Bogotá, Medellín und Cartagena.

TELEFON

Das Telefonnetz ist weitgehend automatisiert, sowohl für Inlands- als auch für Auslandsgespräche. Telecom ist der größte Anbieter, Orbitel und ETB folgen knapp dahinter.

Telefonzellen gibt es in den Städten und auch in den größeren Dörfern. Sieht man einmal von den Zentren der Großstädte, muss man sie jedoch oft mit der Lupe suchen und die, die man findet, sind dann oft auch noch kaputt. In der Regel sind jedoch in den Telecom-Büros einige funktionierende Apparate zu finden. Für öffentliche Telefone benötigt man Münzen, neuere Geräte nehmen auch Telefonkarten *(tarjeta telefónica)*, die man für internationale, inländische und Ortsgespräche verwenden kann. Die Kosten eines Ortsgesprächs werden nach ihrer Dauer berechnet (keine Flatrate), für 3 Minuten werden ungefähr 0,10 US$ fällig.

Die Direktwahl funktioniert in ganz Kolumbien. Alle Telefonnummern haben sieben Stellen. Die Ortsvorwahlen sind einzelne Ziffern (bei allen hier genannten Telefonnummern sind sie mit angegeben); davor muss man jedoch die Kennziffer des Providers, den man nutzen möchte, wählen: ☎ 05 für Orbitel, ☎ 07 für ETB und ☎ 09 für Telecom. Da Orbitel und ETB derzeit nur Verbindungen zwischen einigen größeren Städten anbieten, wird man wohl in den meisten Fällen Telecom nutzen.

Mit allen drei Firmen können auch internationale Gespräche geführt werden, hin und wieder sind auch saftige Rabatte drin – man sollte die Anzeigen in den Zeitungen und im Fernsehen im Auge behalten. Um aus Kolumbien nach Übersee zu telefonieren, wählt man ☎ 005, ☎ 007 oder ☎ 009 – je nach Provider –, dann die Landesvorwahl, die Ortsvorwahl und die Nummer.

Die Landesvorwahl für Kolumbien ist die ☎ 57. Wer von Europa aus eine kolumbianische Nummer wählt, lässt die Anbietervorwahl (05, 07 oder 09) weg und wählt nur noch die Ortsvorwahl und die Nummer des gewünschten Anschlusses.

Die beiden größten Mobilfunkanbieter sind Movistar und Celcom. Ihr Filialnetz deckt die meisten Städte und Dörfer ab. Eine Prepaid-SIM-Karte bekommt man für 5–10 US$; jederzeit kann man weiteres Guthaben draufladen. Wahrscheinlich landet man bei Celcom, die die SIM-Karten ohne großes Trara verkaufen. Um sich bei Movistar anzumelden, muss man nämlich einen Wohnort in Kolumbien nachweisen.

TOILETTEN

Öffentliche Toiletten in Kolumbien sucht man nahezu vergeblich. Wer ein „dringendes Geschäft" zu erledigen hat, dem bieten Restaurants, Museen und große Einkaufszentren, Busbahnhöfe und Flughafenterminals Rettung. Toilettenpapier sollte man aber immer dabei haben.

TOURISTENINFORMATION

Amtliche Touristeninformationen in den Bezirkshauptstädten und anderen Touristenzielen liefern alle Informationen, die man braucht. Einige sind besser als andere, Karten und Broschüren glänzen aber meistens durch Abwesenheit. Die Angestellten sind freundlich, sprechen aber nur selten Englisch. Praktische Informationen sind lückenhaft und die Qualität derselben hängt stark davon ab, wer gerade hinter dem Schalter sitzt.

In manchen Städten werden die Touristenbüros von der Policía de Turismo unterstützt. Die Polizisten sind speziell darauf geschult, Reisende zu betreuen. Sie stehen vor allem an belebten Straßen und Hauptattraktionen.

UNTERKÜNFTE

Es gibt eine ganze Reihe von Übernachtungsmöglichkeiten, egal ob man nun in der größten Stadt oder im kleinsten Dorf gestrandet ist. Die meisten davon sind rein kolumbianische Hotels, wo man wahrscheinlich keine Fremden treffen wird, doch sind in den letzten zehn Jahren auch einige günstige Budgetunterkünfte dazugekommen. Sie finden sich meist in den größeren

Städten (Bogotá, Medellín, Cali, Cartagena) und anderen beliebten Touristenzielen.

Die Unterkünfte haben eine verwirrende Namenvielfalt, sie firmieren als *hotel, residencias, hospedaje, hostería* und *posada*. *Residencias* und *hospedaje* bezeichnen meist die günstigen Häuser. Hotels haben üblicherweise einen höheren Standard – oder zumindest einen höheren Preis –, obwohl meist nur spitzfindige Charaktere die Unterschiede feststellen werden. Die in diesem Kapitel aufgeführten Hotels haben meist Zimmer mit eigenen Bädern, wohingegen *hosterías, residencias* und Gästehäuser Gemeinschaftsbäder haben.

Alles in allem sind *residencias* und *hospedajes* eher unscheinbare Häuser ohne Stil oder Atmosphäre, doch wie üblich bestätigen auch hier Ausnahmen die Regel. Viele der günstigen Quartiere bieten ihren Gästen auch Zimmer mit eigenen Bädern, die meist aus einer Toilette und einer Dusche bestehen. Dabei sollte man beherzigen, dass diese einfachen sanitären Anlagen häufig kein Toilettenpapier verkraften. Daher sollte man dieses in die Kiste oder den Korb werfen, der üblicherweise neben dem Klo zu finden ist.

In den heißen Gegenden (d. h. im Flachland) sind die meisten Zimmer mit einem Decken- oder Tischventilator ausgestattet. Man sollte stets sichergehen, dass dieser auch funktioniert, bevor man das Zimmer nimmt. Oberhalb von 2500 m können die Nächte ganz schön frostig werden; bevor man sich in diesen Gefilden irgendwo einquartiert, sollte man also die vorhandenen Decken zählen und checken, ob das angepriesene warme Wasser auch wirklich warm aus der Leitung kommt.

Im Allgemeinen gibt es selbst in den billigen *residencias* ein Laken und eine Art Decke, bei entsprechenden Außentemperaturen auch noch ein Laken oder eine Decke zusätzlich. Meistens werden auch ein Handtuch, ein kleines Stück Seife und eine Rolle Toilettenpapier gestellt. In preiswerten Häusern muss man mit 3–8 US$ für ein Einzelzimmer und 5–15 US$ für ein Doppelzimmer rechnen.

Viele *hospedajes* haben *matrimonios*, Zimmer mit einem Doppelbett. Ein *matrimonio* ist normalerweise günstiger als ein Doppelzimmer und etwas teurer als ein Einzelzimmer (oder genauso teuer). Paare können also ihre Übernachtungskosten erheblich senken.

Viele billige *residencias* führen ein Doppelleben als Stundenhotel. Ob man nun will oder nicht – von Zeit zu Zeit wird man in einem solchen Haus laden. Man sollte kein größeres Problem daraus machen: Diese „Liebeslauben" sind genauso sauber und sicher wie andere Hotels, und der Teil, in dem es zur Sache geht, ist üblicherweise vom normalen Hotelbetrieb abgetrennt.

Campen ist eher unüblich, im ganzen Land wird man nur eine Handvoll Campingplätze finden. Zwar kann man sein Zelt außerhalb der der Stadtzentren aufstellen, doch sollte man dabei extrem vorsichtig zu Werke gehen. Auf keinen Fall das Zelt oder die Ausrüstung unbeaufsichtigt lassen.

VERANTWORTUNGSBEWUSSTES REISEN

Der Tourismus in Kolumbien steckt immer noch in den Kinderschuhen, weshalb er bis jetzt noch keinen anhaltenden nachteiligen Effekt auf die Eingeborenenkultur und die Umwelt ausüben konnte. Das kann auch so bleiben, wenn man den gesunden Menschenverstand einschaltet: Leute erst fragen, bevor man sie fotografiert (vor allem die Ureinwohner), sich anständig kleiden, wenn man Kirchen besucht und ein paar Umweltschutzregeln beachten, wenn man wandert oder taucht.

In Kolumbien über Politik zu reden, kann gefährlich sein. Da die Paramilitärs Zivilkleidung tragen, weiß man nie wirklich, wem man gegenüber sitzt oder wer der Unterhaltung zuhört. Und es ist ein Leichtes, jemanden zu beleidigen, wenn man eine Tirade über die Regierung oder die Opposition loslässt.

Wenn möglich, sollten Ökotourismusprojekte unterstützt werden, die nachhaltig die Umwelt schützen oder ihr wieder auf die Beine helfen wollen. Eingeborenen kann man dadurch unter die Arme greifen, indem man ihnen Handwerksprodukte abkauft. Von Erzeugnissen aus Korallen, Schildkrötenpanzern oder Fossilien sollte man unbedingt die Finger lassen.

VISA

Deutsche, schweizerische und österreichische Staatsbürger brauchen für die Einreise nach Kolumbien derzeit kein Visum. Während der

Reiseplanung sollte man sich aber auf jeden Fall nochmals vergewissern, dass diese Bestimmung noch Gültigkeit besitzt.

Ausländer erhalten bei der Einreise an einem internationalen Flughafen oder an einem Grenzübergang einen Stempel in den Reisepass, hierfür zuständig ist das DAS (Departamento Administrativo de Seguridad). Man sollte unbedingt darauf achten, dass der Pass auch wirklich mit einem Stempel versehen wurde, da man sich sonst illegal in Kolumbien aufhält. Der Stempel informiert auch darüber, wie lange man im Land verweilen darf. Deutsche, Österreicher und Schweizer dürfen maximal 180 Tage durch Kolumbien reisen. Offiziell dürfen sich die Grenzbeamten ein Ticket zur Weiterreise vorzeigen lassen.

Verlässt man das Land, enthält man vom DAS einen Ausreisestempel. Auch hier überzeugt man sich sicherheitshalber, ob der Pass auch wirklich gestempelt wurde; ohne Stempel kann es sonst bei der nächsten Einreise nach Kolumbien unter Umständen Schwierigkeiten geben.

Die Aufenthaltsdauer kann um 30 Tage verlängert werden (25 US$), den Papierkram erledigt das DAS in jeder Bezirkshauptstadt. Die Verlängerung beginnt am Ende der regulären Aufenthaltsdauer – man braucht also nicht bis zur letzten Minute zu warten. Die meisten Traveller beantragen die Verlängerung in Bogotá (s. rechte Spalte).

Verlängerungen

Eine 30-tägige Verlängerung der Aufenthaltsdauer stellt z. B. die **DAS-Filiale** (☎ 1-408-8000; Calle 100 Nr. 11b-27, Bogotá; ☺ Mo–Fr 7.30–16.30 Uhr) in Bogotá aus. Hierzu benötigt man einen Reisepass, zwei Fotokopien vom Reisepass – und zwar jeweils von der Seite mit persönlichen Daten und Foto sowie der Seite mit dem Einreisestempel – und zwei Passfotos. Eventuell muss man auch ein Rückflugticket vorzeigen. Die Gebühren in Höhe von 26 US$ muss man in der Bank zahlen, die aber nicht vor 8.30 Uhr öffnet (man kann es sich also sparen, früh aufzustehen und anzurücken). Die Verlängerung wird in der Regel sofort erledigt.

ZOLL

Normalerweise ist es sowohl bei der Ein- als auch bei der Ausreise reine Formsache, durch den Zoll zu kommen. Gelegentlich werden Gepäckstücke durchsucht, doch muss man eher an Flughafen als an den Grenzen zu den Nachbarländern damit rechnen. Erwischt es einen, kann das Prozedere – inklusive Leibesvisitation – ziemlich ermüdend sein. Dabei wird nicht nach einem zweiten MP3-Player gesucht, sondern nach Drogen. Nur wer unbedingt ein kolumbianisches Gefängnis für ein paar Jahre von Innen kennenlernen möchte, sollte versuchen, Stoff über die Grenze zu schmuggeln.

KOLUMBIEN

Paraguay

HIGHLIGHTS
- **Ruta Trans-Chaco nach Bolivien** – Das Wagnis eingehen, die schlaglochreichsten und staubigsten Straßen des Kontinents zu bezwingen (S. 934).
- **Parque Nacional Ybycuí** – Sich seinen Weg durch den subtropischen Regenwald voller blauer Schmetterlinge zu traumhaften Wasserfällen bahnen (S. 926)
- **Trinidad** – In einer der am wenigsten von Touristen besuchten Unesco-Stätten die malerischen Ruinen der Jesuiten entdecken (S. 926)
- **Nationalparks im Chaco** – In einsamer Wildnis Jaguare bei der Jagd beobachten und unter Millionen von Sternen schlafen (S. 935)
- **Abseits ausgetretener Pfade** – Im gut organisierten und relativ leicht zu erreichenden Parque Nacional Cerro Corá Geschichte und Natur bestaunen (S. 932)
- **Besonders empfehlenswert** – Auf dem Río Paraguay von der Hängematte aus entspannt die Wildnis beobachten und sich frei und ungebunden fühlen (S. 931)

KURZINFOS

- **Berühmt für:** Schmuggel, Korruption, den Chaco
- **Bester Straßensnack:** *chipa* (Maisbrot)
- **Bestes Schnäppchen:** Hängematte
- **Bevölkerung:** 6,5 Mio.
- **Fläche:** 406 752 km² (größer als Deutschland, etwa so groß wie Kalifornien)
- **Floskeln:** *porã* (cool), *arete* (Party), *vai* (eklig)
- **Geld:** 1 US$ = 4671 Guaraní (PYG)
- **Hauptstadt:** Asunción
- **Landesvorwahl:** ☎ 595
- **Preise:** Zimmer in *residenciales* in Asunción 7–10 US$, Busfahrt 1,30 US$/Std., *chipa* 15 ¢
- **Reisekosten:** 20–30 US$ pro Tag
- **Sprachen:** Spanisch (Landessprache), Guaraní, Plattdeutsch, Hochdeutsch, Lengua, Nivaclé, Aché
- **Trinkgeld:** nur in Restaurants 10 %
- **Visa:** EU-Bürger und Schweizer dürfen sich bis zu drei Monate ohne Visum in Paraguay aufhalten – mit gültigem Reisepass
- **Zeit:** MEZ – 4 Std.

TIPPS FÜR UNTERWEGS
Einladungen auf ein Schlückchen *tereré* (Kräutereistee) nicht ausschlagen! Und unbedingt auch frische warme *chipa* probieren – die besten kriegt man bei den Händlern in den Bussen.

VON LAND ZU LAND
Zu den am meisten frequentierten Grenzübergängen bei Busreisen gehören Foz de Iguaçú (Brasilien) und Posadas (Argentinien). Von Bolivien aus kommt man über die holprige Ruta Trans-Chaco ins Land.

Paraguay ist ein Land faszinierender Kontraste: Es ist rustikal und raffiniert, extrem arm und unverschämt reich, gesegnet mit exotischen Naturschutzgebieten und voll von massiven Staudämmen. Daimler überholen Pferde und Karren, Werkstätten der Handwerker liegen gleich neben glitzernden Einkaufszentren, und die ländlichen Jesuitenruinen stehen nur ein paar Kilometer entfernt von kultivierten kolonialzeitlichen Städten. Dampfende, subtropische Regenwälder mit metallisch funkelnden Schmetterlingen bilden einen herrlichen Kontrast zum trockenen Grenzgebiet des wilden Chaco. Hier haben sich viele Mennoniten ihr eigenes Paradies aufgebaut – sie leben Seite an Seite mit den indigenen Gruppen des Landes. Der europäische Einfluss ist besonders in den lässigen Provinzstädten und in der unruhigeren Hauptstadt spürbar. Überraschenderweise gibt's in Paraguay weniger Backpacker als Pumas, aber trotzdem kann man hier hervorragend reisen: Ob halsbrecherische Kamikazebusfahrten oder gemütliche Trips auf dem Río Paraguay an Bord eines klapprigen Boots – alles ist möglich. Paraguayer sind zwar vor allem an Gäste aus den Nachbarländern gewöhnt, aber sie verhalten sich allen Besuchern gegenüber entspannt, freundlich und offen. Bei einem *tereré* (Kräutereistee) lüften sie gern die verführerischen Geheimnisse ihres Landes. Ein Nebeneffekt von Diktatur, Korruption und Schmuggel ist das allgegenwärtige Gefühl, das Leben habe sich hier jahrelang hinter verschlossenen Türen abgespielt. Deswegen beteiligen sich heute viele mit besonderem Engagement an öffentlichen Protesten.

AKTUELLE ENTWICKLUNGEN

Nicanor Duarte Frutos, der derzeitige Präsident Paraguays, macht Schlagzeilen. Seine demokratische Wahl 2003 läutete für die Bevölkerung Paraguays das Ende der Diktatur ein. Aber als Nachfolger eines korrupten Systems in einem der korruptesten Länder der Welt ist es wohl kaum verwunderlich, dass auch seine Weste nicht ganz blütenweiß ist. Der ehrgeizige Präsident strebt verbissen eine zweite Amtszeit an – der aktuellen Verfassung gemäß dürfen Präsidenten aber nur eine Amtszeit lang regieren. In einem beispiellosen Schachzug riss Frutos kurzerhand den Vorsitz der regierenden Colorado-Partei an sich und wurde so Staatsoberhaupt und Parteiführer zugleich. In dieser Blitzaktion verkündete er Pläne für ein Referendum, mit dem ihm eine zweite Amtszeit ermöglicht werden soll. Sein Vorgehen hat Ängste geweckt und wurde von der Öffentlichkeit dementsprechend scharf kritisiert.

Im Wirtschaftsbericht der Regierung vom April 2006 heißt es, dass die Zahl der Menschen in Beschäftigungsverhältnissen angestiegen und die Armut im Lande rückläufig sei. Die Bevölkerung bezweifelt diese Behauptungen und brandmarkt ihren Präsidenten als *japu* (auf Guaraní „Lügner").

Seit Juli 2005 sind US-Spezialeinheiten (inklusive Militärärzte) in Paraguay stationiert, offiziell für Ausbildungs- und humanitäre Einsatzübungen. Manche Paraguayer begrüßen die US-Präsenz, andere zweifeln an den guten Absichten der US-Einheiten, vor allem weil die bolivianischen Erdgasvorkommen gar nicht weit weg sind – genauso wie die weltweit größten Süßwasserreserven des *Guaraní Aquifer* im Dreiländereck Brasilien, Paraguay und Argentinien.

Seit Mercosur gebildet wurde, eine regionale Wirtschaftsgemeinschaft, beklagt sich Paraguay, dass seine Interessen von Brasilien und Argentinien oft ignoriert würden.

GESCHICHTE

1537 flohen 350 Spanier aus dem Heer Pedro de Mendozas aus Buenos Aires und gründeten Asunción. Damals lebten im Gebiet des heutigen südöstlichen Paraguay hauptsächlich Guaraní-Bauern. Um besser gegen die feindlichen Jäger und Sammler aus dem Chacogebiet anzukommen, taten sich die Guaraní mit den Konquistadoren zusammen, versorgten sie mit Nahrung und führten ihnen jede Menge Guaraní-Frauen zu. Aus dieser Vermischung entstand eine Mestizenkultur (ein *mestizo* ist eine Person mit indigenen und spanischen Wurzeln), die von den Guaraní Küche, Bräuche und Sprache und von den Spaniern die Politik übernommen hat.

Fast 50 Jahre lang war Asunción die bedeutendste spanische Siedlung östlich der Anden, bevor Buenos Aires vollständig entwickelt war. Während der Kolonialzeit erstreckte sich Paraguay über weite Teile des nördlichen Argentinien und des westlichen Brasilien.

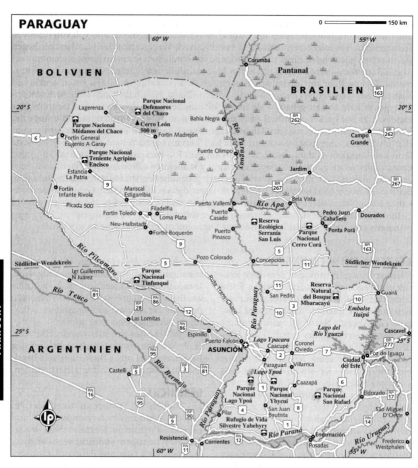

Im frühen 17. Jh. gründeten jesuitische Missionare *reducciones* (Niederlassungen), in denen sie den Guaraní die europäische Hochkultur, neues Handwerk, neue Feldfrüchte und neue Anbaumethoden vermittelten. Bis die Jesuiten im Jahr 1767 vertrieben wurden – denn die Einheimischen begegneten ihnen zunehmend mit Missgunst und die Spanier hatten Angst vor zu großer jesuitischer Macht –, arbeiteten sie sehr erfolgreich. Sie wehrten portugiesische Einmischungen ab und genossen hohes Ansehen, weil sie die Guaraní vor Banden skrupelloser Sklavenjäger aus der portugiesischen Kolonie São Paulo schützten. Bei den indigenen Guaycurú im Chacogebiet waren die Jesuiten allerdings weniger erfolgreich.

1811 erklärte sich Paraguay von Spanien unabhängig und wenige Jahre später erschien José Gaspar Rodríguez de Francia als stärkster Mann der regierenden Junta auf der Bildfläche. Der fremdenfeindliche und finstere „El Supremo" regierte bis zu seinem Tod 1840. Er schloss die Grenzen zu den Nachbarländern, um die nationale Autarkie zu fördern, enteignete Grundbesitzer, Kaufleute und sogar die Kirche und er machte so den Staat zur politisch und wirtschaftlich dominanten Macht.

Wie viele seiner Nachfolger regierte Francia mit einem System aus Furcht und Schrecken. Eine Geheimpolizei inhaftierte und folterte seine Gegner, von denen viele in Francias berüchtigtstem Verlies starben, in der „Kammer der Wahrheit". Nachdem 1820 ein Attentat auf ihn missglückte, ließ El Supremo alles, was er aß und trank, auf Gift hin testen, er erlaubte niemandem, sich ihm auf mehr als sechs Schritte zu nähern, und schlief jede Nacht in einem anderen Bett.

In den frühen 1860er-Jahren setzte Francias Nachfolger Carlos Antonio López der Isolation Paraguays ein Ende. Er ließ Eisenbahnen und ein Telegrafennetz errichten, rief eine Schiffswerft ins Leben und baute eine schlagkräftige Armee auf. Nach seinem Tod übernahm sein größenwahnsinniger Sohn Francisco Solano López die Macht, der 1865 gleichzeitig Argentinien, Brasilien und Uruguay den Krieg erklärte. Dieser verhängnisvolle Krieg gegen die Tripelallianz wurde zu einem der blutigsten und grausamsten in der lateinamerikanischen Geschichte. Die Truppen der Alliierten waren Paraguays Armee zehnfach überlegen und am Ende kämpften sogar Jungen unter zwölf Jahren an vorderster Front. Innerhalb von fünf Jahren verlor Paraguay die Hälfte seiner Bevölkerung und büßte 26 % seines Territoriums ein.

In den frühen Jahren des 20. Jhs. verursachte der unklare Grenzverlauf im Chaco Spannungen mit Bolivien, die 1932 zum offenen Krieg eskalierten. Die genauen Ursachen für den Chacokrieg sind unklar, aber ausschlaggebend waren wohl Boliviens neu erwachter Wunsch nach einem Seehafen (über den Río Paraguay) und Gerüchte über Ölvorkommen in dem Gebiet. Mit Durchhaltevermögen und Guerillataktik besiegten Paraguays Truppen die zahlenmäßig überlegenen bolivianischen Streitkräfte und stießen bis zu den Ausläufern der Anden vor. Der Waffenstillstand von 1935 hinterließ keinen klaren Sieger, aber mehr als 80 000 Tote. Ein Vertrag bescherte Paraguay drei Viertel des umstrittenen Gebiets.

Auf den Chacokrieg folgte in Paraguay ein Jahrzehnt voller Unruhen, bis ein kurzer Bürgerkrieg 1949 die Colorado-Partei an die Macht brachte. Beim Putsch von 1954 kam General Alfredo Stroessner an die Spitze des Landes. Seine 35 Jahre andauernde brutale Militärherrschaft war geprägt von Repression und Terror. Tatsächliche oder angebliche politische Gegner wurden verfolgt, gefoltert und verschwanden spurlos. Wahlen wurden manipuliert, die Korruption institutionalisiert, und das Land wurde ein sicherer Zufluchtsort für Nazis und andere internationale Kriminelle. Als Stroessner gestürzt wurde, hatten 75 % der Paraguayer zu ihren Lebzeiten keinen anderen Staatsführer erlebt.

Bis heute übt die Colorado-Partei die politische Macht aus, obwohl sie nur schlechte Führer hervorgebracht hat, die von der Wirtschaftskorruption profitierten, die im Gefängnis gesessen und Asyl in Brasilien gesucht haben. 2001 wurde z. B. Luis Ángel González Macchi Übergangspräsident – ein ehemaliger leitender Angestellter der Zentralbank, der tatsächlich bei der Unterschlagung von Millionen von Dollar ertappt worden war.

Im April 2003 gewann Nicanor Duarte Frutos, ein anderes Mitglied der Colorado-Partei, die Präsidentschaftswahlen mit nur 37 % der Stimmen – weniger als je ein Parteimitglied vor ihm erhalten hatte. Der Ex-Journalist tönte, das „Bollwerk der Elite aufbrechen" zu wollen, bezeichnete sich aber gleichzeitig apodiktisch als denjenigen, „der sagt, wo's lang geht". Wirtschaftlich geht es zwar bergauf, aber der Präsident steht vor schweren Herausforderungen und ist zunehmend umstritten.

KULTUR
Mentalität

Die Paraguayer rühmen sich, mindestens zwei Sprachen zu sprechen. Außerdem sind sie stolz auf ihre Rinder und ihren *fútbol*. Sie akzeptieren, dass sie in dem bestechlichsten Land außerhalb Afrikas leben. Paraguay ist durchseut von Korruption, und die Bevölkerung (und die Politiker) weiß (wissen) das. Sie leben damit und oft – vor allem in der Vergangenheit war das so – sterben sie auch daran. Kein Wunder also, dass die Paraguayer bei einem Vergleich mit ihren Nachbarn, besonders mit Argentinien, lieber über die Stärken ihrer *fútbol*-Mannschaften und die Qualität ihres Rindfleischs sprechen.

Aber trotz der Schlagzeilen: Die Paraguayer sind sehr entspannt. Bei 40 °C im Schatten schlürfen sie ihren *tereré* und lassen die Seele baumeln. Nur vorbeiziehende Pferdekarren unterbrechen das Stillleben. Und die Menschen hier sind zu Recht bekannt für ihre Wärme und Gastfreundschaft.

Lebensart

Paraguay ist nach Bolivien das zweitärmste Land Südamerikas. 32 % der Bevölkerung leben unter der Armutsgrenze, und etwa 16 % der 6 506 464 Einwohner sind arbeitslos. Nicht selten aber preschen PS-starke Daimler durch die Straßen. Abgesehen von den ärmlichen Hütten der Bauern und den Villen der Superreichen wohnen die meisten Paraguayer in Häusern – von relativ modernen Zwei-Etagen-Häusern bis zu verfallenden Gebäuden aus der Kolonialzeit. Und nirgendwo ist die Spanne zwischen Arm und Reich größer als in Asunción.

Der Unterschied in der Lebensart zwischen Guaraní-Baumwollpflückern und wohlhabenden mennonitischen Landbesitzern ist gewaltig. Sie leben zwar Seite an Seite, aber die weniger konservativen der Mennoniten haben neue Trucks und Apparate made in Germany, die Baumwollpflücker dagegen leben in Wanderlagern von der Hand in den Mund.

Die Siesta ist das ansteckendste Charakteristikum des paraguayischen Lebens. Sogar die sonst so disziplinierten Mennoniten haben die Nachmittagsruhe übernommen, wenn auch in verkürzter Form. Heulende Sirenen erinnern die Arbeiter tagtäglich ans Ende der Siesta. In einigen Gemeinden dauert sie vom Mittag bis Sonnenuntergang – die geschäftigsten Tageszeiten sind also der frühe Morgen und die Dämmerung.

Bevölkerung

Etwa 95 % der Paraguayer sind Mestizen. Sie sprechen meistens untereinander Guaraní und Spanisch ist ihre Zweitsprache. Die restlichen 5 % sind Nachkommen europäischer Einwanderer, darunter viele mennonitische Farmer, oder Angehörige von größtenteils im Chaco lebenden indigenen Stämmen. Speziell im Südosten des Landes gibt es auch kleine, aber auffällige asiatische, arabische und brasilianische Gemeinden.

Mehr als 95 % der Einwohner leben im Osten Paraguays, nur die Hälfte aber in Städten. Nach offiziellen Angaben können 94 % lesen und schreiben. Die Kindersterblichkeit liegt bei 2,5 % und die durchschnittliche Lebenserwartung bei 75,1 Jahren. Etwa 37,7 % der Bevölkerung sind jünger als 15 Jahre.

SPORT

Die Paraguayer sind *fútbol*-verrückt. Nicht selten sieht man große Gruppen von Männern, die sich um einen *pancho* (Hot Dog)-Stand drängen und die Copa Libertadores im Fernsehen verfolgen. Die beliebtesten Teams, Olimpia und Cerro Porteño, besiegen oft die besten argentinischen Mannschaften. Auch Tennis, Basketball, Volleyball, Jagen and Fischen sind beliebte Sportarten.

RELIGION

90 % der Bevölkerung bezeichnen sich als römisch-katholisch, aber es gibt allerlei verschiedene Formen: Die meisten Menschen indigener Herkunft haben ihre angestammte Religion beibehalten oder nur leicht verändert, obwohl sie formell der katholischen Kirche oder evangelikalen Sekten angehören.

KUNST

Kunst wird staatlich nur wenig gefördert – das werden viele Intellektuelle und Künstler bestätigen. Zahlreiche Künstler, Musiker und Maler haben das Land verlassen, um im Ausland zu arbeiten. Trotzdem kann

---

DER POMBERO

Die Tradition der Guaraní kennt viele mythologische Figuren, keine aber ist so drollig und so beliebt wie der Pombero. Das böswillige, ein wenig koboldähnliche Wesen soll muskulös, kleinwüchsig und behaart sein und nachts auftauchen (Karai Phyahre bedeutet auf Guaraní „Herr der Nacht"). Merkwürdige Geräusche, das Verschwinden von Sachen und unerklärliche Missgeschicke – ein Kind stolpert oder der Rock einer Frau flattert hoch – werden ihm in die Schuhe geschoben. Es heißt auch, der Pombero verführe (manche sagen, er vergewaltige) Frauen. Aber sein nächtliches Treiben ist nicht alles: Erwachsene nutzen seine angebliche Existenz oft auch dazu, ihre Kinder einzuschüchtern und vorm Herumstreifen, vor allem während der Siesta, abzuhalten. Man glaubt, der Pombero sei nur dadurch zu beschwichtigen oder freundlich zu stimmen, dass man ihm kleine Geschenke wie Rum, Tabakblätter oder Süßigkeiten hinstellt.

Paraguay auf einige berühmte Persönlichkeiten stolz sein.

Paraguays bekannteste Schriftsteller sind die Dichterin und Kritikerin Josefina Plá und der Romancier Augusto Roa Bastos, der Cervantes-Preisträger von 1990. Er starb im Jahre 2005 im Alter von 87 Jahren. Obwohl er lange im Exil lebte, widmete sich Bastos Themen Paraguays und der Geschichte des Landes – von einem Standpunkt des persönlichen Erlebens aus. *Menschensohn* beispielsweise behandelt verschiedene Episoden aus der Geschichte Paraguays, darunter die Diktatur Francias und den Chacokrieg. Zu den zeitgenössischen Autoren Paraguays zählen Nila López, Jacobo A. Rauskin, Luis María Martínez, Ramón Silva Ruque Vallejos, Delfina Acosta und Susy Delgado. Für Literaturinteressierte hält das Café Literario in Asunción (S. 919) ein ganz besonderes Bonbon bereit – einen kurzen Abriss der Literatur direkt auf der Speisekarte!

Ein Muss nicht nur für Jesuitenfans ist Roland Joffes epischer Streifen *Mission* von 1986.

In Asunción ist das Theater sehr populär. Gelegentlich werden neben spanischen Stücken auch Stücke auf Guaraní gespielt. In den zahlreichen Galerien sind moderne, z. T. unkonventionelle Kunstwerke zu sehen.

Die Musik Paraguays hat ihre Wurzeln in Europa. Die verbreitetsten Musikinstrumente sind die Gitarre und die Harfe. Traditionelle Tänze sind die munteren *polkas galopadas* und der *danza de la botella,* bei dem die Tänzer Flaschen auf dem Kopf balancieren.

NATUR & UMWELT
Geografie

Der Río Paraguay teilt das Land in eine östliche und eine westliche Region. Der Osten besteht aus einer wasserreichen Ebene mit Savannen und verstreuten subtropischen Waldzonen, die sich bis zum Río Paraná an der Grenze zu Brasilien und Argentinien hinzieht. Im Westen liegt der Gran Chaco – er ist in der Nähe des Río Paraguay ein sumpfiges Vogelreservat und wird weiter nordwestlich in Richtung Bolivien zu einem staubigen, dornigen Waldgebiet.

Tiere & Pflanzen

Die Flora und Fauna Paraguays ist sehr vielfältig. Aber im Südosten des Landes leidet die Fauna unter der hohen Dichte der ländlichen Bevölkerung. Vom Aussterben bedrohte Säugetiere sind der Riesenameisenbär, das Riesengürteltier, der Mähnenwolf, der Flussotter, der brasilianische Tapir, der Jaguar, der Pampa- und der Sumpfhirsch. Ein kleiner, aber wichtiger Erfolg für den Artenschutz war Mitte der 1970er-Jahre die Wiederentdeckung des Chaco-Pekari, einer südamerikanischen Art der Nabelschweine. Lange hat man geglaubt, dass die Art seit mindestens 50 Jahren ausgestorben sei. Naturschützer haben sich dafür eingesetzt, dass sich die Bestände erholen konnten.

Vor allem das Chaco-Gebiet bevölkert eine bunte Vogelwelt. In Paraguay leben 365 verschiedene Vogelarten, darunter 21 Papageien- und Sittichspezies, Jabirus und Waldstörche, Ibisse und Entenvögel. Im flussreichen Flachland leben viele Reptilien, u. a. Kaimane und Anakondas.

Nationalparks

Sogar das Umweltministerium, das Secretario del Medio Ambiente (SEAM), ist sich nicht ganz sicher, wie viele offizielle Nationalparks das Land hat. Bei der letzten Zählung wurden 24 Parks ausgemacht und verschiedene andere Reservate, in denen viele Arten vorkommen. Nur in wenigen kann man campen, aber die meisten sind für Tagesbesucher und Wanderer zugänglich.

Dieser Reiseführer stellt folgende fünf Nationalparks vor:

- Cerro Corá (S. 932)
- Defensores del Chaco (S. 935)
- Parque Nacional Teniente Agripino Enciso (S. 935)
- Médeanos del Chaco (S. 935)
- Ybycuí (S. 926)

Leider werden die Parks nicht stetig gepflegt, Gründe dafür sind Korruption, ökonomische Zwänge und das traditionell eher schwache politische Interesse. Jeder neue Politiker beschert den Nationalparks ein völlig neues Management und auch neue Namen. Deshalb sind die Parks sehr stark auf finanzielle Hilfe von außen und auf Unterstützung von Nonprofitorganisationen wie Nature Conservancy angewiesen.

Zuständig für die Nationalparks und den Ökotourismus sind **SEAM** (☎ 021-615812; www. seam.gov.py; Av Madame Lynch 3500, Asunción; ☽ Mo–Fr

7–13 Uhr) und das **Secretaria Nacional de Turismo** (Senatur; Karte S. 914 f.; ☎ 021-494110; www.senatur.gov.py; Palma 468, Asunción; ☺ 7–19 Uhr). Private Naturreservate sind in der **Fundación Moisés Bertoni para la Conservación de la Naturaleza** (☎ 021-608740; www.mbertoni.org.py) zusammengeschlossen.

Umweltprobleme

Wie viele Entwicklungsländer ist auch Paraguay nicht gerade berühmt für sein Umweltbewusstsein – „lax" dürfte noch freundlich ausgedrückt sein. Abfälle, vor allem Plastiktüten, verunstalten die Straßen und Flüsse. Sogar die Savannen und das Chaco-Gebiet sind betroffen.

Die meisten der Regenwälder im Osten wurden abgeholzt, um Platz zu schaffen für den Anbau vor allem von Sojabohnen und Weizen. Einige Leute meinen, dass wohl auch die Profitgier wohlhabender Großbauern entscheidend war. Auch der Bau des Wasserkraftwerks Itaipú war umstritten (s. S. 929).

Trotz alledem sind viele Menschen besorgt um die Zukunft der Naturressourcen Paraguays – auch angesichts des angeblichen Interesses der USA. Das gilt vor allem für das *Acuifero Guaraní* – es ist das größte Wasserreservoir der Welt und befindet sich unter Paraguay, Brasilien und Argentinien.

VERKEHRSMITTEL & -WEGE

AN- & WEITERREISE
Bus

Es kann nervenaufreibend sein, die paraguayische Grenze zu passieren: rein in den Bus, raus aus dem Bus, rein in den Bus … Nicht alle Stadtbusse müssen an der Grenze Halt machen – aber man sollte den Fahrer dazu auffordern und die notwendigen Papiere bereithalten. Achtung: Einige Busgesellschaften behaupten, sie würden über die Grenzstädte hinaus noch weiter nach Brasilien hineinfahren, in Wirklichkeit muss man aber nach der Grenze in einen anderen Bus umsteigen. Informationen zum Grenzübertritt nach Brasilien gibt's auf S. 929. Zur Einreise nach Paraguay von Brasilien aus s. S. 375.

FLUGHAFENSTEUER

Wer Paraguay per Flugzeug verlässt und sich länger als 24 Stunden im Land aufgehalten hat, muss vor dem Abflug 20 US$ bezahlen (nur in bar).

Flugzeug

Paraguays einziger internationaler Flughafen ist in Asunción. Direkte internationale Flugverbindungen von Asunción bestehen nur zu den Nachbarländern: nach Buenos Aires in Argentinien, La Paz und Santa Cruz in Bolivien, São Paulo und Rio de Janeiro in Brasilien und nach Iquique und Santiago in Chile.

Schiff/Fähre

Von Argentinien aus fahren Schiffe nach Asunción und Encarnación. Die Einreise per Schiff ist allerdings komplizierter. An der brasilianischen Grenze zwischen Concepción und der Isla Margarita sind auch privat betriebene Schiffe unterwegs – wer sich auf dieses Abenteuer einlässt, braucht viel Geduld und Ausdauer (Details s. S. 931).

UNTERWEGS VOR ORT

Am häufigsten ist man in Paraguay per Bus unterwegs – Busse sind billig und recht verlässlich. Von der brasilianischen oder argentinischen Grenze bis nach Bolivien dauert es von der Abfahrt bis zur Ankunft 30 Stunden oder weniger, wenn man nur einen Teil der Strecke zurücklegt. Zwischen Asunción und den Ortschaften im Landesinneren bestehen Schiffsverbindungen auf dem Rió Paraguay.

Auto

Ein eigenes Auto ist teuer, lohnt sich aber, wenn man zu mehreren unterwegs ist. Man ist flexibler, aber zu den meisten Orten fahren auch Busse. **National Car Rental** (☎ 021-492157; www.national.com.py; Ecke Yegros 501 & Cerro Corá) in Asunción nimmt 35 US$ pro Tag (für Entfernungen unter 100 km und ohne Versicherung). Bei längerer Mietdauer gibt's günstigere Preise.

Bus

Die Qualität der Busse unterscheidet sich erheblich. Kein Bus fährt durch bis zum

Zielort, ohne unterwegs noch irgendwen oder irgendwas aufzulesen. Die sogenannten *servicio removido* halten, wenn sie herangewinkt werden, die *servicio directo* nehmen nur an festen Haltepunkten Fahrgäste auf. Der *común* ist ein einfacher Bus, der seltener hält, der *ejecutivo* ein luxuriöserer Schnellbus mit Toiletten, Getränken und Videos. Am besten reist man tagsüber. Nicht vergessen, sich immer ein Ticket oder eine Quittung ausstellen zu lassen! Größere Städte haben einen zentralen Busbahnhof, anderswo sind die Busgesellschaften nicht weit voneinander entfernt und zu Fuß abzuklappern. Wer sich seinen Sitzplatz aussuchen will, sollte sich das Ticket schon früh besorgen. Wer aber günstig mitfahren will, handelt den Preis am besten kurz vor dem Start mit dem Fahrer aus.

Flugzeug

Flüge sparen zwar Zeit, kosten aber mehr als Busfahrten. Die **Transportes Aéreos Mercosur** (TAM; www.tam.com.py) bietet täglich Flüge von und nach Buenos Aires, Cochabamba und Santa Cruz (Bolivien), São Paolo, Santiago sowie Cidade del Este (40 US$, 50 Min.). Das bolivianische Flugunternehmen LAB pendelt zwischen La Paz, Santa Cruz und Asunción. **Varig** (www.varig.com) fliegt täglich nach Foz de Iguazú, São Paulo und Rio de Janeiro, und seit kurzem fliegt auch die brasilianische **GOL** (www.voegol.com.br) nach Brasilia und Buenos Aires.

Schiff/Fähre

Details zu Schiffsreisen auf dem Río Paraguay gibt's auf S. 921.

Taxi

Die meisten Taxis fahren mit Taxameter. Nachts zwischen 22 und 5 Uhr und an Sonn- und Feiertagen dürfen die Fahrer einen Zuschlag (*recargo*) von 30 % berechnen.

Trampen

Trampen ist in Paraguay relativ sicher, aber Frauen ohne Begleitung sollten vorsichtig sein. Im Allgemeinen wartet man nicht sehr lang auf eine *lleva* (Mitfahrgelegenheit). Vorsicht aber in der Nachmittagshitze – unbedingt Wasser dabeihaben! Die meisten Fahrer verlangen fürs Mitnehmen kein Geld.

ASUNCIÓN

☎ 021 / 1,2 Mio. Ew.

Es ist nicht einfach, sich eine Meinung über Asunción zu bilden. Das Herz der Stadt ist wunderschön, mit den verstreuten kolonialzeitlichen und Jugendstilgebäuden, der internationalen Küche, den schattigen Plätzen und den freundlichen Menschen. Ihr insgesamt eher jüngeres und schickeres Erscheinungsbild verdankt die Stadt aber den neuen, schier endlosen Vororten, den protzigen Einkaufszentren und den trendigen Nachtclubs.

Aber der Glanz hat Schattenseiten: Abseits am Río Paraguay stehen Baracken, Moskitos übertragen das Denguefieber und die Dieselbusse stinken. An manchen Stellen ist die Architektur hässlich zweckmäßig und die Hitze und Feuchtigkeit kann einen fast erdrücken.

Wie eine eitle Frau ihr Alter verstecken will, aber Fett ansetzt, so behauptet Asunción, nur 1,2 Mio. Einwohner zu haben. In Wirklichkeit sind es wohl viel mehr, denn die ausufernden Vororte sind schon mit den Nachbargemeinden zusammengewachsen. Aber trotz dieses Makels ist Asunción einen Besuch wert.

ORIENTIERUNG

Durch die Lage am Fluss und durch das planlose Wachstum im 19. und 20. Jh. weist in Asunción das übliche Raster, dessen Mittelpunkt die Plaza de los Héroes ist, Unregelmäßigkeiten auf. Die Ost-West-Straßen wechseln ihren Namen an der Kreuzung mit der Independencia Nacional. Im Norden steht an der Plaza Constitución längs des Flussufers der Palacio Legislativo. Unterhalb der Klippe liegen die Barackenviertel Asun-

---

DER WEG INS ZENTRUM

Asuncións **Busbahnhof** (☎ 551740; Ecke Av Fernando de la Mora & República Argentina) liegt einige Kilometer südöstlich der Innenstadt. Am schnellsten im Zentrum ist man mit dem Bus 8 (0,40 US$). Die Busse 10, 25, 31 und 38 fahren aber auch bis zur Oliva. Am Flughafen fahren Busse in Richtung Zentrum über die Av Aviadores del Chaco. Taxis nehmen einen für 15 US$ mit.

914 ASUNCIÓN •• Zentrum

ASUNCIÓN (ZENTRUM)

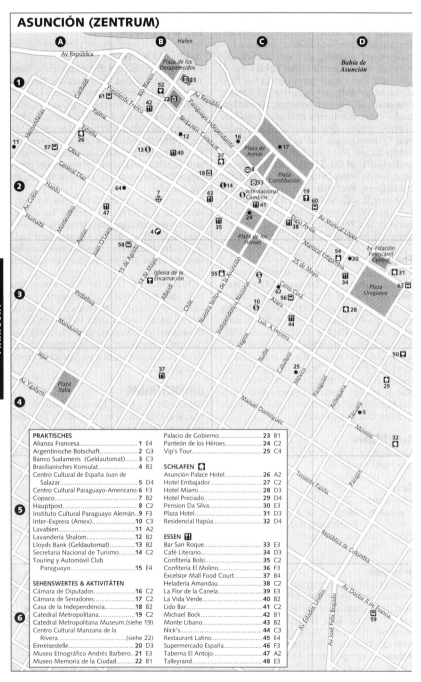

PRAKTISCHES
Alianza Francesa	**1** E4
Argentinische Botschaft	**2** G3
Banco Sudameris (Geldautomat)	**3** C3
Brasilianisches Konsulat	**4** B2
Centro Cultural de España Juan de Salazar	**5** D4
Centro Cultural Paraguayo-Americano	**6** F3
Copaco	**7** B2
Hauptpost	**8** C2
Instituto Cultural Paraguayo Alemán	**9** F3
Inter-Express (Amex)	**10** C3
Lavabien	**11** A2
Lavandería Shalom	**12** B2
Lloyds Bank (Geldautomat)	**13** B2
Secretaria Nacional de Turismo	**14** C2
Touring y Automóvil Club Paraguayo	**15** E4

SEHENSWERTES & AKTIVITÄTEN
Cámara de Diputados	**16** C2
Cámara de Senadores	**17** D2
Casa de la Independencia	**18** B2
Catedral Metropolitana	**19** C2
Catedral Metropolitana Museum	(siehe 19)
Centro Cultural Manzana de la Rivera	(siehe 22)
Einreisestelle	**20** D3
Museo Etnográfico Andrés Barbero	**21** E3
Museo Memoria de la Ciudad	**22** B1
Palacio de Gobierno	**23** B1
Panteón de los Héroes	**24** C2
Vip's Tour	**25** C4

SCHLAFEN
Asunción Palace Hotel	**26** A2
Hotel Embajador	**27** C2
Hotel Miami	**28** D3
Hotel Preciado	**29** D4
Pension Da Silva	**30** E3
Plaza Hotel	**31** D3
Residencial Itapúa	**32** D4

ESSEN
Bar San Roque	**33** E3
Café Literario	**34** D3
Confitería Bolsi	**35** C2
Confitería El Molino	**36** F3
Excelsior Mall Food Court	**37** B4
Heladería Amandau	**38** C2
La Flor de la Canela	**39** E3
La Vida Verde	**40** B2
Lido Bar	**41** C2
Michael Bock	**42** B1
Monte Libano	**43** B2
Nick's	**44** C3
Restaurant Latino	**45** E4
Supermercado España	**46** F3
Taberna El Antojo	**47** A2
Talleyrand	**48** E3

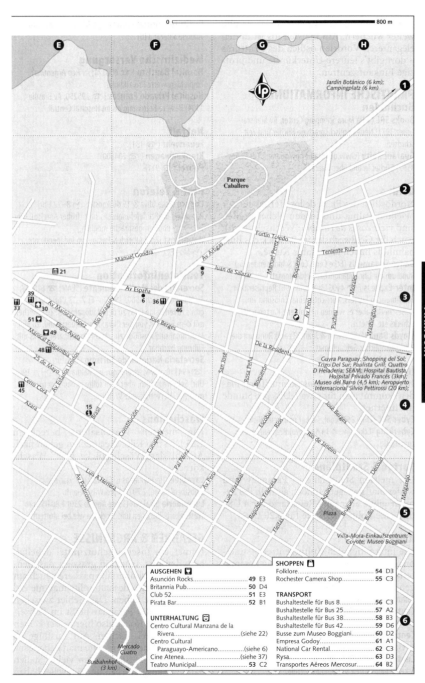

ci**ó**ns, deren *viviendas temporarias* ständig weiter wuchern. Am meisten los ist in den eleganteren Vororten östlich des Zentrums – dort gibt's teurere Unterkünfte und protzige Einkaufszentren.

PRAKTISCHE INFORMATIONEN
Buchläden
Books SRL (Villa Mora Shopping Center, Av Mariscal López 3971) Neue englischsprachige Bücher und Zeitschriften.

Guarani Raity (www.quanta.net.py/guarani; Las Perlas 3562) Bücher in und über Guaraní.

Geld
Nordöstlich der Plaza de los Héroes auf der belebten Palma und in den Nebenstraßen sind viele *casas de cambio* (Wechselstuben). Auch die Geldwechsler im 2. Stock des Busbahnhofs haben akzeptable Kurse.

Banco Sudameris (Ecke Cerro Corá & Independencia) Rund um die Uhr zugänglicher Geldautomat.

Inter-Express (☎ 440613; Yegros 690) Repräsentant von American Express. Vorsicht: Keine Einlösung von Reisechecks, aber es werden gestohlene Karten und Schecks etc. ersetzt.

Lloyds Bank (Ecke Palma & Juan O'Leary) Rund um die Uhr zugänglicher Geldautomat.

Internetzugang
In zahlreichen *locutorios* (kleine Telefonläden) kommt man für etwa 1 US$ pro Stunde ins Internet.

Cyber SPC (Chile 862) Cool, sauber und freundlich.

Cyberking (Ecke Oliva & 14 de Mayo) Bequem und zuverlässig.

Karten & Stadtpläne
Die meisten Stadtpläne in Paraguay sind weder maßstabsgetreu noch aktuell. Bei Senatur gibt's aber eine Reisekarte für 4 US$ und eine politische Karte für 3,20 US$.

Kulturzentren
Die internationalen Kulturzentren Asunci**ó**ns bieten kostenfrei oder -günstig Lesematerial, Filmvorführungen, Kunstausstellungen und Kulturevents an.

Alianza Francesa (☎ 210382; Mariscal Estigarribia 1039)

Centro Cultural de España Juan de Salazar (☎ 449221; Tacuary 745)

Centro Cultural Paraguayo-Americano (☎ 224831; Av España 352)

Centro Cultural Paraguayo Japones (☎ 607276; Ecke Av Julio Correa & Domingo Portillo)

Instituto Cultural Paraguayo Alemán (☎ 226242; Juan de Salazar 310)

Medizinische Versorgung
Hospital Bautista (☎ 600171; Av Rep Argentina) Empfehlenswerte Privatklinik.

Hospital Privado Francés (☎ 295250; Av Brasilia 1194) Bessere Betreuung als im Hospital Central.

Notfall
Feuerwehr (☎ 131)
Krankenwagen (☎ 204800)
Polizei (☎ 911)

Post & Telefon
Copaco (Ecke Oliva & 15 de Agosto; ☾ 8–22 Uhr) Paraguays größte Telefongesellschaft (früher Antelco). Hier sind Orts- und Ferngespräche möglich.

Hauptpost (Ecke Alberdi & Paraguayo Independiente; ☾ Mo–Fr 7–19 Uhr)

Touristeninformation
Secretaria del Medio Ambiente (SEAM; ☎ 615812; Av Madame Lynch 3500; ☾ Mo–Fr 7–13 Uhr) Nur hier gibt's zuverlässige Infos zu den Nationalparks. Zu erreichen mit dem Bus 44A von der Oliva; Fahrtdauer: mind. 20 Min. Manchmal sind Ausflüge zu schwer erreichbaren Parks mit Führung buchbar.

Secretaria Nacional de Turismo (Senatur; ☎ 494110; www.senatur.gov.py; Palma 468; ☾ 7–19 Uhr) Sehr freundlich, aber man sollte genau sagen, was man will. Hervorragende Website.

Waschsalons
Die meisten Waschsalons berechnen 1,25 US$ pro Kilo, die anderen gehen nach Anzahl der Wäschestücke bzw. Waschkörbe.

Lavabien (Hernandarias 636) Wäscheabgabe und Selbstbedienung. 2,70 US$ pro Wäschekorb.

Lavandería Shalom (15 de Agosto 230) 1,80 US$ pro Wäschekorb; Waschen und Trocknen wie bei Muttern.

GEFAHREN & ÄRGERNISSE
Immer ein Insektenschutzmittel dabeihaben, denn in Asunción grassiert das Denguefieber. Raubüberfälle passieren auch am helllichten Tag – deshalb sollte man nie viel in der Tasche haben. Das Gebiet zwischen Palma und Río Paraguay heißt im Polizeijargon „Zona Roja", also hier besser keinen Abendbummel machen. Auf Ausflüge an Sonn- und Feiertagen sollte man lieber ganz verzichten: Die Stadt ist an vielen Stellen dann wie ausgestorben und Traveller haben

des öfteren schon von Raubüberfällen berichtet.

SEHENSWERTES

Ein Muss ist das **Museo del Barro** (☎ 607996; Grabadores del Cabichui s/n; Eintritt 0,90 US$; Do–So 8–16 Uhr), zu finden in einem modernen Hochglanzviertel östlich des Stadtzentrums. Hier ist alles zu sehen von moderner Malerei, vorkolonialer und indigener Kunst bis hin zu politischen Karikaturen prominenter Paraguayer. In der Oliva in den Bus 30 einund an der Av Molas López wieder aussteigen. Das Museum ist in einem zeitgenössischen Bau untergebracht, in Richtung Süden abseits der Callejón Cañada.

Ins **Museo Etnográfico Andrés Barbero** (☎ 441696; Av España 217; Eintritt frei; Mo–Fr 8–17.30 Uhr) für Anthropologie und Archäologie kommt man kostenlos. Hier sind indigene Werkzeuge, Keramiken, Webereien und tolle Fotografien ausgestellt. Karten zeigen, woher jedes einzelne Stück kommt.

Das gut organisierte **Museo Boggiani** (☎ 584717; Coronel Bogado 888; Eintritt frei; Di–Fr 8–12, Sa 9–12 & 15–18 Uhr) beherbergt große Teile der Federschmucksammlung des italienischen Ethnographen Guido Boggiani, der bei den Chamacoco-Indianern am oberen Río Paraguay Feldforschung betrieb. Die 45-minütige Busfahrt vom Zentrum aus mit den Líneas 27, 45 oder 19 lohnt sich.

Das **Museo de Historia Natural** (Jardín Botánico; Eintritt Park 0,30 US$, Eintritt Museum 0,40 US$; Mo–Fr 8–16, Sa 8–13 Uhr) ist nur wegen seiner spektakulären Insektenausstellung erwähnenswert. Zu sehen gibt's u. a. einen Schmetterling mit einer Flügelspannweite von 274 mm. Am schnellsten ist der Bus 44-B („Artigas"), er fährt im Zentrum von der Oliva und der 15 de Agosto ab und hält direkt vor den Toren des Museums.

Jeden zweiten Sonntag fährt um 10 Uhr ein Zug vom Botanischen Garten nach Areguá, Rückfahrt ist um 17 Uhr. Tickets gibt's im alten Bahnhof an der Plaza Uruguay (20 US$).

STADTSPAZIERGANG

Die historischen Ecken der Stadt erkundet man am besten zu Fuß. Aber Vorsicht: Sonn- und Feiertage sind nicht für einen Stadtbummel geeignet. Das Zentrum ist dann so tot wie seine kolonialen Helden, und es gab bereits Überfälle auf Traveller.

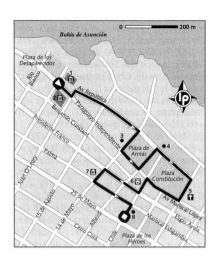

ROUTENINFOS
Start Palacio de Gobierno
Ziel Panteón de los Héroes
Strecke 1,8 km
Dauer 2 Std.

Start ist am **Palacio de Gobierno (1)** an der Paraguaya Independiente in der Nähe von Juan O'Leary. Auf der anderen Straßenseite steht das **Centro Cultural Manzana de la Rivera** (2; ☎ 442448; Ayolas 129; Eintritt frei; 8.50–17 Uhr), ein Komplex von acht farbenprächtigen, restaurierten Häusern. Das älteste ist die Casa Viola (von 1750). Dort bietet das Museo Memoria de la Ciudad einen Einblick in die Entwicklungsgeschichte Asuncións.

Nach dem Museumsrundgang links in die Juan O'Leary einbiegen und dann gleich rechts (südöstlich) die Av Republica entlang marschieren. An der Plaza de Armas geht's nach rechts zur **Casa de La Cultura (3)**. Errichtet von den Jesuiten, war das Gebäude von 1767 bis 1810 die Königliche Seminarschule San Carlos. Gleich in der Nähe ist auch der neue, moderne Congreso Nacional.

Danach über den Platz zum Cabildo **(4)** schlendern, einem alten Jesuitenhaus. Heute ist hier das Museum des Congreso Nacional untergebracht, vorher war es das Hauptquartier der spanischen Gouverneurs und später des Diktators Dr. Francia.

Weiter geht's südöstlich ans Ende der Plaza Constitución zur **Catedral Metropolitana**

(5; Eintritt frei; ☷ Mo–Fr 11–11.30 Uhr) aus dem 19. Jh. und dem zugehörigen **Museum** (Eintritt 0,70 US$; ☷ Mo–Fr 7.30–12 Uhr). Im Anschluss wieder zurück die Südseite der Plaza entlang, links in die Chile einbiegen und gleich die erste rechts nehmen (Presidente Franco). Hier steht das 1889 erbaute und 2006 wiedereröffnete **Teatro Municipal (6)**. Einen Häuserblock weiter nordwestlich links in die 14 de Mayo einbiegen und Asuncións ältestes Gebäude bewundern: die **Casa de la Independencia (7**; ☎ 493918; www.casadelaindependencia.org.py; Eintritt frei; ☷ Mo–Fr 7.30–18.30, Sa 8–12.30 Uhr) von 1772. Hier erklärte Paraguay 1811 seine Unabhängigkeit. Im malerischen Museum sind Möbel, Münzen und Manuskripte von Reden ausgestellt, Erläuterungen gibt's aber nur auf Spanisch. Links geht's schließlich zurück auf der Palma zur Plaza de los Héroes und dem **Panteón de los Héroes (8)**. Eine Militärwache ehrt hier die sterblichen Überreste von Francisco Solano López und anderen Schlüsselfiguren aus Paraguays berühmt-berüchtigten Kriegen. Alle acht Tage um 10 Uhr findet die Wachablösung statt.

GEFÜHRTE TOUREN

Fransisco Camacho (☎ 370835; francam@supernet. com.py) Ein hervorragender und vielsprachiger Guide. Die Preise beginnen bei 100 US$ pro Tag. Das Geld ist aber gut angelegt, gerade wenn man wenig Zeit hat. Bei Bedarf gibt's hier auch Hilfe bei der Unterkunftssuche.

Guyra Paraguay (☎ 227777; Comandante Franco 281) Monatliche Vogelbeobachtungstouren mit englischsprachigen Führern.

Vip's Tour (☎ 441199; www.vipstour.com.py; Ecke México 782 & Moreno) Diverse Tagesreisen zwischen 15 und 200 US$ (mind. 2 Teilnehmer).

SCHLAFEN

Im Wirrwarr rund um den Busbahnhof gibt's eine Menge passabler Billigabsteigen für etwa 5 US$ pro Nacht. Wer aber länger als eine Nacht in der Stadt bleibt, nimmt lieber einen Stadtbus in Richtung „Centro", wo es viele erschwingliche, saubere, allerdings abgenutzte Unterkunftsmöglichkeiten gibt. In Asunción sind die Unterkünfte ein wenig teurer als anderswo im Land, treiben aber niemanden in den Bankrott.

Campingplatz (Jardín Botánico; Stellplatz 1,50 US$) Schattig, freundlich und sicher. Aber es gibt angriffslustige Ameisen und Mücken – also nicht ohne Insektenschutzmittel rumlaufen. Der Campingplatz liegt 5 km nordöstlich

der Innenstadt im Botanischen Garten und ist erreichbar mit dem Bus 44-B („Artigas') oder 35 ab Oliva.

Pension Da Silva (☎ 446381; Eligio Ayala 843; 6 US$/ Pers.) Die Adresse für Geschmack, Komfort und Gastfreundschaft. Ein Familienbetrieb mit kolonialzeitlichem Ambiente drinnen und draußen. Die exquisite Fassade hat kein Schild – einfach klingeln.

Hotel Embajador (☎ 493393; Presidente Franco 514; EZ/DZ 7/10 US$) Recht ruppig und farblos, aber nicht ohne Charakter. Die Zimmer sind allenfalls passabel, ihre hohen Decken noch das Beste.

Residencial Itapúa (☎ 445121; Moreno 943; 10 US$/ Pers.) Noch eine nicht ausgeschilderte *residencial* (Budgetunterkunft) in einem sonderbar neokolonialen Ziegelbau. Viel Geblümtes und recht abgenutzt. Diverse verschiedene Zimmer, einige mit Ventilator.

Hotel Miami (☎ 444950; México 449; EZ/DZ 13,50/19 US$; ☒) Zwar mit kahler krankenhausähnlicher Empfangshalle, aber sauber und mit Notausgang. Hilfsbereites, freundliches Personal. Das Miami wird gern von Einheimischen für Hochzeitspartys genutzt, deshalb sollte man im Voraus buchen.

Plaza Hotel (☎ 444772; www.plazahotel.com.py; Eligio Ayala 609; EZ/DZ 16/25 US$; ☒) Das modernisierte und zuverlässige Hotel an der Plaza Uruguaya ist ein echter Schatz. Einfaches Frühstücksbuffet und harte Matratzen.

Trigo del Sur (☎ 602389; Mayor Infante Rivarola 653; EZ/DZ 25/35 US$; ☒) Nicht gerade geeignet, um Paraguay zu entdecken. Wer aber britischen B&B-Stil mag, ist hier genau richtig.

Hotel Preciado (☎ 447661; Azara 840; EZ/DZ 27/33 US$; ☒ ☒) Ein modernes Haus, sogar mit Klimaanlage und Swimmingpool – steht aber auch im Ruf, sehr freizügig zu sein. Wer nächtliches Treiben also nicht haben oder hören mag, ist hier falsch.

Asunción Palace Hotel (☎ 492151; www.geocities. com; Av Colón 415; EZ/DZ mit Frühstück 30/40 US$; ☒) Hier gibt's alles rund um die spanische Kolonialzeit. Die Atmosphäre erzeugt ein wunderbares Feeling längst vergangener Zeiten – nur die 80er-Jahre-Einrichtung stört. Vorsicht bei Nacht – das Hotel liegt in einem unsicheren Stadtteil.

ESSEN

Das Essen in Asunción spiegelt die vielen verschiedenen Kulturen des Landes wider: Serviert wird eine Fülle von Gerichten aus der raffinierten einheimischen, der asiatischen oder der internationalen und der vegetarischen Küche. Im und um das Stadtzentrum ist rund um die Uhr alles zu haben – von Gourmetspeisen wie *surubial ajo* (Wels mit Knoblauch) und koreanischem *kim chi* (eingelegtes Gemüse) bis hin zu Fast Food, die hier für weniger als einen Dollar zu haben ist, wie *panchos* (Hot Dogs) oder Burger. Auch das Sortiment in den Supermärkten hat viel zu bieten. Am Sonntag kann man gut in einem der großen Einkaufszentren essen – etwa im **Mariscal Lopez** (Ecke Qiesada 5050 & Charles de Gaulle; 9–22 Uhr) oder im **Shopping del Sol** (Ecke Aviadores del Chaco & Prof González; 9–22 Uhr).

Stadtzentrum

Hervorragende koreanische Kost zu kleinen Preisen gibt's rund um die Av Pettirossi zwischen der Av Peru und der Curupayty. Man kann auch ruhig mal an den Straßenecken das *asadito* (gegrillte Fleischspieße mit Maniok) für 0,90 US$ probieren.

Michael Bock (Presidente Franco 820; Snacks für 0,50 US$–2 US$) Erstklassige deutsche Bäckerei mit erstklassigen deutschen Waren.

Monte Libano (Estrella nahe 14 de Mayo; swami 1,20 US$) Die köstlichen libanesischen *swami* (gewürztes Fleisch in libanesischem Fladenbrot) lassen jedem das Wasser im Munde zusammenlaufen.

Excelsior Mall Food Court (Chile nahe Manduvirá; Hauptgerichte 1,50–3 US$) Hat offen, wenn die meisten Lokale geschlossen sind, z. B. sonntagabends. In der klimatisierten Essstube im Obergeschoss gibt's Fast-Food-Variationen verschiedenster Küchen.

Lido Bar (Ecke Chile & Palma; Hauptgerichte 2–5 US$) Beliebtes Lokal. Man kann draußen direkt gegenüber dem Pantheon sitzen und auch zum Frühstück oder mittags riesige Portionen paraguayischer kulinarischer Köstlichkeiten genießen, z. B. das exzellente *sopa paraguaya*: Maisbrot mit Käse und Zwiebeln.

Confitería Bolsi (Estrella 399; Hauptgerichte 2,80–5,30 US$) Mehr als nur eine *confitería*. Das traditionsreiche Haus, das es bereits seit 1960 gibt, hat alles: vom Sandwich über Currykaninchen bis zur Knoblauchpizza. Unbedingt auch die *surubí casa nostra* probieren – eine super Auswahl verschiedener Pastasorten unterschiedlicher Geschmacksrichtungen auf einem Teller.

IN DIE VOLLEN!

Bar San Roque (☎ 446015; Ecke Tacuary & Eligio Ayala; Hauptgerichte 3,20–8 US$) Eine Reise in die Vergangenheit gefällig? In diesem Restaurant herrscht eine warme Jahrhundertwende-Atmosphäre. Schon seit 1905 zaubert hier eine tolle Familie ein himmlisches Gericht nach dem anderen, alles traditionell paraguayisch. An der Theke gibt's viele frische Kostproben aus eigenem Anbau, von Macadamianüssen bis zu allen möglichen Früchten. Und die Weinkarte ist genauso beeindruckend wie die tollen Pasta- oder Fleischgerichte. Viele Einheimische werden es bestätigen: Dieses Lokal ist ein kulinarisches Muss mit tollem Service

---

La Vida Verde (Palma; 3,50 US$/kg) Die 32 schrulligen geschnitzten Gesichter an der Wand versetzen jeden in gute Laune – und nach dem Essen ist man dann so richtig zufrieden. Das Tagesbuffet mit chinesischen vegetarischen Leckerbissen ist prima (auch wenn sie es hier mit den Vorschriften nicht ganz so ernst nehmen).

Taberna Española (☎ 441743; Ayolas 631; Mittagessen 4,50 US$, Abendessen 7 US$) Das eindrucksvolle Ambiente dieses „Küchenmuseums" mit herunterbaumelnden Flaschen, Kochutensilien und Glocken an der Decke ist nur die Kulisse für gutes spanisches Essen zu Festpreisen.

Rund um die Plaza Uruguaya

Confitería El Molino (Av España 382; Snacks 1–2 US$; 7–21 Uhr) Eine der süßesten *confiterías* in der Umgebung. Gebäck und Kuchen sind was für Feinschmecker und die Kellner im Schlips und Kragen verbeugen sich sogar. Super *minutas* (schnelle Kleinigkeiten), Snacks und vorzügliche *licuados* (Mixgetränke aus Fruchtsaft).

Café Literario (Ecke Mariscal Estigarribia & México; 16–22 Uhr) Tolle Musik und Bücher bei angenehm gekühlter Luft. Das künstlerisch-gemütliche Buchladencafé ist ideal zum Lesen, Schreiben oder einfach Energie auftanken. Hervorragender *café con lechés* (Milchkaffee; 1,80 US$).

La Flor de Canela (☎ 498928; Tacuary 167; Hauptgerichte 3–9 US$) Das Essen in dem schnuckeligen Lokal ist echt, im Gegensatz zu den falschen Inkaskulpturen. Gern darf dem

Verlangen nach *ceviche* (marinierte, rohe Meeresfrüchte) nachgegeben werden.

Talleyrand (☎ 441163; Mariscal Estigarribia 932; Hauptgerichte 6,90–9 US$) Internationale *haute cuisine* für alle, die ihre Nase *haute* in der Luft tragen. Betörendes Essen, betörend weiße Kleidung, betörende Preise.

Supermercado España (Ecke Av España & Brasil) Von bunten Flip-Flops und jeder Menge Erdnüssen bis zu Schokoriegeln ist alles da. In dem Laden kann man sich gut eindecken, wenn man's nicht zum Einkaufszentrum schafft.

Östlich des Zentrums
Überall in den großen Einkaufszentren wie Shopping del Sol und Mariscal Lopez gibt's Essgelegenheiten und Fast-Food-Buden.

Quattro D Heladeria (Ecke Av San Martin & Andrade; 1,20 US$/Kugel) Keine Ahnung, wofür genau die vier D im Spanischen (oder Italienischen) stehen, aber das Eis hier ist in jeder Sprache deliziös, delikat, delektabel und deluxe.

Paulista Grill (Ecke San Martine & Mariscal Lopez; Buffet 14 US$; ☺ 10–24 Uhr) Saftiges, köstliches Steak und für Vegetarier eine Salatbar. Beliebt bei denen, die im teureren Osten wohnen. Wenn man in der Gegend ist, lohnt sich ein Abstecher.

AUSGEHEN
Bars nehmen einen Gedeckpreis (von Männern einen höheren!) und können an Wochenenden überfüllt sein. Einige Nachtclubs liegen entlang der 900 Blöcke der Estigarribia, aber die meisten Glitzerschuppen finden sich eine kurze Taxifahrt entfernt östlich der Downtown in der Av Brasilia.

Britannia Pub (Cerro Corá 851; ☺ Mi–So) Immer wieder mal hipp, mit Klimaanlage, internationalem Ambiente und offener Terrasse. Der „Brit Pub" ist bei Ausländern und bei Einheimischen beliebt.

Asunción Rocks (Mariscal Estigarribia 991; Eintritt 3 US$; ☺ 22–6 Uhr) *Der* Renner für Late-Night-Afterpartys – aber vor eins hier zu sein, ist auch nicht uncool.

Pirata Bar (Ecke Benjamín Constant & Ayolas) Bekannter Piratenthemenklub, gespielt wird amerikanischer und englischer Beat.

Mouse Cantina (Ecke Patria & Brasilia) Dieser Tanzschuppen à la MTV ist in den „besseren Kreisen" ultrapopulär.

Coyote (Ecke S Martinez & Sucre) Beginnt spät, endet noch später – Endstation für junge Wilde.

UNTERHALTUNG
Kinos
Die Kinos in der Innenstadt sind berüchtigt für ihre billigen Porno- und Actionfilme und die Filmrollen stehen selten eine ganze Vorführung durch, ohne zu reißen. Zuverlässiger – aber nicht gerade charmant – sind die Kinos in Asuncións Einkaufszentren, z. B. das **Cine Atenea** (Excelsior Mall, Ecke Manduvirá & Chile; Tickets 2,50 US$) mit vier Kinosälen und das **Cinecenter del Sol** (Shopping del Sol, Ecke Aviadores del Chaco & Prof González; Tickets 2,50 US$). Die Kinoprogramme kann man im *Tiempo Libre* nachlesen, einer kostenlosen Wochenzeitschrift.

Musik & Theater
In Asunción gibt es verschiedene Veranstaltungsorte, wo Livemusik und Theater gespielt wird. Hauptspielzeit ist von März bis Oktober. Veranstaltungen und Termine stehen im *Tiempo Libre*.

Centro Cultural Manzana de la Rivera (☎ 442448; Ayolas & Paraguayo Independiente)

Centro Cultural Paraguayo-Americano (☎ 224831; www.ccpa.edu.py; Av España 352)

Teatro Municipal (Ecke Alberdi & Presidente Franco) Der Spielplan hängt draußen aus.

SHOPPEN
Für die Souvenirjagd eignet sich Asunción wirklich perfekt. Das Beste vom Besten aus ganz Paraguay gibt's im Erdgeschoss der Touristeninformation von Senatur. Alles von Digitalkameras bis zu Lederhüllen für *tereré*-Thermoskannen bekommt man zu vernünftigen Preisen in den Läden an der Palma in der Nähe der Av Colón. Auf dem Freiluftmarkt auf der Plaza de los Héroes gibt's Kleidungsstücke aus *ao po'i* oder *lienzo* (locker gewebte Baumwolle) und andere indigene Handarbeiten. Der Mercado Cuatro ist ein munterer Handelsplatz, der sich über mehrere Häuserblocks erstreckt. Er liegt in dem Winkel, wo die Av Doctor R de Francia und die Pettirossi zusammentreffen.

Folklore (☎ 448 657; Mariscal Estigarribia 397) Die Adresse für *ñandutí* (Spitze), Lederprodukte und *tereré*-Tassen.

Rochester Camera Shop (632 Nuestra Señora de la Asunción) Der Laden verkauft eine eindrucksvolle Auswahl an Kameras und Zubehör. Filme werden in nur einer Stunde entwickelt.

AN- & WEITERREISE
Bus
Einige Busgesellschaften wie Rysa und Empresa Godoy haben Büros an der Plaza Uruguaya und anderswo in der Stadt. Ansonsten kauft man die Tickets am Busbahnhof. Bus 8 fährt durch die Innenstadt an der Cerro Corá entlang zum Busbahnhof, ebenso die Busse 25 ab Av Colón und Oliva, 38 ab Haedo und 42 ab Av Doctor R de Francia.

Ziel	Dauer (Std.)	Kosten (US$)
Buenos Aires, Argentinien	18–21	32–64
Ciudad del Este, Paraguay	4½–6	6,20
Concepción, Paraguay	4½–6	6–8
Cordoba, Argentinien	20	35,30–44
Curitiba, Brasilien	18–20	26,50
Encarnación, Paraguay	5–6	6,20–12,30
Filadelfia, Paraguay	8	12,30
Foz do Iguaçu, Brasilien	6	10,60–12,30
Montevideo, Uruguay	20	62–67
Pedro Juan Caballero, Paraguay	7½	14
Posadas, Argentinien	5	9,70
Rio de Janeiro, Brasilien	18–22	49,50–53
Santa Cruz, Bolivien	30+	44–53
Santiago, Chile	28	62
São Paulo, Brasilien	18–20	44–53

Flugzeug
Der **Aeropuerto Internacional Silvio Pettirossi** (☎ 645600) liegt im Vorort Luque, 20 km östlich von Asunción. Mit dem Bus zum „Aeropuerto" ist er einfach zu erreichen – Abfahrt ist an der Av Aviadores del Chaco.

Paraguays einzige staatliche Airline ist **Transportes Aéreos Mercosur** (TAM; ☎ 645500; www.tam.com.py; Oliva 761).

Täglich fliegen Maschinen von Asunción nach Ciudad del Este und zurück – das sind aber auch schon die einzigen planmäßigen Inlandsflüge (einfache Strecke 40 US$, 50 Min.). Flugtickets spätestens einen Tag im Voraus reservieren und abholen!

Es gibt direkte internationale Flüge zwischen Asunción und den unten genannten Städten in den Nachbarländern. Die Preise gelten für die einfache Strecke und können sich ändern.

Buenos Aires, Argentinien 109–289 US$, 4-mal tgl.
Santa Cruz, Bolivien 334 US$, 1-mal tgl.
Santiago, Chile 269 US$, Mo, Mi, Fr, Sa & So 1-mal tgl.
São Paolo, Brasilien 195–304 US$, 3-mal tgl.

> ### EINREISE NACH ARGENTINIEN
> Man kann mit einer Barkasse vom Puerto Itá Enramada südwestlich des Zentrums ins argentinische Puerto Pilcomayo übersetzen. Die Barkassen legen werktags von 7 bis 17 Uhr alle halbe Stunde und samstags von 7 bis 10 Uhr sporadisch ab. Nicht vergessen: Bevor man Asunción verlässt, im Hafenamt den Ausreisestempel holen!

Schiff/Fähre
Verschiedene Frachtschiffe befördern auch Passagiere den Río Paraguay hinauf. Zwei davon fahren regelmäßig von Asunción nach Concepción (9 US$, 30 Std.). Zum Zeitpunkt der Recherche fuhr die *Cacique* mittwochs um 7 Uhr und die *Aguape* alle 14 Tage. Die aktuellen Abfahrtzeiten prüft man am besten vor Ort – etwa bei Agencia Marítima (☎ 031-42435). Von Concepción nach Vallemi fährt die *Aquidaban* dienstags gegen 11 Uhr (Ankunft Mi; 12 US$). Die *Cacique* legt dort am Donnerstagmorgen ab (abhängig von ihrer Ankunft aus Asunción) Richtung Vallemi, dort trifft sie freitagnachmittags ein. Samstags legt die *Aquidaban* nach Bahía Negra (33 US$, 2½ Tage) ab. Wer etwas mehr bezahlt, bekommt eine Doppelkabine (*camarote*), andere Traveller hängen in ihrer Hängematte auf dem Zwischendeck inmitten all der anderen Passagiere und ihrem unglaublichen Reisegepäck – sie haben von lebenden Hühnern bis Motorrädern alles dabei. Diesem Rummel kann man entgehen, wenn man auf der besser ausgestatteten *La Filomena* mit ihren zwei kleinen *camarotes* anheuert: Dazu fragt man einfach bei der Eigentümerin **Lilian Paiva** (☎ 031-42000) an. Ganz Abenteuerlustige können sogar bis nach Brasilien schippern (s. S. 931).

UNTERWEGS VOR ORT
Die lauten, halsbrecherischen Kamikaze-Stadtbusse (0,40 US$) fahren fast überall hin, aber kaum noch nach 22 Uhr. Fast alle Linien starten am westlichen Ende der Oliva.

Die Taxis fahren mit Taxameter und sind günstig (ca. 0,20 US$/Min.). Spätnachts und sonntags wird ein Aufpreis berechnet. Ein Taxi bis zum Busbahnhof kostet um die 5,30 US$.

RUND UM ASUNCIÓN

Mit einem klapprigen, lauten Stadtbus hinauszufahren, verstärkt den Eindruck vom ländlichen und historischen Paraguay sicherlich noch: Ärmliche, vorwiegend aus Häusern der Kolonialzeit bestehende Gemeinden halten lange Siestas. Die Stille wird nur hin und wieder unterbrochen vom Klacken der Ochsen- oder Pferdekarren auf den Kopfsteinpflasterwegen, die aus der Stadt hinaus- und um sie herum führen. Die Tourismusindustrie bezeichnet das Gebiet rund um das Webereizentrum Itauguá, die See-Erholungsgebiete von Areguá und San Bernardino, den Schrein von **Caacupé** und Kolonialdörfer wie **Piribebuy** und Yaguarón als „Circuito Central". Man kann sich auch ein Taxi nehmen, um dieses Gebiet abzufahren (40 US$, bis zu 4 Pers.), aber mit einem Bus (ca. etwa 1 US$) ist der Trip sicher eindrucksvoller. Die Highlights sind hier nach den Vorlieben des Autors sortiert.

SAN BERNARDINO
☎ 0512
Das ruhige „San Ber" ist bekannt als Erholungsort der Elite von Asunción und prima geeignet zum Relaxen: Bars, Diskos, teure Hotels und Restaurants reihen sich an den schattigen Kopfsteinpflasterstraßen am östlichen Ufer des Lago Ypacaraí aneinander. Und trotz seines Rufs hat San Ber auch Budgettravellern jede Menge zu bieten. Man kann hier hervorragend zusammen mit Urlaubern aus Asunción die ganze Nacht durchtanzen oder einfach nur den kühlen Schatten am Pool genießen. Leider kann man im See nicht schwimmen – das Wasser ist zu schmutzig. Dafür laden im Sommer Ausflugsboote zu kleinen Kreuzfahrten auf dem See ein (9 US$, mind. 3 Pers.).

Besucherinformationen und eine Karte von der Gegend gibt's in der **Casa Hassler** (☎ 2974; Vache/Hassler).

Traveller schwärmen vom Campingplatz und Hostel **Brisas Del Mediterraneo** (☎ 232 459; www.campingparaguay.org; ☏), rund 2 km vom Stadtzentrum entfernt an der Ruta Kennedy. Unter Schatten spendenden Bäumen thront die Anlage direkt am Seeufer. Sie hat hervorragende Einrichtungen und ist für Kinder jeden Alters geeignet. Campen kann man auch im etwas einfacheren **Camping**

Elohim (☎ 233191; Stellplatz 2 US$, Zi. 5 US$/Pers.), einem angenehmen grasbedeckten Garten hinter einem von einer Familie geführten Laden, 1,5 km von San Bernardino entfernt. Allerdings gibt es keinen Seezugang. Man kann auch in der umgebauten fensterlosen Garage in einem richtigen Bett schlafen. Wer keine Lust hat herzulaufen, nimmt den Bus nach Altos oder Loma Grande – er ist auf der rechten Seite von Camino a Altos ausgeschildert.

Das **Hotel Balneario** (☎ 232252; Hassler/Asunción; EZ/DZ 11,70/17,50 US$) ist zwar super zentral gelegen, aber angesichts seiner einfachen Zimmer überteuert. An der Uferseite der Plaza steht das alte, romantisch viktorianische **Hotel del Lago** (☎ 232201; Ecke Av Carlos Antonio Lopez & Teniente Weiler; EZ/DZ inkl. Frühstück 13,50/23,30 US$; ☒ ☏) mit antiken Möbeln und individuell eingerichteten Zimmern. Die **Alemana Panadería & Confitería** (Colonos Alemanes unter der Estigarribia) verkauft einfache Sandwichs, köstliche Butterkekse und Eis und hat im oberen Stockwerk ein Restaurant.

In Asunción fahren regelmäßig Busse von Transporte Villa del Lago (Bus 210) und Transporte Cordillera de los Andes (Bus 103) nach San Ber (0,70 US$, 1½ Std., 48 km). Um in der Nähe der Plaza auszusteigen, dem Fahrer Bescheid geben.

AREGUÁ
☎ 0291
Wenn es irgendwo wohltuende Ruhe gibt, dann hier. Areguá ist bekannt für eine höchst interessante Mischung: Erdbeeren und Kunsthandwerker. Vor allem Keramik wird hier hergestellt und *en masse* an der Hauptstraße angeboten. Leider wird dabei immer mehr der Lust an bunten Gartenzwergen oder Disneyfiguren gefrönt. Geschmackvoller sind die historischen kopfsteingepflasterten Straßen, die wunderschönen Kolonialhäuser, die Kirche auf dem Hügel, das einzige einsame Café und die Lage am See. Ein gemütlicher Aufenthalt ist also garantiert. Wer will, kann mit der Touristenbahn aus Asunción (So, alle 14 Tage) herfahren (s. S. 917).

Paraguays berühmter Bildhauer German Guggiary hat in Areguá ein Atelier. Und im El Cántaro auf der Mariscal Estigarribia, zwei Häuserblocks vom Bahnhof entfernt, kann man auch andere Stücke zeitgenössischer Kunst kaufen.

Wer übernachten will, checkt im **Hotel-Restaurant Ozli** (☎ 32389; hotelozli@hotmail.com; Av Mariscal Estigarribia; EZ/DZ 7,80/13,50 US$; 🏊) ein. Das Haus liegt etwa 50 m vom größten Strand entfernt. Die schlichten Zimmer sind zwar nicht spektakulär, aber man kann im schönen Garten sitzen, die Küche benutzen und mit dem freundlichen Besitzer plaudern. Kleine Gerichte gibt's den ganzen Tag.

YAGUARÓN

Die **Franziskanerkirche** in Yaguarón aus dem 18. Jh. ist ein Meilenstein kolonialzeitlicher Architektur, und das **Museo del Doctor Francia** (Eintritt frei; 🕑 Mo–Fr 7.30–12 & 14 –18 Uhr) war das erste Wohnhaus des Diktators. Interessant: die Porträts und Statuen aus jener Zeit.

Gegenüber der Kirche gibt's ein Restaurant ohne Namen, dafür mit mittelmäßigem Essen und einfachen, ziemlich miesen Übernachtungsmöglichkeiten (5,80 US$/Pers.). Der Bus Ciudad Paraguarí 193 (0,70 US$, 1½ Std., 48 km, alle 15 Min.) fährt von 5 bis 20.15 Uhr von Asunción nach Yaguarón.

ITAUGUÁ

Die Frauen Itauguás weben von Kindheit an bis ins hohe Alter in Heimarbeit spinnwebfeine bunte *ñandutí* (Spitze – *nandu* heißt auf Guaraní „Spinne"). Die edlen Stücke gibt's in verschiedenen Größen – von kleinen Zierdeckchen bis hin zu großen Tagesdecken fürs Bett. Während die kleinen nur ein paar Dollar kosten, muss man für die größeren schon mal mehr als 50 US$ springen lassen. Im Juli wird das alljährliche **Festival de Ñandutí** gefeiert.

Die Stadt ist wie eine Verlängerung Asuncións, so viel ist inzwischen auf der Ruta 2 los. Zwei Blocks südlich vom Highway liegt das **Museo Parroquial San Rafael** (Eintritt frei; 🕑 Mo–Fr 7–12 & 15–18 Uhr), das franziskanische und weltliche Reliquien sowie frühe *ñandutí* ausstellt. Vom Busbahnhof in Asunción geht's nach Itauguá (0,50 US$, 1 Std., 30 km, rund um die Uhr alle 15 Min.).

SÜDLICHES PARAGUAY

In der südlichsten Ecke Paraguays – östlich des Río Paraguay – finden sich einige der wichtigsten historischen Stätten des Landes: Die Jesuitenruinen, die Nationalparks, der weltweit längste Staudamm und der belebteste Grenzübergang Südamerikas machen das bunt-faszinierende Gebiet sehenswert.

ENCARNACIÓN

☎ 071 / 69 700 Ew.

Encarnación ist eine billige Shoppingmeile, das Herz des paraguayischen Karnevals und das Tor zu den nahegelegenen Jesuitenruinen von Trinidad und Jesús. Der alte Ortskern lag in der Senke am Fluss, aber als der Yacyretá-Staudamm gebaut wurde, zogen Geschäfte und Büros auf höher gelegenes Gelände um, in Erwartung der (immer noch) bevorstehenden Überflutung. Jahre sind vergangen, die Schleusen wurden aber noch nicht geöffnet. Heute ist das alte Stadtzentrum zu einem riesigen Kitschbasar zwischen immer weiter verfallenden öffentlichen Gebäuden geworden. Mitten im Chaos liegt der Markt Fería Municipal, wo man prima günstig essen kann. Weiter oben, in der charmanten und funktionalmodernen Stadt, gibt's super Läden, eine tolle Plaza und moderne Einrichtungen.

Praktische Informationen

GELD

Einige Banken – etwa die Banco Continental mit rund um die Uhr zugänglichen Geldautomaten – stehen an bzw. in der Nähe der Plaza Artigas.

Empfehlenswerte Wechselstuben sind:
Cambio Cefisa (Ecke Cerro Corá & Av Mariscal JF Estigarribia)
Cambio Valor (Av Mariscal JF Estigarribia 1405) Wechselt Reiseschecks.

INTERNETZUGANG

In der Av Mariscal JF Estigarribia zwischen der Constitución Nacional und der 25 de Mayo gibt's haufenweise Internetcafés.
Century.com (Av Mariscal JF Estigarribia zw. Constitución Nacional & 25 de Mayo; 0,60 US$/Std.; 🕑 7–12.30 Uhr)
Cybercafé Pya'e (Tomás Romero Pereira; 0,70 US$/Std.; 🕑 8–24 Uhr; 🖷)

TELEFON

Cabinas Telefónicas (Carlos Antonio López 810; 🕑 7–22 Uhr) Gegenüber vom Busbahnhof.
Copaco (Ecke PJ Caballero & Carlos Antonio López; 🕑 7–22 Uhr)

TOURISTENINFORMATION

Die Touristeninformation in der Einreisestelle an der Grenze hat Stadtpläne.

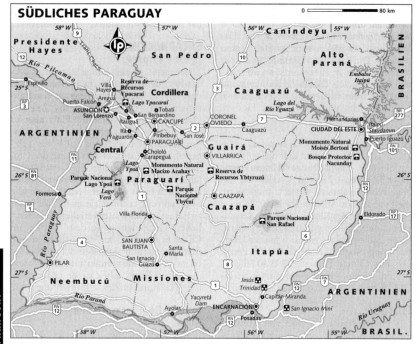

WASCHSALON
Lavanderia Nancy (Gral Cabans nahe der Lomas Valentinas) In weniger als 24 Stunden wird aller Schmutz aus den Klamotten gespült.

Schlafen
In Encarnación stehen eine Reihe sauberer Unterkünfte mit vernünftigen Preisen zur Auswahl.

Parque Manantial (☎ 075-32250; Eintritt 1,80 US$, Stellplatz 1,80 US$, Pool 1,80 US$/Tag;) Das Campingparadies liegt an der Ruta 6, 35 km außerhalb von Encarnación in der Nähe von Hohenau. Außer an den touristisch überfüllten Wochenenden hat man die 200 ha Nutzungsfläche mit Swimmingpools und vielen Waldwegen ganz für sich. Reiten kann man auch (6,20 US$/Std.). Alle Busse nach Ciudad del Este oder Hohenau fahren hier vorbei – nach dem Schild sind's noch mal 500 m. Die Anlage ist auch ein prima Basislager für einen Trip zu den Jesuitenruinen.

Hotel Itapúa (☎ 205045; Carlos Antonio López 814; EZ/DZ 3/4 US$;) Das große und unpersönliche Hotel Itapúa vermietet billige Betten.

Hotel Viena (☎ 205981; PJ Caballero 568; 4 US$/Pers.;) Hübsches Verandahaus im Stil der Kolonialzeit mit sehr, sehr schlichten Zimmern.

Hotel Germano (☎ 203346; Ecke Gral Cabañas & Carlos Antonio López; mit/ohne Bad 8/4 US$ pro Pers.;) Das Hotel Germano gegenüber vom Busbahnhof ist feiner als japanische Origamifiguren. Die beste Adresse der Stadt hat makellose Zimmer und hilfsbereites Personal.

Hotel Cuarajhy (☎ 202155; 25 de Mayo 415; 10 US$/Pers.;) Riecht zwar nach billigem Parfüm und sieht ein bisschen nach Krankenhaus aus, dafür ist das freundliche Hotel aber zentral gelegen und hat im EG eine Pizzeria.

Essen
In Encarnación gibt's mit das beste Essen von ganz Paraguay. Rund um den Busbahnhof kriegt man jederzeit günstige Mahlzeiten – mittags an der Fería Municipal und nachts an der Plaza Artigas.

Los Dos Chinos (Tomás Romero Pereiras; 2 Häppchen 0,50 US$) Superköstlich!

Heladeria Mako (Ecke Lomas Valentinas & Av Bernadino Caballero) Leckere Kuchensorten – am besten mittags hingehen, wenn alles noch frisch ist. Auch der hervorragende Kaffee und die ausliegenden Zeitschriften lohnen den Abstecher.

Hiroshima (☎ 203505; Ecke 25 de Mayo & Lomas Valentinas; Tagesmenü 3 US$, Hauptgerichte 1,80–9,50 US$)

Der inoffizielle Treffpunkt der japanischen Gemeinde (ohne Ladenschild) ist bei den Einheimischen sehr beliebt – die Udon- und Tofugerichte sind unglaublich gut. Essen wie der japanische Kronprinz.

Karumbe (Ecke Av Mariscal JF Estigarribia & Tomás Romero Pereira; Gerichte 3–5 US$) Hier kann man mit den Einheimischen zusammensitzen,

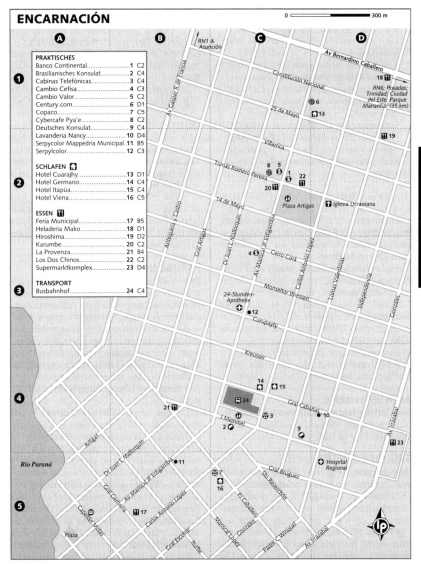

EINREISE NACH ARGENTINIEN

Busse von Servicio International fahren über den Puente San Roque ins argentinische Posadas (0,50 US$). An der Grenze muss man vor und hinter der Brücke aussteigen, um sich bei den Beamten den Aus- und Einreisestempel zu holen. Nicht immer warten die Busse, bis alle wieder an Bord sind – also lieber beim Aussteigen das Gepäck mitnehmen und das Ticket aufbewahren, dann kann man einfach mit dem nächsten Bus weiterfahren.

Es fahren auch Barkassen (0,50 US$) nach und von Posadas über den Río Paraná, aber auf dieser Route gibt's keinerlei Ein- und Ausreiseverfahren. Man sollte lieber nicht riskieren, mit den paraguayischen Behörden Schwierigkeiten zu bekommen: Das zieht nur Geldstrafen und ärgerlichen Papierkrieg nach sich. Infos zur Fahrt von Argentinien nach Encarnación stehen auf S. 96.

trinken und Spaß haben. Serviert wird alles, von Pasta bis zu Fleischgerichten.

La Provenza (☎ 204618; Dr Juan L Mallorquín 609; Hauptgerichte 3,50–5,25 US$) Ein eher gehobeneres, internationales Restaurant an der Grenze zum älteren Stadtteil.

Ein verstecktes, exzellentes Lokal ohne Namen befindet sich in der Nähe der Kreuzung Av Mariscal JF Estigarribia und Kreussel. Von außen ähnelt es eher einer Wartehalle als einem Café, aber es tischt preisgünstige koreanische und japanische Kost auf (3,50 US$).

In dem riesigen Supermarktkomplex an der Av Irrazábal und J Memmel kann man sich Vorräte besorgen.

An- & Weiterreise

Regelmäßig fahren Busse von Encarnación nach Asunción (8–12 US$, 5 Std.) und Ciudad del Este (6 US$, 4 Std.).

TRINIDAD & JESÚS

Auf einem saftig grünen Hügel nordöstlich von Encarnación liegt **Trinidad** (Eintritt 0,90 US$; 🕐 Sommer 7–19, Winter 7–17.30 Uhr), Paraguays besterhaltene Jesuiten-*reducción* (Niederlassung). Auch wenn die Anlage schon seit 1993 zum Weltkulturerbe der Unesco gehört, sucht man die sonst üblichen Informationen und Einrichtungen vergebens. Die nächstgelegenen Toiletten sind im Hotel León in der Nähe. Dort gibt's auch Essen, Erfrischungsgetränke und geräumige Zimmer mit Bad (EZ/DZ 5/7 US$). Außerhalb der Ruinen kann man campen (1 US$).

Das leicht erreichbare **Jesús** (Eintritt 0,90 US$; 🕐 8–18 Uhr) 12 km weiter nördlich ist eine fast vollständige Rekonstruktion der Jesuitenmission, deren Bau 1767 mit der Vertreibung der Jesuiten jäh abgebrochen wurde. Die speziell ausgebildeten, erstklassigen Guides vor Ort sprechen auch Deutsch. Gegen eine Spende – 5–7 US$ pro Stunde sind angemessen – führen sie einen übers Gelände.

In Encarnación fahren zwischen 6 und 19 Uhr häufig Busse nach Trinidad (1 US$, 28 km) ab, aber auch die Busse, die via Ruta 6 Richtung Osten nach Ciudad del Este oder Hohenau fahren, setzen Besucher dort ab. In Asunción fährt auch vereinzelt ein Bus direkt nach Jesús (am Busbahnhof danach fragen), aber es ist einfacher, zuerst mit dem Bus nach Trinidad zu fahren und dann 80 m weiter an der Kreuzung (hier steht ein Schild nach Jesús) auf den stündlich vorbeifahrenden Bus Jesús–Obligado zu warten (0,70 US$). Er setzt einen dann am Eingang zu den Ruinen ab.

PARQUE NACIONAL YBYCUÍ

Der beliebte und schöne Nationalpark schützt einen der letzten brasilianisch-subtropischen Regenwälder im östlichen Paraguay. Steile Hügel, unterbrochen von Wasseradern, und sehenswerte Wasserfälle und -becken erwarten die Besucher. Die unzähligen Tiere verstecken sich im tiefen Wald, aber mit ein wenig Glück bekommt man die betörend bunten Schmetterlinge oder sogar den metallisch blauen Morphofalter zu Gesicht.

Der Eingang samt **Besucherzentrum** (🕐 7–16 Uhr) befindet sich 25 km vom Dorf Ybycuí entfernt. Der Wasserfall **Salto Guaraní** liegt in der Nähe eines **Campingplatzes** (Stellplatz 1 US$/ Pers.) mit Duschen und plagenden Insekten aber ohne Möglichkeiten, etwas zu Essen zu kaufen – Verpflegung also mitbringen! Für alle, die nicht campen wollen, gibt's ein paar Zimmer im Haus des Wildhüters. Unterhalb des Platzes führt eine Brücke zu einem idyllischen Pfad am Wasser. Hier gibt's jede Menge Schmetterlinge und auch Schlangen – bisher wurde aber noch niemand gebissen.

Weiter auf dem Pfad stößt man auf **La Rosada**, eine interessante Eisengießerei, die im Krieg gegen die Tripelallianz von brasilianischen Truppen zerstört wurde. Wer will, kann Näheres in dem gut gepflegten **Museum** (Eintritt frei) erfahren. Längere Wanderungen führen zu tollen Wasserfällen, etwa dem **Salta Mbocaruzu** (4 km).

Das **Hotel Pytu'u Renda** (☎ 0534-364; Av Quyquyho s/n; Zi. 7 US$/Pers.) im Dorf Ybycuí, 30 km entfernt vom Park, hat ordentliche Zimmer und ein Restaurant.

Zwischen 4 und 16 Uhr setzt die Empresa Salto Cristal stündlich Busse von Asunción zum Dorf Ybycuí (2 US$, 3 Std.) ein. Leider sind per Bus keine Tagesausflüge zum Park und zurück machbar: Busse fahren montags bis samstags täglich 10.15, 11 und 14 Uhr am Busbahnhof Ybycuí ab, kehren aber erst am nächsten Morgen um 7.30 und 8 Uhr zurück (die Fahrpläne variieren – bitte nachprüfen). Als Alternative dazu können sich Traveller für die Rückfahrt ein Taxi bestellen.

CIUDAD DEL ESTE
☎ 061 / 223 350 Ew.

Hier gibt's alles, was das Herz begehrt. Die Hauptstraßen von Ciudad del Este gleichen einem riesigen Markt und sind vollgestopft mit billigen Elektrogeräten. Ursprünglich nach dem früheren Diktator benannt, kämpft die Stadt heute darum, ihren Ruf als eine der korruptesten Städte Südamerikas abzuschütteln. Der Grenzübergang mag einschüchternd wirken, aber die Grenzpolizisten winken nur vollbepackte Leute heraus, die verdächtige Pakete über die internationale Brücke schleusen wollen. Abseits von den billigen Elektronikwaren, Zigaretten und Schnaps ist die Stadt ganz nett und es gibt hier zumindest einige exzellente Lokale.

Orientierung
Die Innenstadt von Ciudad del Este liegt am westlichen Ufer des Río Paraná Foz do Iguaçu jenseits des Puente de Amistad. Sie ist dicht bebaut und gut zu Fuß zu bewältigen.

Praktische Informationen
GELD
Rund um die Rotunde der Pioneros de Este lungern mobile Geldwechsler herum.

ABN AMRO (Ecke Av Adrián Jara & Nanqwa) Geldautomat.
Banco Sudameris (Ecke Av Monseñor Rodríguez & Curupayty) Auch Geldwechsel.

INTERNETZUGANG
Cibertronic Compacom (Ecke Avs de los Pioneros & Adrián Jara; 1 US$/Std.) Langsame Verbindungen. Auch Telefone.

POST
Post (Ecke Av de los Pioneros & Oscar Rivas Ortellado) Gegenüber vom Busbahnhof.

TELEFON
Copaco (Ecke Av de los Pioneros & Paí Pérez)
Tele Hola (Capitan Miranda s/n)

TOURISTENINFORMATION
Touristeninformation (☎ 508688; Ecke Av Bernardino Caballero & Rogelio R Benitz) Im Ministerium von Alto Paraná. Hier muss man sich am Eingang eintragen und weiterverweisen lassen. Direkt neben dem Supermarkt Arco Iris (Ecke Av de los Pioneros & Av Adrián Jara) soll angeblich bald ein Infostand eröffnet werden.

WASCHSALON
Lavanderia (Camilo Recaldo s/n, nahe der Capitán Miranda) Wäscht sauber und rein wie's soll sein.

Schlafen
Die Mittelklassehotels hier sind es definitiv wert, etwas mehr Geld auszugeben. Im Preis enthalten sind die megaguten Frühstücksbuffets.

Hotel Tía Nancy (☎ 502974; Ecke Garcete & Cruz del Chaco; EZ/DZ/3BZ 8/11,70/14 US$) Das freundliche Haus in der Nähe des Busbahnhofs hat zwar etwas dunkle Zimmer, ist aber wie geschaffen für eine ruhige Entspannungspause.

Hotel Caribe (☎ 512460; Emiliano R Fernández s/n; EZ/DZ 10/13,50 US$; 🏋) Wenig Kies für knausrige Budgettraveller.

Hotel Mi Abuela (☎ 500348; Av Adrián Jara; EZ/DZ 13/18 US$) 1980er-Jahre-Haus mit dunklen Zimmern um einen kleinen Hof – nicht gerade Großmutters Stil. Zentrale Lage.

Hotel Munich (☎ 500347; Emiliano R Fernández 71; EZ/DZ 15,50/19,50 US$; 🏋) Wegen seiner komfortablen, geräumigen Zimmer mit Kabel-TV wärmstens zu empfehlen. Der hilfsbereite Besitzer gibt gern Auskunft.

Hotel Austria (☎ 504213; www.hotelrestauranteaustria.com; Emiliano R Fernández 165; EZ/DZ 18/21,20 US$; 🏋) Wie das benachbarte Hotel Munich ein

sauberes, europäisches Haus – nur mehr Stockwerke, größere Badezimmer und höhere Preise.

Essen

Am billigsten kriegt man an den Ständen auf der Capitán Miranda und der Av Monseñor Rodriguez etwas zu essen – und Fans der asiatischen Küche kommen voll auf ihre Kosten.

Bovolo (Av Boquerón 148; 2–4 US$) Immer der Nase nach, dann genießt man hier köstlichen Kaffee und frisch gebackene Kekse.

New Tokio (Ecke Av de los Pioneros & Av Adrián Jara) Hungrig herkommen und für 2,70 US$ pro Kilo den Teller füllen. Im Zwischengeschoss des Supermarkts Arco Iris.

Kokorelia (Av Boquerón 169; Hauptgerichte 4–12 US$) Frisch und gut – und die Sucht nach asiatischer Küche ist befriedigt.

Hotel Austria (☎ 500883; Emiliano R Fernández 165; Hauptgerichte 5 US$) Dasselbe Niveau wie das Hotel. Gute, herzhafte Kost – und klein sind die Portionen jedenfalls nicht.

Lebanon (Ecke Av Adrián Jara & Abay, Edifico Salah I, 2. Stock; Hauptgerichte 5–10 US$) Wer Lust auf Exotisches und Ausgefallenes hat, isst hier zu Mittag Leckeres aus dem Nahen Osten. Auch halbe Portionen.

Arco Iris (Ecke Av de los Pioneros & Av Adrián Jara) Einer der wenigen Supermärkte in der Umgebung ohne elektronischen Krimskrams – dafür alles von Nudeln (kiloweise) bis Cornflakes.

An- & Weiterreise

BUS

Der Busbahnhof befindet sich etwa 2 km südlich vom Zentrum an der Av Bernardino Caballero. Alle Stadtbusse mit der Aufschrift „Terminal" (0,40 US$) fahren ganztägig zum und vom Busbahnhof und sie fahren auf der Av Monseñor Rodríguez zur Einreisestelle und nach Foz de Iguazú.

Ein Taxi vom Busbahnhof ins Zentrum kostet um die 2,70 US$. Regelmäßig fahren auch Busse nach Asunción (7–10 US$, 5 Std.), Encarnación (6,20–7,10 US$, 5 Std.) und Concepción (12,30 US$, 9 Std.); weniger regelmäßig nach Pedro Juan Caballero (12,30 US$, 7½–9 Std.) im Norden. Es gibt auch täglich Busse nach São Paulo in Brasi-

EINREISE NACH BRASILIEN ODER ARGENTINIEN

Die Grenze zu Brasilien (Foz do Iguaçu) überquert der Puente de la Amistad (Freundschaftsbrücke). An beiden Enden der Brücke gibt's Ein- und Ausreiseschalter. Die Busse nach Foz do Iguaçu (1 US$) halten nicht an der Einreisestelle (bis 20 Uhr), ebenso wenig die Nonstopbusse ins argentinische Puerto Iguazú. (Um nach Puerto Iguazú zu kommen, muss man durch Brasilien fahren, braucht aber kein brasilianisches Visum; 1 US$). Es ist bequemer, zu Fuß zu den Schaltern zu gehen oder mit dem Taxi hinzufahren und erst ab hier einen Bus zu nehmen. Fährt man aber gleich mit dem Bus zur Grenze, sollte man sicherstellen, dass man rechtzeitig aussteigt, um sich alle notwendigen Ausreisestempel zu besorgen – denn Einheimische brauchen nicht zu halten. Informationen zur Fahrt von Brasilien nach Paraguay stehen auf S. 375.

lien (32–44 US$, 14 Std.) und Buenos Aires in Argentinien (37 US$, 20 Std.).

FLUGZEUG

Der Flughafen liegt 30 km westlich der Stadt an der Ruta 2. TAM (☎ 506030; Ecke Curupayty & Ayala) fliegt dreimal täglich zwischen Ciudad del Este und Asunción.

DER ITAIPÚ-STAUDAMM

Paraguays Medienmaschinerie ist überflutet von Fakten und Zahlen zum weltweit zweitgrößten Wasserkraftwerk Itaipú (inzwischen hält Chinas Drei-Schluchten-Staudamm den Titel des größten Staudamms). Ein Besuch des enormen Staudamms (verdammt interessant, auch für technische Laien) veranschaulicht Unglaubliches: Itaipús Generatoren übernehmen fast 80 % der gesamten Stromversorgung Paraguays und liefern 25 % des kompletten Bedarfs Brasiliens. 1997 wurden hier schwindelerregende 12 600 Megawatt produziert. Da überrascht es nicht, dass der größte Wasserkraftexporteur der Welt seine Errungenschaften gern vorzeigt: Auf den 100 000-Guaraní-Scheinen prangt das Bild des Staudamms.

Kraftwerkspropagandisten geraten angesichts einer eher verstörenden Leistung menschlicher Technik ins Schwärmen, übergehen aber dabei stillschweigend die Kosten von 25 Mrd. US$ (größtenteils aufgrund überhöhter Rechnungen) und vermeiden es, die Folgen für die Umwelt zu erwähnen. Der 1350 km² große und 220 m tiefe Stausee hat nämlich die Sete Quedas überschwemmt, eine Kette von Wasserfällen, die um vieles eindrucksvoller waren als die Fälle des Iguazú.

Kostenlose **Führungen** (☿ Mo–Sa 8, 9.30, 13.30, 14 & 15 Uhr, extra Führungen Sa 10.30, So 8, 9.30 & 10.30 Uhr) starten am **Besucherzentrum** (☎ 061-599 8040; www.itaipu.gov.py) nördlich von Ciudad del Este in der Nähe der Ortschaft Hernandarias – Pass mitbringen! Plätze für die **Lightshows** (☎ 061-599-8040; Eintritt frei; ☿ Frühling–Herbst Fr & Sa 19.30, Winter Fr & Sa 18.30) müssen im Vorfeld reserviert werden.

In Ciudad del Este fahren Busse der Gesellschaften Transtur und Tacurú Pucú nach Hernandarias (0,40 US$, alle 15 Min.). Abfahrt ist südwestlich des Kreisverkehrs, zwei Häuserblocks unterhalb der Av San Blás und der Av de los Pioneros. An der Abzweigung von der Hauptstraße nach Hernandarias aussteigen. Gleich gegenüber der Kurve sieht man schon am Highway den Eingang (ggf. den Busfahrer fragen).

REFUGIO BIOLÓGICO TATÍ YUPÍ

Fährt man vom Besucherzentrum des Itaipú-Staudamms 19 km (und von Hernandarias 3 km) weiter, kommt man zum wunderschönen **Refugio Biológico Tatí Yupí**, dessen Naturwälder und Ströme sich über mehr als 2200 ha erstrecken. Angelegt wurde es als eines von sechs Naturschutzgebieten zum Ausgleich für den Itaipú-Staudamm, als Fluchtraum für die Tiere (auch ein Zoo wurde eingerichtet) und zur Wiederaufforstung vorher gerodeter Gebiete. Dieser friedliche Flecken Erde, wo es u. a. ausgezeichnete Campingeinrichtungen gibt, lohnt einen Ein- bis Zweitagesbesuch. Fahrräder und Pferde kann man ausleihen. Und das alles kostet – unglaublich, aber wahr – keinen einzigen Cent! Ein übersichtliches Besucherzentrum und ein kleiner Kiosk stehen Travellern zur Verfügung. Aber: Alkohol ist verboten. Die Genehmigung für einen Trip hierher erteilt das Besucherzentrum am Itaipú-Staudamm gegen Vorlage aller amtlichen Dokumente.

Hierher kommt man mit dem Bus aus Hernandarias oder mit einem Taxi vom Besucherzentrum am Itaipú-Staudamm – das Zentrum betreibt keine öffentlichen Verkehrsmittel. Vom Eingang bis zum Besucherzentrum und Campingplatz des Reservats sind es noch mal 8 km auf einer unbefestigten Piste. Mit etwas Glück kann man mit dem Wildhüter mitfahren, sonst heißt es laufen.

NÖRDLICHES PARAGUAY & DER CHACO

Der Gran Chaco – das heißt: keine Menschenmassen, stattdessen Wildnis pur. Diese gewaltige Fläche, grob unterteilt in den unteren (westlich von Asunción), den mittleren (die Mennonitenregion) und den hohen Chaco (lichtes Dorngesträuch im Norden), nimmt die gesamte westliche Hälfte Paraguays ein und erstreckt sich bis nach Argentinien und Bolivien. Während der Regenzeit verwandeln sich große Gebiete in Sumpfflächen, in Dürrezeiten aber ist der Chaco ein Trockengebiet mit herbem Dornenwald.

Auch wenn der Chaco über 60 % der gesamten Landesfläche ausmacht, leben nur 3 % der Bevölkerung hier. In der Vergangenheit war er eine Zufluchtstätte für indigene Jäger und Sammler, und heute leben noch immer einige indigene Gruppen hier – manche in ihnen zugewiesenen Gebieten, nachdem in den 1930er-Jahren Land im mittleren Chaco an mennonitische Gemeinden verteilt worden war. In der Nähe des Río Paraguay haben *campesinos* (Landbewohner, die von Subsistenzwirtschaft leben) malerische Palmenholzhäuser gebaut, während es in den dichteren Dornenwäldern des hohen Chaco Militärstützpunkte und Rinder-*estancias* mit ausgedehnter Weidewirtschaft gibt.

In den letzten Jahren sind brasilianische Siedler ins nordöstliche Paraguay gekommen. Sie haben den Wald gerodet, um Kaffee und Baumwolle anzupflanzen, und dadurch die einheimische Bevölkerung und die letzten Aché ausgerottet. Die Regionen im Nordosten und Nordwesten sind berüchtigte Schmuggelgebiete.

Kontroversen erschütterten das Gebiet, als im Jahre 2000 die Moonies (die „Vereinigungskirche" von Reverend Sun Myung Moon) für geschätzte 15 Mio. US$ im Chaco 360 000 ha Land kauften, darunter die gesamte Stadt Puerto Casado.

Jedes Jahr im September findet die Trans-Chaco-Rallye statt, ein dreitägiges internationales Motorsportereignis – angeblich eines der härtesten Rennen weltweit.

CONCEPCIÓN

☎ 031 / 45 068 Ew.

Concepción wird immer unterschätzt. Die unbeschwerte Stadt am Río Paraguay hat hübsche Gebäude aus dem frühen 20. Jh., nette Lokale und ein entspannendes Ambiente. „Action" bedeutet hier höchstens, dass ein trottender Gaul seinen Wagen voller Wassermelonen oder anderer Waren durch die rötlich gepflasterten Straßen zieht oder dass ein Schiff voller Menschen und Gepäck am Hafen einläuft. Der Fluss ist hier ein wichtiger Transportweg, und an den Wochenenden versammeln sich die Einwohner an den Sandstränden flussaufwärts.

Wenn einen nicht gerade das Schlafsyndrom befällt, gibt es hier einiges zu sehen: etwa das **Museo del Cuartel de la Villa Real** (Ecke Marie López & Cerro Cordillera; Eintritt frei; ⏰ Mo–Sa 7–12 Uhr) oder das wundervoll restaurierte Hispaño-Paraguayo-Haus, in dem Historisches und Kriegsgerät ausgestellt sind. In der Estigarribia stechen vor allem einige bildschöne **Villen**, heute öffentliche Gebäude, ins Auge. Wer sich für Mechanisches begeistert, der kann im Freiluft-**Museo de Arqueología Industrial** in der Augustín Fernando de Pinedo alte Industrie- und Landwirtschaftsmaschinen bestaunen. Der **Markt** ist so authentisch, wie man es sich nur vorstellen kann – komplett mit einfachem *comedor*. Kunsthandwerkliches gibt's an der Plaza Agustín Pinedo. Für eine entspannte Schipperpartie auf dem Fluss kann man vor Ort ein Ruderboot ausleihen (0,40 US$).

Praktische Informationen

Einige Banken haben Geldautomaten, die aber keine ausländischen Karten annehmen.

Cyberc@t (Franco nähe Garay; ca. 1 US$/Std.) Schnelle Internetverbindung in einem ruhigen und klimatisierten Raum.

Touristeninformation (Direccion de Juventud, Deporte y Turismo, Av Colonbino im „Polidepartivo"; turismo@ concepcion.gov.py) Versucht verzweifelt, Concepción auf die Landkarte zu bringen, verteilt einfache Stadtpläne, auf denen die wichtigsten historischen Gebäude verzeichnet sind.

Schlafen & Essen

Hospedaje Puerta del Sol (☎ 42185; 3,85 US$/Pers.) Das Beste an diesem sonst einfachen Ort sind die Besitzer und die Nähe zum Hafen.

Hotel Center (Franco nahe Yegros; EZ 3,85–7,80 US$, DZ 7,80–11 US$; ✱) Altmodische, ziemlich schäbige Spelunke. Zimmer mit Klimaanlage kosten mehr.

Hotel Frances (☎ 42383; Ecke Franco & CA López; 7,70 US$/Pers.; ✱ ✱) Dieser in jeder Hinsicht angenehme Ort macht Lust auf mehr – toller Pool, tolles Frühstücksbuffet (mit Restaurant) und zwei Blocks weiter eine tolle *heladería*.

Heladería Amistad (Ecke Presidente Franco & Concepción) Die Einheimischen kommen gern her, um sich bei Eis, Erfrischungsgetränken und Snacks die Zeit zu vertreiben. Unbedingt den Fruchteisbecher probieren (1,20 US$).

Restaurante Toninho y Jandiri (Ecke Mariscal Estigarribia & Iturbe; Almuerzo 3,50 US$) Es lohnt sich, Magen und Geldbeutel zu strapazieren. Die brasilianische *churrasquería* (Restaurant für Grillspezialitäten) serviert große Portionen Fleisch und Fisch auf heißem Stein.

Grillhähnchen gibt's in der **Pollería El Bigote** (Presidente Franco) und der **Pollería Bulldog** (Ecke Presidente Franco & Garay; Portion 1,80 US$); sie sind harte Konkurrenten, aber die Bewohner lieben beide.

Im Supermarkt **Maxi Hipermercado** (Ecke Mariscal Francisco Lopez & Julia Estigarribia) kann man sich für einen Ausflug zum nahe gelegenen Nationalpark Cerro Corá ausrüsten.

An- & Weiterreise

BUS

Der Busbahnhof liegt acht Straßen nördlich der einzigen Ampel vor Ort. Die Colectivo Línea 1 (0,35 US$) fährt vom Zentrum dorthin. Taxis und Motorradtaxis kosten etwa 2,70 US$, aber die Fahrt mit *karumbes* (Pferdekutschen) ist mindestens doppelt so lustig und kostet weniger (1,80 US$) – den Preis vor dem Aufsteigen absprechen!

Mehrere Busse fahren durch Pozo Colorado (3,50 US$, 1½ Std.) auf ihrem Weg nach Filadelfia (10,60 US$, 5–6 Std.) und Asunción (10,60 US$, 5–6 Std.). Einige Gesellschaften fahren auch nach Pedro Juan Caballero (4,40 US$, 4 Std.). Nach Ciudad del Este ist täglich um 12.30 Uhr Abfahrt (13 US$, 9 Std.).

SCHIFF/FÄHRE

Der traditionellste (aber nicht komfortabelste) Weg von oder nach Concepción ist per Schiff. Die *Cacique* (☎ 42621) fährt sonntags um 6 Uhr nach Asunción (9 US$, 30 Std.). Stromaufwärts nach Puerto Vallemí (10,60 US$, 24 Std.) oder noch weiter, z. B. nach Bahia Negra (15 US$, 2½–3 Tage), schippern die *Aquidabán* (dienstags, 11 Uhr), die *Cacique* (donnerstags) und die *Guaraní* (jeden zweiten Montag). Die Fahrpläne und Schiffe variieren – bitte nachprüfen. Um per Schiff weiter in den Norden, z. B. zur Isla Margarita (auch Puerto Esperanza) an der brasilianischen Grenze, zu gelangen, am alten Hafen nachfragen. Vorsicht im Hafengebiet: Hier gibt es Raubüberfälle. Details zu Reisen nach Concepción stehen auf S. 921.

AUF DEM TRÄGEN RÍO PARAGUAY

Im Pantanal bekommt der Begriff „Komfort" eine neue Bedeutung. Südlich von Concepción ist der Flussverkehr sehr rege, aber weiter nördlich wird der Frachtwechsel so l-a-n-g-s-a-m, dass man hier hervorragend die Wildnis beobachten kann: Kaimane, Capybaras (Wasserschweine), Affen und jede Menge Vögel wie Jabirus, Reiher, Silberreiher, Löffelreiher und sogar Ara-Papageien. Sein Bett hat man in der Regel unter Deck: Eine einfache Hängematte ist für etwa 1 US$ pro Tag zu mieten oder man bringt die eigene mit. Sofort das eigene Territorium abstecken – es wird voll. Einige Boote haben auch schlichte Kabinen (ca. 5,30 US$/Nacht). Verpflegung am besten selber mitbringen. Es ist schon vorgekommen, dass der eine oder andere Affe lange Finger gemacht hat – also die eigenen Siebensachen gut im Blick behalten. Stromaufwärts von Vallemí liegt die Isla Margarita (auch Puerto Esperanza), wo man von Bord gehen und mit einem Ruderboot ins brasilianische Porto Murtinho übersetzen kann. Von dort aus fahren Busse nach Corumbá. Der letzte Ort, um sich einen Ausreisestempel zu holen, ist Fuerte Olimpo – trotzdem sollte man vorsiglich bei einer Einreisestelle nachfragen, vor allem, wenn man weiter nördlich bis nach Bahia Negra reisen will.

PEDRO JUAN CABALLERO

☎ 036 / 64 100 Ew.

Buchstäblich auf der anderen Straßenseite von Ponta Porã in Brasilien liegt die unscheinbare frühere Einkaufsgrenzstadt Pedro Juan Caballero („PJC"). Bloß nicht am Wochenende oder an einem Feiertag hier stranden, dann ist's ganz finster. Die einzigen Gründe, hier abzusteigen: Man ist auf der Durchreise von oder nach Brasilien oder besucht den sehenswerten Parque Nacional Cerro Corá.

Praktische Informationen

Es gibt zahlreiche Wechselstuben. Andere touristische Einrichtungen:

Cibercafé (Ecke Mariscal López & Mariscal Estigarribia; 0,70 US$/Std.) Guter Internetzugang und Billardtische.

Einreisestelle (Naciones Unidas 144; ☾ Mo–Sa 8–12 Uhr) Einheimische haben hier freien Grenzübertritt. Ausländische Reisende müssen sich bei der Einreisestelle melden.

Schlafen & Essen

Hotel La Negra (74603; Mariscal López 1342; EZ 6–10 US$; DZ 11,70–15,50 US$) Ein Gotteshaus unter den Billighotels: Vom Aufenthaltsraum samt Kapelle kommt man zu nicht sehr sauberen, aber ganz passablen Zimmern mit leicht verdreckten Wänden, die bereits etwas abblättern.

Hotel La Siesta (☎ 73022; Ecke Alberdi & Francia; EZ/DZ inkl. Frühstück 15,50/33 US$; ☒) Der Glanz dieses 80er-Jahre-Hauses ist erloschen, aber trotzdem ist es das Beste unter den billigen.

Restaurant Eiruzú (☎ 73162; Hotel Eiruzú, Ecke Mariscal López & Estigarribia; Hauptgericht 3,50 US$) Die Speisekarte kann sich sehen lassen – sie wartet mit guten einheimischen und internationalen Gerichten auf.

An- & Weiterreise

In der Calle Francis einige Blocks östlich der Grenze liegt der Busbahnhof. Häufig fahren Busse nach Concepción (4,80 US$, 4 Std.) und Asunción (10,60–12,30 US$, 7½ Std.), außerdem viermal täglich nach Ciudad del Este (12,30–14 US$, 8½ Std.). National Expresso fährt täglich nach Brasilien, Campo Grande (4,50 US$, 5 Std.) und Brasilia (21–43 US$, 24 Std.). Tägliche Busfahrten nach Buenos Aires bietet Nasa an (48 US$). Busverbindungen zu vielen anderen brasilianischen Zielorten gibt's in Ponta Porã.

EINREISE NACH BRASILIEN

Um von Paraguay aus ins brasilianische Ponta Porã zu gelangen, braucht man nur über die Straße zu gehen. Der einzige Unterschied zwischen beiden Seiten ist, dass die Preise in anderer Währung ausgeschildert sind. Die Grenze zu überqueren, ist hier tatsächlich so einfach, dass man, will man weiter nach Brasilien hinein, etwas ganz Wichtiges glatt vergessen könnte: sich den Ausreisestempel zu holen. Die richtige Adresse dafür ist die Einreisestelle (Naciones Unidas 144; ☾ Mo–Sa 8–12 Uhr). Diese Angelegenheit unbedingt noch erledigen, bevor man in irgendeinen Bus zu irgendeiner brasilianischen Stadt steigt!

PARQUE NACIONAL CERRO CORÁ

Der Parque Nacional Cerro Corá hat sich inzwischen als einer der Naturschätze Paraguays einen Namen gemacht. Nur 40 km westlich von Pedro Juan Caballero gelegen und von Concepción aus gut zu erreichen, schützt der Park eine Landschaft mit trockenen Tropenwäldern, Savannen und vereinzelten steilen Hügeln. Auch an Kultur- bzw. historischen Stätten hat der Nationalpark einiges zu bieten: präkolumbische Höhlen, vorgeschichtliche Felsmalereien und den Ort, wo Mariscal Francisco Solano López am Ende des Kriegs gegen die Tripelallianz ums Leben kam.

Naturpfade führen zu Flüssen, Wasserfällen und einem kleinen *mirador* (Aussichtspunkt), dem Cerro Muralla (325 m). Man bekommt seltene Vögel und interessante Tiere wie Schildkröten, Gürteltiere und Affen zu Gesicht – und auch Jaguare sollen hier leben, es sind bisher allerdings nur Fährten gesichtet worden. Außer einem Campingplatz (dort mit Insektenschutzmittel einreiben) gibt's im Park ein kleines **Besucherzentrum mit Museum** (Eintritt frei), das ausgestopfte Tiere ausstellt und Landkarten verkauft. Hinter dem Gebäude steht eine komfortable Hütte mit allem, was man braucht. Gegen eine kleine Spende bekommt man dort ein Bett.

Die Busse zwischen Concepción und Pedro Juan Caballero (1 US$, 45 Min.) halten am Eingang zum Nationalpark. Von dort aus läuft man 1 km bis zum Besucherzentrum – die Sehenswürdigkeiten und

Schauplätze liegen dahinter. Für die Rückfahrt gibt das hilfsbereite Personal gern Auskunft zu den Busfahrplänen. Die Fahrt mit einem Taxi aus Pedro Juan Caballero kostet teure 35,30 US$.

FILADELFIA

☎ 0491 / 5000 Ew. (Kolonie)

Wäre Filadelfia ein Gemälde, so wäre sein Schöpfer der Surrealist Salvador Dalí. Diese adrette mennonitische Gemeinde, das Dienstleistungs- und Verwaltungszentrum von Fernheim, erinnert an einen Münchner Vorort, den es mitten in eine rote Wüste verschlagen hat. Geometrisch perfekte Häuser stehen ordentlich aufgereiht an den staubigen Straßen, und die kilometerweite Wildnis des Chaco erstreckt sich am Ende dieser Straßen ins Unendliche. Ein richtiges Zentrum hat der Ort nicht, aber seine Seele ist die gigantische Genossenschaft, die das Sahnehäubchen der paraguayischen Landwirtschaft abschöpft: Milchprodukte. Zwar sieht man im Ort auch indigene Tagelöhner aus den umliegenden Pueblos, aber die meisten Einwohner sind Nachfahren europäischer Einwanderer und begrüßen sich mit *Guten Tag*. Eine anrührende, wenn auch ein wenig seltsame Erfahrung mitten in Paraguay …

Informationen zu den Mennoniten und alles, von Münzen aus dem 15. Jh. und aus-gestopften Jaguaren bis zu farbenprächtigem Nivaclé-Kopfschmuck, gibt's im **Unger Museum** (Hindenburg s/n; Eintritt frei; ☯ Mo–Fr 7–11.30 Uhr) gegenüber vom Hotel Florida. Es werden (natürlich) auch Führungen auf Deutsch angeboten oder man lässt sich vom hilfsbereiten und gebildeten Eigentümer Señor Hartmut Wohlegemuth im Hotel Florida die Schlüssel geben.

Orientierung & Praktische Informationen

Die sandigen Straßen von Filadelfia bilden ein ordentliches Raster, die Hauptstraße ist die Hindenburg. Im rechten Winkel zu ihr führt die Av Trébol östlich nach Loma Plata und westlich zur Trans-Chaco und zu Fortín Toledo.

Eine eigene Touristeninformation hat Filadelfia nicht, aber im Hotel Florida wird ein Video über die mennonitischen Kolonien gezeigt. Auch bei der Organisation von Transportmitteln und Museumsrundgängen ist man dort behilflich.

Der gut sortierte Supermarkt der **Cooperativa Mennonita** (Ecke Unruh & Hindenburg) verkauft prima Milchprodukte. Dort kann man vielleicht auch Geld wechseln, aber die Mennoniten betreiben mehr Tauschhandel als den Verkauf gegen harte Währung. An derselben Ecke sind auch die Post und eine Copaco-Filiale.

MENNONITISCHE KOLONIEN IM CHACO

Etwa 15 000 Mennoniten leben im Chaco, angeblich (wie sie selber gerne betonen) in Harmonie mit den rund 30 000 Angehörigen indigener Gruppen. Laut ihrer eigenen Geschichtsschreibung wurden Mennoniten aus Kanada nach Paraguay eingeladen, um dort eine Region urbar zu machen, die als rau und unfruchtbar galt. Im Gegenzug wurde ihnen die Wahrung ihrer Grundrechte zugesagt: religiöse Freiheit, Befreiung vom Militärdienst, die unabhängige Verwaltung ihrer Gemeinden, das Recht zur Pflege ihrer deutschen Muttersprache und zur Praktizierung ihrer religiösen Bräuche, etwa der Erwachsenentaufe. 1927 gründete diese erste Gruppe dann die Menno-Kolonie um Loma Plata. Die zweite Kolonie Fernheim mit der Hauptstadt Filadelfia wurde 1930 von Flüchtlingen aus der Sowjetunion gegründet, und 1947 bauten Deutsche aus der Ukraine die Kolonie Neuland (Hauptstadt: Neu-Halbstadt) auf.

Anderswo in Paraguay gibt es weitere mennonitische Gemeinden, aber die Kolonien im Chaco sind bekannt für ihre Ausdauer in der „grünen Hölle" und ihren wirtschaftlichen Erfolg. So kommt u. a. ein Großteil aller Milchprodukte des Landes aus ihren Kooperativen. Die meisten der Erwachsenen sprechen nur Plattdeutsch, die jüngere Generation kann aber auch Spanisch und einige Farmer sprechen sogar Guaraní.

Auch wenn die Mennoniten im Chaco liberaler wirken als andere Mennoniten, haben manche der älteren Mitglieder der Gruppe Bedenken, dass der materielle Erfolg eine Generation hervorgebracht hat, die sich mehr um Motorräder als um traditionelle Werte kümmert. Während Alkohol und Tabak früher z. B. absolut verboten waren, gibt es heute alles mehr oder weniger offen zu kaufen.

EINREISE NACH BOLIVIEN

Die Busfahrt auf der Ruta Trans-Chaco zum bolivianischen Santa Cruz dauert bei gutem Wetter 30 Stunden (32 US$), viel länger aber, wenn's nass ist. Bei Regen sollte man sich also ganz genau überlegen, ob man sich auf das Abenteuer einlässt. Normalerweise fährt der Bus über die Picada 108 und bei Nässe gelegentlich über die Picada 500. Alle Busse halten aber in den frühen Morgenstunden am Übergang **Mariscal Estagarribia** (24 Std.), wo man den Ausreisestempel bekommt, bevor man nach Bolivien einreist. Die bolivianische Grenze befindet sich am **Fortín Infante Rivola** – das ist aber nur ein Grenzposten, an dem es weder Ein- noch Ausreisestempel gibt. Die Formalitäten werden im etwa 60 km weiter landeinwärts gelegenen **Ibibobe** erledigt. Busse hierhin fahren täglich. Verpflegung und Trinkwasser mitbringen – und bei trocknem Wetter einen Staublappen und bei Regen eine Schaufel. Am einfachsten ist es, in Asunción loszufahren. Riskanter aber machbar ist auch die Variante, sich bei **Stel Turismo** (☎ 0491-32520, Anni Martinez, Filadelfia) ein Ticket zu reservieren und in Mariscal Estabarribia in den Bus zuzusteigen (s. auch S. 210 f.). Wenn man auf eigene Faust unterwegs ist, können die Einreiseformalitäten in Bolivien (entweder in Ibibobe oder Boyuibe) ziemlich kompliziert werden.

Schlafen & Essen

Camping (Stellplatz frei) Im schattigen Parque Trébol 5 km östlich von Filadelfia – aber kein Wasser und nur ein Plumpsklo.

Hotel Florida (☎ 32151; hotelflorida@telesurf.com. py; Postfach 214; B 5,50 US$, EZ/DZ/3BZ 20/30/40 US$; P ☒ ☒) Filadelfias schönste Unterkunft und ordentlich wie ein deutscher Fahrplan, sogar die billigeren Zimmer. Auch wer kein Hotelgast ist, darf den Pool benutzen (1,40 US$/Std.).

Churrascuría Girasol (Unruh; Buffet 6,80 US$) Man kann im Restaurant des Hotel Florida essen oder aber im Girasol: Hier gibt's leckere brasilianische All-you-can-eat-*asados* (Barbecue).

An- & Weiterreise

Filadelfia hat zwar keinen Busbahnhof, aber in der Hindenburg und drum herum gibt's Büros von Busgesellschaften. Täglich fahren Busse nach Asunción (11,50 US$, 7 Std., 480 km), Concepción (11,50 US$, 8 Std., außer So) und Mariscal Estigarribia (3 US$, 1½ Std.). Dort muss man sich den Aus- und Einreisestempel holen (s. Kasten oben).

Per Bus von einer Kolonie zur anderen zu gelangen, ist schwierig, aber nicht unmöglich. Ein Bus verbindet Filadelfia mit Loma Plata (25 km), er fährt täglich um 8 und 19.45 Uhr. Einige Busse nach Asunción (gewöhnlich am Morgen) halten nach Filadelfia auch in Loma Plata, und einer (von Estel Turismo) fährt 35 km weiter bis nach Neu-Halbstadt. Während des Schuljahrs fahren frühmorgens und mittags Busse zwischen den Kolonien – einfach bei den An-

wohnern nachfragen. Wer will, kann sein Glück mit Trampen versuchen.

RUND UM FILADELFIA
Loma Plata
☎ 0492 / 8800 Ew. (Kolonie)

Loma Plata, das Verwaltungszentrum der Menno-Kolonien, ist die älteste und traditionellste der mennonitischen Siedlungen. Von hier aus kann man außerdem die besten Abenteuertrips durch den Chaco organisieren. Das exzellente **Museum**, untergebracht in einem Komplex aus Pionierhäusern, zeigt eine erstaunliche Ausstellung von Originalfotos und -dokumenten rund um die Geschichte der Kolonie und originale Artefakte und Möbel. Die Schlüssel liegen im **Büro der mennonitischen Kolonie** (☎ 52301; Mo–Fr 7–11.30 & 14–18 Uhr), wo man auch Besichtigungen der Kolonie und Ausflüge zu den umliegenden Reservaten buchen kann. Mit Walter Ratzlaff kann man auch spezielle Backpackerpreise aushandeln.

Ausflüge in den Chaco oder ins Umland arrangieren der freundliche und kompetente Reiseleiter **Hans Fast** (☎ 52422, 0981-203375; fast@telesurf.com.py; spricht Deutsch) oder **Walter Ratzlaff** (☎ 52301, 0981-202200; spricht Deutsch). Mehr Infos zum Chaco gibt's unter www. desdelchaco.org.py.

Mitten im Grünen steht das **Hotel Mora** (☎ 52255; Calle Sandstrasse 803; EZ 9,50–11 US$, DZ 14–16 US$ P ☒) mit seinen einladenden, tadellosen Zimmern. Die Eigentümer helfen bei der Organisation von Ausflügen in die Wildnis einschließlich der empfehlenswerten Laguna Capitán. Im hervorragenden

Chaco's Grill (Hauptgerichte 3,20-4,25 US$, Buffet 5,60 US$) gibt's gutes Fleisch auf brasilianische Art.

Neu-Halbstadt
☎ 0493 / 1700 Ew. (Kolonie)
Neu-Halbstadt ist das Zentrum der Kolonie Neuland. Im nahe gelegenen **Fortín Boquerón** kann man Schützengräben aus dem Chacokrieg besichtigen und südlich von Neuland liegen verschiedene indigene Reservate, wo sich viele Lengua und Nivaclé als Bauern niedergelassen haben. In Neu-Halbstadt gibt's außerdem tolle Handarbeiten zu kaufen: Taschen, Hängematten und Webereien.

Das **Hotel Boquerón** (☎ 240311; h_boqueron@telesurf.com.py; DZ 18 US$; ✦) gegenüber vom Supermercado Neuland ist vor allem wegen seines Restaurants bekannt: An den Wochenenden wird hier mittags der Grill angeworfen.

Ein Bus von Asunción nach Filadelfia fährt bis nach Neu-Halbstadt weiter. Außerdem kommt um 18 Uhr ein Bus aus Filadelfia an, der unpraktischerweise am nächsten Morgen um 5.30 Uhr zurückfährt (1,80 US$, 1 Std.).

NORDWESTLICHE NATIONALPARKS
Früher war es die Heimat der nomadisch als Sammler lebenden Ayoreo, heute ist der **Parque Nacional Defensores del Chaco** bewaldetes Schwemmland. Sein höchster Punkt ist der isoliert dastehende **Cerro León** (500 m). Im dichten Dornenwald leben Großkatzen wie der Jaguar, der Puma, der Ozelot und die Geoffroykatze – sie halten sich, obwohl sie durch Wilderer massiv bedroht werden.

Der Defensores del Chaco ist etwa 830 km von Asunción entfernt. Man gelangt nur auf Straßen dorthin, die gewöhnliche Fahrzeuge nicht passieren können. Regelmäßige öffentliche Verkehrsmittel gibt es nicht. Ein Gespräch mit der TACPy in Asunción (s. S. 939), die möglicherweise Touren im Angebot hat, kann weiterhelfen. Zu anstrengend? Eine machbarere und ebenfalls spannende Alternative ist der Besuch des genauso interessanten **Parque Nacional Teniente Agripino Enciso**, der eine vergleichsweise gut ausgebaute Infrastruktur mit einem Informationszentrum und ein Besucherhaus mit Strom, Klimaanlage und Wasser. Von Filadelfia oder Loma Plata ist der Park leicht zu errei-

chen. Eine andere erstklassige Möglichkeit ist ein Abstecher zum **Parque Nacional Médeanos del Chaco**, auch wenn man sich – wie in den Defensores – nicht alleine hineinwagen und niemals bei Nacht wandern sollte: Gefahr droht von allen Seiten, ob von Jaguaren oder von Schmugglern. Ausflüge in diese Gebiete organisieren Hans Fast und Walter Ratzlaff (s. gegenüber). Um das gesamte Gebiet einigermaßen kennenzulernen, eignet sich eine Dreitagestour (130 US$/Tag für 3 Pers., zzgl. Verpflegung & Unterkunft).

ALLGEMEINE INFORMATIONEN

AKTIVITÄTEN
Es gibt in Paraguay zwar nicht viele organisierte Aktivitäten für Budgettraveller, aber dank seiner Artenvielfalt ist das Land ein gutes Reiseziel für Natur- und besonders für Vogelbeobachtungen. Fischen und Schwimmen nach Herzenslust kann man in den Flüssen und in den *estancias* kann man reiten bis zum Umfallen. Wandermöglichkeiten gibt es begrenzt in den Nationalparks, vor allem im Cerro Corá (s. S. 932).

BOTSCHAFTEN & KONSULATE
Botschaften & Konsulate in Paraguay
Information zu den Visabestimmungen gibt's auf S. 939. Die Botschaften sind teilweise auf den entsprechenden Stadtplänen vermerkt.
Argentinien (Karte S. 914 f.; ☎ 021-498-582; Palma 319)
Bolivien (☎ 021-227213, 203654; America 200)
Brasilien Asunción (Karte S. 914 f.; ☎ 021-448084; General Díaz 521; 3. Stock); Ciudad del Este (Karte S. 928; ☎ 061-500984; Pampliega 205; ✦ Mo–Fr 7–12 Uhr); Encarnación (Karte S. 925; ☎ 071-203950; Memmel 452); Pedro Juan Caballero (Mariscal Estigarribia westl. von CA López; ✦ Mo–Fr 7–17, Sa 7–11 Uhr) Das Büro in Encarnación am besten morgens aufsuchen. Das Büro in Pedro Juan Caballero befindet sich in der Nähe der Grenze in Ponta Porã.
Chile (☎ 021- 662756; Capitán Nudelman 351)
Deutschland (☎ 021-214009; Av Venezuela 241)
Österreich (☎ 021-613-316; Av Aviadores del Chaco 1690, Casilla de Correo 582, 1209 Asunción)
Paraguay (☎ 067-724-4934; Av Presidentes Vargas 120, Pedro Juan Caballero; ✦ Mo–Fr 7–14 Uhr) In der Nähe der Grenze in Ponta Porã.

Schweiz (☎ 021-448-022; Casilla de correo 552, 1209 Asunción)

Paraguayische Botschaften

Paraguay hat Vertretungen in seinen Nachbarländern (s. jeweilige Kapitel), außerdem in:

Deutschland (☎ 0228-356 727; Uhlandstraße 32, 53173 Bonn)

Österreich (☎ 01-505-46-74; Prinz-Eugen-Straße 18/1/2/7, 1040 Wien)

Schweiz (☎ 031-312-32-22; Kramgasse 58, 3000 Bern 8)

BÜCHER

Einen guten Einblick in die berühmt-berüchtigten Kriege Paraguays geben Harris Gaylord Warrens *Rebirth of the Paraguayan Republic* oder Augusto Roa Bastos' Roman *Menschensohn*. Wer sich für die abscheulichen Diktatoren Paraguays interessiert, kann in Bastos' Buch über Francia *Ich, der Allmächtige* oder in Carlos Mirandas *The Stroessner Era* seine Neugier stillen. In eine eher anthropologische Richtung gehen Pierre Clastres' *Chronik der Guayaki* und Matthew J. Pallamarys Roman *Land Without Evil*. Mark Jacobs' *The Liberation of Little Heaven: And Other Stories* ist ein Sammelband mit paraguayischen Kurzgeschichten.

ESSEN & TRINKEN

Beliebt in Paraguay ist *parrillada* (Grillfleisch), aber häufiger stehen nahrhafte tropische und subtropische Lebensmittel auf dem typisch paraguayischen Speiseplan. Getreide – besonders Mais – und Knollengewächse wie Maniok sind Bestandteil fast jeder Mahlzeit. *Chipas*, zubereitet mit Maniokmehl, Eiern und Käse, und gefüllte *empanadas* (Teig mit Geflügel-, Käse-, Schinken- oder Fleischfüllung) sind überall preiswert zu haben. In der Osterwoche wird das gewöhnliche Essen in ein Festtagsmahl verwandelt, indem Eier, Käse und Gewürze zugefügt werden.

Die Paraguayer trinken beachtliche Mengen an Mate (Kräutertee), meistens als eiskalten *tereré* (Mate mit Eis) und angereichert mit viel *yuyos* (Heilkräuter). An Straßenständen wird *mosto* (Zuckerrohrsaft) ausgeschenkt. Das feurige alkoholische Äquivalent ist *caña* (Zuckerrohrschnaps). Auch die einheimischen Biere, besonders das Baviera, sind nicht zu verachten.

Hier einige weitere typische Speisen:

Bori-bori Geflügelsuppe mit Weizenmehlbällchen.

Locro Maiseintopf.

Mazamorra Weizenbrei.

Mbaipy he-é Dessert aus Weizen, Milch und Melasse.

Mbaipy so-ó Scharfer Maispudding mit Fleischstückchen.

Mbeyú or torta de almidón Gegrillter Maniokpfannkuchen, ähnlich der mexikanischen Tortilla.

Sooyo sopy Dickflüssige Suppe mit Gehacktem und Reis oder Nudeln als Beilage.

Sopa paraguaya Maisbrot mit Käse und Zwiebeln.

FEIERTAGE

Ämter und Läden bleiben an diesen Feiertagen geschlossen:

Año Nuevo (Neujahr) 1. Januar

Cerro Corá (Tag der Helden) 1. März

Semana Santa (Ostern) März/April – Datum variiert

Día de los Trabajadores (Tag der Arbeit) 1. Mai

Independencia Patria (Unabhängigkeitstag) 15. Mai

Paz del Chaco (Ende des Chacokriegs) 12. Juni

Fundación de Asunción (Gründungstag von Asunción) 15. August

Victoria de Boquerón (Schlacht von Boquerón) 29. September

Día de la Virgen (Tag der Unbefleckten Empfängnis) 8. Dezember

Navidad (Weihnachten) 25. Dezember

FESTIVALS & EVENTS

Der Karneval in Paraguay (immer an unterschiedlichen Tagen im Februar) ist in Asunción, Encarnación, Ciudad del Este und Villarrica am lebendigsten. Caacupé ist die wichtigste Stätte für den römisch-katholischen *Día de la Virgen* (8. Dez.).

Weitere besondere Feste und Ereignisse:

Día de San Blás (Namenstag des hl. Blasius) Paraguays Schutzheiliger wird am 3. Februar gefeiert.

Wahl der Miss Paraguay Findet im März in Asunción statt.

Ralley Trans-Chaco Das Trans-Chaco-Autorennen ist immer in der ersten Septemberwoche.

FOTOS

Kaum ein Paraguayer wird nicht freundlich in die Kamera lächeln – solange man ihn fragt, bevor man knipst. Qualitativ gute Farb- und Diafilme gibt's in Asunción, Encarnación und Ciudad del Este. Hier zwei Adressen, wo man sich mit Farb- und Diafilmen eindecken kann:

Serpylcolor (Av Mariscal JF Estigarribia & Curupayty)

Serpylcolor mappedria municipal (Av Mariscal JF Estigarribia & Mariscal López)

FRAUEN UNTERWEGS

Eigentlich ist Paraguay auch für Frauen ein recht sicheres Land. Frauen, die allein unterwegs sind, sollten aber besondere Vorsicht walten lassen – vor allem nachts und in Bussen. Generell gilt: Unauffällige Kleidung ist angesagt.

FREIWILLIGENARBEIT

Estancias sind die beste Wahl für spontane Freiwilligenarbeit. Meistens wird hier harte landwirtschaftliche Arbeit gefordert. Andere Angebote gibt's auf der Webseite von **South American Explorers** (www.saexplorers.org). Viele Traveller geben Englischunterricht, das wird aber meistens von Agenturen außerhalb Paraguays organisiert (s. S. 1216).

FÜHRERSCHEIN

Die meisten Autovermietungsgesellschaften erkennen ausländische Führerscheine an. Es kann allerdings nie schaden, sich zusätzlich einen internationalen Führerschein zu besorgen.

GEFAHREN & ÄRGERNISSE

Paraguays Wirtschaft ist im Wandel, aber das Land ist relativ sicher. Trotzdem: Zu später Stunde sollte man in Asunción und in den Grenzstädten nicht alleine unterwegs sein. Noch vor einigen Jahren gab es nachts bewaffnete Raubüberfälle auf Busse – das hat man in den Griff gekriegt, aber geklaut wird immer noch, besonders in Bussen. Deshalb: Wertsachen niemals offen tragen. Der Chaco ist unwirtlich und seine Infrastruktur nicht gut ausgebaut – deshalb besser einen Führer engagieren. In einigen Regionen gibt es Giftschlangen, wirklich lästig sind aber die Moskitos. Vorsicht auch beim Schwimmen: In manchen Flüssen können starke Strömungen den Travellern gefährlich werden.

GELD

Die paraguayische Währung ist der Guaraní, abgekürzt PYG. Geldscheine gibt's zu 1000, 5000, 10 000, 50 000 und 100 000 Guaraní, seltener sind die Münzen zu 50, 100 und 500 Guaraní. In Paraguay Geld zu wechseln, ist eine echte Herausforderung: Deshalb immer viel Kleingeld und kleine Geldscheine dabeihaben. Reiseschecks lösen die *casas de cambio* (3 bis 5 % Kommission) ein.

Geldautomaten & Kreditkarten

Die Geldautomaten in Asunción, Encarnación und Ciudad del Este sind an die Netze von Visa, MasterCard und Cirrus angeschlossen. Manche geben auch US$ aus. Auch in anderen Städten kann man mal über einen Geldautomaten stolpern, aber sie sind selten mit dem internationalen Netz verbunden – man sollte sich also besser in den drei Großstädten mit Bargeld eindecken.

Außerhalb von Asunción kann man selten mit Karte zahlen, und auch dort gerade mal in Hotels, Restaurants und Läden der Mittel- bis Luxusklasse.

Geld umtauschen

In Asunción und in den Grenzorten gibt's haufenweise *casas de cambio*. Sie wechseln Geld und manchmal auch Reiseschecks (3 bis 5 % Gebühr). Mitten im Land kann man es nur in den Banken versuchen. Einige *cambios* lösen Reiseschecks nur gegen Vorlage der Originalkaufquittung ein. Geldwechsler auf der Straße tauschen Bares zu etwas schlechteren Kursen, können aber abends oder am Wochenende Retter in der Not sein.

Bei Redaktionsschluss galten folgende Wechselkurse:

Land	Währung		PYG (Guaraní)
Eurozone	1 €	=	4129
Schweiz	1 SFr	=	2810
USA	1 US$	=	4671

GESUNDHEIT

Wer in Paraguay reist, muss keine großen Gesundheitsrisiken fürchten. Privatkliniken sind aber in jedem Fall besser als die öffentlichen, und die besten Kliniken gibt's in Asunción. Achtung in den Vororten von Asunción und den Feuchtgebieten im Südosten: Hier droht das Denguefieber. Auf keinen Fall das Leitungswasser trinken, auch nicht, wenn behauptet wird, es käme aus Tiefbrunnen. Im Chaco kann das Wasser zu salzig sein, um es zu trinken. Zu jeder Zeit Sonnenschutzmittel, einen Hut und zum Ausgleich des Wasserverlusts genügend Trinkwasser dabeihaben. Kondome gibt's in den meisten Apotheken. Weitere Informationen stehen im Kapitel „Gesundheit" (S. 1246).

INFOS IM INTERNET

Aktuelles aus Paraguay (www.paraguay.com) Links zu Aktuellem aus Paraguay auf Englisch.

Guaraní-Wörterbuch (www.uni-mainz.de/~lustig/guarani/diccion.html) Guaraní-Grundlagen.

Infos und News (www.paraguay-online.net) Deutschsprachige Seite mit allen möglichen Informationen zu Paraguay.

Lanic (http://lanic.utexas.edu/la/sa/paraguay/) Erstklassige Linksammlung der University of Texas.

Paraguay-Suchmaschine (www.quanta.com.py) Spanischsprachige Suchmaschine.

Senatur (www.senatur.gov.py) Offizielle Webseite der Touristeninformation mit exzellenten Informationen.

Statistisches Landesamt (www.dgeec.gov.py) Interessante Statistiken aus der Volkszählung von 2002.

INTERNETZUGANG

Das Internet ist *muy popular* in den Städten, aber in kleineren Städten und Ortschaften gibt es nicht überall einen Zugang. Eine Stunde Surfen kostet weniger als 1 US$.

KARTEN & STADTPLÄNE

Den Autoatlas *Guía Shell* (8,50 US$) gibt's an den meisten Shell-Tankstellen und im Büro des **Touring y Automóvil Club Paraguayo** (gegenüber der TACPy). Darin enthalten ist eine Landkarte im Maßstab 1:2 000 000 und ein Stadtplan plus Straßenregister von Asunción im Maßstab 1:25 000. Topografische Landkarten im Maßstab 1:50 000 hat das **Instituto Geográfico Militar** (IGM; ☎ 021-206344; Artigas 920, Asunción).

KLIMA

Wegen der großen Hitze im Sommer sollte man lieber in den Wintermonaten (Mai–Sept.) nach Paraguay reisen. Wechselhaftes Wetter und nächtlicher Frost sind in diesen Breiten nicht ungewöhnlich.

Im südlichen Paraguay ist das Klima prinzipiell feucht – Regen gibt es das ganze Jahr über. Im Osten, nahe der Grenze zu Brasilien, regnet es durchschnittlich 2000 mm pro Jahr. In der Gegend um Asunción sinkt die Regenmenge auf etwa 1500 mm. Da die Höhen die 600 m-Marke nicht überschreiten, ist es im Sommer überall fast gleichbleibend heiß – die durchschnittliche Temperatur im Dezember, Januar und Februar liegt bei 35 °C, tagsüber können die Temperaturen zwischen 25 und 43 °C betragen. Im Winter schwanken sie stärker und können den Gefrierpunkt errei-

chen oder bei 6 °C liegen. Der kälteste Monat ist der Juli – trotzdem zeigt das Thermometer dann durchschnittlich 22 °C.

MEDIEN

Paraguays wichtigsten Zeitungen sind:

ABC Color (www.abc.com.py) Asuncións Tageszeitung, die ihren guten Ruf der Opposition gegen Stroessners Diktatur verdankt.

Neues für Alle Zweimal im Monat erscheinendes Blatt der deutschen Gemeinde in Asunción.

Rundschau Wochenmagazin.

Ultima Hora (www.ultimahora.com) Unabhängiges Tagesblatt mit super Feuilleton.

ÖFFNUNGSZEITEN

Behörden und Ämter haben zwischen 7 und 13 oder 14 Uhr geöffnet – sie halten keine Siesta. Läden sind meistens werktags und samstags von 7 bis 12 Uhr und von 14 oder 15 bis 19 oder 20 Uhr geöffnet. Die Geschäftszeiten der Banken liegen werktags zwischen 7.30 und 12 Uhr, länger geöffnet sind die *casas de cambio*. Restaurants haben normalerweise zum Mittag- und Abendessen (19 Uhr–open end) offen, machen nachmittags aber eine Pause. Cafés haben wechselnde Öffnungszeiten, man kann hier – nur nicht in aller Herrgottsfrühe – frühstücken und Kaffee und Snacks bekommen.

POST

Ein Brief nach Europa kostet 1,65 US$. Wichtige Post sollte man gegen eine kleine Zusatzgebühr als Einschreiben schicken.

RECHTSFRAGEN

Unter keinen Umständen ist in Paraguay Einfuhr, Besitz oder Konsum von illegalen Drogen gestattet. Manch einer hat sich hier schon eine lange Haft- und hohe Geldstrafen eingebrockt.

REISEN MIT BEHINDERUNG

Eine Infrastruktur für Behinderte ist in Paraguay praktisch nicht vorhanden und es gibt tatsächlich keinerlei Einrichtungen für Reisende mit Behinderung oder besonderen Bedürfnissen.

SCHWULE & LESBEN

Paraguay ist ein ziemlich altmodisches Land mit konservativen Anschauungen. Heterosexuelle Paare stellen ihre Leidenschaft kaum öffentlich zur Schau und gleichgeschlechtliche Liebe bleibt ganz und gar unsichtbar. Aber in Asunción gibt's jetzt einige Schwulenbars.

TELEFON

Die staatliche Telefongesellschaft ist die Copaco (früher Antelco). Sie hat überall im Land Zentralen, von denen aus man Ferngespräche führen kann. In letzter Zeit sind überall private *locutorios* (Telefonläden) wie Pilze aus dem Boden geschossen. Oft kommt man dort auch ins Internet. Trotz der Liberalisierung des Telefonmarktes können Auslandsgespräche aber noch immer über der Marke von 1 US\$ pro Minute liegen, sogar bei günstigeren Nachttarifen.

Vorwahlen: Paraguay hat die ☎ 595 – bei Anrufen aus dem Ausland entfällt die 0 in der Gebietsvorwahl; internationale vermittelte Verbindungen ☎ 0010; internationale Direktverbindungen ☎ 002.

TOILETTEN

In Paraguay kann es einem passieren, dass man mehr Jaguare als öffentliche Toiletten zu Gesicht bekommt. An den meisten Busbahnhöfen gibt's zwar welche und gegen eine kleine Gebühr erhält man Zutritt zum Klo und ein Knäuel Papier – die Duftnote ist gratis. Besser man verrichtet seine Notdurft in Restaurants, Hotels oder Museen. In den meisten Restaurants muss man allerdings etwas bezahlen, wenn man nichts bestellt. Es schadet nicht, immer eigenes Toilettenpapier dabeizuhaben – aber nicht in die Toilette werfen, weil die Rohre verstopfen könnten. Bei den Toiletten in den meisten Bussen schwappt einem der Toiletteninhalt über die Schuhe, aber wenn man den Busfahrer darum bittet, hält er sicher an einem geeigneten Ort.

TOURISTENINFORMATION

Das staatlich betriebene **Senatur** (www.senatur. com.py) unterhält Touristeninformationen in Asunción und in ein, zwei anderen Städten. Dort gibt's zwar keine Hochglanzbroschüren, aber die Mitarbeiter helfen, so gut sie können – man sollte allerdings Spanisch können. Broschüren über die mennonitischen Gemeinden verteilt die **Asociación de Colonias Mennonitas del Paraguay** (☎ 021-226059; acomepa@rieder.net.py; Republica de Columbia 1050, Asunción; ☼ 7–11.30, 14.30–18 Uhr). Im **Touring y Automóvil Club Paraguayo** (TACPy; Karte S. 914 f.;

☎ 021-215010; www.tacpy.com.py; Av Brasil & Cerro Corá, Asunción; ☼ Mo–Fr 8–17, Sa 8–14 Uhr) kann man mehrtägige Reisen plus Übernachtung zu 15 **Estancias** (www.turismorural.org.py) mit Möglichkeiten zur Mitarbeit buchen (20–100 US\$/ Pers. & Tag, inkl. Verpflegung).

UNTERKUNFT

Die Hotels und *residenciales* (Gästehäuser) sind in Paraguay zwar oft ziemlich abgenutzt und recht alt, in der Regel aber auch *muy limpio* (sehr sauber). Preiswerter sind die selteneren Campingplätze. In entlegenen Gebieten kann man, wenn man die Einheimischen fragt, meistens überall sein Zelt aufschlagen. Vorsicht aber mit Ameisen – sie könnten das Zelt anknabbern! Im Chaco sind offizielle Unterkünfte abseits der wenigen Städte spärlich, aber bei den *campesinos* bekommt man vielleicht ein Bett. In solchen Gegenden sollte man ein eigenes Moskitonetz bei sich haben. Informationen über Arbeitsferien auf *estancias* (Ranches) gibt's bei der TACPy (s. linke Spalte) in Asunción.

VERANTWORTUNGSBEWUSSTES REISEN

Man sollte keine kunsthandwerklichen Gegenstände kaufen, die aus Holz (etwa *lapacho* und *palo santo*) oder aus Teilen exotischer bzw. gefährdeter Arten wie Gürteltiere, Jaguare oder Pumas hergestellt sind. Stattdessen können Naturfreunde und Naturschützer Kontakt mit der **Fundación Moisés Bertoni** (☎ 021-608740; www.mbertoni.org.py; Prócer Carlos Argüello 208, Asunción) aufnehmen. Diese Nonprofitorganisation veranstaltet auch Touren in Reservate wie Mbaracayu und Tapytá – denn sie ist an der Pflege der Reservate beteiligt.

VISA

Besucher aus der EU und der Schweiz brauchen für die Einreise nach Paraguay nur einen gültigen Reisepass, sie dürfen dann drei Monate im Land bleiben. Man darf nicht vergessen, sich bei der Einreise einen Stempel abzuholen, sonst drohen bei der Ausreise Geldstrafen.

Informationen zu den Grenzübergängen (z. B. Mariscal Estagarribia nach Bolivien) und zum Einreise- bzw. Ausreisestempel gibt die **Einreisestelle** (☎ 021-446673, 021-492908; Ayala & Caballero; ☼ Mo–Fr 7–13 Uhr) in Asunción.

Peru

HIGHLIGHTS
- **Machu Picchu** – Zu den Ehrfurcht einflößenden alten Inkaruinen im Nebelwald wandern (S. 1013)
- **Cusco** – Über Pflasterstraßen aus der Kolonialzeit flanieren, an Kunsthandwerksläden, Museen und Restaurants jeder Stilrichtung vorbei (S. 996)
- **Arequipa** – In Perus elegantester Stadt im Schatten schwelender Vulkane und in der Nähe der tiefsten Canyons der Welt Partys feiern (S. 981)
- **Titicacasee** – Auf einem der höchsten Seen der Welt an der peruanisch-bolivianischen Grenze eine atemberaubende Schifffahrt zu den Bilderbuchinseln erleben (S. 989)
- **Huaraz, die Cordillera Blanca und Huayhuash** – Wovon andere nur träumen: die spektakulärsten Berge Südamerikas besteigen (S. 1045)
- **Abseits ausgetretener Pfade** – In der Hängematte liegend ein ruhige Bootsfahrt den Amazonas hinunter bis nach Brasilien genießen (S. 1070)

KURZINFOS

- **Berühmt für:** Machu Picchu
- **Bester Straßensnack:** *queso con choclo* (Maiskolben mit Käse)
- **Bestes Schnäppchen:** Alternativtreks zum Inkatrail
- **Bevölkerung:** 27,2 Mio. (Volkszählung 2005)
- **Fläche:** 1 285 220 km² (fünfmal so groß wie Großbritannien)
- **Floskeln:** *chevere, bacán* (cool), *asqueroso* oder *asco* (ekelhaft), *fiesta, juerga* (Party)
- **Geld:** Nuevo Sol (S/.); 1 US$ = 3,18 Nuevo Sol, 1 € = 4,25 Nuevo Sol, 1 SFr = 2,60 Nuevo Sol
- **Hauptstadt:** Lima
- **Landesvorwahl:** ☎ 51
- **Preise:** EZ/DZ in Cusco 5/10 US$, 1 l Wasser in der Flasche 1 US$, Inlandsflug 95 US$
- **Reisekosten:** 15–25 US$/Tag
- **Sprachen:** Spanisch, Quechua, Aymara
- **Trinkgeld:** 10 % in besseren Restaurants; Trinkgeld für alle Reiseführer
- **Visa:** EU-Bürger und Schweizer brauchen nur einen gültigen Reisepass
- **Zeit:** MEZ –6 Std.

TIPPS FÜR UNTERWEGS
Für das gedämpfte Licht im Regenwald empfiehlt es sich, mit einem hochempfindlichen Film zu fotografieren. Wanderungen auf dem Inkatrail sollten mindestens sechs Wochen vorher gebucht werden – bei Reisen in der Hochsaison (Juni–Aug.) sogar mehrere Monate vorher.

VON LAND ZU LAND
Grenzübergänge: von Arica (Chile), von Huaquillas, Guayaquil und Macará (Ecuador), von Kasani und Desaguadero (Bolivien) und von verschiedenen brasilianischen und bolivianischen Städten und Flusshäfen im Amazonasgebiet.

Man stelle sich eine Landschaft vor wie in einem Indiana-Jones-Film: vergessene, im Urwald verborgene Tempel, uralte Gräber voller Spinnweben, die in der Wüstensonne schmoren, und vergrabene Schatzkammern voller Juwelen. Tobende Flüsse, Pumas, die durch die Nacht schleichen und Schamanen, die Rituale mit Halluzinogenen praktizieren – hier in Peru ist das nicht Kino, sondern Wirklichkeit.

Peru versetzt jeden durch seine Vielfalt in Erstaunen: ein Land wie ein Kontinent. Selbst den wilden Kriegern der Inka oder den spanischen Konquistadoren gelang es nicht, dieses grandiose Gebiet völlig zu beherrschen, reicht es doch von den mit Gletschern bedeckten Andengipfeln – dem Reich der majestätischen Kondore – zu den fast grenzenlosen Küstenwüsten und zum dampfenden Regenwald des Amazonasbeckens.

Man kann sich auf den bekannten „Gringo Trail" begeben und die Highlights des Landes bis zur wolkenverhangenen Inkafestung Machu Picchu besuchen. Oder man beschreitet unbekanntere Pfade, lässt sich auf afro-peruanische Rhythmen ein, sucht die perfekte Welle am Pazifikstrand oder tuckert in einem Boot gemächlich den Amazonas hinunter.

Doch egal wo – überall in Peru wird man von großherzigen Menschen begrüßt, die ihr nicht immer ganz einfaches Schicksal mit Begeisterung und großer Lebensfreude bewältigen. Kein Wunder, dass das Land der Inka zu den beliebtesten Reisezielen Südamerikas für abenteuerlustige Traveller zählt.

AKTUELLE ENTWICKLUNGEN

Bei seinem Versuch, die Dämonen der Vergangenheit auszutreiben, wird Peru von ihm nur allzugut bekannten Geistern verfolgt. 2005 verließ der in Ungnade gefallene Expräsident Alberto Fujimori sein Exil in Japan und erklärte, er werde erneut für das Präsidentenamt kandidieren. In Chile wurde er freilich aufgrund eines internationalen Haftbefehls verhaftet und nach Peru ausgeliefert, wo er sich nun Anklagen wegen Korruption und Verletzung der Menschenrechte gegenübersieht.

Die Präsidentschaftswahlen von 2006 wurden zu einem Kampf zwischen dem populären Nationalisten Ollanta Humala, einem ehemaligen Offizier der Armee, der unter Fujimori gedient hat, und Alán García, einem eher linksorientierten Expräsidenten, von dem manche sagen, er habe Peru in den späten 1980er-Jahren auf den Weg in den finanziellen Ruin geführt. Die Wähler gingen lieber auf Nummer sicher und entschieden sich für den inzwischen eher konservativen Alán García, was auch als Schlag gegen die Pläne des venezolanischen Präsidenten Hugo Chávez für ein vereinigtes sozialistisches Südamerika gesehen werden kann.

Der scheidende Präsident Alejandro Toledo war der erste indigene Präsident eines Andenstaates. Nachdem es ihm aber nicht gelang, neue Jobs zu schaffen und seine Regierung mit immer neuen Korruptionsskandalen konfrontiert wurde, sanken seine Popularitätswerte auf unter 10 % – die niedrigsten, die je ein südamerikanischer Präsident hatte. Inzwischen starteten die gefürchteten Guerilleros des Sendero Luminoso (Leuchtender Pfad), die mit dem Kokainhandel mit den Drogenkartellen Kolumbiens saftige Profite einstreichen konnten, ein Comeback.

GESCHICHTE
Frühe Kulturen
Die Kultur der Inka ist nur die Spitze des archäologischen Eisbergs Peru.

Die ersten Einwohner des Landes waren lose verbundene Gruppen nomadischer Jäger, Fischer und Sammler, die in Höhlen lebten und furchterregende – heute ausgestorbene – Tiere wie Riesenfaultiere, Säbelzahntiger und Mastodons töteten. Die Domestizierung des Lamas, des Alpakas und des Meerschweinchens begann zwischen 7000 und 4000 v. Chr. Um 3000 v. Chr. wurden verschiedene Formen der Kartoffel zur Kulturpflanze – Peru rühmt sich, 4000 Arten zu besitzen.

Die Chavínperiode, wie sie in Chavín de Huántar bei Huaraz (S. 1052) sichtbar wird, dauerte von etwa 1000 bis 300 v. Chr. Gekennzeichnet war sie durch weit verstreute, miteinander in geistigem Austausch stehenden Siedlungen, ein entwickeltes Handwerk und kulturelle Vielfalt. Dennoch verschwand die Chavínkultur aus unerklärlichen Gründen um 300 v. Chr. Die nächsten 500 Jahre sahen Aufstieg und Nieder-

942 PERU

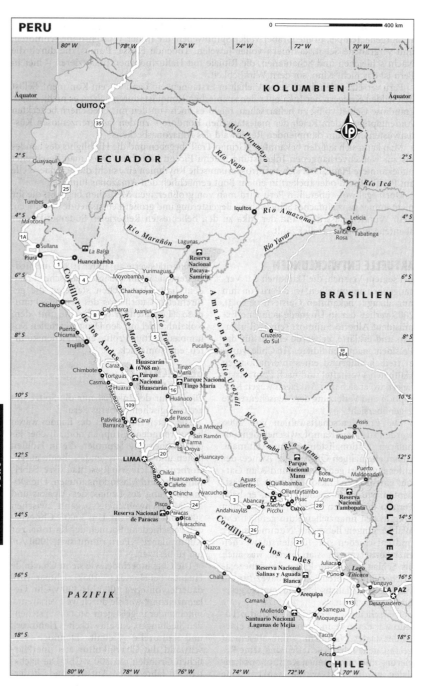

TOP TEN: ARCHÄOLOGISCHE STÄTTEN

Wer Ruinen sehen will, ist in Peru richtig, u. a. hier:

- das weltberühmte **Machu Picchu** (S. 1013), die „verlorene Stadt" der Inkas
- geheimnisvolle Linien in der Wüste, die man nur aus der Luft erkennt: **die Linien von Nazca** (S. 975)
- dramatische Grabtürme in **Sillustani** und **Cutimbo** (S. 994) in der Nähe des Titicacasees
- eindrucksvolle Inkafestungen, üppige Terrassen und heilige Stätten im **Heiligen Tal der Inka** (S. 1008)
- unterirdische Tunnel in **Chavín de Huántar** (S. 1052), einem 3000 Jahre alten zeremoniellen Komplex
- **Chan Chan,** die riesige Hauptsstadt des Chimú-Reiches aus Lehmziegeln (S. 1034), in der Nähe der Mochepyramiden bei Trujillo
- die Gräber der Herren von Sipán und Sicán in **Chiclayo** (S. 1037)
- die Ruinen von **Kuélap** bei Chachapoyas (S. 1057) im Nebelwald – recht menschenleer!
- die neu entdeckte Inkastadt **Choquequirau** (S. 1020), erreichbar nur auf einer mehrtägigen Wanderung
- die Inkafestung **Sacsayhuamán** über Cusco (S. 1007), der Ort des alten Inti Raymi-Festes

gang der Paracaskultur südlich von Lima, die während ihres Bestehens einige der feinsten Textilgewebe ganz Amerikas hervorbrachte.

Zwischen 100 und 700 n. Chr. erreichten Keramik, Metallverarbeitung und Textilproduktion neue Höhen der technischen Entwicklung. Die Moche erbauten ihre riesigen Pyramiden in der Gegend um Trujillo (S. 1034) und in Sipán bei Chiclayo (S. 1039). Etwa zu dieser Zeit scharrten auch die Nazca ihre Linien in die Wüste, die heute noch ganze Armeen von Archäologen vor Rätsel stellen (S. 975).

Von etwa 600 bis 1000 entstand das erste Reich, das nicht mehr regional begrenzt war, sondern eine weit reichende Eroberungspolitik verfolgte. Der Einfluss der Huari aus dem Norden von Ayacucho (S. 1021) ist bis heute fast überall in Peru sichtbar.

Im Lauf der nächsten vier Jahrhunderte erblühten mehrere Kulturen, darunter die der Chimú, die die Stadt Chan Chan bei Trujillo (S. 1034) erbauten, und die der Chachapoyas, welche die steinerne Festung von Kuélap (S. 1057) errichteten. Am Titicacasee (Lago Titicaca) lebten mehrere kleinere kriegerische Hochlandstämme, die beispielsweise in Sillustani und Cutimbo (S. 994) beeindruckende runde Grabtürme hinterließen.

Das Reich der Inka & die spanische Eroberung

Angesichts der Erfolge und Bedeutung der Inka ist es erstaunlich, dass die Zeit ihrer Vorherrschaft nicht viel länger als 100 Jahre dauerte. Die Herrschaft der ersten acht Inka währte vom 12. bis ins frühe 15. Jh., doch erst der neunte Inka, Pachacutec, brachte das Reich auf den blutigen Geschmack an der Expansion. Der benachbarte Hochlandstamm der Chankas war immer expansionshungriger geworden und um 1438 bis vor die Tore Cuscos gekommen. In dem Glauben, sein Reich sei verloren, war daraufhin der Inka Viracocha geflohen. Sein Sohn Pachacutec aber scharte die Armee um sich und vertrieb die Chankas in einer verzweifelten Schlacht.

Ermutigt durch den Sieg begann Pachacutec daraufhin mit einer ersten Welle der Expansion, während der er den größten Teil der mittleren Anden unterwarf. Die nächsten 25 Jahre wuchs das Reich ununterbrochen, bis es von den heutigen Grenzen zu Ecuador und Kolumbien bis zu den Wüsten des nördlichen Chiles reichte. In dieser Zeit wurden auf vielen Berggipfeln phantastische Zitadellen wie etwa die von Machu Picchu errichtet.

Als die Europäer die Neue Welt „entdeckten" bedeutete das zugleich, dass Epidemien wie die Pocken von Mittelamerika und der Karibik nach Südamerika übergriffen. 1527 wurde der elfte Inka, Huayna Capac, Opfer einer solchen Epidemie. Vor seinem Tod hatte er sein Reich zwischen seinen beiden Söhnen geteilt. Atahualpa, der Sohn einer Mutter aus Quito, bekam den Norden, der rein inkaische Cusqueño Huáscar erhielt Cusco und den Süden. Aus dieser Situation entwickelte sich schließlich ein Bürgerkrieg, und der langsame, aber unausweichliche Niedergang des Inkareichs begann.

1526 brach Francisco Pizarro von Panama aus nach Süden auf und entdeckte dabei die reichen Küstensiedlungen des Inkareichs. Er reiste nach Spanien zurück, um Geld und Leute für einen Eroberungsfeldzug aufzutreiben. So ausgestattet landete er an der ecuadorianischen Küste und marschierte über Land ins Herz des Inkareichs. 1532 erreichte er Cajamarca – zu jenem Zeitpunkt, als Atahualpa gerade seinen Halbbruder Huáscar besiegt hatte.

Das Aufeinandertreffen zwischen Pizarro und Atahualpa sollte den Verlauf der südamerikanischen Geschichte radikal verändern. Atahualpa wurde von den nicht einmal 200 bewaffneten Konquistadoren in einen Hinterhalt gelockt. Es gelang ihnen, den Inka gefangen zu nehmen, wobei sie Tausende seiner unbewaffneten Gefolgsleute töteten. Atahualpa bot für seine Freilassung ein Lösegeld in Form von Gold und Silber aus Cusco an, wozu auch die Goldverkleidung der Wände Korikanchas gehörte. Doch nach mehreren Monaten Gefangenschaft, in denen Pizarro die Inka mit immer neuen Lösegeldforderungen bestürmte, wurde Atahualpa nach einem Scheinprozess – wegen Brudermordes – dennoch hingerichtet und Pizarro marschierte nach Cusco (s. S. 996). Zu Pferd und mit Rüstung, Schwertern und Feuerwaffen ausgerüstet war die spanische Kavallerie so gut wie nicht zu stoppen. Trotz gelegentlicher Rebellionen musste sich das Inkareich immer mehr in die Berge und den Urwald zurückziehen. Es sollte weder seine Macht noch seine Größe je wieder erreichen.

Das koloniale Peru

1535 gründete Pizarro die Hauptstadt Lima. Es folgten Jahrzehnte des Aufruhrs und der Bürgerkriege. Die Peruaner leisteten den Eroberern Widerstand und diese kämpften untereinander um die Kontrolle über die reiche Kolonie. Pizarro wurde 1541 vom Sohn des Konquistadoren Diego de Almagro umgebracht, den er drei Jahre zuvor getötet hatte. Manco Inca hatte 1536 fast das gesamte Hochland wieder unter seine Kontrolle gebracht, doch 1539 zog er sich in sein Versteck Vilcabamba im Regenwald zurück, wo er 1544 umgebracht wurde. Der Inka Tupac Amaru versuchte 1572 noch einmal, die Spanier zu vertreiben, doch auch er wurde geschlagen und in Cusco exekutiert.

Die nächsten zwei Jahrhunderte war Lima das politische, soziale und wirtschaftliche Zentrum der Anden, während Cusco zur tiefsten Provinz verkam. Diese relativ friedliche Periode fand jedoch ein abruptes Ende. Im System der *encomienda*, in deren Zuge Siedler ein Stück Land mitsamt der dort lebenden Bevölkerung zugeteilt bekamen, wurde die indigene Bevölkerung fast wie in der Sklaverei ausgebeutet. Das führte 1780 zu einem Aufstand, den der selbsternannte Inka Tupac Amaru II. anführte. Aber auch diese Rebellion wurde niedergeschlagen, ihre Führer grausam umgebracht.

Die Unabhängigkeit

Im frühen 19. Jh. war rebellisches Gedankengut auch unter den Kolonialherren verbreitet. Grund dafür waren die hohen Steuern, die Spanien erhob, wie auch der Wunsch, die reichen Rohstoffquellen des Landes selbst zu kontrollieren.

Der Wandel kam aus zwei Richtungen. Nachdem er Argentinien und Chile von der spanischen Herrschaft befreit hatte, kam José de San Martín nach Lima und proklamierte 1821 die Unabhängigkeit Perus. Simón Bolívar hatte inzwischen Venezuela, Kolumbien und Ecuador befreit. San Martín und Bolívar trafen sich in Ecuador, das Ergebnis dieses Treffens – dessen Einzelheiten bis heute rätselhaft sind – war, dass San Martín Lateinamerika für immer in Richtung Frankreich verließ, während Bolívar weiter nach Peru zog. In Junín und Ayacucho wurden 1824 noch zwei weitere entscheidende Schlachten geschlagen, 1826 ergaben sich die Spanier endgültig.

Peru gewann 1866 einen kurzen Krieg gegen Spanien und verlor einen längeren mit Chile um die nitratreiche nördliche

Atacamawüste (1879–83). Chile annektierte einen beträchtlichen Teil der Küste im Süden Perus, gab aber einige Gebiete 1929 wieder zurück. Ein Jahrzehnt später kam es wegen eines anderen Grenzkonflikts zu einem Krieg mit Ecuador. Der Vertrag von 1942 gestand Peru das Gebiet nördlich des Río Marañón zu, doch Ecuador focht diesen an, und es kam alle paar Jahre zu kleineren Scharmützeln. Erst 1998 brachte ein Friedensvertrag ein Ende der Feindseligkeiten.

Moderne Zeiten

Auch wenn es in Peru gelegentlich Zeiten ziviler Herrschaft gab, so sind doch Putsche und Militärdiktaturen das hervorstechende Merkmal der peruanischen Geschichte im 20. Jh.

In den späten 1980er-Jahren erlebte das Land eine Phase ernster sozialer Unruhen. Demonstrationen gegen die verhängnisvolle Wirtschaftspolitik von Präsident Alan García Pérez waren an der Tagesordnung – die Inflationsrate erreichte irgendwann 10 000 %! Seine fünfjährige Amtszeit war überschattet von terroristischen Anschlägen der maoistischen Organisation „Sendero Luminoso" (Leuchtender Pfad) die einen Guerillakrieg führte, dessen traurige Bilanz den Tod oder das „Verschwinden" von mindestens 40 000 Menschen – vor allem in den mittleren Anden – verzeichnet.

1990 wurde Alberto Fujimori, Sohn japanischer Einwanderer, zum Präsidenten gewählt. Seine halbdiktatorischen Maßnahmen führten zu beispiellosen Verbesserungen in der Wirtschaft. Die allgemeine Unterstützung brachte Fujimori 1995 eine zweite Amtszeit ein (nachdem er die Verfassung so geändert hatte, dass er kandidieren konnte). Doch ab 1998 begann die Unterstützung für ihn zu schwinden. Im Juni kandidierte Fujimori erneut, ihm fehlten jedoch 0,1 %, um die 50 % der Wählerstimmen zu erreichen, die für einen sofortigen Sieg nötig gewesen wären. Sein wichtigster Herausforderer, der eher linke Alejandro Toledo, warf Fujimori Wahlbetrug vor und weigerte sich, zur Stichwahl anzutreten, die Fujimori dann prompt gewann.

Im September 2000 wurde ein Video veröffentlicht, das Vladimiro Montesinos, Fujimoris Geheimdienstchef, dabei zeigte, wie er einen Abgeordneten bestach. Fujimori erkannte, dass seine zehnjährige Präsidentschaft außer Kontrolle geriet und befahl Montesinos' Verhaftung, doch der Herr der Spione war bereits geflohen. Man entdeckte über 2000 sogenannte „Vladivideos", die politische Schlüsselfiguren bei der Geldwäsche und Korruption auf Regierungsebene zeigten. Fujimori beteuerte zwar seine Unschuld, trat aber dann während eines Staatsbesuchs in Asien zurück und blieb in Japan, das wiederholt Auslieferungsbegehren Perus ablehnte.

2001 wurden neue Präsidentschaftswahlen abgehalten. Toledos indigenes Erbe sicherte ihm den Sieg in einem Land, in dem die Mehrheit indigener oder gemischter Abstammung ist. Wieder sahen sich die Peruaner einer steigenden Arbeitslosigkeit, stagnierenden Löhnen und höheren Lebenshaltungskosten gegenüber. Und schon bald wurde das Land erneut von Streiks und Demonstrationen erschüttert.

KULTUR
Mentalität

Die Peruaner erleben seit Jahrzehnten eine politische Achterbahnfahrt, wobei die öffentliche Meinung mit dem Aufstieg und normalerweise krachenden Fall jedes neuen Präsidenten jeweils hin- und herschwankt. Völlig unerschütterlich ist dagegen der Stolz der Peruaner auf ihr Erbe. Nachdem sie lange von der hellhäutigen Oligarchie der *limeños* (Bewohner von Lima) beherrscht war, hat die peruanische Gesellschaft begonnen, sich zu ihren indigenen Wurzeln zu bekennen.

Auch wenn die letzten Jahrzehnte dem Land heftige soziale und politische Unruhen bescherten, so haben sich die Peruaner dabei doch ihr Interesse für die schönen Dinge des Lebens erhalten. Sie teilen die Leidenschaft für gute Küche, für Musik voller Seele und für ein spannendes Fußballspiel. In diesem Land werden Familie und Freundschaft ernst genommen. Letzten Endes ist es eine Kultur, die auch die schlimmsten Rückschläge mit stoischer Ruhe und viel schwarzem Humor hinnimmt – aber auch nie die Hoffnung aufgibt.

Lebensart

Die großen Unterschiede zwischen Wüste, Sierra und Urwald, die es in der Geographie Perus gibt, spiegeln sich auch in der Lebensart seiner Bewohner wider. *Campesinos* (Bauern), die sich mühsam ihren Lebensunterhalt durch Subsistenzwirtschaft in einem abgelegen Hochlanddorf verdienen, sind Welten entfernt von den urbanen *arequeños* (Bewohnern Arequipas) mit ihren Ferienhäusern an der Küste oder den Jägern und Sammlern, die isoliert im tiefsten Amazonasgebiet leben.

Die Kluft zwischen Arm und Reich ist immer wieder verblüffend. Nach der Einführung des Fernsehens im verarmten Hochland in den 1950er-Jahren schwappte eine erste Migrationswelle über die Küste, da viele glaubten, dort das Leben zu finden, das auf dem Bildschirm gezeigt wurde. Der gewaltige Zustrom dieser Migranten führte zur Errichtung der *pueblos jóvenes* (jungen Städte), die Lima umgeben, und von denen viele immer noch keinen Strom, kein Wasser und keine angemessenen sanitären Einrichtungen haben.

Mehr als die Hälfte der Peruaner lebt unterhalb der Armutsgrenze, die Arbeitslosigkeit ist so unkontrollierbar, dass keine genauen Zahlen dazu verfügbar sind. Doch es gibt einen starken unternehmerischen Elan. Viele Arbeitslose arbeiten als *ambulantes* (Straßenverkäufer), wobei sie von Schokolade bis Wäscheklammern alles nur Erdenkliche verkaufen. Und selbst Lehrer, Polizisten und Studenten arbeiten nebenbei als Taxichauffeure.

Angesichts der bitteren Armut, unter der die meisten Peruaner leiden, erstaunt es kaum, dass es andauernd zu Streiks der Arbeiter für höhere Löhne und zu allen möglichen anderen Protestaktionen kommt – etwa auch zu Aktionen der *campesinos* gegen die von den USA unterstützte Ausrottung der traditionsbehafteten Kokapflanze in den Anden. Deshalb kann es beim Reisen immer mal zu Verspätungen kommen, etwa weil Demonstranten Straßen blockieren. Die Peruaner sind daran gewöhnt.

Bevölkerung

Peru ist eine gespaltene Gesellschaft. Auf der einen Seite steht die Mittel- und Oberschicht, die sich vorwiegend aus Weißen und hellhäutigen *mestizos* (Menschen mit einer indigen-spanischen Abstammung – Menschen rein spanischer Abstammung werden als criollos bezeichnet) zusammensetzt. Am unteren Ende der sozialen Leiter befinden sich die meist armen, indigenen *campesinos*. Etwa 45 % der Bevölkerung Perus sind rein indigen, was das Land zu einem der drei lateinamerikanischen Länder mit dem höchsten indigenen Bevölkerungsanteil macht. (Im Spanischen ist *indígenas* die kulturell angemessene Bezeichnung und nicht *indios* oder Indianer, was als beleidigend empfunden werden kann.) Die meisten *indígenas* sprechen Quechua und leben im Hochland, während ein kleinerer Anteil Aymara spricht und die Gegend um den Titicacasee bewohnt. Im riesigen Amazonasgebiet gibt's verschiedenste ethnische Gruppen mit einer Unzahl weiterer Sprachen. Etwa 3 % der Peruaner sind afrikanischer oder asiatischer Abstammung. Afro-Peruaner sind die Nachkommen der Sklaven, die die spanischen Konquistadoren und Kolonialherren einführten. Alberto Fujimori (der Präsident von 1990–2000) ist japanischer Abstammung, die vielen *chifas* (chinesische Restaurants) zeugen von der chinesischen Einwanderung beim Eisenbahnbau Ende des 19. Jhs.

SPORT

Fútbol setzt in Peru viele Leidenschaften frei, auch wenn die Nationalmannschaft sich seit 1982 nicht mehr für eine Weltmeisterschaft qualifiziert hat. Die großen Mannschaften kommen in der Regel aus Lima: Der traditionelle *clásico* (Klassiker) ist Alianza Lima gegen die Rivalen Universitario (La U). Die Saison dauert von März bis November.

Stierkampf ist auch ein Teil der blutdürstigen nationalen Kultur. Limas Plaza de Acho zieht auch internationale Größen an (s. S. 966). In abgelegenen Andendörfern werden Kondore auf den Rücken von Stieren gebunden – als Ausdruck indigener Solidarität im Kampf gegen die spanischen Konquistadoren.

RELIGION

Mehr als 80 % der Peruaner sind Mitglieder der Römisch-Katholischen Kirche, der Katholizismus ist die offizielle Religion. Allerdings kombinieren viele *indígenas* – auch wenn sie nach außen Katholiken sind – Elemente ihres traditionellen Glaubens mit den Kirchenfesten und heiligen Zeremonien, so etwa wenn sie die Pachamama (Mutter Erde) als Jungfrau Maria verehren.

> ### HANDGEMACHT
>
> Lima und Cusco haben die größte Auswahl an Kunsthandwerksläden, die alte und zeitgenössische Webstoffe, Keramiken, Gemälde, Textilien aus Wolle, Lederwaren und Silberschmuck verkaufen. In den Dörfern am Titicacasee bekommt man gute Alpakapullover und Schnickschnack aus *totora*-Binse. Huancayo ist der beste Ort für geschnitzte Kürbisse, Ayacucho für Webereien und aus Ton geformte, stilisierte Kirchen. Die Shipibo-Töpferwaren, die in Yarinacocha verkauft werden, ist das beste Kunsthandwerk, das man im Amazonasgebiet bekommen kann. Reproduktionen von alter Moche-Töpferkunst werden in Trujillo verkauft; darauf achten, dass die Objekte immer als Kopien ausgezeichnet sind, weil es nicht erlaubt ist, präkolumbische Antiquitäten auszuführen. Man sollte auch vermeiden, Touristenartikel zu kaufen, die aus zerschnittenen alten Textilien hergestellt wurden – das zerstört das kulturelle Erbe der indigenen Bevölkerung.

KUNST & KULTUR
Architektur

Die Inkamauern von Machu Picchu gelten als Perus Hauptattraktion, doch man findet noch eine ganze Reihe anderer architektonischer Stilrichtungen – von präkolumbischen Pyramiden aus Lehmziegeln bis zum Spanischen Barock und moderner Schachtelarchitektur. Gut vertreten ist auch der Kolonialstil mit unzähligen Kathedralen, Kirchen, Klöstern und Konventen, die nach der Ankunft der Konquistadoren erbaut wurden.

Literatur

Perus bekanntester Autor ist Mario Vargas Llosa (geb. 1936), der 1990 erfolglos für das Präsidentenamt kandidierte. Seine komplex konstruierten Romane, beispielsweise *Das Fest des Ziegenbocks,* setzen sich meistens mit der peruanischen oder lateinamerikanischen Politik und Gesellschaft auseinander.

Als Perus größter Dichter wird César Vallejo (1892–1938) angesehen. Er schrieb *Trilce,* ein Buch mit 77 avantgardistischen, existenzialistischen Gedichten. Vallejo war bekannt dafür, dass er die Grenzen der spanischen Sprache verschob und Worte er-

fand, wenn ihm die bekannten nicht ausreichend erschienen.

Zwei Autoren, die für ihre Darstellung der indigenen Dorfgemeinschaften bekannt wurden, sind José María Arguedas (1911–69) und Ciro Alegría (1909–67).

Zu den neuen, noch nicht ins Deutsche übersetzten literarischen Stars gehört der peruanisch-amerikanische Autor Daniel Alarcón (geb. 1977), dessen Kurzgeschichte *City of Clowns* der *New Yorker* abdruckte; Sergio Bambarén (geb. 1960) lebte in den USA und Australien, bevor er nach Lima zurückkehrte – sein im Eigenverlag erschienenes Buch *The Dolphin: The Story of a Dreamer* wurde ein Bestseller.

Musik & Tanz
ANDEN

Der präkolumbischen Musik mit ihren Blas- und Schlaginstrumenten kann man im Hochland nicht entgehen. Diese traditionelle Andenmusik wird als *música folklórica* überall in Peru gespielt, vor allem aber bei den *peñas* in Bars und Clubs.

Die typischen Blasinstrumente sind dabei die *quenas* und *zampoñas*. Die *quena* ist eine Flöte, die normalerweise aus Bambus oder Knochen und je nach Tonart in verschiedenen Größen hergestellt wird. Die *zampoña* ist eine Art Panflöte, gewöhnlich aus zwei Reihen von Bambusrohren bestehend, die von dem kurzen hohen *chuli* bis zum meterlangen Bass *toyo* reichen. Zu den Schlaginstrumenten gehören *bombos* (Trommeln aus ausgehöhlten Baumstümpfen und Ziegenleder) und *shajshas* (Rasseln, die aus polierten Ziegenklauen hergestellt werden).

Heutige *música folklórica*-Gruppen benutzen auch Saiteninstrumente, die auf spanische Ursprünge zurückgehen. Das typischste Instrument dabei ist die *charango*, eine kleine, mit fünf Doppelsaiten bespannte Gitarre, deren Korpus früher oft aus dem Panzer eines Gürteltiers gemacht wurde – heute sind sie fast immer aus Holz.

KÜSTE

Die beschwingte *música criolla* hat ihre Wurzeln in Spanien und Afrika. Afro-peruanische Musik ist einzigartig und ganz anders als die der Karibik oder in Brasilien. Hauptinstrumente sind dabei die Gitarre und der *cajón*, eine Kiste aus Holz, auf der

der Spieler sitzt und mit den Fingern den Rhythmus schlägt. Der etwas bluesigere *landó* hat auch afro-spanische Wurzeln und besteht aus einem Wechselgesang sowie Texten, die sich mit Sklaverei und sozialen Fragen beschäftigen

Das Herz der afro-peruanischen Musik und des Tanzes schlägt in Chincha (S. 968). Eine gute Einführung ist die CD *Afro-Peruvian Classics: The Soul of Black Peru,* auf der die unvergleichliche Susana Baca zu hören ist. Die zeitgenössische Gruppe Peru Negro ist seit Kurzem auch international bekannt geworden.

Der populärste Tanz an der Küste ist die *marinera,* ein romantisches Umeinanderkreisen mit viel Taschentuchwedeln. In Trujillo sind *marinera*-Wettbewerbe sehr beliebt (S. 1031).

MODERN

Auch die karibische Salsa ist in Peru allgegenwärtig. Ebenso die Cumbia und die *chicha,* die beide ursprünglich aus Kolumbien stammen. Alle drei können in den *salsotecas* (Salsaclubs) genossen werden, in denen Hunderte von Peruanern die ganze Nacht durchtanzen. *Chicha* ist eine fröhliche Verschmelzung der traditionellen Panflöten mit elektronischem Schlagzeug und Gitarren. Aus der Cumbia hat sich die peruanische Techno-Cumbia entwickelt, deren Hauptvertreter Euforia und Rosy War waren. Zu den neueren Gruppen gehören Agua Marina und Armonía 10. Die einheimische peruanische Rock-, Pop-, Punk-, Hip-hop- und Reggaeszene ist begrenzt.

Malerei & Bildhauerei

Die meisten Werke religiöser Kunst in Peru sind von indigenen Künstlern unter kolonialem Einfluss geschaffen worden. Diese einzigartige gegenseitige Befruchtung brachte die *Escuela Cuzqueña* (Schule von Cusco) hervor, eine Mischung spanischer und indigener Empfindungsgaben. *Cuzqueña*-Bilder werden stolz in vielen Kirchen des Hochlands gezeigt, keineswegs nur in Cusco (S. 996).

NATUR & UMWELT

Während die Abholzung des Regenwalds internationale Aufmerksamkeit erregt hat, ist die Entwaldung des Hochlands durch Kahlschlag und Überweidung ebenfalls zu

einem akuten Problem geworden, das sich noch dadurch verstärkt, dass das fruchtbare Erdreich immer mehr verweht oder ausgewaschen wird. Das führt zu einer Verringerung der Wasserqualität, vor allem im Amazonasbecken, wo das schlammige Wasser nicht mehr in der Lage ist, die Mikroorganismen am Ende der Nahrungskette zu erhalten. Zu den weiteren Problemen im Zusammenhang mit Wasser gehört die Umweltverschmutzung durch den Bergbau im Hochland und Industriemüll sowie Abwässer an der Küste. An manchen Stränden ist das Baden inzwischen verboten, darüber hinaus sind Perus reiche Fischbestände bedroht. An anderen Orten, vor allem im Amazonasbecken, denkt man endlich über einen verantwortungsbewussten Tourismus nach.

Geografie

Peru, das drittgrößte Land Südamerikas, verfügt über drei ganz verschiedene Regionen: einen schmalen Küstenstreifen (*costa*), die breiten Andenketten (*sierra*) und den Urwald des Amazonasbeckens (*selva*).

Der Küstenstreifen besteht vor allem aus Wüste, unterbrochen von Städten und Flüssen, die aus den Anden kommen und landwirtschaftlich nutzbare Oasen bilden. Die beste Straße des Landes, die Carretera Panamericana, führt entlang der gesamten Küste Perus – von Grenze zu Grenze.

Die Anden steigen von der Küste bereits 100 km landeinwärts schnell zu spektakulären Höhen über 6000 m auf. Die meisten Berge sind zwischen 3000 und 4000 m hoch und zerklüftete Gebirgsketten werden durch tiefe, Schwindel erregende Schluchten getrennt. Der Huascarán ist mit 6768 m Perus höchster Berg.

Die östlichen Anden bekommen mehr Regen ab als die trockenen westlichen Abhänge und sind deshalb mit Nebelwald bedeckt, der langsam in den Regenwald des Amazonasbeckens übergeht.

Tiere & Pflanzen

Mit seinen riesigen Wüsten, den von Gletschern bedeckten Bergketten, dem tropischem Regenwald und fast jedem nur vorstellbaren Habitat dazwischen darf es nicht verwundern, dass Peru über eine große Vielfalt an Tieren und Pflanzen verfügt.

Vögel und Meerestiere kommen an der Küste zahlreich vor. Seelöwenkolonien,

TOP TEN: WILDLIFE-SPOTS

- abgelegener Urwald im **Parque Nacional Manu** (S. 1063) – die beste Chance, Jaguare, Tapire und Affen zu sehen
- die **Islas Ballestas** und die **Reserva Nacional de Paracas** (S. 972) sind Reservate an der Küste, in denen Pinguine, Flamingos und Seelöwen leben
- der **Parque Nacional Huascarán** (S. 1050) ist Heimat für Andenkondore, riesige Puya-raimondii-Pflanzen, Vikunjas und Vizcachas
- Wege wie unter einem Baldachin, Urwaldlodges und Bootsfahrten auf dem Amazonas in **Iquitos** (S. 1066)
- Tiefland-Bootsfahrt zu einer Salzlecke für Aras in **Puerto Maldonado** (S. 1060), bei der auch Capybaras (Wasserschweine) zu sehen sind
- der beste Ort, um Andenkondore zu sehen: der **Cañón del Colca** (S. 988)
- der Altwassersee **Yarinacocha** (S. 1065) beheimatet Amazonasdelphine, riesige Echsen und eine Unzahl von Vogelarten
- die Wüstenoase **Santuario Nacional Lagunas de Mejía** (S. 978) – Küstenlagunen mit vielen einheimischen und Zugvögeln
- das wenig bekannte Regenwaldreservat der **Reserva Nacional Pacaya-Samiria** (S. 1066), das per Kanu erkundet wird
- **Machu Picchu** (S. 1013), viele seltene und endemische Vögel – über 400 Arten!

Humboldtpinguine, chilenische Flamingos, peruanische Papageien, Inkaseeschwalben und braune Tölpel, die hier endemisch sind. Zu den bemerkenswerten Vögeln gehören der majestätische Andenkondor, der Schmalschnabelsichler und einen Vielzahl von Kolibris. Das Hochland ist auch die Heimat der Kameloiden wie Lamas, Alpakas, Guanakos und Vikunjas, während man im Nebelwald Jaguare, Tapire und die bedrohten Brillenbären findet.

Weiter unten, Richtung Amazonas, kann man mit etwas Glück die berühmten tropischen Vögel sehen, Papageien, Aras, Tukane und viele andere. Mehr als ein Dutzend Affenarten leben in Amazonien, außerdem Flussdelphine, Frösche und eine Unzahl an Fischen und Insekten. Und Schlangen? Keine Panik. Es leben zwar viele Arten hier, aber meistens verstecken sie sich vor Menschen.

Nationalparks

Perus großer Reichtum an Tieren und Pflanzen wird von einem System von Nationalparks und Reservaten bewahrt. Die mehr als 55 Schutzgebiete nehmen fast 13 % der Landesfläche ein. Sie leiden jedoch unter der schlecht bis gar nicht ausgebildeten Infrastruktur. Illegales Jagen, Fischen, Ab-

holzung sowie nicht genehmigter Bergbau sind an der Tagesordnung. Die Regierung hat einfach nicht das Geld, um die Parks zu überwachen, auch wenn internationale Organisationen Gelder und Ressourcen bereitstellen, um Umweltschutzmaßnahmen zu fördern.

VERKEHRSMITTEL & -WEGE

AN- & WEITERREISE

Visainformationen siehe S. 1078.

Bus, Auto & Motorrad

Die wichtigsten Grenzübergänge: Tacna nach Chile (S. 981); Tumbes (S. 1043), La Tina (S. 1043) oder Jaén (S. 1039) nach Ecuador; Yunguyo oder Desaguadero (S. 993) am Titicacasee nach Bolivien. Brasilien ist über Iñapari (S. 1061) zu erreichen, was aber nicht unkompliziert ist.

Flugzeug

Limas **Aeropuerto Internacional Jorge Chávez** (LIM; ☎ 01-517-3100; www.lap.com.pe) ist die Drehscheibe für Flüge in die Andenländer, nach Lateinamerika, Nordamerika und Europa.

Schiff

Schiffe auf dem Amazonas gibt's von Iquitos nach Leticia in Kolumbien und nach Tabatinga in Brasilien (S. 1070). Bolivien auf dem Fluss von Puerto Maldonado (S. 1061) aus zu erreichen, ist schwierig. Von Iquitos den Río Napo nach Coca in Ecuador hinauf zu reisen, ist zwar möglich, kostet aber viel Zeit.

Zug

Es gibt billige Züge, die zweimal am Tag zwischen Tacna und Arica in Chile hin- und herpendeln (S. 981).

UNTERWEGS VOR ORT

Unterwegs sollte man den Pass und die Einreisekarte (s. S. 1078) immer am Körper und nicht im Gepäck verstaut tragen, da es beim Überlandverkehr gelegentlich Polizeikontrollen geben kann.

Auto & Motorrad

Mit Ausnahme der Carratera Panamericana und der neuen Straßen, die von der Küste ins Landesinnere führen, sind die Straßenverhältnisse im Allgemeinen mies, dazu kommen große Entfernungen und hohe Kosten für einen Mietwagen. Man sollte nie vergessen, dass die Beschilderung mangelhaft ist und die meisten Straßen bei alledem noch mautpflichtig sind (1–2 US$/100 km). *Gasolina* (Benzin) kostet etwa 3,90 US$ für die US-Gallone (ca. 1 US$/l). Tankstellen (*grifos*) sind rar. Für Langstrecken ein Privattaxi zu mieten, kostet unterm Strich nur wenig mehr als ein Leihwagen und hilft, viele Fallen zu umschiffen. Ein Motorrad zu leihen lohnt sich vor allem in Urwaldstädten, in Cusco gibt's dafür ein paar Spezialisten.

Bus

Perus bekanntermaßen gefährliche Busse sind billig und fahren überall hin, außer in den tieferen Urwald. Wenig genutzte Strecken werden von alten Klapperkisten befahren, die bekannteren Ziele aber auch von Luxuslinien angesteuert (mit pompösen Namen wie *imperial* oder ähnlichem), die allerdings auch zehn Mal mehr als die billigen *económico*-Busse kosten. Bei langen Busreisen lohnt es sich, mehr zu zahlen, und sei es nur wegen der größeren Sicherheit. Manche Nachtlinien bieten *bus-camas* (Bettenbusse) mit Sitzen an, die man fast völlig zu Liegesitzen umstellen kann.

Viele Städte haben heute zentrale Busterminals, in anderen ballen sich die Busgesellschaften im Bereich einiger Blöcke, in wieder anderen verteilen sie sich über die ganze Stadt. Reisebüros sind eine bequeme Möglichkeit, um Fahrkarten zu kaufen, aber sie lassen sich ihre Dienste auch gut bezahlen. Billiger ist es, die Karten direkt bei der Busgesellschaft zu holen, und zwar mindestens einen Tag vor der Reise. Fahrpläne und Preise ändern sich häufig. An höheren Feiertagen (S. 1074) steigen die Preise und die Fahrkarten können bereits einige Tage vorher ausverkauft sein. Die Busse an der Küste sind den ganzen Sommer über voll, vor allem an sonntags.

Busse sind selten pünktlich und können während der Regenzeit aufgrund von Erdrutschen und gefährlichen Straßenzuständen mit enormen Verspätungen ankommen. Man sollte möglichst wenig Nachtbusse nehmen, weil sie häufiger in Unfälle verwickelt sind, öfter entführt werden und das Gepäck in ihnen schneller gestohlen wird. In den Bussen im Hochland kann es sehr kalt werden, deshalb sollte man dort immer warme Sachen dabei haben. Langstreckenbusse machen gewöhnlich Stopps für Mahlzeiten, Toiletten stehen keineswegs immer zur Verfügung. Manche Gesellschaften haben eigene Restaurants irgendwo mitten in der Pampa, wodurch man praktisch dazu gezwungen wird, dort zu essen. Man kann aber auch den Verkäufern, die in den Bus kommen, kleine Snacks abkaufen oder sein eigenes Essen und Trinken mitbringen.

Flugzeug

Die Inlandflugpläne und -preise ändern sich häufig. Jedes Jahr gibt's neue Fluglinien, da die alten immer wieder mal aufgrund von Sicherheitsmängeln geschlossen werden (s. www.airsafe.com). Eine weitere nützliche

---

FLUGHAFENSTEUER

An den Flughäfen wird bei allen Abflügen eine Flughafensteuer erhoben. In Lima kostet sie 28,10 US$ und muss in US-Dollar oder Nuevos Soles bezahlt werden – ausschließlich in bar.

Website ist www.traficoperu.com mit genauen Flugplänen und Preisen für Verbindungen zwischen den wichtigsten Städten. Zum Zeitpunkt der Recherchen für dieses Buch kosteten einfache Flüge um die 95 US$, ohne Ermäßigung bei Hin- und Rückflügen. Frühbucher bekommen billigere Plätze.

Von Lima nach Cusco fliegen alle Inlandsfluglinien wie auch die internationale Gesellschaft **TACA** (www.taca.com). **LAN** (www.lan. com) bedient alle wichtigen und einige der Nebenstrecken. **Star Perú** (www.starperu.com) fliegt nach Cusco und in die Urwaldstädte. **Aero Condor Perú** (www.aerocondor.com.pe) und **LC Busre** (www.lcbusre.com.pe) bieten wichtige Verbindungen ins Hochland und zu Städten im Urwald. Die Büros der Fluggesellschaften sind unter den Zielorten weiter unten aufgeführt.

Flüge haben oft Verspätungen. Abflüge am Morgen sind eher pünktlich. Bei allen Inlandsflügen sollte man mindestens eine Stunde vor Abflug am Flughafen sein (in Lima 90 Minuten, in Cusco zwei Stunden). Die Flüge sind in den Ferien oft ausgebucht (S. 1074). 72 und 24 Stunden vor dem Flug sollte man sie sich immer *doppelt* bestätigen lassen – die Airlines sind berüchtigt dafür, Passagiere einfach von ihren Listen zu streichen.

Bei Inlandsflügen müssen an den meisten Flughäfen eine Flughafensteuer von 3,57 US$ in US-Dollar oder Nuevos Soles (nur bar) bezahlt werden; Lima verlangt 6,05 US$, Cusco 4,28 US$.

Nahverkehr

Taxis haben meist keine Taxameter, weshalb man sich am besten bei Einheimischen nach den üblichen Preisen erkundigt und dann mit den Fahrern verhandelt. Manche verlangen bei arglosen Ausländern oft den doppelten oder gar dreifachen Preis. Eine kurze Fahrt kostet in den meisten Städten 1 US$, in Lima 1,50 US$. Straßenhändler verkaufen überall in Peru fluoreszierende Taxiaufkleber, die sich jeder an die Windschutzscheibe kleben kann. Manche Fahrer dieser unerlaubten „Piraten"-Taxis haben sich als Komplizen von Verbrechern erwiesen, die die Passagiere überfallen und ausrauben. Sicherer, aber auch teurer ist es, offiziell registrierte Taxis zu nehmen, die üblicherweise telefonisch bestellt werden.

In manchen kleineren Städten sind *motocarros* oder *mototaxis* (motorisierte Rikschas) üblich. *Colectivos* (Minibusse oder Taxis, die sich mehrere Fahrgäste teilen) und Lastwagen (vor allem im Amazonasgebiet) verkehren zwischen lokalen und nicht mehr ganz lokalen Zielen.

Schiff/Fähre

Kleine, langsame Motorboote fahren täglich von Puno auf die Inseln im Titicacasee (S. 995).

In Perus östlichem Tiefland dienen auf kleineren Flüssen *peki-pekis* – Kanus aus ausgehöhlten Baumstämmen, die mit einem Außenbordmotor angetrieben werden – als Wassertaxis. Wenn die Flüsse breiter werden, gibt's normalerweise auch größere Boote. Es ist die klassische Art, den Amazonas hinunterzureisen: Man schaukelt gemütlich in der Hängematte, während der Bananendampfer von einem grauhaarigen alten Kapitän gesteuert wird, der die Gewässer kennt wie seine Westentasche. Man kann von Pucallpa oder Yurimaguas bis Iquitos schippern und dann weiter nach Kolumbien und Brasilien oder nach Ecuador. Diese Schiffe sind nicht groß, aber sie haben zwei oder mehr Decks: das untere Deck ist für die Fracht, das obere für die Passagiere und die Mannschaft. Es empfiehlt sich, eine eigene Hängematte dabeizuhaben. Einfaches Essen wird gestellt, aber man kann auch eigenes mitbringen. Um an Bord zu kommen, einfach zur Anlegestelle gehen und nach einem Schiff fragen, das zu dem Ort fährt, zu dem man will. Die Fahrt mit dem Kapitän (und niemand anderem) ausmachen. Die Abfahrtszeit hängt normalerweise davon ab, wie schnell das Schiff voll wird. Manchmal kann man schon während des Wartens auf dem Schiff schlafen und so Geld sparen.

Zug

Die teure **PeruRail** (www.perurail.com) verbindet Cusco und das *valle sagrado* (heilige Tal) mit Machu Picchu (S. 1006). Eine schwer vorhersagbare Zugverbindung auf der landschaftlich sehr schönen Strecke zwischen Cusco und dem Titicacasee gibt's derzeit drei Mal pro Woche (S. 994).

Andere Züge verbinden Lima mit den Städten Huancayo (S. 1027) und Huancavelica (S. 1024) im Andenhochland.

LIMA

☎ 01 / 7,6 Mio. Ew.

In Perus wilder Hauptstadt drängen sich Millionen von Einwohnern und verleihen dieser Stadt eine Intensität, wie sie nur wenige andere südamerikanische Metropolen haben. In ihren Barackensiedlungen sieht es aus wie über all in der Dritten Welt, doch in den Geschäftsvierteln und auf den Promenaden in den feinen Vierteln am Meer fühlt man sich wie in Europa.

Die mit der Überbevölkerung verbundenen Probleme haben dieser schnell wachsenden Metropole den Ruf eingebracht, schmutzig, wild und gefährlich zu sein. Doch in kürzester Zeit lässt es sich hier zwischen zerfallenen Inkaruinen und dem verblassenden Glanz der spanischen Kolonialarchitektur, ultramodernen Einkaufszentren und vielen der besten Museen des Landes hin- und herpendeln. Man kann sich direkt am Pazifik frische Meeresfrüchte schmecken lassen, von den Klippen bei Miraflores mit dem Paraglider hinuntersegeln und in den Bars der Bohème in Barranco die Nacht durchmachen.

Limas Klima kann zur echten Herausforderung werden. Die Stadt ist von April bis Dezember in die melancholisch machende *garúa* gehüllt, die aus Küstennebel, Dunst oder feinstem Sprühregen besteht – Vorsicht, das kann sich ganz schön aufs Gemüt schlagen. Doch wenn der Sommer kommt, brennt die Sonne und die *limeños* ziehen zu den Stränden der Pazifikküste.

GESCHICHTE

Als Francisco Pizarro Lima an dem katholischen Feiertag der Heiligen drei Könige 1535 gründete, taufte er sie „Stadt der Könige". In den frühen Jahren der spanischen Kolonialzeit wurde sie zur reichsten und wichtigsten Stadt auf dem Kontinent. Das alles war vorbei, als 1746 ein verheerendes Erdbeben den größten Teil der Stadt vernichtete. Doch der Wiederaufbau ging schnell vonstatten. Die meisten Kolonialgebäude, die man heute hier sieht, stammen aus der Zeit nach dem Erdbeben.

Der argentinische General José de San Martín rief hier am 28. Juli 1821 die peruanische Unabhängigkeit aus. Drei Jahrzehnte später baute die Stadt die erste Eisenbahn in Südamerika. Im Zuge eines Kriegs mit Chile wurde Lima 1881 angegriffen. Während der fast dreijährigen Besatzung raubten oder zerstörten die Chilenen viele Schätze der Stadt.

Aufgrund der schnellen Industrialisierung und der Zuwanderung ländlicher Bevölkerung vor allem aus dem Hochland setzte in den 1920er-Jahren ein unerhörtes Bevölkerungswachstum ein. Dieses Wachstum und die damit entstehenden Probleme haben sich in halsbrecherischer Weise bis heute fortgesetzt. Heute hat die Stadt einige reiche Vorstädte, in denen Angehörige der Mittelschicht wohnen. Viele Menschen sind allerdings auch arbeitslos und leben unter unwürdigen Bedingungen in Häusern ohne Wasseranschluss.

Im Dezember 1996 überfielen Rebellen der Gruppe Tupac Amaru die Residenz des japanischen Botschafters und nahmen mehrere Botschafter und Minister als Geiseln. Nach vier Monaten bombardierten peruanische Soldaten das Gebäude, stürmten es und erschossen die Rebellen. Auch eine Geisel und zwei Soldaten starben bei der Befreiungsaktion.

Im März 2002, einige Tage vor einem Besuch des US-Präsidenten George W. Bush, explodierte eine Autobombe in der Nähe der US-Botschaft, die zehn Menschen tötete. Man nimmt an, dass sie von den Guerillas des Sendero Luminoso gezündet wurde, deren Aktionen in den 1980er-Jahren zu massiver sozialer Instabilität geführt hatten.

ORIENTIERUNG

Das Herz der Innenstadt von Lima („El Centro") ist die Plaza de Armas, alias Plaza Mayor (Karte S. 956 f.). Sie ist mit der Plaza San Martín durch die geschäftige Fußgängerzone Jirón (de la) Unión verbunden, die nach Süden als Jirón Belén weiterführt – viele Straßen ändern ihren Namen alle paar Blocks – und in den Paseo de la República übergeht. Von der Plaza Grau führt die Vía Expresa – Spitzname *el zanjón* (der Graben) – als wichtige Schnellstraße in die Vororte. Parallel dazu befindet sich westlich davon die Av Garcilaso de la Vega (Av Wilson), die als Jirón Tacna beginnt und weiter südlich in die Av Arequipa übergeht; sie ist die Hauptstraße für die Busse in die südlichen Vororte, zu denen auch San Isidro, Limas

DER WEG INS ZENTRUM

Der Flughafen liegt im Vorort Callao, 12 km westlich vom Zentrum (s. Karte S. 954 f.).

Offizielle Taxis direkt vor dem Flughafen verlangen stolze 20 US$ für eine Fahrt ins Zentrum und 25 US$ nach Miraflores. Wenn man an ihnen vorbei zum Parkplatz geht, stößt man aber auf Taxis, die weniger als 15 US$ kosten. Man kann auch außerhalb des Terminals 100 m zum Eingang für Fußgänger gehen, dort noch einmal 100 m zur Straße außerhalb des Flughafens laufen und ein inoffizielles Taxi für weniger Geld anheuern. Eine sicherere Alternative zu den „Piratentaxis" ist der Urbanito-Bus (ins Zentrum/nach Miraflores 4,50/6 US$), der einen direkt zum Hotel fährt. *Colectivos* (Sammeltaxis) lassen einen auch beim Hotel raus. Sie kosten um die 5 US$ pro Person und fahren von derselben Stelle ab wie die offiziellen Taxis.

Die billigste Art, den Flughafen vom Zentrum aus zu erreichen, ist mit Bussen, auf denen „Faucett/Aeropuerto" steht. Sie fahren auf der Alfonso Ugarte (0,30 US$). Von Miraflores sind Taxis die beste Wahl. Ein Taxi ist am billigsten, wenn man es auf der Straße anhält und verhandelt. Wer es sicherer haben will, bestellt ein Taxi und zahlt dann 15 bis 20 US$. Dichter Verkehr und Straßenarbeiten führen oft zu großen Verspätungen, man sollte mit mindestens einer Stunde für die Strecke zwischen Zentrum und Flughafen rechnen.

In Lima gibt es keinen zentralen Busbahnhof. Jede Busgesellschaft hat ihre eigenen Büros und Haltestellen, meistens in etwas düsteren Gegenden östlich des Zentrums – man sollte ein Taxi dorthin nehmen.

---

modebewusstes Geschäftsviertel, gehört, und zu den feinen Strandhotels, Restaurants und Geschäften von Miraflores. Weiter südlich bietet die auf den Klippen gelegene Künstlerkolonie Barranco das heißeste Nachtleben der Stadt.

PRAKTISCHE INFORMATIONEN
Buchläden
Fremdsprachige Reiseführer und Karten werden im SAE Clubhaus (s. Touristeninformation, S. 958) verkauft, das für Mitglieder auch einen Büchertausch anbietet.

Crisol (Karte S. 963; Óvalo Guturiérrez, Santa Cruz 816, Miraflores; ☯ 10–22 Uhr) Großer Buchladen mit einigen Romanen und Reiseführern in Englisch und Französisch.

Zeta (Karte S. 963; Espinar 219, Miraflores; ☯ Mo–S ☒ 10–20 Uhr) Eine kleine, aber feine Fremdsprachenabteilung sowie ein paar Lonely Planets. Gibt's auch im Einkaufszentrum LarcoMar (Karte S. 963).

Einreisestellen
Migraciónes (Karte S. 954 f.; ☎ 330-4144; España 734, Breña; ☯ Mo–Fr 8–13 Uhr) Wer die Visumverlängerung noch am selben Tag haben will, sollte ganz früh hingehen (S. 1078).

Geld
Geldautomaten mit 24-Stunden-Service gibt's überall in Lima. Im Bereich der internationalen Ankunft auf dem Flughafen findet sich auch eine Bank, die 24 Stunden geöffnet ist. Andere *casas de cambio* (Wech-

selstuben) gibt's an der Camaná im Zentrum und an der Larco in Miraflores.

American Express (☎ 01-221-8204; Santa Cruz 621) Ersetzt verlorene Reiseschecks, gibt aber kein Bargeld dafür aus.

Banco Continental Zentrum (Karte S. 956 f.; Cusco 286); Miraflores (Karte S. 963; Ecke Larco & Tarata) Visa-Repräsentanz; die Geldautomaten nehmen auch Cirrus, Plus und MasterCard.

Banco Wiese (Karte S. 963; Larco 1123, Miraflores) MasterCard-Repräsentanz; wechselt Amex- und Citicorp-Reiseschecks.

BCP Zentrum (Karte S. 956 f.; Lampa 499) Miraflores (Karte S. 963; Pardo 491); Miraflores (Karte S. 963; Ecke Larco & Gonzales); Miraflores (Karte S. 963; Ecke José Larco & Schell) Hat einen 24-Stunden-Geldautomaten für Visa/Plus, gibt Barauszahlungen auf Visa-Karten und wechselt Reiseschecks von Amex, Citicorp und Visa.

Interbank Zentrum (Karte S. 956 f.; Jirón de la Unión 600); Miraflores (Karte S. 963; Larco 690, Miraflores) Geldautomaten für Cirrus-, MasterCard-, Plus-, Visa-, Amex- und die meisten anderen Karten.

LAC Dólar Zentrum (Karte S. 956 f.; ☎ 01-428-8127; Camaná 779; ☯ Mo–Sa 9.30–18.30, So, 9–14 Uhr); Miraflores (Karte S. 963; ☎ 01-242-4069; La Paz 211; ☯ Mo–Sa 9.30–18.30, So 9–14 Uhr) Verlässliche *casa de cambio*.

Gepäckaufbewahrung
Gepäckaufbewahrung kostet am Flughafen 6 US$ pro Tag. Mitglieder können im SAE Clubhaus ihr Gepäck aufbewahren lassen (S. 958).

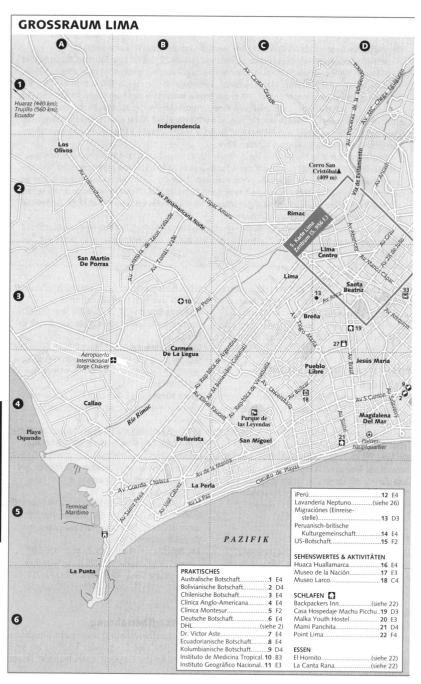

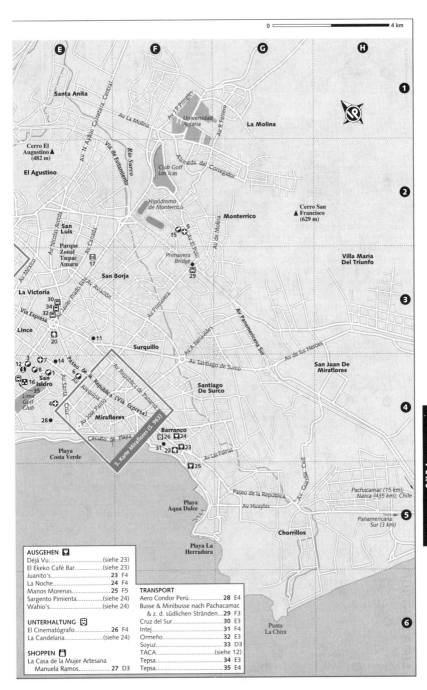

956 LIMA •• Lima Zentrum

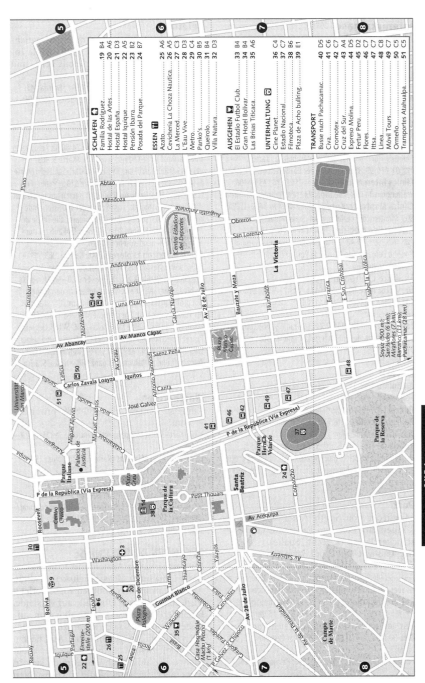

Internetzugang

Manche Gästehäuser bieten Gratiszugang ins Internet. Schnelle Cybercafés kosten etwa 0,60 US$ pro Stunde. Man findet sie in Miraflores an jeder zweiten Ecke.

Medizinische Versorgung

Folgende Kliniken bieten Hilfe bei Notfällen und Personal, das Englisch spricht:

Clínica Anglo-Americana (Karte S. 954 f.; ☎ 221-3656; Salazar 3. Block, San Isidro) Hat Impfstoffe gegen Gelbfieber und Tetanus und eine Ambulanz (Karte S. 954 f.; ☎ 01-436-9933) in der Nähe der US-Botschaft.

Clínica Internacional (Karte S. 956 f.; ☎ 433-4306; Washington 1471 & 9 de Diciembre, im Zentrum von Lima)

Clínica Montesur (Karte S. 954 f.; ☎ 436-3630; El Polo 505, Monterrico) Spezialisiert auf Frauenheilkunde.

Instituto de Medicina Tropical (Karte S. 954 f.; ☎ 482-3903, 01-482-3910; Cayetano Heredia Hospital, Honorio Delgado, San Martín de Porres) Behandelt Tropenkrankheiten.

Weitere Optionen:

Dr. Victor Aste (Karte S. 954 f.; ☎ 421-9169; Office 101, Antero Aspillaga 415, San Isidro) Zahnarzt, der englisch spricht.

Jorge Bazan (☎ 9735-2668; jrbazanj@yahoo.com) Ein Backpackerarzt, der englisch spricht und Hausbesuche macht.

Notfall

Ambulanz (☎ 117)

Feuerwehr (☎ 116)

Polizei (☎ 105) Nur Notfälle.

Polizeizentrale (Karte S. 954 f.; ☎ 460-0921; Moore 268, Magdalena del Mar; ☾ 24 Std.)

Policía de Turismo (Karte S. 956 f.; ☎ 424-2053; Pasaje Tambo de Belén 106, Pachitea; ☾ 24 Std.) Fertigt Protokolle bei Versicherungsansprüchen und Reisescheckersatz aus; Personal spricht zum Teil englisch.

Post

Mitglieder von South America Explorers können ihre Post und Pakete ins Clubhaus schicken lassen (s. rechte Spalte).

Hauptpostamt (Karte S. 956 f.; Pasaje Piura, Zentrum; ☾ Mo–Fr 8.15–20.15, Sa 9–13.30, So 8–16 Uhr) Postlagernde Sendungen können hier abgeholt werden, es ist aber nicht 100% verlässlich. Ausweis mitbringen.

Postamt Miraflores (Karte S. 963; Petit Thouars 5201; ☾ Mo–Fr 8.15–20.15, Sa 9–13.30, So 8–16 Uhr)

Für schnellere, teurere, aber sicherere Post:

DHL (Karte S. 954 f.; ☎ 422-5232; Los Castaños 225, San Isidro)

FedEx (Karte S. 954 f.; ☎ 242-2280; Pasaje Olaya 260, Surco)

Telefon

Öffentliche Telefonzellen nehmen manchmal nur Telefonkarten (S. 1078). Viele Internetcafés bieten billigere lokale Fern- und Auslandsgespräche an.

Telefónica-Peru Zentrum (Karte S. 956 f.; Bolivia 347; ☾ 7–22 Uhr); Miraflores (Karte S. 963; Benavides 4. Block; ☾ 24 Std.)

Touristeninformation

iPerú Flughafen (Karte S. 954 f.; ☎ 574-8000; Aeropuerto Internacional Jorge Chávez); Miraflores (Karte S. 963; ☎ 445-9400; LarcoMar; ☾ 12–20 Uhr); San Isidro (Karte S. 954 f.; ☎ 421-1627; Jorge Basadre 610; ☾ Mo–Fr 8.30–18.30 Uhr) Das Hauptbüro gibt Karten aus und bietet die Dienste der Agentur zum Schutz der Touristen (Indecopi) an, die sich mit Beschwerden befasst. Die Filiale in Miraflores ist ein kleines Büro in einem Einkaufszentrum, aber an Wochenenden sehr nützlich.

South American Explorers (SAE; Karte S. 963; ☎ 445-3306; www.saexplorers.org; Piura 135, geht von der Arequipa im 49. Block ab; ☾ Mo–Fr 9.30–17, Mi bis 20, Sa bis 13 Uhr) SAE ist eine von Mitgliedern getragene, Nonprofit-Organisation, die sich als Informationszentrum für Traveller versteht. Die jährliche Mitgliedschaft (50 US$) berechtigt zur Nutzung des Clubhauses und seiner Einrichtungen, zum Bezug der vierteljährlich erscheinenden Zeitschrift und zu Rabatten in ganz Südamerika. S. auch S. 1227.

Wäschereien

Zumeist weniger als 2,50 US$ pro Kilogramm.

KTO (Karte S. 956 f.; España 481, Zentrum; ☾ Mo–Sa 7–20 Uhr)

Lavandería 40 Minutos (Karte S. 963; Espinar 154, Miraflores; ☾ Mo–Sa 8–20, So 9–13 Uhr)

Lavandería Neptuno (Karte S. 954 f.; ☎ 477-4472; Grau 912, Barranco; ☾ Öffnungszeiten variieren)

Servirap (Karte S. 963; Ecke Schell & Grimaldo del Solar, Miraflores; ☾ Mo–Sa 8–22, So 9–18 Uhr) Hat auch Selbstbedienung.

GEFAHREN & ÄRGERNISSE

Mit seinen vielen Armen und Arbeitslosen leidet Lima unter Gelegenheitskriminalität. Auch wenn man vermutlich nicht verletzt wird, so gibt's doch Überfälle auf Reisende. Besonders an den Stränden sollte man aufpassen, dort ist es auch schon zu gewalttätigen Überfällen gekommen. Am besten immer offizielle Taxis benutzen, vor allem nachts. Die Busbahnhöfe befinden sich in Armenvierteln, wo es häufig zu Diebstählen

PACHACAMAC

Auch wenn es zu der Zeit, als die Spanier kamen, eine bedeutende Inkastätte und eine wichtige Stadt war – **Pachacamac** (☎ 430-0168; pachacamac.perucultural.org.pe; Erw./Kind/Student 1,70/0,30/0,60 US$ 🕑 Mo–Fr 9–17 Uhr) war schon 1000 Jahre vor der Ausweitung des Inkareiches ein Zeremonienzentrum. Der archäologische Komplex liegt etwa 30 km südöstlich des Zentrums von Lima.

Der Name Pachacamac wird unterschiedlich übersetzt – „Er, der die Welt belebte" oder „Er, der Land und Zeit erschuf" – und stammt von dem mächtigen Huari-Gott, dessen Holzstatue mit zwei Gesichtern im Museum vor Ort gezeigt wird. Der Haupttempel der Stätte war dieser Gottheit geweiht und enthielt auch ein berühmtes Orakel. Von weit her kamen die Pilger zu diesem Zentrum, sein Friedhof galt als heilig.

Von den meisten Gebäuden stehen heute nur noch die Wände aus aufgeschichtetem Mauerwerk. Eine Ausnahme bilden die großen Pyramidentempel und eines der Inkagebäude, der Palacio de Las Mamacuñas (Haus der erwählten Frauen), der ausgegraben und rekonstruiert wurde. Eine ausführliche Erkundung dieser großen Anlage dauert zwei Stunden. Eine unbefestigte Straße führt von Ort zu Ort.

Geführte Touren von Lima kosten ab 30 US$ pro Person. Wer auf eigene Faust los will, nimmt einen Minibus mit dem Schild „Pachacamac" von der Ecke Ayacucho und Grau im Zentrum (Karte S. 956 f., 0,60 US$, 45 Min.). Von Miraflores nimmt man ein Taxi zur Primavera-Brücke auf der Angamos bei der Panamericana (Karte S. 954 f.; 1,25 US$) und steigt dann in einen Bus mit dem Schild „Pachacamac/Lurin" (0,30 US$, 25 Min.). Dem Fahrer sagen, dass man in der Nähe der *ruinas* raus will, sonst landet man im Dorf Pachacamac, 1 km hinter dem Eingang. Infos zu Fahrrad- und Reitausflüge s. S. 961.

---

kommt. Die Fahrkarte also besser vorher kaufen und mit dem Taxi kommen (s. auch S. 1075).

SEHENSWERTES

Das Zentrum von Lima ist der interessanteste, aber nicht der sicherste Ort zum Herumschlendern. Im Allgemeinen ist es kein Problem, zwischen den Plazas de Armas, San Martín und Grau und in den Parks weiter südlich spazieren zu gehen. Einige der besten Museen Limas liegen in Außenbezirken.

Museen

Der beste Ort, um Perus unzählige prähistorische Kulturen kennenzulernen, ist der seine nähere Umgebung beherrschende Betonblock, das staatliche **Museo de la Nación** (Karte S. 954 f.; ☎ 476-9878; Javier Prado Este 2466, San Borja; Erw./Student 2/1 US$, Spezialausstellungen 3,30 US$; 🕑 Di–So 9–18 Uhr). Hin geht's per Minibus (0,30 US$) die Angamos Este entlang in Richtung Osten, Abfahrt an der Arequipa, fünf Blocks nördlich des Óvalo in Miraflores.

Das **Museo Larco** (Karte S. 954 f.; ☎ 461-1312; museolarco.perucultural.org.pe; Bolívar 1515, Pueblo Libre; Erw./Student 7,80/3,90 US$; 🕑 9–18 Uhr) enthält eine beeindruckende Sammlung von Keramiken, die sich bis zur Decke stapeln. Ausgezeichnete Ausstellungen zeigen außerdem Gold- und Silberarbeiten, Kleidungsstücke aus Federn und ein Paracas-Gewebe, das pro Zentimeter rund 155 Fäden enthält – ein Weltrekord. Vielleicht zieht einen aber auch die berühmte Sammlung erotischer präkolumbischer Keramikgefäße in die Museumsräume, die mit bemerkenswerter Deutlichkeit die sexuellen Praktiken antiker peruanischer Männer, Frauen, Tiere und Skelette in allen möglichen Kombinationen darstellen. Anfahrt per Minibus mit der Zielangabe „Todo Bolívar" von der Arequipa in Miraflores bis zum 15. Block der Bolívar (0,30 US$).

Nördlich des Río Rímac liegt in schäbiger Umgebung neben Limas Stierkampfarena das staubige **Museo Taurino** (Karte S. 956 f.; ☎ 481-1467; Hualgayoc 332; Eintritt 1,50 US$; 🕑 Mo–Fr 8–16.30 Uhr). Es rühmt sich, alle möglichen Reliquien von Matadoren zu zeigen. Dazu gehört auch ein durchlöchertes und blutbeflecktes Kostüm gehört, das ein berühmter spanischer Matador trug, der vor Jahren von einem Stier aufgespießt und getötet wurde. Daneben gibt's auch Gemälde und Zeichnungen von Stierkampfszenen, u. a. auch von Picasso. Am besten von der Plaza de Armas ein Taxi nehmen (2,50 US$).

Im Parque de la Cultura zeigt das **Museo de Arte de Lima** (Karte S. 956 f.; ☎ 423-6332; museo arte.perucultural.org.pe; Paseo de Colón 125, Santa Beatriz; Erw./Student 1/0,70 US$; ☻ 10–17 Uhr) vier Jahrhunderte peruanischer Kunst und präkolumbisches Handwerk. Das bescheidenere **Museo Nacional de la Cultura Peruana** (Karte S. 956 f.; ☎ 423-5892; museodelacultura.perucultural.org.pe; Alfonso Ugarte 650; Erw./Student 1/0,60 US$; ☻ Di–Fr 10–17, Sa bis 14 Uhr) zeigt volkstümliche Kunst und Handwerk. Man nimmt ein Taxi von der Plaza San Martín (1,50 US$).

In einem Gebäude, das von 1570 bis 1820 von der Spanischen Inquisition benutzt wurde, befindet sich das **Museo de la Inquisición** (Karte S. 956 f.; ☎ 311-7777, Durchwahl 2910; www. congreso.gob.pe/museo.htm; Junín 548, Zentrum von Lima; Eintritt frei; ☻ 9–17 Uhr), das Gratistouren in verschiedenen Sprachen anbietet. Besucher können den Keller besichtigen, wo die Gefangenen gefoltert wurden. Es gibt dort eine makabre Wachsfigurenausstellung von unglücklichen Opfern in Lebensgröße auf der Folterbank oder beim Füßerösten.

Religiöse Gebäude

Limas viele Kirchen, Klöster und Konvente sind eine willkommene Pause in dem unaufhörlichen Gehetze und Gedränge der Stadt, auch wenn sie häufig wegen Restaurierung oder einer verlängerten Mittagspause geschlossen sind.

Die ursprünglich 1555 gebaute **Catedral de Lima** (Karte S. 956 f.; ☎ 01-427-9647; Plaza de Armas; Erw./Student 1,40/1 US$; ☻ Mo–Fr 9–16.30, Sa 10–16.30 Uhr) wurde mehrmals von Erdbeben zerstört und wieder aufgebaut, zum letzten Mal 1746. In der mit Mosaiken ausgestalteten Kapelle rechts vom Hauptportal befindet sich der Sarg von Francisco Pizarro. Jahrelang gab es eine heiße Debatte über die Echtheit seiner Überreste, nachdem in den späten 1970er-Jahren in der Krypta ein mysteriöser Körper mit mehreren Stichwunden und abgetrenntem Kopf ausgegraben worden war. Nach einer Reihe von Tests schlossen die Wissenschaftler, dass die Überreste, die man zuvor Pizarro zugeschrieben hatte, die eines unbekannten Kirchenmannes waren, und dass der Körper aus der Krypta tatsächlich dem berühmten Konquistador gehörte. Das schön geschnitzte Chorgestühl und das kleine religiöse Museum im hinteren Teil der Kathedrale sind einen Blick – oder auch zwei – wert.

Das **Monasterio de San Francisco** (Karte S. 956 f.; Ecke Lampa & Ancash, Lima; 45-minütige geführte Tour Erw./Student 1,40/0,75 US$; ☻ 9.45–18 Uhr ist berühmt für seine Katakomben und die bedeutende Bibliothek, die Tausende historischer Texte enthält, von denen manche bis auf die spanische Eroberung zurückgehen. Die Kirche zählt zu den am besten erhaltenen frühen Kolonialkirchen Limas, viele der ursprünglichen Barockelemente mit maurischen Einflüssen wurden inzwischen restauriert. In den Katakomben befinden sich Schätzungen zufolge 70 000 Gräber und die mit Knochen gefüllten Krypten sind nichts für Hasenfüße.

Ruinen

Eine überraschende Perspektive von Lima bekommt, wer die Zeremonienplattform der **Huaca Huallamarca** besteigt (Karte S. 954 f.; ☎ 222-4124; Nicolás de Rivera 201, San Isidro; Erw./Student/Kind 1,70/1/0,30 US$; ☻ Di–Sa 9–17 Uhr). Die sehr gut restaurierte Lehmziegelpyramide aus der Marangakultur wurde etwa um 500 n. Chr. gebaut. Zu erreichen sie ist von Miraflores aus mit dem Taxi (2,50 US$).

Leichter zugänglich ist die **Huaca Pucllana** (Karte S. 963; ☎ 445-8695; Ecke Borgoña & Tarapaca, Miraflores; Eintritt frei; ☻ Mi–Mo 9–17 Uhr), eine Lehmziegelpyramide aus der Limakultur, entstanden um 400 n. Chr. Hier sind archäologische Ausgrabungen im Gange, trotzdem werden geführte Touren angeboten. Es gibt auch ein kleines Museum mit Fundstücken und einem rekonstruierten Grab.

Plazas

Der älteste Teil der **Plaza de Armas** (Plaza Mayor, Karte S. 956 f.) ist der Bronzebrunnen in der Mitte aus dem Jahr 1650. Links neben der Kathedrale steht der **Palast des Erzbischofs** mit seinen erlesenen Balkonen von 1924. An der Nordostseite der Plaza steht der **Palacio de Gobierno**, der Wohnsitz des Präsidenten von Peru; jeden Mittag findet hier eine Wachablösung der Garde statt. (Das Pizarrodenkmal, das lange an der Plaza stand, ist inzwischen verschwunden.)

Die **Plaza San Martín** (Karte S. 956 f.) stammt aus dem frühen 20. Jh. und wird vom **Gran Hotel Bolívar** beherrscht. Es lohnt sich, in der prächtigen Bar des Hotels ein oder zwei der berühmten *pisco sour* zu probieren. Auf der Plaza steht eine Bronzereiterstatue des Befreiers General José de San Martín. Wer sich den riesigen Sockel der Statue an der Vorderseite aus der Nähe anschaut, wird auch noch die oft übersehene **Statue der Madre Patria** entdecken. Sie wurde von Spanien aus in Auftrag gegeben, wobei der guten Frau eine Flammenkrone aufs Haupt gesetzt werden sollte. Niemand aber dachte daran, dass das Wort für Flamme *(llama)* im Spanischen eine doppelte Bedeutung hat. Die braven Handwerker dachten also nichts Böses – und wahrscheinlich auch sonst nicht viel –, als sie der Dame ein hübsches kleines Lama auf dem Kopf platzierten.

AKTIVITÄTEN
Paragliding
Ausflüge zum Paragliding an der Küste organisiert **Peru Fly** (Karte S. 963; ☎ 444-5004; www. perufly.com; Jorge Chávez 666, Miraflores). Tandemflüge (25 US$) gibt's von den Klippen in Miraflores. Es macht Spaß, im Vorbeifliegen den erstaunten Kaffeetrinkern im Einkaufszentrum LarcoMar zuzuwinken.

Baden & Surfen
Wie Herden zieht es die *limeños* in den Sommermonaten Januar bis März an die Strände, trotz aller Warnungen vor verschmutztem Wasser. Man sollte nie etwas unbeobachtet liegen lassen.

Die besten Orte zum Surfen sind die **Punta Hermosa** und **San Bartolo** (Karte S. 954 f.), wo es auch strandnahe Hotels gibt. Die **Punta Rocas** (Karte S. 954 f.) ist was für erfahrene Surfer und verfügt über ein einfaches Hotel. Die Bretter muss man in Lima kaufen oder mieten und dann mit einem Taxi herkarren.

Um zu den südlichen Stränden zu kommen, nimmt man von der Primavera-Brücke den „San Bartolo"-Bus (Karte S. 954 f., Taxi von Miraflores 1,20 US$). Man steigt dann aus, wo man will, und läuft hinunter zu den Stränden, die meistens 1–2 km von der Panamericana entfernt sind.

Radfahren & Reiten
Ein beliebter Fahrradausflug ist die 31 km lange Tour nach Pachacamac (S. 959). **Cabalgatas** (☎ 221-4591; www.cabalgatas.com.pe) hat peruanische *paso fino*-Pferde und organisiert Ausritte in der Gegend von Pachacamac (65–95 US$). **Explore Bicycle Rentals** (Karte S. 963; ☎ 241-7494; iexplore@terra.com; Bolognesi 381, Miraflores; Std./Tag/ Woche 3/8/45 US$; ⏰ Mo–Fr 8–17 Uhr) Verleiht Mountainbikes inklusive Helme und Schlösser.

FESTIVALS & EVENTS
Nationale Feiertage sowie andere Festivals und Events stehen auf S. 1074.
Festival von Lima Jahrestag der Gründung Limas; 18. Januar.
Fest der Santa Rosa de Lima Große Prozession zu Ehren der Patronin von Lima und Amerika. Jeden 30. August.
El Señor de los Milagros (Herr der Wunder) Große religiöse Prozessionen (in violett) am 18. Oktober. Beginn der Stierkampfsaison.

SCHLAFEN
Die billigsten Gästehäuser befinden sich im Allgemeinen im Zentrum. Es ist dort allerdings auch nicht so sicher wie in den etwas teureren Vierteln Miraflores und Barranco.

Zentrum
Hostal España (Karte S. 956 f.; ☎ 428-5546; hoteles pana@hotmail.com; Azangaro 105; B 3,50 US$, DZ ohne Bad 10 US$; 🖥) Einfachste Unterbringung – Gringos only – mit begrenzten Duschmöglichkeiten in einem verwinkelten alten Gebäude voller Klassikerbüsten, Gemälde und ausgestopfter Vögel. Das Café auf dem Dach ist von einem Urwald rankender Pflanzen umschlossen.

Hostal de las Artes (Karte S. 956 f.; ☎ 433-0031; arteswelcome.tripod.com; Chota 1469; B 5 US$, DZ 18– 20 US$, 3BZ 24 US$) Schwulenfreundliches Hostel in niederländisch-peruanischem Besitz mit einfachen Zimmern mit Ventilator und freundlichem Personal. Es liegt in einer ruhigen Seitenstraße in einer *casa antigua* mit Atmosphäre, hohen Decken und schönen Fliesen.

Familia Rodríguez (Karte S. 956 f.; ☎ 423-6465; jjr-art@mail.cosapidata.com.pe; 1. Stock, No 3 Nicolás de Piérola 730, B mit Frühstück 6 US$) Betten im Haus einer freundlichen Familie.

Pensión Ibarra (Karte S. 956 f.; ☎ /Fax 427-8603; pen sion_ibarra@ekno.com; 14 & 15 Stock, Tacna 359; EZ/DZ ohne Bad 7/10 US$) Heimelige *pensión* hoch über der Stadt in einem Appartementhaus. Wird von den hilfsbereiten Schwestern Ibarra geführt, die sich sehr mühen, alles sicher, bequem und sauber zu halten. Küchenbenutzung erlaubt.

Hostal Iquique (Karte S. 956 f.; ☎ 433-4724; hiqui que@terra.com; Iquique 758; EZ/DZ 10/16 US$, ohne Bad 7/10 US$) Dieser weit abgelegene Ort ist sauber und sicher, er hat warme Duschen und Kochmöglichkeiten. Es gibt eine Dachter-

SCHWULEN- & LESBENSZENE IN LIMA

Lima hat Perus offenste Schwulenszene (s. auch S. 1077). **Deambiente** (www.deambiente. com) ist ein Onlinemagazin auf Spanisch, das über aktuelle politische Themen und die Popkultur berichtet und einen Veranstaltungskalender für das Nachtleben enthält. **Gayperu.com** (www.gayperu.com), ein weiterer Guide auf Spanisch, informiert über Bars und Badehäuser. **Rainbow Tours** (☎ 610-6000/215-6000; www.perurainbow.com; Río de Janeiro 216, Miraflores) ist ein Reisebüro, das Schwulen gehört und eine englischsprachige Website unterhält. **Global Gayz** (www. globalgayz.com) und **Purple Roofs** (www.purpleroofs.com) bieten ausgezeichnete Informationen und Links zu Peru. Aktuelle Infos gibt's unter gaylimape.tripod.com.

rasse, schöne Fliesen und die meisten Zimmer haben die nationalen TV-Kanäle.

Posada del Parque (Karte S. 956 f.; ☎ 433-2412; 01-9945-4260; www.incacountry.com; Parque Hernán Velarde 60; EZ/DZ/3BZ 27/33/48 US$; 🖳) Dieses anmutige Kolonialhaus liegt in einer ruhigen Sackgasse in der Nähe eines Parks. Es wird von hilfsbereiten, englisch sprechenden Besitzern geführt. Die makellosen Zimmer haben heiße Duschen und Kabel-TV. Frühstück erhältlich.

Miraflores

In Miraflores tauchen andauernd neue Pensionen für Backpacker auf – es lohnt sich, herumzufragen.

Casa del Mochilero (Karte S. 963; ☎ 444-9089; pi laryv@hotmail.com; 1. Stock, Chacaltana 130A; Zi. mit Gemeinschaftsbad 4 US$/Pers.) Diese simple Absteige ist so populär, dass die Nachbarn schon Unterkünfte mit sehr ähnlich lautenden Namen eröffnet haben. Küchenzugang und heiße Duschen.

Bed & Breakfast José Luis (☎ 444-1015; hsjluis@ terra.com.pe; Paula de Ugarriza 727; Zi. mit Frühstück 10 US$/Pers.) Nicht weit von der Av 28 de Julio östlich der Vía Expresa. Dieser riesige Kaninchenstall ist bei Studenten sehr beliebt. Man freut sich über den freundlichen, englisch sprechenden Gastgeber und das Gebäude, das viel Charakter hat. Die meisten der einfachen Zimmer haben eigene Toiletten. Reservierung nötig.

Flying Dog Backpackers (Karte S. 963; ☎ 445-6745; www.flyingdogperu.com; Diez Canseco 117; B/DZ mit Frühstück 10/25 US$; 🖳) Diese Pension im Herzen von Miraflores ist immer proppenvoll und wird von einem jugendlichen, entspannten, englisch sprechenden Personal geführt. Es gibt Kochmöglichkeiten, Kabel-TV und eine Billardlounge. Ortsgespräche sind gratis.

Inka Lodge (Karte S. 963; ☎ 242-6989; www.inka lodge.com; Elias Aguirre 278; B 10–12 US$, DZ mit Gemeinschaftsbad 25–28 US$, inkl. Frühstück; 🍴 🖳) Diese sichere Pension mit Klimaanlage ist etwas anders als die üblichen lauten Schuppen in Miraflores. Die winzigen Zimmer haben eine Art andinen Stil. Es gibt warmes Wasser, freien Internetzugang, eine Küche und eine Terrasse auf dem Dach.

Albergue Turistico Juvenil Internacional (Karte S. 963; ☎ 446-5488; www.limahostell.com.pe; Casimiro Ulloa 328; B/EZ/DZ 10,50/18/28 US$; 🖳 🖳) Diese neu renovierte, aber merkwürdigerweise fast leere Jugendherberge in einer Wohnstraße hat sauberste Schlafsäle (Privatzimmer sind nicht gerade günstig), Kochgelegenheiten und einen Pool im Garten.

Barranco

Point Lima (Karte S. 954 f.; ☎ 247-7997; www.the pointhostels.com; Malecón Junín 300; B 7–9 US$, EZ/DZ mit Gemeinschaftsbad 15/18 US$, Frühstück inkl.; 🖳) Weißgewaschene Villa am Meer mit ganz einfachen Zimmern, aber auch allen Spielsachen, nach denen sich Backpacker sehnen: Kabel-TV, DVDs, Pingpong und Pool-Tische. Es gibt eine Küche und einen Garten, Gratis-Internetzugang und ein Perso-

IN DIE VOLLEN!

Hostal El Patio (Karte S. 963; ☎ 444-2107; www.hostalelpatio.net; Diez Canseco 341a; Zi. inkl. Frühstück 40–65 US$ 🖳) Der fröhliche Besitzer des kleinen Schmuckstücks spricht englisch und nimmt seine Rolle als Gastgeber ernst. Das ruhige Haus hat einen sonnigen Hof mit einem Springbrunnen und vielen Pflanzen und mehrere Terrassen zum Ausruhen. Die Zimmer mit Kabel-TV und eigenem Bad sind sehr bequem, wenn auch etwas dunkel (besser man nimmt die oberen), die Suiten haben Küche und Minikühlschränke. Flughafenservice, Internetzugang und Gepäckaufbewahrung sind vorhanden. Gefiltertes Wasser gibt es gratis

LIMA •• Miraflores 963

MIRAFLORES

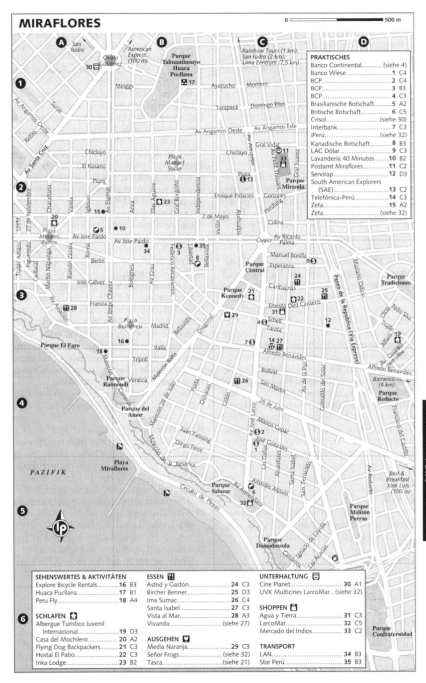

PRAKTISCHES	
Banco Continental	(siehe 4)
Banco Wiese	1 C4
BCP	2 C4
BCP	3 B3
BCP	4 C3
Brasilianische Botschaft	5 A2
Britische Botschaft	6 C5
Crisol	(siehe 30)
Interbank	7 C3
iPerú	(siehe 32)
Kanadische Botschaft	8 B3
LAC Dólar	9 C3
Lavanderia 40 Minutos	10 B2
Postamt Miraflores	11 C2
Servirap	12 D3
South American Explorers (SAE)	13 C2
Telefónica-Perú	14 C3
Zeta	15 A2
Zeta	(siehe 32)

SEHENSWERTES & AKTIVITÄTEN	
Explore Bicycle Rentals	16 B3
Huaca Pucllana	17 B1
Peru Fly	18 A4

SCHLAFEN	
Albergue Turistico Juvenil Internacional	19 D3
Casa del Mochilero	20 A2
Flying Dog Backpackers	21 C3
Hostal El Patio	22 C3
Inka Lodge	23 B2

ESSEN	
Astrid y Gastón	24 C3
Bircher Benner	25 D3
Ima Sumac	26 C4
Santa Isabel	27 C3
Vista al Mar	28 A3
Vivanda	(siehe 27)

AUSGEHEN	
Media Naranja	29 C3
Señor Frogs	(siehe 32)
Tasca	(siehe 21)

UNTERHALTUNG	
Cine Planet	30 A1
UVK Multicines LarcoMar	(siehe 32)

SHOPPEN	
Agua y Tierra	31 C3
LarcoMar	32 C5
Mercado del Indios	33 C2

TRANSPORT	
LAN	34 B3
Star Perú	35 B3

nal, das nur zu gern bereit ist, als Führer ins lokale Nachtleben zu fungieren.

Backpackers Inn (Karte S. 954 f.; ☎ 247-1326; www. barrancobackpackers.com; Mariscal Castilla 260; B/DZ inkl. Frühstück 12/28 US$; 🖳) Diese Pension im Surferstil liegt an einer ruhigen begrünten Straße und hat luftige Zimmer mit einfachen Holzmöbeln. Einige der Balkone oben haben einen herrlichen Blick aufs Meer. Es gibt eine Küche und einen Fernsehraum.

Noch mehr Viertel

Casa Hospedaje Machu Picchu (Karte S. 954 f.; ☎ 424-3479; vanessa_new@hotmail.com; Juan Pablo Ferandini 1015, Breña; B 3,50 US$) Familienunterkunft, einen Block entfernt vom zehnten Block der Brasil; wird von Lesern sehr empfohlen. Freundlich, sicher, mit Küche und Fernsehraum. Englisch wird verstanden.

Malka Youth Hostel (Karte S. 954 f.; ☎ 442-0162; www.youthhostelperu.com; Los Lirios 165, San Isidro; B 8 US$, DZ mit/ohne Bad 20/18 US$; 🖳) in der Nähe des Parque Américas. Das kaum bekannte Gästehaus hat saubere, ruhige Zimmer mit heißem Wasser. Dazu eine Küche und Gelegenheiten zum Wäschewaschen, einen Fernsehraum mit DVDs und Spielen, sowie eine 6 m hohe Kletterwand im Garten.

Mami Panchita (Karte S. 954 f.; ☎ 263-7203; www. mamipanchita.com; Federico Gallesi 198, San Miguel; EZ/DZ/3BZ 20/30/40 US$, EZ/DZ ohne Bad 10/20 US$, Frühstück inkl.; 🖳) Dieses liebenswerte niederländisch-peruanische Gästehaus in bequemer Nähe zum Flughafen ist ein richtiges Juwel. Die Atmosphäre ist herzlich, dazu gibt's einen sonnigen Hof und blumengeschmückte Gärten. Sein guter Ruf beruht auf Mund-zu-Mund-Propaganda.

ESSEN

Viele der besten Restaurants findet man in Miraflores. Selbstverständlich sind hier Meeresfrüchte die Spezialität.

Lima Zentrum

In den örtlichen Restaurants werden zu Mittag billige feste *menús* angeboten. Barrio Chino (Chinatown) südöstlich der Plaza de Armas ist mit vielen asiatischen Lokalen gesegnet.

Panko's (Karte S. 956 f.; Garcilaso de la Vega 1296; ab 0,35 US$) Diese alte Bäckerei bietet viele verführerische Süßigkeiten, Kuchen und Getränken – *der* Tipp fürs Frühstück.

Azato (Karte S. 956 f.; Arica 298; menú 1,20–2 US$) Der Ort für schnelles, scharfes *criollo*-Essen, das für die peruanische Küste typisch ist.

Villa Natura (Ucayali 326; menú 1,50–2 US$; 🕐 Mo–Sa) Einer von vielen einfachen Boxenstopps für Vegetarier im Zentrum.

Queirolo (Karte S. 956 f.; Camaná 900; Hauptgerichte 3–5 US$; 🕐 tgl. mittags, Mo–Sa abends) Ein altes Restaurant mit Atmosphäre, das wegen seiner Mittagsmenüs beliebt ist; Treffpunkt für *limeños*.

La Merced (Karte S. 956 f.; Miró Quesada 158; Hauptgerichte 2–6 US$) Mittags die übliche Hektik der Geschäftsleute. La Merced hat ein überraschend geräumiges Inneres und eine fein geschnitzte Holzdecke.

Cevichería La Choza Nautica (Karte S. 956 f.; Breña 204; Hauptgerichte 6–10 US$) Diese populäre kleine *cevichería* verzichtet nicht darauf, auf die angeblich aphrodisierende Wirkung von Meeresfrüchten anzuspielen – man frage nach *ceviche erótico*.

L'Eau Vive (Karte S. 956 f.; ☎ 427-5612; Ucayali 370; Mittag-/Abendessen 10/25 US$; 🕐 Mo–Sa 12.30–15 & 19.30–21.30 Uhr) Internationales Restaurant mit einmaligem Flair, das von einem französischen Nonnenorden geführt wird – im Tollhaus Lima eine willkommene Abwechslung. Um das Kolonialgebäude zu betreten, muss man die Glocke läuten. Die Nonnen singen um 12 Uhr das „Ave María".

Für Selbstversorger gibt's **Metro** (Karte S. 956 f.; Cusco 3. Block; 🕐 8–22 Uhr).

Miraflores

Restaurants in Miraflores sind teurer, aber ein paar einfache Cafés bieten immer noch billige Gerichte. Fast-Food-Schuppen drängen sich um das Óvalo Gutiérrez und im Einkaufzentrum LarcoMar. Cafés im Freien und Pizzerias säumen den Parque Kennedy und die Diagonal.

Ima Sumac (Karte S. 963; Colón 241; menú 2 US$; 🕐 mittags) Ein freundlicher kleiner Ort mit guten *menús*, auch zum Mitnehmen.

Bircher Benner (Karte S. 963; San Felipe 720; Hauptgericht 3–7 US$; 🕐 So geschl.) Dieses Pionierrestaurant bietet ausgezeichnete vegetarische Gerichte wie Pilz-*ceviche*. Am besten mit dem Taxi zu erreichen (1,50 US$).

Vista al Mar (Karte S. 963; Malecón de la Reserva 610; Hauptgerichte 6–12 US$) Wenn eine Knoblauchwolke über die frische Seebrise dominiert, ist man richtig. Der Name des Restaurants passt, denn es befindet sich auf einer Klippe

---

IN DIE VOLLEN!

Astrid y Gastón (Karte S. 963; ☎ 242-5387; www.astridygaston.com; Cantuarias 175, Miraflores; Hauptgerichte 10–22 US$; ☺ mittags & abends) Bekannt für seine erstklassige Küche, die vom berühmten Koch und Besitzer Gastón Acurio zubereitet wird. Es gibt einen Gourmet-*tiradito* (roher Fisch in peruanischem Stil) und knusprige, gebratene Ente. Ein eleganter Treff der Oberschichts-*limeños* mit einem ganzen Stall von Cordon-Bleu-erprobten Köchen und einem Speiseraum, der mutig mit Kunst ausgestattet ist. Gaston selbst ist ein kulinarischer Medienstar und sein Restaurant war das beste Lokal des Monats – viele viele Monate lang.

---

und es serviert verschiedene Meeresfrüchte.

Für Selbstversorger hat **Vivanda** (Karte S. 963; Benavides 487; ☺ 24 Std.) noch eine Zweigstelle auf der José Pardo.

Barranco

Die Passage unter der Puente de los Suspiros hindurch führt zu Restaurants und Kiosken, die köstliche *anticuchos de corazón* (eine Art Schaschlik aus Rinderherzen) direkt vom Grill weg verkaufen.

El Hornito (Karte S. 954 f.; Grau 209; Hauptgerichte 3–7 US$) Ausgezeichnete Pizzas, viele *parrilladas* (Fleisch vom Grill) und Pastagerichte, dazu Abendessen in einem mit wildem Wein bewachsenen Patio mit bunten Lichtern.

La Canta Rana (Karte S. 954 f.; Génova 101; Hauptgerichte 7–10 US$; ☺ nur mittags) Dieser anspruchslose Laden – der Name bedeutet „der singende Frosch" – ist eine gute *cevichería*, die alle Arten von Meeresfrüchten serviert. Kleine Portionen, tolles Ambiente.

AUSGEHEN

Lima hat jede Menge Bars, von den teuren Clubs für die urbane Elite in San Isidro bis zu Barrancos billigen und fröhlichen Wasserstellen. In Miraflores gibt es ein paar Straßencafés, ebenso auf der Plaza de Armas im Zentrum.

Zwischen den Clubs um den Parque Municipal von Barranco kann man die ganze Nacht hin- und herhüpfen. An Sommer-

abenden fahren die tatkräftigen *limeños* auch gern zum Kilometer 97 auf der Panamericana, wo heiße DJs bis zum Morgengrauen am Strand auflegen.

Zentrum

Zum Gran Hotel Bolívar lohnt ein ʾʾbstecher, um dort Perus Nationalcocktail, den *pisco sour*, zu schlürfen.

El Estadio Futbol Club (Karte S. 956 f.; Nicolás de Piérola 926; ☺ So–Mi 12–24, Do–Sa bis 2 Uhr) In dieser Bar bekommt man eine Vorstellung vom peruanischen Fußballfanatismus; hier sitzen sogar Maradona und Pelé herum – zugegebenermaßen aber nur in Wachs.

Miraflores

Tasca (Karte S. 963; ☎ 01-445-6745; www.flyingdogperu.com; Flying Dog Backpackers, Diez Canseco 117) Tapasbar, immer voller Reisender. Öffnungszeiten wechseln.

Media Naranja (Karte S. 963; Schell 130; ☺ So geschl.) Die riesige brasilianische Fahne, die als Markise dient, ist schwer zu übersehen. Lebhafte Cafébar am Parque Kennedy.

Señor Frogs (Karte S. 963; LarcoMar; Eintritt 8–10 US$; ☺ So geschl.) Knalliger elektrischer Club, der vor allem junge Einheimische anzieht, die dann auch in die Cafés des Einkaufszentrums gehen.

Barranco

Barranco wird freitags- und samstagsabends von Nachtschwärmern nur so überschwemmt.

Juanito's (Karte S. 954 f.; Grau 274) Diese linke *peña* aus den 1960er-Jahren ist immer noch beliebt, vor allem wegen der schrulligen Streiche des Barpersonals. Kein Schild – man muss nur nach einem Raum voller Weinflaschen suchen.

La Noche (Karte S. 954 f.; Bolognesi 307; Eintritt 3 US$) Dreistöckige Bar vor einer geschäftigen Fußgängerzone, in der sich häufig die Partyszene trifft. Man hört hier von Latin Pop bis zur andinen Hochlandmusik.

El Ekeko Café Bar (Karte S. 954 f.; Grau 266; Livemusik Eintritt 5–7 US$; ☺ So–Mi 10–24, Do–Sa bis 3 Uhr) Eine etwas ruhigere Alternative. Eine gute alte Bar, die am Wochenende zu Leben erwacht, wenn Los Abuelos de la Bohemia Livemusik mit Tango, *música folklórica u*nd Cha-Cha-Cha spielen.

Wahio's (Karte S. 954 f.; Plaza Espinosa; Do–Sa) Eine kleine lebhafte Bar mit einer gehörigen Portion Dreadlocks und dem klassischen Soundtrack mit Reggae, Ska und Dub.

Sargento Pimienta (Karte S. 954 f.; Bolognesi 755; ☽ Mi–Sa) „Sergeant Pepper" auf Spanisch. Wirkt wie eine Scheune mit einer Tanzfläche, die um Mitternacht proppenvoll wird. Alkohol ist billig, die DJs spielen eine Mischung aus internationalem Retro; gelegentlich gibt's Live-Rock.

Déjà Vu (Karte S. 954 f.; Grau 294-296; 18.30–4 Uhr) Ein schizophrener Boho-Club: oben internationaler Beat, unten spielen peruanische Bands Livemusik.

UNTERHALTUNG

Viele der feinen Hotels im Zentrum sowie in San Isidro und Miraflores haben Casinos mit Spielautomaten.

Tanz & Musik

Musik und Tanz aus Peru gibt's in *peñas*.

Manos Morenas (Karte S. 954 f.; ☎ 467-0421; San Pedro de Osma 409; Eintritt 10 US$; ☽ Shows Di–Sa 22 Uhr) Ein entspannter Ort für prima *criollo*-Essen und Musik.

Las Brisas de Titicaca (Karte S. 956 f.; ☎ 332-1901; www.brisasdeltiticaca.com; Walkuski 168, Lima-Zentrum; Eintritt 8–12,50 US$; ☽ Mi 19 Uhr–open end, Do 21.30 Uhr–open end, Fr & Sa bis 22.30 Uhr) und **La Candelaria** (Karte S. 954 f.; ☎ 01-247-1314; www.lacandelariaperu. com; Bolognesi 292, Barranco; Eintritt 7 US$; ☽ Fr & Sa 21.30 Uhr–open end) sind bei den *limeños* beliebt.

Sport

Stierkampf ist in Lima ein Liebling der Massen. Die Hauptsaison geht vom späten Oktober bis zum späten November, außerdem gibt's im März noch eine kurze Saison.

Plaza de Acho Stierkampfarena (Karte S. 956 f.; ☎ 481-1467; Hualgayoc 332, Rímac; Tickets 20–100 US$; ☽ So 15 Uhr) Hier kämpfen die Matadoren. Die Umgebung ist nicht gerade sicher, man nimmt also besser ein Taxi. Die Karten im Vorverkauf besorgen.

Estadio Nacional (Karte S. 956 f.) Der wichtigste Austragungsort von Fußballspielen.

Kinos

Kinos bieten manchmal unter der Woche Eintritt zum halben Preis. Die meisten zeigen die neuen Filme in Englisch mit spanischen Untertiteln.

Cine Planet Zentrum (Karte S. 956 f.; ☎ 452-7000; Jirón de la Unión 819); Miraflores (Karte S. 963; ☎ 452-7000; Santa Cruz 814)

UVK Multicines LarcoMar (Karte S. 963; ☎ 446-7336; LarcoMar, Miraflores)

Kleinere, anspruchsvollere Adressen:

El Cinematógrafo (Karte S. 954 f.; ☎ 01-477-1961; Pérez Roca 196, Barranco) Künstlerische und alternative Filme.

Filmoteca (Karte S. 956 f.; ☎ 01-423-4732; Parque de la Cultura, Paseo Colón 125, Zentrum) In Limas Museo de Arte.

SHOPPEN

Zu den Einkaufszentren und Malls gehören das halb unterirdische LarcoMar (Karte S. 963); es liegt an einem spektakulären Ort, direkt in die Klippen am Ozean gebaut. Hier gibt's teures Kunsthandwerk, dazu Elektronik, Fotobedarf, Outdoor-Kleidung, Bücher und Musik.

Mercado del Indios (Karte S. 963; Petit Thouars 5245, Miraflores) Auf diesem Riesenmarkt kann man nach Herzenslust handeln, es gibt Kunsthandwerk aus ganz Peru.

La Casa de la Mujer Artesana Manuela Ramos (Karte S. 954 f.; ☎ 423-8840; Juan Pablo Fernandini 1550, Pueblo Libre; ☽ Mo–Fr 9–17 Uhr) Eine Nonprofit-Frauenhandwerks-Kooperative seit 15. Block der Brazil.

Agua y Tierra (Karte S. 963; ☎ 444-6980; Diez Canseco 298, Miraflores; ☽ So geschl.) Spezialisiert auf Töpferei, Textilien und Kunst aus dem Amazonasgebiet.

AN- & WEITERREISE
Bus

Lima hat keinen zentralen Busbahnhof. Jede Gesellschaft hat ihr eigene Büros und ihre eigenen Haltestellen, viele davon befinden sich rund um die Javier Prado Este in La Victoria. Andere im Zentrum einige Blocks östlich der Plaza Grau, gleich nördlich der Av Grau, und südlich der 28 de Julio, auf beiden Seiten des Paseo de la República. Es ist sehr wichtig, sich beim Kauf der Tickets genau sagen zu lassen, wo der Bus abfährt. Es gibt zahllose Gesellschaften, also sollte man sich den Zustand der Busse genauer anschauen, bevor man sich entscheidet.

Einige der wichtigen Gesellschaften:

Cruz del Sur (www.cruzdelsur.com.pe); Zentrum (Karte S. 956 f.; ☎ 431-5125; Quilca 531); La Victoria (Karte S. 954 f.; ☎ 225-6163/5748; Javier Prado Este 1109) Verlässlich, das Angebot ist aber in puncto Häufigkeit der Fahrten und Streckennetz nicht so groß wie das einiger anderer Gesellschaften.

Ormeño (www.grupo-ormeno.com) Zentrum (Karte
S. 956 f.; ☎ 427-5679; Carlos Zavala Loayza 177); La
Victoria (Karte S. 954 f.; ☎ 472-1710; Javier Prado Este
1059) Die Servicequalität kann sehr unterschiedlich sein.
Hat die meisten internationalen Angebote, z. B. nach
Bogotá, Buenos Aires, Caracas, La Paz, Quito und Santiago.

Ebenfalls im Zentrum:

Civa (Karte S. 956 f.; ☎ 332-5236/526; www.civa.com.
pe; Ecke 28 de Julio & Paseo de la República 575)
Cromotex (Karte S. 956 f.; ☎ 424-7575; Paseo de
República 659-665)
Expreso Molina (Karte S. 956 f.; ☎ 428-0617; Ayacucho
1141-1145)
Flores (Karte S. 956 f.; ☎ 424-3278; Ecke Paseo de la
República & 28 de Julio)
Ittsa (Karte S. 956 f.; ☎ 423-5232; Paseo de la República
809)
Linea (Karte S. 956 f.; ☎ 424-0836; José Galvez 999A)
Móvil Tours (Karte S. 956 f.; ☎ 332-0004; Paseo de la
República 749)
Soyuz (Karte S. 956 f.; ☎ 226-1515; Mexico 333/Paseo de
la República)
Tepsa (☎ 470-6666; www.tepsa.com.pe; Javier Prado
Oeste 1091)
Transportes Atahualpa (Karte S. 956 f.; ☎ 427-
7324/7338; Sandía 266)

Welche Busse wohin fahren, wird in den
Abschnitten zu den jeweiligen Regionen
angegeben. Ungefähre Preise (einfache Strecke) sowie Reisedauer von Lima:

Ziel	Dauer (Std.)	Preis (US$)
Arequipa	17	12–40
Ayacucho	9	6–15
Cajamarca	14	9–27
Chachapoyas	21½	21–27
Chiclayo	10	12–24
Cusco	17–27	18–48
Huancayo	6½	6–14
Huaraz	7½	6–17
Ica	4½	3,50–13,50
Nazca	8	5–22,50
Piura	14	25–38
Puno	19	11–45
Tacna	20	9–43
Trujillo	8	9–31,50
Tumbes	17	15–48

Flugzeug

Limas **Aeropuerto Internacional Jorge Chávez**
(LIM; Karte S. 954 f.; ☎ 517-3100; www.lap.com.pe) liegt
in Callao. Die Flughafensteuern beim Ab-

flug (zu zahlen in Dollars oder Nuevos
Soles, ausschließlich in bar) betragen
28,10 US$ für internationale und 6,05 US$
für Inlandsflüge.

Viele internationale Fluglinien haben Büros in Lima – man findet sie unter „Lineas
Áreas" in den gelben Seiten. Zu den Fluglinien, die Inlandsflüge anbieten, gehören
u. a.:

Aero Condor Perú (Karte S. 954 f.; ☎ 614-6014; Juan
de Arona 781, San Isidro)
LAN (Karte S. 963; ☎ 213-8200; José Pardo 513,
Miraflores)
LC Busre (Karte S. 954 f.; ☎ 619-1313; Los Tulipones
218, Lince)
Star Peru (Karte S. 963; ☎ 705-9000; José Pardo 269,
Miraflores)
TACA (Karte S. 954 f.; ☎ 511-8222; Espinar 331, San Isidro)

Welche Linien wohin fliegen, wird in den
Abschnitten zu den jeweiligen Regionen
beschrieben. Flugpläne und Preise ändern
sich ständig. Informationen, Tickets und
Flugbestätigungen bekommt man am besten
in den Büros der Fluglinien oder einem guten Reisebüro – sie sind besser als die Schalter am Flughafen.

Das offizielle ISIC-Büro ist **InteJ** (Karte
S. 954 f.; ☎ 247-3230; www.intej.org; San Martín 240,
Barranco). Es vermittelt Studentenrabatte und
kann Flüge umbuchen, die von Reisebüros
für Studenten oder Jugendliche gebucht
wurden. **Fertur Peru** (Karte S. 956 f.; ☎ 427-1958;
Junín 211, Zentrum; ⏰ 9–19 Uhr Mo–Sa) ist ebenfalls
nützlich für Studentenermäßigungen.

Zug

S. S. 1027 für Einzelheiten zu Zugfahrten ins
Hochland nach Huancayo.

UNTERWEGS VOR ORT

S. S. 953 für Einzelheiten für die Fahrt zum/
vom Flughafen.

Bus

Minibusse (alias *combis* oder *micros*) sind
in Lima überraschend billig (Preise ab
0,30 US$). Die Ziele sind auf Schildern an
der Windschutzscheibe angegeben, und
man kann die Minibusse überall anhalten,
um ein- oder auszusteigen. Die nützlichsten
Linien verbinden das Zentrum von Lima
mit Miraflores entlang der Arequipa: Die
Busse haben Schilder mit Aufschriften wie
„Todo Arequipa" und „Larco/Schell/Mira-

flores", wenn sie nach Miraflores fahren, oder „Todo Arequipa" und „Wilson/Tacna", wenn sie von Miraflores zurück ins Zentrum gondeln. Ein langsamerer, grüner Bus in normaler Größe mit der Nummer 73A fährt vom Stadtzentrum durch Miraflores bis nach Barranco (0,50 US$); seine Route verläuft im Zentrum entlang der Tacna und der Garcilaso de la Vega sowie in Miraflores entlang der Arequipa und José Larco.

Taxi

Taxis haben keine Taxameter, also sollte man den Preis aushandeln, bevor man einsteigt. Preise für kurze Fahrten fangen bei 1,50 US$ an, bei Dunkelheit liegt der Preis etwas höher. Die Mehrheit der Taxis in Lima ist nicht offiziell registriert. Offizielle Taxis sind im Allgemeinen sicherer, aber sie kosten auch bis zu 50 % mehr. Man kann sie telefonisch bestellen oder an Taxiständen wie etwa dem beim Einkaufszentrum LarcoMar in Miraflores chartern. **Moli Taxi** (☎ 479-0030), **Taxi Miraflores** (☎ 446-3953) und **Taxi Móvil** (☎ 422-6890) fahren rund um die Uhr und nehmen auch Reservierungen an.

SÜDKÜSTE

Die lange Küstenwüste mit ihren Oasen voller Palmen ist die beste Landverbindung nach Arequipa, zum Titicacasee und nach Cusco. Dieses trockene Tiefland, durch das die Carretera Panamericana führt, ist die Geburtsstätte einiger herausragender präkolumbischer Küstenkulturen, von denen wiederum die der Nazca die berühmteste sein dürfte. Sie ist bekannt für ihre eindrucksvollen Linien und Scharrbilder, die über 500 km^2 verstreut liegen. Pisco ist berühmt für seine reichhaltige Meeresflora und -fauna und seine zerklüftete Küste, während das benachbarte Ica von Weinbaugebieten und den riesigen Sanddünen von Huacachina umgeben ist.

CHILCA

Bei Kilometer 66 der Panamericana südlich von Lima befindet sich die Abzweigung nach **Chilca** mit seinen schlammigen und berühmten mineralreichen **Lagunen** (Eintritt 0,30 US$; ☾ 24 Std.). Eine wird „La Milagrosa" genannt – ihr werden wunderbare Heilkräfte für alles Mögliche, von Akne bis Ar-

---

TOP FIVE: RELAXEN AUF DEM GRINGOTRAIL

- Lunahuaná (S. 968)
- Huacachina (S. 974)
- Cabanaconde (S. 989)
- Isla del Sol (S. 241)
- Das heilige Tal (S. 1008))

---

thritis, zugeschrieben. Manche behaupten sogar, die Ursprünge dafür seien aus dem All gekommen. Die Küstenbusse halten an der Panamericana; von dort kostet eine motorisierte Riksha noch 1,50 US$.

LUNAHUANÁ
☎ 056 / 3600 Ew.

Fast 15 km nach dem Surferstrand von Cerro Azul (Panamericana bei Kilometer 131), kommt der staubige Marktflecken San Vincente de Cañete, das Tor zum Weinanbaugebiet von Lunahuaná. Hier kann man beim **Erntefest** in der zweiten Märzwoche vorbeischauen und das ganze Jahr über Gratisproben in den *bodegas* (Weinkeller) abstauben.

Die Wildwasser-Rafting-Saison auf dem Río Cañete dauert von Dezember bis April, die Stromschnellen können die Klasse IV erreichen. **Río Cañete Expediciones** (in Lima 01-284-1271; www.riocanete.com.pe; Raftingtouren 10–37 US$) betreibt das **Camping San Jerónimo** (☎ 9635-3921; Carretera Cañete-Lunahuaná bei Kilometer 33; 3 US$/Pers.) am Fluss westlich der Stadt. Dort gibt's auch eine Klettermauer.

Das **Hostal Casuarinas** (☎ 056-581-2627; Grau 295; EZ/DZ 6/12 US$) in der Nähe der Plaza ist ein gutes Budgethotel mit sauberen Zimmern mit TV und heißer Dusche. Die Spezialität in mehreren Restaurants in der Nähe ist Flusskrebs.

Von der Haltestelle der Küstenbusse auf der Panamericana bei Cañete nimmt man einen Kleinbus nach Imperial (0,15 US$, 10 Min.), dann einen weiteren ins fast 40 km entfernte Lunahuaná (1 US$, 45 Min.). Mountainbikes kann man in der Nähe der Plaza von Lunahuaná mieten.

CHINCHA
☎ 056 / 140 000 Ew.

Die ausufernde Stadt am Kilometer 202 der Panamericana ist berühmt für ihre wilde, afro-peruanische Musik, die man in den *peñas* des Viertels **El Carmen** hört. Die beste Zeit für Besuche sind der **Verano Negro** (später Feb./früher März), die **Fiestas Patrias** (später Juli) und die **Fiesta de Virgen del Carmen** (27. Dez.). Während dieser Zeiten sind die *peñas* bis obenhin voll von begeistert herumhopsenden *limeños* und Einheimischen. Ein Tanz, den man zu Hause lieber nicht ausprobieren sollte, ist „El Alcatraz", bei dem ein wirbelnder männlicher Tänzer versucht, den Rock seiner Partnerin mit einer Kerze anzuzünden.

Die **Hacienda San José** (☎ 22-1458; www.hacien dasanjose.com.pe; DZ mit Frühstück 27–38 US$; 🖵) blickt auf eine 300-jährige Geschichte zurück. Sie liegt inmitten von Orangenhainen und war einst eine Zucker- und Honigplantage, auf der afrikanische Sklaven arbeiteten, bis 1879 eine Rebellion ausbrach, bei der der Besitzer auf dramatische Weise zerhackt wurde. Führungen in spanischer Sprache (3 US$) zeigen auch die makabren Katakomben. Von Chincha geht's per Kleinbus nach El Carmen (den Fahrer fragen, wo man aussteigen muss), dann folgen 2 km Fußweg. Ein Taxi kostet für die einfache Strecke 6 US$.

Einfache Budget-*hostales* und *chifa*-Restaurants umgeben Chinchas Plaza. Das **Hostal La Posada** (☎ 26-2042; Santo Domingo 200; EZ/DZ 9/15 US$), geführt von einem geselligen italienisch-peruanischen Pärchen, ist mit seinen antik anmutenden Zimmern eine gute Wahl. In El Carmen nehmen ein paar der Familien Gäste für unter 10 US$ pro Nacht auf und bekochen sie auch – einfach herumfragen.

Minibusse nach El Carmen (0,50 US$, 30 Min.) fahren von Chinchas zentralem Markt ab, ein paar Blocks von der Plaza entfernt. Von der Panamericana, wo die Küstenbusse halten, ist es nur eine kurze Taxifahrt (1 US$).

PISCO
☎ 056 / 58 000 Ew.

Pisco, das seinen Namen mit dem in der Umgebung hergestellten Traubenschnaps teilt, ist ein bedeutender Hafen, 235 km südlich von Lima. Der Ort ist der beste Ausgangspunkt, um die vielfältige Tier- und Pflanzenwelt der Islas Ballestas und der Península de Paracas zu sehen. Das Gebiet ist auch von historischem und archäologischem Interesse, war es doch die Heimat

einer der höchstentwickelten präinkaischen Kulturen, der Paracaskultur, die von 900 v. Chr. bis 200 n. Chr. bestand. Später war es zudem eine Keimzelle des revolutionären Fiebers im Peru des 19. Jhs.

Praktische Informationen
Internetcafés und Banken mit rund um die Uhr zugänglichen Geldautomaten gibt's an der Plaza.

Gefahren & Ärgernisse
Man sollte nach Anbruch der Dunkelheit nie allein unterwegs sein. Selbst auf Geschäftsstraßen sind schon Überfälle passiert. Die gefährlichsten Straßen sind die am Strand und rund um den Markt. Frauen müssen hier mit jeder Menge unerwünschter Aufmerksamkeit rechnen.

Sehenswertes & Aktivitäten
Eine **Statue** (Karte S. 971) des Befreiers José de San Martín schaut auf die Plaza de Armas. San Martíns Hauptquartier, der **Club Social Pisco** (Karte S. 971; San Martín 132), steht immer noch in der Nähe. Der **Friedhof** (Karte S. 971) verbirgt ein paar Geheimnisse: Hier liegt die Engländerin Sarah Ellen Roberts, die im 19. Jh. verdächtigt wurde, ein Vampir zu sein. Sie selbst hatte angekündigt, 100 Jahre nach ihrem Tod wiederaufzuerstehen. Zur allgemeinen Enttäuschung ließ sie sich 1993, dem vermeintlichen Jahr ihres großen Comebacks, aber nicht blicken.

ISLAS BALLESTAS
Diese manchmal als „Galapagos des kleinen Mannes" bezeichneten Inseln sind ein geruhsamer, schöner Ausflug. Die Bootstour dauert etwa eineinhalb Stunden: Auf dem Weg sieht man den dreizackigen **Kandelaber** (Karte S. 972), eine riesige Figur, die in einen Hügel geritzt ist. Dann kreuzt man eine Stunde um die natürlichen Bögen und Höhlen der Inseln und beobachtet lärmende Seelöwen, die sich auf den Felsen räkeln. Auch Humboldtpinguine, chilenische Flamingos und Delphine lassen sich beobachten. In großen Kolonien sind hier die wichtigsten Guano produzierenden Vögel wie Kormorane, Tölpel und Pelikane zu sehen.

RESERVA NACIONAL DE PARACAS
Der Eingang zur Wüste des **Nationalparks** (Karte S. 972; Eintritt 1,50 US$) findet sich jenseits

DIE FLAMINGO-FLAGGE

Die Einheimischen erzählen gerne eine phantasievolle Geschichte darüber, wie die peruanische Flagge an den Stränden der Halbinsel von Paracas entstanden ist: Angeblich ist der *libertador* José de San Martín 1820 erschöpft nach einer langen Reise hier gelandet und in tiefen Schlaf gefallen. Als er aufwachte, war er fasziniert von der Großartigkeit der Flamingos, die über ihm vorbeizogen und in deren ausgestreckten Flügeln sich das Licht der untergehenden Sonne fing. Diese roten Strahlen sollen ihn zu den beiden äußeren roten Streifen der heutigen peruanischen Flagge inspiriert haben.

des Dorfes Paracas. Neben dem Besucherzentrum, das kinderfreundliche Ausstellungen über Naturschutz und Ökologie zeigt, steht das **Museo JC Tello** (Karte S. 972; Erw./Kind/Student 2,50/0,30/0,60 US$; ☺ 9–17Uhr). Es präsentiert eine Sammlung von Geweben, Trophäenschädeln und trepanierten Schädeln (letztere veranschaulichen eine von alten Kulturen verwendete medizinische Technik, bei der ein Stück des Schädelknochens entfernt wurde, um den Druck, den eine Verletzung auf das Gehirn ausübte, zu mildern). Oft sieht man in der Bucht vor der Anlage chilenische Flamingos und es gibt nun auch einen Weg zu einem **mirador** (Aussichtspunkt; Karte S. 972). Ein paar hundert Meter hinter dem Besucherkomplex befinden sich die dürftigen 5000 Jahre alten Überreste der **Paracas Necropolis** (Karte S. 972).

Geführte Touren

Bootstouren zu den Islas Ballestas gibt's täglich um 7 Uhr (10 US$). Minibusse fah-

ren von Pisco (Karte S. 971) zum Hafen von Paracas (Karte S. 972); auf den Booten gibt's keine Kabinen, es ist also mit Wind und Gischt zu rechnen. Auch eine Kopfbedeckung ist zu empfehlen – manchmal wird man mit Guano bombardiert. Nachmittags kann man dann einen nicht ganz so interessanten Ausflug auf die Península de Paracas anhängen (8 US$, oder 16 US$ mit den Islas Ballestas). Nach einem kurzen Halt beim Besucherzentrum und Museum (Eintrittsgebühren nicht inkl.) saust man an den geologischen Formationen der Küste vorbei und verbringt dann viel Zeit beim Mittagessen (nicht inkl.) in einem abgelegen Fischerdorf.

Die Ruinen der Lehmziegel-Inkafestung **Tambo Colorado** (Eintritt 2 US$), etwa 45 km von Pisco entfernt, sind eine weitere Attraktion, zu deren Besuch es sich empfiehlt, ein Taxi plus Führer zu mieten (10–15 US$/Pers.). In El Chaco, einem Viertel von Paracas, bietet **Paracas Explorer** (Karte S. 972; ☎ 54-5141/5089; www.paracasexplorer.com) Dünenbuggy- und Sandboardingtouren an.

Einige Reisebüros in Pisco:

Paracas Overland (Karte S. 971; ☎ 056-53-3855; paracasoverland@hotmail.com; San Francisco 111)

Zarcillo Connections (Karte S. 971; ☎ 056-53-6543; www.ballestasislands.com; Suite B, Callao 137)

Schlafen

Die meisten Traveller übernachten im Zentrum von Pisco.

Hostal San Isidro (Karte S. 971; ☎ 53-6471; San Clemente 103; www.sanisidrohostal; B/EZ/DZ/3BZ 7/10/20/30 US$; ⊠) Ein beliebter Ort in der Nähe des Friedhofs (im Dunkeln eine etwas unsichere Gegend) mit Küche und Spieleraum. Sichere Zimmer mit Kabel-TV, Ventilator und warmem Wasser.

LUKRATIVES VOGELGESCHÄFT

Über Tausende von Jahren haben die Vogelkolonien Schicht um Schicht stickstoffreichen Vogelkot (Guano) auf den Islas Ballestas hinterlassen, der dann von der Sonne getrocknet wurde. An manchen Stellen hat sich der Kot bis zu 50 m hoch angehäuft. Der gute Ruf des Guano als Düngemittel reicht bis in die Zeiten vor die Inka zurück, doch niemand hätte vorausgesagt, dass die schmutzigen Reichtümer im 19. Jh. zum wichtigsten Exportprodukt Perus werden würden. Der Handel war so lukrativ, dass die Spanier sogar den sogenannten Guano-Krieg von 1865 bis 1866 vom Zaun brachen, bei dem es um den Besitz der nahe gelegenen Chincha-Inseln ging. Heute fordern Kunstdünger und Raubbau ihren Tribut und die Vögel dürfen ihre Geschäfte wieder weitgehend in Ruhe abwickeln. Nur alle zehn Jahre wird kontrolliert abgebaut. Dafür kommen aber natürlich jeden Tag Bootsladungen mit Touristen.

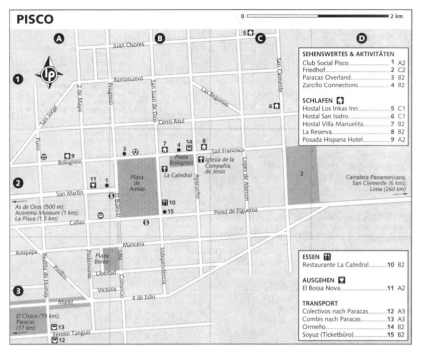

Hostal Los Inka Inn (Karte S. 971; ☎ 53-6634/54-5149; www.losInkainn.com; Barrio Nuevo 14; EZ/DZ/3BZ 9/13,50/18 US$; 🖥 🏊) Kleines Gästehaus in Familienbesitz mit einfachen Zimmern, einem winzigen Swimmingpool, Dachterrasse und freiem Internetzugang.

La Reserva (Karte S. 971; ☎ 53-5643; lareserva_hostal@hotmail.com; San Francisco 327; EZ/DZ/3BZ inkl. Frühstück 10/20/30 US$) Das weiß gestrichene ovale Reserva hat feine Zimmer mit modernen Möbeln und Kabel-TV.

Posada Hispana Hotel (Karte S. 971; ☎ 53-6363; www.posadahispana.com; Bolognesi 236; EZ/DZ 15/30 US$; 🖥) Mit seinen Bambusmöbeln und einem Espresso-Café hat dieses Hotel sehr viele Fans. Die verstaubten Zimmer sind nur dann ein guter Deal, wenn man einen besseren Preis aushandelt. Die Gastgeber sprechen französisch und italienisch.

Hostal Villa Manuelita (Karte S. 971; ☎ 53-5218; hostalvillamanuelita@hotmail.com; San Francisco 227; EZ/DZ 18/28 US$) Dieses Gästehaus in einem alten Kolonialgebäude in der Nähe der Plaza hat geräumige Zimmer mit Kabel-TV, ein italienisch angehauchtes Café und schöne Gärten. Frauen sind besonders willkommen.

Zu den Gästehäusern im Viertel El Chaco am Strand gehört **El Amigo** (Karte S. 972; ☎ 54-5042; EZ/DZ 10/15 US$), das einfache Zimmer – einige mit Aussicht aufs Meer – hat. Im Nationalpark darf man sein Zelt aufschlagen, es wird allerdings immer wieder von Raubüberfällen berichtet. Man sollte also nicht allein unterwegs sein.

Essen & Ausgehen

Es gibt wenige Cafés, die Frühstück servieren. Die meisten Restaurants und Bars liegen um die Plaza de Armas herum und in der Fußgängerzone El Bulevar.

Restaurante La Catedral (Karte S. 971; 108 San Juan de Dios; Hauptgerichte 4,50–6 US$) Dieses vergnügte Lokal ist hell erleuchtet wie eine Schulcafeteria und serviert große Portionen peruanischer Fisch- und Meeresfrüchtegerichte, gebratene Bananen und noch mehr.

El Bossa Nova (Karte S. 971; San Martín 176; 🕒 Mo–Sa 17 Uhr–open end) Eine intime Cafébar, von der sich die vorbeistolzierenden Leute beobachten lassen. Vorsicht, nach ein paar der ausgezeichneten *pisco sours* kann die wacklige Treppe ihre Tücken haben.

An- & Weiterreise

Pisco liegt 6 km westlich westlich der Panamericana. *Colectivos* und Minibusse fahren tagsüber häufig vom Markt (Karte S. 971) zur Abzweigung San Clemente, wo man die Küstenbusse nehmen kann (0,30 US$, 10 Min.).

Ormeño (Karte S. 971; ☎ 53-2764; San Francisco 259) hat in der Nähe der Plaza einen Busterminal, der von vielen Touri-Schleppern bevölkert wird. Von dort fahren täglich Busse nach Lima (5–10 US$, 4 Std.) und zu vielen andern Küstenorten wie Ica, Nazca und Tacna. Einige dieser Linien fahren direkt, bei anderen muss man umsteigen.

Combis nach Paracas starten tagsüber etwa jede halbe Stunde am Markt (0,60 US$, 30 Min.). Taxis nach Paracas kosten 3 US$.

ICA

☎ 056 / 217 700 Ew.

Als Hauptstadt des gleichnamigen Departments mag Ica ein wenig heruntergekommen erscheinen, dafür rühmt sich die Stadt einer blühenden Wein- und *pisco*-Industrie, wilder Festivals und eines ausgezeichneten Museums. Die meisten Backpacker verschlägt es jedoch in die Quartiere im nahe gelegenen Huacachina (S. 974).

Praktische Informationen

Die Internetcafés um die Plaza herum haben lange auf.

BCP (Plaza de Armas) Wechselt Reisechecks und Bares und hat einen Visa-Geldautomat.

Hospital (☎ 23-4798/4450; Cutervo 104; ☼ 24 Std.) Für Notfälle.

Interbank (Grau 2. Block) Geldautomat für alle Karten.

Police (☎ 23-5421; JJ Elias 5, Block; ☼ 24 Std.)

Serpost (San Martín 156)

Telefónica-Perú (Lima 149) Bis in die Nacht geöffnet.

Gefahren & Ärgernisse

Ica ist bekannt dafür, dass dort viel gestohlen wird. Vor allem um den Markt herum und bei den Busterminals muss man aufpassen.

Sehenswertes

Trotz eines Raubüberfalls im Jahr 2004 besitzt das **Museo Regional de Ica** (☎ 23-4383; Jirón

Ayabaca 8. Block; Erw./Kind/Student 4/2,50/1 US$; Mo–Fr 8–19, Sa & So 9–16 Uhr) noch immer eine unvergleichliche Sammlung von Artefakten der Paracas-, Nazca- und Inkakulturen, darunter feinste Paracasgewebe, gut erhaltenen Mumien, trepanierte Schädel und Schrumpfköpfe. Hinter dem Museum gibt's ein maßstabgetreues Modell der Nazcalinien. Das Museum liegt 1,5 km südwestlich des Zentrums. Ein Taxi von der Plaza de Armas kostet 1 US$.

Berühmte Weine und *piscos* werden in den **bodegas** außerhalb der Stadt zum Probieren angeboten. **Vista Alegre** (23-2919; Mo–Fr 8–12 & 13.45–14.45, Sa 7–13 Uhr), 3 km nordöstlich von Ica, ist am einfachsten zu erreichen (Taxi 1,50 US$). Auch **Tacama** (22-8395; www.tacama.com; 9–16 Uhr), 11 km nordöstlich von Ica, stellt den guten Stoff her und bietet interessante Touren an. Es gibt Dutzende kleinerer Familienbetriebe mit Weinkeller und Kunsthandwerk, darunter auch die in der Vorstadt **Guadalupe**. *Micros* nach Guadalupe fahren von der Iglesia de San Francisco (0,30 US$, 15 Min.) bei der Plaza ab.

Festivals & Events

Das Erntefest **Fiesta de la Vendimia** wird jeweils im frühen März gefeiert. Die Wallfahrt von **El Señor de Luren** gipfelt in einer die ganze Nacht dauernden Prozession im späten Oktober. Und im September gibt's die **Touristenwoche**.

Schlafen

Wer in Ica übernachten muss, kann in den Straßen östlich des Busterminals und nördlich der Plaza, besonders an der Tacna, Dutzende von deprimierenden Budgethotels finden. Im nahe gelegenen Huacachina gibt's billigere und bei Backpackern beliebtere Absteigen.

Hospedaje El Valle (21-6801; San Martín 151; EZ/DZ 7,50/11 US$) Munterer als die Konkurrenz. Das altmodische Haus wird von netten alten Damen geführt, hat einen Innenhof und einen gut bewachten Eingang. Ein Block westlich der Plaza.

La Florida Inn (23-7313; hometown.aol3.com/lemco3/laflorida.html; Residencial La Florida B-1; B 8 US$, EZ/DZ 15/30 US$, ohne Bad 10/20 US$;) Das kleine Hotel in Familienbesitz ist nicht weit

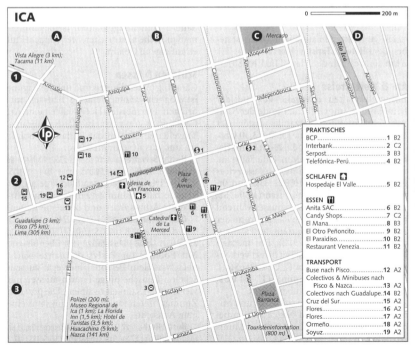

vom Museum. Es hat skurrile Zimmer mit TV und per Solarenergie erwärmtem Wasser. Reservierung empfohlen.

Essen

Mehrere Läden östlich der Plaza verkaufen *tejas* (Karamellsüßigkeiten mit Früchten, Nüssen etc).

Anita SAC (Libertad 133; menú 3–3,60 US$, Hauptgerichte 3,25–10 US$) Das fröhliche Café an der Plaza de Armas bietet volle Teller mit lokalen Spezialitäten und feinste Desserts.

Restaurant Venezia (Lima 230; Hauptgerichte 4–9 US$; ☺ Sa geschl.) Um die Ecke bei der Plaza. Ein gehobeneres italienisches Restaurant mit super Weinkarte.

El Otro Peñoncito (Bolívar 255; Hauptgerichte 4–10 US$) Icas geschichtsträchtigstes Restaurant serviert peruanische und internationale Gerichte – und einen teuflischen *pisco sour*.

Zwei einfache vegetarische Lokale sind **El Mana** (San Martín 2. Block; menú 1 US$) und **El Paraiso** (Loreto 176-178; menú 1,50 US$; ☺ Sa geschl.).

Unterhaltung

Südlich der Plaza de Armas längs der Lima gibt's einige Bars mit Livemusik, DJs und Tanz.

Die verrückteste Late-Night-Disko ist neben dem **Hotel de Turistas** (Av de Los Maestros 500), 3 km südwestlich der Plaza (Taxi 1 US$).

An- & Weiterreise

Busgesellschaften drängeln sich auf der Lambayeque am westlichen Ende der Salaverry und längs der Manzanilla westlich der Lambayeque. Nach Lima (3,50–13,50 US$, 4½ Std.) bieten **Soyuz** (☎ 056-23-3312) und **Flores** (☎ 056-21-2266) alle 15 Min. eine Fahrt an, weniger häufige Fahrten mit Luxusservices gibt' bei **Cruz del Sur** (☎ 056-22-3333) und **Ormeño** (☎ 056-21-5600). Nach Pisco (1,50 US$, 1½ Std.) hat Ormeño Direktbusse, während andere Gesellschaften ihre Passagiere an der Abzweigung San Clemente auf der Panamericana rauslassen (s. S. 972). Die meisten Gesellschaften haben am Tag direkt verkehrende Busse nach Nazca (2 US$, 2½ Std.). Die Fahrten nach Arequipa (15–24 US$, 12 Std.) gehen meistens über Nacht.

Schnellere und teurere *colectivos* und Minibusse nach Pisco und Nazca starten bei der Kreuzung von Lambayeque und Municipalidad.

HUACACHINA

☎ 056 / 200 Ew.

Diese Oase nur 5 km westlich von Ica ist von riesigen Sanddünen umgeben und schmiegt sich um eine malerische – wenn auch etwas übel riechende – Lagune, die auf der Rückseite des peruanischen 50-S/.-Geldscheins zu sehen ist. Anmutige Palmen, exotische Blumen und eindrucksvolle historische Gebäude zeugen vom vergangenen Glanz dieses Resorts, das einst für die Elite des Landes gebaut wurde. Heute ist es eine Spielwiese für partyhungrige Backpacker.

Aktivitäten

Um die unwiderstehlichen Sanddünen hinunter zu rutschen oder zu surfen, kann man Sandboards für 1,50 US$ pro Stunde mieten. Auch wenn es weicher, wärmer und sicherer ist als Snowboarden sollte man sich nicht allzu sehr in Sicherheit wiegen – schon mancher hat sich nach Verlust der Kontrolle über sein Sandboard böse Verletzungen zugezogen. Dünenbuggytouren, bei denen man erst hochgezogen und dann unten wieder aufgelesen wird, kosten 12 US$; vorher fragen, ob die Miete für das Sandboard mit eingeschlossen ist und wie lange der Trip dauert. Dünenbuggyfahren ist bekanntermaßen nicht allzu sicher, wer's macht, tut es auf eigene Gefahr.

Schlafen & Essen

Camping in den Dünen und um die Lagune ist möglich – einfach einen Schlafsack mitbringen. Die meisten Hotels haben eine Art Café und es gibt auch ein paar Restaurants. Traveller empfehlen das Restaurant Sol de Ica und das Restaurant Mayo.

Hostal Salvatierra (☎ 056-23-2352; Malecón de Huacachina; EZ/DZ 4,50/7,50 US$, ohne Bad 3/6 US$; ▣ 💻) Die einzige Jugendherberge an der Lagune hat geräumige Zimmer, eine entspannte Atmosphäre und bequeme Betten.

Casa de Arena (☎ 21-5439/5274; casadearena@ hotmail.com; Perotti B 3,60 US$, EZ/DZ 5/7,50 US$, mit Bad 7,50/9 US$; ▣ 💻) Das ganze Jahr über beliebt. Mit Poolbar für Partys die ganze Nacht über, was dem Personal hier egal zu sein scheint (hübsche junge Frauen müssen mit viel Aufmerksamkeit rechnen). Die privaten Zimmer hinten raus haben wenigstens eine gute Aussicht.

Hostal Rocha (☎ 22-9987/2256; kikerocha@hotmail. com; Perotti s/n; EZ/DZ inkl. Frühstück 7,50/9 US$; 💻)

Sehr gut geführte Pension mit derselben sorglosen Anything-goes-Atmosphäre wie die Casa de Arena, besonders an der Poolbar. Die Zimmer können Klaustrophobie erzeugen, aber es gibt auch Hängematten, um draußen herumzuschaukeln. Küchenbenutzung erlaubt.

Hospedaje El Huacanicero (☎ 21-7435; Perotti s/n; www.elhuacachinero.com; EZ/DZ 7,50/9 US$; ☒) Leicht zu finden wegen der grünen *areneros* (Dünenbuggys), die vorne geparkt sind. An dem zweistöckigen Gästehaus wird noch gebaut. Die Zimmer mit Rollläden sind nur einen Katzensprung von den Dünen entfernt. Küchenzugang, Hängematten und eine Poolbar.

An & Weiterreise
Taxis oder motorisierte Rikschas zwischen Ica und Huacachina kosten etwa 1 US$.

NAZCA
☎ 056 / 53 000 Ew.

Dieser von der Sonne gebleichte Ort an der Panamericana wurde bis 1939 von der Welt weitgehend ignoriert. Damals aber flog der nordamerikanische Wissenschaftler Paul Kosok über die Wüste und entdeckte eine der rätselhaftesten und beeindruckendsten Leistungen des alten Perus: die weltbekannten Nazcalinien. Heute wird die kleine Stadt von Reisenden überschwemmt, die sich angesichts der mysteriösen Linien, die inzwischen zum Unesco-Weltkulturerbe gehören, den Kopf kratzen.

Praktische Informationen
Cybercafés gibt's überall. Einige Hotels wechseln US-Dollars in Bargeld.

BCP (Lima 495) Visa-Geldautomat; wechselt Reiseschecks.
Casa Andina (Bolognesi 367) Manchmal funktioniert der Geldautomat für alle Karten.
Telefónica-Perú (Lima 525) Bis spät geöffnet.

Sehenswertes
DIE NAZCALINIEN
Auf einer trockenen, mit Felsen übersäten Ebene von rund 500 km^2 bilden die Nazcalinien ein verblüffendes Netz von über 800 Linien, 300 geometrischen Figuren (Geoglyphen) und etwa 70 Tier- und Pflanzenzeichnungen. Zu den am besten ausgearbeiteten Zeichnungen gehören ein Affe mit einem spiralförmig gekurvten Schwanz, eine Spinne und eine faszinierende Figur, die allgemein als Astronaut bezeichnet wird, auch wenn andere meinen, dass es ein Priester mit einem Eulenkopf ist. Der Flug über diese Linien ist ein unvergessliches, aber nicht ganz billiges Erlebnis, (s. „Geführte Touren" S. 976).

Vom **Mirador** (Eintritt 0,30 US$) an der Panamericana, 20 km nördlich von Nazca, bekommt man nur eine sehr oberflächliche Vorstellung von den Linien: Man kann einen schrägen Blick auf drei Figuren werfen: die Eidechse, den Baum und die Hände (oder auch Frosch, je nach Ansicht). Schilder, die vor Landminen warnen, erinnern daran, dass das Betreten der Linien streng verboten ist. Um zu dem Beobachtungsturm zu gelangen, nimmt man einen Bus nach Norden oder ein *colectivo* (0,75 US$).

5 km weiter nördlich ist das kleine **Maria-Reiche-Museum** (Eintritt 1,50 US$; ☺ 9–18 Uhr). Es gibt enttäuschend karge Informationen, doch lässt sich nachempfinden, wie sie hier inmitten einer Unmenge von Arbeitsmit-

---

RÄTSEL IM SAND

Die Ehrfurcht einflößenden, uralten Nazcalinien entstanden dadurch, dass man die in der Sonne dunkel gewordenen Steine von der Wüstenoberfläche entfernte, um den helleren Boden darunter zum Vorschein kommen zu lassen. Aber wer hat das getan und zu welchem Zweck wurden die gigantischen Linien angelegt, da sie doch nur aus der Luft zu erkennen sind? Maria Reiche, eine deutsche Mathematikerin und langjährige Erforscherin der Linien, stellte die Theorie auf, dass sie von den Paracas- und Nazcakulturen von 900 v. Chr. bis 600 n. Chr. angelegt wurden und durch die Huari im 7. Jh. ergänzt wurden. Reiche glaubte, die Linien seien ein astronomischer Kalender, der mit ausgefeilter Mathematik (und einem langen Seil) in die Wüste gescharrt wurde. Andere Theorien gehen davon aus, dass die Linien rituelle Wege waren, die zu einem Wasser- bzw. Fruchtbarkeitskult gehörten, dass es sich um riesige Sportanlagen handele, um Landebahnen für Außerirdische oder Darstellungen der Träume von Schamanen, die durch halluzinogene Drogen ausgelöst worden sind. Was stimmt, weiß niemand.

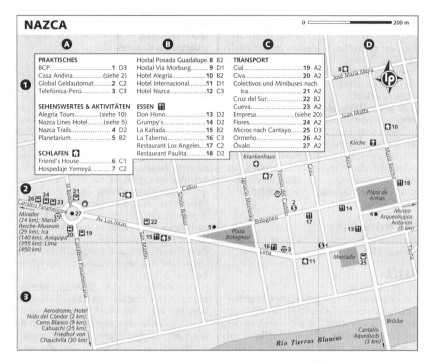

teln und Werkzeugen sowie ihrer obsessiven Skizzen lebte; außerdem kann man der Forscherin an ihrem Grab die letzte Ehre erweisen. Um nach Nazca zurückzukehren, hält man einen Bus an.

Interessante Vorträge über die Linien – in mehreren Sprachen – gibt's jeden Abend in Nazcas kleinem **Planetarium** (52-2293; Nazca Lines Hotel, Bolognesi s/n; Erw./Student 6/3 US$).

MUSEO DIDACTICO ANTONINI

Dieses **Archäologische Museum** (52-3444; Av de la Cultura 600; Eintritt/Kameras 3/1,50 US$; 9–19 Uhr) im Osten der Stadt rühmt sich seines Aquädukts, der durch seinen Garten führt, und zeigt Reproduktionen von Gräbern und im Modell der Linien. Man bekommt eine Übersicht über die Nazcakultur und abseits gelegene Stätten Nazcas.

ABSEITS GELEGENE STÄTTEN

Für einen Besuch der entlegenen archäologischen Stätten empfiehlt sich eine geführte Tour (s. Geführte Touren), da sich schon Raubüberfälle auf Touristen ereignet haben. Bei den **Cantallo Aquädukten** (Eintritt 1 US$), gleich außerhalb der Stadt, kann man mithilfe spiralenförmiger *ventanas* (Fenster) in das antike Gestein hinuntersteigen – eine feuchte, klaustrophobische Erfahrung. Der beliebte **Friedhof von Chauchilla** (Eintritt 1,50 US$) 30 km südlich von Nazca wird jeden, der das makabre Bedürfnis nach Knochen, Totenschädeln und Mumien hat, befriedigen. Eine unbefestigte Straße führt 25 km westlich nach **Cahuachi**, ein bedeutendes Nazcazentrum, das noch ausgegraben wird.

Aktivitäten

Schwimmen kann man im **Nazca Lines Hotel** (Bolognesi s/n; Eintritt mit Snack & Getränk 5 US$). Eine Expedition abseits der bekannten Routen führt zum **Cerro Blanco**, der höchsten Sanddüne der Welt (2078 m). Er ist für angehende Sandboarder, die frisch aus Huacachina kommen, eine echte Herausforderung. Halbtagstouren auf dem Mountainbike kosten etwa dasselbe (35 US$).

Geführte Touren

Hotels und Reisebüros werben unermüdlich für ihre eigenen Touren. Aggressive Schlepper fangen ankommende Busse ab, um Ankömmlingen etwas zu verkaufen, bevor sie überhaupt ihre Sachen beisammen haben. Also ganz langsam: Die meisten Reisebüros gibt's am südwestlichen Ende der Lima. Niemals sollte man Geld auf der Straße übergeben.

Bei Touren zu entlegenen Stätten gibt's meistens einen ausgiebigen Halt für eine Vorführung bei einem Töpfer und/oder in einer Goldgräberwerkstatt (Trinkgeld wird erwartet). Wer unabhängig sein will, kann mit **Jorge Echeandia** (☎ 52-1134/971-4038; jorgeNazca17@yahoo.com) gehen, der ein erfahrener lokaler Führer ist, ebenso wie manche vom Personal des Museo Didactico Antonini.

Die kleinen Propellermaschinen starten zu ihren oft unruhigen Flüge über die Nazcalinien am Morgen und am frühen Nachmittag – wenn es das Wetter erlaubt. Wer einen empfindlichen Magen hat, der sollte aufs Frühstück verzichten. Ein Standardflug von 30 Min. kostet 45 US$; von Mai bis August können die Preise auf bis zu 60 US$ steigen, in der Nebensaison kann es auch billiger sein. Beim Aerodrome, 2 km südlich der Stadt, wird eine Steuer von 5 US$ verlangt.

Flüge sollte man ein paar Tage im Vorraus buchen. Einige etablierte Reisebüros, die sie anbieten:

Nazca Trails (☎ 52-2858; Nazcatrails@terra.com.pe; Bolognesi 550)

Alegría Tours (☎ 056-52-2444; www.alegriatoursperu.com; Lima 168).

Schlafen

Die Preise können zwischen Mai und August auf das Doppelte steigen.

Hotel Nido del Cóndor (☎ 52-3520; www.aerocondor.com.pe; km 447 Panamericana Sur; Stellplatz 3 US$/Pers.; 🖭) Gegenüber vom Aerodrome; erlaubt Camping auf dem Rasen.

Hotel Nazca (☎ 52-2085; marioNazca13@hotmail.com; Lima 438; EZ/DZ 8,50/12,50 US$, EZ ohne Bad 3 US$) Freundliches, älteres Haus mit einfachen Zimmern zum Hof hinaus, manche mit lauer Gemeinschaftsdusche.

Friend's House (☎ 52-3630/2684; elmochilero_1000@hotmail.com; Juan Matt 712; EZ/DZ ohne Bad 4,50/6 US$, Frühstück inkl.) Ein Haus für die Nachtschwärmer unter den Backpackern, das von jugendlichem Personal betreut wird. Küche, Waschmöglichkeit, Fernsehraum und ein kleiner Gymnastikraum.

Hotel Alegría (☎ 52-2702; Lima 168; Zi. ohne Bad 4,50–7,50 US$, EZ/DZ/3BZ 18/25/33 US$, „continental"-Frühstück inkl.; 🖭 🖭) Diese gepflegte Oase hat ein Dutzend einfache Zimmer mit Gemeinschaftsduschen für Budgetreisende. Es gibt einen luftigen Garten und ein Café im Hof.

Hostal Posada Guadalupe (☎ 52-2249; San Martín 225; EZ/DZ 5/7,50 US$) Am westlichen Ende der Stadt in einem Wohnblock, ganz nahe an den Bushaltestellen und dennoch ohne Hektik. Einige der einfachen Zimmer haben ein eigenes Bad.

Hospedaje Yemeyá (☎ 52-3416; Callao 578; Zi. 7,50–22,50 US$, Frühstück inkl.; 🖭) Eine unermüdliche Familie bietet ein paar Stockwerke mit kleinen, aber gepflegten Zimmern, in denen es warme Duschen und Kabel-TV gibt. Mit Terrasse und Café.

Hostal Vía Morburg (☎ 52-2141; hotelvia morburg@yahoo.es; José María Mejía 108; EZ/DZ 7,50/10,50 US$; 🖭) Ein lautes, aber ziemlich verlässliches Gästehaus mit einem Café auf dem Dach. Der Pool ist so groß wie eine Badewanne.

Hotel Internacional (☎ 55-2744; Maria Reiche 112; Zi./Bungalows 8,50/12,50 US$) Man sollte sich nicht vom glanzlosen Eingang täuschen lassen: Das Hotel hat zwar einfache Zimmer, aber auch größere und bessere Bungalows im Doppelhausstil mit Patios.

Essen & Ausgehen

Westlich der Plaza de Armas sind auf der Bolognesi jede Menge Pizzerias, Restaurants und Bars, darunter auch Grumpy's bei Haus Nr. 182.

Restaurant Paulita (Tacna 2. Block; menú 1,50–2 US$) Mit zwei Tischen draußen, die auf die Plaza de Armas schauen. Serviert werden peruanisches Essen und ein paar *criollo*-Spezialitäten.

La Taberna (Lima 321; menú 1,50–4,50 US$, Hauptgerichte ab 5 US$) In diesem intimen Kabuff zeugt das Gekritzel an der Wand von seiner Beliebtheit. An manchen Abenden gibt's Livemusik.

Restaurant Los Angeles (Bolognesi 266; Hauptgerichte 2–5 US$) Dieses peruanische und internationale Lokal, das einem englisch und französisch sprechenden lokalen Führer gehört, bietet köstliche Suppen und Salate.

Don Hono (Arica 254; Hauptgerichte 2–6 US$; 🕙 So geschl.) Gleich bei der Plaza; serviert frische Produkte und ist zu Recht stolz auf seinen *pisco sour*.

ABSTECHER

Südlich von Mollendo liegt entlang einer ununterbrochenen Reihe von Stränden das **Santuario Nacional Lagunas de Mejía** (☎ 054-83-5001; Eintritt 1,50 US$; ☺ Sonnenaufgang–Sonnenuntergang), das die größten dauerhaft bestehenden Seen der 1500 km langen Wüstenküste schützt. Über 200 Zug- und Küstenvogelarten können hier beobachtet werden, am besten am frühen Morgen. Das Besucherzentrum hat Karten mit den Fußwegen durch die Dünen, die zu den *miradores* führen. Minibusse nach Mejía fahren in Mollendo von der Tacna bei der Arequipa ab (0,40 US$, 30 Min.).

Vorbeifahrende *colectivos* dringen tiefer ins Río-Tambo-Tal mit seinen bewässerten Reisfeldern, Zuckerrohrplantagen, Mais- und Kartoffelfeldern vor: ein merkwürdiger Mix vor einem staubigen Hintergrund aus Sanddünen und Wüste. Die Straße stößt bei El Fiscal, einer schäbigen Tankstelle, wieder auf die Panamericana. Hier kann man Busse nach Arequipa oder südwärts nach Moquegua und Tacna anhalten, um noch einen Stehplatz zu ergattern.

La Kañada (Lima 160; menú 3 US$, Hauptgerichte um 5 US$; ☺ 9–19 Uhr) Bietet peruanische Küche in der Nähe der Bushaltestellen. Zum Cocktailangebot gehört die Algarrobina, der aus Sirup vom *huarango* (Johannisbrotbaum) gemacht wird.

An- & Weiterreise

Die Busgesellschaften drängen sich um das westliche Ende der Lima, in der Nähe des Kreisverkehrs an der Panamericana. Die meisten Fahrten nach Lima (5–22,50 US$, 8 Std.), Arequipa (7–36 US$, 10–12 Std.) und Tacna (7–30 US$, 14 Std.) starten am Nachmittag oder am Abend. In letzter Zeit soll es bei Nachtbussen nach und von Arequipa zu Geiselnahmen und Raubüberfällen gekommen sein. Für Direktverbindungen nach Cusco (15–30 US$, 13–15 Std.) nehmen manche Gesellschaften die befestigte Straße nach Osten über Abancay. Auf dieser Strecke wird es kalt, man braucht also warme Kleidung. Die Alternativstrecke geht über Arequipa. Nach Ica fahren vom Kreisverkehr auch schnelle *colectivos* (3,60 US$, 2 Std.) und Minibusse (2,70 US$, 2½ Std.). Taxis zum Aerodrome kosten 1 US$.

MOLLENDO

☎ 054 / 29 000 Ew.

Dieser altmodische Urlaubsort an der Küste inmitten einer schuppigen Wüstenlandschaft ist ein beliebtes Ausflugsziel der *arequipeños* während des Küstensommers. Dann sind die öffentlichen Schwimmbäder am Meer rappelvoll und in den Diskos wird bis in die Puppen getanzt.

Internetcafés gibt's zuhauf.

BCP (Arequipa 330) wechselt US-Dollars und hat einen Geldautomaten, der Visa-Karten

nimmt. **Telefónica-Perú** (Arequipa 675) liegt nördlich des Marktes.

Einzelzimmer sind schwer zu finden, besonders an Wochenenden während der Hochsaison. La Posada Inn (☎ 53-4610; Arequipa 337; EZ/DZ 7,50/12 US$, ohne Bad 5/10 US$, Frühstück inkl.) wird von einer freundlichen Familie geführt und im Sommer mit Geißblattduft parfümiert. Einige Zimmer haben heißes Wasser und TV mit lokalen Kanälen. Das zentral gelegene **El Plaza Hostal** (☎ 53-2460; plazamollendo@hotmail.com; Arequipa 209; EZ/DZ/3BZ/4BZ 13,50/18/21/24 US$) ist geräumig, blumengeschmückt, hat warme Duschen und freundliches Personal. Das **Hostal La Casona** (☎ 53-3160; Arequipa 192–188; EZ/DZ 13,50/18 US$) hat luftige Zimmer mit warmem Wasser und Kabel-TV.

Cevicherías und Fischrestaurants gibt's in Hülle und Fülle. Das beliebte **Marco Antonio** (Plaza Bolognesi, Comercio 254; Hauptgerichte 2–5,50 US$) ist ein peruanisches Café ohne Schnickschnack. Näher am Strand liegt die **Heladería Venecia** (Comercio bei Blondell) mit leckeren lokalen Fruchteissorten.

Von Mollendos Terminal Terrestre fahren oft Busse nach Arequipa (1,50–2,50 US$, 2 Std.). Es gibt auch einen Minibus-Shuttle ins Zentrum und zum Strand (0,15 US$, 15 Min.).

MOQUEGUA

☎ 053 / 57 300 Ew.

Diese ausgedörrte Stadt im Inland muss im trockensten Teil der peruanischen Küstenwüste überleben, die wiederum bald in die trockene Wüste der Welt übergeht: die Atacama im nördlichen Chile. Moquegua ist Quechua und bedeutet „ruhiger Ort" . Die Region war mit den Anden lange kulturell verbunden. Es gibt hier friedliche Straßen mit Pflastersteinen, eine schattige Plaza mit Gärten, Kolonialarchitektur und einen schmiedeeisernen Brunnen aus dem 19. Jh.

Praktische Informationen

Die Verbindungen in den Internetcafés sind eher langsam.

BCP (Moquegua 861) Hat einen Geldautomaten für Visa und MasterCard.

Post (Ayacucho 560) An der Plaza.

Regionale Touristenbüro (☎ 46-2236; Ayacucho 1060; ☽ 7.30–15.30 Mo–Fr) Nördlich des Zentrums.

Sehenswertes & Aktivitäten

Das **Museo Contisuyo** gleich bei der Plaza (☎ 46-1844; bruceowen.com/contisuyo/MuseoE.html; Tacna 294; Eintritt 1,50 US$; ☽ 8–13 & 13.30–17.30 Uhr) ist ein ausgezeichnetes kleines Museum mit archäologischen Fundstücken und Fotos von kürzlich gemachten Ausgrabungen.

18 km nordöstlich von Moquegua liegt der Tafelberg **Cerro Baúl**. Hier war einst eine königliche Brauerei angesiedelt, die den Huari gehörte. Archäologen glauben, dass sie nach einem letzten wilden *chicha*-Besäufnis zeremoniell durch ein Feuer zerstört wurde. Ein steiler einstündiger Aufstieg zum Plateau wird mit einer eindrucksvollen Aussicht belohnt. Von Moquegua nimmt man an der Balta westlich der Plaza Bolívar einen Minivan nach Torata und bittet darum, beim Cerro Baúl abgesetzt zu werden (0,60 US$, 20 Min.).

Schlafen

Hostal Carrera (☎ 46-2113; Lima 320; EZ/DZ 4,50/8 US$, ohne Bad 3,60/6 US$) Das hübsche pastellfarbene Gästehaus liegt hinter seinem Gartentor recht sicher. Es hat einfache Zimmer und einen freundlichen Besitzer.

Hostal Los Limoneros (☎ 46-1649; Lima 441; EZ/DZ 12/16,50 US$) Der ruhige Garten mit seinen schattigen Patios und dem herrlichen Duft macht dieses traditionelle *hostal* zum attraktivsten der Stadt. Zimmer mit hohen Decken, warmem Wasser und Kabel-TV.

Essen & Ausgehen

Moquegua ist bekannt dafür, dass es einen der besten *piscos* Perus herstellt. Für Restaurants mit regionaler Küche und *folklórico*-Musik an den Wochenenden nimmt man ein Taxi ins nahe Samegua (1 US$).

Restaurant Morales (Ecke Lima & Libertad; Hauptgerichte 2–6 US$) Peruanisches Café mit Klasse, weißen Tischdecken und einer scharfen *dueña*.

El Bandido (Moquegua 333) Diese Cowboy-Bar im Westernstil passt perfekt zu Moqueguas wilder Atmosphäre. Pizzas werden nach Bestellung im Holzofen zubereitet.

An- & Weiterreise

Busse nach Arqeuipa (4,50 US$, 4 Std.) und Tacna (4 US$, 3 Std.) fahren von den Büros der Busgesellschaften westlich des Zentrums ab, ebenso die *colectivo*-Taxis nach Tacna (3,50 US$, 2 Std.). *Económico*-Busse fahren nach Desaguadero an der bolivianischen Grenze (5,35 US$, 5 Std.) und Puno (6,25 US$, 7 Std.), doch das ist eine sehr anstrengende Reise – es ist besser zuerst nach Arequipa zurückzufahren.

TACNA

☎ 052 / 243 600 Ew.

Am Ende der Panamericana, fast 1300 km südöstlich von Lima, liegt der wilde staubige Grenzort Tacna (460 m), Perus patriotischste Stadt: Sie wurde von Chile 1880 nach dem Salpeterkrieg besetzt. 1929 entschied sich die Bevölkerung für eine Rückkehr zu Peru.

Praktische Informationen

Chilenische Pesos, Nuevos Soles und US-Dollars können leicht umgetauscht werden. In den Internetcafés lässt es sich günstig telefonieren.

BCP (San Martín 574) Hat einen Geldautomaten für Visa und MasterCard, gibt auf Visa-Karten Barkredite und wechselt Reiseschecks.

Chilenisches Konsulat (☎ 42-3063; Presbitero Andía at Saucini) In der Nähe des Bahnhofs, die meisten Reisenden gehen aber gleich zur Grenze.

Interbank (San Martín 646) Hat einen Geldautomaten.

Krankenhaus (☎ 72-2121.3361; Blondell s/n; ☽ 24 Std.) Für Notfälle.

Sehenswertes & Aktivitäten

Die mit Palmen geschmückte **Plaza de Armas** hat einen Brunnen und eine Kathedrale, die von dem französischen Ingenieur Eiffel – ja, der mit dem berühmten Turm – stammt. Im Bahnhof zeigt das **Museo Ferroviario** (☎ 72-4981; Eintritt 0,30 US$; ☽ 8–17.30 Uhr) schöne Lokomotiven aus dem 20. Jh. und anderes rollendes Material. Daneben sieht man Ei-

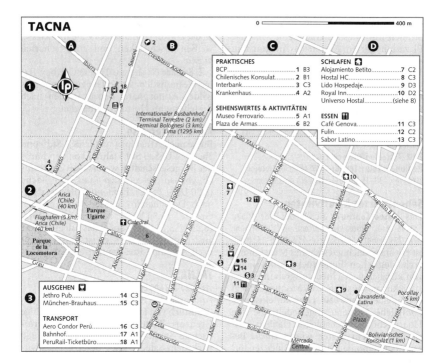

senbahnsalons mit Atmosphäre und historischem Dekor.

Die Landschaft rund um Tacna ist bekannt für ihre Olivenhaine, Gärten und *bodegas*. Wer die *bodegas* und Restaurants im Vorort **Pocollay** besuchen will, nimmt einen Bus oder einen *micro* die Bolognesi entlang (0,15 US$, 10 Min.).

Boca del Río ist ein Urlaubsort am Meer 50 km südwestlich von Tacna. Man erreicht ihn vom Terminal Bolognesi aus mit einem Minibus (1,50 US$, 1 Std.).

Schlafen

Hotelzimmer sind vor allem an Wochenenden überteuert und sehr schnell ausgebucht.

Alojamiento Betito (☎ 70-7429; 2 de Mayo 493; EZ/DZ ohne Bad 4,50/7,50 US$) Ein eigenartiges altes Gebäude mit einem etwas verlotterten Ambiente und einer Bohème-Bar unten.

Lido Hospedaje (☎ 57-7001; San Martín 876A; EZ/DZ/3BZ 7/10/13 US$) Das sichere Gästehaus stellt im Zentrum das beste Budgetangebot dar. Saubere Zimmer mit warmem Wasser und lokalem TV.

Royal Inn (☎ 72-6094; Patricio Melendez 574; EZ/DZ 7,50/10,50 US$) Das riesige einfache Hotel nördlich des Markts hat saubere Zimmer mit warmem Wasser. Praktische Minibar an der Rezeption.

Hostal HC (☎ 24-2042; Zela 734; EZ/DZ 7,50/10,50 US$) Ein sauberer Ort mit gesprächigem Personal, das viel über die Sehenswürdigkeiten im Ort weiß. Einfache Zimmer mit Kabel-TV und warmer Dusche.

Universo Hostal (☎ 71-5441; Zela 724; EZ/DZ 7,50/10,50 US$) Kleines Hotel mit kleinen Zimmern, warmer Dusche und Kabel-TV.

Essen & Ausgehen

Pocollay ist bei den *taceños* wegen seiner ländlichen Restaurants beliebt, in denen am Wochenende oft Livebands spielen. Viele Bars liegen im ersten Block der Arias Araguez, wo Bierfreaks Münchner Bier trinken und Rocker im Jethro Pub auf den Putz hauen.

Sabor Latino (Vigil 68; Hauptgerichte 1,50–6 US$) In diesem *criollo*-Café sind die Tische immer besetzt. Es hat tropische Ventilatoren und spielt viel Latin.

EINREISE NACH CHILE

Die Grenzformalitäten sind unkompliziert. Die peruanische Grenzstation ist an Werktagen von 8 Uhr morgens bis Mitternacht geöffnet, freitags und samstags rund um die Uhr. Chile ist Peru eine Stunde, während der Sommerzeit zwei Stunden voraus.

Colectivos (3,60–4,50 US$, 2 Std.) nach Arica (Chile), etwa 65 km von Tacna entfernt, fahren zwischen 6 und 10 Uhr vom internationalen Busbahnhof gegenüber vom Terminal Terrestre ab. Freitags und samstags kann man auch Taxis finden, die außerhalb dieser Zeiten fahren, aber die sind teurer. Weil einem die Taxifahrer bei den Grenzformalitäten helfen, sind sie sicherer und bequemer als die unregelmäßig fahrenden lokalen Busse.

Von Tacnas **Bahnhof** (☎ 052-72-4981) fahren zweimal am Tag Züge nach Arica (1,50 US$, 1,5 Std.) – die billigste und angenehmste Art, die Grenze zu überqueren, aber auch die langsamste. Der Pass wird am Bahnhof in Peru gestempelt und bei der Ankunft in Chile bekommt man den Einreisestempel.

Infos zum Grenzübergang in die umgekehrte Richtung gibt's auf S. 533.

Fulin (Arias Araguez 396; menú 1,50 US$; ☺ Mittagessen Mo–Fr) Ein billiges vegetarisches *chifa* in einem fast verfallenen Gebäude.

Café Genova (San Martín 649; Hauptgerichte 4–10 US$; ☺ 11–2Uhr) Dieses Straßencafé bietet Tuchfühlung mit den Einheimischen. Essen ist so lala, am besten man bleibt bei Snacks und Drinks.

An- & Weiterreise

BUS
Die meisten Langstreckenfahrten starten am Terminal Terrestre (Abreisesteuer 0,30 US$). Vom Zentrum nimmt man ein Taxi (0,75 US$). Viele Gesellschaften fahren nach Lima (9–43 US$, 18–22 Std.) und Arequipa (4,50–6,50 US$, 6–7 Std.) via Moquegua (3 US$, 3 Std.). Die meisten Busse nach Lima lassen einen auch in den anderen Küstenorten wie Nazca und Ica heraus. Bequeme Nachtbusse von **Cruz del Sur** (☎ 42-5729) fahren

---

AREQUIPA – WAS STECKT IN DIESEM NAMEN?

Die Zeugnisse einer präinkaischen Siedlung von indigenen Völkern aus der Gegend des Titicacasees hat einige Gelehrte zu der Annahme gebracht, dass die Aymara die Stadt als erstes benannt haben (auf Aymara bedeutet *ari* „Gipfel" und *quipa* „dahinter liegen"), weil sie hinter dem Vulkan Misti liegt. Eine andere Legende besagt, dass der Inka Mayta Capac durch das Tal reiste und davon so bezaubert war, dass er seinem Gefolge befahl, anzuhalten und sagte *„Ari, quipay"*, was in Quechua *„Ja, anhalten"* heißt.

über Puno und Desaguadero nach Cusco (22,30 US$, 16 Std.) Andere Unternehmen mit Nachtbussen nach Puno (7,50 US$, 10 Std.) über Desaguadero (8 Std.) starten an der Av Circumvalación im Norden der Stadt. In den *económicos* ist das eine harte, kalte Nachtfahrt ohne Toiletten. Klüger ist es, über Arequipa zu fahren.

FLUGZEUG
Tacnas Flughafen (TCQ) liegt 5 km westlich der Stadt (Taxi 1 US$). **Aero Condor Perú** (☎ 24-8187; Arias Araguez 135) hat dreimal die Woche billige Flüge nach Arequipa. Sie sind oft voll.

AREQUIPA & DAS CANYONLAND

Das koloniale Arequipa mit seinen erlesenen Museen, seiner Architektur und seinem Nachtleben ist von einer Landschaft umgeben, die zu den wildesten von Peru gehört. Es ist ein Land mit aktiven Vulkanen, heißen Quellen, Wüsten in großer Höhe und den tiefsten Canyons der Welt. Wer über Land zum Lago Titicaca und nach Cusco fährt, sollte hier auf jeden Fall einen Stopp einlegen.

AREQUIPA
☎ 054 / 760 000 Ew.
Seit die Spanier 1540 in diese Region kamen, wurde Perus zweitgrößte Stadt fast jedes Jahrhundert von Vulkanausbrüchen und Erdbeben erschüttert – sie weiß also, was Katastro-

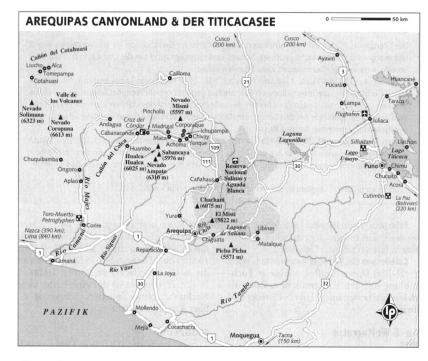

AREQUIPAS CANYONLAND & DER TITICACASEE

phen sind. Der perfekt kegelförmige Vulkan El Misti (5822 m), der sich majestätisch hinter der Kathedrale an der Plaza de Armas erhebt, wird links vom zerklüfteten Chachani (6075 m) und rechts vom Pichu Pichu (5571 m) flankiert. Die Einheimischen sagen, als sich der Mond von der Erde getrennt habe, habe er vergessen, Arequipa mitzunehmen, und schwärmen dann von den eindrucksvollen Kolonialbauten der Stadt, die aus dem hellen, in der Sonne glänzenden Vulkangestein *sillar* errichtet wurden.

Praktische Informationen

BUCHLÄDEN
Colca Trek (☎ 20-6217/960-0170; colctrek@hotmail.com; Jerusalén 401-B) Anlaufstelle für Trekkings auf eigene Faust und topografische Karten.
Librería el Lector (San Francisco 221; 9–12 & 13–21 Uhr) Büchertausch, Bücher über die Gegend, Reiseführer und Musik-CDs.

EINREISESTELLE
Migraciónes (☎ 42-1759; Parque 2, Ecke Bustamente & Rivero, Urb Quinta Tristán; Mo–Fr 8–13Uhr) Mit dem Taxi hinfahren (1 US$).

GELD
Östlich der Plaza findet man die Geldwechsler, Geldautomaten für alle Karten im Casona Santa Catalina und im Terminal Terrestre.
BCP (San Juan de Dios 125) Visa-Geldautomat; wechselt Reiseschecks.
Interbank (Mercaderes 217) Geldautomat für alle Karten; wechselt Reiseschecks.

GEPÄCKAUFBEWAHRUNG
Viele Gästehäuser bewahren Gepäck kostenlos auf. Man sollte alles sicher abschließen, immer einen Beleg fordern und eine Liste mit dem Inhalt bei sich haben.

INTERNETZUGANG
Ciber Market (Santa Catalina 115B; 8.30–23 Uhr) Ruhige Kabinen, schnelle Computer mit Druckern, VoiceIP und der Möglichkeit, Digitalfotos auf CD zu brennen.

MEDIZINISCHE VERSORGUNG
Clínica Arequipa (☎ 25-3424/3416; Ecke Bolognesi & Puente Grau; Mo–Fr 8–20, Sa bis 12.30 Uhr)
Paz Holandesa Poliklinik (☎ 20-6720; www.pazholandesa.com; Jorge Chavez 527; Mo–Sa 8–20

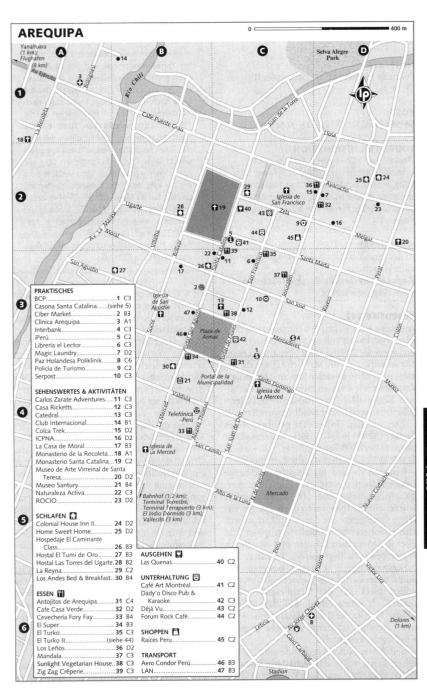

Uhr) Klinik für Reisende; nur nach Vereinbarung. Englisch sprechendes Personal.

NOTFÄLLE
Policía de Turismo (☎ 20-1258; Jerusalén 315; 🕑 24 Std.)

POST
Serpost (Moral 118; 🕑 Mo–Sa 8–20, So 9–13 Uhr)

TOURISTENINFORMATION
iPerú Flughafen (☎ 44-4564; 1. Stock, Haupthalle; 🕑 6.30–18Uhr); Zentrum (☎ 022-1228; Casona Santa Calina, Santa Catalina 210; 🕑 9–19 Uhr) Das Hauptbüro arbeitet mit Indecopi zusammen, die Touristenschutzorganisation, die Beschwerden über Reisebüros entgegennimmt.

WÄSCHEREI
In der Jerusalén gibt's eine Menge Angebote zum Waschen.
Magic Laundry (Jerusalén 404; 🕑 Mo–Sa 9–13 & 14.30–19Uhr) Schnellservice.

Sehenswertes
Arequipa wird wegen des charakteristischen Mauerwerks aus vulkanischem Gestein *(sillar)* auch die „weiße Stadt" genannt. Dieses Mauerwerk ziert die stattliche Plaza de Armas, man kann es außerdem an der riesigen **Kathedrale** wie auch an vielen anderen schönen Kolonialkirchen, Klöstern und Herrschaftshäusern in der Stadt bewundern.

Das von der Universität geführte **Museo Santury** (☎ 054-20-0345/21-5013; www.ucsm.edu.pe/santury; La Merced 110; Eintritt 4,50 US$; 🕑 Mo–Sa 9–18, So 9–15 Uhr) zeigt „Juanita, die Eisprinzessin" – jenes im Ewigen Eis eingefrorene junge Inkamädchen, das auf dem Gipfel des Ampato (6288 m) vor über 500 Jahren geopfert wurde. Für die Inka waren die Berge gewalttätige Gottheiten, die durch Vulkanausbrüche, Lawinen oder Klimakatastrophen Tod über die Menschen bringen und nur durch Opfer beschwichtigt werden konnten. Die mehrsprachigen Führungen bestehen aus einer Videovorführung, einem ehrfurchtsvollen Blick auf die Grabbeigaben und schließlich einem Blick auf die Mumie selbst. Juanita wird von Januar bis April nicht gezeigt, ist dann aber ein anderes Kindsopfer ausgestellt.

Selbst wer Kolonialgebäude nicht mehr sehen kann, sollte das **Monasterio Santa Catalina** (☎ 22-9798; Santa Catalina 301; Eintritt 10,50 US$;

ABSTECHER
Vom Zentrum Arequipas kann man zum Vorort **Yanahuara** laufen: Auf der Av Puente Grau nach Westen gehen, über die Brücke und weiter auf der Ejército laufen. Bei der Lima nach rechts abbiegen und dann nach Norden zu einer kleinen Plaza gehen, wo die 1750 erbaute **Iglesia San Juan Batista** steht. Außerdem gibt's hier einen **mirador** mit einer herrlichen Aussicht auf Arequipa und El Misti. Zurück kommt man über die Jerusalén, die parallel zur Lima verläuft. Kurz vor der Ejército ist das bekannte Gartenrestaurant **Sol de Mayo** (☎ 054-25-4148; Jerusalén 207; Hauptgerichte 5–7,50 US$), wo man ein typisches *arequeño*-Mittagessen aufgetischt bekommt. Minivans fahren regelmäßig die Av Puente Grau entlang zur Hauptplaza von Yanahuara (0,35 US$).

🕑 9–17 Uhr, letzter Einlass 16 Uhr) besuchen. Es nimmt einen ganzen Block ein und wird von eindrucksvollen Mauern umschlossen – praktisch eine Zitadelle innerhalb der Stadt. Gegründet wurde es 1580 von einer reichen Witwe, die ihre Nonnen aus den reichsten spanischen Familien auswählte, die dann aber in dem Stil lebten, den sie gewohnt waren. Nach fast drei Jahrhunderten dieser hedonistischen Herangehensweise kam eine strenge Dominikaner-Nonne, um die Dinge gerade zu rücken. Der Komplex blieb immer geheimnisumwoben, bis man 1970 durchsetzte, dass er für die Öffentlichkeit geöffnet wurde. Heute ist er ein labyrinthischer meditativer Ort, der einen in eine vergangene Zeit und eine vergangene Welt führt: mit gewundenen Straßen und Plätzen, mit versteckten Treppen, schönen Höfen und asketischen Wohnvierteln. Für ein Trinkgeld kann man sich den mehrsprachig geführten Touren anschließen (3–4,50 US$).

Eine der ältesten Kirchen Arequipas ist die jesuitische **Iglesia de La Compañía** (freier Eintritt; 🕑 9–12 & 15–18 Uhr) mit ihrem reich verzierten Hauptportal. Die **Kapelle San Ignacio** hat eine vielfarbige Kuppel mit einem üppigen Wandgemälde, das tropische Blumen, Früchte und Vögel zeigt, unter die sich Krieger und Engel mischen.

Das staubige **Monasterio de la Recoleta** der Franziskaner aus dem 17. Jh. (☎ 28-1188; La

Recoleta 117; Eintritt 1,50 US$; ⊙ Mo–Sa 9–16.30, So 9–12.30 Uhr) liegt an der Westseite des Río Chili und hat eine faszinierende Bibliothek mit mehr als 20 000 historischen Büchern und Karten sowie ein Museum mit Fundstücken aus Amazonien, die von Missionaren gesammelt wurden. Die Nachbarschaft ist etwas heikel, also besser ein Taxi nehmen (1 US$).

Das **Museo de Arte Virreinal de Santa Teresa** (☎ 24-2531; www.museocarmelitas.com; Melgar 303; Eintritt 3 US$; ⊙ 9–16.30 Uhr) in einem prachtvollen Karmeliterkloster aus dem 17. Jh. wurde erst kürzlich für die Öffentlichkeit geöffnet. Es ist für seine dekorativ bemalten Wände, die unschätzbaren Votiv-Kunstobjekte und Gemälde aus der Kolonialzeit bekannt. All das wird von mehrsprachigen Reiseführern erklärt, deren Arbeit mit Trinkgeldern honoriert werden sollte. Ein hübscher Laden verkauft Gebackenes und nach Rosen duftende Seife, die von Nonnen hergestellt wird.

Das Kolonialhaus **La Casa de Moral** (Moral 318; Erw./Student 1,40/1 US$; ⊙ Mo–Sa 9–17 Uhr) wurde nach einem 200 Jahre alten Maulbeerbaum auf dem Innenhof benannt. Die **Casa Ricketts** (San Francisco 108; freier Eintritt; ⊙ Mo–Fr 9.15–12.45 & 16–18.30, Sa 9.30–12.45 Uhr), heute eine Bank, hat Springbrunnen mit Pumaköpfen.

Kurse

Viele Schulen bieten Spanischkurse an (um die 6 US$/Std.).

CEICA (☎ 22-1165; www.ceica-peru.com/arequipa.htm; Urb Universitaria G-9)

CEPESMA (☎ 40-5927; cepesma.idiomas@peru.com; La Marina 141)

ICPNA (☎ 89-1020; www.icpna.edu.pe; Melgar 109)

Juanjo (www.spanishlanguageperu.com; 2. epata C-4, Urb Magisterial, Yanahuara)

ROCIO (☎ 28-6929; www.spanish-peru.com; Ayacucho 208)

Aktivitäten

In der Santa Catalina und der Jerusalén gibt's Dutzende windiger Reisebüros, die enttäuschend gehetzte Touren in den Cañón del Colca sowie Trekkings, Bergsteigen und Raftingtrips anbieten. Es gibt viele Scharlatane, die in das Geschäft drängen, es ist also Vorsicht geboten!

Ausflugsagenturen:

Calbagatas (☎ 28-6314/965-5766/983-2623; rentasy servicios@speedy.com.pe) Für Ausritte zu Pferd und Treks.

Außerhalb der Stadt, also besser über Telefon oder E-Mail zu kontaktieren

Carlos Zarate Adventures (☎ 20-2461; www.zarateadventures.com; Santa Catalina 204) Der Opa aller Bergsteigeragenturen in Arequipa; bietet auch Mountainbiketouren an. Das Angebot kann manchmal etwas fade sein. Vermietet auch Bergsteigerausrüstung, die man aber checken sollte.

Colca Trek (☎ 20-6217/960-0170; colcatrek@hotmail.com; Jerusalén 401-B) Ökobewusste Agentur für Abenteuertouren, geführt von dem englisch sprechenden Vlado Soto. Kauft und verkauft Ausrüstung, dazu auch Öl für Campingkocher, Bergsteigerausrüstung und Wanderkarten.

Naturaleza Activa (☎ 22-2257; www.peruexploration.com; Santa Catalina 211) Organisiert Mountainbiking, Trekking und Bergtouren unterschiedlicher Qualität.

BERGSTEIGEN

Arequipa ist von herrlichen Bergen umgeben. Auch wenn viele Touren in der Gegend technisch eher anspruchslos sind, auf die leichte Schulter sollte man sie nie nehmen. Zu den Risiken gehören extremes Wetter, die Höhe und der Umstand, dass viele zu wenig Wasser trinken (pro Person und Tag sollte man mindestens 4 l dabeihaben). Es empfiehlt sich, die Ausweise der Führer aufmerksam zu prüfen und das Buch zu verlangen, das die ausgebildete und registrierte Führer auflistet. Außerdem sollte man sich über die Symptome der Höhenkrankheit informieren (S. 1095) und seine eigenen Medikamente mitbringen.

Über Arequipa wacht der Vulkan **El Misti** (5822 m). Er ist das populärste Kletterziel der Umgebung. Man kann ihn allein besteigen, mit einem Führer ist man jedoch gegen Überfälle geschützt, die auf der Apurímac-Strecke schon vorgekommen sind. Eine beliebte Route führt von Chiguata über einen strapaziösen steilen Weg, für den man etwa acht Stunden einkalkulieren muss, zu einem Basislager (4500 m). Von hier zum Gipfel und zurück sind es nochmals acht Stunden. Der Rückweg vom Basislager nach Chiguata dauert drei Stunden. Der **Chachani** (6075 m) ist einer der leichtesten Sechstausender der Welt. Dennoch braucht man Steigeisen, einen Eispickel und einen erfahrenen Führer.

RAFTING

Der **Río Chili** ist der am häufigsten befahrene Fluss vor Ort. Einen Halbtagestrip für Anfänger gibt's täglich von März bis November. Weiter draußen passiert der **Río Majes** zwei Stromschnellen zweiten und dritten Grades. Die **Casa de Mauro** (Stellplatz 2 US$/Pers., B 3 US$) im Dorf Ongoro, 190 Straßenkilometer westlich von Arequipa, ist ein bequemer Ausgangspunkt für Raftings auf dem Majes. Die Lodge kann über Colca Trek kontaktiert werden. Am billigsten ist es, bei Transportes del Carpio to Aplao den fast stündlich gehenden Bus von Arequipa (2 US$, 3 Std.) zu nehmen und dann einen Minibus nach Ongoro (oder ein Taxi für 3,50 US$).

TREKKING

Die Agenturen bieten eine Menge Touren abseits der ausgetretenen Pfade in das Canyonland rund um Arequipa an, aber wer den Cañón del Colca besuchen will, kann das auch auf eigene Faust machen. Die beste Zeit dafür ist von Mai bis November. Der Cañón del Colca hat ein paar verstreute **Campingplätze** (1,40 US$/Pers.), allerdings ist es verboten, am Cruz del Condor zu campen. Die unverzichtbaren Wanderkarten und gut geführte Touren in den Cañón del Cotahuasi gibt's bei Colca Trek.

NOCH MEHR AKTIVITÄTEN

15 Minuten zu Fuß nördlich der Puente Grau liegt der **Club Internacional** (☎ 25-3384; Eintritt Mo–Fr/Sa & So 3/4,50 US$; ☺ Mo–Sa 6–24, So 7–17 Uhr). Hier kann man in Swimmingpools seine Bahnen ziehen und Fußball, Tennis oder Bowling spielen.

Festivals & Events

Die *Arequipeños* sind ein stolzes Völkchen, und jährlich am 15. August erinnern sie mit ihrem wilden Fest zur Stadtgründung daran, wie sehr sich die Stadt von der Küstenstadt Lima unterscheidet.

Schlafen

Viele Gästehäuser sind nicht gekennzeichnet, andere haben ein Schild auf dem „Rooms for Tourist" steht. Viele günstige Gästehäuser liegen an der Av Puente Grau, westlich der Jerusalén.

Home Sweet Home (☎ 40-5982; www.homesweethome-peru.com; Rivero 509A; B 3 US$, EZ/DZ 7,50/14 US$, EZ/DZ/3BZ ohne Bad 5/10/15 US$, Frühstück inkl.) Eine wirklich freundliche Unterkunft mit hübschen, wenn auch etwas verstaubten Zimmern. Oben gibt's einen Fernsehraum, unten eine Küche.

El Indio Dormido (☎ 42-7401; www.elindiodormido. com; Andrés Avelino Cáceres B-9; B 4,50 US$, EZ/DZ ohne Bad 6/9 US$) Am Terminal Terrestre, billig, beliebt, mit einer Gartenterrasse mit Hängematten.

La Reyna (☎ 28-6578; Zela 209; B 4,50 US$, EZ/DZ/3BZ 6/12/18 US$) Das La Reyna ist etwas wackelig, hat Balkone auf dem Dach mit Ausblick auf die Berge oder ein Kloster. Dicht dran am heißesten Nachtleben von Arequipa.

Los Andes Bed & Breakfast (☎ 33-0015; losandesaqp@hotmail.com; La Merced 123; EZ/DZ 10/20 US$, ohne Bad 5/10 US$) Nur ein Katzensprung südlich der Plaza, mit warmem Wasser und sonnendurchfluteten Lounges – gut für längere Aufenthalte.

Point Hostel (☎ 28-6920; www.thepointhostels.com; Av Lima 515, Vallecito; B 7–8 US$, EZ/DZ ohne Bad ab 10/16 US$, Frühstück inkl.; ▣) Im entspannten Gartenvorort Vallecito. Ein weitläufiges Haus mit einer Menge Annehmlichkeiten, die das Backpackerleben schöner gestalten: kostenloser Internetzugang, Spiele, Bibliothek und Chillout-Räume.

Colonial House Inn II (☎ 28-4249; Rivero 504; EZ/DZ 9/15 US$, ohne Bad 7/13 US$) In einem weiträumigen Kolonialgebäude in einer Seitenstraße. Die Zimmer hier verbinden rustikalen Stil mit Bequemlichkeit. Große Gemeinschaftsküche.

Hostal El Tumi de Oro (☎ 28-1319; San Agustín 311; EZ/DZ 9/12 US$) Geführt von munteren älteren Leuten, hübsch gekachelt und mit einer Sonnenterrasse sowie Küchenbenutzung.

Hospedaje El Caminante Class (☎ 20-3444; Santa Catalina 207A; DZ mit/ohne Bad 15/10,50 US$) Dieses überteuerte und überfüllte Gästehaus bietet annehmbare Zimmer, Küche, schöne Aussichten von der Dachterrasse und *maté de coca* (Kokatee) so viel man will.

Hostal Las Torres de Ugarte (☎ 28-3532; www.hotelista.com; Ugarte 401A; EZ/DZ/3BZ 20/30/36 US$, Frühstück inkl.; ▣) Dieses sichere, gut geführte Hotel hat tadellose Zimmer mit TV – da nimmt man die hallenden Korridore in Kauf.

Essen

Modische feine Restaurants gibt's an der San Francisco, Straßencafés in der Pasaje Catedral.

Cafe Casa Verde (Jerusalén 406; Getränke 0,60–1,50 US$) Ein Nonprofit-Café, das sich im Hof an einer geschäftigen Straße findet und von

Straßenkindern geführt wird. Es werden leckeres deutsches Gebäck, Sandwichs, Cappuccino und Säfte serviert.

Antojitos de Arequipa (Morán 1. Block; Snacks & Hauptgerichte 1,50–7,50 US$; ☾ 24 Std.) Dieses Café-Restaurant ist ein Leuchtturm mitten in der Nacht: Espressodrinks, eine riesige Speisekarte und Schlösser, um Rucksäcke abzuschließen. Ideal, um auf die Abfahrt eines Nachtbusses zu warten.

Mandala (Jerusalén 207; Menú 1,50–2 US$) Ein bescheidenes, gesundes, vegetarisches Café für schnelles gutes Essen. Riesiges Frühstück.

Sunlight Vegetarian House (Moral 205; menú 1,50 US$; ☾ Mittagessen) Ein einfaches chinesisches vegetarisches Café mit treuer lokaler Kundschaft.

El Turko (San Francisco 216; Hauptgerichte 2,50–6 US$; ☾ So–Mi 7–24 Uhr, Do–So 24 Std.) Dieses schräge Lokal serviert einer hungrigen Meute zu später Stunde Kebabs, ist aber auch am Tag für einen Kaffee gut. Zu dem kleinen Reich gehört auch das phantastische Restaurant El Turko II, die Fez-Bar und das Istanbul-Café, alle gleich in der Nähe.

Zig Zag Crêperie (Santa Catalina 208; Hauptgerichte 2,50–7 US$; ☾ 8–24 Uhr) In der Alianza Francesa. Das Kulturcafé hat einen knisternden Kamin, bietet guten Kaffee und über 100 verschiedene süße und pikante Crêpes.

Cevichería Fory Fay (Thomas 221; Hauptgerichte 4,50–6 US$; ☾ Mitttagessen) Das kleine Lokal serviert das beste *ceviche*. Man holt sich einen wackligen Stuhl und macht ein Bier auf (es gibt aber nur eins pro Person!).

Los Leños (Jerusalén 407; Pizzas 4,50–6 US$; ☾ Mo–Sa 6–22.30) Viele Traveller sagen, dass es hier die besten Pizzas aus dem Holzofen im südlichen Peru gibt. Wer beeindruckt ist, kann seinen Namen zu den anderen an die Wand schreiben.

El Super (Portal de la Municipalidad 130) An der Plaza de Armas.

Ausgehen

Das heißeste Nachtleben pulsiert in den Bars und Clubs an der San Francisco nördlich der Plaza.

Unterhaltung

Déjà Vu (San Francisco 319B; ☾ 18–2 Uhr) Eine schon immer beliebte Kneipe und eine schöne Mischung aus Dachterrasse, vielen verrückten Cocktails, Filmen am Nachmittag und gute DJs.

Forum Rock Café (San Francisco 317; ☾ Di–Sa 22–4 Uhr) Eine feine Bar mit Latin Rock, viel Bambus und Wasserfällen. Spezialitäten hier sind Bands und Trinken. Auf die Hamburger kommt man dann auch noch. Zero Pub & Pool ist im selben Gebäude.

Café Art Montréal (Ugarte 210; ☾ 18–23 Uhr) Eine verrauchte und intime Bar mit Livebands im hinteren Teil. Könnte auch in Paris am Rive Gauche sein.

Las Quenas (Santa Catalina 302; Eintritt 3 US$; ☾ So geschl.) Jeden Abend *folklórica*. Ein paar Türen weiter südlich, im Boulevard Café, gibt's zeitgenössisches peruanisches Theater bei freiem Eintritt. Donnerstag bis Sonntag.

Dady'o Disco Pub & Karaoke (Portal de Flores 112; Do–So) Eine laute Late-Night-Disko und Bar direkt an der Plaza de Armas.

Einige Kinos in Arequipa zeigen Filme in englischer Sprache mit spanischen Untertiteln. **Cineplanet Arequipa 7** (☎ 270-1945; www.cineplanet.com.pe; Los Arces s/n, bei der Av del Ejército) ist in einer Einkaufspassage, nur eine kurze Taxifahrt von der Plaza. Es lohnt sich, in den verschiedenen Kulturzentren nach Filmfestivals und Sondervorstellungen zu fragen. Déjà Vu zeigt manchmal Filme am Nachmittag.

Shoppen

Arequipa hat jede Menge Läden mit Kunsthandwerk und Antiquitäten, vor allem in den Straßen um das Monasterio Santa Catalina.

Raices Peru (Jerusalén 309-A; ☾ Mo–Sa 9–19 Uhr) Verkauft Volkskunst und Handarbeiten aus indigenen Gemeinschaften aus Amazonien und den Anden.

An- & Weiterreise

BUS

Die meisten Gesellschaften fahren vom Terminal Terrestre oder dem kleineren Busbahnhof Terrapuerto daneben ab. Beide liegen 3 km südlich des Zentrums (Abfahrtsgebühr 0,30 US$).

Nach Lima (12–40 US$, 16–18 Std.) fahren täglich **Cruz del Sur** (☎ 42-7375), **Ormeño** (☎ 42-4113) und andere Gesellschaften, die meisten am Nachmittag. Viele Busse halten in Nazca (7–36 US$, 10–12 Std.) und Ica (9–38 US$, 13–15 Std.). Viele Gesellschaften haben auch Übernachtbusse nach Cusco (7,50–21 US$, 9–11 Std.).

Busse nach Juliaca (3,60 US$, 5 Std.) und Puno (4,50 US$, 6 Std.) fahren den ganzen Tag über jeden halbe Stunde. Manche fahren weiter bis Desaguadero (7,50 US$, 7–8 Std.) an der bolivianischen Grenze. Cruz del Sur hat die bequemsten Busse nach Tacna (4,50–6,50 US$, 6–7 Std.) via Moquegua (4,50 US$, 4 Std.). **Transportes del Carpio** (☎ 42-7049) hat tagsüber jede Stunde eine Fahrt nach Mollendo (1,50–2,50 US$, 2 Std.).

Zum Cañón del Colca gibt's täglich ein paar Busse nach Chivay (2,40 US$, 3 Std.), die dann weiter nach Cabanaconde (4,50 US$, 6 Std.) fahren. Zu den empfehlenswerten Gesellschaften gehören **Andalucia** (☎ 44-5089/53-1166), **Reyna** (☎ 054-43-0612) und **Transportes Colca** (☎ 42-6357).

FLUGZEUG

Der **Flughafen** (AQP; ☎ 44-3464) liegt 8 km nordwestlich des Zentrums. **LAN** (☎ 20-1224; Santa Catalina 118-C) fliegt täglich nach Lima und Cusco. **Aero Condor Perú** (☎ 22-6660; Portal de San Agustín 119) hat billige, aber oft ausgebuchte Flüge nach Tacna nahe der chilenischen Grenze im Programm.

Unterwegs vor Ort

Minibusse zum Terminal Terrestre (0,60 US$) fahren auf der Bolívar nach Süden, Taxis kosten 1 US$. Minibusse, mit „Río Seco" oder „Zamacola" gekennzeichnet, fahren die Puente Grau und Ejército entlang und kommen bis auf 700 m an den Flughafen heran. Alternativ nimmt man ein Taxi (4,20 US$). Offiziell lizensierte Taxis wie **Presidencial Express** (☎ 20-3333) zu nehmen ist sicherer.

CAÑÓN DEL COLCA

Der Río Colca hat mit 3191 m einen der tiefsten Canyons der Welt gegraben, nur der Cañón del Cotahuasi in der Nachbarschaft ist noch 163 m tiefer. Trekkingtouren sind bei Weitem die beste Methode, um das dörfliche Leben kennenzulernen, auch wenn die Straßen sehr staubig sind. Beim Gang durch die traditionellen Dörfer unbedingt auf die klassische, mit Stickereien besetzte Kleidung und die Hüte der Frauen achten.

Die Straße von Arequipa steigt nach Norden hin durch die **Reserva Nacional Salinas y Aguada Blanca** an. Dort gibt's oft Vikunjas – die bedrohten wilden Vettern der Lamas

und Alpakas zu sehen. Die Straße führt dann durch den öden *altiplano*, die andine Hochebene, zum höchsten Punkt bei rund 4800 m, bevor sie spektakulär hinunter nach Chivay führt.

Chivay
☎ 054 / 4600 Ew.

Die Provinzhauptstadt am Anfang des Canyon ist eine kleiner, staubiger Verkehrsknotenpunkt. Man sollte viel peruanisches Bargeld dabei haben, da nur wenige Läden US-Dollars oder Euros wechseln. Einen langsamen Internetzugang gibt's in den Cybercafés in der Nähe der Plaza.

SEHENSWERTES & AKTIVITÄTEN

In Chivays **heißen Quellen** (Eintritt 3 US$; ⏱ 4.30–20 Uhr) 3,5 km nordöstlich der Stadt kann man sich einweichen lassen. Das mineralhaltige Wasser ist nützlich, wenn die Warmwasserversorgung im Gästehaus mal nicht funktioniert. Vom Markt gibt's oft *colectivos* dorthin (0,30 US$).

Wer dort, wo sich die Straße auf dem Weg zu den heißen Quellen gabelt, auf der linken Seite bleibt und an den fruchtbaren Feldern entlang weiterläuft, kommt nach **Coporaque**, das eine Plaza aus der Kolonialzeit mit Arkaden hat. Von dort geht's weiter über eine orangefarbene Brücke nach **Yanque**, wo auf der rechten Seite die Busse oder *colectivos* nach Chivay zurückfahren. Für die Wanderung benötigt man einen ganzen Tag. Man kann aber auch in Chivay in den Läden um die Plaza herum Mountainbikes ausleihen.

Eine kleine **Sternwarte** (☎ 054-53-1020; Casa Andina, Huayna Cápac s/n; Erw./Student 6/3 US$) hat jeden Abend Shows in Spanisch und Englisch.

SCHLAFEN

Dafür, dass Chivay recht klein ist, hat es eine erstaunliche Anzahl an *hostales*.

Hostal Estrella de David (☎ 53-1233; Siglo XX 209; EZ/DZ3BZ 3/6/9 US$) Einfaches, sauberes Gästehaus, nur ein paar Blocks von der Plaza in Richtung Busterminal.

Hospedaje El Rey (☎ 80-8864; Puente Inca 110; EZ/DZ/3BZ 4,50/7/9 US$) Nahe der Plaza. Das schlichte Haus hat annehmbare Zimmer oder noch einfachere, billigere Unterkünfte ohne Bad.

Hospedaje Rumi Wasi (☎ 53-1146; Sucre 714; EZ/DZ/3BZ 6/9/12 US$) Exzellente Pension in Fami-

> **ACHTUNG**
>
> Offiziell aussehende Ticketverkäufer steigen in Chivay in die Busse, um Gringos dazu zu überreden, ein *boleto turístico* (Touristenticket, 7 US$) zu kaufen, das angeblich die Eintrittsgebühren für alle interessanten Stätten des Canyons abdeckt. Wer nur durch Chivay durchfährt und Cruz del Cóndor nicht besucht, braucht es nicht zu kaufen – die Erlöse fließen sowieso nach Chivay und nicht an die ärmeren Dörfer. Man muss sich nur höflich und bestimmt weigern zu bezahlen.

lienbesitz mit einem Garten, in dem Alpakas grasen, und Zimmer mit Ausblick auf die Landschaft. Mountainbikes können ausgeliehen und Führer angeheuert werden.

Hostal Anita (☎ 53-1114; Plaza de Armas 606; EZ/DZ 9/15 US$, Frühstück inkl.) Freundlich, mit schönem Innenhof und warmer Dusche.

ESSEN & AUSGEHEN

Lobo's (Plaza de Armas; Gerichte ab 2 US$) Eine gute Bar für Backpacker mit einer touristenfreundlichen Speisekarte (großes Frühstück) und Informationen.

Casa Blanca (Plaza de Armas; menú 4 US$) Ein Restaurant mit Kamin im Untergeschoß. Die Speisekarte lockt mit ungewöhnlichen lokalen Spezialitäten; große Portionen.

Q'oka (Plaza de Armas) Guter Kaffee und gute Aussichten von der Terrasse.

M´elroys (Plaza de Armas; ☿ So geschl.) Beweist, dass es Irish Pubs wirklich in jedem Winkel der Erde gibt.

UNTERHALTUNG

Peñas gibt's überall, die Shows beginnen jeden Abend etwa um 20 Uhr.

Latigo's (Ecke Puente Inca & Bolognesi; ☿ So geschl.) Zum Tanzen.

AN- & WEITERREISE

Das Busterminal liegt 15 Gehminuten von der Plaza entfernt. Busse nach Arequipa (2,40 US$, 3 Std.) oder weiter nach Cabanaconde (1 US$1, 2½ Std.) über Cruz del Cóndor gehen vier Mal am Tag.

Von Chivay nach Cabanaconde

Die Hauptstraße führt am südlichen Ufer des oberen Cañon del Colca entlang, vorbei an mehreren Dörfern mit den ausgedehn-

testen präinkaischen Terrassen in Peru. Eines dieser Dörfer, **Yanque**, hat eine hübsche Kirche aus dem 18. Jh. und ein ausgezeichnetes, kleines **Kulturmuseum** (Eintritt 0,90 US$; ☿ Di–So 7–18.30 Uhr) an der Plaza. Ein 30-minütiger Spaziergang zum Fluss führt zu heißen Quellen (Eintritt 0,30 US$). Einfache Gästehäuser liegen im ganzen Ort verstreut.

Schließlich führt die Straße zum **Cruz del Cóndor** (Eintritt mit dem Boleto Turístico, S. 1000). Gelegentlich kann man Andenkondore sehen, die hier an den hervorstehenden Felsen nisten, wie sie mühelos in der Thermik schweben. Am ehesten hat man am frühen Morgen oder späten Nachmittag Glück.

Cabanaconde
☎ 054 / 1300 Ew.

Cabanaconde ist ein guter Ausgangspunkt für einige spektakuläre Wanderungen in den Canyon. Dazu gehört auch der beliebte zweistündige Trek zur Oase Sangalle am Grund des Canyons, wo es natürliche Becken zum Schwimmen (3 US$), einfache Bungalows und Campingplätze gibt. Die Wanderung zurück macht durstig – man braucht drei bis vier Stunden. Lokale Führer können eine Reihe anderer Wanderungen vorschlagen, etwa zu Wasserfällen, Geysiren, entlegenen Dörfern und archäologischen Stätten.

Das einfache **Hostal Valle del Fuego** (☎ 054-83-0032/0035/2158; hvalledelfuego@hotmail.com; EZ/DZ ohne Bad 3/6 US$) ist in der Reiseszene bekannt; es hat DVDs, eine voll ausgerüstete Bar, solar betriebene Duschen und die Besitzer kennen sich mit Wanderungen aus. Die Zimmer im Anbau mit eigenem Bad kosten mehr.

Die kleinere **Hospedaje Villa Pastor** (Plaza de Armas; EZ/DZ 3/6 US$) ist die neue Konkurrenz, hat aber nur lauwarme Duschen; mit einfachem Restaurant und Bar.

Von der Plaza fahren mehrmals täglich Busse nach Chivay (1 US$, 2½ Std.) und Arequipa (4,50 US$, 6 Std.) via Cruz del Cóndor.

TITICACASEE

Der Titicacasee (Lago Titicaca) ist der größte See Südamerikas und der höchste schiffbare See der Welt. Die Luft wirkt hier oben auf eine magische Weise klar, wenn das blendende Sonnenlicht in dieser Höhe den *altiplano* überflutet und sich im tiefen Wasser bricht. Der Horizont erstreckt sich fast bis ins Grenzenlose, es gibt uralte Grabtürme und bröckelnde Kolonialkirchen. Der Hafen von Puno ist ein bequemer Ausgangspunkt, um die weit entfernten, über den Lago Titicaca verstreuten Inseln zu erreichen: Manche sind aus Schilf gemacht, andere werden landwirtschaftlich genutzt und haben Bewohner, die dort immer noch so leben wie es ihre Vorfahren in den Jahrhunderten zuvor getan haben.

JULIACA

☎ 051 / 198 600 Ew.

Der große ungestüme Marktort hat den einzigen kommerziellen Flughafen des Departamentos, dennoch kommen viel weniger Touristen her als zu dem hübscheren, am See gelegenen Nachbarn Puno.

Die **Interbank** (Nuñez 231) hat einen rund um die Uhr zugänglichen Geldautomaten. *Casas de cambio* gibt's an der Kreuzung von Bolívar und Nuñez. Die **Clínica Americana Adventista** (☎ 32-1639; Loreto 315; ☿ 24 Std.) bietet bei Notfällen Hilfe.

Da Puno so nah ist, muss man hier normalerweise nicht übernachten. Ein Block nordwestlich der Plaza liegt das **Hostal Sakura** (☎ 32-2072; San Roman 133; EZ/DZ ab 7,50/10,50 US$). Es hat eine angenehme Atmosphäre und die meisten Zimmer haben warme Dusche.

Ricos Pan (Ecke Unión & Chávez; ☿ 8.30–12.30 Uhr & 14.30–18.30 Uhr) ist der beste Ort für Kaffee und guten Kuchen. Das **Restaurant Trujillo** (San Roman 163; Hauptgerichte 3–6 US$) ist gut für kräftigeres Essen und hat eine gute Getränkekarte.

Der **Flughafen** (JUL; ☎ 32-8974) liegt 2 km westlich der Stadt. **LAN** (☎ 32-2228; San Román 125) hat täglich Flüge nach/von Lima, Arequipa und Cusco, die allerdings oft abgesagt werden. Zum Flughafen nimmt man ein Taxi (1,50 US$) oder einen Minibus vom Zentrum, auf dem „Aeropuerto" steht (0,30 US$). Direkt verkehrende Minibusse nach Puno (1,50 US$, 1 Std.) warten gewöhnlich auf die eintreffenden Flüge.

Die Busgesellschaften im 12. Block der San Martín, 2 km östlich der Stadt, fahren zu denselben Zielen wie die von Puno (S. 994). **San Martín** (☎ 32-7501) und andere

an der Tumbes zwischen Moquegua und Piérola residierende Gesellschaften haben *económico*-Nachtbusse nach Tacna (9 US$, 11 Std.) über Moquegua.

Colectivos nach Puno (0,60 US$, 50 Min.) fahren von der Plaza Bolognesi – wenn sie voll sind. Häufigere *combis* nach Puno (0,50 US$, 1 Std.) fahren von der Kreuzung der Piérola und 8 de Noviembre, nordöstlich der Plaza.

Juliacas **Bahnhof** (☎ 32-1036; Plaza Bolognesi) berüchtigt für die Diebe, die hier Unwesen treiben – also immer die eigenen Sachen im Blick haben. Abfahrtszeiten und Preise für Fahrten zwischen Cusco und Puno gibt's auf S. 994. Züge, die von Puno kommen, fahren etwa eine Stunde später durch Juliaca.

RUND UM JULIACA

Einzelheiten der schönen Strecke nach Cusco s. S. 1018.

Lampa

Dieses hübsche Städtchen, 36 km nordwestlich von Juliaca, ist wegen seiner staubigen rosafarbenen Gebäude als die „rosafarbene Stadt" bekannt. Die prächtige **Iglesia de la Imaculada** an der Plaza enthält Geheimnisse, die es lohnt zu sehen. Der Hausmeister führt einen für ein Trinkgeld in die Katakomben – einfach nach ihm herumfragen.

Das Personal des dem **Museo Kampac** (Ugarte 462; Eintritt: Spende) gegenüberliegenden Ladens macht eine schnelle Führung durch die kleine Sammlung des Museums. Wer Glück hat, bekommt eine einzigartige Vase zu sehen, auf der die heilige Kosmologie der Inka aufgezeichnet ist.

Ein paar Kilometer westlich der Stadt versteckt sich jenseits einer Brücke die **Cueva de los Toros**, eine Höhle in der Form eines Stieres mit prähistorischen Gravuren, die Lamas und andere Tiere darstellen. Die Höhle befindet sich in den Felsen rechts der Straße. Auf dem Weg sieht man auch einige *chullpas* (Grabtürme).

Von Juliaca fahren vom Markt am Jirón Huáscar Minivans nach Lampa (0,90 US$, 45 Minuten), wenn sie voll sind.

PUNO

☎ 051 / 102 800 Ew.

Der kleine Hafen von Puno ist der beste Ausgangspunkt zu den Inseln im Titicacasee. Auch wenn es in Puno nur noch ein

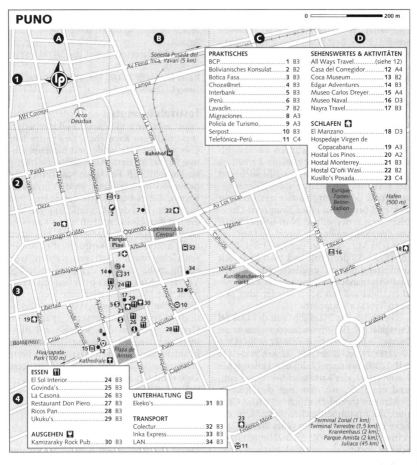

paar Kolonialgebäude gibt, so brodelt es hier in den Straßen nur so von indigenen Frauen in ihren aus vielen Schichten bestehenden Kleidern und mit Bowler-Hüten. Die Nächte sind bitterkalt, besonders im Winter – da fallen die Temperaturen oft unter den Gefrierpunkt.

Praktische Informationen

Internetcafés bieten billige Telefonverbindungen an. Sie finden sich in der Nähe der Plaza und an der Lima. Wer ein Krankenhaus sucht, fährt besser nach Juliaca (s. gegenüber). Bolivianische Pesos kann man in der Stadt oder an der Grenze wechseln. Es gibt einen Geldautomaten im Terminal Terrestre.

BCP (Lima at Grau) Visa/MasterCard-Geldautomat; gibt auf Visa Barkredite.

Botica Fasa (☎ 36-6862; Arequipa 314; ⌚ 24 Std.) Große Apotheke.

Interbank (Lima 444) Geldautomat für alle Karten; wechselt Reiseschecks.

iPerú (☎ 36-5088; Plaza de Armas, Lima at Deustua; ⌚ 8.30–19.30 Uhr) Für Touristeninformationen.

Lavaclin (Valcárcel 132; ⌚ Mo–Sa 8–12 & 14–19 Uhr) Hier wird die Schmutzwäsche wieder sauber.

Migraciónes (☎ 35-7103; Ayacucho 240; ⌚ Mo–Fr 8–14 Uhr) Bietet Verlängerungen von Touristenkarten, es ist aber billiger, nach Bolivien zu fahren und zurückzukommen (s. S. 993).

Policía de Turismo (☎ 35-3988; Deustua 558; ⌚ 24 Std.) Für Notfälle.

Serpost (Moquegua 267; ⌚ Mo–Sa 8–20 Uhr)

Sehenswertes & Aktivitäten

Die **Yavari** (☎ 36-9329; www.yavari.org; empfohlene Spende 6 US$; ⏰ 8–17.30 Uhr), das älteste Schiff auf dem Lago Titicaca, wurde mit ihrem eisernen Rumpf in England gebaut und Stück für Stück um Kap Hoorn herum nach Arica verschifft, dann per Zug nach Tacna gekarrt und schließlich auf Maultieren über die Anden nach Puno geschafft (was sechs Jahre dauerte), wo sie wieder zusammengesetzt und 1870 vom Stapel gelassen wurde. Wegen Kohlemangels wurden die Maschinen häufig mit getrocknetem Lamamist geheizt! Das Schiff wurde schließlich von der peruanischen Marine außer Dienst gestellt und der Rumpf rostete am Ufer vor sich hin, bis er von einer Nonprofit-Organisation gerettet wurde. Nun ist das Schiff vor dem Sonesta Posada Hotel del Inca vertäut (ein Minivan von der Av El Sol, fährt für 0,30 US$ dorthin), und man kann mit dem freundlichen, englisch sprechenden und wissensreichen Kapitän eine Tour machen. Bald soll das Schiff wieder über den Lago Titicaca schippern.

Gleich bei der Plaza gibt's in der **Casa del Corregidor** (☎ 35-1921; www.casadelcorregidor.com.pe; Deustua 576; Eintritt frei; ⏰ Di–Fr 10–22, Sa 10–14.30 & 17–22 Uhr; 21. Jan.–20. Dez., Mai–Okt. auch So 10–14.30 & 17–22 Uhr) aus dem 17. Jh. den Laden einer Kooperative, der Kunsthandwerk verkauft, und ein Café, wo man mit den lokalen Bohèmiens freundschaftlich bei einem Cappuccino zusammenhocken kann. Um die Ecke ist das kleine **Museo Carlos Dreyer** (Conde de Lemos 281; Ausländer 5 US$; ⏰ 10–22 Uhr), das eine schöne Sammlung archäologischer Artefakte hat.

In der Nähe des Hafens zeigt das **Museo Naval** (Titicaca bei Av El Sol; ⏰ Mo–Fr 8–17, Sa & So 9–13 Uhr) Exponate über die Schifffahrt auf dem See, sei es mit den elementaren Booten oder den Dampfern des 19. Jh. Das **Coca Museum** (☎ 36-5087; www.cocamuseo.com; Deza 301; ⏰ 9–13 & 15–20 Uhr) ist ebenfalls einen Besuch wert.

Geführte Touren

Viele Reisende finden die Touren zu den Inseln enttäuschend oder überteuert. Wir empfehlen, sie auf eigene Faust zu machen. Einfach z.B. ins Gästehaus nach einem lokalen Führer fragen, der am besten Connections zu den Inseln hat; dann geht man frühmorgens zur Anlegestelle und nimmt das nächste Boot.

All Ways Travel (☎ 35-3979; www.titicacaperu.com; Deustua 576) Große Agentur mit mehrsprachigem Personal.

Edgar Adventures (☎ 35-3444; Lima 328) Wird oft empfohlen.

Nayra Travel (☎ 36-4774; Lima 419) Individueller Service für abgelegenere Ziele.

Festivals & Events

Puno wird von vielen als Folklorehauptstadt von Peru angesehen. Das ganze Jahr über werden hier wilde und farbenprächtige Fiestas gefeiert. Auch wenn sie häufig an katholischen Festtagen stattfinden, so haben doch viele Tänze ihre Wurzeln in Festen, die es bereits vor der Spanischen Eroberung und der Missionierung gab und die mit dem landwirtschaftlichen Kalender zu tun haben. Die verwirrend blumigen und phantasievollen Kostüme, die bei diesen Gelegenheiten getragen werden, sind häufig mehr wert als der ganze sonstige Vorrat an Kleidern des betreffenden Haushalts. Die Musiker spielen eine Menge traditioneller Instrumente, von den Blech- und Saiteninstrumenten spanischen Ursprungs bis zu den Schlag- und Blasinstrumenten, die sich seit der Inkazeit kaum verändert haben. Die großen Feste erstrecken sich gewöhnlich auf mehrere Tage rund um das eigentliche Datum:

Heilige Drei Könige 6. Januar
Virgen de la Candelaria (Lichtmess) 2. Februar
Puno-Tag 5. November

Schlafen

Einige der einfachsten *hostales* haben nur kalte Duschen. Wer sich nicht wesentliches Zubehör abfrieren will, sollte die öffentlichen warmen Duschen nutzen, die es in der Stadt gibt.

Hostal Monterrey (☎ 35-1691; Lima 441; EZ/DZ 6/9 US$, ohne Bad 3/6 US$) Mittendrin in der Fußgängerzone mit immer lächelndem Personal. Die warmen Duschen funktionieren nur unregelmäßig, die Zimmer ohne Bad sind wirklich sehr einfach.

Hospedaje Virgen de Copacabana (☎ 36-3766; Ilave 228; B 4,50 US$) Diese freundliche, baufällige, dem CVJM angeschlossene Jugendherberge in einer schmalen Nebenstraße hat schöne große Zimmer mit Gemeinschaftsbad.

Hostal Q'oñi Wasi (☎ 36-5784; qoniwasi@mundomail.net; La Torre 119; EZ/DZ/3BZ 7,50/12/18 US$, mit Bad

EINREISE NACH BOLIVIEN

Es gibt zwei Überlandstrecken von Puno nach La Paz in Bolivien. Die Yunguyo-Route ist sicherer und leichter und man kann in Copacabana am Titicacasee eine Pause machen. Die Strecke über Desaguadero ist ein bisschen schneller und billiger und führt an den Ruinen von Tiahuanaco (S. 231) vorbei. Vorsicht vor Zollbeamten, die eine illegale „Einreisesteuer" verlangen oder das Gepäck nach „gefälschten Dollars" untersuchen, die sie konfiszieren (am Besten, man versteckt alle Dollarnoten, bevor man zur Grenze kommt). Zur Einreise nach Peru von Bolivien aus s. S. 241.

Über Yunguyo

Am bequemsten kommt man nach Bolivien mit Profis wie **Colectur** (☎ 051-35-2302; Tacna 221). Das Unternehmen bietet täglich verkehrende Busse, die um 7.30 Uhr an einem Geldwechselbüro an der peruanisch-bolivianischen Grenze starten und nach Copacabana (3,60 US$, 3 Std.) fahren; dort steigt man in einen weiteren Bus nach La Paz (7,50 US$, 8 Std.) um. Beamte in Copacabana verlangen Eintritt in die Stadt (0,15 US$).

Man kann auch mit den häufig verkehrenden Minibussen von Punos Terminal Zonal nach Yunguyo (1,40 US$, 2½ Std.) fahren. An der Plaza von Yunguyo und an der Grenze 2 km weiter in Kasani (*combis* 0,30 US$) gibt's Geldumtauschmöglichkeiten. In Bolivien, das Peru um eine Stunde voraus ist, öffnet die Grenzstation täglich von 8.30 bis 19 Uhr ihre Pforten. Von der Grenze sind es nochmal 10 km nach Copacabana (*combis* 0,50 US$).

Über Desaguadero

Busse (2 US$) und Minibusse (1,40 US$) fahren regelmäßig von Punos Terminal Zonal und vom Terminal Terrestre in die chaotische Grenzstadt Desaguadero (2½ Std.), wo es ein paar einfache Hotels und Geldwechsler gibt. Die Grenze ist von 8 bis 20 Uhr geöffnet; da in Bolivien jedoch die Uhren schon eine Stunde später anzeigen, sollte man vor 19 Uhr peruanischer Zeit an die Grenze kommen. Von Desaguadero nach La Paz fahren tagsüber viele Busse (1,80 US$, 3 Std.), die auch an der Abzweigung nach Tiahuanaco vorbeikommen.

10,50/21/24 US$) Das schräge Haus ist seit Langem ein Backpacker-Treffpunkt und hat ein Gewirr aus gemütlichen, alten Zimmer und elektrisch beheizte Duschen.

Kusillo's Posada (☎ 36-4579; kusillos@latinmail. com; Federico More 162; EZ/DZ inkl. Frühstück 9/15 US$) Geführt von der unermüdlichen Jenny Juño und ihrer wunderbaren Familie. Ein herzerwärmendes Haus mit gemütlichen Zimmern und Duschen, für die das Wasser elektrisch erwärmt wird.

Hostal Los Pinos (☎ 36-7398; hostalpinos@hotmail. com; Tarapacá 182; EZ/DZ 10/15 US$) Geräumige Zimmer in einem kleinen Hotel (die zur Straße hin sollte man meiden) mit Wolldecken, TV und warmer Dusche.

Essen

Touristenrestaurants gibt's in der lärmigen Fußgängerzone der Calle Lima.

El Sol Interior (Libertad 352; Hauptgerichte 1,80–5 US$) Dieses holistische, gesunde, vegetarische Restaurant hat erstaunliche peruanische Gerichte mit Beilagen wie Quinua und Gemüsesorten der Region, dazu gibt's Säfte und Getränke im Stil Amazoniens.

Restaurant Don Piero (Lima 364; Hauptgerichte 3–5 US$) Don Piero hat nicht das Glitzernde der anderen Restaurants, dafür aber ausgezeichnetes Essen aus der Region und an manchen Abenden auch Livemusik.

La Casona (Lima 517; Hauptgerichte 3,60–7,50 US$) Dieses ruhige Restaurant nennt sich Museum und hat sich mit alten Bügeleisen an der Wand die altmodische Atmosphäre der 1920er-Jahre erhalten. Tadellos gekleidete Kellner servieren liebevoll zubereiteten Fisch und andere regionale Gerichte.

Ukuku's (Pasaje Grau 172, 2. Stock; Hauptgerichte 5–7,50 US$) Hungrige Traveller-Massen strömen zu diesem netten Restaurant, das ausgezeichnete Pizzas und peruanisches Essen serviert (empfehlenswert: Alpaka mit gebackenen Äpfeln).

Ricos Pan (Moquegua 326; Mo–Sa 8–21.30 Uhr) Punos beste Bäckerei ist eine tolle Entdeckung – vor allem wegen der zart auf der Zunge zergehenden Kuchen.

Ausgehen

Kamizaraky Rock Pub (Pasaje Grau 158; 17 Uhr–open end) Die beste Kneipe im Süden Perus mit einer Atmosphäre wie in einem Wohnzimmer. Guter klassischer Soundtrack, coole Leute an der Bar und mit Alkohol verfeinerte Kaffeedrinks, die ideal für Punos eiskalte Nächte sind.

Unterhaltung

In einigen *peñas* wird jeden Abend *música folkórica* gespielt.

Ekeko's (Lima 355, 2. St.; 17 Uhr–open end) Zu diesem kleinen Tanzschuppen mit UV-Licht und psychedelischen Wandgemälden pilgern Traveller wie Einheimische. Am frühen Abend werden Filme gezeigt.

An- & Weiterreise

BUS

Das **Terminal Terrestre** (36-4733; Primero de Mayo 703), etwa 2 km südöstlich der Plaza, beherbergt die Gesellschaften der Busse für Langstrecken (Abfahrtsteuer 0,30 US$). Direkte Verbindungen nach Lima (11–45 US$, 19 Std.), Arequipa (3,60–7,50 US$, 5½–6 Std.) und Cusco (4,50–10,50 US$, 6–7 Std.) via Juliaca (0,60 US$, 1 Std.). **San Martín** (36-3631) hat harte Übernachtbusse (*económico*) nach Tacna (7,50 US$, 10 Std.) via Moquegua.

Inka Express (36-5654; www.inkaexpress.com; Tacna 314-B) fährt jeden Morgen mit einem Luxusbus mit Panoramascheiben nach Cusco. Die Fahrt kostet 25 US$ und ist ihr Geld wert. Getränke sind im Preis inbegriffen, ebenso ein englisch sprechender Führer, der die Orte, die unterwegs kurz besucht werden, erklärt: Pucara, Raqchi und Andahuayillas (s. S. 1019).

Minibusse nach Juliaca (0,50 US$, 1 Std.), zu den Orten am Seeufer und zur bolivianischen Grenze fahren vom Terminal Zonal an der Simón Bolívar einige Blocks nördlich vom Terminal Terrestre los.

FLUGZEUG

Der nächste Flughafen ist in Juliaca (S. 864). **LAN** (36-7227; Tacna 299) hat ein Büro in Puno.

TAXI

Eine kurze Taxifahrt innerhalb der Stadt kostet 1 US$. *Mototaxis* sind billiger, aber man sollte sich vergewissern, dass der Preis pro Fahrt und nicht pro Person gilt.

ZUG

Züge nach Cusco über Juliaca gehen von Punos **Bahnhof** (36-9179; La Torre 224; www.perurail.com; Mo–Fr 7–12 & 13–17, Sa & So 7–11 Uhr) nach Fahrplan täglich um 8 Uhr und sollen um 17.30 Uhr ankommen. Sie sind aber oft um Stunden verspätet oder werden ganz gestrichen. Zur Zeit der Recherchen für dieses Buch betrug der Preis für erste Klasse/Backpacker nach Cusco 119/17 US$.

RUND UM PUNO

Sillustani

Auf den welligen Hügeln auf der Halbinsel am Umayosee liegen die Ruinen der Grabtürme von **Sillustani** (Eintritt 2 US$). Vor der schroffen Landschaft sieht man sie schon von Weitem. Das alte Volk der Colla war ein kriegerischer Stamm, der Aymara sprach und seinen Adel in diesen beeindruckenden *chullpas* begrub, die aus massiven Steinblöcken erbaut wurden und eine Höhe von bis zu 12 m erreichten.

Reisebüros in Puno bieten dreieinhalbstündige Touren an (inkl. Eintritt 7,50 US$), die täglich um etwa 14.30 Uhr beginnen. Auf eigene Faust kann man einen Bus nach Juliaca nehmen und an der Abzweigung nach Sillustani aussteigen. Von dort fahren gelegentlich *combis* in das Dorf Atuncolla (0,60 US$, 10 Min.), von hier sind es dann noch 4 km zu Fuß bis zu den Ruinen.

Cutimbo

Fast 20 km von Puno entfernt liegt diese dramatische windgepeitschte **Stätte** (Eintritt 2 US$) in außergewöhnlicher Lage inmitten von einer weiten Ebene umgebenen tafelartigen Vulkanhügel. Die geringe Zahl der besonders gut erhaltenen *chullpas*, die von den Colla, Lupaca und den Inka erbaut wurden, sind teilweise quadratisch, teilweise rund. Wer genau hinschaut, wird Steingravuren entdecken, die Affen, Pumas und Schlangen zeigen.

Vom Friedhof am Parque Amista 1 km vom Zentrum fahren jede halbe Stunde *combis* (0,60 US$, 30 Min) ab. Der Ort ist nicht zu verfehlen, man erreicht ihn über einen steilen Anstieg, der rechts auf der Ostseite der Straße bergauf führt.

Llachón

1300 Ew.

Knapp 75 km nordöstlich von Puno liegt dieses hübsche kleine Dorf auf der Halbinsel Capachica. Es bietet eine phantastische Aussicht und kurze Wanderungen zu den umliegenden präinkaischen Stätten. Es ist eine Gegend, in die es nur sehr selten Touristen verschlägt. Besucher, die sich vorher anmelden, werden von Familien in ihren einfachen Häusern für etwa 4 US$ aufgenommen und bekocht. Nayra Travel (S. 992) kann das arrangieren und zeigt einem, wie man mit den Lokalbussen von Puno hinkommt (4,50 US$, 2½ Std).

Städte am Südufer

Wer früh genug startet, kann alle hier genannten Städte am Südufer an einem Tag besuchen und entweder abends wieder in Puno sein oder weiter nach Bolivien reisen. Eine Karte dieser Region findet sich auf S. 238.

Die Straße östlich von Puno führt am See entlang. Im Dorf **Chimú**, das berühmt ist für seine *totora*-Schilfindustrie, sieht man oft Boote in unterschiedlichen Baustadien.

Das nächste Dorf ist **Chucuito**, 20 km südöstlich von Puno. Es gibt dort einen atemberaubenden **mirador,** nur einen kurzen Spaziergang von der Kolonialkirche an der Plaza aus nach Süden entfernt. Die Hauptattraktion ist der seltsame **Templo de la Fertilidad** (Eintritt frei), der aus Dutzenden verstreuter und verstaubter großer Steinphalli besteht.

Juli, 80 km südöstlich von Puno, ist Perus Pequeña Roma (Kleines Rom) – den Spitznamen verdankt es seinen vier ehrwürdigen Kolonialkirchen, die man am besten an einem der sonntäglichen Markttage besucht. **Pomata**, 105 km von Puno entfernt, wird von der erlesenen dominikanischen Kirche auf einem kleinen Hügel dominiert. Außerhalb von Pomata gabelt sich die Straße. Rechts geht es nach Desaguadero, links am See entlang nach Yunguyo.

AN- & WEITERREISE

An Punos Terminal Zonal starten billigere, langsamere Minibusse und schnellere Minivans in alle Richtungen auf dem Weg zur bolivianischen Grenze (1,40 US$, 2½ Std).

INSEL-HOPPING

Der einzige Weg, um den Titicacasee wirklich zu erkunden, besteht darin, ein paar Tage lang seine märchenhaften Inseln zu besuchen. Allerdings spürt man in vielen Gemeinden bereits negative Einflüsse des Tourismus. Man kann auch auf die bolivianische Seite hinüberwechseln, um die Isla del Sol (S. 241) von Copacabana aus zu besuchen.

Islas Flotantes

Die einzigartigen **schwimmenden Inseln** der Uros wurden inzwischen auf schockierende Weise kommerzialisiert. Aber dennoch: Nirgendwo gibt es etwas auch nur annähernd Vergleichbares. Die Inseln werden gebaut, indem immer wieder neue Schichten des schwimmenden *totora*-Schilfs, das an den seichten Stellen des Lago Titicaca zuhauf wächst, aufeinander gelegt werden.

Durch Heiraten mit Aymara sprechenden Einheimischen sind die reinblütigen Uros ausgestorben. Sie waren immer ein kleiner Stamm und begannen ihre schwimmende Existenz schon vor Jahrhunderten, als sie vor den kriegerischen Collas und den Inka flüchteten. Heute leben noch einige Hundert Menschen auf den Inseln.

Das Leben der Uros ist mit dem Schilf regelrecht verwoben. Es wird benutzt, um die Häuser und die Boote zu bauen, und auch für das Kunsthandwerk verwendet, das sie am laufenden Band für die Touristen produzieren. Das Schilf von den Inseln wird regelmäßig von oben ergänzt, da es unten langsam verrottet. Deshalb ist der Boden auf den Inseln immer weich und federnd – Vorsicht!

Zweistündige Bootstouren (3 US$) starten an der Anlegestelle ab 7 Uhr bis zum späten Nachmittag – immer wenn sie voll sind. Am Zugang zur Anlegestelle ist eine Fahrkartenbude. Manche Touren zu anderen Inseln legen bei den Islas Flotantes einen Zwischenstopp ein.

Isla Taquile

Diese 7 km² große **Insel** ist seit vielen tausend Jahren besiedelt (Eintritt 1,50 US$). Sie wirkt oft wie eine eigene kleine Welt. Die Quechua sprechenden Inselbewohner haben ihren Lebensstil weitgehend unberührt von den Modernisierungen an Land beibehalten. Sie haben eine lange Tradition des Webens. Ihre Kreationen kann man in dem Genossenschaftsladen an der Plaza kaufen. Besonders sollte man auf die fest gewebten Wollhüte für Männer achten, die schlaffen

Schlafmützen ähneln. Die Männer knüpfen sie selbst; sie zeigen den sozialen Status an. Auch die Frauen ziehen mit ihren aus vielen Schichten bestehenden Röcken und gestickten Blusen die Blicke auf sich.

Mehrere Hügel haben präinkaische Terrassen und kleine Ruinen, die sich schön vor dem Hintergrund der schneebedeckten bolivianischen Cordillera Real abzeichnen. Besucher können nach Lust und Laune herumwandern, was bei einer Tagestour jedoch nur dann geht, wenn man das Mittagessen auslässt. Wenn möglich also am besten gleich über Nacht bleiben. Gäste werden von den Inselbewohnern gleich bei dem Bogen begrüßt, der sich oben bei den steilen Stufen befindet, wenn man von der Anlegestelle hochkommt. Sie können Übernachtungen arrangieren (3 US$/Pers). Die Betten sind einfach, aber sauber, die Ausstattung ist aufs Wesentliche beschränkt. Man bekommt Decken, aber es ist gut, einen Schlafsack und eine Taschenlampe mitzubringen.

Die meisten Läden und Restaurants auf der Insel schließen nachmittags, wenn die Reisegruppen abfahren. Wer dableibt, sollte also ein Abendessen bei der Gastfamilie vorbestellen. Frische Früchte von den Märkten in Puno werden als Geschenke gern angenommen. In den Läden kann man Getränke in Flaschen kaufen, doch es ist kein Fehler, ein paar Wasserreinigungstabletten oder Wasserfilter mitzubringen. Ebenfalls sinnvoll: kleine Banknoten – die Wechselmöglichkeiten sind beschränkt – und extra Geld für Souvenirs.

Schiffe für die unglaublich gemächliche Fahrt nach Taquile fahren täglich ab etwa 7.30 Uhr von Puno los (6 US$, 3 Std.). Man sollte früh zur Anlegestelle kommen und das Fahrgeld direkt dem Kapitän in die Hand drücken. Das Schiff fährt am frühen Nachmittag zurück und kommt am Abend in Puno an. Wichtig sind Sonnenschutz und Mittel gegen Insekten.

Reisebüros in Puno (S. 992) bieten geführte Touren für etwa 9 US$ an, mit Übernachtung und Essen kosten sie 15 US$. Die Inselbewohner haben allerdings mehr von den Reisenden, die auf eigene Faust kommen.

Isla Amantaní

Diese weniger besuchte **Insel** (Eintritt 1,50 US$) liegt wenige Kilometer nordöstlich von Ta-quile. Auf mehreren Hügeln gibt's Ruinen der Tiahuanaco-Kultur. Besuche hier bedeuten gewöhnlich, dass man bei den Inselbewohnern übernachtet (etwa 3 US$ inkl. Essen). Komfortabler ist es in der **Kantuta Lodge** (☎ 051-81-2664; www.punored.com/titicaca/amantani/img/english.html; Zi. inkl. Essen 20 US$/Pers.). Boote nach Amantaní fahren von Puno aus fast jeden Morgen zwischen 7.30 und 8.30 los: Man sollte den Kapitän direkt bezahlen (7,50 US$, 3½ Std.). Die unregelmäßigen, schwer vorhersagbaren Verbindungen lassen es einfacher erscheinen, erst von Puno nach Amantaní und dann nach Taquile zu fahren und nicht umgekehrt. Reisebüros in Puno (S. 992) verlangen 15 US$ für eine zweitägige Tour nach Amantaní, zu der ein kurzer Besuch in Taquile und auf den schwimmenden Inseln gehört.

CUSCO & DAS HEILIGE TAL DER INKA

Als Herz des einst so mächtigen Inkareichs steht Cusco ganz oben auf der Reisezielliste der meisten Traveller. Jedes Jahr zieht die Stadt Hunderttausende in ihren Bann. Fasziniert von dem kolonialen Glanz, der sich auf den schweren steinernen Fundamenten der Inka entfaltet, pilgern sie in die hochgelegene, stolze Stadt. Nicht weit von ihr thront auf einem abgelegenen Bergrücken die größte Attraktion des Landes, die „verlorene" Stadt der Inka: Machu Picchu. Das Departamento Cusco bietet daneben beste Trekkingrouten und eine lange Liste bombastischer Fiestas und Karnevals, bei denen die heidnische Vergangenheit Perus mit den katholischen Ritualen und modernem lateinamerikanischem Chaos farbenprächtig verschmilzt.

CUSCO

☎ 084 / 322 000 Ew.

Zu der hoch gelegenen Andenstadt Cusco (in Quechua: Qosq'o) passen viele Attribute. Einst war sie die wichtigste Stadt des Inkareichs, heute ist sie die unumstrittene archäologische Hauptstadt Amerikas sowie die älteste durchgehend besiedelte Stadt des Kontinents. Massive von den Inka errichtete Mauern säumen ihre steilen, schmalen, gepflasterten Straßen, und auf den Plazas drängen sich Nachfahren der mächtigen Inka wie der spanischen Konquistadoren. Unumstritten aber ist, wer hier heute das Sagen hat: Die Wirtschaft der Stadt hängt fast völlig am Tropf des internationalen Tourismus – jedes zweite Gebäude an der Plaza de Armas ist ein Restaurant, ein Laden oder ein Hotel.

Geschichte
Cusco ist eine Stadt, die so sehr mit der Geschichte, mit Traditionen und Mythen verwoben ist, dass es manchmal schwer fällt zu erkennen, wo die Tatsachen aufhören und der Mythos anfängt. Der Legende zufolge wurde im 12. Jh. der erste Inka Manco Capac vom Sonnegott Inti beauftragt, *qosq'o* (den Nabel der Welt) zu finden. Als Manco schließlich einen solchen Ort fand, gründete er die Stadt.

Der neunte Inka, Pachacutec (s. S. 943), war nicht nur ein Kriegstreiber: Er erwies sich auch als anspruchsvoller Stadtentwickler. Er entwarf Cuscos berühmte Pumagestalt und leitete sogar Flüsse so um, dass sie durch die Stadt flossen. Er errichtete auch den berühmten Tempel Coricancha sowie seinen Palast an dem Platz, der heute Plaza de Armas heißt.

Nachdem der spanische Konquistador Francisco Pizarro den zwölften Inka, Atahualpa (s. S. 944), hatte umbringen lassen, marschierte er 1533 nach Cusco und ernannte Manco Inca zum Marionettenherrscher der Inka. Schon nach wenigen Jahren rebellierte Manco und belagerte das von den Spaniern besetzte Cusco. Nur eine verzweifelte Schlacht bei Sacsayhuamán (S. 1007) rettete die Spanier vor der Vernichtung. Manco wurde zum Rückzug nach Ollantaytambo und dann in den Urwald nach Vilcabamba gezwungen. Nachdem die Stadt wieder in der Hand der Spanier war, wurde sie zuerst geplündert und dann besiedelt. Danach aber wandten die Spanier, die ja Seefahrer waren, ihre Aufmerksamkeit mehr an der Küste gelegenen Lima zu, was Cusco zu tiefster kolonialer Provinz werden ließ.

Seit der spanischen Eroberung gab es in Cusco nur wenige Ereignisse von historischer Bedeutung. Ausnahmen waren die Erdbeben 1650 und 1950 und ein gescheiterter Aufstand der Indianer, der 1780 von Túpac Amaru II. angeführt wurde. Die Wiederentdeckung von Machu Picchu 1911 hat die Stadt mehr verändert als jedes andere Ereignis seit der Ankunft der Spanier.

Orientierung
Zentrum der Stadt ist die Plaza de Armas, die Av El Sol ist Hauptverkehrs- und Geschäftsstraße. Geht man nur ein paar Blocks von der Plaza nach Norden oder Osten, kommt man zu steilen, gewundenen und gepflasterten Straßen, die sich in all den Jahrhunderten kaum verändert haben.

Die Gasse, die von der nordwestlichen Seite der Plaza abgeht, ist die Procuradores (Steuereintreiber). Sie trägt den Spitznamen „Gringo Alley", weil sich hier jede Menge Bars und Cafés für Backpacker finden – und eine Menge räuberischer Schlepper, also Vorsicht! Die schmale Calle Triunfo neben der Kathedrale führt nach oben zur Plaza San Blas, dem Zentrum von Cuscos Künstler-*barrio* (Viertel).

Getragen von dem wiederentdeckten Stolz auf das indigene Erbe, wurden die Namen vieler Straßen von der spanischen zur Quechua-Schreibweise geändert (z. B. Qosqo statt Cusco oder Cusco, Pisaq statt Pisac). Karten haben aber meistens die alte Schreibweise beibehalten, die immer noch im Alltag vorherrscht.

Praktische Informationen
BUCHLÄDEN
Büchertausch ist in den Cafés, Pubs und dem SAE Clubhaus (S. 999) üblich.
Jerusalén (Heladeros 143; ☽ Mo–Sa 9–21 Uhr)
Los Andes-Buchladen (Portal Comercio 125; ☽ Mo–Sa 9.30–13.30 & 16.15–21 Uhr)
SBS-Buchladen (El Sol 781-A; ☽ Mo–Sa 9–21 Uhr)

EINREISESTELLE
Migraciónes (☎ 22-2741; El Sol 612; ☽ Mo–Fr 8–13 & 14–16.30 Uhr) Visaverlängerungen (S. 1078).

GELD
Viele Banken an der Av El Sol und Läden um die Plaza de Armas haben Geldautomaten, die auch ausländische Karten akzeptieren. Das wichtigste Busterminal hat einen Geldautomaten für weltweit übliche Karten.
LAC Dolar (El Sol 150; ☽ Mo–Sa 9–20 Uhr) Verlässliche *casa de cambio*.

GEPÄCKAUFBEWAHRUNG
Viele Pensionen bewahren das Gepäck gratis auf. Es empfiehlt sich, alles gut abzuschlie-

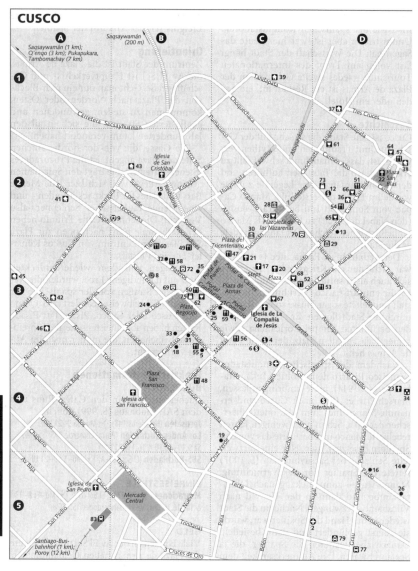

ßen, sich einen Beleg geben zu lassen und eine Inventarliste bei sich zu haben.

INTERNETZUGANG
Internetcafés gibt's an jeder Ecke.
Mundo Net (Santa Teresa 172; 0,60 US$/Std.; Mo–Sa 7–22 Uhr) Eine ruhige Oase mit privaten Telefonzellen und einer Espressobar.

MEDIZINISCHE VERSORGUNG
Cuscos medizinische Einrichtungen sind begrenzt. Bei ernsthaften Erkrankungen sollte man nach Lima fahren.
Clínica Pardo (24-0387; Av de la Cultura 710; 24 Std.)
Clínica Paredes (22-5265; Lechugal 405; 24 Std.)

> **ÜBER DEN REGENBOGEN**
>
> Ein vertrautes Bild an der Plaza de Armas von Cusco ist die beliebte Flagge – eine Fahne mit leuchtenden Streifen, die in den 1970er-Jahren entworfen wurde und den *arco iris* (Regenbogen) darstellt, der den Inkas heilig war. Man sollte diese Flagge nicht mit dem internationalen Schwulenbanner verwechseln, auch wenn sie ihm sehr ähnlich sieht!

fälle benötigt werden, und für Einzelheiten bei konsularischen Fragen.

POST
Serpost (El Sol 800; Mo–Sa 8–20 Uhr)

TOURISTENINFORMATION
iPerú Flughafen (23-7364; Haupthalle; 6–16 Uhr); Zentrum (23-4498; Office 102, Galerías Turísticas, El Sol 103; 8.30–19.30) Effizientes, hilfsbereites Hauptbüro, das auch die Touristenschutzorganisation Indecopi vertritt.
South American Explorers (SAE; 24-5484; www.saexplorers.org; No 4 Choquechaca 188; Mo–Fr 9.30–17, Sa bis 13 Uhr) Informationen und Kartenverkauf. Hinweise auf kulturelle Ereignisse und einige sonstige Infos auch für Nichtmitglieder. Einzelheiten zum Club s. S. 958 und S. 1227.

WÄSCHEREI
Lavanderías konzentrieren sich auf der Suecia, der Procuradores und der Plateros. Während der Hochsaison ist dem Versprechen „10 Uhr Abgabe, 18 Uhr fertig" mit einer Portion Skepsis zu begegnen.

Gefahren & Ärgernisse

Die Bahnhöfe und Märkte sind für Taschendiebe und Taschenaufschlitzer bevorzugte Arbeitsplätze. Man sollte, wenn möglich, nur offizielle Taxis benutzen (die Telefonnummer der Gesellschaft steht auf deren Dächer), die Türen abschließen und keine zusätzlichen Passagiere zulassen. Nachtschwärmer, die aus den Bars heimkehren oder Wanderer, die schon vor Sonnenaufgang losmarschieren, werden – vor allem auf der Resbalosa – schnell Opfer von Raubüberfällen. Die Drogenhändler und Polizisten stecken manchmal unter einer Decke, vor allem auf der Procuradores, wo man innerhalb von ein paar Minuten einen Deal

Hospital Regional (23-9792/22-3691; Av de la Cultura s/n) Billiger, aber nicht so gut.
InkaFarma (24-2967; El Sol 174; 24 Std.) Gut ausgestattete Apotheke.

NOTFÄLLE
Policía de Turismo (084-24-9654; Saphi 510; 24 Std.) Für offizielle Anzeigen, die für Versicherungs-

1000 CUSCO & DAS HEILIGE TAL DER INKA •• Cusco

www.lonelyplanet.de

PRAKTISCHES		
Andes-Buchladen	1	C3
Clínica Paredes	2	D5
InkaFarma	3	C4
iPerú	4	C3
Jerusalén	5	B4
LAC Dolar	6	C4
Migraciónes	7	E5
Mundo Net	8	B3
Policía de Turismo	9	B2
SBS-Buchladen	10	E5
Serpost	11	E5
South American Explorers	12	D2

SEHENSWERTES & AKTIVITÄTEN		
12-eckiger Stein	13	D2
Academia Latinoamericana	14	D5
Amauta	15	B2
Apumayo Expeditions	(siehe 18)	
Aventours	16	D5
Catedral	17	C3
Cusco Spanish School	18	B4
Enigma	(siehe 33)	
Excel Language Center	19	C4
Iglesia de El Triunfo	20	C3
Iglesia de Jesús María	21	C3
Iglesia de San Blas	22	D2
Iglesia de Santo Domingo	23	D4
Llama Path	24	B3
Loreto Tours	25	C3
Manu Expeditions	26	D5
Mayuc	27	C3
Museo de Arte Precolombino	28	C2
Museo de Arte Religioso	29	D3
Museo Inka	30	C2
OFEC-Büro	31	B3
OFEC-Büro	(siehe 4)	

Pantiacolla	32	B3
Peru Treks	(siehe 18)	
Q'ente	33	B3
Qorikancha	34	D4
San Blas Spanish School	(siehe 57)	
SAS	35	B3

SCHLAFEN		
Amaru Hostal	36	D2
Casa de la Gringa	37	D1
El Mirador de la Ñusta	38	D2
Hospedaje Familiar Kuntur Wasi	39	C1
Hospedaje Inka	40	E1
Hostal Familiar	41	A2
Hostal Los Niños	42	A3
Hostal Mira Sol	43	B2
Hostal San Juan Masías	44	E4
Loki Backpackers Hostel	45	A3
Qorichaska Hostal	46	A3

ESSEN		
Blueberry Lounge	47	C3
Café Dos X 3	48	B4
Chez Maggy	49	B3
Coco Loco	50	B3
El Buen Pastor	51	D2
Gato's Market	52	C3
Granja Heidi	(siehe 36)	
I Due Mondi	53	D3
Inka's Hut	(siehe 82)	
Jack's Cafe	54	D2
Kin Taro	55	B4
Markt	56	C3
Muse	57	D2
Sumaq Misky	58	B3
Trotamundos	59	C3
Victor Victoria	60	B3

AUSGEHEN		
7 Angelitos	61	D2
Cross Keys	62	B3
Fallen Angel	63	C2
Km 0	64	D2
Le Nomadé	65	D2
Macondo	66	D2
Muse	(siehe 57)	
Norton	67	C3
Paddy O'Flaherty's	68	C3

UNTERHALTUNG		
Kamikase	69	B3
Mandela's	70	C2
Qosqo Centro de Arte Nativo	71	E5
Ukuku's Pub	72	B3

SHOPPEN		
Agua y Tierra	(siehe 33)	
Andean Expressions	73	D2
Centro Artesenal Cuzco	74	F5
Werner & Ana	75	B3
Zentrum für Traditionelle Textilien von Cusco	76	E5

TRANSPORT		
Busse nach Chinchero & Urubamba	77	D5
Busse nach Pisac & Urubamba	78	F5
Colectivos nach Chinchero & Urubamba	79	D5
Huanchac-Bahnhof	80	F5
Inka Express	81	E5
LAN	82	E5
San Pedro-Bahnhof	83	A5
Star Perú	84	E5
TACA	(siehe 71)	

machen und dann auffliegen kann. Vorsicht vor der Höhenkrankheit, wenn man von Gegenden anreist, die auf Meereshöhe liegen (s. S. 1253).

Sehenswertes

Für den Eintritt zu vielen archäologischen Stätten rund um Cusco muss man das Boleto Turístico kaufen. Dieses Touristenticket kostet für zehn Tage für Erwachsene/Studenten 21/10,50 US$. Man erhält es nur bei der **Oficina Ejecutiva del Comité** (OFEC; ☎ 22-7037; El Sol 103; ⏱ Mo–Fr 8–17.30, Sa bis 12.30 Uhr), in Reisebüros oder bei den entsprechenden Stätten außerhalb der Stadt. Es gibt auch Teil-*boletos* für einen Tag zum Preis von 12 US$.

PLAZA DE ARMAS

Die Plaza, die auch das Herz der alten Inkahauptstadt war, ist heute von Arkaden umgeben.

Cuscos **Catedral** (Erw./Student 4,75/2,30 US$, Ticket für einen Rundgang 10/5,35 US$; ⏱ Mo–Sa 10–18; Sa

14–18 Uhr), an der fast 100 Jahre gebaut wurde, steht an der Stelle des Palasts von Inka Viracocha und wurde u. a. aus Steinquadern aus Sacsayhuamán errichtet (S. 1007). Sie gehört zu Cuscos wichtigsten Orten für Kolonialkunst. Interessant ist etwa das Gemälde *Das Letzte Abendmahl* von Marcos Zapata, auf dem ein saftig aussehendes geröstetes *cuy* (Meerschweinchen) allen die Schau stiehlt. Gegenüber vom Silberaltar findet sich ein wunderbar geschnitztes Chorgestühl. Zur Kathedrale gehören die Kirche **Jesus María** (1733) und **El Triunfo** (1536), Cuscos älteste Kirche mit der Gruft des berühmten Chronisten der Inka, Garcilaso de la Vega, der 1539 in Cusco geboren wurde.

Verlässt man die Plaza über die Loreto, erheben sich zu beiden Seiten **Inkamauern**. Auf der linken Seite befindet sich die älteste Inkamauer in Cusco, ein Teil des Acllahuasi (Haus der erwählten Frauen). Nach der Eroberung wurde es zu einem Teil des Klosters Santa Catalina umgemodelt, statt „Jungfrauen der Sonne" lebten nun fromme katholische Nonnen hier. Zur Rechten öffnet sich die Amaruqancha (Hof der Schlangen), dort stand einst der Palast des Inka Huayna Capac. Nach der Eroberung wurde an dieser Stelle die Iglesia de La Compañía de Jesús gebaut.

Wer die Plaza Richtung San Blas über die Triunfo verlässt, kommt zur Hatunrumiyoc, einer Straße, die nach dem wunderbar eingepassten **zwölfeckigen Stein** auf der rechten Seite benannt ist. Oft stehen hier Kinder und zeigen ihn einem gegen ein Trinkgeld. Dieser Stein war ein Teil des Palastes des sechsten Inka, Roca.

QORIKANCHA (CORICANCHA)
Diese **Inkastätte** (Plazoleta Santo Domingo; Erw./Student 3,60/1,80 US$; ☽ Mo–Sa 8–17, Sa 14–17 Uhr) bildet die Basis der Kolonialkirche **Iglesia de Santo Domingo**. Interessant ist ein Vergleich des Kolonialgebäudes mit den Inkamauern: Die meisten von ihnen haben Cuscos historische Erdbeben überlebt, ohne auch nur einen Haarriss zu bekommen. Der Ort wirkt eher bizarr, weil er von einer modernen Konstruktion aus Glas und Metall überdacht ist.

Zu Inkazeiten war Qorikancha (Quechua für „goldener Hof") buchstäblich mit Gold bedeckt. Er wurde nicht nur für religiöse Riten genutzt, sondern war auch ein Observatorium, von dem aus die Priester die wichtigen Ereignisse am Himmel beobachteten. Heute ist von dem am reichsten ausgestatteten Inkatempel nur sein meisterhaftes steinernes Mauerwerk übrig geblieben – den Rest haben die spanischen Konquistadoren geplündert. Dennoch ist ein Besuch ein faszinierendes Erlebnis, es gibt auch eine ausgezeichnete Beschilderung, falls man die Besichtigung ohne Führer machen will.

MUSEEN
In einem spanischen Kolonialhaus mit einem inkaischen Zeremonienhof befindet sich das ausgezeichnet geführte **Museo de Arte Precolombino** (MAP; ☎ 23-3210; map.perucultural.org.pe; Plazoleta Nazarenas 231; Erw./Student 6/3 US$; ☽ 9–22 Uhr). Es zeigt eine erstaunlich abwechslungsreiche, wenn auch recht kleine Sammlung unschätzbarer archäologischer Stücke, die vorher in den großen Depots des Museo Larco in Lima vergraben waren.

Die Schilder sind auf Spanisch, Englisch und Französisch.

Das bescheidene **Museo Inka** (☎ 23-7380; Tucumán bei Ataúd; Eintritt 3 US$; ☽ Mo–Fr 8–17, Sa 9–17 Uhr) ist in einem der feinsten Kolonialgebäude der Stadt untergebracht. Es ist vollgepackt mit Metall- und Goldarbeiten, Töpfereien, Textilien, *queros* (hölzerne Inka-Trinkgefäße), Mumien und mehr. Im Hof verkaufen Weber aus dem Hochland ihre traditionellen Gewebe.

Ursprünglich war das verstaubte **Museo de Arte Religioso** (Hatunrumiyoc; Erw./Student 3/1,50 US$; Ticket für einen Rundgang 10/5,35 US$; ☽ Mo–Sa 8–18, So 10–18 Uhr) der Palast des Inka Roca. Es beherbergt eine große Sammlung religiöser Kunstwerke und liefert interessante Einblicke in die Wechselwirkungen zwischen indigener Bevölkerung und den spanischen Eroberern.

IGLESIA DE SAN BLAS
Diese aus Lehmziegeln errichtete **Kirche** (Plaza San Blas; Eintritt 1,80 US$; Ticket für Rundgang 10/5,35 US$; ☽ Mo–Sa 10–18, So 14–18 Uhr) hat eine Kanzel, die von manchen als die feinste kolonialzeitliche Holzschnitzerei in ganz Amerika angesehen wird. Eine Legende behauptet, der Totenkopf des Schnitzers sei in den oberen Teil eingearbeitet – da muss man selbst nachgucken.

Aktivitäten
Es gibt eine Menge Anbieter für Trekking-, Rafting- und Mountainbiketouren, für Bergsteigen, Reiten und Paragliding.

RAFTING & MOUNTAINBIKEN
Wildwasser-Rafting den **Río Urubamba** hinunter ist sehr beliebt. Der nicht allzu wilde Ritt bietet einige spektakuläre Landschaften und die Chance, einige der interessantesten Inkaruinen in der Nähe von Cusco zu besuchen. Für abgelegenere Flüsse sollte man unbedingt die beste Ausrüstung und erfahrene Rafting-Guides buchen, die auch Erste-Hilfe-Maßnahmen beherrschen – denn wenn man erkrankt oder einen Unfall hat, kann es schon passieren, dass man mehrere Tagesreisen entfernt von jeder Hilfe ist. Dasselbe gilt für Ausflüge mit dem Mountainbike.

Der **Río Apurímac** hat herausfordernde Stromschnellen durch tiefe Schluchten und geschützten Regenwald, man kann ihn aber nur von Mai bis November befahren. Ein noch wilderer Trip ist der technisch schwierige **Río Tambopata**, der von Juni bis Oktober befahrbar ist. Los geht's in den Anden nördlich des Lago Titicaca, die Endstation befindet sich in der Reserva Nacional Tambopata im Amazonasgebiet.

Für erfahrene Leute gibt's im Gebiet des „Geheiligten Tals" atemberaubende Möglichkeiten zum Mountainbiken und Abfahrten von Cusco bis in den Urwald von Amazonien. Gute Leih-Bikes kosten 15–25 US\$ pro Tag, man sollte sie allerdings genau prüfen. Außerdem unbedingt einen Helm, Flickzeug, eine Pumpe und Werkzeug verlangen.

Einige der angesehenen Gesellschaften für Raftingtrips auf abgelegenen Flüssen:
Amazonas Explorer (☎ 25-2846/976-5448/976-5447; www.amazonas-explorer.com; Collasuyo 910, Urb Marivelle) Professioneller internationaler Veranstalter.
Apumayo Expeditions (☎ 24-6018; www.apumayo.com; Interior 3, Garcilaso 265) Raftingtrips auch für Behinderte.
Loreto Tours (☎ 22-8264; www.loretotours.com; Calle del Medio 111) Gut für Mountainbike-Touren.
Mayuc (☎ 084-24-2824; www.mayuc.com; Portal Confiturías 211) Lokale Raftingexperten.

TREKKING
Vom Inkatrail (S. 1016) hat fast jeder schon einmal gehört, aber es gibt eine große Zahl von anderen Wanderungen rund um Cusco herum. Viele Agenturen organisieren Ausflüge zu abgelegenen Inkaruinen wie etwa Choquequirau (S. 1020) und Vilcabamba (S. 1020) und um den Ausangate herum (S. 1020). Die Preise sind *nicht* fest. Es lohnt sich herumzufragen (z. B. wie viele Leute zusammen in ein Zelt gesteckt werden, wie viele Träger mitkommen, wie das Essen organisiert ist). Unbedingt die komplette Mietausrüstung genau prüfen. Im SAE-Clubhaus (S. 999) werden topografische Karten verkauft.

Von Lesern empfohlene Agenturen:
Aventours (☎ 22-4050; www.aventours.com; Pardo 545) Teuer, aber ihr Inkatrailcamp und die Lamatreks sind einzigartig.
Enigma (☎ 22-2155; www.enigmaperu.com; Office 103, Calle Garcilaso 210) Spezialisiert auf maßgeschneiderte Treks für kleine Gruppen und Alternativtourismus.
Llama Path (☎ 24-0822; www.llamapath.com; San Juan de Dios 250) Freundliches, kleines neues Trekkingunternehmen.

Peru Treks (☎ 50-5863; www.perutreks.com; Garcilaso 265, 2. St.l) Lokaler Besitzer, ökologisch bewusst und gute Behandlung der Träger.
Q'ente (☎ 24-7836; www.qente.com; Garcilaso 210) Bietet auch viele Alternativen zum Inkatrail.
SAS (☎ 25-5205; www.sastravelperu.com; Portal de Panes 167) Ein Riesenunternehmen, das viele Kritiker hat.

Kurse
Cusco ist ein guter Ort, um Spanisch zu lernen
Academia Latinoamericana (☎ 24-3364; www.latinoschools.com; Plaza Limacpampa 565)
Amauta (☎ 24-1422; www.amautaspanish.com; Suecia 480)
Cusco Spanish School (☎ 22-6928; www.cuscospanishschool.com; Garcilaso 265, 2. Stock)
Excel Language Center (☎ 23-5298; www.excelinspanish.com; Cruz Verde 336)
San Blas Spanish School (☎ 24-7898; www.spanishschoolperu.com; Tandapata 688)

Geführte Touren
Es gibt Hunderte von registrierten Reisebüros in Cusco, doch keines davon kann zu 100 % empfohlen werden. Man sollte unbedingt herumfragen, bevor man sich für eines entscheidet.

Zu den üblichen Optionen gehören Halbtagestouren entweder durch die Stadt oder zu den näheren Ruinen, eine Halbtagesreise zu den Sonntagsmärkten nach Pisac oder Chinchero oder ein Ganztagesausflug ins „Geheilige Tal der Inka" (Pisac, Ollantaytambo und Chinchero). Diese Touren sind manchmal zu hastig und dann ihr Geld nicht wert.

Die teureren Touren nach Machu Picchu schließen die Zugfahrt, den Bus zu/von den Ruinen, den Eintritt, einen englisch sprechenden Führer und ein Mittagessen ein. Man kann sich aber nur ein paar Stunden in den Ruinen aufhalten, bevor man wieder zum Bahnhof zurück muss, es ist also besser, die Tour auf eigene Faust zu machen.

Cusco ist ein ausgezeichneter Ort, um Ausflüge in den Urwald zu organisieren, vor allem in den Parque Nacional Manu (S. 1063). Sie sind jedoch nicht billig. Folgende Anbieter sind empfehlenswert:
Caiman (☎ 25-4041/4042; www.manucaiman.com; Office 207, Garcilaso 210)
Manu Expeditions (☎ 22-6671/23-9974; www.manuexpeditions.com; Humberto Vidal Unda G-5, Urb Magisterial)

Manu Nature Tours (☎ 25-2721; www.manuperu. com; Pardo 1046)

Pantiacolla (☎ 23-8323; www.pantiacolla.com; Plateros 360 & Saphi 554)

Festivals & Events

El Señor de los Temblores (Der Herr der Erdbeben) Am Montag vor Ostern, die Prozessionen gibt's seit dem Erdbeben in Cusco von 1650.

Qoyllur Rit'i Weniger bekannt sind diese traditionellen Andenriten, die im Mai oder Juni in der Nähe des Ausangate abgehalten werden.

Corpus Christi (Fronleichnam) Dieses Fest findet am neunten Donnerstag nach Ostern statt (normalerweise Anfang Juni). Es gibt phantastische Prozessionen und Feiern in der Kathedrale.

Inti Raymi (Sonnenfest) Am 24. Juni, Cuscos wichtigstes Fest, das Tausende von Besuchern anzieht und seinen Höhepunkt in einer Wiederaufführung der inkaischen Zeremonien zur Wintersonnenwende in Sacsayhuaman hat.

Schlafen

Die Nebenstraßen nordwestlich der Plaza de Armas (insbesondere Tigre, Tecsecocha und Suecia) sind voller billiger *hostales*. Budgetpensionen gibt's auch rund um die Plaza San Blas, aber man kommt ganz schön ins Keuchen, wenn man da hinauf läuft.

Casas de Hospedaje (☎ 24-2710; www.cusco.net/ familyhouse) Unterkünfte kosten von 5 bis 12 US$ pro Person, je nach Saison und Einrichtung. Die *cuzqueña*-Häuser am besten mithilfe der Websites überprüfen, vor allem die Lage und alle Einrichtungen.

Loki Backpackers Hostel (☎ 24-3705; www.loki hostel.com; Santa Ana 601; B 5,50–8,50, EZ/DZ 10,50/21 US$; ▣) Hier ist Party angesagt! Das 450 Jahre alte nationale Denkmal wurde von hier lebenden Ausländern vor dem drohenden Verfall gerettet und dann in einen sicheren Hafen für Backpacker umgewandelt. Warme Duschen sowie freier Internet- und Küchenzugang.

Hospedaje Familiar Kuntur Wasi (☎ 22-7570; Tandapata 352A; EZ/DZ 15/25 US$, ohne Bad 6/12 US$) Dieses einfache Gästehaus im Hof hat eine einladende gastfreundliche Umgebung mit warmen Duschen und Küchenzugang.

Hospedaje Inka (☎ 23-1995; americopacheco@ hotmail.com; Suytuccato 848; EZ/DZ Frühstück inkl. 7,50/15 US$) Dieses schmuddelige, aber charmante ehemalige Bauernhaus am Hügel über San Blas bietet eine schöne Aussicht. Es gibt hin und wieder warmes Wasser, private Bäder und eine große Bauernküche.

Taxis kapitulieren vor den letzten Metern den Hügel hoch.

Hostal Mira Sol (☎ 23-5824; mirasolhostal@hotmail. com; Suecia 504; EZ/DZ/3BZ mit Gemeinschaftsbad 7,50/15/22,50 US$) Diese von Italienern geführte Pension bietet einfache, saubere Zimmer (die im Keller sind ruhig, aber dunkel) und einen große Lounge mit Stereoanlage, TV und Gemeinschaftsküche.

Qorichaska Hostal (☎ 22-8974; www.qorichaska peru.com; Nueva Alta 458; EZ/DZ/3BZ 12/20/30 US$, EZ/DZ mit Gemeinschaftsbad 8/16/24 US$, Frühstück inkl.) Qorichaska, das ein bisschen wie eine Geheimgesellschaft wirkt, liegt hinter mehreren Toren, ist einfach, aber freundlich und sicher. Warmes Wasser und Küchenzugang.

Casa de la Gringa (☎ 24-1168; www.anotherplanet peru.net/hostel.htm; Pasnapacana 148; B 9, DZ 26–30 US$) Dieser entspannte New Age-Schlupfwinkel hat einen Garten mit Heilpflanzen. Die einzigartigen Zimmer sind sehr bunt. Es gibt einen Küche, TV und einen Spieleraum.

Hostal Familiar (☎ 23-9353; hostalfamiliar@hotmail. com; Saphi 661; EZ/DZ ohne Bad 7,50/15 US$, EZ/DZ inkl. Frühstück 12/18 US$) Dieses Gästehaus liegt etwas abseits und hat einen gepflegten kolonialen Hof und saubere spartanische Zimmer.

Amaru Hostal (☎ 22-5933; www.cusco.net/amaru; Cuesta San Blas 541; EZ/DZ/3BZ ohne Bad 12/16/24 US$, EZ/DZ/3BZ inkl. Frühstück 17/25/36 US$) In einem Kolonialgebäude mit Charakter. Blumentöpfe vor den Zimmern, in manchen stehen Schaukelstühle. Einige der Räume sind sehr sonnig. Die Zimmer zum äußeren Hof sind lauter.

Hostal Los Niños (☎ 23-1424; www.ninoshotel.com; Meloc 442; EZ/DZ ohne Bad 14/28 US$, DZ 34 US$). Selbst wenn diese von Holländern geführte Pension sich nicht für Straßenkinder engagieren würde, wäre dieses charmante Kolonialgebäude dennoch unser Lieblingsaufenthaltsort. Warmes Wasser, wollene Decken, tragbare Heizungen und ein Café mit Kamin im Hof.

Ebenfalls empfehlenswert:

Albergue San Juan de Dios Luxemburgo (☎ 24-0135; www.sanjuandedioscusco.com; Manzanares 264, Urb Manuel Prado; EZ/DZ inkl. Frühstück 15/30 US$) Ist Teil eines Nonprofit-Unternehmens, das eine Klinik unterstützt und jungen Menschen mit Behinderungen Jobmöglichkeiten bietet. Am besten mit dem Taxi zu erreichen (1 US$).

El Mirador de la Ñusta (☎ 24-8039; elmirador delanusta@hotmail.com; Tandapata 682; EZ/DZ 10/15 US$) Bequem an der Plaza San Blas gelegen, es gibt aber günstigere und besserer Pensionen weiter westlich an der Tandapata.

Hostal San Juan Masías (☎ 43-1563; Ahuacpinta 600; DZ/3BZ mit Gemeinschaftsbad 12/18 US$, DZ/3BZ/4BZ 15/22,50/30 US$) Von dominikanischen Nonnen auf dem Gelände einer geschäftigen Schule geführt. Die blitzsauberen Zimmer haben warmes Wasser.

Essen

El Buen Pastor (Cuesta San Blas 579; Getränke und Snacks 0,30–1,50 US$; ☺ Mo–Sa 7–20 Uhr) Das warme Gefühl, das einen in dieser Bäckerei überkommt, rührt nicht nur vom Cappuccino her, den man hier zu seinem morgendlichen Gebäck schlürft, sondern auch von dem Wissen, dass alle Gewinne für wohltätige Zwecke ausgegeben werden.

I Due Mondi (Santa Catalina Ancha 366; Snacks ab 0,75 US$) Schickes Café im italienischen Stil mit 15 verführerischen Eissorten (u. a. *chicha*!).

Muse (Tandapata 684; Getränke und Snacks 0,75– 4,20 US$) Das Bohème-Café mit Tischen, die von oben auf die Plaza San Blas schauen, serviert englisches Frühstück, gesunde Salate und Sandwichs.

Coco Loco (Espaderos 135; Snacks 1–3 US$; ☺ Mo–Sa bis 4 Uhr) Fast-Food-Kneipe für den Hunger nach dem Club.

Trotamundos (Portal Comercio 177, 2. Stock; Snacks 1,50–3 US$; 💻) Populäres Café an der Plaza mit gutem Blick auf die Kathedrale.

Kin Taro (Heladeros 149; Hauptgerichte 2–4,50 US$; ☺ Mo–Sa 12–22 Uhr) Das authentischste japanische Essen, das man außerhalb von Lima findet, dazu Forellen-Sushi und Sake.

Victor Victoria (Tigre 130; Hauptgerichte 2,50–6 US$) Peruanisches Restaurant ohne Schnickschnack, das auch ein paar französische, israelische und vegetarische Gerichte serviert.

Granja Heidi (Cuesta San Blas 525, 2.St.; Gerichte 3– 6,50 US$; ☺ Mo–Sa 8.30–21.30 Uhr) Bilder von Kühen leiten zu diesem hellen, alpinen Café mit phantastischen frischen Produkten, Joghurts, Kuchen und anderem gesunden Essen. Das Frühstück ist riesig.

Chez Maggy (Procuradores 344, 365, 374; Hauptgerichte 3,50–5,50 US$) Das Chez Maggy hat die Gringogasse mit drei sehr ähnlich aussehenden Zweigstellen so gut wie übernommen. Alle servieren Pizzas aus dem Holzofen und Pasta.

Sumaq Misky (Plateros 334, 2. Stock; Hauptgerichte 4,50–12 US$) Versteckt in einer Gasse mit Souvenirständen ködert dieses behagliche Lokal

mit Bar abenteuerliche Esser und veranstaltet „special nights" wie einen Alpaka-Freitag oder *cuy*-Sonntage, an denen man Meerschweinchen sogar im Tandooristil bestellen kann.

Jack's Cafe (Choquechaka 509; Hauptgerichte 5– 7,50 US$) Hier auftanken, bevor man sich zur Plaza San Blas hoch müht. Es gibt kräftige internationale Kost, die das Café zu einem Liebling der hier lebenden Ausländer macht. Der Ingwer-Limonen-Tee heilt alle Krankheiten.

Blueberry Lounge (Portal de Carnes 235; Hauptgerichte 5–8 US$) Globale Fusion-Küche ist angesagt – von südasiatischen Currys bis zu Teriyaki-Alpaka. Die Atmosphäre nach Sonnenuntergang ist weitaus kultivierter als die 08/15-Lokale um die Plaza.

Café Dos X 3 (Marquez 271; Snacks 1,50 US$) Ein Retro-Café mit Jazz und einem himmlischen Passionsfrucht-Käsekuchen.

Zu den Lebensmittelläden gehören **Gato's Market** (Portal Belén; ☺ 7–22 Uhr) und der ursprüngliche **Markt** (Mantas 119; ☺ 8–23 Uhr).

Ausgehen

In den beliebten Bars für Backpacker, besonders rund um die Plaza de Armas, sollte man – egal welchen Geschlechts – sich vor Drinks mit „Schuss" hüten, sein Glas im Auge behalten und nicht unbedingt jeden Coupon für einen Gratisdrink einlösen. Mehrere Nightclubs zeigen tagsüber DVD-Filme.

Norton's Rat (Loreto 115; ☺ 9 Uhr–open end) Normaler Pub mit Holztischen, von denen man auf die Plaza schaut, Fernsehern, Darts und Billardtischen. Hier gibt's die besten matschigen Burger der Stadt.

Cross Keys (Portal Confiturías 233; ☺ 11 Uhr– end) Ein Pub im britischen Stil in einem wackligen alten Gebäude an der Plaza mit TV und Darts. Dazu ein Pooltisch, auf dem die Kugeln eine unvergleichliche bananenähnliche Kurve beschreiben.

Paddy Flaherty's (Triunfo 124; ☺ 11–open end) Diese volle kleine irische Bar ist vollgepackt mit Barhockern, Spielen und Mattscheiben, über die Fußballspiele flimmern.

Fallen Angel (Plazoleta Nazarenas 221; 18 Uhr–open end) Ein superschräges Restaurant, das sich mit seinem Glitzerzeug, falschen Pelzen und Tischen in Form von Badewannenaquarien andauernd selbst übertreffen will. Die Cocktails sind teuer, aber phantasievoll. Betreibt auch das Macondo (Cuesta San Blas 571).

Andere schräge Kneipen im *barrio* San Blas sind das Café Muse (s. gegenüber), die Tapasbar **km 0** (Tandapata 100), das französische **Le Nomadé** (Choquechaca bei der Hatunrumiyoc), das Hookah café und die **7 Angelitos** Lounge (Siete Angelitos 638); alle bieten oft Livemusik.

Unterhaltung

Mehrere Restaurants bieten abends *folklórica*-Music und Tanzshows, der Preis für das Gedeck liegt zwischen 3 und 6 US$.

Centro Qosqo de Arte Nativo (☎ 22-7901; El Sol 604; Eintritt 4,50 US$) Jeden Abend *folklórica*-Shows.

Ukuku's Pub (Plateros 316; ☾ 20 Uhr–open end) Normalerweise proppenvoll. Ukuku's spielt eine einnehmende Kombination von Latin Pop, Reggae, Alternativ, Salsa, Ska, Soul, Jazz und mehr und hat jeden Abend auch lokale Livebands.

Mandela's (Palacio 121; ☾ 18 Uhr–open end) Bar mit südafrikanischem Background, Snacks und einer funky Atmosphäre; mit viel Livemusik und Special Events.

Kamikase (Plaza Regocijo 274; ☾ 20 Uhr–open end) Keine Gratisdrinks, dafür eine große Bandbreite an Musik, die fast jeden Abend übergangslos von Salsa bis *folklórica* mit Liveshows wechseln kann. Mutige probieren hier den Cocktail El Camino a la Ruina.

Shoppen

Cusco bietet ein Füllhorn kunsthandwerklicher Werkstätten und Läden, die gestrickte und gewebte Wollprodukte, farbenfrohe Keramik, Silberschmuck und mehr verkaufen. Dazu kommen einige zeitgenössische Kunstgalerien. Am besten stöbert man in den Straßen, die von der Plaza de Armas nach dem Berg hinauf führen, und um die Plaza San Blas herum. Preise und Qualität variieren stark – es lohnt zu handeln (außer in den ganz teuren Läden, wo es oft Festpreise gibt). In der Nähe des Bahnhofs San Pedro liegt Cuscos Mercado Central. Er ist gut, um Früchte zu kaufen oder auch ein paar Socken, aber man sollte nicht allein hingehen oder Wertsachen mitnehmen – es lungern viele Diebe herum (s.

Zentrum für traditionelle Textilien von Cusco (El Sol 603-A) Eine Nonprofit-Organisation, die den Fortbestand der traditionellen andinen Webtechniken fördert und Vorführungen der dazu nötigen außerordentlichen Geschicklichkeit bietet.

Agua y Tierra (Garcilaso 210) Schöne Galerie, die auf authentisches handgemachtes Kunsthandwerk aus Amazonien spezialisiert ist.

Werner & Ana (Plaza San Francisco 295-A) Dieses elegante Geschäft hat innovative moderne Kleidung aus Alpakawolle – Schals, Hüte und Pullover – für Männlein und Weiblein.

Andean Expressions (Choquechaca 210) Der Besitzer dieses einmaligen T-Shirt-Ladens stammt aus Huaraz und ist gleichzeitig der Designer – also garantiert keine Inka-Kola-Logos.

Centro Artesanal Cusco (Ecke El Sol & Tullumayo; ☾ 9–22 Uhr) Wer Souvenirs aus der Massenproduktion will, ist im ausgedehnten Centro Artesanal Cusco richtig, wo man buchstäblich bis zum Umfallen shoppen kann.

An- & Weiterreise
BUS
Langstrecken
Die angegebenen Reisezeiten sind nur Richtwerte. Während der Regenzeit, besonders von Januar bis April, sind erhebliche Verspätungen wahrscheinlich.

Cusco hat ein Busterminal für Langstreckenbusse (Abfahrtsgebühr 0,30 US$), 2 km südöstlich des Zentrums (Taxi 1 US$), wo alle wichtigen Busgesellschaften vertreten sind, darunter auch **Cruz del Sur** (☎ 22-1909), **Ormeño** (☎ 084-22-7501), **Cromotex** (☎ 24-9573) und **Imexso** (☎ 22-9126). Es gibt auch jede Menge Gesellschaften für *económico*-Busse.

Busse nach Puno (4,50–10,50 US$, 6–7 Std.) über Juliaca fahren häufig. Die Fahrten nach Arequipa (7,50–21 US$, 9–11 Std.) sind meist über Nacht. Es gibt zwei Strecken nach Lima. Die erste führt über Abancay (18–33 US$ 17–23 Std.) – sie ist zwar schneller, kann aber sehr unbequem sein und in der Regenzeit kann es zu großen Verspätungen kommen. Die Alternative führt über Arequipa – eine längere, aber verlässlichere Strecke (19,50–47,50 US$, 25–27 Std.). Busse nach Abancay (4,50 US$, 5 Std.) und Andahuaylas (8 US$, 10 Std.) fahren früh am Morgen und am Abend. In Andahuaylas kann man in Busse nach Ayacucho umsteigen, die über holprige Hochlandstraßen rattern, auf denen es nachts sehr kalt wird.

Minibusse nach Urcos (1 US$) fahren von der Manco Capác, östlich der Tacna, und von der Av de la Cultura gegenüber vom regionalen Krankenhaus los. Diese

Busse sind gut, um Tipón, Pikillacta, Rumicolca und Andahuaylillas zu besuchen (s. S. 1018). Wer sich etwas gönnen möchte, kann einen der bequemen Tourbusse von **Inka Express** (☎ 24-7887; www.inkaexpress.com; Pardo 865) nehmen (25 US$), die auf dem Weg nach Puno an mehreren Stätten halten (s. S. 994).

Busse nach Quillabamba (4,50 US$, 7–8 Std.) fahren mehrmals täglich vom Busterminal Santiago im Westen von Cusco (Taxi 0,60 US$). Empfohlen wird die Gesellschaft **Ampay** (☎ 24-5734), die auch einen Fahrkartenschalter an Cuscos Hauptterminal für Langstrecken hat. Tagsüber verkehrende Busse sind sicherer; außerdem haben Fahrten mit ihnen den Vorteil, dass man die spektakuläre Landschaft sieht.

Für andere Ziele im Amazonasgebiet muss man fliegen, eine gefährliche Reise auf einem Lastwagen riskieren oder eine Expedition finden, der man sich anschließen kann. Während der Trockenzeit fahren täglich Lastwagen nach Puerto Maldonado über eine wilde und heikle Straße (s. S. 1020). Sie starten in der Nähe der Plaza Túpac Amaru, östlich der Tacna auf der Garcilaso (10 US$, 2–7 Tage). **Expreso Virgen del Carmen** (☎ 22-6895; Diagonal Angamos 1952) hat Busse nach Paucartambo (3 US$, 5 Std.), die täglich hinter dem Coliseo Cerrado abfahren. Von Paucartambo nach Manu gibt's nur Lastwagen oder Expeditionsbusse, aber nach Pillcopata fahren montag-, mittwoch- und freitagmorgens Busse von der Avenida Angamos (4,50 US$, 10 Std.). Die Lastwagen fahren von Pillcopata weiter nach Shintuya (2,50 US$, 8 Std.).

International
Viele Gesellschaften bieten Busfahrten nach Copacabana (15 US$, 13 Std.) und La Paz (18–20 US$, 18 Std.) in Bolivien an; s. auch S. 993. Viele schwören, dass ihr Service direkt ist, auch wenn die Abendbusse gewöhnlich mehrere Stunden in Puno halten, bis die Grenze aufmacht. Ormeño fährt über Desaguadero nach La Paz (50,60 US$, 16 Std.). Cruz del Sur fährt jeden Nachmittag nach Tacna an der chilenischen Grenze (22,30 US$, 15 Std.); s. auch S. 981.

FLUGZEUG
Die meisten Flüge von Cuscos **Flughafen** (CUZ; ☎ 22-2611), 2 km südöstlich vom Zentrum, heben morgens ab. Sie sind oft überbucht, also unbedingt vorher eine Bestätigung einholen. Viele Flüge werden bei schlechtem Geschäft abgesagt oder zusammengelegt. Die frühen Flüge werden dabei seltener abgesagt.

Aero Condor Perú (☎ 084-25-2774; www.aerocondor.com.pe) Täglich Flüge nach Lima und drei Mal die Woche nach Puerto Maldonado.

LAN (☎ 084-25-5552; www.lan.com; El Sol 627-B) Direkte Flüge nach Arequipa, Juliaca und Puerto Maldonado.

Star Perú (☎ 084-23-4060; www.starperu.com; El Sol 679) Zwei Flüge täglich nach Lima.

TACA (☎ 084-24-9921; www.taca.com; El Sol 602-B) Fast täglich Flüge von/nach Lima.

ZUG
Zugtickets werden derzeit nur an der Estación Huanchac verkauft, was sich aber ändern kann. Die Fahrkarten am besten so früh wie möglich kaufen und seinen Pass nicht vergessen. Aktuelle Fahrpläne, Preise und Reservierungen gibt's unter www.peru rail.com.

Am südöstlichen Ende der El Sol ist die **Estación Huanchac** (☎ 23-87 22; Mo–Fr 8.30–16.30, Sa & So bis 12.00 Uhr), für die Verbindung nach Juliaca und Puno. Die Züge fahren montags, mittwochs und samstags um 8 Uhr (Einzelheiten s. S. 994).

Züge nach Ollantaytambo und Aguas Calientes bei Machu Picchu fahren von der **Estación San Pedro** (☎ 22-1992), gleich beim zentralen Markt. Die Zugreise nach Machu Picchu beginnt mit einem steilen Anstieg aus Cusco hinaus, der langsam durch einige Zickzacks mit Hin- und Herrangieren bewältigt wird. Spätaufsteher, die den Zug verpasst haben, können ihn oft noch mit einer beherzten schnellen Fahrt zum Bahnhof von Poroy (Taxi 5 US$) einholen. Die Gleise führen dann sanft zum Bahnhof von Ollantaytambo hinunter und in eine enge Schlucht des unteren Rio Urubamba. Aguas Calientes ist die Endstation für alle, die nach Machu Picchu wollen.

Von Cusco aus gibt's mindestens drei Mal täglich Touristenzüge nach Machu Picchu. Die Züge verlassen Cusco zwischen 6 und 7 Uhr und kommen in Aguas Calientes zwischen 9.40 und 11 Uhr an. Die Züge zurück fahren zwischen 15.30 und 17.00 Uhr und kommen zwischen 19.20 und 21.20 Uhr an. Die Tickets für Hin- und Rückfahrt/einfache Fahrt kosten derzeit 113/66 US$ im Erste-Klasse-Vistadome-Zug oder 73/46 US$ im Backpacker-Zug. Wer bereits im Heiligen Tal ist, bekommt den Zug von Ollantaytambo aus billiger (S. 1010).

Unterwegs vor Ort
BUS & COLECTIVO
Minibusse nach Pisac (0,60 US$, 1 Std.) und Urubamba (0,90 US$, 2 Std.) starten an der Tullumayo südlich der Garcilaso. Micros und schnelle *colectivos* nach Urubamba (1,50 US$, 1½ Std.) über Chinchero (0,75 US$, 50 Min.) fahren tagsüber regelmäßig vom Block 300 der Grau nahe der Puente Grau ab. Nach Ollantaytambo, steigt man in Urubamba um (0,30 US$, 30 Min.).

VOM/ZUM FLUGHAFEN
Die El Sol hinunter fahren häufig *colectivos* bis zum Flughafen (0,30 US$). Ein Taxi bis/vom Zentrum kostet 2,70–3,60 US$. Viele Pensionen bieten Gratisfahrten der Reisebüros, die ihre Touren verkaufen wollen.

TAXI
Fahrten in der Stadt kosten 1 US$. Offizielle Taxis sind sicherer als die „Piraten"-Taxis (s. S. 999). Eine Gesellschaft mit telefonischen Service ist **Aló Taxi** (☎ 22-2222; www.alocusco.com); deren Fahrer sind lizensiert und haben einen Fotoausweis dabei.

RUND UM CUSCO
Die archäologischen Stätten, die Cusco am nächsten liegen, sind **Sacsayhuamán**, **Q'enqo**, **Pukapukara** und **Tambomachay** (☺ 7–18 Uhr) – Eintritt mit dem Boleto Turístico, S. 1000. Man nimmt einen Bus Richtung Pisac und steigt in Tambomachay aus, wo sich die am weitesten von Cusco entfernte Ruine befindet (und mit 3700 m auch die am höchsten gelegene). Von hier ist es eine 8 km lange Wanderung zurück nach Cusco. Auf dieser Strecke sind schon Überfälle auf Touristen vorgekommen, selbst bei Tageslicht. Man sollte in einer Gruppe gehen und vor Einbruch der Dunkelheit zurück sein

Sacsayhuamán
Der Name bedeutet „zufriedener Falke", auch wenn viele Reisende sich den Namen mit der Eselsbrücke „sexy woman" merken. Das ausgedehnte Areal liegt 2 km von Cusco entfernt. Man steigt die Treppen der steilen Resbalosa-Straße hoch, wendet sich nach der Kirche von San Cristóbal nach rechts und geht bis zu einer Haarnadelkurve. Links sind steinerne Treppen, die auf einem Inkaweg nach oben führen.

Auch wenn Sacsayhuamán riesig zu sein scheint, so ist das, was die heutigen Besucher sehen, nur etwa 20% des Originalkomplexes. Kurz nach der Eroberung rissen die Spanier die Mauern nieder und verwendeten die Steinblöcke, um ihre eigenen Häuser in Cusco zu bauen.

1536 erlebte das Fort eine der bittersten Schlachten zwischen den Spaniern und Manco Inca, der die Spanier in Sacsayhuamán belagerte. Tausende Tote lagen nach der Niederlage des Inka auf der Wallstatt, was Schwärme Aas fressender Andenkondore angelockt haben soll. An die Tragödie erinnert die Einbeziehung von acht Kondoren in Cuscos Wappen

Am beeindruckendsten sind die dreistufigen Befestigungsanlagen. Der Inka Pachachutec hatte sich Cusco in der Form eines Pumas vorgestellt, mit Sacsayhuamán als Kopf und den 22 zickzackförmig angelegten Mauern als Zähnen. Der Paradeplatz wird bei den Inti-Raymi-Zeremonien benutzt.

Q'enqo
Der Name dieser faszinierenden kleinen Ruine bedeutet „Zickzack". Sie besteht aus einem großen Kalksteinfelsen, der von Nischen, Stufen und eingeritzten Symbolen überzogen ist. Darunter sind auch Kanäle, die vielleicht für rituelle Opfer mit *chicha* oder sogar Blut benutzt wurden. Wer bis nach oben hinaufklettert, wird dort eine Fläche finden, die für Zeremonien genutzt wurde, und in die mühevoll Tierdarstellungen eingeritzt wurden. Im Inneren kann man eine geheimnisvolle halbunterirdische Höhle besuchen, in der aus dem Fels gehauene Altäre zu sehen sind.

Die Stätte liegt 2 km von Sacsayhuamán entfernt, wenn man von Tambomachay kommt auf der linken Seite.

Tambomachay & Pukapukara
Etwa 300 m von der Hauptstraße entfernt liegt **Tambomachay**, ein sehr schön gestaltetes zeremonielles Bad, dessen Becken bis heute von klarem Wasser aus unterirdischen Brunnen gespeist werden, was ihm den Na-

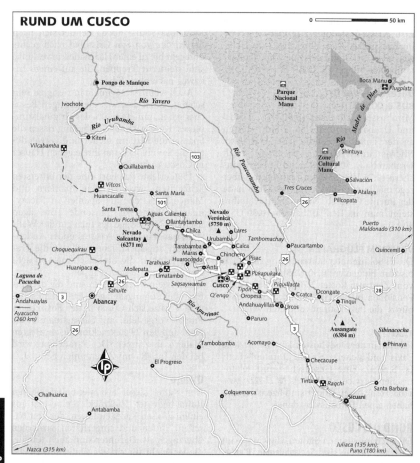

men El Baño del Inca (das Bad des Inka) eingebracht hat. Auf der gegenüberliegenden Seite der Straße liegt die alles überragende Ruine von **Pukapukara**. Ihr Name bedeutet „rote Festung", auch wenn es eher eine Jagdunterkunft, eine Wachstation oder eine Raststätte für Reisende war. Von oben hat man eine herrliche Aussicht.

DAS HEILIGE TAL DER INKA

Das Valle Sagrado des Río Urubamba liegt – für einen Kondor – etwa 15 km nördlich von Cusco. Seine größten Attraktionen sind die stolzen Inkafestungen Pisac und Ollantaytambo, doch in dem Tal liegen auch etwas friedlichere Inkastätten, geschäftige Märkte und hoch gelegene Andendörfer.

Die idyllische Landschaft kann man sehr gut mit Peter Frosts ausführlichem Buch *Exploring Cusco* erforschen.

Pisac
☎ 084 / 2000 Ew.

Pisac (2715 m) liegt 33 km nordöstlich von Cusco. Es ist über eine asphaltierte Straße zu erreichen und der bequemste Ausgangspunkt für einen Besuch des Heiligen Tals. Pisac hat zwei Teile: das koloniale Dorf neben dem Fluss und die Inkafestung, die dramatisch oben auf dem Berg thront.

SEHENSWERTES & AKTIVITÄTEN
Die **Inkafestung** (7–18 Uhr) liegt hoch über dem Dorf auf einem Bergplateau umgeben

von tiefen Schluchten auf beiden Seiten. Links von der Kirche führt ein 4 km langer steiler Fußweg hinauf. Es ist ein spektakulärer Aufstieg über Terrassen, die sich an die Bergflanken schmiegen, und über Felspfade, die zu massiven steinernen Torwegen führen. Manche Treppen sind für alle, die unter Höhenangst leiden, eine echte Mutprobe, und an einer Stelle muss man sich auch durch einen kurzen Tunnel im Fels zwängen. Eintritt mit dem Boleto Turístico, S. 1000.

Über den Terrassen liegt das zeremonielle Zentrum mit einem Intihuatana (der „Ort an, dem die Sonne angebunden wird"), mehreren Wasserkanälen und feinen Steinmetzarbeiten innerhalb der gut erhaltenen Tempel. Ein Pfad führt den Berg weiter nach oben zu einer Reihe von zeremoniellen Bädern und zum Militärareal. In der Felswand hinter der Anlage sind Löcher mit Hunderten von Inkagräbern, die aber alle von *huaqueros* (Grabräubern) geplündert wurden.

SCHLAFEN
Rund um die Plaza gibt's viele billige Pensionen.

Royal Inka Hotel Pisac (☎ 20-3064/3065; Stellplatz 3 US$/Pers., Mietzelt 10–15 US$) 1,5 km die Straße zu den Ruinen entlang. Hier kann man campen.

Hospedaje Beho (☎ 20-3001; hospedajebeho@yahoo. es; Intihuatana 113; EZ/DZ 9/18 US$, mit Gemeinschaftsbad 4,50/9 US$) Am Pfad zu den Ruinen und etwas versteckt hinter den Marktständen. Der von einer Familie geführte Handwerksladen bietet nebenan auch Quartiere an.

Hostal Pisaq (☎ 20-3062; www.hotelpisaq.com; Plaza Constitución; EZ/DZ mit Gemeinschaftsbad 13/26 US$, EZ/DZ inkl. Frühstück 20/35 US$) Wegen seines schrägen geometrischen Designs leicht zu finden, mit schönem Hof. Massagen und Zugang zur Sauna kosten extra. Es wird auch deutsch gesprochen.

Paz y Luz B&B (☎ 20-3204; www.maxart.com/window/gateway.html; EZ/DZ 20/35 US$, Frühstück inkl.) Dieser spirituelle Ort inmitten von grünen Feldern wird von einem Nordamerikaner betrieben, der auch mystische Touren organisiert. Zum Paz y Luz geht's einen 1 km langen Spaziergang in östliche Richtung am Fluss entlang.

ESSEN
Bäckereien mit Öfen aus Ton verkaufen an der Mariscal Castilla Fladenbrot.

Mullu (Plaza Constitución; Hauptgerichte 2,40–5,35 US$; ☺ Mo geschl.) Über einer Kunstgalerie untergebracht, hat dieses alternative Kulturcafé eine der besten Lagen an der Plaza. Es gibt eine lange Liste köstlicher Säfte, Süßspeisen, Sandwichs und *fusion fare*.

Ulrike's Café (Plaza Constitución; menú 3,60 US$) Dieses sonnige Café bietet gute vegetarische Gerichte, selbst gemachte Pasta, Käsekuchen, der auf der Zunge zergeht, Brownies, Büchertausch und DVDs.

SHOPPEN
Der Sonntagsmarkt beginnt schon am frühen Morgen. Um etwa 10 Uhr laden Tourbusse ihre Horden in der ohnehin schon chaotischen Szenerie ab, wo sich Käufer vor überfüllten Ständen drängeln. Auch wenn der Markt sich immer noch etwas Tradition erhalten hat, entsprechen die Preise doch eher denen in den Läden von Cusco. Dienstags und donnerstags gibt's hier kleinere Märkte.

AN- & WEITERREISE
Busse nach Urubamba (0,60 US$, 1 Std.) und Cusco (0,60 US$, 1 Std.) fahren zwischen 6 und 18 Uhr von der Brücke los. Im Bus nach Cusco kann man oft nur Stehplätze ergattern.

Urubamba
☎ 084 / 8000 Ew.
Urubamba (2870 m) liegt an der Kreuzung der durch das Tal führenden Straße und jener Straße, die über Chinchero nach Cusco führt. Der Ort hat wenig Reizvolles, ist aber ein Verkehrsknotenpunkt. Es gibt einen Geldautomaten für alle Karten bei der *grifo* (Tankstelle) an der Hauptstraße, etwa 1 km östlich des Busterminals.

SEHENSWERTES & AKTIVITÄTEN
Das Dorf **Tarabamba** liegt etwa 6 km weiter das Tal hinunter. Hier führt eine Fußgängerbrücke über den Fluss und ein Pfad ungefähr in südliche Richtung weitere 3 km das Tal hinauf nach **Salinas** (Eintritt 1,50 US$), wo seit der Inkazeit Tausende von Salzpfannen in Betrieb sind. Etwa 10 km östlich von Urubamba ordnen sich die Terrassen von **Moray** (Eintritt 1,50 US$) wie in einem Amphitheater an. Es wird vermutet, dass die Inka sie als landwirtschaftliches Laboratorium genutzt haben. Teilweise werden sie heute

wieder bebaut. Hin geht's mit jedem Bus, der von Urubamba über Chinchero nach Cusco fährt. An der Abfahrt nach Maras aussteigen. Dort warten Taxis, die einen nach Moray bringen (Hin- & Rückfahrt 9 US$, mit Besuch in Salinas 12 US$).

Viele der Outdooraktivitäten, die in Cusco organisiert werden, finden in Urubamba statt. Dazu gehören Reiten, Mountainbiken, Paragliden sowie Ballonreisen. **Perol Chicho** (☎ 21-3386, 962-4475; www.perol chico.com), geführt von dem niederländischperuanischen Eduard van Brunschot Vega, hat außerhalb von Urubamba eine schöne Ranch mit peruanischen Paso-fino-Pferden. Für Ausritte sind Reservierungen erforderlich.

SCHLAFEN & ESSEN

Hotel Urubamba (☎ 20-1062; Bolognesi 605; EZ/DZ 6/9 US$, ohne Bad 3/6 US$) Einfach, aber zentral gelegen; auf Wunsch gibt es warmes Wasser.

Las Chullpas (☎ 968-5713/969-5030; www.geocities. com/laschullpas; Pumahuanca Valley; Zi. 20 US$/Pers.) In einer Waldung 3 km über der Stadt liegen diese Hütten. Mit Kamin und eigenem Bad sind sie ein perfekter Ort zum Abtauchen. Es gibt eine Schwitzhütte, Hängematten und eine Küche mit bereitgestelltem vegetarischem Essen. Ein *mototaxi* aus der Stadt kostet etwa 1 US$.

Los Cedros (☎ 20-1416; Stellplatz 5 US$/Pers.) Dieser Campingplatz liegt 4 km über der Stadt an kurvigen Landstraßen.

Muse, Too (Ecke Comercio & Grau; Hauptgerichte 3–6 US$) Alternatives Café gleich bei der Plaza, weit weg von den Touristenrestaurants an der Hauptstraße.

SHOPPEN

Pablo Seminario (☎ 20-1002; www.ceramicaseminario. com; Berriozabal 111) Ein produktiver und bekannter Töpfer, dessen Werkstatt im westlichen Urubamba, gleich neben der Hauptstraße liegt.

AN- & WEITERREISE

Busse nach Cusco (1 US$, 2 Std.) über Pisac (0,60 US$, 1 Std.) oder Chinchero (0,50 US$, 50 Min.) und *colectivos* nach Ollantaytambo (0,30 US$, 30 Min.) fahren häufig vom Busterminal ab. Schnellere *colectivos* nach Cusco (1,50 US$, 1½ Std.) warten bei der *grifo* weiter östlich.

Ollantaytambo
☎ 084 / 2000 Ew.

Ollantaytambo (2800 m) wird von einer mächtigen Festung beherrscht und ist das am besten erhaltene Beispiel der inkaischen Stadtplanung. Die schmalen Straßen mit ihren Pflastersteinen sind seit 700 Jahren ununterbrochen belebt.

SEHENSWERTES

Die spektakulären steilen Terrassen, die der **Inkaanlage** (☼ 7–18 Uhr) Schutz bieten – Eintritt mit Boleto Turístico, S. 1000 –, sind einer der wenigen Orte, an dem die Konquistadoren eine größere Schlacht verloren haben. Damals schoss Manco Inca mit einer Art Rakete und flutete die untere Ebene. Aber Ollantaytambo war nicht nur eine Festung der Inka, sondern auch ein Tempel. Oberhalb der Terrassen gibt's einen schön angelegten Zeremonienplatz. Die Steine wurden aus Steinbrüchen hoch über dem Urubambatal geholt. Die riesigen Blöcke über den Fluss hierher zu transportieren war eine Riesenleistung.

Wenn die Einheimischen eine Fiesta feiern, ist Ollantaytambo ein herrlicher Ort. Das **Museo CATCCO** (☎ 20-4024; www.ollanta.org; Spende 1,50 US$; ☼ Di–So 10–13 & 14–16 Uhr) informiert über die besonderen Ereignisse und bietet kleine kulturelle und historische Ausstellungen.

SCHLAFEN

Hospedaje Los Portadas (☎ 20-4008; Calle Principal s/n; EZ/DZ 6/12 US$, ohne Bad 3/6 US$) Gleich östlich der Plaza Mayor. Familienpension mit sonnigem Hof. Draußen fahren alle Busse vorbei, dennoch gibt's hier Ruhe. Camping erlaubt.

Chaska Wasi (☎ 20-4045; katycusco@yahoo.es; Calle de Medio s/n; B 4 US$, EZ/DZ ohne Bad 6/12 US$) Nördlich der Plaza. Angenehme Leute mit dem simplen Motto „Bett, Essen & Trinken". Die freundlichen Zimmer haben Warmwasserduschen. Es gibt Leihfahrräder und eine DVD-Bibliothek.

Hotel Munay Tika (☎ 20-4111; www.munaytika. com; Ferrocarril 118; EZ/DZ inkl. Frühstück 15/25 US$) Der Name bedeutet „Urwaldblume". Das gut geführte Haus bietet einen hübschen Garten, Küchenbenutzung und eine Tiki-Bar.

ESSEN & AUSGEHEN

Restaurants gibt's vor allem um die Plaza herum.

Orishas Cafe (Ferrocarril s/n; Preise 1,50–4,50 US$) Auf dem Weg zum Bahnhof, gegenüber vom Munay Tika. Ein angenehmer Ort am Fluss, gut geeignet für Frühstück, feste Menüs und Snacks.

Kusicoyllor (Plaza Araccama; Hauptgerichte 4,50– 9 US$) Dieses stilvolle Undergroundcafé bei den Ruinen hat ein eklektisches Dekor und bietet Lebensmittel von Kaffee aus dem Amazonasgebiet bis zu Schweizer Fondue.

Mayupata (Convención; Hauptgerichte 6–9 US$) Peruanisches Restaurant am Fluss, gleich bei der Brücke; mit Garten und einem Kamin für die kalten Andennächte. Quechua Blues Bar & Cine Latino ganz in der Nähe ist die einzige Nightlife-Attraktion.

AN- & WEITERREISE

Von der Plaza Mayor fahren häufig *colectivos* zu Urubambas Busterminal (0,30 US$, 30 Min.), doch am frühen Abend verebbt der Service. Um nach Cusco zu kommen muss man in Urubamba umsteigen.

Ollantaytambo liegt für die Machu-Picchu-Züge, die von Cusco (S. 1006) nach Aguas Calientes fahren (s. unten), auf halber Strecke, doch kosten diese Fahrten dasselbe wie von Cusco hierher. Ollantaytambo bietet jedoch täglich drei zusätzliche eigene Vistadome-Züge an (hin & zurück/einfache Strecke 77/46 US$) und in der Hochsaison einen Shuttle für Backpacker (hin & zurück 57 US$) auf der Strecke durchs Heilige Tal.

Chinchero

☎ 084 / 2000 Ew.

Dieses typische Andendorf, 28 km von Cusco entfernt, ist als der „Geburtsort des Regenbogens" bekannt. Zu sehen bekommt man hier sowohl Inkaruinen als auch eine fein dekorierte Kolonialkirche und ein Museum. Für den Zugang braucht man das Boleto Turístico (S. 1000). Es gibt herrliche **Bergpanoramen** und einen farbenprächtigen **Sonntagsmarkt**. Einige Busse zwischen Urubamba (0,50 US$, 50 Min.) und Cusco (0,75 US$, 70 Min.) und die schnelleren *colectivos* nach Cusco (1 US$ 45 Min.) halten hier.

AGUAS CALIENTES

☎ 084 / 2000 Ew.

Dieses Dorf, das auch unter dem Namen Machu Picchu Pueblo bekannt ist, schmiegt sich in das tiefe Tal unterhalb von Machu Picchu. Es ist umgeben von gewaltigen Steilwänden aus Felsen und Nebelwald. Klingt malerisch? Nun ja: Es ist eine der hässlichsten und teuersten Kleinstädte Perus, aber für alle, die nach Machu Picchu wollen, führt kein Weg an diesem Ort vorbei. Es gibt nur einen guten Grund, hier zu übernachten: um zu vermeiden, von den Tagesausflüglern, die mit dem Zug aus Cusco herbeiströmen, überrannt zu werden. Man kann den ersten Bus morgens den Berg hoch nach Machu Picchu nehmen und/oder in den Ruinen bis zum späten Nachmittag bleiben, wenn die Massen verschwunden sind.

Praktische Informationen

Kleine Mengen von US-Dollars und Reiseschecks können zu schlechten Kursen in den Touristenläden gewechselt werden. Öffentliche Telefone für Telefonkarten und langsame Internetcafés sind überall im Dorf zu finden. Es gibt auch ein Postamt und eine Polizeistation.

BCP (Av Imperio de los Incas s/n) Hat einen Visa-Geldautomaten.

Centro de Salud (☎ 21-1161; ☼ 8–20 Uhr, Notfälle 24 Std.) Kleines medizinisches Zentrum.

iPerú (☎ 21-1104; Edificio del Instituto Nacional de Cultura, Pachacutec 1. Block; ☼ 9–13 & 14–20 Uhr) Hilfreiche Zweigstelle.

Machu-Picchu-Ticketbüro (☼ 5–22 Uhr) Im selben Gebäude wie iPerú.

Sehenswertes & Aktivitäten

An der Puente Ruinas am Anfang des Fußwegs nach Machu Picchu liegt das **Museo de Sitio Manuel Chávez Ballón** (Eintritt 6 US$, freier Eintritt mit dem Eintrittsticket von Machu Picchu; ☼ Mi–Mo 9.30–16 Uhr), das eine erlesene Multimediaausstellung über die Ausgrabungen in Machu Picchu sowie die Bautechnik, die Kosmologie und die Kultur der Inka bietet. Draußen kann man durch einen kleinen botanischen Garten schlendern.

Noch k. o. vom Inkatrail? In den **heißen Quellen** (Eintritt 3 US$; ☼ 5–20.30 Uhr), zehn Gehminuten die Pachacutec hoch, kann man seine Wunden und Zipperleins wegspülen. Badeanzug und Handtuch können neben dem Eingang günstig ausgeliehen werden.

Schlafen

In der Nebensaison kann man erhebliche Rabatte bekommen. Die Norm sind frühe Check-out-Zeiten.

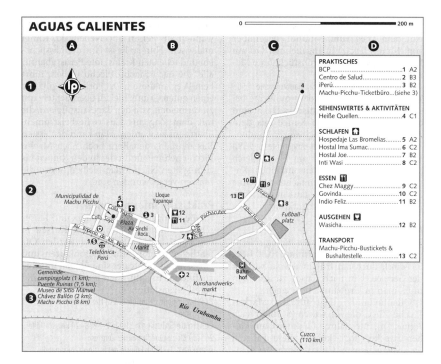

Gemeindecampingplatz (3 US$/Pers.) An der Straße nach Machu Picchu, einen etwa 15 Minuten langen Spaziergang vom Dorf abwärts. Ein verlassener Campingplatz mit nur den nötigsten Einrichtungen.

Inti Wasi (☎ 21-1036/80-2024; jddggk@latinmail.com; B 4,50 US$, EZ/DZ/3BZ ohne Bad 5/10/15 US$) Dieses Gästehaus im Wald, das einer Familie gehört, versteckt sich hinter einem überwachsenen Pfad auf der Seite der Einheimischen am Fluss. Es bietet einfache Stockbetten und Zimmer mit Gemeinschaftsbad wie auch Camping

Hostal Joe (☎ 21-1190; Mayta Cápac 103; EZ/DZ 10/15 US$, ohne Bad 4,50/9 US$) Das freundliche Hostal Joe hat nackte, zellenähnliche Zimmer, das warme Wasser ist begrenzt und die Gemeinschaftsduschen werden auch von Milben geschätzt.

Hospedaje Las Bromelias (☎ 21-1145; Colla Raymi; EZ/DZ 7,50/12 US$) An der Plaza; mit einfachen Zimmern, die ein bisschen über dem Durchschnitt liegen.

Hostal Ima Sumac (☎ 23-9648; www.machupicchulodging.com; Imperio de Los Incas s/n; EZ/DZ/3BZ 10/15/20 US$) Eine exzentrische beliebte Absteige mit warmem Wasser und einem Touch der guten alten Hippie-Zeiten. Lärm aus den benachbarten Pubs und Diskos.

Essen & Ausgehen

Touristenrestaurants gibt's auf beiden Seiten der Gleise und der Pachacutec bis zu den heißen Quellen zuhauf. An der Pachacutec findet man auch Bars für Backpacker mit extra langen Happy Hours, die auch Filme zeigen.

Govinda (Pachacutec; menú 3 US$) Ein vertrauenswürdiger vegetarischer Treffpunkt mit Steinboden und preiswertem gutem Essen, das von Hare Krishnas zubereitet wird.

Chez Maggy (Pachacutec 156; Hauptgerichte 4,50–9 US$) Chez Maggy hat Wände mit Glasmalereien, sozialisierungsfreundliche lange Tische, Brettspiele und eine internationale Karte mit leckeren Nachos und Pizzas aus dem Holzofen.

Indio Feliz (Lloque Yupanqui 4; Gerichte ab 10 US$) Geführt von einem freundlichen französisch-peruanischen Paar. Der Koch bereitet phantastische Gerichte aus frischen Produkten.

Wasicha (Lloque Yupanqui MZ 12-L-2) In der Nähe der Plaza; Tanzen bis in die frühen Morgenstunden.

An- & Weiterreise

Aguas Calientes ist die Endhaltestelle des Zuges nach Machu Picchu. S. S. 1006 für Informationen über die Züge von Cusco und S. 1011 für die billigeren Züge von Ollantaytambo.

Zum Zeitpunkt der Recherchen für dieses Buch war es möglich, einen Nachtbus von Cusco nach Quillabamba (4,50 US$, 7–8 Std.) zu nehmen, dann mitten in der Nacht in Santa Maria auszusteigen, in den lokalen Minibus nach Santa Teresa (1,50 US$, 2 Std.) umzusteigen, wo es eine Überquerung des Flusses in einer an einem Drahtseil gezogenen Kiste gibt, danach ein zweistündige Wanderung zum Wasserkraftwerk zu machen und abschließend zwei weitere Stunden auf den nicht mehr genutzten Gleisen bis Aguas Calientes zu marschieren.

Für Busse nach Machu Picchu s. S. 1015.

MACHU PICCHU

Für viele Besucher Perus, ja sogar Südamerikas ist ein Besuch der „verlorenen" Stadt der Inka, Machu Picchu, der wichtigste Augenblick ihrer Reise. Der Ort ist unbestreitbar die spektakulärste archäologische Stätte des Kontinents – seine geheimnisvolle Vergangenheit, die überwältigende Lage und die Kunst der Erbauer haben den Ort zu Recht weltberühmt gemacht. Von Juni bis September kommen hier täglich bis zu 1000 Menschen her. Doch trotz des großen Andrangs ist es gelungen, die großartige wie mysteriöse Atmosphäre zu wahren. Viele Backpacker erreichen Machu Picchu zu Fuß, indem sie über den beliebten Inkatrail wandern (S. 1016).

Geschichte

Für eine kurze Geschichte des Inkareiches s. S. 943.

Über den wirklichen Zweck von Machu Picchu gibt es bis heute nur Spekulationen und gelehrte Vermutungen. Die Zitadelle wird in den Chroniken, die die spanischen Kolonialherren führten und die als das einzige niedergeschriebene Quelle der bis dahin nicht aufgezeichneten Geschichte der Inka dienten, nie erwähnt.

Abgesehen von den indigenen Quechua wusste niemand von der Existenz von Machu Picchu, bis der amerikanische Historiker Hiram Bingham die völlig überwucherten Ruinen 1911 entdeckte. Ein Junge aus der Gegend hatte ihn geführt. Bingham suchte eigentlich die verlorene Stadt von Vilcabamba (S. 1020), das letzte Bollwerk der Inka, und dachte, er habe es mit Machu Picchu auch gefunden. Sein Buch *Inca Land: Explorations in the Highlands of Peru* wurde 1922 erstmals veröffentlicht. Man kann es beim Project Gutenberg (www.gutenberg.org) kostenlos downloaden.

Trotz jüngerer Erforschung der „verlorenen" Stadt der Inka bleibt das Wissen um Machu Picchu bruchstückhaft. Manche glauben, die Festung sei in den letzten Jahren der Inka gegründet worden, in dem Versuch die Inkakultur zu erhalten und sie wieder zu neuer Macht zu führen. Andere glauben, dass die Anlage bereits zur Zeit der spanischen Eroberung vergessen war. Wieder andere meinen, es handele sich um einen königlichen Schlupfwinkel, der bei der spanischen Invasion verlassen wurde.

Was auch immer davon stimmt, die außerordentlich hohe Qualität der Steinmetzarbeiten und Verzierungen zeugen davon, dass Machu Picchu einst als zeremonielles Zentrum von großer Bedeutung gewesen sein muss. Und in gewissem Sinne ist es das noch immer: Alejandro Toledo, der erste Quechua sprechende Präsident indigener Herkunft, ließ sich hier 2001 farbenprächtig ins Amt einführen.

Praktische Informationen

Die Ruinen sind üblicherweise von Sonnenauf- bis -untergang geöffnet, die meisten Besucher treten sich jedoch von 10 bis 14 Uhr gegenseitig auf die Füße. Tagestickets kosten für Erwachsene/Studenten mit Ausweis 23,50/12 US$. Man muss sie vorher bei einem Veranstalter oder beim Kartenschalter in Aguas Calientes kaufen (S. 1011). Große Rucksäcke, Spazierstöcke oder Wasserflaschen dürfen nicht in die Ruinen mitgenommen werden. Am Haupteingang gibt's eine Gepäckaufbewahrung.

Sehenswertes

Vom Eingangstor führt ein schmaler Pfad zu dem labyrinthischen Haupteingang von Machu Picchu. Hat man ihn passiert, breitet

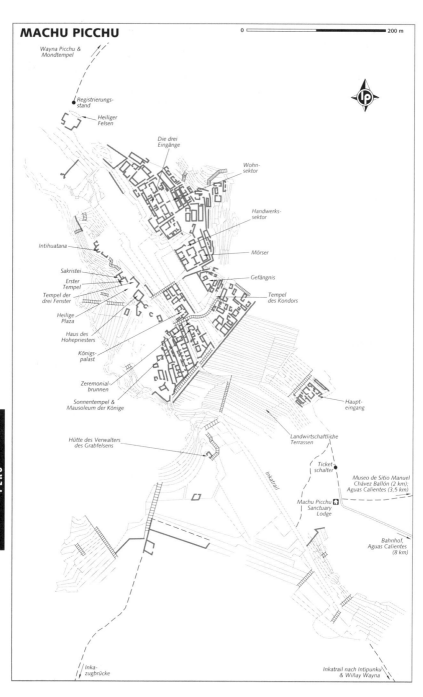

MACHU PICCHU GEHT VERLOREN

Weil Machu Picchu Perus Hauptattraktion ist, will jeder was davon haben. Tausende von Besuchern staunen über die scheinbar unantastbare Schönheit der Anlage, die wegen ihrer Beliebtheit heute jedoch an einem gefährlich rutschigen Abgrund steht. Wissenschaftler haben ausgerechnet, dass die Hänge des Bergs pro Monat um 1 cm abrutschen – über kurz oder lang könnte das zu einem katastrophalen Erdrutsch führen.

Während der lange diskutierte Plan, eine Seilbahn zum Gipfel zu bauen, wegen nationaler und internationaler Proteste inzwischen aufgegeben wurde, hebt die Bedrohung des Missbrauchs für private Interessen weiterhin ihr hässliches Haupt. Kaum zu fassen war etwa, dass eine Filmcrew einen Reklamespot für eine Bierfirma drehte. Dabei krachte ein Kran in eins der Paradestücke der Anlage, den Intihuatana, wobei ein großes Stück aus dem alten Steinblock herausbrach.

sich die Anlage vor einem aus. Für das klassische Postkartenfoto der gesamten Anlage klettert man die Zickzacktreppen zur **Hütte des Verwalters des Grabfelsens** hoch, die eines der wenigen mit einem Strohdach restaurierten Gebäude und deshalb ein guter Unterschlupf bei Regen ist. Der Inkatrail mündet genau unterhalb dieser Hütte in die Anlage.

Von hier nimmt man die Stufen nach unten und geht auf der linken Seite der Plazas zu einigen Ruinen, zu denen auch der **Sonnentempel** gehört, ein sich verjüngender runder Turm, der einige der feinsten Steinmetzarbeiten von Machu Picchu aufweist. Der Tempel ist für Besucher nicht zugänglich, sie können aber von oben in ihn hineinschauen. Darunter liegt eine natürliche Felshöhle, in die die inkaischen Steinmetze sorgfältig einen Stufenaltar und Nischen für die Heiligtümer gemeißelt haben. Die Höhle ist als das **Mausoleum der Könige** bekannt, obwohl hier nie Mumien gefunden wurden.

Man steigt die Treppe über die 16 **Zeremonialbrunnen**, die von oben gespeist werden, hinauf und kommt zur **Heiligen Plaza**, von der aus sich eine herrliche Aussicht auf das Urubambatal und die schneebedeckte Cordillera Vilcabamba eröffnet. Der **Tempel der drei Fenster** überblickt die Plaza.

Hinter der **Sakristei**, die durch zwei Felsen an ihrem Eingang gekennzeichnet ist – jeder der beiden hat angeblich 32 Ecken, – führt eine Treppe zum wichtigsten Heiligtum, dem auf einem kleinen Hügel gelegenen **Intihuatana** (dem Ort, an dem die Sonne angebunden wird). Der behauene Stein oben wird oft auch als Sonnenuhr bezeichnet, obwohl er mehr mit dem Ablauf der Jahreszeiten zu tun hat als mit den Tageszeiten. Die Spanier zerstörten die meisten dieser Heiligtümer, um damit die heidnische Blasphemie des Sonnenkults zu tilgen.

Hinter dem Intihuatana führt eine weitere Treppe zur zentralen **Plaza**, die den Zeremonialsektor von Machu Picchu von den eher weltlichen **Wohn-** und **Handwerkssektoren** trennt. Am unteren Ende dieses Gebiets liegt das **Gefängnis**, ein Labyrinth aus Zellen, Nischen und Durchgängen. Das Herzstück dieses Bereichs ist der gemeißelte **Kopf eines Kondors**, die Felsen hinter ihm bilden dessen ausgestreckten Flügel.

Aktivitäten

Hinter den Ruinen befindet sich der steile Berg **Huayna Picchu**. Es dauert etwa eine Stunde, den Pfad hinaufzuklettern, doch für die Keucherei wird man mit einer spektakulären Aussicht belohnt. Bei feuchtem Wetter ist große Vorsicht angesagt, denn die Stufen werden sehr rutschig. Der Eingang zum Pfad schließt um 13 Uhr (Rückkehr um 16 Uhr).

Nach einem Stück des Wegs zum Huayna Picchu hinauf biegt ein anderer Pfad nach links unten ab und führt über Leitern und eine überhängende Höhle zu dem kleinen **Mondtempel**, von dem aus man wiederum hoch zum Huayna Picchu klettern kann – der Rundweg dauert zwei Stunden.

Eine andere Möglichkeit ist, zum Aussichtspunkt an der **Inkabrücke** zu wandern. Von der Hütte des Verwalters aus führt ein schmaler, ebener Pfad an senkrecht abfallenden Steilhängen entlang dorthin (weniger als 30 Min. für jede Richtung).

An- & Weiterreise

Die Busse von Aguas Calientes nach Machu Picchu verkehren stündlich ab 5.30 Uhr bis in den frühen Nachmittag (6 US$, 25 Min.). Zurück fahren sie, wenn sie voll sind, die letzte Fahrt ist um 17.30 Uhr. Man kann auch 20 Minuten von Aguas Calientes nach Puente Ruinas gehen, wo die Straße den Urubamba überquert. Ein atemberaubend steiler, aber gut markierter Pfad führt 2 km nach Machu Picchu hoch. Man braucht etwa eine Stunde (hinunter geht's sehr viel schneller!).

DER INKATRAIL

Diese viertägige Tour nach Machu Picchu ist die berühmteste Wanderroute in Südamerika. Tausende von Backpacker machen sie jedes Jahr. Die Strecke ist zwar nur 33 km lang, aber der alte, von den Inka angelegte Pfad windet sich die Berge hinauf und hinunter und um sie herum und überquert dabei drei Pässe. Die Aussicht auf die verschneiten Gipfel und auf den Nebelwald kann phantastisch sein, und der Weg von einer an den Fels gebauten Ruine zur nächsten ist eine mystische, unvergessliche Erfahrung – nur hat man selten den Frieden, das alles zu genießen. Man sollte also überlegen, ob man nicht eine andere Wanderung unternimmt (s. Kasten gegenüber).

Praktische Informationen

Den Inkatrail auf eigene Faust zu bewältigen, ist nicht erlaubt. Alle Wanderer müssen in organisierten Gruppen mit einem Führer gehen (s. „Geführte Touren" gegenüber). Man muss seinen Pass (eine Kopie reicht nicht aus!) und gegebenenfalls den Studentenausweis dabeihaben und sie an den Checkpoints vorzeigen. In den Ruinen darf nichts liegen gelassen werden, diese dürfen freilich auch nicht als Toiletten genutzt werden. Blumenpflücken ist im Nationalpark verboten, ebenso jede Art von Grafitti an Bäumen und Steinen!

Die Ausrüstung kann in Cusco ausgeliehen werden. Während der Wanderung kann es nachts frostig werden – also einen warmen Schlafsack mitnehmen. Auch feste Schuhe, Regensachen, Insektenmittel, eine Taschenlampe, Wasserreinigungstabletten, kalorienreiche Snacks und einen Erste-Hilfe-Kasten sollte man nicht vergessen. Ein wenig Geld in peruanischer Währung (kleine Scheine) braucht man, um Wasser und Snacks kaufen und den Guides, dem Koch und den Trägern Trinkgeld geben zu können.

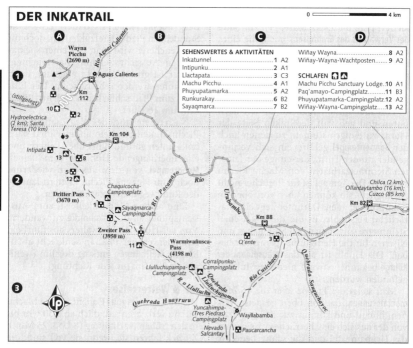

UNBEKANNTE INKAROUTEN

Es stimmt leider: Der Inkatrail wird zu Tode geliebt. Außerdem ist er teuer. Aber es gibt auch andere Routen nach Machu Picchu. Empfohlene Agenturen stehen auf S. 1002.
Preis und Verfügbarkeit dieser Trips hängen von der Nachfrage ab.

- Eine längere, aber weniger anstrengende Version des Inkatrail geht bei Kilometer 82 los, folgt dem Río Urubamba durch den üppigen Urwald und führt an archäologischen Stätten vorbei. Nach dem steilen Anstieg nach Wiñay Wayna von Kilometer 104 aus trifft der Weg wieder auf den bekannten Inkatrail. Dieser Trail dauert vier Tage

- Ein noch längerer und spektakulärerer Zugang zum Inkatrail beginnt beim Dorf Mollepata abseits der Hauptstraße von Cusco nach Abancay. Die Route führt über 4800 m hohe Pässe in der Nähe des herrlichen, von Gletschern bedeckten Salkantay (6271 m). Nach drei Tagen trifft man auf den Inkatrail, insgesamt braucht man eine Woche.

- Beim Larestal-Trek wandert man drei Tage vorbei an ländlichen Andendörfern im Geheiligten Tal, heißen Quellen, archäologischen Stätten, Lagunen und Schluchten. Am Schluss nimmt man den Zug von Ollantaytambo nach Aguas Calientes. Das Ganze ist mehr eine kulturelle Wanderung und weniger eine technisch anspruchsvolle, auch wenn der höchste Pass (4450 m) nicht zu verachten ist.

- Beim viertägigen Urwaldtrail kann einem das Herz stehen bleiben – denn er beginnt mit einer schwindelig machenden Mountainbikefahrt vom Abra-de-Malaga-Pass (4319 m) hinunter nach Santa Maria, wo's eine Trekkinglodge gibt, die vom freundlichen Lorenzo Cahuana (lorenzocahuana@hotmail.com) geführt wird. Von Santa Maria aus wandert man durch den Urwald nach Santa Teresa, zeltet in der Nähe von heißen Quellen, fährt mit einer Gondel über den Fluss und folgt den nicht mehr benutzten Gleisen nach Aguas Calientes. Man kann auf eigene Faust loslegen, wenn man einen Bus von Cusco in Richtung Quillabamba bis Santa Maria (4,50 US$, 6–7 Std.) nimmt und dann in Lorenzos Lodge einen Führer mietet.

Geführte Touren

Geführte Touren gibt's das ganze Jahr über, außer im Februar, wenn der Pfad für Wartungsarbeiten geschlossen ist. In den feuchtesten Monaten (Dez.–April), können die Pfade jedoch sehr rutschig sein, die Campingplätze schlammig und die Aussicht hinter dicken Wolken verborgen. Die Trockenzeit von Mai bis September ist die beliebteste, aber auch die belebteste Zeit.

Um weitere Schäden am Trail zu verhindern, hat die Regierung eine Reihe von Reformen eingeführt. Die registrierten Agenturen müssen nun jährlich beträchtliche Gebühren und Steuern bezahlen. Deshalb sind die Preise in die Höhe geschossen. Wer eine Gesellschaft aussucht, sollte wissen, dass die billigeren Veranstalter sich vielleicht weniger um ökologisch verträgliches Zelten und um angemessene Bezahlung der Träger bemühen. Bewährte Gesellschaften s. S. 1002.

Für den klassischen viertägigen Inkatrail muss man bei einer vertrauenswürdigen Agentur mit über 300 US$ rechnen (10–15% weniger für Studenten mit gültigem Ausweis). Der Preis schließt Zelt, Essen, Träger, Führer, einen Koch sowie den Eintritt für Machu Picchu und den Zug zurück nach Cusco ein. Die Fahrkarten müssen mindestens 72 Stunden vor der Wanderung gekauft werden; das besorgen die Veranstalter. Es empfiehlt sich, mindestens sechs Wochen im Voraus zu buchen. Wer in der besonders beliebten Hochsaison wandern will, sollte den Trip gar mehrere Monate vorher buchen und sich die Teilnahme kurz vor dem geplanten Abmarsch bestätigen lassen. Da die Plätze zum Zelten im Voraus zugeteilt werden, kann es den später kommenden passieren, dass sie die letzte Nacht mehrere Wanderstunden vor dem letzten Abschnitt verbringen müssen.

Die Wanderung

Die meisten Agenturen fahren mit Minibussen zum Anfang des Trails hinter dem Dorf Chilca bei Piscacucho (Kilometer 82). Nachdem man den Río Urubamba überquert und die Gebühren für den Trail und die Registrierung bezahlt hat, führt der Pfad langsam neben dem Fluss nach oben bis zur ersten archäologischen Stätte **Llactapata**, bevor er dann nach Süden in ein Nebental des Rio Kusichaca abfällt. Der Pfad nach Süden führt nach 7 km zu dem Weiler **Wayllabamba** (3100 m), wo man verschnaufen und die Aussicht auf den schneebedeckten Veronica (5750 m) genießen kann.

Dann quert der Weg den Rio Llullucha und steigt neben dem Fluss steil nach oben. Die Gegend ist als **Tres Piedras** (Drei Steine) bekannt, und von hier aus geht es 3 km sehr steil bergauf. An manchen Stellen werden Pfad und Flussbett eins, aber Steintreppen sorgen dafür, dass die Wanderer über dem Wasser bleiben. Schließlich führt der Pfad auf den hohen und kahlen Bergrücken von **Llulluchupampa**, wo die Ebene mit Campingplätzen übersät ist.

Von Llulluchupampa führt ein guter Pfad auf der linken Seite des Tals zwei Stunden lang hinauf nach **Warmiwañusca** (4198 m), auch bekannt unter dem Namen „Pass der toten Frau". Dies ist der höchste Punkt der Wanderung und viele Backpacker müssen hier nach Luft schnappen. Von Warmiwañusca geht es einen langen Abstieg zum Fluss hinunter, wo es bei **Paqaymayu** (3500 m) große Campingplätze gibt. Der Trail überquert dann den Fluss über eine kleine Fußgängerbrücke und führt hinauf nach **Runkurakay**, einer runden Ruine mit einer schönen Aussicht, etwa eine Stunde Fußmarsch vom Fluss nach oben.

Oberhalb von Runkurakay führt der Trail zu einem falschen Gipfel, bevor er dann an zwei kleinen Seen vorbei zum zweiten Pass auf 3950 m Höhe ansteigt, der eine Aussicht auf die schneebedeckte Cordillera Vilcabamba ermöglicht. Dann geht es wieder hinunter zu den Ruinen von **Sayaqmarka**, einer eng konstruierten Anlage, die auf einem Bergsporn thront und eine unglaubliche Aussicht bietet, und noch weiter nach unten, wobei ein Nebenfluss des Rio Aobamba überquert wird.

Der Pfad führt über einen inkaischen Damm und wieder nach oben durch den Nebelwald und einen in den Fels gehauenen **Inkatunnel** zum dritten Pass auf 3670 m Höhe. Bald danach erreicht man die kleine, gut restaurierte Ruine von **Phuyupatamarka** (3600 m). Die Anlage enthält schöne zeremonielle Bäder, durch die Wasser fließt.

Von Phuyupatamarka taucht der Weg auf Schwindel erregende Weise nach unten in den Nebelwald hinein, wobei er über unglaublich gut gebaute inkaische Treppen von vielen Hundert Stufen führt. Nach einem Tunnel geht es dann im Zickzack hinunter nach **Wiñay Wayna**, wo eine Lodge den Wanderern, die bereit sind, ein wenig extra zu bezahlen, warme Dusche, warmes Essen und kaltes Bier verkauft.

Vom **Wachtposten in Wiñay Wayna** führt der Trail zwei Stunden lang um einen Steilhang mit Nebelwald herum und erreicht dann **Intipunku** (Sonnentor) – wo man das Glück haben kann, seinen ersten Blick auf das majestätische Machu Picchu werfen zu können, wenn man darauf wartet, bis die Sonne über die Bergspitzen klettert.

Der abschließende triumphale Abstieg dauert fast eine Stunde. Rucksäcke dürfen nicht in die Ruinen mitgenommen werden, und die Wächter stürzen sich auf die Wanderer, um das Gepäck zu prüfen und die Trail-Erlaubnis abzustempeln. Man kommt normalerweise vor der Zugladungen der Touristen an und kann daher die ausgelassene Erschöpfung genießen, das Ziel erreicht zu haben, ohne sich durch die Massen drängen zu müssen.

VON CUSCO NACH PUNO

Sowohl der Zug wie die Straße zum Lago Titicaca verlaufen von Cusco aus in südöstlicher Richtung. Auf dem Weg gibt's mehrere historische Stätten und schön gelegene Andenstädtchen, die einen Abstecher vom Gringo Trail lohnen. Informationen zu den Bussen s. S. 1005.

Tipón (Eintritt mit dem Boleto Turístico, S. 1000; 7–18 Uhr) ist eine wenig bekannte Inkastätte, die wegen ihres findigen Bewässerungssystems und ihrer steilen landwirtschaftlichen Terrassen bemerkenswert ist – sie demonstriert, wie meisterhaft die Inka mit ihrer Umwelt umgingen. Man nimmt in Cusco den Bus nach Urcos und steigt nach 23 km an der Abzweigung nach Tipón aus. Von dort führt eine unbefestigte Straße 4 km zu den Ruinen hinauf.

Weitere 9 km südlich liegt **Piquillacta** (Eintritt mit dem Boleto Turístico; 9–17 Uhr). Die einzige größere vorinkaische Ruine in der Nähe von Cusco wurde von der Huari-Kultur erbaut. Wörtlich bedeutet der Name „Der Ort des Flohs". Die Anlage war ein ausgedehntes zeremonielles Zentrum mit heute vor sich hin zerbröckelnden mehrstöckigen Gebäuden. In der Nähe befindet sich das große Inkator von **Rumicolca**, das über Huari-Fundamenten errichtet wurde. Etwa 7 km vor Urcos liegt **Andahuaylillas**, ein traditionelles Andendorf, das für seine verschwenderisch dekorierte **Jesuitenkirche** aus dem 17. Jh. bekannt ist (Eintritt 1,20 US$; ☯ Mo–Sa 8–12 & 14–17, So 8.30–10 & 15–17 Uhr). Bemerkenswert sind die vielen Barockverzierungen. Die Busse von Cusco nach Urcos und Puno kommen an beiden archäologischen Stätten und dem Dorf vorbei.

In Urcos teilt sich die Straße: Eine Straße führt nordöstlich nach Puerto Maldonado in den Urwald (s. S. 1020), während die andere südöstlich zum Titicacasee weiterführt.

Fast 120 km von Cusco entfernt liegt **Raqchi** (Eintritt 1,50 US$; ☯ 7–17 Uhr). Hier stehen die Ruinen des Tempels von Viracocha, der das größte bekannte Dach der Inka trug. Sie sind vom Zug in San Pedro einige Kilometer vor Sicuani aus sichtbar und gleichen einem großen Aquädukt. Die Busse nach Puno fahren hier vorbei. (1,75 US$, 2½ Stunden).

Der **Abra la Raya**-Pass (4319 m) ist der höchste Punkt auf dem Weg nach Puno. Die Busse halten hier oft bei einer Gruppe von Kunsthandwerkverkäufern. Die Passagiere können die schöne Aussicht mit den schneebedeckten Bergen fotografieren. Der Pass markiert auch die Grenze zwischen den Departamentos von Cusco und Puno. Von hier führt die Straße dann in den öden *altiplano* hinunter.

Etwa 95 km nordwestlich von Juliaca liegt **Ayaviri** (3925 m). Diese geschäftige kühle Marktstadt mit einer Kolonialkirche liegt nur wenige Kilometer von den heißen Quellen von **Pojpojquella** entfernt. 45 km weiter südlich liegt das verschlafene Dorf von **Pucara**, das für seine tönernen *toritos* (Stiere aus Keramik) bekannt ist, die man häufig auf den Dächern als Glücksbringer sehen kann. Nahe der Plaza zeigt ein kleines **Museum** (Eintritt 1,50 US$; ☯ 8.30–17 Uhr) erstaunliche anthropomorphe Monolithen aus einer in der Nähe gelegenen präinkaischen Fundstätte, die auf die Tiahuanaco-Kultur zurückgeht.

VON CUSCO IN DEN URWALD

Es gibt drei Routen von Cusco aus in den Urwald. Eine beginnt im Heiligen Tal und

verläuft von Ollantaytambo erst nach oben, um dann hinunter nach Quillabamba zu führen. Zwei noch schlechtere Straßen führen nach Osten, eine nach Paucartambo, Tres Cruces und Shintuya zum Parque Nacional Manu (S. 1063), die andere von Urcos über Ocongate, Tinqui und Quincemil nach Puerto Maldonado. Auf diesen Straßen muss man selbst in der Trockenzeit (Juni–Sept.) sehr vorsichtig fahren. Sie sind schlammig, zeitraubend und in den feuchten Monaten – besonders von Januar bis April – noch um einiges gefährlicher.

Quillabamba
☎ 084 / 16 300 Ew.

Quillabamba, das in einem der besten Tee- und Kaffeeanbaugebiete von Peru liegt, ist eine heiße und feuchte Urwaldstadt, die den Spitznamen „Stadt des ewigen Sommers" trägt. Sie liegt am Ende einer spektakulären Strecke, die hoch über den atemberaubenden Pass Abra de Malaga führt. Auch wenn der Ort ziemlich apathisch ist, bildet er doch einen guten Ausgangspunkt, um in der Trockenzeit Ausflüge tiefer in den Urwald hinein zu unternehmen. Dazu gehört auch der Trip durch den Pongo de Manique, einen steilwandigen Canyon, der durch die Wasserfälle des Urubamba entstanden ist. Die Reisebüros hier sind nur in der Saison geöffnet, man sollte nach Kiteni Tours fragen. Es gibt einen langsamen Internetzugang in der Nähe der Plaza de Armas. **BCP** (Libertad 549) hat einen Geldautomaten für Visa und wechselt US-Dollars.

Es gibt billige *hostales* mit kaltem Wasser rund um die Plaza de Armas. **Hostal Alto Urubamba** (☎ 28-1131; 2 de Mayo 333; EZ/DZ/3BZ 12/16,40/19,50 US$, ohne Bad 5,65/8/10,50 US$) hat bequemere Zimmer mit Ventilator um einen Hof herum. Nah beim Markt liegt das **Hostal Quillabamba** (☎ 28-1369; Grau 590; EZ/DZ/3BZ 13,50/18/24 US$; ☒). Es bietet recht behagliche Zimmer mit warmer Dusche und TV sowie ein Terrassenrestaurant. Billige *chifas, pollerías* (Hühnchenbratereien), *heladerías* (Eisdielen), *cevicherías* und Pizzerias befinden sich in den Nebenstraßen der Plaza de Armas. In der Independencia gibt's ein billiges vegetarisches Restaurant.

Busse nach Cusco über Ollantaytambo und Urubamba fahren mehrmals am Tag (4,50 US$, 7–8 Std.) vom Terminal Terrestre (Abfahrtssgebühr 0,30 US$) ab, einige

Blocks südlich der Plaza Grau (Taxi 1 US$). Am häufigsten wird die Gesellschaft **Ampay** (☎ 084-28-2576) empfohlen.

Vilcabamba

Nachdem Manco Inca 1536 von den Spaniern belagert und dann endgültig geschlagen worden war, floh er in sein Rückzugsgebiet nach Vilcabamba im Urwald. Dieses Versteck, Espíritu Pampa, wurde später vergessen, bis es Expeditionen Mitte der 1960er-Jahre wiederentdeckten. Die Wanderung dorthin dauert vom Dorf **Huancacalle** aus mehrere Tage. Es gibt ein einfaches Hotel, in dem man Packmulis und Führer organisieren kann. Von der Plaza Grau in Quillabamba machen sich fast jeden Morgen *combis* auf die lange holprige Reise nach Huancacalle (4,50 US$, 5–6 Std.).

Paucartambo

Diese kleine Dorf 115 km nordöstlich von Cusco wird über eine atemberaubende, unbefestigte Straße mit genialen Aussichten auf die Anden und das Amazonasbecken erreicht. Paucartambo ist berühmt für seine ausgelassenen, farbenfrohen Feiern zu Ehren von **La Virgen del Carmen**, die um den 15.–17. Juli abgehalten werden. Dabei gibt's betörende Tänze in den Straßen, wundervolle Prozessionen und die seltsamsten Kostüme. Nur wenige Touristen kommen bis hierher, einfach weil es zu schwer zu erreichen ist und es einen vor ein paar Probleme stellen kann, eine Bleibe zu finden: Man muss entweder zelten, ein Zimmer in den extrem einfachen Hotels finden oder einen Einheimischen auftreiben, der einen vielleicht bei sich im Haus auf dem Boden schlafen lässt. Viele Reisebüros in Cusco bieten spezielle Busse für die Fiesta an und organisieren auch die Unterbringung. **Expreso Virgen del Carmen** (☎ 084-27-7755/22-6895; Diagonal Angamos 1952) hat täglich einige Busse von Cusco (3 US$, 5 Std.).

Tres Cruces

Tres Cruces liegt 45 km jenseits von Paucartambo. Der Anblick der Berge, die hier zum Amazonasbecken hin abfallen, ist allein schon phantastisch, doch von Mai bis Juli wird es durch einen phänomenalen Sonnenaufgang noch magischer. Dabei wird das Morgengrauen optisch zu einer bunten Lightshow verzerrt: mit Doppelbildern, Halos und ungewöhnlichen Farben. Verschiedene Reisebüros veranstalten von Cusco aus Trips, bei denen der Sonnenaufgang bestaunt werden kann.

Für die Weiterreise nach Manu s. S. 1063.

Nach Puerto Maldonado

Die Reise nach Puerto Maldonado ist spektakulär, aber schwierig und führt über Straßen, die Albträume auslösen können (s. S. 1062). Die Reise (10 US$) kann bis zu einer Woche dauern. Man kann sie in Ocongate oder Quincemil unterbrechen. Dort gibt's einfache Hotels. In der Trockenzeit fahren täglich Lastwagen von Cusco nach Puerto Maldonado (s. S. 1006). Es gibt auch einen öffentlichen Bus (30 Std.) von Urcos (s. S. 1018). Beide Reisen verlangen Härte, Genügsamkeit und eine gute Portion Gottvertrauen.

Die Lastwagen von Ocongate brauchen eine Stunde, um das Dorf **Tinqui** zu erreichen, den Ausgangspunkt der aufregenden siebentägigen Reise, bei der man um den **Ausangate** (6384 m), den höchsten Gipfel des südlichen Perus, fährt, vorbei an Eisgipfeln, herabstürzenden Gletschern und türkisblauen Seen, über die gewellte *puna* (Graslandschaft) und durch sumpfige Täler. Tinqui hat heiße Quellen und ein sehr einfaches Hotel. Man kann auch Maultiere für einen Trek mieten. **Transportes Huayna Ausangate** (☎ 084-965-0922; Tomasa Tito Condemayta) hat täglich außer sonntags verkehrende Busse von Cusco nach Tinqui (4,20 US$, 7 Std.), die um 10 Uhr starten.

VON CUSCO INS ZENTRALE HOCHLAND

Die erst kürzlich wiederentdeckte Inkastätte von **Choquequirau** (Eintritt 3 US$) hat eine unglaubliche Lage am Zusammentreffen dreier Täler. Sie kann nur zu Fuß erreicht werden. Die üblichste Route beginnt bei Cachora, einem Dorf abseits der Straße nach Abancay – die Abzweigung kommt hinter Sahuite, etwa vier Stunden von Cusco entfernt.

Der verschlafene ländliche Ort **Abancay** (2378 m) ist eine der möglichen Raststätten zwischen Cusco und Ayacucho. Mehrere Internetcafés, billige Restaurants und sehr einfache Hotels drängen sich um die Büros der Busgesellschaften an der Arenas und der Arequipa. Die Busse fahren mehrmals am Tag nach Cusco (4,50 US$, 5 Std.) und Andahuaylas (4 US$, 5 Std.). In der Regenzeit dauert die Reise länger.

Andahuaylas (2980 m) ist ein weiterer Halt auf der kalten, rauen, aber schönen Strecke nach Ayacucho. 17 km entfernt von der Stadt liegt die schöne **Laguna de Pacucha**. Hier kann man essen, fischen und Ruderboote mieten. Eine einstündige Wanderung bringt einen zu der beeindruckenden, auf einen Hügel liegenden Stätte **Sondor**. Sie wurde von der Chanka-Kultur, traditionellen Feinden der Inka, gebaut. *Combis* zum See fahren auf der Chanka an der Nordseite der Stadt entlang (1,20 US$, 30 Min.). In der Nähe der Busterminals von Andahuaylas und an der Plaza findet man billige Hotels und Restaurants. **Aero Condor Perú** (☎ 083-72-2877; Cáceres 326) hat drei Mal in der Woche Flüge nach Lima und bietet auch Minibusse zum Flughafen (1,80 US$) an. Busse nach Ayacucho (6 US$, 10 Std.) und Cusco (8 US$, 10 Std.) fahren einige Mal am Tag.

ZENTRALES HOCHLAND

Die weitab vom üblichen Gringotrail gelegenen zentralen peruanischen Anden warten noch darauf, richtig erforscht zu werden. In den reizenden Kolonialstädtchen der Umgebung, die zu den am wenigsten verfälschten der ganzen Andenkette zählen, sind die Traditionen noch gegenwärtig. Eine Mischung aus geografischer Isolation, rauem Bergland und terroristischer Bedrohung – der Sendero Luminoso entstand in Ayacucho – haben Reisen hierher Jahrzehnte lang schwierig gemacht. Seit zehn Jahren aber ist es durch die größere politische Stabilität und verbesserte Verkehrsbedingungen für Traveller leichter geworden. Doch ein Besuch dieser Gegend ist immer noch eine Herausforderung, allein schon wegen der hohen Pässe und den ermüdenden Busreisen.

AYACUCHO
☎ 066 / 143 100 Ew.

Seitdem die Straße nach Lima asphaltiert wurde, ist die faszinierende Kolonialstadt Ayacucho (2750 m) im 21. Jh. angekommen. Berühmt ist sie aber auch weiterhin vor allem für ihre Semana Santa. Wer Ausflüge in die Berge macht, wird auch archäologische Ruinen vorfinden.

Praktische Informationen
Hilfsbereite Reisebüros.

BCP (Portal Unión 28) Hat einen Visa-Geldautomaten.

Hueco Internet (☎ 31-5528; Portal Constitución 9) Internationale Telefongespräche.

Interbank (9 de Diciembre 183) Geldautomat.

iPerú (☎ 31-8305; Municipal Huamanga, Plaza Mayor, Portal Municipal 48; ⏰ Mo–Sa 8.30–19.30, So 8.30–14.30 Uhr) Touristeninformation.

Policía de Turismo (☎ 31-2179; 2 de Mayo 100; ⏰ 7.30–20 Uhr) Für Notfälle.

Serpost (Asamblea 293; ⏰ Mo–Sa 8–20 Uhr) Postamt in der Nähe der Plaza.

Wari Tours (☎ 31-3115; Portal Independencia 70) Reisebüro gleich bei der Hauptplaza.

Warpa Picchu Eco-Aventura (☎ 31-5191; Portal Independencia 66) Weiteres Reisebüro daneben.

Sehenswertes
Im Zentrum stehen eine **Kathedrale** aus dem 17. Jh., ein Dutzend weiterer **Kirchen** aus dem 16.–18. Jh. und an der Plaza mehrere alte **Villen**.

Museo de Arte Popular (Portal Unión 28; freier Eintritt; ⏰ Mo–Do 9–18.30, Fr bis 19.30, Sa bis 13 Uhr) zeigt Ayacuchos kunsthandwerkliche Spezialitäten. Huari-Keramiken kann man im **Museo Arqueológico Hipolito Unanue** (Museo INC; ☎ 31-2056; Centro Cultural Simón Bolívar; Eintritt 0,60 US$; ⏰ Mo–Sa 9–13 & 15–17, So 9–13 Uhr) in der Universität betrachten. Sie liegt über 1 km vom Zentrum entfernt und ist über die Independencia stadtauswärts zu erreichen. Die Universitätsbibliothek hat eine kostenlose Ausstellung von Mumien und Totenköpfen.

Die ausgedehnten Ruinen der **Huari** (Huari; Eintritt 0,60 US$; ⏰ 8–17.30 Uhr) breiten sich mehrere Kilometer entlang einer mit Kakteen bepflanzten Straße aus. Die Huari lebten fünf Jahrhunderte vor den Inka. Hinter den Ruinen liegt das Dorf **Quinua**, wo ein großes Denkmal und ein kleines Museum den Ort der Schlacht von Ayacucho (1824) markieren. Huari liegt 20 km und Quinua 40 km nordöstlich von Ayacucho. Pickup-Lastwagen und Busse nach Quinua (0,80 US$, 1 Std.) fahren vom Paradero Magdalena am Kreisverkehr am östlichen Ende der M Cáceres in Ayacucho ab und an den Ruinen vorbei. Reisebüros in der Stadt bieten Touren in spanischer Sprache (8 US$) an.

Festivals & Events
Ayacuchos **Semana Santa** (Karwoche) ist vielleicht Perus schönstes religiöses Fest. Die

Feierlichkeiten beginnen am Freitag vor Palmsonntag und dauern zehn heiße Tage lang bis zum Ostersonntag. Der Freitag vor dem Palmsonntag wird mit einer Prozession zu Ehren von La Virgen de los Dolores (Maria die Schmerzensreiche) eröffnet, bei der es üblich ist, dem Nachbarn die „Schmerzen" mithilfe von Kieselsteinen und einer Schleuder zuzufügen. Jeder weitere Tag bringt eine weitere feierliche und farbenfrohe Prozession. Das ganze gipfelt in einer die ganze Nacht dauernden Party vor dem Ostersonntag, an dem es im Morgengrauen dann ein Feuerwerk gibt.

Schlafen

Während der Semana Santa schießen die Preise in die Höhe.

Hostal Tres Máscaras (☎ 31-2931/4107; Tres Máscaras 194; EZ/DZ 7,60/12,20, ohne Bad 4,50/7,50 US$) Hat einen Garten und freundliches Personal. Warmes Wasser am Morgen und später nach Bedarf. Frühstück erhältlich (2 US$).

La Colmena Hotel (☎ 31-2146; Cusco 140; EZ/DZ 8/10 US$, EZ ohne Bad 5 US$) Auch wenn es sich heute auf seinen Lorbeeren ausruht, hat dieses ehrwürdige Hotel doch schöne Balkone zum Hof hinaus und ein beliebtes Restaurant. Nur ein paar Schritte von der Plaza; oft ausgebucht.

Hotel La Crillonesa (☎ 31-2350; Nazareno 165; EZ/DZ 9/15 US$, ohne Bad 5/8 US$) Klein, aber nicht schlecht. Bietet winzige Zimmer mit warmem Wasser sowie eine Dachterrasse mit Aussicht, TV und Café.

Hotel Yañez (☎ 31-4918; m Cáceres 1210; EZ/DZ inkl. Frühstück 11/17 US$,) Geräumige Zimmer mit bequemen Matratzen, kitschigen Tapeten, Kabel-TV und warmen Duschen. Achtung: Unten gibt's ein lautes Casino.

Hostal Marcos (☎ 31-6867; 9 de Diciembre 143; EZ/DZ inkl. Frühstück 13/21 US$,) Ein Dutzend tadelloser Zimmer mit warmem Wasser (24 Std.) und Kabel-TV. Liegt abgeschieden, ist oft ausgebucht.

Auch empfohlen:

Hostal Huamanga (☎ 31-3527; Bellido 535; EZ/DZ 6/12 US$, ohne Bad 3/6 US$) Einfaches Haus mit warmem Wasser, das den ganzen Tag über verfügbar ist.

Hotel Samary (☎ 31-2442; Callao 329; EZ/DZ 8/10 US$, ohne Bad 6,50/8,50 US$) Einfach, aber sauber; mit schönem Blick vom Dach.

Hotel Florida (☎ 31-2565; Cusco 310; EZ/DZ 10/16 US$) Mit Garten, Cafeteria und TV im Zimmer; freundlich.

Hotel Santa Rosa (☎ 31-4614; Lima 166; EZ/DZ inkl. Frühstück 18/33 US$,) Große Zimmer mit Kabel-TV, DVD, Telefon, Kühlschrank und warmer Dusche.

Essen

Zu den regionalen Spezialitäten gehören *puca picante* (Eintopf aus Kartoffeln und Rindfleisch in einer gepfefferten Erdnusssauce, auf Reis serviert), *patachi* (Weizensuppe mit Bohnen, Kartoffeln, Lamm oder Rind) und *mondongo* (Maissuppe mit Schweine- oder Rindfleisch, Cayennepfeffer und Minze).

Wallpa Suwa (G de la Vega 240; Hauptgerichte 2–5 US$; ☺ Mo–Sa 6–22 Uhr) Der Name bedeutet in Quechua „Hühnerdieb" – muss man sich fragen, woher das Geflügel kommt? Immer sehr gut besucht.

Adolfo's Gourmet (2. Stock, Portal Constitución 4; Hauptgerichte 2–6 US$) Am besten ist ein Balkontisch mit süßer Sangría, Pizzas und Pastas und mit der besten Aussicht von Ayacucho.

El Niño (9 de Diciembre 205; Hauptgerichte 3–6 US$) In dieser Kolonialvilla mit Blick auf einen Garten können notorische Carnivoren ihre Zähne in riesige *parrilla* (Grillplatten) hauen.

Urpicha (Londres 272; Hauptgerichte 4 US$) Ein gemütlicher Ort mit einem Patio voller Blumen, familiärer Bedienung und traditionellen Gerichten, u. a. auch *cuy*. Im Dunkeln empfiehlt sich ein Taxi.

Weitere Empfehlungen:

La Casona (Bellido 463; Hauptgerichte 2–6 US$; ☺ 7–22.30 Uhr) Große Portionen peruanischer Gerichte. An Wochenenden Livemusik.

Restaurant Los Alamos (Cusco 215; Hauptgerichte 3 US$) Peruanische Küche, auch mit vegetarischen Gerichten; mit Patio.

Pizzería Italiana (Bellido 490; Pizzas 4–8 US$; ☺ 16.30–22.30 Uhr) Holzofen, der in kalten Nächten für Gemütlichkeit sorgt.

Ausgehen

Am Wochenende haben ein paar *peñas* bis zum Morgengrauen auf.

Los Balcones (Asamblea 187, 2. Stock) Beliebt bei Studenten; mit Tanz und manchmal Livebands.

Taberna Magía Negra (9 de Diciembre 293) Kunstgalerie und Bar mit Bier und Pizza im Angebot.

La Nueva Ley (Cáceres 1147) Disko mit viel Salsa zum Tanzen.

Shoppen

Ayacucho ist berühmt für sein Kunsthandwerk. Es gibt tagsüber einen **Kunsthandwerksmarkt** (Independencia & Quinua). Werkstätten findet man bei der Plazuela Santa Ana. Das **Centro Turístico Cultural San Cristobal** (28 de Julio 178) ist voller Galerien, Läden und Blumenstände sowie Bars und Cafés.

An- & Weiterreise

Die Busgesellschaften haben eine verwirrende Zahl von Terminals. **Empresa Molina** (☎ 31-2984; 9 de Diciembre 459) und **Civa** (☎ 31-9948; m Cáceres 1242) schicken *bus-camas* nach Lima (6–15 US$, 9 Std.). **Cruz del Sur** (☎ 31-2813; m Cáceres 1264) und **Ormeño** (☎ 31-2495; Libertad 257) bieten einen Service der Luxusklasse mit bequemen, aber nicht ganz nach hinten verstellbaren Sitzen.

Nach Huancayo (7.30 US$, 10–12 Std.) ist Empresa Molina zu empfehlen. Wichtig: Das ist ein harter Trip über 250 km, nichts für schwache Herzen. Um nach Huancavelica zu kommen, den Zug von Huancayo (s. S. 1024) nehmen.

Nach Cusco (14 US$, 22 Std.) empfiehlt sich **Expreso Turismo Los Chancas** (☎ 31-2391; Pasaje Cáceres 150). Auch dies ist eine lange und harte Reise, die man jedoch in Andahuaylas (6 US$, 10 Std.) unterbrechen kann. Nach Pucallpa, Tingo María und Huánuco fährt **Turismo Nacional** (☎ 31-5405; m Cáceres 884).

Der **Flughafen** (PYH) liegt 4 km vom Zentrum entfernt (Taxis kosten 2 US$). **Aero Condor Perú** (☎ 066-31-2418; 9 de Diciembre 123) fliegt viermal in der Woche nach/von Lima, manchmal über Andahuaylas. **LC Busre** (Lima 178) hat täglich einen Flug nach/von Lima.

HUANCAVELICA

☎ 067 / 42 600 Ew.

Da allein die Fahrt nach Huancavelica schon eine Herausforderung sein kann, erwarten Reisende zu Recht, dort etwas vorzufinden, was diese Strapazen wett macht. Diese liebenswerte kleine Stadt, die sich an felsige Gipfel schmiegt, erinnert mehr an die Schweiz als an die Anden. Einst war sie ein strategisches Zentrum der Inka, später eine spanische Bergbaustadt, weshalb sie immer noch Kirchen mit silbernen Altären hat.

Praktische Informationen

Mehr als ein Dutzend Cybercafés bieten Internetzugang.

BCP (V Toledo 384) Hat einen Visa-Geldautomaten, wechselt US-Dollars.

Dirección de Turismo (☎ 75-2938; 2.Stock, V Garma 444; ☯ Mo–Fr 8–13 & 14–17 Uhr) Hat Informationen auf Spanisch.

Serpost (Pasaje Ferrua 105) Bei der Iglesia de Santa Ana.

Sehenswertes & Aktivitäten

Das **Instituto Nacional de Cultura** (INC; ☎ 75-2544; Raymondi 205; freier Eintritt; ☯ Di–So 10–13 & 15–18 Uhr) in einem Kolonialgebäude an der Plaza San Juan de Dios hat ein kleines Museum und bietet Unterricht in *folklórica*-Tanz und -Musik. Einige düstere **Mineralquellen** erreicht man über ein paar Treppen (Eintritt/private Dusche 0,30/0,50 US$; ☯ Sa–So 5.30–16, Fr bis 12 Uhr). Der größte tägliche **Markt** findet sonntags statt, wenn viele der *indigenas* ihre traditionellen Trachten tragen.

Schlafen & Essen

Die meisten Unterkünfte haben nur kaltes Wasser.

Hostal Camacho (☎ 75-3298; Carabaya 481; EZ/DZ 4/6,60 US$, mit Gemeinschaftsbad 2,50/4,30 US$) Eine gut geführte Budgetunterkunft mit kleinen Zimmern, aber Bergen von Decken für die kalten Andennächte. Am Morgen gibt's warmes Wasser.

Hotel Ascensión (☎ 75-3103; Manco Capác 481; EZ/DZ 4,25/6,50 US$, ohne Bad 3/5 US$) An der Plaza, mit größeren Zimmern und warmem Wasser.

Hotel Tahuantinsuyo (☎ 75-2968; Carabaya 399; EZ/DZ 4/8 US$, ohne Bad 3/4,50 US$) An einer Geschäftsstraße. Einfache Zimmer mit eigenem Bad und warmem Wasser am Morgen.

Exzellente gegrillte Forelle gibt's gleich gegenüber im **Restaurant Joy** (V Toledo 216; menú 2 US$, Hauptgerichte 2,50–6 US$). Ein weiteres gut gehendes Lokal ist das **Restaurant El Mesón** (Muñoz 153; Hauptgerichte 2,50–5 US$; ☯ 9–14 & 17–22 Uhr). Unter den täglich wechselnden Spezialgerichten sind manchmal auch *criollo*-Gerichte.

Unterhaltung

Peña Turística (V Toledo 319; ☯ Do–Sa 18–24 Uhr) Hier spielen *folklórica*-Gruppen während man sitzt und sich ein Gläschen gönnt.

An- & Weiterreise

BUS & COLECTIVO

Die meisten Busse fahren vom Terminal Terrestre, das unbequemerweise 2 km westlich der Stadt liegt (Taxi 1 US$); Fahrkarten werden aber auch in den Büros der Innenstadt verkauft.

Zu den Gesellschaften, die Busse nach Huancayo (3 US$, 5 Std.) schicken, gehört **Transportes Ticllas** (☎ 75-1562; Prado 56). Nach Lima (9 US$, 12–15 Std.) fährt **Transportes Oropesa** (☎ 75-3181; O'Donovan 599) über Pisco und hält in Ica (8,50 US$, 11 Std.), während **Expreso Lobato** (☎ 75-2964; m Muñoz 489) die Route über Huancayo nimmt. Man kann auch **Expreso Huancavelica** (☎ 75-2964; m Muñoz 516) testen.

Nach Ayacucho geht's in Etappen. Entweder per Minibus um 4.30 Uhr nach Rumichaca (3 US$, 6 Std.), wo gegen 14 Uhr die Lima–Ayacucho-Busse vorbeikommen, oder man verbringt einen ganzen Tag damit, verschiedene Minibusse über Lircay und Julcamarca zu nehmen.

Colectivos für den spektakulären Trip nach Huancayo (7,60 US$, 2½–3 Std.) fahren vom Terminal Terrestre los – immer erst, wenn sie voll sind.

ZUG

Der Zug nach Huancayo fährt täglich um 6.30 Uhr, montags bis samstags auch um 12.30 Uhr. Die Reise dauert fünf bis sechs Stunden. Ein schnellerer *autovagón* (mit Elektrolok) fährt am Freitag um 17.30 Uhr. Die Fahrkarten (2,50–4,50 US$) vorher am **Bahnhof** (☎ 75-2898) kaufen.

HUANCAYO

☎ 064 / 430 660 Ew.

Wer in Huancayo ankommt, gewinnt leicht den Eindruck, er sei in einer Art Wild-West-Stadt mit staubigen, chaotischen Straßen und baufälligen Vororten gelandet. Huancayo ist zunächst einmal eine Herausforderung, verleitet einen aber dann dazu, noch ein wenig zu bleiben, was die meisten Traveller schließlich auch tun. Hier gibt's Fiestas zu feiern, Weine zu trinken, Musikinstrumente zu beherrschen und Kunsthandwerk zu kaufen. Für Abenteuerlustige gibt's auch Wanderungen, Mountainbiketouren und Ausflüge in den Urwald.

Praktische Informationen

Internetcafés gibt's entlang der Giráldez. BCP, Interbank, andere Banken mit Geldautomaten und *casas de cambio* auf der Real.

Clínica Ortega (☎ 23-2921; Carrión 1124; ☽ 24 Std.) Für Notfälle.

Policía de Turismo (☎ 23-4714; Ferrocarril 580)

Post (Centro Cívico)

Telefónica-Perú (Puno 200) Internationale Telefongespräche.

Touristeninformation (☎ 20-0550; Casa del Artesano, Real 481; ☽ Mo–Fr 10–13.30 & 16–19.30) Informationen für Touristen.

Sehenswertes & Aktivitäten

Museo Salesiano (☎ 24-7763; Schule der Salesianer; Eintritt 0,60 US$) Ausstellungen zur Fauna, Töpferei und Archäologie Amazoniens; wechselnde Öffnungszeiten. Zum **Cerro de la Libertad,** der einen guten Blick über die Stadt bietet, läuft man vom Zentrum aus auf der Giráldez 2 km in Richtung Nordosten. Zu den erodierten Sandsteintürmen des **Torre Torre** sind es dann weitere 2 km. Etwa 5 km vom Zentrum entfernt, liegt im Viertel San Antonio der **Parque de la Identidad Huanca,** ein phantasievoller Park voller Statuen aus Stein und Miniaturgebäuden, die angeblich die Kultur der Gegend repräsentieren.

Kurse

Incas del Peru (☎ 22-3303; www.incasdelperu.org; Giráldez 652) organisiert Spanischkurse mit Verpflegung und Unterbringung bei einer einheimischen Familie für 110 US$ pro Woche. Die Kurse können mit anderen Kursen – z. B. Tanzen, Kochen, Kürbisschnitzerei oder Spiel auf der *zampoña* (Panflöte) – kombiniert werden.

Geführte Touren

Incas del Peru (s. oben) bietet geführte Tageswanderungen, Rad- und Reitausflüge (35 US$). Mountainbikes zu leihen, kostet 15 US$ am Tag.

Festivals & Events

Es gibt Hunderte von Fiestas in Huancayo und den umliegenden Dörfern – angeblich fast jeden Tag eine, irgendwo im Tal des Río Mantaro! Huancayos Prozessionen in der **Semana Santa** (Karwoche) sind berühmt.

Schlafen

Residencial Baldeón (☎ 23-1634; Amazonas 543; EZ/DZ ohne Bad 3/6 US$) In dem freundlichen familiären Haus gruppieren sich einfache Zimmer um einen kleinen Hof. Warme Duschen (müssen bestellt werden), ein gesicherter

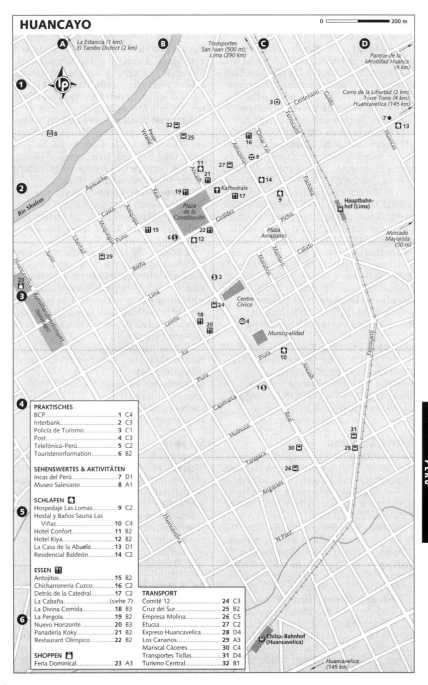

Eingang und eine Wäscherei machen es zu einem guten Angebot.

Peru Andino (☎ 22-3956; www.geocities.com/peru-andino_1; Pasaje San Antonio 113; B 3, EZ/DZ mit Bad 6/12, ohne Bad 5/10 US$, inkl. Frühstück) Ein beliebter Treff für Backpacker nordwestlich des Zentrums. Warme Duschen, Küche und Wäsche, Büchertausch, Fahrradvermietung, Informationen über Touren und Spanischkurse.

La Casa de la Abuela (☎ 22-3303; Giráldez 691; B 6, DZ mit/ohne Bad 9/7,60 US$, Frühstück inkl.; ✗) Backpacker werden hier bemuttert. Sauberes, älteres Haus mit Garten, warmem Wasser, Wäsche, Spielen und Kabel-TV. Killerkaffee zum Frühstück inbegriffen.

Hotel Confort (☎ 23-3601; Ancash 237; EZ/DZ 6/9 US$) Dieser große Schuppen hallt wider vom Echo der Korridore, die zu einer Unmenge von öden Zimmern führen. Doch sie sind sauber und groß, und sie haben warme Duschen, Schreibtische und Kabel-TV (1,50 US$).

Ebenfalls zu empfehlen:

Hospedaje Las Lomas (☎ 23-7587; laslomashyo@yahoo.es; Giráldez 327; EZ/DZ 8/10 US$) Zimmer in verschiedenen Größen mit heißem Wasser und ausgezeichneten Matratzen.

Hostal y Baños Sauna Las Viñas (☎ 36-5236; Piura 415; EZ/DZ 10/13 US$) Kleine Zimmer mit warmem Wasser, Kabel- TV und Telefon. Extra: Sauna (2 US$).

Hotel Kiya (☎ 21-4955; hotelkiya@terra.com.pe; Giráldez 107; 13/20 EZ/DZ US$) Sechsstöckiges Hotel mit bequemen rosafarbenen Betten, Telefon, Kabel-TV, warmem Wasser und einigen Badewannen.

Essen & Ausgehen

Nuevo Horizonte (Ica 578; Hauptgerichte 1–1,50 US$; ⏰ So–Fr 7.30–22 Uhr) In einem älteren Haus mit Atmosphäre und ausgezeichneter vegetarischer Karte, die klassische peruanische Gerichte wie das *lomo saltado* mit Soja und Tofu neu erstehen lässt.

Antojitos (Puno 599; Hauptgerichte 1,50–8 US$; ⏰ Mo–Sa 17–open end) Restaurant-Bar in einem Gebäude mit hölzernen Balken voller Antiquitäten, in der freundliche und gut angezogene Einheimische zu Klängen von Cumbia bis Pink Floyd verkehren.

Detrás de la Catedral (Ancash 335; Hauptgerichte 2,70–5 US$ ⏰ 11–22 Uhr) Man diniert neben einer Holzkohlepfanne, bewundert surrealistische Gemälde à la Picasso und schmaust sättigende Burger (vegetarisch oder mit Fleisch) sowie jede Menge lokale Spezialitäten.

La Cabaña (Giráldez 652; Hauptgerichte 3–6 US$; ⏰ 17–22 Uhr) Die Sangria des Hauses, saftiges Fleisch vom Grill und Pasta *al dente* locken eine Menge Leute an – Einheimische wie Reisende. Donnerstag- und Samstagabend spielen *Folklórico*-Bands. Das Café El Otro Lado nebenan serviert von April bis Oktober *cuy* zum Mittagessen.

Restaurant Olímpico (Giráldez 199; festes Mittagessen 2 US$, Hauptgerichte 4–8 US$) Huancayos ältestes Restaurant hat eine offene Küche – so sieht man, wie die traditionellen peruanischen Gerichte zubereitet werden. Beliebt ist der Sonntagsbrunch (5 US$).

La Divina Comida (Arequipa 712; Hauptgerichte 2 US$) Der fleischlosen Kost haftet nichts Infernalisches an. Das einfache Lokal bietet herzhaften gebratenen Reis, Tortillas mit Spinat und *lomo a la macho*.

La Estancia (☎ 22-3279; m Castilla 2815; Gerichte 7 US$) Nordwestlich der Stadt im Bezirk El Tambo, wo die Calle Real zur Av Mariscal Castilla wird: Hier gibt's mittags eine sehr gute *pachamanca* mit einer Mischung aus *cuy*, Schweinefleisch und Lamm, die in Blätter eingewickelt in einem Ofen in der Erde zubereitet werden.

Weitere Empfehlungen:

Panaderia Koky (Puno 298) Bäckerei, die *empanadas* und Espresso serviert.

La Pergola (Puno 444; menú 2 US$) Gepflegte Atmosphäre mit Blick auf die Plaza.

Chicharronería Cusco (Cusco 173; Gerichte 2 US$) Ausgezeichnete *chicharrones*.

Shoppen

Der Markt für die alltäglichen Produkte, der Mercado Mayorista, breitet sich im Osten entlang der Gleise aus. Hier gibt's jedes nur vorstellbare Fleisch – von Fröschen (auch getrocknet) bis Meerschweinchen

Feria Dominical (Sonntagsmarkt für Kunsthandwerk; Huancavelica) Souvenirgewebe, Pullover, Stickereien, Keramik, Holzschnitzereien und *mates burilados* (geschnitzte Kürbisse) – Vorsicht, Taschendiebe.

An- & Weiterreise

BUS & COLECTIVO

Das Angebot wechselt je nach Saison und Nachfrage.

Lima (6–14 US$, 6–7 Std.) wird mit **Cruz del Sur** (☎ 23-5650; Ayacucho 251) bequem erreicht. **Etucsa** (☎ 23-6524; Puno 220) fährt öfter. Daneben gibt's **Mariscal Cáceres** (☎ 21-6633; Real

> **ABSTECHER**
>
> Das Dorf **Concepcíon** (3283 m) auf halbem Weg zwischen Jauja und Huancayo auf der *izquierda*-Seite (Ostseite) des Río-Mantaro-Tals ist das Tor zum berühmten Kloster von **Santa Rosa de Ocopa** (45-minütige geführte Touren 1,50 US$; ☺ Touren stündl. Mi–Mo 9–12 & 15–18 Uhr). Es wurde im frühen 18. Jh. von Franziskanern als Zentrum für Missionare gebaut, die in den Urwald gingen, um die Ashaninka und andere indigene Stämme zu bekehren. Heute beherbergt das Gebäude eine beeindruckende Sammlung von ausgestopften Urwaldtieren, kulturellen Artefakten der Indios, kolonialer religiöser Kunst und eine phantastische Bibliothek. Man nimmt von Huancayo einen Bus Richtung Tarma (S. 1027) und steigt in Concepción aus. Von dort fahren regelmäßig *colectivos* zum Kloster mit Endziel Ocopa, das etwa 5 km entfernt liegt.

1241). **Comité 12** (☎ 064-23-3281; Loreto 421) hat schnellere *colectivo-T*axis nach Lima (14 US$, 5 Std.).

Die holprige Strecke nach Ayacucho (7,30 US$, 10–12 Std.) befährt **Empresa Molina** (☎ 22-4501; Angaraes 334) sowohl morgens als auch auf Übernachtfahrten. Huancavelica (3 US$, 5 Std.) wird regelmäßig von **Transportes Ticllas** (☎ 20-1555; Ferrocarril 1590) angefahren. Um einen *colectivo* nach Huancavelica (7.60 US$, 2½–3 Std.) zu erwischen, muss man herumfragen.

Transportes San Juan (☎ 21-4558; Ferrocarril 131) hat fast stündlich verkehrende Minibusse nach (2,50 US$, 3½ Std.) Tarma im Angebot. **Los Canarios** (Puno 739) fährt ebenfalls dorthin. **Turismo Central** (☎ 22-3128; Ayacucho 274) schickt Busse in Richtung Norden, nach Cerro de Pasco, Huánuco (6 US$, 7 Std.), Tingo María (7,60 US$, 10 Std.) und Pucallpa (13,60 US$, 22 Std.).

ZUG
Eisenbahnfans sollten nicht auf eine Fahrt mit dem **Ferrocarril Central Andino** (☎ in Lima 01-361-2828; www.ferroviasperu.com.pe) verzichten. Der Zug schnauft auf eine Höhe von 4829 m hinauf, wo es einem schon mal schwindlig werden kann. Er verkehrt zwischen Lima und Huancayo, gewöhnlich jede Woche von Mitte April bis Oktober (hin &

zurück 45 US$). Aktuelle Infos unter www.incasdelperu.org.

Billigere Züge nach Huancavelica fahren vom **Bahnhof Chilca** (☎ 21-7724) am südlichen Stadtrand. Der *expreso* (5 Std., tgl.) um 6.30 Uhr und der *ordinario* (6 Std., tgl. außer So) um 12.30 Uhr kosten 2,50/3/4 US$ für die 2./1./Buffet-Klasse. Sonntags und montags gibt's einen schnelleren *autovagón* um 18.00 Uhr (4,50 US$, 4 Std.). Fahrkarten im Voraus kaufen.

TARMA
☎ 064 / 45 100 Ew.

Es zieht nicht viele Traveller in die „Perle der Anden" zwischen Lima und dem Urwald, doch in den umliegenden Hügeln dort sind wenig bekannte überwachsene Ruinen zu entdecken.

Praktische Informationen
Casas de cambio findet man neben der BCP auf der Lima.

BCP (☎ 32-2149; Ecke Lima & Paucartambo) Wechselt Geld und hat einen Visa-Geldautomaten.

Internet café (Paucartambo 567)

Tourist office (☎ 32-1010; 2 de Mayo 775; ☺ Mo–Fr 8–13 & 15–18 Uhr) An der Plaza de Armas.

Sehenswertes & Aktivitäten
Es können Ausflüge in das 9 km von Tarma entfernte Dorf Acobamba organisiert werden, um das berühmte Heiligtum **El Señor de Muruhuay** zu sehen, das mit großen Webarbeiten ausgeschmückt ist. Den ganzen Mai über gibt's hier ein farbenprächtiges **Festival**.

Vom Dorf Palcamayo, 28 km von Tarma entfernt, sind es nur 4 km zur **Gruta de Guagapo**, einer riesigen Kalksteinhöhle, die als nationale Stätte der Höhlenforschung unter Schutz steht. Ein Führer, der am Eingang wohnt, kann einen mit Seilen und Laternen versorgen, um die ersten Abschnitte zu besuchen. Für das Gebiet dahinter benötigt man eine technische Ausrüstung und Tauchgeräte.

Festivals & Events
Die Prozessionen in der **Semana Santa,** wozu auch einige mit Kerzenlicht nach Einbruch der Dunkelheit gehören, sind eine große Attraktion. Die **Ostersonntagsprozession** zur Kathedrale führt über eine mit Blumenblüten bedeckte Route, ebenso die Prozessi-

onen für **El Señor de Los Milagros** im späten Oktober.

Schlafen

Warmes Wasser ist normalerweise nur am Morgen zu haben, auch wenn die Besitzer oft etwas anderes behaupten.

Hospedaje El Dorado (☎ 32-1914; Huánuco 488; EZ/DZ 3/4,50 US$, mit Bad 4,50/7,60 US$) Kann laut sein, ist aber sauber und hat einen Hof zum Relaxen.

Hospedaje Central (☎ 32-2625; Huánuco 614; EZ/DZ 4,50/5,80 US$, mit Bad 6,80/8,80 US$) Ein altes, dunkles, aber freundliches Hotel mit einem Observatorium, von dem aus man Freitagnacht die Sterne betrachten kann (Eintritt 1 US$).

Hacienda La Florida (☎ 34-1041; www.haciendalaflorida.com; Stellplatz 4,50 US$/Pers. EZ/DZ 29/49 US$) 6 km von Tarma entfernt liegt an der Straße nach Acobamba diese ländliche Plantage aus dem 18. Jh., die einem freundlichen peruanisch-deutschen Paar gehört. Zum Heiligtum von El Señor de Muruhuay ist es von hier eine Stunde zu Fuß.

Hostal Vargas (☎ 32-1460; 2 de Mayo 627; EZ/DZ 4,50/6 US$) Den düsteren Eingang einfach ignorieren. Das saubere Hotel hat geräumige Zimmer und feste Matratzen.

Hostal Aruba (☎ 32-2057; Moquegua 452; EZ/DZ 10/14,50 US$) Eine gute, sichere Wahl mit sauberen Zimmern in der Nähe des Markts. Die Glocke läuten.

Essen & Ausgehen

El Mejorcito de Tarma (Arequipa 501; Hauptgerichte 2–5 US$) Das Mejorcito (das „kleinste und beste") hat eine bescheidene Karte beliebter peruanischer Gerichte, darunter auch gegrillte Forelle. Köstlich!

Restaurant Señorial/El Braserito (Huánuco 138 & 140; menú 1,20 US$, Hauptgerichte 2–5 US$) Diese benachbarten Lokale sind bei den Einheimischen beliebt und darum immer gut gefüllt. Zu den Spezialitäten gehört gebratenes *cuy*.

El Gato Pardo (Callao 227) Dunkler, lauter Pub und Club mit live auftretenden Latinbands und DJs.

An- & Weiterreise

Für Busse nach Lima (3–9 US$, 6 Std.) empfehlen sich **Transportes Junín** (☎ 32-1234; Amazonas 667) oder **Transportes La Merced** (☎ 32-2937; Vienrich 420). **Los Canarios** (☎ 32-3357; Amazonas 694) und **Transportes San Juan** (☎ 32-3139) fahren

---

> **ACHTUNG**
>
> Die Hauptstraße von Lima nach Pucallpa (S. 1063) führt durch die Zentralanden nördlich von La Oroya, über Junín, Cerro de Pasco, Huánuco und Tingo María. Diese Route wird von Reisenden benutzt, die zum ersten schiffbaren Amazonashafen wollen, von dem aus es möglich ist, auf dem Río Ucayali bis nach Iquitos zu fahren. Das lange, einsame Stück Straße zwischen Pucallpa und Tingo María – die einzige asphaltierte Verbindung, die in Peru ins Amazonasgebiet führt – kann riskant sein. Es sind schon öfter bewaffnete Überfälle vorgekommen. Es ist viel sicherer, von Lima aus in den Urwald zu fliegen.

---

nach Huancayo (2,50 US$, 3½ Std.). An der Bushaltestelle von Transportes San Juan, vor dem Estadio Unión Tarma (*mototaxi* 0,20 US$), gibt's Minibusse nach Acobamba und Palcamayo. An der Tankstelle gegenüber dem verlassenen Terminal Terrestre fahren schnellere *colectivos* mit bis zu vier Passagieren nach Lima (8,50 US$) ab. Colectivos nach Huancayo (5 US$, 3½ Std.) fahren von der Jauja, etwa 600 m weiter südlich.

JUNIN

Am südlichen Ende dieses abgelegenen Dorfs gibt's einen großen **Kunsthandwerksmarkt**. Etwa 10 km weiter liegt der **Lago de Junín**, der für seine Vogelwelt bekannt ist. Über 4000 m über dem Meer ist er der am höchsten gelegene See dieser Größe in ganz Amerika. Hin geht's per *colectivo* zu dem Weiler Huayre, 5 km nördlich von Junín, von wo ein Fußweg zum See führt. Zurück in Junín kann man im **Hostal San Cristobal** (☎ 34-4215; Manuel Prado 255; EZ/DZ 2,80/4 US$), in dem es nur kaltes Wasser gibt, übernachten. Restaurants finden sich an der Plaza de Libertad.

HUÁNUCO

☎ 062 / 151 200 Ew.

Diese Stadt liegt nur 5 km entfernt von der ältesten archäologischen Fundstätte Perus: dem **Tempel von Kotosh** (Erw./Student 0,90/0,45 US$; ☼ 9–15 Uhr) alias Tempel der gekreuzten Hände. Besuch mit dem Taxi (hin & zurück 4,50 US$).

Etwa 25 km südlich von Huánuco liegt das Dorf Ambo, das für seine *aguardiente*-Destillerien bekannt ist. Dieses lokale Feuerwasser aus Zuckerrohr hat Anisgeschmack. Manche Busse halten hier, damit die Passagiere ein paar Liter kaufen können.

Schlafen

Einfache Budgethotels gibt's an der Plaza und beim Markt.

Hostal Huánuco (☎ 51-2050; Huánuco 777; EZ ohne Bad 5,80 US$, EZ/DZ 7,30/8,80 US$) Diese altmodische Villa hat gefliese Böden, einen lauschigen Garten und Wände, die mit Kunstdrucken und Zeitungsausschnitten bedeckt sind. Warmes Wasser auf Nachfrage.

Hotel Cusco (☎ 51-7653; Huánuco 614; EZ/DZ 6/9 US$) Ein altes Hotel mit einer Cafeteria und sauberen, sehr einfachen Zimmern mit Kabel-TV und warmer Dusche (nur 2. Stock).

Essen & Ausgehen

Hotel Real (2 de Mayo 1125; Hauptgerichte 2,50–6 US$; ⚇ 24 Std.) Das Café ist der richtige Ort für Leute, die um Mitternacht noch mampfen oder vor dem Morgengrauen frühstücken wollen. Neben dem Hotel ist die Plaza Discoteca.

Govinda (2 de Mayo 1044; menú 1-2 US$; ⚇ Mo–Sa 7–21.30, So 7–15 Uhr) Vegetarier können sich auf dieses Hare-Krishna-Café verlassen.

Chifa Khon Wa (☎ 51-3609; Prado 816; Hauptgerichte 2–3 US$; ⚇ 10.30–22 Uhr) Chinesische Restaurants gibt's in Peru zuhauf, aber wenn das Personal T-Shirts mit eigenem Logo trägt, dann ist das etwas Besonderes.

Cheers (2 de Mayo 1201; Hauptgerichte 2–3 US$; ⚇ 11–24 Uhr) Neonlicht und Style. Billige Hühnchen und peruanische Gerichte ziehen die Massen an. Am Wochenende kann man am Karaoke-Mikro sein Können präsentieren.

Shorton Grill (D Beraún 685; Hauptgerichte 2–3 US$) Hühnchen, Pommes und Bier – alles gut.

An- & Weiterreise

Der Flughafen (HUU) ist 5 km von der Stadt entfernt (Taxi 3,50 US$). **LC Busre** (☎ 062-51-8113; 2 de Mayo 1357) fliegt täglich nach/von Lima.

Busse gehen nach Lima (6–11 US$, 8 Std.), Pucallpa (6–8 US$, 9–12 Std.) und Huancayo (6 US$, 7 Std.). Die Gesellschaften liegen über die Stadt verstreut. Zu den besten gehören **León de Huánuco** (☎ 51-1489; Robles 821), die luxuriöse **Bahía Continental** (☎ 51-9999; Valdizán 718), **Transportes El Rey** (☎ 51-3623; 28 de Julio 1215) und **Transmar** (28 de Julio 1067).

Nach Tingo María fährt jeder Bus, der auch nach Pucallpa unterwegs ist (2 US$, 3½ Std.). Schneller sind *colectivos* (3,50 US$) von **Comité 15** (☎ 51-8346; General Prado) in der Nähe des Flusses.

TINGO MARÍA

☎ 062 / 54 000 Ew.

Nach dem hohen und öden Hinterland der Anden taucht an den üppigen tropischen Abhängen der östlichen Anden – der sogenannten *ceja de la selva*, der Augenbraue des Urwalds – diese Universitäts- und Marktstadt auf. Der von Bergen, Wasserfällen und Höhlen eingerahmte Ort hat fast das ganze Jahr über heiße Temperaturen und ist der beste Ort, um die Reise nach Pucallpa zu unterbrechen. Das gefährliche Tal des Río Huallaga nördlich der Stadt sollte man meiden – hier werden Drogen angebaut.

Sehenswertes & Aktivitäten

Der 18 000 ha große **Parque Nacional Tingo María** (Eintritt inkl. Führer 1,50 US$) liegt im Süden der Stadt. Man nimmt ein Taxi zur „Höhle der Eulen", um Fettschwalm- (guácharo-) Kolonien, Stalaktiten und Stalagmiten zu sehen.

Schlafen

Die Duschen sind in der Regel kalt.

Hotel Palacio (☎ 56-2319; A Raimondi 158; EZ/DZ mit Gemeinschaftsbad 4,50/7,30 US$, EZ/DZ 7,30/12 US$) Spartanische, mit Ventilator gekühlte Zimmer um einen Hof voller Pflanzen und Papageien. Ein nettes Café.

Hostal Roosevelt (☎ 50-5448; José Pratto 399; EZ/DZ 6/7,60 US$) Service der mittleren Preislage zu Budgetpreisen. Kleine, aber tadellose Zimmer in merkwürdigen Farben mit Kabel-TV und mit großen Spiegeln neben dem Bett – boah, Nelly!

Hotel Nueva York (☎ 56-2406; www.hotelnuevayork.net; Alameda Perú 553; EZ/DZ ab 7/9 US$) Geräumige, ruhige Zimmer abseits der Straße mit Ventilator und warme Dusche am Nachmittag. Frühstück erhältlich (1,50 US$).

Villa Jennifer (☎ 969-5059; www.villajennifer.net; Kilometer 3,4 Castillo Grande; EZ/DZ ohne Bad

14/22 US$; 🏊) Nördlich vom Flughafen. Diese entspannte Hacienda wird von einem dänisch-peruanischen Paar geführt. Man schaukelt in der Hängematte, isst tropische Früchte, spielt, plaudert mit den Affen oder schaut sich DVDs an.

Weitere Empfehlungen:

Hotel Internacional (☎ 56-3035; Raymondi 232; EZ/DZ 9/13,60 US$) Nahe der Bushaltestelle. Kühle geflieste Zimmer mit warmem Wasser rund um die Uhr, Kabel-TV und Telefon.

La Gran Muralla (☎ 56-2934; Raymondi 277; 12/20 EZ/DZ US$ 🖥) Luftiger, moderner Komplex am Fluss, nahe dran, wo was los ist. Zimmer mit Ventilator, Kabel-TV und Telefon.

Essen

El Mango (Lamas 232; Sandwichs & Frühstück 1–1,50 US$; 🕑 Mo–Sa 8–15 & Mo–So 19–23 Uhr) Ein erstaunlich gutes Gartenrestaurant mit freundlicher Bedienung und einer nicht zu verfehlenden mangofarbenen Fassade.

Simón (Fernández 416; Hauptgerichte 2–3 US$; 🕑 7–15 & 18–22 Uhr) In diesem verschwitzten Restaurant weht überhaupt kein Lüftchen. Darüber hinweg tröstet einen aber viel herzhaftes Essen; auf der Speisekarte finden sich auch ein paar *criollo*-Gerichte. Hier stimmt laut den Einheimischen das Preis-Leistungs-Verhältnis, vor allem beim Bier.

Trigale (Fernández 540; Hauptgerichte 2,50–4,50 US$; 🕑 6–22 Uhr) Tingo Marías bestes Pizza-und Pastalokal. Liefert auch aus – wenn man zu groggy ist, um sich abends nochmals auf den Weg zu machen, oder einfach den Ventilator und den Fernseher im Hotel nicht mehr verlassen will.

El Super Dorado (Fernández 594; Hauptgerichte 2,50–4,50 US$) Die Einheimischen schätzen dieses große und laute Lokal wegen seiner Hühner-*parrilladas,* die mit viel kaltem Bier heruntergespült werden.

An- & Weiterreise

Als allgemeine Regel gilt: möglichst nicht nachts unterwegs sein und auf der Straße nach Pucallpa (S. 1063) Vorsicht walten lassen. Busse nach Lima (7–12 US$, 12 Std.) mit **León de Huánuco** (☎ 56-2030), **Transmar** (☎ 56-3076), **Transportes Rey** (☎ 56-2565; Raymondi 297) und TransInter fahren meisten um 7 oder um 19 Uhr. Manche von ihnen halten in Pucallpa (5 US$, 8–9 Std.). Schneller geht es nach Pucallpa mit Turismo Ucayali, der *colectivos* hat (14 US$, 6 Std.).

NORDKÜSTE

Die ungestüme Nordküste könnte mit ihrer Geschichte ganze Bibliotheken füllen. Die lebhaften Kolonialstädte ziehen ihren *campesino*-Hut vor jedem, der die Gegend besucht. Belebte Ferienorte am Meer locken moderne Sonnenanbeter an ihre Ufer, während die Surfer immer wieder von den tollen Brechern hier schwärmen. Wer nach Norden Richtung Ecuador reist, wird feststellen, dass das Wetter immer besser wird, je weiter man kommt.

CARAL

Etwa 25 km landeinwärts von Barranca liegen die monumentalen Ruinen von **Caral** (Eintritt 3 US$). Sie sind Teil der ältesten Kultur Südamerikas, die zeitgleich mit dem alten Ägypten, Indien und China entstanden ist. Das **Projecto Especial Arqueológico Caral** (☎ 01-431-2235; www.caralperu.gob.pe) liefert dazu Informationen und veranstaltet von Lima aus Ganztagestouren (24 US$). Die meisten Küstenbusse können einen in Barranca 195 km nördlich von Lima absetzen. Von dort fahren zwischen April und November häufig *colectivos* nach Caral (1,50 US$, 2 Std.). Andere Busse von Barranca (0,50 US$, 25 Min.) fahren zum Chimu Lehmziegeltempel von **Paramonga** (Eintritt 0,90 US$).

CASMA

☎ 043 / 21 400

Casma ist ein kleiner Biep auf dem Radar der Panamericana 370 km nördlich von Lima und es ist das Tor nach **Sechín** (Eintritt 1,50 US$; 🕑 8–17 Uhr). Diese gut erhaltenen Ruinen sind rund 3600 Jahre alt und stecken voller Geheimnisse. Die äußeren Wände des Haupttempels sind bedeckt mit grausigen Flachreliefs von Kriegern und Gefangenen, die bei lebendigem Leib ausgeweidet werden. Die archäologische Stätte liegt 5 km entfernt von Casma.

Nordwestlich von Casma schmiegt sich bei Kilometer 392 der Panamericana die Anlage von Tortugas an eine ruhige Bucht mit Kieselstrand, an dem man auch schwimmen kann. Das luftige **Hotel Farol Beach Inn** (☎ 968-2540; EZ/DZ12/18 US$) hat eine schöne Aussicht und warme Duschen. In Casma selbst kann man das schräge, Feng-shui-mäßig eingerichtete **Hostal Gregori** (☎ 01-9631-

4291; L Ormeño 579; EZ/DZ9/10,50 US$, ohne Bad 4,50/7,50 US$) ausprobieren.

Die häufig verkehrenden Busse von Cruz del Sur, Móvil und Turismo Paraiso nach Lima (5,40–11 US$, 6 Std.), Trujillo (4,50 US$, 3 Std.) und Huaraz (6,25 US$, 5½ Std.) halten an einem gemeinsamen **Schalter** (☎ 043-41-2116; Ormeño 145). **Tepsa** (☎ 41-2658; Ormeño 546) hat bequeme Busse nach Lima (9–15 US$), Tumbes (21 US$, 11 Std.) und Cajamarca (18 US$, 7 Std.).

Colectivos nach Tortugas (0,90 US$, 20 Min.) und Chimbote (1,50 US$, 45 Min.) fahren häufig von der Plaza de Armas. Nach Sechín nimmt man ein *mototaxi* (1,50 US$) oder leiht sich bei **Sechín Tours** (☎ 41-1421; www.sechintours.com; Hostal Montecarlo, Nepeña 16) ein Fahrrad (6 US$/Tag).

CHIMBOTE

☎ 043 / 320 600 Ew.

Perus größten Fischereihafen riecht man, bevor man ihn sieht. Wer hier hängen bleibt, um auf den Bus zu warten, sollte in **Cesar's Hostal** (☎ 32-4946; Espinar 286; EZ/DZ 7,50/10,50 US$) Zuflucht suchen und im wackligen Restaurant **Vegetariano** essen (Ecke Pardo & Palacios; Gerichte 1,50 US$; ☾ 8–22 Uhr).

Langstreckenbusse nach Lima (9–24 US$, 7 Std.), Trujillo (2,10 US$, 2 Std.) und Chiclayo (6 US$, 6 Std.) fahren vom Terminal Terrestre ab, 5 km östlich der Stadt (Taxi 2,10 US$). Busse nach Huaraz (6–7,50 US$, 7–9 Std.) fahren am spektakulären Cañon del Pato vorbei, über die gleichbleibend holprige Bergstraße von Casma oder über die asphaltierte Strecke über Pativilca. *Colectivos* nach Casma (1,50 US$, 45 Min.) fahren vom Markt in Chimbote ab.

TRUJILLO

☎ 044 / 768 300 Ew.

Francisco Pizarro höchstpersönlich gründete 1534 Trujillo, die wichtigste Stadt Nordperus, 560 km entfernt von Lima. Er hielt diesen Flecken in der Wüste für so bedeutend, dass er ihn nach seinem Geburtsort in Spanien benannte. Trujillos zauberhafte Kolonialstraßen sehen aus, als hätten sie sich seit damals kaum verändert. Die 1500 Jahre alten Moche-Pyramiden, Las Huacas del Sol y de la Luna, liegen in der Nähe, ebenso die alte Lehmziegel-Hauptstadt der Chimú (s. S. 1034). Wen so viel alte Kultur müde macht, dem bietet das nahe Strand-

dorf von Huanchaco (S. 1036) eine moderne Interpretation des Sonnenkults.

Praktische Informationen

Die Lokalzeitung *La Industria* kündigt Veranstaltungen und Ausstellungen an.

BCP (Gamarra 562) Die niedrigste Kommission für Reiseschecks.

Clínica Americano-Peruano (☎ 23-1261; Mansiche 702) Die beste Klinik.

Interbank (Gamarra bei der Pizarro) Geldautomat für alle gängigen Karten.

InterWeb (Pizarro 721; ☾ 8.30–22 Uhr) Internetzugang.

iPerú (☎ 29-4561; Municipalidad, Plaza Mayor, Pizarro 412; ☾ Mo– Sa 8–19, So bis 14 Uhr) Touristeninformation.

Lavanderías Unidas (Pizarro 683; ☾ 8–22 Uhr) Wäscherei.

Policía de Turismo (☎ 044-29-1705; Independencia 630)

Sehenswertes

Die Plaza de Armas wird an der Nordseite von der **Kathedrale** aus dem 18. Jh. beherrscht, daneben steht der erzbischöfliche Palast.

Die vielen anderen eleganten Kolonialkirchen und Villen haben schmiedeeiserne Gitter und sind in Pastelltönen gehalten, die typisch für Trujillo sind. Die **Casa de la Emancipación** (Banco Continental; Pizarro 610), der **Palacio Iturregui** (Pizarro 688; ☾ Mo–Sa 9–19 Uhr) und die **Casa Ganoza Chopitea** (Independencia 630) mit ihrer Kunstgalerie und den zwei Löwen davor – sie alle sind einen Besuch wert.

Das **Museo Cassinelli** (Piérola 601; Eintritt 2,10 US$; ☾ Mo–Sa 9.30–13 & 15–18 Uhr) hat eine ausgezeichnete archäologische Sammlung – im Keller der Mobil-Tankstelle! Das von der Universität geführte **Museo de Arqueológia** (Junín 682; Erw./Student 1,50/0,80 US$; ☾ Mo 9–15, Di–Fr bis 13 & 15–19, Sa & So bis 16 Uhr) in der restaurierten Casa Risco hat Artefakte aus der La Huaca de la Luna.

Geführte Touren

Trujillo Tours (☎ 23-3091; Almargo 301) veranstaltet geführte Touren in mehreren Sprachen zu den archäologischen Stätten in der Nähe (15–18 US$).

Festivals & Events

Höhepunkt vieler Festivals sind der Tanz *marinera* (S. 948) und *caballos de paso* (Dressurreiten).

1032 NORDKÜSTE •• Trujillo

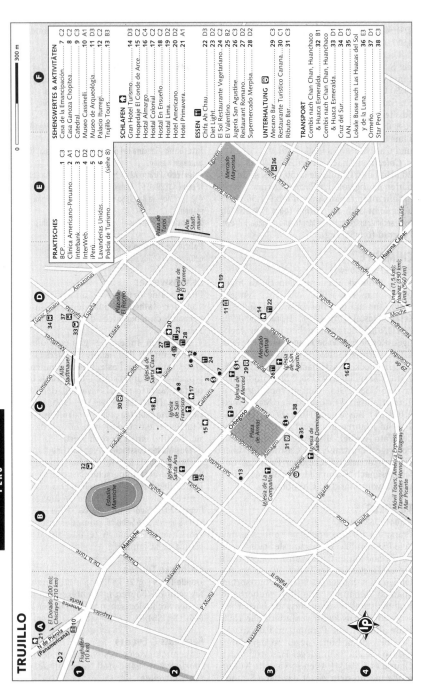

La Fiesta de la Marinera Die größte Fiesta ihrer Art, Ende Januar.

La Fiesta de la Primavera In der letzten Septemberwoche mit Perus berühmtester Parade und viel Tanz und Unterhaltung.

Schlafen

Die meisten Traveller schlagen ihr Quartier in Huanchaco (S. 1036) auf.

Hostal Lima (☎ 23-2499; Ayacucho 718; EZ/DZ 3,30/5,40 US$) Wer je in Alcatraz war und dachte, da könnte ich leben – hier ist seine Chance.

Hotel Americano (☎ 24-1361; Pizarro 764; EZ/DZ 6/9 US$) Entweder man liebt oder man hasst dieses populäre ganzjährig geöffnete Hotel. Es ist in einer lauten, baufälligen alten Villa mit geschnitzten Balkonen. In den hallenden Zimmern knarrt es. Die mit Gemeinschaftsdusche sind die schäbigsten

Hotel Primavera (☎ 23-1915; Piérola 872; EZ/DZ 7,50/12 US$; 🏊) Dieses Relikt der 1970er-Jahre ist vorwiegend in Blau gehalten. Es ist ein bisschen heruntergekommen, aber ein belebender Pool hilft, die Muffigkeit zu übersehen.

Hostal Almargo (☎ 22-3845; Almargo 748; EZ/DZ 13,50/18 US$) Niemand redet hier von der kolonialen Vergangenheit – moderne, wenn nicht minimalistische Zimmer mit TV und funkelnden Bädern, ist dies ein Café.

Hostal Colonial (☎ 25-8261; hostcolonialtruji@hot mail.com; Independencia 618; EZ/DZ 13,50/19,50 US$) Sehr gute Lage in der Nähe der Plaza de Armas. Geschmackvoll renovierte Kolonialvilla mit gesprächigem Personal und einem hübschen Hof mit Garten. Bequeme Zimmer mit heißer Dusche, manche mit Balkon und Aussicht.

Gran Hotel Turismo (☎ 24-4181; Gamarra 747; EZ/DZ 14,40/21,30 US$; 🐾) Scheint direkt aus geheimen *Austin-Powers*-Phantasien entsprungen. Alles hier ist in 1960er-Dekors gehalten und die Korridore haben die Länge von Fußballfeldern. Groovy, Baby.

Weitere Empfehlungen:

Hospedaje El Conde de Arce (☎ 29-1607; Independencia 577; EZ/DZ 6/12 US$) Einfach, klein und sicher. Verwitterte Zimmer mit elektrisch beheizter Dusche.

Hostal El Ensueño (☎ 20-7744; Junín 336; EZ/DZ 9/15 US$) Schmale, dunkle Korridore, aber riesige Bäder.

Essen

Die besten Lokale findet man im 700er-Block der Pizarro.

Jugería San Augustíne (Bolívar 526; Saft 0,50 US$; 🕒 8–22 Uhr) Vor diesem beliebten Lokal reichen die Warteschlangen manchmal um die Ecke.

Diet Light (Pizzario 724, Snacks 0,80–2,50 US$; 🕒 9.30–22 Uhr) Merkwürdiger Name für ein Lokal mit Mordsportionen Eis und Früchten.

El Sol Restaurante Vegetariano (Pizarro 660; Gerichte 0,90–2,40 US$; 🕒 8–22 Uhr) Das begrenzte Angebot weist auf Erfahrung hin: Die Köche wissen genau, was man will.

Restaurant Romano (Pizarro 747; Hauptgerichte 1,80–4,50 US$; 🕒 7–24 Uhr) Seit einem halben Jahrhundert bietet dieses unglaublich beliebte Lokal heißes Frühstück, herzhaftes peruanisches Mittag- und Abendessen sowie Desserts und Espresso.

Mar Picante (América Sur 2199; Gerichte 2,10–4,50 US$; 🕒 11–22 Uhr) Ein Meeresfrüchte-Palast mit Bambus, spezialisiert auf frisches *ceviche* – voll wissender Einheimischer. Taxi empfiehlt sich (0,80 US$).

El Uruguayo (América Sur 2219; Gerichte 4,50–7,50 US$; 🕒 6.30–13 Uhr) Ein brutzelnder Teller mit köstlichem Barbecue-Fleisch – Steak, Hühnchen, Chorizo-Wurst, Rinderherz und ein paar Überraschungen –, Salat und Pommes in Hülle und Fülle, und das für nur 9,90 US$. Taxi (0,80 US$).

Chifa Ah Chau (Gamarra 769; Hauptgerichte 5 US$; 🕒 6–22 Uhr) Ein schräges, abgerissenes, aber vergnügliches Lokal mit Privatkabinen (mit Vorhang) und großen Portionen authentischer chinesischer Speisen.

Supermercado Merpisa (Pizarro 700; 🕒 9.15–13.15 & 16.30–21 Uhr) Für Selbstversorger.

Unterhaltung

Ausländische Frauen, die bei Dunkelheit allein spazierengehen, müssen mit dem Interesse einheimischer Männer rechnen, und zwar in einem Ausmaß, das durchaus zur Verzweiflung treiben kann!

Mecano Bar (Gamarra 574; Eintritt 6 US$; 🕒 21–open end) Im Augenblick der Szenetreff, vor allem an Wochenenden. Hier schwingen die Hüften zu Salsa, Reggae und Techno.

Restaurante Turístico Canana (San Martín 791; Eintritt 3 US$; 🕒 Shows Do–Sa 23 Uhr) Wenn einheimische Tänzer und Musiker spielen, macht jeder mit, der gerade keine *chicharrones* futtert.

Ributo Bar (Plaza de Armas, Ecker Pizarro & Almagro; 🕒 21–open end) Stille Bar, um mit Freunden zu quatschen; an Wochenenden Livebands und heiße DJs.

An- & Weiterreise

BUS

Die Busse sind oft rappelvoll – die Plätze im Voraus buchen und genau nachfragen, wo der Bus abfährt.

Wichtige Busgesellschaften:

Cruz del Sur (☎ 26-1801; Amazonas 237) Nach Lima (10,50–31,50 US$, 8 Std.).

Linea Buchungsbüro (☎ 24-5181; Ecke San Martin & Obregoso; ☺ Mo–Fr 8–20 Uhr); Terminal (☎ 24-3271; América Sur 2857) Fährt nach Piura (9 US$, 6 Std.), Cajamarca (4,50–10,50 US$, 6 Std.), Chiclayo (3,60 US$, 3 Std.), Chimbote (1,80 US$, 2 Std.). Busse nach Lima (9–21 US$, 8 Std.) und Huaraz (12 US$, 9 Std.) fahren meistens nachts.

Móvil Tours (☎ 28-6538; América Sur 3955) Bequeme Nachtbusse nach Lima (19,50 US$, 8 Std.), Huaraz (13,50 US$, 8 Std.), Chachapoyas (15 US$, 13 Std.) und Tarapoto (22,50 US$, 18 Std.).

Ormeño (☎ 25-9782; Ejército 233) Nachtbusse nach Lima (10,50–22 US$) und Tumbes (15–21 US$, 10 Std.).

Andere Gesellschaften rund um die Kreuzung von España und Amazonas bieten Nachtbusse nach Lima. **América Express** (☎ 26-1906; La Marina 315) hat häufig verkehrende Busse Richtung Süden nach Chimbote (2,10 US$, 2 Std.); Taxi (0,90 US$). **El Dorado** (☎ 29-1778; Piérola 1070) hat sehr einfache Busse nach Piura (7 US$, 6 Std.) und Tumbes (7,50–9 US$, 10 Std.) im Fahrplan. **Ittsa** (☎ 25-1415; Mansiche 145) hat ebenfalls Busse nach Piura. **Transportes Horna** (☎ 25-7605; América Sur 1368) schickt morgens Busse nach Cajamarca (4,50 US$, 6 Std.).

FLUGZEUG

Der Flughafen (TRU) liegt 10 km nordwestlich der Stadt. Man nimmt ein Taxi (3–4,50 US$) oder einen Bus nach Huanchaco und läuft den 1 km. **LAN** (☎ 22-1469; Pizarro 340) und **Star Perú** (☎ 41-0009; Almargo 545) haben tägliche Flüge nach/von Lima.

Unterwegs vor Ort

Weiß-gelb-orangfarbene B *colectivos* nach La Huaca Esmeralda, Chan Chan und Huanchaco fahren alle paar Minuten entlang der España hinter den Ecken der Ejército und Industrial. Busse nach La Esperanza fahren auf der Panamericana nordwestlich nach La Huaca Arco Iris. Minibusse nach

Las Huacas del Sol y de la Luna fahren alle halbe Stunde an der Suarez los. Diese Busse werden von professionellen Dieben geschätzt – Wertsachen versteckt aufbewahren und auf das Gepäck achten. Fahrpreise: 0,30–0,50 US$.

RUND UM TRUJILLO

Die beiden Kulturen, die die bedeutendsten und meisten Spuren im Gebiet von Trujillo hinterlassen haben, sind die der Moche und der Chimú. Keinesfalls sind sie jedoch die einzigen – jedes Jahr werden neue Stätten ausgegraben.

Für den Besuch des Chan-Chan-Museums, der Stätte selbst plus Huaca Esmeralda und Huaca Arco Iris gibt's ein **Kombiticket** (Erw./Student 3,30/1,70 US$), das zwei Tage gültig ist. Es wird mit Ausnahme von Huaca Esmeralda an jeder Stätte verkauft. Alle sind täglich von 9 bis 16.30 Uhr geöffnet.

Chan Chan

Chan Chan wurde um 1300 gebaut und muss einst ein strahlender Ort gewesen sein. Wenn man sich ihm über die Panamericana nähert, ist es unmöglich, von der riesigen Fläche voller bröckelnder Lehmwände, die sich weit ins Land erstrecken, nicht beeindruckt zu sein. Diese Stätte war einmal die größte präkolumbische Stadt in Amerika und die größte Lehmziegelstadt der Welt.

In der Blütezeit des Chimu-Reichs gab es in Chan Chan etwa 10 000 Baukonstruktionen – von mit Edelmetallen verzierten königlichen Palästen bis zu riesigen Grabhügeln. Obwohl die Inka das Chimú-Reich um 1460 eroberten, wurde die Stadt nicht geplündert. Das machten erst die vom Gold besessenen Spanier – und die *huaqueros* (Grabräuber) vollendeten deren schmutzige Arbeit.

Die Chimú-Hauptstadt umfasste neun Bezirke oder königliche Komplexe. Der re-

---

ACHTUNG

Es ist riskant, den Strand von Buenos Aires zwischen Chan Chan und Huanchaco entlangzulaufen. Auch an den archäologischen Stätten sind schon Überfälle vorgekommen. Man sollte in der Gruppe und auf den Hauptwegen bleiben und die Besichtigung nicht allzu spät am Tag machen.

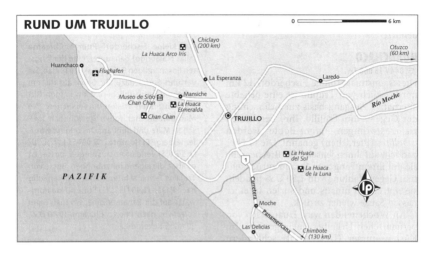

staurierte **Tschudikomplex** liegt unmittelbar in Nähe des Eingangs neben dem **Museum** an der Hauptstraße, etwa 500 m vor der Abzweigung nach Chan Chan. Die Wände von Tschudi waren über 10 m hoch und hatten beeindruckende Friese mit Fischen, Wellen und Meerestieren. Im Mausoleum wurde einst ein König mit einem Schatz an zeremoniellen Beigaben für sein Leben nach dem Tod bestattet – sowie mit vielen geopferten Begleitern.

La Huaca Esmeralda

Dieser Chimú-Lehmziegeltempel ist eine Plattform mit Stufen; er liegt südlich der Hauptstraße auf halber Strecke zwischen Trujillo und Chan Chan, vier Blocks hinter der Kirche von Mansiche. Für ein Trinkgeld führen die Wächter Besucher herum und zeigen ihnen die nicht restaurierten Adobe-Zeichnungen von Fischen, Seevögeln, Wellen und Fischernetzen.

La Huaca Arco Iris

Der Name dieser Chimú-Stätte bedeutet „Regenbogentempel" (sie wird auch La Huaca del Dragón genannt). Der Tempel liegt in dem Vorort La Esperanza, 4 km nordwestlich von Trujillo, und ist einer der am besten erhaltenen Chimú-Tempel: Sein Glück war, dass er bis in die 1960er-Jahre hinein mit Sand bedeckt war. Der Tempel selbst liegt innerhalb der Verteidigungsmauern, er diente vielleicht als Stätte für Fruchtbarkeitsrituale und Kinderopfer. Die leicht pyramidenartigen Wände sind mit sich wiederholenden Regenbogenzeichnungen bedeckt, Rampen führen bis zur Spitze hinaus. Es gibt auch ein kleines Museum. Führer werden mit einem Trinkgeld entlohnt.

Las Huacas del Sol y de la Luna

Die **Mochetempel** (Eintritt & Geführte Tour Erw./Student 3,30/1,70 US$; 9–16 Uhr) 10 km südöstlich von Trujillo sind 700 Jahre älter als Chan Chan.

Die **Huaca del Sol** ist Perus größtes präkolumbisches Bauwerk – um es zu errichten, wurden 140 Millionen Adobeziegel verwendet! Ursprünglich hatte die Pyramide mehrere Ebenen, die durch steile Treppen, große Rampen und Wände miteinander verbunden waren, die eine Neigung von 77% aufwiesen. Heute erinnert die Pyramide zwar eher an einen riesigen Sandhaufen, doch ihre schiere Größe hinterlässt immer noch einen tiefen Eindruck.

Die kleinere **Huaca de la Luna** ist voller Räume mit Keramiken, Edelmetallen und den schönen polychromen Friesen, für die die Moche berühmt waren. Ihr Brauch, alte Tempel unter neuen zu „begraben", hat zu ihrem Erhalt beigetragen. Noch immer sind Archäologen damit beschäftigt, die einzelnen Schichten freizulegen. Interessant sind auch die haarlosen Hunde, die sich hier herumtreiben. Die Körpertemperatur dieser Tiere ist höher als die normaler Hunde. Sie wurden in der traditionellen Medizin als

Körperwärmer für Menschen mit Arthritis benutzt!

HUANCHACO

☎ 044 / 18 000 Ew.

Dieses einstmals ruhige Fischerdorf 12 km nordwestlich von Trujillo ist eine beliebte alternative Ausgangsbasis zur Erforschung der Gegend um Trujillo. Ihre berühmten zigarrenförmigen *totora*-Boote werden *caballitos* (Pferdchen) genannt. Die Fischer paddeln auf ihnen jenseits der Brecher, ehe sie mit ihrem Fang zum Strand zurückkehren. Gegen Zahlung von 1,50 US$ paddeln sie mit einem hinaus und surfen in einer nassen Sause wieder zurück.

An Wochenenden wird Huanchaco von peruanischen Urlaubern heimgesucht. Im Küstensommer (Dez.–April) schlendern Armeen von Surfern mit braun gebrannter Haut, von der Sonne gebleichten Haaren und ihren coolen Boards durch die Straßen. Dann lädt auch der geschwungene Strand mit seinem grauen Sand zum Schwimmen ein.

Aktivitäten

Surfboards und Neoprenanzüge (6–9 US$/Tag) kann man in mehreren Geschäften an der Hauptstraße leihen, etwa bei **Wave** (☎ 58-7005; Larco 525) und **Un Lugar** (☎ 957-7170; www.otracosa.info; Ecke Bolognesi & Atahualpa). Hier sind auch Unterricht und Surfsafaris im Angebot.

Schlafen

Budgetunterkünfte gibt's im Norden und im Süden der Stadt in den Nebenstraßen, die auf den Strand zulaufen.

Hostal Naylamp (☎ 46-1022; www.geocities.com/hostalnaylamp; Victor Larco 1420; Stellplatz 2,40 US$; B 3,60 US$; EZ 7,50–9 US$; DZ 10,50–13,50 US$) Die Patios haben Meeresblick und bieten Sonnenuntergänge, es gibt heiße Duschen und Hängematten für alle. Dazu eine Küche, Waschmaschine und ein Café.

Hospedaje Los Ficus de Huanchaco (☎ 46-1719; www.huanchaco.net/losficus; Los Ficus 516; EZ/DZ ohne Bad 4,50/9 US$) Dieses tadellose Haus bietet heiße Duschen, Frühstück auf Wunsch und Zugang zur Küche. Viele der hellen Zimmer haben jede Menge Platz, aber nicht alle sind gleich, also sorgfältig auswählen.

La Casa Suiza (☎ 46-1825; www.casasuiza.com; Los Pinos 451/310; EZ/DZ ohne Bad 4,50/9 US$; 🖳) Eine

---

ABSTECHER

Das kleine Fischerdorf **Puerto Chicama** (alias Malabrigo) behauptet, eine der längsten linkshändigen Point Breaks zu haben. Sie verführt Surfer dazu, ihr Glück auf diesem seltenen, unglaublichen, 2 km langen Ritt auf 2 m hohen Wellen zu versuchen. Die Marathonbrecher rollen gewöhnlich zwischen März und Juni an. Die originale Surferherberge **El Hombre** (☎ 044-57-6077; EZ/DZ ab 5/8 US$) verleiht Ausrüstungen, besser ist es aber, die eigene mitzubringen. Busse von Trujillos Terminal Interurbano fahren häufig nach Paiján (1,40 US$, 1½ Std.), 40 km nordwärts auf der Panamericana, wo man dann *colectivos* nach Puerto Chicama (0,40 US$, 20 Min.) bekommt..

---

müde aussehende Absteige für Surfer mit einem Dach zum Lärmen.

Huanchaco's Garden (☎ 46-1194; huanchacosgarden@yahoo.es; Circumvalación 440; DZ 12 US$; 🖳) Etwas abseits vom Strand punktet diese von einer Familie geführte gastfreundliche Anlage mit flachen weißen Lehmziegelgebäuden, die rund um einen schattigen Garten angeordnet sind.

Huankarute Hospedaje (☎ 044-46-1705; www.hostalhuankarute.com; La Rivera 233; EZ 21 US$, DZ 24–33 US$; 🖳) Die hellen Zimmer der kleinen Pension sind mit Ventilatoren und Kabel-TV ausgestattet. Die Doppelzimmer oben haben Aussicht aufs Meer und Badewannen! Der nierenförmige Pool lockt mit einer „Aqua bar", das Meeresfrüchterestaurant im Haus tischt billige Mittagessen-Specials auf.

Essen

In Huanchaco gibt's Unmengen von Fischrestaurants am Strand.

Otra Cosa (Larco 921; Gerichte 1,20–2,40 US$; ⌚ Mi–So 9–20 Uhr) Dieses Lokal am Strand mit Nahostdekoration und Hängematten bringt leckere vegetarische Snacks wie Falafel und Hummus auf den Tisch. Die Besitzer organisieren auch Freiwilligenprojekte.

Grill a Bordo (Los Pinos 491; Gerichte 2,40–6 US$; ⌚ Mo–Sa 18–22, So 11–23 Uhr) Die Kellner sind als Seeleute verkleidet, auch wenn auf der Karte dieses *parrilla*-Grills nur ein Fischgericht ist. Dafür gibt's für Fleischliebhaber allerlei Köstliches.

Weitere Empfehlungen:

El Caribe (Larco at Atahualpa; Gerichte 3–4,50 US$; ⏰ 10–19 Uhr) Frisches Meeresgetier und *ceviche*.

Club Colonial (Grau 272; Gerichte 4,50–7,50 US$; ⏰ 12–22 Uhr) Romantisches belgisch-französisch-peruanisches Restaurant mit Kunstgalerie.

Mamma Mía (☎ 997-3635; Larco at Independencia; Gerichte 5–9 US$ ⏰ 8–23 Uhr) Ausgezeichnete Designerpizzas und Krabbenlasagne, ein Geheimrezept des Besitzers.

An- & Weiterreise

Combis fahren von der España bei der Industrial in Trujillo an Huanchacos Strand (0,50 US$). Ein Taxi kostet 3–4,50 US$.

CHICLAYO

☎ 074 / 592 200 Ew.

Spanische Missionare gründeten im 16. Jh. 200 km nördlich von Lima eine kleine ländliche Gemeinde. Durch Zufall oder durch Hilfe „von oben" blühte der Verkehrsknotenpunkt Chiclayo seitdem unaufhaltsam. In der Nähe liegen einige bedeutende archäologische Stätten.

Praktische Informationen

Internetcafés gibt's zuhauf. Mehrere Banken sind im 600er-Block der Balta.

BCP (Balta 630) Hat einen 24-Stunden-Visa-Geldautomaten

Centro de Informacíon Turístico (☎ 23-3132; Saenz Peña 838) Neben der Polizei.

Clínica del Pacífico (☎ 23-6378; Ortiz 420) Für medizinische Versorgung.

Interbank (Ecke Colón & Aguirre) Hat einen Geldautomaten.

Lavandería (☎ 23-3159; 7 de Enero 639).

Migraciónes (☎ 20-6838; La Plata 070) Beim Paseo de Las Museos.

Policía de Turismo (☎ 23-6700; Saenz Peña 830)

Sehenswertes & Aktivitäten

Nicht versäumen sollte man den faszinierenden **Mercado Modelo**, der auch einen wunderbaren Laden mit Schamanenkräutern, Elixieren und Kuriositäten von Weisen hat. Liebestrunk oder ein Mittel gegen Warzen gefällig? Zahllose Stände von Kräuterweiblein und *brujos* (Hexenärzte) verkaufen getrocknete Kräuter, Knochen, Klauen, Hufe und andere seltsame und wunderbare Talismane.

Im Sommer sind die Strände von Pimintel und Santa Rosa bei **Surfern** beliebt, besonders bei El Faro.

Geführte Touren

Moche Tours (☎ 22-4637; 7 de Enero 638) bietet täglich Touren in Englisch und Spanisch.

Schlafen

Katuwira Lodge (☎ 970-0484/976-9188; www.katuwira.com; Stellplatz/Zi. pro Pers. 5/10 US$, Essen inkl.) Dieser Bambustreff am Strand breitet sich südlich von Pimintel aus, 20 Minuten zu Fuß Richtung Playa Las Rocas. Pyramidenförmige Bungalows mit Meerblick. Man spricht Französisch und Japanisch.

Hospedaje San Lucas (☎ 49-9269; Aguirre 412; EZ ohne Bad 3 US$, EZ/DZ 6/9 US$) Einfach, aber sauber. Das ehemalige Hostal Lido hat jetzt das Motto „Backpacker willkommen" und bietet vom obersten Stock schöne Aussichten auf die Stadt und meistens warme Duschen.

Hostal Tumi de Oro (☎ 22-7108; Prado 1145; EZ 6–9 US$, DZ 9–13,50 US$) Dieses spartanische Pension bietet zum Budgetpreis Annehmlichkeiten, die man sonst nur von Mittelklassehotels kennt (u. a. warme Duschen).

Hotel Royal (☎ 22-1708; San José 787; Zi. 7–9,60 US$) Für Liebhaber von älteren, heruntergekommenen Hotels mit Charakter. Laut, aber direkt an der Plaza de Armas und mit warmen Duschen. „Royal" ist hier nur die elegante Business Card des Hotels.

Hostal Victoria (☎ 22-5642; Izaga 933; EZ/DZ 7,50/13,50 US$) Dieses ruhige farbenfrohe Juwel gleich östlich der Plaza ist perfekt, um sich nach den Reisestrapazen wieder auf Vordermann zu bringen. Topfpflanzen beleben diesen Ort mit seinem angenehm familiären Flair.

Pirámide Real (☎ 22-4036; piramidereal@hotmail.com; Izaga 726; EZ/DZ 9/15 US$) Den kleinen Eingang dieses Hotels muss man erst einmal finden. Die sauberen Zimmer haben warmes Wasser und Kabel-TV. Romanische Statuen in den Korridoren verbreiten einen persönlichen Stil – welchen genau lässt sich aber nicht einfach sagen.

Hostal Sican (☎ 23-7618; Izaga 356; EZ/DZ 10,50/15 US$) Viel poliertes Holz, Kunst und Schmiedeeisen verbreiten eine Illusion von Grandeur. Die Zimmer sind klein, bequem und kühl. Alle haben TV.

Essen & Ausgehen

Boom (San José 677; Gerichte 1,40–4,20 US$; ⏰ 7 Uhr-open end) Dieser brummende Laden mit Neonlicht liefert riesige peruanische Gerichte, Sandwichs, Pizzas und Kuchen.

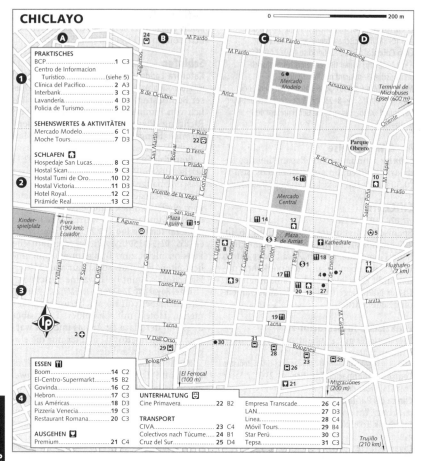

Las Américas (Aguirre 824; Hauptgerichte 1,80–5,40 US$) Das ganze Jahr über ein beliebter Ort an der südöstlichen Ecke der Plaza. Rote und weiße Separées im Retro-Stil. Der *criollo*-Fisch mit würziger Tomatensauce ist einen Versuch wert.

Restaurant Romana (Balta 512; Hauptgerichte 2,50–6 US$) Gut für eine Vielzahl lokaler Gerichte. Mutige probieren *chirimpico* zum Frühstück – dahinter verbergen sich gekochte Ziegenkutteln und Innereien, die einem entweder den Kater kurieren oder einen verursachen.

El Ferrocol (Las Américas 168; Gerichte 3–7,50 US$; 11–19 Uhr) Dieser Laden ist einen Besuch wert: Koch Lucho bereitet eines der besten *ceviche* in Chiclayo.

Hebron (Balta 605; Hauptgerichte 3–5 US$; 24 Std.) Protziges modernes zweistöckiges Restaurant. Irgendwie wirkt es wie eine *pollería* nach einer Anabolikabehandlung.

Pizzería Venecia (Balta 413; Pizzas 4–8 US$; 18.30 Uhr–open end) Zieht viele Einheimische an, die zu Latinpop-Melodien summen, während sie Essen und Bier zu sich nehmen.

El Centro Supermarket (Ecke Gonzalez & Aguirre; 8–22 Uhr) Für Selbstversorger.

Premium (Balta 100; 21 Uhr–open end) Gut für ein paar Drinks und Boogie inmitten einer ausgelassenen Menge.

Unterhaltung

Cine Primavera (☎ 20-7471; Gonzales 1235) Hollywoodfilme auf fünf Leinwänden.

www.lonelyplanet.de   NORDKÜSTE •• Rund um Chiclayo **1039**

An- & Weiterreise
BUS & COLECTIVO
Viele Busgesellschaften haben Büros an der Bolognesi, u. a. auch **Cruz del Sur** (☎ 22-5508; Bolognesi 888), **Linea** (☎ 23-3497; Bolognesi 638) und **Móvil Tours** (☎ 27-1940; Bolognesi 199). Langstreckenbusse gibt's nach Lima (12–24 US$, 10 Std.), Jáen (4,50–6,90 US$, 6 Std.), Tumbes (6 US$, 8 Std.), Trujillo (3,60 US$, 3 Std.), Piura (3,60 US$, 2 Std.), Cajamarca (4,50–9 US$, 6 Std.), Chachapoyas (12 US$, 10½ Std.), Tarapoto (12–21 US$, 13 Std.) und zu andern Orten.

Vom Minibusterminal an der Kreuzung von San José und Lora y Lora fahren regelmäßig Busse nach Lambayeque (0,50 US$, 20 Min.) und Pimentel (0,50 US$, 25 Min.). Busse nach Sipán (0,80 US$, 1 Std.) und Ferreñafe (0,50 US$, 30 Min.) starten am Terminal de Microbuses Epsel, an der Piérola bei der Oriente nordöstlich des Zentrums.

FLUGZEUG
Der **Flughafen** (CIX; ☎ 23-3192) liegt 2 km südöstlich der Stadt (Taxi 0,60 US$). **LAN** (☎ 27-4875; Izaga 770) bietet täglich Flüge nach Lima und Piura. **Star Perú** (☎ 27-1173; Bolognesi 316) fliegt zweimal am Tag nach Lima und einmal nach Trujillo.

RUND UM CHICLAYO
Für alle im Folgenden genannten Anlagen können für 4,50–6 US$ Führer organisiert werden. Geführte Touren von Chiclayo aus kosten mit Transport 15–20 US$.

Lambayeque
Der Stolz des nördlichen Peru, das **Museo Tumbas Reales De Sipán** (☎ 28-3977/8; Eintritt 2,30 US$; ☉ Di–So 9–18 Uhr, letzter Einlass 17 Uhr), ist eine Museum auf Weltniveau, das die unglaublichen Funde der Königlichen Gräber von Sipán zeigt, darunter auch das des Herren von Sipán selbst. Die Beschilderung ist nur auf Spanisch. Ebenfalls in Lambayeque befindet sich das ältere **Bruning Museum** (☎ 28-2110; Erw./Student 2,30/0,90 US$; ☉ 9–17 Uhr), das Artefakte der Chimu-, Moche-, Chavín- und Vicus-Kultur zeigt.

Sipán
Die Geschichte dieser **Anlage** (Huaca Rayada; ☎ 80-0048; Erw./Student 2,30/0,90 US$; ☉ 9–17 Uhr) 30 km südöstlich von Chiclayo ist aufregend: Ein vergrabener Schatz, *huaqueros*, ein Schwarzmarkt, die Polizei, Archäologen und zumindest ein Mord spielen dabei eine Rolle. Hunderte von unschätzbaren Artefakten sind 1987 wiederentdeckt worden, vor allem aber eine mit Gold bedeckte königliche Moche-Grabstätte – die des Herren von Sipán. In der Anlage hier ist nur noch eine Replik zu sehen, die spektakulärsten Funde aber liegen in den Museen von Lambayeque (s. oben).

Ferreñafe
Etwa 18 km nordöstlich von Chiclayo findet sich das **Museo Nacional Sicán** (☎ 074-28-6469; http://sican.perucultural.org.pe; Erw./Student 2,30/0,90 US$; ☉ Di–So 9–17 Uhr). Es zeigt Re-

---

EINREISE NACH ECUADOR

Seit Peru 1998 mit Ecuador einen Friedensvertrag unterzeichnet hat, kann man den abgelegen Grenzposten La Balsa passieren. Der erste bequeme Halt in Ecuador ist das hübsche Dorf Vilcabamba (S. 687).

Von Chiclayo haben **Linea** (☎ 074-23-3497; Bolognesi 638), **Civa** (☎ 074-22-3434; Bolognesi 714), **Empresa Transcade** (☎ 074-23-2552; Balta 110) und der Minibusterminal hinter **Tepsa** (Bolognesi 504) Busse nach **Jaén** (4,50–6,90 US$, 6 Std.), wo es ein paar Banken und Hotels gibt. Von Jaén fahren *colectivos* (3,60 US$, 2½ Std.) über eine gute Straße ins 107 km entfernte **San Ignacio** mit einem einfachen Hotel und ein paar Lokalen. Dort kann man in einen anderen *colectivo* steigen und die unbequeme Straße nach La Balsa (3,60 US$, 2½ Std.) am Río Blanco nehmen, der Peru von Ecuador trennt. Es gab hier mal eine Fähre, aber heute verbindet eine internationale Brücke die beiden Länder.

Die Grenzformalitäten sind unkompliziert, auch wenn die Einreisebeamten selten Gringos zu sehen bekommen. Auf der ecuadorianischen Seite warten *rancheras* (Lastwagen mit Reihen von Holzsitzen) für eine unbequeme 10 km lange Fahrt nach Zumba, wo dann Busse nach Vilcabamba (4 US$, 3 Std.) fahren. Wenn man Jaén im Morgengrauen verlässt, kann man Vilcabamba noch am selben Tag erreichen.

Zur Einreise nach Peru von Ecuador s. S. 689.

pliken von einigen der größten Gräber, die je in Südamerika gefunden wurden. Interessanterweise wurde der Herr von Sicán verkehrt herum in einer embryonalen Stellung begraben – mit abgeschnittenem Kopf und einem komplizierten Sicherheitssystem, um *huaqueros* abzuschrecken: ein roter Staub, der giftig ist, wenn man ihn einatmet.

Túcume

Diese wenig bekannte **Stätte** (☎ 074-80-0052; Erw./Student 2,30/0,90 US$; 🕑 Di–Sa 9–16.30 Uhr) kann man von einem spektakulären *mirador* auf einem Felsen etwa 30 km nördlich von Lambayeque an der Panamericana betrachten. Es lohnt sich, dort hinaufzusteigen, um den riesigen Komplex von zerbröckelnden Wänden, Plazas und über zwei Dutzend Pyramiden zu sehen. Busse von der Angamos bei der Pardo in Chiclayo (0,50 US$, 1 Std.) oder vom Bruning Museum in Lambayeque bringen einen in die Nähe der Anlage.

PIURA

☎ 073 / 328 600 Ew.

Wer vom Süden kommend die gnadenlose Sechura-Wüste durchquert hat, wird Perus älteste Kolonialstadt wie eine Fata Morgana am Horizont empfinden. Piura ist ein Verkehrsknotenpunkt, da kann es passieren, dass man in dieser sonnenverwöhnten Stadt einige Zeit verbringt. Die Straßen mit Pflastersteinen und vielen Häusern voller Charakter können aber nichts daran ändern, dass es hier wenig zu tun gibt.

Praktische Informationen

Das Postamt und Banken mit Geldautomaten für alle gängigen Karten finden sich an der Plaza de Armas. An der Kreuzung der Ica/Arequipa gibt's *casas de cambio*.
Akasa (Tacna 630; 🕑 8–22 Uhr) Klimatisiertes Internetcafé.
Centro de Promoción Turistico (☎ 31-0772; www.munipiura.gob.pe; Ayacucho 377; 🕑 Mo–Fr 8–19, Sa 9–19, So bis 12 Uhr) Touristeninformation.
Clínica San Miguel (☎ 30-9300; Los Cocos 111; 🕑 24 Std.) Für medizinische Betreuung.

Sehenswertes & Aktivitäten

Das **Museo de Oro Vicus** (Museo Municipal; Huánuco 893; Eintritt 0,90 US$; 🕑 Di–So 9–17 Uhr) ist ein im Keller untergebrachtes Goldmuseum, das u. a. ei-

nen Gürtel zeigt, der einen Katzenkopf in Lebensgröße aus Gold als Verschluss hat.

Etwa 12 km südwestlich von Piura liegt das staubige Dorf Catacaos, das behauptet, den besten **Kunsthandwerksmarkt** (🕑 10–16 Uhr) im nördlichen Peru zu haben. Er zieht sich in der Nähe der Plaza über mehrere Blocks. Hier kann man Gewebe, Gold- und Silberschmuck, Keramik, Holzschnitzereien, Lederwaren und einiges mehr erstehen. Handeln ist üblich, an den Wochenenden ist am meisten los.

Schlafen

Hospedaje Aruba (☎ 30-3067; Junín 851; EZ/DZ ohne Bad 4,50/6 US$) Alles ist weiß und hell, die spartanischen Zimmer sind den 08/15-Absteigen vorzuziehen.

Hostal Moon Night (☎ 333-6174; Junín 899; EZ/DZ 9/10,50 US$, ohne Bad 4,50/6 US$) Fünf schmale Stockwerke mit einfachen Unterkünften, die mit Holzimitat, heißem Wasser und Kabel-TV ausgestattet sind. Für Aussicht auf die Stadt empfehlen sich die oberen Zimmer – sie sind außerdem ruhiger.

Hospedaje San Carlos (☎ 20-1059; Ayacucho 627; EZ/DZ 7,50/10,50 US$) Das um eine Nasenlänge günstigste aller Budgethotels; makellose, aufgeräumte Zimmer mit TV.

Los Jardines (☎ 32-6590; Los Cocos 436; EZ/DZ 9/13,50 US$) In einer hübsche Wohngegend mit sehr großen Zimmern mit TV. Das Haus ist in Familienbesitz, hat einen Garten und Gelegenheit zum Wäsche waschen.

Hotel Peru (☎ 33-3421; Arequipa 476; EZ/DZ 11,70/17,40 US$, DZ mit Klimaanlage 24,40 US$; 🖥) Das Hotel ist seinen Preis in Soles wert, hat eine Bambus-Lounge, ein elegantes Restaurant mit unpassenden goldenen Installationen und geräumige Zimmer mit warmem Wasser und TV.

Algarrobo Inn (☎ 30-7450; Los Cocos 389; EZ/DZ 13,50/15 US$, Zi. mit Klimaanlage 24 US$, Frühstück inkl.; 🖥 🗖) In einer von einer Mauer umgebenen Anlage mit Gras und Schatten. Die Zimmer sind so lala, dafür ist der Zutritt zum Swimmingpool des Club Grau nebenan im Preis inbegriffen.

Essen & Ausgehen

Das in der Nähe gelegene Catacaos hat Dutzende von *picanterías*, in denen man mittags die lokalen Spezialitäten probieren kann: etwa den *seco de chabelo* (Rindereintopf mit Kochbananen), den *seco de cabrito*

PIURA

(geschmorte Ziege), *tamales verdes* (Knödel aus grünem Mais) oder *copus* (in Essig gebeizter Ziegenkopf mit Gemüse geschmort).

Heladería El Chalan (Portionen 1,50–3 US$) Grau (Grau 173); Grau-Denkmal (Grau 453); Tacna (Tacna 520) Dieser Fast-food-Laden serviert frische Säfte und ein Dutzend coole Eissorten.

Ganimedes (Lima 440; menú 1,50 US$ Hauptgerichte 2–3 US$; Mo–Sa 7–22; So 11–21 Uhr) Dieser Hippietreff ist ein Magnet für nach Patschuli duftende Dreadlocks und bleibt streng seinem vegetarischen Gelübde treu.

Snack Bar Romano (Ayacucho 580; menú 1,70 US$, Hauptgerichte 2,10–5,70 US$; Mo–Sa 7–22 Uhr) Beliebt bei den Einheimischen und schon so lange am Ort wie seine Kellner. Gutes *ceviche* und andere peruanische Spezialitäten.

Matteos (Tacna 532; Gerichte 2,40–3,60 US$; 7–22 Uhr) An der Plaza de Armas; serviert erstaunliche fleischlose Versionen peruanischer Gerichte, außerdem Salate und große Portionen an Früchten und Joghurt.

Capuccino (Libertad 1048; Sandwichs 2,40–3,60 US$; 10–14 & 17–23 Uhr) Ausgezeichneter Ort für Kaffee, Desserts, eisgekühlte Fruchtsäfte und große Sandwichs.

Peru a la Carta (Tacna 786; Gerichte 3,50–5,40 US$; 8.30–22 Uhr) Etwas feineres peruanisches Restaurant in einem höhlenartigen Gebäude mit künstlerischem Einschlag.

Unterhaltung

Cine Planet (30-3714; Huancavelica 537) Zeigt Hollywoodfilme in einem Saal mit segensreicher Klimaanlage.

Art Rock Café (Apurímac 343; Do–Sa 6–open end) Eine modische, mit Holz verkleidete Kneipe mit Livemusik, Pool-Tischen und Tischfußball.

Queens (Ecke Guardia Civil & Cayeta; Eintritt 4,50 US$; Do–So 21–open end) Wer sich durchschütteln will, sollte ab nach Queens – nicht in New York, sondern im Osten der Stadt.

An- & Weiterreise

BUS

Busse nach Lima (15–38 US$, 12–16 Std.) mit **Cruz del Sur** (33-7094; Bolognesi bei der Lima), **Tepsa** (073-30-6345; Loreto 1198), Linea und Ittsa.

In andere Richtungen:

El Dorado (☎ 32-5875; S Cerro 1119) Nach Tumbes (4,50 US$, 5 Std.).

El Sol Peruano (☎ 41-8143; S Cerro 1112) Nach Tarapoto (4,50 US$, 18 Std.).

Eppo (☎ 30-4543; Cerro 1141) Nach Máncora (3,60 US$, 3½ Std., stündl.).

Ittsa (☎ 33-3982; Cerro 1142) Nach Trujillo (3,30 US$), Chimbote (7,20 US$ 7 Std.) und mit dem *bus-cama* nach Lima.

Linea (☎ 32-7821; Cerro 1215) Stündlich nach Chiclayo (3,60 US$, 3 Std.) und zweimal täglich nach Cajamarca (11–14,50 US$, 10 Std.).

Transportes Chiclayo (☎ 30-8455; S Cerro 1121) Stündlich nach Chiclayo (3,60 US$, 3 Std.), täglich nach Tumbes (4,50 US$, 5 Std.).

Wer nach Cajamarca und in die nördlichen Anden will, steigt am besten in Chiclayo um (S. 1039).

Combis nach Catacaos (0,30 US$, 15 Min.) fahren an Piuras Terminal Terrestre am 1200er-Block der Cerro los.

FLUGZEUG

Der **Flughafen** (PIU; ☎ 34-4505) liegt 2 km süd-östlich vom Zentrum. **LAN** (☎ 30-2145; Grau 140) hat tägliche Flüge nach/von Lima und Chic-

layo, ebenso **Aero Condor Perú** (☎ 31-3668; Libertad 777).

MÁNCORA
☎ 073 / 10 000 Ew.

Dank ganzjährigen Sonnenscheins ist dieser Strandort vielleicht Perus am schlechtesten gehüteter Geheimtipp. Im Sommer drängen sich hier die Surfer und andere Ausländer braun gebrannte Schulter an braun gebrannte Schulter mit den hochnäsigen Vertretern des peruanischen Jetsets. Von Dezember bis März wird die Szene immer wilder und die Preise für die Unterkünfte schnellen hoch.

Praktische Informationen

Die Website www.vivamancora.com hat nützliche Touristeninformationen. Es gibt keine Bank, aber Geldautomaten für Visa/ MasterCard. US-Dollars wechselt man bei der **Banco de la Nación** (☎ 25-8193; Piura 625). **Marlon** (☎ 073-25-2437; Piura 520) verkauft Telefonkarten und hat internationalen Internetzugang.

Aktivitäten

Das ganze Jahr über ist **Surfsaison,** die besten Wellen aber gibt's von November bis Fe-

---

ZU DEN SCHAMANEN

Ein Trip für Unerschrockene: Tief in den östlichen Bergen liegt Huancabamba, in dessen Nähe an den Seen von Huaringas mächtige *brujos* (Hexenmeister) und *curanderos* (Wunderheiler) leben. Die Stadt selbst ist von Bergen umgeben und in Nebel eingehüllt. Weil die erodierenden Ufer des Río Huancabamba instabil sind, gerät der Ort immer wieder in Gefahr, abzurutschen. Deshalb hat die Stadt den Spitznamen *la ciudad que camina* bekommen – „die Stadt, die geht". Geheimnisvoll!

Peruaner aus allen Schichten kommen hierher, um die Schamanen im Seengebiet zu besuchen. Sie bezahlen oft beträchtliche Summe für diverse mystische Dienstleistungen. Schamanen können angeblich eine endlose Liste von Leiden heilen, von Kopfweh bis Krebs und chronisches Pech, und sie sind besonders bei Herzensdingen sehr beliebt – egal ob es verlorene, gefundene, ersehnte oder verschmähte Liebe ist.

Die Zeremonien können eine ganze Nacht lang dauern und auch halluzinogene Pflanzen wie den San-Pedro-Kaktus mit einbeziehen, außerdem Gesang, Tanz und das Eintauchen ins eiskalte Seewasser. Für einige Zeremonien werden auch noch mächtigere Substanzen verwendet, z. B. *ayahuasca* (Quechua für „Wein der Seele"), eine kräftige und scheußliche Mischung von Urwaldweinen. Häufig müssen sich die „Patienten" übergeben.

Huancabamba liegt zehn Busstunden von Piura entfernt. *Combis* (6 US$) fahren vor dem Morgengrauen nach Salala, wo man Pferde und Mulis organisieren kann, um die berühmten Seen zu erreichen. Viele Einheimische (aber wenige Gringos) besuchen die Gegend, es ist also nicht schwierig, Führer zu finden. Vorsicht vor Betrügern – man sollte vorher nach einer Empfehlung fragen. 60 US$ wird man für einen Besuch bei einem Schamanen los. Die Schamanentradition wird sehr ernst genommen, und Leute, die sich darüber lustig machen oder skeptisch sind, sollten sich auf feindliche Reaktionen gefasst machen.

EINREISE NACH ECUADOR

Die Strecke über La Tina/Macará nach Loja in Ecuador ist malerischer, aber weniger üblich als die über Tumbes (S. 1044).

Busse und *combis* nach Sullana (0,60 US$, 45 Min.) fahren am Piuras Terminal El Castillo östlich der Fußgängerbrücke von San Miguel ab. Von Sullana erreicht man die Grenzstation La Tina mit *colectivos* (4,50 US$, 2 Std.), die den ganzen Tag über verkehren. **Transportes Loja** (☎ 074-30-9407; S Cerro 228) hat ein paar bequeme, tägliche Busse, die direkt von Piura nach Macará (3,60 US$, 4 Std.) und weiter nach Loja (8,40 US$, 8 Std.) fahren

Die Formalitäten an der durchgehend geöffneten Grenze an der internationalen Brücke über den Río Calvas sind recht locker. Es gibt keine Banken, aber Geldwechsler an der Grenze und in Macará tauschen Bargeld um. Taxis und *colectivos* bringen Reisende, die nach Ecuador kommen, bis nach Macará (3 km), wo man an der Plaza im 2. Stock der Municipalidad das ecuadorianische Einreisebüro findet – hier gibt's den Einreisestempel. Wer mit dem internationalen Bus von Transportes Loja reist, muss während der Abwicklung der Formalitäten nicht aussteigen.

Zur Einreise nach Peru von Ecuador s. S. 686.

---

bruar. Surfboards kann man am südlichen Ende des Strands mieten. **Soledad** (☎ 929-1356; Piura 316) erteilt Surfunterricht. Einige der Budgethotels bieten ebenfalls Stunden im Surfen und Kitesurfen.

Wer noch weitere verlassene Strände erforschen will, kann bei **Máncora Rent** (☎ 25-8351; Hospedaje Las Terrazas, Piura 496) Motorräder und kleinere Quads (5,50/20 US$ pro Std.) sowie Jet-skis (30 US$/30 Min.) leihen. Als mitdenkende Transportmittel für die Strände von Máncoras gibt's auch Pferde (6 US$/Std.).

Etwa 11 km östlich der Stadt gibt's ein paar sprudelnde heiße **heiße Quellen** (Eintritt 0,060 US$), die angeblich heilende Kräfte besitzen; dazu gibt's puderig feinen Schlamm, ideal für Gesichtspackungen. Hin geht's mit einem *mototaxi* (9 US$, Wartezeit inkl.). Alternativ kann man auch einen Pickup leihen, mit dem man das Fernandez-Tal weiter hoch fährt, und zwar an den Schlammbädern vorbei bis zum Ende der Straße. Von hier führt ein zweistündiger Spaziergang zu den Pools von Los Pilares führt, in denen man auch schwimmen kann.

Schlafen & Essen

Billige Unterkünfte findet man vor allem im Zentrum und am südlichen Ende des Strands. Wer Fisch und Meeresfrüchte mag, wird glücklich – viel mehr gibt's dort nicht.

HI La Posada (☎ 25-8328; km 1164 Panamericana; Stellplatz 1,50 US$/Pers., B 4,50 US$, EZ ohne Bad 7,50 US$, DZ 35 US$) Sichere Unterkunft; mit Garten, Hängematten, einfacher Küche und Restaurant auf Stelzen.

Laguna Camp (☎ 01-9401-5628; www.vivamancora. com/lagunacamp; Zi/Pers. 6 US$) Geruhsam mit indonesischen Bambusbungalows zwischen einer Lagune und dem Ozean.

Del Wawa (☎ 25-8427; www.delwawa.com; EZ/DZ 15/30 US$) Mekka für Surfer. Schöne Anlage gleich am Strand; Lehmziegelzimmer mit Blick aufs Meer.

Green Eggs & Ham (Piura 112; Gerichte 3 US$; ☻ 7.30–13 Uhr) Kleine Hütte am Strand für tolles Frühstück.

El Faro Lounge (Piura 233; Gerichte 1,80–6 US$; ☻ 18–23 Uhr) Gute Speisekarte mit gastronomischen Leckereien von gegrilltem Fisch und Fleisch bis zu Wontons.

Punto Pollo (Piura 609; Gerichte ab 2,10 US; ☻ 18–24 Uhr) Ist Kritiken zufolge die beste *pollería* der Stadt – und das glauben wir einfach mal.

Jugería Mi Janett (Piura 250; Säfte 0,30–0,90 US$; ☻ 7–14.30 & 17.30–22 Uhr) Auch sehr beliebt.

An- & Weiterreise

Die meisten Busse, die an der Küste nach Süden Richtung Lima fahren, starten in Tumbes (S. 1045). *Combis* nach Tumbes (1,80 US$, 2 Std.) fahren häufig Máncoras Hauptstraße entlang.

TUMBES

☎ 072 / 128 500 Ew.

Im von Moskitos geplagten Tumbes nahe der ecuadorianischen Grenze wechselt die Szenerie wundersamerweise von trockener Wüste zu Mangroven. In alle Richtungen gibt's ökologische Reservate. Kein schlechter Ort, um eine Pause zu machen und Atem zu holen.

EINREISE NACH ECUADOR

Die peruanische Grenzstadt Aguas Verdes ist durch eine Brücke über den Río Zarumilla mit der ecuadorianischen Grenzstadt Huaquillas verbunden. Zwielichtige Vorgänge haben diesem Ort den anrüchigen Titel „schlimmster Grenzübergang Südamerikas" eingebracht.

Den besten Wechselkurs bekommt man, wenn man die Nuevos Soles noch in Peru in US-Dollar tauscht. Es gibt keine Einreisegebühren nach Ecuador, man sollte also allen Grenzbeamten gegenüber, die ihr Glück versuchen, höflich, aber bestimmt auftreten.

Von Tumbes fahren *colectivos* (0,90 US$, 25 Min.) und Minibusse (0,50 US$, 40 Min.) von der Kreuzung Abad Puell/Tumbes zur Grenze, die 26 km entfernt ist. Am besten nimmt man dann den direkten Bus mit **Cifa** (☎ 072-52-7120; Tumbes 572) nach Machala in Ecuador (2 US$, 2 Std.) oder Guayaquil (5 US$, 5 Std.). Er fährt alle zwei Stunden.

Die peruanische Einreisestelle in Aguas Verdes ist rund um die Uhr geöffnet. Wer mit öffentlichen Verkehrsmitteln kommt, sollte sichergehen, dass für die Einreiseformalitäten auch gehalten wird. *Mototaxis* bringen einen dann schnell zur Grenze (0,50 US$). Etwa 3 km nördlich der Brücke befindet sich die ecuadorianische Einreisestelle, die auch immer offen hat. Von der Brücke ein Taxi (1 US$) nehmen. Es gibt einfache Hotels in Huaquillas, die meisten Traveller steigen aber gleich in einen Bus nach Machala in Ecuador.

Infos zur Einreise nach Peru von Ecuador aus gibt's auf S. 719..

Praktische Informationen

BCP (Bolívar 261) Wechselt Reiseschecks und hat Geldautomaten.

Clinica Feijoo (☎ 52-5341; Mariscal Castilla 305) Empfohlen.

Ecuadorianisches Konsulat (☎ 52-5949; Bolívar 129, 3. Stock) An der Plaza de Armas.

Ministerio de Turismo (☎ 52-3699; Bolognesi 194, 2. Stock; ☽ Mo–Fr 7.30–13 & 14–16.30).

Plaz@Net (Bolivar 161; ☽ 8–23 Uhr) Internet.

Serpost (San Martín 208) Südlich der Plaza Bolognesi.

Geführte Touren

Touren (10–30 US$) zu den nahe gelegenen Stränden, ökologischen Reservaten etc. bieten:

Cocodrilos Tours (☎ 52-4133; Huáscar 309)

Preference Tours (☎ 52-4757; Grau 427).

Schlafen

Die meisten Zimmer haben Ventilatoren, was Moskitos abschreckt. Wegen des Grenzverkehrs sind die Hotels oft voll und Einzelzimmer schwer zu finden. Mit häufigem Stromausfall und Wasserknappheit ist zu rechnen. Viele Häuser haben nur kaltes Wasser.

Hospedaje Chicho (☎ 52-2282; Tumbes 327; EZ/DZ 7,50/10,50 US$) Saubere und zentral gelegene Unterkunft mit heißen Duschen, Kabel-TV, Minikühlschrank, Telefon und Moskitonetz auf Wunsch.

Turismo Inversiones Cesar (☎ 52-2883; Huáscar 311; EZ/DZ 12/15 US$) Geselliger Besitzer, warme

Farbetöne und knarrende Fußböden geben diesem *hostal* einen sehr bewohnten Charme. Alle Zimmer mit TV.

Hostal Lourdes (☎ 52-2966; Mayor Bodero 118; EZ/DZ 12/18 US$) Sauber, sicher und freundlich; Restaurant im obersten Stock. Die Zimmer sind nüchtern, haben aber warmes Wasser, Ventilator, Kabel-TV und Telefon.

Hostal Roma (☎ 52-4137; hotelromatumbes@hot mail.com; Bolognesi 425; EZ/DZ 13,50/19,50 US$) Modernes Hotel in bester Plaza-Lage; bequeme Zimmer, warme Duschen, Ventilator, Telefon und Kabel-TV.

Weitere Empfehlungen:

Hospedaje Italia (☎ 52-3396; Grau 733; DZ 7,50 US$) Gut beleuchtet.

Hospedaje Tumbes (☎ 52-2203; Grau 614; EZ/DZ 5,70/8,70 US$) Ziemlich dunkel aber freundlich.

Hospedaje Amazonas (☎ 52-5266; Tumbes 317; EZ/DZ 6/9 US$) Mit TV-Lounge; geräumig.

Hospedaje Franco (☎ 52-5295; San Martín 107; EZ/DZ 7,50/10,50 US$) Ruhig.

Essen

Die Plaza hat Bars und Restaurants mit Tischen im Schatten, von denen aus man sich das Treiben rundum ansehen kann.

Restaurant Sí Señor (Bolívar 115; menú 1,50 US$; Gerichte 3–3,90 US$; ☽ 7.30–14 Uhr) Mit absurd langsam drehenden Ventilatoren, aber traditionellem peruanischem Essen.

Las Terrazas (Andres Araujo 549; Gerichte 3–5,40 US$; ☽ 9–20 Uhr) Terrassenrestaurant, das große Teller mit *ceviche* oder frischen Meeresgetier von Hummer bis Oktopus serviert. An den Wochenenden Livemusik. Am besten mit *mototaxis* (0,30 US$) zu erreichen.

Classic Restaurant (Tumbes 185; Hauptgerichte 3,30–5,50 US$; ⌚ 8–17 Uhr; ⊠) Dieses kleine ehrwürdige Lokal ist ein guter Zufluchtsort für alle, die dem sengenden Tumbes entfliehen wollen. In Gesellschaft von Kennern aus der Stadt genießt man hier bei einem ausgedehnten Mittagessen gute lokale Gerichte der Region.

An- & Weiterreise

BUS & COLECTIVO

Die meisten Busunternehmen sitzen an der Av Tumbes. Fahrkarten nach Lima (17–45 US$, 16–18 Std.) am besten im Voraus kaufen. **Cruz del Sur** (☎ 52-6200; Tumbes 319) bietet den luxuriösesten *bus-cama*-Service nach Lima. Viele Busse nach Lima halten in Piura (4,50 US$, 5 Std.), Chiclayo (6 US$, 8 Std.), Trujillo (7,50–21 US$, 10 Std.) und an anderen Orten. *Combis* nach Máncora (1,80 US$, 2 Std.) fahren am Markt ab.

FLUGZEUG

Der **Flughafen** (TBP; ☎ 52-5102) liegt 8 km nördlich der Stadt (Taxi 4,50 US$). **Aero Condor Perú** (☎ 52-4835; Grau 454) hat täglich Flüge nach/von Lima.

HUARAZ & DIE KORDILLEREN

Huaraz ist das Epizentrum eines der besten Wander-, Kletter- und Mountainbikegebiete Südamerikas. In der gebirgigen Region der Cordillera Blanca und Cordillera Huayhuash häufen sich die Superlative und überwältigt einen die grandiose Schönheit der Natur. Nach dem Himalaya erhebt sich hier die höchste Gebirgskette der Welt. Die 22 stolzen Gipfel mit über 6000 m Höhe lassen einen das nie vergessen! Gletscherbedeckt überragen sie ausgedehnte jadefarbene Täler, während in den Nischen der gewaltigen Andenriesen jede Menge unberührter Seen, Eishöhlen und heißer Quellen kauern.

HUARAZ

☎ 043 / 88 300 Ew.

Die ruhelose Hauptstadt dieses andinen Königreichs der Abenteuer wurde 1970 von einem Erdbeben fast ausradiert. Heute brummen die Straßen von dem Treiben hunderter adrenalinbefeuerter Abenteurer, vor allem während der Trockenzeit (Mai–Sept.). Eine endlose Reihe von Pensionen, Restaurants und Bars sorgt für Unterhaltung, auch lange nachdem die Zelte zum Trocknen aufgestellt wurden.

Praktische Informationen

GELD

BCP (Luzuriaga 691) Visa-Geldautomat und keine Kommission bei Reiseschecks.
Interbank (José Sucre 687) Geldautomat.
Oh NaNa (Plaza de Armas) Die *casa de cambio* wechselt US-Dollars und Euros.

INTERNETZUGANG

Cybercafés drängen sich um die Plaza Ginebra und den entsprechenden Block der Luzuriaga.

MEDIZINISCHE VERSORGUNG

Clínica San Pablo (☎ 72-8811; Huaylas 172; ⌚ 24 Std.) Im Norden der Stadt.
Farmacia Recuay (☎ 72-1391; Luzuriaga 497) Füllt Medizinkästen wieder auf.

NOTFÄLLE

Casa de Guías (☎ 42-1811; Plaza Ginebra 28-G; ⌚ 7–11 & 17–23 Uhr) Organisiert Rettung aus den Bergen (vor dem Aufbruch eine Versicherung abschließen).
Policía de Turismo (☎ 42-1341; ⌚ Mo–Sa 8–13, Mo–Fr 17–20 Uhr) In einer Gasse an der Westseite der Plaza de Armas.

POST

Serpost (Luzuriaga 702)

TOURISTENINFORMATION

Lonely Planets *Trekking in the Central Andes* beschreibt die besten Wanderungen in den Cordilleras Blanca und Huayhuash.
iPerú (☎ 42-8812; Oficina 1, Plaza de Armas, Pasaje Atusparia; ⌚ Mo–Sa 8–18.30, So 8.30–14 Uhr)

WASCHSALONS

Mit Trocknung:
B&B/Pressmatic (José de la Mar 674)
Lavandería Dennys (José de la Mar 561)

Gefahren & Ärgernisse

Vor Kurzem gab es eine Reihe bewaffneter Überfälle auf Tagestouristen, die in der Umgebung von Huaraz unterwegs waren oder

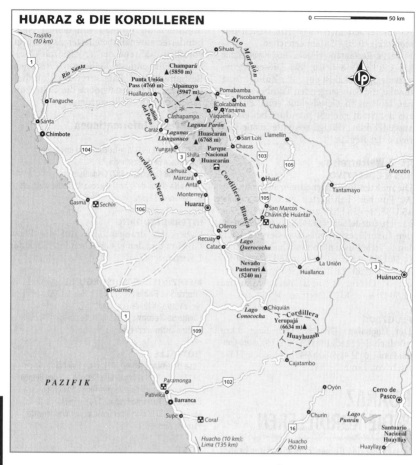

in den Bergen wanderten. Vor dem Aufbruch sollte man sich vor Ort über die aktuelle Lage erkundigen. Wer es sicherer haben will, kann eine Begleitung mieten.

Sehenswertes

Das **Museo Regional de Ancash** (Plaza de Armas; Erw./Student 1,70/1,10 US$; 8–18.30 Uhr) hat eine kleine, aber interessante Ausstellung archäologischer Exponate. Das **Monumento Nacional Wilcahuaín** (Erw./Student 1,40/0,60 US$; 8–17 Uhr) ist eine kleine, gut erhaltene Huari-Stätte mit einem dreistöckigen Tempel. Der zweistündige Spaziergang von der Stadt dorthin kann gefährlich sein – man nimmt besser ein Taxi (3 US$) oder schaut am Río Quilcay nach *combis*.

Aktivitäten

KLETTERN

In der Cordillera Blanca – vor allem bei Chancos (in der Nähe von Marcará), Monterrey und Recuay – gibt's ideale Kletterreviere. Für eine große Wand, die einen tagelang beschäftigt, fährt man am besten zum berühmten Torre de Parón (alias Sphinx) bei der Laguna Parón 32 km östlich von Caraz. Viele Agenturen, die Wanderungen organisieren, bieten auch Kletterausflüge an und verleihen Ausrüstungen. Galaxia Expeditions hat eine Kletterwand im Haus.

MOUNTAINBIKEN

Mountain Bike Adventures (42-4259; www.chakinaniperu.com; Lúcar y Torre 530, 2. Stock) ist seit über einem Jahrzehnt im Geschäft, gilt als sicher und hat eine gute Auswahl an Bikes. Der Besitzer spricht Englisch und hat sein Leben lang in Huaraz gelebt, weshalb er die Strecken der Region besser kennt als jeder andere. Die Preise beginnen bei 20 US$ pro Tag für die Ausrüstung und 30 US$ für eine geführte Tour. Wer auf eine echte Herausforderung aus ist, erkundigt sich nach den zwölftägigen Touren durch die Cordillera Blanca.

TREKKING & BERGSTEIGEN

Die besten Wanderungen gibt's in der **Cordillera Blanca** im Parque Nacional Huascarán (S. 1050) und in der Cordillera Huayhuash (S. 1053). Die gesamte Ausrüstung kann geliehen oder gekauft werden. Dazu gehören Karten, Wanderführer, Packtiere, *arrieros* (Fahrer) und lokale Führer. Für einen All-inclusive-Wander- oder Kletterausflug muss man mit etwa 30–50 US$ pro Person und Tag rechnen. Die geliehene Ausrüstung sollte man immer genau untersuchen.

Die Führer sollte man in der **Casa de Guías** (S. 1045) auf ihre Registrierung hin überprüfen. Angesehene Ausrüster sind:
Galaxia Expeditions (☎ 42-5691; Cáceres 428)
Montañero (☎ 42-6386; Parque Ginebra)
Monttrek (☎ 42-1124; monttrek@terra.com.pe; Luzuriaga 646, 2. Stock)
MountClimb (☎ 42-6060; Cáceres 421)
Skyline Adventures (☎ 964-9480; www.sladventure school.com) Außerhalb von Huaraz.

Geführte Touren

Eine Bustour führt zu den Ruinen von Chavín de Huantar, eine andere über Yungay zu den schönen Lagunas Llanganuco, wo es spektakuläre Ausblicke auf den Huascarán gibt; eine dritte Tour bringt einen durch Caraz zur schönen Laguna Parón, auf einer vierten kann man die Mineralquellen beim Nevado Pastoruri und die außerordentliche Riesenpflanze *Puya raimondii* sehen (die bis zu 100 Jahre braucht, bis sie ihre volle Höhe – oft 10 m – erreicht hat!). Tagestouren kosten 8–12 US$ ohne Eintrittsgebühren. Nicht alle Führer sprechen Englisch.

Empfohlene Agenturen:
Huaraz Chavín Tours (☎ 42-1578; Luzuriaga 502)
Pablo Tours (☎ 42-1145; Luzuriaga 501)
Sechín Tours (☎ 42-1419; www.sechintours.com; Morales 602)

Festivals & Events

Ño Carnavalón Am Aschermittwoch finden ironisch gedachte Grabprozessionen für *Ño Carnavalón* (König des Karnevals) statt.
Semana Santa (Karwoche)
El Señor de la Soledad Bei diesem Festival im frühen Mai ehrt Huaraz seinen Schutzheiligen mit Feuerwerk, Musik, Tanz, Kostümparaden und viel Trinken.
Semana de Andinismo Internationale Bergsteigerausstellungen und -wettbewerbe; im Juni.

Schlafen

Einheimische kommen zu den Bussen, um den Ankommenden Zimmer in ihren Häusern anzubieten, die *hostales* tun dasselbe. Grundsätzlich gilt: Nie zahlen, solange man das Zimmer nicht gesehen hat.

Caroline Lodging (☎ 42-6398; carolinelodging@ yahoo.com; Urb Avitentel Mz-D, Lt 1; B/Zi 3/12 US$) Jenseits des westlichen Endes der 28 de Julio ein paar Stufen hinunter. Diese angenehme Unterkunft bietet warme Duschen, Gemeinschaftsküche, TV-Lounge und Aussicht auf die Berge. Abholservice nach telefonischer Anmeldung.

Familia Meza Lodging (☎ 42-6763; Lucar y Torre 538; EZ/DZ ohne Bad 4,50/9 US$) Ein charmantes Familiengästehaus mit angenehmen Zimmern, warmen Duschen, einer kleinen Küche und Besitzern, die es schaffen, auch schlimmste Heimwehattacken zu kurieren.

Jo's Place (☎ 42-5505; www.huaraz.com/josplace; Villayzan 278; B 4,50 US$, EZ/DZ 6/10,50 US$) Ein leicht chaotischer Ort mit einer großen Grasfläche (Zelten erlaubt). Vier Stockwerke, die durch Wendeltreppen verbunden sind, bestehen aus einem Gewirr von einfachen Zimmern, manche mit Bad. Der Engländer Jo bietet britische Zeitungen und ein Frühstück mit Eiern und Speck.

Way Inn (☎ 42-8714; www.thewayinn.com; Buenaventura Mendoza 821; B 5 US$, DZ 12–15 US$) Dieses nette Gästehaus wird von einem freundlichen britischen Team namens Alex und Bruni geführt. Als Extra gibt's eine Dachterrasse. Wer will, kann die beiden auch fragen, ob man in ihrer abgelegenen Way Inn Lodge übernachten kann, einem äußerst friedlichen Ort in der Cordillera Blanca.

Alojamiento Soledad (☎ 42-1196; www.cordillera-adventure.com; Figueroa 1267; EZ/DZ 6/12 US$; 🖳) Die deutsch sprechenden Besitzer dieses gemütlichen Gästehauses bieten Büchertausch, gratis Internet, Küche und Waschmaschine, Kabel-TV und eine Dachterrasse mit einem

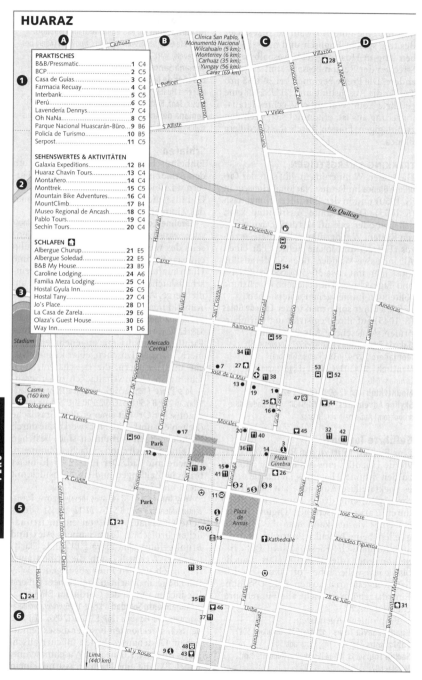

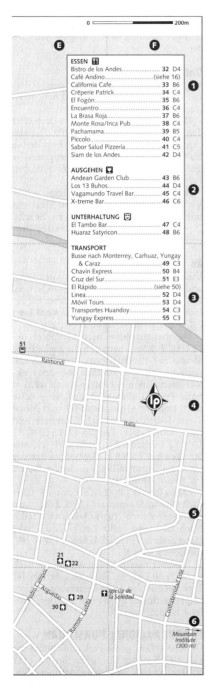

Grill. Die meisten Zimmer haben eigene heiße Duschen.

Albergue Churup (☎ 42-2584; www.churup.com; Figueroa 1257; B 6–7, EZ/DZ inkl. Frühstück 16/25 US$) Ein frisch renoviertes, sehr beliebtes Hotel mit hübschem Garten, Kaminzimmer mit Aussicht auf die Berge, Büchertausch, Cafébar, Küche und Waschmaschine. Reservierung empfohlen.

Olaza's Guest House (☎ 42-2529; info@andeanexplorer.com; Arguedas 1242; EZ/DZ 10,50/16,50 US$) Kleines tadelloses Gästehaus mit ausgezeichneten warmen Duschen, Büchertausch, Waschmaschine und wunderbarer Aussicht von der Dachterrasse – ein guter Ort fürs Frühstück (ab 2,50 US$). Wer im Vorraus reserviert, wird abgeholt.

B&B My House (☎ 42-3375; bmark@ddm.com.pe; 27 de Noviembre 773; EZ/DZ inkl. Frühstück 13,50/21 US$) Dieses gastfreundliche B&B hat einen hellen kleinen Patio und heimelige Zimmer mit warmer Dusche und Schreibtisch. Man spricht englisch und französisch.

Weitere Empfehlungen:

Hostal Gyula Inn (☎ 42-1567; www.hostalgy.on.to; Plaza Ginebra 632; EZ/DZ 6/9 US$) Liegt an einer ruhigen zentralen Plaza; warme Duschen.

Hostal Tany (☎ 42-7680; Lucar y Torre 648; EZ/DZ 6/9 US$; 🖳) Helle Zimmer mit großen Fenstern.

La Casa de Zarela (☎ 42-1694; www.lacasadezarela.com; Arguedas 1263; EZ/DZ 7,50/15 US$) Zarelas Hilfsbereitschaft ist legendär. Warme Duschen und Küchenzugang.

Essen

Café Andino (Lucar y Torre 530, 3. Stock, Frühstück den ganzen Tag 1,80–5,40 US$) Der beste Kaffeeladen der Stadt ist auch Huaraz' ultimative Adresse zum Abhängen – mit schöner Aussicht auf die Berge, guter Musik, Brettspielen und einer Bibliothek, die Karten und Reiseführer bereithält.

Pachamama (San Martín 687; Snacks & Hauptgerichte 1,80–7 US$) Dieses peruanisch-schweizerische Restaurant mit Glasdach, einer Bar und vielen Pflanzen zeigt Kunst, hat einen Pool und einen Pingpongtisch, und ein riesiges Schachbrett. An manchen Wochenenden gibt's Livemusik und Tanz (*nicht folklórico!*).

California Cafe (28 de Julio 562; Gerichte 1,90–5,40 US$; ⏱ 7.30–19 Uhr) Authentisches, von Kaliforniern geführtes Lokal mit Weltmusik; bietet Frühstück den ganzen Tag, leichte Mittagessen und Salate, gute Espresso-Drinks und Kräutertees. Es gibt Büchertausch und W-Lan-Internetzugang.

Sabor Salud Pizzería (Luzuriaga 672, 2. Stock; Hauptgerichte 2–5 US$) „Aroma und Gesundheit" ist das Motto dieser vegetarischen *pizzería*, die auch Spinatlasagne, Sojaburger, Jogurt, Fruchtsalate und mehr auf der Speisekarte stehen hat.

El Fogón (Luzuriaga 928, 2. Stock; Hauptgerichte 2,40–4,50 US$; ☺ 12–23 Uhr) Eine veredelte Version des traditionellen peruanischen Grillhauses. Hier kommt alles, was sich bewegt, auf die Flammen – Hühnchen, Forelle, tolle *anticuchos* und Kaninchen.

Encuentro (Luzuriaga 6. Block; Hauptgerichte 2,70– 5,40 US$; ☺ 9–23) Dieses beliebte Lokal bietet gut zubereitete peruanische Küche, darunter das allseits geschätzten *cuy*.

Bistro de los Andes (Morales 823; Hauptgerichte 5,50 US$; ☺ Mo 18–22, Di–So 7–22 Uhr) Nur in der Hochsaison geöffnetes elegantes französisches Restaurant mit wunderbaren Fischgerichten und phantastischen Desserts.

Mercado Ortiz (Luzuriaga at Raimondi) Ideal für Selbstversorger.

Weitere Empfehlungen:

Crêperie Patrick (Luzuriaga 422; Hauptgerichte 5 US$) Französisch beeinflusste Crêpes, morgens Dachterrasse.

La Brasa Roja (Luzuriaga 919; Hauptgerichte 3– 6,60 US$; ☺ Mo–So 12–24 Uhr) Prima *pollería*, um nach dem Wandern Proteine aufzufüllen.

Monte Rosa/Inca Pub (José de la Mar 661; Hauptgerichte 5,50–11,50 US$) Ausgezeichnete alpine Stimmung mit Schweizer Fondue und Raclette.

Piccolo (Morales 632; Hauptgerichte 3,30–7,50 US$; ☺ 7–24 Uhr) Straßencafé, *pizzería*, peruanisches und internationales Restaurant – alles in einem.

Siam de los Andes (Gamarra 560; Hauptgerichte 7,50– 11,50 US$) Wunderbares Thai-Essen (auch vegetarisch), das seinen Preis wert ist.

Ausgehen

Huaraz ist der beste Ort in den peruanischen Anden, um auszuspannen und vergnügt einen drauf zu machen.

X-treme Bar (Ecke Uribe & Luzuriaga; Dämmerung– open end) Diese klassische Kneipe hat sich in vielen Jahren nicht verändert. Bizarre Kunst, alkoholgeprägte Grafitti, starke Cocktails, lauter Rock und Blues sorgen dafür, dass es wild bleibt.

Weitere Empfehlungen

Andean Garden Club (Luzuriaga 1032; ☺ 11–18 Uhr, nur in der Hochsaison) Hier kann man wirklich die Wand hoch gehen.

Los 13 Buhos (José de la Mar 812, 2. Stock; ☺ 17 Uhr– open end) Bequeme Chill-Out-Sofas.

Vagamundo Travel Bar (Morales 753; ☺ (wechselnde Öffnungszeiten) Verfolgt ein einfaches Rezept: Fußball und Bier.

Unterhaltung

Es gibt viele Bars, Discos und *peñas* (Bars mit Folkloremusik). Namen und Beliebtheit wechseln laufend.

El Tambo Bar (José de la Mar 776; ☺ 9–16 Uhr) Der Tanzclub, den es am längsten gibt. Der elegante Club spielt alles von Technocumbia bis Pop, dazwischen zum Aufpeppen Salsa und Reggaeton. Drinks zu astronomischen Preisen.

Huaraz Satyricon (☎ 955-7343; Luzuriaga 1036) Vielleicht das perfekteste kleine Kino, mit intimen Sofas, frischem Popcorn, Snacks, Espresso und guten internationalen Programmkinofilmen.

An- & Weiterreise

Viele Busgesellschaften bieten vormittags und nachts Fahrten nach Lima (6–16,50 US$, 7–8 Std.). **Cruz del Sur** (☎ 42-8726; Bolívar 491) hat einen Nonstop-Luxus-Service. **Móvil Tours** (☎ 42-2555; Bolívar 542) ist auch bequem.

Die meisten Busse nach Chimbote (6– 12 US$, 7–9 Std.) benutzen die asphaltierte Straße zur Panamericana über Pativilca, doch die holprigen Strecken über den spektakulären Cañón del Pato oder die 4225 m hohe Punta Callán sind auch eine Reise wert. **Linea** (☎ 42-6666; Bolívar 450) und Móvil Tours fahren direkt nach Chimbote und dann weiter nach Trujillo (9–13 US$, 9– 10 Std.). Fahrten auf landschaftlich schönen Strecken gibt's auch bei **Transportes Huandoy** (☎ 42-7507; Fitzcarrald 261) und **Yungay Express** (☎ 42-4377; Raimondi 744).

Chavín Express (☎ 42-4652; Cáceres 338) fährt nach Chavín de Huántar (3 US$, 2 Std.) und dann weiter nach Huari (3,60 US$, 4 Std.). Nach Chiquián (2,40–3,60 US$, 2½ Std.) kurvt mehrmals täglich **El Rápido** (☎ 72-2887; Ecke Cáceres & Tarapaca) .

Tagsüber fahren häufig Minibusse nach Caraz (1,40 US$, 1½ Std.), los geht's an der Tankstelle an der 13 de Diciembre. Tapfere klapprige Busse fahren in viele andere Dörfer – herumfragen.

PARQUE NACIONAL HUASCARÁN

Dieser 3400 km² große Park umfasst fast das ganze Gebiet der Cordillera Blanca über 4000 m. Er ist voller smaragdgrüner Seen, bunter Hochgebirgsblumen und roter *que-nua*-Bäumen.

Der unter Backpackern beliebteste Wandertrip ist der viertägige **Santa Cruz**-Trek, der bis zum Punta-Unión-Pass (4760 m) geht und die vielleicht beste Aussicht in ganz Peru bietet. Der gut markierte Trail führt an vereisten Wasserfällen und Seen, an moosigen Wiesen und durch grüne Täler. *Colectivos* fahren von Caraz häufig zum Anfang des Pfads in Cashapampa (1,80 US$, 1½ Std.).

Es gibt auch viele andere Trails, von Tagestrips bis zu anspruchsvollen zweiwöchigen Touren. Die Landschaft ist genauso überwältigend, aber ohne Massen von Leuten. Viele Routen sind nicht deutlich markiert, also sollte man sich einen Führer organisieren oder zumindest erstklassige topografische Karten mitnehmen. **Laguna 69** ist ein schöner Übernacht-Ausflug mit herrlichen Seeblicken, mehrere Strecken führen auch durch das **Conchucos-Tal**. In Huaraz erteilt das **Mountain Institute** (☎ 043-42-3446; www.mountain.org; Ricardo Palma 100) Auskünfte über den sich entwickelnden Inca-Naani-Trail zwischen Huari und Huanuco, der Tourismusinitiativen vor Ort ankurbeln soll.

Wer in den Park will, muss sich mit seinem Pass beim **Parkbüro** in Huaraz registrieren (☎ 043-42-2086; Sal y Rosas 555) und die Eintrittsgebühr für den Park bezahlen (pro Tag/Monat 1,50/20 US$). Man kann sich auch an den Kontrollstationen anmelden und bezahlen, deren Lage und Öffnungszeiten variieren allerdings. Wer es darauf anlegt, findet wahrscheinlich auch einen Weg, sich um die Gebühr zu drücken. Doch mal ehrlich: Die Cordillera Blanca ist einer der erstaunlichsten Orte auf dem Planeten und das Geld mehr als wert!

NÖRDLICH VON HUARAZ

Wo sich der Río Santa durch El Callejón de Huaylas seinen Weg nach Norden schneidet, führt eine asphaltierte Straße an einigen geduckten Orten vorbei nach Caraz und dann weiter zu dem ebenso bedrohlich wirkenden wie beeindruckenden **Cañón del Pato**. In den Orten auf dieser Strecke beginnen viele Wanderrouten. Zwei nicht gepflasterte Straßen überqueren heroisch die Cordillera, eine über Chacas und die andere über Yungay.

Von Monterrey nach Carhuaz

6 km nördlich von Huaraz liegt **Monterrey**, bekannt für seine **heißen Quellen** (Eintritt 0,90 US$; ☼ 6–18 Uhr). Es gibt mehrere Touristenhotels und Restaurants. Man nimmt einen örtlichen Bus von Huaraz (0,30 US$, 15 Min.) oder ein Taxi (1,50 US$).

10 km weiter liegt das für seine Töpferwaren bekannte Dorf **Taricá**. Etwa 25 km nördlich von Huaraz liegt hinter einem winzigen Flugplatz der Weiler **Marcará**, von dem regelmäßig Minibusse und Lastwagen zu den heißen Quellen und Natursaunen in **Chancos** 4 km östlich starten (Eintritt 0,30–1,50 US).

Carhuaz 35 km nördlich von Huaraz hat einen farbenfrohen Sonntagsmarkt. Das wilde Festival **La Virgen de La Merced** wird Mitte September zehn Tage lang mit Prozessionen, Feuerwerk, Tanz, Stierkampf und einer Menge Alkohol gefeiert. Rudimentäre Familien-*hostales* bieten einfache saubere Zimmer mit warmen Duschen ab 4,50/6 US$ für Einzelzimmer/Doppelzimmer. Lokale gibt's um die Plaza de Armas, wo man auch Minibusse nach Huaraz (0,80 US$, 50 Min.), Yungay (0,30 US$, 30 Min.) und Caraz (1,10 US$, 45 Min.) bekommt.

Yungay
☎ 043 / 11 300 Ew.

Das mit Schotter übersäte Gebiet des alten Yungay ist der Ort einer der schlimmsten Naturkatastrophen in den Anden. Das Erdbeben von 1970 lockerte 15 Mio. m³ Granit und Eis und begrub damit fast alle 18 000 Bewohner der Stadt. Das neue Yungay ist gleich oberhalb der Lawinenschneise errichtet worden.

Hostal Gledel (☎ 39-3048; EZ/DZ 3/4,50 US$) hat über ein Dutzend süße, spartanische Zimmer, die von der geselligen Señora Gamboa vermietet werden. Mit einer Umarmung ist wenigstens zu rechnen, auch eine Kostprobe ihrer Kochkünste sollte man bei einem Aufenthalt einplanen.

Minibusse nach Huaraz (1,10 US$, 1¼ Std.) fahren über Carhuaz (0,30 US$, 30 Min.).

Lagunas Llanganuco

Eine unbefestigte Straße klettert das Tal zu zwei tollen **Seen** hoch, der Laguna Chinancocha und der Laguna Orconcocha 28 km östlich von Yungay. Diese beiden unberührten Seen schmiegen sich in ein Gletschertal unterhalb der Schneegrenze und glühen in Farben zwischen hellem Türkis und Smaragdgrün. Es gibt einen eineinhalbstündigen Naturwanderweg um den Chinacocha herum, der an seltenen *polylepis*-Bäumen vorbeiführt. An dem See gibt's kleine Boote zu mieten – ein netter Tagesausflug. Der Eintritt in den Nationalpark kostet 1,50 US$. Während der Hochsaison (Juni–Aug.) fahren häufig Minibusse von Yungay um den See, warten zwei Stunden und fahren dann wieder zurück (5 US$). Zu anderen Zeiten fahren sie auf Nachfrage. *Colectivos* kosten 3 US$ (einfache Strecke). Man kann auch von Huaraz aus fahren (S. 1050).

Caraz

☎ 043 / 11 020 Ew.

Trekking- und Bergsteigerpfade führen von dieser bezaubernden kleinen Kolonialstadt, 67 km nördlich von Huaraz in alle Richtungen. Sie hat viele Erdbeben und Erdrutsche überlebt und ist das traditionelle Ende (oder der nicht traditionelle Start) des Santa-Cruz-Trekking-Pfads (s. S. 1051).

Man muss Bargeld mitbringen, es gibt hier keinen Geldautomaten. **Dan Clau** (Sucre 1122) an der Plaza de Armas hat einen Internetzugang.

Pony's Expeditions (☎ 79-1642; www.ponyexpeditions.com; José Sucre 1266; ☻ 8–22 Uhr) und **Apu Aventura** (☎ 9683-2740; www.apuaventura.com; Albergue Los Pinos) verleihen Ausrüstungen, verkaufen Karten und organisieren Wanderungen, Reitausflüge und Klettertouren.

Albergue Los Pinos (☎ 39-1130; Parque San Martín 103; Stellplatz 3 US$/Pers., EZ/DZ 12/21 US$, mit Gemeinschaftsbad 6/12 US$; 🖳) ist eine besondere, dem CVJM angeschlossene Jugendherberge, untergebracht in einer großen Villa mit Garten, Küche und Wäscherei. Das kleine und einfache **Alojamiento Caballero** (☎ 043-39-1637; Villar 485; EZ/DZ ohne Bad 3/9 US$) ist ein freundlicher Familienbetrieb mit schöner Aussicht. Das **Hostal La Casona** (☎ 39-1334; Raimondi 319; EZ/DZ 4,50/6 US$, ohne Bad 3/4,50 US$) hat fensterlose Zimmer, aber einen schönen Patio. Das **Hostal Chavín** (☎ 043-79-1171; hostalchavin@latinmail.com; San Martín 1135; EZ/DZ 7,50/10,50 US$) hat einen kenntnisreichen Besitzer und einfache Zimmer mit TV und heißer Dusche. Frühstück erhältlich.

Ein schöner Ort für ein frühes Frühstück ist die nette kleine **Cafeteria El Turista** (San Martín

1127; Frühstück 1,40–2,10 US$; ☻ 7–12 & 17–20 Uhr), die One-Woman-Show der überschwenglichen Maria. Das Café ist voller Nippes, der auch verkauft wird. Ein kleiner Spaziergang ins Stadtzentrum und man ist in **La Punta Grande** (Daniel Villar 595; Gerichte 1,50–3,30 US$; ☻ 7–19 Uhr). Der Laden hat Stadiongröße und ist der richtige Ort für ein Hochlandfrühstück. Es gibt eine geradezu enzyklopädische Speisekarte mit Gerichten wie *cuy* (Meerschweinchen). **Café de Rat** (über Pony's Expeditions; Gerichte 1,80–4,50 US$; Pizzas 6,30–8,40 US$; ☻ Mo–Sa 7–23 Uhr) ist ein Restaurant mit Atmosphäre und hölzernen Balken sowie Büchertausch, Darts, einem Kamin und einer Bar. Buffetfrühstück.

Minibusse nach Yungay (0,40 US$, 15 Min.) und Huaraz (1,40 US$, 1½ Std.) fahren vom Bahnhof an der Carretera Central. *Colectivos* nach Cashapampa (1,80 US$, 1½ Std.) fahren von der Ramón Castilla bei der Santa Cruz. Langstreckenbusse nach Lima (6–9 US$, 10–12 Std.) und Trujillo (13,50 US$, 12 Std.) gibt's bei **Móvil Tours** (☎ 39-1922, Ecke Cordova & Santa Rosa) und anderen.

CHAVÍN DE HUÁNTAR

☎ 043 / 2900 Ew.

In der Nähe dieses kleinen Dorfs liegen die Ruinen von **Chavín** (Erw./Student 3,30/1,70 US$; ☻ 8–17 Uhr), das zwischen 1200 und 800 v. Chr. von einer der ältesten Kulturen des Kontinents erbaut wurde. Die Anlage enthält sehr stilisierte kultische Steingravuren eines Jaguars oder Pumas, der Hauptgottheit von Chavín, außerdem von Kondoren, Schlangen und Menschen, die mystischen (oft auch halluzinogenen) Transformationen ausgesetzt waren. Die komplizierten unterirdischen Tunnel der Anlage sind eine außerordentliche Leistung 3000 Jahre alter Ingenieurkunst, sie bilden einen Irrgarten von Gassen, Kanälen, und Kammern – es lohnt sich, einen Führer zu mieten. Besonders beeindruckend: ein fein bearbeiteter, dolchartiger Felsen, der als der Lanzón de Chavín bekannt ist.

Mit Erlaubnis der Wächter bei den Ruinen darf gecampt werden. Der Ruf des sicheren und beliebten **Hostal Inca** (☎ 45-4092; Plaza de Armas; EZ/DZ 7,50/15 US$) ist ebenso verlässlich wie seine warme Duschen, obendrein hat es auch sehr ansehnliche Zimmer. **La Casona** (☎ 45-9004; Plaza de Armas 130; EZ/DZ 7,50/15 US$) ist ein altes Haus mit nur gelegentlich warmem Wasser, aber einem schönen Hof. Einige Zimmer haben TV oder Balkon. Das **Hotel Chavín** (☎ 45-4055; Inca Roca 141; EZ/DZ 9/15 US$) hat moderne Zimmer mit warmem Wasser und TV. Um die Ecke ist der billigere Partner, das einfachere Hostal Chavín.

Die Restaurants schließen bei Sonnenuntergang; die meisten sind an der 17 de Enero oder in den Hotels. **Chávin Express**-Busse gehen nach Huaraz (3 US$, 2 Std.). Für Touren s. S. 1047.

CORDILLERA HUAYHUASH

Die Cordillera Huayhuash spielt oft die zweite Geige nach der Cordillera Blanca, hat aber eine ebenso beeindruckende Mischung aus Gletschern, Gipfeln und Seen – und das alles in einer Gegend, die nur 30 km breit ist. Immer mehr Traveller entdecken dieses zerklüftete und abgelegene Gebiet, wo anstrengende, über 4500 m hohe Pässe auch dem verwegensten Wanderer den Fehdehandschuh hinwerfen. Das Gefühl absoluter Wildnis – vor allem am noch gänzlich unberührten östlichen Rand – übt eine große Anziehungskraft aus. Hier sieht man eher einen Andenkondor als eine andere Gruppe von Wanderern.

Mehrere Gemeinden auf der klassischen zehntägigen Tour verlangen eine Gebühr von 3–4 US$. Diese Gelder werden für weitere Erhaltungsarbeiten und die Verbesserung der Sicherheit für Wanderer verwendet. Man sollte diese örtlichen Bemühungen unterstützen, indem man die Gebühren zahlt, viele kleine Scheine mitbringt und um eine offizielle Quittung bittet.

Chiquián
☎ 043 / 5 000 Ew.
Dieses Dorf in großer Höhe ist das traditionelle Eingangstor zur spektakulären Cordillera Huayhuash. Man kann es ganz umgehen, wenn man die neue Straße zum Anfang des Trails bei Llamac nimmt, wo es einfache *hospedajes* und Campingplätze gibt. Sonst ist hier eine begrenzte Versorgung erhältlich.

Hotel Los Nogales (☎ 44-7121; hotel_nogales_chi quian@yahoo.com; Comercio 1301; EZ/DZ 6/12 US$; mit Gemeinschaftsbad 3/6 US$) liegt etwa drei Blocks von der Plaza entfernt. Schöne Zimmer mit warmer Dusche umgeben einen Hof im Kolonialstil. Das moderne **Gran Hotel Huayhuash** (☎ 74-7049; Figueredo Amadeo 216; EZ/DZ 6/12 US$) hat

einige Zimmer mit Kabel-TV, schöner Aussicht und warme Wasser sowie das beste Restaurant der Stadt.

Die Busse von **El Rápido** (☎ 42-2887) und **Virgen Del Carmen** (☎ 44-7003) fahren von der Plaza de Armas um 5 und um 14 Uhr nach Huaraz (2,40–3,60 US$, 2½ Std.). **Turismo Cavassa** (☎ 44-7036; Bolognesi 421) hat Busse nach Lima, die täglich um 9 Uhr fahren (6 US$, 9 Std.).

NÖRDLICHES HOCHLAND

Große Gebiete unerforschten Urwalds und nebelverhangener Bergzüge bewachen die Geheimnisse des nördlichen Hochlands von Peru, wo sich Andengipfel und Nebelwald von der Küste bis in die tiefsten Amazonas-Urwald erstrecken. Diese wilden Außenposten, in denen sich immer wieder Relikte von antiken Kriegern und Inkakönigen finden, sind bis heute nur über ein paar unbefestigte holprige Straßen verbunden.

CAJAMARCA
☎ 076 / 135 000 Ew.
Die gepflasterten Kolonialstraßen von Cajamarca sind Zeugen des Anfangs vom Ende der mächtigen Inka. Heute ist das ganze Tal von fruchtbarem Ackerland bedeckt und es wird in der Regenzeit noch üppiger. Die Hügel hier sind voll von „unsichtbarem Gold" – und damit das Objekt von schädlichen Extraktionstechniken, die eine Zerstörung der Umwelt bewirken, gegen die die *campesinos* immer wieder protestieren.

Praktische Informationen
Internetcafés gibt's überall.
BCP (Lima at Apurímac) Wechselt Reiseschecks und hat einen Visa/MasterCard-Geldautomaten.
Clínica Limatambo (☎ 36-4241; Puno 265)
Dirección de Turismo (☎ 36-2903; El Complejo de Belén; ☽ Mo–Fr 7.30–13 & 14.30–18 Uhr)
Informationsstand (Lima bei der Belén)
Interbank (2 de Mayo 546) An der Plaza de Armas; wechselt Reiseschecks und hat einen Geldautomaten.
Laundry Dandy (Puga 545) Bequem.
Serpost (Puga 668) Hinter der Iglesia de San Francisco.

Sehenswertes
Die folgenden zentral gelegenen Stätten sind offiziell täglich von 9–13 und 15–18 Uhr geöffnet. Sie haben keine Adressen.

PERU

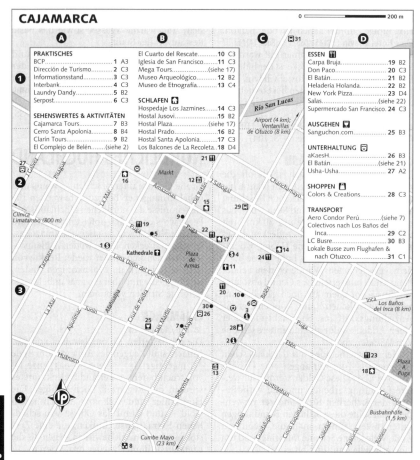

Das einzige noch stehende Inkagebäude ist **El Cuarto del Rescate** („Lösegeldzimmer"; Eintritt 1,40 US$). Trotz des Namens ist dies der Ort, an dem Francisco Pizarro den Inka Atahualpa gefangen hielt, bevor er ihn umbringen ließ (s. S. 944), und nicht der Ort, wo er das Lösegeld bunkerte. Die Eintrittskarten berechtigen auch zu einem Besuch von **El Complejo de Belén** (am selben Tag), einem ausgedehnten Komplex aus dem 17. Jh. mit einem kleinen archäologischen Museum, und dem **Museo de Etnografía** mit Ausstellungen über das traditionelle Leben im Hochland.

Einen Besuch wert ist auch das von der Universität geführte **Museo Arqueológico** (Del Batán 289; Eintritt frei; Mo–Fr 8–14.30 Uhr), das Artefakte aus der präinkaischen Cajamarca-Kultur zeigt. An der Plaza de Armas steht die **Iglesia de San Francisco** (Eintritt 0,50 US$; Mo–Fr 9–12 & 16–18 Uhr). Sie hat Katakomben und ein Museum für religiöse Kunst.

Der Hügel **Cerro Santa Apolonia** (Eintritt 0,30 US$; 9–13 & 15–17 Uhr) mit seinen Gärten und präkolumbischen Schnitzereien überblickt die Stadt. Der Weg hin führt über die Stufen am Ende der 2 de Mayo hoch.

Zu den Reisebüros gehören **Mega Tours** (35-7793; Puga 691), **Cajamarca Tours** (36-5674; 2 de Mayo 323) und **Clarín Tours** (36-6829; Del Batán 161).

Festivals & Events

Karneval (S. 1074) bedeutet neun Tage Tanzen, Essen, Singen, Feste feiern, Paraden und lautes Chaos. Die

Wasserkämpfe hier sind schlimmer (oder besser – je nach Ansicht) als irgendwo anders. Die Hotels erhöhen schon Wochen vorher die Preise und füllen sich rasch, sodass oft Hunderte von Besuchern auf der Plaza übernachten müssen.

Fronleichnam (S. 1074) Auch sehr farbenfroh.

Fiestas Patrias (S. 1074) Zu den Feiern am 28. und 29. Juli gehören manchmal auch Stierkämpfe.

Schlafen

Einige der billigen Absteigen haben nur kaltes Wasser; Alternativen gibt's immer in Los Baños del Inca (S. 1056).

Hostal Plaza (☎ 36-2058; Puga 669; EZ/DZ 7,50/10,50 US$, ohne Bad 4,50/7,50 US$) In einem farbenfrohen baufälligen Gebäude an der Plaza mit knarrenden einfachen Zimmern, einige aber haben Balkon mit Aussicht auf die Plaza.

Hostal Prado (☎ 36-6093; La Mar 582; EZ/DZ 12/21 US$, ohne Bad 6/12 US$) Dieses gut erhaltene Haus hat ein Café, TVs und den ganzen Tag warmes Wasser.

Hostal Jusovi (☎ 36-2920; Amazonas 637; EZ/DZ 9/15 US$) Die sicherlich kleinsten Zimmer der Stadt, aber perfekt sauber; manche haben Kabel-TV. Dachterrasse mit Blick auf die Kathedrale.

Hospedaje Los Jazmines (☎ 82-1812; assado@ hotmail.com; Amazonas 775; EZ/DZ 9/13,50, mit Bad 12/18 US$) Diese von Deutschen geführte *hospedaje* mit sechs Zimmern sieht vielleicht nach nicht viel aus, aber die warmen Duschen, das Café und die Tatsache, dass hier Behinderte arbeiten, machen sie empfehlenswert.

Los Balcones de La Recoleta (☎ 36-3302; Puga 1050; EZ/DZ 10,50/21 US$; ☐) Gebäude aus dem 19. Jh. mit herrschaftlich wirkenden, abgenutzten Zimmer, die um einen mit Pflanzen voll gestellten Hof angeordnet sind. Warme Duschen, Kabel- TV , bequeme Betten und ein kleines Restaurant.

Hostal Santa Apolonia (☎ 36-7207; Puga 649; EZ/DZ 15/24 US$) Das wohl beste Budgethotel an der Plaza. Die schmucken Zimmer haben gute Matratzen, Kabel-TV, rund um die Uhr warmes Wasser und Minikühlschränken.

Complejo Turístico Baños del Inca (☎ 34-8385; Bungalow/albergue 18/35 US$) Diese geräumigen Bungalows mit Minikühlschränken und Kabel-TV liegen hinter Los Baños del Inca (S. 1056) und bieten Aussicht auf den Dampf der Bäder.

Essen & Ausgehen

Heladería Holanda (Puga 657; Snacks 0,80–2 US$; ⊗ 9–19 Uhr) Ein großes helles Café, das das beste Eis Nordperus verkauft, dazu werden cremige Cappuccinos und selbst gebackenen Kuchen aufgetischt.

New York Pizza (Puga 1045; Pizzas 1,10–2,70 US$; ⊗ 16–23 Uhr) Nicht gerade authentisch im New Yorker Stil, aber lecker – wow!

Carpa Bruja (Puga 519; Sandwichs 1,50–4,20 US$, Gerichte 4,50–7,50 US$; ⊗ 12–23 Uhr) Dieses schicke, moderne Etablissement serviert Gourmetsandwichs (aus Vollkorn-Ciabatta!), internationale Gerichte, jede Menge Salat und viel leckere vegetarische Speisen.

Don Paco (Puga 726; Gerichte 2,70–5,40 US$; ⊗ 8.30–23 Uhr) Mit seinem treuen Stammpublikum von Einheimischen und hier lebenden Ausländern bietet dieser Laden für jeden etwas: großes Frühstück, peruanische Spezialitäten und vegetarische Gerichte.

Salas (Puga 637; Hauptgerichte 3,30–5,70 US$; ⊗ 7–22 Uhr) Diese Scheune an der Plaza de Armas ist beliebt seit 1947. Ein kenntnisreiches, älteres Personal in weißen Anzügen hilft einem bei der Navigation durch die ausufernde Speisekarte mit Spezialitäten wie Mais-*tamales*, gebratener Ziege und *sesos* (Rinderhirn).

El Batán (Del Batán 369; menú 4,50–9 US$, Hauptgerichte 4–6 US$ ⊗ 10–223 Uhr) Dieses Restaurant ist auch eine Kunstgalerie, eine *peña* und ein Kulturzentrum. Es serviert peruanisches und internationales Essen.

Sanguchon.com (Junín 1137; ⊗ 18 Uhr–open end) In der Bar dieses Burgerladens wird bis in die Morgenstunden gelärmt.

Supermercado San Francisco (Amazonas 780; ⊗ 7–20 Uhr) Für Selbstversorger.

Unterhaltung

aKaesH (2 de Mayo 334; ⊗ 21 Uhr–open end) „Hier ist es" lautet der Name dieser beliebten Bar frei übersetzt. Sie hat ein grelles Retro-Styling und jeden Abend Events von Filmen bis zu Livebands.

Usha-Usha (Puga 142; Eintritt 1,50 US$; ⊗ 21 Uhr–open end) Eine Spelunke voller Graffiti, die von einem exzentrischen Musiker geführt wird – mit starken Drinks und fast immer Livejazz.

El Batán (Del Batán 369; ⊗ bis 23 Uhr) Hier gibt's alles – von Andenfolklore bis afro-peruanischen Rhythmen am Wochenende.

Shoppen
Kunsthandwerk wird am Markt und auf der Belén verkauft.

Colors & Creations (☎ 34-3875; Belén 628) Eine Kooperative der lokalen Handwerker.

An- & Weiterreise
BUS
Die meisten Terminals sind am dritten Block der Atahualpa, 1,5 km südöstlich der Stadt an der Straße nach Los Baños del Inca.

Viele Gesellschaften haben Busse nach Chiclayo (4,50–9 US$, 6 Std.), Trujillo (4,50–10,50 US$, 6 Std.) und Lima (9–27 US$, 14 Std.). **Linea** (☎ 36-3956; Atahualpa 318) und **Ormeño** (☎ 36-9885; Independencia 304) haben bequeme Busse nach Lima. Luxuriöse *bus-camas* nach Lima hat **Cruz del Sur** (☎ 36-1737; Via de Evitamiento 750), mehrere Kilometer weiter im Verlauf der Straße.

Linea hat auch Busse nach Trujillo und Chiclayo. **El Cumbe** (☎ 36-3088; Atahualpa 300) fährt ein paar Mal täglich nach Chiclayo. **Turismo Diaz** (☎ 36-8289; Sucre 422) kurvt über Chota nach Chiclayo – eine wilde, landschaftlich schöne, alternative Strecke, wenn man nicht in Eile ist.

Ein paar Gesellschaften fahren Celendín an (3 US$, 5 Std.). Jenseits von Celendín ist der Transport nach Chachapoyas unzuverlässig, die Straße ist schlecht, aber auch sehr schön. Es ist leichter, Chachapoyas von Chiclayo her anzufahren (s. S. 1039).

FLUGZEUG
Der **Flughafen** (CJA; ☎ 36-2523) liegt 4 km nördlich der Stadt. Lokale Busse nach Otuzco fahren 500 m nördlich der Plaza ab, am Flughafen vorbei (0,20 US$); Taxis sind schneller (1,50 US$). **Aero Condor Perú** (☎ 36-2814/5674; 2 de Mayo 323) und **LC Busre** (☎ 36-1098; Lima 1024) haben tägliche Flüge nach/von Lima.

RUND UM CAJAMARCA
Los Baños del Inca
Vor seiner schicksalhaften Begegnung mit Pizarro lagerte Atahualpa bei diesen natürlichen **heißen Quellen** (Eintritt 0,60 US$, private Bäder 0,90–1,50 US$/Std., Sauna oder Massage 3 US$; ☽ 4.30–20 Uhr), 6 km östlich von Cajamarca. Man sollte möglichst früh hierher kommen, bevor die Massen eintreffen. *Colectivos* nach Los Baños del Inca fahren regelmäßig von der Sabogal ab, in der Nähe der 2 de Mayo (0,20 US$).

Cumbe Mayo
Ein erstaunliches, aber auch mysteriöses Meisterstück der präinkanischen Baumeister waren diese **Aquädukte**, die mehrere Kilometer weit über die öden Bergspitzen führen. In der Nähe gibt's Höhlen mit Petroglyphen. Die Landschaft ist hochgelegen, vom Wind durchtobt und etwas unheimlich. Die Anlage kann man zu Fuß vom Cerro Santa Apolonia (S. 1054) über eine ausgeschilderte Straße erreichen. Es ist ein vierstündiger Fußmarsch, wenn man Abkürzungen nimmt und die Einheimischen fragt. Touren von Cajamarca kosten 5 US$.

Ventanillas de Otuzco & Combayo
Diese präinkanischen Nekropolen haben viele **Grabnischen**, die in den Hügel gegraben wurden. Man kann von Cajamarca oder Los Baños del Inca nach Otuzco laufen. Busse von Cajamarca fahren nördlich der Plaza (0,60 US$) ab. Die besser erhaltenen *ventanillas* (Fenster) bei Combayo, 30 km von Cajamarca entfernt, besucht man am besten im Rahmen einer Tour (10 US$).

CHACHAPOYAS
☎ 041 / 20 700 Ew.
Man möchte es kaum glauben, aber die Hauptstadt des Departamentos Amazonas ist Chachas, eine geschäftige koloniale Marktstadt. Sie ist ein idealer Ausgangspunkt, um die irgendwie beängstigenden Ruinen zu besuchen, die von den wilden Kulturen des Nebelwalds hinterlassen wurden. Die regierten hier ab 800, bis sie schließlich 1470 von den Inka abgelöst wurden.

Praktische Informationen
Die meisten der folgenden Adressen sind an der Plaza de Armas, daneben auch Internetcafés und mehrere Läden, die Dollars umtauschen.

BCP (Plaza de Armas) Wechselt US-Dollars und Reiseschecks und hat einen Visa/MasterCard-Geldautomaten.

iPerú (☎ 47-7292; Ortiz Arrieta 588; ☽ 8–19 Uhr)

Lavandería Speed Clean (Ayachuco 964; ☽ 7–13 & 14–22 Uhr)

Serpost (Ortiz Arrieta 632) Südlich der Plaza.

Sehenswertes & Aktivitäten
Reisebüros gibt's an der Plaza überall. Man zahlt 35–45 US$ für mehrtägige Wanderungen. **Chachapoyas Tours** (☎ 47-8078; Hotel Plaza, Grau 534) und **Tourismo Explorer** (☎ 47-8060; Ecke

Amazonas & Grau) werden empfohlen, aber man sollte auch herumfragen. Die Trockenzeit (Mai– Sept.) ist für Wanderungen am besten geeignet. Dazu gehören auch der fünftägige **Gran Vilaya**-Trek ins Valle de Belén oder ein Dreitagestrip zur **Laguna de los Cóndores** zu Fuß oder zu Pferd.

Levanto ist ein kleines Dorf, das einen vierstündigen Spaziergang auf einer Inkastraße von Chachas entfernt liegt. Man kann in der **Levanto Lodge** (Zi. 6 US$/Pers.) übernachten, die im traditionellen Stil der Rundhäuser von Chachapoyas gebaut wurde. **Colla Cruz** in der Nähe ist ein rekonstruiertes Gebäude mit Strohdach, ebenfalls mit den runden Wänden von Chachapoyas und auf Fundamenten aus präzise angelegten Inkasteinen.

Schlafen

Hostal Johumaji (☎ 47-7279; Ayacucho 711; EZ 4,50 US$, DZ 7,50–12 US$) Kleine, spartanische, aber saubere und gut beleuchtete Zimmer mit warmen Duschen und Miet-TV (1,50 US$).

Hotel El Dorado (☎ 47-7047; Ayacucho 1062; EZ/DZ 6/9 US$) Älteres Haus mit sauberen Zimmern, elektrisch beheizten Duschen und hilfreichem Personal.

Hotel Karajía (☎ 31-2606; 2 de Mayo 546; EZ/DZ 7,50/10,50 US$) Kaleidoskopartige Bettdecken muntern diese sicheren, sauberen, aber sehr einfachen Zimmer etwas auf.

Hotel Plaza (☎ 47-7654; eltejado@viabcp.com; Grau 534; EZ/DZ 10,50/13,50 US$, Frühstück inkl.) Freundliches, hilfreiches Personal und gepflegte ruhige Zimmer. Oben ist ein Restaurant mit Blick auf die Plaza.

Hotel Revash (☎ 47-7391; revash@terra.com; Grau 517; EZ/DZ 10/15 US$; 🖵) Die Duschen in diesem klassischen älteren Hotel scheinen ewig warm zu bleiben. Es gibt einen Garten, Holzböden verleihen dem Ganzen viel Atmosphäre. Das Personal drängt etwas zu sehr mit den Touren.

Hotel Casa Vieja (☎ 47-7353; www.casaviejaperu.com; Chincha Alta 569; EZ/DZ 18/30 US$; 🖵) In dieser klassischen Villa wacht man eher vom Zwitschern der Vögel auf als von röhrenden *mototaxis*. Die hellen Zimmer haben große Fenster, heiße Duschen und handgearbeitetes Dekor. Frühstück (im Bett!) ist erhältlich.

Essen & Ausgehen

Man sollte *juanes* (gedämpftes Huhn oder Fisch in Bananenblättern) probieren, das hier mit Maniok anstatt mit Reis gemacht wird. *Cecina* (Gericht aus geräuchertem Schweinefleisch) wird oft auch mit Rind gemacht.

Panificadora San José (Ayacucho 816; Snacks 0,90– 1,80 US$; 🕑 6.30–22 Uhr) Kleine Bäckerei. Hier gibt's *humita*, Mais-*tamales* oder ein Sandwich mit Kaffee oder heißer Schokolade zum Frühstück und dann Snacks und Desserts den ganzen Tag.

505 Pizza-Bar (2 de Mayo 505; Pizzas 0,90 US$; 🕑 12–open end) Eine volle Bar und Musik lassen einen lange bei einem *pisco sour* verweilen, auch wenn das letzte Stück Pizza schon lange weg ist.

Hotel Plaza (Grau 534, 2. Stock; menü 1,80 US$) Langsamer Service, aber cooles Ambiente und gute Mittagsmenüs. Einige Tische schauen auf die Plaza hinaus.

Las Rocas (Ayacucho 932; Hauptgerichte 1,80–3 US$; 🕑 Mo–Sa 7.30–21 & So 18-21 Uhr) Nicht gerade modisch, dafür gibt's hier große und leckere Portionen peruanischen Essens für eine Handvoll Nuevos Soles.

La Tushpa (Ortiz Arrieta 753; Gerichte 2,10–4,50 US$; 🕑 12–22 Uhr) Tolle Grillgerichte und Steaks in jeder Zubereitungsart – aus gutem Grund jeden Abend voll mit Einheimischen.

An- & Weiterreise

Busse nach Chiclayo (6–12 US$, 10–11 Std.) und weiter nach Lima (21–27 US$, 20– 23 Std.) nehmen nach Pedro Ruíz eine asphaltierte Strecke. Fahrten gibt's bei **Transervis Kuélap** (☎ 47-8128; Arrieta 412), **CIVA** (☎ 47-8048; Salamanca 956), **Transportes Zelada** (☎ 37-8066; Arrieta 310) und den bequemen **Móvil Tours** (☎ 47-8545; La Libertad 464).

Virgen del Carmen (Salamanca 650) fährt zweimal die Woche nach Celendín (9 US$, 12– 14 Std.). **Transportes Roller** (Grau 302) hat Busse um 4 Uhr nach Kuélap (3,60 US$, 3½ Std.). *Colectivos* nach Kuélap fahren den ganzen Tag (4,50 US$, 3 Std.).

Eine ganze Reihe *combis* (1,80 US$, 1½ Std.) und *colectivos* fahren nach Tingo (2,40 US$, 1½ Std.) und dann vielleicht weiter nach María (3,60 US$, 3 Std.). *Colectivos* gibt's auch nach Pedro Ruíz (3,60 US$, 1½ Std.), wo die Busse halten, die weiter nach Osten nach Tarapoto fahren (7,50– 9 US$, 7 Std.).

KUÉLAP

Was die Großartigkeit angeht werden die Ruinen dieser präinkaischen **Zitadelle** (Erw/Student 3/1,70 US\$; 8–12 & 13–17 Uhr) nur von Machu Picchu übertroffen. Sie wurde zwischen 900 und 1100 erbaut und thront in den Bergen südöstlich von Chachapoyas. Nur wenige besuchen die Anlage (3100 m), diejenigen aber, die sie sich anschauen, bekommen eine der wichtigsten und be eindruckendsten präkolumbischen Ruinen Südamerikas geboten.

Unterhalb der Ruinen bietet die **Hospedaje El Bebedero** (B 4 US\$) ganz einfache Zimmer ohne Elektrizität oder fließendes Wasser – man sollte einen Schlafsack und Wasser reinigende Mittel mitbringen. Man kann auch in der Nähe beim INC Hostel campieren, in dem das Kuélap-Ausgrabungsteam ständig wohnt. Einfache Gerichte sind in den Häusern hier zu bekommen.

Im Weiler **María**, zwei Stunden zu Fuß von Kuélap, gibt's hübsche *hospedajes*. Alle bieten saubere, bescheidene Zimmer (3 US\$/Pers.) mit elektrisch beheizten Duschen; herzhafte Speisen kosten weniger als 2 US\$. Eine Stunde weiter die Straße hinunter bietet die **Choctemal Lodge** (Zi. 7,50 US\$/Pers.) ein aufregendes 360-Grad-Panorama des Tals, künstlerisch gestaltete Zimmer, elektrisch beheizte Duschen und eine Badewanne mit warmem Wasser im Freien. Es gibt auch einfaches Essen.

Um nach Kuélap zu kommen, nimmt man den Transportes-Roller-Bus von Chachapoyas (S. 1057) oder einen der häufigeren *combis* (1,80 US\$, 1½ Std.) bzw. *colectivos* nach Tingo (2,40 US\$, 1½ Std.). Manche von ihnen fahren weiter nach María (3,60 US\$, 3 Std.). Ein steiler, 10 km langer Weg führt vom südlichen Ende von Tingo über María zu den Ruinen, 1200 m weiter oben. Für die Wanderung sollte man insgesamt sechs Stunden einkalkulieren und ausreichend Wasser mitnehmen.

TARAPOTO

☎ 042 / 128 500 Ew.

Tarapoto, eine lethargische Regenwaldmetropole, steckt zwar einen Zeh in das Amazonasbecken, ist aber mit den Ausläufern der Anden – und dem Rest von Peru – noch verbunden: durch die Nabelschnur einer langen asphaltierten Straße zurück in die Zivilisation. Tarapotos Topografie ist zerklüftet, Wasserfälle und Seen gibt's zuhauf. Weiter nach Osten und nach Yurimaguas zu reisen ist sicher, aber die Route nach

Süden durch das Tal des Río Huallaga nach Tingo María führt durch Perus wichtigste Gegend des Kokaanbaus und ist *nicht* empfehlenswert.

Praktische Informationen

Internetcafés gibt's überall.

BCP (Maynas 130) Wechselt Reisechecks und hat einen Geldautomaten.

Clínica San Martín (☎ 52-3680/7860; San Martín 274; 24 Std.) Medizinische Versorgung.

Geführte Touren

Chancas Expeditions (☎ 52-2616; www.geocities. com/amazonrainforest; Rioja 357) Bietet Raftingtrips.

Quiquiriqui Tours (☎ 52-4016; Pimentel 309; Mo–Fr 8–19, Sa 8–18, So 9–12 Uhr) Reisebüro mit vollem Service für Touren in die umliegenden Dörfer und in die Natur.

Schlafen

Hostal Pasquelandia (☎ 52-2290; Pimentel 341; EZ/DZ ohne Bad 2,40/3,60 US\$) Wenn's sein muss: schmutzige, billige, hölzerne Angelegenheit mit kalter Dusche.

Alojamiento Grau (☎ 52-3777; Grau 243; EZ/DZ 6/9 US\$) Einfachste Zimmer mit nackten Ziegelwänden, aber ruhig. Freundliche, von einer Familie geführte Unterkunft.

Hospedaje Misti (☎ 52-2439; Prado 341; EZ/DZ 6/9 US\$) Zimmer mit kleinen Bädern, aber auch TV und Ventilatoren an der Decke. Ruhiges Café und grüner Hof.

Hostal San Antonio (☎ 52-5563; Pimentel 126; 7,50/10,50 EZ/DZ US\$) Zimmer, die ihr Geld wert sind: mit warmer Dusche, Ventilator und Kabel-TV. Nur ein paar Schritte von der Plaza.

Alojamiento July (☎ 52-2087; Morey 205; EZ/DZ 7,50/10,50 US\$) Jede Wand ist mit Urwaldbildern bemalt, während endlose Reihen von Perlen und Nippes in den Korridoren klimpern. Die Zimmer haben elektrisch beheizte Duschen, Kabel-TV und Mini-Kühlschränke.

Alojamiento Arevalo (☎ 52-5265; Moyobamba 223; 9/13,50 US\$) Ruhiges Hotel mit Zimmern mit kalter Dusche, Kabel-TV, Ventilatoren und Mini-Kühlschränken.

La Patarashca (☎ 52-3899; www.lapatarashca.com; Lamas 261; EZ/DZ inkl. Frühstück 18,50/18 US\$) Tropische Anklänge durchziehen diese süße *hospedaje* mit Strohdachlounge, zweisprachigen Papageien, Hängematten, kalter Dusche und Kabel-TV.

Essen

Banana's Burgers (Morey 102; Hauptgerichte 1–2 US$; ☯ 24 Std.) Banana's ist ein guter Burgerladen mit einer Bar die Treppe hoch.

El Brassero (Lamas 231; Hauptgerichte 3–6,30 US$; ☯ 12–open end) Man sucht sich sein Fleischgericht aus und lässt es sich nach Wunsch braten. Spezialität sind Schweinerippchen. Funky-Acid-Jazz gibt's als Bonus dazu.

La Patarashca (Lamas 261; Hauptgerichte 3–7,50 US$; 8–23 Uhr) Mit regionaler amazonischer Cuisine, beliebt an Wochenenden. Der obere Stock hat ein tropisches Ambiente und eine schöne Aussicht

La Collpa (Circunvalación 164; Hauptgerichte 4,20–7,50 US$; ☯ 10–23 Uhr) Dieses Restaurant auf Bambusstelzen liegt an einem Ort, wo man die Urwaldluft schon spüren kann und Aussicht auf den Fluss und den Regenwald hat. Das Buffet-Menü ist die beste Wahl fürs Mittagessen.

Supermercado La Inmaculada (Compagnon 126; ☯ 8.30–22 Uhr) Für Selbstversorger.

Ausgehen

Stonewasi Taberna (Lamas 222; ☯ 18 Uhr–open end) Die beste Wahl unter den Bars an der belebten Kreuzung von Lamas und La Cruz, die sich allabendlich in eine Cruising-Szene verwandelt.

La Alternativa (Grau 401) Eine einfache Bar mit Regalen voller verstaubter Flaschen, die *uvachado* enthalten, ein hausgemachtes Gebräu aus in Zuckerrohrschnaps getränkten Wurzeln, Lianen etc. Derart starke amazonische Stimulanzien sind nichts für Herzkranke.

Unterhaltung

Papillón (Peru 209; Eintritt 3 US$; ☯ Fr & Sa 21 Uhr–open end) Im Moralesbezirk, 3 km westlich der Stadt am Río Cumbaza. Nachtclub mit Live-Salsabands und von DJs angeheiztem Tanz.

Anreise & Unterwegs vor Ort

Die meisten Busunternehmen sind an der Salaverry im Morales-Bezirk stationiert. **Móvil Tours** (☎ 52-9193; Salaverry 858) und **El Sol Peruano** (☎ 52-3232) sind die besten. Busse fahren auf der asphaltierten Straße westwärts nach Chiclayo (12–19,50 US$, 14–16 Std.), Trujillo (16,50–24 US$, 18–20 Std.), Piura (4,50 US$, 18 Std.) und Lima (33–36 US$, 24–28 Std.). In Pedro Ruíz (7,50–

9 US$, 7 Std.) steigt man in einen *colectivo*, um Chachapoyas (3,60 US$, 1½ Std.) zu erreichen.

Eine unbefestigte Straße führt von Tarapoto ostwärts nach Yurimaguas. Minibusse, Pickups und *colectivos* nach Yurimaguas (4,50–7,50 US$, 6 Std.) starten am Markt im östlichen Stadtteil von Banda de Shilcayo. Auf der Salaverry haben **Paredes Estrella** (☎ 52-1202) und **Expreso Huamanga** (☎ 52-7272) billigere und langsamere Busse nach Yurimaguas im Angebot.

Der **Flughafen** (TPP; ☎ 52-2278) liegt 3 km südwestlich des Zentrums. **LAN** (☎ 52-9318; Hurtado 184) hat täglich Flüge nach/von Lima. **Star Perú** (☎ 52-8765; San Pablo de la Cruz 100) fliegt ebenfalls täglich nach Lima und manchmal auch nach Iquitos.

Eine kurze Fahrt mit dem *mototaxi* durch die Stadt kostet 0,30 US$, zum Busterminal/Flughafen 0,60/0,90 US$.

AMAZONASBECKEN

Perus Amazonasgebiet ist eine lebendige, sympathische, exotische und abenteuerliche Grenzregion. Es umfasst nahezu 50 % der Landmasse des Landes, aber nur 5 % der Peruaner leben hier. Auch wenn es ein schnell an Bedeutung gewinnendes Tourisztenziel ist, so hat doch der kluge Schutz des Urwalds dazu geführt, dass die Biosphäre am östlichen Andenabfall weiterhin eine der vielfältigsten Tier- und Pflanzenwelt des Planeten bewahrt.

Es gibt nur wenige nennenswerte Städte. Pucallpa und Yurimaguas sind über unbefestigte Straßen zu erreichen. Beide sind mit langsamen Booten mit Iquitos verbunden, das sonst nur auf dem Luftweg zu erreichen ist. Um nach Puerto Maldonado zu kommen, nimmt man ein Flugzeug oder macht von Cusco aus einen anstrengenden Überlandtrip auf einem Lastwagen.

PUERTO MALDONADO

☎ 082 / 39 100 Ew.

Die baufällige Urwaldstadt Puerto Maldonado ist die Hauptstadt des Departamentos Madre de Dios – und eigentlich ein unattraktives Reiseziel. Jedoch gibt sie den Reisenden die Chance, den unverdorbenen Amazonasurwald zu sehen, zu fühlen und zu hören wie sonst nirgendwo. Die Stadt

spielte einst eine wichtige Rolle in der Kautschuk- und der Holzindustrie und weckte auch bei Goldsuchern und der Ölindustrie Interesse. Ihre Rolle als Verkehrsknotenpunkt wird noch größere Bedeutung erlangen, wenn einmal die Interoceánica eröffnet wird, die Straße, die die peruanische Atlantik- mit der brasilianischen Pazifikküste verbinden soll.

Praktische Informationen

BCP (Plaza de Armas) Wechselt Reiseschecks und hat einen Visa-Geldautomat.

Casa de cambio (Ecke Puno & G Prada) Wechselt US-Dollars; brasilianische Reais und bolivianische Pesos sind schwer zu bekommen.

Lavandería (Velarde 898) Hier kann man seine matschigen, durchgeschwitzten, ekligen Urwaldklamotten waschen.

Ministerio de Industria y Turismo (☎ 57-1413; Fitzcarrald 252) Hat auch am Flughafen einen Stand.

Serpost (Velarde 6th block) Südwestlich der Plaza de Armas.

Social Seguro Hospital (☎ 57-1711) Bei Kilometer 3 der Straße nach Cusco.

UnAMad (2 de Mayo 287; 1.50 US$/Std.) Internet.

Sehenswertes & Aktivitäten

Gleich vor den Toren des Flughafens befindet sich das **ProNaturalezas Butterfly Conservation Center Japipi** (☎ 01-264-2736; www.pronaturaleza.org; Eintritt 5 US$), das lebendige Schmetterlinge zeigt.

Eine gute Möglichkeit, ein wenig von dem großen peruanischen Urwaldfluss zu sehen, ist eine Fährfahrt über den **Madre de Dios** (einfach 0,15 US$/Pers. von Sonnenauf- bis Sonnenuntergang). Sie legt vom Puerto Capetania gleich bei der Plaza de Armas ab. *Peki-pekis* (Kanus, die von Zweitaktermotoren betrieben werden) fahren mehrmals in der Stunde von der Anlegestelle ab und durchqueren den Fluss in dem fast unmöglichen Winkel von 45 Grad, um der starken Strömung zu widerstehen.

Reiten, Radfahren und andere Aktivitäten können von der Iñapari Lodge organisiert werden.

Kurse

Das **Tambopata Language Center** (☎ 57-6014; www.geocities.com/tambopata_language; Cajamarca 895) bietet Spanischkurse. Privatunterkünfte sowie Kultur und Urwaldführungen ab 100 US$ pro Woche.

Geführte Touren

Wer seine Fluss- oder Urwaldtour nicht im Voraus gebucht hat (s. S. 1062), für den gibt's mehrere lokale Führer; manche sind anerkannt und erfahren, andere wollen nur schnelles Geld machen. Also: herumfragen und nie eine Tour im Voraus bezahlen. Wenn man sich auf einen Preis einigt, sollte man sicherstellen, dass er auch die Rückreise mit einschließt! Offiziell lizensierte Führer verlangen 25–60 US$ pro Pers. und Tag (ohne die Gebühren für den Park), je nach Ziel und Anzahl der Teilnehmer. Bootsfahrten, die normalerweise benötigt werden, um aus Puerto Maldonado herauszukommen, sind bekanntermaßen teuer.

Schlafen

Vorsicht vor überzogenen Preisen! Meistens kalte Duschen. Außerhalb der Stadt gibt's mehrere Urwald-Lodges (S. 1062).

Hostal Moderno (☎ 30 0043; Billinghurst 359; EZ/DZ/3BZ 3,20/6,50/9 US$) Trotz des Namens gibt's diesen Familienbetrieb schon seit Jahrzehnten. Die Zimmer sind einfach, aber sauber, und die Besitzer investieren alle paar Jahre in einen neuen Anstrich.

Hostal Cahuata (☎ 57 2111; Fitzcarrald 517; EZ/DZ 6,25/9,40 US$, ohne Bad 3,20/6,25 US$). Die Lage am Markt ist laut, abends wird es leiser. Die Zimmer sind klein, aber hübsch und haben Ventilatoren.

Iñapari Lodge (☎ 57-2575; Zi. 6 US$/Pers.) In der Nähe des Flughafens. Freundliches rustikales Hotel mit Gemeinschaftsduschen, einem Restaurant und einer Bar.

Einen Blick wert sind auch das einfache **Hostal El Solar** (☎ 57-1634; G Prada 445; EZ/DZ 6/10 US$, ohne Bad 4,50/7,50 US$), die geräumige **Hospedaje Royal Inn** (☎ 57-1048; 2 de Mayo 333; EZ/DZ 7,50/10,50 US$) und die **Hospedaje Rey Port** (☎ 57-1177; Velarde 457; EZ/DZ 10/14, ohne Bad 6/9 US$) mit schöner Aussicht.

Essen

Zu den regionalen Spezialitäten gehören *chilcano* (Suppe mit Fischstückchen mit Cilantro gewürzt) und *parrillada de la selva* (mariniertes Barbecuefleisch in Paranuss-Sauce). Auf dem Mercado Modelo sollte man nach frisch gepressten Fruchtsäften und Urwalderzeugnissen wie dem *pan de arroz* (Reisbrot) Ausschau halten.

La Casa Nostra (2 de Mayo 287a; Snacks 1–3 US$; ☽ 7–13 & 17–23 Uhr) „Unser Haus" gibt's schon lange. Es ist wohl die beste Anlaufstelle für ein Frühstück, Snacks, Tamales, tropische Säfte und Kaffee.

Los Gustitos del Cur (Velarde 474; Gerichte 2 US$; ☽ 11–22 Uhr) Wer das beste Eis der Stadt genießen will, sollte in dieser Patisserie mit französischen Besitzern Station machen. Es gibt auch Sandwichs.

EINREISE NACH BRASILIEN & BOLIVIEN

Von Puerto Maldonado aus führt eine unbefestigte Straße nach **Iñapari** zur brasilianischen Grenze. *Colectivos* von **Empresa Transportes Imperial** (☎ 082-57-4274; Ica 5. Block) fahren nach Iñapari (8 US$, 4 Std.), sobald vier Passagiere zusammengekommen sind. Iberia, 170 km nördlich von Puerto Maldonado, und Iñapari, 70 km hinter Iberia, haben ein paar einfache Hotels. In Iñapari, wo die peruanischen Ausreiseformalitäten abgewickelt werden, überquert man den Río Acre mit einer Fähre nach Assis in Brasilien. Dort gibt es bessere Hotels; eine asphaltierte Straße führt von hier über Brasiléia nach Río Branco.

Für den Halbtagestrip zur bolivianischen Grenze können in Puerto Maldonado für etwa 100 US$ Boote gemietet werden. Billiger ist es, auf den unregelmäßig verkehrenden Frachtschiffen mit zu fahren. Wichtig: vorher die Ausreisestempel in Puerto Maldonados **Einreisestelle** (☎ 082-57-1069; Plaza Bolognesi bei der Ica; Mo–Fr 9–13 Uhr) besorgen! Von Puerto Heath, im Boot ein paar Minuten von Puerto Pardo entfernt, dauert es mehrere Tage oder gar Wochen, um ein Schiff (teuer) nach Riberalta zu organisieren, wo es Straßen- und Flugzeugverbindungen gibt. Es empfiehlt sich, in Gruppen zu reisen, um die Kosten zu teilen. Man sollte auch die Monate vermeiden, in denen das Wasser zu niedrig ist. Eine weitere Möglichkeit, nach Brasilien zu kommen: den Río Acre mit der Fähre nach Cobija auf der bolivianischen Seite überqueren, wo es Hotels und gelegentlich sogar Flüge gibt. In der Trockenzeit führt auch eine Kiesstraße weiter nach Riberalta.

Einreise nach Peru von Brasilien s. S. 453

Pollería Astoria (Velarde 701; Hauptgerichte 2 US$) Gegenüber vom Neon-Fast-Food-Hühnchen-Laden. Trübe beleuchtete *pollería* mit echtem Amazonasfeeling.

Frutos del Mar (Moquegua 787; Hauptgerichte 2–4 US$) Diese bescheidene *cevichería* wird wegen ihrer Fisch- und Meeresfrüchtequalität sowie der fairen Preise sehr gelobt.

El Califa (Piura 266; Hauptgerichte 2–5 US$; 10–16.30 Uhr) Ein rustikales heißes Lokal für regionale Spezialitäten, u. a. Palmenherzensalat, *juanes*, gebratene Kochbananen und Wild.

Pizzería El Hornito/Chez Maggy (D Carrión 271; Pizzas 3,50–8,50 US$; 18 Uhr–open end) Beliebtes Lokal mit großen Pastaportionen und Pizzas aus dem Holzofen.

Ausgehen

Am Wochenende macht eine Handvoll Nightclubs auf. Der bekannteste ist die **Discoteca Witite** (Velarde 151). Der **Anaconda Pub** (Loreto 228) und der Coconut Pub liegen beide an der Plaza de Armas. Außerhalb der Stadt, 4 km entlang der Straße zum Flughafen, findet sich **La Choza del Candamo** (57-2872; 19 Uhr–open end), eine entspannte *peña*, in der man Musikproben aus allen drei Regionen Perus hören kann – Küste, Berge, Urwald.

Shoppen

Artesania Shabuya (Arequipa 279) Echtes, gutes Kunsthandwerk an der Plaza de Armas.

Anreise & Unterwegs vor Ort
FLUGZEUG

Der **Flughafen** (PEM) liegt 7 km westlich der Stadt; *mototaxis* kosten 2 US$. **Aero Condor Perú** (57-1733; Loreto 222) und **LAN** (57-3677; Velarde 503) haben täglich Flüge nach Lima via Cusco.

LASTWAGEN

Während der Trockenzeit im Hochland fahren Lastwagen nach Cusco vom Mercado Modelo oder zwei Blocks südlich davon ab. Der anstrengende, gefährliche 500-km-Trip (10 US$) dauert mindestens drei Tage, je nach Straßen- und Wetterbedingungen. Die teuersten Sitze sind die in der Kabine neben dem Fahrer. Die unbequemsten, aber auch schnellsten Lastwagen sind die *cisternas* (Tanklastwagen). Sie haben oben eine schmale Auflage, auf der man sich hinkauern muss. Die Lkws halten etwa drei Mal

am Tag, damit der Fahrer essen kann, und noch einmal, damit er schlafen kann (aber nie sehr lange).

MOTORRAD & TAXI

Es gibt mehrere Motorradverleihe, die meisten auf der Prada zwischen Velarde und Puno. Sie verlangen 1,20 US$ die Stunde für 100-cm³-Maschinen.

Mototaxis fahren für etwa 0,25 US$ pro Person durch die Stadt.

SCHIFF/FÄHRE

Boote für Ausflüge oder Fahrten zur bolivianischen Grenze kann man an der Fährstation von Madre de Dios mieten. Es ist aber teuer. Boote stromaufwärts Richtung Manu sind schwer zu finden.

RUND UM PUERTO MALDONADO

Es gibt Dutzende von Urwald-Lodges an den Ríos Tambopata und Madre de Dios, zu denen man von Puerto Maldonado aus fährt. Lodges und Urwaldtouren sind teuer, aber auf jeden Fall ihr Geld wert. Um die Reserva Nacional Tambopata zu besuchen, muss man bei der **INRENA** (57-1604; Cusco 135) eine Eintrittserlaubnis (8,50–20 US$) kaufen, bevor man Puerto Maldonado verlässt.

Den Río Madre de Dios hinunter bietet die luxuriöse **Inkaterra Reserva Amazonica** (in Lima 01-610-0410, Cusco 084-24-5314; www.inkaterra.com; 3-Tage/2-Nächte-Tour EZ/DZ 183/314, Suite 292/480 US$) einen schönen Blick auf den Urwald.

Am Lago Sandoval, einer Zuflucht für exotische Flora und Fauna, bietet die von einer Familie geführte **Willy Mejía Cepa Lodge** (Velarde 487, Puerto Maldonado; Zi. ohne Bad 20 US$/Pers., Essen inkl.) seit zwei Jahrzehnten einfache Unterkünfte und spanischsprachige Touren für Backpacker.

Am Río Tambopata stellt **Inotawa** (57-2511; www.inotawaexpeditions.com; Fonavi J9, Puerto Maldonado; 3-Tage/2-Nächte-Tour 160 US$/Pers.) auf Anfrage Führer mit Fremdsprachenkenntnissen; gegen eine kleine Gebühr darf gecampt werden.

Beim **Picaflor Research Centre** (www.picaflor.org; 3-Tage/2-Nächte-Tour 190 US$/Pers.), 74 km von Puerto Maldonado entfernt, zahlt man nur 140 US$ für zehn Nächte Kost und Logis, wenn man drei Stunden täglich das Team des Centres tatkräftig unterstützt; die Gebühren für den Nationalpark und den Transport von Puerto Maldonado (3 US$) werden allerdings noch fällig.

PARQUE NACIONAL MANU

Der fast 20 000 km² große **Manu National Park** ist einer der besten Orte in Südamerika, um tropische Wildtiere zu beobachten. Er beginnt an den östlichen Ausläufern der Anden und reicht bis ins Tiefland. Er umfasst damit einen umfangreichen Lebensraum im Nebel- und Regenwald, in dem Hunderte von Vogelarten leben, ganz zu schweigen von Affen, Gürteltieren, Wickelbären, Ozelots, Flussschildkröten, Kaimanen und zahllosen Insekten, Reptilien und Amphibien. Seltener zu sehen sind Zeitgenossen wie Jaguare, Tapire, Riesenameisenbären, Tamanduas, Capybaras (Wasserschwein), Pekaris und Riesenflussotter.

Die beste Zeit für einen Besuch des Parks ist die Trockenzeit (Juni–Nov.). Während der regenreichsten Monate (Jan.–April) kann er dagegen unzugänglich oder gar geschlossen sein; dann kommen nur noch Gäste der teuren Manu Lodge oder des Cocha Salvador Safari Camps rein.

Es ist verboten, den Park ohne lizensierten Führer und ohne Erlaubnis zu betreten. Beides kann über die Reisebüros in Cusco organisiert werden (S. 1002). Transport, Unterbringung und Verpflegung sind Teil des Pakets. Achtung: Nicht alle Veranstalter gehen in den eigentlichen Park hinein. Manche bieten billigere „Manu Tours", die Gebiete außerhalb des Parks besuchen, aber dennoch Einblicke in die außergewöhnliche Fauna ermöglichen.

Die Kosten hängen davon ab, ob man zeltet oder in einer Lodge übernachtet und ob man auf dem Landweg oder mit dem Flugzeug anreist. Im Allgemeinen beginnt die Preisspanne bei 750 US$ für fünf Tage/ vier Nächte bzw. 800 US$ für neun Tage/ acht Nächte (Anreise jeweils über den Landweg). Campingtrips an die Strände des Parks können die Kosten auf etwa 75 US$ pro Tag senken. Man sollte möglichst früh buchen, aber mit den weiteren Plänen flexibel sein, da die Touren häufig Tage später als geplant zurückkommen.

Individualreisende können die Umgebung des Parks auch ohne Tour bereisen. Dennoch müssen auch sie einen Führer engagieren – und die verlangen im Allgemei-

nen 60 US$ pro Tag plus Essen, sodass man unterm Strich nur wenig spart. Wer auf jeden Fall allein gehen will, nimmt von der Av Angamos in Cusco einen Bus nach Pillcopata (4,50 US$, 10 Std. bei gutem Wetter) via Paucartambo.

Von Pillcopata fahren Schiffe an den Dörfern Atalaya, Salvación und Shintuya vorbei nach Manu. Jeden Morgen fahren Pickups über Atalaya nach Shintuya (2,50 US$, 5 Std.). Wer eine Tour gebucht hat, beginnt oft nach einer Nacht in einer Lodge mit einer Flussfahrt von Atalaya aus. Die Bootsfahrt den Río Alto Madre de Dios hinunter zum Río Manu dauert fast einen Tag. Ein paar Minuten vom Dorf Boca Manu gibt's eine Landebahn, die für kommerzielle Flüge in den Park genutzt wird. Die Eintrittsgebühr für den Park beträgt 20 US$, und man kann nur mit Führer und Erlaubnis weiterfahren

PUCALLPA

☎ 061 / 324 870 Ew.

Für die Nichteingeweihten ist es eine Offenbarung nach den rauen, felsigen Anden und den Kilometern üppigen Urwalds in Pucallpa, der Hauptstadt des Departamentos von Ucayali, anzukommen. Hier finden die Reisenden die Schiffe nach Iquitos oder für Fahrten zu den indigenen Gemeinschaften bei Yarinacocha.

Praktische Informationen

Mehrere Banken wechseln Geld und Reiseschecks und haben Geldautomaten; *casas de cambio* gibt's am 4., 5. und 6. Block der Raimondi.

Clínica Santa Rosa (☎ 57-1689; Inmaculada 529; ☽ 24 Std.) Gute medizinische Versorgung.

Lavandería Gasparin (Portillo 526; ☽ Mo–Sa 9–13 & 16–18 Uhr) Bietet Selbstbedienung und einen Wäscheservice.

Touristeninformationsstand (☎ 57-1303; 2 de Mayo 111) Es gibt auch einen am Flughafen.

Utopia@.net (Ecke Morey & Inmaculada; ☽ 8–23 Uhr) Hat Internet-*cabinas*.

Viajes Laser (☎ 57-1120; Raimondi 470) Beim Büro der Western Union; eines von Pucallpas besseren Reisebüros. Für Urwaldtouren ist man in Yarinacocha besser aufgehoben.

Sehenswertes & Aktivitäten

Usko-Ayar (☎ 57-3088; Sánchez Cerro 465) bei der Iglesia Fray Marcos ist das Studio von Pablo

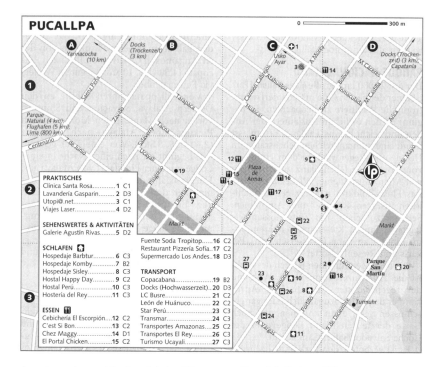

Amaringo, einem visionären lokalen Künstler, der sich von dem halluzinogenen *ayahuasca*-Wein inspirieren lässt. In seinem Haus werden auch Arbeiten des berühmten Holzschnitzers Agustín Rivas ausgestellt. Es ist inzwischen auch eine **Galerie** (061-57-1834; Tarapaca 861, 2. Stock). An der Tür die Glocke läuten.

Etwa 4 km vom Zentrum entfernt liegt abseits der Straße zum Flughafen der **Parque Natural** (Eintritt 0,70 US$; 9–17 Uhr). Er hat einen kleinen Amazonszoo und ein Museum für Shipibo-Töpferei. Flughafenbusse können einen hier rauslassen, alternativ nimmt man ein *motocarro* (1 US$).

Schlafen

Hostal Perú (57-5128; Raimondi 639; EZ 5,50–9 US$, DZ 7,25–11,50 US$, EZ/DZ ohne Bad 4,25/5,50 US$) Eine Shipibo-Topfsammlung heitert den Eingang dieses verblassten älteren Hauses auf. Die Zimmer sind klein, aber sauber, mit kleinem Ventilator und kalter Dusche.

Hostería del Rey (57-5815; Portillo 747; EZ/DZ 5/6 US$) Hohe Decken, kalte Duschen und Ventilatoren helfen dabei, cool zu bleiben.

Hospedaje Barbtur (57-2532; Raimondi 670; EZ/DZ 8/11 US$) Kleiner, gut geführter Familienbetrieb mit kalten Duschen und Kabel-TV in Zimmern mit Bad.

Hospedaje Sisley (57-5137; Portillo 658, 2. Stock; EZ/DZ 8,50/12 US$) Angenehmer Ort, von freundlichen älteren Damen geführt. Saubere Zimmer mit kalter Dusche, Ventilator und TV.

Hospedaje Komby (57-1562; www.hospedajekombi.com.pe; Ucayali 360; EZ/DZ 10/12 US$;) Saubere, einfache Zimmer, aber ein kleiner Pool und ein Restaurant.

Hostal Happy Day (57-2067; Huáscar 440; EZ/DZ inkl. Frühstück ab 10/13 US$;) Hier kann man den Glauben an die Werbung wiederentdecken: Alle der kleinen Zimmer in diesem Gebäude in Abendrotfarben, das in einer ruhigen Seitenstraße liegt, haben Klimaanlage!

Essen

Viele Restaurants öffnen um 7 Uhr für das Frühstück und sind sonntags geschlossen.

Cebichería El Escorpión (Independencia 430; Gerichte 3–6 US$) Macht nichts, dass Pucallpa so weit weg vom Meer ist. Dieses Fischrestaurant hat die beste Lage an der Plaza mit lärmenden Tischen auf dem Bürgersteig.

El Portal Chicken (Independencia 510; Hauptgerichte 3 US$; ⊗ 17–4 Uhr) Dieses dreistöckige Hühnchenrestaurant mit den hellsten Neonlampen der Stadt ist nicht zu verfehlen. Einige der Tische im Freien haben Blick auf die Plaza.

Chez Maggy (Inmaculada 643; Hauptgerichte 3–7 US$) Modernes Restaurant mit Holzofen, der über ein Dutzend verschiedener leckerer Pizzas ausspuckt. Sehr gut: die tropische *sangria*.

Restaurante Pizzeria Sofía (Sucre 415; menú 2 US$) Dieser freundliche Laden am Hauptplatz ist gut für herzhaftes Frühstück und Mittagsmenüs.

Im **Supermercado Los Andes** (Portillo 545) kann man sich für lange Trips eindecken. An gegenüberliegenden Ecken der Plaza finden sich **C'est Si Bon** (Independencia 560; Snacks 1–3 US$) und **Fuente Soda Tropitop** (Sucre 401; Snacks 1–3 US$) gute Orte für Eis, Frühstück und Sandwichs.

An- & Weiterreise

BUS
Mehrere Unternehmen fahren nach Lima (13 US$, 20 Std.) über Tingo María, Huánuco, Cerro de Pasco und Junín. Man sollte den Kasten „Achtung" auf S. 1028 beherzigen, bevor man diese Fahrt macht. Zu den Busgesellschaften gehören **León de Huánuco** (☎ 57-2411; Tacna 655), **Transportes El Rey** (☎ 57-5545; Ecke Raimondi & 7 de Junio), **Transmar** (☎ 57-4900; Raimondi 793) und **Transportes Amazonas** (☎ 57-1292; Tacna 628). **Turismo Ucayali** (☎ 59-3002; 7 de Junio 799) hat schnellere *colectivos* nach Tingo María (14 US$, 6 Std.).

FLUGZEUG
Pucallpas **Flughafen** (PCL) liegt 5 km nordwestlich der Stadt. Derzeit gibt's feste Flüge nach Lima nur mit **LC Busre** (☎ 57-5309; Tarapaca s/n) und **Star Perú** (☎ 59-0586; 7 de Julio 865).

SCHIFF/FÄHRE
Während der Hochwasserzeit (Jan.–April) fahren die Schiffe gleich beim Parque San Martín los. Wenn der Wasserspiegel fällt, liegt der Hafen 3 km nordöstlich vom Zentrum – zu erreichen mit dem Minibus (0,50 US$). Volle Schiffe nach Iquitos (18–30 US$) brauchen drei bis fünf Tage. Die Passagiere können an Bord in Hängematten schlafen, die auf dem Markt verkauft werden; einfaches Essen wird gestellt. S. S. 951 für weitere wichtige Informationen zu Fahrten auf Frachtschiffen.

Unterwegs vor Ort
Motocarros kosten 2 US$ zum Flughafen oder nach Yarinacocha; Taxis verlangen 3,20 US$. *Colectivos* nach Yarinacocha (0,25 US$) fahren von der 9 de Diciembre beim Markt und der San Martín bei der Ucayali ab. Man kann aber auch Motorräder mieten, etwa bei **Copacabana** (☎ 50-5304; Ucayali 265; 2 US$/Std., pro 12 Std. 15–20 US$).

YARINACOCHA
Dieser hübsche Altwasser-See liegt 10 km nordwestlich von Pucallpa. Man kann dort **Wildtiere** beobachten, **Kanu fahren,** die matriarchalischen Shipibo-Gemeinschaften besuchen und im Dorf Puerto Callao am See **Kunsthandwerk** kaufen. Internetzugang gibt's an der Plaza.

Beliebte Bootsfahrten führen zum **Botanischen Garten** (0,60 US$/Pers.; ⊗ 8–16 Uhr), den man am besten am frühen Morgen besuchen sollte, um die vielen Vögel zu sehen, außerdem zu den **Shipibo-Dörfern** San Francisco und Santa Clara. Führer für Spaziergänge durch den Urwald und auch Nachtwanderungen können gebucht werden. *Peki-peki*-Boote mit Fahrer kosten etwa 5 US$ pro Stunde, Übernachtausflüge 35 US$ pro Person und Tag. Zu den empfohlenen Führern gehören **Gilber Reategui Sangama** (☎ 962-7607/985-5352; www.sacredheritage.com/normita) mit seinem Boot *La Normita*, **Miguel Tans** (☎ 59-7494) mit *Pituco*; **Eduardo Vela** (☎ Nachricht hinterlassen unter 57-5383) mit *The Best* und Gustavo Paredes mit *Poseidon*. Es ist leicht, ihre Boote am Ufer zu finden. Auf den alten Trick „Ach, dieses Boot ist gesunken, warum fahren Sie nicht mit mir?" sollte man nicht hereinfallen.

Ländliche Gastfreundschaft und Schamanenzeremonien kann erleben, wer jenseits des Sees in Gilber Reategui Sangama's **Haus** übernachtet (☎ Nachricht unter 57-9018; junglesecrets@yahoo.com; Zi. inkl. Essen 15 US$/Pers.). Es gibt auch noch drei teurere Lodges am See (inkl. Essen 25–35 US$/Pers.), u. a. **Pandisho Albergue** (☎ 57-5041; B 3 US$). Das Shipibo-Dorf San Francisco bietet ein Quartier ab 3 US$ pro Person.

Mehrere billige Restaurants und belebte Bars gibt's am Hafen Puerto Callao.

YURIMAGUAS

☎ 065 / 42 793 Ew.

Der kleine verschlafene Hafen am Río Huallaga hat Schiffe nach Iquitos. Wer Yurimaguas erreichen will, muss eine ermüdende Reise vom nördlichen Hochland aus machen. **Manguare Expediciones** (Lores 126) liefert Informationen und organisiert Touren. BCP und die Banco Continental haben Visa-Geldautomaten und wechseln US-Dollars oder Reiseschecks. Internetcafés gibt's im Zentrum.

Nur wenige Hotels haben warmes Wasser. Unter den einfachen Unterkünften ist das saubere und ruhige **Hostal César Gustavo** (☎ 35-1585; Atahualpa 102; EZ/DZ 4,50/7,50 US$) das Beste. Die Zimmer haben gute Betten und Ventilatoren. Was dem **Hostal de Paz** (☎ 35-2123; Jáuregui 431; EZ/DZ 6/8,50 US$) draußen an Beschilderung fehlt macht es mit guten Zimmern wett, die Ventilatoren und Kabel-TV haben. Der betagte **Leo's Palace** (☎ 35-3008; Lores 108; EZ/DZ 6/9 US$) hat einen sehr ambitionierten Namen für seine heruntergewirtschafteten, aber geräumigen Zimmer. Manche haben einen Balkon mit Blick auf die Plaza. Gutes Mittagsmenü (1,50 US$). Das ruhige **Hostal El Naranjo** (☎ 35-2650; elnaranjo@hotmail.com; Arica 318; Zi. 14–23 US$; 🗙 🖃 🖵) wird empfohlen und hat Zimmer mit Kabel-TV und Ventilatoren oder Klimaanlage. Es gibt ein gutes Restaurant, einen Swimmingpool und warme Duschen.

Die Hotelrestaurants sind die besten Orten, um Essen zu gehen. **La Prosperidad** (Progreso 107) hat tropische Säfte, Burger und Huhn.

Der nächste Flughafen für Flüge nach Lima liegt in Tarapoto (s. S. 1059). Zu den Gesellschaften, die Busse nach Tarapoto (3 US$, 6 Std.) haben, gehören Paredes Estrella und Expreso Huamanga, mit Büros in den Außenbezirken.

Der wichtigste Hafen „La Boca" liegt 13 Blocks nördlich vom Zentrum. Frachtschiffe (s. auch S. 1070) halten in Lagunas (unten) und fahren gewöhnlich täglich außer sonntags nach Iquitos (15–30 US$, 3–5 Tage). Informationen über die Schiffe gibt's im Laden an der Anlegestelle.

LAGUNAS

Das abgelegene Dorf Lagunas bietet keine Möglichkeiten zum Geldwechseln und nur begrenzt Essen, aber es ist ein Ausgangspunkt zum Besuch der **Reserva Nacional Pacaya-Samiria** (Eintritt 20 US$), der Heimat von Amazonas-Manatís, Kaimanen, Delphinen, Schildkröten, Affen und vielen Vogelarten. Einen Besuch in der Regenzeit sollte man vermeiden. Um Dumping zu bekämpfen, gibt's jetzt eine offizielle Vereinigung der Führer: **ESTPEL** (☎ 40-1007). Touren kosten etwa 50 US$ pro Person und Tag inklusive Unterbringung und Transport, aber ohne Essen oder Eintrittsgebühren. Das **Hostal La Sombra** (☎ 40-1063; Zi. 2 US$/Pers.) hat heiße, stickige kleine Zimmer. Lagunas' bestes Hotel ist das **Hostal Miraflores** (☎ 40-1001; Miraflores 249; EZ/DZ 3/5 US$) mit sauberen Zimmern. Beide Hotels bieten billiges Essen. Schiffe von Yurimaguas brauchen gewöhnlich zehn Stunden und kommen fast täglich nach Lagunas.

IQUITOS

☎ 065 / 430 000 Ew.

Die schicke und etwas hektische Urwaldmetropole Iquitos hält den Titel der größten Stadt der Welt, die nicht auf einer Straße erreicht werden kann. Ursprünglich wurde sie in den 1750er-Jahren als abgelegene Jesuitenmission gegründet. Sie verbrachte viele Jahrzehnte damit, Angriffe indianischer Stämme abzuwehren, die nicht unbedingt bekehrt werden wollten: Christentum, nein Danke!

Beim Kautschukboom im späten 19. Jh. wurden die Kautschukbarone märchenhaft reich, während die *indígenas* und die *mestizo*-Gummisammler versklavt wurden, oder an Krankheiten und den harten Bedingungen zugrunde gingen. Noch immer sieht man Zeugnisse des Überflusses in den Villen und an künstlerisch gefliesten Wänden.

In den 1960er-Jahren ließ der Ölboom Iquitos erneut aufblühen. Da alles per Schiff oder Flugzeug „importiert" werden muss, sind die Preise saftig.

Praktische Informationen

EINREISESTELLE

Kolumbianisches Konsulat (☎ 23-1461; Calvo de Araujo 431; ⏱ Mo–Fr 9–12.30 & 14–16.30 Uhr)

Migraciónes (☎ 23-5371; m Cáceres 18. Block) Verlängert peruanische Visa, die Einreise-/Ausreisestempel muss man sich an der Grenze besorgen.

GELD

Viele Banken wechseln Reiseschecks, geben Barkredite und haben Geldautomaten. Bra-

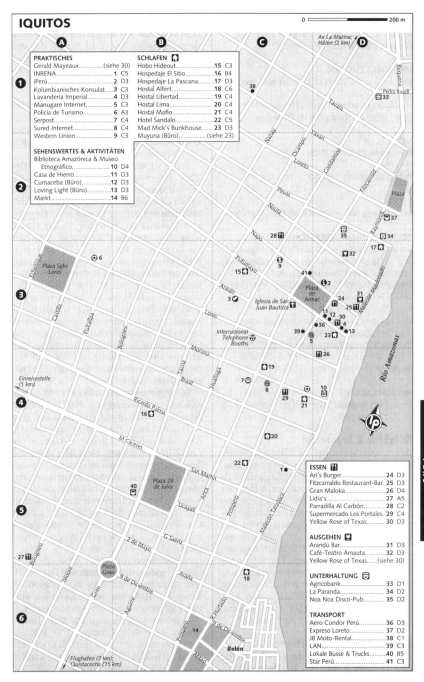

silianische und kolumbianische Währung wechselt man am Besten an der Grenze.
Western Union (☎ 23-5182; Napo 359)

INTERNETZUGANG
Die meisten Cybercafés verlangen weniger als 1 US$/Std.
Manugare Internet (Próspero 273) Schnelle Rechner.
Sured Internet (Morona 213) Mit Klimaanlage.

NOTFÄLLE
Clínica Ana Stahl (☎ 25-2535; La Marina 285; ☽ 24 Std.)
Policía de Turismo (☎ 24-2081; Lores 834)

POST
Serpost (Arica 402; ☽ Mo–Fr 8–18, Sa bis 16.30 Uhr)

TOURISTENINFORMATION
Gerald Mayeaux (theyellowroseoftexasiquitos@hotmail.com) Ex-Touristenbürodirektor, der die Informationen nun in der Yellow Rose of Texas verteilt (S. 1069).
iPerú Flughafen (☎ 26-0251; Haupthalle; ☽ 8–13 & 16–20 Uhr) Zentrum (☎ 23-6144; Plaza de Armas, Calle Napo 232; ☽ 8.30–19.30 Uhr)
Iquitos Times (www.iquitostimes.com) Englischsprachige Gratiszeitung für Touristen.
Reserva Nacional Pacaya-Samiria (☎ 23-2980; 4. Stock, Ricardo Palma 113; ☽ Mo–Fr 8–16 Uhr) Büro der INRENA's.

WASCHSALON
Lavandería Imperial (Putumayo 150; ☽ Mo–Sa 8–20 Uhr) Mit Münzmaschinen.

Gefahren & Ärgernisse

Aggressive Schlepper und viele selbsternannte Urwaldführer können einen irritierend bedrängen und sind oft alles andere als rechtschaffen. Man sollte ihnen nicht über den Weg trauen, manche haben sogar schon Touristen ausgeraubt. Besonders bei der Organisation von Campingausflügen in den Urwald sollte man Vorsicht walten lassen. Alle Führer sollten eine Erlaubnis haben, außerdem kann man nach Empfehlungen fragen und sich im Touristenbüro erkundigen. Wichtigste Regel: mit Umsicht zu Werke gehen. Kleine Diebstähle von Kindern, die auf den Straßen herumlungern und auf Beute warten, können vorkommen.

Sehenswertes & Aktivitäten

Die von Eiffel entworfene, sehr berühmte **Casa de Hierro** (Eisernes Haus; Ecke Putumayo & Ray-

mondi) wurde in Paris hergestellt und um 1890 Stück für Stück nach Iquitos gebracht. Sie stellt das dar, was sie ist: Ein Haufen von zusammengeschraubten Metallplatten. Aber Besserung ist in Sicht: In der nächsten Zeit sollen über dem Laden ein Restaurant und eine Bar eröffnet werden.

Die **Biblioteca Amazónica & Museo Etnográfico** (Ecke Malecón & Morona; ☽ Mo–Fr) in einem der ältesten Häuser von Iquitos zeigt erstaunlich lebensechte Fiberglasstatuen von Angehörigen verschiedener Amazonasstämme.

In der schwimmende Barackenstadt **Belén** leben Tausende von Menschen in Hütten, die mit dem Fluss steigen und fallen. Ab sieben Uhr werden hier auf Kanus Urwaldprodukte verkauft. Es ist eine arme Gegend, aber tagsüber relativ sicher. In der Hochwasserzeit zwischen November und Mai nimmt man ein Taxi nach Los Chinos, geht zum Hafen und mietet sich ein Kanu, um dort umherzupaddeln; in den anderen Monaten ist es schwerer. Der **Markt** an der Westseite von Belén hat haufenweise getrocknete Frösche und Fische, Gürteltierpanzer, Piranha-Zähne und fast alles andere, sogar Küchenspülbecken. Interessant ist Chuchuhuasi-Baumrinde, die wochenlang in Rum eingelegt wurde und dann als Stimulanzmittel verwendet wird (sie wird sogar in Bars verabreicht).

Die **Pilpintuwasi Butterfly Farm** (☎ 23-2665; www.amazonanimalorphange.org; Padra Cocha; Eintritt 5 US$; ☽ 10–16 Uhr) ist ein Treibhaus und eine Aufzuchtstation für Schmetterlinge des Amazonasgebiets. Allerdings stehlen die verwaisten exotischen Tiere hier allem anderen die Schau – dazu gehören Kapuzineräffchen, Tapire, Jaguare, Riesenameisenbären, und Manatis. Vom Bellavista-Nanay Hafen 2 km nördlich von Iquitos nimmt man ein kleines Boot nach Padre Cocha. Die Farm liegt am Ende eines ausgeschilderten, 1 km langen Weges durchs Dorf.

Nostalgische Ausländer habe den wunderbar blödsinnigen **Amazon Golf Club** (☎ 63-1333; Quistacocha; 9-Loch-Runde inkl. Schlägerverleih 20 US$; ☽ 6–18 Uhr) gegründet. Es ist der einzige Golfclub im ganzen Amazonasgebiet. Wer spielen will, fragt bei **Mad Mick's Trading Post** (☎ 065-75-4976; Putumayo 163; ☽ 8–20 Uhr) nach, wo man übrigens fast alles, was für einen Urwaldexpedition nötig ist, kaufen, leihen, verkaufen oder tauschen kann.

Schlafen

Moskitos sind nur selten ein wirkliches Problem, also werden keine Netze gestellt. In der Hochsaison von Mai bis September sind die Preise höher.

Mad Mick's Bunkhouse (☎ 975-4976; michaelcollis@hotmail.com; Putumayo 163; B 3 US$) Hier nächtigt man in einem Acht-Betten-Saal hinter einer Handelsniederlassung. Nirgends kommt man für diesen Preis näher an die Action – es ist nur 50 m bis zur Plaza de Armas.

Hostal Alfert (☎ 23-4105; G Saenz 1; EZ/DZ 4,50/7,30 US$) Dieser auffällige Ort mit Aussicht auf den Fluss und Belén sowie warmen Duschen zieht Budgettraveller an, auch wenn die Gegend nicht ganz ungefährlich ist.

Hobo Hideout (☎ 23-4099; hobohideout@yahoo.com; Putumayo 437; B 5, EZ/DZ 8,75/11 US$; 🖳) Die Vibrations einer abgeklärten Travellerszene dringen hier überall durch die schmiedeeisernen Tore: Küche, Wäscherei, Pool mit Wasserfall, Bar und Kabel-TV-Raum. Ein (teureres) Zimmer steht auf Urwaldstelzen, andere sind klein und dunkel.

Hospedaje La Pascana (☎ 065-23-1418; www.pascana.com; Pevas 133; EZ/DZ/3BZ 11/12,50/15,50 US$) Sicherer und sympathischer Ort mit einem kleinen Garten voller Pflanzen; ein Favorit unter Travellern und daher oft ausgebucht. Büchertausch.

Weitere Empfehlungen:

Hostal Maflo (☎ 24-1257; hostalmaflo@mixmail.com; Morona 177; EZ/DZ 7,20/12 US$, Frühstück inkl.) Einfache Zimmer mit warmem Wasser und Kabel-TV.

Hostal Libertad (☎ 23-5763; Arica 361; EZ/DZ 7,50/11,50 US$, DZ mit Klimaanlage 15 US$) Einfache Zimmer mit elektrisch beheizter Dusche, manche mit Kabel-TV.

Hospedaje El Sitio (☎ 23-4932; R Palma 545; EZ/DZ 7,80/11 US$) Saubere, sehr große Zimmer mit Kabel-TV.

Hostal Lima (☎ 22-1409; Próspero 549; EZ/DZ 8/11 US$) Enge, aber saubere Zimmer mit winzigen Bädern. Oben ist es besser und luftiger.

Hotel Sandalo (☎ 23-4761; sandalo@iquitos.net; Próspero 616; EZ/DZ 12,50/18,75 US$, mit Klimaanlage 18,75/25 US$, Frühstück inkl.; 🖳) Moderne Zimmer im Motelstil; mit Teppichboden, Kabel-TV, Minikühlschrank und Telefon.

Essen

Yellow Rose of Texas (Putumayo 180; Frühstück ab 1,50 US$, Hauptgerichte 5–7,50 US$; 🕑 24 Std.) Spezialisiert auf Texas-Barbecue, aber man kann auch andere Urwald- oder internationale Gerichte schmausen, im Hof bei Laternenschein oder an Tischen auf dem Bürgersteig.

Lidia's (Bolognesi 1181; Hauptgerichte ab 2 US$; 🕑 Mo–Sa 6–21 Uhr) So gemütlich, dass es praktisch wie Lidias Wohnzimmer ist. Gerichte mit viel Fleisch, Fisch, *tamales* und Kochbananen frisch vom Grill. Kein Schild, aber viel Atmosphäre.

Parrillada Al Carbón (Condamine 115; Hauptgerichte 2–5 US$; 🕑 abends) Guter Grill für lokale Gerichte wie *tacacho* (zerstampfte Bananen mit Speck), *calabresa* (würzige brasilianische Wurst) und *patacones* (gebratene Kochbananen).

Ari's Burger (Próspero 127; Gerichte 2–6 US$; 🕑 7–15 Uhr) Blitzsauber und an der Plaza; wird „Gringolandia" genannt und ist gut für Essen und Eis im US-Stil.

Fitzcarraldo Restaurant-Bar (Napo 100; Hauptgerichte 3–7 US$) Einen Block hinter den teuren Restaurants; außen mit einem Patio zur Straße hin, innen mit eisig eingestellter Klimaanlage.

Gran Maloka (Lores 170; menú 3,50, Hauptgerichte 7–9 US$; 🕑 12–22 Uhr; 🍴) In einer Villa mit

---

IN DIE VOLLEN!

In der Umgebung von Iquitos gibt es über ein Dutzend Urwaldlodges. Generell bieten jedoch die Lodges, die weiter weg vom Amazonas angelegt wurden, die besseren Chancen, exotische Wildtiere zu sehen. Ein typischer und unvergesslicher Trip besteht aus einer Reise auf dem Fluss, Unterbringung mit allen Mahlzeiten, Urwaldwanderungen und Kanuausflügen, außerdem einen Besuch in einem indigenen Dorf. Die meisten Lodges verlangen über 100 US$ pro Tag, je nach Zahl der Tage, Service, Gruppengröße und dem jeweiligen Verhandlungsgeschick. Büros der Lodges findet man im Zentrum von Iquitos (Karte S. 1067), alternativ fragt man im Touristenbüro. Budgetreisende haben folgende Lodges empfohlen: **Cumaceba** (☎ 065-22-1456; www.cumaceba.com; Putumayo 184), **Muyuna** (☎ 065-24-2858; www.muyuna.com; Putumayo 163), **Loving Light** (☎ 065-24-3180; www.junglelodge.com; Putumayo 128), **Yarapa River** (☎ 065-993-1172; www.yarapariverlodge.com; La Marina 124) und **Explorama** (☎ 065-25-2530; www.explorama.com; La Marina 340).

EINREISE NACH KOLUMBIEN, BRASILIEN & ECUADOR

Kolumbien, Brasilien und Peru bilden ein Dreiländereck. Sogar mitten im Amazonasgebiet müssen die Einreiseformalitäten beachtet werden und die Beamten verweigern einem die Einreise, wenn der Pass und die Touristenkarte nicht in Ordnung sind. Die Regelungen ändern sich, doch die Kapitäne der Flussschiffe wissen, wo man hingehen muss. Man kann zwischen den drei Ländern ohne Formalitäten hin- und herreisen, solange man in der Dreiländerzone bleibt. Wenn man Peru verlässt, muss man sich aber bei der peruanischen Einreisestelle in Santa Rosa am Südufer des Flusses kurz vor der Grenze einen Ausreisestempel besorgen (die Schiffe warten auf einen, man muss den Kapitän nur darum bitten).

Die größte Stadt in der Gegend ist Leticia (Kolumbien). Hier gibt es Hotels, Restaurants und ein Krankenhaus. Den offiziellen Einreisestempel nach Kolumbien bekommt man ebenfalls hier. Motorisierte Kanus von Santa Rosa erreichen Leticia in etwa 15 Minuten. Von Leticia kann man mit herkömmlichen Fluglinien fast jeden Tag nach Bogotá fliegen. Ansonsten schippern unregelmäßig Schiffe nach Puerto Asis am Río Putumayo, eine Reise von bis zu zwölf Tagen. Von Puerto Asis fahren Busse weiter nach Kolumbien hinein.

Leticia ist mit Tabatinga (Brasilien) durch eine Straße verbunden (kurzer Spaziergang oder Taxifahrt). Den offiziellen Einreisestempel nach Brasilien bekommt man in der Polizeistation von Tabatinga. Tabatinga hat einen Flugplatz mit Flügen nach Manaus (Brasilien). Schiffe nach Manaus – etwa eine Woche Fahrt entfernt – legen flussabwärts ab und halten gewöhnlich eine Nacht im brasilianischen Hafen Benjamin Constant. Ansonsten ist man mit der Fähre innerhalb einer Stunde in Benjamin Constant.

Von Iquitos fahren zweimal in der Woche Schiffe nach Santa Rosa. Sie brauchen zwei Tage und kosten 15 bis 20 US$ (man muss verhandeln). Mehrere Gesellschaften in der Raymondi an der Loreto, z. B. **Expreso Loreto** (☎ 065-23-4086/24-3661), bieten schnelle Boote, die nur zwölf Stunden brauchen und jeden zweiten Tag um 6 Uhr losfahren. Die Fahrt kostet 50 US$, das Mittagessen ist mit drin.

Es ist auch möglich – aber mühsam –, mit einem Frachtschiff von Iquitos nach Coca in Ecuador zu reisen, die Fahrt geht über den Amazonas und den Río Napo. Mehr Informationen über diese Strecke zwischen Ecuador und Peru stehen auf S. 693.

Informationen zur Einreise nach Peru von Brasilien bzw. Kolumbien aus s. S. 448 und S. 891.

---

einer Atmosphäre wie in den Zeiten des Kautschukbooms. Das Menü ist abenteuerlich – wer will schon Kaiman in Curry? –, doch es gibt auch weniger aufregende Angebote. Gut, wenn man mal prassen will.

Supermercado Los Portales (Ecke Próspero & Morona) Für Nachschub.

Ausgehen

Arandú Bar (Napo) Gute Bierkneipe gleich beim Fitzcarraldo.

Café-Teatro Amauta (Nauta 250) Hat fast jeden Abend peruanische Livemusik und viele gut lokale Drinks.

Yellow Rose of Texas (Putumayo 180; ⊗ 24 Std.) Der Ort für Spiele, Sportfernsehen und himmlisches, eiskaltes Bier.

Unterhaltung

Agricobank (Ecke Condamine & Pablo Rosell; Eintritt 1,75 US$) Hunderte versammeln sich, um auf diesem Platz im Freien aufzudrehen.

Noa Noa Disco-Pub (Pevas 292; Eintritt 6 US$) Das feine Noa Noa vibriert zu Cumbia und Salsarhythmen.

La Paranda (Pevas 174) Hier hauen die Einheimischen an den Wochenenden auf den Putz.

An- & Weiterreise
FLUGZEUG

Der Flugplatz von Iquitos (IQT) liegt 7 km südlich der Stadt. Flüge nach Lima und Tarapoto gibt's derzeit bei **LAN** (☎ 23-2421; Próspero 232) und **Star Perú** (☎ 23-6208; Napo 256) sowie **Aero Condor Perú** (☎ 23-1086; Próspero 215). Charterflüge fliegen fast alle Ziele im Amazonasgebiet an (300 US$/Std.).

SCHIFF/FÄHRE

Frachtschiffe legen gewöhnlich vom Puerto Masusa an der Av La Marina 2,5 km nördlich vom Zentrum ab. Auf Tafeln wird mit Kreide angeschrieben, welche Schiffe wann

www.lonelyplanet.de · · ALLGEMEINE INFORMATIONEN · · Aktivitäten **1071**

wohin fahren. (Vorsicht: Die Abfahrtszeiten ändern sich oft über Nacht und die Schiffe verspäten sich nicht selten um Stunden oder Tage.) S. S. 950 für Einzelheiten zu Reisen mit Frachtschiffen.

Schiffe nach Pucallpa (4–7 Tage) oder Yurimaguas (3–6 Tage) kosten 20–30 US$ pro Person. Die Schiffe fahren etwa drei Mal die Woche nach Pucallpa, öfter nach Yurimaguas, aber seltener, wenn der Fluss bei der Abfahrt Niedrigstand hat.

Unterwegs vor Ort

Taxis zum Flughafen kosten 3 US$, *motocarros* 2 US$. Busse und Lastwagen zu nahe gelegenen Zielen wie dem Flughafen fahren von der Plaza 28 de Julio. *Motocarro*-Fahrten in der Stadt kosten 0,70 US$. **JB Moto-Rental** (Yavari 702; 2,50 US$/Std.) verleiht Motorräder.

ALLGEMEINE INFORMATIONEN

AKTIVITÄTEN

Die meisten Aktivitäten sind das ganze Jahr über möglich, doch manche Zeiten eignen sich besser als andere. Die Hauptsaison für die meisten Outdooraktivitäten ist die Trockenzeit im Winter (Juni–Aug.). Trekking im Hochland ist in der Regenzeit – besonders Dezember bis März, wenn der meiste Regen fällt – eine schlammige Angelegenheit. Die heißeren Sommermonate eignen sich dagegen am besten fürs Schwimmen und Surfen an der Pazifikküste.

Dass viele der Outdooraktivitäten in Peru noch im Aufbau begriffen sind, hat zur folge, dass es teuer werden kann, eine Ausrüstung zu leihen – vorausgesetzt, es lässt sich überhaupt eine auftreiben. Die Führer sind entsprechend oft schlecht ausgebildet und trainiert – das Risiko, sich bei Unfällen zu verletzten oder gar tödlich zu verunglücken, tragen jedoch die Kunden. Aus Sicherheitsgründen sollte man daher die billigsten Agenturen und Ausstatter meiden. Für spezielle Aktivitäten am besten gute Ausrüstung selbst mitbringen.

Klettern

Der Huascarán (6768 m), Perus höchster Berg, ist nur etwas für Profis, aber in der Nähe von Huaraz (S. 1046) und Arequipa (S. 985) gibt's auch viele leichtere Gipfel. Fels- und Eisklettertouren gibt's vor allem rund um Huaraz (S. 1045).

Mountainbiken

Schöne Downhills gesucht? Um Huaraz (S. 1046), Cusco (S. 1001) und Arequipa (S. 985) gibt's sowohl leichte als auch schwere Strecken für Mountainbiker.

Paragliding

Paragliding ist in Peru im Kommen, besonders in Lima (S. 961).

Rafting

Wildwasserrafting-Agenturen in Cusco (S. 1001) und Arequipa (S. 985) bieten eine Vielzahl von Tagesausflügen und längeren Unternehmungen (Grade III–IV inkl. Stromschnellen). In den letzten Jahren ist es zu einigen tödlichen Unfällen gekommen – vorher also genau überlegen, welcher Raftinggesellschaft man sein Leben anvertraut. Der beste Ort für Anfänger findet sich bei Lunahuaná (S. 968).

Reiten

Es ist kein Problem, Pferde zu leihen. Wer etwas Besonderes will, sollte einen Ritt auf den anmutigen peruanischen Paso-fino-Pferden in der Nähe von Lima (S. 961) oder bei Urubamba (S. 1009) versuchen.

Surfen & Sandboarden

Surfen hat in Peru viele Fans. Es gibt im Norden einige schöne Wellen, berühmt sind die bei Huanchaco (S. 1036), Máncora (S. 1042) und Puerto Chicama (S. 1036) und gleich südlich von Lima (S. 961). Etwas ganz anderes ist es, die gigantischen Dünen der Küstenwüste bei Huacachina (S. 974) und Nazca (S. 976) hinunter zu surfen.

Trekking

Trekker, Stiefel einpacken! Der Abwechslungsreichtum der Trails in Peru ist umwerfend. Die Cordillera Blanca (S. 1047) ist wegen ihrer Gipfel unübertroffen, ebenso überwältigt einen die Cordillera Huayhuash (S. 1053). Von einem Trek in Peru hat aber fast jeder gehört: dem weltberühmten Inkatrail nach Machu Picchu (S. 1016). Nur: Eben weil er so bekannt ist wie ein bunter Hund, sollte man überlegen, ob man nicht

PERU

eine alternative Strecke nach Machu Picchu (S. 1017) wählt. Der spektakuläre Aus-angate-Rundgang (S. 1002), die Inkastätte Choquequirau (S. 1002) und die alten Ruinen im Nebelwald bei Chachapoyas (S. 1056) gehören zu den weiteren interessanten Trekkingzielen. Eine weitere Alternative stellen die tiefsten Canyons der Welt dar – der Cañón del Cotahuasi (S. 988) und der Cañón del Colca (S. 988).

Vogelbeobachtung

Wer sich für Vogelbeobachtung begeistert, sollte sich ins Amazonasbecken (S. 1059), zu den Islas Ballestas (S. 969) und zum Cañón del Colca (S. 988) begeben. S. S. 948 für weitere Informationen über die Fauna von Peru.

ARBEITEN IN PERU

Offiziell braucht man zum Arbeiten in Peru ein Visum, wenngleich sich manche Sprachschulen in Lima oder Cusco, die Ausländer für Fremdsprachenunterricht (vor allem Englisch) einstellen, wenig um solche Bestimmung scheren. Ohne Visum geht man jedoch einer illegalen Beschäfti-gung nach – und ohnehin sind diese Jobs zunehmend schwerer ohne die entspre-chenden Papiere zu bekommen. Praktika und kurzzeitige Jobs mit Freiwilligenarbeit s. S. 1074.

BOTSCHAFTEN & KONSULATE
Botschaften & Konsulate in Peru
Bolivien Lima (Karte S. 954 f.; ☎ 01-422-8231; Fax 01-222-4594; Castaños 235, San Isidro, Lima 27) Puno (Karte S. 991; ☎ /Fax 051-35-1251; Arequipa 136, 3. Stock, Puno)
Brasilien (Karte S. 963; ☎ 01-421-5660; www.emba jadabrasil.org.pe; José Pardo 850, Miraflores, Lima 18)
Chile (Karte S. 954 f.; ☎ 01-611-2211; www.embachile. peru.com.pe; Javier Prado Oeste 790, San Isidro, Lima 27)
Deutschland (Karte S. 963; ☎ 01-212-5016; www. embajada-alemana.org.pe; Arequipa 4210, Miraflores, Lima 18)
Ecuador Lima (Karte S. 954 f.; ☎ 01-212-4171; www. mecuadorperu.org.pe; Las Palmeras 356, San Isidro, Lima 27); Tumbes (☎ 072-52-5949; 3. Stock, Bolívar 129, Plaza de Armas, Tumbes)
Kolumbien Iquitos (Karte S. 1067; ☎ 065-23-1461; cniquitosperu@terra.com.pe; Calvo de Araujo 431, Iquitos); Lima (Karte S. 954 f.; ☎ 01-441-0954; www.embajada colombia.org.pe; Jorge Basadre 1580, San Isidro, Lima 27)
Österreich Lima (☎ 01-442-0503; www.lima-ob@ bmaa.gv.at; Edificio „De las Naciones", Avenida Republica

de Colombia/ex Avenida Central 643, 5. Stock, San Isidro, Lima 27)
Schweiz Lima (☎ 01-264-0305; www.eda.ad min.ch/lima; Av Salaverry 3240, San Isidro;)
USA (Karte S. 954 f.; ☎ 01-434-3000; lima.usembassy. gov; La Encalada 17.Block, Surco, Lima 33)

Peruanische Botschaften & Konsulate
S. S. 1078 für Visainformationen. Perua-nische Botschaften gibt's neben den im Fol-genden genannten auch in allen Nachbar-ländern.
Deutschland (☎ 030-229-14-55; www.conperlin. embaperu.de; Mohrenstrasse 42, 10117 Berlin)
Österreich Wien (01-713-43-77-12; www.embaperu austria.at; Gottfried-Keller-Gasse 2/8. Stock, 1030 Wien)
Schweiz Bern (031-351-85-67 www.consulado.peru@ bluewin.ch; Thunstr. 36, 3005 Bern)

BÜCHER

Empfehlenswert sind *Peru* und *Trekking in the Central Andes* von Lonely Planet

Klassische Bücher und Quellen zu den Inka sind u. a.:

Die Eroberung von Peru von William Prescott, München 1986 (Original von 1847).

Bericht von der Verwüstung der Westindischen Länder von Bartolomé de las Casas, Frankfurt 1981 (Original von 1552).

Wahrhaftige Kommentare zum Reich der Inka von Garcilaso de la Vega, Berlin (Ost) 1983. Dies ist eine Übersetzung der *Comentarios Reales*, des Werks von Garcilaso aus dem 16. Jh. Er war der Sohn einer Inkaprinzessin und eines Konquistadoren.

Peru von Eleonore von Oertzen und Ulrich Goedeking, 3. Auflage München 2004; bietet eine gute Einführung in die Landeskunde.

Die Inka. Geschichte, Kultur, Religion von Catherine Julien, München 1998; liefert eine kurze Darstellung der Inka.

Das Reich der Inka, Wien/Düsseldorf 1982 und *Die Inka – Ahnen und Erben der Sonne*, beide von Miroslav Stingl, schildern ausführlicher die Geschichte des Inkareichs.

Mario Vargas Llosa ist nicht nur der be-rühmteste Schriftsteller Perus, er hat sich auch immer wieder politisch engagiert und war 1990 sogar Präsidentschaftskandidat, verlor die Wahl aber gegen Alberto Fuji-mori. Zu seinen neueren Büchern zur peru-anischen Politik der letzten Jahrzehnte gehören:

Tod in den Anden, Frankfurt 1996; ein Roman über die schlimmen Zeiten des Sendero Luminoso.

Der Fisch im Wasser, Frankfurt 1995; Vargas Llosa beschreibt seine Erfahrungen in der Politik.

ESSEN & TRINKEN

Das Essen ist eher scharf, doch *aji* (Chiligewürz) wird gesondert gereicht. Wenn man Fisch und Meeresfrüchte über hat, *cuy* (Meerschweinchen) einem leidtun oder einem schon bei der Vorstellung von Cajamarcas Spezialität, Kuhhirn, übel wird, dann kann man in jeder Stadt *pollería*-Grills finden, die Hühnchen und Kartoffeln für die Massen ausspucken. Vegetarisches Essen ist ein kleines, aber schnell wachsendes Business in Peru; kleine Lokale tauchen in den großen Städten und in den Touristenorten immer häufiger auf. *Chifas* (chinesische Restaurants) sind oft billig. Viele andere Restaurants bieten zudem ein *menú del día* (Tagesmenü; meist mittags) an, das in der Regel aus einer Suppe, einem Hauptgang und manchmal einem Dessert besteht; Kostenpunkt: etwa 2 US$.

Der Hinweis *Incluye impuesto* (IGV) bedeutet, dass die Steuer im Preis enthalten ist. Bessere Restaurants schlagen 18 % Steuern und 10 % Trinkgeld auf die Rechnung auf.

Peruanische Küche

Zu den typischsten peruanischen Snacks und Gerichten gehören:

ceviche erótico (se·*vi·*che e·*ro·*ti·ko) – gemischte Meeresfrüchte in Limonensaft, Chili und Zwiebeln mariniert, kalt serviert mit süßem Mais und gekochter Süßkartoffel; wird als Aphrodisiakum angesehen!

chirimoya (chi·ri·*mo·*ja) – sieht aus wie ein Apfel mit Reptilienhaut; hat ein süßes Inneres und schmeckt viel besser als es aussieht.

cuy chactado (kui chak·*ta·*do) – gebratenes Meerschweinchen.

lomo de alpaca (lo·mo de al·*pa·*ka) – Alpakafleisch schmeckt wie Rind, hat aber nur halb so viel Fett.

lomo saltado (lo·mo sal·*ta·*do) – kleine gebratene Rindfleischstückchen mit Zwiebeln, Tomaten und Kartoffeln, dazu Reis.

palta a la jardinera (pal·ta a la char·di·*ne·*ra) – Avocado mit Gemüse und Mayonnaise gefüllt; *a la reina* bedeutet mit Hühnersalat.

rocoto relleno (ro·*ko·*to re·*je·*no) – würzige Paprika mit Hackfleisch, sehr scharf!

sopa a la criolla (so·pa a la kri·*oj·*ja) – leicht gewürzte cremige Nudelsuppe mit Rind, Gemüse und Milch; *a la criolla* bedeutet scharfes Essen.

Getränke

ALKOHOLISCHE GETRÄNKE

Es gibt etwa ein Dutzend schmackhafter und billiger Biersorten, sowohl leichte Lagerbiere wie auch süßere und dunkle Gebräue, die *malta* oder *cerveza negra* genannt werden. Cusco und Arequipa sind stolz auf ihre Biere Cuzqueña and Arequipeña.

Das traditionelle Hochlandgetränk *chicha* (Maisbier), das es schon in präkolumbischen Zeiten gab, wird vor allem auf den Märkten in den kleinen Andendörfern in tönernen Töpfen aufbewahrt und in großen Gläsern serviert. In Geschäften ist *chicha* gewöhnlich nicht zu bekommen. Das selbstgebraute Getränk hat einen auf besondere Art hergestellten Geschmack – der eher unhygienische Gärungsprozess beginnt damit, dass jemand den Mais kaut.

Peruanische Weine sind ganz passabel, aber nicht so gut wie die aus Chile oder Argentinien. Nationalgetränk ist ein Schnaps aus weißen Trauben, der *pisco*. Touristen wird er meist in Form von *pisco sour* serviert, einem wohlschmeckenden Cocktail, der aus Pisco, Eiweiß, Limonensaft, Zuckersirup, zerstoßenem Eis und Angostura zusammengemixt wird. Wer im Urwald Schnaps will, bekommt *aguardiente* (Zuckerrohrschnaps mit Anisaromen). *Salud!*

NICHTALKOHOLISCHE GETRÄNKE

Agua mineral (Mineralwasser) wird *con gas* (mit Kohlensäure) oder *sin gas* (ohne) verkauft. Man sollte Peru nicht verlassen, ohne wenigstens einmal das viel verkaufte, sprudelnde, nach süßem Kaugummi schmeckende Nationalgesöff Inca Kola probiert zu haben. Wer der Wasserversorgung nicht ganz traut, sollte es *sin hielo* (ohne Eis) trin-

---

ACHTUNG

Man sollte keine Speisen bestellen, die mit Fleisch von vom Aussterben bedrohten Tieren zubereitet werden. Manchmal servieren Restaurants *chanco marino* (Delphin), im Urwald gibt's auch *huevos de charapa* (Schildkröteneier), *motelo* (Schildkröte) oder sogar *mono* (Affe).

ken. *Jugos* (Fruchtsäfte) gibt's überall. Man sollte stets *jugo puro* verlangen, nicht *con agua*. Die beliebtesten Säfte sind *naranja* (Orange), *toronja* (Pampelmuse), *maracuyá* (Maracuja), *manzana* (Apfel), *naranjilla* (eine Frucht, die wie eine bittere Orange schmeckt) und Papaya. *Chicha morada*, ein süßes, mildes Getränk ohne Kohlensäure, wird aus violettem Mais hergestellt. *Maté de coca* (Tee aus Kokablättern) hilft angeblich bei Höhenkrankheit.

FEIERTAGE & FERIEN

An wichtigen Feiertagen sind die Banken, die Büros und andere Dienststellen geschlossen. Hotels verdoppeln oder verdreifachen ihre Preise und die öffentlichen Nahverkehrsmittel sind brechend voll. Fiestas Patrias ist der größte Nationalfeiertag, dann ist das ganze Land auf Achse.

Año Nuevo (Neujahr) 1.Januar
Karfreitag März/April
Día del Trabajador (Tag der Arbeit) 1. Mai
Inti Raymi 24. Juni
Fiestas de San Pedro y San Pablo (Fest von Peter & Paul) 29. Juni
Fiestas Patrias (Nationalfeiertag der Unabhängigkeit) 28. und 29. Juli
Fiesta de Santa Rosa de Lima 30. August
Tag der Schlacht von Angamos 8. Oktober
Todos Santos (Allerheiligen) 1. November
Fiesta de la Purísima Concepción (Fest der unbefleckten Empfängnis) 8. Dezember
Navidad (Weihnachten) 25. Dezember

FESTIVALS & EVENTS

Eine Liste der nationalen Feiertage gibt's im vorherigen Abschnitt.

La Virgen de la Candelaria (Lichtmess) Eine farbenfrohe Hochlandfiesta am 2. Februar, vor allem im Gebiet von Puno.

Karneval Februar/März – jede Menge Wasserschlachten!

Semana Santa (Karwoche) März/April – religiöse Prozessionen die ganze Woche über.

Fronleichnam Dramatische Prozessionen in Cusco am neunten Donnerstag nach Ostern.

Inti Raymi Das große Inka-Sonnenfest, das zur Wintersonnenwende abgehalten wird (24. Juni).

La Virgen del Carmen Tanz auf den Straßen in Pucara beim Titicacasee, in Paucartambo und in Pisac bei Cusco (16. Juli).

Puno-Tag Spektakuläre Kostüme und Tanz in Puno (5. Nov.) erinnern an das legendäre Auftauchen des ersten Inka, Manco Cápac, aus dem Titicacasee.

FRAUEN UNTERWEGS

Die meisten Frauen, die nach Peru reisen, haben wenig Probleme. Sie sollten sich aber innerlich darauf einstellen, dass sie Aufmerksamkeit erregen. Der Machismo ist in peruanischen Klein- und Großstädten gesund und munter. Neugierige Blicke, Pfeifen, Zischeln und *piropos* (freche, flirtende oder vulgäre „Komplimente") gehören hier zum Alltag. Die Provokationen zu ignorieren ist im Allgemeinen die beste Reaktion. Die meisten Männer lassen ihrem Geschwätz normalerweise kein aggressiveres Verhalten folgen, es sei denn, sie fühlen sich von der Frau in ihrer Männlichkeit verletzt.

Wer Einheimische um Hilfe bittet, wird bemerken, dass die meisten Peruaner sich schützend vor allein reisende Frauen stellen und mit Staunen und Sorgen darauf reagieren, wenn man ihnen erzählt, ohne Mann oder Familie unterwegs zu sein. Wer von einem Fremden auf der Straße angesprochen wird, sollte nicht unbedingt stehen bleiben. Frau sollte auch nie allein an einer Führung teilnehmen und in archäologischen Anlagen selbst am Tag wachsam sein. Nachtbusse und nicht lizensierte Taxis gilt es zu meiden.

Abtreibungen sind in Peru illegal, es sei denn, sie retten das Leben der Mutter. Das **Instituto Peruano de Paternidad Responsable** (Inppares; ☎ 01-583-9012; www.inppares.org.pe) betreibt ein Dutzend sexualmedizinischer Kliniken für Frauen und Männer im ganzen Land.

FREIWILLIGENARBEIT

Die meisten Freiwilligenorganisationen verlangen Geld für das Programm, für die Unterkunft und die Verpflegung. Man sollte sich vor falschen Wohlfahrtsorganisationen und betrügerischen Programmen hüten. Spanische Sprachschulen wissen zumeist über aktuelle Möglichkeiten der Freiwilligenarbeit Bescheid. Die Clubhäuser der South American Explorers haben Berichte aus erster Hand von Ausländern, die freiwillig in Lima (S. 958) oder Cusco (S. 999) tätig waren. **ProWorld Service Corps** (ProPeru; www.proworldsc.org) organisieren zwei- bis 26-wöchige kulturelle und akademische Hilfsdienste im Heiligen Tal und im Amazonasgebiet. Sie sind mit NGOs in ganz Peru verbunden.

Organisationen in den deutschsprachigen Ländern:

Freiwilligenarbeit.de (www.freiwilligenarbeit.de) Freiwilligenarbeit-Portal, die Programme rund um den Planeten vorstellt.

TravelWorks (www.travelworks.de) Vermittelt Freiwilligenarbeit weltweit, auch in Peru.

Europäisch-Lateinamerikanische Gesellschaft (ELG) (www.auslandspraktikum.at) Internationale Organisation, die Freiwilligenarbeit auch in Peru vermittelt.

Freiwilligenportal der Schweiz (www.forum-freiwilligenarbeit.ch) Plattform zur Förderung der Freiwilligenarbeit von Schweizern auch im Ausland.

FÜHRERSCHEIN

Ein Führerschein des eigenen Landes genügt, um eine Auto zu mieten. Der Internationale Führerschein wird nur verlangt, wenn man länger als 30 Tage in Peru ein Auto fährt.

GEFAHREN & ÄRGERNISSE

Auch in Peru kann es Belästigungen und Ärger geben. Vieles davon kann aber durch vernünftiges Verhalten vermieden werden.

Das häufigste Problem ist Diebstahl, meistens Trickdiebstahl oder einfaches Wegreißen. Gewalttätige Überfälle sind selten, kommen aber auch vor. Vorsicht vor „Würgern und Greifern", vor allem in archäologischen Anlagen. Raubüberfälle und -mord gab es selbst auf bekannten Trekkingstrecken, besonders rund um Huaraz.

Nicht lizensierten „Piraten"-Taxis sollte man mit Vorsicht begegnen, denn es ist schon vorgekommen, dass sie an „Express"-Entführungen beteiligt waren. Ratsam ist es auch, anstatt der billigen Übernachtbusse eher die teureren und besseren Busse zu nehmen, um so das Risiko eine Unfalls oder einer Entführung zu mindern.

Um Drogen unbedingt einen großen Bogen machen. Gringos, die sich darauf eingelassen haben, saßen für lange Zeit in peruanischen Gefängnissen ein. Jeder Tatverdächtige wird so lange für schuldig befunden, bis er seine Unschuld beweisen kann (das gilt auch bei Autounfällen, egal ob man der schuldige Fahrer ist oder nicht).

Terrorismus gehört in Peru weitgehend der Vergangenheit an, doch der Drogenhandel ist weiterhin ein bedeutendes Geschäft. Um folgende Regionen, in denen sich der illegale peruanische Drogenanbau im We-

sentlichen abspielt, sollte man einen Bogen machen: das Tal des Río Huallaga zwischen Tingo María und Juanjui und das Tal des Río Apurímac in der Nähe von Ayacucho.

Nicht alle Minen und Blindgänger entlang der ecuadorianischen Grenze sind beseitigt worden. Also nur die offiziellen Grenzübergänge benutzen und in Grenzgebieten die offiziellen Wege nicht verlassen.

Die *Soroche* (Höhenkrankheit) kann tödlich enden. Weitere Infos s. S. 1253.

GEFÜHRTE TOUREN

Manche geschützten Gegenden wie der Inkatrail und der Parque Nacional Manu können nur im Rahmen geführter Touren betreten werden. Andere Outdooraktivitäten wie Trekking in den Anden oder Wildtierbeobachtungen im Amazonasgebiet sind mit einem erfahrenen Führer wahrscheinlich lohnender.

GELD

Die Währung Perus heißt Nuevo Sol (S/.), ein Nuevo Sol sind 100 *céntimos*.

Bargeld

Banknoten sind im Wert von 10, 20, 50 und 100 S/. im Umlauf. Wer Geld wechselt, sollte immer um viele kleine Scheine bitten. Münzen gibt's zu 10, 20 und 50 *céntimos* sowie 1, 2 und 5 S/. US-Dollars werden in vielen Touristeneinrichtungen ebenfalls akzeptiert, doch für öffentliche Verkehrsmittel, billiges Essen, Gästehäuser u. s. w. braucht man auch Nuevos Soles.

Geldautomaten

Die meisten Städte und auch manche kleinen Orte haben Geldautomaten, die rund um die Uhr zugänglich sind und Visa-, Maestro- und MasterCard-Karten akzeptieren. American Express und andere Systeme sind weniger weit verbreitet. Größere Flughäfen und Busbahnhöfe wie auch die Interbankzweigstellen haben Geldautomaten, die fast alle ausländischen Karten akzeptieren. Es werden sowohl US-Dollars wie peruanische Währung ausgegeben. Die Gebühren unterscheiden sich von Bank zu Bank .

Geldwechseln

Andere Währungen als der US-Dollar und zunehmend auch der Euro werden nur in größeren Städten und mit hoher Kommission gewechselt. Abgegriffene, zerrissene und beschädigte Banknoten werden nicht akzeptiert. *Casas de cambio* haben länger geöffnet als Banken und bedienen die Kundschaft auch schneller. Geldwechsler sind nützlich, wenn man außerhalb der Banköffnungszeiten oder an Grenzübergängen ohne Bank wechseln Geld umtauschen will. Man muss sich aber vor manipulierten Taschenrechnern, Falschgeld und sonstigen Tricks hüten.

Kreditkarten

Bessere Hotels, Restaurants und Läden akzeptieren *tarjetas de credita* (Kreditkarten), verlangen aber dann gewöhnlich 7 % oder mehr Aufschlag.

Reiseschecks

Reiseschecks können in größeren Banken und Wechselstuben eingelöst werden; außerhalb der großen Städte dürfte es jedoch schwer werden, sie an den Mann zu bringen. Die Gebühren sind hoch (bis zu 10 %). Amex ist die am häufigsten akzeptierte Marke, dann kommen Thomas Cook und Visa.

INFOS IM INTERNET

Andean Travel Web (www.andeantravelweb.com/peru) Reiseinformationen mit Links zu Hotels, Touranbietern, Freiwilligenprogrammen etc.

Living in Peru (www.livinginperu.com) Führer für englischsprachige Ausländer, die in Peru leben: eine ausgezeichnete Quelle für Nachrichten und Ereignisse in Lima.

Peru Links (www.perulinks.com) Tausende von interessanten Links, viele auf Spanisch, manche auf Englisch. Die Empfehlungen der Herausgeber und die ersten zehn Seiten sind immer gut.

PromPerú (www.peru.info) Offizielle Tourismusseite der Regierung; bietet auch einen Überblick auf Deutsch.

INTERNETZUGANG

Internetcafés findet man in Peru an jeder Straßenecke. Selbst kleine Städte haben irgendwo eine kleine *cabina*. Der Zugang ist in den Städten schnell und günstig (etwa 0,60 US$ pro Stunde), in ländlichen Gegenden aber oft quälend langsam und teurer.

KARTEN

Die beste Straßenkarte von Peru, die *Mapa Vial* (1:2 000 000) von Lima 2000, wird in

Buchläden verkauft. Das **Instituto Geográfico Nacional** (IGN; Karte S. 954 f.; ☎ in Lima 01-475-9960; Aramburu 1198, Surquillo; ✆ Mo–Fr 9–16 Uhr) verkauft topografische Karten; diese sind auch in größeren Städten und in Touristenorten in Läden, die Ausrüstung verkaufen, zu bekommen sind.

KLIMA

Im Küstensommer (später Dez.–früher April), wenn sich der triste *garúa* aus Küstennebel, Dunst oder Sprühregen hebt und Sonnenstrahlen endlich den Boden erreichen, zieht es viele Peruaner an die Strände.

In den Anden fällt die touristische Hochsaison auf die Trockenzeit von Mai bis September. In den Bergen können dann in der Nacht Temperaturen unter dem Gefrierpunkt auftreten, tagsüber aber gibt's herrlichen Sonnenschein. Die Regenzeit dauert in den Bergen von Oktober bis Mai, am meisten Regen fällt im Januar und Februar.

Im heißen und feuchten Amazonas-Regenwald regnet es das ganze Jahr über, am trockensten ist es in den Monaten Juni bis September. Immerhin: Selbst in den feuchtesten Monaten (Dez.–Mai) regnet es selten mehr als ein paar Stunden am Tag.

Für weitere Informationen und Klimakarten s. S. 1062.

KURSE

Peru ist für Spanischkurse weniger bekannt als andere lateinamerikanische Länder. Es gibt jedoch mehrere Schulen in Lima, Cusco (S. 1002) und Arequipa (S.985).

ÖFFNUNGSZEITEN

Die Geschäfte öffnen um 9 oder 10 und schließen zwischen 18 und 20 Uhr. Eine dreistündige Mittagspause ist üblich, vor allem bei Restaurants. In großen Städten bleiben die Geschäfte manchmal auch über Mittag geöffnet, in Lima gibt's zudem Supermärkte, die rund um die Uhr Kunden empfangen. Banken haben gewöhnlich montags bis freitags von 9–18 Uhr und samstags bis 13 Uhr geöffnet. Postämter und *casas de cambio* besitzen sehr unterschiedliche Öffnungszeiten. Sonntag macht fast alles dicht.

POST

Serpost (www.serpost.com.pe), das privatisierte Postunternehmen, arbeitet relativ effizient, ist aber teuer. Postkarten und Briefe nach Europa kosten auf dem Luftweg etwa 3,50 US$ und benötigen von Lima aus etwa zwei Wochen, von Provinzstädten etwas länger.

Lista de correos (postlagernd) kann an jedes größere Postamt geschickt werden. South American Explorers empfangen Briefe und Pakete für Mitglieder und bewahren sie in ihren Clubhäusern in Lima (S. 958) und Cusco (S. 999) auf.

RECHTSFRAGEN

Es gibt Stationen der *policía de turismo* (Touristenpolizei) in mehr als einem Dutzend der wichtigen Städte. Gewöhnlich ist auch immer jemand da, der etwas Englisch spricht. Bestechung ist zwar illegal, dennoch können einzelne Polizisten (auch bei der Touristenpolizei) korrupt sein. Da die meisten Reisenden nichts mit der Verkehrspolizei zu tun bekommen, ist der Ort, an dem man von Reisenden am ehesten erwartet, dass sie den Offiziellen eine kleine Dreingabe zahlen, der Grenzübertritt zu Lande. Auch das ist verboten – wer Zeit, Kraft und Ausdauer hat, wird schließlich auch so hereingelassen.

REISEN MIT BEHINDERUNG

Peru bietet wenige Einrichtungen für Reisende mit Behinderungen. Perus offizielle Tourismusorganisation **PromPerú** (s. gegenüber) informiert auf ihrer Website (www.peru.info) über über rollstuhlgerechte Hotels, Restaurants und Attraktionen in Lima, Cusco, Aguas Calientes, Iquitos und Trujillo; den Link „Accessible Tourism", anklicken. **Apumayo Expeditions** (S. 1002) ist eine Adventure-Gesellschaft, die sich auf Touren nach Machu Picchu und in den Amazonasurwald sowie auf Raftingausflüge – auch für Behinderte – spezialisiert hat.

Organisationen, die Informationen für Reisende mit Behinderungen anbieten:
Mobility International Schweiz (www.mis-ch.ch**)** Internationale Reisefachstelle für Menschen mit Behinderungen und die Touristenbranche; mit vielen Links für viele Arten von Behinderungen.
Nationale Koordinierungsstelle Tourismus für alle e.V. Natko (www.Natko.de) Das breit gefächerte Informations- und Beratungsangebot richtet sich sowohl an touristische Anbieter als auch an Menschen mit Behinderungen, die gern reisen.

SCHWULE & LESBEN

Peru ist ein streng konservatives, katholisches Land. Rechte für Homosexuelle in politischer oder gesetzlicher Hinsicht sind für die meisten Peruaner nicht einmal ein Thema. (Zur Information: Die Regenbogenfahne, die in der Gegend von Cusco zu sehen ist, ist keine Schwulenfahne – sie ist die Fahne des Inkareichs.) Wenn das Thema öffentlich aufkommt, ist die offizielle Reaktion meistens feindlich.

Küssen auf den Mund wird in der Öffentlichkeit selten gesehen, weder bei heterosexuellen noch bei homosexuellen Paaren. Aber sonst können Peruaner mit ihren Freunden körperlich sehr betont sein, deshalb sind Küsse auf die Wange oder ein *abrazo,* eine joviale Umarmung zwischen Männern, harmlos und alltäglich. Im Zweifelsfall an die Einheimischen halten.

Lima ist am tolerantesten gegenüber Schwulen (s. S. 962), auch Cusco, Arequipa und Trujillo sind toleranter als die Norm. Das **Movimiento Homosexual-Lesbiana** (☎ 01-332-2945; www.mhol.org.pe) ist Perus bekannteste politische Schwulenorganisation.

STROM

Perus Stromnetz arbeitet mit 220 Volt und 60 Hertz. In die zweilöchrigen Steckdosen passen oft die europäischen Stecker. Es empfiehlt sich jedoch, einen Adapter (US-Flachstecker) für Elektrogeräte dabeizuhaben.

TELEFON

Öffentliche Telefone sind selbst in den kleinsten Dörfern zu finden. Die meisten funktionieren mit Telefonkarten, viele auch mit Münzen. Für das peruanische Amt wählt man ☎ 109, für eine internationale Vermittlung ☎ 108 und für die Auskunft ☎ 103. In Internetcafés kann man oft sowohl Orts- als auch Fern- und internationale Gespräche billiger als in den Büros der **Telefónica-Perú** (www.telefonica.com.pe) führen.

Handys

Es ist in Peru möglich, ein Triband-Handy (GMS 1900) zu benutzen. Andere gebräuchliche Systeme sind CDMA und TDMA. In Lima und anderen größeren Städten sind SIM-Karten-Handys für etwa 65 US$ erhältlich; eine SIM-Karte gibt's ab 6,50 US$. Ein beliebter Netzbetreiber ist Claro. Die Netzverbindung wird immer schlechter, je weiter man in die Berge oder den Urwald vordringt.

Telefonkarten

Die sogenannten *tarjetas telefonicas* kann man überall von Straßenhändlern oder an Kiosken bekommen. Manche haben einen elektronischen Chip, bei den meisten muss man jedoch eine Codenummer wählen, um den Zugang zu erhalten. Am häufigsten sind die 147er-Karten: Man wählt ☎ 147, gibt den Code von der Rückseite der Karte ein, hört die Botschaft auf Spanisch, die einem sagt, wieviel Guthaben auf der Karte ist, wählt die Nummer, hört, wieviel Zeit man zur Verfügung hat und wird dann verbunden. Man sollte herumfragen, welche Karten die günstigsten Angebote haben.

Vorwahlen

Perus Landesvorwahl ist ☎ 51. Um in ein anderes Land telefonieren, muss man ☎ 00 wählen, gefolgt von der Landes- und Ortsvorwahl und der eigentlichen Nummer.

Jeder *departamento* Perus hat eine eigene Vorwahl (☎ 01 in Lima, 0 plus zwei Ziffern in allen anderen Gebieten). Um Ferngespräche zu führen, muss man die ☎ 0 vor der regionalen Vorwahl mitwählen. Wer von zu Hause aus einen Anschluss in Peru anruft, wählt zuerst ☎ 00, dann die Landes- (☎ 51) und Ortsvorwahl und die eigentliche Nummer.

TOILETTEN

Die peruanischen Sanitäranlagen lassen zu wünschen übrig. Selbst kleinste Mengen Toilettenpapier können das ganze System zum Erliegen bringen – deshalb sind für die Entsorgung des Papiers gewöhnlich kleine Plastikbehälter bereitgestellt. Außer in Museen, Restaurants, Hotels und Busbahnhöfen sind öffentliche Toiletten in Peru selten. Man sollte auch immer eine Rolle Toilettenpapier bei sich haben.

TOURISTENINFORMATION

PromPerú's offizielle Tourismuswebseite (www.peru.info) hat deutschsprachige Informationen. PromPerú betreibt auch die iPerú(☎ 24-Std.-Hotline 01-574-8000)-Informationsbüros in Lima, Arequipa, Ayacucho, Chachapoyas, Cusco, Huaraz, Iquitos, Puno und Trujillo. Städtische Touristeninformationen gibt's auch in anderen Städten (s. Abschnitte zu den jeweiligen Orten). Die Clubhäuser der South American Explorers in Lima (S. 958) und Cusco (S. 999) sind eine tolle Quelle für Reiseinfos, zahlende Mitglieder erhalten noch mehr Hilfe.

UNTERKUNFT

Lima und das Touristenmekka Cusco sind die teuersten Orte in Peru. In der Hochsaison (Juni–Aug.), an den wichtigen Feiertagen (S. 1074) und bei Festen (S. 1074) sind die Unterkünfte meistens voll und die Preise können sich verdreifachen. Ansonsten sind die Hochsaisonpreise, die in diesem Kapitel angegeben werden, verhandelbar. Von ausländischen Besuchern wird normalerweise die Umsatzsteuer in Höhe von 10% nicht verlangt. *Incluye impuesto* (IGV) bedeutet, dass der Servicezuschlag mit eingeschlossen ist. In den besseren Hotels können Steuern und Servicezuschlag zusammen 28% betragen. Budgethotels haben gewöhnlich zumindest gelegentlich warme – häufiger: laue – Duschen. Manchmal nehmen sie keine Reservierungen an oder halten sich nicht daran. Zu den Betten in Schlafsälen gehören Gemeinschaftsbäder, während Einzel- und Doppelzimmer auch in *hostales* – also Gästehäusern, die nicht mit Backpackerhostels gleichzusetzen sind – eigene Bäder haben (sofern nichts anderes angegeben ist).

VERANTWORTUNGSBEWUSSTES REISEN

Archäologen liefern sich mit den *huaqueros* (Grabräuber) eine Schlacht, die sie wohl vor allem an der Küste verlieren werden. Man sollte auf keinen Fall original präkolumbische Artefakte kaufen und sich auch nicht an der Ausrottung der Wildtiere beteiligen, indem man Fleisch bedrohter Arten verzehrt (s. S. 948) oder Souvenirs kauft, die aus Häuten, Federn, Horn oder Schildkrötenpanzer gemacht sind. Manche indigenen Gemeinden leben vom Tourismus. Diese Gemeinden zu besuchen, kann ihre Projekte unterstützen, aber auch ihre traditionelle Kultur aushöhlen. Wer an einer organisierte Tour mitmacht, sollte sich vergewissern, dass die Gesellschaft einen Bezug zur Region hat, und danach fragen, ob die Touren auch in irgendeiner Weise den besuchten Orten nutzen.

VISA

Deutsche, österreichische und Schweizer Staatsbürger benötigen für die Einreise nach Peru kein Visum. Der Pass sollte mindestens noch sechs Monate nach dem Abflugsdatum gültig sein. Weitere Informationen auf S. 953. Reisende bekommen eine Aufenthaltserlaubnis für 30–90 Tage in ihren Pass und auf eine Einreisekarte gestempelt, die man bis zur Ausreise behalten muss. Visumverlängerungen sind bei den Einreisebehörden *(oficinas de migraciónes* oder *migraciónes)* in den wichtigen Städten zu bekommen. Lima (S. 953) ist dafür der beste Ort. Den Pass und die Einreisekarte mitbringen; möglicherweise muss man auch ein Flugticket für die Ausreise oder den Nachweis einer bestimmten Geldsumme vorlegen. Jede Verlängerung kostet etwa 28 US$. Insgesamt darf man 180 Tage bleiben. Ist die Zeit verstrichen, kann man das Land auf dem Landweg verlassen und einen Tag später wieder zurückkehren, um mit dem Prozedere wieder von vorne zu beginnen.

Während des Reisens in Peru den Pass und die Einreisekarte möglichst jederzeit bei sich haben, da eine Verhaftung droht, wenn man sich nicht richtig ausweisen kann.

Uruguay

HIGHLIGHTS

- **Colonia del Sacramento** – Durch die Straßen des stimmungsvollen Schmugglerhafens schlendern und in längst vergangene Zeiten eintauchen (S. 1093)
- **Punta del Este** – Sich in dem weltberühmten Badeort inmitten des Jetsets eine Auszeit gönnen (S. 1103)
- **Mercado del Puerto** – Auf dem malerischen Markt unglaublich große Steaks verputzen und herausfinden, welche Fleischmengen man verträgt (S. 1091)
- **Mate trinken** – Zusammen mit den Einheimischen entspannen und Schluck für Schluck den Nachmittag verstreichen lassen (S. 1084)
- **Abseits ausgetretener Pfade** – In der heiteren Kleinstadt Tacuarembó echte *gauchos* erleben (S. 1100)
- **Besonders empfehlenswert** – Über das Flussdelta zwischen Carmelo und Tigre, einem Vorort von Buenos Aires, den einfachsten Weg über die Grenze nehmen (S. 1096)

KURZINFOS

- **Berühmt für:** Erster Fußballweltmeister (1930), Badeorte am Meer
- **Bester Staßensnack:** Sandwich Milanesa – ein *completo* (mit viel Schinken, Käse, Eiern und Salat) ist eine komplette Mahlzeit
- **Bestes Schnäppchen:** hausgemachte Pasta – gibt's fast überall für 4 US$ pro Portion
- **Bevölkerung:** 3,24 Mio.
- **Fläche:** 187 000 km² (etwa so groß wie Tunesien)
- **Floskeln:** *bárbaro* (cool), *jodita* (Party), *¡garca!* (eklig)
- **Geld:** 1 US$ = 23,8 uruguayische Pesos (U$), 1 € = 33,22 U$, 1 SFr = 20,47 U$
- **Hauptstadt:** Montevideo
- **Landesvorwahl:** ☎ 598
- **Preise:** Budgethotel in Montevideo 15 US$, 3-Stunden-Busfahrt 4 US$, Tagesmenü 4 US$
- **Reisekosten:** 25–35 US$ pro Tag
- **Sprachen:** Spanisch, an der brasilianischen Grenze Portugiesisch
- **Trinkgeld:** 10 % in Restaurants und Hotels, falls nicht schon in der Rechnung enthalten; in Taxis aufrunden
- **Visa:** EU-Bürger und Schweizer brauchen zur Einreise nach Uruguay nur einen gültigen Reisepass.
- **Zeit:** MEZ –4 Std.

TIPPS FÜR UNTERWEGS

Man sollte sich was Gutes gönnen – Uruguay ist eines der Länder, wo man für ein bisschen mehr sehr viel bekommt.

VON LAND ZU LAND

Über Gualeguaychú, Colón und Concordia kommt man aus Argentinien. Viele reisen über Xui aus Brasilien, über Villazón aus Bolivien und San Felipe aus Chile nach Uruguay ein.

Irgendjemand hat die Katze aus dem Sack gelassen – denn früher war Uruguay Südamerikas bestgehütetes Geheimnis. Eingeweiht waren nur eine Handvoll Argentinier, Brasilianer, Chilenen und Nichtsüdamerikaner, die ab und zu mal vorbeischauten, um die unberührten Strände, die atmosphärischen Städte, die riesigen Steaks und das aufregende Nachtleben zu genießen.

Dann brach der Peso ein, das Land wurde erschwinglicher und die Menschen neugierig. Sie kamen, sahen und liebten es, und zurück zu Hause erzählten sie es allen Freunden. Und wer dann auch kam, liebte es und kehrte zurück, um auch *seinen* Freunden davon zu erzählen …

Das heißt aber nicht, dass es hier überlaufen wäre. Die großen Zugpferde wie Colonia, Punta del Este und Montevideo sind längst für Touristen erschlossen und kokettieren mit ihrer neuen Beliebtheit. Aber anderswo, z. B. im Landesinneren oder in den Städten am Fluss, stehen vor allem außerhalb der Sommermonate die Chancen gut, überhaupt keine anderen Touristen zu treffen.

AKTUELLE ENTWICKLUNGEN

Im März 2005 kam Tabare Vazquéz an die Macht – an der Spitze einer großen Koalition von Linksparteien und unterstützt von Jugendorganisationen, Gewerkschaften und anderen Gruppierungen. Als die neue Regierung dann ihre Arbeit aufnahm, hielt ganz Uruguay gespannt den Atem an, ob die linken Parolen des Wahlkampfs nun in die Tat umgesetzt würden oder ob das Land weiter wie eh und je nach altem Muster regiert werden würde.

Anfangs standen die Zeichen gar nicht gut. Vazquéz' Aktionen in den ersten Monaten seiner Amtszeit brachten ihm nicht gerade Beifall ein: So versuchte er u. a. ein Freihandelsabkommen mit den USA abzuschließen – das verwunderte und verärgerte Uruguays Mercosur-Handelspartner –, er verbannte das Rauchen aus der Öffentlichkeit und stieß damit fast jeden in diesem nikotinbegeisterten Land vor den Kopf, und er bewilligte zwei großen ausländischen Konzernen Pachtgrundstücke zum Bau von zwei Papierfabriken am Río Uruguay, der die Grenze zu Argentinien bildet. Damit hat er Argentinier, Umweltschützer und Hardcore-Linke mächtig wütend gemacht.

Diese letzte Aktion brachte das Fass fast zum Überlaufen. Prominente, die im Wahlkampf an Vazquéz' Seite gestanden hatten, distanzierten sich von ihm. Und Argentinien ging mit dem Fall vor den Internationalen Gerichtshof in Den Haag. Schließlich artete das Ganze in einen klassischen Latino-Macho-Machtkampf aus, in dem keine Seite nachgeben wollte.

Argentinien argumentierte, dass die Fabriken den Fluss verschmutzten – und das sei übel, da die argentinischen Städte an seinem Ufer vom Tourismus und vom Fischfang leben und der Río Uruguay deshalb ihre Lebensader sei. Uruguay aber verwies darauf, dass das Land die Industrie brauche und der Bau der Anlagen strengeren Umweltstandards unterläge, als Argentinien je für die Fabriken auf seiner Seite des Flusses angewandt hätte. Wahrscheinlich – so der Stand beim Redaktionsschluss dieses Buches – werden die Anlagen bis 2008 in Betrieb genommen.

GESCHICHTE
Am Anfang …

… lebten die Charrúa hier, einfache Jäger und Fischer. Sie hatten kein Gold, dafür aber die Unart, europäische Eindringlinge umzubringen – also ließen die Spanier sie in Ruhe. Schließlich wurde das Volk umgänglicher, es hielt Pferde und Rinder und begann, Handel zu treiben. Als dann die großen Rinderzüchter kamen, wurden die Charrúa vertrieben. Heute leben sie in isolierten Gebieten an der brasilianischen Grenze.

Jeder will ein Stück vom Kuchen

Die Jesuiten erschienen schon 1624 auf der Bildfläche, 1680 errichteten die Portugiesen das heute noch bestehende Colonia, um Waren nach Buenos Aires zu schmuggeln. Die Spanier antworteten mit dem Bau ihrer Zitadelle in Montevideo. Die Portugiesen, Spanier und Briten kämpften fast 200 Jahre lang um die Kontrolle über das Gebiet.

Ab 1811 schlug José Artigas die spanischen Invasoren zurück und wenig später bekämpfte er die Portugiesen – aber schließ-

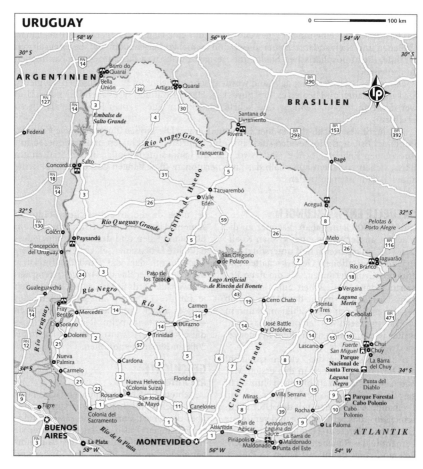

lich erlangte Brasilien die Herrschaft über die Region. Artigas floh nach Paraguay und starb dort 1850. Die sogenannten „33 Orientales" ließen sich von ihm inspirieren und es gelang ihnen 1828 mit Unterstützung argentinischer Truppen, das Gebiet zu befreien und Uruguay als Pufferstaat zwischen den entstandenen Kontinentalmächten Argentinien und Brasilien zu etablieren.

Dramen ohne Ende

Die Befreiung brachte aber keinen Frieden. Immer wieder kam es zu Aufruhr, Aufständen und Putschen. Von 1838 bis 1851 belagerten argentinische Truppen Montevideo, und auch Brasilien war eine ständige Bedrohung. Zu jener Zeit entstanden die modernen politischen Parteien Uruguays: die Colorados und die Blancos. Unter den ersten Mitgliedern waren viele bewaffnete *gauchos* (Cowboys). In der Mitte des 19. Jhs. war die Wirtschaft zum großen Teil von der Rindfleisch- und Wollproduktion abhängig. Durch die Entstehung der *latifundios* (Großgrundbesitz) und die Kommerzialisierung der Viehzucht verloren die unabhängigen *gauchos* ihre Existenzgrundlage.

José Batlié, wir lieben dich

Im frühen 20. Jh. führte der visionäre Präsident José Batlié y Ordóñez viele Neuerungen ein, u. a. die Renten- und Arbeitslosenversicherung, den Acht-Stunden-Tag und Kredite für Farmen. Viele Industriezweige wurden verstaatlicht, Wohlstand breitete sich aus. Kühlschiffe erschlossen dem Rindfleisch aus Uruguay zahlreiche Märkte in Übersee. Allerdings finanzierte Batllé seine Reformen zum Großteil aus der Besteuerung der Viehwirtschaft – und als die einbrach, ging's auch mit dem Wohlfahrtsstaat bergab.

Das Räderwerk bricht zusammen

In den 1960er-Jahren führten wirtschaftliche Stagnation und hohe Inflation in die Krise, soziale Unruhen nahmen zu. Als Präsident Oscar Gestido 1967 starb, nahm Vizepräsident Jorge Pacheco Areco seinen Platz ein.

Pacheco ergriff sofort restriktive Maßnahmen, er verbot die linken Parteien und Zeitungen, denen er vorwarf, die Guerillabewegung Movimiento de Liberación Nacional (als Tupamaros bekannt) zu unterstützen. So glitt das Land in die Diktatur ab. Nachdem die Tupamaros (wie in Costa-Gavras Politkrimi *Der unsichtbare Aufstand* beschrieben) den vermeintlichen CIA-Agenten Dan Mitrione getötet und einen großen Gefängnisausbruch inszeniert hatten, setzte Pacheco das Militär gegen die Aufständischen ein. 1971 übergab Juan Bordaberry, von Pacheco selbst zu seinem Nachfolger ernannt, die Regierungsgewalt an das Militär.

Schmutzige Arbeit

Das Militär besetzte fast alle wichtigen Stellen im „nationalen Sicherheitsstaat". Willkürliche Festnahmen und Folter wurden alltäglich. Die Streitkräfte bestimmten, wer im öffentlichen Dienst arbeiten durfte, stellten politische Aktivisten vor Militärtribunale, zensierten Bibliotheken und verlangten sogar für größere Familientreffen eine vorherige Anmeldung.

Eine vom Militär entworfene Vorlage für eine neue Verfassung wurde 1980 von den Wählern abgelehnt. Vier Jahre vergingen, ehe unter der damaligen Verfassung der Kandidat der Colorados, Julio María Sanguinetti, Präsident wurde. Seine Präsidentschaft bedeutete die Rückkehr zu demokratischen Traditionen. Aber Sanguinetti setzte sich auch für eine umstrittene Amnestie für die Menschenrechtsverbrecher aus den Reihen des Militärs ein, die 1989 von den Wählern akzeptiert wurde.

Noch im gleichen Jahr ging Sanguinettis Amt friedlich auf Luis Lacalle von den Blancos über. Mit den Wahlen im November 1994 wurde Sanguinetti erneut Präsident. Sein Nachfolger wurde im März 2000 Jorge Battle Ibañez, der Kandidat seiner Colorado-Partei.

Die Gefahr ist nicht gebannt

Noch immer lag das Militär auf der Lauer: Eine der ersten offiziellen Amtshandlungen von Ibañez war die Entlassung des Armeechefs, weil der hatte verlauten lassen, ein weiterer Putsch könnte nötig sein. Die Frente Amplio (Breite Front) – ein Bündnis aus linken Gruppierungen – gewann mit ihrer Haltung gegen Privatisierung und für den Sozialstaat immer mehr Zuspruch und wurde so ein ernstzunehmender politischer Gegner. Im Dezember 2000 rief Ibañez zur Legalisierung von Kokain in den USA auf (*olé!*), um den Schwarzmarkt zu zerschlagen. Doch seine Forderungen wurden von Washington mit vielsagendem Schweigen quittiert.

Böse Vorzeichen

Der Ausbruch der Maul- und Klauenseuche, der dem Export von uruguayischem Rindfleisch ein Ende machte, traf die Wirtschaft empfindlich. Als dann in Argentinien alle Banken alle Konten sperrten und Tausende von Argentiniern auf ihre Bankguthaben in Uruguay zurückgriffen, wurde es *richtig* eng, denn die Konten der Argentinier machten 80 % aller Devisenreserven der uruguayischen Banken aus. Mit Schrecken beobachteten die Uruguayer, wie ihre Wirtschaft – früher die stärkste in ganz Südamerika – zusammenbrach und die Inflation von 3,6 % im Jahr 2001 auf 40 % Ende 2002 schnellte. Auch die Tourismusindustrie, die stark von wohlhabenden Argentiniern abhing, litt Schaden. Schließlich setzte der Peso zum Sturzflug an, der Wirtschaftsminister trat zurück, und die Regierung schloss die Banken, um einen Ansturm auf sie abzuwenden.

Unabhängigkeit?

Was nun folgte, war Hilfe unter Bedingungen: Ibañez sah sich zu Notfallmaßnahmen (Kürzung der öffentlichen Ausgaben, Erhöhung der Umsatzsteuer) gezwungen – die USA, der Internationale Währungsfond

IWF und die Weltbank unterstützen die Maßnahmen mit Krediten von insgesamt 1,5 Mrd. US$. Trotz allem bewies Uruguay zumindest auf dem internationalen politischen Parkett noch einigen Mut: Es verurteilte die US-amerikanischen Sanktionen gegen Kuba, den Putsch in Venezuela und den Irakkrieg.

KULTUR
Mentalität
Eines stellen die Uruguayer gleich klar: Sie seien den *porteños*, den Menschen aus Buenos Aires auf der anderen Seite des Flusses, in *nichts* ähnlich. In vieler Hinsicht stimmt das auch. Sind Argentinier großspurig und manchmal arrogant, so sind Uruguayer relaxt und selbstsicher. Waren die einen immer eine regionale Großmacht, so haben die anderen immer im Schatten von Großmächten gelebt. Jenseits der Grenze witzelt man, Punta del Este sei ein Vorort von Buenos Aires – diesseits hört man das gar nicht gern. Trotzdem gibt es auch eine Reihe von Übereinstimmungen: die fast allgemeine Kunstbegeisterung und den italienischen Einfluss, die Pizza und die Liebe zu Wein und Käse. Auch der Gauchomythos spielt eine Rolle: Der ruppige Individualismus und die Verachtung, die viele Uruguayer für *el neoliberalismo* (den Neoliberalismus) empfinden, lassen sich direkt auf diese romantischen Cowboyfiguren zurückführen.

Lebensart
Uruguayer nehmen es gern leicht und rühmen sich, ganz das Gegenteil des hitzköpfigen Latinos zu sein. Sie trinken gern und viel, aber Kneipenschlägereien sind selten. Der Sonntag gilt der Familie und den Freunden. Dann wirft man eine halbe Kuh auf den *asado* (Holzkohlengrill), lehnt sich zurück und schlürft Mate. Die Bevölkerung hat einen hohen Bildungsstandard, auch wenn die Qualität der staatlichen Schulen nachlässt. Die Mittelschicht, die einst hier vorherrschte, schickt ihre Kinder nicht mehr hin – eine gute Ausbildung ist heute fast nur noch an privaten Bildungseinrichtungen zu haben.

Angesichts der geringen Bevölkerungszahl des Landes hat Uruguay erstaunlich viele talentierte Künstler und Literaten hervorgebracht. Der wahrscheinlich bekannteste Schriftsteller ist zwar Juan Carlos Onetti, aber die meisten jungen Uruguayer haben eher ein Faible für Eduardo Galeano, der viele Bücher und Gedichte geschrieben hat.

Bevölkerung
Die Bevölkerung Uruguays besteht vorwiegend aus Weißen (88 %), 8 % sind Mestizen (ein *mestizo* hat indigene und spanische Wurzeln) und 4 % Schwarze. Es gibt so gut wie gar keinen indigenen Bevölkerungsanteil. Das Bevölkerungswachstum beträgt 0,5 %, die Bevölkerungsdichte 18,5 Personen pro km².

SPORT
Sexo, droga y Peñarol

Graffiti in Montevideo

In Uruguay ist Sport gleichbedeutend mit Fußball. Zweimal hat Uruguay schon die Weltmeisterschaft gewonnen, u. a. gleich die erste, die 1930 in Uruguay ausgetragen wurde. Die bekanntesten Teams sind Nacional und Peñarol aus Montevideo. Bei einem Spiel der beiden sitzt man besser auf den Seitenrängen und nicht hinter dem Tor – im Fanblock geht's nämlich deftig zu.

Die **Asociación Uruguayo de Fútbol** (☎ 02-400-7101; Guayabo 1531) in Montevideo gibt Informationen zu den Spielen und Austragungsorten.

RELIGION
66 % der Uruguayer sind römisch-katholisch. Zu der kleinen jüdischen Minderheit zählen etwa 25 000 Menschen. Die Evangelikalen haben einiges Terrain erobert, und der Vereinigungskirche von Reverend Sun Myung Moon gehört die nachmittags erscheinende Tageszeitung *Últimas Noticias*.

KUNST
Uruguay hat eine beeindruckende literarische und künstlerische Tradition. Zu den wichtigsten zeitgenössischen Schriftstellern zählen Juan Carlos Onetti und der Dichter, Essayist und Romancier Mario Benedetti.

Filme in oder über Uruguay werden kaum gedreht. Die wohl bekannteste Ausnahme ist der großartige, in Allendes Chile gedrehte Film *Der unsichtbare Aufstand (1973)* von Costa-Gavras. Er handelt von der Entführung und Ermordung des mutmaßlichen amerikanischen CIA-Agenten Dan Mitrione durch die Tupamaro-Guerilla.

Der beste uruguayische Streifen ist *Whisky* (2004), eine witzige schwarze Komödie, die in Montevideo und Piriapolis spielt und treffend die sozialen Verhältnisse widerspiegelt. In Cannes hat der Film mehrere Preise abgeräumt.

Beliebt ist das Theater, und Dramatiker wie Mauricio Rosencof sind äußerst prominent. Zu den bekanntesten Malern zählen der verstorbene Juan Manuel Blanes und Joaquín Torres García. José Belloni ist einer der bekanntesten Bildhauer, seine lebensgroßen Skulpturen stehen überall in den Parks von Montevideo.

Der Tango pulsiert vor allem in Montevideo – die Uruguayer betrachten die Tangolegende Carlos Gardel als einen der ihren (allerdings sehen die Argentinier das anders). Während des Karnevals vibrieren die Straßen Montevideos unter dem leidenschaftlichen Beat der afrikanischen Trommeln des *candombe,* ein Rhythmus, der ab 1750 von afrikanischen Sklaven nach Uruguay gebracht wurde.

Aber auch moderne Musik kommt hier an – verbreitet ist der Ska-Punk. Gruppen wie El Congo und La Vela Puerca werden viel im Radio gespielt, und Once Tiros haben sich mit einem Mix von Ska und Elektroniksound einen Namen gemacht.

NATUR & UMWELT

Uruguays weites nördliches Hügelland reicht vom südlichen Brasilien bis ins Landesinnere. Es besteht aus zwei Hügelketten, die nirgends höher als 500 m werden – der Cuchilla de Haedo westlich von Tacuarembó und der Cuchilla Grande südlich von Melo. Westlich von Montevideo ist es flacher. An der Atlantikküste gibt's sagenhafte Strände, Dünen und Landzungen. Die Steppen und Wälder Uruguays erinnern an die argentinischen Pampas oder an Südbrasilien. Im Südosten, entlang der brasilianischen Grenze, gibt's auch vereinzelt Palmensavannen.

Fast alle großen Landtiere sind verschwunden, aber hier und da rast noch ein Nandu über die Steppen im Nordwesten. Auf einigen Inseln vor der Küste gibt es auch noch Kolonien von Pelzrobben und Seehunden.

An Nationalparks hat Uruguay leider wenig zu bieten. Der einzige ist Santa Teresa (S. 1106), aber auch der hat nicht viel Natur zu bieten.

VERKEHRSMITTEL & -WEGE

AN- & WEITERREISE

Bus

Von Montevideo nach Buenos Aires gibt's eine direkte Busverbindung über Gualeguaychú. Das dauert aber länger als die Kombination von Bus- und Bootsfahrt auf dem Río de la Plata. Weiter nördlich verbinden Brücken über den Río Uruguay Fray Bentos und Gualeguaychú, Paysandú und Colón sowie Salto und Concordia. Grenzübergänge nach Brasilien sind zahlreich: Es gibt sie zwischen Chuy und Chuí bzw. Pelotas, zwischen Río Branco und Jaguarão, zwischen Rivera und Santana do Livramento, zwischen Artigas und Quaraí sowie zwischen Bella Unión und Barra do Quaraí. Prinzipiell fahren die Busse nonstop über die Grenze und die Einreiseformalitäten werden direkt an Bord vorgenommen.

Flugzeug

Die meisten internationalen Flüge nach bzw. aus Montevideo (Flughafen Aeropuerto Carrasco) gehen über Buenos Aires. Viele der übrigen Flüge legen einen Zwischenstopp in Rio de Janeiro oder São Paulo ein.

Direktflüge gibt's von Montevideo nach Porto Alegre, Florianópolis, Rio und São Paulo (Brasilien), Asunción (Paraguay) und Santiago (Chile). Angeflogen werden auch Santa Cruz de la Sierra und La Paz (Bolivien) sowie Havanna (Kuba) über Buenos Aires.

Schiff/Fähre

Viele setzen mit der Fähre von Montevideo nach Argentinien über. Weiter nach Colonia oder Carmelo kommt man mit dem Bus.

FLUGHAFENSTEUER

Beim Abflug aus Carrasco zahlen internationale Passagiere nach Argentinien 8 US$ und zu anderen Flugzielen 14 US$.

URUGUAY

UNTERWEGS VOR ORT

Uruguays Busse und Straßen sind in gutem Zustand. Verkehrsknotenpunkt ist Montevideo. An der Küste oder den Straßen am Fluss wartet man nie lange auf einen Bus. Abenteuerlustige können auch mal andere Wege ausprobieren (z. B. von Chuy nach Tacuarembó) – da ist's dann anders. Aber ansonsten ist Uruguay ein kleines Land und wie geschaffen zum Busfahren – die längste Strecke ist in gerade mal sechs Stunden zu bewältigen.

Auto & Motorrad

Aufgrund des hervorragenden Busnetzes nutzen nur sehr wenige individuelle Verkehrsmittel, um in Uruguay herumzufahren. Trotzdem kann man in den Touristenzentren wie Colonia oder Punta del Este auch Autos und Motorräder mieten.

Bus

In Uruguay mit dem Bus unterwegs zu sein, ist weitaus angenehmer als in vielen anderen Teilen der Welt. Die meisten Städte haben einen *terminal de omnibus* (zentralen Busbahnhof) für Inlandsbusse. Um sich einen Sitzplatz auszusuchen, sollte man das Ticket vorab am Busbahnhof kaufen. Die städtischen Busse sind meistens langsam und überfüllt, dafür aber billig.

Flugzeug

Hat man es mal sehr eilig, kann man auch bei der **Aeromas** (www.aeromas.com) Charterflüge von Montevideo nach Salto, Tacuarembó, Paysandú, Rivera und Artigas buchen.

Taxi

Taxi fahren ist in Uruguay so billig, dass man diesem Komfort nur schwer widerstehen kann. Die Taxameter sind fast immer kaputt und die Fahrer berechnen die Entfernungen mithilfe eines kopierten Stadtplans. Eine lange Fahrt durch Montevideo kostet kaum mehr als 5 US$, kurze Strecken in Kleinstädten in der Regel weniger als 1 US$. Nachts und an den Wochenenden ist es 25 bis 50 % teurer.

Trampen

Getrampt wird in Uruguay selten – es ist derart ungewöhnlich, dass man vielleicht gerade deshalb mitgenommen wird. Das Land ist zwar nicht besonders gefährlich, aber Trampen ist auch hier, genau wie überall auf der Welt, ein Spiel mit dem Feuer. Also: Lieber vorsichtig sein.

MONTEVIDEO

☎ 02 / 1,27 Mio. Ew.

Montevideo ist für viele Südamerikatraveller *das* Reiseziel schlechthin – die Stadt ist einerseits klein genug für Fußmärsche aber andererseits auch groß genug, um architektonische Leckerbissen und ein turbulentes Nachtleben zu haben.

Die jungen *montevideanos* (Leute aus Montevideo), die sich nicht über den Fluss nach Buenos Aires abgesetzt haben, sind stolz auf ihre Stadt, die eine starke Künstler- und Kunsthandwerkerszene besitzt.

Viele der großartigen neoklassizistischen Gebäude aus dem 19. Jh. – eine Errungenschaft des Rindfleischbooms – verfallen heute mehr und mehr. Spuren der kolonialen Vergangenheit Montevideos findet man aber noch immer im malerischen alten Stadtzentrum, der Ciudad Vieja.

ORIENTIERUNG

Montevideo liegt am östlichen Ufer des Río de la Plata. Die Plaza Independencia östlich der Ciudad Vieja bildet das Verkehrszentrum. Das Geschäftszentrum ist die Av 18 de Julio.

Der 132 m hohe Cerro de Montevideo gegenüber vom Hafen war für die frühen Seefahrer eine wichtige Orientierungshilfe in der Region. Östlich der Innenstadt führt die Uferstraße Rambla vorbei an Wohnvororten und Sandstränden, die vor allem an den Wochenenden und im Sommer viele *montevideanos* anlocken.

PRAKTISCHE INFORMATIONEN

Buchläden

Linardi y Risso (Juan Carlos Gómez 1435) Beachtliche Auswahl an vergriffenen Büchern, besonders im Bereich Geschichte und Literatur.

Plaza Libros (Av 18 de Julio 892) Auswahl an englischsprachigen Büchern.

Geld

Die meisten Banken in der Innenstadt haben Geldautomaten. Bei **Exprinter** (Ecke Sarandí & Juncal) und **Indumex** (Plaza Cagancha) kann man Devisen und Reiseschecks wechseln.

Kulturzentren

Alianza (☎ 901-7423; Paraguay 1217) Im amerikanisch-uruguayischen Kulturzentrum gibt's einen Buchladen, ein Kino und eine große Bibliothek mit englischsprachigen Publikationen.

Alliance Française (☎ 400-0505; www.alliancefran caise.edu.uy; Blvd Artigas 1229) Die gut bestückte Bibliothek hat Bücher, Zeitschriften und CDs. Kurzzeitige Besucher können gegen ein Pfand von 50 US$ die Mitgliedsgebühr vermeiden.

Medien

Die *Guía del Ocio* berichtet über Kulturereignisse, Kino, Theater und Restaurants und kommt freitags in die Kioske. In der Touristeninformation bekommt man eine Ausgabe des *Guear*, ein kostenloses Heft in Taschenbuchformat mit Infos über Bars, Klubs und Bands.

Medizinische Versorgung

Hospital Británico (☎ 280-0020; Italia 2420) In der sehr zu empfehlenden Privatklinik gibt's englischsprechende Ärzte.

Hospital Maciel (☎ 915-3000; Ecke 25 de Mayo & Maciel) Die öffentliche Klinik ist in der Ciudad Vieja zu finden.

Notfall

Krankenwagen (☎ 105)
Feuerwehr (☎ 104)
Polizei (☎ 109)

Post & Telefon

Antel Telecentro (San José 1108; 🕒 24 Std.) Eine weitere Filiale ist in der Rincón 501.

Post (Buenos Aires 451) Hauptpost.

Touristeninformation

Asatej (☎ 908-0509; Río Negro 1354, 2. Stock) Das Nonprofit-Studentenreisebüro Argentiniens, ein Ableger der STA Travel.

Ministerio de Turismo (☎ 908-9141; Ecke Colonia & Av Liberatador Gral Lavalleja) Besser ausgestattet als die Touristeninformationen.

Oficina de Informes (☎ 409-7399; Tres Cruces Busbahnhof) Gut ausgestattet und gut erreichbar für Neuankömmlinge.

Städtische Touristeninformation (☎ 903-0649; Palacio Municipal) Klein, aber bestens informiert.

Touristenpolizei (☎ 924-7277; Paysandú 1234)

SEHENSWERTES

Der Eintritt in alle im Folgenden genannten Sehenswürdigkeiten ist kostenlos.

Die meisten der interessanten Gebäude und Museen von Montevideo sind in der **Ciudad Vieja** zu finden. Auf der **Plaza Independencia** thront eine riesige Statue des größten Landeshelden über dem unheimlichen unterirdischen **Mausoleo Artigas** (🕒 9–17 Uhr). Fans von berühmten toten Persönlichkeiten können hier eine weitere von ihrer Liste abhaken. Der **Palacio Estévez** aus dem 18. Jh. diente bis 1985 als Casa de Gobierno, und der beeindruckende **Palacio Salvo** mit seinen 26 Stockwerken war früher das höchste Gebäude in ganz Südamerika. Direkt neben der Plaza steht das vor kurzem renovierte **Teatro Solís** (1856), das führende Theater in Montevideo.

Auf der 25 de Mayo zwischen der Solís und der Colón kann man einen Blick in die **Casa Garibaldi** (🕒 Di–Fr 11–17, Sa 11–16 Uhr) werfen, wo einst der italienische Nationalheld Guiseppe Garibaldi lebte. Der **Mercado del Puerto** (Ecke Pérez Castellano & Piedras) von 1868 hat eine schöne Rahmenkonstruktion aus Schmiedeeisen. Hier trifft sich ein Restaurant ans andere und samstags trifft man hier viele Künstler und Musiker.

Das klassizistische Gebäude **Casa Rivera** (Ecke Rincón & Misiones; 🕒 Di–Fr 11–17, Sa 11–18 Uhr) von 1802 beherbergt eine faszinierende Sammlung mit indigenen Artefakten, kolonialen Schätzen und Ölgemälden, darunter ein spektakuläres Panorama Montevideos aus dem späten 18. Jh. Opulente Möbel, die im 19. Jh. der Oberschicht Montevideos gehört haben, kann man im **Museo Romántico** (25 de Mayo 428; 🕒 Di–Fr 11–17, Sa 11–16 Uhr) bestaunen. Aufschlussreich ist ein Blick in die Kosmetikkoffer der Damen: massenweise Bürsten, Kämme, Scheren, Parfümfläschchen und ausfaltbare Kerzenhalter – da hatte der Diener allerhand zu schleppen.

Das **Museo Torres García** (www.torresgarcia.org.uy; Sarandí 683; 🕒 9–20 Uhr) zeigt die Arbeiten von Joaquín Torres García (1874–1949). Der uruguayische Künstler verbrachte den größten Teil seiner Schaffenszeit in Frankreich und malte abstrakte und kubistische Bilder sowie ungewöhnliche Porträts, z. B. von Kolumbus, Mozart und Beethoven.

AKTIVITÄTEN

Wer will, kann sich bei der Albergue Juvenil (man muss dazu nicht dort Gast sein; s. S. 1090) ein **Fahrrad** ausleihen. Auf der Rambla am Flussufer, die bis zu den Strän-

MONTEVIDEO

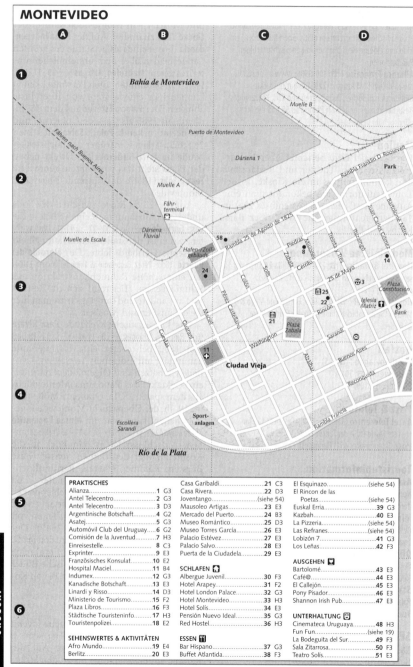

PRAKTISCHES	Casa Garibaldi..................21 C3	El Esquinazo...................(siehe 54)
Alianza..................................1 G3	Casa Rivera.......................22 D3	El Rincon de las
Antel Telecentro....................2 G3	Joventango....................(siehe 54)	Poetas..........................(siehe 54)
Antel Telecentro....................3 D3	Mausoleo Artigas..............23 E3	Euskal Erria.......................39 G3
Argentinische Botschaft........4 G2	Mercado del Puerto..........24 B3	Kazbah.............................40 E3
Asatej..................................5 G3	Museo Romántico..............25 D3	La Pizzeria.....................(siehe 54)
Automóvil Club del Uruguay....6 G2	Museo Torres García.........26 E3	Las Refranes..................(siehe 54)
Comisión de la Juventud.......7 H3	Palacio Estévez..................27 E3	Lobizón 7.........................41 G3
Einreisestelle.........................8 C3	Palacio Salvo.....................28 E3	Los Leñas.........................42 F3
Exprinter..............................9 E3	Puerta de la Ciudadela......29 E3	
Französisches Konsulat........10 E2		AUSGEHEN
Hospital Maciel....................11 B4	SCHLAFEN	Bartolomé.........................43 E3
Indumex.............................12 G3	Albergue Juvenil................30 F3	Café@...............................44 E3
Kanadische Botschaft..........13 E3	Hotel Arapey....................31 F2	El Callejón.........................45 E3
Linardi y Risso....................14 D3	Hotel London Palace..........32 G3	Pony Pisador.....................46 E3
Ministerio de Turismo.........15 F2	Hotel Montevideo..............33 H3	Shannon Irish Pub.............47 E3
Plaza Libros.........................16 F3	Hotel Solís........................34 E3	
Städtische Touristeninfo......17 H3	Pensión Nuevo Ideal..........35 G3	UNTERHALTUNG
Touristenpolizei...................18 E2	Red Hostel........................36 H3	Cinemateca Uruguaya.......48 H3
		Fun Fun........................(siehe 19)
SEHENSWERTES & AKTIVITÄTEN	ESSEN	La Bodeguita del Sur.........49 F3
Afro Mundo.......................19 E4	Bar Hispano......................37 G3	Sala Zitarrosa....................50 F3
Berlitz................................20 E3	Buffet Atlantida.................38 F3	Teatro Solís.......................51 E3

www.lonelyplanet.de   MONTEVIDEO **1089**

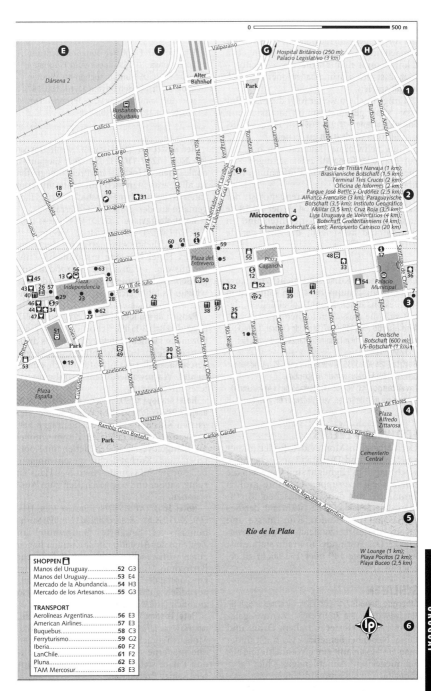

SHOPPEN	
Manos del Uruguay	**52** G3
Manos del Uruguay	**53** E4
Mercado de la Abundancia	**54** H3
Mercado de los Artesanos	**55** G3

TRANSPORT	
Aerolíneas Argentinas	**56** E3
American Airlines	**57** E3
Buquebus	**58** C3
Ferryturismo	**59** G2
Iberia	**60** F2
LanChile	**61** F2
Pluna	**62** E3
TAM Mercosur	**63** E3

URUGUAY

den im Osten der Stadt führt, kann man hervorragend Fahrrad fahren, joggen oder einfach nur spazieren gehen. Nach etwa 2 km kommt man an die Playa Pocitos – hier lässt sich's prima **baden** oder **Beachvolleyball** spielen.

Einige Buchten weiter folgt die Playa Buceo – super geeignet, um im Yachtklub von **Enrique Soriano** (☎ 099-9939) für etwa 10 US$ pro Stunde **Windsurfen** zu lernen.

Gute Schwimmer können von hier aus zur **Isla de las Gaviotas**, einer sandigen Palmeninsel in etwa 700 m Entfernung, hinüberkraulen.

Wem das alles zu anstrengend ist, der kann auch mit dem Bus 64 ab der Av 18 de Julio an der Küste entlangfahren und an dem Strand aussteigen, der ihm gerade gefällt.

KURSE

Die folgenden Kurse sind nichts zum kurz mal Hineinschnuppern – man sollte schon mindestens einen Monat dabeibleiben, damit sich die Ausgaben lohnen.

Afro Mundo (☎ 915-0247; Mercado Central, 1. Stock) Kurse im afrikanischen Trommeln, Tanzkurse in *capoeira* und *candombe*.

Berlitz (☎ 901-5535; www.berlitz.com; Plaza Independencia 1380) Einzelunterricht in Spanisch.

Joventango (☎ 901-5561; Mercado de la Abundancia) Tangokurse für alle Stufen, vom Anfänger bis zum Experten.

FESTIVALS & EVENTS

Der **Karneval** in Montevideo findet immer am Montag und Dienstag vor Aschermittwoch statt. Ein Highlight sind vor allem die *candombe*-Tanzgruppen und ihre großen Trommeln mit den afrikanischen Rhythmen. Die **Semana Criolla** (während der Semana Santa) ist Rodeo, Kunstmesse und Open-Air-Konzert zugleich – echt *gaucho*mäßig. Das Fest findet in Prado statt, es ist mit den Bussen 149 oder 152 leicht zu erreichen.

SCHLAFEN

Albergue Juvenil (☎ 908-1324; Canelones 935; B HI-Mitglied/Nichtmitglied 7/9 US$; 🖵) Zentral gelegenes großes Hostel mit allem Drum und Dran. Nebenbei bemerkt – wo sonst findet man ein Hostel mit einer Wendeltreppe aus Schmiedeeisen? Außerdem gibt's hier Fahrräder für 1/4 US$ pro Std./Tag.

DER WEG INS ZENTRUM

Ein Taxi vom Flughafen zum Stadtzentrum kostet etwa 10 US$. Busse vom Flughafen kosten 0,70 US$ und brauchen 40 Minuten in die Stadt. Mit den Bussen 21, 61, 180, 187 und 188 kommt man vom Terminal Tres Cruces zur 18 de Julio (0,70 US$).

Red Hostel (☎ 908-8514; www.redhostel.com; San José 1406; B/EZ/DZ 11/24/32 US$; 🖵) Elegantes, cooles, neues Hostel – im Preis inbegriffen ist alles, was man sich nur wünscht: vom Internetzugang über Frühstück bis zur Hängematte auf der großen Dachterrasse.

Hotel Montevideo (☎ 900-4634; Aquiles Lanza 1309; EZ/DZ ab 12/15 US$) Das Hotel Montevideo ist eine schlichte Alternative im Zentrum. Dieses Hotel hat eine erstaunliche Zimmerauswahl – einige mit Holzböden und großen Badezimmern, andere sind eher winzig. Es lohnt sich also, sich einige Zimmer zeigen zu lassen.

Pensión Nuevo Ideal (☎ 908-2913; Soriano 1073; DZ mit/ohne Bad 18/15 US$) Schon die Lobby des reizenden kleinen Hotels verrät, wie es drinnen aussieht: lichtdurchflutet, makellos, geschmackvoll und unaufdringlich eingerichtet. Warmwasserduschen sind ein weiteres Plus.

Hotel Arapey (☎ 900-7032; www.arapey.com.uy; Av Uruguay 925; EZ/DZ 15/18 US$) Wer immer den ganzen Kitsch hier zusammengetragen hat, hat ganze Arbeit geleistet: Zimmermöbel mit Blattgoldverzierungen, Betten mit Kopfteilen aus Korbgeflecht, geschwungene Balkone im Stil Gaudís. Aber: Das Haus ist ruhig, sauber und wie geschaffen zum Ausspannen.

Hotel Solís (☎ 915-0279; Bartolomé Mitre 1314; EZ/DZ 20/25 US$, mit Gemeinschaftsbad 15/18 US$) Stimmungsvolles, bewährtes Budgethotel im Zentrum der Altstadt. Einige Zimmer haben einen wunderschönen kleinen Balkon zur Bartolomé Mitre hinaus – aber Achtung: Die Tische der Bars an der Straße sind allabendlich gut frequentiert – es kann also ziemlich laut werden.

Hotel London Palace (☎ 902-0024; www.lphotel.com; Rio Negro 1278; EZ/DZ 35/40 US$; P 🐾) Antike Möbel, Teppichläufer in den Korridoren und moderne stilvolle Zimmer – das London Palace steht über allen anderen Häusern seiner Preisklasse.

ESSEN

Die Steaks der *parrillas* (Steakhäuser) im Mercado del Puerto sind so groß, dass es fast schon obszön ist. Man sollte am besten samstags zur Mittagszeit herkommen, wenn sich die Einheimischen auf dem Markt tummeln.

Euskal Erria (San José 1168; Hauptgerichte 2–5 US$) Ausgezeichnete Auswahl an baskischen und spanischen Gerichten, u. a. die beste Paella der Stadt. Auch die preiswerten *jarras* (Krüge) mit Rotwein lassen einen nicht so schnell von dannen ziehen.

Los Leños (San José 909; Gerichte 3–6 US$) Klasse *parrilla*-Lokal, wo's Fleischbatzen aller Sorten, Pasta und Meeresfrüchte gibt. Die *cazuela de mariscos* (Meeresfrüchtepfanne; 10 US$) ist ein echter Hammer.

Kazbah (Bartolomé Mitre 1368; Gerichte 3–10 US$) Montevideos Restaurantszene fängt gerade erst an, richtig interessant zu werden, und einer der Vorreiter ist dieses Lokal mit seiner nahöstlichen Küche. Wer Falafel, *schwarma* (Döner), Kuskus und Tajine liebt, ist hier genau richtig.

Bar Hispano (San José 1050; Menü 4 US$) Freundliche *confiterías* der alten Schule wie diese sterben leider aus. Egal, welchen Wunsch man hat, fast jede Bestellung kommt sofort – ein harter Drink zu Tagesbeginn, ein Menü um 17 Uhr oder eine Schokoleckerei in den frühen Morgenstunden. Witzig sind auch einige grummelnde Kellner, die mit ihrer Fliege wie aus Urzeiten wirken. Und nicht zuletzt die atemberaubenden Desserts beweisen, dass dies ein ganz besonderer Ort ist.

Lobizón 7 (Zelmar Michelini 1325; Gerichte 4–6 US$) Gerade jüngere *montevideanos* lieben das Lokal wegen seiner preiswerten Mittagsgerichte wie *gramajo* (die Spezialität des Hauses mit Eiern, Schinken und Pommes ist eine Kalorienbombe). Abends manchmal auch Livemusik.

Buffet Atlantida (San José 1020; All you can eat 6 US$) Unglaublich große Auswahl: Pasta, *parrillada*, chinesische Küche und Tagesspezialitäten wie Schweinebraten. Genau richtig bei großem Hunger und kleiner Geldbörse.

Mittags oder abends kann man auch prima im stimmungsvollen Mercado de la Abundancia essen. Super Tagesgerichte bekommt man in **El Rincon de las Poetas** (Menüs 3–5 US$) oder im **Las Refranes** (Menüs 3–5 US$). Eine umfangreichere Karte hat das **El Esquinazo** (Hauptgerichte 3–5 US$), **La Pizzeria** (Hauptgerichte 4–7 US$) hat nur abends auf.

AUSGEHEN

Im Barviertel an der Bartolomé Mitre in der Altstadt geht am meisten die Post ab. 18 Bars gibt es hier – das war zur Zeit der Recherche – inzwischen sind es wohl schon wieder mehr. Hingehen und schauen, in welchem Schuppen was los ist! Alteingesessene Kneipen mit DJs und gelegentlicher Livemusik, in denen der Drink auch bezahlbar ist, sind das **Pony Pisador** (Bartolomé Mitre 1326), das **Café@** (Bartolomé Mitre 1322) und der **Shannon Irish Pub** (Bartolomé Mitre 1318). Etwas neuer sind das nahöstlich angehauchte **Kazbah** (Bartolomé Mitre 1368), das **El Callejón** (Bartolomé Mitre 1386), in dem Jazz, Rock und Blues gespielt wird, und das **Bartolomé** (Bartolomé Mitre 1322), ein riesiger, munterer Laden, wo man draußen sitzen oder im Obergeschoss Billard spielen kann.

UNTERHALTUNG

W Lounge (Rambla Wilson s/n; Eintritt 4 US$) Der Club im Parque Rodó ist *die* Adresse, wenn man das Tanzbein schwingen will. Ein Taxi aus dem Zentrum kostet um die 3 US$.

La Bodeguita del Sur (Soriano 840) Wer Livemusik in dem Dreh von Folklore und kubanischer Salsa liebt, kommt hierher.

Sala Zitarrosa (Ecke 18 de Julio & Av Herrera y Obes) Rockbands treten hier auf und manchmal auch Theatergruppen.

Fun Fun (Ciudadela 1229) Der Club im Mercado Central ist von jeher Treffpunkt für Tangofans und hat eine gemütliche, überdachte Terrasse. Am Wochenende spielen Livebands.

Cinemateca Uruguaya (Av 18 de Julio 1280; Mitgliedschaft 4 US$/Monat) Für Kunstfilmliebhaber. Das Kino ist auch ein Filmclub, und gegen einen moderaten Mitgliedsbeitrag kann man in den fünf Kinosälen unbegrenzt Filme schauen.

Teatro Solís (www.teatrosolis.org.uy; Buenos Aires 678) Montevideo hat eine aktive Theaterszene. Das Solis ist zwar nur eine von vielen Spielstätten, hat aber den besten Ruf. Karten bekommt man ab 4 US$. Die Spielpläne stehen in der *Guía del Ocio*.

SHOPPEN

Feria de Tristán Narvaja (Calle Tristán Narvaja, zw. Av 18 de Julio & Calle La Paz, El Cordón; So 9–15 Uhr) Auf dem geschäftigen Straßenmarkt gibt's alles von antikem Schnickschnack und Schmuck bis hin zu Kunstgegenständen und gebratenem Fisch. Die Verkaufsstände ziehen sich sieben Blocks weit hin.

Mercado de los Artesanos (Plaza Cagancha) Prima Kunsthandwerk zu fairen Preisen.

Manos del Uruguay (San José 1111) Der Laden hat den Ruf, zwar recht teure, dafür aber qualitativ hochwertige Waren zu führen. Eine zweite Filiale findet man in der Reconquista 602.

So ziemlich alles kann man auch auf dem **Mercado de la Abundancia** (Ecke San José & Yaguarón) kaufen. Samstags findet auf der Plaza Constitución ein netter Flohmarkt statt.

AN- & WEITERREISE
Bus
Im Busbahnhof von Montevideo, dem **Terminal Tres Cruces** (☎ 401-8998; Ecke Bulevar Artigas & Italia), gibt's auch anständige Restaurants, Toiletten, eine Gepäckaufbewahrung, eine *casa de cambio* (Wechselstube) und Geldautomaten.

Ziel	Dauer (Std.)	Preis (US$)
Chuy	5	12
Colonia	2½	6
Fray Bentos	4½	11
Maldonado	2	5
Mercedes	4	10
Minas	2	5
La Paloma	3½	8
Paysandú	5	13
Punta del Diablo	4½	11
Punta del Este	2½	6
Salto	6	17
Tacuarembó	5	13
Treinta y Tres	4	10

Bus de la Carrera schickt dreimal täglich Busse über Fray Bentos nach Buenos Aires (28 US$, 8 Std.). Außerdem gibt's Verbindungen in verschiedene andere Städte in Argentinien: Rosario (35 US$, 10 Std.), Córdoba (44 US$, 15 Std.), Santa Fe (32 US$, 8 Std.), Paraná (31 US$, 10 Std.) und Mendoza (61 US$, 20 Std.).

Die EGA fährt nach Santiago de Chile (84 US$, 30 Std.) und nach Porto Alegre (50 US$, 11 Std.), nach Florianópolis (75 US$, 18 Std.) und Curitiba (92 US$, 24 Std.) in Brasilien.

> ### EINREISE NACH ARGENTINIEN
> Um über die Grenze nach Argentinien zu kommen, nutzen viele die Fähren – entweder aus Montevideo direkt nach Buenos Aires (ab 60 US$) oder über Colonia nach Buenos Aires (26–41 US$) – oder aber über Carmelo nach Tigre (17 US$), einem Vorort von Buenos Aires. Die Einreiseformalitäten werden am Hafen erledigt, deshalb muss man eine Stunde vor Abfahrt da sein.
>
> Über den Río Uruguay fahren auch Busse von Fray Bentos, Paysandú und Salto zu den jweiligen gegenüberliegenden argentinischen Städten Gualeguaychú, Colón bzw. Concordia. Das Einreiseprozedere wird oft gleich im Bus erledigt. Sollte man aber aussteigen müssen, wartet der Bus, bis alle wieder an Bord sind. Die Grenzübergänge sind rund um die Uhr geöffnet.

Nach Asunción (Paraguay) fahren die Unternehmen Brújula und Coit (62 US$, 20 Std.).

Flugzeug
Montevideos **internationaler Flughafen** (Aeropuerto Carrasco; ☎ 604-0329) liegt 20 km östlich der Stadt in Carrasco. Neben den üblichen internationalen Airlines gibt's auch noch Pendlerflüge nach Argentinien. Übers Internet kann man bei **Gol Airlines** (www.voegol. com.br) Billigflüge ins brasilianische Porto Alegre buchen. Ansonsten haben folgende Airlines in Montevideo Büros:

Aerolíneas Argentinas (☎ 902-3691; www.aerolineas.com.ar; Plaza Independencia 749bis)

American Airlines (☎ 916-3929; www.aa.com; Sarandí 699)

Iberia (☎ 908-1032; www.iberia.com; Colonia 975)

LanChile (☎ 902-3881; www.lan.com; Colonia 993, 4. Stock)

Pluna (☎ 902-1414; www.pluna.com.uy; Ecke Plaza Independencia 804 & Florida)

TAM Mercosur (☎ 901-8451; www.tam.com.py; Colonia 820)

Schiff/Fähre
Mit **Ferryturismo** (☎ 900-0045; Río Negro 1400) kommt man nach Buenos Aires – mit einer Kombinationen von Bus und Fähre, entweder über Colonia (26 US$, 6 Std.) oder mit der schnelleren Sea Cat (41 US$, 4 Std.). Eine Zweigstelle des Unternehmens ist im

Terminal Tres Cruces (☎ 409-8198) zu finden. Von Montevideo direkt nach Buenos Aires kommt man mit den *buqueavioses* (schnelle Fähren; 2½ Std.), sie kosten ab 60 US$.

Vom Terminal Tres Cruces fährt **Cacciola** (☎ 401-9350) mit Bus und Barkasse nach Buenos Aires (17 US$, 8 Std.) über Carmelo und den im argentinischen Delta gelegenen Vorort Tigre.

UNTERWEGS VOR ORT

Busse zum Flughafen (1 US$, 40 Min.) fahren am **Busbahnhof Suburbana** (Ecke Rambla Franklin D Roosevelt & Río Branco) ab. Stadtbusse fahren überall hin, sie kosten 0,70 US$.

WESTLICHES URUGUAY

In vieler Hinsicht ist das Land westlich von Montevideo das wirkliche Uruguay: Zwischen den kleinen Städten am Flussufer erstrecken sich majestätische Pampas und Weizenfelder. Alles ist weit entfernt von den ausgelatschten Touristenrouten – bis auf den Superstar der Region: Colonia del Sacramento, dessen Charme Besucher aus der ganzen Welt anzieht.

COLONIA DEL SACRAMENTO

☎ 052 / 22 000 Ew.

Man nehme ein paar geschwungene, kopfsteingepflasterte Straßen, füge eine spannende Geschichte hinzu und setze das Ganze an einen wunderschönen Ort mit Ausblick auf den Río de la Plata. Und voilà: Heraus kommt eine große Touristenattraktion.

Und sogar die attraktionsgeilen Horden können der Atmosphäre von „Colonia" nichts anhaben. Der Ort hat das gewisse Etwas und genug Restaurants, Bars und Nachtleben, um seine Gäste über Wochen bei Laune zu halten.

Die Portugiesen gründeten Colonia 1680, um über den Río de la Plata Waren nach Buenos Aires zu schmuggeln. 1762 nahmen die Spanier die Stadt ein und hielten sie bis 1777, als Steuerreformen schließlich die direkte Einfuhr ausländischer Güter nach Buenos Aires erlaubten.

Orientierung & Praktische Informationen

Das *Barrio Histórico* (historisches Viertel) liegt auf einer kleinen Halbinsel. Einige Blocks weiter östlich findet man das Geschäftszentrum des Zentrums (in der Nähe der Plaza 25 de Agosto) und den Hafen.

Antel (Rivadavia 420)

Banco Acac (Ecke Av Gral Flores & Washington Barbot) Mit Geldautomat.

Banco República Unterhält Wechselstuben am Hafen.

Cambio Viaggio (Ecke Av FD Roosevelt & Florida; ☿ So geschl.)

Haupttouristeninformation (☎ 26141; Av Gral Flores 499)

Postamt (Lavalleja 226)

Touristeninformation (☎ 28506; Plaza 1811)

Sehenswertes

Die Museen in Colonia haben täglich von 11 bis 17 Uhr geöffnet. Mit einem Ticket für 0,70 US$ kommt man in alle hier genannten Museen.

Das Barrio Histórico beginnt an der restaurierten **Puerta de Campo** (1745) auf der Manuel de Lobos, wo eine starke Befestigungsmauer bis zum Fluss führt. Etwas weiter westlich hinter der Plaza Mayor 25 de Mayo säumen mit Stuck und Fliesen verzierte kolonialzeitliche Häuser die enge, kopfsteingepflasterte **Calle de los Suspiros**. Gleich dahinter liegt das **Museo Portugués**, wo u. a. großartige alte Seekarten und eine sehr phantasievolle Darstellung des Stammbaums der Familie Lobo zu sehen sind.

Am südwestlichen Rand der Plaza stehen die **Casa de Lavalleja**, die ehemalige Residenz von General Lavalleja, die Ruinen des **Convento de San Francisco** aus dem 17. Jh. und der restaurierte **Faro** (Leuchtturm) aus dem 19. Jh. Am westlichen Ende, an der de San Francisco, kann man im **Museo Municipal** antiken Hausrat, Dinosaurierfossilien und große versteinerte Pilze bestaunen. Die **Casa del Virrey**, in der übrigens nie ein Vizekönig wohnte, befindet sich gleich nördlich.

Am westlichen Ende der Misiones de los Tapes steht das kleine **Museo de los Azulejos** – ein Gebäude aus dem 17. Jh., in dem Fliesen aus der Kolonialzeit ausgestellt sind. Der **Paseo de San Gabriel** am Flussufer führt zur Colegio, wo man dann rechts in die Comercio einbiegt und vor den Ruinen der **Capilla Jesuítica** (Jesuitenkapelle) steht. Nimmt man die Calle de la Playa nach Osten, kommt man zur Vasconcellos und der **Plaza de Armas**, an der die 1680 errichtete **Iglesia Matriz** thront, Uruguays älteste Kirche und das Wahrzeichen der Stadt. Bei einem

COLONIA DEL SACRAMENTO

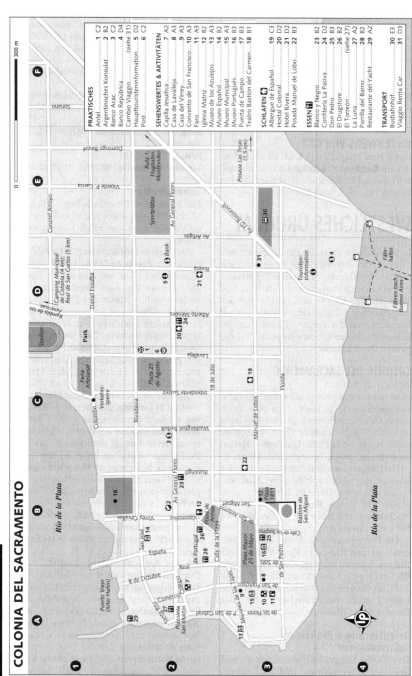

PRAKTISCHES	
Antel	1 C2
Argentinisches Konsulat	2 B2
Banco Acac	3 C2
Banco República	4 D4
Cambio Viaggio	(siehe 31)
Haupttouristeninformation	5 D2
Post	6 C2

SEHENSWERTES & AKTIVITÄTEN	
Capilla Jesuítica	7 A2
Casa de Lavalleja	8 A3
Casa del Virrey	9 A3
Convento de San Francisco	10 A3
Faro	11 A3
Iglesia Matriz	12 B2
Museo de los Azulejos	13 A3
Museo Español	14 B2
Museo Municipal	15 A3
Museo Portugués	16 B3
Puerta de Campo	17 A3
Teatro Bastión del Carmen	18 B1

SCHLAFEN	
Albergue de Español	19 C3
Hostal Colonial	20 D2
Hotel Rivera	21 D2
Posada Manuel de Lobo	22 B3

ESSEN	
Blanco y Negro	23 B2
Confitería La Pasiva	24 D2
Don Pedro	25 B3
El Drugstore	26 B2
El Torreón	(siehe 27)
La Luna	27 A2
Parrilla del Barrio	28 B2
Restaurante del Yacht	29 A2

TRANSPORT	
Busbahnhof	30 E3
Viaggio Renta Car	31 D3

Feuer 1799 wurde sie fast vollständig zerstört und später vom spanischen Architekten Tomás Toribio wieder aufgebaut. Der Innenraum hat seinen schlichten Charme bewahrt.

Auf der anderen Seite der Av General Flores zeigt das **Museo Español** (Ecke España & San José) Repliken von Töpferware, Kleidung und Landkarten der Kolonialzeit. Am nördlichen Ende der Straße erreicht man schließlich den **Puerto Viejo** (Alten Hafen). Auch wenn dieser schon lange Zeit kein Hafen mehr ist, versprüht der malerische Ort immer noch die Atmosphäre alter Schmugglertage. Einen Block weiter östlich liegt in einem Teil der alten Befestigungsanlage das **Teatro Bastión del Carmen** (Ecke Virrey Cevallos & Rivadavia).

Schlafen

Camping Municipal de Colonia (☎ 24662; Stellplatz 3 US$/Pers., 2-Pers.-Cabaña 12 US$) Dieser Campingplatz liegt in Strandnähe an der Real de San Carlos, 5 km nordwestlich des Barrio Histórico. Auf dem Gelände gibt's Duschen mit Warmwasser und in der Nähe ein paar Restaurants.

Albergue de Español (☎ 099-624-129; Manuel del Lobos 377; EZ/DZ 7/14 US$) Das freundliche Hostel in einem malerischen alten Gebäude hat große Mehrbettzimmer. Einige sind allerdings ziemlich dunkel.

Hostal Colonial (☎ 30347; hostelling_colonial@ hotmail.com; Av Gral Flores 440; B/DZ 6/12–16 US$; 🖳) In diesem alten Gebäude gibt's gute Zimmer zum Innenhof, auf fünf Doppelzimmer kommen zwei mit eigenem Bad. Im Preis inbegriffen ist die Nutzung der Küche und Fahrradverleih. Organisiert werden auch Ausritte.

Hotel Rivera (☎ 20807; Rivera 131; www.hotelesco lonia.com/rivera; EZ/DZ 17/20 US$; 🖳) Schwere Balkendecken und gefliesste Böden – da wohnt man nicht schlecht für sein Geld. Die Zimmer sind ein bisschen klein, aber die attraktiven Sitzbereiche drinnen und draußen machen das wieder wett.

Posada Manuel de Lobo (☎ 22463; www.colonia net.com/posadamdelobo; Ituzaingó 160; Zi. 50 US$; 🅿 🖳) Die über 150 Jahre alte Posade Manuel de Lobo ist mit prächtigen, schweren Holzmöbeln und alten Fliesen ausgestattet. Beim Dösen auf der Terrasse oder dem Balkon im Obergeschoss einfach die Atmosphäre genießen!

Essen

Confitería La Pasiva (Av Gral Flores 432; Gerichte 3–5 US$) Vor kurzem eröffnete Filiale der bekannten Kette. Hier kann man gut frühstücken oder zu allen Tageszeiten Pizza und Sandwiches essen.

Don Pedro (Manuel de Lobos 144; Gerichte 3–7 US$) Das Lokal ist nicht besonders originell, aber gute Sandwiches, Pasta, Fleischgerichte und Eis hat es trotzdem. Man kann draußen auf der Plaza Mayor im Schatten sitzen und genüsslich zu Mittag essen.

Blanco y Negro (Av Gral Flores & Ituzaingó; Gerichte 4–6 US$) Alle möglichen *parrilla-* und Pastavariationen und an den Wochenenden live Jazzmusik. Nach der *parrillada* für Zwei (11 US$) ist man mehr als nur satt.

El Torreón (Av Gral Flores 46; Gericht 5–9 US$) Das Lokal mit der bei weitem besten Aussicht: Man sitzt in einem alten Turm und schaut über das Wasser. Die Terrasse hinten ist wie geschaffen für ein gemütliches romantisches Dinner.

Restaurante del Yacht (Santa Rita s/n; Gerichte 6–8 US$) Zugegeben, die Atmosphäre ist ein bisschen protzig, aber dafür gibt's hervorragende Meeresfrüchte und klassische uruguayische Gerichte. Auf dem kleinen Oberdeck hat man einen phänomenalen Blick auf den Fluss.

Drugstore (Vasconcellos 179; Gerichte 6–10 US$) Die Tagesgerichte für zwei sind ganz ordentlich, außerdem ist die Ausstattung witzig (wie wär's z. B. mit einem Dinner im Oldtimer auf der Straße?) und an den Wochenenden gibt's Livemusik. Bei großem Hunger sollte man die *picada a la mar* (Meeresfrüchteplatte; 10 US$) probieren.

Parrilla del Barrio (Real 160; Tagesmenü 7 US$) Sobald die Sonne sinkt und die Tische rausgestellt werden, ist man in dieser freundlichen kleinen *parrilla* genau richtig.

La Luna (Av Gral Flores 43; Gerichte 4–8 US$) Das entspannte Kneipenrestaurant hat auf dem Dach eine klasse Terrasse. Hier kann man bei Sonnenuntergang ein Bier trinken und den Fähren zuschauen, die all die armen Teufel zurück nach Buenos Aires bringen.

Aktivitäten

Hostal Colonial (s. linke Spalte) organisiert für 20 US$ halbtägige Ausritte vom Wald im Landesinneren über Schluchten bis hinunter zur Küste. Und auch kürzere oder längere Ausritte sind im Angebot.

An- & Weiterreise

BUS
Der **Busbahnhof** von Colonia (Ecke Artigas & Av FD Roosevelt) befindet sich in der Nähe des Hafens.

Ziel	Dauer (Std.)	Kosten (US$)
Carmelo	1	3
Mercedes	3	6
Montevideo	2½	6
Paysandú	6	11
Salto	8	15

SCHIFF/FÄHRE
Vom Hafen am Ende der Av Roosevelt legen täglich Fähren (20 US$, 2½ Std.) sowie die schnelleren *buqueaviones*, „fliegende Boote", (35 US$, 1 Std.) von **Buquebus** (☎ 22975) nach Buenos Aires ab. Täglich fährt auch der Katamaran von **Ferryturismo** (☎ 22919) (35 US$, 1 Std.). Einreisekontrolle ist am Hafen.

Unterwegs vor Ort
Von der Av Gral Flores fahren Stadtbusse zum Camping Municipal. Fahrräder und Mopeds kann man im Hafenviertel ausleihen, beispielsweise bei **Viaggio Renta Car** (☎ 22266; Manuel de Lobos 503; Fahrräder/Mopeds/Motorroller 3/9/15 US$ pro Tag).

CARMELO
☎ 0542 / 16 900 Ew.
Carmelo ist eine supersüße Kleinstadt mit einem verführerischen zentralen Platz. Die Straßen führen gemächlich hinunter zur liebevoll restaurierten Uferpromenade. Von hier aus setzen Boote nach Argentinien über – die sicher interessanteste (und kostengünstigste) Art, über die argentinische Grenze zu kommen: zwei Stunden durch das Flussdelta bis nach Tigre, einem Vorort von Buenos Aires.

Die **Haupttouristeninformation** (☎ 2001; 19 de Abril 246) findet man in der Casa de Cultura. Dort gibt's eine Reihe von Informationen (einige davon auf Englisch) und einen anständigen Stadtplan. Verschiedene *casas de cambio* gibt's in der Nähe der Plaza Independencia.

Im großen Park auf der anderen Seite des Bachs kann man campen oder Schwimmen gehen; auch ein gigantisches Casino steht hier.

Schlafen & Essen
Camping Náutico Carmelo (☎ 2058; Stellplatz 4 US$) Liegt an der Südseite des Arroyo de las Vacas.

Hotel Bertoletti (☎ 2030; Uruguay 171; EZ/DZ 10/15 US$) Den leichten Anstaltscharakter können einzelne freundliche Züge wie die geblümten Lampenschirme nicht übertönen, aber vielleicht steigen hier gerade deswegen gerne Vertreter ab. Eine Nacht lässt es sich aushalten.

Rambla Hotel (☎ 2390; Ecke Uruguay & 12 de Febrero; EZ/DZ ab 12/18 US$) Das Rambla unten am Flussufer hat verschiedene Zimmer, darunter sind aucheinige stickige Kabuffs. Zahlt man etwas mehr, bekommt man aber sofort ein Zimmer mit Balkon, Blick auf den Fluss, Minibar, Kochnische und was immer man will.

Fey Fey (18 de Julio 358; Gerichte 2–7 US$) Liegt direkt am Platz und draußen stehen auch Tische. Das beste Restaurant in der Stadt, sowohl was das Essen als auch was die Atmosphäre anbelangt (auch wenn die Guns n' Roses-Beschallung nicht jedermanns Sache ist). Zu essen gibt's Pizza, Pasta, *parrilla* und Snacks aller Art oder ein exzellentes *pescado milanesa* (paniertes Fischfilet; 3 US$).

An- & Weiterreise
Alle Busunternehmen haben Büros an oder in der Nähe der Plaza Independencia. **Chadre** (☎ 2987) fährt nach Montevideo (8 US$, 4 Std.) und in den Norden nach Fray Bentos, Paysandú und Salto. Turil fährt nach Colonia (2,50 US$, 1 Std.), genauso wie **Klüver** (☎ 3411), Intertur und Berruti. Klüver fährt außerdem auch nach Mercedes (3 US$, 2 Std.).

Cacciola (☎ 3042; Constituyentes s/n) hat Barkassen, die nach Tigre, einem Vorort von Buenos Aires, übersetzen (11 US$, 3½ Std.).

FRAY BENTOS
☎ 0562 / 23 000 Ew.
Die Grundstückspreise müssen echt niedrig sein in Fray Bentos – die ganze Stadt ist übersät von großen, begrünten Plazas. Die meisten Traveller landen hier auf der Durchreise aus oder nach Uruguay. Wer beim Umsteigen ein paar Stunden lang die Zeit totschlagen muss, sollte sich unbedingt das faszinierende Museum der Stadt anschauen.

Die **Touristeninformation** (☎ 2233) ist im Museo Solari untergebracht, an der Westseite der Plaza Constitución.

Sehenswertes

Blickfang ist das **Teatro Young** (Ecke 25 de Mayo & Zorrilla). Es hat 400 Sitzplätze und trägt den Namen des anglouruguayischen *estanciero*, das den Bau finanziert hat. Das ganze Jahr über finden hier kulturelle Events statt.

Museo de la Revolución Industrial (☎ 2918; Führungen 1,50 US$; ☿ Mo–Sa 10–18 Uhr) Auch wenn's manch einer nicht gerade lustig findet, in einer alten Fleischfabrik umherzuschlendern – das Museum widmet sich einer Schlüsselepoche der uruguayischen Geschichte, als die britischen Fleischbarone ins Land kamen und den Grundstein für die uruguayische Fleischindustrie legten. Inzwischen wurde die Fabrik und ihre Umgebung – das Barrio Anglo (Englisches Viertel) – in ein gut gestaltetes Museum mit Restaurant und Nachtclub umgewandelt.

Schlafen & Essen

Balneario Las Cañas (☎ 22224; Stellplatz für 2 Pers. 6 US$) Der große Campingplatz des Orts liegt 8 km südlich der Stadt.

Nuevo Hotel Colonial (☎ 2260; 25 de Mayo 3293; EZ/DZ 10/15 US$, mit Gemeinschaftsbad 8/12 US$) Die Zimmer in dem klassischen zweistöckigen Hotel sind geräumig und schlicht, mit Holzdielen und Ausblick auf den bepflanzten Hof. Die Badezimmer, die sich mehrere Hotelgäste teilen, sind makellos sauber.

Im Gebiet rund um die zentrale Plaza gibt's eine Reihe von *confiterías* und Pizzerien. Einen Besuch wert ist das **Juventud Unida** (18 de Julio 1124), ein bei den Einheimischen beliebtes Lokal, das *parrillada* (diverses Grillfleisch), Sandwiches und Pasta serviert.

An- & Weiterreise

In dem ansonsten ziemlich heruntergekommenen **Busbahnhof** (☎ 2737; Ecke 18 de Julio & Varela) gibt's einen Konzertflügel und einen Felsgarten. Der Busbahnhof liegt zehn Blocks östlich der Plaza Constitución. ETA fährt nach Gualeguaychú (4 US$, 1 Std.), Busse von **CUT** (☎ 2286) fahren nach Mercedes (1 US$, 30 Min.) und Montevideo (10 US$, 4½ Std.), Busse von Chadre über Salto und Paysandú nach Bella Unión und in den Süden nach Montevideo.

MERCEDES

☎ 053 / 42 000 Ew.

Die schattigen, kopfsteingepflasterten Straßen von Mercedes sind bezaubernd (außer in Taxis ohne Federung, dann geht's auf die Nieren). Das Ufergelände ist weitgehend unerschlossen, aber es gibt viele Grasflächen, wo man sich nach dem Baden gemütlich ausstrecken kann.

Das Zentrum der Innenstadt ist die Plaza Independencia. Hier steht eine imposante klassizistische **Kathedrale** von 1860.

Der Busbahnhof ist zehn Blocks vom Stadtzentrum entfernt. Man kann entweder zu Fuß gehen (geradeaus die Calle Colón entlang, zur Rechten die Plaza Artigas) oder in irgendeinen Bus steigen – oder aber sich für 1 US$ ein Taxi leisten.

Einen guten Stadtplan bekommt man in der **Touristeninformation** (☎ 22733; Artigas 215). Gleich in der Nähe kann man in den *casas de cambio* Geld, aber keine Reiseschecks wechseln. Ein **Postamt** (Rodó 650) und ein Telefonamt, das **Centro Telefónico** (Artigas 290), sind ebenfalls vorhanden.

Aktivitäten

Im Club Remeros Mercedes (s. unten) kann man sich Kanus, Kajaks und Ruderboote ausleihen (2/6 US$ pro Std./Tag). Es gibt auch eine Mole am Fluss mit Sprungbrettern – wer will, kann sich also in der Kunst der Bauchklatscher üben.

Schlafen & Essen

Camping del Hum (Stellplatz 2 US$/Pers. zzgl. 1 US$/Zelt) Der Platz liegt auf einer Insel im Río Negro und ist über eine Brücke mit dem Festland verbunden. Man kann hier hervorragend schwimmen und fischen, auch die sanitären Anlagen sind ausgezeichnet. Tritt der Fluss über seine Ufer, wird der Campingplatz geschlossen.

Club Remeros Mercedes (☎ 22534; De la Rivera 949; B 5–6 US$) Geht man die Stufen nach unten, kommt man zu einer Bar, zu einem halbwegs annehmbaren Restaurant und zu Billardtischen, Tischtennis- und Tischfußballplatten, Sporttrophäen und präparierten, ausgestopften Fischen – hier gibt's eben alles, was in einem Hostel Standard sein sollte.

Hotel Mercedes (☎ 23204; Giménez 659; Zi. mit/ ohne Bad 9/6,50 US$ pro Pers.) Eine preisgünstige Option genau im Stadtzentrum mit schattigem Hof. Die Zimmer haben Kabel-TV und sind schnell ausgebucht – also besser im Voraus reservieren.

Pizzeria Centro (Ecke Colón & Castro y Careaga; Gerichte 3–6 US$) Die Deckenventilatoren sorgen für Frischluft in dieser einigermaßen stimmungsvollen Pizzeria. Zu essen gibt's die übliche Auswahl an Pizza, Sandwiches und Eis.

An- & Weiterreise

Vom **Busbahnhof** (☎ 30515; Plaza Artigas) kommt man weiter nach Colonia (6 US$, 3 Std.), Montevideo (10 US$, 4 Std.), ins argentinische Gualeguaychú (16 US$) und ins Landesinnere.

PAYSANDÚ

☎ 072 / 73 000 Ew.

Jedes Jahr zu Ostern erwacht Paysandú – nach uruguayischem Verständnis fraglos eine große Stadt – zum alljährlichen Bierfestival. Dann gibt's hier jede Menge Livemusik und Open-Air-Kinos, und der kohlensäurehaltige Gerstensaft fließt ununterbrochen. Den Rest des Jahres ist der Ort eher ein verschlafenes Nest – aber am Wochenende kommt durchaus Leben in die Stadt, dann, wenn alle unterwegs sind und die Restaurants, Bars und Diskos bevölkern.

Am meisten los ist am Flussufer: Tagsüber wird im Wasser geplanscht, und abends ist Party angesagt.

Die Av 18 de Julio, die Einkaufsmeile, verläuft an der Südseite der Plaza Constitución. Direkt gegenüber ist die **Touristeninformation** (☎ 26221; Av 18 de Julio 1226). Geld wechseln kann man in der Cambio Fagalde an der 18 de Julio 1002. Einen Geldautomaten gibt's in der **Banco Acac** (Av 18 de Julio 1020). Wer gerade aus Argentinien kommt und dringend uruguayische Pesos braucht, kann gleich am Busbahnhof im Copay Geld zum Bankkurs umtauschen.

Vom Busbahnhof zum Zentrum kann man laufen: die Zorilla entlang sieben Blocks in Richtung Norden. Ein Taxi kostet etwa 2 US$.

Im **Museo Histórico** (Zorrilla 874; Eintritt frei; ☽ Mo–Fr 9–17 Uhr) sind großartige handgezeichnete Karten, Haushaltswaren und Kriegsutensilien ausgestellt. Wer immer dachte, Windows XP sei viel zu langsam, der wird beim Anblick der alten „Schreib-

maschine" vom Hocker fallen – die Garantie für ein Karpaltunnelsyndrom.

Schlafen & Essen

Hotel Concordia (☎ 22417; Av 18 de Julio 984; EZ/DZ 8/16 US$, mit Gemeinschaftsbad 6/12 US$) Die geschwungene Marmortreppe, der Hof voller Pflanzen und die Holzdielen machen den recht verwohnten Zustand dieses zentral gelegenen Hotels wett.

Hotel Rafaela (☎ 24216; Av 18 de Julio 1181; EZ/DZ 16/32 US$, mit Gemeinschaftsbad 9/18 US$) Die Zimmer im Erdgeschoss haben zwar etwas mehr Charakter und ein eigenes Bad, sind aber recht stickig. Also besser eines der oberen, billigeren Zimmer nehmen. Da muss man sich das Bad zwar mit dem Nachbarn teilen, aber dafür hat man auch so etwas wie einen Balkon.

Pan Z (Ecke Av 18 de Julio & Pereda; Gerichte 4–7 US$) Das „Panceta" ist das beliebteste Lokal der Stadt. Es serviert Pizza, Pasta, *chivitos* und ganz ordentliche Sangria in Krügen (1,50 US$). Außerdem ist eine luftige Außenterrasse vorhanden, wo man sowas ähnliches wie Paella, nämlich *arroz con pollo* (Reis mit Hühnchen; 4 US$), essen kann.

Ausgehen

Zaguan (Michelini 1652; Eintritt 2–5 US$) Nur einer von vielen Clubs am Ufer. Hier steppt der Bär bis in die frühen Morgenstunden bei House, Reggae und Marcha.

Maybe Bar (Uruguay 699) Eine der vielen Bars, wo man vor dem Tanzen hingehen kann. Genug Atmosphäre und Bier gibt's hier jedenfalls.

Man kann sich aber auch eine Flasche Cola mit was Alkoholischem drin schnappen und zusammen mit anderen auf der Plaza Artigas rumhängen.

An- & Weiterreise

Vom **Busbahnhof** in Paysandú (☎ 23225; Ecke Zorrilla & Artigas) fahren Busse nach Montevideo (14 US$, 5 Std.), Salto (5 US$, 2 Std.), Tacuarembó (9 US$, 6 Std.) und ins argentinische Colón (2 US$, 45 Min.).

SALTO

☎ 073 / 99 000 Ew.

Nach Salto kommt man aus zwei Gründen: Erstens um über die argentinische Grenze nach Concordia oder zweitens zu den nahegelegenen **Thermalquellen** in Daymán zu gelangen. Ansonsten ist die Stadt zwar auch ganz hübsch, hält einen aber kaum mehr als ein paar Tage.

Die **Touristeninformation** (☎ 25194; Uruguay 1052) ist ganz brauchbar. Hier bekommt man Infos zu den Thermalquellen. *Casas de cambio* gibt's im Zentrum.

Sehenswertes & Aktivitäten

Das **Museo del Hombre y la Tecnología** (Ecke Brasil & Zorrilla; Eintritt frei; ☺ 14–19 Uhr) im früheren Marktgebäude informiert über die Geschichte der Gegend. Die **Plaza Artigas** ist bezaubernd schlicht und ein toller Ort, um Leute zu beobachten.

8 km südlich von Salto liegen die **Termas de Daymán**, der größte und bestserschlossene von mehreren Thermalbadkomplexen im nordwestlichen Uruguay. Umgeben von zahlreichen Motels und Restaurants und mit Angeboten für jede Preisklasse sind diese Bäder ein beliebtes Reiseziel für uruguayische und argentinische Touristen.

Schlafen & Essen

Hotel Concordia (☎ 32735; Uruguay 749; EZ/DZ 10/18 US$) Angeblich das älteste Hotel in Uruguay. Die Zimmer liegen rund um einen hübschen Innenhof und sind mit wunderbaren alten Möbeln ausgestattet. Der berühmte Tangosänger Carlos Gardel war 1933 hier zu Gast. Er hatte Zimmer 32.

Argentina Hotel (☎ 29931; Uruguay 892; EZ/DZ 18/24 US$; ▨) Das Gebäude hat klassische Eleganz und die Korridore wirken richtig charmant – die Zimmer sind allerdings modern und funktional eingerichtet, aber recht komfortabel.

Azabache (Uruguay 702; Gerichte 4–6 US$) Die Atmosphäre hier ist besser als in den meisten anderen Snackbars. Die Pasta und die Sandwiches sind gut und billig, der Orangensaft ist frisch gepresst und die Pizza dünn, knusprig und exzellent.

La Terraza (Ecke Costanera Norte & Apolon; Gerichte 5–7 US$) 2 km nördlich vom Club Remeros kann man hier am Flussufer bei Pasta und *parrillada* hervorragend den Nachmittag verbringen.

Ausgehen

Unten in der Nähe des Hafens sind auf dem Streifen zwischen der Artigas und der 19 de Abril auf der Chinazzaro verschiedene Bars zu finden, wo an den Wochenenden ziemlich was los ist.

An- & Weiterreise

Bus 1 fährt vom Busbahnhof zum Zentrum der Stadt.

Zu den Thermalquellen von Daymán geht's mit dem Bus (Ausschilderung „Termas") ab der Plaza Artigas. Im Fahrpreis von 0,30 US$ ist der Eintritt zu den Quellen inbegriffen.

Die Busgesellschaften Chadre/Agencia Central und **Flecha Bus** (☎ 099-732-052) fahren nach Concordia in Argentinien (2 US$, 1 Std.). Das Einreiseprozedere wird im Bus erledigt.

Inlandsbusse fahren nach Montevideo (17 US$, 6 Std.), Bella Unión (5 US$, 3 Std.) und Paysandú (5 US$, 2 Std.).

Montags bis samstags setzen vom Hafen am Ende der Brasil Barkassen nach Concordia (2 US$, 10 Min.) über.

DIE GEBURT EINER LEGENDE

Keine Frage: Mit Carlos Gardel schlug die Geburtsstunde des Tangos. Aber selbst 70 Jahre nach Gardels Tod herrscht noch immer Uneinigkeit darüber, welches Land Gardel hervorgebracht hat.

So wie sich Griechen und Türken darüber streiten, wer das Souflaki bzw. den Dönerkebab erfunden hat, so streiten sich drei Länder um Gardel: Argentinien, Uruguay – und Frankreich.

Die uruguayische Version lautet: Der Meister wurde hier in Tacuarembó geboren, und zwar am 11. Dezember 1887. Um ehrlich zu sein, hat Uruguay sogar Urkunden, die das belegen und die von argentinischer Seite unterzeichnet wurden, bevor Gardel zu Ruhm kam; sie liegen im Museo del Indio y del Gaucho aus.

Ursache für das gegenseitige Hickhack ist, dass Gardel – wie fast alle anderen uruguayischen Musiker auch – nach Buenos Aires ging, um groß rauszukommen, und sich später dann nach Frankreich aufmachte, um noch größer rauszukommen. Und jetzt beansprucht ihn jedes Land für sich allein.

Sicher werden zu dem Thema viele, viele Leserbriefe in der Redaktion eingehen.

TACUAREMBÓ

☎ 063 / 51 000 Ew.

Das ist echtes *gaucho*-Land. Nicht solche Typen, die sich für die Pesos der Touristen in Szene setzen, sondern richtig harte Kerle: Die ausgebeulten Hosen in die Stiefel gesteckt, Baskenmütze auf und ab geht's. Angeblich soll hier auch die Tangolegende Carlos Gardel geboren sein (s. Kasten S. 1099).

Wer Mitte März in der Gegend ist, sollte sich die **Fiesta de la Patria Gaucho** (Gauchofestival) nicht entgehen lassen.

Das Zentrum von Tacuarembó ist die Plaza 19 de Abril. Die **Touristeninformation** (☎ 27144) befindet sich im Busbahnhof. An der Ituzaingó 262 befindet sich die Post, und zum Telefonieren geht man zu Antel, Sarandí 240. Vom Busbahnhof zum Zentrum sind es 2 km: Am Ausgang links, geradeaus über die kleine Plaza, dann rechts in die Herrera einbiegen und vier Blocks weiter bis zur 18 de Julio gehen. Ein Taxi kostet 1 US\$.

Das **Museo del Indio y del Gaucho** (Ecke Flores & Artigas; Eintritt frei; ☺ Mo–Fr 13–19, Sa & So 14–18 Uhr) zollt der indigenen Bevölkerung und den *gauchos* Uruguays einen romantischen Tribut.

Schlafen & Essen

Balneario Municipal Iporá (☎ 25344; Stellplatz frei–2 US\$) 7 km nördlich der Stadt. Die Stellplätze sind kostenlos und die Toiletten sauber, aber Duschen gibt es nicht. Busse fahren von der nahen Plaza 19 de Abril.

Hotel Plaza (☎ 27988; 25 de Agosto 247; EZ/DZ 14/18 US\$) Die kleinen, freundlichen Zimmer im Plaza sind schlicht, aber komfortabel genug. Und die Lage – anderthalb Blocks vom Platz entfernt – ist unschlagbar.

La Sombrilla (Ecke 25 de Mayo & Suárez; Gerichte 2–4 US\$) In dem Lokal direkt an der Plaza 19 de Abril kann man gut frühstücken und spätabends noch kleine Snacks bekommen.

La Rueda (Ecke Beltrán & Flores; Gerichte 3–6 US\$) Das La Rueda ist ein freundliches *parrilla*-Lokal mit einem Strohdach und *gaucho*-Utensilien und mit Tierfellen an den Wänden.

An- & Weiterreise

Der **Busbahnhof** (Ecke Ruta 5 & Victorino Perera) liegt am nordöstlichen Stadtrand. Von hier aus kommt man beispielsweise nach Montevideo (14 US\$, 5 Std.), Salto (9 US\$, 5 Std.) und Paysandú (9 US\$, 6 Std.).

ÖSTLICHES URUGUAY

Das Erholungsgebiet für Uruguayer (und z. T. auch für Brasilianer, Chilenen, Mexikaner, Spanier etc.): Lange Strände ziehen sich von Montevideo bis zur brasilianischen Grenze, die für alle etwas bieten – für Surfer, Partylöwen, Naturfreaks und Familien.

Die Konflikte zwischen Spanien und Portugal und später zwischen Argentinien und Brasilien hinterließen im östlichen Uruguay einige historische Monumente, z. B. die Festungen Santa Teresa und San Miguel. Im Landesinneren ist die Landschaft mal von Palmensavannen, mal von Sümpfen geprägt – aber überall ist hier eine artenreiche Vogelwelt zu Hause.

Im Hochsommer schießen die Preise in die Höhe, denn dann sind die hiesigen Städte total überlaufen. Aber den Rest des Jahres hat man alles fast für sich allein.

PIRIÁPOLIS

☎ 043 / 8000 Ew.

In den 1930er-Jahren baute der Unternehmer Francisco Piria das markante Hotel Argentino und eine extravagante Residenz, die unter dem Namen „Pirias Burg" bekannt wurde. Damit beförderte er argentinische Touristen direkt hierher. Heute ist der Ort eine preiswerte Alternative zu den Strandresorts weiter westlich und lockt vor allem Familien aus Montevideo für einen Kurzurlaub an.

Aber die Stadt hat ein erhebliches Problem: Zwischen ihr und dem Strand liegt eine vierspurige Autobahn. Trotzdem: Wem es nichts ausmacht, mehrmals täglich über die Schnellstraße zu sprinten, den erwarten herrlich sauberes Wasser und genügend gute Plätzchen, um ein Handtuch auszubreiten.

In der **Touristeninformation** (☎ 22560; Rambla de los Argentinos 1348) liegen Stadtpläne, Broschüren und die aktuellen Hotelpreise aus. Eine weitere Touristeninformation befindet sich am Busbahnhof.

Ein Geldautomat steht an der Ecke Piria und Buenos Aires. Geld umtauschen kann man im Hotel Argentino (aber keine Reiseschecks).

Sehenswertes & Aktivitäten

Alles im Dreh von Jetski, Windsurfen, Kajak- und Bananenbooten gibt's bei **Turismo Aventura** (☎ 099-120-138).

Carlos Rodriguez (☎ 22544; www.sierradelasani mas.com/heliopolis.htm) hat bioenergetische und mystische Touren in die Region im Angebot, Schwerpunkte sind dabei Erdmagnetismus, Kabbalasymbolik und Meditationsanleitung.

Die **SOS Rescate de Fauna Marina** (☎ 22960; Punta Colorado; Touren mit Führer 4 US$ oder 1 kg Fisch) 2 km außerhalb der Stadt widmet sich der Rettung der Meeresfauna. Zur Besichtigung der Einrichtungen ist eine Reservierung erforderlich.

Ein **Sessellift** (9–17 Uhr, Hin- und Rückfahrt 3 US$) fährt auf die Spitze des Hügels im östlichen Stadtteil. Von oben hat man eine tolle Aussicht auf die Bucht und die Umgebung. Keine Angst – in luftiger Höhe gibt's auch ein *parrilla*-Restaurant.

Schlafen & Essen

Camping Piriápolis FC (☎ 23275; Ecke Misiones & Niza; Stellplatz 2,50 US$/Pers., B 6 US$; ⊙ Mitte Dez.–Ende April) Gegenüber vom Busbahnhof. Jede Menge Sportmöglichkeiten.

Albergue Antón Grassi (☎ 20394; Simón del Pino 1106/36; HI-Mitglied/Nichtmitglied B 8/10 US$, DZ 20/24 US$) Hier gibt's ziemlich mittelprächtige Fünfbettzimmer mit Küche. Ist das Haus voll belegt, entsteht eine tolle Stimmung, aber wenn's leer ist, fühlt man sich eher wie in einem Flugzeughangar. Im Januar oder Februar unbedingt vorab reservieren. Für 1/5 US$ pro Std./Tag kann man Fahrräder ausleihen.

Bungalows Margariteñas (☎ 22245; corinamarga ritenas@adinet.com.uy; Ecke Piedras & Zufriategui; Bungalow 30 US$/Nacht) Schöne, vollständig ausgestattete und individuell eingerichtete Bungalows für zwei bis vier Personen. Die Eigentümer sprechen Englisch.

Sal y Pimienta (Ecke Tucumán & Sierra; Menüs 4 US$) Einen Block hinter dem Strand. Kleines Lokal, aber feine Meeresfrüchte und preisgünstige Menüs.

An- & Weiterreise

Der **Busbahnhof** (Ecke Misiones & Niza) ist nur drei Blocks vom Strand entfernt. Busse fahren u. a. nach Montevideo (3,50 US$, 1½ Std.), Punta del Este (2 US$, 45 Min.) und Minas (2,50 US$, 45 Min.).

RUND UM PIRIÁPOLIS
Pan de Azúcar

10 km nördlich der Stadt führt ein Pfad zur Spitze des **Cerro Pan de Azúcar** (493 m). Er ist Uruguays dritthöchste Erhebung, bekrönt von einem 35 m hohen Kreuz und einem unübersehbaren TV-Sendemast. Im nahegelegenen Parque Municipal befindet sich die kleine, aber gut gepflegte **Reserva de Fauna Autóctona**. Hier leben einheimische Wildtiere wie Capybaras (Wasserschweine) und Graufüchse. Gegenüber der Autobahn steht das **Castillo de Piria**.

Minas & Umgebung

☎ 044 / 38 000 Ew.

Diese bezaubernde kleine Hügelstadt ist nichts weiter als eben eine bezaubernde kleine Stadt in den Hügeln. Wer gern das uruguayische Mineralwasser Salus trinkt, kann sich hier anschauen, woher es kommt – die Quelle liegt am Stadtrand. Es gibt ein **Postamt** (Rodó 571), die Telefongesellschaft **Antel** (Ecke Beltrán & Rodó) und eine **Touristeninformation** (☎ 29796; Ecke Batlle & Ordóñez).

Turismo Aventura (☎ 27686) organisiert Wanderungen in das umliegende Hügelland und Trips zum Abseilen in stillgelegte Minenschächte.

Jedes Jahr am 19. April kommen bis zu 70 000 Pilger zum **Cerro y Virgen del Verdún** 6 km westlich von Minas. In den Eukalyptushainen des **Parque Salus**, 10 km westlich der Stadt, liegt die Quelle des bekanntesten Mineralwassers von Uruguay. In dem Komplex gibt's auch ein teureres Hotel und ein vernünftiges Restaurant. Vom Busbahnhof in Minas fahren alle 15 Minuten Busse hierher (1 US$) und setzen einen direkt am Eingang ab.

Preiswert campen kann man im grünen **Parque Arequita** (☎ 440-2503; Stellplatz inkl. Poolnutzung 1 US$; 🐾), der sich 12 km nördlich an der Straße nach Polanco befindet (öffentliche Verkehrsmittel sind vorhanden). Ein Zimmer in den Dreisternehotels an der Plaza bekommt man für um die 35 US$. Etwas bescheidener aber völlig ausreichend ist die **Posada Verdún** (☎ 24563; Washington Beltrán 715; EZ/DZ 10/15 US$). Die Zimmer sind groß genug, und außerdem bietet das Hotel begrünte Höfe. In der Gegend der Plaza gibt's eine Vielzahl von *parrilla*-Lokale. Ein Muss ist die **Confitería Irisarri** (Plaza Libertad; Snacks 1–3 US$) – eine örtliche Institution! – sowie das in ihrem Keller untergebrachte Kerkermuseum.

MALDONADO
☎ 042 / 55 000 Ew.

Nach Maldonado kam man immer, um den unverschämten Preisen im nahegelegenen Punta del Este zu entgehen. Aber irgendwann zogen die Hoteliers von Maldonado nach. Hier gibt's zwar auch ein paar interessante Museen, aber derzeit ist wohl Punta mit seiner blühenden Hostelszene die preisgünstigere Wahl.

Orientierung & Praktische Informationen

Das Stadtzentrum bildet die Plaza San Fernando, aber die Straßen zwischen Maldonado und Punta del Este sind etwas verwirrend. Die Hauptverkehrsstraße entlang des Flusses Richtung Westen ist die Rambla Claudio Williman, während im Osten die Rambla Lorenzo Batlle Pacheco der Küste folgt. Deshalb dienen an diesen beiden Straßen gewöhnlich die nummerierten Paradas (Bushaltestellen) dazu, die genaue Adresse festzumachen.

Die **Touristeninformation** (☎ 250490; 25 de Mayo s/n) befindet sich an der Plaza San Fernando.

Casas de cambio sind um die Plaza San Fernando herum verteilt, und an der Kreuzung Ituzaingó und San Carlos befindet sich die Post.

Sehenswertes

Der **Cuartel de Dragones y de Blandengues** entlang des 18 de Julio und der Pérez del Puerto wurde zwischen 1771 und 1797 als militärische Befestigungsanlage errichtet. Das dortige **Museo Didáctico Artiguista** (Eintritt frei; ☿ 10–23 Uhr, Führungen 17–23 Uhr) würdigt Uruguays Unabhängigkeitshelden. Artigas war ein viel beschäftigter Mann – seine Schlachtpläne kann man im Museum ebenso bestaunen wie das Zimmer mit Bronzebüsten der Befreier Amerikas (ja … auch Washington steht hier).

Das **Museo San Fernando** (Ecke Sarandí & Pérez del Puerto; Eintritt frei; ☿ 13–18 Uhr) widmet sich den schönen Künsten. Aber das beste Museum Maldonados ist das **Museo Mazzoni** (Ituzaingó 789; Eintritt frei; ☿ 9–13 Uhr). In dem 1782 errichteten Gebäude sind viele alte Dokumente, Schnickschnack, Haushaltsartikel, Möbel,

Kunstgegenstände und Fotografien ausgestellt. Nicht auslassen sollte man die Galerie zeitgenössischer Kunst in einem Extra-Gebäude hinter dem Garten.

Schlafen

Camping San Rafael (☎ 486715; Stellplatz 10 US$/2 Pers.; ☿ nur im Sommer) Super Anlage im Grünen am östlichen Stadtrand. Zu erreichen mit Bus 5 ab der Innenstadt.

Hotel Sancar (☎ 223563; Juan Edye 597; EZ/DZ 20/30 US$) Gepflegt und ruhiger als die meisten Hotels in der Stadt. Das Personal wirkt so, als bräche gleich alles zusammen, aber das Haus ist das einzige am Ort, das als Budgethotel bezeichnet werden könnte. Einige Zimmer haben TV.

Hotel Le Petit (☎ 223044; Ecke Florida & Sarandí; EZ/DZ 30/40 US$) Kleine, aber makellose Zimmer. Die Lage direkt an der Plaza ist nicht zu toppen.

Essen

Mundo Natural (Román Guerra 918; Gericht 1 US$) Das winzige (nur zwei Tische stehen hier), freundliche Vegetarierlokal hat unglaublich leckere *tartas,* Soja- und Seitanburger und Wildreisgerichte.

Sumo (Ecke Florida & Sarandí; Sandwich 2 US$) In der *confitería* an der Plaza kann man prima frühstücken oder Kaffee trinken und Leute beobachten.

Lo de Ruben (Santa Teresa 846; Menü 5 US$) Tolle *parrillada* und gezapftes Bier für 1,50 US$.

Pizza y Pasta (Trienta y Tres 729; Gerichte 5–7 US$; ☿ abends) Klasse Hausmannskost und freundliche Service bietet das Restaurant, das in einem hübschen alten Gebäude untergekommen ist. Der hauseigene Rotwein ist echt lecker.

Taberna Patxi (Dodera 944; Gericht ab 10 US$) Prima baskische Spezialitäten wie Fisch und Schellfisch, umfangreiche Weinkarte und gemütliche Sitzgelegenheiten. Nur: Wie passt die Bee-Gees-Musik hier rein?

An- & Weiterreise

Der **Busbahnhof Maldonado** (☎ 250490; Ecke Roosevelt & Sarandí) liegt acht Blocks südlich der Plaza San Fernando. Häufig fahren Busse nach Montevideo (5 US$, 2 Std.), La Paloma (4 US$, 2 Std.), Chuy (7 US$, 3 Std.), Minas (3 US$, 2 Std.) und Treinta y Tres (7 US$, 3½ Std.).

Stadtbusse verbinden Maldonado mit Punta del Este und den Stränden im Umkreis. Sie fahren durch das Stadtzentrum – man muss also nicht zuerst zum Busbahnhof, um einzusteigen. Einfach die Einheimischen nach der nächsten Bushaltestelle fragen.

RUND UM MALDONADO

Die **Casa Pueblo** (Eintritt 3 US$; ☉ 9 Uhr–Sonnenuntergang) ist eine unkonventionelle mediterrane Villa und Kunstgalerie im landschaftlich schönen Punta Ballena 10 km westlich von Maldonado. Sie wurde von Carlos Páez Vilaró ohne rechte Winkel erbaut und bietet eine phänomenale Aussicht. Am günstigsten in der Gegend wohnt man auf dem **Camping Internacional Punta Ballena** (☎ 042-78902; Stellplatz 6 US$, 4-Personen-Hütte 24 US$) in der Nähe. Busse aus Maldonado bringen einen bis zu einer Kreuzung, die 2 km von der Casa entfernt ist.

PUNTA DEL ESTE

☎ 042 / 7200 Ew.

O.k., das ist der Plan: den Körper bräunen, reichlich einölen, an Fitnessgeräten malträtieren und dann ab zum Strand in „Punta". Und wenn man schon mal dort ist, kann man auch gleich bleiben und abends in einem der berühmten Clubs vor Ort abtanzen.

Punta ist ein internationaler Badeort am Meer, und wer sowas mag, der wird Punta lieben. Und wer nicht, geht einfach zu einem der anderen Strände an der hiesigen Küste.

Orientierung

Die Rambla Gral Artigas umkreist die Halbinsel und führt vorbei am geschützten Strand Playa Mansa, dem Yachthafen auf der westlichen Seite und der felsigen Playa Brava auf der östlichen.

Punta teilt sich in zwei Schachbrettraster: Im Norden eines Engpasses und östlich des Hafens stehen die Hotelburgen, und der Süden ist überwiegend Wohngegend. Die Straßen tragen Namen oder sind nummeriert. Hauptgeschäftsstraße ist die Av Juan Gorlero.

Praktische Informationen

Die **Touristeninformation** (☎ 446510; Ecke Baupres & Inzaurraga) unterhält auch eine **Oficina de Informes** (☎ 446519) an der Plaza Artigas.

Fast alle Banken und *casas de cambio* sind in der Av Juan Gorlero. Das Postamt findet sich auf der Los Meros zwischen Av Juan Gorlero und El Remanso.

Aktivitäten

12 km vor Puntas Ostküste liegt die **Isla de los Lobos**, wo große Kolonien Südlicher Seebären und Seelöwen leben. Ausflüge zur Insel (35 US$, 2 Std.) werden in der Hochsaison täglich und in der Nebensaison an den Wochenenden von **Australis Tours** (☎ 448955) organisiert. Vorabreservierung ist notwendig!

An Punta sind vor allem die Strände bemerkenswert. Je nach Lust und Laune und den jeweiligen Angeboten geht's munter von Strand zu Strand. Die beliebtesten (und modernsten) Strände – etwa Bikini – liegen im Norden, entlang der Playa Brava. Die Playa Olla eignet sich prima zum Surfen, weil es hier nicht ganz so voll ist.

Im Sommer kann man an der Playa Mansa **paragliden** (50 US$/12 Min.), **Wasserski** (40 US$/15 Min.) und **Jetski** (40 US$/15 Min.) fahren. Die Anbieter findet man am Strand an der Rambla Claudio Williman zwischen den Paradas 2 und 20.

Bei **PES** (☎ 481388; Playa Brava Parada 3) kann man sich Surfbretter, Windsurfbretter, Bodyboards, Skateboards, Skimboards, Sandboards, Tauchanzüge, Kajaks, Rollerblades und Schnorchel ausleihen. Angeboten werden auch Stunden im Surfen oder Bodyboarden.

Fahrräder gibt's für 1/5 US$ pro Stunde/Tag bei **Golden Bikes** (☎ 447394; El Mesana s/n).

Schlafen

Die hier angeführten Preise gelten für die Hochsaison, aber nicht für die absolute Spitzensaison: Von Ende Dezember bis Anfang Januar muss man mit einem Aufschlag von mindestens 30 % rechnen.

El Hostal (☎ 441632; albergues@hostellinguruguay.org; Arrecifes 544; B 10 US$) Das kleine Hostel hat gute Vier- bis Sechsbettzimmer und vorn einen kleinen Gemeinschaftsraum. An schönen Tagen kann man sich auf die Terrasse setzen. Auch eine kleine Küche gibt's hier – allerdings nur zum Wasser, nicht zum Essen kochen.

1949 Hostel (☎ 440719; www.1949hostel.com; Ecke Baupres & Las Focas; B/DZ 12/40 US$; 🖳) Eines der besseren Hostels im Land mit vielen Vor-

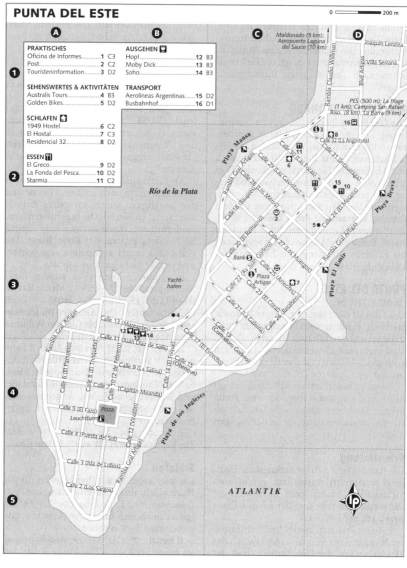

zügen: Es liegt gleich in der Nähe des Busbahnhofs und bietet recht gute Mehrbettzimmer mit Schließfächern, Seeblick und Frühstück. Gäste können die Küche benutzen oder im Gemeinschaftsraum Videos anschauen. Außerdem kann man sich Surfbretter, Fahrräder und Motorroller ausleihen. Zur Krönung hat die Anlage noch einen tollen kleinen Barbereich, teilweise mit Meerblick.

Residencial 32 (☎ 493506; La Angostura 640; EZ/DZ mit Bad 20/30 US$) Einfache aber nette Zimmer mit leichtem Seefahrertouch. Klasse ist die Lage: Gleich um die Ecke befindet sich der Busbahnhof, und zu beiden Stränden ist's nur ein kurzer Fußweg.

Essen

El Greco (Ecke Av Juan Gorlero & Las Focas; Gerichte 2–5 US$) Ein super Platz zum Frühstücken. Im El Greco gibt's leckere Sandwiches und selbstgemachten Kuchen. Außerdem viele Sitzplätze draußen.

La Fonda del Pesca (Calle 30 zw. 22 & 24; Gerichte 5 US$) Auf der Karte stehen wieder einmal die üblichen Fleisch- und Hühnchengerichte. Und Einheimische lieben das Lokal vor allem wegen seiner superfrischen Fischspezialitäten.

Starmia (Calle 18, nahe der Av 31; Gerichte 10–15 US$) In dem kleinen Restaurant bekommt man edle Meeresfrüchte und Sushigerichte. Auf der Terrasse über die Straße kann man mit Blick auf die Playa Mansa eine romantische Nacht oder einfach nur die frische Seeluft genießen.

Ausgehen

In der Bar des 1949 Hostel (s. S. 1103) trifft man viele andere Traveller. Macht die Bar dann um 2 oder 3 Uhr zu und wirft alle raus, kann man mit der Clique bestens weiter um die Häuser ziehen – runter zum Hafen auf ein paar Drinks entweder im hippen, minimalistisch eingerichteten **Soho and Hop!** oder im etwas ruhigeren **Moby Dick**. Die Bars hier unten haben so lange auf, wie Gäste da sind, und an den Wochenenden gibt's manchmal Livemusik.

Berühmt-berüchtigt ist Punta für seine Clubszene. Aber Ironie des Schicksals: Erstens liegt das Barviertel (La Barra) etwa 10 km außerhalb der Stadt, und zweitens haben die Clubs nur in der einmonatigen Spitzensaison wirklich offen. Einer der besten Clubs, die das ganze Jahr geöffnet sind, ist **La Plage** (Rambla Batlle Parada 12). Hier kann man am Strand bis in den Morgen hinein tanzen.

An- & Weiterreise

BUS

Zum **Busbahnhof Punta del Este** (☎ 489467; Ecke Riso & Blvd Artigas) fahren die Busse weiter, die nach Maldonado gefahren sind. Busse von **TTL** (☎ 86755) tuckern auch über die Grenze ins brasilianische Porto Alegre (50 US$).

COT (☎ 483558) fährt die uruguayische Küste von Montevideo bis zur brasilianischen Grenze entlang. **Copsa** (☎ 489205) schickt Busse nach Montevideo (6 US$, 2½ Std.).

FLUGZEUG

Pluna (☎ 490101; Parada 8-1/2 auf der Rambla Batlle Pacheco) fliegt täglich nach Buenos Aires (120 US$) und hat im Sommer planmäßige Flüge nach São Paulo und in andere brasilianische Städte im Angebot. Nach Buenos Aires fliegen auch regelmäßig Maschinen von **Aerolíneas Argentinas** (☎ 442949; Las Focas zw. Gorlero & El Mesana), die eine Vertretung im Edificio Santos Dumont haben, und freitags und sonntags die **LAPA** (☎ 490840; Av Roosevelt Parada 14-1/2).

Unterwegs vor Ort

Zum **Aeropuerto Laguna del Sauce** (☎ 559777) westlich von Maldonado kommt man mit Bussen der COT (4 US$). Regelmäßig fahren auf der Rambla Artigas Busse von Punta del Este nach Maldonado (0,70 US$) und umgekehrt.

LA PALOMA

☎ 0479 / 3200 Ew.

Diese Stadt ist ein Surferparadies. Sie liegt so phantastisch, dass, wenn keine Welle von links kommt, mit Sicherheit eine von rechts auf die Küste zueilt. Im Sommer finden an den Wochenenden oft kostenlose Konzerte an den Stränden statt – deshalb sollte man unbedingt im Voraus eine Unterkunft reservieren.

Die **Touristeninformation** (☎ 6008; Av Nicolás Solari s/n) befindet sich im Gebäude der Liga de Fomento. Eine andere ist gleich am Busbahnhof. Sowohl die Post als auch die Telefongesellschaft Antel sind in der Av Nicolás Solari zu finden.

Fahrräder kann man bei **Bicicletas El Topo** (Canopus, zw. de la Virgen & Antares) für 1/4 US$ pro Stunde/Tag ausleihen. Surfbretter für 10 US$ pro Tag gibt's bei **Peteco** (Av Nicolás Solari).

Schlafen & Essen

Camping La Aguada (☎ 6239; Stellplatz 6 US$/2 Pers., 6-Personen-Hütte 26 US$) Am nördlichen Zubringer zur Stadt. Der Campingplatz hat Zugang zum Strand, Duschen mit Warmwasser, einen Supermarkt, ein Restaurant und sogar Strom.

Albergue Altena 5000 (☎ 6396; B HI-Mitglied/ Nichtmitglied 7/9 US$; ☾ ganzjährig) Das schmucke Hostel ist ein spitzgiebliges Haus im Parque Andresito. Die Mehrbettzimmer sind komfortabel, und vor allem im Sommer ist hier richtig Partystimmung.

Hotel La Tuna (☎ 6083; hlatuna@adinet.com.uy; Ecke Neptune & Juno; EZ/DZ 25/30 US$) Die Eigentümer haben das Haus seit der letzten Renovierung in den 1970er-Jahren in tadellosem Zustand gehalten. Von den vorderen Zimmern hat man eine super Aussicht auf die Bucht.

Die Restaurants in La Paloma teilen sich in zwei Kategorien: sehr schlicht oder todschick. Zu den ersteren gehört **La Farola** (Av Nicolás Solari s/n); hier kriegt man gute *minutas* (kleine Snacks), Pizza und Kaffee. Deutlich luxuriöser ist das Restaurant im **Hotel Bahia** (Ecke El Sol & del Navio), wo überragende Meeresfrüchtespezialitäten auf den Tisch kommen. Appetit auf Krabben umhüllt mit Lachsscheiben in einem Bett aus Käsecrème (7 US$)?

An- & Weiterreise

Cynsa (☎ 6304) fährt nach Rocha (1 US$) und Montevideo (8 US$, 3½ Std.), **Rutas del Sol** (☎ 6019) nach Montevideo und Punta del Diablo (4 US$, 3 Std.) über Rocha.

PUNTA DEL DIABLO

☎ 0477 / 700 Ew.

Mit seinen Holzhütten und den krummen, unbefestigten Straßen wirkt das sagenhaft entlegene, praktisch nicht erschlossene und betörend malerische kleine Fischer- und Surferdorf wie das genaue Gegenteil von Punta del Este. Deshalb zieht es auch eher Naturliebhaber an, die sich nicht von glitzerndem Glamour blenden lassen. Wer will, kann von hier aus bis zum nahegelegenen **Parque Nacional Santa Teresa** wandern. Auch **Reiten** kann man für etwa 5 US$ pro Stunde – einfach in der Stadt nach Sr. José Vega fragen.

Eine exzellente Anlage mit Supermarkt und Restaurant ist **Camping Punta del Diablo** (☎ 2060; Stellplatz 9 US$/2 Pers., 5-Personen-Hütte 32 US$) 2 km nordwestlich der Stadt.

Das **Hotel La Posada** (☎ 2041; Zi. hinten/vorn 40/50 US$) ist ein drolliges kleines Hotel über dem Steilufer – von den vorderen Zimmern hat man einen fast schon beängstigenden Seeblick. Die Möbel wirken wie aus Treibholz gezimmert, und überall schmücken Muscheln das Haus.

Im Dorf gibt's auch eine Menge **Cabañas** (14 US$), die privat vermietet werden – einfach herumfragen und Interesse bekunden. Eigenes Bettzeug mitbringen!

Eine Spezialität hier sind selbstgefangene Meeresfrüchte. Etwas ganz Feines ist die *corvina a la Provencal* (Adlerfisch) im **La Gaviotas Coiner** (Hauptgerichte 3–5 US$), einem der besten Restaurants in der Stadt. **La Penultima** (Gerichte 5 US$) wirkt wie eine mexikanische Cantina. Hier gibt's zu Pizza oder Meeresfrüchten manchmal Livemusik und vom Balkon einen herrlichen Blick auf den schäumenden Ozean. Im Sommer richten sich kleine Bars am Meeresufer ein, aber die besten Partys steigen am Strand, wenn Einheimische zusammen mit Besuchern am Lagerfeuer Gitarre spielen, Lieder singen und den Abend genießen.

Busse von Rutas del Sol fahren nach La Paloma, Chuy und Montevideo (11 US$, 4½ Std.).

PARQUE NACIONAL SANTA TERESA

Der 35 km südlich von Chuy gelegene Park an der Küste ist eher eine historische Attraktion als ein Naturerlebnis. Auf der Hügelspitze steht die **Fortaleza de Santa Teresa**, deren Bau die Portugiesen begannen, bevor die Spanier die Festung einnahmen und vollendeten. Santa Teresa ist zwar ein bescheidener Ort, aber uruguayische und brasilianische Besucher lieben gerade seine verlassenen Strände und den entlegenen, recht einfachen **Campingplatz** im Wald (Stellplatz 5 US$).

Während des Karnevals kann der Park ziemlich voll sein, aber ansonsten verliert man sich hier in der Einsamkeit. Bei der Parkverwaltung gibt's Telefone, eine Post, einen Supermarkt, eine Bäckerei, einen Metzger und ein Restaurant. Um 9 Uhr fährt ein Bus von Rutas del Sol von Punta del Diablo direkt hierher. Rückfahrt ist um 16.35 Uhr. Busse in Richtung Osten nach Chuy setzen einen auf der Ruta 9 am Parkeingang ab.

CHUY & UMGEBUNG

☎ 0474 / 10 500 Ew.

Achtung: Wer nicht gerade auf dem Weg nach Brasilien ist, hat sich hierher sicher nur verirrt. Also besser umkehren! Aber wenn man schon mal da ist, kann man ja auf der Hauptstraße noch ein paar billige CD-Raubkopien oder geschmuggelte Zigaretten mitnehmen.

7 km westlich von Chuy steht das sehenswerte restaurierte **Fuerte San Miguel** (☼ Di–So),

EINREISE NACH BRASILIEN

Nach Brasilien kommt man sogar zu Fuß: Einfach etwa 1 km auf der Av Artigas nach Norden gehen, dann steht man vor der Einreisestelle. Der offizielle Grenzverlauf ist an der Hauptstraße (Av Brasil/Uruguay). Theoretisch ist die Grenze rund um die Uhr geöffnet, aber es ist besser, sie während der üblichen Geschäftszeiten zu passieren. Die nächste Stadt ist Porto Alegre (s. Brasilien-Kapitel, S. 375).

eine Festung aus rosafarbenem Granit mit Wallgraben, die 1734 während der Auseinandersetzungen zwischen Spanien und Portugal errichtet wurde.

10 km südlich von Chuy führt eine Seitenstraße an der Küste zum **Campingplatz Chuy** (☎ 9425; Stellplatz 7 US$). Auch Busse fahren hierher.

Unterkunft findet man auch im **Hotel Internacional** (☎ 2055; Río San Luis 121; EZ/DZ 8/13 US$), das gepflegte Zimmer mit TV und schwindeligmachende Wandmalereien bietet.

Leider hat sich die brasilianische Küche nicht über die nahe Grenze bis auf die hiesigen Speisekarten verirrt, aber das **Miravos** (Brasil 505; Gerichte 5–7 US$) hat ganz anständige Pizzen, *parrillada* und sogar „süße Pizzen" (3 US$; ganz lecker mit Eis!) im Angebot. Ab der Av Brasil fahren verschiedene Busgesellschaften von Chuy nach Montevideo (12 US$, 5 Std.) und zurück.

ALLGEMEINE INFORMATIONEN

AKTIVITÄTEN

Nicht alle, aber viele Reisende kommen zum Surfen nach Uruguay. Prima auf den Wellen reiten kann man in Punta del Diablo (s. gegenüber) und La Paloma (S. 1105). Die entsprechende Ausrüstung gibt's gleich vor Ort. Nach Punta del Este (S. 1103) kommt man wegen der tollen Strandszene und den Bars sowie zum Paragliden, Windsurfen und Jetski fahren.

Radfahrer können sich in den stimmungsvollen Straßen von Colonia del Sacramento (S. 1093) und am Wasser in Montevideo austoben.

BOTSCHAFTEN & KONSULATE
Botschaften & Konsulate in Uruguay

Argentinien Carmelo (☎ 054-22266; Roosevelt 442); ☎ 052-22093; Av Gral Flores 350); Colonia del Sacramento (Karte S. 1094; Montevideo (**Karte S. 1088 f.**; ☎ 02-902-8166; Cuariem 1470); Paysandú (☎ 072-22253; Leandro Gómez 1034); Salto (☎ 073-32931; Artigas 1162)

Brasilien Chuy (0474-2049; Fernández 147); Montevideo (☎ 02-707-2119; Blvd Artigas 1328)

Deutschland (☎ 02-902-5222; La Cumparsita 1417, Montevideo)

Österreich (☎ 02-915-5431; Misiones 1381, Oficina 102, Montevideo)

Paraguay (☎ 02-707-2138; Blvd Artigas 1525, Montevideo)

Schweiz (☎ 02-711-5545; Federico Abadie 2936, 11. Stock, Montevideo)

Uruguayische Botschaften im Ausland

Deutschland (☎ 4930-263-9016; urubrande@embrou. de; Budapesterstr. 39, 10787 Berlin)

Österreich (☎ 01-535-6636; uruvien@embuy.at; Wallnerstraße 4/3/17, 1010 Wien)

Schweiz (☎ 031-311-2792; uruhelve@bluewin.ch; Kramgasse 63, 3011 Bern)

BÜCHER

Im Lonely Planet Band *Argentinien* gibt es ausführliche Kapitel zu Colonia, Montevideo und Punta del Este. Einen umfassenden Einblick in Uruguays Schmutzigen Krieg bekommt man in Lawrence Weschlers *A Miracle, A Universe: Settling Accounts with Torturers*. Onettis Romane *Lassen wir den Wind sprechen, Die Werft, Leichensammler* und *Das kurze Leben* sind auch in deutscher Übersetzung erhältlich. Tessa Bridals hoch gelobter Roman *Der Baum der roten Sterne* spielt im Montevideo der 1970er-Jahre und ist eine der besten Beschreibungen des Lebens in Uruguay.

ESSEN & TRINKEN
Uruguayische Küche

Frühstück heißt für Uruguayer *café con leche* (Kaffee mit Milch), ein bis zwei Croissants und danach reichlich *mate*. Aber wer schon morgens unbedingt etwas Herzhafteres essen muss, bekommt in den meisten Restaurants auch *tostados* (Toast). Etwas später dann, so gegen 10 Uhr, gehen die Uruguayer bereits zu Fleisch über: schön saftige Scheiben vom *parrilla* (Holzkohlengrill oder Barbecue). Am häufigsten kriegt man *asado de tira* (Rippchen) und *pulpo*

(Filetsteak). An der Küste sind auch Meeresfrüchte ganz exzellent.

Als Snack zwischendurch isst man *chivito* (Sandwich mit Steak, Käse, Salat, Tomate, Schinken und Gewürzen), *puchero* (Fleischeintopf) oder *olímpicos* (belegte Sandwiches).

Aber auch Vegetarier werden auf der Karte fündig – meistens unter den Pizzen oder Pastagerichten. Veganer hingegen müssen sich mit dem Angebot der Supermärkte begnügen.

Zu den örtlichen Desserts zählen *chajá* (Meringue und Eis – so köstlich, dass man gern etwas mit nach Hause schmuggeln würde), *flan casero* (Crème Caramel) und *masini* (Sahnekuchen mit gebranntem Zucker drauf).

Getränke
ALKOHOLISCHE GETRÄNKE
Das Bier im Land – Pils, Norteño und Patricia – ist nicht schlecht. Außerhalb der Touristengebiete sind die 0,33 l-Flaschen allerdings nur schwer zu erhalten. Bestellt man *cerveza* (Bier), bekommt man eine 1 l-Flasche mit mehreren Gläsern – der einfachste Weg, um Leute kennenzulernen: Dem Tischnachbarn einfach ein Bier ausgeben. Keine Sorge, der Einsatz zahlt sich aus.

Cleric ist ein Mix aus Weißwein und Fruchtsaft, *Medio y Medio* Sekt mit Weißwein. Nicht zu verachten ist auch *Grappa con miel* (Grappa mit Honig) – daran könnte man sich gewöhnen.

NICHTALKOHOLISCHE GETRÄNKE
Fast überall ist das Leitungswasser trinkbar, aber Mineralwasser ist billig – wenn man sicher gehen will.

Prinzipiell sind Getränke in Flaschen nicht teuer, und die gängigsten Softdrinks gibt's überall. Eine leckere und nicht zu süße Erfrischung ist *pomelo* (Grapefruitsaft).

Jugos (Fruchtsäfte) sind ebenfalls überall zu bekommen. Am verbreitetsten sind *naranja* (Orangensaft), *piña* (Ananassaft) und Papayasaft. *Licuados* sind Fruchtsäfte mit *leche* (Milch) oder Wasser.

Kaffee gibt's ebenfalls immer, und er auch ist immer gut. Meistens kommt er *de la máquina* (aus der Maschine). Mate trinken die Uruguayer in noch raueren Mengen

---

GNOCCHI-TAG

Die meisten uruguayischen Restaurants machen ein großes Geschäft damit, an jedem 29. des Monats Gnocchi auf die Tageskarte zu setzen. In manchen Lokalen ist das sogar der einzige Tag, an dem man überhaupt welche bekommt.

Diese Tradition lässt sich auf die Zeit der Wirtschaftskrise zurückführen, als die Menschen erst ganz am Ende des Monats ausbezahlt wurden. Damals konnten sich die Leute am 29. nur noch diese leckeren Kartoffelklößchen leisten.

So machten die Uruguayer, praktisch wie sie immer sind, aus der Notlage eine Tradition, und seither ist eben der 29. der Gnocchi-Tag.

Daran sollte man sich erinnern, wenn man das nächste Mal zu Hause beim Nobelitaliener 15 € für eine Portion Gnocchi bezahlt.

---

als die Argentinier oder die Paraguayer. Gelegenheiten zum Mategenuss sollte man immer beim Schopfe packen – denn nichts ist so gut, wie im Kreis von neuen Freunden den Nachmittag bei Mate verstreichen zu lassen.

Té (Tee) wird nicht so häufig getrunken, trotzdem findet sich für passionierte Teetrinker in den meisten Cafés und Bars der eine oder andere Teebeutel. Beliebter ist da schon *Té de hierbas* (Kräutertee), vor allem *manzanilla* (Kamille) und *menta* (Pfefferminze).

FEIERTAGE
Año Nuevo (Neujahr) 1. Januar
Epifanía (Dreikönigstag) 6. Januar
Viernes Santo/Pascua (Karfreitag/Ostern) März/April – Datum variiert
Desembarco de los 33 (Rückkehr der 33 Exilanten) 1. April
Día del Trabajador (Tag der Arbeit) 1. Mai
Batalla de Las Piedras (Schlacht von Las Piedras) 18. Mai
Natalicio de Artigas (Artigas' Geburtstag) 19. Juni
Jura de la Constitución (Verfassungstag) 18. Juli
Día de la Independencia (Unabhängigkeitstag) 25. August
Día de la Raza (Tag des Kolumbus) 12. Oktober
Día de los Muertos (Allerseelen) 2. November
Navidad (Weihnachten) 25. Dezember

FESTIVALS & EVENTS

Der Karneval in Uruguay, immer am Montag und Dienstag vor Aschermittwoch, ist lebendiger als der in Argentinien, aber nicht ganz so ausgelassen wie der in Brasilien. Die afrouruguayische Bevölkerung in Montevideo veranstaltet jedes Jahr ihre traditionellen *candombe*-Umzüge. Die Semana Santa (Ostern) heißt im Volksmund inzwischen „Semana Turismo", weil dann scheinbar fast alle irgendwo anders im Land unterwegs sind. Zu dieser Zeit ist es nicht einfach, eine Unterkunft zu finden, aber der ganze Zirkus lohnt sich auf jeden Fall zur Kreolischen Woche in Montevideo (ein *gaucho*-Fest) und zum Bierfestival in Paysandú (Kommentar überflüssig).

FRAUEN UNTERWEGS

Auch die Uruguayer sind in Sachen *machismo* keine Lämmchen, aber weil sie locker drauf sind, geht es abgesehen von den finstersten Ecken nicht über die gelegentlichen Pfiffe und lockeren Sprüche (die frau als Kompliment oder Belästigung verstehen kann) hinaus.

FREIWILLIGENARBEIT

Alle uruguayischen Organisationen, die freiwillige Arbeiter aufnehmen, fordern eine Mindestverpflichtung von einem Monat. Viele verlangen außerdem Grundkenntnisse in Spanisch. Hier einige NGOs mit Sitz in Montevideo:

Comisión de la Juventud (☎ 1950-2046; Santiago de Chile & Soriano) Sozialarbeit vor allem im Jugendbereich.

Cruz Roja (Red Cross; ☎ 02-480-0714; 8 de Octubre 2990) Das Rote Kreuz hilft Menschen, sich vor Gefahren zu schützen, mit ihnen umzugehen und fertig zu werden.

Liga Uruguaya de Voluntarios (☎ 02-481-3763; Joanicó 3216) Krebsprävention und -hilfe.

Unicef (☎ 02-707-4972; España 2565) Die uruguayische Zweigstelle des Kinderhilfswerks der Uno.

FÜHRERSCHEIN

Wer nicht länger als 90 Tage in Uruguay bleibt, braucht nur einen gültigen Führerschein aus dem Heimatland. Es kann aber passieren, dass ein internationaler Führerschein verlangt wird, wenn man ein Auto oder Motorrad mieten will.

GEFAHREN & ÄRGERNISSE

Uruguay ist eines der sichersten Länder Südamerikas. Trotzdem treten immer wieder Fälle von Straßenkriminalität auf. Also Vorsicht walten lassen (s. S. 1217).

GEFÜHRTE TOUREN

Neuerdings gibt's auch geführte Touren in Uruguay. Sie richten sich aber in den meisten Fällen an Familien und führen nirgendwohin, wohin man nicht auch auf eigene Faust kommt, wenn man halbwegs clever ist (und selbstverständlich diesen Band mit dabei hat!).

GELD

Die Landeswährung ist der uruguayische Peso (U$). Banknoten gibt's zu 5, 10, 20, 50, 100, 200, 500 und 1000 U$, Münzen zu 50 Centavos, 1, 2, 5 und 10 U$.

Geldautomaten

Geld bekommt man am schnellsten und bequemsten an Geldautomaten, die in den meisten Städten und kleineren Orten vorhanden sind. Die am wenigsten launischen Automaten hat wohl die Banco de la República Oriental del Uruguay.

Kreditkarten

Kreditkarten sind vor allem nützlich, um sich Bargeld von einer Bank zu holen. Aber die meisten besseren Hotels, Restaurants und Geschäfte akzeptieren Kreditkarten.

Wechselkurse

Zu Redaktionsschluss galten folgende Wechselkurse:

Land	Währung	U$ (Peso)
Eurozone	1€	33,22
Schweiz	1 Sfr	20,47
USA	1 US$	23,08

Geld umtauschen

In Montevideo, Colonia und in den Badeorten am Atlantik findet man viele *casas de cambio*. Im Binnenland wechselt man Geld bei den Banken. In den *casas de cambio* sind die Kurse etwas schlechter, manchmal nehmen sie auch Gebühren. Ein Schwarzmarkt für US$ oder andere Währungen existiert nicht.

Reiseschecks

Landesweit kann man Reiseschecks in Banken und *casas de cambio* einwechseln. Die anfallenden Gebühren sind unterschiedlich, liegen aber um die 2 bis 3 %.

GESUNDHEIT

Zur Einreise nach Uruguay braucht man keine Gelbfieberimpfung, und auch Malaria ist kein Problem. Weitere Infos gibt's auf S. 1246.

INFOS IM INTERNET

Mercopress News Agency (www.mercopress.com, englisch & spanisch) Internetnachrichtenagentur mit Sitz in Montevideo.

Ministerio de Turismo del Uruguay (www.turismo. gub.uy, spanisch) Staatliche Touristeninformation.

Olas y vientos (www.olasyvientos.com.uy) Alles rund um die Surferszene in Uruguay.

Red Uruguaya (www.reduruguaya.com) Ein Führer in Sachen uruguayische Internetseiten.

Uruguayamagazin (www.uruguaymagazin.com) Deutsche Seite rund um Land und Leute, die außerdem noch ein Forum bietet.

Uruguayische Botschaft in Washington, DC (www. uruwashi.org, englisch) Informationen zur Geschichte, Kultur und Wirtschaft Uruguays.

INTERNETZUGANG

Internetcafés gibt's in den Städten fast in jeder Straße und in jedem anderen Ort in den Hauptstraßen. Surfen im Netz kostet um die 0,30 US$ pro Stunde.

KARTEN & STADTPLÄNE

Uruguayische Landkarten zeigen meistens nur Ausschnitte, die einen bis zur Autobahn führen. Bessere Karten haben der Automóvil Club del Uruguay und die Tankstellen von Shell und Ancap. Detailliertere Karten bringt das **Instituto Geográfico Militar** (☎ 02-481-6868; 8 de Octubre & Abreu) in Montevideo heraus.

KLIMA

Weil das Beste an Uruguay die Strände sind, kommen die meisten Besucher im Sommer. Zwischen Ende April und November brausen starke Winde, manchmal gehen sie einher mit Regen und niedrigen Temperaturen – im Juli herrschen durchschnittlich nur frische 11 °C. Dafür kann es im Sommer am Río Uruguay brennend heiß werden, aber im hügeligen Binnenland bleibt es etwas kühler (im Durchschnitt liegt die Temperatur im Januar maximal zwischen 21 und 26 °C).

KURSE

In den Touristenzentren (vor allem in Colonia) findet man häufig Aushänge in Cafés mit Angeboten für privaten Spanischunterricht. In Montevideo gibt's organisierte Sprach-, Tanz- und Musikkurse.

MEDIEN

Tageszeitungen in Montevideo sind u. a. die morgens erscheinenden *El Día*, *La República*, *La Mañana* und *El País*. *Gaceta Comercial* ist das Wirtschaftsblatt. Nachmittags erscheinen *El Diario*, *Mundocolor* und *Últimas Noticias*.

ÖFFNUNGSZEITEN

Die meisten Läden öffnen wochen- und samstags von 8.30 bis 12.30 oder 13 Uhr und nach der langen Siesta von 15 oder 16 bis 19 oder 20 Uhr. Lebensmittelgeschäfte haben auch sonntagvormittags offen.

Die Sprechzeiten von Behörden sind von Mitte November bis Mitte März wochentags von 7.30 bis 13.30 Uhr und den Rest des Jahres von 12 bis 19 Uhr. Die Banken in Montevideo haben an Wochentagen auch nachmittags geöffnet, anderswo in der Regel nur vormittags.

Restaurants, die auch Frühstück anbieten, öffnen in der Regel gegen 8 Uhr. Mittagessen gibt's überall zwischen 12 und 15 Uhr und Abendessen meistens erst ab 21 Uhr. Es ist durchaus nicht unüblich (vor allem in den Städten), erst gegen Mitternacht zu Abend zu essen.

Bars öffnen ihre Pforten zwar schon gegen 21 Uhr, aber Leben kommt erst ab 1 Uhr in die Bude.

POST

Die Portogebühren halten sich in Grenzen, aber es kann ziemlich lange dauern, bis ein Brief ankommt. Ist eine Sendung sehr dringend, sollte man sie per Einschreiben oder Privatkurier schicken.

Postlagernde Sendungen sollten an das Hauptpostamt in Montevideo geschickt werden. Dort werden sie bis zu einem Monat, mit Genehmigung auch bis zu zwei Monaten gelagert.

RECHTSFRAGEN

Zwar kommt man in Uruguay recht einfach an Drogen, aber damit erwischt zu werden, ist nicht lustiger als anderswo auf der Welt.

Polizei und Behörden in Uruguay sind nicht so bestechungshungrig wie in vielen Nachbarländern – wenn man also meint, sich mit einer Bestechung aus der Klemme retten zu können, unbedingt einen ersten Schritt von der anderen Seite abwarten. Sonst sitzt man vielleicht nur noch fester am Haken.

REISEN MIT BEHINDERUNG

In vielen anderen Dingen ist Uruguay ein wirklich modernes Land, aber was Behinderte anbelangt, eher nicht. Es gibt kaum Einrichtungen für Reisende mit speziellen Bedürfnissen. Die Fußwege sind zwar (ziemlich) eben, aber Rampen oder behindertengerechte Busse gibt es nicht. Und schließlich ist in vielen der preiswerten Hotels mindestens eine Treppe zu überwinden, aber Aufzüge sind keine vorhanden. Andererseits sind Taxis recht günstig und zahlreich, und die Einheimischen helfen sehr gern, wo sie können.

SCHWULE & LESBEN

Uruguay ist nicht gerade ein Schwulen- und Lesbenparadies. Der fortschrittliche Zeitgeist ist bei der Sexualität noch nicht angekommen. Viele Schwulen und Lesben gehen den Weg des geringsten Widerstands und wandern einfach nach Buenos Aires aus, wo es sich freier leben lässt. Detaillierte Infos zu Schwulen- und Lesbenorganisationen in Argentinien und Uruguay gibt's auf der **Website Grupo Diversidad** (www.geocities.com/diversidad2000, spanisch).

SHOPPEN

Günstig sind in Uruguay Lederklamotten und -accessoires, Wollsachen und -stoffe, Achate und Edelsteine, Keramik, Kunsthandwerk aus Holz und verzierte Kürbisflaschen für Mate.

STROM

In Uruguay hat der Strom 220 V und 50 Hz. Es gibt verschiedene Stecker – am verbreitetsten sind die mit zwei runden Stiften ohne Erdung.

TELEFON

Die staatliche Telefongesellschaft heißt Antel. Außerdem gibt's fast in jedem Wohnblock private *locutorios* (Telefonläden).

Inzwischen bekommt man in Uruguay auch Prepaid-Telefonkarten (endlich!) – sie sind an den meisten Kiosken erhältlich. Damit sind Ferngespräche günstiger als mit Antel.

Billiger als Barzahlung vor Ort sind bei Ferngesprächen nach Hause oft auch Kreditkarten- bzw. Collect-Call-Anrufe.

TOILETTEN

Im Allgemeinen sind die Toiletten in Uruguay sauber und ganz wie zu Hause. Das Toilettenpapier sollte man in den Mülleimer neben der Toilette werfen, sofern einer vorhanden ist, denn sonst könnte die Toilette verstopfen und überlaufen.

TOURISTENINFORMATION

Fast jede Stadtverwaltung in Uruguay betreibt auch eine Touristeninformation. Meistens liegt sie an der zentralen Plaza oder auch im Busbahnhof. Geöffnet haben diese Einrichtungen im Allgemeinen wochentags von 10 und am Wochenende von 11 bis 18 Uhr. Die Stadtpläne, die man hier bekommt, sind allerdings oft nur mittelmäßig, aber viele Broschüren bieten ausgezeichnete Informationen zur Geschichte der Region. Allgemeine Fragen zum Land beantwortet das Ministerio de Turismo (Karte S. 1088 f.) in Montevideo. Es betreibt auch eine faktenreiche Website auf Spanisch: www.turismo.gub.uy. Manchmal können in Touristenangelegenheiten auch uruguayische Botschaften und Konsulate im Heimatland weiterhelfen.

UNTERKUNFT

Durch ganz Uruguay zieht sich ein beachtliches Netz von Hostels und Campingplätzen, vor allem entlang der Küste. Mitglieder der Organisation „Hostelling International" (HI) oder Studenten mit einem internationalen Studentenausweis kriegen in den Hostels Rabatt. Aber auch in den Städten bieten *hospedajes, residenciales* und Pensionen günstige Unterkunft ab etwa 10 US$ pro Person.

VERANTWORTUNGSBEWUSSTES REISEN

Verantwortungsbewusstes Reisen in Uruguay ist eine Sache des gesunden Menschenverstands – hier gelten die gleichen Regeln wie überall auf der Welt.

Feilschen ist unüblich – wüstes Feilschen mit hochrotem Kopf und geschwollenen

Stirnadern liegt einfach nicht in der uruguayischen Mentalität. Wahrscheinlich zahlt man sowieso das Gleiche wie alle anderen, man sollte sich also fragen, ob man es sich wegen 25 Cent wirklich mit den Einheimischen verscherzen will.

VISA

Für die Einreise nach Uruguay braucht man einen gültigen Pass. Deutsche, Österreicher und Schweizer brauchen kein Visum, sondern erhalten automatisch eine 90 Tage gültige Touristenkarte, die nochmals um 90 Tage verlängert werden kann. Verlängerungen können bei der Einreisestelle in Montevideo (Karte S. 1088 f.; ☎ 02-916-0471; Misiones 1513) oder in den Grenzstädten beantragt werden.

Den Pass braucht man auch für alle üblichen Transaktionen, beispielsweise für das Einlösen von Reiseschecks oder beim Einchecken in Hotels.

Venezuela

HIGHLIGHTS

- **Mérida** – In der Landeshauptstadt des Abenteuersports an Gleitschirmflügen, Canyoning, Rafting, Wandertouren und weiteren Aktivitäten teilnehmen (S. 1157)
- **Salto Ángel (Angels Wasserfall)** – Im Canaima-Nationalpark den höchsten Wasserfall der Welt bestaunen, der über 300 Stufen in die Tiefe stürzt (S. 1189)
- **Los Roques** – Auf den malerischen Karibikinseln schnorcheln, tauchen oder einfach nur die Sonne genießen (S. 1143)
- **Los Llanos** – In den grasbewachsenen Ebenen Anakondas, Kaimane, Capybaras und andere Tierarten Venezuelas beobachten (S. 1163)
- **Abseits ausgetretener Pfade** – Am gewundenen Río Caura einsame Wasserfälle, Sandstrände und dichte Wälder erkunden (S. 1183)
- **Besonders empfehlenswert** – Die vergessene Welt auf dem Hochplateau des Roraima erforschen und in der „Mondlandschaft" einzigartige Pflanzen entdecken (S. 1192)

KURZINFOS

- **Berühmt für:** Erdöl, Tepuis, Schönheitsköniginnen und Simón Bolívar
- **Bester Straßensnack:** *arepas* (gebackene Maismehltaschen mit allen möglichen Füllungen) für 0,50 bis 3 US$
- **Bestes Schnäppchen:** Rote T-Shirts mit Chávez-Portrait und der Aufschrift „Patria o Muerte" („Vaterland oder Tod") für 10 US$
- **Bevölkerung:** 25,7 Mio. (Schätzung 2006)
- **Fläche:** 916 445 km²
- **Floskeln:** *chévere* (cool), *rumba* (Party), *vaina* (Ding)
- **Geld:** 1 US$ = 2149 Bolivar, 1 € = 2935 Bolivar, 1 SFr = 1783
- **Hauptstadt:** Caracas
- **Landesvorwahl:** ☎ 58
- **Preise:** Doppelzimmer in Budgethotels 7–15 US$, Mittagsmenü in einem günstigen Restaurant 2–4 US$, Fahrten mit Überlandbussen (100 km) 2 US$
- **Reisekosten:** 20–50 US$ pro Tag
- **Sprache:** Spanisch
- **Trinkgeld:** Spendable Traveller geben in gehobenen Restaurants bis zu 10 % Trinkgeld
- **Visa:** Für Bürger der großen westlichen Länder nicht erforderlich.
- **Zeit:** MEZ –5 Std., Sommer: –6 Std.

TIPPS FÜR UNTERWEGS

Aufgrund der kraftvollen Klimaanlagen wird für Busreisen warme Bekleidung empfohlen. Da das Militär an den Highways diverse Kontrollpunkte unterhält, sollte man seinen Reisepass griffbereit halten.

VON LAND ZU LAND

Venezuela hat neun Grenzübergänge zu Kolumbien und einen zu Brasilien. Hinzu kommen Schiffspassagen nach Trinidad. Nach Guayana gibt's keinerlei Überlandrouten.

Venezuela zieht deutlich weniger Besucher an als die anderen großen Länder Südamerikas. Dies liegt jedoch nicht an einem Mangel an Attraktionen – denn Venezuela ist wirklich unglaublich vielfältig. Das Land begeistert mit seinen Andengipfeln, einer endlosen karibischen Küste und idyllischen Inseln draußen im Meer. Hinzu kommen grasbewachsene Ebenen mit unzähligen Tierarten. Mitten hindurch fließt der Amazonas. Mit Hochebenen versehene Berge namens Tepuis durchziehen die wogenden Savannen. Im Canaima-Nationalpark stürzt der höchste Wasserfall der Welt – der Salto Ángel – vom Gipfel eines Tepui 979 m in die Tiefe. Abenteuerlustige Traveller finden u. a. Möglichkeiten zum Wandern, Schnorcheln, Tauchen und Kitesurfen. Aber auch Windsurfer und Gleitschirmflieger kommen auf ihre Kosten. Noch besser: Die meisten dieser Attraktionen liegen mit dem Bus nur eine Tagesreise voneinander entfernt.

Kulturfans schwingen das Tanzbein in den pulsierenden Salsaclubs von Caracas oder besuchen eines der vielen regionalen Festivals. In den Bauerndörfern im Landesinneren stehen Kunstwerke und Handwerksgegenstände zum Verkauf. Und vielleicht kann man sogar einem der weltberühmten Schönheitswettbewerbe Venezuelas beiwohnen. Ebenso haben Präsident Hugo Chávez und seine „sozialistisch-bolivarische Revolution" das allgemeine Interesse geweckt – seitdem strömen Dokumentarfilmer und freiwillige Helfer ins Land.

Für die relativ geringen Besucherzahlen gibt's viele Erklärungen. Am häufigsten wird die Ansicht vertreten, dass sich Venezuela als bedeutendes Erdölland nie sonderlich um den Aufbau einer Tourismusindustrie gekümmert hat. Doch die Zeiten ändern sich – deshalb nichts wie hin!

AKTUELLE ENTWICKLUNGEN

Hugo Chávez sorgt regelmäßig für Schlagzeilen. Die Bewunderung oder Ablehnung der Bevölkerung gegenüber ihrem Präsidenten ist ebenfalls ein häufiges Gesprächsthema. Wild diskutiert wird z. B. der Einsturz der Brücke zwischen dem Flughafen bei Maquetía und Caracas, ebenso die Unterstützung linksgerichteter Kandidaten und Regierungen im Ausland. Armut und Kriminalität nehmen gleichzeitig stark zu – kein Wunder, dass sich viele Einwohner über Venezuelas Kriminalitäts- und Korruptionsrate unterhalten. Hinzu kommt das gespannte Verhältnis zu den USA. Weitaus weniger umstritten und deutlich angesehener sind die internationalen Erfolge venezolanischer Baseballprofis. So ist z. B. der „Local Hero" Ozzie Guillen als Manager der Chicago White Sox tätig, die 2005 die World Series gewannen. Auch die venezolanischen Schönheitsköniginnen sind auf der ganzen Welt bekannt – kein Land hat bisher mehr „Miss Universums" hervorgebracht.

GESCHICHTE
Präkolumbische Periode
Es gibt Anzeichen dafür, dass Menschen bereits vor 10 000 Jahren den Nordwesten Venezuelas besiedelten. Um ca. 1000 n. Chr. entstanden dauerhafte landwirtschaftliche Nutzflächen in Verbindung mit den ersten ganzjährig bewohnten Siedlungen. Ehemalige Nomadenvölker entwickelten sich allmählich zu größeren Kulturgemeinschaften. Diese gehörten zu den drei wichtigsten Sprachfamilien: den Kariben, den Arawak und den Chibcha. Zum Zeitpunkt der spanischen Eroberung am Ende des 15. Jhs. bewohnten ca. 300 000 bis 400 000 Angehörige indigener Völker das Gebiet des heutigen Venezuela.

Die Stämme der Timote Cuica (aus der Sprachfamilie der Chibcha) hatten von allen präkolumbischen Völkern Venezuelas auf technologischem Gebiet die Nase vorn. In den Anden entwickelten sie hochmoderne Anbaumethoden mit Bewässerungskanälen und Terrassenfeldern. Aus diversen Fundstücken lässt sich schließen, dass diese Stämme auch äußerst geschickte Handwerker in ihren Reihen hatten. Im ganzen Land zeigen Museen Beispiele für ihre wunderbare Töpferkunst. Allerdings sind so gut wie keine Gebäudestrukturen erhalten geblieben. In jüngster Zeit wurden aber in den Anden ein paar kleinere Stätten entdeckt, die in den kommenden Jahren wahrscheinlich für Touristen zugänglich gemacht werden.

Spanische Eroberung
Christoph Kolumbus setzte als erster Europäer seinen Fuß auf venezolanischen Boden. Tatsächlich betrat er das Land als einzige Region auf dem südamerikanischen Fest-

land. Bei seiner dritten Reise in die Neue Welt ankerte er 1498 an der Ostspitze der Península de Paria direkt gegenüber von Trinidad, die er ursprünglich für eine weitere Insel hielt. Doch die gigantische Mündung des Río Orinoco ließ vermuten, dass er etwas weitaus Größeres entdeckt hatte.

Ein Jahr später segelte Alonso de Ojeda zusammen mit dem Italiener Amerigo Vespucci den Fluss bis zur Península de la Guajira hinauf. Sie liegt am Westrand des heutigen Venezuela. Bei der Einfahrt in den Lago Maracaibo entdeckten die Spanier sogenannte *palafitos* (schilfgedeckte Stelzenhäuser über der Wasseroberfläche) der indigenen Bevölkerung am Ufer. Vielleicht nicht ganz ohne Sarkasmus nannten sie die Siedlung „Venezuela" („Klein-Venedig"). Als erste spanische Siedlung auf venezolanischem Boden entstand Nueva Cádiz um 1500 herum auf der kleinen Insel Cubagua gleich südlich der Isla de Margarita. Die älteste noch existierende Stadt Venezuelas heißt Cumaná. Sie wurde 1521 gegründet und liegt auf dem Festland unmittelbar südlich der Isla Cubagua.

Unabhängigkeitskriege

In Venezuela ließen sich nur wenige Goldminen ausbeuten. Während der Kolonialzeit dämmerte das Land daher größtenteils im Schatten des spanischen Weltreichs vor sich hin. Zu Beginn des 19. Jhs. gewann Venezuela dann an Bedeutung. Es schenkte Lateinamerika einen seiner größten Helden – Simón Bolívar. Der in Caracas geborene Bolívar vertrieb an der Spitze seiner Truppen die spanischen Besatzer endgültig aus Südamerika. Bis heute gilt er als Hauptverantwortlicher für das Ende der Kolonialherrschaft bis zu den Grenzen von Argentinien.

Bolívar schwang sich zum Führer der Revolution auf, die 1806 begonnen hatte. Seine ersten Versuche, die Spanier in seinem Heimatland zu besiegen, scheiterten jedoch. Daher zog sich Bolívar zuerst nach Kolumbien und dann nach Jamaika zurück, um seine letzten Schachzüge zu planen. 1817 führte er 5000 britische Söldner zusammen mit einer Reiterarmee aus Los Llanos aus über die Anden und besiegte die Spanier in der Schlacht von Boyacá, wodurch Kolumbien unabhängig wurde. Vier Monate später rief der Kongress von Angostura in der gleichnamigen Stadt (dem heutigen Ciudad Bolívar) einen neuen Staat namens Gran Colombia (Großkolumbien) aus. Er bestand aus Kolumbien (inkl. dem heutigen Panama), Venezuela und Ecuador – obwohl die beiden letzteren noch immer unter spanischer Kontrolle standen.

Im Juni 1821 besiegelte die Schlacht von Carabobo Bolívars endgültigen Sieg über die spanischen Truppen. Dennoch kämpften die Royalisten in den folgenden zwei Jahre von Puerto Cabello aus weiterhin einen ziemlich sinnlosen Kampf. Großkolumbien existierte nur für ein Jahrzehnt, bevor es in drei separate Staaten zerfiel. So wurde Bolívars Traum von einer vereinten Republik bereits vor seinem Tod im Jahr 1830 zerstört.

Wachsende Probleme

Auf seinem Totenbett gab Bolívar diese Erklärung ab: „Amerika ist unregierbar. Wer sich der Revolution verschreibt, pflügt das Meer. Dieses Land wird unweigerlich in die Hände einer enthemmten Masse geraten, um dann an verkappte kleine Tyrannen aller Farben und Rassen zu fallen." Leider lag er mit dieser Prophezeiung alles andere als falsch. Nach der Unabhängigkeit wurde Venezuela beinahe 100 Jahre lang von diversen *caudillos* (Machthabern) regiert. Erst 1947 trat die erste demokratisch gewählte Regierung ihre Amtszeit an.

Der erste *caudillo* namens General José Antonio Páez kontrollierte das Land 18 Jahre lang (1830–48). Trotz seiner gnadenlosen Herrschaft erreichte er eine gewisse politische Stabilität und brachte außerdem die schwache Wirtschaft in Schwung. In der folgenden Periode kam es zu einer nahezu ununterbrochenen Reihe von Bürgerkriegen. Erst ein weiterer Diktator – General Antonio Guzmán Blanco – konnte dem ein Ende bereiten und regierte ebenfalls 18 Jahre lang (1870–88). Er startete u. a. ein großangelegtes Reformprogramm mit einer neuen Verfassung. Dies sorgte vorübergehend für Stabilität im Land. Dennoch machte er sich mit seinen despotischen Methoden viele Feinde. Als er zurücktrat, begann in Venezuela erneut der Bürgerkrieg.

Im eisernen Griff

Die erste Hälfte des 20. Jhs. wurde von fünf aufeinander folgenden Militärmachthabern dominiert. Alle stammten aus dem Anden-

1116 VENEZUELA

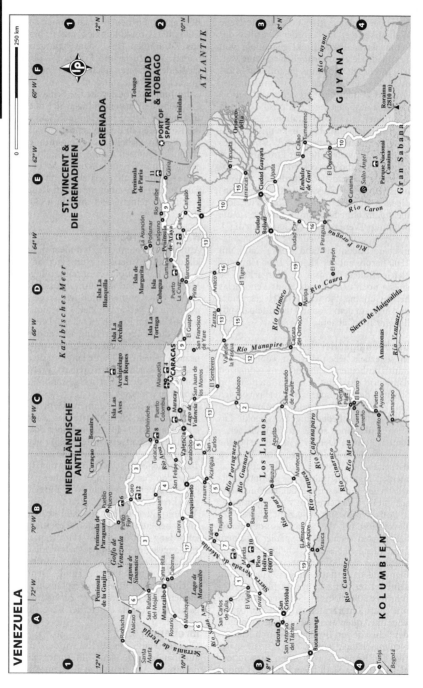

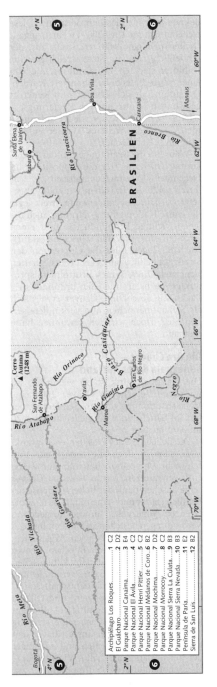

staat Táchira. Am längsten regierte General Juan Vicente Gómez, der auch am grausamsten war. Er kam 1908 an die Macht und blieb bis zu seinem Tod im Jahre 1935 im Amt. Gómez entmachtete das Parlament und erstickte auf seinem Weg zur Alleinherrschaft jegliche Opposition im Keim.

Dank einer Reihe von Ölfunden in den 1910er-Jahren konnte das Gómez-Regime die nationale Wirtschaft kräftig ankurbeln. Ende der 1920er-Jahre war Venezuela größter Erdölexporteur der Welt, was nicht nur die wirtschaftliche Erholung förderte: Vielmehr konnte die Regierung Venezuelas Auslandsschulden komplett begleichen.

Doch wie in den meisten anderen Erdölländern bekam die Bevölkerung so gut wie nichts von den Profiten ab. Die meisten Einwohner lebten weiterhin in Armut. Bildungs- und Gesundheitseinrichtungen waren kaum oder nicht vorhanden – ganz zu schweigen von anständigen Behausungen. Durch das schnelle Ölgeld wurde zudem die Landwirtschaft vernachlässigt; stattdessen entstanden andere Produktionszweige. Es war einfacher, nahezu alle Waren aus dem Ausland zu importieren. Dies ging zwar eine Weile lang gut, erwies sich aber auf Dauer als unzureichend.

Nach einem kurzen Flirt mit der Demokratie und einer neuen Verfassung kam es 1947 zum unausweichlichen Putsch. Es folgte die Ära von Colonel Marcos Pérez Jiménez. Kaum an der Macht, zerschlug er die Opposition. Ölgelder flossen in öffentliche Einrichtungen und die Sanierung von Caracas. Dabei machte sich Jimenéz nicht gerade viele Freunde.

Politische Seifenoper

1958 jagte eine Koalition aus Zivilisten und Militäroffizieren den Diktator Jiménez aus dem Amt. Mit Rómulo Betancourt als gewähltem Präsidenten kehrte das Land zur Demokratie zurück. Betancourt bekam breite Unterstützung von der Bevölkerung und brachte als erstes demokratisch gewähltes Staatsoberhaupt eine komplette fünfjährige Amtszeit hinter sich. Trotz des Übergangs zur Demokratie driftete das Land an den rechten Rand des politischen Spektrums ab.

Die Profite aus dem Ölexport brachten die folgenden Regierungen recht gut durch die 1970er-Jahre. Die Fördermengen wurden ständig erhöht. Noch bedeutender war die Vervierfachung des Ölpreises nach dem Arabisch-Israelischen Krieg von 1973. Venezuela zog daraufhin die Spendierhosen an: In Caracas und Maracaibo schossen moderne Wolkenkratzer aus dem Boden, ergänzt durch den Import einer Vielzahl von Luxusgütern. Doch Hochmut kommt vor dem Fall: Am Ende der 1970er-Jahre war die Wirtschaftskrise bereits im vollen Gang. Während der 1980er-Jahre verschlechterte sich die Situation immer mehr.

1992 läuteten zwei gescheiterte Staatsstreiche das nächste Jahrzehnt ein. Ein zuvor unbekannter Fallschirmjäger namens Colonel Hugo Chávez Rivas führte den ersten Putschversuch im Februar an. Für die zweite Aktion im November waren Nachwuchsoffiziere der Luftwaffe verantwortlich. Bei der filmreifen Luftschlacht über Caracas flogen Kampfflugzeuge zwischen den Hochhäusern hindurch. Beide Putschversuche forderten zahlreiche Todesopfer.

Bis Mitte der 1990er-Jahre hatte die Regierung mit Korruption, Bankkonkursen und Kreditausfällen zu kämpfen. 1995 musste Venezuela die Landeswährung um mehr als 70 % abwerten. Ende 1998 lebten zwei Drittel der 23 Mio. Einwohner unterhalb der Armutsgrenze.

Linksruck

Im Politzirkus gibt es nichts Besseres als ein spektakuläres Comeback. 1998 wurde Hugo Chávez zum Präsidenten gewählt. Der Anführer des ersten Putschversuchs von 1992 war 1994 begnadigt worden und hatte sogleich eine aggressive populistische Kampagne gestartet: Indem er sich selbst mit Bolívar verglich, versprach Chávez den Ärmsten der Armen Unterstützung und Almosen. Außerdem sprach er sich gegen eine freie Marktwirtschaft nach amerikanischem Vorbild aus. Stattdessen stellte er großspurig – wenn auch relativ undurchsichtig – eine „friedliche und demokratische Sozialrevolution" in Aussicht.

Seit damals war diese „Sozialrevolution" jedoch alles andere als friedlich. Kurz nach der Amtsübernahme nahm Chávez die Umformulierung der Verfassung in Angriff. Das neue Dokument wurde im Dezember 1999 durch eine Volksabstimmung verabschiedet und verlieh dem Präsidenten zusätzliche und weitreichende Machtbefugnisse. 2001 löste die Einführung diverser neuer Justiz-

dekrete wütende Massenproteste aus. Diese weiteten sich im April 2002 zu einem gigantischen und gewalttätigen Streik aus, der schließlich in einem Staatsstreich gipfelte. Dahinter steckten Militärführer, die von einer Wirtschaftslobby finanziert wurden. Daraufhin sah sich Chávez zum Rücktritt gezwungen – nur um die Regierungsgeschäfte zwei Tage später wieder aufzunehmen. Dies goss weiteres Wasser auf die Mühlen seiner Gegner.

Während die Spannungen in der Bevölkerung wuchsen, rief die Opposition im Dezember 2002 zum Generalstreik auf. Dadurch sollte der Präsident endgültig abgesetzt werden. Der landesweite Streik legte die ganze Nation lahm – darunter auch die lebenswichtige Erdölindustrie und einen Großteil des privaten Geschäftssektors. Nach 63 Tagen blies die Opposition den Streik schließlich ab. Die Proteste hatten Venezuela 7,6 % seines Bruttoinlandsproduktes gekostet und die Erdölindustrie nachhaltig geschädigt. Chávez erwies sich als Stehaufmännchen und verkündete seinen Sieg. Doch wirklich gewonnen hatte niemand.

Die Ära Chávez – Venezuela & das Ausland

Die Nationalpolitik stand weiterhin auf wackligen Beinen, bis Chávez 2004 eine Volksabstimmung gewann. Seitdem sitzt er fest im Sattel und wird vielleicht bis 2020 im Amt bleiben.

Die Beliebtheit des Präsidenten schwankt zwar ständig, doch die zerstrittene und schwache Opposition hat ihm nur wenig entgegenzusetzen. Mittlerweile hat Chávez seine Taschen dank der hohen Ölpreise ordentlich gefüllt und seinen Einfluss über die Grenzen Venezuelas hinweg ausgedehnt. Verbindungen bestehen zu anderen linksgerichteten Politikern in Bolivien, Argentinien, Kuba, Uruguay, Chile und Brasilien. Chávez hat sich öffentlich mit dem kubanischen „Maximo Lider" Fidel Castro verbündet und die linksgerichteten Präsidentschaftskandidaten Evo Morales (Bolivien) und Ollanta Humala (Peru) unterstützt. Außerdem scheut er sich nicht, lauthals seine Meinung zu verkünden: So bezeichnete Chávez den mexikanischen Präsidenten und Anhänger der freien Marktwirtschaft – Vicente Fox – als „Schoßhund des (US-)Imperiums".

Chávez hofft auf eine politische Solidarisierung in Lateinamerika als Gegenpol zur US-amerikanischen Vormachtsstellung in der Region. Mit seiner unverhohlenen Opposition gegenüber dem amerikanischen Präsidenten Bush sorgte er weltweit für Schlagzeilen. Beim Amerikagipfel in Mar del Plata (Argentinien) sprach sich Venezuelas Staatsoberhaupt 2005 für eine amerikanische Freihandelszone (Free Trade Area of the Americas, FTAA) aus. Im Januar 2006 fand in Caracas zudem das sechste Weltsozialforum statt.

Während Chávez schöne Reden schwingt, sind in seinem Land Kriminalität und Armut auf dem Vormarsch. Auch angesichts des Zusammenbruchs der Brücke zwischen dem Flughafen und Caracas bestehen Zweifel am Wahrheitsgehalt seiner Rhetorik. Auf jeden Fall hat Chávez dadurch ein politisches Veilchen davongetragen. Bis heute ist er einer der umstrittensten Staatsmänner Südamerikas – in Venezuela und im Ausland.

KULTUR
Mentalität
Venezuela ist stolz auf seine Geschichte. Im ganzen Land werden Simón Bolívar und der Unabhängigkeitskrieg in den höchsten Tönen gelobt. Im Gegensatz zu einigen seiner südamerikanischen Nachbarn weist Venezuelas zeitgenössische Kultur aber kaum eigenständige Charakterzüge auf. Dies liegt wohl vor allem daran, dass die nationale Identität des Erdöllandes früher größtenteils durch den Import von Konsumgütern (z. B. Lebensmittel, Tonträger, Bekleidung, Filme, Möbel oder Autos) geprägt war. So bestand kaum die Notwendigkeit, Waren im eigenen Land zu produzieren.

Doch genauso wie es Erdöl massenhaft ins Ausland pumpt, bringt Venezuela Rohstoffe und neue Talente hervor. Vor allem Schönheitsköniginnen und Baseballspieler sind international ganz vorn mit dabei. Venezolanerinnen haben für ihr Land inzwischen mehr Schönheitswettbewerbe gewonnen als die Frauen irgendeines anderen Landes. Das Land konnte mittlerweile fünf „Miss Worlds", vier „Miss Universums" und zahllose weitere Titel für sich verbuchen. Auch im Baseball mischen Venezolaner kräftig mit. In den nordamerikanischen Profiligen schwingen viele Sportler aus Venezuela den Schläger.

Dementsprechend eifert Venezuelas Bevölkerung ihren Helden nach: Häufig kann man ambitionierten Amateuren dabei zusehen, wie sie auf Baustellen oder am Rand eines Highways eine Partie Baseball spielen. Der Nationalsport geht Hand in Hand mit den beiden Nationalgetränken: Rum und eiskaltes Bier. Die männlichen Einwohner von Caracas bestellen sich jedoch lieber einen Scotch, um ihre großstädtische Kultiviertheit zu beweisen.

Trotz der allgegenwärtigen politischen Probleme und sozialen Spannungen sind Venezolaner unglaublich lebenslustig und humorvoll. Aufgrund ihres offenen Wesens unterhalten sie sich gern und scheuen sich nicht, Gespräche mit Fremden zu beginnen. Egal, wo man sich gerade aufhält: Ein Gefühl von Einsamkeit oder Isolation kommt so gut wie nie auf – vor allem, wenn man etwas Spanisch spricht. Irgendwo ist immer eine *rumba* im Gange. Daher sollten Traveller ihre strikten Reisepläne einfach über Bord werfen und sich stattdessen mit dem venezolanischen Lifestyle anfreunden.

Bevölkerung
Mit 26 Einwohnern pro Qudratkilometer hat Venezuela eine sehr niedrige Bevölkerungsdichte. Dennoch verteilen sich die Einwohner ungleichmäßig über das Land: 75 % aller Venezolaner leben in Kleinstädten und Metropolen. Allein in Caracas wohnt ein Fünftel der Bevölkerung. Los Llanos und Guayana wirken dagegen relativ leer.

Rund 70 % der Einwohner haben europäische, indigene und afrikanische Wurzeln (oder mindestens zwei davon). Der Rest sind echte Europäer (ca. 20 %), Afrikaner (8 %) oder Angehörige indigener Völker (2 %). Diese 2 % bestehen aus rund 24 völlig verschiedenen Stämmen. Ihre ca. 600 000 Angehörigen sind über ganz Venezuela verteilt.

SPORT
Fußball? Was ist schon Fußball? In Venezuela regiert König *béisbol* (Baseball). Die oberste Profiliga besteht aus insgesamt acht Mannschaften (Caracas, La Guaira, Maracaibo, Valencia, Barquisimeto, Maracay, Puerto La Cruz und Cabimas). Viele venezolanischen Baseballspieler haben es in die nordamerikanische Major League zu Ruhm und Wohlstand gebracht. Ozzie Guillen stammt aus Ocumare del Tuy im Bundes-

staat Miranda. Als Manager der „Chicago White Sox" führte er das Team 2005 zur ersten World-Series-Meisterschaft in 88 Jahren. Die größte Rivalität in der venezolanischen Liga besteht zwischen den beiden Spitzenmannschaften „Leones del Caracas" und „Navegantes del Magallanes" (Valencia).

Auf Rang Zwei und Drei der Beliebtheitsskala rangieren *básquetbol* (Basketball; auch *básquet* oder *baloncesto* genannt) und *fútbol* (Fußball). Die Saison für die oberste Fußballliga dauert von August bis Mai. Die meisten Fußballfans entstammen den indigenen Volksgruppen Venezuelas.

RELIGION

Rund 95 % aller Venezolaner sind römisch-katholisch – zumindest auf dem Papier. In den letzten Jahren legte sich Chávez mehrmals mit der Kirche an. Der Präsident sieht es gar nicht gern, wenn ihm der Vatikan in seine Einmannshow hineinredet. Viele indigenen Volksgruppen haben mittlerweile den katholischen Glauben angenommen. Nur wenige isolierte Stämme praktizieren immer noch ihre traditionellen Kulte. Im ganzen Land wetteifern die Protestanten mit den Katholiken um neue Gemeindemitglieder und gewinnen zusehends an Bedeutung. Außerdem gibt es ein paar kleine jüdische und muslimische Gemeinden (v. a. in Caracas).

KUNST & KULTUR
Architektur

In Venezuela gibt es kleine – und durchaus beeindruckende – Ansammlungen von Gebäuden aus der Kolonialzeit, vor allem in Coro (S. 1151). Alles in allem war die Architektur des Landes aber nie so prunkvoll wie in anderen Teilen des spanischen Weltreichs. Die meisten Kirchen waren klein, Häuser wurden hauptsächlich als einstöckige Gebäude ohne Zierrat errichtet. Erst in den letzten 50 Jahren der Kolonialzeit trat eine wohlhabende Kaufmannsschicht in Erscheinung und verlieh ihrem Status mit prächtigen Residenzen Ausdruck.

In den 1870er-Jahren ließ Präsident Guzmán Blanco die Hauptstadt Caracas von Grund auf sanieren und gab viele öffentliche Gebäude im Monumentalstil in Auftrag. Die jeweiligen Launen der Architekten äußerten sich dabei in einem kunterbunten Stilmix. Mit den wachsenden Erdölprofiten

begann ein erzwungener Marsch in Richtung Moderne. Während der 1970er-Jahre erreichte diese Periode ihren Höhepunkt. Historische Bauwerke wurden rücksichtslos abgerissen und durch rein zweckmäßige Konstruktionen ersetzt. Dennoch stößt man in Venezuela auch auf wahrhaft bemerkenswerte Beispiele für moderne Architektur. Die Karriere von Carlos Raúl Villanueva begann in den 1930er-Jahren. Bis heute gilt er als talentiertester Architekt Venezuelas. Der Campus der Universidad Central de Venezuela in Caracas zählt zu seinen besten und geschmackvollsten Entwürfen. Mittlerweile gehört das Gelände zum Unesco-Weltkulturerbe.

Kino & Fernsehen
KINO

Venezuelas kleine Filmindustrie macht seit ein paar Jahren immer wieder von sich reden. Die meisten Filme sind entweder zeitgenössische Sozialkritiken oder historische Verfilmungen.

Der größte Wurf im modernen venezolanischen Kino gelang dem Regisseur Jonathan Jakubowicz mit *Secuestro Express* (Express-Entführung; 2005). Er wurde seitens der Regierung massiv für sein herbes Caracas-Portrait kritisiert – denn der Streifen schildert ungeschminkt Kriminalität, Armut, Gewalt, Drogenmissbrauch und soziale Spannungen in der Hauptstadt. Für eine einheimische Produktion war *Secuestro Express* ein echter Verkaufsschlager und wurde als erster venezolanischer Film von einem großen Hollywoodstudio vertrieben.

Wer sich intensiver mit der hiesigen Filmszene beschäftigen möchte, sollte sich folgende Streifen ansehen: In *Huelepega* (Klebstoffschnüffler; 1999) porträtiert Elia Schneider die Straßenkinder von Caracas. Statt professioneller Schauspieler wurden alle Rollen mit echten Straßenkids besetzt. In *Amaneció de Golpe* (Putsch im Morgengrauen; 1999) erzählt Carlos Azpúrua, wie Chávez erstmals die politische Bühne betrat. In *Manuela Saenz* (2000) schildert Diego Risquez den Unabhängigkeitskrieg aus der Sicht von Bolívars Geliebter.

Ebenfalls äußerst sehenswert ist die Dokumentation *The Revolution Will Not Be Televised* (Die Revolution wird nicht im Fernsehen übertragen). 2002 hielten sich die irischen Filmemacher Kim Bartley und

Donnacha O'Brien während des Staatsstreichs im Präsidentenpalast auf und bannten die Geschehnisse live auf Zelluloid. Das fesselnde und sehr persönliche Chávez-Portrait ist allerdings von unverhohlenen Sympathiebekundungen durchsetzt.

FERNSEHEN

Venezuelas Fernsehprogramm reicht von flachen Seifenopern bis zur genauso kitschigen Regierungspropaganda. Dazwischen flimmern diverse Slapstick-Comedyshows und Baseballberichte über den Bildschirm. Seit 2005 gibt's den Fernsehsender „TelSur" mit Sitz in Venezuela, der in ganz Lateinamerika zu empfangen ist. Chávez hofft, so den Einfluss der extrem beliebten US-Kabelprogramme eindämmen zu können. Das Format seiner persönliche Fernsehshow *Aló Presidente* kombiniert Reden zur Lage der Nation mit einer Art Oprah-Winfrey-Show. Chávez plappert über den nationalen Fortschritt, während er die Fragen seiner Anhänger am Telefon beantwortet.

Auch Telenovelas gehören quasi zum Pflichtprogramm. Angeblich verkauft Venezuela mehr dieser Seifenopern ins Ausland als Autos, Textilien oder Papierprodukte. Zu den Klassikern gehören *Cristal* und *Kassandra*, die bei Zuschauern von Spanien bis Indonesien regen Zuspruch fanden.

Literatur

Während der Kolonialzeit war die Unterdrückung der indigenen Bevölkerung durch die Spanier das Hauptthema der lateinamerikanischen Literatur. Die Vorgänge in den Anfangsjahren Venezuelas beschrieb Bruder Bartolomé de las Casas in seinem Werk *Kurzgefasster Bericht von der Verwüstung der westindischen Länder* von 1542.

In puncto zeitgenössische Literatur muss unbedingt *El Falso Cuaderno de Narciso Espejo* erwähnt werden. Guillermo Meneses (1911–78) schrieb seinen bahnbrechenden Experimentalroman in der Mitte des letzten Jahrhunderts. Als weiteres zukunftsweisendes Werk gilt Adriano Gonzalez Leons (geb. 1931) Roman *Pais Portatil* (Tragbares Land). Im kraftvollen Stil des Magischen Realismus kontrastiert der Autor das ländliche Venezuela mit dem „urbanen Moloch" Caracas.

Ebenfalls erwähnenswert ist der zeitgenössische Schriftsteller Ednodio Quintero.

Neben anderen Werken wurde sein Buch *La Danza del Jaguar* (Der Tanz des Jaguars; 1991) in mehrere Sprachen übersetzt. Für Literaturfreunde sind auch noch weitere zeitgenössische Autoren interessant. Dazu gehören u. a. Carlos Noguera, Luis Brito García, Eduardo Liendo und Orlando Chirinos.

Musik

Musik ist allgegenwärtig in Venezuela. Allerdings werden nur wenige Tonträger vor Ort produziert und noch weniger für den Export. An beliebten Musikstilen sind hauptsächlich Salsa und Merengue vertreten, ergänzt durch *reggaetón* aus der Karibik und *vallenato* aus Kolumbien. Der unangefochtene König des venezolanischen Salsa heißt Oscar D´León (geb. 1943). Unglaublich, aber wahr: Bis heute hat er rund 60 Alben aufgenommen.

Pop aus Nordamerika und Europa (von Rock über Hip-Hop bis House) ist bei den Jugendlichen in den Städten schwer angesagt. Diese Gruppe stellt den Großteil der Bevölkerung. Chávez versucht, mit bestimmten Regelungen die ausländischen Einflüsse einzudämmen: So muss die Hälfte aller im Radio gespielten Musikstücke aus Venezuela kommen. Davon muss noch einmal die Hälfte aus „traditionellem" Liedgut bestehen.

Der beliebteste Folklorestil des Landes ist der *joropo*. Diese Musikrichtung wird auch *música llanera* genannt und stammt ursprünglich aus Los Llanos (s. S. 1163). Beim *joropo* wird der Gesang normalerweise von Mundharmonika, *cuatro* (viersaitige Mini-Gitarre) und Maracas begleitet.

Caracas ist eine Hochburg des Latino-Pops und des *rock en español*. Dabei werden Rhythmus und Energie des Latino-Beats mit internationalen Trends aus dem Rock- und Alternativebereich kombiniert. Die bekannteste Band aus dieser Szene sind die „Los Amigos Invisibles". Die Musiker wurden mit dem Grammy ausgezeichnet und leben mittlerweile in Nordamerika.

Bildende Künste

Venezuela hat eine bedeutende zeitgenössische Kunstszene. Moderne Werke füllen die Straßen und öffentlichen Gebäude von Caracas. Außerdem gibt's in der Hauptstadt ein paar äußerst bemerkenswerte Galerien.

1122 VENEZUELA ·· Natur & Umwelt

Ende des 19. Jhs. entstand durch die Fördergelder der Regierung Guzmán Blanco erstmals öffentliche Kunst im großen Stil. Der talentierteste Maler dieser Periode – und einer der besten in Venezuelas Kunstgeschichte – war Martín Tovar y Tovar (1827–1902). Ein paar seiner schönsten Gemälde porträtieren historische Ereignisse. Die Bilder sind im Capitolio Nacional (S. 1131) in Caracas ausgestellt.

Heute boomen die Bildenden Künste. Besonders schön sind u. a. die Arbeiten des Malers Carlos Zerpa und die abgefahrenen Ideen von José Antonio Hernández Díez (Foto-, Video- und Installationskunst). Hinzu kommen die symbolträchtigen Gemälde, Collagen und Skulpturen Miguel von Dangels. Traveller können sich noch mehr tolle Stücke im Museum der Zeitgenössischen Kunst in Caracas ansehen (s. S. 1133).

Als Venezuelas zeitgenössischer Künstler Nummer Eins gelangte Jesús Soto (1923–2005) zu internationalem Ruhm. Mit seinen Werken (vor allem Skulpturen mit beweglichen Teilen) übte er einen gewaltigen Einfluss auf die kinetische Kunstszene aus. Seine einzigartigen Großkunstwerke zieren zahlreiche öffentliche Gebäude und Plätze in Venezuela und der ganzen Welt (z. B. in Paris, Toronto und New York). Die größte Sammlung zu Sotos Lebenswerk zeigt das ihm gewidmete Museum im Ciudad Bolívar (s. S. 1183).

NATUR & UMWELT
Geografie
Venezuela ist rund doppelt so groß wie Kalifornien und begeistert mit vielen verschiedenen Regionen. In einem einzigen Land finden Traveller hier alle bedeutenden Landschaftsformen Südamerikas – Amazonasregenwälder, die Anden, Savannen und Strände.

Zwei gewaltige Bergketten ziehen sich durch Venezuela: Die Cordillera de la Costa trennt das Tal von Caracas von der Karibik. In den nördlichen Ausläufern der Anden erheben sich die höchsten Gipfel im Umkreis von Mérida.

Der 2150 km lange Orinoco ist Venezuelas größter Strom – der gesamte Flusslauf liegt innerhalb der Landesgrenzen. Im Guayana-Gebiet südlich des Orinoco liegt das Einzugsgebiet des Río Caura. Dort gibt's

außerdem nahezu undurchdringliche Amazonasregenwälder, endlose sonnenverbrannte Savannen und Hunderte Tepuis.

Und zu guter Letzt ist da noch Venezuelas 2813 km lange Karibikküste. Vor ihr erstreckt sich ein 900 000 km^2 großes Meeresgebiet mit unzähligen Inseln und Inselchen. Am größten und bekanntesten ist die Isla de Margarita, gleich gefolgt vom weniger erschlossenen Archipiélago Los Roques.

Tiere & Pflanzen
Genauso vielfältig wie Venezuelas Landschaft ist seine großartige Tierwelt. Reisende können hier oft Anakondas, Capybaras, Kaimane und verschiedene Vögel entdecken. Insgesamt gibt es in Venezuela 341 Reptilienarten und 284 verschiedene Amphibien. Hinzu kommen 1791 Fischarten und 351 unterschiedliche Säugetiere – ganz zu schweigen von unzähligen Schmetterlingen und weiteren Wirbellosen. Dieses Land ist ein echtes Paradies für Vogelliebhaber: Die 1360 Arten machen rund 20 % aller weltweit bekannten Federtiere aus. Davon leben 46 ausschließlich in Venezuela, das zudem auf einer wichtigen Wanderroute für Zugvögel liegt.

Nationalparks
Venezuelas Nationalparks umfassen viele verschiedene Landschaftsformen wie immergrüne Berge, Strände, tropische Inseln, Korallenriffe, Hochplateaus und Regenwälder. Die Nationalparks – z. B. Canaima, Los Roques, Mochima, Henri Pittier, El Ávila und Morrocoy – gehören zu Venezuelas beliebtesten Touristenzielen. Manche Parks sind leicht zu erreichen und werden dementsprechend von unzähligen Einheimischen besucht. Hauptsächlich während der Ferien und an Wochenenden strömen Touristen in die Schutzgebiete an der Küste und draußen im Meer. Andere Parks hat man dafür fast für sich allein. Nur wenige Nationalparks besitzen Einrichtungen für Touristen, meistens sind sie aber nicht besonders ausgedehnt.

Umweltprobleme
Das größte Umweltproblem Venezuelas besteht in seiner (so gut wie nicht vorhandenen) Müllwirtschaft. Recylingmaßnahmen und -einrichtungen sucht man vergeblich.

Daher gibt's überall wilde Müllhalden – in Städten, am Straßenrand und selbst draußen in der Natur. Abwässer werden teilweise ungeklärt ins Meer oder in Wasserläufe geleitet. Die Regierung scheint eine konsequente Umweltpolitik weiter für unnötig zu halten. Dementsprechend besteht außerhalb der Nationalparks nahezu kein Umweltbewusstsein. Müll und Luftverschmutzung gehen hauptsächlich auf das Konto der Überbevölkerung in den Stadtgebieten. Mangels Planung und Fördergeldern ist der Umweltfrevel kaum in den Griff zu bekommen.

Ein weiteres großes Problem stellen die Jagd und der illegale Handel mit Pflanzen und Tieren dar. In vielen Landesteilen ist dies an der Tagesordnung – sogar in Naturschutzgebieten. So lassen sich z. B. mit tropischen Käfigvögeln in den USA, Asien und Europa ordentliche Gewinne machen. Besonders gefährlich für die Umwelt ist jedoch die unvermeidliche Verseuchung durch Erdöl, das aus Raffinerien und Bohranlagen austritt. So wurde der Lago de Maracaibo in der Vergangenheit mehrmals stark verunreinigt. Die meisten Erdölanlagen sind veraltet und haben dringend eine Generalüberholung nötig.

VERKEHRSMITTEL & -WEGE

AN- & WEITERREISE
Bus
Es gibt nur eine Verbindungsstraße zwischen Brasilien und Venezuela. Sie beginnt in Manaus und führt über Boa Vista nach Santa Elena de Uairén. Von dort geht's weiter nach Ciudad Guayana. Details stehen im Kapitel „Santa Elena de Uairén" (S. 1195).

Von Kolumbien aus können Traveller über vier Grenzübergänge nach Venezuela einreisen. Am bequemsten (und praktischsten) sind die Küstenstraßen von Maicao nach Maracaibo (S. 1156) und von Cúcuta nach San Antonio del Táchira (S. 1165).

Zwischen Venezuela und Guyana besteht keine Straßenverbindung. Bei Überlandfahrten ist ein Umweg über Brasilien nötig.

Flugzeug
Wegen seiner Lage am Nordrand Südamerikas erfreut sich Venezuela sehr günstiger

Flugverbindungen nach Europa und Nordamerika. Das Land ist daher der praktischste nördliche Ausgangspunkt für Flugreisen auf dem Kontinent. 2006 bestanden bezüglich des Flugverkehrs Differenzen mit den USA: Nachdem die Amerikaner die Zahl der Flüge nach Venezuela stark reduziert hatten, reagierte das südamerikanische Land auf dieselbe Weise. Durch das eingeschränkte Angebot sind Flüge nach oder von Nordamerika mittlerweile deutlich teurer.

Wer von Brasilien nach Venezuela fliegen möchte, muss tief in die Tasche greifen: Reisen von São Paulo oder Rio de Janeiro nach Caracas belaufen sich auf ca. 615 US$ (hin und zurück). Direktflüge gibt es weder zwischen Manaus und Caracas noch zwischen Boa Vista und Santa Elena de Uairén.

Die Maschinen von Avianca und Aeropostal pendeln zwischen Bogotá (Kolumbien) und Caracas (einfache Strecke/hin und zurück 220/260 US$).

Auch zwischen Venezuela und Guyana gibt's keine Direktflüge. Kunden von BWIA müssen daher einen Umweg über Port of Spain (Trinidad) machen (einfache Strecke/hin und zurück 260/360 US$).

Mit Aeropostal und BWIA besteht täglich Flugverbindung zwischen Port of Spain und Caracas (einfache Strecke/hin und zurück innerhalb von 21 Tagen 150/205 US$). Aeropostal und und Rutaca sind zwischen Porlamar und Port of Spain unterwegs (einfache Strecke/hin und zurück innerhalb von 21 Tagen 110/155 US$).

Schiff/Fähre
Wöchentlich schippern Passagierboote von Venezuela nach Trinidad. Der Fährbetrieb zwischen Venezuela und den Niederländischen Antillen wurde mittlerweile eingestellt. Weitere Informationen hierzu stehen im Kapitel „Güiria" (S. 1176).

FLUGHAFENSTEUER

Abhängig von der Länge des Aufenthalts beläuft sich die Flughafensteuer auf mindestens 35 US$. Zusätzlich müssen alle Besucher einen *impuesto de salida* (Ausreisesteuer) von 15 US$ entrichten. Die Gebühren können in US-Dollar oder *bolívar* bezahlt werden – aber nicht per Kreditkarte. Am Flughafen gibt's jedoch diverse Geldautomaten.

UNTERWEGS VOR ORT
Auto & Motorrad

Autoreisen sind eine komfortable und attraktive Option, um Venezuela zu erkunden. Das Land ist relativ sicher und hat ein umfangreiches Straßennetz. Beim Fahrbahnzustand gibt's normalerweise nichts zu meckern. Auch an Tankstellen herrscht kein Mangel. Die Benzinpreise (0,03–0,06 US$/l) gehören zu den niedrigsten der Welt. Je nach Oktanzahl kann man den Tank für gerade mal einen Dollar vollmachen. Der paradiesische Zustand wird jedoch vom örtlichen Verkehrsaufkommen und Fahrstil der Einheimischen getrübt. Angesichts des Chaos auf den Straßen (vor allem in Caracas) brauchen Traveller in Venezuela Nerven aus Stahl.

Wer ein Fahrzeug nach Venezuela (bzw. allgemein nach Südamerika) einführen möchte, sollte sich auf einiges gefasst machen: Abgesehen vom hohen Zeitaufwand sind damit Kosten und jede Menge Formalitäten verbunden. Daher lässt man besser die Finger davon. Einheimische Mietwagen sind wesentlich praktischer und günstiger.

Bus

Mangels Passagierzügen sind Reisende in Venezuela hauptsächlich auf Busse angewiesen. Die meist recht schnellen Busse pendeln rund um die Uhr regelmäßig zwischen allen großen Städten. Busreisen sind erschwinglich und normalerweise eine feine Sache.

In Venezuela operieren Dutzende von Busfirmen. Ihre Fuhrparks reichen von klapprigen Mühlen bis zu den aktuellsten Modellen. Alle großen Gesellschaften bieten *servicio ejecutivo* in komfortablen Bussen mit Klimaanlage an. Als wichtigste Transportmittel zwischen den Städten sind sie auf allen bedeutenden Fernreiserouten des Landes unterwegs.

Caracas ist der größte Verkehrsknotenpunkt Venezuelas. Von hier aus fahren Busse ins ganze Land. Für die Hauptstrecken reicht es normalerweise aus, wenn man sein Ticket ein paar Stunden vor der Abfahrt kauft (ausgenommen vor und nach Feiertagen).

So genannte *por puestos* (wörtl. „pro Sitz") – eine Mischung aus Bus und Taxi – bedienen viele Kurzstrecken in der Provinz.

Dabei handelt es sich normalerweise um alte Straßenkreuzer aus US-Produktion (seltener Minibusse). Sie fahren auf festen Routen und starten, wenn alle Plätze belegt sind. Die Preise sind 40 bis 80 % höher als bei herkömmlichen Bussen. Allerdings reist man wahrscheinlich wesentlich komfortabler und kommt außerdem schneller ans Ziel.

Flugzeug

Venezuela hat mehrere Fluglinien und ein anständiges Verbindungsangebot. Der Flughafen von Caracas liegt bei Maiquetía. Als größte Drehscheibe des Landes ist er für die meisten Inlandsflüge zuständig. Von Caracas gehen regelmäßig Maschinen nach Porlamar, Maracaibo und Puerto Ordaz (Ciudad Guayana). Zu den beliebtesten Touristenzielen zählen u. a. Mérida, Ciudad Bolívar, Canaima und Porlamar. Bei Inlandsflügen ab Maquetía wird eine Flughafensteuer von 16 US$ fällig.

Ein halbes Dutzend großer Fluglinien deckt die wichtigsten Inlandsrouten ab. Hinzu kommt noch ein Dutzend kleinerer Regionalanbieter. Neben ihren eigenen Flugzeugen schicken sie zusätzlich Chartermaschinen in alle Ecken des Landes.

In Caniama und Los Roques ist jeweils eine Flotte von Cessnas und weiteren Kleinflugzeugen stationiert, die für eine Reihe von Mini-Airlines unterwegs sind. Travellern wird empfohlen, solche Flüge über ein Reisebüro zu buchen. An Fluglinien sind u. a. vertreten:

Aeropostal (☎ 0800-337-8466, 266-1059; www. aeropostal.com; Torre ING Bank, 1. Stock, La Castellana) Mit Venezuelas größter Fluglinie besteht Verbindung zu den meisten bedeutenden Inlandsflughäfen wie Barcelona, Barquisimeto, Maracaibo, Maturín, Porlamar, Puerto Ordaz (Ciudad Guayana), San Antonio del Táchira und Valencia.

Aserca (☎ 0800-648-8356, 905-5333; www.aserca airlines.com; Edificio Taeca, Calle Guaicaipuro, EG, El Rosal) Startet in Richtung Caracas, Barcelona, Maracaibo, Porlamar und San Antonio del Táchira.

Avensa (☎ landesweit 355-1609, international 355-1889; www.avensa.com.ve; Flughafen Maiquetía, Caracas)

Avior (☎ 281-274-9545; www.avior.com.ve) Flüge nach Caracas, Barcelona, Barinas, Barquisimeto, Canaima, Ciudad Bolívar, Coro, Cumaná, Maturín, Mérida, Porlamar und Valera.

Conviasa (☎ 0500-2668-4272; www.conviasa.aero; Porlamar) Die staatliche Gesellschaft mit Sitz in Margarita deckt einen Großteil des Landes ab.

Laser (☎ 0800-527-3700, 355-2584; www.laser.com.ve; Flughafen Maiquetía) Fliegt nach Caracas, Maracaibo und Porlamar.

Linea Turistica Aereotuy (Karte S. 1130 f.; 761-6231, 761-6247; www.tuy.com/aereotuy.htm; Edificio Gran Sabana, Av Abraham Lincoln/Blvd Sabana Grande, 5. Stock, Sabana Grande) Verbindungen nach Los Roques, Porlamar und Canaima.

Rutaca (☎ 576-0304; www.rutaca.com.ve) Bringt Passagiere nach Caracas, Canaima, Ciudad Bolívar, Porlamar, San Antonio del Táchira und Santa Elena de Uairén.

Santa Bárbara (☎ 204-4000; www.santabarbaraair lines.com; Edificio Tokay, Calle 3B, Industrial La Urbina) Flüge nach Caracas, Cumaná, Las Piedras, Maracaibo, Mérida, Puerto Ayacucho und San Antonio del Táchira.

Nahverkehr

BUS & METRO

Alle Metropolen und viele größere Städte haben eigene Nahverkehrssysteme, meistens bestehend aus Klein- oder Minibussen (je nach Region *busetas, carros, carritos, micros* oder *camionetas* genannt). Der Fahrtpreis beträgt normalerweise höchstens 0,20 US$. In größeren Städten kämpfen sich *por puestos* meistens schneller durch die verstopften Straßen als herkömmliche Busse. Nur Caracas hat ein Metrosystem.

TAXI

Die relativ günstigen Taxis sind immer eine gute Wahl. Dies gilt vor allem für Fahrten zwischen Busbahnhof und Stadtzentrum, wenn man sein gesamtes Gepäck dabei hat. Die Fahrzeuge haben keine Taxameter; daher muss der Preis vor dem Einsteigen mit dem Fahrer ausgehandelt werden. Gewiefte Traveller erkundigen sich im Voraus bei unabhängigen Quellen (z. B. beim Personal der Busbahnhöfe oder Hotelrezeptionen) nach den gängigen Sätzen.

Schiff/Fähre

Zu Venezuela gehören auch mehrere Inseln. Allerdings wird nur die Isla de Margarita regelmäßig von Booten und Fähren angelaufen. Details finden sich in den Kapiteln „Puerto La Cruz" (S. 1169), „Cumaná" (S. 1173) und „Isla de Margarita" (S. 1177).

Als größte Wasserstraße Venezuelas führt der Orinoco ins Landesinnere. Er kann von seiner Mündung bis hinauf nach Puerto Ayacucho befahren werden. Allerdings gibt's nirgends einen regelmäßigen Passagierservice.

CARACAS

☎ 0212 / 5 Mio. Ew.

Caracas empfängt Neuankömmlinge eher mit einem Schlag ins Gesicht als mit einer herzlichen Umarmung. Die politische und kulturelle Hauptstadt Venezuelas ist von extremer Überbevölkerung und Hektik geprägt – ganz zu schweigen von Kriminalität, Verkehrschaos und Umweltverschmutzung. Nur wenige Viertel sind fußgängerfreundlich. Dazu kommt noch, dass es im Budgetbereich nahezu keine qualitätsvollen Unterkünfte gibt.

Dennoch hat Caracas unerschrockenen und ausdauernden Reisenden einige Attraktionen zu bieten. Die auf einer Höhe von rund 900 m über dem Meeresspiegel liegende Metropole quetscht sich zwischen die grünen Gipfel der Umgebung – in einer tollen Lage und noch dazu in einem angenehmen Klima. Als Gegenpol zu den Schattenseiten hat Caracas ein beeindruckendes Restaurantangebot, ergänzt durch eine brandheiße Mode- und Kunstszene. Außerdem ist die Stadt für ihr pulsierendes Nachtleben bekannt. Dies reicht von den noblen Lounges in San Ignacio bis zu den Terrassenbars und Salsaclubs von Las Mercedes. Doch in Caracas steht nicht alles nur um den letzten Schrei – vielmehr ist die Stadt auch für die Geschichte Venezuelas von großer Bedeutung. Viele wichtige Stätten haben etwas mit Simón Bolívar zu tun, dem Befreier Südamerikas.

Egal, ob man Caracas nun gezielt besucht oder nicht: Fast alle Reisenden kommen wenigstens hier durch, weil die Stadt der größte Verkehrsknotenpunkt des Landes ist.

ORIENTIERUNG

Caracas erstreckt sich auf einer Länge von 20 km entlang eines schmalen Küstentals. Im Norden grenzt die Hauptstadt an den Parque Nacional El Ávila. Die steilen Hügelflanken am südlichen Stadtrand nimmt eine Mischung aus modernen Vororten und *barrios* (Slumsiedlungen) in Beschlag. In West-Ost-Richtung verläuft das 8 km breite Stadtzentrum zwischen El Silencio und Chacao. Museen, Theater und Kinos verteilen sich rund um den Parque Central am Ostrand des historischen Zentrums. Die

1126 CARACAS •• Caracas Zentrum

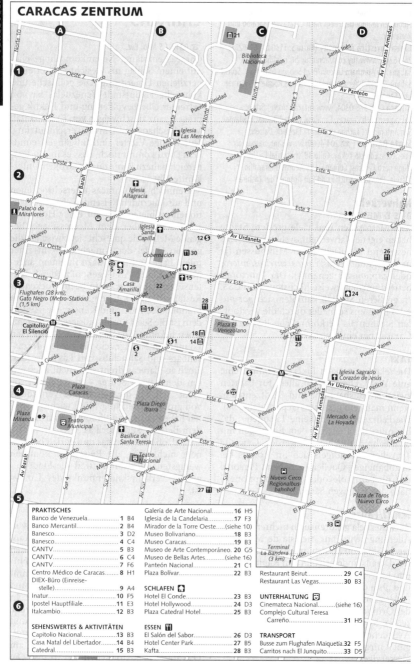

CARACAS ZENTRUM

PRAKTISCHES
Banco de Venezuela.................1 B4
Banco Mercantil.......................2 B4
Banesco....................................3 D2
Banesco....................................4 C4
CANTV......................................5 B3
CANTV......................................6 C4
CANTV......................................7 F6
Centro Médico de Caracas.......8 H1
DIEX-Büro (Einreise-
  stelle).....................................9 A4
Inatur......................................10 F5
Ipostel Hauptfiliale.................11 E3
Italcambio...............................12 B3

SEHENSWERTES & AKTIVITÄTEN
Capitolio Nacional..................13 B3
Casa Natal del Libertador......14 B4
Catedral..................................15 B3

Galería de Arte Nacional........16 H5
Iglesia de la Candelaria..........17 F3
Mirador de la Torre Oeste.....(siehe 10)
Museo Bolivariano..................18 B3
Museo Caracas.......................19 B3
Museo de Arte Contemporáneo.20 G5
Museo de Bellas Artes...........(siehe 16)
Panteón Nacional..................21 C1
Plaza Bolívar..........................22 B3

SCHLAFEN
Hotel El Conde......................23 B3
Hotel Hollywood...................24 D3
Plaza Catedral Hotel.............25 B3

ESSEN
El Salón del Sabor.................26 D3
Hotel Center Park.................27 B5
Kafta......................................28 B3

Restaurant Beirut..................29 C4
Restaurant Las Vegas............30 B3

UNTERHALTUNG
Cinemateca Nacional..........(siehe 16)
Complejo Cultural Teresa
  Carreño..............................31 H5

TRANSPORT
Busse zum Flughafen Maiquetía.32 F5
Carritos nach El Junquito......33 D5

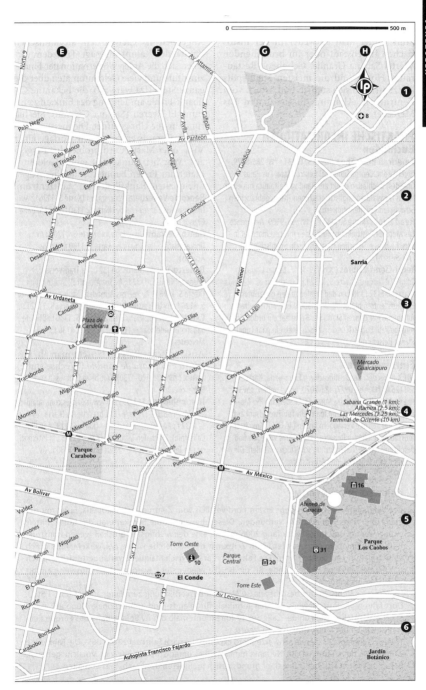

meisten Unterkünfte und günstigen Restaurants findet man entweder in der historischen Innenstadt oder im brummenden Viertel Sabana Grande. Gehobene Restaurants, Hotels und die meisten Nightspots konzentrieren sich südlich und östlich vom Zentrum in Altamira, El Rosal und Las Mercedes.

PRAKTISCHE INFORMATIONEN
Buchläden
American Book Shop (Karte S. 1132 f.; ☎ 285-8779; Nivel Jardín, Centro Comercial Centro Plaza, Los Palos Grandes) Buchladen direkt am Rand von Altamira mit einer tollen Auswahl an englischsprachigen Titeln, gebrauchten Schmökern und Reiseführern.

Read Books (Karte S. 1132 f.; ☎ 991-9509; Av Orinoco, Las Mercedes) Attraktiver Buchladen mit Lesematerial in verschiedenen Sprachen (u. a. Englisch, Spanisch und Französisch).

Tecni-Ciencia Libros (☎ 959-5547) Centro Ciudad Comercial Tamanco (Karte S. 1132 f.); Centro Comercial Sambil (Karte S. 1132 f.) Neben den Filialen in den genannten Einkaufszentren bietet die Buchladenkette noch weitere Ableger in der ganzen Stadt. Die Kette hat ein ordentlichen Angebot auf Englisch und Spanisch (inkl. ein paar Lonely Planet Reiseführer).

Einreisestelle
DIEX (Dirección de Identificación y Extranjería; Karte S. 1126 f.; ☎ 482-0977, 483-2070; www.onidex.gov.ve, spanisch; Av Baralt, Plaza Miranda, El Silencio; ☺ Mo–Fr 7.30–16.30 Uhr) Hier kann man sein Touristenvisum auf bis zu drei Monate verlängern lassen (40 US$). Anwärter müssen neben ihrem Reisepass zwei Fotos vorlegen und den Grund für die Verlängerung schriftlich mitteilen. Die Bearbeitung dauert ca. drei Arbeitstage.

Geld
Angeblich hat Chávez dem ausländischen Kapital den Kampf angesagt. Trotzdem verteilen sich die Ableger internationaler Finanzinstitute und viele Geldautomaten über die ganze Stadt. Da wäre z. B. die bekannte Citibank-Filiale am Eingang des Einkaufszentrums El Recreo (Sabana Grande). Sie hat rund um die Uhr geöffnet. Die meisten Banken in Caracas zahlen gegen Vorlage einer Visa- oder MasterCard problemlos Bargeld aus. Wer bei Dunkelheit einen Geldautomaten im Freien benutzt, sollte die Augen offen halten. Bankfilialen im Stadtzentrum:

Banco de Venezuela Stadtzentrum (Karte S. 1126 f.; Av Universidad); Sabana Grande (Karte S. 1130 f.; Blvd Sabana Grande)

Banco Mercantil Stadtzentrum (Karte S. 1126 f.; Av Universidad); Sabana Grande (Karte S. 1130 f.; Av Las Acacias)

Banesco Altamira (Karte S. 1132 f.; 6a Transversal); Altamira (Karte S. 1132 f.; Av Sur Altamira); Stadtzentrum (Karte S. 1126 f.; Av Fuerzas Armadas); Stadtzentrum (Karte S. 1126 f.; Av Universidad); Las Mercedes (Karte S. 1132 f.; Calle Monterrey); Sabana Grande (Karte S. 1130 f.; Blvd de Sabana Grande); Sabana Grande (Karte S. 1130 f.; Av Las Mercedes)

Ausländisches Bargeld tauscht man am besten in einer *casa de cambio* (Wechselstube).

Amex (☎ 800-100-4730) Hilft beim Umtausch von Reiseschecks.

Italcambio (☎ 562-9555; www.italviajes.com, spanisch; ☺ Mo–Fr 8.30–17, Sa 9–13 Uhr) Altamira (Karte S. 1132 f.; Av Ávila); Las Mercedes (Karte S. 1132 f.; Calle California); Flughafen Maiquetía (Karte S. 1132 f.; Internationales Terminal); Sabana Grande (Karte S. 1130 f.; Av Casanova).

DER WEG INS ZENTRUM

Der Flughafen von Caracas liegt 26 km nordwestlich vom Zentrum bei Maiquetía. Er ist mit der Stadt über eine Schnellstraße verbunden. Diese überwindet die Bergkette an der Küste mittels einiger Tunnel und Brücken. Anfang 2006 musste eine der wichtigsten Brücken wegen Konstruktionsmängeln abgerissen werden. Zum Zeitpunkt der Recherche wurde der Verkehrsfluss durch eine Umleitung aufrechterhalten. Die Fahrt von Caracas nach Maiquetía verlängerte sich dadurch um mindestens eine halbe Stunde. Bis die Brücke wieder steht, werden schätzungsweise ein bis drei Jahre ins Land gehen.

Von ca. 5.30 bis 20 Uhr besteht alle 30 Minuten Busverbindung zum Flughafen (3 US$, 1 Std.). Dort fahren die Busse jeweils vor den Terminals für Inlands- und internationale Flüge ab. In der Stadt gibt's Haltestellen an der Calle Sur 17 (direkt unterhalb der Av Bolívar nahe des Parque Central) sowie an der Metrostation Gato Negro.

Als Flughafentaxis dienen schwarze „Ford Explorer" (je nach Fahrtziel 20–40 US$). Die Fahrzeuge warten vor dem Terminal auf Neuankömmlinge. Bei unregistrierten Taxis ist Vorsicht geboten. Reisende sollten sich bei Dunkelheit grundsätzlich im Inneren des Flughafens aufhalten.

ADRESSEN IN CARACAS

Das Adresssystem im Zentrum von Caracas ist reichlich seltsam: Nicht die eigentlichen Straßen haben Namen, sondern vielmehr die *esquinas* (Straßenecken). Adressen werden daher „von Ecke zu Ecke" angegeben. Wer z. B. ein bestimmtes Gebäude an der „Piñango a Conde" sucht, findet es zwischen diesen beiden Ecken. Sollte eine Adresse direkt an einer Ecke liegen, wird nur deren Bezeichnung verwendet (z. B. Esq Conde).

Grupo Zoom (☎ 800-767-9666) Die richtige Adresse für alle, die auf schnelle Überweisungen aus dem Ausland angewiesen sind. Als Vertreter der Western Union betreibt Grupo Zoom insgesamt 25 Filialen in ganz Caracas.

Internetzugang

Die Hauptstraßen der hier genannten Viertel kann man kaum zwei Blocks weit entlanglaufen, ohne auf ein Internetcafé zu stoßen. Die Preise sind durchaus erschwinglich (normalerweise unter 1 US$/Std.). Moderne Einkaufszentren gibt's in der ganzen Stadt; ihre Internetcafés haben das aktuellste Equipment und die schnellsten Verbindungen. Die meisten Internetcafés sind von 8 oder 9 Uhr bis ca. 22 Uhr geöffnet (s. auch CANTV, rechte Spalte). Prima Adressen außerhalb der Einkaufszentren:

CompuMall (Karte S. 1132 f.; ☎ 993-0111; Edificio CompuMall, Av Orinoco, 2. Stock, Las Mercedes; ⌚ Mo–Sa 9–21, So 11–20 Uhr) Eins der wenigen Internetcafés in diesem Gebiet. Hat recht langsame Verbindungen, ist aber angenehm klimatisiert. Auch wegen der recht guten Bäckerei (mit Café) lohnt sich an heißen Tagen ein Besuch.

Cyber Office 2020 (Karte S. 1130 f.; ☎ 762-9407; Edificio San Germán, Calle Navarro/Av Solano, Sabana Grande; ⌚ Mo–Sa 9–24, So 10–24 Uhr) Eine der vielen Optionen im Viertel.

Digital Planet (Karte S. 1132 f.; ☎ 261-0509; Familienzentrum Yamin, Av San Juan Bosco, 2. Stock, Altamira; ⌚ Mo–Sa 9–24, So 10–24 Uhr)

Medizinische Versorgung

Die meisten kleineren Wehwehchen lassen sich in einer *farmacia* (Apotheke) behandeln. Einfache Impfungen werden sogar direkt am Tresen verabreicht. Das venezolanische Gesetz schreibt vor, dass in jedem Viertel mindestens eine Apotheke geöffnet haben muss. Diensthabende *farmacias* sind leicht an den Schildern mit der Aufschrift

„Turno" zu erkennen. Die verlässlichen Apothekenketten „Farmatodo" und „Farm Ahorro" unterhalten Filialen in der ganzen Stadt. Bei ernsthaften Gesundheitsproblemen kontaktieren Reisende am besten folgende seriöse Einrichtungen:

Centro Médico de Caracas (Karte S. 1126 f.; ☎ 552-2222, 555-9111; Plaza El Estanque, Av Eraso, San Bernardino)

Clínica El Ávila (Karte S. 1132 f.; ☎ 276-1003, bei Notfällen ☎ 276-1090; Av San Juan Bosco/6a Transversal, Altamira)

Notfall

Die folgenden Notrufnummern stehen rund um die Uhr zur Verfügung. Die Telefonisten sprechen aber kaum Englisch.

Feuerwehr (☎ 166)

Notrufzentrale (Polizei, Feuerwehr & Krankenwagen ☎ 171)

Polizei (☎ 169)

Verkehrspolizei (☎ 167)

Post

FedEx (☎ 205-3333)

Ipostel Hauptfiliale (Karte S. 1126 f.; ☎ 0800-476-7835; www.ipostel.gov.ve; Av Urdaneta, Esq Carmelitas, Stadtzentrum; ⌚ Mo–Fr 7–19.45, Sa 8–17, So bis 12 Uhr) Die Hauptfiliale in der Nähe der Plaza Bolívar hat einen Service für postlagernde Sendungen.

Ipostel (⌚ Mo–Fr 7–19.45 Uhr) Altamira (Karte S. 1132 f.; Av Francisco de Miranda); Sabana Grande (Karte S. 1130 f.; Centro Comercial Arta, Plaza Chacaíto).

UPS (☎ 204-1353)

Reisebüros

Osprey Expeditions (Karte S. 1130 f.; ☎ 0212-762-5975; www.ospreyvenezuela.com; Ecke Av Casanova & 2da Av Bello Monte, Edificio La Paz, Büro 51, Sabana Grande) Bei Osprey gibt's viele praktische Reisetipps. Organisiert außerdem Transportmittel und geführte Touren.

IVI Idiomas Vivos (Karte S. 1132 f.; ☎ 993-6082, 993-8738; www.ividiomas.com; Residencia La Hacienda, Av Principal de Las Mercedes, EG; ⌚ Mo–Fr 8–18 Uhr) Ausländische Studenten, Lehrer und Reisende unter 26 Jahren erhalten hier günstige Flugtickets und nützliche Informationen.

Telefon

Für Telefonate innerhalb Venezuelas stehen öffentliche Telefonzellen und Stände mit Leihhandys (s. S. 1206) zur Verfügung. Für Auslandsgespräche sucht man am besten eine der vielen Telefonstuben auf.

CANTV Chacao (Karte S. 1132 f.; ☎ 263-0881; Centro Sambil, Av Libertador; ⌚ Mo–Sa 9–21, So 10–18 Uhr;

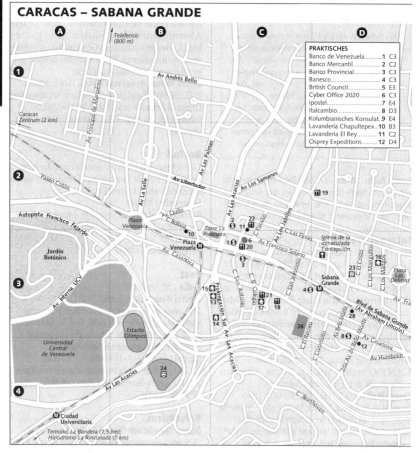

Internet 1 US$/Std.); Las Mercedes (Karte S. 1132 f.; ☎ 959-5099; CCCT, Ebene C-1, Nr. 47-F; ⊙ Mo–Sa 9–21, So 10–18 Uhr; Internet 1 US$/Std.) Betreibt zahlreiche Telefonzentren. Adressen im Stadtzentrum (Karte S. 1126 f.): Esq El Conde, El Chorro/Dr Díaz und Parque Central.

Touristeninformation

Inatur (www.inatur.gov.ve) Inlandsterminal (Karte S. 1116 f.; ☎ 355-1191; Flughafen Maiquetía; ⊙ 7–20 Uhr); Internationales Terminal (Karte S. 1116 f.; ☎ 355-1060; Flughafen Maiquetía; ⊙ 8–24 Uhr); Parque Central (Karte S. 1126 f.; ☎ 0800-462-8871, 576-5138; 35. Stock, Mirador de la Torre Oeste; ⊙ Mo–Fr 8.30–12.30 & 14–17 Uhr) Mit dem Aufzug am Eingang des Mirador de la Torre Oeste gelangen Besucher vom Nivel Lecuna hinauf zur Touristeninformation. Alle anderen Aufzüge halten woanders.

Waschsalons

Die meisten Hotels und Hostels bieten entweder einen eigenen Wäschereiservice an oder überlassen dies einer Fremdfirma. In Caracas gibt's nur wenige SB-Waschsalons. Die vorhandenen *lavanderías* verlangen für das Waschen und Trocknen von 5 kg Bekleidung zwischen 2 und 5 US$. Sie haben wochentags von ca. 7 bis 18 Uhr offen (mit Mittagspause). Samstags ist von 7 bis 13 Uhr geöffnet. Empfehlenswerte Adressen:

Lavandería Chapultepex (Karte S. 1130 f.; Calle Bolivia, Sabana Grande) Mit SB-Service.

Lavandería El Rey (Karte S. 1130 f.; ☎ 763-2643; Calle Pascual Navarro 6, Sabana Grande)

New York City Lavandería (Karte S. 1132 f.; ☎ 265-7737; Av Ávila, Altamira Sur)

SEHENSWERTES
Caracas Zentrum
ZENTRUM & UMGEBUNG

Der historische Bezirk ist das Herz des ursprünglichen Caracas. Hier stehen noch immer ein paar Gebäude aus der Kolonialzeit. Darunter mischen sich jedoch neuere Konstruktionen und Unmengen durchaus fragwürdiger Architektur aus dem letzten Jahrhundert. Die historischen Stätten des lebhaften Viertels sind immer einen Besuch wert (vor allem diejenigen, die etwas mit Simón Bolívar zu tun haben). Im historischen Stadtzentrum haben nur die *esquinas* (Straßenecken) einen Namen, nicht jedoch die eigentlichen Straßen (s. Kasten S. 1129).

Wie in den meisten Städten und Siedlungen Venezuelas ist die **Plaza Bolívar** (Karte S. 1126 f.) im Zentrum von Caracas nach dem Volkshelden benannt. Das Reiterstandbild auf der Mitte des Platzes wurde in Europa gegossen und 1874 enthüllt – mit einiger Verzögerung: Das Transportschiff war vor dem Archipiélago de Los Roques auf Grund gelaufen. Auf der Plaza kann man wunderbar entspannen und einfach das Leben genießen. Hier schwingen Hobbypolitiker ihre Reden. Diverse Stände verkaufen religiösen Kitsch, Chávez-Devotionalien und Andenken. Der **Kathedrale** (Karte S. 1126 f.; ☎ 862-4963; Mo–Fr 7.30–11, Sa 8.30–11, So 9–11 & 17–18 Uhr) am Ostrand der Plaza ist auf jeden Fall einen Besuch wert. Sie beherbergt die Familienkapelle der Bolívars mit den Gräbern von Ehefrau und Angehörigen.

Das **Capitolio Nacional** (Nationales Kapitol; Karte S. 1126 f.; ☎ 564-7589; Eintritt frei; Di–So 9–12 & 14–17 Uhr) gleich südwestlich der Plaza Bolívar nimmt einen ganzen Gebäudeblock in Beschlag. In der Mitte des Nordflügels liegt der berühmte **Salón Elíptico**. Eine außergewöhnliche Gewölbedecke krönt den ovalen Saal. Im Inneren der Kuppel ist auf einem Gemälde die Schlacht von Carabobo dargestellt. Wenn man darunter hinwegläuft, scheint sich das Szenario zu bewegen.

Das restaurierte Innere der **Casa Natal de Bolívar** (Bolívars Geburtshaus; Karte S. 1126 f.; ☎ 541-2563; San Jacinto a Traposos; Eintritt frei; Di–So 9–16.30 Uhr) ist äußerst reizvoll, lässt aber die Detailverliebtheit des Originals vermissen. In diesem Haus erblickte Bolívar am 24. Juli 1783 das Licht der Welt. Nach seinem Tod fand sich hier die Trauergemeinde ein.

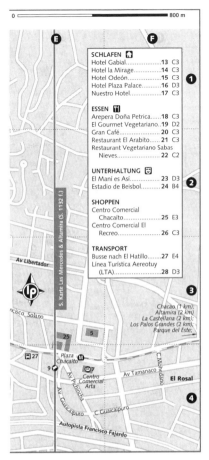

GEFAHREN & ÄRGERNISSE

Aufgrund von kleineren Delikten, Raubüberfällen und auch bewaffneten Angriffen gilt Caracas allgemein als unsicheres Pflaster. Diese Probleme sind tatsächlich alles andere als aus der Luft gegriffen und sollten wirklich sehr ernst genommen werden. Im Viertel Sabana Grande und im Stadtzentrum besteht das größte Risiko. Tagsüber kommen Reisende hier jedoch kaum in Gefahr. Bei großen Menschenmengen gilt allerdings immer: Vorsicht vor Taschendieben! Die Viertel Altamira und Las Mercedes sind um einiges sicherer. Nach Einbruch der Dunkelheit halten sich Besucher prinzipiell am besten nur in den gut ausgeleuchteten Hauptstraßen auf.

LAS MERCEDES & ALTAMIRA

PRAKTISCHES
American Book Shop.........1 E3
Banesco............................2 B5
Banesco............................3 D3
Banesco............................4 D1
Botschaft von Trinidad &
 Tobago....................(siehe 23)
Brasilianische Botschaft.....5 D3
Britische Botschaft............6 D3
CANTV.........................(siehe 41)
Clínica El Ávila...................7 D1
CompuMall........................8 C6
Deutsches Konsulat......(siehe 6)
Digital Planet...................9 D2
FarmAhorro....................10 E1
Französische Botschaft....11 B5
Inparques.......................12 F3
Ipostel............................13 E3
Italcambio......................14 A5
Italcambio......................15 E3
IVI Idiomas Vivos............16 C6
Kanadische Botschaft......17 D3
Kolumbianische Botschaft.18 B4
New York City Lavandería.19 E4
Niederländisches Konsulat.20 D3
Read Books.....................21 C6
Spanisches Konsulat........22 D3
Surinamische Botschaft...23 D1
Tecni-Ciencia Libros........24 C3
Tecni-Ciencia Libros........25 C5
Tecni-Ciencia Libros...(siehe 41)
US-Botschaft..................26 A6

SCHLAFEN
Hotel Altamira.................27 D4
Hotel La Floresta.............28 E3
Hotel Nostrum................29 C6
Hotel Residencia Montserrat.30 E3

ESSEN
El Budare de la Castellana....31 D3
El Granjero del Este.........32 C5
El Naturista.....................33 D3
Flor de Castila.................34 E3
La Casa del Llano............35 B5
La Ghiringhella Café & Deli.36 E2
Restaurant Real Past.......37 B5

AUSGEHEN
Birras Pub & Café............38 B6
Gran Pizzería El León......39 D3
Trasnocho Cultural Lounge(siehe 40)

UNTERHALTUNG
Zenon..........................(siehe 40)

SHOPPEN
Centro Comercial Paseo Las
 Mercedes......................40 C6
Centro Sambil.................41 C4

TRANSPORT
Aeroexpresos Ejecutivos..42 D4
Aeropostal......................43 D3
Busse nach El Hatillo.......44 E3

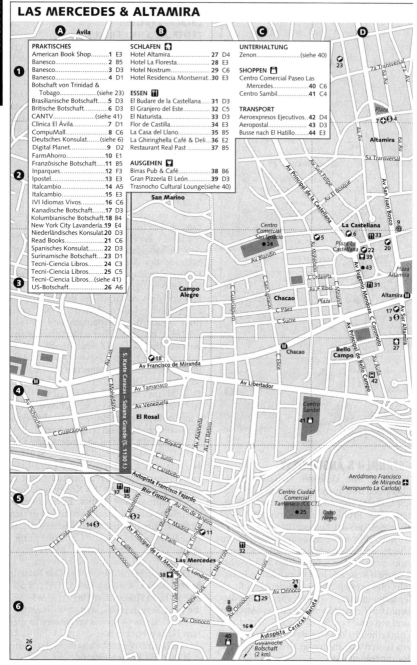

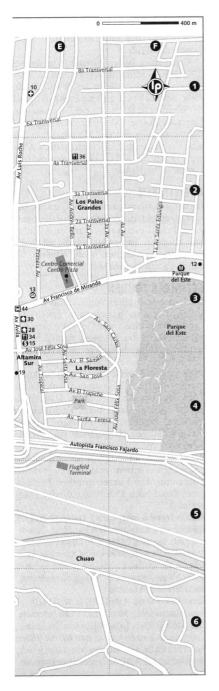

Noch immer nicht genug von Bolívar? Dann nichts wie hin zum **Museo Bolivariano** (Karte S. 1126 f.; ☎ 545-9828; San Jacinto a Traposos; Eintritt frei; Di-Fr 9–16.30, Sa & So 10–16.30 Uhr) gleich nördlich des Geburtshauses. Das Museum im Kolonialstil ist ein echtes Paradies für Bolívar-Fans. Die Sammlung reicht von Briefen über Schwerter bis hin zu seinem Originalsarg.

Fehlt nur noch der Bronzesarkophag des Befreiers im **Panteón Nacional** (Nationale Ruhmeshalle; Karte S. 1126 f.; ☎ 862-1518; Av Norte; Eintritt frei; Di–Fr 9–12 & 14–17, Sa & So 10–12 & 14–16.30 Uhr). Ihm leisten insgesamt 140 prominente Venezolaner in Grabstätten aus weißem Stein Gesellschaft – darunter nur drei Frauen.

Die **Iglesia de la Candelaria** (Karte S. 1126 f.; Plaza La Candelaria) steht sieben Blocks östlich der Plaza Bolívar. Das Gotteshaus ist als letzte Ruhestätte von José Gregorio Hernández (s. Kasten S. 1135) bekannt. Er liegt in der ersten Kapelle neben dem rechten Seitenschiff.

Parque Central & Umgebung

Rund um den Parque Central konzentriert sich die Kunst- und Kulturszene der Hauptstadt. Neben einem halben Dutzend Museen gibt's hier auch zwei Kinos für anspruchsvolle Filme. Hinzu kommen das größte Schauspielhaus und das wahrscheinlich beste Theater in ganz Caracas. Der Park liegt 1,5 km südöstlich der Plaza Bolívar nahe der Metrostation Bellas Artes.

Das **Museo de Arte Contemporáneo** (Karte S. 1126 f.; ☎ 573-8289; maccsi@cantv.net; Eintritt frei; Di–So 10–17.45 Uhr) am Ostende des hiesigen Gebäudekomplexes sucht landesweit seinesgleichen. Ausgestellt sind die wichtigsten Werke der bekanntesten zeitgenössischen Künstler Venezuelas, ebenso bemerkenswerte Gemälde von Meistern aus aller Welt (z. B. Picasso, Matisse und Monet).

Die Freiluft-Aussichtsplattform **Mirador de la Torre Oeste** (Karte S. 1126 f.; Eintritt frei; Di–Fr 8–11 & 14–16 Uhr) befindet sich hoch oben im 52. Stockwerk des Torre Oeste. In dem Gebäude hat auch Inatur (S. 1130) seinen Sitz. Die Plattform begeistert mit einem herrlichen 360°-Panorama der Stadt. Sie wird vom Sicherheitspersonal des Turms beaufsichtigt, das Besucher nach oben steigen lässt – vorausgesetzt, man zeigt seinen Reisepass vor.

Die gigantische Sammlung der **Galería de Arte Nacional** (Nationale Kunstgalerie; Karte S. 1126 f.;

☎ 578-1818; Plaza de Los Museos, Parque Los Caobos; Eintritt frei; ☿ Di–Fr 9–17, Sa & So 10–17 Uhr) deckt fünf Jahrhunderte venezolanischer Kunstgeschichte ab. Dies reicht von der präkolumbischen Periode bis in die heutige Zeit. Zur Galerie gehört auch das führende Arthouse-Kino der Hauptstadt.

Das **Museo de Bellas Artes** (Museum der Schönen Künste; Karte S. 1126 f.; ☎ 578-1816; museodebellasartes@ cantv.net; Parque Los Caobos; Eintritt frei; ☿ Di–Fr 9-17, Sa & So 10–17 Uhr) direkt neben der Galerie zeigt hauptsächlich Wechselausstellungen. Ein toller Shop verkauft hier zeitgenössische Kunst- und Handwerksgegenstände. Ein absolutes Muss ist der Skulpturengarten im Freien.

Sabana Grande & Umgebung

Sabana Grande liegt 2 km östlich vom Parque Central. Es ist ein belebtes Viertel voller Hotels, Stundenmotels, Restaurants und Läden. Die Einheimischen schlendern in Scharen die brummende Geschäftsstraße **Bulevar de Sabana Grande** (Karte S. 1130 f.) entlang. Sie verläuft zwischen den Plazas Venezuela und Chacaíto.

Las Mercedes & Altamira

Östlich von Sabana Grande geht's eine Runde hipper zu – insbesondere in **Castellana**, **Altamira** und ihren unmittelbaren Umgebungen (Karte S. 1132 f.). Je weiter man nach Osten kommt, desto ärmlicher werden die sozialen Verhältnisse. Das gipfelt schließlich in ein paar der schäbigsten *barrios* der Stadt.

Südliche Vororte

Die wohlhabendsten Vororte überziehen die wogenden Hügel im Süden von Caracas. Teilweise direkt daneben liegen unglaublich heruntergekomme *barrios*.

El Hatillo befindet sich 15 km südöstlich des Stadtzentrums und war früher ein eigenständiges Dorf. Mittlerweile gehört es zu Caracas und ist ein beliebtes Rückzugsgebiet für die Einwohner des verkehrsreichen Stadtzentrums. Farbenfrohe Gebäude aus der Kolonialzeit säumen die schmalen Straßen und die Plaza. Darin befinden sich Restaurants, Kunstgalerien und Handwerksläden. Das Gebiet wird an Wochenenden von Besuchern förmlich überschwemmt. Am Nachmittag und frühen Abend ist die Atmosphäre besonders ent-

spannt. Dann relaxt jedermann in Restaurants oder Cafés und lauscht dabei dem Zirpen der Grillen.

Regelmäßig fahren *carritos* (Kleinbusse; 0,30 US$, 45 Min.) nach El Hatillo. Sie starten von der Haltestelle an der Av Humboldt; diese befindet sich gleich abseits des Blvd de Sabana Grande nahe der Metrostation Chacaíto (Karte S. 1130 f.). Werktags besteht zusätzlich mit der Metrobuslinie 220 eine Verbindung ab der Metrostation Altamira (Karte S. 1132 f.). Leider gibt es in El Hatillo keine Hotels.

AKTIVITÄTEN

In der Stadtlandschaft von Caracas beschränken sich die meisten Aktivitäten aufs Ausgehen (Restaurants, Bars und Clubs) und Shoppen. In der Umgebung gibt's die besten Möglichkeiten zum **Wandern** im nahen Parque Nacional El Ávila.

GEFÜHRTE TOUREN

Die Tourveranstalter von Caracas organisieren Trips in nahezu alle Ecken des Landes. Wer direkt vor Ort bei einem Regionalanbieter bucht, muss natürlich wesentlich weniger bezahlen. Selbstverständlich müssen Traveller sich in diesem Fall selbst um die Anreise von Caracas aus kümmern – und das Bussystem ist nichts für Mimosen! Die Anbieter in der Hauptstadt helfen Kunden auch beim Koordinieren mehrerer Ausflüge und nehmen während der geschäftigen Hauptsaison auch Reservierungen vor.

In Caracas gibt's zahllose Reisebüros. Alle genannten Firmen praktizieren sanften Tourismus. Die Führer sprechen Englisch (manchmal auch Deutsch und/oder Französisch).

Akanan Travel & Tours (Karte S. 1132 f.; ☎ 264-2769, 266-8663; www.akanan.com; Av Bolívar, Edificio Grano de Oro, Planta Baja, Local C, Chacao) Die Trips des großen Veranstalters nicht gerade günstig, haben aber eine hohe Qualität. Angeboten werden u. a. Wanderungen zu den Gipfeln von Auyantepui und Roraima oder Radtouren von La Paragua nach Canaima.

Cacao Travel Group (Karte S. 1132 f.; ☎ 977-1234; www.cacaotravel.com; Quinta Orquidea, Calle Andrómeda, Urbanización El Peñón, Vía Baruta) Das Reisebüro 2,5 km südlich von Las Mercedes hatte als erster Anbieter eine geführte Touren zum Río Caura im Programm (insg. 5 Tage; je nach Unterkunftsart 320–400 US$). Betreibt eigene Lodges am Fluss.

DER ELEGANTE DOKTOR

Bei einem Trip durch Venezuela stoßen Reisende unweigerlich auf einen Mann – meistens in Form von Statuen oder Kitschgegenständen – , der Charlie Chaplin sehr ähnlich sieht. Dies hat jedoch nichts mit einer nationalen Leidenschaft für das klassische Kino zu tun. Vielmehr handelt es sich hierbei um José Gregorio Hernández, den Lieblingsheiligen Venezuelas. Der Vatikan erkennt Hernández bis heute nicht als Heiligen an; immerhin erfolgte 1985 die Seligsprechung. Die Bevölkerung schert sich recht wenig um solche Formalitäten und verehrt ihn trotzdem als wichtigste religiöse Persönlichkeit des Landes.

Der aus ärmlichen Verhältnissen stammende Hernández wurde 1864 in den Anden geboren. Später machte er Karriere als Universitätsprofessor und Leibarzt des Präsidenten. Als überzeugter Christ behandelte der Doktor die Ärmsten der Armen regelmäßig ohne Honorar. Zwischendurch verbrachte er immer wieder eine gewisse Zeit im Kloster – um danach zur Medizin zurückzukehren und sich weiterhin um seine verarmten Landsleute zu kümmern.

Hernández starb 1919 bei einen Autounfall. Bald darauf entwickelte sich über die Grenzen Venezuelas hinweg ein Kult um seine Person. Dem eleganten Doktor werden unzählige Wunder zugeschrieben, darunter viele Heilungen.

Osprey Expeditions (Karte S. 1130 f.; ☎ 762-5975; www.ospreyvenezuela.com; Av Casanova & 2da Av Bello Monte, Edificio La Paz, Büro 51, Sabana Grande) Das junge und freundliche Unternehmen in venezolanischem Besitz beschäftigt englischsprachige Führer. Bei den Touren ist für jeden Geldbeutel etwas dabei. Bietet Trips in die meisten Landesteile an (vor allem nach Canaima, ins Orinoco-Delta sowie in Caracas und Umgebung).

Sociedad Conservacionista Audubón de Venezuela (SCAV; ☎ 992-3268; www.audubonvenezuela.org; Calle Veracruz, Edif Matisco, 1er Piso Oficina 5, Las Mercedes; ⏱ Mo–Fr 9–13 Uhr) Wer nähere Informationen zum sanften Tourismus braucht, wendet sich an die örtliche Filiale der weltweit tätigen Umweltschutzorganisation. Sie klärt Reisende über Umweltprobleme auf, empfiehlt Tourveranstalter und organisiert Vogelbeobachtungen.

FESTIVALS & EVENTS

Zu Weihnachten, Karneval und Ostern ist ganz Caracas kräftig am Feiern. Zu diesen Spitzenzeiten sind alle Behörden geschlossen, ebenso die meisten Geschäfte. Die Busse zwischen den Städten sind dann extrem überfüllt und Flüge eventuell vollständig ausgebucht.

Auch während der Semana Santa (Heilige Woche vor Ostern) geht's in Caracas hoch her. Die Feierlichkeiten konzentrieren sich auf Chacao. Viertel am Stadtrand begehen Feiertage traditionell mit mehr Lebensfreude als Gebiete im Zentrum von Caracas. Das ganze Jahr über finden in El Hatillo diverse lokale Festlichkeiten statt (z. B. am 3. Mai, 16. Juli und 4. September).

Caracas macht jedoch hauptsächlich mit seinen Kulturveranstaltungen von sich re-

den. Das absolutes Highlight ist dabei das Festival Internacional de Teatro (Internationales Theaterfestival). Seit 1976 steigt es in Jahren mit geraden Zahlen jeweils im März bzw. April. Dabei bevölkern einheimische und ausländische Ensembles die Bühnen der Hauptstadt.

Wer sich für das Festival „Diablos Danzantes" in Francisco de Yare interessiert, sieht im Kasten auf S. 1143 nach. Es kann im Rahmen eines Tagesausflugs von Caracas aus besucht werden.

SCHLAFEN

Kurz gesagt: Caracas ist kein gutes Pflaster für Reisende mit schmalem Geldbeutel. Günstige Zimmer gibt's nur in „Liebesmotels", von denen einige in Wirklichkeit Bordelle sind. Sie liegen meist auch noch in Vierteln mit höherer Kriminalitätsrate. Daher sollte man besser Mittelklassehotels in relativ sicheren Stadtteilen (z. B. Altamira) wählen. Statt sich über ein günstiges Zimmer zu freuen, sollte man bedenken: Im falschen Viertel ist das gesparte Geld eventuell ganz schnell weg.

Caracas Zentrum

Das Zentrum von Caracas gilt als potenziell gefährlich. Dafür gibt's hier erschwingliche Unterkünfte. Die günstigsten Optionen befinden sich südlich der Av Lecuna (zw. Av Balart und Av Fuerzas Armadas). Diese unattraktive Gegend ist alles andere als geheuer und eignet sich daher eher fürs Sightseeing. Aus Sicherheitsgründen sucht man sich besser eine Bleibe nördlich der Av Universidad

Hotel Center Park (Karte S. 1126 f.; ☎ 542-4110; Av Lecuna; EZ 6 US$, DZ mit/ohne Klimaanlage 12/10 US$; 🔀) Eine der besten – aber trotzdem nicht sonderlich empfehlenswerten – Optionen nahe der Av Lecuna. Die Zimmer sind klein, aber so günstig wie nirgendwo sonst in Caracas. Das Center Park ist sauberer als seine Konkurrenz an der Lecuna – schlimmstenfalls sind ein paar Zigarettenbrandlöcher in der Bettwäsche.

Hotel Hollywood (Karte S. 1126 f.; ☎ 514-9946; Av Fuerzas Armadas, Esq Romualda; DZ 15–22 US$; 🔀) Erschwingliches Hotel gegenüber vom Büchermarkt an der Av Fuerzas Armadas. Den Glitter und Glamour Hollywoods sucht man in den düsteren und schlichten Zimmern allerdings vergeblich. Immerhin gibt's Kabel-TV und warmes Wasser. Als einziges Highlight hat das Hollywood einen ganz hübschen Eingangsbereich aus poliertem Stein.

Plaza Catedral Hotel (Karte S. 1126 f.; ☎ 564-2111; Esquina La Torre; DZ/3BZ mit Bad 22/26 US$; 🔀) Wegen der Aussicht auf Plaza Bolívar und Kathedrale ist dies eine tolle Unterkunft für Sightseeingtouristen. Den schönsten Blick bieten die Zimmer in den vorderen Gebäudeecken. Gäste mit leichtem Schlaf sind hier aber definitiv an der falschen Adresse – die Glocken der Kathedrale bimmeln alle 15 Minuten lautstark los. Das Dachrestaurant begeistert mit günstigen Gerichten und toller Aussicht.

Hotel El Conde (Karte S. 1126 f.; ☎ 860-1171; hotelconde@cantv.net; Esquina El Conde; EZ/DZ/3BZ 27/32/35 US$; 🔀) Als dienstälteste – und wahrscheinlich beste – Budgetunterkunft in dieser Ecke der Stadt herrscht das El Conde („Der Graf") über das historische Zentrum. Das günstige Hotel in gerade mal einem Block Entfernung zur Plaza Bolívar ist ausreichend komfortabel.

Sabana Grande

Sabana Grande hat die größte Auswahl an Budgetunterkünften. Vorsicht: Bei den meisten handelt es sich um „Liebesmotels" mit Stundensätzen. Das belebte Viertel ist tagsüber relativ sicher, was sich bei Dunkelheit aber zunehmend ändert. Überfälle sind dann an der Tagesordnung. Reisende sollten daher in Gruppen unterwegs sein und sich an die Hauptstraßen halten.

Nuestro Hotel (Karte S. 1130 f.; ☎ 762-1788; bho telccs@yahoo.com; Calle El Colegio, Sabana Grande; EZ/DZ/3BZ/4BZ 9/13/16/21 US$) Eines der wenigen Budgethotels ohne Stundensätze (allerdings nur im zweiten Stock – der erste Stock dient anrüchigeren Zwecken). Es ist auch unter dem Namen „Backpacker's Hostel" bekannt und verzichtet auf jeglichen unnötigen Schnickschnack. Die Gegend ist nachts nicht ganz geheuer, doch in den Zimmern besteht keine Gefahr. Hier kann man sich prima mit anderen Travellern anfreunden. An der Frontmauer steht tatsächlich: „We're in Lonely Planet"! Leider spricht das Personal kein Englisch.

Hotel Odeón (Karte S. 1130 f.; ☎ 793-1345; Av Las Acacias, Sabana Grande; DZ 14–18 US$; P 🔀) Auf Optimisten wirkt das Hotel unter kolumbianischer Leitung wohl minimalistisch. In Wirklichkeit ist das Odeón jedoch einfach ausgesprochen trist und hat fast kahle Zimmer. Diese verteilen sich auf insgesamt acht Stockwerke; daher ist so gut wie immer etwas frei. Im ersten Stock gibt's ein praktisches und nettes Café.

Hotel La Mirage (Karte S. 1130 f.; ☎ 793-2733; Prolongación Sur Av Las Acacias, Sabana Grande; DZ 13–15 US$, 3BZ/Suite 15,50/22 US$; P 🔀) Etwas weiter südlich die Prolongación Sur Av Las Acacias hinunter tummeln sich über ein Dutzend Budgethotels. Dazu zählen auch diese nichtssagenden neun Stockwerke voller Hasenställe. Das La Mirage ist bei venezolanischen Familien sehr beliebt, und das wirkt sich günstig auf die Stundensätze aus.

Hotel Gabial (Karte S. 1130 f.; ☎ 793-1156; Prolongación Sur Av Las Acacias; DZ 27–30 US$; 🔀) Das Hotel Gabial ganz in der Nähe vom Odeón ist wesentlich angenehmer, aber fast doppelt so teuer. Dafür gibt's bequemere Betten und eine leise Klimaanlage. Ob mit dem doppelten Preis auch doppelter Komfort verbunden ist – darüber könnte man allerdings streiten.

Hotel Plaza Palace (Karte S. 1130 f.; ☎ 762-4821; Calle Los Mangos; DZ/3BZ 35/40 US$; 🔀) Wer in einem Mittelklassehotel übernachten möchte, sollte sich lieber nach Altamira begeben (s. gegenüber). Wenn es aber unbedingt eine Unterkunft in Sabana Grande sein muss: Das Plaza Palace ist eine solide Option im Mittelklassebereich mit luftigen und komfortablen Zimmern. Die Suiten sind den Zuschlag (5 US$) auf jeden Fall wert.

Las Mercedes & Altamira

LAS MERCEDES

Unterkünfte nahe von Restaurants und Nightspots gibt's im feschen Las Mercedes. Für die meisten Hotels muss man tief in die Tasche greifen – bis auf eine Ausnahme:

Hotel Nostrum (Karte S. 1132 f.; ☎ 992-7646; Av Orinoco; DZ 23 US$; P ⚬) Das ist zwar ein „Liebesmotel", aber dennoch relativ nett. Der Preis sucht in diesem Viertel seinesgleichen. Super Option für alle, die nur ein- oder zweimal in Caracas übernachten und dabei hauptsächlich in Las Mercedes feiern wollen. Eignet sich auch wunderbar für betrunkene Nachtschwärmer, die nicht mehr zum eigenen Hotel zurückfinden.

ALTAMIRA

Das nette Altamira ist leicht per Metro oder Taxi zu erreichen. In dem sicheren Viertel kann man auch bei Dunkelheit unbehelligt zu diversen Restaurants oder zur zentralen Plaza marschieren. Sämtliche Unterkünfte liegen im Mittelklassebereich. Die höhere Sicherheit ist die Extrakosten allemal wert.

Hotel Altamira (Karte S. 1132 f.; ☎ 267-4284; hotel-altamira@telcel.net.ve; Av José Félix Sosa, Altamira Sur; DZ 37 US$; P ⚬) Das Altamira ist die günstigste Option unter den Mittelklassehotels im Viertel. Es steht in einer ruhigen Straße gleich hinter der Plaza und hat Zimmer mit weißgetünchten Wänden und Bambusmöbeln (meist auch mit Kabel-TV). Für etwas weniger Geld gibt's hier den gleichen Standard wie bei der nahen Konkurrenz. Manche Angestellten sprechen Englisch.

Hotel La Floresta (Karte S. 1132 f.; ☎ 263-1955; hotellafloresta@cantv.net; Av Ávila, Altamira Sur; EZ/DZ 41/75 US$; ⚬ ⌨) Die kleinen, komfortablen und sicheren Zimmer wirken etwas heruntergekommen. Dafür gibt's jede Menge heißes Wasser und Kabel-TV. In der Lobby steht Gästen ein kostenloser Internetzugang zur Verfügung (drahtlos in den meisten Zimmern). Tipp: die Zimmer mit Balkon.

Hotel Residencia Montserrat (Karte S. 1132 f.; ☎ 263-3533; Av Ávila, Altamira Sur; EZ/DZ 45/80 US$; P ⚬) Im Vergleich zum La Floresta sind die Zimmer hier größer und etwas teurer. Möbel und Dekor wirken ebenso abgenutzt, was man am besten als „charaktervoll" abhakt. In den Zimmern im hinteren Bereich ist vom Straßenlärm kaum etwas zu hören. Zudem haben Gäste hier Aussicht auf wunderschöne grüne Gärten.

ESSEN
Caracas Zentrum

Die meisten Restaurants im Stadtzentrum sind günstig bis mittelteuer.

Restaurant Beirut (Karte S. 1126 f.; Salvador de León a Socarrás; Snacks & Kuchen 1,50–3 US$, 2-gängiges Menü 3 US$; ⚬ Mo–Sa 7–18 Uhr) Das nette Lokal ist immer gut für einen schnellen Kaffee zwischendurch. Außerdem gibt's Leckeres aus dem Libanon.

Restaurant Las Vegas (Karte S. 1126 f.; La Torre a Veroes; Cachapas 2–3 US$; ⚬ Mo–Sa 5–19 Uhr) Barmäßiges Restaurant in praktischer Lage gleich abseits der Plaza Bolívar. Wenn unterwegs der Hunger zuschlägt, empfehlen sich die günstigen *cachapas* vom Grill. Die flachen Riesenpfannkuchen aus Maismehl werden mit Käse und/oder Schinken serviert.

Kafta (Karte S. 1126 f.; Gradillas a San Jacinto; 3-gängiges Menü 4 US$; ⚬ Mo–Sa 12–15.30 Uhr) Schlichtes Café oberhalb eines geschäftigen Markts. Auf den Tisch kommt extrem leckeres Essen aus dem Nahen Osten und dem Mittelmeerraum. Die Speisekarte reicht von Falafel bis Kebap, ergänzt wird sie durch ein täglich wechselndes Mittagsmenü mit tollem Preis-Leistungs-Verhältnis.

El Salón del Sabor (Karte S. 1126 f.; EG, Edificio Iberia, Av Urdaneta, Esq Animas, La Candelaria; 3-gängiges Menü 5 US$; ⚬ Mo–Fr 7–16 Uhr) Das Restaurant ist für seine gigantischen Portionen bekannt (mit und ohne Fleisch). Die liefern genug Energie für einen ganzen Sightseeing-Tag.

Sabana Grande

In Sabana Grande gibt's neben vielen Billigheimern auch ein paar anständige, mittelteure Lokale.

Restaurant El Arabito (Karte S. 1130 f.; Av Casanova; Snacks 2 US$, Gerichte 4–6 US$; ⚬ 9–21 Uhr) Das El Arabito in der Mitte der Av Casanova ist kaum zu übersehen. Das große Restaurant serviert u. a. Fast Food wie Falafel. Wer etwas mehr Zeit zum Genießen übrig hat, bestellt sich eins der aufwändigeren Gerichte.

Arepera Doña Petrica (Karte S. 1130 f.; Av Casanova; Gerichte 3–4 US$; ⚬ 24 Std.) Hier gibt's günstige *arepas* (Maispfannkuchen vom Grill), *cachapas* und Sandwiches. An den ordentlichen, preiswerten Portionen stärken sich hauptsächlich Gruppen biertrinkender Einheimischer. Toller Laden, um sich mit den Grundzügen der venezolanischen Küche vertraut zu machen.

El Gourmet Vegetariano (Karte S. 1130 f.; Av Los Jardines, La Campiña; Buffet 4 US$; ⊗ Mo–Fr 11.30–14.30 Uhr; ☒) Über 50 Jahre erfolgreicher Restaurantbetrieb können kein Zufall sein. Für das renommierte vegetarische Lokal spricht vor allem sein qualitativ hochwertiges Buffet.

Gran Café (Karte S. 1130 f.; Blvd de Sabana Grande; 2-gängiges Menü 4,25 US$; ⊗ Mo–Fr 6–23 Uhr) Freiluftcafé im Herzen des brummenden Straßenmarkts. Hier kann man optimal Leute und das bunte Treiben an sämtlichen Ständen beobachten. Dazu gibt's einen Kaffee, Gebäck oder ein Mittagessen, das den Magen füllt.

Restaurant Vegetariano Sabas Nieves (Karte S. 1130 f.; Calle Pascual Navarro 12; Buffet 4,50 US$; ⊗ Mo–Fr 8–18, Sa bis 16 Uhr) Das Sabas Nieves wartet jeden Tag mit einem anderen Special oder Komplettmenü zum Mittagessen auf. So wird's Vegetariern während eines Aufenthalts in Sabana Grande garantiert nicht langweilig.

Las Mercedes & Altamira
LAS MERCEDES
Las Mercedes hat einen Ruf als schickes Restaurantviertel, in dem hauptsächlich abends jede Menge los ist. Die meisten Lokale zielen auf ein betuchteres Publikum ab. Dennoch gibt's hier auch ein paar günstige Optionen.

Restaurant Real Past (Karte S. 1132 f.; Av Río de Janeiro; Hauptgerichte 2–6 US$) Ist zwar nicht sonderlich stilvoll, serviert aber italienisches Essen in üppigen Portionen. Und das zu vernünftigen Preisen. Unbedingt probieren: die Lasagne.

El Granjero del Este (Karte S. 1132 f.; Av Río de Janeiro; Hauptgerichte 3–9 US$; ⊗ 24 Std.) Die Tische des El Granjero verteilen sich rund um einen netten Hof mit Springbrunnen. Das Ambiente ist erheblich ansprechender als bei den meisten anderen rund um die Uhr geöffneten Lokalen. Zur *arepa*-Bar gesellt sich eine abwechslungsreiche Speisekarte mit leckerer *parrilla* (gemischte Grillplatte).

La Casa del Llano (Karte S. 1132 f.; Av Río de Janeiro, Hauptgerichte 4–8 US$; ⊗ 24 Std.) Die ganze Nacht über kommen hier venezolanische Standardgerichte und *parilla* auf den Tisch. Immer gut für eine Mahlzeit oder einen Happen zwischendurch. Oder auch für ein paar Runden eiskaltes Bier aus einheimischer Produktion.

ALTAMIRA & CASTELLANA
El Naturista (Karte S. 1132 f.; Ecke 1a Transversal & Av San Felipe; Arepas 1–3 US$) In Castellana tummeln sich hauptsächlich amerikanische Fast-Food-Ketten wie Hooters, McDonalds oder T.G.I. Friday's. Als eines der wenigen echten venezolanischen Restaurants hebt sich das El Naturista wohltuend davon ab. Im kühlen und geräumigen Essbereich kommen *arepas*, *cachapas* und andere einheimische Standardgerichte auf den Tisch.

La Ghiringhella Café & Deli (Karte S. 1132 f.; Av Andrés Bello at 4a Transversal, Los Palos Grandes; Frühstück & Snacks 2–3 US$; ⊗ 8–18 Uhr) Ein Blätterwall trennt das Freiluftcafé von der Straße. Es serviert neben erschwinglichen Frühstücksangeboten auch Spezialitäten aus Venezuela.

El Budare de la Castellana (Karte S. 1132 f.; ☎ 263-2696; Ecke Mendoza & Riba; Arepas & Cachapas 2–4 US$; Gerichte 3–12 US$) Den ganzen Tag über bevölkern zahlreiche Gäste die beiden Stockwerke des alteingesessenen Eckrestaurants. Der Service ist vom allerfeinsten. Auf der Karte stehen u. a. *arepas*, Kaffee und günstige Snacks. Dazu kommen Steaks und weitere recht kostspielige Gerichte.

Flor de Castilla (Karte S. 1132 f.; Av Avila; Sandwiches 2–5 US$; ⊗ 7–22 Uhr) Das schlichte Restaurant tischt Sandwiches, Speiseeis und Burger auf. Besonders empfehlenswert sind die Saftgetränke wie der „Manhattan". Hat länger geöffnet als die Konkurrenz im Viertel.

Restaurant El Presidente (Karte S. 1132 f.; 3a Av, Los Palos Grandes; 3-gängiges Menü 6 US$; ⊗ Mo–Fr 11.30–15 & 18–21 Uhr) Das einfache Café zählt ebenfalls zu den wenigen günstigen Optionen in Altamira. Überzeugt durch ein hausgemachtes Komplettmenüs zu Mittag.

AUSGEHEN
In Las Mercedes und La Castellana (vor allem im Centro Comercial San Ignacio) spielt sich ein Großteil des Nachtlebens ab. Bars und Diskos gibt's aber noch in anderen Vierteln, z. B. Sabana Grande, El Rosal oder Altamira. Viele Nachtclubs bestehen auf einem (wenn auch nicht allzu strengem) Dresscode. Bei Clubs mit Eintritt sind oft ein oder zwei Freigetränke im Preis enthalten.

Centro Comercial San Ignacio (Karte S. 1132 f.; Ecke Blandín & San Ignacio) Ja, das ist ein Einkaufszentrum – aber was für eins: Abends erwachen die Bars, Restaurants und Lounges zum Leben. Je nach Wochentag ist mal hier, mal da was geboten. Am besten kommt man einfach vorbei und schaut sich um. Regelmäßig gefeiert wird u. a. in der Whisky Bar und im Loft. Dieser Club im obersten Stockwerk ist besonders am Wochenende zu empfehlen.

Gran Pizzería El León (Karte S. 1132 f.; ☎ 263-6014; Plaza La Castellana) Bekannter Caracas-Nightspot. Auf der Terrasse im Schatten eines Wolkenkratzers kippen Gäste in aller Ruhe ein paar Bierchen. Am Wochenende finden sich massenhaft leidenschaftliche Trinker ein. Zu Spitzenzeiten herrscht dann häufig Hochbetrieb.

Birras Pub & Café (Karte S. 1132 f.; ☎ 992-4813; Av Principal de Las Mercedes at Av Valle Arribe; ☷ open end) Zählt zu den vielen Bierkneipen in Las Mercedes und ist passend mit dem italienischen Wort für Gerstensaft benannt. Das Birras ist nicht allzu teuer und zieht oft ein fröhliches Publikum an.

Transnocho Cultural Lounge (Karte S. 1132 f.; ☎ 993-1325; Edificio Itaca, Centro Comercial Paseo de Las Mercedes, Las Mercedes; ☷ Do–So) Minimalistische Bar mit gediegenem Funksound und verspiegelter Decke. Ist bei Theatergängern schwer angesagt.

UNTERHALTUNG

Die Sonntagsausgabe des *El Universal* enthält einen Veranstaltungskalender namens „Guía de la Ciudad". Vor vielen Restaurants und Bars liegt zusätzlich das kostenlose Szenemagazin *CCS* aus. Beide Blätter informieren detailliert über aktuelle Events wie exklusive Konzerte, Theatervorstellungen, Filmvorführungen und Ausstellungen.

El Maní es Así (Karte S. 1130 f.; ☎ 763-6671; Av Francisco Solano López/Calle El Cristo, Sabana Grande; ☷ Di–So) In einem der ältesten Salsaclubs der Hauptstadt wird das Tanzbein zu Livemusik geschwungen. Achtung: Diese Gegend gilt als potenziell gefährlich, man sollte daher besser ein Taxi nehmen.

Ateneo de Caracas (☎ 577-9878; Av México, Plaza Morelos, Los Caobos; Tickets 8–20 US$) Hier tritt Venezuelas bestes Theaterensemble auf.

Aula Magna (Karte S. 1130 f.; ☎ 605-4516; Universidad Central de Venezuela) In dem Konzertsaal steht u. a. das Sinfonieorchester von Caracas auf der Bühne (normalerweise sonntagvormittags). An der Abendkasse kann man Tickets in unterschiedlichen Preisklassen kaufen.

Complejo Cultural Teresa Carreño (Karte S. 1126 f.; ☎ 574-9122; gegenüber vom Parque Central; geführte

Touren 0,50 US$; ☷ Di–Sa 10–17 Uhr) *Der* Veranstaltungsort für große Konzerte.

Cinemateca Nacional (Karte S. 1126 f.; ☎ 576-1491; www.cinemateca.org.ve; Galería de Arte Nacional, Bellas Artes) Für Kinofans.

SCHWULEN- & LESBENSTREFFS

Im bis heute relativ konservativen Venezuela hat Caracas die bei weitem lebendigste Schwulenszene. Tipps zu weiteren Treffpunkten gibt's im Internet unter www.republicagay.com oder www.vengay.com (jeweils spanisch). In Las Mercedes, Sabana Grande und Castellana finden Schwule und Lesben diverse alteingesessene Bars und Clubs.

Tasca Pullman (Karte S. 1130 f.; ☎ 761-1112; Edificio Ovidio, EG; Av Francisco Solano López, Sabana Grande; ☷ open end) In Sabana Grande gibt's eine Reihe kleiner Schwulenkneipen. Das schlichte Pullman bekennt sich offen zu seiner Ausrichtung und zählt zu den beliebtesten Läden. Die umliegenden Fußgängerzonen sollten Reisende bei Nacht nie allein betreten.

Zenon (Karte S. 1132 f.; ☎ 993-8004; Nivel Cine, Centro Comercial Paseo Las Mercedes, Las Mercedes; Eintritt 8 US$; ☷ Do–Sa 23–5 Uhr) Wer auf hippere Clubatmosphäre abfährt, begibt sich zu diesem extravaganten Laden in einem Einkaufszentrum. Das Zenon verbirgt sich dort hinter einer großen schwarzen Tür. Um hierher zu kommen, marschiert man im Kinobereich der Tiefgarage die Rampe zur Rechten hinauf – einfach nach den violetten Neonröhren Ausschau halten.

Sport

Estadio de Béisbol (Baseballstadion; Karte S. 1130 f.; Metrostation Ciudad Universitaria) Das Stadion für den Nationalsport *béisbol* (Baseball) steht auf dem Gelände der Universidad Central de Venezuela. Von Oktober bis Februar treten hier die Mannschaften der Profiliga gegeneinander an. Es empfiehlt sich, Tickets bereits am frühen Morgen zu kaufen – insbesondere dann, wenn die Leones de Caracas („Löwen von Caracas"; www.leones.com) auf dem Platz stehen.

SHOPPEN

Shoppen zählt in Caracas zu den beliebtesten Freizeitbeschäftigungen. Seiner Einkaufsleidenschaft kann man im historischen Zentrum sowie in La Candelaria, Sabana Grande, Chacaíto und Chacao nachgehen.

Dort tummeln sich Geschäfte, Einkaufszentren, Verkaufsstände und fliegende
Händler auf engstem Raum. *Caraqueños*
halten sich unheimlich gern in Einkaufszentren auf. Wenn man schon nichts kaufen
möchte, sollte man seine Vorurteile über
Bord werfen und sich diesen wichtigen Teil
des venezolanischen Alltagslebens zumindest einmal ansehen. Auch auf den Straßen
lassen sich häufig tolle Schnäppchen abstauben (vor allem in Sabana Grande und im
historischen Zentrum).

Zu den größten Einkaufszentren zählen:
Centro Comercial Chacaíto (Karte S. 1130 f.; Plaza
Chacaíto, Chacaíto)

Centro Comercial San Ignacio (Karte S. 1132 f.;
☎ 263-0772; Av Blandín, La Castellana; ☽ 10–20 Uhr;
Ⓟ) Dieses Einkaufszentrum ist zugleich einer der besten
Nightspots der Stadt (S. 1138).

Centro Comercial El Recreo (Karte S. 1130 f.; ☎ 761-
2740; Av Casanova; ☽ 10–20 Uhr) Der „Riese" von
Sabana Grande.

Centro Comercial Paseo Las Mercedes (Karte
S. 1132 f.; Av Principal de Las Mercedes, Las Mercedes;
Ⓟ)

Centro Sambil (Karte S. 1132 f.; ☎ 267-9302; Av
Libertador, Chacao; ☽ 9–21 Uhr, Restaurants & Kino
länger; Ⓟ) Angeblich das größte Einkaufszentrum in
ganz Südamerika.

AN- & WEITERREISE
Auto & Motorrad
Es ist nicht sonderlich schwierig, nach Caracas hineinzufahren oder die Stadt mit
dem Auto zu verlassen. Als westlicher
Hauptzubringer dient die Autobahn von
Valencia nach Caracas. Sie führt von Süden
in die Stadt hinein und trifft in der Nähe
der Universidad Central de Venezuela auf
die Autopista Francisco Fajardo (Hauptverkehrsader in Ost-West-Richtung). Bei der
Anreise aus Richtung Osten gelangt man
über die Autobahn von Barcelona nach Caracas direkt zur Av Francisco Fajardo.

Wer ohne zuvor ein Fahrzeug reserviert
zu haben nach Caracas fliegt, wendet sich
am besten an die Autovermieter im internationalen Terminal von Maiquetía. Hier
sind u. a. **Avis** (☎ 355-1190) und **Hertz** (☎ 355-
1197) vertreten – allerdings stehen Fahrzeuge
nicht immer sofort zur Verfügung. Große
Anbieter betreiben zusätzlich Schalter in
den Lobbys der Nobelhotels. Einheimische
Firmen warten auch im Inlandsterminal auf
Neuankömmlinge.

Bus
Caracas hat zwei moderne Busbahnhöfe für
Fernverbindungen zwischen den Städten.
Ein weiteres Terminal im Zentrum ist für
kürzere Strecken zuständig. Der Busbahnhof La Bandera liegt 3 km südlich vom
Stadtzentrum. Hier starten Fernreisebusse
zu Zielen im Westen und Südwesten Venezuelas. Auf der 300 m langen Wegstrecke
zwischen dem Busbahnhof und der gleichnamigen Metrostation besteht tagsüber
kaum Gefahr. Bei Dunkelheit sieht es aber
anders aus – dann ist Vorsicht geboten. Das
Terminal hat prima Einrichtungen wie computergestützte Ticketschalter, Telefonzellen,
eine **Gepäckaufbewahrung** (1. Std. 0,55 US$, jede
weitere Std. zzgl. 0,15 US$; ☽ Mo–Sa 6–21, So 7–19 Uhr)
und eine **Infotheke** (☎ 693-6607). Auch an Restaurants herrscht kein Mangel.

Der zweite Fernbusbahnhof namens Terminal de Oriente liegt in den östlichen Ausläufern von Caracas an der Straße nach
Barcelona (Karte S. 1126 f.). Diverse Stadtbuslinien fahren von Petare (5 km) und vom
Zentrum (ca. 18 km) aus zum Terminal.
Taxis ab Altamira kosten 4 US$. Auch dieser
Busbahnhof hat computergestützte Ticketschalter und eine nützliche **Infotheke** (☎ 243-
2606). Hier starten die meisten Fahrzeuge in
den Osten und Südosten des Landes.

Busse zum Flughafen fahren am Parque
Central ab.

Flugzeug
Der **Aeropuerto Internacional „Simón Bolívar"**
(www.aeropuerto-maiquetia.com.ve, spanisch) liegt
26 km vom Stadtzentrum entfernt in
Maiquetía. Der Flughafen wird meist einfach Maiqueta genannt und liegt nahe des
Hafens von La Guaira an der Karibikküste.
Er hat zwei Terminals: Eines für **internationale Flüge** (☎ 303-1526) und eines für **Inlandsflüge** (☎ 303-1403). Beide liegen rund 400 m
voneinander entfernt und sind leicht per
pedes erreichbar. Jedoch dürfen die Passagiere keine Gepäckkarren von einem Terminal zum anderen mitnehmen. Lauffaule
nutzen den Shuttlerservice.

Im Terminal für internationale Flüge
gibt's alles, was das Herz begehrt. Hier findet man u. a. eine Touristeninformation,
Autovermietungen, *casas de cambio* und
eine Bank. Hinzu kommen Geldautomaten,
eine Post und diverse Telefonstuben. Zudem
warten Restaurants und viele Reisebüros auf

BUSFAHRPLAN AB CARACAS ZU ANDEREN GROSSSTÄDTEN

Ziel	Entfernung (km)	Preis (US$)	Dauer (Std.)
Barcelona	310	7–11	5
Barinas	512	10–14	8½
Barquisimeto	341	7–10	5½
Carúpano	521	11–16	8½
Ciudad Bolívar	591	12-18	9
Ciudad Guayana	706	13-18	10½
Coro	446	10–13	7
Cumaná	402	9–13	6½
Maracaibo	669	13–17	10½
Maracay	109	2–4	1½
Mérida	790	15–25	13
Puerto Ayacucho	637	16-20	15
Puerto La Cruz	320	7–11	5
San Antionio del Táchira	865	17–28	14
San Cristóbal	825	15–30	13
San Fernando de Apure	398	8–15	8
Tucupita	730	13–22	11
Valencia	158	3–5	2½

Kundschaft. Und sogar eine Kapelle ist vorhanden. Zum Zeitpunkt der Recherche hatte das Terminal leider noch keine Gepäckaufbewahrung (angeblich ist es in Planung).

Das Inlandsterminal hat keine offiziellen Einrichtungen zum Geldwechseln. Dementsprechend treiben sich hier unzählige Schwarzhändler herum. Dafür gibt's eine Touristeninformation und ein Internetcafé. Auch **Inatur** (☎ 355-1191; 7–20 Uhr) ist hier vertreten, ebenso ein Dutzend Autovermietungen, Landesfluglinien und Tourveranstalter. Wer Hunger hat, sucht eines der Fast-Food-Restaurants auf.

UNTERWEGS VOR ORT
Auto & Motorrad

Autofahren in Caracas ist nur etwas für Reisende mit starkem Selbstvertrauen, Nerven aus Stahl und ausreichendem Versicherungsschutz. Im Gewühl der dicht befahrenen Straßen kann man sich auch noch leicht verirren. Autofahrern wird empfohlen, ihr Fahrzeug gegen Gebühr auf videoüberwachten Parkplätzen abzustellen. Davon gibt's in Caracas jede Menge.

Bus

Das umfangreiche Busnetz deckt neben allen Stadtvierteln auch die größten Siedlungen im Umkreis der Metropole ab. Auf Stadtstrecken sind hauptsächlich *carritos* (Kleinbusse) unterwegs. Sie haben feste Fahrpläne, kommen aber nur so schnell voran, wie es der Verkehr gerade erlaubt. Die Fahrzeuge decken viele Ziele ab, die mit der Metro nicht zu erreichen sind. Für *carritos* zahlt man etwa soviel wie für die Metro und sie fahren auch noch später in der Nacht.

Metro

In vielerlei Hinsicht bedeutet Caracas Chaos. Umso überraschender erweist sich die **Metro** (www.metrodecaracas.com.ve, spanisch; 1–3 Stationen 0,15 US$, 4–7 Stationen 0,20 US$, alle längeren Strecken 0,25 US$; 5.30–23 Uhr) als sicheres, schnelles und angenehmes Transportmittel. Auch in puncto Organisation, Sauberkeit und Preise gibt's nichts zu meckern – und die Metro fährt auch die meisten Hauptattraktionen und Touristeneinrichtungen an. Obwohl ansonsten kaum Gefahr besteht: Auch hier gehen Taschendiebe ab und zu auf Beutezug.

Taxi

Taxis sind leicht an Schildern mit der Aufschrift „Taxi" oder „Libre" zu erkennen. Taxifahrten sind recht günstig und bei Nacht manchmal die einzige Möglichkeit, um nach Hause zu kommen. Die Fahrzeuge haben keine Taxameter. Daher muss der Preis vor dem Einsteigen ausgehandelt werden – also: keine Angst vor dem Feilschen! Es empfiehlt sich, ausschließlich die weißen Autos mit den gelben Plaketten zu benutzen und vorzugsweise diejenigen, die an einem der zahlreichen Taxistände stehen. Diese sind vor allem vor Einkaufszentren zu finden. Ansonsten vermitteln auch viele Hotels oder Restaurants auf Anfrage einen zuverlässigen Fahrer.

RUND UM CARACAS

Im näheren Umkreis der hektischen Hauptstadt gibt's einige interessante und grundverschiedene Orte, die einen Besuch lohnen. Im Folgenden werden auch die Karibikinseln Los Roques behandelt. Sie eignen sich normalerweise nicht für einen Tagesausflug, doch Caracas ist der wichtigste Ausgangspunkt für Trips dorthin.

PARQUE NACIONAL EL ÁVILA

Der Nationalpark ist eines der lohnenswertesten Ziele in der Nähe von Caracas. Er erstreckt sich nördlich der Metropole auf 90 km Länge über das Küstengebirge. Dessen höchster Gipfel ist der Pico Naiguatá (2765 m); die größten Besucherzahlen verzeichnet der Pico El Ávila (2105 m). Der 4 km lange **teleférico** (Seilbahn; ☎ 793-7418; Erw./Kind unter 12 Jahren/Senioren über 65 Jahre 9,50/5,50/5 US$; ✹ Di–So 8–19.45, Mo 10–19.45 Uhr) zum Pico El Ávila beginnt an der Talstation Maripérez (980 m). Diese liegt nahe der Av Boyacá in Caracas.

Die der Hauptstadt zugewandte Südseite der Bergkette ist unbewohnt, aber von einem insgesamt rund 200 km langen Netz von Wanderwegen durchzogen. El Ávila hat bessere Einrichtungen für Wanderer als alle anderen Nationalparks in Venezuela. Die meisten Pfade sind prima ausgeschildert; außerdem gibt's mehrere Campingplätze.

Ein Dutzend Parkeingänge liegen an der Av Boyacá in Caracas, die auch als Cota Mil (auf einer Höhe von 1000 m) bekannt ist. Bei allen Eingängen führt ein kurzer Aufstieg jeweils zu einem Kassenhäuschen; hier bezahlen die Besucher die obligatorische Eintrittsgebühr. Zwischen der Talstation Maripérez und der Ecke gleich nördlich der Metrostation Bellas Artes pendeln Vans. Am Wochenende fahren regelmäßig Jeeps zum Nest Galipan (1 US$, 12 Min.); los geht's links vom Ausgang des *teleférico*. In Galipan gibt's ein paar günstige Restaurants.

COLONIA TOVAR
☎ 0244 / 9500 Ew.

Colonia Tovar ist kein normales venezolanisches Dorf – es wurde von deutschen Siedlern im 19. Jh. gegründet. Erst in den 1940er-Jahren wurde Spanisch als offizielle Amtssprache eingeführt; ab diesem Zeitpunkt waren auch Eheschließungen außerhalb der Gemeinde erlaubt. Seit 1963 verbindet eine 60 km lange befestigte Straße diese „teutonische Enklave" mit der Hauptstadt.

Praktische Informationen
Das Dorf hat ein paar Banken.
Cyber X (Internet 1 US$/Std.; ✹ 10–18.30 Uhr) Wer das Internetcafé direkt neben einer Apotheke sucht, marschiert auf der Straße fünf Minuten lang in Richtung Caracas.

Sehenswertes & Aktivitäten
Heute kommen Touristen aus Venezuela und der ganzen Welt nach Colonia Tovar (vor allem am Wochenende). Sie kommen wegen der **Schwarzwaldhäuser**, der deutschen Küche, selbst gezüchteten Erdbeeren und dem angenehmen Klima. Nachts kann's etwas kühl werden – deshalb warme Bekleidung mitbringen.

Schlafen & Essen
Die Unterkünfte hier sind qualitativ hochwertig, doch für venezolanische Verhältnisse nicht gerade günstig.
Cabañas Silberbrunnen (☎ 355-1490; www.coloniatovar.net; DZ/3BZ/4BZ 20/26/32 US$, mit Küche 26/30/36 US$; Ⓟ) Unzählige Blumen zieren das freundliche Ferienanwesen an einer Hügelflanke. An einer Nebenstraße direkt unterhalb der Kirche stehen hier ein paar der erschwinglichsten Blockhütten.
Cabañas Breidenbach (☎ 355-1211; www.coloniatovar.net; Sector El Calvario; DZ/3BZ 22/29 US$, DZ mit Küche & offenem Kamin 28 US$; Ⓟ) Die geräumigen und modernen *cabañas* (Blockhütten) liegen an einem Berghang oberhalb des Dorfzentrums. Dementsprechend ist die Aussicht vom Allerfeinsten. Um der kühlen Bergluft zu entkommen, nehmen Gäste am besten eines der Doppelzimmer mit Küche, Wohnzimmer und offenem Kamin.

Hotel Restaurant Kaiserstuhl (☎ 355-1810; Calle Joaquín; DZ/3BZ 26/49 US$; P) Das Hotel und Restaurant Kaiserstuhl liegt im Herzen des Ortes und in Friedhofsnähe. Es empfängt Gäste mit komfortablen Zimmern und jeder Menge „Teutonia": So wird das Restaurant standesgemäß mit Blasmusik beschallt. Die Kellnerinnen tragen Trachten und Zöpfe.

Rancho Alpino (☎ 355-1470; www.hotelrancho alpino.com; Av Principal; DZ 30 US$; P) Neben geräumigen und blitzsauberen Zimmern bietet die „Bergranch" auch eine Bar und ein Restaurant. Auf den Tisch kommen deutsche Gerichte und Pizzas. Eignet sich – wie die meisten Unterkünfte der Stadt – wunderbar zum Relaxen.

An- & Weiterreise

Auf dem Weg von Caracas nach Colonia Tovar muss man unterwegs in El Junquito umsteigen. Alle Gemeinschaftsautos und Minibusse nach El Junquito fahren an der Lecuna in San Juan Puerte Escondido (0,50 US$, 45 Min. bis 1½ Std. am Wochenende) im Zentrum von Caracas ab. Auch herkömmliche Busse rollen nach El Junquito (0,70 US$). Mangels Busbahnhof können Passagiere an der Av Lecuna oder Av Universidad einsteigen. Für das letzte Stück bis Colonia Tovar stehen in El Junquito *por puestos* bereit (1 US$, 1 Std.).

SAN FRANCISCO DE YARE
☎ 0239 / 20 000 Ew.

Normalerweise ist San Francisco de Yare eine beschauliche Stadt. Doch einmal im Jahr ist hier im wahrsten Sinne des Wortes die Hölle los: Beim Festival de Los Diablos Danzantes macht feierwütiges Volk in Teufelskluft die Straßen unsicher. Seit 1742 findet dieses berühmte Schauspiel immer an Fronleichnam statt. Obwohl es kein offizieller Feiertag ist, bereitet sich San Francisco de Yare monatelang intensiv auf sein Festival vor.

San Francisco de Yare hat keine offiziellen Hotels, lässt sich aber wunderbar im Rahmen eines Tagesausflugs von Caracas aus besuchen. Um hierher zu kommen, fährt man mit einem der regelmäßigen Busse vom Regionalbusbahnhof Nuevo Circo nach Ocumare del Tuy (0,90 US$, 1½ Std.) und steigt dort in Richtung Santa Rerest del Tuy um. Unterwegs lässt man sich dann in San Francisco de Yare absetzen (0,50 US$, 20 Min.). An Festivaltagen heißt's früh aus den Federn steigen.

ARCHIPIÉLAGO LOS ROQUES
☎ 0237 / 1500 Ew.

Los Roques besteht aus beinahe 300 sandigen Inseln und Inselchen. Sie liegen rund 160 km von Caracas entfernt im aquamarinblau schimmernden Meer. Die Inseln gehören zwar zu Venezuela, doch verglichen mit anderen Touristeninseln in der Karibik schenken ken die Preise sich nichts. Für Strandliebhaber, Schnorchelfans und Taucher ist der Trip aber jeden *bolívar* wert. Im Vergleich zu anderen Karibikinseln gibt's hier keinerlei Hochhaushotels, Massentourismus oder Kreuzfahrtschiffe. Die ganze Inselgruppe und das umliegende Meeresgebiet (2211 km²) wurden 1972 zum Nationalpark erklärt.

Bis auf ein paar Pelikane sind die meisten Inseln unbewohnt. Sie können von Gran

---

TANZ DER TEUFEL

Zum Gedröhn von Trommeln ziehen Hunderte von Tänzern in Teufelsgewändern und diabolischen Masken durch die Straßen. Das wilde Spektakel nennt sich **Diablos Danzantes (tanzende Teufel)**, es beginnt im ganzen Land am Tag vor Fronleichnam und schließt auch den eigentlichen Feiertag mit ihm.

Venezuela ist erzkatholisch. Warum also steht ein heiliger Tag im Zeichen des Teufels? Angeblich stellt das Festival den Kampf zwischen Gut und Böse dar. Am Ende der Feierlichkeiten unterwerfen sich die kostümierten Teufel immer der Kirche und erkennen damit den Sieg des Guten an.

Das Festival ist eine Mischung aus spanischen und afrikanischen Traditionen und hat seine Wurzeln auf der iberischen Halbinsel. Im mittelalterlichen Andalusien waren Teufelsbilder und -masken fester Bestandteil des Fronleichnamfestes. Dieses Brauchtum hielt später im kolonialen Venezuela Einzug und fand Anhänger unter den afrikanischen Sklaven, die ihre eigene Tradition von Maskenfesten pflegten. Schließlich wurden noch afrikanische Musik und Tänze in die Feierlichkeiten integriert.

Roque aus per Boot erreicht werden. Die umliegenden Gewässer sind für ihren Artenreichtum bekannt. Die Hummer gehen von November bis April in die Falle und machen 90 % der landesweiten Fangmenge aus.

Orientierung & Praktische Informationen

Das einzige Dorf der Inselgruppe liegt auf Gran Roque. Außer vier sandigen Straßen und einer Plaza gibt's hier Dutzende malerischer *posadas*.

Alle Besucher des Nationalparks Los Roques müssen bei der Ankunft eine Eintrittsgebühr von 9,50 US$ bezahlen.

Banesco (☎ 221-1265; Plaza Bolívar; ⏲ Mo–Fr 9–12 & 14.30–17.30, Sa 10–15 Uhr) Diese Bank weit und breit zahlt gegen Vorlage einer Visa- oder MasterCard maximal 500 US$ in bar aus. Der Geldautomat ist rund um die Uhr in Betrieb.

Enzosoft (Calle la Laguna; 10 US$/Std.; ⏲ wechselnde Öffnungszeiten) Schnellere Internetverbindungen, aber unverschämt teuer.

Infocentro (30 Min. kostenl.; ⏲ wechselnde Öffnungszeiten) Am besten geht man im staatlich geförderten Infocentro nahe der Schule ins Netz.

Oscar Shop (☎ 0414-291-9160; oscarshop@hotmail. com) Kombination aus Shop, Touranbieter, Bootsbetreiber und Touristeninformation in Flugplatznähe.

Aktivitäten

SCHNORCHELN & GERÄTETAUCHEN

Viele Läden und die meisten *posadas* verleihen Schnorchelausrüstung. Diverse Unternehmen bieten Tauchausflüge an. Für zwei Tauchgänge muss man durchschnittlich 85 bis 100 US$ hinblättern.

Der beliebte Veranstalter **Ecobuzos** (☎ 221-1235; www.ecobuzos.com; Calle la Laguna) hat Kurse im Programm und beschäftigt zahlreiche Angestellte. Die stattlichen Boote laufen mehrmals täglich aus.

Das **Aquatics Dive Center** (☎ 416-0009, 0414-777-4894; www.scubavenezuela.com; Plaza Bolívar) direkt an der Plaza betreibt zwar kleinere Kähne bietet aber trotzdem hohen Standard. Interessenten müssen ihre eigenen Tarierwesten und Atemsysteme mitbringen.

Klein – aber fein – sind auch die beiden Tauchläden **SCDR Los Roques** (☎ 0414-924-1853) und **Eco Challenge** (☎ 0414-260-1167).

WIND- & KITESURFEN

Los Roques ist ein Paradies für Windsurfer jeglicher Couleur. Das **Vela Windsurf Center**

(www.velawindsurf.com) auf der Insel Francisquí de Abajo verleiht Ausrüstung (Std./halber/ ganzer Tag 20/35/50 US$) und veranstaltet Anfängerkurse (2 Std., 40 US$ inkl. Ausrüstung). Für Wasserspaß der anderen Art sorgen **Kajaks** und Kurse im **Kitesurfen**. Näheres zum Kitesurfen wissen Libya oder das Personal vom Oscar Shop (s. unten).

Geführte Touren

Libya Parada (☎ 0414-291-9240; libyapara@hotmail. com) Die umgängliche und sachkundige Führerin ist in Los Roques aktiv. Dies reicht von Basisinformationen bis zur Organisation aufwändiger Touren.

Oscar Shop (☎ 414-5515; oscarshop@hotmail.com) Die Boote schippern zu verschiedenen Inseln. Der kleine Shop organisiert zudem ganztägige Bootsausflüge. Hier können auch Schnorchelausrüstung und Liegestühle ausgeliehen werden.

Schlafen

CAMPEN

Auf allen Inseln (inkl. Gran Roque) kann innerhalb der Freizeitzonen kostenlos gecampt werden. Das Büro von **Inparques** (☎ 0414-373-1004; ⏲ Mo–Fr 8–12 & 14–18, Sa 8.30–12 & 14.30–17.30, So 8.30–12 Uhr) liegt am anderen Ende des Dorfes. Neuankömmlinge erhalten hier Informationen und kostenlose Campinggenehmigungen.

POSADAS

Die mittlerweile über 60 *posadas* auf Gran Roque haben zusammen rund 500 Betten. Die Preise sind höher als auf dem Festland. Viele *posadas* sorgen auch für das leibliche Wohl ihrer Gäste, da es auf den Inseln nur wenige Restaurants gibt.

Doña Carmen (☎ 0414-291-9225; Plaza Bolívar; Zi. 30–50 US$/Pers. inkl. Frühstück & Abendessen) Von allen *posadas* der Insel ist das Doña Carmen am längsten im Geschäft. Die Unterkunft existiert schon seit über 30 Jahren und hat immer noch die günstigsten Preise vor Ort. Die „Betonbunker" (z. T. immerhin mit Blick auf den Strand) sind aber nichts Besonderes.

Doña Magalys (☎ 0414-373-1090; Plaza Bolívar; Zi. 30–50 US$/Pers. inkl. Frühstück & Abendessen) Die Unterkunft an der Plaza gehört einer Familie und liefert sich mit dem Carmen ein Kopfan-Kopf-Rennen um die niedrigsten Preise. Die einfachen Zimmer sind zweckmäßig aber etwas düster. Magalys verwöhnt ihre Gäste mit üppigen Mahlzeiten. Gegessen

Unterkünfte online: www.lonelyplanet.com   RUND UM CARACAS ·· Archipiélago Los Roques **1145**

VENEZUELA

> **IN DIE VOLLEN!**
>
> Ganz allgemein sind Trips nach Los Roques alles andere als günstig. Wer aber die Reisekasse noch weiter strapazieren möchte, genießt den Sonnenuntergang im **Bora la Mar** (☎ 0414-325-7814, 0237-221-1289; neben der Kirche; Hauptgerichte 20 US$) mit fangfrischen Meeresfrüchte. Es folgen Cocktails am Strand im überraschend noblen La Gotera Art Café, genau auf der Grenze zwischen den beiden Stränden.

wird gemeinsam in gemütlicher Atmosphäre.

Posada El Botuto (☎ 0414-291-9194; Nähe Inparques-Büro; Zi. 40–60 US$/Pers. inkl. Frühstück) Das El Botuto bietet einen tollen Service und einen geselligen Essbereich. Die hellen und luftigen Zimmer haben jeweils eine kleine Terrasse.

Los Corales (☎ 221-1025; mideseo@cantv.net; Zi. 65–90 US$/Pers. inkl. Frühstück & Abendessen) Beim gemütlichen Los Corales handelt es sich um eine *posada* in Hausformat. Aus der Vordertür dringt der Sound von Bob Marley. Viele *posadas* sind recht düster und stickig – diese Unterkunft ist dagegen kühl und gut durchlüftet. Die großartige Küche wartet mit vegetarischen Spezialitäten auf.

Essen

Da nahezu alle *posadas* auch Mahlzeiten servieren, hält sich die Zahl der reinen Restaurants in Grenzen. Und nur wenige davon sind wirklich erschwinglich.

Panadaría la Bella (2 Blocks hinter der Plaza vor der Calle las Flores) Die Bäckerei ist der einzige Laden im Ort, bei dem man günstige Sandwiches, *empanadas* oder Snacks bekommt. Hier kaufen die Einheimischen ein.

Aquarela CaféTours Shop (Calle Principal; Snacks 5–10 US$) Trendiger Laden am Ortseingang gegenüber der Landebahn. Das Ambiente (z. B. mit Sitzsäcken am Strand) ist die hohen Preise allemal wert. Auf der Karte stehen diverse Sandwiches, einfache Gerichte und Cocktails.

La Chuchera (Plaza Bolívar; Hauptgerichte 6,50–16 US$; ⏱ 11–23 Uhr) La Chuchera ist das wichtigste Budgetrestaurant der Stadt – auch wenn die Preise nicht wirklich niedrig sind. Das freundliche Personal serviert Pizzas (auch vegetarisch), Sandwiches und Nudelge-

richte. Hier kann man in einer geselliger Abendrunde wunderbar ein paar Bierchen kippen.

An- & Weiterreise
FLUGZEUG
Bei Flügen nach Los Roques ist die Preisspanne groß, deshalb lohnt sich ein Vergleich. Der Trip von Maiquetía zur Inselgruppe dauert ca. 40 Minuten und kostet durchschnittlich 100 US$. Am besten bucht man solche Flüge über ein Reisebüro – nahezu alle renommierten Anbieter erledigen das ohne Aufpreis. Folgende kleine Fluglinien schicken Maschinen nach Los Roques:

AeroEjecutivos (☎ 0212-993-1984; www.aero ejecutivos.com.ve)

Línea Turística Aereotuy (LTA; ☎ in Caracas 212-355-1297; www.tuy.com/aereotuy.htm)

Transaven (☎ 355-2786; www.transaven.com)

Mit LTA und **Rutaca** (☎ 212-576-0304) besteht von der Isla de Margarita aus ebenfalls Flugverbindung nach Los Roques (einfache Flugstrecke 100–200 US$).

Passagiere sind berechtigt, maximal 10 kg Gepäck mitzunehmen. Jedes weitere Kilogramm Ballast schlägt dann mit 0,50 US$ zu Buche.

SCHIFF/FÄHRE
Nach Los Roques fahren keinerlei Passagierschiffe. Allerdings legen Frachtkähne zwei- oder dreimal pro Woche vom Muelle 7 im Hafen La Guaira ab. Sie nehmen Passagiere häufig gegen einen kleinen Obulus mit – manchmal sogar kostenlos! Allerdings fahren diese Boote nicht zu festen Zeiten. Der Tag und die Uhrzeit lassen sich im Voraus kaum ermitteln. Deshalb schaut man sich am besten direkt im Hafen nach einem Kapitän um und spricht ihn an. Während der rund zwölfstündigen Überfahrt werden die Passagiere manchmal ganz schön durchgeschaukelt.

Unterwegs vor Ort
In Gran Roque können sich Besucher vom Oscar Shop oder anderen Bootsbetreibern zu einem vereinbarten Termin abholen und zur Insel ihrer Träume schippern lassen. Ziele und Preise pro Person (jeweils hin und zurück): Madrizquí (5 US$), Francisquises (6 US$), Crasquí oder Noronquises (10 US$).

DER NORDWESTEN

Der Nordwesten Venezuelas ist von Caracas aus leicht zu erreichen. Diese Region ist voller Strände, Regenwälder, Wüsten und Höhlen. Hinzu kommen Wasserfälle, zwölf Nationalparks und der größte See Südamerikas. Der Parque Nacional Morrocoy lockt Besucher mit farbenfrohen Riffen, Stränden und einer kleinen „Sahara" nahe dem aus der Kolonialzeit stammenden Ort Coro. Backpacker und Einheimische zieht es gleichermaßen in den Parque Nacional Henri Pittier. Hier kann man wunderbar die Sonne genießen, ein paar Drinks kippen oder seltene Vögel mit dem Fernglas erspähen.

MARACAY
☎ 0243 / 700 000 Ew.

Die Ciudad Jardín (Gartenstadt) Maracay liegt nur ein paar Stunden von Caracas entfernt, ist aber eine ganz andere Welt. Schönes Wetter, grüne Parks, schattige Plazas und freundliche Einwohner sorgen für eine entspannte Atmosphäre in der Provinzhauptstadt. Sie ist gleichzeitig ein wichtiges Landwirtschafts- und Industriezentrum. Die meisten Touristen legen hier auf dem Weg zum Parque Nacional Henri Pittier eine Verschnaufpause ein. Ansonsten hat Maracay nicht allzu viel zu bieten.

Orientierung & Praktische Informationen

Das Centro Comercial Paseo Las Delicias und der Torre Sindoni haben jeweils ein Internetcafé.

Im Parque Nacional Henri Pittier (S. 1148) gibt's keine Bank. Wer in den Siedlungen im Park ein paar Tage verbringen will, sollte sich in Maracay mit Bargeld eindecken.

Banco de Venezuela (Calle Mariño)

Banesco (Av Páez)

Bibliotecas Virtu@les (Av Sucre; Internet 0,40 US$/Std.; ☻ Mo–Sa 9–18.30 Uhr) Langsam, aber günstig.

CANTV (Ecke Calle Vargas & Calle López Aveledo; Internet 0,70 US$/Std.; ☻ Mo–Sa 8–20, So 9–14 Uhr)

Ipostel (Av 19 de Abril; ☻ Mo–Fr 9–17 Uhr)

Italcambio (☎ 235-6945; No 110-K, Centro Comercial Maracay Plaza, Ecke Avs Aragua & Bermúdez, 1. Stock; ☻ Mo–Fr 8.30–12.30 & 13.30–17, Sa 9–13 Uhr) Liegt 1,5 km südlich der Plaza Bolívar.

Net Café (Nr. 24, Centro Comercial La Capilla, Av Santos Michelana, 1. Stock; Internet 0,90 US$/Std.; ☻ Mo–Sa

10–18.30 Uhr) Doppelt so teuer wie das Bibliotecas Virtu@les, aber auch doppelt so schnell.

Sehenswertes

Das historische Zentrum von Maracay ist nicht – wie man annehmen könnte – die Plaza Bolívar, sondern die **Plaza Girardot**. Ein Adler aus Bronze krönt hier einen gewaltigen Obelisken. Der Vogel erinnert an die US-amerikanischen Freiwilligen, die sich im Unabhängigkeitskrieg den Truppen Francisco Mirandas anschlossen. Sie wurden 1806 von den Spaniern gefangengenommen und dann aufgehängt.

Schlafen

Im Zentrum von Maracay gibt's ein recht ordentliches Hotel- und Restaurantangebot. Auch wer früh am nächsten Morgen mit dem Bus weiterfahren will, übernachtet trotzdem besser im Zentrum und fährt mit einem Taxi zum Busbahnhof. Rund um den Busbahnhof sind nur wenige Unterkünfte zu finden. Außerdem ist diese Gegend bei Dunkelheit relativ unsicher.

Hotel São Vicente (☎ 247-0321; Av Bolívar; DZ mit Ventilator/Klimaanlage 8/12 US$; ☒) Eine der günstigsten Optionen im Stadtzentrum. In den renovierten Zimmern stehen Doppelbetten.

Hotel Mar del Plata (☎ 246-4313; Av Santos Michelena Este 23; EZ/DZ/3BZ 12/14/16 US$; Ⓟ ☒) Das ruhige Hotel ist etwas teurer, aber wesentlich angenehmer als andere Budgetunterkünfte im Zentrum. Hat saubere und ordentliche Zimmer mit Warmwasseranschluss.

Hotel Traini (☎ 245-5502; Av 19 de Abril; DZ/3BZ/4BZ 16/19/25 US$; Ⓟ ☒) Das Hotel in einem Kellergeschoss strotzt nicht gerade vor Persönlichkeit, ist dafür aber sauber, sicher und verlässlich.

Essen

Mercado Principal (Av Santos Michelena) Die zahlreichen Imbissstände verkaufen sättigende Mahlzeiten zu Superpreisen.

El Arepanito (Av 19 de Abril/Junín; Arepas 1,25–2 US$; ☻ 6–2 Uhr; ☒) Das beliebte Restaurant hat länger offen als seine meisten Konkurrenten. Es serviert auf einer schnuckligen Terrasse voller Pflanzen schmackhafte *arepas*, Pizzas und Fruchtsäfte.

Pepito Arturo (Av 19 de Abril; Hamburger 2–4 US$; ☻ 10.30–23.30 Uhr) Der locker-lässige Fast-

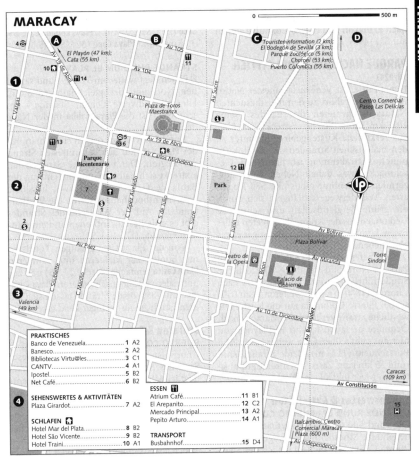

Food-Laden ist *die* Adresse, wenn es um günstiges *parrilla* und *batidos* (Fruchtsäfte) geht.

El Bodegón de Sevilla (Av Las Delicias; Hauptgerichte 5–8,50 US$; 11.30–open end; P) Spanisch angehauchtes Restaurant mit Bar in einem attraktiven alten Gebäude. Zur ellenlangen Speisekarte (u. a. mit Tapas) kommt eine nicht minder gut sortierte Getränkeauswahl.

An- & Weiterreise

Der Busbahnhof am Südostrand des Stadtzentrums liegt in Laufentfernung zur Plaza Bolívar. Wer es eilig hat, nimmt einen der regelmäßig verkehrenden Stadtbusse oder fährt ein paar Minuten mit dem Taxi.

Vom Busbahnhof starten regelmäßig Busse zu den meisten Großstädten. Ungefähr alle 15 Minuten besteht Verbindung nach Caracas (2–4 US$, 1½ Std.) und Valencia (0,65 US$, 1 Std.).

Mindestens zwölf Busse fahren täglich nach Barquisimeto (4–6 US$, 4 Std.), Maracaibo (9–12 US$, 8 Std.) und San Cristóbal (11–14 US$, 11 Std.). Sechsmal pro Tag geht's nach San Antonio del Táchira (14 US$, 12½ Std.), Coro (8–10 US$, 6½ Std.) und Mérida (11–14 US$, 11 Std.). Die Direktbusse nach Puerto La Cruz (9–12 US$, 7 Std.) und Ciudad Bolívar (19 US$, 9 Std.) machen einen Bogen um Caracas – das spart Zeit und Geld. Mehrmals täglich rollen diverse herkömmliche Busse nach San Fernando de Apure (8 US$, 7 Std.).

Informationen zu Verkehrsverbindungen nach El Playón und Puerto Colombia stehen auf S. 1149.

PARQUE NACIONAL HENRI PITTIER
☎ 0243

Henri Pittier ist Venezuelas ältester Nationalpark und gehört zu den meistbesuchten Naturschutzgebieten des Landes. Seine 1078 km² große Fläche erstreckt sich über das zerklüftete Küstengebirge hinunter zu den malerischen Stränden der Karibik. In puncto Attraktionen ist für jeden Geschmack etwas dabei: Neben einer glitzernden Küstenlinie gibt's hier 580 Vogelarten, Wanderwege schlängeln sich durch die grüne Berglandschaft und schmucke Siedlungen aus der Kolonialzeit bieten tolles Essen, komfortable *posadas* und sogar etwas Nachtleben.

Zwei befestigte Straßen durchziehen den Park in Nord-Süd-Richtung. Die östliche Straße führt von Maracay nordwärts nach Choroní (1830 m); nach weiteren 2 km trifft sie bei Puerto Colombia auf die Küste. Die westliche Straße verläuft von Maracay nach Ocumare de la Costa und El Playón; von hier aus geht's über Cata weiter nach Paso Portachuelo (1128 m). Beide Straßen sind rund 55 km lang. Zwischen ihren Endpunkten am Meer gibt's keine Verbindung.

Sehenswertes & Aktivitäten
STRÄNDE RUND UM PUERTO COLOMBIA
Die rund 500 m lange **Playa Grande** ist der beliebteste Strand in der Umgebung von Puerto Colombia. Sie liegt östlich der Stadt im Schatten von Kokospalmen und ist über die Straße in fünf bis zehn Gehminuten zu erreichen. Am Wochenende sieht man sich hier oft mit großen Menschen- und Müllmengen konfrontiert. Am Eingang zum Strand gibt's ein paar Restaurants. Besucher können am Strand campen oder ihre Hängematte zwischen den Palmen aufspannen, sollten aber immer gut auf ihre Sachen aufpassen.

Falls die Playa Grande zu bevölkert oder vermüllt sein sollte, ist die naturbelassene **Playa El Diario** eine gute Alternative. Dieser Strand liegt am gegenüberliegenden (westlichen) Stadtrand.

Folgende Strände in dieser Ecke werden normalerweise von Booten angelaufen (Preise pro Boot): **Playa Aroa** (hin und zurück

30 US$, einfache Strecke 15 Min.), **Playa Valle Seco** (22 US$, 20 Min.), **Playa Chuao** (25 US$, 30 Min.) und **Playa Cepe** (32 US$, 45 Min.).

STRÄNDE RUND UM EL PLAYÓN
El Playón liegt weiter im Westen und säumt den Nordrand der gleichnamigen Stadt. Hier gibt's diverse kleinere Strände – am schönsten ist die **Playa Malibú** in der Nähe des Malecón.

Rund 5 km weiter östlich stößt man mit der **Playa Cata** auf den bekanntesten Strand der Region. Der malerische Sandstreifen erstreckt sich halbmondförmig entlang der Bahía de Cata. Lediglich zwei hässliche Apartmenthochhäuser stören die Postkartenidylle. Auf der Westseite des Strandes gibt es viele Restaurantbuden und eine einfache *posada* (DZ 10 US$).

Von der Playa Cata gelangen Touristen mit Booten zur kleineren und ruhigeren **Playa Catita** (einfache Strecke 2 US$) und zur normalerweise menschenleeren **Playa Cuyagua** (10 US$). Beide Strände lassen sich auf dem Landweg für weniger Geld erreichen.

Schlafen & Essen
PUERTO COLOMBIA
Chorni ist zwar die größte Stadt auf dieser Seite des Nationalparks, Puerto Colombia liegt jedoch näher am Meer und ist wesentlich beliebter. Das unglaublich schöne Dorf aus der Kolonialzeit ist eine von Venezuelas Backpackerhochburgen. Hier gibt's jede Menge *posadas* und Restaurants. Besucher verbringen den Tag am Strand und machen es sich abends in Restaurants oder unten am Wasser gemütlich. Da kommt ein gepflegter *guarapita* gerade recht: Die alkoholhaltige Mischung besteht aus dem vergorenen Zuckerrohrsaft *aguardiente*, Passionsfruchtsaft und einer großen Menge Zucker. Übrigens: Puerto Colombia hat keine Bank, deshalb sollte man sich vor der Abreise in Maracay mit genug Bargeld eindecken.

Hostal Colonial (www.choroni.net; Calle Morillo 37; DZ 12 US$, DZ/3BZ mit Bad 15/17 US$) Das gesellige *hostal* ist ein echter Klassiker. Zum reichhaltigen Zimmerangebot kommen ein Hinterhof, Spinde und eine Küche. Das Colonial veranstaltet auch geführte Touren durch die Umgebung. Der Service wirkt teilweise etwas ruppig.

Posada Alfonso (☎ 991-1037; Calle Principal 50; DZ 15–20 US$) Einfache *posada* in Richtung hinteres Stadtende. Das Alfonso ist ruhig, entspannt und freundlich.

Posada La Parchita (☎ 991-1233; Calle Trino Rangel; DZ/3BZ/4BZ 18/25/28 US$; P) Die schnuckelige *posada* gehört einer Familie und versteckt sich in Flussnähe an einer ruhigen Nebenstraße. Eine Handvoll einfacher Zimmer verteilt sich rund um eine nette kleine Veranda. Alle Quartiere sind blitzsauber und haben Ventilatoren.

Hostal Vista Mar (☎ 991-1250; vistamarchoroni@ hotmail.com; Calle Colón; DZ/3BZ/4BZ 20/25/27 US$; P) Das einfache Hostel steht am Ende der Strandpromenade nahe eines kleinen Parks. Es hat schlichte und etwas düstere Zimmer mit Bädern, in denen nur kaltes Wasser aus der Leitung kommt. Ein Pluspunkt sind die Hängematten auf der luftigen Dachterrasse mit Meerblick.

Posada Tom Carel (☎ 991-1220; www.posadatom carel.com; Calle Trino Rangel; DZ 60 US$; 🛏) In der Nähe vom Hostal Colonial steht diese farbenfrohe Mittelklasse-*posada* in Familienbesitz. Ein besonderer Blickfang sind die aufwändigen Wandmosaike. Das Haus hat kleine und gepflegte Zimmer, in denen oft Hängematten über den Betten aufgespannt sind.

Tasca Bahia (Calle Los Cocos; Hauptgerichte 3,50– 5 US$; ⏲ 8–22 Uhr) Das bescheidene Lokal ist eine tolle Adresse für einheimische Spezialitäten mit Meeresfrüchten.

Bar Restaurant Araguaneyes (Calle Los Cocos 8; Hauptgerichte 5–15 US$; ⏲ 8–23.30 Uhr) Auf der luftigen Terrasse im OG wird neben internationalen Gerichten auch *criollo*-Küche serviert. Prima Auswahl an frischem Fisch.

Restaurante Willy (Via Playa Grande 1, am Ende der Brücke rechts; ⏲ Mi–so abends; Gerichte 7–15 US$) Gilt als bestes Restaurant der Stadt und ist am Wochenende rappelvoll. Aus dem leckeren Angebot stechen besonders die Gerichte mit Fisch oder Nudeln hervor.

EL PLAYÓN

El Playón liegt an der westlichen Straße und ist die Schwesterstadt von Puerto Colombia. Sie ist zwar wesentlich größer, aber weniger reizvoll. Von den meisten der über ein Dutzend Übernachtungsmöglichkeiten sind es nur ein paar Blocks bis zum Wasser. Außerdem gibt's ein paar schäbige Restaurants. Die meisten Hotels servieren Mahlzeiten auf Anfrage. An Wochenenden und Feiertagen steigen die Preise.

Posada Loley (☎ 993-1252; Calle Fuerzas Armadas; DZ/3BZ 15/18 US$) Einfache *posada* einen Block hinter dem Strand. Sie ist eine der günstigsten und besten Budgetunterkünfte vor Ort und bietet neben einem kleinen Garten auch eine Veranda. Der Eigentümer hat die Ruhe weg. Auf Wunsch gibt's auch was zu essen.

Hotel Costa de Oro (☎ 951-1010; Calle California 2; EZ/DZ 21/27 US$; 🛏) Das Costa de Oro steht direkt am Wasser und vermietet geräumige Doppelzimmer. In den prima Bädern kommt warmes Wasser aus der Leitung. Tipp: die Zimmer mit Meerblick.

Posada de La Costa Eco-Lodge (☎ 951-1006; www.ecovenezuela.com; Calle California 23; DZ mit/ohne Meerblick 67/56 US$; 🖳 🛏) Die wunderbare Posada de La Costa Eco-Lodge passt harmonisch zum Strand und den umliegenden Gärten. Sie bietet fesche Zimmern und eine relaxte Atmosphäre. Die Zimmer mit Meerblick und Balkon sind den Aufpreis definitiv wert.

An- & Weiterreise

Der Busbahnhof von Maracay ist der Ausgangspunkt für Abstecher zum Nationalpark. Zwischen 7 und 17 Uhr fahren mit „Ocumare de la Costa" gekennzeichnete Busse alle 60 Minuten nach El Playón (1,50 US$, 2 Std.). Passagiere können unterwegs in Rancho Grande aussteigen, müssen aber dennoch den vollen Fahrtpreis bezahlen. Der letzte Bus fährt um 17 Uhr zurück nach Maracay.

Zusätzlich rollen stündlich Minibusse von Maracay nach El Playón. Sie starten aber nicht am Busbahnhof, sondern an der El Limón. Ihr Vorteil besteht in der längeren Betriebzeit (bis ca. 19.30 Uhr). Ab El Playón geht's mit *carritos* weiter zur Playa Cata (0,65 US$, 10 Min.).

Im Abstand von ein bis zwei Stunden starten Busse vom Terminal in Richtung Puerto Colombia (2 US$, 2¼ Std.). Der letzte Bus nach Maracay verlässt Puerto Colombia theoretisch um 17 Uhr (am Wochenende später). Diese Zeitangabe ist allerdings nicht sonderlich verlässlich und nicht für bare Münze zu nehmen. Direkt hinter dem Busbahnhof stehen Taxis bereit (tagsüber/nachts 20/25–30 US$, 1¼ Std.) – hier schont die Reisekasse beträchtlich, wenn man sich mit anderen Reisenden zusammentut.

PARQUE NACIONAL MORROCOY

☎ 0259

Die Schönheit und Vielfalt des Parque Nacional Morrocoy suchen unter den Küstenregionen Venezuelas ihresgleichen. Neben einem Streifen Festland umfasst der Park zahlreiche Inseln, Inselchen und Atolle draußen im Meer. Weiße Sandstrände säumen manche der Inseln und drum herum verteilen sich Korallenriffe. Am beliebtesten ist Cayo Sombrero mit wunderbaren (wenn auch zunehmend gefährdeten) Korallenriffen und ein paar der schönsten Strände weit und breit. Hervorragend schnorcheln lässt es sich auch vor Cayo Borracho, Playuela und Playuelita.

An Wochenenden zieht der Park sehr viele Besucher an; unter der Woche ist es deutlich ruhiger.

Chichiriviche (12 500 Ew.) ist das nördliche Zugangstor zum Parque Nacional Morrocoy. Von hier aus geht's zu einem halben Dutzend nahgelegener Atolle. Am Ufer liegen sehr malerisch farbenfrohe alte Fischerboote.

Orientierung & Praktische Informationen

Der Park breitet sich zwischen seinen Hauptzugängen Tucacas und Chichiriviche aus. Chichiriviche ist die kleinere der beiden Städte, die beide gleich öde und unattraktiv wirken. Ansonsten gibt's jeweils diverse Unterkünfte und auch an Booten und Restaurants herrscht kein Mangel. Die Geldautomaten der Banken sind rund um die Uhr in Betrieb.

Aktivitäten

In Tucacas gibt es zwei Tauchschulen: **Amigos del Mar Divers** (☎ 812-1754; amigos-del-mar@cantv.net; Calle Democracia) ist günstiger als **Submatur** (☎ 812-4640; Calle Ayacucho). Beide bieten Anfängerkurse und geführte Tauchausflüge. Hinzu kommen jeweils Tauch- und Schnorchelausrüstung zum Kaufen und zum Ausleihen. In Chichiriviche gibt es dagegen keine Tauchanbieter.

Auch manche Bootsbetreiber und Hotelmanager verleihen Schnorchelausrüstung (ca. 4 US$/Tag). Manche Hotels haben auch eigene Kähne oder organisieren Strandausflüge, Schnorcheltrips und Vogelbeobachtungen in Zusammenarbeit mit Bootsbesitzern.

Schlafen & Essen

INSELN

Wer ein Zelt oder Hängematte und Moskitonetz dabei hat, kann problemlos auf den Inseln übernachten. Ansonsten beschränken sich Aufenthalte auf Tagesausflüge ab Tucacas oder Chichiriviche. Auf vier der Inseln (Sal, Sombrero, Muerto und Paiclás) darf offiziell gecampt werden. Die dortigen Strandrestaurants und Imbissstände haben während der Nebensaison an Wochentagen eventuell geschlossen – dann heißt es eigene Vorräte mitbringen. Bevor man sein Zelt aufschlägt, muss man sich in Tucacas beim Inparques-Büro anmelden und die Campinggebühr (1 US$/Pers. & Nacht) bei der Banesco in Tucacas bezahlen.

TUCACAS

Im Umkreis der 1 km langen Av Libertador gibt's jede Menge Hotels und Restaurants.

Posada Amigos del Mar (☎ 812-3962; Calle Nueva, hinter dem Krankenhaus; DZ/3BZ 10/14 US$) Die nette *posada* gehört zur gleichnamigen Tauchschule und hat geräumige Zimmer mit Bädern und Ventilatoren. Gästen steht auch eine Küche zur Verfügung.

Posada El Ancla (☎ 812-0253; posadaelancla@cantv.net; Calle Páez, 2 Blocks südlich der Av Libertador; DZ/4BZ 18/22 US$; ℗ ⊠) Die kleine und freundliche Posada El Ancla befindet sich in Familienbesitz. Die vier Zimmer haben zwar keine eigenen Nasszellen, doch interessanterweise gibt's ebensoviele Gemeinschaftsbäder.

Posada d'Alexis (☎ 812-3390; Calle Falcón; DZ 22–25 US$, 4BZ 32 US$; ℗ ⊠ ⊠) Noch ein kleines und schmuckes Gästehaus – allerdings mit eigenem Restaurant. Die Zimmer verteilen sich rund um einen Poolbereich mit Wasserfall und dichten Trauerweiden.

Restaurant El Timón (☎ 812-0783; Av Libertador; Hauptgerichte 5–8 US$; ⊠) Das El Timón serviert durch und durch leckere Gerichte (vor allem Meeresfrüchte) zum Superpreis. Gegessen wird drinnen oder an Tischen im Freien.

CHICHIRIVICHE

Morena's Place (☎ 815-0936; posadamorenas@hotmail.com; Sector Playa Norte; Zi. 7 US$/Pers.) Erschwingliche *posada* in einem schmucken, betagten Haus. Die nette Budgetoption in Ufernähe bietet Wäschereiservice, günstige Mahlzeiten und geführte Touren. Sie verleiht insgesamt zwei Kajaks und hat englischsprachiges Personal.

Villa Gregoria (☎ 818-6359; aagustinm@yahoo.es; Calle Mariño nahe des Busbahnhofs; DZ mit Ventilator/Klimaanlage 13/20 US$; P 🛇) Gästehaus unter spanischer Leitung und mit dementsprechendem Dekor. Die komfortablen Zimmer haben eigene Bäder, sind aber im OG heller und weitaus attraktiver.

Restaurant El Rincón de Arturo (Av Zamora; Frühstück/Mittagsmenüs 2,50/3 US$) Das kleine und urige Lokal ist immer eine gute Wahl.

An der Av Zamora gibt's noch mehr günstige Restaurants. Zu den besten Adressen am Ufer gehören das **Restaurant Casamare** (Av Zamora) und das **Restaurant Txalupa** (Av Zamora).

An- & Weiterreise

Tucacas liegt an der Straße von Valencia nach Coro. Daher besteht regelmäßig Busverbindung nach Valencia (2 US$, 1½ Std., 91 km) und Coro (5,50 US$, 3½ Std., 197 km). Linienbusse auf der Fahrt von Valencia nach Chichiriviche halten regelmäßig in Tucacas (0,75 US$, 40 Min., 35 km).

Chichiriviche liegt rund 22 km abseits des Highways von Morón nach Coro. Jede halbe Stunde besteht Busverbindung ab Valencia (2,80 US$, 2½ Std., 126 km).

Von Caracas oder Coro fahren keine Direktbusse nach Chichiriviche. Wer von Caracas anreist, fährt zunächst mit einem Linienbus nach Valencia (2,50 US$, 2½ Std., 158 km) und steigt um. Bei Trips ab Coro steigt man in einen beliebigen Bus nach Valencia und lässt sich in Sanare an der Abzweigung nach Chichiriviche absetzen (5 US$, 3¼ Std., 184 km). Das letzte Stück bedienen die Busse von Valencia nach Chichiriviche.

Unterwegs vor Ort

Sowohl in Tucacas als auch in Chichiriviche legen Boote zu den Inseln ab. Die Preise verstehen sich pro Boot (max. 8 Pers.). Beliebte Ausflüge ab Tucacas führen u. a. zur Playa Paiclás (22 US$ hin und zurück) sowie zur Playuela (26 US$) und nach Cayo Sombrero (38 US$). Von Chichiriviche aus schippern viele Touristen zu den nahen Cayos Muerto (10 US$), Sal (14 US$), Pelón (14 US$) und Sombrero (38 US$). Die Boote holen Inselbesucher nachmittags oder später wieder ab. Während der Nebensaison sind unter der Woche meist Ermäßigungen möglich.

CORO
☎ 0268 / 165 000 Ew.

Das nette Coro ist vor allem als Ausgangspunkt für Trips in den Parque Nacional Médanos de Coro bekannt – Venezuelas „Mini-Sahara". Aber Coros großartige Kolonialarchitektur und seine herzliche Studentenszene sind allein schon einen Besuch wert. In den 1950er-Jahren erklärte die Regierung das historische Stadtzentrum zum Nationaldenkmal. Seitdem wurden viele alte Gebäude restauriert. Am Pflaster der Calle Zamora stehen die meisten Häuser aus der Kolonialzeit; sie zählen zu den schönsten im ganzen Land. Seit 1993 gehört Coro zum Unesco-Weltkulturerbe.

Praktische Informationen

Im Stadtzentrum gibt's mehrere Internetcafés. Sie schließen um ca. 20 Uhr.

Banco de Venezuela (Paseo Talavera)
Banco Mercantil (Calle Falcón)
Banesco (Av Manaure)
Ciudad Bitácora (Ecke Calle Zamora & Calle Jansen; ⏱ 7–2 Uhr) Das größte Internetcafé der Stadt hat neben schnellen Verbindungen auch eine mächtige Klimaanlage – Pullover anziehen!

Sehenswertes

Mit bis zu 30 m hohen Sanddünen erinnert die dramatische Wüstenlandschaft des **Parque Nacional Médanos de Coro** (Eintritt frei; ⏱ 7–19.30 Uhr) stark an die bekanntesten Teile der Sahara. Um hierherzukommen, nimmt man an der Calle Falcón einen Bus in Richtung Carabobo und steigt 300 m nach dem gewaltigen Monumento a la Federation wieder aus. Es folgt ein zehnminütiger Fußmarsch in Richtung Norden entlang einer breiten Hauptstraße. Schließlich kommt mit dem Monumento a la Madre ein weiteres öffentliches Denkmal in Sicht.

Alle interessanten Museen sind in restaurierten Gebäuden aus der Kolonialzeit untergebracht. Das **Museo de Arte de Coro** (☎ 251-5658; Paseo Talavera; Eintritt frei; ⏱ Di–Sa 9–12.30 & 15–19.30, So 9–16 Uhr) in einem wunderschönen Haus aus dem 18. Jh. ist eine Zweigstelle des Museo de Arte Contemporáneo in Caracas. Wie das Muttermuseum in der Hauptstadt präsentiert es wechselnde Ausstellungen mit zeitgenössischer Kunst, die zum Nachdenken anregt.

Das **Museo de Arte Alberto Henríquez** (☎ 252-5299; Paseo Talavera; Eintritt frei; ⏱ Di–Sa 9–12 & 15–18,

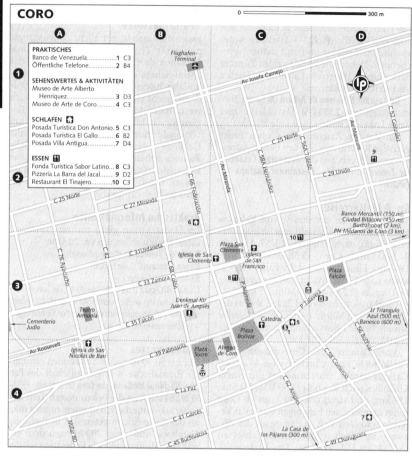

So 9–12 Uhr) schräg gegenüber befindet sich ebenfalls in einem herrlichen historischen Bauwerk. Seine regelmäßig wechselnden Ausstellungen mit moderner Kunst sind immer einen Besuch wert.

Schlafen

Im Stadtzentrum gibt's einige Budgetunterkünfte in praktischer Lage.

La Casa de los Pájaros (☎ 252-8215; rstiuv@cantv.net; Calle Monzón No 74; B 5 US$, DZ mit Bad & Ventilator 12 US$, mit Klimaanlage 16 US$;) Das freundliche private Gästehaus heißt Traveller mit drei kleinen Zimmern und einem Schlafsaal (4 Betten) willkommen. Gästen stehen eine Küche und ein kostenloser Internetzugang (30 Min./Tag) zur Verfügung.

Posada Villa Antigua (☎ 0414-682-2924; Calle Comercio No 46; DZ 12–16 US$;) Der Name ist Programm: Bei der Villa Antigua (altmodische Villa) umgeben ebenso altmodische Zimmer eine schöne Terrasse. Sie haben eigene Bäder und eine leise (da moderne) Klimaanlage. Das günstige Restaurant sollte man ausprobieren.

Posada Turística El Gallo (☎ 252-9481; posadaelgallo2001@hotmail.com; Calle Federación No 26; EZ/DZ/3BZ mit Ventilator 12/14/18 US$) Die *posada* in einem restaurierten Kolonialgebäude gehört einem Franzosen. Die einfache, saubere und zweckmäßige Unterkunft hat eines der besten Preis-Leistungs-Verhältnisse vor Ort. Besitzt einen relaxten Hof, aber keine eigenen Bäder.

Posada Turística Don Antonio (☎ 253-9578; Paseo Talavera No 11; DZ/3BZ 18/22 US$; 🛉) Das Don Antonio wurde im Stil der Kolonialzeit wieder aufgebaut. Die moderne *posada* im Herzen der Stadt bietet komfortable Zimmer mit eigenen Bädern und Klimaanlage.

Essen

In Coro gibt's jede Menge günstige Restaurants.

Fonda Turística Sabor Latino (Paseo La Alameda; Frühstück 2 US$, Mittagessen 2–3 US$; ⏱ 8–20 Uhr; 🛉) Versteckt sich an der Fußgängerzone im Stadtzentrum und serviert neben venezolanischer Standardküche auch ein paar der günstigsten Gerichte in ganz Coro (darunter ganze 14 Frühstücksangebote zum Festpreis).

Restaurant El Tinajero (Calle Zamora; Hauptgerichte 2–4 US$) Das entspannte und günstige El Tinajero tischt Klassiker aus Venezuela auf. Gegessen wird auf den beiden winzigen Verandas des urigen alten Hauses.

Pizzería La Barra del Jacal (Calle Unión; Hauptgerichte 3–6 US$) Dem Namen nach eine Pizzeria, in Wirklichkeit aber ein Vollblutrestaurant. In dem attraktiven Freiluftlokal ist insbesondere abends ordentlich was los. Dann vertreibt eine sanfte Brise die Tageshitze.

An- & Weiterreise

BUS

Das **Terminal de Pasajeros** (☎ 252-8070; Av Los Médanos) 2 km östlich vom Stadtzentrum wird regelmäßig von Nahverkehrsmitteln bedient. Bis ca. 18 Uhr fahren Busse alle 30 Minuten nach Punto Fijo (2 US$, 1¼ Std., 90 km), Maracaibo (5,50 US$, 4 Std., 259 km) und Valencia (7 US$, 5 Std., 288 km). Die meisten Direktbusse nach Caracas (10–13 US$, 7 Std., 446 km) machen sich abends auf den Weg. Ansonsten fährt man einfach nach Valencia und steigt dort in Richtung Hauptstadt um. Diverse Nachtbusse rollen ohne Zwischenstopp nach Mérida (12–18 US$, 13 Std., 782 km) und San Cristóbal (12–17 US$, 12 Std., 698 km). Sie starten in den Abendstunden und fahren über Maracaibo. Innerhalb der Region sind auch Busse nach Adícora unterwegs (1,25 US$).

FLUGZEUG

Der Flughafen **José Leonardo Chirinos** (☎ 251-5290; Av Josefa Camejo) liegt nur fünf Gehminuten nördlich vom Stadtzentrum. **Avior** (☎ 253-1689) schickt täglich Maschinen nach Caracas (60–70 US$). Von dort geht's weiter zu anderen Zielen.

ADÍCORA

☎ 0269 / 1000 Ew.

Die Kleinstadt Adícora an der Ostküste der Península de Paraguaná ist eine von Venezuelas Hochburgen für **Wind-** und **Kitesurfer**. Wind und Wellen locken Anfänger und Profis aus aller Herren Länder. Auf der Halbinsel verzeichnet Adícora die höchsten Besucherzahlen. Die Reisenden finden hier ein anständiges Unterkunfts- und Restaurantangebot.

Die einheimischen lokalen Anbieter sind alle an der Playa Sur (Südstrand) ansässig. Neben Kursen und einfachen Unterkünften gibt's hier auch Ausrüstung zum Ausleihen. Als größter und verlässlichster Veranstalter hat **Windsurf Adícora** (☎ 988-8224, 0416-769-6196; www.windsurfadicora.com) ganzjährig geöffnet. Die Firma bedient Wind- und Kitesurfer gleichermaßen und bietet zusätzlich ein paar prima Zimmer mit Klimaanlage und eigenen Bädern. Carlos von **Adícora Kitesurfing** (☎ 0414-697-5457; www.adicorakitesurf.com) bringt Anfängern das Kitesurfen bei (angehende Windsurfer haben leider Pech). Das Angebot umfasst drei- bis siebentägige Kurspakete inklusive Unterkunft und Verpflegung – in der Nebensaison hat der Laden aber nur an Wochenenden geöffnet. **Archie's Kite & Windsurfing** (☎ 988-8285; www.kitesurfing-venezuela.de) steht unter deutscher Leitung und unterrichtet Interessenten ausschließlich von Dezember bis Mai.

Zwischen Adícora und Coro pedeln täglich acht Busse (1,50 US$, 1 Std.). Der letzte macht sich um ca. 17 Uhr auf den Weg.

MARACAIBO

☎ 0261 / 1,5 Mio. Ew.

Maracaibo ist eher für Business als für Tourismus bekannt. In Venezuelas zweitgrößter Stadt schlägt das Herz der einheimischen Erdölindustrie. Besucher sehen sich hier mit brütend heißem Wetter und nichtssagenden Wolkenkratzern konfrontiert. Die wohlhabende Stadt wartet aber auch mit ein paar anständigen Restaurants und anderen Annehmlichkeiten aus der Ersten Welt auf – sehr angenehm für all jene, die von der kolumbianischen Küste auf dem Landweg anreisen.

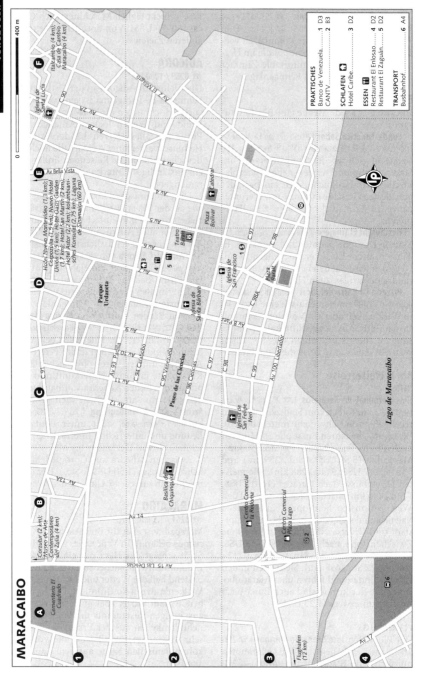

Bis Bohrmannschaften 1914 auf Öl stießen, war Maracaibo ein unbedeutendes Kaff am Ufer des gleichnamigen Sees (übrigens der größte in ganz Südamerika). Sechs Jahre später war Venezuela der wichtigste Erdölexporteur der Welt. Seitdem werden rund zwei Drittel der landesweiten Gesamtfördermenge aus dem Boden unter dem Lago de Maracaibo gepumpt. Das Schwarze Gold durchquert die Stadt und wird dann in alle Welt verschifft.

Orientierung

Maracaibo hat viele Vororte. Doch wie üblich sind für Touristen vor allem die Viertel im Herzen der Metropole interessant. Allgemein sind dies der historische Stadtteil im Süden und das moderne Stadtzentrum im Norden. Zwischen beiden kann man schnell und einfach pendeln – die Lage der gewählten Unterkunft ist daher nicht besonders wichtig. Dennoch gibt's im neuen Stadtzentrum wesentlich bessere Hotels, Restaurants und Einrichtungen. Zudem ist die Kriminalitätsrate niedriger. Der alte Stadtkern hat dafür mehr Sehenswürdigkeiten. Alle lassen sich gemütlich innerhalb von ein bis zwei Tagen abklappern.

Praktische Informationen

GELD

Banco de Venezuela Historisches Stadtzentrum (Ecke Av 5 & Calle 97); Neues Stadtzentrum (Ecke Av Bella Vista & Calle 74)

Banco Mercantil (Ecke Av Bella Vista & Calle 67, Neues Stadtzentrum)

Banesco (Ecke Av Bella Vista & Calle 71, Neues Stadtzentrum)

Italcambio Flughafen (☎ 736-2513); Av 20 (☎ 783-2040; Centro Comercial Montielco, Ecke Av 20 & Calle 72, Neues Stadtzentrum); Av El Milagro (☎ 793-2983; Centro Comercial Lago Mall, Av El Milagro, Neues Stadtzentrum)

INTERNETZUGANG

Die meisten Internetcafés verlangen zwischen 0,70 und 1 US$ pro Stunde.

CANTV (Centro Comercial Paza Lago)

Cyber Place (Av 8 zw. Calle 72 & 73, Neues Stadtzentrum)

Cyber Zone (Local PNC 17A, Centro Comercial Lago Mall, Av El Milagro, Neues Stadtzentrum)

TOURISTENINFORMATION

Beide Touristeninformationen liegen außerhalb des historischen Zentrums.

Corpozulia (☎ 791-5555; Av Bella Vista zw. Calles 83 & 84; ⊙ Mo–Fr 8.30–11.30 & 13.30–15.30 Uhr) Etwa 2 km nördlich vom Zentrum entfernt, ist von der Plaza Bolívar aus mit *por puestos* in Richtung Bella Vista erreichbar.

Corzutur (☎ 783-4928; Edificio Lieja, Ecke Av 18 & Calle 78; ⊙ Mo–Fr 8–16 Uhr) Touristeninformation 2 km nordwestlich vom Zentrum.

Schlafen

Für die mittelmäßigen Unterkünfte im historischen Stadtzentrum spricht vor allem ihre praktische Lage. Bei Nacht ist diese Gegend eher unsicher und fast menschenleer. Die nördlichen Viertel sind etwas sicherer und bieten bessere Übernachtungsmöglichkeiten. Wer lediglich einmal in Maracaibo übernachtet, nimmt am besten ein Zimmer in dem halben Dutzend einfacher Hotels westlich vom Busbahnhof. Sie sind ansonsten nicht weiter erwähnenswert.

Hotel Astor (☎ 791-4510; Plaza República; EZ 9 US$, DZ 12–13 US$; ⊠) Eines der günstigsten Hotels in sehr guter Lage. Das einfache, aber annehmbare Astor steht in einem hippen und sicheren Viertel. Im Umkreis von 200 m gibt's ein Dutzend trendige Restaurants.

Hotel Nuevo Montevideo (☎ 722-2762; Calle 86A No 4–96; DZ 10–12 US$, 3BZ 14 US$; P ⊠) Ruhiges Hotel in einem heruntergekommenen alten Haus. Es hat 13 große Zimmer mit hohen Decken, Klimaanlage und eigenen Bädern.

Nuevo Hotel Unión (☎ 793-3278; Calle 84 No 4–60; DZ 10–11 US$, 3BZ 14 US$; ⊠) Weiteres kleines Budgethotel mit einem Hauch von Stil und aufmerksamen Angestellten. Zur Touristeninformation Corpozilia ist's nur ein Katzensprung.

Hotel Caribe (☎ 722-5986; Av 7 No 93–51; DZ 11–12 US$, 3BZ 15 US$; ⊠) Das Caribe mit seinen 60 Zimmern steht zwei Blocks von der Plaza Bolívar entfernt. Die neueren Zimmer im hinteren Bereich sind an eine zentrale Klimaanlage angeschlossen. Die funktioniert zwar geräuschlos, aber beinahe *zu* gut.

Essen

Im Stadtzentrum gibt's jede Menge durchschnittlicher Restaurants. Sie servieren zwar komplette Mittagsmenüs für wenig Geld (ca. 2 US$), schließen aber relativ früh. Die Qualität der Gerichte ist oft ebenso gering wie der Preis.

Restaurant El Enlosao (Calle 94; Hauptgerichte 2–4 US$) Das El Enlosao in einem charmanten historischen Gebäude tischt schlichte, aber

1156 DIE ANDEN

schmackhafte Küche aus Venezuela auf. Und das zum Superpreis. Die üppige *parilla* ist beinahe schon zuviel des Guten.

Restaurant El Zaguán (☎ 717-2398; Ecke Calle 94 & Av 6; Hauptgerichte 4–6 US$) Das einladende Restaurant liegt nur ein paar Schritte vom El Enlosao entfernt. Hier kommt neben internationaler Küche auch Herzhaftes aus Venezuela auf den Tisch. Zwei herrliche alte Bäume überschatten das angenehme Freiluftcafé.

Restaurant Los Soles (☎ 793-3966; Av 5 de Julio No 3G–09, Neues Stadtzentrum; Hauptgerichte 6–10 US$) Eine mexikanische Familie leitet das helle und luftige Lokal – ein echtes Stückchen Mexiko in Maracaibo. Gäste verspeisen ihre Tacos oder Enchiladas entweder im farbenfrohen Speiseraum oder an Tischen im Freien.

Restaurant Mi Vaquita (☎ 791-1990; Av 3H No 76-22, Neues Stadtzentrum; Hauptgerichte 7–12 US$; ☯ 12–23 Uhr) Das Mi Vaquita hat inzwischen rund 40 Jahre auf dem Buckel und gehört zu den besten Steakhäusern der Stadt. Die warme Einrichtung aus Holz hat Charakter. Außerdem gibt es hier noch eine Bar, an der immer was los ist.

An- & Weiterreise

Der Flughafen La Chinita liegt 12 km südwestlich vom Stadtzentrum. Da er vom öffentlichen Nahverkehr nicht angefahren wird, muss man auf ein Taxi zurückgreifen (ca. 7 US$). Hier starten Maschinen zu anderen Großstädten wie z.B. Caracas (50–75 US$) oder Mérida (35–45 US$).

Am Busbahnhof 1 km südwestlich vom Stadtzentrum starten Linienbusse nach Coro (5 US$, 4 Std.) und Caracas (12 US$, 10½ Std.). Diverse Nachtbusse fahren nach Mérida (11 US$, 9 Std.) und San Cristóbal (10 US$, 8 Std.).

DIE ANDEN

Das heißblütige Venezuela bringt man normalerweise nicht mit tief verschneiten Berglandschaften und windumtosten Gipfeln in Verbindung. Dennoch verläuft hier das 400 km lange Nordende des Andenmassivs mit dem Pico Bolívar (5007 m), dem höchsten Berg Venezuelas. Aber auch für all jene, die keine Hardcore-Bergsteiger sind, gibt es hier einiges zu sehen: üppige Täler mit Nebelwäldern, rauschenden Bächen und Wasserfällen. Schmale Straßen schlängeln sich hinauf zu charmanten Bergdörfern.

Der Bundesstaat Mérida liegt im Herzen der venezolanischen Anden. Neben den höchsten Bergen gibt's hier auch die beste Tourismusinfrastruktur des Landes. Die Stadt Mérida ist ein südamerikanisches Topziel für Abenteuersportler. Das Angebot reicht von Wandertouren und Gleitschirmflügen bis hin zu Rafting und Canyoning. Mérida ist auch Ausgangspunkt für Trips in die Steppe von Los Llanos (S. 1163). In den beiden anderen Anden-Bundesstaaten – Trujillo und Táchira – gibt's weniger Besucher, dafür bieten sich hier wagemutigen Reisenden zahlreiche Trekking-Möglichkeiten.

BLITZE OHNE DONNER

Dieses atemberaubende Phänomen tritt an der Mündung des Río Catatumbo in den Lago de Maracaibo auf. Obwohl es fortwährend blitzt, ist anschließend kein Donner zu hören. Dieser gruselige und lautlose Elektrosturm ist manchmal so stark und regelmäßig, dass die Nacht zum Tage wird.

Der sogenannte Relámpago de Catatumbo (Catatumbo-Blitz) oder Faro de Maracaibo (Maracaibo-Leuchtturm) ist bei Dunkelheit in der ganzen Region zu sehen – je nach Wetterlage bis hinüber nach Maracaibo oder San Christóbal. Bei Nachtfahrten von Maracaibo nach San Christóbal oder von San Christóbal nach Valera bekommt man einen ersten Eindruck von dem Spektakel. Je näher man kommt, desto beeindruckender wird es. Das Naturereignis lässt sich auch im Rahmen geführter Touren ab Mérida (S. 1159) aus nächster Nähe erleben.

Zum Catatumbo-Blitz gibt es mehrere Theorien, die bisher nicht bewiesen werden konnten. Am wahrscheinlichsten ist folgende: Die Topografie der Region wird von einem annähernd 5000 m hohen Gebirgszug (den Anden) sowie einem gigantischen Binnensee auf Meeresniveau (dem Lago de Maracaibo) bestimmt. Eine solche Kombination ist weltweit einmalig. Die kalten Winde aus dem eisigen Hochland treffen auf feuchtheiße Luft, die vom See aufsteigt. Die dadurch ausgelöste Ionisierung der Luftpartikel soll für die Blitze verantwortlich sein.

EINREISE NACH KOLUMBIEN

Mehrere Busgesellschaften schicken klimatisierte Fahrzeuge über die kolumbianischen Städte Maicao, Santa Marta und Barranquilla nach Cartagena. Von Maracaibos Busbahnhof fährt **Bus Ven** (☎ 723-9084; Busbahnhof) einmal am Tag frühmorgens nach Santa Marta (34 US$, 7 Std., 374 km) und Cartagena (38 US$, 11 Std., 597 km). Diese Firma ist günstiger als ihre Konkurrenten. Die Busse überqueren die Grenze bei **Paraguachón**. Hier besteht die Möglichkeit zum Umsteigen. Anschließend geht's weiter nach Maicao (S. 839), der ersten Stadt auf kolumbianischem Boden.

Sparsame Traveller nehmen ein *por puesto* (Sammeltaxi) nach Maicao (9 US$, 2½ Std., 123 km) und steigen dort um. *Por puestos* fahren zwischen 5 und 15 Uhr regelmäßig hinüber zum Busbahnhof von Maicao. Hier machen sich diverse kolumbianische Busgesellschaften auf den Weg nach Santa Marta (9 US$, 4 Std., 251 km) und zu weiteren Zielen. Der Linienbetrieb endet gegen 17 Uhr.

Für sämtliche Ausreiseformalitäten ist die venezolanische Einwanderungsstelle in der Grenzstadt Paraguachón zuständig. Beim Verlassen Venezuelas müssen alle Reisenden hier eine *impuesta de salida* (Ausreisesteuer) von 16 US$ entrichten (nur Bolívar in bar).

Beim Grenzübertritt von Venezuela nach Kolumbien muss die Uhr um eine Stunde zurückgestellt werden. Informationen zu Reisen von Santa Marta (Kolumbien) nach Venezuela stehen auf S. 839.

MÉRIDA
☎ 0274 / 325 000 Ew.

Das freundliche Mérida trägt den Spitznamen *La Ciudad de los Caballeros* (Stadt der Ehrenmänner). Für die relaxte und kultivierte Atmosphäre der Bergstadt sind die riesige Universität und die Outdoorsportszene verantwortlich. Gerade mal 12 km entfernt erhebt sich mit dem Pico Bolívar (5007 m) der höchste Berg Venezuelas. Der Pico Espejo ist etwas niedriger, aber ebenso beeindruckend. Von Mérida aus fährt der *teleférico* direkt zum Gipfel hinauf; hierbei handelt es sich um die höchste und längste Seilbahn der Welt. Besucher können an Wandertouren, Canyoning, Rafting, Mountainbiketrips, Gleitschirmflügen und vielen weiteren Aktivitäten teilnehmen. Doch in Mérida dreht sich nicht alles nur um Abenteuer, Studium und Sport: Das lebendige Nachtleben kommt zum Glück ganz ohne Schickeria aus – und das an so gut wie jedem Wochentag.

Mérida ist auch Ausgangspunkt für Tierbeobachtungen in Los Llanos (S. 1163) und Wandertouren durch die Andenregion. Die Stadt ist wirklich erschwinglich und für venezolanische Verhältnisse sehr sicher. Neben qualitativ hochwertigen Unterkünften gibt es unzählige günstige Restaurants. Mérida ist außerdem ein bedeutender Zwischenstopp auf Rundwanderstrecken – doch sehr oft bleiben Besucher etwas länger als geplant.

Praktische Informationen
GELD
Banco de Venezuela (Av 4 zw. Calle 23 & 24)
Banco Mercantil (Ecke Av 5 & Calle 18)
Banesco (Calle 24 zw. Av 4 & 5)
Italcambio (☎ 263-2977; Av Urdaneta, Flughafen)

INTERNETZUGANG
In Mérida gibt's beinahe so viele Internetcafés wie *arepas*. Sie sind günstig und haben normalerweise schnelle Verbindungen. Hier eine Auswahl an Internetcafés in zentraler Lage (s. auch „CANTV" und „Telcel" im Abschnitt „Telefon"):
Palace Cyber (Calle 24 zw. Av 5 & Av 6; 1 US$/Std.; ☿ Mo–Sa 7.30–22, So bis 19.30 Uhr) Prima Monitore und schnelle Verbindungen.
Ciber Café El Russo (Av 4 Nr. 17–74)

MEDIZINISCHE VERSORGUNG
Clínica Mérida (☎ 263-0652, 263-6395; Av Urdaneta Nr. 45–145)

POST
Ipostel (Calle 21 zw. Av 4 & 5)

TELEFON
CANTV (Ecke Calle 26 & Av 3) Mit Internetservice.
Telcel (Calle 20 Nr. 4–64) Hat auch einen Internetzugang.

TOURISTENINFORMATION
Cormetur (www.cormetur.com, spanisch) Flughafen (☎ 263-9330; Av Urdaneta; ☿ 8–18 Uhr); Busbahnhof (☎ 263-3952; Av Las Américas; ☿ 9–16 Uhr); Zentrale

MÉRIDA

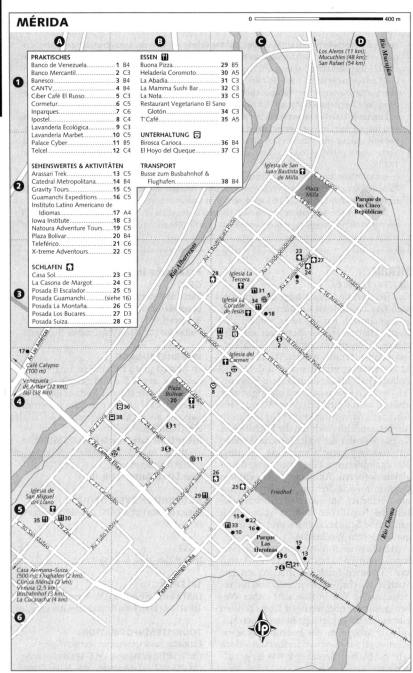

PRAKTISCHES
- Banco de Venezuela...............1 B4
- Banco Mercantil......................2 C3
- Banesco..................................3 B4
- CANTV....................................4 B4
- Ciber Café El Russo................5 C3
- Cormetur................................6 C5
- Inparques...............................7 C6
- Ipostel....................................8 C4
- Lavandería Ecológica.............9 C3
- Lavandería Marbet...............10 C3
- Palace Cyber........................11 B5
- Telcel....................................12 C4

SEHENSWERTES & AKTIVITÄTEN
- Arassari Trek........................13 C5
- Catedral Metropolitana.......14 B4
- Gravity Tours.......................15 C5
- Guamanchi Expeditions......16 C5
- Instituto Latino Americano de Idiomas..........................17 A4
- Iowa Institute......................18 C3
- Natoura Adventure Tours...19 C5
- Plaza Bolívar........................20 B4
- Teleférico.............................21 C6
- X-treme Adventours............22 C5

SCHLAFEN
- Casa Sol............................... 23 C3
- La Casona de Margot.......... 24 C3
- Posada El Escalador............ 25 C5
- Posada Guamanchi.............(siehe 16)
- Posada La Montaña............ 26 C5
- Posada Los Bucares............ 27 D3
- Posada Suiza....................... 28 C3

ESSEN
- Buona Pizza.........................29 B5
- Heladería Coromoto.......... 30 A5
- La Abadía............................ 31 C3
- La Mamma Sushi Bar......... 32 C3
- La Nota................................ 33 C5
- Restaurant Vegetariano El Sano Glotón........................... 34 C3
- T'Café.................................. 35 A5

UNTERHALTUNG
- Biorosca Carioca................. 36 B4
- El Hoyo del Queque........... 37 C3

TRANSPORT
- Busse zum Busbahnhof & Flughafen........................38 B4

(☎ 263-5918, 263-4701, 800-637-4300; Ecke Av Ur-
daneta & Calle 45; ☯ Mo–Fr 8–12 & 14.30–18 Uhr);
Teleférico (s. Karte gegenüber; Parque Las Heroínas;
☯ Mi–So 8–15 Uhr)
Inparques (Teleférico, Parque Las Heroínas) Erteilt
Genehmigungen für den Parque Nacional Sierra Nevada.

WASCHSALONS
Die meisten *posadas* bieten einen Wäschereiservice an. Falls nicht, greift man auf einen
der vielen Waschsalons im Stadtzentrum
zurück.
Lavandería Ecológica (Ecke Av 4 & Calle 16)
Lavandería Marbet (Calle 25 No 8–35)

Sehenswertes
Das **Stadtzentrum** eignet sich prima für gemütliche Spaziergänge. Allerdings gibt's
hier kaum nennenswerte Attraktionen oder
Gebäude aus der Kolonialzeit. Die grüne
Plaza Bolívar im Herzen der Stadt ist jüngeren
Datums. 1800 begannen die Arbeiten an der
gigantischen **Catedral Metropolitana** nach dem
Vorbild der Kathedrale von Toledo in Spanien, die aus dem 17. Jh. stammt. Das Gotteshaus wurde aber erst 1958 fertiggestellt.
Und die Stadtväter machten den Bauarbei-
tern vermutlich nur Beine, weil das 400-jäh-
rige Gründungsjubiläum Méridas unmittelbar bevorstand.
   Fahrten mit dem **teleférico** (☎ 252-1997, 252-
5080; www.telefericodemerida.com, spanisch; Parque Las
Heroínas; 15 US$ mit Rückfahrt; ☯ Bergfahrten 7–12 Uhr,
letzte Talfahrt 14 Uhr) sind ein Highlight eines
Mérida-Aufenthalts. Die höchste und
längste Seilbahn der Welt wurde in der Vergangenheit mehrfach stillgelegt, ist aber
mittlerweile wieder in Betrieb. Auf insgesamt 12,5 km Länge verläuft sie von der
Talstation Barinitas in Mérida (1577 m)
zum Gipfel des Pico Espejo (4765 m). Der
teleférico ist in vier Abschnitte unterteilt, die
drei Zwischenstationen heißen La Montaña
(2436 m), La Aguada (3452 m) und Loma
Redonda (4045 m).

Aktivitäten
Die Region bietet hervorragende Bedingungen für alle möglichen Aktivitäten wie
Bergsteigen, Vogelbeobachtungen, Ausritte
oder Raftingtrips. In kurzer Zeit haben sich
einheimische Veranstalter dieses Outdoor-
Paradies zunutze gemacht – Besucher wissen das zu schätzen. Informationen zu Touranbietern stehen im Abschnitt „Geführte

Touren" (s. unten). Weitere Details gibt's
auf S. 1162.
   Gleitschirmflüge sind das Aushängeschild
von Méridas Abenteuersportszene. Abbildungen von Paraglidern zieren sogar die
Flanken der städtischen Müllwagen. Wer
die Erfahrung eines unmotorisierten Alleinflugs machen möchte, wendet sich an
X-treme (S. 1160). Kursteilnehmer können
sich den hochprofessionellen Ausbildern
der Firma bedenkenlos anvertrauen. Preise
und Kursdauer sind Verhandlungssache.

Kurse
Zahlreiche Studenten und Dozenten bieten
privaten Sprachunterricht an. Interessenten
fragen am besten bei beliebten Traveller-
hotels oder Tourveranstaltern nach. An-
sonsten gibt's diverse große Schulen mit
Spanischkursen.
Instituto Latino Americano de Idiomas (☎ 262-
0990; latinoamericano@cantv.net; Edificio Don Atilio, Ecke
Av 4 & Calle 21)
Iowa Institute (☎ 252-6404; www.iowainstitute.com;
Ecke Av 4 & Calle 18)
Venusa (☎ 263-8855; Edificio Tibisay, Av Urdaneta Nr.
49–49)

Geführte Touren
Der größte Teil der vielen ortsansässigen
Touranbieter ist nahe des Parque Las
Heroínas und an der Calle 24 zu finden. Hier
heißt es vergleichen: Am besten unterhält
man sich mit anderen Reisenden und prüft
die jeweilige Firma auf Herz und Nieren. Die
Preise sind allgemein recht erschwinglich.
Zu den beliebtesten Bergtouren zählen Wanderungen zu den Picos Bolívar und Humboldt, ergänzt durch weniger anstrengende
Abstecher zur Stadt Los Nevados.
   Besonders empfehlenswert sind Tiersafaris nach Los Llanos ab Mérida. Bei den
meisten Veranstaltern kosten solche viertägigen Ausflüge zwischen 100 und 300 US$
(abhängig von Transportmitteln, Führern
und Unterkünften). Normalerweise sind die
Trips aber ihr Geld wert.
   Es folgt eine Auswahl der renommiertes-
ten und verlässlichsten Touranbieter vor
Ort:
Arassari Trek (☎ 252-5879; www.arassari.com; Calle
24 Nr. 8–301) Das Schwergewicht unter den örtlichen
Veranstaltern. Das empfehlenswerte Unternehmen bietet
eine Vielzahl von Trips (u. a. Wanderungen, Ausritte und
Mountainbiketrips). Der Schwerpunkt liegt auf Rafting und

Canyoning. Hinzu kommen Expeditionen nach Los Llanos und Abstecher zum Catatumbo-Blitz (S. 1156). Arassari beschäftigt ein paar der erfahrensten Führer in ganz Mérida und verkauft zusätzlich Tickets für Inlands- und internationale Flüge.

Guamanchi Expeditions (☎ 252-2080; www. guamanchi.com; Calle 24 Nr. 8–86) Guamanchi will in den Bergen hoch hinaus, ist aber ansonsten angenehm auf dem Boden geblieben. Im Angebot sind u. a. Ausflüge nach Los Llanos, Kajaktrips und Radexpeditionen. Die Firma verleiht auch Drahtesel und gibt Tipps zu Radtouren auf eigene Faust. Unter der gleichen Adresse ist auch eine *posada* zu finden.

Natoura Adventure Tours (☎ 252-4216; www. natoura.com; Calle 24 Nr. 8–237) Der alteingesessene Veranstalter Natoura ist vor allem für Wander- und Klettertouren im Gebirge bekannt. Das weitere Tourangebot umfasst u. a. Vogelbeobachtungen im Umkreis von Mérida und darüber hinaus. Teilnehmer erleben die Natur in kleinen Gruppen. Camping- und Bergsteigerausrüstung sind bestens in Schuss.

X-treme Adventours (☎ 252-7241; www.xatours.com; Calle 24 Nr. 8–45) Die junge und abenteuerlustige Firma in venezolanischem Besitz ist Anlaufstelle Nummer Eins, wenn es um Gleitschirmflüge geht. Sie organisiert zusätzlich Wandertouren, Mountainbiketrips, ATV und Bridgejumping. X-treme nimmt auch Buchungen für alle möglichen Hotels, Touren und Fluglinien entgegen.

Schlafen

Einige der Unterkünfte in Mérida bieten mit das beste Preis-Leistungs-Verhältnis im ganzen Land.

Posada Suiza (☎ 252-4961; Ecke Av 2 & Calle 18; EZ/DZ/3BZ ohne Bad 7/10/13 US$, mit Bad 10/13/17 US$) Das Suiza umgibt einen Hof im Stil der Kolonialzeit. Von der ruhigen Terrasse (mit Hängematten im hinteren Bereich) ist die Aussicht auf die Berge einfach wunderbar. Ansonsten gibt's noch eine Gemeinschaftsküche und einen Tourveranstalter. Für 4 US$ extra können sich die Gäste am Frühstücksbuffet bedienen.

Posada El Escalador (☎ 252-2411; www.elescalador. com; Calle 23 zw. Av 7 & Av 8; DZ 12–20 US$) *Die* Adresse für Bergsteiger und Abenteuersportler. Die meisten Tourveranstalter liegen gleich um die Ecke. In der erschwinglichen Unterkunft können sich Sport- und Outdoorfans optimal mit Gleichgesinnten zusammentun.

Posada Guamanchi (☎ 252-2080; www.guamanchi. com; Calle 24 Nr. 8–86; EZ/DZ 12–16 US$, mit Gemeinschaftsbad 10–16 US$) Die spartanische und stetig wachsende *posada* gehört zum gleichnamigen Touranbieter. Hier wohnen Abenteu-

---

IN DIE VOLLEN!

Casa Sol (☎ 252-4164; www.posadacasasol.com; Av 4 zw. Calle 15 y 16; DZ/Suite 30/40 US$) Die *posada* hat wahrscheinlich das aufwändigste Dekor in ganz Venezuela. Bei der restaurierten Inneneinrichtung aus der Kolonialzeit setzen Kunstwerke und Metallelemente wunderschöne Akzente. In den feschen und luftigen Zimmern stehen luxuriöse Betten. Selbst für den doppelten Preis wäre das Casa Sol sein Geld immer noch wert.

---

erlustige unter ihresgleichen. Sie können Unternehmungen organisieren oder sich eine erholsame Mütze voll Schlaf gönnen.

Posada Los Bucares (☎ 252-2841; losbucarespos@ hotmail.com; Av 4 Nr. 15–05; EZ/DZ/3BZ 12/15/18 US$; P) Eine angenehme *posada* in einem schönen historischen Gebäude. Die schnuckeligen Zimmer verteilen sich rund um eine Miniterrasse. Das Restaurant ist genauso winzig.

La Casona de Margot (☎ 252-3312; Av 4 Nr. 15–17; DZ 13–15 US$, 3BZ 20 US$) Das Margot entspricht dem benachbarten Los Bucares in puncto Stil und Atmosphäre. Die kleine *posada* hat stylishe Zimmer und ist relativ erschwinglich.

Posada La Montaña (☎ 252-5977; posadalamontana@icnet.com.ve; Calle 24 Nr. 6–47; EZ/DZ/4BZ 14/18/27 US$) Ein herrliches Haus aus der Kolonialzeit mit schmucken, blitzsauberen und komfortablen Zimmern. Alle haben eigene Tresore und Bäder mit fließend heißem Wasser. Das Restaurant serviert absolute Spitzenküche wie z. B. Steaks mit einfallsreichen Saucen.

Casa Alemana–Suiza (☎ 263-6503; www.casa-alemana.com; Av 2, Calle 38 Nr. 130; EZ/DZ/3BZ/4BZ 18/20/25/29 US$) Das weitläufige Gebäude am südlichen Stadtrand ist weniger touristisch angehaucht als die Unterkünfte im Zentrum. Besitzt neben geräumigen und ruhigen Zimmern auch eine Dachterrasse mit großartiger Aussicht auf die Berge. Organisiert auch geführte Touren im ganzen Land.

Essen

Heladería Coromoto (Av 3 Nr. 28–75; Speiseeis 1–3 US$; ☺ Di–So 14.15–19.45 Uhr) Glaubt man dem *Guinness-Buch der Rekorde*, hat diese Eisdiele weltweit die meisten Sorten. Zu den über 900 Geschmacksrichtungen gehören Kuriositäten wie z. B. „Polarbier", „Forelle" oder „Schwarze Bohnen".

Restaurant Vegetariano El Sano Glotón (Av 4 Nr. 17–84; Mittagsmenü 2 US$; ☺ 12–21 Uhr) Das kleine vegetarische Lokal hat seit Jahren ein treues Stammpublikum. Zur Mittagszeit ist immer eine Menge los.

La Nota (☎ 252-9697; Ecke Calle 25 & Av 8; Snacks 2–3 US$, Hauptgerichte 3–5 US$) Das La Nota trägt den Spitznamen „McDonald's von Mérida" und serviert tatsächlich Burger und Hühnchen-Sandwiches. Auf der Speisekarte stehen aber auch sättigende Standardgerichte aus Venezuela.

Buona Pizza (Av 7 Nr. 24–46; Pizzas 3–4 US$) Die lockere Pizzeria in praktischer Zentrumslage hat lange geöffnet. Das erschwingliche Restaurant bietet ein vielfältiges Angebot und betreibt einen Takeaway auf der anderen Straßenseite.

T'Café (Av 3 & Calle 29; Hauptgerichte 3–6 US$; ☺ open end) In dem hippen Restaurant mit Freiluftcafé baumelt ein Gleitschirmflieger an der Decke. Zur Auswahl stehen neben Kaffee und Sandwiches auch Pizzas und Schmackhaftes aus einheimischen Landen. Hat einen drahtlosen Internetzugang und ist immer gut für einen Kaffee am Tage oder ein abendliches Bierchen.

La Abadía (☎ 251-0933; Av 3 Nr. 17–45; Hauptgerichte 5–12 US$; ☺ 12–23 Uhr) Penibel restauriertes Haus aus der Kolonialzeit mit verschiedenen Essbereichen drinnen und draußen. Hier gibt's qualitativ hochwertige Salate, Fleisch- und Nudelgerichte. Ist zwar etwas teurer als die Konkurrenz, aber auf jeden Fall sein Geld wert. Und dazu eine tolle Location für Dates.

La Mamma & Sushi-Bar (☎ 252-3628; Av 3 zw. 19 & 20; Hauptgerichte 5–15 US$; ☺ 12–1 Uhr) Das La Mamma rühmt sich der längsten Speisekarte in Mérida und scheut sich nicht, Pizza mit Suhsi zu kombinieren. Beim Essen gibt's absolut nichts zu meckern. Eignet sich prima für ein ausgiebiges Abendessen vor dem Start ins Nachtleben.

Unterhaltung

El Hoyo del Queque (☎ 252-4306; Ecke Av 4 & Calle 19; Eintritt am Wochenende 2 US$; ☺ bis 1 Uhr) Der alteingesessene und unglaublich unterhaltsame Laden ist vielleicht die beste Bar in ganz Venezuela. Dementsprechend herrscht jeden Abend Hochbetrieb. Besucher schwingen das Tanzbein oder erfreuen sich an den häufig auftretenden Livebands. Bei einem Aufenthalt in Mérida ein absolutes Muss.

Birosca Carioca (☎ 252-3804; Calle 24 Nr. 2–04) Das relaxte Birosca zieht vor allem junge Leute an. Hier dreht sich alles um Trinken, Tanzen und Spaß haben. Im Vergleich zu den anderen Nightspots im Zentrum von Mérida ist das Birosca fast schon eine reine Disko.

La Cucaracha (Centro Comercial Las Tapias, Av Andrés Bello) Für all jene, die es besonders laut mögen, ist Méridas größte Disko der richtige Ort. Am Wochenende werden bis zu 1000 Feierwütige kräftig mit Salsa, House, Techno und Pop beschallt.

Café Calypso (Centro Comercial Viaducto; Eintritt frei; ☺ Mo–Sa 21 Uhr–open end) Tagsüber ist das Calypso ein ganz normales Café. Abends verwandelt es sich aber in einen angesagten Nightspot mit internationalen DJs an den Plattentellern. Die Caipirinhas, *mojitos* und die anderen Cocktails haben es in sich. Das Calypso wirkt urbaner und nobler als die anderen Locations der Stadt. Nachtschwärmer feiern hier bis in die frühen Morgenstunden.

An- & Weiterreise

BUS

Das **Terminal de Pasajeros** (Busbahnhof; ☎ 263-0051; Av Las Américas) 3 km südwestlich vom Stadtzentrum wird regelmäßig von Nahverkehrsbussen angesteuert (ab der Ecke Calle 25/Av 2).

Ein Dutzend Busse fährt täglich nach Caracas (13–20 US$, 13 Std., 790 km), ein weiteres halbes Dutzend nach Maracaibo (10–14 US$, 9 Std., 523 km). Zwischen 5.30 und 19 Uhr rollen Kleinbusse alle eineinhalb Stunden nach San Cristóbal (7 US$, 5 Std., 224 km).

Den ganzen Tag über besteht regelmäßig Verbindung zu weiteren Zielen in der Region (z. B. Apartaderos und Jají).

FLUGZEUG

Der **Aeropuerto Alberto Carnevali** (☎ 263-1612, 263-7804; Av Urdaneta) liegt 2 km südwestlich der Plaza Bolívar mitten in der Stadt. Er wird regelmäßig von Stadtbussen angefahren (ab der Ecke Calle 25/Av 2). Die Maschinen von **Avior** (☎ 244-2454) und **Santa Bárbara** (☎ 263-4170) pendeln täglich zwischen Mérida und Caracas (75–100 US$) hin und her. Ohne Zwischenlandung geht's nach Maracaibo (50–70 US$) und San Antonio del Táchira (45–55 US$).

RUND UM MÉRIDA

Jají (ausgesprochen ha-*hii*) ist das bekannteste Bergdorf im Umkreis von Mérida. Es liegt 38 km westlich der Stadt und ist mit *por puestos* erreichbar. Durch eine umfangreiche Sanierung in den späten 1960er-Jahren hat sich Jají in eine Andensiedlung wie aus dem Bilderbuch verwandelt. Hier gibt es ein paar günstige *posadas* zum Übernachten. **Mucuchíes** ist weniger touristisch angehaucht. Die 400 Jahre alte Stadt liegt 48 km östlich von Mérida. Ein paar Kilometer weiter bergaufwärts folgt das Dorf **San Rafael**. Highlight hier ist eine reizende kleine Kapelle aus Stein.

Aktivitäten

GLEITSCHIRMFLIEGEN

Die meisten Besucher wagen „nur" einen Tandemflug zusammen mit einem erfahrenen Piloten – dafür sind auch keinerlei Vorkenntnisse nötig. Gestartet wird normalerweise in Las Gonzales. Nach einer rund einstündigen Jeepfahrt ab Mérida gleitet man 20 bis 30 Minuten lang ins Tal und überwindet dabei 850 Höhenmeter. Im Flugpreis (40–50 US$) ist die Anfahrt mit dem Jeep enthalten.

Außerdem gibt's auch knapp einwöchige Gleitschirmkurse (400–500 US$). Die Teilnehmer werden in Theorie (u.a. auf Englisch) und Praxis (inkl. Alleinflüge) eingewiesen. Hauptorganisator ist **X-treme Adventours** (S. 1160), doch auch die meisten anderen Outdoorunternehmen vor Ort bieten diese Sportart an (S. 1159). Sie beschäftigen entweder eigene Piloten oder vermitteln auf Anfrage entsprechende Profis.

MOUNTAINBIKEN

In Mérida bieten diverse Veranstalter geführte Touren und Leihfahrräder an. Vergleichen lohnt sich: Bei Zustand der Räder und Preis bestehen teilweise gewaltige Unterschiede. Zu den beliebtesten Radtouren zählt die Rundstrecke zwischen den abgelegenen Bergdörfern südlich von Mérida (Pueblos del Sur). Wer Trips hinauf zum *refugio* im Parque Nacional Sierra la Culata unternehmen will, muss schon eine gute Kondition haben. Dafür gibt's bei der Abfahrt durch die Hochlandsteppe einen Adrenalinkick gratis dazu! Je nach Ausführung kosten Drahtesel zum Ausleihen 10 bis 40 US$ pro Tag.

RAFTING & CANYONING

Organisierte **Raftingtrips** gibt's auf diversen Flüssen in den Südhängen der Anden. Solche Touren lassen sich mit Ausflügen nach Los Llanos verknüpfen, können aber auch als zweitägige Einzelevents gebucht werden (80–100 US$/Pers.). Manche Flüsse führen das ganze Jahr über genug Wasser; dennoch beschränkt sich das Rafting hauptsächlich auf die Regenzeit.

Beim **Canyoning** klettern und wandern die wagemutigen Teilnehmer einen Canyon hinunter und seilen sich dabei an diversen Wasserfällen ab. Auch diese Aktivität hat mittlerweile viele Anhänger gefunden. Ganztägige All-Inclusive-Trips kosten ca. 50 US$. Für Rafting- und Canyoningfans ist der empfehlenswerte Veranstalter Arassari Trek (S. 1159) die wichtigste Anlaufstelle.

WANDERN & BERGSTEIGEN

Die beliebteste Region für Touren durch das Hochgebirge ist der **Parque Nacional Sierra Nevada** östlich von Mérida. Er umfasst die mächtigsten Berge des Landes wie z. B. den **Pico Bolívar** (5007 m). Venezuelas höchster Gipfel zählt landesweit zu den beliebtesten Bergsteigerrevieren. Über einen Pfad kann man ohne Führer zum Fuß des Pico Bolívar marschieren. Der Weg folgt grob dem Verlauf der Seilbahn. Bei Wandertouren von der Seilbahnstation Loma Redonda zum Pico Espejo ist jedoch Vorsicht geboten: Der Pfad ist teilweise kaum zu erkennen, wodurch man sich leicht verirren kann. Als Venezuelas zweihöchster Gipfel ist der **Pico Humboldt** (4942 m) bei Bergsteigern ebenfalls schwer gefragt.

Etwas weniger anstrengend gestalten sich Abstecher zum charmanten Bergdorf **Los Nevados** auf rund 2700 m Höhe. Die Posada Guamanchi in Mérida (S. 1160) betreibt hier einen Ableger (14 US$/Pers. inkl. Frühstück und Abendessen). Um hierher zu kommen, fahren Bergfexe zunächst mit der Seilbahn zur Zwischenstation Loma Redonda. Dann geht's per pedes (5–6 Std.) oder Maultier (5 US$, 4–5 Std.) zum Übernachten nach Los Nevados. Wer genug vom Wandern hat, fährt mit einem Jeep zurück nach Mérida (max. 5 Pers; 50 US$, 4–5 Std., 63 km).

Der **Parque Nacional Sierra La Culata** nördlich von Mérida eignet sich ebenfalls hervorragend zum Wandern. Er begeistert vor allem durch seine wüstenartige Berglandschaft.

Von der Ecke Calle 19/Av 2 fahren *por puestos* nach La Culata. Es folgt ein drei- bis vierstündiger Fußmarsch zu einer primitiven Schutzhütte (El Refugio) auf ca. 3700 m Höhe. Am nächsten Tag steht der rund dreistündige Aufstieg zum Gipfel des **Pico Pan de Azúcar** (4660 m) auf dem Programm. Wanderer sollten bis spätestens 16 Uhr zurückkehren, dann macht sich das letzte *por puesto* auf den Rückweg nach Mérida. Weitere tolle Touren sind u. a. am **Pico El Águila** (4118 m), **Paso del Cóndor** (4007 m) oder **Pico Mucuñuque** (4672 m) möglich.

Los Llanos

Naturfreunde nähern sich der einheimischen Tierwelt am besten in Los Llanos. Die gewaltige flache Savanne erstreckt sich südlich der Anden. Los Llanos ist eine der artenreichsten Regionen Venezuelas. Dies gilt vor allem für Vögel, doch Reisende können auch Kaimanen, Capybaras, Piranhas und Anakondas recht nahe kommen. In Los Llanos praktizieren mehrere Abenteuercamps den sanften Tourismus, indem sie Tierbeobachtungen auf ihren *hatos* (Ranches) anbieten. Dafür muss man allerdings ziemlich tief in die Tasche greifen (80–150 US$/Pers. und Tag). Bei den Tourveranstaltern in Mérida (S. 1159) bezahlen Touristen für ähnlich faszinierende Expeditionen nur 40 US$ pro Tag. Dabei handelt es sich meist um viertägige All-Inclusive-Tourpakete. Solche Trips lassen sich auch von Ciudad Bolívar aus arrangieren. Ein super Führer ist **Tony Martin** (☎ 0414-820-2506; www.anacondas-losllanos.com.ve), der umfangreiche Kenntnisse in Biologie und Vogelkunde hat.

SAN CRISTÓBAL

☎ 0276 / 350 000 Ew.

Das blühende Geschäftszentrum San Cristóbal profitiert stark von der Nähe zu Kolumbien – die Grenze ist nur 40 km entfernt. Bei Überlandreisen zu oder ab beliebigen Zielen in Kolumbien (die Karibikküste mal ausgenommen) kommt man fast mit Sicherheit durch San Cristóbal. Die Stadt hat zwar nicht allzu viel zu bieten, ist dafür aber ein moderner und angenehmer Ort mit freundlichen Einwohnern. Im Januar lohnen sich auch etwas längere Aufenthalte. Dann feiert San Cristóbal zwei Wochen lang seine Feria de San Sebastián.

Praktische Informationen

Banco de Venezuela (Ecke Calle 8 & Carrera 9)
Banesco (Ecke Av 7 & Calle 5)
CANTV (Ecke Av 5 & Calle 5) Mit Telefonservice
Centro de Contacto Atelcom (Ecke Av 7 & Calle 12) Hat einen Internetzugang.
Cybercafé Dinastía (Ecke Av 7 & Calle 14) Internetcafé.

Schlafen & Essen

Wer mit dem Bus anreist und nur eine günstige Bleibe für die Nacht sucht, steigt am besten in einem der einfachen Hotels an der Calle 4 ab. Die Straße verläuft einen Block südlich vom Busbahnhof. Auch im Stadtzentrum gibt's ein paar Budgetunterkünfte. Sie sind mit dem Bus in zehn Minuten zu erreichen.

Hotel Parador del Hidalgo (☎ 343-2839; Calle 7 Nr. 9–35; EZ/3BZ 7/12 US$; DZ 8–10 US$) Das Parador del Hidalgo in praktischer Zentrumslage vermietet die günstigsten Zimmer der Stadt. In den annehmbaren Quartieren sorgen Ventilatoren für Kühlung.

Posada Turística Don Manuel (☎ 347-8082; Carrera 10 Nr. 1–63; EZ/DZ/3BZ 10/13/16 US$) Vom halben Dutzend lokaler *posadas* ist dies die günstigste Option. Das Turística Don Manuel liegt auch am nächsten zum Stadtzentrum – von dort aus sind's gerade mal zehn Gehminuten in Richtung Süden. Die Eigentümerfamilie vermietet insgesamt vier einfache Zimmer. Gäste können Küche und Kühlschrank mitbenutzen.

Hotel Grecón (☎ 343-6017; Av 5 zw. Calle 15 & 16; DZ 12–18 US$; 🐾) Das kleine Hotel steht 100 m nördlich vom Stadtzentrum. Es hat 20 tadellos saubere Zimmer mit Klimaanlage – in diesem Preisbereich einfach unschlagbar!

Restaurant La Bologna (Calle 5 Nr. 8–54; Hauptgerichte 3–5 US$) Qualität überzeugt: Im La Bologna stärkt sich das venezolanische Stammpublikum an leckeren einheimischen Spezialitäten.

An- & Weiterreise

BUS

Das lebhafte **Terminal de Pasajeros** (☎ 346-5590; Av Manuel Felipe Rugeles, La Concordia) 2 km südlich vom Zentrum wird regelmäßig von Stadtbussen angesteuert.

Täglich fahren über ein Dutzend Nachtbusse über den El-Llano-Highway nach Caracas (13–20 US$, 13 Std., 825 km). Die meisten Fahrzeuge machen sich am späten Nachmittag oder Abend auf den Weg. Von

EINREISE NACH KOLUMBIEN

Das Büro von **DIEX** (s. Karte gegenüber; Carrera 9 zw. Calle 6 & 7; ☯ 6–22 Uhr) verpasst Reisepässen Ein- oder Ausreisestempel. Beim Verlassen Venezuelas wird ein *impuesto de salida* (Ausreisesteuer) von 16 US$ fällig. Der Betrag muss in bar entrichtet werden, indem man entsprechende Wertmarken bei einem Laden gegenüber der DIEX kauft. Er hat nur bis 17 Uhr geöffnet. EU-Bürger und Schweizer benötigen für die Einreise nach Kolumbien kein Visum. Alle Touristen sind aber verpflichtet, sich bei der DAS (kolumbianische Einreisestelle) einen Einreisestempel abzuholen. Das Büro befindet sich am Ende der Brücke über den Río Táchira (eigentliche Grenze) auf der rechten Seite.

Busse (0,40 US$) und *por puestos* (0,60 US$) fahren regelmäßig nach Cúcuta in Kolumbien (12 km). Entweder steigen Reisende an der Av Venezuela in einen Bus oder ersparen sich die Warterei an der Grenze mit folgendem Trick: Man läuft einfach zur Spitze der Autoschlange und sucht sich ein Sammeltaxi mit freien Plätzen. Nach der Brücke müssen die Fahrgäste aussteigen und ihren Reisepass von der DAS abstempeln lassen. Ansonsten geht man einfach von San Antonio aus über die Brücke, macht der DAS seine Aufwartung und setzt die Reise mit einem anderen Bus fort. Auf dem Weg zu Cúcutas Busbahnhof rollen die Busse quer durch das Stadtzentrum. Bezahlt wird entweder in venezolanischen Bolivar oder kolumbianischen Peso. Manchmal winken die Grenzbeamten Fahrzeuge auch einfach durch und verzichten auf eine Kontrolle der Einreisestempel.

Von Cúcuta aus besteht regelmäßig Bus- und Flugverbindung zu allen kolumbianischen Großstädten. Informationen zum Grenzübertritt von Kolumbien nach Venezuela gibt's auf S. 836.

---

5 bis 18.30 Uhr starten normale Busse ca. alle 60 Minuten in Richtung Barinas (7 US$, 5 Std., 313 km).

Zwischen 5.30 und 19 Uhr besteht alle eineinhalb Stunden Busverbindung nach Mérida (7 US$, 5 Std., 224 km). Auf den letzten Bus um 19 Uhr kann man sich aber nicht verlassen, wenn sich weniger als zehn Fahrgäste einfinden. Fünf Nachtbusse rollen täglich nach Maracaibo (10–13 US$, 8 Std., 439 km).

Alle zehn bis 15 Minuten fahren *por puestos* nach San Antonio del Táchira an der Grenze zu Kolumbien (1,25 US$, 1¼ Std., 40 km). Die Strecke ist landschaftlich wunderschön, aber stark befahren. Wer es eilig hat, nimmt besser ein Taxi.

FLUGZEUG

San Cristóbals Flughafen heißt **Base Aérea Buenaventura Vivas** (☎ 234-7013) und liegt ca. 38 km südöstlich der Stadt in Santo Domingo. Der Flugbetrieb hält sich jedoch in Grenzen. Der Flughafen von San Antonio del Táchira (s. gegenüber) liegt ungefähr gleich weit von San Cristóbal entfernt und ist wesentlich geschäftiger.

SAN ANTONIO DEL TÁCHIRA

☎ 0276 / 60 000 Ew.

San Antonio liegt an der Grenze zu Kolumbien. Hier treffen die Hauptverkehrsstraßen zwischen San Cristóbal und Cúcuta aufeinander. Die Stadt lebt hauptsächlich vom Handel mit dem Nachbarland. Im größeren Cúcuta gibt's bessere Unterkünfte und Einrichtungen. Doch auch San Antonio ist ganz nett. Beim Grenzübertritt von Venezuela nach Kolumbien muss die Uhr um eine Stunde zurückgestellt werden.

Praktische Informationen

Im Stadtzentrum finden sich zahlreiche *casas de cambio* (vor allem an der Av Venezuela und rund um das DIEX-Büro). Alle Wechselstuben tauschen Bargeld um, lösen aber keine Reiseschecks ein. In San Antonio oder Cúcuta können Reisende ihre Bolivar zu fast den gleichen Konditionen in Kolumbianische Peso umtauschen (und umgekehrt). Rund um die Plaza Bolívar gibt's ein paar Banken.

Banco de Venezuela (Ecke Calle 3 & Carrera 9)
CompuNet Cyber Café (Calle 6 Nr. 8–28; 0,80 US$/Std.)
Infoplanet Cybercafé (Calle 4 Nr. 3–45; 0,85 US$/Std.)
Ipostel (Ecke Carrera 10 & Calle 2) Postfiliale.

Schlafen & Essen

In San Antonio del Táchira gibt's drei annehmbare Unterkünfte (jeweils mit eigenem Restaurant).

Hotel Colonial (☎ 771-2679; Carrera 11 Nr. 2–51; DZ mit Ventilator 7–8 US$, mit Klimaanlage 10–11 US$, 3BZ mit Ventilator/Klimaanlage 9/12 US$; ❄) Das kleine Colonial wird von einer Familie geleitet und gehört zu den günstigsten Hotels der Stadt.

Das Hausrestaurant serviert komplette Mittagsmenüs für wenig Geld. Die einfachen, aber annehmbaren Zimmer haben eigene Bäder.

Hotel Terepaima (☎ 771-1763; Carrera 8 Nr. 1–37; DZ/3BZ mit Ventilator 8/10 US$, mit Klimaanlage 12/15 US$; P ✱) Weiteres kleines Hotel in Familienbesitz mit 14 einfachen Zimmern im OG. Das Restaurant serviert einfache Frühstücksangebote und Mittagessen.

Hotel Adriático (☎ 771-5757; hoteladriatico@hotmail.com; Calle 6 Nr. 5–51; EZ/DZ/3BZ 14/22/26 US$; P ✱) Beste Übernachtungsmöglichkeit im Stadtzentrum. Das Adriático hat recht geräumige Zimmer mit leiser Klimaanlage. Von den Balkonen mancher Zimmer kann man das bunte Treiben auf der Straße beobachten. Im Hotelrestaurant kommen günstige Standardgerichte aus Venezuela auf den Tisch.

An- & Weiterreise
BUS

Der Busbahnhof liegt auf halber Strecke zwischen Stadt und Flughafen. Ein halbes Dutzend Busgesellschaften fährt täglich insgesamt siebenmal über die El-Llano-Strecke nach Caracas (17–22 US$, 14 Std., 865 km). Alle Fahrzeuge machen sich zwischen 16 und 19 Uhr auf den Weg. Die meisten Busfirmen haben Filialen im Zentrum, so auch **Expresos Los Llanos** (☎ 771-2690; Calle 5 Nr. 4–26), **Expresos Mérida** (☎ 771-4053; Av Venezuela Nr. 6–17), **Expresos Occidente** (☎ 771-4730; Ecke Carrera 6 & Calle 6) und **Expresos San Cristóbal** (☎ 771-4301; Av Venezuela Nr. 3–20). Reisende können hier zwar Fahrkarten kaufen, müssen sich zum Einsteigen aber ohnehin zum Busbahnhof begeben.

Nach Mérida besteht keine direkte Busverbindung. Deshalb muss man nach San Cristóbal fahren und dort umsteigen. Von der Ecke Av Venezuela/Carrera 10 gehen *por puestos* regelmäßig nach San Cristóbal (1,25 US$, 1¼ Std., 40 km).

FLUGZEUG

Der **Aeropuerto Juan Vicente Gómez** (☎ 771-2692) 2 km nordöstlich der Stadt ist mit Nahverkehrsbussen erreichbar. Sie starten an der Plaza Miranda. Wer nicht so weit laufen möchte, kann auch an der Ecke Calle 6/Av Venezuela einsteigen.

Aeropostal, Aserca und Rutaca schicken täglich Maschinen nach Caracas (90 US$). Mit Aeropostal und Santa Bárbara besteht Nonstopverbindung nach Maracaibo (85 US$). Santa Bárbara startet zusätzlich in Richtung Mérida (50US$).

Von San Antonio aus gibt es keine Direktflüge nach Kolumbien. Überquert man jedoch die Grenze und fährt nach Cúcuta, kommt man von dort aus per Flugzeug nach Bogotá, Medellín und zu weiteren Großstädten. Im Vergleich zur Anreise ab Maracaibo und Caracas ist diese Option wesentlich erschwinglicher.

DER NORDOSTEN

Ähnlich wie Venezuelas Nordwesten ist auch der Nordosten ein Mosaik aus Naturwundern. Hier treffen karibische Strände auf Korallenriffe und grüne Berglandschaften. Zu dieser Region gehört mit der Isla de Margarita eine der bekanntesten Ferieninseln der Karibik. Bei der Cueva del Guácharo handelt es sich um das größte und atemberaubendste Höhlensystem im ganzen Land. Im Parque Nacional Mochima und an den einsamen Sandstreifen jenseits des Río Caribe können Reisende einen ungestörten Strandurlaub verbringen. Die Stadt Cumaná war die erste spanische Siedlung auf dem südamerikanischen Festland. Nach einem Aufenthalt im Nordosten versteht man also sicherlich, warum Kolumbus diese Region einst zum „Paradies auf Erden" erklärte.

BARCELONA

☎ 0281 / 320 000 Ew.

Barcelona ist bei weitem nicht so aufregend wie sein europäisches Pendant. Moderne Gebäude säumen die Schnellstraßen rund um den kleinen Stadtkern aus der Kolonialzeit. Die meisten Reisenden kommen auf dem Weg von Caracas nach Ciudad Bolívar oder hinauf nach Puerto la Cruz hier durch – und fast keiner von ihnen steigt aus. Barcelonas Flughafen dient als Regionalflughafen von Puerto la Cruz und bedient Ziele entlang der Küste.

Praktische Informationen

Banco de Venezuela (Plaza Boyacá)
Banesco (Carrera 9 Paéz)

CANTV (☎ 274-9719; Centro Comercial La Llovizna, Av 5 de Julio) Mit Telefonservice.

Centro de Navegación (Centro Comercial Marinelli, Av 5 de Julio; 0,80 US$/Std.) Internetcafé.

Ipostel (☎ 275-7652; Carrera 13 Bolívar; ⏰ Mo–Fr 8–12 & 14–17 Uhr) Postfiliale nahe der Plaza.

Schlafen & Essen

Hotel Canarias (☎ 277-1034; Carrera 13 Bolívar; DZ mit Ventilator/Klimaanlage 10/11 US$; ❄) Das kleine Budgethotel ist echt skurril: Es empfängt Gäste mit einem Mini-Wunschbrunnen, Plastikvögeln, auf antik getrimmten Stühlen und Topfpflanzen. Die schlichten Zimmer mit verschiedenen Einrichtungen sind auch unterschiedlich teuer. Bevor man sich entscheidet, sollte man sich daher ein paar ansehen.

Hotel Neverí (☎ 277-2376; Ecke Av Fuerzas Armadas & Av Miranda; DZ/3BZ 13,50/15 US$; ❄) Das Neverí ist leicht zu erkennen: Ein kunterbuntes Wandbild mit tropischen Blumen und Vögeln ziert die Fassade. Das Hotel bietet neben geräumigen und zweckmäßigen Zimmern ein prächtiges Treppenhaus und ein Restaurant. Gäste mit leichtem Schlaf stören sich eventuell am Geräuschpegel.

Posada Copacabana (☎ 277-3473; Carrera Juncal; DZ/3BZ mit Bad 17/26 US$; ❄) Das Copacabana direkt neben der Kathedrale hat elf einladende und moderne Zimmer. Alle sind sehr sauber und haben ein prima Preis-Leistungs-Verhältnis.

Mercado Municipal La Aduana (⏰ 6–14 Uhr) Der Markt liegt 1 km südlich vom Stadtzentrum direkt neben dem Busbahnhof. Hier servieren über ein Dutzend belebte Lokale verschiedene Standardgerichte.

Gran Palacio Gastronómico (Av 5 de Julio; ⏰ 7–20 Uhr) Das schlichte Selbstbedienungsrestaurant bereitet die üblichen Standardgerichte aus Venezuela zu. Die Auswahl reicht von *arepas* bis Hähnchen vom Grill.

An- & Weiterreise

BUS

Der Busbahnhof liegt 1 km südöstlich vom Stadtzentrum neben dem Markt. Hierher gelangt man entweder mit einer *buseta* (0,20 US$, 10 Min.) ab der Av 5 de Julio oder man läuft 15 Minuten zu Fuß.

Am Terminal von Puerto la Cruz ist der Fahrplan wesentlich umfangreicher. Statt in Barcelona zu warten, fährt man am besten gleich dorthin. Um nach Puerto La Cruz zu

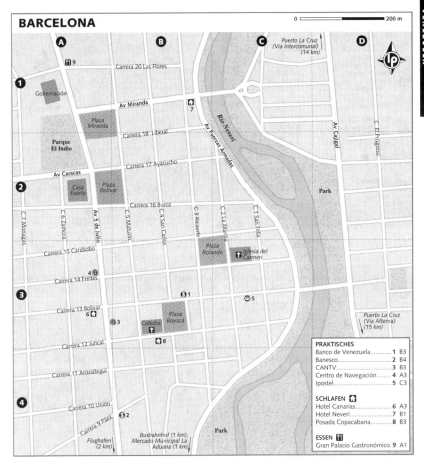

kommen, nimmt man eine *buseta* Richtung Norden die Av 5 de Julio entlang (0,30 US$, 45 Min.). Zur Wahl stehen die Routen „Vía Intercomunal" und „Vía Alterna", die beide schließlich ins Stadtzentrum führen. Schnellere *por puestos* (0,40 US$) starten zweieinhalb Blocks südlich der Banesco an der Av 5 de Julio.

FLUGZEUG

Der Flughafen liegt 2 km südlich vom Stadtzentrum. Busse fahren südwärts die Av 5 de Julio entlang und halten in 300 m Entfernung vom Terminal (0,25 US$). Diverse Fluglinien schicken ihre Maschinen mehrmals täglich nach Caracas (60–75 US$). **Avior** (☎ 276-1465) fliegt nach Puerto Ordaz (78 US$). **Aserca** (☎ 274-1240) bedient Maracaibo (100 US$) und San Antonio del Táchira (120 US$) – jeweils mit Zwischenlandung in Caracas. Ebenfalls über die Hauptstadt fliegt **Santa Barbara** (☎ 274-0444) nach Barquisimeto (84 US$) und Mérida (95 US$). Mit mehreren Airlines – darunter Avior und **Rutaca** (☎ 276-7090) – besteht Direktverbindung nach Porlamar auf der Isla de Margarita (25–45 US$). Alle Preise verstehen sich für die einfache Strecke.

PUERTO LA CRUZ
☎ 0281 / 215 000 Ew.

Puerto La Cruz ist einer der wichtigsten Ausgangspunkte für Reisen zur Isla de Margarita (S. 1177). Mehrere große Busgesell-

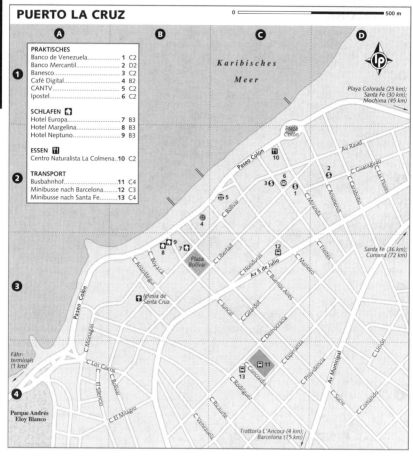

schaften steuern diese letzte nennenswerte Siedlung vor dem Parque Nacional Mochima (S. 1169) an. In Puerto La Cruz gibt's Banken, Apotheken und weitere nützliche Einrichtungen. Strandfans übernachten aber besser in kleinen Orten direkt an der Küste (z.B. Playa Colorada, Santa Fe oder Mochima).

Die lebendige Stadt mit ihrem jugendlichen Charme wächst rasant. Puerto La Cruz ist zwar allgemein nicht sonderlich attraktiv, doch entlang des Küstenboulevards Paseo Colón tummeln sich jede Menge Hotels, Bars und Restaurants. Diese Gegend erwacht am späten Nachmittag oder gegen Abend zum Leben. Wenn die Temperaturen sinken und die Straßenstände aufmachen, beenden die Einheimischen ihre *siesta*.

Praktische Informationen

Die meisten großen Finanzinstitute haben ihre Filialen im Bereich südlich der Plaza Colón. Die Geldautomaten der hier genannten Banken sind alle rund um die Uhr in Betrieb.

Banco de Venezuela (Calle Miranda)
Banco Mercantil (Calle Arismendi)
Banesco (Calle Freites)
Café Digital (Centro Comercial Cristoforo Colombo, Nr. 29, OG, Paseo Colón; Mo–Sa 9–21 Uhr) Empfehlenswertes Internetcafé.
CANTV (Paseo Colón; Mo–Sa 9–22, So 10.30–16 Uhr) Hier kann man telefonieren und kommt sehr gut ins Internet.
Ipostel (268-5355; Calle Freites; Mo–Fr 8–12 & 14–17 Uhr) Postfiliale.

Geführte Touren

Am Paseo Colón bieten mehrere Veranstalter geführte Touren zum Parque Nacional Mochima an. Im Vergleich zu Ausflügen ab Santa Fe oder Mochima sind Trips ab Puerto La Cruz aber wesentlich teurer und zeitaufwändiger.

Schlafen & Essen

Hotel Margelina (☎ 268-7545; Paseo Colón; EZ/DZ/3BZ 11/14/16 US\$; ⚟) Keines der schlichten Hotels vor Ort hat besonders viel Stil, doch das Margelina verbreitet wenigstens einen Hauch von altmodischem Charme. Es bietet keinerlei Annehmlichkeiten, steht aber direkt am Wasser. In der Nähe gibt's ein paar Restaurants.

Hotel Neptuno (☎ 265-3261; Fax 265-5790; Ecke Paseo Colón & Calle Juncal; EZ/DZ/3BZ 12/16/24 US\$; ⚟) Im Neptuno führen grün und gelb gestrichene Flure zu Zimmern mit Kabel-TV, die ein gutes Preis-Leistungs-Verhältnis bieten – wozu die Bäder mit Warmwasseranschluss ihren Teil beitragen. Hotel-Highlight ist das halboffene Restaurant (Hauptgerichte 3,50–8 US\$) mit tollem Blick aufs Meer.

Hotel Europa (☎ 268-8157; Ecke Plaza Bolívar & Calle Sucre; DZ/3BZ 15/17 US\$; Ⓟ ⚟) Ungemein spärlich dekoriertes Hotel. Einziger Blickfang ist eine Jungfrau Maria aus Neonröhren am oberen Ende der Treppe. Die schlichten, aber großen Zimmer haben eigene Bäder. Das Personal ist ausgesprochen freundlich.

Centro Naturalista La Colmena (Paseo Colón 27; 3-gängige Menüs 3 US\$; ⚟ Mo–Fr 11.45–14 Uhr) Eine Mischung aus vegetarischem Café und Bioladen, in der preisgünstige Mittagsmenüs serviert werden. Gegessen wird auf einer überdachten Miniterrasse mit prima Aussicht auf Küstenstraße und Atlantik.

Trattoria L'Ancora (Centro Comercial Plaza Mayor; Pizzas 5–9,50 US\$, Nudelgerichte 4–6 US\$; ⚟ 12–23 Uhr; ⚟) Das L'Ancora tischt schmackhafte Pizzas und Nudelgerichte auf. Die Mahlzeiten werden von Anblick vorbeigleitender Luxusboote auf den Kanälen von El Morro versüßt. Gäste relaxen entweder auf der Open-Air-Terrasse oder im klimatisierten Innenraum mit Glaswänden.

An- & Weiterreise
BUS

Der belebte Busbahnhof liegt nur drei Blocks von der Plaza Bolívar entfernt. Von hier aus rollen Linienbusse westwärts nach Caracas (7–11 US\$, 5 Std.) und ostwärts nach Cumaná (2,50 US\$, 1½ Std.). Letztere fahren oft weiter Richtung Osten bis hinüber nach Carúpano (4–7 US\$, 4 Std.) oder sogar Güiria (8 US\$, 6½ Std.). Bei Busreisen in den wilden Osten (z. B. nach Cumaná oder weiter) sollte man sich unbedingt einen Platz auf der linken Seite sichern. So kommt man in den Genuss einer herrlichen Aussicht auf die Inseln des Nationalparks. *Por puestos* fahren auch nach Caracas (12 US\$, 4 Std.), Maturín (6 US\$, 2½ Std.) und Cumaná (4 US\$, 1¼ Std.).

FLUGZEUG
Der Flughafen befindet sich in Barcelona (S. 1167).

SCHIFF/FÄHRE
Puerto La Cruz ist wichtigster Ausgangspunkt für Schiffsreisen mit **Conferry** (☎ 267-7847; www.conferry.com; Sector Los Cocos) und **Gran Cacique Express** (☎ 263-0935; www.grancacique.com.ve; Sector Los Cocos) zur Isla de Margarita. Nicht ganz so groß wie die Fähren sind die Ausflugsboote, die von kleineren Piers ablegen.

Die Fährterminals sind vom Stadtzentrum aus mit *por puestos* oder Taxis (2 US\$) zu erreichen. Bei Tageslicht ist die Fahrt durch die Inselwelt des Parque Nacional Mochima ein ganz besonderes Erlebnis.

PARQUE NACIONAL MOCHIMA
☎ 0293

Der Parque Nacional Mochima liegt auf der Grenze zwischen den Bundesstaaten Anzoátegui und Sucre. Malerische Buchten und Strände säumen den Fuß einer niedrigen und trockenen Bergkette. Hinzu kommen gleich drei Dutzend herrliche Inseln vor der Küste. Dort warten die schönsten Strände der Region. Sie können im Rahmen von kurzen Bootsausflügen besucht werden (z. B. ab Santa Fe oder Mochima). Manche Inseln sind von Korallenriffen umgeben – hier kommen Schnorchel- und Tauchfans auf ihre Kosten. Zur Mitte der Woche kehren Ruhe und Frieden ein. Dann bekommt man auf den weiter entfernten Inseln manchmal nur eine Handvoll Strandspaziergänger zu Gesicht.

Playa Colorada
Kokoshaine überschatten die halbmondförmige Bucht mit ihrem orangefarbenen

Sandstrand. Am Wochenende tummelt sich hier eine Mischung aus einheimischem Partyvolk und Sonnenanbetern. Zur Playa Colorada bieten sich entspannte Tagesausflüge ab Santa Fe oder Puerto La Cruz an.

Das Unterkunftsangebot in der Nähe des Strandes ist ziemlich gut.

Das Feriencamp **Jakera Lodge** (☎ 0281-276-3112; www.jakera.com; Hängematte/B 4/6 US$; ▣) steht unter schottischer Leitung. Neben Übernachtungsmöglichkeiten und Mahlzeiten gibt's einen Fahrrad- und Kajakverleih. Gäste können auch an geführten Touren, Spanischkursen und weiteren Aktivitäten teilnehmen.

Posada Nirvana (☎ 0414-824-5607; Calle Marchán, 500 m oberhalb der Küstenstraße; EZ ohne Bad 5 US$, DZ/3BZ mit Bad 10/12,50 US$, Suite mit Bad & Küche 16 US$) In der locker-lässigen *posada* hat ein Schweizer das Sagen. Hängematten und ein Whirlpool im Freien laden zum Relaxen ein. Der Besitzer macht ein tolles Frühstück (4 US$).

Ein freundlicher Frankokanadier leitet das super gepflegte Gästehaus **Quinta Jaly** (☎ 0416-681-8113; Calle Marchán; EZ/DZ/3BZ 11/12,50/16 US$; ▣) direkt gegenüber vom Nirvana. Auch hier dürfen Gäste nach Herzenslust die Küche benutzen. Für 2,50 US$ extra gibt's auch noch Frühstück.

Café Las Carmitas (3ra Transversal Nr. 57; Hauptgerichte 3–6 US$) Das kleine Café gehört einem Portugiesen und hat keine festen Öffnungszeiten. Der redselige Küchenchef serviert Pizza, Pasta, Fisch und Fleisch auf äußerst charmante Art und Weise.

Santa Fe

Santa Fe besteht aus zwei grundverschiedenen Teilen: Der ruhige Strand ist ein Paradies für Backpacker. Bei der eigentlichen Siedlung handelt es sich dagegen um ein raubeiniges Fischerdorf. Daher gibt's für Reisende kaum einen Grund, den Strandbereich mit seinen *posadas* und Cafés zu verlassen – es sei denn, man möchte einen der beiden Nachtclubs besuchen oder zum Busbahnhof marschieren. Der Strand eignet sich wunderbar zum Relaxen. Was kann es Schöneres geben, als im Sand ein paar Bierchen oder Fruchtdrinks mit ein paar neuen Freunden zu genießen? Wer eher einsame und unberührte Strände mag, unternimmt am besten einen Tagesausflug ab Santa Fe. Von hier aus schippern kleine Boote zur Inselwelt des Parque Nacional Mochima.

Das namenlose Gebäude hinter der Posada Café del Mar hat einen wahnsinnig langsamen Internetzugang.

Die folgenden Unterkünfte stehen direkt am Strand oder maximal einen Block davon entfernt.

Posada Café del Mar (☎ 231-0009; Calle la Marina, am Eingang zum Strand; DZ 9 US$) Mischung aus Café, Bar und *posada*. Steht unter deutscher Leitung und gehört zu den besten Budgetunterkünften vor Ort. Die 14 einfachen Zimmer (jeweils mit Ventilator und fließend warmem Wasser) verteilen sich auf die oberen Stockwerke. Hungrige Gäste stärken sich an herzhaftem Essen für wenig Geld. Hinzu kommt eine luftige Dachterrasse mit Hängematten. Der Manager veranstaltet günstige Bootsausflüge.

La Sierra Inn (☎ 231-0042; cooperativasantafe demisamores@hotmail.com; direkt am Strand, DZ 12,50 US$; ℗) Santa Fes ältestes Hotel bietet neben einfachen, aber netten Zimmern auch mehrere Freiluftterrassen und einen Grillplatz. Das Hotel verleiht auch Kajaks und veranstaltet geführte Touren.

Le Petit Jardin (☎ 416-6611; lepetit.jardin@yahoo. com; Calle Cochima; DZ 25–35 US$; ▨ ▣) Der französische Neuzugang hat reizend dekorierte Zimmer und Bungalows rund um einen Poolbereich. Er liegt einen Block vom Strand entfernt direkt hinter dem Playa Santa Fe Resort.

Playa Santa Fe Resort & Dive Center (☎ 0414-773-3777; www.santaferesort.com; DZ 35–75 US$; ℗) Eine sichere und komfortable *posada* im oberen Preisbereich mit diversen luftigen Zimmern. Wer im zweiten Stock wohnt, bekommt viel Sonnenlicht ab, die Zimmer im UG grenzen dafür an einen ruhigen Garten. Das Hotel betreibt einen eigenen Tauchshop und veranstaltet geführte Touren zum Parque Nacional Mochima und dessen Umgebung.

Náutico (clubnautico_1@hotmail.com; Calle la Marina, am Eingang zum Strand; Hauptgerichte 3–7 US$) Eines der besseren Strandlokale – wenn auch recht touristisch angehaucht. Das Freiluftrestaurant serviert das beste *pabellón criollo* der Stadt. Venezuelas Nationalgericht besteht aus Hackfleisch, Reis, schwarzen Bohnen, Käse und diversen Kochbananen.

Posada Los Siete Delfines (☎ 431-4166; lossiete delfinessantafe@hotmail.com; direkt am Strand; DZ/3BZ/4BZ 9,50/12,50/16 US$) Gehört zu den erschwinglicheren *posadas*, wirkt aber recht durchschnittlich. Trotzdem ist das Caférestaurant am Strand bei Travellern schwer angesagt. Hier kann man wunderbar relaxen und etwas essen. Da kommen ein paar Bierchen oder *batidos* (Fruchtdrinks) gerade recht.

Von Puerto La Cruz oder Cumaná rollen Busse und *por puestos* regelmäßig über die Landstraße nach Santa Fe und setzen Passagiere an der Hauptkreuzung ab. Dann geht's per pedes 1 km quer durch die Stadt bis zum Ufermarkt. Wer hier nach links abbiegt, kommt zum Strand mit seinen *posadas*. Bei Nacht heißt es wachsam sein.

Mochima

Im Vergleich zum nahen Santa Fe ist Mochima eine ganz andere Welt. Hier tummeln sich weitaus mehr einheimische Familien als ausländische Backpacker. Das malerische und sehr schöne Dorf am Rand des gleichnamigen Nationalparks hat zwar keinen eigenen Strand, es gibt jedoch regelmäßige Bootsverbindungen zu den vielen Inselstränden des Parks. An Wochentagen ist Mochima fast menschenleer.

GEFÜHRTE TOUREN

Am Landungssteg in der Dorfmitte warten *lancheros* (Bootsleute) mit ihren Kähnen auf Kunden. Sie bieten Ausflüge zu allen Stränden an, z.B. zu den Playas Las Maritas (12,50 US$), Blanca (12,50 US$), Manare (16 US$) sowie Cautaro und Cautarito (16 US$). Die genannten Preise verstehen sich inklusive Rückfahrt und gelten für das ganze Boot. Die Zahl der Passagiere hängt von der jeweiligen Bootsgröße ab. Interessenten können sich zu einem beliebigen Zeitpunkt abholen lassen. Feilschen zahlt sich aus!

Auch längere Trips werden angeboten (oft in Verbindung mit Schnorchelausflügen). Per Boot geht's dabei u.a. hinaus zu den Islas Caracas, La Piscina oder zur Playa Colorada. Die **Posada Villa Vicenta** (☎ 416-0916) hat prima Preise.

Das **Aquatics Diving Center** (☎ 430-1649, 0414-777-0196; aquaticsdc@cantv.net) veranstaltet neben Anfängerkursen auch einzelne Tauchgänge und Exkursionen unter Wasser. Außerdem kann man sich hier die Ausrüstung zum Schnorcheln ausleihen. Die Tauchausflüge sind ganz ordentlich, aber nichts Besonderes – ganz zu schweigen vom etwas fragwürdigen Service.

SCHLAFEN & ESSEN

Mochima hat ein recht gutes Unterkunfts- und Restaurantangebot. Bei Bedarf vermieten die Einheimischen zusätzlich Zimmer oder ganze Häuser. Günstige Mahlzeiten (vor allem Frühstück) sind jedoch kaum zu bekommen. Zu den wenigen erschwinglichen Adressen zählt der namenlose Laden Nr. 1 im Mini Centro Comerical Corozal nahe des Basketballfeldes. Außerdem gibt's am Landungssteg ein kleines Café namens Exquisitas Empanadas. Und tatsächlich: Hier kommen *empanadas* schon morgens auf den Tisch. Keinerlei Schild weist auf das freundliche Manglar Café zwischen El Mochimero und Schnapsladen hin. Hier gibt's Sandwiches und Fruchtsäfte zum kleinen Preis.

Posada Villa Vicenta (☎ 416-0916; EZ/DZ/3BZ 9/10/12,50 US$; ⚅) Die *posada* einen Block hinter dem Landungssteg verteilt sich auf insgesamt vier Ebenen an einer Hügelflanke. Zu jedem Stockwerk gehört eine Terrasse mit tollem Blick auf die Bucht – je höher, desto besser. In den schlichten Zimmern mit freiliegenden Steinmauern sorgen Ventilatoren für Kühlung. In den Badezimmern kommt leider nur kaltes Wasser aus der Leitung.

Posada Doña Cruz (☎ 0414-993-2690; DZ 16 US$; ⚅) Die farbenfrohe kleine *posada* wirkt etwas unpersönlich und besteht aus zwei Teilen (einer in der Nähe des Landungsstegs, der andere an der Miniplaza). Die kleinen, aber anständigen Zimmer haben eigene Bäder. Die betagten Eigentümer sind meistens neben ihrem Hotelschild am Landungssteg zu finden. Heiße Nachmittage verbringen sie hier ganz gemütlich im Schatten.

El Mochimero (Calle La Marina; Hauptgerichte 6–15 US$; ⚅ 11–21 Uhr) Für das El Mochimero wird kräftig die Werbetrommel gerührt. Es gehört zu den beliebtesten Touristenrestaurants vor Ort und serviert Gerichte mit Meeresfrüchten. Manchmal ist das maßlos überteuerte Restaurant, dessen Personal zudem reichlich desinteressiert wirkt, das einzige, das geöffnet hat.

AN- & WEITERREISE

In Cumaná starten Jeeps zum Dorfzentrum direkt neben dem Landungssteg (0,65 US$, 35 Min.) Von Puerto La Cruz fahren keine Verkehrsmittel direkt hierher.

CUMANÁ

☎ 0293 / 310 000 Ew.

Cumaná wurde 1521 gegründet. Die Stadt ist stolz darauf, die älteste spanische Siedlung auf dem südamerikanischen Festland zu sein. Das ist aber schon fast alles. Ansonsten besteht der einzige Grund für einen Besuch in den nahen Attraktionen an der Küste. Cumaná ist zwar keinesfalls ein unangenehmer Ort, es dient aber hauptsächlich als Ausgangspunkt für Schiffsreisen hinüber zur Isla de Margarita und zur Península de Araya sowie nach Santa Fe, Mochima und die Cueva del Guácharo. Genau wie in Puerto La Cruz decken sich gewiefte Traveller in Cumaná mit ausreichend Bargeld ein. Außerdem sollten alle notwendigen Besorgungen erledigt werden, bevor man zu kleineren Städten aufbricht.

Praktische Informationen

Die meisten großen Banken haben Filialen an der Calle Mariño und der Av Bermúdez.

Banco de Venezuela (Ecke Calle Mariño & Calle Rojas)

Banco Mercantil (Ecke Av Bermúdez & Calle Gutierrez)

Ipostel (☎ 432-2616; Calle Paraíso) Die örtliche „Schneckenpost".

Pacho's Café (☎ 431-1777; Calle Sucre; ☾ Mo–Sa 9–20 Uhr) Hat einen Internetzugang.

Oficambio (☎ 433-1626; Calle Mariño; ☾ Mo–Fr 8–12 & 14.30–18 Uhr) Cumanás einzige *casa de cambio* 600 m westlich der Plaza Miranda. Wechselt Bargeld und löst Reisechecks ein.

Telcel (Calle Paraíso; ☾ Mo–Sa 9–20.30, So 10.30–14 Uhr) Mit Telefonservice und Internetzugang.

Schlafen & Essen

Hotel Astoria (☎ 433-2708; hotelastoria_7@hotmail. com; Calle Sucre 51; EZ/DZ/3BZ 10/11,50/14 US$; [P] [☾]) Bei knapper Reisekasse die beste Option im Stadtzentrum, ansonsten jedoch ziemlich durchschnittlich. Dafür hat der Eigentümer immer ein Lächeln auf den Lippen. Die verhältnismäßig geräumigen Zimmer sind ausreichend beleuchtet und haben Ventilatoren. Die Klimaanlage läuft von 19 Uhr bis zum nächsten Morgen.

Bubulina's Hostal (☎ 431-4025; Callejón Santa Inés; DZ 17 US$; [☾]) Stylishe Unterkunft in einem einstöckigen historischen Gebäude. Sie steht am Ende einer schmalen Straße aus der Kolonialzeit und empfängt Gäste mit einer komplett renovierten Inneneinrichtung. Dennoch machen die luftigen Zimmer einen schnuckelig-charmanten Eindruck. Das hauseigene Restaurant serviert venezolanische Küche.

Panadería Super Katty (Plaza Blanco; ☾ 6–22 Uhr) Die Bäckerei ist für ihr hervorragendes Angebot bekannt. Sie hat genug Tiefkühltorten für ein ganzes Dutzend Hochzeiten auf Lager und trägt noch dazu einen supercoolen Namen.

Restaurant El Polo Norte (Ecke Calle Paraíso & Juncal; Menü 2–3 US$; ☾ Mo–Sa 9–21 Uhr) Das bescheidene Lokal versteckt sich abseits einer belebten Straße am Ende eines schmalen Durchgangs. Tischt Riesenportionen zum Superpreis auf, darunter viele *criollo*-Spezialitäten.

Posada San Francisco (☎ 431-3926; Calle Sucre; DZ 20 US$; Hauptgerichte 5–9 US$; ☾ 8–21 Uhr) Das ruhige Freiluftrestaurant der Posada San Francisco ist auf einer Terrasse – abends besonders romantisch! Dank der schummrigen Beleuchtung hat man eine wunderbare Aussicht auf den Sternenhimmel. Die *posada* nimmt eines der schönsten Kolonialgebäude von Cumaná in Beschlag. Da das Restaurant manchmal Nicht-Übernachtungsgäste abweist, sollten hungrige Reisende zuvor nachfragen.

An- & Weiterreise

BUS

Der Busbahnhof liegt 1,5 km nordwestlich des Zentrums und wird regelmäßig von Stadtbussen angesteuert, die entlang der Av Humboldt unterwegs sind.

Alle Busse – u. a. nach Caracas (9–13 US$, 6½ Std.) – fahren über Puerto La Cruz (2,50 US$, 1½ Std.). Dorthin kommt man auch mit regelmäßig verkehrenden *por puestos* (3 US$, 1¼ Std.).

Sechsmal täglich besteht Busverbindung nach Ciudad Bolívar (8–12 US$, 6 Std.), etwas weniger häufig nach Güiria (6 US$, 5 Std.). Den ganzen Tag über rollen Linienbusse (2,50–3 US$, 2½ Std.) und *por puestos* (4,50 US$, 4 Std.) nach Carúpano.

Einmal pro Tag (um 12.30 Uhr) fährt ein Bus nach Caripe (4 US$, 3½ Std.) – zumindest laut Fahrplan. Etwas verlässlicher sind angeblich die privaten Minibusse, die um ca. 15 Uhr abfahren (5 US$, 3 Std.). Alle Fahrzeuge kommen kurz vor Caripe an der Cueva del Guácharo vorbei. Passagiere können sich auf Wunsch am Höhleneingang absetzen lassen.

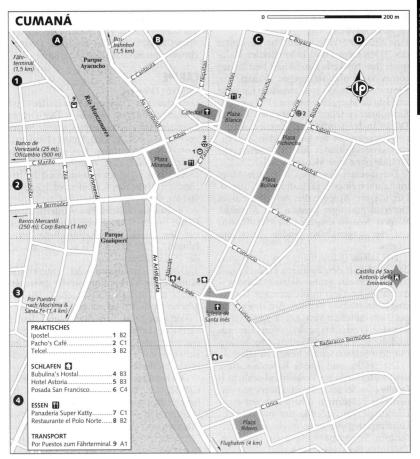

Por puestos nach Santa Fe (1 US$, 1¼ Std.) und nach Mochima (1 US$, 1 Std.) starten in der Nähe vom Mercadito, also einen Block von der Redoma El Indio entfernt. Tagsüber stehen für beide Strecken auch Jeeps zur Verfügung. Pluspunkt: Sie halten unterwegs seltener. Minuspunkt: Sie sind wesentlich teurer.

FLUGZEUG

Der Flughafen von Cumaná liegt ca. 4 km südöstlich vom Stadtzentrum. Avior und weitere Fluglinien schicken regelmäßig Maschinen nach Caracas (55–75 US$). Hinüber nach Porlamar auf der Isla de Margarita kommt man u. a. mit den Flugzeugen von Rutaca (50 US$).

SCHIFF/FÄHRE

Alle Fähren und Boote zur Isla de Margarita fahren vom Landungssteg an der Mündung des Río Manzanares ab. Zum Hafen von Punta de Piedras schippern **Gran Cacique II** (☎ 432-0011; www.grancacique.com.ve) und **Naviarca** (☎ 431-5577; naviarca@telcel.net.ve).

Naviarca betreibt zusätzlich eine Fähre nach Araya auf der gleichnamigen Halbinsel. Für die Überfahrt sind die *tapaditos* (kleine Boote) jedoch oft besser geeignet.

Die Gegend rund um Cumanás Fähranleger gilt als unsicheres Pflaster. Es ist sich deshalb empfehlenswert, gleich nördlich der Brücke in ein *por puesto* (0,30 US$) zu steigen oder aber mit dem Taxi hinzufahren (1,25 US$).

PENÍNSULA DE ARAYA

☎ 0293 / 30 000 Ew.

Eine einsame Straße verläuft bis zur Spitze der 70 km langen und 10 km breiten Halbinsel. Ihre trockene Landschaft besteht aus rotem Sand und struppigen Dünen. Die Península de Araya ragt zwischen Cumaná und Isla de Margarita ins Meer. Die wenigen Einwohner verteilen sich auf eine Handvoll Dörfer an der Nordküste. Wer vor den Touristenmassen auf der Isla de Margarita zurückschreckt, findet hier kilometerlange Strände ohne eine Menschenseele.

Die meisten Touristen besuchen Araya im Rahmen eines Tagesausflugs ab Cumaná. Für längere Aufenthalte steht ein halbes Dutzend günstiger *posadas* zur Auswahl. Weitere *posadas* umgeben die Plaza Bolívar auf der gegenüberliegenden Seite des Dorfes.

Die **Salinas** (Salzminen) von Araya wurden 1499 von den Spaniern entdeckt und sind Venezuelas größte Salzvorkommen – die jährliche Gesamtfördermenge beträgt eine halbe Million Tonnen. Auf einem Hügel 2 km nördlich von Araya gibt's einen *mirador* (Aussichtspunkt). Von hier aus sind die rechteckigen Verdunstungsbecken mit dem Salzwasser am besten zu sehen.

Die größte und älteste Kolonialfestung des Landes heißt im Volksmund schlicht **El Castillo** (das Schloss). Das Bollwerk mit seinen vier Ecktürmen erhebt sich auf einer Uferklippe am Südende der Bucht. Vom Landungssteg aus ist es in einem zehnminütigen Strandspaziergang zu erreichen. Trotz der Beschädigungen sind die gewaltigen Mauern aus Korallengestein noch immer im atemberaubender Anblick. Daher kann man sich gut vorstellen, wie die Festung einst ausgesehen haben muss. Mangels Tor können Besucher die Anlage nach Herzenslust erkunden.

Von den fünf oder sechs schlichten *posadas* der Stadt ist die **Posada Araya Wind** (☎ 437-1132; Calle El Castillo; DZ/3BZ mit Klimaanlage & eigenem Bad 12,50/16 US$, DZ/3BZ/4BZ mit Ventilator & Gemeinschaftsbad 9,50/11/12,50 US$; ⚑) am stilvollsten. Ganz in der Nähe liegen die Festung und ein ruhiger kleiner Strand. Das Innere der toll dekorierten *posada* zieren Dachverkleidungen und Möbel aus Schilfrohr sowie einige auf antik getrimmte Stühle.

Zu den Restaurants hier gehört das **Restaurant Araya Mar** (Hauptgerichte 3–4 US$; ⚑ 8–23

Uhr). Dank seiner offenen Front bekommt das Café ziemlich viel Seewind ab. Es vermietet zusätzlich recht moderne Doppelzimmer mit Klimaanlage (12 US$).

CARIPE

☎ 0292 / 12 000 Ew.

Das schmucke Caripe ist von Kaffee- und Zitronenplantagen umgeben. Der Ort ist hauptsächlich als Ausgangspunkt für Abstecher zur Cueva del Guácharo (12 km entfernt) von Bedeutung. Das milde Klima zieht aber auch viele venezolanische Wochenendausflügler an und während der berühmten Osterfeierlichkeiten ist hier sehr viel los.

Die **Banesco** (Av Guzmán Blanco) unterhält eine Filiale in der Stadt. Einen Internetzugang hat der Telekommunikationsdienstleister **Telsenet** (⚑ Mo–Sa 8–20.30, So bis 13 Uhr) abseits der Plaza Bolívar.

Diverse Restaurants und Unterkünfte säumen die Verbindungsstraße zwischen Caripe und dem Dorf El Guácharo. Die folgenden Optionen befinden sich in Caripe.

Wer eine bezahlbare Bleibe sucht, findet sie mit der **La Posada** (☎ 0416-892-4130; Av Enrique Chaumer; DZ ohne Bad 6,50 US$). Die in jeder Hinsicht billige Absteige ist gegenüber der Dorfkirche zu finden.

Das **Hotel Samán** (☎ 545-1183; Av Chaumer Nr. 29; EZ/DZ/3BZ 14/16/21 US$) verspricht den wohl angenehmsten Aufenthalt in Caripe. Es bietet komfortable Zimmer, einen Hof voller Pflanzen und einen Bach direkt neben dem Gebäude. Der Manager kennt sich bestens in der Gegend aus und vermittelt einheimische Führer. Das Restaurant Mogambo gleich nebenan serviert alle erdenklichen Köstlichkeiten aus Venezuela.

Wenn das Samán voll belegt ist, kann man in das angenehme **Mini Hotel Familiar Nicola** (☎ 545-1489; Av Gusmán Blanco; DZ/3BZ 14/18 US$) ausweichen. Das blitzsaubere Kleinhotel in Familienbesitz steht an der Straße nach Maturín und vermietet ein paar moderne Zimmer mit eigenen Bädern und Warmwasseranschluss.

In dem erstklassigen italienischen Restaurant **Trattoria Da Stefano** (Calle Cabello; Hauptgerichte 3–5 US$; ⚑ Mo–Mi 12–18, Do–So 12–21 Uhr) empfiehlt sich vor allem die hausgemachte Pasta. Das Essen ist genauso toll wie die Preise. Der hilfsbereite Eigentümer kennt die Umgebung wie seine Westentasche.

Der Busbahnhof liegt am nordöstlichen Stadtrand hinter dem Markt. Allabendlich um 18 Uhr fährt ein Bus über Cumaná nach Caracas (10 US$, 9 Std.). Ebenfalls einmal pro Tag besteht morgens Busverbindung nach Cumaná (4 US$, 3½ Std.), dieser Service wird ergänzt durch einen privaten Minibus um 6 Uhr (5 US$, 3 Std.). Alle Fahrzeuge kommen unterwegs an der Cueva del Guácharo vorbei. Ein Taxi von Caripe zum Höhlensystem kostet alles in allem nur 2 US$, wenn man zwei Stunden später wieder zurückfährt. Muss der Fahrer länger warten, werden 10 US$ fällig. Manche Tourveranstalter und Hotels bieten Ausflüge zur Höhle an.

CUEVA DEL GUÁCHARO
☎ 0292

Mit ihrem 10,2 km langen Gangsystem ist die **Cueva del Guácharo** (☎ 641-7543; 12 km von Caripe entfernt in Richtung Küste; Erw./Student 6/3 US$; ☾ 8–16 Uhr; Ⓟ) die längste und gleichzeitig die großartigste Höhle in Venezuela – und noch dazu die Heimat des *guácharo* (Fettschwalms). Diese Vogelart lebt in absoluter Dunkelheit und verlässt die Höhle nur zur nächtlichen Futtersuche. Das Radarsystem der Tiere ähnelt dem der Fledermäuse. Und auch dank ihrer gewaltigen Tasthaare finden sie sich im Dunklen perfekt zurecht. Von August bis Dezember tummeln sich hier schätzungsweise 10 000 *guácharos* (gelegentlich bis zu 15 000). Die Cueva beherbergt außerdem unzählige Stalaktiten und Stalagmiten, auf denen Kalziumkristalle faszinierend glitzern.

Die Höhle kann nur im Rahmen von eineinhalbstündigen geführten Touren (max. 10 Pers.) besichtigt werden. Nach dem Start am Eingang wird dabei meistens ein 1200 m langes Teilstück besucht. Im August und/ oder September verkürzt steigendes Grundwasser die Sightseeingstrecke manchmal auf 500 m Länge.

Nach Betriebsschluss können Vogelfreunde ihr Zelt direkt neben dem Eingang zur Höhle aufschlagen (5 US$). Hunderte von Vögeln schießen um ca. 18.30 Uhr aus dem Schoß der Erde und kehren etwa um 4 Uhr wieder zurück. Die Cueva kann von Cumaná (S. 1172), Caripe (s. gegenüber) oder Maturín aus besucht werden. Informationen zur Anreise stehen in den jeweiligen Abschnitten.

RÍO CARIBE
☎ 0294 / 7500 Ew.

In der alten Hafenstadt Río Caribe lassen sich auch heute noch Anzeichen früherer Pracht entdecken. An der breiten Av Bermúdez stehen ehemals hochherrschaftliche Anwesen im Schatten der Bäume. Die Tage des Kakaobooms sind längst vorbei – die Stadt ist mittlerweile ein entspannter Ferienort und gleichzeitig Sprungbrett zu den Stränden weiter im Osten. Reisende sollten keinesfalls die Kirche aus dem 18. Jh. an der Plaza Bolívar verpassen.

Etwas Lokalkolorit verspricht die **Pensión Papagayos** (☎ 646-1868; Calle 14 de Febrero; EZ/DZ 5/10 US$). Sie befindet sich in Familienbesitz und vermietet vier gepflegte Zimmer mit insgesamt zwei Gemeinschaftsbädern. Gäste können Küche und Kühlschrank mitbenutzen. Auf der Eingangstreppe tummeln sich oft Kinder aus der benachbarten Schule.

In Río Caribe gibt's über ein Dutzend erschwingliche Unterkünfte. Die **Posada Don Chilo** (☎ 646-1212; Calle Mariño Nr. 27; DZ/3BZ 6,50/9,50 US$) ist am günstigsten, hat aber auch die einfachste Ausstattung. Alle Zimmer teilen sich ein Gemeinschaftsbad.

Die ruhige **Villa Antillana** (☎ 646-1413; antilla99@cantv.net; Calle Rivero 32; EZ/DZ/3BZ/4BZ 21/26/37/45 US$) ist ein restauriertes Gebäude aus dem 19. Jh. Eine Handvoll Doppelzimmer und Suiten umgeben einen Hof mit hübschen Fliesen. Alle Zimmer wurden penibel restauriert. Darin gibt's neben modernen Annehmlichkeiten auch komfortable Matratzen und Ventilatoren. In den Bädern kommt warmes Wasser aus dem Hahn.

Das beliebte Internetcafé **Parian@Café** (Av Bermúdez; ☾ Mo–Sa 17.30–23 Uhr; 🖳) lockt ausländische Traveller mit regionalen Köstlichkeiten und einer locker-lässigen Atmosphäre.

Por puestos fahren regelmäßig von der Plaza Bolívar nach Carúpano (1 US$, 30 Min.), ebenso Busse mit der Kennzeichnung „Ruta Popular" (0,50 US$).

Weniger häufig steuern *por-puesto*-Pickups die Dörfer Medina (1 US$), Pui Puy (1,50 US$) und San Juan de Las Galdonas (3 US$) an. Sie fahren aber nicht bis zu den Stränden von Medina und Pui Puy hinaus. Das letzte Stück muss dann zu Fuß absolviert werden (einfache Strecke ca. 30 Min.). Alternativ kann man die Pick-ups auch mieten – die Leihgebühr übersteigt den normalen *por-puesto*-Preis allerdings um das Zehnfache. Die Fahrzeuge stehen am südöstlichen Stadtrand gegenüber der Tankstelle bereit.

RUND UM RÍO CARIBE

☎ 0294

Rund zwei Dutzend Strände säumen den 50 km langen Küstenstreifen zwischen Río Caribe und San Juan de Unare (dem letzten Stranddorf mit einem Straßenanschluss). Diese Strände gehören zu den schönsten des Landes und sind fast menschenleer.

Als erste empfehlenswerte Strände grenzen die **Playa Loero** und die **Playa de Uva** östlich von Río Caribe direkt aneinander. Um hierher zu kommen, nimmt man zunächst die 6 km lange Straße von Río Caribe nach Bohordal. Dort zweigt eine befestigte Nebenstraße (6 km) nach links ab.

Weiter östlich zweigt 4 km hinter der Kakaoplantage Hacienda Bukare eine befestigte Straße (5 km) zum Dorf Medina ab. Von dort aus geht's 1 km in Richtung Norden zu einer Gabelung. Wer nach links fährt, erreicht nach 2 km die halbmondförmige **Playa Medina**. Nach rechts geht's über eine 6 km lange Straße voller Schlaglöcher zum Dorf Pui Puy. Nach weiteren 2 km kommt die wunderschöne **Playa Pui Puy** in Sicht.

Nur wenige Traveller wagen sich noch weiter nach Osten – und das ist schade: Dort gibt's Strände, so weit das Auge reicht. Besonders schöne sind beim Fischerdorf **San Juan de Las Galdonas** zu finden. Die 23 km lange Hauptzugangsstraße ist durchgängig befestigt. Sie zweigt 6,5 km hinter der Medina-Ausfahrt von der Straße zwischen Río Caribe und Bohordal ab.

Ab San Juan de Las Galdonas verläuft eine unbefestigte Piste (20 km) bis zum Dorf **San Juan de Unare**. Diese Strecke wird ab und zu von öffentlichen Verkehrsmitteln befahren. Der Fußmarsch vom Dorf zur breiten Playa Cipara dauert etwa eine Stunde.

GÜIRIA

☎ 0294 / 30 000 Ew.

Güiria liegt 275 km von Cumaná entfernt. Es ist Venezuelas östlichste Küstenstadt mit Straßenanschluss. Die größte Siedlung auf der Península de Paria ist gleichzeitig ein wichtiger Fischereihafen. Die eigentliche Stadt wirkt recht langweilig. Umso sehenswerter ist dagegen die zerklüftete Landschaft des Parque Nacional Península de Paria an der Nordküste der Halbinsel. Güiria dient hauptsächlich als Ausgangspunkt für Schiffsreisen nach Trinidad. Im Kasten unten stehen weitere Informationen zur Überfahrt.

Praktische Informationen

Die genannten Banken zahlen gegen Vorlage einer Visa- oder MasterCard Bargeld aus.
Banco Mercantil (Ecke Calle Bolívar & Juncal)
Banesco (Calle Bolívar)
Conexiones Buz3 (Calle Valdez; ◷ Mo–Sa 9–20, So 11–17 Uhr; Internet 0,70 US$/Std.)

Schlafen & Essen

Hotel Miramar (☎ 982-0732; Calle Turipiari; DZ 7,50 US$; ✷) Bei knapper Reisekasse bietet sich dieses primitive kleine Hotel etwas näher beim Hafen an. Die düsteren, aber gepflegten Zimmer liegen im hinteren Bereich des Hauses.

Hotel Plaza (☎ 982-0022; Ecke Calle Vigirima & Plaza Bolívar 18; DZ 12,50 US$; ✷) Die *posada* ist bei Travellern sehr beliebt und bietet ein günstiges Hausrestaurant im EG. Das Obergeschoss ist neueren Datums und besteht aus kleinen, aber ansprechend dekorierten Zimmern. In den Bädern kommt nur kaltes Wasser aus der Leitung.

La Posada de Chuchú (☎ 982-1266; Calle Bideau 35; DZ 12,50 US$; ✷) Die etwas größeren Zimmer dieser *posada* sind eine recht gute Alterna-

---

EINREISE NACH TRINIDAD

Im Auftrag der Windward Lines betreibt **Acosta Asociados** (☎ 982-0058; grupoacosta@cantv.net; Calle Bolívar 31; ◷ Mo–Fr 9–12 & 15–17 Uhr) die *Sea Prowler*, ein komfortables und klimatisiertes Passagierschiff. Es verkehrt zwischen Güiria und Chaguaramas in der Nähe von Port of Spain (Trinidad). Die *Sea Prowler* läuft immer mittwochs um 12 Uhr ein und macht um 15 Uhr auf den Rückweg nach Chaguaramas (3½ Std.) Meistens wird's aber doch eher 17 Uhr. Reisende sollten sich auf jeden Fall bis spätestens 13.30 Uhr am Hafen einfinden. Die einfache Schiffspassage kostet 73 US$; mit Rückfahrt werden 121 US$ fällig (inkl. Hafensteuer bei der Ausreise). Wer aus Trinidad zurückkehrt, muss nochmal eine Hafensteuer von 12 US$ bezahlen.

tive. Sie sind in Beigetönen gestrichen, haben Kabel-TV, jeweils einen Schreibtisch und jede Menge heißes Wasser. Das Ganze befindet sich direkt über dem besten Meeresfrüchte-Restaurant der Stadt, dem **El Timón de Máximo** (Calle Bideau; Hauptgerichte 6–10 US$; ✆ Mo–Sa 12–15 & 18–23, So 12–15 Uhr).

An- & Weiterreise

BUS
Diverse Busgesellschaften unterhalten Filialen in Güiria. Die Büros konzentrieren sich rund um die dreieckigen Plaza Sucre, wo die Straße von Carúpano in die Stadt hineinführt.

Täglich gehen sechs Busse nach Caracas (14–25 US$, 12 Std.). Sie starten am frühen Morgen oder späten Nachmittag und fahren alle über Cumaná (7 US$, 5 Std.) und Puerto La Cruz (9 US$, 6 ½Std.). Von der Plaza Sucre rollen *por puestos* regelmäßig nach Carúpano (5 US$, 2 Std.).

SCHIFF/FÄHRE
Am Nordende von Güirias Hafen stechen *peñeros* (Fischerboote) nach Macuro in See. Ein paar Mal pro Woche (donnerstags zur Mittagszeit hat man oft Glück) schippern Fischerboote auch hinüber nach Pedernales im Orinoco-Delta. Über den Preis für die vier- bis fünfstündige Überfahrt lässt sich reden (meistens ca. 7 US$/Pers.). Unterwegs bekommen Passagiere eine ordentliche Menge Wasser ab – wenn nicht von den Wellen, dann vom Regen. Ab Pedernales fahren Flussboote nach Tucupita im Süden.

ISLA DE MARGARITA

✆ 0295 / 350 000 Ew.
Die Isla de Margarita ist Venezuelas Touristeninsel Nummer Eins. Mit erstklassigen Stränden und ultra niedrigen Preisen lockt dieses zollfreie Gebiet Sonnenanbeter und Schnäppchenjäger aus aller Welt an. Chartermaschinen voller Pauschalreisender und Reisegruppen fallen wie die Heuschrecken aus allen Himmelsrichtungen über die Insel her. Sie ist ein städtisch geprägtes und hoch entwickeltes Topziel für Strandurlauber – mit allem, was dazugehört: schicke Restaurants, „Wohnburgen" internationaler Hotelketten und unzählige Einkaufsmöglichkeiten.

Margarita ist aber so groß und vielseitig, dass auch Besucher mit individuelleren Interessen auf ihre Kosten kommen. So laden viele verschiedene Biotopen zur Erkundung ein: Mangrovensümpfe, Nebelwälder in den Bergen und sogar Wüsten. Margarita ist außerdem ein Paradies für Schnorchelfans sowie Wind- und Kitesurfer.

An- & Weiterreise

FLUGZEUG
Nahezu alle großen Fluglinien des Landes fliegen den **Aeropuerto Internacional del Caribe General Santiago Mariño** (✆ 0295-269-1027) an. Rund 20-mal pro Tag schicken diverse Fluglinien (u. a. Aeropostal, Aserca und Avior) ihre Maschinen nach Caracas. Die einfache Strecke kostet durchschnittlich 60 bis 100 US$. Manchmal sind aber auch echte Schnäppchen zu ergattern: Wer sich umschaut, bekommt eventuell einen Flug für gerade mal 35 US$. Regelmäßig gibt's Direktverbindungen u. a. nach Barcelona (50 US$), Carúpano (40 US$), Cumaná (40 US$), Maracay (80–100 US$), Valencia (60–80 US$) und Maturín (40–60 US$). Mit Zwischenlandung geht's zu beinahe jedem anderen Flughafen im Land. Aereotuy und Rutaca starten in Richtung Los Roques (100–200 US$). Avior fliegt nonstop nach Port of Spain auf Trinidad (200–225 US$ hin und zurück).

Folgende Fluglinien unterhalten Büros in Porlamar:

Aeropostal (✆ 263-9374; www.aeropostal.com; Centro Comercial Galerías, Av 4 de Mayo)

Linea Turistica Aereotuy (LTA; ✆ 263-2211; www.tuy.com/aereotuy.htm; Av Santiago Mariño)

Aserca (✆ 261-6186; www.asercaairlines.com; Centro Comercial Galerías, Av 4 de Mayo)

Avior (✆ 263-8615; www.avior.com.ve; Av 4 de Mayo)

Laser (✆ 269-1429; www.laser.com.ve; Calle Zamora)

Rutaca (✆ 263-9236; www.rutaca.com.ve; Calle Cedeño)

SCHIFF/FÄHRE
Das Fährterminal Punta de Piedras liegt 29 km westlich von Porlamar. Von hier aus besteht Verbindung nach Puerto La Cruz und Cumaná auf dem Festland. Zusätzlich fahren kleine Schiffe direkt von Porlamar nach Chacopata. Kleinbusse (0,50 US$) verkehren regelmäßig zwischen Punta de Piedras und der Calle Mariño in Porlamar. Taxis kosten 6 bis 8 US$.

ISLA DE MARGARITA

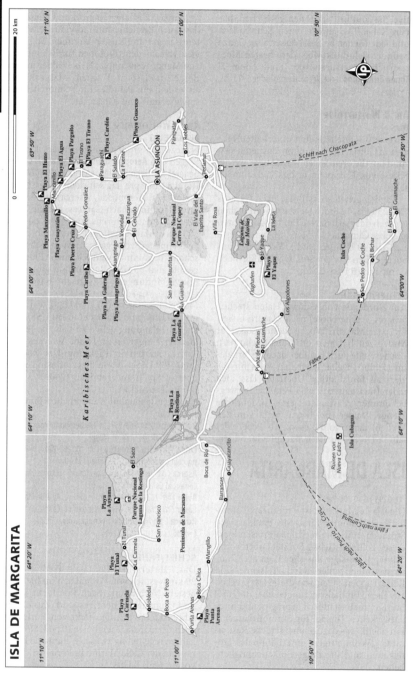

Fahrkarten für die Fähren von **Conferry** (☎ 239-8148, Büro Porlamar 239-8339; www.grancacique.com.ve; Av Santiago Mariño, Porlamar) sind entweder beim Büro in Porlamar oder direkt am Terminal erhältlich. Gran-Cacique-Tickets können ebenfalls in Porlamar oder in Punta de Piedras (☎ 239-8339) gekauft werden.

Über Fähren zur Isla de Margarita informieren die jeweiligen Abschnitte „An- & Weiterreise" in den Kapiteln „Puerto La Cruz" (S. 1169), „Cumaná" (S. 1173), „La Guaira" und „Peninsula de Araya".

PORLAMAR
☎ 0295 / 105 000 Ew.

Als größte Stadt auf der Isla de Margarita hat Porlamar natürlich auch die meisten Besucher. Wer vom Festland aus anreist, legt hier wahrscheinlich einen ersten Zwischenstopp ein. Die schattige Plaza Bolívar ist das Herz von Porlamars historischem Zentrum. Die Stadt breitet sich rasant Richtung Osten aus. Ein Strom neuer Vororte, Touristeneinrichtungen, Hotels und Restaurants kriecht immer weiter die Küste entlang auf Pampatar zu.

Praktische Informationen
Läden akzeptieren US-Dollar in bar zu den offiziellen Wechselkursen. In Geschäften, besseren Hotels und Restaurants sind Kreditkarten gern gesehene Zahlungsmittel. *Casas de cambio* gibt's am Flughafen und in der Stadt.

Banco de Venezuela (Blvd Guevara)
Banesco (Av 4 de Mayo)
Café Utopia (Centro Comercial Costa Azul, Av Bolívar; ⏲ 11 Uhr–open end) Mit Internetzugang.
Corpotur (☎ 262-2322; corpoturmargarita@cantv.net; Centro Artesanal Gilberto Menchini, Av Jóvito Villalba, Los Robles; ⏲ Mo–Fr 8.30–12.30 & 13.30–17.30 Uhr) Die staatliche Touristeninformation liegt mitten zwischen Porlamar und Pampatar.
Cyber Café (Ciudad Comercial Jumbo; ⏲ Mo–Sa 9–21 Uhr) Internetcafé.
DIEX (☎ 263-4766; Calle Arismendi Nr. 7–85; ⏲ Mo–Fr 9–12 & 14–17 Uhr) Hier kann man sein Touristenvisum verlängern lassen. Außer der Touristeninformation gibt auch die DIEX Informationen zu ausländischen Vertretungen auf Margarita.
Digicom (Calle Fermín; ⏲ Mo–Sa 9–12.30 & 14–20 Uhr) Mit Internetzugang.
Ipostel (☎ 263-4577; Calle Maneiro; ⏲ Mo–Fr 8–17 Uhr)

Schlafen
Porlamar hat Hotels für jeden Geldbeutel. Die meisten günstigen Unterkünfte sind im historischen Zentrum zu finden (vor allem westlich und südlich der Plaza Bolívar).

Hotel España (☎ 261-2479; Calle Mariño; EZ/DZ 4,50/6 US$) Günstigste Option in Ufernähe. Der niedrige Preis spiegelt sich aber auch in der Qualität wider. Das España ist ganz o.k., wenn man sowieso nicht viel Zeit im Hotelzimmer verbringen möchte.

Hotel Malecón (☎ 263-8888; Calle La Marina; EZ/DZ 6,50/7,50 US$) Das Malecón gehört zu den freundlichsten Hotels im erschwinglicheren Colonial-Viertel. Neben einem Labyrinth schmaler Gänge gibt's hier sonnige Doppelzimmer (teilweise mit Meerblick).

Hotel Central (☎ 264-7162; Blvd Gómez; DZ/3BZ 9/12,50 US$; 🛇) Ruhiges Hotel in Familienbesitz an einem belebten Boulevard, das nur von wenigen Travellern besucht wird. Vom großen Balkon aus kann man wunderbar das Treiben auf der Straße beobachten. Die Zimmer bekommen aber nur wenig Tageslicht ab.

Hotel Tamaca (☎ 261-1602; tamaca@unete.com.ve; Av Raúl Leoni; EZ/DZ mit Ventilator 11/13,50 US$, mit Klimaanlage & Warmwasser 14/17 US$, 3BZ mit Klimaanlage & Warmwasser 21–24 US$; 🛇) Backpackerhotel auf der teureren Ostseite der Stad, das verdientermaßen sehr beliebt ist und ein vielfältiges Angebot an Zimmern hat. Zu den einfachen Quartieren kommt eine hauseigene Bar mit Restaurant. Umgeben von Bäumen sorgen hier abends bunte Lichter für Stimmung.

Essen
Günstige Restaurants verteilen sich über ganz Porlamar und sind vor allem im historischen Zentrum zu finden.

Panadería 4 de Mayo (Ecke Calle Fermín & 4 de Mayo; Snacks & Sandwiches 0,60–1 US$; ⏲ 7–22 Uhr) Unter den lebhaften Bäckereien in der Umgebung hat die Panaderíe 4 de Mayo den meisten Zulauf. Sie verkauft neben appetitlichem Gebäck und Sandwiches auch Kuchen (mit Unmengen von Schlagsahne und Erdbeeren). Die Terrasse ist definitiv Porlamars beste Adresse zum Sehen-Und-Gesehen-Werden.

Alinsuca (Calle Cedeño; Hauptgerichte 2,50–4 US$; ⏲ Mo–Sa 12–16 Uhr) Das günstige Pizza-und-Pasta-Restaurant bietet jede Menge Kalorien fürs Geld. Die Gäste essen entweder direkt vor Ort oder nehmen sich etwas mit.

PORLAMAR

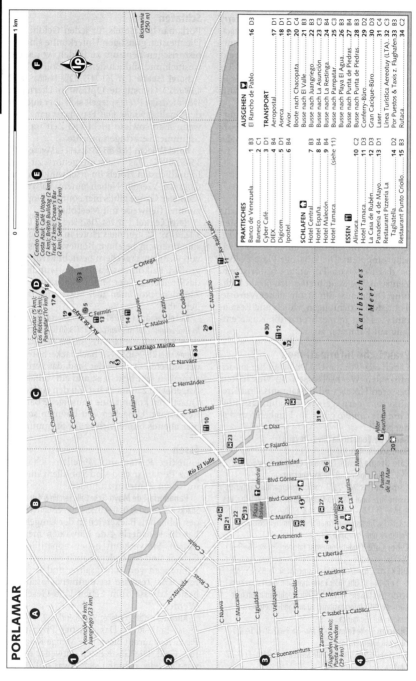

Restaurant Punto Criollo (☎ 263-6745; Calle Igualdad 19; Hauptgerichte 3–6 US$; ☺ 8–24 Uhr; ☒) Bei der langen Speisekarte des großen und schlichten Lokals ist für jeden etwas dabei. Viele Einheimische schwören auf die leckere venezolanische Küche zum kleinen Preis und die umfangreiche Getränkekarte. Die Kellner tragen fesche Fliegen.

Hotel Tamaca (☎ 261-1602; Av Raúl Leoni; Gerichte 3–8 US$) In der winzigen Gartenbar des Hotels Tamarca futtern viele Backpacker ihre Pizzas. Tolle Adresse für ein paar gepflegte Bierchen am Abend.

La Casa de Rubén (☎ 263-7964; Final Av Santiago Mariño; Hauptgerichte 4–9 US$; ☺ Mo–Sa 11.30–23 Uhr) Etwas abseits der Straße serviert das Restaurant typische *margariteña*-Hausmannskost mit Meeresfrüchten. Gäste können es ihren Vorgängern gleichtun und sich an den Wänden verewigen.

Restaurant Pizzería La Tagliatella (☎ 264-1096; Calle Fermín; Pizzas 5–8 US$; ☺ Mo–Sa 11.30–23 Uhr; ☒) In dem schnuckeligen Minilokal kommt Leckeres aus Italien auf den Teller. Die ellenlange Weinkarte ist eine hervorragende Ergänzung zu Pasta, Pizza, Risotto und Grillgerichten.

Ausgehen

Auf Margarita kommen und gehen Bars in einem wahnsinnigen Tempo. Daher schaut man sich am besten direkt vor Ort nach den angesagtesten Nightspots um. Die einfachen Buden am Strand haben immer genug gekühltes Bier auf Lager. Die meisten hippen Nachtclubs und Bars sind außerhalb vom Stadtzentrum.

British Bulldog (☎ 267-1527; Centro Comercial Costa Azul, Av Bolívar; ☺ Do–Sa 21 Uhr–open end, HS Di–Sa) Erste und einzige britische Kneipe auf Margarita, die von einem fröhlichen Barkeeper mit britischen und venezolanischen Vorfahren geleitet wird. An vielen Wochenenden stehen Rockbands live auf der Bühne.

El Rancho de Pablo (☎ 263-1121; Av Raúl Leoni; Hauptgerichte 5–9 US$; ☺ 8–23 Uhr) In der Restaurantbar am Strand ist Relaxen quasi Pflicht. In der Nähe gibt's noch weitere Optionen, doch das El Rancho de Pablo serviert auch prima Meeresfrüchte.

Track (Centro Comercial Costa Azul, Av Bolívar, oberstes Stockwerk; ☺ Do–So) Der etwas exklusivere Club zieht ein ziemlich hippes Publikum an. Die DJs beschallen die Tanzfläche mit Hip-Hop, House, Chillout und Trance.

Ocean's Bar (Centro Comercial Costa Azul, Av Bolívar; ☺ Do–Sa) Die todschicke Bar kommt unter den Clubs im allseits beliebten Einkaufszentrum Costa Azul am stilvollsten daher. Die „In-Crowd" lässt sich aber kaum vor 23 Uhr blicken.

Señor Frog's (☎ 262-0451; Centro Comercial Costa Azul, Av Bolívar; ☺ Di–So 18 Uhr–open end) Tagsüber: Familienrestaurant mit ausgefallenen Dekorationselementen. Nachts: Pulsierende Disko mit Latino-Popsound.

Unterwegs vor Ort

Kleinbusse – vor Ort *micros* oder *carritos* genannt – steuern regelmäßig einen Großteil der Insel an. Von verschiedenen Haltestellen im Stadtzentrum fahren sie u. a. nach Pampatar, La Asunción und Juangriego. Die Abfahrtsstellen zu den wichtigsten Touristenzielen sind auf der Karte eingetragen. Sportlich veranlagte Traveller leihen sich bei **Bicimania** (☎ 262-9116; bicimania@cantv.net; Centro Comercial AB; ☺ Mo–Fr 9–13 & 16.30–19, Sa 9–15 Uhr) östlich der Stadt einen Drahtesel aus.

PAMPATAR
☎ 0295 / 35 000 Ew.

Pampatar liegt nur 10 km nordöstlich von Porlamar, und allmählich verschmelzen die beiden Städte miteinander. Pampatar gehört zu den ältesten Siedlungen auf Margarita. Hier befand sich früher der wichtigste Hafen des späteren Venezuelas. Bis heute gewähren ein paar Gebäude aus der Kolonialzeit nostalgische Einblicke in den Glanz vergangener Tage. Pampatars **Castillo de San Carlos Borromeo** (Eintritt frei; ☺ Di–So 9–12 & 14–17 Uhr) erhebt sich mitten in der Stadt am Wasser. Das Bollwerk entstand zwischen 1662 und 1684 als Ersatz für eine frühere Befestigungsanlage, die Piraten zerstört haben.

In Pampatar übernachten nur wenige Reisende. Einen Block vom Strand entfernt gibt's aber an der Calle Almirante Brion trotzdem mehrere Budgetunterkünfte. Zahlreiche Freiluftrestaurants säumen den Strand. Alle fünf bis zehn Minuten pendeln Busse zwischen Porlamar und Pampatar (0,25 US$, 20 Min.).

JUANGRIEGO
☎ 0295 / 24 500 Ew.

Die Kleinstadt ist für ihre glühend-goldenen Sonnenuntergänge bekannt. Im Vergleich zum umtriebigen Porlamar offenbart sich hier eine ganz andere Seite der Isla de Margarita. Juangriego liegt am Rand einer herrlichen Bucht im Norden der Insel. In der ruhigen Stadt mit ihren rustikalen Fischerbooten, den Pelikanen und den vorbeifahrenden Yachten kann man hervorragend am Strand entspannen. Weit draußen am Horizont geht die Sonne über den Gipfeln von Macanao unter.

Langsam aber sicher ist der Toursimus auch in Juangriego auf dem Vormarsch.

El Caney (☎ 253-5059; Calle Guevara 17; DZ/3BZ 10/15 US$) Farbenfrohe kleine *posada* unter peruanischer Leitung. Als nette Extras gibt's eine palmgedeckte Terrasse vor dem Haus und einen Billardtisch im hinteren Bereich.

Rund 200 m weiter nördlich findet man das **Hotel-Restaurant Patrick's** (☎ 253-6218; Calle El Fuerte; DZ/3BZ 12,50/19 US$; 🍴) am Strand. Es steht unter französischer Leitung und hat neun saubere Zimmer. Hier kommt europäische Küche auf den Tisch.

Hotel Nuevo Juangriego (Calle La Marina; DZ mit Bad & Ventilator 16 US$, mit Klimaanlage 22 US$; 🍴) Liegt mitten am Strand und hat fünf Zimmer mit eigenen Balkonen, die eine äußerst malerische Aussicht auf Bucht und Sonnenuntergang ermöglichen.

In den Restaurants und Bars am Strand lässt sich der Sonnenuntergang genießen, versüßt durch ein romantisches Abendessen und kaltes Bier. Besonders empfehlenswert sind das **El Viejo Muelle** (Calle La Marina; Hauptgerichte 4–8 US$) und das **El Búho** (☎ 239-8340; Calle La Marina; 🍴).

STRÄNDE

Rund 50 Strände auf Margarita sind so groß, dass sie einen eigenen Namen verdient haben. Hinzu kommt eine Reihe namenloser kleiner Sandstreifen. An vielen Stränden tummeln sich Restaurants, Bars und weitere Einrichtungen. Die Insel ist schon längst kein unberührtes Paradies mehr. Wer lang genug sucht, findet aber sicher noch ein relativ einsames Plätzchen.

Playa El Agua

Seit ein paar Jahren ist dies der angesagteste Strand auf der Isla de Margarita. Neben dem normalen Partyvolk drängen sich hier zahlreiche gestylte Venezolaner, die sich bewundern lassen wollen. Die echten Trendsetter sind aber mittlerweile zu den ruhigeren Stränden abgewandert. An Feiertagen ist die Playa El Agua manchmal hoffnungslos überfüllt, an allen anderen Tagen aber sehr einladend und wunderbar entspannt. In dieser Gegend sind die Preise meist etwas höher, in den Nebenstraßen gibt's aber doch noch ein paar günstigere Alternativen.

Die erschwingliche **Hostería El Agua** (☎ 249-1297; 350 m vom Strand entfernt an der Straße nach Manzanillo; DZ/3BZ inkl. Frühstück 16/28 US$; 🅿 🍴) ein kleines Stück hinter dem Strand hat eine freundliche Bar und bietet geführte Touren an. Hinzu kommt ein Fahrrad- und Motorradverleih.

Die sauberen Zimmer des winzigen **Chalets de Belén** (☎ 249-1707; Calle Miragua 3; DZ mit Ventilator 16 US$, mit Klimaanlage 19 US$, Blockhütte für 6 Pers. mit Ventilator 32 US$; 🅿 🍴) gehören zu den günstigsten der Stadt. Die Hütten werden von einer Familie betrieben und sind sehr empfehlenswert. Der Strand ist zu Fuß in wenigen Minuten erreichbar.

Direkt am Strand versorgt das hervorragende **La Isla Restaurant** (☎ 249-0035; Hauptgerichte 5–10 US$; 🕙 11–23 Uhr) seine Gäste unter einem Schilfdach.

Playa El Yaque

Das ruhige Wasser und die konstante Brise an der Playa El Yaque südlich vom Flughafen sind perfekt zum **Wind-** und **Kitesurfen**. Der Strand ist mittlerweile international ein Begriff. Hier trifft sich die Surferszene aus Venezuela und Europa – da verwundert es nicht, dass manche Preise in Euro angegeben sind. Am Strand haben diverse professionelle Anbieter neben Leihausrüstung (pro Tag/1/2 Tage 15/45/75 US$) auch Anfängerkurse (35 US$/Std.) im Programm. Zehnstündige Fortgeschrittenenkurse kosten 150 US$. Auch für Kitesurfer gibt's Anfängerkurse (1½ Std. 39/180 US$) und Leihausrüstung (165 US$/10 Std.).

Noch mehr Strände

Zu den anderen beliebten Strände gehören die **Playa Guacuco** und die **Playa Manzanillo**. Doch am schönsten ist wahrscheinlich die **Playa Puerto Cruz**. Der wohl breiteste Strand der Insel ist nicht überfüllt und hat den hellsten Sand auf ganz Margarita. Die starke Brandung an der **Playa Parguito** neben der Playa El Agua ist wie gemacht zum Surfen. Den Menschenmassen entkommen Traveller am besten auf der **Península de Macanao**, dem ursprünglichsten Teil der Insel.

GUAYANA

Die Region Guayana (nicht zu verwechseln mit dem Land Guyana) im Südosten Venezuelas steht für Exotik pur. Hier findet man den höchsten Wasserfall der Welt (Salto Ángel) und den großartigen Canaima National Park. Hinzu kommen das Orinoco-Delta, der Río Caura und der venezolanische Amazonas mit einem unglaublichen Artenreichtum. In La Gran Sabana (Große Savanne) erheben sich die Tepuis (Tafelberge) hoch über die wogende Graslandschaft. Viele Besucher widmen dieser Region gleich ihre komplette Reise. Die meisten indigenen Volksgruppen Venezuelas leben in Guayana (z. B. Warao, Pemón und Yanomami) und bilden rund 10 % der hiesigen Gesamtbevölkerung.

CIUDAD BOLÍVAR
☎ 0285 / 350 000 Ew.

Die meisten Reisenden nutzen Ciudad Bolívar als Ausgangspunkt für Touren zum Canaima National Park, zum Salto Ángel und zu den weiteren Naturschätzen Guayanas. Nach der Ankunft an Busbahnhof oder Flughafen sollte man sich nicht vom ersten Eindruck beirren lassen: Ciudad Bolívar scheint zunächst eine weitere hektische Stadt mit hässlichen Betonsilos zu sein. Doch der überraschend große und attraktive *casco histórico* (historischer Stadtkern) hat sich den Charme einer alten Stadt am Flussufer bewahrt – die Architektur der Kolonialzeit ist hier erhalten geblieben. Es lohnt sich also, die Altstadt einen oder zwei Tage lang zu Fuß zu erkunden. Dabei kann man gemütlich einen Kaffee trinken, die Straßenstände durchstöbern und ein paar *arepas* genießen – und natürlich die Atmosphäre von Ciudad Bolívar auf sich wirken lassen.

Praktische Informationen
Alle Internetcafés verlangen durchschnittlich 0,70 US$ pro Stunde.
Banco de Venezuela (Ecke Paseo Orinoco & Calle Piar)
Banco Mercantil (Ecke Paseo Orinoco & Calle Zaraza)
Banesco (Ecke Calle Dalla Costa & Venezuela)
CANTV (Ecke Paseo Orinoco & Calle Dalla Costa) Mit Telefonservice.
Estrella de Oriente (Ecke Calle Bolívar & Calle Igualdad) Mit Internetanschluss.

Galaxia.com (Centro Comercial Abboud Center, Paseo Orinoco zw. Calle Piar & Roscio) Internetcafé.
Hospital Ruiz y Páez (☎ 632-0077; Av Germania)
Ipostel (Av Táchira zw. Av Cruz Verde & Guasipati)

Sehenswertes
Die **Plaza Bolívar** aus der Kolonialzeit bildet das Herz der Stadt. Alte Häuser mit Bogengängen säumen die belebte Uferpromenade namens **Paseo Orinoco**. Manche der Gebäude stammen noch aus den Tagen Bolívars. Ein Wahrzeichen der Stadt ist die Hängebrücke **Puente de Angostura** 5 km weiter flussaufwärts; sie ist die einzige Brücke über den Orinoco in ganz Venezuela.

Das **Museo de Arte Moderno Jesús Soto** (☎ 632-0518; Ecke Av Germania & Av Briceño Iragorry; Eintritt frei; Di–Fr 9.30–17.30, Sa & So 10–17 Uhr) zeigt eine umfangreiche kinetische Sammlung des international bekannten Künstlers.

Vor dem Flughafenterminal steht das **Flugzeug Jimmie Angels**. Der Pilot landete einst am oberen Rand der Wasserfälle, die heute Salto Ángel heißen.

Geführte Touren
Ciudad Bolívar ist Ausgangspunkt für geführte Touren nach Canaima (Salto Ángel) und zum Río Caura. Zudem geht's von hier aus weiter nach Santa Elena (Roraima). Hier einige der vielen Anbieter.
Adrenaline Expeditions (☎ 632-4804, 0414-886-7209; adrenalinexptours@hotmail.com; Ecke Calle Dalla Costa & El Blvd; 24 Std.) Der Veranstalter hat sich auf Abenteuertrips spezialisiert und gibt sein Bestes, um Kunden mit schmalem Geldbeutel zufriedenzustellen. Angeboten werden Touren zum Río Caura, nach Canaima und in die Gran Sabana. Hier gibt's zudem äußerst nützliche Reisetipps für die Region.
Gekko Tours (☎ 632-3223, 0414-854-5146; www.gekkotours-venezuela.de; Flughafenterminal) Gekko gehört zur Posada La Casita. Das umweltbewusste Unternehmen bietet viele hervorragende Touren durch Region und Land.
Jonas Tours (☎ 651-3445; jonastours54@hotmail.com) Jonas Camejo stammt aus Las Trincheras, dem Ausgangspunkt für Expeditionen zum Río Caura. Er kennt den Fluss wie seine Westentasche und hat auch bei den Touren anderer Veranstalter die Hand im Spiel. Interessenten können sich direkt an Jonas wenden.
Sapito Tours (☎ 632-7989; 0414-854-8234; sapito tours@terra.com.ve; Flughafenterminal) Ortsansässiger Vertreter von Bernal Tours in Canaima.
Soana Travel (☎ 632-6017, 0414-854-6616; soana travel@gmx.de; Posada Don Carlos; Ecke Calle Boyacá &

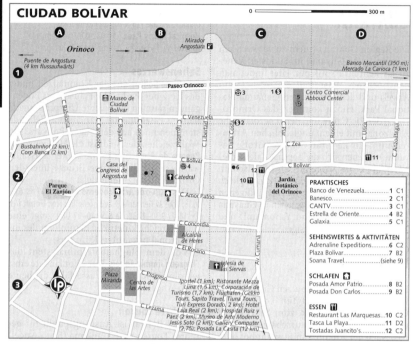

Amor Patrio) Soana ist in der Posada Don Carlos ansässig und hat sich auf Trips zum Río Caura spezialisiert.

Tiuna Tours (☎ 632-8697, 0414-893-3003; tiunatours@hotmail.com; Flughafenterminal) Filiale des größten Canaima-Anbieters.

Turi Express Dorado (☎ 632-7086, 0414-893-9576; turiexpress@cantv.net; Flughafenterminal) Das renommierte Unternehmen ist schon lang im Geschäft. Es hat gute Angebote und prima Preise.

Schlafen

In Ciudad Bolívar gibt's ein paar reizende *posadas*, die alle von Deutschen geleitet werden. Ob das wohl Zufall ist?

Posada La Casita (☎ 617-0832, 0414-854-5146; www.gekkotours-venezuela.de; Urbanización 24 de Julio; Stellplatz 4 US$/Pers., Hängematte 6 US$, EZ/DZ/3BZ 14/18/24 US$; P ⓧ) Das La Casita steht auf einem weitläufigen Gelände hinter dem Flughafen. Die Lage zwischen Stadt und dem Canaima-Nationalpark sorgt für einen entspannten Aufenthalt, ebenso das vielfältige Unterkunftsangebot (inkl. saubere Bungalows). Die Gäste können sich rund um die Uhr am Flughafen abholen lassen oder mit dem Shuttleservice in die Stadt fahren.

Posada Amor Patrio (☎ 632-8819, 0414-854-4925; plazabolivar@hotmail.com; Calle Amor Patrio; Hängematte 5 US$, DZ/3BZ 12/16 US$) *Posada* in einem historischen Gebäude direkt hinter der Kathedrale. Viele Backpacker schwören auf die Zimmer mit Ventilatoren und Gemeinschaftsbädern. Und wer hier wohnt, kann sich auch in der Küche selbst etwas Leckeres brutzeln.

Posada Don Carlos (☎ 632-6017, 0414-854-6616; soanatravel@gmx.de; Calle Boyacá; DZ mit Ventilator/Klimaanlage 14/25 US$; ⓧ) *Posada* neueren Datums in einem sorgfältig restaurierten Haus aus der Kolonialzeit. Die Unterkunft bietet neben netten und blitzsauberen Zimmern auch zwei weitläufige Terrassen. Deutsche Antiquitäten zieren die Bar.

Hotel Laja Real (☎ 632-7911, 632-7944; www.lajareal.com; Ecke Av Andrés Bello & Jesús Soto; EZ/DZ/3BZ 36/42/47 US$; P ⓧ ⓧ) Ideal für alle, die auf dem Sprung sind und in der Nähe des Flughafens übernachten möchten – denn der liegt quasi gegenüber. Das Laja Real gehört zu den netteren Hotels der Stadt und hat geräumige Zimmer mit Kühlschrank und warmem Wasser.

Essen & Ausgehen

Im Stadtzentrum gibt's jede Menge preiswerte Lokale.

Tostadas Juancito's (☎ 632-6173; Ecke Av Cumaná & Calle Bolívar; Menüs 2–3 US$, Arepas 1 US$; ✆ 6.30–18.30 Uhr) Die beliebte *arepa* und Snackbar nimmt diese belebte Ecke schon seit ewigen Zeiten in Beschlag. Hier kann man sich mit den Einheimischen anfreunden, ein Bier schlürfen und dabei das Treiben auf der Straße beobachten.

Mercado La Carioca (Paseo Orinoco; Hauptgerichte 2–4 US$; ✆ mittags) Der Markt am Ostende des Paseo Orinoco heißt im Volksmund schlicht La Sapoara. In den einfachen Uferrestaurants kommen günstige Mahlzeiten auf den Tisch – z. B. mit Fisch aus dem Fluss.

Restaurant Las Marquesas (Av Cumaná; Komplettmenüs 2 US$, Hauptgerichte 2–4 US$) Wird von einer kolumbianischen Familie betrieben und serviert Hausmannskost in üppigen Portionen. Auf der Speisekarte stehen auch ein paar kolumbianische Klassiker.

Tasca La Playa (☎ 632-0231; Ecke Calle Urica & Zea; Hauptgerichte 4–7 US$) Hungrige Traveller sollten sich vom düster-verrauchten Innenraum nicht abschrecken lassen: Hier gibt's klasse Steaks und Meeresfrüchte für wenig Geld. Gehört auch zu den besseren Bars der Stadt.

Ristorante Mezza Luna (☎ 632-0524; Ecke Av Táchira & Bolívar; Nudelgerichte & Pizzas 5–7 US$, Hauptgerichte 7–10 US$) Das Mezza Luna ist Ciudad Bolívars Pizza-und-Pasta-Tempel. Eignet sich wunderbar, um der Tageshitze zu entfliehen.

An- & Weiterreise

BUS

Das **Terminal de Pasajeros** (Ecke Av República & Sucre) liegt 1,5 km südlich vom Zentrum. Um hierher zu kommen, nimmt man am Paseo Orinoco eine mit „Terminal" gekennzeichnete *buseta* Richtung Westen.

Busse fahren regelmäßig nach Caracas (11–16 US$, 9 Std., 591 km); die meisten Fahrzeuge machen sich abends auf den Weg in die Hauptstadt. Direktbusse gehen nach Maracay (11–16 US$, 9½ Std., 627 km) und Valencia (12–17 US$, 10½ Std., 676 km). Sie machen einen Bogen um Caracas und nutzen stattdessen die kürzere Route über Los Llanos. Diese Busse sind hervorragend für alle Traveller geeignet, die ohne lästiges Umsteigen in der Hauptstadt Venezuelas Nordwesten oder die Anden besuchen möchten.

Alle ein bis zwei Stunden rollen Busse nach Puerto La Cruz (6–8 US$, 4 Std., 302 km). Ein Dutzend Fahrzeuge macht sich täglich auf den Weg nach Puerto Ayacucho (10–13 US$, 10–12 Std., 728 km). In Richtung Ciudad Guayana (1,50 US$, 1½ Std., 115 km) kann alle 15 bis 30 Minuten eingestiegen werden.

Diverse Busfirmen schicken insgesamt acht Busse pro Tag nach Santa Elena de Uairén (11–19 US$, 10–12 Std., 716 km).

FLUGZEUG

Der **Aeropuerto Ciudad Bolívar** (☎ 632-4978; Av Jesús Soto) 2 km südöstlich vom Fluss ist über öffentlichen Nahverkehr mit dem Stadtzentrum verbunden. Avior und Rutaca fliegen täglich nach Caracas (50–80 US$). Zahlreiche Veranstalter bieten Flüge nach Canaima an (s. „Geführte Touren", S. 1183).

CIUDAD GUAYANA

☎ 286

Ciudad Guayana liegt an den Flüssen Orinoco und Río Caroní und besteht eigentlich aus zwei separaten Städten: Das alte **San Félix** aus der Kolonialzeit liegt am Ostufer des Caroní, der moderne Hafen **Puerto Ordaz** genau gegenüber. Beide könnten unterschiedlicher nicht sein. Das Geschäftsviertel San Félix leidet unter starker Luftverschmutzung und die belebten und verstopften Straßen sind nicht immer ganz sicher. Als Heimat der Mittel- und Oberschicht wirkt Puerto Ordaz dagegen übersichtlich, sauber und irgendwie modern.

Die Einheimischen scheren sich kaum um die offizielle Bezeichnung Ciudad Guayana und sprechen stattdessen von San Félix oder Puerto Ordaz. Dennoch sollten Reisende sich nicht scheuen, bei Busbahnhöfen und Reisebüros nach Ciudad Guayana zu fragen – denn dieser Name ist dann doch nicht nur Schall und Rauch.

Praktische Informationen

Die vielen Internetcafés von Puerto Ordaz sind alle schnell und günstig (0,60–0,80 US$/Std.).

Banco de Venezuela (Ecke Av Las Américas & Monseñor Zabaleta)

Banco Mercantil (Ecke Av Ciudad Bolívar & Vía Venezuela)

CANTV (Carrera Padre Palacios, Puerto Ordaz) Mit Telefonservice.

1186 GUAYANA •• Ciudad Guayana

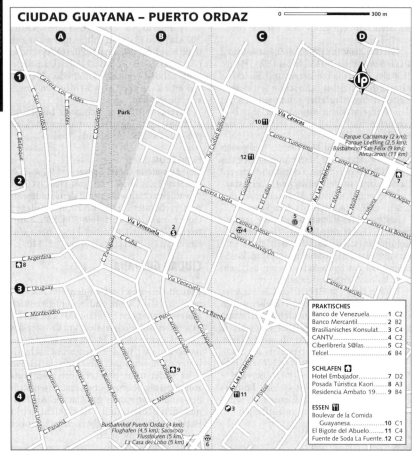

Ciberlibrería S@las (Centro Comercial Topacio, Carrera Upata) Internetcafé.
Telcel (Torre Loreto, Av Las Américas, Puerto Ordaz) Mit Telefonservice.

Schlafen

Sowohl San Félix als auch Puerto Ordaz haben einige Hotels. Puerto Ordaz liegt jedoch günstiger und die Umgebung ist angenehmer und sicherer.

La Casa del Lobo (☎ 961-6286; lobo_travel@yahoo.de; Calle Zambia Nr. 2, Villa Africana, Manzana 39; EZ/DZ 10/14 US$) Das Gästehaus in deutschem Besitz vermietet insgesamt vier Zimmer mit Ventilatoren und eigenen Bädern. Auf Wunsch gibt's auch klasse Essen. Gäste können sich kostenlos am Busbahnhof von Puerto Ordaz abholen lassen (Taxi 3 US$). Unterm Strich: eine freundliche Unterkunft mit gutem Preis-Leistungs-Verhältnis.

Posada Turística Kaori (☎ 923-4038; kaoriposada@cantv.net; Calle Argentina, Campo B; DZ/3BZ 20/22 US$; P ✕) Die schicke *posada* in Laufentfernung zum Stadtzentrum ist ruhig und recht angenehm. In den Bädern kommt warmes Wasser aus der Leitung.

Residencia Ambato 19 (☎ 923-2072; Calle Ambato Nr. 19; DZ 24 US$; P ✕) Nur eine Nummer am Eingang kennzeichnet die kleine *posada* in Familienbesitz. Dahinter verbergen sich sieben ruhige und blitzsaubere Zimmer (alle mit Doppelbetten und eigenen Bädern). Das Haus ist oft komplett ausgebucht – daher vorher anrufen.

Hotel Embajador (☎ 922-5511; hembajador@ hotmail.com; Ecke Av Principal de Castillito & Calle Urbana; EZ/DZ 27/32 US$, Suite 32–40 US$; ✷) Das moderne Embajador mit seinen sieben Stockwerken ist nicht besonders luxuriös, dafür aber sehr gepflegt, preiswert und zentral gelegen.

Essen

Alle hier aufgeführten Restaurants sind im Zentrum von Puerto Ordaz.

Boulevar de la Comida Guayanesa (Calle Guasipati; Gerichte 2–4 US$; ✷ mittags) Hier stehen ungefähr zwölf Imbissstände nebeneinander am Bürgersteig und verkaufen einheimische Spezialitäten. In marktähnlicher Atmosphäre werden alle Mahlzeiten frisch zubereitet.

Fuente de Soda La Fuente (Edificio La Meseta, Calle Guasipati; Mittagsmenüs 2–4 US$; ✷ 7–21 Uhr) Das La Fuente ist immer gut für ein einfaches Essen zwischendurch. Zur Mittagszeit ist der Laden rappelvoll. Dann stürzen sich die Gäste in Scharen auf die vier appetitlichen Menüs.

El Bigote del Abuelo (Av Las Américas; Hauptgerichte 5–9 US$; ✷ 11.30–24 Uhr) Bei „Großvaters Schnurrbart" handelt es sich um ein großes Lokal mit Holzdach. In relaxtem Ambiente kommen hier beliebte Grillgerichte aus Venezuela auf den Teller. Dazu gibt's viel eiskaltes Bier.

An- & Weiterreise

BUS

Ciudad Guayana hat zwei Busbahnhöfe. Der wichtigste Busbahnhof ist das **Terminal de Pasajeros San Félix** (☎ 974-2778; Av José Gumilla) ca. 1 km südlich vom Zentrum von San Félix. Seine Umgebung gilt vor allem bei Dunkelheit als ein gefährliches Pflaster. Daher sollten Traveller nicht zu Fuß gehen, sondern mit dem Bus oder Taxi fahren. Auf dem Weg von Puerto Ordaz nach San Félix halten viele Stadtbusse an diesem Terminal. Nach 20 Uhr fahren sie jedoch seltener und um ca. 21 Uhr wird der Betrieb ganz eingestellt. Wer später ankommt, muss wohl oder übel auf ein Taxi zurückgreifen.

Das kleinere **Terminal de Pasajeros Puerto Ordaz** (Av Guayana) 1 km östlich vom Flughafen ist wesentlich sauberer, ruhiger und sicherer als sein Pendant in San Félix. Allerdings ist hier das Angebot an Verbindungen spärlich. Das Terminal wirkt eher wie eine größere Haltestelle als wie ein richtiger Busbahnhof oder Verkehrsknotenpunkt. Viele Busse steuern das Terminal gar nicht erst an.

Vom Busbahnhof San Félix fahren Busse in die Hauptstadt Caracas (13–18 US$, 10½ Std., 706 km). Sie machen sich hauptsächlich am Abend auf den Weg und halten unterwegs fast immer am Terminal von Puerto Ordaz. Dann gibt es noch Direktbusse nach Maracay (13–18 US$, 11 Std., 742 km) und Valencia (14–19 US$, 12 Std., 791 km). Sie umfahren Caracas und nutzen stattdessen die kürzere Route über Los Llanos. Deshalb sind diese Busse hervorragend für alle Reisenden geeignet, die ohne lästiges Umsteigen in der Hauptstadt den Nordwesten Venezuelas oder die Anden besuchen möchten.

Auf ihrem täglichen Weg von Ciudad Bolívar nach Santa Elena de Uairén (10–17 US$, 9–11 Std. 601 km) machen acht Busse Station in Ciudad Guayana. Die meisten halten in San Félix und nur wenige Fahrzeuge steuern auch noch Puerto Ordaz an. Etwa alle 30 Minuten starten an beiden Terminals diverse Busse nach Ciuda Bolívar (1,50 US$, 1½ Std., 115 km).

FLUGZEUG

Der **Aeropuerto Puerto Ordaz** (☎ 951-2482; Av Guayana) liegt am Westende von Puerto Ordaz an der Straße nach Ciudad Bolívar. Mit „Sidor Directo" gekennzeichnete Busse ab Alta Vista setzen Passagiere vor dem Terminal ab. Achtung: Der Flughafen wird in allen Flugplänen unter „Puerto Ordaz" geführt (*nicht* unter Ciudad Guayana).

Puerto Ordaz ist die größte Drehscheibe für den Luftverkehr im östlichen Venezuala. Hier starten und landen fast alle großen Fluglinien des Landes wie **Aeropostal** (☎ 0800-284-6637), **Aserca** (☎ 962-9229), **Avior** (☎ 953-0064) oder **Rutaca** (☎ 951-6904).

TUCUPITA

☎ 0287 / 70 000 Ew.

In den 1920er-Jahren gründeten die Kapuziner hier eine Mission, um die indigene Bevölkerung zum Katholizismus zu bekehren. Heute ist Tucupita ein ziemlich diesiger Flusshafen und gleichzeitig die einzige größere Stadt im Orinoco-Delta. Besucher können durch die Straßen im Zentrum schlendern oder auf dem Paseo Mánamo (Uferpromenade) spazierengehen. Hauptsächlich dient Tucupita jedoch als Ausgangspunkt, um das interessante Orinoco-Delta zu erkunden.

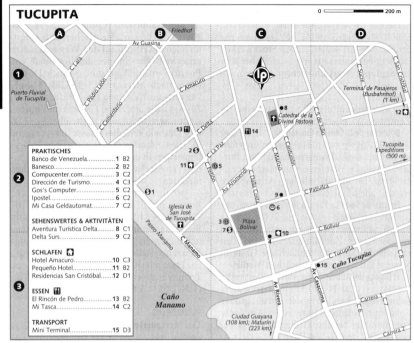

Praktische Informationen

Banco de Venezuela (Calle Mánamo)
Banesco (Calle Petión)
Compucenter.com (Centro Comercial Delta Center, Plaza Bolívar) Mit Internetzugang.
Dirección de Turismo (Oficina 18, Piso 2, Edificio San Juan, Calle Bolívar; Mo–Fr 8–12 & 14–17 Uhr)
Gos's Computer (Calle Petión) Mit Internetzugang.
Ipostel (Calle Pativilca) Postfiliale.
Mi Casa (Plaza Bolívar) Praktischer Geldautomat an der Hauptplaza.

Geführte Touren

Alle ortsansässigen Touranbieter haben sich auf Trips ins Delta spezialisiert. Dabei handelt es sich meistens um zwei- bis viertägige All-Inclusive-Pakete (40–80 US$/Pers. und Tag). Sämtliche Unternehmen betreiben *campamentos* als Basislager für Ausflüge in die Umgebung.
Aventura Turística Delta (721-0835; a_t_d_1973@hotmail.com; Calle Centurión) Ist meist günstiger als die Konkurrenz – kein Wunder, dass sie die meisten ihren Trip bei Turística Delta buchen. Die beiden Zeltlager sind ebenso einfach wie die übrigen Einrichtungen. Übernachtet wird ausschließlich in Hängematten.

Delta Surs (721-3840; Ecke Calle Mariño & Pativilca) Der älteste Tourveranstalter der Stadt ist seit 1987 im Geschäft. Bietet als einziger geführte Touren in den abgelegenen Ostteil des Deltas an. Das Campamento Maraisa in San Francisco de Guayo besteht aus *cabañas* mit Betten und eigenen Bädern.
Tucupita Expeditions (721-0801; www.orinocodelta.com; Calle Las Acacias) Der wohl teuerste Touranbieter ist gerade mal 700 m östlich vom Zentrum zu finden. Bedient ausschließlich Reisegruppen – für einzelne Reisende gibt's also keine Angebote.

Schlafen & Essen

Im Zentrum gibt's vier oder fünf Hotels und weiter draußen noch ein paar mehr – keines davon kann wirklich überzeugen. Die restlichen einfachen Budgetunterkünfte sind nicht weiter erwähnenswert.

Pequeño Hotel (721-0523; Calle La Paz; DZ mit Ventilator 6–8 US$, mit Klimaanlage 8–10 US$, 3BZ mit Ventilator/Klimaanlage 10/12 US$;) Das Pequeño Hotel gehört einer Familie und ist die günstigste Unterkunft in Tucupita. Trotz der düsteren Zimmer und schäbigen Betten ist die Atmosphäre doch ganz anheimelnd. Die *señora* verriegelt die Haustür um 22 Uhr und legt sich dann aufs Ohr – also: nicht zu spät zurückkommen.

Residencias San Cristóbal (☎ 721-4529; Calle San Cristóbal; DZ 8–9 US$, 3BZ 10 US$; P) Das günstige San Cristóbal mit seinen 40 Zimmern liegt nicht gerade sehr zentral und hat auch keine Klimaanlage, dafür aber ein gutes Preis-Leistungs-Verhältnis. Renovierte separate Bäder und neue Matratzen versprechen einen angenehmen Aufenthalt. Die Zimmer in den oberen Stockwerken sind besser.

Hotel Amacuro (☎ 721-0404; Calle Bolívar; DZ/3BZ mit Ventilator 10/14 US$, mit Klimaanlage 14/20 US$; ❖) Das Amacuro gleich hinter der Plaza Bolívar ist an sich nichts Besonderes. Neben ausreichend sauberen und geräumigen Zimmern gibt's hier auch eine große Terrasse auf der man sich wunderbar bei einem kalten Bier entspannen kann.

El Rincón de Pedro (Calle Petión; Hauptgerichte 2–3 US$) Bei „Pedros Ecke" handelt es sich um ein Minilokal in Familienbesitz mit schlichten Mahlzeiten zu Superpreisen.

Mi Tasca (☎ 721-0428; Calle Dalla Costa; Hauptgerichte 3–6 US$) Für ein leckeres Mittag- oder Abendessen empfehlen die meisten Einheimischen das Mi Tasca. Tucupitas bestes Restaurant bietet eine gute Speisekarte, tolle Preise und üppige Portionen. Das Personal ist auf Zack. Tipp: *lau lau* (Katzenwels).

An- & Weiterreise

Das **Terminal de Pasajeros** (Ecke Carrera 6 & Calle 10) 1 km südöstlich des Zentrums kann man zu Fuß oder mit einem Taxi (1 US$) erreichen. Das **Mini Terminal** (Calle Tucupita) ist für den Stadtverkehr und Verbindungen in die Vororte zuständig.

Täglich fahren fünf Nachtbusse über Maturín nach Caracas (13–18 US$, 11 Std., 730 km). Expresos La Guayanesa schickt seine Fahrzeuge zweimal täglich nach Ciudad Guayana (4 US$, 3½ Std., 137 km). Auf der gleichen Strecke sind regelmäßig auch schnellere *por puestos* (6 US$, 2½ Std.) unterwegs. Die Fährpassage über den Orinoco (von Los Barrancos nach San Félix) ist im Preis enthalten.

Bei Reisen nach Caripe und zur Cueva del Guácharo müssen Traveller erst mit einem Bus nach Maturín fahren (5 US$, 4 Std., 217 km) und dort umsteigen. Eine Alternative zum Bus sind die häufiger verkehrenden und schnelleren *por puestos* (8 US$, 3 Std.).

SALTO ÁNGEL (ANGELS WASSERFALL)

Als höchster Wasserfall der Welt ist der Salto Ángel Venezuelas Touristenattraktion Nummer Eins. Mit einer Gesamthöhe von 979 m ist er 16-mal so hoch wie die Niagarafälle. Die eigentliche Fallstrecke des Wassers beträgt 807 m; es ergießt sich vom oberen Rand des mächtigen Auyantepui. Dieser Tafelberg gehört zu den größten Tepuis des Landes. Angels Wasserfall wurde übrigens nicht nach einem himmlischen Wesen benannt, sondern nach dem amerikanischen Buschpiloten Jimmie Angel. Auf der Suche nach Gold landete er 1937 mit seiner viersitzigen Maschine auf dem Hochplateau des Auyantepui.

Der Wasserfall liegt in einer abgelegenen und ursprünglichen Region ohne Straßenanschluss. Nahezu alle Touren starten 50 km weiter nordwestlich im Dorf Canaima, zu dem ebenfalls keine Straßen führen. Dafür landen in Canaima zahlreiche Kleinflugzeuge, die in Ciudad Bolívar oder auf der Isla da Margaritá starten.

Abstecher zum Salto Ángel gliedern sich meist in zwei Abschnitte; Canaima dient dabei als Zwischenstation. Die meisten Touristen fliegen zuerst nach Canaima und nehmen dann ein Kleinflugzeug oder Boot zum Wasserfall. Wer mit dem Boot anreist, wird die Nacht wahrscheinlich in einer Hängematte verbringen – am Fuß der Fälle befinden sich mehrere Camps. Die Reise flussaufwärts, das lustige Lagerleben und die Landschaft sind zusammen beinahe so erinnerungswürdig wie der eigentliche Wasserfall.

REGEN ODER SONNENSCHEIN?

Die Menge des abfließenden Wassers ist stark von der Jahreszeit abhängig. Während der Trockenperiode (normalerweise Jan.–Mai) besteht der Salto Ángel nur aus einem dünnen Rinnsal, das durch den Dunst in die Tiefe plätschert. Auf dem Höhepunkt der Trockenzeit ist die Anreise mit dem Boot nicht mehr möglich. In der Regenzeit fallen die meisten Niederschläge im August und September. Dann bietet sich Besuchern der spektakuläre Anblick einer tosenden Kaskade – vorausgesetzt, die Wolkendecke ist nicht allzu niedrig. Zwischendurch öffnet der Himmel immer wieder mal seine Schleusen.

1190 GUAYANA •• Canaima

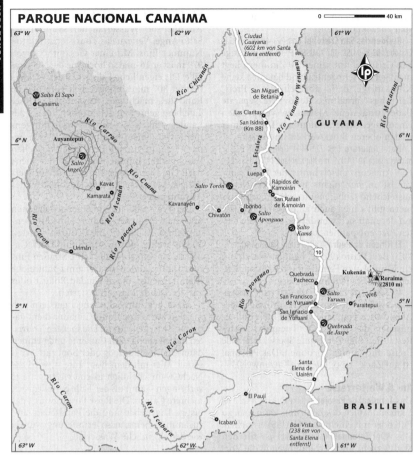

Salto Ángel, Auyantepui und Canaima gehören zum 30 000 km² großen Parque Nacional Canaima. Bei der Ankunft im Dorf wird eine Gebühr von 8 US$ fällig.

CANAIMA
☎ 0286 / 1500 Ew.

Canaima ist eine Mischung aus indigenem Dorf und Touristenzentrum, das als Basis für den Salto Ángel dient. Canaima liegt an einem ruhigen und breiten Abschnitt des Río Canaima, der Laguna de Canaima. Kurz davor schießt der Fluss über sieben herrliche Kaskaden. Die Einheimischen fühlen sich von den Massen der Reisenden keinesfalls belästigt, sondern heißen Besucher aufs Herzlichste willkommen.

Die Wasserfälle vor der Laguna de Canaima sind bereits eine Attraktion für sich (insbesondere Salto el Sapo, Sapito und Hacha). Man besucht sie nach einem kurzen Bootsausflug auf einer Wanderung, bei der man sogar hinter einige der Wasserfälle gehen kann. Canaima grenzt an einen Sandstrand am Rand der Lagune. Achtung: Nahe der Kaskaden oder der Wasseraufbereitungsanlage haben Schwimmer nichts verloren.

Praktische Informationen

Tienda Canaima (☎ 962-0443, 0414-884-0940) Eine Kombination aus Andenken- und Lebensmittelladen in Flugplatznähe. Wechselt US-Dollar und Reiseschecks zu absolut miesen Konditionen. Die meisten Touranbieter in Canaima akzeptieren US-Dollar in bar. Mit Kreditkarte zu

Unterkünfte online: www.lonelyplanet.com

GRAN SABANA **1191**

zahlen ist entweder gar nicht möglich oder mit einem Zuschlag von mindestens 10 % verbunden.

Wakü Lodge (☎ 962-5560; Internet 10 US$/Std.) Das schickste Hotel vor Ort ist auch das einzige mit einem Internetzugang. In einer der Lounges steht ein einsamer Rechner.

Geführte Touren

Alle lokalen Tourveranstalter bieten Bootsausflüge an. Neben der Anreise per Flugzeug organisieren sie auch Unterkünfte und Verpflegung. Zu den größten Unternehmen gehören:

Bernal Tours (☎ 632-7989, 0414-854-8234; www.bernaltours.com) Der Familienbetrieb liegt auf einer Insel in der Laguna de Canaima. Vor und nach den Touren können die Teilnehmer hier übernachten und etwas essen. Bernal Tours betreibt sein *campamento* auf der Isla Ratoncito gegenüber des Salto Ángel.

Tiuna Tours (☎ 962-4255, 0414-884-0502; tiunatours@hotmail.com) Größter und günstigster Anbieter vor Ort. Unterhält neben einem großen *campamento* in Canaima ein weiteres Lager in Aonda oben am Río Carrao.

Excursiones Kavac (☎ 0414-884-0511, 0414-853-2338; www.churumtours.com) Das Unternehmen wird von der indigenen Pemón-Gemeinde geleitet und ist etwas günstiger als Bernal Tours. Das *campamento* liegt ebenfalls am Fuß des Salto Ángel.

Jorge Abati (piayma@hotmail.com) Jorge ist der Enkel des Pemón-Häuptlings, der einst die erste *National-Geographic*-Expedition zu den Fällen führte. Der freiberufliche Führer lebt in Canaima und spricht sehr gut Englisch. Abenteuerlustige können sich Touren auf den Leib schneidern lassen.

Schlafen & Essen

In Canaima gibt's ein Dutzend *campamentos* und *posadas*. Die meisten gehören zu den genannten Tourveranstaltern (Preise inkl. Verpflegung).

Campamento Churúm (Kavac) (☎ 0414-884-0511, 0414-880-3555; www.churumtours.com; Hängematte/Zi. pro Pers. 5/13 US$) Das Camp von Excursiones Kavac, das dem Fußballplatz gegenüberliegt, hat meistens auch für Nichtkunden Platz. Im Gegensatz zu den meisten anderen Unterkünften kommt man in dem sauberen und angenehmen Lager auch in Kontakt mit Einheimischen.

Campamento Tiuna (☎ 962-4255, 0414-884-0502; Hängematte/Zi. pro Pers. 10/25 US$) Das *campamento* von Tiuna Tours befindet sich in einem großen Steingebäude im Norden des Dorfes. Nichtkunden können in freien Betten und Hängematten übernachten. Auf Wunsch

gibt's auch Mahlzeiten. Näheres weiß das Büro am Flughafen von Ciudad Bolívar.

Posada Wey Tüpü (☎ 0414-893-3170, 0414-884-0524; Zi. 20 US$/Pers.) Das Wey Tüpü liegt im Süden des Dorfes gegenüber der Schule. Diese Unterkunft bietet eines der besten Preis-Leistungs-Verhältnisse vor Ort, auch bei den Mahlzeiten. Die Zimmer haben eigene Bäder und Ventilatoren.

Posada Kusarí (☎ 962-0443, 0414-884-0940; Zi. 30 US$/Pers.) Die gepflegte *posada* besitzt 14 Zimmer mit Ventilatoren und eigenen Bädern. Die Tienda Canaima informiert über freie Betten und aktuelle Preise.

An- & Weiterreise

Die Preise sind saisonabhängig; die aufgeführten Beträge sind daher Durchschnittswerte. Avior fliegt mehrmals pro Woche von Caracas nach Canaima (115–135 US$). Seltener pendeln diverse Regionalgesellschaften zwischen Canaima und Ciudad Bolívar; dabei handelt es sich oft um Charterflüge (50–60 US$). Mit verschiedenen kleinen Airlines (z. B. LTA, Sasca oder Rutaca) besteht Verbindung nach/ab Porlamar (120–140 US$). LTA ist meist am preiswertesten. Rutaca schickt täglich Maschinen von Canaima nach Santa Elena de Uairén (145 US$).

GRAN SABANA

Bei der Gran Sabana (Große Savanne) handelt es sich um das grüne und hügelige Hochland im oberen Caroníbecken. Das gewaltige Gebiet im Parque Nacional Canaima ist nahezu menschenleer und gehört zu den schönsten und atemberaubendsten Regionen Venezuelas. Die endlose Monotonie der wogenden Graslandschaft hat ihren ganz eigenen Reiz. Diese Öde wird durch die großartigen und weltweit unübertroffenen Tepuis aufgelockert. Mehr als 100 dieser Tafelberge überziehen die Landschaft von der kolumbianischen Grenze im Westen bis hinüber nach Guayana und Brasilien im Osten. Die meisten Tepuis gibt es aber in der Gran Sabana. Als berühmtester Vertreter ragt der Roraima bis nach Brasilien und Guyana hinein.

Santa Elena de Uairén nahe der brasilianischen Grenze ist die einzige größere Siedlung in der Gran Sabana. Im Rest der spär-

VENEZUELA

lich besiedelten Region leben hauptsächlich die Pemón. Die rund 15 000 Angehörigen dieses indigenen Volkes verteilen sich auf beinahe 300 weit verstreute Dörfer.

Unterwegs vor Ort

Die faszinierende Gran Sabana ist über die Landstraße von Ciudad Guayana nach Santa Elena de Uairén zu erreichen. Auf dieser Strecke sind kaum öffentliche Verkehrsmittel unterwegs. Das Sightseeing auf eigene Faust ist daher recht umständlich und zeitintensiv. Eine komfortable Alternative sind geführte Touren von Ciudad Bolívar (S. 1183) oder Santa Elena de Uairén (S. 1194) aus.

RORAIMA

Der gewaltige Tafelberg Roraima ist das reizvollste Ziel für Abenteuertouristen in der ganzen Gran Sabana. Ein Besuch in Venezuelas „vergessener Welt" ist für die meisten Reisenden ein absolutes Highlight. Die anstrengende Wanderung lohnt sich auf jeden Fall – schließlich ist ein Aufenthalt auf dem Hochplateau eine Erfahrung fürs Leben.

Die erste offizielle Besteigung eines Tepui fand 1884 am Roraima statt. Von allen Tafelbergen in der Gran Sabana ist er am leichtesten zu meistern. Für die dennoch recht anspruchsvolle Wanderung sind keine besonderen Vorkenntnisse oder Klettererfahrung nötig. Bei entsprechender Gesundheit und Fitness sollte es eigentlich keine Probleme geben – vorausgesetzt, man überlässt den Trägern die schweren Ausrüstungsteile.

Für den mindestens fünftägigen Trip sind Campingausrüstung und Lebensmittel erforderlich. Vor den Teilnehmern liegen einige Strapazen und Unannehmlichkeiten wie starke Regenschauer, Kälte und *puri puris* (fast unsichtbare stechende Insekten). Zudem kann sich die Wetterlage jederzeit ändern.

Aufstieg am Roraima

Der Roraima erhebt sich rund 40 km östlich der Landstraße von El Dorada nach Santa Elena (gleich östlich von San Francisco de Yuruaní). Die Touren starten meist im Nest Paraitepui. Für den Aufstieg sind Führer zwingend erforderlich. Sie lassen sich in Santa Elena, San Francisco oder Paraitepui auftreiben. Die meisten Reisenden entscheiden sich für eine organisierte Tour (S. 1194) ab Santa Elena. Neben Führern und Trägern sind Verpflegung, Transport und Ausrüstung im Preis enthalten.

Der Marsch zum Gipfel dauert durchschnittlich zwei bis drei Tage (reine Wanderzeit Aufstieg ca. 12 Std., Abstieg ca. 10 Std.). Unterwegs stehen diverse Campingplätze (mit Wasser) zur Verfügung: Der Río Tek liegt vier Stunden von Paraitepui entfernt, 30 Minuten später stößt man auf den Río Kukenán. Nach weiteren drei Stunden Aufstieg kommt die sogenannte *campamento base* (Basislager) am Fuß des Roraima in Sicht. Die steile vierstündige Wanderung zum Hochplateau ist der spektakulärste, aber auch anstrengendste Teil des Trips.

DIE „VERGESSENE WELT" DER TEPUIS

1912 schrieb Sir Arthur Conan Doyle seinen Roman *Die vergessene Welt*. Darin beschreibt er eine Expedition zu einem plateauartigen Berg in Südamerika, auf dem Dinosaurier und Affenmenschen überlebt haben. Das Buch zeigt deutliche Bezüge zum geheimnisvollen Roraima im südöstlichen Venezuela. Der Roraima und seine über 100 „Artgenossen" werden Tepuis genannt.

In der Sprache der indigenen Pemón bedeutet *tepui* (oder *tepuy*) schlicht „Berg". Dieses Wort hat sich mittlerweile weltweit als Bezeichnung für eine bestimmte Art von Tafelbergen durchgesetzt. In geologischer Hinsicht handelt es sich bei den rund 2 Mrd. Jahre alten Sandsteinplateaus um die Überreste einer gewaltigen Sedimentschicht. Nur die widerstandsfähigsten „Felsinseln" überstanden die allmähliche Erosion. Für Jahrmillionen waren die Tepuis voneinander und vom Rest der Welt getrennt. So entwickelte sich auf ihren Gipfeln eine weltweit einzigartige Tier- und Pflanzenwelt. Dort oben gibt's zwar keine Dinosaurier, doch etwa die Hälfte der rund 2000 Pflanzenarten ist nur auf bestimmten Tafelbergen zu finden. Hinzu kommen einheimische Kleintiere (z. B. winzige Frösche). Wind und Regen gaben den Tepuis im Lauf der Äonen zusätzlich ein absolut atemberaubendes Aussehen.

Auf dem Gipfel des Roraima wird in einem der rund ein Dutzend *hoteles* übernachtet. Dabei handelt es sich um halb offene Zeltplätze unter Felsüberhängen. Die Führer verteilen ihre Gruppen auf die jeweiligen Unterkünfte.

Wind und Regen formten im Lauf der Zeit die „Mondlandschaft" auf dem Hochplateau. Sie besteht u.a. aus Schluchten, Bächen und rosafarbenen Stränden. Hinzu kommen Aussichtspunkte und Gärten voller einzigartiger Blütenpflanzen. Häufig kriechen unheimliche Nebelschwaden langsam über den Gipfel. Auf den deutlich erkennbaren Pfaden weiter unten scheinen Führer beinahe überflüssig zu sein. Für die Orientierung auf dem labyrinthartigen Hochplateau erweisen sie sich aber als umso wertvoller. Wer zwei Nächte auf dem Roraima verbringt, kann mit seinem Führer in aller Ruhe ein paar der hiesigen Attraktionen abwandern. Zu sehen gibt's u.a. **El Foso**, ein kristallklares Wasserbecken in einer gigantischen Doline. Bei **Punto Triple** handelt es sich um das Dreiländereck zwischen Venezuela, Brasilien und Guyana. In einem kleinen Tal namens **Bahia de Cristal** glitzern unzählige Quarzkristalle. Aber auch abgesehen davon gibt's noch weitere tolle Attraktionen und Aussichtspunkte.

San Francisco de Yuruaní

San Francisco liegt auf der Landstraße 67 km nördlich von Santa Elena de Uairén. Die eigentliche Wanderung zum Roraima beginnt in Paraitepui (s. rechte Spalte) und vor dem Start findet man in San Francisco die letzten Restaurants und Unterkünfte. Traveller können sich hier vor oder auch nach der Tour an herzhaften Mahlzeiten stärken und nach Führern (25–50 US$/Tag und Wandergruppe) suchen. Die teuersten Führer sind meistens die besten. Dies gilt auch für Träger (20 US$/Tag). Die Preise für Führer und Träger sind in Paraitepui ungefähr gleich wie in San Francisco – hier ist die Auswahl aber wesentlich größer.

Ein paar namenlose Unterkünfte (5–10 US$/Pers.) säumen die Hauptstraße. Einfache Lokale servieren Grillhähnchen und kaltes Bier.

San Francisco de Yuruaní liegt an der Landstraße von Ciudad Guayana nach Santa Elena. Achtmal täglich fährt in beide Richtungen ein Bus.

Paraitepui

Das unscheinbare, kleine Dorf liegt 26 km östlich von San Francisco. Paraitepui ist der Ausgangspunkt für Wandertouren zum Roraima. Hierher kommt man entweder zu Fuß oder mit einem Jeep von San Francisco (max. 8 Pers; 50 US$) aus. Der siebenstündige Marsch durch Hitze und Staub entlang der Straße ist aber nur etwas für echte Masochisten.

Bevor die Wanderung in Angriff genommen wird, müssen sich Traveller beim Inparques-Büro in Paraitepui anmelden. Der Eintritt zum Park ist kostenlos. Dennoch verlangen die Ranger manchmal nachträglich eine Gebühr, wenn Wanderer auf dem Parkplatz campen und die überdachten Tische benutzen. Vor Ort gibt's keine offiziellen Restaurants. Dafür verköstigen einheimische Familien Besucher bei Bedarf mit Hühnchen zum Abendessen (ca. 7 US$/Pers.) – Adressen vermittelt der Laden neben dem Inparques-Büro.

SANTA ELENA DE UAIRÉN

☎ 0289 / 18 500 Ew.

Die lebhafte Kleinstadt ist nicht nur ein toller Ausgangspunkt für Touren durch die Gran Sabana (vor allem zum Roraima), sondern dient auch als Zwischenstation bei der Weiterreise nach Brasilien. Santa Elena liegt praktisch mitten im Nirgendwo; dennoch ist hier einiges geboten. Fast alle Läden kaufen oder verkaufen Gold und Diamanten. Jeden Morgen kommen Hunderte von brasilianischen Autofahrern in das zollfreie Gebiet und füllen ihre Tanks mit günstigem Benzin. Brasilianische Staatsangehörige dürfen Venezuela nur mit einer einzigen Tankfüllung wieder verlassen. Bei Verstößen werden Fahrzeuge gnadenlos beschlagnahmt, wovon unzählige stillgelegte Autos in Grenznähe zeugen. Das brütend heiße Santa Elena ist bemerkenswert sicher und freundlich.

Praktische Informationen

Die Geldwechsler nahe der Ecke Calle Bolívar/Calle Urdaneta (oder Cuatro Esquinas) tauschen US-Dollar problemlos in Bolívar um.

Banco Guyana (Plaza Bolívar) Der Geldautomat ist rund um die Uhr in Betrieb.

Banco Industrial de Venezuela (Calle Bolívar) Ebenfalls mit 24-Stunden-Geldautomat.

1194 GRAN SABANA •• Santa Elena de Uairén

Brasilianisches Konsulat (☎ 995-1256; Av Mariscal Sucre; ◷ Mo–Fr 8–12 Uhr) Das Konsulat liegt gegenüber der Tankstelle. Wer ein Visum beantragt, muss eventuell eine Gelbfieber-Schutzimpfung nachweisen.
CANTV (Calle Zea zw. Calle Roscio & Lucas Fernández Peña) Mit Telefonservice.
Ipostel (Calle Urdaneta zw. Calle Bolívar & Roscio) Postfiliale.
Iruk Café (Calle Bolívar; 1 US$/Std.) Internetcafé.
Lavandería Cristal (Calle Urdaneta; 2,50 US$/Waschgang)
Mundo Cyber (1 US$/Std.; ◷ Mo–Do 8.30–21, Fr bis 22, Sa 9.30–22, So 13–21 Uhr) Prima Internetverbindungen.

Geführte Touren

In Santa Elena ist ein gutes Dutzend Tourveranstalter ansässig. Schwer gefragt sind ein- bis dreitägige Jeepausflüge zu den Sehenswürdigkeiten der Gran Sabana (größtenteils Wasserfälle). Bei Reisegruppen mit vier oder mehr Teilnehmern werden pro Person und Tag rund 25 US$ fällig (inkl. Transport und Führer). Hinzu kommen separate Kosten für Unterkunft und Verpflegung.

Ebenso begehrt sind geführten Touren zum Roraima. Hierbei handelt es sich meist um sechstägige All-Inclusive-Trips (150–360 US$). Die günstigsten Optionen sind ihr Geld oft nicht wert. Roraima-Veranstalter verleihen meist auch Campingausrüstung und transportieren Reisende bei Bedarf per Jeep nach Paraitepui (max. 6 Pers.; pro Fahrzeug und einfache Wegstrecke 60–80 US$), wo die eigentliche Wanderung beginnt. Interessenten sollten sich vor dem Buchen nach der Gruppengröße erkundigen und feststellen, wie viele Wanderer jeweils von einem Führer betreut werden.

Manche Anbieter haben zusätzlich Trips in die Umgebung von El Paují im Programm. Neben Naturschönheiten gibt's dort auch Gold- und Diamantenminen zu sehen.

Zu den empfehlenswertesten Unternehmen gehören:
Adrenaline Expeditions (☎ 632-4804, 0414-886-7209; adrenalinexptours@hotmail.com) Schwesterfirma der Agentur in Ciudad Bolívar. Hat neben spannenden Abenteuertouren durch die Gran Sabana auch Touren zum Roraima im Angebot. Der Eigentümer Ricardo scheint direkt mit Indiana Jones verwandt zu sein.

Backpacker Tours (☎ 995-1524, 0414-886-7227; www.backpacker-tours.com; Calle Urdaneta) Der Cadillac unter den Tourveranstaltern – und dementsprechend am teuersten. Dafür sind Organisation und Ausrüstung vom Allerfeinsten. Bei den Roraima-Trips und Ausflügen durch die Umgebung bleiben keine Wünsche offen.

Cooperativa MauraK-Kon Tours (☎ 0414-385-2846; rstagransabana@hotmail.com; neuer Busbahnhof) Die verlässliche Firma organisiert Touren durch die Region. Kümmert sich auch um Unterkünfte und alle nötigen Details.

Mystic Tours (☎ 416-0558, 0414-886-1055; www.mystictours.com.ve; Calle Urdaneta) Vom Eigentümer Roberto Marrero persönlich stammen diverse Karten und Bücher zur Region. Mystic Tours bietet gute Ausflüge zum Roraima und gehört zu den wenigen Anbietern, die Trips nach El Paují im Programm haben.

New Frontiers Adventure Tours (☎ 995-1584, 0414-927-7140; www.newfrontiersadventures.com; Calle Urdaneta) Ein Team von erfahrenen Führern leitet dieses Unternehmen, das sich auf Wandertouren spezialisiert hat (u. a. zum Gipfel des Roraima). Die Jungs verstehen ihr Handwerk und halten die Ausrüstung top in Schuss.

Schlafen

La Casa de Gladys (☎ 995-1171; Calle Urdaneta; EZ/DZ/3BZ/4BZ 6/7/10/13 US$) Seit vielen Jahren ruhen sich müde Traveller im einfachen La Casa de Gladys aus. Alle Zimmer haben eigene Bäder und die Gäste können Küche und Kühlschrank mitbenutzen.

Posada Michelle (☎ 995-1415; hotelmichelle@cantv.net; Calle Urdaneta; EZ/DZ/3BZ 8/15/18 US$) Die Budgetzimmer der *posada* haben eines der besten Preis-Leistungs-Verhältnisse im ganzen Land. In den helleren Zimmern im OG ist auch der Straßenlärm deutlich geringer als im UG. Für Gäste gibt's einen günstigen Wäschereiservice.

Hotel Michelle (☎ 995-1415; hotelmichelle@cantv.net; Calle Urdaneta; EZ/DZ/3BZ 8/15/18 US$) Das Hotel direkt neben der Posada Michelle wird vom gleichen Management verwaltet. Die Zimmer sind aber noch größer und ebenfalls tadellos sauber. Auch hier kann man seine Kleidung für wenig Geld waschen lassen.

Hotel Lucrecia (☎ 995-1105; hotellucrecia@cantv.net; Av Perimetral; EZ/DZ/3BZ 13/15/20 US$; P ⊠ ⊒) Eine Familie leitet das freundliche Lucrecia in einem betagten Haus. Auf der reizenden Veranda blüht und grünt es das ganze Jahr. Die Zimmer drum herum haben eigene Bäder mit Warmwasseranschluss. Hinzu kommen eine verlässliche Trinkwasserversorgung und ein ziemlich großer Pool. Auf Wunsch gibt's Frühstück und Abendessen.

Essen

Restaurant Michelle (☎ 995-1415; Calle Urdaneta; Hauptgerichte 2–4 US$) Hier schwingt der Manager der beiden Michelles höchstpersönlich den Kochlöffel. Das Resultat sind leckere und ziemlich authentische chinesische Gerichte.

Restaurant Nova Opção (☎ 995-1013; Plaza Bolívar; Büfett 5 US$/kg; ☺ mittags & abends) Das brasilianische Lokal punktet mit einem vielfältigen und appetitlichen Buffet. Der Preis wird nach Gewicht berechnet – dem Auffüllen der Energiespeicher vor oder nach der großen Wanderung steht also nichts im Wege. In der Filiale an der Calle Urdaneta wird das Abendessen von ziemlich abgedrehten Angestellten serviert.

Darwin Pizzaria (Calle Icaburú; Gerichte 3–6 US$) Für die Lage mitten im Nirgendwo tischt der locker-lässige Laden recht annehmbare Pizzas auf (teilweise vegetarisch).

Alfredo's Restaurant (☎ 995-1628; Av Perimertal; Nudelgerichte & Pizzas 4–5 US$, Hauptgerichte 5–9 US$; ⊠) Die Speisekarte des angenehmen Restaurants ist ungewöhnlich lang. Darauf stehen u. a. leckere Steaks und prima Pizzas aus dem Holzofen. Gegessen wird entweder drinnen oder an Tischen draußen vor dem Eingang.

An- & Weiterreise
BUS
Santa Elenas neuer Busbahnhof liegt etwa 2 km östlich des Stadtzentrums an der Straße Richtung Ciudad Guayana. Da keine Stadtbusse dorthin fahren, muss man ein Taxi (1,50 US$) nehmen.

EINREISE NACH BRASILIEN

Sämtliche Formalitäten für den Reiseverkehr zwischen Venezuela und Brasilien (und umgekehrt) können mittlerweile direkt an der Grenze (La Línea) erledigt werden. Die Busse halten vor dem Büro 15 km südlich von Santa Elena. Wer Venezuela betritt oder verlässt, muss seinen Reisepass unbedingt von den Grenzbeamten abstempeln lassen. Je nach aktueller Dienstanweisung wird eventuell eine Ausreisesteuer von 16 US$ fällig. Für die Einreise nach Brasilien ist ein offizieller Nachweis einer Gelbfieber-Schutzimpfung erforderlich. Informationen zum Grenzübertritt von Brasilien nach Venezuela stehen auf S. 448.

Acht Busse fahren täglich nach Ciudad Bolívar (11–19 US$, 10–12 Std., 716 km); alle halten unterwegs in Ciudad Guayana (10–17 US$, 9–11 Std., 601 km).

FLUGZEUG
Der Flughafen liegt 7 km südwestlich der Stadt abseits der Straße zur brasilianischen Grenze. Er ist mit öffentlichen Verkehrsmitteln nicht zu erreichen; daher müssen Passagiere auf ein Taxi zurückgreifen (ca. 5 US$). Oft werden ankommende Fluggäste bereits von Tourveranstaltern erwartet, die meist auch einen kostenlosen Transport in die Stadt anbieten – selbstverständlich in der Hoffnung, eines ihrer Angebote verkaufen zu können. Rutaca schickt täglich fünfsitzige Cessnas über Canaima (145 US$) nach Ciudad Bolívar (145 US$).

AMAZONAS

Wie der Name schon sagt: Venezuelas südlichster Bundesstaat Amazonas besteht vor allem aus amazonischen Regenwäldern. Im Gewirr der Flussläufe leben nur wenige indigene Stämme. Die Gesamtzahl der Stammesangehörigen wird derzeit auf rund 40 000 geschätzt. Die indigene Bevölkerung setzt sich aus drei Hauptgruppen (Piaroa, Yanomami und Guajibo) und ein paar kleineren Stämmen zusammen.

Im Gegensatz zum brasilianischen Amazonasgebiet ist die Topografie des venezolanischen Bundesstaats sehr vielfältig. Auch hier gehören die Tepuis zu den Highlights. Die Tafelberge sind hier zwar nicht ganz so zahlreich wie in der Gran Sabana, geben dem Regenwaldteppich aber dennoch ein unverwechselbares Erscheinungsbild. Im äußersten Süden von Amazonas verläuft die Serranía de la Neblina entlang der brasilianischen Grenze. In der kaum erforschten Bergkette erheben sich die höchsten Gipfel Südamerikas östlich der Anden.

Hierher kommt man am besten zwischen Oktober und Dezember. Dann führen die Flüsse genug Wasser für Bootsausflüge, doch die Niederschlagsmenge ist deutlich geringer.

Unterwegs vor Ort
Da es in dieser Region so gut wie keine Straßen gibt, erfolgt der Transport vor Ort ent-

weder per Boot oder per Flugzeug. Auf den Flüssen fahren keine regelmäßigen Passagierboote. Dadurch sind Trips auf eigene Faust nur sehr schwer oder gar nicht möglich. Die Tourveranstalter in Puerto Ayacucho bringen abenteuerlustige Reisende aber so gut wie überall hin – zum entsprechenden Preis, versteht sich.

PUERTO AYACUCHO
☎ 0248 / 80 000 Ew.
Das feuchtheiße Puerto Ayacucho ist die einzige größere Stadt im ganzen Bundesstaat. Das regionale Touristenzentrum ist gleichzeitig das Tor zum Regenwald. Hier sind über ein Dutzend Tourveranstalter zu finden. Diese Unternehmen fahren den Orinoco und seine Zuflüsse hinauf. Andere Trips führen mitten in den tiefsten Urwald. Zudem dient Puerto Ayacucho als Zwischenstation bei der abenteuerlichen Rückreise nach Kolumbien oder Brasilien. Die äußerst lebendige Stadt liegt an einem wunderbaren Teilstück des Orinoco. Zu den wenigen Sehenswürdigkeiten gehört ein indigener Handwerksmarkt. Die meisten Traveller ruhen sich hier nur aus oder decken sich für den Start ins Abenteuer mit allem Nötigen ein.

Praktische Informationen
Banco de Venezuela (Av Orinoco)
Banco Provincial (Calle La Guardia)
Banesco (Av Orinoco)
Biblionet (Biblioteca Pública, Av Río Negro) Hier kann man eine halbe Stunde lang kostenlos ins Internet.
CANTV (Ecke Av Río Negro & Calle Atabapo) Mit Telefonservice.
Cibercafé Compuserv (Calle Evelio Roa) Internetcafé.
Colombian Consulate (☎ 521-0789; concolptoayacu@ cantv.net; Calle Yacapana Qta Beatriz 5; 🕙 7–13 Uhr)
DIEX (Av Aguerrevere; 🕙 Mo–Fr 8–12 & 13–17 Uhr) Beim Betreten oder Verlassen Venezuelas muss hier der Reisepass abgestempelt werden. Die genannten Öffnungszeiten sind aber nur als grobe Richtlinie zu betrachten.
El Navegante (Centro Comercial Maniglia, Av Orinoco) Mit Internetzugang.

Sehenswertes
Das kleine, aber interessante **Museo Etnológico de Amazonas** (Av Río Negro; Eintritt 0,50 US$; 🕙 Di–Fr 8.30–11.30 & 14.30–18, Sa 9–12 & 15.30–19, So 9–13 Uhr) gewährt Einblicke in die Kulturen regionaler indigener Stämme wie die Piaroa, Guajibo, Ye'kwana und Yanomami. Zu

AMAZONAS •• Puerto Ayacucho

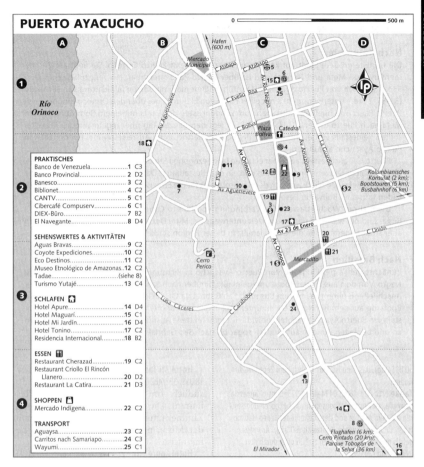

PUERTO AYACUCHO

PRAKTISCHES
- Banco de Venezuela....................1 C3
- Banco Provincial........................ 2 D2
- Banesco.....................................3 C2
- Biblionet...................................4 C2
- CANTV.......................................5 C1
- Cibercafé Compuserv................6 C1
- DIEX-Büro..................................7 B2
- El Navegante.............................8 D4

SEHENSWERTES & AKTIVITÄTEN
- Aguas Bravas.............................9 C2
- Coyote Expediciones...............10 C2
- Eco Destinos............................11 C2
- Museo Etnológico de Amazonas..12 C2
- Tadae..................................(siehe 8)
- Turismo Yutajé........................13 C4

SCHLAFEN
- Hotel Apure.............................14 D4
- Hotel Maguarí.........................15 C1
- Hotel Mi Jardín........................16 D4
- Hotel Tonino...........................17 C2
- Residencia Internacional.........18 B2

ESSEN
- Restaurant Cherazad...............19 C2
- Restaurant Criollo El Rincón Llanero...................................20 D2
- Restaurant La Catira................ 21 D3

SHOPPEN
- Mercado Indígena...................22 C2

TRANSPORT
- Aguaysa...................................23 C2
- Carritos nach Samariapo..........24 C3
- Wayumi...................................25 C1

---

sehen gibt's u. a. die hölzernen Ritualwaffen der Ye'kwana. Wie der farbenfrohe Federschmuck der Yanomami wurden sie mühevoll von Hand hergestellt. Die ausgestellten Zeremonienmasken tragen die Piaroa bei traditionellen Tänzen.

Geführte Touren

Sehr beliebt sind z. B. dreitägige Kurztrips zum Oberlauf des Río Cuao. Ebenfalls drei Tage lang geht's über Sipapo und Autana hinauf zum Fuß des Cerro Autana. Pro Person und Tag werden hierfür zwischen 30 und 60 US$ fällig (all inclusive).

Der äußerste Südwesten des Bundesstaats hinter La Esmeralda steht unter strengem Schutz. Als Lebensraum der Yanomami darf der Nationalpark Parima-Tapirapeco nur mit einer Sondergenehmigung betreten werden. Und die ist so gut wie nicht zu bekommen. Manche Touranbieter umgehen dies, indem sie Yanomami-Dörfer am Río Siapa jenseits von Brazo Casiquiare besuchen.

Empfehlenswerte Tourveranstalter:

Coyote Expediciones (☎ 521-4583; coyotexpedition@cantv.net; Av Aguerrevere) Bietet hauptsächlich dreitägige Touren auf Autana und Cuao an (100 US$/Pers.). Auch die längeren Ausflüge sind bei Travellern sehr beliebt.

Cruising Tours (☎ 0416-785-5033, 0416-448-5391; cruisingtours@hotmail.com; Valle Verde Triángulo) Der deutsche Eigentümer begleitet persönlich verschiedene Touren und Expeditionen durch die Region und darüber hinaus. Teilnehmer können in seinem Wohnhaus übernachten und kommen überhaupt relativ günstig weg (ab

EINREISE NACH KOLUMBIEN ODER BRASILIEN

Nach Kolumbien

Die nächste größere Stadt auf kolumbianischer Seite heißt Puerto Carreño. Sie liegt am Zusammenfluss von Meta und Orinoco und ist über Puerto Páez erreichbar, ein venezolanisches Dorf 93 km nördlich von Puerto Ayacucho. Dorthin gelangt man mit Bussen in Richtung San Fernando (3 US$, 2 Std.); unterwegs geht's mit einer Fähre von El Burro quer über den Orinoco hinüber nach Puerto Paéz. Anschließend fährt man vom Landungssteg des Dorfs mit einem Boot über den Río Meta nach Puerto Carreño (1 US$). Das Boot legt den ganzen Tag über regelmäßig ab. Traveller sollten keinesfalls vergessen, sich vor dem Grenzübertritt ihren Ausreisestempel bei der DIEX in Puerto Ayacucho abzuholen.

Puerto Carreño besteht aus einer einzigen langgezogenen Straße. Neben einem Flughafen gibt's hier ein halbes Dutzend Budgethotels und ein paar Restaurants. Das Büro der DAS (kolumbianische Einreisestelle) einen Block westlich der Hauptplaza ist für die Einreiseformalitäten zuständig. Diverse Läden tauschen Bolívar in Peso um.

Dreimal pro Woche besteht Flugverbindung von Puerto Carreño nach Bogotá (90–100 US$). Busse sind nur während der Trockenzeit unterwegs (ca. Mitte Dez.–Mitte März). Von Busreisen wird aber strikt abgeraten, da die Guerrillamiliz in dieser Region starke Präsenz zeigt.

Nach Brasilien

Zunächst geht's per Flugzeug von Puerto Ayacucho in Richtung Süden nach San Carlos de Río Negro. Von dort aus fahren Boote unregelmäßig hinüber nach San Simón de Cocuy an der Grenze. Anschließend nimmt man einen Bus nach São Gabriel da Cachoeira (Brasilien), gefolgt von einem Bootstrip auf dem Río Negro bis hinunter nach Manaus (3 Boote/Woche). Die meisten Tourveranstalter in Puerto Ayacucho bieten individuell zugeschnittene Ausflüge nach San Carlos de Río Negro an und begleiten Kunden auf Wunsch sogar bis nach São Gabriel.

---

30 US$/Tag). Das Büro ist 5 km östlich vom Zentrum zu finden.

Tadae (☎ 521-4882, 0414-486-5923; Centro Comercial Maniglia, Av Orinoco) Abgesehen von beliebten Bootstouren auf dem Autana und dem Cuao bietet Tadeo Raftingtrips durch die Raudales Atures an (30 US$). Ansonsten geht's mit indigenen Führern zu Fuß quer durch den Regenwald (20 US$).

Schlafen & Essen

In Puerto Ayacucho gibt's mehrere tolle Budgetunterkünfte.

Hotel Tonino (☎ 521-1464; Av 23 de Enero; DZ 12–14 US$, 3BZ 18 US$; ✦) Das winzige Tonino hat ein paar saubere und geräumige Zimmer. Es steht zwar an einer belebten Straße, ist aber dennoch sehr ruhig.

Residencia Internacional (☎ 521-0242; Av Aguerrevere; DZ 12–20 US$; ✦) Backpacker schwören auf das angenehme und freundliche Gästehaus mit seinen 24 Zimmern. Alle haben eigene Bäder und verteilen sich rund um eine lange Veranda. Eine Dachterrasse lädt zum Relaxen ein. Hier trifft man so gut wie sicher auf andere Traveller, mit denen man sich austauschen kann.

Hotel Mi Jardín (☎ 521-4647; Av Orinoco; DZ 14–18 US$, 3BZ/4BZ 22/28 US$; P ✦) Das Mi Jardín südlich vom Zentrum hat ein eigenes Restaurant. Die 19 anständigen und sauberen Zimmer umgeben einen Terrassengarten in der Mitte, nach dem das Hotel wohl benannt ist.

Hotel Apure (☎ 521-4443; Av Orinoco; DZ 15–18 US$, 3BZ/4BZ 22/30 US$; P ✦) Das Apure nahe des Mi Jardín empfängt Gäste mit fast gleichen Preisen und Standards. Das Hotel hat geräumige Zimmer, bequeme Betten und aufmerksame Angestellte.

Restaurant Cherazad (☎ 521-5679; Ecke Av Aguerrevere & Río Negro; Hauptgerichte 5–7 US$) Das Cherazad gehört zu den besten Restaurants der Stadt. Auf der Karte steht eine bunte Mischung aus Pasta, Steaks und Fisch. Hinzu kommen Gerichte aus dem Nahen Osten wie die empfehlenswerte *plato mixto*, die mehrere Spezialitäten vereint.

Wer zusammen mit Einheimischen eine günstige Mahlzeit einnehmen möchte, geht am besten zum **Mercadito** (Kleiner Markt; Av Orinoco). Hier gibt's ein halbes Dutzend einfacher Lokale, z. B. das **Restaurant Criollo El**

Rincón Llanero (Av Amazonas; Hauptgerichte 3–4 US$) oder das **Restaurant La Catira** (Av Amazonas; Hauptgerichte 3–4 US$). Der leckere Backfisch kommt direkt vom Fluss auf den Herd.

Shoppen

Mercado Indígena (Av Río Negro) Jeden Morgen werden auf dem Platz gegenüber des Museums indigene Handwerksgegenstände angeboten. Von Donnerstag bis Samstag ist hier am meisten los. Besonders schön sind die handgemachten Hängematten und geschnitzten Holzfiguren in Menschengestalt.

An- & Weiterreise

BUS

Der Busbahnhof liegt 6 km östlich vom Zentrum am Stadtrand. Hierher kommt man entweder mit einem Taxi (2 US$) oder einem Stadtbus von der Av 23 de Enero. Den ganzen Tag über rollen Linienbusse nach Ciudad Bolívar (10–13 US$, 10–12 Std., 728 km). Morgens besteht insgesamt sechsmal Verbindung nach San Fernando de Apure (10 US$, 7 Std., 299 km). Von dort aus geht's per Bus weiter nach Caracas, Maracay, Valencia, Barinas und San Cristóbal. *Carritos* nach Samariapo (2 US$, 1¼ Std., 63 km) fahren einen Block südlich der Banco de Venezuela an der Av Orinoco ab.

FLUGZEUG

Taxis (3 US$) fahren zum Flughafen, der sich 6 km südöstlich der Stadt befindet. Hier starten täglich Maschinen nach Caracas (68–93 US$). Die kleinen Regionalfluglinien **Aguaysa** (☎ 521-0026; Av Río Negro) und **Wayumi** (☎ 521-0635; Calle Evelio Roa) fliegen ein paar kleinere Flugplätze innerhalb des Bundesstaats an.

ALLGEMEINE INFORMATIONEN

AKTIVITÄTEN

Venezuela wartet mit vielen Outdoor-Aktivitäten auf. Dies reicht von Wanderungen und Vogelbeobachtungen bis zum Adrenalinkick durch Gleitschirmfliegen oder Kitesurfen. Fast alle Regionen Venezuelas haben diesbezüglich etwas zu bieten. Den-

noch ist Mérida landesweit die unangefochtene Hauptstadt des Abenteuersports.

In vielen der rund 40 Nationalparks stehen verschiedene **Wanderwege** zur Wahl. Das Spektrum reicht von leicht zu meisternden Strecken mit guter Beschilderung bis zu Urwaldpfaden im tiefsten Dickicht. Der Parque Nacional El Ávila (S. 1122) in der Nähe von Caracas bietet ein paar der schönsten leichten Wanderrouten. Rund um Mérida (S. 1162) gibt's tolle Möglichkeiten zum **Hochgebirgswandern**. Auch im Parque Nacional Henri Pittier (S. 1148) können Traveller die Wanderstiefel schnüren – ganz zu schweigen von der abenteuerlichsten und faszinierendsten aller Touren zum Gipfel des Roraima (S. 1192).

Die Umgebung von Mérida (S. 1162) eignet sich hervorragend zum **Mountainbiken**. Die örtlichen Touranbieter verleihen Drahtesel und organisieren Radausflüge.

Der Himmel über Mérida (S. 1159) ist auch das beste Revier zum **Gleitschirmfliegen**. Für Anfänger gibt's Tandemflüge. Wer sich mehr zutraut, lernt die Kunst des Alleinflugs im Rahmen eines Kurses.

Tourveranstalter in Mérida (S. 1159) bieten **Raftingtrips** auf diversen Andenflüssen. In Mochima (S. 1171) lassen sich Floßfahrten im Parque Nacional Mochima arrangieren. Von Puerto Ayacucho (S. 1197) aus geht's durch die Stromschnellen des Orinoco. Die Region Mérida ist auch die Heimat des **Canyoning**. Dabei wandern und klettern die Teilnehmer einen Flusscanyon hinunter und seilen sich dabei mehrmals ab.

Die Archipele vor der venezolanischen Küste – z. B. Los Roques (S. 1143) oder die Isla de Margarita (S. 1177) – eignen sich wunderbar zum **Schnorcheln** und **Gerätetauchen**. Das gilt auch für Inseln in Festlandsnähe wie die des Parque Nacional Mochima (S. 1169) oder des Parque Nacional Morrocoy (S. 1150). In allen genannten Regionen bieten lokale Veranstalter neben Anfängerkursen und Tauchausflügen auch Leihausrüstung an.

Los Llanos gehört zu den besten Revieren für **Tierbeobachtungen**. Hier bekommt man u. a. Kaimane, Capybaras, Anakondas, Ameisenbären und Vögel zu Gesicht. **Tiersafaris** können in Ciudad Bolívar (S. 1183) und Mérida (S. 1159) gebucht werden. Wer sich besonders für **Vogelbeobachtungen** interessiert, besucht am besten den Parque Nacional Henri Pittier (S. 1148) oder den Río Caura (S. 1183).

Venezuelas Möglichkeiten zum **Wind-** und **Kitesurfen** machen mittlerweile international von sich reden. Für Wellenfans heißt es daher nichts wie hin nach Adícora (S. 1153), El Yaque (S. 1182) oder Los Roques (S. 1143).

ARBEITEN IN VENEZUELA

Wer auf einen bezahlten Job in Venezuela hofft, wird so gut wie sicher leer ausgehen. Die Wirtschaft ist zu schwach, um auch noch Traveller als Hilfsarbeiter durchfüttern zu können. Für qualifizierte Englischlehrer sieht es da noch am besten aus, allerdings sind Stellen direkt vor Ort nur sehr schwierig zu bekommen. Am besten versucht man sein Glück bei Englischinstituten wie dem **British Council** (www.britishcouncil.com). Andere potenzielle Arbeitgeber sind private Sprachschulen und die linguistischen Fakultäten der Universitäten. Um legal in Venezuela zu arbeiten, braucht man ein Arbeitsvisum.

BOTSCHAFTEN & KONSULATE
Botschaften & Konsulate in Venezuela

Sofern nicht anders angegeben, befinden sich alle genannten diplomatischen Vertretungen in Caracas.

Brasilien Konsulat (Karte S. 1194; ☎ 995-1256; Av Gran Mariscal, Santa Elena de Uairén); Botschaft (Karte S. 1132 f.; ☎ 261-5505; www.embajadabrasil.org.ve; Centro Gerencial Mohedano, Ecke Calle Los Chaguaramos & Av Mohedano, La Castellana, Caracas)

Deutschland Konsulat (Karte S. 1132 f.; ☎ 261-0181; diplogermacara@cantv.net; Torre La Castellana, Av Principal de la Castellana, La Castellana, Caracas)

Guyana (☎ 977-1158; embaguy@caracas-office.org.ve; Quinta Roraima, Av El Paseo, Prados del Este, Caracas)

Kolumbien Konsulat in Maracaibo (Karte S. 1154 f.; ☎ 792-1483; Av 3Y No 70-16); Konsulat in Puerto Ayacucho (☎ 521-0789; Calle Yapacana off Av Rómulo Gallegos); Botschaft (Karte S. 1132 f.; ☎ 261-5584; Torre Credival, Ecke 2a Av de Campo Alegre & Av Francisco de Miranda, Campo Alegre, Caracas)

Österreich (☎ 991–3863, 991–3979; caracas-ob@bmaa.gv.at; Edificio Torre Las Mercedes, 4. Stock, Officina 408, Avenida La Estancia, Chuao, Caracas)

Schweiz (☎ 0058–212–267–7745; www.eda.admin.ch/caracas; Centro Letonia, Torre Ing-Bank, Av Eugenio Mendoza y San Felipe, La Castellana, Caracas)

Surinam (Karte S. 1132 f.; ☎ 261-2724; embsur1@cantv.net; Quinta Los Milagros, 4a Av zw. 7a & 8a Transversal, Altamira, Caracas)

Trinidad & Tobago (Karte S. 1132 f.; ☎ 261-3748; embassytt@cantv.net; Quinta Serrana, 4a Av zw. 7a & 8a Transversal, Altamira, Caracas)

Venezolanische Botschaften & Konsulate

Venezuela unterhält diplomatische Vertretungen u. a. in folgenden Ländern:

Deutschland (☎ 030-832 24 00; www.botschaft-venezuela.de; Schillstraße 9–10, 10785 Berlin)

Kolumbien (☎ 1-640-1213; embajada@embaven.org.co; Carrera 11 Nr. 87–51, Bogotá)

Österreich (☎ 01-712-26-38/39; www.venezuela-viena.org; Prinz-Eugen-Straße 72/1/1, 1040 Wien)

Schweiz (☎ 031-350-57-57/53; www.embajadavenezolana-suiza.com; Schoffhaldenstrasse 1, 3000 Bern 23)

Trinidad & Tobago (☎ 627-9821; embaveneztt@carib-link.net; Venezuelan Centre, 16 Victoria Av, Port of Spain)

BÜCHER

Detailliertere Informationen zum Land enthält der Lonely Planet Band *Venezuela*. Eine prima Quelle zum lokalen Ökotourismus ist der *Ecotourism Guide to Venezuela* von Miro Popic (spanisch-englisch). In ihrem zweisprachigen Werk *Guide to Camps, Posadas and Cabins in Venezuela* beschreibt Elizabeth Kline insgesamt 1200 verschiedene Unterkünfte. Beide Bücher werden jedes Jahr überarbeitet.

The Search for El Dorado von John Hemming gewährt faszinierende Einblicke in die Eroberung Venezuelas im Laufe der Geschichte. Für seinen Roman *Die vergessene Welt* ließ sich Sir Arthur Conan Doyle vom Roraima im Südosten des Landes inspirieren. Mit *Venezuela: A Century of Change* liefert Judith Ewell einen prima Gesamtüberblick über die Landesgeschichte im 20. Jh.

Desweiteren gibt's ein paar Bücher zu Chávez und seiner Bolivarischen Revolution. Die meisten Titel sprechen sich jedoch eindeutig für oder gegen den Präsidenten aus. Zu den aktuellsten und meistverkauften Werken zählen: *Hugo Chavez: Oil, Politics, and the Challenge to the US* von Nikolas Kozloff, *Chavez: Venezuela and the New Latin America* von Hugo Chavez, David Deutschmann und Javier Salado und *Hugo Chavez: The Bolivarian Revolution in Venezuela* von Richard Gott und Georges Bartoli.

Leidenschaftliche Vogelliebhaber werfen am besten einen Blick in *A Guide to the Birds of Venezuela* von Rodolphe Meyer de

www.lonelyplanet.de ALLGEMEINE INFORMATIONEN •• Essen & Trinken **1201**

Schauensee und William H Phelps. Auch empfehlenswert ist *Birding in Venezuela* aus der Feder von Mary Lou Goodwin.

ESSEN & TRINKEN

Die Mahlzeiten in Venezuela sind eigentlich immer recht lecker und günstig. Neben einheimischen Spezialitäten und internationaler Küche stehen viele Snacks und Schnellgerichte zur Auswahl. Reisende mit schmalem Geldbeutel halten am besten nach Restaurants mit einem *menú del día* oder *menu ejecutivo* Ausschau. Sie bestehen aus Suppe und Hauptgericht und kosten im Durchschnitt 3 bis 5 US$ (in Caracas etwas mehr) – und sind damit erschwinglicher als Gerichte à la carte. Wer Lust auf ein günstiges Grillhähnchen hat, bestellt sich *pollo en brasa*. Ansonsten füllen einheimische Standardgerichte (z. B. *pabellón criollo*, *arepas*, *cachapas* oder *empanadas*) prima den Magen.

Zum Frühstücken bieten sich die allgegenwärtigen *panaderías* (Bäckereien) an. Außer Sandwiches, Croissants, Gebäck und verschiedenen Snacks bekommt man hier auch immer einen leckeren Espresso.

Fast alle Restaurants und Bars addieren automatisch eine Servicegebühr von 10 % zum eigentlichen Rechnungsbetrag. In etwas schickeren Lokalen sind kleine Trinkgelder üblich.

Venezolanische Küche

Die folgende Liste enthält die gängigsten Standardgerichte sowie einige Lebensmittel aus aller Welt, die im venezolanischen Spanisch anders bezeichnet werden.

arepas (a·*re*·pas) – kleine Maispfannkuchen vom Grill mit verschiedenen Füllungen

cachapas (ka·*tscha*·pa) – die flachen Maispfannkuchen sind etwas größer und werden mit Käse und/oder Schinken serviert

cachitos (ka·*tschie*·to) – heiße Croissants mit einer Füllung aus gehacktem Schinken

cambur (*kam*·buur) – Banane

carabina (ka·ra·*bie*·na) – so wird *hallaca* in Mérida genannt

caraota (ka·ra·*o*·ta) – schwarze Bohne

casabe (ka·*sa*·bie) – die gewaltigen Yucca-Fladenbrote sind das Grundnahrungsmittel indigener Gemeinden

empanadas (em·pa·*na*·da) – frittierte Teigtaschen aus Maismehl mit verschiedenen Füllungen

guasacaca (gwas·a·*ka*·ka) – grüne Sauce aus Paprika, Zwiebeln und Gewürzen

hallaca (a·*ya*·ka) – zusammen mit Hackfleisch und Gemüse wird der Maismehlteig in Bananenblätter gewickelt und dann gedünstet; ähnelt den mexikanischen Tamales

lau lau (lau·lau) – Katzenwels

lechosa (le·*tscho*·sa) – Papaya

muchacho (muu·*cha*·cho) – herzhaftes Gericht mit Roastbeef

pabellón criollo (pa·bie·*yon* crie·o·*yo*) – Venezuelas Nationalgericht enthält Hackfleisch, Reis, schwarze Bohnen, Käse und gebackene Kochbananen

papelón (pa·bie·*lon*) – grober brauner Zucker; gibt Drinks den letzten Schliff

parchita (par·*tschie*·ta) – Passionsfrucht

pasapalos (pa·sa·*pa*·los) – Vorspeisen, kleine Snacks, Fingerfood

patilla (pa·*tie*·ya) – Wassermelone

quesillo (ke·*sie*·yo) – Karamellpudding

tequeño (te·ke·*nyo*) – frittierte Käsestreifen im Blätterteigmantel

teta (*te*·ta) – beim gefrorenen Fruchtsaft in einer Plastikhülle ist Schlürfen erlaubt

Getränke

An jeder Ecke bekommt man einen guten und starken Espresso. Wer Koffeingetränke „ohne alles" mag, bestellt sich einen *café negro*. Ein *café marrón* besteht zu gleichen Teilen aus Milch und Kaffee. Beim *café con leche* ist der Milchanteil höher.

Restaurants, Cafés und sogar manche Obstläden bieten eine unglaubliche Auswahl an Fruchtsäften. Diese kommen entweder als *batidos* (pur oder mit Mineralwasser) oder *merengadas* (Fruchtshakes mit Milch) auf den Tisch.

Cerveza (Bier) ist das beliebteste alkoholische Getränk in Venezuela. Dies gilt vor allem für das „Polar" der gleichnamigen Brauerei. Ebenfalls gern getrunken werden „Solera" (auch ein Polar-Produkt), „Regional" und das brasilianische „Brahma". Eiskalter Gerstensaft wird an beinahe jeder Ecke in Dosen oder kleinen Flaschen verkauft. Verschiedene Sorten von *ron* (Rum) führen die Spirituosenliste an; „Cachique" ist die beliebteste Sorte.

FEIERTAGE & FERIEN

Venezolaner nehmen ihren Urlaub meist über Weihnachten, Karneval und während der Semana Santa („Heilige Woche" vor Ostern). Zu diesen Spitzenzeiten sollten sich Reisende rechtzeitig um eine Unterkunft kümmern, da freie Zimmer möglicherweise kaum zu finden sind (vor allem in beliebten Ferienorten). Andererseits bringen die vielen Urlauber zusätzlichen Schwung in die Festivitäten.

Offizielle Feiertage:

Neujahr 1. Januar

Karneval Montag und Dienstag vor Aschermittwoch (Feb./März)

Ostern Gründonnerstag und Karfreitag (März/April)

Tag der Unabhängigkeitserklärung 19. April

Tag der Arbeit 1. Mai

Tag der Schlacht von Carabobo 24. Juni

Unabhängigkeitstag 5. Juli

Bolívars Geburtstag 24. Juli

Entdeckung Amerikas 12. Oktober

Weihnachten 25. Dezember

FESTIVALS & EVENTS

Venezuela ist streng katholisch. Dementsprechend folgen viele Feiertage dem Kirchenkalender. Weihnachten, Karneval, Ostern und Fronleichnam werden im ganzen Land gefeiert. Auf der Isla de Margarita sowie in Callao und Carúpano geht's beim Karneval besonders hoch her. Der Kirchenkalender enthält zudem unzählige Heiligentage und alle Dörfer und Städte ehren an einem bestimmten Datum ihren jeweiligen Schutzheiligen. Kulturfestivals (z. B. Theater, Kino oder klassische Musik) beschränken sich fast ausschließlich auf Caracas.

Das Festival **Diablos Danzantes** (s. Kasten S. 1143) gehört zu den farbenprächtigsten Events des Landes. Es findet an Fronleichnam in San Francisco de Yare rund 70 km südöstlich der Hauptstadt statt. Mit von der Partie sind eine aufwändige Parade und der eigentliche „Tanz der Teufel", der von Tänzern mit aufwändigen Masken und Kostümen ausgeführt wird.

FRAUEN UNTERWEGS

Wie im Großteil Lateinamerikas steht Venezuela im Zeichen der Männer. Weiblichen Reisenden werden hier mehr Neugier, Aufmerksamkeit und Komplimente zuteil als in Nordamerika oder Westeuropa. Die einheimischen Männer entdecken das Objekt ihrer Begierde schnell in der Menschenmenge. Anschließend bekunden sie ihre Bewunderung mit Pfiffen, Kosenamen und anzüglichen Bemerkungen. Diese Avancen sind meist harmlos, können aber lästig bis absolut geschmacklos wirken. Ungebetener Aufmerksamkeit begegnet man am besten, in-

dem man sie ignoriert. Moderat gekleidete Frauen fallen den einheimischen „Piranhas" etwas weniger oft zum Opfer. Venezolanerinnen tragen häufiger aufreizende Kleidung – allerdings kennen sie ihre Kultur genau und wissen, dass ihnen eigentlich nichts passieren kann. Ein kleiner Tipp am Rande: Lästige Baggerversuche lassen sich wunderbar mit einem günstigen (und falschen) Ehering abwürgen.

FREIWILLIGENARBEIT

Freiwillige können sich in Venezuela nur in wenigen Fällen bei internationalen Hilfsorganisationen engagieren. Die Regierung hat viele kirchliche Wohlfahrtseinrichtungen und US-Organisationen des Landes verwiesen. Möglicherweise kann man sich an einem staatlichen Hilfsprogramm beteiligen. Allerdings sind hierfür entsprechende Spanischkenntnisse vonnöten. Die **Mission Robinson** (s. Kasten gegenüber) ist sehr beliebt.

Der Lonely Planet Band *Code Green* empfiehlt die **Peace Villages Foundation** (www.peacevillages.org). Die PVF betreibt eine Reihe von Projekten in den Bereichen Kinderbetreuung, Umweltschutz und Zukunftssicherung. Auch fähige Hilfslehrer, Bauarbeiter und Mechaniker werden immer gesucht, ebenso qualifizierte Mediziner, Psychologen und Physiotherapeuten. Freiwillige Helfer übernachten entweder im Gästehaus der Stiftung oder bei einheimischen Familien.

FÜHRERSCHEIN

In Venezuela brauchen Autofahrer keinen speziellen Führerschein. Den Verkehr in Caracas überlebt man aber nur mit Nerven aus Stahl und den Reflexen eines Formel-Eins-Piloten.

GEFAHREN & ÄRGERNISSE

Venezuela ist ein einigermaßen sicheres Reiseland. Dennoch führt die wachsende Armut der Bevölkerung zunehmend zu Diebstählen, Raubüberfällen und anderen Alltagsdelikten. Diebe treiben ihr Unwesen eher in städtischen Ballungsräumen als draußen auf dem Land. Caracas ist bei weitem das gefährlichste Pflaster in Venezuela. Beim Erkunden der Straßen ist grundsätzlich Vorsicht geboten (insbesondere bei Dunkelheit). Auch beim Abheben am Geldautomaten sollte man die Umgebung stets gut im Auge behalten. Polizisten sind nicht

EIN MANN UND SEINE MISSION

Chávez' Bolivarische Revolution ist für ihre *misiones* (Missionen) bekannt. Dabei handelt es sich um staatliche Sozialprogramme, die meist den Ärmsten der Armen zugute kommen. Werbeplakate für diese Aktionen stehen am Rand der Landstraßen oder zieren die Flanken von Gebäuden. Immer mehr Traveller statten den Missionen einen Besuch ab oder leisten dort Freiwilligenarbeit. Weitere Informationen gibt's im Internet unter www.gobiernoenlinea.ve/miscelaneas/misiones.html. Zu den bekannteren und bedeutenderen Missionen gehören:

Misión Barrio Adentro („Im Viertel") Widmet sich der kostenlosen medizinischen Betreuung in den verarmten *barrios*.

Misión Ribas Gewährt rund 5 Mio. venezolanischen Highschool-Abbrechern die Chance auf den zweiten Bildungsweg.

Misión Robinson (robinson@misionrobinson.gov.ve) Freiwillige Helfer bringen Millionen von erwachsenen Analphabeten das Lesen, Schreiben und Rechnen bei.

Misión Sucre Vermittelt Grundwissen an die 2 Mio. erwachsenen Venezolaner, die nie die Grundschule beendet haben.

Misión Vuelta al Campo („Zurück aufs Land") Versucht der allgemeinen Landflucht entgegenzuwirken, indem verarmte Stadtbewohner draußen im Grünen angesiedelt werden.

Misión Vuelvan Caras („Kehrtwende") Hat sich das hehre Ziel gesetzt, die Wirtschaft weg von finanziellen Interessen zu einer wesentlich moderneren und besseren Gesellschaft umzubauen.

Misión Zamora Durch das umstrittene Programm soll Brachland enteignet und an die Armen Venezuelas verteilt werden.

unbedingt vertrauenswürdig (Ausnahmen bestätigen die Regel). Keinesfalls dürfen die Anweisungen der Beamten einfach blind befolgt werden.

In manchen tropischen Regionen grassieren Malaria und Denguefieber. Die Stiche anderer Insekten lösen nicht unbedingt schwere Krankheiten aus, können aber sehr unangenehm sein. Alles in allem beschränken sich die größten Gefahren auf das Übliche: Sonnenbrand, Lebensmittelinfektionen und Verkehrsunfälle.

GEFÜHRTE TOUREN

Wer stets auf eigene Faust reist und geführte Touren bisher strikt vermieden hat, wird seine Prinzipien in Venezuela so gut wie sicher über Bord werfen: Riesige Gebiete sind mit öffentlichen Verkehrsmitteln praktisch unerreichbar (z. B. das Orinoco-Delta oder das Amazonasbecken). Außerdem ist es ziemlich unpraktisch, zeitraubend und teuer, wenn man alle Sehenswürdigkeiten in einem großen Gebiet (wie der Gran Sabana) einzeln abklappert. Daher gehören geführte Touren bei Reisen durch Venezuela zum Standardprogramm.

Unter gewissen Umständen ist es sinnvoll, geführte Touren von Caracas aus zu buchen (z. B. wenn bei einem straffen Reiseplan verschiedene Trips unter einen Hut gebracht werden müssen). Meistens kommt man mit regionalen Anbietern aber günstiger weg. Diese sind oft in größeren Siedlungen nahe des gewünschten Ziels ansässig. Informationen zu örtlichen Tourveranstaltern stehen in den jeweiligen Einzelbeschreibungen.

GELD
Feilschen

Wie in den meisten südamerikanischen Ländern gehört Feilschen auch in Venezuela zum Alltag. In der Schattenwirtschaft des Landes laufen viele Geschäftsprozesse halb legal oder komplett unter der Hand ab. So sind die Preise für manche Waren und Dienstleistungen bis zu einem gewissen Grad verhandelbar. Dies gilt u. a. für Marktprodukte, Taxis und Budgethotels. Selbst bei Bussen und *por puestos* kann sich ein gewisses Verhandlungsgeschick auszahlen.

Geldautomaten

Über *cajeros automáticos* (Geldautomaten) kommt man am einfachsten an Bargeld. Die Geldautomaten der großen Banken (z. B. Banco de Venezuela, Banco Mercantil, Banco Provincial und Banesco) sind normalerweise rund um die Uhr in Betrieb. Manche Geräte rücken die Karten jedoch nicht wieder heraus. Daher haben gewiefte

Traveller immer einen entsprechenden Ersatz dabei – verlorene oder beschädigte Bankkarten können einem schnell die ganze Reise verderben.

Geldwechsel

US-Dollar, Euro und Reiseschecks von American Express sind in Venezuela sehr beliebt und werden weithin akzeptiert. Theoretisch können sie bei Banken in Bolivar umgetauscht werden, doch nur die wenigsten Kreditinstitute wechseln tatsächlich ausländische Währungen.

Bei *casas de cambio* (offiziellen Wechselstuben) stehen die Chancen bedeutend besser. Allerdings zahlen diese Einrichtungen eventuell weniger aus und erheben höhere Bearbeitungsgebühren. Am bekanntesten ist „Italcambio"; die Firma betreibt in den meisten größeren Städten *casas de cambio*. Hier kann man Bargeld umtauschen und Reiseschecks einlösen. Wer sich mit der spanischen und venezolanischen Währung gut genug auskennt, findet auf dem Schwarzmarkt die besten Konditionen.

Aktuelle Wechselkurse zum Zeitpunkt der Recherche:

Land	Währung		Bs (Bolivar)
Eurozone	1 €	=	2935
Schweiz	1 SFr	=	1783
USA	1 US$	=	2149

Kreditkarten

Visa und MasterCard sind die nützlichsten Karten in Venezuela. Beide werden als Zahlungsmittel für Waren und Dienstleistungen akzeptiert. Allerdings erheben viele Tourveranstalter eine Bearbeitungsgebühr von mindestens 10 % oder lehnen Plastikgeld ganz ab. Das Abheben von Bargeld bei Banken und Geldautomaten gestaltet sich relativ problemlos. Reisende sollten auf jeden Fall die Nummer kennen, die sie bei Verlust oder Diebstahl anrufen müssen, um die Karte möglichst schnell sperren lassen zu können. Und nicht vergessen: Nur weil eine Einrichtung offiziell Kreditkarten akzeptiert, heißt dies noch lange nicht, dass auch das Abrechnungsgerät funktioniert.

Reiseschecks

Reiseschecks von American Express haben in Venezuela den besten Ruf. Die meisten *casas de cambio* (z. B. von Italcambio) lösen Reiseschecks ein; dabei fällt aber eine Bearbeitungsgebühr von mindestens 3 % an. Manche Tourveranstalter akzeptieren Reiseschecks als Zahlungsmittel.

Schwarzmarkt

In Venezuela floriert der Schwarzmarkt für US-Dollar und Euro. In Flughäfen, Busbahnhöfen und Stadtzentren warten zahlreiche Geldwechsler auf Kundschaft. Sie gewähren zwar häufig bessere Konditionen, doch die Sache kann auch gründlich schiefgehen. Vor einem Besuch auf den venezolanischen Schwarzmarkt sollten sich Traveller daher sehr genau mit der Landeswährung vertraut machen – dann stehen die Chancen für Abzocker wesentlich schlechter. Am besten macht man nur Geschäfte mit Geldwechslern, die vor bestimmten Läden aktiv sind. Wenn's Probleme geben sollte, lassen diese sich später leichter ausfindig machen.

Trinkgeld

Bei den meisten Restaurants ist eine Servicegebühr von 10 % bereits in der Rechnung enthalten. In besseren Lokalen sind kleine Trinkgelder (5–10 % des Gesamtbetrags) üblich, werden aber nicht erwartet. Taxifahrer müssen normalerweise ohne Trinkgeld auskommen – es sei denn, sie helfen beim Schleppen des Gepäcks. Ob man Hotelangestellte, Tauchlehrer, Führer usw. mit einem Obolus bedenken möchte, bleibt einem selbst überlassen. Auch in diesem Fall werden Trinkgelder so gut wie nie erwartet, aber natürlich gern angenommen. Sich bei Bootskapitänen oder Köchen auf die Schnelle mit einem Drink bedanken, kann recht umständlich sein.

Währung

Landeswährung ist der Bolivar (Abkürzung Bs). Neben Münzen (50, 100 und 500 Bolivar) gibt's Banknoten im Wert von 1000, 2000, 5000, 10 000, 20 000 und 50 000 Bolivar. Scheine im Wert von 1000, 2000, 5000 und 10 000 Bolivar sind in zwei verschiedenen Versionen im Umlauf – beide sind gültig. Vor dem Bezahlen sollte man die Scheine, die man da in der Hand hat, genau überprüfen – besonders die 1000er und 10 000er ähneln sich sehr stark (gilt auch fürs Wechselgeld).

GESUNDHEIT

Venezuela hat viele Apotheken, Arztpraxen und Krankenhäuser. Die Wirtschaftskrise während der letzten zehn Jahre hat sich aber auch negativ auf das Gesundheitssystem ausgewirkt. Eine gute Auslandskrankenversicherung wird dringend empfohlen – so kann man sich im Notfall in die Heimat oder ins Ausland (z. B. nach Miami) ausfliegen lassen. Wer in Venezuela ins Krankenhaus muss, sollte sich möglichst in Caracas einweisen lassen; dort gibt's die besten Einrichtungen im ganzen Land. Kleinere Wehwehchen behandeln Apotheken direkt vor Ort. Neben allen möglichen Medikamenten erhalten Patienten hier auch Injektionen.

Das Leitungswasser ist grundsätzlich mit Vorsicht zu genießen; dafür wird überall Mineralwasser in Flaschen verkauft. Auch Imbissstände an der Straße sind manchmal nicht ganz sicher. Weitere Gesundheitsrisiken entstehen durch zu langen Aufenthalt an der Sonne und durch Insektenstiche. Beim Überqueren von Straßen in Städten sollte man ganz besonders gut aufpassen.

INFOS IM INTERNET

Nützliche Websites mit Reiseinfos zu Venezuela:

Botschaft der Bolivarischen Republik Venezuela (www.botschaft-venezuela.de) Bietet erste Einstiegsinformationen zu Venezuela und diverse Links.

Latin World (www.latinworld.com/sur/venezuela) Praktisches Verzeichnis mit Links zu englisch- und spanischsprachigen Websites aus den Bereichen Kunst, Tradition, Tourismus, Sport und Literatur.

Online Newspapers (www.onlinenewspapers.com/venezuel.htm) Bietet mindestens 30 Links zu Online-Zeitungen aus Venezuela.

Think Venezuela (www.think-venezuela.net) Liefert umfassende Infos zu Politik, Geografie, Wirtschaft, Kultur, Bildungswesen und Nationalparks in Venezuela.

University of Texas (www.lanic.utexas.edu/la/venezuela) Das Latin American Network Information Center betreibt dieses beeindruckende Verzeichnis mit venezolanischen Websites.

Venezuela Tuya (www.venezuela-tuya.com, spanisch) Vielschichtiges Webportal zum Tourismus in Venezuela.

Wikipedia (de.wikipedia.org/wiki/Portal:Venezuela) Über das Venezuela-Portal der deutschen Wikipedia bekommt man sehr schnell erste Infos zu vielen Aspekten des Landes.

Zmag (www.zmag.org/venezuela_watch.htm) Die Artikel auf dieser Website analysieren die aktuelle Lage in Politik und Wirtschaft – allerdings aus dem Blickwinkel der Regierung.

INTERNETZUGANG

Internetcafés sind in praktisch allen Städten und größeren Siedlungen zu finden. Je nach Region, Stadt und Einrichtung kostet eine Stunde im Netz 0,50 bis 2 US$. In Mérida und Caracas gibt's die größte Auswahl und die günstigsten Preise.

KARTEN & STADTPLÄNE

International Travel Maps (Kanada) gibt die beste Generalkarte für Venezuela heraus (im Maßstab 1:1 750 000). Vor Ort produzieren diverse einheimische Verlage faltbare Straßenkarten. Diese sind bei Touristeninformationen sowie manchen Hotels und Touristenläden erhältlich.

KLIMA

In Venezuela wechseln sich Trockenperioden und Regenzeiten ab. Tourismussaison ist aber das ganze Jahr über. Die Trockenzeit dauert etwa von Dezember bis April; im restlichen Jahr regnet es. Während der Trockenperiode reist es sich wesentlich angenehmer. Dennoch entfalten manche Attraktionen (insbesondere Wasserfälle) ihr volles Potenzial erst in der Regenzeit. Niederschlagsmenge und -dauer können regional stark variieren.

Weitere Informationen und Klimatabellen stehen auf S. 1222.

KURSE

In den meisten Großstädten sind mehrere Sprachschulen ansässig. Alternativ können Reisende auch Privatunterricht bei freiberuflichen Lehrern nehmen. Mérida eignet sich besonders gut, um Spanischkenntnisse zu vertiefen. Die attraktive Stadt ist erschwinglich und hat eine sehr große Studentenszene (s. S. 1159).

MEDIEN

Tageszeitungen erscheinen in allen großen Städten. Die beiden größten Caracas-Blätter *El Universal* und *El Nacional* werden im ganzen Land gelesen. Neben annehmbaren Berichten zum nationalen und internationalen Geschehen enthalten sie Artikel zu Sportevents, der Wirtschaftslage und zu Kulturveranstaltungen. *Daily Journal* ist die größte englischsprachige Zeitung Venezuelas. Sie wird in Caracas an großen Zeitungsständen und in ausgewählten Buchläden verkauft, ist aber anderswo kaum zu kriegen.

Die vielen venezolanischen Radiostationen spielen hauptsächlich Musik (insbesondere Latin, aber auch Pop, Rock, Disco usw.) aus dem Ausland. In Caracas gibt es insgesamt drei staatliche und drei private Fernsehsender, deren Programme beinahe landesweit zu empfangen sind und wie üblich aus Nachrichten-, Kultur- und Musiksendungen sowie Spielfilmen und Sportberichten bestehen. Die beste Sendezeit ist fest in der Hand von *telenovelas* (Seifenopern). Außerdem kommen die mehrkanaligen Programme diverser Fernsehsender (spanisch und englisch) via Kabel oder Satellitenschüssel auf den Bildschirm.

ÖFFNUNGSZEITEN

In Venezuela hat der Arbeitstag offiziell acht Stunden (montags bis freitags 8–12 Uhr und 14–18 Uhr). In Wirklichkeit haben viele Geschäfte wesentlich kürzer geöffnet. Venezolanische Ladenbesitzer nehmen es mit den Öffnungszeiten nicht so genau wie ihre Kollegen in Europa oder Nordamerika. Manchmal schließen Geschäfte ohne Vorwarnung einfach früher oder sogar tagelang – und das ohne jegliche Begründung. Die genannten Öffnungszeiten verstehen sich daher als grobe Anhaltspunkte, auf die man sich nicht allzu sehr verlassen sollte.

POST

Für den Postverkehr ist Ipostel zuständig. Je nach Region können Sendungen wochentags zwischen 8 und 17 Uhr aufgegeben werden. Filialen in Großstädten haben manchmal länger und auch am Samstag geöffnet. Luftpostsendungen bis maximal 20 g kosten in Länder auf dem amerikanischen Kontinent 0,50 US$ und nach Europa 0,60 US$. Päckchen bis maximal 500 g schlagen mit 6 bzw. 8 US$ zu Buche. Die venezolanische „Schneckenpost" arbeitet nicht besonders zuverlässig. Luftpost kommt manchmal erst nach einem Monat in Europa an – wenn überhaupt. Für wichtige oder eilige Sendungen sollte man auf renommierte internationale Kurierdienste zurückgreifen.

RECHTSFRAGEN

Der venezolanischen Polizei sollte man respektvoll, aber mit einer gesunden Portion Misstrauen gegenübertreten. Korruption, Amtsmissbrauch und übertriebene Gewaltanwendung sind an der Tagesordnung.

Manche Reisende verbinden die Tropen vielleicht mit einer offenen und entspannten Drogenpolitik. In Venezuela ist das aber mit Sicherheit nicht der Fall: Die Strafen für den Handel, Besitz oder Konsum von illegalen Drogen gehören zu den härtesten in ganz Lateinamerika.

REISEN MIT BEHINDERUNG

In Venezuela haben es behinderte Reisende leider sehr schwer. Nur ganz wenige Nobelhotels oder -restaurants haben Rollstuhlrampen. Für Passagiere mit Körperbehinderung wird der öffentliche Nahverkehr zur wahren Herausforderung. Kaum eine Behörde, Bank oder ein Museum ist mit behindertengerechten Einrichtungen ausgestattet. Auch rollstuhlgerechte Toiletten sind praktisch nicht vorhanden.

SCHWULE & LESBEN

Homosexualität ist im durch und durch katholischen Venezuela zwar nicht verboten, wird aber vielerorts missbilligt und unterdrückt. Caracas ist diesbezüglich am tolerantesten und hat die größte schwullesbische Gemeinde des Landes. Vor allem homosexuelle Männer sollten sich in Kleinstädten und ländlichen Gebieten so diskret wie möglich verhalten. Andererseits gibt's aber auch Oasen der Toleranz.

Prima Infoquellen in der Hauptstadt sind das **Movimiento Ambiente de Venezuela** (☎ 0212-321-9470) und der schwule Szeneführer **En Ambiente** (☎ 0414-219-1837; enambiente@latinmail. com). Zudem lohnt sich ein Blick auf die Websites www.republicagay.com und www. rumbacaracas.com (beide spanisch).

STROM

Die Betriebsspannung liegt bei 110 V, 60 Hz. Die Stecker entsprechen dem US-Standard.

TELEFON

Die hellblauen Telefonzellen von CANTV stehen an jeder Ecke. Allerdings ist fast die Hälfte davon außer Betrieb. Die meisten Läden und Kioske verkaufen verschiedene Prepaidkarten für diese Zellen.

Tagsüber stellen Geschäftsleute kleine Tische an den Straßenecken auf, an denen ein paar Mobiltelefone angekettet sind. Der Preis für ein Gespräch berechnet sich nach Minutentakt. Solche Leihhandys sind manchmal praktischer als Magnetkarten für öffentliche

Fernsprecher. Wegen der hohen Preise kommt bei Auslandsgesprächen aber schnell ein hübsches Sümmchen zusammen.

Callcenter (z. B. von Telcel oder CANTV) eignen sich am besten für Auslandsgespräche. Auch unabhängige Telefoncenter (*centros de comunicaciones*) sind eine gute Option. In Großstädten sind solche Callcenter fast überall zu finden. Sie haben meist täglich von 7 bis 21 Uhr geöffnet.

Wer länger in Venezuela bleiben möchte, legt sich am besten vor Ort ein Mobiltelefon zu oder kauft eine SIM-Karte für sein mitgebrachtes Gerät. In allem Einkaufszentren tummeln sich Filialen verschiedener Mobilfunkanbieter. Bei den günstigeren Services lässt die Netzabdeckung teilweise zu wünschen übrig (vor allem außerhalb von Caracas). Marktführer ist Telcel (die Nummern beginnen mit ☎ 0414), gefolgt von Movilnet (☎ 0416) und Digitel (☎ 0412). Venezuela hat eine der höchsten Handyraten in ganz Lateinamerika: Häufige Anrufe auf Mobilfunknummern reduzieren das Guthaben auf einer Telefonkarte rasant.

Alle venezolanischen Telefonnummern sind siebenstellig, Regionalvorwahlen haben jeweils drei Stellen. Regionalvorwahlen sind in diesem Buch am Beginn der Beschreibung des jeweiligen Reiseziels direkt unter der Überschrift genannt. Die internationale Vorwahl für Venezuela lautet ☎ 58. Um vom Ausland in Venezuela anzurufen, wählt man zunächst „00", dann folgen die internationale Vorwahl Venezuelas (☎ 58) und die Regionalvorwahl (die erste „0" fällt weg). Den Abschluss bildet die eigentliche Anschlussnummer.

TOILETTEN

In Venezuela gibt's keine separaten öffentlichen Toiletten. Bei menschlichen Bedürfnissen müssen die sanitären Anlagen verschiedener Einrichtungen herhalten (z. B. von Restaurants, Hotels, Museen, Einkaufszentren oder Busbahnhöfen). Dort ist Toilettenpapier häufig Mangelware. Nach Gebrauch landet das Papier grundsätzlich in einem dafür vorgesehenen Mülleimer (ausgenommen Nobelhotels).

Für Toiletten ist die Bezeichnung *baño* am geläufigsten. Die Tür für die Herren ziert meist ein Schild mit der Aufschrift *señores* oder *caballeros*. Damentoiletten sind mit *señoras* oder *damas* gekennzeichnet.

TOURISTENINFORMATION

Inatur (Instituto Autónomo de Turismo de Aragua; www. inatur.gov.ve) Die staatliche Tourismusbehörde mit Sitz in Caracas fördert landesweit den Tourismus und liefert Reiseinformationen (für Kontaktdetails s. S. 1130). Außerhalb der Hauptstadt sind dafür regionale Touristeninformationen zuständig. Deren Büros befinden sich u. a. in den Provinzhauptstädten. Ein paar dieser Einrichtungen sind besser als andere. Allgemein gibt es zuwenig Stadtpläne und Prospekte. Zudem sprechen die Angestellten kaum Englisch.

UNTERKÜNFTE

In Venezuela herrscht kein Mangel an Unterkünften. In den meisten Städten – ausgenommen Caracas – gibt's genügend anständige Optionen im Budget- und Mittelklassebereich. In beliebten Touristengebieten (z. B. Isla de Margarita oder Canaima) herrscht an wichtigen Feiertagen meist Hochbetrieb. Dennoch lässt sich so gut wie immer ein freies Zimmer auftreiben. Venezuela hat nur wenige offizielle Campingplätze; man kann das Zelt aber auch einfach irgendwo in der Landschaft aufschlagen. Das Campen am Strand ist sehr beliebt, aber mit gewissen Gefahren verbunden – man sollte sein Zelt stets gut im Auge behalten. Auch Jugendherbergen gibt es so gut wie keine. Budgethotels in Städten führen manchmal um Doppellleben als „Liebesmotels" mit Stundensätzen.

Posadas (kleine Gästehäuser in Familienbesitz) sind eigentlich immer eine gute Wahl. Besonders in Kleinstädten oder draußen auf dem Land sind diese Unterkünfte während der letzten Jahrzehnte wie Pilze aus dem Boden geschossen. Im Vergleich zu Hotels haben *posadas* meist mehr Charakter und betreuen Gäste wesentlich persönlicher. Die meisten *posadas* sind recht günstig, doch auch im Mittel- und Spitzenklassebereich gibt's ein paar wenige Optionen.

Draußen auf dem Land kann man auch in *campamentos* (wörtlich „Lager") übernachten. Diese Einrichtungen sind mittlerweile auch in sehr abgelegenen Regionen zu finden. Bei *campamentos* handelt es sich keinesfalls um Campingplätze. Vielmehr reicht dieser dehnbare Begriff vom primitiven Schuppen mit ein paar Hängematten bis zur noblen Countrylodge mit Pool und eigener Landepiste. Die meisten *campamentos* bestehen aus mehreren Blockhütten und einem Restaurant. Neben einem Dach über dem Kopf bieten sie normalerweise auch Mahlzeiten und geführte Touren an (teilweise als All-Inclusive-Angebote).

In Venezuela dürfen Unterkünfte offiziell eine Mehrwertsteuer von 16 % erheben. Allerdings machen Budgethotels und *posadas* nur selten von dieser Regelung Gebrauch. In den genannten Unterkunftspreisen ist die Mehrwertsteuer bereits enthalten. Wie in den meisten Entwicklungsländern sind Preise in Venezuela nicht in Stein gemeißelt. Je nach Wochentag oder Laune des Rezeptionspersonals sind Änderungen durchaus drin. Traveller sollten sich nie darauf verlassen, mit Kreditkarte bezahlen zu können. Selbst wenn Unterkünfte angeben, Plastikgeld zu akzeptieren, gilt häufig die Devise: Nur Bares ist Wahres.

VERANTWORTUNGSBEWUSSTES REISEN

Besuche in anderen Kulturkreisen stellen immer eine Herausforderung dar. Es ist sehr wichtig, einen möglichst positiven Eindruck zu hinterlassen. Traveller sollten Bedürfnisse und Ansichten der Einheimischen respektieren. Ein stupides Beharren auf den eigenen Lebensstandard und -stil ist unangebracht.

So groß die Versuchung auch sein mag – Kristalle, Jaspis und Jade gehören an die Wasserfälle und Flüsse der Gran Sabana und nicht in die Taschen von Touristen. Korallenriffe oder Muscheln sollten für Schnorchler und Taucher tabu sein. Auch Artikel aus tropischen Muschelschalen, Schildpatt oder Koralle stehen nicht zur Debatte. Der Anblick von Kaimanleder auf dem Markt ist kein Grund, von einem Krokogürtel zu träumen. Ab und zu werden Kunst- und Handwerksgegenstände mit Jaguarfell oder Anakondahaut angeboten. Die übliche Geschichte, dass das Tier zum Schutz eines Kindes getötet werden *musste*, stammt so gut wie sicher aus dem Reich der Fabel. Wer Drogen kauft oder als Sextourist unterwegs ist, schädigt das Gastgeberland.

Unterstützung haben nur Tourveranstalter und Projekte verdient, bei denen umweltverträgliches Verhalten großgeschrieben wird. Achtung: Viele Firmen nutzen das Label „Öko" nur als Verkaufsmasche. Daher sollte man die angepriesenen Maßnahmen, mit denen angeblich die Auswirkungen auf die Umwelt minimiert werden sollen, ge-

nauestens unter die Lupe nehmen. Ein weiteres Auswahlkriterium ist die Unterstützung indigener Gemeinden.

VISA

EU-Bürger und Schweizer benötigen für die Einreise nach Venezuela kein Visum; eine kostenlose Einreisekarte („Tarjeta de Ingreso", offizielle Bezeichnung „DEX-2") reicht. Solange die Einwanderungsbeamten die maximale Aufenthaltsdauer nicht heruntersetzen, sind Einreisekarten 90 Tage lang gültig und können bei Bedarf auch verlängert werden. Bei Flugreisen nach Venezuela erhalten Passagiere ihre Einreisekarte direkt an Bord von der Airline. EU-Bürger und Schweizer können sich die Karte auch gegen Vorlage des Reisepasses direkt bei den Grenzbeamten abholen (am besten beim nächsten Konsulat nachfragen).

Bei der Einreise nach Venezuela werden Reisepass und Einreisekarte von den Grenzbeamten der Dirección de Identificación y Extranjería (DIEX oder DEX) abgestempelt. Ein solcher Stempel ist essenziell wichtig! Während des Aufenthalts im Land sollten Traveller die gelbe Kopie der Einreisekarte ständig mit sich führen – bei Passkontrollen wird manchmal danach gefragt. Bei der Ausreise müssen die Einreisekarten offiziell an die Einwanderungsbehörde zurückgegeben werden. Doch nicht alle Beamten scheinen sich dafür zu interessieren.

Die DIEX in Caracas (S. 1128) ist für das Verlängern von Einreisekarten zuständig.

ZOLL

Die venezolanischen Zollbestimmungen entsprechen im Wesentlichen den Regelungen in den anderen Staaten Südamerikas. Neben persönlichem Besitz dürfen Reisende auch Geschenke für Venezolaner einführen (auch Kameras, Campingausrüstungen, Sportartikel, Computer usw.). Dank Chávez hat das ganze Land Angst vor ausländischer Spionage. Daher sollte man es sich zweimal überlegen, ob man eine umfangreiche audiovisuelle Ausrüstung oder andere Elektronikartikel einpackt, die ungewöhnlich (und damit verdächtig) erscheinen. Höchstwahrscheinlich ist der 19-jährige Soldat, der einen durchsucht, ungebildet und nicht sonderlich diskussionsbereit. Da auf die Einfuhr von Drogen härteste Strafen stehen, lässt man am besten komplett die Finger davon.

Allgemeine Informationen

INHALT

Aktivitäten	1209
Arbeiten in Südamerika	1211
Botschaften & Konsulate	1211
Bücher	1212
Diskriminierung	1214
Ermäßigungen	1214
Festivals & Events	1214
Fotos & Video	1214
Frauen unterwegs	1215
Freiwilligenarbeit	1216
Führerschein	1217
Gefahren & Ärgernisse	1217
Geld	1219
Infos im Internet	1221
Internetzugang	1221
Karten	1221
Klima	1222
Kurse	1223
Öffnungszeiten	1224
Post	1224
Rechtsfragen	1224
Reisen mit Behinderung	1225
Reisepass	1225
Schwule & Lesben	1225
Sprache	1225
Telefon	1226
Toiletten	1226
Touristeninformation	1227
Unterkunft	1227
Versicherung	1228
Visa & Dokumente	1229
Zoll	1229

Dieses Kapitel enthält eine Menge allgemeine Informationen über Südamerika, von Aktivitäten und Büchern über Rechtsfragen bis hin zu Zollangelegenheiten. Spezifische Informationen zu jedem Land sind im Abschnitt „Allgemeine Informationen" am Ende der einzelnen Länderkapitel aufgeführt.

AKTIVITÄTEN

Egal ob man auf Berge, Wasser oder auf dünne Luft steht – Südamerika bietet unglaublich abwechslungsreichen super Outdoorspaß.

Bergsteigen

Auf einem Kontinent mit einer der herrlichsten Bergketten der Welt sind die Gelegenheiten zum Bergsteigen beinahe grenzenlos. Die Vulkane in Ecuador, die hohen Gipfel der Cordillera Blanca (S. 1046) und der Cordillera Huayhuash (S. 1053) in Peru, die Cordillera Real (S. 231) in Bolivien und der Aconcagua (der höchste Gipfel der westlichen Hemisphäre; S. 143) in Argentinien – sie alle bieten außergewöhnliche Erlebnisse für Kletterfans. Und obwohl es relativ niedrig ist, gehört das Fitz-Roy-Massiv (S. 173) in Argentinien – Heimat des Cerro Torre, eines der schwierigsten Gipfel der Welt – zu den Top-Five-Bergsteigerzielen der Welt.

Radfahren & Mountainbiking

Durch Südamerika zu radeln, kann mühsam sein, aber was man dabei erlebt, übersteigt die Vorstellungskraft all jener, die lieber mit dem Bus unterwegs sind. Wer will, heizt die „Gefährlichste Straße der Welt" (S. 222) entlang, brettert die Flanken ecuadorianischer Vulkane hinunter oder schlängelt sich an patagonischen Schafherden vorbei. Obwohl viele Radfahrer eine Tour quer durch den Kontinent unternehmen, sind Teilstrecken eher machbar – vor allem, wenn man nicht mit übermäßig viel Zeit und Geld gesegnet ist. Beliebte Routen führen durch den chilenischen und argentinischen Teil Patagoniens (obwohl der ständige Nordwestwind brutal sein kann), von Ecuador über Peru nach Bolivien, entlang den Anden von Quito (Ecuador) nach Ushuaia (Argentinien) oder umgekehrt – oder durch Nordargentinien, Uruguay, Paraguay und Südbrasilien.

Egal wohin die Fahrt geht, ein Mountainbike ist der ideale Drahtesel, weil die schönsten Straßen oft unbefestigt sind. Wer radeln möchte, sollte die erforderliche Ausrüstung mitbringen, denn außerhalb der großen Städte ist das entsprechende Angebot beschränkt und teuer.

Wer sein Fahrrad zu Hause lässt, kann tageweise eins ausleihen oder an einer

Mountainbiketour teilnehmen. Die bereitgestellte Ausrüstung entspricht hier aber in keinem Fall den gewohnten Standards. Infos gibt's im Internet auf der teilweise deutschsprachigen Website **South American Bicycle Touring Links** (www.geocities.com/TheTropics/Island/6810) und auf der deutschsprachigen Website **Velofahren** (www.velofahren.de/amerika). Die englischsprachige Website **Warm Showers** (www.warmshowers.org) enthält ein Verzeichnis von Radfahrern auf der ganzen Welt, die Langstreckenradlern eine kostenlose Unterkunft bieten.

Rafting

Chile ist reich gesegnet mit spitze Wildwasser: Die Flüsse Maipó (S. 492), Trancura (S. 555) und Futaleufú (S. 585) sind alle Weltklasse. In Peru bieten der malerische Río Urubamba (S. 1009) und andere Flüsse in der Nähe von Cusco sowie der Río Cañete (S. 968) südlich von Lima und das Schluchtengebiet um Arequipa (S. 985) Gelegenheiten zum River Running. In Argentinien lohnen mehrere Flüsse um Bariloche (S. 153) und Mendoza (S. 136) ein Bad im kühlen Nass. Die Rafting-Hochburgen in Ecuador sind Baños (S. 668) und vor allem Tena (S. 693). Im Jahr 2005 fand die Rafting-Weltmeisterschaft der International Rafting Federation auf Ecuadors gewaltigem Río Quijos statt.

Skifahren & Snowboarden

Die wichtigsten Alpinskigebiete Südamerikas befinden sich in Chile und Argentinien – nähere Infos gibt's in den einzelnen Länderkapiteln. Die Saison dauert etwa von Juni bis September. Viel Schnee gibt's außerdem in den Anden in Bolivien, Peru, Ecuador, Kolumbien und Venezuela, wo Skitouring eine echte Herausforderung ist. Und es sind schon viele *loco*-Snowboarder einen Andenvulkan hinaufgeklettert, um ihn dann runterzubrettern. Chris Lizzas englischsprachiger *South America Ski Guide* ist eine ausgezeichnete Infoquelle.

Surfen

Südamerikas beste Surfgebiete befinden sich in Peru, vor allem an der Nordküste, aber das Wasser ist kühl (Neoprenanzug einpacken!). Gute Wellen gibt's außerdem an der Nord- und Zentralküste Chiles – eine Tour entlang der südamerikanischen Westküste

(ab Ecuador) lohnt sich also auf jeden Fall. Die Tausende von Kilometern lange Küste Brasiliens ist mit vielen Beach Breaks gespickt, die besten liegen im Südosten. Eine gute Brandung und eine Handvoll erstklassiger Wellen gibt's auch in Uruguay und Venezuela. Entlegenere Surfgelegenheiten bieten die Galapagosinseln (S. 718) und Rapa Nui (Osterinsel; S. 607).

Nähere Infos gibt's im englischsprachigen *Surf Report* des Verlags **Surfer Publications** (☎ 949-661-5147; www.surfermag.com; PO Box 1028, Dana Point, CA 92629, USA). Das Magazin enthält Berichte über die meisten Teile der südamerikanischen Küste. Im Internet lohnt sich unbedingt ein Blick auf die englischsprachige Website **Wannasurf** (www.wannasurf.com) und die deutschsprachige Website **Surfspot** (www.surfspot.de). Wer regelmäßige Vorhersagen erhalten will, abonniert einen Newsletter auf den englischsprachigen Websites **Surfline** (www.surfline.com) oder **Windfinder** (www.windfinder.com).

Tauchen

Hauptreiseziele für Taucher sind Kolumbiens und Venezuelas Karibikküsten, Inseln wie Providencia (eine kolumbianische Insel, die eigentlich näher an Nicaragua liegt; S. 855) und die Galapagosinseln (S. 718), außerdem Brasiliens Arraial do Cabo (S. 344).

Wandern & Trekking

Südamerika ist ein phantastisches Wander- und Trekkingziel. In den Andenländern kann man nicht nur in den Nationalparks wandern: Das Netz von unbefestigten Straßen ist so weitläufig, dass man fast überall hinlaufen kann, und weil die indigene Bevölkerung oft dasselbe tut, ist man selten allein.

Die Andenländer sind berühmt für ihre alten Inkastraßen, die für malerische Ausflüge wie geschaffen sind. Der dreitägige Fußmarsch auf dem überlaufenen Inkatrail nach Machu Picchu (S. 1013) ist natürlich der Klassiker, aber andere Routen sind wesentlich billiger, untouristischer, umweltfreundlicher und landschaftlich reizvoller. Auf S. 1017 sind einige Alternativen aufgeführt. Außerdem gibt es noch andere Inkatreks, beispielsweise Ecuadors weniger bekannten Inkapfad nach Ingapirca (S. 683) und zahlreiche alte Inkarouten durch die bolivianische Cordillera Real (S. 231) in die Yungas.

Die Nationalparks im Süden des Kontinents, beispielsweise Chiles Torres del Paine (S. 600) und Argentiniens Seengebiet (S. 148) oder das sturmgepeitschte, spektakuläre Fitz-Roy-Massiv (S. 173) sind phantastisch und verfügen über eine ausgezeichnete Infrastruktur.

Weniger bekannte Bergketten, etwa Kolumbiens Sierra Nevada de Santa Marta (vor allem in Richtung Ciudad Perdida; S. 840) und Venezuelas Sierra Nevada de Mérida (S. 1162), lohnen ebenfalls eine Wanderung. Der zwei- bis dreitägige Marsch zum Gipfel des Roraima (S. 1192) in Venezuela ist eins der unvergesslichsten Erlebnisse einer Reise durch Südamerika.

Wer in den Anden trekken will – vor allem in den höher gelegenen Parks und Regionen in Bolivien, Ecuador und Peru – sollte sich mit dem sehr realen Risiko der Höhenkrankheit auseinandersetzen. Nähere Infos gibt's auf S. 1253. Die Höhenlagen in den südlichen Anden sind wesentlich niedriger. In den meisten Hauptstädten gibt es ein Instituto Geográfico Militar, das in der Regel die beste Quelle für offizielle topografische Karten ist.

Windsportarten

Windsurfen und Kitesurfen wird immer beliebter. Wer es noch nicht kann, hat in Südamerika wahrscheinlich die Gelegenheit, beides billiger zu lernen, als zu Hause. Adícora (S. 1153) und die Isla Margarita (S. 1182) in Venezuela, San Andrés in Kolumbien (S. 851) und zahlreiche Orte an der Nordostküste Brasiliens – vor allem Jericoacoara (S. 423) und Canoa Quebrada (S. 420) – sind hervorragende Wind- und Kitesurfziele. In Argentinien ist der Stausee Cuesta del Viento in der Provinz San Juan (Infos gibt's in der Touristeninformation in San Juan, S. 143) eines der Topziele für Windsportarten überhaupt.

Paragliding und Drachenfliegen wird ebenfalls mit enormem Enthusiasmus betrieben. Topziele sind Iquique in Chile (S. 523), Mérida in Venezuela (S. 1157) und Medellín in Kolumbien (S. 857). Wer will, kann sich sogar in städtischen Umgebungen wie Miraflores in Lima (S. 961) und Pedra Bonita in Rio de Janeiro (S. 332) in die Lüfte erheben.

ARBEITEN IN SÜDAMERIKA

Abgesehen von Englischunterricht oder -nachhilfe gibt es in Südamerika nur wenige, schlecht bezahlte und in der Regel illegale Arbeitsmöglichkeiten. Sogar Nachhilfe ist trotz guter Stundenlöhne meistens wenig lukrativ, weil es einige Zeit dauert, einen Kundenstamm aufzubauen. Die besten Gelegenheiten, Englisch zu unterrichten, gibt es in den größeren Städten. Obwohl man dabei nicht viel auf die Seite legen kann, kann man den Aufenthalt dadurch ein wenig in die Länge ziehen. In Santiago, Rio und den größeren Städten Brasiliens ist die Bezahlung recht gut. Andere Jobs gibt es möglicherweise für qualifizierte Fremdenführer oder in Touristenrestaurants und -bars. Viele Leute arbeiten in Hütten und Gasthäusern, die sich in ausländischem Besitz befinden.

Hier sind einige der vielen hervorragenden Onlinequellen:

Dave's ESL Café (www.eslcafé.com) Englischsprachiger Onlinetreffpunkt für ESL- und EFL-Lehrer und -schüler auf der ganzen Welt, mit Messageboards, Jobbörse, Unterrichtsideen, Informationen, Links und mehr.

Deutsch als Fremdsprache (www.deutsch-als-fremdsprache.de) Internetservice für den Unterricht „Deutsch als Fremdsprache" mit vielen Infos, Austausch- und Jobbörsen.

EnglishClub.com (www.englishclub.com) Großartige englischsprachige Quelle für ESL-Lehrer und -schüler.

TEFL Net (www.tefl.net) Eine weitere ausführliche englischsprachige Onlinequelle für Lehrer von den Machern von EnglishClub.com.

Zentralstelle für das Auslandsschulwesen (http://www.bva.bund.de/cln_046/nn_545736/SubSites/Auslandsschulwesen/auslandsschulwesen-node.html___nnn=true) Vermittelt Lehr- und Fachkräfte an Auslandsschulen.

BOTSCHAFTEN & KONSULATE

Botschafts- und Konsulatsadressen sowie -telefonnummern sind im Abschnitt „Allgemeine Informationen" der einzelnen Länderkapitel aufgeführt.

Besucher eines südamerikanischen Landes sollten unbedingt wissen, was die eigene Botschaft (die Botschaft des Landes, dessen Staatsbürgerschaft man besitzt) kann oder nicht kann. Generell bieten Botschaften wenig Hilfe in Notfällen, die auch nur im Entferntesten selbst verschuldet sind. Reisende sollten nicht vergessen, dass sie den Gesetzen des besuchten Landes unterliegen.

Botschaften haben kein Mitleid mit Touristen, die im Gefängnis landen, weil sie vor Ort eine Straftat begangen haben, auch falls eine solche Tat im Heimatland nicht strafbar ist.

In echten Notfällen bekommt man vielleicht etwas Hilfe, aber nur, wenn alle anderen Möglichkeiten ausgeschöpft sind. Wem beispielsweise das gesamte Geld und alle Dokumente gestohlen werden, bekommt Hilfe beim Ausstellen eines neuen Passes, aber ein Darlehen für die Weiterreise steht außer Frage.

BÜCHER

Die Auswahl an Büchern über Südamerika ist so vielfältig wie der Kontinent selbst. Länderspezifische Bücher sind unter „Bücher" in den „Allgemeinen Informationen" der einzelnen Länderkapitel aufgeführt.

Flora & Fauna

Wer sich für den Regenwald interessiert, sollte einen Blick in *Tropische Regenwälder* von Francesco Petretti und *Regenwald* von Uwe George werfen. *Der tropische Regenwald* von Josef H. Reichholf gibt einen Einblick in die Ökobiologie von Regenwäldern.

Für Vogelfreunde, die in den Amazonas reisen, lohnt sich ein Blick in *South American Birds: A Photographic Aid to Identification* von John S. Dunning. Geografisch umfassender ist der *Guide to the Birds of South America* von Rodolphe Meyer de Schauensee. Martin de la Peñas *Birds of Southern South America and Antarctica* ist ein ausgezeichneter Begleiter für Südbolivien und Südbrasilien und andere Orte im Süden des Kontinents.

Aus den hervorragenden *Ecotravellers' Wildlife Guides* erfährt man alles, was man über Flora und Fauna, Ökotourismus, Umweltgefahren und Umweltschutzbemühungen in bestimmten Habitaten wissen muss. Bisher sind folgende Titel in der Reihe erschienen: *Ecuador and the Galápagos Islands, Brazil: Amazon & Pantanal* und *Peru* (alle von David Pearson und Les Beletsky).

Am Amazonas von Henry Walter Bates ist ein klassischer Bericht aus dem 19. Jh. Aktuelle Reiseberichte aus dem Amazonasgebiet sind beispielsweise: *Mein Amazonas* von Juan Madrid, *Tor zum Amazonas* von

Frank Semper, *Auf dem Amazonas* von Lutz Herbert und *Amazonas extrem* von Colin Angus.

Die vielleicht beste Gesamtdarstellung der Notlage der Regenwälder dieser Erde ist *Der Regenwald – Ein schwindendes Paradies* der Journalistin Catherine Caufields. Das Buch behandelt vor allem Amazonien, aber auch andere gefährdete Regionen. Julie Sloan Denslow und Christine Padochs Buch *People of the Tropical Rainforest* ist eine gut illustrierte Sammlung von Artikeln über Tropenökologie und -entwicklung, die sich mit zugewanderten und indigenen Einwohnern des Regenwalds beschäftigt. In seinem Buch *Die Indianer Amazoniens – Völker und Kulturen im Regenwald* beschäftigt sich Wolfgang Müller mit den prähistorischen Anfängen und gegenwärtigen Problemen der vielfältigen Regenwaldkulturen.

Eine fesselnde Kombination aus Reisebericht und Botanikführer ist *Der Schatz der Wayana*, die wunderbare Geschichte der Reisen von Mark Plotkin in Amazonien und den Guyanas auf der Suche nach Heilpflanzen. Ähnlich fesselnd ist *Über den Wipfeln des Regenwaldes* von Francis Halle und anderen, ein Bericht über die Reise dreier Wissenschaftler in einem Luftschiff über den Baumkronen des tropischen Regenwalds. Alles, was man schon immer über die Flora des Amazonasgebiets wissen wollte, steht in dem *Field Guide to Medicinal and Useful Plants of the Upper Amazon* von James L. Castner und andere.

Geschichte & Aktuelle Lage

Eine absolute Pflichtlektüre ist *Die offenen Adern Lateinamerikas* des berühmten uruguayischen Schriftstellers Eduardo Galeano, eine klassische und wortgewandte polemische Kritik der kulturellen, sozialen und politischen Kämpfe des Kontinents. Galeanos Trilogie *Erinnerung an das Feuer* ist ebenfalls hervorragend. Wer sich für die Geschichte des Kontinents interessiert, sollte einen Blick in folgende Bücher werfen: *Geschichte Lateinamerikas – Eine Einführung* von Renate Pieper, *Lateinamerika 1870–2000 – Geschichte und Gesellschaft* von Walther L. Bernecker und andere, *Lateinamerikanische Geschichte – Kultur, Politik, Wirtschaft im Überblick* von Norbert Rehrmann oder *Kleine Geschichte Lateinamerikas* von Hans-Joachim König.

Mit der Eroberung Südamerikas beschäftigen sich Michael Wood und Ursula Blank-Sangmeister in *Auf den Spuren der Konquistadoren* und Eberhard Schmitt und Friedrich K. von Hutten in *Das Gold der Neuen Welt*. Wer es noch sachlicher mag, wirft einen Blick in *Die Eroberung einer neuen Welt* von Hans-Joachim König und anderen und *Die Eroberung Amerikas* von Tzvetan Todorov.

Eine allgemeine Analyse der Kokain- und Antikokainindustrien bietet Clare Hargreaves Buch *Bitterer Schnee – Eine Reportage aus dem internationalen Kokainkrieg*. Einen Einblick in die Geschichte der Umweltzerstörung in Südamerika gibt Luis Vitales Buch *Umwelt in Lateinamerika*. Einen Überblick über die sozialen Bewegungen in Lateinamerika bietet *Neoliberalismus, Autonomie, Widerstand* von Olaf Kaltmeier und andere.

Kunst & Literatur

Für alle, die sich für die Kunst- und Kulturgeschichte der Region interessieren, lohnt sich ein Blick in folgende Bücher: *Köpfe, Schlangen, Pyramiden in Lateinamerika – Alte Kulturen von Mexiko bis zur Osterinsel* (von Karl zum Winkel), *Azteken, Maya, Inkas – Kunst und Kultur in Mittel- und Südamerika* (von Samuel K. Lothrop), *Die Schätze der Anden – Der Glanz der Inkazeit und des präkolumbischen Südamerikas* (von Jeffrey Quilter) oder *Die Kunst Lateinamerikas im 20. Jahrhundert* (von Edward Lucie-Smith). Kinofans sollten einen Blick in *Movie-mientos – Der lateinamerikanische Film: Streiflichter von unterwegs* (von Bettina Bremme) werfen.

Bedeutende Werke südamerikanischer Autoren sind im Abschnitt „Kunst & Kultur" der einzelnen Länderkapitel aufgeführt.

Lonely Planet

Es ist unmöglich, alle Aspekte einer Südamerikareise in diesem Buch zu behandeln. Wer nähere Infos über bestimmte Orte braucht, sollte die Lektüre des vorliegenden Bandes durch andere Reiseführer ergänzen.

Lonely Planet verfasst regelmäßig englischsprachige Updates für die einzelnen Länder Südamerikas mit zahlreichen Infos, Karten und Farbfotos. Derzeit erhältlich

sind u. a. *Argentina, Bolivia, Brazil, Chile & Easter Island, Colombia, Ecuador & the Galápagos Islands* und *Venezuela*. Die Bände *Argentinien* und *Peru* sind auch schon auf Deutsch erschienen.

Noch detailliertere Infos gibt's in den englischsprachigen Lonely Planet Städteführern *Buenos Aires* und *Rio de Janeiro*.

Hilfreich sind außerdem die englischsprachigen Lonely Planet Sprachführer *Brazilian Phrasebook*, *Latin American Spanish Phrasebook* und *Quechua Phrasebook*.

Ausführliche Trekkinginfos enthalten die englischsprachigen Lonely Planet Bände *Trekking in the Patagonian Andes* und *Trekking in the Central Andes*. Wer Mittel- und Südamerika erkunden möchte, sollte sich den englischsprachigen Lonely Planet Band *Central America on a Shoestring* besorgen, der die Region von Panama bis Belize behandelt. Der Band *Mexiko* ist bereits auf Deutsch erschienen.

Reiseführer

William Leitchs wunderschön geschriebener Führer zu *South America's National Parks* bietet unentbehrliches Hintergrundwissen für Trekker, allerdings liegt der Schwerpunkt auf Umwelt und Naturgeschichte und weniger auf praktischen Fragen. Roland Hanewalds *Handbuch für Tropenreisen* enthält viele Tipps für Tropenreisende.

Die *DuMont*-Reihe *Richtig Reisen* behandelt die meisten Länder Südamerikas. Die Reise-Know-how-Reihe *KulturSchock* vermittelt einen Eindruck von den täglichen Realitäten, die eine Reise durch Südamerika mit sich bringt.

Reiselektüre

Der Bildband *Südamerika – Das Schweigen am Silberfluss* von Christoph Kucklick und Christopher Pillitz beschreibt die 10 500 km lange Reise der beiden GEO-Reporter von den Anden zum Atlantik.

In seinem Buch *Auszeit – 25 000 Kilometer durch Südamerika* schildert der Journalist Andreas Hülsmann seine sechsmonatige Motorradreise durch Südamerika. Für Motorrad- und *Comandante*-Fans ist Patrick Symmes *Reiseziel Che Guevara – Mit dem Motorrad durch Lateinamerika* über Ches Reise durch Südamerika Pflichtlektüre. Wer möchte, kann sich natürlich direkt zur Quelle begebem und Ernesto Guevaras selbst verfasstes *Tagebuch einer Motorradreise* lesen.

Wunderschön bebildert ist der Reisebericht *Faszination in Südamerika* von Lutz Gebhardt und Jens-Ulrich Groß, die Südamerika mit dem Fahrrad erkundeten.

In ihrem Forschungs- und Reisebericht *Entlang der Inka-Straße* beschreibt Karin Muller ihren Fußmarsch auf den alten Inkarouten von Ecuador nach Chile.

Ihren einjährigen Aufenthalt auf einer unbewohnten Galapagosinsel schildert die Biologin Carmen Rohrbach in ihrem Buch *Inseln aus Feuer und Meer.*

Viele weitere Reiselektüre-Tipps sind im Abschnitt „Allgemeine Informationen" der einzelnen Länderkapitel enthalten.

DISKRIMINIERUNG

Diskriminierung in Südamerika ist komplex und voller Widersprüche – und in jedem Land anders geartet. Die schlimmsten rassistischen Erfahrungen haben dunkelhäutige Reisende gemacht, denen der Eintritt in Nachtclubs verweigert wurde, in einigen Fällen, bis der Türsteher sie als Touristen erkannte. Einige schwarze Traveller berichteten von echter Neugierde der Einheimischen, die es einfach nicht gewohnt sind, Menschen afrikanischer Abstammung zu sehen. An der Südküste Perus, wo afroperuanische Einwohner leben, dürften sich farbige Reisende aber ausgesprochen wohlfühlen. Auf einen entsprechenden Bericht im **Lonely Planet Thorntree Forum** (www.lonely planet.com) gab es sehr viele Reaktionen von farbigen Reisenden, die sich auf ihren Reisen durch Südamerika absolut sicher gefühlt haben.

Gemischte Paare ziehen hier und da neugierige Blicke auf sich. Südamerikaner lieben es, Menschen aufgrund ihres Aussehens Spitznamen zu geben – beispielsweise *flaca* (dünn) oder *gordo* (pummelig). Und eine der Lieblingsbezeichnungen für dunkelhäutige Menschen ist *negro/a* (wörtlich „schwarz"). Besucher mit dunklerer Haut müssen unabhängig von ihrer tatsächlichen Abstammung damit rechnen, so genannt zu werden – und fast immer wird der Ausdruck als nett gemeintes Kosewort benutzt.

Weitere Informationen gibt's außerdem in den Abschnitten „Frauen unterwegs" (S. 1215) und „Schwule & Lesben" (S. 1225).

ERMÄSSIGUNGEN

Eine Mitgliedskarte von Hostelling International-American Youth Hostel (HI-AYH) kann in Brasilien und Chile (und zum Teil auch in Argentinien und Uruguay) von Nutzen sein, wo es viele HI-Hostels gibt und Unterkünfte in der Regel teurer sind. In anderen Ländern sind preiswerte Hotels und *pensiónes* normalerweise billiger als HI-Hostels.

Mit einer ISIC-Karte (International Student Identity Card) kommt man häufig zu ermäßigten Preisen in archäologische Stätten und Museen und bekommt manchmal verbilligte Bus-, Zug- oder Flugtickets. In weniger entwickelten Ländern sind Studentenrabatte selten, außer für einige teure Eintritte, beispielsweise zu Machu Picchu (50 % Ermäßigung für ISIC-Karteninhaber unter 26 Jahren). In einigen Ländern, etwa Argentinien, reicht in der Regel ein Ausweis der Uni, um von Ermäßigungen zu profitieren.

FESTIVALS & EVENTS

In Südamerika gibt es einige phantastische *fiestas*, von indigenen Erntefesten zu wilden Silvesterpartys. Einige Festivals, etwa der **Karneval**, der um die Fastenzeit im Februar/ März in Salvador (S. 388) und Rio (S. 333) gefeiert wird, lohnen sich, bei der Reiseplanung berücksichtigt zu werden. Man sollte aber nicht vergessen, dass viele Orte zu Festivalzeiten überfüllt und teuer und Unterkünfte unter Umständen nur schwer zu finden sind. Wer es nicht nach Brasilien schafft, kann sich damit trösten, dass Karneval auf dem ganzen Kontinent gefeiert wird, und das auch noch zu ganz unterschiedlichen Zeitpunkten im Jahr.

Weitere Infos stehen unter „Festivals & Events" des Abschnitts „Allgemeine Informationen" der einzelnen Länderkapitel. S. auch S. 12.

FOTOS & VIDEO

Verbraucherelektronik ist in ganz Südamerika erhältlich, aber oft treiben Steuern die Preise ins Unendliche.

Beschränkungen

Einige Touristenattraktionen berechnen eine zusätzliche Gebühr für Kameras. Es ist nicht ratsam – und häufig verboten – Aufnahmen von Militäranlagen und -personal oder Sicherheitseinrichtungen (beispielsweise Polizeiwachen) zu machen. In den meisten Kirchen ist Fotografieren mit Blitz (in manchen sogar Fotografieren ohne Blitz) nicht gestattet.

Digitalkameras

Mit Digitalkameras kann man einfach, billig und unbeschwert fotografieren. Ganz leicht lassen sich Digitalfotos nach Hause mailen oder in einen Reiseblog stellen. Wer Fotos ausdrucken will, sollte sich eine Kamera mit mindestens vier Megapixeln zulegen. Ideal für die Aufbewahrung von Digitalfotos während der Reise ist eine externe Festplatte, die – falls man etwas mehr ausgibt – auch als MP3-Player genutzt werden kann. Wer sich ein solches Speichermedium nicht leisten kann, brennt die Fotos in einem der unzähligen südamerikanischen Internetcafés auf CD.

Filme & Ausrüstung

Eine gute Auswahl an preiswerten Filmen, einschließlich Schwarz-Weiß- und Diafilmen, gibt's in den größten Städten. Normale ASA-400-Filme werden in fast allen kleineren und größeren Städten verkauft. Für lichtschwache Umgebungen wie Regenwälder sollte man einige Hochgeschwindigkeitsfilme (ASA 400 oder höher) und einen Blitz dabeihaben.

Filme entwickeln zu lassen, ist relativ teuer, aber fast überall möglich. Es empfiehlt sich, zuerst nur einen Film entwickeln zu lassen und sich das Ergebnis anzusehen, bevor man den gesamten Filmbestand über die Theke reicht.

Menschen fotografieren

Menschen (besonders Zugehörige indigener Gruppen) sollte man nicht ohne ihre vorherige Zustimmung fotografieren. Wenn jemand eine öffentliche Vorstellung gibt, beispielsweise im Straßenmusiker oder Karnevalstänzer, ist es normalerweise nicht notwendig, um Erlaubnis zu bitten – genauso wenig, wenn jemand zufällig in den Bildausschnitt läuft, etwa bei einer Stadtaufnahme. Im Zweifelsfall sollte man aber fragen oder von der Aufnahme absehen. Wer Aufnahmen von Märkten machen möchte und vorher bei einem Händler einkauft, bekommt häufig die Erlaubnis, Verkäufer und Waren zu fotografieren. Es bleibt jedem

selbst überlassen, ob er für ein Foto bezahlen möchte. In der Regel teilt einem das betroffene Motiv den handelsüblichen Preis für eine Aufnahme mit.

Video & DVD

Wer kann, filmt digital, wer nicht, findet mit viel Glück 8-mm-Kassetten für Videokameras. Touristenattraktionen, die zusätzliche Gebühren für einen Fotoapparat berechnen, verlangen oft noch mehr für eine Videokamera. Wer Videos kaufen möchte, sollte bedenken, dass verschiedene Länder unterschiedliche TV- und Videosysteme benutzen. Kolumbien und Venezuela verwenden beispielsweise das NTSC-System (wie die USA), während Brasilien das PAL-System und Französisch-Guayana das französische SECAM-System benutzen. DVD-Systeme sind überall auf der Welt gleich, aber es gibt Regionencodes.

FRAUEN UNTERWEGS

In Südamerika wird jede alleinreisende Frau früher oder später zum Objekt der Neugierde – manchmal im positiven und manchmal im negativen Sinne. Unangenehmem aus dem Weg zu gehen, ist eine einfache und wirkungsvolle Selbstverteidigungsstrategie. In der Andenregion, vor allem in kleineren Orten und ländlichen Gebieten, ist es die Norm, sich bedeckt zu kleiden und zu verhalten. In Brasilien und den liberaleren Ländern im Süden des Kontinents sind die Standards weniger streng (vor allem in Strandorten). Oben-ohne- oder Nacktbaden ist aber nirgends üblich. Im Zweifelsfalle sollte man es den einheimischen Frauen nachmachen.

Machista-(Macho-)Attitüden, die Stolz und Männlichkeit betonen, sind unter südamerikanischen Männern weit verbreitet (deutlich weniger in der indigenen Bevölkerung). Oft drücken sich solche Einstellungen in Prahlerei und übertriebener Aufmerksamkeit gegenüber Frauen aus. Durch bissige und herablassende Kommentare oder andere scharfe Reaktionen auf unerwünschte Annäherungsversuche fühlen sich manche Männer bedroht und reagieren unter Umständen aggressiv. Die meisten Frauen finden es einfacher, schnell einen Ehemann zu erfinden und den Stolz des Romeos intakt zu lassen, vor allem vor Publikum.

Nach Möglichkeit sollte man einige Spanisch- bzw. Portugiesischstunden (s. S. 1223) nehmen – wer die Sprache beherrscht, kann mit unerwünschter Aufmerksamkeit besser umgehen.

Vereinzelt gab es Berichte von Frauen, die von südamerikanischen Männern vergewaltigt wurden. Frauen, die in abgelegenen oder einsamen Gegenden trekken oder an Touren teilnehmen, sollten besonders vorsichtig sein. In einigen Fällen wurden weibliche Tourmitglieder von ihren Guides bedrängt – es lohnt sich also, Identität und Ruf eines Reiseführers oder -veranstalters doppelt zu prüfen. Reisende sollten auch bedenken, dass Frauen (und Männern) in Bars und anderswo schon Drogen in Form von Getränken, Zigaretten oder Pillen verabreicht bekamen. Die Polizei ist bei Vergewaltigungsdelikten nicht immer hilfreich – wird eine einheimische Frau vergewaltigt, sorgt ihre Familie normalerweise für Rache, nicht die Polizei. Die Touristenpolizei hat vielleicht etwas mehr Verständnis, aber es ist möglicherweise besser, einen Arzt aufzusuchen und die eigene Botschaft zu informieren, ehe man zur Polizei geht.

Tampons sind in kleineren Ortschaften normalerweise kaum zu finden, deshalb ist es ratsam, sich vor der Abreise oder in größeren Städten einzudecken. Die Antibabypille ist außerhalb von Großstädten auch nur schwer zu kriegen, deshalb empfiehlt es sich, einen Vorrat von Zuhause mitzubringen. Wer keine ausreichende Anzahl von Packungen mitbringen kann, sollte eine Originalverpackung dabeihaben, damit ein Apotheker das entsprechende südamerikanische Produkt finden kann. Die Pille ist in den meisten südamerikanischen Ländern sehr teuer. Die „Pille danach" ist in vielen Ländern, vor allem in Brasilien, problemlos erhältlich.

Die englischsprachige Website der Organisation **International Planned Parenthood Federation** (www.ippf.org) bietet eine Fülle von Informationen über Mitgliedskliniken (Family Planning Associations) in ganz Südamerika, die Verhütungsmittel (und Abtreibungen, falls gesetzlich zulässig) anbieten.

FREIWILLIGENARBEIT

Wer in Websites oder Veröffentlichungen zum Thema Freiwilligenarbeit stöbert, dem wird schnell klar: Arbeiten alleine reicht nicht. Die meisten internationalen Freiwilligenorganisationen verlangen eine wöchentliche oder monatliche Gebühr in Höhe von bis zu 1500 US$ für zwei Wochen (ohne Flug) – das trifft die meisten Arbeits(frei)willigen hart. Von der Gebühr werden normalerweise die Kosten für die Unterbringung des Freiwilligen und die Kosten für Mitarbeiter, Miete, Website usw. der Organisation bestritten. Das mag unfair erscheinen, aber das Geld kommt in der Regel einer guten Sache (oder zumindest ihrer Verwaltung) zugute. Was ist aber mit denen, die nur durch ihre Arbeit helfen möchten? Gibt es eine Alternative? Ja! Aber man muss gründlich (und möglichst vor Ort) suchen, um eine Organisationen zu finden, die solche Hilfe braucht. Eine Möglichkeit ist das Arbeiten für eine Ökolodge oder einen Ökoreiseveranstalter, weil solche Einrichtungen häufig englisch sprechende Mitarbeiter brauchen. Je länger man sich in einem Land aufhält, desto mehr Infos bekommt man darüber, wo man helfen kann – ohne das Dreifache für Unterkunft und Verpflegung zu berappen.

Einen Freiwilligenjob vor der Abreise zu finden, hat natürlich Vorteile: Man muss sich um nichts kümmern und kann direkt mit der Arbeit beginnen. Das ist in der Regel eine gute Lösung, wenn man kaum Spanisch oder Portugiesisch spricht. Passables Spanisch (oder Portugiesisch in Brasilien) ist aber eigentlich unverzichtbar für alle, die in Südamerika als Freiwillige arbeiten möchten.

Egal ob man einen Job von Zuhause aus oder vor Ort findet: Wer für eine Organisation arbeitet, sollte sich darauf einstellen, für die eigene Unterkunft und Verpflegung zu sorgen oder bis zu 300 US$ pro Monat zu berappen. Bei der Jobsuche von Zuhause aus wird normalerweise eine Anmeldegebühr fällig – bei der Jobsuche vor Ort entfällt sie, außerdem kann man sich die Arbeit genau anschauen. Ein guter Ausgangspunkt für die Recherche ist die Organisation South American Explorers (SAE; s. S. 1227), die eine Datenbank über Freiwilligenarbeit unterhält. Wer vor der Abreise herausfinden möchte, welche Jobs es gibt, sollte sich die folgenden Websites anschauen:

Europäisch-Lateinamerikanische Gesellschaft (www.elg-online.de) Widmet sich dem Wirtschafts-, Wissenschafts- und Kulturaustausch zwischen Europa und

www.lonelyplanet.de   ALLGEMEINE INFORMATIONEN ·· Führerschein **1217**

Lateinamerika, vor allem durch das Organisieren von Praktika, Famulaturen, Sprachreisen und andere Weiterbildungsmaßnahmen.

Idealist.org (www.idealist.org) Die umfangreiche englischsprachige Website der Organisation „Action Without Borders" hat eine umfassende Datenbank mit Tausenden von Freiwilligenjobs auf der ganzen Welt. Eine hervorragende Quelle.

Praktikawelten (www.praktikawelten.de) Praktika und Freiwilligenarbeit in verschiedenen Branchen in Guatemala, Mexiko, Ecuador, Peru und Argentinien, inklusive Sprachkurs.

Travel Works (www.travelworks.de) Arbeitsurlaube und Freiwilligenarbeit.

Volunteer Abroad (www.volunteerabroad.com) Umfassende englischsprachige Website mit Hunderten von Links zu Freiwilligenjobs in ganz Südamerika. Ein hervorragender Ausgangspunkt für die Internetrecherche.

Volunteer Latin America (www.volunteerlatinamerica.com) Diese britische Organisation widmet sich dem Schutz der südamerikanischen Flora und Fauna und vermittelt Freiwilligenarbeit in den Sektoren Umwelt und Humanitäres.

FÜHRERSCHEIN

Wer sich selbst ans Steuer setzen möchte, benötigt einen internationalen Führerschein. Jede Automobilgesellschaft stellt eine solche Fahrerlaubnis gegen eine Gebühr aus, vorausgesetzt, man kann einen gültigen Führerschein vorlegen. S. auch S. 1233.

GEFAHREN & ÄRGERNISSE

Eine Südamerikareise birgt potentielle Gefahren, aber die meisten Regionen sind sicher, und wer vernünftige Vorsichtsmaßnahmen ergreift, wird sehr wahrscheinlich keine Probleme haben. Die größten Ärgernisse sind vermutlich Verschmutzung, Fiestafeuerwerke und niedrig hängende Gegenstände (Achtung Kopf!). Einige Erläuterungen zum Thema Sicherheit bei Busreisen sind auf S. 1238 aufgeführt. Weitere Infos gibt's im Absatz „Gefahren & Ärgernisse" in den „Allgemeinen Informationen" der einzelnen Länderkapitel. Der entsprechende Abschnitt im Brasilienkapitel (S. 458) enthält einige Tipps, die in ganz Südamerika nützlich sind.

Betrug & Abzocke

Betrügereien, bei denen ein Gutmensch Bargeld auf der Straße „findet" und versucht, es dem Touristen zurückzugeben,

angebliche Traveller, die ausführlich über ihre Schicksalsschläge berichten und falsche Polizisten, die Bargeldstrafen verhängen, sind nur einige der Tricks, durch die Reisende von ihrem Geld getrennt werden. Besonders vorsichtig sollte man sein, wenn Polizisten in Zivil Gepäck oder Dokumente überprüfen möchten oder Reiseschecks oder Bargeld verlangen. Man sollte darauf bestehen, solchen Aufforderungen nur auf einer Polizeiwache oder im Beisein eines uniformierten Polizisten Folge zu leisten und auf keinen Fall in ein Taxi oder Zivilfahrzeug steigen. Diebe arbeiten oft in Paaren, um den Diebstahl durch ein Ablenkungsmanöver zu kaschieren. Wachsam bleiben! Weitere Infos gibt's auf S. 1219.

Diebstahl

Diebstahl kann ein Problem sein, vor allem in Kolumbien, Peru, Ecuador und Teilen Brasiliens. Man sollte allerdings nicht vergessen, das andere Traveller auch geschickte Gauner sein können – wo viele Backpacker unterwegs sind, empfiehlt es sich deshalb, auf der Hut zu sein. Hier einige Vorschläge zur Schadensbegrenzung:

- Ein kleines Schloss eignet sich, um bei Bedarf die Hosteltür und Reißverschlüsse von Rucksäcken zu sichern. Wer keins zur Hand hat, sichert die Reißverschlüsse zur Abschreckung und damit das Öffnen länger dauert, mit Drahtverschlüssen, Büroklammern und Sicherheitsnadeln.
- Hoteltüren immer abschließen, auch wenn man nur kurz den Flur hinuntergeht.
- Geldgürtel und deren Inhalt immer verbergen, am besten unter der Kleidung.
- Wechselgeld immer getrennt vom Reisebudget (Kreditkarten, Reiseschecks, Tickets usw.) aufbewahren.
- Wer mit leichtem Gepäck reist, kann den Rucksack unter dem Bussitz verstauen, sonst muss man sich bei jedem Halt Sorgen machen, ob er auf dem Dach bleibt (normalerweise ja, aber man weiß ja nie …). Einige Traveller schwören auf Getreidesäcke: Einfach auf dem Markt kaufen, den Rucksack darin verstauen und schon sieht er aus wie einheimisches Transportgut und bleibt außerdem sauber.
- Um zu verhindern, dass Rucksäcke aufgeschlitzt werden, sollte man immer in Bewegung bleiben, wenn man den Ruck-

sack auf dem Rücken hat. Kleinere Rucksäcke in überfüllten Märkten, an Busstationen und auf Bahnhöfen auf der Brust tragen.

■ Außerdem sollte man sich über die Taxisituation vor Ort informieren – einige Probleme gab's in Lima, Peru (wo Taxifahrer an Raubüberfällen auf Fahrgäste beteiligt waren) und in Bogotá in Kolumbien. (Das ist die Heimat der sogenannten „Millionärstour", bei der bewaffnete Räuber in die Taxis springen und Fahrgäste von Geldautomat zu Geldautomat treiben.)

Drogen

Marihuana und Kokain sind in Teilen Südamerikas ein großes Geschäft und vielerorts zu bekommen. Sie sind aber überall illegal. Der Konsum führt entweder ins Gefängnis oder man wird sein Geld los oder es passiert noch viel Schlimmeres. Wer nicht bereit ist, solche Risiken einzugehen, sollte die Finger von illegalen Drogen lassen.

Man sollte nicht vergessen, dass Drogen manchmal eingesetzt werden, um Traveller zu erpressen oder zu bestechen. Es empfiehlt sich, jede Unterhaltung mit Leuten zu vermeiden, die Drogen anbieten. Hält man sich in einer Gegend auf, in der Drogenhandel betrieben wird, sollte man ihn – überzeugend – ignorieren.

Lonely Planet hat einige Briefe von Reisenden bekommen, die unwissentlich unter Drogen gesetzt und ausgeraubt wurden, nachdem sie Essen von Fremden angenommen hatten. Der Fehler liegt auf der Hand.

In Bolivien und Peru werden Kokablätter legal in *tiendas* (Geschäften) oder auf den Märkten verkauft. Der Preis liegt bei rund 1,50 US$ für eine hosentaschengroße Tüte (einschließlich Kauzubehör; wer sich auskennt, findet auch billigere Angebote). *Mate de coca* ist ein Tee, für dessen Zubereitung Kokablätter in Wasser gekocht werden. Er wird in vielen Cafés und Restaurants in der Andenregion angeboten und Teebeutel mit Kokablättern sind auch erhältlich. Obwohl die Annahme weit verbreitet ist, dass *maté de coca* gegen die Symptome der Höhenkrankheit hilft, gibt es keine stichhaltigen Belege. Eine Tasse *maté de coca* wirkt kaum nicht unmittelbar anregend.

Die Tradition des Kokablätterkauens ist Hunderte von Jahren alt und unter den *campesinos* (Kleinbauern) im *altiplano* der Anden noch immer weit verbreitet. Die eklig schmeckenden Blätter werden mit etwas Asche oder Waschsoda gekaut, weil die Alkalität dieser Stoffe das in den Blattzellen enthaltene milde Aufputschmittel freisetzt. Kurzes Kauen macht den Mund taub, längeres Kauen unterdrückt Hunger-, Durst-, Kälte- und Müdigkeitsgefühle. Ohne den alkalischen Katalysator bringt Kokablätterkauen allerdings wenig.

Man sollte unbedingt bedenken, dass das Kauen von Kokablättern oder das Trinken von *maté de coca* in den nachfolgenden Wochen zu einem positiven Kokaintest führen kann.

Hochwertigere Formen von Koka sind überall illegal, genauso wie der Transport von Kokablättern über internationale Grenzen.

Krisenherde

Einige Länder und Regionen sind gefährlicher als andere. Die riskanteren Gegenden (nähere Infos gibt's in den einzelnen Länderkapiteln) erfordern erhöhte Vorsicht, aber das heißt nicht, dass man sie komplett meiden muss. Obwohl die meisten Teile Kolumbiens sicherer sind als noch vor wenigen Jahren, sind manche Teile aufgrund der andauernden bewaffneten Kämpfe noch immer nicht bereisbar. Im Grenzgebiet des nördlichen Ecuadors zu reisen, besondere im Oriente, kann wegen der Auswirkungen des bewaffneten Konflikts im benachbarten Kolumbien heikel sein. Einige Touristen sind schon an abgelegenen, aber auch an gut besuchten archäologischen Stätten, vor allem in Peru, angegriffen worden. Es empfiehlt sich also, auf dem Laufenden zu bleiben. La Paz (Bolivien), Caracas (Venezuela) und das Mariscal-Sucre-Viertel von Quito (Ecuador) sind für Angriffe auf Touristen berühmt-berüchtigt.

Nähere Infos über Unruheherde in bestimmten Ländern gibt's im Absatz „Gefahren & Ärgernisse" des Abschnitts „Allgemeine Informationen" der einzelnen Länderkapitel.

Naturkatastrophen

Der pazifische Feuerring schlängelt sich von Ostasien hinauf nach Alaska und den ganzen Weg hinunter über Nord-, Mittel- und Südamerika nach Feuerland – ein riesiger Zirkel aus Erdbeben- und Vulkanaktivität, der die gesamte Pazifikküste Südamerikas umfasst. Im Jahr 1991 brach der Volcán Hudson in der chilenischen Provinz Aisén aus und begrub Teile Südpatagoniens kniehoch unter Asche. 2002 brach der Volcán Reventador (wörtlich „der Zünder") aus und bedeckte Quito und andere Gebiete im Norden von Ecuador mit Asche. Vulkane geben vor Ausbrüchen normalerweise Vorwarnungen und stellen deshalb keine unmittelbare Bedrohung für Reisende dar. Erdbeben treten aber oft und ohne vorherige Anzeichen auf und können äußerst gefährlich sein. Andische Bauwerke entsprechen selten seismischen Sicherheitsstandards. Lehmhäuser sind besonders gefährdet. Wer in ein Erdbeben gerät, sollte sofort unter einem Türeingang oder einem Tisch Schutz suchen und nicht nach draußen gehen.

Polizei & Militär

Korruption ist ein äußerst ernstes Problem unter südamerikanischen Polizisten, die in der Regel schlecht ausgebildet, bezahlt und beaufsichtigt sind. Hier und da versuchen Gesetzeshüter, Touristen Drogen unterzuschieben oder ihnen kleinere angebliche Gesetzesverstöße vorzuwerfen, in der Hoffnung, *coimas* (Bestechungsgelder) zu kassieren.

Wer von „Polizisten" in Zivil angehalten wird, sollte mit ihnen auf keinen Fall in ein Fahrzeug steigen. Außerdem sollte man ihnen weder Dokumente aushändigen, noch Bargeld vorzeigen oder sie mit in das eigene Hotel nehmen. Wirken die Polizisten echt, sollte man darauf bestehen, zu Fuß zur Polizeiwache zu gehen.

Das Militär verfügt vielerorts noch immer über bedeutenden Einfluss, selbst unter Zivilregierungen. Reisende sollten nach Möglichkeit keine Militäranlagen aus der Nähe inspizieren, die oft mit Warnungen wie „Anhalten oder fotografieren – die Wache schießt" versehen sind. Im Falle eines Putsches oder eines sonstigen Ausnahmezustands werden die Bürgerrechte vorübergehend ausgesetzt und der Belagerungszustand verhängt. Touristen sollten ihre Ausweispapiere immer bei sich tragen und über ihren Aufenthaltsort informieren. Nähere Informationen geben die Botschaften und Konsulaten.

GELD

Alle Preise sind in US-Dollar angegeben. Der Grund dafür liegt in der Instabilität der lateinamerikanischen Währungen. Wegen der weit verbreiteten Inflation in Südamerika bietet der US-Dollar eine stabile Basis und gewährleistet, dass die Angaben während der Zeit, in der diese Auflage des Buches auf dem Markt ist, aktuell und genau sind. Das soll auf keinen Fall heißen, dass US-Dollar in diesen Ländern akzeptiert werden.

Bargeld

Es ist praktisch, aber nicht lebensnotwendig, immer ein paar US-Dollar bei sich zu haben, weil man sie fast überall in die lokale Währung tauschen kann. Andererseits wird verlorenes oder gestohlenes Bargeld im Gegensatz zu Reiseschecks von niemandem ersetzt (wer doch jemanden findet – unsere Redaktion freut sich über die Info). Wer von einem Land ins nächste reist, kann dann ein paar einzelne Dollarnoten tauschen statt einen Reisescheck einzuwechseln. Bare US-Dollar sind außerdem nützlich, wenn es einen Schwarz- oder Parallelmarkt oder einen inoffiziellen Wechselkurs gibt. Hier und da kann man in Banken und *casas de cambio* (Wechselstuben) Reiseschecks für bare US-Dollar einlösen, um den Bargeldbestand aufzustocken. Alternativ füllt man den Vorrat in Ecuador auf, wo der US-Dollar die offizielle Währung ist. Beschädigte Geldscheine lassen sich oft schwer umtauschen, deshalb sollte man darauf achten, sich vor der Abreise mit druckfrischen Scheinen einzudecken.

In einigen Ländern, vor allem in ländlichen Gebieten, kann es besonders schwierig sein, *cambio* (Wechselgeld) zu bekommen. Geschäfte weigern sich sogar gelegentlich, etwas zu verkaufen, wenn sie Geldscheine nicht wechseln können oder wollen. Wer große Scheine mit sich herumschleppt, sollte sie bei jeder möglichen Gelegenheit, beispielsweise in belebten Restaurants, Banken und größeren Geschäften, wechseln.

Feilschen

Feilschen ist eine akzeptierte Praxis und wird beim Aushandeln von Preisen für Langzeitaufenthalte in Unterkünften oder Kunsthandwerksgegenstände auf Märkten erwartet. In den Andenländern ist dieser Brauch fast ein Sport – Geduld, Humor und Respekt sind die Platzregeln. Im Süden des Kontinents ist Handeln weitaus weniger üblich. Wer feilschen möchte, sollte nicht vergessen, dass es darum geht, Spaß zu haben und einen für beide Seiten zufriedenstellenden Preis auszuhandeln. Der Händler sollte nicht versuchen, den Käufer übers Ohr zu hauen, aber der Käufer sollte auch nicht versuchen, etwas umsonst zu bekommen.

Geld umtauschen

Reiseschecks und ausländische Währungen können in *casas de cambio* oder Banken getauscht werden. Die Wechselkurse unterscheiden sich kaum, aber *casas de cambio* sind schneller, weniger bürokratisch und sie haben länger offen. Straßenwechsler, die legal oder illegal sein können, tauschen nur Bargeld. Manche Hotels oder Geschäfte, die importierte Waren verkaufen (Elektronikgeschäfte bieten sich an), tauschen auch inoffiziell Geld.

Es empfiehlt sich, mit US-Dollars zu reisen, obwohl *casas de cambio* und Banken in Hauptstädten auch Euros tauschen. Es ist aber so gut wie unmöglich, Euros in kleineren Städten oder auf der Straße zu tauschen.

Geldautomaten

Eine EC-Karte sollte auf keinen Fall im Gepäck fehlen. Geldautomaten gibt es in den meisten größeren und kleineren Städten und sie sind fast immer der bequemste, verlässlichste und billigste Weg, um an Bargeld zu kommen. Der Wechselkurs ist normalerweise genauso gut oder noch besser als bei einer Bank oder einem legalen Geldwechsler. Viele Geldautomaten sind mit dem Cirrus- oder Plus-Netzwerk verbunden, die meisten Länder bevorzugen aber das eine oder das andere Netz. Um Geldautomaten in bestimmten Ländern zu finden, gibt's auf den Websites www.mastercard.com und www.visa.com einen sogenannten ATM Locator. Wird eine EC-Karte von einem Automaten geschluckt, kann man eigentlich nur bei der Bank anrufen und die Karte sperren lassen. So etwas passiert normalerweise nur, wenn mit dem Konto etwas nicht stimmt, wenn z. B. nicht genug Geld vorhanden ist. Es empfiehlt sich, der Bank

vor der Abreise mitzuteilen, dass man die Karte in Südamerika benutzen wird. So ist das Geldinstitut vorgewarnt und wird die Karte nicht aufgrund mutmaßlich verdächtiger Aktivitäten sperren.

Kreditkarten

Die bekannten Kreditkarten werden in den meisten großen Geschäften, Reisebüros und besseren Hotels und Restaurants akzeptiert. Einkäufe mit Kreditkarten kosten oft einen zusätzlichen *recargo* (Aufschlag) in Höhe von 2 bis 10 %, aber solche Aufschläge werden auf dem Kreditkartenkonto normalerweise zu recht günstigen Wechselkursen berechnet. Einige Banken geben Barvorschüsse auf große Kreditkarten. Die am meisten akzeptierte Kreditkarte ist Visa, gefolgt von Mastercard. Vorsicht vor Kreditkartenbetrug (vor allem in Brasilien) – die Karte nie aus den Augen lassen!

Reiseschecks

Die sicherste Art, Geld zu transportieren, ist in Form von Reiseschecks. Allerdings sind sie nicht annähernd so praktisch wie EC-Karten. Die am meisten akzeptierten Reiseschecks sind die von American Express, gefolgt von Visa, Thomas Cook und Citibank. Damit gestohlene Reiseschecks leichter ersetzt werden, sollte man die Schecknummern und die Originalrechnung an einem sicheren Ort verwahren. Sicher aufbewahrt sind die Schecknummern, wenn man sie an die eigene E-Mail-Adresse schickt – so können sie jederzeit über das Internet abgerufen werden. Aber auch mit korrekten Unterlagen dauert es ziemlich lange, bis man Reiseschecks ersetzt bekommt.

Traveller sollten einige Reiseschecks in kleinen Stückelungen mitführen, beispielsweise 50 US$. Wer nur große Schecks dabeihat, bleibt vielleicht auf Unmengen von Geldscheinen in der Landeswährung sitzen, wenn er ein Land verlässt.

In einigen Ländern, vor allem in Argentinien aber auch in Peru, ist es schwieriger, Reiseschecks zu tauschen. Banken und *casas de cambio* verlangen hier Gebühren in Höhe von bis zu 10 %.

Schwarzmarkt

Heutzutage sind die offiziellen Wechselkurse in den meisten Ländern Südamerikas ziemlich reell, deshalb verliert der Schwarzmarkt zunehmend an Bedeutung. Die meisten Menschen nutzen den *mercado negro* (Schwarzmarkt) nur an abgelegenen Grenzübergängen, wenn die nächste offizielle Wechselstube Stunden entfernt ist. Wer außerhalb der normalen Öffnungszeiten Geld tauschen möchte, kann das zwar immer noch auf der Straße tun, aber seit der Einführung bequemer EC-Karten ist das nur noch selten nötig.

Wer auf der Straße Geld tauscht, sollte mit gesundem Menschenverstand und vor allem diskret vorgehen, weil der Straßenhandel oft illegal ist, obwohl er normalerweise toleriert wird. Wer tauschen will, sollte den genauen Betrag bereithalten und es vermeiden, dicke Geldbündel zu zücken. Vorsicht vor Taschenspielertricks: darauf bestehen, die überreichten Geldscheine einzeln zu zählen und keine Dollars aus der Hand geben, ehe man sich davon überzeugt hat, dass der erhaltene Betrag korrekt ist. Ein weit verbreiteter Trick ist, dass ein paar Pesos weniger überreicht werden als ausgemacht. Der Tourist merkt das beim Zählen, der Geldwechsler zählt nach und ergänzt den Fehlbetrag – beim Nachzählen hat er aber ein paar größere Scheine verschwinden lassen. Um sicher zu gehen, sollte man den Betrag nochmal selbst zählen und sich dabei nicht durch Fehlalarme wie „Polizei!" oder „Gefahr!" ablenken lassen. Zerrissene, schmutzige oder zerfetzte Geldscheine sollte man generell ablehnen. Beliebt ist auch, Falschgeld auszugeben oder den Taschenrechnertrick anzuwenden – ein Taschenrechner benutzt dann einen falschen Wechselkurs.

INFOS IM INTERNET

Es gibt keine bessere Stelle, um mit der Internetrecherche zu beginnen, als die Website von **Lonely Planet** (www.lonelyplanet.de & www. lonelyplanet.com). Hier gibt's kurze und prägnante Reiseberichte über die meisten Orte der Erde, Postkarten von anderen Travellern und das Thorn-Tree-Forum, wo man vor der Abreise Fragen stellen und nach der Rückkehr Ratschläge erteilen kann. Außerdem erfährt man Reisenews und kann sich durch die Links mit weiterführenden Infos durchs Internet klicken.

Die meisten interessanten Websites über Südamerika sind bestimmten Ländern gewidmet – entsprechende Infos stehen in den einzelnen Länderkapiteln. Websites über verantwortungsbewusstes Reisen sind im Abschnitt „Verantwortungsbewusstes Reisen" auf S. 4 aufgelistet. Hier die nützlichsten Websites zu den Themen Südamerika und Reisen allgemein:

Arbeitsgemeinschaft Lateinamerika (www. lateinamerika.org) Länderinfos und Reportagen sowie Adressen und Links für Touristen.

Auswärtiges Amt (www.auswaertiges-amt.de) Länder- und Reiseinformationen, einschließlich aktueller Reisewarnungen und Sicherheitshinweisen.

Lateinamerika Info (www.lateinamerika-info.de) Aktuelle deutschsprachige Infos, zum Beispiel über Nachrichten, Banken und Wetter.

Lateinamerikanachrichten (www.lateinamerika nachrichten.de) Auf Deutsch.

Latin American Network Information Center (Lanic; www.lanic.utexas.edu) Das hervorragende englischsprachige Verzeichnis aller Links zu allen Infos über Südamerika der Universität Texas. Die deutschsprachige Linksammlung www.lateinamerika-links.com lohnt ebenfalls einen Blick.

Latin World (www.latinworld.com) Englischsprachige Lateinamerika-Suchmaschine mit vielen Links.

South American Explorers (www.saexplorers.org) Hervorragender englischsprachiger Ausgangspunkt für die Internetrecherche.

UK Foreign & Commonwealth Office (FCO; www.fco. gov.uk) Website der britischen Regierung mit vielen Reiseinfos.

INTERNETZUGANG

Internetzugang gibt's fast überall, außer in der hintersten Provinz. Die Preise liegen bei 0,25 bis 5 US$ pro Stunde, in der Regel aber eher am unteren Ende des Spektrums. In diesem Band sind Internetzugänge in den meisten kleineren und größeren Städte aufgelistet. Wer das „@"-Symbol sucht – die Kombination „Alt + 64" oder „Alt-Gr + 2" sollte auf fast jeder spanischen Tastatur funktionieren.

KARTEN

International Travel Maps & Books (www.itmb.com) produziert eine Reihe von ausgezeichneten Mittel- und Südamerikakarten. Für den gesamten Kontinent gibt es eine verlässliche dreiteilige Karte im Maßstab 1:4 000 000. Die Karten sind für unterwegs zu unhandlich, helfen aber bei der Reiseplanung. Detailkarten gibt's für das Amazonasbecken, Ecuador, Bolivien und Venezuela. In

Deutschland können die Karten beim **Landkarten-Versand** (www.landkarten-versand.de) bestellt werden.

Für den ganzen Kontinent Südamerika gibt es unzählige Karten – einfach in einem gut sortierten Karten- oder Reisebuchladen nachfragen. **South American Explorers** (www.saexplorers.org) hat viele verlässliche Karten, darunter Topografie- und Regionalkarten sowie Stadtpläne. Landkarten und Stadtpläne gibt's außerdem im **Landkartenshop** (www.landkartenshop.de). Weitere Infos stehen auf S. 636. Die meisten südamerikanischen Länder haben ein Instituto Geográfico Militar, eine Militärbehörde, die hervorragende topografische und andere Karten des betreffenden Landes produziert und verkauft. Ist man erst einmal vor Ort, sollte man sich in der Landeshauptstadt nach der Behörde umsehen. Weitere Infos in den einzelnen Länderkapiteln.

KLIMA

Das Klima in Südamerika ist eine Frage des Längen- und Breitengrades, obwohl warme und kalte Meeresströmungen, Passatwinde und die Topografie auch eine Rolle spielen. Mehr als zwei Drittel des Kontinents sind tropisch, darunter das Amazonasbecken, Nordbrasilien, die Guyanas und die Westküsten Kolumbiens und Ecuadors. In diesen tropischen Regenwaldgebieten beträgt die durchschnittliche Tageshöchsttemperatur rund 30 °C und der Jahresniederschlag über 2500 mm. In weniger feuchten tropischen Gebieten, etwa im brasilianischen Hochland und im Orinoco-Becken, ist es auch heiß, aber es gibt kalte Nächte und eine richtige Trockenzeit.

Südlich des südlichen Wendekreises bilden Paraguay und Südbrasilien eine feuchte subtropische Zone, während in Argentinien, Chile und Uruguay überwiegend ein gemäßigtes Klima mittlerer Breiten herrscht. Hier sind die Winter mild und die Sommer warm. Die Temperaturen schwanken zwischen 12 °C im Juli und 25 °C im Januar, je nach Landschaft und Breitengrad. Der vorwiegend im Winter fallende Niederschlag beträgt zwischen 200 mm und 2000 mm jährlich, je nach Winden und dem Regenschatteneffekt der Anden. Der meiste Regen fällt auf der chilenischen Seite, während Argentinien relativ trocken, aber sehr windig ist.

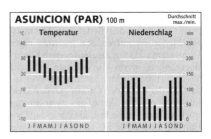

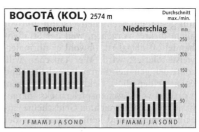

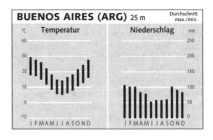

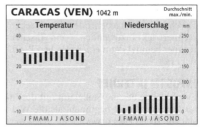

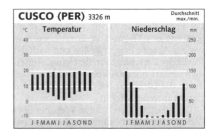

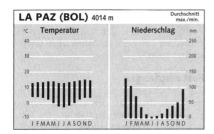

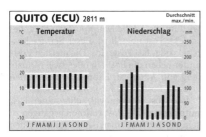

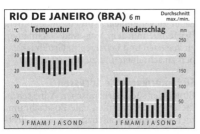

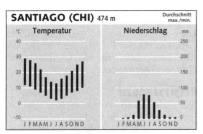

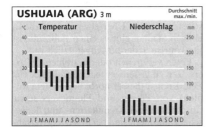

Die dürrsten Regionen sind Nordchile (die Atacamawüste ist eine der trockensten Wüsten der Welt) und Peru, zwischen den Anden und der Pazifikküste, wo der kalte Humboldtstrom für ein wolkiges, aber trockenes Klima sorgt. Darüber hinaus gibt es zwei kleinere Dürrezonen, an der Nordküste Kolumbiens und Venezuelas und den *sertão* in Brasilien: das dürre Hinterland im Nordosten des Landes.

In den über 3500 m hohen Anden, in Südchile und Südargentinien sind kühle Klimazonen zu finden. Hier fallen die durchschnittlichen Tagestemperaturen unter 10 °C und manchmal unter den Gefrierpunkt.

Unterhalb des Äquators dauert der Sommer von Dezember bis Februar und der Winter von Juni bis August.

El Niño & La Niña

Etwa alle sieben Jahre erzeugen tiefgehende Veränderungen der Ozeanzirkulation und steigende Meeresoberflächentemperaturen das Wetterphänomen El Niño, der in Wüstengebieten für schwere Regenfälle und Überschwemmungen sorgt, Tropengebiete in Dürre stürzt und weltweite Wettermuster durcheinanderbringt. El Niño war im Winter 1997–98 für Peru und Ecuador besonders zerstörerisch und traumatisch – auf den Galapagosinseln dezimierte sich die Flora und Fauna mit erschreckender Geschwindigkeit. Der Name „El Niño" (das Kind) bezieht sich auf die Tatsache, dass dieses Phänomen normalerweise um Weihnachten herum auftritt.

Auf El Niño folgt im nächsten Jahr oft La Niña mit gegenteiligen Auswirkungen. La Niña zerstört häufig Brücken und Straßen und überflutet ganze Dörfer. Das löst Flüchtlingswellen aus und stehendes Hochwasser führt zu Malariaepidemien. Höhere Wassertemperaturen lassen die Fischfangerträge sinken; in Dürregebieten verursacht La Niña Waldbrände.

KURSE

Spanischkurse werden in den meisten südamerikanischen Städten angeboten, einige der besten findet man in Cusco (Peru; S. 996), Arequipa (Peru; S. 981), Cuenca (Ecuador; S. 678) sowie Buenos Aires (Argentinien; S. 50; vor allem jetzt, wo Reisen hier so billig ist). Wer Portugiesisch lernen möchte, ist in Rio de Janeiro (Brasilien; S. 321) gut aufgehoben, und wer Quechua oder Aymara lernen will, sollte sich in Cochabamba (Bolivien; S. 262) oder Cusco (S. 996) umschauen.

Länderspezifische Infos stehen in den einzelnen Länderkapiteln, Sprachschulverzeichnisse in den Städteabschnitten unter „Kurse". Hervorragende Websites sind www.sprachkurse-weltweit.de, www.sprachkurs-sprachschule.com oder www.language-learning.net.

ÖFFNUNGSZEITEN

In der Regel haben Geschäfte montags bis freitags von 8 oder 9 bis 20 oder 21 Uhr geöffnet (abgesehen von einer hübsch-heftigen zwei- bis dreistündigen Mittagspause). Oft sind Geschäfte auch samstags geöffnet, normalerweise aber nicht so lange. Banken wechseln Geld im Allgemeinen nur von Montag bis Freitag. Wer sonntags etwas erledigen will, sollte diesen Gedanken schleunigst begraben, denn an diesem Tag hat fast alles zu. In den Andenländern schließen Geschäfte normalerweise früher. Genauere Öffnungszeiten sind im Absatz „Öffnungszeiten" des Abschnitts „Allgemeine Informationen" der einzelnen Länderkapitel aufgeführt. Öffnungszeiten für einzelne Einrichtungen sind nur angegeben, falls sie von denen im Abschnitt „Allgemeine Informationen" abweichen. Öffnungszeiten von Restaurants und Bars sind von Land zu Land verschieden. Nähere Infos stehen im Abschnitt „Allgemeine Informationen" der einzelnen Länderkapitel.

POST

Post ins Ausland zu versenden ist oft teuer. Wichtige Briefe und Pakete sollten generell per Einschreiben und mit Rückschein verschickt werden, sonst gehen sie vielleicht verloren. Pakete zu verschicken, kann unangenehm sein: Oft muss ein *aduana*-(Zoll)-Beamter den Inhalt überprüfen, bevor ein Postangestellter das Versandgut annehmen kann. Deshalb sollte man das Paket nicht vor einer Überprüfung zukleben. Die meisten Postämter haben ein Paketfenster, in der Regel mit der Aufschrift *encomiendas* (Pakete). Oft werden Auslandspakete nicht bei der Hauptpost, sondern in einem anderen Gebäude aufgegeben.

UPS, FedEx, DHL und andere private Postdienste sind in den meisten südamerikanischen Ländern vertreten, aber unverschämt teuer.

Post empfangen

Am einfachsten empfängt man Post, wenn man sich Briefe an den eigenen Namen schicken lässt, unter dem steht: „c/o Lista de Correos" („Posta Restante" in Brasilien), dann kommt der Name der Stadt und der Name des Landes. Post, die so adressiert ist, wird immer an die Hauptpost der Stadt geschickt. Fast überall ist dieser Service kostenlos oder fast kostenlos. Die meisten Postämter heben die Post ein oder zwei Monate lang auf. American Express betreibt einen eigenen Postdienst für seine Kunden.

Wer Post abholen will, sollte seinen Pass mitbringen. Falls Post verloren gegangen zu sein scheint, kann man den Postangestellten bitten, unter jeder möglichen Kombination der eigenen Initialen zu suchen. Um die Sache zu vereinfachen, die Absender bitten, Briefe nur mit dem Vor- und Nachnamen zu versehen und Letzteren in Großbuchstaben zu schreiben und zu unterstreichen.

Südamerikanische Adressen

Einige der südamerikanischen Adressen in diesem Buch enthalten eine Postfachnummer und eine Straßenadresse. Eine Postfachnummer ist bekannt als *apartado* (kurz „Ap" oder „Apto") oder *casilla de correos* (kurz „Casilla" oder „CC"). Haben Adressen keine offizielle Nummer, was in ländlichen Gebieten oft der Fall ist, wird häufig die Abkürzung „s/n" für *sin numero* (ohne Nummer) verwendet.

RECHTSFRAGEN

Auf städtischen Polizeiwachen gibt es manchmal englischsprachige Dolmetscher, aber man sollte sich nicht darauf verlassen. In den meisten Fällen müssen Reisende entweder die Landessprache sprechen oder sich selbst um einen Übersetzer kümmern. In einigen Städten gibt es einen Polizeidienst für Touristen, der oft sehr nützlich ist.

Einen verlorenen oder gestohlenen Pass ersetzen zu lassen, ist teuer und kostet viel Zeit. Kopien (besser noch: beglaubigte Kopien) von Pässen und Flugtickets sowie Abschriften von Kreditkarten- und Reisescheck.nummern sind bei Ersetzungsverfahren von unschätzbarem Wert. Passersatzanträge werden normalerweise an das Heimatland weitergeleitet, deshalb ist es sinnvoll, eine Passkopie bei jemandem zu Hause zu deponieren.

Weitere Infos gibt's auf S. 1229 und S. 1211.

REISEN MIT BEHINDERUNG

Im Großen und Ganzen ist Südamerika für Reisende mit Behinderungen nicht gut gerüstet. In den weiter entwickelten Ländern im Süden des Kontinents – vor allem in Chile, Argentinien und den größten Städten Brasiliens – ist die Situation allerdings etwas besser. Generell sind billige Unterkünfte sehr wahrscheinlich nur unzureichend ausgestattet, Busfahrten sind zwar nicht unmöglich, aber Flüge sind besser. Gut erschlossene Touristenattraktionen sind besser zugänglich als die Ziele abseits der Touristenströme. Die folgenden Websites sind gute Ausgangspunkte für die Internetrecherche:

Access-able Travel Source (www.access-able.com) Englischsprachige Website mit einigen guten allgemeinen Reisetipps, aber nur wenigen speziellen Infos zu Südamerika.

All Go Here Airline Directory (www.everybody.co.uk/airindex.htm) Englischsprachiges Verzeichnis von Flugliniendiensten für Reisende mit Behinderungen.

Emerging Horizons (www.emerginghorizons.com) Englischsprachiges Onlinemagazin mit guten Artikeln und regelmäßigen Kolumnen voller nützlicher Ratschläge.

Mobility International (www.miusa.org) Diese US-amerikanische Organisation bietet Reiseberatung und Bildungsaustauschprogramme für Behinderte – kein schlechter Weg, Südamerika kennenzulernen.

Mobility International Schweiz (www.mis-ch.ch) Sammlung weltweiter „barrierefreier" Reiseinformationen mit Forum und umfassender Infothek.

REISEPASS

Vor Reisebeginn sollte man sich unbedingt vergewissern, dass der Reisepass bis sechs Monate nach der voraussichtlichen Rückkehr gültig ist und dass er viele leere Seiten für stempelwütige Grenzbeamte hat. Im Urlaubsland sollte man den Pass auf längeren Strecken *immer* dabeihaben (also keinen Ort ohne Pass verlassen). Bei Spaziergängen vor Ort genügt in der Regel eine Passkopie – dann kann der Originalpass sicher im Hotelzimmer zurückgelassen werden. Wer Probleme bei Ausweiskontrollen vermeiden

möchte, sollte den Pass immer mit sich führen.

SCHWULE & LESBEN

Brasilien ist das schwulen- und lesbenfreundlichste Land des Kontinents, vor allem Rio de Janeiro, São Paulo und Salvador. Buenos Aires hat Rio aber vor kurzem den Titel als Schwulen- und Lesbenhauptstadt Südamerikas abgenommen. Die Stadt zieht mehr homosexuelle Urlauber an als irgendein anderer Ort auf dem Kontinent. Dennoch werden homosexuelle Pärchen, die ihre Beziehung öffentlich zeigen, in anderen Teilen Argentiniens und Brasiliens gelegentlich belästigt. Rege Schwulen- und Lesbenszenen gibt es außerdem in Bogotá und Santiago. Überall anders auf dem Kontinent könnte die öffentliche Zurschaustellung von homosexueller Zuneigung unter Umständen negative Reaktionen hervorrufen. Hier sollte man es den Einheimischen gleich tun und diskret bleiben, um Probleme zu vermeiden.

Trotz der steigenden Zahl von Publikationen und Websites, die sich mit Schwulen- und Lesbenreisen beschäftigen, bringen nur wenige spezifische Tipps für Südamerika. Eine Ausnahme ist die englischsprachige Website **Purple Roofs** (www.purpleroofs.com), ein ausgezeichneter Führer zu gay-freundlichen Unterkünften in ganz Südamerika. Der englischsprachige Schwulen- und Lesben-Newsletter *Out and About* berichtet hin und wieder über Südamerika, und die zugehörige englischsprachige Website **Out & About** (www.outandabout.com) bietet Abonnenten Infos über acht Länder des Kontinents.

Weitaus mehr Informationen für Schwule und Lesben (s. „Allgemeine Informationen" in den einzelnen Länderkapiteln) gibt's auf länderspezifischen Websites. Die „Businesses"- und „Regional"-Seiten der englischsprachigen Website **Pridelinks.com** (www.pridelinks.com) enthalten jede Menge hilfreiche Reiselinks. Und obwohl man sich hier durch eine Menge überflüssiger Infos kämpfen muss, bietet die englischsprachige Website **BluWay** (www.bluway.com) einige nützliche Reiseinfos.

SPRACHE

Die Muttersprache der meisten Südamerikaner ist Spanisch. Brasilianer sprechen Portugiesisch, aber viele verstehen auch

Spanisch. Ohne Spanischkenntnisse kann es ziemlich schwierig sein, durch Südamerika zu reisen und der Kontakt zu Einheimischen ist dann sehr beschränkt. In Französisch-Guyana wird Französisch gesprochen, in Surinam Niederländisch und Englisch und in Guyana Englisch.

Lonely Planet hat die praktischen, bisher aber nur auf Englisch erschienenen Sprachführer *Latin American Spanish Phrasebook* und *Brazilian Phrasebook* im Taschenformat veröffentlicht. Eine sehr kurze Einführung ins Spanische und einige nützliche Redewendungen gibt's im Kapitel „Sprache" (S. 1256).

In Südamerika werden Hunderte von indigenen Sprachen gesprochen – manche nur von einer Handvoll Menschen. In den Andenländern und Teilen Chiles und Argentiniens sprechen mehrere Millionen Menschen Quechua oder Aymara als Muttersprache und viele benutzen überhaupt kein Spanisch. Quechua war die offizielle Sprache des Inkareiches und wird vor allem im ehemaligen Herzland der Inka, in Peru und Ecuador, gesprochen (dort wird die Sprache „Quichua" genannt). Aymara war die Sprache der prä-Inkakultur Tiahuanaco und wird heute noch am Titicacasee und in den meisten Teilen Boliviens gesprochen. Einige nützliche Worte und Redewendungen sind im Kapitel „Sprache" (S. 1256) zu finden. Wer mehr lernen oder viel Zeit in entlegenen Gebieten verbringen wird, sollte sich in La Paz oder Cusco nach einem guten Sprachkurs umsehen. Lonely Planets englischsprachiges *Quechua Phrasebook* enthält Grammatik- und Vokabelerläuterungen im Cusco-Dialekt und eignet sich vor allem für Perureisende, aber auch für Besucher des Hochlands Boliviens und Ecuadors.

TELEFON

Die nationalen und internationalen Telekommunikationssysteme wurden traditionell von den Regierungen betrieben – und genauso traditionell waren die angebotenen Leistungen grauenhaft. Mittlerweile haben viele Länder ihre Telefonsysteme privatisiert und sich somit für hohe Gebühren und gegen schlechte Leistungen entschieden – manchmal aber auch für beides. Internationale Gespräche sind besonders teuer in Bolivien und Kolumbien und am billigsten in Chile und Argentinien.

Manchmal ist es billiger, ein R- oder Kreditkartengespräch zu führen, als vor Ort für das Telefonat zu bezahlen. Oft ist es am günstigsten, kurz zu Hause anzurufen und sich zurückrufen zu lassen (einige Telefonbüros gestatten das, andere nicht). Wer telefonieren möchte, sollte sich nach „Net-to-Phone"-Diensten umschauen, die Telefongespräche nach Europa oft ab etwa 0,25 US$ anbieten.

In fast jeder größeren und kleineren Stadt gibt es ein Telefonbüro mit Telefonzellen für lokale und internationale Gespräche.

Mobiltelefone

In Südamerika haben Mobil- und Festnetzanschlüsse oft unterschiedliche Vorwahlnummern, auch wenn der Besitzer des Mobiltelefons im selben Ort wohnt. Ein Anruf auf einem Handy ist oft (exorbitant) teurer als ein Anruf im Festnetz.

Wer ein eigenes Handy mitbringen will, sollte sich für ein GSM-Triband- oder -Quadband-Handy entscheiden, obwohl der Empfang auch dann nicht überall gewährleistet ist. Derzeit haben Triband-Handys z. B. kein Netz in Ecuador. Nicht vergessen, dass die Gesprächskosten oft extrem hoch sind!

Eine Alternative zum Vertragshandy sind Prepaid-SIM-Karten für die Länder, in denen man unterwegs ist. Dazu braucht man ein passendes internationales GSM-Handy ohne SIM-Lock.

Da sich der Handymarkt ständig verändert, kann man sich auf den englischsprachigen Websites www.kropla.com und www.gsmworld.com über den letzten Stand der Dinge informieren.

Telefonkarten

Internationale Gespräche sind in der Regel am billigsten mit Telefonkarten, die an Kiosken oder in kleinen Läden erhältlich sind. Mit einer guten Karte kostet ein Anruf nach Europa oft nur 0,03 US$ pro Minute. Der Nachteil ist, dass man eine private Telefonleitung oder einen großzügigen Telefonkioskbetreiber braucht, um sie auch zu benutzen.

TOILETTEN

Es gibt zwei Toilettenregeln für Südamerika: Erstens sollte man immer eigenes Toilettenpapier dabeihaben und nie etwas in die

Kloschüssel werfen. Nur die Kanalisationen der entwickeltsten Länder können das Toilettenpapier verwerten, deshalb müssen in Südamerika alle Papierprodukte im Abfalleimer entsorgt werden. Zweitens sollte man öffentliche Toiletten immer dann benutzen, wenn es möglich ist – denn man weiß nie, wann sich die nächste Gelegenheit ergibt. Den Menschen, die vor Toiletten Klopapier anbieten, sollte man dafür Geld geben. Ein Verzeichnis sauberer Toiletten auf der ganzen Welt – und den Beweis, dass es im Internet einfach alles gibt – findet man auf der Website **Bathroom Diaries** (www.thebathroom diaries.com).

TOURISTENINFORMATION

Jedes südamerikanische Land hat staatliche Touristeninformationen. Ihr Angebot und ihre Qualität variieren allerdings stark. Informationen zu lokalen Touristeninformationen gibt's in den einzelnen Abschnitten dieses Buches.

South American Explorers (SAE; www.saexplorers. org) ist mit Abstand die nützlichste Organisation für Südamerikareisende. Die 1977 gegründete Einrichtung fungiert als Informationszentrum für Traveller, Abenteurer und Forscher. Sie unterstützt wissenschaftliche Feldforschung, Bergsteiger- und andere Expeditionen sowie den Naturschutz und die soziale Entwicklung in Lateinamerika. Die Organisation unterhält Traveller-Clubhäuser in Buenos Aires (S. 53), Lima (S. 958), Cusco (S. 999) und Quito (S. 636) und gibt vierteljährlich das englischsprachige Magazin *South American Explorer* heraus. Die Clubhäuser verfügen über umfassende Bibliotheken mit Büchern, Karten und Reiseberichten und es herrscht durchweg eine tolle Atmosphäre. SAE selbst verkauft Karten, Bücher und andere Dinge vor Ort oder versendet sie.

Der jährliche Mitgliedsbeitrag beträgt 50/80 US$ pro Person/Paar (oder 30 US$ pro Person ab vier Personen) und beinhaltet vier Ausgaben des Magazins *South American Explorer*. Die Mitglieder erhalten Zugang zu Informationsdiensten, zu Bibliotheken, Aufbewahrungslagern, Postdiensten und zu Büchertauschbörsen der Organisation. Außerdem gibt's Rabatte bei vielen Hotels und Reisediensten. Beitreten kann man der Organisation direkt vor Ort oder online.

UNTERKUNFT

Natürlich gibt es in Südamerika viel mehr Quartiere als es in diesem Buch Platz hat. Die meisten Unterkunftsoptionen des Kontinents wurden aber unter die Lupe genommen – die besten bzw. die, die wir dafür halten, haben es in den Band geschafft. Die Unterkünfte im Abschnitt „Schlafen" der einzelnen Länderkapitel sind nach Preisen (von billig bis teuer) geordnet. Für Nächte, in denen der Gedanke an eine weitere kalte Gemeinschaftsdusche und ein hartes, durchgelegenes Bett unerträglich erscheint, sind außerdem einige Mittelklassehotels aufgelistet. Und wer sich mal so richtig verwöhnen lassen möchte, findet in den Kästen „In die Vollen!" einige Luxusunterkünfte, in denen 20 US$ extra eine traumhafte Nachtruhe garantieren.

Die Kosten für eine Übernachtung sind in den verschiedenen Ländern enorm unterschiedlich. In den Andenländern (vor allem in Bolivien) ist es am billigsten (ab 2 US$/Nacht) und in Chile, Brasilien und in den Guyanas am teuersten (über 30 US$/Nacht).

Mittlerweile gibt es einige hervorragende Seiten im Internet, beispielsweise die geniale Website **CouchSurfing** (www.couchsurfing.com) und die zuverlässige Seite von **Hostel World** (www.hostelworld.com). Beide sind auf Deutsch abrufbar.

Camping

Camping bietet sich in Parks und Reservaten an und ist praktisch und preiswert, besonders wenn man in teureren Ländern wie Chile unterwegs ist. In den Andenländern (Bolivien, Ecuador und Peru) gibt es nur wenige organisierte Campingplätze. In Argentinien, Chile, Uruguay und Teilen Brasiliens sind Campingurlaube aber schon lange beliebt.

UNTERKÜNFTE ONLINE BUCHEN

Weitere Unterkunftsbewertungen und -empfehlungen von Lonely Planet Autoren gibt's unter „Bookings and Services" auf www.lonelyplanet.com. Hier finden Traveller die besten Insiderinfos zu den besten Unterkünften. Die Bewertungen sind unabhängig und wurden sorgfältig recherchiert. Und man kann sie online buchen.

Wer campen will, sollte die erforderliche Ausrüstung mitbringen. In großen Städten kann man zwar Campingausrüstungen kaufen, aber das Angebot ist beschränkt und teuer. In Gegenden, in denen viel gecampt und getrekkt wird (z. B. im argentinischen Seengebiet, in Mendoza und in Huaraz), wird Campingausrüstung verliehen, aber die Qualität lässt oft sehr zu wünschen übrig.

Eine Alternative zum Campen ist die Übernachtung in *refugios* (einfachen Hütten in Parks und Reservaten), die normalerweise ein einfaches Bett und Küchenmitbenutzung bieten. Bergsteiger übernachten bei ihrem Gipfelsturmversuch meistens zwangsläufig in einem *refugio*.

Hostels

Albergues werden in ganz Südamerika immer beliebter und eignen sich – wie überall auf der Welt – hervorragend, um andere Traveller kennenzulernen. Es gibt nur wenige offizielle *albergues juvenil* (Jugendherbergen). Die meisten Hostels akzeptieren alle Altersgruppen und sind nicht mit Hostelling International (HI) verbunden. Die früher für ihre Heimatmosphäre bekannten HI-Einrichtungen werden aber auch immer attraktiver, weil sich die neue Besitzergeneration allmählich auf die gehobenen Ansprüche der Backpacker eingestellt hat.

Hotels

Angebote und Bezeichnungen von Hotels variieren enorm. Die teuersten Unterkünfte dieser Gattung sind die eigentlichen *hoteles* (Hotels). Etwas preiswerter sind die *hostales* (kleine Hotels oder, in Peru, Pensionen). Am billigsten sind die *hospedajes, casas de huéspedes, residenciales, alojamientos* und *pensiones. Pensiones* bieten Zimmer, die mit einem Bett (inklusive Decke und – hoffentlich – sauberem Laken), möglicherweise einem Tisch und Stuhl und manchmal einem Ventilator, selten aber mit einer Heizung, ausgestattet sind. Duschen und Toiletten teilt man sich in der Regel mit anderen Gästen und Warmwasser gibt es oft nicht. Obwohl auch das stark variiert, sind viele Unterkünfte bemerkenswert sauber. In einigen Gegenden, vor allem in Südchile, sind die billigsten Unterkünfte oft die super gastfreundlichen *casas familiares* (Familienhäuser).

Einige billige Hotels vermieten Zimmer stundenweise. In Großstädten vergeben solche „Liebeshotels" (*albergues transitorios* oder *telos*) ihre Zimmer nur an Stundengäste, in kleineren Städten aber oft auch an Übernachtungsgäste. In der Regel weiß man sofort, in welcher Art Hotel man sich befindet. Wir haben versucht, nur die Unterkünfte aufzulisten, in denen man nachts auch wirklich schlafen kann – ohne störende Nebengeräusche aus Nachbarzimmern.

In Brasilien, Argentinien und einigen anderen Ländern ist das Frühstück oft im Preis enthalten. Vor allem in Brasilien lohnt es sich, für ein Zimmer mit gutem Frühstück etwas mehr auszugeben.

Die Warmwasserversorgung ist oft unzuverlässig oder auf bestimmte Tageszeiten beschränkt. Es lohnt sich nachzufragen und gegebenenfalls etwas mehr zu bezahlen – vor allem im Hochland und im tiefsten Süden des Kontinents, wo es definitiv *kalt* wird.

Beim Duschen sollte man sich vor dem elektrischen Duschkopf in Acht nehmen, einer unschuldig aussehenden Armatur, die kaltes Wasser mit einem elektrischen Element aufheizt. Wer keinen Schlag bekommen will, sollte den Duschkopf und andere Dinge aus Metall auf keinen Fall berühren, während das Wasser läuft. Solche elektrischen Schläge sind zwar nicht stark genug, um einen durchs Zimmer zu schleudern, aber auch nicht gerade angenehm. Gummisandalen sind der optimale Schutz. Die Wassertemperatur wird übrigens über den Wasserstrahl reguliert: je dicker der Strahl, desto kälter das Wasser.

Die Preise in den Abschnitten „Schlafen" beziehen sich auf Zimmer mit Gemeinschafts- und mit eigenen Bädern. Wo nicht zwischen diesen Optionen unterschieden wird, gehört in der Regel ein eigenes Bad zum Zimmer.

VERSICHERUNG

Eine Reisepolice, die Diebstahl, Verlust, Unfall und Krankheit abdeckt, ist unbedingt zu empfehlen. Zu vielen Versicherungspolicen gibt's eine Karte mit einer gebührenfreien Nummer, unter der man rund um die Uhr Hilfe erhält. Diese Karte sollte man immer bei sich tragen. Einige Policen ersetzen auch fehlgeleitetes oder verloren gegangenes Gepäck. Eine Gepäckversicherung ist ihr Geld wert und gibt Seelenfrieden. Reisende sollten sich außerdem vergewissern, dass die schlimmsten Schreckensszenarien abgedeckt sind: Notfallbehandlungen, Evakuierungen und Rückführungen. Einige Policen schließen „gefährliche Aktivitäten" ausdrücklich aus, beispielsweise Tauchen, Motorradfahren und sogar Trekken. Wer solche Sportarten auf der Agenda hat, sollte sich für eine andere Police entscheiden.

Es gibt unzählige Policenarten. Reisebüros können Empfehlungen geben. Die Policen von **STA Travel** (www.statravel.de) und anderen Studentenreisebüros bieten normalerweise gute Leistungen. Falls eine Police niedrigere und höhere Preisoptionen für medizinische Behandlungen bietet, sollte die niedrigere für Südamerika ausreichen. Medizinische Kosten sind hier nicht annähernd so hoch wie anderswo auf der Welt.

Wer eine Gepäckversicherung hat und einen Schadensfall melden will, wird von der Versicherungsgesellschaft unter Umständen aufgefordert, nachzuweisen, dass der gestohlene oder verlorene Gegenstand auch wirklich auf der Reise dabei war. Normalerweise muss man innerhalb von 24 Stunden die Versicherung per Luftpost informieren und den Verlust oder Diebstahl der Polizei vor Ort melden. Außerdem ist eine Liste der gestohlenen Gegenstände und ihres Wertes anzufertigen. Auf der Polizeiwache wird ein Formular für eine *denuncia* (Anzeige) ausgefüllt, von der man eine Kopie für die Versicherung erhält. Die *denuncia* muss in der Regel auf *papel sellado* (gestempeltem Papier) gemacht werden, das in jedem Schreibwarenladen zu kaufen ist.

Infos zu Krankenversicherungen gibt's auf S. 1246 und zu Kfz-Versicherungen auf S. 1230.

VISA & DOKUMENTE

EU-Bürger und Schweizer Staatsbürger benötigen für die meisten Länder Südamerikas kein Visum, zur Einreise reicht ein Reisepass. Eine Ausnahme bildet Surinam (s. S. 762). Wer dieses Land bereisen will, muss sich ausreichend vorher um ein Visum bemühen, entweder im Heimatland oder anderswo in Südamerika. Ein Visum allein ist übrigens keine Garantie für die Einreise – wer keine „ausreichenden Mittel" oder ein Weiter- oder Rückreiseticket vorweisen kann, wird an der Grenze unter Umständen abgewiesen.

Braucht man ein Visum schnell, hilft es manchmal, lieb zu schauen und viel zu erklären. Konsulate sind oft sehr hilfsbereit, falls die Beamten Mitgefühl haben und die Reisedokumente in Ordnung sind. Für die schnelle Bearbeitung wird gelegentlich eine Gebühr berechnet, die man nicht als Bestechungsgeld verstehen sollte.

Einige Länder stellen für Besucher Touristenkarten aus, wenn man die Grenze passiert. Wer in einem solchen Land unterwegs ist, sollte diese Karte immer bei sich haben.

Weiter- oder Rückreisetickets

Viele Länder verlangen ein Rückreiseticket, bevor sie die Einreise gestatten oder einen Inlandsflug erlauben. Die Anforderung, ein Weiter- oder Rückreiseticket vorweisen zu müssen, kann eine Plage für diejenigen sein, die auf dem Luftweg in ein Land einreisen und auf dem Landweg durch andere Länder weiterreisen möchten. Nicht an jeder Grenze wird man auf eine Vorlage des Tickets beharren, an südamerikanischen Binnengrenzen vielleicht sogar nur selten – deshalb gut gekleidet oder freundlich auftreten!

ZOLL

Die Zollbestimmungen unterscheiden sich leicht von und zu Land, aber in der Regel können Reisende ihr persönliches Hab und Gut, Kameras, Laptops, tragbare Elektrogeräte und sonstige Reiseausrüstung mitbringen. Alle Länder verbieten die Ausfuhr (und Heimatländer die Einfuhr) von archäologischen Artefakten und Produkten, die aus Teilen gefährdeter Tierarten bestehen (Schlangenhäute, Katzenfelle, Schmuck aus Zähnen usw.). Traveller sollten außerdem besser keine Pflanzen, Samen, Früchte und Frischfleischprodukte über die Grenzen transportieren. Wer Kolumbien auf dem Landweg besucht oder verlässt, muss auf beiden Seiten der Grenze mit gründlichen Zollkontrollen rechnen.

Verkehrsmittel & -wege

INHALT

An- & Weiterreise	**1230**
Auf dem Landweg	1230
Flugzeug	1230
Übers Meer	1233
Unterwegs vor Ort	**1233**
Auto & Motorrad	1233
Bus	1238
Fahrrad	1240
Flugzeug	1240
Nahverkehr	1242
Schiff/Fähre	1242
Trampen	1243
Zug	1244

DIE DINGE ÄNDERN SICH ...

Die Informationen in diesem Kapitel können Änderungen unterworfen sein. Um auf Nummer Sicher zu gehen, sollte man die Aufschlüsselung der Ticketpreise (und das Ticket selbst) genau unter die Lupe nehmen und sich mit den Sicherheitsbestimmungen für den internationalen Reiseverkehr auseinander setzen. Hierbei hilft die Fluglinie oder ein Reisebüro. Die Angaben in diesem Kapitel sollen als Anhaltspunkte dienen und sind kein Ersatz für die eigenen aktuellen Erkundigungen.

AN- & WEITERREISE

AUF DEM LANDWEG

Überlandfahrten von Nordamerika aus gen Süden enden spätestens in Panama. Rüber nach Kolumbien führt keine einzige Straße. Im Südosten Panamas endet die Carretera Panamericana (Pan American Hwy) in der Provinz Darién inmitten tiefster Wildnis. Dieses straßenlose Gebiet zwischen Mittel- und Südamerika wird **Darién-Lücke** genannt. Früher war es schwierig, aber nicht unmöglich, die Lücke zusammen mit einheimischen Führern zu durchwandern. Seit 1998 muss davon dringendst abgeraten werden: Die Gegend ist extrem gefährlich, vor allem auf der kolumbianischen Seite, und fest in der Hand von Guerillamilizen.

FLUGZEUG

Die Hauptstädte aller südamerikanischen Länder haben internationale Flughäfen, oft auch andere Großstädte. Zu den Dreh- und Angelpunkten im internationalen Flugverkehr gehören Buenos Aires (Argentinien), Caracas (Venezuela), La Paz (Bolivien), Lima (Peru), Quito (Ecuador), Rio de Janeiro (Brasilien), und Santiago (Chile). Etwas weniger Fluggäste aus aller Welt verzeichnen Asunción (Paraguay), Bogotá (Kolumbien), Guayaquil (Ecuador), Manaus, Recife, Salvador und São Paulo (Bra-

silien), Montevideo (Uruguay), Río Gallegos (Argentinien) und Santa Cruz (Bolivien).

Was Fluglinien anbelangt, hat fast jedes südamerikanische Land sein eigenes nationales „Flagschiff", das wahrscheinlich die meisten Direktflüge anbietet. Zur Auswahl stehen u. a.:

Aero Continente (www.aerocontinente.com; Peru)
Aerolíneas Argentinas/Austral (www.aerolineas.com.ar; Argentinien)
Avensa/Servivensa (www.avensa.com.ve, spanisch; Venezuela)
Avianca (www.avianca.com; Kolumbien)
Lan (www.lan.com; Chile, Ecuador & Peru) Dachverband von LanChile, LanEcuador und LanPeru.
Lloyd Aéreo Boliviano (www.labairlines.com, spanisch; Bolivien)
Varig (www.varig.com.br; Brasilien)

Auch europäische Fluglinien haben regelmäßig Verbindungen nach Südamerika:

Air France (www.airfrance.com)
Air Madrid (www.airmadrid.com)
British Airways (www.britishairways.com)
Condor (www5.condor.com)
Iberia (www.iberia.com)
KLM (www.klm.com)
Lufthansa (www.lufthansa.com)
Swiss (www.swiss.com)

Tickets

Die Preise für Flüge nach Südamerika hängen von den üblichen Kriterien ab, wie z. B. Uhrzeit und Tag der Abreise, Ziel und Ver-

KLIMAWANDEL & REISEVERKEHR

Der Klimawandel stellt eine bitterernste Bedrohung für die Ökosysteme dar, von denen wir Menschen abhängig sind. Dabei spielt der wachsende Flugverkehr eine nicht unerhebliche Rolle. Selbstverständlich zählt das Reisen zu den schönsten Nebensachen der Welt. Dennoch ist Lonely Planet der Meinung, dass jeder ein Stück Verantwortung tragen und möglichst wenig zur globalen Erwärmung beitragen sollte.

Flugverkehr & Klimawandel

So ziemlich jeder Motor stößt CO_2 aus, und Kohlendioxid ist die Hauptursache für den Klimawandel durch Menschenhand. Flugzeuge zählen diesbezüglich zu den allerschlimmsten Missetätern. Das liegt nicht nur an den gewaltigen Entfernungen, die bei Flugreisen zurückgelegt werden, sondern vielmehr daran, dass Flugzeuge ihre Treibhausgase in die höchsten Schichten der Atmosphäre blasen. Die Zahlen sind erschreckend: Ein Flug für zwei Personen von Europa in die USA und zurück trägt so viel zum Klimawandel bei wie ein durchschnittlicher Haushalt in einem ganzen Jahr (bezogen auf Gas- und Stromverbrauch).

Ausgleichsprogramme zum Emissionsschutz

Auf den Websites von climatecare.org und anderen Organisationen finden Traveller sogenannte „Emissionsrechner". Mit deren Hilfe lässt sich die Menge der Treibhausgase ausrechnen, die mit einer Reise verbunden ist. Diese Werte werden proportional in Spendenbeträge umgerechnet, die Energiesparprojekten und Klimaschutzinitiativen in Entwicklungsländern zugute kommen (z. B. in Indien, Honduras, Kasachstan oder Uganda). Zusammen mit Rough Guides und anderen renommierten Partnern in der Tourismusindustrie unterstützt Lonely Planet das Ausgleichsprogramm zum Klimaschutz von climatecare.org. Es kommt bei allen Angestellten und Autoren von Lonely Planet zum Zug. Weitere Informationen gibt's im Internet unter www.lonelyplanet.com.

---

fügbarkeit von Billiganbietern. Ebenso spielt es eine Rolle, ob man sein Ticket schon lange im Voraus kauft oder Sonderangebote nutzen möchte. Flugrouten, -pläne und Standardpreise erfragen Traveller am besten direkt bei den Airlines. Wer sparen will, sollte sein Ticket aber woanders kaufen und sich vor allem so früh wie möglich umschauen (mindestens ein paar Monate im Voraus) – denn erschwingliche Flüge zu beliebten Zielen sind grundsätzlich schnell ausgebucht.

Buchungen für Flüge von Europa nach Südamerika erlauben auf dem Weg zum eigentlichen Ziel oft eine Zwischenlandung. Damit kommt man in den Genuss von kostenlosen Anschlussverbindungen innerhalb der Region, was für die eigene Preiskalkulation durchaus relevant sein kann. Flüge innerhalb Südamerikas können häufig auch als günstige Anschlussangebote zu internationalen Flugtickets gebucht werden.

KURIERFLÜGE

Das Preis-Leistungs-Verhältnis von Kurierflügen ist nicht zu toppen – vorausgesetzt, man kann sich mit den Einschränkungen anfreunden. Kurierflüge bedienen nur die allergrößten Metropolen und starten u. a. in London, Los Angeles oder New York. Interessierte begeben sich also in eine dieser Städte und steigen dort in eine Kuriermaschine. Mit dieser Methode kommt man wesentlich günstiger an Ziele wie Rio de Janiero oder Buenos Aires. Im weltweiten Kuriergeschäft sind beispielsweise die **Air Courier Association** (☎ in den USA 800-822-0888; www.aircourier.org) und die **International Association of Air Travel Couriers** (☎ 308-632-3273; www.courier.org) aktiv.

ROUND-THE-WORLD-TICKETS (RTW)

So genannte Round-The-World-Tickets (RTW) eignen sich wunderbar für Traveller, die innerhalb eines Trips mehrere Länder auf verschiedenen Kontinenten besuchen möchten. Bei Weltreisen mit den Ausgangspunkten USA, Europa oder Australien können fünf oder mehr Zwischenstationen gemacht werden. Ganz ähnlich sind die „Circle-Pacific"-Angebote, sie erlauben Rundreisen im australasiatischen und südamerikanischen Raum. Der Nachteil ist, dass beim Ticketkauf sämtliche Zwischenstationen im Voraus festgelegt werden müssen (das erste Ziel kann normalerweise beliebig gewählt werden). Außerdem dürfen sich Traveller manchmal nicht länger als 60 Tage in einem Land aufhalten. Alternativ kann man sich auch einen Reiseplan mit zwei oder drei Zwischenstopps selbst zusammenstellen und für die Rückreise ein anderes Land wählen. Wer das mit Hilfe eines guten Reisebüros austüftelt, kommt häufig günstiger weg als mit einem RTW-Ticket.

RTW- und Circle-Pacific-Tickets gibt's in allen möglichen Preiskategorien. Fürs Erste lohnt sich ein Blick auf folgende Websites:

Airbrokers (www.airbrokers.com) Die amerikanische Firma hat individuell zugeschnittene RTW-Tickets im Programm, mit denen Traveller nicht an die Tochtergesellschaften bestimmter Fluglinien gebunden sind.

Airtreks (www.airtreks.com) US-Anbieter.

Oneworld (www.oneworld.com) Gleich neun Fluglinien haben sich zusammengetan und bieten Tickets für Rundreisen über mehrere Kontinente an.

Roundtheworldflights.com (www.roundtheworldflights.com) Britische Gesellschaft.

Star Alliance (www.staralliance.com) Der Fluglinienverband erlaubt die Zusammenstellung von RTW-Tickets mit beliebigem Reiseplan.

Prinzipiell kann man sein RTW-Ticket direkt online buchen. Da die Planung einer solchen Reise jedoch relativ kompliziert ist, wenden sich Interessenten aber am besten an ein Reisebüro oder eine Airline. Ein kompetentes Reisebüro spart jede Menge Zeit, Geld und Nerven.

KOSTENLOSER ZWISCHENAUFENTHALT

Wer über Großstädte in den USA (z. B. Miami, Los Angeles, Houston usw.), Mexiko oder Mittelamerika nach Südamerika fliegt, kann eventuell einen kostenlosen Zwischenaufenthalt vereinbaren. So bleibt vor der Weiterreise gen Süden jeweils noch etwas Zeit, sich vor Ort ein wenig umzuschauen. Näheres weiß das eigene Reisebüro.

Europa

In Europa gibt's die günstigsten Flugtickets bei „Studenten-Reisebüros", die aber auch Nichtstudenten offenstehen (z. B. in Berlin, Wien usw.). Die erschwinglichsten Ziele in Südamerika sind u. a. Caracas und Buenos Aires, möglicherweise auch Rio de Janeiro und Recife in Brasilien. Die Hauptsaison

dauert von Anfang Juni bis Anfang September und von Mitte Dezember bis Mitte Januar. Bei den günstigsten Angeboten ab Europa handelt es sich meist um Charterflüge mit festgelegten Tagen für Ab- und Rückreise.

Günstige Anbieter im deutschsprachigen Raum sind beispielsweise:

DEUTSCHLAND

Expedia (www.expedia.de)

Just Travel (☎ 089-747-3330; www.justtravel.de)

Lastminute (☎ 01805-284-366; www.lastminute.de)

STA Travel (☎ 01805-456-422; www.statravel.de) Für Traveller unter 26 Jahren.

ÖSTERREICH

STA Travel (☎ 01 401 48 6000; www.statravel.at)

SCHWEIZ

Helvetic Tours (☎ 044-2774200; www.helvetictours.ch)

STA Travel (☎ 058 450 4050; www.statravel.ch)

Mittelamerika

Flüge ab Mittelamerika bedeuten normalerweise hohe Steuern. Ermäßigungen gibt's selten bis gar nicht. Im Vergleich zu Überlandreisen sind Flüge von Mittel- nach Südamerika jedoch immer noch wesentlich günstiger, praktischer und sicherer.

Die Einreise nach Kolumbien ist nur mit einem Anschlussticket erlaubt. Fluglinien in Panama und Costa Rica rücken Oneway-Tickets nach Kolumbien höchstwahrscheinlich nur dann raus, wenn man schon ein Anschlussticket vorweisen kann oder bereit ist, Flug und Rückflug bzw. Weiterreise auf einmal zu buchen. Auch Venezuela und Brasilien bestehen auf Anschlusstickets. Wer ein Ticket mit Rückflug buchen muss, sollte sich bei der Airline erkundigen, ob das Geld für nicht genutzte Optionen später zurückerstattet wird. Der Zwang zur Weiter- oder Rückreise lässt sich umgehen, indem man von Mittelamerika nach Ecuador oder Peru fliegt.

Weitere Infos zum Thema Anschlussticket gibt's auf S. 1229.

ÜBER DIE ISLA DE SAN ANDRÉS

Copa Airlines (www.copaair.com) fliegt von Panama City zu der kolumbianischen Insel Isla de San Andrés vor der Küste Nicaraguas. Zum Zeitpunkt der Recherche belief sich der Preis für die einfache Flugstrecke auf etwa 203 US$ (bei Online-Direktkauf u. U. nur 115 US$). Kolumbianische Landesfluglinien schicken ihre Maschinen von San Andrés nach Bogotá, Cali, Cartagena oder Medellín (125–150 US$). Weitere Informationen zur Isla de San Andrés stehen auf S. 852.

VON COSTA RICA

Verglichen mit der Anreise ab Panama müssen Traveller für Flüge von Costa Rica nach Quito rund 100 US$ mehr hinblättern. Günstige Tickets gibt's bei Costa Ricas Studentenorganisation OTEC (www.turismojoven.com).

VON PANAMA

Von Panama City aus gehen Maschinen ohne Zwischenlandung nach Bogotá, Cartagena und Medellín. Die kolumbianische Fluglinie Avianca (www.avianca.com) und die panamaische Gesellschaft Copa (www.copaair.com) bieten normalerweise die erschwinglichsten Flüge zu diesen Städten an. Für die Einreise nach Kolumbien ist ein Anschluss- oder Rückreiseticket erforderlich. Die Copa-Filialen in Cartagena, Barranquilla und Medellín dürften die Kosten für nicht genutzte Anschlusstickets jedoch zurückerstatten (vorher nachfragen). Sein Geld erhält man in kolumbianischer Währung (!) zurück, die Bearbeitung dauert bis zu vier Tage. Von Panama City besteht zusätzlich Flugverbindung nach Quito in Ecuador.

ÜBERS MEER

Ein paar Kreuzfahrtschiffe steuern auf dem Weg von Europa in die USA südamerikanische Häfen an. Im Vergleich zu Flugtickets kostet diese Option allerdings ein Vermögen. Manchmal nehmen Frachtschiffe aus Houston, New Orleans, Hamburg oder Amsterdam ein paar Passagiere mit nach Südamerika, aber auch die belasten die Reisekasse ordentlich.

Kleine Frachtschiffe pendeln zwischen Colón in Panama und dem kolumbianischen Hafen Barranquilla. Viele dieser Kähne transportieren aber Schmuggelgut und sind für echten Reisekomfort einfach zu zwielichtig. Dennoch nehmen manche zahlende Passagiere mit an Bord (teilweise sogar Autos oder Motorräder). Der Preis ist reine Verhandlungssache; u. U. lässt sich der Kapitän auf 50 US$ pro Passagier festnageln (Motorrad 150–200 US$). Weitere Informationen zum Verschiffen von Fahrzeugen stehen auf S. 1234.

Immer mehr Traveller heuern bei Seereisen zwischen Mittel- und Südamerika gleich selbst als Crewmitglieder an. Diese Möglichkeit besteht auf privaten Segelschiffen, die zwischen Cartagena und den San-Blás-Inseln unterwegs sind (manche segeln auch weiter nach Colón). Normalerweise dauert der Törn vier bis sechs Tage und kostet 220 bis 270 US$. Zu den besten Adressen, um sich nach den neusten Infos, z. B. zu Auslaufzeiten und freien Kojen, zu erkundigen, zählen das Hotel Holiday und die Casa Viena in Cartagena (s. S. 845).

Offiziell bestehen Panama und Kolumbien bei der Einreise gleichermaßen auf ein Anschlussticket. Die kolumbianischen Behörden handhaben die Angelegenheit zwar eher locker, dennoch sollten sich Traveller auf alle Fälle so ein Ticket zulegen – oder genügend Geld und einen plausiblen Reiseplan vorweisen können. In Panama sieht die Sache anders aus: Schon mehrfach wurde Travellern die Einreise verweigert, weil sie die erforderlichen Kriterien (Visum/Touristenvisum, Anschlussticket und ausreichend Kapital) nicht vollständig erfüllten. Angeblich ist das Konsulat Panamas in Cartagena aber sehr hilfsbereit.

UNTERWEGS VOR ORT

Bei einem Trip durch Südamerika ist die Hälfte des Vergnügens einfach das Herumreisen – ob nun mit einer klapprigen *chiva* (offener Bus) in Ecuador oder an Bord eines Motorkanus auf dem Amazonas. Vielleicht rollt man auch in einem Luxusbus durch Argentinien oder brummt mit einem Kleinflugzeug über die Anden. Auf jeden Fall ist der Transport vor Ort auf diesem Kontinent meistens ein Heidenspaß – oder nervenaufreibend, magenumdrehend und überaus beängstigend. Langweilig wird es aber nie – so oder so. In den allermeisten südamerikanischen Ländern mangelt es nicht an erschwinglichen Nahverkehrsmitteln.

AUTO & MOTORRAD

Autofahren in Südamerika ist zwar nervenaufreibend und nicht ungefährlich, hat aber zweifellos seine Vorteile: Mit einem eigenen Fahrzeug können auch abgelegene Orte besucht werden, die mit öffentlichen Verkehrsmitteln nicht erreichbar sind (insbesondere Nationalparks). In bestimmten Regionen (z. B. Patagonien oder anderen Teilen Chiles oder Argentiniens) lohnt es sich auf jeden Fall, für kurze Zeit ein Auto zu mieten. Wer sein eigenes Fahrzeug dabei hat, ist natürlich klar im Vorteil.

Bevor man sich in Südamerika hinter's Steuer schwingen kann, gibt's jedoch einiges zu oragnisieren. Zuallererst benötigen Autofahrer zusätzlich zu ihrer gültigen Fahrerlaubnis einen internationalen Führerschein (s. S. 1217). Auch die Fahrzeugsicherheit kann zum Problem werden (vor allem in Brasilien und den Andenländern). Wertgegenstände haben auch in (selbstverständlich) abgeschlossenen Autos nichts verloren. Parkplätze sind Mangelware oder gleich gar nicht vorhanden. Traveller sollten auch aufpassen, wo sie ihren fahrbaren Untersatz abgestellt haben – sonst ist der nachher weg und der Trip muss unfreiwillig auf Schusters Rappen fortgesetzt werden. Für eine kleine Aufmerksamkeit sind einheimische Kinder hervorragende Fahrzeugwächter, man muss sich nur mit ihnen einig werden. Wer sein Spanischvokabular um

Begriffe wie „nächste Tankstelle" oder „gerissener Keilriemen" erweitert, tut sich unterwegs bedeutend leichter. Und natürlich sind auch entsprechende Mechanikerkenntnisse bei technischen Problemen Gold wert; man fährt dann wesentlich entspannter.

South American Explorers (SAE; www.saexplorers. org) verkauft das sehr nützliche *Central/South American Driving Packet*. Im Internet wird zudem immer wieder *Driving through Latin America: USA to Argentina* von Chris Yelland angeboten.

Das eigene Auto einführen

Das Verschiffen des eigenen Autos oder Motorrads nach Südamerika ist extrem kostspielig (ab den USA ca. 1500 US$ für die einfache Fahrt) und erfordert eine sorgfältige Planung. Spätestens einen Monat vor der Abreise sollte die Organisation komplett stehen. Diebe räumen Fahrzeuge mit Vorliebe auf hoher See aus. Deshalb sollten zuvor sämtliche Anbauteile (Radkappen, Scheibenwischer, Rückspiegel usw.) entfernt werden und der Innenraum völlig leer sein. Fahrzeuge in Containern zu verschiffen, ist natürlich sicherer, aber auch teurer. Motorradfahrer kommen oft günstiger weg.

Bei Überlandfahrten von den USA nach Südamerika muss auch bedacht werden,

---

GRENZÜBERGÄNGE

In Südamerika gibt's Grenzübergänge zuhauf, deshalb müssen auf dem Weg zum eigentlichen Ziel nur sehr selten größere Umwege in Kauf genommen werden. Zwischen den Ländern, wie z. B. zwischen Argentinien und Chile, existieren jede Menge Grenzübergänge (in diesem Fall über ganz Patagonien verstreut). Meist führt eine Straße oder Brücke hinüber auf die andere Seite, aber es gibt auch viele Grenzen, die per Schiff überwunden werden müssen (z. B. über den Río de La Plata zwischen Buenos Aires und Uruguay, über den See zwischen Argentinien und Chile und über den Titicacasee zwischen Bolivien und Peru).

Inzwischen strömen immer mehr reiselustige Ausländer in die Region. Die Grenzbeamten haben sich daran gewöhnt, dass Backpacker an ihrer Station irgendwo im Nirgendwo erscheinen. Mit anderen Worten: Der Grenzübertritt gestaltet sich auf jeden Fall einfacher, wenn man halbwegs gepflegt aussieht und der Obrigkeit respektvoll begegnet. Ein paar Brocken Spanisch oder Portugiesisch können dabei auch nicht schaden. Selten geraten Traveller an einen Grenzer, der die ausländischen „Goldesel" vor dem Grenzübertritt etwas melken will, aber gelegentlich kommt es vor. Dann behält man am besten einen kühlen Kopf und blättert den (normalerweise geringen) Betrag einfach hin – und hat den Lieben daheim eine weitere Anekdote zu erzählen. Wer sich echauffiert, riskiert nur unnötigen Ärger. Im Allgemeinen sind südamerikanische Grenzpolizisten jedoch höfliche Zeitgenossen und – verglichen mit ihren US-Kollegen – sehr umgänglich.

Detaillierte Informationen zu Grenzübergängen enthalten die jeweiligen Regionenkapitel in diesem Buch. Am Anfang jedes Kapitels sind die wichtigsten Grenzübergänge aufgeführt. Ebenso lohnt sich ein Blick in den Abschnitt „Visa" in den Allgemeinen Informationen zu Südamerika. Auf regionale Besonderheiten verweisen die Allgemeinen Informationen zu den einzelnen Ländern.

dass es zwischen Panama und Kolumbien keine Straßen gibt. Weiter gen Süden geht's nur, wenn man das Auto per Schiff um die Darién-Lücke herummaneuvriert wird (s. „Geografie" S. 1230, sowie „Auto & Motorrad" S. 806).

Die Website **VWVagabonds.com** (www.vwvagabonds.com) ist toll und sehr informativ. Hier erfahren Traveller, wie sie ihr Auto am besten nach Südamerika verschiffen oder eigenhändig dorthin fahren.

Kaufen

Bei monatelangen Aufenthalten in Südamerika kann es sich rechnen, ein Auto zu kaufen. Dadurch kommt man günstiger weg als mit einem Leihwagen, wenn man das Fahrzeug vor der Abreise wieder verkauft. Andererseits bergen Gebrauchtwagen immer auch gewisse Risiken für Geldbeutel und Gesundheit (vor allem bei den holperigen Straßen). Außerdem kann einen die mit dem Autokauf verbundene Bürokratie glatt in den Wahnsinn treiben.

Wer sich ein eigenes Fahrzeug zulegen möchte, sollte sich in Argentinien, Brasilien oder Chile umsehen. Aber auch hier schwingt der Amtsschimmel nur langsam seine Hufe. Die ordentlichsten Gebrauchtwagen gibt's angeblich in Santiago (Chile); die Verkaufsschancen sollen dagegen in Asunción (Paraguay) am besten sein. Dass man der rechtmäßige Besitzer ist, lässt man sich besser offiziell von einem Notar bestätigen, denn die Behörden brauchen eine Weile, um den Fahrzeugbrief umzuschreiben. Wenn's um den Grenzübertritt geht, gibt's mit in Südamerika erworbenen Fahrzeugen manchmal Probleme.

Wer auf dem Festland über die Grenze möchte, braucht offiziell ein *carnet de passage* (oder *libreta de pasos por aduana*) dazu. Wahrscheinlich will dieses Dokument aber niemand sehen. Wie man ein *carnet* am besten beantragt, erfahren Interessenten von den großen Automobilverbänden im deutschsprachigen Raum (z. B. ADAC).

Mieten

Große internationale Autovermieter (z. B. Avis, Budget und Hertz) haben Zweigstellen in Südamerikas Hauptstädten, Metropolen und großen Flughäfen. Regionale Anbieter sind aber oft günstiger. Wer ein Auto mieten will, muss mindestens 25 Jahre alt sein

und neben einer gültigen Fahrerlaubnis auch eine Kreditkarte vorlegen. Achtung: Mit den Fahrzeugen mancher Anbieter dürfen nur bestimmte oder gar keine Auslandsfahrten unternommen werden, vorher unbedingt nachfragen!

In den letzten Jahren sind die Preise für Mietwagen stetig gesunken. In beliebten Ferienorten ist die Konkurrenz besonders groß; hier lassen sich die besten Schnäppchen ergattern. Durchschnittlich kostet ein Mietwagen ca. 40 US$ pro Tag. Bei den teuersten Agenturen muss man, wenn man keine Kilometerbeschränkung haben möchte, bis zu 100 US$ pro Tag hinblättern. Wie immer lohnt sich ein Preisvergleich; ansonsten senken ein paar Beifahrer die Kosten pro Nase. Bei Fahrzeugen mit Campingausrüstung wird die Leihgebühr vielleicht sogar größtenteils durch die gesparten Kosten für die Unterkunft ausgeglichen (insbesondere im Südkegel).

Verkehrsregeln

In Südamerika, außer in Guayana und Surinam, wird auf der rechten Straßenseite gefahren. Verkehrsregeln werden häufig ignoriert, Verstöße so gut wie nie verfolgt. Der Straßenzustand ist oft katastrophal. Viele Verkehrsteilnehmer (insbesondere in Argentinien und Brasilien) verhalten sich äußerst rücksichtslos und fordern Unfälle geradezu heraus. Achtung: Bei Nacht ist es auf der Straße gefährlicher als tagsüber, nicht nur, weil es dunkel ist, sondern auch, weil dann viele Zeitgenossen unterwegs sind, die übermüdet sind und/oder schon einiges intus haben.

Verkehrsschilder sind entweder gar nicht vorhanden oder führen Ortsunkundige dauernd in die Irre. Da helfen nur Humor und Geduld. In unübersichtlichen Kurven lässt sich das Unfallrisiko durch kräftiges Hupen reduzieren; auf einspurigen Straßen hat normalerweise der Bergverkehr Vorfahrt. Wenn Äste oder Felsen auf der Straße liegen, sollte man sofort bremsen: Das bedeutet nämlich, dass sich direkt voraus ein Pannenfahrzeug, Erdrutsch oder sonstiges Hindernis befindet. Auch mit Rüttelschwellen muss jederzeit gerechnet werden. Durchgeschaukelt werden Autofahrer dadurch meist mitten im Stadtzentrum, aber manchmal auch völlig unerwartet irgendwo auf dem Highway.

MIT DEM AUTO DURCH SÜDAMERIKA

Don und Kim Greene haben bis jetzt über 24 000 km mit dem Auto in Südamerika zurückgelegt und haben bei weitem noch nicht genug. Diese Reise ist ein Teil ihres Vorhabens, die Welt mit dem Auto zu umrunden. Mit ihrem World of Wonders-Projekt (www.questconnect.org) haben die beiden eine Art „virtuelles Klassenzimmer" für Lehrer und Schüler aus aller Welt eingerichtet. Auf ihrer Website berichten sie über ihre Reisen und Erfahrungen mit anderen Kulturen. Ihr Fahrzeug: Ein mittelschwerer Lastwagen Modell Cabover Mitsubishi Fuso FG 4x4 (außerhalb der USA als „Canter" bekannt), den die beiden nach eigenen Entwürfen zum Wohnmobil umgebaut haben. Bis heute ist das Paar damit durch Mexiko, Mittelamerika und sieben südamerikanische Länder gerollt. Außerdem legen Don und Kim (die übrigens aus Tucson, Arizona stammen) sehr viel Wert auf verantwortungsbewusstes Reisen. Für Lonely Planet waren die beiden deshalb ideale Interviewpartner zum Thema Autoreisen durch Südamerika.

Lonely Planet: Seit wann seit Ihr unterwegs?

Don & Kim Greene: Seit dem Start im Oktober 2004 sind wir abwechselnd in unserer Heimatstadt Prescott, Arizona und auf der Straße. Wir sind immer acht bis zehn Wochen am Stück unterwegs und anschließend zwei bis drei Monate zu Hause [das Fahrzeug bleibt solange in Südamerika]. Bis zum 14. Mai 2006 waren wir insgesamt 38 Wochen lang „on the road".

Ist der Kontakt zu den Einheimischen anders als bei Busreisen?

Die Konversation ist von vorneherein ganz anders. Die meisten Gespräche beginnen mit irgendeinem Kommentar zu unserem Truck. In Brasilien gibt's nur wenige Campingplätze außerhalb der Strandgebiete, deshalb haben wir häufig an *postos* (Tankstellen) übernachtet und dort viele Lastwagenfahrer getroffen. Die sind oft zusammen mit ihren Familien unterwegs und haben deshalb Miniküchen an den Unterseiten ihrer Brummis montiert. Wir haben uns mit ihnen sehr verbunden gefühlt, schließlich sind wir alle Fahrer und Traveller. Als Autofahrer trifft man einfach viel mehr Menschen aus den unterschiedlichsten sozialen Schichten als auf Busreisen.

Was für einen Eindruck habt Ihr von südamerikanischen Autofahrern?

Südamerikanischen Autofahrern sagt man Übles nach, was teilweise auch wirklich zutrifft. Doch wenn man sich erst einmal an die aggressive Fahrweise gewöhnt hat, schwimmt man einfach mit dem Strom, denn man weiß ja, was einen erwartet. In Venezuela werden rote Ampeln lediglich als Einladung zum freiwilligen Bremsen betrachtet. An diesen irritierenden Umstand mussten wir uns erst einmal gewöhnen. Viele Verkehrsteilnehmer sind aber wirklich freundlich und blenden zur Begrüßung ihre Frontscheinwerfer auf und/oder winken. Manche Fahrer haben sogar im Vorbeifahren Fotos von uns geschossen! In den Städten legen die meisten Autofahrer allerdings ein aggressives und unverschämtes Benehmen an den Tag. Wir konnten so gut wie nie die Spur wechseln, ohne jemanden schneiden zu müssen. Um Städte macht man besser einen großen Bogen.

Welche Vorteile haben Autoreisen durch Südamerika?

Der größte Vorteil besteht ganz klar darin, dass man seinen Tagesablauf nach eigenem Gusto gestalten kann. Wenn wir müde sind, legen wir uns eine Weile aufs Ohr. Andererseits können wir sofort weiterreisen, ohne tagelang auf einen Bus oder Zug warten zu müssen. Und sollten wir unterwegs etwas Interessantes entdecken, wird einfach spontan eine Pause eingelegt.

Mit welchen Nachteilen ist zu rechnen?

Der größte Nachteil sind wahrscheinlich die Benzinkosten. Hätten wir uns ausschließlich in Venezuela (Südamerikas wichtigstes Erdölland) aufhalten können, wäre das kein Thema gewesen. Denn dort kostet die Gallone Diesel gerade mal 0,08 US$ (0,02 US$/l). Aber in Brasilien muss man dafür zwischen 3,50 und 4 US$ (0,91–1,04 US$/l) hinblättern. Unser Truck verbraucht auf 10 Meilen eine Gallone Diesel – kommt *ordentlich* was zusammen.

Gab es schon einmal Probleme beim Grenzübertritt?

Bis auf eine Ausnahme konnten wir sämtliche Grenzen ohne Probleme schnurstracks überqueren. Unser erster Weg führt grundsätzlich zur Einwanderungsbehörde. Anschließend gehen wir zum *aduana*-Büro (Zoll), um den restlichen Papierkram zu erledigen, der sein muss, weil wir unseren Truck vorübergehend ins Land einführen. Normalerweise kriegen wir eine Genehmigung, mit der das Fahrzeug 90 Tage lang im Land verbleiben darf. Das Ganze dauert im Schnitt 45 bis 60 Minuten, an Feiertagen und Wochenenden natürlich länger. Probleme gab's nur einmal, als wir Argentinien während der Hauptsaison verlassen wollten. An dem winzigen Grenzposten kamen wir unglücklicherweise zusammen mit ein paar Bussen an. Da waren die Beamten dermaßen überfordert, dass uns das ganze Prozedere fast zwei Stunden gekostet hat.

Macht Ihr Euch manchmal Sorgen um Eure eigene Sicherheit?
Bis jetzt bestand kein Grund zur Sorge. Wir schließen außen alles sorgfältig ab, im Innenraum wird alles unsichtbar verstaut. Wir glauben, dass der Anreiz für Gauner kleiner ist, wenn sie nicht in den Truck gucken können. Bei Stadtbesuchen versuchen wir, auf öffentlichen Parkplätzen zu parken. Die meisten sind allerdings zu klein für uns; deshalb parken wir, wenn möglich, in belebten Gebieten (solange diese nicht allzu zwielichtig wirken). Wir folgen dabei einfach unserem Instinkt.

Wir haben schon auf Campingplätzen, an Tankstellen und auf Hotelparkplätzen übernachtet, ebenso mitten im Nirgendwo abseits der Straße (Buschcamping) und auf Stadtstraßen. Wenn wir die Nacht in einer Stadt auf der Straße verbringen wollen, suchen wir uns einen Stellplatz in einer Ecke mit möglichst wenig Verkehr und im Idealfall in der Nähe einer Straßenlaterne. Wir nennen das „Stadtcamping" und hatten noch nie Probleme damit.

Welche Erfahrungen habt Ihr mit Polizisten gemacht?
Bei all unseren Fahrten durch Südamerika haben Polizisten lediglich unsere Ausweise kontrolliert – und das wahrscheinlich nur aus reiner Neugier. Wir haben Farbkopien von unseren Führerscheinen und sämtlichen Fahrzeugpapieren dabei, die wir den Polizisten aushändigen. So können wir notfalls einfach weiterfahren und kommen um Schmiergelder für die Rückgabe der Originaldokumente herum.

Was ratet Ihr Autofahrern in punkto Verkehrssicherheit?
In erster Linie heißt es: Runter vom Gas! Wir haben die anderen Verkehrsteilnehmer immer gut im Auge und machen um offensichtlich gestörte Zeitgenossen möglichst einen großen Bogen. Außerdem fahren wir so defensiv es geht und vermeiden gefährliche Ablenkungen (z. B. Kartenlesen oder das Rumfummeln an Stereo- oder Klimaanlage – wofür gibt's schließlich Beifahrer?). Fahrten mitten durch die Zentren großer Städte sind ebenfalls nicht zu empfehlen. An liebsten parken wir außerhalb und fahren mit Nahverkehrsmitteln oder Taxis in die Innenstadt. Bei Nacht fahren wir nur im absoluten Notfall.

Wegen der Darién-Lücke musstet Ihr Euer Fahrzeug per Schiff von Mittel- nach Südamerika transportieren. Was könnt Ihr uns darüber berichten?
Für das Verschiffen von Fahrzeugen gibt's im Grunde zwei Möglichkeiten: als Containerfracht oder mit RoRo. Im ersten Fall wird das Fahrzeug für den Transport in einen herkömmlichen Frachtcontainer verladen. Das ist im Allgemeinen am günstigsten. Mit etwas Glück kann man sich mit anderen Travellern zusammentun und beide Fahrzeuge für weniger Geld in einem großen Container verschiffen. Der Containertransport ist auch deswegen einfacher, weil es im Vergleich zu RoRo für diese Variante viel mehr Schiffe gibt.

RoRo bedeutet „Roll on, Roll off". Dabei wird das Fahrzeug ganz normal an und von Bord des Schiffes gefahren. Sollte es zu groß für einen Container mit jeweils 2,4 m Höhe und Breite sein, bleibt sowieso nur noch RoRo. Allerdings ist diese Verschiffungsart wesentlich kostspieliger.

Man hört ja immer wieder Horrorgeschichten über Fahrzeuge, die auf hoher See aufgebrochen und komplett ausgeräumt wurden. Es empfiehlt sich deshalb, den Durchgang zwischen Fahrerkabine und Wohnmobilaufbau separat zu sichern. Bei einem Einbruch in die Kabine kann so niemand den Aufbau durchwühlen.

Sehr praktisch sind auch Zollspediteure, die im Start- und Zielhafen die Aus- und Einfuhrformalitäten übernehmen. Das kann man natürlich auch eigenhändig erledigen, verliert dadurch aber noch mehr Zeit.

Was ratet Ihr Travellern, die Südamerika mal selbst mit dem Auto erkunden möchten?

Falls das möglich ist, sollte man ein Fahrzeug neueren Datums verwenden. Es ist wirklich sehr angenehm, wenn man sich nicht andauernd Gedanken über Pannen machen muss. Wir kennen ein paar andere Traveller mit älteren Fahrzeugen, die ständig irgendwo am Rumschrauben sind. Bevor man sich selbst ein Expeditionsgefährt aus Einzelteilen zusammenbaut oder eins kauft, wendet man sich besser an einen Autoverleih. In manchen Ländern vermieten die sogar Wohnmobile. Wer seinen fahrbaren Untersatz im Ausland erwirbt, sollte sich genau über die Formalitäten (z. B. Umschreiben des Fahrzeugbriefs, Versicherung usw.) informieren. Die Regelungen sind von Land zu Land verschieden.

Allrad- oder Zweiradantrieb?

Das ist wirklich Geschmackssache. Die meisten Überlandfahrer nehmen mit herkömmlichem Zweiradantrieb. Da wir aus dem amerikanischen Südwesten stammen, sind wir allerdings Anhänger des Ideals der „Selbsthilfe". Mit anderen Worten: Autofahrer sollten immer alles Notwendige dabeihaben, um sich und ihr Fahrzeug eigenhändig aus einer misslichen Lage befreien zu können. Es wird verdammt eng, wenn man im Schlamm feststeckt und andere Verkehrsteilnehmer kein Abschleppseil zum Rausziehen an Bord haben. Abgesehen davon verlassen wir sehr gern mal die ausgetretenen Pfade, und der Allradantrieb gibt uns die Gewissheit, dass wir auch wieder zurückkommen.

Welche Routen haben Euch besonders begeistert?

Vor allem die Carretera Austral in Chile (s. S. 583), der argentinische Lake District (s. S. 148) und die Fahrt quer durch die Gran Sabana in Venezuela (s. S. 1191). Auch die Küstenstraße nördlich des Rio San Francisco in Brasilien (s. S. 386) hat ihren Reiz. Auf unserem Weg in Richtung Norden durch die Anden werden wir aber sicher noch weitere attraktive Strecken entdecken.

Versicherung

Die eigene KFZ-Versicherung von Zuhause deckt grundsätzlich keine Autofahrten im Ausland ab. Bei Unfällen mit Personenschäden wandern die Beteiligten in ganz Südamerika häufig so lange ins Kittchen, bis der Fall geklärt ist – wer schuld ist, spielt dabei keine Rolle. Kleine Blechschäden regelt man am besten direkt vor Ort, ohne die Polizei oder die Versicherung einzuschalten. Kunden von Autovermietungen sollten sich vergewissern, dass der Zusatz *seguro* (Versicherung) im Vertrag enthalten ist.

BUS

Busreisen durch Südamerika sind geradezu legendär. An Unterhaltung mangelt es nie – egal, ob man in Ecuador in einem Bus voller Hühner eine mörderische Andenstraße hinunterrattert oder in einem argentinischen Luxus-Fernbus gediegen in einem Leder-Liegesessel sitzend Schaumwein schlürft. Auf dem gesamten Kontinent ist das Busnetz im Allgemeinen recht dicht. Nahezu alle Städte sind mit diesem Verkehrsmittel zu erreichen. Aber man sei gewarnt: Die Straßen und die Fahrzeuge sind in sehr unterschiedlichem Zustand, und das kann man eigentlich auch von den Fahrern sagen.

Die definitiv schlimmsten Strecken sind die im Hochland von Peru, Bolivien und Ecuador. Schlaglochpisten gibt's auch in Teilen Kolumbiens und im brasilianischen Amazonasgebiet. Der Straßenzustand hängt stark von der Jahreszeit ab: Was in der Trockenperiode eine gewaltige rote Staubwüste ist, verwandelt sich während der Regenzeit in einen riesigen Schlammsee. In Argentinien, Uruguay und im größten Teil von Venezuela sind die Fahrbahnen allgemein in besserem Zustand, ebenso an der Küste und im Süden Brasiliens. Chile und Argentinien haben die besten Straßen und außerdem die komfortabelsten und verlässlichsten Busse in ganz Südamerika.

Die meisten größeren Städte und Siedlungen haben ein *terminal de autobuses* oder *terminal de omnibus* (Fernbusbahnhof; in Brasilien *rodoviária*, in Ecuador *terminal terrestre* genannt). Häufig liegen Busbahnhöfe am Stadtrand und sind nur mit Nahverkehrsbussen oder Taxis erreichbar. Zu den größten und besten Terminals gehören

Restaurants, Läden, Duschen und weitere praktische Einrichtungen. In ihrer (meist allerdings hässlichen) Umgebung finden sich oft günstige Unterkünfte und Restaurants. Bei „Dorfterminals" in ländlichen Gebieten handelt es sich oft um unbefestigte Flächen, auf denen klapprige Vehikel namens „Busse" stehen. Männer kündigen schreiend die verschiedenen Fahrtziele an – da heißt es die Ohren spitzen.

Diverse Städte haben gleich mehrere Busbahnhöfe (jeweils für verschiedene Routen). Manchmal besitzt jede Busgesellschaft ihr eigenes Terminal. Dies ist besonders unpraktisch und betrifft vor allem Kleinstädte in Kolumbien, Ecuador und Peru.

Busklassen

Vor allem in den Andenländern tuckern häufig aufs Wesentliche reduzierte Busse auf profillosen Reifen durch die Gegend. Dank der knüppelharten Federung werden auch kleinste Erschütterungen durch das Sitzfleisch direkt in die Wirbelsäule gejagt. Diese Erfahrung machen vor allem Traveller, die sich im hinteren Teil eines Busses niederlassen. Wenn alle Plätze besetzt sind, wird anschließend der Mittelgang gnadenlos vollgestopft. Die Ladung auf dem Dach ist meist noch einmal halb so hoch wie der Bus; ab und zu reisen sogar Ziegen oder Schweine in luftiger Höhe mit. All das mag eine gewisse Skepsis hervorrufen, doch normalerweise kommt man immer mit heiler Haut ans Ziel. Verschiedene Busklassen existieren meist nicht (ausgenommen Fernreisebusse); daher müssen Traveller wohl oder übel mit dem fahren, was gerade zur Verfügung steht.

Andererseits rollen echte „Luxusliner" die Hauptrouten entlang (z. B. in Argentinien, Brasilien, Chile, Kolumbien, Uruguay, Venezuela oder sogar Bolivien). Die teuersten Tickets garantieren normalerweise vollständig umklappbare Liegesitze, Verpflegung, Getränke und Videofilme. Je nach Land haben die verschiedenen Busklassen sehr unterschiedliche Bezeichnungen. Über Details informiert der Abschnitt „Verkehrsmittel & Wege" in den jeweiligen Regionalkapiteln. Bei *coche camas* (wörtl. „Bettbusse") handelt es sich um luxuriöse Nachtbusse, die auf den meisten Fernreiserouten in Argentinien, Brasilien und Chile unterwegs sind.

Preise

Für Busreisen in den Andenländern können Traveller ungefähr 1 US$ pro Stunde veranschlagen. Die besseren Leistungen (1. Klasse oder *coche cama*) können doppelt so teuer sein wie die normalen Busse. Allerdings entfällt bei Nachtbussen die Suche nach einem Hotelzimmer, was wiederum dem Geldbeutel zugute kommt.

Reservierungen

Zu den Haupturlaubszeiten sollten Tickets grundsätzlich im Voraus gekauft werden (im Südkegel betrifft das die Monate Januar bis März und in ganz Südamerika die Osterwoche und die Ferienwochenenden). Im Idealfall haben Busgesellschaften ihre eigenen Ticketschalter in den großen Terminals; Hinweistafeln informieren über Routen, Abfahrtszeiten und Preise. Die Plätze tragen Nummern und können im Voraus gebucht werden. Wenn das nicht der Fall ist, reicht es meist aus, wenn man eine Stunde vor der Abfahrt am Busbahnhof erscheint. Dann lässt sich fast immer ein freies Plätzchen an Bord ergattern.

Straßenzustand & Gefahren

Jeder, der einmal eine Busreise durch Südamerika unternommen hat, kann Geschichten über haarsträubende Trips und durchgeknallte Fahrer zum Besten geben. Die Andenländer, in denen die Straßen schlecht sind und echte Männer ihre Duelle auch am Steuer austragen, sind diesbezüglich besonders verschrien. Ja, es kommt *gelegentlich* zu Unfällen. Doch lassen wir mal die Kirche im Dorf: In Ländern, in denen ein Großteil der Bevölkerung per Bus unterwegs ist, ist natürlich auch die Unfallquote höher. Kein einziger Reiseführer warnt explizit vor dem Straßenverkehr in den USA – und doch sterben dort mehr Menschen durch Autounfälle als durch südamerikanische Busse. Selbst Luxusbusse sind dagegen nicht gefeit: Vor einiger Zeit geisterten Berichte von schlimmen Busunglücken in Argentinien und Chile durch die Medien, in die Fahrzeuge renommierter Gesellschaften verwickelt waren. Zu den gefährlichsten Strecken zählt u. a. die Straße von La Paz nach Coroico in Bolivien (s. Kasten S. 233). Wer Angst hat, stellt seinen Reiseplan um und weicht auf eine Alternativroute aus – oder besinnt sich auf eine andere bewährte Methode: Nämlich zurücklehnen und die Fahrt genießen.

FAHRRAD

Mit dem Drahtesel durch Südamerika zu cruisen, ist eine anstrengende, aber wunderbare (und potentiell günstige) Alternative zu öffentlichen Verkehrsmitteln. Der bessere Straßenzustand in Argentinien und Chile macht Trips durch die Länder des Cono Sur besonders attraktiv. Zu diesem „Südkegel" gehören neben Argentinien, Chile und Uruguay auch Teile Brasiliens und Paraguays. Aber eigentlich kann der gesamte Kontinent per Fahrrad – genauer gesagt *Mountainbike* – erkundet werden. Touringräder eignen sich vielleicht für befestigte Fahrbahnen, die spektakulären Neben- und Hauptstraßen in den Anden können allerdings nur mit einem *todo terreno* (Mountainbike) in Angriff genommen werden.

Ausgeschilderte Strecken oder feste Routen über Landesgrenzen hinweg sucht man allerdings vergeblich. Zähe Mountainbiker haben sich bereits über den kompletten Trans-Amazon Hwy in Brasilien gequält. Andere Radabenteurer sind schon quer über beide Kontinente von Nord- nach Südamerika gestrampelt. Verkehrsregeln kann man getrost vergessen – Hauptsache, man schwimmt mit dem Verkehr auf der rechten Fahrbahnseite. Es lohnt sich, gute Karten mit Nebenstrecken aufzutreiben, denn so ausgerüstet haben Radler die beneidenswerte Möglichkeit, die ausgetretenen Touristenpfade nach Belieben verlassen zu können.

Travellern wird empfohlen, ihr eigenes Gefährt zu verwenden. Südamerikanische Produkte geben schnell mal den Geist auf, und Importbikes kosten ein Vermögen. Fahrradwerkstätten gibt's sogar im kleinsten Nest – die gerade benötigten Ersatzteile sind allerdings so gut nie auf Lager. Vor der Abreise sollte man sich deshalb alle notwendigen Mechanikerfähigkeiten und Standardersatzteile zulegen. Ein einfaches Reparaturkit enthält u. a. Ersatzspeichen, einen Speichenschlüssel und mehrere Flickpads. Hinzu kommen eine Kettenzange, Innenschläuche, Ersatzzüge und ein spezielles Multitool für Fahrräder. Manche Radler deponieren ein paar Ersatzreifen bei ihren Angehörigen in der Heimat und lassen sie sich bei Bedarf zuschicken.

Wer Südamerika per Drahtesel erkunden möchte, sollte auf widrige Witterungsverhältnisse vorbereitet sein. Durch den brasilianischen Regen oder die patagonischen Winde geht's oft nur im Schneckentempo vorwärts. Außerdem muss man mit den extremen Höhenlagen in den Anden, schlechten Straßen und rücksichtslosen Kraftfahrern rechnen. Auf den Straßen Südamerikas wird absolut rücksichtslos gefahren – das ist für Radler eine ernstzunehmende Gefahr. Eine entsprechende Sicherheitsausrüstung (Reflektoren, Rückspiegel, Schutzhelme usw.) wird daher dringend empfohlen. Auch Langfinger sind ein großes Thema – Traveller sollten ihr Fahrrad und ihr Gepäck niemals unbeaufsichtigt herumstehen lassen. Während des Sightseeings ist vielleicht jemand bereit, gegen Bezahlung auf die Räder aufzupassen, und über Nacht darf das Bike besser mit ins sichere Hotelzimmer.

Vor dem Start sollten die Gepäckbeschränkungen der jeweiligen Fluglinie genauestens studiert werden. Wer sein Fahrrad schlampig verpackt, muss für die einfache Flugstrecke u. U. bis zu 100 US$ extra hinblättern. Korrekt verpackte Drahtesel können dagegen manchmal kostenlos mitgenommen werden.

Walter Sienkos Buch *Latin America by Bike: A Complete Touring Guide (By Bike)* ist zwar mittlerweile schon über zehn Jahre alt, eignet sich aber immer noch hervorragend als vorbereitende Lektüre. Tipps zum Verpacken von Fahrrädern bei Schiffs- und Flugreisen gibt's im Internet unter www. bikeaccess.net. Tonnenweise Tipps und Erlebnisberichte liefern die **South America Bicycle Touring Links** (www.geocities.com/TheTropics/Island/6810/). Weitere Informationen sind auf S. 1209 zu finden.

FLUGZEUG

Insbesondere die Andenländer (Bolivien, Ecuador und Peru) haben ein dichtes Landesflugnetzes mit erfrischend niedrigen Preisen. Nach 18 Stunden und 350 km Busfahrt über halsbrecherische Hochgebirgsstraßen entscheiden sich auch die zähesten Traveller wahrscheinlich irgendwann fürs Flugzeug.

Doch das hat ebenfalls Schattenseiten: Die Flughäfen liegen oft weit entfernt vom Stadtzentrum und sind nicht immer mit öffentlichen Nahverkehrsmitteln erreichbar. Dann ist man auf Taxis angewiesen – und die Fahrten *zum* Flughafen sind oft wesentlich teurer als die *vom* Flughafen sonstwohin. Da wäre auch noch die Flughafensteuer: Bei Auslandsflügen werden normalerweise höhere Beträge fällig. Wer Sicherheitsbedenken hegt, schaut sich das Feature „Fatal Events by Airline" auf der Website von **AirSafe.com** (www.airsafe.com) an.

In manchen Regionen nehmen es die Piloten mit der Abflugzeit nicht so genau. Inlandsflüge sollten besser nicht zu knapp auf anschließende Auslandsflüge abgestimmt werden (und umgekehrt). So mancher Traveller ist schon „gestrandet", weil der Reiseplan zu knapp bemessen war. Zwischen Auslandsflügen und Anschlussverbindungen in abgelegene Gebiete muss auf jeden Fall genügend Luft sein. Am besten lässt man sich sämtliche Flüge 48 Stunden vor der Abreise nochmals bestätigen und findet sich mindestens eine Stunde vor dem Start am Flughafen ein (bei internationalen Flügen 2–3 Std.).

Flüge von Nordamerika oder Europa nach Südamerika sind u. U. mit einem Zwischenaufenthalt verbunden. Für die Preiskalkulation bei Auslandsflügen ist dies durchaus von Belang: So kommt man in den Genuss eines kostenlosen Flugs innerhalb des Kontinents. Häufig lassen sich günstige Anschlussflüge auch in Verbindung mit internationalen Tickets buchen (zu Details s. S. 1231).

Flugpässe

Flugpässe erlauben eine bestimmte Anzahl von Flügen innerhalb eines Landes oder einer Region. Auch der Zeitraum ist vorgeschrieben. Durch den Festpreis sind solche Pässe bei großen Entfernungen und begrenzter Reisezeit eine feine Sache. Wie üblich gibt's aber auch hier mehrere Nachteile. Manche dieser Angebote erweisen sich als extrem unflexibel: Sobald der Pass verwendet wird, muss man sich an einen strikten Reiseplan halten; Änderungen sind nur gegen saftige Gebühren möglich. Auch die Gültigkeitsdauer lässt manchmal zu wünschen übrig. Bei bestimmten Pässen ist es sogar erforderlich, dass Traveller mit einer internationalen Maschine in einem Land ankommen; damit fällt die Möglichkeit weg, auf dem Landweg anzureisen und sich vor

Ort einen Flugpass zu besorgen. Bürger bestimmter Nationen kriegen erst gar keinen Flugpass – usw., usw. Einen genauen Überblick über alle Flugpässe mit ihren jeweiligen Konditionen gibt's auf den Websites von **Last Frontiers** (www.lastfrontiers.co.uk/airpass.htm) und **eXito** (www.exitotravel.com).

FLUGPÄSSE FÜR MEHRERE LÄNDER

Ein paar ordentliche Flugpassoptionen für Südamerika gibt es aber. Damit lässt sich ein bisschen Geld sparen – vorausgesetzt, man findet sich mit dem festgelegten Reiseplan ab. Der „Mercosur-Pass" auf Meilenbasis wird von acht südamerikanischen Fluglinien angeboten und von den meisten Reisebüros verkauft. Er ermöglicht Flüge zu Städten in Argentinien, Brasilien, Chile (außer Osterinsel), Paraguay und Uruguay mit den großen Fluglinien der jeweiligen Länder. Alle Flüge müssen innerhalb eines bestimmten Zeitraums (mind. 7, max. 30 Tage) absolviert werden. Insgesamt darf achtmal geflogen werden (neunmal, wenn die Iguazú-Fälle auf dem Reiseplan stehen), davon maximal viermal in einem einzigen Land. Bei cleverer Planung kommen Traveller mit dieser Option günstiger weg als mit so manchem Inlandsflugpass. Der Preis berechnet sich nach der gewünschten Anzahl von Flugmeilen (*nicht* Kilometer!). Für Strecken zwischen 1200 und 7200 Meilen werden 225 bis 875 US$ fällig.

Mit „Visit South America" von Oneworld (S. 1232) können insgesamt 34 Städte in zehn südamerikanischen Staaten besucht werden. Wer direkt aus den USA anreist und einen Zwischenstopp in Mittelamerika einlegen möchte, sollte sein Reisebüro auf den „Copa Pass" ansprechen. Er wird von Copa Airlines in Zusammenarbeit mit Continental angeboten. Diese Variante ermöglicht Flüge von bestimmten US-Metropolen z. B. nach Guatemala City und/oder San José in Costa Rica. Neben der Rückreise in die USA ist auch mindestens eine Verbindung zu einer anderen südamerikanischen Stadt inklusive.

FLUGPÄSSE FÜR EINZELNE LÄNDER

Die meisten Flugpässe gelten nur innerhalb eines einzigen Landes und werden normalerweise in Verbindung mit dem jeweiligen Rückreiseticket verkauft. Der Großteil kann nur außerhalb des gewünschten Reiselandes erworben werden; das eigene Reisebüro weiß mehr. Inlandsflugpässe sind u. a. für Argentinien, Bolivien, Brasilien, Chile, Kolumbien und Peru erhältlich. Weitere Details finden sich unter „Unterwegs vor Ort" im Abschnitt „Verkehrsmittel & -wege" der einzelnen Regionenkapitel.

Flugziele & Preise

Sofern nicht anders vermerkt, gelten die Preise in der folgenden Tabelle für die einfache Flugstrecke in der Mittelsaison. Die Angaben stammen von den Fluglinien und beziehen sich auf Tickets, die direkt vor Ort gekauft werden. Sparfüchse graben sicherlich noch bessere Angebote aus. Manchmal ist die Variante *ida y vuelta* (mit Rückflug) günstiger als Tickets für die einfache Flugstrecke. Da lohnt sich doch das Nachfragen.

Start in	Ziel	Preis (US$)
Asuncíon	Buenos Aires	195–210
Bogotá	Quito	206
Buenos Aires	La Paz	160–285
Buenos Aires	Santiago	240–325
Buenos Aires	Ushuaia	103–150
Guayaquil	Galápagos-inseln	300/344 mit Rückflug (Neben-/Hauptsaison)
Guayaquil	Lima	265–300
Lima	La Paz	195
Punta Arenas	Falkland-inseln	500–580 (mit Rückflug)
Punta Arenas	Santiago	400
Quito	Galápagos-inseln	344/390 mit Rückflug (Neben-/Hauptsaison)
Rio de Janeiro	Manaus	300–520
Rio de Janeiro	Montevideo	250–350
Rio de Janeiro	Santa Cruz (Bol.)	240–325
Salvador	Rio de Janeiro	140
Santa Cruz (Bol.)	Florianópolis	450
Santiago	Osterinsel	665 (mit Rückflug)
Santiago	La Paz	355
Santiago	Lima	410

NAHVERKEHR

Ganz Südamerika kann sich dichter und zuverlässiger Regional- und Stadtbusnetze rühmen. In vielen Ländern können Busse einfach auf der Straße angehalten werden. Wer die offizielle Haltestelle findet, ist auf der sicheren Seite, andernfalls einfach winken, sobald ein Bus in die gewünschte Richtung vorbei fährt. Keine Angst: Die

meisten Fahrer sind sehr hilfsbereit und weisen Travellern gerne den Weg zum richtigen Bus.

Wie in den meisten größeren Städten treiben auch in Südamerika Langfinger in überfüllten Bussen und U-Bahnen ihr Unwesen. In rappelvollen öffentlichen Verkehrsmitteln sollte man daher immer auf der Hut sein. Wer sein ganzes Gepäck dabei hat, macht um überfüllte Nahverkehrsmittel am besten einen großen Bogen.

In den meisten (aber längst nicht allen) Großstädten sind die Taxis mit Taxametern ausgestattet. Fahrgäste sollten darauf bestehen, dass der Fahrer das Gerät auch benutzt. Bei Droschken ohne Taxameter muss der Fahrtpreis grundsätzlich *vor* dem Einsteigen ausgehandelt werden. Neben Sonntagsfahrten sind Trips nach 21 Uhr meist deutlich teurer.

SCHIFF/FÄHRE

Südamerika bietet eine Menge Gelegenheiten für das Reisen zu Wasser, von Kreuzfahrten durch die geheimnisvollen Fjorde des chilenischen Patagoniens über Flussdampfer, die den mächtigen Amazonas hinauftuckern bis hin zu motorisierten Einbäumen, die durch die Mangrovensümpfe an der Küste Ecuadors schippern. In punkto Sicherheit müssen sich Traveller normalerweise keine Gedanken machen; dies gilt insbesondere für die renommierten Fährbetreiber und Kreuzfahrtanbieter in Chile und Argentinien. In letzter Zeit gab's ein paar Probleme mit Touristenbooten auf den Galápagosinseln. 2005 ist auch eines davon gesunken – man sollte also lieber nicht am falschen Ende sparen. Bei Touren mit Außenborderkanus und anderen kleinen Wasserfahrzeugen besteht normalerweise keine Gefahr.

Flüsse

Langstreckenfahrten auf Südamerikas großen Strömen (z. B. Amazonas oder Orinoco) sind möglich. Wesentlich idyllischer sind jedoch Ausflüge auf kleineren Flüssen (z. B. Mamoré oder Beni); denn weil die Boote dabei nahe am Ufer entlangfahren, können Passagiere die einheimische Tierwelt aus nächster Nähe hören und sehen. Bei Amazonastrips sieht man das Ufer nur eher selten. Außerdem ist die Gegend am Unterlauf des Stroms dicht besiedelt, und auf dem Oberlauf sind mittlerweile weniger Passagierboote unterwegs als früher. „Schiff ahoi" heißt es auch auf dem Río Paraguay von Asunción (Paraguay) nach Brasilien oder auf dem Río Napo von Coca (Ecuador) nach Perú. In punkto Größe und Ausstattungsstandard gibt es bei den Flussdampfern gewaltige Unterschiede. Vor dem Ticketkauf lohnt es sich deshalb, die Preise zu vergleichen und außerdem die Kähne genau unter die Lupe zu nehmen. Ein Hängemattenplatz auf dem langsamen Dampfer zwischen Manaus und Belém (Brasilien) kostet 70 bis 110 US$ inklusive Verpflegung. Der Törn von Trinidad nach Guayaramerín (Bolivien) dauert drei bis vier Tage und schlägt mit 30 bis 35 US$ zu Buche. Passagiere sollten sich alle Details genauestens auf ihrem Ticket auflisten lassen. Flussabwärts geht's zwar schneller voran als gegen die Strömung, flussaufwärts fahrende Schiffe bewegen sich aber meist näher am Ufer, so dass man mehr von der Landschaft sieht. Wie lange die Fahrt von einem zum anderen Hafen dauert, lässt sich so gut wie nicht vorausberechnen; Flusstrips eignen sich daher am besten für Traveller, die es nicht sonderlich eilig haben.

Die Verpflegung (tonnenweise Reis mit Bohnen, manchmal etwas Fleisch) ist normalerweise im Ticketpreis enthalten. Es sei aber empfohlen, sich zusätzlich mit Trinkwasser in Flaschen, Obst und Snacks einzudecken. Das erste Abendessen an Bord wird häufig separat berechnet. Meistens werden auch an Bord Getränke und Lebensmittel verkauft – allerdings zu Wucherpreisen, was mit einkalkuliert werden sollte. Auch ein guter Insektenschutz ist wichtig.

Wer nicht in einer Kabine übernachtet, braucht eine Hängematte und ein Seil, um sie aufzuspannen. Vor dem Wind und der Kühle bei Nacht schützt man sich am besten mit einem Schlafsack. Normalerweise gibt's zwei Klassen von Hängemattenplätzen: Die auf dem Oberdeck sind etwas teurer, doch das lohnt sich: Dort ist es viel schöner. Traveller sollten sich mindestens acht Stunden vor dem Auslaufen an Bord einfinden, um einen guten Hängemattenplatz in einiger Entfernung zu Maschinenlärm und Toilettengeruch zu ergattern.

Auf den oft überfüllten Schiffen treiben Diebe ihr Unwesen. Auf keinen Fall darf das Gepäck ungesichert in einem Spind verstaut werden; hier schafft ein eigenes Vorhängeschloss Abhilfe. Außerdem ist es nicht ratsam, sein Gepäck irgendwelchen Mannschaftsmitgliedern anzuvertrauen – es sei denn, man ist sicher, dass es sich auch tatsächlich um welche handelt. Denn mittlerweile haben Betrüger diese Lücke für sich entdeckt.

Weitere Tipps zu Flussreisen stehen auf S. 435.

Meer

Die bekannteste und schönste Meerkreuzfahrt Südamerikas macht man an Bord einer Fähre von **Navimag** (in Chile ☎ 02-442-3120; www. navimag.com). Sie führt entlang der chilenischen Küste von Puerto Montt hinunter nach Puerto Natales (s. S. 476 und S. 576). In manchen Ländern sind kürzere Bootstrips zu Inseln in Festlandsnähe möglich, wie z. B. zur Ilha Grande und Ilha de Santa Catarina (Brasilien), Isla Grande de Chiloé (Chile) oder zur Isla Grande de Tierra del Fuego (Argentinien). Zu weiter entfernten Eilanden wird normalerweise geflogen. In den Mangrovensümpfen an der Küste Ecuadors fungieren motorisierte Einbäume als öffentliche Verkehrsmittel.

Seen

In ganz Südchile und –argentinien sind herrliche (wenn auch teure) Seekreuzfahrten im Angebot. Ausflugskähne sind auch auf dem Titicacasee sowie in und zwischen Bolivien und Peru unterwegs. Über Details informieren die jeweiligen Regionenkapitel. Zu den beliebtesten Optionen zählen:

- Von Copacabana (Bolivien) zur Isla del Sol und zur Isla de la Luna im Titicacasee
- Über den Lago General Carrera (Chile) von Chile Chico nach Puerto Ingeniero Ibáñez (Chile)
- Von Puerto Montt oder Puerto Varas (Chile) nach Bariloche (Argentina)
- Von Puno (Peru) zu den Inseln im Titicacasee

TRAMPEN

Überall auf der Welt ist das Trampen mit gewissen Gefahren verbunden. Wer den Daumen ausstreckt, sollte wissen, worauf er sich einlässt. Die Gefahr für Leib und Leben lässt sich verringern, indem man mindestens zu zweit unterwegs ist und Dritte über das jeweilige Ziel informiert.

Reisen per Anhalter ist in ganz Südamerika möglich, kostenlos allerdings nur in Argentinien, Chile, Uruguay und manchen brasilianischen Regionen. Auf dem restlichen Kontinent wird Trampen als Nahverkehrsvariante betrachtet (vor allem dann, wenn Busverbindungen nur unregelmäßig oder gar nicht vorhanden sind) – gegen Bezahlung, versteht sich. Auf manchen Routen können Traveller quasi zum Festpreis trampen. Am besten erkundigt man sich bei anderen Passagieren, was diese bezahlen. Die Beträge entsprechen normalerweise den Buspreisen oder liegen etwas darunter. Wer auf dem Dach eines Lastwagens mitfährt, hat zwar eine tolle Aussicht, sollte aber, wenn es über die *altiplano* (Anden-Hochebene) oder durch die *páramo* (feuchte Hochlandsteppe) geht, an warme Bekleidung denken. Sobald die Sonne untergeht oder sich hinter den Wolken versteckt, wird's hier nämlich bitterkalt.

Es ist nicht notwendig, den Daumen am Straßenrand auszustrecken – es sei denn, die Gelegenheit ist günstig. Beinahe jede Siedlung hat einen zentralen Lastwagenhof (oft in Marktnähe). Hier kann man sich nach einem passenden Gefährt umsehen und sich bei den Fahrern nach den Preisen erkundigen. Spätestens 30 Minuten vor der vereinbarten Abfahrtszeit sollten Tramper dann bereit stehen. Wer eine Mitfahrgelegenheit sucht, kann sich auch an den *servicentros* (Tankstellen) am Rand der Großstädte auf die Lauer legen. Hier tanken die Fahrer ihre Brummis auf.

Weitere Infos zum Trampen in Südamerika gibt's auf der Website von **Digihitch** (www.digihitch.com).

ZUG

Langsam, aber sicher verschwinden die Züge in Südamerika von der Bildfläche. Doch bis heute bescheren ein paar der schönsten Bahnstrecken der Welt leidenschaftlichen Eisenbahnfreunden den Trip ihres Lebens. Wenn es sich nicht gerade um einen Touri-Zug handelt, können Bahnreisen (sogar in der 1. Klasse) in punkto Preis durchaus mit Bussen konkurrieren. Allerdings dauert's länger. Eisenbahnfans und neugierigen Laien werden folgende Strecken wärmstens empfohlen:

Curitiba–Paranaguá (Brasilien) Brasiliens schönste Bahnstrecke windet sich über steile Hänge hinunter zur Küstenebene und beschert Passagieren dabei eine unvergessliche Aussicht (S. 364).

Oruro–Uyuni–Calama (Bolivien–Chile) Die Reise von Oruro nach Uyuni begeistert von Anfang bis Ende mit einem herrlichen Blick auf den Altiplano. In Uyuni zweigt eine Nebenstrecke ab, die in Richtung Südwesten zur chilenischen Grenze führt. Auf die langwierigen Grenzformalitäten folgt die spektakuläre Abfahrt hinunter nach Calama. Zu sehen gibt's dabei u. a. wilde Mondlandschaften und erloschene Vulkane. Das Ganze ist ein langer, anstrengender Trip, für den man sich mit genügend Trinkwasser und Mundvorrat ausrüsten muss. Wegen der extrem niedrigen Nachttemperaturen heißt es, sich warm einzupacken (S. 251).

Oruro–Uyuni–Tupiza–Villazón (Bolivien) Die Hauptstrecke ab Oruro setzt sich hinter Uyuni südwärts bis nach Tupiza fort. Auch dieses malerische Teilstück begeistert mit einer herrlichen Schluchtenlandschaft. Endstation ist in Villazón an der argentinischen Grenze (S. 251).

Puno–Juliaca–Cuzco (Peru) Dieser Zug tuckert während der Hauptsaison vom Ufer des Titicacasees hinauf zu einem Pass auf 4600 m Höhe, aber nur, wenn ganze Reisegruppen buchen. Die Abfahrtszeiten lassen sich kaum voraussagen. Wenn der Zug denn fährt, können auch Einzelreisende an Bord gehen (S. 994).

Riobamba–Sibambe (Ecuador) Plätze auf dem Dach sind heiß begehrt: Schließlich handelt es sich hierbei um die berühmt-berüchtigte Nariz del Diablo (Teufelsnase), eine berauschend steile Abfahrt über halsbrecherische Serpentinen (S. 676).

Salta–La Polvorilla (Argentinien) Ein typischer Touristenzug – na und? Beim Aufstieg zur *puna* (Andenhochfläche) überwindet der Tren a las Nubes (Zug zu den Wolken) Serpentinen, Tunnels und mörderische Brücken. Wenn einem das mal nicht zu Kopf steigt ... (S. 118)

In den Andenländern sind verschiedene Arten von Passagierzügen unterwegs. Beim relativ schnellen *ferrobus* handelt es sich um ein dieselgetriebenes Schienenfahrzeug mit einem oder zwei Waggons. Der „Schienenbus" transportiert Passagiere von A nach B, hält allerdings unterwegs nicht. An Bord bekommt man auch etwas zu essen. Diese Option ist zwar am teuersten, ist aber eigentlich eine hervorragende Wahl.

Ähnlich wie ein normaler Zug wird ein *tren rápido* von einer Diesel- oder Dampflokomotive gezogen. Wie der Name schon sagt, ist ein solcher „Schnellzug" recht fix unterwegs und hält nur selten – und ist außerdem günstiger als ein *ferrobus*. Gewöhnliche Passagierzüge (manchmal auch *expresos* genannt) sind langsamer, billiger und halten an den meisten Zwischenbahnhöfen. Im Normalfall gibt es zwei Klassen, die 2. Klasse ist allerdings meist hoffnungslos überfüllt. Und zu guter Letzt wären da noch die *mixtos* (Mischung aus Passagier- und Güterzug). Diese Züge transportieren absolut alles und jeden, halten an jeder Wiesenblume, brauchen ewig und sind vor allem eines: unschlagbar günstig.

Die wenigen verbliebenen Personenzüge in Chile und Argentinien sind im Großen und Ganzen etwas moderner und recht erschwinglich. In der Salon- und Pullmanklasse reist es sich äußerst angenehm. Wer *economia* oder *turista* bevorzugt, schont seinen Geldbeutel. Den höchsten Komfort bietet aber die *cama*-Klasse (Schlafwagen). Auch in Brasilien gibt's ein paar interessante Bahnstrecken, die jedoch allesamt recht kurz sind.

Gesundheit

INHALT

Vor der Reise	1246
Versicherung	1246
Empfohlene Impfungen	1246
Reiseapotheke	1246
Infos im Internet	1247
Noch mehr Lektüre	1248
Unterwegs	1248
Thrombose	1248
Jetlag & Reiseübelkeit	1248
In Südamerika	1248
Medizinische Versorgung & Kosten	1248
Infektionskrankheiten	1248
Gesundheitsrisiken	1252
Frauen & Gesundheit	1255
Traditionelle Medizin	1255

In medizinischer Hinsicht ist Südamerika zweigeteilt: Der Großteil des Kontinents bis auf den Süden ist tropisch, die gemäßigte Zone umfasst Chile, Uruguay, Südargentinien und die Falklandinseln. Die Infektionskrankheiten im tropischen Südamerika sind in etwa dieselben, die man sich auch im tropischen Afrika oder Asien zuziehen kann. In erster Linie handelt es sich dabei um Krankheiten, die von Moskitos übertragen werden (z. B. Malaria, Gelb- und Denguefieber). In den gemäßigten Zonen ist das Risiko dafür aber gering.

Bei Reisen durch Südamerika ist Vorbeugung der Schlüssel zur Gesundheit. Traveller, die sich die empfohlenen Impfungen geben und ansonsten gesunden Menschenverstand walten lassen, kriegen höchstens eine kurze Durchfallerkrankung.

VOR DER REISE

Alle notwendigen Medikamente sollten in ihrer etikettierten Originalverpackung mitgebracht werden. Außerdem ist es sinnvoll, einen unterschriebenen und datierten Brief des eigenen Arztes mitzuführen, in dem alle Angaben zum Gesundheitszustand und zu verordneten Medikamenten (mitsamt deren Freinamen) aufgelistet sind. Wer Spritzen oder Kanülen mitführt, sollte sich deren medizinische Notwendigkeit auf jeden Fall schriftlich von einem Arzt bestätigen lassen.

VERSICHERUNG

Falls die normale Krankenversicherung keinen ausreichenden Schutz bietet, ist unbedingt eine entsprechende Auslandskrankenversicherung nötig. Wichtig ist, zu wissen, ob die Versicherung die medizinischen Leistungen direkt bezahlt, oder ob man das Geld erst einmal auslegen muss und später zurückbekommt. Achtung: In vielen Ländern erwarten Ärzte ihr Honorar in bar.

EMPFOHLENE IMPFUNGEN

Die meisten Impfungen sind erst zwei Wochen nach Verabreichung voll wirksam. Traveller sollten ihren Arzt daher schon vier bis acht Wochen vor der Abreise aufsuchen und außerdem um einen international gültigen Impfpass bitten. In diesem gelben Büchlein sind alle verabreichten Impfungen vermerkt. Ein solches Dokument ist obligatorisch in Ländern, die bei der Einreise auf den Nachweis einer Gelbfieberschutzimpfung bestehen. Aber auch sonst ist der Internationale Impfpass auf Reisen grundsätzlich sinnvoll.

Die Gelbfieberschutzimpfung ist die einzige vorgeschriebene Prophylaxemaßnahme, wenn man aus einer afrikanischen oder amerikanischen Gelbfieberregion einreist. Nur Französisch-Guyana verlangt von allen Touristen eine Gelbfieberimpfung. Zusätzlich sind noch weitere Impfungen empfehlenswert (s. Kasten gegenüber).

REISEAPOTHEKE

- Antibiotika
- Antihistaminika gegen Heuschnupfen und andere allergische Reaktionen
- Aspirin oder Paracetamol (in Südamerika besser bekannt als „Acetaminophen")
- DEET-haltiges Insektenschutzmittel
- Diamox oder ein anderes Acetazolamid gegen Höhenkrankheit
- „Durchfallbremsen" (z. B. Loperamid)

EMPFOHLENE IMPFUNGEN

Impfung	Empfohlen für	Dosierung	Nebenwirkungen
Windpocken	Reisende, die noch nie Windpocken hatten	2-mal mit 1-monatiger Pause	Fieber; leichte Form von Windpocken
Hepatitis A	alle Reisenden	1-mal vor der Reise; Auffrischung nach 6–12 Monaten	Wundschmerz an der Einstichstelle; Kopf- und Gliederschmerzen
Hepatitis B	Langzeitreisende mit engem Kontakt zu Einheimischen	3-mal innerhalb von 6 Monaten	Entzündung an der Impfstelle; leichtes Fieber
Masern	Reisende, die nach 1956 geboren sind und nur 1 Impfung haben	1-mal	Fieber; Ausschlag; Glieder-schmerzen; allergische Reaktionen
Tollwut	Reisende, die Kontakt zu Tieren haben und sich abseits von medizinischer Versorgung aufhalten	drei Impfungen über 3–4 Wochen verteilt	Entzündung an der Einstichstelle; Kopf- und Gliederschmerzen
Tetanus/Diphtherie	alle Reisenden, die in den letzten 10 Jahren keine Auffrischung hatten	1-mal; wirkt für 10 Jahre	Entzündung an der Einstichstelle
Typhus	alle Reisenden	4 oral einzunehmende Kapseln, alle 2 Tage 1 Kapsel	Darmkrämpfe; Übelkeit; Ausschlag
Gelbfieber	Reisende, die sich in Urwaldgebieten über 2300 m Höhe aufhalten	1-mal; wirkt für 10 Jahre	Kopf- und Gliederschmerzen; selten heftigere Reaktionen

- eine antibakterielle Salbe für Schnitt- und Schürfwunden (z. B. Bactroban)
- Entzündungshemmer (z. B. Ibuprofen)
- Fieberthermometer
- Jodtabletten zur Wasserreinigung (außer bei Schwangerschaft oder Schilddrüsenproblemen)
- Permethrinhaltiges Insektenspray für Kleidung, Zelte und Moskitonetze
- Pflaster und Tape für Verbände
- Rehydrationstabletten oder -lösungen
- Scheren, Pinzetten, Sicherheitsnadeln
- Steroid- oder Kortisonsalbe gegen allergische, juckende Ausschläge (z. B. durch Kontakt mit Giftefeu)
- Sonnenschutzmittel
- Spritzen und sterile Nadeln
- Taschenmesser
- Verbandszeug, Mullbinden

INFOS IM INTERNET

Im Internet wimmelt es nur so von Informationen zum Thema „Gesundheit auf Reisen". Für den Anfang empfiehlt sich ein Blick auf die Website von **Lonely Planet** (www.lonelyplanet.com). Die **Weltgesundheitsorganisation (WHO)** (www.who.int/ith) gibt ein hervorragendes Buch namens *International Travel and Health* heraus, das jährlich überarbeitet wird und im Internet kostenlos zur Verfügung steht. Infos auf Deutsch gibt's auf der Seite des Instituts für medizinische Information (www.reisevorsorge.de). Eine weitere gute Informationsquelle ist die Website von **TravelMED** (www.travelmed.de) mit umfassenden, täglich aktualisierten Gesundheitstipps zu sämtlichen Reiseländern.

Ansonsten sollten Traveller auf jeden Fall auch die Hinweise auf den Reiseseiten ihres jeweiligen Gesundheits- oder Außenministeriums beachten:

Deutschland (www.auswaertiges-amt.de/www/de/laenderinfos/gesundheitsdienst)
Österreich (www.bmaa.gv.at/view.php3?r_id=194&LNG=de&version=)
Schweiz (www.eda.admin.ch/eda/de/home/travad.html)

NOCH MEHR LEKTÜRE

Weitere Informationen enthält *Healthy Travel Central & South America* von Lonely Planet. Für Reisen mit Kindern empfiehlt sich der Lonely Planet-Ratgeber *Travel with Children*. Auch nützlich: *Gesund reisen in fernen Ländern* von H. Kretschmer und M. Kaiser.

UNTERWEGS

JETLAG & REISEÜBELKEIT

Bei Reisen über mehr als fünf Zeitzonen hinweg ist ein Jetlag kaum zu vermeiden. Zu den Symptomen zählen Schlaflosigkeit, Müdigkeit, Unwohlsein und Brechreiz. Um einen Jetlag zu vermeiden, nimmt man am besten viel (nichtalkoholische!) Flüssigkeit und nur leichte Mahlzeiten zu sich. Nach der Ankunft sollten sich Traveller am besten natürlichem Tageslicht aussetzen, um ihren Rhythmus (essen, schlafen usw.) dem hiesigen so schnell wie möglich anzupassen.

Antihistaminika – wie z.B. Dimenhydrinate (Dramamin) oder Meclozin (Antivert, Bonine) – sind die erste Wahl, wenn's um das Kurieren von Reiseübelkeit geht. Als häufigste Nebenwirkung tritt Schläfrigkeit auf. Eine natürliche Alternative zu Antihistaminika ist Ingwer, manche schwören darauf.

THROMBOSE

Durch das lange Stillsitzen können sich auf Langzeitflügen Blutklumpen in den Beinvenen bilden (Thrombose oder Deep Vein Thrombosis, DVT). Je länger der Flug, desto höher ist das Risiko. Die meisten Verklumpungen werden ohne weitere Folgen wieder vom Körper absorbiert. Manchmal wandert ein Gerinnsel aber auch durch die Blutgefäße in die Lunge und kann dort lebensgefährliche Komplikationen verursachen.

Hauptsymptome einer Venenthrombose sind Schwellungen oder Schwerzen in den Füßen, Fußgelenken oder Waden (meistens – aber nicht immer – nur auf einer Seite). Wenn ein Blutgerinnsel in die Lunge gerät, kann dies Brustschmerzen und Schwierigkeiten beim Atmen verursachen. Wer nur eines dieser Symptome bei sich feststellt, sollte unverzüglich nach medizinischer Hilfe suchen.

Um das Thromboserisiko auf Langzeitflügen zu senken, wird Travellern empfohlen, ab und zu durch die Kabine zu laufen. Auch Spannen, Entspannen und Dehnen der Beinmuskulatur im Sitzen kann vorbeugen. Außerdem sollte man ausreichend Flüssigkeit trinken und von Alkohol und/oder Tabakwaren die Finger lassen.

IN SÜDAMERIKA

MEDIZINISCHE VERSORGUNG & KOSTEN

Vernünftige medizinische Einrichtungen sind in kleineren Städten selten und im ländlichen Raum so gut wie gar nicht zu finden. Viele Ärzte und Krankenhäuser erwarten ihr Honorar in bar – ob man nun eine Auslandskrankenversicherung hat oder nicht. Wer lebensbedrohliche Gesundheitsprobleme bekommt, wird sich höchstwahrscheinlich in ein Land mit bestmöglicher medizinischer Versorgung ausfliegen lassen wollen. Dafür kommen schnell mehrere zehntausend Euro zusammen. Deshalb sollten Traveller vor der Abreise unbedingt checken, ob ihre Krankenversicherung die Kosten für medizinische Überführungsflüge übernimmt. Weitere Informationen zu diesem Thema gibt's auf den Reiseseiten des deutschen **Auswärtigen Amtes** (www.auswaertiges-amt.de/www/de/laenderinfos/gesundheitsdienst), der **Republik Österreich** (www.bmaa.gv.at/view.php3?r_id=194&LNG=de&version=) und der **Schweizer Eidgenossenschaft** (www.eda.admin.ch/eda/de/home/travad.html).

INFEKTIONSKRANKHEITEN
Cholera

Cholera ist eine Darmkrankheit, die durch den Konsum von verseuchten Lebensmitteln oder Trinkwasser übertragen wird. Hauptsymptom sind starke wässrige Durchfälle, die zu lebensbedrohlicher Dehydrierung führen können. Die wichtigste Gegenmaßnahme ist das Trinken von Rehydrationslösungen. Ergänzend können Antibiotika wie z. B. Tetracyclin oder Doxycyclin eingenommen werden; auch Antibiotika der Chinolingruppe (z. B. Ciprofloxacin oder Levofloxacin) sind sehr wirkungsvoll. Traveller infizieren sich selten mit Cholera. Mittlerweile sind Choleraimpfungen nicht mehr vorgeschrieben und werden in manchen Ländern schon gar nicht mehr angeboten, denn der alte Impfstoff hat sich als relativ wirkungslos erwiesen und hatte eine Menge Nebenwirkungen. Moderne Impfstoffe sind wesentlich effektiver und zuverlässiger, stehen aber in vielen Ländern nicht zur Verfügung und empfehlen sich nur für Reisen in ausgesprochene Risikogebiete.

Denguefieber

Beim Denguefieber handelt es sich um eine Virusinfektion, die in ganz Südamerika grassiert. Dengue wird von Gelbfiebermücken übertragen. Diese Insekten stillen ihren Blutdurst v. a. tagsüber und sind normalerweise in der Nähe menschlicher Siedlungen zu finden (oft auch in Gebäuden). Die Moskitos legen ihre Eier gern in künstlichen Wasserbehältern ab (z. B. in Einmachgläsern, Fässern, Dosen, Zisternen, Metalltrommeln, Kunststoffkanistern, ausrangierten Autoreifen usw.). Deshalb tritt Denguefieber besonders häufig in dicht besiedelten Stadtgebieten auf.

Denguefieber äußert sich normalerweise in grippeartigen Symptomen wie Fieber, Muskel-, Gelenk- und Kopfschmerzen, Übelkeit und Erbrechen, oft gefolgt von Ausschlägen. Die körperlichen Beschwerden sind zwar eine Weile lang ziemlich unangenehm, doch die meisten Patienten sind nach ein paar Tagen wieder fit. Schwere Fälle von Denguefieber treten normalerweise nur bei Kindern und Jugendlichen unter 15 Jahren auf, die sich diese Infektion zum zweiten Mal zuziehen.

Die Behandlungsmöglichkeiten für Denguefieber beschränken sich auf das Verabreichen von Schmerzmitteln (Acetaminophen/Paracetamol oder Tylenol) und eine ausreichende Flüssigkeitszufuhr. In schweren Fällen sind u. U. Krankenhausaufenthalte mit Infusionen und unterstützenden Therapien nötig. Schutzimpfungen gibt's keine; vorbeugen lässt sich am besten durch ausreichenden Schutz vor Insekten (s. S. 1253).

Gelbfieber

Gelbfieber ist eine lebensbedrohliche Virusinfektion. Sie wird in Waldgebieten von Moskitos übertragen. Die Krankheit beginnt zunächst mit grippeähnlichen Symptomen wie Fieber, Schüttelfrost, Kopf- und Rückenschmerzen, Muskelkrämpfen, Appetitlosigkeit, Übelkeit und Erbrechen. Normalerweise verschwinden diese Krankheitszeichen nach ein paar Tagen wieder. Bei einem Sechstel aller Patienten kommt es jedoch zu einer zweiten und weitaus gefährlicheren Krankheitsphase: Diese geht mit Fieberanfällen, Erbrechen, Apathie, Gelbsucht, Nierenversagen und Blutstürzen einher. In der Hälfte aller Fälle führt dies zum Tod. Außer einer entsprechenden Prophylaxe gibt's keinerlei Behandlungsmöglichkeiten.

Gelbfieberschutzimpfungen werden ausschließlich in offiziellen Impfzentren verabreicht. Die Eintragung im Internationalen Impfpass (gelbes Büchlein) gilt als offizieller Nachweis. Die Injektion muss mindestens zehn Tage vor der Einreise in ein potentielles Gelbfiebergebiet erfolgen und schützt für ca. zehn Jahre. Die Nebenwirkungen sind vergleichsweise schwach und beschränken sich auf Kopf- und Muskelschmerzen, leichtes Fieber oder Wundschmerz an der Einstichstelle. In extrem seltenen Fällen kam es zu lebensbedrohlichen Reaktionen. Verglichen mit dem Risiko, das eine Gelbfieberinfektion birgt, ist das Risiko bei Schutzimpfungen verschwindend gering. Deshalb sollten sich Traveller auf jeden Fall piksen lassen.

Ein ausreichender Schutz vor Moskitostichen ist dennoch unbedingt nötig (s. S. 1253).

Hepatitis A

Nach den Durchfallerkrankungen ist Hepatitis A die zweithäufigste Reisekrankheit. Die Virusinfektion befällt die Leber normalerweise nach dem Genuss von verseuchtem Trinkwasser, Speiseeis oder kontaminierten Lebensmitteln. Ansteckungsgefahr besteht aber auch bei direktem Körperkontakt mit infizierten Personen. Die Krankheit tritt weltweit auf, besonders häufig allerdings in Entwicklungsländern. Zu den Symptomen zählen Fieber, Unwohlsein, Gelbsucht, Übelkeit, Erbrechen und Bauchschmerzen. Die meisten Erkrankten genesen ohne große

1250 IN SÜDAMERIKA •• Infektionskrankheiten

www.lonelyplanet.de

Komplikationen, trotzdem kann die Leber durch Hepatitis A in seltenen Fällen schwer geschädigt werden. Diese Krankheit ist nicht behandelbar. Dafür gibt's sehr sichere und effektive Schutzimpfungen gegen Hepatitis A. Wer sich impfen lässt und sechs bis zwölf Monate später zum Auffrischen geht, hat für mindestens zehn Jahre seine Ruhe. Vor Reisen in Entwicklungsländer sollte man das auf jeden Fall tun. Die Risiken für Schwangere und Kinder unter zwei Jahren sind noch nicht umfassend erforscht. Für sie empfiehlt sich daher eine Gammaglobulininjektion.

Hepatitis B

Wie Hepatitis A ist auch Hepatits B eine Leberinfektion, die weltweit vorkommt, aber häufiger in Entwicklungsländern auftritt. Im Gegensatz zu Hepatitis A erfolgt die Übertragung in diesem Fall durch Sexualkontakt oder Kontakt mit infiziertem Blut (meist durch Transfusionen oder verseuchte Kanülen). Die Schutzimpfung empfiehlt sich nur für Langzeitreisende (länger als sechs Monate im Ausland), die sich voraussichtlich in ländlichen Gebieten aufhalten oder nahen körperlichen Kontakt zur Bevölkerung haben werden. Auch wer eventuell sexuellen Kontakt mit Einheimischen haben wird oder wahrscheinlich ärztliche, zahnärztliche oder sonstige medizinische Behandlungen im Ausland in Anspruch nimmt (v. a., wenn Transfusionen oder Injektionen zu erwarten sind), sollte sich impfen lassen.

Schutzimpfungen gegen Hepatitis B wirken sehr sicher und zuverlässig. Vollständig immun sind Geimpfte nach insgesamt drei Injektionen. Einige Länder haben diese Prophylaxe in den 1980er-Jahren in ihre routinemäßigen Kinderimpfprogramme aufgenommen. Viele junge Erwachsene dürften daher bereits geschützt sein.

Malaria

Malaria grassiert in allen Ländern Südamerikas (ausgenommen Chile, Uruguay und Falklandinseln). Die Krankheit wird durch Moskitos übertragen, die ihre Opfer normalerweise bei Dunkelheit heimsuchen. Hauptsymptom sind heftigste Fieberanfälle, oft zusammen mit Schüttelfrost, Schweißausbrüchen, Kopf- und Gliederschmerzen, Schwächeanfällen, Erbrechen und Durchfall.

In schwerwiegenden Fällen wird das zentrale Nervensystem angegriffen. Das kann über Wahnvorstellungen, Orientierungslosigkeit und Koma bis zum Tod führen.

Insgesamt sind drei Malariamedikamente erhältlich, die alle gleichermaßen wirksam sind. Mefloquin (Lariam) muss einmal wöchentlich in einer Dosis von 250 mg eingenommen werden, und zwar von einer bis zwei Wochen vor der Abreise an bis vier Wochen nach der Rückkehr. Das Problem bei diesem Medikament ist, dass ein bestimmter Prozentsatz von Patienten (die Zahl ist umstritten) neuropsychatrische Begleiterscheinungen zeigt, die harmlos bis ernsthaft sein können. Das neue Kombinationsmedikament mit den Wirkstoffen Atovaquon und Proguanil (Malarone) wird einmal täglich zu einer Mahlzeit eingenommen. Die Prophylaxe beginnt zwei Tage vor der Abreise und endet eine Woche nach der Rückkehr. Die Nebenwirkungen sind nur leicht. Die dritte Alternative – Doxycyclin – kann übermäßige Sonnenempfindlichkeit hervorrufen.

Insgesamt scheint Malarone weniger Nebenwirkungen zu haben als Mefloquin und wird deshalb immer beliebter. Der große Nachteil ist, dass es täglich eingenommen werden muss. Für längere Trips ist Mefloquin durchaus zu empfehlen; bei kürzeren Reisen werden die meisten Traveller jedoch auf Malarone zurückgreifen.

Ein ausreichender Schutz gegen Moskitostiche ist mindestens genauso wichtig wie die eigentliche Malariaprophylaxe (Empfehlungen gibt's auf S. 1253), denn keines der angegebenen Medikamente ist zu 100 % sicher.

Wer sich auf Reisen fernab aller medizinischen Einrichtungen aufhält, sollte zusätzlich Medikamente zur Eigenbehandlung mitführen. Die sind ausschließlich für den Notfall bestimmt, wenn sich Malariasymptome (z. B. heftige Fieberfälle) zeigen und kein Arzt in der Nähe ist. Man kann z. B. drei Tage lang jeweils vier Malarone-Tabletten auf einmal einnehmen. Das geht allerdings nicht, wenn Malarone bereits zur Vorbeugung verwendet wurde. Alternativ kommt eine Kombination aus Chinin (650 mg; 3-mal täglich) und Doxycyclin (100 mg; 2-mal täglich) in Frage. Beide Medikamente müssen eine Woche lang eingenommen werden. Bei Selbstmedikamentierung unbedingt so schnell wie möglich ärztliche Hilfe aufsuchen!

Zum Arzt sollte man auch gehen, wenn nach der Heimkehr Fieberanfälle auftreten (Malariasymptome treten u. U. erst nach Monaten auf).

Pest

Der Schwarze Tod wird normalerweise durch den Biss von Rattenflöhen auf Menschen übertragen (v. a. dann, wenn Nager ihr Leben gerade aushauchen). Zu den Symptomen zählen Fieber, Schüttelfrost, Muskelkrämpfe und Übelkeit – ganz abgesehen von starken und extrem schmerzhaften Lymphknotenschwellungen. Diese werden als „Bubo" bezeichnet und treten meist in der Leistengegend auf. Beinahe jedes Jahr wird von Pestfällen irgendwo in Peru, Bolivien oder Brasilien berichtet; das Infektionsrisiko für Traveller ist allerdings sehr gering. Wer möglicherweise Kontakt mit Nagetieren oder Rattenflöhen haben wird, sollte eine Flasche Doxycyclin mitgeführen. Bei Bedarf kann das Medikament dann vorbeugend eingenommen werden. Kinder unter acht Jahren oder Menschen, die allergisch auf Doxycyclin reagieren, nehmen stattdessen Trimethoprim-Sulfamethoxazol. Zusätzlich wird Travellern empfohlen, sich von Gebieten mit Nagetiergängen oder –nestern fernzuhalten. Kranke Tiere oder Kadaver anzufassen, ist grundsätzlich tabu. Vor Insektenbissen und –stichen sollte man sich ohnehin schützen, Hinweise dazu gibt's auf S. 1253.

Tollwut

Der Tollwutvirus befällt Gehirn und Rückenmark, was so gut wie immer tödlich endet. Er findet sich im Speichel infizierter Tiere und wird meist durch Bisse übertragen. Eine Infektion ist aber auch möglich, wenn verseuchter Tierspeichel in bereits vorhandene Hautwunden eindringt. Die Tollwut kommt in ganz Südamerika vor.

Schutzimpfungen gegen Tollwut sind sicher aber relativ teuer. Die komplette Prophylaxe besteht aus drei Injektionen und wird hauptsächlich für Tierfreunde und Höhlenforscher empfohlen. Allerdings sollten auch Traveller, die eigentlich keine Tierbisse erwarten, eine Schutzimpfung in Betracht ziehen, wenn sie in abgelegene Ge- — reisen, wo es oft weit und breit keine

ausreichenden medizinischen Einrichtungen gibt. Bei Tollwutverdacht wird eine Kombination aus Tollwutimpfstoff und Antikörpern gespritzt. Dieses Notfallmedikament wirkt zuverlässig, muss aber nach Bissen sofort verabreicht werden. Für die meisten Traveller ist eine Tollwutschutzimpfung überflüssig.

Sämtliche Biss- und Kratzwunden müssen augenblicklich und sorgfältig mit genügend Wasser und Seife ausgewaschen werden. Anschließend entscheidet die örtliche Gesundheitsbehörde, ob weitere Maßnahmen notwendig sind oder nicht (s. auch S. 1254).

Typhus

Typhus wird durch Lebensmittel oder Trinkwasser übertragen, die mit einer bestimmten Salmonellenart namens *salmonella typhi* verseucht sind. Typhus geht fast immer mit Fieber einher. Weitere Symptome sind Kopfschmerzen, Übelkeit, Muskelkrämpfe, Schwindel, Appetitlosigkeit, Brechreiz und Bauchschmerzen. Dazu kommen manchmal Durchfall oder Verstopfung. In schweren Fällen können Darmdurchbrüche, innere Blutungen, Verwirrtheit oder Wahnvorstellungen auftreten. Ganz wenige Betroffene fallen anschließend ins Koma.

Wer nicht ausschließlich in großen Hotels und Restaurants essen will, sollte sich gegen Typhus impfen lassen. Dies ist entweder als Schluckimpfung oder per Spritze möglich. Beide Varianten eignen sich nicht für Kinder unter zwei Jahren.

Für die Behandlung von Typhus werden normalerweise Antibiotika der Quinolongruppe verwendet wie z. B. Ciprofloxacin (Cipro) oder Levofloxacin (Levaquin). Viele Traveller haben diese Medikamente sowieso gegen Durchfallerkrankungen dabei. Wer sich selbst gegen Typhus behandelt, kann gleich noch ein paar Malariapillen einwerfen: Die Symptome beider Krankheiten lassen sich manchmal kaum unterscheiden.

Andere Infektionen

BARTONELLOSE (OROYA-FIEBER)

Bartonellose wird von den Sandfliegen übertragen, die in den trockenen Flusstälern der westlichen Andenhänge in Peru, Kolumbien und Ecuador (800 bis 3000 m) herumschwirren. Seltsamerweise tritt die Krankheit sonst nirgendwo in der Welt auf.

Hauptsymptome sind Fieberanfälle und starke Muskelschmerzen. In schweren Fällen kommt es zu Anämien, Leber- und Milzvergrößerungen. Bartonellose kann in seltenen Fällen auch zum Tod führen. Sie lässt sich aber mit Chloramphenicol oder Doxycyclin erfolgreich behandeln.

CHAGA-KRANKHEIT
Die Chaga-Krankheit wird von Raubwanzen übertragen. Diese Parasiten siedeln in den Mauern und Dächern heruntergekommener Gebäude in Süd- und Mittelamerika. In Peru treten die meisten Fälle in den südlichen Landesteilen auf. Wenn eine Raubwanze ihre Mundwerkzeuge in die menschliche Haut bohrt (bevorzugt nachts), entleert sie nebenbei ihren Darm. Das Opfer infiziert sich, indem es die Ausscheidungen unbemerkt in die Bisswunde oder eine andere Hautverletzung reibt. Nur ganz wenige Traveller erkranken an Chaga. Dennoch ist beim Übernachten in baufälligen Gebäuden Vorsicht geboten – besonders dann, wenn diese aus Lehm, Ziegeln oder Stroh bestehen. In diesem Fall schützt man sich am besten mit einem Moskitonetz und einem guten Insektenabwehrmittel.

GNATHOSTOMIASE
Gnathostomiase befällt das Verdauungssystem. Die Parasiten gelangen durch den Genuss von rohem oder unzureichend erhitztem Süßwasserfisch aber auch von *ceviche* (marinierte rohe Meeresfrüchte) in den Körper.

HISTOPLASMOSE
Die Histoplasmose wird von den Sporen eines bestimmten Bodenpilzes ausgelöst. Insbesondere bei frisch aufgebrochenem Erdreich besteht Infektionsgefahr, wenn diese Sporen eingeatmet werden. Als erste Symptome treten u. a. Fieber, Schüttelfrost, Reizhusten, Brust- und Kopfschmerzen auf. Manchmal kommt es zu einer Lungenentzündung. Immer wieder infizieren sich Höhlenforscher mit Histoplasmose, wenn sie Höhlen erkunden, die von Fledermäusen bewohnt sind.

HIV/AIDS
HIV und AIDS gibt es in ganz Südamerika. Bei allen Sexualkontakten sind Kondome daher ein absolutes Muss.

LEISHMANIASE
Leishmaniase kommt in den Gebirgsregionen und Urwäldern sämtlicher südamerikanischer Länder (ausgenommen Chile, Uruguay und Falklandinseln) vor. Die Überträger sind Sandfliegen, die nur ca. ein Drittel der Größe von Moskitos erreichen. Bei leichten Formen der Leishmaniase treten an den betroffenen Hautstellen sich langsam ausbreitende Geschwüre auf. Seltener werden zusätzlich auch Rückenmark, Leber und Milz befallen. Insbesondere bei HIV-Patienten kann Leishmaniase fatale Folgen haben. Impfungen gibt's leider keine. Vor Sandfliegen schützt man sich wie vor Moskitos (s. S. 1253) – mit einer Ausnahme: Die Maschen des Netzes müssen wesentlich dichter sein (mind. 7 Löcher/cm).

LEPTOSPIROSE
Leptospirose wird durch den Kontakt mit Wasser übertragen, in das der Urin infizierter Tiere gelangt ist. Die Krankheit bricht oft nach Flutkatastrophen aus, wenn die überlaufende Kanalisation die Trinkwasserspeicher verunreinigt. Die ersten Symptome ähneln denen einer leichten Grippe und verschwinden normalerweise ohne Komplikationen nach wenigen Tagen, ob behandelt oder nicht. In seltenen Fällen kann sich jedoch eine Leber- oder Hirnhautentzündung entwickeln. Impfungen dagegen gibt es nicht. Das Risiko lässt sich recht einfach minimieren: Traveller sollten den Kontakt mit Süßwasser vermeiden, das möglicherweise mit Tierurin kontaminiert sein könnte. Wer sich in Seuchengebieten aufhält, kann zur Vorbeugung einmal wöchentlich 200 mg Doxycyclin einnehmen. Bei akuter Leptospirose helfen zweimal täglich 100 mg Doxycyclin.

GESUNDHEITSRISIKEN
Durchfallerkrankungen
Hände weg vom Leitungswasser – es sei denn, es wurde abgekocht, gefiltert oder chemisch desinfiziert (z.B. mit Jodtabletten). Frische Früchte oder Gemüse sollten grundsätzlich nur gekocht oder geschält verzehrt werden. Auch von nicht pasteurisierten Milchprodukten geht eine gewisse Gefahr aus. Bei Imbissständen auf der Straße ist besondere Vorsicht geboten.

Akutem Durchfall begegnet man am besten mit ausreichend Flüssigkeit – eine hydrationslösung mit jeder Menge Salz und Zucker ist ideal. Wer mal etwas öfter aufs Örtchen muss, muss sich keine ernsthaften Sorgen machen. Sollte die Anzahl der täglichen Toilettengänge jedoch vier oder fünf überschreiten, ist es Zeit für ein Antibiotikum (normalerweise Quinolon) und eine „Durchfallbremse" (z. B. Loperamid). Wenn die Durchfälle blutig sind oder länger als 72 Stunden anhalten, sollte unverzüglich ärztliche Hilfe in Anspruch genommen werden – vor allem dann, wenn sie mit Fieber, Schüttelfrost oder starken Bauchschmerzen einhergehen.

Hitzschlag

Zum Schutz vor zu viel Sonne sollten Traveller die Mittagshitze so gut wie möglich meiden. Auf die Nase gehört eine Sonnenbrille und auf den Kopf ein Sonnenhut mit breiter Krempe. Sunblocker mit UVA- und UVB-Schutz (mindestens Lichtschutzfaktor 15) geben dem Sonnenbrand keine Chance. Sämtliche der Sonne ausgesetzten Körperteile sollten sorgfältig mit Sonnenschutzmittel eingecremt werden, und zwar ca. 30 Minuten bevor der erste Sonnenstrahl die Haut trifft. Nach einem Sprung ins kühle Nass oder schweißtreibenden Aktivitäten muss die Prozedur wiederholt werden. Bei großer Hitze ist es sehr wichtig, das Trinken nicht zu vergessen und körperliche Anstrengung weitestgehend zu vermeiden.

Höhenkrankheit

Die Höhenkrankheit kann auftreten, wenn man sehr schnell in Höhenlagen von über 2500 m aufsteigt. Auch körperliche Fitness schützt nicht davor. Wer einmal an der Höhenkrankheit gelitten hat, wird auf ein weiteres Erlebnis dieser Art dankend verzichten. Das Risiko steigt proportional zu Aufstiegsgeschwindigkeit, zur Höhe und Kraftanstrengung. Zu den Symptomen gehören Kopfschmerzen, Übelkeit, Erbrechen und Benommenheit, manchmal auch Unwohlsein, Schlaf- und Appetitlosigkeit. Im schlimmsten Fall füllen sich die Lungen mit Gewebsflüssigkeit (Hochgebirgslungenödem), oder es kommt zu einer Hirnschwellung (Hochgebirgshirnödem).

Die Prophylaxe gegen die Höhenkrankheit beginnt einen Tag vor dem Aufstieg und muss nach Ankuft auf der jeweiligen Höhe für weitere 48 Stunden fortgesetzt

werden. Man nimmt zwei- bis dreimal täglich 125 oder 250 mg Acetazolamid (Diamox) ein. Mögliche Nebenwirkungen dieses Medikaments sind u. a. vermehrter Harndrang, Benommenheit, Kribbeln, Übelkeit und Schläfrigkeit, außerdem Kurzsichtigkeit und zeitweilige Impotenz. Azetazolamid eignet sich nicht für Schwangere oder Personen, die allergisch auf Sulfonamide eagieren. Allergiker wappnen sich daher besser, indem sie viermal täglich 4 mg Dexamethason einnehmen. Anders als bei Acetazolamid muss die Dosis von Dexamethason nach Ankunft auf der jeweiligen Höhe schrittweise erhöht werden, sonst bricht die Höhenkrankheit u. U. aus, sobald die Zufuhr reduziert wird. Dexamethason gehört zur Gruppe der Steroide. Dieses Medikament eignet sich deshalb nicht für Diabetiker oder Personen, die keine Steroide einnehmen dürfen. Manche Traveller schwören auf Ginko als natürliche Alternative.

Bei Hochgebirgstouren sollte man sich nicht überanstrengen, keinen Alkohol trinken und leichte Mahlzeiten zu sich nehmen.

Wenn die Symptome stärker werden oder nicht sofort wieder verschwinden, muss unverzüglich ein Arzt aufgesucht werden. Die Höhenkrankheit ist eine ernste Sache: Schwere Formen können tödlich sein.

Insektenbisse & -stiche

Vor blutdürstigen Moskitos schützen lange Ärmel und Hosenbeine, Hüte und geschlossene Schuhe (keine Sandalen!). Gute Insektenabwehrmittel enthalten DEET. Mit ihnen können freiliegende Hautpartien und Kleidungsstücke geschützt werden. Der Kontakt mit Augen, Mund, Wunden oder gereizter Haut ist aber zu vermeiden. Produkte mit einer niedrigen DEET-Konzentration wirken zwar gut, aber wesentlich kürzer. Bei Erwachsenen und Kindern über zwölf Jahren sollte der DEET-Anteil zwischen 25 und 35 % liegen (reicht für ca. 6 Std.). Für Kinder zwischen zwei und zwölf Jahren sind nur DEET-Produkte mit einem Wirkstoffanteil von maximal 10 % geeignet. Bei sparsamer Anwendung hält der Effekt ca. drei Stunden an. Man hört ab und zu von neurologischen Vergiftungserscheinungen durch DEET, insbesondere bei Kindern, aber so etwas kommt sehr selten vor und hängt meist mit einer starken Überdosierung zusammen.

Kleinkinder unter zwei Jahren sollten niemals DEET-Produkte nehmen.

Es gibt auch auch Insektenabwehrmittel auf pflanzlicher Basis (z. B. mit Eukalyptus- oder Sojaöl). Diese Produkte schützen durchaus, wirken aber nur eineinhalb bis zwei Stunden. DEET-haltige Insektenmittel sind in Gebieten mit hohem Malaria- oder Gelbfieberrisiko auf jeden Fall vorzuziehen. Produkte auf Zitronengrasbasis taugen nichts.

Zusätzlich können Reisende ihre Kleidungsstücke, Schuhe, Zelte und Moskitonetze mit Permethrin imprägnieren. Eine solche Behandlung ist eine sichere Sache. Permethrin wirkt mindestens zwei Wochen lang und überlebt sogar mehrere Waschgänge. Direkter Hautkontakt ist jedoch zu vermeiden.

Fenster ohne Fliegengitter bleiben besser zu. Beim Übernachten im Freien oder in irgendwie offenen Unterkünften haben Moskitos leichtes Spiel. In diesen Fällen hilft ein Moskitonetz (idealerweise mit Permethrin behandelt). Um blutsaugende Besucher fernzuhalten, sollten die Ränder des Netzes unter die Matratze geklemmt werden. Nur sehr feine Maschen mit weniger als 1,5 mm Durchmesser bieten einen ausreichenden Schutz. Für völlig ungeschützte Schlafplätze gibt's sogenannte Räucherspiralen. Diese Geräte nebeln den Raum über Nacht mit einem Insektizid ein. Mit Abwehrmittel imprägnierte Armbänder sind so gut wie wirkungslos.

Kälte

Im Andenhochland kann die Kälte zum ernsthaften Problem werden (v. a. nachts). Wer hierher kommt, sollte warme, trockene Kleidung tragen, sich ausreichend bewegen und genügend Nahrung und Trinkwasser zu sich nehmen. Ausreichende Ruhephasen sind auch sehr wichtig. Alkohol, Koffein und Tabakwaren sollten tabu sein. Vorsicht: Sollte jemand aus der Gruppe unkoordinierte, unverständliche Laute von sich geben, können dies die ersten Anzeichen der Höhenkrankheit sein.

Parasiten

Darmparasiten gibt es in ganz Südamerika. Zu den häufigsten Krankmachern zählen Cyclosporen, Amöben und Isosporen. Eine Bandwurmart namens *taenia solium* verursacht chronische Hirninfektionen (Cysticer-

cose). Wer Lebensmittel und Getränke sorgfältig auswählt, kann das Infektionsrisiko enorm senken.

Schistosomiasis-Parasiten befallen in erster Linie die Blutgefäße der Leber. Diese Krankheit tritt immer wieder in Brasilien, Surinam und der nördlichen Landesmitte von Venezuela auf. Wasserschnecken fungieren als Zwischenwirte, deshalb kann man sich z. B. beim Schwimmen, Waten, Baden oder Wäschewaschen im Süßwasser anstecken. In betroffenen Gebieten macht man daher um Süßwasserspeicher (Seen, Teiche, Bäche und Flüsse) besser einen weiten Bogen. Nach Kontakt mit verseuchtem Wasser wird das Infektionsrisiko durch sorgfältiges Abtrocknen zwar gesenkt, aber nicht vollständig ausgeschlossen. Pools mit Chlorwasser sind aber sicher.

Die Larven des Fuchs- oder Hundebandwurms (Echinokokken) schädigen die Leber. Diese Parasiten kommen in vielen Ländern vor (v. a. in Peru und Uruguay) und suchen besonders Personen heim, die engen Kontakt zu Schafen haben. Lungenegel (Paragonimus) verstecken sich gern in rohen Schalentieren. Erkrankungsfälle gab es bereits in Ecuador, Peru und Venezuela.

Tierbisse

Reisende sollten nie versuchen, Tiere zu streicheln, zu füttern oder mit ihnen zu spielen – außer Haustiere, die nachgewiesenermaßen keine Infektionskrankheiten haben. Die meisten Bisse rühren daher, dass die betroffene Person das Tier füttern oder berühren wollte.

Jede Biss- oder Kratzwunde, die auf das Konto von Säugetieren geht (inkl. Fledermäuse), sollte unverzüglich und gründlich mit sehr viel Wasser und Seife gereinigt werden. Anschließend ist die Wunde mit einem Antiseptikum (z. B. Jod oder Alkohol) zu desinfizieren. Bei Tollwutverdacht muss die örtliche Gesundheitsbehörde so schnell wie möglich kontaktiert werden, um eine Notfallbehandlung einleiten zu können – egal, ob der Betreffende bereits gegen Tollwut geimpft ist oder nicht. Biss- oder Kratzwunden können zusätzlich mit einem Antibiotikum behandelt werden, um Entzündungen zu mildern oder zu verhindern. Hierfür eignen sich neuere Quinolon-Varianten wie z. B. Levofloxacin (Levaquin). Viele Traveller haben dieses Medikament sowieso zur Behandlung von Durchfaller-krankungen dabei.

In manchen südamerikanischen Regionen besteht Gefahr durch Giftschlangen und Blutegel. Wenn eine Giftschlange zugebissen hat, sollte das Opfer erst einmal ruhig gelagert werden. Dann heißt es, den Körperteil mit der Bisswunde zu fixieren – und nichts wie los zur nächsten medizinischen Einrichtung! Mittlerweile raten Mediziner davon ab, betroffene Körperstellen abzubinden.

Trinkwasser

Leitungswasser ist in Südamerika grundsätzlich mit Vorsicht zu genießen. Wasser lässt sich am effektivsten reinigen, indem man es mindestens eine Minute lang abkocht (3 Min. bei Höhen über 2000 m).

Alternativ kann Wasser auch mittels Jod desinfiziert werden. Bei dieser Methode wird das Wasser mit einer 2%-igen Jodlösung versetzt. Für einen Liter sauberes Wasser reichen fünf Tropfen (je nach Trübungsgrad max. zehn Tropfen). Anschließend lässt man das Ganze eine halbe Stunde lang stehen (kaltes Wasser ggf. auch länger). Jodtabletten wie z. B. „Globaline", „Potable-Aqua" oder „Coghlan's" sind in den meisten Apotheken erhältlich. Die aufgedruckten Anweisungen sollten exakt befolgt werden. Mit etwas Vitamin C (Ascorbinsäure) als Zusatz schmeckt jodiertes Wasser wesentlich angenehmer. Mediziner empfehlen, jodiertes Wasser nicht länger als ein paar Wochen am Stück zu trinken. Es eignet sich nicht für Schwangere, Schilddrüsenpatienten und Personen mit Jodallergie.

Von den verschiedenen Wasserfiltern auf dem Markt bieten Modelle mit kleinen Poren (Umkehrosmosefilter) den besten Schutz. Sie sind allerdings relativ groß und verstopfen leicht. So genannte „Microstrainer" haben größere Poren. Sie filtern zwar alle möglichen Mikroorganismen heraus, kapitulieren aber vor Viren. Die Herstellerangaben immer sorgfältig befolgen.

Unterkühlung

Eine Unterkühlung entsteht immer dann, wenn der Körper schneller Wärme verliert, als er produzieren kann und die durchschnittliche Körpertemperatur dadurch sinkt. Bei Hochgebirgstouren und langen Busfahrten in Bergregionen ist also Vorsicht geboten (v. a. nachts). In den Anden müssen Traveller stets auf Regen, Wind und Kälte vorbereitet sein – selbst wenn es nur ein kurzer Besuch sein soll. Am besten kleidet man sich nach dem „Zwiebelschema". Eine Kopfbedeckung ist wichtig, da ein Großteil der Wärme über den Kopf verloren geht. Mit einer Unterkühlung gehen u. a. Erschöpfung, Benommenheit und Zittern einher. Schwere Fälle äußern sich in vermindertem Sprachvermögen, irrationalem oder gewalttätigem Verhalten und Lethargie. Manche Betroffenen leiden auch an schleppendem Gang, Muskelkrämpfen und Schwächeanfällen oder machen sich mit lautstarken Wutausbrüchen bemerkbar.

Bei einer leichten Unterkühlung sollte der Patient zunächst vor Wind und Regen in Sicherheit gebracht werden. Dann wird er bei Bedarf mit warmer und trockener Kleidung versehen und bekommt was Warmes zu trinken – ohne Alkohol! Hochkalorische, leicht verdauliche Nahrungsmittel füllen die Energiespeicher wieder auf. Auf keinen Fall versuchen, die Unterkühlten durch Abreiben aufzuwärmen! Stattdessen soll sich der Betroffene durch langsame Bewegungen wieder aufwärmen. Damit sollte eine leichte Unterkühlung eigentlich vom Tisch sein. Die rechtzeitig zu entdecken und zu behandeln ist die einzige Möglichkeit, schwere Fälle zu vermeiden.

FRAUEN & GESUNDHEIT

Außerhalb der Großstädte gibt's nur wenige qualifizierte Geburtskliniken. Zudem sollten sich schwangere Frauen möglichst nicht der dünnen Höhenluft aussetzen. Gelbfieberschutzimpfungen sind bei Reisen in Urwaldgebiete unter 2300 m Höhe sehr empfohlen, aber Schwangere dürfen nicht geimpft werden: Der Impfstoff enthält lebende Viren, die schlimmstenfalls den Fötus infizieren können.

TRADITIONELLE MEDIZIN

Eine Auswahl an beliebten traditionellen Heilmitteln:

Problem	Lösung
Höhenkrankheit	Gingko
Jetlag	Melatonin
Reiseübelkeit	Ingwer
Schutz vor Moskitostichen	Eukalyptus- oder Sojaöl

Sprache

INHALT

Lateinamerikanisches Spanisch	1256
Brasilianisches Portugiesisch	1262
Indigene Sprachen	1267
Aymara & Quechua	1267
Sranan Tongo (Surinaams)	1268

LATEINAMERIKANISCHES SPANISCH

In ganz Südamerika können sich Traveller auf Spanisch (lateinamerikanische Variante) verständigen – ausgenommen in Brasilien: Dort wird landesweit Portugiesisch gesprochen.

Wer sich intensiver mit dem südamerikanischen Spanisch beschäftigen möchte, wirft am besten einen Blick in den Sprachführer von Loney Planet *Latin American Spanish Phrasebook*. Ergänzend können auch noch andere gute Wörterbücher Spanisch-Deutsch zu Rate gezogen werden.

AUSSPRACHE

Durch die Aussprachehilfen in diesem Kapitel gestaltet sich die Verständigung vor Ort recht einfach.

Vokale

a	wie in „alle"
e	wie in „essen"
i	wie in „ich"
o	wie in „offen"
u	wie in „Huhn"; das „u" wird nach **q** nicht ausgesprochen und in den Buchstabenkombinationen **gue** und **gui**, außer wenn es mit einem Trema markiert ist (z. B. *argüir*). Dann wird es wie das deutsche „u" ausgesprochen.
y	am Wortende oder wenn es allein steht, wird es wie das spanische **i** (z. B. *ley*) ausgesprochen; zwischen Vokalen innerhalb eines Wortes wie das „j" im deutschen „jemand".

Konsonanten

Im Großen und Ganzen werden die spanischen Konsonaten wie die deutschen ausgesprochen. Die wichtigsten Ausnahmen stehen unten.

Die Konsonanten **ch**, **ll** und **ñ** werden meist als unterschiedliche Buchstaben behandelt, **ch** und **ll** werden alphabetisch unter **c** bzw. **l** einsortiert. Der Buchstabe **ñ** wird als Extrabuchstabe angesehen und kommt im Wörterbuch nach **n**.

b	ähnlich dem deutschen „b", aber weicher, wird bezeichnet als „b larga"
c	wie in „Sinn" vor **e** und **i**; sonst wie das deutsche „k"
ch	wie „tsch" in „Kutsche"
d	wie in „das", aber zwischen Vokalen und nach **l** oder **n** hört es sich mehr an wie das englische „th" in „this"
g	wie das „ch" in „doch" vor **e** und **i**, in den anderen Fällen wie „g" in „Golf"
h	ist immer stumm. Wer einen Namen hat, der mit diesem Buchstaben beginnt, sollte gut aufpassen, wenn er drauf wartet, dass ein Beamter ihn aufruft
j	wie das „ch" in „doch"
ll	ungefähr wie das „lie" in „Familie"
ñ	so wie das „gn" in „Champignon"
r	ein kurzes **r** außer am Wortbeginn, und nach **l**, **n** oder **s**, hier ist es oft gerollt
rr	sehr stark gerollt
v	sehr ähnlich wie das deutsche „b", aber weicher; bezeichnet als „b corta"
x	normalerweise wie das **j** oben ausgesprochen; in manchen Ortsnamen der Ureinwohner wie ein „s"; so wie in „taxi" in anderen Fällen
z	wie das „s" in „Sonne"

Wortbetonung

Im Allgemeinen werden Wörter, die auf einen Vokal oder den Buchstaben **n** oder **s** enden, auf der vorletzten Silbe betont. Wörter mit anderen Endungen werden auf der letzten Silbe betont. So werden *vaca* (Kuh) und *caballos* (Pferde) beide auf der vorletzten Silbe betont. Dagegen werden *ciudad*

www.lonelyplanet.de LATEINAMERIKANISCHES SPANISCH •• Geschlecht & Pluralbildung **1257**

(Stadt) and *infeliz* (unglücklich) beide auf der letzten Silbe betont.

Akzente zeigen immer an, wo Ausnahmen gemacht werden, z. B. *sótano* (Keller), *porción* (Portion), *América*.

GESCHLECHT & PLURALBILDUNG

Spanische Hauptwörter sind entweder maskulin oder feminin. Es gibt einige Regeln, die helfen das Geschlecht herauszufinden (natürlich gibt es auch Ausnahmen). Weibliche Hauptwörter enden normalerweise auf -**a** oder auf die Gruppen -**ción**, -**sión** sowie -**dad**. Andere Endungen zeigen ein männliches Hauptwort an. Endungen von Adjektiven wechseln, damit sie mit dem Geschlecht des Hauptworts, das sie näher definieren, übereinstimmen (männlich/weiblich -**o**/-**a**). Wenn die männliche und die weibliche Form in diesem Sprachführer angegeben sind, werden sie durch einen Schrägstrich getrennt, die männliche Form kommt zuerst, z. B. *perdido/a*.

Wenn ein Hauptwort oder Adjektiv auf einen Vokal endet, wird der Plural gebildet, indem man ein **s** anhängt. Endet das Wort auf einen Konsonanten, hängt man für den Plural ein **es** an.

GESUNDHEIT

Ich bin krank.
Estoy enfermo/a. es·*toi* en·*fer*·mo/a
Ich brauche einen Arzt.
Necesito un médico. ne·se·*sie*·to un *me*·die·ko
Wo ist das Krankenhaus?
¿Dónde está el hospital? don·de es·*ta* el os·pie·*tal*
Ich bin schwanger.
Estoy embarazada. es·*toi* em·ba·ra·*sa*·da
Ich bin geimpft.
Estoy vacunado/a. es·*toi* va·ku·*na*·do/a
Ich bin allergisch
Soy alérgico/a soi a·*ler*·chie·ko/a

auf ...	*a ...*	a ...
Antibiotika	*los antibióticos*	los an·tie·*bjo*·tie·kos
Penicillin	*la penicilina*	la pe·nie·sie·*lie*·na
Nüsse	*nueces*	nue·ses
Ich bin ...	*Soy ...*	soi ...
Asthmatiker	*asmático/a*	as·*ma*·tie·ko/a
Diabetiker	*diabético/a*	dia·*be*·tie·ko/a
Epileptiker	*epiléptico/a*	e·pie·*lep*·tie·ko/a
Ich habe / mir ist ...	*Tengo ...*	ten·go ...
Höhenkrankheit	*soroche*	so·ro·che
Durchfall	*diarrea*	dia·*re*·a
übel	*náusea*	nau·se·a

Kopfweh	*un dolor de cabeza*	un do·*lor* de ka·*be*·sa
Husten	*tos*	tos

MIT KINDERN REISEN

Ich benötige ...
Necesito ... ne·se·*sie*·to ...
Haben Sie ...?
¿Hay ...? ai ...
  einen Babysitz fürs Auto
un asiento de seguridad para bebés un a·*sien*·to de se·gu·rie·*da* pa·ra be·*bes*
  einen Kinderbetreuungsservice
un servicio de cuidado de niños un ser·*vie*·sjo de kwie·*da*·do de nie·njos
  ein Kindermenü
una carta infantil una *kar*·ta ien·fan·*tiel*
  eine Kinderkrippe
una guardería u·na gwar·de·*rie*·a
  Einwegwindeln
pañoles (de usar y tirar) pa·*njo*·les (de u·*sar* ie tie·*rar*)
  einen (deutsch sprechenden) Babysitter
una niñera (que habla alemán) u·na nie·*nje*·r (que *a*·bla a·*le*·man)
  Milchpulver
leche en polvo le·che en *pol*·vo
  einen Hochsitz
una trona u·na *tro*·na
  ein Töpfchen
una pelela u·na pe·*le*·la
  einen Kinderwagen
un cochecito un ko·che·*sie*·to
Darf ich hier stillen?
¿Le molesta que dé de pecho aquí? le mo·*les*·ta ke de de pe·cho a·*kie*
Dürfen Kinder hier rein?
¿Se admiten niños? se ad·*mie*·ten nie·njos

KONVERSATION & NÜTZLICHES

In der Öffentlichkeit sind Südamerikaner so sehr auf Höflichkeit bedacht, dass es manchmal beinahe förmlich wirkt. Traveller sollten daher fremde Personen niemals ohne eine angemessene Begrüßung um Informationen bitten. Auch bei der Anrede muss unbedingt die Form gewahrt werden (vor allem bei Polizisten oder anderen Beamten). Junge Einheimische sehen das Ganze u. U. recht locker; dennoch ist es auch in diesem Fall angebracht, von vornherein erst einmal höflich aufzutreten. Duzen sollte man die Leute erst, wenn man ganz sicher ist, niemanden zu beleidigen. Sämtliche Begriffe und Rede-

SPRACHE

wendungen in diesem Buch entsprechen den ortsüblichen Höflichkeitsformen.

Hallo.	*Hola.*	*o·*la
Guten Morgen.	*Buenos días.*	*bwe·*nos *di·*as
Guten Tag.	*Buenas tardes.*	*bwe·*nas *tar·*des
(ab dem Nachmittag)		
Guten Abend/	*Buenas noches.*	*bwe·*nas *no·*ches
gute Nacht.		
Auf Wiedersehen.	*Adiós.*	a·*dios*
Bis bald.	*Hasta luego.*	*as·*ta *lwe·*go
Ja.	*Sí.*	si
Nein.	*No.*	no
Bitte.	*Por favor.*	por fa·*vor*
Danke.	*Gracias.*	*gra·*sias
Vielen Dank.	*Muchas gracias.*	*mu·*chas *gra·*sias
Gern geschehen.	*De nada.*	de *na·*da
Entschuldigung!	*Perdón.*	per·*don*
Darf ich.	*Permiso.*	per·*mie·*so
(wenn man um Erlaubnis fragt)		
Entschuldigung.	*Disculpe.*	dis·*kul·*pe

(Vor einer Frage oder wenn man sich entschuldigt)

Wie gehts?
¿Qué tal?   ke tal

Wie ist Ihr Name/dein Name?
¿Cómo se llama?   *ko·*mo se *ja·*ma
¿Cómo te llamas?   *ko·*mo te *ja·*mas

Ich heiße …
Me llamo …   me *ja·*mo …

Sehr erfreut. (Nach einer Vorstellung)
Mucho gusto.   *mo·*cho *gus·*to

Ganz meinerseits.
El gusto es mío.   el *gus·*to es *mie·*o

Woher kommen Sie/kommst du?
¿De dónde es/eres?   de *don·*de es/e·res

Ich komme aus …
Soy de …   soi de …

Wo wohnen Sie/wohnst du?
¿Dónde está alojado?   *don·*de es·*ta* a·lo·*cha·*do
¿Dónde estás alojado?   *don·*de es·*tas* a·lo·*cha·*do

Darf ich fotografieren?
¿Puedo sacar una foto?   *pwe·*do sa·*kar* u·na *fo·*to

SHOPPEN & SERVICE

Ich würde gern … kaufen
Quisiera comprar …   kie·*sje·*ra kom·*prar*

Ich schaue mich nur um.
Sólo estoy mirando.   *so·*lo es·*toi* mie·*ran·*do

Darf ich es ansehen?
¿Puedo mirar(lo/la)?   *pwe·*do mie·*rar·*(lo/la)

Wie viel kostet es?
¿Cuánto cuesta?   *kwan·*to *kwes·*ta

Das ist mir zu teuer.
Es demasiado caro para mí.   es de·ma·*sja·*do *ka·*ro *pa·*ra mie

Können Sie den Preis senken?
¿Podría bajar un poco el precio?   po·*drie·*a ba·*char* un *po·*ko el *pre·*sjo

Mir gefällt es nicht.
No me gusta.   no me *gus·*ta

Ich nehme es.
Lo llevo.   lo *je·*vo

Akzeptieren Sie …?
¿Aceptan …?   a·*sep·*tan

Kreditkarten	*tarjetas de crédito*	tar·*che·*tas de *kre·*die·to
Reiseschecks	*cheques de viajero*	*che·*kes de via·*che·*ro
US-Dollar	*dólares americanos*	*do·*la·res a·me·rie·*ka·*nos
weniger	*menos*	*me·*nos
mehr	*más*	mas
gron	*grande*	*gran·*de
klein	*pequeño/a*	pe·*ke·*njo/a

Ich suche den/die …
Estoy buscando …   es·*toi* bus·*kan·*do

Apotheke	*la farmacia*	la far·*ma·*sia/
Bank	*el banco*	el *ban·*ko
Buchladen	*la librería*	la lie·bre·*rie·*a
Botschaft	*la embajada*	la em·ba·*cha·*da
Geldautomaten	*el cajero automático*	el ka·*che·*ro au·to·*ma·*tie·ko
Gemischtwarenladen		
	la tienda	la *tien·*da
Markt	*el mercado*	el mer·*ka·*do
	la botica	la bo·*tie·*ka
Post	*el correo*	el ko·*re·*o
Supermarkt	*el supermercado*	el su·per· mer·*ka·*do
Touristeninformation		
	la oficina de turismo	la o·fie·*sie·*na de tu·*ries·*mo
Wechselstube	*la casa de cambio*	la *ka·*sa de *kam·*bio
Waschsalon	*la lavandería*	la la·van·de·*rie·*a

Wann ist geöffnet/geschlossen?
¿A qué hora abre/cierra?   a ke o·ra a·bre/*sie·*ra

Ich möchte Geld/Reiseschecks wechseln.
Quiero cambiar dinero/ cheques de viajero.   *kie·*ro kam·*biar* die·*ne·*ro/ *che·*kes de via·*che·*ro

Wie ist der Wechselkurs?
¿Cuál es el tipo de cambio?   kwal es el *tie·*po de *kam·*bio

Ich möchte anrufen bei …
Quiero llamar a …   *kie·*ro lja·*mar* a …

Brief	*carta*	*kar·*ta
Briefmarken	*estampillas*	es·tam·*pie·*ljas
Einschreiben	*certificado*	ser·tie·fie·*ka·*do

DIE LONELY PLANET STORY

Die Geschichte begann mit einem klassischen Reiseabenteuer: Tony und Maureen Wheeler tourten 1972 durch Europa und Asien nach Australien. Damals gab es für die Reise über Land keine wirklich hilfreichen Informationen, also veröffentlichten Tony und Maureen ihren ersten Lonely Planet Führer, der dem ständig wachsenden Bedarf nach solchen Informationen entsprach.

Am Küchentisch fing alles an – heute ist Lonely Planet der weltweit größte, unabhängige Verlag für Reiseliteratur mit Büros in Melbourne (Australien), Oakland (USA) und London. Lonely Planet deckt den ganzen Globus ab und die Liste der veröffentlichten Bücher und der Infos in verschiedenen Medien wird immer länger. Manche Dinge haben sich bis heute nicht verändert: Das Hauptziel ist nach wie vor, abenteuerlustigen Reisenden das an die Hand zu geben, was sie brauchen, um die Welt zu entdecken und besser zu verstehen.

Wir von Lonely Planet glauben, dass Traveller die Länder, die sie besuchen, bereichern können – sofern sie sich als Gäste respektvoll benehmen und ihr Geld klug ausgeben. Jedes Jahr spenden wir 5 % des Firmengewinns an karitative Einrichtungen rund um den Globus.

Lonely Planet Publications, Locked Bag 1, Footscray, Melbourne, Victoria 3011, Australia

Verlag der deutschen Ausgabe:
MAIRDUMONT, Marco-Polo-Str. 1, 73760 Ostfildern, www.mairdumont.com, lonelyplanet@mairdumont.com

Chefredakteurin deutsche Ausgabe: Birgit Borowski
Übersetzung: Dorothee Büttgen, Berna Ercan-Schalk, Tobias Ewert, Stefanie Gross, Christina Jacobs, Jürgen Kucklinski, Thomas Pampuch, Dr. Christian Rochow, Andrea Schleipen, Frauke Sonnabend
Redaktion: Julia Berger, Guido Huß, Sylvia Krümpelmann, Lydia Michel, Frank J. Müller, Olaf Rappold, Verena Stindl, Ellen Weitbrecht (red.sign, Stuttgart)
Technischer Support: Typomedia, Ostfildern/Scharnhausen

Südamerika für wenig Geld
1. deutsche Auflage September 2007, übersetzt von *South America on a Shoestring 10th edition*, März 2007 Lonely Planet Publications Pty

Deutsche Ausgabe © Lonely Planet Publications Pty, September 2007
Fotos © wie angegeben

Ptinted in China

Umschlagfoto: Junges peruanisches Mädchen in traditioneller Kleidung, Cuzco (Cusco), Gavin Hellier/www.gettyimages.com

Die meisten Fotos in diesem Reiseführer können bei Lonely Planet Images, www.lonelyplanetimages.com auch lizenziert werden.

Alle Rechte vorbehalten. Das Werk einschließlich all seiner Teile ist urheberrechtlich geschützt und darf weder kopiert, vervielfältigt, nachgeahmt oder in anderen Medien gespeichert werden, noch darf es in irgendeiner Form oder mit irgendwelchen Mitteln – elektronisch, mechanisch oder in irgendeiner anderen Weise – weiter verarbeitet werden. Es ist nicht gestattet, auch nur Teile dieser Publikation zu verkaufen oder zu vermitteln, ohne schriftliche Genehmigung des Herausgebers.

Lonely Planet und das Lonely Planet Logo sind eingetragene Marken von Lonely Planet und sind im US Patentamt sowie in Markenbüros in anderen Ländern registriert.

Lonely Planet gestattet den Gebrauch seines Namens oder seines Logos durch kommerzielle Unternehmen wie Einzelhändler, Restaurants oder Hotels nicht. Bitte informieren Sie uns im Fall von Missbrauch: www.lonelyplanet.com/ip.

Obwohl die Autoren und Lonely Planet alle Anstrengungen bei der Recherche und bei der Produktion dieses Reiseführers unternommen haben, können wir keine Garantie für die Richtigkeit und Vollständigkeit dieses Inhalts geben. Deswegen können wir auch keine Haftung für eventuell entstandenen Schaden übernehmen.

Villa de Leyva (Kol) 827
Volcán Villarrica (Chi) 554
Wasserfälle
　Cascada Velo de la Novia (Chi) 538
　Cascata do Caracol (Bra) 370
　Iguaçu-Fälle (Bra) 373
　Iguazú-Fälle (Arg) 100
　Marshall Falls (Guy) 786
　Orinduik Falls (Guy) 787
　Parque Nacional Amboró (Bol) 284
　Raleighvallen (Sur) 771
　Salto Ángel (Ven) 1189–1190
Wasserski 1103
Webkunst
　Bolivien 208
Websites siehe Infos im Internet
Wechselkurse
　Argentinien 194
　Bolivien 300
　Brasilien 459
　Chile 615
　Ecuador 733
　Französisch-Guyana 760
　Guyana 792
　Kolumbien 900
　Paraguay 937
　Peru 940

Surinam 774
Uruguay 1109
Venezuela 1204
Weingüter/-kellereien
　Curicó (Chi) 537
　Ica (Per) 973
　Lunahuaná (Per) 968
　Mendoza (Arg) 138
　Tarija (Bol) 258
Weinseminare 617
Weltmeisterschaft (Fußball)
　Argentinien 44
　Kolumbien 803
　Peru 946
　Uruguay 1084
Wetter siehe Klima
Wichi 44
Windsport 1211
Windsurfen siehe Surfen
Wunderheiler 1042

X
Xapuri (Bra) 453

Y
Yagha 466
Yaguarón (Par) 923

Yámana 38, 181
Yanomami 449
Yanque (Per) 989
Yapeyú (Arg) 90
Yarinacocha (Per) 1065–1066
Yavi (Arg) 126
Ybycuí (Par) 927
Yumani (Bol) 241
Yungas (Bol) 231–236
Yungay (Per) 1051
Yunguyo (Per) 993
Yurimaguas (Per) 1066

Z
Zamora (Ecu) 686–687
Zapallar (Chi) 503
Zipaquirá (Kol) 822
Zoll 1229
Zona Cafetera (Kol) 856, 864–867
Zugreisen 1244–1245
　Argentinien 50
　Bolivien 211, 213, 283
　Ecuador 631–632
　Peru 951
　Peru, An & Weiterreise 981
Zumba (Ecu) 687, 689
Zumbahua (Ecu) 667

1298 Register (V-W)

Grenzübergänge 1164, 1198
Infos im Internet 1205
Internetzugang 1205
Karten & Stadtpläne 1205
Klima 1205
Konsulate 1200
Kultur 1119
Kunst & Kultur 1120–1122
Nordosten 1166–1177
Nordwesten 1146–1156
Öffnungszeiten 1206
Politik 1114
Post 1206
Radio 1206
Rechtsfragen 1206
Reisen mit Behinderung 1206
Religion 1120
Sport 1119–1120
Strom 1206
Telefon 1206
Tiere 1122
Toiletten 1207
Touristeninformation 1207
Umweltprobleme 1122–1123
Unterkunft 1207–1208
Unterwegs vor Ort 1124–1125
Verantwortungsbewusstes
    Reisen 1208
Visa 1208
Wechselkurse 1204
Zeitungen 1205
Zoll 1208
Verantwortungsbewusstes Reisen 4,
    siehe auch einzelne Länder
Verhaltensregeln 1215
Verhaltenstipps 22
Versicherung 1228
    Autoversicherung 1238
    Krankenversicherung 1246
Vicuña (Chi) 510–511
Viedma (Arg) 164–166
Vilcabamba (Ecu) 687–688
Vilcabamba (Per) 1020
Villa Carlos Paz (Arg) 109
Villa de Leyva (Kol) 825–828, **826**
Villa Gesell (Arg) 130–131
Villa la Angostura (Arg) 152–153
Villarrica (Chi) 552–553
Villa Tunari (Bol) 266
Villa Ukika (Chi) 604
Villazón (Bol) 260–262, **261**

000 Kartenseiten
000 Abbildungen

Viña del Mar (Chi) 499–502, **500**
Visa 1229
Vogelbeobachtung *siehe auch*
    Tier- & Pflanzenbeobachtung,
    Walbeobachtung
Asunción (Par) 918
Bücher 1200, 1212
Cañón del Colca (Per) 989
Cruz del Cóndor (Per) 989
Ecuador 729
Galapagosinseln (Ecu) 718–729
Islas Ballestas (Per) 969
Jatun Sacha Biological Reserve
    (Ecu) 696
Laguna Chaxa (Chi) 522
Mabaruma (Guay) 787
Montjoly (FrG) 750
Parque Nacional Amboró (Bol) 284
Parque Nacional El Palmar (Arg)
    89
Parque Nacional Iguazú (Arg) 102
Parque Nacional Lauca (Chi) 534
Parque Nacional Manu (Per)
    1063
Parque Nacional Tierra del Fuego
    (Arg) 189
Peru 1072
Reserva Ecológica Cotacachi-
    Cayapas (Ecu) 700
Reserva Provincial Esteros Del
    Iberá (Arg) 90
Reserva Provincial Punta Tombo
    (Arg) 172
Río Claro (Kol) 862
Río Paraguay 931
Santuario Nacional Lagunas de
    Mejía (Per) 978
Ushuaia (Arg) 185
Venezuela 1199
Volcán Chimborazo (Ecu) 676–677
Volcán de Lodo El Totumo (Kol)
    848–849
Volcán Galeras (Kol) 881, 884
Volcán Lanín (Arg) 150
Volcán Licancabur (Bol) 253
Volcán Tungurahua (Ecu) 672
Volcán Villarrica (Chi) 553
Vulkanausbrüche 1219

W
Walbeobachtung *siehe auch*
    Tier- & Pflanzenbeobachtung,
    Vogelbeobachtung
Reserva Faunística Península
    Valdés (Arg) 169

Wandern 1210
Arequipa (Per) 985, 986
Argentinien 189
Baños (Ecu) 670
Bogotá (Kol) 817
Bolivien 299
Brasilien 454
Cacao (FrG) 751
Copacabana–Yampupata (Bol)
    240–241
Cordillera de los Frailes (Bol) 273
Cordillera Real (Bol) 234
Córdoba (Arg) 104
Coyhaique (Chi) 589
Ecuador 729
El Chaltén (Arg) 174
Esquel (Arg) 162
Isla del Sol (Bol) 241
La Falda (Arg) 108
La Paz (Bol) 223
Las Leñas (Arg) 145
Lençóis (Bra) 397
Machu Picchu (Per) 1015
Mendoza (Arg) 138
Otavalo (Ecu) 656
Parque Nacional Conguillío (Chi)
    551
Parque Nacional da Serra dos
    Órgãos (Bra) 342
Parque Nacional de Aparados da
    Serra (Bra) 369
Parque Nacional Lauca (Chi) 534
Parque Nacional Nahuel Huapi
    (Arg) 158
Parque Nacional Sierra de las
    Quijadas (Arg) 136
Parque Nacional Sierra Nevada
    (Ven) 1162
Parque Nacional Torres del Paine
    (Chi) 600
Parque Provincial Aconcagua
    (Arg) 143
Parque Provincial Ernesto
    Tornquist (Arg) 135
Quebrada de Cafayate (Arg) 116
Quito (Ecu) 644
Reserva Nacional Altos de Lircay
    (Chi) 539
Roraima (Ven) 1192
San Martín de los Andes (Arg)
    151
Sorata (Bol) 235
Tiradentes (Bra) 359
Tucumán (Arg) 114
Venezuela 1199

Register (T–V) **1297**

Tigre (Arg) 78
Tigua (Ecu) 667
Tilcara (Arg) 123–124
Tingo María (Per) 1029–1030
Tinqui (Per) 1020
Tiradentes (Bra) 359–360
Titicacasee (Bol) 236–243, **238**
Titicacasee (Per) **982,** 989–996
Titicachi (Bol) 241
Tiwanaku 466
Tiwanaku (Bol) *siehe*
  Tiahuanaco (Bol)
Toba 44
Toconao (Chi) 523
Toiletten 1226, *siehe auch*
  einzelne Länder
Tollwut 1251
Tonchigüe (Ecu) 702
Tonka Island (Sur) 771
Tonnégrande (FrG) 750
Tonocote 102
Torres (Bra) 369
Touristeninformation 1227, *siehe auch*
  einzelne Länder & Hauptstädte
Trampen 1243–1244
  Argentinien 50
  Bolivien 212
  Brasilien 321
  Ecuador 631
  Französisch-Guyana 744
  Guyana 780, 791
  Paraguay 913
  Uruguay 1086
Trancoso (Bra) 405
Trekking *siehe* Wandern
Trelew (Arg) 170–171
Tres Cruces (Per) 1020
Trésor Nature Reserve (FrG) 752
Trevelin (Arg) 162–163
Trickbetrug *siehe* Gefahren &
  Ärgernisse
Trinidad (Bol) 292–293
Trinidad (Par) 926
Trujillo (Per) 1031–1034, **1032,**
  1035
Tucacas (Ven) 1150
Tucumán (Arg) 112–115, **113**
Túcume (Per) 1040
Tucupita (Ven) 1187–1189, **1188**
Tulcán (Ecu) 662–663
Tumbes (Per) 1043–1045
Tunja (Kol) 823–825, **824**
Tupiza (Bol) 253–256, **254**
Turbaco (Kol) 849
Typhus 1251

U
Umweltprobleme *siehe*
  einzelne Länder
Umweltschutz
  Bolivien 210
  Ecuador 629
Unabhängigkeitskriege 798
Unterkühlung 1255
Unterkunft 1227, *siehe auch*
  einzelne Länder & Orte
Uribe, Álvaro 797, 801
Urubamba (Per) 1009–1010
Uruguay 1080–1112, **1082**
  Aktivitäten 1107
  An- & Weiterreise 1085
  Bevölkerung 1080, 1084
  Botschaften 1107
  Bücher 1107
  Essen 1107
  Feiertage 1108
  Ferien 1108
  Festivals & Events 1109
  Frauen unterwegs 1109
  Freiwilligenarbeit 1109
  Führerschein 1109
  Geld 1109
  Geografie 1080, 1085
  Geschichte 1081
  Getränke 1108
  Grenzübergänge 1092, 1107
  Infos im Internet 1110
  Internetzugang 1110
  Karten 1110
  Klima 1110
  Konsulate 1107
  Kultur 1084
  Kunst 1084
  Öffnungszeiten 1110
  Osten 1100–1107
  Politik 1081
  Post 1110
  Rechtsfragen 1110
  Reisen mit Behinderung 1111
  Religion 1084
  Sport 1084
  Strom 1111
  Telefon 1111
  Tiere 1085
  Toiletten 1111
  Touristeninformation 1111
  Unterkunft 1111
  Unterwegs vor Ort 1086
  Verantwortungsbewusstes
    Reisen 1111
  Visa 1112

Westen 1093–1100
Zeitungen 1110
Urwaldtouren
  Baños (Ecu) 669
  Bolivien 299
  Cayenne (FrG) 747
  Coca (Ecu) 690
  Ecuador 644, 645, 669
  Georgetown (Guy) 783
  Kolumbien 889
  Macas (Ecu) 698
  Paramaribo (Sur) 767
  Puerto Ayacucho (Ven) 1197–1198
  Puerto Maldonado (Per) 1061,
    1062
  Rurrenabaque (Bol) 289
Ushuaia (Arg) 183–189, **185**
Uspallata (Arg) 142
Uyuni (Bol) 248–252, **249,** 521

V
Valdivia (Chi) 560–563, **561**
Valdivia (Ecu) 710
Vallecito (Arg) 144
Valle de Cocora (Kol) 866–867
Valle del Elqui (Chi) 511
Valle De La Luna (Bol) 230
Valles Calchaquíes (Arg) 116–117
Valparaíso (Chi) 493–499, **494–495**
Venezuela 1113–1208, **1116–1117**
  Aktivitäten 1199–1200
  Amazonas 1196–1199
  Anden 1156–1166
  An- & Weiterreise 1123
  Arbeiten 1200
  Bevölkerung 1113, 1119
  Botschaften 1200
  Bücher 1200–1201
  Drogen 1206
  Essen & Trinken 1201
  Feiertage 1201–1202
  Ferien 1201–1202
  Fernsehen 1206
  Festivals & Events 1202
  Frauen unterwegs 1202
  Freiwilligenarbeit 1202
  Führerschein 1202
  Gefahren & Ärgernisse 1131,
    1202–1203
  Geführte Touren 1203
  Geld 1203–1204
  Geografie 1113, 1122
  Geschichte 1114–1119
  Gesundheit 1203, 1205
  Getränke 1201

REGISTER

1296 Register (S–T)

Peru 1071
Pichilemu (Chi) 536
Pinamar (Arg) 132
Playa El Yaque (Ven) 1182
Playas (Ecu) 710
Puerto Chicama (Per) 1036
Rapa Nui (Chi) 609
Saquarema (Bra) 343
Villa Gesell (Arg) 130
Surinam 762–775, **763**
An- & Weiterreise 765
Bevölkerung 762
Botschaften 773
Bücher 773
Essen 773
Feiertage 773
Ferien 773
Fernsehen 775
Frauen unterwegs 774
Gefahren & Ärgernisse 767, 774
Geführte Touren 774
Geld 774
Geografie 762, 765
Geschichte 764
Gesundheit 774
Grenzübergänge 772, 773
Infos im Internet 774
Internetzugang 774
Karten 774
Klima 775
Konsulate 773
Kultur 764
Kunst & Kultur 765
Öffnungszeiten 775
Politik 764
Post 775
Radio 775
Religion 765
Shoppen 775
Sport 764
Touristeninformation 775
Trinken 773
Unterkunft 775
Unterwegs vor Ort 765
Visa 775
Wirtschaft 764
Zeitungen 775

T
Tabatinga (Bra) 448, 886, 890
Tacana 291

000 Kartenseiten
000 Abbildungen

Tacna (Per) 979–981, **980**
Tacuarembó (Uru) 1100
Tafí Del Valle (Arg) 115
Taganga (Kol) 839
Talca (Chi) 538–539
Tal des Mondes (Bol) 230
Tambomachay (Per) 1007
Tango 1085, 1099, *siehe auch* Tanz
Festivals 64
Kurse 64
Shows 74
Tanz, Tanzkurse
Argentinien 46
Arraial dAjuda (Bra) 404
Bolivien 208
Córdoba (Arg) 104
Quito (Ecu) 644
Rio de Janeiro (Bra) 332
Tarabuco (Bol) 272–273
Tarapoto (Per) 1058–1059
Taricá (Per) 1051
Tarija (Bol) 256–260, **257**
Tarma (Per) 1027–1028
Tauchen *siehe auch* Schnorcheln
Cartagena (Kol) 845
Ecuador 729
Los Roques (Ven) 1144
Mar del Plata (Arg) 127
Necochea (Arg) 133
Providencia (Kol) 856
San Andrés (Kol) 853
Santa Marta (Kol) 838
Taganga (Kol) 839
Tucacas (Ven) 1150
Taxis 1242
Argentinien 49
Bolivien 213
Ecuador 631
Französisch-Guyana 750
Paraguay 913
Peru 951
Surinam 766
Uruguay 1086
Venezuela 1125
Tayrona 840
Telefon 1226
Temuco (Chi) 546–551, **547**
Tena (Ecu) 693–695, **694**
Teresina (Bra) 426
Teresópolis (Bra) 342–343
Termales de Santa Rosa (Kol)
865
Termas de Chillán Resort (Chi)
541
Termas de Puyehue (Chi) 565

Theater
Argentinien 45
Asunción (Par) 920
Bogotá (Kol) 820
Bueno Aires (Arg) 72
Cali (Kol) 871
Caracas (Ven) 1139
La Paz 228 (Bol)
Montevideo (Uru) 1091
Paraguay 911
Quito (Ecu) 651–652
Sucre (Bol) 271
Uruguay 1085
Villa Gesell (Arg) 131
Thermalquellen *siehe*
Heiße Quellen
Thrombose 1248
Tiahuanaco (Bol) 231
Tier- & Pflanzenbeobachtung
siehe auch Walbeobachtung,
Vogelbeobachtung
Cacao (FrG) 751
Ecuador 645
Galapagosinseln (Ecu) 718–729
Galibi Nature Reserve (Sur) 771
Islas Ballestas (Per) 969
Los Llanos (Ven) 1163
Manaus (Bra) 446
Misahuallí (Ecu) 695–696
Pantanal (Bra) 380
Parque Nacional Manu (Per)
1063
Parque Nacional Tierra del Fuego
(Arg) 189
Reserva Faunística Península
Valdés (Arg) 169
Reserva Nacional Pacaya-Samiria
(Per) 1066
Reserva Provincial Esteros Del
Iberá (Arg) 90
Rurrenabaque (Bol) 289
Tiere
Argentinien 47
Bolivien 209
Brasilien 316
Ecuador 11, 628
Französisch-Guyana 744
Guyanas 739
Kolumbien 805
Paraguay 911
Peru 948–949
Uruguay 1085
Venezuela 1122
Tierra del Fuego *siehe* Feuerland
Tierradentro (Kol) 879–881, **879**

Kolumbien 809
Kolumbien, An- & Weiterreise
807
Paraguay 921, 931
Paraguay, An- & Weiterreise 912
Peru 951
Peru, An- & Weiterreise 950
Rio de Janeiro (Bra) 332
Surinam 765
Uruguay, An- & Weiterreise
1085
Venezuela, 1125
Venezuela, An- & Weiterreise
1123, 1176
Schnorcheln
Alter do Chão (Bra) 442
Ecuador 729
Los Roques (Ven) 1144
Puerto Ayora (Ecu)725
Schwarzmarkt 1220–1221
Schwimmen
Buenos Aires (Arg) 62
Iquique (Chi) 525
La Falda (Arg) 108
Lençóis (Bra) 396
Lima (Per) 961
Maceió (Bra) 408
Villa Gesell (Arg) 130
Schwimmende Inseln (Per) 995
Schwule Reisende 1077, 1225
Argentinien 197
Bolivien 302
Brasilien 461
Chile 618
Ecuador 735
Kolumbien 902
Paraguay 938
Peru 1077
Uruguay 1111
Venezuela 1206
Scubadiving *siehe* Tauchen
Seengebiet (Arg) 147–164, **148**
Seengebiet (Chi) 546–577, **548–549**
Selk'nam 466
Serra Gaúcha (Bra) 370
Shushufindi (Ecu) 692
Sicuani (Bol) 241
Sierra de la Ventana (Arg) 134–135
Sigchos (Ecu) 667
Sígsig (Ecu) 683–684
Sillustani (Per) 994
Silva, Luíz da *siehe* Lula
Silvia (Kol) 876
Sinnamary (FrG) 755
Sipán (Per) 1039

Sipe Sipe (Bol) 266
Skeldon (Guy) 786
Skifahren 1210
Antillanca (Chi) 565
Argentinien 190
Bariloche (Arg) 155
Cajón del Maipo (Chi) 492–493
Coyhaique (Chi) 589
El Colorado (Chi) 491
Farellones (Chi) 491
La Parva (Chi) 492
Las Leñas (Arg) 145
Los Penitentes (Arg) 142
Parque Nacional Nahuel Huapi
(Arg) 158
Parque Nacional Villarrica (Chi)
558
Portillo (Chi) 492
Puerto Varas (Chi) 568
Valle Nevado (Chi) 492
Sklaverei 27
Guyana 778
Snowboarden 1210
Sonnentempler 778
Sorata (Bol) 235–236
Soure (Bra) 437
Spanischkurse *siehe* Sprachkurse
Sport *siehe auch einzelne Sportarten*
Bolivien 207
Ecuador 626
Guyana 779
Kolumbien 803
Peru 946
Surinam 764
Uruguay 1084
Venezuela 1119
Sprachen 1256–1268
Portugiesisch 462
Spanisch 197
Sprachkurse
Arequipa (Per) 985
Baños (Ecu) 670
Bariloche (Arg) 155
Bogotá (Kol) 817
Buenos Aires (Arg) 63
Chile 617
Cochabamba (Bol) 263
Córdoba (Arg) 104
Cuzco (Per) 1002
Kolumbien 902
La Paz (Bol) 224
Mendoza (Arg) 138
Mérida (Ven) 1159
Otavalo (Ecu) 656
Pucón (Chi) 555

Quito (Ecu) 644
Sucre (Bol) 269
Ushuaia (Arg) 186
Springlands (Guy) 786
St. Georges (FrG) 752
St. Laurent du Maroni (FrG) 755–758,
756
Stadtspaziergang
Asunción (Par) 917–918
Bogotá (Kol) 816–817
Buenos Aires (Arg) 62–63
La Paz (Bol) 223–224
Rio de Janeiro (Bra) 332–333
Santiago (Chi) 484–485
Stierkampf 966
Bogotá (Kol) 821
Ecuador 626
Kolumbien 803
Peru 946
Strände *siehe auch* Schwimmen,
Surfen
Arica (Chi) 530
Arraial do Cabo (Bra) 344
Copacabana (Bra) 327
Isla de Margarita (Ven) 1182
Itacaré (Bra) 399
Jacumã (FKK) (Bra) 416
Paraty (Bra) 347
Parque Nacional Henri Pittier
(Ven) 1148
Pinamar (Arg) 132
Playa Blanca (Kol) 848
Playa Colorada (Ven)
1169–1170
Punta del Este (Uru) 1103
Villa Gesell (Arg) 130
Súa (Ecu) 702
Sucre (Bol) 266–272, **267, 272**
Suesca (Kol) 822–823
Supernam (Guy) 786
Surfen 1210
Adícora (Ven) 1153
Brasilien 454
Canoa (Ecu) 703
Ecuador 729
Huanchaco (Per) 1036
Iquique (Chi) 525
Itacaré (Bra) 399
La Paloma (Uru) 1105
Lima (Per) 961
Los Roques (Ven) 1144
Máncora (Per) 1042
Malabrigo (Per) 1036
Mompiche (Ecu) 703
Montañita (Ecu) 709

Gávea **328**
Gefahren & Ärgernisse 325–327
Geschichte 322
Glória **326**
Infos im Internet 324
Internetzugang 324
Ipanema **328**
Karneval 12, 333–334
Lapa **326**
Leblon **328**
Leme **336**
Medizinische Versorgung 324
Notfall 324
Santa Terasa **326**
Shoppen 340
Stadtspaziergang 332–333, **333**
Touristeninformation 325
Unterhaltung 338
Unterkunft 334–335
Unterwegs vor Ort 325
Río Gallegos (Arg) 179–181, **180**
Río Grande (Arg) 182–183
Rio Iguaçu (Bra) 373
Río Napo (Ecu) 692
Río Puelo (Chi) 572
Riobamba (Ecu) 674–676, **675**
Río-Liucura-Tal (Chi) 557–558
Río-Maipo-Canyon *siehe* Cajón del
    Maipo
Rionegro (Kol) 863
Río-Puelo-Tal (Chi) 572–573
Riverrafting *siehe* Rafting
Rodeo 586
Roraima (Ven) 1192–1193
Rosario (Arg) 79–83, **81**
Rosignol (Guy) 786
Rupununi-Savanne (Guy) 788
Rurrenabaque (Bol) 286–291, **288**
Ruta 11 & Putre (Chi) 533–534

S
Sacsayhuamán (Per) 1007
Salamina (Kol) 865
Salar de Uyuni (Bol) **249**, 250, 252
Salento (Kol) 866
Salgado, Sebastião 314
Salinas (Ecu) 674
Salsa 644, 948, 1121
Salta 117–120, **118–119**
Salto (Uru) 1098–1099
Salto Ángel (Ven) 1189–1190

000 Kartenseiten
000 Abbildungen

Salvador (Bra) 388–395, **389**
Salvaterra (Bra) 437
Samaipata (Bol) 283–285
Samba 315 *siehe auch* Tanz
Same (Ecu) 702
San Agustín (Kol) 876–879, **877**
San Agustín de Valle Fértil (Arg) 144
San Andrés (Kol) 851–855, **852, 854**
San Andrés de Pisimbalá (Kol) 880
San Antonio de Areco (Arg) 78
San Antonio de Ibarra (Ecu) 661
San Antonio De Los Cobres (Arg)
    120–121
San Antonio del Táchira (Ven)
    1164–1166, **1165**
San Bernardino (Par) 922
San Cipriano (Kol) 871–872
San Cristóbal (Ven) 1163–1164
San Francisco de Yare (Ven) 1143
San Francisco de Yuruaní (Ven) 1193
San Gil (Kol) 829–830
San Ignacio (Per) 1039
San Ignacio Miní (Arg) 98
San Juan (Arg) 143–144
San Juan Bautista (Chi) 605–607
San Juan de Girón (Kol) 833
San Lorenzo (Ecu) 699–700
San Luis (Arg) 135–136
San Martín de los Andes (Arg)
    150–152
San Miguel (Ecu) 700
San Pedro de Atacama (Chi) 518–522,
    519
San Rafael (Ven) 1162
San Salvador de Jujuy (Arg) 121–123,
    122
Sandboarden
    Huacachina (Per) 974
    Iquique (Chi) 525
    Nazca (Per) 976
    Peru 1071
Santa Cruz (Bol) 278–283,
    280–281
Santa Cruz (Chi) 535–536
Santa Elena (Ecu) 710
Santa Elena de Uairén (Ven)
    1193–1196, **1194**
Santa Fe (Arg) 83–86, **85**
Santa Fe (Ven) 1170–1171
Santa Fe de Antioquia (Kol)
    863–864
Santa Isabel (Kol) 855
Santa Marta (Kol) 836–839, **837**
Santa Rosa (Arg) 146
Santa Rosa (Ecu) 726

Santa Rosa (Guy) 787
Santa Rosa (Per) 448
Santarém (Bra) 439–441, **440**
Santiago (Chi) 476–491, **478–479,
    482–483**
    Aktivitäten 484
    An- & Weiterreise 489–491
    Ausgehen 488
    Essen 487–488
    Festivals & Events 485–486
    Gefahren & Ärgernisse 480
    Geschichte 477
    Internetzugang 477
    Kurse 485
    Medizinische Versorgung 480
    Notfall 480
    Sehenswertes 481, 484
    Shoppen 489
    Stadtspaziergang 484–485, **485**
    Touristeninformation 480
    Unterhaltung 488–489
    Unterkunft 486–487
    Unterwegs vor Ort 491
    Zentrum **482–483**
Santiago del Estero (Arg) 112
Santuario de Iguaque (Kol) 829
Santuario de las Lajas (Kol) 885–886
San Vicente (Ecu) 703
São Félix (Bra) 395–396
    Festivals & Events 396
São João del Rei (Bra) 358–359
São Luís (Bra) 426–428, **428–429**
São Paulo (Bra) 348–353, **350–351**
Saquarema (Bra) 343–344
Saquisilí (Ecu) 667
Saraguro (Ecu) 684
Saül (FrG) 752
Schamanen 1042
Schiffsreisen 1242–1243, *siehe
    auch* einzelne Orte
    Argentinien, An- & Weiterreise
        76
    Bolivien 211, 212
    Brasilianisches Amazonasbecken
        435
    Brasilien 321
    Brasilien, An- & Weiterreise 320
    Ecuador 631
    Französisch-Guyana 744
    Französisch-Guyana, An- &
        Weiterreise 744
    Galapagosinseln (Ecu) 721
    Guyana 780
    Kolumbianisches Amazonas-
        becken 891

Infos im Internet 633
Internetzugang 633
Medizinische Versorgung 633
Neustadt **634–635**
Notfalldienste 633
Shoppen 652
Unterhaltung 651
Unterkunft 645–647
Unterwegs vor Ort 633,
653–654

R
Radfahren 1209, 1240, *siehe
auch* Mountainbiken
Argentinien 49, 190
Buenos Aires (Arg) 64
Gesell (Arg) 130
Lima (Per) 961
Necochea (Arg) 133
Parque Nacional Nahuel Huapi
(Arg) 158
Pinamar (Arg) 132
Quebrada de Cafayate (Arg)
116
Quito (Ecu) 642
San Martín de los Andes (Arg)
151
Villa de Leyva (Kol) 827
Rafting 1210
Arequipa (Per) 985
Baños (Ecu) 670
Bariloche (Arg) 155
Córdoba (Arg) 104
Cusco (Per) 1001
Itacaré (Bra) 399
Lunahuaná (Per) 968
Mendoza (Arg) 138
Necochea (Arg) 133
Peru 1071
Pucón (Chi) 555
Quito (Ecu) 644
Salta (Arg) 119
San Agustín (Kol) 876–879,
877
San Gil (Kol) 830
Suesco (Kol) 822
Tena (Ecu) 693
Tucumán (Arg) 114
Rancagua (Chi) 535
Rapa Nui (Osterinsel, Chi) **13**,
607–611, **608**
Ráquira (Kol) 828
Rassismus 1214
Rastlose (Ecu) 725–728
Raumfahrtzentren 753

Rechtsfragen 1224, *siehe auch
einzelne Länder*
Recife (Bra) 410–413, **411**
Refugio Biológico Tatí Yupi (Par)
929–930
Refugio de Vida Silvestre Pasochoa
(Ecu) 654–655
Reggaetón 1121
Régina (FrG) 752
Reisepass *siehe* Visa
Reiseplanung *siehe auch* Reiserouten
Argentinien 192
Bolivien 298
Brasilien 457
Ecuador 731–732
Ermäßigungen 1214
Französisch-Guyana 759
Guyana 791
Paraguay 936
Surinam 773
Uruguay 1108
Reiserouten 14–19
Amazonas 17, **17**
Andentour 15, **15**
Große Runde 14, **14**
Guyanas 18, **18**
Partytour 19, **19**
Südspitze 16, **16**
Surreales Südamerika 19, **19**
Reiseschecks 1220
Bolivien 300
Brasilien 459
Ecuador 734
Uruguay 1109
Venezuela 1204
Reiseübelkeit 1248
Reiten
Baños (Ecu) 670
Bariloche (Arg) 155
Bolivien 299
Buenos Aires (Arg) 62
Córdoba (Arg) 104
Itacaré (Bra) 399
Las Leñas (Arg) 145
Lima (Per) 961
Parque Nacional Torres del Paine
(Chi) 602
Peru 1071
Salta (Arg) 119
San Gil (Kol) 830
Sucre (Bol) 269
Tucumán (Arg) 114
Tupiza (Bol) 254
Ushuaia (Arg) 185
Villa de Leyva (Kol) 827

Religion *siehe auch einzelne Länder*
Argentinien 45
Bolivien 207
Brasilien 313
Candomblé 313, 390, 395, 396
Ecuador 627
Festivals & Events 1143
Französisch-Guyana 743
Guyana 779
Judentum 45
Katholizismus 45, 207, 627, 743,
803, 910, 1084, 1120
Peru 946
Surinam 765
Uruguay 1084
Venezuela 1120
Rémire-Montjoly (FrG) 750
Reserva Biológica Los Cedros (Ecu)
663
Reserva De Producción Faunística
Cuyabeno (Ecu) 689
Reserva Ecológica Cotacachi-Cayapas
(Ecu) 700
Reserva Faunística Península Valdés
(Arg) 169–170
Reserva Nacional Altos de Lircay
(Chi) 539
Reserva Nacional de Paracas (Per)
969–970, **972**
Reserva Nacional Natural Puracé
(Kol) 875
Reserva Nacional Radal Siete Tazas
(Chi) 538
Reserva Provincial Esteros del Iberá
(Arg) 90–91
Reserva Provincial Punta Tombo
(Arg) 172
Resistencia (Arg) 93–95
Retiro (Kol) 863
Riberalta (Bol) 293–294
Rio Amazonas *siehe* Amazonas
Rio Branco (Bra) 452–453
Río Caribe (Ven) 1175–1176
Strände 1176
Rio Claro (Kol) 862
Rio de Janeiro (Bra) **12**, 321–340,
323, 326, 328, 330–331, 336
Aktivitäten 332
Botafogo **330–331**
Catete **330–331**
Centro **326**
Copacabana **336**
Essen 335–337
Festivals & Events 333–334
Flamengo **330–331**

1292 Register (P–Q)

Parque Pumalín (Chi) 583–585
Paso de los Libres (Arg) 89–90
Pasto (Kol) 881–883, **882**
Patagonien (Arg) **16,** 164–181, **165**
Patagonien (Chi) **16,** 583–605
Paucartambo (Per) 1020
Paysandú (Uru) 1098
Pedro Juan Caballero (Par) 932
Peguche (Ecu) 659
Pehuenchen 145, 147
Penedo (Bra) 407
Península de Araya (Ven) 1174
Pereira (Kol) 865
Perito-Moreno-Gletscher (Arg) 178
Perón, Juan 41
Peru **10,** 940–1079, **942**
  Aktivitäten 1071–1072
  Amazonasbecken 1059–1071
  An- & Weiterreise 949
  Bevölkerung 946
  Botschaften 1072
  Bücher 1072–1073
  Canyonland 981–989, **982**
  Essen & Trinken 1073–1074
  Frauen unterwegs 1074
  Führerschein 1075
  Gefahren & Ärgernisse 1028, 1075
  Geführte Touren 1075
  Geld 1075–1076
  Geografie 940
  Grenzübergänge 981, 993, 1043,
    1044, 1061
  Infos im Internet 1076
  Karten 1076
  Klima 1076
  Konsulate 1072
  Kordilleren 1045–1053
  Kultur 945–946
  Kunst 947
  Nordküste 1030–1045
  Nördliches Hochland 1053–1059
  Öffnungszeiten 1076
  Politik 941
  Post 1076
  Religion 946
  Shoppen 947
  Sport 946
  Südküste 968–981
  Telefon 1077
  Tierwelt 948
  Toiletten 1078

000 Kartenseiten
000 Abbildungen

Unterkunft 1078
Unterwegs vor Ort 950–951
Zentrales Hochland 1021–1030
Pest 1251
Petrópolis (Bra) 342
Pflanzen 34
  Argentinien 47
  Brasilien 316
  Bücher 1212
  Ecuador 628
  Französisch-Guyana 744
  Guyanas 739
  Kolumbien 806, 898
Pica (Chi) 528
Pichilemu (Chi) 536–537
Pinamar (Arg) 131–132
Pinochet, Augusto 468, 469
Piriápolis (Uru) 1100–1101
Piribebuy (Par) 922
Pisac (Per) 1008–1009
Pisco (Per) 969–972, **971**
Pisco Elqui 511
Piura (Per) 1040–1042, **1041**
Playa Blanca (Kol) 848
Playa Colorada (Ven) 1169–1170
Playa de Oro (Ecu) 700–701
Playa El Agua (Ven) 1182
Playa El Yaque (Ven) 1182
Playas (Ecu) 710
Poconé (Bra) 384
Politik *siehe auch einzelne Länder*
Pomata (Per) 995
Ponta Porã (Bra) 386
Popayán (Kol) 873–876, **874**
Porlamar (Ven) 1179–1181, **1180**
Porto Alegre (Bra) 370–372, **371**
Porto Seguro (Bra) 402–404, **403**
Porto Velho (Bra) 450–452, **451**
Portugiesischkurse *siehe* Sprachkurse
Porvenir (Chi) 603
Posadas (Arg) 95–97, **97**
Post 1224, *siehe auch einzelne Länder*
Potosí (Bol) 273–278, **274–275**
Praia da Pipa (Bra) 417–418
Praia do Forte (Bra) 395
Praia do Gunga (Bra) 408
Providencia (Kol) 851, 855–857
Pucallpa (Per) 1063–1065, **1064**
Pucón (Chi) 553–557, **554**
Puelche 147
Puente del Inca (Arg) 142–143
Puerto Ayacucho (Ven) 1196–1199,
  1197
Puerto Ayora (Ecu) 725–726, **727**
Puerto Baquerizo Moreno (Ecu) 728

Puerto Chicama (Per) 1036
Puerto Colombia (Ven) 1148
Puerto Iguazú (Arg) 98–100, **99**
Puerto La Cruz (Ven) 1167–1169,
  1168
Puerto López (Ecu) 708–709
Puerto Madryn (Arg) 166–169,
  167
Puerto Maldonado (Per) 1020,
  1059–1062, **1060**
Puerto Montt (Chi) 573–577, **574**
Puerto Nariño (Kol) 892
Puerto Natales (Chi) 597–600, **598**
Puerto Octay (Chi) 566–567
Puerto Ordaz 1185–1187, **1186**
Puerto Pirámide (Arg) 169
Puerto Puyuhuapi (Chi) 587
Puerto Varas (Chi) 567–571, **569**
Pujilí (Ecu) 667
Pukapukara (Per) 1008
Puno (Per) 990–994, **991**
Punta Arenas (Chi) 592–597,
  593
Punta del Diablo (Uru) 1106
Punta del Este (Uru) 1103–1105,
  1104
Puritama (Chi) 522
Putre (Chi) 533
Puyo (Ecu) 696–698, **697**

Q
Q'enqo (Per) 1007
Quebrada de Cafayate (Arg) 116
Quebrada de Humahuaca (Arg)
  123–125
Quechua 31, 44, 102, 291, 995
Quellón (Chi) 582
Querandí 38
Quillabamba (Per) 1019–1020
Quillacollo (Bol) 266
Quilmes (Volk) 117
Quilmes (Arg) 117
Quilotoa Loop, der (Ecu) 667–668
Quintero (Chi) 502
Quito (Ecu) 632–654, **634–635,**
  639, 643
  Aktivitäten 642–644
  Altstadt **639**
  An- & Weiterreise 652–653
  Ausgehen 650–651
  Essen 647–650
  Festivals & Events 645
  Gefahren & Ärgernisse 636–637
  Geführte Touren 644–645
  Großraum **643**

Panamahut 682, 705
Panguipulli (Chi) 559
Pantanal (Bra) 380–382, **381**
Papillon 755
Paragliding 1211
  Bariloche (Arg) 155
  Córdoba (Arg) 104
  Iquique (Chi) 525, 526
  Lima (Per) 961
  Medellín (Kol) 859
  Mérida (Ven) 1162
  Peru 1071
  Punta del Este (Uru) 1103
  Salta (Arg) 119
  Sucre (Bol) 269
Paraguay 906–939, **908**
  Aktivitäten 935
  Bevölkerung 906, 910
  Botschaften 935
  Bücher 936
  Chaco 930–935
  Essen 936
  Festivals & Events 936
  Fotos 936
  Freiwilligenarbeit 937
  Führerschein 937
  Gefahren & Ärgernisse 913, 916, 937
  Geld 937
  Geografie 906, 911
  Geschichte 907
  Gesundheit 937
  Getränke 936
  Grenzübergänge 921, 926, 929
  Infos im Internet 938
  Internetzugang 938
  Karten 938
  Klima 938
  Konsulate 935
  Kultur 909
  Kunst 910
  Norden 930–935
  Öffnungszeiten 938
  Politik 907
  Post 938
  Rechtsfragen 938
  Reisen mit Behinderung 938
  Religion 910
  Sanitäre Anlagen 939
  Sport 910
  Süden 923–930, **924**
  Telefon 939
  Tiere 911
  Toiletten 939
  Touristeninformation 939

Umweltprobleme 912
Unterkunft 939
Unterwegs vor Ort 912
Verantwortungsbewusstes
  Reisen 939
Visa 939
Zeitungen 938
Paraitepui (Ven) 1193
Paramaribo (Sur) 766–771, **768**
Paraná (Arg) 86–88
  Tierbeobachtungen 87
Paranaguá (Bra) 364–365
Paraty (Bra) 346–348
Parika (Guy) 786
Parinacota (Chi) 534
Parnaíba (Bra) 425–426
Parque Nacional Alerce Andino (Chi) 577
Parque Nacional Amacayacu (Kol) 892
Parque Nacional Amboró (Bol) 284, 285
Parque Nacional Cajas (Ecu) 684
Parque Nacional Canaima (Ven) 1190, **1190**
Parque Nacional Cerro Corá (Par) 932
Parque Nacional Chaco (Arg) 95
Parque Nacional Chiloé (Chi) 582
Parque Nacional Conguillío 551–552
Parque Nacional Cotopaxi (Ecu) 664
Parque Nacional da Chapada dos
  Guimarães (Bra) 383
Parque Nacional da Chapada dos
  Veadeiros (Bra) 379
Parque Nacional da Serra dos Órgãos
  (Bra) 342–343
Parque Nacional de Aparados da Serra
  (Bra) 369–370
Parque Nacional Defensores del Chaco
  (Par) 935
Parque Nacional dos Lençóis
  Maranhenses (Bra) 429–430
Parque Nacional El Ávila (Ven) 1142
Parque Nacional El Cocuy (Kol) 829
Parque Nacional el Palmar (Arg) 88–89
Parque Nacional Henri Pittier (Ven) 1148–1149
Parque Nacional Huascarán (Per) 1050–1051
Parque Nacional Huerquehue (Chi) 558
Parque Nacional Iguazú (Arg) 100–102

Parque Nacional Laguna del Laja
  (Chi) 545
Parque Nacional Lanín (Arg) 150
Parque Nacional Lauca (Chi) 534–535
Parque Nacional Lihué Calel (Arg) 146–147
Parque Nacional Los Alerces (Arg) 163
Parque Nacional Los Glaciares (Arg) 178–179
Parque Nacional Los Nevados (Kol) 865
Parque Nacional Machalilla (Ecu) 707–708
Parque Nacional Madidi (Bol) 291–292
Parque Nacional Manu (Per) 1063
Parque Nacional Mochima (Ven) 1169–1171
Parque Nacional Nahuelbuta (Chi) 545
Parque Nacional Nahuel Huapi (Arg) 157–158
Parque Nacional Nevado Tres Cruces
  (Chi) 512
Parque Nacional Pan de Azúcar (Chi) 513
Parque Nacional Podocarpus (Ecu) 687
Parque Nacional Puyehue (Chi) 565–566
Parque Nacional Queulat (Chi) 587
Parque Nacional Rapa Nui (Chi) 610–611
Parque Nacional Río Pilcomayo
  (Arg) 95
Parque Nacional Santa Teresa (Uru) 1106
Parque Nacional Sete Cidades (Bra) 424–425
Parque Nacional Sierra de las Quijadas
  (Arg) 136
Parque Nacional Sierra Nevada (Ven) 1162
Parque Nacional Tayrona (Kol) 840
Parque Nacional Torres del Paine (Chi) 600–603, **601**
Parque Nacional Vicente Peréz Rosales
  (Chi) 571–572
Parque Nacional Villarrica (Chi) 558–559
Parque Nacional Ybycuí (Par) 926–927
Parque Provincial Ischigualasto (Arg) 144–145

Paraguay 911, 935
Parque Nacional Alerce Andino (Chi) 577
Parque Nacional Amacayacu (Kol) 892
Parque Nacional Amboró (Bol) 284, 285
Parque Nacional Cajas (Ecu) 684
Parque Nacional Canaima (Ven) 1190, **1190**
Parque Nacional Cerro Corá (Par) 932
Parque Nacional Chaco (Arg) 95
Parque Nacional Chiloé (Chi) 582
Parque Nacional Conguillío 551–552
Parque Nacional Cotopaxi (Ecu) 664
Parque Nacional da Serra dos Órgãos (Bra) 342–343
Parque Nacional de Aparados da Serra (Bra) 369–370
Parque Nacional El Cocuy (Kol) 829
Parque Nacional el Palmar (Arg) 88–89
Parque Nacional Henri Pittier (Ven) 1148–1149
Parque Nacional Huascarán (Per) 1050–1051
Parque Nacional Huerquehue (Chi) 558
Parque Nacional Iguazú (Arg) 100–102
Parque Nacional Laguna del Laja (Chi) 545
Parque Nacional Lanín (Arg) 150
Parque Nacional Lauca (Chi) 534–535
Parque Nacional Lihué Calel (Arg) 146–147
Parque Nacional Los Alerces (Arg) 163
Parque Nacional Los Glaciares (Arg) 178–179
Parque Nacional Los Nevados (Kol) 865

000 Kartenseiten
000 Abbildungen

Parque Nacional Machalilla (Ecu) 707–708
Parque Nacional Madidi (Bol) 291–292
Parque Nacional Mochima (Ven) 1169–1171
Parque Nacional Nahuelbuta (Chi) 545
Parque Nacional Nahuel Huapi (Arg) 157–158
Parque Nacional Podocarpus (Ecu) 687
Parque Nacional Puyehue (Chi) 565–566
Parque Nacional Queulat (Chi) 587
Parque Nacional Rapa Nui (Chi) 610–611
Parque Nacional Río Pilcomayo (Arg) 95
Parque Nacional Santa Teresa (Uru) 1106
Parque Nacional Sete Cidades (Bra) 424–425
Parque Nacional Sierra de las Quijadas (Arg) 136
Parque Nacional Tayrona (Kol) 840
Parque Nacional Torres del Paine (Chi) 600–603, **601**
Parque Nacional Vicente Peréz Rosales (Chi) 571–572
Parque Nacional Villarrica (Chi) 558–559
Parque Nacional Ybycuí (Par) 926–927
Parque Provincial Ischigualasto (Arg) 144–145
Parque Pumalín (Chi) 583–585
Peru 949
Reserva Biológica Los Cedros (Ecu) 663
Reserva De Producción Faunística Cuyabeno (Ecu) 689
Reserva Ecológica Cotacachi-Cayapas (Ecu) 700
Reserva Faunística Península Valdés (Arg) 169–170
Reserva Nacional de Paracas 969–970, **972**
Reserva Nacional Natural Puracé (Kol) 875
Reserva Nacional Radal Siete Tazas (Chi) 538
Reserva Provincial Esteros del Iberá (Arg) 90–91

Reserva Provincial Punta Tombo (Arg) 172
Surinam 771
Venezuela 1122
Nazca (Per) 975–978, 976
Nazcalinien (Per) 975–976
Necochea (Arg) 132–133
Neu-Halbstadt (Par) 935
Neuquén (Arg) 147–149
New Amsterdam (Guy) 786
Nieuw Nickerie (Sur) 772
Norte Chico **515**
Norte Grande **504**
Nuevo Rocafuerte (Ecu) 692
Nukak-Makú 887

O
Ocumare de la Costa (Ven) 1148
Öffnungszeiten 1224
Oiapoque (Bra) 439
Ökotourismus
   Bahía de Caráquez (Ecu) 704
   Bogotá (Kol) 817
   Bolivien 299
   Bücher 1200
   Emerald Jungle Village (FrG) 750
   Georgetown (Guy) 783
   Guyanas 740
   Iwokrama-Regenwaldprojekt 788
   Macas (Ecu) 698
   Rurrenabaque (Bol) 289
   San Gil (Kol) 829
Olinda (Bra) 413–415, **414**
Ollantaytambo (Per) 1010–1011
Olmedo (Ecu) 699
Olón (Ecu) 709
Orinduik Falls (Guy) 787
Oroyafieber 1251
Oruro (Bol) 243–248, **246**
Osorno (Chi) 563–565
Osterinsel (Chi) *siehe* Rapa Nui (Chi)
Otavalo (Ecu) 655–659, **657**
Ouro Prêto (Bra) 354–357, **355**
Ovalle (Chi) 503–505

P
Pachacamac (Per) 959
Páez 880
Palena (Chi) 586–587
Palermo (Buenos Aires, Arg) **60**
Palmas (Bra) 439
Palumeu (Sur) 772
Pampatar (Ven) 1181
Pamplona (Kol) 833–834
Pañacocha (Ecu) 692

Loja (Ecu) 684–686, **685**
Loma Plata (Par) 934
Los Ángeles (Chi) 544–545
Los Antiguos (Arg) 173
Los Llanos (Ven) 1163
Los Penitentes (Arg) 142
Los Roques (Ven) 1143
Lota (Chi) 542
Lula (Silva, Luiz da) 311
Lule 102
Lunahuaná (Per) 968

M
Mabaruma (Guy) 787
Macapá (Bra) 438–439
Macará (Ecu) 686
Macas (Ecu) 698
Maceió (Bra) 407–410, **408–409**
Machala (Ecu) 717–718, **718**
Machu Picchu (Per) 10, 1013–1016, **1014**
Maicolpué (Chi) 565
Malabrigo (Per) 1036
Malargüe (Arg) 145
Malaria 1250
Maldonado (Uru) 1102–1103
Malerei
    Argentinien 46
    Ecuador 627
    Kolumbien 803
    Peru 948
    Venezuela 1121
Mamiña (Chi) 528
Mana (FrG) 758
Manaus (Bra) 442–446, **443**
Máncora (Per) 1042–1043
Manglaralto (Ecu) 710
Manizales (Kol) 864
Manta (Ecu) 705–707, **706–707**
Mapuche 147
Mar del Plata (Arg) 127–130, **129**
Maracaibo (Ven) 1153–1156, **1154**
Maracay (Ven) 1146–1148, **1147**
Maradona, Diego 44
Marcará (Per) 1051
Marinilla (Kol) 862
Mariscal Estagarribia (Par) 934
Märkte
    Antiquitäten 138
    Essen 227, 530
    Handarbeiten 920
    Handwerksgegenstände 138, 158, 859
    Hmong 747

indigenes Kunsthandwerk 273, 667, 546, 581, 683, 920, 1009, 1037
Kunsthandwerk 75, 78, 121, 415, 640, 652, 656, 966
Otavalo (Ecu) 656
Rio de Janeiro (Bra) 340
Marsella (Kol) 865
Mataco 44
Medellín (Kol) 857–862, **858**
Medizinische Versorgung siehe Gesundheit
Meirelles, Fernando 314
Mendoza (Arg) 136–142, **140**
Mennoniten 933
    Filadelfia (Par) 933
    Loma Plata (Par) 934
    Neu-Halbstadt (Par) 935
Mercedes (Uru) 1097–1098
Mérida (Ven) 1157–1161, **1158**
Minas (Uru) 1101–1102
Mindo (Ecu) 663, 664
Misahuallí (Ecu) 695–696
Missionen
    Jesuitenmissionen 90, 98, 108, 285–286, 926
    Venezuela 1203
Mitad del Mundo (Ecu) 654
Mochima (Ven) 1171
Mollendo (Per) 978
Mompiche (Ecu) 703
Mompós (Kol) 849–851, **850**
Montañita (Ecu) 709–710
Montecristi (Ecu) 704–705
Monterrey (Per) 1051
Montevideo (Uru) 1086–1093, **1088–1089**
    Aktivitäten 1087
    An- & Weiterreise 1092
    Ausgehen 1091
    Essen 1091
    Festivals & Events 1090
    Kurse 1090
    Medizinische Versorgung 1087
    Notfall 1087
    Sehenswertes 1087
    Shoppen 1091
    Touristeninformation 1087
    Unterhaltung 1091
    Unterkunft 1090
    Unterwegs vor Ort 1093
Montjoly (FrG) 750
Montsinéry (FrG) 750
Moquegua (Per) 978–979
Morro de São Paulo (Bra) 398–399

Moto-Taxis siehe Taxis
Motorradreisen 1233–1238, siehe auch einzelne Orte
    Bolivien 210
    Ecuador 630
    Kolumbien 808
    Kolumbien, An- & Weiterreise 806
    Peru 950
Mountainbiken 1209, siehe auch Radfahren
    Arequipa (Per) 985
    Baños (Ecu) 669–670
    Bogotá (Kol) 815
    Bolivien 299
    Córdoba (Arg) 104
    Cusco (Per) 1001
    La Paz (Bol) 222
    Las Leñas (Arg) 145
    Mendoza (Arg) 138
    Mérida (Ven) 1162
    Peru 1071
    Pucón (Chi) 555
    Riobamba (Ecu) 674
    San Pedro de Atacama (Chi) 519
    Sorata (Bol) 235
    Sucre (Bol) 269
    Suesco (Kol) 822
    Tucumán (Arg) 114
    Tupiza (Bol) 254
Mucuchíes (Ven) 1162
Muisca 823
Muisne (Ecu) 702–703
Musik 32
    Bolivien 208
    Brasilien 315
    Chile 471–472
    Ecuador 627
    Kolumbien 804, 805
    Paraguay 911
    Peru 947–948
    Uruguay 1085
    Venezuela 1121

N
Natal (Bra) 418–420, **419**
Nationalparks & Naturschutzgebiete siehe auch einzelne Nationalparks & Naturschutzgebiete
    Argentinien 47
    Bolivien 209–210
    Ecuador 628–629
    Guyanas 739
    Kolumbien 806

1288 Register (K–L˙)

Grenzübergänge 836, 839, 886, 891
Internetzugang 901
Karibikküste 836–851
Karten 901
Klima 901
Konsulate 893
Kultur 801
Künste 803
Nordwesten 856–867
Öffnungszeiten 901
Pflanzen 806
Politik 797
Post 902
Radio 901
Rechtsfragen 902
Reisende mit Behinderungen 902
Religion 803
Sport 803
Strom 902
Südwesten 867–886
Telefon 903
Tiere 805
Toiletten 903
Touristeninformation 903
TV 901
Umweltprobleme 806
Unterkunft 903
Unterwegs vor Ort 808–809
Visa 904
Wirtschaft 797
Zeitschriften 901
Zeitungen 901
Zoll 905
Konsulate 1211
Kordilleren (Per) 1045–1053
Korruption 1219
Kourou (FrG) 753
Kuélap (Per) 1057–1058
Kultur *siehe einzelne Länder*
Kunst *siehe einzelne Künste & einzelne Länder*
Kusijata (Bol) 241

L
La Balsa (Ecu) 689
La Boquilla (Kol) 848
La Candelaria (Kol) 828
La Ceja (Kol) 863
La Esperanza (Ecu) 662
La Falda (Arg) 108

000 Kartenseiten
000 Abbildungen

La Huaca Arco Iris (Per) 1035
La Huaca Esmeralda (Per) 1035
La Libertad (Ecu) 710
La Loma (Kol) 852
La Niña 1223
La Paloma (Uru) 1105–1106
La Paz (Bol) 213–230, **214–215, 218–219**
Aktivitäten 222–223
An- & Weiterreise 229–230
Ausgehen 227–228
El Prado **218–219**
Essen 226–227
Festivals & Events 224
Gefahren & Ärgernisse 220–221, 222
Geführte Touren 224
Infos im Internet 217
Internetzugang 217
Medizinische Versorgung 217
Notfall 217
Sehenswertes 221–222
Shoppen 228–229
Sopocachi **218–219**
Touristeninformation 220
Unterhaltung 228
Unterkunft 224–225
Unterwegs vor Ort 216, 230
Zentrum **218–219**
La Plata (Arg) 78
La Quiaca (Arg) 125–126, **126**
La Rioja (Arg) 109–110
La Serena (Chi) 505–510, **507**
Lago Agrio (Ecu) 689
Lago Buenos Aires (Arg) 173, *siehe auch* Lago Genéral Carrera (Chi)
Lago Calafquén (Chi) 559
Lago General Carrera (Chi) 591–592, *siehe auch* Lago Buenos Aires (Arg)
Lago Panguipulli (Chi) 559–560
Lago Pirehueico (Chi) 560
Lago Titicaca *siehe* Titicacasee
Laguna Chaxa (Chi) 522
Laguna Colorada (Bol) 252
Laguna de Guatavita (Kol) 823
Laguna de la Cocha (Kol) 884
Laguna Quilotoa (Ecu) 667
Lagunas (Per) 1066
Lagunas de Mojanda (Ecu) 659
Lagunas Llanganuco (Per) 1051–1052
Laguna Verde (Bol) 253
Lago de Maracaibo (Ven) 1155
Lambayeque (Per) 1039
Lampa (Per) 990
Landminen 899

Las Cascadas (Chi) 567
Las Huacas del Sol y de la Luna (Per) 1035
Las Leñas (Arg) 145
Las Tunas (Ecu) 709
Lastwagenreisen *siehe* Busreisen
Latacunga (Ecu) 664–667, **666**
Leishmaniase 1252
Lençóis (Bra) 396–398
Leptospirose 1252
Lesbische Reisende 1077, 1225
Argentinien 197
Bolivien 302
Brasilien 461
Chile 618
Ecuador 735
Kolumbien 902
Paraguay 938
Peru 1077
Uruguay 1111
Venezuela 1206
Lethem (Guy) 450
Leticia (Kol) 448, 886–892, **888**
Lican Ray (Chi) 559
Lima (Per) 952–968, **954–955, 956–957, 963**
Aktivitäten 961
An- & Weiterreise 967
Ausgehen 965–966
Essen 964–965
Festivals 961
Internetzugang 958
Medizinische Versorgung 958
Miraflores **963**
Notfalldienste 958
Sehenswertes 959–961
Shoppen 966
Touristeninformation 958
Unterhaltung 966
Unterwegs vor Ort 953, 967–968
Zentrum **956–957**
Limones (Ecu) 699
Lisboa, Antônio Francisco 358
Literatur *siehe auch* Bücher
Argentinien 45
Brasilien 314
Ecuador 628
Kolumbien 804
Kunst 1084
Paraguay 911
Peru 947
Venezuela 1121
Llachón (Per) 994–995
Llica (Bol) 252
Lluta-Tal 533

Register (I–K) 1287

Ingapirca (Ecu) 683
Ingapirca Trail (Ecu) 683
Machu Picchu (Per) 1013–1016
Ollantaytambo (Per) 1010–1011
Pachacamac (Per) 959
Pisac (Per) 1008–1009
Pukapukara (Per) 1008
Tambomachay (Per) 1007
Inkatrail (Per) 1016–1018, **1016**
Ipanema (Bra) 327
Ipiales (Kol) 884–886, **885**
Iquique (Chi) 523–527, **524**
Iquitos (Per) 1066–1071, **1067**
Isla Amantani (Per) 996
Isla de la Luna (Bol) 241
Isla de la Plata (Ecu) 707
Isla del Sol (Bol) 241–243, **242**
Isla de Margarita (Ven) 1177–1182,
1178
Isla Gorgona (Kol) 872–873
Isla Isabela (Ecu) 728
Isla Navarino (Chi) 604
Isla Negra (Chi) 499
Isla Quinchao (Chi) 581
Isla Robinson Crusoe (Chi) 605–607,
606
Isla San Cristóbal (Ecu) 728
Isla Santa Cruz (Ecu) 725–728
Isla Santa María (Ecu) 729
Islas Ballestas (Per) 969
Islas del Rosario (Kol) 848
Islas Flotantes (Per) 995
Islas Malvinas siehe Falklandinseln
Isla Taquile (Per) 995
Itacaré (Bra) 399–400
Itaipú-Staudamm (Par) 929
Itauguá (Par) 923
Iwokrama-Regenwaldprojekt (Guy)
788

J

Jacumã (Bra) 416
Jaén (Per) 1039
Jají (Ven) 1162
Jatun-Sacha-Bio-Reservat (Ecu) 696
Javouhey (FrG) 758
Jericoacoara (Bra) 423–424
Jesús (Par) 926
Jesús María (Arg) 108
Jetlag 1248
Jones, Jim 778
Jonestown (Guy) 778–779
Jonestown-Massaker 778–779
João Pessoa (Bra) 416–417
Juangriego (Ven) 1181–1182

Jujuy siehe San Salvador de Jujuy
(Arg)
Juli (Per) 995
Juliaca (Per) 990
Junín (Per) 1028
Junín De Los Andes (Arg) 149–150

K

Kaieteur National Park (Guy) 787
Kajakfahren
Alter do Chão (Bra) 442
Bariloche (Arg) 155
Dalcahue (Chi) 581
Parque Nacional Torres del Paine
(Chi) 602
Pucón (Chi) 555
San Agustín (Kol) 876–879, **877**
Tena (Ecu) 693
Kanufahren siehe auch Kajakfahren
Alter do Chão (Bra) 442
Itacaré (Bra) 399
Necochea (Arg) 133
Kanuku-Berge (Guy) 789
Kariben 1114
Karneval 1214 siehe auch einzelne
Länder & Orte
Argentinien 125
Barranquilla (Kol) 841
Cajamarca (Per) 1054
Corrientes (Arg) 91
Französisch-Guyana 759
Gualeguaychú (Arg) 88
Montevideo (Uru) 1090
Oruro (Bol) 244
Paraguay 936
Recife (Bra) 411
Rio de Janeiro (Bra) 12, 333–334
Salvador (Bra) 391
São Luís (Bra) 427
Uruguay 1109
Karten 1221
Kaw Nature Reserve (FrG) 752
Kino 28
Argentinien 45, 82
Brasilien 314
Ecuador 628
Kolumbien 804
Uruguay 1084
Venezuela 1120
Kitesurfen 1211
Adícora (Ven) 1153
Brasilien 454
Los Roques (Ven) 1144
Playa El Yaque (Ven) 1182
Rémire-Montjoly (FrG) 750

Klettern siehe auch Bergsteigen
Baños (Ecu) 669
Bogotá (Kol) 815
Brasilien 454
Buenos Aires (Arg) 62
Córdoba (Arg) 104
Coyhaique (Chi) 589
Ecuador 729
Esquel (Arg) 162
Fitz-Roy-Massiv (Arg) 173
Huaraz (Per) 1047
Latacunga (Ecu) 665
Mendoza (Arg) 138
Parque Nacional Sierra Nevada
(Ven) 1162
Parque Provincial Aconcagua
(Arg) 143
Peru 1071
Puerto Varas (Chi) 568
Quito (Ecu) 642
Riobamba (Ecu) 674
Rio de Janeiro (Bra) 332
Roraima (Ven) 1192
San Gil (Kol) 830
San Pedro de Atacama (Chi)
519
Suesca (Kol) 822
Volcán Chimborazo (Ecu)
676–677
Klima 20, 1222 siehe auch
einzelne Länder
Koka 205
Kolumbien 795–905, **796**
Aktivitäten 892
Amazonasbecken 886–892
An- & Weiterreise 806–807
Arbeiten 893
Bevölkerung 795
Botschaften 893
Bücher 893
Einwohner 802
Essen 894
Feiertage 895
Ferien 895
Festivals 895
Frauen unterwegs 896
Freiwilligenarbeit 896
Gefahren & Ärgernisse 813, 896,
897
Geld 899
Geografie 795, 805
Geologie 805
Geschichte 798–801
Gesundheit 900
Getränke 894, 895

REGISTER

Internetzugang 792
Karten & Stadtpläne 792
Klima 793
Konsulate 790
Kultur 779
Öffnungszeiten 793
Post 793
Radio 793
Religion 779
Shoppen 793
Sport 779
Strom 793
Telefon 793
Touristeninformation 793
Trinken 791
Unterkunft 793
Unterwegs vor Ort 780
Visa 794
Zeitschriften 793
Zeitungen 793
Guyanas 738, *siehe auch* Französisch-
  Guyana, Guyana, Surinam
An- & Weiterreise 740
Geografie 739
Geologie 739
Geschichte 739
Reiserouten 18
Tiere 739
Umweltprobleme 740
Verantwortungsbewusstes
  Reisen 740

H
Hanga Roa (Chi) 608–610
Heiliges Tal der Inka (Per)
  1008–1011
Heiße Quellen
  Aguas Calientes (Per) 1011
  Baños (Ecu) 670
  Chivay (Per) 988
  Los Baños del Inca (Per) 1056
  Mamiña (Chi) 528
  Parque Nacional Lauca (Chi) 534
  Potosí (Bol) 276
  Puritama (Chi) 522
  Rancagua (Chi) 535
  San Salvador de Jujuy (Arg) 121
  Salto (Uru) 1098
  Tal des Río Liucura (Chi) 557
  Termales de Santa Rosa (Kol)
    865–866

000 Kartenseiten
000 Abbildungen

Termas de Chillán Resort (Chi)
  541
Termas de Papallacta (Ecu) 655
Termas de Puyehue (Chi) 565
Hepatitis 1249–1250
Hernández, José Gregorio 1135
Histoplasmose 1252
Hitzschlag 1253
HIV 1252
Hmong 743
Höhenkrankheit 1253
  Argentinien 195
  Bolivien 300
  Chile 616
  La Paz (Bol) 220
  Quito (Ecu) 637
Höhlentouren
  San Gil (Kol) 830
  Tena (Ecu) 693
Horcón (Chi) 502
Hostels 1228
Hotels 1228
Huaca de la Luna (Per) 1035
Huaca del Sol (Per) 1035
Huacachina (Per) 974
Huacacalle (Per) 1020
Huancavelica (Per) 1023–1024
Huancayo (Per) 1024–1027,
  1025
Huanchaco (Per) 1036
Huánuco (Per) 1028–1029
Huaquillas (Ecu) 718
Huaraz & Die Kordilleren 1045–1053,
  1046
Huaraz (Per) 1046–1050, **1048–1049**
Humahuaca (Arg) 124–125
Humberstone (Chi) 527
Highway 7 (Chi) *siehe* Carretera
  Austral (Chi)

I
Ibarra (Ecu) 660–661, **661**
Ica (Per) 972–974, **973**
Iguaçu-Fälle (Bra) 373
Îles du Salut (FrG) 754
Ilha de Maiandeua (Bra) 436
Ilha de Marajó (Bra) 437–438
Ilha de Santa Catarina (Bra) 365–368,
  367
Ilha do Mel (Bra) 365
Ilha dos Lobos (Bra) 369
Ilha Grande (Bra) 346
Ilhéus (Bra) 400–401, **401**
Ilumán (Ecu) 659
Impfungen 1246–1247

Indigene Völker 31
  Alacalufe 181
  Araona 291
  Arawak 1114
  Aymara 201, 528
  Calchaquí 116
  Charrúa 1081
  Chibcha 1114
  Guambiano 876
  Guaraní 44, 79
  Guaraní 907, 910
  Kariben 1114
  Lule 102
  Mapuche 147
  Mataco 44
  Muisca 823
  Nukak-Makú 887
  Páez 880
  Pehuenchen 145, 147
  Puelche 147
  Quechua 31, 44, 102, 291, 995
  Querandí 38
  Quilmes 117
  Tacana 291
  Tayrona 840
  Toba 44
  Tonocote 102
  Wichi 44
  Yámana 38, 181
  Yanomami 449
Infos im Internet 792, 1221
  Argentinien 195
  Bolivien 301
  Brasilien 459
  Chile 616
  Ecuador 734
  Flugtickets 1232
  Französisch-Guyana 760
  Freiwilligenarbeit 1217
  Gesundheit 1247
  Kolumbien 900
  La Paz (Bol) 217
  Music 32
  Paraguay 938
  Peru 1076
  Quito (Ecu) 633
  Rio de Janeiro (Bra) 324
  Surinam 774
  Uruguay 1110
  Venezuela 1205
Ingapirca (Ecu) 683
Ingapirca Trail (Ecu) 683
Inkareich 201, 203, 623–624, 624, 943
Inkastätten *siehe auch*
  Archäologische Stätten

Register (F–G) **1285**

Fußballweltmeisterschaft
  Ecuador 621
Futaleufú (Chi) 585–586

G
Gaiman (Arg) 171
Galapagosinseln (Ecu) 11, 718–729,
  724
  An- & Weiterreise 723
  Kosten 720
  Planen 720
  Touren 720
  Unterwegs vor Ort 723
  Umwelt 719
Galibi Nature Reserve (Sur) 771
Garcia Márquez, Gabriel 804
Gefahren & Ärgernisse siehe einzelne
  Länder & Orte
Gelbfieber 1249
Geld 1219
Geldautomaten
  Argentinien 194
  Bolivien 300
  Brasilien 459
  Chile 615
  Ecuador 733
  Französisch-Guyana 760
  Guyana 792
  Kolumbien 900
  Paraguay 937
  Peru 1075
  Surinam 774
  Uruguay 1109
  Venezuela 1203
Geografie 33, siehe einzelne Länder
Georgetown (Guy) 780–786, **781**
Gerätetauchen siehe Tauchen
Geschichte 26, siehe auch einzelne
  Länder
Gesundheit siehe auch einzelne
  Länder
Girón (Kol) 833
Gleitschirmfliegen siehe Paragliding
Gnathostomiase 1252
Goiânia (Bra) 379
Goiás Velho (Bra) 379
Gran Roque (Ven) 1144
Gran Sabana (Ven) 1191–1196
Grenzübergänge
  Argentinien–Bolivien 126, 261
  Argentinien–Brasilien 90, 101,
    317, 375
  Argentinien–Chile 49
  Argentinien–Paraguay 96, 921,
    926, 929

Argentinien–Uruguay 77, 1092
Bolivien–Argentinien 128, 261
Bolivien–Brasilien 284, 295, 317,
  385, 452, 453
Bolivien–Chile 533
Bolivien–Paraguay 934
Bolivien–Peru 993, 1061
Brasilien–Argentinien 90, 317, 375
Brasilien–Bolivien 284, 295, 317,
  385, 452, 453
Brasilien–Französisch-Guyana
  318, 752
Brasilien–Guyana 318, 450,
  780, 790
Brasilien–Kolumbien 318, 448,
  807, 887, 891
Brasilien–Paraguay 318, 375, 386,
  929, 932
Brasilien–Peru 318, 448, 453,
  1061, 1070
Brasilien–Surinam 318
Brasilien–Uruguay 318, 1107
Brasilien–Venezuela 318, 448,
  1198
Chile–Argentinien 49
Chile–Bolivien 533
Chile–Peru 533, 981
Ecuador–Kolumbien 662
Ecuador–Kolumbien 807, 886
Ecuador–Peru 686, 689, 693, 1039,
  1043, 1044, 1070
Französisch-Guyana–Brasilien
  318, 752
Französisch-Guyana–Surinam
  758, 772
Guyana–Brasilien 318, 450,
  780, 790
Guyana–Surinam 773, 787
Kolumbien–Brasilien 318, 448,
  807, 887, 891
Kolumbien–Ecuador 662, 806,
  886
Kolumbien–Panama 807
Kolumbien–Peru 807, 891,
  1070
Kolumbien-Venezuela 807, 836,
  839, 1164, 1198
Panama–Kolumbien 807
Paraguay–Argentinien 921,
  926, 929
Paraguay–Argentinien 96
Paraguay–Bolivien 934
Paraguay–Brasilien 318, 375, 386,
  929, 932
Peru–Bolivien 993, 1061

Peru–Brasilien 318, 448, 453,
  1061, 1070
Peru–Chile 533, 981
Peru–Ecuador 686, 689, 693, 719,
  1039, 1043, 1044, 1070
Peru–Kolumbien 807, 891, 1070
Surinam–Brasilien 318
Surinam–Französisch-Guyana
  758, 772
Surinam–Guyana 773, 787
Uruguay–Argentinien 77, 1092
Uruguay–Brasilien 318, 1107
Venezuela–Brasilien 318, 448,
  1198
Venezuela–Kolumbien 807, 836,
  839, 1164, 1198
Guajará-Mirim (Bra) 452
Gualaceo (Ecu) 683–684
Gualeguaychú (Arg) 88
Guambiano 876
Guanay (Bol) 234–235
Guane (Kol) 830
Guaranda (Ecu) 673–674
Guaraní 44, 79, 907, 910
Guatavita (Kol) 823
Guayana (Ven) 1183–1191
Guayaquil (Ecu) 710–717, **714–715,
  716**
Guayaramerín (Bol) 294–295
Guerillas
  Amazonasbecken 886
  Argentinien 41
  Ciudad Perdida 841
  Kolumbien 799, 806, 898
Guevara, Ernesto „Che" 108
Güiria (Ven) 1176–1177
Guyana 776–794, **777**
  Aktivitäten 790
  An- & Weiterreise 780
  Bevölkerung 776
  Botschaften 790
  Bücher 790
  Essen 791
  Feiertage 791
  Ferien 791
  Festivals 791
  Gefahren & Ärgernisse 780, 782,
    791
  Geführte Touren 791
  Geld 792
  Geografie 776, 779
  Geschichte 778
  Gesundheit 792
  Grenzübergänge 787, 790
  Infos im Internet 792

REGISTER

1284 Register (F)

F

Fahrrad *siehe* Radfahren
Falklandinseln **42,** 43
Falklandkrieg 41
Fallschirmspringen
  Buenos Aires (Arg) 62
  Córdoba (Arg) 104
FARC *siehe* Fuerzas Armadas
  Revolucionarias de Colombia
Feiertage 20, *siehe auch einzelne*
  Länder
Feilschen 1219
  Argentinien 194
  Chile 615
  Ecuador 733
  Kolumbien 899
  Uruguay 1111
  Venezuela 1203
Ferien 20, *siehe auch einzelne*
  Länder
Ferreñafe (Per) 1039–1040
Festivals & Events *siehe auch einzelne*
  Länder, Orte, Festivals & Karneval
  Afro-peruanische 969
  Argentinien 192
  Ayacucho (Per) 1021
  Bier 84, 1098
  Bogotá (Kol) 817
  Bolivien 298
  Brasilien 457
  Cachoeira (Bra) 396
  Cartagena (Kol) 845
  Cosquín (Arg) 107
  Ecuador 732
  Essen 115
  Film 30
  Filmfestivals 64, 817, 845, 864
  Französisch-Guyana 759
  Gauchos 78
  Guyana 791
  Indigene Feste 273, 1003
  Kino 82
  Paraguay 936
  Religion 1143
  Rio de Janeiro (Bra) 333
  Salvador (Bra) 391
  São Félix (Bra) 396
  Venezuela 1202
  Wein 136, 535
Feuerland (Arg) 181–189, **182**
Feuerland (Chi) 603–605

000 Kartenseiten
000 Abbildungen

Filadelfia (Par) 933
Fischen
  Alter do Chão (Bra) 442
  Argentinien 190
  Buchupureo (Chi) 541
  Gesell (Arg) 130
  Coyhaique (Chi) 589
  Puerto Varas (Chi) 568
FLONA (Bra) 441
Floresta Nacional do Tapajós (Bra) 441
Florianópolis (Bra) 368–369, **368**
Flugreisen 1230–1233, 1240–1242,
  siehe auch einzelne Länder & Orte
  Argentinien 49
  Argentinien, An- & Weiterreise 48
  Bolivien 212
  Bolivien, An- & Weiterreise 211
  Brasilien 320
  Brasilien, An- & Weiterreise
    319–320
  Chile 475–476
  Chile, An- & Weiterreise 475
  Ecuador 631
  Ecuador, An- & Weiterreise 630
  Französisch-Guyanas 744
  Französisch-Guyana, An- &
    Weiterreise 744
  Guyanas, An- & Weiterreise 740
  Kolumbien 808
  Kolumbien, An- & Weiterreise 807
  Surinam 765
  Surinam, An- & Weiterreise 770
  Paraguay 913
  Paraguay, An- & Weiterreise 912
  Uruguay 1086
  Uruguay, An- & Weiterreise 1085
  Venezuela 1124
  Venezuela, An- & Weiterreise 1123
Formosa (Arg) 95
Fortaleza (Bra) 420–423, **422–423**
Fotos & Video 1214, *siehe auch*
  einzelne Länder
Foz do Iguaçu (Bra) 373–376, **374**
Französisch-Guyana 741–761, **742**
  Aktivitäten 758
  An- & Weiterreise 744
  Bevölkerung 741
  Botschaften 759
  Bücher 759
  Essen 759
  Feiertage 759
  Ferien 759
  Festivals & Events 759
  Gefahren & Ärgernisse 744, 759
  Geld 760

Geografie 741, 744
Geschichte 743
Gesundheit 760
Grenzübergänge 752, 758
Infos im Internet 760
Internetzugang 760
Karten & Stadtpläne 760
Klima 760
Konsulate 759
Kultur 743
Kunst & Kultur 744
Öffnungszeiten 760
Pflanzen 744
Post 761
Religion 743
Shoppen 761
Strom 761
Telefon 761
Tiere 744
Touristeninformation 761
Trinken 759
Unterkunft 761
Unterwegs vor Ort 744
Visa 761
Wirtschaft 743
Zeitschriften 760
Zeitungen 760
Frauen & Gesundheit 1255
Frauen unterwegs 791, 937, 1215,
  siehe auch einzelne Länder
Fray Bentos (Uru) 1096–1097
Freiwilligenarbeit 1216, *siehe*
  auch einzelne Länder
Frutillar (Chi) 567
Frutos, Nicanor Duarte 907
Fuerzas Armadas Revolucionarias de
  Colombia 797
Führerschein 1217, 1234, *siehe auch*
  einzelne Länder
Fußball 33
  Argentinien 44
  Bogotá (Kol) 815, 820
  Bolivien 207
  Brasilien 313
  Buenos Aires (Arg) 74
  Ecuador 621, 626
  Kolumbien 803
  Lima (Per) 966
  Paraguay 909, 910
  Peru 946
  Rio de Janeiro (Bra) 339
  Surinam 764
  Uruguay 1084
  Venezuela 1120
  Weltmeisterschaft 44

Register (C–E) 1283

Colchani (Bol) 252
Colonia del Sacramento (Uru) 1093–1096, **1094**
Colonia Tovar (Ven) 1142–1143
Comodoro Rivadavia (Arg) 172–173
Comuna Cofan Dureno (Ecu) 691
Coñaripe (Chi) 559
Concepción (Chi) 542–544, **543**
Concepción (Par) 930
Concepcíon (Per) 1027
Concón (Chi) 502
Congonhas (Bra) 357–358
Copacabana (Bol) 237–241, **239**
Copacabana (Bra) 327
Copiapó (Chi) 511–512
Coporaque (Per) 988
Coquimbo (Chi) 505
Cordillera de los Frailes (Bol) 273
Cordillera Huayhuash (Per) 1053
Cordillera Oriental (Kol) 829
Cordillera Real (Bol) 231–236
Córdoba (Arg) 102–107, **105**
Coro (Ven) 1151–1153, **1152**
Coroico (Bol) 231–233
Corrientes (Arg) 91–93, **92**
Corriverton (Guy) 786
Cosquín (Arg) 107
Cotacachi (Ecu) 659
Coyhaique (Chi) 587–591, **588**
Cricket 779
Cúcuta (Kol) 834–836, **835**
Cuenca (Ecu) 678–683, **681**
Cueva del Guácharo (Ven) 1175
Cuiabá (Bra) 382–383, **382**
Cumaná (Ven) 1172–1173, 1173
Cunco 466
Curarrehue (Chi) 558
Curicó (Chi) 537–538
Curitiba (Bra) 361–364, 363
Cusco (Per) 996–1007, **998–100**
   An- & Weiterreise 1006–1007
   Ausgehen 1004–1005
   Essen 1004
   Festivals 1003
   Geführte Touren 1002–1003
   Geschichte 997
   Internetzugang 998
   Kurse 1002
   Medizinische Versorgung 998
   Notfälle 999
   Sehenswertes 1000–1001
   Shoppen 1005
   Touristeninformation 999
   Umgebung **1008**

Unterkunft 1003–1004
Unterwegs vor Ort 1007
Cutimbo (Per) 994

D

Dalcahue (Chi) 581
Delta del Orinoco (Ven) 1187
Denguefieber 1249
Desaguadero (Per) 993
Diaguita 466
Diamantina (Bra) 360–361
Diebstahl 1217
   Belém (Bra) 433
   Brasilien 458
   Buenos Aires (Arg) 57
   Caracas (Ven) 1131
   Ecuador 732–733
   Ica (Per) 972
   Kolumbien 896
   Peru 1075
   Quito (Ecu) 636–637
   Rio de Janeiro (Bra) 325
   Surinam 774
Diskriminierung 1214
Doyle, Sir Arthur Conan 1192
Drogen 1218
   Bücher 1213
   Kolumbien 800, 898
   Peru 1075
   Uruguay 1110
Dschungeltrips *siehe* Urwaldtouren
Duarte, Eva *siehe* Evita
Durchfall 1252
Dureno (Ecu) 691

E

E-Mail-Service *siehe* Internetzugang
Ecuador 11, 620–737, **622–623**
   Aktivitäten 729
   Anden 655–688
   Arbeiten 729
   Behinderungen 735
   Bevölkerung 620, 626
   Botschaften 729–730
   Bücher 730
   El Oriente 688–698
   Essen 730–731
   Feiertage 731–732
   Ferien 731–732
   Festivals & Events 732
   Frauen unterwegs 732
   Freiwilligenarbeit 732
   Führerschein 732
   Geld 733–734
   Geografie 620

Geschichte 621–626
Getränke 731
Grenzübergänge 662, 686, 689, 719
Infos im Internet 734
Internetzugang 734
Karten 734
Klima 734
Konsulate 729–730
Kultur 626
Kunst 627–628
Nördliches Hochland 655–663
Öffnungszeiten 734–735
Pazifikküste 698–718
Pflanzen 628
Politik 621, 625, 625–626
Post 735
Rechtsfragen 735
Reisen An- & Weiterreise 629–632
Religion 627
Gefahren & Ärgernisse 636–637, 732–733
Sport 626
Strom 735
Telefon 735–736
Tiefland 698–718
Tiere 628
Toiletten 736
Touristeninformation 736
Umweltprobleme 629
Unterkunft 736
Unterwegs vor Ort 630–632
Verantwortungsbewusstes Reisen 736–737
Visa 737
Wirtschaft 621
Zeitungen 734
Zentrales Hochland 663–677
El Ángel (Ecu) 662
El Bolsón (Arg) 158–161, **160**
El Calafate (Arg) 175–178, 176
El Chaltén (Arg) 173–175
El Dorado 798, 823
El Gigante de Atacama (Chi) 527
El Molle 466
El Niño 1223
El Peñol (Kol) 862–863
Encarnación (Par) 923–926, **925**
Enco (Chi) 559
Ensenada (Chi) 571
Entre Lagos (Chi) 565
Erdbeben 1218
Esmeraldas (Ecu) 701
Esquel (Arg) 161–162
Evita 41

1282 Register (C)

Peru, An- & Weiterreise 993
Surinam 765
Uruguay 1086
Uruguay, An- & Weiterreise 1085
Venezuela 1124–1125
Venezuela, An- & Weiterreise 1123

C

Caacupé (Par) 922
Cabanaconde (Per) 989
Cabellero, Miguel 814
Caburé (Bra) 429
Cacao (FrG) 750
Cáceres (Bra) 384
Cachi (Arg) 117
Cachoeira (Bra) 395
　Festivals & Events 396
Cafayate (Arg) 115–116
Cajamarca (Per) 1053–1056,
　1054
Calama (Chi) 516–517
Calchaquí 116
Caldera (Chi) 513
Cali (Kol) 867–871, 868
camiónes siehe Busreisen
Camping 1227, siehe auch einzelne
　Orte
Campo Grande (Bra) 384
Canaima (Ven) 1190–1191
Canela (Bra) 370
Canoa (Ecu) 703
Canoa Quebrada (Bra) 420–421
Cañón del Colca (Per) 988–990
Canyonland 982
Caracas (Ven) 1125–1142, **1126–**
　1127, 1130–1131, 1132–1133
　Aktivitäten 1134
　An- & Weiterreise 1140–1141
　Ausgehen 1138–1139
　Essen 1137–1138
　Festivals & Events 1135
　Gefahren & Ärgernisse 1131
　Geführte Touren 1134–1135
　Internetzugang 1129
　Las Mercedes & Altamira
　　1132–1133
　Medizinische Versorgung 1129
　Notfall 1129
　Sabana Grande **1130–1131**
　Sehenswertes 1131–1134
　Touristeninformation 1130

000 Kartenseiten
000 Abbildungen

Unterhaltung 1139
Unterwegs vor Ort 1128,
　1141–1142
Zentrum **1126–1127**
Caraíva (Bra) 406
Caral (Per) 1030
Caraz (Per) 1052
Carhuaz (Per) 1051
Caripe (Ven) 1174–1175
Carmelo (Uru) 1096
Carmen de Patagones (Arg) 166
Carmen de Viboral (Kol) 863
carnaval siehe Karneval
Carretera Austral (Chi) 583, **584**
Cartagena (Kol) 841–848, **842**
Caruaru (Bra) 415–416
Casma (Per) 1030–1031
Castro (Chi) 579–581
Catacocha (Ecu) 686
Catamarca (Arg) 110–112
Catarpe (Chi) 522
Cauca-Tal (Kol) 871
Cayenne (FrG) 745–750, **746**
　Karneval 748
　Umgebung **751**
Central Suriname Nature Reserve
　(Sur) 771
Cerro Pan de Azúcar (Arg) 107
Chachapoyas (Per) 1056–1057
Chaco, der (Par) 930
Chaga-Krankheit 1252
Chaitén (Chi) 583–585
Challapampa (Bol) 241
Chan Chan (Per) 1034–1035
Chango 466
Charity (Guy) 787
Charrière, Henry 755
Charrúa 1081
Chávez, Hugo 1114, 1118
Chavin de Huántar (Per) 1052–1053
Chibcha 1114
Chichiriviche (Ven) 1150
Chiclayo (Per) 1037–1039, **1038**
Chilca (Per) 968
Chile 465–619, **467, 469**
　Aktivitäten 611–612
　Arbeiten in Chile 612
　Behinderung, Reisen mit 617
　Botschaften 612
　Bücher 612–613
　Essen 613
　Festivals & Events 614
　Frauen unterwegs 614
　Freiwilligenarbeit 614
　Gefahren & Ärgernisse 614

Geführte Touren 614
Geld 615
Gesundheit 616
Getränke 613
Grenzübergänge 533
Karten & Stadtpläne 616
Klima 616
Konsulate 612
Norden **467**, 503–535, **504**
Öffnungszeiten 617
Patagonien 583–605
Post 617
Seengebiet 546–577
Shoppen 618
Strom 618
Süden **469**
Telefon 618
Toiletten 618
Touristeninformation 618
TV 617
Unterkunft 619
Visa 619
Zeitungen 617
Zentrales Chile 535–545, **536**
Chile Chico (Chi) 591–592
Chillán (Chi) 539–541, 540
Chiloé (Chi) 577–583, 577
Chimbote (Per) 1031
Chimú (Per) 995
Chincha (Per) 968–969
Chinchero (Per) 1011
Chiquián (Per) 1053
Chivay (Per) 988–989
Cholera 1248
Chonchi (Chi) 581–582
Chordeleg (Ecu) 683–684
Choroní (Ven) 1148
Choshuenco (Chi) 559
Chucuito (Per) 995
Chugchilán (Ecu) 667
Chulumani (Bol) 233–234
Chuquicamata (Chi) 517–518
Chuy & Umgebung (Uru) 1106–1107
Ciudad Bolívar (Ven) 1183–1185,
　1184
Ciudad del Este (Par) 927–929, **928**
Ciudad Guayana (Ven) 1185–1187,
　1186
Ciudad Perdida (Kol) 840–841
Cobquecura (Chi) 541
Coca (Ecu) 689–692, **690**
Cochabamba (Bol) 262–266,
　264–265
Cochamó (Chi) 572
Colca Canyon siehe Cañón del Colca

Register (B) **1281**

Fernsehen 301
Feste 298
Frauen unterwegs 298
Freiwilligenarbeit 298
Führerschein 298
Gefahren & Ärgernisse 220–221,
233, 298–299
Geführte Touren 299
Geld 299–300
Geografie 200, 209
Geschichte 201–206
Gesundheit 300–301
Getränke 297
Grenzübergänge 261, 284,
295
Infos im Internet 301
Internetzugang 301
Karten 301
Klima 301
Konsulate 296
Kultur 206–207
Kunst 207–209
Notfall 299
Öffnungszeiten 302
Politik 201
Post 302
Radio 301
Rechtsfragen 302
Religion 207
Shoppen 302–303
Sport 207
Strom 303
Südosten 278–286
Südwesten 243–278, **245**
Telefon 303
Tiere 209
Titicacasee 236–243
Toiletten 303
Touristeninformation 303
Unterkunft 303–304
Unterwegs vor Ort 211–213
Verantwortungsbewusstes
Reisen 304
Yungas 231–236
Zeitschriften 302
Zeitungen 302
Bonfim (Bra) 450
Bonito (Bra) 385–386
Bootsausflüge/-reisen *siehe Schiffs-*
reisen
Borbón (Ecu) 700
Botschaften 1211
Brasiléia (Bra) 453–454
Brasília
Brasília (Bra) 377–378, **378**

Brasilien 306–464, **308–309**
Aktivitäten
An- & Weiterreise 317
Arbeiten 454
Behinderungen, Reisen mit 461
Bevölkerung 306
Botschaften 454
Bücher 455
Essen 455
Feiertage 457
Ferien 457
Festivals & Events 457
Frauen unterwegs 457
Freiwilligenarbeit 457
Führerschein 458
Gefahren & Ärgernisse 325, 433,
458
Geld 458
Geografie 315
Geologie 315
Geschichte 307
Gesundheit 459
Getränke 456
Grenzübergänge 385, 386, 448,
450, 452, 453
Infos im Internet 459
Internetzugang 460
Karten 460
Klima 460
Kunst 313
Norden 430–454, **431**
Nordosten 386–430, **387**
Öffnungszeiten 461
Pflanzen 316
Religion 313
Schwule & Lesbenszene 461
Shoppen 461
Sprache 462
Strom 462
Süden 361–377, **362**
Südosten 341–361, **341**
Tiere 316
Telefon 432
Toiletten 463
Unterkunft 463
Unterwegs vor Ort 320
Verantwortungsbewusstes
Reisen 463
Visa 464
Zentraler Westen **376,** 377–386
Brownsberg Nature Reserve (Sur) 771
Bucaramanga (Kol) 831–833, **832**
Bücher *siehe auch* Literatur, *siehe auch*
einzelne Länder, Bücher
Belletristik 1107

Drogenkrieg 894
Geschichte 27, 191, 296, 936, 1212
Gesundheit 1248
Kultur 296, 455, 730, 759, 773
Literatur 1212
Ökotourismus 1200
Politik 296, 1200
Reiseberichte 191, 730, 790
Reisebeschreibungen 893
Reiseführer 191, 296, 455, 612,
730, 773, 893, 1200, 1213
Reiselektüre 1213
Romane 191
Tiere & Pflanzen 720
Vogelbeobachtung 1200, 1212
Wildnis 455
Buenaventura (Kol) 872
Buenos Aires (Arg) 50–78, **53,**
54–56, 60–61, 63
Aktivitäten 62
An- & Weiterreise 75–77
Ausgehen 70–72
Essen 68–70
Gefahren & Ärgernisse 57
Medizinische Versorgung 52
Notfall 52
Palermo **60–61**
Shoppen 75
Stadtspaziergang **63**
Touristeninformation 53
Unterhaltung 72–75
Unterkunft 64–68
Unterwegs vor Ort 51, 77–78
Zentrum **54–56**
Bungeejumping
Salta (Arg) 119
Busreisen 1238–1240, 1242
Argentinien 48
Argentinien, An- & Weiterreise 48
Bolivien 211
Bolivien, An- & Weiterreise 210,
Brasilien 321
Brasilien, An- & Weiterreise 320
Chile 475
Chile, An- & Weiterreise 474
Ecuador 630–631
Ecuador, An- & Weiterreise
629–630
Französisch-Guayana, An- &
Weiterreise 744
Kolumbien 808
Kolumbien, An- & Weiterreise 806
Paraguay 912
Paraguay, An- & Weiterreise 912
Peru 950

1280 Register (A–B)

Atlantikküste 127–135
Behinderung, Reisen mit 197
Bevölkerung 44
Botschaften 190
Bücher 191
Essen 191
Feiertage 192
Ferien 192
Festivals 192
Feuerland 181–189, **182**
Frauen unterwegs 193
Freiwilligenarbeit 193
Führerschein 193
Gefahren & Ärgernisse 50, 57, 193
Geld 194
Geografie 37, 46
Geologie 46
Geschichte 38, 79, 102, 135
Gesundheit 195
Getränke 192
Grenzübergänge 49, 77, 90, 96,
    101, 128
Internetzugang 195
Karten & Stadtpläne 195
Klima 196
Konsulate 190
Kunst & Kultur 42, 45
Musik 45
Nordosten 79–102, **80**
Nordwesten 102–127, **103**
Öffnungszeiten 196
Patagonien 164–181
Post 196
Rechtsfragen 196
Religion 45
Sanitäre Anlagen 198
Seengebiet 147–164, **148**
Sport 44
Sprache 197
Strom 197
Telefon 197
Tiere 47
Toiletten 198
Touristeninformation 198
Umweltprobleme 47
Unterkunft 198
Unterwegs vor Ort 49
Verantwortungsbewusstes
    Reisen 199
Visa 199
Wirtschaft 38

000 Kartenseiten
000 Abbildungen

Zeitungen 196
Zentrales Argentinien 135–147,
    137
Arica 529
Armenia (Kol) 866
Arraial d'Ajuda (Bra) 404–405
Arraial do Cabo (Bra) 344
Asunción (Par) 913–921, **914–915**
    An- & Weiterreise 913, 921
    Ausgehen 920
    Essen 918
    Gefahren & Ärgernisse 916
    Internetzugang 916
    Medizinische Versorgung 916
    Notfalleinrichtungen 916
    Sehenswertes 917
    Shoppen 920
    Touristeninformation 916
    Unterhaltung 920
    Unterkunft 918
    Unterwegs vor Ort 921
Atacameño 466
Atacames (Ecu) 701–702
Atillo (Ecu) 677
Autoreisen 1233–1238, siehe auch
    einzelne Orte
    Argentinien 48, 193
    Bolivien 210; 298
    Brasilien 320
    Ecuador 630
    Französisch-Guyana 740, 744
    Guyana 740, 780
    Kolumbien 808, 896
    Kolumbien, An- & Weiterreise
    806
    Paraguay 912, 937
    Peru 950, 1075
    Surinam 740, 765
    Uruguay 1109
    Venezuela 1124–1125, 1202
Awala-Yalimopo (FrG) 758
Ayacucho (Per) 1021–1023
Ayampe (Ecu) 709
Aymara 201

B
Bachelet, Michelle 466, 470
Bahía Blanca (Arg) 133–134
Bahía de Caráquez (Ecu) 704
Bahía Inglesa (Chi) 513
Baños (Ecu) 668–673, **671**
Barcelona (Ven) 1166–1167, **1167**
Barichara (Kol) 830–831
Bariloche (Arg) 153–157, 154
Barranquilla (Kol) 841

Barreirinhas (Bra) 425, 429
Bartica (Guy) 786
Bartonellose 1251
Baseball
    Kolumbien 803
    Venezuela 1119
Behinderung, Reisen mit 1225
Belém (Bra) 430–436, **432–433**
Bellavista (Ecu) 726
Belo Horizonte (Bra) 353–354
Bergsteigen 1209 siehe auch
    Klettern
    Arequipa (Per) 985
    Bolivien 299
    Cusco (Per) 1002
    Itacaré (Bra) 399
    La Paz (Bol) 223
Betrügereien siehe einzelne Länder und
    Orte, Gefahren & Ärgernisse
Bevölkerung 32, siehe auch einzelne
    Länder
Bildhauerei
    Argentinien 46
    Kolumbien 804
    Peru 948
    Venezuela 1122
Boa Vista (Bra) 449–450
Bogotá (Kol) 809–822, **810–811**
    Aktivitäten 815
    An- & Weiterreise 821
    Ausgehen 819
    Behinderungen, Reisen mit 302
    Festivals 817
    Gefahren & Ärgernisse 813
    Inlandsreisen 821
    Internetzugang 812
    Medizinische Versorgung 812
    Notfall 812
    Sehenswertes 813–815
    Shoppen 814
    Touristeninformation 813
    Unterhaltung 819–821
    Unterwegs vor Ort 812, 821–822
Bolívar, Simón 798, 799, 1115
Bolivien 200–305, **202**
    Aktivitäten 295
    Amazonasbecken 286–295
    An- & Weiterreise 210–211
    Arbeiten 295–296
    Bevölkerung 200, 206
    Botschaften & Konsulate 296
    Cordillera Real 231–236
    Essen & Trinken 296
    Feiertage 298
    Ferien 298

Register

ABKÜRZUNGEN

Arg Argentinien
Bol Bolivien
Bra Brasilien
Chi Chile
Ecu Ecuador
FrG Französisch Guyana
Guy Guyana
Kol Kolumbien
Par Paraguay
Per Peru
Sur Surinam
Uru Uruguay
Ven Venezuela

A

Abancay (Per) 1020
Abholzung 36
  Argentinien 47
  Ecuador 629
Abseilen
  Bonito (Bra) 385
  Itacaré (Bra) 399
  Mendoza (Arg) 138
  San Gil (Kol) 830
  Tucumán (Arg) 114
Abzocke 1217
  La Paz (Bol) 220
  Manaus (Bra) 447
Achao (Chi) 581
Achupallas (Ecu) 683
Adícora (Ven) 1153
Agato (Ecu) 659
Aguas Calientes (Per) 1011–1013, **1012**
Aids 1252
Aktivitäten 1209–1211 *siehe auch einzelne Aktivitäten, einzelne Länder*
Alacalufe 181
Alausí (Ecu) 677
Albina (Sur) 772
Alcântara (Bra) 429
Aldea Tulor (Chi) 522
Allende, Isabel 471
Allende, Salvador 468
Aleijadinho 358
Algodoal (Bra) 436–437
Alta Gracia (Arg) 108–109

Alter do Chão (Bra) 441–442
Amazonas, Amazonasbecken 17, 34, 287
  Bolivien 286–295, **287**
  Brasilien 430, 437, 444
  Ecuador 621
  Kolumbien 886
  Reiserouten 17
  Ecuador 688–698
  Kolumbien 886
  Peru 1059–1071
  Reiserouten 17
  Venezuela 1196–1199
Ambato (Ecu) 668
Ancud (Chi) 578–579
Andahuaylas (Per) 1021
Andahuaylillas (Per) 1019
Anden
  Argentinien 46, 164, 184
  Chile 573
  Ecuador 663–677, 677–688
  Peru 1045–1053
  Reiserouten 15
  Venezuela 1156–1166
Angeln *siehe* Fischen
Annai (Guy) 788–789
Antarktis 188
Anticura (Chi) 566
Antillanca (Chi) 565
Antioquia (Kol) 856
Antofagasta (Chi) 514–516
Äquator 654–655, 655
Aracaju (Bra) 406–407
Araona 291
Arawak 1114
Arbeiten 1211 *siehe auch einzelne Länder*
Archäologische Stätten
  Aldea Tulor (Chi) 522
  Caral (Per) 1030
  Catarpe (Chi) 522
  Chan Chan (Per) 1034–1035
  Chavín de Huántar (Per) 1052–1053
  Ciudad Perdida (Kol) 840
  Cordillera de los Frailes (Bol) 273
  Cumbe Mayo (Per) 1056
  Cusco (Per) 1007–1008
  Cutimbo (Per) 994
  El Fuerte (Bol) 284

El Gigante de Atacama (Chi) 527
Inca-Rakay (Bol) 266
Ingapirca (Ecu) 683
Inkatrail (Per) 1016–1018, **1016**
Isla del Sol (Bol) 241–243, **242**
La Huaca Arco Iris (Per) 1035
La Huaca Esmeralda (Per) 1035
Lampa (Per) 990
Las Huacas del Sol y de la Luna (Per) 1035
Lima (Per) 960
Lluta-Tal (Chi) 533
Machu Picchu (Per) 10, 1013–1016
Nazcalinien (Per) 975–976
Ollantaytambo (Per) 1010–1011
Pachacamac (Per) 959
Parque Nacional Lihué Calel (Arg) 146–147
Parque Nacional Rapa Nui (Chi) 610–611
Peru: Top Ten 943
Pisac (Per) 1008–1009
Pukapukara (Per) 1008
Qorikancha (Per) 1001
Reserva Nacional Pampa del Tamarugal (Chi) 527
San Agustín (Kol) 876–879, **877**
San Agustín de Valle Fértil (Arg) 144
Sillustani (Per) 994
Sipán (Per) 1039
Tambomachay (Per) 1007
Tiahuanaco (Bol) 231
Tierradentro (Kol) 879–881, **879**
Uspallata (Arg) 142
Archipiélago Los Roques 1143–1145
Architektur
  Bolivien 207–208
  Ecuador 627
  Kolumbien 803
  Venezuela 1120
Areguá (Par) 922
Arembepe (Bra) 395
Arequipa (Per) 981–988, **983**
  Umgebung **982**
Argentinien 37–199, **39**
  Aktivitäten 189
  An- & Weiterreise 48
  Arbeiten 190

Denise Nufer, Adrian Nugent, Joel Nunes **O** James O'Donnell, Alan O'Dowd, Lourme Olivier, Philip Opher, Stanislaw Orzel **P** Nicolas Pagnier, Paul Pallada, Tony Palmer, Maria Paola, Carla Paoloni, Andrew Parker, Martin Parkes, Kerry Parkin, Kerry & Neil Parkin, Steven Parkinson, Caroline Parrott, Sonia Pati, Gisele Paula, Dan Pavlish, Stephen Paylor, Margaret Pemberton, Ivan Pérez, Ruben Rodolfo Perez De Paula, Sandra Persson, Ann M Pescatello, Mauro Petrozziello, Mick Phelan, Louise Phillips, Michelle Podmore, Michael Polsky, Lisa Pond, Jaume Pons, Herward Prehn, Yvonne Press, Leonie Preston, Mirjam Pronk, Mat Prout, Debbie Provan **Q** Bernadette Quin **R** Nyoka Rajah, Ellen Ramseier, Meredith Rasch, Boris Ravaine, Eliza Raymond, Carolin Reischauer, Teresa Ricapito, Andy Rice, Wilhelm Richard, Michelle Robinson, Karin Robnik, Anna Roche, Philip Rodrigues, David Roennow, Evaliz Rosell, Lado Rot, Claude Roulin, Toby Rowallan, Abby Rudland, Robert Rudolf, Jenny Russel, Jenny Russell **S** Edward Sabat, Emma Sadula, Rania Salameh, Stritof Samo, Hector A Sanchez, Kristin Sanne, Ezequiel Santos, Theresia Sauter-Bailliet, Ingrid Schlepers, Verena Schnapp, Isabelle Schneider, Matthieu Schneider, Rene Schnyder, Karin Schutzel, Marcel Schwarz, Emma Scragg, Maximilian Seidl, Sybille Seliner, Aimee Serafini, Yuval Shafir, Karen Shannon, Helen & Wolfe Sharp, Kate Shower, Tom Shower, Gabriele Silvestrin, Janneke Sinot, Julie Sion, Dean Smith, Elisa Snel, Tom Sobhani, Karen Solberg, Pablo Soledad, Jose Soliz, Lorelle Speechley, Jeremy Spickett, Cheryl Spinner, Menno Staarink, Jim Stephenson, Elaine Stevenson, Ann Stewart, Cheryl Stewart, Jeff Stingle, Iselin Aasedotter Stroenen, Tomi & Ana Strugar & Guinea, Sandra Stuer, Jack Stuhler, Yanev Suissa, Kristi Sundberg, Lucy Surman, Tom Sutherland, Karin Svennersten, Lucy Sweeting, Jacob Sykes **T** Emanuela Tasinato, Ian Taylor, Franck Thomas, Will Thomas, Robin Thompson, Joanne Timms, Dianne Tolentino, Luca Toscani, Andrew Townsend **V** Anthony Valerio, Omar Valiente, Oscar van de Pas, Jordan van der Schoot, Ella van der Voort, Frans van Hattem, Anouk van Limpt, Jesse van Marle, Jochem & Eva van Reenen Lamme, Han van Roosmalen, Oliver van Straaten, Matthew Vancleave, Karla Vaness, Eric Vanoncini, Ian Veitch, James Vessey, Clem Vetters, Sigurjon Vilhjalmsson, Marion Vincent, Pieter Vis, Jurg Vosbeck, Eva Vosicka, Mark Vrijlandt **W** Bonnie C Wade, Claire Wagstaff, Hope Wall, Gerfried Walser, Toni Walters, Nic Warmenhoven, Sam Weatherill, Rachael Wellby, Jonas Wernli, Jay Whiteley, Corinne Whiting, Simen Wiig, Stuart Williams, Jim Wills, Chris Wilson, Eirin Winsnes Isaksen, Michelle Withers, Jeffrey Woldrich, Lou & Eva Wolf, Jennifer Worsham, Dave Wright, Hannah Wright, Thomas Wright, Martina Wunderli, Miriam Wunderwald **Y** Yasuhiro Yamamoto, Feybian Yip, Anna Louise Young, Lorraine Yurshansky **Z** Laura Zahn, Mike Zapp, Udi Zohar, Lincoln Zuks, Yotam Ben Zvi

QUELLENNACHWEIS

Vielen Dank an die folgenden Firmen für die Nutzung ihrer Inhalte:
Globus auf der Einbandrückseite © Mountain High Maps 1993 Digital Wisdom, Inc.

botaru, Steve Ciuffini, Claire Clapshaw, Andrew Claridge, Antonia Cobb, Angus Cole, William Conn, Renae Cosgrove, Christian Cotting, Matthew Courtney, Maudlin Coussens, Christina Cox, Bonnie Craven-Francis, Natasha Cridler, Kori Crow, Elly Cucinell, Rebecca Curry **D** Keith Davies, Jennifer Davitt, Mark Dawes, Silvia De Besteiro, ASM De Jesus, Otto de Voogd, Amber de Vries, Laurent Dedieu, Jordan Degroot, Rowan Dellal, Alex Deneui, Marital Denia, Martial Denis, Jeff Dennis, Lisa Dervin, Wendy Dewild, Andrew Dier, Markus Doebele, Kelly Douglas, Bridge Doull, Rue Down, Chris & Sally Drysdale, Eugénie Dumais, Elizabeth Dunningham, Claire Dunsdon, Frederique Duval **E** Melissa Elliott, Rob Elze, Anna Enarsson, EM Engkvist, Rebecca Estall **F** Graciela Falivene, Simone Fausti, Jonathan Fefer, Patrick Fennessy, Nicola Ferris, Joshua Feyen, Halvor Finne, Nick Fletcher, Wendy Fletcher, Harry Follett, Susannah Ford, Fabien Forest, Rolf Forster, Amanda Forti, Jamie Fox, Edward France, Matt Frear, Jam Fritz, Carolina Fuente-Alba, Tom Fuller **G** Susanne Galla, Giancarlo Gallegos Peralta, Laura Garbas, Carlos Diaz Garcia-Carrasco, Glyn Garratt, Bettina Gehri, Ziegler Georg, Will George, Sam Gibson, Simon Gibson, Sarah Gill, Bruno Girard, Lucy Godding, Uri Goldberg, Rayann Gordon, Heather Graham, Sophie Green, Thomas Gribsholt, Barnaby Griffin, Kevin Griffith, Gafin Griffiths, Rupert Griffiths, Karin Groot, Matt & Jess Gunning **H** Miira Hackenberger, Dennis Hamann, Arjan Hanekamp, Clint Harris, Jesse Harris, Sam Harris, Sarah Harris, Michael Harrold, Matt Harrup, Andrew Hazlett, Jim Head, Michael Heinel, Sonesson Helena, Thrudur Helgadottir, Twan Hendriks, Joe Henry, Filip Hermann, Jenny Hill, Mark Hillick, Gerald Hinxmam, Johanna Hochrein, Lucy Hoffen, Nanka Hofma, Alexandra Holland, Armin Holp, Monica Homma, Lesley Houfe, James Howell, Melanie Howlett, Paul Hudson, R Hughes, Evan Hunter **I** Michael Imeson, Peter Ingerfeld, Keith Innes, Martin Isaac, Reto Isaak **J** Koen Jacobs, Nils Jaekel, Mark Jansens, Henk Janssen, Alexander Jarrett, Radim Jebavy, Bernard Jech, Angela Jenkins, Jesper Jeremiassen, Nadya Johnston, Lloyd Jones, Wade Jones, Fredrik Jonung, Brigitta Jüni **K** Einat Kadoury, Barry Kaiser, Nadia Kamal, Tye Kane, Avsha Kasher, Andrea Kasner, Grainne Kavanagh, Jeff Kazmierczak, Christophe Keckeis, Tim Keeley, Paul Kennedy, Stewart Kennedy, David Kerkoff, Alex Kernitsky, Janette Kernitsky, Gerben Keujer, Greg King, Theresa Kirwan, Claudia Klein-Hitpass, James Klotz, Michelle & Richard Knight, Suse Koch, Alexander Komm, Andreas Kornowski, Francesco Kostner, Nick Kozak, Andrea Kraemer-Eis, Leigha Krastin, Cory Kreger,

WIR FREUEN UNS ÜBER EIN FEEDBACK

Post von Travellern zu bekommen, ist für uns ungemein hilfreich – Kritik und Anregungen halten uns auf dem Laufenden und helfen, unsere Bücher zu verbessern. Unser reiseerfahrenes Team liest alle Zuschriften genau durch, um zu erfahren, was an unseren Reiseführern gut und was schlecht ist. Wir können solche Post zwar nicht individuell beantworten, aber jedes Feedback wird garantiert schnurstracks an die jeweiligen Autoren weitergeleitet – rechtzeitig vor der nächsten Nachauflage.

Wer uns schreiben will, schickt einfach eine E-Mail an **lonelyplanet@mairdumont. com.**

Hinweis: Da wir Beiträge möglicherweise in Lonely Planet Produkten (Reiseführer, Websites, digitale Medien) veröffentlichen, ggf. auch in gekürzter Form, bitten wir um Mitteilung, falls ein Kommentar nicht veröffentlicht oder ein Name nicht genannt werden soll. Wer Näheres über unsere Datenschutzpolitik wissen will, erfährt das unter www.lonelyplanet.com/privacy.

Natasha Krochina, Melanie Kwa, Angie Kwok **L** Christy Lanzl, Allan Lara, Markku Larjavaara, Lisa & Matthew Lawrence, Damien Le Gal, Stuart Leather, Julia Leavitt, Christoph Lederle, Rod Lee, Bert Leffers, Joy Lehtola, Maria Lesnik, Emma Lewis, Jonathan Libchik, Andy Lillicrap, Claas Linnewedel, Sol Lisdero, Thijmen Loggers, Andreas Eg Lomborg, Katherine Love, Jeff Lowe, Virginia Lowe, Jesse Lubitz, Andrea Lueoend, Martin Lundgren, Fiona Lynch **M** Alistair Mackworth Gee, Markus Maerkl, Luca Maglia, Bernhard Maierhofer, Nora Mallonee, Claire Mallord, Gabriel Manrique, Dieter Marmet, David Martinez, Jason Martyn, Michelangelo Mazzeo, Margaret McAspurn, Daniel McDonnell, Karl McGuigan, Franziska Mehlhorn, Sabrina Menzel, Frank Meriwether, Jennifer Mervyn, Harry Meyjes, Ilana Miller, Danna Millett, Ariana Milton-Head, Katie Mitchell, Kjell Mittag, Benjamin Moldenhauer, Christine Moncla, Ed Moore, José Miguel Morales, Amit Morali, Geraldine & Bertrand Moret, Chris & Sandy Morgan, Sean Morris, Ted Morrison, Andrea Moxey, Per Moy, Christian Muennich, Benjamin Mulvey, Camilo Muñoz **N** Matt Nagle, Kiyoshi Nakajima, Helena Nasanen, Maria Nelving, Gillian Newell, Terri Nichols, Christopher Nicholson, Arauce Nicolas, Quentin North, Pedro Novak,

MICHAEL KOHN

Ich danke der leitenden Redakteurin Kathleen Munnelly vom LP-Büro in Oakland für die Geduld, mit der sie alle meine Fragen beantwortet hat. In Melbourne brachte die leitende Kartografin Alison Lyall Ordnung in mein Kartenchaos. Hut ab vor dem LP Autor Robert Landon, von dem die Vorlage für meine Recherchen in Medellín, Cali und Leticia stammt. In Kolumbien gilt mein besonderer Dank folgenden Personen: Michael Forest, Pavel Toropov, Mark Baker, Chloe Rutter, Nick Morgan, Simone Bruno, German Escobar, Urs Diethelm vom Iguana Guesthouse (Cali), Oscar Gilede, Arnon Yogev, Tomor und Chaim vom Restaurant L'Jaim sowie Señor Manuel. Ein dickes Dankeschön auch an meinen alten Kumpel Justin Anderson und meine Ehefrau Baigalmaa. Beide nahmen die Ochsentour durch Mittelamerika auf sich, um mich bei meiner Recherche zu begleiten.

THOMAS KOHNSTAMM

Mein Dank gebührt Venezuela sowie Hugo und meiner Familie.

CAROLYN MCCARTHY

Meine erste Reise nach Chile war ein wunderbares Erlebnis. Dieses Land hat mich geradezu verzaubert. Ich danke Kathleen Munelly für ihr Vertrauen und den anderen Autoren, Redakteuren und Kartografen für den tollen Support. Ein herzliches Dankeschön an: Catherine Berard, Renato Arancibia, Jaime Zaror, Luke Eppelin, Daphne Gho und Felipe, Javier Larrain und Alejandra Elgueta, Meredith Fensom, Trauco, die Jungs von Enviu, Richard Carrier, die Bluegreen-Crew, das Personal von ValChac, Don Kemel (Puerto Guadal), Martin (Ancud), Nicolas Lepenn, Pati (Puerto Williams), die Bergters (Rostok) sowie das Team von Punta Sur. Ich bedanke mich bei den britischen Bergsteigern, die mich auf der Carretera Austral durchgefüttert haben – ansonsten wär's wohl ziemlich haarig geworden. Nicht zu vergessen all diejenigen, die mir in Glück und Unglück ihre Unterstützung zukommen ließen.

REGIS ST. LOUIS

Zahlreiche Menschen ließen meine Reise zum vollen Erfolg werden. Ich möchte mich auch bei den Dutzenden von Travellern bedanken, die mir unterwegs nützliche Ratschläge zukommen ließen. Dank auch an: Joel Souza und Alex (Ecoverde) für den fantastischen Trip durchs Pantanal; Diogo, Habib und meine anderen Freunde in Foz do Iguaçu; Luís für weitere Infos zu Foz und den Abstecher nach Paraguay; und Vicente für den Segeltörn

in Santa Catarina. Die Unterstützung durch meine Familie war wie immer unbezahlbar. Dank an Cassandra – du machst mein Leben lebenswert.

LUCAS VIDGEN

Angesichts der verrückten und teilweise widrigen Umstände bedanke ich mich aufs Neue bei den Einwohnern Argentiniens und Uruguays für Momente voller Glück und Freundschaft. Besonders am Herzen liegen mir diesbezüglich América Hernández, Alberto Mitre, Diego Alimena, Teresa Armendariz und Aïda Martínez. Auch Lonely Planet war selbstverständlich nicht ganz unbeteiligt: Ohne Dannys konstanten Strom von bizarren E-Mails wäre dieser Job nicht annähernd so unterhaltsam gewesen. Dies gilt auch für die wenigen freien Tage, die ich zwischendurch mit Sandra und Kathleen in Buenos Aires verbringen konnte. Vielen Dank auch an Andrew Huckins, der mir zu Hause den Rücken freihielt. Und nicht zuletzt heiße ich unseren jüngsten Backpacker im Team willkommen – meine kleine Tochter Sofia Celeste Hernández Vidgen. Ich hoffe sehr, dass unser Planet auch dich eines Tages mit seiner Schönheit und Vielfalt verzaubern wird.

DANK VON LONELY PLANET

Vielen Dank den Hunderten von Reisenden, die uns nach der letzten Auflage hilfreiche Hinweise, nützliche Ratschläge und interessante Anekdoten zukommen ließen:

A Friso Aartse, Shannon Abercrombie, Mark Addinall, Ola Agledahl, Tamila Ahmadov, Moin Ahsan, Guilherme Albagli De Almeida, Keith Albee, Christian Albers, Jorge Alvar Villegas, Julie Andersen, EN Anderson, Heidi Anderson, Lilian Andrade, Frida Andrae, Patrik Aqvist, Andrés Arango, Gill Armstrong, Martina Arpagaus, Jennifer Arterburn, Sharon Ashcroft, Daniel Avital, Kathina Ax **B** Harinder Bachus, Chiara Baggio, Benoit Barbier, Ivo Barco, Adrian Barnett, Jenny Barsby, Bruce Bartrug, Kallon Basham, Paul Bates, Marco Baudoir, Philipp Baumann, Steve Beatson, Karim Beidas, Vincent Belanger, Amos Belmaker, Clare Bennetts, Caryl Bergeron, Mark Bergstrom, Jose Bernard, Sam Best, Sebastiaan Biehl, Liz & Mike Bissett, Philippe Blank, Paul Böhlen, Sarah & Chris Boorman, Fredrik Borg, Maaik Borst, Kathy Bossinger, Jeff Bowman, Nina Brandlehner, George Brendon, Louis Brescia, Sandy Brown, Richard Bru, Gerry Buitendag, Mark Burley, Steve Burroughs **C** Tim Cadbury, Renato Caderas, Tony & Patricia Cantor, Fleur Careil, Wim Careus, Louise & Kevin Carling, John Carmody, Danielle Carpenter, Thomas Carroll, Jean-Luc & Doris Chapatte, Tiffany Chiang, Peter Churchill, Eduard Ciu-

v. a. Sarah und Suzanne. Mit Monic und Daan hatte ich wirklich jede Menge Spaß. Hilary, Anna und v. a. Fransisco Camacho, Blanca und Sergio unterstützten mich sehr großzügig auf mentaler Ebene. Ebenso möchte ich die tolle Gastfreundschaft von Tara Burch und Gatito erwähnen. Und selbstverständlich erhebe ich mein Glas auch auf Danny Palmerlee und Kathleen Munnelly mit ihrer Geduld und ihrer unerschütterlichen guten Laune.

SANDRA BAO

Unzählige wunderbare Menschen halfen mir bei der Recherche für dieses Buch. Was kann's Schöneres geben? Ich danke den zahllosen Travellern, deren Bekanntschaft ich unterwegs machen durfte. Und ebenso den vertrauten Gesichtern, die mir einen so warmherzigen Empfang bereitet haben. Besonders herzlich grüße ich folgende Personen: Meinen Ehemann Ben Greensfelder, der in meiner Abwesenheit zu Hause nach dem Rechten sah; meine verantwortliche Redakteurin Kathleen Munnelly für ihre Unterstützung und Freundschaft; und natürlich unseren „Superkoordinator" Danny Palmerlee, der stets die Übersicht behielt. Liebe Mom – unsere gemeinsame Antarktisreise war einfach toll!

SARA BENSON

Die vielen Insidertipps, Witze und nächtlichen Bierchen von und mit anderen Travellern waren und sind der Grund für meine ungebrochene Reiselust. Herzlichen Dank an: Rainer, Thomas und Gerd sowie die Führer Juvenal und Karin (Peru Treks) für den Abstecher nach Machu Picchu; Sara und Ellis für ihre wertvollen Tipps in Nazca; David und Tara für den herrlichen Bustrip über Desaguadero; und besonders an die leidenschaftlichen Trekker David Youngblood und Trey Brown – ich schätze mich glücklich, dass sich unsere Wege gekreuzt haben! Die einheimischen Experten Mónica Moreno, Vlado Soto und Jorge Echeandia widmeten mir großzügig ihre Zeit. *Muchas gracias* an alle, die sich nach meinem Unfall in Patagonien so rührend um mich gekümmert haben – insbesondere meine Mitpassagiere auf der Navimag. Ein dickes Dankeschön geht auch an die Autorin Carolyn McCarthy sowie die Lonely Planet Teams in Oakland und Melbourne. Zudem umarme ich meine geliebten Freunde und Familienmitglieder, die zu Hause auf mich gewartet haben.

CELESTE BRASH

Besonderer Dank gebührt meiner Familie: Meinen Kindern als tapfere Begleiter durch die Welt und meinem Ehemann Josh. Als echter „Superdad"

brachte er die Kleinen zurück nach Hause und zur Schule, während ich meine Reise fortsetzte. Mein eigener „Superdad" leistete mir in Surinam und Guyana Gesellschaft; er hat mir all seine Kenntnisse und seine Reiselust vererbt. Dr. David Singh, Annette Arjoon und Joan Mc Donald bin ich für ihre umfassende Unterstützung in Guyana zu tiefstem Dank verpflichtet – Ihr alle (vor allem David) habt mich auf diesem Trip fortwährend begeistert. Ich grüße Armand Jubitana, der mir in Surinam so wunderbar unter die Arme gegriffen hat. Besten Dank auch an Joep, Marijke und Bernie Moonen in Guyana – neben einem super herzlichen Empfang habt Ihr uns eine tolle Einführung zu den Guyanas beschert. Ein dickes Dankeschön geht zudem an die ehrenamtliche Mitarbeiterin Micaela Schrag sowie die unerschrockenen Weltreisenden Jossy Gellis, Merav Gellis und Joris de Jongh für ihre großartigen Beiträge – was hätte ich nur ohne euch gemacht. Abschließend danke ich Emily Wolman für ihre wunderbare Textgrundlage und ihre selbstlose Unterstützung. Dies gilt selbstverständlich auch für unseren Koordinator Danny Palmerlee sowie sämtliche Kartografen und Redakteure in Melbourne und den USA.

MOLLY GREEN

Für ihre Unterstützung und Tipps danke ich aus tiefstem Herzen: Syl und Andy (Arraial d'Ajuda), Jane (Lençóis), David (João Pessoa), Pousada dos Mundos (Jacumã), Patricia (Recife), Rose (Praia da Pipa), Ernesto und Valeria (Canoa Quebrada), Gisele (Fortaleza), Gero (Manaus), Vicente (Manaus), Gerry (Manaus), Veronique (Belém) und Oliva (Marajó). Ich bewundere meine Vorgängerautoren dafür, dass sie eine solch solide Basis geschaffen haben. Ich danke Kathleen für ihren Glauben an mich sowie Danny für sein Engagement und seine Geduld. Viele andere Traveller ließen mir Hinweise und Kameradschaft zuteil werden – vor allem Eure E-Mails mit zusätzlichen Informationen waren für mich von unschätzbarem Wert! *Obrigada* an Fabio und Hilary, die mir während des Karnevals zur Seite standen und mich zu einer Santo-Daime-Zeremonie mitnahmen. Gott schütze Ariana Isabel Green – wie schön, dass es dich gibt! Ebenso meine Familie, die mir immer den Rücken gestärkt hat. Ganz herzlich danke ich auch Sonia und Elvio, die meine Ersatzfamilie in São Paulo geworden ist. Und tausend Küsse gehen an Daniel, der mit meiner dreimonatigen Abwesenheit klarkommen musste. Und zu guter Letzt umarme ich meine Mama – Du bist wahrlich ein Engel! Ohne dich wäre mein so total verrücktes Leben auf gar keine Weise möglich.

Hinter den Kulissen

ÜBER DIESES BUCH

Dies ist die 1. Auflage von *Südamerika für wenig Geld*, basierend auf der mittlerweile 10. englischen Auflage von *South America on a Shoestring*. Sie entstand unter der Leitung des rastlosen Danny Palmerlee in Zusammenarbeit mit einem großartigen Autorenteam. Von Danny persönlich stammen neben dem Kapitel „Ecuador" auch die meisten Texte vorne und hinten im Buch. Beiträge zu den anderen Ländern lieferten: Kate Armstrong (Bolivien und Paraguay), Sandra Bao (Argentinien), Sara Benson (Peru), Celeste Brash (Guayanas), Molly Green (Brasilien), Michael Kohn (Kolumbien), Thomas Kohnstamm (Venezuela), Carolyn McCarthy (Chile), Regis St. Louis (Brasilien) sowie Lucas Vidgen (Argentinien und Uruguay). Lara Dunston verfasste den Kasten zum südamerikanischen Kino, David Goldberg (MD) schrieb das Kapitel „Gesundheit". Das Kapitel „Peru" basiert teilweise auf Texten und Recherchen von Rafael Wlodarski und Paul Hellander. Das Autorenteam dankt von ganzem Herzen den Verfassern der vorangegangenen neun Ausgaben. Dieser Reiseführer wurde vom Lonely Planet Büro in Oakland in Auftrag gegeben und von dem folgendem Team betreut:

Verantwortliche Redakteurin Kathleen Munnelly
Leitende Redakteurin Brooke Lyons
Leitender Kartograf Herman So
Leitende Layoutdesignerin Vicki Beale
Redaktion Brigitte Ellemor, Barbara Delissen
Kartografie Alison Lyall
Redaktionsassistenz Elizabeth Anglin, Helen Christinis, Jackey Coyle, Andrea Dobbin, Chris Girdler, Katie Lynch, Alan Murphy, Charlotte Orr, Carolyn Pike, Louise Stirling, Jeanette Wall
Kartografieassistenz Marion Byass, Sally Gerdan, Anneka Imkamp, Erin McManus, Andy Rojas, Amanda Sierp, Karina Vitiritti, Jody Whiteoak
Layout-Assistenz Wibowo Rusli, Carlos Solarte, Katie Thuy Bui
Umschlagdesignerin Wendy Wright
Registererstellung Kate Evans
Projektmanagement Craig Kilburn, Chris Love, John Shippick
Leitung Redaktion Sprachführer Quentin Frayne

Dank an Jessa Boanas-Dewes, Jessica Van-Dam, Jennifer Garrett, David Burnett, Sally Darmody, Celia Wood, Laura Jane

DANK DER AUTOREN

DANNY PALMERLEE

Ich recherchierte gleichzeitig für dieses Buch und für den Lonely Planet Reiseführer *Ecuador & The Galápagos Islands*. Daher möchte ich allen, die mich bei diesem Projekt unterstützten, nochmals meinen herzlichen Dank aussprechen – insbesondere Cristina Guerrero de Miranda von der Corporación Metropolitana de Turismo in Quito. Sie versorgte mich mit unzähligen Informationen und gewährte mir wunderbare Einblicke in die Kultur der *quiteños* und Ecuadors. Auch in Argentinien standen mir zahllose Leute mit Rat und Tat zur Seite, v. a. aber German González und Carina Martinetto aus Córdoba. Außerdem gebührt allen meinen Mitautoren in der Heimat ein super dickes Lob für ihre tollen Texte zum übrigen Kontinent. Ich danke meiner verantwortlichen Redakteurin Kathleen Munnelly für ihre Flexibilität, ihre Orientierungshilfen und prompten Antworten auf alle meine Fragen. Ein herzlicher Gruß geht auch an die leitende Kartografin Alison Lyall und ihre Kartenprofis sowie an David Burnett für seinen technischen Support. Und zu guter Letzt an die wunderbare Aimee Sabri für ihre konstruktive Kritik; eine tollere Begleiterin gibt's einfach nicht – auf den Reisen und im Alltag.

KATE ARMSTRONG

Muchí simas gracias an: Jazmín Caballero García und David Ricalde (America Tours) sowie Alastair Matthew (Gravity Tours) für ihre großzügige Unterstützung; Sr. Eduardo Zeballos Veraloza und das Personal vom Hotel Rosario; Hernán Pruden, den unglaublichen Kokakauer; Martin Stråtker und Justo (La Cúpola) für ihre Anregungen und Gastfreundschaft. Ein dickes Dankeschön auch an Julien, Mihai und Ewy sowie an Walter Guzman und Nora (Forest Tours). *Beijos* an Rolando Illanes Vera, Myriam, Claudia und Jose Antonio – nicht zu vergessen die Familie Fuentes – für ihre treue Freundschaft; nochmals an das Team von ICBA für den herzlichen Empfang; aber auch an Louis und Travis, Michael Blendinger und Gaby, die das Unmögliche möglich gemacht haben. Neben namenlosen Mitarbeitern steuerten auch Petra, Rich Penwarden, Johannes, James Down, Lucas und Sylvia King ihre Geschichten bei. Ein herzliches *gracias* geht an Sr. Cilli (Aerolineas Argentinas) in Sidney. In Paraguay danke ich der Crew vom Peace Corps,

termas – Thermalquellen
tinto – Rotwein; kleiner schwarzer Kaffee (Kol)
todo terreno – Mountainbike
totora – Schilfrohrart, wird als Baumaterial verwendet
tranca – Polizeistation (Bol)
turismo aventura – „Abenteuertourismus" wie z. B. Trekking oder Wildwasser-Rafting

vaquero – Cowboy; *vaqueiro* in Brasilien
verano – wörtl. „Sommer"; Trockenzeit in den südamerikanischen Tropen
vicuña – Wildform der domestizierten Lamas und Alpacas; lebt nur hoch oben in den südlichen Zentralanden
vivienda temporaria – wörtl. „provisorische Siedlung"; in Paraguay bezieht sich *viviendas temporarias* auf sämtliche Slumsiedlungen am Flussufer von Asunción
vizcacha – oder *viscacha*; Wildform des domestizierten Chinchillas

voladoras – Schnellboote auf Flüssen (Kol, Ven)

yacaré – südamerikanische Alligatorenart; lebt in Flussläufen der Tropen und Subtropen
yapa – siehe *ñapa*
yareta – siehe *llareta*
yerba mate – *Ilex paraguariensis;* der „paraguyanische Tee", *mate,* wird auch in ganz Argentinien, Uruguay und Brasilien getrunken
yucca – Maniokknolle; heißt in Brasilien meist *mandioca*

zambo/a – Person mit afrikanischen und indigenen Vorfahren
zampoña – Panflöte; typisch für die traditionelle Folkloremusik der Anden
zona franca – zollfreie Zone
zonda – starker und trockener Nordwind in den Zentralanden (Arg)

NS – *Nosso Senhor* (Unser Vater) oder *Nossa Senhora* (Unsere Dame); oft Teil von Kirchennamen (Bra)

oca – kartoffelähnliche Knollenfrucht; wächst in den Anden und ist ebenfalls essbar
oferta – Werbeangebot für Flug- oder Busreisen (häufig saisonabhängig)
onces – wörtl. „zweites Frühstück"; Morgen- oder Nachmittagstee
orixá – Gott der afro-brasilianischen Religion (Bra)

paceño/a – aus La Paz; in La Paz geborene oder ansässige Person
parada oder **paradero** – Bushaltestelle
páramo – feuchte Hochlandsteppe der nördlichen Andenländer
parque nacional – Nationalpark
parrilla – Steakhaus oder der eigentliche Grill; siehe auch *parrillada*
parrillada – geröstetes oder gegrilltes Fleisch; wird in *parrillas* serviert
pasarela – Laufsteg
paseo – Spaziergang (z. B. im Park oder Stadtbummel)
paulistano – in São Paulo geborene oder ansässige Person
peatonal – Fußgängerzone
pehuén – *Araucaria araucana;* Andentanne im südlichen Südamerika
peña – Club/Bar mit spontanen Folkloreveranstaltungen oder Bezeichnung für ein solches Event
pensión – Budgetunterkunft für Kurzaufenthalte in einem Privathaus; u. U. von Dauergästen belegt
pingüinera – Pinguinkolonie
piropo – sexistische Bemerkung (von relativ harmlos bis extrem geschmacklos)
Planalto – gigantisches Hochplateau, bedeckt den Großteil Südbrasiliens
por puesto – Sammeltaxi (Ven)
porteño/a – in Buenos Aires geborene oder ansässige Person; in Valparaíso geborene oder ansässige Person
pousada – Hotel (Bra)
prato feito, prato do día – wörtl. „Fertigteller" oder „Tagesteller"; normalerweise üppige und extrem günstige Mahlzeit
precordillera – Fußhügel der Anden
propina – Trinkgeld (z. B. in Restaurants oder Kinos)
pucará – indigene Andenfestung
pueblo jóven – wörtl. „junge Stadt"; Elendsviertel rund um Lima (Per)
puna – Andenhochland; normalerweise oberhalb 3000 m

quarto – Hotelzimmer mit Gemeinschaftsbad (Bra)
quebracho – *Quebrachua lorentzii;* „Axtbrecherbaum" von Chaco, natürliche Tanninquelle
quebrada – enge Schlucht, normalerweise trocken

Quechua – indigene Sprache des Andenhochlands mit Blütezeit während der Inkaherrschaft; ist heute noch weit verbreitet
quena – einfache Flöte aus Schilfrohr
quilombo – Siedlung entflohener Sklaven (Bra); argentinisches Slangwort für Bordell oder Durcheinander
quinoa – reisähnliches Urgetreide der Anden; Grundnahrungsmittel während der präkolumbischen Periode
quiteño/a – aus Quito; in Quito geborene oder ansässige Person

rancho – Landhaus; Elendsviertel (Ven)
recargo – Zuschlag; wird häufig beim Bezahlen mit Kreditkarte fällig
reducción – siehe *congregación*
refugio – normalerweise rustikale Schutzhütte in Nationalparks oder abgelegenen Gegenden
residencial – meist Budgetunterkünfte für Kurzaufenthalte (manchmal nur während der Saison)
río – Fluss; *rio* in Brasilien
rodeo – alljährliches Viehtreiben auf *estancias* oder *haciendas*
rodoferroviária – Kombination aus Bahnhof und Busterminal (Bra)
rodoviária – Busbahnhof (Bra)
ruta – Strecke oder Highway

s/n – *sin número;* Hinweis auf Adressen ohne eigene Hausnummer
salar – Salzsee oder Salzebene; meist im Andenhochland oder argentinischen Patagonien
salteña – Pastete mit Fleisch und Gemüse; normalerweise schärfere *empanada*-Variante
santiaguino/a – in Santiago geborene oder ansässige Person
selva – ursprünglicher tropischer Regenwald
Semana Santa – Heilige Woche vor Ostern; wird in ganz Südamerika gefeiert
sertão – trockene Region im Inneren Nordostbrasiliens
siesta – ausgedehnte Mittagspause, bei Bedarf mit Nickerchen
soroche – Höhenkrankheit
stelling – Fährsteg oder Pier (Guay)
suco – Fruchtsaft (Bra); Saftbar

Tahuantinsuyo – spanische Bezeichnung für das Inkareich (*Tawantinsuyu* auf Quechua)
tambo – Straßenmarkt/sozialer Treffpunkt in Andenländern; Gasthaus
tapir – großes Huftier; entfernt mit dem Pferd verwandt
teleférico – Seilbahn
telenovela – TV-Seifenoper
tenedor libre – „All-You-Can-Eat"-Restaurant
tepui – hoch aufragender Tafelberg aus Sandstein mit einzigartiger Pflanzenwelt (Ven)

farinha – Maniokmehl (Bra); Grundnahrungsmittel der indigenen Bevölkerung vor der Kolonialzeit und vieler Brasilianer von heute
farmacia – Apotheke
favela – Slumsiedlung oder Elendsviertel (Bra)
fazenda – große Ranch oder Farm (Bra), grob vergleichbar mit den *haciendas* im spanischen Südamerika; ansonsten Tuch oder Webstoff
ferrobus – Schienenbus
ferrocarril – Eisenbahn oder Bahnstrecke
ferroviária – Bahnhof (Bra)
flota – Flotte; häufig Gesellschaft mit Fernbussen
frigorífico – Fabrik für Tiefkühlfleisch
fundo – *hacienda* oder Farm

garúa – konvektiver Küstennebel (Per)
gaucho – Cowboy, Hirte (Arg, Urg); in Brasilien *gaúcho* (ausgesprochen *gao-shoo*) genannt
golpe de estado – Staatsstreich oder Putsch
gringo/a – in ganz Lateinamerika Bezeichnung für Ausländer mit hellem Haar und Teint, nicht unbedingt abschätzig gemeint; Person italienischer Abstammung (Arg)
guanaco – Wildform des Lamas; ansonsten Wasserwerfer (Chi)
guaquero – Grabräuber, der sich an präkolumbischen Stätten vergeht
guaraná – Strauch aus dem Amazonasgebiet, dessen Beeren magische oder medizinische Kräfte nachgesagt werden; ansonsten beliebter Softdrink (Bra)
guardaparque – Parkranger

hacienda – großes Landgut, das ortsansässige Arbeitskräfte unter der Leitung des Eigentümers oder Managers bewirtschaften; in Chile ist die Bezeichnung *fundo* eher gebräuchlich; in Argentinien wird weitaus häufiger von *latifundios* als von *estancias* gesprochen
hospedaje – Budgetunterkunft mit Gemeinschaftsbad; meist Privathaus mit separatem Gästezimmer
huaquero – Grabräuber

ichu – Grasbüschel im *altiplano* der Anden
iglesia – Kirche; *igreja* in Brasilien
Inka – dominierendes indigenes Volk der Zentralanden zur Zeit der spanischen Eroberung; bezieht sich auf diese Volksgruppe oder deren Führer als Einzelperson
indígena – indigener Amerikaner (Indianer)
indigenismo – Strömung in der Kunst und Literatur Lateinamerikas mit indigenen Traditionen als Motiven
invierno – wörtl. „Winter"; Regenzeit in den südamerikanischen Tropen
invierno boliviano – „bolivianischer Winter" (Chi); sommerliche Regenperiode im *altiplano*
IVA – *impuesto de valor agregado;* Mehrwertsteuer

Kolla – andere Bezeichnung für die indigenen *Aymara*

Kollasuyo – „Land der Kolla"; frühe indigene Bezeichnung für das heutige Bolivien

lago – See
laguna – Lagune oder flacher See
lanchonete – Stehimbiss (Bra)
latifundio – großes Landgut (z. B. *haciendas* oder *estancias* für die Rinderzucht)
leito – luxuriöser Expressbus für nächtliche Überlandreisen (Bra)
licuado – Fruchtshake mit Milch- oder Wasserzusatz
limeño/a – aus Lima; in Lima geborene oder ansässige Person
llanos – Ebenen
llareta – *Laretia compacta;* das dichte und zähe Buschgewächs wird im *altiplano* als Brennstoff verwendet
locutorio – kleine Telefonstube (Arg)
loma – Erdwall oder Hügel; Erhebung im Küstenbereich der Atacama-Wüste
lunfardo – Straßenslang von Buenos Aires

machismo – übertriebener Mannesstolz der Südamerikaner
malecón – Uferpromenade
manta – Umhängetuch oder Bettlaken
marcha espanol – argentinischer Musikstil mit aggressiven Drumsounds, Piepsgeräuschen und Sprechgesang
mate – siehe *yerba mate*
menú del día – günstiges Komplettmenü
mercado – Markt
mercado negro – Schwarzmarkt
mercado paralelo – schmeichelhafte Bezeichnung für Schwarzmarkt
meseta – Steppe im Inneren Ostpatagoniens
mestizo/a – Person mit indigenen und spanischen Vorfahren
micro – Klein- oder Minibus
mineiro – Bergarbeiter; Einwohner des Bundesstaats Minas Gerais (Bra)
minuta – schneller Snack (Arg)
mirador – Aussichtspunkt oder -plattform; normalerweise auf Hügeln, oft auch in Gebäuden zu finden
monte – Gestrüpp, Unterholz; allgemein Region mit spärlicher Vegetation
motocarro – dreirädrige Motorradrikscha (Per)
mulato/a – Person mit afrikanischen und europäischen Vorfahren
municipalidad – Gemeindeverwaltung oder Rathaus
museo – Museum; *museu* in Brasilien
música folklórica – traditionelle Folkloremusik der Anden

ñapa – kleines Trinkgeld
nevado – schneebedeckter Gipfel
novela – Roman; TV-Seifenoper

1270 GLOSSAR

campesino/a – Landbewohner, der von der Landwirtschaft lebt; Bauer

campo – Landschaft; Feld oder Pferdekoppel

Candomblé – afro-brasilianische Religion in Bahia (Bra)

capoeira – tänzerische Kampfkunst zum Rhythmus des *berimbau*; wurde einst von Sklaven in Bahia entwickelt (Bra)

carabinero – Polizist (Arg, Chi)

caraqueño/a – in Caracas geborener oder ansässiger Einwohner

carioca – in Rio de Janeiro geborener oder ansässiger Einwohner

Carnaval – läutet in ganz Lateinamerika die Fastenzeit ein

casa de cambio – offizielle Wechselstube zum Umtauschen ausländischer Währungen

casa de familia – schlichte Unterkunft in einem Privathaus; normalerweise in den Touristenzentren der Südkegel-Länder zu finden

casa de huésped – wörtl. „Gästehaus"; Gäste dieser günstigen Unterkünfte dürfen u. U. Küche, Garten und Waschküche mitbenutzen

casilla de correos – Postfach

casona – großes Haus, normalerweise Anwesen; häufig allgemeiner Begriff für Gebäude aus der Kolonialzeit

catarata – Wasserfall

caudillo – regionaler Despot im Südamerika des 19. Jhs.; die Macht der *caudillos* beruhte eher auf persönlicher Loyalität als auf politischen Idealen oder organisierten Parteien

ceiba – tropische Baumart; wächst überall und wird u. U. recht groß

cena – Abendessen; häufig als günstiges Komplettmenü

cerro – wörtl. „Hügel"; wird sogar für die höchsten Andengipfel verwendet

ceviche – marinierte rohe Meeresfrüchte; Vorsicht: *Ceviche* kann Cholera- und Gnathostomose-Erreger enthalten

chachacoma – *Senecio graveolens*; ein Tee aus den Blättern dieses Andengewächses kann leichte Formen der Höhenkrankheit abmildern

chacra – Garten; kleine unabhängige Farm

charango – traditionelles Saiteninstrument in Andenländern mit einem Gürteltierpanzer als Klangkörper

chicha – beliebtes (häufig alkoholhaltiges) Getränk in Andenländern; wird u. a. aus *yucca*, Süßkartoffeln oder Maismehl gewonnen

chifa – chinesisches Restaurant; der Begriff wird vor allem in Peru und im nördlichen Chile verwendet

Chilote – Bewohner der Insel Chiloé (Chi)

chiva – einfacher Regionalbus mit hölzernen Sitzbänken; bis in die 1960er-Jahre Hauptverkehrsmittel in Kolumbien

churrascaria – Restaurant mit Fleisch vom Grill (Bra)

cinemateca – Programmkino

coima – Begriff für Schmiergelder in Andenländern und im Südkegel

colectivo – je nach Land entweder Bus, Minibus oder Sammeltaxi

comedor – einfache Cafeteria oder Speiseraum in Hotels

confitería – Café mit einfachen Gerichten, Nachspeisen, Kaffee und Tee

congregación – auch *reducción* genannt; im Lateinamerika der Kolonialzeit wurden indigene Völker in solche Siedlungen gebracht, um sie besser kontrollieren oder missionieren zu können

Cono Sur – Südkegel; Sammelbegriff für Argentinien, Chile, Uruguay und bestimmte Teile Brasiliens/Paraguays

cordillera – Gebirgszug

corregidor – Provinzgouverneur im Südamerika der spanischen Kolonialzeit, normalerweise mit Sitz im *cabildo*; von hier aus herrschte der corregidor über Stadt und Umgebung

corrida – Stierkampf

cospel – Wertmarke als Ersatz für Münzgeld (z. B. für U-Bahn, Telefonzellen usw.)

costanera – Uferstraße im Südkegel (Küste, Flüsse und Seen)

costeño – Bewohner der kolumbianischen Karibikküste

criollo/a – gebürtiger Spanier im Südamerika der Kolonialzeit; heute Südamerikaner mit europäischen Wurzeln

cumbia – von Bläsern und Schlaginstrumenten geprägter Musikstil; mit Salsa, Merengue und Lambada verwandt

curanto – chilenischer Eintopf mit Meeresfrüchten

cuy – Meerschweinchen; Traditionsessen in Andenländern

DEA – Drug Enforcement Agency; US-Drogenbekämpfungsbehörde

dendê – Palmöl; wichtiger Bestandteil der Bahia-Küche (Bra)

denuncia – eidesstattliche Erklärung oder Aussage; normalerweise in Verbindung mit Diebstählen oder Raubdelikten

desayuno – Frühstück

dique – Deich, Landungssteg oder Dock; ansonsten Stausee, der zu Freizeitzwecken genutzt wird

dormitorio – extrem günstige Unterkunft mit Schlafsälen und Stockbetten

edificio – Gebäude

empanada – gebackene oder gebratene Teigtasche, gefüllt mit Gemüse, Ei, Oliven, Fleisch oder Käse

encomienda – Arbeitssystem der Kolonialzeit; als „Ausgleich" für Religions- und Sprachunterricht mussten indigene Gemeinden für spanische *encomenderos* (Landbesitzer) schuften und zusätzlich Abgaben entrichten – wovon natürlich hauptsächlich die Spanier profitierten

esquina – Straßenecke (Abkürzung „esq")

estancia – riesige Weidefarm für Rinder oder Schafe; wird von ortsansässigen Arbeitskräften unter der Leitung des Eigentümers oder Managers bewirtschaftet

estanciero – Eigentümer einer *estancia*

Glossar

Sofern nicht anderweitig vermerkt, kann man die im Folgenden aufgeführten Begriffe überall im spanischsprachigen Südamerika anwenden. Je nach Region kann ihre Bedeutung jedoch variieren.

abra – Bergpass in den Anden

aerosilla – Sessellift (Arg)

aguardente – alle Getränke mit starkem Alkoholgehalt, normalerweise *cachaça* (Bra)

aguardiente – aus Zuckerrohr gewonnener Alkohol oder ähnlicher Drink

alameda – Baumallee; normalerweise mit Pappeln

albergue – Gästehaus oder Jugendherberge

alcabala – Kontrollposten der Polizei am Straßenrand (Ven)

alcaldía – Rathaus; nahezu identisch mit *municipalidad*

alerce – die mächtigen Nadelbäume wuchsen früher massenhaft im Südteil der argentinischen und chilenischen Anden; die Ausbeutung durch die Holzindustrie hat die Bestände mittlerweile stark reduziert

almuerzo – Mittagessen; häufig günstiges Komplettmenü zum Festpreis

alojamiento – gängiger Begriff für günstige „Absteigen" mit Gemeinschaftstoiletten und -bädern

altiplano – Anden-Hochplateau in Peru, Bolivien, Chile und Argentinien

apartado – Postfach

apartamento – Apartment oder Mietwohnung; Hotelzimmer mit eigenem Bad (Bra)

api – dickflüssiges *chicha* der Andenstaaten aus Maismehl, Zitronensaft, Zimt und Zucker

arepera – Snackbar (Ven)

arrayán – Baumart mit rötlicher Rinde aus der Myrtenfamilie; häufig im südlichen Argentinien oder Chile anzutreffen

arriero – Maultiertreiber

artesanía – Handwerksgegenstände; (Kunst-)Handwerksladen

asado/a – gegrillt; Grillparty, meist als sommerliches Familientreffen (Arg)

audiencia – kolonialer Verwaltungsbezirk, in dem ein Präsident in Abwesenheit eines Vizekönigs die Zivilgewalt ausübte

autopista – Autobahn

Aymara – indigenes Volk (und dessen Sprache) im Hochland von Bolivien, Peru, Chile und Argentinien (auch *Kolla genannt)*

azulejo – Keramikfliesen (meist blau), mit portugiesischen Wurzeln

balneario – Baderesort oder Strand

bandeirantes – Sklavenhändler und Goldschürfer, die in der Kolonialzeit das Landesinnere von São Paulo aus erkundeten (Bra)

barraca – sämtliche Stände oder Hütten, auch Imbissbuden am Strand oder in Parks (Bra)

barrio – Stadtviertel, Bezirk oder Vorort; Slumsiedlung (Ven)

bicho de pé – wörtl. „Fußkäfer"; der im Boden lebende Parasit tritt in Strandnähe und manchen Regenwaldgebieten auf (Bra)

bloco – Gruppe von Musikern und Tänzern, die bei brasilianischen Karnevalsparaden durch die Straßen zieht (Bra)

bodega – Winzerei oder Weinkeller; Güterwagen (Bol), werden manchmal für Zugreisen in der 2. Klasse verwendet

boleadoras – Riemen mit schweren Gewichten (auch *bolas* genannt); wurden früher für die Jagd auf *guanacos* und Nandus verwendet

boletería – Vorverkaufsstelle für Tickets

bomba – u. a. Tankstelle

burundanga – Droge, die aus einer Pflanze namens *borrachero* (oder *cacao sabanero*) gewonnen wird; dient Kriminellen dazu, Touristen zu betäuben, bevor sie sie ausrauben (Kol)

bus cama – extrem komfortabler Bustyp (normalerweise Nachtbus) mit vollständig zurückklappbaren Sitzen; kostet ca. doppelt so viel wie herkömmliche Busse

cabaña – Blockhütte

cabildo – Rathaus aus der Kolonialzeit

cachaça – Brasiliens Nationalgetränk aus Zuckerrohrsaft (auch *pinga* oder *aguardente* genannt); diese Rumsorte wird im ganzen Land von unzähligen Kleinbrennereien produziert (Bra)

cachoeira – Wasserfall (Bra)

cacique – Häuptling der Araucania-(Mapuche-)Indianer

cajero automático – Geldautomat

calle – Straße

cama matrimonial – Doppelbett

camanchaca – dichter konvektiver Nebel in den Küstenhügeln der chilenischen Atacama-Wüste; entspricht dem *garúa* in Peru

cambista – Geldwechsler auf der Straße

camellones – präkolumbische Feldkanalsysteme im Guayas-Becken; Hinweis auf große frühzeitliche Siedlungen (Ecu)

camino – Straße, Pfad, Weg

camión – Lastwagen mit offener Ladefläche; beliebtes Nahverkehrsmittel in den Andenstaaten

camioneta – Pickup oder anderer Kleinlastwagen; Nahverkehrsmittel in den Andenstaaten

vianischen und peruanischen Anden und auch in kleineren angrenzenden Gebieten Chiles und Argentiniens leben. Die aufgeführten Quechua-Beispiele stammen aus dem Cuzco-Dialekt und sind somit überall in den Anden nützlich. Nur in Ecuador könnte es u. U. Probleme geben: Der dortige Quichua-Dialekt ist mit der Cuzco-Variante lediglich entfernt verwandt. Wer sich intensiver mit Quechua auseinandersetzen möchte, wirft am besten einen Blick in das *Quechua Phrasebook* von Lonely Planet.

In der folgenden Liste sind alle Aymara-Wörter links, sämtliche Quechua-Begriffe dagegen rechts aufgeführt. In punkto Aussprache bedient man sich der Regeln für Spanisch. Ein Apostroph markiert einen so genannten „Knacklaut"; ein solcher „lautloser Laut" fungiert bei der Aussprache als Trennung zwischen Vokalen am Wortanfang (z. B. „in Ulm und um Ulm").

Hallo.
Kamisaraki.   *Napaykullayki.*
Bitte.
Mirá.   *Allichu.*
Danke.
Yuspagara.   *Yusulipayki.*
Ja/Nein.   *Jisa/Janiwa.*   *Ari/Mana.*
Wie sagen Sie …?
Cun sañasauca'ha …?   *Imanata nincha chaita …?*
Es heißt …
Ucan sutipa'h …   *Chaipa'g sutin'ha …*
Bitte wiederholen Sie.
Uastata sita.   *Ua'manta niway.*
Wie viel?
K'gauka?   *Maik'ata'g?*

Fluss	*jawira*	*mayu*
Fun	*manka*	*mikíuy*
Mutter	*taica*	*mama*

Schneebedeckte Bergspitze

	kollu	*riti-orko*
Vater	*auqui*	*tayta*
Wasser	*uma*	*yacu*

1	*maya*	*u'*
2	*paya*	*iskai*
3	*quimsa*	*quinsa*
4	*pusi*	*tahua*
5	*pesca*	*phiska*
6	*zo'hta*	*so'gta*
7	*pakalko*	*khanchis*

8	*quimsakalko*	*pusa'g*
9	*yatunca*	*iskon*
10	*tunca*	*chunca*

SRANAN TONGO (SURINAAMS)

Neben Holländisch als offizieller Landessprache verstehen die meisten Einwohner Surinams auch etwas Englisch. Im Alltag wird jedoch hauptsächlich Sranan Tongo gesprochen. Diese Kreolsprache vereint holländische, englische, portugiesische und afrikanische Elemente in sich. Die Einheimischen verwenden Sranan Tongo häufig fürs lockere Plaudern im freundlichen Ton. Bei den folgenden Begriffen und Redewendungen handelt es sich lediglich um eine kleine Auswahl, die die Verständigung vor Ort etwas erleichtern soll.

Hallo.	*Fi-go.*
Wie heißen Sie?	*Sah yu neng?*
Ich heiße …	*Me neng …*
Danke.	*Dan-key.*
Ja.	*Ay.*
Nein.	*No.*
Sprechen Sie Englisch?	*Yu tah-key eng-els?*
ich	*mi*
du	*yu*
er, sie, es	*a*
wir	*wi*
ihr	*unu*
sie	*de*
Was kostet es?	*Ow meh-nee?*
Wann fährt er ab?	*Ow lah-tee ah gwa?*
Wo ist …?	*Pa-ah da …?*
Schiff	*bo-to*
nahe	*cros-by*
weit	*fah-rah*
heute	*tee-day*
morgen	*tah-mah-rah*
gestern	*ess-day*

1	*wan*
2	*tu*
3	*dri*
4	*fo*
5	*feyfi*
6	*siksi*
7	*seybi*
8	*ayti*
9	*neygi*
10	*tin*

www.lonelyplanet.de — INDIGENE SPRACHEN •• Aymara & Quechua

dies wiederholen
repetir isto — he·pe·*tierr ies*·to
langsamer sprechen
falar mais devagar — fa·*larr* mais de·va·*garr*
es aufschreiben
escrever num papel — es·kre·*verr* num pa·*pel*

WEGWEISER
Wo ist …?
Onde fica … ? — on·de fie·ka …
Können Sie mir (auf der Karte) zeigen?
Você poderia me — o·se po·de·*rie*·a me
mostrar (no mapa)? — mos·*trarr* (no *ma*·pa)
Wie lautet die Adresse?
Qual é o endereço? — kwau e o en·de·*re*·so
Wie weit ist es?
Qual a distância — kwau a dies·*tan*·sie·a
daqui? — da·kie
Wie komme ich dorthin?
Como é que eu chego lá? — ko·mo e ke e·u sche·go la
Biegen sie ab … *Vire …* — vie·re …
  an der Ecke *à esquina* — a es·*kie*·na
  an der Ampel *no sinal de* — no sie·*nau* de
  trânsito — tran·zie·to
links *à esquerda* — a es·*kerr*·da
rechts *à direita* — a die·*ray*·ta
hier *aqui* — a·*kie*
dort *lá* — la
in der Nähe … *perto …* — *perr*·to …
geradeaus *em frente* — eng freng·te
Nord *norte* — norr·te
Süd *sul* — sul
Ost *leste* — les·te
West *oeste* — o·*es*·te

SCHILDER – PORTUGIESISCH
Delegacia de Polícia	Polizeistation
Hospital	Krankenhaus
Polícia	Polizei
Pronto Socorro	Notaufnahme
Banheiro	Bad/Toiletten
Não Tem Vaga	besetzt
Tem Vaga	frei

ZAHLEN
0	*zero*	ze·ro
1	*um*	um
2	*dois*	dois
3	*três*	tres
4	*quatro*	kwa·tro
5	*cinco*	sien·ko
6	*seis*	says
7	*sete*	se·te
8	*oito*	oi·to

NOTFÄLLE – PORTUGIESISCH
Hilfe!
Socorro! — so·*ko*·ho
Es ist ein Notfall.
É uma emergência. — e u·ma e·merr·*scheng*·sie·a
Rufen Sie …!
  einen Arzt
  um médico! — um *me*·die·ko
  einen Krankenwagen
  uma ambulância — u·ma am·bu·*lan*·sie·a
  die Polizei
  a polícia — a po·lie·*sie*·a
Ich habe mich verlaufen.
Estou perdido. — es·*to* perr·*die*·do
Wo sind die Toiletten?
Onde tem um banheiro? — on·de teng um ba·*njay*·ro
Geh weg!
Vai embora! — vai eng·*bo*·ra

9	*nove*	naw·ve
10	*dez*	dez
11	*onze*	ong·ze
12	*doze*	do·ze
13	*treze*	tre·ze
14	*quatorze*	ka·torr·ze
15	*quinze*	kien·ze
16	*dezesseis*	de·ze·says
17	*dezesete*	de·ze·se·te
18	*dezoito*	de·zoi·to
19	*dezenove*	de·ze·naw·ve
20	*vinte*	vien·te
21	*vinte e um*	vien·te e um
22	*vinte e dois*	vien·te e dois
30	*trinta*	trien·ta
40	*quarenta*	kwa·ren·ta
50	*cinquenta*	sien·kwen·ta
60	*sessenta*	se·sen·ta
70	*setenta*	se·teng·ta
80	*oitenta*	oi·teng·ta
90	*noventa*	no·veng·ta
100	*cem*	seng
200	*duzentos*	du·zeng·tos
1000	*mil*	mie·u
1 000 000	*um milhão*	um mie·*lliaung*

INDIGENE SPRACHEN

AYMARA & QUECHUA
Die folgenden Begriffe und Redewendungen auf Aymara und Quechua werden bei Aufenthalten in den Anden von Nutzen sein.

Aymara wird von der gleichnamigen Volksgruppe gesprochen, die in den boli-

1266 BRASILIANISCHES PORTUGIESISCH •• Unterkunft   www.lonelyplanet.de

Freitag	*sexta-feira*	ses·ta·*fay*·ra
Samstag	*sábado*	sa·ba·do
Sonntag	*domingo*	do·*mien*·go
Januar	*janeiro*	scha·*nay*·ro
Februar	*fevereiro*	fe·ve·*ray*·ro
März	*março*	*marr*·so
April	*abril*	a·*brie*·o
Mai	*maio*	*ma*·yo
Juni	*junho*	schu·njo
Juli	*julho*	schu·llio
August	*agosto*	a·*gos*·to
September	*setembro*	se·*teng*·bro
Oktober	*outubro*	o·*too*·bro
November	*novembro*	no·*veng*·bro
Dezember	*dezembro*	de·*zeng*·bro

UNTERKUNFT
Ich suche ...
Estou procurando por ... es·to pro·ku·*rang*·do
porr ...
Wo gibt es ein/e ...?
Onde tem ...?   on·de teng ...
 Zimmer
 um quarto   um *kwarr*·to
 Campingplatz
 um local para   um lo·*kau* pa·ra
  acampamento   a·kam·pa·*meng*·to
 Herberge
 uma hospedaria   u·ma os·pe·da·*rie*·a
 Hotel
 um hotel   um o·*tel*
 Jugendherberge
 um albergue   um au·*berr*·ge
 da juventude   da schu·veng·*tu*·de
 Pension
 uma pensão   u·ma pen·*saung*
Ich hätte gerne ein ...
Eu gostaria um   e·u gos·ta·*rie*·a
quarto de ...   *kwarr*·to de ...
 Doppelzimmer
 casal   ka·*zau*
 Einzelzimmer
 solteiro   sol·*tay*·ro
 Zweibettzimmer
 duplo   du·plo
Wie viel kostet es pro ...?
Quanto custa por ...?   *kwan*·to *kus*·ta porr ...
 Nacht
 noite   *noi*·te
 Person
 pessoa   pe·*so*·a
 Woche
 semana   se·*ma*·na
Wie lautet die Adresse?
Qual é o endereço?   kwau e o en·de·*re*·so

Haben Sie ein ... Zimmer?
Tem um quarto de ...?   teng um *kwarr*·to de ...
Für (drei) Nächte.   *Para (três) noites.*
pa·ra (tres) *noi*·tes
Ist Frühstück dabei?
Inclui café da manhã?   ieng·klu·*ie* ka·*fe* da ma·
njang
Kann ich es sehen?
Posso ver?   *po*·so verr
Ich nehme es.
Eu fico com ele.   e·u *fie*·ko kom e·lee
Es gefällt mir nicht.
Não gosto.   naung *gos*·to
Ich gehe jetzt.
Estou indo embora   es·to ien·do em·*bo*·ra
agora.   a·*go*·ra
Kann ich bezahlen ...?
Posso pagar com ...?   *po*·so pa·*garr* kom ...
 mit Kreditkarte
 cartão de crédito   karr·*taung* de kre·die·to
 mit Reisescheck
 traveler cheque   tra·ve·ler sche·kee

EINE RESERVIERUNG VORNEHMEN
(per Telefon oder schriftlich)

Bis ...	*Para ...*
Von ...	*De ...*
Datum	*Data*

Ich möchte buchen ...
Eu gostaria de fazer uma reserva ...
(zu Betten/Zimmern s. Unterkunft)

auf den Namen von ...	*no nome de ...*
für die Nächte vom ...	*para os dias ...*
von (...) bis (...)	*de (...) até (...)*
Kreditkarte ...	*cartão de credito ...*
Nummer	*número*
Verfallsdatum	*data de vencimento*
Bitte bestätigen Sie ...	*Por favor confirme ...*
Verfügbarkeit	*a disponibilidade*
Preis	*o preço*

VERSTÄNDIGUNG
Sprechen Sie Englisch?
Você fala inglês?   vo·se fa·la ien·gles
Spricht hier jemand Englisch?
Alguém aqui fala inglês? au·geng fa·la ien·gles
Verstehen Sie?
Você entende?   vo·se en·*teng*·de
Ich verstehe (nicht).
Eu (não) entendo.   e·u (naung) en·*teng*·do
Was bedeutet ...?
O que quer dizer ...?   o ke kerr die·zerr ...
Könnten Sie bitte ...?
Você poderia por favor ...? vo·se po·de·*rie*·a porr fa·*vorr*

www.lonelyplanet.de   BRASILIANISCHES PORTUGIESISCH •• Uhrzeit & Datum   **1265**

Wann kommt er in (Parati) an?
Que horas chega   ke *aw*·ras sche·ga
em (Parati)?   eng (pa·*ra*·tie)
Eine Fahrkarte …
Uma passagem   u·ma pa·*sa*·schem
nach (…)
de … para (…)   de … *pa*·ra (…)
1. Klasse
primeira classe   prie·*may*·ra *kla*·se
2. Klasse
segunda classe   se·*gun*·da *kla*·se
einfach   *ida*   *ie*·da
hin und zurück   *ida e volta*   *ie*·da e *vol*·ta
Wie viel kostet es?
Quanto é?   *kwan*·to e
Ist das der Bus nach …?
Este ônibus vai para …?   es·te *o*·nie·bus vai *pa*·ra …?
Muss ich umsteigen?
Preciso trocar de trem?   pre·*sie*·so tro·*karr* de treng
Gepäckkontrolle
o balcão de guarda   o bal·*kaung* de gwarr·da
volumes   vo·*lu*·me
Gepäckaufbewahrung
um guarda volume   um gwarr·da vo·*lu*·me
Ist das Taxi frei?
Este táxi está livre?   es·te tak·sie es·ta *lie*·vre
Bitte stellen Sie den Taxameter ein.
Por favor ligue o   porr fa·*vorr* lie·ge o
taxímetro.   tak·*sie*·me·tro
Was kostet es nach …?
Quanto custa até …?   *kwan*·to kus·ta *a*·te …
Bitte fahren Sie mich zu/nach (dieser Adresse).
Me leve para este   me *le*·ve *pa*·ra es·te en·de·*re*·so
endereço por favor.   porr fa·*vorr*

Private Verkehrsmittel
Ich möchte gerne ein … mieten
Gostaria de   gos·ta·*rie*·a de
alugar …   a·lu·*garr* …
Allradfahrzeug   *um quatro*   um *kwa*·tro
por quatro   por *kwa*·tro
Auto   *um carro*   um *ka*·ho
Fahrrad   *uma bicicleta*   u·ma bie·sie· *kle*·ta
Motorrad   *uma motocicleta*   u·ma mo·to·
sie·*kle*·ta
Diesel   *diesel*   *die*·sel
Autogas   *gás*   gas
Ethanol-Kraftstoff   *álcool*   *au*·kol
bleifrei   *gasolina comum*   ga·zo·*lie*·na ko·
mun
Ist das die Straße nach …?
Esta é a estrada para …?   es·*ta* e a es·*tra*·da *pa*·ra
(Wie lang) Kann ich hier parken?
(Quanto tempo) Posso   (*kwan*·to teng·po) *po*·so
estacionar aqui?   es·ta·sie·o·*narr* a·*kie*

Wo gibt es eine Tankstelle
Onde tem um posto   *on*·de teng um *pos*·to
Sprit/Gas?
de gasolina?   de ga·zo·*lie*·na
Bitte füllen Sie den Tank.
Enche o tanque, por   *en*·sche o *tan*·ke porr
favor.   fa·*vorr*
Ich möchte … Liter.
Coloque … litros.   ko·*lo*·ke … *lie*·tros

STRASSENSCHILDER – PORTUGIESISCH	
Entrada	Eingang
Estrada dê Preferência	Vorfahrt gewähren
Mão Única	Einbahnstraße
Pare	Stop
Pedágio	Maut
Proibido Entrar	Keine Einfahrt
Rua Sem Saída	Sackgasse
Saída	Autobahnausfahrt

Das (Auto/Motorrad) ist liegen geblieben …
(O carro/A motocicleta) quebrou em …   (a mo·to·se·*kle*·ta) ke·*bro* eng
Das Auto lässt sich nicht starten.
O carro não está pegando.   o *ka*·ho naung es·ta pe·*gang*·do
Ich benötige einen Automechaniker.
Preciso de um mecânico.   pre·*sie*·so de um me·*ka*·nie·ko
Ich habe kein Gas/Benzin mehr.
Estou sem gasolina.   es·*to* seng ga·zo·*lie*·na
Ich hatte einen Unfall.
Sofri um acidente.   so·*frie* um a·sie·*den*·te

UHRZEIT & DATUM
Wie viel Uhr ist es?
Que horas são?   ke *aw*·ras saung
Es ist (zehn) Uhr.
São (dez) horas.   saung (des) *aw*·ras

jetzt	*agora*	a·*go*·ra
heute morgen	*esta manhã*	es·ta ma·*njang*
morgens	*da manhã*	da ma·*njang*
heute nachmittag	*esta tarde*	es·ta *tarr*·de
nachmittags	*da tarde*	da *tarr*·de
heute	*hoje*	*o*·sche
heute abend/nacht	*hoje à noite*	*o*·sche a *noi*·te
morgen	*amanhã*	a·ma·*njang*
gestern	*ontem*	on·teng
Montag	*segunda-feira*	se·*gun*·da·*fay*·ra
Dienstag	*terça-feira*	terr·sa·*fay*·ra
Mittwoch	*quarta-feira*	*kwarr*·ta·*fay*·ra
Donnerstag	*quinta-feira*	kien·ta·*fay*·ra

SPRACHE

SHOPPEN & SERVICE

Ich möchte gerne ... kaufen
Gostaria de comprar ... gos·ta·*rie*·a de kom·*prarr* ...
Ich schaue nur.
Estou só olhando. es·*to* so o·*llian*·do
Darf ich das anschauen?
Posso ver? *po*·so verr
Wie viel?
Quanto? *kwan*·to
Das ist zu teuer.
Está muito caro. es·*ta* mwieng·to *ka*·ro
Können Sie den Preis senken?
Pode baixar o preço? *po*·de ba·*scharr* o *pre*·so
Haben Sie etwas Günstigeres?
Tem uma coisa mais teng *u*·ma *koi*·za mais
barata. ba·*ra*·ta
Ich gebe Ihnen (fünf Real).
Dou (cinco reais). do (*sien*·ko he·*ais*)
Es gefällt mir nicht. *Não gosto.* naung *gos*·to
Ich nehme es. *Vou levar isso.* vo le·*var* ie·so
Wo ist ...?
Onde fica ...? *on*·de *fie*·ka ...
  eine Apotheke
  uma farmácia u·ma far·*ma*·sya
  eine Bank
  o banco o *ban*·ko
  die ... Botschaft
  a embaixada de ... a eng bai *scha* da de
  ein Buchladen
  uma livraria u ma lie vra *rie* a
  ein Geldautomat
  um caixa automático um *kai*·scha au·to·*ma*·tie·ko
  ein Markt
  o mercado o merr·*ka*·do
  die Polizeistation
  a delegacia de polícia a de·le·ga·*sie*·a de po·*lie*·sie·a
  die Post
  o correio o co·*rej*·o
  ein Supermarkt
  o supermercado o su·perr·merr·*ka*·do
  die Touristeninformation
  a secretaria de turismo a se·kre·ta·*rie*·a de tu·*ries*·mo
  ein Waschsalon
  uma lavanderia u·ma la·vang·de·*rie*·a
  eine Wechselstube
  uma loja de câmbio u·ma *lo*·zha de *kam*·bie·o
weniger *menos* *me*·nos
mehr *mais* mais
groß *grande* *grang*·de
klein *pequeno/a* pe·*ke*·no/a

Wann öffnet ...?
A que horas abre ...? a ke *aw*·ras *a*·bre ...
Haben Sie noch andere?
Você tem outros? vo·*se* teng *o*·tros

Wie viele?
Quantos/Quantas? (m/f) *kwan*·tos/*kwan*·tas
Akzeptieren Sie ...?
Vocês aceitam ...? vo·*ses* a·*say*·tam ...
  Kreditkarten
  cartão de crédito karr·*taung* de *kre*·die·to
  Reiseschecks
  traveler cheques tra·ve·ler *sche*·kes
Brief
uma carta u·ma *karr*·ta
Paket
uma encomenda u·ma eng·ko·*meng*·da
Ich hätte gerne ...
Quero comprar ... *ke*·ro kom·*prarr* ...
  Briefmarken
  selos *se*·los
  einen Briefumschlag
  um envelope um eng·ve·*lo*·pe
  einen Luftpostbrief
  um aerograma um a·e·ro·*gra*·ma
  eine Postkarte
  um cartão-postal um karr·*taung* pos·*tau*
  eine Telefonkarte
  um cartão telefônico um kar·*taung*
  te·le·*fo*·nie·ko
Wo kann ich ...?
Onde posso ...? *on*·de *po*·so ...
  E-Mails checken
  checar meu e-mail sche·*karr* me·u e·mail
  Geld wechseln
  trocar dinheiro tro·*kar* die·*njay*·ro
  im Internet surfen
  ter acesso à internet terr a·*se*·so a ien·terr·*ne*·tie
  Reiseschecks einlösen
  trocar traveler cheques tro·*karr* tra·ve·ler *sche*·kes

TRANSPORT
Öffentliche Verkehrsmittel

Welcher/s ... *Qual o ... que* kwau o ... ke
fährt nach/zu ...? *vai para ...?* vai *pa*·ra
  Bus *ônibus* *o*·nie·bus
  Bus (lokal) *ônibus local* *o*·nie·bus lo·*kau*
  Fähre *barca* *barr*·ka
  Flugzeug *avião* a·vie·*aung*
  Schiff *barco* *barr*·ko
  Überlandbus *ônibus inter-* *o*·nie·bus ien·
  urbano terr urr·*ba*·no
  Zug *trem* treng
Wann fährt der ... *Quando sai o ...* *kwang*·do sai o ...
(Bus)? *(ônibus)?* (*o*·nie·bus)
  erste *primeiro* prie·*may*·ro
  letzte *último* *ul*·tie·mo
  nächste *próximo* pro·*sie*·mo
Wann fährt er ab?
Que horas sai? ke *aw*·ras sai

Fieber	febre	fe·bre
Übelkeit	náusea	nau·ze·a
Angst	dor	dorr

Ich bin allergisch auf ...
Tenho alergia à ... te·njo a·lerr·*schie*·a a ...
  Antibiotika
  antibióticos an·tie·bie·*o*·tie·kos
  Aspirin
  aspirina as·pie·*rie*·na
  Bienen
  abelhas a·*be*·llias
  Erdnüsse
  amendoims a·meng·do·*iengs*
  Penicillin
  penicilina pe·nie·sie·*lie*·na
Antisepticum
  anti-séptico an·tie·*sep*·tie·ko
Verhütungsmittel
  anticoncepcionais an·tie·kon·*sep*·sie·o·nau
Schmerzmittel
  analgésicos a·nau·*sche*·zie·ko

MIT KINDERN REISEN
Ich brauche einen/e ...
Preciso de ...
pre·*sie*·zo de ...
Haben Sie eine/n ...?
Aqui tem ...?
a·*kie* teng
  Wickelraum
  uma sala para trocar u·ma *sa*·la *pa*·ra tro·*karr*
  bebê be·*be*
  Babysitz fürs Auto
  um assento de criança um a·*seng*·to de krie·*an*·sa
  erhöhten Autositz
  um assento de elevaçã um a·*seng*·to de e·le·va·*sowng*
  Kinderbetreuungsservice
  um serviço de babá um serr·*vie*·so de ba·*ba*
  Kindermenü
  um cardápio para um kar·*da*·pie·o *pa*·ra
  criança krie·*an*·sa
  (englisch sprechenden) Babysitter
  uma babá u·ma ba·*ba*
  (que fale ingles) (ke *fa*·le ien·*gles*)
  Milchpulver (für Babys)
  leite em pó (para bebê) lay·te (pa·ra be·*be*)
  Hochsitz
  uma cadeira de criança u·ma ka·*day*·ra de krie·*an*·sa
  Einwegwindeln
  fraldas (descartáveis) frau·das (des·karr·*ta*·vays)
  Töpfchen
  um troninho um tro·*nie*·njo
  Kinderwagen
  um carrinho de bebê um ka·*hie*·njo de be·*be*

Darf ich hier stillen?
Você se importa se eu amamentar aqui?
vo·*se* se ieng·*porr*·ta se e·u a·ma·meng·
tarr a·*kie*
Dürfen Kinder hier rein?
É permitida a entrada de crianças?
e perr·mie·*tie*·da a eng·*tra*·da de krie·*an*·sas

KONVERSATION & NÜTZLICHES
Hallo.
  Olá. o·*la*
Hi.
  Oi. oi
Guten Tag.
  Bom dia. bong *die*·a
Guten Abend.
  Boa noite. bo·a *noi*·te
Bis später.
  Até mais tarde. a·*te* mais *tarr*·de
Wiedersehen.
  Tchau. chau
Wie geht's?
  Como vai? *ko*·mo vai
Gut, und Ihnen?
  Bem, e você? beng e vo·*se*
Schön, Sie zu treffen.
  Prazer em conhecê-lo. pra *zerr* eng ko nje *se* lo (m)
  Prazer em conhecê-la. pra *zerr* eng ko nje *se* la (f)
Ja.
  Sim. siem
Nein.
  Não. naung
Please.
  Por favor. por fa·*vorr*
Danke (sehr).
  (Muito) obrigado/ (mwien·to) o·brie·*ga*·do/
  obrigada. (m/f) o·brie·*ga*·da
Gern geschehen.
  De nada. de *na*·da
Entschuldigung?
  Com licença kom lie·*seng*·sa
Entschuldigung.
  Desculpa. des·*kul*·pa
Wie heißen Sie?
  Qual é o seu nome? kwau e o *se*·u *no*·me
Ich heiße ...
  Meu nome é ... me·u *no*·me e ...
Wo kommen Sie her?
  De onde você é? de *ong*·de vo·*se* e
Ich komme aus/von ...
  Eu sou (da/do/de) ... e·u so (da/do/de)
Darf ich (Sie) fotografieren?
  Posso tirar uma foto po·so tie *rarr* u ma *fo* to
  (de você)? (de vo *se*)

BRASILIANISCHES PORTUGIESISCH

Im größten Land Südamerikas – Brasilien – leben 89 % aller portugiesischen Muttersprachler der Welt. Daher werden sich ein paar Brocken Portugiesisch als sehr praktisch erweisen. Regional bestehen kaum Dialektunterschiede, wodurch die Kommunikation in der Landessprache noch leichter wird.

AUSSPRACHE
Vokale & Diphtonge

a	wie in „alle"
aa	wie in „Maat"
ai	wie in „Kaiser"
aw	wie im englischen „saw"
ay	wie im englischen „day"
e	wie in „Bett"
ie	langes „ie" wie in „bieten"
o	wie im englischen „go"
u	langes „u" wie in „Huhn"
al	„au" wie in „Schau"
oi	„eu" wie in „Beute"

Nasalvokale

Nasalvokale sind typisch für das brasilianische Portugiesisch. Um sie korrekt auszusprechen, versucht man, einen Großteil der Luft durch die Nase entweichen zu lassen (anstatt durch den Mund). Zur Verdeutlichung soll ein ähnliches Beispiel aus dem Englischen herangezogen werden: Im Fall von „sing" (singen) wird das „i" durch die folgende Lautkombination „ng" nasaliert. In der Schriftform des brasilianischen Portugiesisch ist dies zu erkennen, wenn auf einen Vokal ein nasaler Konsonant (**m** oder **n**) folgt oder der jeweilige Buchstabe mit einer Tilde versehen ist (z. B. **ã**). In den folgenden Aussprachehilfen sind Nasalvokale zur Verdeutlichung mit „ng" markiert.

Konsonanten

Manche portugiesischen Konsonanten haben so ihre Tücken. Aber auch für diese Fälle gibt's nützliche Aussprachehilfen.

lh	wie das „lli" in „Million"
nh	„nj" wie in „Canyon"
r	wie im englischen „run"
rr	wie im englischen „run", aber stärker betont und gerollt
j	stimmhaftes „sch"

Wortbetonung

Bei brasilianischen Wörtern liegt der Akzent allgemein auf der vorletzten Silbe – bis auf wenige Ausnahmen: Wenn ein Wort auf **–r** endet oder einen Nasalvokal enthält, wird die letzte Silbe betont. Falls ein geschriebener Vokal mit einem Akzent versehen ist (z. B. **á**), wird die jeweilige Silbe entsprechend betont.

In unserem Transskriptionssystem zeigen kursive Buchstaben die zu betonenden Silben an.

FRAGEWÖRTER

Wer?	*Quem?*	keng
Was?	*(o) que?*	(o) ke
Wann?	*Quando?*	kwang·do
Wo?	*Onde?*	ong·de
Warum?	*Por que?*	porr ke
Welches/Welche?	*Qual?* (sg)/	kwau
	Quais? (pl)	kwais

GESUNDHEIT

Ich bin krank.
Estou doente.   es·*to* do·*eng*·te

Ich brauche einen Arzt (der englisch spricht).
Eu preciso de um médico   e·u pre·*sie*·zo de um me·die·ko
(que fale inglês).   (ke *fa*·le ien·*gles*)

Hier tuts weh.
Aqui dói.   a·*kie* doi

Ich habe mich übergeben.
Fui vomitando.   fu·ie vo·mie·*tan*·do

(Ich glaube) ich bin schwanger.
(Acho que) estou grávida.   (a·sho ke) es·*to* gra·vie·da

Wo ist die/der nächste …?
Onde fica …is perto?   on·de *fie*·ka … mais *perr*·to

(Nacht-)Apotheke
a farmácia (noturna)   a farr·*ma*·sie·a (no·*tur*·na)

Zahnarzt
o dentista   o deng·*ties*·ta

Arzt
o médico   o *me*·die·ko

Krankenhaus
o hospital   o os·pie·*tau*

Medizinisches Zentrum
a clínica médica   a *klie*·nie·ka *me*·die·ka

Ich fühle mich/mir ist …
Estou me sentindo …   es·*to* me seng·*tieng*·do …

schwindlig
tonto/tonta   tong·to/tong·ta

übel
enjoado/enjoada (m/f)   eng·scho·*a*·do/en·scho·*a*·da

Asthma   *asma*   as·ma

Durchfall   *diarréia*   die·a·*rej*·a

das wiederholen
repetirlo   re·pe·*tier*·lo

langsamer sprechen
hablar más   a·*blar* mas
despacio   des·*pa*·sjo

es aufschreiben
escribirlo   es·krie·*bier*·lo

WEGWEISER

Wie komme ich zu …?
¿Cómo puedo llegar a …? ko·mo *pwe*·do lje·*gar* a …

Ist es weit?
¿Está lejos?   es·*ta* le·khos

Gehen Sie geradeaus.
Siga/Vaya derecho.   sie·ga/va·ja de·*re*·cho

Gehen Sie links.
Voltée a la izquierda.   vol·*te*·e a la ies·*kjer*·da

Gehen Sie rechts.
Voltée a la derecha.   vol·*te*·e a la de·*re*·cha

Ich habe mich verlaufen.
Estoy perdido/a.   es·*toi* per·*die*·do/a

Können Sie mir (auf der Karte) zeigen?
¿Me lo podría indicar   me lo po·*drie*·a ien·die·*kar*
(en el mapa)?   (en el *ma*·pa)

SCHILDER – SPANISCH

Entrada	Eingang
Salida	Ausgang
Información	Information
Abierto	Offen
Cerrado	Geschlossen
Prohibido	Verboten
Comisaria	Polizeistation
Servicios/Baños	Toiletten
Hombres/Varones	Männer
Mujeres/Damas	Frauen

Nord	*norte*	*nor*·te
Süd	*sur*	sur
Ost	*este/oriente*	es·te/o·*rien*·te
West	*oeste/occidente*	o·es·te/ok·sie·*den*·te
hier	*aquí*	a·*kie*
dort	*allí*	a·*jie*
Hauptstraße	*avenida*	a·ve·*nie*·da
Block	*cuadra*	*kwa*·dra
Straße	*calle/paseo*	*ka*·lje/pa·*se*·o

ZAHLEN

1	*uno*	*u*·no
2	*dos*	dos
3	*tres*	tres
4	*cuatro*	*kwa*·tro
5	*cinco*	*sien*·ko
6	*seis*	sais
7	*siete*	*sje*·te

NOTFÄLLE - SPANISCH

Hilfe!	*¡Socorro!*	so·*ko*·ro
Feuer!	*¡Incendio!*	ien·*sen*·dio
Ich wurde überfallen.	*Me robaron.*	me ro·*ba*·ron
Geh weg!	*¡Déjeme!*	de·khe·me
Gehen Sie weg!	*¡Váyase!*	va·ja·se
Rufen Sie …!	*¡Llame a …!*	ja·me a
einen Krankenwagen	*una ambulancia*	u·na am·bu·*lan*·sia
einen Arzt	*un médico*	un *me*·die·ko
die Polizei	*la policía*	la po·lie·*sie*·a

Es ist ein Notfall.
Es una emergencia.   es u·na e·mer·*khen*·sia

Können Sie mir bitte helfen?
¿Me puede ayudar,   me *pwe*·de a·ju·*dar*
por favor?   por fa·*vor*

Ich habe mich verlaufen.
Estoy perdido/a.   es·*toi* per·*die*·do/a

Wo sind die Toiletten?
¿Dónde están los baños? don·de es·*tan* los *ba*·njos

8	*ocho*	*o*·cho
9	*nueve*	*nwe*·ve
10	*diez*	dies
11	*once*	*on*·se
12	*doce*	*do*·se
13	*trece*	*tre*·se
14	*catorce*	ka·*tor*·se
15	*quince*	*kien*·se
16	*dieciséis*	die·sie·*sais*
17	*diecisiete*	die·sie·*sje*·te
18	*dieciocho*	die·sie·o·cho
19	*diecinueve*	die·sie·*nwe*·ve
20	*veinte*	*vain*·te
21	*veintiuno*	vain·tie·*u*·no
30	*treinta*	*train*·ta
31	*treinta y uno*	*train*·ta ie *u*·no
40	*cuarenta*	kwa·*ren*·ta
50	*cincuenta*	sien·*kwen*·ta
60	*sesenta*	se·*sen*·ta
70	*setenta*	se·*ten*·ta
80	*ochenta*	o·*chen*·ta
90	*noventa*	no·*ven*·ta
100	*cien*	sien
101	*ciento uno*	sien·to *u*·no
200	*doscientos*	do·*sien*·tos
1000	*mil*	miel
5000	*cinco mil*	*sien*·ko miel
10 000	*diez mil*	dies miel
50 000	*cincuenta mil*	sien·*kwen*·ta miel
100 000	*cien mil*	*sien* miel
1 000 000	*un millón*	un mie·*jon*

1260 LATEINAMERIKANISCHES SPANISCH •• Unterkunft

www.lonelyplanet.de

Es ist ein Uhr.	Es la una.	es la u·na
Es ist sieben Uhr.	Son las siete.	son las sie·te
Mitternacht	medianoche	me·dia·no·che
Mittag	mediodía	me·dio·die·a
Halb drei	dos y media	dos ie me·dia
jetzt	ahora	a·o·ra
heute	hoy	oi
heute Abend/Nacht		
	esta noche	es·ta no·che
morgen	mañana	man·ja·na
gestern	ayer	a·jer
Montag	lunes	lu·nes
Dienstag	martes	mar·tes
Mittwoch	miércoles	mier·ko·les
Donnerstag	jueves	chue·ves
Freitag	viernes	vier·nes
Samstag	sábado	sa·ba·do
Sonntag	domingo	do·mien·go
Januar	enero	e·ne·ro
Februar	febrero	fe·bre·ro
März	marzo	mar·so
April	abril	a·briel
Mai	mayo	ma·jo
Juni	junio	chu·nio
Juli	julio	chu·lio
August	agosto	a·gos·to
September	septiembre	sep·tiem·bre
Oktober	octubre	ok·tu·bre
November	noviembre	no·viem·bre
Dezember	diciembre	die·siem·bre

UNTERKUNFT

Ich suche ein/e	Estoy buscando	e·stoi bus·kan·do
Wo gibt es	¿Dónde hay ...?	don·de ai ...
ein Hotel	un hotel	un o·tel
ein Gästehaus	una pensión/	u·na pen·sion/
	casa de	ka·sa de
	huéspedes/	we·spe·des/
(Arg, Chi)	hostería	os·te·rie·a
einen Camping-	un terreno de	un te·re·no de
platz	cámping	kam·pien
eine Jugendherberge-		
	un albergue	un al·ber·ge
	juvenil	chu·ve·niel

Ich hätte gern ein ...

	Quisiera una	kie·sie·ra u·na
Zimmer	habitación ...	a·bie·ta·sion
Doppelzimmer	doble	do·ble
Einzelzimmer	individual	ien·die·vie·dual
Zweibettzimmer	con dos camas	kon dos ka·mas
Wie viel kostet es	¿Cuánto cuesta	kwan·to kwes·ta
pro ...?	por ...?	por ...
Nacht	noche	no·che

Person	persona	per·so·na
Woche	semana	se·ma·na
Ist Frühstück dabei?		
¿Incluye el desayuno?	ien·klu·je el de·sa·ju·no
Kann ich das Zimmer sehen?		
¿Puedo ver la	pwe·do ver la
habitación	a·bie·ta·sjon
Mir gefällt es nicht		
No me gusta.	no me gus·ta
Es ist schön. Ich nehme es		
OK. La alquilo.	o·kai la al·kie·lo
Ich gehe jetzt.		
Me voy ahora.	me voi a·o·ra
Eigenes Bad/Gemeinschaftsbad		
baño privado/	ba·njo pri·va·do/
compartido	kom·par·tie·do
zu teuer	demasiado caro	de·mas·ja·do ka·ro
billiger	más económico	mas e·ko·no·mi·ko
Rabatt	descuento	des·kuen·to

EINE RESERVIERUNG VORNEHMEN
(per Telefon oder schriftlich)

Bis ...	A ...
Von ...	De ...
Datum	Fecha
Ich möchte buchen ...	
Quisiera reservar ...	
(zu Betten/Zimmern s. „Unterkunft")	
auf den Namen ...	en nombre de ...
für die Nächte vom ...	para las noches del ...
Kreditkarte ...	tarjeta de crédito ...
Nummer	número
Verfallsdatum	fecha de vencimiento
Bitte bestätigen Sie ...	Puede confirmar ...
die Verfügbarkeit	la disponibilidad
den Preis	el precio

VERSTÄNDIGUNG

Sprechen Sie/sprichst du deutsch (englisch)?

| ¿Habla/Hablas alémán | a·bla/a·blas a·le·man |
| (inglés)? | (ien·gles) |

Spricht hier jemand deutsch (englisch)?

| ¿Hay alguien que hable | ai al·guen ke a·ble aléman |
| (inglés)? | a·le·man (ien·gles) |

Ich verstehe (nicht).

| Yo (no) entiendo. | jo (no) en·tjen·do |

Was heißt ...?

| ¿Cómo se dice ...? | ko·mo se die·se ... |

Was bedeutet ...?

| ¿Qué quiere decir ...? | ke kie·re de·sier ... |

Könnten Sie bitte ...?

| ¿Puede ..., por | pwe·de ... por |
| favor? | fa·vor |

SPRACHE

www.lonelyplanet.de   LATEINAMERIKANISCHES SPANISCH •• Transport   **1259**

Luftpost	*correo aéreo*	ko·*re*·o a·*e*·re·o
Schwarzmarkt	*mercado (negro/*	mer·*ka*·do ne·gro/
	paralelo)	pa·ra·*le*·lo

TRANSPORT
Öffentliche Verkehrsmittel

Wann fährt ab/	*¿A qué hora ...*	a ke o·ra ...
kommt an?	*sale/llega?*	sa·le/*lje*·ga
der Bus	*el autobus*	el au·to·*bus*
das Flugzeug	*el avión*	el a·*vion*
das Schiff	*el barco/buque*	el *bar*·ko/*bu*·ke
der Zug	*el tren*	el tren

Bahnhof (Zug)		
la estación de	la es·tas·*jon* de	
ferrocarril	fe·ro·ka·*riel*	
Busbahnhof		
la estación de	la es·tas·*jon* de	
autobuses	au·to·*bu*·ses	
Bushaltestelle		
la parada de	la pa·*ra*·da de	
autobuses	au·to·*bu*·ses	
Flughafen		
el aeropuerto	el a·e·ro·*pwer*·to	
Gepäckaufbewahrung/-kontrolle		
guardería/	gwar·de·*rie*·a/	
equipaje	e·kie·*pa*·che	
Ticketbüro		
la boletería	la bo·le·te·*rie*·a	

Eine Fahrkarte nach ..., bitte.		
Quiero un boleto a ...	kie·ro un bo·*le*·to a ...	
Wie viel kostet es nach ...?		
¿Cuánto cuesta hasta ...?	kwan·to *kwes*·ta a·sta ...	
Erste Klasse	*primera clase*	prie·*me*·ra *kla*·se
Zweite Klasse	*segunda clase*	se·*gun*·da *kla*·se
einfache Fahrt	*ida*	ie·da
hin und zurück	*ida y vuelta*	ie·da ie *vwel*·ta
Taxi	*taxi*	*tak*·sie

Private Verkehrsmittel

Ich möchte gerne	*Quisiera*	kie·*sie*·ra
ein ... mieten	*alquilar ...*	al·kie·*lar* ...
Allradfahrzeug	*un todo terreno*	un *to*·do te·*re*·no
Auto	*un auto*	un *au*·to
Fahrrad	*una bicicleta*	u·na bie·sie·*kle*·ta
Motorrad	*una moto*	u·na *mo*·to
Lieferwagen	*camioneta*	ka·mio·*ne*·ta
Lkw	*camión*	ka·*mion*
trampen	*hacer dedo*	a·ser de·do

Ist das die Straße nach (...)?		
¿Se va a (...) por	se va a (...) por	
esta carretera?	es·ta ka·re·*te*·ra	
Wo ist eine Tankstelle?		
¿Dónde hay una	don·de ai u·na	
gasolinera/un grifo?	ga·so·lie·*ne*·ra/un *grie*·fo	

STRASSENSCHILDER – SPANISCH

Acceso	Eingang
Aparcamiento	Parkplatz
Ceda el Paso	Vorfahrt gewähren
Despacio	Langsam
Dirección Única	Einbahnstraße
Mantenga Su Derecha	Rechts fahren
No Adelantar/	Überholverbot
No Rebase	
Peaje	Maut
Peligro	Gefahr
Prohibido Aparcar/	Parken verboten
No Estacionar	
Prohibido el Paso	Kein Durchgang
Pare/Stop	Stop
Salida de Autopista	Autobahnausfahrt

Bitte füllen Sie den Tank ...		
Lleno, por favor.	*lje*·no por fa·*vor*	
... mit (20) Litern.		
Quiero (veinte) litros.	kie·ro (*vain*·te) *lie*·tros	
Benzin		
gasolina	ga·so·*lie*·na	
verbleites Benzin		
gasolina con	ga·so·*lie*·na kon	
plomo	*plo*·mo	
bleifreies Benzin		
gasolina sin	ga·so·*lie*·na sien	
plomo	*plo*·mo	
Diesel		
diesel	*die*·sel	

(Wie lange) kann ich hier parken?		
¿(Por cuánto tiempo)	(por kwan·to tiem·po)	
Puedo aparcar aquí?	pwe·do a·par·kar a·kie	
Wo muss ich bezahlen?		
¿Dónde se paga?	don·de se *pa*·ga	
Ich brauche einen Mechaniker.		
Necesito un	ne·se·*sie*·to un	
mecánico.	me·*ka*·nie·ko	
Das Auto ist (in ...) liegen geblieben.		
El carro se ha averiado	el *ka*·ro se a a·ve·*ria*·do	
(en ...).	(en ...)	
Das Motorrad lässt sich nicht starten.		
No arranca la moto.	no a·*ran*·ka la *mo*·to	
Ich habe eine Reifenpanne.		
Tengo un pinchazo.	ten·go un pien·*cha*·so	
Ich habe keinen Sprit mehr.		
Me quedé sin gasolina.	me ke·de sien ga·so·*lie*·na	
Ich hatte einen Unfall.		
Tuve un accidente.	tu·ve un ak·sie·*den*·te	

UHRZEIT & DATUM

| Wie viel Uhr ist es? | | |
| *¿Qué hora es?* | ke o·ra es | |

SPRACHE